国家能源集团
CHN ENERGY

技术技能培训系列教材

电力产业（火电）

热工控制

（下册）

国家能源投资集团有限责任公司　组编

中国电力出版社
CHINA ELECTRIC POWER PRESS

内 容 提 要

本系列教材根据国家能源集团火电专业员工培训需求，结合集团各基层单位在役机组，按照人力资源和社会保障部颁发的国家职业技能标准的知识、技能要求，以及国家能源集团发电企业设备标准化管理基本规范及标准要求编写。本系列教材覆盖火电主专业员工培训需求，作者均为长期工作在生产第一线的专家、技术人员，具有较好的理论基础、丰富的实践经验。

本教材为《热工控制》分册，为了满足热控专业人员的培训需要，本教材针对目前应用于火电机组最新的控制技术进行了编写与论述。本教材共四十章，详细讲述热工测量仪表与执行机构、分散控制系统（DCS）、现场总线控制技术（FCS）、热工过程自动控制、锅炉保护与热工程控、汽轮机控制系统、机组级程序控制系统（APS）等内容。

本教材可作为国家能源集团热工人员进行职业技能考核鉴定前的培训和自学教材，也可作为高校学生和工程技术人员的参考用书。

图书在版编目（CIP）数据

热工控制/国家能源投资集团有限责任公司组编. -- 北京：中国电力出版社，2024. 11.
（技术技能培训系列教材）. -- ISBN 978-7-5198-9003-2

Ⅰ. TM621.4

中国国家版本馆 CIP 数据核字第 2024Y7D533 号

出版发行：中国电力出版社
地   址：北京市东城区北京站西街 19 号（邮政编码 100005）
网   址：http://www.cepp.sgcc.com.cn
责任编辑：宋红梅　娄雪芳（010-63412375）　董艳荣
责任校对：黄　蓓　郝军燕　李　楠
装帧设计：张俊霞
责任印制：吴　迪

印   刷：三河市万龙印装有限公司
版   次：2024 年 11 月第一版
印   次：2024 年 11 月北京第一次印刷
开   本：787 毫米×1092 毫米　16 开本
印   张：101.5
字   数：1967 千字
印   数：0001—2600 册
定   价：395.00 元（上、中、下册）

技术技能培训系列教材编委会

主　　任　王　敏
副 主 任　张世山　王进强　李新华　王建立　胡延波　赵宏兴

电力产业教材编写专业组

主　　编　张世山
副 主 编　李义学　梁志宏　张　翼　朱江涛　夏　晖　李攀光
　　　　　蔡元宗　韩　阳　李　飞　申艳杰　邱　华

《热工控制》编写组

编写人员　（按姓氏笔画排序）
　　　　　张秋生　沈铁志　范国朝　柯　炎　潘书林　冀树春

序　言

　　习近平总书记在党的二十大报告中指出，教育、科技、人才是全面建设社会主义现代化国家的基础性、战略性支撑；强调了培养造就更多大师、战略科学家、一流科技领军人才和创新团队、青年科技人才、卓越工程师、大国工匠、高技能人才的重要性。党中央、国务院陆续出台《关于加强新时代高技能人才队伍建设的意见》等系列文件，从培养、使用、评价、激励等多方面部署高技能人才队伍建设，为技术技能人才的成长提供了广阔的舞台。

　　致天下之治者在人才，成天下之才者在教化。国家能源集团作为大型骨干能源企业，拥有近25万技术技能人才。这些人才是企业推进改革发展的重要基础力量，有力支撑和保障了集团公司在煤炭、电力、化工、运输等产业链业务中取得了全球领先的业绩。为进一步加强技术技能人才队伍建设，集团公司立足自主培养，着力构建技术技能人才培训工作体系，汇集系统内煤炭、电力、化工、运输等领域的专家人才队伍，围绕核心专业和主体工种，按照科学性、全面性、实用性、前沿性、理论性要求，全面开展培训教材的编写开发工作。这套技术技能培训系列教材的编撰和出版，是集团公司广大技术技能人才集体智慧的结晶，是集团公司全面系统进行培训教材开发的成果，将成为弘扬"实干、奉献、创新、争先"企业精神的重要载体和培养新型技术技能人才的重要工具，将全面推动集团公司向世界一流清洁低碳能源科技领军企业的建设。

　　功以才成，业由才广。在新一轮科技革命和产业变革的背景下，我们正步入一个超越传统工业革命时代的新纪元。集团公司教育培训不再仅仅是广大员工学习的过程，还成为推动创新链、产业链、人才链深度融合，加快培育新质生产力的过程，这将对集团创建世界一流清洁低碳能源科技领军企业和一流国有资本投资公司起到重要作用。谨以此序，向所有参与教材编写的专家和工作人员表示最诚挚的感谢，并向广大读者致以最美好的祝愿。

2024 年 11 月

前　言

近年来，随着我国经济的发展，电力工业取得显著进步，截至 2023 年底，我国火力发电装机总规模已达 12.9 亿 kW，600MW、1000MW 燃煤发电机组已经成为主力机组。当前，我国火力发电技术正向着大机组、高参数、高度自动化方向迅猛发展，新技术、新设备、新工艺、新材料逐年更新，有关生产管理、质量监督和专业技术发展也是日新月异。现代火力发电厂对员工知识的深度与广度，对运用技能的熟练程度，对变革创新的能力，对掌握新技术、新设备、新工艺的能力，以及对多种岗位工作的适应能力、协作能力、综合能力等提出了更高、更新的要求。

我国是世界上少数几个以煤为主要能源的国家之一，在经济高速发展的同时，也承受着巨大的资源和环境压力。当前我国燃煤电厂烟气超低排放改造工作已全面开展并逐渐进入尾声，烟气污染物控制也已由粗放型的工程减排逐步过渡至精细化的管理减排。随着能源结构的不断调整和优化，火电厂作为我国能源供应的重要支柱，其运行的安全性、经济性和环保性越来越受到关注。为确保火电机组的安全、稳定、经济运行，提高生产运行人员技术素质和管理水平，适应员工培训工作的需要，特编写电力产业技术技能培训系列教材。

本教材为《热工控制》，是以火力发电厂的热工测量与执行机构、控制技术基础知识与现行有效的热工相关国家标准和行业标准相结合为基础，阐述了火电厂热工测量与控制中涉及的一些基本概念、维护方法和调试中应注意的问题，能够覆盖热工检测、执行机构、分散控制系统、自动控制、程控与保护、汽轮机数字电液控制系统的培训需求。

本教材将基本知识、专业知识和操作技能有机地结合起来，重点介绍了操作方法和维护技术，有利于培养学员的实际操作能

力，具有很强的基础性和实用性。本教材不仅可作为火电厂热工人员的技术技能培训教材，也可作为高校学生和工程技术人员的参考用书。

编写组

2024 年 6 月

目　　录

第二篇　分布式控制系统

（中册）

第四篇 热工过程自动控制

（下册）

第六篇　汽轮机控制系统

第七篇　机组级程序控制系统（APS）

第二十七章　亚临界机组自动控制系统

第一节　某 600MW 机组模拟量控制系统概述

火力发电厂大型单元机组是典型的热工过程系统。

一、大型单元机组的生产过程及其对控制的要求

（一）大型单元机组的生产流程

图 27-1 所示为大型单元机组的生产流程示意图，它是以锅炉、汽轮机（包括高压和中、低压汽轮机）和发电机为主体设备的一个整体。根据其生产流程可划分为以下几个主要系统：

（1）燃料系统。任务是将原煤从煤场经输煤皮带送入制粉系统，磨成煤粉之后，通过燃料量控制机构 22，经燃烧器 23 送入锅炉炉膛 6 燃烧。

（2）风烟系统。是将空气经送风机 10 送入锅炉的空气预热器 29，受热后变成热风。经风道一方面输入制粉系统，用来干燥和输送煤粉；另一方面直接经调风门 11 按一定比例送入炉膛作为助燃风（即二次风）。燃料和空气在炉膛内燃烧产生的大量热量传给蒸汽受热面（即水冷壁 25）中的水。燃烧后的高温烟气经 π 型烟道，不断将热量传给过热器 26、再热器 27、省煤器 28 和空气预热器 29。每经过一个设备，烟气温度便会降低一些，最后低温烟气经除尘器后由引风机 14 引出，再经烟囱排入大气。

（3）汽水系统。给水泵 19 将除氧器 18 水箱中的水泵入高压加热器 20，再经过锅炉省煤器 28 回收一部分烟气中的余热后进入汽包 5。汽包中的水在水冷壁 25 中进行自然或强制循环，不断吸收炉膛内的辐射热量，加热成饱和蒸汽由汽包顶部流出，再经过多级（3～4 级）过热器 26 将饱和蒸汽加热成过热蒸汽送入汽轮机的高压缸 1 做功后，其温度、压力都有所降低。为了提高机组的热效率，需要把这部分蒸汽送回锅炉内的再热器 27 再次加热，然后再进入中、低压汽轮机 2 做功。做功后的乏汽从汽轮机低压缸尾部排入凝汽器 15 冷凝为凝结水。凝结水与补充水 24 一起经凝结水泵 16 先送到低压加热器 17，然后进入除氧器。至此完成了汽水系统的一次循环。由图 27-1 可以看到，在汽水系统中还有两个喷水减温器 8 和 9，它们是用来控制蒸汽温度的。

（4）循环水系统。由循环水泵将冷却水（冷水塔、冷水池或引自江河的水）泵入凝汽器用来冷却在汽轮机中做过功的乏汽。

（5）发配电系统。主要包括发电机 3、励磁机、主变压器、配电设备、电网（图中未画出）。

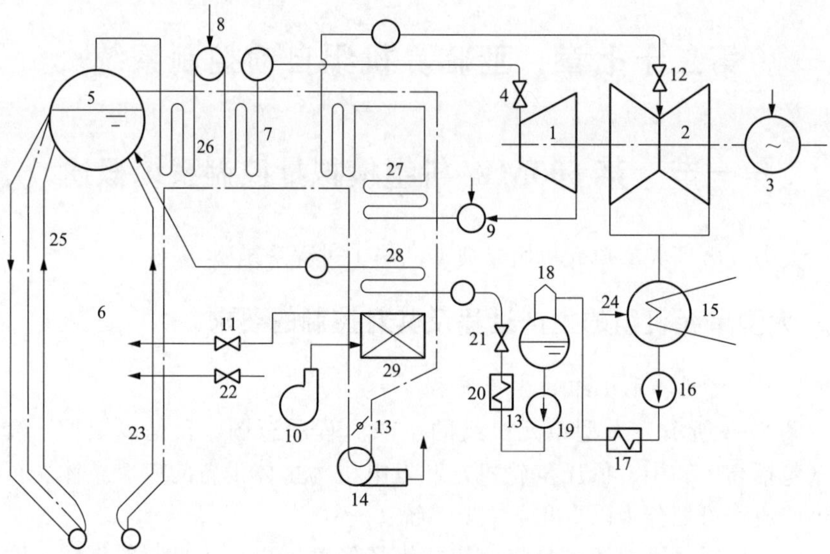

图 27-1　大型单元机组生产流程示意图

1—汽轮机高压缸；2—汽轮机中、低压缸；3—发电机；4—高压缸调节汽门；5—汽包；

6—炉膛；7—烟道；8—过热器减温器；9—再热器减温器；10—送风机；11—调风门；

12—中低压缸调节汽门；13—烟道挡板；14—引风机；15—凝汽器；16—凝结水泵；

17—低压加热器；18—除氧器；19—给水泵；20—高压加热器；21—给水调节机构；

22—燃料量控制机构；23—燃烧器；24—补充水；25—水冷壁管；26—过热器；

27—再热器；28—省煤器；29—空气预热器

（6）灰渣系统。锅炉和烟气除尘器排出的煤渣和细灰，经冲灰沟被灰渣泵送往灰场（图中未画出）。

（二）大型单元机组对控制的要求

随着工业生产规模的扩大和人民生活水平的提高，不仅电能需求量日益增大，而且用电结构也发生了很大变化，电网负荷的峰谷差加大。为了适应调峰的需求，大型单元机组对自动控制系统提出了新的、更高的要求。

（1）对负荷控制的要求。单元机组负荷控制的任务就是根据锅炉和汽轮机的不同特性，使锅炉和汽轮机协调动作、相互配合，在满足电网要求的同时保持机组主要参数稳定。

在满足电网负荷要求和维持机组主要运行参数稳定两个方面，单元机组是一个整体。但机、炉又是相对独立的，它们有各自的调节手段，而且运行特性很不相同。随着单元机组容量的增加，早期的"锅炉跟随汽轮机"或"汽轮机跟随锅炉"的负荷控制方式已不能满足要求，必须采用更为合理的负荷控制方案，即单元机组的负荷协调控制方式。同时由于对大型机组参与调峰的要求越来越迫切，要求负荷协调控制系统的设计和投运具有较高的调节品质。

（2）对实现全程控制的要求。所谓全程控制系统是指在机组启停过程和正常运行时的升降负荷过程中均能实现自动控制。由于单元机组容量的增大和参数的提高，机组在启停过程中需要监视和控制的项目也越来越多，人工监视、操作的方式已远远不能满足运行要求。因此，要求在启停过程中也能够实现汽温、给水、主蒸汽压力、汽轮机升速和负荷控制等系统的自动控制。

（3）对测量信号的要求。为了保证测量信号的可靠性，必须对变送器的输出信号进行有效性判断，所有参数都应设置越限报警值，参数超越该值能够及时报警显示，以减少事故的发生。为了提高测量精度，必须对一些信号进行参数校正，例如蒸汽流量信号的温度压力校正、锅炉给水流量温度校正，以及汽包水位信号密度校正等。此外，重要的开关量信号应当采取"三选二"的表决方式，以防止误动作。

由上述分析可见，大型单元机组的发展对控制系统提出的要求，涉及自动检测、数据处理、事故报警、连锁保护、程序控制和参数控制等许多方面的内容。

二、600MW 单元机组调节系统概况

600MW 机组调节控制系统采用上、下两级控制，如图 27-2 所示。上级为单元机组负荷控制系统（也称协调控制级），它具有四种运行方式，各种运行方式之间既可由操作人员通过 OM 画面进行手动切换，又可根据机组运行连锁条件和逻辑控制电路自动进行无扰切换，以达到最佳的运行状态。下级为锅炉侧控制系统和汽轮机侧控制系统，以及有关的辅机控制系统（也称基本控制级）。

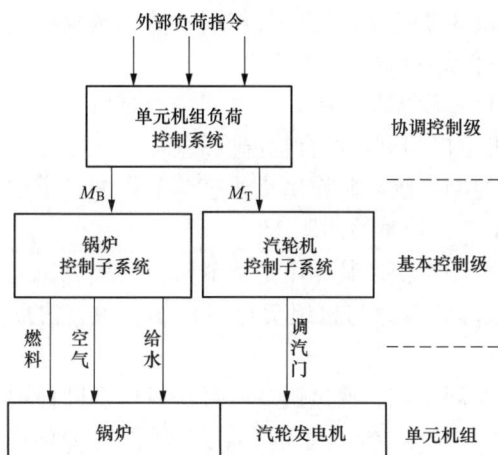

图 27-2 单元机组协调控制系统组成方框图
M_B—锅炉负荷指令；M_T—汽轮机负荷指令

（一）协调控制级

协调控制级负责协调锅炉和汽轮发电机的运行，接受外部负荷指令经过运行限制后，产生锅炉负荷指令 M_B 和汽轮发电机负荷指令 M_T。系统提供了滑压和定压运行方式。

控制系统能在以下四种方式中的任何一种运行：

（1）机炉协调控制方式。锅炉和汽轮机控制系统同时接受机组负荷指令，也同时考虑机组稳定运行的一种控制方式，该方式下机组可以接受一次调频和二次调频信号。

（2）锅炉跟随控制方式。机组的出力由汽轮机调节汽门开度的大小决定，锅炉根据汽轮机的运行状况，自动维护机前压力稳定的一种控制方式。

（3）汽轮机跟随控制方式。机组的出力由锅炉燃料量的大小决定，汽轮机自动维持机前压力稳定的一种控制方式。

（4）基本控制方式。锅炉侧与汽轮机侧控制系统均不接受协调控制级来的负荷指令信号，而各自独立控制的一种运行方式。

（二）基本控制级

基本控制级包括锅炉侧的自动控制系统、汽轮机侧的自动控制系统和辅机控制系统。

1. 锅炉侧自动控制系统

（1）锅炉燃烧控制系统。锅炉燃烧控制系统的作用是控制锅炉的燃料量、送风量和引风量的具体数值，使锅炉生产的蒸汽满足汽轮机的用汽需要，即满足负荷指令的要求。同时要保证锅炉燃烧的经济性和安全性。

燃烧控制包括以下子控制系统：

1）磨煤机负荷控制系统。通过给煤量调整和磨煤机负荷调整，满足磨煤机出力的需求。

2）磨煤机一次风量控制系统。其作用是通过调整进入各台运行磨煤机中的一次风量来确保煤粉输送到炉膛内。

3）磨煤机出口温度控制系统。通过调整磨煤机入口冷一次风挡板的开度来实现对磨煤机出口的风粉混合物温度的控制，以维持磨煤机安全运行。

4）燃油压力控制系统。其作用是通过调节供油管道中的燃油调节阀的开度来维持油枪组喷入炉膛的油压。

5）一次风压控制系统。其作用是调节两台一次风机入口导向挡板的开度，以保证一次风母管压力与机组负荷指令相一致，协助一次风量控制系统工作。

6）二次风量控制系统。通过调节两台送风机动叶使锅炉燃烧过程中的风量与燃料量相适应，维持烟气中的含氧量 $O_2\%$ 为最佳值，使锅炉达到最高的热效率。

7）二次风挡板控制系统。通过调整进入炉膛的各层二次风挡板，来保持各层燃烧器周围一定过量空气系数的要求，达到降低 NO_x 产生、提高燃烧经济性的目的。

8）炉膛负压控制系统。通过调节两台引风机入口动叶开度，以控制引风量的大小，从而达到维持炉膛压力恒定的作用。

（2）锅炉给水控制系统。锅炉给水控制系统的作用是通过调整给水流量的大小，保证汽包水位在允许范围内，同时要保持给水泵的安全、稳定运行。

锅炉给水控制系统包括以下子控制系统：

1）启动用给水调节阀控制系统。通过调整启动用给水调节阀的开度，维持汽包水位在期望值。

2）给水泵转速控制系统。通过控制给水泵的转速，以维持汽包水位在期望值，同时保证给水泵始终运行在最大工作流量极限曲线以内。

（3）锅炉汽温控制系统。锅炉汽温控制系统的作用是控制过热蒸汽和再热蒸汽的温度与单元机组运行工况的要求相一致。包括以下子控制系统：

1）一级过热蒸汽温度控制系统。通过对Ⅰ级减温水流量的控制，保护屏式过热器管壁不至超温，同时配合末级过热汽温控制系统的工作。

2）末级过热蒸汽温度控制系统。通过对Ⅱ级减温水流量的控制，维持过热器出口汽温与机组运行工况所要求的汽温数值相一致。

3）燃烧器摆动角控制系统。通过调整燃烧器摆动角度的大小，达到控制再热汽温的目的。

4）再热蒸汽喷水减温控制系统。用于再热蒸汽温度太高，超出允许的温度偏差设定值，投入并调整冷端再热器入口安装的减温器喷水流量的大小，以降低再热汽温。

2. 汽轮机侧自动控制系统

汽轮机侧自动控制系统完成大范围的转速控制、负荷控制、异常工况下的负荷限制、主汽压力控制、阀门控制与管理，以及自动减负荷等任务。

3. 辅机自动控制系统

主要辅机控制系统包括以下几部分：

（1）空气预热器冷端温度控制系统。通过调节进入暖风器的蒸汽流量，以达到控制空气预热器冷端温度为设定值，防止空气预热器发生低温腐蚀。

（2）除氧器压力控制。在启动阶段，通过调节辅助汽源进汽阀门的开度，维持给水箱升温的要求，且使除氧器在设定压力下进行定压除氧。

（3）给水箱水位及其补水控制系统。通过调节凝结水泵至给水箱调整门、凝结水泵至补水箱调整门和补水泵至凝汽器调整门的开度，维持给水箱水位为期望值，凝汽器热井水位为期望值。

第二节　单元机组负荷自动控制系统

随着国民经济的发展，高参数、大容量机组在电网中所占的比例越来越大。由于用电结构发生变化，电网日负荷曲线的高峰与低谷之差增大，有些地区的峰谷差已达 50％以上，而且还有继续增大的趋势，因此，目前要求单元机组都具有参与电网调峰、调频的能力。本部分讲述大型单元机组负荷控制的特点、任务和对象动态特性，单元机组负荷控制的基本方式，以及单元机组协调控制系统的组成、功能及控制方案，并详细介绍亚临界600MW 单元机组负荷控制系统的组成和工作原理。

一、单元机组负荷自动控制系统的功能及控制对象动态特性

（一）单元机组负荷控制的特点及功能

目前，火力发电厂大容量机组均按单元制方式运行，在机组负荷改变时，可供利用的锅炉蓄热较小，主蒸汽压变化较大。因此，单元机组负荷控制主要有以下特点：

（1）单元机组是指由发电机、汽轮机和锅炉构成的一个整体，共同适应电网的负荷要求，保持机组的稳定运行，所以不能将汽轮机和锅炉的负荷控制任务分割开讨论。总之，单元机组是一个相互关联、复杂的多输入多输出的控制对象，必须将机炉视为一个整体来考虑。

（2）锅炉和汽轮机在适应电网负荷变化上存在差异。从动态特性上看，锅炉具有较大的惯性，从燃烧率的改变到机前压力的变化有较大的时间常数和迟延时间。相对而言，汽轮机的惯性要小得多，从调节阀门开度的改变到机组实发功率的变化时间常数很小。因此，单元机组在适应电网的增负荷要求时，初始阶段所需要的蒸汽量主要由锅炉释放蓄热量来产生，这样会使机前压力有较大变化。随着单元机组容量的增大，锅炉蓄热量相对减小，单元机组的负荷适应能力与保持机前压力稳定之间的矛盾更加突出。

（3）电网供电质量对单元机组参加调频的能力要求日益提高。随着电网容量的扩大，单元机组发电负荷比例越来越高，因此即使是承担基本负荷的机组，也要求具有参加电网一次调频的能力。对于以火电机组为主的电力网，大容量单元机组必要时也应该参加电网的二次调频，以维持电网频率的稳定。

（4）电网自动化水平的提高对单元机组负荷控制提出了更高的要求。为了保证供电质量，提高电网自动化水平，目前网调均采用计算机自动调度系统。由该系统发出的电网负荷分配指令能直接对电厂单元机组进行连续的负荷控制，这就要求单元机组负荷控制系统具有更高的自动化水平。

根据上述特点，单元机组在进行负荷控制时，必须很好地协调汽轮机、锅炉两侧的控制动作，合理保持内外两个能量供求平衡关系，即单元机组与电网用户之间的能量供求平衡关系和单元机组中锅炉与汽轮机之间的能量供求平衡关系，以同时兼顾负荷响应能力和机组汽压稳定两个方面性能指标的基本要求。因此，单元机组负荷控制系统的功能应该具有以下几方面作用：

（1）参加电网调峰、调频。调峰是按电网的负荷变化，根据该机组在电网中的地位与经济效益，有计划、大幅度地进行调度控制。而调频则是瞬间的、有限制的，按该机组负荷控制系统设定的频差校正特性对机组负荷进行校正，保证机组输出功率的质量能迅速满足电网的要求。

（2）稳定机组运行。负荷控制系统应能随时检测与消除机组运行过程中的各种内、外扰动，维持锅炉与汽轮机的能量平衡，以及锅炉内部燃料、送风、引风、给水等各子控制回路的能量平衡与质量平衡。机组的稳定运行，即机炉间的能量平衡，是以机前压力的稳定为标志的。

（3）有完善的与其他控制系统间的通信接口。负荷控制系统执行机组运行的闭环控制任务，需要与其他控制系统不断进行信息交换。这些系统包括数据采集系统（DAS）、汽轮机数字电液控制系统（DEH）、锅炉燃烧器管理系统（BMS）、顺序控制系统（SCS）、汽轮机旁路控制系统（BPS）和网局调度系统等。

（4）机组出力与主机和辅机实际能力的协调。机组运行过程中可能出现局部故障或负荷需求超过了机组此时的实际能力，产生外界需求与机组可能出力的失调。负荷控制系统应具有机组主辅机出力的协调能力，以及在锅炉、汽轮机子控制系统的控制能力受到限制的异常工况下，自动将机组负荷由"按电网需要控制"变为"按机组实际可能出力控制"，维持控制指令与机组能力的平衡，锅炉与汽轮机的能量平衡，以及锅炉燃烧、送风、引风、给水等各子控制回路之间的能量平衡。

（5）具有多种可选择的运行方式。负荷控制系统的设计必须满足机组在各种工况下运行的要求，并提供可供运行人员选择或连锁自动切换的相应控制方式。系统方式的切换均应为无平衡、无扰动过程；同时实现在切除机或炉的某一部分自动后，不会影响负荷控制系统的稳定运行；并具有在各种工况下（如正常运行、机组启动、低负荷或局部故障条件等）都能投入自动的适应能力。

（二）单元机组负荷控制对象的动态特性

单元机组由锅炉、汽轮机和发电机三大主设备组成，其负荷控制对象的结构如图 27-3 所示。从功率和压力控制的角度来分析时，将负荷控制对象的输入与输出信号进行简化近似后，可视其为一个具有两个控制输入（μ_T，μ_B 和两个被控制变量输出（P_E，p_T）的双输入双输出控制对象，其方框图如图 27-4 所示。

该双输入双输出的控制对象动态特性可以用下列传递矩阵来表，即

$$\begin{bmatrix} P_E(s) \\ p_T(s) \end{bmatrix} = \begin{bmatrix} W_{PT}(s) & W_{PB}(s) \\ W_{pT}(s) & W_{pB}(s) \end{bmatrix} \begin{bmatrix} \mu_T \\ \mu_B \end{bmatrix} \tag{27-1}$$

下面分析在两个控制输入量 μ_B 和 μ_T 的扰动下，被控输出量 μ_B 和 p_T 变化的动态特性。

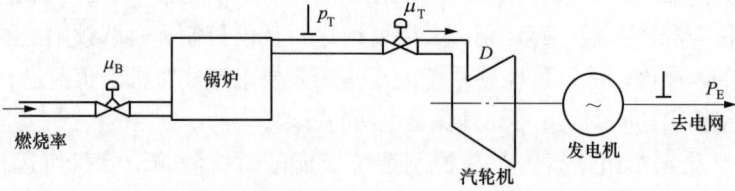

图 27-3　单元机组负荷控制对象结构示意图

P_E—单元机组实发功率；p_T—汽轮机调节汽门前压力；μ_T—汽轮机调节汽门开度；

μ_B—锅炉实际燃烧率；D—主蒸汽流量

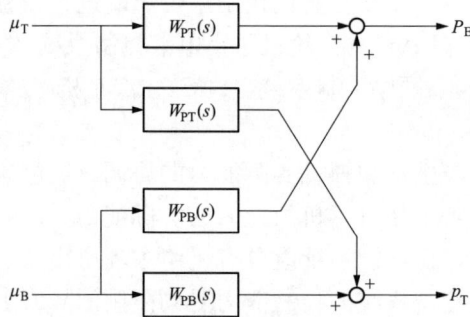

图 27-4　单元机组负荷控制对象方框图

$W_{PT}(s)$—调节汽门开度与机组实发功率通道的传递函数；

$W_{PT}(s)$—调节汽门开度与机前压力通道的传递函数；$W_{PB}(s)$—锅炉燃烧率

与机组实发功率通道的传递函数；$W_{PB}(s)$—锅炉燃烧率与机前压力通道的传递函数

1. 锅炉燃烧率 μ_B 阶跃扰动下的动态特性

锅炉燃烧率 μ_B 阶跃扰动时，如果保持汽轮机调节汽门开度 μ_T 不变或保持汽轮机的进汽量 D 不变，所得到的主蒸汽压力 p_T 和输出电功率 P_E 的响应曲线是完全不同的，这两种情况下的响应曲线见图 27-5（a）和图 27-5（b）。

当汽轮机调门开度 μ_T 保持不变时，燃烧率（及相应的给水流量）增加，锅炉蒸发受热面的吸热量增加，汽压 p_T 经一定迟延后逐渐升高。由于汽轮机调节汽门开度保持不变，进入汽轮机的蒸汽流量 D 随之增加，从而自发地限制了汽压的升高。随着 D 的增加，输出电功率也跟着增加。最终，当蒸汽流量与燃烧率达到新的平衡时，汽压就稳定在一个较高的数值上，实发功率也稳定在一个较高的数值上。故蒸汽流量 D、汽压 p_T、机组实发功率 P_E 均为有自平衡能力特性，可以用高阶惯性环节的传递函数来近似描述，也可以用具有纯迟延的惯性环节传递函数来近似描述。只是由于存在中间再热器，P_E 的惯性（或纯迟延）要比 p_T 大。

当汽轮机进汽量 D 保持不变时，燃烧率增加经一定的迟延后汽压 p_T 将逐渐升高，由于用汽量 D 不变（靠不断调整汽轮机调节汽门开度来实

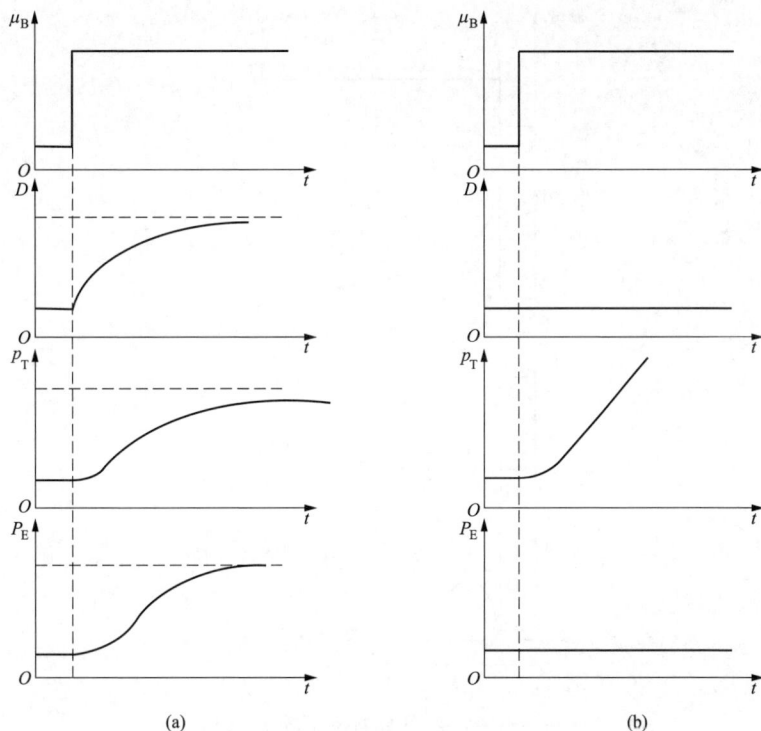

图 27-5　μ_B 扰动下的动态特性

(a) μ_T 不变，μ_B 阶跃扰动下的 p_T 和 P_E 的响应曲线；

(b) D 不变，μ_B 阶跃扰动下的 p_T 和 P_E 的响应曲线

现），机组实发功率不变。但因蒸汽流量始终小于燃烧供热量，能量供求一直不能平衡，所以机前压力最终以一定速度增加，表现为无自平衡能力的特性。p_T 的响应特性可以用具有纯迟延的积分环节传递函数来近似描述。

2. 汽轮机调节汽门开度 μ_T 扰动下的动态特性

当锅炉燃烧率（及相应的给水流量）μ_B 保持不变，而 μ_T 发生阶跃扰动时，主蒸汽压力 p_T 和实发功率 P_E 的响应曲线如图 27-6 所示。汽轮机调节汽门开度阶跃增加时，进入汽轮机的蒸汽流量立刻成比例增加，同时汽压 p_T 也随之立刻阶跃下降（阶跃下降的幅值大小与蒸汽流量的阶跃增加量成正比，也与锅炉的蓄热量大小有关）。因燃烧率不变，则蒸发量也不变。只是靠汽压下降而释放一部分蓄热，使蒸汽流量暂时增加，故机组实发功率随蒸汽流量的增加也暂时增加。最终，蒸汽流量仍恢复到与燃烧率相应的扰动前的数值，主蒸汽压力也逐渐趋于一个较低的稳定数值，实发功率 P_E 也随蒸汽流量恢复到扰动前的数值。可见，μ_T 阶跃扰动下，p_T 的动态特性可用比例加一阶惯性环节的传递函数来近似描述，而 P_E 则可用具有惯性的实际微分环节的传递函数来近似描述。

由以上分析可以看出，当汽轮机调节汽门开度变化时，两个被控量 P_E

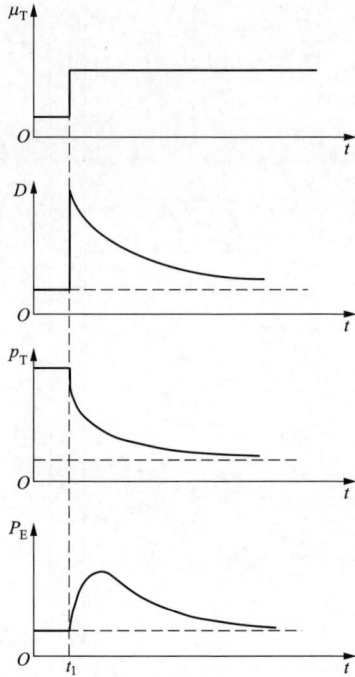

图 27-6 μ_B 不变，μ_T 阶跃扰动下的 p_T 和 P_E 曲线

和 p_T 的响应都很快；而当锅炉燃烧率变化时，P_E 和 p_T 的响应均很慢。这就是单元机组负荷控制对象动态特性的特点，即汽轮机、锅炉对象动态特性存在较大差异。

二、单元机组负荷控制系统的运行方式

单元机组负荷控制系统按汽轮机、锅炉所承担调节功率与调节压力任务的不同来分，其运行方式可分为三种：

（1）锅炉跟随负荷控制方式。

（2）汽轮机跟随负荷控制方式。

（3）机炉负荷协调控制方式。

这里的机炉负荷协调控制方式是汽轮机和锅炉两侧同时具有调节功率和调节压力功能的一种运行方式，它是目前多数单元机组正常运行工况下的负荷控制方案；而汽轮机跟随则是当锅炉侧主机、辅机或控制系统故障下所采用的一种辅助运行方式；锅炉跟随是当汽轮机侧主机、辅机或控制系统故障下的另一种辅助运行方式。下面分别介绍这三种负荷控制方式的工作原理及特点。

（一）锅炉跟随负荷控制方式（Boiler Follow Mode）

锅炉跟随负荷控制方式是由汽轮机调功系统和锅炉调压系统构成的，即通过控制汽轮机调节汽门开度来改变机组输出功率的大小，而汽压的稳

定则靠锅炉侧改变燃料量、送风量、引风量及给水量等来保证。锅炉跟随方式的工作原理如图 27-7 所示。当功率指令 P_0 变化时，汽轮机控制器 $W_{a1}(s)$ 先发出改变调节汽门开度的指令，改变汽轮机的进汽量，实发功率 P_E 随之变化，迅速与外界功率指令 P_0 趋于一致。汽轮机调节汽门开度的改变，使机前压力 p_T（和汽包压力 p_b）随之变化。这时锅炉控制器 $W_{a2}(s)$ 根据汽压偏差 $p_0 - p_T$ 发出控制信号，改变燃烧率（即燃料量、送风量和引风量相应改变）和给水量等，以便尽快恢复汽压为给定值。静态时，$p_T = p_0$，$P_E = P_0$。但由于锅炉对负荷变化的响应速度比汽轮机慢，使机前汽压和汽包压力都有较大程度的变化。然而，汽压降低所释放出的能量（即蒸汽流量的增加），会迅速满足外界负荷增大的需求，相反汽压升高使蒸汽流量减少，又会迅速减小机组实发功率，与外界负荷降低的要求相适应。因此，锅炉跟随运行方式的优点是对电网的负荷适应性好，能充分利用锅炉蓄能；其缺点为运行稳定性差，不仅当负荷变化时，因锅炉动态响应慢，使汽压波动大，而且在燃烧率扰动（如增加）时，为保持功率，汽轮机控制器调节其调节汽门开度（关小），更使压力波动加剧。

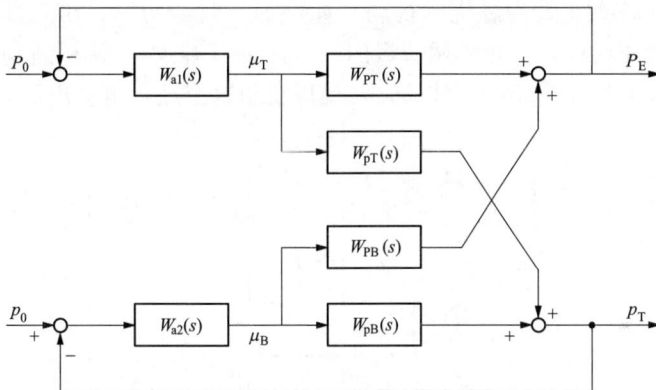

图 27-7　锅炉跟随负荷控制方式工作原理图

$W_{a1}(s)$—汽轮机控制器；$W_{a2}(s)$—锅炉控制器；P_0—外界功率指令；

p_0—机前压力给定值；P_E—机组实发功率；p_T—机前实测汽压

锅炉跟随方式通常用于蓄热能力相应较大的中、小型汽包锅炉机组。早期投产的母管制运行的机组多采用这种负荷控制方式。而大型单元机组蓄热能力相对较小，在负荷变化较频繁的场合，不宜采用这种负荷控制方式。

在大型单元机组负荷控制中，锅炉跟随方式通常被作为一种辅助运行方式，适用于下述情形：

（1）当汽轮机的出力小于锅炉的出力，而且汽轮机调节汽门已开至最大时，靠锅炉控制系统维持机组稳定运行的工况。

（2）汽轮机侧的主、辅机或控制系统故障，汽轮机控制系统处于手动状态,只能靠锅炉控制系统来维持机前压力稳定的场合。

（二）汽轮机跟随负荷控制方式（Turbine Follow Mode）

汽轮机跟随负荷控制方式是由锅炉调功系统和汽轮机调压系统构成的,其工作原理如图 27-8 所示。当外界功率指令 P_0 改变后,锅炉控制器迅速发出改变燃烧率的指令,调节燃料量、送风量、引风量和给水流量等,燃烧率的变化引起锅炉蒸发量、蓄热量、汽包压力和机前压力的相继变化,产生汽压偏差。汽轮机控制器根据 $p_0 - p_T$ 的大小,发出改变调节汽门开度的指令,使汽轮机的进汽量变化,从而改变机组的实发功率 P_E,使其与功率指令 P_0 趋于一致。动态过程结束后,$P_E = P_0$,$p_T = p_0$。因汽轮机对汽压变化的响应速率比锅炉快,对各种扰动因素引起的汽压偏差均能快速消除,故能保证机前压力稳定。但在负荷变化时,没有利用锅炉蓄热,机组输出功率的改变要等到燃烧率改变,引起蒸发量、锅炉蓄能及汽压相继变化后才响应,负荷适应能力差。因此,汽轮机跟随运行方式的优点是机组运行的稳定性好,负荷变化或燃料扰动时压力很稳。其缺点有两方面,一方面是没有利用锅炉蓄能,负荷适应性差;另一方面是燃烧率扰动时,机组功率波动较大。因为燃烧率扰动（如增加）时,功率、压力都变化,而为了保持汽压稳定,汽轮机调节汽门开度改变（开大）,使机组功率进一步变化,造成机组输出功率的波动,对燃煤机组这个缺点更突出。

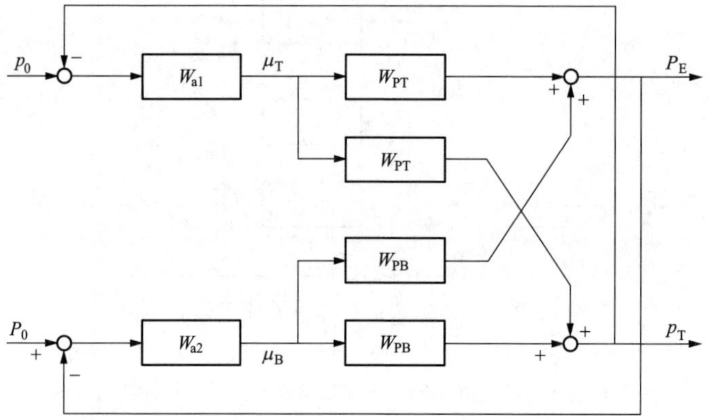

图 27-8　汽轮机跟随负荷控制方式工作原理

汽轮机跟随控制方式仅适用于带基本负荷的单元机组,但由于汽轮机跟随方式具有能较好地维持机前压力、有利于机组的稳定运行、减少运行人员的操作等特点,在一些特殊场合使用较多。如下列场合:

（1）新机组刚投入运行,机组特性尚未完全掌握的情况下采用该方式。

（2）在锅炉出力小于汽轮机出力,而且想让机组带最大可能的负荷运行时采用该方式。

（3）在锅炉侧发生主机、辅机及控制系统故障,锅炉控制系统投入手动运行时,采用该运行方式。

（4）当机组采用滑压运行方式启动过程中，汽压达到额定值后，进行定压升负荷，也常采用汽轮机跟随方式。需要注意的是，汽轮机跟随运行方式在发生发电机跳闸时，汽轮机调节系统还会产生误动作，开大调节汽门，会造成汽轮机超速。因此，以汽轮机跟随方式运行的机组，应设置在发电机跳闸时，汽轮机控制系统自动切除的功能。

（三）机炉负荷协调控制方式（Coordinated Control Mode）

锅炉跟随方式或汽轮机跟随方式，实际上都是锅炉与汽轮机相对独立运行的方式，因此在变动负荷运行状态，存在着控制性能顾此失彼的现象，很难满足既要适应负荷的变化，又要保持主蒸汽压稳定的基本控制要求。其原因是这两种控制系统未把机炉作为一个整体看待，忽视了机炉内在的相互关联性和动态特性上的差异，没有使汽轮机和锅炉的运行有机协调起来。机炉协调控制是将锅炉和汽轮机作为有机的整体进行系统设计，汽轮机侧和锅炉侧同时兼有调功和调压的双重任务。但应该指出，机炉协调控制方式并不是锅炉跟随与汽轮机跟随两种控制方式的简单折中或机炉的单纯相互照顾，而是扬长避短，发挥了两者的优点，抑制了各自的缺点，减少机、炉两侧的相互影响，具有更好的综合控制性能。

机炉协调负荷控制方式有下列三种基本方案：

（1）以锅炉跟随为基础的协调控制方式。

（2）以汽轮机跟随为基础的协调控制方式。

（3）机炉综合型协调控制方式。

下面分别介绍这三种方案的工作原理及特点。

1. 以锅炉跟随为基础的协调控制方式

锅炉跟随控制方式的缺点是汽压波动大，这是由于锅炉侧对汽压的控制作用跟不上汽轮机侧调节功率对汽压产生的扰动作用。可见单靠锅炉调节汽压一般不会达到理想的汽压控制质量，必须让汽轮机在控制实发功率的同时，配合锅炉侧也参与汽压的控制，这就是以锅炉跟随为基础的协调控制方式的设计思路。其工作原理如图27-9所示。

当外界负荷指令变化时，汽轮机控制器首先依据功率偏差（P_0-P_E）的大小改变调节汽门开度μ_T，以改变进汽量，适应负荷的变化，使机组实发功率与功率要求相平衡。汽轮机进汽量的改变导致机前汽压（及汽包压力）p_T的变化，产生汽压偏差（p_0-p_T），锅炉控制器根据该汽压偏差发出改变锅炉燃烧率及给水流量的指令，以迅速使锅炉的实际蒸发量与汽轮机需汽量趋于一致。同时，该汽压偏差也作用于汽轮机控制器，限制调节汽门的进一步改变，以防止过量利用锅炉蓄热，从而使汽压波动减小。最终，由汽轮机侧将实发功率调整到外界功率指令，即$P_E=P_0$；由锅炉侧负责使机前汽压恢复到给定值，即$p_T=p_0$。可见该方案是在机调功、炉调压的锅炉跟随控制方式的基础上，增加了机、炉共同维持汽压在允许范围内的协调控制动作，故称该方案为以锅炉跟随为基础的协调控制方式。

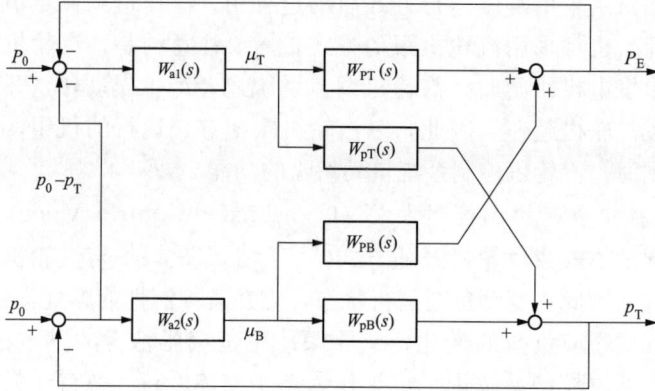

图 27-9　以锅炉跟随为基础的协调控制方式

从以上分析可知，汽压偏差对汽轮机调节汽门开度的限制，可以减少汽压波动，但同时也减慢了机组对负荷的响应速度。换句话说，该控制方式是以降低机组对负荷的响应性能为代价换取了汽压控制质量的提高，其结果是同时兼顾适应负荷和稳定汽压两方面的控制品质。

2. 以汽轮机跟随为基础的协调控制方式

前面已经介绍过汽轮机跟随控制方式的缺点是适应负荷的能力差，这是由于锅炉的迟延和惯性比汽轮机大，使机组响应功率指令的速度较慢。要加快这种控制方式的负荷响应，就必须设法利用锅炉的蓄热量，允许汽压在一定范围内波动，即让汽轮机在控制机前压力的同时，配合锅炉侧共同控制实发功率，利用锅炉蓄热提高负荷响应速度。这样就构成了汽轮机跟随为基础的协调控制方式，工作原理如图 27-10 所示。当外界功率指令变化时，锅炉和汽轮机控制器同时动作，分别改变燃烧率（及给水流量）和汽轮机调节汽门开度。在锅炉燃烧率变化引起蒸发量变化的迟延过程中，暂时利用锅炉蓄热能力使机组实发功率迅速改变。但随之带来的汽压 p_T 变化，也由汽轮机控制器通过调节汽门开度的大小进行控制。动态过程结束后，由汽轮机侧维持汽压为给定值。可见该方案是在机调压、炉调功的汽轮机跟随控制方式的基础上，增加了机、炉共同保持机组实发功率的协调动作，故称该方案为以汽轮机跟随为基础的协调控制方式。

由此可见，暂时利用锅炉的蓄热能力，可以改善功率的响应特性，适应负荷的能力提高，但是也使汽压动态偏差因此而加大。因此，该控制方式是以加大汽压动态偏差作为代价来换取功率响应速度的提高，也就是同时兼顾稳定汽压与快速响应负荷两方面的控制性能。

3. 机炉综合型协调控制方式

机炉综合型协调控制方式的工作原理如图 27-11 所示。可以看出，功率偏差和汽压偏差信号同时送到汽轮机控制器和锅炉控制器。当负荷指令增加时，将出现一个正的功率偏差信号（$P_0 - P_E$），汽轮机控制器根据该偏

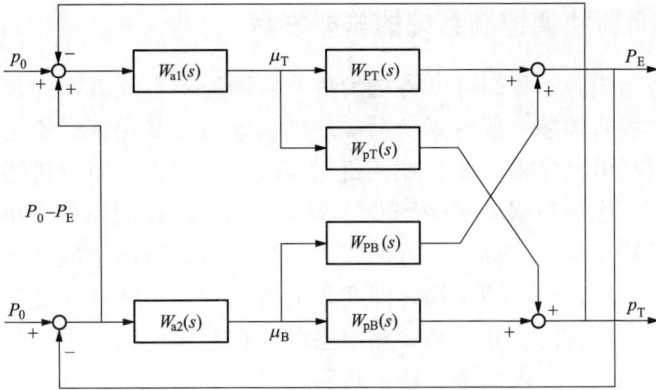

图 27-10　以汽轮机跟随为基础的协调控制方式

差去开大调节阀门，增加机组的实发功率，同时锅炉控制器根据该偏差增加燃烧率，以多产蒸汽。随着调节汽门开度 μ_T 的增大，机前压力 p_T 将立即随之下降。尽管此时锅炉已经开始增大燃烧率，但由于燃烧率—机前压力通道存在较大惯性，所以负荷扰动出现初期仍会有正的压力偏差（p_0-p_T）出现，该信号以正方向作用于锅炉控制器，继续加大燃烧率，以尽快恢复压力为给定值。同时，该信号以反方向作用于汽轮机控制器入口，限制汽轮机调节汽门的进一步开大。当锅炉侧燃烧率增加使机前压力逐渐升高时，压力偏差逐渐减小，汽轮机调节汽门在正的功率偏差信号的作用下会继续开大，以提高机组实发功率。直至使实发功率与机前压力都趋于其给定值时，机组重新又进入稳定状态。

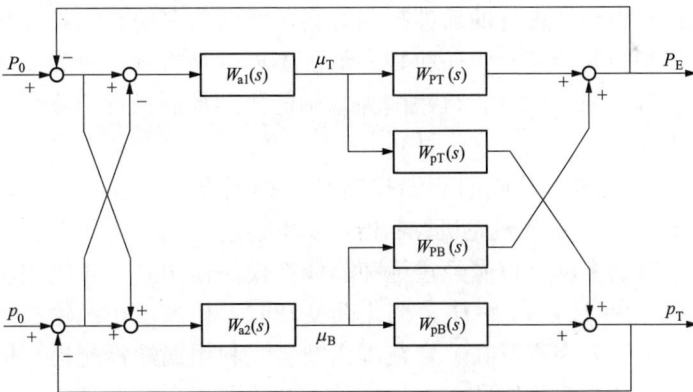

图 27-11　机炉综合型协调控制方式

可见，综合型协调控制方式中的锅炉控制器和汽轮机控制器同时兼有调功和调压的双重任务，可以维持汽压在允许的范围内，使机组能尽快适应外界负荷的要求。因此综合型协调方式具有较好的负荷适应性能和汽压稳定性能，是一种较为合理和完善的负荷控制方式。

三、机炉负荷协调控制系统的典型方案

根据以上内容，我们可以将机炉负荷协调控制系统概括为是将机炉作为一个整体进行控制。既考虑负荷响应的快速性，又保证机组运行的稳定性；既要满足电网需求，又要顾及机组实际可能出力；同时包括了汽轮机调节阀门开度控制与锅炉燃烧率及给水控制的闭环控制系统。协调控制系统的控制策略有两个方面：一方面在于处理机组的负荷适应性与运行稳定性的矛盾，要求达到既快又稳，即在负荷变动过程中既要充分利用锅炉蓄能，快速响应负荷的变化，又要相应限制这种利用的幅度，同时动态超调锅炉的能量输入，补偿蓄能，稳定汽压；另一方面在于尽可能减少和消除锅炉、汽轮机动作间的相互影响，采用扰动补偿或多变量系统解耦的控制原则。扰动应由扰动侧的控制回路自行快速消除，而非扰动侧的控制回路应少动或不动，以利于控制过程稳定。为解决好这些问题，机炉协调负荷控制系统除采用不同的反馈控制方案外，还能充分发挥前馈控制技术的优势。现分别将协调控制系统中采用的反馈和前馈控制方案做介绍。

（一）负荷反馈控制

机炉负荷协调控制系统中的反馈控制包括功率反馈控制和压力反馈控制两部分。功率反馈控制是根据功率指令与机组实发功率的偏差进行控制的，目的是使实发功率趋于功率指令。而压力反馈控制则有两种不同类型：一种是以机前压力作为反馈信号；另一种是以热量信号作为反馈信号。这两种不同的反馈信号均能实现静态时机前压力等于给定值的控制目标。

1. 按机前压力信号进行的反馈控制

按机前压力信号进行的反馈控制方案，根据功率偏差信号或汽压偏差信号送入锅炉控制器还是汽轮机控制器的不同连接方式，分为以锅炉跟随为基础的协调控制和以汽轮机跟随为基础的协调控制两种方案。工作原理如图 27-12 所示。

以汽轮机跟随为基础的协调控制系统如图 27-12（a）所示。汽压偏差（$p_0 - p_T$）信号送入汽轮机控制器，功率偏差（$P_0 - P_E$）信号送入锅炉控制器，同时功率偏差信号经过饱和非线性模块作用到汽轮机控制器的入口，稳态时 $p_T = p_0$，$P_E = P_0$。当负荷变动时，相当于在汽轮机跟随控制方式的基础上，允许汽压在一定范围内波动，利用锅炉蓄能提高机组的负荷适应能力。功率偏差信号（$P_0 - P_E$）可以看作是对机前压力给定值的暂时改变量。如负荷增加，$P_0 - P_E > 0$，则机前压力给定值减小，可以开大阀门以降低机前压力；当负荷减小时，$P_0 - P_E < 0$，则机前压力给定值增加，需要关小阀门使机前压力升高。这样就可以在饱和特性的线性区内，充分利用锅炉蓄能，提高机组的负荷响应速度。这里饱和非线性模块的特性由机组运行特性确定，也就是根据机前压力的允许最大变化范围决定。

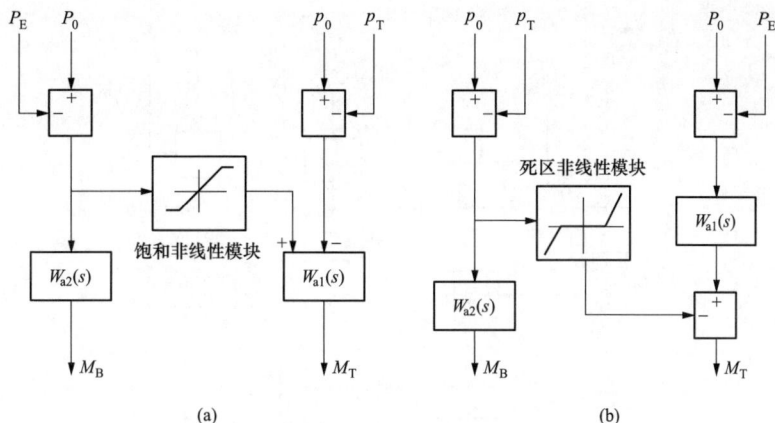

图 27-12 按机前压力信号进行的反馈控制方案

(a) 以汽轮机跟随为基础的协调控制；(b) 以锅炉跟随为基础的协调控制

M_B、M_T—锅炉侧负荷指令信号和汽轮机侧负荷指令信号

图 27-12（b）所示为以锅炉跟随为基础的协调控制系统。该系统是在锅炉跟随控制方式的基础上，增加了一个死区非线性模块所构成的。当负荷增加时，汽轮机控制器的输出增加，调节汽门开度增加，便引起机前压力下降，压力偏差信号通过死区非线性模块加到汽轮机控制器出口做输出补偿。当压力偏差（$p_0 - p_T$）在死区范围内时，则不对汽轮机控制器的输出进行校正。当压力偏差继续增大超出死区范围后，该输出补偿将起作用，限制调节汽门开度的进一步增大，从而限制过量利用锅炉蓄热，使机前压力维持在允许的范围内。动态过程结束后，由汽轮机控制器保证 $P_E = P_0$，由锅炉控制器维持 $p_T = p_0$。

2. 按热量信号进行的反馈控制

按热量信号进行反馈控制的负荷控制系统是在锅炉跟随控制方式的基础上，将机前压力给定值和机前压力反馈信号分别用能量平衡信号 $\left(p_1 \times \dfrac{p_0}{p_T}\right)$ 和热量信号 $\left(p_1 + \dfrac{dp_b}{dt}\right)$ 取代后所构成的系统，故也被称为直接能量平衡（Direct Energy Balance，DEB）协调控制系统。其工作原理框图如图 27-13 所示。

（1）能量平衡信号的概念。能量平衡信号为 $\left(p_1 \times \dfrac{p_0}{p_T}\right)$，其中压力比 $\dfrac{p_0}{p_T}$ 为 p_1 的修正系数，能量平衡信号准确地代表了汽轮机对锅炉的能量需求。调节级汽压 p_1 与机前压力 p_T 之比 $\dfrac{p_1}{p_T}$ 精确地表示汽轮机调节汽门的有效通流面积或开度，即 $\mu_T = f\left(\dfrac{p_1}{p_T}\right)$。$\mu_T = 0$ 时，$p_1 = 0$；$\mu_T = \mu_{max}$ 时，$p_1 = p_{1max}$。如果机前压力给定值 p_0 为常数（定压运行），则能量平衡信号与汽

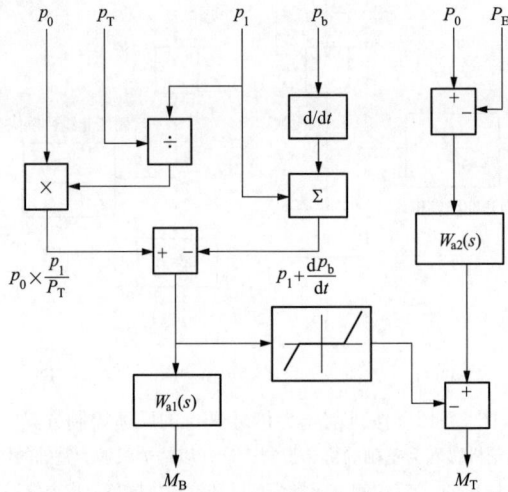

图 27-13 按热量信号进行的反馈控制方案
p_1—汽轮机调节级压力；p_b—锅炉汽包压力

门开度之间是直线关系。汽轮机对锅炉的能量需求可由代表调节汽门开度的压力比 $\dfrac{p_1}{p_T}$ 表示。如果 p_0 不是常数（滑压运行），则能量平衡信号与汽轮机调节汽门开度之间不是直线关系，这时必须采用 $\left(p_1 \times \dfrac{p_0}{p_T}\right)$ 作为汽轮机对锅炉的能量需求信号。可见无论是在定压还是滑压运行工况，能量平衡信号 $\left(p_1 \times \dfrac{p_0}{p_T}\right)$ 都能准确地代表汽轮机的能量需求。能量平衡信号只反映外扰（汽轮机调节汽门开度）的变化，而不受锅炉侧内扰（燃烧率变化）的影响，这是因为锅炉侧内扰对机前压力 p_T 和调节级压力 p_1 具有相似的影响。当燃烧率自发增加时，p_T 和 p_1 同时增加，而 $\dfrac{p_1}{p_T}$（调节汽门开度）保持不变，故能量平衡信号不变，不受内扰的影响。对于没有 p_1 测点的汽轮机组，能量平衡信号采用 $\dfrac{p_0}{p_T}D$ 的形式（其中 D 为进入汽轮机的主蒸汽流量）。外扰与内扰下压力比 $\dfrac{p_1}{p_T}$ 的动态规律如图 27-14 所示。

（2）热量信号 $\left(D + \dfrac{dp_b}{dt}\right)$ 的概念。热量信号由蒸汽流量信号和汽包压力的微分信号构成，其计算式为

$$Q = D + C_k \frac{dp_b}{dt} \tag{27-2}$$

式中 D——蒸汽流量；

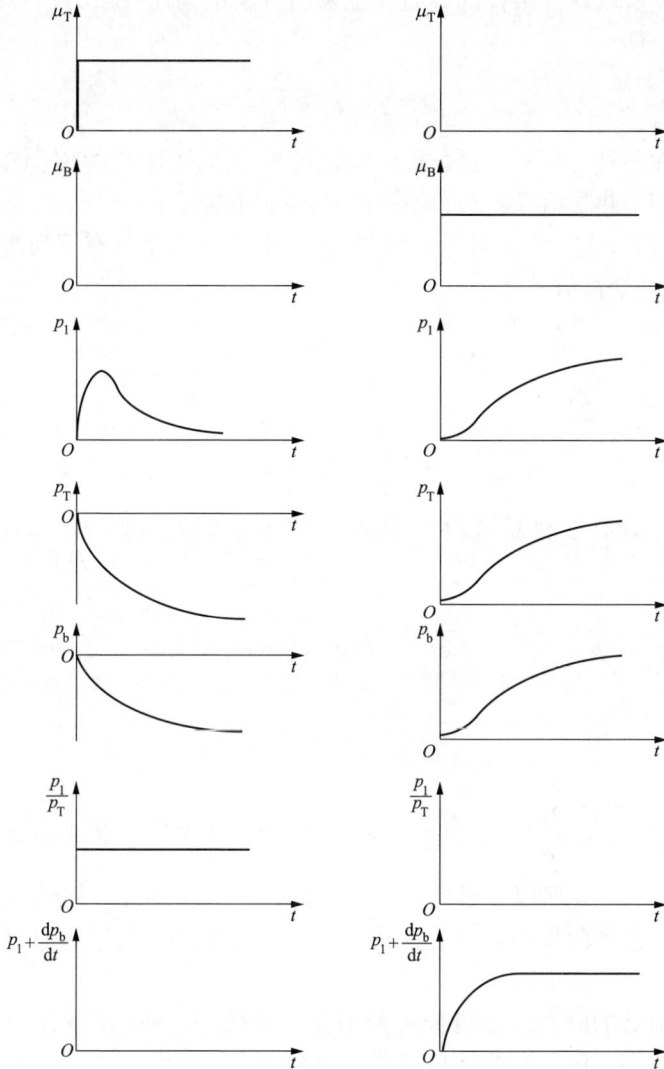

图 27-14　压力比和热量信号在外扰和内扰下的动态规律

p_b——汽包压力；

C_k——锅炉蓄热系数，表示锅炉蓄热能力大小的系数。

　　由热量信号 Q 的计算式可看出，稳态时蒸汽流量 D 可以认为是燃料释放热量的准确测量值；动态时，由于燃料量发生扰动，有一部分热量储存于锅炉的汽水中，表现为汽包压力的变化。因此，可以用蒸汽流量信号与汽包压力的微分信号的叠加作为燃烧率的测量信号。热量信号应只反映燃烧率的变化，而不反映用汽量的变化。即当燃烧率变化时，热量信号应成比例地随之变化；蒸汽负荷变化时，只要燃烧率不变，热量信号不应发生变化。

　　但由于蒸汽流量信号测量复杂，受蒸汽温度和压力的影响，测量精度

1021

不易保证，所以在有条件的场合，也采用汽轮机调速级压力信号代替蒸汽流量信号，即

$$Q = p_1 + C_k \frac{\mathrm{d}p_b}{\mathrm{d}t} \tag{27-3}$$

因此在各种工况下，热量信号均能准确地表示锅炉的实际能量，外扰与内扰作用下热量信号的动态规律如图 27-14 所示。

由此可知，图 27-13 所示系统的锅炉控制器入口信号有下列两个：

1）能量平衡信号为

$$p_1 \times \frac{p_0}{p_T}$$

2）热量信号为

$$p_1 + \frac{\mathrm{d}p_b}{\mathrm{d}t}（假设 C_k = 1）$$

因此，锅炉控制器（PI 控制器）的入口偏差（即锅炉的燃烧率偏差）为

$$e_B = p_0 \times \frac{p_1}{p_T} - \left(p_1 + \frac{\mathrm{d}p_b}{\mathrm{d}t}\right) = p_1 \times \frac{p_0 - p_T}{p_T} - \frac{\mathrm{d}p_b}{\mathrm{d}t} = e_p \frac{p_1}{p_T} - \frac{\mathrm{d}p_b}{\mathrm{d}t}$$

$$\tag{27-4}$$

$$e_p = p_0 - p_T$$

式中　e_p——机前压力偏差。

在静态工况有 $\frac{\mathrm{d}p_b}{\mathrm{d}t} = 0$，则 $e_B = e_p \frac{p_1}{p_T} = 0$。由于 $\frac{p_1}{p_T}$ 为汽轮机调节汽门开度，不可能为零，所以必须有 $e_p = 0$，即 $p_T = p_0$。因此，锅炉控制器实际上具有压力控制的作用，固有保持机前压力等于其给定值的能力，无需另外再加压力闭环校正回路。

当负荷增加时，汽轮机控制器根据功率偏差，使调节汽门开度增大，提高实发功率，使实发功率趋于功率指令。当调节汽门开度增大后，$p_1 \times \frac{p_0}{p_T}$ 也成比例增大，引起锅炉侧的能量不平衡，则锅炉控制器根据能量偏差 e_B 改变锅炉侧的燃烧率和给水量。由式（27-2）可知，锅炉的能量偏差 $e_B = e_p \frac{p_1}{p_T} - \frac{\mathrm{d}p_b}{\mathrm{d}t}$，其中 $\left(-\frac{\mathrm{d}p_b}{\mathrm{d}t}\right)$ 项与压力偏差项 $e_p \frac{p_1}{p_T}$ 的变化方向相同。因此在运行过程初期，由于 $\frac{\mathrm{d}p_b}{\mathrm{d}t}$ 的存在加速了燃烧率的增大，提高了锅炉侧的负荷响应能力，具有防止 p_T 过调、使过程稳定的作用。而在动态过程快要结束时，$\left(-\frac{\mathrm{d}p_b}{\mathrm{d}t}\right)$ 项与 $e_p \frac{p_1}{p_T}$ 变化反向，提供了过程阻尼，有助于变负荷过程的稳定。图 27-11 中的死区非线性模块的使用也是从限制过量利用蓄热，防止汽压超出允许范围考虑的。静态时，$e_p = p_0 - p_T = 0$，$P_E = P_0$。

（二）负荷前馈控制

为了提高负荷控制质量，除了采用上面介绍的反馈控制外，还使用了前馈控制手段。常见的负荷控制中的前馈控制是按功率指令进行控制的，这种前馈控制一方面可以补偿被控对象（以锅炉侧为主）动态特性的迟延和惯性，加快负荷响应速度；另一方面，作为前馈信号的功率指令与汽轮机、锅炉控制指令（即对调节汽门开度、燃烧率等操作量的要求）构成一定的静态关系，并将前馈信号作为汽轮机、锅炉控制指令的基本组成部分，以保证机组的输入能量与能量需求基本一致。在变负荷的动态过程中，前馈控制起"粗调"的作用。

单元机组负荷控制系统当负荷变化时响应特性的好坏主要取决于锅炉侧，因此，前馈控制的重点是锅炉侧。而汽轮机侧原有的响应负荷变化的能力就很强，无需采用前馈控制。考虑到负荷控制要求汽轮机调节汽门开度（或汽轮机实际负荷）与负荷指令保持一致，因此，通常只采用静态前馈控制。这样，一旦单元机组与电网突然解列，可迅速切除负荷指令，使调节汽门立即关小，防止超速。

前馈控制的引入能在汽轮机与锅炉之间的能量平衡关系在将要失去或者不平衡刚刚发生时，使能量的失衡限制在较小的范围内。对汽轮机而言，就是要保持进入汽轮机的蒸汽量与外界功率指令相平衡，因此前馈信号只能选择功率指令；对锅炉来说，则是要保持进入锅炉的能量（燃烧率及给水量等）与汽轮机对锅炉的负荷要求（蒸汽流量）相平衡。因此前馈信号不仅可选择功率指令，还可选择蒸汽流量，无论是功率指令还是蒸汽流量都代表了对锅炉的能量要求。

1. 按功率指令进行的前馈控制

按功率指令进行的前馈控制方案如图 27-15 所示。当负荷指令 P_0 变化时，分别经汽轮机侧前馈控制器（K）和锅炉侧前馈控制器 $\left(K+\dfrac{\mathrm{d}}{\mathrm{d}t}\right)$ 发出前馈控制信号，对原来的汽轮机负荷指令 M_T 和锅炉负荷指令 M_B 进行校正，使汽轮机调节汽门开度改变以适应功率指令的变化，使锅炉的燃烧率也做相应改变以适应功率指令的变化。同时，为了减小锅炉的动态迟延，加快负荷响应速度，还要具有适当的超前调节动作（微分控制作用）。可见前馈控制可以在能量失衡过程中，起"粗调"作用，使 M_T 和 M_B 始终与 P_0 趋于一致。在此基础上，反馈控制系统根据压力偏差（p_0-p_T）和功率偏差（P_0-P_E）进行校正，相当于"细调"作用。这样，前馈控制与反馈控制相互配合，保证机组在稳定运行的前提下，尽可能快地适应负荷变化。

2. 按蒸汽流量进行的前馈控制

按蒸汽流量进行的前馈控制主要用于锅炉侧。蒸汽流量信号代表汽轮机所消耗的能量，因此也称为能量平衡信号。将它作为对锅炉输入能量的需求信号，可以使锅炉的能量随时适应汽轮机侧的耗能要求，实现汽轮机

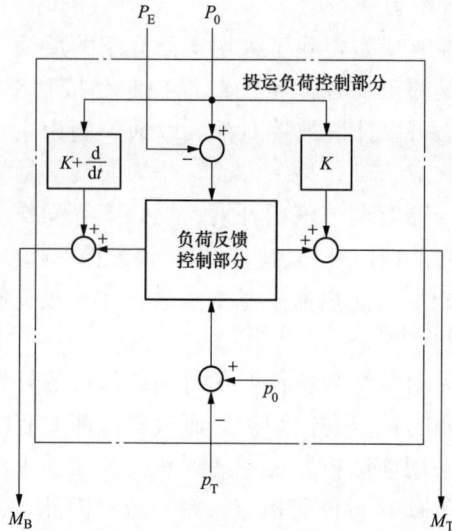

图 27-15　按功率指令进行的前馈控制方案

和锅炉动作的协调。

目前在实际应用中，单元机组常用汽轮机调节级汽压值作为蒸汽流量的测量参数。因压力测量比蒸汽流量测量简单、易准确，且理论和实践表明汽轮机调节级压力 p_1 的大小与汽轮机的实际耗汽量成正比，所以采用调节级压力 p_1 作为锅炉侧的能量要求信号是可行的。但是如果锅炉侧产生内扰（燃烧率增加），则汽包压力 p_b、机前压力 p_T 逐渐升高，造成汽轮机进汽量增加，即调节级压力 p_1 增加。此时，若锅炉侧单纯地引入调节级压力（或蒸汽流量 D）作为前馈信号，则会使锅炉的燃烧率继续增加，形成正反馈，产生误动作。为了避免这种单纯地引入调节级压力 p_1 带来的正反馈，必须对 p_1 加以修正，将代表汽轮机实际耗能量信号 p_1 变为汽轮机的能量需求信号。目前常用的修正方法有压力差修正和压力比修正两种。

（1）采用压力差修正的能量平衡信号。采用压力差修正的能量平衡信号的形式为 $p_1[1+K(p_0-p_T)]$，这里 $p_1K(p_0-p_T)$ 为压力差修正项。以经压力差修正的能量平衡信号作为锅炉侧前馈信号的控制方案如图 27-16（a）所示。

如果锅炉侧产生的扰动使燃烧率变化，使机前压力 p_T 改变了 Δp_T，并引起调节级汽压 p_1 变化了 Δp_1，则当 p_1 单独作为前馈信号时所形成的正反馈增长 $K'=\dfrac{\Delta p_1}{\Delta p_T}$，即正反馈增益 K' 与 $\dfrac{p_1}{p_T}$ 成正比。已知调节级压力 p_1 与主汽压 p_T 之比 $\dfrac{p_1}{p_T}$ 可以精确地表示汽轮机调节汽门的开度，因此 K' 与调节汽门开度 $\mu_T=f\left(\dfrac{p_1}{p_T}\right)$ 成正比。当调节汽门全开（即 $\dfrac{p_1}{p_T}=100\%$）时，p_T 变化

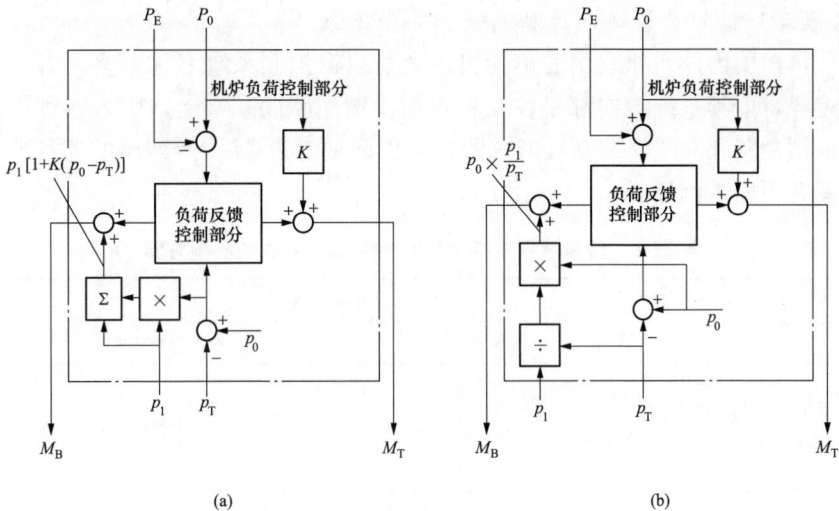

图 27-16　按能量平衡信号进行的前馈控制方案

（a）采用压力差修正的能量平衡信号为前馈；（b）采用压力比修正的能量平衡信号为前馈

Δp_T 基本上全部传递给了调节级压力 p_1 的变化 Δp_1，即 $\Delta p \approx \Delta p_T$，$K' \approx$ 1；当调节汽门全关$\left(\text{即} \dfrac{p_1}{p_T} = 0\%\right)$时，$p_T$ 的变化对 p_1 无任何影响，即 $\Delta p_1 = 0$，$K' = 0$。由此两种极限情况得知，K' 的取值范围是 $0 \sim 1$，K' 随调节汽门开度 $\dfrac{p_1}{p_T}$ 的增大而增大，且有 $K' \approx \dfrac{p_1}{p_T}$。当机前汽压 p_T 趋于给定值 p_0 时，$K' \approx \dfrac{p_1}{p_0}$，由此可见，$p_T$ 变化了 Δp_T 后所形成的正反馈量为 $\Delta p_1 \approx \dfrac{p_1}{p_T}(p_T - p_0)$。为了补偿这一正反馈的影响，在能量平衡信号 $p_1[1 + K(p_0 - p_T)]$ 中加入 $\Delta p_1 \approx p_1 K(p_0 - p_T)$ 修正项。当选取 $K = \dfrac{1}{p_0}$ 时，则修正项正好完全补偿了动态过程中的正反馈量 Δp。稳定时负荷反馈控制部分使 $p_T = p_0$，则能量平衡信号 $p_1[1 + K(p_0 - p_T)] = p_1$，即汽轮机的能量需求与实际消耗的能量相等。因此，无论在动态还是稳态，能量平衡信号 $p_1[1 + K(p_0 - p_T)]$ 均能比较准确地代表汽轮机的能量要求。

（2）采用压力比修正的能量平衡信号。采用压力比修正后的能量平衡信号的形式为 $p_1 \dfrac{p_0}{p_T}$，这里压力比 $\dfrac{p_0}{p_T}$ 为 p_1 的修正系数。具有压力比修正的能量平衡信号作为锅炉侧前馈信号的控制方案如图 27-16（b）所示。前面在按热量信号进行的反馈控制部分已经详细介绍了具有压力比修正的能量平衡信号的特点，无论是在定压运行还是在滑压运行工况，能量平衡信号 $p_1 \dfrac{p_0}{p_T}$ 都能正确代表汽轮机的需求能量信号。

（三）机炉负荷协调控制系统的典型方案

目前国内外实际应用的单元机组负荷协调控制系统名称繁多，方案形式多样，但其系统结构都是在几种负荷反馈回路的基础上，引入各种类型的前馈控制和非线性控制后形成的，可以归纳为表 27-1 所列出的四种典型方案，下面举例说明。

表 27-1　负荷控制系统中机炉协调运行方式的典型方案

名　称	控制系统任务	
	汽轮机侧	锅炉侧
以锅炉跟随为基础的协调控制系统	闭环调节功率＋机组指令前馈；压力偏差超过死区范围时，闭环功（PI）＋压力拉回（P）	闭环调节汽压＋机组指令前馈
以汽轮机跟随为基础的协调控制系统	闭环同时调节压力、功率；功率偏差超过规定值时，限制继续调功而转入以调压为主的控制方式	闭环调节功率＋机组指令前馈
机炉综合协调控制系统	闭环同时调节压力、功率＋机组指令前馈	闭环同时调节压力、功率＋机组指令前馈
直接能量平衡协调控制系统	闭环调节功率＋机组指令前馈（或压力拉回）	以能量平衡信号 $p_1\dfrac{p_0}{p_T}$ 作为锅炉的前馈指令，热量信号 $p_1+\dfrac{\mathrm{d}p_b}{\mathrm{d}t}$ 作为锅炉侧实际能量反馈信号

1. 以锅炉跟随为基础的协调控制系统

某 600MW 单元机组的协调控制系统如图 27-17 所示。由图可知，汽轮机侧控制系统采用闭环调节功率，再加机组功率指令前馈控制。当机组负荷变化时，通过比例运算模块（P）形成对汽轮机的前馈控制作用，比例积分（PI）控制器则根据功率偏差（P_0-P_E）进行反馈控制。前馈和反馈控制使汽轮机调节汽门开度 μ_T 迅速变化，充分利用锅炉的蓄能，提高机组的负荷响应性能。随着 μ_T 的变化，机前压力 p_T 变化，引起汽压偏差 p_0-p_T。当 $p_0-p_T\leqslant\delta$ 时，该压力偏差不影响汽轮机侧控制系统的输出；当 $p_0-p_T\geqslant\delta$ 时，汽轮机侧控制系统则在调节功率的同时，也起将汽压拉回的作用，确保压力波动限制在规定的范围内。这里非线性的死区范围决定了蓄能的利用和限制，而斜率的选择则取决于压力偏差动态校正的速度。稳态时，由汽轮机侧控制器完成实发功率趋于功率给定值，即 $P_E=P_0$。

锅炉侧控制系统是采用闭环调节压力，再加上按汽轮机对锅炉的能量平衡信号进行的前馈控制。当机组负荷指令变化时，锅炉侧控制系统首先感受到的是经压力比修正的能量平衡信号的比例微分前馈控制作用，即 $\dfrac{p_1}{p_T}$

$p_0\left(1+\dfrac{\mathrm{d}}{\mathrm{d}t}\right)$，使锅炉的燃烧率（和给水量等）迅速与能量需求信号趋于一致，且带有适当的过调（由微分作用引起）成分，以补偿锅炉对负荷响应的迟延和惯性。稳态时，依靠 PID 闭环控制回路使 $p_\mathrm{T}=p_0$，完成压力调节任务。可见该系统具有锅炉跟随运行方式的特点。

2. 以汽轮机跟随为基础的协调控制系统

由图 27-17 可知，汽轮机侧控制系统是闭环调节汽压和功率前馈控制。功率指令 P_0 发生阶跃变化时，分别经过正、负比例运算和各自的速度限制运算，得输出曲线如图 27-18 中 a、b 所示。两者相叠加得到图 27-18 所示 c 曲线，即实际功率指令 P_0'。由图 27-18 所示 c 曲线描述的动态特性来看，P_0' 具有近似的比例微分关系，可用关系式（27-5）表示，即

$$P_0' = (1+s)P_0 \tag{27-5}$$

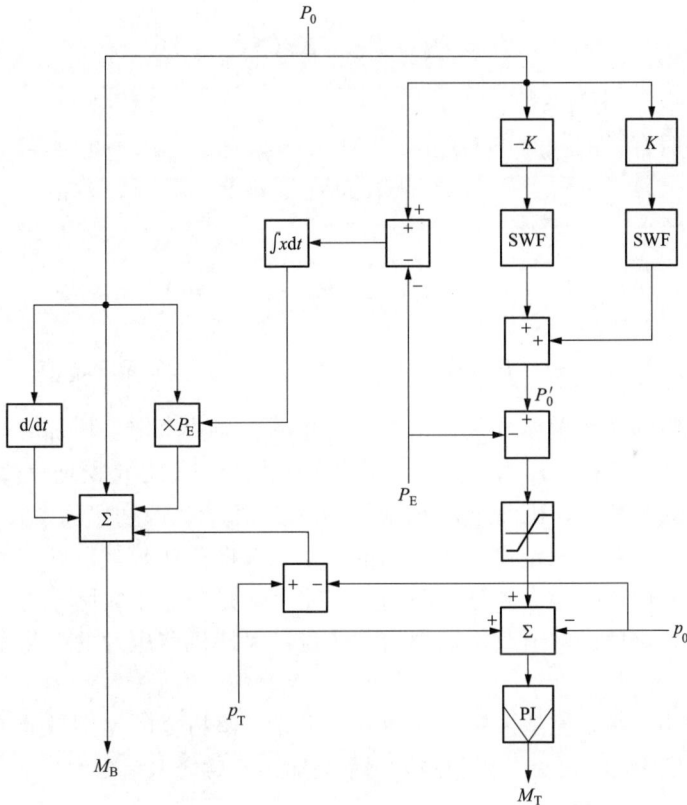

图 27-17　以汽轮机跟随为基础的协调控制系统

构成此特性的理由如下：

（1）形成增减负荷时，产生调节汽门的动态过开、过关特性。

（2）限制机组变负荷速度，减小机组的热应力。

由图 27-17 可写出汽轮机调节器入口信号为

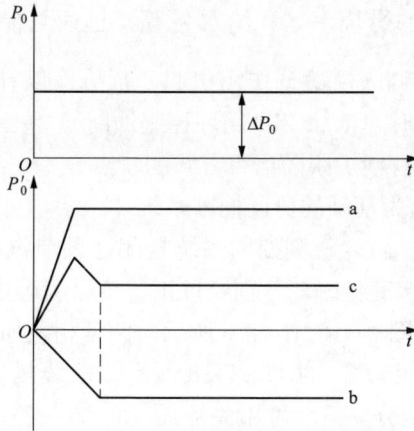

图 27-18　输出曲线

$$(1+s)P_0 - P_E + K_p(p_T - p_0) \tag{27-6}$$

式中　K_p——比例系数。

稳态时有

$$P_0 - P_E + K_p(p_T - p_0) = 0$$

则

$$p_T - \left[p_0 - \frac{1}{K_p}(P_0 - P_E) \right] = 0 \tag{27-7}$$

这里，将 $p_0 - \dfrac{1}{K_p}(P_0 - P_E)$ 视为机前压力 p_T 的实际给定值。可见该定值是随机组的功率偏差（前馈信号）变化的。当功率定值增加时，实际压力给定值将低于机前压力定值 p_0，允许释放蓄能，满足电网增负荷的要求。当功率偏差为零时，机前压力 p_T 等于压力定值 p_0。改变比例系数 K_p 可以调整功率偏差对汽压定值校正作用的大小。双向限幅模块（即饱和非线特性）对功率偏差的最大值进行限制，实质上就是限制了实际压力给定值的变化范围，避免过量地利用锅炉的蓄热量，保持机前压力的变化不超出允许范围。

锅炉侧控制系统是采用闭环调节功率和功率指令的比例微分前馈控制作用。由图 27-17 可见，锅炉侧控制系统输出的燃烧率指令为

$$M_B = (1+s)P_0 + K_p(p_0 - p_T) + K_P P_0 \frac{1}{s}(P_0 - P_E) \tag{27-8}$$

式中　K_p、K_P——比例系数。

该燃烧率指令由下列三部分组成：

（1）$(1+s)P_0$ 项。该项是功率指令 P_0 的比例微分运算项，在系统中作为前馈控制信号。该信号可以在动态过程中加强燃烧率指令，以补偿机炉之间对负荷响应速度的差异。

（2）$K(p_0 - p_T)$项。该项是机前压力偏差的比例运算项，该信号在动态过程中对燃烧率指令进行适当的校正。在机组响应负荷要求的动态过程中，汽压偏差的大小反映了利用锅炉蓄热量的多少，因此压力偏差的比例修正项用于补偿因锅炉蓄热的释放所需要补充的燃烧率的值。稳态时，该项的校正值为"0"。

（3）$K_P P_0 \dfrac{1}{s}(P_0 - P_E)$项。该项是功率偏差的积分校正项，能保证稳态时单元机组的实发功率等于给定值。该项还具有补偿负荷变动过程中锅炉蓄能量变化的作用。由锅炉原理可知，锅炉蓄能量不仅是功率偏差的函数，也是机组功率的函数。即在不同负荷时，锅炉的蓄热能力是不同的，蓄热量与负荷之间成正比例关系。改变同样的负荷值，高负荷时蓄热量的变化要比低负荷时大，这就要求高负荷时有较大的改变燃烧率的能力，因此在积分项中乘以功率指令 P_0 值，以使积分速度随负荷而变化。

3. 机炉综合型协调控制系统

某 600MW 机组机炉负荷协调控制系统如图 27-19 所示。可以看出锅炉与汽轮机两侧控制系统都承担了调节功率与调节压力的双重任务。

汽轮机侧引入功率偏差 $(P_0 - P_E)$ 的目的是合理利用锅炉蓄热。压差信号与功率信号在 PI 调节器入口的综合为 $[p_0 - K(P_0 - P_E)] - p_T$，相当于负荷变化时改变了压力定值。$K(P_0 - P_E)$项为负荷增加时压力定值的暂时降低量，即在加负荷时使压力定值瞬间下降，以放出蓄热。若负荷变化超过了一定幅度，对 $K(P_0 - P_E)$通过一个非线性模块予以限制，以免机前压力偏差超过允许范围。

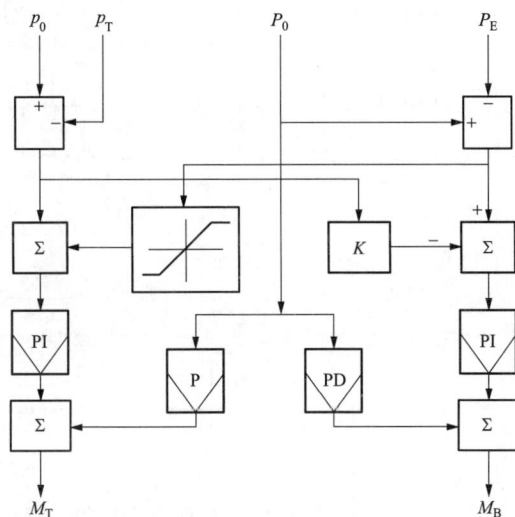

图 27-19 机炉综合协调控制系统

汽轮机侧通过前馈控制器（P）引入功率指令的前馈，使系统在负荷变化时，能够瞬间利用锅炉蓄热，快速适应外界负荷。

汽轮机侧同时调压调功，可以抑制燃烧率扰动对汽轮机控制回路的影响。燃烧率扰动（增加）时，实发功率信号增加，功率偏差 $P_0 - P_E < 0$，要求关小调节汽门，抑制了汽轮机控制回路由于压力信号（增加）要开大调节汽门的动作。这样扰动由锅炉侧快速自行消除，汽轮机侧可尽量少动或基本不动，大大减少了功率波动。

锅炉侧通过前馈控制器在 PD 引入功率指令作为前馈控制信号，使系统在负荷变化时，尽量加速锅炉侧动作，减少锅炉在负荷变化时的迟延和惯性。

锅炉侧同时调压调功，可以抑制汽轮机调节汽门开度扰动对锅炉控制回路的影响。调节汽门开度扰动（增加）时，压力降低抑制了锅炉控制系统由于功率增加要减少燃料的动作，扰动由汽轮机侧快速自行消除，锅炉侧可尽量少动。

由此可见，机炉综合协调控制系统可以尽量减少机炉两侧的相互影响，具有运行稳定性与负荷适应性兼优的特点。

4. 直接能量平衡协调控制系统

某 600MW 机组的负荷协调控制系统如图 27-20 所示。

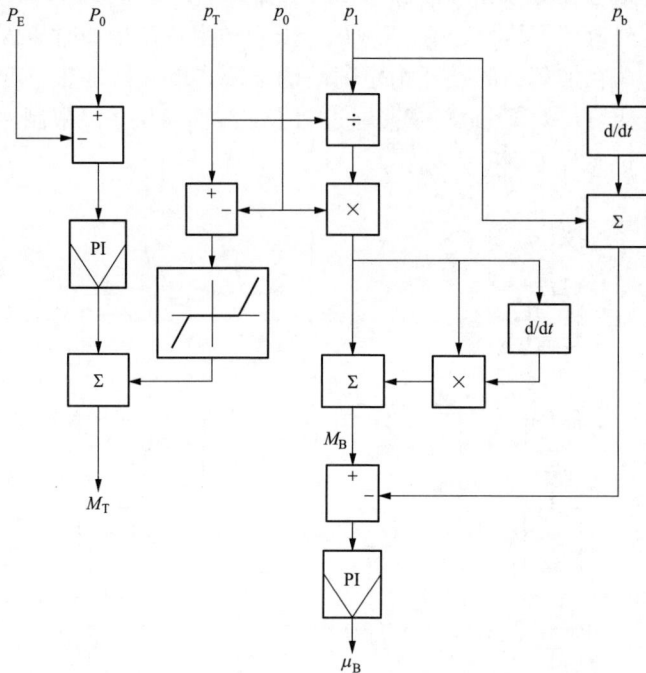

图 27-20　直接能量平衡（DEB）协调控制系统

由图 27-20 可知，汽轮机侧控制系统采用闭环调节功率，同时经死区非线性模块引入压力偏差的限制信号。当功率指令变化（增加）时，PI_1 控制器的输出使调节汽阀开度增大，放出锅炉蓄热，快速适应负荷的变化。但随着 μ_T 的改变，机前压力 p_T 迅速下降，使汽压偏差 $p_0 - p_T$ 增大。当 $p_0 - p_T$ 大于死区非线性所限制的范围后，汽轮机侧控制系统在调节功率的同时，也具有把汽压拉回的作用，限制调节汽门的进一步开大，以确保压力波动范围不超过规定值。当合理选择非线性死区范围和斜率后，即可确定锅炉蓄能的利用与限制，以及确定压力偏差的动态校正速度。稳态时，实发功率等于功率指令，即 $P_E = P_0$。

由图 27-20 可写出锅炉侧控制器 PI_2 的入口信号为：

$$p_0 \frac{p_1}{p_T} + p_0 \frac{p_1}{p_T} \times \frac{\mathrm{d}}{\mathrm{d}t}\left(p_0 \frac{p_1}{p_T}\right) - \left(p_1 + \frac{\mathrm{d}p_b}{\mathrm{d}t}\right) \tag{27-9}$$

式（27-9）中的第一项是汽轮机调节汽门开度信号，代表机组对锅炉的能量需求，或表示汽轮机实际耗能量的大小，作为锅炉燃烧率的指令信号。第二项则是前馈信号，其大小取决于汽轮机的实际耗能量大小及耗能量的变化速度，该项在负荷变化的动态过程中，能使锅炉侧具有适当的过调动作，以补偿锅炉对负荷响应的迟延和惯性。第三项是锅炉实际具有的能量信号，即热量信号 $\left(p_1 + \frac{\mathrm{d}p_b}{\mathrm{d}t}\right)$。可见，锅炉侧控制系统是采用按热量信号进行的反馈控制，能使锅炉的实际能量与汽轮机对锅炉的能量需求相平衡。稳态时，PI_2 入口信号应为零，则式（27-9）可以写成

$$p_0 \frac{p_1}{p_T} - p_1 = 0$$

因汽轮机调节汽门保持一定开度，$p_1 \neq 0$，所以依靠锅炉侧按热量信号进行的反馈控制回路，无须机前压力的反馈控制，就能够维持机前压力等于其压力给定值（即 $p_T = p_0$）。该系统实际上具有锅炉跟随运行方式的特点，即锅炉控制器实际上具有压力控制的作用。由图 27-14 所示的压力比和热量信号在汽轮机调节汽门开度与锅炉燃烧率扰动下的动态规律可以看出，该系统在发生燃烧率扰动时，可以由锅炉侧控制系统快速自行消除，而对汽轮机侧基本不影响。因此，直接能量平衡协调控制系统除了保持锅炉跟随方式负荷响应快的特点外，还大大提高了系统的稳定性和调节品质。

四、600MW 单元机组负荷控制系统介绍

600MW 机组负荷自动控制系统的具体任务可归纳为以下两点：

（1）根据机炉运行状态及控制要求，选择适当的外部负荷指令及相应的负荷控制方式。

（2）对负荷指令进行处理，使之与机炉的动态特性及负荷变化能力相适应，并将处理后的指令分别送至机侧和炉侧的控制系统。

该机组负荷控制系统能够根据机组运行的实际工况，自动选择以下四

种控制方式中最合适的一种：

（1）协调控制方式（CCS方式）。当单元机组的主、辅设备均无故障，锅炉侧和汽轮机侧各子控制系统均能正常投运且处于遥控方式时，可以运行在协调控制方式。

在该方式下，锅炉主控制系统接收机前压力偏差信号作为反馈控制部分的输入信号，汽轮机主控制系统接收机组功率偏差作为反馈控制部分的输入信号。同时锅炉侧和汽轮机侧也设计有自己的前馈控制信号。锅炉侧根据负荷指令的运算结果改变锅炉燃烧率的大小，以维持主汽压力和减小机组功率偏差；汽轮机侧根据负荷指令的运算结果改变调节汽门开度来调整机组出力，同时稳定机组运行。该方案属于带负荷指令前馈控制的以锅炉跟随为基础的协调控制方式。

（2）锅炉跟随方式（BF方式）。当锅炉侧主、辅设备无故障，各子控制系统均能投运且在遥控方式，而汽轮机侧出现某种异常时，应工作在锅炉跟随方式。

在此方式下，汽轮机主控制系统处于手动状态，增/减负荷的命令通过OM窗口在汽轮机主控操作站上完成，也可以在DEH操作站上完成，其增/减负荷的具体数值由运行操作人员根据汽轮机主、辅系统的实际工况决定。锅炉主控制系统负责主蒸汽压力调节。为了协调汽轮机的功率变化，锅炉主控制系统中引入了直接能量平衡信号作为前馈，以根据汽轮机调节汽门开度的变化，快速调整锅炉的输入能量（即燃料量）。

（3）汽轮机跟随方式（TF方式）。当汽轮机侧主、辅设备及控制系统均正常且运行在自动遥控方式，而锅炉侧出力受到某些异常工况限制时，应转为汽轮机跟随方式。

在此方式下，锅炉主控制系统处于手动状态，通过OM窗口由运行人员手动调整锅炉侧的负荷指令。汽轮机主控制系统处于自动调节主汽压力的运行状态。

（4）基本运行方式（MAN方式）。当锅炉侧和汽轮机侧的主、辅设备或控制系统部分故障时，机炉主控制系统均处于跟踪状态。锅炉与汽轮机的出力通过其各自的子控制系统（即燃料控制子系统和汽轮机数字电液控制系统DEH）自行调整。

上述四种控制方式中，只有在协调控制方式时，单元机组负荷指令可以接受电网调度中心的AGC指令或运行人员的手动指令。

（一）600MW机组负荷协调控制系统的总体结构

600MW机组负荷协调控制系统的总体结构如图27-21所示。

该机组负荷协调控制系统（CCS）由以下几部分组成：

（1）单元机组负荷指令处理回路。

(2) 机组辅机故障减负荷控制回路（Run Back）。

(3) 机组响应电网频差信号的校正回路。

(4) 机组主蒸汽压力设定值形成回路。

(5) 热值修正回路。

(6) 锅炉主控制系统。

(7) 汽轮机主控制系统。

下面详细介绍各组成部分的工作原理。

（二）机组负荷指令处理回路

机组负荷指令处理回路根据机组运行状态选择各种负荷指令，并将其转化为机组可以接受的形式。所处理的负荷指令包括外部负荷指令和内部负荷指令。

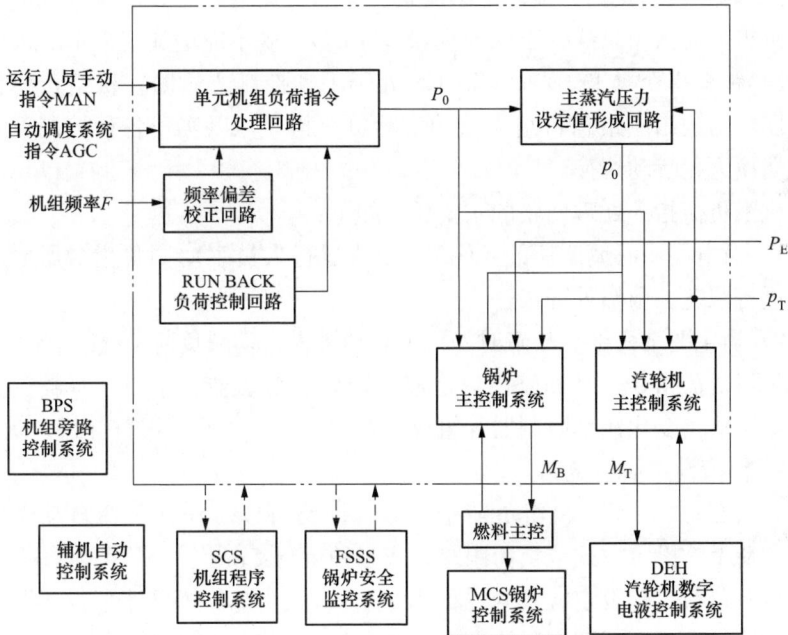

图 27-21　600MW 机组负荷协调控制系统总体结构示意图

(1) 外部负荷指令。外部负荷指令主要包括：

1) 电网调度中心发出的负荷调节指令，即 AGC 指令。

2) 机组运行人员手动调整的负荷指令，即 MAN 指令。

3) 机组频率偏差自动调整指令，即 Δf 指令。

根据 DCS 系统实现的负荷控制系统设计思路，机组负荷指令处理回路中接受上述三种外部负荷指令，即 AGC 指令、MAN 指令和频率偏差指令 Δf。

(2) 内部负荷指令。内部负荷指令是指由机组内部及控制系统自身产生的指令。该类指令主要有以下几类：

1）辅机故障甩负荷指令，即 Run Back 指令，简称 RB。当机组部分主要辅机发生故障时，机组负荷协调控制系统（CCS）与锅炉燃烧器管理系统（BMS）相配合自动实现减负荷，将负荷减至与主要辅机实际负载能力（即实际最大可能出力）相适应的水平。引发 RB 过程的主要辅机故障包括：引风机、送风机、一次风机、空气预热器部分故障；给水泵、炉水循环泵部分故障；给煤机部分故障等。

2）闭锁增/闭锁减指令，即 Block Increasing/Block Decreasing，BI/BD。当与机组负荷有关的主要参数发生越限时，将产生该类指令。通常所说的与机组负荷有关的主要运行参数有：燃烧率偏差、主汽压力偏差、汽包水位偏差、风量偏差或者风机（包括一次风机、引风机和送风机）的控制机构达极限等。当发生 BI 指令时，机组负荷只能减少不能增加；当发生 BD 指令时，机组负荷只能增加不能减少。当闭锁增和闭锁减指令同时出现时，机组负荷指令只能处于保持状态（Hold），既不能增加，也不能减少。

3）跟踪指令（Track）。当 CCS 处于手动控制方式时，机组负荷指令处理回路的输出应跟踪机组当前的实际负荷指令，以实现各种控制方式之间的切换为无扰动切换。

机组负荷指令处理回路的主要任务如下：

1）对电网中心调度所的 AGC 指令或运行人员手动调整指令所要求的负荷进行限速、限幅处理。

2）当主要辅机部分故障时，机组自动进入自动减负荷工况。

机组负荷指令处理回路由设定值给定站、加法器、小值选择器、大值选择器和输出变化速率限制器等组成，下面对其工作原理进行分析。

1. 负荷设定值给定站

如图 27-22 所示，机组负荷指令处理回路可以工作在负荷自动设定方式、负荷手动设定方式或负荷跟踪方式三种运行工况。

（1）负荷自动设定方式（也称 AGC 方式）。当"AGC 遥控投入"条件具备，同时满足自动调度系统送来的 AGC 负荷指令与机组实际负荷 P_E 之间的偏差在允许变化范围内时，机组处于负荷自动设定方式。

在负荷自动设定方式下，机组接受自动调度系统送来的 AGC 负荷指令，并对其进行上/下限限幅值限制之后作为机组负荷控制指令设定值给定站的输出。

AGC 负荷指令的上/下限限幅值分别通过两个设定值给定站由运行操作人员设定。当机组发生 MFT 或 RB 时，AGC 负荷指令的下限限幅值为 0。

"AGC 遥控投入"必须在协调控制方式、AGC 测量信号无故障，以及自动调度系统送来的 AGC 负荷指令与机组实际负荷 P_E 之间的偏差在允许变化范围内等三个条件同时满足时才能够发出。

（2）负荷手动设定方式。由图 27-22 可以看出，只要满足以下五个条件之一，负荷设定值给定站就工作在负荷手动设定方式：

1）机组发生 MFT。

2）机组发生 RB。

3）机组在非 CCS 控制方式。

4）AGC 测量信号故障。

5）AGC 遥控切除。

当工作在负荷手动设定方式时，机组接受运行操作人员通过 OM 操作画面上的设定值给定站手动设定负荷指令，作为机组负荷控制指令设定值给定站的输出。

（3）负荷跟踪方式。当以下任一条件满足时，机组负荷控制指令设定值给定站的输出处于跟踪方式，其跟踪信号就是机组实际负荷（即实发功率）P_E：

1）机组发生 MFT。

2）机组发生 RB。

3）机组在非 CCS 控制方式。

2. 负荷指令的最大/最小值限制

无论是自动调度系统的 AGC 指令，还是运行人员的手动指令，经过机组负荷控制指令设定值给定站输出并与频率修正指令（参考机组频率修正指令）叠加后，还需经过最大值和最小值的限制，才能得到幅值合适的负荷指令。

由图 27-22 可知，负荷指令的最大值限制由小值选择器完成，其限制信号是机组最大允许负荷和由运行操作人员通过设定值给定站设定的上限限幅值。

负荷指令的最小值限制由大值选择器完成，其限制信号是机组最小允许负荷和由运行操作人员通过设定值给定站设定的下限限幅值。

3. 负荷指令的变化速率限制

为了避免负荷指令信号突变给机组运行带来的冲击，机组负荷指令处理回路利用变化率限制功能将阶跃变化负荷指令信号转变为以给定速率变化的斜坡信号。变化速率限制功能在 CCS 方式下，且没有发生 MFT 和 RB 的情况下才有效。

在不同运行工况下，速率限制值不同。机组负荷指令的变化速率限制如图 27-22 所示。

（1）机组正常运行工况。当机组处于正常运行工况时，负荷指令的变化速率通过设定值给定站手动设定。负荷增加和减少时的变化速率可以不同，通过可变参数器调整。

（2）机组在负荷速率保持的情况。当机组发生闭锁增加（BI）负荷指

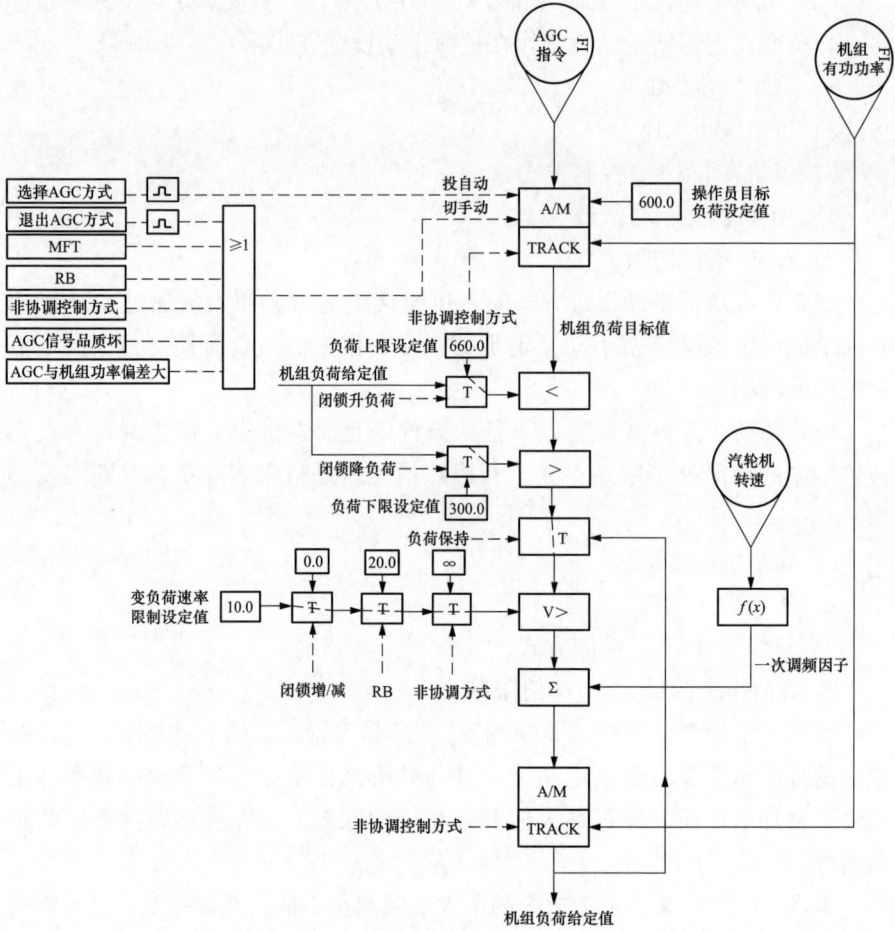

图 27-22　机组负荷指令生成回路

令或发生闭锁减少（BD）负荷指令时，负荷变化速率限制值为 0。

4. 闭锁增加负荷（BI）与闭锁减少负荷（BD）

闭锁增加负荷（Block Increase）与闭锁减少负荷（Block Decrease）指令的形成如图 27-23 所示。

（1）闭锁增加负荷。由图 27-23 可以看出，当以下条件中有任意一个满足时，则机组处于闭锁增加负荷状态：

1）A一次风机动叶位置反馈达高限位置。

2）B一次风机动叶位置反馈达高限位置。

3）A送风机动叶位置反馈达高限位置。

4）B送风机动叶位置反馈达高限位置。

5）A引风机静叶位置反馈达高限位置。

6）A引风机静叶位置反馈达高限位置。

7）风量设定大于实际风量。

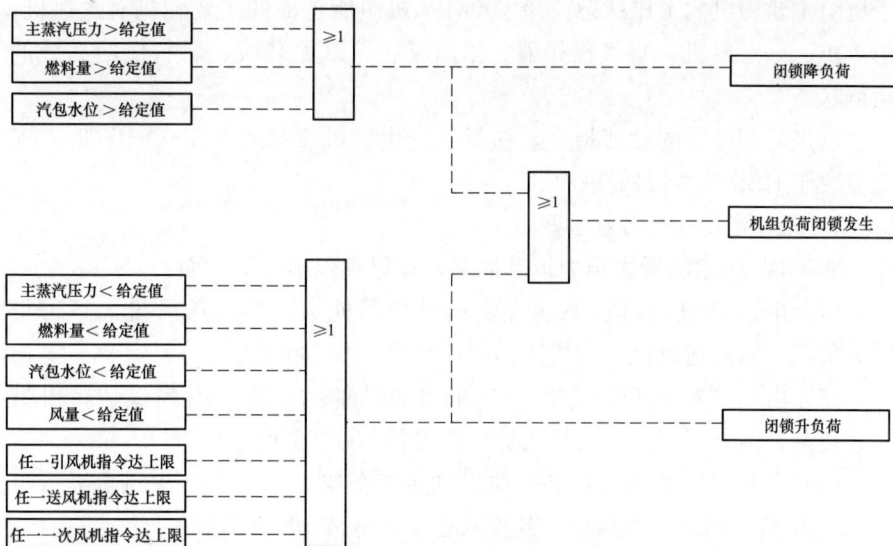

图 27-23　机组负荷指令闭锁逻辑

8）主蒸汽压力设定大于实际压力。

9）燃煤量设定大于实际燃料量。

10）汽包水位设定小于实际水位。

（2）闭锁减少负荷。由图 27-23 可以看出，当以下条件中有任意一个满足时，则机组处于闭锁减少负荷状态：

1）主蒸汽压力设定小于实际压力。

2）燃煤量设定小于实际燃料量。

3）汽包水位设定大于实际水位。

（三）机组频率修正指令

机组参加电网频率调整过程可分为一次调频和二次调频两种情况。

（1）一次调频是机组直接接受电网频率变化而采取的相应增/减负荷的控制方式。

（2）二次调频是电网控制中心监测到电网频率偏差，以负荷指令的形式分配给网上的调频机组，以稳定电网频率的控制方式。

本部分所说的机组频率修正指令是指一次调频，该机组设计中一次调频信号的投入，只有在机组处于协调运行方式时才允许。

机组参与一次调频时，该机组发电机频率测量值与其设定值（右）之偏差信号 Δf 经死区非线性切除小信号后，转换成有功功率指令作为频率修正指令。

（四）机组最大/最小出力运算回路

单元机组所能带的最大负荷值，在主机运行正常的情况下，完全取决于机组主要辅机的工作状态。该 600MW 机组所考虑的主要辅机有送风机、引风机、一次风机、空气预热器、给水泵、炉水循环泵、燃料供给系统的运行状态。

机组所能接受的负荷指令，在机组发生辅机故障减负荷（RB）时，完全取决于 RB 控制回路的输出。

1. 机组最大可能出力运算回路

600MW 机组的最大出力运算回路工作原理包括以下方面：

（1）由送风机运行状态所决定的带负荷能力。单台送风机运行可带 50％负荷，两台送风机一起投入运行，可带 100％负荷。

（2）由引风机运行状态所决定的带负荷能力。单台引风机运行可带 50％负荷，两台引风机一起投入运行，可带 100％负荷。

（3）由一次风机运行状态所决定的带负荷能力。单台一次风机运行可带 50％负荷，两台一次风机一起投入运行，可带 100％负荷。

（4）由空气预热器运行状态所决定的带负荷能力。单台空气预热器运行可带 50％负荷，两台空气预热器一起投入运行，可带 100％负荷。单台空气预热器运行的条件是空气预热器主电动机或辅助电动机正常工作。

（5）由给水泵运行状态所决定的带负荷能力。单台给水泵运行可带 50％负荷，三台给水泵一起投入运行，可带 150％负荷。单台给水泵运行的条件是两段供电电源（即 A 段和 B 段）中的任一段处于合闸状态。

（6）由炉水循环泵运行状态所决定的带负荷能力。单台炉水循环泵正常运行可带 50％负荷，三台炉水循环泵一起投入运行，可带 150％负荷。单台炉水循环泵正常运行的条件是该炉水循环泵投运且该炉水循环泵进出口差压不低于设定值。

（7）由给煤机和油枪运行状态所决定的带负荷能力。由燃料所决定的最大负荷等于燃煤负荷加上燃油负荷。

1）燃煤负荷。单台给煤机电动机运行，对应的制粉系统可带最大负荷，即 20％负荷。6 台给煤机电动机同时投入运行，即可带 120％负荷。

2）燃油负荷。只要有三支以上油枪投入运行，即可带与燃油量相应大小的负荷。

以上各种辅机所决定的带负荷能力值经小值选择器后，选出最小值作为机组最大可能负荷。

2. 机组最小可能出力运算回路

机组最小可能出力取决于燃料所决定的最小负荷，其值等于燃煤最小负荷加上燃油负荷。

（1）燃煤负荷。单台给煤机电动机运行，对应的制粉系统可带最小负荷通过相应的可变参数器设定。将运行着的给煤机电动机所对应的制粉系统最小负荷相加后除以 5，即为机组燃煤最小可能负荷。

（2）燃油负荷。只要有三支以上油枪投入运行，即可带与燃油量相应大小的负荷。

3.RB信号激活控制回路

（1）机组正常运行时，不发生RB信号。当机组正常运行时，锅炉主控指令信号（代表机组实际负荷）必然小于最大可能出力运算回路的输出。因此，此时最大可能出力信号就是机组最大允许负荷。此时不发生RB。

当机组最大可能出力大于设定值（如95％）时，通过模拟量切换器将一预先设定的偏置值（如10％）与最大可能出力信号相加后再与锅炉主控指令信号比较，保证在辅机未发生故障时，不发生RB信号。

（2）有关辅机设备部分故障状态时，可能发生RB信号。当有关辅机设备因某种原因部分发生故障后，经最大可能出力运算回路的处理后，其输出值大幅度下降。当锅炉主控指令信号大于最大可能负荷时，使偏差报警器动作输出高电平，如果同时"RB保护投入"条件满足，则激活RUN-BACK信号。

当有关辅机设备因某种原因部分发生故障，最大可能出力大幅度下降时，如果锅炉主控指令信号仍小于降低后的最大可能负荷，则机组不会发生RB信号。

当产生RB信号后，如果该RB是由一次风机、送风机、引风机、空气预热器、给水泵或炉水循环泵等引起的，则同时发出"关喷水减温阀"指令至程控系统。保证在RB发生后的120s时间内，减温器不喷水。

在响应RB指令过程中，机组最大允许负荷不允许跳变，只能以预先设定的RB速率，经过输出变化速率限制器后逐渐减少。

4.RB速率的确定

不同辅机设备部分故障所引发的RB工况，其减负荷速率不同。

（1）在正常运行工况（即非RB状态），机组允许的降负荷速率值相同。

（2）在RB工况，选择发生RB的各种辅机所允许降负荷速率值中的最大值，作为机组的RB速率。

发生RB的辅机设备的RB速率设定值中的最大值，送往输出变化速率限制器，作为机组甩负荷速率。

这里需要说明，机组的负荷大小除与上述设计中所考虑的辅机设备有关外，还与其他辅机有关。由于其他辅机设备或者配备有备用设备，或者部分发生故障时连锁切除以上RB功能所考虑的相关辅机设备中的某一种，所以RB功能中只考虑这些辅机。

（五）机组主蒸汽压力设定值形成回路

1.单元机组的定压运行与滑压运行

单元机组的运行方式按主汽压给定值不同，可分为定压运行和滑压运行。定压运行是指机组在不同工况运行时，依靠改变调节汽门的开度来控制机组的实发功率，该方式的运行稳定，但节流损失大。

随着大功率单元机组的不断增多，对单元机组运行提出了能否提高汽轮机效率和热效率、能否快速启停机组以适应尖峰负荷需要等一系列问题，故采用滑压运行的机组越来越多。滑压运行机组的机前压力给定值是随负荷变化的，整个运行过程中，汽轮机调节汽门全开，机组的功率变化依靠汽轮机进汽压力来实现。具体地讲，机组在额定功率时，按额定压力运行；在低负荷时，则以低于额定数值的某一压力运行；而在工况变动范围内，主蒸汽温度并不变化，仍保持在额定值。滑压运行与定压运行相比较，具有如下优点：

(1) 减少了汽轮机调节汽门的节流损失。

(2) 提高了机组的热效率。

(3) 改善了机组部件的热应力和热变形。

(4) 汽温易于控制。

(5) 机组启、停、变负荷快。

滑压运行方式的优越性主要体现在汽轮机方面。而对汽包锅炉来说，滑压运行有不利的一面：当负荷变化时，汽包内的饱和温度随汽包内压力变化而变化，从而使汽包内壁温度变化较大，内、外壁温差变化较大，热应力增大，这对汽包等厚壁设备是不利的。因此，从安全运行、寿命损耗考虑，滑压运行机组的负荷变化率要受到锅炉的限制，一般允许的负荷变化率略低于定压运行时允许的负荷变化率。

滑压运行时，随汽压变化，锅炉的蓄能也在变化。当负荷指令增大时，控制作用（增加锅炉燃烧率）不仅要满足增大负荷的需要，还需满足升高汽压（增加锅炉蓄能）的需要，显然与定压运行相比，要求加强控制且控制时间增长。因此，机组在滑压运行时负荷响应的速度减慢。为加快机组负荷响应速度，使之具有一次调频能力，不宜采用纯滑压运行方式，而应采用节流变压运行方式。即汽轮机调节汽门不是处于全开状态，而是处于接近全开的位置，以便留有一定的调节余地。当负荷要求增加时，首先开大汽轮机调节汽门，利用锅炉蓄热，尽快适应负荷的变化；稳态时，调节汽门开度回到起始状态。这种运行方式在上述适应负荷变化的控制过程中，汽压的波动比定压运行方式时要大。

机组滑压运行时，负荷受到许多因素的限制，其中最主要的因素是锅炉燃烧是否稳定，特别是低负荷，不许用油稳燃的情况下，这个问题就更为突出。为了有利于稳定燃烧，当负荷低于某限值时改为定压运行。高负荷时，机组已在接近设计的经济工况下运行，滑压运行的效益已不显著；同时为提高机组的负荷响应速率和一次调频能力，宜采用定压运行。

上海汽轮机有限公司生产的空冷 600MW 机组运行方式灵活，可采用定压运行、滑压运行及"定-滑-定"等多种运行模式。以"定-滑-定"方式运行时，滑压运行的范围按 40%～90% 额定负荷。不同阀位点滑压运行最大

范围可达 $18\%\sim100\%$，以满足运行的不同要求。该 600MW 机组联合变压运行曲线如图 27-24 所示。

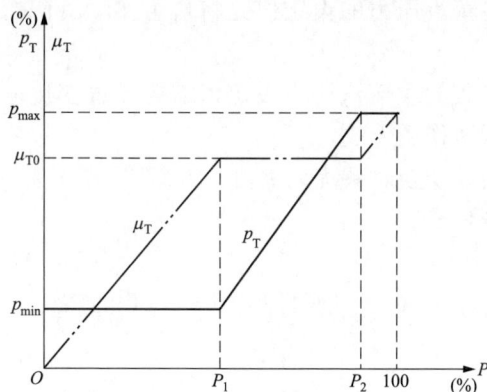

图 27-24　机组联合变压运行曲线

当机组功率小于 P_1（40％额定负荷）时，机组做定压运行，汽压给定值为 p_{min}，通过汽轮机调节汽门开度的变化改变机组的实发功率。当机组功率在 P_1 与 P_2（40％～90％额定负荷）之间时，机组做滑压运行。汽压给定值 p_0 为功率 P 的函数，此时汽轮机调节汽门开度为 μ_T。机组的实发功率的增或减依靠控制汽压的增减来实现。当机组功率大于 P_2 时，机组做定压运行，汽压给定值为额定值 p_{max}，机组实发功率的改变也由汽轮机调节汽门的开度变化来实现。

可以看到，主蒸汽压力设定值通过以下三种方式形成：主蒸汽压力自动设定（即联合变压运行）方式、主蒸汽压力手动设定（即定压运行）方式和主蒸汽压力跟踪方式。

2. 主蒸汽压力设定值跟踪方式

主蒸汽压力设定值给定站处于跟踪方式的条件是以下任意一个条件满足：

（1）汽轮机控制非自手动，且锅炉控制也非自动。

（2）机组发生 MFT。

（3）机组发生 RB。

此时，主蒸汽压力设定值给定站将主蒸汽压力测量值作为主蒸汽压力指令。

3. 主蒸汽压力设定值手动方式

由图 27-25 可以看出，主蒸汽压力设定值给定站的手动控制指令与跟踪指令相同。当汽轮机控制非自手动，且锅炉控制也非自动，或者在机组发生 MFT 或机组发生 RB 时有效。如果工作在主蒸汽压力手动设定运行方式，则通过主蒸汽压力设定值给定站手动给定主蒸汽压力设定值，并将其输出作为主蒸汽压力指令。

4. 主蒸汽压力设定值滑压方式

由图 27-25 可知，主蒸汽压力设定值给定站处于自动运行方式时，即为滑压运行方式。主蒸汽压力的设定值是将机组实际负荷指令经函数发生器运算后形成的。

自动方式所形成的主蒸汽压力设定值需要经过变化速率的限制，在手动或跟踪方式时限速作用无效。

为了手动至自动切换时系统无扰动，图 27-25 所示系统中由加法器引入了切换过程的补偿信号。

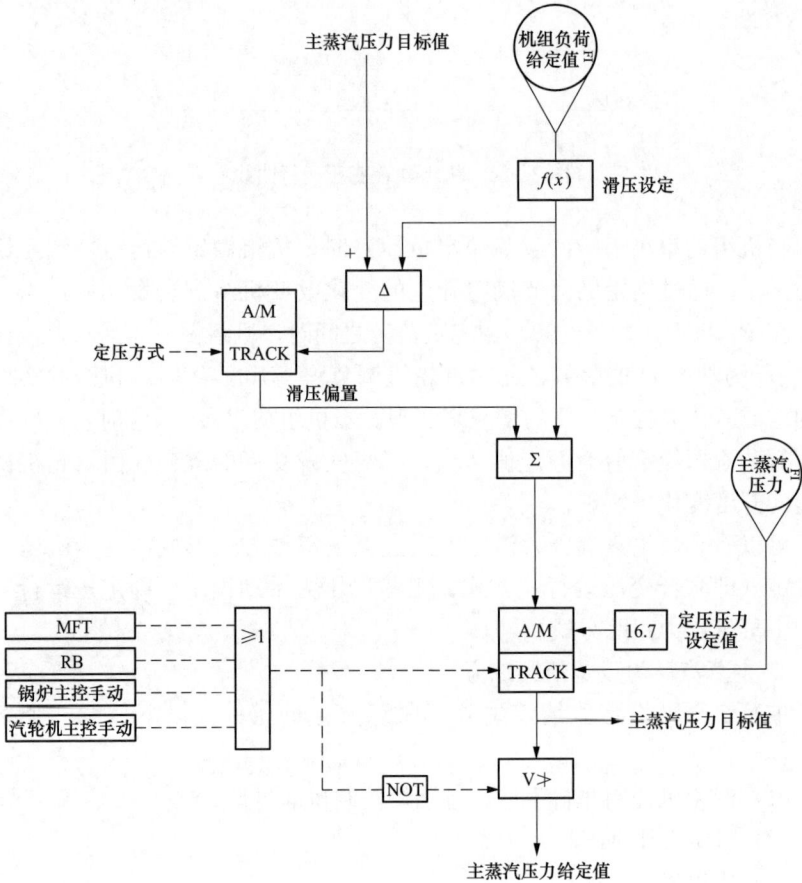

图 27-25 主蒸汽压力设定值的生成

（六）锅炉主控系统

锅炉主控系统相当于负荷指令处理回路与锅炉燃烧控制系统之间的接口，既可以工作在自动方式（对应于机炉协调控制方式或锅炉跟随控制方式），也可以工作在手动方式（对应于汽轮机跟随控制方式或基本控制方式）。锅炉主控系统能够与汽轮机主控系统一起完成单元机组在各种工况下的控制功能，协调锅炉出力与负荷指令之间的配合关系。

锅炉主控系统如图 27-26 所示。下面分别介绍各种不同工况下锅炉负荷指令的形成。

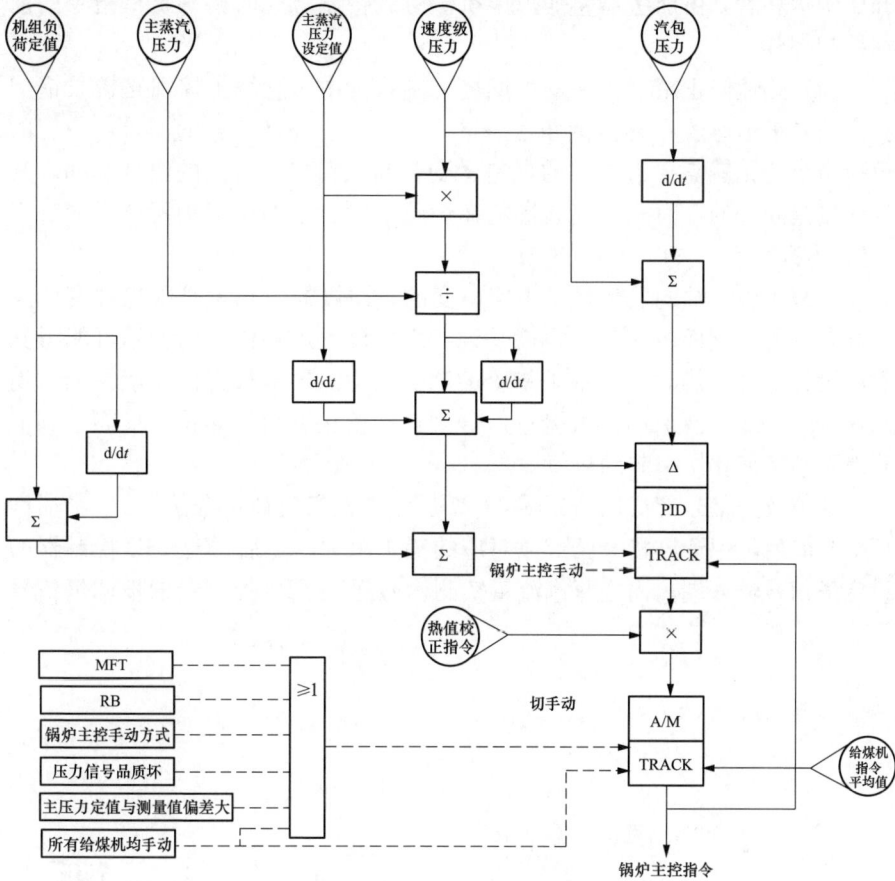

图 27-26 锅炉主控系统

1. 协调控制方式（CCS）

当机组处于机炉协调控制方式时，锅炉主控和汽轮机主控均处于自动运行方式。该机组属于以锅炉跟随为基础的负荷协调控制方式，应具有闭环调节主蒸汽压力的功能，同时还应具有机组负荷指令前馈调节的功能，以保证锅炉的输入能量与能量需求基本一致。在变负荷的动态过程中，前馈控制起"粗调"的作用，可以在输入和输出能量平衡关系将要失去或不平衡刚刚发生时，使能量的失衡限制在较小的范围之内。

由图 27-26 可知，协调控制方式时的锅炉负荷指令主要取决于下列几种信号：

（1）主蒸汽压力偏差的经 1 号 PID 控制器运算后的反馈控制信号。机侧主蒸汽压力测量值与主蒸汽压力指令比较得到主蒸汽压力偏差信号，然后送到 1 号 PID 控制器进行 PID 运算后，作为 CCS 方式时锅炉负荷指令的反馈控制部分。

（2）机组负荷指令的 PD 前馈控制信号。机组实际负荷指令经微分运算和比例运算后，由加法器叠加形成机炉协调控制方式时锅炉负荷指令的前馈控制部分。

（3）热值修正指令。在锅炉燃烧控制系统中，燃烧主控回路接收锅炉指令信号来迅速改变燃料量和送风量，以便适应外部负荷的需求。一定的负荷指令变化就需要有一定的燃料量变化与之对应。特定的煤种和油，其发热量是固定的，而实际代表燃料在炉膛中发热量的是锅炉所产生的特定参数的蒸汽量。

一般来说，油的发热量是稳定不变的，而煤的发热量是随煤种变化及气候条件的变化而改变的。也就是说，用非设计煤种做功，就不可能得到对应设计煤种发热时一定锅炉指令的锅炉出力。热值校正回路就是为了消除这个不一致，而采用蒸汽流量信号来自动校正燃料发热量，最终达到消除燃料热值变化所引起的热值偏差。

热值校正信号形成回路如图 27-27 所示。机组负荷指令信号 P_0 经惯性环节延时后，保证该指令已形成对应的锅炉出力，然后送至 PID 控制器的设定值信号输入端；而主蒸汽流量实测信号送至 PID 控制器的被调量信号

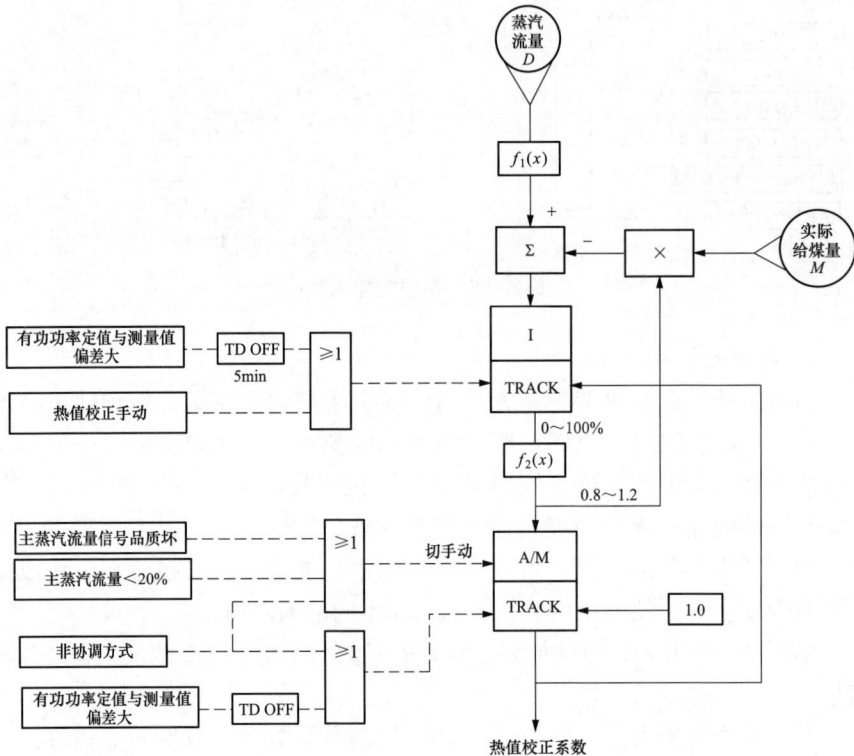

图 27-27 热值校正回路

输入端。两者的偏差若为正，则说明燃烧煤种的发热量低于设计煤种；否则说明燃烧煤种的发热量高于设计煤种。该偏差经 PID 控制器的积分运算，不断使 PID 控制器的输出变化，得到一个在 0.8～1.2 之间的数值，其值就是"热值修正指令"。将热值修正指令输出并送至 CCS 方式时，锅炉主控制系统相应地改变锅炉负荷指令，从而达到实际燃料的发热量与锅炉出力相一致。这种热值修正指令的形成方式为自动方式，此外还有手动方式，即通过自动/手动操作站（A/M）对热值修正信号进行手动设定。

由图 27-27 可以看出，在非协调控制方式下，热值修正指令跟踪"1"信号，即不进行热值修正。热值修正投入的条件如下：

1）主蒸汽流量大于 20%。

2）主蒸汽流量测量值无故障。

3）负荷指令在平衡状态。

4）机组运行在协调控制方式。

上述条件同时满足即达到热值修正投入。

2. 锅炉跟随控制方式（BF）

当锅炉主控在自动方式，而汽轮机主控在手动方式时，机组处于锅炉跟随控制方式。该方式具有闭环调节主汽压力的功能，主蒸汽压力偏差经 PID 调节器运算后作为锅炉跟随控制方式时锅炉负荷指令的反馈控制部分。同时为了适应汽轮机侧用汽量的变化，锅炉侧引入了汽轮机对锅炉能量需求信号（即压力比修正的能量平衡信号）的前馈。

3. 汽轮机跟随控制方式（TF）

当汽轮机主控在自动方式，而锅炉主控在手动方式或跟踪方式时，机组处于汽轮机跟随控制方式。此时的锅炉负荷指令通过锅炉主控操作站手动设定，或者通过直接改变燃料量大小控制（见图 27-28）。

锅炉主控满足下列条件之一，即可自动切换至手动运行方式：

（1）机组发生 RB 工况。

（2）燃料主控非自动方式。

（3）机侧主蒸汽压力测量值故障。

（4）机组发生 MFT。

（5）主蒸汽流量测量值故障且汽轮机主控在非自动方式。

当机组发生 RB 或燃料主控非自动方式时，锅炉主控操作站处于跟踪状态。此时锅炉主控指令跟踪实际燃料量或 RB 指令（在机组发生 RB 时）。

（七）汽轮机主控系统

汽轮机主控系统相当于负荷指令处理回路与汽轮机数字电液控制系统之间的接口。它既可以工作在自动方式（对应于机炉协调控制方式或汽轮机跟随控制方式），也可以工作在手动方式（对应于锅炉跟随控制方式或基本控制方式）。汽轮机主控系统能够与锅炉主控系统一起完成单元机组在各

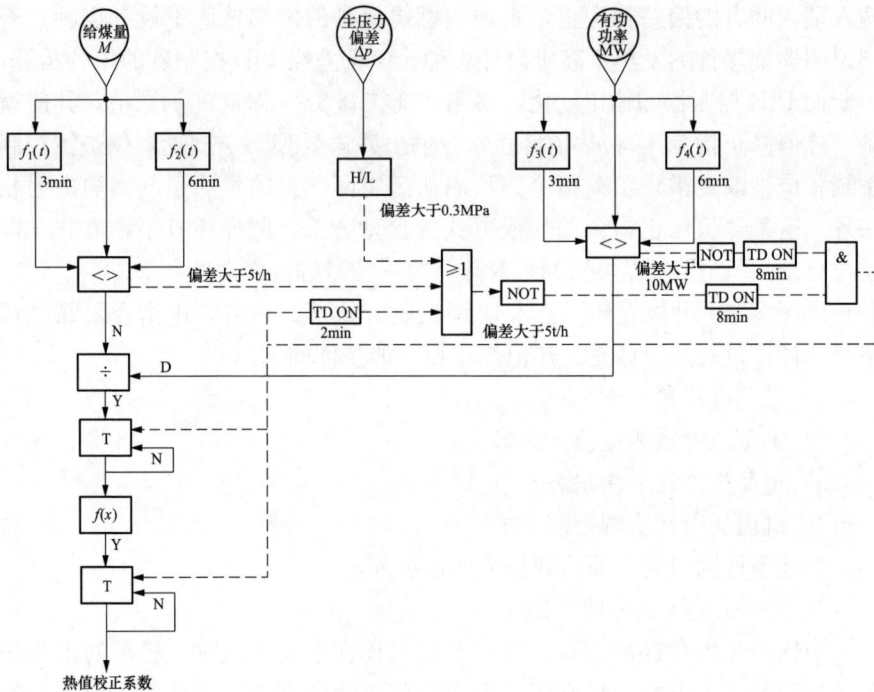

图 27-28　基于功率煤量比值的热值校正系数

种工况下的控制功能，协调汽轮机出力与负荷指令之间的匹配关系。

汽轮机主控系统如图 27-29 所示。下面分别介绍各种不同工况下汽轮机负荷指令的形成。

1. 协调控制方式（CCS）

当机组处于机炉协调控制方式时，汽轮机主控和锅炉主控均处于自动运行方式。该机组属于以锅炉跟随为基础的负荷协调控制方式，汽轮机主控应具有闭环调节发电机功率的功能，同时还应具有协助锅炉稳定主蒸汽压力的能力，也可适当加入机组负荷指令前馈信号，以增加中间再热机组的负荷响应速度。在 CCS 协调控制方式时的汽轮机负荷指令包括下列两部分：

（1）发电机功率偏差经 PID 控制器运算后的反馈控制信号。

（2）经惯性运算后的机组实际负荷指令的比例前馈控制信号。

其中被调量发电机功率信号的设定值也是经过惯性运算后的机组实际负荷指令，显然是为了保证机组稳定，具有协助锅炉稳定主蒸汽压力的功能。

2. 汽轮机跟随控制方式（TF）

汽轮机跟随控制方式时，汽轮机主控在自动方式，汽轮机负荷指令的大小完全取决于主汽压力偏差信号的 PID 控制运算。

3. 锅炉跟随控制方式（BF）

当锅炉主控在自动方式，而汽轮机主控在手动方式或跟踪方式时，机组处于锅炉跟随控制方式。此时的汽轮机负荷指令通过图 27-29 所示的汽轮机主控操作站手动设定（在汽轮机 DEH 系统处于自动运行状态时）或通过 DEH 自行设定其负荷的大小（在汽轮机 DEH 系统处于非自动运行状态时）。

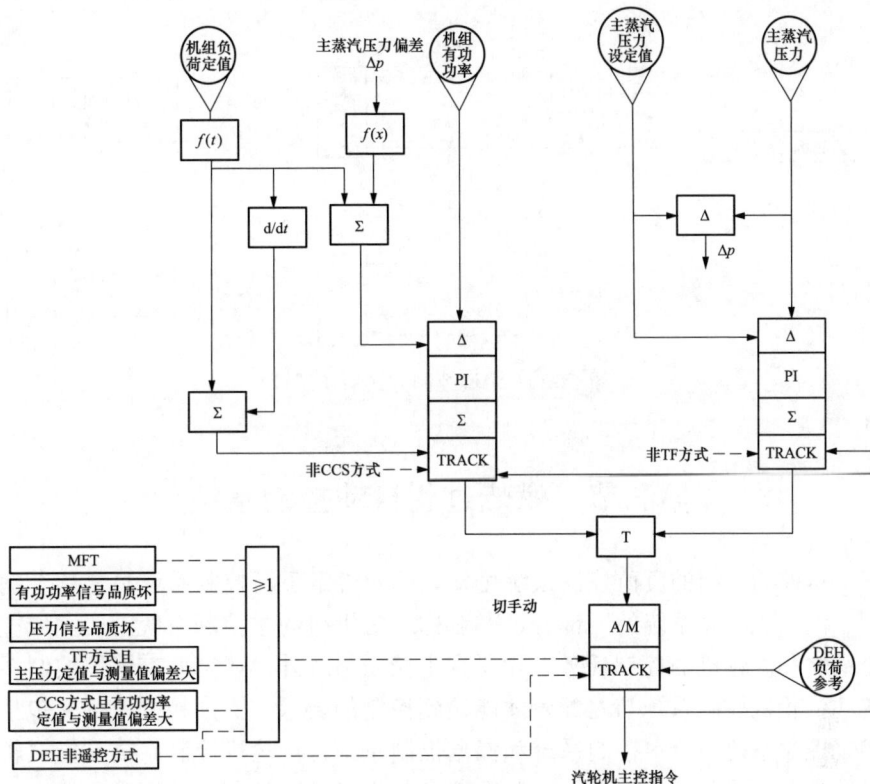

图 27-29　汽轮机主控系统

由图 27-29 可以看出，汽轮机主控满足下列条件之一，即可自动切换至手动运行方式：

（1）DEH 非遥控方式。

（2）机侧主蒸汽压力测量值故障。

（3）机组发生 MFT。

（4）发电机有功功率三个测量值均故障且锅炉主控在非自动方式。

当机组发生 RB 后一段时间内或 DEH 为非遥控方式时，锅炉主控操作站处于跟踪状态。此时汽轮机主控指令跟踪汽轮机负荷指令或汽轮机主控操作站的输出（在机组发生 RB 后一段时间内处于输出保持状态）。

协调控制方式切换逻辑见图 27-30。

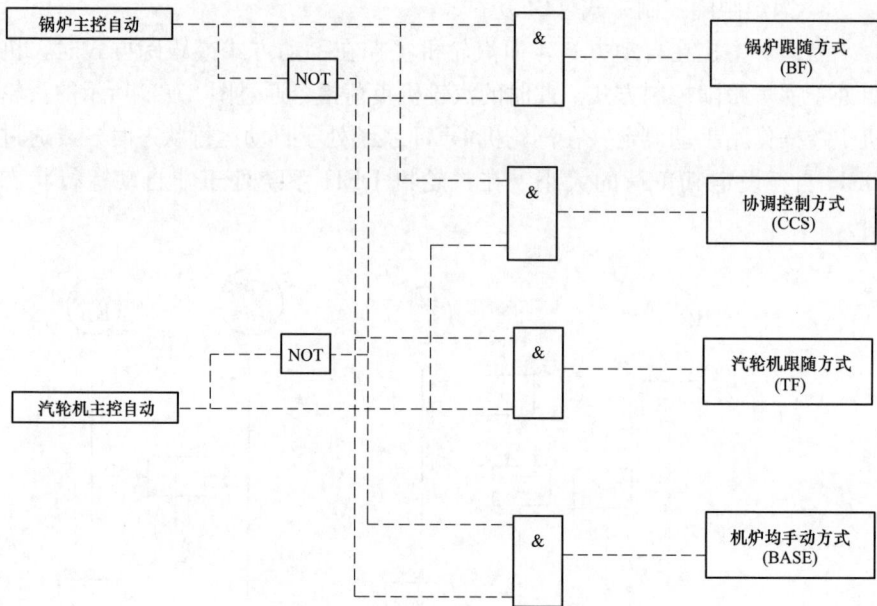

图 27-30 协调控制方式切换逻辑

第三节 燃烧过程自动控制系统

从前面介绍的负荷控制系统可知，单元机组负荷控制系统只是整个锅炉、汽轮机控制系统的一部分，一般称之为机组的主控制系统。要完成整个锅炉和汽轮机的控制任务，除要有主控制系统外，还需要有锅炉控制系统和汽轮机控制系统与之配套才能达到控制的要求。锅炉控制系统又包括燃烧控制系统、给水控制系统和汽温控制系统；汽轮机控制系统是指汽轮机数字电液控制系统。锅炉控制系统接收机组负荷控制系统（又称机组主控制系统）中锅炉主控制系统所发出的锅炉负荷指令 M_B，去改变进入锅炉的燃料量和送风量（相应地改变引风量、给水量、喷水量等）。汽轮机控制系统接收机组负荷控制系统中汽轮机主控系统所发出的汽轮机负荷指令 M_T，去改变汽轮机调节汽门的开度。本节着重讨论某亚临界 600MW 机组锅炉控制系统中的燃烧控制系统。

一、燃烧控制系统的任务

锅炉燃烧过程调节的基本任务是使燃料燃烧所提供的热量适应汽轮机负荷的需要，保证锅炉的经济燃烧和安全运行。燃烧调节的具体任务与该台锅炉的运行方式有关，运行方式不同，调节任务也有所区别。此外燃烧调节系统方案是多种多样的，并没有统一的模式。概括来说，燃烧调节系统有以下调节任务：

（1）维持汽压的稳定（单元制机跟炉运行方式除外）。锅炉出口压力或机前压力信号反映了燃料燃烧所释放的热量与蒸汽所携带热量间的平衡关系，汽压的变化表示两者间的失衡，这时必须相应地调节燃料供应量，以适应变化了的蒸汽负荷的需要。

（2）保证燃烧过程的经济性。由锅炉原理可知，炉内燃烧过程中，维持合理的风煤比，可以保证高效燃烧，提高机组的热经济性。当机组因适应负荷而改变燃料量时，必须相应地调节送风量，以保持合理的风煤比。从保证燃烧过程经济性的角度来看，应按燃烧效率来调节送风量，但目前尚未寻找到直接测量燃烧效率的方法，因此多根据过量空气系数的大小来间接判断燃烧效率的高低。

（3）维持炉膛内压力的稳定。正常运行时炉膛压力反映了送风量与引风量的平衡关系，炉膛压力的变化表明引风量、送风量二者间出现失衡，故当送风量变化时，必须相应地调整引风量的大小。另外炉膛压力大小还与炉内燃烧的稳定性密切相关，直接影响机组的安全经济运行。

由上述可知，一台锅炉的三项基本调节任务是彼此相关、不可全部分开的，但三者间又有相对的独立性，可以用三个子系统来完成各自的调节任务，如图 27-31 所示。燃料子系统的调节变量是燃料量 B，相对应的被调量是锅炉出口汽压或机前压力 p_T；送风子系统的调节变量是送风量 V，相对应的被调量为炉内过量空气系数 α；引风子系统的调节变量为引风量 V_S，相对应的被调量为炉膛压力 p_S。图中虽没有表示出三个子系统之间的联系，但实际的燃烧控制系统中三个子系统的协调配合是相当重要的。

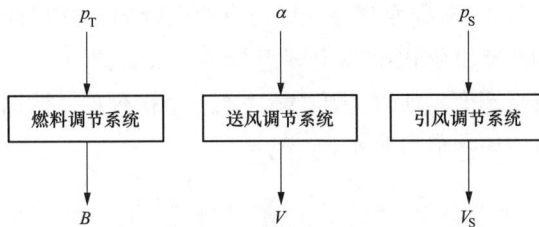

图 27-31　燃烧控制系统的基本组成

二、直吹式燃烧控制对象的动态特性

燃烧过程自动控制的目的是要为锅炉提供适应负荷大小的热量，并且在运行中随时保证燃烧的经济性和安全性。为了能正确设计、分析燃烧控制系统，首先应了解燃烧控制对象的动态特性。燃烧控制系统是由几个子系统构成的，各子系统的被调量不同，其被控对象的动态特性也不相同。但对燃烧调节而言，最主要的被控对象是汽压对象，因此本部分主要对汽压控制对象的动态特性进行讨论。

1. 汽压被控对象的生产流程

燃烧系统工艺流程如图 27-32 所示。

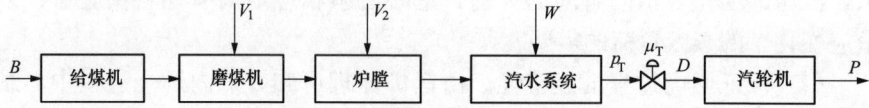

图 27-32　燃烧系统工艺流程示意图

B—原煤量；V_1——一次风量；V_2——二次风量；W—给水量；Q—锅炉燃烧发热量；

p_T—主汽压力；D—蒸汽流量（至汽轮机）；P—机组功率；μ_T—汽轮机调节汽门开度

可以看出，进入炉膛的燃料量 B、一次风量 V_1、二次风量 V_2 的变化都会引起燃烧率的变化，从而影响锅炉发热量 Q，使锅炉产汽量变化引起汽压变化。因此，采用直吹式燃烧系统的机组，汽压被控对象应包括制粉系统、燃烧系统和汽水系统。影响汽压的因素很多，其中最主要的是燃烧率扰动和蒸汽负荷扰动。燃烧率扰动系指燃料量扰动后，送风量和引风量同时协调动作，使炉膛热负荷随之变化的一种扰动，有时也以燃料量扰动来代表燃烧率扰动。

2. 燃烧率扰动下汽压对象的动态特性

燃烧率（μ_B）扰动下的汽压对象动态特性与汽轮机采用的调节装置有关，这里以汽轮机采用功频电液控制的情况为例来讨论。

当汽轮机功率不变时，蒸汽负荷也应不变（即 $\Delta D = 0$）。若锅炉发生燃烧率 μ_B 扰动，汽轮机控制系统将很快控制汽轮机调节汽门动作以维持蒸汽负荷不变。此时汽压对象的阶跃响应曲线如图 27-33（a）所示，可见锅炉燃烧率 μ_B 扰动下，汽压的变化过程属带有纯迟延的积分特性。汽包压力 p_b 和机前压力 p_T 的起始变化阶段出现迟延 τ，以后便以一定的速度线性上升。由于蒸汽流量不变，所以差压 $\Delta p = p_b - p_T$ 不变。根据这样的响应特性，对象的近似传递函数可表示为

$$W_{pB}(s) = \frac{p_T(s)}{\mu_B(s)} = \frac{1}{T_a s} e^{-\tau s} \qquad (27\text{-}10)$$

式中　$W_{pB}(s)$ ——μ_B 干扰下的主汽压力通道的传递函数；

　　　$p_T(s)$ ——主蒸汽压力信号的拉氏变换式；

　　　$\mu_B(s)$ ——锅炉燃烧率信号的拉氏变换式；

　　　T_a ——响应时间；

　　　τ ——迟延时间。

3. 负荷侧扰动下主汽压力对象的动态特性

当汽轮机采用功频电液控制系统时，若在系统输入端施加 ΔP 的功率扰动，汽轮机控制系统将不断地改变汽轮机调节汽门开度，以维持负荷 D 与扰动后的功率 P 相适应，造成一个相当于负荷 D 的阶跃扰动。此时汽压对象的响应特性如图 27-33（b）所示。形成负荷 D 阶跃扰动时。锅炉的燃

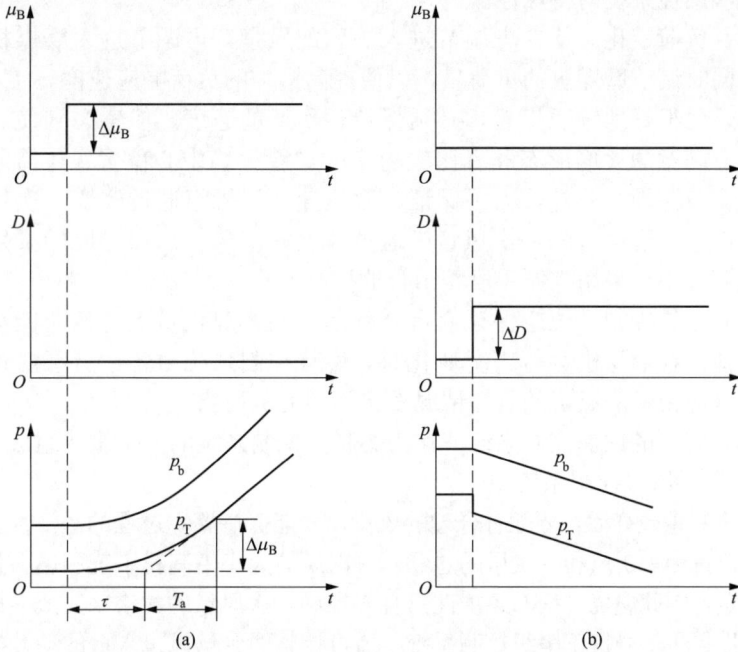

图 27-33　主汽压力控制对象的动态特性
（a）在燃烧率扰动下；（b）在负荷扰动下
μ_B—锅炉燃烧率；D—汽轮机进汽量；p_b—汽包压力；p_T—机前压力

烧率并未增加，始终有锅炉的输出热量大于燃料在炉内的释放热量，两者一直不能平衡。扰动出现的瞬间，机前压力 p_T 立即下降 Δp_T 值，之后呈直线下降趋势，汽包压力 p_b 与 p_T 间的差压始终保持 $\Delta p_T + \Delta p$ 的数值。可见汽压对象具有无自平衡能力的特性。汽包压力 p_b 的变化近似为积分环节，机前压力 p_T 的变化近似为比例加积分环节。对象的近似传递函数可表示为

$$W_{pT}(s) = \frac{p_T(s)}{D(s)} = -\left(K_1 + \frac{1}{T_a s}\right) \tag{27-11}$$

式中　$W_{pT}(s)$——蒸汽流量（即负荷）扰动下的主汽压力通道的传递函数；

　　　　$D(s)$——主蒸汽流量信号的拉氏变换式；

　　　　K_1——比例系数；

　　　　T_a——响应时间。

三、600MW 燃烧控制系统分析

（一）直吹式燃烧控制系统概述

根据前文所介绍的直吹式锅炉燃烧系统工艺流程和对象动态特性，600MW 机组的燃烧控制系统采用了以下一些控制策略。

1. 在燃料量控制系统中

（1）将制粉系统与燃烧系统紧密地联系在一起，作为一个整体来考虑，

这是直吹燃烧系统的特殊性。

（2）负荷变化时，首先调节进入炉膛的风量，再调节进入磨煤机的给煤量，同时调节磨煤机的负荷量，以便提高锅炉的负荷响应速度。

（3）要很好地输送煤粉，必须保持一次风的速度。但考虑到使燃烧器出口具有满意的火焰形态和有比较稳定的炉膛火焰中心位置，还需限制一次风的调节范围。此外，为了保证一次风速，该机组通过改变一次风挡板开度控制进入磨煤机的一次风量，通过改变一次风机入口导叶的开度控制一次风压大小，采用控制手段相结合的控制方式。

（4）燃烧控制系统应保证 5 台并列运行的磨煤机带上它们所能承担的不同负荷。在磨煤机运行工况变化时，燃烧控制系统对各运行磨煤机的变负荷信号应视各磨煤机的具体情况发出不同的负荷指令。

（5）完善的燃油控制系统，作为燃料量控制系统的一个重要组成部分。

2. 在送风量控制系统中

在燃料量改变后，要配有合理的风量，才能保持燃烧过程的经济性。送入炉膛的风量为一次风和二次风的总和，一次风的大小由制粉系统和燃料量控制系统确定，因此燃烧过程的经济性只有靠控制二次风量的大小来完成。该机组采用了以氧量信号校正串级控制系统，通过调整两台送风机入口的动叶的开度达到控制二次风量的目的，保证锅炉烟气中的含氧量为最佳值。

该机组还设计了二次风箱与炉膛差压的控制系统，根据机组负荷的大小确定该差压的设定值，通过调整各层燃烧器的二次见挡板维持二次风箱与炉膛差压在设定值。

3. 在引风量控制系统中

引风量的控制是为了保证运行中炉膛负压为设定值。该机组通过调整两台引风机入口静叶的角度改变烟气量，来维持炉膛负压稳定。

该 600MW 机组燃烧控制系统的总体结构如图 27-34 所示，这是一个典型的多变量多级串级且参数之间相互耦合的控制系统。

燃料量（给煤率）控制通过燃料主控制器串接在机组负荷控制系统之下，是一个"比值-串级"控制系统。燃料主控制器的输出作为 6 台给煤机的负荷指令信号，及时调整给煤量。每台磨煤机的一次风量控制器根据设定值与实测一次风流量的偏差调整热一次风门的开度，以使各台磨煤机能尽快适应负荷变化的要求。

为了保证一次风挡板的开度与其一次风量之间的稳定关系，就必须使一次风压稳定，而一次风压的大小取决于给煤机负荷的大小。通过控制两台一次风机入口动叶的位置控制一次风压的数值，保证制粉系统能稳定地供应所需煤粉量。在机组启动过程或投油助燃运行过程中，油枪投入，相应的燃油压力控制系统工作，保证油枪前母管油压的稳定和喷入炉膛与负荷要求相适应的油量。为了保证燃烧充分、经济性高，根据烟气中的含氧量调整二次风量的大小，以保证锅炉燃烧达到最佳含氧量指标。

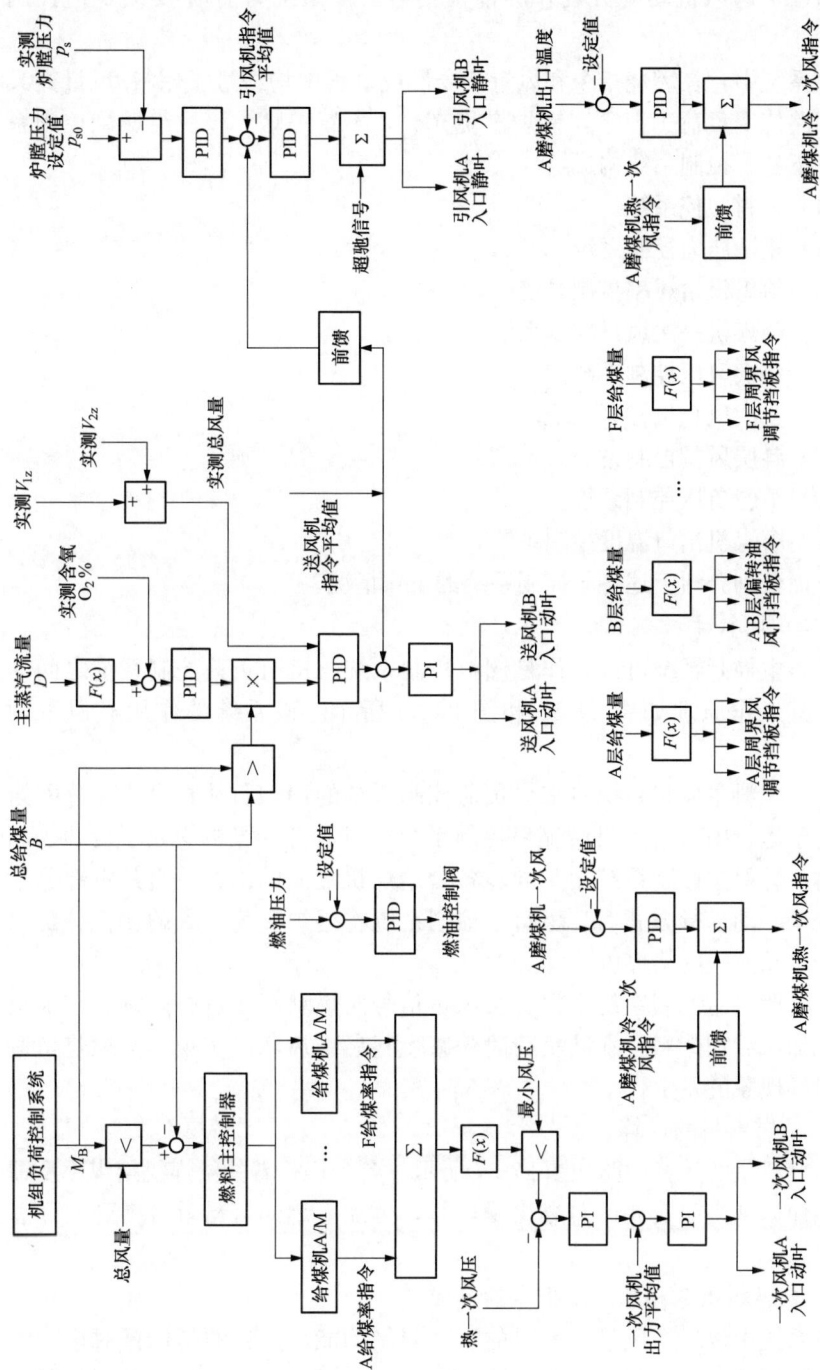

图 27-34　600MW 机组燃烧控制系统的总体结构

引风量控制系统是通过调整两台引风机的入口静叶来改变烟气量，以维持炉膛负压为期望值。为了在变负荷过程中，避免炉膛压力的大幅度波动，引入了送风机动叶开度作为前馈信号，该系统为前馈-反馈定值控制系统。

该系统中，在燃烧指令和风量指令形成过程中均经过了燃料/风量交叉限制回路使变负荷工况下，锅炉燃烧充分，不冒黑烟。该机组燃烧控制系统由以下各子控制系统构成：

（1）燃料主控系统。

（2）燃油压力控制系统。

（3）给煤机给煤率控制系统。

（4）磨煤机一次风量控制系统。

（5）一次风压控制系统。

（6）二次风总量控制系统。

（7）各层风量控制系统。

（8）炉膛负压控制系统。

（9）磨煤机出口温度控制系统。

下面分别介绍上述各子控制系统的工作情况。

（二）燃料主控制系统

燃料主控制系统可以看作是燃料控制系统与机组负荷控制系统之间的接口，其工作原理如图 27-35 和图 27-36 所示。该系统的作用有以下两方面：

（1）燃料主控制系统将来自负荷控制系统的锅炉负荷指令 M_B 分配给各台处于运行中的给煤机给煤率控制系统。当运行给煤机均处于自动控制方式时，燃料主控制系统用于同步各台给煤机之间的出力；当其中部分给煤机处于手动运行方式时，燃料主控制系统将锅炉负荷指令的变化分配给正处于自动方式的给煤机。

（2）燃料主控制系统根据二次风量信号对燃料指令进行限制。在加负荷时先加风后加燃料，在减负荷时先减燃料后减风，以实现富氧燃烧，避免冒黑烟现象的发生。

1.总燃料量的计算

总燃料量的计算回路如图 27-37 所示。各台运行着的给煤机给煤率反馈信号相加得到当前实测的总燃煤量信号，再加上燃油流量就可得到实际总燃料量。

2.总燃料指令和总风量指令的形成

该系统中设计了风量与燃料的交叉限制功能，其目的是保证对应于燃料量有足够的送风量配合燃烧，即富氧燃烧。由图 27-35 可知，当总风量小于锅炉负荷指令时，说明实测风量值比风量指令小。此时若锅炉负荷指令增加，使各台磨煤机的燃料指令增加，则很可能造成燃料量大于风量，使

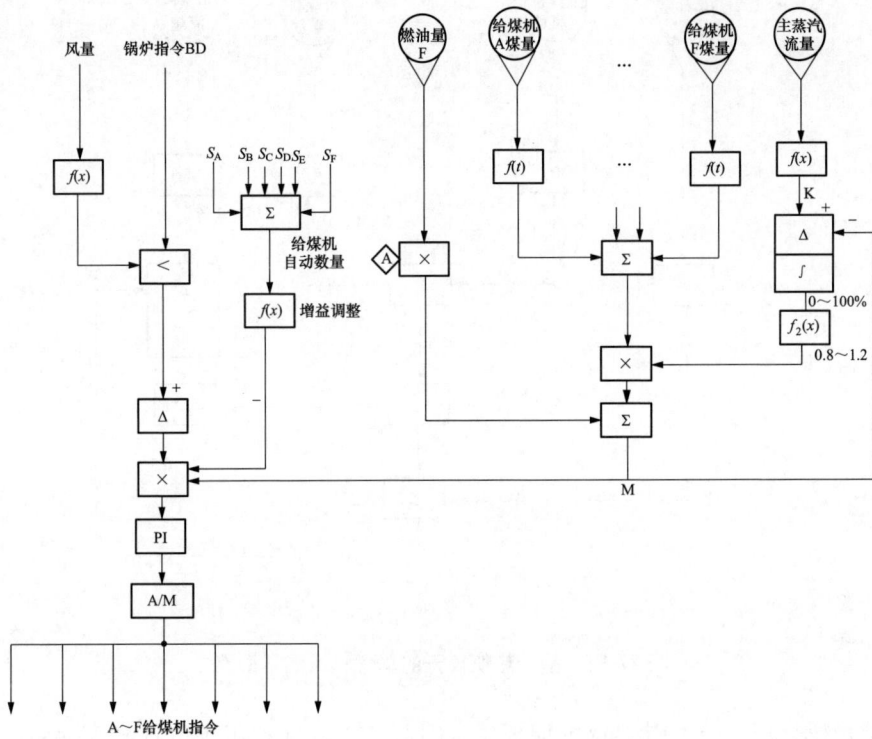

图 27-35 燃煤锅炉燃料量自动控制系统

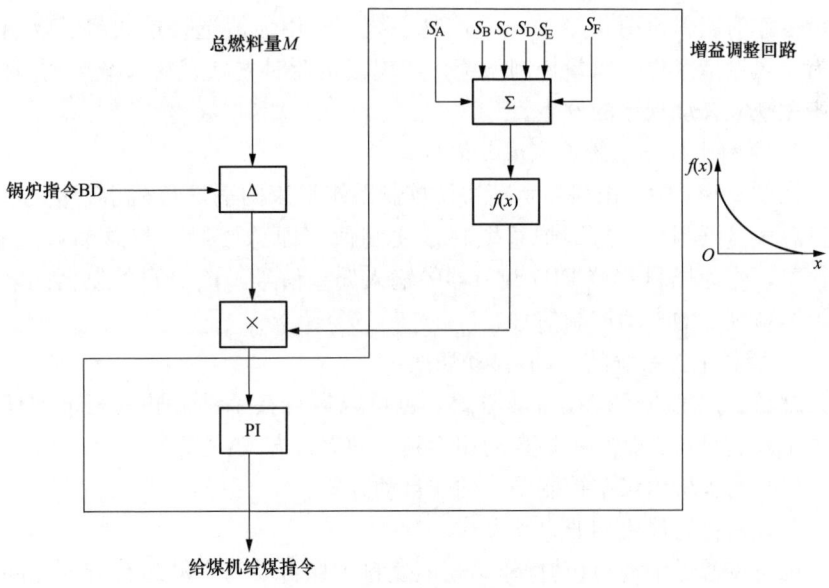

图 27-36 燃料量自动增益控制

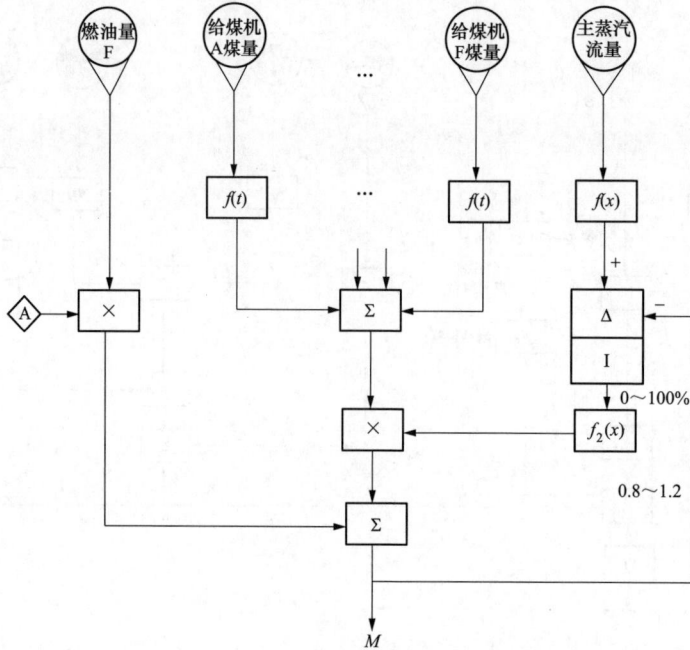

图 27-37　基于热值校正的总燃料量测量回路

锅炉燃烧不充分，引起冒黑烟现象。因此，该系统利用小值选择模块将总风量信号作为燃料负荷指令送入主控制系统，利用大值选择模块将锅炉主控指令作为总风量指令送入风量控制系统，实现加负荷时先加风后加燃料的目的；同理，若锅炉负荷指令减少，该系统利用小值选择模块将锅炉主控指令作为燃料负荷指令送入主控制系统，利用大值选择模块将总燃料量作为总风量指令送入风量控制系统，实现减负荷时先减燃料后减风的目的，以避免缺氧燃烧现象的发生。

3. 燃料主控制系统输入偏差信号

在图 27-37 中，由机组负荷协调控制系统送来的锅炉负荷指令信号 M_B 经过总风量限制后，与锅炉总燃料量实测值（即总燃煤量与总油量之和）求偏差，作为燃料主控 PID 调节器的输入偏差信号。该 PID 控制器的输出即为燃料主控的自动控制信号。

4. 燃料主控系统的手动/自动切换

燃料主控可以运行在自动方式，也可以运行在手动方式。当下列任意一个条件满足时，燃料主控自动切换到手动运行方式：

（1）给煤机给煤率控制系统均非自动方式。

（2）两台送风机均非自动方式。

也可以通过手动/自动操作站完成燃料主控自动与手动运行方式之间的切换。在自动运行方式时，燃料主控指令的大小由 PID 控制器的输出信号决定；手动运行方式时，燃料主控指令的大小由运行人员通过 OM 窗口设定。

无论是自动方式还是手动方式，输出的燃料主控指令的变化范围均被限制在 0~110％负荷之间。

（三）燃油压力控制系统

1. 燃油压力控制系统的作用

燃油压力控制系统的作用是通过调节供油管路中的燃油调节阀的开度来维持油枪组前有足够的油压，以保证每支油枪能够正常投运。同时还要满足在启动过程中，对燃油流量变化的需求。

燃油压力控制系统工作原理如图 27-38 所示。

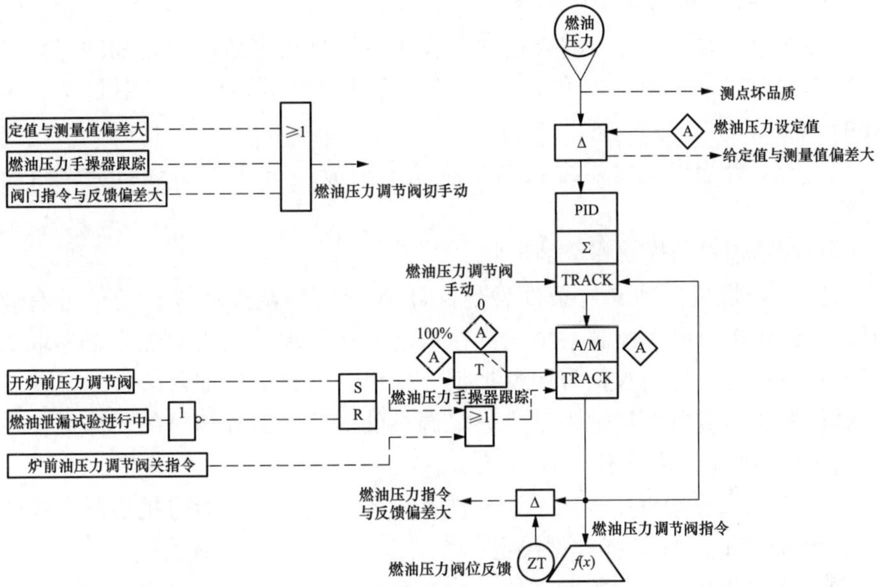

图 27-38　燃油压力控制系统工作原理图

2. 燃油压力控制信号

燃油压力设定值（点火前）由运行人员通过 OM 窗口设置，燃油压力测量值取自炉前燃油压力调节阀后压力。该燃油压力设定值与测量值比较后，得到燃油压力偏差信号，然后经燃油压力 PID 调节器运算后，经燃油压力 A/M 操作站输出，作为炉前油压力调节阀指令。

3. 燃油压力调节阀控制的自动与手动切换

燃油压力调节阀控制系统可以运行在自动方式，也可以运行在手动方式。当炉前油压力调节阀投入自动运行方式，燃油压力调节阀控制系统即可工作在自动方式。

当下列任意一个条件满足时，燃油压力调节阀控制系统自动切换到手动运行方式：

（1）开炉前油压力调节阀指令到。

（2）炉前油压力调节阀关指令到。

（3）炉前油压力调节阀后压力测量故障。

也可以通过手动/自动操作站完成燃油压力调节阀控制系统自动与手动运行方式之间的切换。在自动运行方式时，炉前油压力调节阀指令的大小由 PID 控制器的输出信号决定；手动运行方式时，炉前油压力调节阀指令的大小由运行人员通过操作站设定。

当接收到炉前油压力调节阀关指令或开炉前油压力调节阀指令时，燃油压力调节阀控制系统处于跟踪方式，炉前油压力调节阀指令的大小跟踪 0 或 100％。

（四）给煤机给煤率控制系统

碗式中速磨煤机负荷响应速度取决于给煤机给煤率的变化和磨煤机的碾压出力大小。因此，在负荷变化时，及时调整给煤机给煤率是至关重要的。

由于 6 台给煤机给煤率控制系统完全类似，现以 A 给煤机为例进行介绍。

1. A 给煤机给煤率指令的形成

当 A 给煤机自动允许条件满足，且 A 给煤机给煤率投自动信号有效时，A 给煤机给煤率控制系统工作在自动方式，A 给煤机给煤率指令取决于燃料主控指令与偏置信号的叠加值。这里，偏置信号加入的目的是使各套制粉系统的出力满足炉膛燃烧火焰调整的需要，偏置信号的具体数值可以通过 A/M 操作站设定。

当 A 给煤机给煤率控制系统工作在手动方式时，A 给煤机给煤率指令由运行人员通过 A/M 操作站设定。

当 A 给煤机给煤率控制系统工作在跟踪方式时，A 给煤机给煤率指令跟踪 A 给煤机给煤率反馈信号（当 A 给煤机处于非远控方式时）；或者跟踪 20％给煤率可变参数设定器的输出（当 A 给煤机给煤率指令至 20％时）；或者跟踪最小给煤率可变参数设定器的输出（当 A 给煤机给煤率指令至最小时）；或者跟踪 A 给煤机给煤率指令（当 A 给煤机给煤率投自动后的 2s 内）。

2. A 给煤机逻辑控制信号

（1）"A 给煤机自动允许"信号。以下条件均满足时，"A 给煤机自动允许"信号有效：

1）A 给煤机处于远控方式。

2）A 给煤机皮带电动机在运行。

3）A 磨煤机一次风量控制在自动方式。

4）A 磨煤机出口温度控制在自动方式。

（2）"A 给煤机手动"信号。以下任一条件满足时，"A 给煤机手动"信号有效：

1）A 给煤机给煤率指令至最小。

2）A 给煤机给煤率指令至 20%。

3）A 给煤机工作在非远控方式。

（3）"A 给煤机跟踪"信号。以下条件满足任一时，"A 给煤机手动"信号有效：

1）A 给煤机给煤率指令至最小。

2）A 给煤机给煤率指令至 20%。

3）A 给煤机工作在非远控方式。

4）A 给煤机投自动后 2s 内。

（五）一次风压控制系统

两台一次风机（各带 50% 的额定负荷）分别向一次风母管送风。母管中的风分成两股，一股直接送往各台磨煤机作为调温风（即冷一次风）及磨煤机出口挡板密封风和给煤机密封风；而另一股经过空气预热器加热后成为热一次风。在磨煤机前，调温风和热一次风按一定比例混合后作为一次风，一次风量的大小根据磨煤机的负荷大小来决定（见图 27-39）。为有效地对磨煤机的一次风流量施加控制（即通过调整各台磨煤机一次风控制挡板的开度就能有效地改变一次风量的大小），必须保证一次风母管具有一定的压力，该一次风压是通过两台一次风机入口动叶的开度来调整的。一次风压控制系统原理（以 A 风机为例）如图 27-40 所示。

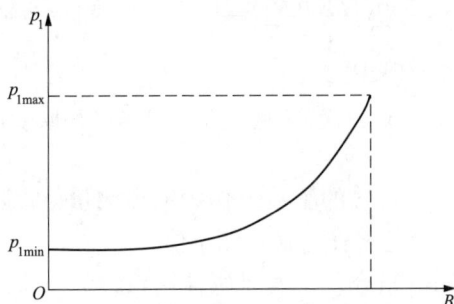

图 27-39　一次风压与给煤量之间的关系

1. 一次风压控制信号的形成

（1）一次风压设定值。一次风压设定值与总给煤量成一定的函数关系，这个转换关系大致如图 27-40 所示。

考虑到在机组负荷较低时，若一次风压设定值太低，会直接影响一次风机运行的稳定性、经济性和安全性；同时也会因一次风压太低，磨煤机密封空气压力不足，产生漏粉现象。因此该一次风压设定值不允许低于最小压力值，该最小压力值可通过 2 号可变参数器（C）设定或修改。

（2）一次风压测量值。一次风压的测点取在热一次风母管上，设有三个测点。当三个测点信号均正常时，选中值作为输出测量值；若有一个信

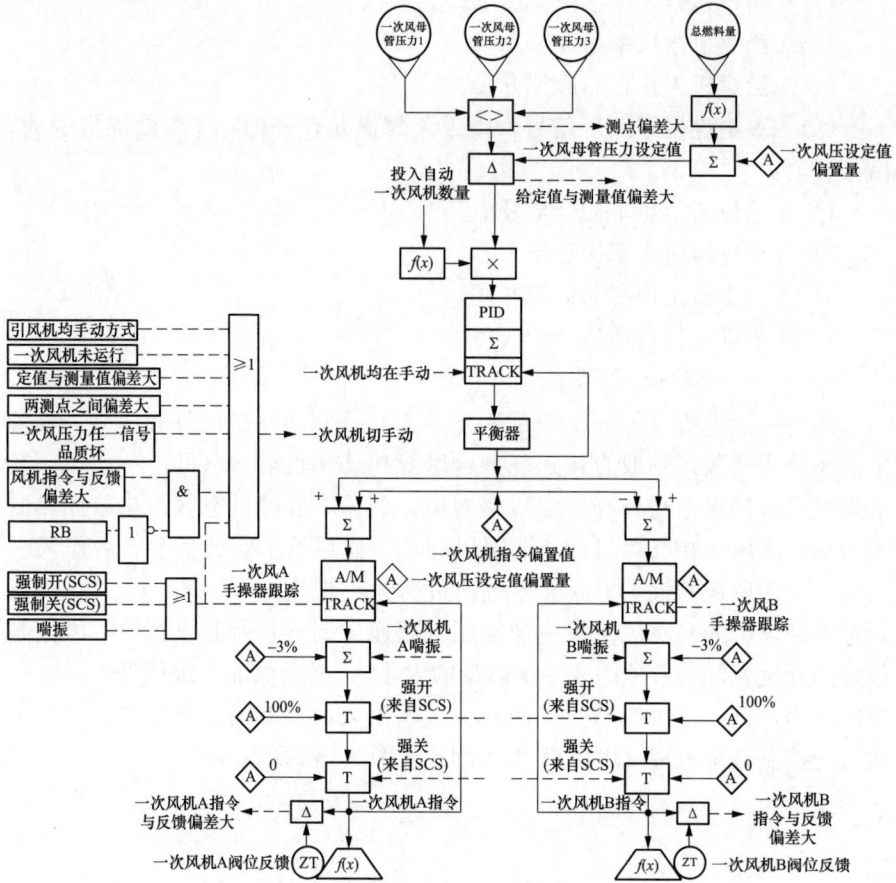

图 27-40   一次风母管压力自动控制系统原理图

号故障，则取其余两个信号的平均值作为输出测量值；若有两个信号同时
故障时，取剩余的一个信号作为输出测量值。

（3）一次风机调节指令。一次风压控制系统为一串级控制系统。主被
调量是热一次风母管压力，辅助被调量是 A、B 两台一次风机调节指令平
均值。

一次风压设定值与一次风压测量值的偏差经过主 PID 控制器运算后的
输出作为副 PID 控制器的设定值，再求得与 A、B 两台一次风机调节指令
平均值的偏差，经过副 PID 控制器运算后得到的便是一次风机调节指令。
将调节指令分别送往 A、B 一次风机入口动叶控制回路。

2. A 一次风机动叶控制回路

图 27-40 所示为 A 一次风机动叶控制回路工作原理图。显然，A 一次
风机动叶控制回路可以工作在下列三种不同方式下：

（1）自动控制方式。当"A 一次风机动叶投自动"条件满足时，A 一
次风机动叶控制回路就工作在自动方式。此时经过串级控制系统所形成的

一次风机调节指令通过 A/M 手/自动操作站输出作为 A 一次风机动叶调节指令。

（2）手动控制方式。当下列任一条件满足时，A 一次风机动叶控制回路就工作在手动方式：

1）关 A 一次风机动叶。

2）关 A 一次风机动叶并切手动。

3）B 一次风机合闸状态并且 A 一次风机跳闸状态 1。

4）A 一次风机跳闸状态 1 并且 B 一次风机跳闸状态 1 同时满足后的 5s 内。

5）一次风母管压力信号均故障。

6）A 一次风机液压油泵全停。

运行在手动控制方式时，运行人员通过 A/M 手/自动操作站手动控制 A 一次风机入口动叶的开度大小。

（3）跟踪方式。当下列任一条件满足时，A 一次风机动叶控制回路就工作在跟踪方式：

1）关 A 一次风机动叶。

2）关 A 一次风机动叶并切手动。

3）A 一次风机液压油泵全停。

4）A 一次风机跳闸状态 1 在 5s 内。

运行在跟踪方式时，A 一次风机动叶手/自动操作站的输出跟踪 0 信号（当关 A 一次风机动叶或关 A 一次风机动叶并切手动或 A 一次风机跳闸状态 1 在 5s 内信号有效时）；或者跟踪 A 一次风机动叶手/自动操作站的输出（A 一次风机液压油泵全停信号有效时）。

只要工作在非自动控制方式（即手动控制方式或跟踪方式）时，串级控制系统中的两个 PID 控制器均处于跟踪状态（见图 27-40）。主 PID 控制器跟踪 A、B 两台一次风机调节指令平均值；副 PID 控制器跟踪 A 一次风机动叶调节指令，或者当 A、B 一次风机动叶均非自动方式且 B 一次风机投自动后的 2s 内条件满足时，则跟踪 B 一次风机动叶调节指令。

3. A 一次风机动叶开度限制信号

目前已知轴流式风机均有可能出现喘振问题，当管网容量和阻力较大，使管网压力大于风机出口压力时，气体回冲入风机，风机叶栅内出现强烈的突变性旋转失速。这种风机管网系统的周期性振荡，即形成风机喘振。通常可通过加装分流器、加装旁通管或关小动叶、降低转速等措施防止喘振。图 27-40 所示的 A 一次风机动叶控制回路中，采取了限制一次风机动叶开度的办法来防止喘振现象发生。

在正常情况下，A 一次风机动叶开度限制信号为 A 一次风机动叶调节指令与 5.0 之和，也就是说，动叶开度限制信号总比动叶调节指令大 5.0。因此，正常情况下不进行限制。

当 A 一次风机喘振，或者 A 一次风机电流超过允许值时，1 号输入选择器和 2 号输入选择器同时切换到 2 输入端，使 A 一次风机动叶开度限制信号变为切换时刻 A 一次风机动叶调节指令与 3.0 之差。也就是说，动叶开度限制信号比动叶调节指令小 3.0。因此，此时对风机动叶进行限制，使动叶关小 3.0 所对应的开度，避免风机进入喘振状态。

（六）磨煤机一次风量控制系统

1. 几种风量测量装置介绍

（1）均速管式流量计测量原理。均速管式流量计基于 S 形毕托管测量原理，测量装置安装在管道上，其探头插入管内。当管内有气流流动时，迎风面受气流冲击，在此处气流的动能转换成压力能，因而迎面管内压力较高，其压力称为"全压"；背风侧由于不受气流冲压，其管内的压力为风管内的静压力，其压力称为"静压"。全压和静压之差称为差压，其大小与管内风速有关，风速越大，差压越大；风速小，差压也小。风速与差压的关系符合伯努利方程，即

$$v = k \times \sqrt{\frac{2 \times \Delta p}{\rho}} \tag{27-12}$$

式中　v——风速，m/s；

k——测量装置流量系数；

Δp——差压，Pa；

ρ——气体密度，kg/m^3。

（2）均速管面临的问题。均速管问世 30 余年来，以其结构简单等优点应用广泛，却不可避免地存在以下缺点：

1）准确度较低。多年来，均速管发展的型号有近 20 种，由于是插入形式，所以只能通过检测杆来反映流速。无论在上面取了多少个测点，也只能反映管道截面直径（或宽、高）上的流速分布，在直管道达不到要求时，这些点就失去代表意义，准确度难以优于 ±3%。

2）输出差压小。均速管是根据毕托管测速原理，通过测总静压来推算流量的，常用于大口径测气体情况，这时输出差压仅为几十帕斯卡（Pa）。这是它的原理和结构所决定的，研制厂家多年来虽在检测杆上努力研究，但收获有限。最新推出的 T 形结构即使按厂商所说提高了 20% 输出差压，但从实用角度来看所提高的输出差压对提高性能的作用有限。

3）易于堵塞。由于必须通过检测孔来测流量，只要流体中有粉尘、固体颗粒、凝析物等，堵塞就难以避免。

（3）文丘里式流量计（见图 27-41）。内文丘里管与经典文丘里管等传统差压式流量仪表的测量原理完全相同，都是以能量守恒定律伯努利方程和流动连续性方程为基础的流量测量方法，直接测量是节流件前后的差压。芯体外表面与测量管内表面之间形成一异径环形腔体，环形腔体沿轴向的过流面变化规律与经典文丘里管相似，这就使得流体流经内

文丘里管时的流束变化及其节流过程与流体流经经典文丘里管时的流束变化及其节流过程基本相同。

1）文丘里式流量计优点。利用外文丘里管喉部加速产生低压，而将内文丘里管的尾部置于喉部低压区，促使内文丘里管的喉部产生更低的低压，因而在同样的流量下可获得更大的输出差压；较适用于大管道的低流速气体流量测量；插入式，安装方便；阻力小，节能性能好；反应速度快。

2）文丘里式流量计缺点。由于它仅测一点流速，管道中流速分布对其影响很大，因而准确度较低。目前还有一种多文丘里管，它在双文丘里管内再安装文丘里管，企图获得更大的差压。当尺寸较小时，附面层的作用将呈现出来，制约了这种加速降压效果，且带来了结构复杂、系数不稳定等负面影响。

对含尘气流进行测量时，灰尘只进不出，造成感压管路堵塞，取压口易堵塞，运行维护量大，不适宜含粉介质。

当风道横截面积较大，而直管段不够长时，输出差压为非线性，重复性差。如果单点布置，则不适宜大风道的风量测量。

（4）机翼式测量装置。该装置由多个全机翼和两个半机翼取样管传压管及一段矩形或圆形风道构成。当气流流经机翼测量装置时，在翼形表面产生绕流，驻点 A 和弦点 B 之间产生压差（见图 27-42）。该压差与风道内的气体流速（或流量）之间呈一定的系数关系。

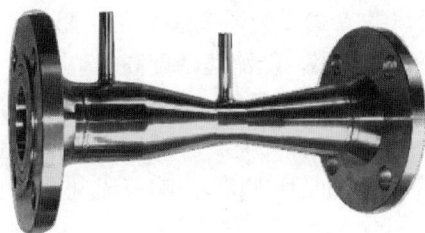

图 27-41　文丘里式流量计

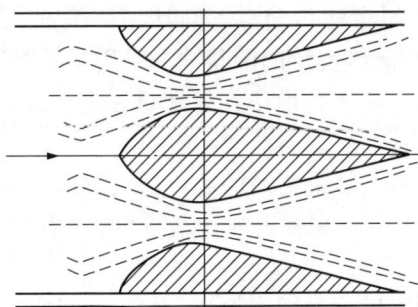

图 27-42　机翼式装置原理图

1）优点。反应速度快；可多点测量大风道平均流速。

2）缺点。较笨重，体积大，安装不方便；风道阻力大，不节能；取压口易堵塞，运行维护量大，不适宜含粉介质。机翼型流量计不可避免地会在管道中产生永久压损，压力损失较大。一次风风量机翼型测风装置的面积收缩达 1/2 左右，原二次风风量机翼型测风装置的面积收缩达 2/3 左右。

（5）热扩散式。

1）热扩散的操作原理。一个低功率加热器通过加热一个电阻式温度探测器（RTD），在两个 RTD 之间造成一个温差。流体的流动将被加热的 RTD 上的热量带走，造成两个 RTD 间的温度差成比例变化，流量计的流量变送器将 RTD 间的温差转换成一个刻度信号和一个可选择的显示值（见图 27-43）。

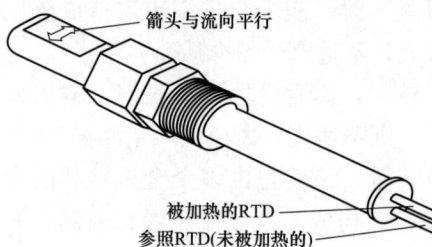

图 27-43　热扩散测速装置原理图

2）特点。其最大特点是可测低于 5m/s 的流速。传热与流体质量有关，因此所测为质量流量；插入式安装，安装方便；阻力小，节能性能好；非差压方式测量，运行维护量小；低流速精度高。

热传导方式测量，存在滞后现象；价格高；无方向性；电极上的积灰会影响其测量准确性；如果单点布置，不适宜大风道的测量。

缺点是气体温度一般要低于 200℃，响应时间在 1s 以上，流体成分影响测量，准确度较低。

如在管道中插入多根热式流量计，则每个热电阻所反映的流速特性不一定相同，校验修正还有待改进。

（6）防堵阵列式风量测量装置。防堵型阵列式风量测量装置是根据 ISO 3966《封闭管道中流体流量的测量——采用毕托静压管的速度面积法》国际标准设计制造的，基于 S 形毕托管测量原理，风速与差压的关系符合伯努利方程。

对于含尘气流，为了解决堵塞问题，防堵型阵列风量测量装置装设了动能驱动振动式防堵装置，在管道内气流的冲击下使清灰器做无规则摆动，起到自清灰作用。

发电锅炉的风管风道直管段一般比较短，管道截面积上的流场很不均匀，有的部位甚至有回流产生。当风道的截面积较大时，单点测量风道内的风量是不科学的，甚至其测量的数据无任何意义。防堵型阵列风量测量装置采用等截面阵列布置多个测点的方法，测得同截面的平均速度，采用的选点方法为 ISO 3966 和 ISO 7145：1982《圆形截面封闭管道中流体流量的测定——在截面的一点上测量速度的方法》国际标准中规定的等面积法。对于各种形状的风道，可根据现场实际情况确定所需测点的数量、测量装置的数量和布置方式等。

　　每支探头包括多个流速传感器，如测量整流管，以及在整流管中同轴安装的节流件和相应的取压口。利用同轴安装在管道中的节流件，将流体逐渐节流收缩到管道的内边壁附近，让流体流过由节流件与管内壁所形成的间隙，从而形成节流件前后的差压；通过测量该差压 Δp，实现流量测量。为了解决堵塞问题，在垂直段内安置了 T 形摆清灰器，在管道内气流的冲击下使清灰器做无规则摆动，起到自清灰作用，防堵阵列式风量测量装置测量原理基于伯努利方程和流动连续方程（见图 27-44）。几种风量测量装置的特点对照见表 27-2。

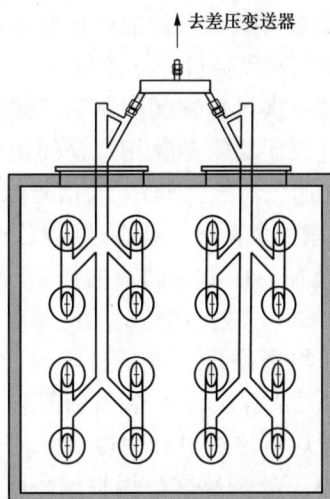

图 27-44　阵列风量测量装置原理图

表 27-2　几种风量测量装置特点对照表

测量方式	优点	缺点
均速管型	插入式，安装方便，阻力小，节能性能好；反应速度快；可实现多点布置测量大风道平均流速	取压口易堵塞，运行维护量大，不适宜含粉介质风量测量
文丘里型	插入式，安装方便；阻力小，节能性能好；反应速度快	取压口易堵塞，运行维护量大，不适宜含粉介质；如果单点布置，不适宜大风道的风量测量
机翼型	反应速度快；多点测量大风道平均流速	体积大，安装不方便；风道阻力大，不节能；取压口易堵塞，运行维护量大，不适宜含粉介质

续表

测量方式	优点	缺点
热式气体流量计	插入式，安装方便；阻力小，节能性能好；非差压方式测量，不存在堵塞问题，运行维护量小；低流速精度高	热传导方式测量，存在滞后现象；价格高；无方向性；电极上的积灰会影响其测量准确性；如果单点布置，不适宜大风道的测量
防堵阵列式风量测量装置	插入式，安装方便；阻力小，节能性能好；反应速度快；多点测量大风道平均流速；防堵塞	不适用较小直径的风管

2. 直吹式磨煤机控制

磨煤机的控制策略由锅炉系统的燃烧控制方式、燃烧器结构所决定。图 27-45 所示为某 600MW 机组的磨煤机控制简图。该机组锅炉采用平衡通风、旋流燃烧器、前后墙对冲燃烧方式，磨煤机设置了独立的一次风量调节挡板。磨煤机主控接受来自燃料主控的磨煤机负荷指令，同时对该磨煤机的给煤量、一次风量和二次风挡板进行控制。

磨煤机主控指令经过一次风量交叉限制后，控制给煤机转速、调节给煤量。图 27-45 中动态过调回路①的作用，是加快燃料量对负荷变化的响应，使给煤调节具有"加速"功能。$F(t)$ 为信号传递延时模块，延迟时间整定为 30s。当控制系统增加负荷时，动态过调回路①将产生 30s 的正向信号，与给煤机转速指令叠加，在负荷调节的初始阶段调节作用得到加强。协调控制系统为了提高 AGC 方式下的负荷响应速度，往往采用增强煤量和一次风量的前馈作用，利用磨煤机内的蓄粉来快速响应负荷变化的需要，动态过调回路①起到了补偿磨煤机动态蓄粉的作用。

煤量的测量考虑了磨煤机停机过程中煤量的变化。实现的方法是：当磨煤机停止时，切换模块 T 置回路②，煤量信号将按一定速率减至 0。速率限制模块时间常数的设定为：正常停止磨煤机时，$t = 5\text{min}$；磨煤机跳闸时，$t = 30\text{s}$。

经温度补偿后的一次风量测量值，对给煤机转速指令进行限制，保证一次风有足够的燃料携带能力。一次风量定值随磨煤机主控指令变化，大选模块③限制一次风量定值不低于 70%。磨煤机跳闸时，一次风量调节挡板置 0。

二次风调节挡板随给煤机转速指令变化，大选模块④限制二次风调节挡板开度指令不低于 40%。

当磨煤机未设置独立的一次风量调节挡板时，磨煤机的风量控制和出口温度控制存在着强烈的耦合。因此，调整磨煤机出口温度时，冷热风挡板应朝不同的方向作用，以保持风量不变；调整一次风量时，冷热风挡板应同方向动作，保持磨煤机出口温度为恒定值，如图 27-46 所示。

前面已经介绍了当燃料负荷指令变化时，首先通过给煤机给煤率控制

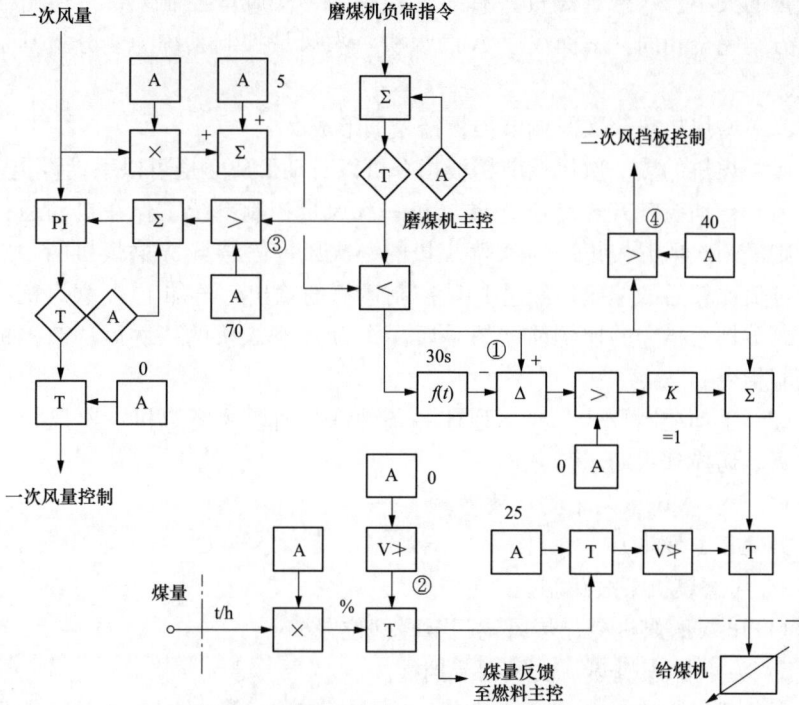

图 27-45　磨煤机主控

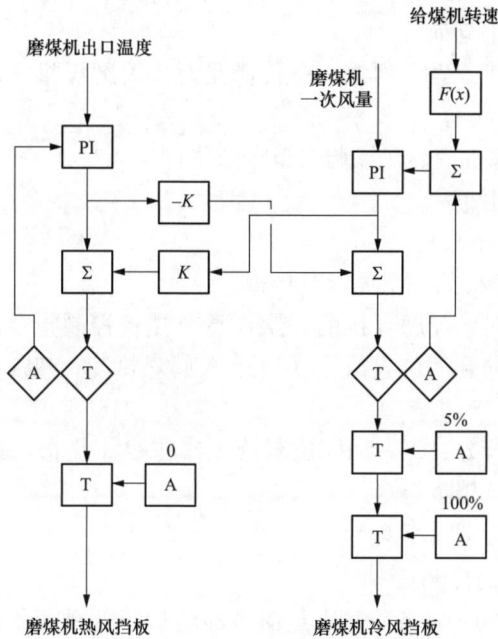

图 27-46　磨煤机风量和温度控制

系统调整瞬时给煤量大小，但真正送入锅炉炉膛的燃料量多少还取决于一次风量的大小。六台磨煤机各有一套相应的一次风量控制系统，但由于其控制方案完全相同，下面仅以 A 磨煤机一次风量控制系统为例分析其工作原理。

3. A 磨煤机热一次风调节挡板指令的形成

A 磨煤机的热一次风调节挡板指令可以自动形成，也可以手动设定。

（1）自动控制方式。若 A 磨煤机一次风量控制系统工作在自动运行方式，则经一次风温校正后的 A 磨煤机的一次风量信号与 A 磨煤机的一次风量设定值比较后的偏差，经过 PID 控制运算的输出，再加上 A 磨煤机冷一次风调节挡板指令的比例前馈信号后，作为 A 磨煤机的一次风调节挡板自动控制指令。

（2）手动控制方式。当下列任一条件满足时，A 磨煤机一次风量控制系统只能切换到手动运行方式：

1）A 一次风量两个测点故障。

2）MFT 发生。

3）A 磨煤机事故跳闸。

4）开 A 磨煤机冷、热风调门至暖磨位置。

5）关 A 磨煤机热一次风调节挡板。

手动运行方式时，A 磨煤机的一次风调节挡板控制指令由运行人员通过 A/M 操作站设定。但需要注意的是在维持一次风总量不变的前提下，一次风冷风调门的开度应与一次风热风调门的开度相互配合，保证磨煤机出口温度在允许变化范围。

（3）跟踪方式。当下列任一条件满足时，A 磨煤机一次风量控制系统处于跟踪方式：

1）开 A 磨煤机冷、热风调门至暖磨位置。

2）MFT 发生。

3）A 磨煤机事故跳闸。

4）关 A 磨煤机热一次风调节挡板。

在跟踪方式时，A 磨煤机的一次风调节挡板控制指令跟踪 0 信号，或者跟踪预先设定的开度位置信号（当开 A 磨煤机冷、热风调门至暖磨位置时）。

在非自动运行方式下，PID 控制器工作在跟踪状态，其输出跟踪 A 磨煤机的一次风调节挡板指令。

（七）二次风量控制系统

1. 二次风量的控制任务

保证燃料在炉膛中完全燃烧是锅炉经济运行的重要指标，要做到这一点，必须有适当的风量与燃料量相配合，即要有合适的空燃比。该 600MW 机组的风量系统由一次风、二次风两部分组成。其中一次风主要用来将煤粉从磨煤机输送到燃烧器，二次风主要用来帮助燃料在炉膛中燃烧。二次风由两台送风机供给，通过改变送风机动叶节距来控制送风量的大小，使烟气中的含氧量 $O_2\%$ 保持最佳值，从而保证锅炉燃烧系统配置最佳空燃比，使锅炉达到最高的热效率。

按照燃料元素分析，恰使燃料完全燃烧所需的空气量称为理论空气量。实际上按理论空气量无法达到完全燃烧的目的，一般总要使送风量比理论空气量多一些。实际风量比理论风量多多少可用过量空气系数 α 来衡量，即

$$\alpha = \frac{V}{V_t}$$

式中　V_t——理论空气量。

当实际空气量过高时，会增加风机的耗电和排烟损失；空气量过低，又会增加不完全燃烧，使锅炉热效率降低。保证锅炉热效率最高的 α 值称为最佳 α 值，最佳 α 值与锅炉负荷有关，一般 $\alpha = 1.2 \sim 1.4$。

过量空气系数 α 还可以用炉膛出口烟气中的含氧量 $O_2\%$ 来衡量。在完全燃烧情况下，过量空气系数 α 与 $O_2\%$ 的关系为

$$\alpha = \frac{21}{21 - O_2\%} \tag{27-13}$$

由式（27-13）可知，$O_2\%$ 与 α 成反比关系，控制 α 就是控制烟气中的含氧量 $O_2\%$。最佳氧量值 $O_2\%$ 与负荷的关系如图 27-47 所示。

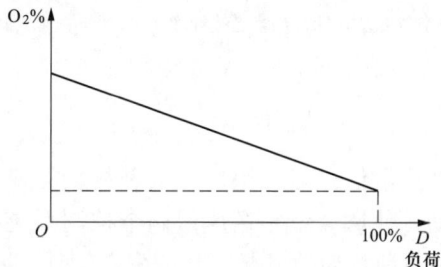

图 27-47　最佳 $O_2\%$ 值与负荷之间的关系

2. 二次风量控制系统的几种方案

到目前为止，锅炉热效率不能直接测量，通常是用一些间接的方法来判断燃烧效率的，而燃烧控制系统的发展与这一问题的解决方案密切相关。根据不同的测量方法可以构成不同的系统，通常采用以下几种方案：

（1）燃料量-空气系统。燃料量-空气系统如图 27-48（a）所示，图中 B 为实测燃料量。

该系统实现简单，而且无论是发生负荷变化或燃料侧扰动，都能满足空燃比的要求。但由于给煤量难以测准，往往需要采取其他措施才能实现。

（2）热量-空气系统。热量-空气系统如图 27-48（b）所示，其中热量信号 Q 称为理想热量信号，即

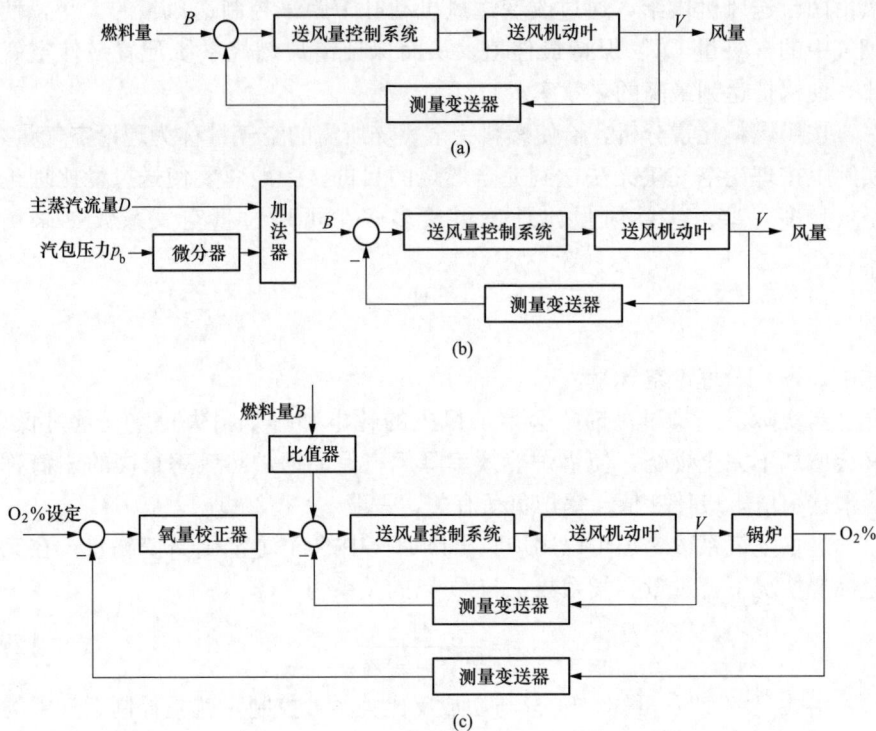

图 27-48　二次风量控制系统的几种典型方案

（a）燃料量-空气系统；（b）热量-空气系统；（c）氧量-空燃比串级系统

$$Q = D + C_k \frac{\mathrm{d}p_b}{\mathrm{d}t} \tag{27-14}$$

该方案的优点是热量信号能较快地反映燃料量的变化，使系统能较迅速地消除燃料侧扰动，使燃料量与送风量两个控制系统很好地协调。但由于热量信号不能反映负荷扰动的情况，当负荷变化时，风量调节动作缓慢，使空燃比在过渡过程中出现较大的动态偏差。

（3）蒸汽-空气系统。在图 27-48（b）中取消汽包压力的微分信号，构成蒸汽-空气系统。这个系统结构简单，在负荷变化时蒸汽量会发生迅速跳变，使送风量及时跟踪负荷的变化，控制效果较好。但该系统在内扰下，不能保证空燃比。

（4）给定负荷-空气系统。用给定负荷指令代替 27-48（a）中的实际燃料量作为定值信号。这种方案要求负荷指令必须同时送到燃料量控制系统，因而在负荷发生变化时，这两个系统同时动作，使风量和燃料量配合过程中的动态偏差较小。它的缺点是当燃料扰动时，不能保证要求的空燃比。

（5）氧量-空燃比串级系统。氧量-空燃比串级系统用氧量信号校正空燃比系统的误差。这是目前大容量机组比较普遍采用的控制方案，原理如图 27-48（c）所示。该系统副环能快速保证最佳空燃比，煤量误差则可以用烟气中的含氧量做串级校正。

3.600MW 机组二次风量控制系统

某亚临界 600MW 机组二次风量的控制是通过调整两台送风机的入口动叶节距来达到控制二次风量的目的的，其控制原理如图 27-49 和图 27-50 所示。

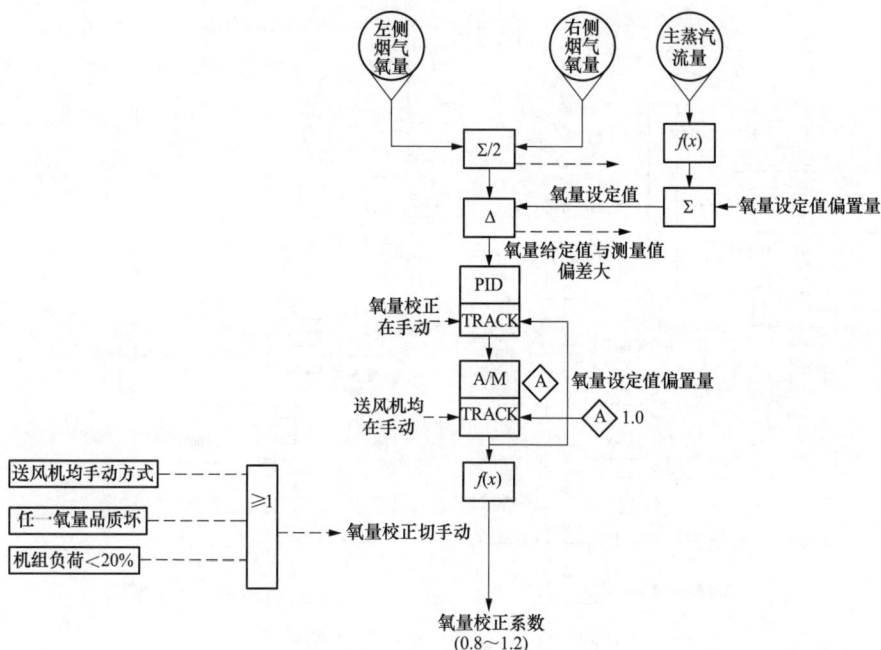

图 27-49　氧量自动控制原理图

（1）总风量信号的测量。实际总风量测量值信号为总一次风量和二次风量之和。

二次风量测点 A、B 两侧均设计有三个二次风流量测点和两个二次风温度测点。各台磨煤机的一次风量测点设计有两个一次风流量测点和一个一次风温度测点。由于风量信号测量的准确性直接受风温的影响，所以各风量信号经各自风温校正后，作为实测值。以上各值相加即可得到总风量。

（2）总风量设定值。总风量指令是根据机炉主控制系统输出的锅炉负荷指令经总燃料量限制后得到的。

总风量设定值则是总风量指令经烟气中含氧量调节指令校正（见图 27-49）后，再加一偏置（该偏置由运行人员通过 A 送风机动叶操作站的 OM 窗口设置）后形成的。

（3）送风量调节指令形成回路。送风量控制系统为一串级控制系统，如图 27-50 所示。主被调量是锅炉总风量，辅助被调量是 A、B 两台送风机调节指令平均值。

总风量设定值与总风量测量值的偏差经过主 PID 控制器运算后的输出

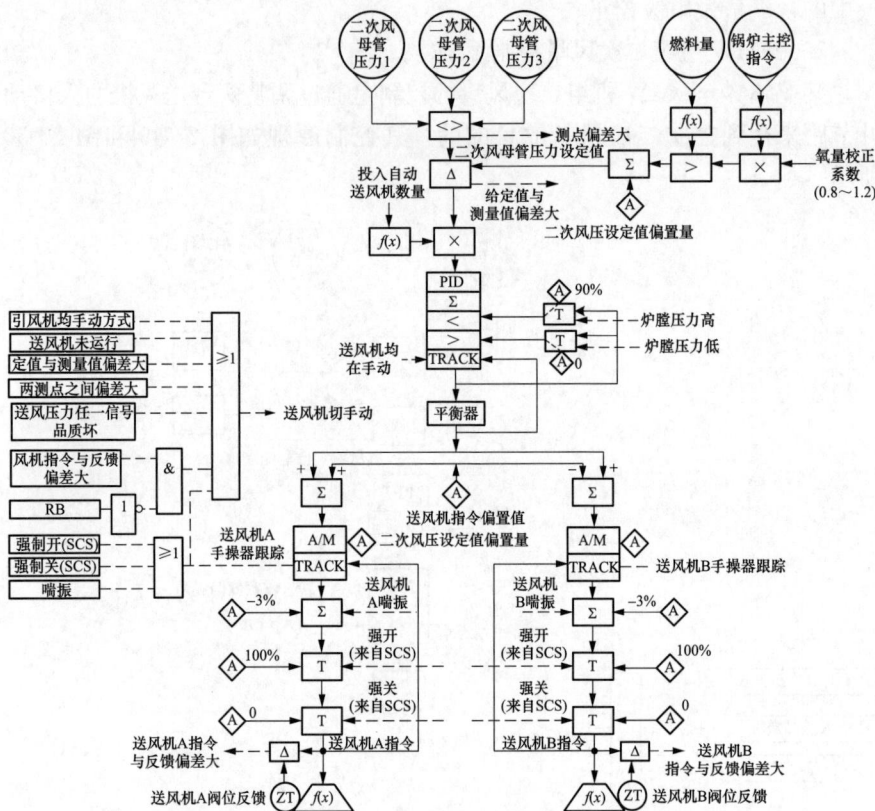

图 27-50　送风自动控制原理图

作为副 PID 控制器的设定值，再求得与 A、B 两台送风机调节指令平均值的偏差，经过副 PID 控制器运算后得到的便是送风量调节指令。该指令分别送往 A、B 送风机入口动叶控制回路。

（4）A 送风机控制信号。图 27-50 所示为送风机动叶控制回路工作原理图。可以看出，送风机动叶控制回路可以在下列三种不同方式下工作。

1）自动控制方式。当"送风机动叶投自动"条件满足时，送风机动叶控制回路工作在自动方式。此时经过图 27-50 所示串级控制系统所形成的总风量调节指令，通过送风机的 A/M 操作站输出作为送风机动叶调节指令。

2）手动控制方式。当以下任一条件满足时，A 送风机动叶控制回路工作在手动方式：

a. 关 A 送风机动叶。

b. B 送风机合闸状态并且 A 送风机跳闸状态 1。

c. 关 A 送风机动叶并切手动。

d. A 送风机跳闸状态 1 并且 B 送风机跳闸状态 1 同时满足后的 5s 内。

e. 开 A 送风机挡板、动叶。

f. 送风调节切手动。

g. A 送风机液压油泵全停。

运行在手动控制方式时，运行人员通过 A 送风机动叶手/自动操作站手动控制 A 送风机动叶调节指令的大小。

3）跟踪方式。当以下任一条件满足时，A 送风机动叶控制回路工作在跟踪方式：

a. 关 A 送风机动叶。

b. B 送风机合闸状态并且 A 送风机跳闸状态 1。

c. 关 A 送风机动叶并切手动。

d. A 送风机液压油泵全停。

e. 开 A 送风机挡板、动叶。

f. A 送风机跳闸状态 1 并且 B 送风机跳闸状态 1 同时满足后的 5s 内。

运行在跟踪方式时，A 送风机动叶手/自动操作站的输出跟踪 0 信号（当关 A 送风机动叶、关 A 送风机动叶并切手动或 B 送风机合闸状态并且 A 送风机跳闸状态 1 信号有效时）；或者跟踪 100 信号（当 A 送风机跳闸状态 1 并且 B 送风机跳闸状态 1 同时满足后的 5s 内信号有效时）；或者跟踪 A 送风机动叶手/自动操作站的输出（A 送风机液压油泵全停）。

只要工作在非自动控制方式（即手动控制方式或跟踪方式），则串级控制系统中的两个 PID 控制器均处于跟踪状态（见图 27-50）。主 PID 控制器跟踪 A、B 两台送风机调节指令平均值；副 PID 控制器跟踪 A 送风机动叶调节指令，或者当 A、B 送风机动叶均为非自动方式状态下、B 送风机投自动后的 2s 内条件满足时，则跟踪 B 送风机动叶调节指令。

（5）A 送风机动叶开度限制信号。与一次风机的设计类似，图 27-50 所示的 A 送风机动叶控制回路中，也采取了限制送风机动叶开度的办法来防止喘振现象发生。

在正常情况下，A 送风机动叶限制信号为 A 送风机动叶调节指令与 5.0 之和，即送风机动叶限制信号总比动叶调节指令大 5.0，因此正常情况下不进行限制。当 A 送风机喘振，或者 A 送风机电流超过允许值时，1 号输入选择器和 2 号输入选择器同时切换到 2 输入端，使 A 送风机动叶限制信号变为切换时刻 A 送风机动叶调节指令与 3.0 之差。也就是说，动叶限制信号比动叶调节指令小 3.0。因此，此时对送风机动叶进行限制，使动叶关小 3.0 所对应的开度，避免风机进入喘振状态。

（6）氧量校正信号的形成。图 27-49 所示为烟气中含氧量校正信号的形成回路。由图 27-49 可知，该系统在 A 空气预热器入口和 B 空气预热器入口分别布置有烟气氧量测点各一个。每侧的测点处理方法相同，当两个测点信号均正常时，选平均值作为输出测量值；若有一个信号故障，则取剩余的一个好点作为输出测量值。

主蒸汽流量经函数发生器运算后再加上预先设定好的偏置信号便得到烟气

氧量设定值。该烟气氧量设定值与上述所得到的烟气氧量测量值比较后得到烟气氧量偏差信号，送往氧量校正器（PID调节器）的入口。经PID运算后的输出信号就是自动氧量校正信号，该氧量校正信号的变化范围为0.8～1.2。

由图27-49可知，当主蒸汽流量大于20％且烟气氧量校正投自动时，氧量校正信号才能自动形成，否则烟气氧量校正信号只能处于手动或跟踪方式。

当下列任一条件满足时，烟气氧量校正信号运行在手动设定方式：

1）A送风机动叶控制和B送风机动叶控制均为非自动方式。

2）烟气氧量测量值信号全部故障。

3）主蒸汽流量不大于20％。

工作在手动方式时，烟气氧量校正信号由运行人员通过氧量调节A/M操作站手动设定。

若A送风机动叶控制和B送风机动叶控制均为非自动方式，则氧量调节A/M操作站工作在跟踪方式，其输出保持为1.0。

在手动方式或跟踪方式时，烟气氧量调节PID控制器处于跟踪状态，其输出始终跟踪氧量调节A/M操作站的输出。燃烧器及二次风布置如图27-51所示。

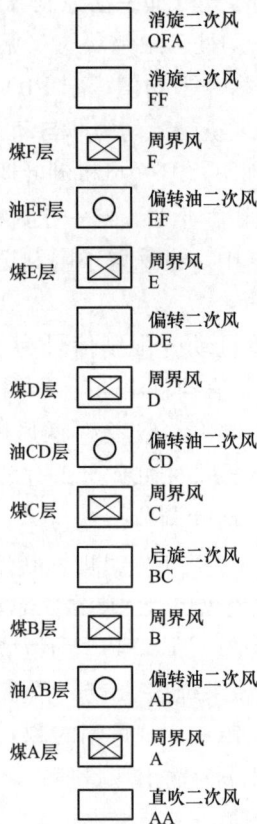

图27-51　燃烧器及二次风布置

（八）燃烧器二次风挡板控制系统

1. 燃烧器及其二次风布置

该燃烧设备采用中速磨煤机冷一次风机正压直吹式制粉系统，燃烧器采用四角布置切向燃烧方式。燃烧器共设置 6 层煤粉喷嘴，锅炉配置 6 台 HP1003 型中速磨煤机，每台磨煤机的出口由 4 根煤粉管接至炉膛四角的同一层煤粉喷嘴，锅炉 MCR 和 ECR 负荷时均投 5 层，另一层备用。每组燃烧器及其二次风口布置如图 27-51 所示。燃烧器的一、二次风喷嘴呈间隔排列，顶部设有 OFA 二次风。连同煤粉喷嘴的周界风，每组燃烧器各有二次风挡板 14 组，均由气动执行器单独操作。为满足锅炉汽温调节的需要，燃烧器喷嘴采用摆动结构，除 OFA 层喷嘴单独摆动外，其余喷嘴由内外连杆组成一个摆动系统，由一台气动执行器集中带动做上下摆动。上述气动执行器均采用进口的直行程结构，其特点是结构紧凑，能适应频繁启动。在燃烧器二次风室中配置了 3 层共 12 支轻油枪，采用机械压力雾化方式，燃油容量按 30%MCR 负荷设计。

为了控制大容量锅炉的左右烟温偏差，该燃烧设备切向燃烧的组成，主要依靠二次风喷嘴的偏转结构，而不再是传统的设计假想切圆。四组燃烧器的中心线接近对冲，即设计假想切圆直径近于零。由于大部分二次风喷嘴按顺时针方向偏转（AB、CD、DE 层为 4.5°，BC 层为 15°），驱使炉内气流做顺时针方向旋转，由此构成了切向燃烧，所以这部分二次风称为启转二次风。与此相反，顶部 OFA 层与 FF 层二次风喷嘴为 25°逆时针方向偏转，EF 层为 20°逆时针方向偏转，使进入燃烧器上部区域气流的旋转强度得到减弱甚至被消除，故称为消旋二次风。改变启转二次风与消旋二次风的风量配比，就可控制炉膛出口气流的残余旋转，以及由此形成的左右烟温偏差。这种燃烧器布置方式称为"对冲同心正反切布置"。由于一次风煤粉气流按对冲的燃烧器中心线进入炉膛，被偏转的二次风裹在炉膛中央，所以形成富燃料区，四周水冷壁附近则形成富空气区。这样的空气动力场组成还有着火稳定、结焦及高温腐蚀倾向低、NO_x 形成量少等优点。

2. 煤层周界风挡板控制系统

对应于 6 台磨煤机，共设置了 6 层煤粉喷嘴。每层煤粉喷嘴的周界风挡板控制系统类似，现以 A 层周界风挡板控制系统为例介绍。A 层周界风挡板控制系统原理如图 27-52 所示。

该系统 A 层周界风调节挡板指令与 A 给煤机给煤率反馈信号成一定的函数关系，如图 27-53 所示。

每层煤燃烧器的周界风设置了一个 A/M 同步操作站，可以实现每层周界风挡板的自动控制或手动控制。

当 A 层周界风挡板投自动信号有效时，A 层周界风挡板自动控制指令根据 A 给煤机给煤率反馈信号经过图 27-53 所示的函数关系运算后形成。

当 A 给煤机给煤率反馈信号故障或 A、B 送风机均处于跳闸状态 1，且

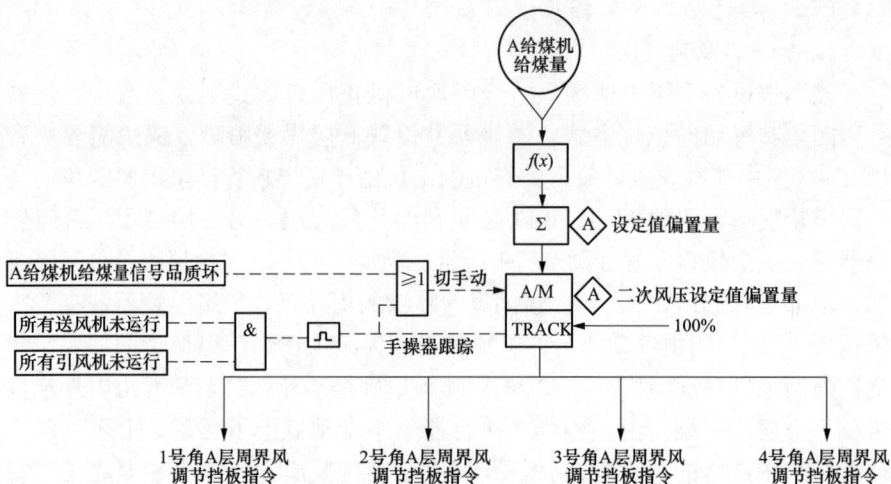

图 27-52　A 层周界风挡板控制系统原理

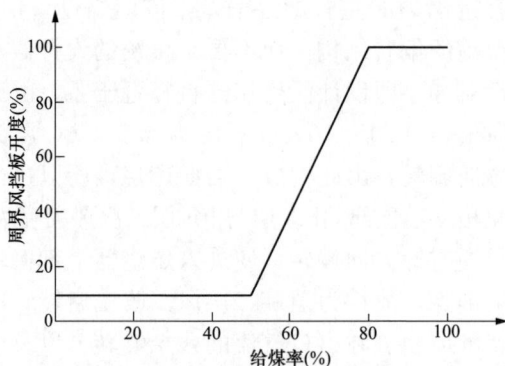

图 27-53　周界风与给煤率之函数关系

同时发生 A、B 引风机均处于跳闸状态 1 条件满足 5s 内，A 层周界风挡板指令只能由运行人员通过 A 层周界风挡板指令 A/M 同步操作站手动设定。

当 A、B 送风机均处于跳闸状态 1 且同时发生 A、B 引风机均处于跳闸状态 1 条件满足 5s 内，A 层周界风挡板指令 A/M 同步操作站的输出跟踪 100，即将 A 层周界风挡板置于全开位置。

当 A、B 送风机均处于跳闸状态 1 且同时发生 A、B 引风机均处于跳闸状态 1 条件满足 5s 内，AB 层油二次风挡板指令 A/M 同步操作站的输出跟踪 100，即将 AB 层油二次风挡板置于全开位置。此时，也可由运行人员通过 AB 层油二次风挡板 A/M 同步操作站手动设定 AB 层油二次风挡板指令。

当运行在非自动方式时，A/M 同步操作站的偏置设定值跟踪 0 信号，为再次无扰投入自动做准备。

在准备点火前，需将各角 AB 层二次风设置为点火需要的风量。因此通过 RS 触发器的置位端"1"信号，使输入选择器输出 2 端信号（即可变参数器的数值），将 AB 层相应角的二次风调节挡板强行置于预先设定的位置。

3. DE 层偏转二次风挡板控制系统

DE 层偏转二次风控制系统如图 27-54 所示。DE 层二次风挡板自动指令来自炉膛/风箱差压调节指令，同时也可根据燃烧状况加入一手动设定的偏置信号。

DE 层偏转二次风同样设置了一个 A/M 同步操作站，可以实现该层二次风挡板的自动控制或手动控制。

当 A、B 送风机均处于跳闸状态 1 且同时发生 A、B 引风机均处于跳闸状态 1 条件满足 5s 内，DE 层二次风挡板指令 A/M 同步操作站的输出跟踪 100，即将 DE 层二次风挡板置于全开位置。此时，也可由运行人员通过 DE 层二次风挡板 A/M 同步操作站手动设定 DE 层二次风挡板指令。

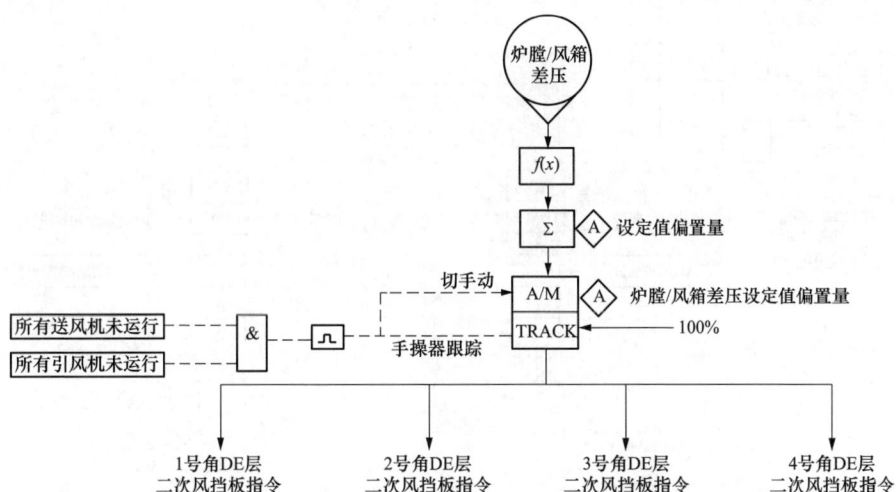

图 27-54　DE 层偏转二次风控制系统

（九）炉膛压力控制系统

锅炉运行中，如果机组负荷改变，则进入炉膛的燃料量和一、二次风量将随之改变，燃料在炉膛中燃烧后产生的烟气也将随之改变，对炉内压力造成影响。如果炉膛压力过低，炉膛和烟道的漏风量将增大，可使燃烧恶化，燃烧损失增大，甚至造成燃烧不稳定或灭火。此外，还会引起过热汽温升高，加大灰粒对受热面及引风机的磨损。反之，如果炉膛压力过高，炉膛内火焰和高温烟气就会向外泄漏，影响锅炉的安全运行。因此，炉膛负压必须进行自动或手动控制，以保证炉膛负压维持在一定的允许范围之内。引风量控制是有效的炉膛负压控制方法。

1. 炉膛压力控制系统的作用

该机组的炉膛负压控制系统通过调整两台引风机入口静叶的位置，使引风量和送风量相适应，以维持炉膛负压等于设定值。

该 600MW 机组炉膛负压控制系统为前馈-反馈调节系统，工作原理如

图 27-55 所示。

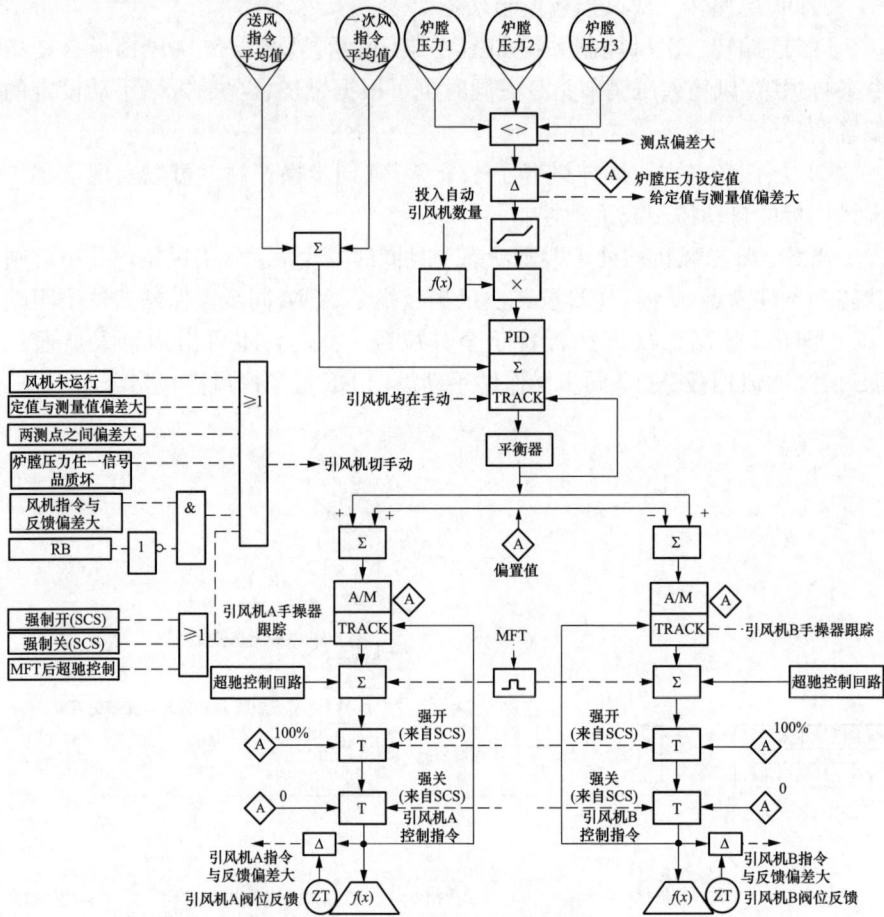

图 27-55　引风机自动控制系统

2. 炉膛压力测量回路

炉膛压力测量值共设置了 3 个测量点，进行"三取中"选择后得到炉膛压力测量值。

3. 超驰信号

超驰信号是为了在发生 MFT 时保护炉膛，避免炉膛压力急剧变化而加入的一个控制信号。可以用式（27-15）表示炉膛内各参数之间的关系，即

$$pV = RMT \tag{27-15}$$

式中　p——炉膛绝对压力；

　　　V——炉膛容积；

　　　R——烟气常数；

　　　M——炉膛内烟气质量；

　　　T——炉膛烟气温度。

由于炉膛容积 V 是一个常数，烟气常数 R 也可认为是一个常数，因此

可知，炉膛压力 p 与炉膛内烟气质量 M 和烟气温度 T 成正比。

当发生 MFT 时，由于炉膛内烟气质量和温度突然降低，所以导致炉膛压力急剧下降。为避免这种危险发生，在引风机静叶调节指令上反方向加入了一个超驰信号，该信号的形成原理如图 27-55 的左下角所示。

在正常运行时，没有发生 MFT，微分器不起作用，2 号输入选择器输出 1 端入口信号，超驰信号为 0。

当非正常情况下，即发生了 MFT。此时脉冲发生器产生 60s 脉宽的脉冲信号同时作用于 1、2 号选择器和微分器，使微分器工作，1、2 号输入选择器同时选择 2 端入口信号输出。因此，1 号输入选择器的输出保持 MFT 发生瞬间的主蒸汽流量数值，2 号输入选择器选择函数器的输出 $f(D)$ 作为自己的输出信号，即由 0 突然变为 $f(D)$ 信号。跳变的信号经实际微风运算后作为超驰信号。

4. 引风机静叶调节指令的形成

引风量静叶控制系统为一串级控制系统，如图 27-55 所示。主被调量是锅炉炉膛压力，辅助被调量是 A、B 两台引风机调节指令平均值。

炉膛压力设定值通过 OM 操作窗口，由运行人员设定。炉膛压力设定值与炉膛压力测量值的偏差经过主 PID 控制器运算后的输出，加上送风机动叶调节指令的比例前馈信号作为副 PID 控制器的设定值，再与 A、B 两台引风机调节指令平均值比较后的偏差，经过副 PID 控制器运算，再叠加上超驰信号，得到的便是引风机静叶调节指令。该指令分别送往 A、B 引风机入口静叶控制回路。

这里引入送风机动叶调节指令的比例前馈信号，其目的是在变负荷过程中，避免炉膛压力的大幅度波动。即送风量信号变化时，及时调整引风量，使炉膛压力不变或尽量少变。

5. A 引风机静叶控制回路

图 27-55 所示为 A 引风机静叶控制回路工作原理图。可以看出，A 引风机静叶控制回路可以在下列三种不同方式下工作。

（1）自动控制方式。当"A 引风机静叶投自动"条件满足时，A 引风机静叶控制回路工作在自动方式。此时经过串级控制系统所形成的引风机静叶调节指令通过 A 引风机的 A/M 操作站输出，作为 A 引风机静叶调节指令。

（2）手动控制方式。当以下任一条件满足时，A 引风机静叶控制回路工作在手动方式：

1）关 A 引风机静叶。

2）B 引风机合闸状态并且 A 引风机跳闸状态 1。

3）关 A 引风机静叶并切手动。

4）A 引风机跳闸状态 1 并且 B 引风机跳闸状态 1 同时满足后的 5s 内。

5）炉膛压力测量信号均故障。

运行在手动控制方式时，运行人员通过A引风机静叶手/自动操作站手动控制A引风机静叶调节指令的大小。

（3）跟踪方式。当以下任一条件满足时，A引风机静叶控制回路工作在跟踪方式：

1）关A引风机静叶。

2）B引风机合闸状态并且A引风机跳闸状态1。

3）关A引风机静叶并切手动。

4）A引风机跳闸状态1并且B引风机跳闸状态1同时满足后的5s内。

运行在跟踪方式时，A引风机静叶手/自动操作站的输出跟踪0信号（当关A引风机静叶、关A引风机静叶并切手动或B引风机合闸状态并且A引风机跳闸状态1信号有效时）；或者跟踪100信号（当A引风机跳闸状态1并且B引风机跳闸状态1同时满足后的5s内信号有效时）；或者跟踪A引风机静叶手/自动操作站的输出的A引风机静叶调节指令。

只要工作在非自动控制方式（即手动控制方式或跟踪方式），则串级控制系统中的两个PID控制器均处于跟踪状态。主PID控制器跟踪A、B两台引风机静叶调节指令平均值；副PID控制器跟踪A引风机静叶调节指令，或者当A、B引风机静叶均为非自动方式状态下、B引风机投自动后的2s内条件满足时，则跟踪B引风机静叶调节指令。

与送风机的设计类似，A引风机静叶控制回路中，也采取了限制引风机静叶开度的办法来防止喘振现象发生。

在正常情况下，A引风机静叶限制信号为A引风机静叶调节指令与5.0之和，即引风机静叶限制信号总比静叶调节指令大5.0。因此，正常情况下不进行限制。当A引风机喘振，或者A引风机电流超过允许值时，1号输入选择器和2号输入选择器同时切换到2输入端，使A引风机静叶限制信号变为切换时刻A引风机静叶调节指令与3.0之差。也就是说，静叶限制信号比静叶调节指令小3.0。因此，此时对引风机静叶进行限制，使静叶关小3.0所对应的开度，避免引风机进入喘振状态。

B引风机静叶控制回路与A引风机静叶控制回路相似，故不再赘述。

第四节　汽包锅炉给水自动控制系统

汽包锅炉给水自动控制的任务是维持汽包水位在设定值。汽包水位是锅炉运行中的一个重要的监控参数，它间接地表示了锅炉负荷与给水的平衡关系。维持汽包水位是保证机炉安全运行的重要条件。锅炉汽包水位过高，会影响汽包内汽水分离装置的正常工作，造成出口蒸汽中水分过多，结果使过热器受热面结垢而导致过热器烧坏，同时还会使过热汽温产生急剧变化，直接影响机组运行的经济性和安全性；汽包水位过低，则可能使炉水循环泵正常运行工况破坏，造成供水设备损坏或水冷壁管因供水不足而烧坏。

随着锅炉参数的提高和容量的扩大，对给水控制提出了更高的要求，其主要原因如下：

（1）汽包的体积相对于机组容量大为减小，使汽包的蓄水量和蒸发面积相对减少，从而加快了汽包水位的变化速度，使水位对象在负荷或给水流量扰动时的飞升速度大为提高；锅炉容量的增大，显著提高了锅炉蒸发受热面的热负荷，使锅炉负荷变化对水位的影响加剧，这些因素都增加了水位控制的难度。

（2）提高了锅炉的工作压力，使给水调节阀和给水管道系统相应复杂，调节阀的流量特性更不易满足控制系统的要求。尤其对于大型机组，采用调节给水阀和给水泵转速相结合的从机组启动到带满负荷的全程控制系统，使给水控制系统更加复杂。

由此可见，随着锅炉朝大容量、高参数发展，给水系统采用自动控制是必不可少的，它可以大大减轻运行人员的劳动强度，保证锅炉的安全运行。对于大容量高参数锅炉，其给水控制系统将是非常复杂而完善的。

一、600MW 机组锅炉给水系统工艺流程简介

在热力系统中，通常将除氧器出口到锅炉省煤器之间的供水管道及所属设备称为给水系统。给水系统的主要设备有除氧器及给水箱、高压加热器、给水前置泵和给水泵等。

600MW 机组锅炉给水系统的工艺流程如图 27-56 所示。

由除氧器容量为 235m³ 的给水箱（1）出来的除氧水，经给水前置泵（2）升压后进入主给水泵（3 或 4），主给水泵升压出来的水到给水母管，然后分成三路。

（1）一路从给水母管经过三级高压加热器（17、18 和 19）加热升温后，依次送至给水操作平台［即启动用给水调节阀（15）和主给水阀（16）］、给水流量测量装置（20）。然后送至省煤器（21）。旁路给水容量不小于 15%BMCR。

（2）从给水母管上引出一路向过热器的减温器，提供适当压力的减温水（12 和 13）。

（3）提供锅炉循环水泵的冷却水（图中未画出）。

（4）由给水母管上引出另一路去高压旁路，作为高压旁路减温用水（11）。

给水泵设计一中间抽头，向再热器的减温器提供减温水（14）。再热减温水管道从给水泵中间抽头引出，通过一个母管进入再热器喷水。

该锅炉配置有三台炉水循环泵（24），安装在锅炉汽包（22）的与下水包（25）之间的下降管（23）上。每台炉水循环泵的容量为 50%。

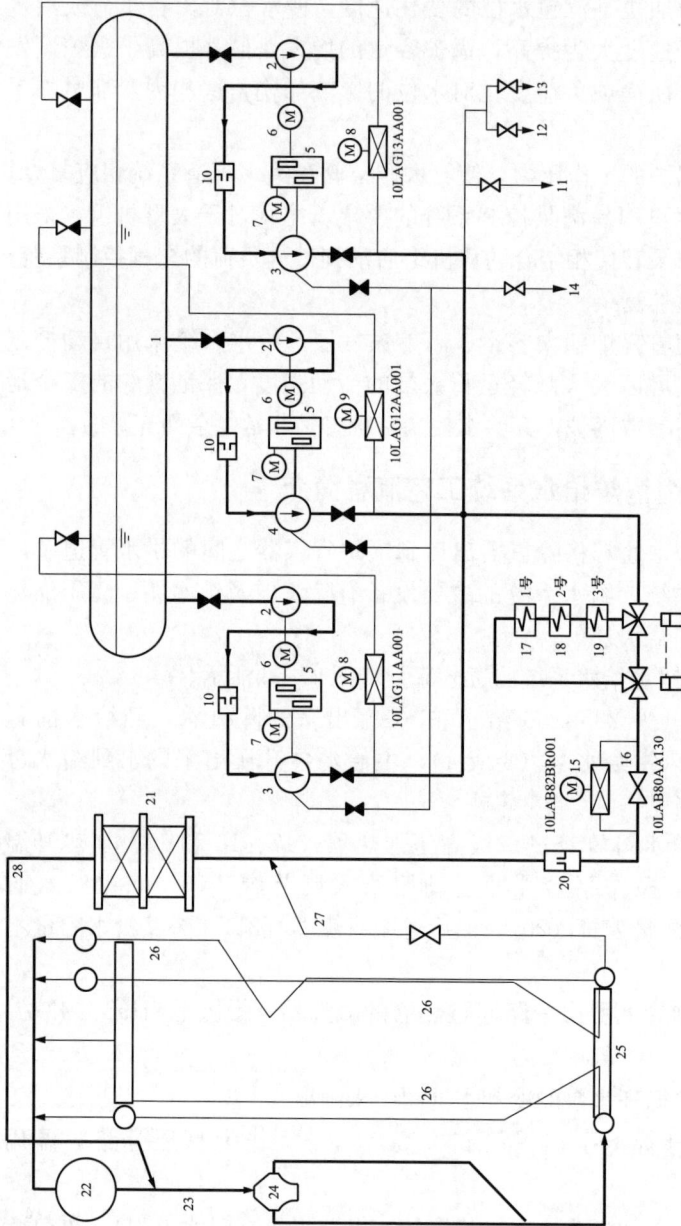

图 27-56 600MW 机组锅炉给水系统工艺流程简图

1—除氧器给水箱；2—给水前置泵；3、4—电动调速给水泵；5—液力联轴器；6—电动机；

7—液力联轴器调节机构；8、9—主给水泵再循环调节阀；10—流量测量装置；11—高压旁路循环减温水；12—1 级减温器减温水；

13—2 级减温器减温水；14—再热器减温水；15—再热器减温水；16—主给水电动阀；17～19—高压加热器；

20—总给水流量测量装置；21—省煤器；22—汽包；23—下降管；24—炉水循环泵；25—下水包；26—水冷壁；27—省煤器再循环；28—给水管

该锅炉设计了由阀门控制的省煤器再循环系统，从锅炉下水包（25）经再循环调节阀引出一根再循环管（27），连接到省煤器入口联箱上，供启动时保护省煤器用。

每台泵出口安装一再循环管，直接与除氧器水箱（1）相连，其作用是通过测量前置泵（2）与主给水泵（3 或 4）之间给水管道上的流量，并调整再循环调节阀（8 或 9）的开度，保证给水泵出口流量大于最小流量。

正常运行时，两台 50％容量的电动给水泵向锅炉省煤器供水，一台50％容量的电动给水泵作为工作给水泵的备用泵。三台给水泵组都是单轴布置，即主泵和前置泵在同一平台上，它们都由一台电动机驱动。

锅炉给水泵并联运行时，每台泵的流量是相等的，泵并联运行流量偏差不得超过允许设定范围。

二、给水全程控制中的一些特殊问题

（一）给水全程控制的概念

所谓全程控制系统，是指机组在正常运行、负荷变化和启停过程中均能进行自动控制的系统。全程包括以下几个过程：

（1）锅炉点火、升温升压。

（2）开始带负荷。

（3）带小负荷。

（4）由小负荷到大负荷运行。

（5）由大负荷又降到小负荷。

（6）锅炉灭火后冷却降温降压。

给水全程自动控制的任务是：在上述过程中，控制锅炉的进水量，以保持汽包水位在正常范围内变化，同时对锅炉的水循环和省煤器要有保护作用。保持水位和保护省煤器实际体现在水位和给水流量两个参数的协调。水位是靠调节给水流量来保持的，而给水流量变化得过分剧烈，将会对省煤器的安全运行带来威胁。因此，给水控制的任务实际上包括两方面的内容，即保持水位在工艺允许的范围内变化的条件下，尽量保持给水流量稳定。一般这两者之间的调节质量要求是互相矛盾的，因此在整定控制系统的参数时要注意两个参数之间的协调关系。

（二）给水全程控制中的特殊问题

1. 对给水全程控制系统的要求

给水全程控制要求在锅炉运行的全过程都自动地完成给水调节所规定的两项任务，它比常规给水控制复杂得多。因此，给水全程控制系统应满足下列要求：

（1）实现给水全程控制，可以采用改变给水调节阀开度，即改变给水管道阻力的方法来改变给水量；也可以采用改变给水泵转速，即改变给水压力的方法来改变给水量。前一种方法节流损失大，给水泵的消耗功率多，不经济，故在一般单元机组的大型锅炉中都采用后一种方法。在给水全程控制系统中不仅要满足给水调节的要求，同时要保证给水泵工作在安全工作区内。这就需要有两套控制系统来完成。

（2）由于机组在不同的负荷下呈现不同的对象特性，要求控制系统能适应这样的特性。随着负荷的增长和减低，系统要从单冲量过渡到三冲量系统，或从三冲量过渡到单冲量系统，由此产生了系统的切换问题，并且必须有保证两套系统相互无扰切换的控制线路。

（3）由于全程控制系统的工作范围较广，所以对各个信号的准确测量提出了更严格的要求。例如，在机组启停过程及高低负荷等不同工况下，给水流量和汽温、汽压等参数都变化很大，所以给水流量、蒸汽流量和汽包水位信号都要进行温度压力的校正补偿。一般在机组启停到升负荷过程中，对给水流量都应采用不同的孔板进行测量，这样就产生了给水流量测量装置的切换问题。

（4）在多种调节机构的复杂切换中，给水全程控制系统都必须保证无干扰。高低负荷需用不同的阀门，调节阀门的切换伴随着有关截止阀的切换，而截止阀的切换过程需要一定的时间，导致了水位保持的困难。在低负荷时采用改变阀门的开度来保持泵的出口压力，高负荷时用改变调速泵的转速保持水位，这又产生了阀门与调速泵间的过渡切换问题。所有这些切换都要求安全无扰地进行。

2. 测量信号的自动校正

锅炉从启动到正常运行或是从正常运行到停炉的过程中，蒸汽参数和负荷在很大的范围内变化，这就使水位、给水流量和蒸汽流量的测量准确性受到很大影响。为了实现全程自动控制，要求这些测量信号能够自动进行温度、压力校正。

测量信号自动校正的基本方法是：先推导出被测参数随温度、压力变化的数学关系，然后利用各种运算电路进行运算，实现自动校正。

（1）汽包水位的测量与校正。在 DCS 中，通过 I/O 模块将现场变送器来的三个汽包水位信号和三个汽包压力信号分别采集进入该系统中，然后利用如下关系式进行校正计算，即

$$h = \frac{F_1(p_b) - \Delta p}{F_2(p_b)} \tag{27-16}$$

$$F_1(p_b) = L(\rho_1 - \rho'')g = L(k_1 p_b + a)g$$

$$F_2(p_b) = g(\rho' - \rho'')g = g(k_2 p_b + b)$$

式中　　　　　p_b——汽包压力信号；

$\quad\quad\quad\quad\ h$——经压力校正的汽包水位；

$\quad\quad\quad\quad\ \Delta p$——平衡容器输出的差压信号；

$F_1(p_b)$、$F_2(p_b)$——根据汽包内饱和汽、饱和水密度随汽包压力变化的关系曲线拟合的近似函数；

ρ_1——50℃时的水密度（或平衡容器内的水密度）；

ρ'——汽包内饱和水密度；

ρ''——汽包内饱和汽密度；

L——上、下连通管距离；

g——重力加速度。

　　得到校正后的三个水位信号 h_A、h_B、h_C 后，再利用"三取中"选择模块，取出其中一个最合适的信号，作为汽包水位信号的测量值。另外，还要对校正的水位信号分别进行高限值、低限值监视，对选出的水位信号进行高限/低限监视和报警。一旦出现越限，立刻发出一开关量信号送至FSSS进行相应操作。

　　(2) 给水流量信号的测量与校正。试验表明，当给水温度为 100.0℃ 不变、压力在 0.196~19.6MPa 的范围内变化时，给水流量的测量误差为 0.47%；若给水压力保持 19.0MPa 不变、给水温度在 100.0~290.0℃ 的范围内变化，给水流量的测量误差为 13.0%。因此在对给水流量信号进行校正时，通常只考虑温度变化对给水流量的影响，校正关系式为

$$FW=\sqrt{\frac{\Delta p}{f(t)}}+SW \tag{27-17}$$

式中　FW——总给水流量；

　　　Δp——节流件前后差压；

　　　　t——给水温度；

　　　SW——减温喷水总流量。

　　从校正关系式不难看出，除需对给水流量进行节流差压测量外，还需测量给水的温度及减温水的总流量。DCS 中的 I/O 模块将现场变送器送来的两个给水流量、两个给水温度、两个一级减温水流量、两个二级减温水流量和两个再热器减温水流量信号采集进入该系统，经过选择后进行校正计算。另外，还对给水流量、给水温度测量信号进行高限、低限监视和报警，一旦发生越限则立刻产生一开关量信号送至相关的逻辑回路；对校正的总给水流量进行高限监视和报警。

　　(3) 蒸汽流量信号的测量与校正。对于不同的运行工况，因蒸汽的温度、压力不同，导致其密度发生变化，故需对蒸汽流量进行温度、压力校正。但由于汽轮机调速机（第一级）的压力与蒸汽流量成某一对应关系，而且它对蒸汽流量非常灵敏，所以大型机组蒸汽流量信号的测量均采用汽轮机调速级压力信号代表蒸汽流量信号，并用过热器出口汽温进行校正。对校正后的蒸汽流量信号进行高限、低限监视和报警。

　　1) 采用标准节流装置测量过热蒸汽流量。锅炉过热蒸汽流量通常采用标准节流装置进行测量，被测流量与装置输出差压间的关系式为

$$D=K\sqrt{\Delta p \rho g}$$

式中　D——过热蒸汽流量，kg/h；

Δp——节流件输出压差，MPa；

ρ——过热蒸汽密度，kg/m^3；

K——流量系数。

由于工质密度是压力、温度的函数，当被测工质的压力、温度偏离设计值时，工质密度的变化会造成流量测量的误差，所以需要进行温度、压力校正（见图 27-57）。

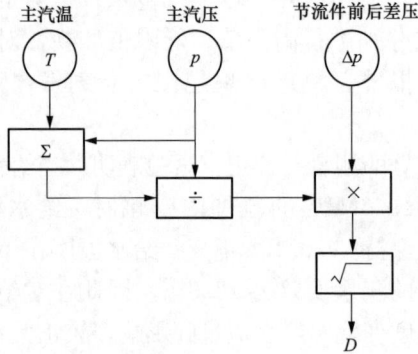

图 27-57　采用节流件测量过热蒸汽流量的压力温度校正

2）利用汽轮机调节级后压力或级组压力差测量主蒸汽流量。采用节流装置测量蒸汽流量会造成一定的节流损失，降低机组的经济性，目前大容量火电机组较多采用汽轮机调节级后压力或级组压力差测量主蒸汽流量。

a. 采用汽轮机调节级后压力测量主蒸汽流量。采用汽轮机调节级后压力测量主蒸汽流量的基本理论公式是弗留格尔公式，即

$$q = K \frac{p_1}{T_1} \tag{27-18}$$

式中　q——蒸汽流量；

　　K——当量比例系数，由汽轮机类型和设计工况确定；

p_1、T_1——调节级后的汽压与汽温。

式（27-18）成立的条件是：调节级后通流面积不变；在调节级后各通流部分的汽压均与蒸汽流量成比例；在不同流量条件下，流动过程相同，即多变指数 n 相同，通流部分效率相同。

实际汽轮机运行中不能完全满足上述条件，同时不易直接测量调节级后汽温，即使测到也不能代表调节级后的平均汽温，因此一般采用主汽参数相关的量推算级后温度。

通常采用调节级后压力测量主蒸汽流量的方案如图 27-58 所示。

b. 采用压力级组前后压力测量主蒸汽流量。该测量方法也是基于弗留格尔公式，其导出形式为

$$q = K_1 \sqrt{\frac{p_1^2 - p_2^2}{T_1}} \tag{27-19}$$

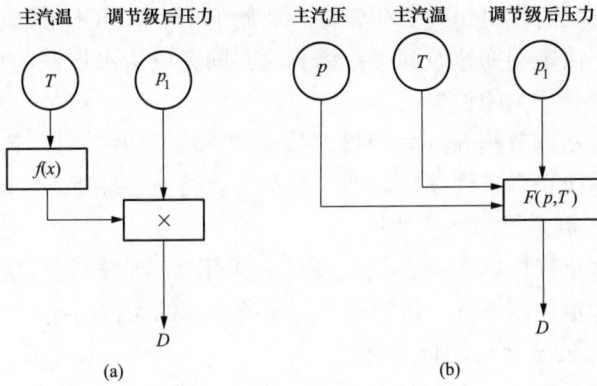

图 27-58 采用调节级后压力测量主蒸汽流量的方案

式中 q——蒸汽流量；

p_1——第一压力级组前即调节级后压力；

p_2——第一压力级组后即第一级抽汽压力；

T_1——调节级后温度。

由于调节级后温度 T_1 难于测量，可通过测量第一级抽汽温度 T_2 推算 T_1，即

$$T_1 = K_T \times T_2$$

则公式可写为

$$q = K\sqrt{\frac{p_1^2 - p_2^2}{T_2}} = \sqrt{\frac{p_1^2 - p_2^2}{KT_2}} \tag{27-20}$$

采用压力级组前后压力测量主蒸汽流量的方案如图 27-59 所示。

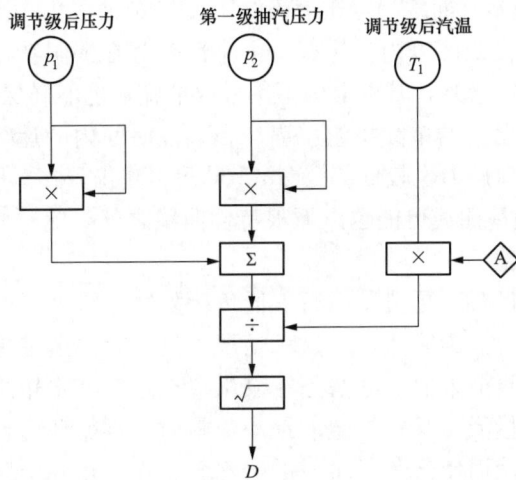

图 27-59 采用压力级组前后压力测量主蒸汽流量的方案

3. 给水控制中的阀门切换

当机组启动时，机组的负荷较低，如低于 15％BMCR（额定负荷）时为低负荷状态，由电动变速泵和旁路调节阀共同完成给水控制的任务。此时，主给水电动阀处于关闭位置。

当旁路给水调节阀开度大于设定值（如 90％开度）时，若汽包水位正常，主燃料系统正常条件满足，则主给水电动阀自动打开。

4. 给水控制系统的无扰切换

一般给水全程控制系统在低负荷状态采用单冲量控制系统，在高负荷状态采用三冲量控制系统，故需解决好系统之间的无扰切换问题。

5. 给水泵安全运行的特殊要求

采用变速泵的给水全程控制系统要求给水泵运行在安全工作区内。电动变速泵的速度控制借助液力齿轮联轴器完成，通过改变液力联轴器勺管位置的高低，控制工作油量的多少以达到控制速度的目的。在整个运行过程中，保证泵组的安全运行是至关重要的问题。

变速给水泵的安全工作区可以在泵的流量-压力特性曲线上表示出来，如图 27-60 所示。变速泵的安全工作区由六条曲线围成：①最高转速曲线 n_{max}；②最低转速曲线 n_{min}；③最高压力曲线 p_{max}；④最低压力曲线 p_{min}；⑤上限特性曲线 Q_{min}；⑥下限特性曲线 Q_{max}。其中，最高和最低转速曲线由泵组的调速装置所限制，工作点不会越出其外，且高性能现代高速给水泵的出口最高压力均高于管道的承压能力，所以保证给水泵安全运行应采取的措施主要是不使泵的工作点处在上限和下限特性曲线之外，不使泵出口压力落入最低压力线 p_{min} 之下。图 27-60 中的阴影线包围的部分即为变速泵的安全工作区。由图 27-60 可见，压力高时，安全区范围较宽，压力低时安全区的范围变窄。图中还做出了锅炉在定压运行和滑压启动过程中的压力-负荷（给水流量）曲线。定压运行的压力-负荷曲线为一条水平直线，工作点大部分都在安全区以内，仅有一个小部分落在上限特性曲线以外。如果主给水泵为全容量泵，基本上可不用采取措施，也能确保水泵安全运行。对于滑压启动和运行的单元机组，锅炉在某段时间内的运行压力较低，因此主给水泵的出口压力也较低。由图 27-60 可以看出，在滑压运行中如果负荷较大，压力-负荷曲线可能越出下限特性曲线之外，此时要采取保证给水泵安全运行的措施。

无论是定压运行还是滑压运行，低负荷阶段，给水泵工作点都会落在上限特性曲线之外。为防止出现这种情况，最有效的措施是低负荷时增加给水泵的流量。目前采取的办法是在泵出口至除氧器水箱之间安装再循环管道，当泵的流量低于某一设定的最小流量时，再循环门自动开启，增加泵体内的流量，从而使低负荷阶段的给水泵工作点也在上限曲线之内。随着机组负荷逐渐增大，给水流量也会增大，当流量高于某一设定值时，再循环门将自动关闭。变速泵下限特性曲线决定了不同压力下水泵的最大负

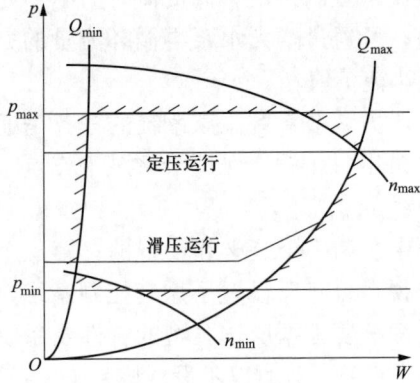

图 27-60 变速泵的流量-压力特性曲线

荷能力。当给水流量较大时，如果安全工作区窄，则工作点可能会移到下限特性曲线之外，这是不能允许的，因此要采取措施加以防止。目前采用的方法是提高上水管道的阻力，即关小泵出口流量调节阀门，以提高水泵的出口压力，使工作点重新移入安全区以内，如图 27-61 所示。在滑压运行时，设给水泵工作点在"a"点处，泵转速为 n_1，泵出口压力为 p_1，给水量为 W_1；当机组负荷增大、给水流量要求为 W_2 时，如果水泵仍在 n_1 转速下运行，通过开大给水调节阀门来增大给水流量，则工作点将沿 n_1 曲线由"a"点移到"c"点，落在水泵安全工作区以外，这是不允许的。解决问题的办法是关小给水调节阀门，使泵的出口压力升高，同时使水泵转速由 n_1 增至 n_2。当给水流量达到负荷要求数值时，工作点将由"a"点移动到"b"点，不会滑到安全工作区以外，保证了给水泵的安全运行。

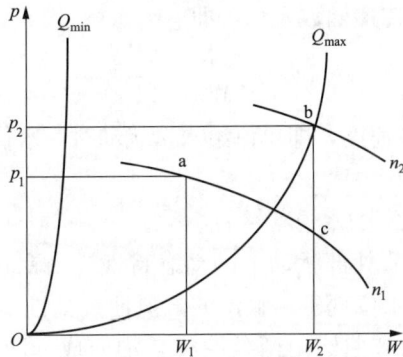

图 27-61 泵出口压力调整时的工况

综上所述，采用变速泵构成全程给水调节系统时，应考虑设置以下几个子系统：

（1）给水泵转速调节系统。该系统根据锅炉的负荷要求，通过调节给水泵转速的方法来调整给水量的大小。

（2）给水泵最小流量控制系统。低负荷时为了不使水泵的工作点落在上限特性曲线的外边，可通过增大水泵再循环流量的办法来维持水泵流量不低于设计要求的最小流量值。

（3）给水泵出口压力调节系统。该系统的任务是通过调节给水调节阀门的开度来维持给水泵出口压力，保证给水泵工作点不落在下限工作特性曲线之外及最低压力线 $p_{\min}$ 之下。

上述三个子系统中，第一个是必须设置的；第二个子系统，对于现代大型高速给水泵组来说，自身已设置了这套控制系统，用户一般不必再另外设计；对第三个子系统要根据所选泵型的特性及系统设计方案来具体考虑，若能保证水泵安全运行，则可以不设置该系统。

（三）给水控制对象的动态特性

汽包炉给水调节对象的被调量是水位 H。由锅炉原理可知，影响水位的扰动量有多个，主要有锅炉蒸发量 D、给水量 W、汽包压力 p_b、炉膛热负荷等。所谓给水调节对象的动态特性是指在上述各种扰动作用下，水位 H 的响应特性。

1. 给水量扰动下的水位特性

给水调节对象在给水量 W 扰动下的动态特性是对象调节通道的特性。在给水量阶跃扰动下，水位 H 的响应曲线如图 27-62 所示。由响应曲线可以知道这个对象的特点是有迟延、有惯性、没有自平衡能力。当给水量突然增加时，给水量虽然大于蒸发量，但由于给水温度低于汽包饱和水温度，水面下汽包总容积相对减小，实际水位响应曲线可由 H_1 和 H_2 两条曲线叠加而成，所以扰动初期水位不会立即升高，经过一段时间后才开始逐渐增加。由于进、出工质流量不平衡，最终水位将以一定的速度直线上升。这种特性可由下述近似传递函数表示，即

$$W_{OW}(s) = \frac{H}{W} = \frac{\varepsilon}{s(1+\tau s)} \tag{27-21}$$

式中　ε——水位响应速度，即单位给水量扰动时，水位的变化速度；

　　　τ——迟延时间。

2. 蒸汽流量扰动下的水位特性

这种特性属于负荷外部扰动下的动态特性。由锅炉原理可知，在蒸汽负荷扰动下，有虚假水位现象，水位的响应曲线如图 27-62 所示。由图 27-62 可知，实际水位响应曲线由两条曲线叠加而成，即总水位响应特性为：$H = H_1 + H_2$，虚假水位现象与锅炉参数及蒸汽负荷变化的大小有关。蒸汽负荷扰动下的水位响应特性可用下述近似传递函数来描述，即

$$W_{OD}(s) = \frac{H}{D} = \frac{K_2}{1+T_2 s} - \frac{\varepsilon}{s} \tag{27-22}$$

式中　$\dfrac{K_2}{1+T_2 s}$——对应图 27-63 中的 H_2 曲线，为按一阶惯性规律变化的传

递函数；

K_2——H_2曲线的放大系数；

T_2——H_2曲线的时间常数；

$\dfrac{\varepsilon}{s}$——对应图 27-62 中的 H_1 曲线，按积分规律变化的传递

函数。

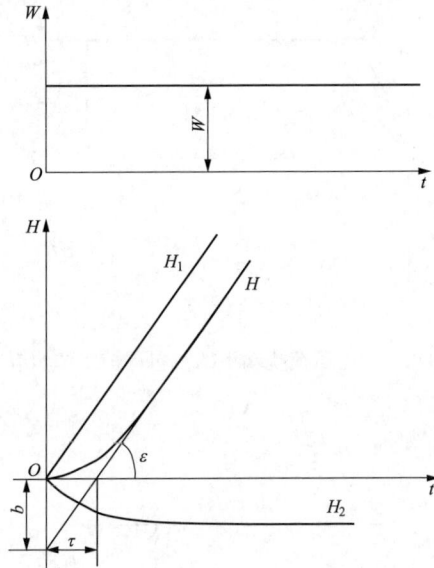

图 27-62　给水量扰动下的汽包水位响应

H—实际水位响应曲线；H_1—仅考虑锅内储水量变化的水位响应特性；

H_2—仅考虑锅内工质容积变化所引起的水位变化特性

3. 燃料量扰动下的水位特性

当锅炉燃料量发生扰动时，炉内吸热量增加使锅内蒸发加强，若此时汽轮机负荷未增加，则汽轮机侧调节阀开度不变。随炉内热负荷的增大，锅炉出口压力提高，蒸汽流量也相应增加，蒸汽负荷量将大于给水流量，造成工质流入、流出量不平衡。根据上述分析，水位理应下降，但是由于蒸发量增大，锅内汽水总容积随之增大，于是出现了虚假水位现象。燃料量扰动下的水位响应曲线如图 27-64 所示。由图 27-64 可看出，这种扰动下的"虚假水位"现象不太严重，水位上升幅值较小，迟延时间较长。

综上所述，汽包炉给水调节对象的动态特性有以下特点：

（1）调节通道中存在迟延和惯性，并且无自平衡能力。迟延和惯性的存在使给水调节机构变化相对水位变化的影响存在滞后，因此调节过程中将会出现动态偏差。无自平衡能力的响应速度 ε 越大，水位对扰动反应越敏感，调节的难度也相应增大，调节过程中的水位动态偏差也将增大。

（2）蒸汽负荷扰动（外扰）时，存在"虚假水位"现象。虚假水位现

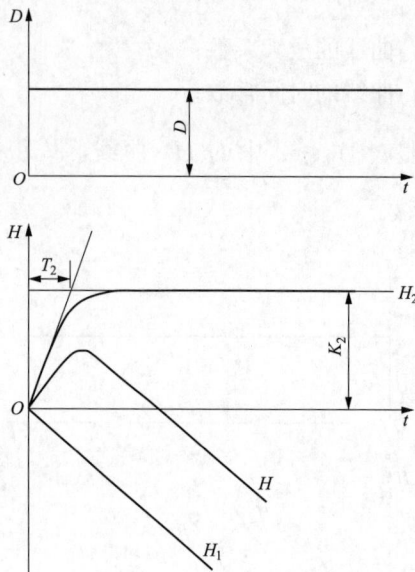

图 27-63　负荷扰动下的汽包锅炉水位响应

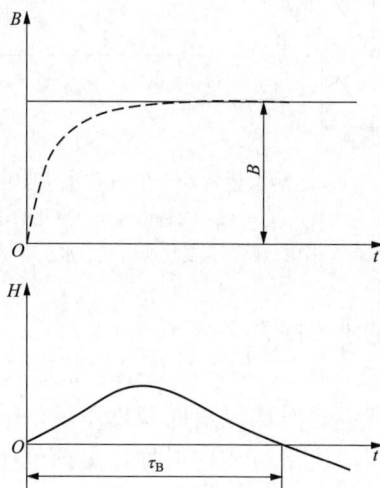

图 27-64　燃料量扰动下的水位响应曲线

象是不能通过闭环系统用调节给水流量的办法来减小的，这也增大了水位调节的难度。显然由于虚假水位现象的存在，是不能只根据水位 H 这一个信号进行调节的。

　　鉴于以上原因，现代大型汽包炉的给水调节多应用三冲量调节系统，即以水位 H 作为系统的被调量信号；以蒸汽流量 D 作为系统的前馈信号；以给水流量 W 构成系统的辅助被调量，形成三冲量给水调节系统。由于给水量调节器位于系统的闭环以内，所以给水量 W 扰动下的水位特性最为重要，是系统整定的主要依据。

（四）变速泵给水控制系统的基本方案

采用变速泵的给水控制系统有两种基本方案，即两段式控制方案和一段式控制方案，下面对这两种方案的工作原理做简单介绍。

1. 两段式给水控制方案

两段式给水控制方案的工作原理如图 27-65 所示。这种控制方案中设置了两个子控制系统：

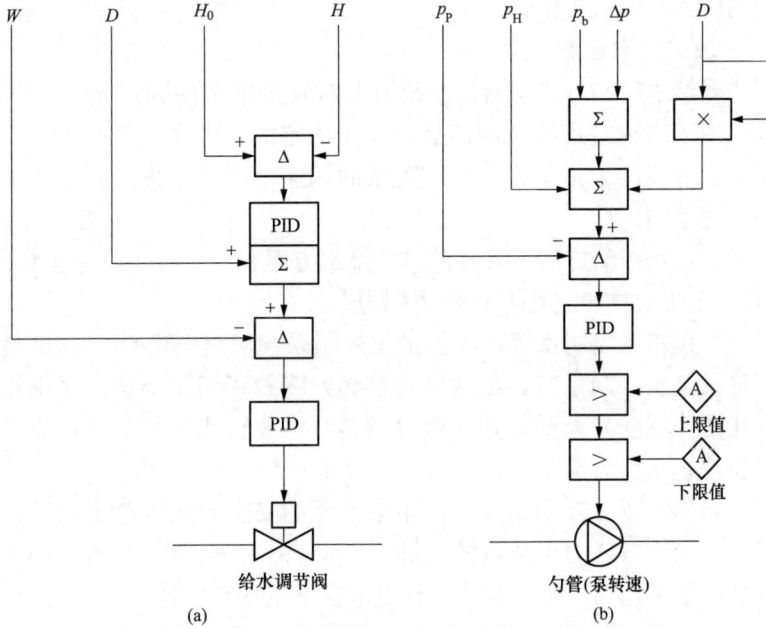

图 27-65 变速泵两段式给水控制方案

(a) 水位调节系统；(b) 调节阀差压调节系统

H_0—水位给定值；H—水位；D—蒸汽流量；W—给水流量；p_b—汽包压力；

Δp—调节阀前后压差；p_p—泵出口压力；p_H—泵出口至汽包的静压力

（1）汽包水位控制系统。汽包水位控制系统[见图 27-65(a)]是一个串级三冲量给水控制系统。该系统的任务是根据水位偏差（H_0-H）的校正信号、蒸汽流量前馈及给水流量反馈三个信号的综合作用，控制给水调节阀门开度，以调整给水流量 W，维持汽包水位等于其给定值，即 $H=H_0$。

（2）调节阀前后差压控制系统。调节阀前后差压控制系统[见图 27-65(b)]是一个单回路控制系统，其任务是通过调节变速泵的转速来维持调节阀前后差压不变，保证调节阀在整个调整过程的流量特性接近理想流量特性，同时也可防止低负荷时调节阀承受过大差压。该系统也可称为给水泵出口压力控制系统。该系统中调节器 M3 入口的信号平衡关系为

$$p_p = p_b + KD^2 + pH + \Delta p \qquad (27-23)$$

式中 KD^2——上水管道阻力。

这里以蒸汽流量信号取代给水流量信号，目的在于提高反应速度，尽

1093

快平衡负荷扰动。由平衡关系式（27-23）可看出，当机组刚刚启动时，$p_b=0$，$KD^2=0$，此时泵的出口压力为 $p_p=p_H+\Delta p$。泵出口压力只是保证差压 Δp 和克服静压 p_H，此时调节器 M3 控制泵低速启动。当锅炉负荷不断增加时，p_b 与 KD^2 信号不断加强，泵不断升速，当负荷稳定后，泵的转速也就稳定下来。

大、小值选择器是用来进行泵最高转速和最低转速限制的，以保证泵在限定的转速范围内工作。

2. 一段式给水控制方案

两段式给水控制方案是通过控制给水调节阀开度的办法调整给水流量，变速泵仅用于维持给水调节阀前后的差压为定值。因此，该方案的不足之处在于给水节流能量损失较大，变速泵的调速范围又未得以利用，不能充分发挥变速泵的优点。

一段式给水控制方案正好与两段式给水方案相反，其工作原理如图 27-66 所示。可见该方案也由两个子系统构成。

（1）汽包水位控制系统。汽包水位控制系统［见图 27-66（a）］也是一个串级三冲量给水控制系统，与两段式控制方案的区别在于这个系统输出的调节作用是控制变速泵的转速。通过调整给水泵转速来调节给水流量的大小，维持汽包水位为给定值。

（2）泵出口压力控制系统。由于给水泵的安全工作区范围较窄，系统中又设置了泵出口压力调节系统［见图 27-66（b）］，通过调节给水调节阀的开度来控制泵的出口压力，防止工作点落在下限特性以外。

图中函数发生器 $F(x)$ 模拟泵的流量与压力之间的工作特性曲线，下限特性对应的压力与泵最低允许压力 p_{min} 两信号经过大选模块选出大者送至调节器 M3 入口，作为给水泵出口压力的定值信号；同时泵的出口压力信号 p_p 作为反馈信号也送到 M3 入口，该系统为随动系统。M3 的输出通过控制给水调节阀的开度来调整泵的出口压力，可保证在任何给水流量下，水泵的工作点都不会落到下限特性以外。

三、600MW 机组给水控制系统介绍及试验

600MW 机组配置有全程给水控制系统，该系统由以下几个子控制系统构成：

（1）给水调节阀控制系统。

（2）变速给水泵转速控制系统（三台泵各自设置一套）。

（3）给水泵最小流量控制系统（三台泵各自设置一套）。

这三个子系统共同完成给水全程控制的各项任务。在任何负荷下都要维持汽包水位稳定在设定值，同时要尽可能使给水流量相对稳定，以保护省煤器和给水管道系统的安全运行；还要保证给水泵工作在安全工作区内。

因全程给水的运行条件变化较大，要求全程给水控制系统的结构形式

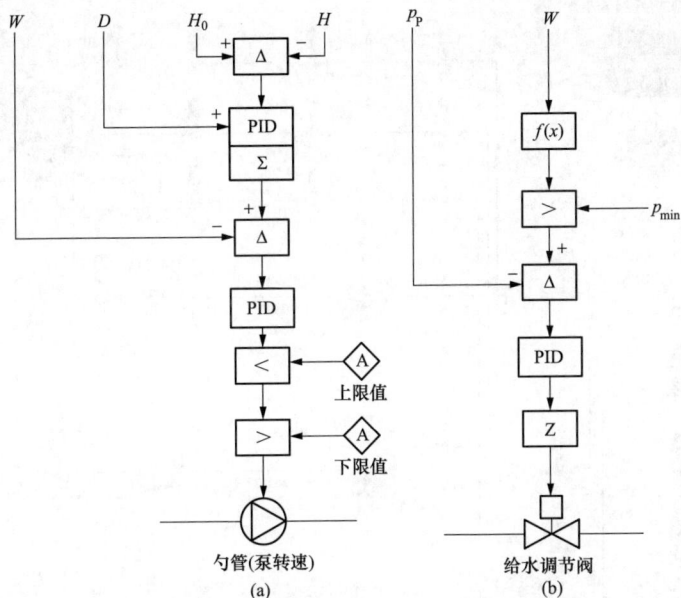

图 27-66　变速泵一段式给水调节方案

（a）水位调节系统；（b）给水泵出口压力调节系统

随运行条件的变化进行各种切换，且要求切换时无扰。具体的切换有以下几类：

（1）同一系统中控制偏差信号的切换。

（2）单冲量与三冲量控制系统之间的切换。

（3）给水泵之间的切换等。

（一）汽包锅炉给水调节的控制方式

给水系统一般配置 3 台 50％BMCR 容量的调速给水泵。给水泵组有两种组合形式，200MW 及以下等级的机组 3 台全部配置为电动调速给水泵；300MW 及以上等级的机组一般配置 2 台汽动给水泵、1 台电动给水泵，2 台汽动给水泵作为机组正常运行时的投用，1 台电动给水泵在机组启动时投用并作为汽动给水泵投用时的事故备用。

图 27-67 所示为某 600MW 机组的给水控制系统图。

给水调节阀则与调速给水泵相配合参与汽包水位控制。给水调节阀门组通常由低负荷调节阀（给水旁路调节阀）和高负荷调节阀（主给水调节阀）组成。

汽包水位控制系统还包括单冲量汽包水位控制和三冲量汽包水位控制两种控制方式。

给水调节的控制方式随着锅炉负荷的变化而进行改变，以满足汽包水位全程自动控制的需要。在低负荷运行期间，必须由给水泵对给水压力进行控制，汽包水位则由给水调节阀门组来控制。

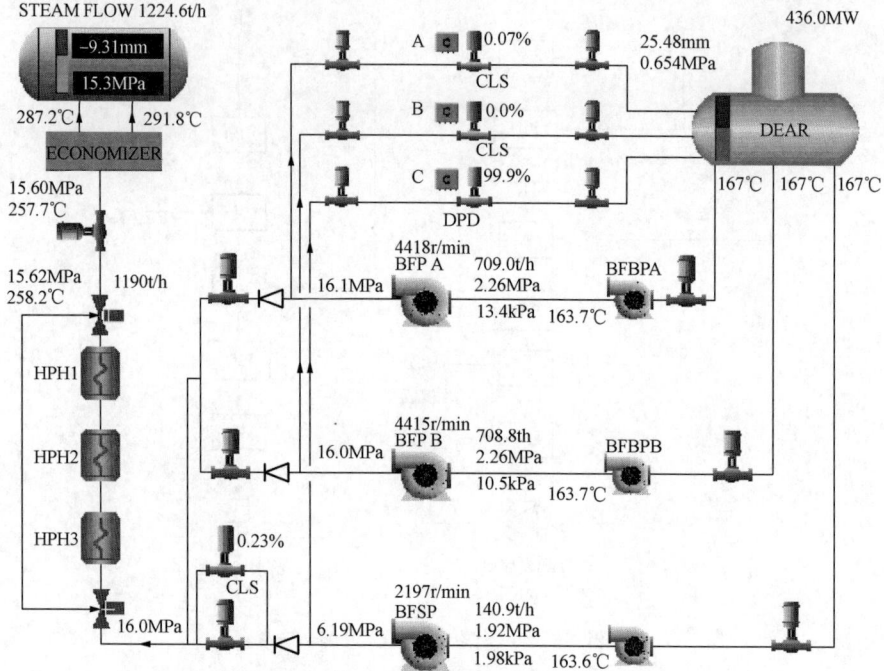

图 27-67 给水控制系统图

在 0~15%负荷时，由给水旁路调节阀改变给水流量来控制汽包水位，主给水调节阀全关。由于低负荷下蒸汽流量和给水流量测量误差较大，而且热力系统中汽水流量也不平衡，所以这期间采用汽包水位的单冲量控制。单冲量控制系统没有给水流量反馈，也没有主蒸汽流量前馈，水位调节的品质是不高的。在 15%~20%负荷中的某一点，控制系统从单冲量控制方式自动切换为三冲量控制方式；在 20%负荷以上，控制系统保持三冲量控制方式。在 20%负荷时，主给水调节阀释放，参与汽包水位调节。在 25%~35%负荷期间，给水旁路阀的工作点逐渐下移，由 100%最终关至 0。主给水调节阀的参与调节和给水旁路阀的退出调节，控制系统是平滑而无扰动的。在 25%负荷时，给水压力自动切换为给水调节阀门组控制，汽包水位由给水泵调速控制。在 40%负荷以上，主给水调节阀全开。

当一台电动给水泵和一台汽动给水泵并列运行投入自动控制时，由于电动给水泵和汽动给水泵的工作特性曲线不一样，如果用一套 PID 参数同时去控制，很容易导致电动给水泵和汽动给水泵的不稳定运行，出现抢水现象（并列运行的电动给水泵和汽动给水泵由于出口压力不同，而导致每台泵的出口流量相差较大），这将会影响机组的安全运行。因此，对电动给水泵和汽动给水泵的控制宜采用不同的 PID 控制器，并且针对给水泵对象特性的差异设置不同的 PID 参数，以取得更好的控制效果。

（二）单冲量和三冲量水位控制方式切换

单冲量控制系统采用汽包水位这一个参数进行控制，如图 27-68（a）

所示，它是汽包水位自动控制中最简单、最基本的一种形式，是典型的单回路定值控制系统。但单冲量水位控制系统不能克服负荷变化时产生的"虚假水位"，将使调节器反向动作，调节品质不好。单冲量水位控制系统在负荷变化时的调节不及时，要等到水位产生偏差后调节器才动作，滞后时间太长；当给水系统发生扰动时（如给水泵压力变化），也要等到水位产生偏差时调节器才动作。

三冲量控制系统引入蒸汽流量信号，不仅可以补偿"虚假水位"所引起的误动作，而且使给水调节动作及时；引入给水流量信号，可以补偿调节阀的非线性工作特性。

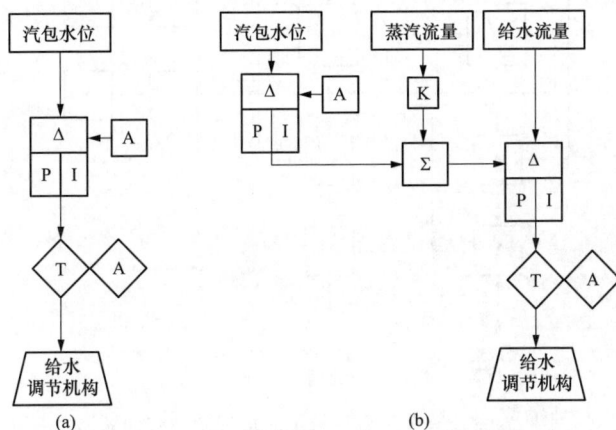

图 27-68　单冲量和三冲量汽包水位控制
（a）单冲量控制；（b）三冲量控制

如图 27-68（b）所示为常见的串级三冲量汽包水位控制方案，汽包水位控制系统设计为在给水流量反馈控制基础上引入蒸汽流量前馈冲量而构成的。它包含给水流量控制回路和汽包水位控制回路两个控制回路，实质上是蒸汽流量前馈与水位-流量串级系统组成的复合控制系统。当蒸汽流量变化时，锅炉汽包水位控制系统中的给水流量控制回路可迅速改变给水量以完成粗调，然后再由汽包水位调节器完成水位的细调。

调试时，应该检查单冲量/三冲量切换的逻辑是否正确设置。采用给水流量信号作为单冲量/三冲量切换的条件是不正确的，因为机组在低负荷阶段给水流量变化较大，将导致单冲量/三冲量频繁切换，使得汽包水位控制效果不佳。

（三）给水压力与给水流量控制结构的转换

低负荷阶段，由给水泵控制给水压力，汽包水位由给水调节阀控制；当负荷（蒸汽流量）大于某设定值（如 25%）后，由给水泵控制汽包水位，给水压力由给水调节阀控制。

图 27-69 所示为给水压力与给水流量控制结构转换的一种实现方案，在

西门子公司的给水控制策略中经常采用。当蒸汽流量小于 25％时，大选模块输出大于 0，限制器对控制偏差不起作用；给水泵控制器得到的是给水压力控制偏差信号，调节阀控制器得到的是水位控制偏差信号。当蒸汽流量大于 25％以后，大选模块输出等于 0，限制器对控制偏差起作用，限制器输出均为 0；给水泵控制器得到的是水位控制偏差信号，调节阀控制器得到的是给水压力控制偏差信号。

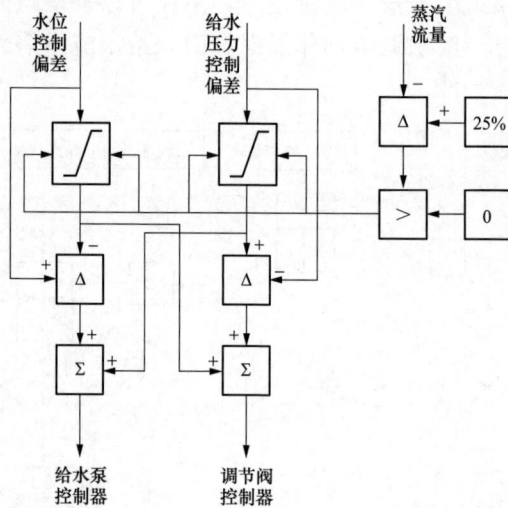

图 27-69　给水压力与给水流量控制结构的转换

（四）给水调节阀的切换

给水调节阀门组由低负荷调节阀（给水旁路调节阀）和高负荷调节阀（主给水调节阀）组成，在低负荷情况下则由旁路阀调节，高负荷时切换至主给水调节阀进行调节。给水调节阀门组可以接收水位控制偏差信号，也可以接收给水压力控制偏差信号，控制方式的切换取决于负荷工况，参见"（三）给水压力与给水流量控制结构的转换"。

图 27-70 所示为给水调节阀门组根据负荷进行控制切换的一种实现方案。当负荷小于 20％时，a 点信号为负值，主给水调节阀保持全关，由旁路阀进行调节；当负荷大于 20％以后，a 点信号为正值，小选模块允许三冲量控制或给水压力控制偏差信号 b 传递给主调门控制器。

主调门的可调范围随负荷升高而成比例扩大，负荷从 20％升至 30％时，主调门的可调范围由 0 扩大至 100％。

当负荷为 20％～25％时，给水调节阀门组的两个阀门都参与调节；当负荷大于 25％以后，旁路阀的开度逐渐减小，其可调范围随负荷升高而成比例减小；负荷大于 35％以后，c 点信号为负值，旁路阀全关。

若旁路阀故障切手动，T_1 置 B，将 $K_1＝25％$加至小选回路，使 a 点信号为正值，让主调门进行调节；若主调门故障切手动，T_2 置 B，将 $K_2＝$

30%加至小选回路，使 c 点信号为正值，让旁路阀进行调节。

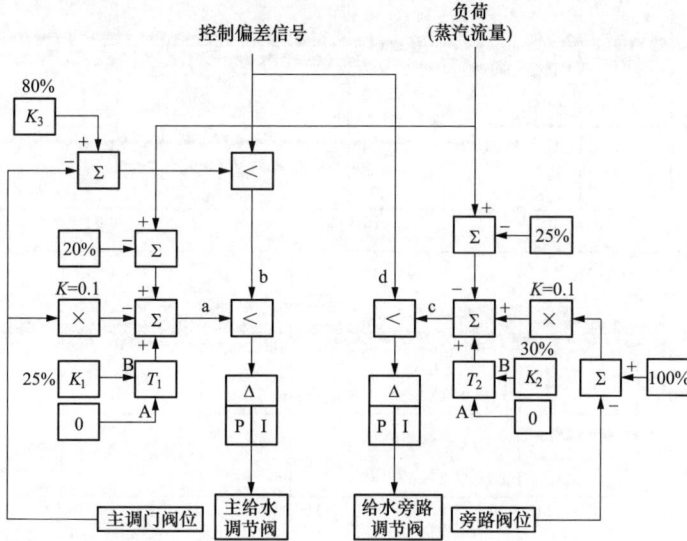

图 27-70　给水调节阀的切换

（五）汽包水位控制系统定值扰动试验

机组负荷大于 25%以后，汽包水位由两台汽动调速给水泵控制，控制系统为三冲量控制方式。

汽包水位定值扰动试验的步骤如下：

（1）检查软件组态和定值及参数设置，确认调节器作用正确，参数合理。

（2）通过模拟试验分别检查各子系统内回路设定值生成回路。

（3）确认该系统各信号变送器投入运行，工作正常。

（4）待机组运行工况满足自动系统投运要求，汽包水位接近设定值，将系统投入自动，系统调节稳定。

（5）汽包水位稳定在设定值 15min 后，开始进行定值扰动试验。

（6）解除系统设定值的速率限制，阶跃改变汽包水位设定值（扰动量为 300MW 等级以下机组 40mm，300MW 等级及以上机组 60mm），观察系统调节阀响应情况及汽包水位的变化趋势，记录试验结果。

（7）计算汽包水位的最大动态偏差、最大稳态偏差、稳定时间并记录。

（8）恢复系统设定值的速率限制，结束试验。

图 27-71 所示为一台 300MW 机组汽包水位定值扰动的试验曲线，扰动量为 60mm。扰动试验表明：水位控制的过渡过程衰减率 $\varphi = 0.8$，稳定时间为 4～5min，水位静态偏差为 10mm，调节品质符合要求。

四、给水调节阀控制系统

图 27-72 所示为锅炉给水旁路阀控制系统总体结构示意图。该系统由一

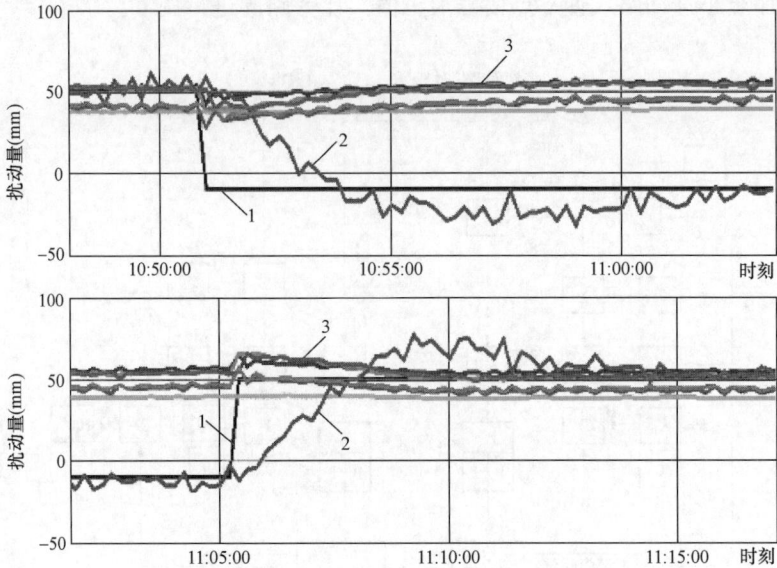

图 27-71　汽包水位定值扰动试验
1—水位设定值；2—汽包水位；3—给水流量

个单冲量单回路反馈控制系统和一个串级三冲量控制系统构成。其作用是当给水泵启动或低负荷时，用来维持汽包水位在设定值。

（一）单冲量单回路控制信号

汽包压力校正后的汽包水位测量信号，与在 M/A 操作站设定的汽包水位设定值比较，即可得到汽包水位偏差信号。该水位偏差经过 1 号 PID 控制器运算后的输出就是单冲量单回路反馈控制信号。显然，单冲量单回路控制信号工作的条件是下列逻辑条件均有效：

（1）主蒸汽流量或给水流量测量信号故障或者机组负荷小于设定值。

（2）给水旁路调节在自动方式。

否则，单冲量单回路控制系统处于跟踪状态，1 号 PID 控制器跟踪给水旁路阀调节指令。

（二）串级三冲量控制信号

由图 27-72 可知，由两个 PID 控制器构成了串级三冲量控制信号运算回路。主调节器接收汽包水位设定值与汽包水位测量值的偏差，经过 PID 控制运算，完成使汽包水位测量值随时等于设定值的任务；加入主蒸汽流量的前馈信号以克服负荷扰动带来的虚假水位现象；副调节器接收主控制器的输出、前馈信号和总给水流量信号之间的偏差信号，经过 PID 控制运算后，得到的便是串级三冲量控制信号。该串级三冲量控制系统能够处于自动工作状态的条件是下列逻辑条件均满足：

（1）主蒸汽流量或给水流量测量信号 OK。

（2）机组负荷大于设定值。

（3）给水旁路调节在自动方式。

否则，串级三冲量控制系统处于跟踪方式，2号主PID控制器跟踪总给水流量信号，3号副PID控制器跟踪给水旁路阀调节指令。

（三）给水旁路阀调节指令

图27-72中M/A操作站的输出信号就是给水旁路阀调节指令。因此，给水旁路阀调节指令可以自动形成，也可手动设定。

当"给水旁路调节投自动"信号有效时，给水旁路阀M/A操作站工作在自动方式。此时，M/A操作站接收图27-72中所形成的单冲量控制信号或者串级三冲量控制信号，并将其输出作为给水旁路阀开度调节指令。

如果下列任意一个条件满足，给水旁路阀调节指令处于手动设定方式：

（1）汽包水位测量信号故障。

（2）自动投主给水电动门后5s内。

手动方式时，给水旁路阀调节指令由运行人员通过M/A操作站手动设定。当接收到"关给水旁路调节"逻辑信号后5s内，给水旁路阀M/A操作站处于跟踪状态，其输出跟踪0，即将给水旁路阀置于全关位置。

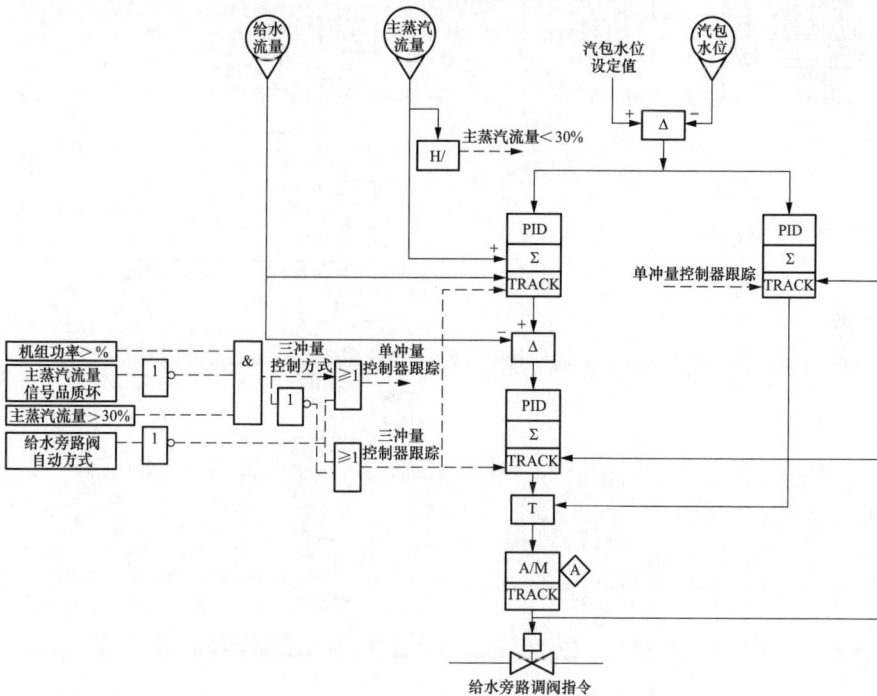

图27-72 给水旁路调阀汽包水位控制系统

五、给水泵转速控制系统

给水泵转速控制系统总体结构如图27-73所示。该系统主要包括以下几个组成部分：

（1）汽包水位单冲量控制信号的形成回路。

（2）汽包水位串级三冲量控制信号的形成回路。

（3）给水泵出口至省煤器入口差压控制信号形成回路。

（4）给水泵出力平衡信号的形成回路。

（5）各台泵转速控制回路等。

下面根据图 27-73 所示具体组态内容，详细介绍其工作原理。

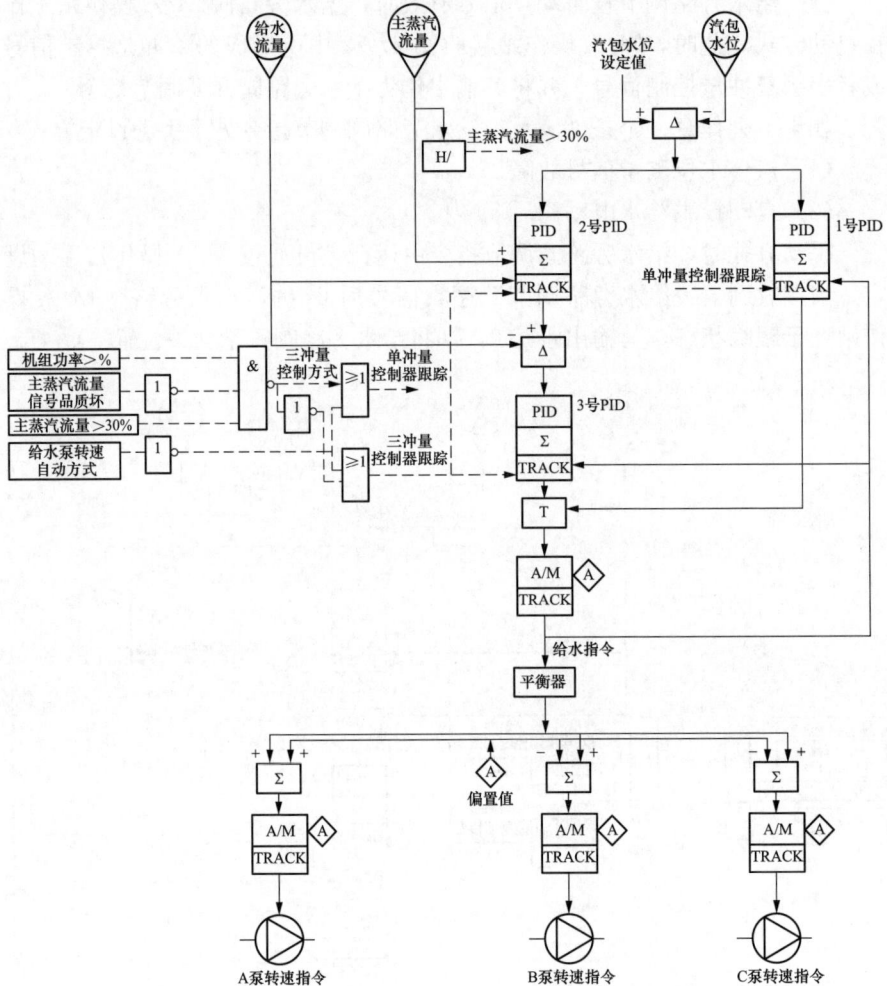

图 27-73　给水泵转速单冲量与三冲量控制切换

（一）单/三冲量控制信号的形成

给水泵转速控制系统在不同负荷段，采用不同的控制信号。一般情况，在低负荷运行工况，采用单冲量控制系统控制给水泵转速；在高负荷运行工况，采用三冲量控制系统控制给水泵转速，维持汽包水位稳定。

经汽包压力校正后的汽包水位测量信号，与汽包水位设定值比较，即可得到汽包水位偏差信号。该水位偏差经过 1 号 PID 控制器运算后的输出就是单冲量控制信号。显然，单冲量控制回路工作的条件是下列逻辑信号均有效：

（1）主蒸汽流量或给水流量测量信号故障，或者主蒸汽流量不大于越限报警设定值。

（2）给水泵转速控制在自动方式。

（3）给水泵转速控制非差压调节方式。

单冲量控制系统处于自动运行方式时，将1号PID控制器的输出信号经输入选择器作为水位调节指令。

否则，单冲量控制系统处于跟踪状态。1号PID控制器跟踪电动给水泵A和电动给水泵B液力联轴器M/A操作站输出指令平均值（当电动给水泵A和B运行时）；或者跟踪电动给水泵A和电动给水泵C液力联轴器M/A操作站输出指令平均值（当电动给水泵A和C运行时）；或者跟踪给水泵转速调节指令（当电动给水泵A在未合闸状态时）。

（二）串级三冲量控制信号

由2号和3号PID控制器构成了电动给水泵转速串级三冲量控制信号运算回路。2号主控制器接收汽包水位设定值与汽包水位测量值的偏差，经过PID控制运算，完成使汽包水位测量值随时等于设定值的任务；主蒸汽流量的前馈信号通过2号PID控制器的FF端加入，目的是克服负荷扰动带来的虚假水位现象；3号副控制器接收主控制器的输出、前馈信号和总给水流量信号之间的偏差信号，经过PID控制运算后，得到的便是电动给水泵转速串级三冲量控制信号。该串级三冲量控制系统能够处于自动工作的条件是下列逻辑条件均满足：

（1）主蒸汽流量和给水流量测量信号均OK。

（2）机组负荷大于越限报警设定值。

（3）电动给水泵转速控制在非差压调节方式。

三冲量控制系统处于自动运行方式时，将3号副PID控制器的输出信号经输入选择器作为水位调节指令。

否则，串级三冲量控制系统处于跟踪状态，2号主PID控制器跟踪总给水流量信号，3号副PID控制器跟踪电动给水泵A和电动给水泵B液力联轴器M/A操作站输出指令平均值（当电动给水泵A和B运行时）；或者跟踪电动给水泵A和电动给水泵C液力联轴器M/A操作站输出指令平均值（当电动给水泵A和C运行时）；或者跟踪给水泵转速调节指令（当电动给水泵A在未合闸状态时）。

（三）给水泵出口至省煤器入口差压控制信号

给水泵出口母管压力测量信号与省煤器入口给水母管压力测量信号相减，即可求得给水泵出口至省煤器入口差压信号。给水泵出口至省煤器入口差压的设定值根据机组负荷（即主蒸汽流量）大小来确定，即对主蒸汽流量进行制定的函数运算后得到。该差压测量值与其自动形成的设定值之间的偏差经过 PID 控制运算的输出，就是给水泵出口至省煤器入口差压控制信号。

当"给水旁路调节自动方式"与"至少有一台电动给水泵投自动方式"条件同时满足时，给水泵出口至省煤器入口差压控制信号就作为电动给水泵转速调节指令，送至各台自动运行着的电动给水泵液力联轴器控制回路。以达到通过调整电动给水泵转速来维持给水泵出口至省煤器入口差压等于设定值的目的，从而保证机组在低负荷工况下给水设备的安全，保证给水压力满足给水流量调整的需要。此时汽包水位的调节任务由给水旁路调节阀自动控制系统负责完成。

（四）给水泵转速总调节指令

该机组设计的电动给水泵转速控制系统可以负责维持汽包水位等于水位设定值的任务，也可以负责维持给水泵出口至省煤器入口差压等于设定值的任务。由于给水旁路调节阀自动控制系统始终负责维持汽包水位等于水位设定值的任务，所以在机组运行在低负荷工况时，只要"给水旁路调节在自动方式"，则电动给水泵转速控制系统必定工作在"差压调节方式"。这样两个控制系统就可以相互配合，共同完成稳定汽包水位和保证给水设备安全两个控制任务。由图 27-73 可知，电动给水泵转速自动控制系统可工作在下列调节方式：

（1）汽包水位调节方式。在低负荷工况，只要"给水旁路调节非自动方式"条件成立，电动给水泵就处于汽包水位调节方式。给水泵转速自动控制系统接收水位调节指令（单冲量控制系统的输出信号或串级三冲量控制系统的输出信号），承担维持汽包水位等于水位设定值的任务。

在高负荷工况下，给水旁路阀不再起调节作用，故电动给水泵必须运行汽包水位调节方式。给水泵转速自动控制系统接收串级三冲量控制信号，负责维持汽包水位等于水位设定值的任务。

（2）差压调节方式。当"给水旁路调节自动方式"与"至少有一台电动给水泵投自动方式"条件同时满足时，给水泵出口至省煤器入口差压控制信号就作为电动给水泵转速调节指令。此时，由给水旁路阀自动控制系统负责维持汽包水位等于水位设定值的任务，故通过调整电动给水泵的转速来维持给水设备的安全和保证给水压力满足给水流量调节的需要即可。

值得注意的是，差压调节方式只有在低负荷工况下才存在。

（3）总调节指令。给水泵转速总调节指令根据各种运行方式所确定的调节指令与运行着的两台泵（即给水泵 A 和给水泵 B，或者给水泵 A 和给水泵 C，或者给水泵 B 和给水泵 C）入口液力耦合器指令平均值之间的偏差，经 PID 控制运算后得到。当没有给水泵运行在自动方式时，总调节指令 PID 控制器处于跟踪状态，总调节指令跟踪电动给水泵 B 输出指令（当电动给水泵 B 投自动后 2s 内），或者跟踪电动给水泵 A 输出指令（当电动给水泵 A 投自动后 2s 内），或者跟踪电动给水泵 C 输出指令（当电动给水泵 C 投自动后 2s 内）。这样就为再一次无扰投入自动运行方式做好了准备。

"总调节指令"将同时送至 3 台电动给水泵液力耦合器控制回路。因为 3 台泵液力耦合器控制回路完全类似，所以下面以给水泵 A 液力耦合器控制回路为例分析其工作原理。

（五）给水泵 A 液力耦合器控制回路

图 27-73 中 M/A 操作站的输出信号就是给水泵 A 液力耦合器调节指令。因此，给水泵 A 液力耦合器调节指令可以自动形成，也可手动设定。

1. 自动控制方式

当"电动给水泵 A 液力耦合器投自动"信号有效时，电动给水泵 A 液力耦合器控制指令 M/A 操作站工作在自动方式。此时，M/A 操作站接收总调节指令加上两台自动运行泵出力平衡信号后作为电动给水泵 A 液力耦合器自动控制信号。

2. 手动控制方式

如果下列任意一个条件满足，则电动给水泵 A 液力耦合器控制指令 M/A 操作站工作在手动设定方式：

（1）汽包水位测量信号故障。

（2）电动给水泵 A 液力耦合器切手动。

（3）电动给水泵 A 未投入运行。

手动方式时，电动给水泵 A 液力耦合器控制指令由运行人员通过 M/A 操作站手动设定。

3. 跟踪方式

如果下列任意一个条件满足，则电动给水泵 A 液力耦合器控制指令 M/A 操作站工作在跟踪方式：

（1）在所有泵均非自动运行状态下，电动给水泵 A 投自动条件有效后的 2s 内。

（2）电动给水泵 A 液力耦合器辅助油泵跳闸状态 1。

（3）减少电动给水泵 A 液力耦合器。

（4）关闭电动给水泵 A 液力耦合器。

（5）增加电动给水泵 A 液力耦合器。

在跟踪方式，电动给水泵 A 液力耦合器控制指令 M/A 操作站的输出跟踪电动给水泵 A 液力耦合器控制指令（当处于电动给水泵 A 液力耦合器辅助油泵跳闸状态 1 时），即保持当前控制指令信号；或者跟踪由当前控制指令数值按照预先设定的斜率向 0 逐步减少的信号（当处于减少电动给水泵 A 液力耦合器状态时），或者直接跟踪 0 信号（当处于关闭电动给水泵 A 液力耦合器状态时）；或者跟踪电动给水泵 B 液力耦合器控制指令（当电动给水泵 B 从运行状态退出时）或者跟踪电动给水泵 C 液力耦合器控制指令（当电动给水泵 C 从运行状态退出时）；或者跟踪 A/M 操作站自动输入信号（当电动给水泵 B 和电动给水泵 C 均非运行状态时，且增加电动给水泵 A 液力耦合器条件满足时），为再一次投入自动做好准备。

当电动给水泵 A 液力耦合器控制指令 A/M 操作站工作在手动或跟踪方式时，水位调节指令和差压调节指令运算回路中的全部 PID 控制器均处于跟踪状态。

（六）给水泵 A 出力平衡补偿信号的形成

电动给水泵 A 入口给水流量测量值与自动运行着的两台电动给水泵（即泵 A 和泵 B 或者泵 A 和泵 C）入口给水流量平均值之间的偏差，经 PID 控制运算后作为给水泵 A 出力平衡补偿信号。当泵 A 入口给水流量值小于平均值时，泵 A 出力平衡补偿信号大于零，增加泵 A 出力；当泵 A 入口给水流量值大于平均值时，泵 A 出力平衡补偿信号小于零，减少泵 A 出力。这样就可以随时保证自动运行着的两台电动给水泵出力平衡。

六、给水泵最小流量控制系统

为了泵的安全运行，该机组的给水全程控制中专门设置了最小流量控制系统。当给水泵出口流量低于最小值时，为防止汽蚀，将最小流量调节阀开到相应开度，使给水泵工作点回到最小流量保护限以内。

该机组三台给水泵各配置一套最小流量控制系统，系统结构和工作原理完全相同，如图 27-74 所示。给水泵最小流量控制系统能够保证在运行过程中，给水泵总是工作在给水泵流量与给水泵出口压力特性曲线的安全范围。

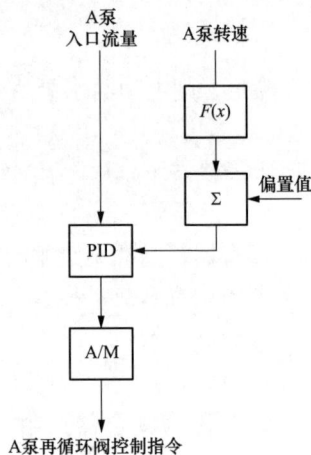

图 27-74　给水泵最小流量控制系统总体结构

下面分析其工作原理。

给水泵最小流量是由给水泵再循环管上的再循环调节阀来控制的。再循环调节阀的控制也有自动控制方式、手动控制方式和跟踪方式三种运行状态。

（一）自动控制方式

当电动给水泵 A 再循环门自动方式条件满足，A/M 操作站工作在自动控制方式。泵 A 再循环门控制指令等于 PID 控制器的输出信号。

PID 控制器测量值输入端（PV 端）接入的是电动给水泵 A 入口给水流量测量值，该值根据电动给水泵 A 入口两个给水流量测点的测量值求平均值后得到。再根据给水泵工作特性曲线，求得电动给水泵 A 转速对应的安全工作流量值，即当前工作状态下允许的最小流量值（等于泵 A 转速的函数运算值加一偏置信号），作为 PID 控制器 SP 输入端的设定值信号。两个信号的偏差经过 PID 控制运算后，作为给水泵 A 再循环调节阀的控制指令。当电动给水泵 A 入口给水流量测量值大于最小流量值时，给水泵 A 再循环调节阀处于关闭状态；当电动给水泵 A 入口给水流量测量值小于最小流量值时，给水泵 A 再循环调节阀打开，增加给水泵 A 入口给水流量值，保证给水泵 A 回到安全运行区域内。

（二）手动控制方式

当接收到"电动给水泵 A 再循环门开指令"或"电动给水泵 A 入口两个给水流量测量信号均故障"时，电动给水泵 A 再循环门 A/M 操作站工作在手动控制方式。泵 A 再循环门控制指令由运行人员通过 A/M 操作站手动设定。

（三）跟踪方式

当接收到"电动给水泵 A 再循环门开指令"时，泵 A 再循环门控制指令处于跟踪方式，强行将泵 A 再循环门全开。

无论是手动控制方式还是跟踪方式，图 27-74 中 PID 控制器均处于跟踪状态，其输出跟踪泵 A 再循环门 A/M 操作站的输出。

第五节　主蒸汽温度与再热蒸汽温度控制系统

锅炉出口的过热蒸汽温度和再热器出口蒸汽温度是整个汽水行程中工质的最高温度，也是火力发电机组的主要参数，对于电厂的安全、经济运行起到重要的作用。本节着重分析锅炉过热蒸汽温度控制系统与再热蒸汽温度控制系统的控制任务、系统结构和具体的控制方案。

一、机组过热器与再热器工艺流程简介

600MW 机组过热器和再热器布置流程简图如图 27-75 所示。

1. 过热器的组成及布置

由图 27-75 可看出，在水冷壁中产生的蒸汽经过汽包进行汽水分离，干燥后以干饱和蒸汽状态离开汽包进入过热器受热面。

SG2093/17.5-M910 型亚临界参数 II 型汽包炉过热器由七个主要部分组成，按蒸汽流程依次为炉顶、延伸侧墙及尾部包覆、低温过热器、分隔屏

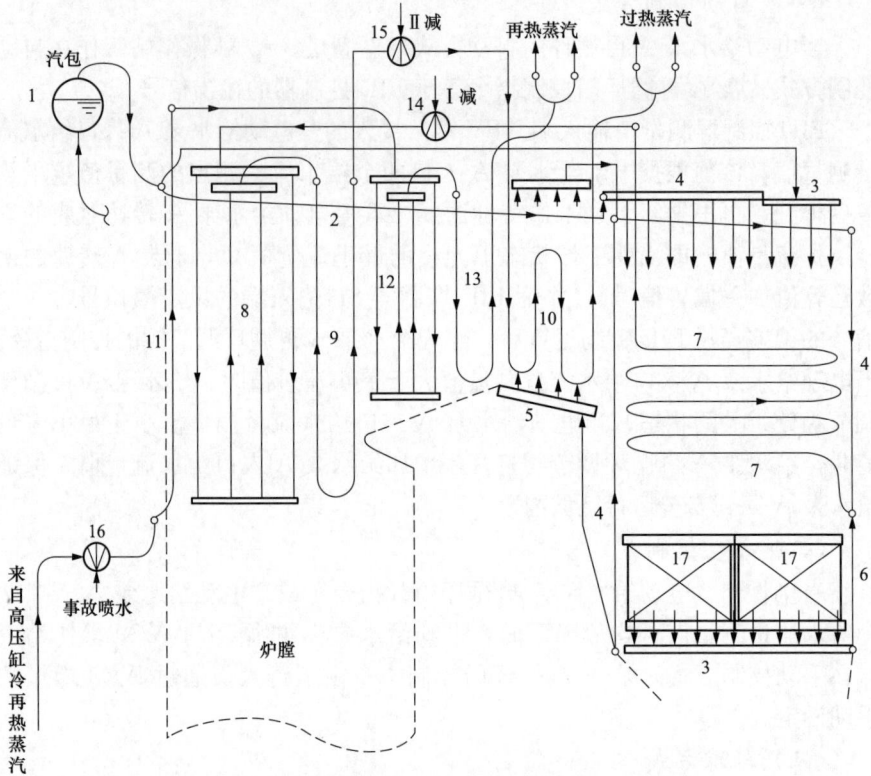

图 27-75 过热器和再热器布置流程简图

1—汽包；2—顶棚过热器；3—后烟井侧包墙过热器；4—后烟井包墙过热器；

5—水平烟道侧包墙过热器；6—后烟井延伸墙过热器；7—低温过热器；8—分割屏过热器；

9—后屏过热器；10—末级过热器；11—墙式辐射再热器；12—屏式再热器；13—末级再热器；

14—过热器一级喷水减温器；15—过热器二级喷水减温器；16—再热器喷水减温器；17—省煤器

过热器、后屏过热器和末级过热器。

过热蒸汽系统从锅炉汽包（1）顶部引出的饱和蒸汽引入炉顶进口联箱，经顶棚过热器（2）至炉顶出口联箱，为减少蒸汽阻力损失，约 39% BMCR 的蒸汽经旁路管直接进入后烟井侧包墙过热器（3）上联箱。从炉顶出口联箱引出的蒸汽经过后烟井包墙过热器（4）、水平烟道侧包墙过热器（5）、后烟井延伸墙过热器（6），再汇总至低温过热器进口联箱；流经低温过热器（7）（低温过热器全部在后烟井内省煤器的上方）至低温过热器出口联箱；经三通分两路引入分隔屏过热器进口联箱；流经分隔屏过热器（8）（分隔屏位于前墙水冷壁和末级过热器之间的炉膛前上方）和后屏过热器（9），从后屏过热器出口联箱分两路进入末级过热器进口联箱；通过末级过热器（10）到末级过热器出口联箱，再由两只末级过热器出口联箱引入至两根主蒸汽管，进入汽轮机高压缸。

2. 再热器的组成及布置

来自汽轮机高压缸排汽口的冷再热蒸汽，通过位于热回收区底部的再热器入口联箱进入再热器,逆流流经再热器管排进入位于水平烟道上部的再热器出口联箱,然后由末级再热器出口联箱上引出至再热器蒸汽管道,分两路进入汽轮机中压缸。

SG2093/17.5-M910型锅炉再热器由墙式辐射再热器(11)、屏式再热器(12)和末级再热器(13)组成。墙式辐射再热器布置在炉膛上部的前墙和两侧墙的前部,并将部分水冷壁遮盖。屏式再热器布置在炉膛折焰角上方,后屏过热器之后。末级再热器布置在折焰角水平烟道内,末级过热器(也称调温再热器)之前。各级再热器间都采用大直径及三通连接,以便增加充分混合的条件。并在屏式再热器和末级再热器之间通过连接管道进行左右交叉,以减少因炉膛左右侧烟温偏差而引起的再热汽温偏差。

在墙式再热器进口管道上布置有事故减温器(17)。

二、汽温控制的任务及汽温对象的动态特性

(一)汽温控制的任务及其必要性

锅炉生产的蒸汽参数包括汽温和汽压,这两个参数是表征发电机组运行状况的重要指标之一。某亚临界600MW机组主汽温度额定值为541℃,主汽压力为17.5MPa。一般要求主汽温度在锅炉出力为70%~100%范围内不超过+5~-10℃。通常在±5℃范围内波动。

主汽参数的稳定对机组的安全经济运行有极大的作用,其原因如下:

(1)汽温过高会使锅炉受热面及蒸汽管道金属材料的蠕变速度加快,影响使用寿命。例如12Cr1MoV钢在585℃时考虑的10万h持久强度,在595℃时到了3万h就将丧失其应有强度。当受热面严重超温时,将会因材料强度的急剧下降而导致管子发生爆破。汽温过高还会使汽轮机的汽缸、汽门、前几级喷嘴和叶片、高压缸前轴承等部件的机械强度降低,导致设备的损坏或使用年限的缩短。

(2)汽温降低,将会使机组循环热效率降低,使煤耗增大。根据理论估算,过热汽温降低10℃,煤耗平均增加0.2%。同时,汽温降低还会使汽轮机尾部的蒸汽湿度增大,这不仅使汽轮机内效率降低,而且造成汽轮机末几级叶片的侵蚀加剧。此外,汽温过低,汽轮机转子所受的轴向推力增大,这对机组安全运行十分不利。

(3)过热汽温变化过大,除使管材及有关部件产生疲劳外,还将引起汽轮机中转子与汽缸的胀差变化,甚至产生剧烈振动,危及机组安全运行。

由以上分析可知,汽温控制的质量直接关系到机组的安全经济运行,而过热汽温的控制又是锅炉各项控制中较为困难的任务之一,这主要是由于下列原因:

(1)造成过热汽温变化的原因很多,例如:负荷、减温水量、烟气侧的过量空气系数及火焰中心位置、燃料成分等都会影响汽温的变化。

(2)在各种扰动作用下汽温对象具有非线性、时变等特性,使控制的

难度加大。

（3）汽温对象具有大迟延、大惯性的特点，尤其随着机组容量和参数的提高，蒸汽过热受热面比例加大，使其迟延和惯性更大，从而进一步加大了控制的难度。

过热器工作在高温、高压环境下，出口汽温是全厂工质温度的最高点，也是金属壁温的最高处，工艺上允许的汽温变化范围又很小，加之其干扰因素多、对象特性呈现非线性等诸多不利因素，使汽温控制系统复杂化。

（二）汽温对象的静态和动态特性

影响锅炉汽温变化的因素很多，这些因素与机组的运行方式、运行状态有关，而且是互相关联的。这些因素从烟气侧来说包括燃料量、燃料种类或成分特性，对流吸热量及辐射吸热量，进入炉内燃烧的空气量，燃烧器的运行方式，以及受热面的洁净程度等；从蒸汽侧来看包括蒸汽流量、减温水流量和减温水焓、给水温度等。归纳起来可从以下三个方面来分析影响汽温变化的特性。

1. 机组负荷变化对汽温的影响

过热汽温与负荷之间的关系称为过热器的汽温静态特性。在讨论汽温静态特性时，假定过量空气系数、燃烧器的配置等其他因素不变。掌握各种过热器的汽温静态特性，对调整汽温、保持平稳操作、避免事故有较大帮助。

当要求锅炉蒸发量增加时，控制系统使燃料量和送风量增加，流过过热器对流过热段的烟量和烟温都增加，使对流过热段出口汽温上升。但此时炉膛温度基本不变，过热器辐射过热段接受热量基本不变，但此时流过过热器的蒸汽流量增大，故辐射过热段出口汽温下降。过热汽温静态特性如图 27-76 所示。

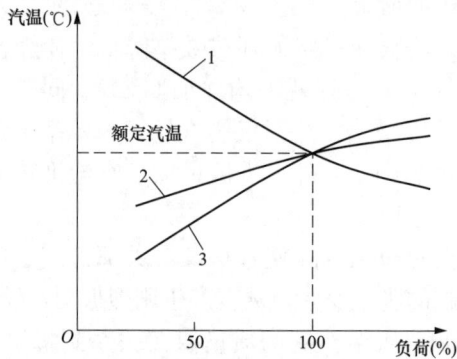

图 27-76　过热器的静态特性
1—辐射过热器；2—半辐射过热器；3—对流过热器

（1）对流式过热器及其汽温静态特性。烟气对过热器的传热以对流为主的过热器，称为对流式过热器。一般对流式过热器布置在炉膛出口以后的水平烟道内，在水平烟道内辐射传热不强，而烟气流速较高，约为 10m/s 左右，对流传热较强，对流传热的比例大于辐射传热。

当负荷增加时，燃料量，引、送风量和烟速成比例地增加，由于过热器传热的热阻主要在烟气侧，所以烟气流速提高使过热器的吸热量显著增加。另外，当负荷增加炉膛出口烟气温度提高时，不但过热器的对流传热温差增加，而且辐射传热温差也增加。

虽然负荷增加，过热器的流量成比例地增加，对过热器管束的冷却加剧，汽温有下降的趋势。但烟气侧变化对过热汽温的影响要大于蒸汽侧变化对过热汽温的影响，因而过热汽温特性是随着负荷的增加而逐渐增加的。

（2）辐射式过热器及其汽温静态特性。以吸收辐射传热为主的过热器称为辐射式过热器，一般布置在炉膛上部。炉膛温度很高，辐射传热与火焰绝对温度的四次方成正比，加之炉内烟速较低，对流传热所占比例很小，因此布置在炉内的过热器主要吸收的是辐射热。

负荷增加时，虽然燃料成比例地增加，但炉膛温度增加有限，从半负荷到全负荷，炉内火焰温度最多增加 200℃，炉内传热量只增加 50%～80%，炉膛烟速较低，负荷增加，对流传热量增加很少。而蒸汽量的增加是与燃料量成正比的，所以负荷增加，辐射式过热器吸收热量减少，过热器出口汽温降低。

（3）半辐射式过热器及其汽温特性。辐射传热和对流传热所占比例大体相等的过热器，称为半辐射式过热器，半辐射式过热器一般布置在炉膛出口处。此处的烟气温度虽然较炉膛低，但比水平烟道内的高，而且可以接受炉膛火焰的辐射，辐射传热占有较高比例。在炉膛出口处烟气流速较炉膛内高，对流传热也占一定的比例，其汽温特性介于对流式及辐射式过热器之间。

实践表明，半辐射式过热器有对流式过热器的汽温特性，即汽温随着负荷的增加而升高。但由于辐射传热占有相当的比例，汽温随负荷的增加提高不多，相对而言，汽温随负荷的变化比较平稳。

2. 蒸汽流量扰动下汽温的动态特性

锅炉蒸发量扰动时，过热汽温的响应曲线如图 27-77 所示，是有惯性及自平衡的特性。迟延时间 τ 较小（相对于减温水量扰动），一般 $\tau = 10 \sim 20s$，$T_C \approx 100s$。τ 较小的原因是蒸汽流量扰动时，烟气流速和蒸汽流速几乎是沿整个过热器管道长度同时变化的，因而烟气传给蒸汽的热量也几乎是沿过热器管长度同时发生的，故汽温变化的 τ 小。在蒸汽负荷扰动下汽温的 τ/T_C 较小，即动态特性较好，但由于蒸汽负荷是由外界用户决定的，所以不能作为控制汽温的手段。

3. 减温水流量扰动下汽温的动态特性

在设计锅炉时，为使锅炉在负荷低于额定值某个范围内汽温仍能达到给定值，总是使额定负荷下过热汽温高于它的额定值。对于中压锅炉，在

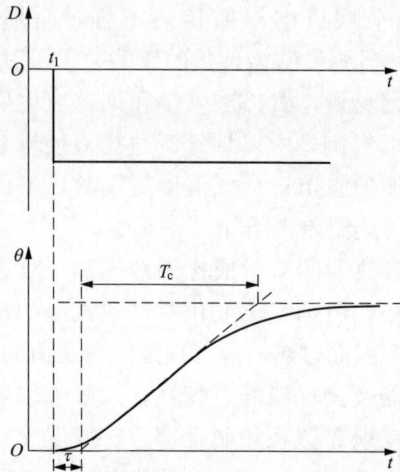

图 27-77　过热汽温对锅炉蒸发量扰动的响应曲线

额定负荷时，过热汽温比额定值高 25～40℃；对高压锅炉，则高 40～60℃。之后，采用在蒸汽中喷入减温水的办法来控制过热汽温。从锅炉给水中取出减温水喷入减温器与蒸汽混合，水吸收蒸汽热量，从而降低蒸汽温度或增加蒸汽湿度，使过热器出口汽温降低。

　　减温器的安装位置通常在过热器低温段与高温段之间。过热汽温控制对象可划分为两部分：对象导前区（主要为减温器）和对象惰性区（过热器高温段）。这两部分串联组成对象控制通道，如图 27-78 所示。在减温水量 W_θ 的阶跃扰动下，由试验得到导前汽温 θ_2 与主蒸汽温 θ_1 的响应特性，如图 27-79 所示。可以看出，对象导前区和对象控制通道的动态特性是有惯性和自平衡的。导前区的惯性较小，而控制通道的惯性较大。从图上可求出导前区的参数 τ_2、T_2、K_2 及控制通道的参数 τ_1、T_1、K_1。一般 $\tau_1=30～60$s，$T_1=40～100$s。

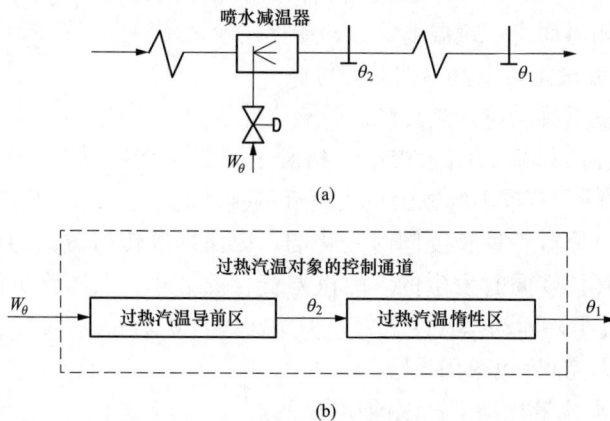

(a)

(b)

图 27-78　过热汽温对象的控制通道特性示意图

（a）直接喷水减温系统；（b）对象控制通道方框图

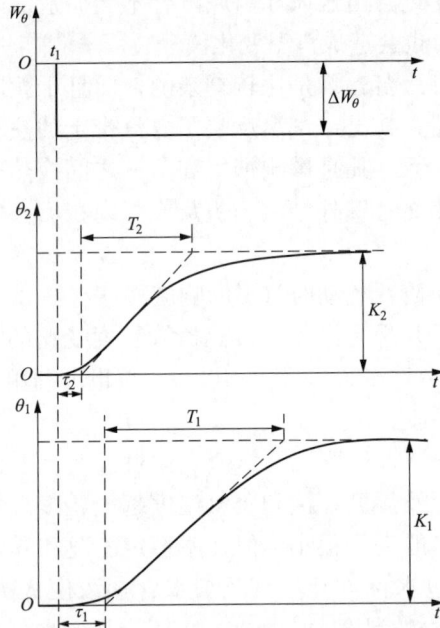

图 27-79　减温水流量扰动下导前汽温和主汽温的响应特性

过热汽温对象的导前区及控制通道的传递函数为

导前区
$$W_1(s) = \frac{\theta_2(s)}{W_\theta(s)} = \frac{K_2}{(1+T_2 s)^{n_2}} \tag{27-24}$$

控制通道
$$W(s) = \frac{\theta_1(s)}{W_\theta(s)} = \frac{K_1}{(1+T_1 s)^{n_1}} \tag{27-25}$$

4. 烟气侧扰动下汽温的动态特性

烟气侧的扰动包括以下几个方面：

（1）煤质的变化。燃煤的水分和灰分增加时，燃煤的发热量降低，为了保证锅炉蒸发量，燃料的消耗量必然增加。因为水分蒸发和灰分本身提高温度均要吸收炉内的热量，故使炉内温度水平降低，炉内辐射传热量减少，炉膛出口烟温升高；水分增加也使烟气体积增大，烟气流速增加，使对流传热增加，故使汽温升高。

当燃煤的挥发分降低、含碳量增加（如无烟煤或贫煤）或煤粉较粗时，煤粉在炉内的燃尽时间较长，火焰中心上移，炉膛出口烟温升高，使汽温上升。

（2）炉内过量空气系数 α 的变化。由于送风量和漏风量增加使炉内过量空气系数增加时，低温空气的吸热及烟气容量的增加将使炉膛温度降低，所以流经过热器的烟量增加，烟速增高，使对流过热器传热加强和汽温升高。

（3）燃烧器运行方式改变。例如燃烧器从上排切换到下排；或燃烧器的喷口角度改变，使火焰中心位置改变，从而引起汽温变化。

(4) 炉膛负压变化。当送风和引风配合不当而造成炉膛负压变化使火焰中心位置变化时，也会造成汽温变化。

可见，烟气侧对汽温影响是比较复杂的，而且干扰较多。因为过热器及再热器是热交换器，其出口汽温反映了蒸汽带走的热量和烟气侧吸收的热量之间的热平衡关系。凡是影响烟气和蒸汽之间换热的因素都是对汽温的扰动因素。如受热面管壁外结渣、积灰或管内积垢，使受热面吸热量变化影响汽温。

烟气流速或烟温阶跃扰动时汽温的响应特性与图 27-77 所示基本相同。由于烟气流速或烟温几乎是沿整个过热器管长度变化的，所以汽温的响应较快，惯性较小（$\tau = 10 \sim 20s$，$T_c \approx 100s$），故也可利用改变烟气流速或烟温作为控制汽温的手段。

除此之外，过热器入口蒸汽的焓值变化对过热汽温也有影响。蒸汽焓值取决于蒸汽的压力及湿度，饱和蒸汽湿度越大，蒸汽焓值越小。在正常情况下，蒸汽湿度一般变化很小，但在不稳定工况和异常运行条件下（如机组负荷突变、汽包水位过高，以及炉水含盐浓度太大而发生汽水共腾时），将会使饱和蒸汽的湿度大大增加。由于增加的水分在过热器中汽化要吸收热量，所以在燃烧工况不变的情况下，出口汽温就要相应下降。

（三）亚临界 600MW 机组汽温调节方式

汽温的调节方式可以归为两大类：蒸汽侧调节和烟气调节。蒸汽侧调节是指通过改变蒸汽的热焓（如喷水减温）来调节汽温。烟气侧调节通过改变锅炉内辐射受热面与对流受热面的吸热量分配比例（如调节燃烧器倾角、采用烟气再循环等）的方法，或改变流经受热面烟气（如调节烟气挡板）的方法来调节汽温。

喷水减温调节法是一种最简便的汽温调节方法，有着操作方便、调节灵敏等优点，在大型锅炉中均作为过热蒸汽的主要调节手段。

在各种类型锅炉的过热器布置中，过热器采用多级布置，常采用多次减温方式，一般装置 2～3 级喷水减温器。通常在屏式过热器前设置第一级减温器，以保护屏式过热器的安全（它受到炉膛强烈的辐射热量），并作为过热汽温的粗调节。在末级过热器前一般也装置喷水减温器，调节过热器出口汽温达到额定值，装在末级过热器之前，可以保证调温过热器的安全，同时可以减少时滞，提高调节的灵敏度。

SG2093/17.5-M910 型锅炉过热器配置二级喷水减温器，一、二级喷水减温器的喷水量设计值分别是 130、85t/h。

某亚临界 600MW 机组再热汽温的主要控制手段就是采用烟气调节方法，即改变摆动式燃烧器倾角的方法调节再热汽温。这实际是改变炉内火焰中心位置，从而改变炉膛出口烟温，即改变炉内辐射传热量与烟道中对流传热量的分配比例，从而改变再热器的吸热量，达到调节再热汽温的目的。

由于摆动式燃烧器调温具有调温幅度大、时滞小，对于过热器和再热器采用高温布置的情况下受热面积少及锅炉钢耗较低等优点，使它成为现代大型锅炉，特别是四角切圆燃烧的锅炉进行再热汽温调节的主要方法。不少试验表明，每改变摆动式燃烧器喷嘴±1°，大体上可以改变再热器出口汽温2℃，一般燃烧器摆角限值为±30°。

喷水调节一般不用作再热蒸汽的主要调温手段，因为再热器如果采用喷水作为调温手段，就意味着增加汽轮机中、低压缸的发电份额，会导致整个机组经济性的下降。据计算，再热器每喷入1%的给水，汽轮机的汽耗就增加0.2%，机组循环热效率降低0.1%～0.2%。但考虑为保护再热器，在事故状态下，使再热器不被过热而烧坏，在再热器入口处设置事故喷水减温器。当再热器进口汽温采用烟气侧调节，无法使汽温降低时，则要用事故喷水（减温水量一般不超过BMCR工况蒸汽流量的2%）来保护再热器管壁不超温，以保证再热器的安全。

（四）过热汽温控制系统的典型方案

目前，大型单元机组多采用直接喷水减温的方法来控制过热汽温，因此减温水扰动下的汽温特性属于对象控制通道的动态特性，该特性是过热汽温控制系统设计、分析和整定的依据。由动态特性介绍可知，汽温对象控制通道存在的迟延和惯性比较大，单纯根据主汽温度偏差采用单回路调节方案来控制汽温是不能满足生产要求的，而应引入能够提前反映扰动的导前信号，构成多回路系统。现在采用最多的是串级汽温控制系统和具有导前汽温微分信号的双回路汽温控制系统两种典型方案。

1. 串级汽温控制系统

串级汽温控制系统工作原理如图27-80所示。该系统取减温器后的汽温信号 θ_2 作为串级系统的辅助被调量信号，该信号能够快速反映扰动，尤其是减温水侧的扰动。只要 θ_2 变化，就会立即通过辅助调节器的作用，调整减温调节阀的开度，使 θ_2 维持在一定范围内，初步稳定过热器出口汽温 θ_1。θ_1 的最终校正是通过外回路中主调节器 $W_{a1}(s)$ 来完成的，调节过程结束后，应使过热器出口汽温等于其给定值。由于该系统具有两个调节器，所以构成了两个反馈控制回路，而且内、外两个回路控制任务分工明确。内回路负责快速消除内扰，即快速消除来自减温水侧的内部扰动；外回路则负责对过热器出口汽温进行最终校正，使其等于给定值。可以认为先根据辅助信号对汽温进行粗调，再依据主蒸汽温的偏差进行细调。这种粗调和细调的相互配合，有效地克服了由于汽温控制通道对象特性的迟延和惯性大造成被调量动态偏差大的现象，使汽温控制系统的性能有了明显的改善。

2. 采用导前汽温微分信号的双回路汽温控制系统

采用导前汽温微分信号的双回路汽温控制系统的工作原理如图27-81所示。

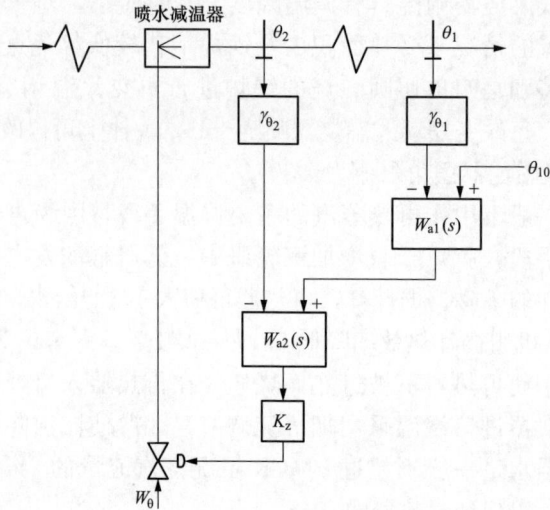

图 27-80　串级汽温控制系统工作原理

θ_1—主汽温信号；θ_2—导前汽温信号；W_θ—减温水流量；γ_{θ_1}—主蒸汽温测量装置传递函数；

γ_{θ_2}—导前汽温测量装置传递函数；$W_{a1}(s)$—主调节器传递函数；

$W_{a2}(s)$—辅助调节器传递函数；K_z—执行机构传递函数；θ_{10}—主蒸汽温给定值

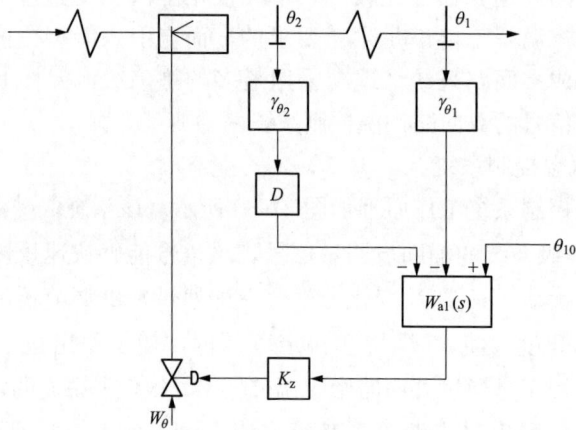

图 27-81　采用导前汽温微分信号的双回路汽温控制系统

D—微分运算，其传递函数为 $\dfrac{K_D T_D s}{1+T_D s}$

　　该系统是由两个闭合回路构成的双回路汽温控制系统。由于控制通道的迟延和惯性较大，当发生内扰时，其调节过程的品质不理想。为了改善调节系统的动态品质，该方案引入了导前汽温 θ_2 的微分信号 $\dfrac{\mathrm{d}\theta_2}{\mathrm{d}t}$，导前汽温 θ_2 可以提前反映扰动。取其微分信号 $\dfrac{\mathrm{d}\theta_2}{\mathrm{d}t}$ 引入 PI 调节器后，既可以使调节器的调节动作超前，又可以在系统进入稳态时取消导前信号的作用，即 $\dfrac{\mathrm{d}\theta_2}{\mathrm{d}t}=0$，不影响主汽温 θ_1 的稳态值，因此可以改善系统的调节品质。

三、600MW 机组过热汽温控制系统

（一）过热器喷水减温系统流程图

600MW 机组过热汽温采用两级喷水减温控制，其中一、二级减温器均分为左右两侧，对称布置，如图 27-82 所示。减温水来自给水泵出口母管。一级减温器和二级减温器左右两侧各有一个喷水调节阀。

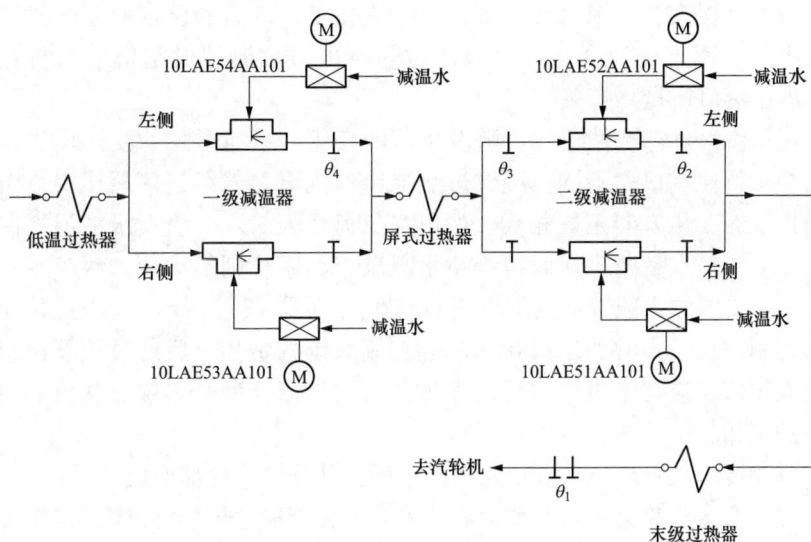

图 27-82　600MW 机组过热器喷水减温系统流程图

一级减温器安装在低温过热器出口联箱和分割屏过热器入口联箱之间，根据炉膛内分割屏过热器出口汽温和一级喷口减温器出口汽温的大小，控制一级减温器喷水调节阀（10LAE53AA101 和 10LAE54AA101）的开度，以调节减温水量的大小，达到使分割屏过热器出口汽温为设定值的目的。

二级减温器安装在后屏过热器出口联箱和末级过热器入口联箱之间，分左右两侧布置有两个喷水减温器。根据炉膛内末级过热器出口汽温和二级喷口减温器出口汽温的大小，控制二级减温器喷水调节阀（10LAE51AA101 和 10LAE52AA101）的开度，以调节减温水量的大小，达到使末级过热器出口汽温为设定值的目的。

（二）过热器一级喷水减温控制系统

一级减温器分左右两侧布置有两个喷水减温器，故设置了两套完全相同的控制系统。下面以左侧一级喷水减温控制系统为例，介绍其工作原理。

1. 一级喷水减温控制系统的作用

该系统通过一级减温水流量的控制，使后屏过热器出口汽温维持在给定值，以保护屏式过热器管壁不要超温，同时配合末级过热汽温控制系统的工作。该系统所采用的是按温差调节的串级汽温控制系统。

2. 后屏过热器出口汽温测量值

后屏过热器出口汽温在左右两侧分别设置有两个测点，左侧两个测点（10HAH72CT001）和（10HAH72CT002）经取平均值（当 2 测点均 OK），或有一个测点故障时，取剩余一个测点输出信号作为实测值，送往 PID 控制器的测量信号端（PV 端）。

3. 后屏过热器出口汽温设定值

对于全程汽温控制而言，每一级过热器出口汽温的设定值应随机组运行的不同负荷工况而变化。故后屏过热器出口汽温的设定值应与机组负荷（即主蒸汽流量）有关。

根据汽温静态特性可知，随着负荷的变化，不同形式的受热面出口汽温的静态特性有很大不同。屏式过热器出口汽温与末级过热器出口汽温的静态特性的变化方向正好相反。所以当负荷增大时，一级喷水减温控制系统会使一级喷水量减小，而二级喷水减温控制系统则努力使二级喷水量增大。一、二级喷水减温器的喷水量设计值分别是 130、85t/h。因此采用这样的控制方式，会增加二级喷水减温控制系统的负担。后屏过热器出口汽温的设定值还应与二级减温后的温度值有关，以便配合末级过热汽温控制系统的工作。

分割屏过热器出口汽温设定值由下列三部分信号叠加而成：

（1）主蒸汽流量经函数器运算后得到的分割屏过热器出口汽温设定值。

（2）由运行人员通过 OM 窗口对后屏过热器出口汽温设定值的微调数值。

（3）二级减温后的温度测量值。

上述三部分信号经加法器叠加后的输出就是后屏过热器出口汽温设定值。为了有效地保护后屏过热器表面不超温，该系统中采用了小值选择器实现对设定值的高值限制。

4. 一级减温水调节阀控制指令的形成

一级减温水调节阀控制指令可以自动形成，也可手动设定。

（1）自动控制指令的形成。上述得到的后屏过热器出口汽温测量值与设定值之间的偏差经主 PID 控制器运算后的输出作为一级减温后温度的设定值，再与一级减温后的温度测量值比较，经过副 PID 控制器运算后，就是一级减温水调节阀自动控制指令。该自动控制指令只有在主蒸汽流量大于 20% ，且系统运行在自动控制方式才能经 A/M 操作站输出至一级减温水调节阀控制机构。

（2）手动控制指令。当以下任一条件满足时，一级减温水调节阀控制指令处于手动设定方式：

1）后屏过热器出口温度 2 个测点均故障。

2）一级减温后温度 2 个测点均故障。

3）关喷水减温阀。

4）机组发生 MFT。

在手动控制方式，一级减温水调节阀控制指令由运行人员通过 A/M 操作站手动设定。

（3）跟踪方式。当"关喷水减温阀"逻辑条件有效或机组发生 MFT 时，一级减温水调节阀控制指令处于跟踪方式，A/M 操作站的输出跟踪 0 信号，即将一级减温水调节阀强行关闭。

在非自动控制方式时，两个 PID 控制器均处于跟踪状态。主控制器跟踪一级减温后温度测量值，副控制器跟踪一级减温水调节阀 A/M 操作站的输出。

当一级减温水调节阀 A/M 操作站的输出大于 3％时，通过高值越限报警器发出逻辑信号至开关量控制系统将一级减温水调节阀前后的两个截止阀打开；当一级减温水调节阀 A/M 操作站的输出小于 2％时，通过低值越限报警器发出逻辑信号至开关量控制系统将一级减温水调节阀前后的两个截止阀关闭。

（三）末级过热器出口汽温控制系统

1. 末级过热器出口汽温控制系统的作用

末级过热器出口汽温控制系统是为了保证锅炉出口（即末级过热器出口）蒸汽温度为设定值而设置的。通过调节二级减温器的喷水流量，达到控制末级过热器出口汽温的目的。

二级减温器分左右两侧布置有两个喷水减温器，故也设置了两套完全相同的控制系统。

2. 末级过热器出口汽温测量值

末级过热器出口汽温在左右两侧分别设置有三个测点。若左侧三个测点均正常，则选择其中值作为输出测量值；若有一个测点故障，则求得其余两个测点的平均值作为输出测量值；若有两个测点故障，则取剩余一个测点作为输出测量值。得到的测量值送往 PID 控制器的测量信号端（PV 端）。

3. 末级过热器出口汽温设定值

对于全程汽温控制而言，末级过热器出口汽温的设定值应随机组运行的不同负荷工况而变化。故末级过热器出口汽温的设定值应与机组负荷（即主蒸汽流量）有关。

末级过热器出口汽温设定值根据主蒸汽流量经函数器运算后输出值，与由运行人员通过 OM 窗口对末级过热器出口汽温设定值的微调信号叠加而成。同样，为了有效地保护末级过热器出口温度不超过允许值，该系统采用了小值选择器对设定值进行高值限制。

4. 二级减温水调节阀控制指令的形成

二级减温水调节阀控制指令可以自动形成，也可手动设定。

（1）自动控制指令的形成。上述得到的末级过热器出口汽温测量值与设定值之间的偏差经主 PID 控制器运算后的输出作为二级减温后温度的设定值，再与二级减温后的温度测量值比较，经过副 PID 控制器运算后，就是二级减温水调节阀自动控制指令。该自动控制指令只有在主蒸汽流量大于 20％，且末级过热器出口汽温控制系统运行在自动控制方式，才能经 A/M 操作站输出至二级减温水调节阀控制机构。

（2）手动控制指令。当以下任一条件满足时，二级减温水调节阀控制指令处于手动设定方式：

1）末级过热器出口温度 3 个测点均故障。

2）二级减温后温度 2 个测点均故障。

3）关喷水减温阀。

4）机组发生 MFT。

在手动控制方式，二级减温水调节阀控制指令由运行人员通过 A/M 操作站手动设定。

（3）跟踪方式。当"关喷水减温阀"逻辑条件有效或机组发生 MFT 时，二级减温水调节阀控制指令处于跟踪方式，A/M 操作站的输出跟踪 0 信号，即将二级减温水调节阀强行关闭。

在非自动控制方式时，两个 PID 控制器均处于跟踪状态。主控制器跟踪二级减温后温度测量值，副控制器跟踪二级减温水调节阀 A/M 操作站的输出。

当二级减温水调节阀 A/M 操作站的输出大于 3％时，通过高值越限报警器发出逻辑信号至开关量控制系统，将二级减温水调节阀前后的两个截止阀打开；当二级减温水调节阀 A/M 操作站的输出小于 2％时，通过低值越限报警器发出逻辑信号至开关量控制系统，将二级减温水调节阀前后的两个截止阀关闭。

四、600MW 机组再热汽温控制系统

（一）再热器的作用特点及再热汽温调节手段

1. 再热器的作用

在汽轮机背压一定的条件下，随着蒸汽初压的提高，蒸汽膨胀到最终时的湿度也增大，这样不仅会使汽轮机的相对内效率降低，影响设备的经济运行，而且还会加剧汽轮机末几级叶片的冲蚀，严重时甚至会造成叶片断裂。因此对于高压以上的锅炉汽轮机组，均采用中间再热系统。即在锅炉中相应增设再热受热面，使汽轮机高压缸排出的蒸汽再次加热成为具有一定温度（通常取与过热蒸汽相同的温度）的再热蒸汽，送回到汽轮机的

中、低压缸内继续膨胀做功。采用中间再热后，不仅可提高蒸汽膨胀做功终了时的蒸汽干度，而且如果蒸汽参数选用得当，还能降低汽耗，使电厂的热经济性提高。

2. 再热器的特点

由于再热器加热的是压力较低有蒸汽，且所加热的蒸汽是在汽轮机高压缸做过功的蒸汽，所以再热器除具有前述许多与过热器相同的特点以外，还具有以下特点：

（1）再热器的工作条件比过热器差。因为再热蒸汽压力低，在相同蒸汽流速下，管子内壁对蒸汽的放热系数要比过热蒸汽小得多，所以再热蒸汽对管壁的冷却能力差，在受热面负荷相同的条件下，管壁与蒸汽之间温度差比过热器大。

（2）再热器系统阻力对机组热效率有很大影响。由于再热器串接在汽轮机高、中压缸之间，故再热器系统阻力每增加 0.1MPa，汽轮机热耗将增加 0.3％左右。降低再热器管内蒸汽流速，虽能使流动阻力减小，但会使它的工作条件变差，是不可取的。因此，再热器系统的设计力求简单，以减小流动阻力。

（3）再热器对汽温偏差比较敏感。因为蒸汽的比热 c_p 在相同温度下是随着压力降低而减小的，而再热蒸汽的压力远比过热蒸汽低，故它的比热也较小。因此在相同的热偏差条件下，引起的出口汽温偏差比过热蒸汽大。从改善热偏差的角度看，应在再热器系统中增加混合、交叉次数，但由于受到流动阻力的限制，所以混合和交叉的次数不应过多。

（4）运行工况变化对再热汽温的影响较大。当运行工况变化时（如锅炉蒸汽负荷、炉内过量空气系数、燃烧中心位置的改变等），会使受热面的吸热量及蒸汽的焓值发生相应的变化。在焓增相同的情况下，再热汽温的变化量要比过热蒸汽大（其原因是再热蒸汽的比热比过热蒸汽小）。

此外，再热器出口汽温还受到入口汽温变化的影响。对于单元机组，在定压运行下，随着负荷的降低，汽轮机高压缸排汽温度要相应降低，故再热器入口汽温也随之降低，从而使出口汽温也降低。对于对流式再热器，这种影响就更为显著。

3. 再热器的布置及温度调节手段

该锅炉的再热器主要由墙式辐射再热器、屏式再热器和末级再热器三部分组成。从汽轮机高压缸排汽口来的蒸汽通过导汽管进入墙式辐射再热器，然后依次经过屏式辐射式再热器和末级再热器换热后，再送往汽轮机的中压缸。

再热器的组成及喷水减温系统流程示意图如图 27-83 所示。

该 600MW 机组通过调节锅炉四角燃烧器倾角调整炉膛火焰中心位置，从而达到调节再热汽温的目的。当再热蒸汽超温、燃烧器无法控制时，快速投入事故喷水减温器。减温器减温水来自给水泵中间抽头。

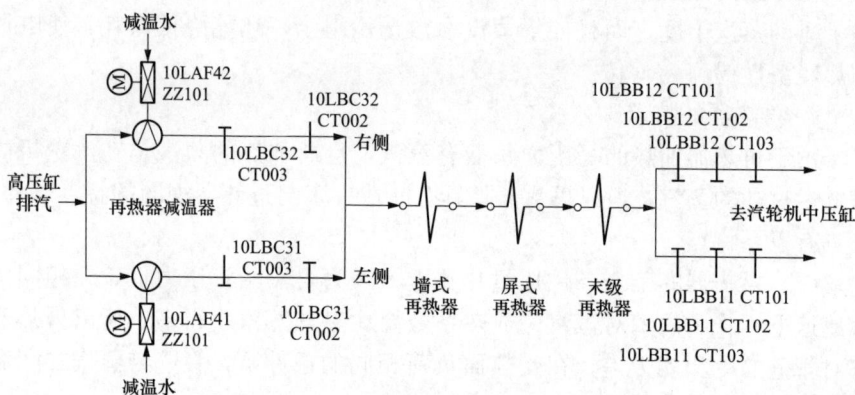

图 27-83　再热器喷水减温系统流程示意图

每角燃烧器的 14 个喷嘴除顶部 OFA 层喷嘴单独摆动外，其余喷嘴均由内外连杆组成一个摆动系统，由一台气动执行器集中带动做上下摆动。炉膛四角的燃烧器按再热汽温控制系统给定的摆动机构调节指令做同步上下摆动。

为了确保亚临界控制循环锅炉燃烧器喷嘴摆动这一调温手段的正常实施，该机组燃烧设备适当增加了各传动配合件之间的间隙，并从工艺上采取措施，严格控制摆动喷嘴的形位公差，同时适当增加传动件的刚性和强度。除此以外，该燃烧设备对喷嘴摆动的传动系统作了新的布置考虑，主要是将箱壳内外之间的传动机构数量由三组增加到六组，使每组只带动一组煤粉喷嘴组合。单组负荷比传统方式减小了近一半，因而摆动的可靠性与精确度都将得到提高。六组内外传动机构仍由外部连杆连成一组，由一台 CU-300GX 气动执行器集中控制。为了适应新的布置方式，该气动执行器安装在燃烧器的中部。此外，在传动机构的外部连杆上，还自下而上增设了平衡重锤，用来平衡喷嘴的自重，使摆动执行器主要只用于克服摆动的摩擦力，而不再兼作喷嘴自重的平衡器。采用气动执行器的优点是容易保证四角同步摆动，避免炉内气流出现紊乱。对气动执行器的要求是结构紧凑、便于布置，同时能适应自动控制频繁启动的需要。

（二）再热汽温控制系统的组成

再热汽温控制系统由下列两个子系统组成：

（1）摆动燃烧器倾角控制系统。

（2）再热汽温喷水减温控制系统有两套，分别负责再热器入口左右两个喷水减温器减温水流量的调整。

在正常工况下，维持再热汽温稳定的任务通过摆动燃烧器倾角，改变炉膛火焰中心高度来完成。燃烧器设计摆动范围在 $\pm 30°$ 之间，摆动燃烧器上摆，火焰中心升高，再热汽温升高；反之汽温降低。

当再热汽温实测值高出其设定值规定数值后才投入工作。也就是说，用燃烧调节不能满足再热汽温要求或事故情况下，投再热器事故喷水减温器控制系统，以使再热汽温降低到允许范围内。

下面分析各部分的工作原理。

（三）再热器喷水减温控制系统

1. 再热汽温设定值的形成

再热器出口汽温设定值的形成回路如图 27-84 所示。由图可知，再热汽温根据主蒸汽流量经函数器处理后与由运行人员设定的偏置信号叠加得到，也就是说再热器出口汽温的设定值是随着机组运行的不同负荷工况而变化的。同样为了有效地保护再热器出口温度不超过允许值，该系统中采用了小值选择器对设定值进行高值限制。

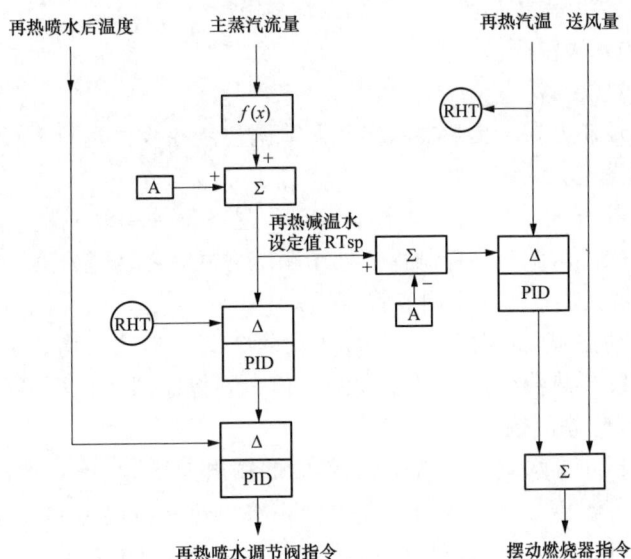

图 27-84　再热汽温度自动控制系统原理图

2. 再热汽温测量值

再热汽温测点分别布置在再热器出口的左右两侧，每侧设置有三个测点。若左侧三个测点均正常，则选择其中值作为输出测量值；若有一个测点故障，则求得其余两个测点的平均值作为输出测量值；若有两个测点故障，则取剩余一个测点作为输出测量值。得到的测量值送往 PID 控制器的测量信号端（PV 端）。

3. 再热器喷水减温控制系统

再热器减温器分左右两侧布置有两个喷水减温调节阀，故也设置了两套完全相同的再热器喷水减温控制系统，下面以左侧再热器喷水减温控制系统为例介绍其工作原理。

1123

如图 27-84 所示，再热器减温水调节阀控制指令可以自动形成，也可手动设定。

（1）自动控制指令的形成。上述得到的再热器出口汽温测量值与设定值之间的偏差经主 PID 控制器运算后的输出作为再热器减温器后温度的设定值，再与再热器减温器后的温度测量值（由两个测点经过规定的选择后得到）比较，经过副 PID 控制器运算后，就是再热器减温水调节阀自动控制指令。该自动控制指令只有在主蒸汽流量大于 20%，且再热器出口汽温控制系统运行在自动控制方式，才能经 A/M 操作站输出至再热器减温水调节阀控制机构。

（2）手动控制指令。当下列任一条件满足时，再热器减温水调节阀控制指令处于手动设定方式：

1）再热器出口温度 3 个测点均故障。

2）再热器减温器后温度 2 个测点均故障。

3）关喷水减温阀。

4）机组发生 MFT。

在手动控制方式，再热器减温水调节阀控制指令由运行人员通过 A/M 操作站手动设定。

（3）跟踪方式。当"关喷水减温阀"逻辑条件有效或机组发生 MFT 时，再热器减温水调节阀控制指令处于跟踪方式，A/M 操作站的输出跟踪 0 信号，即将在热气减温水调节阀强行关闭。

在非自动控制方式时，图 27-84 中的两个 PID 控制器均处于跟踪状态。主控制器跟踪再热器减温器后温度测量值，副控制器跟踪再热器减温水调节阀 A/M 操作站的输出。

当再热器减温水调节阀 A/M 操作站的输出大于 3% 时，通过高值越限报警器发出逻辑信号至开关量控制系统，将再热器减温水调节阀前后的两个截止阀打开；当再热器减温水调节阀 A/M 操作站的输出小于 2% 时，通过低值越限报警器发出逻辑信号至开关量控制系统，将再热器减温水调节阀前后的两个截止阀关闭。

（四）摆动燃烧器控制系统

由于每角燃烧器的 14 个喷嘴除顶部 OFA 层喷嘴单独摆动外，其余喷嘴均由内外连杆组成一个摆动系统，由一台气动执行器集中带动做上下摆动。炉膛四角的燃烧器按再热汽温控制系统给定的摆动机构调节指令做同步上下摆动。该系统包括两个子控制系统。

燃烧器倾角对炉膛出口烟温的影响，如图 27-85 所示。

燃烧器喷嘴摆动机构控制系统：

再热器减温水控制系统中再热汽温设定值与运行人员给定的一个偏置信号叠加后，作为燃烧器喷嘴摆动机构控制系统中再热汽温设定值。值得注意的是，这里的偏置信号应为负值，即使燃烧器喷嘴摆动机构控制系统

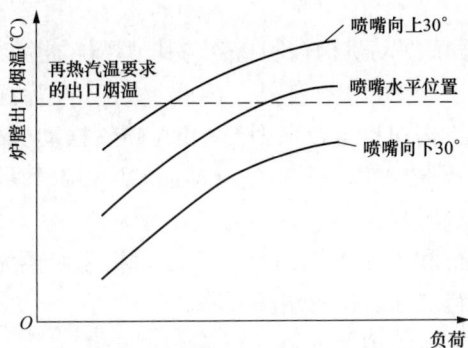

图 27-85　燃烧器倾角对炉膛出口烟温的影响

中再热汽温设定值应低于再热器减温水控制系统中再热汽温设定值，通常该偏置值为−5℃。

燃烧器喷嘴摆动机构控制系统中所用的再热汽温测量值是末级再热器左右两个测量值（左、右各有三个测点经选择后得到）的较大值。

上述得到的设定值与测量值的偏差经 PID 控制运算后的输出，作为燃烧器喷嘴摆动机构控制指令。显然，这是一个单回路控制系统。

各角燃烧器中，除顶部 OFA 层喷嘴以外的 13 个喷嘴应同步操作，在该控制系统设计了一个同步 A/M 操作站。根据该操作站的运行状态，燃烧器喷嘴摆动机构控制指令可以自动形成，也可以手动设定。

（1）自动方式。当主蒸汽流量大于 20%，且 A/M 操作站工作在自动方式时，上述 PID 控制器的输出信号就是燃烧器喷嘴摆动机构的自动控制指令。

（2）手动方式。当以下任一条件满足时，燃烧器喷嘴摆动机构控制指令处于手动设定方式：

1）末级再热器左侧出口温度 3 个测点均故障。

2）末级再热器右侧出口温度 3 个测点均故障。

3）机组发生 MFT。

在手动控制方式，燃烧器喷嘴摆动机构控制指令由运行人员通过 A/M 操作站手动设定。

（3）跟踪方式。当机组发生 MFT 时，燃烧器喷嘴摆动机构控制指令处于跟踪方式，A/M 操作站的输出跟踪 50 信号，即将燃烧器喷嘴摆动机构强行置于水平位置。

在非自动控制方式时，图 27-84 中的 PID 控制器处于跟踪状态，其输出跟踪燃烧器喷嘴摆动机构 A/M 操作站的输出。

当 4 个角（即 1~4 号角）燃烧器喷嘴摆动机构位置反馈信号均正常时，求得 4 个角燃烧器喷嘴摆动机构位置反馈信号的平均值。如果该平均值既没有超越高限，也没有超越低限，则发出"燃烧器喷嘴水平位置"的逻辑信号。

燃烧器 OFA 喷嘴摆动机构控制指令与其他燃烧器喷嘴摆动机构的不同之处，是又增加了一个 A/M 操作站。因此，OFA 喷嘴摆动机构可以与其他燃烧器喷嘴摆动机构同步运行（即当 OFA 喷嘴摆动机构 A/M 操作站处于自动运行方式时），也可以单独控制（即当 OFA 喷嘴摆动机构 A/M 操作站处于手动运行方式时）。

为了在同步运行和单独控制两种方式之间相互切换无扰动，设计了从单独控制到同步运行之间切换的跟踪回路。

（五）利用烟气挡板调节的再热汽温控制系统

利用烟气挡板调节的再热汽温热力系统图如图 27-86 所示。其中再热烟气挡板和过热烟气挡板为"反相作用"，当再热烟气挡板开大时，过热烟气挡板关小，保证总烟气流量基本不变。

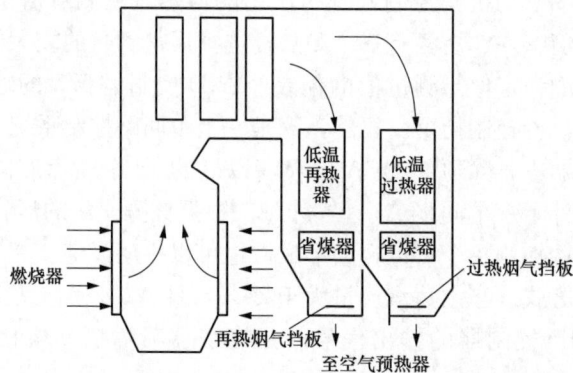

图 27-86　烟气挡板控制再热汽温烟道布置示意图

第六节　辅机控制系统

前述几个部分的内容讨论了 600MW 机组 MCS 系统的上位级负荷主控制系统和下位级锅炉侧三大控制系统，即燃烧控制系统、给水控制系统和汽温控制系统。为了保证机组的安全、经济运行，还必须确保机组辅助设备的有关参数，对于这些参数的控制常采用就地控制方式（即基地控制），为了充分发挥 DCS 系统的作用，辅机控制系统也可由 DCS 实现。具体包括下列系统：

（1）磨煤机出口温度控制系统。

（2）空气预热器冷端温度控制系统。

（3）除氧器压力控制系统。

（4）除氧器水位控制系统。

（5）凝结水储水箱液位控制系统。

（6）低压加热器和高压加热器正常疏水控制系统。

（7）凝结水泵最小流量控制。

（8）汽轮机排汽装置热井水位控制系统。

（9）汽轮机排汽背压控制系统等。

这些控制系统一般都比较简单，下面对其中部分有代表性的系统做简单介绍。

一、磨煤机出口温度控制系统

众所周知，煤粉温度过高容易自燃，发生煤粉爆炸事故；煤粉湿度太大，煤粉的流动性差，无法采用气力输送，也容易积粉。因此，磨煤机控制的任务除了保证煤粉细度符合规定外，为了解决煤粉的防爆和输送，必须保持磨煤机出口风粉混合物的温度一定。因为保持了风粉混合物的温度不变，实际上也就保持了煤粉的湿度不变。磨煤机出口风粉混合物的温度上限值的规定，主要与煤种有关。挥发分高的煤，出口温度应低些；挥发分低的煤，出口温度可以高一些，一般在80℃以下，否则会发生危险。

在机组正常运行过程中，磨煤机出口温度控制系统的任务是保证磨煤机出口风粉混合物的温度稳定在设定值上。通过调节磨煤机入口冷、热一次风挡板来实现对出口温度的控制。在调整过程中，为了尽量减少温度控制对一次风量的影响，系统冷/热一次风挡板的开度变化方向正好相反。

（一）磨煤机出口温度控制信号的形成

A磨煤机出口温度设定值通过A磨煤机冷一次风调节挡板指令由运行人员手动设定。A磨煤机出口温度设置了两个测点，分别布置在A磨煤机的出口两侧，经规定的选择处理后作为A磨煤机的出口温度测量值。

A磨煤机出口温度设定值与测量值分别通过PID控制器的设定值输入SP端和测量值输入PV端进入，比较得到磨煤机出口温度偏差信号。对该温度偏差进行PID控制运算后，再加上A磨煤机热一次风调节挡板指令的比例前馈信号后，得到的便是A磨煤机出口温度控制信号。显然，这是一个前馈-反馈控制系统。

（二）冷一次风调节挡板控制指令

与其他控制系统类似，该系统中也设置了一个A磨煤机冷一次风调节挡板指令A/M操作站，可以灵活地选择在自动方式或在手动方式运行。

1. 自动方式

当A磨煤机冷风关断挡板行走机构全开，且"A磨煤机出口温度投自动"条件满足时，A磨煤机冷一次风调节挡板控制指令自动形成。即为前馈-反馈控制系统的输出。

2. 手动方式

若满足以下条件之一，则A磨煤机冷一次风调节挡板A/M操作站由自动切至手动方式：

（1）A 磨煤机出口温度 2 个测量值均故障。

（2）关 A 磨煤机冷一次风调节挡板。

（3）A 磨煤机事故跳闸。

（4）机组发生 MFT。

（5）开 A 磨煤机冷、热风调门至暖磨煤机位置。

（6）开 A 磨煤机冷一次风调节挡板。

在手动控制方式时，由运行人员通过 A/M 操作站手动设定 A 磨煤机冷一次风调节挡板指令，以维持 A 磨煤机出口温度测量值在允许变动范围。

3. 跟踪方式

若满足以下条件之一，则 A 磨煤机冷一次风调节挡板 A/M 操作站处于跟踪方式：

（1）关 A 磨煤机冷一次风调节挡板。

（2）A 磨煤机事故跳闸。

（3）机组发生 MFT。

（4）开 A 磨煤机冷、热风调门至暖磨煤机位置。

（5）开 A 磨煤机冷一次风调节挡板。

在跟踪方式时，A 磨煤机冷一次风调节挡板指令跟踪 0，强行将 A 磨煤机冷一次风调节挡板关闭；或者跟踪 100（当开 A 磨煤机冷一次风调节挡板逻辑条件满足时），将 A 磨煤机冷一次风调节挡板打开；或者跟踪暖磨煤机状态设定值（当开 A 磨煤机冷、热风调门至暖磨煤机位置）。

二、采用暖风器的空气预热器冷端温度控制系统

某亚临界 600MW 机组配有 2 台 50% 容量的三分仓容克式受热面回转空气预热器，同时配置了一次风暖风器 2 台和二次风暖风器 2 台，分别安装在 A/B 两侧。完成加热锅炉燃烧所需二次风和制粉系统所需一次风的任务。在暖风器加热蒸汽入口设置有气动调节阀，该一次风和二次风暖风器出口温度的控制就是通过调节各自气动调节阀，从而改变进入各自暖风器的加热用辅助蒸汽量来完成的。

供暖风器加热用的辅助蒸汽来自辅汽联箱。每台机设两台辅汽联箱，其中高压联箱相关参数为 0.8～1.3MPa(a)，367℃；低压联箱相关参数为 0.6MPa(a)，250℃。4 台机组的高低辅汽联箱通过母管连接，母管之间设隔离门，以便实现各机之间的辅汽互用。汽源来自再热冷段、汽轮机四级抽汽、五级抽汽及其他热源来汽。第一台机组的启动汽源来自其他热源，蒸汽参数为 1.6MPa(a) 和 350℃。暖风器加热用辅助蒸汽来自低压联箱。

（一）一次风暖风器出口温度控制系统

1. 空气预热器出口烟气温度测量值

在 A 侧和 B 侧空气预热器出口烟气管道上分别设置了三个温度测点。先将 A 侧空气预热器出口烟气管道上的 3 个测量值进行规定的选择处理，

得到 A 侧空气预热器出口烟气温度测量值；同样对 B 侧空气预热器出口烟气管道上的 3 个测量值进行处理，得到 B 侧空气预热器出口烟气温度测量值。然后对 A 侧和 B 侧两个测量值取小值输出作为空气预热器出口烟气温度测量值。

当 A 侧或 B 侧 3 个温度测点均故障时，相应侧的空气预热器出口烟气温度测量值由预先设定的固定值代替。

2. 一次风暖风器出口风温测量值

一次风暖风器出口风温（即空气预热器冷端一次空气温度）在 A 侧和 B 侧一次风暖风器出口空气管道上分别设置了 2 个温度测点。先将 A 侧一次风暖风器出口空气管道上的 2 个测量值进行规定的选择处理，得到 A 侧一次风暖风器出口风温测量值；同样对 B 侧一次风暖风器出口空气管道上的 2 个测量值进行同样处理，得到 B 侧一次风暖风器出口风温测量值。然后对 A 侧和 B 侧两个测量值取小值输出，作为一次风暖风器出口风温测量值。

当 A 侧或 B 侧 2 个温度测点均故障时，相应侧的一次风暖风器出口风温测量值由预先设定的固定值代替。

3. 辅助蒸汽至一次风暖风器调节指令的形成

该指令可以自动形成，也可以手动设定。

当低压辅汽联箱压力测点正常且压力达到设计数值时，允许辅助蒸汽至一次风暖风器调节指令形成回路工作在自动方式。自动方式时的调节指令是一次风暖风器出口风温和空气预热器出口烟气温度的平均值与其平均值的设定值（由运行人员手动设定）之偏差，经过 PID 控制运算后的输出。

但是，当一次风暖风器出口风温测点或空气预热器出口烟气温度测点均故障时，辅助蒸汽至一次风暖风器调节指令只能由运行操作人员通过 A/M 操作站手动设定。此时，PID 控制器处于跟踪状态，其输出跟踪 A/M 操作站的输出值。

（二）二次风暖风器出口温度控制系统

1. 空气预热器出口烟气温度测量值

在一次风暖风器出口温度控制系统中已经介绍了具体测量过程。

2. 二次风暖风器出口风温测量值

测量二次风暖风器出口风温（即空气预热器冷端二次空气温度）时，在 A 侧和 B 侧二次风暖风器出口空气管道上分别设置了 2 个温度测点。先将 A 侧二次风暖风器出口空气管道上的 2 个测量值进行规定的选择处理，得到 A 侧二次风暖风器出口风温测量值；同样对 B 侧二次风暖风器出口空气管道上的 2 个测量值进行同样处理，得到 B 侧二次风暖风器出口风温测量值。然后对 A 侧和 B 侧两个测量值取小值输出，作为二次风暖风器出口风温测量值。

当 A 侧或 B 侧 2 个温度测点均故障时，相应侧的二次风暖风器出口风温测量值由预先设定的固定值代替。

3. 辅助蒸汽至二次风暖风器调节指令的形成

该指令可以自动形成，也可以手动设定。

当低压辅汽联箱压力测点正常且压力达到设计数值时，允许辅助蒸汽至二次风暖风器调节指令形成回路工作在自动方式。自动方式时的调节指令是二次风暖风器出口风温和空气预热器出口烟气温度的平均值与其平均值的设定值（通过 A/M 操作站手动设定）之偏差，经过 PID 控制运算后的输出。

当二次风暖风器出口风温测点或空气预热器出口烟气温度测点均故障时，辅助蒸汽至二次风暖风器调节指令只能由运行操作人员通过 A/M 操作站手动设定。此时，PID 控制器处于跟踪状态，其输出跟踪 A/M 操作站的输出值。

三、除氧器压力控制系统

除氧器是用辅助蒸汽加热给水至设定压力下的饱和温度，并除去溶解于水中的氧气（包括其他气体）的设备。它同时也是汽轮机回热加热系统中的一级混合式加热器。在高参数机组的回热系统中采用高压除氧器，能减少系统中的高压加热器的级数，以节约金属和提高系统运行的安全可靠性。此外，除氧器还担负着汇集各种疏水、给锅炉补充水的任务，因此，除氧器的水箱必须保证锅炉所需给水的储备量。鉴于除氧器的上述重要作用，一般电厂都设有除氧器压力和除氧器水箱水位的自动控制系统。

1. 除氧器压力控制的意义

在一定的状态下，水的温度越高，气体的溶解度就越小，如果将水加热至沸腾温度，气体在水中的溶解度就会大大减小，溶解在水中的气体就会被分解出来，不断向外逸出。水的压力不同，其沸腾温度也不同。如果采用控制温度的方法除氧，则存在温度测量迟延大、测点难以选择等问题。由于饱和水温度和饱和压力值具有单一的对应关系，所以只要控制除氧器内蒸汽空间的压力为饱和值，就能保证将给水加热到饱和温度，从而达到除氧的目的。欲提高除氧效果和保证除氧器安全经济运行，需除氧器在一定的压力下运行。

2. 除氧器压力控制系统

除氧器压力设定值由 A/M 操作站手动设定。除氧器压力的测量值根据两个测点测量值信号，进行规定的选择程序后得到。

该系统通过改变辅助蒸汽至除氧器压力调节阀调节指令的大小，控制加热蒸汽的流量，达到维持除氧器压力等于设定值的目的。辅助蒸汽至除氧器压力调节阀调节指令可以自动形成，也可以手动设定。

（1）自动方式。当 A/M 操作站工作在自动方式时，A/M 操作站接受 PID 控制器的输出作为辅助蒸汽至除氧器压力调节阀的自动调节指令。该 PID 控制器的输出是根据除氧器压力设定值和测量值的偏差经过 PID 控制器运算后得到的。

（2）手动方式。当除氧器压力的两个测点均故障时，辅助蒸汽至除氧器压力调节阀的调节指令通过 A/M 操作站由运行人员手动设置，以维持除氧器压力等于设定值。

（3）跟踪方式。当辅助蒸汽至除氧器压力调节阀前后电动门全关逻辑信号有效时，A/M 操作站处于跟踪方式。将辅助蒸汽至除氧器压力调节阀置于全关位置。

在手动或跟踪方式时，PID 控制器处于跟踪状态，其输出跟踪 A/M 操作站的输出值。

四、除氧器水位控制系统

除氧器水箱的作用是保证锅炉有一定的给水储备量。亚临界 600MW 机组的除氧器水箱有效容积为 $235m^3$，相当于约 6min 的锅炉最大给水量。维持水位的另一个目的是为给水泵不汽化提供必需的静压力。但水箱水位也不能过高，因为水位过高时会影响正常的除氧效果，所以除氧器水位控制系统就是为了使除氧器水箱水位维持到一定范围内而设计。

除氧器水位控制系统由一个单回路单冲量控制系统和一个串级三冲量控制系统组成。除氧器水位通过调整除氧器水位调节阀调节指令来控制。

1. 除氧器水位的偏差信号

除氧器给水箱水位通过设置的两个测点的数值，经规定的选择处理后输出作为除氧器水位测量值。水位的设定值通过 A/M 操作站手动设定。

当除氧器水位的两个测点没有故障，但其测量值超过预先规定的高限或低限设定值时，相应的越限报警器发出除氧器水位高或低的报警信号。

2. 单冲量和三冲量水位控制信号

在启动和低负荷（即总给水流量小于设定值）运行期间，由除氧器水位单冲量信号控制除氧器水位。除氧器水位测量值和设定值的偏差经 1 号 PID 控制器运算后作为除氧器水位调节阀开度控制指令信号。

正常负荷（即总给水流量大于设定值）时，由 2 号和 3 号 PID 控制器组成的串级三冲量控制系统控制除氧器水位。三冲量信号分别是除氧器水位主被调量信号、低压加热器入口凝结水流量辅助被调量信号和总给水流量的前馈信号。通过除氧器水位的调整来保持凝结水流量与总给水量的平衡。除氧器水位测量值与设定值的偏差经主 PID 控制器运算后，再加上总给水流量的前馈信号，作为送至除氧器的低压加热器入口凝结水流量的设定值。该值与凝结水流量测量值比较后的偏差经副 PID 控制器运算后，作为除氧器水位调节阀自动控制指令信号。

单冲量控制和三冲量控制系统的相互切换无扰动，因为涉及了完善的信号跟踪回路。1 号和 3 号控制器跟踪除氧器水位调节阀 A/M 操作站的输出，2 号控制器跟踪低压加热器入口凝结水流量测量值。

3. 除氧器水位调节阀调节指令操作站

除氧器水位调节阀调节指令 A/M 操作站工作在自动方式时，除氧器水位调节阀调节指令来自单冲量或三冲量水位控制信号。

当人为切手动命令，或者除氧器水位调节阀电磁阀无控制指令，或者微开或关除氧器水位调节阀信号有效时，A/M 操作站工作在手动方式。除氧器水位调节阀调节指令由运行人员通过 A/M 操作站手动设定。

当微开或关除氧器水位调节阀信号有效，或者除氧器水位调节阀电磁阀无控制指令时，A/M 操作站的输出跟踪 100，或跟踪 0（当关除氧器水位调节阀信号有效时），或跟踪 5（当微开除氧器水位调节阀信号有效时）。

五、凝结水储水箱液位控制系统

该机组汽轮机排汽经空冷凝汽器凝结成水后汇集为一根总管，经一个截止阀后分两路分别经两个截止阀接至两凝结水储水箱（即热水井），凝结水储水箱保持一定水位提供凝结水泵的吸入压头。两根管道分别从两凝结水储水箱底部引出后汇合为一根总管，又分两路分别经电动截止阀、滤网、膨胀节到两台凝结水泵入口。每台凝结水泵出口装有止回阀和电动截止阀，凝结水经凝结水泵升压后在电动截止阀后汇合为一路，经凝结水精处理装置、轴封加热器分两路分别进入两台并联的 7 号低压加热器，在它们的出口又合为一路经过 6 号低压加热器和 5 号低压加热器进入除氧器。

该机组设两台 100% 容量立式定速凝结水泵，一台 $300m^3$ 凝结水储水箱，两台凝结水补充水泵和一台凝结水输送水泵。凝结水储水箱配凝结水输送泵。排汽装置除接受主机排汽、本体疏水以外，还接受低压旁路排汽，高、低压加热器事故疏水及除氧器溢流水。

凝结水储水箱液位控制系统通过改变凝结水储水箱补水调节阀调节指令的大小，达到控制凝结水储水箱液位等于其设定值的目的。

凝结水储水箱补水调节阀调节指令通过一个 A/M 操作站给出。根据 A/M 操作站的工作方式，凝结水储水箱补水调节阀调节指令可以自动形成，也可手动设定。

1. 自动控制方式

当凝结水储水箱补水调节阀投自动信号有效，凝结水储水箱补水调节阀 A/M 操作站工作在自动控制方式。此时，A/M 操作站将凝结水储水箱液位设定值（通过 A/M 操作站手动设定）与凝结水储水箱液位测量值的偏差，经过 PID 控制运算后的输出作为凝结水储水箱补水调节阀自动调节指令信号，维持凝结水储水箱液位等于其设定液位。

2. 手动控制方式

当凝结水储水箱液位测量值故障，或凝结水储水箱补水电磁阀无控制指令时，凝结水储水箱补水调节阀 A/M 操作站工作在手动控制方式。此时，凝结水储水箱补水调节阀调节指令通过 A/M 操作站手动设定。

3. 跟踪方式

当凝结水储水箱补水电磁阀无控制指令时，凝结水储水箱补水调节阀 A/M 操作站工作在跟踪方式。凝结水储水箱补水调节阀调节指令跟踪 100，即将凝结水储水箱补水调节阀全开。

在非自动控制方式时，PID 控制器处于跟踪状态，其输出跟踪 A/M 操作站的输出。

同时，根据凝结水储水箱液位测量值超过预先设定的高限值或低限值的具体情况，由越限报警器发出凝结水储水箱液位高或凝结水储水箱液位高高，或者凝结水储水箱液位低或凝结水储水箱液位低低报警信号。

六、加热器正常疏水控制系统

该机组配置有三台低压加热器，低压加热器疏水同样采用逐级串联疏水方式，最后一级疏水接至置于排汽装置的疏水扩容器。每台低压加热器均设有单独的事故放水管道，分别接至置于排汽装置的疏水扩容器。在事故疏水管道上均设有事故疏水阀。

该机组配置有三台高压加热器，高压加热器疏水采用逐级串联疏水方式，最后一级高压加热器疏水至除氧器。每台高压加热器设有单独至高压加热器事故疏水扩容器的事故疏水管路，单独接至置于排汽装置的疏水扩容器内。

（一）低压加热器正常疏水门控制系统

低压加热器水位设定值通过 A/M 操作站手动设定。低压加热器水位的测量值根据两个测点测量值信号，进行规定的选择程序后得到。

该系统通过调节 5 号低压加热器正常疏水门调节指令的大小，控制 5 号低压加热器正常疏水流量，达到维持 5 号低压加热器水位等于设定值的目的。5 号低压加热器正常疏水门调节指令可以自动形成，也可以手动设定。

1. 自动控制方式

当加热器正常疏水投自动时，A/M 操作站工作在自动方式，A/M 操作站接收 PID 控制器的输出作为低压加热器正常疏水门的自动调节指令。这里，PID 控制器的输出是根据低压加热器水位设定值和测量值的偏差经过 PID 控制器运算后得到的。

2. 手动设定方式

若下列任意一个条件满足，则 A/M 操作站就切换到手动方式：

（1）低压加热器水位的两个测点均故障。

（2）两个测点量值发生越限（上限或下限）报警。

（3）开 5 号低压加热器正常疏水门。

在手动控制方式下，5 号低压加热器正常疏水门调节指令通过 A/M 操作站由运行人员手动设置，以维持低压加热器水位等于设定值。

3. 跟踪方式

当系统接收到开5号低压加热器正常疏水门，或5号低压加热器正常疏水门关指令后，便运行在跟踪方式。

A/M操作站的输出跟踪0（当5号低压加热器正常疏水门关指令满足时），将5号低压加热器正常疏水门关闭；或跟踪100（当开5号低压加热器正常疏水门指令满足时），将5号低压加热器正常疏水门置于全开位置。

无论在手动方式还是在跟踪方式，PID控制器均处于跟踪状态，其输出跟踪A/M操作站的输出值。

（二）高压加热器正常疏水门控制系统

高压加热器水位设定值通过A/M操作站手动设定。低压加热器水位的测量值根据两个测点测量值信号，进行规定的选择程序后得到。

该系统通过调节1号高压加热器正常疏水门调节指令的大小，控制1号高压加热器正常疏水流量，达到维持1号高压加热器水位等于设定值的目的。1号高压加热器正常疏水门调节指令可以自动形成，也可以手动设定。

1. 自动控制方式

当1号高压加热器正常疏水投自动时，A/M操作站工作在自动方式时，A/M操作站接收PID控制器的输出作为高压加热器正常疏水门的自动调节指令。这里，PID控制器的输出是根据1号高压加热器水位设定值与其测量值的偏差经过PID控制器运算后得到的。

2. 手动设定方式

若下列任意一个条件满足，则A/M操作站切换到手动方式：

（1）1号高压加热器水位的两个测点均故障。

（2）两个测量值发生高值越限或低值越限报警。

（3）开1号高压加热器正常疏水门。

（4）1号高压加热器正常疏水门关指令。

在手动控制方式下，1号高压加热器正常疏水门调节指令通过A/M操作站由运行人员手动设置，以维持高压加热器水位等于设定值。

3. 跟踪方式

当系统接收到开1号高压加热器正常疏水门，或1号高压加热器正常疏水门关指令后，便运行在跟踪方式。A/M操作站的输出跟踪0（当1号高压加热器正常疏水门关指令满足时），将1号高压加热器正常疏水门关闭；或跟踪100（当开1号高压加热器正常疏水门指令满足时），将1号高压加热器正常疏水门置于全开位置。

无论在手动方式还是在跟踪方式，PID控制器均处于跟踪状态，其输出跟踪A/M操作站的输出值。

七、凝结水泵最小流量控制

为了保证凝结水泵的最小流量始终满足凝结水泵安全工作特性曲线的

要求，凝结水最小流量再循环自轴封加热器出口引出，接至 2 号热井，用于在低负荷时保护凝结水泵。

（一）凝结水泵出口流量测量值

凝结水泵出口流量设定值是 A/M 操作站的手动设定值与一固定值之和。凝结水泵出口流量测量值由凝结水泵再循环流量测量值与低压加热器入口凝结水流量测量值叠加而成。

该系统通过调节凝结水泵最小流量再循环调节阀调节指令，控制凝结水泵再循环流量的大小，达到在各种运行工况下，流过凝结水泵的流量均大于或等于凝结水泵允许的最小流量设定值。

（二）凝结水泵最小流量再循环调节阀的控制

凝结水泵最小流量再循环调节阀调节指令可以自动形成，也可以手动设定。

1. 自动控制方式

当凝结水泵最小流量再循环调节阀投自动时，A/M 操作站工作在自动方式。A/M 操作站接收 PID 控制器的输出作为凝结水泵最小流量再循环调节阀的自动调节指令。这里，PID 控制器的输出是根据流过凝结水泵的流量与凝结水泵允许的最小流量设定值之间的偏差，经过 PID 控制器运算后得到的。

2. 手动设定方式

若下列任意一个条件满足，则 A/M 操作站将切换到手动方式：

（1）低压加热器入口凝结水流量测量值故障。

（2）凝结水泵再循环流量调节阀电磁阀无控制指令。

在手动控制方式下凝结水泵最小流量再循环调节阀调节指令通过 A/M 操作站由运行人员手动设置，以维持流过凝结水泵的流量大于或等于凝结水泵允许的最小流量设定值。

3. 跟踪方式

当系统接收到凝结水泵再循环流量调节阀电磁阀无控制指令时，便运行在跟踪方式。A/M 操作站的输出跟踪 100，凝结水泵最小流量再循环调节阀置于全开位置。

无论在手动方式还是在跟踪方式，PID 控制器均处于跟踪状态，其输出跟踪凝结水泵最小流量再循环调节阀 A/M 操作站的输出值。

八、汽轮机排汽装置热井水位控制系统

正常运行时由凝结水补水泵向热井补水，补水管路上设有调节阀，汽轮机排汽装置热井水位就是靠调整汽轮机排汽装置热井水位调节阀（即补水调节阀）开度控制补水流量来维持期望水位的。

（一）汽轮机排汽装置热井水位测量值

汽轮机排汽装置热井水位设定值通过 A/M 操作站手动设定。汽轮机排

汽装置热井水位的测量值通过1号和2号热井的水位测量值选择后得到。1号和2号热井分别设置了2个测点。2个测点均正常时，取平均值作为输出测量值；有一个测点故障时，取剩余的一个作为输出测量值。据此原则对1号热井的2个测点进行选择，得到1号热井水位测量值，采取同样方法得到2号热井水位测量值。然后再根据1号热井水位测量值和2号热井水位测量值，采用类似的选择方法，最后得到汽轮机排汽装置热井水位测量值。

在热井水位测点无故障，1号热井水位测量值或2号热井水位测量值超越预先规定的上限和下限报警值时，越限报警器发出热井水位低1值、低2值，或热井水位高1值、高2值等报警信号。

（二）汽轮机排汽装置热井水位调节阀的控制

汽轮机排汽装置热井水位调节阀调节指令可以自动形成，也可以手动设定。

1. 自动控制方式

当汽轮机排汽装置热井水位调节投自动，且A/M操作站工作在自动方式时，A/M操作站接收PID控制器的输出作为汽轮机排汽装置热井水位调节阀的自动调节指令。该PID控制器的输出是根据汽轮机排汽装置热井水位设定值与其测量值的偏差，经过PID控制器运算后得到的。

2. 手动设定方式

若下列任意一个条件满足，A/M操作站将切换到手动设定方式：

（1）汽轮机排汽装置热井水位4个测点的测量信号均故障。

（2）汽轮机排汽装置热井水位调节阀电磁阀无控制指令。

在手动控制方式下，汽轮机排汽装置热井水位调节阀调节指令通过A/M操作站由运行人员手动设置，以维持汽轮机排汽装置热井水位等于该水位设定值。

3. 跟踪方式

当系统接收到汽轮机排汽装置热井水位调节阀电磁阀无控制指令时，便运行在跟踪方式。A/M操作站的输出跟踪100，将汽轮机排汽装置热井水位调节阀置于全开位置。

无论在手动方式还是在跟踪方式，PID控制器均处于跟踪状态，其输出跟踪汽轮机排汽装置热井水位调节阀A/M操作站的输出值。

九、汽轮机排汽背压控制系统

（一）直接空冷系统

亚临界机组采用机械通风直接空冷系统（ACC—Air Cooled Condencer），汽轮机的排汽引入室外空冷凝汽器内直接用空气来冷凝。其工艺流程为汽轮机排汽通过大直径的排汽管道引至室外的空冷冷却器内，布置在空冷冷却器下方的轴流冷却风机驱动空气流过冷却器外表面，将排汽冷凝为凝结水，凝结水再经泵送回汽轮机的回热系统。该直接空冷系统为单排管、送风式机械通风系统。系统容积为 11 250m³，每个冷却段由 8 块翅片管束组成接近 60°的 A 型框架，配一台 9.14m 风机，风机电动机为调频电动机。每块管束宽 2.875m，顺流管束长 10m，逆流管束长 8.35m。采用高压水冲洗方式，每台机设移动式冲洗装置一套，清洗水压为 150bar。

（二）汽轮机排汽背压对机组的影响

凝汽式汽轮机的凝汽设备运行情况和工作条件改变，会引起汽轮机背压的改变，从而影响到汽轮机的效率。汽轮机背压升高，排汽温度升高，会超出低压缸金属允许温度和允许承受的压力。而且背压升高后会使轴向推力增加，直接威胁汽轮机的安全运行。汽轮机背压、蒸汽初温不变时，功率的相对变化量与初压的相对变化量成正比。但背压越高，主蒸汽压力波动对汽轮机功率的影响越大。汽轮机背压升高，汽轮机总焓降降低，则为了保证发电机发出一定的功率，就增大了进汽量，同时也增加了排汽量，冷源损失增加，汽轮机效率降低。但使汽轮机背压降低要消耗能量，对直接空冷机组增加了风机的功耗。因此汽轮机的背压也不是越低越好，而是在各种条件下有不同的最佳值。

（三）汽轮机排汽背压控制系统

1. 汽轮机排汽背压测量值

汽轮机排汽背压设定值通过 A/M 操作站手动设定。

汽轮机排汽背压测量值通过 1 号凝汽装置和 2 号凝汽装置的背压测量值选择后得到。1 号凝汽装置和 2 号凝汽装置分别设置了 3 个测点。3 个测点均正常时，取中值为输出测量值；若有一个信号故障，取其余 2 个测点的平均值作为输出测量值；若 2 个测点故障，则取剩余的 1 个作为输出测量值。据此原则，对 1 号凝汽装置的 3 个测点进行选择，得到 1 号凝汽装置背压测量值；采取同样方法得到 2 号凝汽装置背压测量值。然后再根据 1 号凝汽装置背压测量值和 2 号凝汽装置背压测量值采用取平均值（或者当一个故障时选择另一个）的选择方法，最后得到汽轮机凝汽装置背压测量值。

按上述方法得到的凝汽装置背压设定值和测量值若不相等，则越限报警器发出排汽压力大于设定值（或排汽压力小于设定值）；当测量值与设定值的偏差超过预先设定的 10kPa 或 −3kPa 时，越限报警器发出排汽压力大于设定值 10kPa 或排汽压力小于设定值 3kPa 的报警信号。

2. 变频风机转速控制信号的形成

汽轮机排汽背压控制系统为串级控制系统。主被调量汽轮机凝汽装置背压设定值和测量值的偏差信号经过 1 号主控制器进行 PID 运算，作为 2 号副控制器的设定值。该设定值与 1～8 排风机转速反馈信号（即每排 7 台风机转速指令的平均值）的平均值比较，得到变频风机转速控制偏差，再经 2 号副控制器进行 PID 运算的输出，作为变频风机（8 排，每排 7 台，共 56 台风机）的转速调节指令。

　　为了限制风机转速的最大或最小值，对 1 号 PID 控制器的输出采取了限幅措施。当风机转速指令等于转速限值（根据运行工况不同，转速限值的数值也不同）的设定值时，上限限幅起作用。限幅值就是当前 1 号 PID 控制器的输出加 1 后的信号，即不允许继续增加。当风机转速指令超越低值报警值时，下限限幅起作用，限幅值也是当前 1 号 PID 控制器的输出减 1 后的信号，即不允许继续减少。

　　除了根据排汽背压串级控制系统自动形成的变频风机转速调节指令外，还可以手动设定变频风机转速调节指令。工作方式之间的切换通过 A/M 操作站完成。A/M 操作站的输出就是变频风机转速调节指令。为了限制风机转速的最大值，同样对 A/M 操作站的输出也采取了限幅措施。在自动工作方式下，上限限幅值为 100％风机的允许最大转速；当系统接收到"增加变频风机转速"或"减少变频风机转速"逻辑指令时，上限限幅值分别为预先设定的数值。

　　A/M 操作站工作在自动控制方式的条件是至少有一排变频风机处于自动方式。该运行方式下的变频风机转速调节指令由串级控制系统自动形成。

　　当 8 排变频风机均非自动方式时，A/M 操作站便切至手动方式。变频风机转速调节指令通过 A/M 操作站由运行人员根据汽轮机排汽背压的大小手动设定。

　　当变频风机自动投运条件满足，且至少有一排变频风机转速投入自动方式后的 2s 内，A/M 操作站处于跟踪方式。变频风机转速调节指令跟踪那排投自动运行的变频风机转速指令。为投入自动无扰切换做好准备。

　　只要 A/M 操作站在非自动工作方式，1 号和 2 号 PID 控制器均处于跟踪状态，1 号 PID 控制器输出跟踪变频风机转速反馈信号的平均值。2 号 PID 控制器输出跟踪 A/M 操作站的输出值。

　　3. 每排变频风机转速指令形成回路

　　为了适应各种运行工况的需求，每排变频风机转速指令可以来自 A/M 操作站输出的变频风机转速调节指令，同样也可以单独控制，即通过设置一个排操作器对该排的 7 台变频风机实现同步操作。由于 8 排风机的同步操作回路相似，以 1 排变频风机同步操作回路为例介绍。

　　1 排变频风机同步 A/M 操作站工作在自动控制方式的条件是变频风机自动投运，且第 1 排变频风机中至少有 1 台风机处于自动方式。该运行方式下的 1 排变频风机转速调节指令来自变频风机转速调节指令。

　　当第一排 7 台变频风机均非自动方式时，1 排风机同步 A/M 操作站便切至手动方式。1 排变频风机转速调节指令通过同步 A/M 操作站，由运行人员根据汽轮机排汽背压的大小手动设定。

　　当变频风机自动投运条件满足，且至少 1 排中有 1 台变频风机转速投入自动方式后的 1s 内，A/M 操作站处于跟踪方式。1 排变频风机转速调节指令跟踪投自动运行的那台变频风机转速指令，为投入自动无扰切换做好准备。

4. 每台变频风机转速指令形成回路

按照同样思路，每排变频风机中的每一台风机也设置有 A/M 操作站。56 台风机采用了相同的设计方法。以 1 排 1 号变频风机转速控制为例进行介绍。

1 排 1 号变频风机 A/M 操作站工作在自动控制方式必须同时满足下列条件：

(1) 空冷第一排进汽阀已开。

(2) 1 排 1 号风机 VFC 开关已开。

(3) 1 排 1 号变频风机在远方控制方式。

(4) 1 排 1 号变频风机投自动。

在自动运行方式下，1 排 1 号变频风机转速指令来自 1 排变频风机转速调节指令。

只要下列任意一个条件满足，1 排 1 号变频风机 A/M 操作站工作在手动方式：

(1) 1 排 1 号变频风机非自动方式（即非远方控制方式）。

(2) 置 1 排 1 号变频风机转速最小。

(3) 1 排 1 号变频风机转速手动并最小。

在手动方式，1 排 1 号变频风机转速指令通过 A/M 操作站由运行人员根据汽轮机排汽背压的大小手动设定。

在手动运行方式下，若接收到"1 排 1 号变频风机转速投自动方式"逻辑指令后的 2s 内，A/M 操作站处于跟踪方式。此时 1 排 1 号变频风机转速指令跟踪 1 排 1 号变频风机转速反馈（当在非远方控制方式时）；或者跟踪 1 排 1 号变频风机转速指令；或者跟踪 1 排 1 号变频风机转速最小值（当空冷第一排进汽阀未开，或置 1 排 1 号变频风机转速最小，或 1 排 1 号变频风机转速手动并最小条件有效时）。上述操作的目的是为无扰切换做好准备。

第二十八章　超（超）临界机组自动控制系统

第一节　超（超）临界机组热控部分特点

一、超临界和超超临界机组的控制特点

由于超临界机组压力、温度等级的提高，对材质提出了更高的要求，所以超临界机组一般设计为直流炉型式而无汽包，制粉系统则有直吹式和中储式两种。因而超临界机组的控制具有以下特点。

（1）超临界直流炉没有汽包环节，给水经加热、蒸发和变成过热蒸汽是一次性连续完成的。随着运行工况的不同，锅炉将运行在亚临界或超临界压力下，蒸发点会自发地在一个或多个加热区段内移动。因此，为了保持锅炉汽水行程中各点的温度、湿度及水汽各区段的位置为一规定的范围，要求燃水比、风燃比及减温水等的调节品质相当高。

（2）在超临界直流炉中，由于没有汽包，所以汽水容积小，所用金属也少，锅炉蓄能显著减小且呈分布特性。蓄能以工质储量和热量储量两种形式存在。工质储量是整个锅炉管道长度中工质总质量，它随着压力而变化，压力越高，工质的比体积越小，必须泵入锅炉更多的给水量。在工质和金属中存在一定数量的蓄热量，它随着负荷非线性增加。由于锅炉的工质质量和蓄热量整体较小，负荷调节的灵敏性好，可实现快速启停和调节负荷。也因为锅炉蓄热量小，负荷变动对汽压影响较大，这种情况下机组变负荷性能差，保持汽压比较困难。

（3）直流炉中，由于没有储能作用的汽包环节，工质在机组内的循环速度上升，直接做功的蒸汽质量与总的机组循环工质总质量（水和蒸汽）的比值很高。这就要求控制系统应更为严格地保持工作负荷与燃烧速率之间的关系，严格地保持机组的物料平衡关系，特别是燃烧速率与给水之间的平衡关系，即通常所说的燃水比，以及燃烧速率与给煤、通风之间的平衡关系。这种平衡关系不仅是稳态下的平衡，而且应保持动态下的平衡。一旦失衡，危险性会很高，因此必须给予重视。

（4）由于循环工质总质量下降，循环速度上升，工艺特性加快，这就要求控制系统的实时性更强，控制周期更短，控制的快速性更好。从汽轮机—锅炉协调控制的角度分析，要求协调控制更及时、准确。

（5）在直流炉工艺结构中，直吹式机组成为又一个控制难点。由于省略了煤粉中间储仓，从给煤、制粉、送粉环节开始，就已纳入机组燃烧系统的数学模型。燃烧系统本身就复杂，具有大的纯时延和大的滞后特性，形成难以控制的环节。对直吹式机组来说，由于增加了给煤、制粉工艺，

纯时延及滞后特性进一步增加，动力学响应速度进一步下降，成为机炉协调控制策略的要点。

（6）在超临界锅炉中，各区段工质的比热、比体积变化剧烈，工质的传热与流动规律复杂。变压运行时随着负荷的变化，工质压力将在超临界到亚临界的广泛压力范围内变化，随之工质物性变化巨大，这些都使得超临界机组表现出严重非线性。具体体现为汽水的比热、比体积、热焓与其温度、压力的关系是非线性的，传热特性、流量特性是非线性的，各参数间存在非相关的多元函数关系，使得受控对象的增益和时间常数等动态特性参数在负荷变化时大幅度变化。

（7）超临界机组采用直流锅炉，因而不像汽包炉那样，由于汽包的存在解除了蒸汽管路与水管路及给水泵间的耦合。直流炉机组从给水泵到汽轮机，汽水直接关联，使得锅炉各参数间和汽轮机与锅炉间具有强烈的耦合特性，整个受控对象是一多输入多输出的多变量系统。

对超临界直流炉直吹式机组，在进行控制系统配置和构造协调控制策略时，必须充分考虑下述问题：

（1）如何提高控制作用的快速性。控制周期要短，实时性要好。反之，实时性不好，控制周期过长，再好的控制策略也难达到预想的效果。

（2）在协调控制中，将克服纯时延、大滞后环节，加速锅炉侧的动态响应，作为选择控制策略的一个依据。

（3）不仅要注重稳态下的平衡关系，也必须注意瞬态下的物料平衡关系。

（4）适应多种机组运行方式，包括机炉协调方式，炉跟机方式，机跟炉方式，以及机、炉手动方式。

（5）对大型机组要考虑参与电网调频及 RUNBACK 工况。

二、超临界和超超临界直流炉机组的启动回路

对于超临界直流锅炉而言，启动系统的控制及水燃比控制有别于亚临界汽包炉的控制回路。

（一）超临界 600MW 机组的锅炉启动系统

某 600MW 超临界直流锅炉启动系统如图 28-1 所示，启动系统由启动分离器、再循环泵、储水箱、水位控制阀、截止阀、管道及附件组厂。启动系统的主要管道包括：过冷水管道（383）、循环泵入口管道（380）、循环泵出口管道（381）、高水位控制管道（341）、循环泵旁路管道（382）及暖管系统管道（384）等。启动系统中设置有循环泵，采用循环泵可减少工质流失及热量损失，提高电厂的经济性，同时可减少启动时对锅炉的热冲击。

超临界 600MW 机组的启动系统采用 2 个启动分离器，在锅炉启动过程中和低负荷运行时可以进行有效的汽水分离。启动分离器为直立式布置，

储水箱亦为圆柱形结构，内径为 752.5mm，壁厚为 95mm，长度约为 19m，具有足够的水容积和汽扩散空间。储水箱上设置有水位测点、压力测点、温度测点、放气、疏水接头等。

分离出来的蒸汽通过汽水分离器顶部引出管进入锅炉尾部包墙，然后依次流经一级过热器、屏式过热器、中间过热器和末级过热器，最后由主蒸汽管道引出。在本生点（通常设计为 30%BMCR）以上负荷时，启动系统将被关闭，锅炉处于直流运行状态。

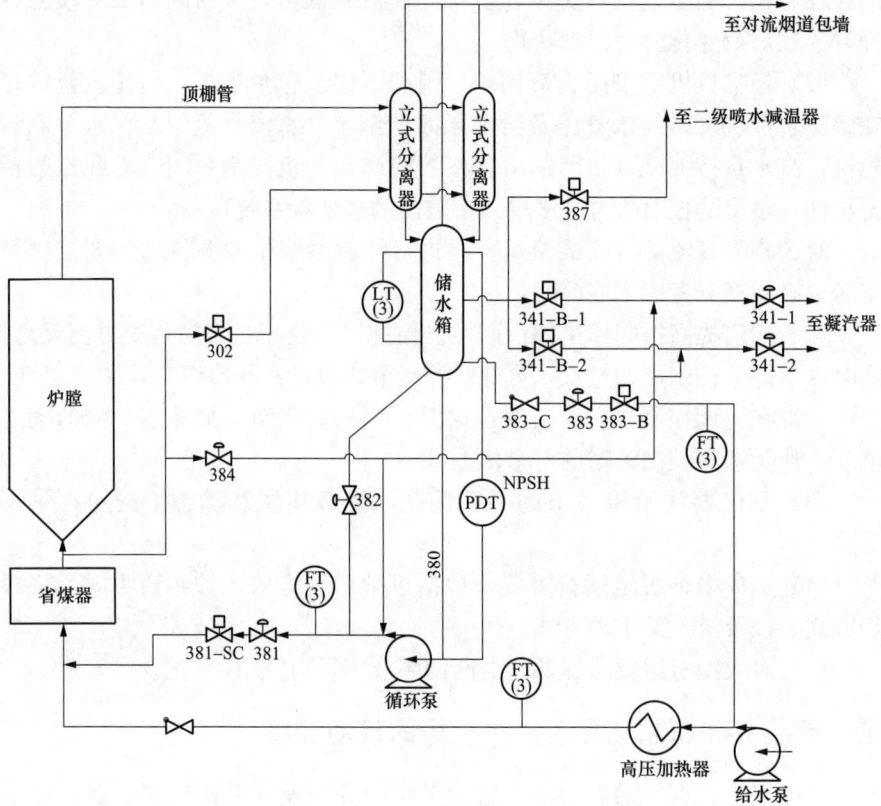

图 28-1　带有循环泵的超临界直流锅炉启动系统

（二）启动控制系统的功能

为了防止水冷壁管过热，无论何时，只要锅炉点火，就必须维持炉膛水冷壁管中的最小流量。为此，在锅炉启动及蒸汽流量低于炉膛最小流量时，就需要让全部或部分工质流经启动系统来维持炉膛内的最小流量，同时满足汽轮机对蒸汽量的要求。

1. 启动顺序

冷态启动时，首先用给水泵向锅炉上水，直到储水箱中建立起一定的水位后，高水位控制阀（341）逐渐开启，以控制储水箱中的水位。在上水期间，省煤器出口的放气阀要开启以便将空气排到分离器。

在冷态清洗期间，最大流量为 30%MCR 的给水从凝汽器经过精处理装置和给水加热器到锅炉，再通过储水箱和 341 阀（用于维持储水箱水位）返回到凝汽器。

当水质满足要求后，将给水泵流量减小至 7%MCR，其中约 4%MCR 的流量直接经过高压加热器后进入省煤器，另外约 3%MCR 流量通过 383 过冷水管道进入储水箱以向锅炉循环泵提供过冷水保护。当循环泵启动条件具备后，启动循环泵，开启 381 阀，建立循环，使进入炉膛的流量大于炉膛最小流量值。要注意限制 381 阀的开度以保证循环泵电动机的电流不超限。此时储水箱水位仍由高水位控制阀 341 阀来控制，并通过 341 阀将 7%MCR 的水量排到凝汽器或扩容器。

对于不投运循环泵的锅炉启动，341 阀的水位控制范围要包括 381 阀的控制范围，并替代 381 阀进行正常水位的控制。

当通过炉膛的流量大于要求的最小流量值，且点火条件具备时，锅炉点火。锅炉点火后，水被加热，形成气泡，产生汽水膨胀，导致储水箱水位迅速升高，此时应将两个 341 高水位控制阀全部打开，以防分离器满水。

受锅炉过热器保护及汽轮机进汽温度的限制，应慢慢增加燃烧率。当从分离器到过热器的蒸汽量增加时，储水箱的水位开始下降，此时 341 阀应关小。当离开分离器的蒸汽量达到 7%MCR 时，341 阀将被关闭。而 381 阀开始通过控制循环泵的流量来控制储水箱水位。随着产汽量的进一步增加，水箱水位将进一步降低，为了维持水箱水位，381 阀开始关小，使进入炉膛的循环水量减少。为了维持炉膛最小流量，给水泵流量将增加。当循环水流量接近循环泵的最小流量时，382 阀开启为循环泵提供再循环通道。

当 381 阀门接近其关闭位置时，383 阀过冷水流量需求将降至 0。383 阀的过冷水流量需求将优先满足循环泵净正压头的要求。

当不再有水从分离器中分离出来时，锅炉进入直流运行，381 阀被关闭。一旦 381 阀关闭至少 1min 后，且机组负荷大于 29%MCR，循环泵应停运。这将导致 383 阀关闭。

当锅炉负荷大于 40%MCR 时，由 384 阀和 387 阀组成的暖管系统应投入运行以保持循环泵和 341 阀处于热备用状态。此时 387 阀将控制储水箱水位，而 341 阀将随时提供高水位保护。

2. 选取中间测量值

为了防止由于单个变送器故障而引起的自控失灵或误动作，水位测量同时采用三个独立的、带压力补偿的水位变送器，并采用选取中间测量值的方式作为水箱水位值。同理，炉膛给水流量和循环泵流量测量也采用三个独立的、带温度和压力补偿的流量变送器，并采用选取中间测量值的方式作为给水和循环泵流量值。中间值选取系统选取三个变送器信号的中间信号用于控制和连锁。

此外，三个独立的流量测量值都显示给运行人员，当任何一个测量值与中间值的偏差达到±3%时，系统报警，指示运行人员予以修复。

3. 储水箱高水位控制阀（341 阀）

当循环泵未投运时，储水箱高水位控制阀（341-1 和 341-2 阀）用于控制水箱水位。当 381 阀或 387 阀控制水位时，341 阀用于优先控制储水箱高水位。

两个 341 阀由一个分区的单一比例控制器来控制，第一个 341 阀（341-1）在水位为 L_{2-1} 时全关，在水位为 $L_{2-1'}$ 时全开。第二个 341 阀（341-2）在水位为 L_{2-2} 时开始开启，在水位为 $L_{2-2'}$ 时全开。第二个 341 阀有预开启（L_{2-2} 和 $L_{2-1'}$ 有重叠区）以便能迅速打开来处理锅炉点火后不久产生的汽水膨胀现象。

当储水箱压力随锅炉负荷变化时，对给定的储水箱水位，为了维持恒定的 341 阀流量，341 阀的比例增益应是储水箱压力的函数。

对于不投运循环泵的锅炉启动，当循环泵不投且 MFT 已复位时，341-1 阀的水位控制范围将包括通常由 381 阀控制的水位范围；当水位高于 L_1 时，341-1 阀就开始打开。

无论何时，当 341 阀需要打开或机组负荷小于 35%MCR 且循环泵运行时，341B 关断阀（341B-1 和 341B-2 阀）应连锁开启。对于打开的 341B 阀，如 5min 内没接到继续开启的信号，则应关闭。

4. 炉膛循环流量控制阀（381 阀）

当离开分离器的蒸汽量超过 7%MCR 时，341 阀关闭，此时 381 阀开始控制储水箱的正常水位。381 阀由一个单一比例控制器来控制，当水位为 L_1 时全关，当水位为 $L_{1'}$ 时全开。无论何时，当循环泵停运时，381 阀应关闭。在循环泵启动 1min 后，381 阀开启并开始控制储水箱水位。

锅炉循环泵流量需求由单一比例水箱水位控制器来建立，应限制这一流量需求以防超出循环泵的最大出力。将锅炉循环泵流量需求值与实测流量值比较，所得偏差经一个比例加积分控制器去调节循环泵流量控制阀（381 阀）的开度。

无论何时，当循环泵停运且 381SC 被要求关闭时，381SC 阀应关闭；当循环泵运行时，381SC 阀应始终处于开启状态。

上述锅炉储水箱水位控制定值如下：

$L_1 = 0.6m$；$L_{2-1} = 8.6m$；$L_{2-2} = 10.3m$；$L_3 = 0.6m$；$L_{1'} = 8.3m$；$L_{2-1'} = 10.6m$；$L_{2-2'} = 14.3m$；$L_{3'} = 8.3m$。

当水位高于 14.8m 时应报警，如报警后 5s 内水位没有回落到最高水位值（15.95m）以下，则锅炉跳闸；当水位低于 0.4m 时应报警，当水位低于 0.2m 时循环泵应跳闸。

5. 循环泵的再循环阀（382 阀）

循环泵的再循环阀（382 阀）用来确保维持循环泵要求的最小流量。在机组启动过程中，随着分离器的蒸干，当通过 381 阀的循环流量降到循环泵允许的最小流量时，382 阀将自动开启。当通过 381 阀的循环流量超过循环泵要求的最小流量并有一定的裕度时，382 阀将自动关闭。

6. 循环泵过冷水控制阀（383 阀）

循环泵过冷水 383 控制阀和 383B 关断阀将少量给水送至储水箱，为循环泵提供过冷水及净正压头保护，防止循环泵汽蚀及省煤器沸腾。当清洗完成后，383 阀将提供约 3％MCR 给水流量进入储水箱。当 381 阀门即将关闭时，383 阀门过冷水流量需求将减至 0。过冷水流量需求采用一个优先控制器，以优先满足循环泵净正压头的要求。当储水箱水位达到高水位和 MFT 时，383 阀门将连锁关闭。当 383 阀流量需求为 0 时，383B 阀将关闭。

7. 暖管系统控制阀（384 阀）

当启动系统停运、锅炉处于直流运行时，暖管系统控制阀（384 阀）从省煤器出口引出少量相对高温的水至循环泵及高水位控制阀，使循环泵和 341 阀处于热备用状态。这可避免当机组负荷降低、启动系统再投运时，造成的对启动系统的热冲击。384 阀的开度是省煤器出口压力的函数。当循环泵运行或 341B 开启或机组负荷低于 40％MCR 时，384 阀连锁关闭。手动阀 385 和 388 用于分配循环泵和 341 阀之间的暖管水流量。

（三）储水箱水位的测量及其补偿方法

当锅炉运行在"干态"时，储水箱内其实还是有水的，这是因为 384 阀和 387 阀组成的暖管系统投入运行后会产生凝结水。此时 387 阀将控制储水箱水位，当水位高过设定值时会自动开启，通过二级减温水管路排掉多余的水。而 341 阀将随时提供高水位保护，当由于 387 阀疏水不畅时会自动开启。因此，储水箱水位的测量值不论是在湿态还是在干态，都应能够正确地指示。

1. 储水箱水位的测量原理

储水箱水位采用差压式方法进行测量，测量装置采用单室平衡容器，如图 28-2 所示。根据连通器的原理，储水箱水位的计算式为

$$h = [(p_0 - p_1)H_0 - 1\,000\,000\Delta p/9.81]/(\rho_2 - \rho_1) \qquad (28\text{-}1)$$

式中 h——储水箱水位高度，m；

H_0——储水箱上、下液位测点之间的高度差，m；

p_0——储水箱上液位测量管中水的密度，kg/m^3［为 $f(p, T_0)$ 查水和蒸汽表］；

p——储水箱压力，MPa；

T_0——液位测量管中水的温度，℃；

ρ_1——储水箱中蒸汽的密度，kg/m^3［为 $f(p, T_1)$ 查水和蒸汽表］；

T_1——储水箱中蒸汽的温度，℃；

ρ_2——储水箱中水的密度，kg/m^3［为 $f(p, T_2)$ 查水和蒸汽表］；

T_2——储水箱中水的温度，℃；

Δp——储水箱水位变送器测量的差压，等于 $p^+ - p^-$，MPa。

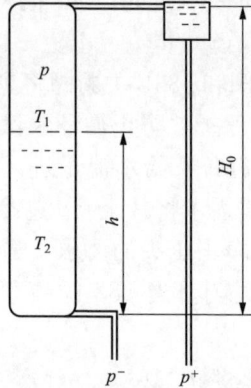

图 28-2　储水箱水位的测量原理图

在式（28-1）中需要对储水箱内水的密度、汽的密度和平衡罐正压侧水的密度进行全负荷范围的计算，才能够得到正确的补偿结果。当锅炉运行在临界参数下时，汽水密度相等，如果不进行汽水密度的补偿，差压变送器测到的压力差为 0，DCS 上就会显示满水。这种情况在我国早期投产的600MW 超临界直流炉上已经得到了验证。

关于液位测量管中水的温度 T_0，在某电厂曾经进行过测试，在锅炉从湿态到干态的转换过程中（35%～40%MCR），平衡罐最上部的温度在 200℃左右，最下部接近室温为 20℃左右。因此，理想的方法是在平衡罐取样管壁上从上至下增加 5～10 个温度取样测点，计算出平均密度引入公式中。

2. 平衡罐的注水方式

从平衡罐顶端到变送器入口的管段高度有 20m 以上，如果靠冷凝的方法将这段管路水注满需要很长时间，因为没有其他的测量方式，所以变送器在锅炉点火前能够正常投运就显得非常重要。在某电厂的调试期间曾尝试过在平衡罐上灌水的方式，但是由于管路太细，容易在管子中间憋住空气而导致无法灌满。后来采取的方法是在平衡罐上方加装排水管，开启给水泵，将储水箱的各疏水门关闭，变送器的平衡门打开，将给水注满储水箱至立式分离器，通过这种反灌的方式将平衡罐内的水灌满。实践证明，这种方法能够达到理想的效果。

（四）341 调节阀的自动控制方案

以 B&WB 公司提供的 341 阀门的自动控制方案为例进行介绍。B&WB公司提供了 2 套 341 调节阀的自动控制方案，提供的控制结构原理图如图28-3 所示。其控制思想是将储水箱水位测量值转换为 341-1 和 341-2 调门的开度给定值，和调门各自的阀位反馈的偏差送入调节器，调节器的输出才是调门的实际指令。图 28-3 中 $f_1(x)$ 为 341-1 调门开度给定值与储水箱水位的对应关系；$f_2(x)$ 为 341-2 调门开度给定值与储水箱水位的对应关系，

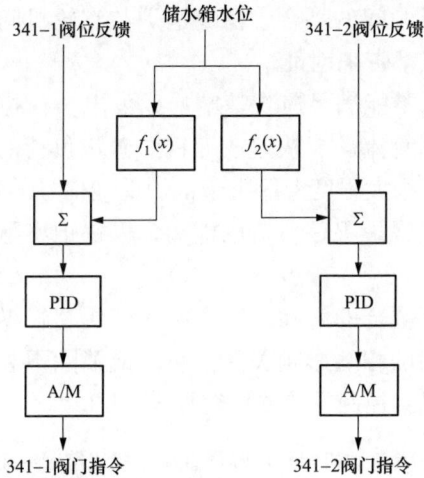

图 28-3　B&WB 公司提供的 341 调门控制方案原理图

其参数设置如表 28-1 所示。

表 28-1　储水箱水位与 341-1 和 341-2 调门开度给定值的对应关系

储水箱水位（m）	0.6	8.3	8.6	14.3
$f_1(x)$：341-1 调门开度给定值（%）	0	96.25	100	100
$f_2(x)$：341-2 调门开度给定值（%）	0	0	5	100

三、超临界和超超临界直流炉机组和汽包炉机组控制系统比较

超临界机组的发电负荷在电网中所占比重正在稳步上升，电网要求超临界机组能调峰运行，其控制策略应保证机组良好的负荷适应性和关键运行参数的稳定。超临界机组与汽包炉机组的控制任务相同，即在能够承受的限度内，机组的发电负荷对指令的响应速度最快，同时协调锅炉与汽轮发电机间的运行，使锅炉的热量输入与电能输出相平衡，保持锅炉各输入，如燃料、风与水之间的匹配关系。为完成上述机组控制任务，机炉协调控制系统应做到：最大限度利用蓄能，具有快速响应的发电负荷控制，发电负荷控制与锅炉控制解耦，在所有工况下，锅炉指令都基于汽轮机的能量需求，保证锅炉与汽轮机相协调。直接能量平衡（DEB）控制策略在汽包锅炉机组应用中表现出良好性能。实际上，DEB 控制策略最初是用于直流炉机组控制的，但直流炉机组 DEB 控制策略还需就以下问题进一步研究和完善。

（1）热量度量。基于准确热量度量的锅炉输入热量与汽轮机需求信号的直接平衡是 DEB 良好控制性能的基础，准确的热量信号只反映锅炉的能量输入，对汽轮机调门开度变化是解耦的。而直流炉由于蓄热呈分布特性、无类似汽包的相对集中蓄热，简便的热量度量难以求取。直流炉这一重要信号的缺失给解除机炉间的耦合、协调锅炉与汽轮机间的控制作用、发热量校正和燃水比校正都带来困难。

（2）蓄热量小，不能满足应快速响应的发电负荷控制的需要。控制系统应最大限度地利用直流炉能快速改变锅炉蒸汽负荷的能力，以补偿相对较低的蓄热量，这在很大程度上取决于锅炉前馈信号的选择和形式。另外，应有完善的实时监视锅炉跟踪负荷的能力，以锅炉实际能力为限改变机组负荷。

（3）严重非线性耦合的解除。应在深入分析超临界机组过程原理的基础上，找出各参量间的相互影响关系，减弱或消除不利的耦合。汽包炉机组与超临界直流炉机组控制系统的比较见表 28-2。

表 28-2　汽包炉机组与超临界直流炉机组控制系统的比较

控制对象	汽包炉机组	超临界直流炉机组
机组发电量控制	独立控制回路（含兆瓦、一级压力和频率变量）	独立控制回路（含兆瓦、一级压力和频率变量）
锅炉指令	经过蓄能和滑压动态补偿后的压比信号，由燃料偏差和风量偏差进行保护性限制	经过蓄能和滑压动态补偿后的压比信号，加上主蒸汽压偏差的调节修正，由燃料偏差和风量偏差进行保护性限制
蒸汽负荷和主蒸汽压	燃烧率控制	燃烧率和给水并行控制
燃烧率	锅炉指令控制	由锅炉指令形成燃水比指令控制
燃料量测量	热量信号	经过磨煤机模型的给煤机转速
风量控制	燃烧率指令×风燃比	燃烧率指令×风燃比
过热汽温控制	减温喷水	燃水比协调减温控制
给水控制	控制汽包水位（三冲量）	锅炉指令形成燃水比指令，加上对燃水比的修正

第二节　超（超）临界机组协调控制系统

一、超临界和超超临界机组控制策略的特点

（一）超临界机组的控制任务

快速、准确响应负荷并维持主汽压在一定的范围内，使锅炉的蒸发量适应负荷的需求；维持过热汽温和再热汽温在一定的范围内；维持燃烧的经济性；维持炉膛负压。

（二）超临界直流炉的静态特性

热力学理论认为，在压力为 22.129MPa、温度为 374℃时，水的汽化会在一瞬间完成，即在临界点时饱和水和饱和蒸汽之间不再有汽、水共存的两相区存在，两者的参数不再有区别。由于在临界参数下汽水密度相等，所以在临界压力下无法维持自然循环，只能采用直流炉。超临界直流炉的汽水行程如图 28-4 所示。

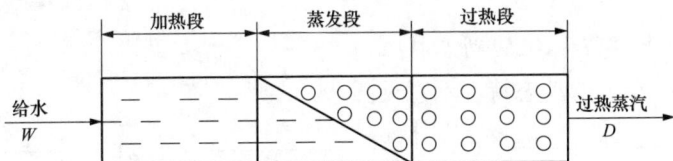

图 28-4 超临界直流炉汽水形成示意图

1. 汽温静态特性

由图 28-4 可知，超临界直流炉的各级受热面串联连接，给水的加热、汽化和过热三个阶段的分界点在受热面中的位置随工况变化而变化。

根据一次工质在稳定工况下的热平衡方程式且假设二次工质吸热量为 0（无再热器），有

$$W(h_{gr} - h_{gs}) = MQ_{ar,net}\eta_{gl} \tag{28-2}$$

式中　W——给水流量，等于主蒸汽流量；

h_{gr}——过热蒸汽焓；

h_{gs}——给水焓；

M——燃料量；

$Q_{ar,net}$——燃料应用基低位发热量；

η_{gl}——锅炉效率。

经整理得

$$h_{gr} = \frac{M}{W}Q_{ar,net}\eta_{gl} + h_{gs} \tag{28-3}$$

对于一个新工况，有

$$h'_{gr} = \frac{M}{W}Q'_{ar,net}\eta'_{gl} + h'_{gs} \tag{28-4}$$

由式（28-3）和式（28-4）可知

$$\frac{M}{W} = \frac{M'}{W'} \tag{28-5}$$

当燃水比不变时，过热蒸汽焓（温度）保持不变；当燃料发热量变小时，过热蒸汽焓（温度）随之降低，反之则升高；当给水焓降低时，过热蒸汽焓（温度）随之降低，反之则升高。

2. 汽压静态特性

超临界机组的主汽压由系统的质量平衡、热量平衡和工质流动压降等

决定。

（1）当燃料量 M 增加时，若燃水比保持不变，则主汽流量增加从而使汽压上升；若燃水比增加，则过热汽温增加，减温水流量也需增加，相应地增加主汽流量，从而汽压上升。

（2）当给水流量增加时，若燃水比保持不变，则主汽流量增加从而使汽压上升；若燃水比减小，从而过热汽温降低，减少减温水流量，汽压基本不变。

（三）超临界机组的动态特性

各种扰动下的动态特性示意见图 28-5。

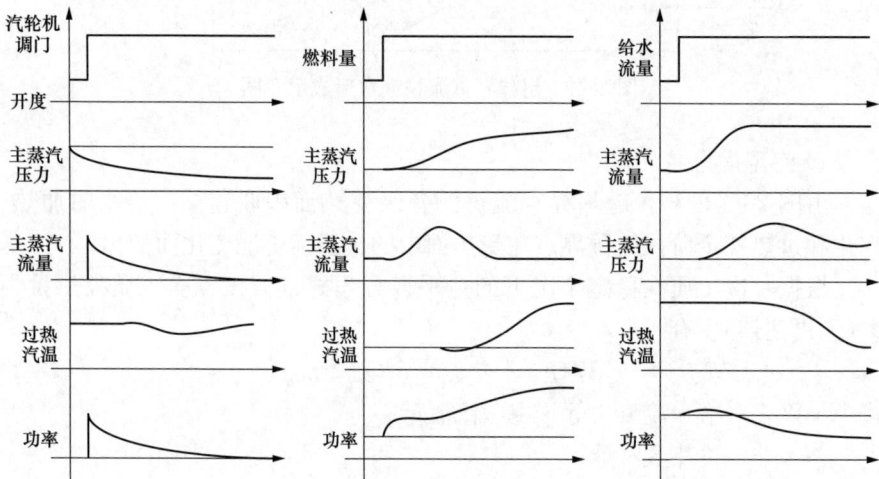

图 28-5　超临界机组的动态特性

1. 汽轮机调门开度扰动

汽轮机扰动对锅炉是一种负荷扰动，对超临界机组的影响具有典型的耦合特性：汽轮机调门开度变化不仅影响了锅炉出口压力，还影响了汽水流程的加热段，导致了温度的变化。

主蒸汽流量迅速增加，随着主蒸汽压力的下降而逐渐下降直至等于给水流量。

主蒸汽压力迅速下降，随着主蒸汽流量和给水流量逐步接近，主蒸汽压力的下降速度逐渐减慢直至稳定在新的较低压力。

过热汽温一开始由于主蒸汽流量增加而下降，但因为过热器金属释放蓄热的补偿作用，汽温下降并不多，最终主蒸汽流量等于给水流量，且燃水比未发生变化，故过热汽温近似不变。

由于蒸汽流量 D 急剧增加，功率也显著上升，这部分多发功率来自锅炉的蓄热。由于燃料量没有变化，所以功率又逐渐恢复到原来的水平。

2. 燃料量扰动

（1）燃料量扰动是指燃料量送、引风量同时变化的一种扰动。

（2）由于给水流量保持不变，所以主蒸汽流量最终仍保持原来的数值。

但由于燃料量的增加而导致加热段和蒸发段缩短，锅炉中储水量减少，因此主汽流量在燃料量扰动后经过一段时间的延迟后会有一个上升的过程。

（3）主汽压力在短暂延迟后逐渐上升，最后稳定在较高的水平。最初的上升是由于主汽流量的增大，随后保持在较高的水平是由于过热汽温的升高，蒸汽容积流量增大；而汽轮机调速阀开度不变，则是流动阻力增大所致。

（4）过热汽温一开始由于主汽流量的增加而略有下降，然后由于燃料量的增加而稳定在较高的水平。

功率最初的上升是由于主汽流量的增加，随后的上升是由于过热汽温（新汽焓）的增加。

3. 给水流量的扰动

（1）随着给水流量的增加，主汽流量也会增大。但由于燃料量不变，加热段和蒸发段都要延长。在最初阶段，主汽流量只是逐步上升，在最终稳定状态，主汽流量必将等于给水量，稳定在一个新的平衡点。

（2）主汽压力开始随着主汽流量的增加而增加，然后由于过热汽温的下降而有所回落。

（3）过热汽温经过一段较长时间的迟延后单调下降，直至稳定在较低的数值。

（4）功率最初由于蒸汽流量增加而增加，随后则由于汽温降低而减少。因为燃料量未变，所以最终的功率基本不变，只是由于蒸汽参数的下降而稍低于原有水平。

二、超临界机组的控制特点

由于超临界机组的直流炉和汽包炉存在着结构上的差异，所以在控制特性上各有其自身的特点。

1. 汽包锅炉的控制特点

汽包锅炉的汽水行程中，汽包将锅炉受热面分割为加热、蒸发和过热三段。汽包在运行中除作为汽水分离器外，还作为燃水比失调的缓冲器。当燃水比失去平衡关系时，利用汽包中的存水和空间容积暂时维持锅炉的工质平衡关系，以保持各段受热面积不变。因此，当用汽包水位 H、过热汽温 T 和主汽压力 p_T 来表示汽包锅炉的运行状态时，与 3 个主要控制量给水流量 W、减温水流量 W_J 和燃料量 M 之间的关系式为

$$
\begin{bmatrix} p_T \\ T_{sl} \\ T \end{bmatrix} = \begin{bmatrix} G_{p_TM} & G_{pW} & G_{p_TTW} \\ G_{T_{sl}M} & G_{T_{sl}W} & G_{TWT_{sl}} \\ G_{TM} & G_{TW} & G_{T_{sl}WT} \end{bmatrix} \begin{bmatrix} M \\ W \\ W_J \end{bmatrix} \tag{28-6}
$$

可见，式（28-6）中的传递函数为上三角阵，由此也说明汽包炉给水、汽温和汽压控制可采用单变量系统的分析方法，设计相应的较为独立的控制系统。

2. 超临界机组的控制特点

在直流炉中给水变成过热蒸汽是一次性完成的，因此锅炉的蒸发量 D 不仅取决于燃料量 M，同时也取决于给水流量 W。因此，超临界机组的负荷控制是与给水控制和燃料量控制密切相关而不可分的。当给水量和燃烧率的比例改变时，直流炉的各个受热面的分界就发生变化，从而导致过热汽温发生剧烈变化。根据上述超临界机组的静、动态特性分析，表征超临界机组的运行状态的三个重要参数（主蒸汽压力 p_T、微过热汽温 T_{sl} 和过热汽温 T）与三个相应的控制量（燃料量 M、给水流量 W 和减温水流量 W_J）之间的矩阵方程可表示为

$$\begin{bmatrix} H \\ T \\ p_T \end{bmatrix} = \begin{bmatrix} G_{HW} & 0 & G_{HM} \\ 0 & G_{TW_J} & G_{TM} \\ 0 & 0 & G_{p_TM} \end{bmatrix} \begin{bmatrix} W \\ W_J \\ M \end{bmatrix} \tag{28-7}$$

由此可见，主汽压力与微过热汽温构成多变量相关被控对象，而减温水流量对主汽压力与微过热汽温没有直接影响。因此在维持燃水比的前提下，减温水控制可按单回路控制系统设计。

综上所述，超临界机组具有以下控制特点：

（1）超临界机组是一个多输入、多输出的被控对象，输入量为汽温、汽压和蒸汽流量，输出量为给水量、燃料量、送风量。

（2）负荷扰动时，主汽压力反应快，可作为被调量。

（3）超临界机组工作时，其加热区、蒸发区和过热区之间无固定的界限，汽温、燃烧、给水相互关联，尤其是燃水比不相适应时，汽温将会有显著的变化。为使汽温变化较小，要保持燃烧率和给水量的适当比例。

（4）从动态特性来看，微过热汽温能迅速反应过热汽温的变化，因此可以该信号来判断给水和燃烧率是否失调。

（5）超临界机组的蓄热系数小对压力控制不利，但有利于迅速改变锅炉负荷，适应电网尖峰负荷的能力强。

三、超临界机组的控制方案

配备直流炉机组与配备汽包锅炉机组的机炉协调控制系统类似，存在以汽轮机跟随为基础的协调控制系统和以锅炉跟随为基础的协调控制系统的区别。

以汽轮机跟随为基础的协调控制系统的优点是机组运行比较稳定，最明显的是主蒸汽压力的运行稳定；缺点是在稳定负荷下机组负荷容易偏离要求值，特别是锅炉煤种变化比较大时更是如此。

以锅炉跟随为基础的协调控制系统的优点是在稳定负荷下机组偏差比较容易控制在较小的范围内，缺点是主汽压力相对难以控制。在机组动态变负荷能力方面，只要控制系统设计调整适当，则两种控制方式几乎没有多大差别。随着电网考核力度的增大，对每台机组的负荷调节能力要求增

加，基本上都采用以锅炉跟随为基础的协调控制系统。

超临界机组协调控制系统的运行方式，一般设计有以下几种（如图 28-6 所示）：

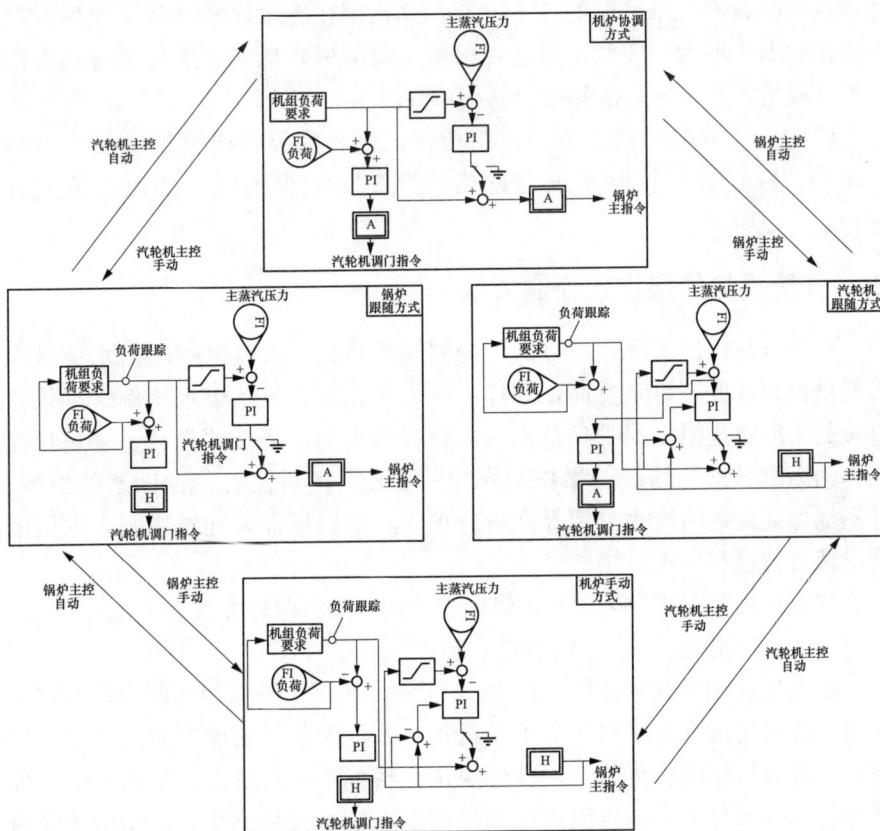

图 28-6　超临界机组协调控制运行方式示意图

（1）机炉手动方式（或称基本方式）。

（2）汽轮机跟随方式。

（3）锅炉跟随方式。

（4）机炉协调方式。

超临界机组的控制系统主要包括：协调控制系统，燃烧、给水和蒸汽温度控制系统。

针对超临界发电机组结构和运行的特点，其控制原则如下：

（1）要求保持燃料量与给水流量之间比值关系不变，保证过热蒸汽温度为额定值。当有较大的温度偏差时，若仅依靠喷水减温的方法来校正温度，则需要大量的减温水。这不仅会进一步加剧燃水比例失调，还会引起喷水点前各段受热面金属和工质温度的升高，影响锅炉安全运行。

（2）不能直接采用燃料量或给水流量来调节过热汽温，而是采用微过热汽温作为燃水比校正信号。虽然锅炉出口汽温可以反映燃水比例的变化，但由于迟延很大，不能以此作为燃水比例的校正信号。通常采用微过热汽温作为燃水比校正信号。在燃料量或给水流量扰动下，微过热汽温变化的迟延远小于过热汽温。同时，微过热点前包括有各种类型的受热面，工质在该点前的焓增占总焓增的 3/4 左右，该比例在燃水比及其他工况发生较大变化时变化不大。因此，可通过保持一定的燃水比例，维持微过热点的汽温（或焓值）一定，以间接控制出口汽温。

因此，与亚临界汽包锅炉机组相比，在超临界发电机组的热工控制系统中，锅炉给水控制系统与过热蒸汽温度系统不同，其他系统大致相似。

四、直流锅炉的煤水比控制方法

对于直流锅炉来说，一方面要控制锅炉负荷，这时锅炉的给水流量和燃料量都要改变；另一方面，要控制好煤水比例。控制煤水比例最有效最直接的手段就是根据锅炉负荷不同，将煤与水的比例按照设计值来进行控制。因为测量系统的误差累积和煤质的变化，还可能有其他因素的影响，并不能保证最终的汽水分离器在设计值上，所以还需要通过中间点的温度或焓值进行稳态校正。

煤水比控制方式分为"水跟煤"和"煤跟水"两种方式。

1. 水跟煤控制方式

水跟煤控制方式示意图如图 28-7 所示。在锅炉侧采用水跟煤的控制方案时，燃料量指令直接响应锅炉负荷指令。给水流量的设定值由两部分组成：一部分根据锅炉负荷和设计的煤水比形成，这是给水流量指令的主要部分；另一部分由中间点温度或焓值的稳态校正信号形成，这是给水流量指令的次要部分。这种控制方案也称以煤为基础的控制方案，外高桥第三发电厂、宁海二期 1000MW 超超临界机组采取该方案。

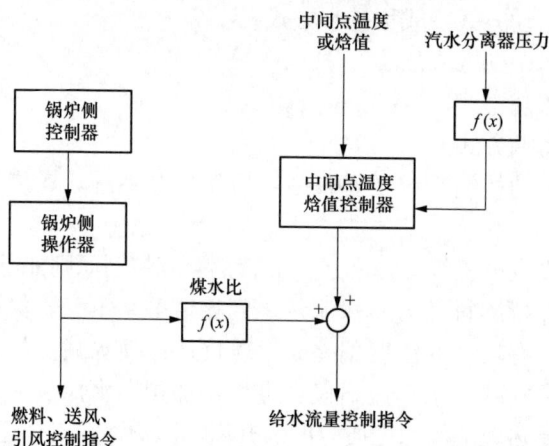

图 28-7　水跟煤控制方式示意图式示意图

从控制锅炉主蒸汽温度的角度来考虑，给水流量对中间点蒸汽温度的影响要快一些，所以采用水跟煤的控制方案有利于主蒸汽温度的控制，但不利于主蒸汽压力的控制。

2. 煤跟水控制方式

煤跟水控制方式示意图如图 28-8 所示。在锅炉侧采用煤跟水的控制方案时，给水流量指令直接响应锅炉负荷指令。燃料量指令的设定值由两部分组成：一部分根据锅炉负荷和设计的煤水比形成，这是燃料量指令的主要部分；另一部分由中间点温度（或者过热度）或焓值的稳态校正信号形成，这是给水流量指令的次要部分。这种控制方案也称以水为基础的控制方案，华能玉环电厂 1000MW 超超临界机组采取该方案。

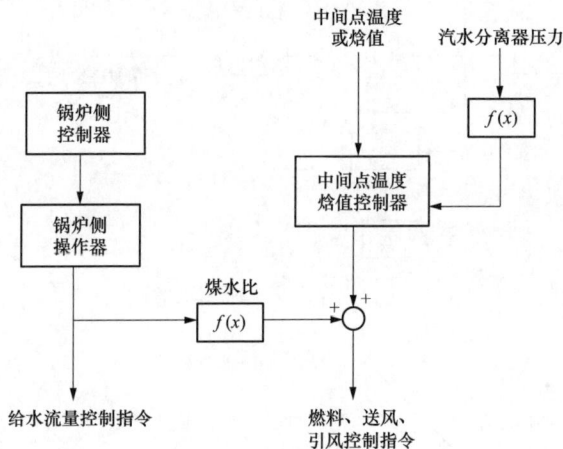

图 28-8　煤跟水控制方式示意图

采用煤跟水的控制方案有利于主蒸汽压力的控制，但不利于主蒸汽温度的控制。

五、风煤交叉限制和煤水交叉限制

在直流锅炉中，为了保证锅炉燃烧的安全性和经济性，与汽包锅炉一样，控制系统一般设计有燃料量和进入炉膛总风量之间的交叉限制。具体做法是根据当前实际的燃料量，给出总风量指令的最小值；根据当前实际的总风量，给出燃料量指令的最大值。以确保任何工况下都有足够的风量，保证进入炉膛的燃料量充分燃烧（见图 28-9～图 28-11）。

上述风煤交叉限制和煤水交叉限制都是在相应控制系统投入，知道控制方式时才起作用。

六、协调控制系统工程实例分析

（一）上海外高桥电厂 2×1000MW 超超临界机组协调控制系统

协调控制系统主要包括负荷指令设定、辅机故障减负荷（RB）、频率校

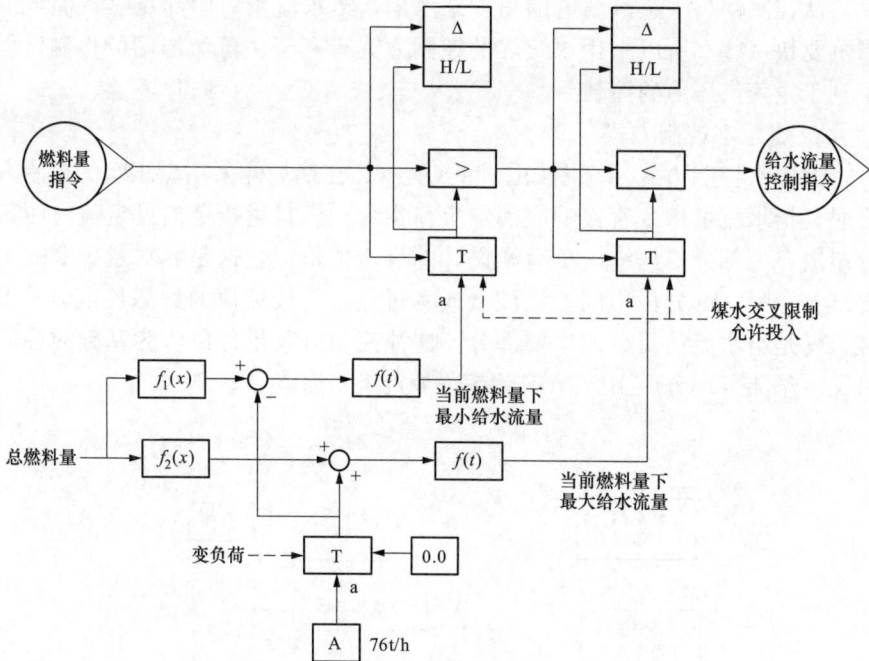

图 28-9　锅炉侧煤水交叉限制示意图（一）

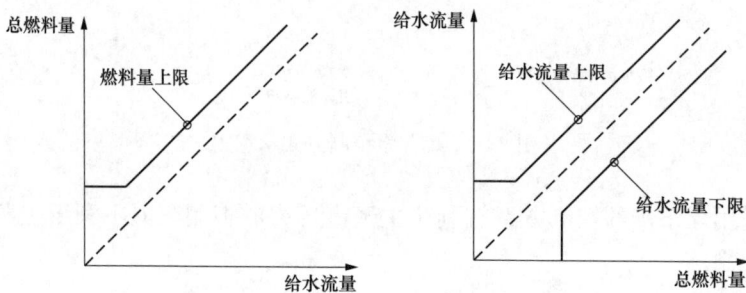

图 28-10　锅炉侧煤水交叉限制示意图（二）

正、压力设定、锅炉主控、汽轮机主控和热值校正回路。该系统有协调控制模式（CCS）、锅炉跟随模式（BF）、汽轮机跟随模式（TF）和基本模式（BASE）四种运行模式。

负荷指令设定回路接受中调自动发电控制指令，经速率限制，负荷上、下限限制和负荷指令增、减闭锁等运算后，分别送往机、炉主控等回路。频率校正回路把频差信号转换为负荷偏差信号，分别叠加到锅炉主控和汽轮机主控的指令上。压力设定回路提供定压、滑压运行两种设定值，两种方式之间可无扰切换，滑压值是负荷的函数 $f_1(x)$。热值校正回路在煤种发生变化时对给煤机转速指令进行修正，以保证机组功率不变。

闭环控制系统主要包括协调、燃烧、给水和汽温控制系统，其整体设计原理见图 28-12。

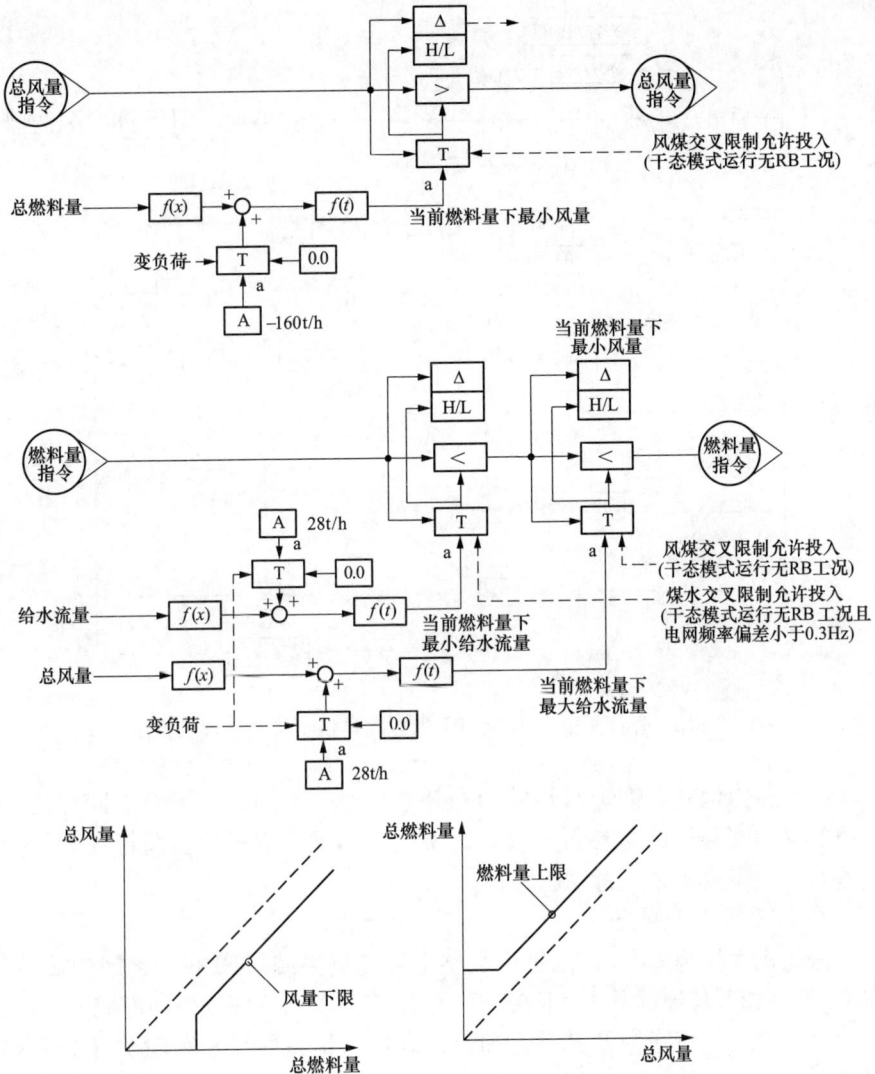

图 28-11　锅炉侧风煤交叉限制示意图

1. 锅炉主控回路

该协调控制系统为以炉跟随为基础的协调控制系统，即锅炉控制压力、汽轮机控制功率。在 CCS 模式时，锅炉主控指令由以下四部分叠加而成。

（1）基本指令。机组负荷指令＋频差信号。该指令作为锅炉主控指令的基本值去控制燃料量，使锅炉主控指令对应于负荷及频率的改变有一个绝对变化量。

（2）机组负荷指令与频差信号的动态补偿信号。主要考虑在负荷与频率变化时对锅炉蓄热量变化的基本补偿。

（3）压力调节器输出信号。压力的变化代表了机炉能量的不平衡，因此需根据压力变化相应改变燃料量以达到机炉新的平衡，该信号对负荷指令进行细调。

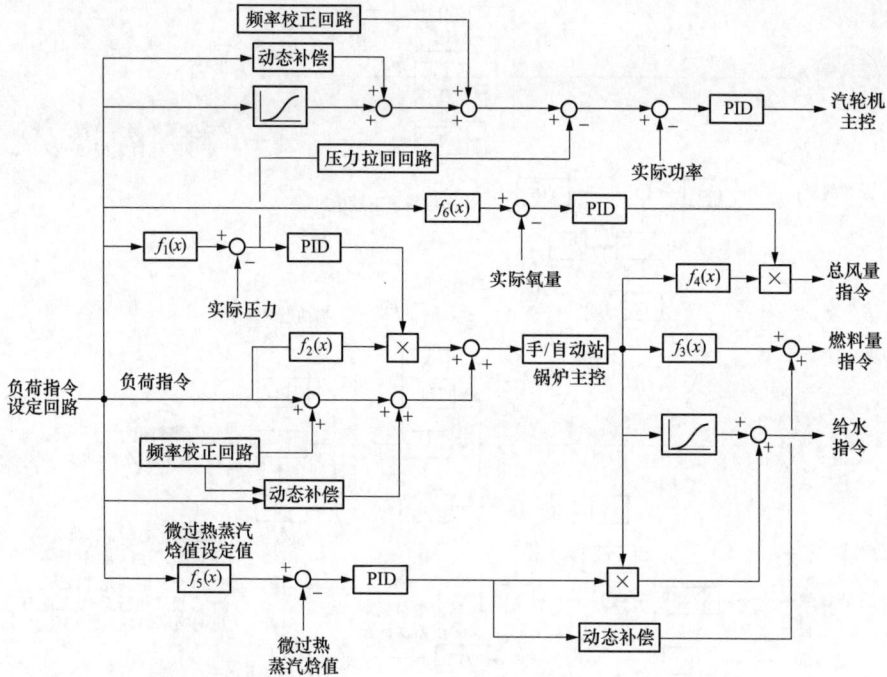

图 28-12　外高桥电厂1000MW超超临界机组控制原理示意图

（4）压力偏差对锅炉蓄热的动态补偿信号。不同负荷下对于同样的压力偏差锅炉需补偿的蓄热量（煤量）不同，因此，应根据负荷指令和压力偏差对锅炉主控指令进行动态修正。

2. 汽轮机主控回路

汽轮机主控为 CCS 和汽轮机数字电液控制系统（DEH）之间的接口，在 CCS 模式下其被调量为实际功率，给定值由下列三部分叠加而成。

（1）机组负荷指令及其动态前馈。动态前馈是在变负荷时为充分利用机组蓄热，通过汽轮机调门提前动作，允许汽压有一定的波动而释放或吸收部分蓄能，加快机组初期负荷的响应速度而采取的手段。

（2）频差信号。

（3）压力拉回回路。即经过死区特性和限幅特性的压力偏差信号。其目的是当机前压力偏差较小时，由锅炉控制压力，维持机前压力为定值；当机前压力偏差较大时，有可能超过锅炉主控的调节范围，此时汽轮机主控也参与调压。二者共同作用可迅速使机前压力回到设定值，加快整个响应的动态过程。

解耦回路的设计方面，锅炉侧对负荷指令的响应远慢于汽轮机侧，故用多阶惯性环节 PT，即 $1/(1+T_s)^n$ 来匹配二者之间的动态特性，PT_n 代表从机组负荷指令变化到新蒸汽产生的动态过程。

3. 基于比值控制的总风量、燃料量和给水流量指令设计

在直流炉中给水变成过热蒸汽是一次完成的，锅炉的蒸发量不仅取决

于燃料量，同时也取决于给水流量。因此，超临界机组的负荷控制是与给水控制和燃料量控制密切相关的；而维持燃水比又是保证过热汽温的基本手段；一定的风煤比是燃烧经济性的要求。因此，总风量、燃料量指令和给水流量指令的产生均与负荷指令密不可分。

（1）总风量指令＝风煤比函数 f_4（锅炉主控指令）×氧量校正，氧量校正回路的设定值为负荷的函数 $f_6(x)$。

（2）燃料量指令＝锅炉主控指令＋焓值调节的动态解耦，函数 $f_3(x)$ 是锅炉负荷—燃烧效率的函数。

（3）给水流量指令＝迟延的锅炉主控指令/焓值调节器的输出。

（4）燃料量控制与给水控制的解耦设计。一方面，锅炉热负荷（燃料量）的变化相对于给水流量的变化是一个慢速过程（PT_n）；另一方面，微过热蒸汽焓的变化又是燃水比失调的迅速反映，而负荷与温度的控制又要求保证一定的燃水比。因此，代表锅炉热负荷（燃料量）动态特性的多阶惯性环节 PT_n 和焓值调节的动态解耦被应用于燃料量控制与给水控制的解耦设计。

（二）玉环电厂超超临界机组的协调控制系统结构分析

日立/三菱公司超超临界机组的协调控制系统结构示意如图 28-13 所示。

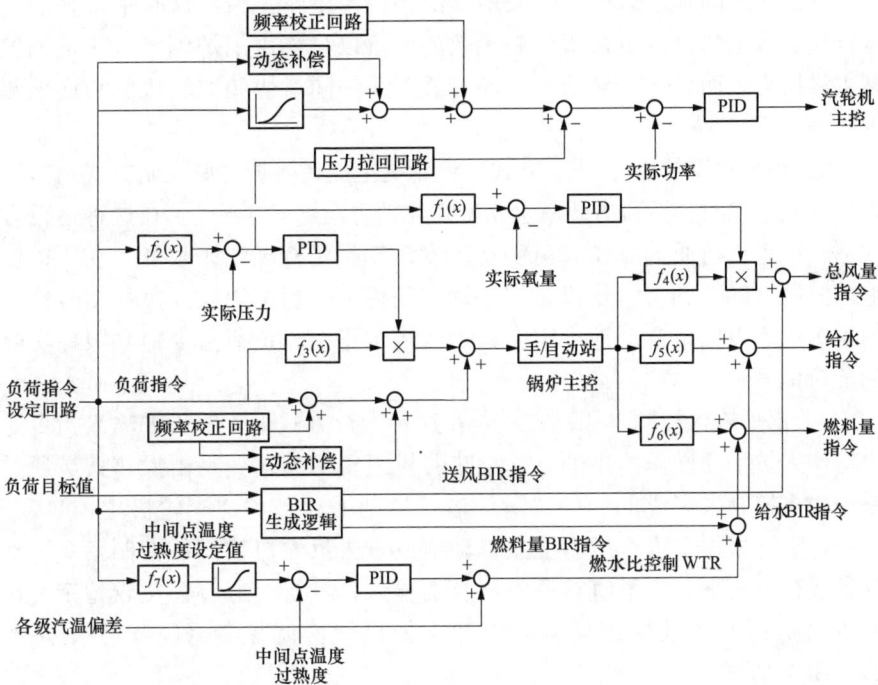

图 28-13　日立/三菱公司超超临界机组的协调控制系统结构示意图

1. 协调控制系统

（1）机组运行方式。机炉协调控制设计用来根据机组运行工况形成下列适当的锅炉和汽轮机指令：

　　1）锅炉输入指令。

　　2）汽轮机主控指令。

　　3）锅炉输入变化率指令。

　　这些指令间的关系完全取决于选择的运行方式，包括：机炉协调控制方式（CC）、锅炉跟踪控制方式（BF）、锅炉输入控制方式（BI，包括汽轮机跟踪方式）、锅炉手动控制方式（BH，包括汽轮机跟踪方式）。

　　1）机炉协调控制（CC）方式。这是机组正常运行方式。机组负荷指令（就是功率需求）同时送给锅炉和汽轮机，以便使输入给锅炉的能量能与汽轮机的输出能量相匹配。汽轮机调速汽门控制将直接响应机组负荷指令，锅炉输入指令将根据经主蒸汽压力偏差修正的机组负荷指令形成。在这种方式下机组能稳定地运行，因为汽轮机调门能快速响应负荷需求指令并且锅炉负荷指令也会快速地改变。这种控制方式可以尽可能地满足电网的需求（负荷需求指令来自 AGC 或由运行人员手动设定）。机炉协调控制（CC）运行方式的投入，不仅要把锅炉输入控制和汽轮机主控投入自动，而且还要把所有的主要控制回路投入自动控制方式，例如给水控制、燃料量控制、风量控制和炉膛压力控制。

　　下面所述的其他运行方式采用不同的控制策略，因为这时中调来的或运行人员设定的机组负荷指令是无效的，所以只能由锅炉侧或汽轮机侧控制主汽压力，而另外一侧处于手动方式，无法同时协调汽轮机侧和锅炉侧的指令。

　　2）锅炉跟踪控制（BF）方式。汽轮机主控在机炉协调控制方式运行期间切换到手动时，运行方式就会从 CC 方式切换到 BF 方式。在这种运行方式下，机组负荷通过操作人员手动改变汽轮机主控输出来改变。在"锅炉输入控制自动"和"汽轮机主控手动"条件下，根据用实际负荷信号修正的主蒸汽压力偏差自动地设定去锅炉的需求指令，负荷指令信号跟踪实际的负荷信号。

　　3）锅炉输入控制（BI）方式。在这种运行方式下，锅炉的输入指令是由操作人员手动操作给出的。这意味着机组负荷的改变是由操作人员通过锅炉输入控制来完成的。在"锅炉输入控制手动"和"汽轮机主控自动"的条件下，根据主蒸汽压力偏差自动地设置去汽轮机调门的控制指令。在这种运行方式下，由于直接调整锅炉的输入，机组运行将会比较稳定，但对机组负荷要求的快速反应方面却不如机炉协调控制（CC）和锅炉跟踪（BF）方式。

　　在这种方式下，负荷指令信号跟踪实际的负荷信号。当发生辅机故障快速减负荷（RB）时，会自动选择锅炉输入控制方式。

　　4）锅炉手动控制（BH）方式。在机组启动和停止期间使用这种方式。当在干态方式运行期间给水控制切换到手动时，或在湿态方式运行期间燃料量控制切换到手动时，会自动地选择这种方式。在这种运行方式下，机组负荷是不受控的。如果汽轮机主控处于自动方式，则汽轮机调门将控制主蒸汽压力。

（2）机组主控。机组给定负荷信号受所允许的负荷范围及负荷变化率限制。负荷变化率可以由运行人员手动设定或根据目标负荷自动设定。

1）ULD 的产生。机组不在 CC 下运行时，ULD 跟踪实发功率 SELMW。

机组在 CC 方式下运行，ULD 是目标负荷（LOADTARGET）以一定速率实现的，该速率称为机组负荷增减速率（LDC RATE）。目标负荷 LOADTARGET 有两个来源：一种是运行人员手动设定；另一种来自负荷调度系统 ADS。机组负荷增减速率（LDC RATE）在 CC 方式下有两种来源：一种是 LDC RATE 投自动，LDC RATE 是机组负荷 LD 的函数；另一种是 LDC RATE 投手动，由运行人员设定。

2）频差校正控制。为了保持机组负荷需求与汽轮机调速器的动作相适应，频率协调是必要的。当电网频率发生扰动时，汽轮机调速器将直接迅速地按比例调整汽轮机调节阀以校正频率扰动。当频率偏差存在时，为了避免锅炉控制系统与汽轮机调速器之间不正确的相互影响，频率协调将引导机组负荷需求与汽轮机调速器所需要的负荷条件相匹配。

当电网频率超过工频时，机组负荷指令下降；频率低于工频时，机组负荷指令上升。机组负荷指令的变化量与频率的对应关系见图 28-14。另外加入了主汽压力设定值对机组参与电网一次调频的积极程度进行干预，主汽压力设定值经过比值计算（见图 28-15）与频率协调产生的负荷指令变化量相乘，再通过"负荷限制器"的选择器（高值和低值选择器）加到机组给定负荷回路。

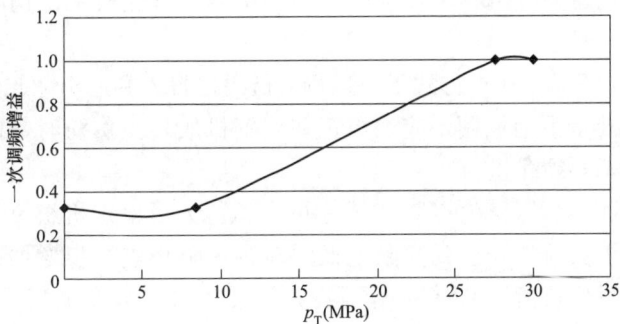

图 28-14　频率变化对机组负荷指令的影响

从图 28-15 中可以看出，频率在 49.97～50.03Hz 之间时，频率协调对机组功率指令不产生作用。因为 49.97～50.03Hz 范围是汽轮机一次调频功能的不灵敏区，这样做是为了与汽轮机一次调频相适应。

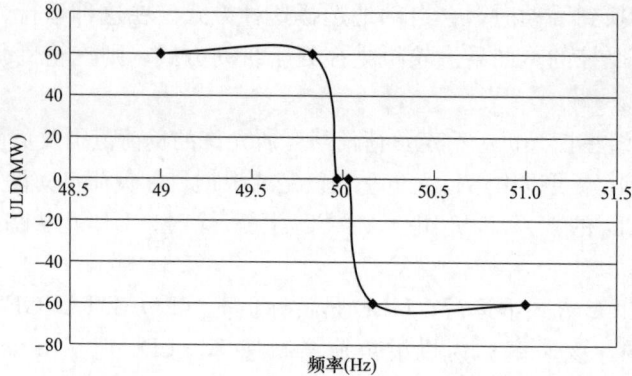

图 28-15　不同压力下的一次调频增益

为了防止对锅炉输入控制指令的影响，以及为了保证锅炉在安全范围之内运行，频率偏置回路还设计了最大、最小限制回路和速率限制功能。当频率大于 50.3Hz 时，机组负荷指令禁增；当频率小于 49.7Hz 时，机组负荷指令禁减。

当电网频率大于工频时，汽轮机一次调频动作关调门，负荷下降，压力升高。锅炉主控指令 BID＝MWD＋MWDEV＋∫PTDEV，由于功率回路比压力回路作用要快，所以在关调门时锅炉主控指令 BID 将增加，这与汽轮机一次调频的作用刚好相反。与此类似，协调送给汽轮机的功率指令＝MWD－K×PTDEV，压力增大，PTDEV 减小，汽轮机功率指令增大，这与一次调频的作用相反。为了避免这种情况的发生，当电网频率超过 50.03Hz 时，汽轮机一次调频开始作用，机组负荷指令 10s 内禁增；当电网频率低于 49.97Hz 时，汽轮机一次调频开始作用时，机组负荷指令 10s 内禁减，从而避免电网频率波动时，频率协调与汽轮机一次调频的作用相互冲突。

频率偏置只有在 CC 方式下由运行人员决定投入和退出才起作用，当锅炉或汽轮机处于手动控制，或机组正在因辅机故障减负荷时，机组负荷需求的频率协调必须终止。

3）高低限幅。只有在 CC 方式才可由运行人员设定机组负荷的上限和下限。当机组负荷指令达到高限或低限时，被阻止进一步增加或减小，并报警。机组目标负荷经上限和下限限制后形成机组给定负荷指令。

4）机组负荷指令变化率。为了防止目标负荷出现阶跃变化对控制系统的冲击，正常工作时，机组负荷指令受最大变化率的限制。该上限值由操作员可调，也可根据预设曲线进行自动调整。当变压方式运行时，还进一步受锅炉材料允许的温度变化率限制。控制系统中设计了负荷变化率限制。

5）设备能力对机组负荷指令的限制及交叉限制功能。设计机组负荷的禁增禁降功能是为了维持机组的稳定运行，并作为机组控制系统的保护手段之一。当机组运行在 CC 方式时，某些重要的子控制回路如汽轮机调门、给水、燃料或风量达到其控制范围的边界状态，机组将不能连续稳定运行。当出现机组禁增或禁降条件时，相应方向的负荷变化率将强制切换到零，这时机组负荷只允许单方向变化。如果相应的重要子控制回路重新回到控制范围，则该项限制不起作用。

在下列情况下机组负荷指令闭锁增：

a）汽轮机主控上限。

b）燃料量控制上限。

c）风量控制上限。

d）给水控制上限。

e）给水大于燃料量一定量交叉受限。

f）燃料量大于风量一定量交叉受限。

g）燃料量大于给水一定量交叉受限。

h）频差大于 0.3Hz。

i）功率指令上限受限。

j）汽轮机应力受限。

在下列情况下机组负荷指令闭锁减：

a）汽轮机主控低限。

b）燃料量控制下限。

c）风量控制下限。

d）给水控制下限。

e）省煤器汽化。

f）给水小于燃料量一定量交叉受限。

g）燃料量小于风量一定量交叉受限。

h）燃料量小于给水一定量交叉受限。

i）频差小于 −0.3Hz。

j）功率指令下限受限。

所谓交叉限制功能，就是指在诸如给水、燃料和风量的每个流量需求指令上加上一些限制，以确保这些参数之间的不平衡在任何工况下都不会超出最大允许的限值。这些功能只有在相应的回路运行在自动方式下才有效：

a）由燃料量给出给水流量指令的最大和最小限制。

b）由给水流量给出燃料量指令的最大限制。

c）由总风量给出燃料量指令的最大限制。

d）由燃料量给出总风量指令的最小限制。

（3）汽轮机主控。汽轮机主控系统的目的是建立汽轮机阀位指令。下列情况下汽轮机主控强制手动：汽轮机主汽压力故障、负荷信号故障、DEH 没有在 MCS 控制方式下、汽轮机高压旁路开启。这些情况下可以通过手动控制汽轮机主汽高压调速汽门开度来改变机组负荷。

1）协调方式下的汽轮机指令形成。在协调控制方式下，汽轮机主控接收协调过来的负荷指令信号控制发电机有功功率。功率指令 MWD 经过一阶惯性环节后减去实发功率得到功率偏差 MWDEV，再减去压力偏差 PT-DEV，再经过高、低选择器后加上实发功率，形成汽轮机功率指令。

由于汽轮机调门调整功率比锅炉燃烧控制功率快，所以汽轮机控制功率需要滞后一段时间，从而与锅炉燃烧产生的热量相匹配。功率指令的滞后时间见图 28-16，负荷越高，滞后时间越少。

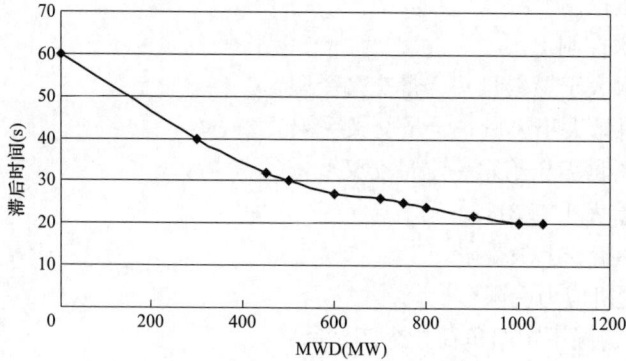

图 28-16　汽轮机功率指令滞后时间

功率控制和主汽压力控制对于汽轮机调门来说，动作方向刚好相反，因此汽轮机功率指令是功率偏差减去压力偏差后经过高低选。正常运行下，功率偏差减去压力偏差直通高低选择器。当功率的偏差过大时，高、低值选择器就会闭锁功率控制信号通过，功率偏差被限制为 $K \times$ Constant。现在的逻辑设计里，K 设定为 40，Constant 作为压力常数，设定为 0.7MPa。这样做的目的在于一旦功率偏差较大，汽轮机主控不会发散失控。

功率偏差减去压力偏差，再经过高低选后与实发功率相加就是送往 DEH 侧的汽轮机功率指令。

2）锅炉输入方式下的汽轮机指令。锅炉主控在手动，汽轮机主控在自动，机组运行在 BI 模式。汽轮机主控接收压力设定指令 TPD。锅炉输入方式（BI）下，汽轮机指令不是功率指令，而是压力指令 TPD。

TPD 是机组负荷 LD 的函数（见图 28-17）经过限速，再经过一阶惯性环节后生成的。由于锅炉的热负荷变化相对于汽压调节是一个滞后环节，所以 TPD 的生成需要加滞后环节。

TPD 生成过程中的限速、惯性滞后环节中的滞后时间都是机组负荷 LD 的函数。调试中发现，机组正常运行、机组 RB 过程中实际压力变化的速率不一样。RB 试验中，发现一次风机 RB、给水泵 RB 与燃料 RB、送风机和引风机 RB 相比，主汽压力下降的速率更快。因此 TPD 生成过程中的限速、滞后时间根据机组是否正常运行、一次风机或给水泵 RB、燃料或送/引风

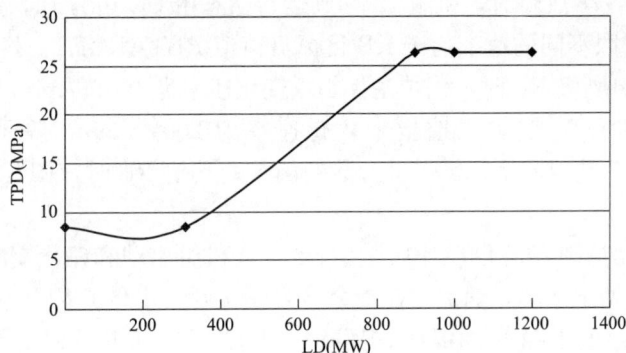

图 28-17　TPD 与 LD

机 RB 也分为三种情况。

3）锅炉跟踪方式下的汽轮机指令。锅炉主控在自动，汽轮机主控在手动，机组运行在 BF 方式。此时锅炉燃烧调节控制汽压，汽轮机调节功率。汽轮机主控由运行人员在 DEH 侧手动调节功率。

4）基本方式下的汽轮机指令。这时锅炉和汽轮机的功能独立，锅炉主控和汽轮机主控均手动，可分别改变锅炉和汽轮机的负荷。汽轮机既可以控功率，也可以控压力。

（4）锅炉主控。锅炉主控系统的目的是产生燃烧率指令，控制锅炉的出力。根据锅炉主控指令 BID，给水指令、燃料量指令、风量指令等都得到了静态的分配。锅炉主控强制手动的情况包括：汽轮机主汽压力信号故障、协调方式下发电机功率故障、给水泵手动、煤量信号坏值等。

1）协调方式下的锅炉主控指令。协调方式下，锅炉主控、汽轮机主控均处于自动。锅炉主控指令为

$$BID = MWD + MWDEV + \int TPD$$

当机组处于干态时，锅炉 BID 既控功又控压；当机组处于湿态时，由 WFR 或高压旁路控制主汽压力，$\int$ TPD 自锁。

2）锅炉跟踪方式下的锅炉指令（BF）。锅炉主控在自动，汽轮机主控在手动。锅炉主控指令 BID＝MWD ＋$\int$ TPD。其中功率指令 MWD 跟踪实发功率 SELMW。当机组处于干态时，锅炉燃烧调节控制主汽压力，$\int$ TPD 表示根据主汽压力变化，BID 也跟着变化；当机组处于湿态时，主汽压力由 WFR 或高压旁路控制，$\int$ TPD 自锁。

3）锅炉输入方式下的锅炉主控指令。锅炉输入方式下，锅炉主控指令 BID 等于 BISET。BISET 由运行人员手动设定。这意味着机组负荷的改变是由操作人员通过改变锅炉出力完成的。BI 方式下，锅炉主控指令由运行人员设定，锅炉燃烧调节控制功率；汽轮机控制主汽压力。由于直接调整锅炉的输入，机组运行将会比较稳定，但对机组负荷要求的快速反应却不如机炉协调控制（CC）和锅炉跟踪（BF）方式。

当辅机发生故障时，机组 RB，其运行状态由 CC 切为 BI，锅炉主控指令 BID 就按照不同的速率趋于 RB 目标负荷值 RBTARGET。燃料 RB、送风机 RB、引风机 RB 时，锅炉主控指令变化速率为 $100\%/min$，给水泵 RB 和一次风机 RB，锅炉主控指令变化速率为 $200\%/min$。除了燃料 RB，RBTARGET 是当前运行磨煤机台数的函数，其他 RB 时，RBTARGET 等于 500MW。

4）手动控制方式下的锅炉主控指令。在机组启动和停止期间使用这种方式。机组处于干态，锅炉主控指令 BID 是实际给水量 FWF 的函数（见图 28-18）。机组处于湿态，$BID=MWD+\int PTDEV$，其中 MWD 跟踪实际负荷 SELMW，$\int PTDEV$ 自锁。

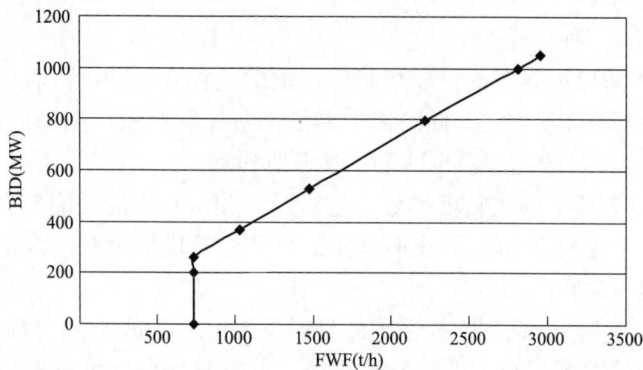

图 28-18　干态下 BID 与 FWF

2. 燃料控制系统

（1）燃料量指令。总燃料量指令是根据不同的启动方式所要求的锅炉输入指令 BID 产生的。WFR 指令加在总燃料量指令上。同时考虑了风煤交叉功能、水煤交叉限制功能和再热器保护功能。

主燃料煤的实际发热值可能有所改变，而锅炉的吸热条件取决于燃料的种类和燃烧器所在的层位置改变而影响中间点过热度。为了对这种情况进行补偿，把给水/燃料比率偏置（WFR）指令加在总燃料量指令上。另外，为了改进锅炉在负荷改变期间的响应，加进锅炉输入变化率指令 BIRFF 作为前馈信号。

（2）交叉限制功能确保不平衡始终不超出规定限值。由于总给水量不足而引起的燃料量指令减少，给水量对应的燃料量曲线如图 28-19 所示。

由于总风量不足而引起的燃料量指令减少，总风量对应的燃料量曲线如图 28-20 所示。

3. 燃水比控制系统

燃水比控制回路通过控制进入炉膛的燃料量来调节锅炉水冷壁出口温度，与机组负荷相适应。系统有下列两种控制方式：

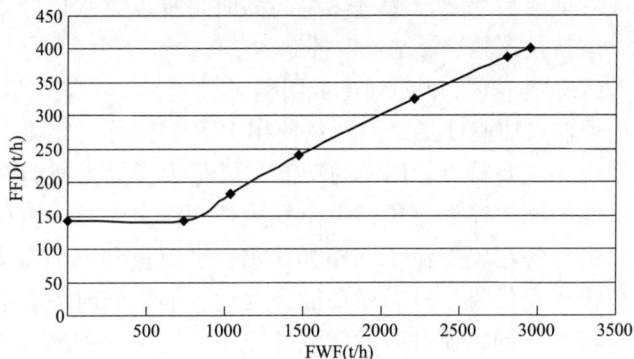

图 28-19　给水对燃料量的交叉限制

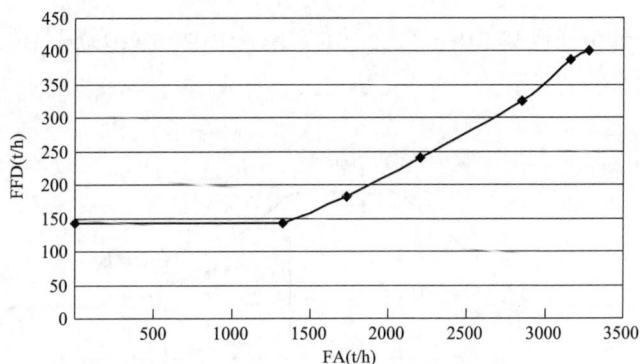

图 28-20　总风量对燃料量的交叉限制

（1）当锅炉处于湿态运行方式时，燃水比控制回路通过切换器切换到主蒸汽压力控制，即主蒸汽压力由燃料量控制（同汽包炉）。

（2）当锅炉处于干态运行方式时，燃水比指令控制汽水分离器入口蒸汽的过热度。锅炉干态运行时，过热蒸汽温度也受喷水流量控制，但这种控制是有限的。基本解决方案是通过燃水比来控制汽水分离器入口工质的微过热度，从而使主蒸汽温度控制始终处于最佳位置，以快速响应温度扰动。

为了保护锅炉，必须把微过热蒸汽过热率控制在规定的设定点上。即通过燃水比回路控制分离器入口的过热率，使之与对应负荷下的设定过热率相一致。

为了协助主蒸汽温度的控制，把每一受热面（后烟道后墙水冷壁入口及一级、二级、三级和末级过热器出口）的温度偏差加起来的比例控制作为前馈信号。并将上游温度偏差（即分离器出口蒸汽温度、一级过热器出口温度）加在主蒸汽温度控制回路上作为前馈指令。

当燃料切为手动控制时，燃水比跟踪燃料偏差。

当一级过热器出口蒸汽温度、后烟道后墙水冷壁过热率超限、水冷壁金属温度高或后烟道后墙水冷壁过热率高高时，将以燃水比低限为目标值强降燃水比，这就是超驰"燃水比"控制。

4. 锅炉动态加速信号（BIR）生成回路

BIR 是锅炉输入加速度指令，大量使用 BIR 回路作为前馈是日系直流炉自动控制系统的主要特点。BIR 的功能主要是为了满足机组在负荷快速变化时各系统的平衡，在稳态负荷下不发生作用。由于每一负荷下的锅炉输入静态平衡由与各相关控制子回路如给水、燃料量和风的需求信号来维持，但在负荷快速变化时，只靠该功能还远远不够。同时各参数对机组负荷变化的响应特性不同，惯性时间常数长短不一，考虑到整个锅炉的动态平衡，就要通过不同的时间常数提供不同的锅炉输入速率需求指令，加到各自子控制回路需求信号上作为前馈信号，加速锅炉对负荷指令的响应速度。

指令种类包括燃料 BIR、送风 BIR、给水 BIR、减温喷水 BIR 等，其控制效果如图 28-21 所示。

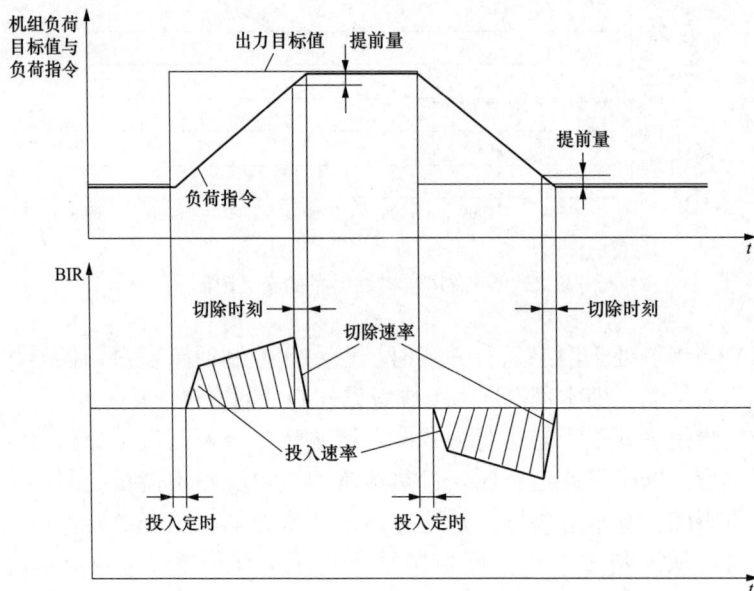

图 28-21　BIR 信号的控制效果示意图

动态前馈 BIR 信号的设定原则如下：

（1）当小幅度加或减负荷时（一般设置为小于 20MW），无超调。用于防止在 AGC 方式下小幅度往复变负荷过程中被调量的过分波动。

（2）超调的量与变负荷速率、实际负荷指令有关。变负荷速率越快，负荷指令越高，超调的量也越大（受被调量的上、下限限制）。

（3）超调时间的判断逻辑。变负荷时的超调持续时间由负荷指令、目标负荷决定；当负荷指令（MWD）接近目标负荷时，超调提前结束。

（4）当遇到加负荷后随即又减负荷的工况，则加负荷时的超调立刻快速结束，同时触发减负荷时的超调，反之亦然。

5. 主蒸汽压力控制

通过下述两种方法自动给出主蒸汽压力的滑压设定值：

（1）在 CC 方式下根据机组负荷指令信号。

（2）在非 CC 方式下根据锅炉输入指令信号。

在主蒸汽压力设定值手动设定允许时，也可以由运行人员改变主蒸汽压力设定值。

在主蒸汽压力设定值回路中设计了一个相应于锅炉时间常数的惯性环节，这是由于锅炉时间常数的影响，使得当锅炉输入指令变化时主蒸汽压力的响应有一个滞后。如果没有这个环节，将有可能引起汽轮机调门的超驰控制，进而引起限制机组负荷。

6. 湿态/干态切换

超临界锅炉基于其特点，有两种运行方式。它们的分界点约在锅炉产生的蒸汽流量等于锅炉最小给水流量的工况点上。

如果锅炉产生的蒸汽流量小于锅炉最小给水流量，即称为"湿态方式"；如果锅炉产生的蒸汽流量大于锅炉最小给水流量，即称为"干态方式"。湿态运行方式可以被看作一个汽包锅炉。当然，随着锅炉运行方式的不同，控制策略也会不同。

大体上可以根据机组负荷指令来判断锅炉运行方式的切换。当锅炉由湿态方式切换到干态方式时，汽水分离器储水箱液位也作为一个切换条件。

7. 交叉限制功能

所谓交叉限制功能，就是指在诸如给水、燃料和风量的每个流量需求指令上加上一些限制，以确保这些参数之间的不平衡在任何工况下都不会超出最大允许的限值。这些功能只有在相应的回路运行在自动方式下才有效。

8. 再热器保护功能

当进入再热器的蒸汽通道还没建立时，燃料量指令必须低于限制值。以下任一条件成立，即构成蒸汽阻塞：

（1）总燃料量大于 67t/h，炉膛烟气温度大于 620℃，再热器汽路堵塞。

（2）总燃料量大于 100t/h，任一给煤机运行，再热器汽路堵塞。

再热器汽路堵塞和主汽门、主汽调门、高压旁路、中压调门、低压旁路门等都有关系，以下任一条件成立，即构成再热器汽路堵塞：

（1）主汽门关，高压旁路关，高压旁路开度小于 5%。

（2）主汽调门关，高压旁路关，高压旁路开度小于 5%。

（3）中压调门关，低压旁路关。

（4）中压调门关，低压旁路开度小于 5%。

（5）中压主汽门关，低压旁路关。

（6）中压主汽门关，低压旁路开度小于5%。

9. 协调控制系统调试与参数设置

机组协调控制就是为了协调锅炉和汽轮机的整体运行，根据机组运行工况形成适合的锅炉输入需求指令和汽轮机主控需求指令。这些需求指令间的关系完全取决于选择的运行方式。系统设计了四种方式：机炉协调控制方式（CC）、锅炉跟踪控制方式（BF）、锅炉输入控制方式（BI）和锅炉手动控制方式（BH）。

机组处于协调方式下（CC）时，AGC来指令或机组负荷手动设定指令同时经主蒸汽压力偏差修正后送给锅炉和汽轮机，以使输入给锅炉的能量与汽轮机的输出能量相匹配。通过控制进入锅炉煤量、水量、风量和汽轮机调门开度来调节机组的电能输出，并保证机组各项参数正常。机炉协调控制（CC）运行方式的投入，不仅要把汽轮机控制切远方实现功率闭环控制，而且还要把所有的主要控制回路投入自动控制方式，例如给水控制、燃料量控制、风量控制、炉膛压力控制和WFR。当加减负荷时，机组协调系统同时向锅炉煤量、水量、风量发出一个预加减信号来协调它们的运行。

当机组处于协调方式外的其他运行方式时，中调来的或运行人员设定的机组负荷指令是无效的，只能由锅炉侧或汽轮机侧控制主汽压力，而另一侧处于手动方式，无法同时协调汽轮机侧和锅炉侧的指令。具体如表28-3所示。

表28-3 玉环电厂1000MW机组协调方式一览表

控制方式		控 制 条 件
CC	干态	·发电机已同步； ·汽轮机主控：功率控制（功率指令是经过压力修正后的功率指令）； ·锅炉输入控制：控制功压； 给水流量控制/燃料量控制/风量控制/炉膛压力控制：自动； ·水燃料比（WFR）控制：汽水分离器入口温度（T_{wsi}）过热度控制； BID＝MWD＋MWDEV＋$\int$PTDEV
	湿态	·发电机已同步； ·汽轮机主控：功率控制（功率指令是经过压力修正后的功率指令）； ·锅炉输入控制：跟随MWD，控制功率； 给水流量控制/燃料量控制/风量控制/炉膛压力控制：自动； ·水燃料比（WFR）自动控制汽压； BID＝MWD＋MWDEV＋$\int$PTDEV（$\int$PTDEV自锁）
BF	干态	·发电机已同步； ·汽轮机主控：手动； ·锅炉输入控制：跟随MWD和PT控制； 给水流量控制/燃料量控制/风量控制/炉膛压力控制：自动； MWD＝SELMW； BID＝MWD＋$\int$PTDEV

控制方式		控　制　条　件
BF	湿态	・发电机已同步； ・汽轮机主控：手动； ・锅炉输入控制：跟随 MWD； 给水流量控制/燃料量控制/风量控制/炉膛压力控制：自动； ・水燃料比（WFR）控制自动或高压旁路汽压控制自动； MWD＝SELMW； BID＝MWD＋∫PTDEV（∫PTDEV 自锁）
BI	干态	・发电机已同步； ・无 CC 或 BF 方式； ・给水流量控制：自动； MWD＝SELMW； BID～BI 跟踪和负荷设定（BI 跟踪由运行人员设定）； 在 RB 情况下，BI 目标设定到预先设定 RB 目标负荷
	湿态	・发电机已同步； ・无 CC 或 BF 方式； ・燃料量控制：自动； MWD＝SELMW； BID～BISET（BISET 由运行人员设定）
BH	干态	・给水流量控制：手动； MWD＝SELMW； BID＝Fx（FWF）； Fx—根据静态特性把给水流量转换成负荷指标信号
	湿态	・发电机没同步； ・燃料量控制：手动； MWD＝SELMW； BID＝MWD（速率限制）

10. 锅炉输入变化率指令

在不同负荷下，锅炉输入的静态平衡是由相应的子控制回路的指令信号维持的，如给水、燃料和风量指令信号。但是在负荷变动时，仅有这些是不够的。

考虑到锅炉的动态平衡，锅炉输入变化率指令根据相应子控制回路单独产生，并作为前馈信号加到相应的指令信号上。该前馈信号可根据机组负荷上升和下降单独调节信号的强弱。由于锅炉要富氧燃烧，对风量控制子回路，前馈信号总是增加的方向。给水、燃料、风量等对负荷变化的前馈响应见图 28-22。

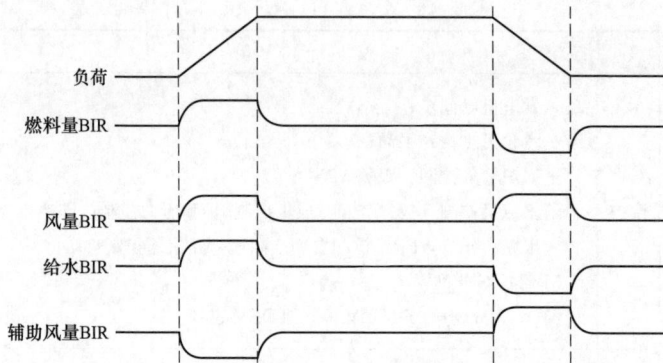

图 28-22　FF/FW/GD/BT/AA 对负荷变化的前馈响应

第三节　超（超）临界机组的给水自动控制系统

一、直流炉给水控制系统的主要任务

直流锅炉作为一个多输入、多输出的被控对象，其主要输出量为汽温、汽压和蒸汽量（负荷），其主要的输入量是给水量、燃烧率和汽轮机调门开度。由于是强制循环且受热区段之间无固定界限，一种输入扰动将对各输出量产生作用。如单独改变给水量或燃料量，不仅影响主汽压和蒸汽流量，过热器出口汽温也会产生显著的变化。因此，以汽水分离器出口温度或焓值作为表征量，采用比值控制，如给水量/蒸汽量、燃料量/给水量及喷水量/给水量等，是直流锅炉的控制特点。因此，给水控制系统的任务是既要参与负荷控制，又要参与汽温控制。

给水流量指令包括基本指令和微过热点焓值调节器指令两个部分。

（1）基本指令。经过多阶惯性环节后的锅炉主控指令作为给水流量的基本指令，目的为：①使燃水比保持一致以保证过热汽温基本不变；②快速响应负荷变化。多阶惯性环节的作用是使快速的给水流量变化与慢速的燃烧过程相适应，保证负荷动态响应过程的匹配。

（2）微过热点焓值调节器的指令。过热蒸汽温度能正确反映燃水比的改变，但通常存在较大迟延，约为 400s。而微过热汽温却能迅速反映燃水比的改变，因此采用微过热点焓值调节器的指令去修正给水流量指令。微过热点焓值调节器的设定值是负荷的函数 $f_5(x)$。由于在负荷变化 50%～100% 范围时，过热汽温被控对象的增益变化达 5～6 倍，时间常数的变化也有 2～3 倍左右，所以采用变参数控制。即以代表负荷的锅炉主控指令乘以微过热点焓值调节器的指令去调节给水流量，以适应控制特性变化了的控制对象——过热汽温。

当给水量或燃料量扰动时，汽水行程中各点工质焓值的动态特性相似；

在锅炉的燃水比保持不变时（工况稳定），汽水行程中某点工质的焓值保持不变。因此采用微过热蒸汽焓替代该点温度作为燃水比校正是可行的，其优点如下：

（1）分离器出口焓（中间点焓）值对燃水比失配的反应快，系统校正迅速。

（2）焓值代表了过热蒸汽的做功能力，随工况改变焓给定值不但有利于负荷控制，而且也能实现过热汽温（粗）调正。

焓值物理概念明确，用"焓增"来分析各受热面的吸热分布更为科学。它不仅受温度变化影响，还受压力变化影响。在低负荷压力升高时（分离器出口温度有可能进入饱和区），焓值的明显变化有助于判断，进而能及时采取相应措施。因此，静态和动态燃水比值及随负荷变化的焓值校正是超临界直流锅炉给水系统的主要控制特征。

二、给水系统的控制策略

给水控制系统原理见图 28-23。

机组燃烧率低于 40%BMCR，锅炉处于非直流运行方式，分离器处于湿态运行，分离器中的水位由分离器至除氧器，以及分离器至扩容器的组合控制阀进行调节，给水系统处于循环工作方式。在机组燃烧率大于 40% BMCR 后，锅炉逐步进入直流运行状态。因此，超临界机组锅炉给水控制分低负荷时（40%MCR 以下）的汽水分离器水位调节和锅炉直流运行（40%MCR 以上）时的煤水比调节。

（一）汽水分离器水位调节

分离器水位通过改变锅炉给水指令量来实现。当发生水膨胀时，由调节阀来辅助控制分离器水位。

根据锅炉汽水分离器储水罐水位，按比例控制锅炉汽水分离器储水罐水位调节阀开度。

储水罐水位为 11.3m 以下，储水罐水位调节阀全关；储水罐水位达到 15.4m 以上，储水罐水位调节阀全开。

下列情况锅炉汽水分离器储水罐水位控制强制手动：储水罐水位控制阀交流电源失去；储水罐水位控制阀直流电源失去；控制指令信号故障；分离器储水罐压力信号故障；分离器储水罐水位信号故障。

（二）燃水比调节

1. 一级减温器前后温差

如果各受热面的吸热比例不变，过热器出口焓值为一常数，则减温器后蒸汽焓值也是一常数，与负荷无关。保持减温器前后温差为一常数，也就间接保持了减温器前蒸汽温度为一常数，相当于用减温器前微过热汽温作为校正燃水比信号。

由于在运行过程中上、下排燃烧器的切换，以及蒸汽吹灰的投入与否、

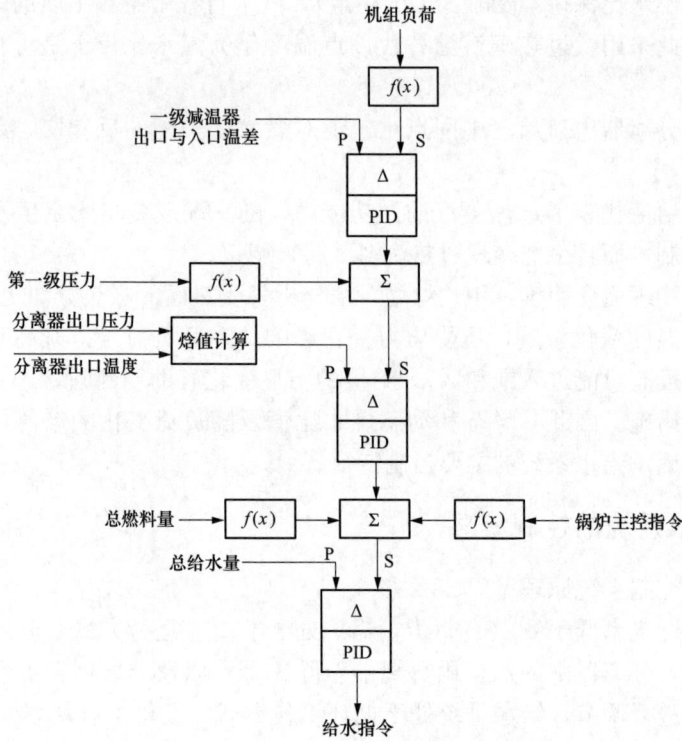

图 28-23　给水控制系统原理图

过热器属于对流过热或辐射的吸热特性等诸多因素，锅炉受热面在不同负荷时吸热比例变化较大。若要保持微过热段汽温和各级减温器出口汽温为定值，则各级喷水量变化就较大。为了克服上述缺点，采用保持减温器前后温差的调节系统，与直接调节微过热段汽温调节系统相比，其调节品质有降低，但有改善一级减温器工作条件的优点。

2. 总给水量

A 侧一级减温水流量、B 侧一级减温水流量、A 侧二级减温水流量和 B 侧二级减温水流量经平滑处理相加得总喷水流量。三个主给水流量信号经主给水温度修正后三取中，得主给水量。总喷水流量与主给水量相加得总给水流量。

3. 控制策略

A、B 两侧一级减温器前后温差二取一，与负荷经 $f(x)$ 形成的要求值进行比较，偏差送入温差 PID 控制器。其输出与调速级压力、平均温度等前馈量相加，作为焓值设定值与用分离器出口温度和出口压力计算出的实际焓值比较，偏差送入焓值 PID 调节器，输出加上燃料偏差作为给水量的要求值，与实际总水量的偏差送入给水调节器，产生给水指令信号。给水指令经平衡算法，送入 2 台汽动给水泵和 1 台电动给水泵，去控制给水量。当汽动给水泵 A、B 都自动时，可手动给定泵的偏置量，以承担不同负荷要求。当汽动给水泵 A、B 有手动时，自动生成偏置，实现两泵负荷的平衡；而电动给水泵只能手动给定泵的偏置量。

4. 给水泵转速控制

在给水泵控制系统中，给水主控发出的给水需求指令，被送到给水泵转速控制器，通过改变给水泵转速来维持给水流量。

5. 给水调节门控制

给水调节门不直接调节给水流量，仅控制给水母管压力。当给水母管压力发生偏差时，通过给水调节门的调节来维持给水母管压力，以保证对过热器的喷水压力。

6. 给水泵最小流量控制

电动给水泵和汽动给水泵都设计有最小流量控制系统，通过给水再循环，保证给水泵出口流量不低于最小流量设定值，以保证给水泵设备的安全。给水泵最小流量测量一般采用二取一。锅炉给水流量只要大于最小流量定值，给水再循环调节阀门就关闭。最小流量给水再循环调节阀通常设计为反方向动作，即控制系统输出为 0 时，阀门全开；输出为 100% 时，阀门全关。这样在失电或失去气源时，阀门全开，可保证设备的安全。

三、西门子公司给水系统的控制策略

给水控制系统包括蒸发器理论吸热量计算、焓值控制、一级减温器前后温差控制、给水流量设定值计算和燃料量与给水的解耦控制等多个回路，其原理见图 28-24。

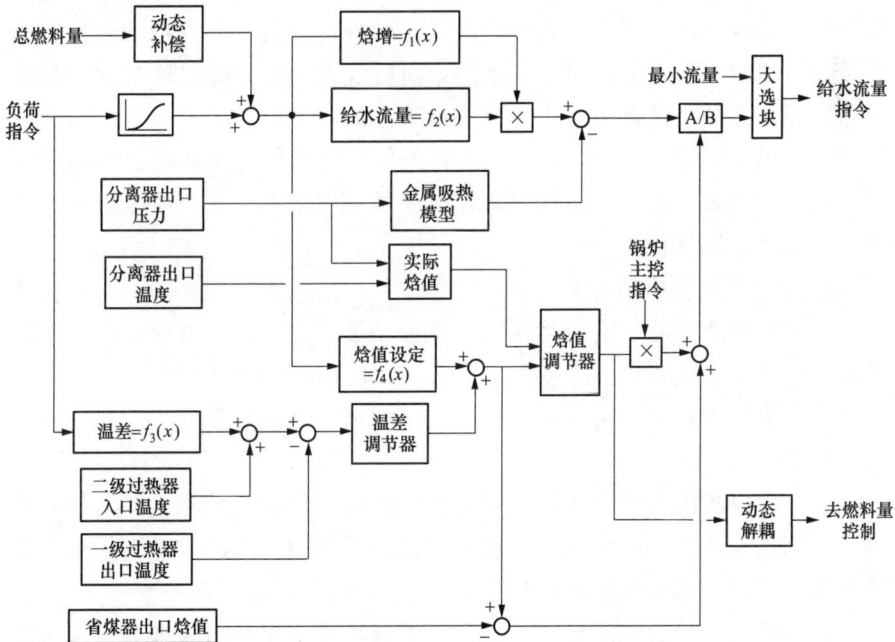

图 28-24　给水控制系统原理示意图

1. 蒸发器理论吸热量计算

蒸发器理论吸热量＝理论给水流量×省煤器出口到分离器出口的理论焓增-蒸发器金属蓄热量的变化量。

理论焓增和理论给水流量分别是负荷指令的函数 $f_1(x)$ 和 $f_2(x)$。负荷变化时，炉膛热负荷的变化相对于给水量的变化是一个迟延较大的对象，因此负荷指令要经多阶惯性的迟延后才转化为理论给水流量。对于来自燃料量的内扰，给水流量也有相应的变化量。

当分离器出口蒸汽压力变化时，蒸发器内金属的蓄热也将发生变化，无论是吸热还是放热，这部分热量都将影响到给水的实际吸热量，因此应从蒸发器理论吸热量的计算中排除。

2. 焓值控制回路及变参数校正

根据分离器出口微过热蒸汽的焓能迅速判断燃水比是否失调，因此采用微过热蒸汽焓值调节器的指令去修正给水流量指令以保证燃水比的平衡，从而保证过热汽温为给定值。其中焓值设定值为负荷的函数 $f_4(x)$。在负荷变化50%～100%时，过热汽温被控对象的增益变化达5～6倍，时间常数变化也有2～3倍，因此采用变参数控制。即用代表负荷的锅炉主控指令乘以微过热蒸汽焓调节器的输出，再去调节给水流量以适应控制特性变化了的控制对象——过热汽温。

3. 一级减温器前后温差控制回路

当负荷变化时，燃料量的变化导致锅炉出口烟温和烟气流速发生变化，势必影响炉膛内辐射传热量和烟道内对流传热量的变化。一级、二级过热器分别为屏式过热器和对流式过热器，这两种过热器的温度特性相反，如当负荷增加时，前者出口温度将下降，而后者则上升。此时若减少一级减温器的喷水流量，将直接恶化二级喷水减温的调节能力，可能导致二级过热器出口温度超温。因此，温差调节器的任务就是维持一级减温器前后温差为负数的函数 $f_3(x)$，并用其输出修正焓值设定值，从而改变给水流量指令以保证过热汽温。

4. 给水流量设定值计算

（1）给水流量设定值＝蒸发器理论吸热量/（省煤器出口到分离器出口的实际焓增＋焓值调节器的输出）。

（2）省煤器出口到分离器出口的实际焓增＝焓值设定值-省煤器出口给水实际焓值。

（3）省煤器出口给水实际焓值的作用体现在其导前控制上：当其增加时，表示给水从烟气的吸热量增加，即燃料量增加，因此给水流量也应迅速增加；反之，给水流量也应迅速减少。

（4）给水流量设定值与直流炉要求的最小给水流量取大形成给水流量指令。

四、玉环电厂 1000MW 机组给水控制系统设计

（一）给水控制

给水控制的目的是控制总给水流量，以满足当前锅炉输入指令。总给水流量在省煤器入口测量。

基于锅炉输入指令的给水流量指令受到总燃料量的交叉限制，以保证调节过程产生的不平衡始终不超出规定限值。另外，在所有工况下，都要维持给水流量的指令高于锅炉最小给水流量，以保护锅炉受热面。由于上述控制逻辑，在无外部干预下，锅炉控制的状态可以在湿态分离器（湿态方式）和干态分离器（干态方式）之间双向切换。这是因为给水流量和燃料量的比率在低负荷条件下比较高。因此，进入分离器的蒸汽随着负荷降低湿度就会增加，随着负荷升高干度就会增加。

锅炉最小流量由过热器总的喷水流量经函数发生器给出，这是因为过热器喷水管道是从锅炉省煤器出口分出来的一路。另外，在机组启动工况下，考虑到机组的热平衡，启动偏置加到锅炉最小流量指令里。为了避免省煤器汽化现象的发生，在给水流量需求指令上还加上正的偏置以增加给水流量。

主调节器使用一个对给水流量偏差进行比例加积分功能去产生副调节器（锅炉给水泵流量调节器）的锅炉给水泵流量需求指令。

（二）锅炉给水泵控制

在三菱公司提供的参考控制图中，每台给水泵除入口有流量测点外，出口也都有单独的流量测点，并且每台给水泵出口至给水母管之间都有一个调节阀门。由于玉环电厂的实际设备配置中没有给水泵出口流量测点，也没有调节阀门，所以在给水泵控制回路中取消了给水泵出口流量调节回路。从给水主控调节器来的信号直接作为调速泵的转速设定值，当然每台泵都可以改变偏置来调节本泵的出力。

（三）给水泵最小流量控制

根据每台给水泵的入口流量来控制通过每台泵的最小给水流量，这是为了确保泵的安全运行。

给水泵的入口流量送到函数发生器，函数发生器的输出作为泵最小流量阀的指令。当入口流量信号增加时，函数发生器输出减少；当入口流量信号减少时，函数发生器输出增加。经修正后的函数发生器输出信号用来调节泵最小流量调节阀。在最小流量控制回路中，有两个函数发生器，再经小选和大选后形成最后如图 28-25 所示的最小流量阀开度指令。

（四）给水控制系统调试与参数设置

1. 给水控制

给水控制的目的是控制总进省煤器进口的给水流量，以满足当前锅炉输入指令，保证合适的煤水比。基于锅炉输入指令的给水流量指令受到总

燃料量的交叉限制，以保证调节过程产生的不平衡始终不超出规定限值，否则发生闭锁请求。燃料量对于给水指令的交叉限制见图 28-25。

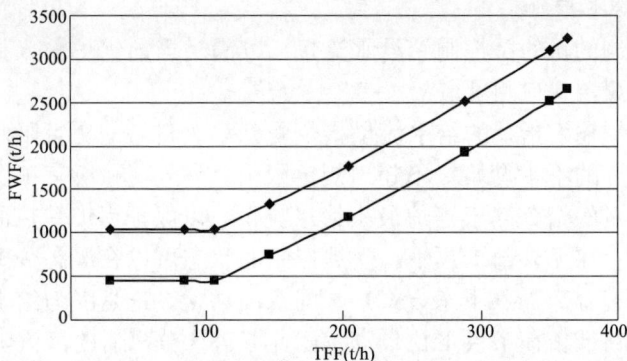

图 28-25　燃料量对给水指令的限制

　　另外，在所有工况下，都要维持给水流量的指令高于锅炉最小给水流量，以保护锅炉水冷壁受热面。锅炉最小流量由过热器总的喷水流量经函数发生器给出，这是因为过热器喷水管道是从锅炉省煤器出口分出来的一路。因此，给水流量指令为 BID 生成值和减温水流量函数的大值。另外，在机组并网时，考虑到机组的热平衡，保持机组湿态状态，按速率加 150t/h 流量到锅炉流量指令里，当 BID 大于 230MW 后，为机组的干湿态转换做准备，该偏置开始按速率复位。为了避免省煤器汽化现象的发生，当省煤器保护动作时，在给水流量需求指令上还加上正的偏置 66t/h，以增加给水流量，给水指令增加就是公式中的 ECOSTMBIAS，即

$$FWD = F(BID) + \int SHRWSI + BIRFW + ECOSTMBIAS$$

　　由于上述控制逻辑，所以在无外部干预下，锅炉控制的状态可以在湿态分离器（湿态方式）和干态分离器（干态方式）之间双向切换。这是因为给水流量和燃料量的比率在低负荷条件下比较高，随着负荷上升逐渐变小，所以进入分离器的蒸汽随着负荷降低湿度就会增加，随着负荷升高干度就会增加。在干湿态转换中，由于分离出来的水越来越少，所以储水箱水位逐渐降低，直至 BCP 去省煤器再循环流量调节门关闭，BCP 停运，干湿态转换完成。

　　根据现场调试需要，给水指令的生成环节加入了控制过热度的成分。汽水分离器出口过热度的控制依赖于合适的煤水比例，WFR 根据过热度调整给煤量，保证适当的水煤比。一旦 WFR 控制过热度不佳，单纯靠 WFR 调过热度余度不够，就通过水量适当调整来修正。当超过设定值 5℃时，就要适当增加给水。

　　另外，为配合加减负荷时的锅炉热惯性，一般加负荷时过热度会下降，减负荷时过热度会增加，由此，调试过程中增加了煤水联动的时间差策略。

由于锅炉燃烧调整产生热量的环节滞后于给水，需要对给水指令加一阶滞后环节，即让实际给水量与实际燃料燃烧发热量相互匹配，滞后时间是机组负荷 LD 的函数。机组 RB 时，给水的变化要比正常运行时更慢，给水泵 RB 时给水的变化又要更快，并且不同负荷变化量下，给水指令变化的速度也不一样，具体见图 28-26 和图 28-27。从图 28-26 中可以看出，在机组干、湿态转换时，给水要比平时慢。

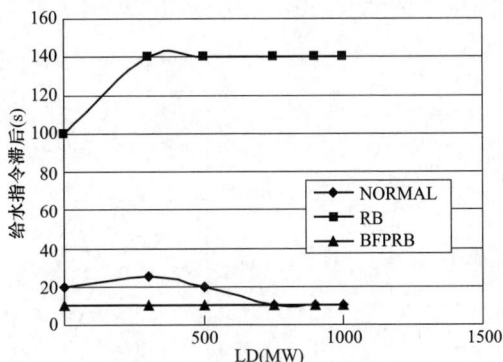

图 28-26　给水指令滞后时间

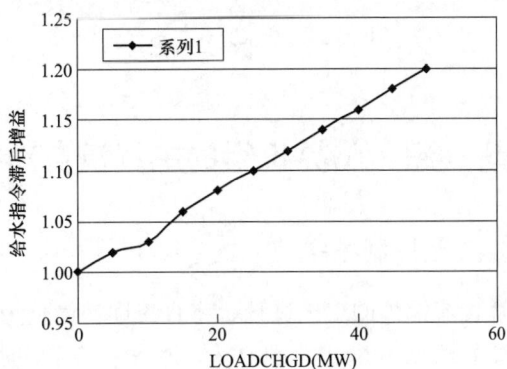

图 28-27　给水指令滞后增益

给水调节器使用 NORMAL 的 BALANCE 块取大值功能来实现两台汽动给水泵和一台电动给水泵的流量控制。依据系统设计，电动给水泵和汽动给水泵不同时投自动；另外当给水泵 RB 动作时，电动给水泵不自启。

2. 给水泵最小流量控制

根据每台给水泵的入口流量来控制通过每台泵的最小给水流量，这是为了确保泵的安全运行。给水泵的入口流量送到函数发生器，函数发生器的输出作为泵最小流量阀的指令。当入口流量信号增加时，函数发生器输出减少；当入口流量信号减少时，函数发生器输出增加。经修正后的函数发生器输出信号用来调节泵最小流量调节阀。在最小流量控制回路中，有两个函数发生器，再经小选和大选后形成最后如图 28-28 所示的最小流量阀开度指令。当指令在两个函数发生器之间时，调节阀保持不动。

经过现场调试后，电动给水泵最小流量控制的两个函数发生器设定为：

（1）F_{x1} 对应的点坐标为（310，100）、（500，0）。

（2）F_{x2} 对应的点坐标为（250，100）、（440，0）。

汽动给水泵最小流量控制的两个函数发生器为：

（1）F_{x1} 对应的点坐标为（310，100）、（500，0）。

（2）F_{x2} 对应的点坐标为（250，100）、（440，0）。

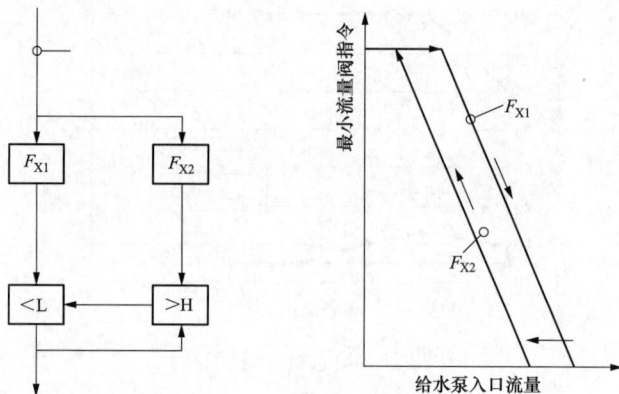

图 28-28　给水泵入口流量

第四节　超（超）临界机组的主汽温自动控制系统

一、超临界机组汽温控制系统

为更好地理解直流锅炉的工艺过程，将直流锅炉简化为如图 28-29 所示的单管结构。受控的给水流量在一端进入，热量由受控的燃料量产生，沿管道长度施加到工质上，在管道的另一端，产生的超临界状态蒸汽输送到汽轮机。减温喷水引自进入锅炉的总给水量，它的变化改变了减温喷水阀前后受热段工质流量的分配。燃烧率产生的热量分配到水冷壁、过热器和再热器等受热面上，各受热面热量分配比例由摆动燃烧器或烟气挡板实现调整。

影响过热蒸汽温度的主要因素包括以下几类：

（1）燃料、给水比（煤水比）。只要燃料、给水比的值不变，过热汽温就不变。只要保持适当的煤水比，在任何负荷和工况下，直流锅炉都能维持一定的过热汽温。

（2）给水温度。正常情况下，给水温度一般不会有大的变动；但当高压加热器因故障退出时，给水温度就会降低。对于直流锅炉，若燃料不变，由于给水温度降低，加热段加长、过热段缩短，过热汽温会随之降低，负

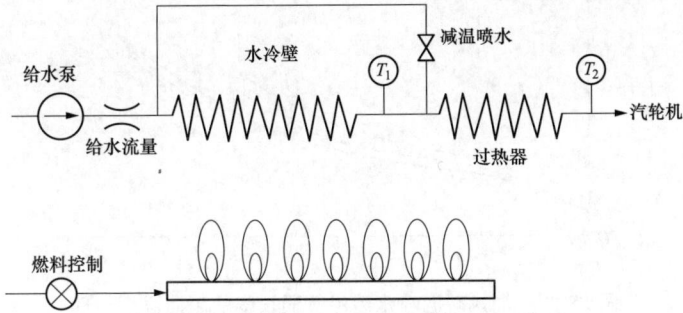

图 28-29　简化后的直流炉单管模型

荷也会降低。

（3）过量空气系数。过量空气系数的变化直接影响锅炉的排烟损失，同时影响对流受热面与辐射受热面的吸热比例。当过量空气系数增大时，除排烟损失增加、锅炉效率降低外，炉膛水冷壁吸热减少，造成过热器进口温度降低、屏式过热器出口温度降低。虽然对流过热器吸热量有所增加，但在煤水比不变的情况下，末级过热器出口汽温有所下降。过量空气系数减小时，结果与增加时相反。若要保持过热汽温不变，则需重新调整煤水比。

（4）火焰中心高度。火焰中心高度变化的影响与过量空气系数变化的影响相似。在煤水比不变的情况下，火焰中心上移类似于过剩空气系数增加，过热汽温略有下降；反之，过热汽温略有上升。若要保持过热汽温不变，则需重新调整煤水比。

（5）受热面结渣。煤水比不变的调节下，炉膛水冷壁结渣时，过热汽温有所降低；过热器结渣或积灰时，过热汽温下降明显。前者发生时，可以调整煤水比；后者发生时，不可随便调整煤水比。必须在保证水冷壁温度不超限的前提下调整煤水比。

对于直流锅炉，在水冷壁温度不超限的条件下，后四种影响过热汽温的因素都可以通过调整煤水比来消除。因此，只要控制、调节好煤水比，在相当大的负荷范围内，直流锅炉的过热汽温可保持在额定值，这个优点是汽包锅炉无法比拟的；但煤水比的调整，只有自动控制才能可靠完成。

减温喷水阀实质上是调整的工质流量在水冷壁和过热器之间分配比例，通常可以有额定负荷下给水量的 10％用于动态分配。图 28-30 所示为不同的工质流量分配比例对各区段工质温度的影响。减温喷水量的变化改变了进入省煤器和水冷壁的给水量，这一区段的热量/水量比值随之改变，因而区段内工质温度发生了相应变化。但无论减温喷水量有多大变化，最终进入锅炉的总给水量未改变，燃水比未改变，稳态时锅炉出口过热汽温也不会改变，但减温喷水会改变瞬态过热汽温。

燃烧器摆角或烟气挡板变化只影响锅炉内的热量在各受热面区段的分

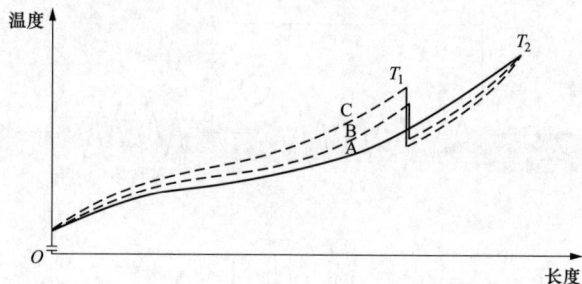

图 28-30　加入减温喷水后沿管通长度的工质温度特性
A—无减温喷水；B—有减温喷水；C—加大减温喷水

配，锅炉内吸收的总热量并未改变。摆角的改变对过热汽温和再热汽温有较为快速的效应，与此同时，摆角对水冷壁出口温度的改变很快就抵消了对过热汽温和再热汽温的这种影响。热量分配改变对工质温度的影响如图 28-31 所示。

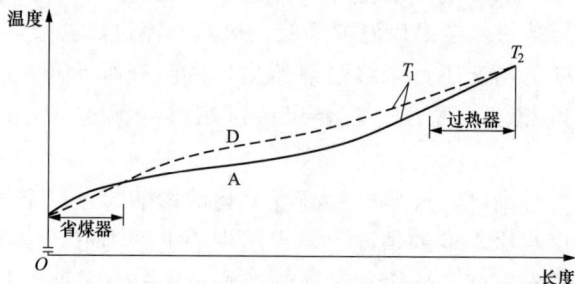

图 28-31　改变热量分配（燃烧器摆角向下摆动）对工质温度的影响
A—初始工况；D—燃料器摆角向下摆动

　　进入锅炉的燃烧率与给水量之间形成燃水比，它影响着稳态汽温的走向，因而是最终能保持汽温稳定在设定值的手段，如图 28-32 所示。

　　通常锅炉有二级、左右两侧减温喷水，这些减温喷水可以补偿局部的热量与工质分配的不平衡，可以用于改善汽温调整的动态响应。整体的汽温调整手段应是将提供快速动态响应的减温喷水与提供稳态汽温调整的燃水比协调起来，利用各自在汽温调整上的优势，获得整体汽温调整和响应性能的最优。

　　燃水比在超临界机组汽温调节中起着至关重要的作用，由于燃水比变化时过热汽温的响应延时很大，几乎不能直接使用过热汽温作为燃水比的反馈信号。采用什么信号来更为快速和精确地反映燃水比的变化，从而提高汽温调节的性能，一直是直流炉控制中研究最为活跃的方向。处于水冷壁出口的微过热汽温或微过热蒸汽焓值，因其对燃水比扰动的响应曲线斜率是单调的，响应较为快速并近似一阶惯性环节，在直流炉控制中得到广泛应用。

　　燃水比、微过热汽温或微过热蒸汽焓值、喷水减温等构成超临界机组

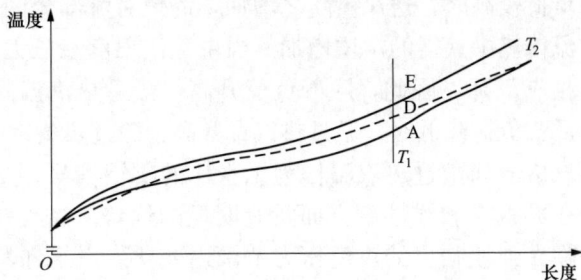

图 28-32　改变燃水比对工质温度的影响
A—初始工况；E—增加燃/水比；D—改变热量分配

汽温控制系统的重要参量和手段，它们的特性对超临界机组汽温控制系统的设计具有重要意义，具体分析如下。

二、燃水比

燃料量与给水量之间的比例（燃水比）不是恒定不变的，它必须随着负荷的改变而改变，式（28-8）可说明这一点，即

$$i_{st} = i_{fw} + \frac{FQ_{net}\eta}{W} \qquad (28-8)$$

式中　i_{st}——主蒸汽焓值，kJ/kg；

　　　i_{fw}——给水焓值，kJ/kg；

　　　F——燃料量，t/h；

　　　W——给水量，t/h；

　　　Q_{net}——燃料低位发热量，kJ/kg；

　　　η——锅炉效率。

锅炉给水温度随负荷的增加而升高，因此 i_{fw} 也随之升高；机组定压运行时，主蒸汽温度和压力为定值，即 i_{st} 为一定值；Q_{net} 和 η 可视为常数。因此燃水比 F/W 是随负荷的升高而减小的。无论是定压还是滑压运行，式（28-8）都是计算静态燃水比 F/W 与负荷关系的基本公式。

另外，燃料量和给水量在负荷改变时按燃水比 F/W 并行进行调整，但二者对汽温的动态影响是不同的。为减小负荷动态调整过程中的汽温波动，还必须对负荷调整产生的燃料量指令和给水量指令分别设置动态校正环节，保证燃料量和给水量的动态匹配。

三、微过热汽温和微过热蒸汽焓值

微过热汽温在一定的过量空气系数下，也与锅炉负荷密切相关。工质在炉膛中吸收的热量分为两部分，分别是在锅炉本体中以辐射吸收为主的部分，以及在对流过热器中以对流吸收为主的部分。当锅炉负荷较低时，锅炉本体中工质的焓增较大，微过热汽温较高，过热度也较大，灵敏度也

较高。当锅炉负荷较高时，送风量随之增加，锅炉对流部分的吸热率增加，因此工质在对流传热中获得的焓增增加。当主蒸汽温度和压力保持不变时，微过热汽温则相应下降。因此，随着负荷升高，微过热汽温降低，微过热蒸汽焓值也降低；负荷降低时，微过热汽温升高，微过热蒸汽焓值也升高。

微过热蒸汽焓值和微过热汽温作为燃水比的反馈信号，二者相比，微过热蒸汽焓值在灵敏度和线性度方面具有明显的优势。当负荷变化时，工质压力将在超临界到亚临界的广泛压力范围内变化。由水和蒸汽的热力性质可知热焓-压力-温度间存在这样的关系，蒸汽的过热度越低，热焓-压力-温度间关系的非线性度越强。特别是亚临界压力下饱和区附近，这种非线性度更强，如图 28-33 所示。在过热度低的区域，当增加或减少等量给水量时，焓值变化的正负向数值大体相等，但微过热汽温的正负向变化量则明显不等。如果微过热汽温低到接近饱和区，给水量扰动可引起明显的焓值变化，但温度变化却很小。因此，应优先选用微过热蒸汽焓值，以保证燃水比的调节精度和更好的调节性能。

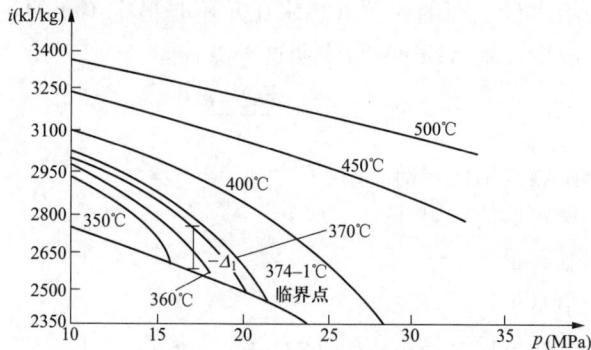

图 28-33　工质热焓-压力-温度曲线

当通过燃烧器摆角或其他手段改变锅炉内各吸热段热量分配比例时，微过热汽温必然会发生改变。由于燃水比未改变，过热汽温保持不变，所以控制系统中对此引起的微过热汽温的变动应加以补偿。运行方式的变化，如高压加热器切除，会使给水温度有大幅度下降，燃水比需做调整，锅炉内各吸热段热量分配比例也将改变，随即将影响到微过热汽温；如为经常性扰动，则应有相应的补偿环节。

微过热汽温和微过热蒸汽焓值随负荷变化而变化，当采用该反馈信号通过调整给水量来调整燃水比时，则给水调节系统外回路（给水主调）的任务就是调整微过热汽温或微过热蒸汽焓值到期望的设定值，负荷变化时该设定值做相应变动。不仅如此，该设定值还需串接惯性环节进行动态校正，这是因为以下原因：

（1）变负荷时，由于炉膛蓄热的需要，加负荷时首先应增加燃料量、提高燃烧率，以先满足炉膛蓄热量提高的需要，然后再按校正信号增加给水量；当减负荷时，应先减燃料量、降低燃烧率，因最初炉膛蓄热量还要释放出部分热量，然后再按校正信号减少相应给水量。

因此，应使微过热汽温或微过热蒸汽焓值校正给水量的作用适当滞后。

（2）负荷变化时给水温度也相应改变。在发电负荷给定值变化后，给水温度要等到汽轮机抽汽温度的变化，再经过高压加热器的传导后才发生变化。因此，微过热汽温或微过热蒸汽焓值的设定值信号也应与此变化过程相适应，即通过惯性环节的动态校正，使设定值变化与实际微过热汽温或微过热蒸汽焓值物理变化过程相匹配。

四、燃水比调整与减温喷水的协调

燃水比调整是保持汽温的最终手段，但对过热汽温影响的迟延大。减温喷水能较快地改变过热汽温，但最终不能维持汽温恒定。将二者协调起来，才能完善汽温控制性能。通过将一级喷水减温器前后温差（ΔT_{PDS}）与代表适量喷水的温差设定值相比较，形成一级温差偏差（$\Delta T_{PDS\,error}$）。用该一级温差偏差去修正燃水比（F/W），据此调整后的燃水比（F/W）将使一级温差偏差（$\Delta T_{PDS\,error}$）稳定在预设的温差设定值。保持一级减温喷水阀和减温水量工作在适中位置，可及时响应对汽温上下波动进行调整的需要。因通过给水量调整燃水比对汽温的影响滞后较大，且燃水比着重于保持汽温的长期稳定，所以一级温差偏差对燃水比的校正作用相对缓慢。

五、微过热汽温或微过热蒸汽焓值调整对燃料（燃烧率）调整的解耦设计

微过热汽温或微过热蒸汽焓值调节器直接影响给水量。泵入直流锅炉给水量的增加将导致锅炉中原来蒸汽占据空间的减少，相应的蒸汽被驱赶到锅炉出口，从而使机前压力和功率都在瞬间有所增加。如果燃烧率不变，功率将逐渐回落到原先的水平，机前压力则因给水流量增加要求的给水压力增加而逐渐回落到较原先机前压力稍高的水平。这一调节作用引起的机前压力和功率的短时间改变，将通过调节回路改变燃烧率，并再对微过热蒸汽焓值形成扰动，有可能导致不稳定状况的发生。解耦设计是将焓值调节器的输出通过实际微分环节加入到对燃烧率的调节回路，使燃烧率不变或少改变，因此将给水量和燃烧率的相互作用减到最小，增加了焓值调整和整个机组调整的稳定性。

采用上述分析结果形成的燃水比部分调整的控制策略简图如图 28-34 所示，该控制策略已在利港电厂 2×600MW 机组控制系统设计中采用。

六、汽温的减温喷水调节系统

控制系统的设计通常情况下考虑较多的是被控对象的数学特征，即其数学模型，由于这些数学特征和模型的抽象性，所以控制策略大多是基于

锅炉主控
调节器

负荷 一级减温器温差 燃烧器摆角 微过热蒸汽
给定值

A

$f(x)$

$f(x)$ Δ A

$f(x)$ PI

锅炉主控 A/M

×

Σ

F/W $f(x)$ $f(x)$

Δ

$f(x)$ PI F/W

+ Δ A

$f(x)$ −

$f(x)$ 去燃料–空气
交叉限制

Σ FW Flow

$f(x)$ < A min

$f(x)$

>

给水量设定值

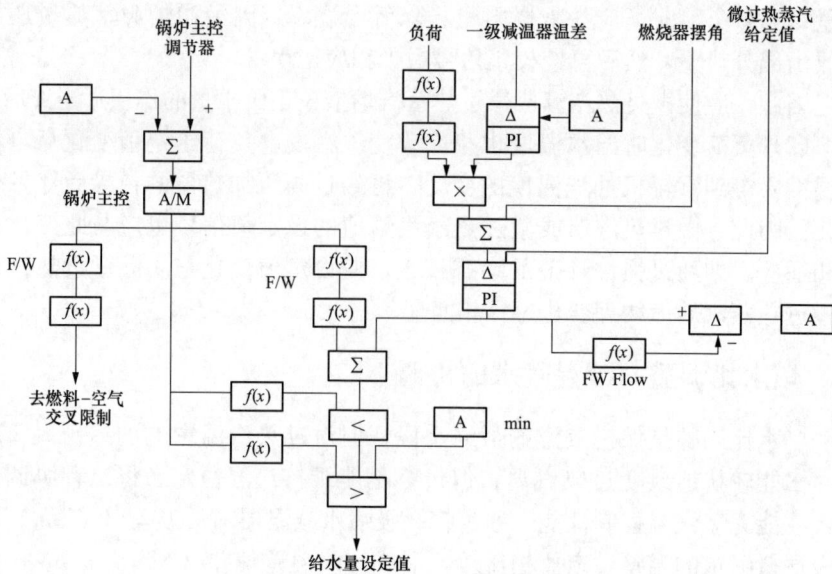

图 28-34　利港电厂 2×600MW 燃水比调节简图

数学方法的。这样的控制策略在相当多的应用场合取得了成效，但也有一些场合基于被控对象和过程的物理机理的控制策略可以不需要复杂的计算和补偿环节，更为简单和有效。例如 DEB 控制策略就是利用物理机理的成功范例。它采用热量信号实现了汽轮机侧扰动对锅炉的解耦，利用汽轮机能量需求信号精确计算出了锅炉侧应有的热量输入。与其他机炉协调控制系统策略相比，DEB 控制策略结构简单、无复杂计算和补偿、用单级的燃料量控制回路取代带主汽压控制的串级控制回路，控制性能得到很大改善。下面介绍的汽温控制策略也很大程度上基于物理机理，系统结构简单、取消串级控制器，可以改善汽温这样的大惯性对象的控制性能。

该汽温控制系统基于如下物理机理。

（1）过热器出口汽温的改变量是通过过热器进口汽温（喷水减温器出口汽温）的改变量实现的。在不同的负荷或压力下，同样出口汽温的改变量需要不同的进口汽温的改变量，这两处汽温改变量间存在定量关系，可以通过过热器进口蒸汽比热与出口蒸汽的比热予以确定。例如某一负荷下，过热器进口蒸汽的参数为 18.5MPa/470℃，其比热为 3.456；过热器出口蒸汽的参数为 18MPa/540℃，其比热为 2.907。因此，进口蒸汽焓值增加 3.456kJ/kg 将提高进口汽温 1℃，出口汽温提高 1℃ 则需出口蒸汽焓值增加 2.907kJ/kg，在出口蒸汽焓值同样增加 3.456kJ/kg 的情况下，出口蒸汽温度将增加 3.456/2.907＝1.19（℃）。反之，如果要求出口汽温改变 1℃，则进口汽温需要改变 2.907/3.456＝0.84（℃）。这一出口蒸汽比热与进口蒸汽比热的比值为出口汽温对进口汽温要求的调整因子。

在某一低负荷、滑压状态下，进口蒸汽的参数为 12MPa/470℃，其比热为 2.813；出口蒸汽参数为 11.8MPa/540℃，其比热为 2.591，则调整因子为 2.591/2.813＝0.92。

从上述例子可以看出，对出口汽温的调整要求可以转换为通过调整因子预估对进口汽温的调整幅值。随着压力的增加，同样的出口汽温的改变量要求较大的进口汽温的变化，调整因子随压力而变化。由于比热与压力密切相关，一些中间段的压力没有测点，则需通过附近的压力测点，以设计计算书为依据实时推算相应点的压力。

（2）过热器进口汽温（喷水减温器出口汽温）的变化以过热器的动态特性影响过热器出口汽温的动态变化。

基于上述物理机理的汽温控制系统原理简图如图 28-35 所示。出口汽温与其设定值的偏差（$T_{sp}-T_{out}$）与调整因子相乘，转换为对进口汽温的调整要求。出口汽温偏差发生后，PID 控制器即按转换后对进口汽温的调整要求进行调节，改变减温喷水阀，改变进口汽温 T_{in}。进口汽温 T_{in} 改变后，将通过实际过热器改变出口汽温 T_{out}。同时从原理简图可知，进口汽温通过模拟的过热器特性 PT_n（多容环节）形成的 $PT_n \cdot T_{in}$，在 PID 调节器的设定值回路与经调整因子相乘的实际出口汽温 T_{out} 相互抵消。PID 调节器的入口偏差为 $[K(T_{sp}-T_{out})+PT_n \cdot T_{in}]-T_{in}$，$K$ 为调整因子 $f(x)$ 在某一压力下的值。如果模拟的过热器特性 PT_n 与实际过热器特性充分接近，则在整个动态调整过程中设定值回路 $[K(T_{sp}-T_{out})+PT_n \cdot T_{in}]$ 基本维持恒定，系统调节性能十分稳定，整个汽温调节系统转换为以过热器进口汽温（喷水减温器出口汽温）为对象的单回路系统。该系统从以下三个方面改善了汽温调节的性能。

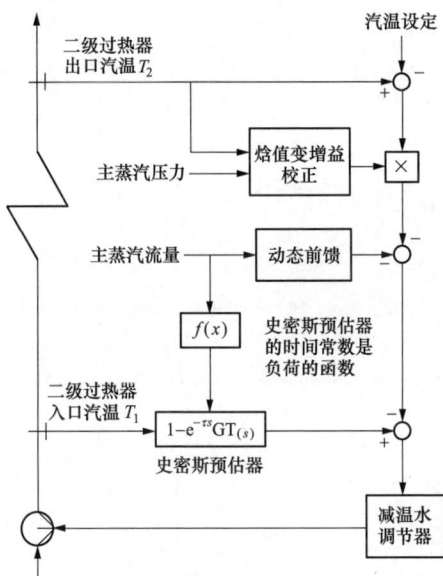

图 28-35　基于物理机理的汽温调节简图

（1）调节对象为快速响应对象而不再是大惯性对象。

（2）变常规的汽温串级调节为单回路调节，消除了主、副调节器之间出现相互干扰、导致汽温的调节品质不佳的诱因。

（3）汽温对负荷的变动特性不再影响闭环回路，调节器无需自整定或自适应。

过热器的特性 PT_n 随着负荷的变动会发生改变，可以通过负荷与多容环节时间常数的关系曲线实现不同负荷下的过热器的特性，其他主要扰动使得 T_{in} 对应于不同的 ΔT_{out}，也可以通过类似的模拟消除其影响。过热器特性 PT 和调整因子并不总是很准确的，但由于 $PT_n \cdot T_{in}$ 最终能稳定到 T_{in}，T_{out} 总能稳定到其设定点，PT_n 和调整因子的准确性会影响汽温调节的动态特性，可作为喷水减温调节系统参数整定的补充手段。

第二十九章　RUNBACK 控制

第一节　概　　述

机组重要辅助停运快速减负荷功能（RUNBACK，简称 RB）是伴随协调控制系统而引入国内的。在 20 世纪 90 年代，由于协调控制系统的投入率和自动调节品质普遍不高，所以极少有机组投入 RB 功能。

1996 年，DL/T 5437《火力发电建设工程启动试运及验收规程》规定：机组的考核期自总指挥宣布机组试运结束之时开始计算，时间为六个月，涉网特殊试验和性能试验合同单位，应在考核期初期全面完成各项试验工作。其中就包括机组 RB 功能试验。

但是当时 RB 的触发条件、试验方法与验收并没有统一的标准，各电厂的目标仅仅是完成性能考核试验，试验条件不乏人为设置和干预的因素，甚至 RB 过程在半自动甚至手动方式下进行，与机组实际运行时辅机跳闸工况相差甚多，从而导致了实用性不强，RB 动作成功率偏低。这种状况虽然到 21 世纪前 10 年，各发电集团对机组的非计划停运考核力度增强而有所改善，但是仍然没有质的提升。

针对这一现状，电力行业热工自动化专业技术委员会申报了电力行业标准的编写工作，由西安热工研究院、神华国华（北京）电力研究院、浙江电科院联合编写了电力行业标准 DL/T 1213—2013《火力发电机组辅机故障减负荷技术规程》。该规程的出版，以及各发电集团公司纷纷把其中的试验内容、试验条件和试验周期纳入基建、生产、技术监督和安全检查的管理制度，极大规范了 RB 试验与验收的规范性。尤其是在机组基建验收、大修后验收、DCS 改造后、重要辅机改造或者变更后要求必须进行 RB 试验，对于不成功的需要进行原因查找，对于非热力系统原因的须优化控制逻辑直到成功为止。经过上述管理与技术的共同努力，目前因为 RB 动作不成功而导致的机组非停事件已经非常少了，在热工控制层面极大地提高了机组的安全性和稳定性。

第二节　RB 关键技术与试验

一、RB 关键技术

当发生部分主要辅机故障跳闸，使锅炉最大出力低于给定功率时，协调控制系统将机组负荷快速降低到实际所能达到的相应出力，并控制机组在允许参数范围内继续运行，该过程称为 RUNBACK（辅机故障减负荷，简称 RB)。RB 试验的目的是检验机组和控制系统在故障下的适应能力，是对机组故障下运行能力的检验，是对控制系统性能和功能的检验。RB 功能的实现为机组在高度自动化运行方式下提供了安全保障。

通常，RB 是指当锅炉出现重要辅助设备故障时，协调控制系统所采取的快速减负荷控制策略。当汽轮机辅机故障或发电机部分线路发生故障时，机组所采取的快速甩负荷控制策略则称为 Fast Cut Back（机组快速甩负荷，简称 FCB）。FCB 比 RB 的控制策略更为复杂，涉及汽轮机调门的快关和高压旁路的控制，协调控制系统所采取的控制方式也与 RB 不同，实现的难度更大。

（一）RB 控制的基本原理

RB 控制策略主要由模拟量控制系统（MCS）和燃烧器管理系统（BMS）共同实现。

BMS 的任务是控制燃料量的投入，保证在低负荷运行期间的燃烧稳定。RB 发生后，通常的做法是切除最上层燃料，跳闸 1~2 台磨煤机（或给粉机）。如果需要投油稳燃，则 BMS 还将决定油枪投入的数量及方式。

在协调控制系统中，一般有以下几个特有的 RB 控制回路：机组最大出力计算、负荷指令变化速率设定、协调控制方式切换、主汽压力控制方式切换、降压控制速率设定、RB 优先控制（RB 优先迫升/迫降、禁止偏差切手动、汽轮机调门禁开等），以及减温水调门关闭超驰控制等。

汽轮机数字电液控制系统（DEH）在 RB 工况下一般担任协调控制系统的执行级，对机前压力进行调节。辅机顺序控制系统（SCS）则通过连锁保护逻辑，实现 RB 时送/引风机、空气预热器的同侧联跳，以保证锅炉风烟系统的快速平衡，避免由于炉膛压力保护动作引起锅炉 MFT。

RB 控制技术是 20 世纪 80 年代随着 DCS 的引进，在协调控制系统的设计中出现的，由于 RB 控制技术的实施很大程度上依赖于试验研究，所以直到 90 年代中期才逐步在新建大型机组上实现。在新建大型机组上进行 RB 试验，应首先完成相对容易的磨煤机、炉水泵、送风机、引风机 RB 等项目，而给水泵、一次风机 RB 试验项目则相对较难。到 90 年代末，几乎所有新建大型机组均按要求在半年试生产期或商业移交前完成了所有 RB 试验项目。

将新建大型机组 RB 试验研究的成果应用到 125~200MW 等级机组的 DCS 改造中，大大提高了这些机组的自动化水平，如给水泵、引/送风机等 RB 试验项目在改造机组中也得到广泛的应用。

（二）RB 试验采用的基本方法

新建机组在投产前，或完成 DCS 改造的机组在正式服役前，都应完成 RB 试验，以保证协调控制投入后机组的安全运行。其他情况下，如只对协调控制系统的软件进行了修改，一般只要求进行 RB 功能模拟试验。按照 DL/T 657—2005《火力发电厂模拟量控制系统验收测试规程》的要求，新建机组的 RB 试验可放在 168h 满负荷试运行前或半年试生产期间进行，但新建机组的模拟量控制系统在进行最终验收测试前应完成 RB 试验。

1. RB 功能模拟试验的方法及要求

在机组停运的情况下，按设计的功能依次模拟 RB 产生的条件，进行 RB 功能模拟试验。试验中，主要应检查以下内容：

（1）所有的 RB 数字量输入回路能够正确动作。

（2）负荷运算回路、负荷指令变化速率等 RB 控制参数已正确设定。

（3）协调控制系统输出至 FSSS 跳磨煤机或给粉机的控制逻辑正确，数字量输出回路能够正确动作。

（4）协调控制系统在 RB 发生后能够自动切换到 TF 方式运行。

（5）RB 时，主汽压采用的定压/滑压方式符合设计要求，一般应切换到滑压方式运行。

（6）滑压运行方式时，滑压速率参数设定应根据不同 RB 的特点正确设定。

2. RB 动态试验

在进行 RB 动态试验之前，应检查是否已经具备了以下条件：

（1）协调控制系统及控制子系统已正常投用，并完成相应的定值扰动和负荷摆动试验，调节品质合格。

（2）协调控制系统在 TF 方式下的定值扰动试验合格，调节品质符合要求。参考指标为：在 $0.6\sim0.8$MPa 定值扰动下，过渡过程衰减率 $\psi=0.7\sim0.9$，稳定时间少于 6min。

（3）RB 功能模拟试验已完成，结果满足要求。

（4）机组保护系统已正常投入。

在进行正式的 RB 动态试验之前，一般还要进行预备性试验，以确认协调控制系统在 RB 工况下能正确进行控制，并根据预备性试验的结果对不同 RB 工况下的目标负荷、降负荷速率进行适当调整。

RB 正式试验一般应在 $90\%P_e$ 以上负荷工况下进行，以考核机组和协调控制系统在 RB 工况下的控制能力。按设计的 RB 功能分项进行动态试验，如分别进行磨煤机、送风机、引风机、一次风机、给水泵等 RB 试验，记录各被调量的动态曲线。

RB 试验的品质指标为：机组 RB 试验时，参数波动范围不危及机组安全和不引起机组保护动作跳闸，即为合格。

（三）提高 RB 试验成功率的措施

RB 动态试验是一种高风险的试验，如何提高试验的成功率、减少机组 MFT 的次数，主要应从组织和技术上采取一系列措施进行控制，而正确有效的技术措施则是成功的关键。在进行正式的 RB 动态试验之前，有必要对协调控制系统进行评估，制定试验方案和运行操作反事故措施，并进行预备性试验，以提高试验的成功率，减少机组 MFT 的次数。

新建机组在调试中，除了完成规定的调试项目以外，一般还要对协调控制系统进行适当的改进和完善，尤其是针对机组特点对 RB 控制策略进行一些个性化的改进，这是成功完成 RB 动态试验的基础。因此，RB 试验不是一项简单意义上的试验，更多的是研究和改进。RB 试验的高风险性在于短时间内工况变动大，对机组的冲击大，很容易造成 MFT。因此，应根据机组的实际运行情况制定正确的试验方案，编写详细的试验步骤，条件不成熟时不要急于开始试验。运行操作应在安全上做好预想，并对试验可能出现的异常情况制定相应对策。

为了考核机组和协调控制系统在 RB 工况下的实际控制能力，RB 试验要求在 $90\%P_e$ 以上负荷工况下进行。在进行 RB 正式试验之前进行预备性试验是减少机组 MFT 的次数、提高试验成功率的重要途径。过去许多 RB 试验失败的原因，是考虑不周或疏忽，使得实际的控制逻辑未能实现预定的控制方案。预备性试验由于工况变动不大，对机组的冲击小，如出现上述问题，往往能通过运行人员的及时补救而避免机组 MFT 的发生。对不同 RB 工况下的目标负荷、降负荷速率的设置，往往需要根据预备性试验的结果来进行适当调整。在正式的 RB 试验中，是不允许进行人为设置和预操作的，当有些控制逻辑方案、设定值尚未完全确定时，可通过预备性试验来分析和验证，并在协调控制系统中实施后再进行 RB 正式试验。

（四）RB 控制策略

1. RB 信号的生成逻辑

一种较常用的 RB 信号激活回路原理示意图如图 29-1 所示。当 CH1 号信号大于由 RB 负荷计算回路送过来的机组最大运算负荷 CH2 号时，则认为发生 RB。下面就对机组发生辅机故障情况下 RB 触发回路的动作过程进行分析。

当机组正常运行时机组实际负荷必然小于机组最大运算负荷，因此小选模块 M1 的输出为锅炉指令反馈信号。其值减去 1%（原设计）且经变化率限制模块 SWF 限速后送至大选模块 M3 的入口，再与大选模块 M3 的另一个输入信号机组最大运算负荷比较，其值一定比锅炉指令反馈信号减 1% 大。因此大选模块 M3 选最大运算负荷作为机组最大可能负荷，此时不发生 RB。

当有某个重要辅机故障时，根据 RB 负荷计算回路中机组最大运算负荷选小原则，可知机组最大运算负荷马上变为这一种辅机的总出力（例如掉一台送风机，机组最大运算负荷马上变为 55%）。当其值小于锅炉指令反馈（机组实际负荷信号）时，小选模块 M1 就会选择机组最大运算负荷作为它的输出，其值减 1，再经过限速模块 SWF 限速后（CH1 号）与机组最大运算负荷（CH2 号）比较。因为限速模块 SWF 的作用，CH1 号不能马上降到等于机组最大运算负荷，所以其值就会比机组最大运算负荷大，大选

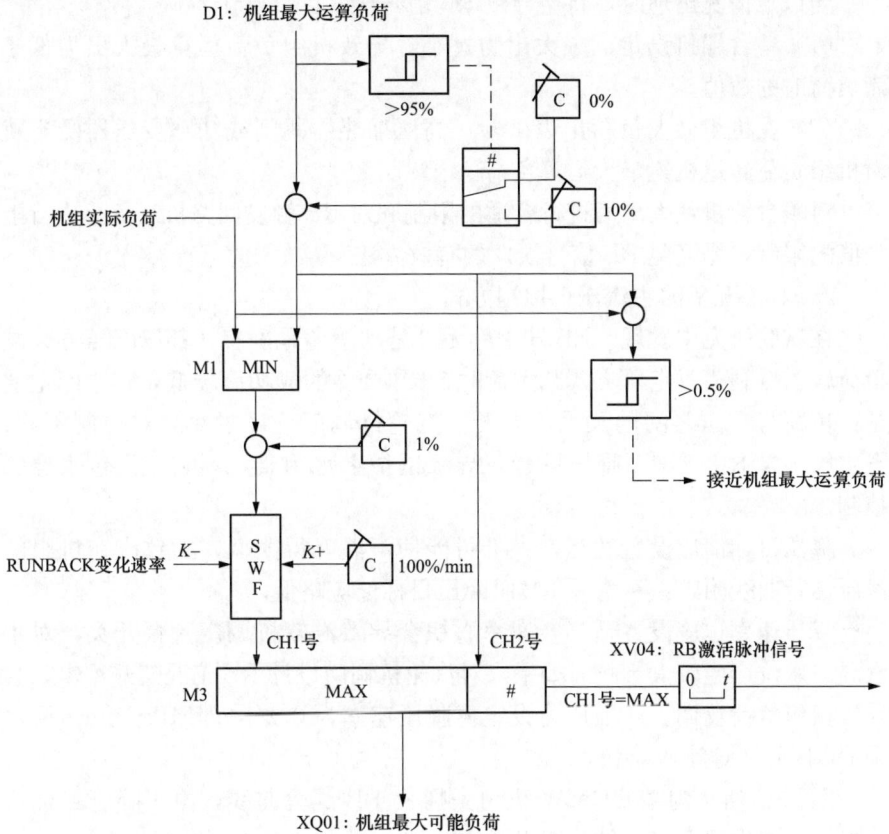

图 29-1 西门子 RB 触发回路

D1—图中机组最大运算负荷；XV04—RB 激活脉冲（切磨煤机投油枪信号）；
SWF—限速模块（其作用相当于一个惯性环节）；XQ01—机组最大可能负荷

模块 M3 就会选择 CH1 号这一路作为机组最大可能负荷，同时触发 RB 并产生 RB 激活脉冲 XV04 信号（见图 29-2）。

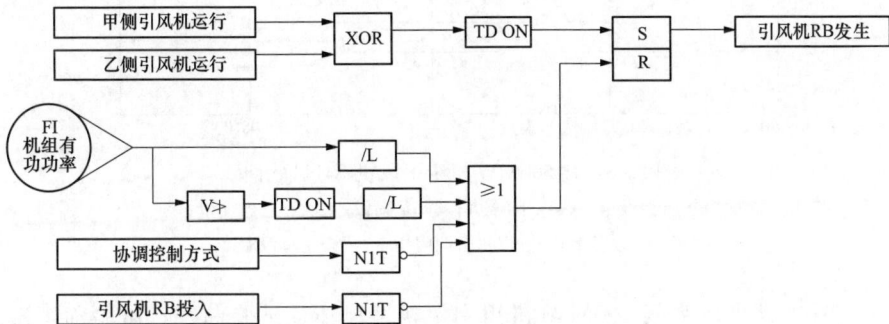

图 29-2 一种通用的 RB 触发回路

XOR—异或门；TD ON—得电延迟；V≠—速率变化；
/L—低值判断；S/R—RS 触发器

当以下情况出现时，将会导致 RB 信号误发：

（1）单台辅机设定的最大出力过小，导致机组负荷运算最大出力低于满负荷时的数值。

（2）在机组做大负荷出力试验、高压加热器跳闸或功率变送器受干扰时机组负荷超过机组最大运算负荷。

对单台辅机最大出力进行合适的限制和对 RB 触发回路机组负荷进行上限值的限制，是避免 RB 信号误发的有效方法。

2. RB 工况下的主汽压力控制方式

在试验研究中发现，RB 发生后无论是动态还是静态，都以降压方式减负荷较为有利。以定压方式减负荷时，RB 试验的成功率较低，其原因主要是：负荷与汽压之间的关系不匹配，汽轮机调门开度过小，对控制不利；发生给水泵 RB 时，不降压运行将导致锅炉上水困难，不利于汽包水位的控制。

降压目标值应设置适当，太低可能使汽温降得太低，大致应在机组的滑压运行曲线附近，给水泵 RB 时降压目标值应略低。

降压速率也应设置适当，速率太快会导致汽轮机调门大幅开关，对主汽温、水位产生较大影响。如果未对汽轮机调门设计 RB 工况禁开逻辑，会导致机组负荷反调。一般压力设定值降压速率为 0.2～0.4MPa/min，给水泵 RB 时降压速率应略快。

图 29-3 所示为某 600MW 机组引风机 RB 试验曲线，由于降压目标值和降压速率设置适当，试验获得了成功。

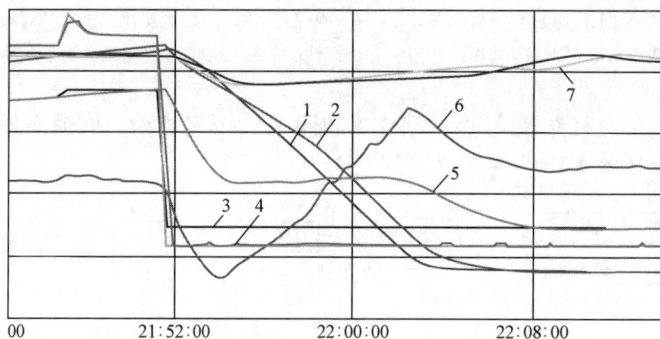

图 29-3　某 600MW 机组引风机 RB 试验曲线
1—压力设定；2—实际压力；3—负荷设定；4—总燃料量；
5—实际负荷；6—汽轮机调门指令；7—主蒸汽温度

图 29-4 所示为某 200MW 机组引风机跳闸 RB 试验曲线，试验前工况为负荷 210MW、主汽压力 13MPa、主汽温度 530℃、汽包水位 10mm、炉膛压力－75.2Pa。RB 试验开始后，协调控制系统切为汽轮机跟随方式减负荷，3min50s 后，机组负荷到达 120MW。

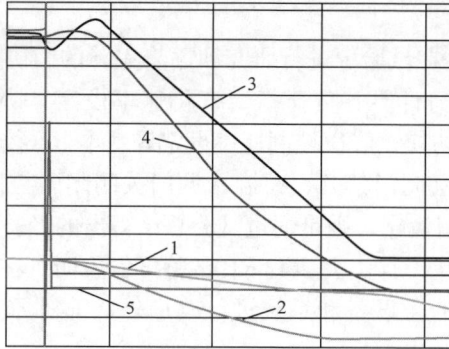

图 29-4 不正确的主汽压力控制方式

1—压力设定；2—实际压力；3—汽轮机调门指令；4—实际负荷；5—负荷设定

从试验记录曲线可看出，发生 RB 后，主汽压力和主汽温度降低较多，主汽压力最低降至 10.3MPa（压力设定 12.00MPa），主汽温度最低降至 483℃。分析原因认为，当 RB 发生时，主汽压力设定值先于实际主汽压力下降，造成了在 RB 控制过程初期汽轮机调门的反向动作，不是关闭而是开大，这从图中的曲线 3 可以明显看出。当后来实际压力快速下跌时，汽轮机调门的关闭速率又受到限制，造成稍后的主汽压力大幅度下跌。

因此，RB 工况下的主汽压力控制方式，应先略微保持定压一段时间，以加快汽轮机调门的关闭速度，然后按适当的降压速率，降压运行至目标值。

3. 燃烧控制

当锅炉负荷低于 50％额定负荷时，一般视作低负荷运行。在低负荷运行期间，为了防止炉膛热负荷较低而熄火，锅炉运行中往往采用以下手段来稳定燃烧：

（1）根据负荷确定磨煤机运行台数。

（2）若当前负荷下需要 3 台磨煤机运行时，应保持有 2 台相邻的磨煤机运行，且给煤机转速应大于 50％，用另一台给煤机进行调节。

（3）若负荷低于 50％，应采用 2 台相邻磨煤机运行，禁止磨煤机隔层运行。

（4）燃烧不稳定时应及时投油枪以稳定锅炉燃烧。

多数情况下，RB 发生后的锅炉目标负荷在 50％额定负荷附近，BMS 系统应根据上述要求从最上层开始切除磨煤机（或给粉机），并保持下层有相邻磨煤机在运行。如某 300MW 机组 RB 工况下切磨煤机策略为：在送/引风机、一次风机、汽动给水泵、炉水泵等 RB 工况下，如 RB 前 4 台磨煤机运行，则自动停止上层磨煤机；3 台以下磨煤机运行，则维持原磨煤机运行。

BMS 系统还应根据锅炉最低稳燃负荷的需要，决定是否自动投油。有些机组在 RB 工况下不需要投油枪稳燃，但有许多机组由于燃用煤质较差等因素，需要投油枪稳燃。

4. 协调控制系统

RB控制技术是在试验中进行研究和逐步完善的。协调控制系统一般设计有：机组最大出力计算、负荷指令变化速率设定、协调控制方式切换、主汽压力控制方式切换、降压控制速率设定等基本RB控制策略。但如禁止偏差切手动、汽轮机调门禁开、减温水调门关闭超驰控制、自动切磨煤机投油逻辑等RB控制策略，则是通过试验总结得出的经验，有些则是针对机组特点进行的个性化设计。大多数RB试验报告表明，在成功的RB试验背后，除了对有缺陷的主设备和系统进行改进外，都对原协调控制系统设计进行了不同程度的改进。

模拟量控制系统在正常调节工况下，偏差切手动保护是必要的，但在RB工况下，系统主要参数将超出正常波动范围。协调控制系统及子控制系统应自动解除其偏差切手动保护功能，使得协调、燃烧、汽温、汽包水位等主要控制系统能保持在自动模式，同时PID调节器应具有抗饱和功能。

为防止RB试验过程中引风机、送风机、一次风机过电流，在RB工况下应对其指令输出进行上限限制。

汽轮机调门如不设计RB工况禁开逻辑，会导致机组负荷反调。图29-5所示为某300MW机组一次风机RB试验，尽管降压速率的设置并不适当，但由于设计了RB工况下汽轮机调门禁开逻辑，使机组负荷不反调，试验仍然获得成功。

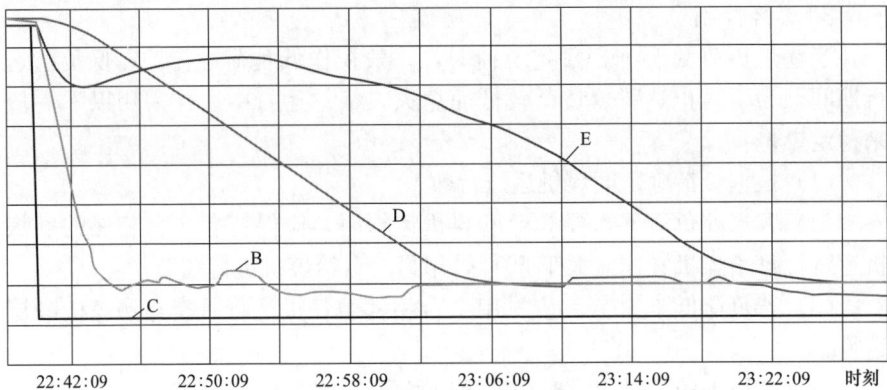

图 29-5　RB工况下汽轮机调门禁开使机组负荷不反调
D—压力设定；E—实际压力；C—负荷设定；B—实际负荷

5. 汽温控制

从RB试验的情况来看，无论发生何种原因的RB，主汽温和再热汽温都将迅速下降。成功的RB试验的目的是如何防止主汽温和再热汽温下降幅度过大，对汽轮机的安全运行造成影响。

送/引风机RB试验有两个关键点，一个是对炉膛压力的控制，另一个则是对汽温的控制。首先应考虑送/引风机RB工况下的切磨煤机方式对汽温的影响，然后是减温水的控制。

减温水调门关闭超驰控制回路的作用是在 RB 发生后迅速关闭过热器、再热器减温水调门及隔离门，对于提高减温水调门的关闭速度和克服减温水隔离门的漏流影响，超驰控制回路的作用相当明显。图 29-6 所示为某 600MW 机组送风机 RB 试验中主汽温和再热汽温的变化情况。

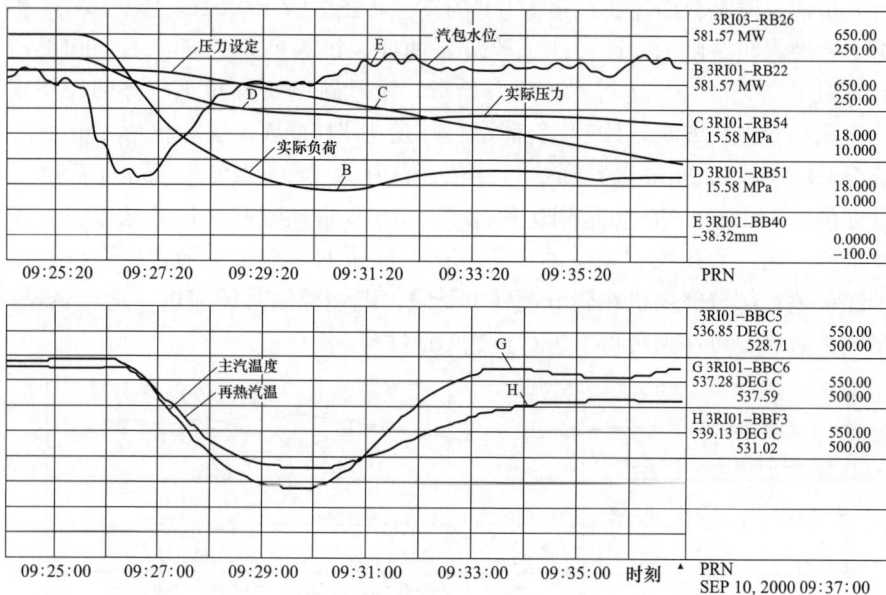

图 29-6　RB 试验中主汽温和再热汽温的变化

6. DEH 的 RB 接口

有许多机组的 DEH 留有接收 RB 信号的 DI 通道，是否需要使用和如何使用 DEH 的 RB 信号通道，有必要进行讨论。

在 RB 控制过程初期，由于汽轮机调门关闭不及时，主汽压力会出现较大幅度的下降。可利用 DEH 的 RB 信号 DI 通道，设计一个超驰控制回路，加强 RB 控制过程初期汽轮机调门关闭的响应速度。DEH 的 RB 超驰控制强度和持续时间应适当，并与协调控制系统的 TF 模式平滑连接，这样可以改善 RB 控制的质量。

在 RB 试验的实践中，常有 DEH 的 RB 信号通道应用不当而导致试验失败。在有的工程中，由于设计和调试的疏忽，本来不使用 DEH 的 RB 信号通道，但未将其解除，从而导致试验失败。也曾有人错误地将其作为一种开环控制方式投入使用，导致主汽压力失控。DEH 的 RB 信号通道一般在汽轮机或发电机辅机故障工况下使用，此时汽轮机出力受限，由 DEH 实现快速减负荷是合理的，而主汽压力应由锅炉进行控制，协调控制应转入 BF 方式。机组 RB 功能设计通常仅考虑锅炉辅机故障 RB，因此若不考虑设计超驰控制回路，应取消 DEH 的 RB 信号通道。

二、RB 试验实例

1. 600MW 机组 RB 预备性试验

通常在较低负荷下，采用 1 台磨煤机跳闸来进行 RB 预备性试验，由于工况变动不大，对机组的冲击小，如出现考虑欠妥的问题，一般能通过运行人员的及时补救而避免机组 MFT 的发生。图 29-7 所示为某台 600MW 机组 1 台磨煤机跳闸 RB 预备性试验过程曲线。试验前机组负荷为 400MW，磨煤机 B、D、E、F 运行。试验开始后，手动跳闸磨煤机 E，协调控制系统正确切至 TF 方式，RB 减负荷率目标值为 310MW，实际负荷 15min 后减至 290MW，25min 以后到达目标值；汽压由 12.3MPa 于 15min 后降至目标值 9.4MPa；实际负荷到达目标值后，RB 自动复归，试验结束。预备性试验表明：协调控制系统动作正确，但降压速率应适当放慢；此外，由于煤种差，部分磨煤机在调节过程中受限，燃烧控制系统应进行适当调整；修改参数后，可在高负荷下进行正式 RB 试验。

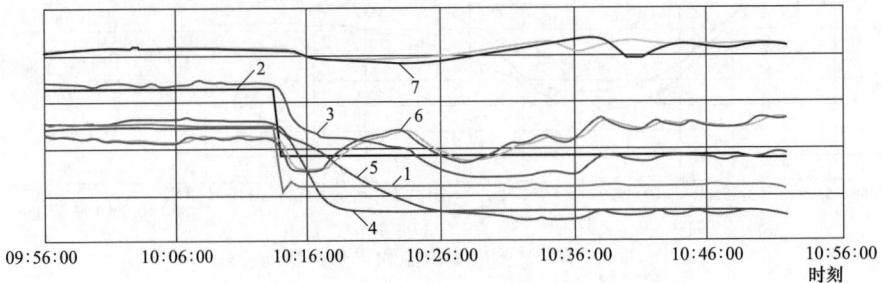

图 29-7　RB 预备性试验
1—燃料量；2—负荷设定；3—实际负荷；4—压力设定；
5—实际压力；6—调门开度；7—主蒸汽温度

预备性试验有时针对更具体的目的进行，比如为了提高某项 RB 试验的成功率，在较低的负荷下进行一次试验。图 29-8 所示为某台 600MW 机组送风机 RB 预备性试验过程曲线。试验前机组负荷 510MW，磨煤机 A、B、C、D、F 运行；手动跳闸送风机 A 后，引风机 A 连锁跳闸，4s 后磨煤机 F 立即跳闸，10s 后磨煤机 C 跳闸；负荷设定值快速减至目标值 320MW，但实际负荷在 380MW 稳定了 10min 后再缓慢下降，难以到达目标值；这是由于主汽压力与压力设定值存在较大偏差，汽轮机调门的回调所造成的。预备性试验表明：该机组在送风机 RB 工况下，9.7MPa 的压力设定目标值太低，可适当提高，降压速率也可适当放慢。

2. RB 正式试验

按照 DL/T 1213—2013《火力发电厂辅机故障快速减负荷（RB）技术规程》的要求，RB 正式试验应在 $90\%P_e$ 以上负荷工况下进行，以考核机组和协调控制系统在 RB 工况下的控制能力。图 29-9 所示为一台 600MW

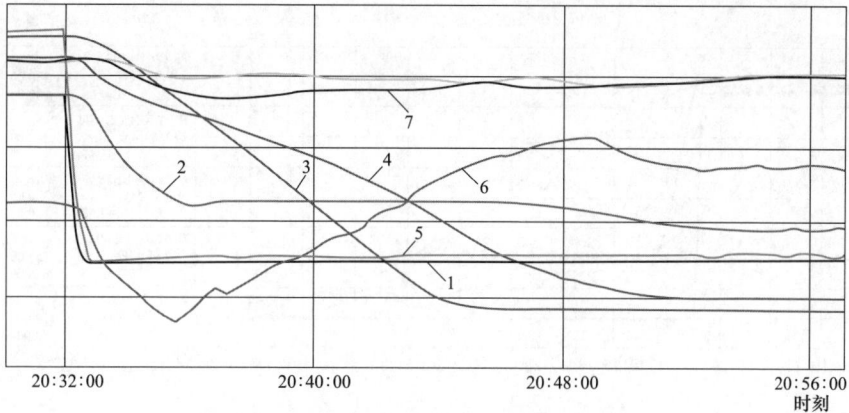

图 29-8　600MW 机组送风机 RB 预备性试验

1—负荷设定；2—实际负荷；3—压力设定；4—实际压力；

5—燃料量；6—调门开度；7—主蒸汽温度

机组一次风机 RB 试验正式试验的过程曲线。试验前机组负荷 540MW，磨煤机 A、B、C、D、E 运行。手动跳闸一次风机 A，4s 后磨煤机 E 跳闸，15s 后磨煤机 C 跳闸，负荷设定值快速减至 300MW，实际负荷则由于汽轮机调门的回调，在 360MW 上维持了 10min；主汽压减目标值 9MPa 以后，实际负荷也到达目标值，RB 复归，试验结束。

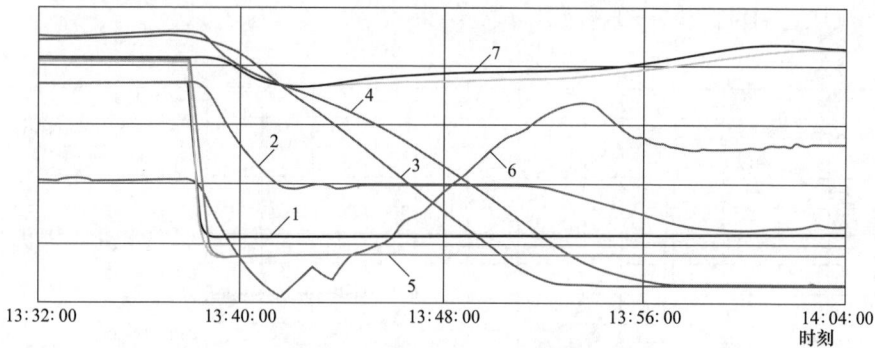

图 29-9　600MW 机组一次风机 RB 试验曲线

1—负荷设定；2—实际负荷；3—压力设定；4—实际压力；

5—燃料量；6—调门开度；7—主蒸汽温度

图 29-10 所示为某台 300MW 机组炉水循环泵 RB 试验过程曲线。试验前机组负荷 300MW，磨煤机 A、B、C、D 运行，3 台炉水循环泵运行，炉水泵进出口差压为 150kPa，总燃料量为 91.2%。手动跳闸炉水循环泵 C，机组发出 RUNBACK 指令，磨煤机 D 自动跳闸，机组减负荷率为 300MW/min，水位瞬间最高到达 130mm，最低到达 −110mm，炉水泵进出口差压低至 130kPa；10s 后 C 磨煤机自动跳闸，总燃料量迅速减至 57%，汽包水位最低至 −160mm；汽压减至目标值 9.98MPa，负荷到达目标值 147.7MW 后，RB 复归，试验结束。

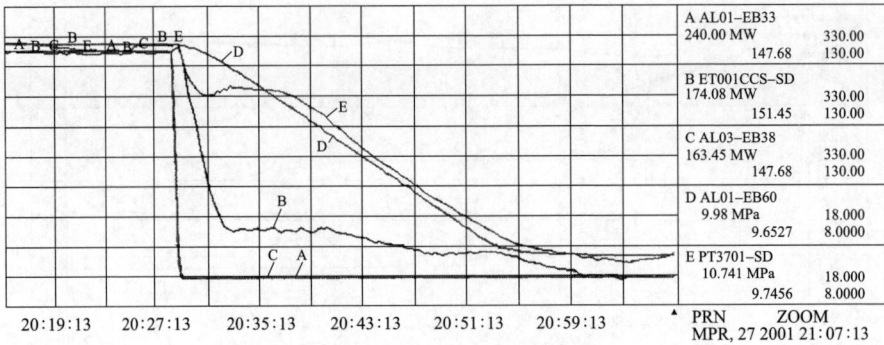

图 29-10　300MW 机组炉水循环泵 RB 试验曲线
C—负荷设定；B—实际负荷；D—压力设定；E—实际压力

图 29-11 所示为一台 300MW 机组引风机 RB 试验过程曲线。试验前机组负荷 300MW，磨煤机 A、B、C、D 运行，总燃料量为 91.9％。手动跳闸引风机 B 后，送风机 B 连锁跳闸，磨煤机 C、D 自动跳闸，总燃料量迅速减至 58％；RB 减负荷率速率为 300MW/min，实际负荷则以 60MW/min 速率 8min 后减至 180MW；40min 后负荷到达目标值 167MW；汽压由 16.5MPa 以 0.25MPa/min 的降压速率降至目标值 10.82MPa，26min 后实际汽压达到目标值，RB 复归，试验结束。

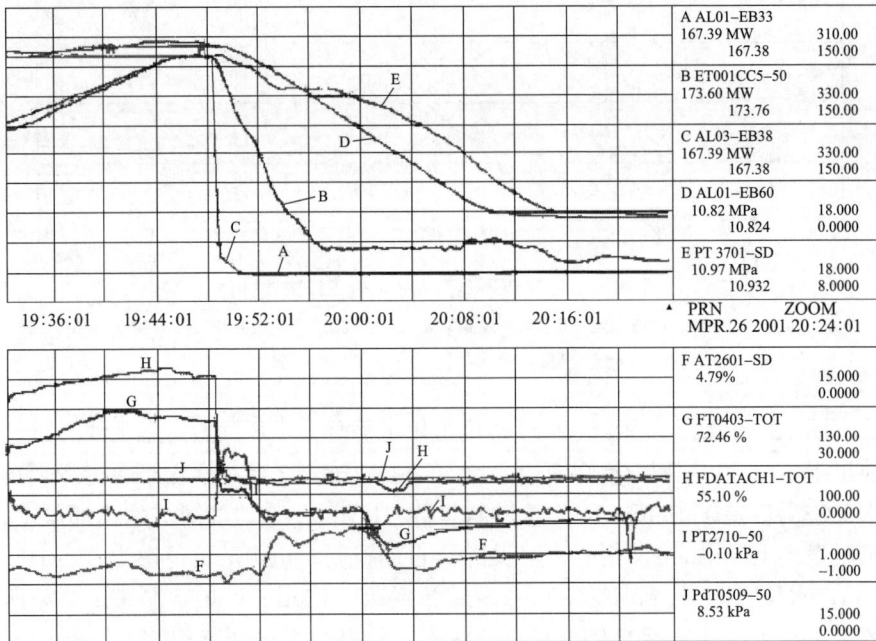

图 29-11　300MW 机组引风机 RB 试验曲线
C—负荷设定；B—实际负荷；D—压力设定；E—实际压力；I—炉膛压力

该机组在送/引风机 RB 试验中，发现根据风机单侧最大出力试验中确定的静态匹配数据与动态工况存在较大偏差，送风机出力大于引风机，导致炉膛压力持续较高。因此调整了送风机的指令上限值，使其与引风机相匹配。

图 29-12 所示为一台 300MW 机组汽动给水泵 RB 试验过程曲线。试验前机组负荷 300MW，磨煤机 A、B、C、D 运行，两台汽动给水泵运行，电动给水泵连锁撤出作为冷态备用，总燃料量为 89.2%，给水流量为 970t/h，蒸汽流量为 960t/h，运行人员将汽包水位设定为 +100mm。手动跳闸汽动给水泵 B，3s 后机组发出 RB 指令，磨煤机 D 自动跳闸，机组目标负荷 150MW，减负荷率为 300MW/min，10s 后 C 磨煤机自动跳闸，总燃料量迅速减至 52%，汽压快速下降，调门下关；给水流量迅速减至 690t/h，蒸汽流量随调门下关于 2min 后也减至 690t/h，汽包水位在 −120mm 处得到稳定，并回升至 −70mm。运行人员将设定值恢复至 0，调节过程中，汽包水位最低值曾达到 −160mm，并最终稳定于 0。28min 后汽压和负荷均到达目标值，给水流量为 565t/h，蒸汽流量为 518t/h，RB 复归，试验结束。

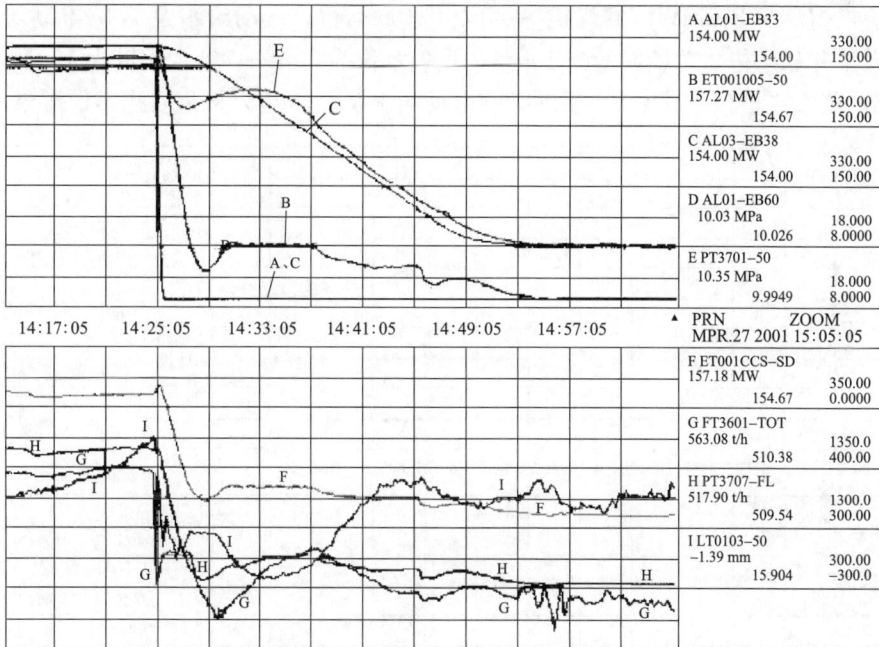

图 29-12　300MW 机组电动给水泵 RB 试验曲线
C—负荷设定；B—实际负荷；D—压力设定；E—实际压力；
G—给水流量；H—主汽流量；I—汽包水位

运行人员在试验前将汽包水位提高到 +100mm，这种做法根据试验规则是不允许的。但为了避免试验不成功造成机组 MFT，有时可以适当提高试验前水位运行值（+50～+100mm），再根据汽包的内部结构尺寸和试验中压力变化等因素，推算出在零水位进行给水泵 RB 试验时汽包水位的最低值。从试验记录曲线分析，该机组单台汽动给水泵跳闸后，汽包水位最低值应为−120mm，以后出现的−160mm 是由于运行人员将汽包水位设定值由＋100mm 恢复至 0 造成的。按试验中汽包水位最低值为−120mm 进行推算，该机组在零水位进行试验时的汽包水位最低值应大致为−230mm，距离跳闸值−300mm 还有 70mm。因此，该机组在汽包水位在正常值运行时，汽动给水泵跳闸后，RB 是能够成功实现的。

由于该机组电动给水泵可带 50％负荷，所以当汽动给水泵跳闸后，若电动给水泵能正常自启动，机组不需要进行 RUNBACK。因此，在给水泵 RB 触发逻辑中增加了 3s 延时，以判断电动给水泵是否能及时自启。若 3s 后电动给水泵未自启，则触发 RUNBACK；若电动给水泵于 3s 后 10s 内启动，则机组自动跳闸一台磨煤机后，RB 信号立即复归，RB 控制策略则自动转为一台磨煤机跳闸的燃料 RB；若电动给水泵始终未启动成功，机组才根据正常给水泵 RB 程序完成 RUNBACK 动作。

图 29-13 所示为一台 300MW 机组电动给水泵 RB 试验过程曲线。试验前机组负荷 300MW，磨煤机 A、B、C、D 运行，汽动给水泵 A 与电动给水泵并列运行，总燃料量为 100％，汽包水位为 50mm，给水流量为 1095t/h，蒸汽流量为 1000t/h。手动跳闸电动给水泵，3s 后，机组发出 RB 指令，

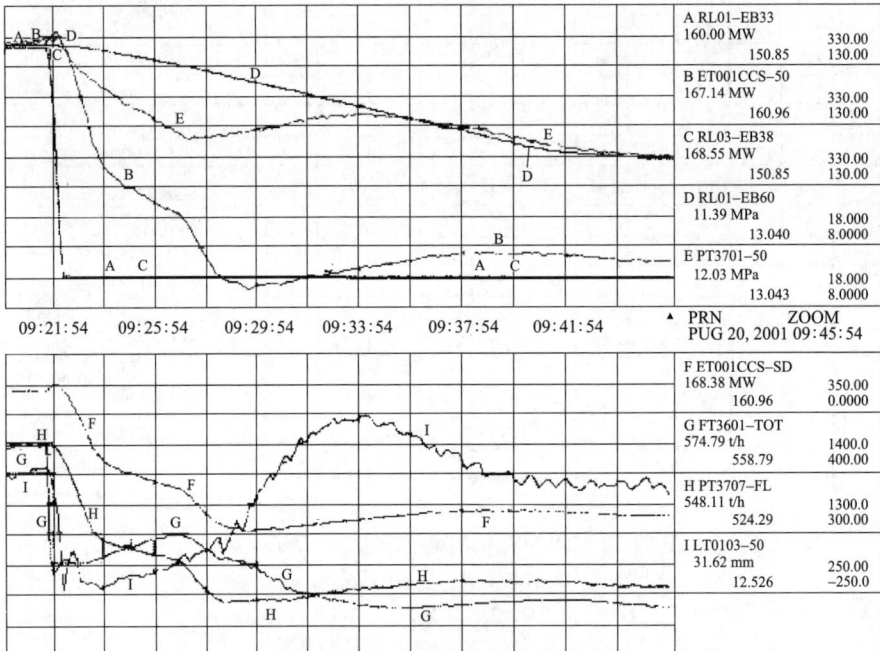

图 29-13　300MW 机组电动给水泵 RB 试验曲线

C—负荷设定；B—实际负荷；D—压力设定；E—实际压力；

G—给水流量；H—主汽流量；I—汽包水位

磨煤机 A 自动跳闸，机组目标负荷 150MW，10s 后 D 磨煤机自动跳闸，总燃料量迅速减至 53.4%；给水流量迅速减至 710t/h，蒸汽流量于 3min 后减至 710t/h，汽包水位在 -140mm 处得到稳定，并开始回升，最终稳定于 0。20min 后汽压和负荷均到达目标值，给水流量为 572.5t/h，蒸汽流量为 545.5t/h，RB 复归，试验结束。

第三节 RB 试验案例与分析

一、某 1000MW 机组 A 级检修后试验（RB 规程发布前）

（一）系统概述

某电厂 5 号机组 DCS 采用西门子电站自动化有限公司生产的 SPPA T3000 系统，整个机组的控制系统由分散控制系统（DCS）、机炉子控制系统和公用系统构成。其中分散控制系统（DCS）是整个系统的核心，由模拟量控制系统（MCS）、数据采集监视系统（DAS）、锅炉炉膛安全监控系统（FSSS）、顺序控制系统（SCS）及电气控制系统（ECS）组成；机炉子控制系统包括汽轮机数字式电液调节系统（DEH）、汽轮机紧急跳闸系统（ETS）、汽轮机安全监视系统（TSI）、锅炉汽动给水泵电液控制系统（MEH）、空气预热器间隙调整装置、凝汽器胶球清洗系统；公用系统主要实现厂用电公用部分、燃油公用系统、循环水系统、压缩空气系统等的监控。

5 号机组 A 级检修结束恢复运行后，各主要自动控制系统均正常运行，协调控制系统的各功能经过试验已投入运行，并已完成变化速率为 1.5% ECR/min 的负荷摆动试验，调节品质达到标准，机组在 90% 以上负荷工况下平稳运行，满足进行 RB 试验的所有条件。

在 2011 年 6 月 12 日，5 号机组分别进行了单台、两台磨煤机 RB、送/引风机 RB、一次风机 RB 和给水泵 RB。在大于 90% 负荷工况下机组以协调方式稳定运行，RB 触发后，机组运行方式由 CC 方式切为 TF 方式，汽轮机控制主汽压力。

锅炉主控按照预定的目标负荷降负荷运行，燃料 RB、送/引风机 RB 降负荷的速率为 1000MW/min，一次风机 RB、给水泵 RB 降负荷的速率为 2000MW/min。RB 动作后，按跳闸磨煤机 A、F、E 的顺序，直至保留 3 台磨煤机运行。

（二）试验过程

1. 燃料 RUNBACK 试验

（1）2011 年 6 月 12 日 12：56：02，机组在协调方式下负荷 954MW 稳定运行，磨煤机 B、C、D、E、F 运行，主汽压力为 25.3MPa，总煤量为 362.8t/h，炉膛负压 -177Pa，主汽流量为 2751t/h，过热汽温为 593℃。

12：56：22 试验开始，运行人员在 CRT 上手动跳闸 F 磨煤机，2s 后机组燃料 RB 触发，大屏报警显示"MILL TRIP"及"RB"。机组目标负荷 840MW，减负荷率为 500MW/min。总燃料量迅速减至 290t/h，汽压快速下降，调门下关，负荷降至 815MW，主汽压降至 22.65MPa，炉膛负压最低为－975Pa，过热汽温为 570.3℃。13：02：06 汽压、负荷达到目标值，RB 信号自动复归，试验结束（见图 29-14）。

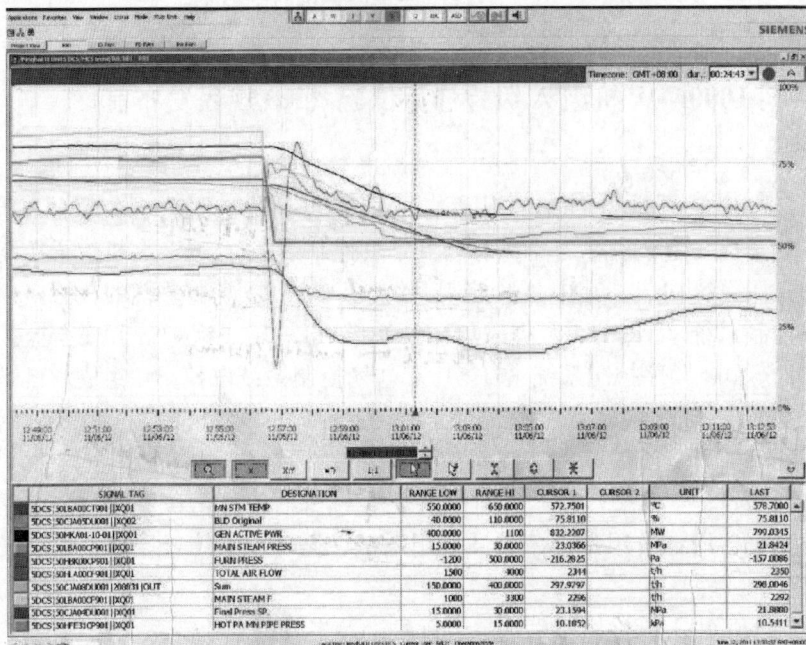

图 29-14　单台磨煤机 RB 试验曲线

（2）2011 年 6 月 12 日 14：29：00，机组在协调方式下负荷 968MW 稳定运行，磨煤机 A、B、C、D、E 运行，主汽压力为 26.69MPa，总煤量为 363.8t/h，炉膛负压－188Pa，主汽流量为 2792t/h，过热汽温为 595.3℃。16：29：36 试验开始，运行人员同时在 CRT 上手动跳闸 A 磨煤机及 E 磨煤机，2s 后机组燃料 RB 触发，大屏报警显示"MILL TRIP"及"RB"。机组目标负荷为 630MW，减负荷率为 500MW/min。总燃料量迅速减至 236.6t/h，汽压快速下降，调门下关，负荷降至 644MW，主汽压降至 18.37MPa，炉膛负压最低为－1196Pa，过热汽温为 549.6℃。14：49：30 汽压、负荷达到目标值，RB 信号自动复归，试验结束（见图 29-15）。

　　2. 送/引风机 RUNBACK 试验（就地停引风机 A）

　　2011 年 6 月 12 日 15：41：08，机组在协调方式下负荷 965MW 稳定运行，磨煤机 A、B、C、D、E 运行，主汽压力为 26.4MPa，总煤量为 367t/h，炉膛负压为－253Pa，主汽流量为 2821t/h，过热汽温为 588℃。15：41：29 试验开始，运行人员就地手动打闸 A 引风机，A 送风机连锁跳

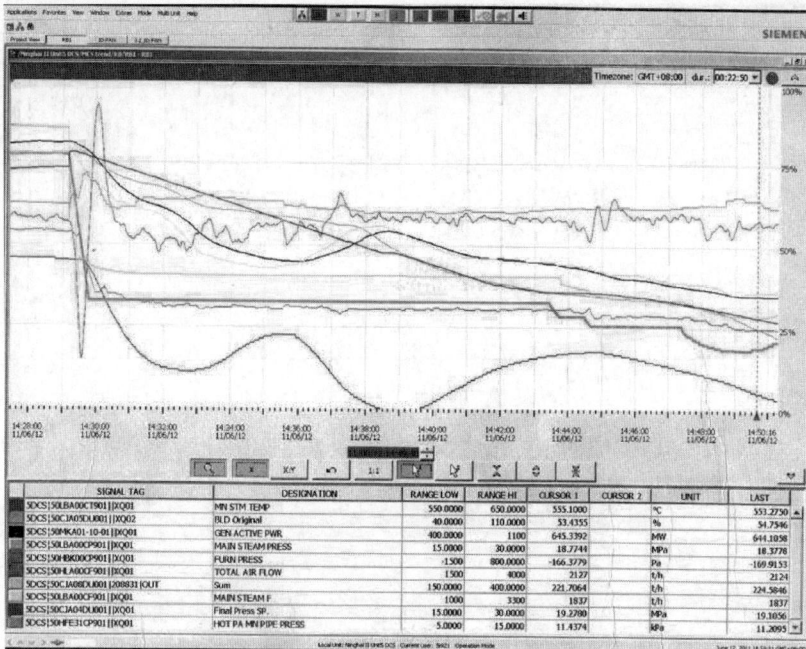

图 29-15　两台磨煤机 RB 试验曲线

闸，大屏报警显示"ID TRIP""FD TRIP"及"RB"。15:41:30 磨煤机 A 自动跳闸，10s 后磨煤机 E 自动跳闸。机组目标负荷为 500MW，减负荷率为 1000MW/min。总燃料量迅速减至 208t/h，汽压快速下降，调门下关，负荷降至 557MW，主汽压降至 16.5MPa，炉膛负压最低为－322Pa，过热汽温为 545℃。15:52:10，汽压、负荷达到目标值，RB 信号自动复归（见图 29-16）。

3. 给水泵 RUNBACK 试验

2011 年 6 月 12 日 19:17:19，机组在协调方式下负荷 966MW 稳定运行，磨煤机 A、B、C、D、E 运行，主汽压力为 25.86MPa，总燃料量为 365t/h，炉膛负压为－163Pa，主汽流量为 2762t/h，过热汽温为 573℃。两台汽动给水泵并列运行，两台给水泵汽轮机均由四级抽汽供汽。19:26:57 试验开始，运行人员就地打闸汽动给水泵 B，汽动给水泵 B 跳闸，大屏报警显示"BFPT B TRIP"及"RB"。19:27:02 磨煤机 A 自动跳闸，1s 后 E 磨煤机自动跳闸，机组目标负荷为 500MW，减负荷率为 2000MW/min，汽压快速下降，调门下关，总燃料量迅速减至 180t/h，负荷降至 594MW，主汽压降至 17.1MPa，炉膛负压最低为－1634Pa，过热汽温为 562℃。19:37:40 RB 信号自动复归，试验结束（见图 29-17）。

4. 一次风机 RUNBACK 试验（就地停一次风机 B）

2011 年 6 月 12 日 21:09:35，机组在协调方式下负荷 969MW 稳定运行，磨煤机 A、B、C、D、E 运行，主汽压力为 26.6MPa，总煤量为

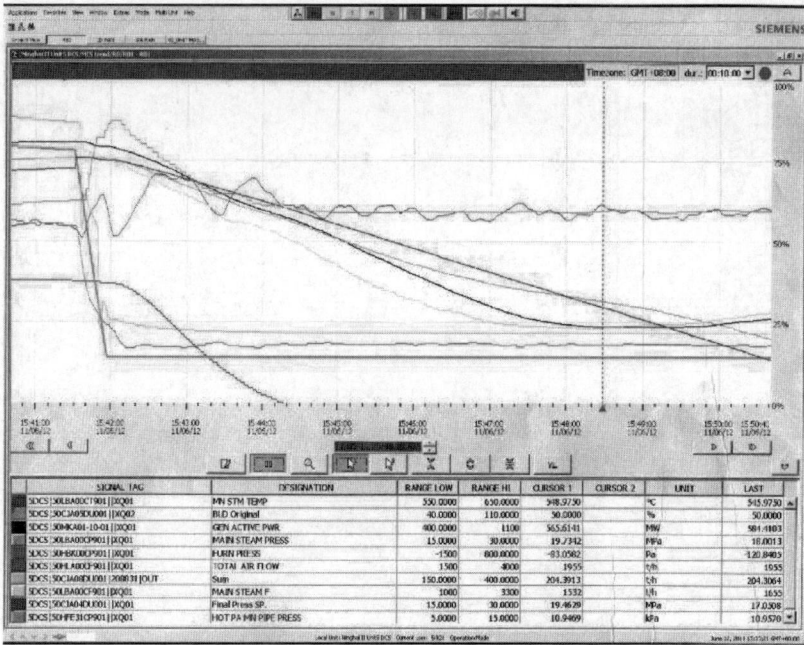

图 29-16　送/引风机 RB 试验曲线

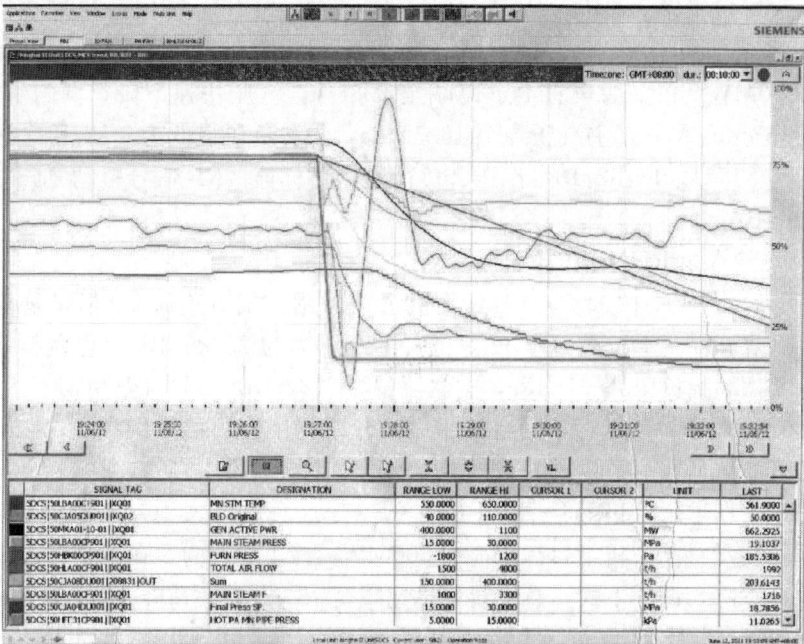

图 29-17　给水泵 RB 试验曲线

365t/h，炉膛负压为－177Pa，主汽流量为 2788t/h，过热汽温为 592℃，一次风母管压力为 12.2kPa。21:19:30 运行人员就地手动停 A 一次风机，大屏报警显示"PA TRIP"及"RB"。21:19:36 磨煤机 A 自动跳闸,5s 后 E 磨煤机自动跳闸,机组目标负荷为 450MW,减负荷率为 2000MW/min,油层 C 自投,汽压快速下降,调门下关,一次风压最低至 8.45kPa,磨煤机一次风量最低跌至 91t/h。一次风机 B 在 RB 触发瞬间动叶超驰开至 97.6%,然后参与自动调节,燃料量迅速减至 171t/h,负荷降至 514MW,主汽压降至 13.7MPa,炉膛负压最低为−1473Pa,过热汽温最低至 531℃。21:35:02,汽压、负荷减至目标值,RB 复归,试验结束(见图 29-18)。

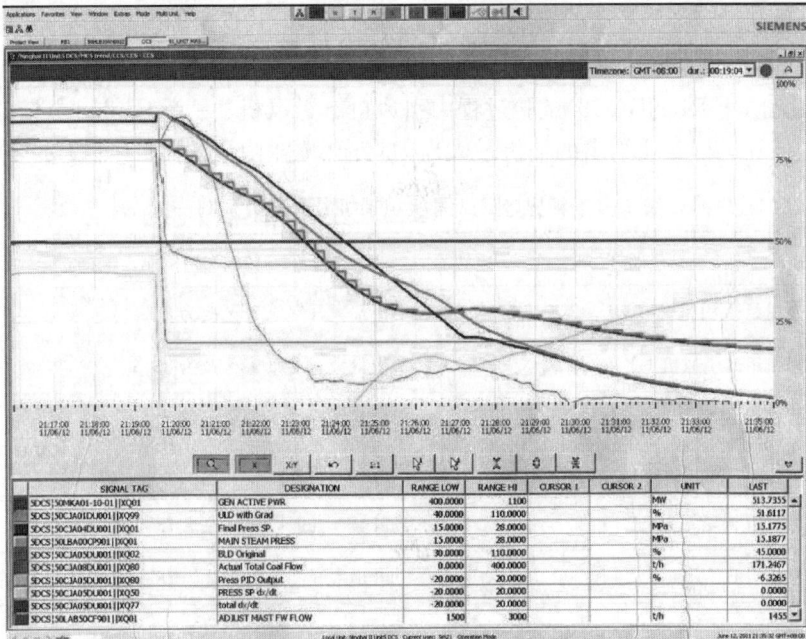

图 29-18　一次风机 RB 试验曲线

(三)遇到的问题及处理情况

(1)送/引风机 RB 后,高压调门最低关至 19.5%,为防止试验过程中影响给水泵汽轮机供汽汽源,修改送引风机 RB 后的滑压速率为 1.1MPa/min;同理修改燃料 RB 滑压速率为 0.6MPa/min,给水泵及一次风机 RB 后滑压速率为 1.3MPa/min。

(2)送/引风机 RB 后,另一侧送风机动叶开度瞬间最大(90%限值),因逻辑中设置了送风机动叶开度大于 90%后负荷闭锁,修改该限值为 92%。

(3)给水泵 RB 时,炉膛负压波动较大,修改 RB 触发后送风设定值惯性回路:正常情况下负荷指令至生成风量设定值 10s 惯性,RB 时为 100s 惯性,放缓 RB 时风量设定值下降,抑制炉膛负压负向波动大。

在以上各项试验进行的全过程中,机组始终处于协调运行方式,无须运行人员进行任何干预，达到了机组在辅机意外跳闸时自动安全快速减负荷的目的。

二、锦界电厂 2 号机组 A 级检修后 RB 试验（DL/T 1213—2013 发布后）

（一）情况简介

2013 年 10 月 24～25 日，陕西国华锦界能源有限责任公司 2 号机组（亚临界 600MW 机组）A 级检修后进行了 RUNBACK 试验工作，2 号机组 A 级检修包括脱硫旁路封堵、燃烧器改为低氮燃烧器，并且增加脱硝系统。

（二）辅机最大出力限制

为防止 RUNBACK 试验过程中引风机、送风机、一次风机过电流，按照机务和运行专业给出的辅机最大出力将指令输出上限限制（见表 29-1）。

表 29-1　锦界电厂 2 号机组辅机最大出力限制一览

辅机名称	最大出力限制
1 号机组 A 引风机	静叶最大开度原 98% 改为 85%
1 号机组 B 引风机	静叶最大开度原 98% 改为 85%
1 号机组 A 一次风机	动叶最大开度 98%
1 号机组 B 一次风机	动叶最大开度 98%
1 号机组 A 给水泵	动叶最大开度原 70% 改为 78% 速率为 1.5%/s
1 号机组 B 给水泵	动叶最大开度原 70% 改为 78% 速率为 1.5%/s

试验前机组 MCS、SCS、FSSS、DEH 系统，燃烧、给水、汽温控制系统，以及其他辅助控制系统均已正常投运；控制系统中，按经验数据或设计资料，已初步设定 RB 目标负荷及负荷指令变化速率，已检查确认 RB 逻辑正确。

根据出力试验数据，确定 RUNBACK 参数如表 29-2 所示。

表 29-2　锦界 2 号机组辅机 RUNBACK 参数设置

内容	目标负荷（%）	下降速率（%/min）	保留磨煤机（台）	跳磨煤机间隔（s）
磨煤机	每台 22	50		
给水泵	55	150	3	5
引风机	50	150	3	5
一次风机	40	200	3	5
增压风机	43	150	3	5

（三）RB 试验静态测试

RB 试验静态测试作为模拟实际 RB 发生时的预演，可检查单侧送风机和引风机跳闸、单侧一次风机跳闸、给水泵跳闸备用泵不联启、磨煤机跳闸这四种不同状态下燃烧管理系统是否正确动作，跳磨煤机减煤时间是否匹配，机组状态切换是否按预设逻辑实现，减煤降压速率是否合理，以及设置超驰动作逻辑是否完成。并检查相关各个状态参数的变化，对深入分析 RB 逻辑的流程、检查试验过程的精准性有重要的意义。

以单侧一次风机跳闸为例，静态试验如下：

（1）在 DCS 中强制锅炉、汽轮机主控器在自动方式的逻辑条件，在炉跟机协调控制方式下模拟 RB 试验。

（2）强制负荷大于 360MW 的条件下，将重要辅机电气开关置试验位（若条件不允许，可在 DCS 中强制重要辅机电气开关状态）。若采用将重要辅机电气开关置试验位，可按下两台并列运行的一次风机中的一台的事故按钮（或在 DCS 中强制重要辅机电气开关状态），强制其跳闸，即触发 RB 发生。RB 动作后，检查下列指令是否按预设参数进行，逻辑是否正常：

1）检验煤量变化率。

2）检验压力变化率。

3）滑压目标值。

4）减煤目标值。

5）协调控制系统切为汽轮机跟随方式、滑压控制方式。

6）BMS 保留运行中的磨煤机台数，磨煤机跳闸顺序磨煤机，跳磨煤机延时时间。

各个项目的 RB 试验静态测试于 2013 年 10 月 24 日依次完成，从而验证了逻辑的准确性。

（四）RUNBACK 动态试验

2 号机组 A 修后实际 RB 试验的项目及时间实施如下：

（1）磨煤机 RB 试验，2013 年 10 月 24 日 16:00—18:00。

（2）送、引风机 RB 试验，2013 年 10 月 25 日 2:00—4:00。

（3）给水 RB 试验，2013 年 10 月 25 日 9:30—12:00。

（4）炉水循环泵 RB 试验，2013 年 10 月 25 日 14:30—17:00。

（5）一次风机 RB 试验，2013 年 10 月 25 日 21:30—22:00。

（6）增压风机 RB 试验，2013 年 10 月 25 日 23:30—00:00。

各个分项试验详细内容如下。

1. 磨煤机 RUNBACK 试验（见表 29-3 和图 29-19）

表 29-3　磨煤机 RB 机组主要参数记录

机组名称：锦界电厂 2 号机　触发 RB 动作原因：磨煤机跳闸　RB 触发时间：10 月 24 日 16：04：40

RB 结束时间：6 月 24 日 16：08：00　RB 是否成功：是

机组参数名称	单位	试验前数值	RB 过程中最大值		RB 过程中最小值		RB 结束后稳态值		参数是否越限（参照运行规程）
			RB 触发后时间	数值	RB 触发后时间	数值	RB 触发后时间	数值	
有功功率	MW	598	0min	598	4min	457	4min	457	否
炉膛压力	Pa	−100	0min	−100	40s	−760	1min	−250	否
主汽压力	MPa	16.22	0min	16.22	3min	15.90	4min	15.8	否
汽包水位（汽包炉）	mm	0	4min	57	3min	0	7min	−2	否
左侧主汽温度	℃	533	0min	530	3min	524	8min	529	否
右侧主汽温度	℃	534	0min	532	4min	525	8min	530	否
左侧再热汽温度	℃	507	0min	511	3min	496	13min	494	否
右侧再热汽温度	℃	510	0min	515	3min	504	14min	511	否

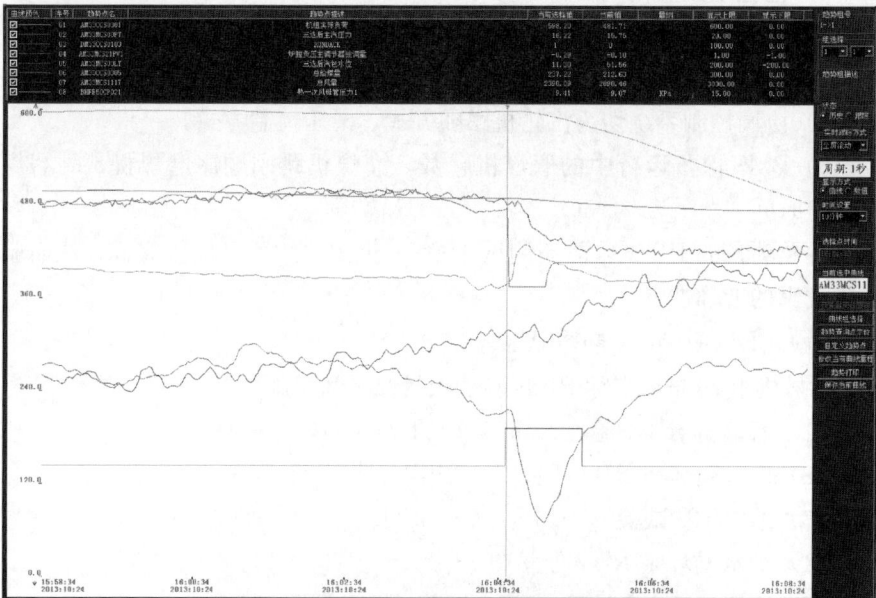

图 29-19　锦界电厂 2 号机组磨机 RB 试验曲线

2. 送、引风机 RUNBACK 试验（见表 29-4 和图 29-20）

表 29-4 送、引风机 RB 机组主要参数记录

机组名称：锦界电厂 2 号机触发 RB 动作原因：送风机跳闸 RB 触发时间：10 月 25 日 05:19:26
RB 结束时间：10 月 25 日 05:25:12 RB 是否成功：是

机组参数名称	单位	试验前数值	RB 过程中最大值		RB 过程中最小值		RB 结束后稳态值		参数是否越限（参照运行规程）
			RB 触发后时间	数值	RB 触发后时间	数值	RB 触发后时间	数值	
有功功率	MW	552	0min	552	6min	371	8min	324	否
炉膛压力	Pa	−40	20s	150	1min	−370	4min	−50	否
主汽压力	MPa	16.3	0min	16.3	3min	15.1	8min	13.6	否
汽包水位（汽包炉）	mm	−10	3min	50	30s	−56	5min	−12	否
左侧主汽温度	℃	528	1min	532	7min	517	13min	523	否
右侧主汽温度	℃	527	1min	528	7min	516	13min	527	否
左侧再热汽温度	℃	516	1min	524	7min	498	12min	494	否
右侧再热汽温度	℃	513	1min	517	7min	492	12min	503	否

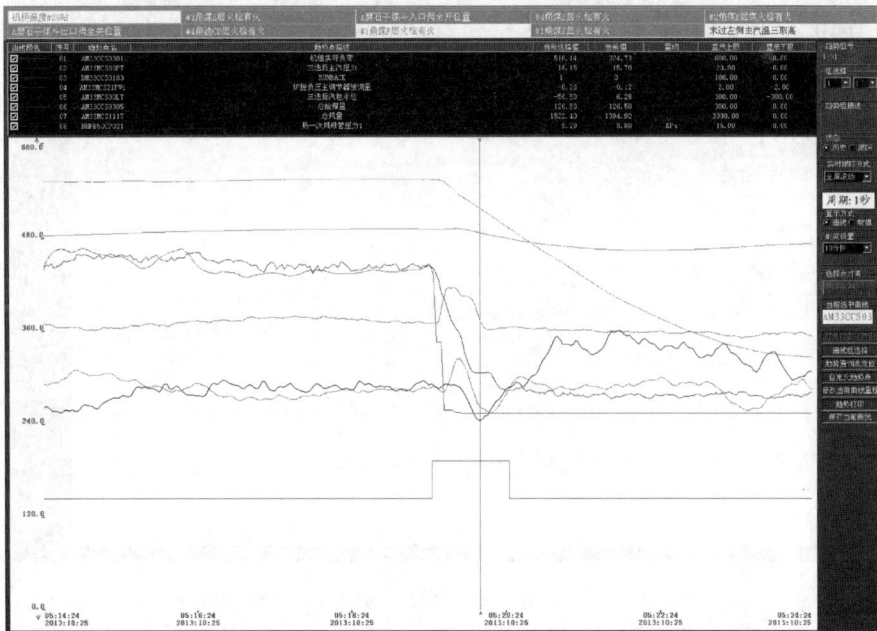

图 29-20 锦界电厂 2 号机组送、引风机 RB 试验曲线

3. 给水泵 RB 试验（见表 29-5 和图 29-21）

表 29-5　给水泵 RB 机组主要参数记录

机组名称：锦界电厂 2 号机触发 RB 动作原因：给水泵跳闸 RB 触发时间：10 月 25 日 04：12：09
RB 结束时间：10 月 25 日 04：19：09 RB 是否成功：是

机组参数名称	单位	试验前数值	RB 过程中最大值		RB 过程中最小值		RB 结束后稳态值		参数是否越限（参照运行规程）
			RB 触发后时间	数值	RB 触发后时间	数值	RB 触发后时间	数值	
有功功率	MW	551	0min	551	9min	335	11min	335	否
炉膛压力	Pa	−160	1min	160	1min	−1140	3min	−120	否
主汽压力	MPa	16.35	0min	16.35	8min	15.6	9min	15.6	否
汽包水位（汽包炉）	mm	31	4min	35.9	1min	−173	7min	43	否
左侧主汽温度	℃	540	0min	540	6min	528	20min	535	否
右侧主汽温度	℃	541	0min	541	6min	532	18min	536	否
左侧再热汽温	℃	534	0min	534	6min	496	11min	510	否
右侧再热汽温	℃	528	0min	528	6min	497	11min	515	否

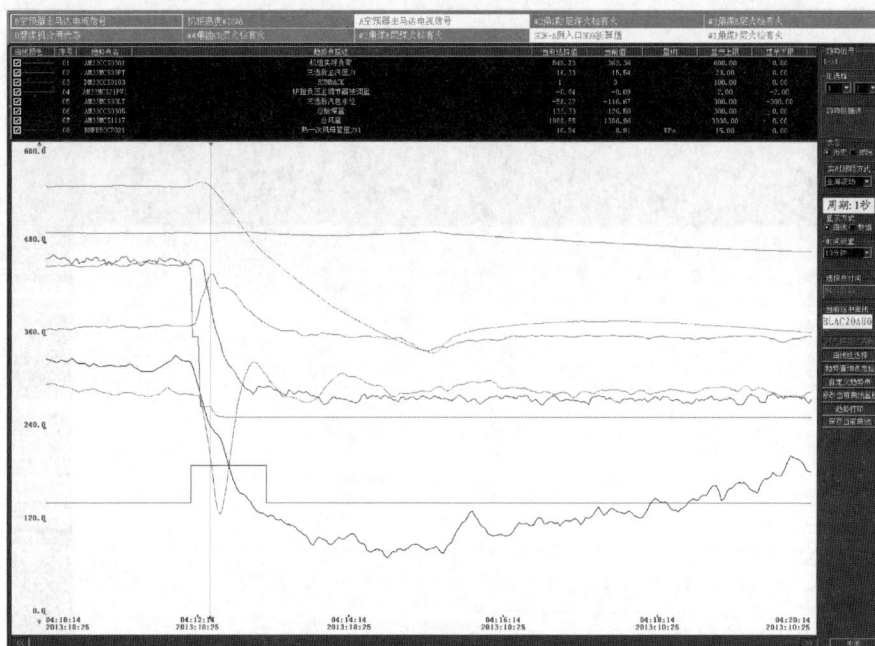

图 29-21　锦界电厂 2 号机组给水泵 RB 试验曲线

4. 增压风机 RB 试验（见表 29-6 和图 29-22）

表 29-6　增压风机 RB 机组主要参数记录

机组名称：锦界电厂 2 号机触发 RB 动作原因：增压风机跳闸 RB 触发时间：10 月 25 日 23：00：35

RB 结束时间：10 月 25 日 23：08：11 RB 是否成功：是

机组参数名称	单位	试验前数值	RB 过程中最大值		RB 过程中最小值		RB 结束后稳态值		参数是否越限（参照运行规程）
			RB 触发后时间	数值	RB 触发后时间	数值	RB 触发后时间	数值	
有功功率	MW	562	0min	562	8min	302	11min	292	否
炉膛压力	Pa	−190	2min	140	20s	−670	3min	−100	否
主汽压力	MPa	15.5	0min	15.5	5min	13.6	10min	11.2	否
汽包水位（汽包炉）	mm	−9	4min	34	1min	−51	5min	−12	否
左侧主汽温度	℃	542	0min	548	7min	16	17min	535	否
右侧主汽温度	℃	542	0min	547	7min	521	17min	533	否
左侧再热汽温度	℃	509	0min	504	7min	497	17min	498	否
右侧再热汽温度	℃	512	0min	501	7min	492	17min	504	否

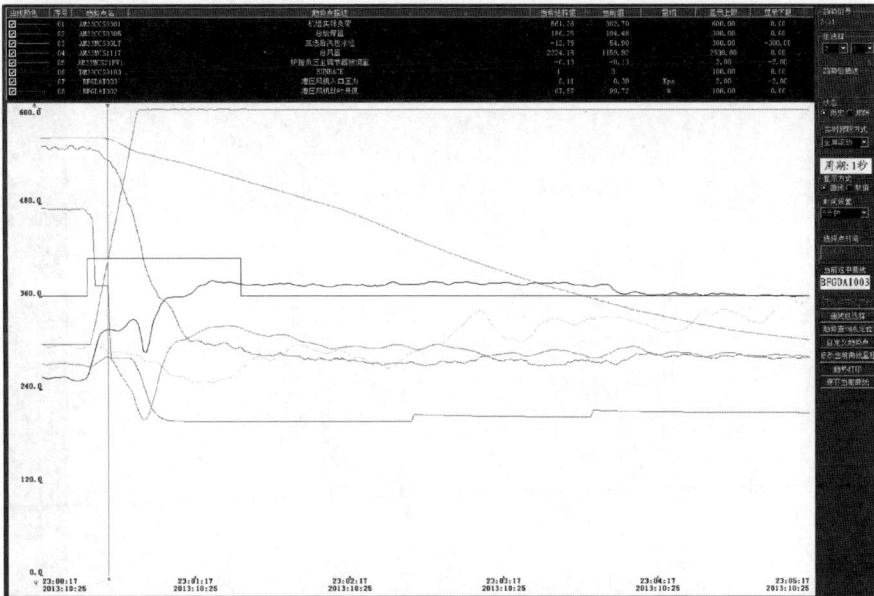

图 29-22　锦界电厂 2 号机组增压风机 RB 试验曲线

5. 一次风机 RB 试验（见表 29-7 和图 29-23）

表 29-7　一次风机 RB 机组主要参数记录

机组名称：锦界电厂 2 号机触发 RB 动作原因：一次风机跳闸 RB 触发时间：10 月 25 日 20：45：12

RB 结束时间：10 月 25 日 20：53：23 RB 是否成功：是

机组参数名称	单位	试验前数值	RB 过程中最大值		RB 过程中最小值		RB 结束后稳态值		参数是否越限（参照运行规程）
			RB 触发后时间	数值	RB 触发后时间	数值	RB 触发后时间	数值	
有功功率	MW	581	0min	581	8min	324	11min	324	否
炉膛压力	Pa	3	2min	130	45s	−1320	3min	−110	否
主汽压力	MPa	15.96	0min	15.96	5min	14.8	11min	14.3	否
汽包水位（汽包炉）	mm	3	4min	42	1min	−48	5min	0	否
左侧主汽温度	℃	533	0min	547	7min	534	17min	533	否
右侧主汽温度	℃	532	0min	544	7min	537	17min	538	否
左侧再热汽温	℃	497	0min	502	7min	497	17min	494	否
右侧再热汽温	℃	499	0min	503	7min	498	17min	493	否

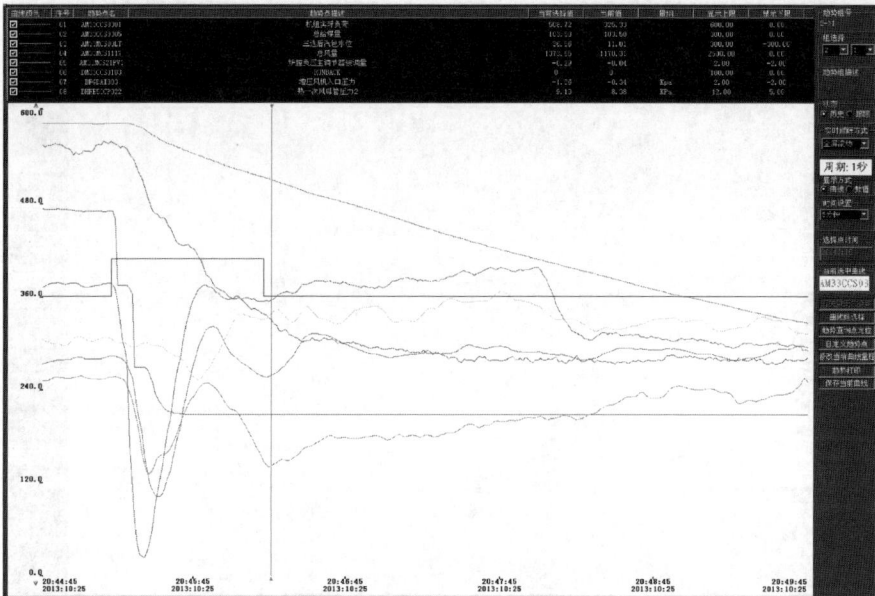

图 29-23　锦界电厂 2 号机组一次风机 RB 试验曲线

6. 炉水循环泵 RB 试验（见表 29-8 和图 29-24）

表 29-8　炉水循环泵 RB 机组主要参数记录

机组名称：锦界电厂 2 号机触发 RB 动作原因：炉水循环泵跳闸 RB 触发时间：10 月 25 日 11：00：27

RB 结束时间：10 月 25 日 11：10：32 RB 是否成功：是

机组参数名称	单位	试验前数值	RB 过程中最大值		RB 过程中最小值		RB 结束后稳态值		参数是否越限（参照运行规程）
			RB 触发后时间	数值	RB 触发后时间	数值	RB 触发后时间	数值	
有功功率	MW	568	0min	568	8min	322	10min	322	否
炉膛压力	Pa	40	0min	40	24s	−1300	3min	−100	否
主汽压力	MPa	16.35	0min	16.35	5min	16.1	10min	16.0	否
汽包水位（汽包炉）	mm	33	4min	80	1min	−116	5min	0	否
左侧主汽温度	℃	533	2min	548	8min	521	14min	533	否
右侧主汽温度	℃	532	1min	549	8min	517	14min	536	否
左侧再热汽温	℃	513	1min	501	8min	530	14min	505	否
右侧再热汽温	℃	510	1min	500	8min	433	17min	508	否

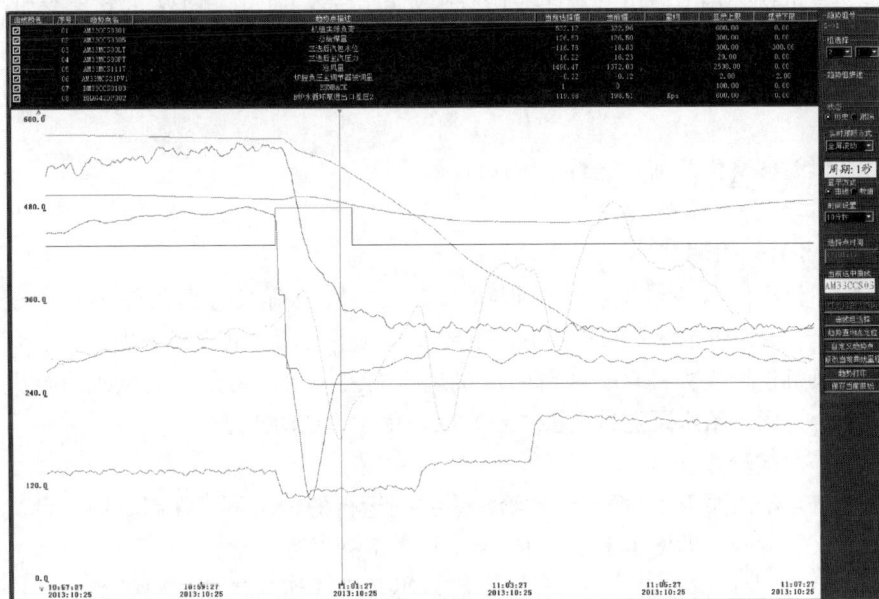

图 29-24　锦界电厂 2 号机组炉水循环泵 RB 试验曲线

（五）试验结果总结

锦界电厂 2 号机组原设计的 RB 逻辑中，逻辑设计较为成熟。试验单位对逻辑进行了仿真，RB 试验前做了充分、细致的准备工作，试验步骤又经过与运行人员和设备部人员的反复讨论，而且在 RB 试验前对协调控制系统进行了多次扰动试验，确保调节品质良好。在 RB 试验过程中，也遵循由简入繁的顺序，调整煤量、压力等的变化率，进一步优化 RB 的逻辑，修改了引风机和给水泵的最大出力限值，最终使全部 RB 试验项目一次性成功。

在以上各项试验中，机组始终处于协调运行方式，各种 RB 工况无需运行人员进行任何干预，达到了机组在辅机意外跳闸时自动安全快速减负荷的目的，为机组运行的安全性和稳定性提供了可靠的保障。

三、天津北疆电厂 3 号机组 A 级检修后 RB 试验

（一）情况简介

天津北疆发电厂二期扩建工程 2×1000MW 超超临界 3 号发电机组，锅炉采用上海电气集团股份有限公司产品，为超超临界参数变压运行直流炉、单炉膛双切圆燃烧方式、一次中间再热、平衡通风、固态排渣、半露天布置、全钢构架Ⅱ型炉。

汽轮机采用上海电气集团股份有限公司产品，为超超临界、一次中间再热、四缸、四排汽、单轴、抽汽凝汽式汽轮机，机组铭牌出力（TRL 工况）为 1000MW（扣除静态励磁和非同轴驱动的主油泵、氢密封油泵所消耗的功率）。

发电机采用上海电气集团股份有限公司产品，为 1000MW 水氢氢冷却、自并励静止励磁发电机。

机组热工控制设备为艾默生过程控制有限公司生产的 OVATION 控制系统。

机组移交生产前，进行了 RB 试验。

（二）静态试验

1. RB 逻辑测试

在机组停运的情况下，模拟协调投入，且负荷（仿真条件下）大于 $90\%P_e$、RB 功能投入的条件下，重要辅机发生故障（磨煤机失去一台、两台送风机运行失去一台、两台引风机运行失去一台、两台一次风机运行失去一台、两台给水泵运行失去一台）时，触发 RB 动作逻辑。

静态试验如下。

（1）给水泵 RB。两台汽动给水泵并列运行的情况下，强制其中一台汽动给水泵跳闸，即发生 RB。动作后，检查下列过程正常：

1）触发逻辑正常。当 RB 触发后，协调模式切为汽轮机跟随模式，按照一定速率，前 100s 为 2MPa/min，之后为 1MPa/min 滑压运行。制粉系统按照从上到下、间隔 10s 的顺序跳运行磨煤机，并最终保留下层三台磨煤机。

2）复位逻辑正常，当机组达到目标负荷，即机组功率小于 $52\%P_e$ 时，RB 复位。

3）超驰逻辑正常。

　　a) 机组 RB 发生时，超驰关过/再热减温水调门，不切除减温水自动。

　　b) 机组 RB 发生时，燃料自动闭锁增 60s。

　　c) 机组 RB 发生时，中间点温度控制自动禁增禁降。

　　d) 给水设定值延时切换到 15s。

　　(2) 一次风机 RB。两台一次风机并列运行的情况下，强制其中一台一次风机跳闸，即发生 RB。动作后，检查下列过程正常：

　　1) 触发逻辑正常。当 RB 触发后，协调模式切为汽轮机跟随模式，按照一定速率，前 100s 为 0.4MPa/min，之后为 2.4MPa/min 滑压运行。制粉系统按照从上到下、间隔 15s 的顺序跳运行磨煤机，并最终保留下层三台磨煤机。

　　2) 复位逻辑正常，当机组达到目标负荷，即机组功率小于 $55\%P_e$ 时，RB 复位。

　　3) 超驰逻辑正常。

　　a) 机组 RB 发生时，超驰关过/再热减温水调门，不切除减温水自动。

　　b) 机组 RB 发生时，燃料自动闭锁增 60s。

　　c) 机组 RB 发生时，中间点温度控制自动禁增禁降。

　　d) 给水设定值延时切换到 8s。

　　e) 引风机动叶超驰关送风机指令的 20%。

　　f) 关同侧一次风出口冷风门，关同侧空气预热器出口热一次风门。

　　(3) 送风机（引风机）RB。两台送风机（引风机）并列运行的情况下，强制其中一台送风机（引风机）跳闸，即发生 RB。动作后，检查下列过程正常：

　　1) 触发逻辑正常。当 RB 触发后，协调模式切为汽轮机跟随模式，按照一定速率，前 85s 为 0.5MPa/min，之后为 2.4MPa/min 滑压运行。制粉系统按照从上到下、间隔 12s 的顺序跳运行磨煤机，并最终保留下层三台磨煤机。

　　2) 复位逻辑正常，当机组达到目标负荷，即机组功率小于 $55\%P_e$ 时，RB 复位。

　　3) 超驰逻辑正常。

　　a) 机组 RB 发生时，超驰关/过再热减温水调门，不切除减温水自动。

　　b) 机组 RB 发生时，燃料自动闭锁增 60s。

　　c) 机组 RB 发生时，中间点温度控制自动禁增禁降。

　　d) 给水设定值延时切换到 10s。

　　(4) 五台磨煤机运行的情况下，就地跳闸一台磨煤机，即发生 RB。动作后，检查下列过程正常：

　　1) 触发逻辑正常。当 RB 触发后，协调模式切为汽轮机跟随模式，按照一定速率 0.6MPa/min 滑压运行。目标负荷为当前运行磨煤机台数对应的最大燃料能力，降负荷速率为 200MW/min，制粉系统其他磨煤机煤量维持不变。

2）复位逻辑正常。当锅炉主控输出实际煤量低于运行磨煤机能带最大煤量＋2％，延时 300s，RB 复位。

3）超驰逻辑正常。机组 RB 发生时，燃料自动闭锁增 60s。

2. 辅机出力测试

机组在额定工况下，分别记录下此时送风机、引风机、一次风机的开度和电动机电流，以及汽动给水泵的转速。将负荷降至 500MW，使单侧风机和单台汽动给水泵运行，检验单台设备是否具备 50％的负荷能力，逐渐增加单台辅机的开度或转速，直至达到其满负荷开度的 2 倍，检验其是否超电流。在锅炉专业单侧辅机最大出力试验的基础上，核对了机组协调控制系统在部分主要辅机设备故障跳闸后快速返回维持允许范围稳定运行的能力，从而确定了该机组 RB 的目标负荷。

（三）RB 动态试验过程

在试验前，机组正常运行，所有辅机设备及辅助设备运行正常，机组能够达到额定负荷，机、炉主控协调控制经调试合格，机组负荷变动试验完成，自动投入率为 100％，各模拟量控制系统调节品质优良，经受了运行各种工况的检验。

1. 磨煤机 RB

2018 年 5 月 17 日进行了 E 磨煤机跳闸，触发磨煤机的 RB 试验。11：30：34 E 磨煤机跳闸，触发 RB。机组协调控制方式由炉跟机协调自动切至汽轮机跟随方式，滑压运行，滑压速率为 0.6MPa/min，锅炉指令保持跳磨煤机后的实际燃料量，给水流量按照煤量折算水煤比下滑。11：34：45 总煤量降为 263.61t/h，给水流量降至 1911.37t/h，负荷降至 760.38MW，RB 复位（见表 29-9 和图 29-25）。

表 29-9　磨煤机 RB 机组主参数记录

RB 原因：磨煤机 RB		RB 触发时间：11：30：34				RB 结束时间：11：34：45		
试验前磨煤机运行情况：A、B、C、D、E					试验后磨煤机运行情况：A、B、C、D			
参数	单位	试验前数值	最大值		最小值		稳态值	
			时间（s）	数值	时间（s）	数值	时间（s）	数值
有功功率	MW	946.84	—	—	252	760.03	252	760.03
负压	Pa	−171.02	64	−68.40	24	−890.32	84	−190.75
主汽压力	MPa	25.85	—	—	146	24.81	146	24.81
总给煤量	t/h	347.02	—	—	49	173.18	95	278.08
给水流量	t/h	2483.16	—	—	155	1921.76	155	1921.76
主汽温度	℃	595.96	—	—	186	580.17	186	580.17
再热汽温	℃	603.22	—	—	186	593.16	186	593.16
一次风压	kPa	10.24	20	11.30	203	10.45	203	10.45
总风量	t/h	2950.88	—	—	33	2428.74	62	2512.56
中间点温度	℃	434.94	—	—	99	429.73	99	429.73
除氧器水位	mm	−168.21	107	−129.64	212	−150.64	212	−150.64

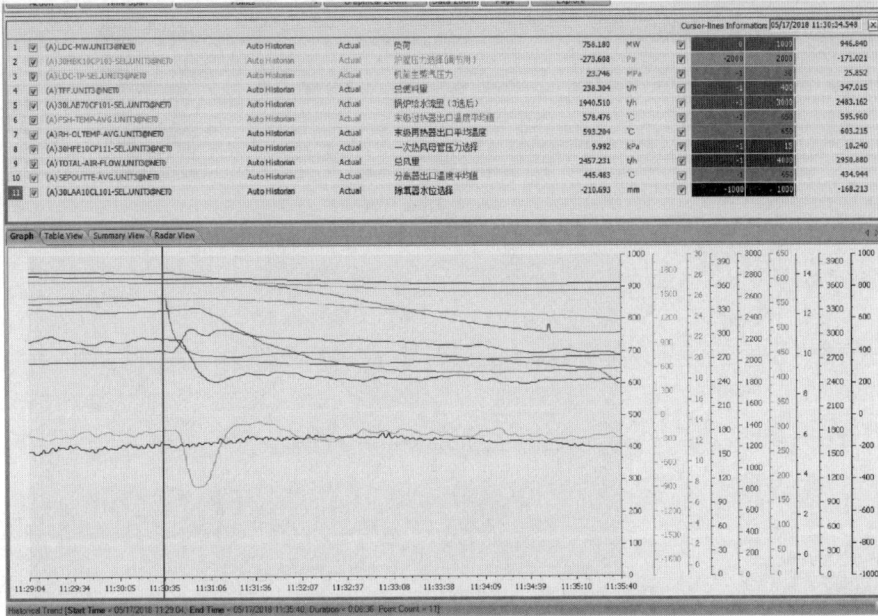

图 29-25　北疆电厂 3 号机组磨煤机 RB 机组主参数趋势

2. 送、引风机 RB

2018 年 5 月 17 日进行了 A 侧引风机跳闸，联跳 A 侧送风机跳闸，触发送、引风机的 RB 试验。15：06：27 A 引风机跳闸，逻辑联跳 A 侧送风机，触发 RB。5 台磨煤机运行，RB 导致 E、D 磨煤机跳闸。机组协调控制方式由炉跟机协调自动切至汽轮机跟随方式，滑压运行，滑压速率前 85s 为 0.5MPa/min，之后为 2.4MPa/min，锅炉指令按照 300MW/min 的速率减煤减水。15：15：19 总煤量降为 197.6t/h，给水流量降至 1471.6t/h。15：19：47 负荷降至 550.72MW，RB 复位（见表 29-10 和图 29-26）。

表 29-10　送、引风机 RB 机组主参数记录

RB 原因：引风机 RB			RB 触发时间：15：06：27			RB 结束时间：15：19：47		
试验前磨煤机运行情况：A、B、C、D、E					试验后磨煤机运行情况：A、B、C			
参数	单位	试验前数值	最大值		最小值		稳态值	
			时间（s）	数值	时间（s）	数值	时间（s）	数值
有功功率	MW	997.87	—	—	793	551	793	551
负压	Pa	−162.14	21	234.20	146	−322.31	197	−158.26
主汽压力	MPa	27.73	—	—	604	14.71	604	14.71
总给煤量	t/h	314.97	—	—	60	75.02	110	74.46
给水流量	t/h	2631.34	—	—	97	178.10	153	179.99
主汽温度	℃	597.77	—	—	304	544.58	523	560.47
再热汽温	℃	604.34	—	—	302	557.31	302	557.31
一次风压	kPa	10.56	30	11.84	211	10.08	211	10.08
总风量	t/h	2938.58	—	—	211	1852.81	211	1852.81
中间点温度	℃	441.99	—	—	148	415.37	148	415.37
除氧器水位	mm	−233.64	141	68.60	397	−301.03	397	−301.03

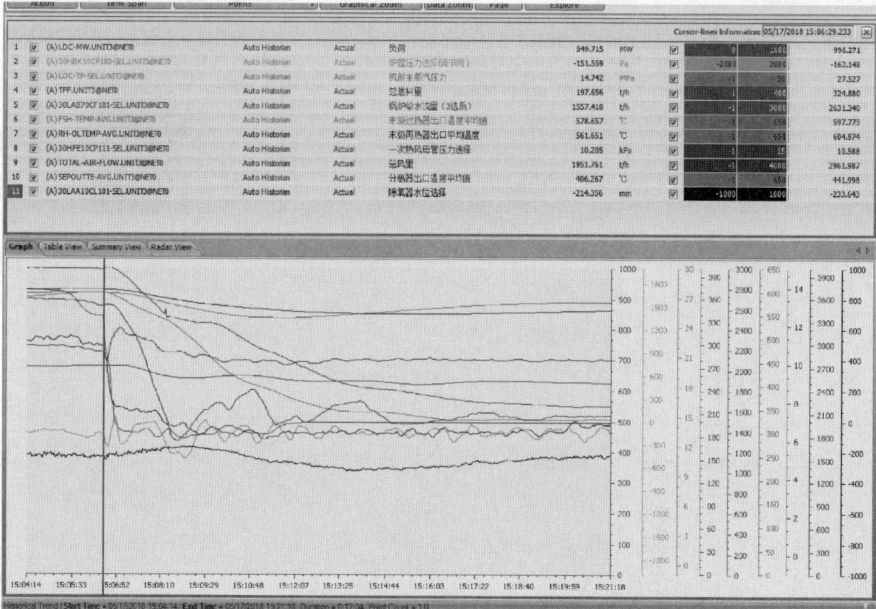

图 29-26　北疆电厂 3 号机组送、引风机 RB 机组主参数趋势

3. 给水泵 RB

2018 年 5 月 17 日进行了 B 给水泵 RB 试验，22：47：50 运行人员跳闸 B 汽动给水泵，触发 RB。5 台磨煤机运行导致 F、E 磨煤机跳闸。机组协调控制方式由炉跟机协调自动切至汽轮机跟随方式，滑压运行，滑压速率前 100s 为 2MPa/min，之后为 1MPa/min，锅炉指令按照 260MW/min 的速率减煤减水。22：56：53 总煤量降为 173.92t/h，给水流量降至 1472.33t/h。22：57：37 负荷降至 581.69MW，RB 复位。在整个过程中，机组各个主要参数的变化过程见表 29-11 和图 29-27。

表 29-11　汽动给水泵 RB 机组主参数记录

RB 原因：给水泵 RB		RB 触发时间：22：47：50			RB 结束时间：22：57：37		
试验前磨煤机运行情况：A、C、D、E、F				试验后磨煤机运行情况：A、C、D			
参数	单位	试验前数值	最大值		最小值		稳态值	
			时间（s）	数值	时间（s）	数值	时间（s）	数值
有功功率	MW	950.62	—	—	453	580.85	453	580.85
负压	Pa	−152.41	54	114.06	30	−682.74	114	−161.25
主汽压力	MPa	26.32	—	—	420	16.98	420	16.98
总给煤量	t/h	353.15	—	—	436	174.35	436	174.35
给水流量	t/h	2396.01	135	1973.57	326	1108.22	536	1479.72
主汽温度	℃	594.23	—	—	266	558.08	488	569.09
再热汽温	℃	600.34	—	—	205	575.46	205	575.46
一次风压	kPa	10.22	29	12.13	261	10.21	261	10.21
总风量	t/h	2867.51	—	—	140	1893.61	140	1893.61
中间点温度	℃	427.81	—	—	283	399.00	405	416.54
除氧器水位	mm	−231.20	53	−150.64	232	−239.73	232	−239.73

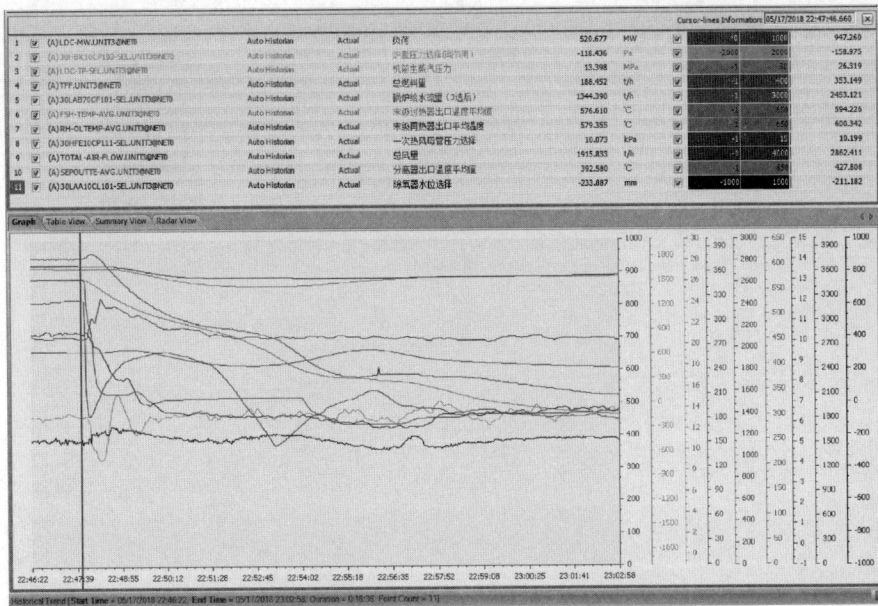

图 29-27 北疆电厂 3 号机组给水泵 RB 机组主参数趋势

4. 一次风机 RB

2018 年 5 月 17 日进行了 A 侧一次风机 RB 试验，18:30:22 运行人员跳闸 A 一次风机，触发 RB。5 台磨煤机运行，导致 E、D 磨煤机跳闸。机组协调控制方式由炉跟机协调自动切至汽轮机跟随方式，滑压运行，滑压速率前 100s 为 0.4MPa/min，之后变为 2.4MPa/min，锅炉指令按照 300MW/min 的速率减煤减水。18:32:47 总煤量降为 192.1t/h，给水流量降至 1276.3t/h。18:35:15 负荷降至 548MW，RB 复位。在整个过程中，机组各个主要参数的变化过程如表 29-12 和图 29-28 所示。

表 29-12 一次风机 RB 机组主参数记录

RB 原因：一次风机 RB			RB 触发时间：18:30:22				RB 结束时间：18:35:15	
试验前磨煤机运行情况：A、B、C、D、E					试验后磨煤机运行情况：A、B、C			
参数	单位	试验前数值	最大值		最小值		稳态值	
			时间（s）	数值	时间（s）	数值	时间（s）	数值
有功功率	MW	994.34	—	—	279	564.91	279	564.91
负压	Pa	−136.56	37	568.12	16	−982	120	−241.45
主汽压力	MPa	26.82	—	—	310	21.03	310	21.03
总给煤量	t/h	361.54	—	—	115	188.57	140	192.03
给水流量	t/h	2724.99	—	—	125	1320.42	125	1320.42
主汽温度	℃	590.36	—	—	191	558.16	191	558.16
再热汽温	℃	604.21	—	—	218	575.46	218	575.46
一次风压	kPa	9.93	46	10.61	12	5.37	76	9.98
总风量	t/h	3119.28	—	—	146	1906.78	146	1906.78
中间点温度	℃	433.02	—	—	108	412.29	232	433.20
除氧器水位	mm	−223.63	153	62.26	287	−254.40	287	−254.40

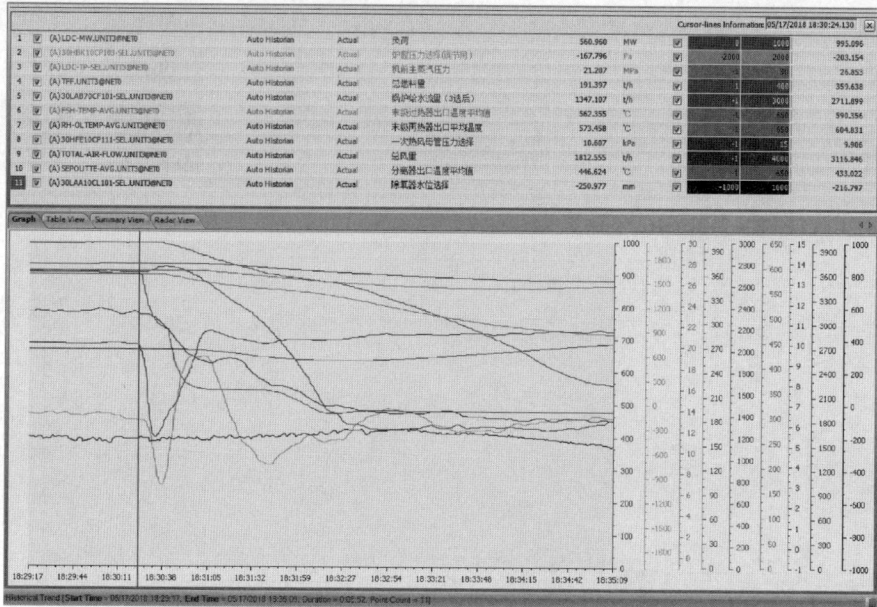

图 29-28　北疆电厂 3 号机组一次风机 RB 机组主参数趋势

5. 调试质量把关

根据以往经验，首先对 RB 逻辑进行了优化完善，随后又对各台辅机的最大负荷能力进行测试，而且在 RB 试验前对协调控制系统进行了多次扰动试验，确保调节品质良好。在 RB 试验过程中，也遵循由简入繁的顺序，最终顺利完成全部 RB 试验项目。试验取得成功，确保当辅机故障时，机组能够快速减负荷并安全稳定运行。

6. 调试中遇到的问题及处理建议

（1）RB 超驰关减温水问题。原有 RB 逻辑的设计中，给水泵 RB 触发后不关减温水调门，考虑给水泵跳闸对主汽温度的影响，修改后逻辑为给水泵 RB 触发后延时 10s 超驰关减温水调门。

（2）一次风机 RB 跳磨煤机间隔时间。一次风机 RB 触发时，会导致燃烧效果迅速变差，为保证主汽温度降幅不至于过大，增加跳磨煤机间隔至15s。原有逻辑设计为一次风机 RB 时保留下层两台磨煤机，优化后逻辑为保留下层三台磨煤机。

（3）风机 RB 触发后的给水惯性时间优化。触发风机 RB 时，由于炉膛燃烧效果变差，会导致温度下降过快。为了优化 RB 触发后的降温速率，减小风机 RB 触发后的给水惯性时间，通过快速降低给水流量，保证温度不会下降过快。

（4）磨煤机 RB 的复位问题。磨煤机 RB 触发后的复位条件，是通过锅炉主控输出的实际燃料量低于最大燃料能力＋2％，延时 300s 复位。当燃料热值发生较大变化时，需要注意复位条件。

（5）在发生 RB 之后，由于汽轮机调门迅速关闭，当调门开度过低时造成给水泵汽轮机供汽不足，给水泵汽轮机出力不够。对逻辑进行优化，加快后期主汽压力下降速率，保证汽轮机调门不至于开度过低，保证给水泵汽轮机正常出力。

（6）在原有 RB 逻辑中，RB 触发后会根据 A 磨煤机是否运行，自动投入微油或大油枪。在试验过程中不需要投油即可保证燃烧的稳定，后在逻辑中通过投切功能取消此逻辑。

系统逻辑问题在调试过程中均已解决，辅机的连锁保护功能完备可靠，无遗留问题存在。

第三十章　自动发电控制（AGC）

第一节　概　　述

目前，我国电力事业已经进入大电网时代，随着电网容量的不断增大，电网的用电结构也在发生巨大的变化。负荷的波峰、波谷差距加大。特别是太阳能发电、风电的装机容量在电网中的占比不断加大，而这些机组发电量的可控性较差，均需要电网内的其他机组做出相应的调节。如果火力发电机组没有相应的调频、调峰能力，电网就对供电品质失去了控制，也就不能对供电质量提供保证。这就要求机组具备 AGC 和一次调频功能，同时又要保证机组本身安全稳定的运行。则机组的自动控制不仅要能够满足机组自身的安全、稳定、经济运行，同时还要满足电网自动化调度的严格要求。

第二节　AGC 基本原理

一、电网频率的二次调节

当电力系统发生扰动后，由于电力系统固有频率响应特性的作用，系统频率和系统负荷均会发生变化。电力系统的频率特性是由系统本身的频率特性和发电机组频率特性两部分组成的。系统的频率响应特性越大，系统就能承受越大的负荷冲击。换句话说，在同样大的负荷冲击下，系统的频率响应越大，所引起的系统频率越小。为了使系统的频率偏差限制在较小的范围内，总是希望系统有较大的频率响应特性。

电力系统的频率响应特性系数由两部分组成：一部分由负荷本身的频率特性决定，电力系统的运行人员是无法改变的；另一部分由发电机组的频率响应系数决定，它是发电机组调差系数的倒数。运行人员可以调整发电机组的调差系数和运行方式来改变其大小。但是从机组的稳定运行角度考虑，机组的调差系数不能取得太小，以免影响机组的稳定运行。

频率响应特性系数是随着系统负荷的变动和运行方式的变动而变化的。也就是说，仅靠系统的一次频率调整，没有任何形式的二次调节（包括手动和自动两种方式）的作用，系统频率不可能恢复到原有的数值。

为了使系统的频率恢复到额定功率运行，必须进行频率的二次调节。频率的二次调节就是移动发电机组的频率特性曲线，改变机组有功功率与负荷变化相平衡，从而使系统的频率恢复到正常范围。

如图 30-1 所示，发电与负荷的交点为 a，系统的频率为 f_1。当系统的负荷发生变化，如负荷增大，负荷特性曲线从 P_{1a} 变化至 P_{1b} 时，若系统发电机组特性曲线为 P_{ga}，则发电与负荷的交点从 a 点移至 b 点。此时，系统的频率从 f_1 降至 f_2。当增加系统发电，即发电机组的频率特性曲线从 P_{ga} 改变到 P_{gb} 时，就能使发电与负荷特性的交点从 b 点移至 d 点，可使系统的频率保持在原来的 f_1 运行。

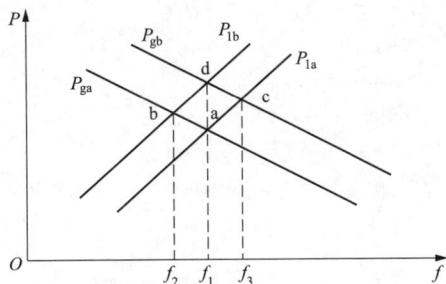

图 30-1　频率的二次调节

反之，当系统的负荷降低时，负荷特性从 P_{1b} 变化至 P_{1a}，当系统发电机组特性曲线为 P_{gb} 时，发电与负荷的交点从 d 点移至 c 点。此时，系统的频率从 f_1 升至 f_3。为了恢复系统的频率，适当减少系统发电，即发电机组的频率特性曲线从 P_{gb} 改变到 P_{ga} 时，就能使发电与负荷特性的交点从 c 点移至 a 点，可使系统的频率从 f_3 恢复到原来的 f_1 运行。

以上改变发电机组调速系统的运行点，增加或减少机组的用功功率使发电机在原有额定功率条件下运行的方法，就是系统频率的二次调节。

电力系统频率二次调节的作用在于以下方面：

（1）由于系统频率二次调节的响应时间较慢，因而不能调整那些快速变化的负荷随机波动，但它能有效地调整分钟级和更长周期的负荷波动。

（2）频率二次调节的作用可以实现电力系统频率的无差调整。

（3）由于响应时间的不同，频率二次调节不能代替频率一次调节的作用；而频率二次调节的作用开始发挥的时间，与频率一次调节作用开始逐步失去的时间基本相当。因此，两者若在时间上配合好，对系统发生较大扰动时快速恢复状态频率相当重要。

（4）频率二次调节带来的使发电机偏离经济运行点的问题，需要由频率的三次调节（经济调度）来解决；同时，集中的计算机控制也为频率的三次调节提供了有效的闭环控制手段。

在互联电力系统中，各区域承担各自的负荷，与外区域按合同买卖电力。各区域调度中心既要维持电力系统频率，还要维持区域间净交换功率与交换值，并希望区域运行最经济。即达到以下目标：

（1）响应负荷和发电的随机变化，维持电力系统频率为规定值。

（2）在各区域间分配系统发电功率，维持区域间净交换功率为计划值。

（3）对周期性的负荷分配变化按发电计划调整出力，对偏离预计的负荷，实现在线经济负荷分配。

上述目标的实现，必须依赖自动发电控制（AGC）技术。

二、AGC 的基本结构

AGC 是一个复杂的闭环控制系统，其功能机构如图 30-2 所示。

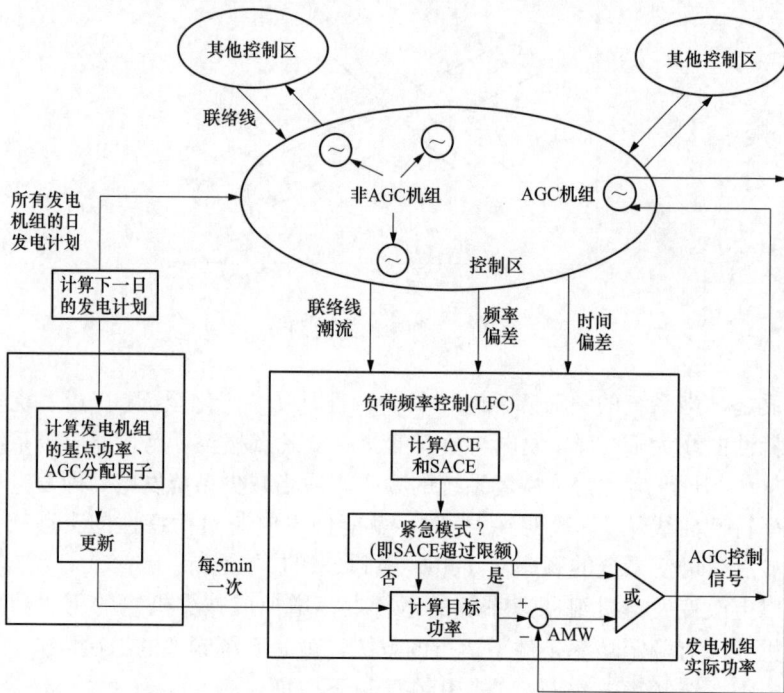

图 30-2　AGC 功能结构图

互联电力系统可以划分成若干个控制区，控制区之间通过联络线互联，各个控制区具有各自的自动发电控制系统。在控制区内，发电机组分为 AGC 机组和非 AGC 机组两类。非 AGC 机组接受电网调度中心的发电计划，由当地的控制系统或人工调整机组的发电出力；AGC 机组则接受电网调度中心实时更新的 AGC 信号，自动调整机组的发电出力。

控制区的电网调度中心根据系统的负荷预计、联络线交换计划和机组的可用出力安排次日所有发电机组的发电计划，并下达到各电厂。在实际运行中，电网调度中心的经济调度（ED）软件根据超短期的负荷预计，以及发电机组的运行工况，按照等微增成本或购电费用最低的原则，对可控机组进行经济负荷分配，计算出发电机组下一时段机组的基点功率和 AGC 分配因子，并传达给负荷频率控制软件。电网调度中心的负荷频率控制软件采集电网的频率、联络线潮流、系统电钟时差，计算控制区的区域控制偏差 AGE，经过滤波后，得到平稳的 AGC(SACE)。然后根据发电机组的实际功率、机组的基点功率、AGC 分配因子，以及机组的分类，计算出各机组的 AGC 调节功率值，发送给 AGC 机组。当电力系统发送严重故障时，需要暂停 AGC 控制，以便进行故障处理。负荷频率控制程序监测系统频率和 SACE，当系统频率或 SACE 发生大幅度变化时，系统进入紧急状态，暂停发送 AGC 控制指令。

三、AGC 的控制目的

从电网的经济运行和安全稳定的角度来看，AGC 的基本控制目的如下：

（1）调整全网发电出力与全电网负荷平衡。

（2）调整电网频率偏差到零，保持电网频率为额定值。

（3）在各控制区域内分配全网发电出力，使区域间联络线潮流与计划值相等。

（4）在本区域发电厂之间分配发电出力，使区域运行成本最小。

（5）在 EMS 系统中，作为安全约束调度或实时最优潮流的执行环节。

电力系统的控制区是以区域的负荷与发电来进行平衡的。对一个孤立的控制区，当其发电能力小于其负荷需求时，系统的频率就会下降；反之，系统的频率就会上升。

当电力系统由多个控制区互联组成时，系统的频率是一致的。因此，当某一控制区内的发电与负荷产生不平衡时，其他控制区域通过联络线上功率的变化对其进行支援，从而使得整个系统的频率保持一致。

联络线的交换功率一般由系统控制区之间根据相互签订的电力电量合同协商而定，或由互联电力系统调度机构确定。在联络线的交换功率确定之后，各控制区内部发生的计划外负荷，原则上应由本系统自己解决。从系统运行的角度出发，各控制区均应保持与相邻的控制区间的交换功率和频率的稳定。换句话说，在稳态情况下，对各控制区而言，应确保其联络线交换功率值与交换功率计划值一致，系统频率与目标值一致，以满足电力系统安全、优质运行的需要。

AGC 的控制目的就是尽量维持区域控制偏差 ACE 到零。为了避免频繁调节，ACE 有一定的调节死区，根据电网的规模大小有不同的要求。

四、AGC 的控制模式

1. 定频率控制 FFC(Flat Frequency Control)

定频率控制模式控制频率为额定值，一般用于单独运行的电力系统或互联电力系统的主系统中。定频率控制的区域控制偏差 ACE 只包括频率分量，其计算式为

$$\text{ACE} = -10B[f - (f_0 + \Delta f_t)] \tag{30-1}$$

式中 B——系统控制区的频率响应系数，MW/0.1Hz；

f——系统频率的实际值；

f_0——系统频率的额定值；

Δf_t——校正时差而设定的频率偏移。

AGC 的调节作用是当系统发生负荷扰动时，根据系统频率出现的偏差调节 AGC 机组的有功功率，将因频率偏差引起的 ACE 控制到规定的范围之内，从而使频率偏差亦控制到零。

2. 定交换功率控制 FTC(Flat Tie-line Control)

该模式通过控制机组有功功率来保持区域联络线净交换功率偏差到零。这种控制方式只适合于互联电力系统中小容量的电力系统，对于整个互联电力系统来说，必须有另一个控制区采用 FFC 模式来维持互联系统的频率恒定，否则互联电力系统不能进行稳定的并联运行。定交换功率控制的区域控制偏差 ACE 只包括联络线净交换功率分量，其计算式为

$$ACE = \sum P_{ti} - (\sum I_{0j} - \Delta I_{0j}) \tag{30-2}$$

式中 $\sum P_{ti}$——控制区所有联络线的实际量测量值之和；

$\sum I_{0j}$——控制区与外区的交易计划之和；

ΔI_{0j}——偿还无意义交换电量而设置的交换功率偏移。

AGC 的调节作用是当系统发生负荷扰动时，将因联络线净交换功率分量偏差所引起的 ACE 控制到规定的范围之内。

3. 联络线功率频率偏差控制 TBC(Tie-line Bias Frequency Control)

在联络线功率及频率偏差控制模式中，需要同时检测 ΔP_t 和 Δf，同时判别负荷的扰动变化是在哪个系统发生的，这种控制模式首先要响应本系统的负荷变化。系统根据区域控制偏差 ACE 来调节调频机组的有功功率。区域控制偏差 ACE 的计算式为

$$ACE = [\sum P_{ti} - (\sum I_{0j} - \Delta I_{0j})] -$$
$$10B[f - (f_0 + \Delta f_t)] = \Delta P_t - 10B\Delta f \tag{30-3}$$

式中 $\sum P_{ti}$——控制区所有联络线的实际量测量值之和；

$\sum I_{0j}$——控制区与外区的交易计划之和；

ΔI_{0j}——偿还无意义交换电量而设置的交换功率偏移；

Δf_t——校正时差而设置的系统频率偏移；

B——控制区的频率响应系数，MW/0.1Hz；

f——系统频率的实际值；

f_0——系统频率的额定值。

当某一系统负荷与发电出力不能就地平衡时，系统频率和联络线功率均会产生一定的偏移。这说明在互联电力系统中采用 TBC 控制模式，不管哪个控制区发生负荷功率不平衡，都会使系统的频率与联络线交换频率和联络线交换功率产生一定的偏移。

由于控制区的频率响应系数与系统的运行状态有关，而机组的调差系数也并非一条直线，所以对频率偏差系数的整定往往比较困难。如果频率偏差系数不能整定为系统频率响应系数，调频机组对本系统的负荷变化响

应将会发生过调或者欠调现象。

联络线功率及频率偏差控制模式一般用于互联电力系统中。当系统发生负荷扰动时，通过调节机组的有功功率，最终可以将因联络线功率、频率偏差造成的 ACE 控制到规定范围之内。

五、AGC 与协调控制系统的接口

通常电网调度中心信号与机组协调控制系统的联系信号有 3 个，如表 30-1 所示。

表 30-1　AGC 与协调控制系统的联系信号一览表

信号名称	信号类型（针对机组 DCS）
AGC 指令	模拟量输入（AI）
机组有功功率	模拟量输出（AO）
AGC 投入自动请求	数字量输出（DO）
AGC 投入	数字量输出（DO）

火电厂的 AGC 控制系统主要由电网调度实时控制系统、信息传输通道、远动控制装置（RTU）、单元机组控制系统组成。电网调度中心根据联络线的偏差计算出 AGC 指令，AGC 指令通过信息传输通道将此指令传送到电厂的 RTU 装置，同时，机组的有功功率和 AGC 投入状态信号通过 RTU 装置和信息传输通道送至电网调度中心的实时控制系统中去，信号的传输的方式，如图 30-3 所示。

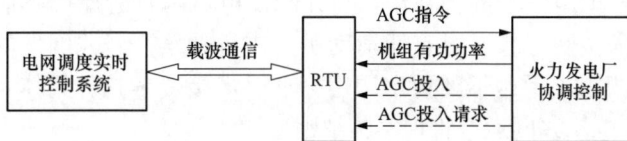

图 30-3　AGC 与协调控制系统的接口结构示意图

其中，AGC 指令是在机组有功功率的实时值上叠加的增量而形成的一个复合信号。这种控制方式的优点是考虑了机组的实际负荷响应速度，避免了 AGC 指令与机组的有功功率偏差过大。

六、AGC 指令与就地机组指令之间的无扰动切换

在协调控制系统未投入 AGC 方式时，要求 AGC 指令跟踪机组的有功功率，在 AGC 方式投入后，就地机组指令跟踪 AGC 指令，这样就保证了 AGC 投入和退出过程中机组指令的无扰动切换。

七、AGC 指令的断信号保护

因为 AGC 指令从电网调度实时控制系统传输到火力发电厂协调控制系

统的中间环节很多，容易发生断线的情况，所以在协调控制系统中采取以下两种措施可以保证系统的安全：

(1) AGC 指令经过一个速率限制模块后再送至协调控制系统作为负荷目标值，速率限制的数值设置不能超过机组所允许的 AGC 最大变负荷速率。

(2) AGC 指令与机组负荷给定值的偏差超过±20MW 时，AGC 功能退出并发出声光报警。

第三节　区域电网的两个细则对 AGC 的要求

能监局为了保证发电机组的供电质量，分别制定了两个文件：《区域发电厂并网运行管理实施细则》和《区域并网发电厂辅助服务管理实施细则》（目前国内电网共分为 6 大区域电网，分别是"华北""东北""西北""华中""华东"和"南方"），简称两个细则。其中对 AGC 和一次调频的投入率、调节指标的考核标准进行了严格的规定。两个细则的试运期证明：有的机组原有的协调控制系统的调节品质虽然很好，但是与两个细则中规定的一次调频和 AGC 的指标要求尚有较大差距。为了减少对发电机组的惩罚，需要对 AGC、一次调频回路和协调控制系统做较大的改进。

一、《华北区域发电厂辅助服务管理实施细则》中关于 AGC 的考核

对基本辅助服务不进行补偿，当并网发电厂因自身原因不能提供基本辅助服务时需接受考核。对有偿辅助服务进行补偿，当并网发电厂因自身原因不能被调用或者达不到预定调用标准时需接受考核。具体考核办法见《华北区域发电厂并网运行管理实施细则》。

（一）AGC 服务补偿

(1) AGC 服务按机组计量。

(2) 发电机组提供 AGC 服务，按可用时间及 AGC 服务贡献分别补偿以下方面。

1) AGC 可用时间补偿。装设 AGC 装置的机组，如果 AGC 可用率达到 98％以上，按 AGC 可用时间补偿 10 元/h。AGC 可用时间补偿费用按月统计。

2) AGC 服务贡献补偿。装设 AGC 装置并且由相关电力调度机构 AGC 主站控制的机组，以参与系统 ACE 控制的程度进行区分，按调节深度和调节性能的乘积进行补偿。补偿费用按天统计。

(3) 日调节深度。日调节深度的定义为每日调节量的总和，即

$$D = \sum_{j=1}^{n} D_j$$

式中　D_j——机组第 j 次的调节深度；

　　　n——日调节次数。

同时，当机组进行折返调节时，增加机组额定容量的 2% 到调节深度中去。

（4）调节性能指标 K_{pd}。K_{pd} 为机组当天的调节性能指标，具体计算见《华北区域发电厂并网运行管理实施细则》。

（5）AGC 服务贡献日补偿费用。计算式为

$$日补偿费用 = D \times [\ln(K_{pd}) + 1] \times Y_{AGC}$$

如果 $K_{pd} < e - 1$ 或 $[\ln(K_{pd}) + 1] < 0$，则日补偿费用记为 0 元。

其中 Y_{AGC} 为 AGC 调节性能补偿标准，火电机组取 5 元/MW，水电机组取 2.5 元/MW。

（6）AGC 辅助服务贡献月补偿费用。机组全月 AGC 辅助服务贡献补偿费用为当月该机组每日 AGC 辅助服务贡献补偿费用之和。

（二）《华北区域发电厂并网运行管理实施细则》中关于 AGC 的考核与补偿

并网发电厂单机 200MW 及以上火电机组和全厂容量 100MW 及以上水电机组应具有 AGC 功能。加装 AGC 设备的并网发电厂应保证其正常运行，不得擅自退出并网机组的 AGC 功能。新建的、应具备 AGC 功能的机组，在投入商业运营前应与电力调度机构的 EMS 系统进行联调，满足电网对机组的调整要求。若 AGC 设备不能与机组同步投产，则该机组不能并网运行。

对机组 AGC 运行情况采用如下方法进行考核。

1. AGC 考核原则

（1）对 AGC 机组的考核包括 AGC 可用率考核和 AGC 性能考核两部分。

（2）未装设 AGC 的机组不参与考核。

（3）AGC 考核指标包括可用率指标 K_A，以及调节性能指标 K_1（调节速率）、K_2（调节精度）和 K_3（响应时间）。

（4）实测机组月度可用率 $K_A < K_A^*$，则该机组 AGC 可用率指标不满足要求，按 AGC 可用率考核。其中 K_A^* 为可用率指标要求，为 98%。

AGC 可用率考核采用定额考核方式，被考核机组的 AGC 可用率考核电量为 $(K_A^* - K_A) \times P_N \times 1(小时) \times \alpha_{AGC, A}$。其中 K_A 的计算式为

$$K_A = \frac{可投入 AGC 时间}{月有效时间} \tag{30-4}$$

其中，$\alpha_{AGC, A}$ 为 AGC 可用率考核系数，其数值为 1，P_N 为该机组容量（MW）。

2. AGC 性能考核计算

实测机组月度调节性能指标为 K_1、K_2 和 K_3。采用 K_1、K_2 和 K_3 参

数进行分项单独考核，若参数大于设定值1，考核电量为0；若参数小于1，按照参数大小进行考核，即

$$调节速率考核电量 = \begin{cases} (1-K_1) \times P_N \times 1(h) \times a_{K_1}, K_1 < 10, \\ \qquad\qquad K_1 \geqslant 1 \end{cases}$$

$$调节精度考核电量 = \begin{cases} (1-K_2) \times P_N \times 1(h) \times a_{K_2}, K_2 < 10, \\ \qquad\qquad K_2 \geqslant 1 \end{cases}$$

$$响应时间考核电量 = \begin{cases} (1-K_3) \times P_N \times 1(h) \times a_{K_3}, K_3 < 10, \\ \qquad\qquad K_3 \geqslant 1 \end{cases}$$

式中　K_1、K_2 和 K_3——AGC 性能考核系数，其数值为2。

对 K_3 的每月考核电量不超过当月上网电量的 0.2%。

根据分项计算，AGC 性能的总考核电量为

$$AGC 总考核电量 = 调节速率考核电量 +$$
$$调节精度考核电量 + 响应时间考核电量$$

3.AGC 性能指标计算及补偿考核度量办法

AGC 补偿考核指标分为两类，即可用率和调节性能。

(1) 可用率反映机组 AGC 功能良好可用状态。如果 AGC 可用率达到98%以上，按 AGC 可用时间补偿 10 元/h。

(2) 调节性能目前考虑调节速率、调节精度和响应时间等三个因素的综合来体现 AGC。

(三) AGC 性能指标计算及补偿考核度量办法

如图 30-4 所示，为网内某台机组一次典型的 AGC 机组设点控制过程。

图 30-4 中，$P_{min,i}$ 是该机组可调的下限出力，$P_{max,i}$ 是其可调的上限出力，P_{Ni} 是其额定出力，P_{di} 是其启停磨煤机临界点功率。整个过程可以这样描述：T_0 时刻以前，该机组稳定运行在出力值 P_1 附近；T_0 时刻，AGC 控制程序对该机组下发功率为 P_2 的设点命令，机组开始涨出力；到 T_1 时刻可靠跨出 P_1 的调节死区，然后到 T_2 时刻进入启磨煤机区间；一直到 T_3 时刻，启磨煤机过程结束，机组继续涨出力；至 T_4 时刻第一次进入调节死区范围，然后在 P_2 附近小幅振荡，并稳定运行于 P_2 附近；直至 T_5 时刻，AGC 控制程序对该机组发出新的设点命令，功率值为 P_3，机组随后开始降出力过程；T_6 时刻可靠跨出调节死区；至 T_7 时刻进入 P_3 的调节死区，并稳定运行于其附近。

定义两类 AGC 补偿考核指标，即可用率和调节性能。

(1) 可用率反映机组 AGC 功能良好可用状态。

(2) 调节性能目前考虑调节速率、调节精度和响应时间等三个因素的综合体现。

各类指标的计算方法如下。

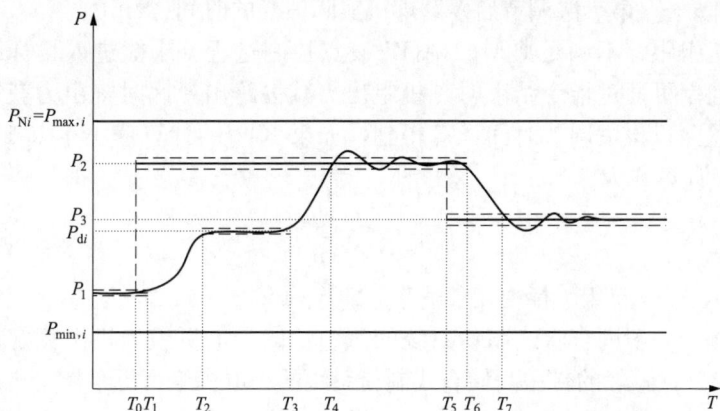

图 30-4 典型的一次 AGC 设点控制过程

1. 可用率

(1) 计算公式。可用率计算式为

$$K_{\mathrm{A}} = \frac{可投入 \ AGC \ 时间}{月有效时间}$$

其中可投入 AGC 时间指结算月内，机组 AGC 保持可用状态的时间长度；月有效时间指月日历时间扣除因为非电厂原因（含检修、通道故障等）造成的不可用时间。

(2) 计算频率。每月统计一次。

2. 调节性能

(1) 调节速率。调节速率是指机组响应设点指令的速率，可分为上升速率和下降速率。第 i 台机组第 j 次调节的调节速率考核指标计算过程描述如下。

在涨出力阶段，即 $T_1 \sim T_4$ 区间，由于跨启动磨煤机点，所以在计算其调节速率时必须消除启动磨煤机的影响；在降出力区间，即 $T_5 \sim T_6$ 区间，未跨停磨煤机点，所以计算时不用考虑停磨煤机的影响。综合这两种情况，实际调节速率计算式为

$$v_{i,j} = \begin{cases} \dfrac{P_{\mathrm{E}i,j} - P_{\mathrm{S}i,j}}{T_{\mathrm{E}i,j} - T_{\mathrm{S}i,j}} & P_{\mathrm{d}i,j} \notin (P_{\mathrm{E}i,j}, P_{\mathrm{S}i,j}) \\ \dfrac{P_{\mathrm{E}i,j} - P_{\mathrm{S}i,j}}{(T_{\mathrm{E}i,j} - T_{\mathrm{S}i,j}) - T_{\mathrm{d}i,j}} & P_{\mathrm{d}i,j} \in (P_{\mathrm{E}i,j}, P_{\mathrm{S}i,j}) \end{cases} \tag{30-5}$$

式中　$v_{i,j}$——机组 i 第 j 次调节的调节速率，MW/min；

$P_{\mathrm{E}i,j}$——其结束响应过程时的出力，MW；

$P_{\mathrm{S}i,j}$——其开始动作时的出力，MW；

$T_{\mathrm{E}i,j}$——结束的时刻，min；

$T_{\mathrm{S}i,j}$——开始的时刻，min；

$P_{\mathrm{d}i,j}$——第 j 次调节的启停磨煤机临界点功率，MW；

$T_{di,j}$——第 j 次调节启停磨煤机实际消耗的时间，min。

若机组跟踪不满足典型的 AGC 设点控制过程（未能进入目标死区），则调节速率可通过指令结束时刻机组出力减去跨出死区时刻出力获得的有功变化量除以该段调节时间计算得到，如果 $K_1^{i,j}$ 的计算值小于 0.1，则取为 0.1。计算式为

$$K_1^{i,j} = 2 - \frac{v_{N,i}}{v_{i,j}} \tag{30-6}$$

式中　$v_{N,i}$——机组 i 标准调节速率，MW/min。

其中：一般的直吹式制粉系统的汽包炉的火电机组为机组额定有功功率的 1.5%；一般的带中间储仓式制粉系统的火电机组为机组额定有功功率的 2%；循环流化床机组和燃用特殊煤种（如劣质煤、高水分低热值褐煤等）的火电机组为机组额定有功功率的 1%；超临界定压运行直流炉机组为机组额定有功功率的 1.0%，其他类型直流炉机组为机组额定有功功率的 1.5%；燃气机组为机组额定有功功率的 4%；水力发电机组为机组额定有功功率的 10%。若机组进入额定出力 50% 以下的深调工况，则 AGC 调节速率要求为常规调节时的 80%。$K_1^{i,j}$ 衡量的是机组 i 第 j 次实际调节速率与其应该达到的标准速率相比达到的程度。计算频率方面，应在每次满足调节速率计算条件时计算。

（2）调节精度。调节精度是指机组响应稳定以后，实际出力与设点出力之间的差值。调节精度的考核指标计算过程描述如下，即

$$K_2^{i,j} = 2 - \frac{\Delta P_{i,j}}{\text{调节允许的偏差量}} \tag{30-7}$$

在第 i 台机组平稳运行阶段，即 $T_4 \sim T_5$ 区间，机组出力围绕 P_2 轻微波动。在类似这样的时段内，对实际出力与设点指令之差的绝对值进行积分，然后用积分值除以积分时间，即为该时段的调节偏差量。计算式为

$$\Delta P_{i,j} = \frac{\int_{T_{Si,j}}^{T_{Ei,j}} |P_{i,j}(t) - P_{i,j}| \times dt}{T_{E,i,j} - T_{S,i,j}} \tag{30-8}$$

式中　$\Delta P_{i,j}$——第 i 台机组在第 j 次调节的偏差量，MW；

$P_{i,j}(t)$——其在该时段内的实际出力；

$P_{i,j}$——该时段内的设点指令值；

$T_{Ei,j}$——该时段终点时刻；

$T_{Si,j}$——该时段起点时刻。

若机组跟踪不满足典型的 AGC 设点控制过程（未能进入目标死区），则调节精度为从跨出同方向死区到指令结束时刻的时间内实际出力与目标出力偏差的最小值。

式（30-8）中调节允许的偏差量为机组额定有功功率的 1%。若机组进入额定出力 50% 以下的深调工况时，AGC 调节精度要求为常规调节时的

125%。$K_2^{i,j}$ 衡量的是该 AGC 机组 i 第 j 次实际调节偏差量与其允许达到的偏差量相比达到的程度。如果 $K_2^{i,j}$ 的计算值小于 0.1，则取为 0.1。计算频率方面，应在每次满足调节精度计算条件时计算。

（3）响应时间。响应时间是指 EMS 系统发出指令之后，机组出力在原出力点的基础上，可靠地跨出与调节方向一致的调节死区所用的时间。即

$$t_{i,j}^{\text{up}} = T_1 - T_0$$
$$t_{i,j}^{\text{down}} = T_6 - T_5$$

$$K_3^{i,j} = 2 - \frac{t_{i,j}}{\text{标准响应时间}} \tag{30-9}$$

式中　$t_{i,j}$——机组 i 第 j 次 AGC 机组的响应时间。

火电机组 AGC 响应时间应小于 1min；水电机组 AGC 的响应时间应小于 20s。若机组进入额定出力 50% 以下的深调工况时，AGC 响应时间要求为常规调节时的 125%。$K_3^{i,j}$ 衡量的是该 AGC 机组 i 第 j 次实际响应时间与标准响应时间相比达到的程度。如果 $K_3^{i,j}$ 的计算值小于 0.1，则取为 0.1。计算频率方面，应在每次满足响应时间计算条件时计算。

（4）调节性能综合指标。每次 AGC 动作时按式（30-10）计算 AGC 调节性能，即

$$K_p^{i,j} = K_1^{i,j} \times K_2^{i,j} \times K_3^{i,j} \tag{30-10}$$

式中　$K_p^{i,j}$——衡量该 AGC 机组 i 第 j 次调节过程中的调节性能好坏程度。

如果 $K_1^{i,j}$、$K_2^{i,j}$、$K_3^{i,j}$ 计算值大于 1.5，则取 1.5 参与计算。

（5）调节性能日平均值 K_{pd}^i。计算式为

$$K_{pd}^i = \begin{cases} \sum_{j=1}^{n} K_p^{i,j}, & \text{机组 } i \text{ 被调用 AGC}(n > 0) \\ 1, & \text{机组 } i \text{ 未被调用 AGC}(n = 0) \end{cases} \tag{30-11}$$

式中　K_{pd}^i——第 i 台 AGC 机组一天内 n 次调节过程中的性能指标平均值。

未被调用 AGC 的机组是指装设 AGC 但一天内一次都没有被调用的机组。

（6）调节性能月度平均值。计算式为

$$K_p^i = \begin{cases} \dfrac{\sum_{j=1}^{N} K_p^{i,j}}{N}, & \text{机组 } i \text{ 未被调用 AGC}(N > 0) \\ 1, & \text{机组 } i \text{ 未被调用 AGC}(N = 0) \end{cases} \tag{30-12}$$

式中　K_p^i——第 i 台 AGC 机组一个月内 N 次调节过程中的性能指标平均值。

未被调用 AGC 的机组是指装设 AGC 但在考核月内一次都没有被调用的机组。

计算频率方面，应在每次 AGC 指令下发时计算，次日统计前一日的平

均值，月初统计上月的平均值。

二、AGC 控制模式说明

AGC 主站控制软件在对 AGC 机组进行远方控制时，可以采取多种控制模式，介绍如下。

（1）自动调节模式。自动调节模式又包括下列若干子模式：

1）无基点子模式。

2）带基点正常调节子模式。

3）带基点帮助调节子模式。

4）带基点紧急调节子模式。

5）严格跟踪基点子模式。

（2）人工设点模式。

第四节　适应 AGC 的控制系统优化

一、AGC 存在的一般问题

通过调研大部分华北电网参与两个细则考核的并网机组和不同区域电力机组的整体热控水平，可以看出在两个细则应对方面处于不利地位的机组普遍在整体控制方案方面存在部分或全部下述问题：

（1）协调控制系统的前馈环节设计或参数不合理导致负荷响应慢或主汽压力波动大，特别是变负荷过程中机组主蒸汽压力变化剧烈。尤其在满负荷时有机组超压现象，导致运行期间运行人员操作频繁，面临机组超压安全阀动作的压力。有些机组负荷变化率设定值偏低，由于机组协调控制水平较差，运行人员被迫降低机组负荷变化率。例如考核指标要求"一般的直吹式制粉系统的汽包炉的火电机组负荷变化率为机组额定有功功率的 1.5%"，而实际设定值为 $1\%P_e$，显然无法达标，导致 K_1 指标偏低。有些机组负荷变化率设定值则太高。例如某 300MW 直吹式制粉系统的汽包炉负荷变化率设定值为 12MW/min，根据分析 T_2/T_1 太低，导致该机组频繁超温、超压，汽压参数不稳定导致 K_2 指标明显降低，K_1 指标有时不增反降，得不偿失。

（2）机组燃煤品质不稳定，煤种变化大，发热量忽高忽低。没有进行合理配煤掺烧，有的厂根据磨煤机进行分种类上煤，影响机组的温度、压力、燃烧系统稳定，甚至机组安全都受到威胁。

（3）机组投入顺序阀控制方式后，阀门流量线性不好，导致机组有功调节精度较差，直接降低 K_2 指标。由于 AGC 需求，发电机组协调控制方式大多采用炉跟机协调方式，机组负荷由汽轮机调门调节。目前少数机组汽轮机调门流量特性不理想或滑压曲线设计不合理，导致机组负荷控制精度不能满足要求，即 K_2 指标降低。

（4）启停磨煤机过程中，煤量预测计算不理想导致对协调控制系统的扰动太大，主汽压力和机组负荷波动较大。

（5）风量测量不准，特别是一次风测量存在问题导致一次风不能投入自动控制，影响了锅炉燃烧效果，导致锅炉响应速度较慢，主汽压力有较大的波动。

（6）减温水控制品质不好，主汽温超温次数增多。

（7）信号同源问题。AGC 控制用用功信号和网调考核用用功信号不同源，存在一定的信号误差；RTU 控制设备负责接收电网调度部门通过网络传输到电厂的 AGC 负荷指令信号，将该信号转换为 $4 \sim 20 \mathrm{mA}$ 信号送给机组 CCS 控制系统。通过对比华北地区多台发电机组厂网两侧 AGC 指令信号，发现不仅两侧数值存在 1% 左右的固定偏差，而且信号动作时间也存在不同程度的延迟。该问题严重影响 AGC 三项考核指标。

（8）AGC 与一次调频的交互作用问题。

（9）功率控制器调节死区和执行机构本身动作死区过大，直接降低 K_3 指标。为了提高机组稳态控制水平，大多数负荷调节控制器设计调节死区，而汽轮机调节阀本身也存在固有的动作死区，直接影响实发功率响应调度负荷指令的速度，死区越大，K_3 指标越低。

（10）空冷机组在夏季出力受限制的问题。

同时在电厂实际运行参数和机组特性方面，影响协调控制品质的主要因素总结包括以下四点：

（1）滑压运行的影响。目前大容量的单元机组，为提高机组的热效率和经济性，一般情况下均采用滑压运行方式，滑压运行的区间根据机组的特性可在 25%～90%MCR 中选定。在滑压运行阶段，机组负荷的改变主要是依靠主蒸汽热力参数的改变来实现的，汽轮机调门基本不发生大的变化。机组负荷变动在滑压运行阶段，锅炉蓄热能力将随参数的变化而变化，变化方向恰好与负荷需求方向相同：当需要增加负荷时，锅炉同时需要吸收一部分热量来提高参数，使其蓄热能力增加；反之，在降低负荷时，参数降低，释放蓄热。这两种结果都阻碍机组对外界负荷需求的响应，降低了负荷响应速率。

（2）锅炉延迟特性的影响。火电机组对负荷响应的迟延主要取决于锅炉在接到负荷指令后，改变煤量到蒸汽流量发生变化所需要的时间，即蒸汽产生的纯迟延时间。蒸汽产生的迟延时间与锅炉的结构有很大的关系，如制粉系统和送风系统。一般而言，中储式制粉系统要比直吹式制粉系统的迟延小许多。但是该迟延时间难以从工艺上得到很大的改进和克服，因此它从根本上决定了负荷响应的滞后。锅炉系统风、煤、水等子控制系统控制品质也直接影响锅炉迟延特性。

（3）锅炉的蓄热能力。总体而言，锅炉的蓄热能力部分来自锅炉受热面金属热容量的存储和释放，特别是机组在滑压运行阶段。此时蓄热能力将随参数的变化而变化，变化方向恰好与负荷的需求方向相同，不仅无法利用以适应负荷要求，而且成为造成锅炉惯性较大的主要原因之一。必须通过试验，对可利用蓄热能力进行测试，以合理利用。否则将会造成机、炉之间的能量供求不平衡，调节过程波动，动态过程时间增加，影响机组的稳定运行。

（4）汽轮机调门流量特性。由于 AGC 需求，发电机组协调控制方式大多采用炉跟机协调方式，机组负荷由汽轮机调门调节。协调控制对象的非线性主要在于锅炉侧主汽压力与锅炉热负荷的非线性，以及不同压力下汽轮机通流量与汽轮机调节阀门开度的非线性。DEH 控制系统中阀位流量曲线起到将调门开度与通流量的关系线性化的关键作用，并且作为底层执行机构直接影响到主汽压和负荷的变化。目前仍有一定数量的机组汽轮机调门流量特性不理想或者滑压曲线设计不合理，导致机组负荷控制精度不能满足要求。

上述涉及的问题，体现在 AGC 考核指标中，导致受考核机组 K_1、K_2、K_3 三个性能指标不同程度地偏低。

二、机组特性与协调系统的优化

机组整体优化方案浅析如下。

运营理念、精细化管理、高水平的发电运行操作都是机组参与两个细则运行效果的重要因素，除此之外的一个最重要的核心因素是机组参与两个细则运行的整体控制方案。调研和实际经验发现，两个细则运行较好的机组一定是机组从底层自动系统至上层协调系统、从基本函数关系设置到控制器参数调整都十分到位的机组。

依据上文总结的火力发电机组在 AGC 运行模式下普遍存在的问题，我们提出了基于机组自身模型的两个细则条件下的整体优化控制策略供参考。该策略包含对机组汽轮机调门进行流量特性测试及整定、对机组 AGC 控制策略进行优化整定、对机组燃烧系统进行优化整定、对机组一次调频控制回路设计进行优化等内容。

（1）该策略将 AGC 和一次调频优化统一考虑，先解决底层调门特性问题，为 AGC 和一次调频性提供一个适应性强的执行器，提高调频调峰过程中的控制稳定性。

（2）AGC 调整优化包括以下方面。

1）提高汽轮机侧的负荷响应能力，提升变负荷速率、减小负荷控制死区、增加功率控制权重，增加负荷超前动作的微分分量。增加负荷预测功能回路。

2）针对燃烧滞后和机组模型的差异性问题设计了基于机组模型的动态解耦算法，在提高汽轮机侧参数的前提下，利用动态前馈量可以有效减弱燃烧迟延对负荷响应和主汽压波动的影响，根据模型的不同特性设置不同的分项动态自适应前馈量。

3）增加煤质校正控制回路，有效解决煤质变化后控制参数不理想的问题。

4）依据机组模型设置合适的滑压曲线和滑压速率，避免由于滑压曲线设置不合理致使高负荷调门开度与流量线性度差，机组汽压容易波动。避免由于滑压速率设置不合理在快速变负荷过程中增大锅炉和汽轮机的特性差异，不利于压力调整过程中的平稳控制。

5）模拟启停磨煤机过程中煤量变化的趋势，预测计算煤量变化对协调控制系统的扰动程度，进行启停磨煤机过程中煤量预增减对总煤量的补偿，从而减少主汽压力和机组负荷波动。通过进行协调定压变负荷试验、定负荷滑压试验和变负荷滑压试验，分别整定 $F_1(x)$、$F_2(x)$、$F_3(x)$ 函数关系，以及 BIR1～BIR7 的控制参数，以保证机组汽温、汽压控制品质优良，为提高机组负荷变化率和 AGC 性能指标 K_1 做准备。

（3）燃烧、主汽温等分系统优化包括以下方面。

1）解决炉膛负压、送风等重要保护相关自动控制系统调节品质差的问题，为优化其他控制系统打好基础。

2）机组高负荷阶段由于煤量的超调可能需要锅炉侧磨煤机接近满出力。导致燃料系统与风量、风压系统不匹配，最终影响机组汽温、汽压大幅波动。修改现有稳定煤种品质与磨煤机一次风量、一次风压的配比关系，进行参数重新整定，并优化汽温调节参数。

第三十一章　一次调频控制

第一节　概　　述

目前，我国电力事业已经进入大电网时代，随着电网容量的不断增大，电网的用电结构也在发生巨大的变化。负荷的波峰、波谷差距加大，特别是太阳能发电、风电的装机容量在电网中的占比不断加大，而这些机组发电量的可控性较差，均需要电网内的其他机组做出相应的调节。如果火力发电机组没有相应的调频、调峰能力，电网就对供电品质失去了控制，也就不能保证供电质量。这就要求机组具备 AGC 和一次调频功能，同时又要保证机组本身安全稳定的运行。同时机组的自动控制也需满足电网自动化调度的严格要求。

第二节　一次调频的概念

一、一次调频

一次调频是指在电网并列运行的机组中，当外界负荷变化引起电网频率改变时，网内各运行机组的调节系统将根据各自的静态特性改变机组的功率，以适应外界负荷变化的需要。这种由调节系统自动调节功率，以减小电网频率改变幅度的方法，称为一次调频。

在发电机组的一次调频中，发电机组输出功率和频率静态关系的曲线称为发电机组的功频静特性，可以近似地用直线来表示，如图 31-1 所示。发电机组在额定频率 f_0 下运行时，其输出功率为 P_0，相当于图中的 a 点；当电力系统频率下降到 f_1 时，发电机组由于调速系统的作用，使机组输出功率增加到 P_1，相当于图中的 b 点。如果原动机的调节汽门（或导水翼）

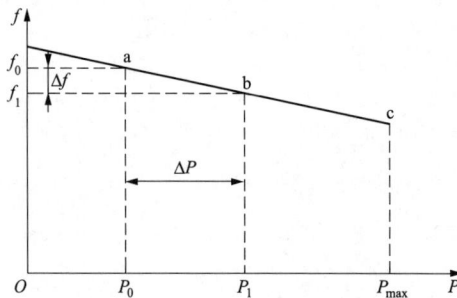

图 31-1　发电机组的功频静特性

的开度已达到最大位置，即相当于图中的 c 点，则频率再下降，发电机组的输出功率也不会增加。

发电机组的功频静特性曲线的斜率为

$$K_{\text{g}} = -\frac{\Delta P}{\Delta f} \qquad (31\text{-}1)$$

式中　K_{g}——发电机组的功频静特性系数。

K_{g} 的数值表示频率发生单位变化时，发电机组输出功率的变化量。负号表示发电机组输出功率的变化与频率的变化方向相反。K_{g} 的标幺值表示式为

$$K_{\text{g}}^* = -\frac{\Delta P/P_0}{\Delta f/f_0} = \frac{\Delta P^*}{\Delta f^*} \qquad (31\text{-}2)$$

与负荷的频率调节效应系数不同，发电机组的功频静特性系数 K_{g}^* 是可以整定的，整定范围通常取为 14.4～25。在实际应用中更常用的是 K_{g}^* 的倒数，称为发电机组的调差系数 δ%。一般情况下，水轮发电机组调差系数的整定范围为 4%～5%，汽轮发电机组调差系数的整定范围为 5%～7%。

二、调节系统的静态特性和动态特性

（1）静态特性。机组在稳定工况下，汽轮机负荷与转速之间的关系为调速系统的静态特性。

（2）动态特性。当处于稳定状态下运行的机组受到外界干扰时，稳定状态被破坏，要经过调速系统的一个调节过程，又过渡到另一个新的稳定状态。调速系统从一个稳定状态过渡到另一个稳定状态动作过程中的特性，称为调速系统的动态特性。从动态特性中，可掌握动态过程中负荷、转速、调节汽门开度及控制油压等参数随时间变化的规律，判断调速系统是否稳定，评价调速系统品质，以及分析影响动态特性的因素。

三、与一次调频相关的几个概念

（1）速度变动率。速度变动率是指汽轮机由满负荷到空负荷的转速变化与额定转速之比，其计算式为

$$\delta = (n_1 - n_2)/n_0 \times 100\% \qquad (31\text{-}3)$$

式中　n_1——汽轮机空负荷时的转速；

　　　n_2——汽轮机满负荷时的转速；

　　　n_0——汽轮机额定转速。

对速度变动率的解释为：汽轮机在正常运行时，当电网发生故障或汽轮发电机出口开关跳闸使汽轮机负荷甩到零，这时汽轮机的转速先升到一个最高值，然后下降到一个稳定值，这种现象称为"动态飞升"。转速上升的最高值由速度变动率决定，一般应为 4%～5%。若汽轮机的额定转速为

3000r/min，则动态飞升数值在 120～150r/min 之间。速度变动率越大，转速上升越高，危险也越大。

（2）汽轮机调速系统的迟缓率。迟缓率是指在调速系统中由于各部件的摩擦、卡涩、不灵活，以及连杆、铰链等结合处的间隙、错油门的重叠度等因素造成的动作迟缓程度。机械液压型调速器最好的迟缓率 $\varepsilon = 0.3\% \sim 0.4\%$。采用电液压式数字型调速器灵敏度很高，迟缓率（人工死区）可以调节到接近于零。

（3）调差系数。汽轮机调速系统的静态频率调节效应系数 k_f 的倒数为调速系统的调差系数。调差系数的计算式为

$$k_\delta = \Delta f(\%) / \Delta P(\%) \tag{31-4}$$

式中 $\Delta f(\%)$——电网频率变化的百分数；

$\Delta P(\%)$——汽轮发电机组有功功率变化的百分数。

调差系数的大小对维持系统频率的稳定影响很大。为了减小系统频率波动，要求汽轮机调速系统有合理的调差系数值，一般为 $4\% \sim 5\%$。

在目前 DEH 控制系统机组中，汽轮机的速度变动率由 DEH 系统逻辑设定，一般在 $3\% \sim 6\%$ 之间，电网要求火电机组设定为 5%。

四、一次调频控制结构原理图

DEH 系统中一次调频功能通常是将汽轮机转速与额定转速的差值直接转化为功率信号补偿或流量补偿（见图 31-2）。

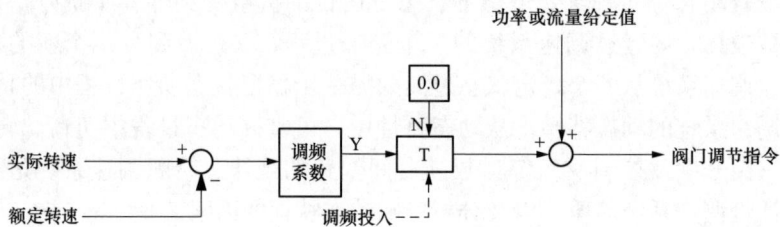

图 31-2　DEH 系统一次调频控制结构原理图

我国电网额定频率为 50Hz，汽轮机额定转速为 3000r/min，额定频率与实际频率差值（有时额定转速与汽轮机实际转速的差值代替频率差值）经函数变换后生成一次调频补偿因子。一次调频功能投入，直接与功率或流量信号叠加，控制汽轮机的调门开度；一次调频切除时，调频补偿因子系数为零，不参与系统控制。

五、一次调频的基本技术要求

发电机组的一次调频指标主要包括：转速不等率、调频死区、快速性、补偿幅度、稳定时间等。不同区域的电网公司对各个技术指标要求也不尽相同。

1. 转速不等率

（1）标准。火电机组转速不等率应为 4%～5%，该技术指标不计算调频死区影响部分。该指标一般作为逻辑组态参考应用，机组实际不等率需根据一次调频实际动作进行动态计算。

（2）实际举例。转速不等率为 5%，汽轮机从额定负荷从 100% 到 0 变化时，所对应的转速升高值为 150r/min，$\delta=150/3000\times100\%=5\%$，也叫速度变动率。一次调频量的计算为：$\Delta P_f=K\times\Delta f$（$K$ 为调频系数，单位为 %/r/min；Δf 为频差信号）；而 $K=1/(\delta\times n_0)\times100\%$，所以对应变化 1r/min 转速差的一次调频量（以机组容量 660MW 为例）$\Delta P_f=1/(3000\times5\%)\times100\%\times660MW=4.4MW/r/min$。

2. 调频死区

（1）标准。机组参与一次调频死区应不大于 $|\pm0.033|$ Hz 或 $|\pm2|$ r/min。

（2）目的。设置转速死区的目的是为了消除因转速不稳定（由于测量系统的精度不够引起的测量误差）引起的机组负荷波动及调节系统晃动。

3. 快速性

（1）标准。机组参与一次调频的响应时间应小于 3s。燃煤机组达到 75% 目标负荷的时间应不大于 15s，达到 90% 目标负荷的时间应不大于 30s。对于高压油电液调节机组，响应时间一般在 1～2s。电网频率波动越高，该技术指标越重要。

（2）稳定时间。标准为：机组参与一次调频的稳定时间应小于 1min。该技术指标对于发电机组及电网稳定运行都十分重要。

4. 补偿幅度

标准为：机组参与一次调频的调频负荷变化幅度不应设置下限；一次调频的调频负荷变化幅度上限可以加以限制，但限制幅度不应过小。规定如下：

（1）$P_0<250MW$ 的火电机组，限制幅度大于或等于 $10\%P_0$。

（2）$350MW\geqslant P_0\geqslant250MW$ 的火电机组，限制幅度大于或等于 $8\%P_0$。

（3）$500MW\geqslant P_0>350MW$ 的火电机组，限制幅度 $\geqslant7\%P_0$。

（4）$P_0>500MW$ 的火电机组，限制幅度大于或等于 $6\%P_0$。

另外，额定负荷运行的机组，应参与一次调频，增负荷方向最大调频负荷增量幅度不小于 $5\%P_0$。

实际举例：以机组容量为 660MW 为例，限幅 6% 额定负荷 $\Delta P=660MW\times6\%=39.6MW$，在转速不等率为 5% 时 $\Delta P_f=1/(3000\times5\%)\times100\%\times660MW=4.4MW/r/min$。可调节转速值为 $\Delta P/\Delta P_f=39.6/4.4=9(r/min)$。即在 $\pm2r/min$ 的基础上变化 $\pm9r/min$ 的调频量幅度。

设置限幅的主要目的是因为快速大幅度的变负荷会危及机组的安全运行。对于燃煤发电机组，机组通过调速器快速一次调频变负荷最大幅度应通过试验确定，主要以汽轮机调门快速变化时主汽压力、温度等与机组安全运行参数的变化幅度和速率在允许范围内为依据。另外，加负荷以汽轮机调门开足为限，减负荷以主汽压力上升幅度和速度到允许值（低于高压旁路动作值）为限。

六、投运范围

对于燃煤发电机组，调速器（DEH）一次调频投运的负荷范围应为机组正常运行的负荷范围，应不低于不投油助燃的最低负荷，最高为机组满负荷。机组在最低负荷或满负荷时，仅使用 DEH 侧的一次调频功能，CCS侧仅闭锁与一次调频相反的调节作用。机组最低不投油助燃负荷时，不因一次调频而减少燃煤，防止锅炉熄火；机组最高负荷时，不因一次调频而增加燃煤，防止机组超压。CCS 侧一次调频投运的负荷范围应为 CCS 投入的负荷范围，一般最低不高于 50％额定负荷，最高为机组满负荷。

七、一次调频控制回路

一次调频控制回路一般可分为 CCS 一次调频和 DEH 一次调频，由这两部分的调频回路共同作用。其中 DEH 一次调频快速动作（开环控制），CCS 一次调频最终稳定负荷（闭环控制）。DEH 侧一次调频的动作值直接控制汽轮机调门，用于改变机组的负荷，使机组快速响应一次调频的需要；CCS 一次调频最终稳定负荷。CCS 中的一次调频由运行人员手动投入，一次调频动作后相当于去调节负荷设定值 MWD，并确保与 DEH 的作用方向相同，防止 DEH 的调节作用被拉回，最终稳定负荷到所需要的值。二者相互配合，提升机组的一次调频性能。

（1）DEH 一次调频。DEH 一次调频功能对负荷的修正直接叠加到流量指令上，即根据调节量直接开大或关小调门，调整汽轮机的进汽量，快速稳定电网频率。功率回路投入时，负荷设定值同时增加一次调频指令，在提高机组一次调频快速动作的同时保证负荷不出现反调现象。

（2）CCS 一次调频。协调投入方式下，DCS 切除汽轮机主控回路时，一次调频功能由 DEH 实现。DCS 投入汽轮机主控回路时，一次调频指令叠加到负荷设定值上（未直接添加到去 DEH 的流量指令上），提高机组一次调频的精确性及稳定性。

第三节　区域电网的两个细则对一次调频的要求

本节以华北电网"两个细则"对火电机组一次指标的要求为例，对关键指标进行介绍。

一、《华北区域发电厂并网运行管理实施细则》关于一次调频的考核与补偿

并网发电厂机组必须具备一次调频功能，其一次调频投/退信号应接入所属电力调度机构。并网发电厂机组一次调频的人工死区、调速系统的速度变化率和一次调频投入的最大调整负荷限幅、调速系统的迟缓率、响应速度等应满足华北电网发电机组一次调频技术管理要求。并网运行的机组必须投入一次调频功能，当电网频率波动时应自动参与一次调频，并网发电厂不得擅自退出机组的一次调频功能。

一次调频月投运率应达到 100%。一次调频月投运率＝（一次调频月投运时间/机组月并网时间）×100%。

对并网发电机组一次调频的考核，分投入情况及性能两个方面，考核方法如下。

1. 投入情况考核

（1）未经电力调度机构批准停用机组的一次调频功能，发电厂每天的考核电量为

$$P_N \times 1h \times a_1$$

式中　P_N——机组容量，MW；

a_1——一次调频考核系数，数值为 3。

（2）一次调频月投运率每月考核电量为

$$(100\% - \lambda) \times P_N \times 10h \times a_1$$

式中　λ——一次调频月投运率。

2. 性能考核

在电网频率越过机组一次调频死区及发生大扰动期间进行一次调频性能考核时，具体参数以电力调度机构发电机组调节系统运行工况在线上传系统计算结果为准，尚未实施参数上传的电厂暂以 EMS 系统计算结果为准。机组一次调频性能考核包括 15s 出力响应指数考核、30s 出力响应指数考核，以及电量贡献指数考核。每项考核均包括小扰动考核和大扰动考核，其中电网最大频率偏差不超过 0.06Hz 为小扰动，电网最大频率偏差大于 0.06Hz 为大扰动。

（1）15s 出力响应指数考核。对于煤电机组、燃气机组和水电机组，15s 出力响应指数 $\Delta P_{15\%}$ 小于 75% 为不合格。对 15s 出力响应指数 $\Delta P_{15\%}$ 不合格的机组进行考核，每月考核电量为

$$Q_{15,1} = P_N \times (A \times M_1 + B \times N_1) \times a_1$$

式中　A——0.002h；

B——0.2h；

P_N——机组额定功率，MW；

M_1——当月机组一次调频小扰动下，指标 $\Delta P_{15\%}$ 不合格次数；

N_1——当月机组一次调频大扰动下，指标 $\Delta P_{15\%}$ 不合格次数。

（2）30s 出力响应指数考核。对于煤电机组，30s 出力响应指数 $\Delta P_{30\%}$ 小于 90％为不合格。对于燃气机组和水电机组，30s 出力响应指数 $\Delta P_{30\%}$ 小于 100％为不合格。

对 30s 出力响应指数 $\Delta P_{30\%}$ 不合格的机组进行考核，每月考核电量为

$$Q_{30,1} = P_N \times (A \times M_2 + B \times N_2) \times a_1$$

式中　M_2——当月机组一次调频小扰动下，指标 $\Delta P_{30\%}$ 不合格次数；

N_2——当月机组一次调频大扰动下，指标 $\Delta P_{30\%}$ 不合格次数。

（3）电量贡献指数考核。对于所有煤电机组、燃气机组和水电机组，电量贡献指数 $Q\%$ 小于 75％为不合格。对机组电量贡献指数 $Q\%$ 不合格的机组进行考核，每月考核电量为

$$Q_{GX,1} = P_N \times (A \times M_3 + B \times N_3) \times a_1$$

式中　M_3——当月机组一次调频小扰动下，指标 $Q\%$ 不合格次数；

N_3——当月机组一次调频大扰动下，指标 $Q\%$ 不合格次数。

综上，机组每月一次调频性能考核总量 Q_Z 为

$$Q_Z = Q_{15,1} + Q_{30,1} + Q_{GX,1}$$

当机组一次调频动作方向与 AGC 指令方向相反时，机组应设置一次调频优先。

火电机组在深度调峰期间（深度调峰期间是指火电机组为配合电网调整需要，机组出力低于 50％额定容量的时段），对于煤电、燃气机组，15s 出力响应指数小于 37.5％为不合格；30s 出力响应指数小于 45％为不合格；电量贡献指数不小于 37.5％。

并网机组按照调度要求，每月参加机组一次调频大扰动性能试验考核，参加大扰动性能试验考核的机组试验期间不参与电网实际一次调频考核。

二、一次调频综合指标计算及考核度量方法

并网发电厂均应具备一次调频功能并投入运行，其一次调频性能需满足所属电力调度机构的要求。

（一）一次调频动作过程

图 31-3 所示为机组一次调频评价指标计算说明图。以火电机组为例，从频率偏差超出死区开始（即自 A_0 时刻起），单台机组开始快速响应频率的变化，按照各自静特性相应增大出力，随着全网机组出力的增加，频率逐渐稳定并开始上升，直至频率偏差恢复到死区范围内。图中 A_0 表示一次调频评价开始时刻，为频率偏差超出一次调频死区的时刻；B_0 表示一次调频评价结束时刻，为频率偏差恢复到死区范围内的时刻（若频率偏差从超出一次调频死区到恢复至死区范围内的时间超过 60s，则 $B_0 = A_0 + 60s$）。$A_0 \sim B_0$ 表示调频持续时间，即从频率偏差超出一次调频死区开始到频率偏差回到一次调频死区范围内的持续时间（若超过 60s，调频持续时间按照

60s 计算）；A_1 表示最大频率偏差时刻，A_1 对应的频率偏差为最大频率偏差。其中，水电机组（包括抽水蓄能）调频死区取 0.05Hz，其他机组均取 0.033Hz。

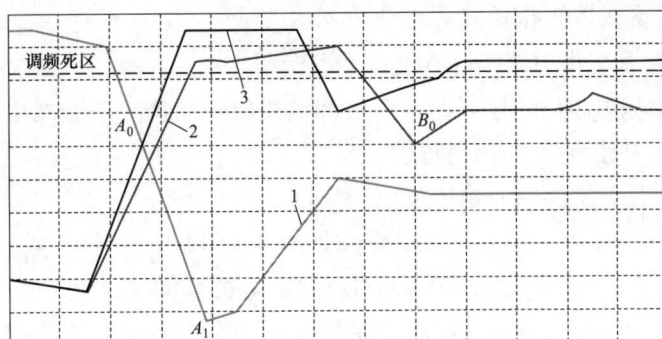

图 31-3 机组一次调频评价指标计算说明图

1—频率（Hz）；2—实际出力（MW）；3—理论出力（MW）

（二）机组一次调频性能评价指标

1. 15s 出力响应指数 $\Delta P_{15\%}$（%）

从频率偏差超出死区开始，15s 内机组实际最大出力调整量占理论最大出力调整量的百分比。计算式为

$$\Delta P_{15\%} = \frac{\Delta P_{15s,max}}{\Delta P_{E,max}} \times 100\% \tag{31-5}$$

式中　$\Delta P_{15\%}$——15s 出力响应指数；

　　　$\Delta P_{15s,max}$——从频率偏差超出死区开始，15s 内机组一次调频实际最大出力调整量；

　　　$\Delta P_{E,max}$——机组调频持续时间（$A_0 \sim B_0$）内理论最大出力调整量。

2. 30s 出力响应指数 $\Delta P_{30\%}$（%）

从频率偏差超出死区开始，30s 内机组实际最大出力调整量占理论最大出力调整量的百分比。计算式为

$$\Delta P_{30\%} = \frac{\Delta P_{30s,max}}{\Delta P_{E,max}} \times 100\% \tag{31-6}$$

式中　$\Delta P_{30\%}$——30s 出力响应指数；

　　　$\Delta P_{30s,max}$——从频率偏差超出死区开始，30s 内机组一次调频实际最大出力调整量。

3. 电量贡献指数 $Q_\%$（%）

机组调频持续时间（$A_0 \sim B_0$）内，机组一次调频实际贡献电量占理论贡献电量的百分比，即

$$Q_\% = \frac{\Delta Q_S}{\Delta Q_E} \times 100\% \tag{31-7}$$

式中　$Q_\%$——机组一次调频电量贡献指数；

　　　ΔQ_S——机组一次调频实际贡献电量；

　　　ΔQ_E——机组一次调频理论贡献电量。

（三）各类性能指标的具体计算方法

1. 实际最大出力调整量 $\Delta P_{s,max}$（MW）

从频率偏差超出死区开始，T 时间内机组一次调频向着减小频偏的方向实际最大补偿负荷值。计算式为

$$
\begin{cases}
\Delta P_{s,max} = \max[P_s(t) - P_0] \\
\begin{cases}
f(t) - f_n \leqslant -0.05\text{Hz 时（水电机组）} \\
f(t) - f_n \leqslant -0.033\text{Hz 时（火电机组）}
\end{cases}, t \in [0, T] \\
\Delta P_{s,max} = -\max[P_0 - P_s(t)] \\
\begin{cases}
f(t) - f_n \geqslant 0.05\text{Hz 时（水电机组）} \\
f(t) - f_n \geqslant 0.033\text{Hz 时（火电机组）}
\end{cases}, t \in [0, T]
\end{cases}
\tag{31-8}
$$

式中　$\Delta P_{s,max}$——T 时间内机组一次调频实际最大出力调整量；

　　　$P_s(t)$——机组在 t 时刻的实际出力；

　　　P_0——频率偏差超出机组一次调频死区时刻机组的实际出力；

　　　$f(t)$——机组在 t 时刻的实际频率；

　　　f_n——机组额定频率 50Hz。

2. 理论最大出力调整量 $\Delta P_{E,max}$（MW）

考虑机组实际负荷限制，在调频持续时间（$A_0 \sim B_0$）内对应最大频率偏差时刻机组一次调频理论最大补偿负荷值。计算式为

$$
\Delta P_{E,max} = -\frac{\Delta f_{max} \times P_N}{f_n \times \delta} \text{ 且 } |\Delta P_{E,max} \leqslant (K_p \times P_N)|
\tag{31-9}
$$

式中　$\Delta P_{E,max}$——机组调频持续时间（$A_0 \sim B_0$）内理论最大出力调整量；

　　　P_N——机组额定功率；

　　　$f(t)$——机组在 t 时刻的实际频率；

　　　f_n——机组额定频率 50Hz；

　　　Δf_{max}——调频持续时间内，考虑到调频死区的实际最大频率偏差。

对于水电机组（包括抽水蓄能）有：

$f(t) - f_n \geqslant 0.05\text{Hz}$ 时，$\Delta f_{max} = \max[f(t) - f_n - 0.05]$；

$f(t) - f_n \leqslant -0.05\text{Hz}$ 时，$\Delta f_{max} = -\max[f_n - 0.05 - f(t)]$。

对于其他机组有：

$f(t) - f_n \geqslant 0.033\text{Hz}$ 时，$\Delta f_{max} = \max[f(t) - f_n - 0.033]$；

$f(t) - f_n \leqslant -0.033\text{Hz}$ 时，$\Delta f_{max} = -\max[f_n - 0.033 - f(t)]$。

δ 表示转速不等率，火电、燃气机组一般取 5%，水电（包括抽水蓄能）机组一般取 3%；K_P 表示机组最大出力限幅，机组参与一次调频的调

频负荷变化幅度上限可以加以限制，但限制幅度不应过小。规定如下：

（1）$P_N < 25MW$ 的火电机组，限制幅度大于或等于 $10\% P_N$（$K_P \geqslant 10\%$）。

（2）$350MW \geqslant P_N \geqslant 250MW$ 的火电机组，限制幅度大于或等于 $8\% P_N$（$K_P \geqslant 8\%$）。

（3）$500MW \geqslant P_N > 350MW$ 的火电机组，限制幅度大于或等于 $7\% P_N$（$K_P \geqslant 7\%$）。

（4）$P_N > 500MW$ 的火电机组，限制幅度大于或等于 $6\% P_N$（$K_P \geqslant 6\%$）。

（5）额定负荷运行的机组参与一次调频时，增负荷方向最大调频负荷增量幅度不小于 $5\% P_N$。

（6）燃气轮机机组一次调频限幅参照火电机组。

（7）水电机组一次调频最大负荷限幅原则上不应加以限制，但应考虑对机组的最大和最小负荷限制，避开振动区和空化区运行。

3. 实际贡献电量 ΔQ_s（MWh）

机组调频持续时间（$A_0 \sim B_0$）内，实际的发电量比一次调频动作前状态的发电量增加或减少的部分，即机组一次调频实际补偿电量。计算式为

$$\Delta Q_s = \int_{A_0}^{B_0} [P_s(t) - P_0] dt / 3600 \tag{31-10}$$

式中　ΔQ_s——机组一次调频实际贡献电量；

$\quad\quad A_0$——一次调频评价起始时刻；

$\quad\quad B_0$——一次调频评价结束时刻；

$\quad\quad P_0$——评价起始出力；

$\quad P_s(t)$——机组调频持续时间内 t 时刻的实际出力。

4. 理论贡献电量 ΔQE（MWh）

机组调频持续时间（$A_0 \sim B_0$）内，考虑机组实际负荷限制，机组一次调频理论补偿电量。计算式为

$$\Delta Q_E = \int_{A_0}^{B_0} \Delta P_E(t) dt / 3600 \tag{31-11}$$

$$\Delta P_E(t) = \frac{\Delta f(t) \times P_N}{f_n \times \delta} \text{ 且 } |\Delta P_E(t) \leqslant (K_p \times P_N)| \tag{31-12}$$

式中　ΔQ_E——机组一次调频理论贡献电量；

$\quad\quad A_0$——一次调频评价开始时刻；

$\quad\quad B_0$——一次调频评价结束时刻；

$\Delta P_E(t)$——机组调频持续时间内，t 时刻机组理论出力对应的调整量；

$\quad\quad P_N$——机组额定功率；

$\quad\quad f_n$——机组额定频率 $50Hz$；

δ——转速不等率理论整定值；

K_P——机组最大出力限幅（具体要求同上）；

$\Delta f(t)$——机组调频持续时间内，t 时刻考虑到调频死区的频率偏差。

对于水电机组（包括抽水蓄能）有：

当 $f(t)-f_n \geqslant 0.05\text{Hz}$ 时，$\Delta f(t)=f(t)-f_n-0.05$；

当 $f(t)-f_n \leqslant -0.05\text{Hz}$ 时，$\Delta f(t)=f(t)-f_n+0.05$。

对于其他机组有：

当 $f(t)-f_n \geqslant 0.003\,3\text{Hz}$ 时，$\Delta f(t)=f(t)-f_n-0.003\,3$；

当 $f(t)-f_n \leqslant -0.033\text{Hz}$ 时，$\Delta f(t)=f(t)-f_n+0.003\,3$。

（四）数据要求

采用 PMU 数据进行计算。

第四节　适应一次调频的控制系统优化

一、一次调频存在的一般问题

通过调研发现，在一次调频设计方面存在不足的机组，主要问题如下：

（1）一次调频设计参数普遍偏低，电网或标准要求转速不等率设计区间为 4%～5%，而实际设计值一般均取一次调频能力下限 5%，使得实际动作时，往往达不到小于 5% 的要求。

（2）DEH 侧一次调频设计由于是不同量纲间多次转换，所以已经没有精确的对应函数关系。另外，DEH 侧一般都保持原来厂家的原始设计值，该设计值是厂家按照原理公式大致设计的适应于单阀工况的通用性的参数，不能很好代表机组的实际能力。

（3）对于频率较高的小网频扰动和频率很低的大网频扰动采用同一个线性函数，限制机组一次调频能力的发挥。

（4）调门流量特性参数对一次调频的影响。

DEH 系统中，由于转速的测量环节、转速控制器、油动机的驱动等环节都已达到了相当的控制精度，基本上消除了非线性和迟缓的问题。影响 DEH 系统一次调频性能的主要问题在于调节阀门的流量非线性。

一次调频设计的原理如图 31-4 和图 31-5 所示。

图 31-4 所示为一次调频在协调侧实现的原理图，协调侧主要保证一次调频发生时负荷响应的准确性和持续性。图 31-5 所示为一次调频在 DEH 侧实现的原理图。DEH 是一次调频的直接执行环节，主要保证一次调频响应的快速性。由于一次调频的核心指标就是快速性指标，所以 DEH 对一次调频的影响是最直接和关键的。在 DEH 侧，一次调频的指令经过运算直接叠加在 DEH 综合流量指令出口处，然后通过各个调节阀门的特性曲线去控

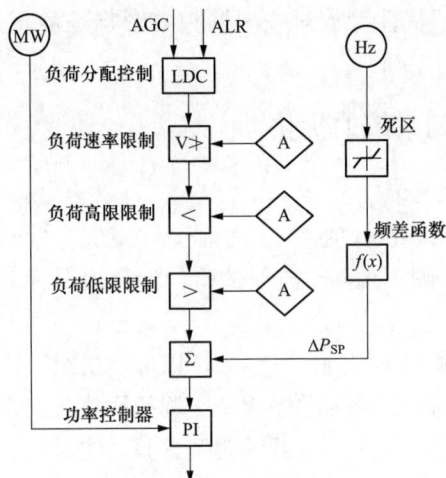

图 31-4　一次调频 CCS 侧典型实现方案

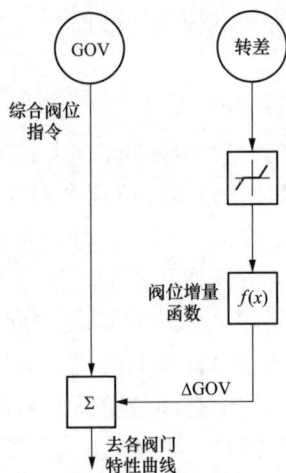

图 31-5　一次调频 DEH 侧典型实现方案

制各个调节阀门的阀位开度。因此，调节阀门的特性曲线是一次调频能否全程良好参与一次调频的关键因素。

火力发电机组为了提高热效率，一般在顺序阀方式下运行，且尽可能减小各个调节阀门的重叠度。这种情况下，当机组运行在调门之间的切换点时，调频的能流指令（调频发生的综合阀位增量）往往用来待开启阀门的预启量，导致机组没有能流增加或减少、在某些负荷点调频效果不理想的情况。同时在调门特性曲线斜率较大的负荷点，较小的调频能流指令增量也可导致阀门的大开大关，不利于机组的安全运行。此外，调门特性曲线导致调门流量的强非线性往往决定了机组的局部速度变动率在某些负荷点大于规定值或小于规定值，最终导致一次调频性能指标难以满足设计要求。

综上所述，调门特性参数对一次调频的影响是最直接和最根本的因素之一。

二、一次调频控制系统的优化

（一）总体优化思路

（1）提高一次调频设计值。

（2）开展 DEH 侧一次调频典型试验，为合理设置 DEH 侧调频函数提供设计数据。

（3）区别大网频和小网频设计函数，以提高机组一次调频的适应性。

（4）单阀一次调频回路与顺序阀一次调频回路分别设计。

（5）定期（小修）开展一次调频典型试验，实时调整设计参数。

（6）在充分利用锅炉蓄热的基础上，优化设计锅炉蓄热补充能力，提高一次调频持续性。

（7）直流炉机组适当增加水控制回路的一次调频补偿增益回路，提高响应能力。

（二）典型优化方案

1. 基于主汽压力补偿的一次调频设计方法

DEH 侧一次调频动作时，调频阀位指令只是与频差（转速差）相关，而能流指令增量函数往往是在高负荷段设计整定的。当在低负荷时，由于压力较低，同样的调频阀位指令往往不能转换为相当的负荷，使调频幅度低于同一频差的高负荷调频幅度和设计调频幅度。而在接近额定负荷时，压力较高，调频幅度也会高于设计调频幅度。为解决这一问题，可以考虑引入压力补偿，使一次调频的综合阀位阶跃增量既与设计的速度变动率及频差相关，也能与机前压力相关，优化方案如图 31-6 所示。

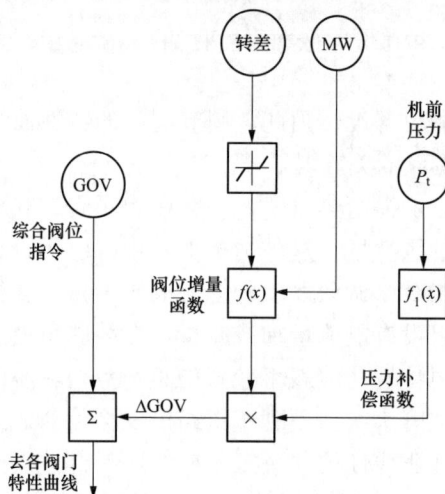

图 31-6 调频综合阀位指令的压力补偿

转差信号经调频阀位函数转换后得到当前调频需要的综合阀位开度增量，机前压力通过压力补偿函数产生压力补偿系数，两者相乘得到补偿后的综合阀位开度增量。通过压力补偿，可以消除主汽压力对一次调频的影响。

2. 基于锅炉一次风压动态补偿的一次调频设计方法

一次调频典型设计的基础上，增加图 31-7 所示的一次风压定值补偿功能和磨煤机一次风量定值补偿功能。典型设计完成锅炉蓄热的快速释放和一次调频功率的持续性和准确性控制，快速补充锅炉蓄热，使一次调频所需的锅炉蓄热能够不断提供给汽轮机，进而大大提高机组整体一次调频性能。图 31-7 中，$f_1(x)$ 为一次风压定值动态补偿函数。

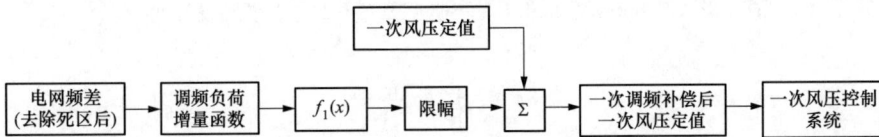

图 31-7　一次风压定值动态补偿回路

该方案较之典型一次调频回路，新增加的补偿回路能有效地提高锅炉蓄热动态补偿能力，为一次调频性能提高提供必要条件。方案设计简单，各函数既有理论计算，又结合试验数据，便于根据机组本身特性进行匹配，便于推广。

具体实施方式如下：

（1）按照图 31-7 所示，完成机组 DCS 或其他控制平台方案的设计、组态和下装。

（2）机组正常运行，在 50％额定负荷、60％额定负荷、70％额定负荷、80％额定负荷、90％额定负荷、100％额定负荷分别进行一次风压阶跃试验，获得一次风压和机组负荷增量的关系曲线，根据获取的参数整定一次风压定值补偿函数 $f_1(x)$。

例如某 600MW 机组，设计转速不等率为 5％，则调频负荷增量函数关系曲线如图 31-8 所示。

在 70％额定负荷工况进行 1kPa 一次风压阶跃扰动试验，机组负荷响应增量为 10MW，则 1MW 机组负荷响应所需求的一次风压定值变化量为 0.1kPa。负荷需求与一次风压增量之间的函数关系 $f_1(x)$ 如图 31-9 所示。

（3）进行机组的一次调频试验，根据试验结果动态调整各补偿函数中的参数。

（4）一次风压定值动态补偿回路投入运行。

3. 基于 bang-bang 控制的一次调频设计方法

对于发电机组一次调频而言，电网频率波动范围绝大多数在 3003～2997r/min 之间，其概率在 95％以上。因此，如何在较小的网频波动下满

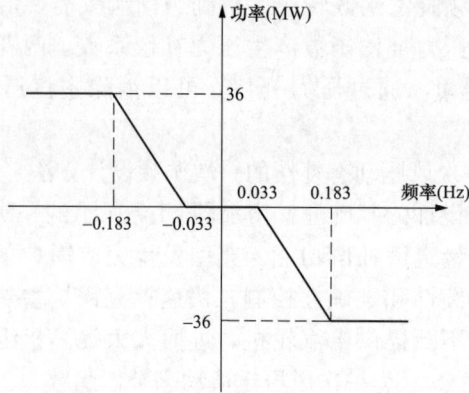

图 31-8　某 600MW 机组 5‰转速不等率下的一次调频设计曲线

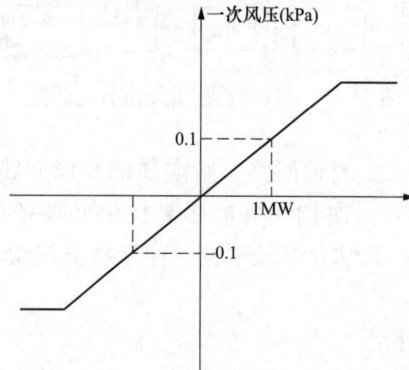

图 31-9　某 600MW 机组调频负荷需求与一次风压的关系函数

足一次调频技术指标，是发电机组一次调频技术难点之一。为此，项目组根据现场试验数据，经 Matlab 仿真设计，提出了基于 bang-bang 控制的一次调频设计方法。其原理是：持续检测汽轮机转速超出调频死区的时间，若达到规定的时间定值，直接向调速器发出一个经过试验整定的一次调频增量指令，以此来达到一次调频预动作的目的。该设计方法不但能解决小扰动下机组的一次调频响应，还能有效克服调速系统的动作死区（见图 31-10）。

4. 变参数的一次调频设计方法

目前，多数机组一次调频功能调频范围内的转速不等率设计值都相同。常规设计方法见表 31-1。

表 31-1　转差与阀位增量

转差	135	16	2	−2	−16	−135
阀位增量	−95	−10	0	0	−10	95

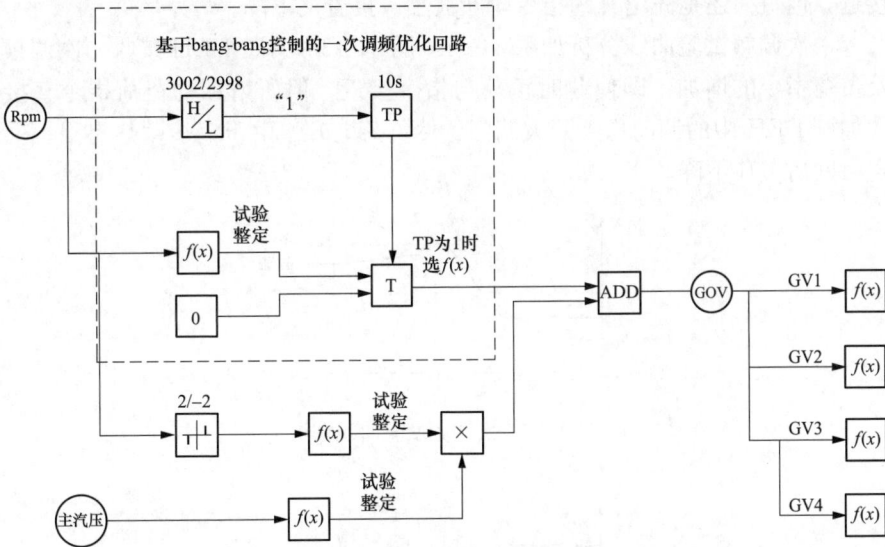

图 31-10 基于 bang-bang 控制的一次调频优化设计图

该设计方法多为厂家给出的默认值，不同机组和电网适应性较差，应根据试验数据进行变参数设计。根据试验重新整定数据见表 31-2。

表 31-2 根据试验重新整定的数据

转差	135	16	8	4	2	−2	−4	−8	−16	−135
阀位增量	−95	−10	6	3	0	0	−3	−6	−10	95

三、一次调频试验曲线分析

（1）曲线 1 描述。电网频率降低超过死区，根据对应转速不等率得出负荷正叠加指令，负荷指令阶跃上升变化，实际负荷先上升趋于指令，接着又下降。

DEH 接收一次调频及负荷指令的增加开大调门，开大调门一定时间内负荷上升，锅炉蓄热下降。因为锅炉对象的迟延性，锅炉没有及时提供维持负荷的热量，导致负荷油下降。

（2）曲线 2 描述。电网频率上升超过死区，根据对应转速不等率得出负荷负叠加指令，负荷指令阶跃下降变化，实际负荷先下降趋于指令，接着又上升。

DEH 接收一次调频及负荷指令的下降关小调门，关小调门一定时间内负荷下降。因为锅炉存在一定蓄热，负荷下降的同时蒸汽压力不断上升，压力上升到一定程度连锁开大调门以降低压力，所以负荷又上升。

（3）曲线 3 描述。电网频率降低超过死区，根据对应转速不等率得出负荷正叠加指令，负荷指令阶跃上升变化。此时实际负荷与阶跃后的指令接近，但负荷还是先上升约指令阶跃大小，接着又下降。

　　一次调频试验曲线分析如图 31-11～图 31-13 所示。DEH 接收一次调频及负荷指令的增加，即使此时负荷与指令接近，但所增加的负荷指令直接叠加到 DEH 中的调门指令开大调门，使负荷上升。由于锅炉蓄热有限，一定时间后负荷下降。

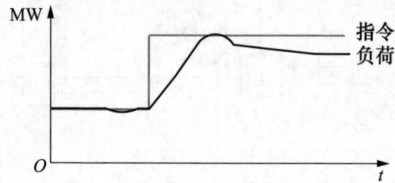

图 31-11　一次调频试验曲线分析 1

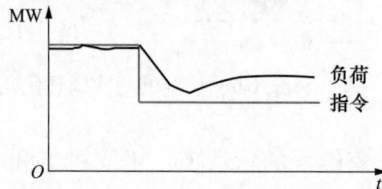

图 31-12　一次调频试验曲线分析 2

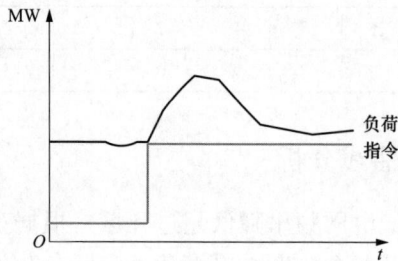

图 31-13　一次调频试验曲线分析 3

第三十二章　热工自动先进控制技术

第一节　概　　述

火电厂热工过程自动控制是保证电厂热力设备和系统安全、经济运行的重要措施和手段。目前热工过程自动控制广泛采用的控制策略是 PID 控制，其算法简单，稳定性好且可靠性高，尤其适用于可建立精确数学模型的确定性控制系统。但随着火电机组单机容量和参数的不断提高，过程和系统均变得更加复杂，热工过程的非线性、时变性、大迟延、大惯性、强耦合性和不确定性越来越严重，对其建立精确的数学模型十分困难。因此，常规 PID 控制和部分先进控制的局部应用，难以获得理想的控制效果。

近几年来，国内大型热力设备的自动控制系统已采用先进的分散控制系统，这为先进控制理论的应用提供了良好的实现条件。但目前绝大多数大型发电厂的关键自动控制系统几乎均采用常规的线性 PID 控制策略，难以适应机组深度调峰的需求，以及在大范围负荷变动下取得优良的控制品质，影响了发电系统运行的安全性、经济性和可调性。

例如大型火电机组锅炉过热汽温和再热汽温控制，仍采用常规的串级控制系统，汽温对象的动态特性具有非常大的迟延和惯性，且运行过程与喷水阀存在严重的非线性，使得当机组负荷变化时，汽温往往偏离设定值 8~10℃，控制效果不够理想。再如汽压被控对象也是一个大滞后的对象，即从燃料量变化到锅炉蒸汽压力的变化响应需要很长时间。对于大滞后被控对象，常规控制方案无法协调好控制系统稳定性、准确性和快速性之间的矛盾。同时，大型火电机组的负荷系统是一个多变量非线性动态系统，它的动态特性随工况的变化而大范围变化。基于传统控制规律的机、炉协调控制系统，只是根据机组在某一负荷点及其附近的对象特性来设计的，当机组的负荷大范围变化时，被控对象的动态特性往往变化很大。因此，采用常规控制策略对电厂热工控制系统进行优化，控制品质的提高必定会受到限制。

研究寻求适合于大型火电机组热工过程控制系统的优化策略，对解决目前热工系统优化控制中的一些难点问题，有效提高火电机组整体自动化水平，确保其运行的安全性、经济性和可靠性具有非常重要的意义。

第二节　热工过程先进控制策略研究现状

经典控制理论和 PID 控制器的广泛应用，起始于 1900 年前夕，其特征为在不同应用领域中对控制过程用严格的数学方法进行研究。1895年，劳斯（E. Routh）和胡维茨（A. Hurwits）提出了稳定性的代数判据。1932年，奈奎斯特（H. Nyquist）根据频率特性曲线提出了新的稳定性分析方法。20世纪40年代，控制对象用传递函数进行数学描述，以根轨迹法和频率法作为分析和综合控制系统的主要工具，被称为"经典"控制理论。

现代控制理论起始于1960年前后，这些方法包括以最小二乘法为基础的系统辨识，以苏联庞得里亚金（L. Pontrjagin）提出的"极大值原理"和美国贝尔曼（R. Bellman）提出的"动态规划"为主要方法的最优控制，以及以卡尔曼（Kalman）提出的卡尔曼滤波理论为核心的最佳估计等三部分。自从20世纪60年代，卡尔曼在控制理论中引入状态空间模型［A，B，C，D］模型和状态变量分析以来，开发了现代控制论的许多新领域，如最优控制、极点配置设计、多变量系统解耦控制等，克服了经典控制理论中用传递函数描述被控对象的不足，提高了人们对控制系统本质的认识。控制系统的能控性和能观性等基本概念就是源于这个［A，B，C，D］模型。这些现代控制方法的原理要求使用控制系统新的描述方式即状态空间描述，特别适用于多变量控制系统的研究，在空间技术和军事领域得到成功的应用。与此同时，采样控制、非线性控制得到了进一步的发展。现代控制理论是人们对控制技术在认识上的一次质的飞跃，为实现高水平的自动化奠定了理论基础。现代控制理论中的控制器设计都依赖被控对象的数学模型［A，B，C，D］，即使鲁棒控制器设计也需要模型。然而在实际工程应用中基于［A，B，C，D］模型的控制有两个困难：一个是［A，B，C，D］模型是很难获得的；另一个是鲁棒性能问题，即基于［A，B，C，D］模型的最优控制不能很好地解决对系统的不确定性因素带来的非最优化问题。因此，关于鲁棒性控制的研究成了目前控制理论界的一大热点。但是鲁棒控制器设计要求控制工程师具有比较高深的数学基础知识和丰富的工程实践经验，特别是加权函数的选择、标称模型的选择和对系统不确定性判断的困难，同时设计出的鲁棒控制系统品质指标不一定好于PID控制系统，使得鲁棒控制器不易推广应用。这就是现代控制理论为什么发展了这么多年还没有广泛应用的主要原因。

现在我国的火电厂具有先进的控制系统硬件［分散控制系统（DCS）、现场总线控制系统（FCS）等，大部分是引进国外的系统硬件和实时操作系统软件］和先进的控制理论（状态反馈控制的最优控制理论、鲁棒控制理论、内模控制理论、预测控制理论、卡尔曼滤波器和状态观测器理论和系统辨识理论等）。但是在我国火力发电机组的过程控制系统中，大部分控制器还是应用传统的PID控制器，算法简单，控制器的参数还需要人工去反复调试，这直接导致火力发电机组的某些控制系统品质不高，一些控制系统甚至达不到行业运行的技术标准。我们面临着拥有先进的控制设备、先进的控制理论，却只有"平庸的控制器"这样一种局面。目前，学术界所研究、开发出来的控制策略（算法）很多，但其中许多算法只停留在计算机仿真或试验装置的验证上，真正能有效地应用在火电厂热工系统中的为数不多，以下是一些较公认的先进控制策略（算法）。

一、改进的 PID 控制

PID 控制因其具有结构简单、容易实现、鲁棒性强和能够实现无差调节的特点，在传统的热工控制系统中得到了广泛的应用。然而，常规的 PID 控制器是线性的，适用于小惯性、小滞后的过程，当把 PID 控制应用在非线性、大时滞、参数不确定的系统时，就很难获得满意的控制效果。因此近年来，很多学者将其他方法与 PID 控制结合起来，在线调整 PID 参数来处理各种不确定性、非线性及大时滞，这是热工自动化控制的一个较好的发展方向。

为了解决大惯性、大滞后过程的控制问题而又无需建立被控过程的数学模型，可以采用一种模糊预估 PID 控制方法。即在常规 PID 控制器前串联一个模糊预估器，通过模糊预估器对过程未来输出的预估作用来补偿被控过程的惯性和滞后对控制系统性能的影响，从而有效防止当被控过程的纯滞后较大时，PID 控制系统出现严重的超调和振荡，有利于抑制扰动。对于不确定时滞热工过程，常规的 PID 控制往往不能做到及时调节，造成了控制品质的下降。将调节器输入的被控量的偏差根据被控量的大小和其变化速率、方向及时间关系，先进行预补偿，然后再经过 PID 控制器运算输出，可以使控制品质得到有效改善。补偿后的系统对控制对象的特性变化适应性更好。

将模糊控制与常规 PID 控制有机结合起来形成模糊 PID 控制器，结合现场运行人员的经验和专家知识建立模糊规则和模糊推理，应用在锅炉汽温调节系统中。用一组模糊校正规则，实时地对锅炉主汽温串级控制系统主 PID 控制器的参数进行在线调整，使 PID 控制器能根据系统运行情况进行变参数调节，从而提高了系统对非线性、时变性和不确定性等的处理能力。

二、预测控制

预测控制不是某一种统一理论的产物，而是在工业实践过程中独立发展起来的。它是由美国和法国几家公司在 20 世纪 70 年代先后提出来的，一经问世，就引起了工业控制界的广泛兴趣，在石油、化工和航空等领域中得到十分成功的应用。

预测控制算法通常可分为两类：第一类是基于非参数化模型的预测控制。最早应用于工业过程的预测控制算法，有 Richalet、Mehar 等提出的基于脉冲响应模型的模型预测启发式控制（MPHC），或称为模型算法控制（MAC），以及由 Culter 等提出的基于阶跃响应模型的动态矩阵控制（DMC），它们均是基于非参数模型的预测控制算法。由于这类算法用来描述过程动态行为的信息，是直接从生产现场检测到的过程响应（脉冲响应或阶跃响应），且不要求对模型的结构有先验知识，所以不必通过复杂的辨识过程便可设计控制系统。这类算法汲取了现代控制理论中的优化思想，取代了传统的最优控制。由于在优化过程中利用实测信息不断进行反馈校正，所以在一定程度上克服了不确定性的影响，增强了系统的鲁棒性。此外，这类算法的在线计算比较简易。这些特点使它们很适合工业过程控制的实际要求。因此，这类算法引起了工业控制界的广泛兴趣。第二类是基于参数化模型的预测控制。这类算法主要有 Clarke（1987）提出的广义预测控制（GPC）和 Lelic 提出的广义预测极点配置控制（GPP）等。这类算法保持了基于非参数模型的预测控制算法的基本特征，不同点在于所采用的模型是具有一定结构和参数的受控自回归积分滑动平均模型（CARIMA），或者受控自回归滑动平均模型（CARIMA）。由于参数模型是最小化模型，所以需要已知模型结构，而需要确定的参数比非参数模型少得多，减小了预测控制算法的计算量。但当模型结构和参数时变且存在未建模动态和扰动时，系统的鲁棒性有所削弱。由于采用了大时域长度的多步输出预测、滚动实现优化的控制策略，来取代原来的只采用一步预测优化的广义最小方差控制策略，并引进自适应控制中的在线递推来估计模型参数。这样，所获取的反映过程未来变化趋势的动态信息量较丰富，系统的控制性能和对模型失配的鲁棒性有所提高；由于过程参数时变所引起的预测模型输出误差的增大趋势得以及时克服和弥补，从而使系统的动态性能有所改善。但它对模型结构的变化和未建模动态对系统鲁棒性的影响，仍然是一个不容忽视的问题。

无论是基于非参数模型的预测控制，还是基于参数模型的预测控制，它们之所以一经产生就引起了工业控制界的广泛兴趣并得到许多成功的应用，主要是因为预测控制算法有以下三个显著特点：

（1）模型预测。预测控制是一种基于模型的控制算法，这一模型称为预测模型。预测模型的功能是根据对象的历史信息和未来输入预测其未来输出。这里只强调模型的功能而不强调其结构形式。因此，状态方程、传递函数这类传统的数学模型可以作为预测模型。对于线性稳定对象，阶跃响应、脉冲响应这类非参数模型，也可直接作为预测模型。此外，非线性系统、分布参数系统的模型，只要具备上述功能，也可以在对这类系统进行预测控制时作为预测模型使用。

（2）滚动优化。预测控制是一种优化算法，它是通过某一性能指标的最优来取得未来的控制作用的。它与通常的离散最优控制算法不同，不是采用一个对全局相同的优化性能指标，而是在每一时刻有一个相对于该时刻的优化性能指标。不同时刻优化性能指标的相对形式是相同的，但其绝对形式，即所包含的时间区域，则是不同的。因此，在预测控制中，优化不是一次离线进行的，而是反复在线进行的，这就是滚动优化的含义，也是预测控制区别于传统最优控制的根本点。

（3）反馈校正。预测控制是一种闭环控制算法。由于实际系统中存在非线性、时变、模型失配、干扰等因素的影响，基于不变模型的预测输出不可能与系统的实际输出完全一致，而在滚动实施优化过程中，又要求模型输出与系统实际输出保持一致，为此，在预测控制算法中，采用检测实际输出与模型输出之间的误差进行反馈校正来弥补这一缺陷。反馈校正的形式是多样的，可以在保持预测模型不变的基础上，对未来的误差做出预测并加以补偿，也可以根据在线辨识的原理直接修改预测模型。不论采取何种校正形式，预测控制都把优化建立在系统实际的基础上，并力图在优化时对系统未来的动态行为作出比较准确的预测。因此，预测控制中的优化不仅基于模型，而且利用了反馈信息，因而构成了闭环优化。由上述可知，预测控制是一种基于模型、滚动实施，并结合反馈校正的新型计算机优化控制算法。

由于预测控制具有优良的性能，所以国内外不少学者对预测控制技术在火电机组热工过程控制中的应用进行了一些研究。

三、状态变量控制

从 20 世纪 60 年代开始发展起来的现代控制理论，已经在许多控制领域显示出相对于经典控制理论的优越性，并在现代工业控制中发挥着重要作用。现代控制理论中系统的极点配置、整定、输入-输出解耦和干扰解耦、无静差渐近跟踪和线性二次型最优控制等，都要依赖于引入适当的状态反馈才能实现。但是，状态反馈的物理实现通常会遇到许多困难，甚至不可能实现，从而出现了状态反馈在性能上的不可替代性和在物理上的不能实现性之间的矛盾。解决这一矛盾的途径之一就是重新构造一个系统，利用原系统可直接测量的变量作为其构造系统的输入信号，并使构造系统的状态在一定的约定下等价于原系统的状态，然后用构造系统的状态来实现所要求的状态反馈。

然而在工业过程控制中，状态变量控制的应用研究仍处于起步阶段。因为在工业过程控制中，有些被控过程和被控对象具有复杂性和不可预见性，导致对对象的动态特性研究不充分，没有获得其精确动态数学模型的有效手段。

对于给定的不确定性被控对象，当被控对象的状态不能直接检测时，可以通过引入状态观测器解决。在设计状态观测器时，通过恰当地选择观测器的参数，能够使得闭环系统的性能逼近或恢复到状态反馈系统所能达到的性能水准。因此，采用状态变量控制时，状态观测器的设计是系统具有良好鲁棒性的关键。状态观测器要保持较好的性能，关键在于保证其对模型误差具有鲁棒性，以及引入观测器后系统开环传递函数的变化要小。

一方面，状态观测器的动态特性不是越快越好，实际上当观测器的动态过程变快时，系统的鲁棒性就会降低。另一方面，观测器对生产过程中的噪声和干扰应当具有很好的抑制作用。同时，还必须能克服传感器时间常数对观测器性能的影响。

20 世纪 90 年代以来，国内学者在将现代控制理论应用于电厂自动控制方面做了一些有益的探索，取得了一些成果。该理论应用于火电机组汽温控制系统中，取得了良好的控制效果，表明了基于状态空间模型的状态反馈控制策略是一种对大滞后过程比较有效的控制方法。

因此，尽管已有一些方法研究了非线性系统的状态变量控制的设计问题和控制系统的稳定性问题，但由于所针对的非线性模糊系统只能代表非线性系统的某个阶段，具有很大的局限性，难以保证闭环控制系统的全局渐近稳定，从而导致所提出的控制系统设计方法没有通用性和全局性，几乎没有取得实用性的研究成果。

四、热工过程控制的研究及存在的问题

近年来热工过程先进控制理论的研究工作已经为其在电厂中的应用奠定了应有的理论基础。计算机控制的普及与提高也为先进控制的应用提供了强有力的硬件和软件平台。纵观这些研究成果，仍然存在一些不足，今后热工自动化的研究方向应该注意以下几个方面的研究与开发：

（1）实际控制工程中，要求控制器简单，计算时间短，而目前研究的先进控制策略往往结构复杂，计算时间长，且大部分研究成果仍处于实验室仿真阶段，如何将其推向热工控制实际应用是今后的努力方向。

（2）目前的先进控制策略大多是从某一热工过程出发的，满足这一过程的特殊控制要求，没有考虑对其他过程甚至全局的影响，因此电厂单元机组控制的进一步整体化、智能化研究十分重要。如何在先进控制策略的基础上，将生产调度、计划、优化经营管理与决策等内容加入到控制与优化系统中，是今后的研究方向。

（3）优化监控系统以状态计算、分析和诊断为基础，涉及电厂的安全和经济两个方面，包括机组偏差能损分析，优化燃烧，锅炉、汽轮机及其辅机故障诊断等，应积极开发先进的优化监控软件和系统。

（4）针对热力设备和热工过程的特点，开发实用的控制软件和装置，具有良好的产业化前景和广阔的市场容量。

（5）先进控制策略能否成功地应用到实际，关键在于对现场运行情况的深入了解及在理论上的提升。因此，应加强电厂机组运行过程理论建模，以及基于运行数据库的非参数建模，把专家经验和知识应用于先进控制策略。

第三节 基于 GPC 的协调控制系统

一、基于先进控制技术的 AGC 控制方案

采用预测控制、神经网络及智能前馈等控制技术，提出了 AGC 协调的控制策略如图 32-1 所示。

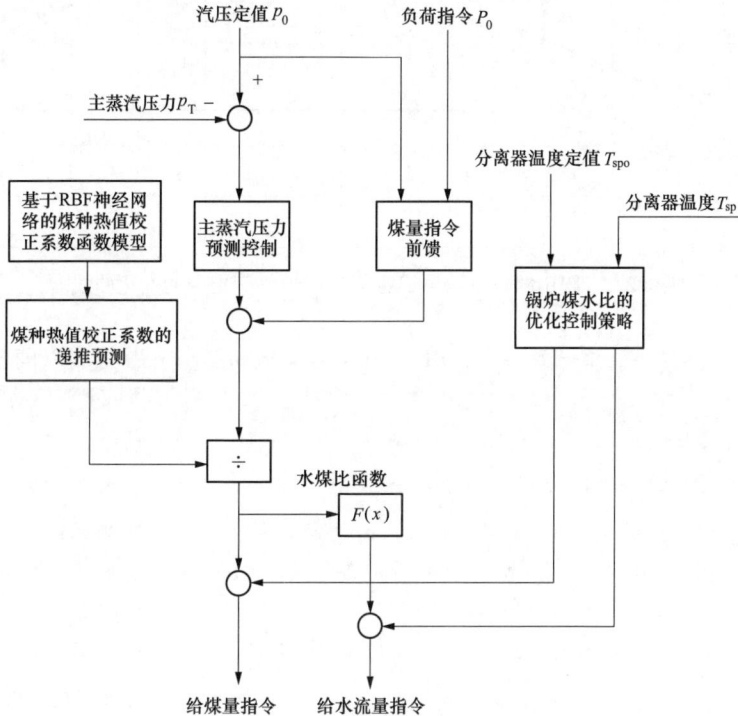

图 32-1 基于先进控制技术的新协调策略

为了说明 GPC 预测控制器的计算原理，假定主蒸汽压力定值、主蒸汽压力及锅炉指令的变化曲线如图 32-2 所示。

图 32-2 中，K 为当前时刻，$K-1$，$K-2$，$K-3$ 等为以前各个采样时刻，$K+1$，$K+2$，$K+3$ 等为未来各个采样时刻。在 K 时刻（即当前时刻），GPC 首先根据主汽压力被控过程的动态数学模型及主汽压力、锅炉负荷指令的历史数据（如图 32-2 中的曲线 1 和曲线 2 数据所示），并假定在当前时刻锅炉负荷指令保持不变的情况下（如图 32-2 中曲线 4 所示），预测出主汽压力在未来一段时间内的变化（如图 32-2 中曲线 3 所示）。预测控制器的输出为

$$
\begin{aligned}
u(k) = u(k-1) &+ F_1\{e(k), e(k-1), \cdots, e(k-m)\} + \\
&F_2\{e^\sim(k+1), e^\sim(k+2), \cdots, e^\sim(k+n)\} + \\
&F_3\{\Delta e^\sim(k+1), \Delta e^\sim(k+2), \cdots, \Delta e^\sim(k+n)\}
\end{aligned}
\tag{32-1}
$$

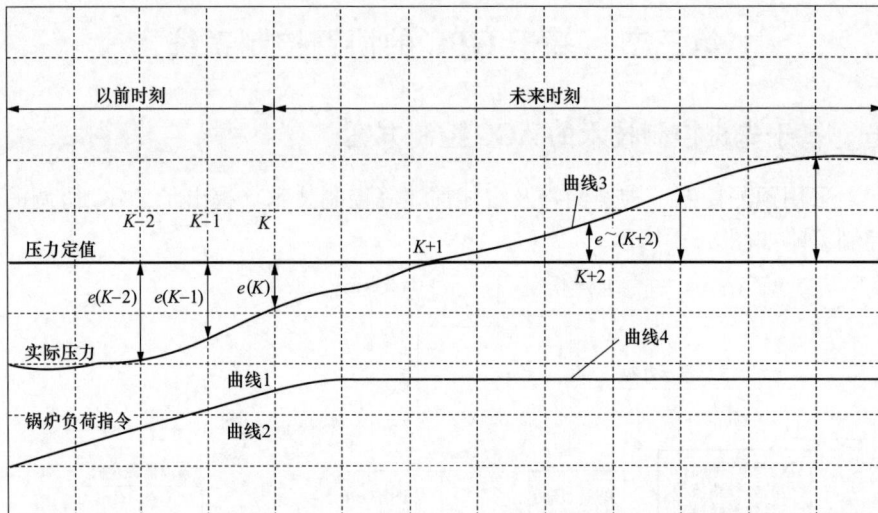

图 32-2　假定的主汽压力、定值与锅炉负荷指令的变化曲线

式中　　　　　　　　$e(k)$，$e(k-1)$，$\cdots$，$e(k-m)$——当前及以前各个采
样时刻的控制
偏差；

$e^{\sim}(k+1)$，$e^{\sim}(k+2)$，$\cdots$，$e^{\sim}(k+n)$——未来各个时刻的控
制偏差；

$\Delta e^{\sim}(k+1)$，$\Delta e^{\sim}(k+2)$，$\cdots$，$\Delta e^{\sim}(k+n)$——未来各个时刻的预
测误差；

$u(k)$，$u(k-1)$——当前及前一个采样
时刻的控制作用，
本例中即为锅炉的
负荷指令；

$F_1\{e(k)$，$e(k-1)$，$\cdots$，$e(k-m)\}$——计算函数，是控制
作用中与当前及以
前各个采样时刻控
制偏差相关的
分量；

$F_2\{e^{\sim}(k+1)$，$e^{\sim}(k+2)$，$\cdots$，$e^{\sim}(k+n)\}$——计算函数，是控制
作用中与预测的未
来各个时刻的控制
偏差相关的分量，
预测控制作用主要
由该部分分量
决定；

$F_3\{\Delta e\tilde{}(k+1),\ \Delta e\tilde{}(k+2),\ \cdots,\ \Delta e\tilde{}(k+n)\}$——计算函数,是控制作用中与未来各个时刻的预测误差相关的分量。

$F_1\{e(k),\ e(k-1),\ \cdots,\ e(k-m)\}$,$F_2\{e\tilde{}(k+1),\ e\tilde{}(k+2),\ \cdots,\ e\tilde{}(k+n)\}$,$F_3\{\Delta e\tilde{}(k+1),\ \Delta e\tilde{}(k+2),\ \cdots,\ \Delta e\tilde{}(k+n)\}$ 可根据被控过程的动态数学模型推导获得。

二、具有煤种热值预测校正功能

由于传统的煤种热值 BTU 校正是一种慢速的事后调整,当煤种发生变化后,需要 1h 左右才能完成煤种的热值调整。很明显,BTU 校正的最大问题是热值的校正过程远滞后于煤种的变化,当煤种变化频繁时,BTU 的热值校正将无法适应,最终导致锅炉给煤量的"过调"或"欠调",从而引起机组主汽压力、分离器温度的反复波动。

事实上,尽管煤种热值的变化具有一定的随机性和复杂性,但煤种的热值变化还是一个连续过程,总可以用一个复杂的非线性连续函数来描述。要认知一个高度复杂的非线性变化过程,往往可以借助于神经网络技术建立其变化过程的非线性模型。通过对模型的分析和预估,掌握其变化规律。因此,通过存储前期各个采样时刻的煤种热值校正系数,并作为 RBF 神经网络的训练样本数据,建立煤种热值校正系数的非线性神经网络模型。之后用该模型对煤种热值校正系数的未来值进行递推预估,通过预估的提前时间来弥补 BTU 校正过程的滞后。

第四节　状态观测器及状态反馈控制

一、状态反馈系统的基本概念

状态反馈的基本特点是采用对状态向量的线性反馈律来构成闭环控制系统。由于控制作用是系统状态的函数,可使控制效果得到很大程度的改善,从而具有比输出反馈更好的控制特性。

对于由下述方程描述的单输入-单输出系统,有

$$\begin{cases} \dot{X} = AX + BU \\ Y = CX + DU \end{cases} \tag{32-2}$$

式中　A、B、C——$n \times n$、$n \times 1$、$1 \times n$ 实常数矩阵;

$\quad\quad\quad D$——标量。

引入线性反馈律为

$$V = U - KX \tag{32-3}$$

式中　K——$1 \times n$ 实常数行向量。

将式（32-2）代入式（32-1）并考虑到一般情况下有 $D=0$，便得到引入状态反馈后闭环系统的动态方程为

$$\begin{cases} \dot{X} = (A - BK)X + BU \\ Y = CX \end{cases} \qquad (32\text{-}4)$$

自动控制原理指出，控制系统的各种特性，或其各种品质指标，很大程度上是由系统的极点位置所决定的。因此系统综合指标的形式之一，可以取为 S 平面上给出的一组所希望的几点。而所谓极点配置问题，就是通过反馈阵的选择，使闭环系统的极点恰好处于所希望的一组极点的位置上。

极点配置定理回答了在怎样的条件下，仅仅通过状态反馈，就能任意配置极点的问题。它可简述为：若动态方程（32-2）可控，则利用状态反馈式（32-4）可以任意配置闭环系统（$A-BK$）的特征值，若特征值中有复数，必共轭成对地出现。由于极点配置定理的证明是构造性的，所以证明过程本身也就提供了如何对反馈阵 K 进行综合的方法。

二、运用观测器理论解决蒸汽温度调节对象的状态重构问题

对于完全能控的线性定常系统，可以通过线性状态反馈任意配置极点，以使系统是渐进稳定的，亦即是能镇定的。但是，通常并不是全部状态变量都能直接量测的，从而给状态反馈的物理实现造成了障碍。由 Luenberger 提出的状态观测器理论，解决了在确定性条件下手控系统状态的重构问题，使状态反馈成为一种现实的控制律。

（一）状态观测器的定义及其实现问题

设线性定常系统 $\sum_{0} = (A，B，C)$ 的状态 X 是不能直接测量的，则称动态系统 $\sum_{g}$ 是 $\sum_{0}$ 的一个状态观测器。

（1）$\sum_{g}$ 以 $\sum_{0}$ 的输入 u 和输出 y 作为输入量。

（2）$\sum_{g}$ 的输出 $W(t)$ 满足如下等价性指标，即

$$\lim_{t \to \infty} [X(t) - W(t)] = 0$$

（3）观测器的存在性。状态观测器存在的充分必要条件是 $\sum_{0}$ 的不能观测部分渐近稳定。如果对给定的一个传递函数阵 $W(s)$，能找到一个状态方程 $(A，B，C)$，并使之成立计算式为

$$C(sI - A)^{-1}B = W(s)$$

则称 $(A，B，C)$ 为具有传递特性 $W(s)$ 的系统的一个实现。实现就其本质而言，是在状态空间法的领域内寻找一个假想结构，使之与真实系统具有相同的传递特性。并不是任意给定的 $W(s)$ 都可以找到其实现的，通常必须满足物理可实现条件。

（4）实现的不唯一性。与给定的 $W(s)$ 具有相同的传递特性的实现是不唯一的。对于给定的 $W(s)$，一定存在一类维数最低的实现，称为最小实

现，它反映了具有给定传递函数特性 $W(s)$ 的假想结构的最简形式。最小实现也不是唯一的，但它们的维数必是相等的，且必是代数等价的。

（二）锅炉蒸汽温度被控对象的动态特性及其状态观测器的一种实现

锅炉蒸汽温度被控对象包括过热器出口主蒸汽温度和再热器出口的再热蒸汽温度。图 32-3 所示为过热器的状态观测器，整个过热器划分为 4 段，每 1 段又可简化为一阶惯性环节，整个过热器就是四阶惯性环节。时间常数 T 通常是单元机组负荷的函数。

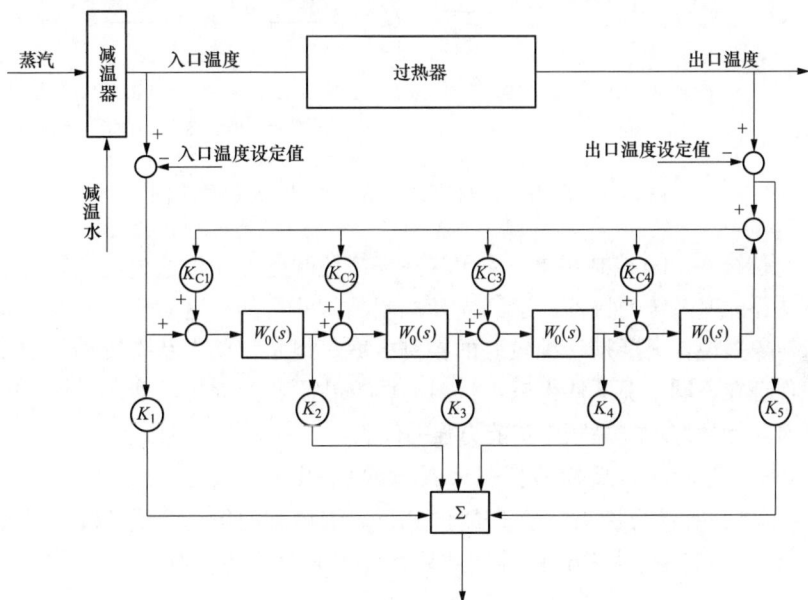

图 32-3 过热器的状态观测器及其状态反馈示意图

为了更好地反映被控对象的动态特性，将过热器的状态观测器设计为"增量形式"，即将过热器入口温度偏差和出口温度偏差引入状态观测器，这样观测到的状态变量更明确地反映了温度的变化方向。同时过热器入口温度偏差的引入使状态观测器具有了预测控制的某些特点。为适应过热器参数的变化，入口温度设定值、出口温度设定值及时间常数 T 均为锅炉负荷的函数。

设过热器导前区传递函数为

$$W_1 = \frac{K_1}{1 + T_1 s}$$

则惰性区传递函数为

$$W_2 = \frac{K_2}{(1 + T_2 s)^4} \tag{32-5}$$

其中

$$K_0 = K_2^{1/4}, T_0 = T_2$$

状态器的反馈矩阵 $K_C = [K_{C1}，K_{C2}，K_{C3}，K_{C4}]$；状态反馈矩阵 $K = [K_1，K_2，K_3，K_4，K_5]$；其中 K_1 为过热器导前区的反馈增益。

（三）状态观测器与常规 PID 相结合的控制

状态观测与 PID 相结合的控制框图见图 32-4。

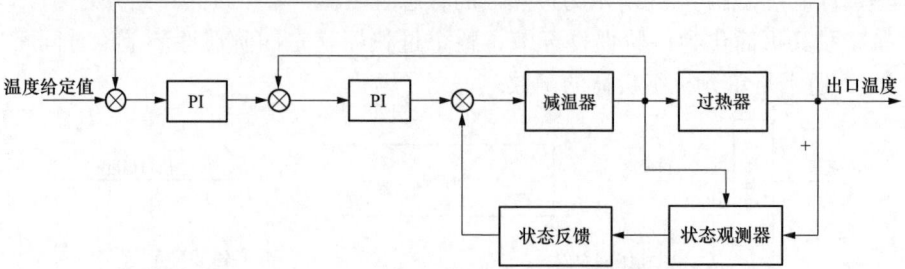

图 32-4　状态反馈与 PID 相结合的控制结构原理图

与传统的 PID 控制相比，采用状态反馈控制能方便地通过配置闭环节点的方法，改变系统的特性，达到提高控制品质的目的。这对于具有大迟延的工业对象来说，无疑是一种较好的控制方案。但是，单靠状态反馈极点配置难以保证在不同工况下使得锅炉汽温的调节品质达到理想的要求，而 PID 控制具有鲁棒性好和抗高频干扰能力强的优点，二者的优势可以互补。

（四）引入状态反馈的控制方案与常规 PID 控制效果比较

图 32-5 所示为状态反馈-PID 与 PID 串级控制的仿真曲线比较。从图中可以看出，状态反馈-PID 的控制效果远优于 PID 串级控制。

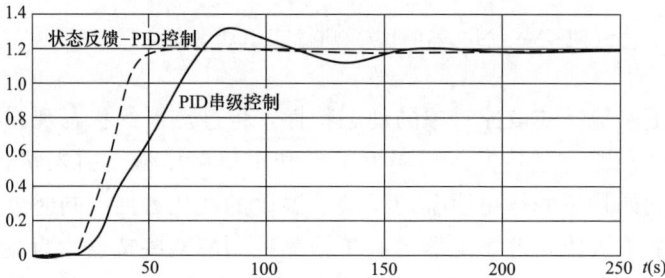

图 32-5　状态反馈-PID 与 PID 串级控制的仿真曲线比较

三、结论

状态反馈-PID 控制对于大滞后对象能够改变极点配置，从而优化控制性能，具有算法简单、计算量小的特点，可直接利用 DCS 组态实现。

第五节　SIMTH 预估器在汽温控制中的应用

大机组汽温控制对象具有大迟延、大惯性的特性，采用传统的 PID 调节规律难以取得较满意的调节效果。SMITH 预估控制是由 O. J. M. Smith 于 1957 年提出来的一种有效克服系统大滞后、大惯性的控制方法，其性能优于常规 PID 控制。几十年来，该控制器已被广泛应用于石油、化工、冶金、火力发电等热工控制过程。

SMITH 预估控制的工作原理如图 32-6 所示。它基于古典控制理论，其基本设计思想是：将被控对象的动态特性分解为一个纯延迟环节 $e^{-\tau s}$ 和一个惯性环节 $G_0(s)$，将两个环节串联构成一个 SMITH 预估器。由于所构造的数学模型能够预估控制器的输出将会对被控对象的控制变量产生的可能影响，从而使控制作用提前而改善调节效果。

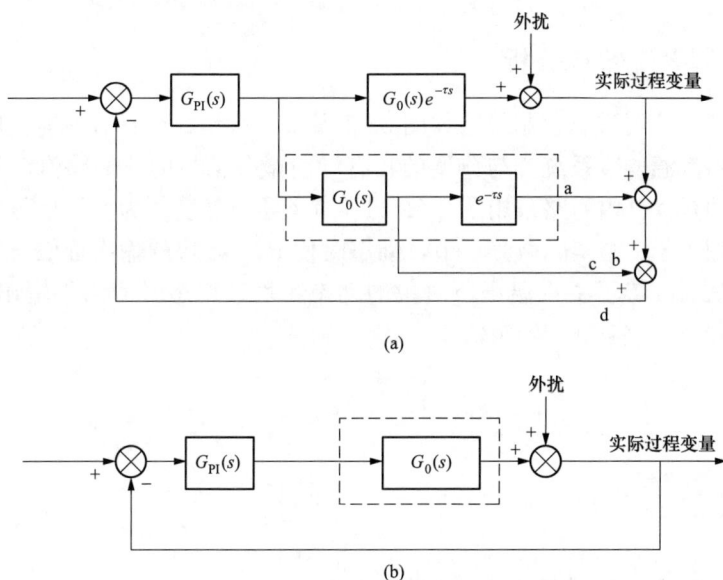

图 32-6　SMITH 预估控制的工作原理图
(a) SMITH 预估器的模型；(b) 等效控制回路

图 32-6 (a) 描述了 SMITH 预估的控制策略。控制系统在普通的反馈回路中增加了 2 个内回路：一个是在无外扰情况下的过程变量 a (disturbance-free process variable)，由控制器输出通过惯性环节和纯延迟环节引入反馈回路；另一个是在既无外扰又无纯延迟情况下的过程变量预报值 b (predicted process variable)，由控制器输出通过惯性环节引入反馈回路；实际过程变量与无外扰过程变量相减表示了对扰动和模型误差影响的估算或称扰动估算 c (estimate disturbances)；将扰动估算 c 与过程变量预报值 b 相加，Smith 创造的反馈变量 d 包含了外扰但不包含纯延迟。

将图 32-6 (a) 的控制框图做等效变换后，可以得到图 32-6 (b)。等效控制回路中已不包含纯延迟，由于 SMITH 预估器补偿作用，消除了纯迟延部分对控制系统的影响。

SMITH 预估控制器是按修正后的反馈变量而不是按实际过程变量进行

控制的，如果所构造的数学模型与过程相匹配，则控制器将获得理想的调节效果。在实际应用中，应注意 SMITH 预估控制的缺点包括：它必须依赖于精确的对象数学模型，抗内、外干扰能力差；在对象模型失配时，会造成控制品质恶化；当控制系统中含有零极点时，易产生稳态偏差。为此，后来又产生了两类改进型 SMITH 预估控制：算法改进型和结构改进型。近年来，不少学者将现代控制理论和智能控制理论引入 SMITH 预估控制，形成了不少新的方法。

第六节　西门子公司主汽温度控制策略

一、控制系统特点分析

西门子公司汽温控制策略如图 32-7 所示，这是一个具有导前温度信号的双回路汽温调节系统。与典型的具有导前微分信号的双回路汽温调节系统不同的是，其内回路采用了 $[(1-PT_n)\times$导前温度$]$ 为反馈信号。图中回路①相当于一个实际微分环节，动态时使 PT_n 模块的输出近似与主汽温相等，从而改善了主汽温调节对象的动态特性；稳态时回路①输出为零，使过热器出口汽温等于给定值。

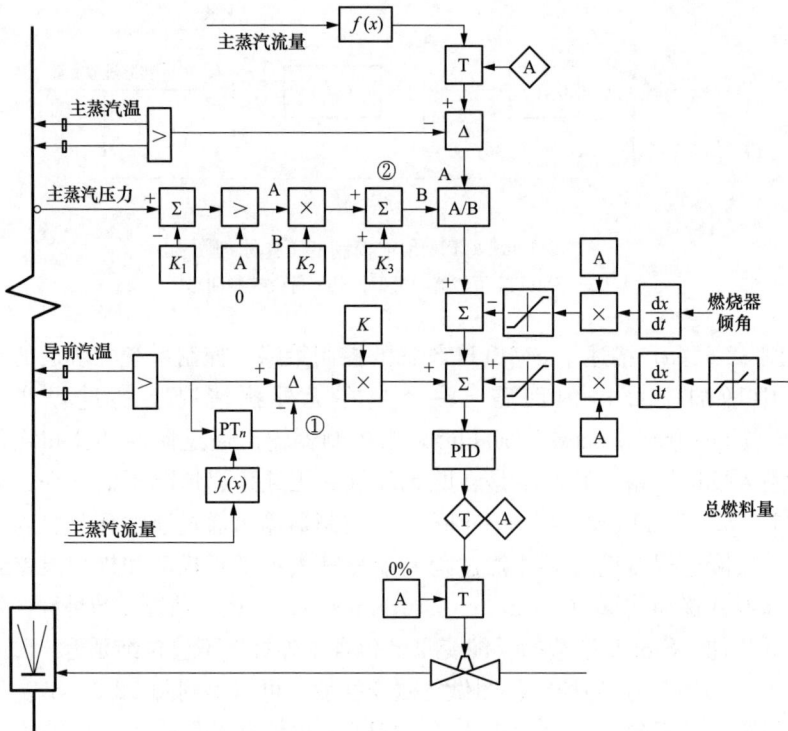

图 32-7　西门子公司主汽温度控制策略

图 32-7 中回路②的作用是根据过热器的运行工况，对控制器的参数进

行增益调整，本节稍后将进一步讨论。

引入的总燃料量微分前馈信号和燃烧器倾角微分前馈信号，是为了改善烟气侧扰动下控制系统的响应。西门子公司主汽温度控制系统的原理框图如图 32-8（a）所示，图中省略了前馈回路，仅对闭环回路进行分析。

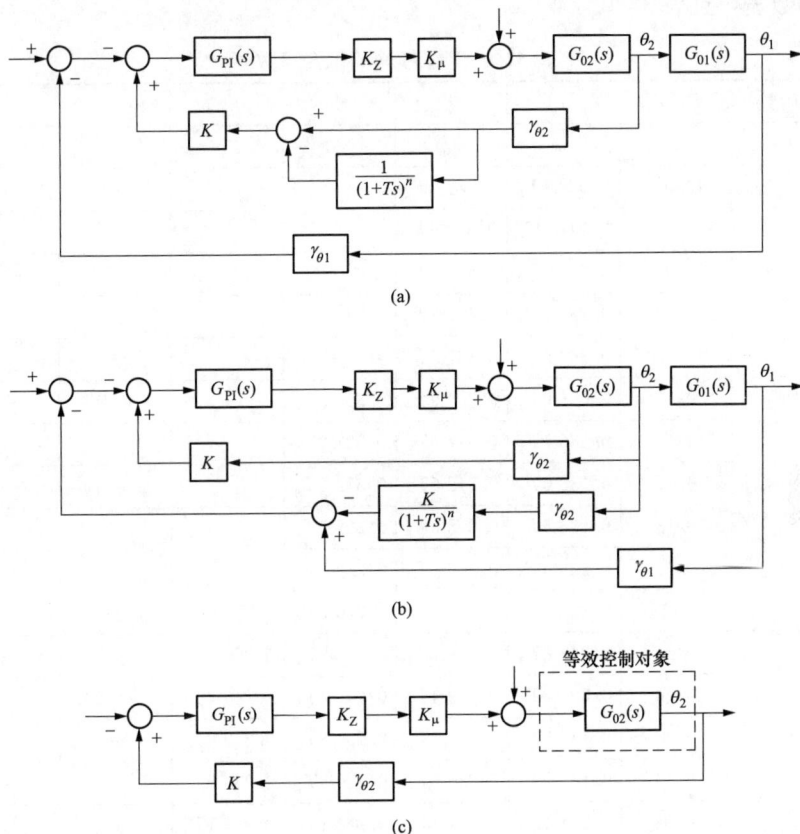

(a)

(b)

(c)

图 32-8　西门子公司主汽温度控制策略分析

(a) 西门子温度控制系统原理框图；(b) 对图 (a) 的等效变转图；(c) 最终的控制回路转换目标

作等效变换后可以得到图 32-8（b），因为 $\gamma_{\theta 1} = \gamma_{\theta 2}$，只要满足式（32-6），即

$$G_{01}(s) = \frac{K}{(1+Ts)^n} \tag{32-6}$$

便可以将图 32-8（b）简化为图 32-8（c），则系统变成由等效对象 $G_{02}(s)$ 构成的单回路控制系统。

当式（32-6）不能完全满足时，模型的误差将使外回路等效为校正调节器。

从实际投运效果来看，西门子公司主汽温度控制策略比一般串级汽温调节系统和具有导前微分信号的双回路汽温调节系统具有更好的调节品质。由于仅对过热汽温惰性区的传递函数构造数学模型，受对象特性变化的影响较小，所以系统的鲁棒性（Robust）较好。

二、PT$_n$ 模块的整定

为了便于对汽温控制系统进行整定，西门子公司给出了 PT$_n$ 模块的拟合参数表，见表 32-1。

表 32-1   PT$_n$ 模块的拟合参数

对象阶数 n	T_u/T_g	T	T	T	T	T	T
1	0	0	T_g	—	—	—	—
2	0.02	0.070 7T_g	0.689 7T_g	—	—	—	—
	0.04	0.141 5T_g	0.540 5T_g	—	—	—	—
	0.06	0.212 3T_g	0.465 1T_g	—	—	—	—
	0.08	0.283 0T_g	0.408 2T_g	—	—	—	—
	0.104	0.367 9T_g	0.367 9T_g	—	—	—	—
3	0.12	0.038 0T_g	0.350 9T_g	0.350 9T_g	—	—	—
	0.14	0.085 5T_g	0.327 9T_g	0.327 9T_g	—	—	—
	0.16	0.133 0T_g	0.312 5T_g	0.312 5T_g	—	—	—
	0.18	0.180 5T_g	0.298 5T_g	0.298 5T_g	—	—	—
	0.20	0.228 0T_g	0.282 5T_g	0.282 5T_g	—	—	—
	0.218	0.270 6T_g	0.270 6T_g	0.270 6T_g	—	—	—
4	0.24	0.048 8T_g	0.259 7T_g	0.259 7T_g	0.259 7T_g	—	—
	0.26	0.093 2T_g	0.249 4T_g	0.249 4T_g	0.249 4T_g	—	—
	0.28	0.137 5T_g	0.239 8T_g	0.239 8T_g	0.239 8T_g	—	—
	0.30	0.181 5T_g	0.230 9T_g	0.230 9T_g	0.230 9T_g	—	—
	0.319	0.224 1T_g	0.224 1T_g	0.224 1T_g	0.224 1T_g	—	—
5	0.34	0.045 1T_g	0.216 5T_g	0.216 5T_g	0.216 5T_g	0.216 5T_g	—
	0.36	0.088 0T_g	0.210 1T_g	0.210 1T_g	0.210 1T_g	0.210 1T_g	—
	0.38	0.130 9T_g	0.204 1T_g	0.204 1T_g	0.204 1T_g	0.204 1T_g	—
	0.40	0.173 8T_g	0.198 0T_g	0.198 0T_g	0.198 0T_g	0.198 0T_g	—
	0.41	0.195 4T_g	0.195 4T_g	0.195 4T_g	0.195 4T_g	0.195 4T_g	—
6	0.42	0.021 1T_g	0.193 0T_g	0.193 0T_g	0.193 0T_g	0.193 0T_g	0.193 0T_g
	0.43	0.063 4T_g	0.187 3T_g	0.187 3T_g	0.187 3T_g	0.187 3T_g	0.187 3T_g
	0.46	0.105 7T_g	0.176 7T_g	0.176 7T_g	0.176 7T_g	0.176 7T_g	0.176 7T_g
	0.48	0.148 0T_g	0.171 2T_g	0.171 2T_g	0.171 2T_g	0.171 2T_g	0.171 2T_g
	0.493	0.175 5T_g	0.175 5T_g	0.175 5T_g	0.175 5T_g	0.175 5T_g	0.175 5T_g

做减温水阶跃扰动试验，得出主汽温和二级减温器出口汽温（导前汽温）的阶跃响应曲线，再由主汽温和导前汽温响应曲线估算出惰性区的传递函数，即

$$G_{01}(s) = \frac{K}{(1+T_s)^n} \qquad (32-7)$$

可用特性参数 $\dfrac{\tau}{T_c}$（表 32-1 中为 $\dfrac{T_u}{T_g}$）来估算惰性区传递函数的阶数，并按表 32-1 设定各一阶惯性环节的时间常数 T，将各环节串联，可得到图 32-7 中 PT$_n$ 模块的传递函数。各一阶惯性环节的时间常数 T 随 T_g 而变，T_g 则是锅炉负荷（主汽流量）的线性函数，如某 300MW 机组通过试验得出：

二级减温控制系统有

$$T_g = 150 - 0.5D$$

一级减温控制系统有

$$T_g = 300 - D$$

式中　D——主蒸汽流量，0～100（%）。

三、变增益回路的整定

在不同运行工况下，减温水流量扰动下汽温控制对象的动态特性存在着较大差异。因此，为了获得较好的调节效果，应在不同工况下进行试验，采用变参数调节。图 32-7 中回路②的作用，就是根据过热器的运行工况，对控制器的参数进行增益调整。

图 32-7 中除法模块 A/B 的输入信号 B 由回路②给出，西门子公司给出了变增益回路的经验整定方法。增益调整值 B 是汽压和汽温的线性函数，对于二级减温控制系统，增益调整值 B 的函数关系如图 32-9（a）所示；对于一级减温控制系统，增益调整值 B 的函数关系如图 32-9（b）所示。

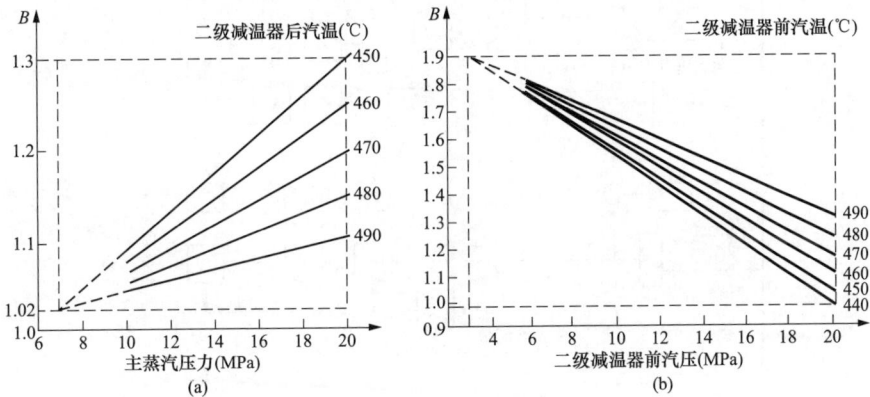

图 32-9　变增益回路的整定

（a）二级减温控制；（b）一级减温控制

例如设二级减温器后汽温为 470℃，根据图 32-9（a），则图 32-7 回路②中的各系数可以设定为

$$K_1 = 7；\quad K_2 = 0.012；\quad K_3 = 1.02$$

根据图 32-9（b），用同样方法，可以对二级减温控制系统变增益回路进行整定。

四、根据焓差变化进行变增益控制

主蒸汽的焓值表示每千克蒸汽应具有的热值，主蒸汽每变化 1℃所对应的焓差变化，则表示每千克蒸汽所需的热值改变。根据水蒸气热力性质表，在不同汽压和汽温工况下的过热蒸汽，其焓差变化是不同的。因此，汽温控制对象的动态特性是随着运行工况而发生改变的。根据焓差变化进行变增益控制，是近年来西门子公司在汽温控制中更多采用的简洁方法。

汽温每变化 1℃所需的减温水量，取决于在不同汽压和汽温下过热蒸汽的焓差变化。在一定的汽压和汽温范围内，增益调整值 B 是焓差的线性函数。

图 32-10 所示为根据焓差变化进行变增益控制的主汽温度控制策略。其中回路②的作用，与图 32-7 中回路②的作用一样，是根据过热器的运行工况，对控制器的参数进行增益调整。根据减温水作用的区域，取导前汽温作为焓差计算的汽温参数，汽压参数则取主汽压力信号，输入焓值计算表，便得出汽温每变化 1℃的焓差值。根据焓差值，由 K_2、K_3 构成了关于增益

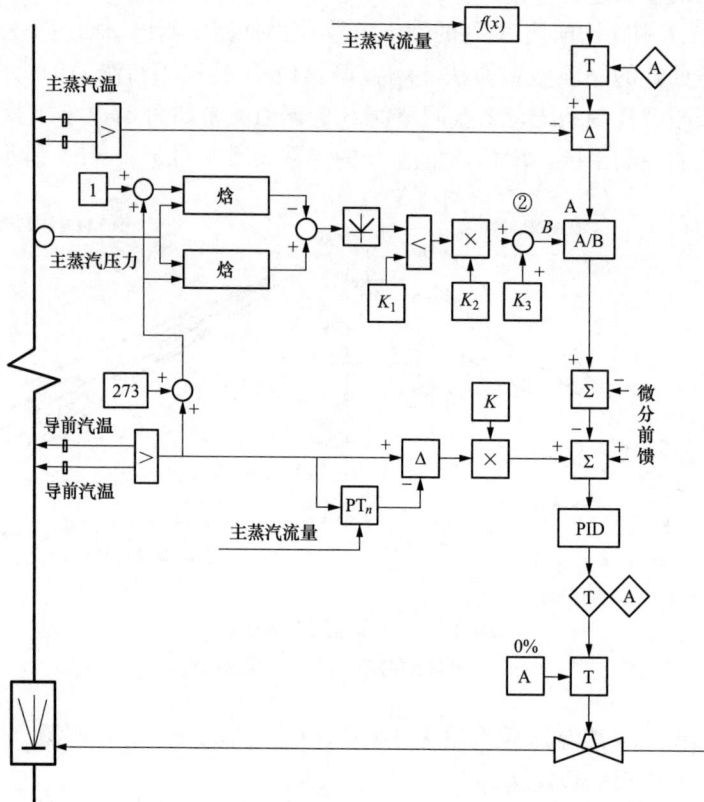

图 32-10　根据焓差变化进行变增益控制

调整值 B 的线性函数，B 值的下限由 K_1 给出。

第七节　模糊控制器主汽温度控制策略

一、模糊控制简介

模糊控制也称模糊逻辑控制，它的理论基础是模糊集合理论。"模糊集合"的概念是美国 California 大学 L. A. Zadeh 教授 1965 年在《Information and Control》上发表的一篇开创性论文《Fuzzy Sets》中首先提出来的。在这篇论文中，Zadeh 教授针对经典的普通集合概念，首次提出了模糊集合的概念，创建了模糊集理论。L. A. Zadeh 教授在《不相容原理》一书中写道：

近 60 年来，模糊集理论日趋成熟，已成为一门崭新的学科，并广泛地应用于各个领域，而模糊控制是其中非常活跃、发展非常迅速的一个分支。1974 年，A. Mamdanihe 和他的学生在 Queen Mary 学院首次应用模糊逻辑，完成了蒸汽发动机的模糊控制试验，可谓是模糊逻辑在控制工程中的应用的一个飞跃。随后，模糊理论不断得到完善和发展。特别是 20 世纪 90 年代以后，一些学者从数学的角度证明了模糊控制器可以对定义在致密集下的任何一种连续非线性方程实现任意近似精度条件下的函数逼近，这为模糊系统的普遍适用性提供了有力的理论依据。

二、模糊控制的基本原理

模糊控制的基本原理如图 32-11 所示。虚线内为模糊控制器，模糊控制器的控制规律由计算机程序实现。当变送器测到系统的被调量值后，与给定值进行比较得到偏差信号 E。E 是一个精确的模拟量，经 A/D 转换后作用到模糊控制器的输入。进入模糊控制器后，首先经过量化处理将基本论域中的偏差值 E（连续的精确值）变成模糊集论域中的值（离散的精确

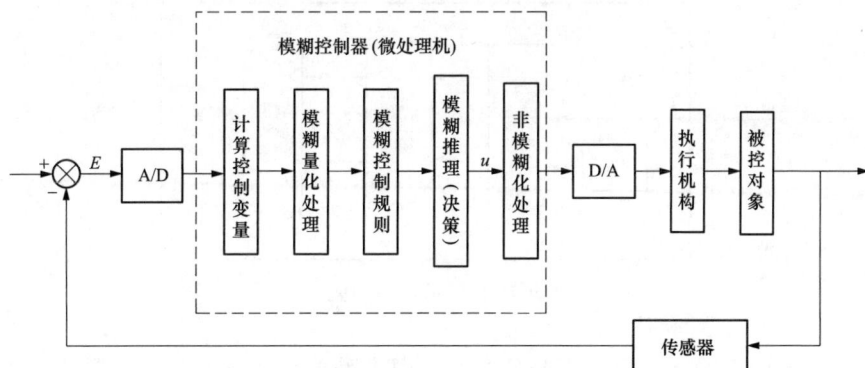

图 32-11　模糊控制的基本原理图

值），然后进行模糊化处理变成模糊量，可用相应的模糊语言来描述。这样就得到了误差 E 的模糊语言集合的一个子集 e（e 实际上是一个模糊向量）。再由 e 和模糊控制规则 R（即模糊关系）根据推理的合成规则进行模糊决策，然后得到模糊控制量 u，即

$$u = eR \tag{32-8}$$

而施加在被控对象上的量需要是精确量，所以还需要将模糊控制量 u 转换为精确量，即进行非模糊化处理得到实际的精确控制数字量，经 D/A 转换后通过执行机构施加在被控对象上。

三、模糊控制技术在电厂主蒸汽温度控制系统中的应用

模糊控制技术发展至今，在理论和应用上都已比较成熟。模糊控制技术在电厂主蒸汽温度控制系统中的应用研究也已有很多年，以下是模糊控制技术在电厂主蒸汽温度控制系统中的应用研究实例。针对 100MW 燃煤单元机组的主蒸汽温度控制系统，运用 Fuzzy-PI 复合控制系统进行控制。复合控制系统的原理结构图如图 32-12 所示。图中 PI 为常规控制器，FLC 为模糊控制器。同时设计一个控制开关 K，当主蒸汽温度偏差在某一阈值以外时，采用 Fuzzy 控制，以获得较好的瞬态性能；当主蒸汽温度偏差落在阈值以内的范围时，采用常规的 PI 控制，以改善静态特性。

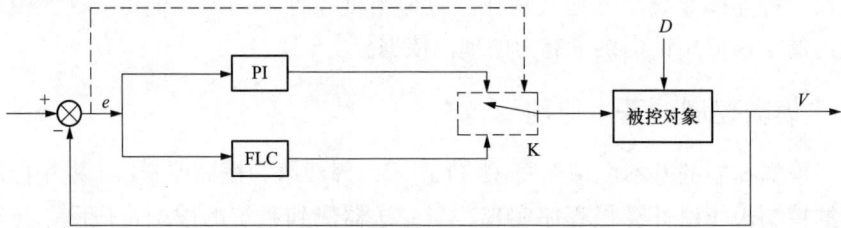

图 32-12　Fuzzy-PI 复合控制系统原理结构图

这里的模糊控制器采用的是二维模糊控制器（如图 32-13 所示）。

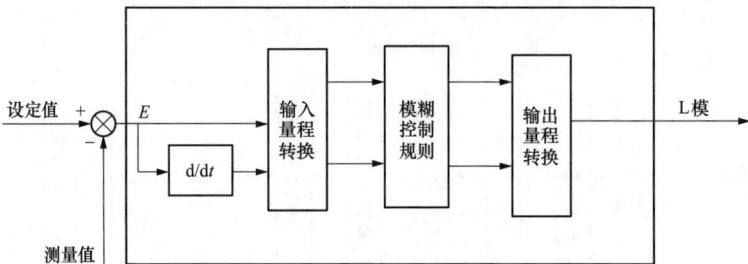

图 32-13　模糊控制器

它有两个输入信号：一个是主蒸汽温度偏差信号 E，另一个是主蒸汽温度偏差变化速率 dE/du。模糊控制器由输入量程转换、模糊控制规则、

输出量程转换组成。输入量程转换是将输入信号的数值映射到作为模糊控制规则的输入的、离散的点上（即模糊控制中的所谓的论域）。而模糊控制规则是模糊控制器中最核心、最重要的部分，它是现场操作员长年操作经验的总结和归纳。输出量程转换则是把输出控制量在论域上的离散点转换成阀门实际的开度。输入信号的输入量程转换过程为：假设主汽温度偏差 E 的变化范围为 $[-E_L + E_L]$，论域这里分为 13 档：$\{-6，-5，-4，-3，-2，-1，0，1，2，3，4，5，6\}$，其输入量程转换为 $X_e = \text{INT}(6/E_L \cdot E + 0.5)$（INT 为取整运算）；主蒸汽温度变化速率 E_V 的变化范围为 $[-E_{VL}，+E_{VL}]$，论域分为 7 档：$\{-3，-2，-1，0，1，2，3\}$，其输入量程转换为 $X_v = \text{INT}(3/E_{VL} \cdot E_V + 0.5)$。输出控制量论域分为 9 档：$\{-4，-3，-2，-1，0，1，2，3，4\}$，阀门开度变化范围为 $[-U_L，+U_L]$，其输出量程转换为 $U = O \cdot U_L/4$（U 表示阀门实际开度，O 表示模糊控制规则输出量）。

仿真结果和实际控制效果表明，采用 Fuzzy-PI 复合控制系统进行控制时，其超调量与采用常规的串级 PID 控制系统相比降低了 80%，调节时间减少到 2/3。由此看出，Fuzzy-PI 复合控制比单独的 Fuzzy 控制或常规的串级 PID 控制的控制效果都好，使系统的动态和静态特性都得到改善，表现出良好的鲁棒性。

第五篇　锅炉保护与控制系统

第三十三章　炉膛安全监控系统（FSSS）

随着热工自动化控制系统在电力生产过程中的广泛应用和覆盖面的不断扩展，其可靠性对机组安全经济运行和电网稳定的影响逐渐增大。热控系统的控制逻辑、测量设备，以及设计、安装调试、运行、检修维护各阶段，其任一环节出现问题，都会引发组热控保护系统的误动或机组跳闸，影响机组的安全、经济运行。因此，做好火力发电厂机组热工保护系统各阶段、全过程质量监督与可靠性评估，提高热工保护设备系统可靠性，已发展成为电力建设和电力生产中至关重要的工作。

热工保护通过对设备的工作状态及机组工艺运行参数来实现对机组的密切监视；当发生异常时，及时发出报警信号，必要时自动启动或者停止某些设备或者系统，使机组维持原负荷或者减负荷运行；当发生重大事故而危及机组运行时，应停止机组运行，避免事故进一步扩大。

热工保护有时是通过联锁控制实现的。联锁控制就是将被控对象通过简单的逻辑关系连接起来，使这些被控对象相互牵连，形成联锁反应，从而实现自动保护的一种控制方式。

程序控制也叫顺序控制，就是根据生产过程要求，按照一定工艺流程，通过开关量逻辑运算控制，将生产过程的部分工艺按照事先规定的条件及顺序进行自动操作，可以是闭环的，也可以是开环的。运行人员采用程序控制可只通过一个或者几个操作指令完成一个系统、一台设备以及相关联系统的启停或者事故处理。缩短设备及系统的启停时间，提高设备运行可靠性，减轻操作人员的劳动强度。

热工程控保护就是机组的设备及系统出现故障或者危险工况时，自动按照预先规定的安全控制措施联动闭锁设备系统以进行异常事故处理，防止事故发生或者避免事故扩大，保证设备及人身安全。热工保护系统的优先级最高，超越运行人员的手动操作。

单元机组保护是当单元机组运行过程中锅炉或者汽轮发电机发生紧急事故时，根据事故情况迅速将单元机组按预定的保护程序减负荷或停机。

总之，热工程控保护是一种自动控制手段。在主、辅设备或者电网发生故障时，热工程控保护使机组自动进行减负荷，改变运行方式或者停止运行，以安全运行为前提，尽量缩小事故的范围。

热工程控保护的特点是以保障设备和人身的安全为首要任务。如果保护系统本身不可靠，就会造成不必要的停机，或保护系统起不到应有的保护作用，从而造成不堪设想的严重后果。为此，必须精心设计一整套安全可靠的保护系统。

热工程控保护系统一般具有以下特点：

（1）输入信号可靠。输入信号来自各种被测参数的传感器或反映设备工作状态的开关触点。一般采用独立的传感器，对重要保护项目，保护从传感器、卡件、电源、电缆等采用多重化冗余设计。

（2）保护系统动作时能发出报警信号。当被监视参数超标时，发出预报信号，试运行人员在事故处理前采取必要的应急措施。当保护系统动作时，发出事故处理或者跳闸信号。

（3）保护命令一般是长信号。命令能满足保持到被控对象完成规定动作的要求。

（4）保护动作是单方向的。保护系统动作后，设备的重新投入在查出事故原因和排除故障后进行，由运行人员人工完成。

（5）保护系统能进行在线试验。在进行保护动作试验时，不会影响机组的安全经济运行。

（6）确定保护系统的优先级。当两个以上的保护联锁动作或者相继动作时，如果他们之间动作不一致，则应确定他们的优先级，并采取必要的闭锁措施，优先保证处于主导地位的高一级保护和联锁动作的实现。

（7）保护系统有可靠的电源。保护装置能绝对避免因失电而引起拒动或误动，重要的保护联锁控制电源和执行机构电源一般采用不停电电源供电，以便在设备故障时有效起到保护作用。

（8）保护系统中设置了切换开关。自动保护系统不可能达到绝对的安全可靠，检测元件、控制回路或执行机构有时也会出现故障，这时保护系统能从"投入"位置切换到"解列"位置，以便进行检修。

（9）由计算机对保护系统进行监视。在计算机系统中有监视保护装置投入、切除的状态信号，在保护装置动作时，能通过 CRT 屏幕自动显示和记录保护系统的动作顺序、继电器动作和延时情况、工艺设备的工作状态等，使运行人员及时了解保护系统的动作情况，甚至对保护信号回路也进行必要的监视，以便及时处理和分析事故原因。

（10）保护系统具有独立性。保护系统不受其他自动化系统投入与否的影响，任何时候都能独立进行控制。

一般火电单元机组保护主要包括锅炉主保护、汽轮发电机主保护、机炉电大联锁、辅机保护等。

锅炉主保护主要包括：炉膛安全监控系统（FSSS）、总燃料跳闸（MFT）、锅炉快速切负荷、机组快速切除、主汽温保护、主汽压保护等保护。其中，MFT 保护动作条件至少包括：①给水泵全停；②给水流量低低；③总风量低低；④炉膛压力高高；⑤炉膛压力低低；⑥火检冷却风丧失；⑦引风机全停；⑧送风机全停；⑨汽轮机跳闸；⑩手动 MFT；⑪脱硫MFT；⑫失去全部燃料；⑬失去全部火焰；⑭MFT 柜控制电源停电；⑮空气预热器全停；⑯主蒸汽压力高高；⑰再热器保护；⑱延时点火；⑲临界火焰；⑳折焰角温度高高（可选）。

汽轮机保护系统是当汽轮机发生故障危及机组的安全时，或锅炉、发电机发生故障需要汽轮机跳闸时，保护系统应能自动迅速动作使汽轮机跳闸。

汽轮机保护系统由监视保护装置和液压系统组成。汽轮机主保护主要包括：汽轮机超速保护、真空低保护、轴向位移大保护、振动大保护、胀差大保护、润滑油压低保护、液压低保护、排气温度高保护、防进水保护、高压加热器保护、旁路保护等。其中，汽轮机危急遮断保护系统（ETS系统）在DEH篇章详细介绍。

第一节　FSSS系统基础知识

一、名词解释

1. 分散控制系统（distributed control system，DCS）

采用计算机、通信和屏幕显示技术，实现对生产过程的数据采集、控制和保护等功能，利用通信技术实现数据共享的多计算机监控系统，其主要特点是功能分散，操作显示集中，数据共享，可靠性高。根据具体情况也可以是硬件布置上的分散。[DL/T 701—2012,定义7.2]

2. 炉膛安全监控系统（furnace safeguard supervisory system，FSSS）

对锅炉（包括常压循环流化床）点火、燃烧器、油枪或气枪或床枪进行程序自动控制，防止锅炉（包括常压循环流化床）炉膛由于燃烧熄火、过电压等原因引起炉膛外爆或内爆而采取的监视和控制措施的控制系统。它包括燃料安全系统（fuel safety system，FSS）和燃烧器控制系统（burner control system，BCS）。对煤粉（或燃油、燃气）锅炉，有时也称为燃烧器管理系统（burner management system，BMS）。[DL/T 655—2017，定义3.1]

3. 总燃料跳闸（master fuel trip，MFT）

由人工操作或保护信号自动动作，快速切除进入锅炉（包括常压循环流化床）的所有燃料（包括到炉膛、点火器、风道等的燃料）而采取的控制措施。[DL/T 655—2017，定义3.4]

二、FSSS系统设计和功能配置

（一）FSSS功能配置

1. 热工主保护配置原则

热工主保护的基本配置原则是"既要防止拒动，也要防止误动"。详细配置原则如下：

（1）必备的主机保护过程开关量信号应至少采用"三取二"冗余配置。

（2）可选保护应尽可能实现"三取二"，确因系统原因测点数量不够，可采用"二取二"的形式，但必须有防保护拒动和误动措施。

（3）用于保护的输入信号，必须通过硬接线直接接入对应保护单元的输入通道。

（4）参与保护的模拟量信号，与其保护输出分布在同一控制器，宜每一路模拟量信号经模拟/开关量转换后，再进行保护冗余判断。

（5）参与保护的模拟量信号（汽包水位、分离器水位、总风量、给水流量），与其保护输出分布在不同控制器，每一路模拟量信号经模拟/开关量转换后，应通过硬接线分别送入保护机柜的不同 DI 卡件，再进行保护冗余判断。

（6）保护输入的一次元件、一次门、取样管、电缆、输入模件均应全程相互独立。

（7）各种作用于机组主设备停运的热工保护，必须有防止因单一测点、回路故障而导致保护误动、拒动的技术措施。

2. 热工锅炉主保护项目

（1）必备锅炉主保护。

1）送风机均停保护。

2）引风机均停保护。

3）一次风机均停保护。

4）空气预热器均停保护。

5）手动停炉 MFT 保护。

6）总风量低保护。

7）炉膛压力高（低）二值保护。

8）汽包炉汽包水位高（低）保护。

9）失去火检冷却风保护。

10）全部燃料失去保护。

11）全炉膛灭火保护。

12）多次连续点火失败保护。

13）延时点火保护。

14）FSSS 失电保护。

15）汽轮机跳闸保护。

16）炉水循环泵均停保护及炉水循环泵差压低停炉保护（强制循环炉）。

17）给水泵全停保护（直流炉）。

18）给水流量低保护（直流炉）。

19）分离器出口汽温高、水冷壁壁温高、一级过热器入口汽温高保护（直流炉）。

20）主蒸汽压力高保护（直流炉）。

21）脱硫系统故障 MFT。

22）流化风机均停保护（CFB 炉）。

23）床温高保护（CFB 炉）。

24）床温低保护（CFB 炉）。

25）一次风流量低或总流化风量低保护（CFB 炉）。

（2）可选锅炉主保护。

1）炉膛压力高（低）三值，跳送、引、增压风机。

2）蒸汽阻塞保护（或汽轮机跳闸旁路未打开）。

3）贮水箱（分离器）水位高保护（直流炉）。

4）任一旋风分离器出口温度高保护（CFB 炉）。

5）回料器流化风压力低或流量低保护（CFB 炉）。

（二）FSSS 系统主保护设计

1．锅炉必备主保护

（1）送风机均停保护。

保护形成：各台送风机停止状态相与。

单台送风机停止状态应使用相关信号实现三重化判断逻辑。每台送风机停止状态判断逻辑可采用以下任一种逻辑：

1）风机停止状态、运行状态取非、风机电流低三取二。具体形成逻辑见图 33-1。

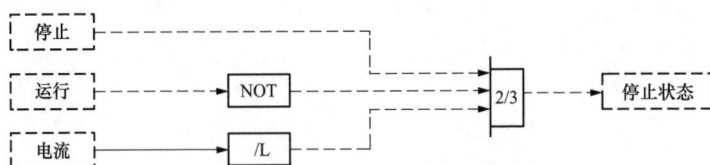

图 33-1　风机停止状态形成逻辑图

2）风机运行状态取非（2 路）、停止状态（1 路）三取二。

3）风机运行状态取非（3 路）三取二。

（2）引风机均停保护。

保护形成：各台引风机停止状态相与。

单台引风机停止状态应使用相关信号实现三重化判断逻辑。每台引风机停止状态判断逻辑同"送风机全停保护"。

（3）一次风机均停保护。

保护形成（煤粉炉）：仅煤粉燃烧器投运时（任一磨组运行且无燃油时），各台一次风机停止状态相与。

保护形成（CFB 炉）：各台一次风机停止状态相与。

单台一次风机停止状态应使用相关信号实现三重化判断逻辑。每台一次风机停止状态判断逻辑同"送风机全停保护"。

（4）空气预热器均停保护。

保护形成：各台空气预热器停止状态相与。单台空气预热器停止状态应使用相关信号实现三重化判断逻辑。空气预热器停止状态判断逻辑可根据机组情况选择以下任一种逻辑：

1）转子停转信号三取二。

2）以下三路信号进行三取二运算。①主/副电机运行状态延时取非后相与。②转子停转信号。③主/副电机电流均小延时。

（5）手动停炉 MFT 保护。

保护形成：此保护由运行人员手按控制台盘手动停炉 MFT 按钮产生，需两个按钮同时按下才有效。手动停炉 MFT 按钮设置为双后备操作按钮，应有两个独立的操作按钮，每个按钮的 2 对触点进行串并联后，输出至 FSSS 软回路和 MFT 继电器跳闸回路。

正负逻辑手动停炉 MFT 按钮触点回路如图 33-2 和图 33-3 所示。

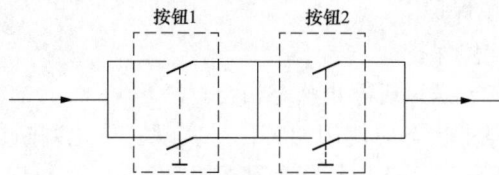

图 33-2 正逻辑手动停炉 MFT 按钮触点回路

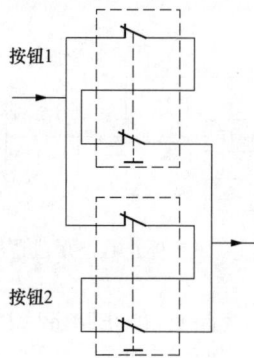

图 33-3 负逻辑手动停炉 MFT 按钮触点回路

（6）总风量低保护。

保护形成：总风量低保护信号由 MCS 计算产生，然后通过硬接线送到 FSSS 系统，设计成 3 个独立的通道，进行三取二运算，当任意两个点为逻辑"1"时，延时触发 MFT。具体形成逻辑见图 33-4 所示。

（7）炉膛压力高（低）二值保护。

保护形成：保护信号宜由就地压力开关产生，至少选自炉膛两侧共 3 个测点独立取样，以开关量接入 FSSS 系统不同 DI 卡件，进行三取二运算，触发 MFT。

（8）汽包炉汽包水位高（低）保护。

保护形成：汽包水位高（低）保护采用"三取中"（模拟量输入）或

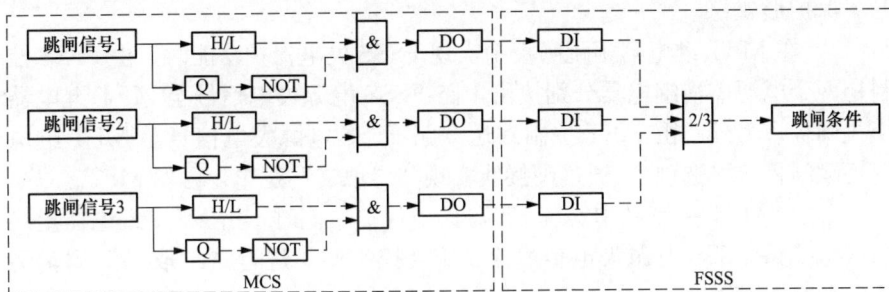

图 33-4 MCS 模拟量做保护逻辑图

"三取二"（开关量输入）逻辑。当汽包水位测量信号发生故障时宜采取的信号处理方式如下：

1）当有一点汽包水位保护信号故障时，"三取二"应自动转为"二取一"的逻辑判断方式；当有两点信号故障时，应自动转为"一取一"的逻辑判断方式。

2）当有一点汽包水位调节信号故障时，"三取中"应自动转为"二取均"的逻辑判断方式；当有两点信号故障时，应自动转为手动。

（9）失去火检冷却风保护。

保护形成：以下逻辑 1）和 2）相或，形成失去火检冷却风保护。

1）火检冷却风压力低信号宜由就地压力开关产生，现场 3 个测点独立取样，以开关量接入 FSSS 系统不同 DI 卡件，进行三取二运算，当任意两个点为逻辑"1"时，延时触发 MFT。

2）无其他冷却风源时，火检冷却风机均停，延时触发 MFT。

（10）全部燃料失去保护。

保护形成：保护信号由 FSSS 产生，在炉膛燃烧已建立条件下，失去所有燃料时，即为全部燃料失去，触发 MFT。全部燃料失去逻辑判断条件如下：

1）常压流化床锅炉：燃料全部中断，且床温不适合任何燃料投入。

2）直吹式制粉系统：全部磨煤机跳闸或全部给煤机跳闸，且总燃油阀或全部燃油支阀关闭。

（11）全炉膛灭火保护。

保护形成：全炉膛灭火保护信号由 FSSS 产生，所有燃烧层无火，判定为全炉膛灭火。各燃烧层无火，依据锅炉制造厂说明书确定。

（12）多次连续点火失败保护。

保护形成：MFT 复位后，点火模式下，3～5 次点火都不成功。

（13）延时点火保护。

保护形成：MFT 复位后，点火模式下，5～10min 内炉膛仍未有任一油燃烧器或煤燃烧器投运。

（14）FSSS 失电保护。

保护形成：

1）在 MFT 继电器柜跳闸板中实现 FSSS 失电保护功能时，由 FSSS 控制柜两个电源监视继电器分别接出 1 路 FSSS 电源失电信号至 MFT 继电器柜跳闸板，另外，由 MFT 控制站送 2 路 FSSS 电源失电信号至 MFT 继电器柜跳闸板（可选项），通过硬接线实现"二取二"逻辑，触发 MFT。

2）在 MFT 控制站中实现 FSSS 失电保护功能时，由 MFT 继电器柜跳闸板送 2 路 FSSS 电源失电信号至 MFT 控制站，进行"二取二"逻辑运算，触发 MFT。

（15）汽轮机跳闸保护。

保护形成：汽轮机跳闸且主蒸汽流量大于旁路容量（或用机组负荷判断），发脉冲触发。汽轮机跳闸信号可根据机组情况选择以下任一种逻辑：

1）安全油压低信号（三取二表征）。

2）主汽门关闭（冗余配置）。

（16）炉水循环泵均停及炉水循环泵差压低停炉保护（强制循环炉）。

保护形成：该保护采用以下两种逻辑相或形成，触发 MFT。

1）所有炉水循环泵停止状态相与，延时触发 MFT。单台炉水循环泵停止状态使用相关信号实现三重化判断逻辑。具体形成逻辑参照"（二）1 中的送风机停止状态"形成逻辑。

2）炉水循环泵差压信号应采用独立测量的元件，单台泵差压低保护宜采用"三取二"，至少应采用"二取二"逻辑判别方式。

（17）给水泵全停保护（直流炉）。

保护形成：所有给水泵停止状态相与，延时触发 MFT。单台给水泵停止状态使用相关信号实现三重化判断逻辑。单台电动给水泵停止状态具体形成逻辑参照"（二）1 中的送风机停止状态"形成逻辑；汽动给水泵采用给水泵汽轮机跳闸信号"三取二"。

（18）给水流量低保护（直流炉）。

保护形成：给水流量低保护信号由 MCS 计算产生，然后通过硬接线送到 FSSS 系统，设计成 3 个独立的通道，进行三取二运算，当任意两个点为逻辑"1"时，延时触发 MFT。给水流量的温度补偿信号应采用冗余配置。给水流量低保护具体形成逻辑如图 33-4 所示。

（19）分离器出口汽温高、水冷壁壁温高、一级过热器入口汽温高保护（直流炉）。

保护形成：当温度达到保护定值并延时后跳炉。保护至少应设置三个测点（模拟量采用分别整定为开关量信号后，进行三取二；开关量采用三取二逻辑）。水冷壁壁温高保护按照锅炉厂家要求设计。

分离器出口汽温高、水冷壁壁温高、一级过热器入口汽温高三项保护，至少设置一项。

（20）主蒸汽压力高保护（直流炉）。

保护形成：主蒸汽压力高保护信号通过硬接线送到 FSSS 系统，设计成

3 个独立的通道，进行三取二运算，当任意两个点为逻辑"1"时，延时触发 MFT。

（21）脱硫系统故障 MFT。

保护形成：将脱硫系统故障信号通过硬接线送到 FSSS 系统，设计成 3 个独立的通道，进行三取二运算，当任意两个点为逻辑"1"时，延时触发 MFT。

（22）流化风机均停保护（CFB 炉）。

保护形成：各台流化风机停止状态相与。

单台流化风机停止状态应使用相关信号实现三重化判断逻辑。每台流化风机停止状态判断逻辑同"（二）1 中的送风机停止状态"逻辑。

（23）床温高保护（CFB 炉）。

保护形成：任一区域床温高（或按制造厂要求设计），各区域温度至少实现"三取二"冗余配置。

（24）床温低保护（CFB 炉）。

保护形成：无点火油枪运行，床温低，各区域温度至少实现"三取二"冗余配置。

（25）一次风流量低或总流化风量低保护（CFB 炉）。

保护形成：一次风流量和总流化风量低保护信号由 MCS、SCS 计算产生，然后通过硬接线送到 FSSS 系统，设计成 3 个独立的通道，进行三取二运算，当任意两个点为逻辑"1"时，延时触发锅炉保护。风量的温度补偿信号应采用冗余配置。保护具体形成逻辑如图 33-4 所示。

2. 锅炉可选主保护

（1）炉膛压力高（低）三值，跳送、引、增压风机（如有）。

保护形成：MFT 后，炉膛压力高（低）三值。

（2）蒸汽阻塞保护（或汽轮机跳闸旁路未打开）。

保护形成：以下逻辑 1）和 2）相或，形成蒸汽阻塞保护。此逻辑可在 FSSS 中组态，也可在 DEH 中组态后，送三路硬接线至 FSSS，进行三取二运算，触发 MFT。

1）高压旁路阻塞：汽轮机跳闸（FSSS 中三取二）或主蒸汽流量低（或用机组负荷判断），高压主汽门全关，且高压旁路关。

2）低压旁路阻塞：汽轮机跳闸（FSSS 中三取二）或主蒸汽流量低（或用机组负荷判断），中压主汽门全关，且低压旁路全关。

（3）储水箱（分离器）水位高保护（直流炉）。

保护形成：湿态运行且贮水箱（分离器）水位高，触发 MFT。贮水箱（分离器）水位应冗余配置。

湿态运行判断逻辑：可选用以下任一逻辑。①分离器出口蒸汽过热度小于 3～5℃，且机组负荷一般位于 15%～30% 之间。②分离器出口蒸汽过热度小于 3～5℃，且过热器出口压力低。

（4）任一旋风分离器出口温度高保护（CFB 炉）。

保护形成：任一旋风分离器出口温度高（或按制造厂要求设计），各分离器出口温度宜实现"三取二"冗余配置。

（5）回料器流化风压力低或流量低保护（CFB 炉）。

保护形成：回料器流化风压力、流量低保护信号通过硬接线送到 FSSS 系统，按照制造厂要求进行多选逻辑设计。

（三）FSSS 系统炉膛吹扫

1. 炉膛吹扫许可条件

炉膛吹扫许可条件应至少包括以下内容：

（1）无 MFT 条件存在。

（2）所有点火器的总安全关断阀及单个点火器的安全关断阀的阀门开度均已确认关闭。

（3）所有风道燃烧器的燃料总管、单支燃烧器及点火器的安全关断阀均已确认关闭，助燃空气供应系统投入运行。

（4）对燃煤机组，需停运所有的给煤机、磨煤机、给粉机（对中间储仓式制粉系统）及点火用油：对燃气（油）机组，所有燃气（油）总管及单支燃烧器的安全关断阀均已确认关闭。

（5）所有进入炉膛或烟气通道的其他可燃物来源均已确认关闭。

（6）燃油（气）泄漏试验成功。

（7）所有火焰检测器均未检测到火焰。

（8）所有二次风（或调风器）挡板（包括燃尽风挡板）全开或在吹扫位置。

（9）至少一台送风机及配套的引风机在运行。

（10）锅炉总风量达到吹扫风量的要求。

（11）所有回转式空气预热器均投入运行（或根据制造商的建议）。

（12）烟气再循环风机挡板全关（若配置）。

（13）所有一次风机、排粉机及电除尘器均停运（若配置）。

2. 炉膛吹扫程序

当吹扫条件全部满足后，在 DCS 操作员站画面上会显示"吹扫准备好"信号，这时操作员可以启动吹扫，投入吹扫程序，吹扫计时器开始计时。持续 5min 后在 DCS 操作员站画面上指示"炉膛吹扫完成"，吹扫结束，否则吹扫失败。如果在吹扫过程中吹扫允许条件消失，就会导致吹扫中断，同时吹扫计时器清零。如果吹扫中断，操作员需要重新启动吹扫程序。DCS 操作员站画面一般有吹扫准备好、吹扫开始计时、吹扫完成、吹扫中断及吹扫剩余时间显示。只有炉膛吹扫完成才能复位 MFT 动作信号并消除其首出指示。

（1）在锅炉正常启动程序中应按图 33-5 所示的炉膛吹扫程序进行连续吹扫。炉膛吹扫的目的是将可能在炉膛和烟道中积聚的可燃性混合物清除

```
┌─────────────────────────┐
│ 所有能将煤粉送入炉膛的设 │
│ 备是否均已跳闸，所有点火 │
│ 器的安全关断阀是否已关？ │
└────────────┬────────────┘
             │
┌────────────┴────────────┐
│    要求打开的燃烧器调风器    │
│        是否打开？        │
└────────────┬────────────┘
             │
┌────────────┴────────────┐
│    是否保持在吹扫风量？    │
└────────────┬────────────┘
             │
┌────────────┴────────────┐
│      持续吹扫5min       │
└────────────┬────────────┘
             ├──────→ 发出信号
┌────────────┴────────────┐
│    主燃料跳闸继电器复位    │
└─────────────────────────┘
```

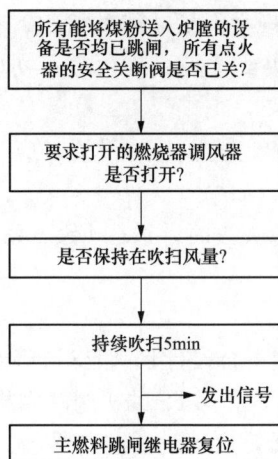

图 33-5　炉膛吹扫程序流程图

掉，防止点火时引起炉膛爆燃。

（2）锅炉炉膛吹扫时，锅炉通风量（从送风机入口到烟囱出口）需保持在不低于锅炉设计满负荷空气质量流量的 25%（燃煤锅炉还要求不高于 40%，以防滞积在冷灰斗中的可燃物被突然增大的通风扰动时形成爆燃），直至吹扫完成。

（3）吹扫时间应不少于 5min 或相当于使炉膛及其后部承压部件空间得到 5 次换气的时间（取两者较大值）。

（4）吹扫过程中应该有信号指示，如吹扫条件许可、正在吹扫、吹扫完成等。①一旦吹扫许可条件全部满足，运行人员可通过手动操作进入吹扫阶段。②如果吹扫期间任一吹扫条件失去，则吹扫中断，并显示中断原因，并应在所有吹扫许可条件重新满足后，重新开始吹扫计时，直至吹扫完成。③吹扫完成后，自动复位主燃料跳闸继电器。

三、FSSS 系统可靠性评估

（一）FSSS 系统运行可靠性评估

1. 信号可靠性

（1）主保护系统各动作信号源取样安装的可靠性，应符合《火力发电厂热工自动化系统可靠性评估技术导则》（DL/T 261—2012）第 6.6 条要求，均可靠投运。

（2）检查主保护系统各条件信号、紧急停炉和紧急停机手动按钮的连接，应满足《火力发电厂热工自动化系统可靠性评估技术导则》（DL/T 261—2012）第 6.2.3.2、6.2.3.5 和第 6.2.9.6 条要求。

（3）确认现场冗余信号应全程冗余配置，冗余信号中单一信号异常或信号变化速率越限，大屏共用报警块应报警显示，且信号闭锁功能随着信号恢复自动解除。

（4）通过 DCS 逻辑实现主保护功能的机组，查看主保护继电器板的供电方式，确认在其电源失去或主控模件失效（初始化或重启）时，继电器输出触点应为动作状态。

（5）报警、联锁、保护定值和延时设置，应与批准发布的定值清册一致，且符合实际需求。

（6）火焰检测系统电源失去时，送往 FSSS 系统的保护触点状态，应符合设计和运行要求。

2. 逻辑检查

（1）检查主保护逻辑应符合设计且满足运行要求。

（2）发出至 MFT、ETS 和 GTS 的机组跳闸指令，至少应有两路信号，通过各自的输入模件和逻辑，启动跳闸继电器。

（3）检查控制逻辑组态应符合运行实际要求，逻辑修改应符合保护投退及保护逻辑异动管理审批和执行流程。

（4）保护输出继电器应选用安全性继电器或已经运行证明是高可靠性的继电器。

（5）受 DCS 控制且在停机、停炉后不应马上停运的设备（如火焰检测系统冷却风机等），应采用脉冲信号控制。

（6）各阀门、挡板的开、关方向全行程动作时间测试记录应与 DCS 中设置相符。

3. 运行检修维护

（1）检查主保护动作条件应全部投入正常运行，强制信号和逻辑的记录应与实际相符。

（2）主保护动作后，所有联动设备动作和首出原因显示应正确。

（3）按规定时间和规范试验操作卡要求，定期进行系统静态、动态联锁试验。

（4）核对控制逻辑组态、SAMA 图、运行规程和定值清册，应保持一致。

4. 资料管理

（1）主保护系统试验记录合格齐全，可溯源两个周期。

（2）控制逻辑组态、SAMA 图、运行规程和定值清册与实际相符。

（3）保护投/切、逻辑与保护定值修改等规章制度齐全。

（二）FSSS 系统基础管理可靠性评估

（1）保护系统试验操作卡和试验记录齐全。

（2）热控系统报警、保护定值应由企业最高技术负责人签字正式发文下达，每 2 年修订 1 次，更改定值应经企业技术负责人批准，并做好记录。

（3）保护系统动作和故障统计（动作时的机组有关参数、原因分析、处理结果和采取的措施）记录完整。

（4）保护系统投、切和设备异动工作票，符合企业管理规定。

（5）具有保护装置运行试验规程，定期试验计划完整。

（6）保护系统检修台账，应详细记录每次检修原因、采取的措施和检修结果。

（7）对火焰检测信号等 DCS 历史曲线，异常报警信号，有定期分析处理记录。

（8）保护装置在机组运行中因故障被迫退出运行时，应制定可靠的安全措施，经审批后执行，并在规定时间内恢复，否则，进行停机、停炉处理。

四、报警系统

（一）热工 DCS 软光字报警

（1）热工报警信号的定值设置，应能正确反映设备运行状况，既要避免操作画面上不断出现大量无用的报警信息，使得运行人员疲倦于对报警信号的处理，从而无法及时发现设备异常情况和通过报警去发现、分析问题，又要防止定值设置过大，不能起到预先告警作用。

（2）热工 DCS 报警必须具备分层分级报警功能，所有 DCS 必须设置报警画面，并将状态变化与报警分开设置。每一个报警点应有不同的优先级，并用不同的颜色显示。

（3）热工 DCS 报警分层分级报警设置原则。

1）第一级为直接影响机组安全的信号，如停机停炉报警信号、电源及气源失去报警。

2）第二级报警为重要信号，一般是触发 SOE 的信号、重要模拟量信号、所有 MCS 被调量报警信号。

3）第三级报警是所有辅机开关量信号。

4）第四级报警是普通报警点信号，也可以根据机组实际情况再细分报警。

（4）热工 DCS 软光字报警的配置原则。

1）重要报警发生时为红色光字闪烁，一般报警发生时为黄色光字闪烁，同时根据报警级别发出不同的声音（或语音）提示。

2）当报警确认后，若重要报警还存在，则光字为红色平光，若一般报警还存在，则光字为黄色平光，若不存在，则光字为原色，同时声音消失。

3）在同一系统报警中，重要报警优先于一般报警。

4）每幅系统图右上角都设有报警灯，当任一报警发生时，报警灯变为红闪或黄闪，该报警灯链接到光字报警总图，也可设定为自动弹出报警总图，通过总图可以查看哪个系统发生报警，点击报警光字可以弹出二级报警菜单，二级菜单中列出各个报警项目，从二级菜单中可以链接到逻辑图查看 KKS 码和测点位置，也可链接到相关系统图。热工 DCS 软光字报警示意见图 33-6。

（5）应设置"炉侧、机侧自动切除报警画面"，在控制回路手、自动切换时，可实现调节设备手操状态颜色和指示字的变化，指示字在"手动（MAN）"和"自动（AUTO）"变化。

（6）应设置参与保护、调节的冗余信号显示报警画面，开关量和模拟量信号分别设计在不同画面显示。

（7）必须具备报警切除功能（系统停用时相关报警同步停用），确保报警及时准确，以保证正常报警的功用。

（8）热工 DCS 报警声光装置不得具备关闭开关。

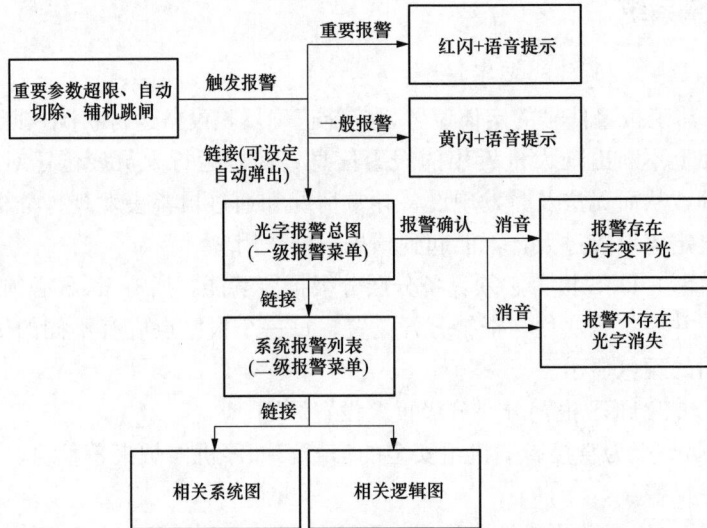

图 33-6　热工 DCS 软光字报警示意图

（二）热工硬光字报警

（1）应在控制室设置独立于 DCS 电源的 DCS 电源失电声光报警装置。

（2）锅炉应设置独立于 DCS 及其电源的汽包水位（定值Ⅱ和定值Ⅲ）报警手段。

第二节　FSSS 系统检修维护试验

一、FSSS 控制系统检修维护

（一）检修前后检查

1. 停运前检查

（1）控制系统的检查按 DL/T 774 第 4.1.1 项要求进行。

（2）火焰检测系统的各路火焰显示情况检查，异常情况做好记录。

（3）减负荷和停炉过程中的设备状态显示及打印记录检查，异常情况做好记录。

2. 停运后检修

（1）控制系统硬件检修，按 DL/T 774 第 4 章要求进行，检修后不符合质量指标的硬件进行更换。

（2）控制系统电源、线路及测量管路检修，按 DL/T 774 第 7 章有关要求进行。

（3）火焰检测系统、外围测量和执行设备的检修与校准，按 DL/T 774 第 5、6 章有关要求进行。

（4）系统部件、设备、线路的绝缘电阻测试，应符合规定的绝缘等级要求。

（5）停运前检查记录的缺陷处理。

（6）检查 FSSS 系统的控制逻辑，应符合 DL/T 435 的要求。在对各控制逻辑、判据信号、定值、参数设置的正确性检查中，如需修改，按规定修改程序进行，并做好备份。

（7）独立配置的锅炉灭火保护装置要求进行检修、试验，其基本性能和功能应符合 DL/T 655 的要求。

（8）各控制系统相关画面检查，应正确无误。

（9）检修前后应对控制逻辑分别备份，并做好标记存放在规定处。

3. 校准项目与技术标准

（1）控制装置及模件的测试，按 DL/T 774 第 4 章有关要求进行。

（2）控制系统的基本性能和功能测试，按 DL/T 774 第 4 章有关要求进行。

（3）按有关规程检查和校验柜内各继电器。

1）外观无过热或烧坏现象。

2）触点的接触电阻、动作和释放时间及电压范围符合制造厂规定。

3）触点动作切换可靠、无抖动。

4）触点的动作次数和使用期限在允许范围内。

（4）检查控制对象的开、关和转动方向，应与显示画面显示一致，符合实际工艺要求；测试各阀门、挡板开、关方向上的全行程动作时间，其值应与控制逻辑设定的实际值相对应。

（5）电磁阀开关测试：由操作员站发出指令，电磁阀开关方向和阀门开关状态应正确。

（6）电动机启、停的状态应与电动机实际的状态一致，电动机转动的方向应正确。

（7）输入模拟信号对系统进行开环试验，系统的执行步序、逻辑关系、运行时间以及输出状态应符合运行要求。

（二）日常维护

（1）校准系统中的测量元件、传感器、变送器和模件。

（2）保持气源干燥、压力稳定，管道无泄漏，过滤减压阀的排污每月应至少一次。

（3）定期进行系统中的保护、联锁试验，重要保护系统应每季度及每次机组检修后启动前进行静态试验，以确认跳闸逻辑、报警及保护动作值正确可靠。

（4）保持运行设备清洁，标志牌完好，字迹清晰。

（5）加强系统的维护与管理，防止测量管路堵塞、探头烧损或污染后失灵等问题的发生。

（6）定期检查设备的防水、防灰堵、防冻、防振、防人为误动设施应可靠。

（三）保护投退管理

（1）机组正常运行时，主辅设备的保护和联锁应100％投入，任何人不得擅自、随意将运行中的保护、联锁和报警系统退出。

（2）发电单位须按国家、行业、集团、公司等保护投退管理要求，编制并使用保护、联锁投退申请单。在办理保护投退申请单后，执行操作时，要同时携带"保护投入、退出标准化作业流程"。

（3）运行中的机组、设备或热力系统，退出、投入保护、联锁的批准权限：

1）机组主保护的退出，必须由生产副总经理（或总工程师）批准。锅炉炉膛压力、全炉膛灭火、汽包水位（直流炉断水）和汽轮机超速、轴向位移、机组振动、低油压等重要保护装置在机组运行中严禁退出，当其故障被迫退出运行时，应制定可靠的安全及技术措施，报上级及单位电力生产部门备案，并在8h恢复，其他保护故障被迫退出运行时，应在24h内恢复。

2）主要辅机和其他设备的保护、联锁的退出、投入，退出时间在24h内，可由当值值长批准。退出时间超过24h的，须由本单位生产副总经理（或总工程师）批准。

（4）热工保护、联锁定值及逻辑变更的批准权限：

1）主辅机保护、联锁的定值、逻辑变更，由专业人员提出申请经本部门负责人审批后提交运行部负责人审核。

2）生产技术部门接到变更申请后组织对变更情况进行审核和论证，部分有技术难度的逻辑变更要咨询设备制造厂家或有资质的院所，生产副总经理（或总工程师）必须亲自组织进行会商论证形成会议纪要后方可审批执行。

3）主辅机保护、联锁的定值、逻辑变更必须由生产副总经理（或总工程师）批准。

（5）保护、联锁投退的执行流程和管理要求。

1）所有保护、联锁的投退，必须办理保护、联锁投退申请。保护、联锁投退申请部门的专业技术人员严格按照规定格式填写保护、联锁投退申请单，开展保护、联锁投入、退出的风险辨识和制定预控措施，编制标准化作业流程和作业文件。

2）保护、联锁投退申请单经本单位部门负责人审核签字后，再递交到生产管理部门（专业）负责人和运行管理部门（专业）负责人审核签字。

3）保护、联锁申请单按审批权限批准、签字后，递交当值值长，由值长安排执行。

4）保护、联锁的退出和投入时，执行人必须全程佩戴执法记录仪对过程进行记录，执行人必须由熟悉保护、联锁投退方法的技术人员执行，主保护退出、投入的监护人必须是班组技术员及以上人员。

5）做好退出期间和投入过程中的安全措施执行，做好退出期间对系统和设备造成的问题的事故预想，制定应急处理措施并组织人员培训。

6）机组运行或热力系统运行时，参与冗余保护、联锁逻辑输入、输出的信号、回路、设备（包括 DCS 及 PLC 系统中数据点和运算逻辑），均应能够正常运算；未经批准，严禁擅自置位或强制点。

7）冗余保护、联锁逻辑信号、回路或设备如因保护、联锁系统处理缺陷，或运行期间试验要求，需要退出运行但仍然能保证保护、联锁正常动作时，须办理"保护、联锁置位或强制申请单"；若不能保证保护、联锁正常动作的，按照保护、联锁投退程序办理审批手续。

8）保护、联锁投退申请单和保护、联锁信号置位或强制申请单的填写要求字迹工整，不得涂改。申请单所列的各审核签字栏，必须填写齐全和正确。

9）热工保护、联锁投退申请单由设备维护部和运行部门分别存档。

（6）保护、联锁定值、逻辑的执行程序和管理要求。

1）所有热工保护、联锁定值、逻辑变更，必须办理保护、联锁定值、逻辑变更申请。由变更单位提出定值、逻辑变更书面申请，严格按照规定格式填写保护、联锁定值变更申请单，并履行审批手续。

2）批准后的定值、逻辑变更申请单，由生产技术管理部门（如生产技术部）下达设备维护部和运行部执行，执行后要进行传动和验收。

3）技术改造需要进行定值、逻辑变更的，提出单位应提前办理定值、逻辑变更申请单，由生产技术管理部门（如生产技术部）下达设备维护部和运行部执行。

4）定值、逻辑变更完毕后，及时登记、妥善保管，以便定期修订热工保护、联锁定值清册和热工逻辑说明。

（7）联锁、保护投入前，须确认联锁、保护设备、控制回路及信号状态正常，经当值值长批准在申请单上签字后方可投入。新增保护或异动后保护投入运行之前，必须对保护回路进行传动试验，确保保护回路正常，并对运行人员做书面交底，办理保护投入申请手续后，方可投入该保护。

（8）保护、联锁投退，运行人员要加强监视，密切注意有关参数的变化。

（9）发电单位应建立保护、联锁投退登记本，联锁、保护的投退，要登记清楚，包括保护名称、投退起止时间、投退原因等。

二、锅炉安全保护（FSS）功能试验

（一）试验准备工作与要求

1. 试验前应满足的条件

（1）相关的机务、电气等检修工作已结束。

（2）相关设备的单体试验合格，系统试验项目的有关条件具备。

（3）控制装置已复原上电并经检查工作正常。

（4）逻辑检查正确。

（5）有关风门、挡板、油泵、气动阀、电动阀等电源、气源正常。

（6）具有"试验"位置的辅机，只送上其控制电源，动力电源开关应放至"试验"位置。

（7）就地及集控室手动启、停控制试验合格。

2. 试验的一般要求

（1）机、炉、电联锁与联动试验时，须将全部逻辑纳入到相关系统的试验中。

（2）试验应按试验操作卡逐步进行，做好详细试验记录并建立试验档案。

（3）试验期间若出现异常情况，应立即中止试验并恢复系统原状；故障消除后应重新试验。

（4）试验结束，做好系统及设备的恢复工作。

（5）所有的保护试验必须从现场元件处模拟发出信号，不允许在 DCS 逻辑强制或在机柜接线端子短接。

3. 试验项目与逻辑条件，应以各机组设计为准。

（二）MFT 动作试验

1. 送风机均停

在就地触发判断所有送风机跳闸条件，热控专业在 DCS 确认这些信号状态正确，并根据送风机均停判断逻辑触发 MFT 动作。

2. 引风机均停

在就地触发判断所有引风机跳闸条件，热控专业在 DCS 确认这些信号状态正确，并根据引风机均停判断逻辑触发 MFT 动作。

3. 一次风机均停

模拟锅炉运行信号，在就地触发所有判断一次机跳闸条件，热控专业

在 DCS 确认这些信号状态正确，并根据一次风机均停判断逻辑触发 MFT 动作。

4. 空气预热器均停

在就地触发判断所有空气预热器跳闸条件，热控专业在 DCS 确认这些信号状态正确，并根据空气预热器均停判断逻辑触发 MFT 动作。

5. 手动 MFT

由运行人员按下控制盘手动 MFT 按钮，单个按钮按下不会发生 MFT 动作，只有两个按钮同时按下才会发生 MFT 动作，在 DCS 的 FSSS 系统中确认中能够接收到"手动 MFT"保护信号。

6. 总风量低保护

在 DCS 检查总风量低保护逻辑，模拟触发总风量低保护信号，延时触发 MFT。

7. 炉膛压力高（低）二值保护

在就地短接炉膛压力开关，触发 MFT。

8. 汽包炉汽包水位高（低）保护

（1）静态试验。

在 DCS 检查汽包炉汽包水位高（低）保护逻辑，模拟触发汽包炉汽包水位高（低）信号，触发 MFT。

（2）动态试验。

锅炉启动或停炉前，进行汽包水位的实际传动试验：

1）通过上水法，进行汽包水位高试验：①汽包水位高于设定值Ⅰ值时，显示状态和声光报警应正确；②当汽包水位高于设定值Ⅱ值时，显示状态、声光报警应正确，保护信号应发出，MFT 应动作。

2）通过放水法进行汽包水位低试验：①当汽包水位低于设定值Ⅰ值时，显示状态和声光报警应正确；②当汽包水位低于设定值Ⅱ值时，显示状态、声光报警应正确，保护信号应发出，MFT 应动作；③在确认水位保护定值时，应充分考虑因温度不同而造成的实际水位与测量水位的差值影响。

9. 失去火检冷却风保护

（1）在就地短接火检冷却风压力开关，延时触发 MFT。

（2）在就地触发判断所有冷却风机跳闸条件，延时触发 MFT。

10. 全部燃料失去

在 DCS 检查全部燃料失去保护逻辑正确，模拟炉膛燃烧已建立，触发全部燃料失去保护条件，MFT 动作。

11. 连续点火 3～5 次失败

在 DCS 检查全部 3～5 次点火失败保护逻辑正确，模拟 3～5 次点火不成功，触发连续 3～5 次点火失败保护条件，MFT 动作。

12. 汽轮机已跳闸

在 DCS 检查汽轮机跳闸保护逻辑正确，汽轮机挂闸，触发汽轮机跳闸，MFT 动作。

13. 炉水循环泵均停及炉水循环泵差压低停炉保护（强制循环炉）

（1）在就地触发炉水循环泵差压开关动作，触发 MFT。

（2）在就地触发判断所有炉水循环泵跳闸条件，触发 MFT。

14. 给水泵全停保护（直流炉）

在就地触发判断所有给水泵跳闸条件，热控专业在 DCS 确认这些信号状态正确，并根据给水泵全停判断逻辑触发 MFT 动作。

15. 给水流量低保护（直流炉、CFB 炉）

在 DCS 检查给水流量低保护逻辑，模拟触发给水流量低保护信号，触发 MFT。

16. 分离器出口汽温高、水冷壁壁温高、一级过热器入口汽温高保护（直流炉）

在 DCS 检查分离器出口汽温高（水冷壁壁温高、一级过热器入口汽温高）保护逻辑，就地加模拟量信号，触发 MFT。

17. 主蒸汽压力高保护（直流炉）

在 DCS 检查主蒸汽压力高保护逻辑，模拟触发主蒸汽压力高保护信号，触发 MFT。

18. 脱硫系统故障 MFT

在脱硫岛模拟脱硫系统故障保护信号，触发 MFT。

19. 流化风机均停保护（CFB 炉）

在就地触发判断所有流化风机跳闸条件，热控专业在 DCS 确认这些信号状态正确，并根据流化风机均停判断逻辑触发 MFT 动作。

20. 床温高保护（CFB 炉）

在 DCS 检查床温高保护逻辑，就地加模拟量信号，触发 MFT。

21. 床温低保护（CFB 炉）

在 DCS 检查床温高保护逻辑，就地加模拟量信号，触发 MFT。

22. 最小流化风量低保护（CFB 炉）

在 DCS 检查最小流化风量低保护逻辑，模拟触发最小流化风量低保护信号，触发 MFT。

23. 回料器流化风压力低或流量低保护（CFB 炉）

在 DCS 检查流化风压力低或流量低保护逻辑，模拟触发流化风压力低或流量低保护信号，触发 MFT。

24. 贮水箱（分离器）水位高保护（直流炉）

具体试验方法参考"汽包炉汽包水位高保护"传动方法。

25. 蒸汽阻塞保护

在 DCS 检查蒸汽阻塞保护逻辑，模拟触发蒸汽阻塞保护信号，触发 MFT。

26. FSSS 失电保护

两路电源实际断电进行试验，触发 MFT。

（三）MFT 硬回路条件试验

针对 MFT 动作软、硬回路条件，当试验 MFT 硬回路条件时，应屏蔽软回路，采用软回路试验的方法进行硬回路传动试验。

（四）MFT 动作后的联动功能试验

（1）软、硬回路应分别进行试验。

（2）当 MFT 信号发出后，检查首出原因及所有应联动设备动作状态是否正确，如：

1）所有磨煤机跳闸，磨煤机热风隔离挡板、冷和热风调节挡板关闭；延时规定时间后冷风调节板全开。

2）所有给煤机跳闸，各给煤机指令自动回到设定值（或一次风挡板关闭）。

3）所有一次风机跳闸，密封风机联跳。

4）快关燃油母管调节阀、回油阀及所有油枪三位阀。

5）当任一油枪三位阀未关时，关闭燃油母管跳闸阀。

6）关闭主蒸汽、再热蒸汽减温水电动隔离阀和调节阀。

7）MFT 信号送至 CCS、SCS、吹灰、电除尘等系统。

8）跳闸主汽轮机。

9）跳闸 A、B 电除尘。

10）跳闸锅炉吹灰器。

11）高压旁路控制复位。

12）MFT 后，延时达到设定值且炉膛压力低低或炉膛压力高高时，跳闸送、引风机。

13）全开所有燃料风挡板。

14）全开所有辅助风挡板。

15）给水泵汽轮机 A、B 跳闸。

16）MFT 后，引风机挡板关至设定值，延时达到设定值时逐渐开启，到规定延时时间后恢复。

17）延时规定时间后，主汽至辅助蒸汽电动或气动隔离阀关闭。

（五）锅炉安全监控系统的动态试验

（1）试验前准备工作。

1）试验方案经审核批准。

2）做好局部隔离工作，不影响其他运行设备的安全。

3）对于试验中可能出现的问题，已做好反事故措施准备。

4）有关的测量仪表重新校准，精度满足要求。

5）被试验系统静态试验合格。

（2）MFT 动态试验（建议停炉前进行）。

1）调整机组正常运行在试验负荷。

2）调整锅炉运行工况（如停止全部粉源、关闭燃油跳闸阀），达到 MFT 动作。

3）检查 MFT 跳闸后所有控制对象的动作状态，应符合要求。

4）检查"锅炉灭火""MFT 跳闸""燃料丧失"信号发出时间和跳闸事件顺序记录应正确。

5）通过炉膛压力变化曲线，检验炉膛压力保护定值的合理性。

6）通过炉膛火焰变化曲线（火焰检测器模拟量信号），检验火焰信号保护的可靠性。

7）检查、记录吹扫过程及吹扫时间应符合要求。

（3）RB（送风机、引风机、一次风机、给水泵）试验（建议机组停运前进行）。

1）调整机组正常运行在试验负荷。

2）通过满足单台辅机的跳闸条件（或手动操作停单台辅机按钮），使一台辅机突然跳闸。

3）检查 RB 系统应动作正常，燃烧器切投、磨煤机组顺序控制（或给粉机控制）应正确。

4）检查炉膛负压变化曲线，确认炉膛压力报警值、动作值的正确性。

（4）FSSS 系统的动态试验，对机组有一定的潜在危害性，因此除新建机组或控制系统有较大修改的机组应进行外，宜以静态试验方法确认为妥。

（5）必须进行的 FSSS 系统动态试验，宜放在机组启、停过程中进行。

（6）动态试验期间，若出现异常情况，应立即中止试验并恢复设备原运行方式；查明故障原因并消除后，经批准方可继续进行试验。

三、燃油泄漏试验

（一）燃油泄漏试验前应满足的条件

（1）炉前油系统各表计、开关及变送器已投运。

（2）所有油枪停运，各油枪油阀（或对应阀门）在关闭状态，各油枪进、回油隔离阀开启。

（3）燃油母管压力调节阀前后隔离阀开启，旁路阀关闭。

（4）燃油系统油泵投运，燃油供油压力达到设计要求，相关的信号发出。

（5）燃油回油总阀关闭。

（二）典型燃油泄漏试验步骤

（1）满足燃油泄漏试验条件，启动燃油泄漏试验指令（或锅炉吹扫条件和燃油泄漏试验条件均满足后，发出吹扫命令），备用盘或显示画面上燃油泄漏试验在进行中灯应点亮。

（2）全开燃油调节阀，开启燃油跳闸阀，对炉前燃油系统进行充压，充压设定时间（如15s）到后，燃油跳闸阀应自动关闭。

（3）压力稳定一定时间（如5s）后开始计时，若在规定时间内：

1）油阀或炉前燃油系统无泄漏，则自动开启燃油回油阀，对燃油母管泄压；泄压设定时间到后，燃油回油阀应自动关闭；当规定时间内燃油母管压力不大于设定值（表明燃油跳闸阀无泄漏）满足时，"燃油泄漏试验完成"灯亮，"燃油泄漏进行中"灯灭，燃油泄漏试验结束。

2）油枪油阀或炉前燃油系统有泄漏，则"燃油泄漏试验失败"灯应亮，"燃油泄漏试验进行中"灯应灭，"燃油母管压力低"或"燃油跳闸阀前后差压大"信号报警；中断燃油泄漏试验，进行炉前燃油系统、油枪油阀或燃油回油阀泄漏验证，查明原因，消除后重新试验。

3）若在规定时间内燃油母管压力大于设定值（燃油跳闸阀有泄漏），则"燃油泄漏试验失败"灯应亮，"燃油泄漏试验进行中"灯应灭，"燃油母管压力高"报警；中断燃油泄漏试验，进行燃油跳闸阀泄漏验证，查明原因，消除后重新试验。

（三）燃油泄漏试验失败后的泄漏验证步骤

（1）燃油跳闸阀泄漏验证。

1）关闭燃油跳闸阀，全开燃油流量调节阀，满足燃油泄漏试验条件。

2）开启回油总阀，对炉前燃油系统进行泄压，达到规定时间（如2min）后关闭回油总阀和燃油回油流量计前隔离阀，确认旁路阀在关闭状态，或者关闭各层油枪燃油回油手动隔离阀。

3）监视燃油母管压力，若在规定时间（如2min）内，燃油母管压力上升到设计值以上，则认为燃油跳闸阀泄漏，反之燃油跳闸阀能严密关闭。

（2）炉前燃油系统、油枪油阀或燃油回油阀泄漏验证。

1）满足燃油泄漏试验条件，全开燃油流量调节阀、燃油跳闸阀和燃油回油总阀，进行炉前燃油循环。

2）依次关闭回油总阀、燃油跳闸阀，监视燃油跳闸阀前后差压表，若在一定时间内差压表读数大于设计值，说明上述系统有泄漏。

3）恢复系统1）状态、关闭回油总阀和回油流量计前隔离阀并确认其旁路阀在关闭状态，或者关闭各层油枪回油手动隔离阀和燃油跳闸阀；若在一定时间（如2min）内燃油跳闸阀前后差压读数低于设计值，则认为回油总阀有泄漏，而其余系统无泄漏。

4）若差压表读数大于设计值，表明系统还存在泄漏，则恢复系统1）状态，依次关闭某一油枪回油手动隔离阀及进油手动隔离阀；监视该油枪进油压力表，若在一定时间（如2min）内，油压表读数明显下降，则认为该油枪油阀有泄漏。

（3）用同样方法对其余油枪进行验证。

（4）对查出的问题进行检修处理，修复后应重新进行上述试验，直至无泄漏现象。

（5）试验结束后，运行人员应及时恢复相关系统、设备至试验前位置或恢复燃油系统至正常运行方式。

第三节　FSSS 系统等离子点火装置

一、等离子体点火及稳燃系统 FSSS 逻辑设计

（一）中间储仓式制粉系统

（1）冷态试验等离子体发生器断弧（载体工质压力不满足、冷却水压力不满足及故障断弧）：断弧时，在点火状态，停掉相应给粉机，关一次风门，发热工信号；助燃状态，只发热工信号。

（2）冷态试验等离子体点火系统保护联锁：当锅炉 MFT 时，停掉等离子体电弧。

（二）直吹式制粉系统（以四角锅炉为例）

（1）在 BMS 中设计磨煤机"等离子体点火模式"与"等离子体稳燃模式"两种运行模式，并可相互切换，从而实现磨煤机 BMS 逻辑切换功能。

（2）"等离子体稳燃模式"运行时，磨煤机维持原有的 BMS 逻辑。

（3）"等离子体点火模式"运行时，磨煤机 BMS 启动条件中增加由等离子体发生器 PLC 送来的等离子体发生器工作正常信号，同时，略去点火能量满足的条件。

（4）在主控室光字牌上增加"等离子体点火装置故障"信号，任一角等离子体发生器异常时，PLC 控制器送信号至光字牌发声光报警。

（5）"等离子体点火模式"运行时，任意角等离子体发生器工作故障时，等离子体整流柜控制器送信号至 BMS，联关对应磨煤机出口粉管插板门。

（6）"等离子体点火模式"运行时，任意两角等离子体发生器工作故障时，等离子体整流柜控制器送信号至 BMS，保护停磨煤机。

（7）"等离子体点火模式"磨运行时，磨煤机跳闸，等离子点火器跳闸。

（8）锅炉 MFT 时，等离子体发生器跳闸，并禁止启动。

（9）磨跳闸信号与锅炉 MFT 两个信号"或"后送至等离子体整流柜控制器。

（10）磨煤机运行时，等离子体燃烧器的火焰保护仍采用锅炉原有的火检装置，保护逻辑为"四取三"，图像火检仅用来帮助运行人员观察等离子体燃烧器火焰的燃烧情况。

二、远方拉弧试验

（一）PLC 系统控制拉弧

（1）将整流柜柜门"本控/遥控"旋钮切至"遥控"。

（2）在 PLC 控制柜触摸屏系统监控画面将"触摸屏操作/DCS 操作"切至"触摸屏操作"。

（3）将触摸屏画面切至一角画面，"过程状态一览"中拉弧条件满足。

（4）通知就地，该角进行拉弧。

（5）按下"启动"按钮，再按下"操作确认"，电流、电压达到运行值，画面中拉弧成功信号发出，拉弧成功，手动停止该角。

（6）依次完成其他各角触摸屏拉弧。

（二）DCS 系统控制拉弧

（1）完成 PLC 拉弧试验后，将 PLC 控制柜触摸屏系统监控画面"触摸屏操作/DCS 操作"切至"DCS 操作"。

（2）确认 DCS 操作画面中各角等离子体拉弧条件满足，可以进行拉弧。

（3）通知就地，该角进行拉弧。

（4）在操作画面上启动该角进行拉弧，画面上实际电流、电压达到运行值，拉弧成功信号反馈到画面上，该角拉弧成功，手动停止该角。

（5）依次完成其他各角 DCS 拉弧。

三、保护、联锁的传动试验

（一）载体工质（空气）压力保护试验

（1）等离子体点火系统已经完成 DCS 拉弧试验。

（2）在 DCS 对任意角进行等离子体发生器拉弧。

（3）通知就地逐渐关小该角载体工质（空气）手动阀，观察就地压力表关至压力开关定值压力时，该角等离子体发生器断弧，DCS 操作画面报"故障断弧"，且该角等离子体发生器禁启。

（4）依次完成其他各角载体工质（空气）压力保护试验。

（二）冷却水压力保护试验

（1）等离子体点火系统已经完成 DCS 拉弧试验。

（2）在 DCS 对任意角进行等离子体发生器拉弧。

（3）通知就地逐渐关小该角冷却水进水手动阀，观察就地压力表关至压力开关定值压力时，该角等离子体发生器断弧，DCS 操作画面报"故障断弧"，且该角等离子体发生器禁启。

（4）依次完成其他各角冷却水压力保护试验。

（三）锅炉联锁、保护试验（中间储仓式制粉系统）

（1）冷态试验等离子体发生器器断弧（载体工质（空气）压力不满足、

冷却水压力不满足及故障断弧），断弧时，在点火状态，掉相应给粉机，关一次风门，发热工信号；助燃状态，只发热工信号。

（2）冷态试验等离子体点火系统保护联锁，发出锅炉 MFT 时、停掉等离子体电弧。

（四）锅炉联锁、保护试验（直吹式制粉系统）

（1）冷态试验等离子体点火系统对应磨煤机在"等离子体点火模式"下的启动条件。

（2）冷态试验等离子体点火系统保护停止条件："等离子体点火模式"锅炉 MFT、磨煤机停。

（3）在"等离子体点火模式"下，任意角等离子体发生器故障断弧，联关对应磨煤机出口粉管插板门。

（4）在"等离子体点火模式"下，任意角两角等离子体发生器故障断弧，联跳等离子体点火系统对应的磨煤机。

（5）在"等离子体稳燃模式"下，任意角等离子体发生器故障断弧，对应磨煤机出口粉管插板门不动作。

（6）在"等离子体稳燃模式"下，任意角两角等离子体发生器故障断弧，不联跳等离子体点火系统对应的磨煤机。

四、点火

（一）启动条件

（1）等离子体点火系统冷态调试的所有工作已完成。

（2）确认电源、监测控制、载体工质（空气）和冷却水系统的各参数满足等离子体点火系统的启动条件。

（3）具备锅炉运行规程要求的启动条件，特别是燃煤的煤质，以及输煤、制粉、除灰、除尘和吹灰系统满足要求。

（二）中间储仓式制粉系统

1. 冷态点火

（1）按照锅炉运行规程要求，锅炉上水，启动送、引风机，完成炉膛吹扫等程序。

（2）全面检查等离子体点火系统的各子系统已启动。

（3）确认等离子体点火系统各项参数正常，具备启动条件时，投运第 1 只等离子体发生器。

（4）启动给粉机，调整给粉机转速和一次风速，保持燃烧稳定。

（5）观察图像火焰监视器，投煤粉至稳定着火的时间应不大于 30s。如超过此限度，则应立即停止给粉，必要时停运等离子体发生器，查明原因后，重新投运。

（6）根据机组升温、升压曲线要求，依次投运相应的等离子体燃烧器和主燃烧器，并保持炉膛燃烧稳定。

（7）等离子体燃烧器在"等离子体点火模式"下运行，点燃其他主燃烧器，并将锅炉负荷带到最低稳燃负荷以上。在锅炉燃烧稳定的工况下，将运行方式切换至"等离子体稳燃模式"，依次停运等离子体发生器，锅炉转入正常运行。

2. 点火过程中的注意事项

（1）根据燃烧情况，调整煤粉/空气混合物气流速度；

（2）等离子体燃烧器投入运行的初期，要注意观察火焰的燃烧情况、电源功率的波动情况，做好事故预想，发现异常，及时处理。

（三）直吹式制粉系统

1. 冷态点火

（1）按照锅炉运行规程要求，锅炉上水，启动送、引风机，完成炉膛吹扫等程序。

（2）全面检查等离子体点火系统的各子系统已启动。

（3）确认等离子体点火系统各项参数正常，具备启动条件。

（4）检查要投入的磨煤机具备投运条件后，将其出口离心分离器挡板开度或旋转分离器转速调至满足等离子体点火要求设定值。

（5）启动一次风机。调节磨煤机入口通风量，保持磨煤机出口风速在设定范围内。

（6）确认冷风蒸汽加热器（或冷风燃油加热器）的各项参数满足启动工况的要求，进行暖磨。

（7）暖磨完成后，将运行方式切换至"等离子体点火模式"，按设计工况要求，投运等离子体发生器。

（8）启动对应等离子体燃烧器的磨煤机，其出力应满足锅炉初始投入功率要求。

（9）观察图像火焰监视器，等离子体燃烧器在投煤粉后180s内应达到稳定着火，否则应立即停止给粉，查明原因后，重新投运。

（10）等离子体燃烧器稳定着火后，根据机组升温、升压曲线要求，在等离子体燃烧器不超温的前提下，将其出力加到最大（在等离子体发生器投运的情况下，等离子体燃烧器最大出力一般为正常运行主燃烧器额定出力的80%），再投运第二台磨煤机。

（11）第二台磨煤机投运后，在锅炉燃烧稳定的工况下，应及早将"等离子体点火模式"切换至"等离子体稳燃模式"。

（12）锅炉负荷升到最低稳燃负荷以上时，且在锅炉燃烧稳定的工况下，停运等离子体发生器，锅炉转入正常运行。

2. 点火过程中的注意事项

（1）严格按照运行规程要求的上水温度、上水时间对锅炉进行上水；

（2）等离子体燃烧器投入运行的初期，要注意观察火焰的燃烧情况、电源功率的波动情况，做好事故预想，发现异常，及时处理；

（3）等离子体燃烧器投入运行的初期，为控制温升，上部二次风门要适当开大，注意观察、记录烟温探针的温度，防止吹管临时系统、再热器系统超温；

（4）在锅炉启动的过程中，对锅炉的膨胀加强检查、记录；

（5）在点火前，要根据给煤量与磨煤机入口风速等参数，做好调整煤粉/空气混合物气流速度、煤粉浓度等重要参数的预想，并在点火的过程中，根据煤粉着火情况，加以调整；

（6）当磨煤机在"等离子体点火模式"下运行，任意角等离子体发生器中发生断弧时，应联关对应磨煤机出口粉管插板门；

（7）当磨煤机在"等离子体点火模式"下运行，任意两角等离子体发生器中发生断弧时，保护将停止磨煤机的运行，此时应仔细检查断弧原因，待问题解决后再继续进行试运；

（8）当锅炉负荷升至断油负荷以上且等离子体发生器在运行状态时，应及时将磨煤机运行方式切至"等离子体稳燃模式"运行，防止因等离子体发生器断弧造成磨煤机跳闸。

五、稳燃

（1）当锅炉需要投运等离子体燃烧器进行稳燃时，等离子体点火系统各参数均满足运行值，且 DCS 显示等离子体点火系统具备投运条件；

（2）在"等离子体稳燃模式"下投运各角等离子体发生器；

（3）等离子体发生器投运后，观察等离子体燃烧器壁温在要求范围内。

六、检修维护

（一）一般检查

（1）外观检查：检查等离子 PLC 控制柜、控制元件是否清洁，有无灰尘，检查其他各器件是否完好无损，标识是否正确、齐全；

（2）检查探头在运输和装卸过程中是否造成损坏；

（3）检查壁温热电偶所有终端接线是否牢固，标识是否清楚、指示是否正确；

（4）检查压缩空气管路和冷却水管路上的压力表是否正常；

（5）风速测量装置是否完好无破损，反吹控制柜内线缆接线是否紧固，线缆标识是否正确、齐全；

（6）检查入口减压阀是否完好无损；

（7）检查所有动力控制线路接线是否牢固；

（8）线路绝缘测试（绝缘电阻＞20MΩ）。

（二）常见故障分析及处理

等离子点火系统常见故障分析及处理见表 33-1。

表 33-1　等离子点火系统常见故障分析及处理

序号	故障现象	原因分析	解决方法
1	拉弧条件满足拉弧时没有反应（风扇、电机都不动）	通信不正常	检查整流柜有无报警，如果有请根据报警记录处理、复位
2	拉弧条件满足拉弧时设定电流没有加上，报警一：阴极前进超时	拉弧电机损坏	检查拉弧电机
		拉弧电机行程不够阴、阳极接触不上	把电机底座向线圈方向移动
		阴极组件卡死	处理阴极组件
		阴极后退的距离太长	手动电机前进再拉弧
		24V 电压熔断器烧损	更换熔断器
		电源主接触器 K1 辅助触点太脏	清理辅助触电点
	拉弧条件满足拉弧时设定电流没有加上，报警二：整流器故障	整流器故障	检查确认主电源是否送电
			晶闸管是否击穿、损坏
			设定电流在启弧时设定太大
			主电源相序错误（ABB、6R28）
3	拉弧条件满足设定电流能加上，但加不到设定值就断弧	拉弧电机行程不够造成阴阳极似接非接	调整电机位置
		拉弧电机的齿轮在阴阳极接触点损坏	更换拉弧电机
		阴、阳极损坏	更换阴阳极
		阳极支架、磁环有脏放电	清理阳极支架
		现场电源电缆有接地的地方	检查电源电缆
		电抗器损坏	更换电抗器（可以用相邻的电抗器互换比较）
		直流调速装置故障，整流柜不稳定或损坏	更换
		电流互感器损坏	更换
4	拉弧条件满足设定电流能加上，电压没有升起来就断弧（电机一退就断弧）	阴、阳极太脏	清理阴、阳极
		阴、阳极漏水	更换阴、阳极
		载体工质（空气）压力太高	调整载体工质（空气）到最佳值，检查风压表示值是否准确
		电源正、负极接反（电源正接线圈，电源负接阴极）	倒换电源电缆

序号	故障现象	原因分析	解决方法
4	拉弧条件满足设定电流能加上，电压没有升起来就断弧（电机一退就断弧）	发生器前旋流环损坏	更换旋流环
		等离子体输送弧烧穿	更换等离子体输送弧
		就地电源电缆有接地的地方	检查就地电源电缆
		电抗器不匹配或电抗器损坏	更换电抗器（可以用相邻的电抗器互换比较）
		直流调速装置故障，整流柜不稳定或损坏	更换
5	拉弧成功后电流、电压、波动大易断弧	阴、阳极太脏	清理阴、阳极
		阴、阳极使用时间长	烧损严重，更换阴、阳极
		前旋流环太脏旋流口堵塞	清理前旋流环
		前旋流环损坏（主要是过去的塑料风环）	更换陶瓷风环
		若整流柜调速装置为 6RA70，可能是 6RA70 的参数设定不合理	把 P153 设定改成 1，必要时可优化整流柜
		载体工质（空气）压力不在最佳值	调整载体工质（空气）压力为最佳值（检查风压表示值是否准确）
		拉弧间隙设定不当	重新设定拉弧间隙，现场测量电机后退 30mm 为最佳
		等离子体输送弧烧穿	更换等离子体输送弧
		现场电源线有接地	检查电源线（主要是在电源过渡箱附近）
		现场电源线有虚接现象	检查接线箱等有电缆接头是否紧固接触良好
6	阳极寿命短，阳极没有到规定寿命就烧漏	若是在阳极喷口的位置烧漏，证明电弧烧阳极喷口，阳极喷口是冷却水的盲点很快就烧坏	载体工质（空气）设定的值偏小，加大载体工质（空气）使弧根缩回喷口 10mm 左右最佳
		老阳极电弧打喷口厉害	更换新阳极
		冷却水压力低	提高冷却水压力（用闭路循环水冷却的注意放系统的空气）
	阳极寿命短，阳极没有烧漏就频繁断弧	阳极太脏	清理阳极
		阴极到寿命或者太脏	更换或清理阴极头
		载体工质（空气）压力参数不佳	调整载体工质（空气）压力为最佳值（检查风压表好坏）
		拉弧间隙设置不合理	重新设定拉弧间隙（现场测量电机后退 30mm）

序号	故障现象	原因分析		解决方法
7	阴极寿命短，阴极没有到寿命就烧漏	阴极烧损面正阴极没有到寿命就烧漏	冷却水压差低	提高冷却水压差至 0.4～0.8MPa
			冷却水系统有空气	放掉系统空气（用闭路循环水系统）
			阴极冷却水导管有杂物堵塞	去除阴极冷却水导管杂物
			载体工质（空气）压力不佳	调整载体工质（空气）压力为最佳值
		阴极烧偏造成阴极寿命低		更换等离子体发生器护套为新型护套
				更换新的阴极冷却水喷头
	阴极寿命短，阴极没有漏仍频繁断弧	阳极太脏		清理阳极
		阳极已到使用寿命		及时更换
		载体工质（空气）太高或者太低		调整载体工质（空气）压力为最佳值
		载体工质（空气）太脏（含油、水多）		系统加油水分离装置
		前旋流环损坏		更换前旋流环
		整流柜参数设定有问题		优化参数
		拉弧间隙设定得不合理		重新设定拉弧间隙（现场测量电机后退 30mm）
		DLZ-200-Ⅰ/Ⅱ型发生器线圈外壳接地不良		确认接地良好
8	通信故障	通信线松动接触不良		重新接线
		感应电，静电干扰，通信线没走热工线槽受到动力电缆干扰		重新布线，屏蔽线接地
		柜子或卡件接地不良		确认接地良好
		DCS 死机		重启
		更换硬件后参数设置不对，通信波特率、通信卡参数、直流调速装置设置、程序设置等不匹配		重设
		通信卡件或通信板损坏		更换
9	整流柜故障的现象	整流柜上的状态指示灯闪烁速度由正常的每秒一次变为每秒三次，直流调速装置，S7-200，EM277 有报警指示，此时不能启弧		检查启动条件或通信网络

续表

序号	故障现象	原因分析	解决方法
9	整流柜故障的现象	在触摸屏或DCS有三个报警，通信故障，风扇跳闸，变流器故障（6RA28在发生器接地不好时发F12，同时发变流器故障到触摸屏DCS），且不可复位	就地复位
		整流柜环境温度超温，无任何报警显示	控制环境温度
10	通信故障的现象及原因分析：S7-200与EM277通信故障，EM277红色指示灯常亮，触摸屏上显示该角通信故障，触摸屏不能拉弧，但就地可拉弧	S7-200至EM277连线松脱	检查接线情况
		S7-300至EM277连线或EM277与邻柜通信线松脱	检查接线情况
		S7-200，EM277损坏	更换
11	直流调速与S7-200通信故障：触摸屏及就地不能拉弧，EM277，S7-200，6RA70无任何显示，触摸屏显示通信故障或变流器故障	6RA70/6RA28通信卡损坏	更换试验
		通信电缆连接不好	查接线
		S7-200损坏	更换S7-200
12	S7-300至EM277通信故障：触摸屏不能拉弧，就地可拉弧，EM277显示红灯亮，触摸屏上显示通信故障	EM277损坏，触摸屏只显示该柜通信故障	更换或查线
		S7-300损坏	更换
		S7-300断电	检查电源模块
		S7-300与EM277间的通信线连接不好，触摸屏显示所有柜子通信故障，所有柜子EM277红灯亮	检查屏蔽接地良好
		6RA28三相电源没上电	上电
		网络连接器设定开关位置不正确，只有终端设定为on，其他设定为off	设置正确位置
13	变流器故障的现象及原因分析	晶闸管击穿：触摸屏显示变流器故障，不能启弧，或启弧后跳隔离变开关，或能启弧电流不稳，达不到设定值，很快断弧，晶闸管的快熔烧断，硅短路或断路	同时检查整流柜内主交流接触器的触点，看有无损坏
		6RA70/28损坏：触摸屏显示变流器故障：电源板或通信板损坏	更换

续表

序号	故障现象	原因分析	解决方法
13	变流器故障的现象及原因分析	6RA70/28 损坏：触摸屏显示通信故障、变流器故障；通信板损坏	更换
		6RA70/28 损坏：触摸屏无任何显示，交流接触器合闸后电流不上升，不能启弧：触发板损坏	
		S7-200 损坏：就地柜不能拉弧，触摸屏显示通信故障，不能启弧，阴极始终处于前进状态，不能控制，无法后退	
		6RA28 柜子在发生器接地不好时，触摸屏上有"变流器故障"报警，6RA28 发 F12 报警，可再启动，但断弧间隔时间会逐渐缩短	确认接地良好
14	整流柜超温：无任何报警，经常断弧，且间隔时间逐渐缩短	整流柜冷却通风不好	检查机柜滤网、冷却风扇，确保通风良好
		设定电流偏高	降低电流
15	柜内外电源故障：触摸屏无显示，断弧后不能启弧，6RA70/28 发报警 F1-F10	低电压保护，当 3P380VAC 瞬间低于 325V 时，整流柜保护动作断弧 6RA70/28 出报警	在 6RA70/28 上 P 键复位，检查进线电压
		柜子控制电源失去	重新上电
16	燃烧器结焦	1）在等离子体燃烧器投粉时，燃烧器中心筒壁温超温。2）一次风速比其他燃烧器低。3）火焰比其他燃烧器明亮，无粉包火，火焰变细。4）阳极周围向外喷粉，换阴极时拔出阴极枪时有粉喷出。5）发生器功率曲线波动较大，经常断弧。6）磨煤机入口压力增加，开热风门时风量无明显变化	1）燃烧器设计中心筒粉浓度过大；对于煤质较好的锅炉，发生器安装方式为径向时易结焦。2）没有使用设计煤种。调整原因：磨煤机参数调整不当，风粉比例调整不当，风温过高，一次风太小，磨出力过大。3）一次风管路没调平，风量低的管路易结焦。4）安装问题，温度测点安装不到位，致使检测温度值低于实际温度值	1）燃烧调整。2）确认煤质符合设计要求。3）调平一次风管路。4）确认温度测点安装到位。5）降低等离子体发生器功率。6）技术升级

七、等离子体点火安全措施

（一）冷炉点火，点火初期需稳定、高效点火

（1）输煤、制粉、除灰、除尘、吹灰系统设备完好，满足锅炉燃煤运行的要求。

（2）等离子体点火用煤应满足设计煤种。调试过程中，当发现实际使用煤种与等离子体点火系统设计煤种不符时，应及时更换合格煤种，以保证锅炉启动的安全。

（3）等离子体点火系统投入前必须进行一次风管风速的调平，其误差应符合制粉系统技术协议的要求（各一次风管风速差小于或等于5％）。

（4）调节磨煤机出口分离器挡板开度或旋转分离器转速，适当控制煤粉细度，入炉煤收到基挥发分V_{ar}小于或等于20％，A_{ar}大于或等于35％的煤种，煤粉细度宜$R90$小于或等于15％；入炉煤收到基挥发分V_{ar}小于或等于20％，A_{ar}大于或等于40％的煤种，煤粉细度宜$R90$小于或等于10％。

（5）初始投入煤量应尽可能满足点火最佳浓度的要求，点燃以后再将投入煤量适当降低，以满足机组启动曲线的要求。

（6）直吹式制粉系统点火初期因含粉气流浓度较低，一次风管道堵粉的可能较小，一次风速度可控制在16～18m/s，并适当提高等离子体发生器功率；待点燃后再适当提高一次风速，降低等离子体发生器功率。

（7）对于旋流燃烧器，等离子体燃烧器投运前，内、外二次风应关小，着火稳定后，视燃烧火焰的情况，再逐步开大。

（8）对于低灰熔融特性、易于着火的煤种，为了避免等离子体燃烧器结渣，可适当提高一次风速。但不可过高，防止燃烧效率下降较多，飞灰可燃物大幅度增加。

（9）等离子体燃烧器喷出的煤粉被点燃后，应适当调整二次风，以保证从等离子体燃烧器中喷出的火焰的后期燃尽。

（二）防止锅炉灭火爆破

（1）保证电源和冷却水、载体风系统各项参数符合设计要求，及时维护、调整等离子体发生器，避免断弧。

（2）等离子体点火之前制粉系统应调试完毕，保证等离子体点火有实施的可能，避免在等离子体点火过程中因断煤、制粉系统故障，造成灭火导致爆燃。

（3）在点火启动投入等离子体燃烧器时，应严格按照《防止电力生产事故的二十五项重点要求》规定的点燃时间进行操作，对于中速磨煤机直吹式制粉系统，当任一角在180s内未点燃时，应立即手动停止相应磨煤机的运行，经充分通风、查明原因后再重新投入；对于贮仓式制粉系统在30s内未点燃时，应立即停止相应给粉机的运行，经充分通风、查明原因后再重新投入。

（4）对于中间储仓式制粉系统对角分次投入的点火方式，在投入燃烧器后，为防止可燃气体沉积在未投燃烧器的两角，产生爆燃，应适当开启这两个未投燃烧器下面二次风，使可燃气体及时排出。

（5）在锅炉等离子体点火期间，如因煤质原因造成燃烧不稳，出现火焰闪动及炉膛负压波动。经调整无效时，应停止点火，进行炉膛吹扫后，方可投入油枪，提高炉膛温度，再投入等离子体燃烧器运行。待燃烧稳定后，应及时撤出油枪，以利于节油。严禁在炉膛燃烧情况不良，炉膛内充满大量煤粉的情况下投入油枪助燃，以防止炉膛爆燃。

（6）燃烧器着火后，应加强炉内燃烧状况监视，实地观察炉膛燃烧情况，火焰应明亮，燃烧充分，火炬长，火焰监视器显示燃烧正常。如发现炉内燃烧恶化，炉膛负压波动大，应迅速调节一二次风量、给煤量和等离子体发生器的参数来调整燃烧。若燃烧状况仍不好，应立即停止相应燃烧器的送粉，必要时停止等离子体发生器运行，经充分通风、查明原因并处理好后方可进行点火启炉。严禁在炉膛燃烧情况不良，炉膛内充满大量煤粉的情况下投入油枪助燃，以防止炉膛爆燃。

（7）对于同一台磨煤机供粉的燃烧器，等离子体点火时，如果在两小时以上只投入部分燃烧器（例如，双进双出磨煤机单侧运行点火），只有确认需要启用的一次风管中没有积粉，才可投入其他燃烧器。

（8）配置双进双出磨煤机直吹式制粉系统的锅炉进行等离子体点火时，在启动初期应按等离子体点火调整措施尽可能控制过磨风量（包括负荷风、密封风、单侧运行时还包括未投入侧的旁路风），尽快建立粉位。在建立粉位后，应开启清扫风并且对炉膛进行吹扫以后再进行点火。

（9）锅炉点火前与等离子体点火系统对应的磨煤机（直吹式制粉系统）或给粉机（中间储仓式制粉系统）切换到"等离子体点火模式"。在"等离子体点火模式"下，且具备投入保护条件时，应投入灭火保护（点火开始时灭火保护的迟延动作时间，对于直吹式制粉系统和中间储仓式制粉系统分别不应超过 180s 和 30s）。

（10）对于燃用褐煤或某些较难着火煤种的锅炉，如在等离子体点火过程中因灭火保护的火检信号不稳定，导致灭火保护投入有困难者，应严格监视等离子体点火的图像火焰监视器，在点火初期必须有专人就地观察着火情况。

（11）锅炉 MFT 时，所有等离子体发生器跳闸，并禁止启动。

（12）在条件具备的情况下，运行人员应根据炉膛燃烧情况及时将磨煤机或给粉机的运行方式切换至"等离子体稳燃模式"，防止因等离子体发生器故障造成磨煤机或给粉机跳闸。

（13）等离子体燃烧器入口的浓缩导向装置安装必须正确，所有防磨装置不得影响浓缩装置的正常工作，以确保浓粉进入中心筒，及时点燃，防止因浓粉未被引入中心筒，而导致在点燃之前进入炉膛的煤粉过多，点燃后引起炉膛爆燃。

（14）等离子体点火启动过程为防止燃烧器烧坏，在等离子体发生器启动后，不允许在关闭一次风的情况下长时间运行。但是在锅炉 MFT 以后，一次风管道存在积粉的条件下，必须先将等离子体发生器启动以后才允许进行吹扫，以免含粉气流进入炙热的炉膛造成爆燃。

（三）防止锅炉尾部发生二次燃烧

（1）锅炉的空气预热器在安装后第一次投运时，应将杂物清理干净，其吹灰装置亦应同时投运，并经参加试运各方验收合格后方可投入运行。

（2）新安装的油枪在投运前应进行冷态试验，运行中防止油燃烧器燃烧不良，配风不当或雾化不良，使未燃尽的炭黑和油滴沉积在尾部受热面上。

（3）煤油混烧之前，必须对空气预热器等容易积存煤粉的部位进行彻底吹扫；油煤混烧时要精心调整锅炉制粉系统和燃烧系统运行工况，防止因燃烧不良，使未燃的油和煤粉进入尾部受热面而加剧可燃物的沉积，甚至导致发生二次燃烧。

（4）等离子体点火初期应加强飞灰可燃物的采样、监测，如飞灰可燃物偏高，应适当调整一、二次风速、磨煤机出力、煤粉细度、各一次风管间的流量分配、等离子体发生器功率以至更换煤种等，尽可能改善燃烧情况。要防止风煤配比不当，一二次风量过小，使可燃物进入尾部受热面内沉积；或者一二次风量过大，使带入烟道以至风道的可燃物过多。

（5）等离子体点火过程中，空气预热器的吹灰装置必须投入运行，吹灰前应认真进行疏水，防止因疏水带入，造成空气预热器堵塞。遇下列情况时：

1）煤种偏离设计值，或有较大变动及煤中灰分较大，燃烧不良时；

2）等离子体燃烧器不能正常投运，燃烧不稳定而采用油煤混烧时；

3）当飞灰可燃物大于 15％，经过调整无法有效降低时；

4）空气预热器进出口的差压增大时；

5）空气预热器运行期间发现"高温"或"热点"报警且复归无效时。

应增加空气预热器吹灰次数以至连续吹灰，严防可燃物在空气预热器中自燃或被吹到烟、风道自燃、爆炸；应及时检查省煤器下灰斗，空气预热器下部灰斗，除尘器灰斗、仓式泵、粉煤灰仓及其布袋除尘器，及时清除可燃物含量较高的飞灰，防止烧坏设备及堵塞下灰系统。

（6）若机组启停过程中，等离子体燃烧器较长时间投运或油煤混烧时间较长，可根据具体情况，锅炉停运时对空气预热器、除尘器、各部灰斗进行检查，如有问题应及时处理。

（四）防止等离子体燃烧器超温、结渣故障

（1）现场安装配有输弧管的等离子体发生器时，必须保证发生器阳极喷口与输弧管内端面接触并压紧。

（2）安装调试阶段，应检查校核等离子体燃烧器布置的热电偶，其测点位置必须准确地与 DCS 画面中的信号相对应。

（3）在保证点火效果及等离子体发生器的稳定运行的前提下，应适当降低等离子体发生器的功率。

（4）等离子体点火系统投运过程中，应严密监视等离子体燃烧器壁温。在燃烧器显示壁温超过 400℃且壁温仍然上升较快时，应及时采取降低壁温的措施，包括降低磨煤机出力、加大磨煤机的入口风量、降低等离子体发生器功率等，燃烧器显示壁温超过 500℃时，应停止该燃烧器的送粉进行检查。

（5）在等离子体点火过程中，磨煤机给煤量应控制在等离子体点火状态下的燃烧器的设计出力范围内，如需将给煤量超出该设计出力，应逐步增加给煤量进行试验，其增量的推荐值为 2t/h，稳定 1～2h，并严密监视燃烧器壁温的变化。如燃烧器壁温变化不大，可再增加给煤量 2t/h，稳定 1～2h；如燃烧器壁温升高较快，应迅速降低给煤量，经试验最终确定等离子体点火状态下燃烧器的出力范围。

（6）在使用等离子体点火系统进行锅炉低负荷稳燃时，磨煤机给煤量应严格控制在等离子体点火状态下燃烧器的设计出力范围内，防止燃烧器因过负荷造成结渣。

（7）对于基建机组调试期间，即使锅炉吹管阶段等离子体点火系统运行正常，在机组整套启动阶段，由于炉膛温度及风温较高，仍应加强对燃烧器壁温的监测。

第四节　防止锅炉炉膛爆炸反事故措施

一、锅炉炉膛爆炸原因

FSSS 可以监视从锅炉炉膛到烟囱的整个烟气通道，包括相关的锅炉部件、烟道、风箱和风机在内。燃料在炉膛内燃烧进行能量转换，燃烧不稳易灭火，如操作不当则极易发生炉膛爆燃。

（一）可能引起炉膛外爆的原因

（1）锅炉点火操作不当，主要包括：

1）锅炉点火前已有油（气）或煤粉漏入炉膛，并已形成和达到可爆燃浓度的空气混合物，未进行通风吹扫即点火。

2）锅炉启动点火时，油温低于规定值或有杂物堵塞使油喷嘴前油压降低等造成雾化不良，有油滴沉积在受热面上，当炉膛温度逐渐升高，沉积的油滴大量挥发并遇上火源时，在炉内爆燃。

3）多次点火不成功，炉膛及后部烟道或受热面上积有可燃燃料，未经通风吹扫即再点火，引起爆燃。

4）无油点火初期，煤粉燃烧不完全，又投油助燃。

（2）锅炉长时间在低负荷或空气不足情况下运行，在灰斗和烟道死区滞积有可燃的燃料，当这些燃料被突然增大的通风或吹灰所扰动时，也会形成爆燃。

（3）因操作不当或其他原因造成炉膛结渣，当炉膛上部突然掉渣使部分燃烧器失去火焰，或使全炉膛灭火时，继续送入燃料和空气，并在此情况下强投点火器，企图以爆燃法挽救灭火。

（4）供给燃烧器的燃料或空气或点火源突然中断或短时间内空气/燃料比不当造成瞬间灭火，但随即又恢复正常，炉膛或锅炉烟道的各死角积聚的可燃物遇到火源时被点着而引起爆燃。

（5）在一支或多支燃烧器火焰丧失或燃烧不稳定情况下另行再投入燃烧器或油枪等，也会引起积聚的燃料爆燃。

（6）锅炉熄火停炉后，油（气）系统阀门关闭不严，燃油（气）继续漏入炉膛而未被发现，在热炉膛的条件下，燃油挥发或漏气达到一定浓度后，即可发生爆燃。

（7）锅炉燃烧恶化且空气动力场组织不好时，会导致 CO 在局部聚集，当聚集到一定的浓度并与氧气混合时，也会发生局部爆燃。

（二）可能引起炉膛内爆的原因

锅炉灭火、送风机调节装置突然关闭、送风机跳闸或一次风机跳闸时，炉膛负压可能会超过炉膛设计承压能力，从而引起炉膛内爆。

二、防止锅炉灭火

（1）新炉投产、锅炉改进性大修后或入炉燃料与设计燃料有较大差异时，应进行燃烧调整，以确定一二次风量、风速、合理的过剩空气量、风煤比、煤粉细度、燃烧器倾角或旋流强度及不投油最低稳燃负荷等。

（2）当炉膛已经灭火或已局部灭火并濒临全部灭火时，严禁投助燃油枪、等离子点火枪等稳燃枪。当锅炉灭火后，要立即停止燃料（含煤、油、燃气、制粉乏气风）供给，严禁用爆燃法恢复燃烧。重新点火前必须对锅炉进行充分通风吹扫，以排除炉膛和烟道内的可燃物质。

（3）100MW 及以上等级机组的锅炉应装设锅炉灭火保护装置。该装置应包括但不限于以下功能：炉膛吹扫、锅炉点火、主燃料跳闸、全炉膛火焰监视和灭火保护功能、主燃料跳闸首出等。

（4）锅炉灭火保护装置和就地控制设备电源应可靠，电源应采用两路交流 220V 供电源，其中一路应为交流不间断电源，另一路电源引自厂用事故保安电源。当设置冗余不间断电源系统时，也可两路均采用不间断电源，但两路进线应分别取自不同的供电母线上，防止因瞬间失电造成失去锅炉灭火保护功能。

（5）炉膛负压等参与灭火保护的热工测点应单独设置并冗余配置。必须保证炉膛压力信号取样部位的设计、安装合理，取样管相互独立，系统工作可靠。应配备四个炉膛压力变送器：其中三个为调节用，另一个作监视用，其量程应大于炉膛压力保护定值。

（6）炉膛压力保护定值应合理，要综合考虑炉膛防爆能力、炉底密封承受能力和锅炉正常燃烧要求；新机启动或机组检修后启动时必须进行炉膛压力保护带工质传动试验。

（7）加强锅炉灭火保护装置的维护与管理，确保锅炉灭火保护装置可靠投用。防止发生火焰探头烧毁、污染失灵、炉膛负压管堵塞等问题。

（8）每个煤、油、气燃烧器都应单独设置火焰检测装置。火焰检测装置应当精细调整，保证锅炉在高、低负荷以及适用煤种下都能正确检测到火焰。火焰检测装置冷却用气源应稳定可靠。

（9）锅炉运行中严禁随意退出锅炉灭火保护。因设备缺陷需退出部分锅炉主保护时，应严格履行审批手续，并事先做好安全措施。严禁在锅炉灭火保护装置退出情况下进行锅炉启动。

（10）加强设备检修管理，重点解决炉膛严重漏风、一次风管不畅、送风不正常脉动、直吹式制粉系统磨煤机堵煤断煤和粉管堵粉、中间储仓式制粉系统给粉机下粉不均或煤粉自流、热控设备失灵等。

（11）加强点火油、气系统的维护管理，消除泄漏，防止燃油、燃气漏入炉膛发生爆燃。对燃油、燃气速断阀要定期试验，确保动作正确、关闭严密。

（12）锅炉点火系统应能可靠备用。定期对油枪进行清理和投入试验，确保油枪动作可靠、雾化良好，能在锅炉低负荷或燃烧不稳时及时投油助燃。

（13）在停炉检修或备用期间，运行人员必须检查确认燃油或燃气系统阀门关闭严密。锅炉点火前应进行燃油、燃气系统泄漏试验，合格后方可点火启动。

（14）对于装有等离子无油点火装置或小油枪微油点火装置的锅炉点火时，严禁解除全炉膛灭火保护；当采用中速磨煤机直吹式制粉系统时，任一角在180s内未点燃时，应立即停止相应磨煤机的运行；对于中间储仓式制粉系统任一角在30s内未点燃时，应立即停止相应给粉机的运行，经充分通风吹扫、查明原因后再重新投入。

（15）加强热工控制系统的维护与管理，防止因分散控制系统死机导致的锅炉炉膛灭火放炮事故。

（16）锅炉低于最低稳燃负荷运行时应投入稳燃系统。煤质变差影响到燃烧稳定性时，应及时投入稳燃系统稳燃，并加强入炉煤煤质管理。

三、防止锅炉内爆

（1）新建机组引风机和脱硫增压风机的最大压头设计必须与炉膛及尾部烟道防内爆能力相匹配，设计炉膛及尾部烟道防内爆强度应大于引风机及脱硫增压风机压头之和。

（2）对于老机组进行脱硫、脱硝改造时，应高度重视改造方案的技术论证工作，要求改造方案应重新核算机组尾部烟道的负压承受能力，应及时对强度不足部分进行重新加固。

（3）单机容量 600MW 等级及以上机组或采用脱硫、脱硝装置的机组，应特别重视防止机组高负荷灭火或设备故障瞬间产生过大炉膛负压对锅炉炉膛及尾部烟道造成的内爆危害，在锅炉主保护和烟风系统联锁保护功能上应考虑炉膛负压低跳锅炉和负压低跳引风机的联锁保护；机组快速减负荷（RB）功能应可靠投用。

（4）加强引风机等设备的检修维护工作，定期对入口调节装置进行试验，确保动作灵活可靠和炉膛负压自动调节特性良好，防止机组运行中设备故障时或锅炉灭火后产生过大负压。

（5）运行规程中必须有防止炉膛内爆的条款和事故处理预案。

第三十四章　顺序控制系统（SCS）

第一节　SCS 系统基础知识

一、名词解释

1. 顺序控制系统（Sequential Control System，SCS）

按照规定的时间或逻辑的顺序，对某一工艺系统或辅机的多个终端控制元件进行一系列操作的控制系统。[DL/T 701—2012，定义 4.62]

2. 开关量控制系统（On-off Control System，OCS）

实现机、炉、电及其辅助设备启、停或开、关的操作及对某一工艺系统或主要辅机按一定规律进行控制的控制系统，包括顺序控制系统。[DL/T 658—2017，定义 3.1]

3. 子功能组级（Function subgroup control）

把某一辅机及其附属设备或某一局部工艺系统看作一个整体的控制，如送风机、引风机的控制，简称子组级控制。[DL/T 701—2012，定义 4.64]

4. 功能组级（Function group control）

把工艺上相互联系，实现某一工艺功能要求，并且有连续不断地顺序控制特征的设备作为一个整体的控制，如锅炉通风控制。[DL/T 658—2017，定义 3.4]

二、顺序控制结构、方式及功能

（一）顺序控制结构

顺序控制系统一般可分为 3 到 4 级控制（见图 34-1），即机组控制级、功能组控制级、功能子组控制级和设备级。

（二）顺序控制方式

当某个功能组级的顺序控制系统置于自动方式时，控制程序将按顺序控制设备的启停。基于 DCS 可有 2 种典型的顺序控制方式。

（1）步序式：在每一程序步的一次判据中包含有上一步的二次判据，故有明显的步序关系。控制程序在步序转移的同时，根据控制要求可将前任意步序的输出指令闭锁（或不闭锁），以适应不同被控对象的要求。

（2）步进式：顺序控制的步序管理是依靠程控内部的步进环节实现的。步进环节根据输入条件或设定时间动作，依次发出步进脉冲，使程序步序产生转移条件，步进条件是每一程序步的二次判据。顺序控制的每一程序

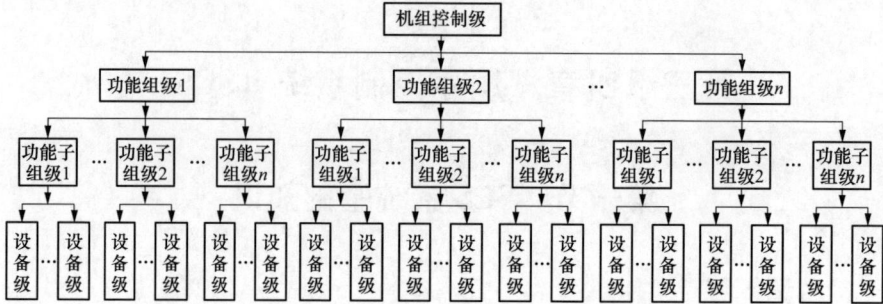

图 34-1　顺序控制系统结构

步是否输出操作指令，除了来自步进环节的步进条件外，还取决于该步的一次判据是否具备，在程序步转换的同时闭锁输出指令。

（三）顺序控制功能

大型火电机组采用顺序控制后，运行人员只需通过一个或几个操作按钮，就可完成辅机系统或辅机设备以及整个机组的启停。

顺序控制系统必须具有以下主要功能：

（1）自动判断允许操作条件，在条件满足时，执行和转换程序。

（2）提供人机转换接口，除按程序自动控制外，还可向运行人员提供点步（步序手动方式）、跳步及手动操作等功能，同时提供必要的显示、报警和故障信息。

（3）具有一定的程序检查功能，在有必要时可设置验证程序运行正确性的自检电路。

（4）具有一定的保护功能，在执行程序时检查执行机构的故障，在发生各种事故时可以中断或复归控制进程。

三、顺序控制系统设计原则

（一）顺序控制系统的机柜分配原则

在设计 DCS 时，为了保证机组运行的安全和可靠，一般重要的被控设备及功能组分散在不同的机柜中，互为备用的被控设备以及 2 个各为机组 50%MCR 的被控对象也尽可能划分在不同的机柜中。并且，尽量减少机柜分配所增加的控制器之间的信息交换量（通信负荷），充分考虑机柜的 I/O 通道的容量，尽量使各机柜负荷均匀。表 34-1 为某电厂 600MW 机组的顺序控制系统机柜的分配，其分配原则为：

（1）在机组工艺系统机、炉、电分开的基础上，以工艺系统为主，结合控制功能。

（2）各现场控制站负荷率相对均匀。

（3）根据机组设备互备及承担总负荷百分比进行分配；以风险分散为原则，机组互为备用的重要设备控制分在不同的机柜中。

（4）SOE 测点与控制逻辑测点分开，机组重要设备状态的 SOE 记录点应提供单独测点。

（5）柜内的测点分配同样遵循控制设备风险分散的原则。柜内同一设备的测点，如电动机温度等尽量集中布置便于现场集中敷设线缆；冗余测点要分在不同的模件上。

表 34-1　DCS 控制机柜的主要顺序控制系统的分配

DCS 机柜号	顺序控制系统在 DCS 机柜中的分配
1	A 汽动给水泵控制系统，汽轮机抽汽系统Ⅰ辅助蒸汽系统；真空系统
2	B 汽动给水泵控制系统；高压加热器；低压加热器；凝结水泵
3	电动给水泵控制系统
4	轴封风机、氢冷升压泵、排烟风机、顶轴油泵、定子冷却水泵、氢油密封系统等的控制
5	高压旁路控制系统；低压旁路控制系统
6	空冷系统
7	ECS 汽轮机自启停
8	A 侧空气预热器、引风机、送风机及一次风机
9	B 侧空气预热器、引风机、送风机及一次风机
10	锅炉定期排污；锅炉连续排污；对空排汽；锅炉疏水系统
11	火检冷却风机；MFT；FSSS
12	A、C、E 给煤机；A、C、E 磨煤机；FSSS
13	B、D、F 给煤机；B、D、F 磨煤机；油枪点火 FSSS
14	1、2 号高压消防水泵，以及 1、2 号低压消防水泵启/备用变压器；工作变压器，1 号辅机循环水泵；2 号辅机循环水泵；辅机循环水泵；电源及供电系统

（二）顺序控制系统设计方法

（1）步序自动/手动：顺序控制系统在步序自动方式下，实现某个功能组或功能子组的自动控制，即按预先设计的顺序步序自动地控制设备的启动或停止；顺序控制系统在步序手动方式下，由操作员手动操作发出每一次执行指令，按控制要求完成每一步设备的启动或停止等控制。

（2）跳步：指跳过某一（些）步不执行，或者是忽略某步的反馈信号而进入下一步的控制，其用于：①不同工况时有些步不能操作，根据当前机组运行工况的需要跳入下一步执行。②上一步控制已经完成，但是由于设备异常无法提供反馈信号，需要跳入下一步执行。

（3）自保持：控制命令发出后，为了保证设备动作的完成，控制系统利用其内部输出线圈的接点将输出指令保持一定的时间，确保设备执行动作的完成。

（4）中断及退回：在机组及辅机起停程序运行过程中，当保护联锁控制发出或运行人员发出程序停止指令时，将中断顺序控制程序的执行或退回到安全状态。

（5）互锁：程序控制在某些方面应用了控制闭锁，使某些特定的状态不同时出现。如正转和反转电磁接触器不可同时导通；运行和备用电动机不同时运转；开阀门和关阀门命令不许同时发出等。

（6）二次判据：将设备控制反馈信号作为顺序控制进程的判据，即把该信号作为下一程序步执行的必要条件。

（7）互为备用：两台或三台设备，运行中一台故障或者运行参数低于某一值联启备用设备，备用联锁按钮投入，则两台或三台设备互为备用。

四、顺序控制系统可靠性评估

（一）顺序控制系统运行可靠性评估

（1）控制系统监控回路设备安装质量符合《火力发电厂热工自动化系统可靠性评估技术导则》（DL/T 261—2022）第 6.6 项要求，并均可靠投运。

（2）报警、联锁、保护定值和延时时间的设置，与批准发布的定值清册一致，且符合实际需求。各阀门、挡板开/关方向上的全行程动作时间测试记录应与 DCS 中设置相符。

（3）控制逻辑组态应符合运行实际要求，且与 SAMA 图、运行规程保持一致。

（4）逻辑修改应符合审批、执行流程。

（5）按规定时间和规范试验卡要求，定期进行系统静态、动态联锁试验。

（6）保护联锁和顺序控制条件应全部投入正常运行，强制信号和逻辑的记录应与实际相符。

（7）系统试验记录合格且齐全，可溯源两个周期。

（二）顺序控制系统基础管理可靠性评估

（1）顺控系统试验操作卡和试验记录齐全。

（2）热控系统报警、保护、联锁定值应由企业最高技术负责人签字正式发文下达，每 2 年修订 1 次，更改定值应经企业技术负责人批准，并做好记录。

（3）顺控系统动作和故障统计（动作时的机组有关参数、原因分析、处理结果和采取的措施）记录完整。

（4）顺控系统系统保护、联锁投、切和设备异动工作票，符合企业管理规定。

（5）具有顺控系统运行试验规程，定期试验计划完整。

（6）顺控系统检修台账，应详细记录每次检修原因、采取的措施和检修结果。

（7）对顺控系统重要联锁、保护信号等 DCS 历史曲线、异常报警信号，有定期分析处理记录。

（8）顺控系统装置在机组运行中因故障被迫退出运行时，应制订可靠的安全措施，经审批后执行，并在规定时间内恢复，否则，进行停机、停炉处理。

五、报警系统

按照报警级别设置报警。报警画面主要有：锅炉主要设备启停状态报警画面、汽轮机主要设备启停状态报警画面、锅炉辅机重要参数报警画面、汽轮机辅机重要参数报警画面、辅机保护投退状态显示画面、锅炉、汽轮机辅机功能组帮助画面等。

第二节　锅炉侧主要顺控系统

一、风烟（空气预热器、送引风机和一次风机）系统

（一）风烟系统功能组级控制

锅炉风烟系统包括空气系统和烟气系统两部分。

1. 风烟系统功能组概述

风烟系统功能组根据主要设备一般划分为 8 个功能子组。

（1）2 个空气预热器功能子组。容量各为 50%，三分仓回转式空气预热器。

（2）2 个引风机功能子组。容量各为 50%，电动机传动，定速轴流式，用可动叶片角控制风量。

（3）2 个送风机功能子组。容量各为 50%，电动机传动，定速轴流式，用可动叶片角控制风量。

（4）2 个一次风机功能子组。容量各为 50%，电动机传动，定速轴流式或离心式，用入口导叶片角控制风量。

每个功能子组又分为若干个相关的设备级控制。具体的设备包括：空气预热器、引风机、送风机、一次风机，以及相关的附属设备。

2. 风烟系统程控启动

（1）程控启动允许条件，以下条件全部满足：

1）所有燃烧器停运（包括油燃烧器和煤燃烧器）。

2）空气预热器 A 程控启动的启动允许条件。

3）空气预热器 B 程控启动的启动允许条件。

4）引风机 A 程控启动的启动允许条件。

5）送风机 A 程控启动的启动允许条件。

6）引风机 B 程控启动的启动允许条件。

7）送风机 B 程控启动的启动允许条件。

（2）程控启动步序。

1）一般情况，风烟系统投入运行时，首先建立整个风烟通路，把 A、B 两侧风烟系统的所有截止挡板和调节挡板均打开。

2）依次启动空气预热器功能子组。

3）启动引风机功能子组。

4）启动送风机功能子组。

5）启动一次风机功能子组。

一次风机功能组的启动由制粉系统的启动决定，可独立于送、引风机和空气预热器功能组的启动。

3. 风烟系统程控停止

（1）程控停止允许条件，以下条件全部满足：

1）所有燃烧器停运；

2）送风机 A 程控停止的启动允许条件；

3）引风机 A 程控停止的启动允许条件；

4）送风机 B 程控停止的启动允许条件；

5）引风机 B 程控停止的启动允许条件；

6）空气预热器 A 程控停止的启动允许条件；

7）空气预热器 B 程控停止的启动允许条件。

（2）程控停止步序。

1）风烟系统退出运行时，依次停止一次风机功能子组；

2）停止送风机功能子组；

3）停止引风机功能子组；

4）停止空气预热器功能子组；

5）打开 A、B 两侧风烟系统的所有截止挡板和调节挡板。

一次风机的停止由制粉系统的停止决定，可独立于送、引风机和空气预热器功能组的停止。

（二）空气预热器功能子组

空气预热器的控制设备，主要包括：空气预热器主电机、空气预热器副电机、气动马达等，以及相关的风烟挡板；空气预热器进口烟气门、空气预热器出口热二次风门、空气预热器出口热一次风门等。

1. 空气预热器 A 程控启动

（1）程控启动允许条件：无。

（2）程控启动中断条件：无。

（3）程控启动自动条件：风烟系统程控启动指令。

（4）程控启动步序。

第一步：条件：启动功能组切自动。

　　　　指令：启动空气预热器 A 油站；启动空气预热器 A 油泵。

第二步：条件：空气预热器 A 油站正常；空气预热器 A 油泵电动机

运行。

　　　　　　　指令：启动空气预热器 A 主电动机。

第三步：条件：空气预热器 A 主电动机运行 10s。

　　　　　　　指令：开空气预热器 A 出口二次风挡板。

第四步：条件：空气预热器 A 出口二次风挡板已开。

　　　　　　　指令：开空气预热器 A 进口烟气挡板。

第五步：条件：空气预热器 A 进口烟气挡板已开。

　　　　　　　指令：开空气预热器 A 出口一次风挡板。

第六步：条件：空气预热器 A 出口一次风挡板已开。

　　　　　　　指令：程启完成。

2. 空气预热器 A 程控停止

（1）程控停止允许条件：空气预热器 A 入口烟气温度小于 150℃。

（2）程控停止中断条件：无。

（3）程控停止自动条件：风烟系统程控停止指令。

（4）程控停止步序。

第一步：条件：停止功能组切自动。

　　　　　　　指令：关空气预热器 A 进口烟气挡板。

第二步：条件：空气预热器 A 进口烟气挡板已关。

　　　　　　　指令：关空气预热器 A 出口二次风挡板。

第三步：条件：空气预热器 A 出口二次风挡板已关。

　　　　　　　指令：关空气预热器 A 出口一次风挡板。

第四步：条件：空气预热器 A 出口一次风挡板已关。

　　　　　　　指令：停空气预热器 A 主电动机。

第五步：条件：空气预热器 A 主电动机已停。

　　　　　　　指令：程停完成。

3. 空气预热器设备级控制

空气预热器 A 主电机。

操作方式：单操、联锁、程控。

（1）启动允许条件（以下条件全部满足）。

1）空气预热器 A 主电机故障，取非（空气预热器 A 主电机故障状态）。

2）空气预热器 A 辅助电机停止（空气预热器 A 辅助电机运行状态，取非）。

3）空气预热器 A 气动马达停止（空气预热器 A 气马达运行状态，取非）。

（2）停止允许条件（以下条件全部满足）。

1）空气预热器 A 入口烟气温度小于 150℃。

2）送风机 A 停止状态。

3）引风机 A 停止状态。

（3）自动启动条件（以下任一条件满足）。

1）空气预热器 A 程控启动。

2）空气预热器 A 主电机联锁投入，空气预热器 A 辅助电机停止。

（4）自动停止条件。

空气预热器 A 程控停止。

（三）引风机功能子组

引风机系统的控制设备，主要包括：引风机、引风机入口烟气挡板、引风机出口烟气挡板，以及引风机油站油泵、引风机油站油箱加热器、引风机冷却风机等。

1. 引风机 A 程控启动

（1）程控启动允许条件：无。

（2）程控启动中断条件：引风机 A 事故跳闸。

（3）程控启动自动条件：风烟系统程控启动指令。

（4）程控启动步序。

第一步：条件：启动功能组切自动。

　　　　指令：投入引风机 A 电机油站油泵电加热器联锁。

第二步：条件：引风机 A 电机油站油泵电加热器联锁已投入，且引风机 A 油站油箱油温正常。

　　　　指令：启动引风机 A 电机油站油泵。

第三步：条件：引风机 A 电机油站油泵已运行，且引风机 A 油站供油压力和供油流量正常。

　　　　指令：投入引风机 A 电机油站油泵的备用联锁。

第四步：条件：引风机 A 电机油站油泵 A 或油泵 B 联锁已投入。

　　　　指令：启动引风机 A 冷却风机。

第五步：条件：引风机 A 冷却风机 A 或冷却风机 B 已运行。

　　　　指令：投入引风机 A 冷却风机的备用联锁。

第六步：条件：引风机 A 冷却风机 A 或冷却风机 B 联锁已投入。

　　　　指令：① 置引风机 A 入口动叶最小位置，并切手动。②关闭引风机 A 入口电动挡板门。

第七步：条件：引风机 A 动叶位置反馈小于 3%，且在手动状态，且引风机 A 入口电动挡板门全关。

　　　　指令：开启引风机 A 出口电动挡板门。

第八步：条件：引风机 A 出口电动挡板门全开。

　　　　指令：启动引风机 A。

第九步：条件：引风机 A 运行状态，延时 3s。

　　　　指令：开启引风机 A 入口电动挡板门。

第十步：条件：引风机 A 入口电动挡板门全开。

　　　　指令：程序启动结束。

2. 引风机 A 程控停止

(1) 程控停止允许条件（以下任一条件满足）。

1) MFT 动作。

2) 机组负荷小于 50%，且引风机 B 在运行。

(2) 程控停止中断条件：无。

(3) 程控停止自动条件：风烟系统程控停止指令。

(4) 程控停止步序。

第一步：条件：停止功能组切自动。

　　　　指令：置引风机 A 入口动叶最小位置，并切手动。

第二步：条件：引风机 A 入口动叶位置反馈小于 3%，且在手动状态。

　　　　指令：停止引风机 A。

第三步：条件：引风机 A 停止状态。

　　　　指令：关闭引风机 A 入口/出口电动挡板门。

第四步：条件：引风机 A 入口/出口电动挡板门全关状态。

　　　　指令：程序停止结束。

3. 引风机设备级控制

引风机 A。

操作方式：单操、联锁、程控。

1) 启动允许条件（以下条件全部满足）。

a) 引风机 A 入口挡板已关且出口挡板全开。

b) 同侧空气预热器已运行。

c) 引风机 A 任一冷却风机运行。

d) 电/风机轴承温度不高（低于报警值）。

e) 油站任一油泵运行。

f) 引风机 A 动叶开度小于 5%。

g) 控制油压正常。

h) 润滑油流量不低。

i) 油箱油温及油位不低。

j) 空气通道建立。

k) 无引风机 A 保护条件。

2) 停止允许条件：无。

3) 自动启动条件。

引风机 A 程序启动。

4) 自动停止条件。

引风机 A 程控停止。

5) 保护停止条件（以下任一条件满足）。

a) 两台润滑油/控制油泵均停。

b) 引风机 A 润滑油/控制油压力低低。

c）引风机 A 轴承温度高。

d）MFT 动作后 20s，炉膛压力低三值跳引风机。

e）引风机 A 运行 60s 后，进/出口门全关（关信号且开信号取非）。

f）同侧空气预热器停。

g）两侧送、引风机均运行时，同侧送风机跳闸。

h）引风机冷却风机 A/B 均停（延时 30s）。

（四）送风机功能子组

送风机系统的控制设备，主要包括：送风机、送风机出口电动挡板门，以及送风机液压油站油泵、送风机液压油站电加热器等。

1. 送风机 A 程控启动

（1）程控启动允许条件：无。

（2）程控启动中断条件：送风机 A 事故跳闸。

（3）程控启动自动条件：风烟系统程控启动指令。

（4）程控启动步序。

第一步：条件：启动功能组切自动。

　　　　指令：投入送风机 A 电机油站油泵电加热器联锁。

第二步：条件：送风机 A 电机油站油泵电加热器联锁已投入，且送风机 A 油站油箱油温正常。

　　　　指令：启动送风机 A 电机油站油泵。

第三步：条件：送风机 A 电机油站油泵已运行，且送风机 A 油站供油压力和供油流量正常。

　　　　指令：投入送风机 A 电机油站油泵的备用联锁。

第四步：条件：送风机 A 电机油站油泵 A 或油泵 B 联锁已投入。

　　　　指令：① 置送风机 A 入口动叶最小位置，并切手动。

　　　　　　　②关闭送风机 A 出口电动挡板门。

第五步：条件：送风机 A 动叶位置反馈 小于 3％，且在手动状态，且送风机 A 出口电动挡板门全关。

　　　　指令：开启 A 侧空气预热器后二次风气动挡板门。

第六步：条件：A 侧空气预热器后二次风气动挡板门全开。

　　　　指令：启动送风机 A。

第七步：条件：送风机 A 运行状态，延时 3s。

　　　　指令：开启引风机 A 出口电动挡板门。

第八步：条件：引风机 A 出口电动挡板门全开。

　　　　指令：程序启动结束。

2. 送风机 A 程控停止

（1）程控停止允许条件（以下任一条件满足）。

1）MFT 动作。

2）机组负荷小于 50％，且送风机 B 在运行。

（2）程控停止中断条件：无。

（3）程控停止自动条件：风烟系统程控停止指令。

（4）程控停止步序。

第一步：条件：停止功能组切自动。

　　　　指令：置送风机 A 入口动叶最小位置，并切手动。

第二步：条件：送风机 A 入口动叶位置反馈小于 3%，且在手动状态。

　　　　指令：停止送风机 A。

第三步：条件：送风机 A 停止状态。

　　　　指令：关闭送风机 A 出口电动挡板门。

第四步：条件：送风机 A 出口电动挡板门全关状态。

　　　　指令：程序停止结束。

3. 送风机设备级控制

送风机 A。

操作方式：单操、联锁、程控。

1）启动允许条件（以下条件全部满足）。

a）送风机出口挡板已关。

b）同侧引风机已运行。

c）同侧空气预热器出口二次风电动门全开。

d）电风机线圈/轴承温度不高（低于报警值）。

e）油站任一油泵运行。

f）送风机动叶开度小于 5%。

g）控制油压正常。

h）润滑油流量不低。

i）油箱油温及油位不低。

j）无跳闸条件存在。

2）停止允许条件：无。

3）自动启动条件。

送风机 A 程序启动。

4）自动停止条件。

送风机 A 程控停止。

5）保护停止条件（以下任一条件满足）。

a）两台润滑油/控制油泵均停。

b）送风机 A 润滑油/控制油压力低低。

c）送风机 A 轴承温度高。

d）MFT 动作后 20s，炉膛压力高三值跳送风机。

e）送风机 A 运行 60s 后，出口门全关（关信号且开信号取非）。

f）同侧空气预热器停。

g）引风机全停，或送引两侧全运行的情况下，同侧引风机跳闸。

h）送风机 A 轴承振动大。

（五）一次风机功能子组

一次风机系统的控制设备，主要包括：一次风机、一次风机出口挡板门，以及一次风机润滑油站油泵、一次风机润滑油站电加热器、一次风机液压油站油泵、一次风机液压油站电加热器等。

1. 一次风机 A 程控启动

（1）程控启动允许条件：无。

（2）程控启动中断条件：无。

（3）程控启动自动条件：风烟系统程控启动指令或无。

（4）程控启动步序：

第一步：条件：启动功能组切自动。

指令：投入一次风机 A 液压油站电加热器联锁。

第二步：条件：一次风机 A 液压油站加热器联锁已投入，且一次风机 A 液压油站油箱油温正常。

指令：启动一次风机 A 润滑油站油泵。

第三步：条件：一次风机 A 润滑油站油泵已运行，且一次风机 A 润滑油站供油压力和供油流量正常。

指令：投入一次风机 A 润滑油站油泵的备用联锁。

第四步：条件：一次风机 A 润滑油站油泵 A 或油泵 B 联锁已投入。

指令：启动引风机 A 液压油站油泵。

第五步：条件：一次风机 A 液压油站油泵已运行。

指令：投入一次风机 A 液压油站油泵的备用联锁。

第六步：条件：一次风机 A 液压油站油泵 A 或液压油站油泵 B 联锁已投入。

指令：① 置一次风机 A 入口动叶最小位置，并切手动。②关闭一次风机 A 出口挡板门。

第七步：条件：一次风机 A 动叶位置反馈小于 3%，且在手动状态，且一次风机 A 出口挡板门全关。

指令：开启一次风机 A 冷、热一次风挡板门。

第八步：条件：一次风机 A 冷、热一次风挡板门全开。

指令：启动一次风机 A。

第九步：条件：一次风机 A 运行状态，延时 3s。

指令：开启一次风机 A 出口挡板门。

第十步：条件：一次风机 A 出口挡板门全开。

指令：程序启动结束。

2. 一次风机 A 程控停止

（1）程控停止允许条件（以下任一条件满足）。

1）所有磨煤机停运。

2）机组负荷小于50%，且一次风机B在运行。

（2）程控停止中断条件：无。

（3）程控停止自动条件：风烟系统程控停止指令。

（4）程控停止步序。

第一步：条件：停止功能组切自动。

　　　　指令：置一次风机A入口动叶最小位置，并切手动。

第二步：条件：一次风机A入口动叶位置反馈小于3%，且在手动状态。

　　　　指令：停止一次风机A。

第三步：条件：一次风机A停止状态。

　　　　指令：关闭一次风机A出口挡板门。

第四步：条件：一次风机A出口挡板门全关状态。

　　　　指令：程序停止结束。

3. 一次风机设备级控制

一次风机A。

操作方式：单操、联锁、程控。

1）启动允许条件（以下条件全部满足）。

a）一次风机出口挡板已关。

b）同侧空气预热器已运行。

c）入口调门在最小位（小于5%）。

d）电、风机线圈/轴承温度不高（低于报警值）。

e）任一引风机运行。

f）任一送风机运行。

g）油站任一油泵运行。

h）控制油压正常。

i）润滑油流量不低。

j）油箱油温及油位不低。

k）无跳闸条件存在。

2）停止允许条件：无。

3）自动启动条件。

一次风机A程序启动。

4）自动停止条件：一次风机A程控停止。

5）保护停止条件（以下任一条件满足）。

a）两台润滑油/控制油泵均停。

b）一次风机A润滑油/控制油压力低低。

c）两台引风机均停。

d）两台送风机均停。

e）两台空气预热器均停。

f）一次风机 A 轴承温度高。

g）空气预热器 A 停，延时 2s。

h）MFT 动作。

i）一次风机 A 运行 60s 后，出口门全关（关信号且开信号取非）。

二、制粉（磨煤机、给煤机）系统

制粉系统包括磨煤机系统和给煤机系统两部分。

1. 制粉系统功能组概述

制粉系统功能组根据机组磨组（磨煤机、给煤机）配置一般划分功能子组，600MW 机组一般有 6 个磨组功能子组。

每个功能子组又分为若干个相关的设备级控制。具体的设备包括：磨煤机、给煤机及相关的附属设备。

2. 制粉系统功能子组

磨煤机组 A 的控制设备，主要包括：A 磨煤机、A 给煤机、A 磨煤机加载油泵、A 磨煤机出口关断门、A 磨煤机冷热一次风门、A 磨煤机密封风门及给煤机出口煤闸门等。

（1）磨煤机组 A 程控启动。

a）程控启动允许条件（以下条件全部满足）。

①A 磨煤机电机温度正常（电机定子温度小于 110℃；电机轴承温度小于 80℃）；②A 磨煤机推力轴承温度正常（小于 65℃且大于 35℃）；③A 磨煤机润滑油温度正常，润滑油温度大于 20℃；④磨煤机 A 液压站油温正常，大于 20℃；⑤A 磨煤机操作选择开关在远方；⑥A 磨煤机无电气故障；⑦A 磨煤机无保护跳闸条件；⑧炉膛点火条件满足：炉膛点火允许条件；⑨投煤条件满足；⑩ A 煤层点火能量满足，A 给煤机在远方控制，A 给煤机无故障信号。

b）程控启动中断条件：无。

c）程控启动自动条件：制粉系统程控启动指令或无。

d）程控启动步序。

第一步：条件：启动功能组切自动。

指令：启动磨煤机 A 油站润滑油站油泵（根据油温选择低速或高速：A 磨煤机润滑油箱油温大于或等于 28℃启动高速油泵，否则启动低速油泵）。

第二步：条件：A 磨煤机油站系统正常。

指令：启动磨煤机 A 液压油站加载油泵。

第三步：条件：磨煤机 A 液压油站加载油泵运行状态，延时 5s。

指令：开启磨煤机 A 密封风风门。

第四步：条件：磨煤机 A 密封风风门全开。

指令：开启 A 磨煤机出口关断门。

第五步：条件：A 磨煤机出口关断门均全开。

指令：关闭 A 磨煤机冷一次风调节阀、热一次风调节阀。

第六步：条件：磨煤机 A 热一次风气动调节门位置反馈小于 5％且磨煤机 A 冷一次风气动调节门位置反馈小于 5％。

指令：开启 A 磨煤机冷一次风门气动插板门、热一次风门气动插板门。

第七步：条件：A 磨煤机冷一次风门气动插板门、热一次风门气动插板门全开。

指令：A 磨煤机一次风风量调节，投入自动，且设定值平稳上升至正常值；A 磨煤机出口温度调节，投入自动，且设定值平稳上升至正常值。

第八步：条件：①和②相与，或③：

①A 磨煤机入口一次风风量 ＞80t/h，延时 5s。

②A 磨煤机出口温度 ＞60℃，且 ＜85℃，延时 15s。

③运行人员"手动确认按钮"。

指令：打开 A 给煤机入口闸门、打开 A 给煤机出口闸门。

第九步：条件：A 给煤机出/入口闸门全开。

指令：关闭磨煤机 A 液压油站液动换向阀、提升磨辊。

第十步：条件：A 磨煤机磨辊 1、2、3 均提升到位或运行人员手动确认磨辊已全部提升到位，延时 10s。

指令：启动 A 磨煤机。

第十一步：条件：A 磨煤机合闸状态，延时 10s。

指令：置 A 给煤机煤量指令于最小值。

第十二步：条件：A 给煤机煤量设定指令在最小值。

指令：启动 A 给煤机。

第十三步：条件：A 给煤机运行状态，延时 30s。

指令：关闭磨煤机 A 液压油站液动换向阀、下降 A 磨煤机磨辊。

第十四步：条件：A 磨煤机磨辊 1、2、3 均下降到位或上步指令延时 60s。

指令：程序启动结束。

（2）磨组 A 程控停止。

1）程控停止允许条件：无。

2）程控停止中断条件：无。

3）程控停止自动条件：无。

4）程控停止步序。

第一步：条件：停止功能组切自动。

指令：A 磨煤机出口温度调节，投入自动。

第二步：条件：A 磨煤机出口温度在正常范围。

指令：关闭 A 给煤机入口闸门。

第三步：条件：A 给煤机入口闸门已关。

指令：置 A 给煤机给煤量指令于最小值（小于 5%）。

第四步：条件：A 给煤机瞬时给煤量最小值（小于 7t/h），延时 5s。

指令：停 A 给煤机。

第五步：条件：A 给煤机停止。

指令：关闭 A 给煤机出口闸门、关闭 A 磨煤机热一次风调节阀。

第六步：条件：A 给煤机出口闸门、热一次风调节阀均全关。

指令：关闭磨煤机 A 液压油站液动换向阀、提升 A 磨煤机磨辊。

第七步：条件：A 磨煤机磨辊 1、2、3 提升到位（3 取 2）或运行人员确认提升到位。

指令：无。

第八步：条件：A 磨煤机电流小于 50A，延时 3s。

指令：停运 A 磨煤机。

第九步：条件：A 磨煤机已停运，延时 3s。

指令：关闭液压换向阀、下降 A 磨煤机磨辊。

第十步：条件：A 磨磨辊 1、2、3 下降到位。

指令：关闭 A 磨煤机冷一次风调节阀。

第十一步：条件：A 磨煤机冷一次风调节阀全关。

指令：关闭 A 磨煤机出口关断门。

第十二步：条件：A 磨煤机出口关断门均全关。

指令：程序停止结束。

3. 磨煤机组 A 设备级控制

(1) 磨煤机 A。

操作方式：单操、联锁、程控。

1) 启动允许条件（以下条件全部满足）。

a) A 磨煤机电机温度正常（电机定子温度小于 110℃；电机轴承温度小于 80℃）。

b) A 磨煤机推力瓦温度小于 65℃且大于 35℃。

c) A 磨煤机出口温度大于 60℃且温度小于 85℃。

d) A 磨煤机油站系统正常。

e) A 磨煤机石子煤斗进口气动门全开。

f) A 磨煤机石子煤斗出口气动门全关。

g) 磨煤机 A 消防蒸汽气动门全关。

h) 磨煤机 A 密封风风门全开。

i）磨煤机 A 密封风与一次风差压合适大于或等于 2kPa。

j）A 磨煤机入口一次风冷热风门开启。

k）A 磨煤机出口门全开。

l）A 磨煤机一次风风量合适大于或等于 65t/h。

m）A 磨煤机磨辊均提升到位。

n）炉膛点火条件满足。

o）投煤条件满足。

p）A 煤层点火能量满足。

q）A 磨煤机操作选择开关在远方。

r）A 磨煤机无电气故障。

s）A 磨煤机无保护跳闸条件。

2）停止允许条件：无。

3）自动启动条件。

磨煤机组 A 程序启动。

4）自动停止条件。

磨煤机组 A 程控停止。

5）保护停止条件（以下任一条件满足）。

a）MFT 动作。

b）手动紧急停 A 磨煤机。

c）RB 跳磨煤机。

d）两台一次风机全停。

e）A 磨煤机电机轴承温度大于 90℃。

f）A 磨煤机推力瓦温度大于 80℃。

g）A 磨煤机磨辊轴承润滑油温度大于 100℃。

h）A 磨煤机出口温度大于或等于 105℃。

i）A 磨煤机密封风与一次风差压低低小于或等于 1kPa。

j）A 磨煤机运行时，A 磨煤机出口门关闭（6 取 4），延时 2s。

k）A 给煤机运行且 A 磨煤机入口一次风量低。

l）微油模式下，A 层任意 2 支微油枪灭火。

m）A 磨煤机与给煤机运行时，A 煤层火检无火。

n）A 磨煤机运行，且 A 磨煤机润滑油油泵均停或润滑油压力低。

o）A 磨煤机运行，且 A 磨煤机液压油站加载油泵运行状态消失。

（2）给煤机 A。

操作方式：单操、联锁、程控。

1）启动允许条件（以下条件全部满足）。

a）A 磨煤机运行状态。

b）给煤机出口闸门全开。

c）A 给煤机在远方控制。

d) A 给煤机无故障信号。

e) A 给煤机流量设定指令至最小小于或等于 7t/h。

2）停止允许条件：无。

3）自动启动条件：

磨煤机组 A 程序启动。

4）自动停止条件：

磨煤机组 A 程控停止。

5）保护停止条件（以下任一条件满足）。

a) MFT 动作。

b) A 磨煤机停止。

c) A 给煤机运行时，出口门关闭。

第三节　汽轮机侧主要顺控系统

一、给水系统功能组级控制

1. 给水系统功能组概述

给水系统功能组根据主要设备一般划分为 3 个功能子组。

（1）2 个汽动给水泵功能子组，容量各为 50％。

（2）1 个电动给水泵功能子组，容量各为 25％～50％。

每个功能子组又分为若干个相关的设备级控制。具体的设备包括：汽泵、电动给水泵及相关的附属设备。

2. 给水系统程控启动

程控启动允许条件，以下条件全部满足：

（1）汽动给水泵 A 程控启动的启动允许条件。

（2）汽动给水泵 B 程控启动的启动允许条件。

（3）电动给水泵 A 程控启动的启动允许条件。

二、汽动给水泵功能子组

汽动给水泵的控制设备，主要包括：汽动给水泵、汽动给水泵前置泵、汽动给水泵前置泵入口门、汽动给水泵出口电动门及汽动给水泵最小流量再循环阀等。

1. 汽动给水泵 A 程控启动

（1）程控启动允许条件（以下条件全部满足）。

1）闭式冷却水泵运行。

2）除氧器水位正常。

（2）程控启动中断条件：汽动给水泵 A 事故跳闸。

（3）程控启动自动条件：给水系统程控启动指令。

（4）程控启动步序。

第一步：条件：启动功能组切自动。

指令：投入小汽轮机 A 主油泵的备用联锁。

第二步：条件：小汽轮机 A 主油泵联锁已投入。

指令：启动小汽轮机 A 主油泵。

第三步：条件：小汽轮机 A 一台主油泵已运行，且主油泵油压正常。

指令：启动主油泵油箱排烟风机；开汽动给水泵 A 前置泵入口门；开汽动给水泵 A 最小流量再循环调阀并投自动。

第四步：条件：汽动给水泵 A 前置泵入口门已开。

汽动给水泵 A 最小流量再循环调阀开度大于 80%。

小汽轮机 A 润滑油系统已经建立。

除氧器水位正常；主蒸汽压力大于 3.5MPa 或四段抽汽压力不低。

油箱排烟风机已运行。

指令：启动汽动给水泵 A 前置泵。

第五步：条件：汽动给水泵 A 前置泵已运行。

汽动给水泵 A 最小流量再循环阀已全开。

指令：启动汽动给水泵 A 盘车电动机。

第六步：条件：汽动给水泵 A 盘车电动机已运行。

汽动给水泵 A 转速大于 35r/min。

指令：汽动给水泵 A 疏水阀投自动。

开汽动给水泵 A 高压进汽电动门。

开汽动给水泵 A 低压进汽电动门。

第七步：条件：汽动给水泵 A 疏水阀组全开。

汽动给水泵 A 高压进汽电动门全开。

汽动给水泵 A 低压进汽电动门全开。

指令：开汽动给水泵 A 排汽门。

第八步：条件：汽动给水泵 A 排汽门全开。

指令：发送启动汽动给水泵 A 请求到 MEH。

第九步：条件：汽动给水泵 A 转速大于 200r/min。

指令：开汽动给水泵 A 出口电动门。

第十步：条件：汽动给水泵 A 出口电动门全开。

指令：结束。

2. 汽动给水泵 A 程控停止

（1）程控停止允许条件：无。

（2）程控停止中断条件：无。

（3）程控停止自动条件：给水系统程控停止指令。

（4）程控停止步序。

第一步：条件：停止功能组切自动。

        指令：发送停止汽动给水泵 A 请求到 MEH。

第二步：条件：汽动给水泵 A 转速小于 200r/min。

        指令：开汽动给水泵 A 最小流量再循环阀。

              汽动给水泵 A 疏水阀投自动。

第三步：条件：汽动给水泵 A 最小流量再循环阀全开。

              汽动给水泵 A 疏水阀全开。

        指令：关汽动给水泵 A 出口电动门。

              关汽动给水泵 A 高压进汽电动门。

              关汽动给水泵 A 低压进汽电动门。

第四步：条件：汽动给水泵 A 出口电动门全关 30s。

              汽动给水泵 A 高压进汽电动门全关。

              汽动给水泵 A 低压进汽电动门全关。

        指令：停汽动给水泵 A 前置泵。

第五步：条件：汽动给水泵 A 前置泵已停止 10s。

        指令：关汽动给水泵 A 入口电动门。

第六步：条件：汽动给水泵 A 入口电动门已关。

        指令：结束。

3. 汽动给水泵 A 设备级控制

(1) 汽动给水泵（简称汽泵）A。

操作方式：单操、联锁、程控。

1) 启动允许条件（以下条件全部满足）。

a) 汽动给水泵 A 前置泵电动机运行。

b) 无给水泵汽轮机 A 润滑油压力低报警且 A 给水泵汽轮机润滑油压力正常。

c) A 汽泵给水泵汽轮机排汽电动蝶阀开到位。

d) 除氧器水位正常。

e) 汽动给水泵 A 再循环电动门开启且 A 汽动给水泵最小流量调节阀位置反馈大于或等于 80%。

f) 汽泵 A 传动端径向轴承温度正常。

g) 汽泵 A 自由端径向轴承温度正常。

h) 汽泵 A 推力轴承温度正常。

i) 给水泵汽轮机 A 轴承金属温度正常。

j) 给水泵汽轮机 A 推力瓦金属温度正常。

k) 无汽泵 A 汽轮机排汽温度高。

l) 无汽泵 A 汽轮机排汽温度高高。

m) 汽泵 A 汽轮机排汽压力正常。

n) 无汽泵 A 跳闸条件。

o）汽泵 A 入口压力正常。

2）停止允许条件：无。

3）自动启动条件：汽动给水泵 A 程序启动。

4）自动停止条件：汽动给水泵 A 程控停止。

5）保护停止条件（以下任一条件满足）。

a）除氧器水位低二值（三取二）延时 2s。

b）汽动给水泵 A 运行时，汽动给水泵 A 入口流量低，且（汽动给水泵 A 再循环电动门关或汽动给水泵 A 最小流量调节阀位置反馈小于或等于 5%），延时 20s。

c）气泵 A 进口压力低，延时 30s。

d）A 汽动给水泵前置泵停止。

e）MFT 动作。

f）A 汽泵给水泵汽轮机排汽电动蝶阀关到位且未开到位。

g）汽泵 A 传动端径向轴承温度高高。

h）汽泵 A 自由端径向轴承温度高高。

i）汽泵 A 推力轴承温度高高。

j）给水泵汽轮机 A 轴承金属温度高高。

k）给水泵汽轮机 A 推力瓦金属温度高高。

l）A 汽动给水泵前置泵电动机跳闸条件。

（2）A 汽动给水泵前置泵。

操作方式：单操、联锁、程控。

1）启动允许条件（以下条件全部满足）。

a）除氧器水位正常。

b）A 汽动给水泵前置泵入口电动门开到位。

c）汽动给水泵 A 再循环电动门开到位且 A 汽动给水泵最小流量调节阀位置反馈大于或等于 80%。

d）汽泵 A 出口电动门关到位。

e）A 汽动给水泵前置泵电机定子绕组温度正常。

f）A 汽动给水泵前置泵轴承温度正常。

g）A 汽动给水泵前置泵电机轴承温度正常。

h）无 A 汽动给水泵前置泵跳闸条件。

i）A 汽动给水泵润滑油任一润滑油泵运行且油压不低。

2）停止允许条件：无。

3）自动启动条件：汽动给水泵 A 程序启动。

4）自动停止条件：汽动给水泵 A 程控停止。

5）保护停止条件（以下任一条件满足）。

a）除氧器水位低二值（三取二）。

b）汽动给水泵 A 入口流量低，且（汽动给水泵 A 再循环电动门关或汽动给水泵 A 最小流量调节阀位置反馈小于或等于 5%），延时 20s。

c）A 汽动给水泵前置泵电动机运行，A 汽动给水泵前置泵入口电动门关到位且未开，延时 2s。

三、电动给水泵功能子组

电动给水泵的控制设备，主要包括：电动给水泵、电动给水泵前置泵、电动给水泵前置泵入口门、电动给水泵出口电动门及电动给水泵最小流量再循环阀等。

1. 电动给水泵程控启动

（1）程控启动允许条件（以下条件全部满足）。

1）闭式冷却水泵运行；

2）除氧器水位正常。

（2）程控启动中断条件：电动给水泵事故跳闸。

（3）程控启动自动条件：给水系统程控启动指令。

（4）程控启动步序。

第一步：条件：启动功能组切自动。

指令：投入电动给水泵辅助油泵的备用联锁。

第二步：条件：电动给水泵辅助油泵联锁已投入。

指令：启动电动给水泵辅助油泵。

第三步：条件：电动给水泵一台辅助油泵已运行，且油压正常。

指令：关电动给水泵出口门。

第四步：条件：电动给水泵出口门已关。

指令：开电动给水泵前置泵入口门。

开电动给水泵最小流量再循环调节阀并投自动。

第五步：条件：电动给水泵前置泵入口门已开。

除氧器水位正常；电动给水泵最小流量再循环调节阀开度大于 80%。

指令：启动电动给水泵。

第六步：条件：电动给水泵已运行。

指令：开电动给水泵出口电动门。

第七步：条件：电动给水泵出口电动门全开。

指令：结束。

2. 电动给水泵程控停止

（1）程控停止允许条件：无。

（2）程控停止中断条件：无。

（3）程控停止自动条件：给水系统程控停止指令。

（4）程控停止步序。

第一步：条件：停止功能组切自动。

指令：开电动给水泵最小流量再循环阀。

第二步：条件：电动给水泵最小流量再循环阀全开。

指令：关电动给水泵出口电动门。

第三步：条件：电动给水泵出口电动门全关 30s。

指令：停电动给水泵。

第四步：条件：电动给水泵已停止 10s。

指令：关电动给水泵入口电动门。

第五步：条件：电动给水泵入口电动门已关。

指令：结束。

3. 电动给水泵设备级控制

（1）电动给水泵。

操作方式：单操、联锁、程控。

1）启动允许条件（以下条件全部满足）。

a）电动给水泵前置泵电动机运行。

b）电动给水泵润滑油压力正常。

c）除氧器水位正常。

d）电动给水泵再循环电动门开启且电动给水泵最小流量调节阀位置反馈大于或等于 80%。

e）电动给水泵轴承温度正常。

f）无电动给水泵跳闸条件。

g）电动给水泵入口压力正常。

2）停止允许条件：无。

3）自动启动条件：电动给水泵程序启动。

4）自动停止条件：电动给水泵程控停止。

5）保护停止条件（以下任一条件满足）。

a）除氧器水位低二值（三取二）延时 2s。

b）电动给水泵运行时，电动给水泵 A 入口流量低，且（电动给水泵再循环电动门关或电动给水泵最小流量调节阀位置反馈≤5%），延时 5s。

c）电动给水泵润滑油压力低低，延时。

d）电动给水泵前置泵停止。

e）MFT 动作。

f）电动给水泵任一轴承温度高高。

g）电动给水泵前置泵跳闸条件。

（2）电动给水泵前置泵。

操作方式：单操、联锁、程控。

1）冷态启动允许条件（以下条件全部满足）。

a）除氧器水位正常。

b）电动给水泵前置泵入口电动门开到位。

c) 电动给水泵再循环电动门开到位且电动给水泵最小流量调节阀位置反馈大于或等于 80%。

d) 电动给水泵出口电动门关到位。

e) 电动给水泵前置泵电机定子绕组温度正常。

f) 电动给水泵前置泵轴承温度正常。

g) 电动给水泵前置泵电机轴承温度正常。

h) 无电动给水泵前置泵跳闸条件。

i) 电动给水泵润滑油压不低。

2) 停止允许条件：无。

3) 自动启动条件：电动给水泵程序启动。

4) 自动停止条件：电动给水泵程控停止。

5) 保护停止条件（以下任一条件满足）：

a) 除氧器水位低二值（三取二）。

b) 电动给水泵入口流量低，且（电动给水泵再循环电动门关或电动给水泵最小流量调节阀位置反馈≤5%），延时 20s。

c) 电动给水泵前置泵电动机运行，电动给水泵前置泵入口电动门关到位且未开，延时 2s。

d) 电动给水泵前置泵任一轴承温度高高。

第四节 顺控系统检修维护试验

一、SCS 控制系统检修维护

（一）基本检修项目及要求

1. 机组停运前的检查

下列检查中，发现的异常情况做好记录，列入检修项目：

（1）控制系统的检查，按《火力发电厂热工自动化系统检修运行维护规程》（DL/T 774—2015）第 4.1.1 项的要求进行；

（2）各顺控子系统的运行状态，应与实际相符；

（3）减负荷和停炉过程中，顺序控制系统工作状况显示及打印记录检查。

2. 机组停运后的检修

（1）确认系统停电后，按《火力发电厂热工自动化系统检修运行维护规程》（DL/T 774—2015）第 9.1.2.1 项的要求进行。

（2）系统送电后进行下列工作：

1）检查逻辑、逻辑的各判据信号、定值、参数设置的正确性，当需要修改时，按规定修改程序进行，并做好备份；

2）各控制系统相关画面检查，应正确无误；

3）独立配置的顺序控制系统装置（系统）检修后，测试其基本性能和功能，应符合《火力发电厂开关量控制系统验收测试规程》（DL/T 658）的要求；

4）检修前后应对控制逻辑各备份一次，并做好标记存放在规定处。

3. 测试项目与技术标准

按《火力发电厂热工自动化系统检修运行维护规程》（DL/T 774—2015）第9.1.3项的要求进行。

（二）热力系统试验项目与要求

（1）试验前应具备的条件。

1）试验系统的机务、电气检修工作结束，已送电并经检查工作正常；

2）试验系统设备的单体（挡板、阀门、执行机构、电动机、测量仪表、位置开关等）调试合格，复原后正常投入使用；

3）控制逻辑检查、修改工作完成；

4）仪用气源符合质量指标要求；

5）就地及集控室手动启、停控制试验合格；

6）试验人员落实到位，各试验卡准备就绪。

（2）试验中的一般要求。

1）试验结果应与逻辑设计一致；

2）每项试验均应检查控制画面状态、信号显示、声光报警和打印记录，结果应与实际一致；

3）模拟量、开关量试验信号应从现场源头加信号；

4）试验中需强制的信号要求强制正确，记录完整；

5）试验期间若出现异常情况，应立即终止试验并恢复系统原状，故障消除后应再次试验；

6）试验结束，做好系统及设备的恢复工作；

7）做好各项试验的详细试验记录、出现的问题和处理结果记录，归档保存。

（3）试验项目与逻辑条件，应根据各机组具体设计而定。

二、风烟系统顺序控制检修维护试验

（一）投运前的试验项目及质量要求

1. 空气预热器支撑轴承、导向轴承润滑油泵联锁试验

（1）空气预热器支撑轴承、导向轴承润滑油泵联锁切自动。

（2）在现场测量元件处分别模拟支撑轴承、导向轴承油温，当油温高于启动值时，检查空气预热器备用支撑轴承、导向轴承润滑油泵应自启；当油温低于停运值时，检查空气预热器备用支撑轴承、导向轴承润滑油泵应自停。

（3）信号线复原，将空气预热器支撑轴承、导向轴承润滑油泵联锁切手动。

2. 空气预热器主、副电动机联锁试验

（1）检查空气预热器主、辅电机满足启动条件，空气预热器主、辅电机电源开关切至工作位置。

（2）显示画面已启动空气预热器主电机，正常后，投入空气预热器主、副电动机联锁。

（3）停空气预热器主电机，空气预热器主电机应停运，空气预热器辅电机应自启动。

（4）停空气预热器辅电机，显示画面上应出现空气预热器零转速信号。

3. 风机油站联锁、保护试验

（1）试验包括送风机、引风机、一次风机的液压油站和润滑抽站的试验，试验时分别检查试验对象系统正常，满足启动条件，开关切至工作位置。

（2）启动试验设备 A，检查对应的油压压力正常后，显示画面上将试验设备联锁切自动。

（3）停运试验设备 A 时，试验设备 B 应自启，反之亦然。

（4）当试验设备 A 运行时，在现场模拟油压压力低保护信号动作时，试验设备 B 应自启，反之亦然。

（5）信号恢复，试验设备联锁切手动，停运试验对象。

4. 风机、油站保护确认试验

（1）本项试验包括送风机、引风机、一次风机的试验；检查确认试验设备满足试验条件，其对应的控制开关切至试验位置。

（2）按保护确认清单逐项在现场侧送模拟试验设备保护逻辑条件信号，在显示画面上确认保护信号动作与实际相符，打印记录正确。

（3）将试验设备的设备开关切至试验启动位置。

（4）在现场侧模拟任一保护条件成立，检查试验设备的电源开关应由试验"启动"位置跳至"停止"位置，首出信号显示正确。

（5）恢复有关系统和设备至试验前的位置。

5. 锅炉风烟系统顺控各功能子组试验

（1）送风机、引风机、一次风机、空气预热器、相关的挡板，保护联锁及单体试转确认已结束；

（2）各油系统顺控子组启动条件满足时，对应的油系统相关设备应能自启动；

（3）空气预热器顺控子组切至自动，当启动条件满足时，空气预热器应能自启动；

（4）送、引风机顺控子组切至自动，当启动条件满足时，送、引风机应能自启动；

（5）锅炉风烟系统顺控及各子组切至自动，当启动条件满足时，空气预热器、送风机、引风机及各系统挡板门应自启停；

（6）恢复试验的系统和设备至试验前的位置。

（二）投运过程及要求

（1）确认风烟系统相关设备绝缘测量合格后送电；

（2）检查控制装置、热控信号等均已投入正常；

（3）启动各风机油站，并投入联锁；

（4）在空气预热器启动条件满足时，启动空气预热器并投入联锁；

（5）在送、引风机启动条件满足时，投入保护后启动送、引风机；

（6）在现场和显示画面上检查各装置运行正常，状态和参数正常。

三、制粉（磨煤机、给煤机）系统顺序控制检修维护试验

（一）投运前的试验项目及质量要求

1. 磨煤机保护试验

（1）磨煤机 A 置"试验"位置；

（2）给煤机 A 置"试验"位置；

（3）A 磨煤机润滑油泵有电；

（4）根据现场情况强制有关保护联锁信号及磨煤机和给煤机启动条件；

（5）现场逐一模拟磨煤机保护逻辑条件成立，显示画面上逐一检查保护动作条件，应正确可靠。

2. 给煤机保护试验

（1）磨煤机 A 置"试验"位置；

（2）给煤机 A 置"试验"位置；

（3）A 磨煤机润滑油泵有电；

（4）根据现场情况强制有关保护联锁信号及磨煤机和给煤机启动条件；

（5）现场逐一模拟给煤机保护逻辑条件成立，显示画面上逐一检查保护动作条件，应正确可靠。

（二）投运过程及要求

确认制粉系统执行机构、磨煤机、给煤机设备绝缘测试合格后送电：

（1）热控人员检查控制装置、热控信号等均已投入正常；

（2）确认点火条件满足、投煤条件满足、点火能量满足、磨煤机和给煤机轴温正常、磨煤机油站系统正常，启动磨煤机液压油站加载油泵，开密封风风门、出口关断门、磨煤机冷一次风门气动插板门、热一次风门气动插板门，打开给煤机入口闸门、给煤机出口闸门；

（3）关闭磨煤机 A 液压油站液动换向阀、提升磨辊，启动磨煤机，置 A 给煤机煤量指令于最小值；

（4）启动 A 给煤机，关闭磨煤机 A 液压油站液动换向阀、下降 A 磨煤机磨辊；

（5）在现场和显示画面上检查系统各设备运行正常，状态和参数显示正确。

四、汽动给水泵顺序控制检修维护试验

（一）投运前的试验项目及质量要求

1. 前置泵保护试验

（1）根据现场情况强制有关保护联锁信号及前置泵启动条件；

（2）前置泵联锁开关置于"试验"位置；

（3）现场逐一模拟前置泵保护逻辑条件成立，显示画面上逐一检查保护动作条件，应正确可靠。

2. 汽动给水泵 A/B 保护试验

（1）断开给水泵汽轮机跳闸动作输出回路。

（2）在现场逐一模拟给水泵汽轮机保护逻辑条件成立，每送一个信号，确认给水泵汽轮机跳闸输出回路应正确动作。

（3）恢复给水泵汽轮机跳闸动作输出回路。

（4）启动给水泵汽轮机油系统，确认油压正常；强制有关保护信号并做好记录。

（5）按正常操作步骤进行给水泵汽轮机挂闸操作。

（6）模拟任一给水泵汽轮机保护逻辑条件成立，给水泵汽轮机应可靠跳闸。

（7）设备恢复至试验前状态。

3. 给水泵汽轮机润滑油泵联锁试验

（1）检查给水泵汽轮机工作油泵 A 运行正常，润滑油母管压力正常，给水泵汽轮机油站联锁切自动。

（2）停给水泵汽轮机工作油泵 A，检查工作油泵 B 应自启，润滑油母管压力正常；反之亦然。

（3）在现场模拟润滑油母管压力低信号，检查工作油泵 B 应自启动。

（4）恢复润滑油母管压力低信号；停给水泵汽轮机工作油泵 A。

（5）模拟润滑油母管压力低 Ⅱ 值信号，检查工作油泵 A、直流事故油泵应自启动。

（6）恢复润滑油母管压力低 Ⅱ 值信号；停给水泵汽轮机工作油泵 B。

（7）在现场模拟调节油母管压力低信号，检查工作油泵 B 应自启动。

（8）恢复调节油母管压力低信号。

（9）设备恢复试验前状态。

4. 给水泵汽轮机顶轴油联锁试验

（1）检查给水泵汽轮机润滑油系统工作正常，强制有关信号；

（2）在现场模拟润滑油压低信号，开启顶轴油泵时电动机应拒启动，恢复润滑油压低信号；

（3）开启给水泵汽轮机顶轴油泵 A，待泵出口压力正常后，将给水泵汽轮机顶轴油泵联锁切自动；

（4）停顶轴油泵 A，B 泵应自启动，反之亦然；

（5）现场模拟顶轴油泵出口压力低信号，顶轴油泵 B 应自启动，信号恢复；

（6）将给水泵汽轮机顶轴油泵联锁切手动后，手动停顶轴油泵 A、B 泵；

（7）将给水泵汽轮机顶轴油泵联锁切自动，顶轴油泵 A、B 泵应自启动；

（8）在现场模拟给水泵汽轮机转速不低信号，检查顶轴油泵 A、B 应自停；

（9）将给水泵汽轮机顶轴油泵联锁切手动；

（10）设备及信号恢复至试验前状态。

5. 给水泵汽轮机 A/B 排汽减温水控制阀联锁试验

（1）减温水联锁控制切自动；

（2）在现场模拟排汽温度高信号，阀门应自动开启；

（3）恢复排汽温度高信号，延时后阀门应自动关。

6. 给水泵汽轮机 A/B 疏水紧急隔离试验

（1）按给水泵汽轮机疏水紧急隔离按钮；

（2）确认冷再至给水泵汽轮机母管疏水阀、给水泵汽轮机调节级疏水阀、给水泵汽轮机轴封漏汽疏水阀、给水泵汽轮机本体疏水阀、给水泵汽轮机轴封进汽阀后疏水阀均应自动打开。

（二）投运过程及要求

确认汽动给水泵组油泵、油箱排烟风机电动执行机构绝缘测试合格后送电；

（1）检查控制装置、热控信号等均已投入正常；

（2）投入给水泵汽轮机油泵联锁及给水泵汽轮机本体疏水联锁自动；

（3）检查给水泵汽轮机及汽动给水泵保护系统正常；

（4）投入给水泵汽轮机顺控，各状态正常；

（5）在现场和显示画面上检查各系统运行正常，状态和参数显示正确。

五、电动给水泵顺序控制检修维护试验

（一）投运前的试验项目及质量要求

1. 电动给水泵辅助油泵联锁试验

（1）电动给水泵油系统启动前，检查投运条件成立；

（2）启动电动给水泵辅助油泵后，油泵联锁切自动；

（3）现场模拟润滑油压低信号，辅助油泵应自启，恢复信号原状；

（4）现场模拟润滑油压高信号，辅助油泵应自停，恢复信号原状；

（5）将电动给水泵辅助油泵联锁切至手动。

2. 电动给水泵保护试验

（1）启动电动给水泵辅助油泵，确认油压正常，检查电动给水泵启动条件，强制有关电动给水泵信号及启动条件，并做好记录；

（2）将电动给水泵电气开关送至"试验"位置，进行电动给水泵的分闸和合闸操作试验、就地事故按钮分闸试验，确认操作动作及电动给水泵的启、停状态正确；

（3）"试验"位置启动电动给水泵后，当现场模拟电动给水泵硬保护逻辑任一条件成立时，检查确认电动给水泵应可靠跳闸；

（4）信号及系统恢复至试验前状态。

3. 电动给水泵联锁试验

（1）已试验合格的电动给水泵辅助油泵撤出联锁后停用，检查电动给水泵启动条件及程控启动条件，根据现场情况在信号源点处，强制有关电动给水泵保护信号及启动条件信号，并做好记录；

（2）开启电动给水泵前置泵进口阀，电动给水泵转速控制切自动，关闭电动给水泵旁路阀后其控制切自动，电动给水泵再循环阀控制切自动并确认电动给水泵再循环阀全开；

（3）将电动给水泵电气开关切至"试验"位置，关闭电动给水泵出口阀（电动给水泵开阀备用试验时，此步操作为开启电动给水泵出口阀），投入电动给水泵程控自动；

（4）模拟汽动给水泵 A/B 速关阀关闭信号，电动给水泵辅助油泵联锁应切自动、电动给水泵辅助油泵应自启、电动给水泵应自启动且电动给水泵出口阀应自动打开；

（5）恢复汽动给水泵 A/B 速关阀关闭信号，停电动给水泵；

（6）模拟汽包水位低及给水母管与汽包差压低信号，按（3）~（5）步进行电动给水泵自启试验应正常；

（7）系统及信号恢复至试验前状态。

（二）投运过程及要求

确认给水系统电动执行机构、电动给水泵设备绝缘测试合格后送电：

（1）热控人员检查控制装置、热控信号等均已投入正常；

（2）确认除氧器水位正常、全开前置泵进水阀、启动辅助油泵并投入联锁、再循环阀投入"自动"；

（3）启动电动给水泵润滑油泵，开启电动给水泵进口阀；

（4）检查电动给水泵启动条件满足后，投入电动给水泵保护并启电动给水泵；

（5）在现场和显示画面上检查系统各设备运行正常，状态和参数显示正确。

第六篇　汽轮机控制系统

第六篇　六种机制解说

第三十五章 汽轮机控制油（抗燃油）系统

第一节 EH系统概述

汽轮机蒸汽进汽阀门控制采用液压油控制，控制介质采用高压抗燃油。电液伺服系统的核心元件是伺服阀。伺服阀根据DEH给定电信号和反馈电信号所构成的偏差控制阀芯运动，从而控制油动机活塞的运动。油动机活塞驱动相应的蒸汽进汽阀门，快速调节汽轮机的蒸汽量，控制汽轮机按要求运行。

系统由两部分组成：EH供油系统和抗燃油动机，供油系统和油动机之间通过一组不锈钢的压力油管和回油管连接起来，将供油系统的压力油送到阀门执行机构，并将执行机构的回油送回到油箱。

第二节 EH供油设备

EH供油系统为一个集成式的组合油箱，抗燃油装载容量为800L/1000L的油箱中，其他设备都布置在油箱上，结构紧凑，有利于电厂安装布置。抗燃油为一种磷酸酯型合成油，自燃温度较高，不易燃烧。但是对工作环境温度要求较高，一般要求运行温度控制在35~55℃之间。

EH供油系统主要由三部分构成：油箱、压力油系统和在线循环系统。

一、油箱

油箱是供油系统的载体，由不锈钢材料制成，容量约为800L/1000L。油箱中装有控制系统所需的介质——抗燃油。为了防止系统泄漏，在油箱下部还设计有油盘，可以容纳整个系统的油量。油泵安装在油箱的顶部。为了对系统运行状况进行监视，相应的设置了一些测量仪表，如液位开关、测温热电阻、压力变送器、压力开关等。在油箱侧面还装有电气接线盒，所有的电气信号都汇总到接线盒里。

油箱还带有油位指示器、放油门。在油箱顶部还装有呼吸器。抗燃油必须使用三芳基磷酸酯型的合成油。油质要求符合DL/T 571—2014《电厂用磷酸酯抗燃油运行与维护导则》。

二、压力油系统

压力油系统由EH主油泵、过滤器、溢流阀、蓄能器、控制器以及压力测量装置等组成。

EH 主油泵采用变显恒压泵，从安全可靠考虑，采用 $2\times100\%$ 配置，一用一备。油泵设定的正常工作压力为 16MPa，出口压力通过油泵上的压力控制器调节，油泵出口压力值采用外置遥控方式调整。通过安装在控制块上的溢流阀来限制油泵出口的最高压力，然后再进入主滤油器。当油泵出口压力超过正常运行压力一定值时溢流阀打开，以防系统超压。过滤器装有一个 3μ 的滤芯，将油中的杂质过滤以保证系统中油的清洁度。过滤器带有差压指示，当滤芯变脏堵塞后会发出报警信号，提醒维护人员更换滤芯。过滤器前后配有隔离阀，以方便更换滤芯。在每个主油泵的出口和压力油总管都安装有压力变送器，压力信号送给控制系统以监视系统的工作状况，并进行联锁控制和保护。

溢流阀安装在控制板上共两只分别限制各自油泵的出口压力。为了维持系统变工况运行时油压的稳定，配置有 5 只 50L 容量的蓄能器，安装在油箱的侧面，和油泵出口的压力油总管相连。皮囊式蓄能器为一个充满高压气体的气囊和钢筒组成。工作时皮囊充有 9.3MPa 压力的氮气，皮囊外的钢筒和高压油系统相连。系统工作时，16MPa 压力的高压油作用在皮囊上，将氮气压缩。当系统油压发生波动下降时，受压的氮气发生膨胀，从而稳定系统的压力。每个蓄能器的充气侧都配有安全阀，当系统超压时可泄压，还可将蓄能器提供部分油量从系统中隔离进行检修。

压力油通过总管分成五路，经过隔离阀后分别送到主汽门和调节阀油动机。五路分别是：左侧主汽门、调节阀油动机；右侧主汽门、调节阀油动机；左侧再热主汽门、调节阀油动机；右侧再热主汽门、调节阀油动机；补汽阀油动机。如果给给水泵汽轮机供油，则增加两路压力油和两路回油。

三、在线循环系统

EH 系统的关键是电液伺服系统，其核心元件是伺服阀。伺服阀的性能决定整个系统的性能（稳定性、快速性、准确性）。伺服阀对油液的污染非常敏感，电液伺服系统中有 90% 的故障是由于油液污染造成的。因抗燃油对温度和杂质以及油的物理化学特性（如酸值、电导率、含水量等）的要求非常高，为了保证系统的长期可靠地运行，并维护控制介质特性的稳定，采用高效油处理系统就显得十分重要。本系统配置的在线循环系统，主要包括冷却系统和再生系统。

循环系统采用两套冗余的系统，每套系统包含一套双联泵，即一台电动机带动两只油泵。一只油泵用于向冷却系统提供油源，另一只油泵用于向再生系统提供油源。

由于抗燃油对于温度的变化非常敏感，如果温度过高，油的老化将非常快。因此，一个性能优良的冷油器非常重要。本系统冷却器采用强制式空气冷却，其结构简单，不需要冷却水，又可避免了冷却器中的水进入到油中。冷却泵将油从油箱送到空气冷却器，通过风扇对油进行强制冷却，再经过滤油器后返回油箱。滤油器共两套，冗余配置。

两台再生油泵出来的油经过止回阀后合并为一路油，送到再生装置。再生装置由分子筛和离子交换器组成，以改善油质，并过滤油中的杂质，降低抗燃油的酸值。再生后的油再经过滤油器后送入油箱。离子交换器采用有效的去酸材料，而分子筛的主要作用是吸附油中的水分。

通过再生处理，提高了磷酸酯合成油的使用和经济效益，延长使用寿命意味着废油处理的最小化。在再生装置前还设计有过压阀，如果再生装置发生堵塞，油将通过压阀旁路回油箱。

四、测量设备

为了保证系统的正常运行，系统还配置了相应的热控测量设备。主要有油位液位开关、油箱油温热电阻、滤油器差压开关、油压变送器等。这些信号送到控制系统，提供对整个系统控制监视。

五、抗燃油

该规范指出了用于带有完整液压供油（额定压力 16MPa）的电液控制器的抗燃油规范。仅能使用符合规范 TLV 901202.A 的抗燃油。

根据 ISO 6743/4 抗燃油是由磷酸酯组成的无水液体。三芳基磷酸酯是磷酸氢氧化物和苯酚和含有自然原材料（自然抗燃油）或人造原材料（抗燃油）的苯酚衍生物的反应生成物。最终产物必须是不含毒害神经量的磷甲酚化合物。

为了提高某些特性，如侵蚀保护、氧化稳定性，可能会包含对抗燃油系统中材料或运行无副作用添加剂。抗燃油不能引起对以下材料的沉积：铁、铜、铜合金、锌、锡、铝。

抗燃油系统中使用的抗燃油必须对材料具有侵蚀保护作用。抗燃油能够通过再生装置持续再生。必须不能引起任何侵蚀和腐蚀，尤其是在控制元件的边角处。

抗燃油的黏性等级必须遵守 ISO VG46。

在以上提及的条件和正常再生处理情况下，抗燃油在不保养情况下的最低运行时间为 25 000 运行小时。抗燃油必须具有剪切稳定性。应当不包含任何改良剂。

从系统中泄漏的抗燃油在接触热表面（550℃）时不能点燃或燃烧。必须能够在 75℃时保持长时间运行其物理、化学性质不改变。

抗燃油必须能与其他类型但"基"相同（天然或合成）的三芳基磷酸盐酯混合（容积比 3%），且在该比例混合时抗燃油的性质不改变。

抗燃油必须与下列系统包装材料兼容：

碳氟橡胶、丁基橡胶、三芳基磷酸酯、聚乙烯、聚氨酰、二异氰盐酸粘胶、聚亚安酯/聚酯。

抗燃油必须不会对遵守常规工业品使用规定使用它的人员造成安全和健康伤害。

运行限制值。

在寿命期内，以下限制值不能超过：

(1) 运动黏度：与交付条件相比最大±5％变化。

(2) 中立数：比交付条件最高提高 0.20mgKOH/g。

(3) 空气释放：最大 12min。

(4) 起泡：50℃。

趋势：最大 220mL。

稳定性：最大 450s。抗燃油技术要求见表 35-1 。

表 35-1　抗燃油技术要求

特性		数值	单位	测试方法	
				DIN/ISO	ASTM
40℃(104℉) 运动黏度 ISO VG46		41.4～50.6	mm²/s	DIN 51562-1	ASTMD445
50℃(122℉) 空气释放		≤3	min	DIN51381	ASTMD3427
中立数		≤0.10	mgKOH/g	DIN51558-1	ASTMD974
水容量		≤1000	mg/kg	DINS1777-1	ASTMD1744
50℃(122℉) 泡沫	趋势	≤100	mL	—	ASTM D892
	稳定性	≤450	s		(次序 1)
水可分离性		≤300	s	DIN51 589-1	—
抗乳化作用		≤20	min	DIN51 599	ASTM D1401
15℃(59℉) 时的密度		≤1250	kg/m³	DIN51 757	ASTM D1298
闪点（COC）		＞235（＞455）	℃(℉)	IS02592	ASTM D92
燃点		＞550（＞1022）	℃(℉)	DIN51 794	
弱火焰持续时间		≤5	s	ISO/DIS14935	
倾点		≤−18（≤0）	℃(℉)	ISO3016	ASTM D97
颗粒分布		≤15/12	—	ISO4406	
氯含量		50	mg/kg	DIN51 577-3	—
氧化稳定性		≤2.0	mgKOH/kg	DIN51 373	
水解稳定性，中立数变化		≤2.0	mgKOH/kg	DIN51 348	
电阻率		＞50	MΩ·m	IEC247	

运行中必须重点注意以下指标：

颗粒度：油中颗粒度超标会使伺服阀卡涩，影响甚至使阀门关闭。

含水量：油中含水量增加会促使抗燃油水解，酸值提高，电阻率降低。

酸值：酸值提高，会对系统中的设备尤其是伺服阀造成腐蚀，泄漏增大，控制不稳定甚至无法控制。

电阻率：电阻率降低同样会对伺服阀造成腐蚀，造成严重后果。

第三节　阀门执行机构

抗燃油动机为单侧作用的油动机，即通过 EH 供油系统来的压力油开启阀门，弹簧力关闭阀门。油动机为直装式，不通过杠杆直接安装在阀门上，弹簧室在阀门和油动机中间，还可以起隔热的作用。油动机在全关位置时，弹簧有一定的预压缩量，提供预压力。高压油作用在油缸的活塞上，克服弹簧力的作用，将阀门打开，油动机根据控制方式的不同，分为主汽门油动机和调节阀油动机。主汽门油动机为全开全关型，只有全开和全关两个位置。调节阀油动机为调节型，可根据控制的要求保持在不同的阀位。超超临界汽轮机共有 9 只油动机，分别是主汽门油动机 2 只，调节阀油动机 2 只，再热主汽门油动机 2 只，再热调节阀油动机 2 只，以及补汽阀油动机 1 只。

一、调节型执行机构

调节性执行机构即可根据控制的要求将阀门控制在需要的位置，从而调节阀门的进汽高压调节汽阀油动机、中压（再热）调节汽阀油动机和补汽阀油动机为调节性执行机构。

调节阀油动机主要由弹簧室（包括关闭弹簧）、油缸缸体、电液伺服阀、快关电磁阀、单向阀、过滤器、位移传感器、漏油盘、电气接线盒等组成。

从供油系统来的压力油经过过滤器后分为两路，一路到快关电磁阀，一路到电液伺服阀。快关电磁阀共两只，冗余配置，接受汽轮机保护系统来的信号。正常工作时电磁阀为带电状态，失电后阀门快关。当快关电磁阀接受到保护系统的信号失电后，电磁阀将控制单向阀的压力油接通回油，使单向阀打开。单向阀连接着油缸活塞的上下腔室，使活塞上下腔室连通，使活塞两边的油压力平衡。油动机在弹簧力的作用下迅速动作，油缸下部的油迅速返回到上部，加快了回油速度，使整个油动机的关闭时间控制在 0.2s 之内。

电液伺服阀接受控制系统来的电信号，根据需要将压力油通到活塞打开阀门，或将压力油从油缸中放出，使阀门关闭。控制系统接受阀门的位置反馈信号，和阀位的指令信号比较，进行计算后发出控制指令到电液伺服阀，从而精确地将阀门控制在所需要的开度。

为了防止油中的杂质进入油动机，压力油在进入电磁阀和电液转换器前，分别经过精度为 $25\mu m$ 和 $10\mu m$ 的滤芯。

电磁阀块安装在油缸缸体上，上面安装有快关电磁阀、止回阀和插装式单向阀。电磁阀块通过内部油路和油缸体油路相连。快关电磁阀为二位三通电磁阀，电磁阀接受保护系统来的控制信号。在线圈带电时，压力油 P 口和控制油口 A 相通，将压力油作用在单向阀上。在线圈失电时，电磁阀的阀芯动作，将压力油 P 口封闭，将控制油口 A 和回油口 T 接通，将作用在单向阀上的压力油接回油，从而将单向阀打开，将控制油接通回油在电磁阀压力油口 P 处，还安装有 $\phi0.8$ 的节流孔。在电磁阀控制油出口接到止回阀控制油口，以保证在电磁阀带电后，止回阀控制油口建立压力，从而将止回阀关闭。

为了加快油动机在关闭时的速度，在单向阀后又增加了一个通流面积更大的单向阀。

电气接线盒装在油动机油缸块上，所有电气信号（电磁阀、电液转换器、液位开关、位移传感器）接到接线盒，再通过电缆接到控制柜。

油动机的回油通过回油管直接回到油箱。

二、开关型执行机构

开关型执行机构即只有全开全关两个位置，阀门不在中间位置停留，即不调节阀门的流量，仅起关断作用。本机组高压主汽门和中压（再热）主汽门为开关型执行机构。

主汽门油动机和调节阀油动机类似，差别在于由控制开启的电磁阀（方向阀）代替电液伺服阀。在机组挂闸后，首先快关电磁阀带电。当需要开启主汽门时，该电磁阀失电，将主汽门打开。即机组在正常运行主汽门开启时，快关电磁阀带电，而方向阀是不带电的。

油动机在制造厂装配时，必须保证清洁。装配后进行冲洗，保证内部不含任何杂质。在电厂安装后，油动机不再进行冲洗，仅冲洗油管路。

主汽门和调节阀是一拖一配置，即一只主汽门配一只调节阀。一侧的主汽门和调节阀共用一根压力油管和一根回油管。压力油管在油箱出口配有隔离阀，如果油动机出现故障需要不停机进行检修，可以将隔离阀关闭，将相应的主汽门和调节阀从系统中隔离，对设备进行处理。

第四节　主要部件说明

一、抗燃油箱控制块

油箱控制块为油泵出口油路组合块，由块体、滤油器、溢流阀、压力变送器及相关阀门等组成。两个油泵出口压力油进入油路块，分别接入过滤器，过滤器两端接有截止阀，然后通过单向阀后汇合成一路输出到油路分配总管。过滤器前安装有溢流阀，设置为 19MPa，溢流阀动作，溢流回油箱，以防系统超压。每个滤油器后及总管上安装有压力变送器。

二、电液伺服阀

电液伺服阀为 2 级伺服方向阀，由带永久磁铁控制马达的第一级和设计成喷嘴挡板阀的液压放大器，用于控制主流量的第二级。先导控制为喷嘴/挡板式放大器。当力矩马达不运行时，弹簧使挡板和电枢处于中位。挡板从喷嘴之间的中间位置移动，由此产生的压差作用于控制阀芯的端面。由于压差的作用，控制阀芯改变其位置。固定在电枢上的反馈杆插在控制阀芯的沟槽内。控制阀芯改变其位置，直到反馈扭矩和电气马达扭矩相平衡，这时压差降低到零。由此，控制阀芯的位移与输入信号成比例，从阀到执行机构的实际流量取决于阀的位移。外部电子放大器（伺服放大器），用于控制阀。将模拟输入信号（给定信号）放大，使得来自控制电子发大器的输出信号能够用于控制伺服阀。

三、位移传感器

位移变送器采用磁致伸缩型变送器，为内置非接触式结构。其特点是精度高、可靠性强，且不易损坏。该装置主要由测杆、电子仓和套在测杆上的非接触的磁环组成，磁环固定在油动机活塞杆上，随活塞一起移动。通过测量电子仓和磁环间的脉冲时间差，可精确测出被测的位移。其输出信号为 4~20mA 信号，送到控制系统作为反馈用。

磁致伸缩位移传感器，是利用磁致伸缩原理，通过两个不同磁场相交产生一个应变脉冲信号来准确地测量位置的。测量元件是一根波导管，波导管内的敏感元件由特殊的磁致伸缩材料制成的。测量过程是由传感器的电子室内产生电流脉冲，该电流脉冲在波导管内传输，从而在波导管外产生一个圆周磁场，当该磁场和套在波导管上作为位置变化的活动磁环产生的磁场相交时，由于磁致伸缩的作用，波导管内会产生一个应变机械波脉冲信号，这个应变机械波脉冲信号以固定的声音速度传输，并很快被电子室所检测到。由于脉冲信号在波导管内的传输时间和活动磁环与电子室之间的距离成正比，通过测量时间，就可以高度精确地确定距离。

四、快关电磁阀块

油动机电磁阀块由阀块、电磁阀、止回阀（插装阀、单向阀）组成。

快关电磁阀采用德国 REXROTH 公司的两位三通电磁阀。压力油 P 分别接至两个电磁阀的 P 口，油动机正常工作时电磁阀线圈通电，压力油口 P 和控制油口 A 接通，使压力油作用在单向阀上，单向阀关闭。控制系统需要阀门快速关闭时，电磁阀失电，压力油口 P 关闭，控制油口 A 和回油口 T 接通，将作用在单向阀上的压力油泄去，单向阀打开。

电磁阀，单向阀冗余配置，任何一路阀门打开都会使油动机快关。

电磁阀进油口 P 还安装有一个直径为 $\phi0.8$ 的节流孔。

第三十六章 数字式电液控制系统（DEH）

第一节 DEH 概 述

DEH 通过控制阀（CONTROL VALVE）控制进入汽轮机的蒸汽流量，并根据运行要求，在不同情况下控制汽轮机转速、负荷、主蒸汽压力等参数。

DEH 是数字式控制装置，输入模件将机组控制所需的模拟量、开关盘等信号转化为数字量信号送到控制器进行计算，输出模件再将计算后的数字量信号转化为控制设备所用的模拟量、开关量信号。转速、负荷、主蒸汽压力控制器的输出信号通过中央低选模块进入主控制器，输出的阀位控制信号经放大后送到油动机，电液油动机通过液压控制调节阀，DEH 提供最佳的负荷运行及稳定电网运行功能，并可以方便地选择控制方式，如汽轮机跟踪、锅炉跟踪、协调运行等。

根据超超临界机组的设计思想，其控制为模块化的。本机组主控主要包含以下模块：

(1) MYA01 汽轮机控制器。

(2) MAY80 汽轮机主控程序。

(3) MAA01 汽轮机阀门控制。

(4) MAY10 转子应力计算和 X 准则。

(5) MAY40 鼓风控制。

其中，汽轮机控制器为控制系统的核心，主要由以下部分组成：

(1) 控制信号处理。

(2) 转速/负荷控制器 NPR。

(3) 主蒸汽压力限制/控制器 FDPR。

(4) 高压缸排汽温度控制 HATR。

(5) 设定值选择 OSB。

(6) 甩负荷控制 LAW。

(7) 汽轮机阀位控制。

一、汽轮机自启动

在自启动系统的作用下，汽轮机能够安全地，在一个合适的时间启动。这符合电厂可能的最短启动时间和高可用性的经济要求。在启动过程中，汽轮机主顺控程序控制整个冲转过程。汽轮机主控程序（SGC）在启动前判断机组是否满足启动条件，在启动冲转及带负荷过程中，监视汽轮机的状态，如蒸汽温度、阀门及汽缸的金属温度，并判断是否满足机组启动冲转的条件（X 准则）。通过对关键部件（阀门、转子、汽缸）进行应力计算，计算出温度裕度，确定升速率和升负荷率；在不同的阶段赋予启动装置 TAB 相应的定值，以满足控制的要求；在启动过程中在适当的时机向汽轮机辅助系统及其他相关系统发出指令并从这些系统接受反馈信号，使这些系统的状态与汽轮机启动的要求适应。

汽轮机主控程序（SGC）可由运行人员在集控室发出启停指令，也可接受机组级协调控制指令，完成全厂自启停。

汽轮机主控程序的任务就是使汽轮机和所有需要启动的辅助系统达到安全、可靠地从停机状态转换到发电运行状态。

汽轮机主控程序包含以下子模块。

1. 辅助系统的自动启动控制

它自动启动下列系统：

（1）汽轮机润滑油系统；

（2）汽封系统；

（3）控制汽轮机蒸汽阀的 EH 供油系统。

并使汽轮机达到汽轮机盘车运行和旁路运行状态。

2. 汽轮发电机组的自动启动控制

辅助系统利用"辅助系统自动启动控制"或手动启动辅助系统，启动并达到稳定状态后，"汽轮发电机自动启动控制"将使汽轮机从盘车状态转换为发电状态。

当汽轮机控制器切换到负荷调节时，启动程序就完成了。

自动停机程序使汽轮发电机组从发电状态进入汽轮机阀门全部关闭的状态。这个过程中，它也采取措施使汽轮机停机并进入到盘车状态。

二、汽轮机预热过程时可变的温度准则

运行模式的改变，例如带蒸汽冲转，升速到暖机速度或额定速度，同样地，汽轮机加载程序以蒸汽压力和主蒸汽流量突变的形式给汽轮机强加载荷，这都会使热传递增加。在现有的运行条件下，是否允许改变到期望的模式，是需要一个判断标准的。可变的温度准则就描述了一个使汽轮机在一个适宜的时间启动，而又不超出预设的热应力限制值的蒸汽工况。

主要的温度准则有：

（1）开启高压主汽门前的有效准则。

温度准则 X1：避免高压蒸汽阀体的不确当冷却。

温度准则 X2：避免由于饱和蒸汽温度的不平稳增加而引起高压蒸汽控制阀的不适当加载。

（2）开启高压和中压蒸汽调节阀前的有效准则。

温度准则 X4：高压汽轮机——避免末级存在湿蒸汽。

温度准则 X5：高压汽轮机——避免高压汽轮机汽缸及转子的冷却。

温度准则 X6：中压汽轮机——避免中压汽轮机汽缸及转子的冷却。

（3）加速到额定速度和加载前的有效准则。

温度准则 X7：高压汽轮机转子/汽缸合适的预暖温度准则。

温度准则 X8：中压汽轮机转子合适的预暖。

三、启动装置（TAB）

汽轮机启动与进汽限制器 TAB（Turbine Startup and Admission Limiting Device）。

启动装置有如下任务：

（1）释放汽轮机保护系统。

（2）动作汽轮机进汽阀门关闭电磁阀遮断。

（3）动作主汽门方向阀。

通过模拟量的设定值释放汽轮机控制器的阀位输出。

TAB 还提供信号到汽轮机子组控制（SGC），控制油系统子组控制和其他控制系统。

只有当控制油系统正常运行后 TAB 才能启动。

当汽轮机组启动时，TAB 由汽轮机子组控制自动启动。在汽轮机自动停机时，TAB 通过汽轮机遮断系统遮断降到零。当所有的汽轮机遮断信号释放后，给 TAB 发出一个连续的复置指令。运行人员也可通过操作员站启动和停止 TAB。

TAB 和汽轮机主控程序配合，完成汽轮机的启动停机过程。

TAB 由函数发生器发送一个模拟量信号。在汽轮机保护系统未复位时，TAB 保持"零"信号。保证调节阀可靠关闭。

根据 TAB 不同的值，汽轮机完成下列任务，见图 36-1。

启动时：

>12.5% 复置汽轮机保护系统。

>22.5% 主汽门再热主汽门快关电磁阀带电。

>32.5% 调节阀再热调节阀快关电磁阀带电。

>42.5% 主汽门再热方向电磁阀失电，主汽门开启。

>50% 通过 SGC，开启调节阀，冲转汽轮机。

停机时：

<37.5% 主汽门再热主汽门快关电磁阀失电，主汽门关闭。

<27.5% 调节阀快关电磁阀失电，调节阀关闭。

>17.5% 主汽门快关电磁阀失电。

>7.5% 汽轮机遮断。

=0 汽轮机处于遮断状态，准备重新启动。

在机组启动或停机过程中，TAB 到达限值后，会停止动作，等待相应

启动装置46%～92%–阀位控制器–10%～105%

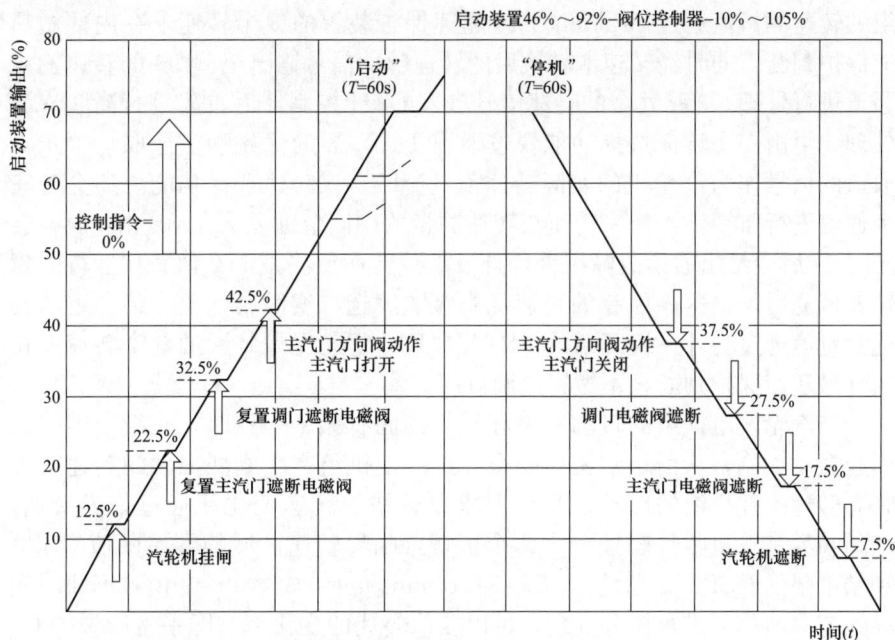

图 36-1　启动装置功能图

的任务完成并接收到反馈信号后，TAB 才会继续。

　　TAB、转速负荷控制器输出和主蒸汽压力控制器输出通过中央低选模块后，输出阀位指令到阀位控制器去控制阀位开度。

第二节　DEH 主控逻辑说明

一、转速控制

　　汽轮机转速调节系统主要包括实际转速测量和处理功能 NT、转速设定值功能 NS 及转速/负荷调节功能 NPR 三大部分，其作用是根据汽轮机自启动控制程序 SGC STEAM TURBINE 设定的目标转速，完成汽轮机从启动到低速暖机、冲转至额定转速到同期并网的转速控制。在这过程中，为了限制汽轮机的热应力，机组转速的升降速率取决于热应力评估 TSE 模块的计算结果，运行人员无法手动干预。另外，机组并网期间也可通过转速控制达到控制负荷的目的。

　　1. 转速的测量和处理 NT

　　汽轮机的大轴上 2 号轴承处装有一个测速齿轮盘，齿轮盘的凹槽是一个固定数，为 60 齿。齿轮盘随汽轮机的转子高速旋转，每个凹槽转过传感器时都会使传感器的感应电压发生变化，传感器输出信号的频率也因此与汽轮机转速呈线性关系。通过这个频率和齿轮数就可以准确地测量计算出汽轮机转速。

　　汽轮机共设置有六个转速传感器，每三个一组，分成两组。其中第一组的转速测量值通过 BRAUN E16 超速保护装置的 3 个转速卡在内部做超速保护判断，同时经转速卡转换后的转速脉冲信号输出至 DEH 的转速输入通道进行处理。3 路冗余的转速信号进入 DEH 控制器后首先进行高频滤波处理，再由一个转速选择功能块按通道 1、2、3 的优先顺序选取一个正常通道的信号作为汽轮机的实际转速值（NT）。该转速选择功能块还会对三个通道进行监视，当任一转速与转速测量的中间值偏差大于 3r/min 时，会延时 3s 后会给出通道故障报警，且该故障转速值将由 NT 值替代。待故障转速恢复后，仍遵循原有的转速优先级顺序选取实际转速值。第二组的转速测量值通过另外一组冗余的 BRAUN E16 超速保护装置的 3 个转速卡在内部做超速保护判断，不做转速调节用。

当汽轮发电机组的转动频率和转子的固有频率一致时，机组会因共振引起振动加剧，从而影响机组安全。这一使机组产生剧烈振动的转速称为临界转速。在机组的启动过程中要求以较快的转速变化率通过临界转速。超超临界汽轮机临界转速分为两个区域，临界转速区域的开始限值 GSPA 和结束限值 GSPE 分别是：390～840r/min 和 900～2850r/min。DEH 对实际转速测量信号进行微分处理，可以获取转速的变化率，即平常所说的升、降速率。要求过临界的转速不少于 $100r/min^2$。在汽轮机启动过程中（非汽轮机跳闸后的惰走过程），当转速处于临界转速区域内且机组的升速率低于 $100r/min^2$ 时，DEH 将自动退出启动程序，并在操作员画面上发出升速率过低的报警。

DEH 对机组启动过程中的热应力控制十分严格，从冲转条件到暖机程度的判断，从升速率的计算到变负荷速率的限制，热应力评估器 TSE 都发挥重要作用。因此机组在临界转速区域内发生 TSE 故障时，DEH 也将退出自动启动程序。

当 DEH 退出启动时，会发出退出启动信号 ANFABR。此时转速设定值 NS＝当前实际转速 NT-60r/min，从而确保调节阀可靠关闭直至退出临界转速区域。然后由运行人员在 DEH 操作员画面复置"转速设定值复位按钮"后，DEH 才会将退出启动信号 ANFABR 复位，并允许 DEH 再次设高目标转速重新冲转。

为满足做一次调频试验的需要，DEH 还具有模拟电网频率扰动功能。当模拟电网频率扰动的命令开始，仿真模块会在一定的范围内根据实际需要的变化率、幅值和持续时间给出一个模拟的频率变化量，并加到转速的实际值中。

2. 转速设定值 NS

转速设定值 NS 是不同工况下汽轮机需要达到的目标转速。将目标转速经过一定的变化率限制后生成的转速指令成为延时转速设定值 NSV。NSV 的变化速率是由热应力评估器 TSE 的温度裕度计算得出的，速率控制在 $600r/min^2$ 以内，运行人员无法手动改变 NSV 的变化速率。延时转速设定值 NSV 是有效的转速设定值，作用于转速调节器 NPR 进行转速控制。NS

和 NSV 都在 DEH 操作员画面上显示。

不同工况下的目标转速设定值 NS 见表 36-1。

表 36-1　不同工况下的目标转速设定值 NS

序号	工　况	转速设定值	说　明
1	过临界时升速率小或 TSE 故障，退出自动启动程序； 启动限制器 TAB 输出小于 50％； 汽轮机跳闸	＝NT-60	在转速跟踪方式下，设定值永远小于实际值，转速控制器 NPR 的输出为负，保证阀门可靠关闭
2	临界区域外 TSE 故障； 同期并网时的转速调整	＝NSV	跟踪延时转速设定值
3	机组并网带上初负荷后； 机组发生甩负荷	＝3000	
4	升至同步转速指令	＝3009	目标转速略高于额定转速，保证发电机正向并网
5	升至暖机转速指令	＝360	
6	DEH 控制负荷时，NPR 调节器在负荷控制 LBPR 与转速控制 LBNP 间切换产生设置指令 SB	＝SVNS	根据无扰切换计算出 SVNS
7	手动设定目标转速		由运行人员在 DEH 操作员画面上设定目标转速

注　以上工况的优先级自上而下逐渐降低。

在启动过程中，延时转速设定值 NSV 和实际转速 NT 的偏差大于 30r/min 时，NSV 会保持当前值不变直至与实际转速的偏差小于 30r/min。

3. 转速控制回路

转速控制的原理如图 36-2 所示。

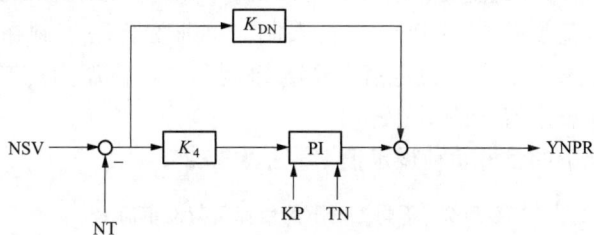

图 36-2　转速控制原理

DEH 在转速控制方式时，延时转速设定 NSV 和实际转速 NT 的偏差再乘上转速不等率的倒数 K_4 即（NSV－NT）×K_4 作为 PI 调节器输入。KP、TN 分别为 PI 调节器的比例系数和积分时间。同时 NSV 和 NT 的偏差乘上比例系数 K_{DN} 即（NSV－NT）×K_{DN} 作为转速控制回路的前馈直接和 PI 调节器的输出相加，成为转速调节器的输出 YNPR，最终形成调节阀的阀位指令。这就是转速控制的基本原理。在控制器计算时，将 PI 调节器的输入偏差值转换成额定量程的百分数进行计算，即转速偏差除以额定转速。

二、负荷控制

汽轮机负荷调节回路主要包括实际负荷处理 PEL、目标负荷设定 PS、最大负荷设定值 PSMX 和负荷调节器 NPR。一般情况下，负荷设定值与被控制量实际负荷之间的偏差是负荷调节器的主要调节对象。同时，根据功频一致的原理，负荷控制也可以通过转速偏差来实现。机组对电网频率偏差响应的一次调频回路就是将频率偏差转换为负荷偏差叠加到负荷调节器的输入中，达到调频目的。为了实现不同控制方式下的无扰切换，在转速/负荷调节器中设置了较多的切换和跟踪回路。

1. 负荷实际值 PEL 的处理

电气侧功率传感器提供三路发电机实际负荷测量值信号 PEL1、PEL2、PEL3 输入汽轮机调节器。在正常的运行中，通过负荷信号选择模块选用三个负荷实际值中的中间值作为实际负荷 PEL，并输出相关的控制逻辑与设备中。

负荷信号选择模块会监视三个实际负荷值 PEL1、PEL2、PEL3 是否失效或两两之间偏差过大，并输出相应的负荷信号失效报警信息 STPEL1/2/3。一个实际值失效或偏差过大，则选用剩下两个值的大值输出；两个实际值失效，选用未失效实际值；三个实际值均失效，则选用预先设定的替代值 SV。

2. 负荷设定值 PS

根据不同的工况确定不同的目标负荷设定值 PS。目标负荷设定值经过负荷变化率的限制后输出成为延时负荷设定值 FSV。PSV 的变化速率是由热应力评估器 TSE 的温度裕度计算得出的，同时也可以由运行人员人工输入的负荷设定值变化梯度 PSG 进行限制，负荷变化率控制在 104/min 以内。PSV 再经过最大负荷设定值 PSMX 限制和主蒸汽压力控制回路修正后形成有效负荷设定值 PSW。

不同工况下的目标负荷设定值 PS 见表 36-2。

表 36-2 不同工况下的目标负荷设定值 PS

序号	工 况	转速设定值	说 明
1	TSE 故障 WTS	＝PSV	TSE 故障，机组升降负荷的热应力无法控制，因此保持当前设定值，负荷不变动
2	汽轮机自启动程序发出的极小负荷指令（初负荷）PSMIN	＝PSMIN	自启动程控 STEP15 设定，设定值为 150MW，目的是避免汽轮机无负荷或低负荷运行产生高压缸鼓风危险

续表

序号	工　况	转速设定值	说　明
3	DEH 控制负荷时，NPR 调节器在转速控制 LBNP 与负荷控制 LBPR 间切换产生设置指令 SB	＝SVPS	根据功频一致原理计算出 SVPS，目的在于保证切换时无扰
4	DEH 外部符合设定（CCS 过来）	＝PSX	协调控制投入时，DEH 接受 CCS 发出的负荷指令
5	自动停机程序发出遮断汽轮机信号 STILL	＝PSUG	目标负荷跟踪负荷设定值的下限值
6	初压控制方式下	＝PSV＝PEL	DEH 切至初压控制方式运行时，PS 跟踪实际负荷
7	目标负荷超限	＝PSB＋1%	当延时负荷设定值 PSV 比最大负荷设定值 PSB 大 2% 时
8	手动设定目标负荷		除以上工况外，可由运行人员在 DEH 操作员画面上设定目标负荷

注　以上工况的优先级自上而下逐渐降低。

3. 最大负荷设定值 PSMX

最大负荷设定值 PSMX 由运行人员在 DEH 操作员画面上人工设定，用于限制机组目标负荷的上限。

4. 负荷控制回路

负荷调节器和转速调节器共用一个双变 MH 调节器。负荷控制回路的原理如图 36-3 所示。

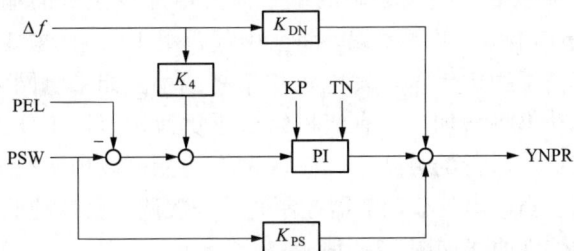

图 36-3　负荷控制原理

负荷调节回路是一个带前馈的闭环调节系统。前馈有两个：一是负荷前馈，有效负荷设定值 PSW 乘以前馈增益 K_{PS} 后，直接加到调节器的出口，目的是提高变负荷调节的响应速度，加快对电网负荷需求的响应。二是一次调频前馈 K_{ND}，有效负荷设定值 PSW 与实际负荷 PEL 的偏差，再加上频差 Δf 乘上转速不等率的倒数 K_4 得到的一次调频分 M 作为调节器的输入，经过调节器 H 运算后，输出与负荷和一次调频前馈叠加生成负荷调节器的最终输出指令 YNPR。最终形成调节阀的阀位指令。

5. 不同控制方式下的负荷调节

由于汽轮机的静态特性决定了功率和频率（转速）存在对应关系，这种对应关系是用转速不等率来表征的。转速和负荷可以通过转速不等率进行相互转换，实际上可以看作是同一个被调量，因此，在超超临界汽轮机控制系统中，转速和负荷控制共用一个 PI 调节器。也正由于上述原因，在机组带负荷后，运行人员可以选择通过转速调节器或者负荷调节器进行负荷控制另外，控制系统也会自动检测机组的运行状态，在发生机组甩负荷、发电机与电网解列等工况时会将负荷调节自动切至转速调节器。

（1）负荷调节器带负荷运行。当机组同期并列完成后，发电机出口开关和电网开关都处于合闸时，负荷控制处于负荷调节器带负荷运行方式。这是负荷调节器的主要工作方式。此时，PI 调节器的输入为有效负荷设定值 PSW 与实际负荷 PEL 之间的偏差。控制系统根据负荷设定值来调节进入汽轮机的蒸汽流量，控制机组的实际负荷。

（2）一次调频及超驰调频功能。随着电网中大容量机组比例的不断增加和用户对电能品质要求的不断提高，电网频率的稳定性越来越重要。当机组产生的功率和电网消耗的负荷匹配时，电网的频率就会和额定频率相对应，从而达到平衡。而电网消耗负荷变化量的不确定性和并网机组随时可能出现的故障跳闸都会对这种平衡产生冲击。调频功能的有效投入可以自动调节由于负荷不匹配引起的电网频率偏差。

机组的调频分为一次调频和超驰调频两部分。调频负荷的变化量由一次调频调节部分和超驰调频调节部分取大值而得。

负荷调节器通过带不等率的一次调频来调节机组的功率输出。不等率的设定根据电网频率与额定频率的偏差需要增加或减少的输出功率而定。5％的不等率意味着 5％的频率偏差将会引起机组 100％的额定负荷的变化。如果电网频率高于额定频率，发电机功率将减小。如果电网频率低于额定频率，发电机功率将增加。只有当机组处于负荷调节器工作的方式下，即负荷调节器带负荷运行的方式下，一次调频功能可以由运行人员手动选择投入或者切除。当退出负荷调节器控制时，一次调频会自动退出。

一次调频特性曲线如图 36-4 所示。

为了避免在频率偏差较小的情况下一次调频不断动作对负荷调节的影响，在一次调频中设置有死区，死区范围为 $\pm 0.05\mathrm{Hz}$。只有当电网实际频率与额定频率的偏差 Δf 大于 $\pm 0.05\mathrm{Hz}$ 时，将频差信号 Δf 乘上转速不等率的倒数 K_4 转换成相应的一次调频负荷分量叠加到调节器输入端的负荷偏差中。同时频差信号 Δf 乘上前馈增益 K_{DN} 直接作用于调节器的输出。

一次调频回路中还设置有负荷限制功能，目的是在电网出现大范围的频率偏差时限制机组调频的幅度，从而保护汽轮机。当频差信号产生的一次调频负荷分量超过预先设置的调频负荷限制范围时，机组将不再继续增加或减少负荷以避免一次调频过调的问题，直至频率偏差恢复到限制范围之内。

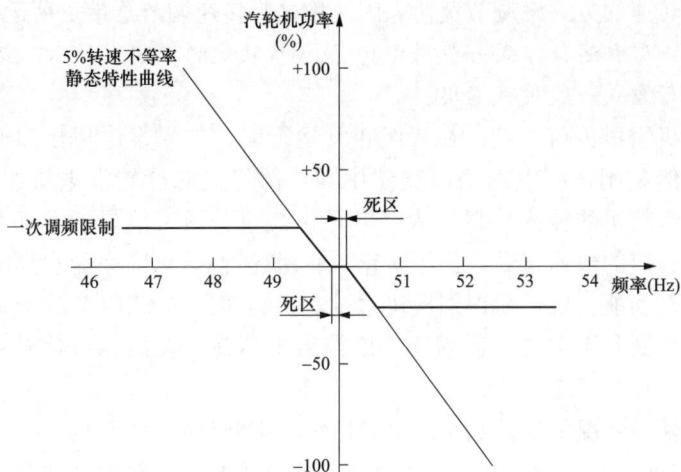

图 36-4　一次调频特性曲线

超驰调频功能在机组并网时始终有效，目的是出现频率大幅偏差（频率偏差大于 $\pm 0.5\text{Hz}$）时，不论一次调频投入与否汽轮机均参与负荷调节，以减小电网频率偏差。

（3）转速调节器带负荷运行。在机组运行过程中，负荷控制方式会在以下几种情况下，从负荷调节器切换到转速调节器带负荷运行。

1）操作员在 DEH 操作画面上手动选择转速调节器带负荷运行方式；

2）控制系统检测到发电机出口开关合闸而电网开关处于断开状态；

3）机组的实际负荷 PEL 下降至较低的水平，同时与有效负荷设定值 PSW 出现较大偏差，并且一定时间内无法消除该负荷偏差。

此时的 PI 调节器的输入端既不同于负荷调节器带负荷时的负荷偏差，也不同于转速控制时的转速偏差，而是先把转速偏差乘以不等率的倒数转换成负荷设定值后再减去实际负荷成为负荷偏差：$\Delta P = (\text{NSV} - \text{NT}) \times K_4 - \text{PEL}$，从而达到负荷控制的目的。控制原理图如图 36-5 所示。

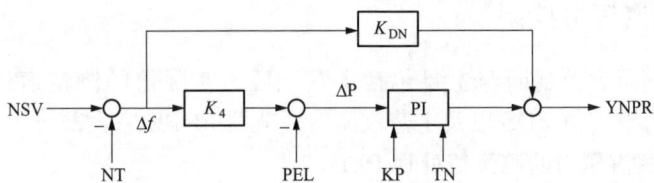

图 36-5　负荷控制原理图

在这种负荷控制方式下，有效的负荷设定值 PSW＝0，对负荷的调节不起作用，操作员也无法通过改变负荷设定值来改变机组的负荷。机组带负荷的能力是由转速不等率特性系数 K_4 以及在机组有效转速设定值与实际转速之间产生的频差 Δf 决定的。而在转速不等率特性一定的情况下，只能通过改变有效转速设定值 NSV 的方式来改变机组的负荷。实际上，调节器是在以调节转速的方式来调节负荷，因此称之为转速调节器带负荷运行。

注意：这种运行方式一般用于具有 FCB 功能的机组。如不需要 FCB 功能，该运行方式一般屏蔽不用。

（4）机组甩负荷控制。在机组正常运行时，如果发电机出口开关或电网开关突然跳闸，或电网输电突然中断，都将引起汽轮发电机组甩负荷。由于此时汽轮机的输入能量远大于其输出能量，两者能量的不平衡必将引起汽轮机转速的快速飞升。为了防止汽轮机超速，DEH 系统设置有完善的甩负荷识别功能。甩负荷识别模块通过对机组实际负荷 PEL 变化率的检测和处理，判断是否出现负荷瞬间中断或者甩负荷，发出相应信号将控制方式切换到合适的状态。

以下两种情况下，控制系统会发出负荷中断信号（KU）：

1）当前负荷较高时（如 90％额定负荷），如果突然出现的负荷跳变大于限值 GPLSP（70％额定负荷）。

2）当前负荷较低时（如 60％额定负荷），需要同时满足以下条件：

a）实际负荷 PEL 小于 2 倍厂用电；

b）负荷设定值 PSW 与实际负荷 PEL 的偏差大于 2 倍厂用电；

c）实际负荷 PEL 大于逆功率限值 GPNEG；

d）发电机出口开关和电网开关处于合闸状态。

负荷中断信号 KU 被送到转速负荷调节器，执行阀门快关动作。为避免在短时间内反复出现快关动作，系统设置了一个闭锁时间 TSPKU(7s)，在这个时间内阀门只能执行一次快关动作，并且快关动作时间 TKU 只保持 150ms。150ms 后阀门恢复到正常调节状态。

如果在甩负荷识别时间 TLAW(2s) 内，上述两种负荷中断情况消失并恢复到正常状态，则系统不会发出甩负荷信号 LAW，继续维持阀门快关前的控制方式。如果上述两种情况继续存在，则发出甩负荷信号，将控制方式切换到转速调节器调节转速或者负荷的状态。

三、主蒸汽压力控制

主蒸汽压力控制回路主要包括主蒸汽压力实际值的测量值处理 PFD、主蒸汽压力设定值 FDS 以及主蒸汽压力调节器 FDPR 三大部分。

1. 主蒸汽压力的测量值处理 PFD

汽轮机的左右两侧进汽管道上共设置有六个压力变送器，每三个一组，分成两组输入 DEH 系统的主蒸汽压力信号选择模块进行处理。每组 3 路冗余的主蒸汽压力信号进入选择模块按通道 3、2、1 的优先顺序选取一个正常通道的信号作为优选值，然后两组信号的优选值再经过小选得出主蒸汽压力实际值 PFD 输出到调节器用于主蒸汽压力的控制。

该主蒸汽压力选择模块还会对三个输入信号进行监视，当任一信号与其余两个信号偏差都大于 35bar(1bar＝100kPa) 或者信号测量回路故障时，会给出通道故障报警，且选取剩下两个信号的高值作为该组主蒸汽压力信号的优选值。当其中一组的三个测量信号都出现故障时，将用替代值SV（0bar）作为优选值，同时不再进行两组优选信号的小选，只将另一组有正常测量信号的优选值作为主蒸汽压力实际值。待故障信号恢复后，仍遵循原有的优先级顺序选取实际主蒸汽压力值。

2. 主蒸汽压力设定值 FDS

正常情况下，主蒸汽压力设定值 FDS 来自机组协调控制系统的滑压曲线，并在 DEH 的操作员画面上显示。运行人员不能人工设定主蒸汽压力设定值。如果压力设定值信号传递有故障，那么最后从协调控制系统传递过来的主蒸汽压力设定值被保存，同时在 DEH 的操作员画面上显示主蒸汽压力设定值故障信息 STFDSX。

主蒸汽压力设定值 FDS 经过变化率限制后形成延时的主蒸汽压力设定值 FDSV。变化率限值为 25bar/min。

延时主蒸汽压力设定值 FDSV 叠加了限压方式设定值的偏差值 DGD，成为修正过的延时主蒸汽压力设定值 FDSVK，应用于主蒸汽压力调节器FDPR。

3. 主蒸汽压力调节器 FDPR

主蒸汽压力调节器以下列两种方式起作用。

（1）压力限制方式。压力限制方式时，DEH 控制系统仍处于负荷控制，压力调节器仅是作为限制器，在主蒸汽压力降低时支持锅炉压力控制。如果主蒸汽压力低于某个可调限制值，如低于主蒸汽压力设定值 10bar，汽轮机调节阀将关小以防止主蒸汽压力进一步降低，在此方式压力会很快恢复。

（2）初压控制方式。当从压力限制方式切到初压控制方式，DEH 从负荷调节器切换到压力调节器，此时负荷保持不变。在初压控制方式，主蒸汽压力由调节阀控制维持在延时主蒸汽压力设定值 FDSV，即锅炉负荷的变化使汽轮机调节阀位变化。

主蒸汽压力调节器是一个 PI 调节器，其输入偏差是修正的延时主汽设定值减去实际压力即 FDSVK-PFD。其输出 YFDPR 与转速/负荷调节器的输出 YNPR 以及启动限制器输出 TAB 经过小选后形成汽轮机阀门进汽流量设定 YR。

当处于压力限制方式时，YR 等于转速/负荷调节器的输出 YNPR，主蒸汽压力调节器输出 YFD-PR 处于跟踪状态：

$$YFDPR = YR + \frac{PFD - FDSV + DGD}{FNOM}XDK \tag{36-1}$$

FNOM：主蒸汽压力额定值；

XDK：压力偏差比例增益；

DGD：限压模式的压力偏置值。

通常情况下，主蒸汽压力实际值 PFD 低于主蒸汽压力设定值的幅度不超过 DGD，即 PFD＞FDSV－DGD，则 YFDPR 始终保持大于 YR，主蒸汽压力调节器不会起作用。只有当主蒸汽压力实际值 PFD 低于主蒸汽压力设定值的幅度超过 DGD 时，主汽压力调节器开始发挥限制作用，通过阀门进汽设定的小选功能取代转速/负荷调节器的输出限制阀门开度甚至关小调节阀，调节主蒸汽压力。

压力限制方式和初压控制方式可以由运行人员在 DEH 操作画面上人工选择。

四、汽轮机阀门控制

DEH 要实现转速、负荷或压力的控制，最终都是通过调整调节阀的开度来实现的。因此汽轮机阀门的控制和管理，尤其是调节阀开度指令的形成是 DEH 调节器的重要部分。

1. 汽轮机阀门进汽流量设定的形成 OSB

阀门进汽量设定的形成，是指由汽轮机各个调节器的输出经过运算后得出调节阀开度指令的过程。将来自转速/负荷调节器的输出 YNPR、压力调节器的输出 YFDPR 以及启动限制器 TAB 这三个输出指令进行小选，作为汽轮机进汽流量指令去控制调节阀。将各调节器的输出指令进行小选的目的是保证控制器之间切换时没有扰动。同时，这样即使其中某个调节器故障也能确保调节阀不会不可控地开大，从而保证机组的安全性。输出指令最小的调节器被小选模块选中后，该调节器即处于有效调节状态，并在 DEH 操作员画面上显示相关信息（见图 36-6）。

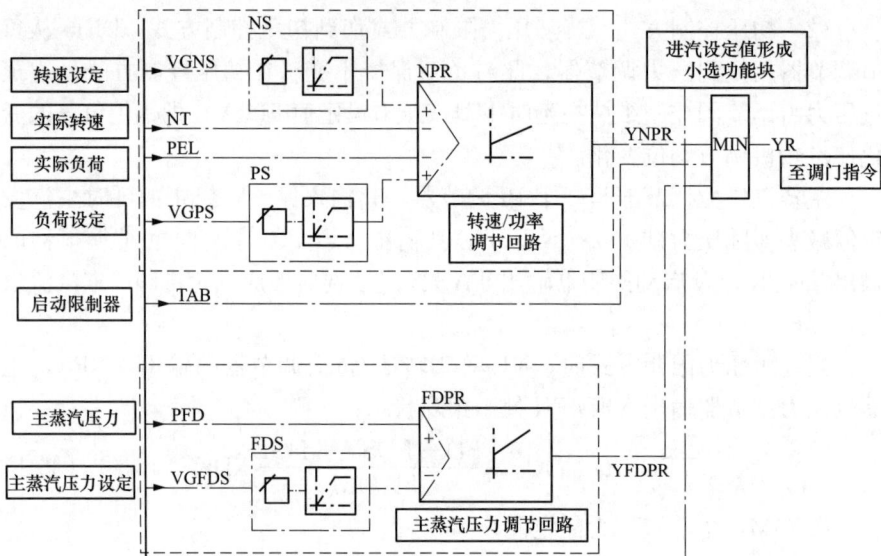

图 36-6　设定值生成原理

OSB 小选功能块的输指令 YR 与高压叶片压力限制调节器的输出 YH-DBR 取小后成为高压调节阀的开度设定值。YR 减去高压缸排汽温度限制调节器的输出 YHATR 后成为中压调节阀的开度设定值。DEH 调节器的输出指令通过阀门流量分配曲线将汽轮机所需的蒸汽流量分配到高、中压调节阀及补汽阀。各阀门按照分配曲线所设定的先后顺序及流量比例关系开启。阀门流量分配曲线如图 36-7 所示。

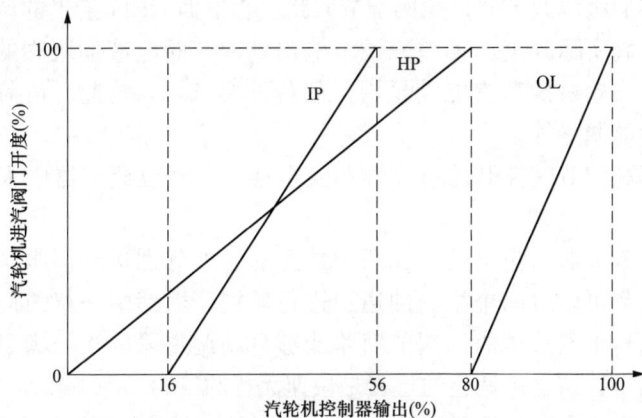

图 36-7　调节阀开启曲线

各阀门的设定值再经过调节阀通流特性的线性化处理后形成阀门的开度指令。阀门开度与其蒸汽通流能力是非线性的，如图 36-8 所示。

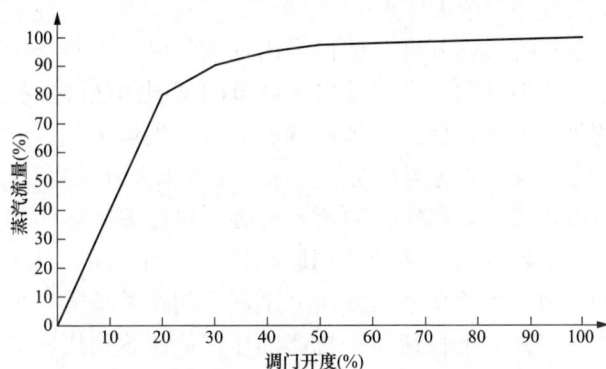

图 36-8　调节阀流量特性曲线

在低开度阶段，阀门通流能力的变化梯度较大；而阀门接近全开时，开度变化对蒸汽通流的影响较小。如果不对阀门的通流特性进行线性化处理，那么在不同的开度下，每单位开度指令变化所引起的蒸汽流量变化都是不同的，这不利于调节系统的控制。因此需将阀门通流特性进行线性化处理，即对阀门的开度指令进行处理。通过修正，使每个单位的指令与阀门通流能力的变化存在一定的线性关系，有利于调节系统的控制。

2. 阀位限制器

各调节阀指令生成后还要与调节阀的阀位限制值进行取小后才形成最终的调节阀的开度指令。阀位限值作用于每个调节阀的阀位控制器，可以对每个阀门开度设定值独立进行限制。调节阀的阀位限制值可在控制室进行手动设定，也可由自动阀门试验（ATT）的指令自动设定。

3. 调节阀阀位控制器回路

调节阀的阀位调节器是比例调节回路，它根据 DEH 给出的调节阀开度指令与调节阀实际开度的偏差来调节输出到调节阀电液伺服阀的指令，从而确保进入汽轮机的蒸汽能满足用户的各种要求，如转速、负荷控制以及主蒸汽压力的调整等。

为了提高调节阀控制的可靠性和安全性，在阀位调节器中采取了多种手段：

（1）把调节器的输出处理成两个独立的指令分别送到伺服阀的两个操作线圈，并且可以对两个指令的通道进行监视。当其中一路的伺服阀线圈或者指令信号出现故障时，调节回路能够自动调整输出指令满足调节阀阀位调节的需求，该自动调整的过程是快速无扰的。

（2）在发生 DEH 系统失电或者输出到调节阀伺服阀的控制信号消失的情况下，为防止调节阀失控，在调节阀的伺服阀设置了一个机械偏置，会使调节阀一直朝关闭的方向动作。在正常调节工况下，DEH 系统需要对这个机械偏置进行补偿，才能保证阀位调节的精度。因此在阀位控制器输出指令的基础上会叠加一个工作点电流 AP。

（3）当调节阀的实际开度反馈信号出现故障时，为防止调节阀在调节器的作用下不安全地开启，会将输出到调节阀伺服阀线圈的控制指令切换到一个较小的负向电流，保证调节阀能够安全缓慢地关闭。此时，调节阀关闭的速度不宜过快，以免对机组的负荷及主汽压力造成冲击。

当汽轮机甩负荷时，汽轮机的调节阀必须快速关闭以防超速。此时利用正常的通过调节器的输出来动作伺服阀使调节阀关闭，是无法满足快速关闭的要求的。为此需要调节器发出一个调节阀快关信号，去动作调节阀的跳闸电磁阀。使其失电快速泄去抗燃油压，从而达到快速关闭调节阀的目的。调节阀开关信号的生成需满足以下两个条件将触发阀位调节器发出快关指令：

（1）当调节阀实际阀位大于 3％时。

（2）OSB 来的调节阀允许进汽设定值比经过修正的阀门实际流位小 25％以上，快关指令被送至汽轮机跳闸保护系统动作相关阀门的跳闸电磁阀。

五、X 准则和应力计算（TSE）

1. 热应力的产生

汽轮机的启动过程是将汽轮机从盘车状态升速到额定转速并带负荷运

行的过程。在汽轮机启动时，转子和汽缸温度接近于常温，而往正常运行时，阀门、转子和汽缸的温度将很高，可达到六百多度。因此从传热学观点来说是一个加热过程，而汽轮机停机则是个冷却过程。加热和冷却形成的温差将产生相应的热应力。

汽轮机在冷态启动过程中，随着进入汽轮机的蒸汽温度不断升高，阀门、汽缸和转子的温度也不断升高。由于这些部件的内外壁传热有一个过程，而且热膨胀受到约束，阀门、汽缸的内壁会产生压缩热应力，外壁产生拉伸热应力。而转子表面先受热，所以表面将受到压缩热应力，中心受到拉伸热应力。停机过程与启动情况正好相反。

由此可见，汽轮机从冷态启动，运行至停机的过程，转子表面和中心（汽缸内外壁）热应力的大小和方向都随启动和停止而变化，并且刚好完成一个交变热应力循环。在其反复作用下，金属会出现疲劳裂纹，并逐渐扩展，直到撕裂。考虑到汽轮机启停周期较长，产生的热应力频率很低，所以也将这种交变热应力称为低频交变应力，又称低周疲劳。

2. TSE 热应力评估

为了使启动过程中汽轮机部件的热应力在允许的范围内，需要对汽轮机的状态进行监视，控制其温度的变化。为此，机组设有应力评估器（Turbine Stress Evaluator），计算在汽轮机运行期间阀门、汽缸和转子的最大应力，并与计算的允许限值进行比较，计算出汽轮机启动停机时的允许的温度变化率，以确定最佳的主蒸汽再热蒸汽参数及汽轮机的转速和负荷变化率，以确保运行中主要部件的应力不超限，延长机组的寿命。需要监视的主要部件有：高压主汽门阀壳、高压调节阀阀壳、高压汽缸、高压转子、中压转子。

测量与蒸汽接触的表面温度和汽缸及阀体的中间温度（50%深度），通过各部件的测量和计算温度得到的温差，和材料的允许值相比较，得到各部件的温度裕度，将其中的最小温度裕度作为运行时的参考变量，输入到汽轮机控制器的设定值生成模块，控制转速和负荷的变化率，从而控制热应力。通过应力闭环控制，使汽轮机的热应力不超过许用应力。另外，TSE 可以形成不同温度参数的 X 准则，还根据温度裕度计算出汽轮机启动时最佳的蒸汽（主蒸汽/再热蒸汽）温度，使锅炉产生的蒸汽参数和汽轮机的要求相适应。

热应力的大小可以用金属表面的温度和中间的温度差来表示。温差大，热应力也大。为了保证热应力不超过允许值，可通过温差不超过限值来表示。对于汽缸和阀门壳体，通过平均温度 T_m 的函数来表示。限值共有两根曲线，正值为升转速和升负荷曲线，负值为减转速和降负荷曲线。如图 36-9 所示，通过测量的阀壳及汽缸内表面温度 T_1 和 50%深度的平均温度 T_m 的计算出温差 dT。

$$上限温度裕度 \; ddTupr = dTpermt \; upr - dT \qquad (36-2)$$

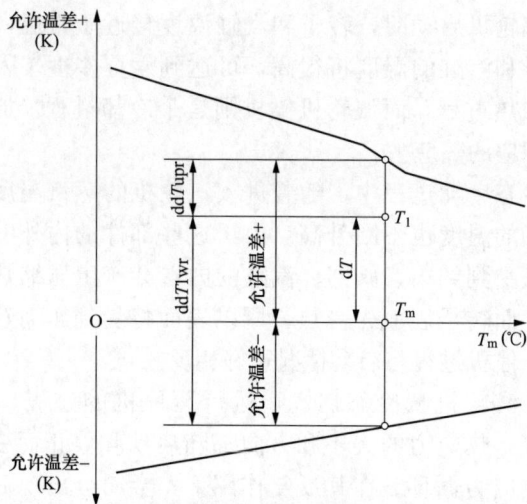

图 36-9 转子温度裕量

下限温度裕度 $ddT\text{lwr} = dT - dT\text{permt lwr}$ $\qquad$ (36-3)

转子的温度裕度用相似的方法，所不同的是，转子中心的温度由模拟计算而得。热应力相关温度见表 36-3。

表 36-3 热应力相关温度

符 号	信号名称
T_1，T_m	测量温度
T_m	计算转子平均温度
T_{ax}	计算转子中心温度
dT	实际温差
$dT\text{permt upr}$	允许温差（上限）
$dT\text{permt lwr}$	允许温差（下限）
$ddT\text{upr}$	温度裕度上限
$ddT\text{lwr}$	温度裕度下限

不同部件的温度裕度上限选出最小值送到汽轮机控制器的温度裕度模块，作为升速和升负荷时的温度裕度上限，计算出允许的升速率和升负荷率。同样，通过温度裕度下限，计算出允许的降速率和降负荷率。

运行人员可通过操作员站，投入和切除 TSE 对汽轮机控制器的影响。同时，如 TSE 的测点发生故障，相应部件的应力的影响也将切除。

每个部件的温度裕度在操作员站以棒状图显示。如温度裕度的值接近零，说明相应部件的应力已到达最大允许值。如低于零，则应力已超过最大允许值。

3. 应力分析的理论基础

对于超超临界机组，其核心部件：转子，叶片使用的都是高合金钢材料。应力计算最底层的合金钢材料与许用温度变化关系的理论是应力计算方法的核心底层。有了这个理论作为基础，就可以把材料温差与应力真正联系起来。从而建立起了以温差为初始计算的一整套应力计算的模型，为以后的论述提供了理论基础。阐述如下：

相比于低合金钢材料，由高温铬和奥氏钢等高合金钢材料制成的汽轮机部件需要更长的暖机时间。为确定所需要的部件暖机时间，必须要考虑到材料特性和与设计相关产生的应力集中效应。我们对不同钢制部件的暖机时间可以用它们的许用热力升降速率为基础进行比较。对于同样尺寸的部件，这个升降速率由图 36-10 及附带公式清晰地表示出来，图中画出了大功率汽轮机中压转子部件的几个不同高温度钢和超耐热合金的升降速率的相互关系。

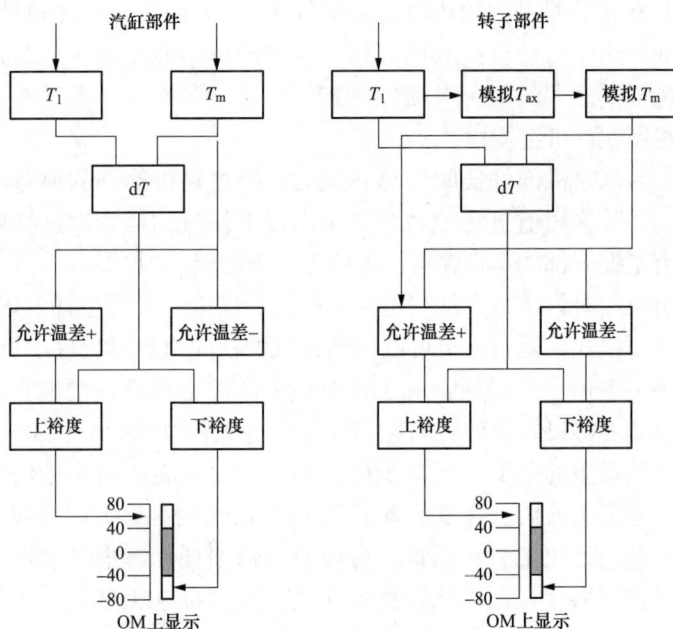

图 36-10 汽缸转子温度裕量计算方框图

由升降速率的表示公式可见，其与应力与导热性的乘积比上热膨胀系数与热容的乘积的值成正比。而仔细观察可知上面四个系数中除了应力以外，其余三个系数都与材料属性相关，换言之，对于同一种材料，我们通过这个图就大致找到了一个许用应力与温度的关联关系。从而把应力和温度联系到了一起，而图 36-10 是通过试验测试得出的，有很强的实证性。

从图 36-10 可看出相比较于其他钢，奥氏钢的升降速率最低，主要原因是它较低的导热性和较长的线性热膨胀系数，与之对应它的暖机时间也是最长的。参照升降速率和暖机时间，$22\%\,CrMoV$ 钢与低合金钢（ferritic steel）是较为接近的。在高温区域，超级合金（superalloy）的升降速率比其他材料都要来得高,给汽轮机部件带来了更大的应力裕度。由以上各种钢材料做的测试结果同样可以适用到大型汽轮机的部件上去。在平时高温时的负荷运行升降以及热启动时,奥氏钢和低合金钢的升降速率并不是很大,但在不是很常发生的从冷态启动的时候,这个差别就相当大了。

启动曲线涵盖了汽轮机随时间变化的启动条件,例如:转速、负荷、压力和温度。在这些条件下,汽轮机中与蒸汽接触的部件随温度而发生变形,从而产生热力膨胀和材料疲劳。为了控制材料疲劳,进而达到期望的汽轮机寿命,必须严格控制温度改变的速率。

汽轮机部件的温度改变量主要取决于下列因素:启动和停机时蒸汽温度的改变;汽轮机负荷的改变。

4. 应力控制(TSC)

(1) TSC的背景。汽轮机应力控制器(TSC)是一个汽轮机监视设备,对其重要部件热应力进行连续的评估,使汽轮机组能在最小寿命损耗下运行。同时也提供最大的运行灵活性。在任何运行条件下,通过汽轮机控制器将应力控制在许可范围内。

所以其对汽轮机部件实时计算热应力。把汽轮机部件的温差量化为材料热应力,并与许用值进行比较,产生出温度裕量的概念。这样就允许汽轮机在所有工况下都能运行在可选择的应力限制范围内。

在机组启动时,运行人员有慢速、标准、快速三种可选择的限制设置。使用好这三个模式,运行人员可以达到最优的汽轮机启动。在实际操作上,我们可以举一个例子来说明:对于相对较少的冷态启动,按理其需要较长的时间,也是能够以较快的启动速率(相应造成较快的疲劳积聚速率)的,这样可以节约很多的能源。所减少的寿命我们可以在以后合适的时间通过低应力运行来得到补偿。这就是有了TSC后最大的好处,因为我们有了对寿命进行控制的足化工具和根据,可以对寿命损耗在考虑经济性等其他因素的情况下进行取舍,比一味地控制在某一应力标准无疑是一大进步,更灵活、更可控了。

(2) TSC应用模型。温度信号是通过特定的壳体双支热电偶采集的,其安装在汽缸预期会产生高应力的地方。汽缸的两个温度测点分别是采集汽缸内部蒸汽的温度和对应汽缸中心线的温度。而转子的热应力情况是由缸内侧表面的温度测点来替代转子表面温度和50%深度的温度测点来模拟计算得出的。相应的计算出平均轴温。对于汽轮机每一个部件(阀门,缸体,轴系等)来说,每一个测点的控制回路原理是一样的。

TSC控制回路温差由测量所得,这些温差与基于温度的许用温度差值进行比较。比较后产生对应的温度裕量,对应向上的裕量用于汽轮机升温的工况(升速或升负荷),向下的裕量用于降负荷。所有得出的温度裕量中最小的值被输入到设定值控制器进行汽轮机的升降负荷。TSC在汽轮机运行时检测其瞬时的热力负荷。在上面任何一个应力限制下(慢、中、快)

运行时，部件上出现的疲劳累计速率是不断被记录和估算的。此外，TSC还进行累计疲劳的分析和数据的储存。

当汽轮机内部表面蒸汽温度改变时，对应位置的部件金属温度会以一个 LAG（迟后）的时间迟延来慢慢跟随。从而产生了热膨胀和热应力，长期的应力积累发生材料的疲劳。在运行时暴露于蒸汽的部件表面和转子中心的热力负荷在压缩和拉伸应力上呈现周期性的变化。决定汽轮机部件温差幅度及应力负荷的重要因素有：①蒸汽温度改变的时序；②蒸汽到金属的热传递；③部件的几何尺寸和材料特性。

5. 温度准则（X 准则）

应用背景：为提高经济性，电厂设备应尽可能快地启动，另一方面汽轮机的热应力必须保持在规定的限制值内，以延长汽轮机和转子的使用寿命。本机组是以 X 温度准则来判断机组是否能够安全地启动和运行。蒸汽温度与汽轮机金属部件温度一致并在 TSE 允许差值内时，汽轮发电机就可安全启动和运行。启动时蒸汽参数的选择取决于 X 温度准则。启动时主蒸汽管道或汽轮机部件的蒸汽流量发生变化，温度准则及时给出合适的蒸汽状态。在启动步序中的下一个步序开始前，它首先决定了能否在这一步序结束时达到预期的允许状态。为了使应力降到允许值，以 X 温度准则来判断机组是否能够适应运行方式的变化。作为启动的条件，送到汽轮机主控程序 SGC，汽轮机主控程序在启动时，不断判断 X 准则是否能满足要求，以决定是否继续执行下一步。

控制对象的启动动作主要分为以下几个步序，并为其设置适当的蒸汽参数：

（1）打开主蒸汽管道上的主汽门并对阀体预热；

（2）打开汽轮机控制阀冲转；

（3）汽轮机上升到额定转速；

（4）发电机带负荷。

X 温度准则的控制要求主要有以下 3 个：

（1）最低蒸汽温度的限定，避免热部件不必要的冷却。

（2）最低汽缸/转子温度的限定，遵守与给定汽缸/转子温度相应的给定蒸汽温度或最大蒸汽温度时的允许的热应力。

（3）在汽轮机用蒸汽冲转之前过热度的限定。

电厂可以根据其实际条件，优化变量温度准则。为其提供最优运行模式。为了提高机组的经济性，发电机组应尽可能快地启动。汽轮机的热应力必须限制在一定的范围内以延长汽轮机组的寿命。运行状态的改变，如冲转、加速到额定转速，以及带负荷运行，进入汽轮机的蒸汽参数也要变化，从而引起应力的变化。系统提供了下列 X 准则。

（1）温度准则 X1。

在开启高压主汽门之前，为了避免高压调节阀阀体不适当的冷却，要求主蒸汽温度高于高压调阀阀体的温度。

此准则防止在打开主汽门并预暖主蒸汽管道时阀体出现不允许的冷却。在加热主蒸汽管道之前，通往高压旁路的主蒸汽温度和高压主汽门的蒸汽必须超过阀体温度一个适当值。这就避免了在蒸汽流的初始阶段阀体的不适当冷却。在热态启动情况下，主蒸汽温度低于阀门金属温度。在这种情况下冷却阀体是允许的，仅在热态启动时允许有轻微的冷却。

1）$\theta MS > \theta 50\%mcv + X1$；

2）θMS—高压旁路阀前主蒸汽温度；

3）$\theta 50\%mcv$—调阀的平均温度。

（2）温度准则 X2。

在开启高压主汽门之前，为了避免由于饱和蒸汽温度的提高而引起高压蒸汽控制阀过大的温度变化，相对于主蒸汽饱和温度为高压调阀设置一个最小温度差值。

如果在主汽门打开后主蒸汽管道被预热，蒸汽在阀体凝结快速达到饱和蒸汽温度。凝结时热传递非常高。为了在主汽门打开时保持在允许的 TSE 差值内，在打开主汽门前，必须为主蒸汽饱和温度和压力设定一个上限。此准则能够通过调节主汽门的打开程序来满足。当蒸汽流过冷的主蒸汽管道时，由于蒸汽凝结饱和蒸汽温度突然升高。在凝结阶段热交换很高。为主蒸汽压力相关的饱和主蒸汽温度确定一个上限值，这保证了不会超过允许的高压调节阀阀体的温度限制值。

1）$\theta SAT\ MS \leqslant \theta 50\%mcv + X2$；

2）$\theta 50\%mcv$—控制阀的阀体平均温度；

3）$\theta SAT\ MS$—从主蒸汽压力计算而来的饱和主蒸汽温度。

（3）温度准则 X4。

在开启高压主汽门之前，为了避免汽轮机中出现湿蒸汽，设定主蒸汽的最小过热度。此准则能够确保主汽门前的主蒸汽充分地过热。

主蒸汽管道的预热状态同样需要考虑。不同设定点同样需要考虑节流所造成的压力—温度降。饱和蒸汽温度是通过一个以汽轮机压力为基础的近似值计算得出的。主蒸汽管道连续加热，直到主蒸汽达到适当的过热度。过热度相对于主蒸汽压力来确定，对正常的启动压力，过热度达到 30～50K（温度 X4）。在更高的主蒸汽压力下，由于在湿蒸汽区可能存在相关的节流，就需要更高的过热度。

1）$\theta MS > \theta\ SAT\ MS + X4$；

2）主蒸汽温度＞饱和蒸汽温度＋X4。

（4）温度准则 X5。

在开启高压调阀前，为了避免高压缸的冷却，设定一个相对于高压汽轮机的温度的最小主蒸汽温度。此准则防止了冲转后汽轮机高压缸出现不必要的冷却。

通过主汽门前主蒸汽温度的测量，考虑主蒸汽管道的预热状态。温度准则 X5 用于高压缸侧。温度准则 X5 要求主蒸汽温度超过高压汽轮机一个适当的温度。考虑到节流作用，主蒸汽温度在主汽门前测得，以表明主蒸汽管道的预热程度。在初始温度高的情况下，允许部件冷却一定量以缩短所有设备的启动时间。

1) $\theta MS > Max(\theta m\ HPS；\theta m\ HPT\ CSG) + X5$；

2) θMS—高压旁路阀前主蒸汽温度；

3) $\theta m\ HPS$—计算的转子平均温度；

4) $\theta m\ HPT\ CSG$—汽缸温度。

（5）温度准则 X6。

在开启中压调阀前，为了避免中压汽轮机的冷却。设置相对于中压汽轮机温度的最小过热温度，温度准则 X6 防止冲转后汽轮机中压缸出现冷却。

在汽轮发电机组冲转前，温度准则 X6 要求热再热蒸汽温度超过中压汽轮机温度一个特定量（初始设置：+30K）。在初始温度高的情况下，允许一定量的冷却以缩短所有设备的启动时间。

1) $\theta HOT\ REHT > \theta m\ IPS + X6$；

2) $\theta HOT\ REHT$—中压调阀前的再热蒸汽温度；

3) $\theta M\ IPS$—计算的中压转子的平均温度。

（6）温度准则 X7。

在机组加速到额定转速之前，为了使高压汽轮机充分暖机，主蒸汽温度和高压汽轮机的温度相匹配，设定相对于主蒸汽温度的高压汽轮机温度。

在加速到额定转速时，在不违反允许的 TSE 差值下，必须快速的通过临界转速区域。为了达到最合适的启动时间，允许的 TSE 差值必须用在尽可能大的范围。作为主蒸汽温度的一个函数，温度准则 X7 确保了在加速到额定转速期间，那些受到最大应力负荷的且用于控制目的部件，如汽轮机高压缸，在加速之前优先得到充分的预热。为了实现此准则，汽轮机必须在加速之前充分地预热。降低蒸汽温度能够使此准则更快地得到实现。

这个准则是为高压转子（X7A）和高压缸（X7B）而制定的。这两个准则必须都满足。在汽轮机加速到额定转速的过程中，必须快速通过临界速度值并且不超过允许的温度限值。允许的温度限值应该适当放大以达到适宜的启动时间。在升速到额定转速时，相对于的蒸汽温度，温度准则 X7 保证了主要部件在最大的热应力下的一个适当的暖机程度。

1) $\theta MS < \theta m\ HPS + X7A$；

2) $\theta MS < \theta m\ HPT\ CSG + X7B$；

3) θMS—高压旁路阀前的主蒸汽温度；

4) θHPS—计算的整个转子的平均温度；

5) $\theta m\ HPT\ CSG$—高压缸金属温度。

（7）温度准则 X8。

在汽轮发电机并网前，为了保证中压汽轮机充分暖机，保证再热蒸汽温度和中压转子的暖机程度十分匹配。

为了保证汽轮发电机按照设定的过程可靠地运行，在发电机同期后必须达到最小负荷。允许的 TSE 差值与此匹配。允许的 TSE 差值必须在尽可能大的范围，以达到最佳的启动时间。同温度准则 X7，作为蒸汽温度的一个函数，温度准则 X8 确保了在同步期间那些受到最大应力的部件在同步之前优先得到充分的预热。汽轮机在同步后用作控制的主要部件为汽轮机中压缸。在停机期间，这部分汽轮机区域的冷却速度比高压缸部分更快，而在预热期间，与高压缸相比温度仅少量上升。一旦汽轮机加负荷，通过中压缸的流量增加，并在最初限制输出功率进一步上升。为了实现此准则，汽轮机必须在同步之前得到充分的预热。降低蒸汽温度在某些情况下能够使此准则更快地得到实现。在发电机并网之后，发电机带显小负荷以保证汽轮发电机安全可靠地运行。在汽轮发电机增加负荷时，进入中压汽轮机的蒸汽流量稳定增加，同时汽轮机从应力很小的状态过渡到此阶段。温度准则 X8 用来保证热再蒸汽温度和中压转子的暖机程度十分匹配。这意味着并网之后转子已经充分加热，允许加负荷到一个设定的最低负荷而没有任何限制。

1）θHOT REHT＜θm IPTS＋X8；

2）θHOT REHT－中压旁路阀前的热再热蒸汽温度；

3）θm IPTS－计算的中压转子的平均温度。

6. 超超临界技术与常规技术应力控制的比较

对应于超超临界汽轮机控制技术的应力计算、应力控制和 X 准则，与传统的汽轮机控制的做法是应力计算、ATC 控制和运行曲线，两种做法各有特点，见表 36-4。

表 36-4 超超临界机组应力控制与传统方法的比较

项目	超超临界机组	传统方法
应力计灯	TSE 对汽缸厚度的两个温度测点来模拟计算得到转子温差，将温差与许用温差比较	RS（转子热应力计灯）对汽缸内壁温度测点来模拟转子表面温度通过有限元计算得到转子温差将温差与许用温差比较
应力控制	TSC 根据裕度及速率进行疲劳计算	ATC 根据裕度对速率进行调整
运行参数	X 准则	运行图表

超超临界机组的温度准则其实是把传统的运行曲线和应力控制很好地整合在了一起。原来我们的常规机组的应力控制是通过不断的实时计算各种数据后，最终通过 ATC 来进行操作，ATC 是从最低速率起不断的根据热应力进行调整，启动速度相应较慢；而超超临界机组在这方面就更进了

一步，直接测量温差，通过温差确定应力。出应力计算到温度准则，TSC采用全程监护大量减轻了运行人员的工作量，更重要的是有效地防止了人为的误操作和提升了相应时间及经济性。

六、鼓风控制

汽轮机是在高温高压蒸汽冲动下高速旋转的转动设备，在主机升速至工作转速或发电机负荷较低、汽轮机进汽显较少的情况下，转子上的叶片随其高速旋转搅动周围蒸汽，大量的机械能很快地转换为热能而加热了汽缸内部蒸汽及金属，使得转子及汽缸内金属温度急剧升高。

鼓风摩擦损失与动叶片长度成正比，与圆周速度三次方成正比，与蒸汽密度成正比，鼓风摩擦损失热量加热通流部分，使胀差增加，在小流量时其影响较大。随着流位增加，其影响逐渐减小，当流量达到一定值时，鼓风摩擦损失的热量已能全部被带走，这时对胀差的影响就会消失。

1. 高压缸鼓风

在汽轮机鼓风时，叶片承受特别高的温度梯度。汽流在低流量的影响下发生回流，汽轮机转子的机械能转化成热能，在高压缸通过低流位时容易发生鼓风（例如在空转、低负荷、厂用电运行、甩负荷，控制部件比如阀门、控制器等故障时）。高压缸排汽压力越高，主蒸汽温度越高，鼓风能位越大。

转子与叶片围带的最大许用温差作为准则用来保护汽轮机叶片，当这个限制到达时，保护动作。

为了避免高压缸叶片过热，需配置高压缸叶片温度保护回路。这个保护回路有两个功能：首先，不允许高压缸末端的蒸汽温度超过与冷再热管道相对应的域大值，这个最大温度限制较低，同时不允许高压缸叶片超温。此外，在旋转过程中，蒸汽温度不允许超过叶片的温度裕度限制。

（1）阀门微调：保护回路用来限制控制设备，以防止最终的跳机。当高压叶片级温度升高，达到动作值时，中调节阀适当关小，高调节阀同时开大增加进汽（阀门微调）。增大的高压缸进汽量会降低排汽温度。

（2）高压缸排汽通风：阀门微调的运行范围是受限制的。为防止高压缸的温度过热，当温度进一步升高时，对高压缸抽真空。此时，主汽门、高调节阀关闭，高压缸不进汽，高压缸排汽通风阀和高压缸疏水阀自动打开，冷再热止回阀关闭。

高压缸在并网后，再次自动打开调节阀进汽。当负荷达到预定的值时，如高压缸叶片级温度已经下降到低于高压缸抽真空限制值，开启高压缸子顺控 SGC 激活。

在第一步，汽轮机负荷控制器的负荷设定值设定在一个特定值。左右侧高主门的遮断电磁阀重新复位，主汽门打开。

当左右侧主汽门打开后，施加在左右侧高调节阀上的手动设定提升限制取消。冷再热止回阀的关指令也取消。当手动设定限值取消，高调节阀开始打开。冷再热止回阀打开，等待一段可调整的时间来让高压缸排汽通风阀有时间关闭。这段等待时间的目的是让高压缸有足够的冷却流量。顺控的最后一步是确认高压缸排汽通风阀是否关闭。如果"抽真空后开高压缸"顺控指令不执行，或者高压缸叶片温度超过高压缸抽真空激活限制，顺控取消并且停止激活。当故障发生时必须手动执行与这个子顺控相联系的控制测量。

（3）高压缸排汽通风阀：高压缸排汽管道连接冷再热管道（冷再热止回阀前）和凝汽器，高压缸抽真空系统防止高压缸鼓风。高压缸遮断后打开高压缸排汽通风阀并对高压缸疏水。当高压缸停止进汽，高压缸排汽通风阀也要打开，以提前防止不允许的鼓风带来温度上升的发生。当转速降至高压缸叶片不再危险或者有高压缸允许指令重开后关闭高压缸排汽通风阀。当主蒸汽指令（高调节阀）暂时开或关时，高压缸排汽通风阀的关闭时间为了防止连续的开关会有一个延迟。

除了高压缸排汽通风阀，高压缸和高调节阀后疏水及冷再热止回阀前疏水会被激活。

高压缸排汽通风阀是一个压力减压阀，使用气动执行机构用弹簧力打开，用压缩空气关闭。为了打开高压缸排汽通风阀，电磁阀必须失电，来减少执行机构里的空气。两个电磁阀二选一配置。

为了保护高压缸叶片不超许用应力，高压缸排汽通风阀只有在扰动时通过手动打开。

故障打开高压缸排汽通风阀在控制室产生报警信息"高压缸排汽通风阀未关闭"。如果报警信息发生，高压缸排汽通风阀必须尽快关闭。

故障时不开高压缸排汽通风阀，会在控制室产生故障报警信息。如果这个报警信息发生（比如汽轮机遮断后），汽轮发电机组只有在高压缸排汽通风阀再次打开到适合位置时才能重启。

（4）冷再热止回阀（CR-NRV）：在停机或不带负荷情况下，汽轮机完全与蒸汽系统分开。因此在高压缸和冷再管道之间设置一个止回阀，等于在汽轮机侧设置一个止回阀用来最小化高压缸内的蒸汽容积。

冷再热止回阀配有一个气动执行开关，由压缩空气打开，当止回门两侧压差小于1bar时，由弹簧力关闭。考虑到可靠性，执行机构做二取一配置。两个弹簧负载的电磁阀配置在汽压管道上。当电磁阀得电，蒸汽推开止回阀，电磁阀失电，止回阀关闭。

在启动时，止回阀通过弹簧力保持关闭，直到压差达到一定值，因冷再蒸汽无法用反向蒸汽冷却高压部件。当蒸汽流充足时，差压大于一定值时可以打开冷再热止回阀。

止回阀在汽轮机遮断时也会自动遮断。同时高压缸排汽通风阀打开。当高压缸遮断时，止回阀也自动关闭。

由于高压缸抽真空被视为保护功能，冷再热止回阀必须经常用使用 ATT 进行测试。冷再热止回阀在强制全开位置时是不激活的，其依靠实际蒸汽压差关闭。通过一个 80% 开度的限位开关，冷再热止回阀的正确开度能被检测。万一开度故障，在控制室会有报警（如冷再热止回阀保持在 100% 开度）。在汽轮机停机步序开始时，电磁阀失电，来检测冷再热止回阀的正确功能。

（5）高压叶片级温度三取二保护：为了防止高压末级叶片过热，当高压叶片级温度进一步升高，一个三取二的保护信号动作，将机组遮断。

2. 低压缸鼓风

低压缸鼓风会引起叶片、缸体的过热。低压缸鼓风主要发生于在一些特定运行工况，通流量不足，并且其在特定情况下与高背压有关。在汽轮发电机组的升温和蒸汽抽汽时，可以把低压缸中通过的容积流量减少到很低的值。低压缸鼓风时，转子位置可能发生改变，可能增加运转不稳定，甚至可能引起转子叶片磨损。

一个合适的冷却系统用于阻止过热，一套保护回路用于确保当冷却系统失效或预期的冷却效果未获得时汽轮机遮断。为此，在对应点进行温度监视。为了消除低压缸超温的所有风险，必须限制相关运行持续时间（180℃＜T_{LE}＜230℃时）这样可以防止由于过多相对膨胀造成对低压缸的寿命减少及动静相碰的风险。

为了防止低压缸鼓风，在汽轮机低 S 缸安装有一套喷水系统，以减少排汽端的蒸汽温度，使其不超过许用限制值。当超过低压缸叶片级或排汽的温度限制时，打开喷水阀。当排汽温度下降或达到规定负荷时（此时汽轮机内通流量很大，能使叶片达到充分冷却），关闭低压缸喷水。低压缸喷水系统在冲转前的旁路和轴封运行时投入自动。喷水联锁状态 1，见表 36-5。

表 36-5　喷水联锁状态 1

投　　入			切　　除		
T_{Le-0}[℃]	—	T_{HOOD}[℃]	T_{Le-0}[℃]	—	T_{HOOD}[℃]
＞140	∨	＞90	＜100	∧	＜60

除了温度限制值外，当汽轮机负荷超过一个定值后（15%～30% 的额定负荷）也要关闭低压缸喷水。需考虑每个低压缸缸体的 TLE 温度和 THOOD 温度。

当汽轮机转速小于 8% 时，喷水联锁状态 2 见表 36-6。

表 36-6　喷水联锁状态 2

旁路运行	轴封运行	T_{Le-0}[℃]		T_{HOOD}[℃]	喷水	T_{ime}
ON	ON				X	无时间限制
OFF	ON	＞140	∨	＞90	X	30min

当停机时，低压缸喷水自动关闭。

（1）低压缸蒸汽温度保护3取2。低压缸温度（THOOD）：在每个低压缸用三只热电偶来测量获得每个低压缸上端的壁温。

（2）低压叶片级温度监视。测量值的获取，低压叶片级温度（T_{Le}），在每个低压缸使用两个热电偶测量低压叶片级的尾部区域的蒸汽温度（发电机端），到达报警值后由运行人员遮断汽轮机。

七、阀门试验（ATT）

1. 概述

阀门试验ATT（Auto Turbine Tester）用于定期检查阀门，防止阀门卡涩。同时，对油动机快关电磁阀以及保护系统I/O通道也进行了试验。阀门试验时负荷限制在80％额定负荷以下（见图36-11）。

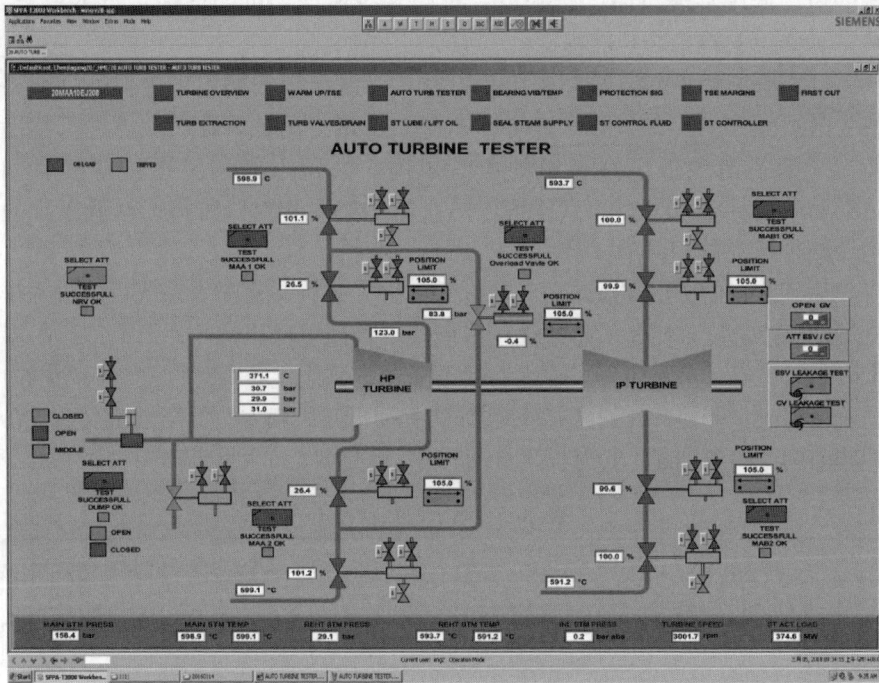

图36-11　阀门试验

2. ATT试验过程说明

汽轮机阀门活动性试验（ATT）共有七组，如图36-11所示，分别包括：左侧高主门和高调节阀MAA1、右侧高主门和高调节阀MAA2、左侧中主门和中调节阀MAB1、右侧中主门和中调节阀MAB2、补汽阀、高压缸排汽止回阀、高压缸通风排汽阀。当要进行某组ATT试验时，只需将其控制子环SLC投入（SELECT ATT），然后选择ATT试验开始即可（ATT ESV/CV），ATT试验将自动进行，完成后发试验成功信号（TESTOK），如在进行某组阀门活动试验的过程中未能成功或者中断，则

ATT 试验控制子组将自动恢复。

以高主门和高调节阀 ATT 试验为例，当进行高压缸阀门组试验时，该侧高压调节阀根据指令关闭，另一侧高调节阀同时开大，其开度的大小根据负荷指令进行控制。当被试验的高调节阀完全关闭后，进行主汽门活动试验及跳闸电磁阀活动试验，阀门的两个电磁阀分别动作一次，使相应的阀门活动二次。给出试验成功的反馈，主汽门试验完成。在该侧主汽门关闭的情况下，进行调节阀活动试验及跳闸电磁阀活动试验，阀门的两个电磁阀分别动作一次，使相应的阀门活动两次，并给出试验成功的反馈，调节阀试验完成。完成高压调节阀试验之后，该侧主汽门打开，在主汽门全开后，高调节阀开始打开，同时对侧高调节阀开始关小，直到恢复到试验前的状态。补汽阀试验，在高主门和高调节阀 MAA 试验成功后进行；在进行左侧高主门和高调节阀 MAA1 阀门组试验时，补汽阀也将开启。阀门组试验完成后，对高压缸排汽止回阀和高压缸通风排汽阀进行相同的试验，每个阀门的两个电磁阀均分别动作一次，使相应的阀门活动两次。

3. ATT 试验注意事项

（1）要求 80% 额定负荷以下投入该试验，可视具体情况而定。

（2）ATT 试验前，请保证阀门不在全开位置，对于倾向于初压方式运行的机组，在机组参数较低时，阀门全开，此种情况下，建议在限压模式下投入该试验，汽轮机控负荷，以确保试验过程中机组负荷的稳定性。

（3）ATT 试验前，请将补汽阀投切开关投入，以确保补汽阀参与该试验。

（4）ATT 试验过程中，若调节阀在关闭后开启过程中不能顺利开启，引起抗燃油压下跌，请运行人员手动将该调节阀阀限设置为 0%，以避免试验过程中抗燃油压低跳机。试验过程中，请密切关注抗燃油压。

（5）ATT 试验也可以分开每组独立完成。

4. ATT 试验方法

方法一：选择所有联合汽门 ATT 后，投入 ATT ESV/CV 按钮，表示将 9 个阀门，分为四组，顺序使电磁阀失电，测试阀门是否能全关。OK 灯顺序变红表示实验成功，如果不 OK 查看相应逻辑，看是否是因为电磁阀未造成的。

方法二：在画面上将 SELECT ATT 顺序投入，一组作完再投入下一组。但是要注意补气阀的 ATT 不能单独投入，一定要随一组高压汽门一并投入。如果高压联合汽门单独投入，不带补气阀的话，引起的负荷的波动会相对大一些。

高压缸排汽止回阀和高压缸通风排汽阀活动性试验可在上述试验完成后单独完成。

5. ATT 试验跳步中断操作说明

ATT 试验期间，碰到控制电磁阀或其他油管路出现不可控状态时，可使用跳步操作，结束 ATT 试验顺控，进行人为手动操作。

八、温度监视

1. 高压缸部分

(1) 主汽门前蒸汽温度。

KKS：LBA11CT107/LBA12CT107'。

功能：参与联锁冷再热止回阀（测量值低于 380℃ 且主汽压低于 18.9bar 开启冷再热止回阀，反之关闭）。

为主顺控第 12 步的判定条件（两侧主汽门测量值同时高于 380℃）。

为主顺控第 20 步分支二的判定满足条件。

用于理想工况参数的运算。

用于温度准则 X1、X4、X5、过热度准则 Z3 的计算。

用于主蒸汽进汽温度高监视。

(2) 冷再热止回阀前温度。

KKS：LBC10CT101。

功能：运行监视。

(3) 高压主汽门壳体 100％处温度。

KKS：MAA11CT121/MAA21CT121。

功能：参与主汽门温度裕度计算。

参与 MAU1/MAL21 疏水阀控制。

(4) 高压主汽门壳体温度 50％处。

KKS：MAA11CT122/MAA21CT122。

功能：参与主汽门温度裕度计算。

参与理想工况参数的计算。

(5) 高压调节阀壳体温度 100％处。

KKS：MAA12CT121/MAA22CT121。

功能：参与高压调节阀温度裕度计算。

(6) 高压调节阀壳体温度 50％处。

KKS：MAA12CT122/MAA22CT122。

功能：参与高压调节阀温度裕度计算。

温度准则 XI、X2 的计算。

参与理想工况参数的计算。

(7) 高压内缸壁温 90％处。

KKS：MAA50CT111/MAA50CT112/MAA50CT113（三取二）。

功能：参与高压缸、高压转子温度裕度计算。

排汽温度保护曲线主蒸汽温度高监视。

(8) 高压缸蒸汽温度（12 级后）。

KKS：MAA50CT115/MAA50CT116/MAA50CT117（三取二）。

功能：高压缸鼓风控制（高中压缸流量修正切除高压缸）。

温度高保护动作。

（9）高压排汽蒸汽温度。

KKS：MAA50CT121。

功能：高于480℃为主顺控第52步的判定条件。

减去饱和蒸汽温度（取决于冷再热止回阀前压力的函数）低于设定值报警。

通过与高压缸叶片温度的计算来联锁冷再热止回阀及高压缸排汽通风阀。

减去饱和蒸汽温度（取决于冷再热止回阀前压力的函数）低于设定值，建议手动停机。

（10）平衡活塞后蒸汽温度。

KKS：MAA50CT125/MAA50CT126。

功能：运行监视。

（11）高压缸100%处温度。

KKS：MAA50CT131。

功能：高压缸缸体温度裕度计算。

（12）高压缸50%处温度。

KKS：MAA50CT132。

功能：高压缸缸体温度裕度计算。

用于X5、X7温度准则计算。

用于理想工况参数的计算。

用于高压叶片压力控制器的计算。

（13）高压缸中部上/下半汽缸50%处温度。

KKS：MAA50CT151/MAA50CT152。

功能：MAL14、MAL22疏水阀控制。

高压缸进水监视（温差大于30K，-45K报警；大于±55K，手动跳机）。

2. 中压缸部分

（1）再热主汽门前蒸汽温度。

KKS：LBC11CT107/LBC12CT107。

功能：温度准则X6、X8、过热度准则Z4的计算。

用于再热蒸汽进汽温度高监视。

（2）中压主汽门壳体温度。

KKS：MAB11CT121/MAB21CT121。

功能：用于疏水阀MAL23/MAL24控制。

（3）中压内缸壁温90%处。

KKS：MAB50CT111/MAB50CT112/MAB50CT113。

功能：中压转子温度裕度计算。

用于疏水阀 MAU1 控制。

用于热再热温度高监视。

（4）中压缸排汽温度。

KKS：MAB50CT121/MAB50CT122。

功能：中压排汽温度运行监视——报警，手动停机。

中压排汽温度过热度计算——报警，手动停机。

（5）中压缸前部上/下缸 50％处金属温度。

KKS：MAB50CT141/MAB50CT142。

功能：中压缸进水监视。

报警：温差大于 30K，−45K（并网前）；±30K（并网后）。

手动跳机：温差大于±55K（并网前），±45K（并网后）。

（6）中压后端上/下部 50％处气缸温度。

KKS：MAB50CT161/MAB50CT162。

功能：中压缸进水监视。

报警：温差大于 30K，−45K（并网前）；±30K（并网后）。

手动跳机：温差大于±55K（并网前），±45K（并网后）。

3. 低压缸部分

（1）低压缸静叶环蒸汽温度。

KKS：MAC10/20CT111，MAC10/20CT112（三取二）。

功能：低压缸叶片温度报警、保护。

低压缸喷水阀控制。

（2）低压缸末端汽缸温度。

KKS：MAC10CT171/172/173，MAC20CT171/172/173。

功能：低压缸排汽温度报警、保护（三取二）。

低压缸喷水阀控制。

第三节　监控画面说明

一、汽轮机控制器（Turbine Controller）

汽轮机控制器画面主要由启动装置控制回路（S/UP DEVICE）、转速负荷控制回路（SPD/LOAD CTRL）、压力控制回路（HP PRES CTRL）三部分构成，以上三个回路换算出的指令经过中央低选功能得出总流量指令，再通过高压缸排汽温度控制器（HP EXH TEMP CTRL）、高压叶片级压力控制器（HP BLAD PRES CTRL）及阀位限制功能（POSN LIMIT）的限制，从而控制高中压调节阀及补汽阀的阀门开度。

启动升程限制器（TAB）作用于汽轮机启动阶段，其指令输出（0～100％）由 TAB 自动生成，在启动过程中无须运行人员操作。TAB 每次到达某一限值时，其输出都会停止变化，等待执行特定任务操作，操作完成收到反馈信号后，输出才会继续变化。在特殊工况下，TAB 可切到外部控制，手动输入指令值，来改变总流量指令。

转速设定值（SPEED SETP）为汽轮机设置目标转速，由闭环控制器自动计算生成，在启动过程中无须运行人员操作。当转速设定值手动设置不被闭锁时，也可手动输入目标转速值。

汽轮机实际转速（ST SPEED）以一定的速率升降至目标转速，该速率由 TSE 温度裕度（TSE INFL）限制，在汽轮机启动前需运行人员手动投入，如该功能发生故障，将会报 TSE 故障（TSE FAULT）。在转速上升过程中，如果转速设定值与实际转速偏差过大（DEV TOO HIGH），将会闭锁设定值功能（STOP），待差值减小后自动解除闭锁设定值；在通过临界转速区时，如果加速度太小（ACCL<MIN），转速跟踪信号发生（TRACKED），目标转速将以 60r/min 将实际转速下降到临界转速区外，直至运行人员手动复位（RELS SETP-CTRL）。汽轮机控制器画面如图 36-12 所示。

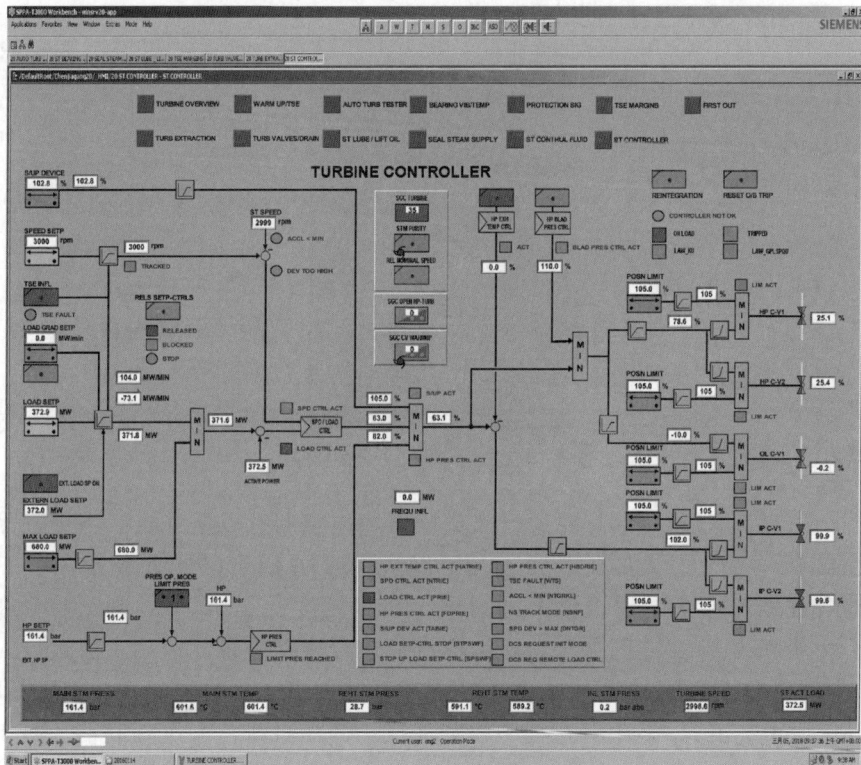

图 36-12　汽轮机控制器画面

负荷设定值（LOAD SETP）为汽轮机设置目标负荷，并网后自动设置为最小负荷设定值，在升负荷过程中，由运行人员手动输入目标负荷指令及升降负荷速率（LOAD GRAD SETP），该速率同样受 TSE 限制。当协调方式投入（EXT LOAD SP ON），目标负荷值将接受 CCS 外部负荷指令（EX-TERN LOADS ETP）。延时的负荷设定值，还将受最大负荷设定值（MAX LOAD SETP）限制。

实际转速值与转速设定值的偏差以及实际负荷值与负荷设定值的偏差，将送入转速/负荷控制器进行闭环运算。一次调频功能（FREQU INFL）由运行人员手动投入后，一次调频功能被激活且调频量在上方显示。

压力设定值（HP SETP）由 CCS 给出目标指令来控制汽轮机前压力，限压方式 1（LIMIT PRES）和初压方式 2（INITIAL PRES）由运行人员手动选择。在启动过程中，应在限扭方式下带负荷后，由于在旁路关闭瞬间产生压力波动，应切至初压方式下。实际扭力值与压力设定值的偏差将送入压力控制器进行闭环运算，当偏差大于 15bar，将会达到压力限制值（LIMIT PRES REACHED），气机由控制功率变为控制机前压力。

在启机条件具备后，由运行人员在汽轮机主控画面，手动投入启机主顺控（SGC TURBINE）或接受协调控制来的汽轮机启动指令（操作面板说明见帮助——选中面板按 F1 键）。主顺控从启动前检查到并网发电共 35 步。手动投入启机主顺控如图 36-13 所示。

图 36-13　手动投入启机主顺控

在自启动过程中，需要运行人员操作和注意的有以下几点：当蒸汽品质合格后，由运行人员在第 11 步手动确认（STM PURITY），如果在第 11 步蒸汽品质没达标，且高调节阀阀体 50% 处温度低于 350℃，则顺控会在第 11 步和第 20 步之间循环，直至蒸汽品质合格；暖机完成后，由运行人员手动释放至额定转速（REL NOMINAL SPEED）；挂闸信号（RESET O/S TRIP）在 TAB 上升过程中自动完成，高压缸排汽温度控制器、高压叶片级压力控制器由主顺控自动投入，无须运行人员操作；由发生回路故障如断线，会报出（CONTRILLER NOT OK），在故障排除后，需运行人员手动复位（RE-INTEGRATION）；阀限功能（POSN LIMIT）由运行人员手动设置，指令范围（−5%～105%），在启动前运行人员手动将各调节阀设至高限；当高压缸排汽温度达到限值，高压缸将停止进汽，当负荷大于 100MW 时，且高压缸排汽温度能降至正常值，高压缸会自启动开高压缸顺控（SGC OPEN HP-TURB），若继续升高至跳机值，则机组停机。

画面中带指示灯的画面显示元件，绿色代表未激活，红色代表激活。设定值模块，绿色代表内部模式，蓝色代表外部模式。元件左下角显示风车图标，代表该功能处于手动闭锁状态。

以下是本画面中重要信号显示灯英文（德文）缩写的中文参考：

ON LOAD——并网；

TRIPPED——跳闸；

LAW_KU——因电网传输中断而甩负荷；

LAW_GPLSPQU——因限制值识别达到而甩负荷；

CONTORLLER NOT OK——控制器故障；

HATRIE——高压缸排汽温度控制器激活；

NTRIE——转速控制器激活；

PRIE——负荷控制器激活；

FDPRIE——压力控制器激活；

TABIE——升程控制器激活；

STPSWF——转速/负荷设定控制闭锁；

SPSWF——升转速/负荷设定控制停止；

HBDRIE——高压叶片控制器激活；

WTS——应力计算功能故障；

NTGRKL——加速度过小；

NSNF——转速设定值跟踪状态；

DNTGR——转速实际值与设定值偏差过大；

DCSREQINETMODE——DCS 初压控制方式请求；

DCSREQREMOTELOADCTRL——DCS 远程负荷控制请求。

二、阀门活动性试验（Turbine Auto Tester）

阀门活动性试验如图 36-14 所示。

汽轮机阀门活动性试验（ATT）共有七组，分别包括：左侧高主门和高调节阀 MAA1、右侧高主门和高调节阀 MAA2、左侧中主门和中调节阀 MAB1、右侧中主门和中调节阀 MAB2、补汽阀、高压缸排汽止回阀、高压缸通风排汽阀。当要进行某组 ATT 试验时，只需将其控制子环 SLC 投入（SELECT ATT），然后选择 ATT 试验开始即可（ATTESV/CV），ATT 试验将自动进行，完成后发试验成功信号（TEST OK），如在进行某组阀门活动试验的过程中未能成功或者中断，则 ATT 试验控制子组将自动恢复。

以高主门和高调节阀 ATT 试验为例，当进行高压缸阀门组试验时，该侧高压调节阀根据指令关闭，另一侧高调节阀同时开大，其开度的大小根据负荷指令进行控制。当被试验的高调节阀完全关闭后，进行主汽门活动试验及跳闸电磁阀活动试验，阀门的两个电磁阀分别动作一次，使相应的阀门活动二次。合出试验成功的反馈，主汽门试验完成。在该侧主汽门关

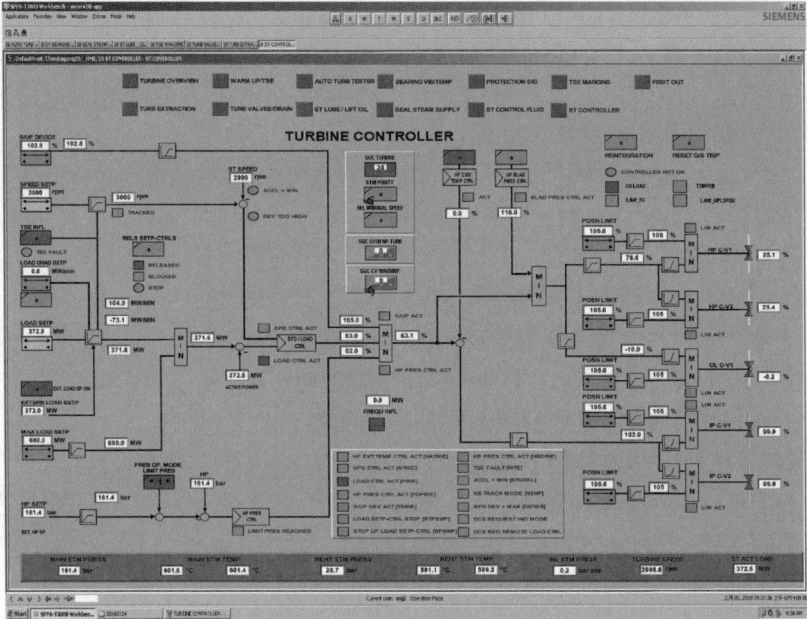

图 36-14　阀门活动性试验

闭的情况下，进行调节阀活动试验及跳闸电磁阀活动试验，阀门的两个电磁阀分别动作一次，使相应的阀门活动二次，并给出试验成功的反馈，调节阀试验完成。完成高压调节阀试验之后，该侧主汽门打开，在主汽门全开后，高调节阀开始打开，同时对侧高调节阀开始关小，直到恢复到试验前的状态。补汽阀试验，在高主门和高调节阀 MAA 试验成功后进行；阀门组试验完成后，对高压缸排汽止回阀和高压缸通风排汽阀进行相同的试验，每个阀门的两个电磁阀均分别动作一次，使相应的阀门活动两次。

画面上 ESV LEAKAGE TEST 与 CV LEAKAGE TEST 两个 SLC 按钮分别是进行主汽门与调节阀的严密性试验的投切按钮。

三、抗燃油系统（Control Fluid）

抗燃油系统画面中包括抗燃油系统控制子组 SGC，抗燃油压控制子环 SLC 和抗燃油温控制子环 SLC。其中抗燃油系统控制子组 SGC 接受汽轮机启机主顺控 SGC 的控制，也可实现单独控制，可以实现抗燃油系统的启停控制。抗燃油压控制子环 SIX 实现抗燃油压力控制，当运行抗燃油泵出现电气故障报警，或运行抗燃油泵出口；压力低于或母管压力低于 150bar 持续 100s 且抗燃油压力控制子环 SLC 在自动模式下，则自动切换到备用控制油泵。如果压力继续降低直至低于 105bar，运行抗燃油泵会保护停；抗燃油温控制子回路由两套油循环泵组和冷却风扇组成，冷却风扇在抗燃油温 55℃启动，当抗燃油温降低至 53℃时停运，实现抗燃油温稳定运行，当运行的抗燃油循环泵出现电气故障报警，或运行抗燃油循环泵的出口压力低于 1.3bar，且抗燃油温控制子环；SLC 在自动模式下的时候，备用控制油循环泵自动切换。抗燃油控系统如图 36-15 所示。

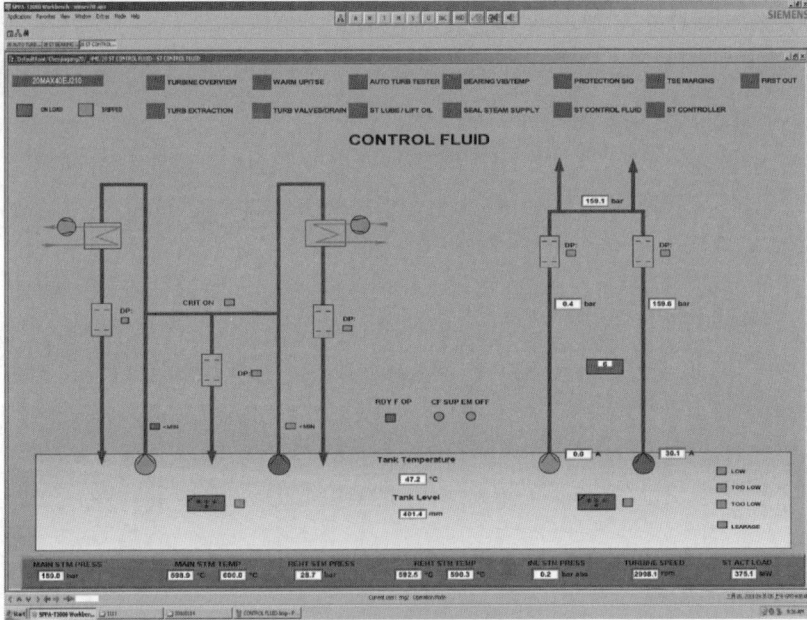

图 36-15　抗燃油控系统

控制油供油系统危急关闭系统，当抗燃油箱油位太低，或危急按钮动作，或火灾保护系统动作时，控制油供油系统危急关闭被触发：两台抗燃油泵、两台抗燃油循环泵、两台抗燃油冷却风扇将被强制停。

以下是本画面中重要信号显示灯英文缩写的中文参考。

RDY F OP——EH 供油系统完成启机准备；

DP——滤网差压高；

＜MIN——出口压力低；

CRIT ON——EH 循环系统运行；

LEAKAGE——抗燃油箱漏油；

LOW——抗燃油箱液位低。

四、应力计算及 X 准则（Warm up Valves/TSE）

应力计算及 X 准则画面主要在汽轮机启动过程中，对汽缸、转子、阀体等部件进行温度监视，通过温差来计算相应部件的热应力，将其控制在允许的范围内，将此温差与允许温差比较来计算允许的温升率，所有测量的温度及计算的温度裕度均进行指示及记录，且温度裕度的大小决定了转速和负荷变化的速度。画面右下角"TSE-MARGINS"中做出了高主门阀体、高调节阀阀体、高压缸、高压转子、中压转子五个部位的应力裕度中上行和下行的应力裕度最小值，在启停机组过程中如果任一部分计算出的应力裕度不满足，出现了负应力，则会故障报警。应力计算及 X 准则画面如图 36-16 所示。

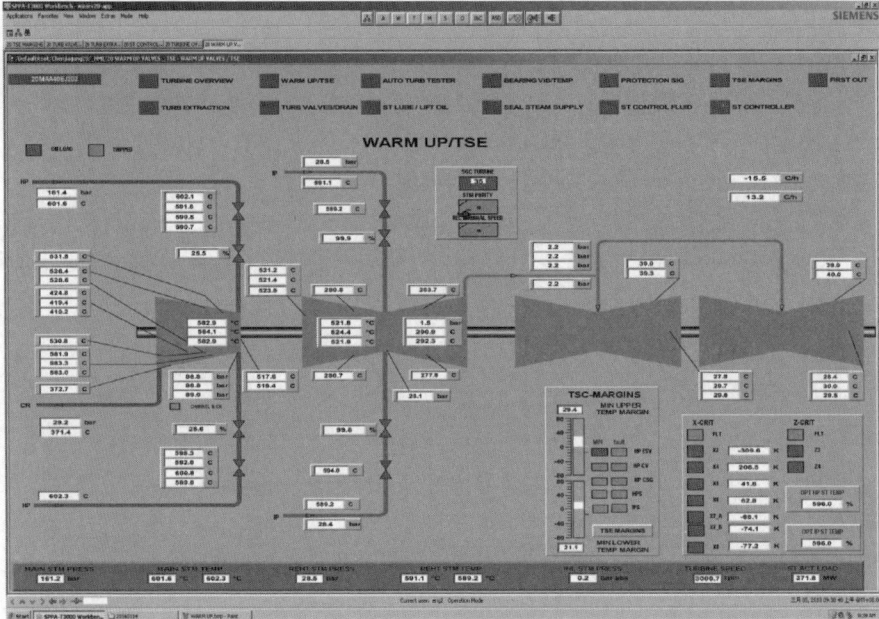

图 36-16　应力计算及 X 准则画面

X 准则（X-CRIT），即可变的温度准则，用来在汽轮机启动过程中保证主蒸汽和再热蒸汽参数符合要求，以变化的温度准则来判断机组是否能够适应运行方式的变化，作为启动的条件，送到汽轮机主顺控 SGC，在汽轮机启动过程中，不断判断 X 准则是否能满足要求，以决定是否继续执行下一步。当 X 准则满足时为"红色"，当 X 准则不满足时为"绿色"。其中 X1、X2 准则在开主汽门前使用；X4、X5、X6 准则在汽轮机冲转前使用：X7A、X7B 准则在汽轮机 360r/min 暖机后释放正常转速时使用；X8 准则在机组并网前使用。

以下是本画面中重要信号显示灯英文缩写的中文参考：

MIN UPPER TEMP MARGIN——启机最小温度裕度；

MIN LOWER TEMP MARWN——停机最小温度裕度；

HPESV——高压主汽门；

HP CV——高压调节阀；

HP CSG——高压缸；

HPS——高压转子；

IPS——中压转子；

OPT HP ST TEMP——高压缸极佳进汽温度；

OPT IP ST TEMP——中压缸极佳进汽温度；

Z—CRIT——过热度准则。

五、轴承振动及温度（Turbine Bearing VB/TEMP）

轴承振动及温度画面主要对汽轮机及发电机各轴承的振动和温度进行监视保护如图 36-17 所示。其中绝对振动二选二保护，瓦温三选二保护，轴向位移三选二保护，相对振动、低压缸胀、转子偏心等进行监视报警。其中相对振动值为矢量合成，X、Y 振动量由 TSI 测得。保护点的质量故障也会跳机，例如，1 号轴承绝对振动双通道故障（CHANNEL 1&2 NOT OK）。

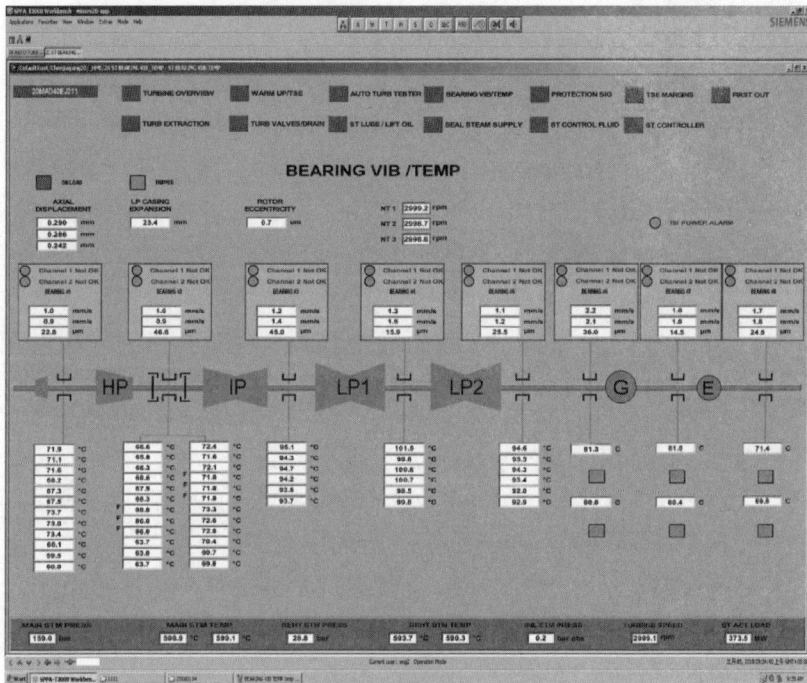

图 36-17　轴承振动及温度画面

以下是本画面中重要信号显示灯英文缩写的中文参考。

AXIAL DISPLACEMENT——轴向位移；

LP CASING EXPANSION——低压缸缸涨；

ROTOR ECCENTRICITY——转子偏心；

GEN H2 TEMP——发电机氢温；

EXCIT WIND TEMP——励磁机风温；

CHANNEL NOT（）K——通道故障；

ST/GEN ABS VIB——汽轮机/发电机瓦振；

ST/GEN REL V1B——汽轮机/发电机轴振。

六、汽轮机跳闸保护信号（Protection Signals）

汽轮机跳闸保护信号画面对影响机组安全运行的重要测点进行监视保护，如果某一跳闸条件触发，则通过 ETS 使遮断电磁阀失电，关闭各阀门，进行停机保护。开关量点绿色表示正常，红色表示动作；模拟量保护点达到限值会闪红框，黄框为警告。各保护点均采用冗余保护。汽轮机跳闸保护信号画面如图 36-18 所示。

以下是本画面中各跳机信号英文缩写的中文参考：

BRG TEMP PROT——轴承温度高（三选二）；

BRG PED ABS V1B——轴承瓦振大（二选二）；

BOILER PROTECTION——锅炉跳汽轮机（三选二）；

SGC MS STEP54——汽轮机停顺控；

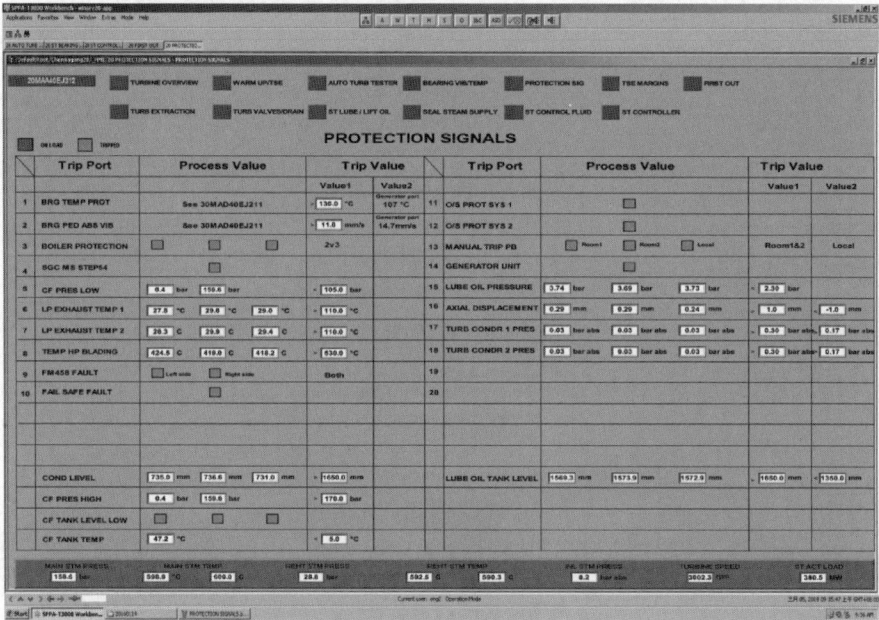

图 36-18　汽轮机跳闸保护信号画面

STATOR CLG WTR FLW——定子冷却水流量低（三选二）；

CF TANK LEVEL LOW——抗燃油箱液位低（三选二）；

FAIL SAFE FAULT——ETS 通信故障；

O/S PROT SYS1——超速保护 1 动作（三选二）；

O/S PROT SYS2——超速保护 2 动作（三选二）；

MANUAL TRIP PB——手动停机按钮动作；

GENERATOR UNIT——发电机跳汽轮机（二选二）；

LUBE OIL TANK LEVEL——润滑油油箱液位低（三选二）；

LUBE OIL PRESSURE——润滑油压力低（三选二）；

AXIAL DISPLACEMENT——轴向位移大（三选二）；

TURB CONDR PRES1——凝汽器 1 压力高（三选二）；

TURB CONDR PRES2——凝汽器 1 压力高（三选二）；

FM458 FAULT——闭环控制器故障；

TEMP HP BLADING——高压缸排汽温度高（三选二）；

GEN H2 TEMP A——氢气温度 A 高（三选二）；

GEN H2 TEMP B——氢气温度 B 高（三选二）；

EXCIT WIND TEMP——励磁风温高（三选二）；

LP1 EXHAUST TEMP——低压缸 1 排汽温度高（三选二）；

LP2 EXHAUST TEMP——低压缸 2 排汽温度高（三选二）；

COND LEVEL——凝汽器液位低（三选二）；

STATOR INLET WTR TEMP——定子进水温度（三选二）；

GEN LEAKAGE LEVEL A——发电机漏液液位 A（三选二）；

GEN LEAKAGE LEVEL B——发电机漏液液位 B（三选二）。

七、汽轮机跳闸首出（First Out）

汽轮机跳闸首出画面为汽轮机跳闸瞬时记录首个保护动作点，便于分析跳机事故原因。跳闸信号（TRIP SIGNAL）和首出信号（FIRST OUT）指示灯绿色表示正常，红色表示动作。画面左侧为第一对控制器保护信号，右侧为第二对控制器保护信号，将第二对控制器所有保护信号打包后通过硬接线送到第一对控制器（ADD TURBINE PROTECTION）。如果该打包点没动作，则首出看左侧动作点；如动作，则首出看右侧动作点。汽轮机跳闸首出画面如图 36-19 所示。

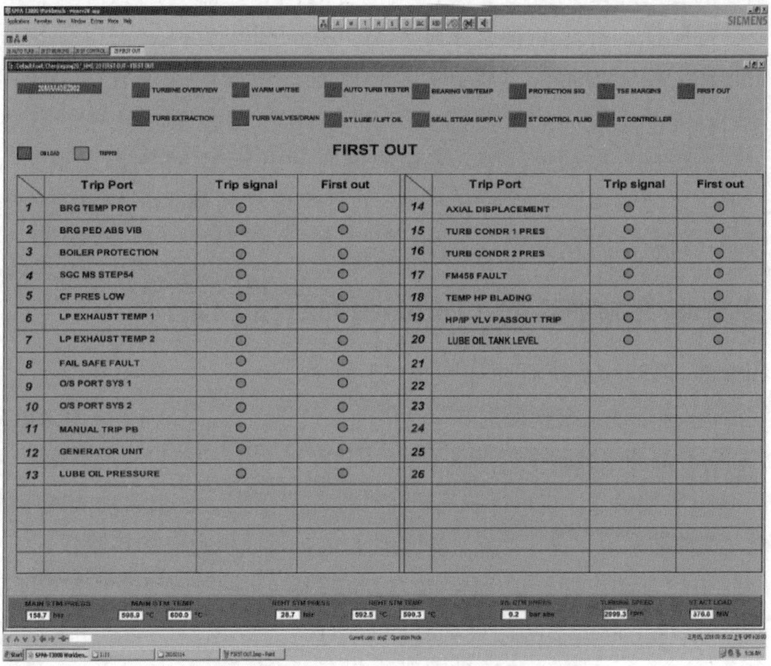

图 36-19　汽轮机跳闸首出画面

八、汽轮机总览（Turbine Overview）

汽轮机总览画面如图 36-20 所示。

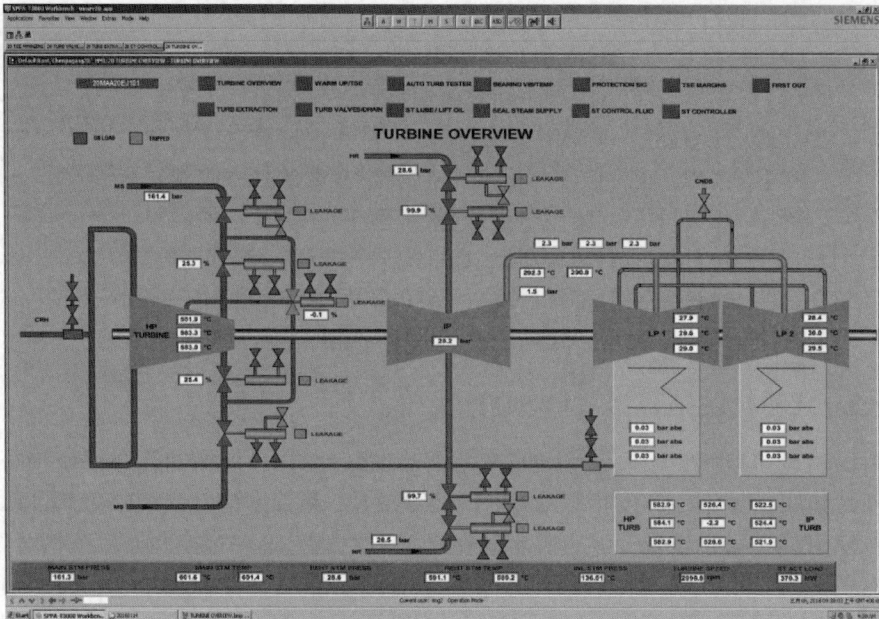

图 36-20　汽轮机总览画面

汽轮机总览画面主要用于对汽轮机各阀门、电磁阀的状态及重要进排汽参数进行监视。各遮断磁阀采用双只冗余，带电挂闸、失电保护，主汽门方向阀往运行中为常失电状态，得电泄油。各阀门绿色表示关闭，红色表示开启；油动机漏油油盘监测（LEAKAGE）绿色表示正常，红色表示报警。在汽轮机自启动过程中，备电磁阀自动由 TAB 挂闸，无须运行人员操作。低压缸喷水电磁阀（CNDS）在低排温度高时动作，起减温作用。高排通风阀在跳机后自动开启。

九、润滑油/顶轴油系统（Turbine Lube/Lift Oil）

润滑油/顶轴油系统画面如图 36-21 所示。

润滑油/顶轴油系统画面主要包括供油系统子组 SGC(SGC TURBOIL SUP-PLY) 和润滑油油泵试验子组 SGC(SGC CHECK OIL PUMPS)。其中供油系统子组 SGC 可单独投入，也可接收启机主顺控的步序指令，来启动画面中的润滑油系统、顶轴油系统、盘车系统、润滑油箱的排烟风机及电加热器。

画面中的自动投切开关 SLC 及自动联锁控制 DCO(DEVICE CHANGE OVER)，实现了设备之间的自动启停及故障切换等控制，在各系统启动并投入自动后，运行人员无法单独对某个设备操作，但可在 DCO 中进行主备切换。例如，顶轴油泵 A、B 为主泵正常运行，若想切换为 B、C 主泵运行，可在 DCO 操作面板中选择 DEVICE B，联锁控制将 A、B、C 泵同时开启，待母管油压正常稳定后，A 泵停止运行。如 DCO 联锁发生故障，则 C/O 报警灯由绿变黄。

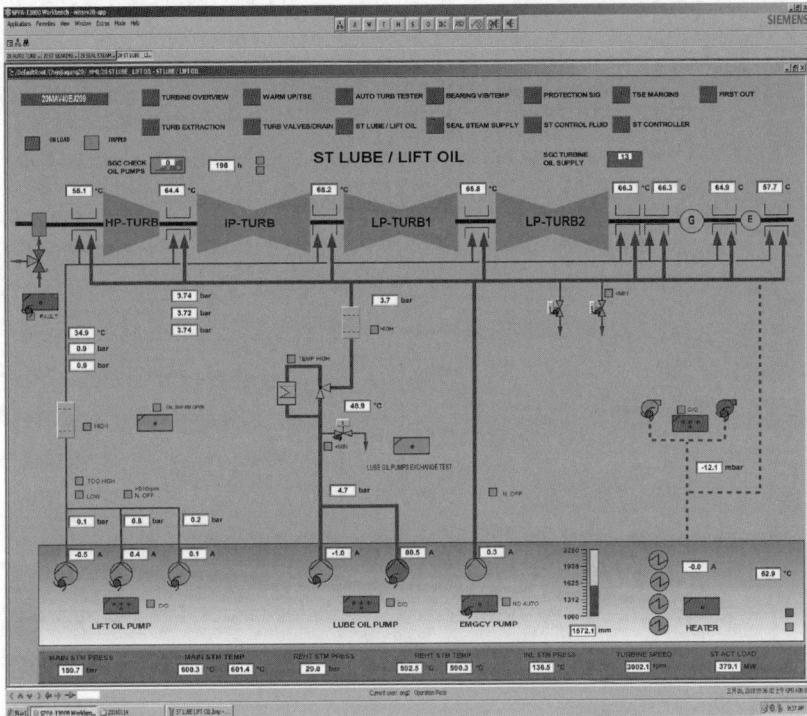

图 36-21 润滑油/顶轴油系统画面

润滑油油泵试验子组 SGC 在启机、停机过程中盘车投入时，各自动执行一次，接收汽轮机启机主顺控发出的指令，自动进行两个主油泵与直流油泵间的切换，通过油路上的三个试验电磁阀实现低油压联锁试验，试验完成后将设备运行方式恢复原状。直流油泵 SLC 投入时，任何联启备用润滑油泵的条件均会启动直流油泵，且直流油泵启动后只能手动停。往机组运行中，连续超过 720h 未进行此试验将会报警，试验完成后计时自动归零。

盘车电磁阀控制 SLC 投入时，盘车电磁阀在汽轮机冲转到 180r/min 时关闭，转速到 540r/min 时开启；停机时转速降至 510r/min 时关闭，转速小于 120r/min 时开启。盘车系统的启停与盘车电磁阀的开关相反，即电磁阀失电通油。

当主油箱油位太低，或危急按钮动作，或火灾保护系统动作时，润滑油供油系统紧急运行被触发（OIL SUP EM OPER），导致的一系列动作有：汽轮机跳闸，供油 SGC 与油泵检查 SGC 关闭，润滑油箱加热器关闭，润滑油泵与顶轴油泵全部关闭，危急直流油泵开启，盘车电磁阀关闭，所有联锁控制由自动切到手动。

十、轴封系统（Seal Steam）

轴封系统画面如图 36-22 所示。

轴封系统画面主要包括轴封系统启动子组 SGC(SGC SEAL STM SUP-

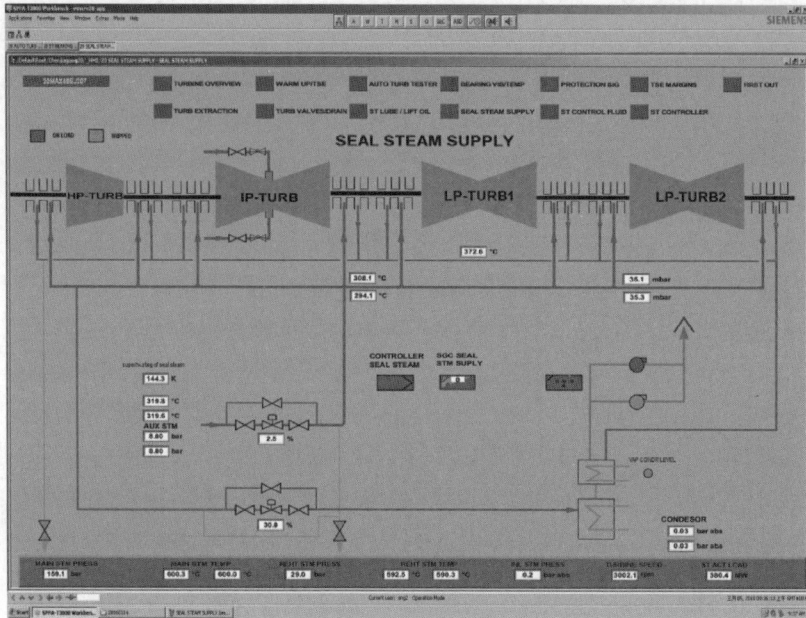

图 36-22　轴封系统画面

PLY)、轴封闭环控制器（CONTROLLER SEAL STM）、轴封冷却风机。轴封闭环控制器设有轴封压力控制回路和轴封温度控制回路，其中轴封压力控制回路是通过调节轴封供汽调节阀、溢流调节阀的开度来实现的，且两个阀门接收同一指令，阀门之间有 5％的重叠度，当轴封母管压力高于35Mbar 时供汽调阀逐渐关小，溢流调阀开启，从而维持压力稳定。

在启动阶段，轴封供汽由辅汽供，主机轴封供汽经轴封供汽调压阀减压后经轴封供汽母管，分别供至汽缸的各段轴封，即通过轴封供汽调节阀维持轴封压力。轴封温度靠供汽调节阀前的减温水控制。

当轴封系统进入自密封阶段后，轴封供汽调节阀保持关闭，溢流调节阀调节轴封压力，当轴封母管的压力高于 35Mbar 后，溢流调节阀开启，使多余的蒸汽进入凝汽器来调节轴封压力；当轴封供汽母管的温度高于 310℃时，温度控制回路会产生积分量动作于轴封供汽调节阀，使轴封供汽调节阀微开，靠节流产生的部分冷气来调节轴封供汽母管的温度。

轴封供汽调节阀前的温度应保证有 5℃以上的过热度，当轴封供汽调阀前的温度过高后，主机轴封供汽调阀会强制关闭。

十一、疏水系统（Turbine Drains）

疏水系统主要对汽轮机本体部分进行疏水控制，共有 20 个疏水阀通过20 个电磁阀控制，疏水电磁阀 SLC（TURB DRAINS）控制在正常运行中处于自动状态，即在启动阶段接受主顺控 SGC 指令，也可以手动投入。抽汽止回门及高压缸排汽止回门前疏水电磁阀分别根据其相应的阀体状态来关闭，其余根据各相应部位温度来关闭。在机组停机过程中，各疏水电磁阀会根据条件自动开启。

汽轮机本体各疏水阀门如图 36-23 所示。

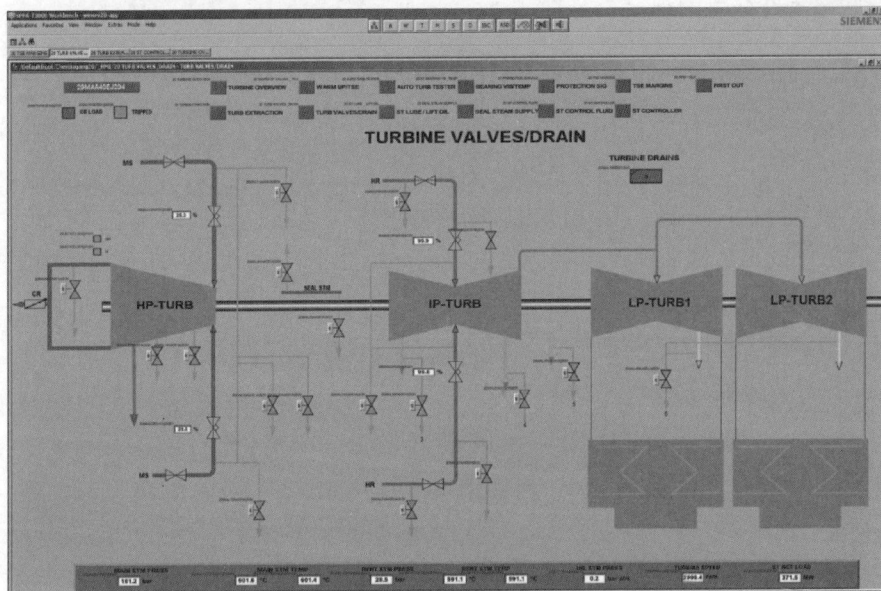

图 36-23　疏水系统画面

（1）补汽阀阀前疏水门；

（2）补汽阀阀后疏水门；

（3）中压调节汽门后疏水门；

（4）左中压主汽门前疏水门；

（5）右中压主汽门前疏水门；

（6）左中压调节汽门前疏水门；

（7）右中压调节汽门前疏水门；

（8）左侧高调节阀阀前疏水门；

（9）右侧高调节阀阀前疏水门；

（10）高压缸轴封活塞疏水门；

（11）高压缸疏水门；

（12）高压汽封漏汽疏水门；

（13）一抽止回阀前疏水门；

（14）三抽止回阀前疏水门；

（15）四抽止回阀前疏水门；

（16）五抽止回阀前疏水门；

（17）六抽止回阀前疏水门；

（18）左高压缸排汽止回门前疏水门；

（19）右高压缸排汽止回门前疏水门；

（20）轴封供汽母管疏水门。

各疏水电磁阀为自保持类型，开启与关闭需要一段时间，过程中画面上状态为红绿色闪烁。

十二、抽汽系统（Turbine Extraction）

抽汽系统包括八段抽汽，提供给各高低压加热器、除氧器、给水泵汽轮机等，其中一抽、三抽、四抽、五抽、六抽由 DEH 控制。同疏水系统一样，各抽汽止回阀门由相应的电磁阀控制，抽汽止回阀电磁阀 SLC（TURB EXTRACTION）控制在正常运行中处于自动状态。即在启动阶段接受主顺控 SGC 指令，也可以手动投入。抽汽系统画面如图 36-24 所示。

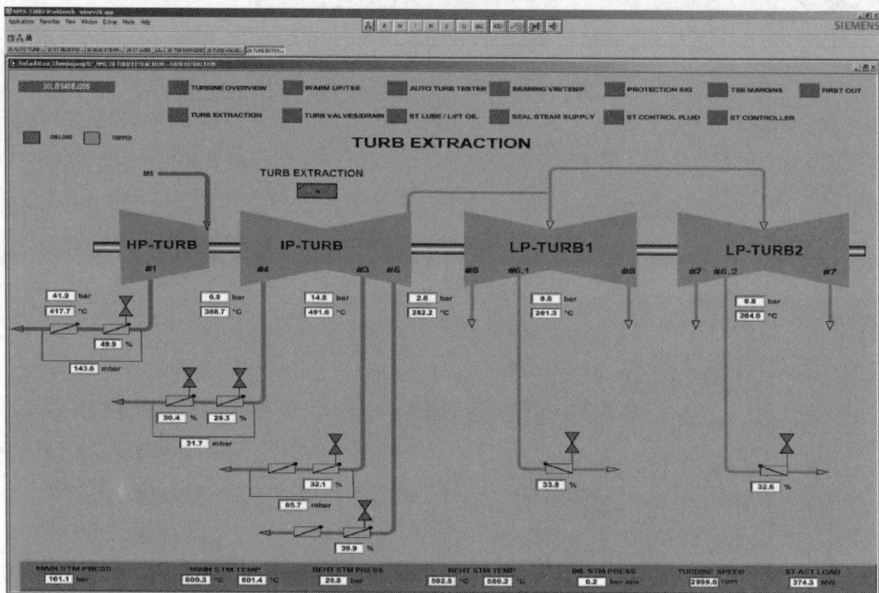

图 36-24　抽汽系统画面

各抽汽止回阀的开关控制主要与其电磁阀带电状态、止回门前后压差、实际负荷、相应高中压调节阀开度有关。其中四抽采用双电磁阀控制。各抽汽管路出口的压力、温度，以及各止回阀的开度在画面中进行监视。

第四节　DEH/ETS 硬件配置

DEH 是汽轮机控制系统的核心，由控制柜（包含分散控制单元 DPU、通信模块、I/O 模块、阀位控制模块、电源模块等）、人机接口（操作员站、工程师站）及网络系统等组成，完成对现场信号采集，接受运行人员的指令，通过相应的控制回路运算、逻辑功能运算，将控制指令送到相关设备。

现超超临界汽轮机组控制系统硬件主要采用西门子 T3000 系统。

一、SIEMENSDEH 控制系统说明

（1）系统通信。

工业以太网通信协议，用于 AS400 系统控制器、工程师站、操作员站总线间的通信，速度可达 100M。

Profibus-DP 通信协议用于 AS400 控制器与 ET200M 以及 FM458 与 ADDFEM 接口的通信，速度可达 12M。

（2）控制器和 I/O 模件性能。

DEH 控制系统配置两对冗余的处理器 417H/414PG 和 FM458，DEH 可以实现双控制器冗余切换的功能，当主控制器出现故障时，另一个控制器自动地接替主控制器的工作，实现双向无扰动切换，切换时间为毫秒级。

冗余配置的处理器在运行中，一个 CPU 在运行，完成所有的运算和输入输出功能，另一个 CPU 处于热备用状态，其内部的运算与主 CPU 相一致，只是没有输出。每个周期内，两个 CPU 之间进行内部数据的比较，并保持一致和时间上的同步。一旦主 CPU 发生故障，由从 CPU 进入主运行状态，完成控制的输入和输出，切换过程为无扰自动切换。当故障的 CPU 恢复正常后，该 CPU 自动处于热备用状态，并与主 CPU 自动保持一致和时间上的同步。

DEH I/O 采用的是汽轮机控制专用的 ADDFEM 模件和通用的 ET200M 模件，I/O 卡件具有很高的可靠性，MTBF 在数十万小时以上。

所有类型的 I/O 信号均有多种输入信号类型可供选择，ADDFEM 的模拟量输出信号可直接驱动伺服阀。

所有模块均有完善的自诊断功能、传感器断线监测功能、在线插拔功能，保证了系统安全、长时间运行，提高了系统的可用性和可维护性。

（3）控制组态软件。

系统提供完善的符合 IEC1131 标准组态工具 STEP7、CFC、D7-SYS。包括梯形图（LAD-ER）、语句表（STL）、连续功能图（CFC）、结构化语言（SCL），且各种组态工具可混合使用，交叉引用非常方便快捷。系统提供近 500 个 CFC 标准功能块库，提高了系统组态效率，缩短了工程周期。

（4）系统冗余功能。

DEH 可以实现双控制器切换的功能，当主控制器出现故障时，另一个控制器自动地接替主控器的工作，实现双向无扰动切换，切换时间为毫秒级。

通信冗余功能包括：采用 Profibus-DP 协议的 AS417H 站与 ET200M 以及 FM458 与 ADDFEM 接口间的冗余通信；采用工业以太网协议的 CPU 与上位机（工程师站和操作员站）之间冗余通信。

重要的控制信号（如转速、功率、主蒸汽压力等）采用三冗余配置，同一个控制对象的输入输出信号连接到不同的输入输出模件。

电源冗余功能：直流电源冗余配置，用于 CPU 和模板供电。

完善的冗余结构和自诊断功能，以及系统的超高速处理能力，确保系

统的稳定可靠运行。系统中的任何一个 CPU 或 IO 模块故障，任何一路通信链故障，任何一个传感器故障，或任何一个 IO 通道故障，都不会影响系统的正常运行。

二、DEH 控制系统的基本配置

DEH 控制系统配置两对冗余的处理器 417H（U14PG）和 FM458，417H（414PG）和 FM458 分别配置 ET200M，ADDFEM 接口模件。FM458 为基于 PM6 的 SIMADYNDCPU，完成汽轮机的基本闭环控制功能，例如，转速控制、功率控制、主蒸汽压力控制、阀位控制等。417H（414PG）完成热应力计算和 ATC 及 ETS 保护的处理。

每台机组 DEH 控制系统共配置三块冗余的智能化 ADDFEMI/O 接口模块，并通过各自的 Profibus-DP 接口与冗余的 FM458 高速 CPU 模块相连接。三冗余的输入信号（如转速、功率、主蒸汽压力等）分别接入三块 ADD FEM，冗余的输入信号（如调节阀反馈信号等）分别接入其中任意两块 ADD FEM 接口模块。每个输出信号（如调节阀指令信号等）通过两块 ADD FEM 接口模块输出。数字式、高度分散而又一体化的伺服控制方式是 SIEMENS DEH 控制系统的一大特色。

DEH 控制系统如图 36-25 和图 36-26 所示。

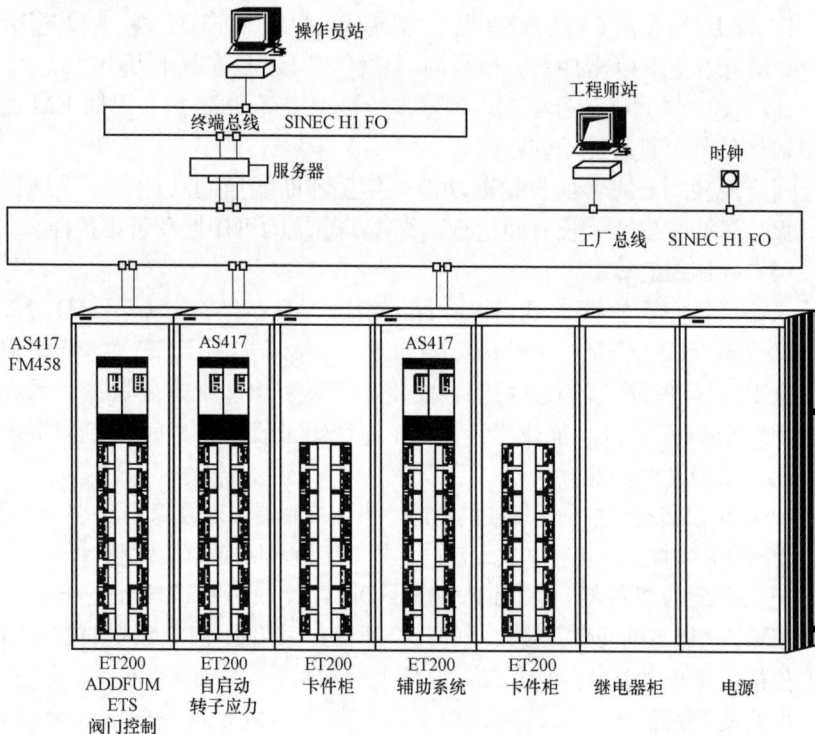

图 36-25　DEH 控制系统图

注：汽轮机辅助系统和发电机的控制为选项。

三、主要硬件说明

（1）自动处理器（AP）。

自动处理器 AP 提供 I/O 级别的高性能和确定性的自动化功能。自动处理器的数量取决于系统配置，并与自动化任务的复杂程度相适应。这些自动化任务由自动化功能（AF）组件执行，由运行（RT）容器控制。运行容器提供运行环境、硬件代理（硬件驱动器）及其之间的互联。自动处理器 AP 如图 36-27 所示。

为了符合复杂自动化任务的要求，并使系统宕机风险减到最小，中央处理器 CPU 采用容错的自动化系统（H 系统）。使用在 SPPA-T3000 系统中的 AP 类型是容错自动化处理器。它们基于二取一原则，在故障时自动无扰切换至热备用处理器。这些系统使用图 36-27 自动处理器 AP、全冗余的设计以达到最大可用率。这意味着所有主要的组件如 CPU、电源和两个 CPU 的耦合硬件均成对存在。其他组件也可同样成对使用，这取决于某些特殊的自动化任务对可用率的要求。

另外，还有一些特殊的智能 I/O 模块，由微处理器控制，执行完全独立的时间要求较高的特殊任务。它们通过自身的输入和输出通道直接与过程连接，这样避免了增加自动处理器的负荷。

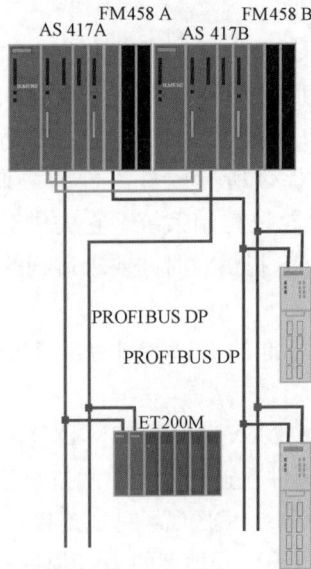

图 36-26 DEH 控制系统图

SPPA-T3000 的自动化任务由可以相互结合的自动处理器执行。

SPPA-T3000 自动处理器的特点：

1）模块化和无风扇设计；

2）规模可调整，高坚固性；

图 36-27　自动处理器 AP

3）冗余和非冗余设置；

4）多种通信模式；

5）内置系统功能如监视、报警；

6）集成 Profibus 接口与过程接口的连接。

所有类型的 CPU 都可以经济灵活地适应其被指派的任务。所有 CPU 都配置一个集成 Profibus-DP 现场总线接口，此接口可以通过一个额外插入的 Profibus 通信卡进行扩展。

自动控制器的主要任务是为所有处理和控制功能提供硬件平台，例如：

1）通过运行容器提供确定性控制功能（RT 容器）；

2）通过项目容器和工程设计功能提供应用工程设计；

3）通过时间段管理提供所有软件组件的协调 FM458 用来与 SPPA-T3000 一起运行集成的汽轮机控制系统。它提供对燃气轮机和蒸汽轮机的高速闭环调节控制。FM458 提供对时间要求苛刻的闭环控制（低于 4ms）。

（2）标准 I/O 模件。

SPPA-T3000 中使用标准的 ET200M 系列 I/O 模件，西门子 ET200M 站包括下列主要组件：

1）电源模件（从 120/230V AC 到 24V DC）；

2）总线模件（用于模件互连的背板总线）；

3）接口模件（与 Prohbus-DP 现场总线连接）；

4）信号模件（不同过程信号类型的 I/O 模件）。

ET200M 站可以安装在控制室机柜中或直接安装在现场。它们具有如下特性：

1）通过 Profibus-DP 连接；

2）传输速率高达 12 Mbit/s；

3）冗余可选；

4）模件热插拔。

过程接口可以组态成冗余或非冗余方式。在非冗余设置中，ET200 站通过安装于主板的 Profibus-DP 通信处理器连接到自动处理器，或者插入一个 Prohbus-DP 接口到自动处理器。

在冗余设置中，每个自动处理器主板上的 Profibus-DP 接口都被使用，或每个自动处理器通过一个接口卡安装在 CPU 插槽中。因此构成 Profibus-DP 连接到 ET200 站以及站接口模件（IM153-2）的冗余设置。两个模件同时工作，一个接口模件为主模件。

（3）ADDFEM 模件。

对于汽轮机控制，高速 ADDFEM（前置模件）用来作为过程接口。设计此模件就是为了此特殊任务，为汽轮机应用中最常规的信号类型直接接口提供方便。ADDFEM 高速模件该模件也可灵活使用其剩下未用通道完成其他定位控制任务。冗余 VO 接口可以实现冗余或非冗余组态。在非冗余设置中，ADDFEM 使用主板上的一个 Profibus-DP 接口连接到 CPU，或在CPU 中插入带 Profibus-DP 接口的接口卡。在冗余设置中，每个冗余 CPU主板上的 Profibus-DP 接口都被使用，或者每个 CPU 安装接口卡在 CPU 插槽中。因此构成 Profibus-DP 连接到 ADDFEM 以及 ADDFEM 本身接口的冗余设置。ADDFEM 模块如图 36-28 所示。

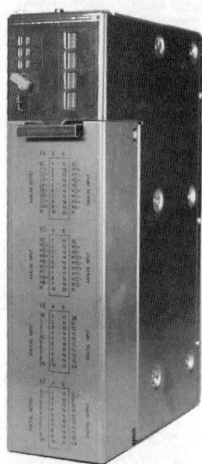

图 36-28　ADDFEM 模块

ADDFEM 具备模拟量和数字量输入和输出，以及速度信号输入。每个ADDFEM 中可用的输入和输出号：

1）12 路模拟量输入，其中 6 路可以用来作为电流输入，6 路可选为电流或电压输入。

2）8 路模拟量输出。

3）15 路数字量输入，其中 3 路可以用来作为对于速度测量的脉冲输入，可带或不带旋转方向的识别。

4）16 路数字量输出，也可被用作数字量输入。

模拟量输入和输出的位程范围经过专门设计，以便当 ADDFEM 用来对汽轮机控制系统使用时，无须使用额外信号调节器。除了 0～20mA、4～20mA 和＋/－20mA 常用的电流输入输出量程，也可用＋/－530mA 的量程。另一个模拟量输出的电流范围＋/－50mA 可供驱动部件的电流消耗更高，例如大流量的电液伺服阀，而无须额外信号放大器。模拟量和数字量输出具有短路保护。所有输出都受监控并且可以与其他输出并联。模拟量和数字量通道彼此隔离。ADDFEM 高速 I/O 模件提供针对高速汽轮机控制系统解决方案要求的快速准确的信号采集时间。与专用的 FM458 自动处理器扩展模件一起，可实现最高性能要求的精确应用。与汽轮机相关的开环控制、设定值控制与保护功能在 SPPA-T3000 自动处理器运行容器中执行，而 FM458 与 ADDFEM 处理论汽轮机阀门的闭环控制和汽轮机调节。AD-DFEM 高速 I/O 模件保证了高速信号采集和信号输出，它通过 Profibus-DP 接口连接到 FM458。ADDFEM 高速 I/O 模件和自动处理器间的通信通过 Profibus-DP 实现。模件可组态成冗余设置以提高可用率。

第三十七章 危急保安系统

汽轮机危急遮断系统监视汽轮机的重要运行参数,当这些参数超过运行限制时,发出停机信号,快速关闭汽轮机进汽阀门,使汽轮机组处于安全状态,以避免设备发生进一步的损坏,造成更大的损失。

上海汽轮机厂超超临界汽轮机,和国内常规机组的保护系统在超速保护、液压停机系统和信号的处理等方面存在着较大的差异。

超超临界机组保护系统(ETS)主要由超速保护装置,数据采集及处理系统及 EH 停机系统组成。

第一节 超速保护系统

超速保护系统取消了传统的机械危机遮断器,由两套电子式的超速保护装置构成。超速保护装置采用德国 BRAUN 公司的 E16 三通道转速监测系统,如图 37-1 所示。通过面板上的触摸式按钮,可对系统进行设置。每套超速保护装置包括三个转速模块和一个监测模块。三个转速通道独立地测量显示机组转速。每个转速模块不仅接收本通道的测速信号,而且接收其他两个通道的信号。监控模块持续地检查三个通道信号的数值。如果某通道的测值同时与其他两通道的数值有明显偏差,则认定该通道传感器故障,任何一个故障都发出报警信号。每套超速保护系统还包含一个独立的数字信号发生器,用以模拟转速信号,在机组运行时,定期对转速模块进行测试。

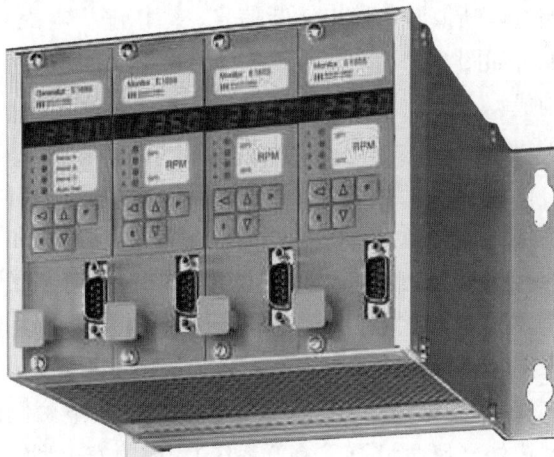

图 37-1 超速保护装置

两套超速保护装置控制汽轮机进汽阀门油动机上的快关电磁阀的电源供应。当其中有一套装置动作后，所有油动机的快关电磁阀将失电，阀门在关闭弹簧的作用下快速关闭，使汽轮机组停机。

转速模块发出的动作信号通过继电器回路，进行三取二逻辑处理。二套处理系统串联进快关电磁阀的电源供给回路，直接切断电磁阀的电源，快速停机。超速保护硬回路接线见图 37-2。

超速保护装置的动作信号还同时送到保护系统的处理器，在软件里再进行三取二的逻辑处理，和其他保护信号一起，通过输出卡件控制油动机的快关电磁阀。超速保护原理见图 37-3。

第二节　数据采集处理系统

数据处理采集处理系统包括输入输出卡件，处理器及相关的逻辑处理。汽轮机现场及其他系统来的保护信号，通过输入卡件送到控制处理器，进行相关的逻辑处理，形成最终的汽轮机保护动作信号通过输出卡件控制相关的停机电磁阀，从而使机组迅速停机。

由于本机组停机系统不设专用的停机电磁阀，从 ETS 发出单独的动作信号到每个快关电磁阀，硬件不能采用 PLC 形式，而是和 DEH 硬件一体化设计。

系统由冗余的处理器、输入/输出卡件、故障安全型输入/输出卡件、超速保护装置等组成。

汽轮机保护系统接受传感器、热电偶等重要的汽轮机保护信号。保护信号通过输入卡件送入控制器。冗余的保护信号分配到不同的卡件，在控制器中进行三取二逻辑处理，最终动作信号通过故障安全型卡件（FDO），控制油动机快关电磁阀。当这些信号超过预设的报警值时，发出报警。当参数继续变化超过遮断值时，发出遮断信号，动作停机电磁阀，遮断机组。危急遮断系统原理如图 37-4 所示。

保护回路构成：

标准的保护包括三取二组态（除振动信号采用二取二）。它们包括数据测量采集设备、信号处理、限止信号产生、遮断信号产生和保护信号输出。汽轮机保护条件通过模拟量测量，信号不间断地进行监视和比较。通过数字化自动系统执行信号处理。采用这种设计，可以精确完成所有汽轮机组保护回路而不需要另外的试验设备。汽轮机组的保护条件，由汽轮机组安全运行的需要来定，这些保护回路没有投入，机组将不允许运行。

所有进入到 TTS 的保护停机信号及输出到油动机电磁阀的动作信号都采用故障安全型模块（仅西门子 T3000 系统）。故障安全型输入模块每个信号进入卡件的两个通道，故障安全型输出模块每个信号输出到两个通道，

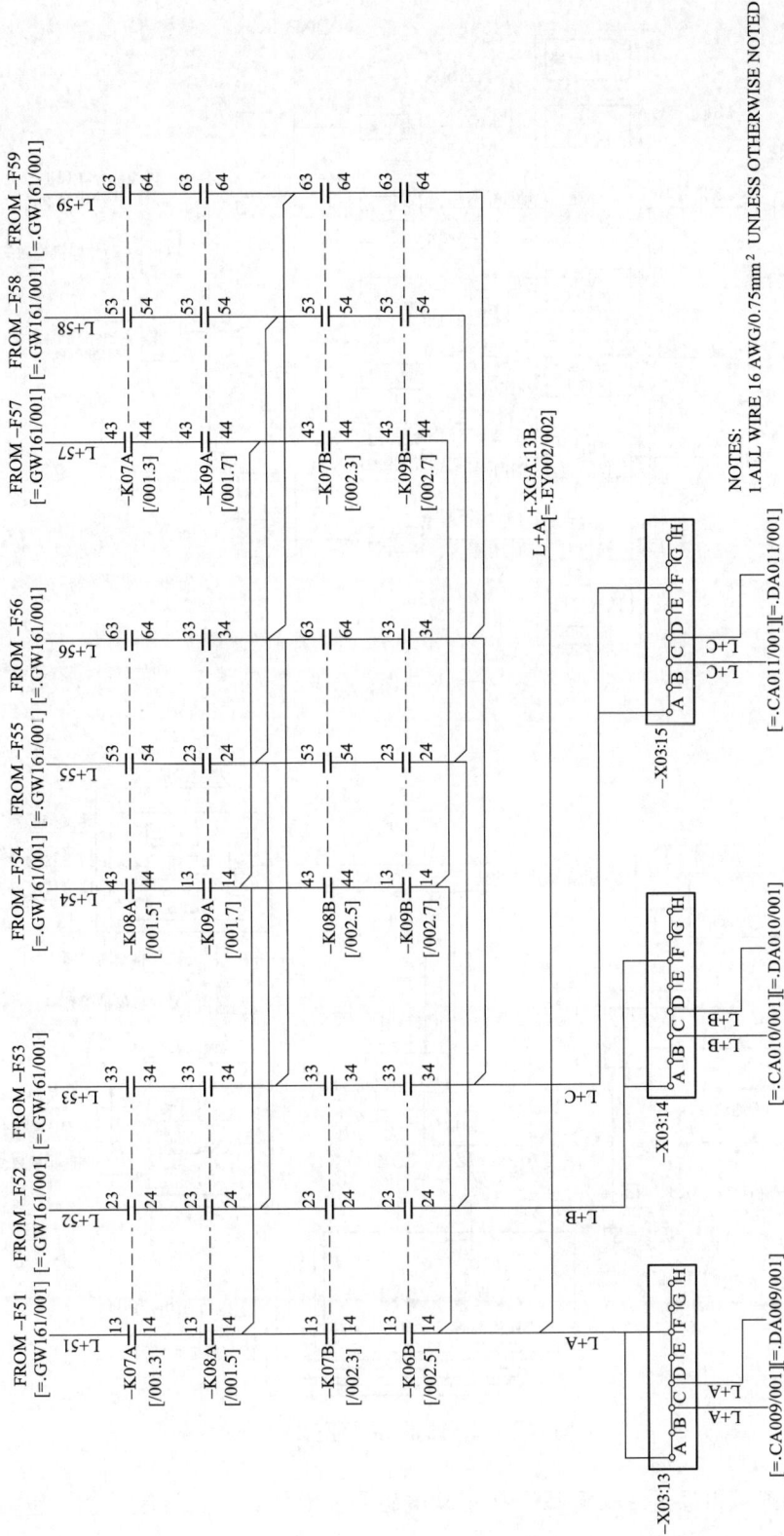

图 37-2　超速保护硬回路接线

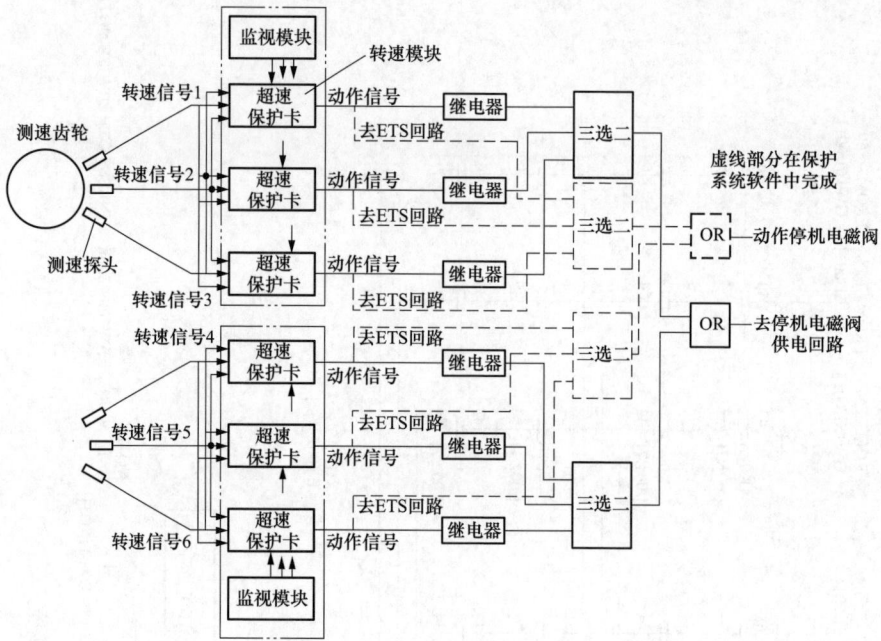

图 37-3　超速保护原理

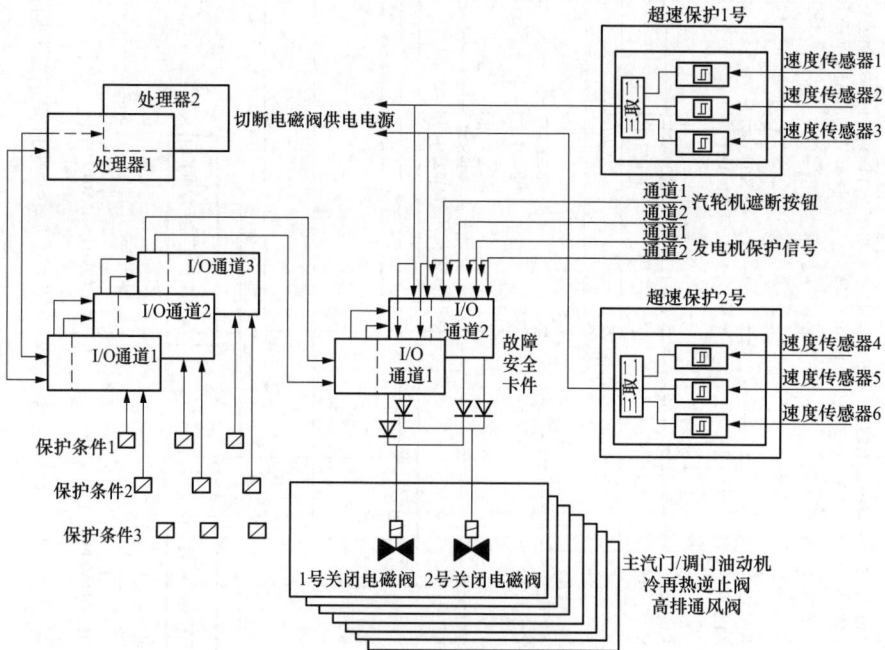

图 37-4　危急遮断系统原理图

这两个通道再经过二极管后直接带动电磁阀。卡件具有自诊断功能，包括断线诊断、短路诊断、接地诊断、失电诊断、供电故障诊断、通信故障诊断等。同时，每个油动机上配备有两个冗余的快关电磁阀，只要有一个快关电磁阀动作，阀门将快速关闭。这两个电磁阀由保护系统不同的输出信号控制，做到从通道到电磁阀的冗余配置，以确保安全停机。

第三节　EH停机系统

本机组的 EH 停机系统，每个油动机是独立的，单独动作。在每个油动机上设置了两个并联的快关电磁阀只要其中的一个电磁阀动作，该阀门就迅速关闭。每个电磁阀分别接受 ETS 来的动作信号，将阀门快速关闭。电磁阀采用常带电，失电动作。电源采用 24VDC，由 ETS DO 卡件直接提供。油动机原理如图 37-5 所示。

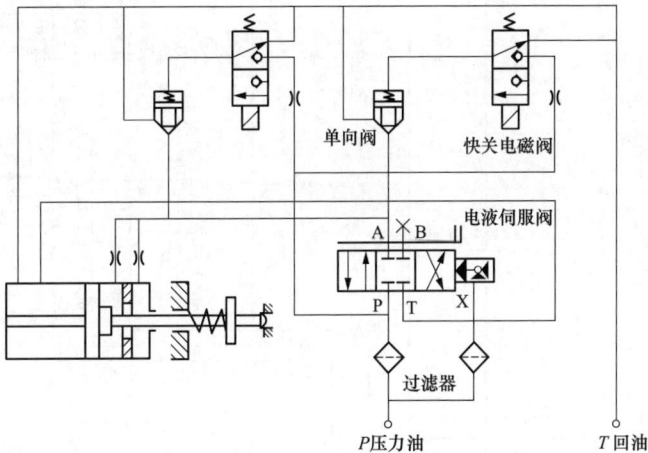

图 37-5　油动机原理

第四节　保护项目说明

1. 手动停机

手动停机取消了原来的隔膜阀等诸多部套，在机头设置了 1 个紧急停机按钮。该紧急停机按钮和集控室的紧急停机按钮一起构成手动停机回路。集控室按钮采用双按钮形式，每个按钮有 4 副 NC 和 1 副 NO 触点。其中 3 副 NC 触点和机头按钮的触点组合进入处理器，三取二后跳机。还有一路信号接到电磁阀供电回路，直接动作电磁阀。

三个停机按钮的信号分别接到 ETS 机柜，在机柜内按照原理图 37-6 进行接线。

2. 振动保护

采用轴承座落地结构，汽轮机基础采用柔性机座，因此，轴承保护采用轴承座振动（绝对振动）保护，而轴振动（相对振动）仅用来报警。如

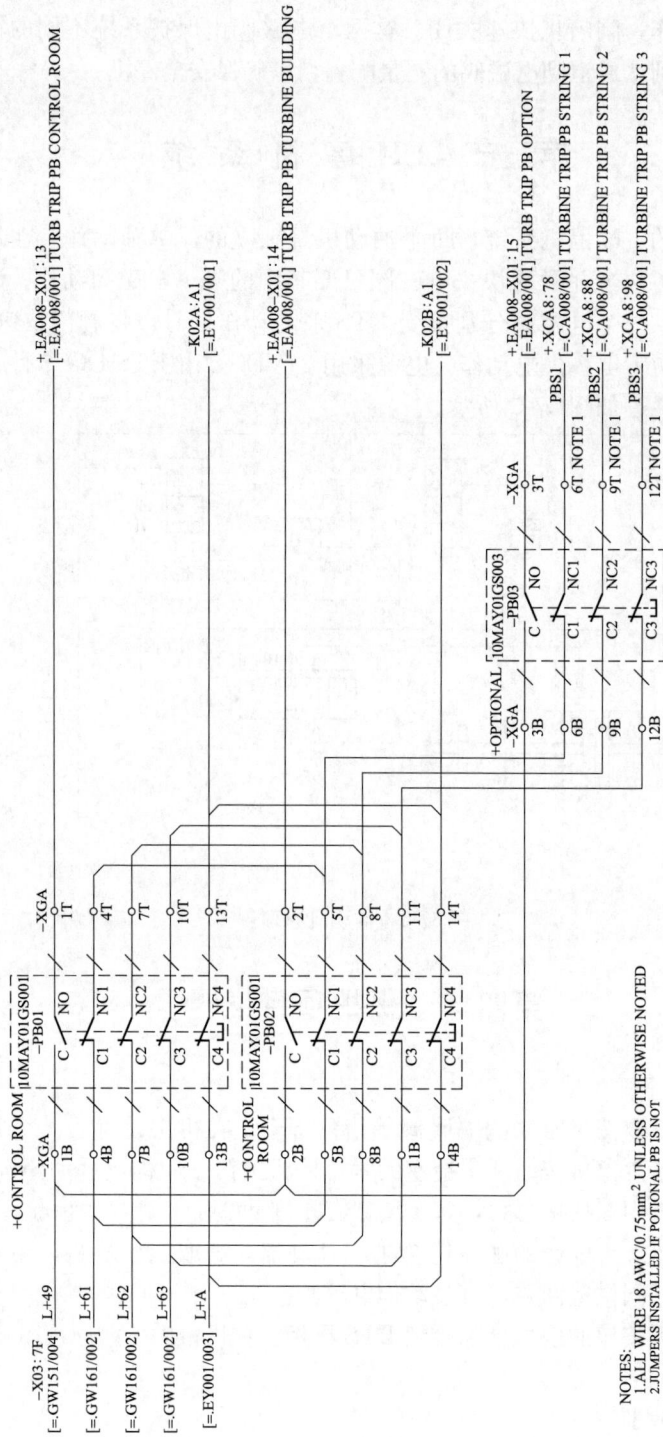

图 37-6 停机按钮原理

轴振动大，运行人员认为需要停机，可采取手动停机。

轴承座振动探头安装在 45°方向，在相近的位置设置了两只振动探头。这两个信号通过 TSI 装置处理后将 4～20mA 模拟信号都进入 ETS 保护系统，进行二取二处理，即两个振动信号都超限，保护起作用。

X、Y 方向的两个轴振动探头信号送到 TSI 装置，进行合成处理后再送到 DEH 进行报警。

3. 停机按钮原理

轴向位移在汽轮机 2 号轴承座处安装有三个轴向位移探头，通过 TSI 装置处理后将三个模拟量信号送到 ETS 系统，进行三取二处理。停机按钮原理如图 37-6 所示。

4. 轴承温度

机组在每个轴承上安装有两个测量轴承金属温度的三支热电偶（其中 1、2 号轴承安装有上下部各 2 只），推力轴承在正负推力面各装有两只三支热电偶。每个热电偶的三个信号全部进入 ETS 系统，在处理器中对每个温度点进行三取二处理。

5. 润滑油系统

润滑油系统的保护有润滑油压、润滑油箱油位。它们都采用三个变送器进行测量，将 4～20mA 信号送到 ETS，进行三取二处理。测量油压、油位的变送器全部集成在润滑油箱上。润滑油压保护动作值不是固定的，需要根据机组实际运行时的油压值进行调整。

6. 凝汽器真空

为了保护汽轮机低压缸末级叶片，以及凝汽器超压，需要对凝汽器真空进行限制，当超限时，保护动作停机。

凝汽器低真空保护采用一个固定的设定值和可变的设定值。真空一旦低于固定的设定值立即发出保护信号。可变的凝汽器真空设定值和低压缸进汽压力（即流通管压力）相消。当超过动作值后延时 5min 发出保护信号。

凝汽器真空和低压缸进汽压力都采用三个变送器。凝汽器共两个，分别设置。

7. 抗燃油压低保护

在每个抗燃油泵出口设置有一个压力变送器。当两个压力都低于设定值，延时 5s 后发出保护信号。

8. 高压叶片级温度高保护

高压叶片级温度是高压缸进汽蒸汽温度（12 级后），由于高压缸的特殊通流设计，用此温度来替代高压缸排气温度保护。此处安装 3 支热电偶，当温度超过报警值时，高压缸排汽温度控制器激活，增大高压缸流量降低高压缸排气温度；若温度超过保护值，则汽轮机跳闸动作。

9. 低压缸排汽温度高保护

为了防止末级压叶片温度过热，在每个低压缸末端安装有热电偶，监测末级叶片温度，当温度升高到一定值时，打开低压缸喷水电磁阀降低此处温度，若温度继续升高超过限值，则汽轮机保护动作。高压叶片级温度高保护如图 37-7 所示。

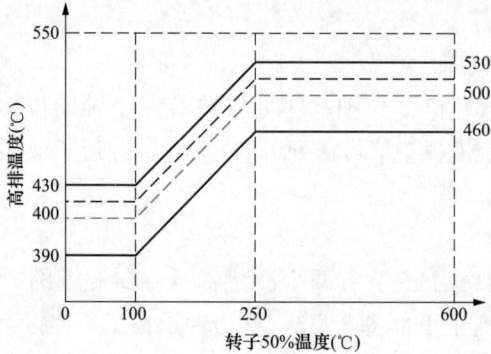

图 37-7　高压叶片级温度高保护

10. DEH 硬件保护停机

DEH 处理器死机不执行程序，DPU 通信发生故障，系统将发出停机信号。

汽轮机两侧各有一个油动机上的电磁阀断线，系统保护停机。

11. 其他保护

保护系统接受其他系统来到停机信号，包括发电机保护停机、锅炉 MFT 停机、发电机断水保护等。

第三十八章　汽轮机监控仪表（TSI）

第一节　TSI 系 统 概 述

汽轮机监视仪表 TSI（Turbine Supervisory Instrumentation）系统是一种可靠的连续监测汽轮发电机转子和汽缸的机械运行参数的多路监控系统，用于监视转速、轴向位移、振动、键相、汽缸绝对膨胀等参数。

TSI 测量系统的流程是：TSI 探头通过信号延伸电缆将信号送到相应的前置器后，转换成电压信号送到 TSI 测量卡件上，进行相应的处理。

第二节　TSI 系 统 介 绍

一、TSI 的使用目的

由于随着科学技术的不断发展，电能需求的日益增加，单机容量的不断扩大等原因，大型发电机组要求有更高的可靠性和自动化水平，否则它的事故将给电网造成巨大的损失，因此，在大型机组中，监测和保护系统是非常重要的。它不仅可以提高劳动生产率和电能质量，还能降低发电成本，改善劳动条件，并为大型机组的安全、经济运行提供了可靠的保证。TSI 系统能连续地监测汽轮机的各种重要参数，例如：可对转速、超速保护、偏心、轴振、盖（瓦）振、轴位移、胀差、热膨胀等参数进行监测，帮助运行人员判明机器故障，使得这些故障在引起严重损坏前能及时遮断汽轮发电机组，保证机组安全。另外 TSI 监测信息提供了动平衡和在线诊断数据，维修人员可通过诊断数据的帮助，分析可能的机器故障，帮助提出机器预测维修方案，预测维修信息能推测出旋转机械的维修需要，使机器维修更有计划性，减少维修时间，其结果是减少了维修费用，提高了汽轮机组的可用率。

二、TSI 的主要原理及功能

因为 TSI 系统主要由传感器及智能板件组成。首先应该知道传感器是将机械振动量、位移、转速转换为电量的机电转换装置。根据传感器的性能和测试对象的要求，利用电涡流传感器，对汽轮机组（纯电调）的转速、偏心、轴位移、轴振动、胀差进行测量。

1. 电涡流传感器

电涡流传感器是通过传感器端部线圈与被测物体（导电体）间的间隙变化来测物体的振动相对位移量和静位移的，它与被测物之间没有直接的机械接触，具有很宽的使用频率范围（从 $0\sim10\mathrm{Hz}$）。电涡流传感器的变换原理简要介绍如下：在传感器的端部有一线圈，线圈通以频率较高（一般为 $1\sim2\mathrm{MHz}$）的交变电压（见图 38-1），当线圈平面靠近某一导体面时，由于线圈磁通链穿过导体，使导体的表面层感应出一涡流 i_e，而 i_e 所形成的磁通链又穿过原线圈，这样原线圈与涡流"线圈"形成了有一定耦合的互感，最终原线圈反馈一等效电感。而耦合系数的大小又与二者之间的距离及导体的材料有关，当材料给定时，耦合系数 K_1 与距离 d 有关，$K = K_1(d)$，当距离 d 增加，耦合减弱，K 值减小，使等效电感增加，因此，测定等效电感的变化，也就间接测定 d 的变化。涡流传感器原理简图如图 38-1 所示。

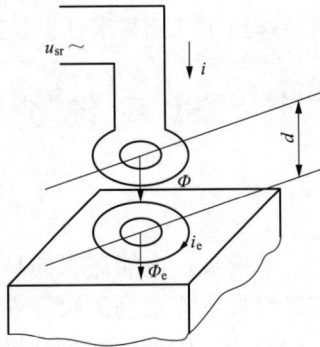

图 38-1　涡流传感器原理简图

由于传感器反馈回的电感电压是有一定频率（载波频率）的调幅信号，需检波后，才能得到间隙随时间变化的电压波形。即根据以上原理所述，为实现电涡流位移测量，必须有一个专用的测量路线。这一测量路线（称之为前置器）应包括具有一定频率的稳定的振荡器和一个检波电路等。涡流传感器加上一测量线路（前置器），如框图 38-2 所示：从前置器输出的电压 V_d 是正比于间隙 d 的电压，它可分两部分：一为直流电压 V_{de}，对应于平均间隙（或初始间隙），一为交流电压 V_{ac}，对应于振动间隙。

2. 速度传感器

它的工作原理是基于一个惯性质量和移动壳体，传感器有一个永久磁铁，它被固定在传感器壳体上，围绕着磁铁是一个惯性质量线圈，通过弹簧连在壳体上。测量时，将传感器刚性固定在被测物体上，随着被测物振动，磁铁运动，使其产生磁场运动。而线圈因固定在弹簧上，具有较大的惯性质量，即相对高频振动的物体，其是相对静止的。这样，线圈在磁场中做直线运动，产生感应电动势，其大小与线圈运动的线速度（即：机壳的速度）成正比。通过对感应电动势的检测，即能获得被测物体的线速度，如图 38-3 所示。

3. LVDT 传感器

其工作原理是利用电磁感应中的互感现象，实质上就是一个变压器，

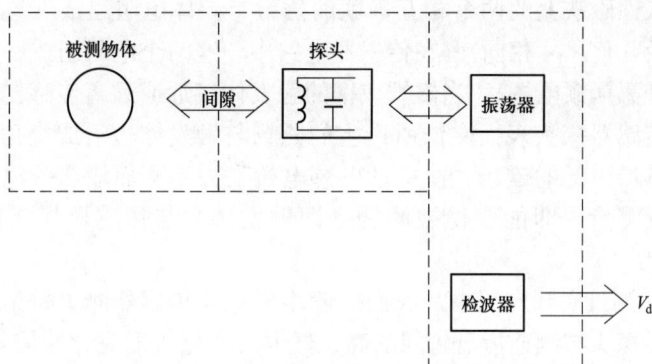

图 38-2　前置器原理简图

如图 38-4 所示。变压器上一次侧线圈 W 和两个参数完全相同的二次侧线圈 W_1、W_2 组成，线圈中心扦入圆柱形铁芯，二次侧线圈 W_1 和 W_2 反极性串联，当一次侧线圈 W 加上交变电压时，二次侧 W_1 和 W_2 分别产生感应电动势 e_1 和 e_2，其大小与铁芯位置有关。

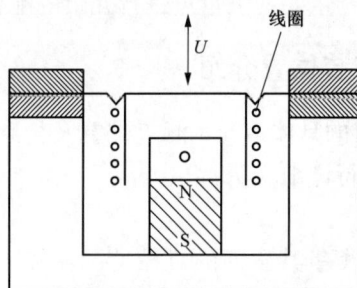

图 38-3　速度传感器简图

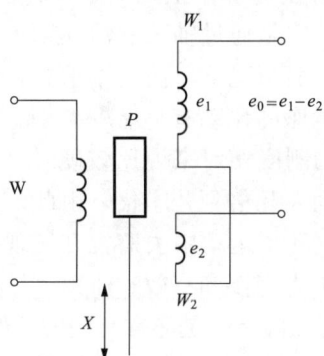

图 38-4　LVDT 原理简图

4. 差动式磁感应传感器

差动式磁感应传感器的工作原理是利用一个差动式敏感元件。该元件由一块永久性磁铁上的两个相互串联的磁敏半导体电阻组成（这两个半导体的材料及几何尺寸相同）。在传感器电路中，这两个电阻组成一个差动电感电桥（如惠斯顿电桥）。当磁铁或钢的触发体接近或远离传感器且相互成直角（即传感器探头表面磁铁所产生的磁场与触发体边沿成直角）时，它干扰了传感器内部的磁场，使差动电感电桥失去平衡而输出一电压。通过对这一电压测量，即能获得被测物（即触发体）与传感器探头间的间隙变化。

在 TSI 测量实际应用中，我们一般用磁感应传感器测量机组转速，就是通过测量探头与测速齿盘轮间的高、低电压变化所形成脉冲信号的数量，来得到实际转速值。

5. 智能板件

各种测量板件接受相应传感器的电量信号后进行整形、计算、逻辑处理等以后，显示出精确、直观的监测数据和报警指示。输出标准的模拟量信号和继电器接点。智能板件可对传感器联线和自身的运行情况进行检测，具有计算机通信接口，可对测量范围和逻辑输出进行组态，具有缓冲传感器信号输出等功能。对于重要的测量可进行冗余的配置，增强了可靠性。

三、测点及传感器安装位置介绍

根据 1000MW 机组的具体情况，测点配置及传感器安装位置如图 38-5 所示，下面就各测点进行详细说明。

1. 轴振动

对旋转机械来说，衡量其全面的机械情况，转子径向振动振幅，是一个最基本的指标，很多机械故障，包括转子不平衡、不对中、轴承磨损、转子裂纹以及摩擦等都可以根据振动的测量进行探测。转子是旋转机械的核心部件，旋转机械能否正常工作主要决定于转子能否正常运转。当然，转子的运动不是孤立的，它是通过轴承支承在轴承座及机壳与基础上，构成了转子—支承系统。一般情况下，油膜轴承具有较大的轴承间隙。因此轴颈的相对振动比之轴承座的振动有显著的差别。特别是当支撑系统（轴承座、箱体及基础等）的刚度相对来说比较硬时（或者说机械阻抗较大），轴振动可以比轴承座振动大几倍到几十倍，由此，大多数振动故障都直接与转子运动有关。因此从转子运动中去监视和发现振动故障，比从轴承座或机壳的振动提取信息更为直接和有效。所以，目前轴振的测量越来越重要，轴振动的测量对机器故障诊断是非常有用的。例如，根据振动学原理，由 X、Y 方向振动合成可得到轴心轨迹。在测量轴振时，常常把涡流探头装在轴承壳上，探头与轴承壳变为一体，因此所测结果是轴相对于轴承壳的振动。由于轴在垂直方向与水平方向并没有必然的内在联系，亦即在垂直方向（Y 方向）的振动已经很大，而在水平方向（X 方向）的振动却可能是正常的，因此，在垂直与水平方向各装一个探头。由于水平中分面对

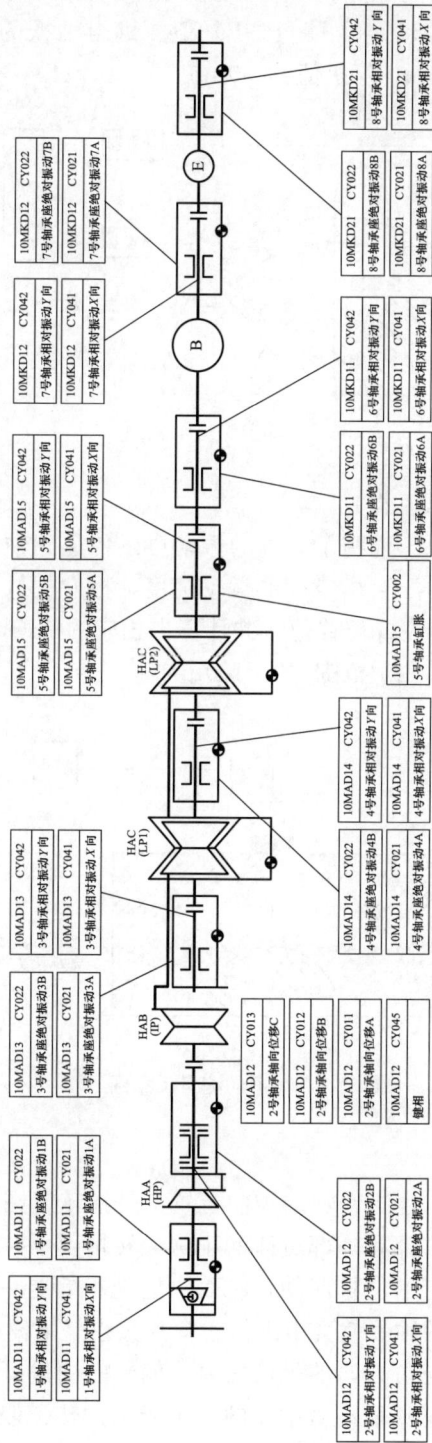

图 38-5　1000MW 汽轮机 TSI 测点

安装的影响，实际上两个探头安装保证相互垂直即可，如图 38-6 所示。当传感器端部与转轴表面间隙变化时的传感器输出一交流信号给板件，板件计算出间隙变化（即振动）峰-峰（P-P）值。机组轴振的测量范围：0～400μm；报警值：125μm；停机值：250μm。

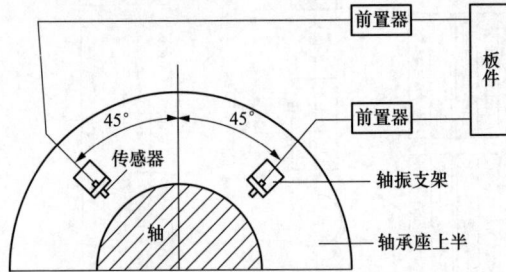

图 38-6　轴振测量示意图

2. 轴承振动（盖或瓦振）

在轴振动的测量中已说明了大轴的振动可以传递到轴承壳上，利用速度传感器测量机壳相对于自由空间的运动速度，板件把从传感器来的速度信号进行检波和积分，变成位移值，并计算出相应的峰-峰值位置信号如图 38-7 所示。机组瓦振的测量范围：0～100μm。

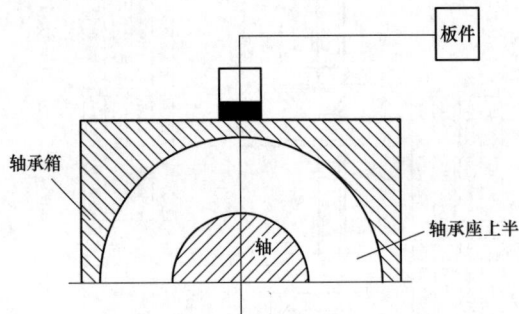

图 38-7　盖振的测量示意图

3. 偏心

转子的偏心位置，也叫作轴的径向位置，是指转子在轴承中的径向平均位置，在转轴没有内部和外部负荷的正常运转情况下，转轴会在油压阻尼作用下，在设计确定的位置浮动，然而一旦机器承受一定的外部或内部的预加负荷，轴承内的轴颈就会出现偏心，其大小是由偏心度峰-峰值来表示，即轴弯曲正方向与负方向的极值之差。偏心的测量可用来作为轴承磨损，以及预加负荷状态（如不对中）的一种指示；转子偏心（在低转速时的弯曲）测量是在启动或停机过程中，必不可少的测量项目，它可使你能够看到由于受热或重力所引起的轴弯曲的幅度。偏心监测板接受两个涡流传感器信号输入，如图 38-9 所示。一个用于偏心的测量，另一个是键相器的测量，它用在峰-峰信号调节电路上。键相探头观察轴上的一个键槽，当轴每转一转时，就产生一个脉冲电压，这个脉冲可用来控制计算峰-峰值。当然，键相信号也可用来指示振动的相位，如图 38-8 所示。当知道了测振探头与键相探头的夹角时，就可找出不平衡质量的位置，即转子高点的位置。这对轴的平衡是很重要的。机组偏心的测量范围：$0 \sim 100\,\mu m$。报警值：大于原始值的 $30\,\mu m$。

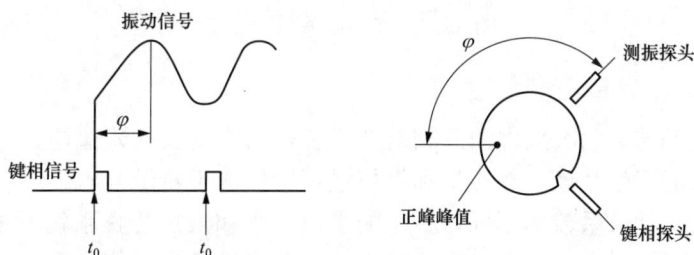

图 38-8　振动相位测量示意图

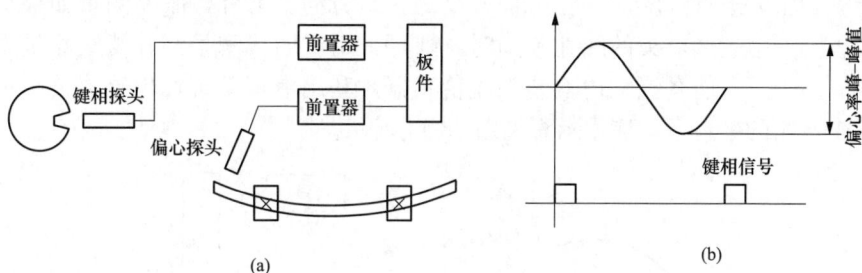

图 38-9　偏心测量示意图

4. 轴位移

轴在运行中，由于各种因素，诸如载荷、温度等的变化会使轴在轴向有所移动。这样转子和定子之间有可能发生动静摩擦，所以需用传感器测量转子相对于定子轴向位置的变化，即：轴在轴向相对于止推轴承的间隙。由于所采用的监测器可能把传感器的失效作为轴向位移故障而发出报警信号，由此可能引起机组误停机。而根据 API670 标准要求，用两个探头同时探测一个对象，可避免发生误报警。但要求两个探头的安装位置离轴上止推法兰的距离应小于 305mm，如果过大，由于热膨胀的影响，所测到的间隙，不能反映轴上法兰与止推轴承之间的间隙。如图 38-10 所示，两个涡流探头测量转子的轴向变化，输出探头与被测法兰的间隙成正比的直流电压值，板件接受此电压值后，经过计算处理，显示出位移值。为避免误报警，停机逻辑输出为"与"逻辑。机组轴向位移的测量范围：$-2 \sim +2$mm。

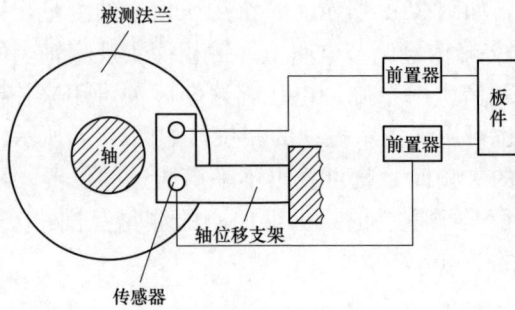

图 38-10　轴位移测量示意图

5. 胀差

胀差是转子和汽缸之间的相对热增长，当热增长的差值超过允许间隙时，便可能产生摩擦。在开机和停机过程中，由于转子与汽缸质量、热膨胀系数、热耗散系数的不同，转子的受热膨胀和汽缸的膨胀就不相同，实际上，转子的温度比汽缸温度上升得快，其热增长的差值如果超过允许的动静间隙公差，就会发生摩擦，从而可能造成事故。所以监视胀差值的目的，就是在产生摩擦之前采取必要的措施来保证机组的安全。机组则规定转子膨胀大于汽缸膨胀为正方向，反之为负方向。另外，胀差测量如果范围较大，已超过探头的线性范围时，则可采用斜面式测量和补偿式测量方式。由于不可能在汽缸内安装涡流传感器，利用滑销系统，传感器被固定在轴承箱的平台上，测量示意如图 38-11 所示。

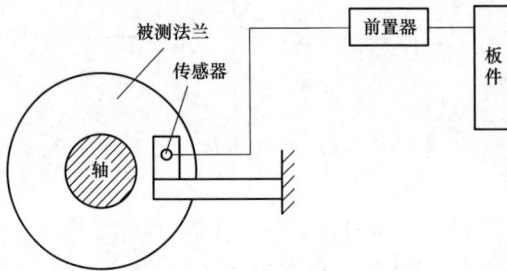

图 38-11　胀差测量示意图

6. 热膨胀

汽轮机在开机过程中由于受热使其汽缸膨胀，如果膨胀不均匀就会使汽缸变斜或翘起，这种变形会使汽缸与基础之间产生巨大的应力，由此带来不对中现象，而这种现象，通常是因为滑销系统"卡涩"所引起的。知道了汽缸膨胀和胀差，就可以确定转子和汽缸的膨胀率。把 LVDT 传感器的铁芯与汽缸连接，当膨胀时，铁芯运动，产生成比例的电信号，输入测量板件进行线性处理，显示输出 4～20mA 信号，测量示意如图 38-12 所示。

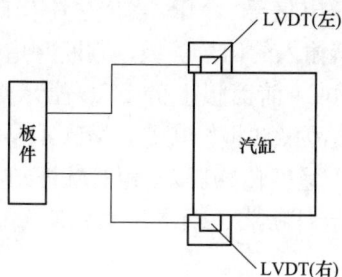

图 38-12 热膨胀测量示意图

第三节 VM600 TSI 系统介绍

一、VM600 系统概述

瑞士 Vibro-Meter 公司于 1999 年成功开发了数字化 TSI 系统 VM600，其最大特点是只有一种 4＋2 通道的卡件 MPC4，该卡件可以实现 TSI 系统中的各种参数的监测和保护，各通道测量的参数完全由软件进行组态和设定。每块 MPC4 卡件上有 4 个通道，可以设定为绝对振动、相对振动、复合振动、轴向位移、胀差、偏心、壳胀等参数。另有 2 个通道为转速相位通道。

VM600 系统主要由标准框架、电源模块 RPS6U、网关通信模块 CPU-M、振动监测卡 MPC4、输入输出卡 IOC4T、继电器卡 RLC16、8MM 涡流传感器 TQ402/TQ412、压电加速度传感器 CA201、电荷放大信号前置器 IPC70 组成。

二、VM600 系统主要模块特性

（1）电源模块 RPS6U：具有 VME 总线兼容、宽电压输入范围、过压保护、连续短路保护等特性。

（2）网关通信模块 CPU-M。

CPU-M 是 VM600 机械保护，状态和运行监测系统的网关通信模块。可以通过以太网或串口连接到 PC 主机。提供 MODBUS RTU 串口通信和 MODBUS /TCP 以太网通信的输出端口。

（3）机组监测保护模块 MPC4。

MPC4 机器保护卡是 VIBRO-Meter 公司 VM600 机器保护系统的中心元件，可以连接各种转速传感器（如：涡流、磁阻、TTL 等）。支持分数转速比。报警、停机值报警、时间延迟、滞后和锁定都可以通过软件设定，每个报警函数都具有数字输出（在 IOC4T 卡上）。这些报警信号可以在框架内组态去驱动 RLC16 继电器卡上的继电器。在框架的后面可选 0～10V

或 4～20mA 的模拟量输出信号。MPC4 卡件具有自检功能，卡件内置了 OK 系统连续监测传感器输入的信号等级，判断并指出是传感器、前置器故障、电缆故障等。在 MPC4 前面板上的 LED 指示灯指示运行模式，以及 OK 系统探测到的某通道故障和报警状态。MPC4 卡经过组态可以测量：绝对振动（加速度传感器，速度传感器）、相对轴振动（径向测量）、轴位移、轴向或径向、轴偏心、绝对膨胀、动态压力、胀差、壳体膨胀、位移（阀位）、空气间隙。

机组监测保护模块（MPC4）特点是通过 RS232 或以太网完成软件组态 4 个可编程的输入和 2 个可编程的转速/相位输入可编程的带宽和跟踪滤波器可编程设定报警，停机和 OK 值。

自适应设定报警和停机值。

前面板 BNC 接口方便原始信号分析。

为加速度、速度、涡流传感器提供工作电源。

可热插拔。

（4）输入输出模块 IOC4T。

IOC4T 输入输出模块是 MPC4 的信号接口卡，IOC4T 装在 MPC4 卡的后面，从 MPC4 卡上读取数据和时钟信息，前置器的信号送到 IOC4T 的端子排上，进行信号的输入和输出。传感器的原始信号通过 IOC4T 送到 MPC4 卡进行处理，而后再返回到 IOC4T 上，输出为 0～10V、4～20mA、干接点信号。

IOC4T 特性如下：MPC4 的 6 通道接口卡、附带 48 个端子排、保证所有输入和输出具有电磁干扰保护、附带 4 个继电器通过组态进行报警信号的设定、32 个完全可编程节点输出到 RLC16 继电器卡、提供缓冲输出、电压和电流输出、可热拔插。

（5）继电器模块 RLC16，当 IOC4T 卡件数量不够时，采用继电器模块 RLC16，该卡件特性：可带转换节点的 16 组继电器、附带端子排的继电器卡、继电器驱动转换逻辑。

第四节　MMS6000 TSI 系统介绍

一、MMS6000 系统概述

Epro 公司的 MMS6000 系统是一种智能系统，系统除了配备常规的电源模件 UES815、19″ 机箱 IMR011 及通信模件 MMS6831 以外，还有 MMS6312、MMS6220、MMS6120、MMS6110、MMS6410 等监视器。这些监视器都是双通道的，每个通道均可单独使用。每个通道均有独立的报警和相应的 4～20mA 和 0～10V 输出。具有输出连到总线，可通过总线接口进行 485 或 232 通信。

二、MMS6000 系统主要模块特性

1. MMS6312 转速监视器

MMS6312 可用来测转速、零转速及鉴相，当然还用来作超速板件。可以输出鉴相信号、零转速信号、超速停机信号。它使用的传感器为 PR9376 或 PR6423。

2. MMS6220 偏心监视器

MMS6220 可用来监测转子的径向位置，即偏心量。使用的传感器为 PR6423。

3. MMS6210 位移监视器

MMS6210 可用来测转子的轴向位移，使用的传感器为 PR6424，轴位移一般使用两个传感器、两个通道来监视。MMS6210 也可用来监测转子与汽缸的膨胀差值即胀差，使用的传感器为 PR6426。

4. MMS6120 轴承振动监视器

MMS6120 可用来监测轴承盖的振动，使用的传感器为 PR9268。

5. MMS6110 轴振监视器

MMS6110 可用来监测大轴的振动，每个点分 X、Y 两个方向，使用传感器为 PR6423。

6. MMS6410 热膨胀监视器

MMS6410 可用来监测汽缸的热膨胀，也即是绝对膨胀，采用的传感器为 PR9350。

第五节　TSI 探头安装方法及注意事项

一、TSI 探头安装

1. 轴位移探头安装（以 TQ402 为例）

汽轮机轴位移以转子推力间隙的中心为零位，高压缸方向为负方向，发电机侧为正方向，即探头为"远离为正"。

轴位移探头采用电涡流传感器，型号为 TQ402，灵敏度 4V/mm。安装轴位移探头步骤：

（1）首先让机务人员测定轴向推力间隙（经测量，推力间隙为 Xmm）。

（2）机务人员用千斤顶将大轴推向工作面（发电机侧推力瓦）。

（3）经监理单位与电建单位确认轴位置无误后，开始安装轴位移探头。

（4）零位电压确定方法：定义零位电压为 -9.6V，因为 TQ402 探头的测量的线性范围为 $[-17.6\text{V}，-1.6\text{V}]$，量程 4mm，所以取线性电压的中间电压 -9.6V 为零位电压，则可以保证量程为 $[-2\text{mm}，2\text{mm}]$。

（5）安装电压确定方法：由于推力间隙的中心为轴位移零位，轴位移

零位电压对设为-9.6V（在 TSI 组态中已定义），将转子顶死在发电机侧推力瓦后，由于发电机侧为正方向，此时的轴位移应为 $X/2$mm，因此安装电压为$-9.6-4\times X/2$。

（6）调整探头在支架上的位置（用万用表监视间隙电压，间隙电压为前置器上的 O/P 端子和 COM 端子之间的电压）使间隙电压显示安装电压，然后将轴向位移探头固定在支架上并锁紧，用扳手轻轻敲击安装支架，如果间隙电压没有变化，即可。

（7）此时 TSI 仪表显示轴向位移值：$X/2$mm。

2. 低压转子胀差安装（以 TQ402 为例）

1、2探头定义如图 38-13 所示，高压缸侧的探头为 DEA 探头，发电机侧的探头为 DEB 探头。

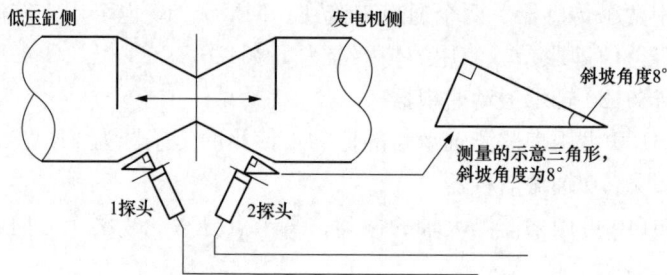

图 38-13 斜坡胀差安装示意图

斜坡法测量胀差原理：

如图 38-13 所示，转子相对于固定在轴承箱的探头的实际移动距离是图38-13 直角三角形中的斜边，但是由于斜坡的存在，可以通过测量直角边（较短的直角边），然后通过三角函数的运算得到斜边的长度，即转子水平移动的距离，即斜边＝短直角边$\times \sin 8°$。斜坡的存在使得量程扩大了 $1/\sin 8°$倍。

斜坡测量的方法是通过测量探头与斜坡之间的距离来计算转子轴向移动的距离，但是如果转子会产生径向移动，也会造成的探头与斜坡之间的距离变化，即假胀差，因此必须使用两支探头测量进行消除。

两个探头同时设置为"贴近为正"。当转子产生某方向的轴向位移时，一个探头测量值正向变化，而另个则负向变化，两个测量值相减，可以消除轴径向位移带来的偏差。

胀差值＝[1 探头测量值（单位：mm）－2 探头测量值（单位：mm)/(2$\times \sin 8°$)]。当转子产生某方向的轴向位移时，一个探头测量值正向变化，而另个则负向变化，两个测量值相减，可以消除轴径向位移带来的偏差，因为径向变化是同方向的，而轴向变化是反方向的（一个探头贴近，而另一个探头远离，所以相减后胀差值变为 2 倍，除以 2 就可以得到轴向移动的距离了）。

胀差 1 和胀差 2 的测量值和两只探头的复合值可以在 TSI 组态软件中看到，两个数据绝对值相同，但是正负相反，复合值（实际胀差值）＝[1 探头测量值（单位：mm)－2 探头测量值（单位：mm)]/(2×sin8°)。

安装方法：

(1) 低压转子胀差的量程为 [－5mm，20mm]，发电机侧为正方向。

(2) 探头为电涡流 TQ402 探头，灵敏度 4V/mm，量程 4mm。

安装电压确定：选择 DEA 探头的安装电压为－15V，DEB 探头的安装电压为－6V。即对于 1 探头来说，－15V＋9.742V＝－5.258V，－15V－1.391 6V＝－16.391 6V，即探头测量值的上下限均在线性电压范围内。2 探头同理。

调整探头在支架上的位置（用万用表监视间隙电压，间隙电压为前置器上的 O/P 端子和 COM 端子之间的电压）使间隙电压显示上步计算的电压值，然后将轴向位移探头固定在支架上并锁紧，须用扳手轻轻敲击安装底座，以测试安装电压是否变化，没有变化即可。

3. 轴振、偏心和键相探头安装

将此探头测量链接好后，并供电后，在前置器的输出端 O/P 端子，COM 端子用万用表测量直流电压。红表笔接 O/P 端，黑笔接 COM 端。当电压为（－10±0.2)V 即可。

4. 零转速和转速探头安装

零转速探头：探头顶端至齿顶用塞尺 1.2～1.5m。

5. 瓦振探头安装

汽轮机瓦振传感器的 1 号瓦瓦振测点为 CA202（方形、高温传感器），2～7 号瓦瓦振测点均为 CE680（圆柱形），安装时用配套螺栓拧紧即可。

二、现场传感器安装的注意事项

(1) 在安装前和安装过程中，需要对电涡流探头的前端做好防护，防止磕碰和挤压。

(2) 电涡流传感器的探头、前置器和延长电缆是配套使用的，在安装时需注意配套的型号。

(3) 传感器在旋转安装时，应注意电缆的受力，以防造成损坏。

(4) 在拆装传感器的过程中，应注意电缆接头的防护，接头内部保持清洁。

(5) 安装传感器时，需要注意与被测面是否垂直。

(6) 检查涡流传感器的被测面，目测应光滑无划痕和磕碰的缺陷，如有缺陷需要求做处理，或做好记录备查。

(7) 传感器的安装应牢固，以防在机组运行时松动。

(8) 传感器的电缆线及连接器应固定好，不松动；连接器部位应做好绝缘处理。

（9）现场侧接线时，应将屏蔽线浮空。

（10）传感器安装完成后，需做好安装记录，包括传感器的型号、编号、位号及安装间隙或间隙电压等信息。

（11）在轴位移定零位需要机务部门推轴时，热控人员应在场监督，并要求在转子和推力轴承上同时有百分表作为监视，防止推力过大造成推力轴承的变形而造成额外的误差。

第六节 机械量检测仪表

机械量检测仪表是用来对尺寸、位移、力、质量、转矩、速度和振动等参数进行测量的仪表。检测机械量的传感器大多数是把这些参数变换成电量，再用电测仪表进行测量。

火力发电厂的汽轮机组是一种高速旋转的大型设备，通常需要检测的机械量有转速、轴向位移、热膨胀、振动及大轴弯曲等机械参数，大型风机和水泵也需要检测这些参数。

又如火力发电厂以煤作为主要燃料，常用荷重传感器来称量煤的重量。这些仪表通常可称为机械参数测量仪表或保护仪表。

机械量检测仪表的测量电路包括变换、放大等，把传感器的输出信号转换成电信号；显示单元以模拟形式、数字形式，或以图像形式给出被测量的数值，如图 38-14 所示。

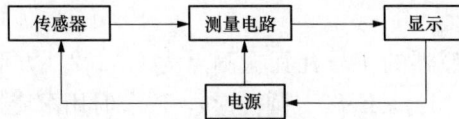

图 38-14　机械量测量仪表框图

第七节 位 移 测 量

测量位移的传感器种类很多，工作原理各不相同。目前火力发电厂中常用的有电涡流式位移测量装置和电感式位移测量装置，用于测量汽轮机转子的轴向位移，汽缸、转子之间的相对膨胀位移，以及汽缸热膨胀量。

一、电涡流式传感器

电涡流式传感器可分为高频反射式和低频透射式两类。下面主要介绍应用广泛的高频反射式电涡流传感器。

1. 组成

电涡流传感器由探头、延伸电缆、前置器三部分组成。电涡流传感器的组成如图 38-15 所示。

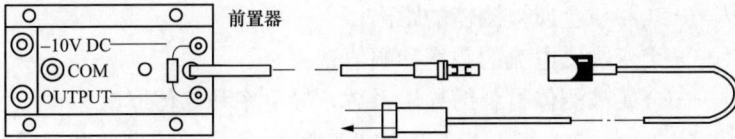

图 38-15 电涡流传感器的组成

它有一只扁平线圈 L，在离线圈 L 某一距离（可变）外有一金属导体（被测体），如图 38-16 所示。

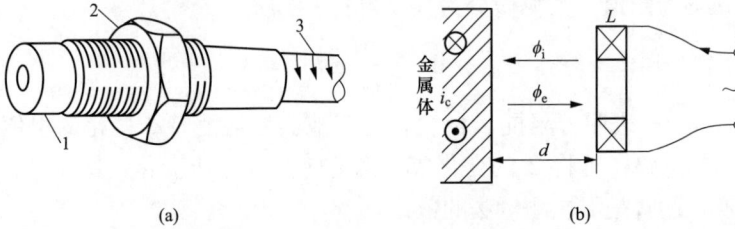

图 38-16 电涡流式传感器结构图

（a）外形图；（b）原理示意图

1—头部线圈；2—固定螺帽；3—高频电缆电涡流传感器

2. 工作原理

电涡流式传感器工作原理如图 38-17 所示。

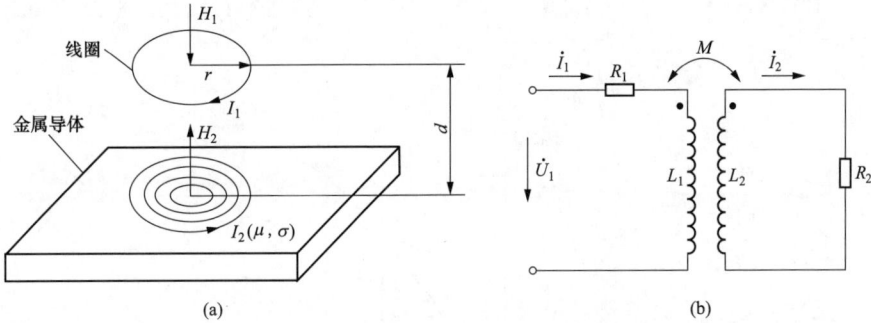

图 38-17 电涡流式传感器工作原理图

（a）电涡流作用原理；（b）电涡流式传感器与被测体等效电路

当线圈中流过一频率为 ω 的高频效变电流 I_1 时，线圈周围便产生一个高频交变的磁场，在此磁场范围内的导体表面上便产生电涡流 I_2，此电涡流也将产生一个磁场 ϕe。

根据焦耳-楞次定律，电涡流磁场总是抵抗外磁场的存在，使导体内存在电涡流损耗，并引起传感器的品质因素 Q 及等效阻抗 Z 减低，阻抗 Z 的变化与许多因素有关，其方程式为

$$Z = f(d \text{、} \omega \text{、} I \text{、} \mu \text{、} g \text{、} a) \qquad (38\text{-}1，a)$$

1433

式中　d——线圈与金属被测体的距离；

　　ω、I——交变励磁电流的频率和幅值；

μ、g、a——金属被测体材料的导磁系数，导电率和导体厚度。

阻抗 Z 主要与式（38-1，a）中的 6 个参数有关，对这个多元函数方程进行全微分，得全微方程式为

$$dZ = \frac{\partial f}{\partial d}dd + \frac{\partial f}{\partial \omega}d\omega + \frac{\partial f}{\partial I}dI + \frac{\partial f}{\partial \mu}d\mu + \frac{\partial f}{\partial g}dg + \frac{\partial f}{\partial a}da \quad (38\text{-}1，\text{b})$$

若励磁电流是稳频稳幅的，并认为金属导体为某一均质材料、则 I、μ、g、a 均为定值，其偏微分为零，得到

$$dZ = \frac{\partial f}{\partial d}dd \qquad\qquad (38\text{-}2)$$

式（38-2）表明：阻抗 Z 的变化近似地认为是距离 d 变化的单值函数，配以适当的电路，可将 Z 的变化成比例地转换成电压变化，即实现位移-电压的转换，这就是阻抗测量法的依据。

3. 测量电路

电涡流传感器的特性如图 38-18 所示。

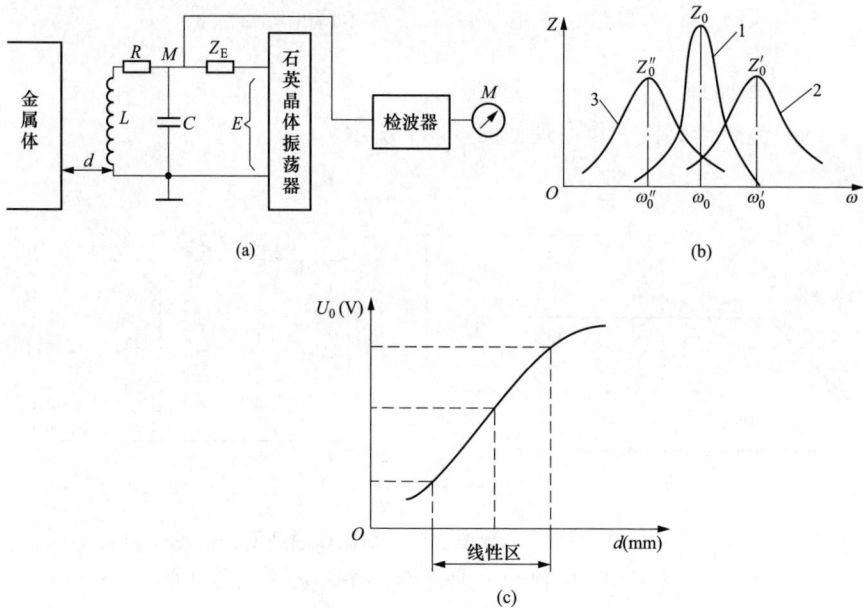

(a)　(b)

(c)

图 38-18　电涡流传感器的特性

（a）调幅式测量原理示意图；（b）谐振曲线波形图；（c）输出特性曲线图

我国大型汽轮机上使用的 Philips 公司的 RMS7000 系列、美国 Bently 公司的 3500 系列，以及德国 EPRO 公司 MMS6000 保护装置中，都采用了电涡流传感器。

对于系列的高频涡流位移传感器，当线性：

测量范围为±0.5mm 时，灵敏度为 16V/mm；

测量范围为±1.0m 时，灵敏度为 8V/mm；

测量范围为±2.0mm 时，灵敏度为 4V/mm。

二、电感式位移传感器

1. 电感式位移传感器

电感式位移传感器是利用线圈自感和互感的变化来实现非电量测量的一种装置，利用这种转换原理，可以测量位移等参数。

电感式位移传感器种类很多，根据转换原理的不同，可以分为自感式和互感式两类。按照结构形式的差别，自感式传感器又有变气隙式、变截面式和螺管式等。

人们习惯上称自感式传感器为电感式传感器，而互感式传感器由于它是利用差动变压器原理工作的，故常称为差动变压器式传感器。

图 38-19 所示的位移传感器采用了变气隙互感式原理，从结构上可看成由电感式位移传感器和位移指示仪表组成。

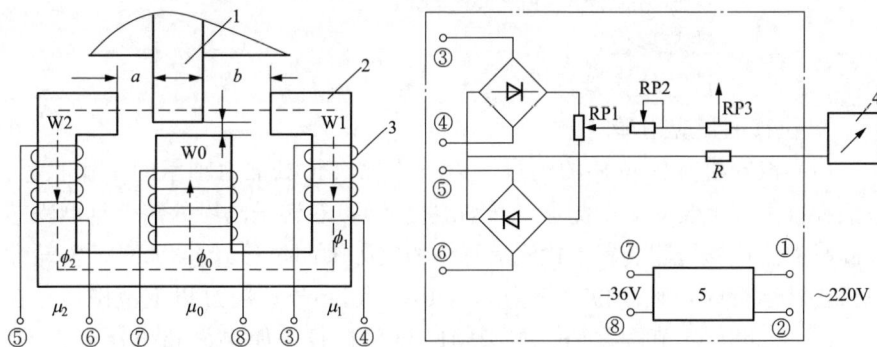

图 38-19　位移传感器结构示意图
1—衔铁；2—铁芯；3—线圈；4—显示仪表；5—磁饱和稳压器

铁芯和活动衔铁均由导磁材料，如用硅钢片或坡莫合金制成。硅钢片可以是整块的，也可以由多片相叠组成。衔铁和铁芯之间有空气隙，当衔铁移动时，磁路中气隙的磁阻发生变化，从而引起线圈电感的变化。这种电感量的变化与衔铁位置（即气隙大小）相对应。因此，只要能测出这种电感量的变化，就能判定衔铁位移量的大小。

设电感线圈的匝数为 W，根据电感的定义，此线圈的电感量 L 为

$$L = \frac{W\phi}{l} \tag{38-3}$$

式中　ϕ——磁通，Wb；

　　　l——通过线圈的电流，A。

2. 线性差动变压器（LVDT）

线性变化差动变压器（LVDT）采用了螺管型互感式原理，在非电量测

量中，应用最多的是螺线壳式差动变压器，它可以测量 $1\sim100\text{mm}$ 机械位移（s），并具有测量精度高、灵敏度高、结构简单、性能可靠等优点。它可用于汽轮机的热膨胀、相对热膨胀和轴向位移，也可用于汽阀调节的行程机构中。

$$\Delta\dot{E}=-\frac{2\dot{U}_0}{L_0}k\,\frac{W_0W\mu_0 S}{(l-x_0)^2}\Delta x=-k\Delta x \tag{38-4}$$

式中　$\Delta\dot{E}$——传感器感生电动势；

　　　$\dot{U}_0$——传感器激励电压；

　　　L_0——电感量；

　　　k——比例系数（灵敏度）；

　　　W_0——初级线圈子的匝数；

　　　W——初级线圈的匝数；

　　　μ_0——铁芯与衔铁的磁导率；

　　　S——铁芯与衔铁的导磁面积；

　　　l——铁芯与衔铁的导磁长度；

　　　x_0——铁芯零位；

　　　Δx——铁芯位移量。

3. 位移测量应用举例

（1）汽轮机轴向位移的测量。为了监视汽轮机推力轴承的工作状况，一般在推力瓦上装有温度测点（回油温度计），在转子凸缘处装上Ⅲ型铁芯或高频涡流位移检测装置，检测运行中的实际轴向位移量。300MW 汽轮发电机正常运行时，轴向位移量为 $0.381\sim2.159\text{mm}$；超过以上范围，且在 $0.254\sim2.268\text{mm}$ 范围之内，则必须减负荷运行；如果再超出这个范围，则应停机。

线性差动变压器及输出曲线如图 38-20 所示。

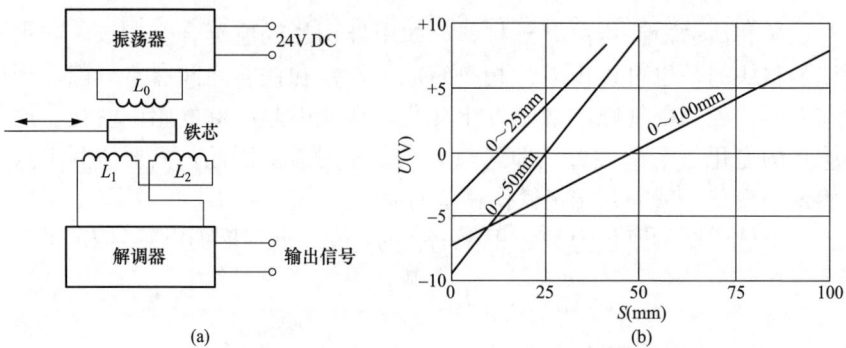

图 38-20　线性差动变压器及输出曲线

（a）线性差动变压器；（b）线性差动变压器的输出曲线

（2）机组热膨胀的测量。测量缸胀或差胀的传感器可用Ⅲ型铁芯传感器、高频涡流传感器或线性变化差动变压器。机组高、中、低压缸（差）胀示意如图 38-21 所示。

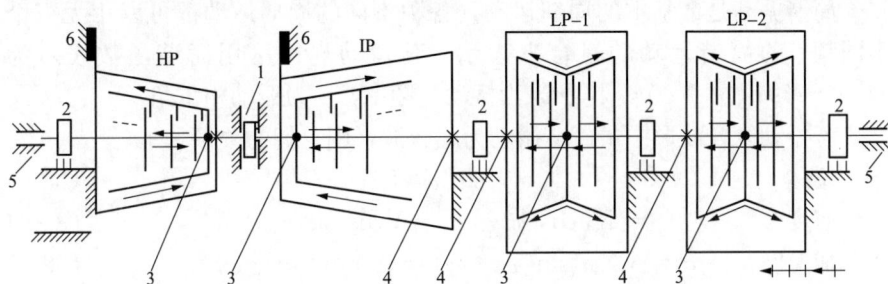

图 38-21　机组高、中、低压缸（差）胀示意

1—推力轴承-转子死点；2—差胀装置；3—内汽缸死点；4—外汽缸死点；5—支持轴承；6—缸胀装置；
HP—高压汽缸；IP—中压汽缸；LP-1、LP-2—低压汽缸 1 和低压汽缸 2

第八节　振　动　测　量

振动是一个物质系统的重复、周期运动，其特性是指振动的位移（振幅）、速度、加速度、频率以及应力等参数。描述振动特征的主要参量为频率、振幅和相位，因此振动测量最基本的目的就是测量这三个参量。

机械振动在很多情况下总是有害的，它使机器的零部件加快失效，破坏机器的正常工作，降低设备的使用寿命，甚至导致机器部件损坏，产生事故。

在火力发电厂中，汽轮机由于转轴失稳、转子动平衡欠佳及转子中心不准，在运行中会产生不同程度的振动。振动过大，会加速轴封磨损，转动部件的疲劳强度下降，调速系统不稳定，甚至引起重大事故。因此，在汽轮机启停和运行中，对轴承和大轴的振动必须严格进行监视。

振动测量大致有两方面的内容：① 振动基本参数的测量，即测量振动物体上某点的位移、速度、加速度、频率和相位；② 结构或部件的动态特性的测量，即以某种激振力作用在被测件上，使它产生受迫振动，测量输入（激振力）和输出（被测件振动响应），从而确定被测件的固有频率、阻尼、刚度和振型等动态参数。振动测量仪表一般由拾振器、积分放大器及显示仪表等部分组成。目前常用的拾振器有磁电式传感器和电涡流传感器。

火力发电厂中振动测量仪表用于测量汽轮机的振动及主泵的振动。

振动信号三要素如下。

（1）幅值。振动体离开其平衡位置的最大位移，是振动强度的标志，它可以用峰值、有效值、平均值等不同的方法表示。

（2）频率。不同的频率成分反映系统内不同的振源。通过频谱分析可以确定主要频率成分及其幅值大小，从而寻找振源，采取相应的措施。

（3）相位。用来表述振动状态的参数有振动的位移、振动的速度、振动的加速度、振动的频率、振动的烈度和振动的频谱。

简谐振动是最基本的周期运动，各种不同的周期运动都可以用无穷个不同频率的简谐运动的组合来表示。其运动规律可用简谐函数表示为 $x(t) = X\sin(\omega t + \varphi)$，其中 ω 为振动角频率，φ 为振动相位角。

若振动复合波形中最简谐振动为正弦波，则它们的关系如下。

位移
$$x = X\sin(\omega t + \varphi) \tag{38-5}$$

速度
$$v = X\omega\cos(\omega t + \varphi) = V\cos(\omega t + \varphi) \tag{38-6}$$

加速度
$$a = -X\omega^2\sin(\omega t + \varphi) = -A\sin(\omega t + \varphi) \tag{38-7}$$

X、V、A——振动的位移量、振动速度幅值和振动加速度幅值。

简谐振动示意图如图 38-22 所示。

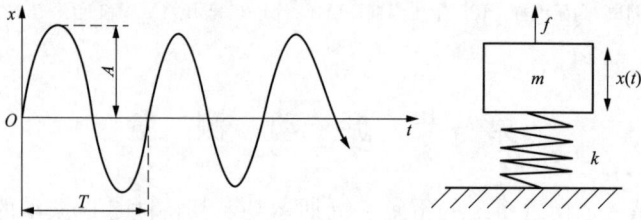

图 38-22　简谐振动示意图

国际标准中规定用振动烈度作为描述振动状态的特征量，并规定在机器的重要位置上（例如轴承和地脚固定处等）所测得的振动速度的最大有效值，作为机器的振动烈度。

如果测得随时间变化的振动速度 $v(t)$ 后，则由下式算出振动速度的有效值 V_{rms}，即

$$V_{rms} = \sqrt{\frac{1}{T}\int_0^T v^2(t)\,\mathrm{d}t} \tag{38-8}$$

式中　T——振动周期，两个相邻同方向峰值之间的时间。

目前我国汽轮机还采用振动的幅值大小作为评价振动强弱的参数，例如 300MW 机组，其轴颈处正常振幅应小于 76 μm，最大也不应超过127μm。

一、磁电式传感器

振动系统模型如图 38-23 所示，磁电式传感器的结构如图 38-24 所示。

传感器的磁钢 4 与壳体 2 固定在一起。芯轴 5 穿过磁钢的中心孔，并由左、右两片柔软的圆形弹簧片 7 支撑在壳体上。芯轴的一端固定着一个线圈 3；另一端固定一个圆筒形铜杯（阻尼杯 6）。当振动频率远远高于传感器的固有频率时，线圈接近静止不动，而磁钢则跟随振动体一起振动。

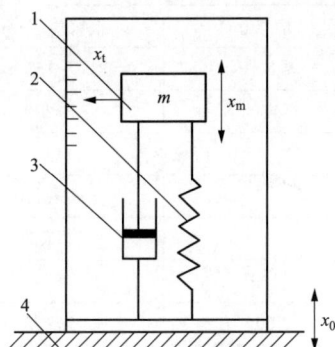

图 38-23　振动系统模型
1—质量块；2—弹簧；3—阻尼器；4—被测振动体

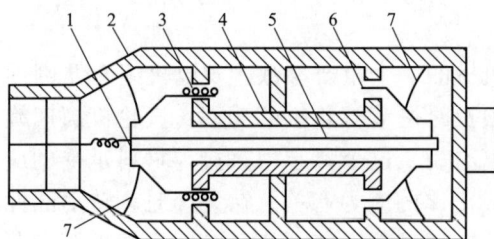

图 38-24　磁电式传感器结构示意
1—引线；2—壳体；3—线圈；4—磁钢；
5—芯轴；6—阻尼杯；7—弹簧片

这样，线圈与磁钢之间就有相对运动，其相对运动的速度等于物体的振动速度。线圈以相对速度切割磁力线，传感器就有正比于振动速度的电动势信号输出。

二、机组振动监测系统

振动监测系统通常具有下列测振内容。

（1）采用复合式振动传感器测取主轴的绝对振动量。

（2）由振动量及转速工况确定安全、报警、停机的区域，以指导机组的实时工况操作。采用振动位移和振动速度两种信号综合，可以及时防止机组动、静部分的摩擦。

（3）采用矢量监视器测知转速与振动幅值及相角以指导机组启动或停止过程中的轴故障（如裂纹）或动平衡程度的征兆出现与否。采用频谱仪对振动信号进行频谱分析。

（4）采用频谱仪对振动信号进行频谱分析，对振动频率、相位、振幅等参数做实时记录，通过对启停过程的分析，了解机组存在某种隐患缺陷。

轴振动评价标准参考表见表 38-1。

表 38-1　轴振动评价标准参考表

项目	正常值（μm）	报警值（μm）	紧急停机值（μm）
ISO 轴相对振动	≤80	≥165	≥250
ISO 轴绝对振动	≤100	≥200	≥300
厂家标准			
国产 300MW 机组	50～60	90～110	130～160
美国西屋公司		≥125	≥254
美国 GE 公司	≤100	≥127	≥178
日本三菱公司	≤50	≥125	≥200
日本日立公司	≤76	≥125	≥152

第九节　转　速　测　量

转速是热力机械的一个重要参数。发电机组在并网后，如维持电网的频率不变，就必须及时调节汽轮机的功率。汽轮机高速旋转时，各转动部件会产生很大的离心力，这个离心力直接与材料承受的应力有关，而离心力与转速的平方成正比的应力有关。在设计时，转动部件的强度裕量是有限的。运行时若转速超过额定值，就会发生严重损坏设备事故，甚至会造成飞车事故。特别在启动升速过程中，还会遇到临界转速的影响，使机组产生较大的振动，甚至发生共振而大大超过设计强度，故在启/停过程中也要求准确地测量转速，尽快越过各个临界值转速。

一、转速传感器

测量转速常用的有磁阻式、磁敏式和电涡流式转速传感器。这三种传感器都是把转速转换成与转速成比例的脉冲信号。

1. 磁阻式转速传感器

磁阻式转速传感器测量原理如图 38-25 所示。根据电磁感应定律，当 w 匝线圈在恒定磁场内运动时，设穿过线圈的磁通为中，则线圈内的感应电动势 E 与磁通变化率 $d\phi/dt$ 有如下关系，即

$$E = -W \frac{\mathrm{d}\phi}{\mathrm{d}t} \tag{38-9}$$

磁阻式转速传感器采用转速-脉冲变换电路，如图 38-26 所示。

传感器感应电压由二极管 D 削去负半周，送到 V_1 进行放大，再由射极跟随器 V_2 送入 V_3 和 V_4 组成的射极耦合触发器进行整形，得到方波输出信号。

2. 磁敏式转速传感器

磁敏式转速传感器内装有一个小永久磁铁；在磁铁上装有两个相互串

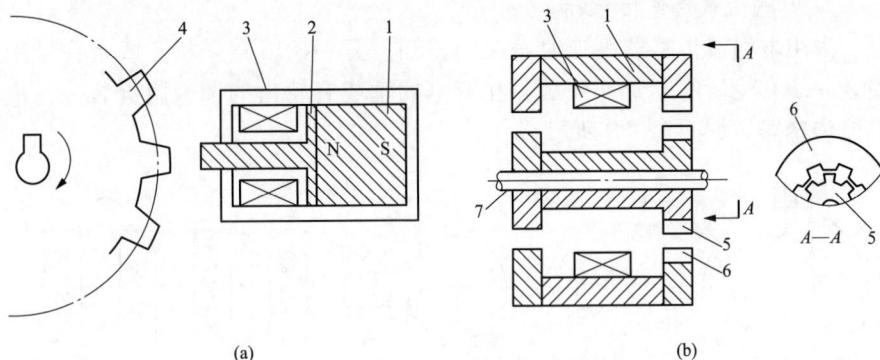

图 38-25　磁阻式转速传感器测量原理图

（a）开磁路磁阻式转速传感器；（b）闭磁路磁阻式转速传感器

1—永久磁铁；2—衔铁；3—感应线圈；4—齿轮；5—内齿轮；6—外齿轮；7—转轴

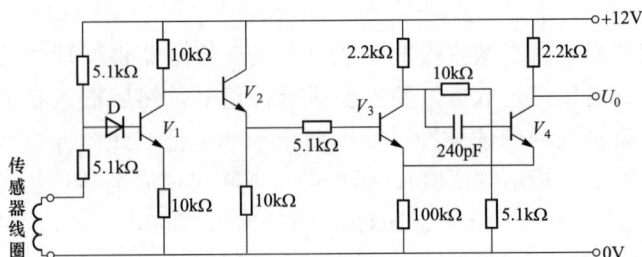

图 38-26　磁阻式转速传感器转速-脉冲变换电路

联的磁敏电阻。当软铁或钢等材料制成的测速齿轮接近传感器旋转时，传感器内部的磁场受到干扰，磁力线发生偏移，磁敏电阻的阻值发生变化，两个磁敏电阻 R_1、R_2 串联接成差动回路，与传感器电路中的两个定值电阻 R_3、R_4 组成一个惠斯登电桥，如图 38-27 所示。

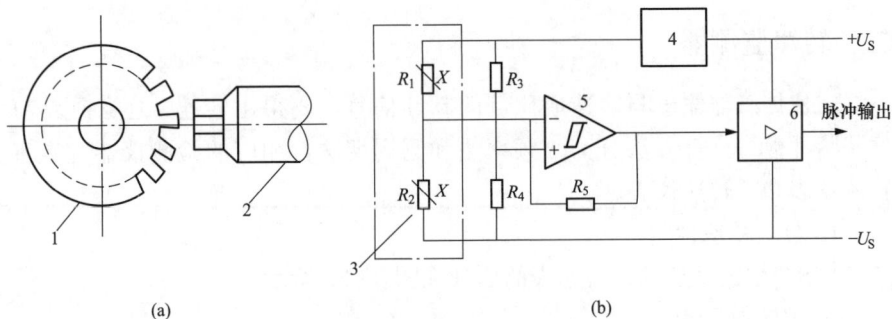

图 38-27　磁敏式转速测量装置示意图

（a）传感器示意图；（b）磁敏式转速测量电路示意图

1—测速齿轮；2—传感器；3—磁敏电阻；4—稳压器；5—触发电路；6—放大电路

3. 电涡流式转速传感器

采用电涡流传感器测速时，在旋转轴上开一条或数条槽，或者在轴上安装一块有轮齿的圆盘或圆板，在有槽的轴或有轮齿的圆板附近装一只电涡流传感器，如图 38-28 所示。

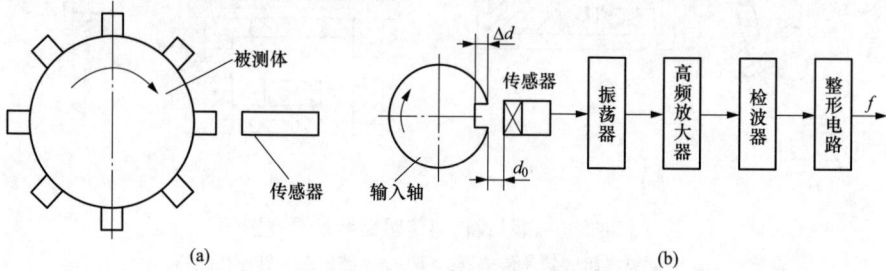

图 38-28 传感器测量原理电路
(a) 测速齿轮；(b) 电涡流传感器电路

当轴旋转时，由于槽或齿的存在，电涡流传感器将周期性地改变输出信号电压，此电压经过放大、整形变成脉冲信号，然后输入频率计指示出脉冲数，或者输入专门的脉冲计数电路指示频率值。此脉冲数（或频入专门的脉冲计数电路指示频率值）、脉冲数（或频率值）与转速相对应。如有 60 个槽或齿，若频率计指示 3000Hz，则转速为 3000r/min，这时每分钟的转数就可直接读出。如果轴上无法安装齿形圆板或者不能开槽，那么也可利用轴上的凹凸部分来产生脉冲信号，例如轴上的键槽等。这种传感器的测量范围很宽，转速在 1～10 000r/min 范围内均可测量。

$$N = \frac{f}{n} \times 60 \qquad (38-10)$$

式中　N——被测体的转速，r/min；

　　　f——频率值，Hz；

　　　n——测速齿轮数（或槽数）。

二、转速监测器

转速传感器输出与转速成比例的脉冲信号。要得出转速，还必须计算这些脉冲数。计算方法分为测频率法和测周期法，相应的检测仪器为数字转速仪表和零转速仪表。

1. 数字转速检测

JSS-2 型数字显示式转速表的原理如图 38-29 所示。

2. 零转速检测

零转速检测器用于连续监视机组的零转速状态，通常采用电涡流式传感器。由于被测转速很低，如果还是采用上述的计数法测频率，则量化误差很大。为了提高低频测量的准确度，通常采用反测法，即先测出被测信

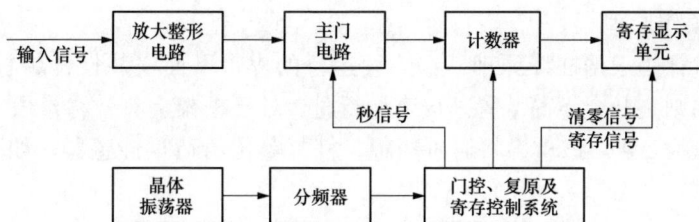

图 38-29 JSS-2 型数字显示式转速表的原理方框图

号的周期 T_x，再以周期的倒数来求得被测频率 f_x。测周期时，门控信号是整形后的被测信号，即门控时间为被测信号的周期 T_x，而晶振信号经整形后直接输入门控电路，相当于被测信号。不难理解，计数器的计数值为 N 时，被测周期 T_x 为

$$T_x = \frac{N}{f_c} = NT_c \tag{38-11}$$

式中 f_c、T_c——晶体振荡器的振荡频率和周期。

当转速传感器发出的脉冲周期大于预定的报警周期时，说明汽轮机的转速很低，为了防止大轴弯曲，需启动盘车装置。因此，控制电路将使报警继电器动作。

转速测量火电机组要维持电网的频率不变，就必须及时调节汽轮机的转速，使其维持在 3000r/min。测量转速常用的有磁阻式、磁敏式和涡流式转速传感器。这三种传感器都是把转速转换成与转速成比例的脉冲信号。要读出转速，还必须计算这些脉冲数。根据计算方法分为测频率法和测周期法，相应的监测仪器为数字转速监测器和零转速监测器。

第十节 煤 量 测 量

火力发电厂主要采用煤作燃料，发电成本中，燃料费用约占 70% 以上，按入炉煤量计算的发电煤耗，是经济性评价和节能降耗的重要指标。

目前火力发电厂普遍使用电子皮带秤作为入炉煤量的计量设备；此外，有的电厂在原煤入厂时还采用电子轨道衡来称量进煤量。下面介绍电子皮带秤的基本工作原理。

一、电子皮带秤

电子皮带秤是测量皮带输送固体散状物料（煤）的一种计量设备。它由秤架、测速传感器、高精度测重传感器、电子皮带秤控制显示仪表等组成，能对固体物料进行连续动态计量。

根据皮带速度的不同，皮带电子秤有两种工作模式，一是定速传送，二是变速传送。

1. 工作原理

皮带秤是根据杠杆原理，在连续运行的皮带下面安装杠杆装置，杠杆的承载面则是几个滚筒装置。皮带运行时，处于框架上有效称量段 L_0 上的煤的质量为 ΔW，该重力将通过托辊、杠杆等传给荷重传感器，如图 38-30 所示。

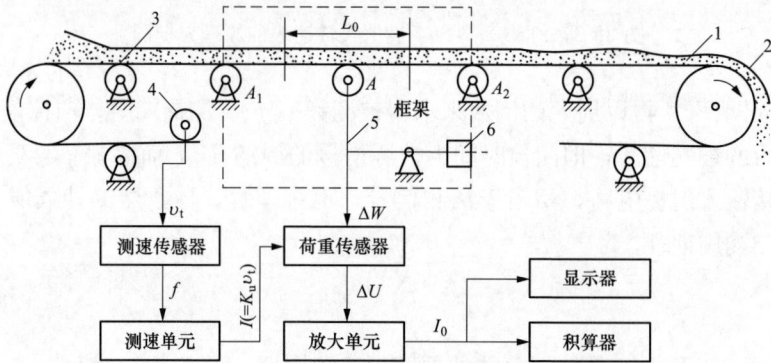

图 38-30　工作原理示意图

1—皮带；2—物料；3—托辊；4—测速传辊；5—荷重传感器信号；6—平衡器；
A—测重辊；A_1、A_2—支承辊

L_0 代表物料通过皮带秤时，对称量产生等效影响的那一段长度，即

$$L_0 = \frac{AA_1 + AA_2}{2} \tag{38-12}$$

相当于物料在该段长度的区域时，其重量全部传递给了称重传感器；而当物料在该段长度的区域之外时，称重传感器未受物料的重力作用。

安装在皮带传动装置上的测速传感器，将感受到的皮带转速信号 υ，转变为频率信号 f，再经过测速单元放大为与转速成比例的电压或电流信号 K_u，此信号亦送入荷重传感器，荷重传感器相当于乘法器，其输出信号为 ΔU，即

$$\Delta U = K_u \upsilon_t K_W \Delta W \tag{38-13}$$

式中　K_u——测速比例系数；

υ_t——皮带速度，m/s；

K_W——荷重比例系数；

ΔW——有效称量段上的煤量。

有效称量段上的煤量为

$$\Delta W = q_1 L_0 \tag{38-14}$$

$$\Delta U = K_u K_W L_0 q_1 \upsilon_t \tag{38-15}$$

式中　q_1——单位长度皮带上的原煤质量，kg/m。

输煤皮带在单位时间内输送的原煤量（质量流量）为

$$q_m = q_1 \upsilon_t \tag{38-16}$$

$$\Delta U = K_{u}K_{w}q_{m} \qquad (38\text{-}17)$$

可见，荷重传感器输出的电压 ΔU 成比例地反映了皮带的瞬时输煤量 q_{m}。

2. 电子皮带秤的传感装置

荷重传感器是将煤的质量转变为相应电压输出的装置。荷重传感器的种类很多，主要有电阻应变式荷重传感器和压磁式荷重传感器两大类。

物料重力的传递途径为输送带→称重托辊→托辊支架→称量台（秤架、秤框)→称重传感器。

(1) 压磁式荷重传感器。压磁式荷重传感器在电子皮带秤应用不多，因此，这里仅作简单介绍。

铁磁物质受到力的作用后，由于内应力的作用，在应力方向上的磁通量将发生变化，这一现象称为铁磁体的磁弹性效应。

如图 38-31 (a) 所示，在压磁材料的中间部分开有 4 个对称的小孔 1、2、3 和 4；在孔 1、2 间绕有励磁绕组 N1-2，孔 3、4 间绕有输出绕组 N3-4，如图 38-31 (b) 所示。当励磁绕组中通过交流电流时，铁芯中就会产生磁场。若把孔间空间分成 A、B、C、D 4 个区域，在无外力作用的情况下，A、B、C、D 4 个区域的磁导率是相同的。这时合成磁场强度 H 平行于输出绕组的平面，磁力线不与输出绕组交联，N3-4 不产生感应电动势，如图 38-31 (c) 所示。

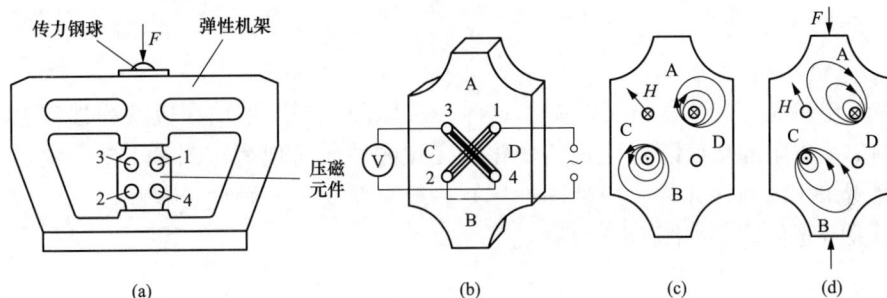

图 38-31　压磁式荷重传感器

(a) 传感器平面图；(b) 传感器测量回路；(c) 无外力作用下的磁场；(d) 有外力作用下的磁场

在压力 F 作用下，如图 38-31 (d) 所示，A、B 区域将受到一定的应力，而 C、D 区域基本处于自由状态，于是 A、B 区域的磁导率下降，磁阻增大，C、D 区域的磁导率基本不变。

这样励磁绕组所产生的磁力线将重新分布，部分磁力线绕过 C、D 区域闭合，于是合成磁场强度 H 不再与 N3-4 平面平行，一部分磁力线与 N3-4 交链产生感应电动势 e。F 值越大，与 N3-4 交链的磁通越多，e 值越大。

应变灵敏度系数为

$$S = \frac{\varepsilon_{\mu}}{\varepsilon_{1}} = \frac{\Delta\mu/\mu}{\Delta l/l} \qquad (38\text{-}18)$$

式中 ε_μ——磁导率的相对变化；

      ε_1——在机械力的作用下铁磁物质的相对变形；

      μ——原端励磁电压；

      $\Delta\mu$——原端励磁电压相对变化量；

      l——压磁材料长度；

      Δl——压磁材料受压后长度变化量。

这种传感器具有输出功率大、抗干扰性能好、过载能力强、适宜在恶劣环境中长期可靠地工作等优点；缺点是测量精度一般（常低于 $1\%F_S$），频响低（一般不高于 $1\sim2kHz$）。常用来测量几万牛顿的压力，耐过载能力强，线性度为 $3\%\sim5\%$。

（2）电阻应变式荷重传感器。电子皮带秤中多采用电阻应变式荷重传感器。应变式荷重传感器中用得最多的是箔式应变片，电阻应变片结构如图 38-32 所示。

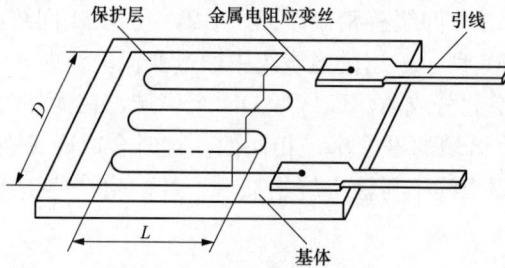

图 38-32 电阻应变片结构

电阻应变式荷重传感器基于这样一个原理：利用粘贴在应变弹性体上的应变电阻的阻值随着荷重的变化而变化的性质实现荷重测量。电子皮带秤所采用的弹性元件（应变弹性体）一般有简支梁等强度悬臂梁、圆筒体以及环形体等，如图 38-33 所示。

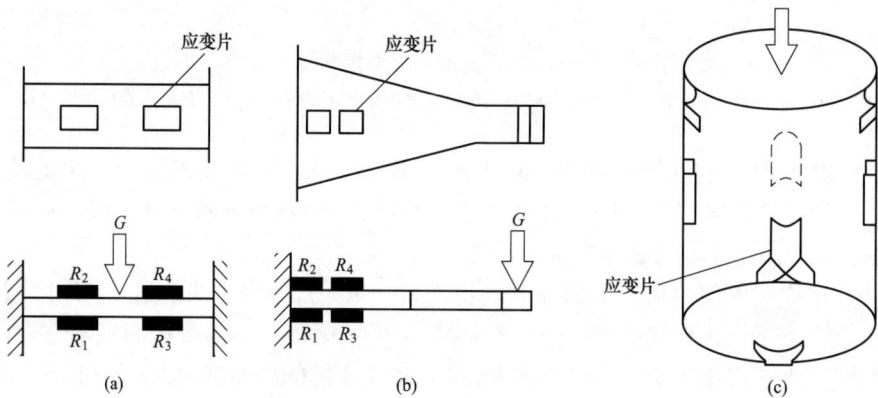

图 38-33 应变弹性体的结构形式

（a）简支梁；（b）等强悬臂梁；（c）圆筒体电阻应变效应

弹性体（弹性元件，敏感梁）在外力作用下产生机械弹性变形，使粘贴在其表面的电阻应变片（转换元件）也随同产生变形。电阻应变片变形后，其阻值也相应地发生变化（增大或减小），这一物理现象称为电阻应变效应。

再经相应的测量电路把这一电阻变化转换为电信号（电压或电流），从而完成了将外力变换为电信号的过程。

压电弹性体的材料一般用强度极限及弹性极限高、弹性模量温度系数小且稳定的合金钢制作。应变电阻片连接成测量电桥来实现测量。

应变电阻变化与应变的关系为

$$\frac{\Delta R}{R} = K_1\varepsilon \tag{38-19}$$

应变量与荷重 G 的关系为

$$\varepsilon = K_2G \tag{38-20}$$

式中　ΔR——应变电阻 R 相对变化量；

　K_1、K_2——应变灵敏度系数；

　　　　ε——应变量。

图 38-34 所示为应变电阻测量电桥。首先把被测力 G（重力）转换成受压体（应变弹性体）的应变，粘贴在上的电阻应变片的阻值（$R_1\sim R_4$）随应变大小而变化，R_1、R_3 阻值减小；R_2、R_4 阻值增加，电阻应变片组成电桥电路，测出电桥的输出信号就能测出荷重 G 的大小。

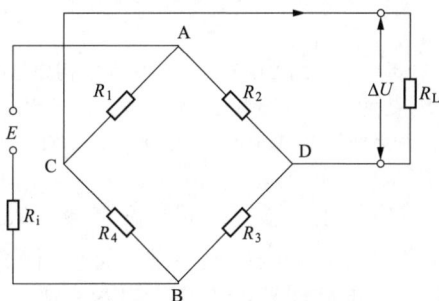

图 38-34　应变电阻测量电桥

以图 38-21 中荷重传感器为例，未受力时 $R_1=R_2=R_3=R_4$，当受力后 R_1、R_3 减小，R_2、R_4 增大，设电桥的负载电阻 R_L 很大（$>50\text{k}\Omega$），电源 E 内阻 R_i 较小，且 $R_L \geqslant R_i$，则

$$\Delta U = U_{AB}\frac{R_2R_4 - R_1R_3}{(R_1+R_4)(R_2+R_3)}$$

$$= \frac{(R_2+\Delta R)(R_4+\Delta R) - (R_1-\Delta R)(R_3-\Delta R)}{(R_1-\Delta R+R_4+\Delta R)(R_2+\Delta R+R_3-\Delta R)}$$

根据已知条件，设 $R_1=R_2=R_3=R_4=R$，上式经化简为

$$\Delta U = U_{AB} \frac{\Delta R}{R}$$

电桥的输出电压为

$$\Delta U = U_{AB} \frac{\Delta R}{R} = U_{AB} K_1 \varepsilon = U_{AB} K_1 K_2 G = K' U_{AB} G$$

式中　ΔU——上桥电压。

这样，当 U_{AB} 恒定时，可由输出电压 ΔU 得知应变 ε 的大小，也就是得知所测重力的大小。把电阻应变式荷重传感器安装在电子皮带秤的托辊上方或底部，就可称量出皮带上的煤量。

（3）速度传感器。通常采用闭磁路磁阻式速度传感器测量皮带速度，它的结构原理图如图 38-35 所示。

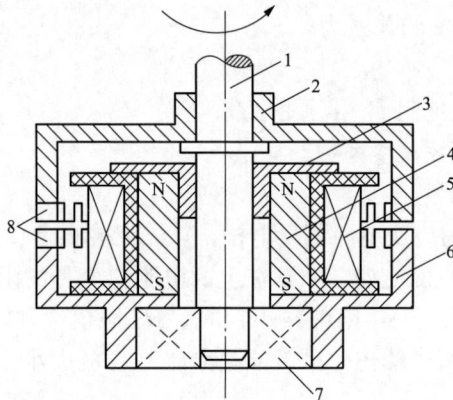

图 38-35　闭磁路磁阻式速度传感器结构原理图
1—被测轴；2—感应齿轮；3—压块；4—磁钢；
5—感应线圈；6—感应齿座；7—轴承；8—矩形齿

它由感应齿轮、感应齿座、感应线圈、磁钢等组成。当感应齿轮的转轴和被测轴连接一起转动时，感应齿座不动，感应齿轮相对于感应齿座运动，两齿轮间气隙大小发生周期性的变化，引起磁阻变化，因而在线圈中产生交变感应电动势。如果齿轮的齿数为 z，被测轴上装有皮带轮，其直径为 D，皮带的速度为 u，则有

$$f = \frac{zu}{\pi D} \tag{38-21}$$

式中　f——感应电动势的频率。

感应电动势的大小与磁通的变化率成正比，即 $e = -W_{de}$，W 为感应线圈的匝数，为定值。所以输出电动势只决定于磁通的变化率，转子的转速越大，磁通变化率越大；反之，越小，这样感应电动势大小只决定于转子的转动速度，也就是皮带的传送速度。在电子皮带秤中，将这个交流电动势转变成 $0 \sim 10V$ 的直流电压，加到荷重传感器的电桥上，作为上桥电压 U_{AB}。

电子皮带秤中采用的速度传感器，除上述形式外，还可采用测速发电机来测量皮带的传送速度。还有一种脉冲式速度传感器，它的工作原理如下：皮带运动时带动一摩擦轮转动，摩擦轮上嵌装一小块磁铁。在摩擦轮附近固定安装一只霍尔式传感器，当磁钢经过霍尔元件附近时，霍尔式传感器就产生一个脉冲信号，每个脉冲代表皮带走过的一段长度，因此，单位时间内的脉冲数就代表皮带的运动速度。

3. 电子皮带秤举例

皮带秤式给料机将经过皮带上的物料，通过称重秤架下的称重传感器进行质量检测，以确定皮带上的物料质量，装在尾部滚筒或旋转设备上的数字式测速传感器，连续测量给料速度，该速度传感器的信号输出正比于皮带速度；速度信号与质量信号一起送入皮带给料机控制器，产生并显示累计量/瞬时流量。给料控制器将该流量与设定流量进行比较，由控制器输出信号控制变频器调速，实现定量给料的要求。

电子皮带秤的结构形式有多种，其中有一种模拟式电子皮带秤，工作原理见图 38-36。

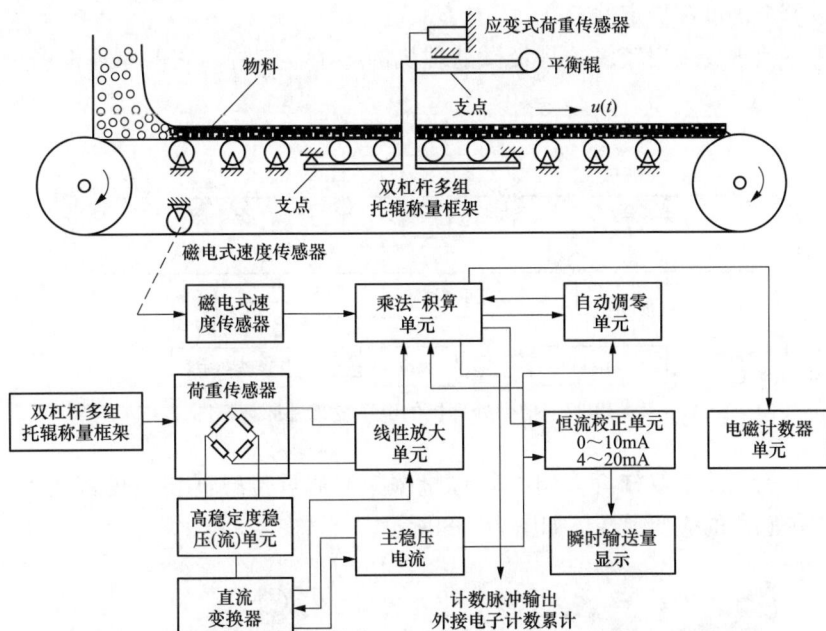

图 38-36　模拟电子皮带秤工作原理方框图

它采用双杠杆多组托辊称量框架，托住称量段的皮带及其上的煤层，用应变式称重传感器称量这一段皮带上的煤重。应变式荷重传感器的输出电压经线性放大单元放大后送入乘法-积算单元，用磁电式速度传感器测量皮带的运行速度，传感器输出的频率信号经频率-电压（或电流）转换器转换成电压（或电流）后送往乘法-积算单元。经过乘法-积算单元的运算、皮带上的煤量和皮带速度相乘，得到单位时间内的原煤量，再经过积算，就可得到一段时间内输送的原煤总量，这种结构形式的电子皮带秤有以下几个特点。

（1）采用双杠杆多组托辊称量框架，可大大减弱秤架系统挠度（亦称非准直度）对于重力测量的影响，减小皮带摩擦力、张力和煤量不均匀等因素带来的重力计量误差。

（2）在皮带运输机空载时，由于皮带厚度不均匀和皮带抖动，荷重传感器会受到不规则的冲动，因此在仪表的电子线路中，设置在零点附近作正负积分的线路，使在零点上下波动的信号积分后能相互抵消。仪表可用手动和自动调零，在皮带空载运行一圈或若干圈后，不把零点调至真正的动态零点，这样就提高了计量准确度。

（3）过去采用的模拟式电子皮带秤，其荷重传感器中应变电桥的上桥电压由速度传感器供给，并由应变电桥完成质量和速度的乘法运算。由于桥臂电阻的热惯性较大，上桥电压（皮带速度）变动后，其输出需很长时间才能稳定下来，而且测量误差较大。这里介绍的仪表，其上桥电压由稳压（流）电源供给，减小了热惯性造成的误差。由于采用乘法-积算单元，故运算准确度和稳定性较高。

目前现场采用较多的是带微处理机的电子皮带秤。它的原理框图见图38-37。

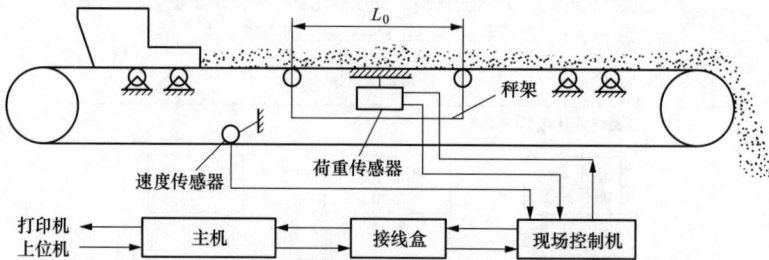

图 38-37　带微处理机的电子皮带秤原理框图

它也采用了双杠杆多组托辊称量框架，荷重传感器装在皮带的下部。荷重传感器的应变弹性体如图 38-38 所示。

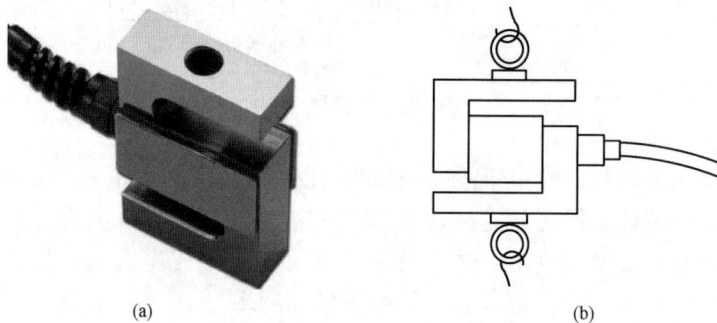

图 38-38　荷重传感器的应变弹性体
（a）实物形状；（b）应用

电阻应变片贴在弹性体中间部分的上、下侧，应变电桥的输出电压送往现场数字控制机中。测速传感器将皮带的运行速度转变为一系列的脉冲信号也送往数字控制机中。

现场数字控制机是双杠杆多托辊秤架系统与主控制计算机之间的中间环节，它向荷重传感器应变电桥提供上桥电压，并将应变电桥输出的电压转换成数字信号送往主控制计算机；由速度传感器送来的脉冲信号经过数字控制机转变成数字信号送往主控制计算机（主机）。数字控制机的输入、输出信号均采用光电隔离方式加以屏蔽，免除杂散信号的干扰。数字控制机可远距离（1.6km）传输信号给主控计算机。数字控制机中具有单片机，A/D 转换器件及存储器，它具有多种处理现场信号的功能。

主控制计算机包括键盘、显示器以及内部电路、外接端子等部分。

键盘用于参数输入、功能选择、显示选择，以及自动控制和通信等方面进行设定和选择。

显示部分由屏幕显示器及指示灯组成。屏幕显示器可显示累计量、瞬时量、操作状态、计算机内存的读出和显示，控制功能的显示。指示灯（LED）可显示工作是否正常、系统是否运转、是否进行校验、是否进行计量以及各种报警显示，如上限报警、下限报警、失速报警等。

主控计算机还有故障诊断、自动调零、断电保护、多种输出信号以及多种控制功能。接线盒用于接线，使接线规范、方便和安全可靠。

双杠杆六托辊电子皮带秤的系统准确度可达±0.125％，双杠杆四托辊电子皮带秤的系统准确度可达±0.25％，双杠杆二托辊电子皮带秤的系统准确度为±0.5％，通常多采用二托辊或四托辊电子皮带秤。带式输送机每小时的输送量为 10～8000t/h，皮带速度为 0.8～3m/s，皮带宽度为 400～2400mm。

此外，还有多种形式带微机的电子皮带秤在生产部门中使用。为了保证电子皮带秤的运行准确度，必须经常进行标定或校验。标定方法有模拟标定（挂砝码标定）和实煤标定两种。模拟标定方法简单，但准确度差，一般只作为辅助标定手段；实煤标定则由于标定过程与实际上煤情况相同，所以是最基本的标定方法。

电子皮带秤在电厂使用很普遍，它属于直接接触称量法。但在长期运转中的皮带，由于拉伸、磨损、抖动、偏斜以及过载等，给直接称量法的应用带来了困难，而且传感器损坏率高，仪器维修、校准工作量很大，因此有些部门开始采用核子皮带秤进行称量。

二、核子皮带秤

核子皮带秤由 γ 射线放射源、γ 射线接收器、测速传感器、微型计算机及其显示记录装置等组成，见图 38-39。

核子皮带秤的工作原理是 γ 射线在通过物料时，一部分射线被物料吸收，吸收的数量与物料的性质及厚度有关。没有被吸收的射线透过物料及运输皮带进入 γ 射线探测器，产生电离电流。通过对载有物料时的射线强度进行连续测量，并与空皮带（或其他传送设备）时的射线强度测量比较，并对皮带的运行速度加以测量，然后通过计算机系统的计算，直接显示单位载荷、瞬时流量、累积量等工艺参数。

γ 射线通过物料时，其放射性活度逐渐减弱，其强度的衰减与介质的组分、密度和射线方向上的厚度呈指数关系，透过被测物料的放射性活度 A 为

$$A = A_0 e^{-\mu \frac{m}{W}} \tag{38-22}$$

式中　A_0——投射到空皮带上的放射性活度，它只与放射源的放射性活度、源与被测物体的距离等因素有关，而与被测物的物理参数无关；

μ——与放射源及被测物体成分有关的常数；

m——单位长度皮带上的物料质量；

W——物料所占皮带宽度。

由式（38-27）可知，如果测出透过被测物料的放射性活度 A，就可以算出单位长度皮带上的物料质量 m 了。

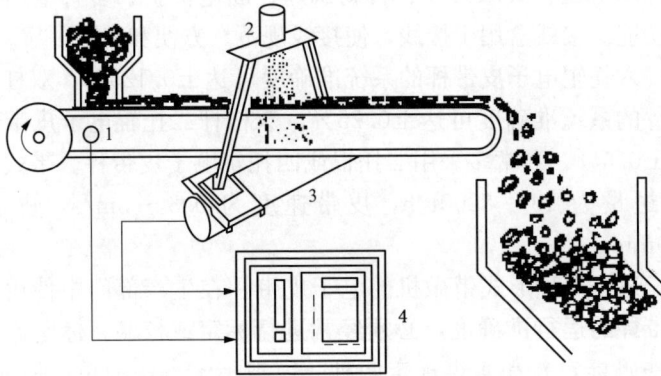

图 38-39　核子皮带秤原理图

1—测速传感器；2—γ 射线放射源；3—γ 射线接收器；4—微型计算机及其显示记录装置

通常所采用的放射源是铯—137，其质量小于 10g，源强为 100mCi。当防护室的门打开后，放射源就以 $40° \times 10°$ 的楔状射线向皮带照射。核子皮带秤电路系统框图如图 38-40 所示。

γ 射线探测器是一圆柱形电离室，外有保护层。电离室有两只通有高电压的电极板，室内充有绝缘性气体。当射线进入后，气体介质被电离，并在电场作用下流向两极板。在极板上检测到的微弱电流，经放大后再送入微处理器，就作为物料质量的信号。电离室外有电阻丝加热，以控制其温度为 60℃，保证其性能稳定并可防止空气中的水分凝结造成电气短路故障。

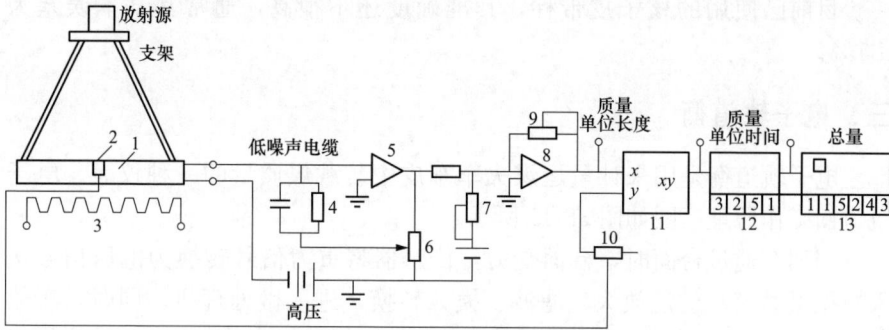

图 38-40　核子皮带秤电路系统框图

1—电离室；2—皮带速度变换器；3—晶闸管加热器；4—高阻器；5、8—放大器；
6—基准反馈电位器；7—调零电位器；9—量程电位器；10—变换调整电位器；
11—乘法器；12—积算器；13—积算计数器

电离室输出的电流十分微弱（$<10^{-12}$A），因此，要将其放大处理成适合于微处理器使用的电压。

电离室输出的微弱电流通过低噪声电缆送到放大器的高阻器上。由于高阻器电阻比基准反馈电位器的电阻大许多倍，所以高阻器上的压降即可以认为是全部输入电压。

称重以空皮带运转为基准，此时用基准反馈电位器调整到使第一级放大器的输出为 10V，然后调整调零电位器，并加上一个数值相等、方向相反的电压，使第二级输入电压和输出电压为 0V。用变换器调整电位器调整输入乘法器的电压为 10V，这一电压代表皮带运转的最高速度。当乘法器输出 0V 到积算器时，积算器的计数值为 0。

当被测物料在皮带上通过时，有更多的射线被吸收，使得电离室的电流减小，这时高阻器上的电压降低，第二级放大器输入端呈现正电压。第三级增益可用量程电位器调整，使输入到乘法器的电压为 10V，乘法器输出 10V 至积算器，在积算器内按所需要的单位进行刻度，由积算器计数器进行总量累计。当皮带停止运行或料空时，乘法器无输出，则无累计量。

由测速发电机取得皮带速度信号并送入微处理机。两个信号在微机内按照既定的系统软件和应用软件完成过程测量计算和处理。核子皮带秤是一种不接触称量法，它的主要优点如下。

（1）安装方便、简单，无须改变原有设备，在水平或倾斜的传输装置上都可使用。

（2）非接触测量，避免了秤及传输装置的磨损，加之没有移动部件，机械维护量很小。

（3）不受传输装置运动的影响，不受皮带松紧度的影响，不受皮带轮组合方式的影响。

（4）具有与上位机的通信接口，可方便地组成集散型控制系统。

目前已使用的核子皮带秤，其准确度还不很高，通常其基本误差为 $\pm 1\%$。

三、电子轨道衡

电子轨道衡是用来计量运煤火车车皮中装载煤质量的一种仪表。电子轨道衡工作原理框图如图 38-41 所示。

当列车通过台面时，台面受力，传感器将重力信号转换为电压信号送入模拟量通道，经过放大、滤波、模数转换，进入微处理机。同时，车轮信号进入开关量通道，经过整形再送入微处理机。系统工作时，计算机对送入的信号进行采集和处理，得出每节车皮的质量值，并进行屏幕显示、打印制表等。打印内容包括年、月、日、时、分、列车号、每节车皮的毛重和煤量净重等。同时这些数据还被存入磁盘，以供管理人员进行检查、分析和统计使用。

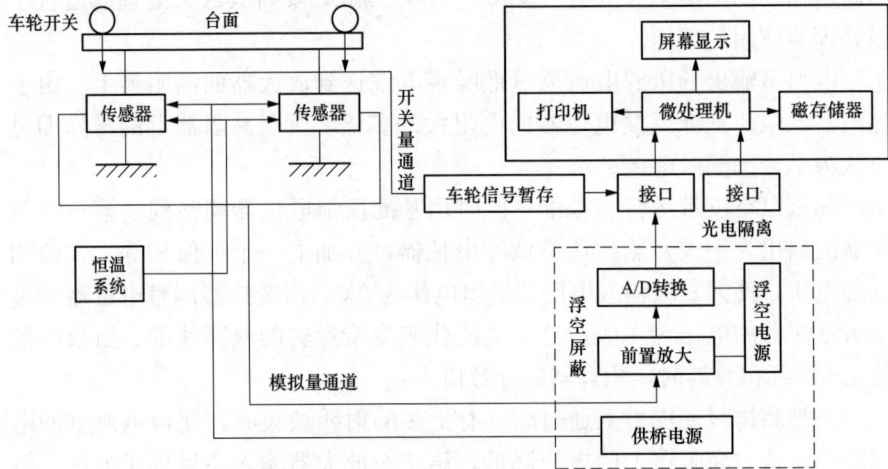

图 38-41　电子轨道衡工作原理框图

第三十九章　汽轮机辅助系统控制

按照国内机组控制的通常做法，汽轮机辅助系统（主要包括：润滑油系统、顶轴油系统、抗燃油系统、汽轮机本体疏水、抽汽止回阀、轴封系统、盘车、低压缸喷水等）的控制在 DCS 中完成。考虑到这些系统都与汽轮启动运行有着密切的关联，是汽轮机有机的组成部分，为了更好地实现汽轮机的整体控制，满足汽轮机自启停要求，超超临界机组将这些系统都纳入汽轮机控制系统中。这样，便于汽轮机运行时，统一考虑到整个汽轮机组各系统的协调动作。

第一节　润滑油系统的控制

润滑油系统的主要作用是给汽轮发电机组的轴承提供润滑油。主要的设备有：油箱、两台交流油泵（主油泵）、一台直流油泵（危急油泵）、滤油器、冷油器、试验电磁阀、温度调节阀、加热器等。仪控设备有母管压力开关、滤油器前压力开关、压力变送器、母管压力变送器、温度开关、热电阻、液位变送器、过滤器前后差压开关等。

为了保证润滑油的持续供应，提供两台交流马达驱动的主油泵和一台直流马达驱动的危急油泵。正常运行时两台主油泵，一台工作，另一台备用。一旦两台主油泵均故障停用，由危急油泵为汽轮发电机组滑行提供润滑油。

一、润滑油系统自启动

系统设计了润滑油子组控制（SGC）程序完成汽轮机润滑油系统的自启动，包括启动和停止过程。SGC 可由运行人员在操作员站启动，也可通过主控 SGC 启动。润滑油系统 SGC 用来在汽轮机启动时自动启动所有相关的子系统，在停机时关闭相关的子系统。SGC 是一个启动和停止的顺控程序，每一步包括等待时间、监视时间和指令。当每一步的指令发出后，经过等待和监视时间，接收到反馈信号后将继续下一步。如该步骤的反馈条件未满足，顺控将停止并发出报警信号。

二、主油泵提供润滑油

主油泵从主油箱吸油经过冷油器和过滤器将油输送到各轴承。

在润滑油开始供油前从控制室选择两个主油泵中的其中一个作为运行油泵。预选的主油泵将通过主油泵的分组控制开关启动，另一个油泵作为备用泵。

如果在接通预选的主油泵之后一定时间内没有获得必需的压力，主油泵的回路控制将启动备用油泵。如果运行油泵在接通状态，其中的一个压力测点下降到限制值以下，直接切换至备用油泵，同时为了安全，危急油泵同时启动。一旦备用油泵成功地接管了润滑油的供应，危急油泵必须手动关闭。

除油压连锁的切换标准外，如果运行油泵的电源供应失败或运行油泵的驱动马达过载激活同样进行切换。

1. 主油泵自动启动

（1）主油泵 SLC 初投入时如果预选该泵为工作泵。

（2）主油泵 SLC 投入后 10s，如果母管压力低或过滤器后压力低或另一主油泵故障（启动失败、电气故障、跳闸）就要联动泵。

2. 自动停运

主油泵 SLC 投入时，联启备用泵后要按顺序停原来的工作泵。

3. 保护停运

油系统紧急运行。

三、危急油泵提供润滑油

一旦所有的主油泵失灵，润滑油压低遮断响应促使汽轮机停机。与此同时，危急油泵启动在汽轮机惰走阶段为轴承提供润滑油。

危急油泵直接从主油箱吸油，输送油绕过冷油器和过滤器进入润滑油系统。

当使用危急油泵时，得到的润滑油压低于主油泵运行时的油压，并低于润滑油压遮断装置的遮断值。

危急油泵通过控制室给出的手动命令或过滤器下游润滑母管的压力开关来启动。

除润滑油压监视设备送来的信号外，在主油泵的切换功能激活时危急油泵也同时接受启动指令。

经过回路控制（SLC）为危急油泵提供一个保护逻辑，该保护逻辑作为润滑油压的函数或在主油泵完全故障或部分故障时控制危急油泵的启动，也通过主油泵的切换功能启动。

危急油泵的回路控制既可以通过手动命令启动，也可以通过润滑油供油系统的子组控制（SGC）启动。

危急油泵只能通过控制室内给出的手动命令停运。

1. 危急油泵回路控制 SLC 自动投入

（1）转速大于 9.6r/min；

（2）油泵检查 SGC 停顺控要求投入危急油泵 SLC；

（3）供油系统 SGC 启动顺控要求投入危急油泵 SLC。

2. 自动解除

（1）润滑油压力开关小于最小值，润滑油母管压力大于设定值，且供油系统紧急运行激活延时 5s；

（2）供油系统 SGC 停顺控要求解除危急油泵 SLC。

3. 闭锁手动

转速大于 9.6r/min，且危急油泵 SLC 投入。

4. 危急油泵自动启动

危急油泵 SLC 投入，主油泵 SLC 投入后 10s，如果出口压力或滤油器后压力低，或任一主油泵故障（跳闸，操作失败，电气故障）就要联启泵。

5. 自动停运

（1）油泵检查 SGC 启顺控要求停运危急油泵；

（2）供油系统 SGC 停控要求停运危急油泵。

6. 保护启动

（1）油系统紧急运行动作延时 5s；

（2）滤油器后压力，且危急油泵 SLC 投入，延时 1s。

四、润滑油温度控制

润滑油系统正常运行时必须将温度限制在限值内。温度过高过低都影响系统的正常运行。为此，系统中设计了加热装置和冷却装置。控制系统根据润滑油的温度，控制加热装置和冷却系统的启停，保证油温保持在正常水平。

采用机械式温度调节阀，使主油泵出来的油一部分经过冷油器进行冷却，一部分不进行冷却。两部分的油在温度调节阀进行混合后再送入系统。

温度调节阀接受温度信号，通过调节冷热油的比例调节油温。

加热器共 4 组，可以分别控制，也可以并成一组控制。

1. 自动启动

（1）停机时：油温小于 20℃（温度开关动作）；

（2）汽轮机挂闸：任一主油泵运行且油温小于 35℃。

2. 自动停

（1）停机时：油温大于 30℃（温度开关）延时 10s；

（2）汽轮机挂闸：油温大于 40℃。

3. 保护停

（1）油温大于 55℃（5s 脉冲）；

（2）油系统紧急运行动作。

五、润滑油联锁试验

为了确保备用泵、危急油泵能够顺利投入运行，在系统里设置了试验电磁阀。通过电磁阀动作，将联锁启泵的压力开关油压泄掉，使压力开关动作，启动相应的油泵。在每个油泵出口安装有压力开关，以判断油泵的启停。当压力开关动作后说明联锁启动正常。

联锁试验可单独启动，也可通过油泵试验顺控 SGC 启动。

六、油泵检查

"油泵检查"顺控的功能是试验主油泵、危急油泵和排油烟风机的功能。除试验设备自身外，开关和切换逻辑也进行试验。

"油泵检查"顺控（SGC）在汽轮机启动或停机时通过汽轮机 SGC 或由运行人员（仅在汽轮机手动启动条件下）启动。在停机过程中，每次间歇盘车运行后试验不执行，宁可在盘车运行初始启动时进行。

"油泵检查"顺控在每次停机时不启动，一般在停机 30 天的间隔期满时进行。

第二节 顶轴油系统控制

在汽轮机停止或在低转速时，每个轴颈和轴承之间液力润滑油膜通过顶轴油泵建立。该油膜起保护作用，防止轴承和轴颈之间的金属接触并减少摩擦阻力直至在较高的轴颈的圆周速度下自行建立液力润滑油膜并承担上述任务。在机组超过一定转速时不再需要顶轴油。另外，在盘车运行期间为盘车装置的液压盘车马达提供驱动油。

顶轴油系统控制对象为三台 50% 容量的顶轴油泵，三台油泵中两台运行，一台备用。测量设备有顶轴油压力变送器，润滑油温度信号等。

当润滑油供油系统 SGC 启顺控要求投入顶轴油泵 SLC 时投入自动控制。

当下列条件满足时顶轴油控制切除自动：

（1）转速持续 10min 小于 9r/min；

（2）顶轴油或润滑油温度高于定值/转子温度小于定值；

（3）油系统紧急运行激活。

当转速大于设定值，顶轴油泵自动已投入时手动方式将闭锁。

1. 自动启动

（1）启动时预选该泵；

（2）另两台任一顶轴油泵在运行 7s 后出口压力低于设定值；

（3）母管压力小于设定值。

2. 自动停运

（1）转速大于定值/盘车未投入/顶轴油泵 SLC 投入；

（2）转速持续 10min 小于 9r/min 且油箱液位低；

（3）顶轴油或润滑油油温高于定值且转子温度小于定值/转速持续 10min 小于 9r/min；

　　（4）3 台泵都在运行/顶轴油泵 SLC 投入/无压力联动/最后启动的不是该泵；

　　（5）油泵运行 7s 后出口压力小于定值，另外两泵的出口压力及母管压力都大于定值；

　　（6）供油系统 SGC 停顺控要求停运顶轴油泵 1。

　　3. 保护停运

　　油系统紧急运行激活。

第三节　润滑油系统紧急运行

　　润滑油系统和抗燃油系统的工作介质都是油，工作时都有一定的压力。一旦泄漏遇有高温管道很容易起火，使设备受到损坏、人员受到伤害。为了保证设备和人员的安全，控制系统设置了汽轮机紧急运行工况，由火检系统或者运行人员在确认发生火灾后，将系统投入油系统紧急运行方式，停止润滑油系统、顶轴油系统和抗燃油系统，机组停机，启动危急油泵。并打开真空破坏阀破坏真空，缩短汽轮机惰走时间。

　　后续的动作有：

　　（1）发出停机指令；

　　（2）油系统 SGC 停止；

　　（3）主油泵切手动；

　　（4）危急油泵延时 5s 启动；

　　（5）盘车；

　　（6）顶轴油泵停运；

　　（7）真空破坏阀动作；

　　（8）油净化装置停运；

　　（9）油箱加热器切除。

第四节　汽轮机盘车控制

　　在汽轮机预热和冷却期间，汽轮机转子静止状态经过比较短的时间以后，温差会升高，转子因不同的热膨胀而弯曲。这将导致转子的重心相对于旋转中心偏移，造成在机组再次运行时振动增加。因此，在此过程中，通过盘车装置将转子以较低的转速转动，来防止汽轮机转子弯曲。

　　盘车装置采用顶轴油控制的油压马达驱动。通过控制顶轴油供应电磁阀，即可投入停止盘车。在汽轮机停机后，控制系统监测到转速低于设定值，将启动顶轴油泵，动作盘车供油电磁阀，投入盘车。

　　在机组需要盘车时，盘车电磁阀失电，单向阀打开，顶轴油进入液压盘车马达，启动盘车。在需要停用盘车时，电磁阀得电，单向阀在弹簧作用下关闭，切断到盘车马达的顶轴油盘车电磁阀控制：

1. 自动开启

(1) 油供应 SGC 停顺控要求启盘车；

(2) 所有顶轴油泵已运行；

(3) 盘车电磁阀 SLC 投入，汽轮机转速小于 120r/min。

2. 自动关闭

油供应 SGC 停顺控要求停盘车。

3. 保护关闭

(1) 最少有 2 台顶轴油泵运行，润滑油母管压力小于定值，且油泵检查 SGC 在手动状态。

(2) 最少有 2 台顶轴油泵运行了 30s，且汽轮机转速大于设定值。

(3) 润滑油系统紧急运行。

(4) 最少有 2 台顶轴油泵在运行，且密封油系统故障，汽轮机转速小于设定值。

第五节　EH 供油系统顺控

一、EH 主油泵控制

1. 自动启动

(1) 控制油泵 SLC 投入时按预选启动。

(2) 在只有一台油泵运行时，如果母管压力持续 4s 大于 15MPa，但一段时间后如果油泵的出去盘车马达口压力小于 15MPa 持续 100s 或压力直接降到 11.5MPa 以下，就要启另一台油泵。

2. 自动停运

(1) 在控制油泵 SLC 投入后的 10s 内，如预选另一台油泵，且该泵的出口压力大于 l5MPa。

(2) 控制油泵 SLC 投入，没有选该油泵，且两台油泵出口扭力都大于 15MPa。

(3) 控制油 SGC 停顺控要求停该油泵。

3. 保护停运

(1) 油箱温度小于定值（视调试情况，可改为报警）。

(2) 泵运行 4s 后，如果出口压力小于定值就要停泵。

(3) 在只有一台油泵运行时，如果母管压力持续 4s 大于 15MPa，但一段时间后如果该油泵的出口压力持续 100s 小于 15MPa 或压力直接降到 11.5MPa 以下，就要停该油泵。

(4) 两个紧急停泵按钮任一被触发。

(5) 油箱液位故障，或油箱液位（低和两个低低 3 取 2）低低。

（6）油系统紧急运行激活。

二、循环泵控制

1. 自动启动

（1）SLC 投入时按预选启动泵。

（2）SLC 投入，在只有一台循环泵运行时，如果其出口压力小于定值，就要启动备用循环泵。

2. 自动停运

（1）SLC 投入，在只有一台控制油循环泵运行时，如果其出口压力小于定值，就要停该循环泵。

（2）控制油 SGC 停顺控要求停运循环泵。

3. 超驰停运

（1）循环泵运行 4s 后，如果其出口压力小于定值。

（2）自动投入，在只有一台泵运行时，如果其出口压力小于定值。

（3）两个紧急停泵按钮任一被触发。

（4）油箱液位故障，或油箱液位（低和两个低低 3 取 2）低低。

（5）油系统紧急运行激活。

三、冷却风机控制

1. 自动启动

自动投入，油温大于 55℃，且对应的循环泵在运行。

2. 自动停止

（1）自动投入，油小于 52℃。

（2）控制油 SGC 停顺控要求停运冷却风机。

3. 保护停止

（1）紧急停泵按钮触发。

（2）油箱液位故障，或油箱液位（低和两个低低 3 取 2）低低。

（3）油系统紧急运行激活。

注意：如运行冷却风机故障，应自动切换到备用风机。但是该路循环泵运行正常，不会自动切换到备用循环泵，导致风机无法切换。

处理方法：如油温高，运行的冷却风机故障，将循环泵先切换到备用泵，再启动备用风机。

第六节　汽门控制油系统介绍

汽轮机共有九只汽阀，它们分别是两只高压主汽阀（ESV）、两只高压调节汽阀（CV）、两只中压主汽阀（RSV），及两只中压调节汽阀（IV），另外还有一只补汽阀。每只汽阀都有各自独立的控制装置。由于控制对象、形式不同，这九只执行机构共分为两种类型。主汽门和调节阀的执行器按"故障—安全"原则设计，阀门靠液压打开，靠弹簧力关闭。

在阀门关闭的过程中，活塞在关闭速度最大的位置设置一缓冲室，组织活塞撞击液压缸底部。

按照阀门的功能可将执行机构分成两大类，一类是高中压主汽门的执行机构，另一类是调节阀和补汽门的执行机构。

所有阀门的执行机构都有 2 个失电跳闸电磁阀、2 个跳闸阀，它们接二选一方式工作，即只要有个电磁阀失磁，就会使跳闸阀打开，泄掉油动机里的压力油，使阀门关闭。每个电磁阀有两个分离的线圈，每个线圈都与跳闸系统之一相联系。一个线圈通电可使电磁阀处于非跳闸位置，只有两格跳闸系统都动作时，才会使汽轮机跳闸。这种设施可有效地防止保护拒动和误动，提高保护系统的可靠性。主汽门油动机如图 39-1 所示。

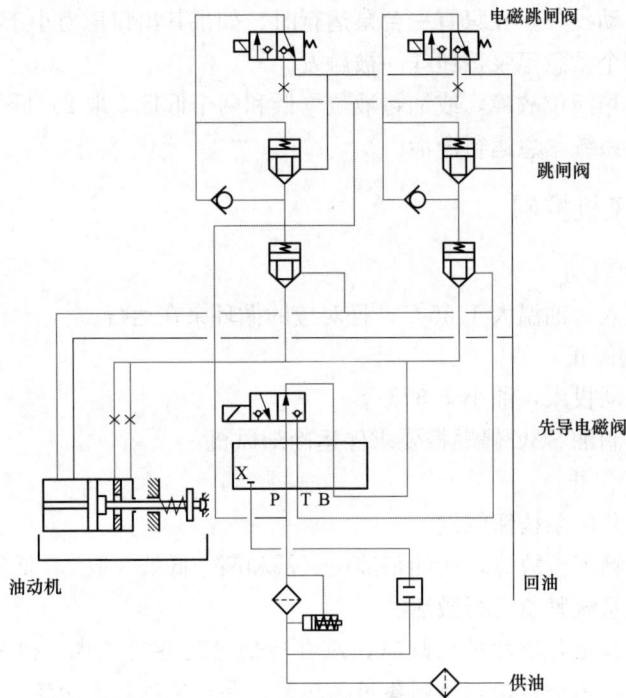

图 39-1 主汽门油动机

一、高中压主汽门的执行机构

执行机构原理如图 39-1 所示，该执行机构属于开关型执行机构，阀门在全开或全关位置上工作。主要由电磁阀、跳闸阀、油动机、先导电磁阀等组成。

先导电磁阀带电关闭，失电打开。跳闸阀在复位状态时，当先导电磁阀打开时高压供油进入油动机推动活塞，使阀门打开，同时弹簧装置被压缩，活塞后部的油被挤出腔室之外。只要压力一建立，执行机构保持在开位。

当汽轮机跳闸时，电磁阀断电，高压供油中断，跳闸阀打开，液压缸里的油被引到油缸的后腔，使主汽门在弹簧力的作用下快速关闭，关闭时间不大于 150ms。

先导电磁阀的开闭由启动装置的输出 TAB 决定：

当 TAB>42.5% 时，先导电磁阀失电打开，高压油进入油动机使主汽门打开。

当 TAB<37.5% 时，先导电磁阀带电关闭，切断高压油供给，使油动机里的油通过先导电磁阀排出，主汽门关闭。

跳闸电磁阀的启动除了接收汽轮机保护跳机指令外，也接收启动装置指令：当 TAB>22.5% 时，主汽门跳闸电磁阀带电，从而使跳闸阀复位。

当 TAB<17.5% 时，主汽门跳闸电磁阀失电，跳闸阀动作。在此前主汽门已经关闭。

二、高中压调节阀的执行机构

此执行机构可以将汽阀控制在任意的中间位置，成比例地调节进汽量以适应需要。主要由滤网、电液转换器、电磁跳闸阀、跳闸阀、油动机位移传感器。主调节阀油动机如图 39-2 所示。

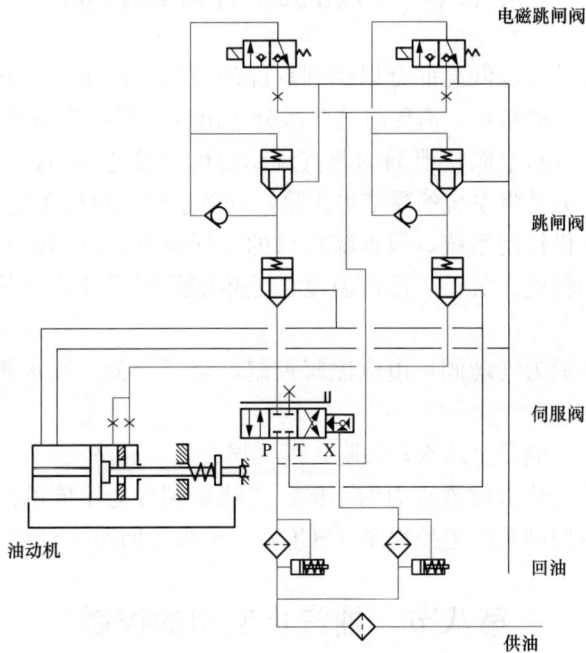

图 39-2 主调节阀油动机

电磁阀励磁时对应的跳闸阀关闭，阀门在电型号的作用下才能开启，电磁阀失磁时，相应跳闸阀打开，使控制阀关闭。

在汽轮机启动过程中，由启动装置（TAB）决定各个阀门的开启次序，当启动装置输出 TAB>22.5%时，所有的高中压主汽门上电磁阀带电；当启动装置 TAB>32.5 时，所有高中压调节阀上的电磁阀带电；当启动装置输出 TAB<27.5%，所有高中压调节阀电磁阀失电；当启动装置的输出 TAB<17.5%时，所有高中压主汽门的电磁阀失电。这样就可以使其路子启动时先打开高中压主汽门，然后再打开汽轮机高中压调节阀，在停机时，先关闭高中压调节阀，然后再关闭高中压主汽门。

调节阀的开启靠电信号作用。当启动装置 TAB>32.5 时，所有高中压调节阀上的电磁阀带电，跳闸阀复位后，此时调节阀在关闭位置。调节阀开度靠 DEH 控制逻辑负荷转速控制器输出、压力控制器输出和 TAB 输出值，三选小去控制调节阀的开指令。

调节阀电磁阀失电信号有汽轮机保护动信号、TAB 输出<27.5%时、FCB 甩负荷调节阀快关信号。其中快关信号与保护信号有区别，FCB 甩负荷后发指令使电磁阀失电，当调节阀快关时，快关指令消失，电磁阀再得电，从而实现甩负荷后的转速控制。保护系统动作时跳闸信号使电磁阀失电，阀门关闭不能够马上开启，因为触发保护动作的信号被存储，只有等汽轮机重新挂闸后，才能开启。

第七节　汽轮机本体疏水控制

汽轮机启动时，低温的金属遇到高温的蒸汽，产生凝结水。停机时金属冷却也会产生凝结水，需要将这些水分排出以免影响汽轮机的正常运行。另外，通过打开疏水阀使泄漏的蒸汽流动也可对管道阀门进行加热。疏水系统的主要任务是将系统的凝结水排除，以防止对汽轮机系统的损害。

通过汽轮机控制系统，根据疏水口的不同位置，自动疏水程序根据不同的准则，如转速、负荷、部件温度、过热度及阀门的位置等控制疏水阀的开启关闭。

疏水阀一般为气动阀，由电磁阀控制，全开全关。疏水阀为故障开启方式。

开关早，不能完全疏水；关晚，蒸汽损失，不经济。

根据汽轮机疏水位置压力的不同，将疏水阀分为不同的组进行分别控制。疏水阀由控制系统主控程序（SGC）和疏水子回路（SLC）控制。

第八节　抽汽止回阀的控制

汽轮机抽汽止回阀的作用是汽轮机停止期间，以及在机组甩负荷或汽轮机遮断导致压力快速变化时切断回热抽汽通路，防止汽水从抽汽管路倒入汽缸，避免引起机组超速，或对汽轮机其他部件如叶片、转子等造成损坏。

抽汽止回门一般为气动门，由电磁阀控制进气，压缩空气打开，弹簧关闭。控制系统根据加热器水位、发电机负荷及抽汽阀前后压差，控制抽汽止回阀的开启关闭。

电磁阀带电，抽汽止回门处在自由状态，通过压力打开阀门；电磁阀失电，阀门强制关闭。

1. 允许开条件须同时满足

(1) 止回阀前后压差＞3.2kPa（对于双止回门）；

(2) 加热器水位＜MAX1（对于单止回门）；

(3) 止回阀阀位＞5％。

2. 自动开

(1) 汽轮机高调节阀指令＞设定值；

(2) SGC 顺控开。

3. 保护关

(1) 汽轮机高调节阀指令小于设定值；

(2) 汽轮机跳闸；

(3) 止回阀前后压差＜1kPa（对于双止回门）；

(4) 加热器水位＞MAX（对于单止回门）。

第九节　汽封系统的控制

一、概述

轴封蒸汽系统主要目的是防止从汽轮机来的轴封蒸汽溢出至大气，并防止空气进入汽轮机和凝汽器。

轴封系统主要由轴封供汽阀、轴封溢流阀、轴封冷却风机以及相关仪控等设备及其管道构成。

控制系统主要由轴封供汽 SGC 顺序控制、轴封供汽压力闭环控制和轴封冷却风机控制三个子系统构成。

启动停机阶段：汽轮机漏汽量较小，外部供汽通过供汽调节阀，维持蒸汽母管中设定的压力。

在正常运行期间：从高压缸来的过量的汽封蒸汽经母管向低压缸汽封供汽，如压力高于设定压力，打开溢流调节阀调节压力。

如温度过高超过设定，打开溢流阀放汽，同时打开供汽阀进冷汽以降低温度。

为了防止轴封蒸汽溢出至大气，从轴封蒸汽外侧的泄漏蒸汽被抽出并输送到汽封冷却器。凝结的泄漏蒸汽排至主凝汽器，其中的空气由风机从汽封冷却器抽出并排放至大气。

二、轴封供汽 SGC 顺控

（1）启动条件：转速大于设定值。

（2）自动启停：真空系统自动要求启动/停止轴封系统顺控。

（3）启动过程。

1）关闭真空破坏阀，真空破坏阀切手动反馈条件。①密封蒸汽供给阀前压力及控制气压力正常。②凝汽器真空小于设定值或轴封压力控制在自动状态。

2）疏水投自动反馈条件：①轴封控制阀前蒸汽合格。②至少一台凝结水泵运行。③轴封冷却器中液位不。④凝水输送管道压力大于设定值。

3）轴封冷却风机投自动反馈条件：①至少一台冷却风机运行。②轴封控制阀前蒸汽合格。③凝汽器真空小于设定值。

4）轴封压力控制器投自动。

三、压力控制器

压力设定值和测量的实际压力值形成控制偏差，进入压力控制器。同时，加入一个比例增益。这样，压力控制器可以快速响应如机组遮断后引起的大范围压力偏差。一个正向的控制器输出信号送到轴封供汽阀的阀位设定，同时，一个负向的控制器输出信号送到轴封漏汽阀的阀位设定。小的控制器输出信号将引起波动，为此，对两个阀都加了一个死区。控制器的输出信号决定了供汽阀和漏汽阀的阀位开度。

压力控制回路采用 HD 控制，设定值：3.5kPa，反馈为集管后压力的平均值。PID 输出为 $-105\%\sim105\%$，既控制轴封供汽阀又控制轴封溢流阀。

$0\sim105\%=0\sim105\%$ 供汽阀阀位指令。

$-105\%\sim0=105\sim0$ 溢流阀阀位指令。阀门开度参数见表 39-1。

表 39-1　阀门开度参数表

压力 PID 输出（SP）阀门开度	轴封供汽阀 1MAW10AA151	轴封溢流阀 MAW50AA151
SP>10%	SP-5	L0-SP（<0%，关死状态）
0<SP<10%（重叠区间）	0.5SP	5-0.5SP
SP<0	SP（<0，关死状态）	5-SP

1. PID 参数

压力控制回路采用专用的 P1D 控制器，其比例系数既是偏差的函数，又随着不同的工况而调整。保证了 PID 的调节输出能够满足不同工况的控制要求。积分系数也随不同的工况而变化。

2. 压力控制器输出限制

如果轴封母管后温度小于设定值，则压力 PID 调节器输出不得大于 30%。

轴封供汽阀锁死模式下，压力 PID 调节器的输出不得大于 10%。

四、轴封温度限制器

轴封温度具有严格的限制，需要控制在设定的范围内。首先，轴封供汽温度，必须满足高压转子温度对应的曲线，如图 39-3 所示。

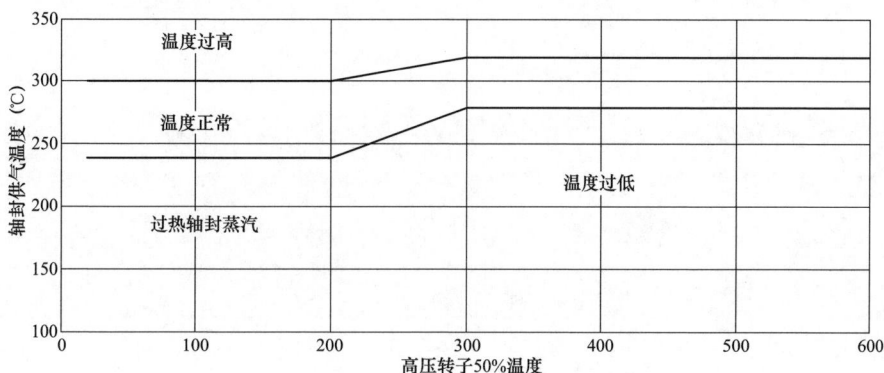

图 39-3　轴封供汽温度限制曲线

在机组正常运行时，如轴封温度过高，开启轴封供汽阀进冷气；同时，溢流阀打开将多余的汽排掉，维持压力稳定。

（1）设定值：230℃，高限 330℃。

（2）反馈信号：轴封蒸汽母管后温度。

（3）控制器永远工作在自动状态。

（4）轴封温度控制器保护关条件：

1）轴封蒸汽母管后温度小于供汽阀前温度。

2）轴封蒸汽母管后温度测量通道故障。

3）凝汽器真空压力小于设定值。

4）转速低于设定值。

五、轴封供汽阀

轴封供汽阀受压力控制器和温度控制器控制，有以下三种工作模式：

1. 压力控制模式

当压力控制器的输出大于温度控制器的输出，压力控制器起作用，按照压力控制器的输出控制阀位。

2. 温度控制模式

当温度控制器的输出大于压力控制器的输出，温度控制器起作用，按照温度控制器的输出控制阀位。

3. 闭锁模式

阀门在下列条件下被锁定在关闭状态：

（1）转速低于盘车转速。

（2）凝汽器真空失去。

（3）轴封供汽阀前蒸汽温度超过了温度高低限。

（4）轴封供汽阀前压力低于限制值。

第七篇 机组级程序控制系统（APS）

第四十章 机组级程序控制系统 (APS)

第一节 概 述

机组自启停控制系统 (Automatic Plant Start-up and Shutdown System，APS) 是一种热工自动控制系统，是机组自动启动和停运的信息控制中心，它按规定好的程序发出各个设备/系统的启动或停运命令，并由以下系统协调完成：模拟量自动调节控制系统 (MCS)、协调控制系统 (CCS)、锅炉炉膛安全监视系统 (FSSS)、汽轮机数字电液调节系统 (DEH)、锅炉汽轮机顺序控制系统 (SCS)、给水全程控制系统、燃烧器负荷程控系统及其他控制系统 (如 ECS 电气控制系统、AVR 电压自动调节系统等)，实现机组的自动启动和自动停止，以最终实现机组全自动化运行控制。

APS 是一个机组级的顺序控制系统，充分考虑机组启停运行特性、主辅设备运行状态和工艺系统过程参数，并通过相关的逻辑发出对其他顺序控制组、FSSS、MCS、汽轮机控制系统、旁路控制系统等的控制指令来完成机组的自启停控制。

APS 对电厂机组的控制是应用电厂常规控制系统与上层控制逻辑共同实现的。在没有投入 APS 的工况下，常规控制系统独立于 APS 实现对电厂的控制；在 APS 投运工况下，常规控制系统为 APS 提供支撑，实现对电厂机组的自动启/停控制。

APS 控制系统可以使机组按照规定的程序进行设备的启停操作，不仅大大简化了操作人员的工作，减少了出现误操作的可能，提高了机组运行的安全可靠性，同时也缩短了机组启动时间，提高了机组的经济效益。

随着超 (超) 临界机组陆续投产，该类型机组设备运行参数高、工艺系统和设备的种类及数量众多、运行工况多变，尤其是机组启停过程中大量的设备启动、停止、参数调节干预等，大大增加了运行监盘人员操作量；而 APS 不仅能减少机组频繁启停对运行监视人员的操作负担，还能提高机组运行的安全性和可靠性，也是实现数字化、智能化电厂的重要环节；所以，APS 成了火力发电厂高度自动化的标志，也成了评价电厂生产热工控制水平的一种标准。

一、APS 发展现状

早在 20 世纪 60 年代，国外电网为了获取相对合理的安全性能和经济效益，发电厂统一调度，运行机组就有了"每日启停" (DSS) 这样的运行方式，是一种立足于电网整体考虑经济效益的调峰方法，世界上一些先进工业国家，当时参与 DSS 的火电燃煤机组单机容量为 400MW 等级，到了 80 年代，参与 DSS 的火电燃煤机组单机容量提升到 700WM 等级。DSS 通常是当日 8：00 时～22：00 时机组带负荷运行，22：00 时停机备用，次日 8：00时机组重新带满负荷。显然，燃煤机组的启停安全和时间关乎 DSS 的成败。为了确保在机组允许的最短时间内安全地启动机组，热工控制系统经历了一次彻底的变革，将热工（复变参数）控制系统提升到了"一键启停"的高等级水准，而出现了 APS（APS-Automatic Procedure Start-up/Shut-down—机组自动程序启停系统），这是一种依托 DCS 能够在燃煤机组规定的运行区间内分阶段递进导引热工控制系统完成机组启动或停止的自动程序控制，促进了燃煤机组 DSS 安全、经济的运用。

按步序循序递进是 APS 的基本工作方式，在国外文献中对单纯的开关量步进自动控制被定义为 Sequence Control（顺序控制），而同时能够对开关量和模拟量两种以上不同类型进行控制的过程被称为 Procedure Control（程序控制），英文语境中 Procedure 表示的是多种不同类型参数、不同控制方式的集合。所以 APS 是一种复杂变量的步进控制系统。

二、APS 传统技术内容

自启停控制系统 APS 传统技术就是机组自动控制的最高级别控制中心，其按规定好的程序向各个子系统发出启动或停运命令，和以下系统协调完成整个机组的自动控制：协调控制系统（CCS）、模拟量自动调节控制系统（MCS）、锅炉炉膛安全监视系统（FSSS）、汽轮机数字电液调节系统（DEH）、锅炉给水泵汽轮机调节系统（MEH）、汽轮机旁路控制系统（BPS）、锅炉和汽轮机顺序控制系统（SCS）、其他控制系统［如电气控制系统（ECS）、电压自动调节系统（AVR）等］，以最终实现发电机组的自动启动或自动停运。

APS 可以减轻操作员的工作强度，最大限度地防止人为误操作，同时 APS 通过控制系统合理的参数设计，向整个机组提供了可靠的、经济的启停指令。

三、APS 功能特点和难点及意义

（一）APS 控制系统功能

APS 控制系统功能：包括机组自动启动控制过程和机组自动停止控制过程。

（二）APS 控制系统特点

实质上是对电厂运行规程的程序化。它的应用保证了机组主、辅机设备的启停过程严格遵守运行规程，减少运行人员的误操作，增强设备运行的安全性，达到节能环保的目的。

APS 是单元机组最高级自动控制技术，具有高度的复杂性；是一种复杂变量的步进控制系统，是 DCS 控制系统中所有常规子系统的统领。要实现 APS，必然要求机炉侧 SCS、MCS、DEH、MEH、FSSS、CCS，以及电气侧 ECS 等所有子系统的正确与完善，小至每一个测点信号和通道，大至每一个阀门和转机设备的控制，都能满足机组安全运行的要求。这样，实现了 APS，就表明整台机组的"内外骨骼、肌体和神经脉络"都已检验正确。实现机组 APS 功能在提高机组自动化控制水平的同时，全面提高机组的运行水平，主要体现在：提高机组长期安全运行水平、提高机组长期经济运行水平、提高机组设备故障处理的正确率、减少运行人员的操作失误、减轻运行人员的操作强度。

（三）APS 控制系统难点

（1）APS 设计只是根据控制对象进行面向过程的设计，缺乏普适性和通用性；且控制逻辑的设计过程大多数是参照运行人员手动操作经验和传统 DCS 的 SCS、MCS 控制功能，缺乏面向控制对象的统一设计方法，以及严格的系统管理和体系升级策略。

（2）APS 在实施过程中，传统 MCS 系统与子功能组 SCS 无法稳定地、系统地进行协调和切换，使得 APS 部分功能无法达到理想的控制效果，给设计、调试、运行带来了诸多困难。

（3）APS 从辅机系统启动、锅炉点火、升负荷、汽轮机冲转、并网带初始负荷、升负荷，降负荷、发电机解列、停汽轮机、停锅炉、停辅机等，但常规 DCS 的 MCS 及 CCS 的投运都有一定投运条件要求，如 CCS 一般在 $30\%P_e$ 负荷，显然不满足 APS 技术要求，所以，要实现 APS 功能，并且技术指标达标，必须实现 MCS、CCS 等系统全过程自动化。

（4）在主、辅机招标及工艺系统设计时，未提前考虑 APS 控制要求，使许多不常操作的阀门、不重要的工艺系统监测参数测点少，使 APS 的判断条件不足、执行流程不自动。

（5）由于模拟量调节控制系统的调节品质随工艺及运行参数不同而不同，使功能组顺序控制和模拟量调节控制系统之间无缝衔接难以实现，自动调节系统无扰投入难，难以实现机组启动和停运过程的全过程自动控制。

（6）各类智能算法在机组及主辅设备启动时，智能控制系统的自适应、自学习、自寻优功能难以达到最佳控制水平。

（7）APS 实施前和实施过程中，电厂、APS 组态实施单位、DCS（包括 DEH、MEH）厂家、设计单位、主辅机设备厂家等配合、衔接不到位，对 APS 控制范围、控制步序等讨论、协调不充分，制定的机组 APS 整体框架、工艺控制范围、功能组划分、启停模式和每个设备详细的控制步骤、每个步序的反馈结果和目标参数等不系统、不优秀，难以确保系统具有实用、安全和较优的控制程序。

（四）APS技术应用的意义

（1）超（超）临界机组的设备数量多、容量大，运行参数高和控制系统结构复杂，因此机组对运行人员的操作和管理水平提出了更高要求，在机组运行特别是机组启动和停运过程中，如果靠运行人员进行大量的手动操作，不仅容易发生误操作事故，而且也极大地影响了机组运行的安全性和经济性。故应针对机组特点进行设计，能够在启动和停运过程中提高操作的规范性、安全性以及机组运行效率。

（2）机组自启停（APS）控制系统的研发过程，既是对主设备运行规范优化的过程，也是对控制系统优化的过程。APS的设计和应用，不但要求自动控制策略要更加完善和成熟，机组运行参数及工艺准确翔实，而且对设备的管理水平也提出了更高的要求。快速准确的机组启动缩短了机组启、停设备时间，优化的控制策略降低了启停过程中的煤耗和油耗，提高了机组运行经济效益。

（3）APS可通过合理划分功能组，将复杂的启动和停运过程进行分解；采用规范化和模块化的逻辑组态方式。机组启动和停运过程中，在操作画面对运行人员起到指导作用。

（4）由于各类智能算法使机组及主辅设备具有全自动化的自适应、自学习、自寻优功能，APS可实现规范和指导操作流程，降低运行人员的操作强度和风险。

（5）APS在一定程度上实现了机组自动化水平的提高，同时APS水平高低还作为一个电厂自动化水平的重要评判，正逐渐受到电力企业的广泛关注。

四、APS软硬件基础技术

一个完整控制装置，应由调节或逻辑运算功能的控制器和测量输入、指令输出的I/O接口组成，如DEH、SCS、MCS等系统。但是APS具有独特性，其控制功能主要由软件完成，硬件全部借助常规控制设备系统，也就是不去直接控制某一台具体设备的开关、启停、合闸、分闸等，只与其对应的协同控制系统（如DEH/MEH、SCS、MCS等）进行信息和指令交换，起到机组启、停控制的系统导引作用。

（一）APS硬件基础技术

（1）完整的、高性能控制系统，包括DCS（SCS、MCS、FSSS、BOP）、DEH（MEH）、ETS（METS）等；

（2）合理、安全、高速的网络拓扑结构；

（3）电动、气动、液动执行机构；

（4）电动常规及智能马达；

（5）常规及智能传感器等。

（二）APS 软件基础技术

APS 作为控制逻辑顶层控制，根据机组启停的工艺要求，可以分步或者同步给出系统指令去驱动相应功能控制，执行启、停相关的装置和设备，执行的效果要依靠各相关的装置和设备系统的控制水平决定。

APS 控制要求机组各功能系统必须是全工况、全过程的自动。比如 PID 调节的 MCS、开关量设备的自动联锁投/切、CCS 在机组高于一定负荷（例如 30％ECR）自动投入协调控制，煤燃烧器的投/切、多台给水泵的切换/并列/解列、锅炉送/引风机的启停/并列/解列等，这些操作都必须自动实现，才能具备参与 APS 控制。

所以，要实现 APS 控制，首先要提升 MCS、SCS、CCS 等功能控制的自动化水平，就要为适应 APS 全自动的要求做出变革的改变，也就有了围绕 APS 产生的"人工智能"多种新型控制策略。开关量和模拟量控制的"交叉引用、条件判断"，"三态式"（手动、自动伺服、自动调节）MCS 回路 M/A 的"设备静止（即设备启动前）"切换，模拟量调节回路的"超驰判断纠偏、条件判断投自动"，开关量设备 M/A 切换方式的"本安"操作，智能自动选择器的联锁"设备静止"自动投、切，"汽轮机旁路跟随"全程 CCS，电动给水泵/汽动给水泵以及汽动给水泵全自动并列/解列，锅炉给水、风烟复变系统顺控的"一键启停"，锅炉燃料调节的"磨煤机出力自动计算/自动启停控制"，锅炉制粉系统的（给煤机、出口温度、风量 MCS 调节、风/温解耦＋磨煤机 SCS 控制等）"一键启停"，APS 的多线程（即多系统并行）控制，函数定量调节，超驰控制，入炉煤的热量自动校正，适用 APS 的锅炉超前预估 BIR（Boiler Input Regulation control）控制，DEH、MEH 和 BMS 与 MCS 或 CCS 的自动交互连接、安全认证等；不限于此，都由 DCS 逻辑自动完成，是实现 APS 实用化控制的技术根基。总之，概括为：

（1）基本的控制系统软件；

（2）可靠的、易扩展的、易移植的控制系统应用软件；

（3）神经网络、专家控制等智能控制系统（包括第三方软件）；

（4）计算机监控系统的安全防护系统等。

第二节　APS　架　构

一、APS 总体架构

APS 是一个机组级的顺控系统，充分考虑机组启停运行特性、主辅设备运行状态和工艺系统过程参数，并通过相关的逻辑发出对其他顺控功能组、FSSS、MCS、汽轮机控制系统、旁路控制系统等的控制指令来完成机组的自启停控制。

控制系统在每个断点显示应进行的操作提示，并允许运行人员从操作员站上中断或终止自启停程序。

APS程序在执行过程中，一旦出现故障或错误，程序应自动中断，根据故障或错误点类型退回到机组安全状态，顺控程序切换到功能组级，同时，造成中断的原因应在DCS画面上显示。

APS程序的执行情况、设备启停状态和每一步序的正常/异常状态均在DCS操作画面上显示，已执行、未执行和正在执行的断点状态可在画面上显示。妨碍APS执行的原因和运行人员的人工干预按需进行打印。

APS项目中，首先要确立APS的总体架构，所有APS的相关工作均围绕APS的总体架构展开。APS总体架构确定了整个机组的APS控制范围、工艺流程、控制方法以及功能组划分，也确定了APS组态原则，是整个APS的核心，是发电机组的顶层设计。

APS大多数采用在常规控制基本思想上使用断点方式进行设计，可以实现从机组启动准备到带上100％MCR负荷的机组启动过程的自动进行。

断点方式，就是将APS启动这个大顺控分为若干个顺控功能组来完成，每个断点的执行均需要人为确认才开始执行。因为，一是APS真正投运机组少，缺乏经验；二是火电机组系统庞大、工艺复杂，特别是锅炉燃烧机理的流体力学、热力学、燃烧流态等参数多、工况复杂，采用断点人工确认，保证机组安全；另外，采用断点的方式也符合火电机组的运行工艺要求，对于火电机组的点火、冲转、并网等重要节点均需要人为确认才能安全进行。若将APS设计为一个大顺控，则机组什么时候点火、什么时候冲转、什么时候并网等判据复杂、不明确，这样的APS逻辑很难在现实中采用。

采用断点的控制方式，各个断点既相互联系，又相互独立，只要条件满足，各个断点均可独立执行，这样适合火电机组多种多样的运行方式，符合电厂生产过程的工艺要求。例如机组启动定速后，有时需要打闸再冲转，有时要进行超速试验等，采用断点方式时，只需从汽轮机升速断点开始执行即可继续用APS执行下去，而不用从头开始。

APS启动过程：机组凝补水系统启动开始直至机组升负荷完成为止。

APS停止过程：机组从当前负荷开始减负荷至投汽轮机盘车结束、风烟系统、空气压缩系统停运为止。

所以，结合机组各控制系统相互独立、过程复杂、安全可靠性突出特点，APS技术体系在机组原来功能组级控制基础上，开发一级厂级控制功能，APS的总体结构采用金字塔形结构，功能组控制级设断点，构建APS四层架构，系统结构见图40-1。

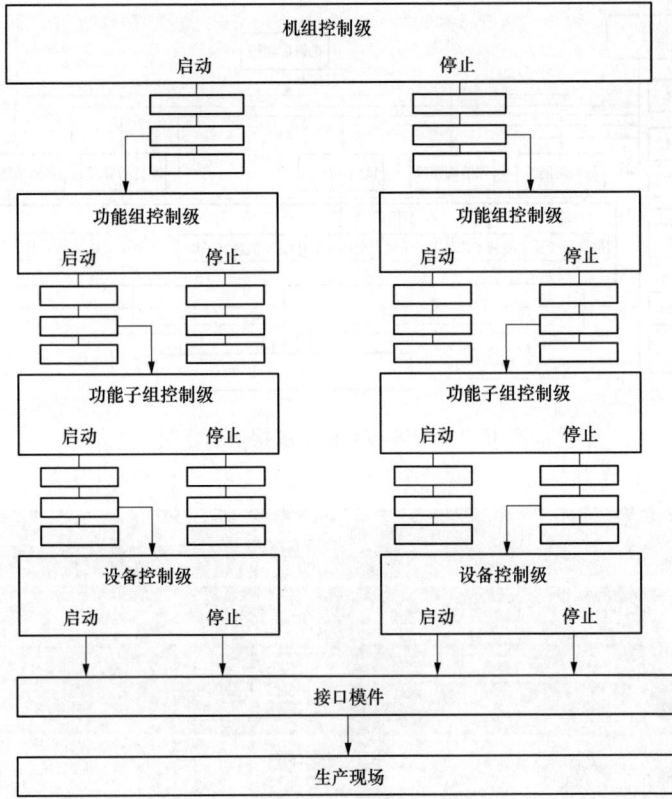

图 40-1 APS 结构图

二、APS 关键技术介绍

1. 与 APS 的接口系统

APS 作为基于 MCS、FSSS、SCS、DEH、MEH、ECS、BPS 之上的机组级管理、调度系统，实现 APS 与这些底层系统的无缝连接是实现 APS 自启停的关键。所以，APS 关键技术是具有自适应功能的 APS 与 DEH、MEH、MCS、FSSS、ETS、ECS 等其他系统的接口技术，结构示意图见图 40-2。

APS 与 MCS、FSSS、SCS、DEH、MEH、ECS 等系统的接口信号采用站内调用、站间和系统间通信的方式实现。

2. APS 人机接口

APS 人机接口界面的层次结构与 APS 组织结构有着必然的联系，机组控制级的操作和控制信息设计在总画面中，是 APS 的总貌，包括启动模式总画面和停止模式总画面两个。功能组级的操作和控制信息设计在断点详细画面和功能组、子功能组、子回路控制画面中，单个设备控制级主要是在与功能组、子功能组步序相联系的层次中。例如某电厂启动总画面见图 40-3。

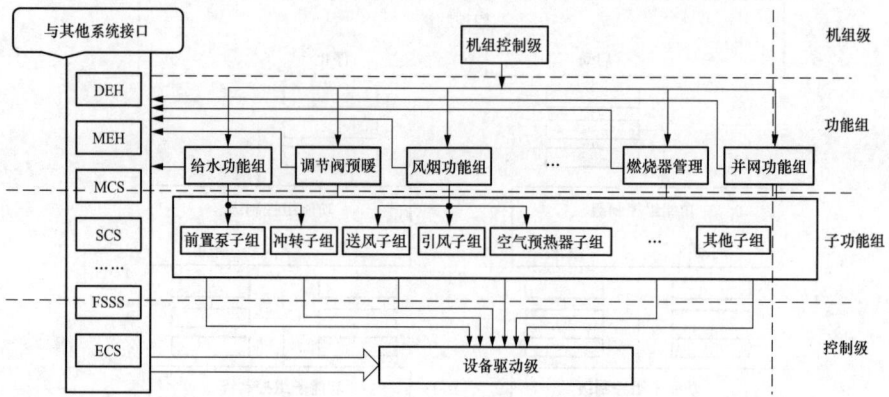

图 40-2　APS 与其他系统接口示意图

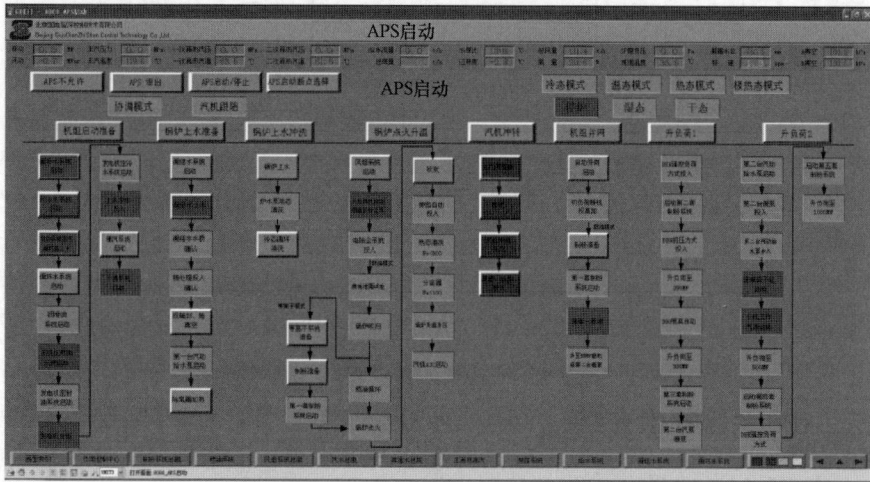

图 40-3　某电厂 APS 启动总画面

3. APS 与 MCS 接口

在对 APS 进行研究和应用过程中，为了实现与 APS 的接口，提出自动自举的概念，即无论机组在运行状态还是停机状态，MCS 所有调节系统都在自动位，等待工艺系统满足需要调节时，控制系统才进行 PID 调节（自动控制方式，Auto Control），否则处于预置值的跟踪状态（自动备用 Stand-by），这种由控制系统自动进入 PID 调节需无须任何人为干预的控制方式转换，称为自动系统的自动自举。自动系统处于自动方式后，不论其在 Auto Control 还是 Stand-by 方式，都无须人为的干预，系统能自动满足机组运行的需要。实现与 APS 接口后，自动系统有三种状态：纯手动方式、自动备用方式（Stand-by）和自动控制方式（Auto Control）。结合国内实际情况，APS 启动、停止机组时，不一定要先将所有自动系统都打到自动状态。APS 的顺控运行到相应的步骤时，也会发出投入自动的指令，这种设计的目的是提高 APS 的适应性、灵活性。

例：EDPF-NT PLUS 系统 APS 与 MCS 的接口规范如下：

APS 干预 MCS 的方式有三种：

（1）设定值改变：APS 改变设定值通过改变自动回路的 ML 设定值块实现；不同阶段不同定值的切换通过 TRANSFER 切换或者根据系统要求 $F(x)$ 生成。

（2）输出超驰值：保护性超驰放在 M/A 站之后；APS 输出的超驰信号放在 M/A 站之前，通过 M/A 站自动输出；不同阶段不同超驰值通过 TRANSFER 切换。

（3）调节回路的切换：通过逻辑回路组态实现，保证不同回路的切换跟踪无扰。

4. APS 与 SCS 接口

APS 控制下，工艺系统划分原则是以主要设备为中心，以工艺流程为主线，以实现控制功能为目的。工艺系统划分是否合适直接关系到 APS 控制策略的实际效果。APS 方式下，让工艺系统化繁为简、归属明确，一是简化单一系统的复杂程度，二是方便 APS 控制策略的设计。

根据火电燃煤机组工艺特点，按照设备控制范围和复杂程度，由基本到全面，由简到繁，SCS 控制还按常规设计为三个控制层，即设备层、单元层（子功能组）、系统层（功能组）。为了参与 APS 控制，SCS 级控制实现程序自动的先决条件就是属下所有单元顺序控制和设备操作器首先全部要投入"自动"，且缺一不可；接着，系统级投入自动。控制权限从 SCS 向下至操作级逐次变高，操作级具有对设备的最高控制权，保护功能都设计在设备级。

设备级、单元级、系统级中，系统级在机组运行中应用方式最灵活、使用频率最高，是 APS 的中坚，但也是 APS 控制的高难度点，如 APS 的给水系统单元级中除了 SCS、MCS 和连锁控制外，还包括汽动给水泵汽轮机专用的 MEH 系统，而常规控制下的 MEH 系统一般是单独系统，缺少与机组顺序控制及模拟量控制的自动关联机制；而在 APS 中 MEH 与给水顺序控制和给水自动调节融为一体，实现电动给水泵/汽动给水泵切换，汽轮给水泵之间的并泵或者解列等高难度控制功能。

APS 的系统结构原则上分为设备级、单元级、系统级和由 APS 分布式主控构成的导引级等四个层级；但因工艺系统方面存在的差别，APS 结构分级实际因生产流程而不同。根据设备在工艺过程中相关性的紧密程度，设备级是自动控制设计重点，许多设计采用联锁自动方式，在同一工艺系统内是这样，不同工艺之间也同样采用联锁自动控制；这样设计简化了顺序控制单元级、系统级和 APS 导引级的逻辑结构。

设计多样性让应用过程增加了更多灵活组合。机组实际运行情况复杂多变，为了提高自动控制的投入率和利用率，在 APS 原则框架下，最大限度地保持系统级、单元级对运行工况的适应能力是 APS 设计的又一个重要课题。

工艺系统划分科学合理有利于方便控制策略设计，但一个工艺系统内的设备并非全部纳入系统自动控制，APS控制的设备也需要权衡选择，这也是APS设计的一个原则。所以，那些在机组启动过程中与启动过程密切关联的设备一定要纳入APS，关联度不高可以独立操作的设备可考虑不纳入APS，也没有必要为了全部自动化非要设计在APS中。

5. APS与连锁保护接口

（1）APS与FSSS接口。

在风烟系统启动与锅炉点火阶段，FSSS接受APS来的指令，自动完成炉膛吹扫、锅炉点火工作。

在升温升压阶段，FSSS根据锅炉升温升压曲线自动完成燃料的增加，和汽轮机旁路系统密切配合完成锅炉升温升压。

在升负荷阶段，FSSS根据APS、CSS的负荷请求，增加燃料量，依次增加磨煤机的投运数量。

（2）APS与ETS接口。

ETS优先级最高，不论APS执行到哪一步序，只要ETS保护条件触发，APS将按照其相关停止程序终端执行，并退出APS。

（3）APS与重要辅机连锁保护。

APS顺序启动设置多台同类辅机时，首先启动预设的首启辅机；若启动不成功，顺序联启其联锁同类设备。

6. APS与DEH的接口

在APS自动启机过程，DEH将在APS的调度下自动完成汽轮机复位、挂闸、冲转、低速检查、中速暖机、3000r定速、并网带初始负荷、升负荷到50%（一般是50%。目前，根据机组深度调峰工况确定该负荷值），然后投入协调。

7. APS与汽轮机旁路系统的接口

旁路系统在APS自启停过程中也起着十分重要的作用，在锅炉点火后、汽轮机冲转、机组并网后，旁路系统根据启动方式（冷态、温态、热态、极热态）自动设定主蒸汽压力，配合锅炉完成升温升压，机组升负荷。

8. APS与MEH的接口

MEH与APS的接口主要在APS与给水功能组、MEH与汽动给水泵功能组、MEH与MCS中实现。给水功能组接收APS来的启动指令后，发出汽动给水泵前置泵启动、进/出口阀开关指令、然后复位给水泵汽轮机、给水泵汽轮机冲转、暖机、直到给水泵汽轮机冲转完成，交付MCS遥控，MCS自动完成并泵功能。

MEH接收来自汽动给水泵功能组的接口信号主要有：APS ON状态、目标转速、升速速率、给水泵汽轮机挂闸指令、冲转指令、给水泵汽轮机遮断指令、远方ETS复位指令。

MEH向汽动给水泵功能组合MCS发送的信号主要有：给水泵汽轮机转速、给水泵汽轮机复位信号、给水泵汽轮机遮断信号、给水泵汽轮机冲转允许、MEH 处 APS 控制方式、给水泵汽轮机主汽门全开、冲转完成。

APS 向汽动给水泵功能组发出启动、并泵、切泵、停泵的指令，汽动给水泵功能组向 APS 发送的信号有汽动给水泵启动完成、汽动给水泵并泵完成、汽动给水泵切泵完成、汽动给水泵停运完成的信号。APS 向汽动给水泵功能组发出指令后，汽动给水泵功能组协调 MCS 及 SCS 完成汽动给水泵启停和并切泵的功能。

第三节　APS 断点设置

一、APS 断点功能设置和原则

1. APS 断点功能设置

所谓断点就是在 APS 启动过程中，按照工艺系统的启动过程设置若干人工干预点，每个断点均需要人工确认才能开始下一段的程序运行。

断点的划分体现 APS 设计成功与否、反映全厂自动化水平的关键问题，需要充分综合主辅机条件及系统设计、调试及运行经验，进行全面的统筹规划和合理的逻辑组态设计，达到 APS 可靠、高效运行的目标。

APS 在控制思想上使用断点方式进行，实现从机组启动准备到带上 100%MCR 负荷的机组自动启动过程；断点方式，就是将 APS 这个大顺控分为若干个子顺控功能组来完成；各个断点既相互联系，又相互独立，只要条件满足，各个断点均可独立执行，这样适合火电机组多种多样的运行方式，符合电厂生产过程的工艺要求。

2. APS 功能组设置原则

（1）APS 功能组设计遵循如下基本原则。

1）功能组的划分要根据工艺系统启动和停运的流程，并从工艺设备和自动控制设备实际具备的条件等方面考虑。功能组能对故障进行监视和处理。

2）功能组的启动允许条件要严格周密，防止在工艺系统已投运的情况下功能组再次启动，造成不必要的混乱状态。

3）功能组实行步序控制，即按照预定的操作顺序逐一实现设备的启停和控制。功能组的完成条件要返回上一级控制系统。

4）功能组启动方式分为上一级自动触发或运行人员手动执行两种。

5）功能组执行过程中出现保护联锁指令时，功能组控制应根据保护联锁要求中断工作或退回到安全状态。

6）当系统设计有两台设备冗余工作时，设备驱动级还设计有设备选择功能。

（2）APS 的功能包括机组自动启动与自动停止。其中自动启动有冷态、温态、热态和极热态 4 种启动方式，对于汽轮机来说，由汽轮机金属温度来确定，百万机组一般见表 40-1。

区分几种方式主要在于汽轮机自动开始冲转时对主蒸汽参数的要求不同，因而汽轮机冲转前锅炉升压时间不同、并网后的升负荷率不同。

对于锅炉来说，根据停炉时间的不同，可把锅炉的启动状态分为以下四类，见表 40-2。

表 40-1　百万机组四种启动模式

启动类型	初始温度（℃）		停机小时数（h）
	高压级	中压级	
环境温度启动	50	50	
冷态启动	200	110	150
温态启动	380	250	56
热态启动	540	410	8
极热态启动	560	500	2

表 40-2　锅炉不同启动模式下的停炉时间

启动状态	停炉时间 t（大约值，h）
冷态启动	$t \geqslant 72$
温态启动	$10 \leqslant t < 72$
热态启动	$1 \leqslant t < 10$
极热态启动	$t < 1$

3. 目前电站 APS 断点设置情况

目前电站 APS 断点设置情况：基本是 7 个断点，启动 4 个断点，停止 3 个断点。

二、APS 启停断点设置

依据电厂实际情况，结合机组特点，确定机组 APS 启动功能的起点设置在机组启动准备，终点设置在升负荷到 100%。在兼顾自动水平和运行安全性的基础上设置断点，可通过合理划分功能组，将复杂的启动和停运过程进行分解。一般采用断点的形式，每个断点应具有程序执行、中断及恢复功能，按设备的运行情况选择断点内功能组或特殊功能组的执行步序，实现对各设备、系统子功能组的调度工作。且只有在前一断点完成的条件下，通过所提供的按钮确认启动下一断点，APS 才会开始下一断点，在每一断点的执行过程中，均设计"启动/暂停/复位"逻辑以及超驰逻辑。

一般 APS 启动过程，系统启动控制范围宜从凝补水系统启动开始到主要辅机启动完成且机组至少带 50% 负荷为止，条件具备时可延伸至 100% 负荷；停机控制范围从机组当前负荷开始，终点为汽轮机盘车投入，锅炉风烟系统自动停运为止。

1. APS 启机断点设置

多数机组包括以下 4 个断点：①机组启动准备（含冷态冲洗及真空建立）断点；②锅炉点火升温断点；③ 汽轮机冲转断点；④机组并网升负荷断点。如图 40-4 所示。

2. APS 停机断点设置

APS 停机断点设置，一般从机组降负荷开始，到机组切真空结束以及全部设备停运，包括以下 3 个断点：① 降负荷断点；② 机组解列断点；③机组停运断点。如图 40-5 所示。

APS启动

断点1　断点2　锅炉点火升温断点　断点3　汽轮机冲转断点　断点4　机组并网断点　升负荷断点

冷态模式　温态模式　热态模式　极热态模式

干态运行　湿态运行

APS投入允许　APS投入　启动模式已选　启动目标断点已选

协调模式　汽轮机跟随

启动断点准备　冷态冲洗真空断点　锅炉点火升温断点

凝补水系数　凝结水系统　给水管道静态注水　锅炉风烟系统　锅炉点火　投油清油冷却器　自动并网功能组　DEH投入CCS遥控　第二台汽动给水泵暖机

闭冷水系统　凝结水上水　轴封系统抽真空　火检风机电视探针　空气预热器脱硝吹灰　DEH报警复位　投入高压加热器　第一台汽动给水泵暖机　第二台凝结水泵启动

凝汽器上水　凝结水Fe<800　除氧器加热　等离子系统恢复　汽轮机旁路投入自动　汽轮机挂闸　制粉准备功能组　第二台制粉投入　第二台汽动给水泵启动

循环水系统　凝结水pH值合格　锅炉上水开式清洗　电除尘除灰系统　EH油泵投定冷水　汽轮机跳闸首出复位　第一台制粉系统投入　第一台汽动给水泵启动　停电动给水泵温等离子点火枪

磨煤机给水泵旁路滤油站　炉水泵（如有）注水完成　炉水泵动态清洗　锅炉燃油泄漏试验　热态冲洗Fe<800　选择ATC方式　燃油模式减一层油　第一台汽动给水泵并泵　电除尘脱硫脱硝

汽轮机油系统　辅助蒸汽系统　锅炉冷态循环清洗　锅炉炉膛吹扫　分离器Fe<100　热应力模式投入　第一台循环泵启动　电动给水泵退泵完成　第四台制粉系统投入

锅炉底渣系统　汽轮机锅炉疏水排气　　燃油循环　主蒸汽温度大于271℃　升速至3000r/min　升负荷至100MW　升负荷至1000MW

高压缸预暖　调节阀预暖　第三台制粉系统投入

APS停止

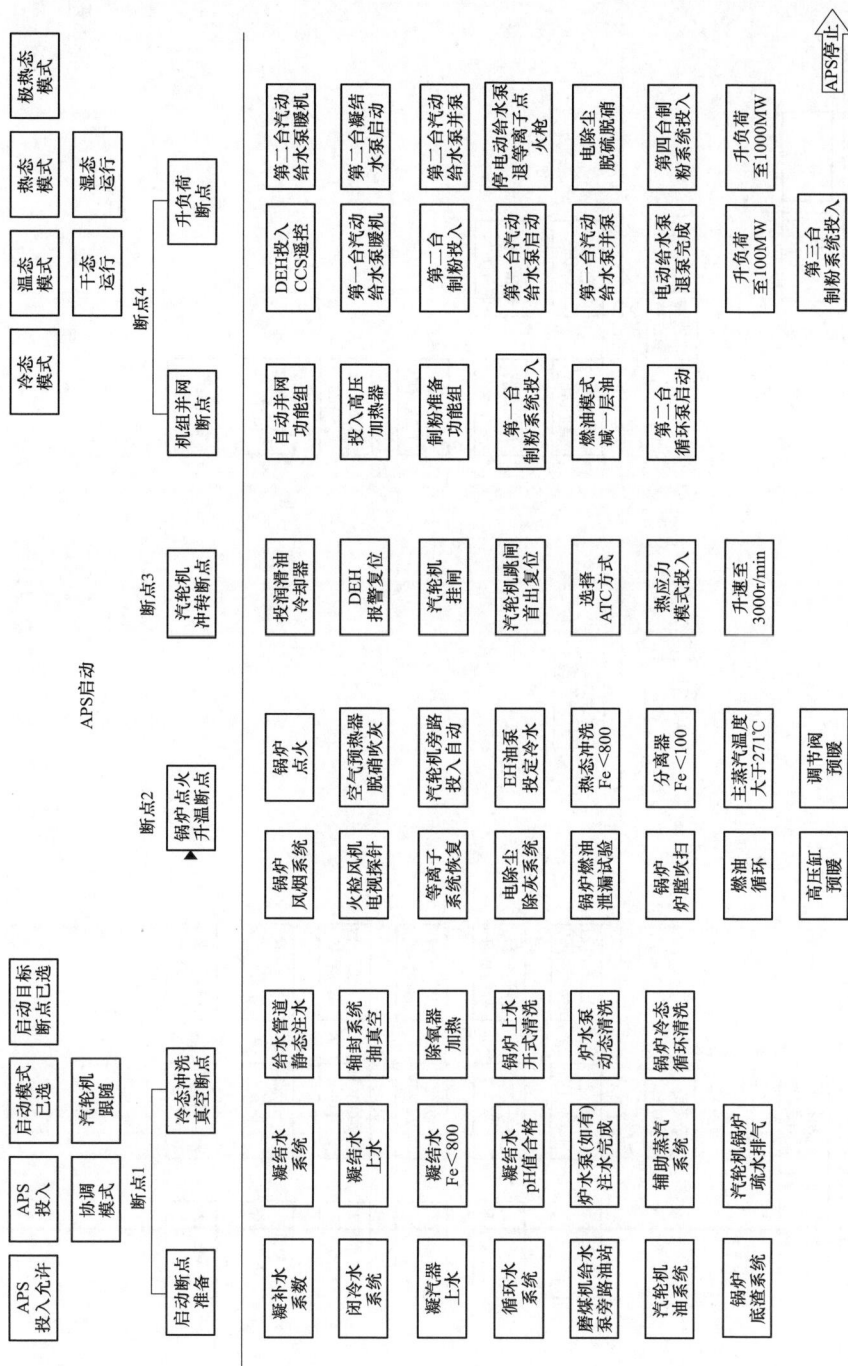

图 40-4　APS 启机断点设置

1483

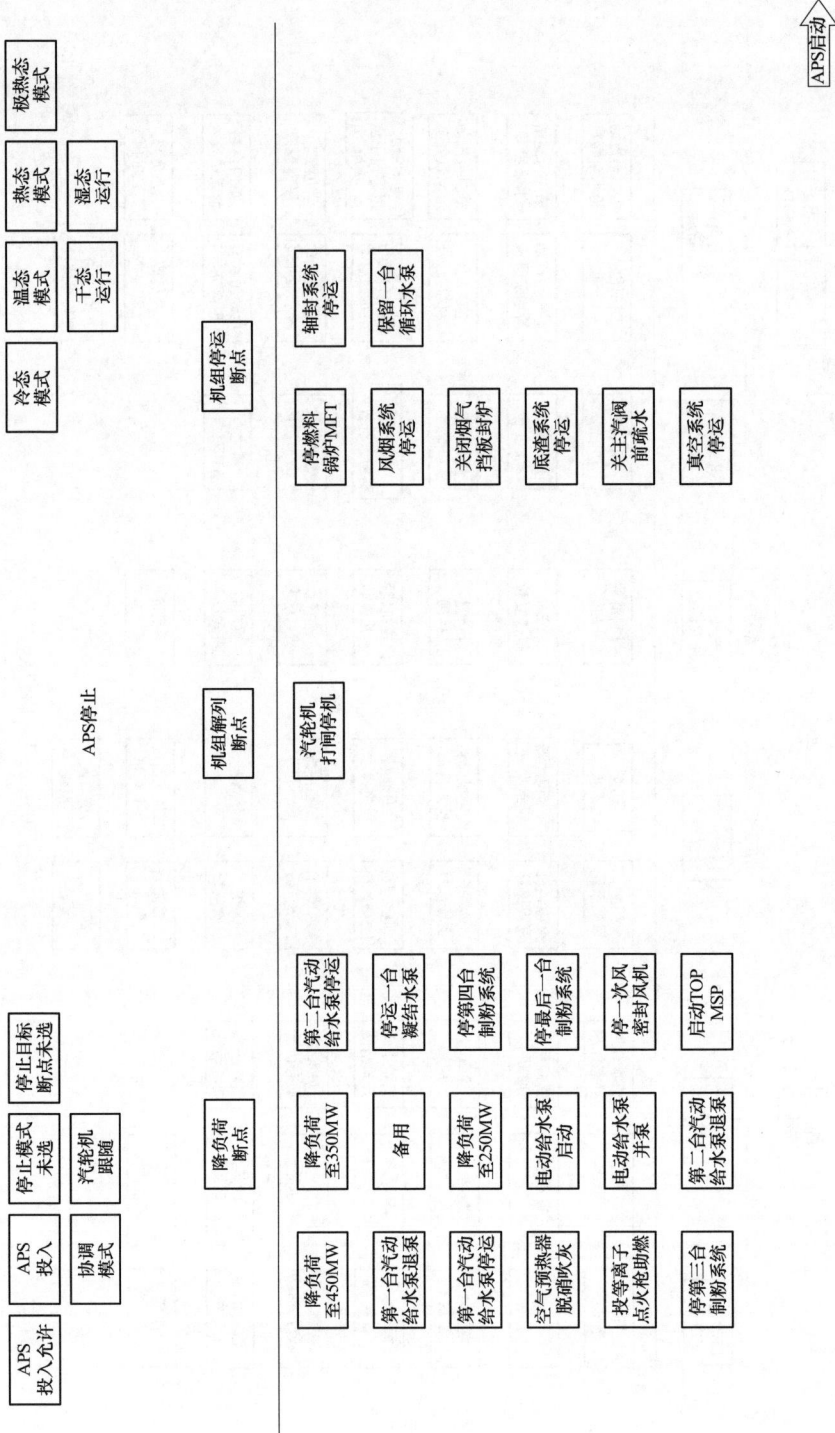

图 40-5 APS 停机断点设置

第四节　APS 实施要点和难点及步骤

一、APS 实施要点

从 APS 的结构可以看出，APS 与各控制系统均有大量信号交换。APS 是在 DCS 内进行逻辑组态的，如果 DCS 与 DEH 及其他相关系统能够实现一体化，对于减少信号接口、降低 APS 成功实施的技术难度具有极大的优越性。因此，在汽轮机及给水泵汽轮机技术规范书中均要求其 DEH、MEH 应与 DCS 软硬件一致，实现 DCS 与 DEH 的一体化。

二、APS 实施难点及关键点

（一）实现 APS 的技术难点

（1）给水全程控制技术的难点。

1）两台汽泵的并泵以及备用电动给水泵的切换；

2）对于采用一台 100％容量汽动给水泵，控制的难点主要在于给水泵汽轮机汽源切换及与锅炉启动过程的配合。

（2）送、引风机全程控制技术难点：采用电驱的风机相较于汽泵的全程给水控制技术，难度相对较小。

（3）给水、燃料、汽轮机旁路协调自动热态清洗控制技术难点：主要难度在于清洗完成条件的确认，某些水质分析项目没有在线监测仪表，必须人工取样分析。

（4）升温、升压过程燃料自动控制技术难点：主要在于燃烧器投入及切除顺序必须与锅炉炉型特点相吻合。

（5）除氧器水位全程控制技术难点：主要在于对凝结水系统调节型式的适应，以及除氧器水位调节与减温水压力调节的匹配方面。

（6）直流锅炉，采用 BCP 泵的锅炉干湿态转换自动控制技术难点：主要在于对锅炉控制策略的理解和掌握。

（7）主蒸汽温度控制技术难点：主要在启动各阶段主汽温度定值的确定。

（8）锅炉油燃烧器自动管理难点：主要在于燃烧器投入及切除顺序必须与锅炉炉型特点相吻合。

（二）APS 实施过程中异常预控分析处理

APS 工程实施过程中，必不可少地会有各类问题产生，如各类技术方案问题、过程调试配合问题、系统设计修改问题、人员组织协调问题等。为解决上述问题，在 APS 策略设计时，需针对 APS 执行过程中可能出现的危险源及风险进行分析，并编制危险源及风险控制措施清单。调试单位在调试过程时，应在常规的各专业分部试运方案中，必须有针对性编制 APS

逻辑调试章节和危险源及风险控制措施清单，并采用例会统筹考虑解决，形成相应的会议纪要进行分解落实。

（1）APS 程序执行过程中出现被控设备故障或测点故障，在程序设计时区分对待。

1）错误状态会威胁设备安全或被控系统安全，程序自动中断并自动回到安全状态，报警提示处理。

2）对系统无影响，程序暂停，保持现有状态，报警提示运行人员处理或经运行人员确认后跳步。

（2）APS 程序不合理，使设备失控引起运行人员惊恐。

1）APS 逻辑实际使用前，须经仿真验证，保证其无原则性错误和方向性错误。

2）APS 启动时，提醒运行人员手动投入 APS 需要的联锁和保护，或 APS 的启动条件。

3）设计 APS 投退功能及按钮，可在任何时候将 APS 总功能切除的按钮，此时所有设备操作可以回到纯手动状态，交由运行人员人工处理。

4）设计 APS 投入允许和切除触发条件。

5）APS 的投切，不能影响到常规控制逻辑的保护功能投切。

（3）报警设计不合理，由于报警量大，造成运行人员监盘遗漏、混乱。

1）按级别梳理报警。

2）在 APS 主画面能监视到运行中的各功能组及功能子组的报警提示，提示引导运行人员进一步查看细节。

3）APS 重要报警引入关键大屏，甚至设置声光报警。

（4）对功能组完成条件判断不准，引起误判。

系统设计时，详细分析对功能组的完成条件；组态设计阶段，不仅应考虑一些设备状态的组合，还应包含工艺流程参数，以便真实反映系统投运状态。

（5）系统启动前检查不完善，引起系统启动后产生故障，如手动门未打开、电动门工作状态未显示等。

配合 APS 程序制定详细的系统投运检查清单及操作票。

（6）操作画面人性化不够，操作过程烦琐，使运行人员不能及时发现问题、处理问题。

由生产准备人员按操作习惯及合理性对画面布局、信息量、子菜单级数等进行校审，并完善。

（7）APS 各步骤执行内容混乱，造成设备起停不符合工艺要求，对设备引起损害，甚至造成事故。

1）APS 逻辑需经有经验的运行人员和工艺专业人员参与审核。

2）APS 参与人员必须熟悉本厂的系统和设备。

（8）其他系统不完善，引起与 APS 配合不好。

做好与 APS 接口系统的设计和调试，如 MCS/FSSS/DEH/MEH 等。

第五节　APS 程序设计

APS 设计时遵循"集中连贯、效率优先"的原则。为更好实现 APS 功能，在设备 APS 的选择方面，首先考虑在机组启、停时，操作量大、反复启停的设备，比如锅炉燃烧系统、锅炉给水系统、汽轮机回热系统、汽轮机真空系统、汽轮机润滑油系统等。对于哪些设备纳入 APS，简单有效的方法之一就是在机组短时停机后，汽轮机处在温态状态下再次启动，此时需要启动的设备都可以纳入 APS 进行控制。对于一次启动后，机组即便短时间停机也无须或不允许停运的系统则可以单独控制、不纳入 APS；比如辅助蒸汽系统、空压机系统、冷却水系统、发电机氢冷系统等。

APS 导引热工控制系统启动机组，纳入 APS 的系统应有取有舍，设计 APS 的目的就是实现在机组启停过程中，特别在启动过程中减少大量的人工操作；所以，优先考虑那些操作反复、启停先后连贯、设备数量多的工艺系统利用 APS 代替人工操作，体现出计算机辅助操作的优势，而那些只有当机组全停检修时才需要隔离操作的装置或系统，无须由 APS 控制，否则，反而降低了 APS 的使用效果。

如果以 APS 管控的设备数量划分，启动机组、发电机并网前操控的系统或设备约占 APS 管控设备总量的 80%，发电机并网后升负荷操控的系统或设备占比约为 APS 管控设备总量的 20%。停运机组，发电机解列前的降负荷过程 APS 操控的系统或设备约占 APS 管控设备总量的 40%，发电机解列后停炉停机到设备全停，APS 操控的系统或设备约为 APS 管控设备总量的 60%。

APS 与 MCS、FSSS、SCS、DEH、MEH、ECS 等系统的接口信号全部采用通信的方式实现。APS 作为基于 MCS、FSSS、SCS、DEH、MEH、ECS、BPS 之上的机组级管理、调度系统，实现 APS 与这些底层系统的无缝连接是实现 APS 自启停的关键。

APS 程序设计，主要包括：画面组态设计、逻辑框图设计、接口逻辑设计、模拟量全程控制系统设计、典型功能组设计、系统仿真测试实验设计等。

一、APS 涉及的点及人机交互

APS 作为机组控制的最高级别，包括决策逻辑、信号输入和输出端口以及人机接口（Man-Machine Interface-MMI）三部分内容。决策逻辑是 APS 的核心，输入信号包括 APS 该运行节点的运行许可条件和功能（子）组的步序完成状态，输出信号包括功能（子）组顺控启动指令和功能（子）组进程信息，输入信号经 APS 决策逻辑运算后，输出控制指令至步进顺控逻辑。APS 的 MMI 是运行操作人员与 APS 交换指令/信息的界面和接口，设计有 APS 操作显示画面、控制按键、步序进程和操作指导信息画面。功能（子）组顺序步进控制逻辑，按步序判定被控对象完成的进程和状态，确认结果后向下级系统和设备发出控制指令，完成功能（子）组管辖设备的控制。

APS 交互指令的内容包括启停机炉顺序控制系统，给定模拟量调节回路目标定值以及切换工作方式、赋值 DEH 目标转速及连接 MCS、管控 BMS（锅炉燃烧器管理系统）投切锅炉燃烧器、并列/解列锅炉给水泵、切投发电机并网/解列开关等。每一功能（子）组内都有规定的作业程序和指令，由于功能（子）组启停不同的系统和设备，在某些功能（子）组还另外设计有专用的条件逻辑和操作按键，伴随功能（子）组步序进程完成特定的功能，比如汽轮机摩擦检查、发电机励磁开关合闸、厂用电切换等。

APS 协同导引的系统，含 APS 纵向分为四个层级。从一级向上至四级，按功能划分从简至繁依次为单体设备、子功能组、功能组（含 SCS、CCS、DEH、BMS 等）和机组级功能 APS，APS 位居顶层。若论虚实，一、二、三级是实体控制，而 APS 应该归类于逻辑虚拟控制。二、三层级是设备的系统集成，从控制逻辑方面讲，各层级并无技术高低之分，只有作用的不同、简繁之别。要论重要程度，所有的热工保护功能都设计在第一层级，在设备操作的逻辑模块中，保护功能的控制权限是最高的，是设备安全运行的基础。随着控制层级升级，控制范围扩大，自动化程度升高，而随着控制层级的降低，控制权逐级增强，底层有最高的控制权。由 APS 的功能（子）组顺序步进控制逻辑按需求向布置在其下三个层级中的控制装置发出运行指导或给定赋值，导引热工控制系统实现机组启停的功能（子）组控制功能，这些控制级内包括机炉顺序控制系统、模拟量自动调节回路、锅炉燃烧器管理系统、汽轮机 DEH 系统、发电机励磁和自动准同期装置等，根据需要在不同的功能（子）组内参与 APS 控制。程序控制既包括开关量顺序控制也包括模拟量自动调节，APS 开始工作的充要条件就是其下各级被控对象的工作方式都必须符合规则，开关量设备和顺序控制在自动，模拟量自动调节在自动伺服（Stand-By），开关量联锁在自动。这些控制装置或系统都有独立完整的专项功能，当 APS 退出时，对各自原有控制功能的发挥，没有品质方面的影响。APS 主要体现在其协同控制的时间和各种不同系统控制或调节的精准匹配，人工操作的精度、适时性和重复性远比不上 DCS 控制。有了 APS 自动控制，在 DCS 的支持下，利用计算机辅助运行操作，可以多线程执行设备启停和切换，能够节省大量时间，也就意味着提高了运行的经济性。控制规则化，无差别的操作重复性，快速反应的设备保护，切实保障了机组长期运行安全。APS 极大地提高了机组启停阶段运行的经济性和安全性，这就是应用 APS 突出的优点和好处。

二、APS 总程序设计

在设计有 APS 功能的机组，MCS、CCS、FSSS、MEH、DEH 等系统均要围绕 APS 进行设计，协调 APS 完成机组自启动功能。在机组启动过程中，随着机组负荷的增加，MCS 与 FSSS 相互协调自动完成燃烧器的投切功能，以满足全程烧料自动控制功能。

APS 是一种先进的控制理念，它涉及多种复杂控制策略。APS 对电厂的控制是通过电厂底层控制系统与上层控制逻辑共同实现的。在没有投入 APS 的情况下，常规控制系统独立于 APS 实现对电厂的控制；在 APS 投入时，由常规控制系统执行 APS 的控制策略，实现对电厂的自动启/停控制。它将模拟量控制和顺序控制等各个控制系统整合起来，共同完成设备启停任务。

由于 APS 是机组级自动控制的统领，有 APS 自己的控制画面和逻辑策略以及输入/输出信号，所以，APS 一般采用单独的控制器。

APS 在不同断点情况下，包括了大量的功能（子）组实现断点功能的一键启停。目前功能组断点和断点衔接需要人为确认，只有上一断点完成确认无误后，才能进行下一断点的顺控；将来逐步减少断点数直至实现真正的一键启停。通过对各功能组（子）组的合理组合和优化顺控可以保证断点功能的实现，考虑所有采用顺控方式控制的环节或者设计 MCS 的功能（子）组都可以纳入 APS 设计范围，在实际操作过程中，可在 APS 和人为实现之间自由切换。

1. APS 流程图及监控画面组态

（1）APS 启动根据工艺系统，分冷态、温态、热态、极热态启动模式及选择。APS 启动流程图包括启动方式选择、投入操作、步序显示、步序执行时间及其时间累计、断点确认、步序中断操作等。APS 启动流程如图 40-6 所示。

APS 自动启动的冷态、温态、热态和极热态 4 种启动方式中，对于汽轮机来说，由高压缸第一级金属温度和停机时间等来决定，一般如下：

冷态：高压缸第一级金属温度＜204℃；冲转汽压：6MPa。

温态：高压缸第一级金属温度 204-343℃；冲转汽压：8MPa。

热态：高压缸第一级金属温度 343-426℃；冲转汽压：10MPa。

极热态：高压缸第一级金属温度＞426℃；冲转汽压：12MPa。

汽轮机冲转时高、中压缸进汽温度根据第一级缸温差对应启动蒸汽曲线图表来确定。

区分四种方式的原因主要在于汽轮机自动开始冲转时对主蒸汽参数的要求不同，因而汽轮机冲转前锅炉升压时间不同、锅炉并网后的升负荷率不同。

（2）APS 停止根据工艺系统，投入 APS 停机按钮，选择降负荷、机组解列、停辅机设备等断点，开始 APS 停机。APS 停止流程如图 40-7 所示。

（3）PS 监控画面至少包括：启动状态、功能选择、步序状态、关键参数、报警信息、步序累计时间显示等。APS 监控画面如图 40-8 所示。

图 40-6　APS 启动流程图

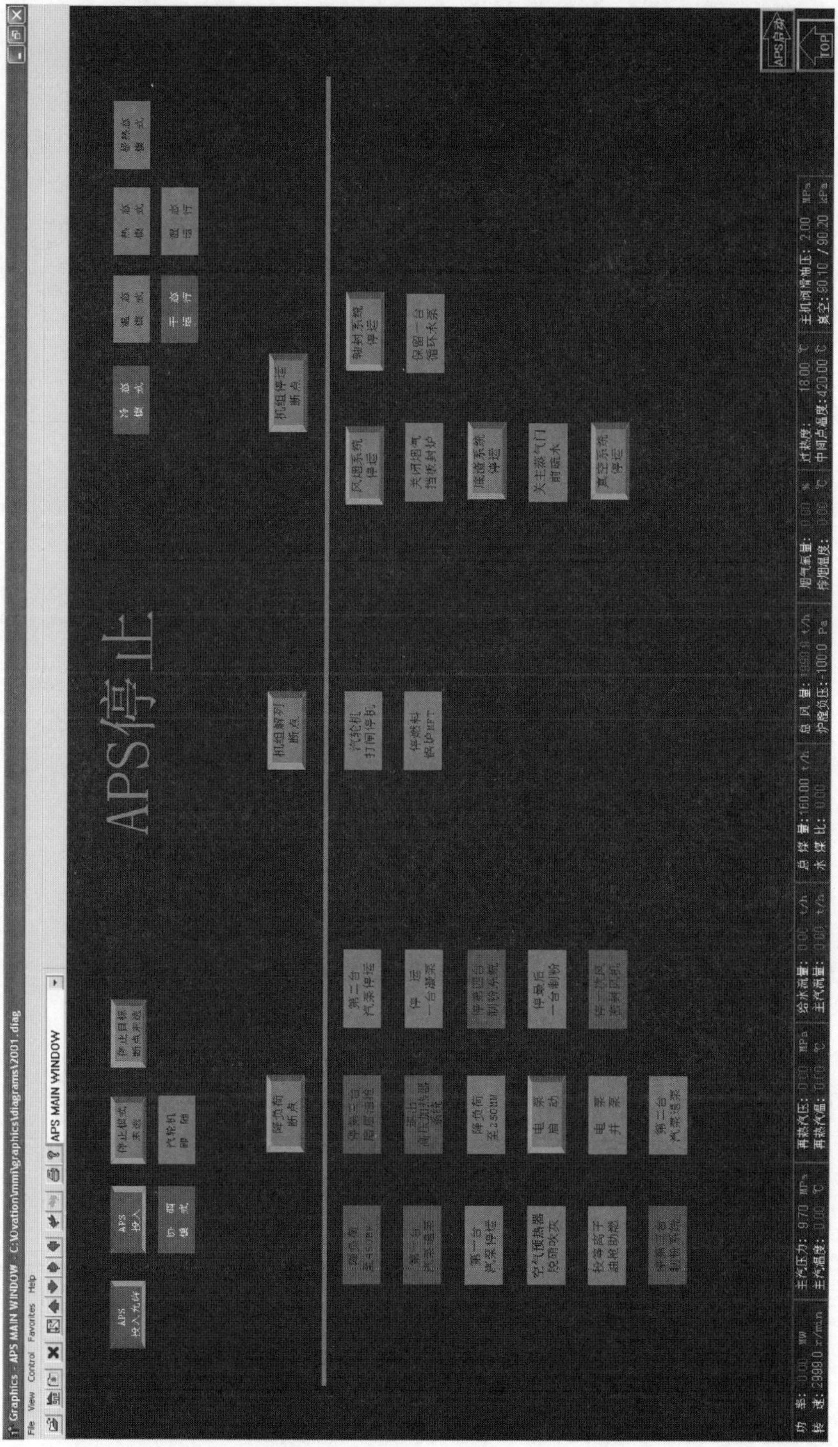

图 40-7　APS停止流程图

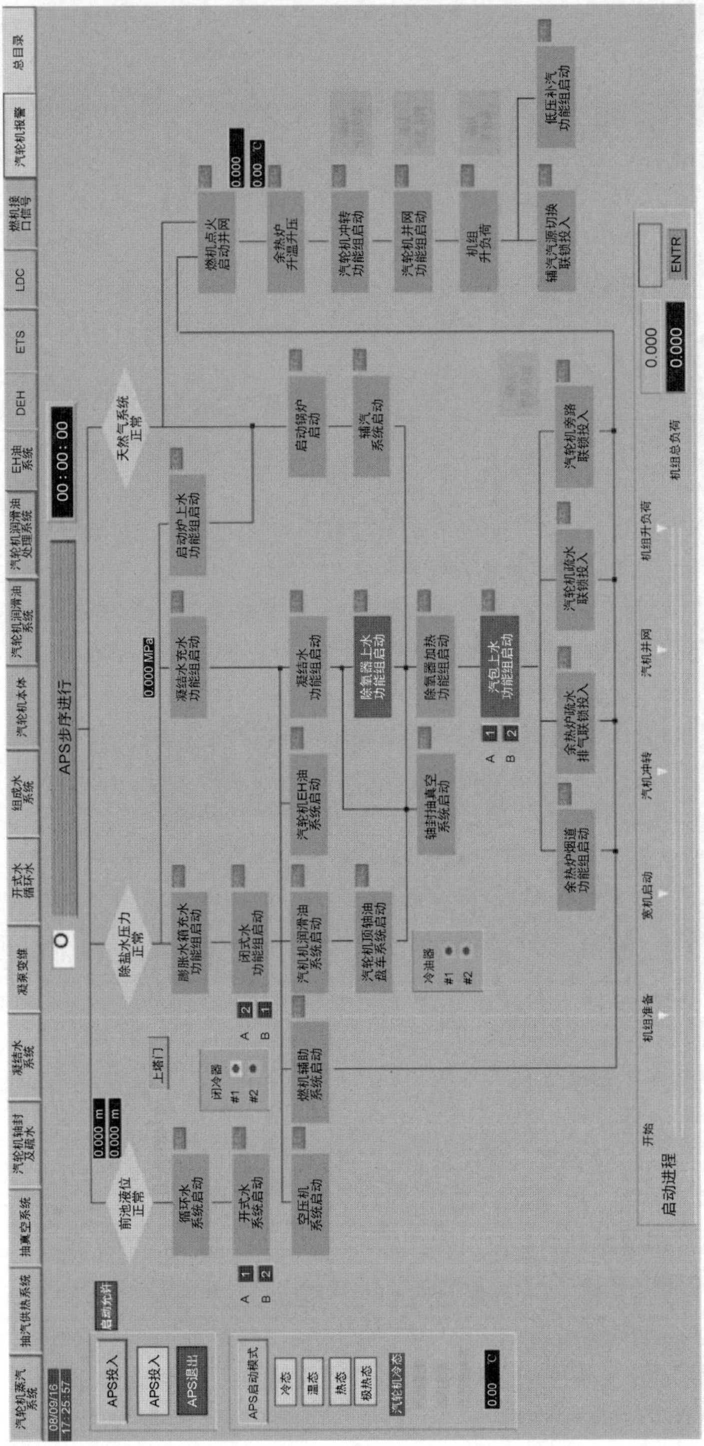

图 40-8　APS 监控画面

2. APS 的整体逻辑框图设计

机组 APS 控制程序在执行过程中，控制系统在每个断点都显示相应的操作提示，并允许运行人员从分散控制系统（DCS）操作员站上中断或终止自启停程序；一旦出现故障或错误，程序将自动中断并将机组返回到安全状态，同时机组级顺控程序（APS）将切换到功能组级控制。

控制逻辑组态工作，包括 IO 层、设备层、逻辑层、协调层、APS 层。依据 APS 电厂的实际情况，借鉴相关机组经验，并结合不同容量等级机组特点（以超超临界机组为例），确定机组 APS 启动功能的起点设置在机组启动准备，终点设置在升负荷到 100％。在兼顾自动水平和运行安全性的基础上设置合适断点。只有在前一断点完成的条件下，通过所提供的按钮确认启动下一断点，APS 才会开始下一断点，在每一断点的执行过程中，均设计有"启动/暂停/复位"逻辑以及超驰逻辑。

三、APS 程序与功能组子系统程序的调用

APS 下面的功能组的设计不能是单纯的顺控，而是一个能自动完成一定功能的功能组，功能组具有很强的管理功能，作为中间的连接环节，向下协调有关的控制系统（如 MCS）按自启停系统的要求控制相关的设备，向上尽量减少和 APS 的接口，成为功能较为独立的一块，这样就减轻了上一级管理级 APS 的负担，同时也提高了机组的自动化水平。即使在 APS 不投运的情况下，运行人员仍然可调用该功能组，实现某些可以自动控制自动管理的功能。如给水全程自动控制中，APS 与 MEH、SCS 等系统相互协调，自动完成电动给水泵、汽动给水泵之间的启动、停止、并泵、倒泵等功能，以满足全程给水自动控制功能。

1. APS 各节点之间的接口逻辑原则

APS 各节点之间的接口逻辑设计原则，至少包括：采样信号异常的判断逻辑、一键切除 APS 功能逻辑、单回路自动控制和 SCS 顺控步序的标准接口技术方案、命名原则确定、APS 基本断点的确定、报警级别划分、功能子组的选择接口方案、确定 DCS 对于现场设备控制的标准模块及管脚功能要求和 APS 有关联且分立系统的系统接口方案（如 DEH、ECS 等）等。

2. APS 的顺控及功能子系统

APS 的顺控子系统应该按照机组启停及运行工艺确定，并作为样板模块设计成 APS 子功能包，以便于 APS 调用，其控制策略的设计宜采用 SAMA 图形式，并提供 SAMA 图（包括 APS 部分）设计说明。

APS 启动/停止过程中，子功能组的调用：首先选择投入 APS；然后选择 APS 启动或停止模式；最后选择启动断点。当顺序控制系统接收到机组控制级启动指令后，APS 向机组的各个子控制系统发出指令，子系统协调完成机组自启停。机组从起始状态按程序控制步序启动至某一负荷，其启动过程需按照设置的启动断点进行确认，且需按下操作按钮后才能自动

进行。当机组启动控制功能执行完毕后，发出完成信号至主控系统，即 APS控制结束。

APS的典型S/MCS功能组如下（至少包括）：

(1) 循环水系统；

(2) 闭式水系统；

(3) 凝补水系统；

(4) 凝结水系统；

(5) 除氧器加热；

(6) 低压加热器投退；

(7) 高压加热器投退；

(8) 给水系统；

(9) 锅炉冷态冲洗；

(10) 锅炉热态冲洗；

(11) 定子冷却水系统；

(12) 转子冷却水系统；

(13) 辅汽投入；

(14) 真空系统；

(15) 汽轮机润滑油系统启动；

(16) 汽轮机盘车启动；

(17) 抗燃油系统；

(18) 锅炉疏水泵启停；

(19) 锅炉底渣系统启停；

(20) 引风机启停；

(21) 送风机启停；

(22) 一次风机启停；

(23) 火检风机启停；

(24) 微油点火；

(25) 磨组启停；

(26) 空气预热器吹灰；

(27) 锅炉吹灰；

(28) 发电机并网；

(29) 启动准备 APS；

(30) 点火及升温升压 APS；

(31) 汽轮机冲车 APS；

(32) 并网及升负荷 APS；

(33) FSSS。

四、APS 的各全程控制技术设计

APS 整体功能的实现主要取决于其底层 S/MCS 系统与 APS 接口设计来保障，APS 与 MCS 的良好接口设计可以使给水调节、蒸汽压力、温度调节和燃料调节等功能在启停阶段实现全程自动控制。为实现被控参数的相对稳定，APS 与 MCS 闭环控制的衔接应根据调节回路和工艺的特点而采用不同的控制方式。下面对几个重要的 APS 全程自动控制子系统进行简单介绍。

1. 凝结水全程控制技术

凝结水全程控制技术指从凝汽器注水到满负荷的凝结水（含冲洗）全程控制技术。

（1）凝汽器水位和除氧器水位控制存在耦合，而且受减温水量、给水量影响较大，同时该系统存在较大的滞后，在整定的过程中存在很多的外部干扰因素，系统控制点的特性难确定，一直是常规火电机组的一大难题。国内近期建成的超临界热力机组凝结水控制通常采用除氧器水位和凝汽器水位独立控制的设计方法，除氧器水位由凝结水泵变频或凝结水泵上水调节阀控制，凝汽器水位由凝补水/排水控制阀控制，该控制方法将两个控制系统独立，在一定程度上克服了两个系统的相互影响，减少了系统的滞后性，但是不利于机组的稳定运行和凝结水泵的安全，一键启动及负荷变动适应性较差。同时，这种控制方式 APS 的设计变得复杂且难以投用。

（2）新型凝结水控制。针对凝结水系统的特点，除氧器和凝汽器虽然工作压力不同，物理构成上也分两段，但实际上可以看作一个整体来控制，由于凝结水主要是由低压缸排汽凝结而成，凝汽器水位受凝汽器真空和低压缸排汽量影响较大，而补水占比较小。通过进入凝汽器的补水来控制除氧器的水位，当除氧器水位下降的时候，开大凝结水补水控制阀，凝汽器水位增高后，凝结水泵出口调节门控制器输出增大，加大到除氧器的补水，使除氧器水位上升；当除氧器水位上升时，凝汽器补水门关闭，凝汽器水位下降，凝结水泵出口控制器输出减小，减小到除氧器的补水，使除氧器水位下降。这样凝结水控制作为整个控制的内回路，克服了系统的滞后和两个系统的耦合，兼顾凝汽器水位，两水位的动态偏差因此均比较小，有利于提高机组效率和凝结水系统的高效、安全运行。

实际调试过程中，考虑用平衡水位控制设置动态水位设定值的方法，即除氧器与凝汽器水位折算的总水量除以截面积分别作为设定值，但是，在 APS 的调试中由于水位设定值是变量，无法满足 APS 从零启动的要求，故经过计算与实际调试，可以确定下 1000、2500、2700、2850mm 这四个设定值。

凝汽器水位控制回路：凝汽器水位控制由凝结水泵出口调节门完成，设计有 2 个调节门，一个是启动调节，一个是正常调节，在高负荷时完成切换，设定值是凝汽器水位：1000mm，为了保证紧急情况下凝结水的供应，还增加了两个限制回路，保证 FCB 等紧急情况下的凝结水流量。

（3）为实现机组凝结水控制的 APS 功能，分别设计三个功能组：除氧器控制功能组、凝结水控制功能组、凝补水控制功能组。不同于常规的顺控设计方法，这些功能组采用分散型设计，当功能组投入指令发出后，系统内的各个调节阀便投入自动，设定值固化在 DCS 的 PID 控制器内，无须运行人员手动设定，由 DCS 内各个控制阀的逻辑完成系统功能。系统内的水泵等转动机械切换到自动模式，由选择模块按照需求计算回路的结果启/停，完成系统的投运。除氧器功能组完成除氧器的加压加热，凝结水功能组完成凝结水泵的启停及凝汽器液位的自动控制，凝补水功能组完成凝补水系统及除氧器水位的自动控制。这种除氧器、凝汽器整体控制模式能完成从凝汽器充水到除氧器上水、冲洗再到系统正常投运的无缝链接，系统投运与自动投用无界限，保证的系统的稳定安全，提高工作效率。

实际投用过程中，该新凝结水控制能满足 APS 无人值守及一键启动的要求，无论在变工况还是正常工况下，都能稳定地控制除氧器及凝汽器水位。如果两水位不平衡，该控制能够快速地完成系统的平衡；如果水位低，该系统又能及时完成补水；如果水位高，该控制系统又能通过回水降低水位。控制系统能长期稳定地投入运行，变负荷时，除氧器水位保持在设定值的 ± 50mm，凝汽器水位保持在设定值的 ± 100mm。稳态时，除氧器水位保持在设定值的 ± 20mm，凝汽器水位保持在设定值的 ± 50mm。

该新型凝结水控制方案能很好地适应机组的 APS，控制方式先进，投运效果良好，能广泛地适用于各种类型的机组，对于国内电力机组的有着很好的借鉴意义。

（4）基于凝结水母管压力自适应的除氧器水位全程控制技术。

1）低负荷段除氧器水位控制：在 0～25% 负荷段，凝结水流量副调节阀单冲量调节除氧器水位，主调节阀保持全关的调节方式。凝结水泵变频器调节凝结水出口水母管压力。

2）中负荷段的除氧器水位控制：在机组负荷 25%～45% 负荷段，凝结水流量主调节阀三冲量调节除氧器水位，副调节阀保持全关的调节方式。凝结水泵变频调节凝结水母管压力，随着负荷的升高，凝结水压力也慢慢降低到 1.7MPa，实现最佳的节能效果。

3）如果是两台 50% 的凝结水泵，则当负荷升到 45% 时，自动启动另一台变频泵，然后自动并入，两台凝结水泵并列运行。

4）高负荷段的除氧器水位控制：机组负荷高于 45% 后，两台凝结水泵并列运行，两台凝结水泵三冲量调节除氧器水位，而凝结水流量调节主阀则控制调节凝结水压力。

（5）凝结水系统一般包括：凝汽器、储水箱、注水泵、凝结水泵、除氧器再循环泵主要设备以及相应的阀门、调节执行机构组成。凝水系统全程控制自动是实现 APS 功能先行重要的一步。一般为了实现凝水系统全程控制自动，将在原系统的基础上，增加注水泵至除氧器调整门，控制先期的除氧器上水自动，从而实现全程自动控制凝水，保证系统投入正常运行前，凝水水质合格。

冷态启动时，APS 实现全程凝水上水控制过程主要包括凝结水泵启动、低压加热器冲洗、除氧器上水加热、锅炉升温升压、机组并网过程凝水设备自动控制，机组带上负荷，凝水系统进入正常控制过程。

主要控制过程如下：

1) 凝结水泵启动自动控制过程。

启动一台注水泵，另一台注水泵投备用；

凝结水位正常，投水位调节阀自动（水位设定 500mm。水位设定值 500mm，不同机组设定值可能不同，具体根据机组实际情况设定）；

凝汽器事故补水门置 10%，水位到自 50mm 时投自动（定值设为 50mm），应关除氧器水位调整门及旁路电动门；

凝结水泵再循环门置 10%；

开轴封加热器进/出水门，关轴封加热器旁路门；

关相应低压加热器旁路门、出水门、出口排放电动门；

开凝结水母管注水门，开始注水排空，开注水泵至凝结水泵密封水门；

启动变频模式凝结水泵，凝结水泵再循环门投自动，投另一台凝结水泵备用。

2) 低压加热器冲洗控制过程。

关 4 号低压加热器出口排放电动门，关除氧器水位调节阀 A/B，电动旁路门；

开 7/6 号低压加热器旁路门、7 号低压加热器进水门、6 号低压加热器出水门、5 号低压加热器旁路门、5 号低压加热器进水/出水门、4 号低压加热器进水门；

关 4 号低压加热器出水门、4 号低压加热器旁路门；

开除氧器水位调节阀 B 至 10%注水排空；提示运行关空气门；

开 4 号低压加热器出口排放电动门 20s；

关 7/6 号低压加热器旁路门、5 号低压加热器旁路门；

除氧器水位调节阀 B 投自动，控制凝汽器水位，定值 550mm；

开 7/6 号低压加热器旁路门、5 号低压加热器旁路门；

关 7 号低压加热器进水门、6 号低压加热器出水门、5 号低压加热器进水门、3 号低压加热器出水门。

3) 除氧器上水加热功能组控制过程。

该控制过程是注水泵通过凝汽器正常补水调节阀向凝汽器补水，同时，通过注水泵向除氧器上水调节阀控制除氧器水位在 2650mm 左右，凝汽器正常、事故补水调节阀设定控制凝汽器水位，实际控制补水流量等于 4 号低压加热器排放流量，凝汽器水位则由除氧器水位调节阀控制，定值 550mm，除氧器水位调节阀实际控制 4 号低压加热器排放流量。若注水泵出口压力低于某定值（5bar，1bar＝100kPa），联启备用泵，压力高于某定值（9bar），停运备用泵。锅炉再经过上水、启动风烟系统，轴封、真空系统投运后，进入升温升压过程。

4）锅炉升温升压、汽轮机冲转凝水控制过程。

该过程是凝汽器水位仍由正常补水调节阀和事故补水调节阀控制，若水位定值为 500mm；旁路投用，向空排汽门关闭后，凝汽器水位则由除氧器水位调节阀（定值 550mm）和凝汽器正常补水调节阀（定值 500mm）、凝汽器事故补水调节阀（定值 450mm）联合控制。此时通过 4 号低压加热器的排放量就是旁路流量，通过不同定值保证除氧器水位调节阀对凝汽器水位的优先控制以保证汽轮机的冲洗排放。

此过程中水平衡为：注水泵出口＝4 号低压加热器排放（旁路流量）＋定排＋连排＋下联箱放水，原则定排必须开，旁路尽量大，保证冲洗排放效果。注水泵出力控制不超过 15t/h。

并网后，凝结水转入正常控制；凝水水质合格后，凝结水过滤器投入，开低压加热器出口门，出口门脱离关位后开始关 4 号低压加热器出口排放电动门，凝结水全部回收，以减小工质和热量的损耗。

除氧器水位由凝结水泵变频自动控制，除氧器水位调整门调整母管压力，注水泵至除氧器水位调整门按一定速率 2min 内关闭，发停注水泵指令。

凝汽器水位由凝汽器正常补水调节阀（定值 500mm）、凝器事故补水调节阀（定值 450mm）联合控制。至此，凝器、除氧器水位转为正常控制方式，高、低压加热器水侧、汽侧投入。

APS 不因为控制系统复杂，即同一控制设备不因为控制对象不同，增加运行人员的操作难度。如除氧器水位的调节门在不同阶段，分别控制凝汽器水位、除氧器水位、除氧器压力三个控制对象，而在系统操作画面上，除氧器水位的调节门手操器只有一个，不同的控制对象的调节器分别独立，系统画面上手操器会根据不同工况，实现自动无扰切换，并且在手操器上明确显示控制对象，减少运行人员误操作。

2. 锅炉给水全程自动控制技术

锅炉给水全程自动控制技术指从管道注水到机组满负荷的给水全程控制技术（含热态冲）。

（1）APS 启机过程包括给水管路注水、汽动给水泵前置泵给锅炉上水、锅炉放水冲洗、点火启动，升温升压，开始带负荷，以及电动给水泵且汽动给水泵前置泵、给水旁路控制储水箱水位（或者汽包水位）、电动给水泵控制储水箱水位（或者汽包水位）、给水主路切换、汽动给水泵并泵、干湿态切换等，由低到高逐渐升至满负荷或由高到低逐渐降至低负荷运行，到锅炉灭火后冷却降温、降压等全程的给水调节均进行自动控制，顺利实现汽动给水泵启动、并泵，凝结水变频泵启动及高压加热器系统的投入。从而实现给水全程自动控制。

（2）APS 启动机组时锅炉给水系统包括的范围如下：

1）电动给水泵的顺序启动（和停止）；

2）电动给水泵定速及旁路系统自动调节系统；

3）电动给水泵锅炉上水；

4）电动给水泵液力耦合器（或者变频器）调速；

5）电动给水泵出口旁路系统与主给水系统切换；

6）汽动给水泵的顺序启动；

7）汽动给水泵自动调节系统与汽动给水泵汽轮机 MEH 系统控制信号认证互连互控；

8）汽动给水泵自动调节控制回路"自举纠偏"与定值调节平衡；

9）汽动给水泵与电动给水泵的切换；

10）两台汽动给水泵的并列。

（3）APS 停止机组时锅炉给水系统的顺序控制系统与模拟量控制系统包括的范围如下：

1）汽动给水泵的解列；

2）汽动给水泵的顺序停止；

3）电动给水泵的顺序启动（和停止）；

4）电动给水泵液力耦合器（或者变频器）调速；

5）电动给水泵自动调节控制回路"自举纠偏"与定值调节平衡；

6）电动给水泵与汽动给水泵的切换；

7）电动给水泵出口主给水系统与旁路系统切换；

8）电动给水泵定速及旁路系统自动调节系统；

9）电动给水泵的顺序停止。

（4）锅炉给水自动全部调节回路都采用"自举纠偏、无扰投自动"的功能设计，不需要人为干预就能完成自动调节控制回路从手动转为自动。纠偏过程中对于过程信号的监测、设备和系统工况的监测确认，以及控制方式的选择、决策全由 DCS 实现。智能自动控制策略能在机组启动过程中自动完成电动给水泵与汽动给水泵的并列、解列和切换，以及第二台汽动给水泵与第一台给水泵的并列；在机组停运过程中自动实现电动给水泵与第二台投运的汽动给水泵的并列、解列和切换，以及第一台汽动给水泵的解列退出。给水泵的自动并列、解列是一套复杂的自动控制系统，需要直流锅炉的干/湿态转换及汽水分离器水位（或者汽包水位）自动控制和给水调节回路的主回路、再循环回路等密切协调协同调节，给水泵并列、解列的发起和结束与相应的 SCS、MEH 及 APS 都密切直接关联。

（5）汽动给水泵调节回路与 MEH 系统自动关联重要信号。

汽动给水泵调节回路与 MEH 系统自动关联主要包括三类重要信号。

1）汽动给水泵调节回路控制器（DPU）与汽动给水泵 MEH 系统控制器（DPU）的工作状态信号交互和确认。通过将各自控制器（DPU）的品质状态信号互送对方控制器（DPU），然后分别向汽动给水泵给水调节回路送 DEH 主控制器自动允许、汽动给水泵给水调节回路自动允许信号，而且任何一个环节出现异常，汽动给水泵给水调节回路立即自动退出，避免次生事故。

2）汽动给水调节回路与汽动给水泵 MEH 系统转速交互控制验证。汽动给水泵自动调节采用三冲量逻辑设计，锅炉给水系统的设备没有启动之前，汽动给水泵调节回路已工作在自动方式，处于等待给水系统汽动的状态。汽动给水泵给水调节进入自动工作模式是通过汽动给水泵汽轮机 MEH 系统上传的汽动给水泵汽轮机转速自动允许条件确认，而汽动给水泵汽轮机转速自动允许信号中又包含 MCS 发给 MEH 的"工作正常"信号，分别是 APS、DPU 工作正常及汽动给水泵转速调节器输出正常。

3）DCS 汽动给水调节回路控制指令与汽动给水泵 MEH 系统控制指令比较监测。

DCS 汽动给水调节回路这一级，是一个闭合的信号品质识别环路，从汽动给水泵给水调节回路 M/A 站发出的给水泵转速指令，作为调节给定值进入 MEH，MEH 接受外部给定值控制汽动给水泵转速的同时，将执行后的给定值作为应答信号同步反馈回到给水调节回路，与汽动给水泵给水转速指令（A-BFPT SPEED DMD）进行实时比较，如果误差在设定的允许范围（±5%）内，汽动给水泵给水调节回路和 MEH 控制回路则被认为"信号传递正确"。否则，会立即中断两个系统的联系，各自降低自动控制水平，分别单独调节，升高安全等级来保证运行安全。

（6）锅炉水、煤、旁路协调自动热态清洗控制技术。

超超临界锅炉实现锅炉热态清洗的自动控制方法中，是在锅炉蒸汽发电机组自动启停控制的基础上，充分利用汽轮机高压旁路的特性，实现了超超临界机组热态冲洗过程中汽水分离器入口温度控制的稳定。根据锅炉蒸汽发电机组系统中锅炉在热态清洗之前、清洗之中、清洗结束这三个阶段，分别对给煤机、炉水循环泵再循环流量调节阀、汽轮机高压旁路调节阀、给水装置进行匹配综合控制，实现超临界机组锅炉热态清洗过程中汽水分离器入口温度的稳定。

锅炉热态清洗前需投入以下调节系统以满足热态清洗自动控制的要求：

1）给水系统投自动；

2）汽轮机旁路调节阀投自动；

3）炉水循环泵在运行；

4）A 给煤机投自动，接收燃料主控的指令；

5）燃料主控投自动。

3. 燃料全程控制技术（含磨自启停、各风机启停及并解列）

（1）燃料控制如何实现全程自动控制主要解决锅炉启动初期升温速率控制问题等，使燃料控制能够尽早投入，因为机组负荷一般到达 40%，机组负荷由协调控制系统控制，可以不再由 APS 控制。

燃料控制实现全程自动，并网后锅炉主控接受 APS 指令，实现了从锅炉点火到满负荷过程的燃料自动控制，主蒸汽压力稳定，主蒸汽温度控制良好。

可采用燃料量控制的指标管理，设置一定的条件，如分离器温度、炉膛温度、主蒸汽压力、给水温度等，当到达一定的条件，燃料以一定的速率增减到某个目标，其增减速率也由定义的条件决定，这些条件一般根据机组的不同配置决定。

燃料控制分为两部分内容，减煤控制和停运磨煤机控制。减煤控制实现煤量的连续、稳定降低，并受降温速率、降压速率、停磨、开阀过程的闭锁，由负荷、煤量、温度控制功能组步序指令完成；磨停运控制实现磨煤机的自动停运，由磨煤机停运功能子组完成。

（2）燃煤机组锅炉都配有煤粉燃烧器，以 4 角喷燃煤粉炉为例，通常600MW 等级机组有 6 层煤粉燃烧器，5 用 1 备。每层有 4 只喷燃器，每层燃烧器配备一套以磨煤机为核心的制粉系统。

1）磨煤机给煤调节自动投"自动"及开环纠偏。

锅炉正常运行工况下，单台给煤机的出力不低于额定出力的 65%，磨煤机启动后为了让给煤顺利地进入制粉状态，给煤量给定在 40%，而造成给煤调节器入口的偏差过大，给煤调节器若此时投入定值自动调节，将会引发调节回路震荡乃至发散。所以，磨煤机要逐步增加制粉量，减小调节器入口的偏差到规定值，实现给煤自动调节投入自动的无扰切换。这种按一定速率逐步减小给煤调节器偏差的过程就是模拟量调节回路的"自举纠偏"，为超驰开环控制，实现自动地投"自动"。

给煤调节器处于跟踪状态的三个条件：给煤机未合闸；给煤调节没有投入自动调节；给煤调节回路已经工作在自动调节方式，且调节器入口偏差高（＞10%）。调节器在跟踪状态时，调节器运算输出的就是调节器的跟踪值。

按启动顺序，磨煤机启动后，给煤机合闸，给煤机铺煤量超驰给定为40%，磨煤机给煤主控器的给定与磨煤机的给煤量偏差超过 10%；所以，给煤调节器入口偏差高，在给煤机已经给煤但磨煤机制粉没有开始前，给煤调节器自动不具备投入条件，当磨煤机磨煤成功，给煤调节投入自动，但给煤调节器入口偏差没有减小，调节器输入切换指令将给煤主控器给定函数（FX1）引入给煤调节器的跟踪输入端 Tr，给煤调节器的输出开环控制，按函数（FX1）的曲线控制给煤机煤量，给煤量持续增加，当给煤调节器入口偏差<10%时，给煤调节器跟踪开关 Ts 断开，投入闭环负反馈自动调节方式。由此，给煤调节器完成了超驰自动"纠偏"，自动投"自动"的过程。

2）制粉系统的控制。

每套制粉系统设计有给煤、风量、出口温度、旋风分离器转速和磨辊压力油调节 5 套模拟量自动回路，能够自动地投"自动"，从设备启动到正常调节全过程不需要人为干预，一键启停。

制粉系统一键启停的识别标准：

a）模拟量自动调节回路应能从工艺系统停止状态至设备正常运行"自举自动"。调节器定值随动给定、偏差自动纠偏，从开环控制自动地投入闭环自动调节，设备启动前调节回路即可投入自动。

b）开关量设备在设备级应有手动操作和自动控制两种工作方式。不应在顺序控制过程中有手动/自动混搭现象，确保自动控制功能本质安全。

c）开关量设备冗余联锁应智能选择、自动投入和切除，自动联锁投入时机应在设备启动前。

3）自动纠偏及自动地投"自动"。

a）要求模拟量自动调节（MCS）回路应自动地投"自动"；

b）MCS 有手动远方操作和自动回路调节两种控制方式；

c）要求 MCS 从手动远方操作切换为自动回路调节时，不得人工手动干预；

d）应用超驰控制，实现"自动纠偏"功能；

e）将未投"自动"的 MCS 进行逻辑优化和调试，投入自动运行，并实现 MCS 自动的投"自动"；

f）根据 MCS 回路不同特性，可在 MCS 回路伺服方式下进行开环自动纠偏或 MCS 回路已经切换为自动方式的初始阶段进行闭环自动纠偏，从而确保调节回路自动的无扰手动/自动切换。

4）制粉系统模拟量调节。

a）给煤自动调节。

锅炉入炉煤量的调节整体上为串级调节，给煤主调节器 PI 调节，入炉煤量的给定由锅炉主控器输出（BM）和锅炉风量（AF）先经过函数 $F(x)$ 转换成统一的代表煤量的参数，再通过小值选择器（<）进行比较，得出给煤主调节器的给定值 SV，小值选择器在此的作用是锅炉送风量和入炉煤量"超前滞后、交叉限幅"，实现"加煤先加风、减煤后减风"的控制。在机组变负荷的过渡过程中，维持锅炉过量空气系数始终接近设计值，确保锅炉经济燃烧。主调节器输入偏差（Δ）由给定值 SV 和磨煤机给煤总量（PV）的代数和得出。机组纯煤燃烧工况下，各台给煤机的给煤量在加法器（Σ）中相加，输出经入炉煤热量修正，形成 PV 值，再经过乘法器（×）增益校正后进入给煤主调节器，磨煤机不同的投入台数对应不同

的增益，保持锅炉给煤调节输出特性一致。

单台磨煤机给煤调节是锅炉燃料调节的副调回路。给定值 SV 来自给煤主调节器输出，与给煤偏置相加后再与单台给煤量相减得出磨煤机给煤调节器的偏差（△），通过给煤调节器的 PI 运算去调节给煤机的转速控制给煤量，磨煤机给煤调节还设有磨煤机投入初始阶段的超驰控制，完成暖磨、铺煤、咬煤等控制。

b）风量调节。

磨煤机风量自动调节是一个单回路 PI 调节，过程测量信号为磨煤机入口的热一次风，带有温度补偿，经过开方和滤波成为 PV 值。给定值 SV 由给煤机煤量函数转换成风量与热风偏置相加后得出。磨煤机风量给定 SV 为随动定值，所以，磨煤机风量自动是一个随动调节回路。SV 与 PV 值相减得出调节器的输入偏差（△）。调节回路的被控对象为热一次风，执行机构是热风调节挡板。PI 调节器输出与磨煤机出口温度自动回路互为关联，具有双向解耦功能。

c）温度调节。

磨煤机"出口温度自动"调节的是冷一次风，属单回路 PI 调节，给定值（SET）82℃，与磨煤机出口温度调节回路偏置代数相加后形成 SV 值，过程值 PV 是磨煤机出口温度，PV 值减去 SV 值得到调节器输入偏差（△）。执行机构为磨煤机入口冷风调节挡板。磨煤机风量调节与出口温度调节具有交叉耦合特性。调节热风改变磨煤机风量的同时也引发磨煤机出口温度变化，而调节冷风控制磨煤机出口温度到给定值，磨煤机风量随之发生偏移。这种在调节过程中两个回路相互影响的现象，叫作回路参数"耦合"，耦合作用令磨煤机的风量和出口温度调节品质都会变差，甚至无法同时投入两个自动调节回路。故在磨煤机出口温度和磨煤机风量调节回路设计有专门的解耦功能，有效地消除了冷、热风调节的耦合影响。

d）旋转分离器调节。

磨煤机旋风分离器转速调节的执行机构为变频器（VFD），磨煤机电动机电流作为过程测量值 PV，给定值由给煤机煤量经函数转换生成，该自动调节回路为开环随动调节，一般不设计 PI 调节器。

e）磨辊油压调节。

磨辊压力油调节采用两位式控制，磨辊压力油调节给定值取自磨煤机给煤量函数，磨辊油压将跟随给煤量的增减而升降。磨辊油压给定值减去磨辊油泵出口压力形成调节偏差，偏差小于±0.3MPa，磨辊油压维持不变。当偏差超过±0.3MPa 时，磨辊油压将被控制自动降低或升高。

f）APS 时，自动暖磨控制。

确保磨煤机全程自动启停，研究磨煤机程序控制中启动时的自动暖磨和停运时的自动吹扫。

为实现磨煤机自动暖磨启动问题，需要采用磨煤机启动过程中冷风门控制一次风量，热风门控制磨出口温度模式，当给煤机启动后再切换到冷风门控制磨出口温度，热风门控制一次风量的正常控制模式。

（3）风烟系统的全程控制。

风烟系统控制如何实现全程自动控制研究主要解决并风机时的控制、全程自动调节的设定值等。可采用先将送、引风机全部启动，再开始拉升引风机静叶到炉膛压力在一定范围后投入自动；然后再拉升送风机动叶使总风量到30％～35％后投入自动；随后总风量设定值跟随锅炉主控。这样就可以避免如何自动并风机的难点，解决了并风机时的控制，实现送、引风机全程自动调解。

同理，在制粉系统准备组级程控中的一次风机启动也可以采用同样的办法。

4. 旁路全程控制技术

（1）旁路的全程自动是控制难点之一。在不同启动控制方式下，旁路系统的全程自动可有效控制锅炉快速提高蒸汽温度使之与汽轮机汽缸金属温度较快地相匹配，从而缩短机组启动时间和减少蒸汽排放，减少汽轮机循环寿命损耗，实现机组的最佳启动。

在APS模式下，APS启机升负荷后，APS退出时刻一般以锅炉不投油稳燃负荷为阈值，如果锅炉不投油稳燃负荷为35％ECR，则机组从静止到35％ECR负荷为APS启动机组的工作区间。

（2）汽轮机旁路系统在APS模式有两种自动跟随方式：

1）"高压旁路跟随压力控制"，在机组并网带负荷之前利用"高压旁路自动"代替锅炉主控器调压，相似于机组常规的BF方式，用于机组启动旁路开启至"初负荷＋0.5MW"负荷阶段。汽轮机主控器手动调功，高压旁路压力调节自动调压。且同时满足2个条件：①汽轮机主控器非自动；②高压旁路压力调节自动调压。

2）"高压旁路跟随功率控制"，同样是利用"高压旁路自动"代替锅炉主控器在"初负荷＋0.5MW"至"高压旁路关闭"（一般在机组实发负荷在11％左右）负荷阶段自动调压，与汽轮机主控器自动调功相配合，参与机组功率调节，相似于机组常规的CC方式。且同时满足3个条件：①汽轮机主控器在自动；②锅炉主控器非自动；③高压旁路压力调节自动调压。

3）"高压旁路关闭"至100％ECR负荷阶段与常规CCS的CC功能相同。这种创新设计，APS启、停机组排除了过程间断和卡顿。

（3）汽轮机高压旁路、低压旁路自动调节。

汽轮机高压旁路、低压旁路系统总共设计有6个模拟量自动调节回路：①高压旁路压力调节；②高压旁路减温喷水调节；③低压旁路A侧压力调节；④低压旁路B侧压力调节；⑤低压旁路A侧减温喷水调节；⑥低压喷水B侧减温喷水调节。

这些调节回路全部具备支持APS控制的功能，主要是高压旁路压力调节扩展了机炉协调控制机组并网前的主蒸汽压力调节和并网初期低负荷功率控制。具体调节见"5.7 机组负荷全程控制技术"。

5. 主蒸汽压力全程控制技术

主蒸汽压力是影响锅炉燃烧状况的关键因素，主蒸汽压力的变化反映锅炉蒸汽产量与负荷耗汽量之间的不平衡，需要改变燃料量以改变蒸汽产量，从而适应负荷耗汽量的变化。

（1）机组 APS 启动过程中，在机组并网前的主蒸汽压力调节一般采用高压旁路压力调节扩展了机炉协调控制机组并网前的主蒸汽压力调节，详见本节《机组负荷全程控制技术的旁路控制部分》。

（2）尽管锅炉主蒸汽压力在采用串级控制后能够达到相关标准，但电网负荷经常波动较大，主蒸汽压力也随之波动；而且 PID 控制器的控制量变化频繁，变化幅度也较大，加重了执行机构负荷，易缩短执行机构的使用寿命；因此，在原有的控制方案基础上采用广义预测控制，进一步改善控制品质。实现锅炉主蒸汽压力的广义预测控制时，将原串级控制方案中的主调节器用预控器代替，控制器的输出为热量信号，作为副调节器的设定值，副调节器的输出为给煤机的转速，通过控制给煤机转速，从而改变给煤量。原来的串级控制是通过组态，由多个数采模块、控制模块来完成的。由于 DCS 中没有专用预控器模块，且预控器里算法相对复杂，不可能通过运算模块的组合来实现，必须另外设置预控器；同时，解决一些关键的技术问题，如预控制器如何与 DCS 相连接，如何存取 FIX 32 数据等。另外，为保证安全生产，还必须做到可以随时切换到常规 PID 控制。

（3）基于压力变化的熵值变增益控制。当过热蒸汽的压力和温度变化时，其熵值也将变化，为维持过热汽温所需的减温水流量也应有所不同。由于机组在正常运行过程中压力变化范围很大（10～27MPa，超超临界机组基本是全程滑压），而主汽温变化范围小（如设计值为 605℃），因此采用了基于主汽压的简单熵值变增益校正，有助于减少控制系统的振荡，缩短过渡过程时间。

6. 蒸汽温度全程控制技术

（1）主蒸汽温度、再热蒸汽温度常规采用减温水串级控制方式，这种方式控制精度较高，调试方便；但低负荷时控制效果不好，可以采用 SMITH 预估的动态前馈性，或者其他智能算法等先进控制方案。

（2）APS 停机过程中，温度自动控制可分为两部分，温度控制逻辑和温度闭锁逻辑。温度控制逻辑：为每个阶段主、再热蒸汽输入目标温度、温降速率，达到目标温度时启动下一个步序。温度闭锁逻辑：负荷控制、压力控制、煤量控制过程中，如果主、再热蒸汽温降速率超限，则导致闭锁负荷、压力、煤量的下降。

（3）APS 模式下，蒸汽温度全程控制技术具有减温水、给水和煤水比的协调功能。

7. 机组负荷全程控制技术

（1）APS 的 CCS 创新控制策略。

常规 CCS 的 BF 方式为锅炉主控器在"自动"，汽轮机主控器在"手动"，其控制手段和策略无法满足 APS 全程自动的要求。因此，APS 下的 CCS 扩展了调节范围，把汽轮机旁路选为被控对象，为 APS 设计有三种 BF 方式。

1）旁路跟随（高压旁路跟随功率控制），高压旁路跟随功率控制方式，汽轮机主控器自动调功，高压旁路压力调节自动调压。

同时满足 3 个条件：①汽轮机主控器在自动；②锅炉主控器非自动；③高压旁路压力调节自动调压。

2）高压旁路跟随压力控制（高压旁路跟随压力控制方式），汽轮机主控器手动调功，高压旁路压力调节自动调压。

同时满足 2 个条件：①汽轮机主控器非自动；②高压旁路压力调节自动调压。

3）锅炉跟随调压，汽轮机手动调功，锅炉主控器自动调压。

同时满足 4 个条件：①汽轮机主控器非自动；②锅炉主控器在自动；③高压旁路压力调节非自动调压；④高压旁路压力调节给定压力偏置 0.8MPa。

（2）汽轮机高、低压旁路自动调节。

汽轮机高、低压旁路系统总共设计有 6 个模拟量自动调节回路，这些调节回路全部具备支持 APS 控制的功能，高压旁路压力调节扩展了机炉协调控制机组并网前的主蒸汽压力调节和并网初期低负荷功率控制。

1）高压旁路压力调节。

高压旁路压力调节回路为单回路 PI 调节，主蒸汽压力给定与高压旁路压力给定偏置的代数和作为调节器给定值 SV，给定偏置设定 0.8MPa 或零值，由高压旁路压力偏置设定指令来选择。当锅炉主控器在手动方式，偏置为零。锅炉主蒸汽压力是过程测量值 PV，SV 与 PV 值形成偏差 Δ 作为高压旁路压力 PI 调节器的输入。机组并网带负荷后，待高压旁路阀关闭，锅炉主控器自举"自动"，SV 值自动偏置 0.8MPa，以使高压旁路阀关闭更为可靠。自动方式下，调节器输出经 M/A 站控制高压旁路压力调节阀。手动时，利用 M/A 站人工远方操作高压旁路压力调节阀。高压旁路阀还具有配合执行 FCB 动作的功能，FCB 动作高压旁路即刻开启，3s 内阀位开度 100%，随后转入压力调节。

2）高压旁路减温调节。

高压旁路减温调节，PI 单回路控制，SV 值给定在 340℃，PV 值是高压旁路出口蒸汽温度（HP TURBINE BYPASS OUTLET STEAM TEMP），主汽压力通过函数转换作为高压旁路减温调节的超前信号与高压旁路减温调节器输出相加后经 M/A 站控制高压旁路减温调节阀。

3）低压旁路压力调节。

低压旁路压力调节，PI 单回路控制，调节器输出同步控制两个低压旁路压力调节阀。SV 值通过函数转换主蒸汽流量而来，PV 值取自锅炉再热器压力。低压旁路压力调节回路也具有快开功能，同样参与 FCB 控制。

4）低压旁路减温调节。

低压旁路减温调节，PI 单回路控制，调节器输出同步控制两个低压旁路喷水调节阀。SV 值设定 170℃。从两只低压旁路压力调节阀出口测量得出蒸汽温度，两侧的低压旁路压力调节阀出口温度测量值经大值比较器取温度高值作为 PV 值。低压旁路压力调节阀位修正后的再热器压力函数是低压旁路减温调节的超前信号。

（3）旁路选择。

既然 CCS 是 APS 的支柱，汽轮机旁路又是 CCS 的基础，因此汽轮机旁路选择是否得当，关系 APS 的成败。

汽轮机采用两级高、低压串联旁路，高压旁路压力调节为一只 40% MCR 容量的调阀，跨接在汽轮机主汽管道和锅炉冷再蒸汽管道之间，旁路了汽轮机的高压缸，高压旁路打开时把主汽（经减温减压）直接引向锅炉冷再管道进入锅炉再热器。高压旁路减温水调节也是调节阀。再热蒸汽分成两路进入汽轮机中压缸，低压旁路跨接在热再管道和汽轮机凝汽器之间，旁路了汽轮机中压缸和低压缸。低压旁路总容量 45%MCR 容量，平均分配给两只安装在两路再热蒸汽管道上的调节阀，汽轮机低压旁路开启后（经减温减压）连通锅炉再热器出口和汽轮机凝汽器。低压旁路减温水同样是液压调节阀。高、低压旁路均具有快开功能。

流量平衡、功能全面、系统安全、造价低廉应该是界定旁路容量选择是否合理的标准。汽轮机旁路容量选择的三原则：

1）最大容量不应超过按照热平衡设计的汽轮机凝汽器冷凝能力；

2）最小容量应维持锅炉工作在不投油稳燃负荷以上；

3）高、低压旁路以及与再热器的匹配应能保证机组 100% 甩负荷时锅炉过热蒸汽顺畅地流通到汽轮机凝汽器，不应产生节流而造成局部超压，再热器和过热器安全门不应动作，但在机组负荷 >75%ECR 时，允许锅炉 PCV 阀即时主动开启。根据长期运行经验，汽包炉可参考不投油最低稳燃负荷在 35%BMCR～45%BMCR 之间取舍，低压旁路阀容量以大于高压旁路阀 5%BMCR 为宜，理论分析和实践都证明，40%BMCR 高压旁路和 45%BMCR 低压旁路有比较好的经济性，既好用又省钱。直流炉可参考锅炉最低循环流量加上 5%BMCR 就是高压旁路阀容量的合理选择。兼顾到旁路快开功能，汽轮机旁路阀应优先选择液压执行机构。

（4）机组启动后到不投油稳燃负荷之前，是 APS 控制范围，锅炉点火、升温升压，汽轮机冲转与带初负荷等过程，其间，如果 CCS 的主汽压力自动调节品质不好，就不是真正的。引入了汽轮机旁路控制，CCS 为 APS 向负荷低端扩展了机炉协调控制，实现了 CCS 主汽压力调节的全程覆盖。机组启动，只要汽轮机高压旁路投入自动，CCS 即刻参与调节。机组停运，CCS 可以一直工作到锅炉油枪全部退出。CCS 能够实现主汽压力全程自动调节，APS 才具有成功的基础。

（5）模拟量自动控制的全程投运。

为解决设备模拟量自动控制的全程投运，采用在启动过程中，通过相应的程控步序，切换到设备操作模块的跟踪回路，跟踪回路中使用重新设计的 PID 回路控制被调对象，因为不同的阶段设备控制的对象、目标、精确度都有可能不同，这样既能控制设备动作的幅度与速率以及被控对象的目标值（设定值），又不影响自动回路的正常模式下的运行，即不执行程控时不会跟踪到增加的 APS 控制回路。

凝汽器补水、除氧器上水、锅炉上水、风烟程控中的风机动叶拉升、磨煤机子程控的磨煤机启动程控中冷风门控制拉升到一次风量，热风门控制磨出口温度、给水泵并泵程控中的拉升给水泵转速到给水母管压力、自动消除两台给水泵转速偏置等都采用此方式。

（6）高/低压加热器自动投入。

加热器的启动往往随汽轮机启动而投运，自动投运的难点在于刚启动时加热器液位难以建立，因此加热器的抽汽电动门最好改为调节门，实现阀门的开度和速率控制。

（7）辅汽系统的四抽、冷再、邻机加热等汽源的自动切换，以解决备用汽源的暖管问题。辅汽压力的稳定是机组安全经济稳定的关键之一，因为辅汽系统的供气对象是重要辅机给水泵、除氧器加热、等离子磨煤机暖风加热等，控制这些辅汽的汽源压力要综合考虑邻机加热、四抽、冷再几路汽源无扰切换，才能保障辅汽压力的稳定。

五、APS 设备系统启停程序判断及人为干预切换设计

1. APS 设备启停本安型开关

APS 从设备控制开始，就以实现安全控制为目标设计运算逻辑确保全自动的 APS 有坚实的运行安全基础。APS 高可靠性的开关量设备控制分别是本安型操作开关和智能化自动选择器。600MW 等级的燃煤机组拥有开关量控制设备 400 余台，冗余设备联锁超过 20 套。

实现 APS 的全程自动首先要从改换单台设备操控方式入手，APS 所用的单台设备本质安全型操作开关逻辑（本安型操作开关），设计方案采取功能分类、控制集中的技术原则，实现的功能有手动操作（MANUAL COMMAND）、自动控制（AUTOMATIC COMMAND）、热工保护（PROTECTION COMMAND）、条件许可（PERMISSIVE CONDITIONS），把多种功能集中在一起形成宏逻辑模块，方便应对不同控制需求。"自动"

"手动"工作方式控制权相互独立，从根本上堵塞了顺序控制自动指令执行过程中可能受到人工操作干预的漏洞，命令控制权限由高到低依次为保护、手动、自动，原理图如图 40-9 所示。

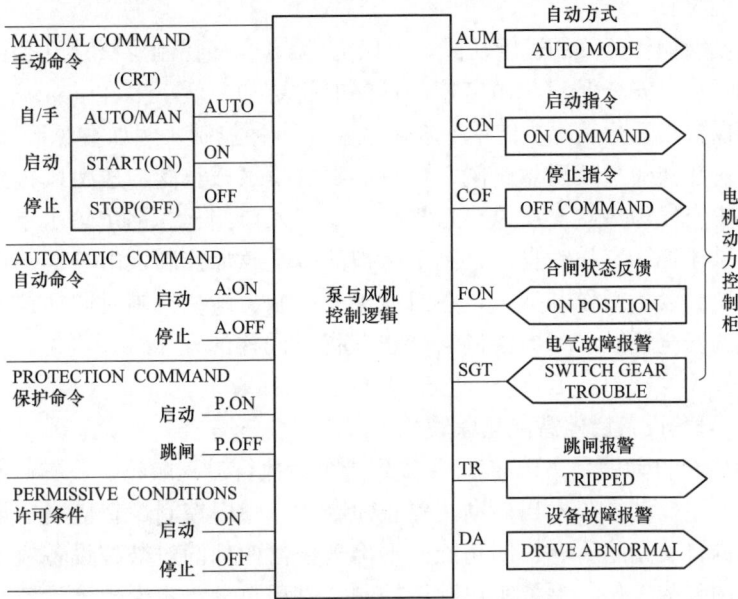

图 40-9　本安型操作开关逻辑原理框图

本安型操作开关工作方式采用 AUOT/MAN 按键选择，自动指令从 AUTOMATIC COMMAND 端口进入，手动操作指令在操作面板上键入 MANUAL COMMAND 端口，经操作开关逻辑运算后形成电动机合闸（ON COMMAND）或分闸（OFF COMMAND）指令，输出到电动机就地控制柜，驱动现场设备。输出控制方式有全开全关型或全开全关带中间停顿型，输出功能有自保持单路输出或自动复位双路输出，输出负载有电动机或电磁阀，可以根据具体用途进行逻辑组合。图 44-4 是自动复位双路输出、全开全关、电动机负载型的操作开关。自带两路报警输出，电动机已跳闸（TRIPPED）和操作开关控制故障（DRIVE ABNOMAL）。DRIVE ABNOMAL 是操作模块的自检功能，一旦检测到逻辑模块内部错误，立即报警并闭锁电动机启动指令。操作开关的 SGT 端口专门用来监视 MCC 故障（MCC TROUBLE）或 PC 开关机构的异常（SWITCH GEAR TROUBLE）。操作开关设有许可条件（PERMISSIVE CONDITIONS）逻辑，允许启动（ON）和允许停止（OFF）信号分别从 PEON、PEOF 端口输入，操作许可条件的设置使设备运行更加可靠，条件不满足相应控制指令将被禁止，以此进一步提高设备安全。

利用这种逻辑模块可以让设备执行自动联锁、顺序控制和自动联动以及保护跳（合）闸等操作。设备之间的自动联动是前序设备有动作关联设备紧随其后作出反应。而保护命令输入端口接收工艺系统或控制装置发出的异常报警，起到"控制可能未达目的，安全却要绝对保证"的作用，根据保护命令既可以立即跳闸在运设备，也可以即刻启动事故备份（如汽轮机事故油泵）。

本安型操作开关的逻辑功能，可以为 APS 全部控制层级建立稳固的安全基础，有了安全保障在制定控制策略时将更加灵活、多样。对一台独立设备可以根据运行工况决定单一控制或重叠多种控制，例如在 APS 导引系统中，过热器喷水减温截止阀、再热器事故喷水截止阀、送引风机出口挡板、锅炉空气预热器二次风出口挡板、烟气入口挡板、锅炉炉水泵等，同时受到顺序控制、联锁自动、热工保护的多重叠加控制，由于这些逻辑都构建在单台设备操作开关上，在组成单元控制、系统控制时同样具备了操作开关的安全性能，APS 控制自然也获得了同样的安全性。可见，通过设备操作开关逻辑夯实了 APS 的安全基础。

2. APS 设备启停智能化联锁

APS 全自动就是 APS 或设备接到指令后执行过程顺畅、连贯，操作人员在向顺序控制系统发出启动、停止命令后，顺序控制逻辑应当在设备管辖范围内自动完成所有控制功能，不出现任何额外的对被控设备改变状态或功能的人为操作。为了实现顺序控制全过程自动，应当杜绝设备联锁的人工投切，顺序控制当中的联锁投切一定要自动完成，就是要求联锁投、切时机必须脱离设备状态的约束，联锁设备运行之前联锁开关应该有选择地自动投入，联锁设备停止之前联锁开关可以适时地自主解除。这是一种无须人工监视、判断、操作的自动联锁工作模式，即所谓智能化联锁。

为 APS 专门设计的智能化联锁能够在顺序控制自动进程中实现联锁自动投/切，智能化联锁设计在并列设备操作开关上，一般按 1 拖 N 的星形结构连接；完成两种功能，一是转发上级控制器自动指令，由逻辑运算后传至操作开关去控制设备；二是自动投/切联锁设备，确保顺控进程的连续顺畅。联锁投/切完全由逻辑算法自动完成，把联锁设备工作的过程要素交由智能化联锁去识别判断，通过对关联设备包括操作开关和 MCC（电动机控制中心）运行状态、工作方式、启停进程的综合逻辑运算，自主决定联锁的控制方式和设备的启停顺序，一旦检测到运行中的设备故障跳闸即时启动电气联锁，或者工艺参数超限马上联动热工联锁。

智能化联锁设计规定"手动"方式（OUT）为自动联锁"工作异常"（ABNORMAL），"自动"（IN）才是自动联锁的正常工作方式。智能化联锁"自动"条件是互为联锁关系的设备操作开关必须全部投入"自动"（AUTO）。智能化联锁不受时序限制，正确区分自动联锁设备的正常启停和事故跳闸，备用设备投入联锁不需要在选定的运行设备启动之后，备用设备切除联锁也不必在已运行设备停运之前，因此联锁的投入或切除不再受设备工作状态的制约。智能化联锁标准工作方式为"无须人工投/切的自动联锁"，如果有 A、B 两台设备的联锁，首次启动设备默认为 A，备用为 B。联锁设备运行中正常轮换为 A 备用、B 运行，智能化联锁会自动记忆，下次正常启动则首先启动设备 B，A 备用。若因需要重新选择运行设备，则先要在操作面板上退出（OUT）智能化联锁自动，再手动选择确定的设备，然后恢复（IN）智能化联锁自动。无论何种原因只要退出智能化联锁自动，系统会立刻报警提示"ABNORMAL"，人工确认后才可以消除。如果发生在顺序控制自动执行过程中，则会马上中断自动进程。所以，运行设备的选择应该在顺序自动控制系统启动之前完成，联锁可以先行投入，这是以前常规设计的设备联锁无法做到。而在机组正常运行中，顺序控制已经退出，设备定期轮换不涉及影响自动进程的问题。智能化联锁能够实时监测下级设备运行状态，自动选择控制的设备，自动判别设备联锁方式，自动检测内部逻辑故障，联锁投/切也不受设备运行状态和时序先后的限制，完全代替人工实现自动联锁而具备智能化控制特性。

双智能化联锁和设备操作开关构成的"复杂智能化联锁"逻辑，采用一拖二的连接方式。在"设备静止"状态下投入（IN）后，有关与电气联锁、热工联锁的所有监测、判定、切换、执行、记忆等功能均由自动联锁逻辑完成，这是智能化连锁的逻辑组合。两台 100% 容量的设备，可以是润滑油泵、风机互为联锁备用，两台设备的两个操作开关挂在同一个智能化联锁控制开关（AUTO SELELCTOR-2 SEQUENCE）。

智能化联锁控制和设备操作开关的连接和操作：

（1）智能化联锁控制开关输出合闸或分闸指令连接到设备操作开关的"AUTOMATIC COMMAND"输入端；

（2）智能化联锁控制开关在"AUTO COMMAND"输入端接收上级逻辑发来的自动命令；

（3）智能化联锁控制开关不设"手动/远方操作"，但提供选择运行设备的界面，人工在 DCS 操作员站的操作面板上按键确认；

（4）智能化联锁控制开关在"LOWER LEVEL STATUS"的输入端全面监测两台设备和操作开关的 I/O 状态，包括 MCC 工作状态反馈信号、操作开关的工作方式（A/M）和输出控制指令；

（5）工艺系统、设备状态或运行参数连接至智能化联锁控制操作开关的许可条件端口（PERMISSIVE CONDITIONS），形成许可条件；

（6）智能化联锁控制开关根据操作开关的工作方式、控制指令和保护报警这三种状态经逻辑判断形成电气联锁指令；

（7）智能化联锁控制开关根据"ADDITIONAL CONDITION"端口输入的设备状态和参数经逻辑判定后形成热工联锁指令，自动加、减设备。

智能化联锁功能特点：

1）工作方式默认为自动，正常工作为自动模式，手动模式属异常（ABNORMAL）报警；

2）首台启动设备自动默认或手动选择；

3）自动记忆前次运行设备，再次启动缺省选择；

4）转发上级控制指令；

5）监测下级设备状态和品质；

6）热工联锁，参数偏离定值、自动增减设备；

7）电气联锁，在运设备跳闸、自动启动备用设备；

8）故障自动检测、报警。

智能化联锁选择除了用于单元级冗余设备联锁控制，例如类似引风机冗余配置的控制油泵和冷却风机；也用在系统级对单元顺序控制进行调度，比如给水系统中两套汽动给水泵的全程启动和退出、汽轮机凝结水系统3台并列凝结水泵的控制，用以适应机组负荷变化自动启停凝结水泵的运行台数，实际上参与了设备的出力调控。所以，智能化联锁应用广泛，不是只适用于冗余设备自动联锁，APS启停过程和机组正常运行中的设备、单元控制同样发挥智能化控制作用。

APS智能化联锁与本安型操作开关或顺控主控器构成的自动联锁逻辑，是新型智能化逻辑构件，其智能化体现在智能化联锁只要投入自动，就不需要人工干预而能够完成自动联锁的全部功能。运行设备选择、许可条件识别、现场设备驱动、内部逻辑自检、联锁投切都由选择器自主决策。而常规的设备联锁，除了在DCS中增加了动作许可条件，联锁投、切过程和原始的硬手操基本没有区别，无法适应APS全自动控制。因此，要想实现APS，其智能化联锁是必须选项。

3. APS与开关量和模拟量控制

开关量和模拟量控制的"交叉引用、条件自举"；手动、自动伺服、自动调节三种模式中MCS回路M/A的"设备"在启动前的切换；模拟量调节回路的"超驰自举纠偏、自举投自动"；开关量设备M/A切换方式的"本安"操作；智能自动选择器的联锁"设备静止"自动投、切；"汽轮机旁路跟随"的全程CCS；电动给水泵/汽动给水泵以及汽动给水泵全自动并列/解列；锅炉给水、风烟系统顺控的"一键启停"；锅炉燃料调节的"磨煤机出力自动计算/自动启停控制"；锅炉制粉系统的（给煤出口温度、风量MCS调节＋风/温解耦＋磨煤机SCS控制）"一键启停"；APS的多线程控制；函数定量调节；超驰控制；入炉煤的热量自动校正；APS适用的锅炉超前预估BIR（Boiler Input Regulation control）控制；DEH、MEH和BMS与MCS或CCS的自动交互连接、安全认证。

4. APS程序设计及组态审查和确认

建设单位组织成立APS小组，明确组织架构，领导牵头解决设计、设备、安装、调试、试验等各阶段出现的问题。同时，APS小组组织对APS程序设计和组态进行审查、确认，并在调试过程中经常启停设备和系统以验证程序的准确性、合理性和科学性。再者，为APS调试试验预留合理的工期。

5. APS 模拟试验

（1）在 DCS 上，通过强制点、逻辑进行 APS 静态模拟试验验证程序的正确性；

（2）借助仿真系统，进行 APS 模拟实验，为现场调试奠定基础。

第六节 APS 调 试

一、APS 调试技术安全措施

依据 DL/T 5437—2022《火力发电建设工程启动试运及验收规程》规定和机组建设单位的调试要求，在单元机组各系统及相关用户通道安装结束，完成设备单体调试及分系统的调试工作后，进行 APS 功能（子）组 APS 调试，以确认设备运行性能良好，功能（子）组控制系统工作正常，APS 各调用步序满足工艺要求。

APS 调试至少应达到下述目的：

1）确保所有功能组所属的控制系统回路接线正确，符合技术规范的要求；

2）确保所有功能组所属的控制系统硬件符合技术要求；

3）确保所有功能组所属的控制系统软件参数，设置合理；

4）确保所有功能组所属的操作画面符合运行技术要求，功能正常；

5）确保所有功能组所属的辅机联锁保护动作正常；

6）确保功能（子）组步序设计合理，控制逻辑符合生产工艺运行的技术要求。

1. APS 调试组织安全措施

（1）调试单位应全面了解掌握锅炉、汽轮机以及各辅助热力设备的设计、运行及控制要求，编制至少组一级程控的试验方案或措施，并组织建设、运行、设计、施工等有关单位进行审查，经批准后实施。

（2）必须事前完成"按 APS 启停方式"的相关分系统的启动检查卡、安全注意事项及危险源辨识等文件，并在 APS 相关的组级程控、子程控调试时不断完善这些文件。

（3）正常调试程序必须坚持：

1）热控和电气保护定值修改的审批程序；

2）APS 及 DCS 控制逻辑方案修改的审批程序；

3）热工和电气保护临时退出的审批程序；

4）调试全过程中的事前策划、事中控制、事后纠偏工作。

2. APS 调试技术措施

调试过程中坚持执行的原则。

（1）单体操作必须在 DCS 上进行，且相关保护系统投入、系统启动必须使用程控启动；

（2）试运过程中，根据机组实际情况尽早投入自动，优化调节品质，提高自动智能化水平；

（3）优化自动控制系统在各个工况下的调节品质，保障自动控制能力符合 APS 的要求；

（4）APS 启停程序调试中的静态试验和动态试验必须进行验收，以最大程度满足实际运行。

3. APS 试验前必须具备的条件

APS 调试是与机组分系统试运、整套启动试运行结合穿插进行，机组在分系统调试完毕，具备分系统启动条件时，进行 APS 冷态测试，在测试过程中不断总结、发现并解决问题，优化 APS 程序步骤，确保逻辑正确无误，与原有设计的联锁保护能够很好地配合动作。在静态测试完毕后，进行热态使用调试，实际带系统进行 APS 调试，经过几轮优化完善后，最终达到机组 APS 的设计目标，能够正常投入使用。

APS 试验前必须具备的条件：

（1）各系统主设备及其附属设备安装完毕，并经验收签证，设备及阀门已挂牌；

（2）转动设备电机经解列单独试转正常，转向正确，温度、振动值显示正常；

（3）各阀门单体调试结束，开、关动作正常，限位开关就地位置及 CRT 状态显示正确，操作灵活，无卡涩；

（4）热工仪表及电气设备安装、校验完毕，并提供有关仪表及压力、温度、振动等开关的校验清单，显示正常，量程正确；

（5）转动设备事故跳闸按钮安装完毕，经试验动作正常；

（6）油站已注入合适的润滑油，油循环结束，油质化验合格，油站单转试验结束，已确认运行状况良好，参数正常，CRT 状态显示正确；

（7）转动设备轴承已注入合格的润滑油脂；

（8）调试组织和监督机构已成立；

（9）逻辑及画面校验工作已完成；

（10）危险源已排查确认，试运现场已清理干净，安全、通信措施已落实，试运区域已设安全围栏并挂牌标示；

（11）试验步骤及内容、危险源及安措已完成技术交底；

（12）配合仪控调试人员到场，包括施工调试单位、DCS 厂家、生产单位。

二、APS 仿真试验和测试

APS 调试一般分为仿真测试、静态试验和动态投运 3 个阶段。一般应按照先下层后上层的顺序，依次投入各工艺系统，实现机组启动和停运过程的自动控制。

APS逻辑和画面组态完成后要进行系统仿真试验和测试，仿真试验的目的是检查逻辑设计的合理性和画面组态及连接的正确性，包括：

（1）上层公用逻辑的仿真试验；

（2）断点的仿真试验。

APS工程要先建设一套仿真系统，并确保仿真机房具备投用条件，机组调试前，先建好机组模型后，在仿真机上对APS控制逻辑进行调试、仿真，模拟机组启动和停运过程中的各个工况，对自启停控制系统的功能组、全程控制策略、机组级控制系统进行全面测试，以验证逻辑组态和画面连接的正确性。通过提前在仿真系统上对APS进行反复测试，确保其组态逻辑的正确性，减少调试期间的程序错误风险，缩短调试时间，保障APS功能成功实施。

仿真一般有三种方式：

（1）"一比一"在DCS控制系统直接仿真；

（2）虚拟控制器（VDPU）模拟仿真；

（3）第三方仿真系统（激励式或者翻译式），该种仿真系统需要与DCS进行软硬件接口设计。

按照仿真系统原理，APS仿真系统与DCS及其APS之间的关系如图40-10所示。

三、APS调试及投运

1. APS现场静态调试

在现场调试阶段，应组织成立以调试单位为主，建设单位、DCS厂家、各制造厂、设计院共同参加的APS专项调试小组，同步进行APS应用调试。将APS的调试充分融合进常规调试中，有效利用常规调试期间的零散空闲时间和调试成果。对调试过程中出现的问题及时闭环处理，确保APS顺利实施。

机组断点的静态调试是和仿真试验同时进行的，功能的静态调试是把相关设备（泵和风机等）打到试验位置，电动门、调节门尽量实际开关，不能实际开关的要做好隔离措施，保证能实际开关电动门和调节门，强制不满足的条件，启动功能组，模拟功能组的启动过程，试验每一步是否能够正常进行下去。

（1）首次整组启动APS的断点调试不采用顺控连续执行的方式，可以采用单步执行的方式进行机组启动/停止，第二次及以后的启动中均采用顺控连续执行启动。首次整启动时，收集机组启动/停止的各个步骤及每步的等待时间等参数，进一步完善和优化APS逻辑，为APS顺利投运做好准备。

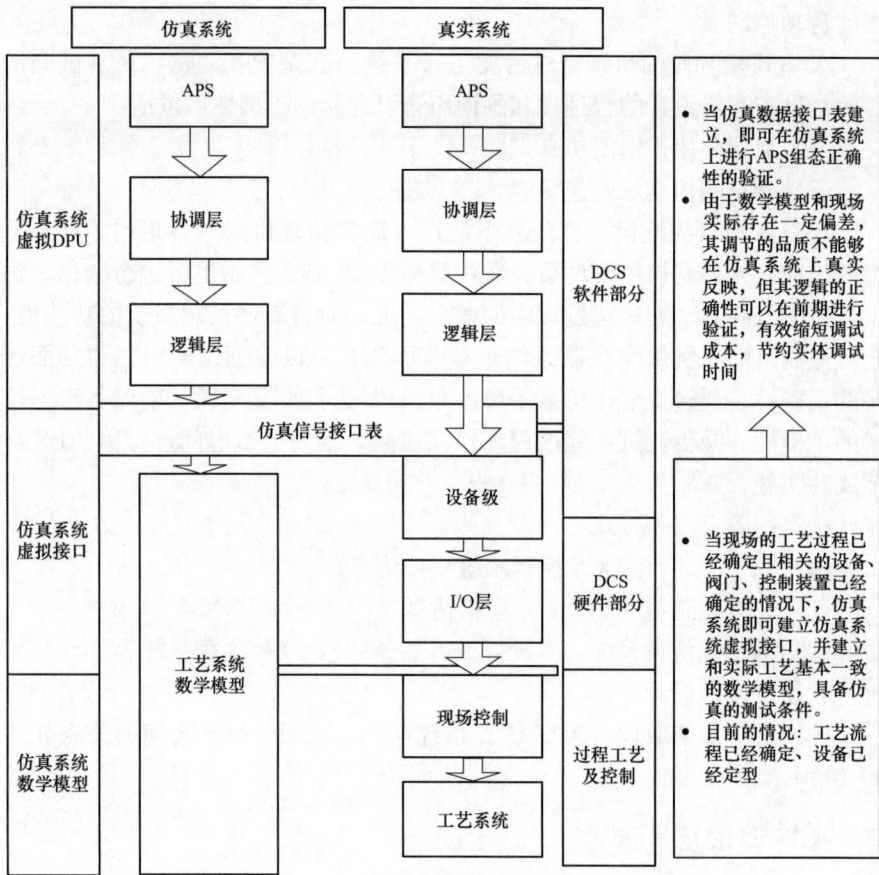

图 40-10　APS 仿真系统与 DCS 之间的关系

（2）APS 单步执行时，每一步启动完毕，进行详细的检查，是否有遗漏的项目还没有启动或没有考虑进 APS 的逻辑里面，确保条件的确满足后，才能继续执行下一步，并做好记录，为 APS 的逻辑优化和完善做好准备。

（3）在 APS 投运前，先详细罗列 APS 的执行步骤和过程，使所有参与试验的人员心中有数。

（4）MCS、SCS、FSSS、DEH、MEH 等系统的负责人要密切配合 APS 的投运试验。

（5）初步设置 APS 的各步的等待时间、超时时间等有关参数并确认。

（6）在指挥组的统一指挥下，投入 APS 启动/停止，由 APS 启动/停止机组。

（7）密切监视系统的动作情况。如系统没有按预定的程序动作，则应迅速将系统切回手动，并重新检查系统的有关参数及系统的接线。如系统的故障能迅速消除，则将系统障碍消除后，将系统继续投运。如系统的障碍无法迅速消除，则将系统退出。

（8）所有设备在 APS 静态调试试验时，均必须在保护静态或者动态校验完毕的情况下，在 DCS 上模拟启动；且分系统静态调试前必须进行安全技术交底签字，完成程控模拟试验；并事先必须组织人员进行危险源辨识与风险评估，程序启动时组织人员进行现场监护，保障人员与设备安全。

2. APS 现场系统联调

由于机组投运时间限制，我国 APS 现场联调是与机组分系统、整体启动时运结合穿插进行，机组在分系统调试完毕，具备分系统启动条件时，进行 APS 冷态测试，在测试过程中不断总结、发现并解决问题，优化程序步骤，确保逻辑正确无误，与原有设计逻辑联锁保护能够很好配合动作。静态调试完毕后，进行热态使用调试，实际带系统进行 APS 调试，经过多轮优化完善后，最终达到机组 APS 的设计目标，能够正常投入使用。

APS 调试的主要系统，主要有：汽轮机闭式循环水系统启动、汽轮机电动给水泵冷却水启动、汽轮机电动给水泵润滑油启动、汽轮机电动给水泵启动、汽轮机辅机循环水启动、汽轮机凝补水系统启动、汽轮机凝结水系统启动、汽轮机汽动给水泵润滑油站启动、汽轮机上水功能组、汽轮机电动给水泵给水管道注水功能组、汽轮机汽动给水泵给水管道注水功能组、锅炉自动干湿态转换功能组、锅炉冷态循环冲洗功能组、锅炉上水冲洗断点启动功能组、锅炉上水准备断点启动功能组、风烟系统启动功能组、等离子点火装置准备功能组、机组启动准备断点启动功能组、锅炉点火升温断点启动功能组、机组自动并网功能组。

APS 现场联调必须严格执行安全措施。所有设备及系统进行 APS 连锁调试试验时，均必须在保护校验完毕的情况下，在 DCS 上试验；且调试前必须进行安全技术交底签字，完成程控模拟试验；并坚持分系统联调启动前按照程序启动方式进行。另外，事先必须组织人员进行危险源辨识与风险评估，程序启动时组织人员进行现场监护，保障人员与设备安全。

如给水控制系统的联调试：

（1）汽动给水泵程控启动可采用模拟人工启动时在汽动给水泵控制系统（MEH）上的操作，通过程控步序发指令给 MEH 执行，当 MEH 与分散控制系统（DCS）采用一体化设计时，控制比较简单，否则，DCS 与 MEH 采用的通信设备必须具有读写双向功能，便于 DCS 进行程控编程，同时，DCS 与 MEH 的通信设备应尽早调试。

（2）为解决锅炉上水、干湿态切换等问题，应设计采用增加给水主控回路的整体架构，一般包括：中间点温度控制（中间点温度偏置）、给水控制（给水主控）、汽动给水泵 A 控制（给水泵汽轮机 A 转速控制）、汽动给水泵 B 控制（给水泵汽轮机 B 转速控制）、主给水旁路调阀控制，给水流量的设定值由给水主控回路给出，干湿态设定值由不同的回路产生。

启动时给水流量设定值赋予给水旁路，主给水阀切换后赋予给水泵。采用启动时给水旁路阀控制给水流量，给水泵控制给水压力，在满足一定条件下：如给水旁路阀开度大于 85%、压差小于 3MPa、主阀离开关位、给水流量大于 850t/h 等，自动开启主给水电动阀，切换到给水泵控制给水流量的正常模式这种方法，在调试过程调整给水旁路阀与给水泵流量控制切换点，这样就能完全实现给水全过程控制的无扰自动切换。

（3）采用程控方式进行给水泵的自动并泵，当机组启动到需要启动第二台给水泵时，进行并泵时执行自动并泵子程序，先保持投用给水泵自动，先拉升需要并入给水泵转速到给水母管压力然后开给水泵出口门，投入并入给水泵自动，然后自动消除两台给水泵转速偏置完成自动并泵。

这种程控方式的控制本质上就是模拟了人工并泵与解列，不需要加装给水泵再循环流量装置，实际上由于给水泵出口压力与除氧器压力有巨大的压力差（如 30MPa），即使加装给水泵再循环流量装置也无法测量准确。

3. APS 投入运行

（1）APS 启动允许条件（AND）。

1）投入 APS 前，必须投入相关的外围系统，包括工业水系统、化学凝补水系统、灰处理系统等具备投入条件、发电机充氢等已准备好、脱硫电除尘系统准备好。

2）以上不做逻辑判断，运行人员判断，确认以上检查卡检查完毕后，操作员按下确认按钮。

（2）APS 投入运行。

1）APS 启动模式选择：①手动选择 APS 启动模式按钮，选择冷态、稳态、热态、极热态启动方式；②或者选择 AUTO，机组根据 DEH 系统给出的冷态、稳态、热态、极热态状态确定机组的。

2）APS 启动模式选定后，若 APS 投入其他允许条件都满足时（可以设计当 APS 投入允许条件至少有一项不满足时，采用弹出窗口进行提示），点击 APS 投入按钮，投入 APS。

3）选择启动断点，可以选择锅炉点火、汽轮机冲转、汽轮发电机并网等任一断点启动。

4）APS 启动过程中，当顺序控制系统接收到机组控制级启动指令后，APS 向机组的各个子控制系统发出指令，子系统协调完成机组自启停。机组从起始状态按程序控制步序启动至某一负荷，其启动过程需按照设置的启动断点进行确认，且需按下操作按钮后才能自动进行。当机组启动控制功能执行完毕后，发出完成信号至主控系统，即 APS 控制结束。

5）APS 投入运行过程中，事先必须组织人员进行危险源辨识与风险评估，程序启动时组织人员进行现场监护，保障人员与设备安全。

第七节　APS　维　护

一、工艺系统自动启停维护

（一）定期工作自动执行维护

根据设备的运行时间和顺序、设备定期工作内容、周期以及设备健康度，按照设备轮换管理要求，在保证机组工艺安全的前提下定期自动启停相关设备，实现长期运行设备的定期轮换及定期试验。

（1）可采用系统提示与运行人员确认的方式实现定期工作自动执行。可包括但不限于：

1）送风机油泵定期切换；

2）引风机油泵定期切换；

3）引风机冷却风机定期切换；

4）一次风机油泵定期切换；

5）火检冷却风机定期切换；

6）等离子载体风机定期切换；

7）等离子冷却水泵定期切换；

8）密封风机定期切换；

9）主机润滑油排烟风机定期切换；

10）密封油排烟风机定期切换；

11）真空泵定期切换；

12）定子冷却水泵定期切换；

13）闭式循环水泵定期切换；

14）凝结水泵定期切换。

（2）结合智能规划方法，在保证机组工艺安全的前提下实现长期未运行设备的定期试转和相关系统与设备的定期试验，可采用系统提示与运行人员确认的方式实现。可包括：

1）凝结水泵定期试转；

2）密封油备用油泵定期试转；

3）真空严密性定期试验；

4）柴油机定期运行试验；

5）真空泵定期试转。

（3）根据定期工作清单，自动进行定期工作条件的状态确认，并进行操作提醒；

（4）定期工作执行过程无人干预，自动生成定期工作记录，减少运行人员工作量；

（5）定期工作自动执行过程中，数据应实时上传分析对比，出现异常自动中断程序，恢复设备原运行状态，并生成设备异常报告。

（二）机组运行期间设备自动启停

（1）在机组运行过程中，尽可能简化或减少运行人员操作为原则，实现复杂、频繁工艺系统的操作自动化执行功能。

（2）自启停功能应设计有相应工艺系统安全联锁闭锁逻辑，防止运行期间设备误操作启停。

二、APS 日常维护

（1）日常运维中，由于自动控制逻辑不仅考虑稳态投入时的调节品质，也要考虑启动、停止过程的调节能力，所以，日常及时优化自动控制在各种工况下的自动调节回路的调节品质，保障自动控制能力符合 APS 的要求。

（2）日常运维中严格执行安全措施。所有设备在切换试运、检修试运，或者 APS 调试试验试运时，均必须在保护校验完毕的情况下，在 DCS 上启动；且分系统调试前必须进行安全技术交底签字，完成程控模拟试验；并坚持分系统启动前按照程序启动方式进行。

（3）所有设备在切换试运、检修试运，或者 APS 调试试验试运时，事先必须组织人员进行危险源辨识与风险评估，程序启动时组织人员进行现场监护，保障人员与设备安全。

三、APS 故障处理原则

APS 故障处理原则见表 40-3。

表 40-3　APS 故障处理原则

故障类型	子类	引起后果	对 APS 影响	采取措施	备注
测点故障（处理后）	判据参数	判据条件不足	中断 APS 程序执行	暂停、报警，等待人工处理（中止或跳步）	
	被调参数	回路切手动	影响 APS 执行过程时间	报警，允许人工干预	
设备故障	泵、风机	引起参数不满足	造成完成判据不满足，影响 APS 下一步程序执行	报警并等待，提示人工干预	非冗余设备或冗余设备联锁启动失败
	两位式	开关不到位	影响当前执行后判据	提示，允许人工干预（跳步）	
	调节式	机构反馈偏差大	某些反馈作为顺控启动的依据（如风机动叶开度<5%）	提示，允许人工干预（跳步）	
	独立装置		影响断点执行	提示报警，等待人工处理	当功能组看待

故障类型	子类	引起后果	对 APS 影响	采取措施	备注
过程参数		上级断点完成判据不满足或引起当前允许条件不满足	影响断点执行，暂停	暂停当前断点，等待处理故障断点恢复，再执行本断点程序，否则本断点复位	运行断点过程中，如上级断点出现设备跳闸或引起过程参数异常

　　APS 并不能够"一键启停"，实现"一键启停"功能的是参与 APS 的热工控制系统，热工控制系统若要"一键启停"，构成的逻辑必须要"智能化"。所以，智能化的热工控制系统成就了 APS，一个能用且好用的 APS 必定要由智能化的逻辑构成。所以，APS 技术是实现火电厂数字化和智能化的重要环节，具有广阔的应用前景。

　　张清健，张海安《1000 MW 超超临界机组自启停控制系统开发策略及应用》阐述采用面向对象的程序设计思想对 APS 技术进行重新规划和设计，以及华润海丰电厂以软件工程开发的思想对 APS 项目进行全周期管理，技术开发过程中以面向对象的编程思想对 APS 技术框架、重要功能组进行设计的范例，对提高 APS 技术的智能化程度，增强其可扩展能力具有非常重要的意义，也是我们将来可以借鉴的思路。

参 考 文 献

[1] 吴石林，张玘．误差分析与数据处理．北京：清华大学出版社，2010.

[2] 谢文芳，胡莹，段俊．统计与数据分析基础．北京：人民邮电出版社，2021.

[3] 何道清，谌海云，张禾．仪表与自动化．2版．北京：化学工业出版社，2011.

[4] 潘汪杰，文群英．热工测量及仪表．北京：中国电力出版社，2015.

[5] 丁轲轲．自动测量技术．北京：中国电力出版社，2004.

[6] 赵燕平，杨平．电厂热工测量装置及控制系统实验技术．北京：中国电力出版社，1995.

[7] 第26届国际计量大会（CGPM）大会决议中文版，中国计量科学研究院，1995.

[8] 王永建，史西银，许红彬．火电厂热工保护原理及应用．北京：中国电力出版社，2009.

[9] 侯子良，刘吉川．锅炉汽包水位测量系统．北京：中国电力出版社，2005.

[10] 何适生．热工参数测量及仪表．北京：中国电力出版社，1998.

[11] 袁任光．集散型控制系统应用技术与实例．北京：机械工业出版社，2003.

[12] 肖大雏．超超临界机组控制设备及系统．北京：化学工业出版社，2008.

[13] 王锦标，方崇智．过程计算机控制．北京：清华大学出版社，1992.

[14] （美）Char leszhu. 张建，袁晓辉，等译．以太网技术入门与实现北京：机械工业出版社，1998.

[15] 肖大雏．控制设备及系统．北京：中国电力出版社，2006.

[16] 吴才章．集散控制系统技术基础及应用．北京：中国电力出版社，2011.

[17] 牛玉广，范寒松．计算机控制系统及其在火力发电厂中的应用．北京：中国电力出版社，2002.

[18] 边丽秀，周俊霞，赵劲松．热工控制系统．北京：中国电力出版社，2001.

[19] 高伟．计算机控制系统．北京：中国电力出版社，2000.

[20] （美）Andrew S. Tanenbaum. 陆丽娜，伍卫国，刘隆国，等译．分布式操作系统．北京：电子工业出版社，2008.

[21] 张秋生．火力发电厂分散控制系统典型故障应急处理预案（和利时MACSV6系统）．北京：中国电力出版社，2012.

[22] 沈从奇．火力发电厂分散控制系统典型故障应急处理预案（艾默生Ovation系统）．北京：中国电力出版社，2012.

[23] 周明德．微型机接口电路及应用．北京：清华大学出版社，1987.

[24] （美）Jan. Axelson. 精英科技译．串行端口大全．北京：中国电力出版社，2001.

[25] 金以慧．过程控制．北京：清华大学出版社，1987.

[26] 王永华．现场总线技术应用教程．2版．北京：机械工业出版社，2012.

[27] 国家能源局．防止电力生产事故的二十五项重点要求（国能发安全〔2023〕22号）[Z].北京：国家能源局，2023.

[28] 张清健，张海安 . 1000MW 超超临界机组自启停控制系统开发策略及应用 . 广西电力 Vol. 42 No. 4 Aug. 2019，46-51.

[29] 吴晓干 . DCS 联合 APS 系统在火电机组中的应用 . 现代工业经济和信息化 Total of 199，No. 1，2021，92-93.

[30] 中国动力工程学会 . 火力发电设备技术手册　第三卷　自动控制 . 北京：机械工业出版社，2005.

[31] 张玉铎，王满稼 . 热工自动控制系统 . 北京：水利电力出版社，1984.

[32] 李士勇 . 模糊控制 . 神经控制和智能控制理论 . 哈尔滨工业大学出版社，1996.

[33] 西安热工研究院 . 超临界、超超临界燃煤发电技术 . 北京：中国电力出版社，2008.

[34] 朱北恒 . 火电厂热工自动化系统试验 . 北京：中国电力出版社，2008.

[35] 侯子良 . 锅炉汽包水位测量系统 . 北京：中国电力出版社，2005.

[36] 高翔 . 现代电网频率控制应用技术 . 北京：中国电力出版社，2010.

[37] 张秋生，梁华，胡晓花，等 . 超超临界机组的两种典型协调控制方案 [J]. 中国电力，2011，44（10）：74-79.

[38] 张秋生 . 提高机炉协调控制系统 AGC 响应速率的方法 [J]. 电网技术，2005，29（18）：49-52.

[39] 张秋生，梁华，胡晓花 . 基于区域并网的 AGC 和一次调频控制回路的改进 [J]. 热力发电，2010，39（7）：69-71.

[40] 张秋生，岳建华，赵军，等 . 超临界机组的给水自动控制策略 [J]. 华北电力技术，2007，9：26-29.

[41] 张秋生，岳建华，赵军，等 . 600MW 超临界直流锅炉启动系统的控制 [J]. 华北电力技术，2007，8：40-44.

[42] 张秋生 . 大型火电机组一次调频参数的设置及其对协调控制系统稳定性的影响 [J]. 河北电力技术，2004，23（5）：9-11.

[43] 张秋生，刘磊，吴志刚 . 闭环优化控制系统在火电厂中的应用及前景 [J]. 中国电力，2019，52（1）：174-178.

[44] 张秋生，贾强邦，尹峰 . 火力发电机组辅机故障减负荷常见问题及技术规程的制定 [J]. 中国电力，2016，49（11）：145-148.

[45] 康静秋 . 国华锦界能源有限责任公司 1 号机组 A 修 RUNBACK 试验报告 [R]. 华北电科院，2013.

[46] 康静秋 . 国华锦界能源有限责任公司 2 号机组 A 修 RUNBACK 试验报告 [R]. 华北电科院，2013.

[47] 吕剑虹 . 特征结构下多变量预测控制系统的闭环反馈结构及其应用 [J]. 控制理论用，1992，9（2）：72-78.

[48] 韩忠旭，张智 . 状态观测器及状态反馈控制在亚临界锅炉蒸汽温度控制系统中的应用 [J]. 中国电机工程学报，1999，19（11）：76-80.

[49] 冯晓露 . 智能控制在电厂主蒸汽温度控制系统中的应用研究 [P]. 浙江大学博士论文，2006.

[50] 韩京清 . 自抗扰控制技术 [J]. 前沿科学，2007，1：24-31.

[51] 韩京清 . 从 PID 技术到"自抗扰控制"技术 [J]. 控制工程，2002，9（3）：13-18.

[52] 冯伟忠 . 1000MW 级火电机组旁路系统作用及配置 [J]. 中国电力，2005，38（8）：53-56.

[53] 包海林，徐向阳，李兴旺 . SLUZER 旁路系统在 600MW 机组的应用 [J]. 内蒙古电力技术，2006，24（2）：20-23.

国家能源集团
CHN ENERGY

技术技能培训系列教材

电力产业（火电）

热工控制

（上册）

国家能源投资集团有限责任公司　组编

中国电力出版社
CHINA ELECTRIC POWER PRESS

内 容 提 要

本系列教材根据国家能源集团火电专业员工培训需求，结合集团各基层单位在役机组，按照人力资源和社会保障部颁发的国家职业技能标准的知识、技能要求，以及国家能源集团发电企业设备标准化管理基本规范及标准要求编写。本系列教材覆盖火电主专业员工培训需求，作者均为长期工作在生产第一线的专家、技术人员，具有较好的理论基础、丰富的实践经验。

本教材为《热工控制》分册，为了满足热控专业人员的培训需要，本教材针对目前应用于火电机组最新的控制技术进行了编写与论述。本教材共四十章，详细讲述热工测量仪表与执行机构、分散控制系统（DCS）、现场总线控制技术（FCS）、热工过程自动控制、锅炉保护与热工程控、汽轮机控制系统、机组级程序控制系统（APS）等内容。

本教材可作为国家能源集团热工人员进行职业技能考核鉴定前的培训和自学教材，也可作为高校学生和工程技术人员的参考用书。

图书在版编目（CIP）数据

热工控制/国家能源投资集团有限责任公司组编. -- 北京：中国电力出版社，2024. 11.
（技术技能培训系列教材）. -- ISBN 978-7-5198-9003-2

Ⅰ. TM621.4

中国国家版本馆 CIP 数据核字第 2024Y7D533 号

出版发行：中国电力出版社
地　　址：北京市东城区北京站西街 19 号（邮政编码 100005）
网　　址：http://www.cepp.sgcc.com.cn
责任编辑：宋红梅　娄雪芳（010-63412375）　董艳荣
责任校对：黄　蓓　郝军燕　李　楠
装帧设计：张俊霞
责任印制：吴　迪

印　　刷：三河市万龙印装有限公司
版　　次：2024 年 11 月第一版
印　　次：2024 年 11 月北京第一次印刷
开　　本：787 毫米×1092 毫米　16 开本
印　　张：101.5
字　　数：1967 千字
印　　数：0001—2600 册
定　　价：395.00 元（上、中、下册）

技术技能培训系列教材编委会

主　　任　王　敏
副 主 任　张世山　王进强　李新华　王建立　胡延波　赵宏兴

电力产业教材编写专业组

主　　编　张世山
副 主 编　李文学　梁志宏　张　翼　朱江涛　夏　晖　李攀光
　　　　　蔡元宗　韩　阳　李　飞　申艳杰　邱　华

《热工控制》编写组

编写人员　（按姓氏笔画排序）
　　　　　张秋生　沈铁志　范国朝　柯　炎　潘书林　冀树春

序　言

习近平总书记在党的二十大报告中指出，教育、科技、人才是全面建设社会主义现代化国家的基础性、战略性支撑；强调了培养造就更多大师、战略科学家、一流科技领军人才和创新团队、青年科技人才、卓越工程师、大国工匠、高技能人才的重要性。党中央、国务院陆续出台《关于加强新时代高技能人才队伍建设的意见》等系列文件，从培养、使用、评价、激励等多方面部署高技能人才队伍建设，为技术技能人才的成长提供了广阔的舞台。

致天下之治者在人才，成天下之才者在教化。国家能源集团作为大型骨干能源企业，拥有近 25 万技术技能人才。这些人才是企业推进改革发展的重要基础力量，有力支撑和保障了集团公司在煤炭、电力、化工、运输等产业链业务中取得了全球领先的业绩。为进一步加强技术技能人才队伍建设，集团公司立足自主培养，着力构建技术技能人才培训工作体系，汇集系统内煤炭、电力、化工、运输等领域的专家人才队伍，围绕核心专业和主体工种，按照科学性、全面性、实用性、前沿性、理论性要求，全面开展培训教材的编写开发工作。这套技术技能培训系列教材的编撰和出版，是集团公司广大技术技能人才集体智慧的结晶，是集团公司全面系统进行培训教材开发的成果，将成为弘扬"实干、奉献、创新、争先"企业精神的重要载体和培养新型技术技能人才的重要工具，将全面推动集团公司向世界一流清洁低碳能源科技领军企业的建设。

功以才成，业由才广。在新一轮科技革命和产业变革的背景下，我们正步入一个超越传统工业革命时代的新纪元。集团公司教育培训不再仅仅是广大员工学习的过程，还成为推动创新链、产业链、人才链深度融合，加快培育新质生产力的过程，这将对集团创建世界一流清洁低碳能源科技领军企业和一流国有资本投资公司起到重要作用。谨以此序，向所有参与教材编写的专家和工作人员表示最诚挚的感谢，并向广大读者致以最美好的祝愿。

2024 年 11 月

前　言

近年来，随着我国经济的发展，电力工业取得显著进步，截至 2023 年底，我国火力发电装机总规模已达 12.9 亿 kW，600MW、1000MW 燃煤发电机组已经成为主力机组。当前，我国火力发电技术正向着大机组、高参数、高度自动化方向迅猛发展，新技术、新设备、新工艺、新材料逐年更新，有关生产管理、质量监督和专业技术发展也是日新月异。现代火力发电厂对员工知识的深度与广度，对运用技能的熟练程度，对变革创新的能力，对掌握新技术、新设备、新工艺的能力，以及对多种岗位工作的适应能力、协作能力、综合能力等提出了更高、更新的要求。

我国是世界上少数几个以煤为主要能源的国家之一，在经济高速发展的同时，也承受着巨大的资源和环境压力。当前我国燃煤电厂烟气超低排放改造工作已全面开展并逐渐进入尾声，烟气污染物控制也已由粗放型的工程减排逐步过渡至精细化的管理减排。随着能源结构的不断调整和优化，火电厂作为我国能源供应的重要支柱，其运行的安全性、经济性和环保性越来越受到关注。为确保火电机组的安全、稳定、经济运行，提高生产运行人员技术素质和管理水平，适应员工培训工作的需要，特编写电力产业技术技能培训系列教材。

本教材为《热工控制》，是以火力发电厂的热工测量与执行机构、控制技术基础知识与现行有效的热工相关国家标准和行业标准相结合为基础，阐述了火电厂热工测量与控制中涉及的一些基本概念、维护方法和调试中应注意的问题，能够覆盖热工检测、执行机构、分散控制系统、自动控制、程控与保护、汽轮机数字电液控制系统的培训需求。

本教材将基本知识、专业知识和操作技能有机地结合起来，重点介绍了操作方法和维护技术，有利于培养学员的实际操作能

力，具有很强的基础性和实用性。本教材不仅可作为火电厂热工人员的技术技能培训教材，也可作为高校学生和工程技术人员的参考用书。

编写组

2024 年 6 月

目 录

第二篇 分布式控制系统

（中册）

第四篇　热工过程自动控制

第六篇　汽轮机控制系统

第七篇　机组级程序控制系统（APS）

第一篇　热工测量仪表与执行机构

第一章　热工测量基础知识

热工测量是指在热工过程中对各种热工参数，比如温度、压力、流量、物位等的测量（热力发电厂中，有时也把成分分析、转速、振动等列入其中）。

在火力发电的过程中，通过热工测量能够及时地反映热力工艺设备以及热力工艺系统的运行工况，为操作人员提供操作依据，并且为热力系统的自动控制准确及时提供所需要的指令信号。因此，热工测量是保障热力设备安全、经济运行及实现自动化控制的必要条件。

火力发电厂热力生产过程控制系统的组成框图如图 1-1 表示。

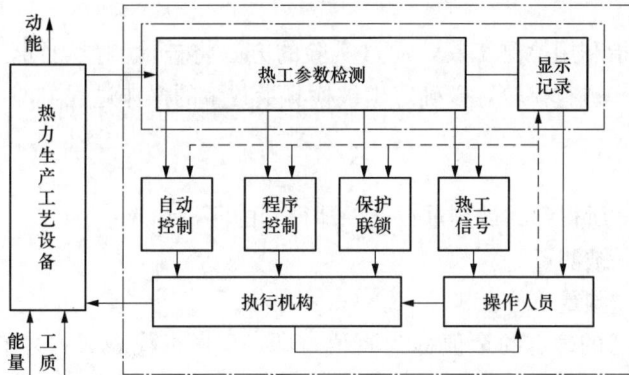

图 1-1　火力发电厂热力生产过程控制系统的组成框图

热工测量仪表由感受件、中间件和显示件等，以及信号传输通道构成。感受件直接与被测量对象相联系，感受被测参数的变化，并将被测参数信号转换成相应地便于进行测量和显示。若同步或分时测量多个被测参数，则称为多路测量系统。热工测量工作内容主要如下。

（1）按照安全经济生产、改善劳动条件和提高劳动生产率的要求，选择被测参数和相应的仪表，确定取样位置（即测点），设计热工测量系统、控制盘台和控制室。

（2）检定测量器具。

（3）安装、调试和维护测量器具与测量系统。

（4）配合热力试验的特殊测量。

随着火力发电厂发电机组向着高参数、大容量的发展，自动化程度不断提高，对热工测量技术的要求也越来越高。目前一套大型发电机组安装的测点多达数千个；据有关统计，350MW 机组的 I/O 测点达 8000 多点，而 660MW 超超临界机组的 I/O 测点达 10 000 多点，1000MW 超超临界机组的 I/O 测点达 12 000 多点，使得热工测量的任务量越来越庞大。

进入 21 世纪，随着科学技术的迅猛发展，尤其是电子产品、计算机和通信技术日新月异的变化，新材料、新工艺、新设备的大量出现，以及国家新标准、新规范的颁布，热工检测技术与设备发展方向无论在基础理论、系统结构还是在设计程序、实验方法等方面都发生了巨大的变化，促使热工自动化控制向着全数字化、智能化和网络化的方向发展。

因此，使得原来的热工检测技术已经无法满足大机组在生产过程控制技术发展的需要，这对于从事火力发电厂的热工维护人员来说，是一种新的尝试与挑战。

第一节　测量的定义和测量方法

一、测量的定义

测量是指利用检测工具，通过实验的方法将被检测量与同性质的标准量（即单位）进行比较，以确定出被检测量数量的操作过程，即

$$A = \frac{X}{b} \tag{1-1}$$

式中　A——所得到的被测量数值，即得到的测量结果；

　　　X——被测量；

　　　b——测量单位。

绝对完善的确定的量值称为真值，即 Ab 真正代表 X，才有式（1-1）的恒等式，这是理想情况。因为实施测量时，涉及许多方面，如测量方法、原理、操作、设备和环境条件等，都不可能是完善的，所以量值只能或好或差地近似被测量，即测量结果 $x = ab_x$，总带有误差 δ，可表示为

$$X \approx ab \qquad (X = x - \delta) \tag{1-2}$$

或
$$X = ab - \delta \tag{1-3}$$

式中　a——纯数，含有测量误差，$a \approx X/b$。

检测过程就是仪器从被检测对象取出被检测量的信息，得出测量信号，经过转换、传送、比较和显示等处理，从而获得被检测量的数值。综上所述，任何测量都要确定单位，选择测量仪器，研究检测方法，设计测量回路和进行准确操作，最后还要判断量值的可信程度。

二、测量衡器

测量衡器是一些专门的技术装置，它能输入被测量，输入或预先储存好单位信号，实现被检测量与单位的比较，输出比值，以一定准确度给出量值。测量器具包括量具、仪器和附件。

（1）量具。量具是以固定形态复现单个或多个已知量值的检测器具，如砝码、尺、色温灯、标准信号发生器等。

（2）仪器。仪器是将被检测量变换成示值或等值信号的检测器具，其功能是转换以及实现被检测量与量值单位的进行比较。测量仪器是指如压力计、热电阻、热电偶、电桥、电子电位差计等。

测量衡器中还包含一些附件，被用来扩展量具和仪器的功能或提高其性能。例如，增加自动调节、发信号、累计等功能；或加放大器、分压器，以提高灵敏度、扩大量程等。这些附件可以是独立装置或仪器的附加部件。

测量衡器在测量中不应造成信息损失。实际上，由于测量器具在测量方法、工作原理、结构和制造等方面不完善，以及在传递信号中要消耗能量、受到各种干扰等原因，信号会自然解调或受到干扰量的调制，从而造成信号失真。所以，式（1-2）中 ab，只能近似等于 X。

三、测量单位

测量单位人为约定选取一个固定的同类量，并得到国家或国际承认。在"国际单位制"出现前，世界各国或地区的测量单位各不一致，同类测量值比较时，需要进行单位换算，极不便利，而且测量单位制定的科学性和严谨性比较差。

随着科学的发展和国际技术、贸易来往的加强，人们迫切需要制定世界统一的测量单位。在 1960 年，第 11 届国际计量大会通过了"国际单位制"，其代号为 SI，它对长度、质量、时间、电流和热力学温度等七种基本单位做了统一规定。其余的测量单位，可以由这七种基本单位一一导出。实践证明，国际单位制具有科学、精确、合理、实用等诸多优点，给生产建设和科学技术的发展带来了极大的便利。

我国于 1984 年 2 月由国务院发布了《关于在我国统一实行法定计量单位的命令》。法定计量单位以国际单位制为基础，并结合我国实际需要增加了一些非国际单位制单位构成。

2018 年 11 月在法国巴黎举行的第 26 届国际计量代表大会正式通过了修改部分国际单位制（SI）定义的决议。

根据会议决议，千克（kg）、安培（A）、开尔文（K）和摩尔（mol）4个基本单位将全部采用基本物理常数来定义，分别以普朗克常数（h）、基本电荷（e）、玻耳兹曼常数（k）和阿伏伽德罗常量（NA）的固定数值来实现新的定义。这是国际测量体系第一次全部建立在不变的常数上，保证了国际单位制（SI）的长期稳定性。

表 1-1 是根据第 26 届国际计量大会决议的附件给出的 7 个 SI 国际基本单位。

表 1-1　SI 国际基本单位

物理量名称	物理量符号	单位名称	单位符号	单位定义
长度	L	米	m	1m 是光在真空中在 1/299 792 458s 的时间间隔内的行程
质量	m	千克（公斤）	kg	1kg 的定义是普朗克常数为 $6.62\ 607\ 015 \times 10^{-34}$ J·s 时的质量单位
时间	t	秒	s	1s 是铯-133 原子不受干扰的基态两个超精细能级之间跃迁所对应的辐射的 9 192 631 770 个周期的持续时间
电流	I	安（安培）	A	1A 是相对应于每秒流过 $1/1.602\ 176\ 634 \times 10^{-19}$ C 基本电荷的电流
热力学温度	T	开（开尔文）	K	1K 定义为"对应玻尔兹曼常数为 $1.380\ 606\ 49 \times 10^{-23}$ J·K^{-1} 的热力学温度"
物质的量	n	摩（摩尔）	mol	1mol 定义为"包含 $6.022\ 140\ 76 \times 10^{23}$ 个基本粒子的物质的量"
发光强度	I_v	坎（坎德拉）	cd	1cd 为一光源在给定方向的发光强度，光源发出频率为 540×10^{12} Hz 的单色辐射，且在此方向上的辐射强度为 1/683W 每球面度

注　1. 人们生活和贸易中，质量可能误认为是重量，实际上重量是由于重力而产生的，而质量是物质的性质。

　　2. 单位名称和单位符号两栏，前为中文名称，后为国际符号。例："安培"可简称"安"，也作为中文名称使用。圆括号内的字，为前者的同义语。例："千克"也可以称为"公斤"。

四、测量方法

测量工作是为了及时获得准确可信的数据，工作中需要根据行业的要求及被检测物质的特点，选择可靠的测量方法。

1. 根据检测仪器是否与被检测量接触分

（1）接触测量法。仪器的一部分与被检测物质接触，受到被检测物质的作用才能得出测量值的测量方法。例如，用液体温度计检测温度时，温度计的温包应该置于被测物质之中，以感受温度高度。

（2）非接触测量法。检测仪器不与被测物质直接接触就能得到测量值的检测方法。例如，用光电高温计测温，是通过被测物质所产生的热辐射对仪器的作用而实现测量温度，因此仪器没有和被测物质直接接触。

2. 根据获得测量结果的程序不同分

（1）直接测量。是指将被检测量直接与标准量进行比较，或用已标定好的测量仪器进行测量，直接得出测量数值。例如，用米尺测量长度、用云母水位计测量水位等。

（2）间接测量。是指通过测量与被测物质有确定函数关系的其他各个变量，然后将所得的数值代入函数进行计算，从而求得被测量值的方法。

例如，直接测量物体的质量和体积来求取其密度等。

（3）组合测量。组合测量是在测量出多组具有一定函数关系的基础上，通过解关联方程来取被测量的方法。例如，在一定温度范围内，铜电阻与温度关系为

$$R_t = R_0(1 + At + Bt^2 - Ct^3)(-50℃ < t < 150℃)$$

式中　　R_t——在 t℃时的阻值；

R_0——在 0℃时的阻值；

A、B、C——温度系数（常数）。

为了求出温度系数 A、B、C，可以分别直接测出 t_0℃、t_1℃两个不同温度值及相应温度下的电阻值 R_0、R_{t1}，然后通过联立方程来求得 A、B 数值。

3. 根据测量装置工作原理不同分

（1）零差测量法。将被检测量与一个已知的量值进行比较，当两者达到平衡时，仪器指示差值为零，这时已知的量值就是被检测量的量值。例如，用天平称量被测物质的质量，用电位差计测量热电偶的热电动势都是应用了零差测量法。

（2）微差测量法。当被检测量未完全与已知量相等时，取两者之间的值差，由已知量和值差可得出被检测量值。用非平衡电桥测量阻值就是使用了微差测量法的例子。零差测量法和微差测量法都对减小检测系统的误差很有利，因此测量结果准确程度高，应用较为广泛。

第二节　测量误差的分析及处理

由于测量过程中必然伴随着误差，测量方法上难以很完善，实验仪器灵敏度和分辨能力都是有限的，受测量环境等因素的影响，待测量的真实值是不可能测得的，测量得到结果和被检测量真实值之间会有或多或少的偏离，这种偏离差就称为测量误差。测量值及误差示意图如图 1-2 所示。

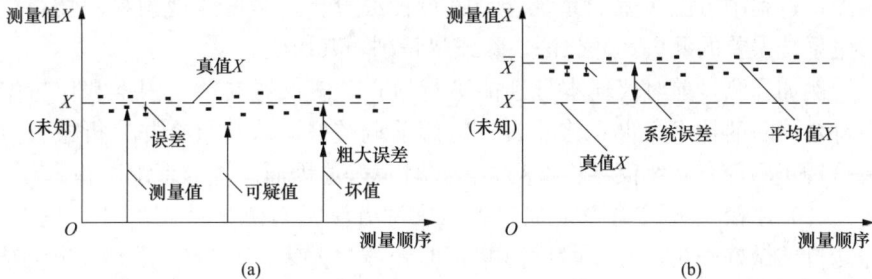

图 1-2　测量值及误差示意图

（a）无系统误差；（b）有系统误差

因此，只有在得到测量值的同时，指出测量偏差的范围，所得的测量

值才是有意义的。测量误差分析的目的是，根据测量误差规律的性质，找出消除或降低误差的方法，准确地表达测量结果。

测量值的误差主要分为三类：粗大误差、系统误差、随机误差。

进行测量误差处理时，先要去除粗大误差；因此要估计数据的误差一般只有随机性误差及系统性误差两大类。

一、粗大误差

粗大误差又称疏失误差，是指明显超出规定条件下预期的误差，即在一定的测量条件下，测量值明显地偏离了真实值。读取错误、检测方法有误、测量器具有缺陷等原因，都会导致产生疏失误差。疏失误差明显地偏离了测量结果，应该杜绝，因此，对应于疏失误差的测量值称为坏值。

鉴别粗大误差的方法很多，例如：t分布法、奈尔法、迪克逊法、格拉布斯法、拉依达法等。

二、系统误差

系统误差是指在相同条件下多次测量同一量时，误差的符号保持恒定，或在条件改变时按某种确定的规律而变化的误差。所谓确定的规律，是指这种误差可以归结为某一个因素或几个因素的函数，一般可用解析公式、曲线或数表来表达。

造成系统误差的因素较多，一般有测量系统或测量设备有缺陷，测量器具使用方法不当，测量器具的安装、放置不当等因素引起的误差；环境因素变化，如温度、湿度等发生变化，以及周围电磁场的影响等带来的误差；检测方法错误，所依据的理论不严谨或采用了某些近似公式等造成的误差。系统误差具有一定的规律性，可以根据系统误差产生的因素采取一定的措施，尽量去除或降低这种误差。

消除系统误差的一般原则如下。

（1）从产生误差的源头上去除系统误差。在测定之前，要求操作人员对测量过程中可能产生的系统误差进行仔细分析，尽可能地预料一切可能产生系统误差的源头，并想法去除或尽量削弱其影响。

例如，测量前对仪器本身性能进行检查，使仪器的环境因素和位置安装符合检验的技术条件；将器具在应用前调整好；认真检查并分析检测方法是否正确等来避免仪器、检测方法、环境等原因而产生的系统误差。

（2）用校正方法消除系统误差。这种方法是对测量使用的计量仪器，在测量前做好校正，必要时做出修正曲线或误差表，测量后对实际测量结果进行修正，从而避免或削弱由此而产生的系统误差。

（3）用空实验去除系统误差。空试验是指在不加信号的情况下，按分析测量方法或检测规范在同样的操作条件下进行的测定。空试验所得的数值为系统误差。然后再对加入被测信号按分析检验方法或规范在同样操作条件下进行测量，最后从测量值中减去空白值，就得到比较准确的测量结果，这样可以消除测量系统原因所产生的系统误差。

三、随机误差

随机误差也称为偶然误差和不定误差，是指排除了系统误差后尚存的误差。指在相同的测量条件下，多次测量同一量时，误差的绝对值和符号以不可预知的方式变化的误差。

随机误差的特点：大小和方向都不固定，也无法测量或修正。在多次测量中，随机误差的绝对值实际上不会超过一定的界限，即随机误差具有有界性；随机误差服从正态分布，可以用概率统计方法处理。

由于正负误差可以相互抵偿，随着测量次数的增加，误差的算术平均值将逐渐趋向于越来越小。因此，多次测量的平均值的随机误差比单个测量值的随机误差小，可以通过多次测量取平均值的办法来削弱随机误差对测量结果的影响。

第三节　热工测量仪表及其组成

热工测量是指对热力生产过程中热力参数（如温度、压力、流量等）的检测。用来测量热工参数的仪表称为热工测量仪表。在火力发电厂中，习惯把流量、料位、振动、位移、转速和应力等参数的检测，以及一部分在线成分分析也归于热工测量的范围。

因为测量元件直接与现场被测物质密切关联，所以习惯上人们常将这些表计称为一次测量仪表，如热电阻、热电偶等都属于一次测量仪表。一次测量仪表的作用一般是将现场的被测量转变为电信号，还要将这些电信号客观真实地反映给运行操作人员，还需要连接显示仪表，一般我们又常把显示仪表称为二次测量仪表。

一、热工测量仪表的组成

热工测量仪表的种类繁多，尽管仪表的工作原理结构及用途等不同，但从仪表组成部件的功能来看，一般可由传感器、变换器及显示器三个环节构成。环节之间由信号传输通道联系起来，如图1-3所示。

在简单仪器中，这些环节往往不易划分；有时一个环节又是一台独立的仪表。

1. 传感器（transducer/sensor）

有时传感器又称一次元件或敏感元件等，根据 GB/T 7665—2005《传感器通用术语》，传感器被定义为"能感受规定的被测量并按照一定的规律转换成可用信号的器件或装置，通常由敏感元件和转换元件组成"。

传感器是一种检测装置，能感受到被测量的信息，并能将检测感受到

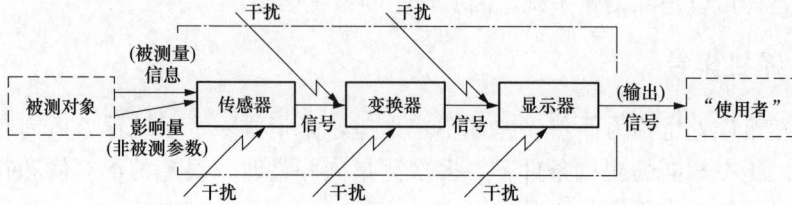

图 1-3　测量仪表功能的结构示意图

的信息，按一定规律变换成为电信号或其他所需形式的信息输出，以满足信息的传输、处理、存储、显示、记录和控制等要求。它是实现自动检测和自动控制的首要环节。

传感器的分类：目前对传感器尚无一个统一的分类方法，但比较常用的有以下三种。

（1）按传感器的物理量分类，可分为位移、力、速度、温度、流量、气体成分等传感器。

（2）按传感器工作原理分类，可分为热电阻、电感、电压、光电、热电偶等传感器。

（3）按传感器输出信号的性质分类，可分为开关量传感器、模拟型传感器、脉冲或代码的数字型传感器。

2. 变换器（transmitter）

变换器是仪表的中间环节，变换器的功能是将非电量信号转换为标准电信号的部件，是把传感器采集到的微弱的电信号放大、线性化，或变成另一种参数或转换成标准化的统一信号，以便于使用。有些变送器在另一种适用场合就是传感器，例如，压力计中使用的压力远传变送器，常常就是测量距离和位移的传感器。

3. 显示部件

根据仪表显示方式的不同，有以下几种。

（1）指示被测量参数瞬时值的仪表，称为指示仪表。例如：仪表利用机械表头刻度指示；利用数码管或显示屏直接显示出相应的数字，供使用者读取数值。

（2）能够记录被测参数实时变化值的仪表，称为记录仪表。由于电子技术发展和微型计算机的出现，使显示记录仪表向图形化和语音化方向发展。

显示仪表包括：记录仪表、显示装置、图形输入输出装置和语音输入输出装置等。

根据仪表的指示方式不同，可分为模拟仪器仪表、数字显示仪器仪表、微电脑指示仪器仪表。在本书中仪表一词也包含测量仪器。

二、测量仪器的分类

1. 直接变换式仪表

直接变换式仪表按偏位测量法工作。各环节开环串行连接，即信号从输入到输出经过沿一个方向传递。

图 1-4（a）所示为毫伏计方框图。图 1-4（a）中各环节的转换系数分别为 K_1、K_2、K_3，仪器输入信号 I、输出信号之间的关系为

$$\varphi = K_1 K_2 K_3 I = KI \tag{1-4}$$

式中　$K = K_1 K_2 K_3$——仪表的传递系数，即仪表的灵敏度。

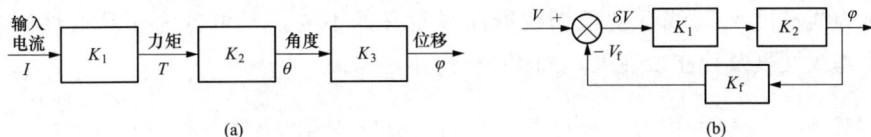

图 1-4　仪表的组成系统框图

(a) 毫伏计方框图（开环系统）；(b) 平衡式仪表（闭环系统）

每个环节的误差都影响输出，只有各环节的转换系数保持不变，才能保证仪表指示正确。

2. 平衡式仪表

如图 1-4（a）所示，平衡式仪表按零差测量方法工作，仪表环节的一部分构成闭环连接，由直接变换环节和反馈环节构成，其仪表输出信号 φ 和输入信号 V（设反馈信号 V_f 为负）的关系为

$$\varphi = \frac{K_1 K_2}{1 + K_1 K_2 K_f} V \tag{1-5}$$

式中　K_f——反向反馈部分的传递系数；

V_f——反馈信号，$V_f = K_f \varphi$。

如果仪表的传递系数 $K_1 K_2 \gg 1$，式（1-5）可以近似地看作为

$$\varphi \approx \frac{1}{K_f} V \tag{1-6}$$

可见，此时的传递系数 $\dfrac{1}{K_f}$，只与反馈部分的传递系数 K_f 有关，而与仪表的正向传递系数 K_1、K_2 无关。因此，从仪表设计的角度来看，仪表对正向放大部分的性能要求可以降低一些，可使仪表精密部件减少。而 K_f 要做得比较精确与稳定，仪表才有较高的准确度，这就是采用闭环系统的仪表常比采用开环系统的仪表准确的原因。

三、仪表的质量指标

（一）仪表的输入输出特性

1. 测量范围

在允许误差限内，仪表能给出所有被测量值的集合叫作测量范围。即仪表能够进行测量的最高值和最低值分别称为仪表的测量上限和测量下限，测量上、下限的代数差的模称为仪表的量程。

2. 线性度

线性度又称为"非线性误差"，是指具有"输入-输出"特性曲线的仪表，由于各种原因，实际特性曲线对理想曲线的偏离程度。x_{FS} 为输入满量程，实际曲线和直线间的最大偏差（Δy_{max}）与满量程输出 y_{FS} 的百分比，称为线性度 γ_L。线性度根据校准曲线定义的不同，又可分为端基线性度、零基线性度及独立线性度，如图 1-5 所示。

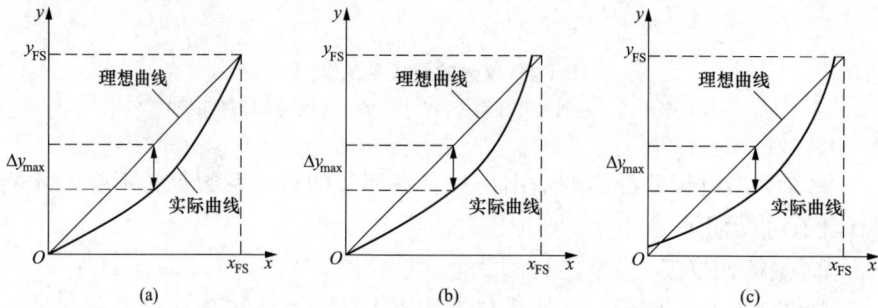

图 1-5　线性度

（a）端基线性度；（b）零基线性度；（c）独立线性度

（1）端基线性度是按上、下限与实际曲线的交点作直线，使输入和输出两条曲线的范围上限值和范围下限值重合时的吻合程度，这是常用的一种方法，如图 1-5（a）所示。

$$\gamma_L = \frac{\Delta y_{max}}{y_{FS}} \times 100\% \qquad (1-7)$$

式中　γ_L——线性度；

　　Δy_{max}——曲线与直线之间的最大偏差；

　　y_{FS}——输出满量程值。

（2）零基线性度是按下限与曲线的交点（零端点）作直线，是两条曲线的范围下限值重合且最大正偏差和最大负偏差相等时的吻合程度，如图 1-5（b）所示。

（3）独立线性度是把实际曲线调整到接近规定的直线，使最大偏差为最小时的吻合程度。如图 1-5（c）所示。

3. 仪表灵敏度

仪表灵敏度是仪表静态特性的一个重要指标。其定义为输出量的增量

Δy 与引起该增量的相应输入量增量 Δx 之比。用 S 表示灵敏度，则

$$S = \frac{\Delta y}{\Delta x} \qquad (1\text{-}8)$$

对于线性仪表来说，其灵敏度 S 是一个常数，如图 1-6 所示。

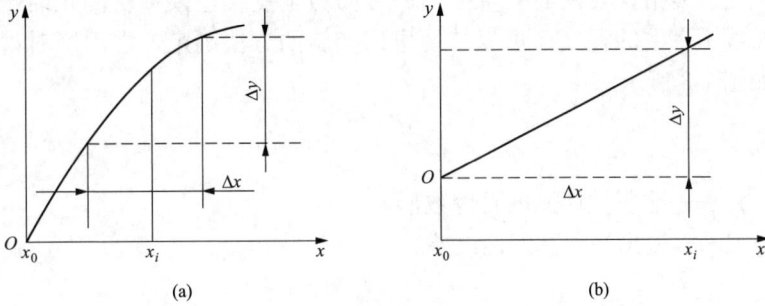

图 1-6　仪表灵敏度

（a）非线性灵敏度；（b）线性灵敏度

4. 仪表回差（变差）

在仪表全部测量范围内，对于同一大小的输入信号，仪表的正反行程输出信号大小不相等，被测量值上行和下行所得到的两条特性曲线之间的最大偏差 $\delta_{\max}$ 称为回差，它包括滞环效应和死区效应，即

$$\delta_i = |x_s - x_j| = \delta_{\max} \qquad (1\text{-}9)$$

式中　x_s——输入量缓慢增加到 x_i 时的输入量值；

x_j——输入量缓慢减小到 x_i 时的输入量值。

在仪表全部测量范围内进行这样的操作，可以得到仪器的回差图，它包括滞环效应和死区效应，如图 1-7 所示。

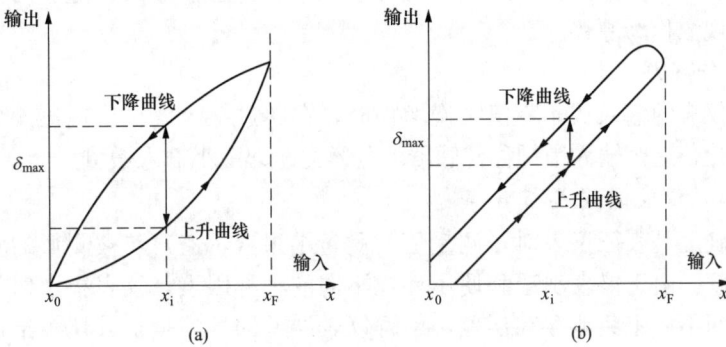

图 1-7　仪表回差

（a）滞环效应；（b）死区效应

x_0—量程下限；x_F—量程上限

其中，最大的偏差 $\delta_{\max}$ 定义为仪表的回差 δ_j。仪表回差也可以表示成引用误差的形式，即

$$\gamma_i = \frac{\delta_i}{A} \times 100\% \tag{1-10}$$

式中　γ_i——仪表回差的百分数形式。

5. 重复性

重复性是指仪表在输入量按同一方向做全量程连续多次变化时，所得特性曲线不一致的程度。重复特性也用实验的方法确定，常用绝对误差表示，如图 1-8 所示。

$$\gamma_R = \pm \frac{\Delta R_m}{y_{FS}} \times 100\% \tag{1-11}$$

式中　γ_R——重复性误差的百分数形式。

ΔR_m——输出最大重复性误差。

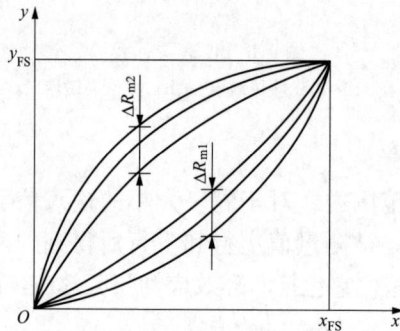

图 1-8　仪表的重复性

x_{FS}—输入信号上限；y_{FS}—输出信号上限

6. 漂移

仪表的漂移是指在输入量不变的情况下，传感器输出量随着时间的变化，此现象称为漂移。

7. 分辨力

当仪表的输入从非零值缓慢增加时，在超过某一增量后输出发生可观测的变化，这个输入增量称传感器的分辨力，即最小输入增量。

（二）仪表的误差与准确度

准确度是表征仪表对被测量值的测量结果（示值）与被测量的真值的一致程度。由于仪表制造和使用环境不同的种种因素，仪表指示值与被测真值之间不可避免地存在误差，了解仪表误差的目的是估计仪表给出量值的可信程度。

1. 仪器示值误差

常用示值的绝对误差和相对误差等形式来表示示值误差。

示值的绝对误差是指仪器显示值 x 与被测量真实值 X 之间的代数差值，用 δ 表示，即

$$\delta = x - X \tag{1-12}$$

在实际中被测真值虽然客观存在，但是一个未知量，因此误差 δ 也无法求出。为了估计误差，常用约定真值来替代真值，如标准仪表示值、标准物质量值或理论值等作为约定真值。

绝对误差与被测量有一致的量纲，带正负号（表示示值偏大或偏小），是表示绝对误差的基本形式。但是这种形式在比较两个测量结果的质量时，不易清晰地说明问题。如用高温计测量某台机组炉膛出口烟气温度时，绝对误差为 $-5℃$；在测量汽轮机轴承回油温度时，绝对误差为 $+2℃$，但是绝对误差不能清晰地表示出哪一个测量质量更好。

通常仪器示值相对误差 γ 为示值绝对误差与被测量的真值（约定真值或示值）绝对值之比，习惯上用百分数表示，即

$$\gamma = \frac{\delta}{|X|} \times 100\% = \frac{x-X}{|X|} \times 100\% \quad 或 \quad \gamma = \frac{\delta}{x} \times 100\% = \frac{x-X}{|X|} \times 100\%$$

(1-13)

相对误差无量纲，但仍带正号或负号。相对误差便于比较两个示值质量的好坏。

仍以炉膛出口烟气温度和汽轮机轴承回油温度测量为例，炉膛出口烟气温度真值为 $1000℃$，相对误差 $\gamma = \frac{-5}{|1000|} \times 100\% = -0.5\%$；轴承回油温度真值为 $50℃$，相对误差为 $\gamma = \frac{+2}{|50|} \times 100\% = +4\%$。这样就很容易比较和判断，测量烟气温度值的质量较高。注意，这里只按误差的模比较，而不考虑其符号。计算相对误差时只需取 $1\sim2$ 位有效数字即可。

2. 仪表的基本误差

基本误差又称固有误差。仪表示值越接近零，其相对误差越大，而在零值附近，相对误差趋向无穷大，另外，在仪表测量范围内的各示值的绝对误差也会不一致。因此，不能用示值的绝对误差和相对误差来表示仪表的误差。仪表的误差用基本误差和引用误差来表示。

仪表的基本误差定义：在规定技术条件下（一般指标准条件），仪表全量程各点示值的误差中，绝对值最大者称为仪表的基本误差。即仪表的基本误差 δ_j 为

$$\delta_j = \pm |\delta_{\max}|_A$$

(1-14)

式中 $|\delta_{\max}|_A$——在仪表量程 A 上，示值误差绝对值最大者。

在规定的技术条件下使用仪表，其示值的绝对误差可大可小，有正有负，但绝对误差值不会 $> |\delta_j|$，可以认为 δ_j 是一种按极限来表示仪表误差的办法。仪表在经使用或搬运、存放后，其基本误差可能会发生变化，故使用前应做检定，使用中也应做定期检定。

仪表的引用误差（又称折合误差）定义为仪表示值的绝对误差 δ 与仪表量程 A 之比，并用百分数表示，即

$$\gamma_y = \frac{\delta}{A_{\max} - A_{\min}} \times 100\% \tag{1-15}$$

式中 $A_{\max}$、$A_{\min}$——测量仪表量程的上限、下限刻度。

式（1-15）表明按引用误差形式，仪表的基本误差表示为

$$\gamma_{jy} = \frac{\delta_j}{A_{\max} - A_{\min}} \times 100\% \tag{1-16}$$

为了能从全局的观点反映一只仪表的误差情况，采用仪表的最大引用（满量程）误差，即 $\gamma_m = \frac{|\Delta x_m|}{x_m} \times 100\%$。式中 $|\Delta x|_m$ 是仪表的绝对误差限，即在仪表的量限范围内可能出现的最大绝对误差；X_m 是仪表的满量程值。

仪表的准确度就是用仪表的最大引用误差来表示的。仪表的准确度等级定义为仪表的最大引用误差去掉正、负号及百分号后余下的数字，就称为该仪表的准确度等级。仪表的准确度等级符号都标在仪表的刻度盘上。

根据国家标准规定，工业仪表准确度等级分为 0.1、0.2、0.5、1.0、1.5、2.5、5.0 共七级。

第二章　温度测量仪表

第一节　温度测量基础知识

温度是表示物体或系统的冷热程度的物理量。温度是物体内部分子热运动的结果，分子热运动越快，物体越热，温度就越高；反之，温度就越低。温度是国际单位制中七个基本物理量之一，以火力发电厂温度测量为例，一类是监视工质（水、汽、油等）的温度参数，保证工质温度符合要求；另一类是监视材质（锅炉受热面，发电机铁芯、线棒等）的温度，防止材质过热产生蠕变，机械强度降低，防止发电机、变压器绕组绝缘损坏。随着科学技术的迅速发展，温度检测技术的水平也在不断地提高。

当两个温度不同的物体接触后，就会产生热交换，使原有的热平衡被打破，较热的物体逐渐变凉，较冷的物体逐渐变热，经过一段时间后，热量交换就会结束，这两个物体处于同样的冷热状态，即出现新的热平衡状态。

如果两个物体分别与第三个物体达到热平衡，那么这两个物体彼此之间也必定处于热平衡，这种性质也称为热平衡定律。一切互为热平衡的物体具有相同的温度，热平衡定律也是使用温度计测量温度的原理。

一、经验温标

经验温标是根据某一种物质的物理量和温度之间的变化关系，用实验方法或经验公式所确定的温标。如华氏温标与摄氏温标都是利用液体膨胀的性质建立起来的。

1. 华氏温标（Fahrenheit scale）

华氏温标在标准大气压下（$1.013\,25 \times 10^5\,Pa$）水的冰点为 $32°F$，水的沸点为 $212°F$，中间划分为 180 等份，每一份等于 $1°F$（华氏温标仅在少数进口的表计中还会遇到）。

2. 摄氏温标（Celsius scale）

在标准大气压下，把水的冰点作为 $0℃$，水的沸点作为 $100℃$。按水的这两个固定温度点来对水银温度计进行分度。两点之间进行 100 等分，每一等分为 $1℃$。

摄氏温度和华氏温度的换算关系为

$$n℃ = (1.8n + 32)°F \qquad (2\text{-}1)$$

式中　n——摄氏温度值；

　$℃$、$°F$——摄氏温度、华氏温度的单位符号。

例如：$100℃ = (1.8 \times 100 + 32) = 212(℉)$。

二、热力学温标（Kelvin scale）

公元 1848 年，英国物理学家开尔文（Ketvin）建议以卡诺循环（Carnot cycle）为基础建立的热力学温标，是一种理想而不能真正实现的理论温标。它是国际单位制中七个基本物理单位之一，它的表达式为

$$\frac{Q_1}{T_1} = \frac{Q_2}{T_2}$$ (2-2)

它表示工质在温度 T_1 时吸收热量为 Q_1，而在温度 T_2 时向低温热源放出热量 Q_2，如果指定了定点 T_2 的数值，就可以由热量的比例求出 T_1。由于式（2-2）与工质自身性质与种类无关，因此热力学温标可以避免分度的"任意性"。

热力学温标把水的三相点温度分为 273.16 等分，每等分为 1K（开尔文）。

三、绝对气体温标

用理想气体状态方程来复现热力学温标叫绝对气体温标。由波义耳定律则

$$pV = RT$$ (2-3)

式中　p——一定质量的气体的压强；

　　　V——该气体的体积；

　　　R——普氏常数；

　　　T——热力学温度。

当气体的体积不变（定容）时，压强为温度的单值函数。即

$$\frac{T_2}{T_1} = \frac{p_2}{p_2}$$ (2-4)

绝对气体温标与热力学温标完全类似。若用同一固定点水的三相点来做参考点，两种温标在数值上完全相同。

理想气体并不存在，现实中只能用某种真实气体来制作气体温度计。由于在用气体温度计测量温度时，要对其读数进行多项校正，例如真实气体与理想气体的偏差校正、容器的膨胀系数校正等；因此，直接用气体温度计来统一国际温标，在技术上难度很大，并且操作非常复杂、困难；因而，建立了协议性的国际实用温标。

四、国际温标

经国际协议建立的国际实用温标，其目的是要它尽可能地接近热力学温标，复现精度要高，复现温标的标准温度计要容易制作，性能要稳定，要方便使用，使各国都能以很高的准确度来复现该温标，保证国际上温度

计量标准的统一。

第一个国际温标是 1927 年第七届国际计量大会决定采用的国际实用温标。后经在 1948、1960、1968 年进行了修订，多年来各国普遍都采用的国际实用温标（IPTS-68）。

1989 年 7 月第 77 届国际计量委员会又推出了 1990 年国际温标（ITS-90）。ITS-90 温标简要内容如下。

1. 温度单位

规定热力学温度的基本单位符号为 T，单位是开尔文，符号为 K；定义水的三相点温度为 273.16K。

温度也可以用摄氏温度表示，符号为 t，单位为℃，根据定义，其量级与开尔文温标相同。温度可以用开尔文温度或摄氏温度来表示。把水的三相点温度值定义为 0.01℃，则

$$t/℃ = T/K - 273.15 \tag{2-5}$$

ITS-90 定义了国际开氏温度（T_{90}, K）和国际摄氏温度（t_{90}, ℃）。T_{90} 和 t_{90} 之间的关系与 T 和 t 之间的关系相同，即

$$t_{90}/℃ = T_{90}/K - 273.15 \tag{2-6}$$

2. 固定点温度值

ITS-90 规定了 17 个固定点温度值，依据这些固定点和规定的内插公式分度的标准仪器来实现，有标准表法和标准值法两种。标准值法就是用适当的方法建立起一系列国际温标定义的固定温度点（恒温）作标准值。ITS-90 定义固定点和温度点共有 17 个，包括 14 个纯物质的三相点、熔点和凝固点以及 3 个用蒸气温度计或气体温度计测定的温度点。见光谱吸收率、光谱反射率、光谱透射率 1。ITS-90 定义固定点如表 2-1 所示。

表 2-1　ITS-90 定义固定点

编号	ITS-90 温度指定值		物质[①]	状态[②]	$W_r(T_{90})$[②]
	T_{90}（k）	t_{90}（℃）			
1	3~5	−270.15~−268.15	He	氦蒸气压点	
2	13.803 3	−259.346 7	e-H₂	平衡氢三相点	0.000 119 007
3	≈17	≈−256.15	e-H₂（或 He）	平衡氢 17K 点或氦气温度计点	
4	≈20.3	≈252.85	e-H₂（或 He）	平衡氢沸点或氦气温度计点	
5	24.556 1	−248.593 9	Ne	氖三相点	0.008 449 74
6	54.358 4	−218.791 6	O₂	氧三相点	0.091 718 04
7	83.805 8	−189.344 2	Ar	氩三相点	0.215 859 75
8	234.315 6	−38.834 4	Hg	汞三相点	0.844 142 11
9	273.16	0.01	H₂O	水三相点	1.000 000 00

续表

编号	ITS-90 温度指定值		物质①	状态②	$W_r(T_{90})$②
	T_{90} (k)	t_{90} (℃)			
10	302.914 6	29.764 6	Ga	镓熔点	1.118 138 89
11	429.748 5	156.598 5	In	铟凝固点	1.609 801 85
12	505.078	231.928	Sn	锡凝固点	1.892 797 68
13	692.677	419.527	Zn	锌凝固点	2.568 917 30
14	933.473	660.323	Al	铝凝固点	3.376 008 60
15	1234.93	961.78	Ag	银凝固点	4.286 420 53
16	1337.33	1064.18	Au	金凝固点	
17	1357.77	1084.62	Cu	铜凝固点	

① 除 ^{3}He 外，所有物质都是天然同位素组成。e-H$_2$ 是正、仲氢分子形式处在平衡浓度下的氢。
② 表中 $W_r(T_{90})$ 为铂电阻温度计与水三相点电阻比。

水的三相点温度值的复现性优于 0.1mK，所以当前温度单位的准确度可达 0.3×10^{-6}。

ITS-90 通过各分区来定义 T_{90}，而某些温区是重叠的，重叠区的 T_{90} 定义有差异，但这些差异非常小，可以忽略不计，而这些定义是有效的。

3. 国际温标 ITS-90 的通则

ITS-90 是由 0.65K 向上到普朗克辐射定律使用单色辐射实际可测量的最高温度。ITS-90 是这样制订的，即在全量程中，任何温度的 T_{90} 值非常接近于温标采纳时 T 的最佳估计值，与直接测量热力学温度相比，T_{90} 的测量要方便得多，而且更为精密，并具有很高的复现性。

4. ITS-90 温区的定义

（1）第一温区为 0.65～5.00K 之间，T_{90} 由 ^{3}He 和 ^{4}He 的蒸气压力与温度的关系式来定义，即

$$T_{90}=A_0+\sum_{i=1}^{9}A_i\big[(\ln p-B/C)\big]^i \tag{2-7}$$

式中　　　　p——蒸气压力，Pa；
A_0、A_i、B、C——常数。

（2）第二温区为 3.0K 到氖三相点（24.566 1K）之间，T_{90} 是用氦气体温度计来定义。

在此温区内，T_{90} 是以 ^{3}He 或 ^{4}He 的等容气体温度计来定义的，该温度计通过 3 个温度校准。它们是氖三相点（24.566 1K）、平衡氢三相点（13.803 3K）和 3.0～5.0K 之间的某个温度。最后一个温度使用 ^{3}He 或 ^{4}He 蒸气压温度计作为内插仪器，采用的内插公式为

$$T_{90}=\frac{a+bp+cp^2}{1+Bx(T_{90})N/V} \tag{2-8}$$

式中　a、b、c——系数；

　　　　p——气体温度计中的压力；

　　　　N——气体温度计温包中的气体量；

　　　　V——温包的容积。

　　还有其他形式的内插公式。（略）

　　(3) 第三温区为平衡氢三相点（13.803 3K）到银的凝固点（961.78℃）区间采用铂电阻温度计作为内插仪器。借测量 T_{90} 时的电阻 $R(T_{90})$ 与水三相点时的电阻 $R(273.16K)$ 之比来求得温度。此比值 $W(T_{90})$ 为

$$W(T_{90}) = R(T_{90})/R(273.16K) \tag{2-9}$$

　　所选用的铂电阻温度计必须由纯净的无应变的铂制成，并至少满足式（2-10）、式（2-11）两个之一。

$$W(29.764\ 6℃) \geqslant 1.118\ 07 \tag{2-10}$$

$$W(-38.834\ 4℃) \leqslant 0.844\ 235 \tag{2-11}$$

　　在高达银凝固点使用的合格铂电阻温度计还必须满足如下关系式，即

$$W(961.78℃) \geqslant 4.284\ 4 \tag{2-12}$$

　　在电阻温度计的每个量程内，T_{90} 由相应的参考函数〔式（2-13）或式（2-14）〕给出的 $W(T_{90})$ 和偏差 $W(T_{90})\text{-}W_{\rm r}(T_{90})$ 得出。在定义固定点，直接通过校准温度计得到此偏差，在中间温度通过各相应的偏差函数得到。

　　对于 13.803 3～273.16K 的温区，规定了的参考函数为

$$\ln[W_{\rm r}(T_{90})] = A_0 + \sum_{i=1}^{12} A_i \left[\frac{\ln(T_{90}/273.16K) + 1.5}{1.5}\right]^i \tag{2-13}$$

　　在 0.1mK 的误差内等效于方程式的一个反函数是

$$T_{90}/273.16K = B_0 + \sum_{i=1}^{15} B_i \left[\frac{W_{\rm r}(T_{90})^{1/6} - 0.65}{0.35}\right]^i \tag{2-14}$$

　　可以将一个温度计校准到在整个温区上使用，或者使用渐进的几个校准点，对温度下限分别为 24.556 1K、54.358 4K 和 83.805 8K 而温度上限都为 273.16K 的温区进行校准。

　　对于 0～961.78℃ 的温区，规定了的参考函数为

$$W_{\rm r}(T_{90}) = C_0 + \sum_{i=1}^{9} C_i \left(\frac{T_{90}/K - 754.15}{481}\right)^i \tag{2-15}$$

　　在 0.13mK 的误差内等效于方程式（2-15）的一个反函数是

$$T_{90} - 273.15 = D_0 + \sum_{i=1}^{9} D_i \left[\frac{W_{\rm r}(T_{90}) - 2.64}{1.64}\right]^i \tag{2-16}$$

　　以上各式 A_0、A_i、B_0 和 B_i、C_0、C_i、D_0 和 D_i 的值为常数，可查阅 ITS-90 相应的表（略）。部分温区的偏差函数及校准点见表 2-2。

表 2-2 部分温区内的偏差函数和校准点

温度上限	温度下限	偏差函数 $W(T_{90})-W_r(T_{90})$		校准点 （见表 2-1 序号）
273.16K	13.803 3K	$a[W(T_{90})-1]+$ $b[W(T_{90})-1]^2+$ $\sum_{i=1}^{5}C_i[\ln W(T_{90})]^{i+n}$	$n=2$	2～9
	24.556 1K		$C_4=C_5=n=0$	2，5～9
	54.358 4K		$C_2=C_3=C_4=C_5=0$，$n=1$	6～9
	83.805 8K		—	7～9
961.78℃	0℃	$a[W(T_{90})-1]+$ $b[W(T_{90})-1]^2+C$ $[W(T_{90})-1]^3+$ $d[W(T_{90})-$ $W(660.323℃)]^2$	—	9，12～15
660.323℃			$d=0$	9，12～14
419.527℃			$C=d=0$	9，12，13
231.928℃			$C=d=0$	9，11，12
156.598 2℃			$b=C=d=0$	9，11
29.764 6℃			$b=C=d=0$	9，10
29.764 6℃	234.315 6K （−38.834 4℃）		$C=d=0$	8～10

注 以上偏差函数中的各系数 a、b、C_i、C 及 d 可在定义点测定得到。

（4）第四温区为银凝固点（961.78℃）以上的温区，复现仪器为光学高温计，T_{90} 内插公式是按普朗克辐射定律来定义的，即

$$\frac{L_\lambda(T_{90})}{L_\lambda[T_{90}(X)]}=\frac{\exp\{C_2[\lambda T_{90}(X)]^{-1}\}-1}{\exp\{C_2[\lambda T_{90}]^{-1}\}-1} \qquad (2-17)$$

式中 $L_\lambda(T_{90})$ 和 $L_\lambda[T_{90}(X)]$ ——在波长为 λ、温度分别为 T_{90} 和 $T_{90}(x)$ 时（在真空中）全辐射体的辐射亮度；

λ ——单色辐射波长；

$T_{90}(X)$ ——金、银、铜任意一个凝固点温度；

C_2 ——第二辐射常数，$C_2=1.438\ 8\times 10^{-2}$ K·m。

5. 基准仪器

ITS-90 的内插用标准仪器，是将整个温标分为 4 个温区。温标的下限为 0.65K，向上到用单色辐射的普朗克辐射定律实际可测得的最高温度，具体如下。

（1）^{3}He 和 ^{4}He 蒸气压温度计：0.65～5.0K，其中 ^{3}He 蒸气压温度计覆盖 0.65～3.2K，^{4}He 蒸气压温度计覆盖 1.25～5.0K。

（2）^{3}He、^{4}He 定容气体温度计：3.0～24.556 1K。

（3）铂电阻温度计：13.803 3～1234.93K。

（4）光学或光电高温计：1234.93K。

其中：（1）和（2）属低温区；（3）属中温区；（4）属高温区。

（5）内插公式。每种内插标准仪器在 n 个固定点温度下分度，以此求得相应温度区内插公式中的常数。

6. T90-T68 的差值

国际温标 ITS-90 与 1968 年国际实用温标（IPTS-68）及 1976 年暂行温标 EPT-76 有显著的差异。图 2-1 所示为 $t_{90}-t_{68}$ 与摄氏温度 t_{90} 之间差异的函数关系曲线。

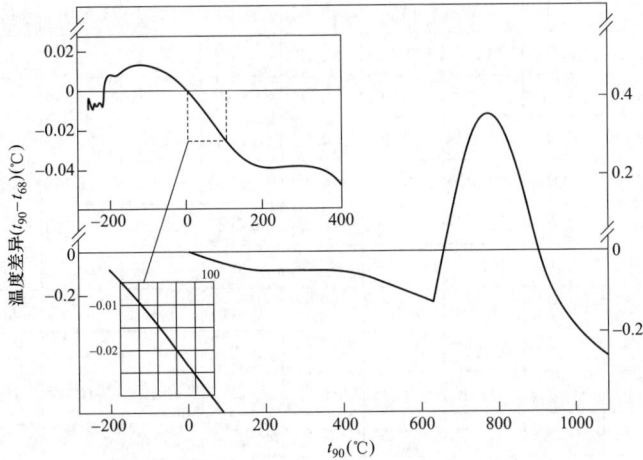

图 2-1　$t_{90}-t_{68}$ 与摄氏温度 t_{90} 之间差异的函数关系曲线

ITS-90 与 IPTS-68、EPT-76 之间的差值如表 2-3 所示。

表 2-3　ITS-90 与 IPTS-68、EPT-76 之间的差值

$T_{90}-T_{76}$(mK)									
T_{90}(K)	0	1	2	3	4	5	6	7	8	9
0						−0.1	−0.2	−0.3	−0.4	−0.5
10	−0.6	−0.7	−0.8	−1	−1.1	−1.3	−1.4	−1.6	−1.8	−2
20	−2.2	−2.5	−2.7	−3	−3.2	−3.5	−3.8	−4.1		

$T_{90}-T_{68}$(K)									
T_{90}(K)	0	1	2	3	4	5	6	7	8	9
10					−0.006	−0.003	−0.004	−0.006	−0.008	−0.009
20	−0.009	−0.008	−0.007	−0.007	−0.006	−0.005	−0.004	−0.004	−0.005	−0.006
30	−0.006	−0.007	−0.008	−0.008	−0.008	−0.007	−0.007	−0.007	−0.006	−0.006
40	−0.006	−0.006	−0.006	−0.006	−0.006	−0.007	−0.007	−0.007	−0.006	−0.006
50	−0.006	−0.005	−0.004	−0.004	−0.003	−0.002	−0.001	0	0.001	0.002
60	0.003	0.003	0.004	0.004	0.005	0.005	0.006	0.006	0.007	0.007
70	0.007	0.007	0.007	0.007	0.007	0.008	0.008	0.008	0.008	0.008
80	0.008	0.008	0.008	0.008	0.008	0.008	0.008	0.008	0.008	0.008
90	0.008	0.008	0.008	0.008	0.008	0.008	0.008	0.009	0.009	0.009
T_{90}(K)	0	10	20	30	40	50	60	70	80	90
100	0.009	0.011	0.013	0.014	0.014	0.014	0.014	0.013	0.012	0.012
200	0.011	0.01	0.009	0.008	0.007	0.005	0.003	0.001		

续表

$t_{90}(℃)$	$t_{90}-t_{68}(℃)$									
	0	−10	−20	−30	−40	−50	−60	−70	−80	−90
−100	0.013	0.013	0.014	0.014	0.014	0.013	−0.012	0.01	0.008	0.008
0	0	0.002	0.004	0.006	0.008	0.009	−0.01	0.011	0.012	0.012
$t_{90}(℃)$	0	10	20	30	40	50	60	70	80	90
0	0	−0.002	−0.005	−0.007	−0.01	−0.013	−0.016	−0.018	−0.021	−0.024
100	−0.026	−0.028	−0.03	−0.032	−0.034	−0.036	−0.037	−0.038	−0.039	−0.039
200	−0.04	−0.04	−0.04	−0.04	−0.04	−0.04	−0.04	−0.039	−0.039	−0.039
300	−0.039	−0.039	−0.039	−0.04	−0.04	−0.041	−0.042	−0.043	−0.045	−0.046
400	−0.048	−0.051	−0.053	−0.56	−0.059	−0.062	−0.065	−0.068	−0.072	−0.075
500	−0.079	−0.083	−0.087	−0.9	−0.094	−0.098 9	−0.101	−0.105	−0.108	−0.112
600	−0.115	−0.118	−0.122	−0.125	−0.08	−0.03	0.02	0.06	0.11	0.16
700	0.2	0.24	0.28	0.31	0.33	0.35	0.36	0.36	0.36	0.35
800	0.34	0.32	0.29	0.25	0.22	0.18	0.14	0.1	0.06	0.03
900	−0.01	0.03	−0.06	−0.08	−0.1	−0.12	−0.14	−0.16	−0.17	−0.18
1000	−0.19	0.2	−0.21	−0.22	−0.23	−0.24	−0.25	−0.25	−0.26	−0.26
$t_{90}(℃)$	0	100	200	300	400	500	600	700	800	900
1000	−0.19	−0.26	−0.3	−0.35	−0.39	−0.44	−0.49	−0.54	−0.6	−0.66
2000	−0.72	−0.79	−0.85	−0.93	−1	−1.07	−1.15	−1.24	−1.32	−1.41
3000	−1.5	−1.59	−1.69	−1.78	−1.89	−1.99	−2.1	−2.21	−2.32	−2.43

注 $t_{90}-t_{68}$ 的一阶导数的断点出现 $t_{90}=630.6℃$ 的温度，在此温度下 $t_{90}-t_{68}=-0.125℃$。

图 2-1 和表 2-3 显示了差值 $T_{90}-T_{68}$。表 2-3 中给出的有效数字的数量允许进行平滑内插。

但是，IPTS-68 的复现性在许多区域远差于此数量所应具有的复现性。例如，T_{68} 与热力学温度值之差最大可达 340mK，在 630℃ 处不够光滑，不连续性达到 0.018%。

银、金和铜凝固点的 T_{90} 值被认为一直到这样的程度：用其中任一个代替另外两个中的一个作为参考温度 $T_{90}(x)$ 将不会导致测得的 T_{90} 值有显著差异。

五、温度标准的传递

ITS-90 国际温标是最高温度标准。我国根据国际温标规定建立了国家基准，并定期和国际标准相对比，以保证国际温度量值的统一。

中国计量科学研究院用一套实物（包括实现温标固定点的装置和基准温度计组）来复现国际实用温标，作为我国温度计量的最高标准。

为了统一全国的温度量值，还建立了一套传递检定系统。在基准温度计下面，设有一等和二等标准温度计，通过逐级检定，将国际实用温标传递到各部门和各地区去。

各省（自治区、直辖市）市县计量部门对温度标准定期进行下一级与上一级标准对比修正、标定，以保证标准传递的可靠性和本地区测温标准的统一；一切新生产和使用中的温度计（包括测温仪表），都应进行定期的检定，以保证其示值符合国际实用温标。

第二节 热电偶测温原理

热电偶（thermocouple）是火力发电厂温度测量中常用的一次元件，它直接测量温度，并把温度转换成热电动势信号，通过显示仪表（二次仪表）转换成被测对象的温度。

热电偶元件一般用于测量 500～1300℃ 范围内的高温，铂铑材料制作的热电偶可以测 1600℃ 以上的高温。由于热电偶是一种发电型传感器，它将接受的温度信息直接转换成毫伏级热电动势信号输出，信号的功率虽然较小，但对于现代二次仪表来说，灵敏度已经足够了，因此，热电偶适用于远距离传输。

一、热电现象

两种不同性质的导体（或半导体）A 和 B 的两端相互紧密（焊接）接在一起，构成一个闭合回路，当两端接点的温度不同时（如 $T>T_0$），则回路中就会产生电动势，这种现象称为热电效应，其电动势称为热电动势。这种热电现象是德国科学家塞贝克（Seebeck）1821 年发现的，如图 2-2 所示。

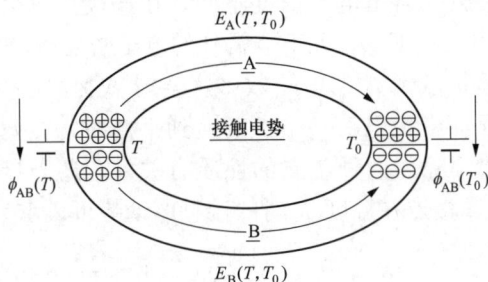

图 2-2 热电现象

这种由两种性质不同的导体构成的装置称为热电偶（或温差电偶）；导体 A 和 B 称为热电极；放在测量介质处的一端称为工作端（习惯上称为测量端或热端），另一端称为参比端（习惯上称为冷端或补偿端、自由端）；参比端与二次仪表或配套连接，二次仪表会显示被测对象的温度值。

图 2-3 表示热电动势由接触电动势（珀尔帖电动势）与温差电动势（汤姆逊电动势）两部分组成。

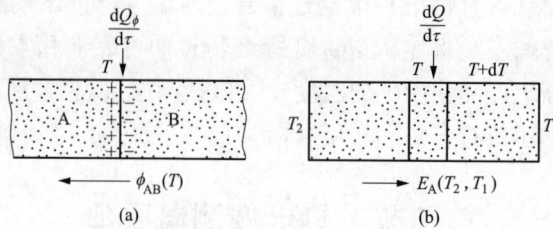

图 2-3 珀尔帖效应及汤姆逊效应
(a) 珀尔帖效应；(b) 汤姆逊效应

有研究表明，由两种不同性质的金属相互接触而发生的热电现象，是由汤姆逊和珀尔帖两个可逆效应引起的，并伴随有焦耳热和导热两个不可逆过程。

1. 珀尔帖效应

1834 年由法国科学家珀尔帖（Peltier）发现电流通过 A、B 两种不同金属的接点时，在接点处有吸热或放热的现象，吸热还是放热由电流方向确定，称为珀尔帖热。如图 2-3 (a) 所示。其产生吸热或放热的热流速率 $\dfrac{\mathrm{d}Q_{\phi}}{\mathrm{d}\tau}$ 与所通过的电流强度成正比，即有

$$\frac{\mathrm{d}Q_{\phi}}{\mathrm{d}\tau} = \phi_{AB} I$$

式中　　ϕ_{AB}——珀尔帖系数（或称珀尔帖电动势、接触电动势），反应 A、B 间转移单位电荷所需的热量，与温度和 A、B 性质有关。

产生珀尔帖电动势（ϕ_{AB}）的原因是两种电子浓度不同的金属接触在一起时，由于两种金属的自由电子浓度不同，在连接处就会发生电子迁移扩散。设金属 A 的电子密度 N_A 大于金属 B 的电子密度 N_B，则从 A 扩散到 B 的电子数要比从 B 扩散到 A 的电子数多，金属 A 因失去电子而带正电荷，金属 B 因得到电子而带负电荷。当扩散达到平衡时，在两种金属的接触处形成电动势。其大小除与两种金属的性质有关外，还与接点温度有关。即 A、B 两种不同金属接点在温度 T 时的接触电动势可表示为

$$\phi_{AB}(T) = \frac{KT}{e} \cdot \ln \frac{N_A(T)}{B_B(T)} \ \text{及} \ \phi_{AB}(T_0) = \frac{KT}{e} \cdot \ln \frac{N_A(T_0)}{N_B(T_0)}$$

回路中总的接触电动势为

$$\phi_{AB}(T) - \phi_{AB}(T_0) = \frac{K}{e}\left[T \cdot \ln \frac{N_A(T)}{N_B(T)} - T_0 \cdot \ln \frac{N_A(T_0)}{N_B(T_0)}\right] \tag{2-18}$$

式中　K——玻耳兹曼常数，1.38×10^{-23} J/K；

　　　e——单位电荷，$e = 1.6 \times 10^{-19}$ 库仑；

N_A、N_B——金属 A、B 的自由电子密度；

T、T_0——接点处的绝对温度。

式（2-18）说明接触电动势的大小和方向，主要取决于两种材料的性质（电子密度）和接触面温度的高低。温度越高，接触电动势越大；两种导体电子密度比值越大，接触电动势也越大。

2. 汤姆逊效应

若均质导体 A 上维持一定的温度梯度，当电流沿温度梯度方向流过时，则导体放热；当电流方向与温度梯度相反时，则导体吸热。

这一现象由英国物理学家汤姆逊（Thomson）发现，如图 2-3（b）所示。

在 T 到 $T+dT$ 小段导体上的热流速率 $\dfrac{dQ}{d\tau}$ 与所通过的电流强度 I 及温差 dT 的关系为

$$\frac{dQ}{d\tau} = \sigma_A I \cdot dT$$

式中 σ_A——导体 A 的汤姆逊系数，表示 1K（或℃）温差时产生的电动势。

导体 A 或 B 上的总汤姆逊电动势为

$$E_{\sigma A}(T, T_0) = \int_{T_0}^{T} \sigma_A dT \text{ 或 } E_{\sigma B}(T, T_0) = \int_{T_0}^{T} \sigma_B dT$$

汤姆逊电动势不能在匀质导体组成的闭合回路中维持电流。

产生汤姆逊电动势的原因是同一导体的两端在不同温度下，由于导体内自由电子的运动速度不同而产生的电动势。在高温端的电子运动速度比低温端的自由电子运动速度快，导致电子从高温区向低温区扩散。从而使高温端失去电子而带正电，低温端得到电子而带负电，从而在导体两端形成电动势差。所以汤姆逊电动势又可表示为

$$E_{\sigma A}(T, T_0) = \frac{K}{e} \int_{T_0}^{T} \frac{1}{N} d(N_A T) \text{ 或 } E_{\sigma B}(T, T_0) = \frac{K}{e} \int_{T_0}^{T} \frac{1}{N} d(N_B T)$$

$$(2-19)$$

由式（2-19）可见，$E_{\sigma A}(T, T_0)$ 或 $E_{\sigma B}(T, T_0)$ 的大小取决于两端温差和电子密度。

3. 热电偶回路中的热电动势

热电偶是由一对不同材料的 A 和 B 导体构成，其一端相互连接，利用热电效应实现温度测量的一种温度检测器，导体 A 和 B 称为热电极。放在被测对象中的一端称为测量端（习惯上称为工作端或热端），另一端称为参比端（习惯上称为冷端或补偿端、自由端）。

通常把 t 称为热电偶测量端温度，t_0 称为热电偶的参比端温度，如果在冷端电流从导体 A 流向导体 B，则 A 称为正热电极，B 称为负热电极，热电偶回路中的热电动势如图 2-4 所示。

若参比端的温度 t_0（假设为 0℃）改变为 t_1（或 t_2），热电偶输出的热电动势曲线间差一个常数，如图 2-5（a）所示。即坐标发生平移，如图 2-5（b）所示。按 $0'$ 为原定的坐标，参比端的温度 t_1 时输出为零。

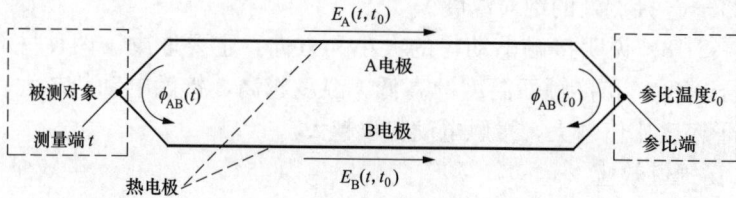

图 2-4 热电偶回路中的热电动势

根据不可逆热力学理论的第一、第二定律，热电偶回路中的热电动势（或贝塞克电势）可表示为

$$E_{AB}(t, t_0) = \phi_{AB}(t) - \phi_{AB}(t_0) - e_A(t, t_0) + e_B(t, t_0)$$

$$= \frac{KT}{e} \cdot \ln \frac{N_A}{N_B} - \frac{Kt_0}{e} \cdot \ln \frac{N_A(t_0)}{N_B(t_0)} - \int_{t_0}^{t} \sigma_A dT + \int_{t_0}^{t} \sigma_B dt$$

$$= \int_{t_0}^{t} E_{AB} dt$$

$$= E_{AB}(t) - E_{AB}(t_0) \qquad (2\text{-}20)$$

式中　E_{AB}——导体 A 和 B 的相对贝塞克系数，又叫热电动势率，即动势-温度函数的一阶导数 dE/dt_{90}，$\mu V/℃$。

t、t_0——测量端和参比端（冷端）温度。且设 $t > t_0$；

$\phi_{AB}(t)$——导体 AB 结点在热端温度为 t、冷端温度为 t_0 时形成的接触电动势；

$\phi_{AB}(t_0)$——导体 AB 结点在热端温度为 t、冷端温度为 t_0 时形成的接触电动势；

$e_A(t, t_0)$——导体 AB 结点在热端温度为 t、冷端温度为 t_0 时形成的温差电动势；

$e_B(t, t_0)$——导体 B 结点在热端温度为 t、冷端温度为 t_0 时形成的温差电动势。

式（2-20）说明，热电偶总电动势与导体 A、B 的电子密度 N_A、N_B 及两节点温度 t、t_0 有关，当热电偶的电极材质成分确定后，热电动势的大小只与两端的温度差有关；若参比端的温度 t_0 保持不变，则式 $E_{AB}(t_0)$ 项不变，设为常数 C。因此，热电动势仅是工作端温度 t 的单值函数。这时，式（2-20）简化为

$$E_{AB}(t, t_0) = E_{AB}(t) - C \qquad (2\text{-}21)$$

式（2-21）就是热电偶测量温度的工作原理。

图 2-6 所示为几种热电偶的分度曲线。热电动势与测量端温度的关系一般由实验方法建立，通过实验取得热电偶在不同热端温度下所产生的电动势值，并用国际摄氏温度单位以分度函数及分度表的形式或曲线给出。

二、热电偶测温的基本定则

人们经过长期实践，总结出热电偶用于测温时的三条定则。

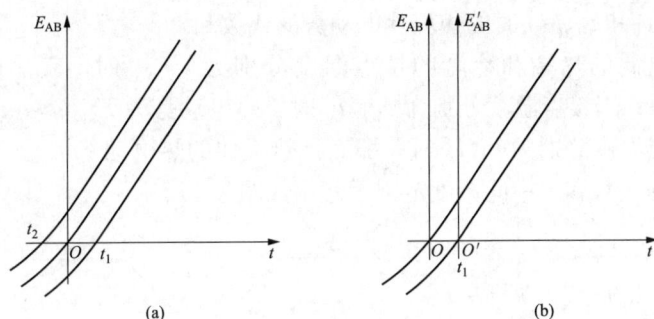

图 2-5　参比端（冷端）温度 t_0 变化对热电动势的影响

（a）以 O 为原点坐标为零点；（b）以 O' 坐标为零点

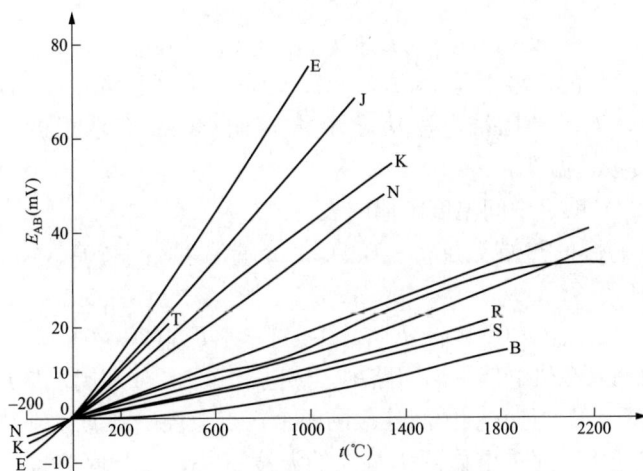

图 2-6　几种热电偶的分度曲线

1. 均质导体定则

任一种均质导体（或半导体）构成的闭合回路，不论导体（或半导体）长度、横截面以及温度分布如何，若仅用加热造成回路上温差梯度是不可能产生热电动势的。该法则是检验热电极的材质是否一致的依据。由此定则可以得到如下结论。

（1）任何一种均质材料（导体或半导体）组成的闭合回路，不能产生接触电动势，其温差电动势相抵消，回路中总电动势为零。

（2）如果热电偶的两个热电极是由不同均质导体构成，其热电动势仅与两端点的温差有关，而与热电偶的温度分布无关。

（3）如果热电偶为非均质导体，并处在具有温度梯度的环境时，形成多种导体构成的热电偶，就有多个珀尔贴电动势及汤姆逊电动势，会破坏热电动势与温度的单值关系。

2. 中间温度定则

热电偶的两端点温度分别为 t、t_0 时的热电动势，等于该热电偶在端点

29

温度为 t、t_n 和 t_n、t_0 时的相应热电动势的代数和。

如热电偶的热端和冷端的接点温度分别为 t、t_1 时，其热电动势为 $E_{AB}(t, t_1)$；当接点温度分别为 t_1、t_0 时，热电动势为 $E_{AB}(t_1, t_0)$；当热电偶两接点温度分别为 t、t_0 时，那么该热电偶的热电动势 $E_{AB}(t, t_0)$ 则为前两者的代数和。中间温度定则示意图如图 2-7 所示。

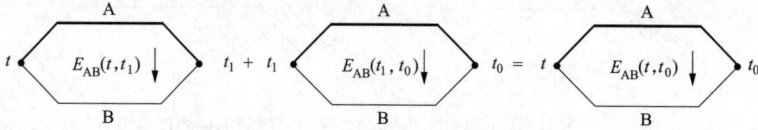

图 2-7　中间温度定则示意图

即
$$E_{AB}(t, t_0) = E_{AB}(t, t_1) + E_{CA}(t_1, t_0) \tag{2-22}$$

把热电动势的符号 $E_{AB}(t, t_0) = E_S$，表示该热电偶由 A、B 两种不同热电极组成，如果参比端电流从导体 A 流向 B，A 表示正极（故写在 B 前），B 为负极，温度 $t > t_0$。

式（2-22）就是中间温度定律的表达式。

如某热电偶的热端温度 $t = 100℃$，冷端温度 $t_1 = 20℃$，冰点槽温度 $t_0 = 0℃$，则
$$E_{AB}(100, 0) = E_{AB}(100, 20) + E_{AB}(20, 0)$$

它表明如果在热电偶测温回路中，热电极 A、B 分别接入与其热电特性相同的导体 C、D，且它们中间连接的两个接点温度一致时，则总回路的热电动势只与延长后的热电偶两头端点的温度有关，与中间连接点的温度无关，这为热电偶引入补偿导线提供了理论依据。

3. 中间导体定则

多种均质导体组成的闭合回路，只要各接点温度相同，此回路中热电动势就为零。

为便于理解，以图 2-8 为例，用式（2-20）和本定则，写出表达式为
$$E_{ABC}(t) = \phi_{AB}(t) + \phi_{BC}(t) + \phi_{CA}(t) + \int_t^t \sigma_A dt + \int_t^t \sigma_B dt + \int_t^t \sigma_c dt = 0$$

图 2-8 中各接点为温度 t_0 时，又可写出
$$E_{ABC}(t_0) = \phi_{AB}(t_0) + \phi_{BC}(t_0) + \phi_{CA}(t_0) + \int_{t_0}^{t_0} \sigma_A dt + \int_{t_0}^{t_0} \sigma_B dt + \int_{t_0}^{t_0} \sigma_c dt = 0$$

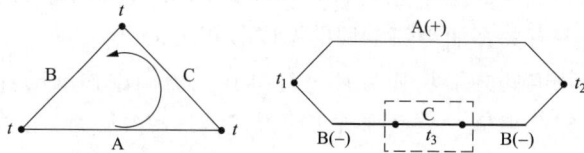

图 2-8　中间导体定则示意图

上两式相减并整理，得

$$\phi_{AB}(t) - \phi_{AB}(t_0) + \int_{t_0}^{t} \sigma_A dt - \int_{t_0}^{t} \sigma_B dt + \phi_{BC}(t) - \phi_{BC}(t_0) +$$

$$\int_{t_0}^{t} \sigma_B dt - \int_{t_0}^{t} \sigma_C dt + \phi_{CA}(t) - \phi_{CA}(t_0) + \int_{t_0}^{t} \sigma_C dt - \int_{t_0}^{t} \sigma_A dt = 0$$

即
$$E_{AB}(t,t_0) + E_{BC}(t,t_0) + E_{CA}(t,t_0) = 0 \qquad (2\text{-}23)$$

或
$$E_{AB}(t,t_0) = E_{BC}(t,t_0) + E_{CA}(t,t_0) \qquad (2\text{-}24)$$

为便于理解式（2-24），可设 $t_0 = 0$℃，这样对于多种导体构成的热电偶回路，其物理意义可理解为有多个电动势源串联组成的回路，其中每一个电动势源是由每个接点连接的两个导体形成的，其节点温度为 t，另一端虚拟的冷端温度 $t_0 = 0$℃，这样的热电偶形成热电动势 $E_{AB}(t, t_0)$ 或 $E_{AB}(t, 0)$；各电动势源按叠加原理参加回路工作。为了计算，与直流电路一样，应假设回路的正方向，并按电动势符号的书写规则列出方程，参考中间导体定则有如下推论。

（1）由两种均质导体 A、B，分别与第三种均质导体 C 构成的热电偶，若热电动势分别为 $E_{AC}(t, t_0)$、$E_{CB}(t, t_0)$，则导体 A、B 构成的热电偶的热电动势为前两个热电动势的代数和，参看图 2-9。表达式为

$$E_{AB}(t,t_0) = E_{AC}(t,t_0) + E_{CB}(t,t_0) \qquad (2\text{-}25)$$

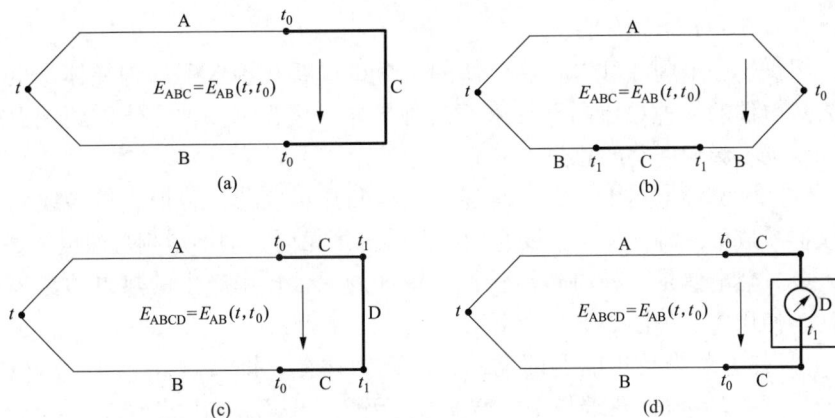

图 2-9　热电偶回路中串接任意第三种、第四种导体的情况
(a) 接法 1；(b) 接法 2；(c) 接法 3；(d) 接法 4

此推论的一个应用是在用各种导体配制热电偶时，避免以一对一组合的麻烦。采用一种物理化学性质稳定，且热电关系和稳定性均好的材料（目前用铂）做参考电极。用实验得到的各种材料与铂构成的热电偶的热电动势，则各种导体之间材料构成的热电偶的热电动势可按上式计算。

（2）热电偶回路的任意位置，都可插接第三种、第四种……导体，只要满足以下两个条件之一，就不会影响热电偶的热电动势。

条件一：若接入的导体是均质导体，且两端接点的温度相同〔见

31

图2-9（a）～图2-9（c）]；

条件二：若接入的导体是非均质导体，则保证整个导体的温度一致，见图2-9（d）。

对于图2-9（a）所示回路的情况有

$$E_{ABC} = E_{AB}(t, t_0) + E_{BC}(t, t_0) + E_{CA}(t, t_0)$$

由式（2-24）有

$$E_{BC}(t, 0) + E_{CA}(t, 0) = E_{BA}(t, 0)$$

所以

$$E_{ABC} = E_{AB}(t, 0) + E_{BA}(t, 0)$$

由式（2-21）可有

$$E_{ABC} = E_{AB}(t, 0) + E_{AB}(0, t_0) = E_{AB}(t, t_0)$$

可见热电偶（A，B）中接入导体了C，没有影响热电偶回路的总热电动势。

例如，对于图2-9（d）把接入的电表D看成一个非均质导体，但它的温度均匀一致，这时回路的热电动势为

$$\begin{aligned}E_{ABCD} &= E_{AB}(t, 0) + E_{CA}(t, 0) + E_{DC}(t_1, 0) + E_{CD}(t_1, 0) + E_{BC}(t, 0)\\ &= E_{AB}(t, 0) + E_{CA}(t, 0) + E_{BC}(t, 0) + E_{DC}(t_1, 0) - E_{DC}(t_1, 0)\\ &= E_{AB}(t, 0) + E_{CA}(t, 0) + E_{BC}(t, 0)\\ &= E_{AB}(t, t_0)\end{aligned}$$

根据这一定则，可以将热电偶的一个接点断开接入第三种导体，也可以将热电偶的一种导体断开接入第三种导体，只要每一种导体的两端温度相同，均不影响回路的总热电动势。

在实际测温电路中，必须有连接导线和显示仪器，若把连接导线和显示仪器看成第三种导体，只要它们的两端温度相同，则不影响总热电动势。

（3）热电偶是一种将热能转换为电能的元件，用产生的热电动势表示温度，使用中要关注如下几个事项。

1）热电动势是热电偶两端的温度函数之差，即 $E_K(t, t_0) = f(t) - f(t_0)$，并非热电偶热端与冷端温度差的函数，即 $E_K(t, t_0) \neq f(t - t_0)$；热电动势与沿着热电极的温度分布无关。

【例2-1】 一支 K 分度的热电偶，在冷端温度 t_0 为 25℃时，测得热电动势 $E_K(t, 25) = 22.203\text{mV}$，试求此热电偶所测量实际温度 $t = ?$℃。

解： 根据 GB/T 16839.1—2018《热电偶 第1部分：电动势规范和允差》附录表 A.7，$E_K(25, 0) = 1\text{mV}$，则 $E_K(t, 0) = E_k(t, 25) + E_k(25, 0) = 22.203\text{mV} + 1\text{mV} = 23.203\text{mV}$。

查分度表求得 $t = 560$℃。

如果用 $E_K(t, 25) = 22.203\text{mV}$ 直接查表，则得 $t = 536.5$℃，误差很明显。

2）当热电偶电极材质成分确定后，热电动势的大小，只与热电偶两端的

温度差有关；若热电偶冷端温度恒定，其热电动势仅是工作端温度的单值函数；与热电偶的长度和直径无关。

3）接触电动势（珀尔帖电动势）比温差电动势（汤姆逊电动势）要大很多。因而热电偶热电动势的大小主要由接触电动势来确定。

4）热电偶的极性由热电极材质电子数密度的大小确定，电子数密度大的热电极为正极。

三、测温仪表连接形式

测温仪表连接的基本电路有两种，一种是热电偶与测冷端与仪表连接，另一种是某一根电极接入测温仪表，如图 2-10 所示。

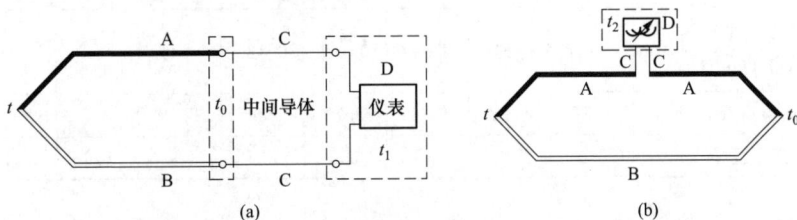

图 2-10 热电偶连接测温仪表电路
（a）热电偶冷端与测温仪表连接；（b）断开某一根电极接入测温仪表

四、热电极材料及其性质

为了保证热电偶在测量中有足够的测量精度，并不是任何的金属都可以做成热电偶，一般热电偶的热电极材质应满足下列条件要求。

（1）在测温范围内，物理特性及热电特性稳定，能在较宽温度范围内使用。

（2）化学性能稳定，不易被氧化或腐蚀。

（3）热电极的电导率要高，电阻温度系数要小，以减少测量误差。

（4）热电动势及热电动势率要大，热电动势与温度之间呈线性关系。

（5）复制性好，互换性好；机械强度高，价格便宜。

能够满足上述全部要求的材料不易找到。一些可能用作热电极的材料列于表 2-4 中。

表 2-4 几种热电偶材料的物理性质

性质	J	J、C、T	T	K、E	K	N	N	RPt13%Rh
	铁	康铜	铜	镍铬合金	铝镍合金	镍铬硅合金	镍硅合金	
熔点(固相线温度,℃)	1490	1220	1083	1427	1399	1420	1330	1860
0℃时电阻率(μΩ·cm)	8.57	48.9	1.56	70	28.1	97.4	32.5	19
20℃时电阻率(μΩ·cm)	9.67	48.9	1.724	70.6	29.4	97.8	34.6	19.6

续表

性质	J	J、C、T	T	K、E	K	N	N	
	铁	康铜	铜	镍铬合金	铝镍合金	镍铬硅合金	镍硅合金	RPt13%Rh
电阻的温度系数 $[\Omega/(\Omega \cdot ℃)]$ $(0 \sim 100℃)$	65×10^{-4}	-0.1×10^{-4}	43×10^{-4}	4.1×10^{-4}	23.9×10^{-4}	13.3×10^{-4}	12.1×10^{-4}	15.6×10^{-4}
热膨胀系数 $[mm/(mm \cdot ℃)]$ $(20 \sim 100℃)$	11.7×10^{-6}	14.9×10^{-6}	16.6×10^{-6}	13.1×10^{-6}	12.0×10^{-6}			9.0×10^{-6}
100℃时的导热率	0.162	0.050 6	0.901	0.046	0.071	0.035 8	0.066 4	0.088
20℃时的比热 $[cal/(g \cdot ℃)]$	0.107	0.094	0.092	0.107	0.125	0.11	0.12	
密度(g/cm^3)	7.86	8.92	8.92	8.73	8.6	8.52	8.7	19.61
抗张强度(MPa)	345	552	241	655	586	690	621	317

五、标准化热电偶

标准化热电偶指工艺较成熟、定型生产、使用广泛、性能良好而稳定，并已列入国家标准化文件中的热电偶，对同一类型的热电偶规定了统一的热电极材质及其化学成分、热电动势-温度关系对温度表数值和允许偏差，即标准化热电偶具有统一的分度表。并以分度函数为主、分度表为辅的形式反映电动势温度之间的关系。

电动势-温度分度函数反映了电动势与温度之间的关系，需指出的是该函数关系是在参比温度为0℃时得出的。同一种类型的标准化热电偶具有良好的互换性，使用方便。

1. 标准化热电偶型号

在 GB/T 16839.1—2018《热电偶 第1部分：电动势规范和允差》中，除原发布的 R、S、B、J、T、E、K 及 N 型热电偶外，还发布了 C 型和 A 型 2 种新型热电偶，如表 2-5 所示。

表 2-5 标准化热电偶的种类

分度号	元素及合金质量名义成分	
	正极材料	负极材料
R	铂铑 13%	铂
S	铂铑 10%	铂
B	铂铑 30%	铂铑 6%
J	铁	铜镍
T	铜	铜镍

续表

分度号	元素及合金质量名义成分	
	正极材料	负极材料
E	镍铬	铜镍
K	镍铬	镍铝
N	镍铬硅	镍硅
C	钨铼 5%	钨铼 26%
A	钨铼 5%	钨铼 20%

对于 J 型、T 型和 E 型热电偶的负极"铜镍"有时也称为"康铜"。

除 N 型热电偶外，廉金属热电偶合金的标准合金成分并未确定，但应注意的是成分并不如正负极之间的匹配那么重要。尤其是 J 型、E 型和 T 型热电偶，其负极通常不能互换。同样 C 型和 A 型的正极也不能互换。

K 型热电偶的负极也常用"镍硅"，但一般不能与 N 型热电偶的负极互换。

2. 电动势-温度分度函数

用分度函数定义温度与电动势的关系，即在参比温度为 0℃时的电动势 E（单位为 μV），用温度（t_{90}，单位为℃）的函数来表示，除 K 型热电偶外，以多项式形式表示热电偶的分度函数为

$$E = \sum_{i=0}^{n} a_i \times (t_{90})^i \qquad (2\text{-}26)$$

式中　E——电动势，μV；

a_i——多项式第 i 项的系数；

n——多项式阶数；

t_{90}——ITS-90 温度，℃。

a_i 和 n 的值根据热电偶的类型和温度范围确定，详见表 2-6～表 2-15。

表 2-6　S 型分度函数

多项式系数	温度范围		
	$-50\sim1064.18℃(n=8)$	$1064.18\sim1664.5℃(n=4)$	$1664.5\sim1768.1℃(n=4)$
a_0	$0.000\,000\,000\,00\times10^0$	$1.329\,004\,440\,85\times10^3$	$1.466\,282\,326\,36\times10^5$
a_1	$5.403\,133\,086\,31\times10^0$	$3.345\,093\,113\,44\times10^0$	$-2.584\,305\,167\,52\times10^2$
a_2	$1.259\,342\,897\,40\times10^{-2}$	$6.548\,051\,928\,18\times10^{-3}$	$1.636\,935\,746\,41\times10^{-1}$
a_3	$-2.321\,779\,686\,89\times10^{-5}$	$-1.648\,562\,592\,09\times10^{-6}$	$-3.304\,390\,469\,87\times10^{-5}$
a_4	$3.220\,288\,230\,36\times10^{-8}$	$1.299\,896\,051\,74\times10^{-11}$	$-9.432\,236\,906\,12\times10^{-12}$
a_5	$-3.314\,651\,963\,89\times10^{-11}$	—	—
a_6	$2.557\,442\,517\,86\times10^{-14}$	—	—
a_7	$-1.250\,688\,713\,93\times10^{-17}$	—	—
a_8	$2.714\,431\,761\,45\times10^{-21}$	—	—

表 2-7 R 型分度函数

多项式系数	温 度 范 围		
	$-50\sim1064.18℃(n=9)$	$1064.18\sim1664.5℃(n=5)$	$166.5\sim1768.1℃(n=4)$
a_0	$0.000\ 000\ 000\ 00\times10^0$	$2.951\ 579\ 253\ 16\times10^3$	$1.522\ 321\ 182\ 09\times10^5$
a_1	$5.289\ 617\ 297\ 65\times10^0$	$-2.520\ 612\ 513\ 32\times10^0$	$-2.688\ 198\ 885\ 45\times10^2$
a_2	$1.391\ 665\ 897\ 82\times10^{-2}$	$1.595\ 645\ 018\ 65\times10^{-2}$	$1.712\ 802\ 804\ 71\times10^{-1}$
a_3	$-2.388\ 556\ 930\ 17\times10^{-5}$	$-7.640\ 859\ 475\ 76\times10^{-6}$	$-3.458\ 957\ 064\ 53\times10^{-5}$
a_4	$3.569\ 160\ 010\ 63\times10^{-8}$	$2.053\ 052\ 910\ 24\times10^{-9}$	$-9.346\ 339\ 710\ 46\times10^{-12}$
a_5	$4.623\ 476\ 662\ 98\times10^{-11}$	$-2.933\ 596\ 681\ 73\times10^{-13}$	—
a_6	$5.007\ 774\ 410\ 34\times10^{-14}$	—	—
a_7	$-3.731\ 058\ 861\ 91\times10^{-17}$	—	—
a_8	$1.577\ 164\ 823\ 67\times10^{-20}$	—	—
a_9	$-2.810\ 386\ 252\ 51\times10^{-21}$	—	—

表 2-8 B 型分度函数

多项式系数	温 度 范 围	
	$-50\sim630.615℃(n=6)$	$630.615\sim1820℃(n=8)$
a_0	$0.000\ 000\ 000\ 0\times10^0$	$-3.893\ 816\ 862\ 1\times10^3$
a_1	$-2.465\ 081\ 834\ 6\times10^{-1}$	$2.857\ 171\ 747\ 0\times10^1$
a_2	$5.904\ 042\ 117\ 1\times10^1$	$-8.488\ 510\ 478\ 5\times10^{-2}$
a_3	$-1.325\ 793\ 163\ 6\times1^{-6}$	$1.578\ 528\ 016\ 4\times10^{-4}$
a_4	$1.566\ 829\ 190\ 1\times10^{-9}$	$-1.683\ 534\ 486\ 4\times10^{-7}$
a_5	$-1.694\ 452\ 924\ 0\times10^{-12}$	$1.110\ 979\ 401\ 3\times10^{-10}$
a_6	$6.299\ 034\ 709\ 4\times10^{-16}$	$-4.451\ 543\ 103\ 3\times10^{-14}$
a_7	—	$9.897\ 564\ 082\ 1\times10^{-18}$
a_8	—	$-9.379\ 133\ 028\ 9\times10^{-22}$

表 2-9 K 型分度函数

多项式系数	温 度 范 围	
	$-270\sim0℃(n=10)$	$0\sim1300℃$
a_0	$0.000\ 000\ 000\ 0\times10^0$	$-1.760\ 041\ 368\ 6\times10^1$
a_1	$3.945\ 012\ 802\ 5\times10^1$	$3.89\ 212\ 049\ 75\times10^1$
a_2	$2.362\ 237\ 359\ 8\times10^{-2}$	$1.855\ 877\ 003\ 2\times10^{-2}$
a_3	$-3.285\ 890\ 678\ 4\times10^{-4}$	$-9.945\ 759\ 287\ 4\times10^{-5}$
a_4	$-4.990\ 482\ 877\ 7\times10^{-6}$	$3.181\ 094\ 571\ 9\times10^{-7}$
a_5	$-6.750\ 905\ 917\ 3\times10^{-8}$	$-5.607\ 284\ 488\ 9\times10^{-10}$
a_6	$-5.741\ 032\ 742\ 8\times10^{-10}$	$5.607\ 505\ 905\ 9\times10^{-13}$

续表

多项式系数	温 度 范 围	
	$-270\sim0℃(n=10)$	$0\sim1300℃$
a_7	$-3.108\ 887\ 289\ 4\times10^{-12}$	$-3.202\ 072\ 000\ 3\times10^{-16}$
a_8	$-1.045\ 160\ 936\ 5\times10^{14}$	$9.715\ 114\ 715\ 2\times10^{-20}$
a_9	$-1.988\ 926\ 687\ 8\times10^{-17}$	$-1.210\ 472\ 127\ 5\times10^{-23}$
a_{10}	$-1.632\ 269\ 748\ 6\times10^{-20}$	—
c_0	—	$1.185\ 976\times10^2$
c_1	—	$-1.183\ 432\times10^{-4}$

表 2-10 N 型分度函数

多项式系数	温 度 范 围	
	$-270\sim0℃(n=8)$	$0\sim1300℃(n=10)$
a_0	$0.000\ 000\ 000\ 0\times10^0$	$0.000\ 000\ 000\ 0\times10^0$
a_1	$2.615\ 910\ 596\ 2\times10^1$	$2.592\ 939\ 460\ 1\times10^1$
a_2	$1.095\ 748\ 422\ 8\times10^{-2}$	$1.571\ 011\ 188\ 0\times10^{-2}$
a_3	$-9.384\ 111\ 155\ 4\times10^{-5}$	$4.382\ 562\ 723\ 7\times10^{-5}$
a_4	$-4.641\ 203\ 975\ 9\times10^{-8}$	$-2.526\ 116\ 979\ 4\times10^{-7}$
a_5	$-2.630\ 335\ 771\ 6\times10^{-9}$	$6.431\ 181\ 933\ 9\times10^{-10}$
a_6	$-2.265\ 343\ 800\ 3\times10^{-11}$	$-1.006\ 347\ 151\ 9\times10^{-12}$
a_7	$-7.608\ 930\ 079\ 1\times10^{-14}$	$9.974\ 533\ 899\ 2\times10^{-16}$
a_8	$-9.341\ 966\ 783\ 5\times10^{-17}$	$-6.086\ 324\ 560\ 7\times10^{-19}$
a_9	—	$2.084\ 922\ 933\ 9\times10^{-22}$
a_{10}	—	$-3.068\ 219\ 615\ 1\times10^{-26}$

表 2-11 E 型分度函数

多项式系数	温 度 范 围	
	$-270\sim0℃(n=13)$	$0\sim1000℃(n=10)$
a_0	$0.000\ 000\ 000\ 0\times10^0$	$0.000\ 000\ 000\ 0\times10^0$
a_1	$5.866\ 550\ 870\ 8\times10^1$	$5.866\ 550\ 871\ 0\times10^1$
a_2	$4.541\ 097\ 712\ 4\times10^{-2}$	$4.503\ 227\ 558\ 2\times10^{-2}$
a_3	$-7.799\ 804\ 868\ 6\times10^{-4}$	$2.890\ 840\ 721\ 2\times10^{-5}$
a_4	$-2.580\ 016\ 084\ 3\times10^{-5}$	$-3.305\ 689\ 665\ 2\times10^{-7}$
a_5	$-5.945\ 258\ 305\ 7\times10^{-7}$	$6.502\ 440\ 327\ 0\times10^{-10}$
a_6	$-9.321\ 405\ 866\ 7\times10^{-9}$	$-1.919\ 749\ 550\ 4\times10^{-11}$
a_7	$-1.028\ 760\ 553\ 4\times10^{-10}$	$-1.253\ 660\ 049\ 7\times10^{-15}$

续表

多项式系数	温 度 范 围	
	$-270\sim0℃(n=13)$	$0\sim1000℃(n=10)$
a_8	$-8.037\ 012\ 362\ 1\times10^{-13}$	$2.148\ 921\ 756\ 9\times10^{-18}$
a_9	$-4.397\ 949\ 739\ 1\times10^{-15}$	$-1.438\ 804\ 178\ 2\times10^{-21}$
a_{10}	$-1.641\ 477\ 635\ 5\times10^{-17}$	$3.596\ 089\ 948\ 1\times10^{-25}$
a_{11}	$-3.967\ 361\ 951\ 6\times10^{-20}$	
a_{12}	$-5.582\ 732\ 872\ 1\times10^{-23}$	
a_{13}	$-3.465\ 784\ 201\ 3\times10^{-26}$	

表 2-12　J 型分度函数

多项式系数	温 度 范 围	
	$-210\sim760℃(n=8)$	$760\sim1200℃(n=5)$
a_0	$0.000\ 000\ 000\ 0\times10^0$	$2.964\ 562\ 568\ 1\times10^5$
a_1	$5.038\ 118\ 781\ 5\times10^1$	$-1.497\ 612\ 778\ 6\times10^3$
a_2	$3.047\ 583\ 693\ 0\times10^{-2}$	$3.178\ 710\ 392\ 1\times10^0$
a_3	$-8.568\ 106\ 572\ 0\times10^{-5}$	$-3.184\ 768\ 670\ 1\times10^{-3}$
a_4	$1.322\ 819\ 529\ 5\times10^{-7}$	$1.572\ 081\ 900\ 4\times10^{-6}$
a_5	$-1.705\ 295\ 833\ 7\times10^{-10}$	$-3.069\ 136\ 905\ 6\times10^{-10}$
a_6	$2.094\ 809\ 069\ 7\times10^{-13}$	—
a_7	$-1.253\ 839\ 533\ 6\times10^{-16}$	—
a_8	$1.563\ 172\ 569\ 7\times10^{-20}$	—

表 2-13　T 型分度函数

多项式系数	温 度 范 围	
	$-270\sim0℃(n=14)$	$0\sim400℃(n=8)$
a_0	$0.000\ 000\ 000\ 0\times10^0$	$0.000\ 000\ 000\ 0\times10^0$
a_1	$3.874\ 810\ 636\ 4\times10^1$	$3.874\ 810\ 636\ 4\times10^1$
a_2	$4.419\ 443\ 434\ 7\times10^{-2}$	$3.329\ 222\ 788\ 0\times10^{-2}$
a_3	$1.184\ 432\ 310\ 5\times10^{-4}$	$2.061\ 824\ 340\ 4\times10^{-4}$
a_4	$2.003\ 297\ 355\ 4\times10^{-5}$	$-2.188\ 225\ 684\ 6\times10^{-6}$
a_5	$9.013\ 801\ 955\ 9\times10^{-7}$	$1.099\ 688\ 092\ 8\times10^{-8}$
a_6	$2.265\ 115\ 659\ 3\times10^{-8}$	$-3.081\ 575\ 877\ 2\times10^{-11}$

续表

多项式系数	温度范围	
	$-270\sim0℃(n=14)$	$0\sim400℃(n=8)$
a_7	$3.607\ 115\ 420\ 5\times10^{-10}$	$4.547\ 913\ 529\ 0\times10^{-14}$
a_8	$3.849\ 393\ 988\ 3\times10^{-12}$	$-2.751\ 290\ 167\ 3\times10^{-17}$
a_9	$2.821\ 352\ 192\ 5\times10^{-14}$	—
a_{10}	$1.425\ 159\ 477\ 9\times10^{-16}$	
a_{11}	$4.876\ 866\ 228\ 6\times10^{-19}$	—
a_{12}	$1.079\ 553\ 927\ 0\times10^{-21}$	—
a_{13}	$1.394\ 502\ 706\ 2\times10^{-24}$	
a_{14}	$7.979\ 515\ 392\ 7\times10^{-28}$	—

表 2-14 C 型分度函数

多项式系数	温度范围	
	$0\sim630.615℃(n=6)$	$630.615\sim2315℃(n=6)$
a_0	$0.000\ 000\ 0\times10^0$	$1.052\ 882\ 3\times10^2$
a_1	$1.340\ 603\ 2\times10^1$	$1.150\ 935\ 5\times10^1$
a_2	$1.192\ 499\ 2\times10^{-2}$	$1.569\ 645\ 3\times10^{-2}$
a_3	$-7.980\ 635\ 4\times10^{-6}$	$-1.370\ 441\ 2\times10^{-5}$
a_4	$-5.078\ 751\ 5\times10^{-9}$	$5.229\ 087\ 3\times10^{-9}$
a_5	$1.316\ 419\ 7\times10^{-11}$	$-9.208\ 275\ 8\times10^{-13}$
a_6	$-7.919\ 733\ 2\times10^{-15}$	$4.524\ 511\ 2\times10^{-17}$

表 2-15 A 型分度函数

多项式系数	温度范围
	$0\sim2500℃(n=8)$
a_0	$0.000\ 000\ 0\times10^0$
a_1	$1.195\ 190\ 5\times10^1$
a_2	$1.667\ 262\ 5\times10^{-2}$
a_3	$-2.828\ 780\ 7\times10^{-5}$
a_4	$2.839\ 783\ 9\times10^{-8}$
a_5	$-1.850\ 500\ 7\times10^{-11}$
a_6	$7.363\ 212\ 3\times10^{-15}$
a_7	$-1.614\ 887\ 8\times10^{-18}$
a_8	$1.490\ 167\ 9\times10^{-22}$

对于温度范围为 $0\sim1300℃$ 的 K 型热电偶，分度函数为

$$E = \sum_{i=0}^{n} a_i \times (t_{90}) + c_0 \times \mathrm{esp}[c_1(t_{90} - 126.968\ 6)^2] \qquad (2\text{-}27)$$

式中　c_0、c_1——常数项，由表 2-9 给出。

六、标准化热电偶分度函数

1. 铂铑 10-铂热电偶（S 型）

铂铑 10-铂热电偶（S 型）为贵金属热电偶。偶丝直径通常为 0.5mm，允许偏差为 −0.015mm，其正极（SP）的名义化学成分为铂铑合金，其中含铑为 10%，含铂为 90%，负极（SN）为纯铂，故俗称单铂铑热电偶。

该热电偶长期最高使用温度为 1300℃，短期最高使用温度为 1700℃，缺点是热电动势、热电动势率较小，灵敏度低，高温下机械强度下降，对污染非常敏感，材料昂贵，因而一次性投资较大。其物理化学性能良好，热电动势稳定性、抗氧化性能好。

由于它具有优良的综合性能，符合国际使用温标的铂铑 10-铂热电偶，长期以来曾作为国际温标的内插仪器，ITS-90 虽规定今后不再作为国际温标的内查仪器，但国际温度咨询委员会（CCT）认为铂铑 10-铂热电偶仍可用于近似实现国际温标，在热电偶系列中准确度最高，稳定性最好，测温温区宽，使用寿命长等优点。

2. 铂铑 13-铂热电偶（R 型）

铂铑 13-铂热电偶（R 型）为贵金属热电偶。它不足之处是热电动势率较小、灵敏度低、高温下机械强度下降、对污染非常敏感、贵金属材料昂贵，因而一次性投资较大。偶丝直径一般为 0.5mm，允许偏差为 −0.015mm，其正极（RP）的名义化学成分为铂铑合金，其中含铑为 13%，含铂为 87%，负极（RN）为纯铂，长期最高使用温度为 1300℃，短期最高使用温度为 1600℃。它的稳定性和复现性比 S 型热电偶均好，我国目前尚未开展这方面的研究。由于它的综合性能与 S 型热电偶相当，在我国一直难以推广，除在进口设备上的测温有所应用外，国内测温很少采用。

3. 铂铑 30-铂铑 6 热电偶（B 型）

铂铑 30-铂铑 6 热电偶（B 型）为贵金属热电偶。其优点是不需用补偿导线补偿，因为在 0～50℃ 范围内热电动势小于 3μV。偶丝直径通常为 0.5mm，允许偏差为 −0.015mm，其正极（BP）的名义化学成分为铂铑合金，其中含铑为 30%，含铂为 70%；负极（BN）为 94% 铂、6% 铑的合金；故俗称双铂铑热电偶。长期最高使用温度为 1600℃，短期最高使用温度为 1800℃。

不足之处是热电动势、热电动势率比铂铑 10-铂热电偶更小，灵敏度低，高温下机械强度下降，对污染非常敏感（除非加非金属套管），该金属材料昂贵，因而一次性投资较大。它在热电偶系列中具有准确度最高、稳定性最好、测温区宽、使用寿命长、测温上限高等优点。适用于氧化性和惰性气体中，也可短期用于真空中，但不适用于还原性气氛或含有金属或非金属蒸气气氛中。

4. 镍铬-镍铝（硅）热电偶（K 型）

镍铬-镍硅热电偶（K 型）是目前用量最大的廉金属热电偶，正极（KP）的名义化学成分为 90％镍、10％铬的合金；负极（KN）的名义化学成分为 97.5％镍、2.5％铝（硅）的合金。其使用温度为－200～1300℃。它具有线性度好、热电动势较大、灵敏度高、稳定性和均匀性较好、抗氧化性能强、价格便宜等优点，能用于氧化性和惰性气氛中。但不能直接在高温下用于含硫气氛，氧化还原性或还原、氧化交替的气氛中和真空中，也不推荐用于弱氧化气氛中。

5. 镍铬硅-镍硅热电偶（N 型）

镍铬硅-镍硅热电偶（N 型）为廉金属热电偶，是一种最新国际标准化的热电偶。正极（NP）的名义化学成分为 84.4％镍、14.2％铬、1.4％硅；负极（NN）的名义化学成分为 95.5％镍、4.4％硅、0.1％镁，其使用温度为－200～1300℃。

该型热电偶克服了 K 型热电偶的两个重要缺点。

(1) K 型热电偶在 300～500℃间，由于镍铬合金的晶格短程有序引起热电动势不稳定。

(2) 在 800℃左右由于镍铬合金发生择优氧化引起的热电动势不稳定。

N 型热电偶具有线性度好、热电动势较大、灵敏度较高、稳定性和均匀性较好、抗氧化性能强、不受短程有序化影响等优点，价格便宜，其综合性能优于 K 型热电偶，是一种很有发展前途的热电偶。

N 型热电偶缺点是不能直接在高温下用于含硫气氛，氧化还原性或还原、氧化交替的气氛中和真空中，也不推荐用于弱氧化气氛中。

6. 镍铬-铜镍热电偶（E 型）

镍铬-铜镍热电偶（E 型）又称镍铬-康铜热电偶，它还具有稳定性好、抗氧化性能优于铜-康铜、铁-康铜热电偶、价格便宜等优点，能用于氧化性和惰性气体中，广泛被采用。

E 型热电偶不能直接在高温下用于含硫气氛、氧化还原气氛中，热电动势均匀性较差。E 型热电偶也是一种廉价金属的热电偶，正极（EP）为 90％镍、10％铬的合金，化学成分与 KP 相同，负极（EN）为铜镍合金，名义化学成分为 55％铜、45％的镍以及少量的锰、钴、铁等元素。

E 型热电偶的使用温度为－200～900℃。热电动势大，灵敏度是最高的热电偶，宜制成热电堆，测量微小的温度变化。对于高湿度气氛的腐蚀不甚灵敏，宜用于湿度较高的环境。

7. 铁-铜镍热电偶（J 型）

铁-铜镍热电偶可用于真空、氧化、还原和惰性气体中，但正极铁在高温下氧化较快，故使用温度受到限制，也不能直接无保护地在高温下用于硫化气氛中。它又称铁-康铜热电偶，也是一种价格低廉的金属热电偶。

J 型热电偶的正极（JP）的名义化学成分为纯铁，负极（JN）为铜镍合金，常被称为康铜，其名义化学成分为 55% 的铜和 45% 的镍以及少量却十分重要的锰、钴、铁等元素，尽管也叫康铜，但不同于镍铬-康铜和铜-康铜的康铜，故不能用 EN 和 TN 来替换。

J 型热电偶的覆盖测量温区为 -200~1200℃，但通常使用的温度范围为 0~750℃，具有线性度好、热电动势较大、灵敏度较高、稳定性和均匀性较好、价格便宜等优点。

8. 铜-铜镍热电偶（T 型）

铜-铜镍热电偶（T 型）又称铜-康铜热电偶，也是一种最佳的测量低温廉价金属热电偶。它的正极铜在高温下抗氧化性能差，故使用温度上限受到限制。

T 型热电偶的正极（TP）是纯铜，负极（TN）为 55% 的铜和 45% 镍合金，常称为康铜，T 型热电偶与镍铬-康铜的康铜 EN 通用，与铁-康铜 JN 不能通用，尽管它们都叫康铜。

T 型热电偶的盖测量温区为 -200~350℃，具有线性度好、热电动势较大、灵敏度较高、稳定性和均匀性较好、价格便宜等优点，特别在 -200~0℃ 温区内使用，稳定性更好，年稳定性可小于 ±3μV，经低温检定可作为二等标准进行低温量值传递。

9. 钨铼 5-钨铼 26 热电偶（C 型）

钨铼 5-钨铼 26 热电偶是我国新列入标准的两种热电偶之一，它的正极成分为含钨 95%、铼 5%，负极成分为含钨 74%、铼 26%。分度号为 WRe5-WRe26，简写为 W-Re5/26。

钨铼热电偶是 1931 年由 Goedecke（戈得克）首先研制出来的，在 20 世纪 60~70 年代得以发展得最成功的难熔金属热电偶。

钨铼热电偶的特点：热电极丝熔点高（3300℃），强度大。热电动势大、灵敏度高、热电动势率为 S 型热电偶的 2 倍、B 型热电偶 3 倍，蒸气压低，极易氧化；在非氧化性气氛中化学稳定性好。电动势大，灵敏度高；价格低，仅为 S 型热电偶的 1/3。

Re5/26 热电偶的测量温区为 0~2300℃。目前测量 1600℃ 以上的温度，多采用非接触法，误差较大，如用接触法则能准确地测出真实温度。在高温测量中，稳定性好，价格低，可以部分取代贵金属热电偶，因此，钨铼热电偶在冶金、核及航天等行业都得到广泛应用。

10. 钨铼 5-钨铼 20（A 型）

正极成分含钨 95%、铼 5%，负极成分含钨 80%、铼 20%。分度号为 WRe5-WRe20，简写为 W-Re5/20。使用最高温度可达到 2500℃。

七、热电偶的反函数

反函数是在设定的允差内将温度用电动势的函数来表示。各类型热电

偶的反函数由多项式给出，即

$$t_{90} = \sum_{i=0}^{n} d_i \times E^i \qquad (2-28)$$

式中　t_{90}——ITS-90 温度，℃；

n——多项式阶数；

d_i——多项式第 i 项系数；

E^i——电动势，μV。

d_i 和 n 根据热电偶类型和温度范围来确定。参见 GB/T 16839.1—2018 《热电偶　第 1 部分：电动势规范和允差》中表 B. 1～B. 10。

八、非标准化热电偶

非标准化热电偶是指没有列入国家标准化文件中的热电偶。目前应用不十分广泛，只用在某些特殊的场合中，如高温、低温等环境。一般没有统一的分度表，也没有成熟配套的二次仪表。目前已使用的非标准化热电偶有以下几种。

1. 钨铼系列热电偶

这类热电偶可测量高达 2300℃ 的高温，短时间可达 2800℃，它比较适合在干燥的氢气、中性气氛和真空中使用，不适合在潮湿、还原性和氧化性气氛中工作，除非加设合适的保护套。已使用的有钨—钨铼 26（G 型）和钨铼 3—钨铼 26（D 型）两类热电偶。

2. 铱铑—铱系列热电偶

这是一种高温热电偶，常用于 2000℃ 以下温度的测量，适用于真空和中性气氛中测量，不能在还原性气氛中使用，一般用铱铑 40、铱铑 50 和铱铑 60 三种合金与铱配用。

3. 钨—钼热电偶

钨—钼热电偶的两个热电极具有较高的熔点，故适合用来测量高温，但钨钼的化学性质稳定较差，不能在氧化性介质中工作，它们虽可在还原性介质中工作，但在高温下的稳定性较差，因此只能在真空或中性介质中工作。另外，这种热电偶的热电动势率较小，在测量低温时为负值，到 1300℃ 才开始为正值，钨—钼热电偶一般用来测量 1300～2200℃ 之间的温度。

4. 镍铬—金铁热电偶

这是一种较为理想的低温热电偶，在低温下仍能得到很大的热电动势，它可以在 2～273K 的低温范围内使用，该热电偶热电动势稳定，复现性好，易于加工成丝，已日趋标准化。

5. 非金属热电偶

非金属热电偶主要有石墨热电偶、二硅化钨—二硅化钼热电偶、石墨—二硼化锆热电偶、石墨—碳化钛热电偶和石墨—碳化铌热电偶等。

但它们和金属热电偶相比，非金属热电偶优点较少，仅适合在特殊场合下应用。

（1）这些材料的熔点非常高，可做 2700℃ 以上的热电偶材料。

（2）石墨热电偶可用在大于 1500℃ 含碳的气氛中。

（3）在惰性气体或含碳的气氛中，不必使用套管。

非金属热电偶的主要缺点是复制性差、机械强度不高，因此目前尚未获得广泛的应用。

九、工业热电偶的结构

普通型工业热电偶是一种装配型热电偶，主要由热电极、绝缘管、保护管、接线盒以及接线端子构成，如图 2-11 所示。

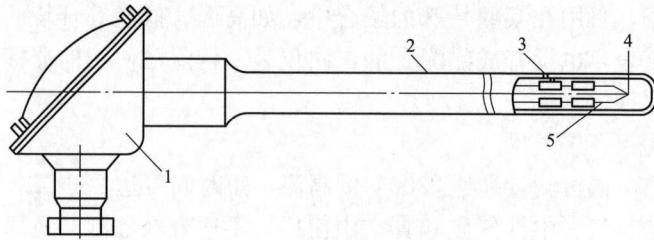

图 2-11　装配型热电偶示意图

1—接线盒；2—保护管；3—绝缘管；4—热端；5—热电极

为了保证热电偶可靠、稳定地工作，对它的结构要求如下：①组成热电偶的两个热电极必须焊接牢固；②两个热电偶的两个热电极之间要绝缘良好，以防止短路；③保证热端与被测体间要有良好的热接触；④保护套管应能保证热电极不受有害物质的侵害。

1. 热电极

贵金属电极的直径为 0.3～0.65mm，普通金属电极的直径为 0.3～3.2mm。热电极的长度规格有多种，主要由现场条件和插入深度来决定，一般为 300～2000mm。

热电偶工作端采用焊接方式连接，焊接形状有点焊、对焊和铰接点焊等。焊点的直径不应大于热电极直径的两倍，如图 2-12 所示。

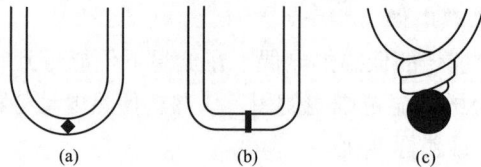

（a）　　　　　　（b）　　　　　　（c）

图 2-12　热电偶热端焊接方式

（a）点焊；（b）对焊；（c）纹状电焊

（1）气焊法。先将热电极端点绞成麻花状，然后加热并涂上焊药，再用火焊使工作端熔成球状，再迅速将工作端放入热水中。这种方法操作简便实用。

（2）电弧焊法。电弧焊是用高温电弧将两个热电极顶端熔成球状。常用的有交流电弧焊和直流电弧焊两种。交流电弧焊常用在廉金属热电偶的焊接。焊接前要在热电极的顶端涂上焊药，焊好后要除掉焊点上的焊药。直流电弧焊用作贵金属热电偶的焊接。

（3）氩弧焊。氩弧焊是一种焊接热电偶较好的方法。

（4）盐浴焊接法。焊接前要先清除热电极被焊处表面的氧化层，并绞成麻花状，焊接后用热水洗净焊接点上的氯化钡颗粒。

对焊点的要求是焊点要表面要光滑、牢固，无裂纹，无渣垢，焊点小，以减少传热误差和动态误差。

2. 绝缘管

在热电极上套装绝缘管的目的是防止电极间短路，绝缘管有单孔、多孔等形式。绝缘管材质要根据工作温度进行选择，低温下可选择橡胶、塑料、聚乙烯等；高温下可选择普通陶瓷（1000℃以下）、高纯氧化铝（1300℃以下）、刚玉（1600℃以下）等，如表2-16所示。

表2-16　绝缘材料及使用温度范围

材料名称	使用温度范围（℃）	材料名称	使用温度范围（℃）
橡皮、塑料	60～80	石英管	0～1300
丝、干漆	0～130	瓷管	1400
氟塑料	0～250	再结晶氧化铝管	1500
玻璃丝、玻璃管	500 以下	纯氧化铝管	1600～1700

3. 保护套管

为了避免热电极遭受化学腐蚀和机械损伤，通常将热电极和绝缘管装入不透气、并带有接线箱盒的保护套管内。套管材质及形式由被测介质的特性、装配方式和时间常数等决定。

套管材质可选择不锈钢、耐热 NiCr(Fe) 合金，或由用户与厂家协商确定的其他材质，GB/T 18404—2022《铠装热电偶电缆及铠装热电偶》推荐的技术要求如表2-17所示。

表2-17　套管材料及最高工作温度　　　　　　　℃

热电偶丝型号	套管材料		
	NiCr 合金	钢 25Cr-20Ni	钢 18Cr-8Ni
T	—	—	400
E	800	800	800

续表

热电偶丝型号	套管材料		
	NiCr 合金	钢 25Cr-20Ni	钢 18Cr-8Ni
J	750	750	750
K	1100	1100	800

4. 接线盒

接线盒内有接线端子，其作用是把热电极和补偿导线连接起来。根据用途的不同，有普通式、防（水）溅式、防水式、隔爆式及插座式等多种结构，如图 2-13 所示。

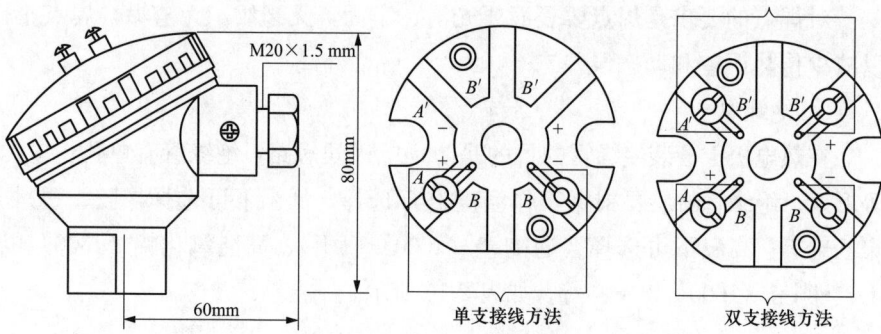

图 2-13　热电偶接线盒

5. 测温时间常数 τ

普通热电偶的时间常数随保护套管的材质及外径而变化，一般为 10～240s，如金属保护套管，外径为 12mm 时，$\tau=45s$；外径为 16mm 时，$\tau=90s$。而耐高压的金属热电偶 $\tau=2.5min$。

十、铠装式热电偶

1. 铠装式热电偶结构

铠装式热电偶内部的电极被绝缘材料紧密地包裹着，与外界空气隔开，有着良好的抗氧化、抗冷凝、抗外力冲击的特性。

铠装式热电偶的电极可以制作得很细，为解决微小、狭窄环境的测温问题，且具有耐震、可弯曲、热惯性小等优点，它比装配式热电偶有更好的热灵敏度。

单支型、双支型铠装式热电偶，以及分列绝缘式铠装式热电偶，都既有较短的热响应时间又与设备接地绝缘，是热工测温系统中常用的一次元件。

铠装式热电偶结构剖面图如图 2-14 所示。

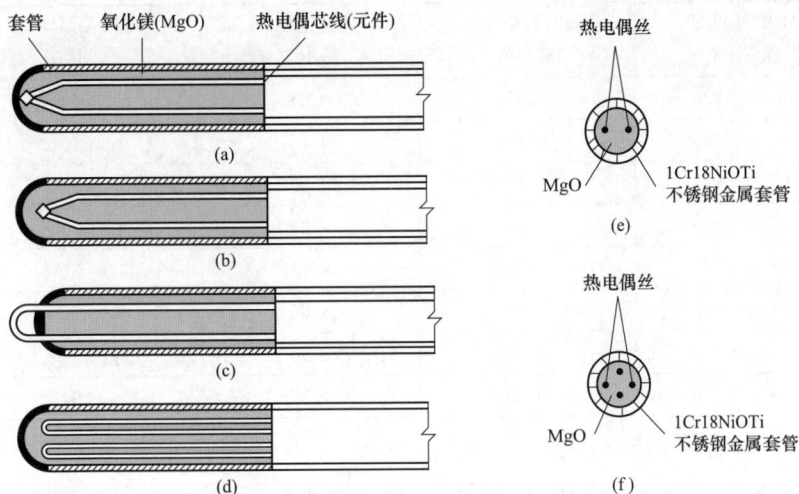

图 2-14 铠装式热电偶结构剖面图

（a）接壳式；（b）绝缘式；（c）露端式；（d）双元件绝缘式；（e）单支铠装式热电偶截面结构；
（f）双支铠装式热电偶截面结构

2. 铠装式热电偶的优点

（1）测量精度高。热电偶与被测介质直接接触，没有中间介质的影响。

（2）铠装热电偶能弯曲、耐高压，机械性能好，坚固耐用。

（3）小型化后的热电偶的体积非常小、热惯性小、热响应时间快。

（4）使用范围广，廉热电偶高达 1200℃均可连续测量（如镍铬—镍硅热电偶），某些特殊热电偶低可测到－200℃（如铜—铜镍热电偶），高可达 2800℃（如钨—铼热电偶）。

（5）构造简单，使用方便。铠装式热电偶可以配套 DCS、记录调节仪表、PLC、数据采集器等，铠装式热电偶有着普通热电偶不可取代的特性，因此，在电力、石化、冶金等行业中均得到了广泛的应用。

3. 铠装式热电偶电缆

铠装式电缆横截面图如图 2-15 所示，其外径、壁厚和热电极直径尺寸如表 2-18 所示。

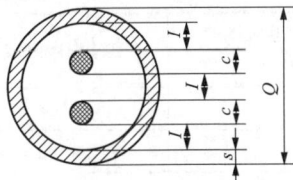

图 2-15 铠装式电缆横截面图

Q—外径；c—热电极直径；s—套管壁厚度；I—绝缘层厚度

表 2-18　电缆尺寸　　　　　　　　　　　　　　mm

电缆外径 Q 标称值±允差	套管壁厚度 s 最小值	偶丝直径 c 最小值	绝缘层厚度 I 最小值
0.5＋0.025	0.05	0.08	0.04
1.0±0.025	0.10	0.15	0.08
1.5＋0.025	0.15	0.23	0.12
2.0±0.025	0.20	0.30	0.16
3.0±0.030	0.30	0.45	0.24
4.5±0.045	0.45	0.68	0.36
6.0±0.060	0.60	0.90	0.48
8.0±0.080	0.80	1.20	0.64

4. 套管

热电偶护套材质可采用奥氏体不锈钢、耐热 NiCr（Fe）合金，常见护套材料推荐的最高工作温度单位见表 2-19。

表 2-19　推荐的最高工作温度单位　　　　　　　　℃

热电偶丝	套管材料		
	NiCr 合金	钢	钢
	76Ni-15Cr-Fe	25Cr-20Ni	18Cr-8Ni
T	—	—	400
E	800	800	800
J	750	750	750
K	1100	1100	800
N	1100	1100	800

5. 热电极绝缘电阻

绝缘电阻应在热电极与护套之间进行测量。热电偶护套外径小于或等于 1.5mm 的测量电压为 75V±25V DC；护套外径大于 1.5mm 的测量电压为 500V±50V DC。在室温绝缘电阻和高温绝缘电阻测量中，样品长度、试验温度和绝缘电阻值（单位：MΩ·m）应满足表 2-20 的要求。

表 2-20　室温、高温绝缘电阻值

温度	插入试验温度的最小长度（m）	试验温度（℃）	最小绝缘电阻值（MΩ·m）
高温 J、E、K、N 型	0.5	500±15	5
高温 T 型	0.5	300±15	500

注　铠装式热电偶的绝缘层具有微弱的导电性，绝缘电阻随热电偶长度的增加而减小。因此，热电偶的电导率用 Sm^{-1} 表示（等于 $\Omega^{-1} \times m^{-1}$）。对于长度大于 1m 的热电偶的最小绝缘电阻用 $\Omega \times m$ 或 $M\Omega \times m$ 表示，小于 1m 的用 $M\Omega$ 表示。

6．热响应时间

对铠装热电偶而言，保护管的直径及壁厚决定了热响应时间长短。直径越小、壁厚越薄的热响应最快。铠装热电偶热响应时间见表 2-21。

表 2-21　铠装热电偶热响应时间　　　　　　　　　　　　　　s

直径（mm）	测量端形式		
$\tau_{0.5}$ 类型	露端式	接壳式	绝缘式
1	0.01	0.1	0.2
3	0.05	0.5	1.5
4	0.07	1.0	3.0
5	0.08	2.0	5.0
6	0.10	2.5	8.0
8	1	4	8

注　本表的热响应时间是指在温度阶跃变化范围的 50% 时所需时间，用 $\tau_{0.5}$ 表示。

十一、薄膜热电偶

薄膜热电偶是一种比较先进的瞬态测温元件。它是采用真空镀膜等新工艺，将两种热电极材料固定在很薄的基板上而制成的。薄膜热电偶的概念最先是由德国人 Ha-ckemann P 提出来的，后经过美、日、英、韩等国家的技术人员进一步地进行研发，我国研发的铁—镍薄膜型热电偶结构示意图如图 2-16 所示。

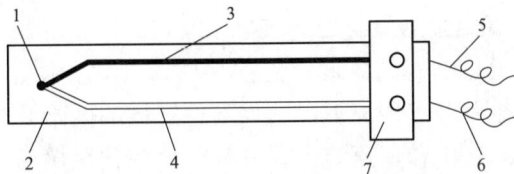

图 2-16　铁—镍薄膜型热电偶结构示意图

1—测量端点；2—衬架；3—Fe 膜；4—Ni 膜；5—Fe 丝；6—Ni 丝；7—接头夹具

薄膜热电偶是由两种金属薄膜连接而成的一种特殊结构的热电偶，热电偶及工作端既小又薄，长、宽、厚三个尺寸分别是 60mm、6mm、0.2mm，金属薄膜厚度也只有 3～6μm。因此热容量很小，测温的动态性能特别好，适于快速测量，也适于物体表面温度的测量。使用时用黏合剂，将它粘在被测物体表面即可。测温上限可达 300℃ 左右，时间常数小于 0.01s。

十二、热电偶的误差

1. 偶丝沾污与应力的影响

热电偶在制造过程中，热电极经过多道工序过程，其表面总是受污染，同时，从热电极的内部结构来看，会存在应力及晶格的不均匀性。由于淬火或冷加工而引入的应力，但可以通过退火消除，如果退火没有达到标准所造成的误差，可以达到十分之几度到几度。它与待测温度及热电极上的温度梯度大小有关。

廉金属热电偶的热电极通常"退火"后再使用，如果需要对高温用廉金属热电偶进行退火，那么退火时温度应高于上限使用温度，插入深度也应大于使用时的实际深度。贵金属热电偶则必须认真清洗和退火，以去除热电偶的污染与应力。

2. 不均匀性的影响

由于热电极材质不均匀或不纯等原因，会使热电偶产生的热电动势与统一的分度表产生误差，但误差不能超过相关标准。

热电偶如果是由均质金属制成的，则其热电动势的大小只与热电偶两端的温度差有关。如果热电极材质不均匀，且热电偶又处在温度梯度场中，则热电动势会产生一个附加热电动势，其附加热电动势大小取决于沿热电极的温度梯度分布情况。造成材质不均匀的原因主要有在化学成分方面如杂质分布不均匀，成分偏差，热电极氧化等，以及热电偶在有害介质中受到腐蚀和污染等。

在工业应用中，有时不均匀电动势引起的偏差可达几十度，这将严重地影响热电偶的稳定性，一般解决方式就是通过标准室进行校验来发现。

3. 热电偶不稳定性的影响

不稳定性是指热电偶的分度值随使用时间变化、使用条件发生变化，而产生的误差。在大多数情况下，影响不稳定性的因素有热电极污染，在高温下电极升华、氧化和还原等。若分度值的变化缓慢而又均匀，要定期进行校验，剔除偏差大的热电偶。

4. 绝缘电阻下降的影响

当温度升高时，使绝缘电阻降低，这是由于铠装热电偶的绝缘物是MgO，温度每升高100℃时，绝缘阻值会降低一个数量级，当中间部位温度较高时，会有漏电分流现象，导致热电偶输出电动势降低。

十三、热电偶允差

热电偶允差应符合国标GB/T 16839.1—2018的规定。其允差如表2-22所示。

表 2-22　热电偶允差

热电偶类型	允差值[①]（±℃）和有效温度范围		
	1 级	2 级	3 级[②]
T 型[③]	0.5 或 0.004×｜t｜ −40～350℃ 1.5 或 0.004×｜t｜	1 或 0.007 5×｜t｜ −40～350℃ 2.5 或 0.007 5×｜t｜	1 或 0.015×｜t｜ −200～40℃ 2.5 或 0.015×｜t｜
E 型	−40～800℃	−40～900℃	−200～40℃
J 型	−40～750℃	−40～750℃	—
K 型	−40～1000℃	−40～1200℃	−200～40℃
N 型	t＜1100℃时为 1 t＞1100℃时为 [1+0.003×（t−1100）]	−40～1200℃	−200～40℃
R 型或 S 型	0～1600℃	0～1600℃	—
B 型	—	（600～1700℃）0.01×｜t｜	600～1700℃
C 型	—	（426～2315℃）0.01×｜t｜	—
A 型	—	1000～2500℃	—

注　本表中的允差仅用于新偶丝。

① 除 C 型和 A 型外，允差值可用摄氏温度偏差值表示，或用本表中温度 t（ITS-90 摄氏温度）的函数表示。取两者中的较大值。

② 廉金属热电偶丝材在−40℃以上温度时，产生的误差通常满足表中允差，然而 E 型、K 型和 N 型热电偶在低温段可能不满足 3 级制造允差，如果要求热电偶除满足 1 级/或 2 级外还符合 3 级允差，订购方应说明该要求，因为需要对丝材做挑选。

③ 对于 T 型热电偶，一种丝材难以在整个允差温度范围内同时满足 2 级和 3 级允差要求。对于这种情况，有必要缩小有效范围。

十四、补偿导线

热电偶用补偿导线的作用是延伸热电极至参比端，与检测装置组成测量系统。补偿导线的技术参数应符合 GB/T 4989—2013《热电偶用补偿导线》要求。

采用补偿导线优点是节省贵金属热电极材料，因为热电偶的长度一般只有几十厘米至十几米，而热电偶到测量装置距离可能有数十米至数百米，热电偶的冷端温度与测温装置的环境温度不同，可能相差数十度。如采用与热电偶具有相同热电特性的补偿导线，可节省较贵重热电偶电极。

1. 补偿导线类型

补偿导线一般由合金丝、绝缘层、护套、屏蔽层构成，分为两种。

(1) 延伸型补偿导线。其线芯的名义成分及热电特性与配接热电偶相同，它用字母"X"附加在热电偶分度号之后表示，例如："EX"。

(2) 补偿型补偿导线。其线芯的名义成分与配接热电偶不同，但在0～100℃内或0～200℃时，与配接热电偶的热电特性一致，它用字母"C"附加在热电偶分度号之后表示，例如"KC"。

补偿导线属于专用型导线，一种类型的补偿导线只能与其对应类的热电偶配套应用，而且正、负极性与热电偶正、负极性要对应相接，不可接反。GB/T 4989—2013《热电偶用补偿导线》给出的补偿导线型号及材质如表 2-23 所示。

表 2-23　补偿导线型号及材质

补偿导线型号	配用热电偶	补偿导线材质		补偿导线绝缘层着色	
		正极	负极	正极	负极
SC 或 RC	S	100Cu	99.4Cu＋0.6Ni	红	绿色
KCA	K	100Cu	60Cu＋40Ni	红	蓝色
KCB	K	90Ni＋10Cr	97Ni＋3Si	红	黑色
NC	N	100Fe	82Cu＋18Ni	红	灰色
NX	N	84Ni＋14.5Cr＋1.5Si	95.5Ni4.5Si	红	灰色
EX	E	90Ni＋10Cr	55Cu＋45Ni	红	棕色
JX	J	100Fe	55Cu＋45Ni	红	紫色
TX	T	100Cu	55Cu＋45Ni	红	白色

2. 热电特性及允差

当热电偶的参比端温度为0℃时，补偿导线的热电特性应符合 GB/T 16839.1—2018 的规定，其允差如表 2-24 所示。

表 2-24　补偿导线热电特性及允差

补偿导线型号	普通型（G）			高热型（H）			热电偶测量端温度（℃）
	补偿导线温度范围（℃）	允差（µV）		补偿导线温度范围（℃）	允差（µV）		
		精密级	普通级		精密级	普通级	
SC 或 RC	0～100	±30（±2.5℃）	±60（±5.0℃）	0～200	—	±60（±5.0℃）	1000
KCA	0～100	±44（±1.1℃）	±88（±2.2℃）	0～200	±44（±1.1℃）	±88（±2.2℃）	900

续表

补偿导线型号	普通型（G）			高热型（H）			热电偶测量端温度（℃）
	补偿导线温度范围（℃）	允差（μV）		补偿导线温度范围（℃）	允差（μV）		
		精密级	普通级		精密级	普通级	
KCB	0～100	±44（±1.1℃）	±88（±2.2℃）	—	—	—	900
KX	−20—100	±44（±L1℃）	±88（±2.2℃）	−25～200	±44（±1.1℃）	±88（±2.2℃）	900
NC	0～100	±43（±1.1℃）	±86（±2.2℃）	0～200	±43（±1.1℃）	±86（±2.2℃）	900
NX	−20～100	±43（±1.1℃）	±86（±2.2℃）	−25～200	±43（±1.1℃）	±86（±2.2℃）	900
EX	−20～100	±81（±1.0℃）	±138（±1.7℃）	−25～200	±81（±1.0℃）	±138（±1.7℃）	500
JX	−20～100	±62（±1.1℃）	±123（±2.2℃）	−25～200	±62（±1.1℃）	±123（±2.2℃）	500
TX	−20～100	±30（±0.5℃）	±60（±1.0℃）	−25～200	±30（±0.5℃）	±60（±1.0℃）	300

注 本表所列允差用微伏表示，用摄氏度表示的允差与热电偶测量端的温度有关，括号中的温度值按表列热电偶测量端温度换算而成。

十五、冷端处理与温度补偿

热电偶测温不仅与热端温度有关，还与冷端温度有关，冷端处理方法有多种，例如，有冰点槽法、冷端温度测量法、补偿电桥法、机械零点调整法、冷端补偿器法和软件补偿法等。典型的热电偶测温系统如图 2-17 所示。

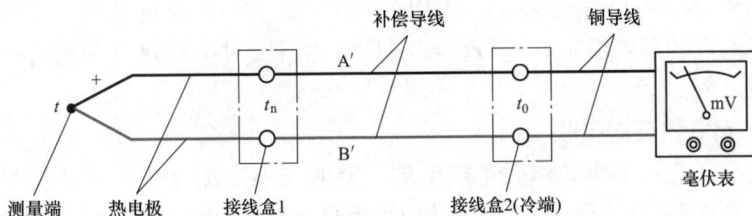

图 2-17 热电偶测温系统

$$E(t,0)=E(t,t_n)+E(t_n,t_0)+E(t_0,0) \tag{2-29}$$

式中 $E(t,0)$——热端温度为 t℃，冷端 0℃时的热电动势；

$E(t,t_n)$——热端温度为 t℃，接线盒 1 处 t_n℃时的热电动势；

$E(t_n,t_0)$——接线盒 1 处 t_n℃，接线盒 2 处 t_0℃（$t_0\neq0$℃）时的热

53

电动势；

$E(t_0, 0)$——当 $t_0 \neq 0℃$ 时的热电动势修正值。

热电动势是热电偶两端温度函数的差，为保证输出热电动势是被测温度的单值函数，冷端温度必须保持不变。热电偶分度表给出的热电动势是以冷端温度 $0℃$ 为基准。

十六、热电偶测温的基本线路

1. 热电偶正向串联

将多支同分度型号的热电偶正向串接，测量某一点的温度 t，这种回路称为热电堆，可应用在辐射式高温计中（如辐射温度计），它以测量微小温度变化并获得较大的热电动势输出。如用两支同分度热电偶正向串接，如图 2-18 所示。

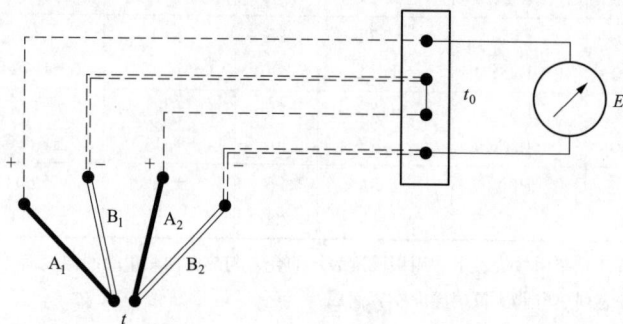

图 2-18　两支热电偶正向串联示意图

仪表的总输入热电动势为

$$E = E_{A_1B_1}(t,t_0) + E_{A_2B_2}(t,t_0) \tag{2-30}$$

可见，用正向串联线路测同一温度，则显示仪表的总输入热电动势 $E = 2E_{AB}(t, t_0)$，这样可以提高仪表的灵敏度。

如果 n 个热端的温度不完全相同，则根据 $1/n$ 的总电动势所得的温度将为各测点的平均温度。进行精密测量时，需要对串联热电偶组进行单独分度。

2. 热电偶反向串联

热电偶反向串接又称微差热电偶。有时在温度测量中，需要测量两个地方的温度差值，可将同类型的热电偶反向串联，如图 2-19 所示。

仪表的总输入热电动势为

$$\Delta E = E(t_1,t_0) - E(t_2,t_0) = E(t_1,t_2) \tag{2-31}$$

这时，ΔE 反映了两个温度点（t_1，t_2）之间的温差。需要强调的是使用热电偶的型号及冷端温度 t_0 必须相同，且其热电偶的热电特性线性要好。

如果该温差的数值太小，就不能采用这种反向串接反接采集两处的温度的方法，因为这样得到的结果误差很大。采用正接热电偶的方法测量小

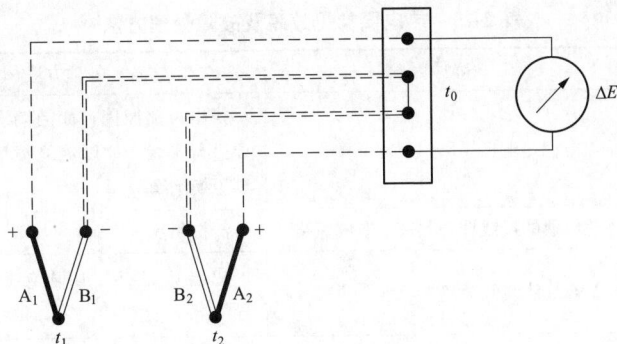

图 2-19 两支热电偶反向串联示意图

温差，能够获得满意的结果，目前这是测量小温差常用的方法。

注意：用这种正向串联热电偶测量温差时，两支热电偶的热电特性必须相同且呈线性，否则会出现测量偏差。

3. 热电偶并联

将多支同型号的热电偶并联起来，并联的热电偶输出的热电动势是被并联的多支热电偶热电动势的平均值。这个平均值的大小与各个热电偶的阻值有关，其平均值的方向偏向电阻值较小的那支热电偶的电动势值。并联热电偶常用来测量很多点温度的平均值，以避免对多点分别测量再平均的麻烦。使用并联热电偶时，各支热电偶回路的电阻应等值。

三支同型号热电偶并联线路如图 2-20 所示。

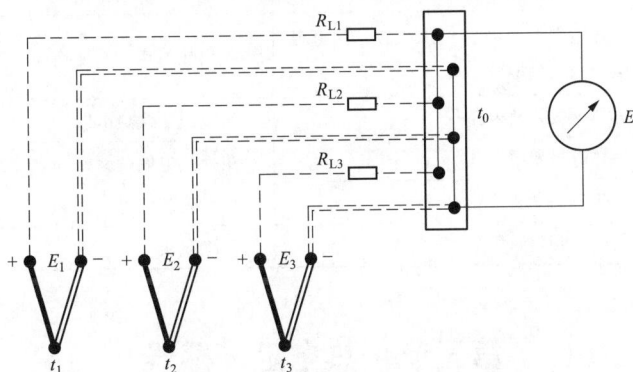

图 2-20 三支同型号热电偶并联线路

$R_{L1} \sim R_{L3}$ 分别为三支电偶回路的线路调整电阻，以消除热电极电阻的差异带来的影响。三支电偶可共用一个参比端，输出到检测仪表的电动势 $E = (E_1 + E_2 + E_3)/3$。

十七、热电偶传感器常见故障及处理方法

热电偶常见故障及故障处理方法见表 2-25。

表 2-25　热电偶常见故障及故障处理方法

故障现象	故障原因	处理方法
热电偶热电动势值偏低	热电偶热电极短路	找出短路原因，如因潮湿所致，则需要进行干燥；如因绝缘损坏所致，则需要更换绝缘子
	热电偶的接线柱处积灰，造成短路	清扫积灰
	补偿导线线间短路	找出短路点，加强绝缘或更换补偿导线
	热电偶热电极变质或热端损坏	在长度允许情况下，剪去变质段重新焊接使用或更换新热电偶
	补偿导线与热电偶极性接反	重新正确接线
	补偿导线与热电偶不配套	更换配套的热电偶补偿导线
	热电偶安装位置不当或插入深度不够	按设计要求重新安装或调整冷端补偿器
	热电偶与显示仪表不配套	重新设置显示仪表输入信号类型或更换配套的显示仪表
热电偶热电动势偏高	热电偶与显示仪表不配套	重新设置显示仪表输入信号类型或更换配套的显示仪表
	补偿导线与热电偶不配套	更换配套的热电偶补偿导线
	有直流干扰信号进入	排除直流干扰
热电偶热电动势输出不稳定	热电偶接线柱与热电极接触不良	将接线柱螺栓拧紧
	热电偶测量线路绝缘破损，引起断续短路或接地	找出故障点，修复绝缘
	热电极将断未断	修复或更换热电偶
	热电极变质	更换热电偶
	热电偶安装位置不当	改变安装位置
	保护管表面积灰	清除积灰

第三节　热电阻传感器

用热电阻元件测量温度方便可靠，其测量范围为 $-260\sim600℃$。一般常用于 200℃以下的温度测量，精密铂电阻是目前最准确的传感器，温度覆盖范围为 $14\sim903K$，其误差可低到万分之一摄氏度。工业铂电阻在火力发电机组中应用十分广泛。

一、金属热电阻材料特性

金属热电阻主要有用铂、金、铜、镍等纯金属以及铑铁、磷青铜合金等；半导体传感器主要用碳、锗等。根据热电阻材质不同，分为金属热电阻和半导体热电阻两种。大多数金属导体当温度升高1℃时，其阻值会增加0.4%～0.6%，由于金属导体的阻值随温度而变化，找出这些材料的阻值与温度之间对应的函数关系，通过热电阻的感温电阻值来换算出温度，这就是热电阻传感器测温基本原理。

1. 金属电阻率与温度的关系

金属（指纯金属或合金）的电阻率由材料性质和温度决定。其电阻率和温度的关系一般为非线性关系，如图2-21所示。

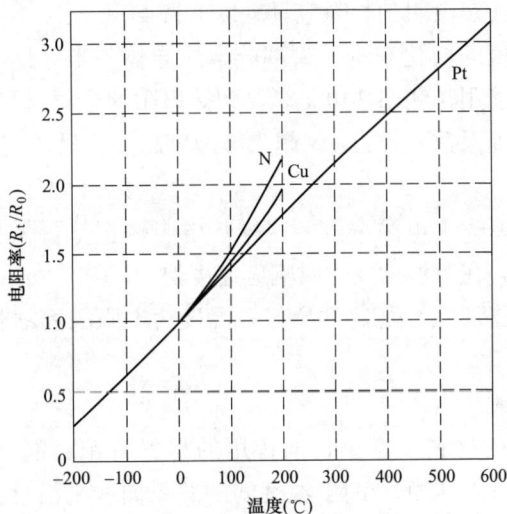

图 2-21 金属的电阻率与温度的关系

常用多项式来表示，如

$$R_t = R_{t0}[1 + A(t - t_0) + B(t - t_0)^2 + C(t - t_0)^3 + \cdots] \quad (2\text{-}32)$$

式中 R_t——t℃时的阻值，Ω；

           R_{t0}——0℃时的电阻值，Ω；

A、B、C、$\cdots$——常数，因电阻材质而异。

金属材料在温度不高，温度变化不大的范围内，忽略元件长度和截面积率随温度改变引起的阻值变化时，金属电阻值与温度的关系可近似表示为

$$R_t = R_{t0}[1 + \bar{\alpha}(t - t_0)] \quad (2\text{-}33)$$

式中 $\bar{\alpha}$——在 $t_0 \sim t$ 范围内的平均电阻的温度系数，与材料有关。

$$\bar{\alpha} = \frac{1}{R_{t0}} \times \frac{R_t - R_{t0}}{t - t_0} \quad (2\text{-}34)$$

通常用 $(R_{100} - R_0)/(R_0 \times 100)$ 代表 0～100℃之间的平均温度系数，其中 R_{100} 表示100℃时的电阻值，R_0 表示0℃时的电阻值。电阻温度系数越大，热电阻的灵敏度越高，测量温度时就越容易得到准确的结果。

当 $t \to t_0$ 时，R_{t0} 点的温度系数为

$$\alpha = \frac{1}{R_{t0}} \times \frac{dR}{dt}\bigg|_{t_0} \tag{2-35}$$

因此，电阻温度系数表示：电阻元件的温度相对于参考温度每变化1℃时，引起参考温度下每欧姆电阻值的增量。目前常用的参考温度为 $t_0 = 0℃$。有些合金材料 $\alpha \approx 0$，纯度越高的金属 α 越大。

2. 热电阻材料

较为广泛应用的热电阻材料有铂、铜、镍、铁和铑铁合金等，而常用的是铂、铜。制作热电阻的材料应具有以下特点。

从电阻随温度的变化来看，大部分金属导体、半导体材料都有这个性质，但并不是都能用作测温热电阻，制作热电阻的金属材料一般要求如下。

(1) 电阻温度系数 α 要大。α 越大灵敏度越高。材质纯度有关，纯度越高 α 越大。

(2) 电阻率要大。电阻率大，这样热电阻体积就可做得小一些，热惯性也会随之减小，在对温度变化时响应速度快。

(3) 材料的复现性和稳定性要好，温度、电阻关系线性好，以便于分度和读数。

(4) 价格低廉。

相对热电阻的材料要求，目前常用的材料有铂、铜、铁、镍、钨等。由于铁、镍不易做得纯净，电阻-温度间的关系曲线平滑性差，实际应用较很少。工业上最常用的是铂，其次是铜。半导体材料的热电阻也日益成熟。

二、标准化热电阻

标准化热电阻是指列入国家标准化文件中的热电阻，有规定的 R 值和电阻温度系数，有统一的电阻温度分度表，生产工艺成熟、性能良好，以及有配套的二次仪表。

目前国家已列入标准化工业热电阻有三种：铂热电阻、铜热电阻、镍热电阻。

1. 铂电阻传感器

在火力发电厂应用中，铂电阻测温多在 $-100 \sim 200℃$ 范围，在这个温度范围内具有良好的线性特性。标准化铂电阻的分度号有 Pt100 和 Pt1000 等。目前，在火力发电厂测温热电阻应用中最多的是 Pt100 铂电阻。

GB/T 30121—2013《工业铂热电阻及铂感温元件》中给出铂热电阻在 $0 \sim 100℃$ 区间的温度系数 α 与其平均温度系数 $\bar{\alpha}$ 是相等的，即线性的，则

$$\alpha = \bar{\alpha} = \frac{R_{100} - R_0}{R_0 \cdot 100} \tag{2-36}$$

铂的纯度常以 R_{100}/R_0 来表示。对于工业用铂电阻，铂电阻规定其

R_{100}/R_0 为 1.385 1；铂电阻的温度特性可用下列两式表示，即

$-200 < t < 0℃$

$$R_t = R_0[1 + At + Bt^2(t-100) + Ct^3(t-100)] \tag{2-37}$$

$0 < t < 850℃$

$$R_t = R_0(1 + At + Bt^2) \tag{2-38}$$

式中　　R_t——温度为 $t℃$ 时的电阻值；

　　　　R_0——温度为 0℃ 时的电阻值；

　A、B、C——常数，$A = 3.908\ 3 × 10^{-3}℃^{-1}$，$B = -5.775 × 10^{-7}℃^{-2}$，

　　　　$C = -4.183 × 10^{-12}℃^{-4}$。

从图 2-22 中可以看出，铂电阻在 $-100 \sim 200℃$ 的范围之内，具有很好的线性。$0 \sim 100℃$ 的温度系数 α 规定为 $3.851 × 10^{-3}℃^{-1}$。

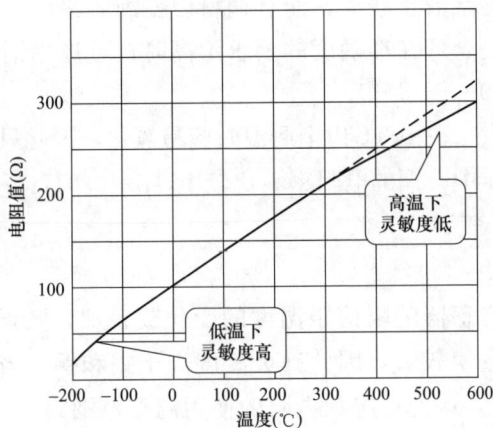

图 2-22　铂电阻温阻特性图

2. 铜电阻传感器

工业上除铂热电阻外，铜热电阻也很普遍，在火力发电厂测温系统中，虽然铜电阻传感器已逐渐被铂电阻传感器替代，但在特殊场合还有少量应用，例如，测量发电机定子绕组的温度。

我国目前使用的标准化的铜电阻分度号有 Cu50、Cu100。

铜电阻与铂电阻的测温原理是一样的，也是利用铜导体的电阻随温度变化而变化的特性。根据 JJB/T 8623—2015《工业铜热电阻技术条件及分度表》规定，铜电阻在温度 $-50 \sim +150℃$ 的范围内，电阻与温度的关系为

$$R_t = R_0[1 + \alpha t + \beta t(t-100) + \gamma t^2(t-100)] \tag{2-39}$$

式中　R_0、R_t——温度 0℃、$t℃$ 时的电阻，Ω；

　　　　t——温度，℃；

　α、β、γ——常数，$\alpha = 4.288\ 99 × 10^{-3}℃^{-1}$；$\beta = -9.31 × 10^{-8}℃^{-2}$；

　　　　$\gamma = 1.23 × 10^{-9}℃^{-3}$。

式（2-39）规定的铜热电阻的温度-电阻关系是指感温元件应具有的特性，但也适用于带保护管的情况。对于具有单支感温元件的铜热电阻，若只有两根内引线时，则式（2-39）的 R_t 应包括内引线的电阻值。

铜热电阻在 $-50 \sim +150℃$ 的电阻温度系数 α 应符合

$$\alpha = (4.280 \pm 0.020) \times 10^{-3}℃^{-1}$$

在实际应用中，由于铜电阻的温度—电阻特性在 $0 \sim 100℃$ 之间基本上是线性的，因此在 $0 \sim 100℃$ 之间的温度—电阻特性可表示为

$$R_t = R_0(1 + \alpha t) \tag{2-40}$$

式中　R_0——$0℃$ 时的电阻值，Cu50 电阻值 $R_0 = 50\Omega$，Cu100 电阻值为 $R_0 = 100\Omega$。

铜电阻的特性从图 2-21 中可以看出，铜电阻的温度—电阻值是线性关系较好，电阻温度系数也较大，而且铜材质提纯容易，价格低廉，适用于被测温度较低的场合，在准确度的要求不高时，可选用铜电阻，铜热电阻的测量范围为 $-50 \sim +150℃$。

铜电阻的缺点：在 $100℃$ 以上测温时容易氧化，因此只适合用在低温且没有腐蚀性的介质中；铜的电阻率 ρ 比较小，$\rho = 0.017\Omega \cdot m$，因此热电阻时体积相对较大。

3. 镍电阻

镍电阻温度传感器的阻值跟温度的变化成正比，随温度升高而增大。镍电阻的温度系数 α 较大，因此其灵敏度高于铂和铜。当温度超过 $200℃$ 时，α 具有特异点，因此规定镍电阻的使用温度范围为 $-60 \sim +180℃$。镍电阻的电阻比 $R_{100}/R_0 = 1.423$。

镍电阻的分度号有 Ni100、Ni300、Ni500。对 Ni100 而言，它的温度特性为

$$R_t = 100 + At + Bt^2 + Ct^4 \tag{2-41}$$

式中　A、B、C——常数，$A = 0.548\ 5℃^{-1}$；$B = 0.665 \times 10^{-3}℃^{-2}$；$C = 2.805 \times 10^{-9}℃^{-4}$。

对于镍电阻 $R_{100}/R_0 = 1.618$。

由于镍电阻的制造工艺较为复杂，很难获得 α 相同的镍丝，因此它的测量准确度比铂电阻低，制定标准很困难，我国虽已规定它为标准化热电阻，但尚未制定出相应的标准分度表。

以前测温用镍电阻丝一般采用纯镍，现在国内许多温度测量多采用的是镍合金电阻丝的镍电阻温度传感器，镍电阻温度传感器在使用过程中电阻值稳定性不高，测量曲线不平滑，不易处理测量中各温度点的精度误差。镍电阻目前在火力发电厂中尚没有普遍应用。镍电阻分度表见表 2-26。

表 2-26 镍电阻分度表（标称电阻 R_{25}＝100Ω、电阻比率 R_{125}/R_{25}＝1.41）

温度（℃）	电阻值（Ω）	温度（℃）	电阻值（Ω）	温度（℃）	电阻值（Ω）
－40	78.15	30	101.8	110	134.2
－30	81.35	40	105.5	120	138.7
－20	84.60	50	109.3	125	141.0
－10	87.90	60	113.2	130	143.3
0	91.25	70	117.2	140	148.0
10	94.70	80	121.3	150	152.8
20	98.20	90	125.5		
25	100.00	100	129.8		

4．薄膜铂热电阻

为了提高铂电阻的抗震性和响应速度，用膜工艺改变原有的线绕工艺，制成薄膜铂电阻。制作工艺是通过阴极溅射的方法，在陶瓷基片上印制出条状铂金属膜形成的，再由激光刻线机在其上刻出回路，最后在基片上覆盖一层特殊的绝缘膜。由于铂膜很薄，又在陶瓷基片表面上，所以测温响应时间很短，约为 0.1s。铠装薄膜式铂电阻结构图如图 2-23 所示。

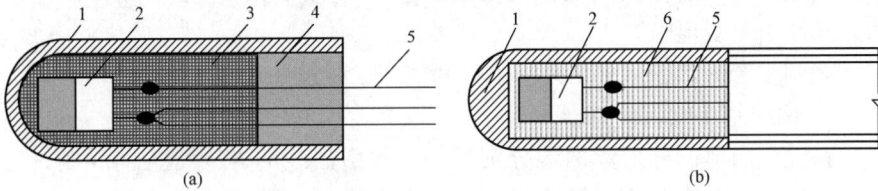

图 2-23 薄膜式铂电阻结构图
（a）装配式薄膜铂电阻；（b）铠装式薄膜铂电阻
1—不锈钢管；2—薄膜电阻；3—Al_2O_3；4—密封树脂；5—内引线；6—MgO

薄膜铂电阻体积细小、响应时间快、一致性好、机械性能好、精度高、测温范围宽。随着薄膜铂热电阻元件的普及和应用，传统的铂热电阻元件，如云母、陶瓷、玻璃元件和厚膜铂热电阻的使用量逐步减少。在欧美的一些发达国家，这些种类的测温元件已经被淘汰。

三、工业用热电阻的结构

工业热电阻的外形与热电偶外形相同，它由电阻体、引出线、绝缘套管以及接线盒等部件构成，如图 2-24 所示。

（一）引出线

引出线是指热电阻体至接线盒端子的连接导线。引出线要选用纯度高的导线，与电阻丝接线端子之间产生的电动势要小，而且在高温度下使用不升华、不变质、抗氧化的材料。

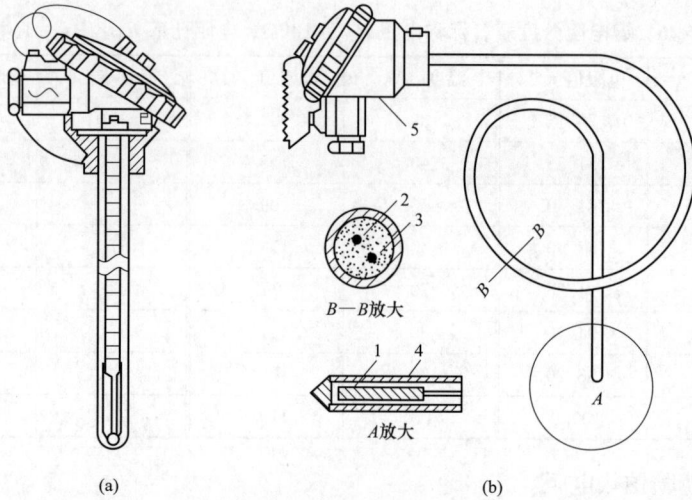

图 2-24　铠装热电阻外形结构

（a）普通铠装热电阻；（b）全铠装热电阻

1—电阻体；2—引出线；3—绝缘材料；4—金属套管；5—接线盒

工业用铂电阻用银丝作引出线，高温下则用镍丝作引出线。铜和镍电阻可用铜丝和镍丝作引出线。引出线的直径比电阻丝的直径大得多，这样可以减小引出线电阻。

我国生产的热电阻引出线一般有两线、三线及四线制。

1. 两线制热电阻传感器

在热电阻体的电阻丝两端分别连接一根引出线的方式称为两线制。这种引出线方式非常简单，但由于引出线必然存在电阻 r，r 大小与长度及导线材质等因素有关，两线制热电阻元件在测量温度时会产生的附加误差。因此，这种引出线的方式只适用于测量精度要求较低的场合，在火力发电厂的过程控制中很少采用。两线制热电阻示意图如图 2-25 所示。

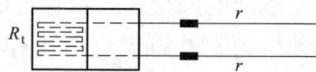

图 2-25　两线制热电阻示意图

2. 三线制热电阻传感器

在电阻体的电阻丝的一端引出两根导线，另一端引出一根导线，这种连接方式称为三线制。它在测温时通常与电桥配套使用，可以消除一部分测量回路中连接导线电阻的影响，故测量值准确度比两线制热电阻要高。

测量回路接线时，要求三根连接导线的电阻和长度均相同，并处于同一种环境条件。测量热电阻的电路采用不平衡电桥时，热电阻为电桥的一个桥臂电阻，基于电桥三线制热电阻测量图如图 2-26 所示。

将电阻有两根端导线的其中一根接到电桥的电源端，其余两根导线按

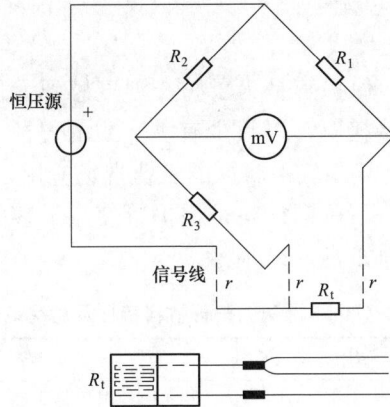

图 2-26 基于电桥三线制热电阻测量图

图 2-26 中所示分别接到铂电阻所在的桥臂及与其相邻的桥臂上，当电桥平衡时，当 $R_2 = R_t + 2r$ 时，导线电阻 r 的变化对测量结果没有任何影响，这样就消除了线路电阻带来的测量误差，但是必须是全等臂电桥，即 $R_1 = R_2 = R_3$，否则不可能完全消除导线电阻的影响。在电桥不平衡时，只能部分消除线路电阻对测量值的影响，但采用三线制还是大大减小导线电阻带来的附加误差。

3. 四线制热电阻传感器

在电阻体两端各引出两根导线的方式称为四线制，其中从电阻体两端各引一根导线接至恒定源，把热电阻 R_t 转换成电压信号 U，把另外的两根线接至二次仪表，如图 2-27 所示。

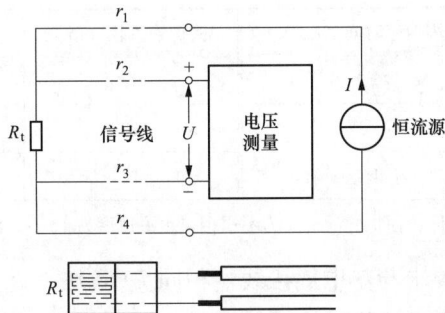

图 2-27 基于电流源四线制热电阻的测量图

四线制测量利用两条附加导线为热电阻提供恒定电流 I，另外两条导线测量热电阻两端的电压，在二次仪表输入阻抗足够高的情况下，流过电压表的电流几乎为零，这样就可以精确测量热电阻两端的电压，通过换算得出温度值。

可见这种引线方式在理论上可完全消除测量线路电阻的影响，高于三线制测量精度。

（二）保护套管及接线盒

（1）保护管特性。保护管是为了防止温度感温元件受到损伤，避免与有害介质被测介质直接接触，以减少有害介质的侵蚀，同时还有固定支撑电阻体引线的作用。适用于轻微腐蚀的工业现场应用，保护管材质有陶瓷、不锈钢、复合材料等。不锈钢材料是保护管使用最多的一种，不锈钢保护管材料特性及适用范围如表 2-27 所示。

表 2-27　不锈钢保护管材料特性及适用范围

钢号	成分	使用温度（℃）	特　　性
321	1Cr18Ni9Ti	−200～900	最常用的奥氏体不锈钢，耐热、抗氧化，在磷酸、稀硝酸、碱液中具有很好的耐腐蚀性，不能在氯化物溶液中使用，通常作为一般耐热钢使用
304L	00Cr18Ni10		奥氏体不锈/耐酸钢，碳含量低，具有良好耐晶间腐蚀性，通常作为耐热钢使用
304	0Cr18Ni9		
316L	00Cr17Ni14Mo2		奥氏体不锈/耐酸钢，碳含量低，抗无机酸、有机酸、碱和海洋大气中的耐蚀，通常作为耐腐蚀钢使用
316	1Cr18Ni12Mo2Ti		

（2）热响应时间。在温度阶跃变化时，热电阻的变化达到给定温度阶跃变化 50% 对应的阻值所需要时间称为热响应时间，用 $\tau_{0.5}$ 表示。影响 $\tau_{0.5}$ 的因素与保护管的材质、直径、壁厚相关，而且还与其结构形式、安装方法、插入深度以及被测介质的种类、流速有关，不同直径保护管的热响应时间如表 2-28 所示。

表 2-28　不同直径保护管的热响应时间

保护管直径（mm）	热响应时间（$\tau_{0.5}$，s）	保护管直径（mm）	热响应时间（$\tau_{0.5}$，s）
3	小于或等于 3	8	小于或等于 30
4	小于或等于 5	10	小于或等于 30
5	小于或等于 8	12	小于或等于 30

注　本表中给出的数值，保护管的材质为不锈钢，水流速度为 1m/s，测试数据为参考值。

（3）接线盒的要求与热电偶接线盒相同。（略）

（三）热电阻的常见故障及处理方法

热电阻的常见故障及处理方法见表 2-29。

表 2-29　热电阻的常见故障及处理方法

故障现象	故障原因	处理方法
显示热电阻的指示值比实际值低或示值不稳	保护管内有金属屑、灰尘，接线柱间脏污及热电阻短路	除去金属屑，清扫灰尘、水滴等，找到短路点加强绝缘

故障现象	故障原因	处理方法
热电阻的表指示无穷大	热电阻或引出线短路或接线端子松开等	更换电阻体或焊接及拧紧接线螺栓等
显示仪表指示负值	显示仪表与热电阻接线有错或热电阻有短路现象	改正接线或找出短路处,加强绝缘
热电阻值与温度关系有变化	热电阻丝材料腐蚀变质	更换热电阻

第四节　半导体温度传感器

一、热敏电阻传感器

热敏电阻是由半导体制成的一种测温元件,具有电阻值随温度变化而变化的特性,其材质是金属氧化物,例如钴、锰、镍等的氧化物,使用不同比例配方经高温烧结制作。

1. 半导体热敏电阻电阻率与温度的关系

半导体热敏电阻具有随温度变化的特性,由于半导体中载流子的数量随温度升高而按指数规律急剧增加。温度越高,载流子数量越多,电阻率越小,导电能力越强。因此热敏电阻随着温度的升高而电阻值迅速减小,如图 2-28 所示。

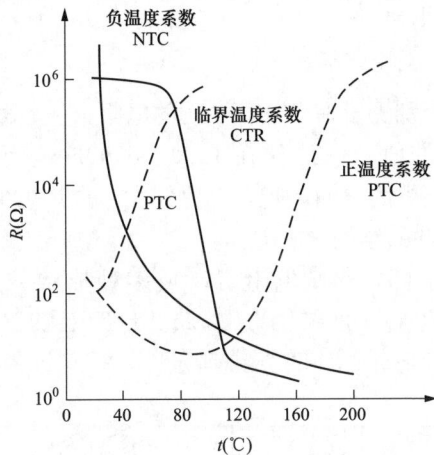

图 2-28　半导体热敏电阻的温度特性曲线

可从图 2-28 看出,有的热敏电阻在某个特定临界温度下电阻值会发生突变。

热敏电阻分为两种:正温度系数(PTC)热敏电阻随温度上升电阻增加;负温度系数(NTC)热敏电阻随温度上升电阻减小;通常使用最多的

是具有负温度系数的热敏电阻。在一定温度范围内，半导体材料的电阻 R_T 和热力学温度 T 的关系可近似用经实验公式来表示，即

$$R_T = A e^{B/T} \qquad (2\text{-}42)$$

式中　R_T——温度 T 时的电阻，Ω；

　　A、B——常数；

　　　　e——自然对数的底，取 $2.718\,28\cdots$；

　　　　T——热力学温度，K。

其中常数 A 不仅与半导体材料的性质而且与它的尺寸均有关系，而常数 B 仅与材料的性质有关。

将式（2-42）代入式（2-35），可求出热敏电阻的电阻温度系数 α，即

$$\alpha = \frac{1}{R_T} \cdot \frac{dR_T}{dT} = -\frac{B}{T_2} \qquad (1/K) \qquad (2\text{-}43)$$

由此可见，半导体热敏电阻的温度系数 α 与热力学温度的平方成反比。

热敏电阻的电阻与温度的关系还可以改写成另一种形式，根据式（2-42），在温度 T_0 时电阻为

$$R_{T_0} = A e^{B/T_0} \qquad (2\text{-}44)$$

将式（2-44）与式（2-42）两式相除有

$$R_T = R_{T_0} e^{B\left(\frac{1}{T} - \frac{1}{T_0}\right)} \qquad (2\text{-}45)$$

从式（2-45）中可以看出，只要知道常数 B 和在温度 T_0 下的电阻 R_{T_0}，就可以计算出温度 T 时的电阻 R_T，常数 B 可通过实验方法求得。

将式（2-45）两边取对数并整理有

$$B = \frac{\ln R_T - \ln R_{T_0}}{\frac{1}{T} - \frac{1}{T_0}} = \frac{TT_0}{T_0 - T} \ln \frac{R_T}{R_{T_0}} \qquad (2\text{-}46)$$

用实验的方法分别测量在 T 和 T_0 时的电阻 R_T 及 R_{T0}，代入式（2-46）就可以求出常数 B 的值。一般 B 在 1500～5000K 范围之内。由于常数 B 值受成分、制造加工等因素的影响，变化较大，故热敏电阻必须单独分度。

2. 热敏电阻元件的结构

根据应用要求不同，热敏电阻可制成多种形状，如：杵状［见图 2-29（a）］、圆柱状［见图 2-29（b）］、片状［见图 2-29（c）］和圆环状［见图 2-29（d）］等多种形状，如图 2-29 所示。

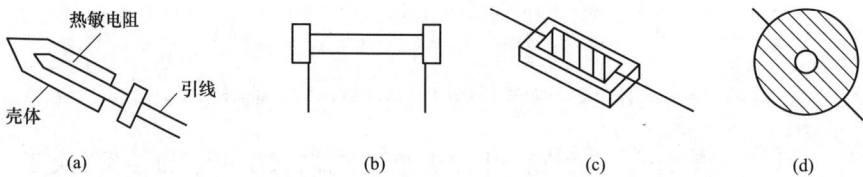

图 2-29　热敏电阻的结构形式

（a）杵状；（b）圆柱状；（c）片状；（d）圆环状

热敏电阻和金属热电阻进行比较，体积小、热惯性小，具有灵敏度高、响应速度快等优点，主要缺点为非线性严重，稳定性及互换性较差，且不适合高温下应用。

二、PN 结温度传感器

晶体二极管的是由 P 型和 N 型半导体材料构成，PN 结的电压随温度变化而变化。如硅二极管的结电压当温度每升高 1℃时，会下降－2mV。我们利用这种特性，采用二极管或采用三极管的 PN 结来做温度传感器，它体积小、热响应速度快，时间常数为 0.2～2s。

在低温测量方面，线性好、使用方便，一般常在电子电路中的过热和过载保护、热电偶的冷端补偿等，在工业自动控制领域的温度控制等方面应用较广泛。

如将 P 型半导体接到电源的正极，N 型半导体接到电源的负极，这种连接也叫正向连接。

PN 结在正向偏置电压的条件下，由于 P 区比 N 区电位高，P 区的多数载流子（空穴）穿过 PN 结流向 N 区；P 区也将吸引 N 区的多数载流子（电子），使之穿过 PN 结流向 P 区；同时 P 区少数载流子（电子）和 N 区少数载流子（空穴）受到排斥，不能穿过 PN 结。两个区中的多数载流子向对方区域的运动就形成了正向电流 I，由于电流是由多数载流子形成的，所以 PN 结表现出来的正向电阻很小。反向电阻很大，PN 结工作原理如图 2-30 所示。

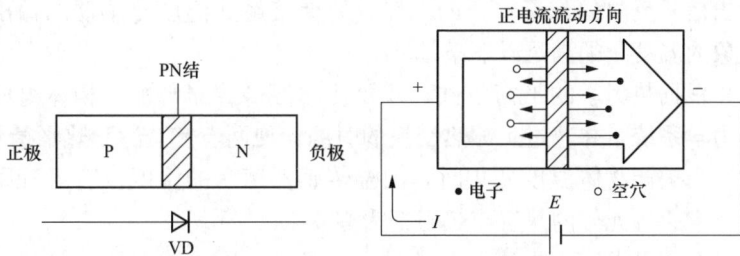

图 2-30　PN 结工作原理示意图

通过 PN 结的电流 I 和相应在其上的电压 U 可表示为

$$I = I_{\mathrm{S}} e^{-\frac{B}{T}} (e^{\frac{qU}{KT}} - 1) \tag{2-47}$$

式中　I——流过 PN 结的正向电流；

　　I_{S}——PN 结反向饱和电流；

　　B——与结构有关的系数；

　　T——PN 结的热力学温度；

　　q——电子电量（1.6×10^{-19}C）；

　　U——PN 结正向电压；

K——玻耳兹曼常数（1.38×10^{-23} J/K）。

如果 PN 结的温度 $T = 300$K，有 $KT/q \approx 26$mV，所以当 $|U| > 26$mV 时，式（2-46）近似为

$$I \approx I_\mathrm{s} e^{-\frac{B}{T}} \cdot e^{\frac{qU}{KT}} \tag{2-48}$$

当电流密度保持恒定时，PN 结的正向电压随温度升高而降低，并呈现出近似的线性关系。典型 PN 结的温度曲线如图 2-31 所示。

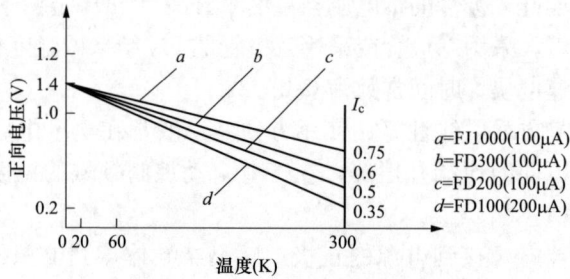

图 2-31　典型 PN 结的温度曲线

由图 2-31 可知，正向电流 I_c 一定时，当二极管的型号不同时，特性曲线斜率也不同，二极管的型号相同，正向电流 I_c 不同时，斜率也不相同。

第五节　接触测温方法讨论及误差分析

高温气体温度准确测量是热工测量中的一个技术难题。测温时温度传感器输出信号反映的都是本身的温度，要使接触式温度传感器的输出反映被测对象的温度，须满足以下条件。

（1）根据热力学的平衡条件，即要使测温传感器与被测物体组成为孤立的热力学系统，并经过足够热交换的时间，使两者完全达到热平衡状态。

（2）当被测物体温度变化时，测温传感器感受的温度没有迟延跟着改变，即要求感温元件的热容与热阻都为零。

实际在测量温度中无法完全满足上述条件，因为感温元件除与被测介质进行热交换外，还要与周围环境进行热交换（散热），从而产生误差。

以热电偶元件测量锅炉过热器后的烟气温度为例来说明这个问题，如图 2-32 所示。图 2-32 中 t_g 为锅炉过热器出口的烟气温度，t 为热电偶端部温度，由于温度 $t_\mathrm{g} > t$，所以烟气就以辐射、对流的传导方式将热量 Q_1 传给热电偶套管的端部；热电偶冷端处于烟道外的环境温度 t_3 中，温度 t_3 远小于热电偶端部温度 t，因此就有热量 Q_2 沿着热电偶套管传给周边环境；过热器管壁的温度为 t_1，省煤器管壁的温度为 t_2。t_1 和 t_2 均低于热电偶端部温度 t，所以热电偶以辐射方式将热量 Q_3 传给过热器及省煤器。热电偶接受的热量为 Q_1；损失的热量为 $Q_2 + Q_3$，当达到热交换达到平衡时，$Q_1 = Q_2 + Q_3$，即热电偶被补充的热量等于损失的热量。然而只有 $\Delta t = t_\mathrm{g} -$

$t>0$ 时，才会有 Q_1，也就是说 t 永远不可能等于烟气温度 t_g。所以 Δt 就是测温误差。要尽量减小 Δt，促使热电偶感受的温度接近烟气温度 t_g。因而必须增加大烟气对热电偶的传热和减少热电偶对外的传导散热和辐射散热。

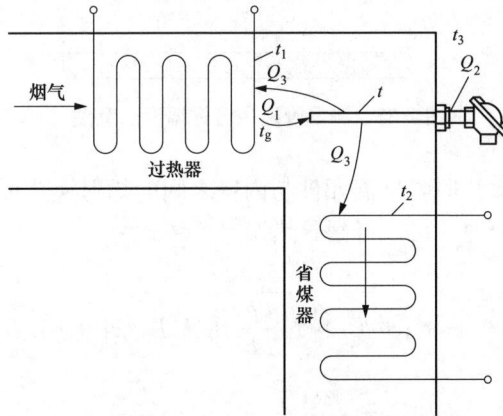

图 2-32　锅炉过热器后的烟气温度测量

实测中感温元件除了与被测对象进行热量交换外，还要与周围环境进行热量交换。因为安装等原因，传感器的热容与热阻也不可能为零。

接触法测温的仪表指示的温度值，实际上测温元件本身感受的温度，并不是真实的烟气温度，所以仪表指示的温度与被测对象实际温度是存在差值的。

由于接触式测温可能同时存在传导、对流和辐射三种传热方式，使静态测温分析相当复杂。在被测介质温度变化时（即动态情况下），还要涉及更为复杂的不稳定传热问题。动态测温误差还与测温元件的热容有关。

另外，在流动的流体中测温，测温元件因阻碍流体流动也会对温度测量值产生影响，特别在高速气流中测温，必须考虑这个因素。

以上影响测温准确性的各种因素，对不同的被测介质所引起的作用也不一样，因而需要针对性地采取措施。

一、管内流体温度测量

1. 温度传感器的导热产生的测量误差

对管道中流体的进行测量，在热工检测中是经常遇到的问题，如测量主蒸汽管道中蒸汽温度、锅炉给水的温度等，管道中的蒸汽或水流体将以对流换热方式传热给感温元件，感温元件又通过导热方式沿着保护套管向周围环境散热，如图 2-33 所示。

图 2-33 中 t_g 为介质（水或蒸汽）温度，t_3 为测温元件外部的环境温度，t_1 为测温元件端部温度；管道外壁敷设有保温层，管道内壁温度较高，

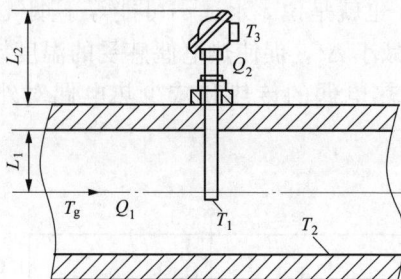

图 2-33　测量管道中流体温度示意图

在介质温度 t_g 不太高时，感温元件与内壁之间的辐射换热可忽略。

根据传热学原理，可以得到导热误差关系式为

$$t_1 - t_g = \frac{t_g - t_3}{\mathrm{ch}(b_1 L_1)\left[1 + \dfrac{b_1}{b_2}\mathrm{th}(b_1 L_1)\mathrm{cth}(b_2 L_2)\right]} \tag{2-49}$$

$$b_1 = \sqrt{\frac{\alpha_1 U_1}{\lambda_1 F_1}}, b_2 = \sqrt{\frac{\alpha_2 U_2}{\lambda_2 F_2}}$$

式中　L_1、L_2——传感器内插入和外露部分的长度；

$\quad$ α_1、α_2——被测管道内、外介质对传感器内插入和外露部分对流换热系数；

$\quad$ λ_1、λ_2——传感器内插入和外露部分的导热系数，$\lambda_1 = \lambda_2$；

$\quad$ U_1、U_2——L_1、L_2 传感器内插入和外露部分的圆周长度，$U_1 = U_2$；

$\quad$ F_1、F_2——传感器内插入和外露部分的截面积，$F_1 = F_2$。

从式（2-52）可见：

（1）在测温元件向外散热或者环境向通过测温元件向被测流体传热的情况下，由导热引起的误差不可能避免。

（2）管道中流体介质与传感器外部的环境温度差 $t_g - t_3$ 越大，则测温误差越大。为了减小误差，应把传感器露出管道外的部分用保温材料包裹起来，使得管道外的露出部分温度提高，减小导热损失；并且也能使露出部分和外面环境的热交换减少，减小换热系数 α_2，也可减小测温误差。

（3）增加测温传感器插入深度 L_1，即插到管道内的长度增加，双曲余弦 $\mathrm{ch}(b_1 L_1)$、双曲正切 $\mathrm{th}(b_1 L_1)$ 都会增加，导热误差减小；当外露部分 L_2 减小时，双曲余切 $\mathrm{cth}(b_2 L_2)$ 也会增加，测温误差减小。

（4）增加 b_1，减小 b_2，这时应以增大放热系数 α_1 为主，同时减小保护套管，热电极（或热电阻）的引线直径，差减小。因此，应该把感受件放在流体速度最高的地方，即管道中心轴线上。

（5）如图 2-34 所示，增加 U_1/F_1 使 $1/d$ 增加，可以使误差减小。因为 $U_1 = \pi d_1$，$F_1 = \dfrac{\pi(d_0 + d_1)}{2}\delta$（$d_0$ 为保护套管的内径；d_1 为保护套管套的外

径；δ为保护套管壁的厚度）。

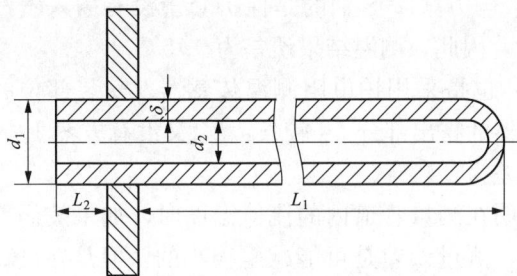

图 2-34 保护套管的尺寸

要使 U_1/F_1 增加，就应减小保护套管壁的厚度 $δ$，套管外径 d_1 也应尽量缩小，也就是应将保护套管外形做成直径小、壁厚薄的形状。

（6）因为保护套管材料的热导率 $λ_1$ 要小，所以保护套管一般采用导热性质不良的材料，如陶瓷、不锈钢等制造，但这类材料的保护套管会增加导热阻力，造成动态测量误差增加。

2. 导热引起误差的实例与措施

由上面所述，由导热带来的误差除了测温元件的结构之外，测温传感器的安装方式也有很大的影响，图 2-35 给出了几种不同的传感器安装方案。

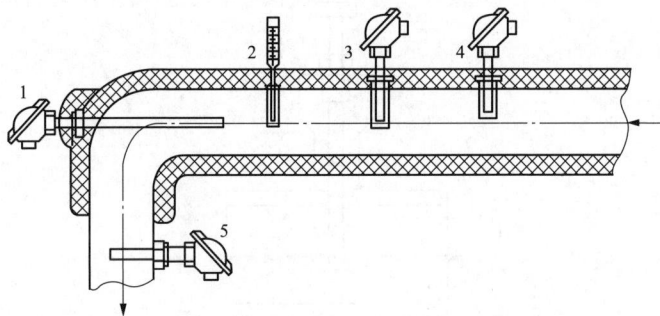

图 2-35 各种保护套管装置方案的测量误差比较

1—铂电阻传感器；2—水银温度计；3—保护套管直径及保护套管壁厚都较大；

4—保护套管插入深度不够；5—传感器安装部位的管道无保温

如在管道内流过的蒸汽压力为 3MPa，汽温为 386℃，蒸汽管道内径为 100mm，流速为 30～35m/s。

安装方案 1：采用铂电阻测温传感器，沿管道的中间线插入很深，安装地点的蒸汽管道有非常厚的保温层，测温传感器的保护套管外露部分很少，这种方案的测温误差几乎接近于零。

安装方案 2：采用水银温度计，保护套管外有保温层，其测温结果误差为 −1℃。

安装方案 3：与方案 2 的区别之处是保护套管的直径和保护套管壁的厚

度都较大，因此测温结果误差为−2℃。

安装方案 4：与方案 2 区别的是保护套管没有插入蒸汽管道的中心轴线（即 L_1 较小），因此，测温结果误差为−15℃。

安装方案 5：也是采用铂电阻测温传感器，安装部位的管道没有保温层，且测温传感器的露出部分 L_2 较长，L_1 又没有方案 1 中插入的那样深，因此测温结果误差为−45℃。

这个例子说明在测量管道内的流体温度时，如果按照前面提出的方案安装测温传感器，测量误差是可能减至极小的。但是在高温高压管道的转弯处开孔，管道机械强度会降低，易造成管道破裂，因此，在火力发电厂的安装规范中不准在汽水管道转弯处等应力较大的地方打孔，如图 2-35 中 1 处位置；也不允许在直管段上斜着打孔。

因此，一般在高温高压的汽水管道上采取如图 2-36 中的方案。在直管段上将测温传感器直插安装的办法，这就使传感器插入深度受到限制。另外，插入到管道中心轴线的测温传感器容易被高速气流冲刷发生断裂。因此，为了避免测温元件出现断裂故障，应尽量缩短测温元件插入管道中的深度 L_1。

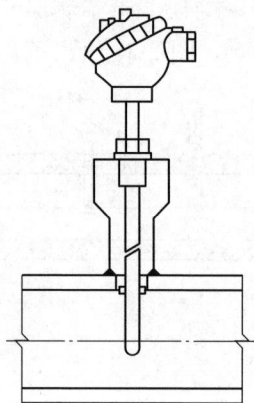

图 2-36　在高温高压管道上热电偶的安装方式

根据元件导热误差计算公式，减小 L_1 会导致测量温度的误差增大，为此可采用热套测温袋的锥形热电偶，并用高压焊接固定的装配方式，如图 2-37 所示。在保护套管当中有一个环形空腔，在套管与管道连接处留有 3 个空隙，蒸汽可以从这里进入空腔对套管进行加热。这样大大降低了保护套管端部轴向的温度梯度，也就减少了导热引起的误差。

热电偶的保护套管焊在水平管道上的垂直管座上，蒸汽流入传感器保护套管与主蒸汽管道壁之间的空隙进入垂直套管上部，对传感器进行加热，因此，虽然传感器插入主蒸汽管道中的深度缩短小了，但受到主汽加热的保护套管长度 L_1 反而增大了，这样就克服了传感器容易断裂和测量温度偏低的问题。

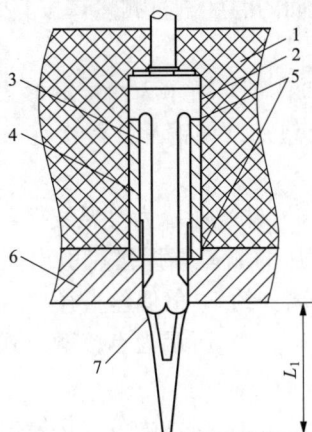

图 2-37　高压焊接固定锥形热电偶的安装方式
1—保温层；2—锥形热电偶；3—热套空腔；4—垂直套管；
5—焊接点；6—蒸汽管道壁；7—卡紧固定

二、壁面温度测量

壁温测量的问题在工业生产过程中遇到的比较多，例如：火力发电厂中对锅炉顶棚过热器壁温的测量，对超临界的大型炉的安全稳定运行是不能缺少的。

目前一般多采用热电偶来测量固体表面温度，这是因为热电偶测量范围比较宽泛，工作端较小，可测量某一"点"的温度，而且测量的准确度也比较高。由于热电偶测量壁温和一般接触式测温方法相同，被测固体的表面会沿热电偶体有导出热量，破坏了被测物体表面原来的温度场，实际上所测量出来的温度是破坏了物体表面温度场之后的温度，所以就产生了测量偏差，下面对这种偏差进行分析讨论。

1. 热电偶的传热误差

如图 2-38 所示，如果热电偶温度 t_2 小于壁面温度 t_1，t_1-t_2 即为误差。误差的大小与热电偶和壁面的接触形式有关。

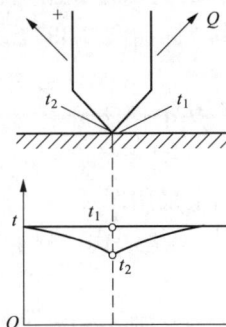

图 2-38　热电偶的散热误差

热电偶对被测物体表面的温度进行测量，按其焊接方式一般分为四种，如图 2-39 所示。

（1）交叉焊接。图 2-39（a）所示为面接触形式，先把热电偶测量端和具有导热性能良好的集热垫片（如铜片）焊接在一起，使集热垫片和被测物体表面紧密接触。

（2）平行焊接。图 2-39（b）所示为等温线接触形式，热电偶测量端和被测物体表面直接接触，从的测量端焊接点引出偶丝向右方向沿被测物体表面的等温线敷设一段距离（约 50 倍偶丝直径）后再引出来。

（3）球形焊接。图 2-39（c）所示为点接触形式，热电偶测量端直接接触被测物体表面。

（4）分立焊接。图 2-39（d）所示为分立接触形式，两热电极分别和被测物体表面接触，通过被测物体表面（导体）构成回路。

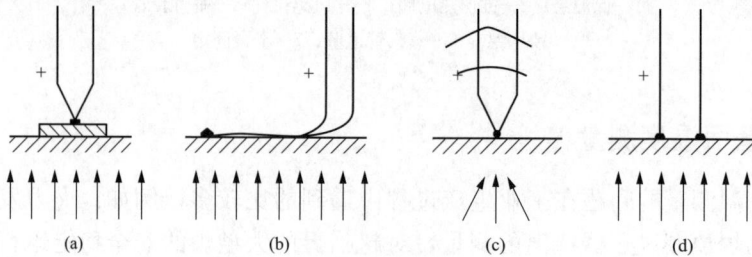

图 2-39　表面热电偶的焊接形式
（a）交叉焊接；（b）平行焊接；（c）球形焊接；（d）分立焊接

对上述几种接触形式来说，通过两个电极向外传导热量的方式，基本可认为是一样的，不同的是图 2-39（c）向外传导的热量集中在一"点"上；图 2-39（d）向外传导的热量分散在两"点"上；图 2-39（a）向外传导的热量则与集热垫片所接触表面分摊。

因此，在相同的外界条件下，图 2-39（c）的导热误差最大，图 2-39（d）次之，图 2-39（a）较小，图 2-39（b）的两个热电极的散热量虽然也集中在一个较小的区域，但由于热电极已与被测物体表面等温线敷设一段距离后再引出，散失的热量主要是等温敷设段提供的，测量端的温度梯度比其余三种形式要小很多，因而图 2-39（b）测量端的热损失量是最小的，测温准确度是最高的。

温度测量的误差不仅只与热电偶测量端的接触形式有关，而且还与被测物体表面的传热能力有关，如被测量壁面的材质为陶瓷、玻璃等，这种材质的传热性能很差，这时如果采用图 2-39（c）的焊接形式，则测量误差就很大，而采用图 2-39（a）的焊接形式，测量误差就大为减小，这是由于集热垫片传热性能好。

当集热垫片的面积比较大时，放出相同的热量所需要的温差会大大减小，热电偶热测量端温度就不会降低很多。

如果热电偶的直径粗，向外传导的热量就会比较多，对测量端的温度影响大；直径细，向外传导的热量少，工作端温度影响就小。如果被测壁面上方气体的流速增大，则热电极向外传导的热量就会增多，对测量端的温度降低就大；反之，被测壁面上方气体流速较低，则热电极损失的热量就少，测量端的温度降低也就小些。例如，测量高温管壁表面的温度时，如果管壁厚度增加，测量的温度误差则会减小，这是由于热电偶的测量端向传导的热量，很快由管壁的其他部分就补充了，所以测量的温度误差就减小。

2. 热电偶热端的导热误差

在热电偶测量物体表面温度时，热电偶端点与被测物体接触面会有温度梯度 $t_2 < t_1$，即 $t_1 - t_2 \neq 0$，存在导热误差，其误差的大小与热电偶和被测面的固定形式相关，热电偶接点的导热误差如图 2-40 所示。

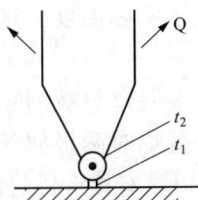

图 2-40　热电偶接点的导热误差

将热电偶的测量端与被测物体表面焊接在一块。球形热端的两个电极结合处温度为 t_2，t_2 与物体表面温度 t_1 在实际上会有温度差。热电偶端点与接触面会有温度梯度 $t_2 < t_1$，$t_2 - t_r \neq 0$，也就是误差，其误差的大小与热电偶与被测面的固定形式相关。

通常的做法是把热电偶工作端焊接在被测表面，一般常用的三种焊接方式如图 2-41 所示。下面对这三种焊接方式分别讨论因端点接触产生导热误差。

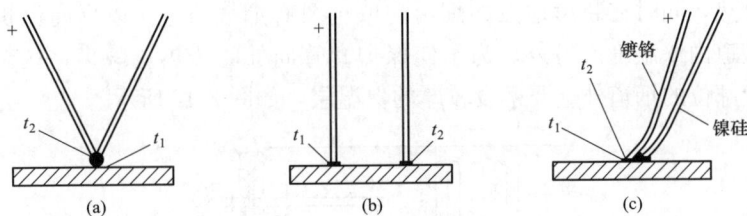

图 2-41　表面热电偶的焊接形式
（a）球形焊端点；（b）平行焊端点；（c）交叉焊端点

热电偶球形端点如图 2-41（a）所示。将热电偶的测量端与被测物体表面焊接在一块。球形热端的两个电极结合处温度为 t_2，t_2 与被测物体表面温度 t_1 会有温度差。为了降低这个温度差，偶丝应尽量选择细一些，两个偶丝结合处的焊点也应小些，也可将较大的焊点压扁。球形焊偶丝端点测量的是物体表面"点"的温度，但在这一个"点"上却有两根偶丝同时传热，所以这种焊接方法会产生比较大的传热误差。

平行焊接的端点如图 2-41（b）所示。将两根偶丝分别焊在被测物体表面上，在两焊接点之间有一段距离（如等温物体表面为 1～5mm）平行焊法适用于测量等温物体表面的温度。当被测物体的表面存在温度梯度（t_1 不等于 t_2）或被测物体表面的材质不够均匀时，不适合采用平行焊接。

交叉焊接即叠焊，如图 2-41（c）所示。焊接时先把传热性能较好的偶丝，如 K 分度热电偶的镍硅偶丝与被测物体表面焊在一起，然后再将传热性能差的镍铬偶丝交叉叠在焊点上面，再次进行焊接。这时热电偶采集的温度是两个偶丝交叉处温度 t_2，它与物体被测表面实际温度 t_1 有一个温度差。如将传热性能较好的偶丝紧靠在被测物体表面上，没有交叉点离开被测面，可使采集温度比较接近于实际温度。这种焊接形式的传热误差比图 2-41（a）焊接的形式要好。

一般来说，交叉焊时的两根偶丝与被测物面距离比球形焊近，因此接点传热误差相对较小。因为平行焊时两根偶丝分别焊在被测物体表面的两个点上，没有离开被测面，所以没有接点传热误差问题。

上面的分析说明，三种焊接形式的传热误差是平行焊最小，其次是交叉焊，球形焊最大。

三、高温气体温度测量

如测量锅炉过热器出口排烟温度时，在测温传感器安装处附近会有温度较低的受热面，造成在测温传感器保护套管的表面温度向外辐射，产生测温误差。

要降低测温误差，首先要选择好测温保护套管的装设位置，其选择方法是：让烟气能够通过保护管所在烟道内的整个部分，使排烟沿着保护管方向放热，同时在装设地点的烟道内壁也要有烟气通过，以提高保护套管处的烟道内壁温度。另外，为了使保护套管向外的传热量减少，在装设保护套管部位的烟道外壁要敷设较厚的保温层，如图 2-42 所示。

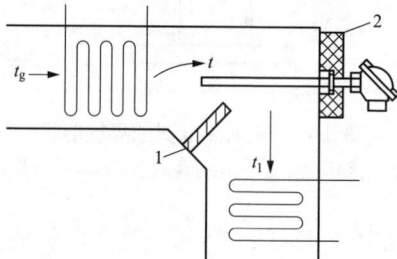

图 2-42　测量烟气温度示意图
1—挡板；2—绝热层

图 2-42 中的挡板 1 是为了控制排烟流动的方向。为了降低沿保护套管向外传热，还可以采用如图 2-43 所示的方案。

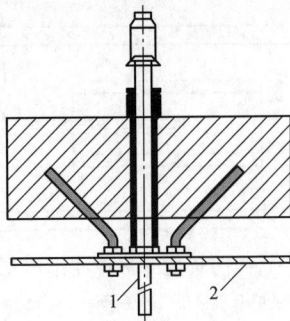

图 2-43 减少沿保护套管散热的安装方案之一
1—热电偶；2—钢板

在采用这些措施后，可认为因沿保护套管向外传热造成的测量误差接近于零。这时保护套管仅以辐射方式传入管壁（参见图 2-33），其温度 T_1 比流体 T_g 低，造成热辐射误差。热辐射误差（用 T_{90} 温标表示）为

$$T_1 - T_g = -\frac{C_1}{\alpha_1}(T_1^4 - T_2^4) \qquad (2-50)$$

式中 C_1——辐射散热系数，$C_1 = \sigma\varepsilon_T$；

σ——全体辐射的斯特潘－玻耳兹曼常数，$5.670\ 32 \times 10^{-8}$ W/$(m^2 \cdot K^4)$；

ε_T——保护套管表面的总辐射发射率；

α_1——管内介质和保护套管之间放热系数；

T_2——管壁的开尔文温度。

应该指出，由于热辐射影响而产生的测量误差可能很大。

有文献表明，已知测量锅炉过热器后面的烟气温度为 773.15K，附近冷表面的平均温度是 673.15K，烟气对保护套管的对流放热系数是 29.1W/$(m^2 \cdot K)$，测保护套管表面的辐射率是 4.65×10^{-8} W/$(m^2 \cdot K^4)$。

由式（2-53）可求得烟气温度 $T_0 = 1016.15$K，误差为 -243℃。（计算过程略）

由此可见误差是很大的，被测对象的温度越高，误差也就越大。这种问题会使测量结果完全没有意义。在实际应用中，以热辐射误差公式来计算求取温度是很不方便的，因为各个系数的值难以确定，保护套管附近冷表面的温度也不易确定。为了使烟气温度测量准确，一般可以采取的措施有。

（1）由于热辐射误差和 T_1、T_2 的四次方差成正比，因此，T_1、T_2 之间如有很小的差别，产生的测量误差也会很大。

降低误差的措施之一是把保护套管与冷管壁隔开，使保护套管不能直

接产生对冷管壁的热辐射。图 2-44 所示为用一个遮热罩把测温元件保护套管罩起来的例子,这样测温元件与冷管壁面就隔离开来。

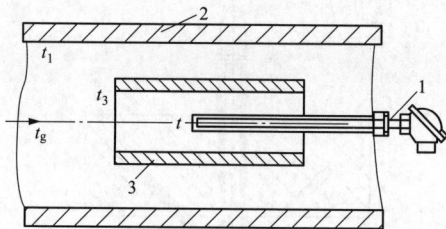

图 2-44 防辐射遮热罩测温示意图
1—保护套管;2—冷表面;3—遮热罩

由于遮热罩内、外壁都有烟气流过,被加热了遮热罩的温度 t_3 比冷管壁面的温度 t_1 要高很多,这时对冷壁面的辐射要由遮热罩来负担。同时,遮热罩和保护套管之间的温度差大为降低,保护套管因辐射散失的热量大幅减少,这会使保护套管表面的温度近似于烟气温度,从而降低了测温误差。装设遮热罩后的测温误差可由传热学理论来估算。热平衡时有

$$T_g - T = -\frac{C_1}{\alpha_1}(T^4 - T_3^4) \tag{2-51}$$

式中　　T_g、T_3、T——烟气、遮热罩、保护套管的热力学温度;

C_1——保护套管与遮热罩内壁之间的辐射换热系数。

与式(2-50)相比,由于 $T_3 > T_2$,所以测量误差是降低的。另外,还可以使 C_1 的值尽量减小,因此遮热罩的内壁做得很光亮(例如镀铬)。T_3 的值可以由遮热罩的热平衡关系来确定,对遮热罩来说,它接受来自烟气和保护套管的热量,同时以辐射方式散热给温度为 T_1 的冷管壁表面,在平衡条件下为

$$\alpha_3 F'(T_g - T_3) + C_1 F_1(t^4 - T_3^4) = C_3 F_3(t_3^4 - T_1^4) = -\frac{C_1}{\alpha_1}(T^4 - T_3^4)$$

$$\tag{2-52}$$

式中　　α_3——气体对遮热罩的对流换热系数;

F' 和 F_3——气体对遮热罩的对流传热表面积和遮热罩对冷管壁的辐射热表面积,由于气体对遮热罩内、外壁都加热,而辐射仅在遮热罩外壁进行,所以 $F' = 2F_3$;

F_1——保护套管对遮热罩的辐射散热表面积;

C_3——遮热罩外壁与温度为 T_1 的冷壁面之间的辐射换热系数。

联立求解式(2-51)和式(2-52),可得到 T_3 和 T 的值。

还以测量烟气的温度为例,估算加设遮热罩后的误差。测量条件同上例,但此时装设了遮热罩,遮热罩的直径是保护套管的 10 倍,由于遮热罩内壁是光亮的镀铬表面,使保护套管与遮热罩之间的辐射换热系数 C_1 减少

为 $0.3 \times 10^{-8} W/(m^2 \cdot K^4)$；

遮热罩与冷壁之间的辐射换热系数 C_3 为 $4.0 \times 10^{-8} W/(m^2 \cdot K^4)$；气体对遮热罩对流放热系数都是 $25 W/(m^2 \cdot ℃)$。估算结果，此时的测量误差可降低约 $-10℃$，可见比不装遮热罩时的误差 $-243℃$ 大为减小了。若要进一步降低误差，还可加设第二层遮热罩，其计算过程按上面的讨论类推。

应该指出，加设遮热罩并不很容易，因为在加设遮热罩后要保证气流能顺利地流过保护套管。另外，遮热罩在使用中其表面会被烟气污染而增大粗糙度，结果使表面的发射率增加，因而使误差逐渐加大。

（2）由式（2-50）还可以看到，误差随 $C_1 = \varepsilon_T \sigma$ 的增加而变大。所以为了降低热辐射误差，必须减小辐射换热系数 C_1，由于 σ 是常量，所以降低保护套管的总辐射发射率 ε_T（黑度），可以缩小误差。

黑度 ε_T 的大小由保护套管材料决定。一般耐热合金钢保护套管的 ε_T 是比较小的，陶瓷保护套管的 ε_T 比较大。因为高温下都用陶瓷保护管，所以误差较大。

在误差许可的条件下，为了降低误差，在短时间测量时，可以不使用陶瓷保护套管而直接把铂铑-铂热电极裸露使用，铂铑、铂材料在 $1500 \sim 1700℃$ 时的 $\varepsilon_T = 0.20 \sim 0.25$，比陶瓷管的 ε_T 小得多（陶瓷管在 $1500℃$ 时，$\varepsilon_T = 0.8 \sim 0.9$），热辐射误差也就降低很多。

（3）采用粗细双支热偶测温，可通过计算的方法来去除辐射误差。

图 2-45 所示为裸露测量端的双支热电偶，它由热偶丝粗细不相同的两支热电偶构成，用两支热电偶的测量值进行计算修正后的值作为测量值，从而获得较为准确的被测气流温度。其测量工作原理如下。

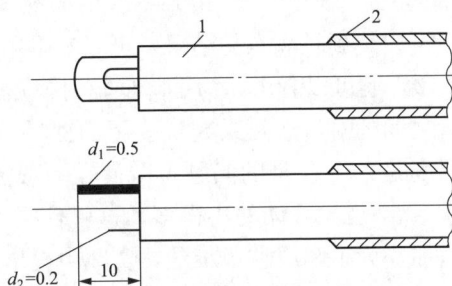

图 2-45 偶丝粗细不同双支热电偶
1—四孔瓷管；2—耐热钢外套

设两对热电偶偶丝的直径分别为 d_1、d_2，相应的量值和放热系数分别为 T'、T''，α_1 和 α_2，气流温度为 T_0，冷的壁温度为 T_1，两热电偶的材质相同，它们和冷壁之间的换热系数 C_1 相同。将两热电偶垂直于气流流向布置，并且取较长的热电偶插入长度 $\dfrac{L_1}{d} > 20$，使传热误差降低到可以忽略的程度。则热辐射误差根据式（2-50）有

$$T_g = T' = -\frac{C_1}{\alpha_1}(T'^4 - T_1^4) \quad 及 \quad T_g - T'' = -\frac{C_1}{\alpha_1}(T''^4 - T_1^4)$$

因为流体流向与热电极垂直，由传热学原理可知，放热系数 $\alpha_1 = \alpha_2 \sqrt{\dfrac{\alpha_2}{d_1}}$；又由于 $T' \gg T_1$，$T'' \gg T_2$，所以上面两式可简化为

$$T_g - T' = \frac{C_1}{\alpha_1}T'^4 \qquad 及 \quad T_g - T'' = \frac{C_1}{\alpha_2}T''^4$$

经整理后可得流体温度为

$$T_g = T'' + \frac{\sqrt{\dfrac{d_2}{d_1}}\left(\dfrac{T''}{T'}\right)^4(T'' - T')}{1 - \sqrt{\dfrac{d_2}{d_1}}\left(\dfrac{T''}{T'}\right)^4} \tag{2-53}$$

式中：已知 d_1 和 d_2，T' 和 T'' 为仪表示值。气流实际温度 T_g 即可得出。一般选用的 d_1、d_2 要满足 $4 > d_1/d_2 > 2$ 的关系。

如用粗细双支热偶测量气流温度，已知 $d_1 = 0.5\text{mm}$，$d_2 = 0.2\text{mm}$，分别测得 $T' = 1973\text{K}$，$T'' = 2053\text{K}$，代入式（2-52），可求得气流温度为

$$T_g = 2503 + \frac{\sqrt{\dfrac{0.2}{0.5}} \times \left(\dfrac{20\ 503}{1973}\right)^4(2503 - 1973)}{1 - \sqrt{\dfrac{0.2}{0.5}} \times \left(\dfrac{2503}{1973}\right)^4} = 2282(\text{K})$$

即气流温度为 2282K。

在使用粗细双支热偶测量时要注意，只有满足 $T_1 \ll T'$ 及 T'' 时式（2-52）才可以应用。当 T_1 和 T'、T'' 相差不大时，热辐射误差可能也不大，采用加遮热罩就可以得到较满意的结果，可以不采用粗细双支热偶。

（4）通过式（2-49）还可以看出，为了降低辐射换热误差的影响，必须加大气流和保护套管之间的对流放热系数 α_1。下面探讨增大 α_1 的方法。

测量高速气流温度是一个较难的问题，即使在一般流速下的气流和保护套管之间的放热系数 α_1 也比液体的小得多，这就使得气流和保护套管之间换热困难，误差增加。为了解决这个难题，实践中提出了多种测量方法。

除了前面讨论把感受件的主要敏感部分（如热电偶或热电阻体的 1/2 长度处）插入到管道中心线处，目前也有采用小误差的抽气热偶，如图 2-46 所示。

当高压气体或压缩空气从喷嘴 3 处喷出时，由于流速很高，在喷嘴处附近产生了负压，在负压的作用下，气流沿图 2-46 中的箭头方向高速地被吸走，这样就在传感器处形成了高速气流，使放热系数 α_1 加大。抽气的速度越高，α_1 越大，误差就越小。为了降低热辐射损失，给热电偶加设遮热罩。遮热罩数量越多，测温误差就越小。

应指出，当抽气速度达到很高时，消耗能量是很大的，因而抽气热电

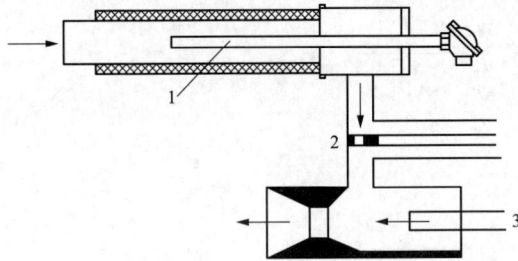

图 2-46 抽气热电偶原理示意图

1—感受件,通常是裸露的热电偶;2—测量烟气抽出速度的节流装置;3—蒸汽或压缩空气喷嘴

偶仅适合在试验情况下使用。抽气热电偶的结构类型有很多,其中的一种结构类型如图 2-47 所示。

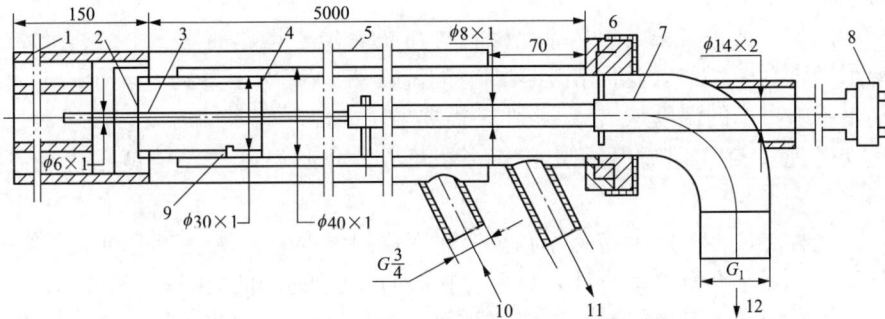

图 2-47 抽气热电偶结构示意图

1—遮热罩;2—$\phi0.5$ 热电偶双孔瓷管;3—保护管;4—遮热罩座;

5—冷却管;6—膨胀密封填料函;7—耐热钢或碳钢保护管;8—接线盒;9—安装遮热罩的榫销;

10—冷却水进口;11—冷却水出口;12—抽气出口

四、动态温度测量法

当马赫数大于 0.2 时,一般认为是高速气流。动态温度测量法是指当被测温度随时间变化速度较快或者传感器刚介入被测温度中,以及传感器以巡回检测方式测量一个温度场的温度分布情况时,都存在动态温度测量问题。因为传感器自身存在热惯性,这种热惯性的大小由它本身的热容量决定,使得测温时传感器的输出总是落后于被测对象的温度变化,这种现象称为"迟延",如图 2-48 所示。

图 2-48 中 t_1 为被测对象的温度,t_2 为传感器的输出温度。可以看出测量动态温度时总是存在动态误差。

传感器迟延(响应时间)的大小,工业上常用时间常数来表示,在一阶线性系统中,给一个阶跃输入,输出变化到总输入变化的 63.2% 时所需要的时间,称为该系统的时间常数 τ,一般在标准规程或厂家的说明书中给出温度传感元件的时间常数 τ_0。有需要时也可以通过做飞升曲线实验来求

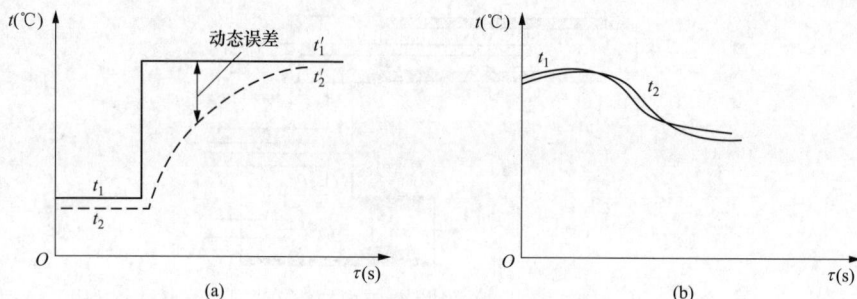

图 2-48　动态测温时传感器响应迟延

（a）被测介质温度突然变化时传感器输出的变化情况；（b）动态误差

取传感器时间常数。但要注意的是，若实验用的介质及状态不同，所求的时间常数也不同。

例如，把一支铂电阻从冰点槽温度 t_0 的环境中迅速插入一个为 t_1 的恒温水槽中（$t_1 > t_0$），这时铂电阻测得的温度从 t_0 突然上升到 t_1，而铂电阻输出反映出来的温度从 t_0 变化到 t_1 需要经历一段时间，即需要一段过渡过程（迟延），铂电阻输出反映出来的温度与其介质温度的差值就称为动态误差。

这种热惯性决定了传感器测量快速变化的温度时，就会产生动态误差。任何传感器都会有这种特性，只不过它们的表现形式和作用程度不同而已。

由于时间 τ 并非常数，而是温度的函数，而且辐射误差不能忽略，所以动态测温法误差很大，需修正。例如前面提到的采用粗细双支热偶测量气流温度。

五、节流式气体温度计

抽气热电偶在用于锅炉烟气中含粉尘很多的情况或者在气温超出传感器的量程上限温度时，容易被堵塞和损坏。为了防止出现这种情况，还可以采用气动温度计。这种气动温度计不易堵塞，为了避免出现热辐射引起测温误差，还可以使用气动温度计。气动温度计又称文丘里高温计，它可用于测量锅炉烟气的温度。这种温度计不易堵塞，可以连续测量，测量温度范围宽（0～2500℃），时间常数小，但准确度低于抽气热电偶。测量气体温度的气动温度计系统如图 2-49 所示。

节流气体温度计插入锅炉烟道的烟气中，利用抽气装置把烟气抽出。在抽气装置 8 的作用下，烟道中烟气先流过节流件（或异形动压管）2，然后流过第二节流件 5，烟气在进入第二节流件 5 以之前，首先通过气体冷却管 4 冷却到一定温度（通常为环境温度），烟气最后经抽气装置排出。抽气装置使第二节流件 5 前后的压差 Δp_1 保持恒定。

因为气体在第二节流件 5 前后的温度基本上都等于环境温度，压差保持恒定，因而流过节流件 5 和节流件 2 的气体质量流量不变，于是烟道内

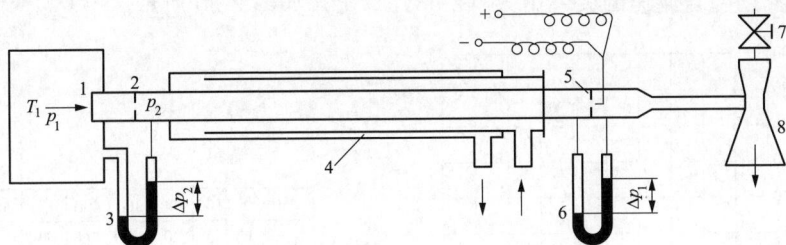

图 2-49　测量气体温度的气动温度计系统

1—烟道；2—节流件；3—差压计；4—气体冷却管；5—第二节流件；

6—差压计；7—调节阀；8—抽气装置

烟气的原有温度 T_1 就可以根据节流件 2 前后的压差 Δp_2 来确定，由差压计 3 读出。可以证明，烟气的原温度 T_1（单位 K）与节流件 2 前后的压差（$p_1 - p_2$）近似成正比，即

$$T_1 \approx C_1(p_1 - p_2) = C_1 \Delta p_2 \tag{2-54}$$

式中　C_1——对于确定的节流式气体温度计为常数。

虽然气体温度计比抽气热电偶的准确性低一些，但对温度波动的适应性强，即灵敏度较高，抽气量也较少。

六、高温气体温度测量

当气流马赫数 $Ma > 0.2$ 时，一般认为是高速气流，此时，由于传感器对气流的阻挡，使局部气流发生制动，而把动能变为热能加到传感器上，使测出的温度偏高。

这部分定向流动的能量叫动温，而气体分子热运动的平均动能叫静温。因此在高速气流中测得的温度是静温和动温之和，称为滞止温度。

实验证明，用不同结构的传感器测量同一对象所得的滞止温度也不同。这是因为气流制动时不可能使全部速度变为动温，转变的多少与传感器结构及气流冲刷传感器的方向有关。由热力学可得到理论滞止温度 T_{z0}（K）为

$$T_{z0} = T_j + T_d = T_j + \frac{\upsilon^2}{2c_p} \tag{2-55}$$

式中　T_{z0}——气流的滞止温度，是气流速度绝能等熵滞止到零时的温度，K；

T_j——气流的静温，是气体定向流动的能量，K；

T_d——气流的动温，是气体分子热运动平均动能，K；

υ——气流速度，m/s；

c_p——气流比定压热容，J/(kg·K)。

按式（2-58）计算得出的滞止温度是假定动能全部转换为热能时的结果。例如，对空气 $[c_p \approx 1005\text{J}/(\text{kg·K})]$ 和烟气 $[c_p \approx 1240\text{J}/(\text{kg·K})]$，

理论上动温与流速的关系由式（2-53）算出，如图 2-50 所示。

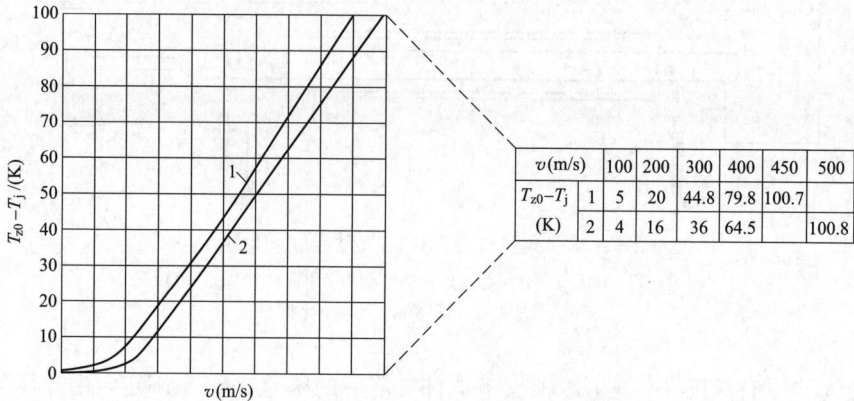

v(m/s)		100	200	300	400	450	500
$T_{z0}-T_j$	1	5	20	44.8	79.8	100.7	
(K)	2	4	16	36	64.5		100.8

图 2-50　动温与气流速度的关系

1—空气；2—燃气

$$r = \frac{T_z - T_j}{T_{z0} - T_j} = \frac{T_z - T_j}{\dfrac{v^2}{2c_p}} \qquad (2\text{-}56)$$

可以看出，气流速度在 50m/s 以下时，动能对测温的影响是较小的。当气流速度超过 100m/s 后，接触式测温传感器制动气流作用的影响就很明显。

但并非到达传感器的气流都完全被制动，所以实际滞止温度 T_z 比理论值要低，称之为有效温度 T_z，即 $T_j < T_z < T_{z0}$。如果不考虑传感器散热，用 $T_z - T_j$ 表示气流的动能恢复为内能的部分，再以 $T_{z0} - T_z$ 表示气流的动能全部恢复为内能的数量，两者的比值可用恢复系数 r 来表示，即由于传感器的结构形式不同，恢复系数也不相同。要准确测定 T_z，必须对所用传感器做实验来确定恢复系数。例如：

裸热电偶垂直流向插入气流 $M_a \leqslant 3$ 时 $r \approx 0.32$；

裸热电偶平行流向插入气流 $M_a \leqslant 3$ 时 $r \approx 0.14$。

另外，图 2-51 所示带滞止罩的热电偶传感器，可恢复系数可达 0.9 以上。

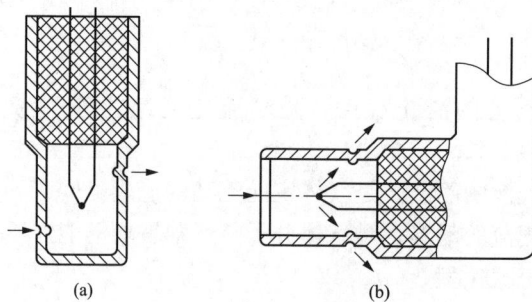

图 2-51　带滞止罩的热电偶传感器

（a）$r \approx 0.9$；（b）$r \approx 0.97$

第六节 温 度 计 校 验

工业温度计的检定方法因温度计的等级和种类的不同而有所不同，检定温度计的方法一般有比较法检定和定点法检定两种。

一、定点法检定

用被校验温度仪表测量某一纯净物质固定点的温度，求取温度值，以校验仪表质量指标的方法称为定点法。

这些纯净物质的固定点温度由 IST-90 规定（见表 2-1），实际上是测量某些纯物质的凝固点、沸点、三相点或升华点的温度值。利用定点法检定温度计的基本要求是必须有精确的固定点温度。如果固定点温度本身不准确，也就不可能得到正确的检定结果。在检定温度计时，涉及以下述一些固定点。

1. 沸点

在标准室中，水的沸点是最常使用的固定点之一，温度较高时用硫沸点，低温时用氧沸点或其他低温沸点。由于物质的沸点受大气压的影响很大，例如，压力每升高 133.33Pa(1mmHg)，则水沸点温度增高 0.036℃，硫沸点温度增高 0.09℃。所以在校验温度仪表的同时，要测量大气压力值，并以此进行温度示值的修正。

2. 凝固点

物质的凝固点受大气压力变化的影响较小，但物质纯度对测量结果却有很大的影响。例如，金属中含有 1×10^{-4} 的杂质，可能引起凝固点降低 0.1℃，纯冰和水的混合物可以得到冰熔点温度，一般把冰水混合物存放在保温瓶中，来减缓冰的溶解速度。对于金属物质的凝固点，要防止金属氧化和污染的问题，一般用纯石墨作坩埚来盛放金属，并配上严密的石墨盖（盖上附加石墨套，以容纳传感器），防止气流流动。在熔铜和熔银时要特别防止接触氧气，因为一旦发生氧化时，其混合物的熔点将降低。金属物质的凝固点一般用来检验标准铂电阻温度计。

定点检定法多用来校准精确度等级较高的一等、二等标准铂电阻和热电偶，这种方法主要在计量部门中采用，它需要有合格的定点槽和相应的测试仪表。国家计量部门对各种测温仪表的检定方法、设备、要求及允许基本误差等都做了规定，检定工作中应严格遵照执行，保证检定精度。

二、比较法检定

比较法一般用于检定工作温度计，它是把被检温度计与标准温度计同时放置在恒温的检定装置中，由于两者处于同一温度场中，分别读取两者的示值并加以比较，确定被检温度计的基本误差等指标，这就是比较法检定。

比较法检定需要一个标准温度计和一套恒温装置及相应的测试用的检测仪表。这种方法要求条件是温度场必须均匀，使被检温度计与标准温度计的测量端感受的温度相同；同时要求温度场必须有足够的大小，以使沿温度计传热误差可忽略不计。目前常用能产生均匀温度场的校验设备举例如下。

1. 管式电炉

对于 600℃ 以上的温度难以使用带搅拌的液体槽，而常用管式电炉。管式电炉也可以用于较低的温度，但精确度比液体槽低很多。为了保证管状炉内有足够长的等温区域。要求管式炉内腔长度 L 与直径 D 之比至少为 20：1，如图 2-52 所示。

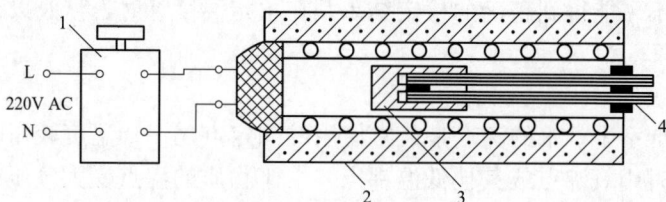

图 2-52　管式电炉

1—调压变压器；2—管式电炉；3—镍金属块；4—被检传感器

管式电炉的电热丝视所需最高温度的不同而不同，如最高温度为 1100℃ 时，用镍铬丝制成；最高温度达 1600℃ 时用铂丝制成，如 1600℃ 以上时，在空气中可用铑丝，但寿命有限，在更高温度下可用钨、铼等耐熔金属丝制成，但必须在真空或惰性气体中工作。为使电炉中处于同一均匀温度环境中，可在管状电炉的恒温区放置一个镍金属块，并在镍金属块上钻有孔，以便把传感器插入其中。

2. 液体槽

油槽示意图如图 2-53 所示。为了得到一个均匀的温度场，通常在 －150～＋600℃ 温度范围内采用带搅拌液体槽。它通过冷却或加温不同的液体得到所需要的温度范围。例如，利用异戊烷液体的冷却作用可得到 －150～0℃ 的温度范围；用固态二氧化碳直接加在丙酮中作为冷却液可得到 －80～0℃ 的温度范围；用水和润滑油作介质分别得到 1～99℃ 和 80～300℃ 的温度范围；用硝酸钾、硝酸钠各占一半的混合物，可以得到 160～630℃ 的温度范围。

三、热电偶的校验

新热电偶在安装现场前，应先送入标准室进行检定，非标准化热电偶必须进行个别分度。热电偶在现场经过一段时间使用后，由于热电偶在高

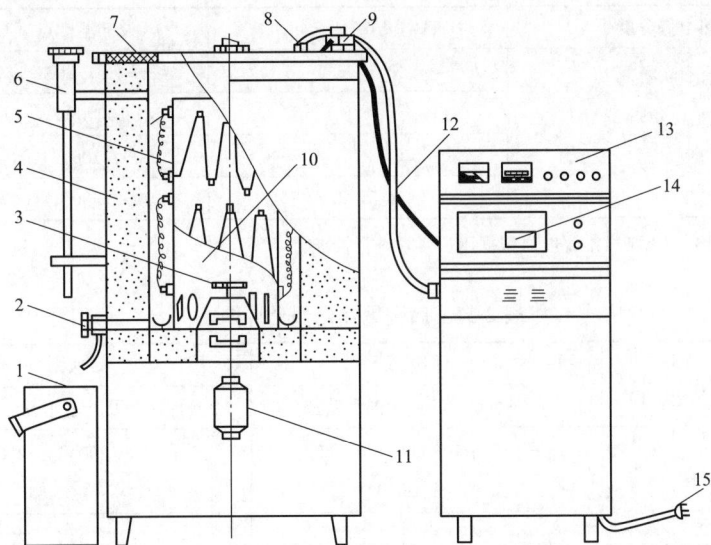

图 2-53 油槽示意图

1—油桶；2—放油阀；3—拌扇叶；4—保温层；5—加热筒；6—溢油管；

7—大理石面；8—铂电阻温度计；9—接线盒；10—工作室；11—搅拌电动机；

12—电阻引线；13—控制台；14—温控器；15—电源插座

温下升华、氧化，以及腐蚀和污染、热电极材质的热电特性发生改变等原因，使用中会产生测温误差，有时示值误差可能会超出偏差指标范围。为了确保测量的准确度，必须定期进行校验。热电偶的校验方法有比较法和定点法。在火力发电厂的应用中多采用比较法进行检定。

1. 温度校验点

JJF 1637—2017《廉金属热电偶校准规范》中给出的校准温度点及允许偏差如表 2-30 和表 2-31 所示。

表 2-30 廉金属热电偶校准温度点

热电偶分度号	热电极直径（mm）	校准温度点（℃）
K 或 N	0.3	400，600，700
	0.5，0.8，1.0	400，600，800
	1.2，1.6，2.0，2.5	400，600，800，1000
	3.2	400，600，800，1000（1200）
E	0.3，0.5	100，200，250
	0.8，1，1.2	100，300，400
	1.6，2.0，2.5	100，（300），400，600
	3.2	400，600，700

续表

热电偶分度号	热电极直径（mm）	校准温度点（℃）
J	0.3、0.5	100，200，250
	0.8	100，200，400
	1.6、2.0、2.5	100，300，400，500
	2.5、3.2	（100），300，400，600

注　括号内参考校准温度点根据用户要求进行校准。

表 2-31　廉金属热电偶允许偏差

热电偶名称	分度号	1级	2级
		允许偏差及其适用温度范围	允许偏差及其适用温度范围
镍铬—镍硅	K	（−40～＋1000）℃±1.5℃或 ±0.4%|t|	（−40～＋1200）℃±2.5℃或 ±0.75%|t|
镍铬硅—镍硅	N	（−40～＋1000）℃±1.5℃或 ±0.4%|t|	（−40～＋1200）℃±2.5℃或 ±0.75%|t|
镍铬—铜镍	E	（−40～＋800）℃±1.5℃或 ±0.4%|t|	（−40～＋900）℃±2.5℃或 ±0.75%|t|
铁—铜镍	J	（−40～＋750）℃±1.5℃或 ±0.4%|t|	（−40～＋750）℃±2.5℃或 ±0.75%|t|

注　允差值可用摄氏温度偏差值表示或用温度 t（ITS-90 摄氏温度）的函数表示（t 为热端温度），取两者中的较大值。

2. 校验用仪器与设备

为使被检热电偶、标准热电偶的测量端温度相同，可在管式电炉内放入一个高温合金块，在合金块上钻有孔，被检热电偶的测量端插入其内，采用比较法测量。热电偶校验装置主要由自耦调压器、冰点槽、管状电炉、切换开关、直流电位差计及标准热电偶等组成。热电偶的校验装置示意图如图 2-54 所示。

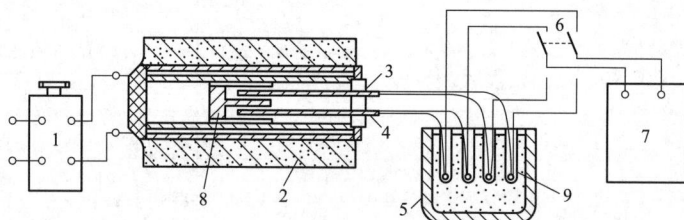

图 2-54　热电偶的校验装置示意图

1—自耦调压器；2—管式电炉；3—标准热电偶；4—被检热电偶；

5—冰点槽；6—切换开关；7—直流电位差计；8—合金块；9—玻璃容器

3. 校验方法

热电偶插入炉中的中心线上，其测量端应处在炉中的最高温度场内，插入深度一般为300mm，热电偶的参比端置于冰点槽中，并维持在0℃。

校准应由低温向高温逐点升温进行。用自耦变压器来调节检定炉内温度，当测量标准温度偏离校准温度点±5℃以内，温度变化每分钟不超过0.1℃（300℃以上时0.2℃）时开始顺序读数，在每一个校验点上的读数不应少于4次。在每一校准温度点的整个读数过程，温度的变化不得大于0.2℃。当同时校验 n 支热电偶时，其读数顺序为标准温度计→被检热电偶1→被检热电偶2→…→被检热电偶 n →被检热电偶 n →…→被检热电偶2→被检热电偶1→标准温度计。顺序读数，再进行数据处理。

4. 数据处理

热电偶校验后进行数据处理时，一定要考虑标准热电偶本身的测量值也有一定误差，必须考虑这部分误差后计算出测量点的真实温度。

【例2-2】　温度为1000℃时，测得被校K分度热电偶的热电动势平均值为41.347mV，标准S分度热电偶的热电动势平均值为9.601mV。该标准热电偶检定证书上标明，在测量端为1000℃、参比端为0℃时的热电动势为9.624mV。求此被校K分度热电偶在1000℃时的误差，并鉴别偏差是否在允许范围之内。

解： 查S分度热偶分度表，$E(1000，0)=9.585mV$，则该热电偶的修正值为 $9.624-9.585=0.039mV$，把该热电偶热电动势的平均值减去修正值：$9.601-0.039=9.562mV$。

然后查S分度热电偶分度表为998℃，即真实温度。从K分度热电偶分度表中查得41.347mV相当于1002℃，所以被检热电偶在1000℃时的误差为 $1002-998=4$℃。

被校K分度热电偶在 $333\sim1200$℃的温度范围内，允许偏差为 $0.0075\times t$，所以4℃<998×0.007 5=7.485℃。该热电偶在该校验点没有超出允许偏差。

四、热电阻的校验

热电阻的检定与分度方法是被检热电阻的等级和类型决定的，通常有定点法和比较法。定点法检定利用某些物质的固定点温度对温度计进行分度。ITS-90规定的物质的固定点温度有两类，一类是金属凝固点（或熔点），另一类为纯物质的三相点。

采用定点法分度的热电阻温度计准确度较高。比较法分度是把被检验的热电阻（包括感温元件）和通过定点法分度的标准电阻温度计置入同一均匀温场内，通过逐点比较实现检验与分度。

热电阻在装入现场使用前，需要对其进行校验；使用一段时间后，因受环境等因素的影响，热电阻的温阻特性可能会发生改变，因此也需要对热电阻进行校验，具体校验方法如下。

（一）校验设备及检定项目

1. 校验设备

JJG 229—2010《工业铂、铜热电阻检定规程》对校验所需的装置及要求如表 2-32 所示。

表 2-32　标准仪器及配套设备技术要求

序号	仪器设备名称	技术要求	用途	备注
1	二等标准铂电阻温度计	$-196\sim+660℃$	用比较法检定时的参考标准	亦可用满足不确定度要求的其他标准温度计代替
2	电测仪器（电桥或可测量电阻的数字多用表）	0.005 级、0.01 级、0.02 级。测量范围应与标准铂电阻、被检热电阻的电阻值范围相适应。分辨力不低于 $0.1m\Omega$	测量热电阻和标准铂电阻阻值的仪器	检测仪器供给热电阻的测量电流应保证功耗引起的温升不会超过允差值的 20%。Pt100 的测量电流通常为 $0.1\sim1mA$
3	冰点槽	$U\leqslant0.04℃$，$k=2$，制冰的水和加入冰槽的水必须纯净。冰水混合物必须压紧以消除气泡。水面应低于冰面 $10\sim20mm$	产生 0℃ 的恒温装置	亦可用满足不确定度要求的其他标准温度计代替
4	恒温槽	温度范围：$-50\sim+300℃$ 水平温场：小于或等于 0.01℃ 垂直温场：小于或等于 0.02℃；10min 变化不大于 0.04℃	温度 t 的恒温装置	应有足够的置入深度。保证在允差检定时的热损失可被忽略；同时还必须满足标准温度计插入深度的要求
5	高温炉	温度范围：$300\sim850℃$。最大温场和水平温场分别不大于热电阻上限温度允差的 1/8 和 1/10	高温源，检定 300℃ 以上用	可用符合要求的干体炉
6	水三相点瓶及其保温容器	例如：水的三相点 0.01℃	核查标准铂电阻温度计的 R_{tp} 用	用同一台电测仪器测量 R_{tp} 和 R_i^t、R_h^t 常可显著减小测量不确定度
7	液氮杜瓦瓶或液氮比较瓶		低温源，检定 $-196℃$ 下限温度用	
8	绝缘电阻表	直流电压 $10\sim100V$，1.0 级	测量热电阻的绝缘电阻	

注　R_i^t、R_{tp}—标准铂电阻在冰点槽和水三相点测得的电阻值；R_h^t—被检热电阻在约 100℃ 的恒温槽测得的电阻值，Ω。

2. 检定项目

检定项目见表 2-33。

表 2-33　检定项目

检定项目		首次检定	后续检定	使用中检验
外观		＋	＋	＋
绝缘电阻	常温	＋	＋	＋
	高温	＊	－	－
稳定性		＊		
允差	0℃点	＋	＋	＋
	允差等级规定的上限（或下限）温度或 100℃点（应首选 100℃）	＋	＋	－

注　1. 表中"＋"表示应检定，"－"表示可以不检定，"＊"表示当用户有要求时应进行检定。

　　2. 在 R_0 和 R_{100} 合格，而电阻温度系数 α 不符合要求时，仍应进行允差等级规定的上限温度的检定。

（二）热电阻校验过程

1. 外观检查

用多用表检查热电阻有无短路或断路，热电阻各部分装配正确、可靠、无缺件，外表涂层应牢固，保护管应完整、无损，不得有凹痕、划痕和显著锈蚀；感温元件不得破裂，不得有明显的弯曲现象；并检查标识、检定标记等，确定热电阻是否符合要求。

2. 绝缘电阻测量

常温绝缘电阻的测量。应把热电阻的各接线端短路，并接到一个额定电压为 100V 的绝缘电阻表的一个接线端，绝缘电阻表的另一接线端应与热电阻的保护管连接，测量感温元件与保护管之间的绝缘电阻；对于双支感温元件的热电阻，还应将两个感温元件的各引线端子分别短接，用 100V 的直流绝缘电阻表的两个接线端，并测量双支感温元件之间的绝缘电阻。

高温绝缘电阻的测量。所用的直流电压应不超过 10V，热电阻应在最高工作温度保持 2h 后，再进行测量绝缘电阻。

感温元件与外壳、各感温元件之间的绝缘电阻均应符合如下要求。

（1）常温绝缘电阻，热电阻处于温度 15～35℃，相对湿度 45％～85％的环境时，绝缘电阻应不应小于 100MΩ。

（2）高温绝缘电阻，热电阻上限工作温度的绝缘阻值应不小于表 2-34 规定值。

表 2-34　最小绝缘电阻值

最高工作温度（℃）	最小绝缘电阻（MΩ）
100～250	20
251～450	2
451～600	0.5
651～850	0.2

　　铜热电阻的常温绝缘阻值应不小于 100MΩ，温度上限的绝缘阻值应不小于 20MΩ。

　　在下列条件下，绝缘阻值应大于 50MΩ。

　　3. 允差的检定

　　(1) 检定点的选择。各等级热电阻的检定点均应选择 0℃和 100℃，并检查 α 的符合性。当 Δα 不符合要求时，仍须进行上限（或下限）温度的检定（首选上限）。

　　注：上述上、下限温度指表 2-35 中相应允差等级适用范围的上、下限温度。如制造厂家标注的适用温度范围小于表 2-35 中规定的上、下限温度，按制造厂家注明参数。

表 2-35　热电阻的允差等级和允差值

热电阻类型	允差等级	线绕元件 适用的温度范围（℃）	薄膜式元件 适用的温度范围（℃）	允差值
PRT（铂电阻）	AA	−50～+250	0～+150	$\pm(0.10℃+0.001\,7\,|t|)$
	A	−100～+450	−30～+300	$\pm(0.15℃+0.002\,0\,|t|)$
	B	−196～+600	−50～+500	$\pm(0.30℃+0.005\,0\,|t|)$
	C	−196～+600	−50～+600	$\pm(0.60℃+0.010\,0\,|t|)$
CRT（铜电阻）	—	−50～+150	—	$\pm(0.30℃+0.006\,0\,|t|)$

　　注　1. 在 600～850℃间的允差应由制造厂家在技术条件中确定。

　　2. 对于特定的热电阻，其适用的温度范围可小于该表规定的范围，但必须加以注明。

　　3. $|t|$ 为温度的绝对值，单位为℃。

　　(2) 热电阻校验接线方法。

　　(3) 热电阻测量方法。被检热电阻和标准热电阻测量均应采用四线制接法。热电阻电阻值应从接线端子起计算。

　　在校验二线制的热电阻时，也应按四线制接法进行。应考虑从感温元件连接点到热电阻端子间内引线的电阻值，若制造厂家提供引线的电阻值，则检测的电阻值中应扣除引线电阻值。否则，引线电阻应包括在热电阻元件内。热电阻的校验接线图如图 2-55 所示。

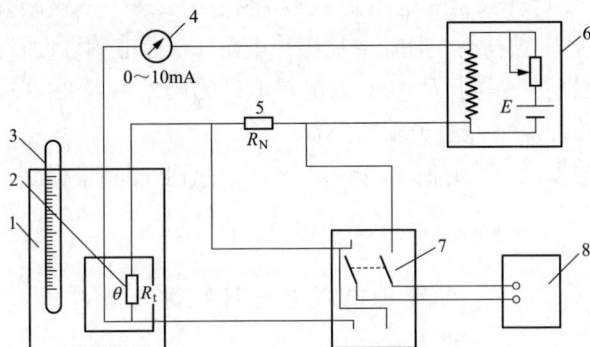

图 2-55　热电阻的校验接线图

1—加热恒温器；2—被校验热电阻；3—标准温度计；4—毫安表；5—二等标准铂电阻；

6—分压器；7—切换开关；8—读数仪表

在校验三线制的热电阻 R_t 时，为消除热电阻引线阻值 r 的影响，可分别按图 2-56 中的接法 1 和接法 2 进行校验，分别测得 R_a 和 R_b。由于 $R_a = R_t + r$，$R_b = R_t + 2r$，两式联立求解，则三线制热电阻的阻值为 $R_t = 2R_a - R_b$。

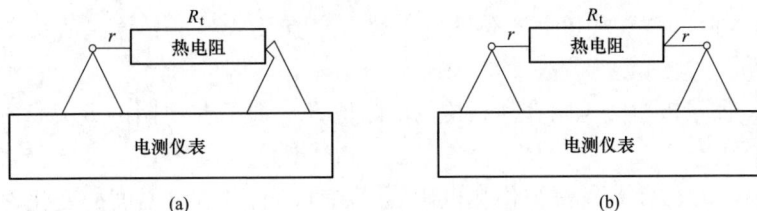

图 2-56　去除三线制热电阻引线电阻的接线方法

（a）接法 1；（b）接法 2

4. 检验步骤

（1）R_0 的检定。在冰点槽（或 0℃ 的恒温槽，温控偏差不超过 ± 0.2℃）中测量热电阻的阻值，并与标准温度计测取冰点槽的温度进行比较，并计算 0℃ 的偏差 Δt_0。

将标准铂电阻和被检热电阻插入冰点槽内；如果使用 0℃ 恒温槽，热电阻应插入足够的深度、尽量减少热损失。

对于可拆装保护套管的热电阻，为减少热平衡时间，可将电阻体连接引线一起从内衬管和保护套管中取出，放入内径略大于电阻体直径的玻璃容器中，容器口塞紧，插入冰点槽，插入周围厚度不小于 30mm 的冰水混合物中，并要将冰水混合物压实，以消除其中的气泡，测量过程中也要保持该状态。对于不可拆装保护套管的热电阻，要有足够的热平衡时间，待 30min 后；按顺序循环读数 3 次，取其平均值。当 n 支热电阻一起校验时，

其读数顺序为

标准铂温度计→被检热电阻 1→被检热电阻 2→⋯→被检热电阻 n→被检热电阻 n→⋯→被检热电阻 2→被检热电阻 1→标准铂温度计；顺序读数，再进行数据处理。热电阻 R_0（0℃的电阻值）的误差见表 2-39 规定。

（2）R_0 的计算（方法步骤）。

1）冰点槽偏离 0℃的值 Δt 由标准铂电阻温度计测量得到，则

$$\Delta t_i^* = \left(\frac{R_i^*}{R_{tp}^*} - W_0^S \right) \bigg/ \left(\frac{dW_t^S}{dt} \right)_{t=0} \tag{2-57}$$

式中 Δt_i^*——标准铂电阻温度计在冰点槽中测得的偏离 0℃的差，℃；

     R_i^*、R_{tp}^*——标准铂电阻在冰点槽和水三相点测得的电阻值 $W_i^S = \dfrac{R_i^*}{R_{tp}^*}$，Ω；

W_0^S、$(dW_i^S/dt)_{t=0}$——标准铂电阻 0℃时的电阻比值和电阻比值对温度的变化率。

注：检定 AA 级热电阻时，R_{tp}^* 的电阻值必须在三相点瓶中用电测仪器重新测量，有利于改善测量不确定度（检定 A 级热电阻时如果使用 0.02 级的测量仪器，必须重测 R_{tp}^* 才能满足测量不确定度的要求）。检定其他等级的热电阻时，如果对该电阻值没有异议，可直接从标准铂电阻的检定证书中获得。

2）测量被检热电阻在冰点槽的电阻值 R_i，计算热电阻的 R_0' 为

$$R_0' = R_i - \Delta t_i^* (dR/dt)_{t=0} \tag{2-58}$$

式中 $(dR/dt)_{t=0}$——被检热电阻在 0℃时，电阻值对温度的变化率，对于 Pt100 热电阻 $(dR/dt)_{t=0} = 0.390\,83\,Ω/℃$，对于 Cu100 热电阻 $(dR/dt)_{t=0} = 0.428\,93\,Ω/℃$，Ω/℃。

R_0' 的计算结果修约到 1mΩ；AA 级以上修约到 0.1mΩ。

3）计算被检热电阻 0℃的温度偏差 Δt_0。R_0' 值对应的温度与 0℃的差值 Δt_0 应符合相应允差等级的要求。

$$\Delta t_0 = \frac{R_0' - R_0}{(dR/dt)_{t=0}} \tag{2-59}$$

式（2-59）也可以表示为

$$\Delta t_0 = \frac{R_i - R_0}{(dR/dt)_{t=0}} - \Delta t_i^* = \Delta t_i - \Delta t_i^*$$

式中 Δt_i——由被检热电阻在冰点槽中测得的偏离 0℃的差，℃；

（3）R_{100} 和 R_i 的检定。在 100℃的恒温槽中测量热电阻的电阻值，并与标准器测量的温度进行比较，计算其 100℃的偏差值 Δt_{100}。其他温度点的检定也是如此。

热电阻检定时在恒温槽中应有足够的插入深度，尽可能减少热损失。

合适的插入深度，是在热平衡后继续增加插入深度 1cm，在重新达到热平衡后电阻值的变化不应超过允差的 5%。如制造商另有规定，则按规定的插入深度进行检定。

若温度 t 高于 500℃，则不应把热电阻快速地从槽中移到室温的空气中，而应以小于 1℃/min 的速率随槽冷却至 500℃，然后再从控温槽中取出。

恒温槽的温度应控制在检定点附近，不应超过 ±2℃，同时要求 10min 之内变化不超过 ±0.02℃。

（4）R_{100} 的计算（方法步骤）。

1）恒温槽偏离 100℃ 的温度 Δt_b、由标准铂电阻温度计测量得到。偏离 100℃ 的值 Δt_b 按式（2-60）计算，即

$$\Delta t_b^* = \left(\frac{R_b^*}{R_{tp}} - W_{100}^S \right) / (\mathrm{d}W_t^S/\mathrm{d}t)_{t=100} \tag{2-60}$$

式中　　　R_b^*——标准铂电阻在约 100℃ 的恒温槽中测得的电阻值

$$W_i^S = \frac{R_i^*}{R_{tp}^*}, \ \Omega;$$

W_{100}^S、$(\mathrm{d}W_t/\mathrm{d}t)_{t=100}$——标准铂电阻 100℃ 时的电阻比值和电阻比值对温度的变化率。

2）测量被检热电阻在 100℃ 的恒温槽测得的电阻值，计算热电阻的 R_{100}'。

$$R_{100}' = R_b - \Delta t_b (\mathrm{d}R/\mathrm{d}t)_{t=100} \tag{2-61}$$

式中　　　R_b——被检热电阻在约 100℃ 的恒温槽测得的电阻值，Ω；

Δt_b——由被检热电阻在 100℃ 恒温槽中测得的偏离 100℃ 的差，℃；

$(\mathrm{d}R/\mathrm{d}t)_{t=100}$——被检热电阻在 100℃ 时，电阻值对温度的变化率，Pt100 的 $(\mathrm{d}R/\mathrm{d}t)_{t=100} = 0.379\,28\Omega/℃$，Cu100 的 $(\mathrm{d}R/\mathrm{d}t)_{t=100} = 0.428\,30\Omega/℃$。

R_{100}' 的计算结果修约到 1mΩ；AA 级以上等级修约到 0.1mΩ。

3）计算被检热电阻 100℃ 的温度偏差 Δt_{100}。计算 R_{100}' 与 100℃ 标称值 R_{100} 的差，并按式（2-65）换算成温度值 Δt_{100}，应符合相应允差等级的要求，则

$$\Delta t_{100} = \frac{R_{100}' - R_{100}}{(\mathrm{d}R/\mathrm{d}t)_{t=100}} \tag{2-62}$$

式（2-62）也可表示为

$$\Delta t_{100} = \frac{R_i - R_{100}}{(\mathrm{d}R/\mathrm{d}t)_{t=100}} - \Delta t_b^* = \Delta t_b - \Delta t^{b*} \tag{2-63}$$

式中　　　Δt_b^*——标准铂电阻温度计在 100℃ 恒温槽中测得的偏离 100℃ 的差，℃。

五、热工自动检定系统

现在火力发电厂测温元件的校验，一般都采用自动检定系统，其组成一般有高精度数字表、主控箱、晶闸管调节器、微机系统、恒温装置（检定炉和油槽）、二等标准铂电阻，以及连接导线等。下面以某电厂的自动检定系统配置为例，简单介绍其主要的性能及特点。

（1）系统配有高精度六位半数字多用表（准确度达 0.005%），以及低电动势扫描开关、主控箱等构成的测控系统，可实现平稳的温度控制。

（2）可对多种分度号的廉金属热电偶及 2 线制（4 线制）、3 线制热电阻进行检定。在忽略污染的前提下，允许同批检定不同分度的热电偶或热电阻。

（3）在检定过程连续自动控温，自动进行检定、数据处理、判定被检热偶或热阻的级别，自动打印检定记录和检定证书。

（4）升温过程微机实时监控，如检定炉（或油槽、水槽等）温度及变化曲线、检定点温度、检定时间等。

（5）检定热电偶时，可设 6 个检定点；检定热电阻时，可设 3 个检定点，检定点温度在检定炉或油槽（水槽）规定的温度范围内任意设置。

（6）在检定过程中，具有三种冷端补偿方式（零点补偿、室温补偿、自动补偿）供使用者选择。

（7）对检定后的原始数据进行数据库管理，可通过对记录编号、被检编号、检定日期、不合格项等进行检索查询并根据需要输出报表。

（8）具有超温报警和断电保护功能。检定因故中断，可在另一时间接续完成剩余温度点的检定，自动合成完整报表。

（9）备有三路输出，设定后自动切换。

热工自动检定系统如图 2-57 所示，热电偶校验记录（例）见表 2-36。

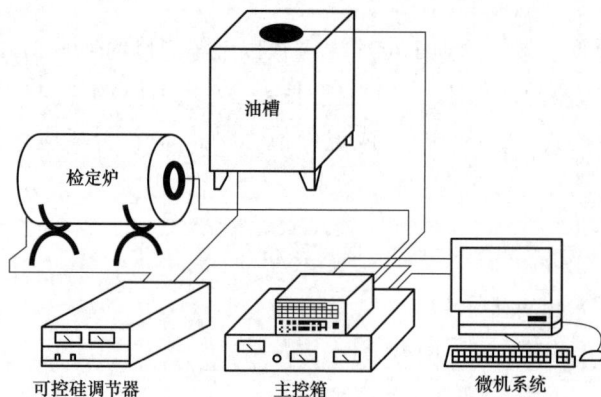

图 2-57　热工自动检定系统

表 2-36 热电偶校验记录（例）

被校验	测量位置	6号炉主蒸汽温度	精度等级	工业二级		环境温度	
标准仪器	名称	便携式温度校验装置	型号	HART 9150（150～1200℃）		表号	A390
		二等标准铂铑10-铂热电偶		WRPB-2（419.527～1084℃）			
	测量范围	0～1200℃	精度等级	二等		备注	
校验结果							
校验点（℃）	上升			下降			
	标准温度示值（℃）	被校热电偶温度示值（℃）	示值误差（℃）	标准温度示值（℃）	被校热电偶温度示值（℃）	示值误差（℃）	
250	250	249	1	250	251	1	
300	300	299	1	300	300	0	
350	350	350.5	0.5	350	350	0	
400	400	400	0	400	400	0	
450	450	450	0	450	450	0	
...							
备注							
校验结果	合格		校验员	王××	复核	李××	

第三章　压力测量仪表

第一节　压力测量的基本知识

压力是热力过程中工质状态的重要参数之一。实行压力监控，对保证锅炉、汽轮机以及辅机设备等安全、经济的稳定运行有着重要意义。在热力工艺流程中，需要测量压力的范围比较宽泛，从 10^3 Pa 到 32MPa，例如锅炉给水压力、蒸汽压力、炉膛负压、凝汽器真空、润滑油压、烟风压力等工质，且压力测量也广泛应用在液位和流量测量之中，作为中间变换。

一、压力的概念与表示方法

工程技术中的压力在物理学中也称压强，即在物体单位面积上垂直作用的力。

压力的表示方法以其参考零点压力的不同，可以分为绝对压力与表压力。

（1）绝对压力：是以零作参考点所表示的压力。

（2）表压力：是以物理大气压力作零参考点所表示的压力。

绝对压力、大气压力、表压力之间的关系示意图见表 3-1。

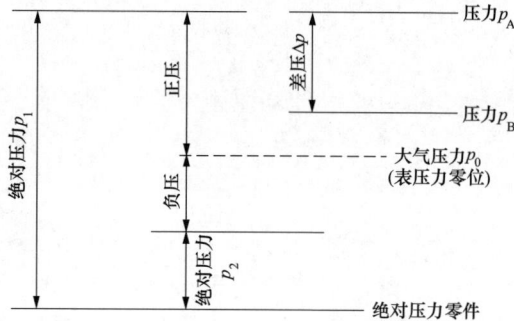

图 3-1　绝对压力、大气压力、表压力之间的关系示意图

$$绝对压力＝表压力＋大气压力$$
$$表压力＝绝对压力－大气压力$$

高于物理大气压 p_0 的表压力叫正压，反之表压力称为负压；负压的绝对值也称"真空"。

两个绝对压力（或表压力）值之间的差值一般称作差压，如差压可表示为

$$\Delta p = p_A - p_B \tag{3-1}$$

在差压测量中，习惯把压力较高的一侧称为"正压"，较低的一侧称为"负压"，但这个"负压"不一定低于大气压，是相对"正压"而言，与"真空"所指的"负压"不要混淆。

二、压力单位换算

各种压力单位间的换算关系列于表 3-1 中。

表 3-1　压力单位间的换算关系表

压力单位	帕 Pa(N/m²)	巴 (bar)	毫米汞柱 (mmHg)	工程大气压 (kgf/cm²)	毫米水柱 (mmH₂O)	英寸 (inHg)	磅 psi (lb/in²)	标准大气压 (atm)
1Pa(N/m²)	1	1×10^{-5}	7.501×10^{-3}	1.02×10^{-5}	1.021×10^{-1}	2.953×10^{-4}	1.45×10^{-4}	9.869×10^{-6}
1bar	1×10^{5}	1	7.501×10^{2}	1.02	1.02×10^{4}	2.953×10^{1}	1.45×10^{1}	9.869×10^{-1}
1Torr	1.333×10^{2}	1.333×10^{-3}	1	1.359×10^{-3}	1.361×10^{1}	3.937×10^{-2}	1.934×10^{-2}	1.316×10^{-3}
1kgf/cm²	9.807×10^{4}	9.807×10^{-1}	7.355×10^{2}	1	1.001×10^{4}	2.896×10^{1}	1.422×10^{1}	9.678×10^{-1}
1mmH₂O	9.807	9.807×10^{-5}	7.348×10^{2}	9.96×10^{-5}	1	2.89×10^{-3}	1.42×10^{-3}	9.68×10^{-4}
1inHg	3.386×10^{3}	3.386×10^{2}	2.54×10^{1}	3.453×10^{-2}	3.456×10^{2}	1	4.912×10^{-1}	3.342×10^{-2}
1psi	6.895×10^{3}	6.895×10^{2}	5.171×10^{1}	7.031×10^{-2}	7.037×10^{2}	2.035	1	6.805×10^{-2}
1atm	1.013×10^{5}	1.0133	7.60×10^{2}	1.033	1.034×10^{4}	2.992×10^{1}	1.47×10^{1}	1

三、压力测量仪表的分类

（一）根据测量元件和转换原理分类

1. 液柱式压力计

液柱式压力计是用一定高度某种液柱产生的静压力来平衡被测压力的方法来测量压力。一般大多是一根直的或弯成 U 形的玻璃管，常用的密封液有蒸馏水、汞和酒精。液柱式压力计的特点是灵敏度高，常用于测量负压、低压和差压，在±0.1MPa 测量范围内有很高的准确度。它价格低廉，一般用于实验室中的低压基准仪表，以及校验工作压力仪表。

由于密封液柱的重度在环境温度、重力加速度等因素发生改变时会变化，导致附加误差，因此对测量结果经常需要进行温度和重力加速度等的修正。又因玻璃管弛度不高，并受读数限制，一般所测压力不超过 0.3MPa。

2. 弹性式压力计

弹性压力计是利用弹性元件受压力作用后，而发生弹性变形的原理而制成。由于压力计采用的弹性元件不同，可分为弹簧管压力表、膜盒压力表、膜片压力表和波纹管压力表等；按使用功能分类有指示型压力表、电接点压力表和远传压力表等。弹性压力计结构简单、量程范围宽、价格低廉，是生产过程中使用最多的一种就地指示仪表。

3. 负荷式压力计

负荷式压力计也称为负荷式压力仪表，它是直接按压力的定义制作的仪表，常见的有活塞式压力计、浮球式压力计和钟罩式压力计。由于砝码和活塞易于精确加工与测量，因此这种压力计的误差很小，主要作为实验室的压力基准仪表，测压范围从数十帕至二千五百兆帕。

4. 电气式压力传感器

电气式压力传感器是利用某些物体受压的电气特性，直接将压力转换成电压、电流或频率等信号进行输出。如用压阻式、压电式、电容式、振频式及应变式等压力传感器所制作的电测式压力仪表。测量精度可达 0.02 级，测压范围从数十帕至几百兆帕不等。

压阻式压力传感器是根据半导体的压阻效应或铁磁物质压磁效应，电阻率的改变或磁导率的改变与物体所受压力有一定的函数关系的原理制作。

例如，在单晶硅膜片的特定方向上扩散一组等值应变电阻，将电阻组成电桥。当被测压力发生变化时，受压单晶硅的电阻值发生改变，使电桥失去平衡，输出电压信号去显示仪表进行显示。

（二）按压力仪表使用特点分类

（1）按被测压力类型分：表压力压力表、绝对压力表、真空压力表等。

（2）按使用条件分：普通型、耐热型、耐酸性、耐震型、防爆型等压力表。

（3）按使用功能分：指示式压力表、压力变送器。

目前常用的常用静压测量仪表列于表 3-2 中。

表 3-2　常用静压测量仪表

类别	形式	工作原理	常用测量范围	准确度	用途
液柱式压力计	U 形管压力计	一定高度液柱的重力与被测压力对液柱所形成的作用力相平衡，用液柱高度表示压力	$p=0\sim10^5$ 或压差、负压	高	基准器、标准器、工程测量仪表
	单管压力计		$p=0\sim10^5$ 或压差、负压	高	
	斜管压力计		$p\leqslant1500$ 或压差、负压	高	
	补偿微压计		$p\leqslant2500$ 或压差、负压	高	
弹性压力表	弹簧管压力表	弹性元件受到被测压力的作用，发生变形而产生弹性力，当平衡时，可用变形表示压力的大小	$p=0\sim10^9$ 或压差、负压	较高	工程测量仪表、精密测量仪表
	膜片压力表		$p=0\sim10^6$ 或压差、负压	一般	
	膜盒压力表		$p=0\sim2\times10^4$ 或压差、负压	一般	
	波纹管压力表		$p=0\sim4\times10^5$ 或压差、负压	一般	

续表

类别	形式	工作原理	常用测量范围	准确度	用途
负荷压力计	活塞式压力计	压力在有效面积上产生的力与砝码等产生已知力平衡时,可由砝码求得压力	$p=0\sim2.5\times10^9$或负压	很高	基准、标准
	浮球式压力计		$p=1000\sim6\times10^5$	高	精密测量
	钟罩式压力计		$p=200\sim2500$或压差、负压	高	精密测量
远传式压力表	电位器式变送器	这是把液柱式压力计和弹性压力表的位移变送器结合,构成可远传显示信号的压力表	测量范围由敏感环节的测量范围决定	一般	工程测量仪表
	电感式变送器			一般	
	电容式变送器			较高	
	振弦式变送器			一般	
	霍尔式变送器			一般	
电气式压力传感器	压电式压力传感器	传感器敏感元件受压力作用后输出电压、电阻或频率等信号	$p=20\sim10^7$或压差、负压	较高	工程测量用
	压阻式压力传感器		$p=20\sim10^8$或压差、负压	较高	
	振筒式压力传感器		$p=20\sim10^7$或压差、负压	较高	
压力开关	位移式压力开关	利用液柱式或弹性元件的变形到相应压力时推动触点、开关	控制范围由敏感元件决定	低	信号、报警,位式控制
	力平衡式压力开关		控制范围由敏感元件决定	较低	

四、压力标准与量值传递

根据压力量值传递的需要,将压力仪器分为基准器、一等标准器、二等标准器及三等标准器。基准器是国家最高的压力标准器,还有工作基准器。基准器用于进行国际之间比对,还要将压力基准传递给工作基准器。

工作基准器可复制多套保存在全国各地的主要部门,由它将压力工作基准传递到一等标准器,再由一等标准器传递到二等标准器,以此类推,最后由三等标准器传递到工作压力仪表。在火力发电厂中一般配有二等及三等标准活塞式压力计。压力标准与量值传递表见表3-3。

表3-3 压力标准与量值传递表

级别	测量范围及基本允许	使用和保存单位
基准器	$0.04\sim10MPa$　$\pm0.002\%$ 气体压力计133kPa　$\pm0.$Pa	国家级 中国计量科学研究院
工作基准器	$0.04\sim60MPa$　$\pm0.005\%$	国家级 中国计量研究院 主要部门和大区级

续表

级别	测量范围及基本允许	使用和保存单位
一等标准器	0.04～250MPa　±0.02%	省市和地区级 各省市计量机构 各地区计量站
二等标准器	0.04～2500MPa　±0.05%	主要企事业单位
三等标准器	0.04～2500MPa　±0.2%	各企事业单位
工作压力仪表	各种测量范围±(0.5～4.0)%	各种使用场合

第二节　弹性式压力计

弹性式压力计又称弹性压力表，是现场最常见的一种测压表计，经常用于测量气体、蒸汽、水、油等工质的压力，还可以测量正压、负压和差压。测压范围广（0～10^3MPa）。它的结构简单，使用方便，性能可靠，价格便宜。

弹性式压力计有抗震型、抗冲击型、防水型、防爆型、防腐型等。目前金属弹性式压力计的准确度等级分为 2.5 级、1.5 级、1 级、0.4 级、0.25 级、0.16 级、0.1 级等。

在现场中使用的弹性压力计的准确度大部分为 1.5 级、2.0 级、2.5 级。

弹性压力计分为机械弹性式压力计和弹性式压力变送器两种类型，两种类型的压力计在结构上都有弹性元件，把被测压力转换成弹性位移输出，如图 3-2 所示。

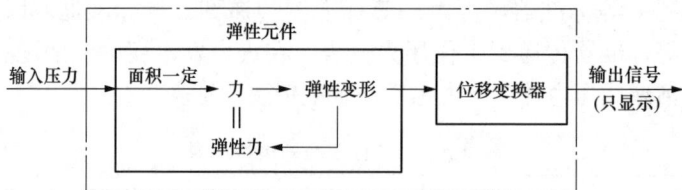

图 3-2　弹性式压力计的原理框图

弹性式压力计中常见的弹性元件主要有弹簧管（或称波登管）式、波纹管式、膜片式（包括膜盒式）三种。每种弹性元件在结构上都有不同的形式，如膜片分为平面膜片、波纹膜片和挠性膜片等，压力测量弹性元件的结构及其特性表如表 3-4 所示。

表 3-4　压力测量弹性元件的结构及其特性表

类别	名称	示意图	压力测量范围（kPa）		输出特性	动态特性	
			最大	最小		时间常数(s)	自振频率(Hz)
弹性膜式	单圈弹簧管		$0\sim10^6$	$0\sim10^{-1}$		—	$10\sim1000$
	多圈弹簧管		$0\sim10^5$	$0\sim10^{-2}$		—	$10\sim100$
波纹管式	波纹管		$0\sim10^3$	$0\sim10^{-3}$		$10^{-2}\sim10^{-1}$	$10\sim100$
弹性膜式	平薄膜		$0\sim10^5$	$0\sim10$		$10^{-5}\sim10^{-2}$	$10\sim10^4$
	波纹膜		$0\sim10^3$	$0\sim10^{-3}$		$10^{-2}\sim10^{-1}$	$10\sim100$
	挠性膜		$0\sim10^2$	$0\sim10^{-5}$		$10^{-2}\sim1$	$1\sim100$

一、弹性元件

1. 弹性元件的特性

弹性敏感元件在力（或压力）作用下，产生相应的变形（应变、位移或转角），此变形与作用力之间的关系称为弹性元件的弹性特性，弹性元件的特性也可以用曲线表示，如图3-3所示。这种特性曲线可能是线性的（见曲线1），但多数是非线性的（见曲线 2 或曲线 3）。当弹性元件结构、材料一定时，在弹性限度内弹性元件发生弹性形变与压力之间有唯一的对应关系，如

$$s = f(p) \text{ 或 } s = f(F) \text{ 或 } \varphi = f(M) \tag{3-2}$$

式中　s——弹性元件的位移；

　　　p——作用在弹性元件上的压力；

　　　φ——弹性元件的转角；

　F、M——作用在弹性元件上的力与力矩。

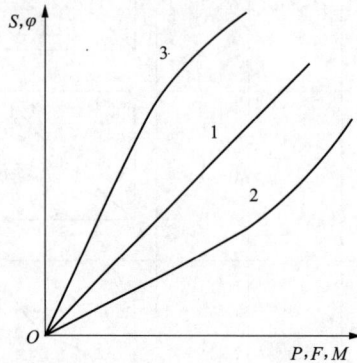

图 3-3　弹性元件的弹性特性

1—簧管的特性；2—膜片特性；3—膜盒特性

2. 刚度和灵敏度

弹性特性可以用刚度或灵敏度进行表示，是从不同的侧面对同一特性的描述。使弹性元件产生单位位移所需要的力（或压力）称为弹性元件的刚度，用 K 表示。反之，在单位力产生变形的能力称为弹性元件的灵敏度，一般灵敏度用 S_n 表示。两者互为倒数，则

$$S_n = \frac{1}{K} \tag{3-3}$$

弹性元件并联时，则

$$S_n = \frac{1}{\sum\limits_{i=1}^{m} \dfrac{1}{S_{ni}}} \tag{3-4}$$

式中　i——串联或并联弹性敏感元件的数目；

　　S_{ni}——第 i 个弹性敏感元件的灵敏度。

弹性元件串联时，则

$$S_n = \sum\limits_{i=1}^{m} S_{ni} \tag{3-5}$$

弹性元件的连接形式不同对总灵敏度的影响也不同，并联灵敏度小、刚度大，串联灵敏度大、刚度小。弹性元件可以测量较小的压力范围时，灵敏度高；弹性元件可以测量压力范围较大时，灵敏度低。

3. 弹性滞后

弹性元件在弹性变形范围内，反复增、减负荷时，表现的弹性特性曲

线不相重合的现象称为弹性滞后。其产生这种误差称作滞后误差，用符号 Δ_A 表示。如某一点的滞后误差 $\Delta_A = S_2 - S_1$，见图 3-4。误差曲线 1 和曲线 2 所包围的范围称为滞环。

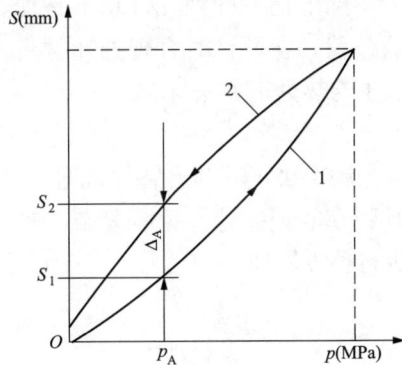

图 3-4　弹性元件的弹性滞后

4. 弹性后效

弹性敏感元件的变形不仅随压力变化，而且与时间有关。当所加压力停止变化（$p = p_1$）或完成卸负荷后（$p = 0$），不是立即完成相应的变形，而是经过一段时间后逐渐完成变形，这种变形落后于作用力的现象称作弹性后效，如图 3-5 所示。

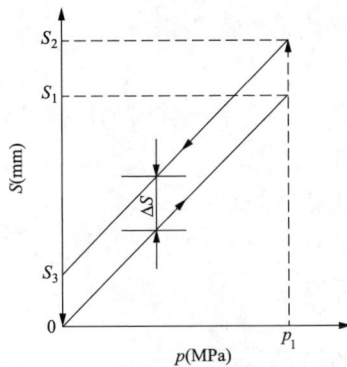

图 3-5　弹性后效现象

可以看出，在负荷（或压力）p_1 作用下，不能立即产生相应的变形量 S_2，而是先产生变形量 S_1，再经过一定时间后才完成变形量 S_2。减载时也存在同样现象，ΔS 代表弹性后效误差。

由于弹性元件受外力作用而产生的弹性形变需要时间的累积，故产生弹性后效。

弹性滞后与弹性后效的现象是在工作过程中同时发生的，它是造成表计指示误差（回差和零位误差）的主要因素。弹性滞后及弹性后效现象与弹性材料的极限强度，弹性元件的结构形式、受力大小以及工作温度等因素有关。所受的压力越接近弹性材料的比例极限或强度系数越低，弹性后效就越大。

对于理想的弹性元件，在弹性变形范围内反复增、减负荷，其输出是一条直线（见图 3-3），实际上任一弹性元件均不是理想的弹性元件，为了减小弹性滞后和弹性后效值，在设计时合理选择材料，尽量选较大的强度系数，采用适当的加工与热处理方法等。

5. 固有频率

弹性元件固有的自振频率决定其动态特性，通常来说，固有频率越高，其动态特性越好。固有频率的理论计算比较复杂，实际中一般通过实验来确定，也可采用下式进行估算，即

$$f = \frac{1}{2\pi}\sqrt{\frac{k}{m_e}} \tag{3-6}$$

式中 k——弹性元件的刚度；

   m_e——弹性元件等效振动质量。

由上式可见，弹性元件固有自振频率与其灵敏度相互牵制，提高灵敏度，会降低固有自振频率，使动态特性变差。因此，需要根据具体要求综合进行考虑。

6. 蠕变和疲劳形变

弹性敏感元件经过长时间的外力作用，当外力撤销后，不能恢复原来的形态，这种现象称为弹性元件的蠕变。

7. 温度变化的影响

弹性元件的温度变化时，由于材料的弹性模量会发生相应变化，使弹性元件的灵敏度改变而带来误差。弹性元件特性之间有些是相互牵连的。由于温度对弹性元件输出特性的影响。

常用弹性元件材料的弹性模量的温度系数大约为 $-3\times10^{-4}/℃$，所以弹性压力表的使用要注意它的适用温度范围。

二、弹性敏感元件的材料

理想的弹性元件材料应具备强度高、弹性模量温度系数小、热膨胀系数小、抗氧化和耐腐蚀性好、弹性滞后小等特性，但同时满足上述条件的弹性材料是比较难找的，只能根据弹性元件的使用条件进行综合考虑。

弹性元件的性能好坏，主要取决于弹性材料的弹性储能（也叫应变能），衡量其基本性能的主要指标。弹性储能是指材料在开始塑性变形之前单位体积所吸收的最大弹性变形功，它表示弹性材料吸收变形功而不发生塑性变形的能力，如图 3-6 所示。

图 3-6 中阴影三角形面积就是弹性变形功 W，即材料变形后储存于材料内应变能，其大小为

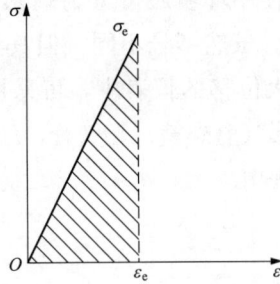

图 3-6 弹性储能

$$W = \frac{1}{2}\sigma_e\varepsilon_e = \frac{1}{2}\frac{\sigma_e^2}{E} \tag{3-7}$$

式中 σ_e——弹性极限；

ε_e——弹性极限对应的应变；

E——弹性模量。

对弹性敏感元件而言，比值 $\dfrac{\sigma_e^2}{E}$ 越大越好。为此可选用 σ_e 值大且 E 值小的材料。σ_e 值大时弹性元件变形的范围大；E 值小时在同样载荷下可获得较大的变形。这样的弹性敏感元件既柔软又灵敏。但对于另一类弹性元件，如盘簧、螺旋弹簧、簧片以及接插件中的弹性元件等，要求 σ_e 及 E 都要大。常用弹性合金有高弹性合金及恒弹性合金。

（1）高弹性合金。铜基高弹性合金最早应用在仪表中，如黄铜、磷青铜、钛铜和铍青铜等，其中铍青铜用得最多，因为它有导电性好、无磁性、耐疲劳、容易加工等优点，被广泛应用。由于铜基合金耐高温和抗腐蚀性能差，随着科学技术的发展，铁基合金已不适应使用的要求，在一些应用场合逐渐被不锈钢取而代之。有些不锈钢具有弹性高、滞后小、耐腐蚀等优点，如 1Cr18Ni9Ti。

（2）恒弹性合金。高弹性合金的缺点是弹性模量随温度变化较大，从而带来附加温度误差。因此普遍采用恒弹性合金制作测压传感器。恒弹性合金在一定温度区间内，弹性模量温度系数非常小，一般为 $\pm 10 \times 10^{-6}/℃$，例如我国生产的代号为 3J53(Ni42CrTiAl)。

较理想的高温恒弹性合金，如铌基合金。它的特点是无磁性，磁化率一般为 10^{-6} 数量级；恒弹性，即弹性模量的温度系数（β_t）小，最佳者在 700℃时，β_t 保持为 $(1\sim2)\times10^{-6}/℃$；弹性模量小（即刚度小、可获得高灵敏度），一般 E 值在 11 000kg/mm^2 左右；强度高和耐腐蚀。

三、弹簧管压力表

弹簧管压力表分为单圈和多圈。单圈压力表使用广泛，还可分为普通型、精密型。根据适用的使用环境还可分为耐热型、耐腐蚀型、耐振型、防爆型以及专用压力表等。虽然型号不同，但其测量原理都是一样的。

在要求弹性元件有较大位移的仪表中，可采用螺旋弹簧管；空间螺旋形（管螺簧）和平面螺线形（盘螺簧）弹簧管，如图 3-7 所示。螺旋形弹簧管常用于低压自动记录仪表中。

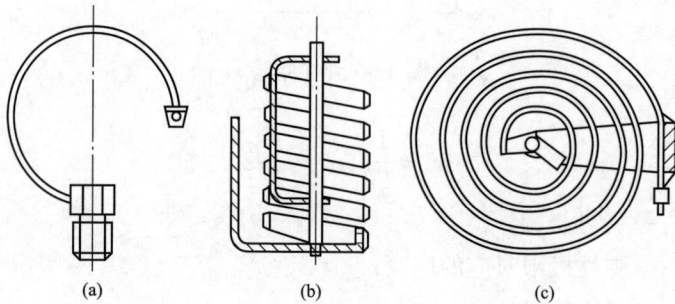

图 3-7 常见的几种弹簧管的形状
（a）C 形；（b）螺旋形（管螺簧）；（c）螺线形（管螺簧）

图 3-8 给出了常用弹簧管的截面形状。其中的椭圆形、D 形、扁圆形最常用，其中扁圆形比椭圆形截面更容易加工，在同样外形尺寸下的灵敏度较高，目前以应用扁圆形截面居多。而 D 形截面弹簧管的灵敏度较低，制作工艺困难。双 O 形用于要求弹性元件具有最小初始容积的表计中（如压力式温度计）。厚壁扁圆形截面与 ∞ 字形截面的弹簧管分别用于测量几到几十兆帕较高压力的仪表中。

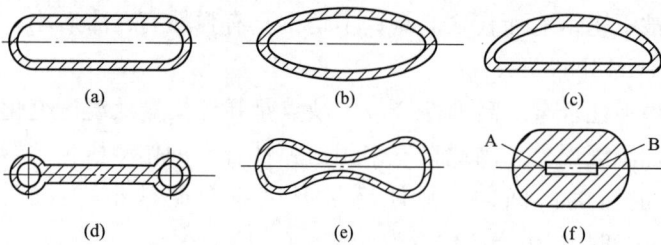

图 3-8 常见的几种弹簧管的形状
（a）扁圆形截面；（b）椭圆形截面；（c）D 形截面；
（d）双 O 形截面；（e）∞ 字形截面；（f）厚壁扁圆形截面

扁圆形截面薄壁 $\left(\dfrac{h}{b} \leqslant 0.7 \sim 0.8\right)$，$h$ 为管壁厚度，弹簧管的中心角度变化与压力的关系如图 3-9 所示。

$$\frac{\Delta\gamma}{\gamma}=p\,\frac{1-\mu^2}{E}\frac{R^2}{b\delta}\Big(1-\frac{b^2}{a^2}\Big)\frac{\alpha}{\beta+x^2} \tag{3-8}$$

式中　γ——弹簧管变形前的中心角；

　　　p——作用力压力；

E 和 μ——材料的弹性模量和泊松比；

　　　R——弹簧管中性层初始曲率半径；

a 和 b——椭圆管横截面中性层长轴半径和短轴半径；

　α、β——与 a/b 比率有关的系数；

　　　x——管子的参数，$x=\dfrac{Rh}{a^2}$。

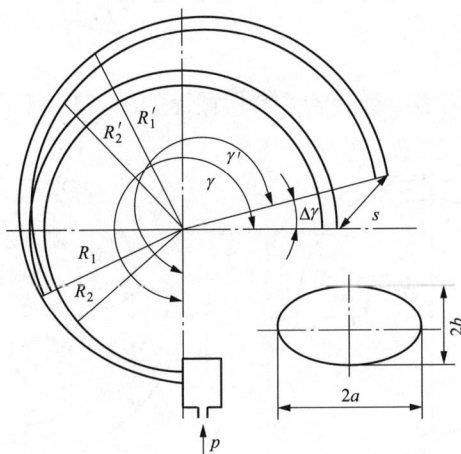

图 3-9　单圈弹簧管受压力中心角变化示意图

（一）单圈弹簧管压力表

1. 结构

单圈弹簧管压力表的结构由弹簧管、传动机构、游丝、表盘、指针等组成。

由于弹簧管变形后长度不变，则有如下关系

$$R_1\gamma=R_1'\gamma'$$
$$R_2\gamma=R_2'\gamma'$$

上两式相减得

$$(R_1-R_2)\gamma=(R_1'-R_2')\gamma$$
$$2b\gamma=2b'\gamma'$$

弹簧管内充压后，自由端向外移动，此时短轴增大，即 $b'>b$，$\gamma'<\gamma$。该位移量相对应于通入压力值。反之，当弹簧管内通入的压力降低时，自由端会向内移动。

如果把变形写为 $b'=b\pm\Delta b$，$\gamma'=\gamma\mp\Delta\gamma$，则 $b\gamma=b'\gamma'$ 可改写成

$$\Delta\gamma = \frac{\pm\Delta b}{b\pm\Delta b}\gamma \tag{3-9}$$

可以看出，弹簧管原来弯曲的角度越大，管截面的短轴越短，则角度变化越大，即自由端位移量越大。为了取得较高的灵敏度，可以采用螺旋形多圈弹簧管。

弹簧管自由端位移量与管内通入压力的关系，目前只能用半理论公式表示，然后通过实验的方法得出。

2. 末端位移计算

（1）对于薄壁扁圆形截面的弹簧管，弹簧管中心角角度的变化与通入压力的关系为

$$\frac{\gamma-\gamma'}{\gamma} = p\frac{1-\mu^2}{E}\frac{R^2}{bh}\left(1-\frac{b^2}{a^2}\right)\frac{\alpha}{\beta+x^2} \tag{3-10}$$

式中　h——管壁厚度。

单圈弹簧管压力表、弹簧管及其横截面如图 3-10 所示。

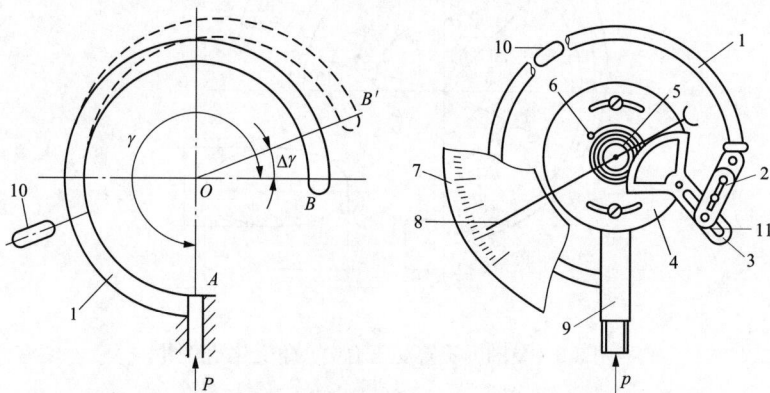

图 3-10　单圈弹簧管压力表、弹簧管及其横截面

1—弹簧管；2—扇形齿轮；3—主动连杆；4—基座；5—中心小齿轮；6—游丝；
7—刻度盘；8—指针；9—接头；10—横截面；11—灵敏度调整槽

（2）对某种特定管子而言，式（4-10）除 p 外，其他参数均已知并用常数 C_1 表示，则式（4-10）可写为

$$\frac{\gamma-\gamma'}{\gamma} = C_1 p \tag{3-11}$$

以管子曲率半径 R 和中性角度 γ 为函数的管子自由端位移 s 为

$$s = \frac{\gamma-\gamma'}{\gamma}R\sqrt{(\gamma-\sin\gamma)^2+(1-\cos\gamma)^2} \tag{3-12}$$

当 $\gamma=270°$ 时，

$$s = 5.8R\frac{\gamma-\gamma'}{\gamma} = 5.8C_1Rp = Cp \tag{3-13}$$

中心角为 270° 时，位移量最大。实际上，位移与管壁厚度成反比、与

管直径成正比，当长短轴比率为 5 时，压力与位移呈直线关系。单圈弹簧管压力表结构如图 3-10 所示。

弹簧管压力表的自由端位移一般不超过 2～5mm，测压量程为 0.03～1GPa，可以测量负压、微压、低压、中压和高压，也可以进行真空度测量。

为了提高弹簧管的灵敏度，增加自由端的位移量，近年来研究出了强度高、对外作用刚度大及灵敏度高的新型变厚壁弹簧管。变壁厚和波纹管截面弹簧管如图 3-11 所示。

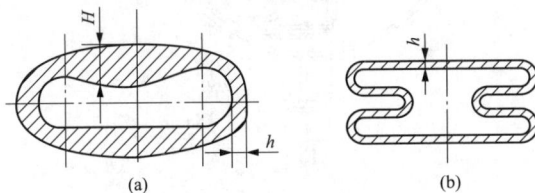

图 3-11　变壁厚和波纹管截面弹簧管
(a) 变壁厚弹簧管截面；(b) 波纹管截面弹簧管

为了使弹簧管压力表在允许的测压范围内工作，在被测压力波动大的场合，被测压力正常值应控制在表计测压范围的 1/2 附近；在被测压力波动小的场合，应控制在表计测压范围的 2/3 左右，但被测压力正常值一般不应低于表计测压范围的 1/3。

弹簧管压力表通过精心设计加工制造后，在一定压力测量区间内，其输入、输出一般为线性关系。

弹簧管压力表构造简单，价格低廉，使用方便，测量压力范围宽，应用范围广。一般弹簧管压力表的测量范围为 $-10^5 \sim 10^9$ Pa；精确度最高可以达到 $\pm 0.1\%$。

耐震压力表具有良好的抗震性能，适用于有机械振动和被测流体脉动的环境。可以测量无爆炸危险、无结晶体、不凝固以及对铜合金无腐蚀的液体、蒸气、气体等介质的压力。

（二）电接点压力表

如图 3-12 所示，电接点压力表适用于普通压力表的使用条件，配以相应的电气测量电路，能对被测的输出信号和系统自动控制。如需要把被测压力控制在某一区间范围内。当被测压力达到预定值时，发出信号报警或启动继电器实现自动控制的目的。这就要求表计带有报警或控制输出。

电接点压力表是在弹簧管压力表的基础上安装两个报警针增加了接点报警功能。压力表指针上带有动触点 2，表盘上另有两根可调节指针，分别为静触点 1 和 4。当被测压力超过上限给定值时，2 和 4 触点闭合，红色信号灯 5 的电路被接通，红灯亮。若被测压力降到下限给定值时，2 与 1 触点闭合，接通绿色信号灯 3 的电路。1、4 静触点的动作位置可根据实际需要

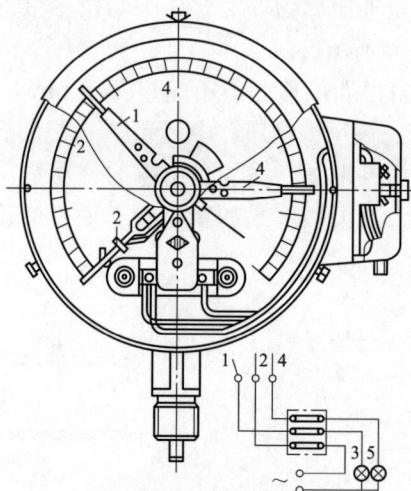

图 3-12　电接点压力表

1—低压给定指针及接点；2—指针及接点；3—绿色信号灯；4—高压给定指针及接点；

5—红色信号灯

进行调节。

四、膜片和膜盒

膜片是一种沿外缘固定的片状测压弹性元件，是将两种不等的流体隔开而具有挠性的圆形薄板或薄膜，通过测量膜片变形的位移得到被测压力的大小，膜片可分为挠性膜片与弹性膜片两种类型，如图 3-13 所示。

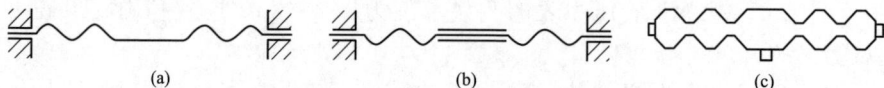

图 3-13　膜片和膜盒

（a）弹性膜片；（b）挠性膜片；（c）膜盒

通常弹性波纹膜片是一种压有环状同心波状的圆形薄片，其周边被壳体或基座固定起来。测量压力时，膜片向压力小的一面弯曲，其中心产生的位移量反映出被测压力值；再通过传动机构带动指针转动，指示出被测压力。

（1）挠性膜片一般只作隔离被测介质的作用，其本身几乎没有弹性，而是用固定在膜片上的弹簧来平衡被测压力。这种膜片压力表一般用于测量腐蚀性流体及黏性液体的压力。挠形膜片在一般情况下不单独作为弹性元件使用。

（2）平面膜片可承受较高的压力，一般用在测量较大的压力且要求膜片变形不大时使用，但灵敏度较低。

（3）波纹膜片是一种环状同心的周向波纹膜，波纹的数量、尺寸、形状与分布均匀压力测量范围有关。灵敏度高，适用于小量程压力测量。

膜片可直接带动传动机构就地显示，但位移小、灵敏度低，更多的是与变送器配合使用。

影响波纹膜片性能的主要参数有膜片材料、厚度、直径，以及波纹形状、波纹深度和外缘波纹等。这些参数会影响膜片的灵敏度、刚度、位移量及线性度，合理地选择这些参数，就可以得到所需要的膜片特性。常用膜片、膜盒波形及特性见表 3-5。

表 3-5　常用膜片、膜盒波形及特性

波纹类别	波纹名称	波形示意图	主要特征
外缘波	圆弧波		膜片的特性主要取决于外缘波纹升角。在相同的压力下和波纹深度下，升角大，位移就大，可以成倍增加，而且还可以获得理想的膜片特性（即线性度好）
	圆筒波		
中间波	正弦波		波形平滑，适宜制造较厚的膜片。在相同的压力下，膜片的位移较大，灵敏度较高，但模具较复杂，常制成近似正弦波
中间波	梯形波		在相同的压力下，膜片的位移仅次于正弦波，为避免应力集中，在其顶部通常带有一个小圆弧
	锯齿波		制造方便，但波纹较深时，容易引起应力集中而产生裂缝。膜片的特性较好（即线性度好）。在相同的压力下，膜片的位移较小
	弧形波		加工工艺较好，膜片的特性和位移介于正弦波和锯齿波之间

波纹膜片特性的特性方程为

$$\frac{pR^4}{Eh^4} = K_1 \frac{s}{h} + K_2 \left(\frac{s}{h}\right)^3 \tag{3-14}$$

式中　R——膜片半径；

　　　E——膜片材料的弹性模量；

　　　h——膜片厚度；

K_1、K_2——与 H/h 有关的参数；

　　　s——膜片中心在压力作用下的位移。

　　　H——波纹峰峰间的距离。

膜片、膜盒作为测压仪表的感压元件，其本身准确度（包括线性度、滞后误差等）应比仪表的准确度高一级，同时必须保证有足够大的变形功，以便克服摩擦力，带动传动机构和指针转动。一般情况下，当被测压力小于 40MPa 时，常选择膜盒作仪表的弹性元件；当被测压力大于 60MPa 时，常选用膜片作仪表的弹性元件。

（一）膜盒压力计

为了提高测量的灵敏度，将两块金属膜片的周边对焊成密封膜盒；或单膜盒串联起来成膜盒组，以增加膜片中心的位移。防腐膜片式压力表适用于有腐蚀性流体的压力测量。膜盒式压力计内部结构如图 3-14 所示。

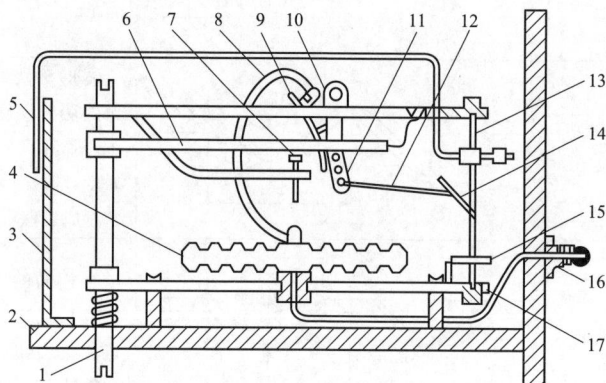

图 3-14　膜盒式压力计内部结构图

1—调零螺杆；2—基座；3—表刻度盘；4—膜盒；5—指针；6—调零板；

7—限位螺钉；8—弧形连杆；9—双金属片；10—轴；11—杠杆架；12—连杆；

13—指针轴；14—杠杆；15—游丝；16—管接头；17—导压管

（二）膜片式压力计

膜片压力表是指金属波纹膜片作弹性敏感元件的压力表，主要用于测量有腐蚀性工作介质的表压力。测量范围一般为 $0 \sim 5.88 \times 10^6 \, \text{Pa}$，精度为 2.5 级，如图 3-15 所示。

1. 结构

膜片压力表主要由下法兰、上法兰、弹性膜片、传动机构、指示机构组成。

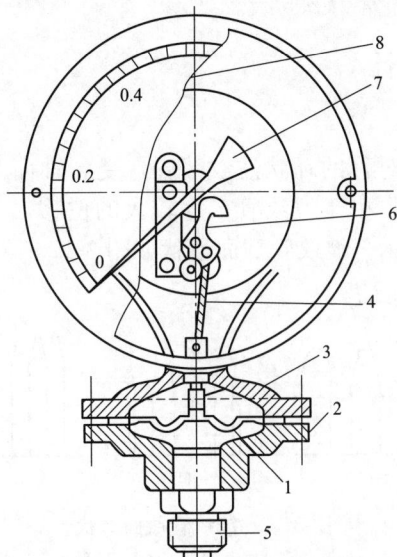

图 3-15 膜片式压力计原理示意图

1—弹性膜片；2—下法兰；3—上法兰；4—连杆；5—接头；

6—齿轮传动机构；7—指针；8—分度盘

2. 工作原理

膜片式压力计测量原理是基于弹性膜片的变形。当被测流体的压力通过接头进入膜片腔后，作用于膜片下方，迫使膜片产生相应的弹性变形产生位移，固定在膜片中央的小柱推动连杆带动传动机构，同时带动指针转动，在分度盘上指示出被测压力值。波纹管示意图如图 3-16 所示。

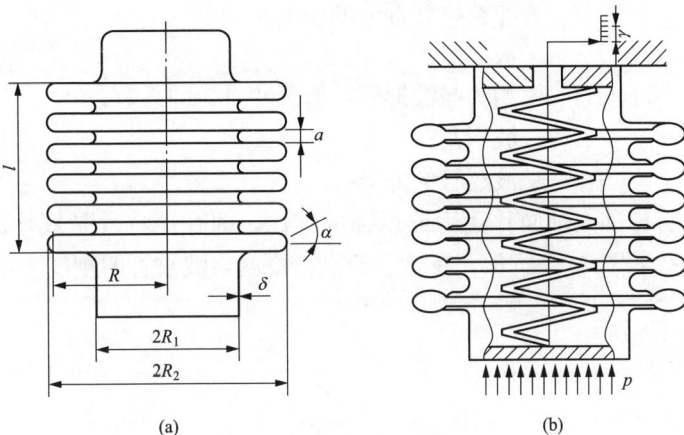

图 3-16 波纹管示意图

（a）波纹管结构示意图；（b）与弹簧组合的波纹管

膜片压力表适用于有腐蚀性的流体介质的测量，以及非凝固或非结晶的流体的压力。膜片压力表耐腐蚀性能取决于膜片的材料。测压上限一般可达 6MPa，准确度通常为 2.5 级。

五、波纹管式压差计

1. 波纹管

波纹管是一种轴对称的环状波纹薄壳，受到轴向力作用后，能沿轴向伸缩的测压弹性元件。由于波纹管产生较大的位移，一般可以直接带动传动机构，实现就地显示。波纹管截面形状如图 3-17 所示。

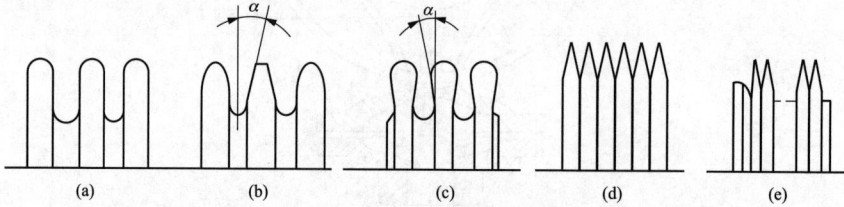

图 3-17　波纹管截面形状

（a）U形；（b）C形；（c）Ω形；（d）V形；（e）锯齿形

其中截面形状 U 形、锯齿形应用较多，在同样长度下，锯齿形的位移较大而刚度较小，C 形一般用作隔离元件或挠性接头，V 形多用作容积补偿元件，而不锈钢材料制作的波纹管多为 Ω 形。

波纹管位移 Δl 与轴向作用力 F 的关系为

$$\Delta l = F \frac{1 - \mu^2}{E\delta} \frac{n}{A_0 + \alpha A_1 + \alpha^2 A_2 + B_0(\delta^2/R_2^2)} \qquad (3\text{-}15)$$

式中　　　　　　μ——泊松比；

E——弹性模量；

δ——非波纹管部分的厚度；

n——波纹数；

A_0、A_1、A_2、B_0——均为与波形管几何尺寸有关的系数；

α——波形角；

R_2——波纹管的外半径。

波纹管位移与轴向作用力或压强成正比，即弹性特性是线性的。波纹管特性曲线如图 3-18 所示，在 A、B 点范围内，波纹管的刚度为一常数。

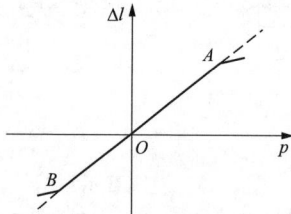

图 3-18　波纹管特性曲线

波纹管伸长到达 B 点时，由于位移太大使刚度急剧增加，波纹管的输入—输出将偏离线性关系。

波纹管的灵敏度近似与波纹数量成正比，由于波纹管的刚度和零位不够稳定，所以与弹簧联合组成弹性元件，其元件的特性主要由弹簧来决定，波纹管主要起隔离作用。

2. 双波纹管差压计

在火力发电厂中，波纹管差压计主要是用作水位与流量测量中间变换的压差仪表，一般压力差较小，上限为 0.4MPa，但耐受的静压力却很高，上限可达 40MPa，精确度一般为 1.0～1.5 级。如果用于流量测量，差压计往往还带有积算装置。

各种双波纹管差压计的测量原理基本相同。其构成主要由测量机构、传动机构、记录机构以及积算装置等部分组成。焊接波纹管在性能上优于无缝波纹管。焊接双波纹管差压计是应用的实例，如图 3-19 所示。

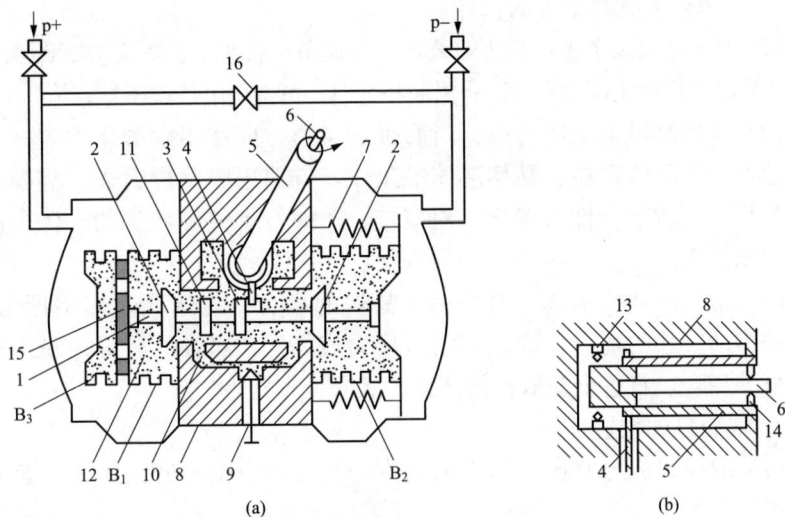

图 3-19 双波纹管式差压计

（a）差压计内部结构；（b）扭力管结构

1—连接轴；2—单向保护阀；3—挡板；4—摆杆；5—扭力管；6—芯轴；7—量程弹簧；
8—基座；9—阻尼阀；10—阻尼旁路；11—阻尼板；12—硅油填充液；13—滚针轴承；
14—玛瑙轴承；15—隔板；16—平衡阀；B_1、B_2—工作室波纹管；B_3—充压温度补偿波纹管

波纹管 B_1、B_2 端面的刚性基座 8 上，B_1、B_2 的自由端用连接轴 1 刚性连接。B_1、B_2 通过阻尼板 11 与基座 8 间形成的环形间隙与基座上的阻尼旁路 10 相通，量程弹簧 7 装在低压室。较高压力 p_+ 通入测量室的高压侧，较低侧压力 p_- 通入测量室的低压侧。

设 B_1 与 B_2 的有效面积相同，当 $p_1 > p_2$ 时，则 B_1 受力大于 B_2，B_1 被压缩，其中的填充液通过环形间隙和阻尼旁路流向 B_2，B_2 伸长，量程弹簧 7 同时被拉伸，直至压差在 B_1、B_2 两个端面上形成的力与量程弹簧及波纹管产生的变形力平衡时为止。

117

这时连接轴系统向低压侧有位移，挡板 3 推动摆杆 4 带动扭力管 5 转动，使一端与扭力管固定在一起的芯轴 6 发生偏转，其偏转角度反映了被测压差的大小。

波纹管 B_3 起温度补偿作用，当温度变化时使充液体积膨胀收缩，B_3 容纳此变化的液体，因而减少了对 B_1、B_2 的影响。

一般差压计，尤其是高静压下工作的压差计，都设计有单向超压保护装置、温度补偿装置、阻尼装置及平衡阀，波纹管压差计也不例外，图 3-19 中的 2 为阀式单向超压保护装置，如果压差过大或因操作不当，管路损坏等原因使测量部分单向超压，阀 2 紧压在基座孔上，高低压室之间隔断，波纹管不能继续变形而得到保护。

六、压力表的选择和安装

1. 压力表种类和型号的选择

（1）从工艺要求考虑：是否需要记录、调节、报警等。如需要远距离传送压力信号时，可选用压力变送器；需要报警时，可选用电接点压力表等。

（2）从被测对象性质考虑：对腐蚀性工质，应选用耐酸压力表；具有强腐蚀性、含固体颗粒、黏稠液体等工质，应选用膜片压力表，其膜片的材质要根据工质的特性来确定；对氢气、乙炔、氧气等特殊的气体，应选取专用压力表。

（3）从使用环境考虑：对易燃、易爆的场合，应选取防爆型压力表；在机械振动较强的场合，应选用耐震压力表等；在腐蚀性较强、粉尘较多等环境的场合，宜选全塑取密闭式压力表。

2. 取压口的位置选择

（1）取压口应与介质流速方向垂直，与装置内壁平齐。应无毛刺和凹凸不平。

（2）防止仪表感受件与有害或高温介质直接接触。高温介质需要冷凝到合适的温度，含粉尘的气体要设置灰尘捕集器；有腐蚀性的介质应加装隔离容器。

（3）如仪表位置与取压口不在同一水平线上，需要校正由于高度差对仪表造成的系统误差。

（4）取压出口位置，测量气体压力时，应在工艺管道的上部；测量蒸汽压力时应在工艺管道的两侧；测量液体压力时，应在工艺管道的下部，如图 3-20 所示。

（5）当工艺管道上有突出物体（如测温元件）时，取压口应按介质的流向取在突出物体前面。

（6）当必须在调节阀门附近取压时，若取压口在阀门之前，要与阀门应不小于管径 2 倍的距离；若取压口在阀门后，则与阀门不应小于管径 3 倍的距离。

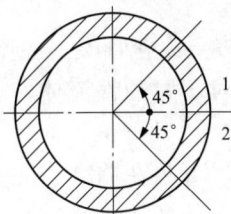

图 3-20　取压口开孔位置
1—气体取压口范围；2—液体取压口范围

（7）对于宽大容器，取压口应处于流体流动平稳并无涡流的区域。

（8）取压口的位置需要注意工艺管道分叉、阀前、阀后等因素，应严格按工艺流程要求，同一处测压点，压力变送器与压力表可共用一个取压口。

3. 导压信号管路

（1）为了不因导压管的阻力过大而产生测压响应迟延，引压导管应按最短距离并行敷设，一般情况下总长度不能超过 50m，以免阻力过大，反应滞后；如被测介质为蒸汽时，导压管的长度应大于 3m，因为对流量变化太快的场合指示波动频繁，对于高温介质可能造成差压计的温度过高。管路的弯曲处应该是均匀的圆角。

（2）导压管路水平敷设时，设置 1∶10～1∶100 的坡度。当被测介质为液体时，从导压管向仪表方向向下倾斜；介质为气体时，应向上倾斜。当坡度达不到要求时，在管道的集气处应安装排气装置，在集液处应安装排液装置。

两引压导管受热均匀一致，当引压管路较长并经过露天或热源附近时，还应在管道周围敷设保温层，以防导压管中被测介质气化。当被测介质容易冷凝或冻结时，导压管路应有保温措施。

（3）在取压口与仪表之间要装一次门，以备仪表检修时使用，一次门应靠近取压口。

其中，清洁无腐蚀性介质可用针形阀；黏度大或腐蚀性介质可用闸阀，避免突然的压力波动。测量腐蚀性介质和重油时，应在压力表与阀门之间装隔离器，隔离器内可充柴油或甘油等隔离液。

4. 压力表的安装

压力仪表安装时应注意以下几点。

（1）压力表应安装在易于观测和检修的地方，仪表安装处尽量避免高温与振动。

（2）对于特殊介质应采取必要的防护措施。

（3）压力表与导压管的连接处，要根据被测介质情况，选择适当的密封材料。

（4）压力表应尽可能在常温下工作（低于 65℃），在高温下压力表内的焊口易损坏。

因此，高温管道的压力表要设置管圈。在流体脉动处设置脉冲缓冲器，以免脉动压力传给压力表。对于腐蚀性流体应采用隔离膜片式压力表，以免高腐蚀性流体进入表内。

（5）振动设备的压力表，可装在墙上、柱上或仪表盘上，用软管与设备上的取压口连接。测量设备的微压（真空）或介质有沉淀物时，应使开口的标高低于仪表和尽可能靠近仪表，以减少附加误差或避免沉淀物进入压力表内，如图 3-21 所示。

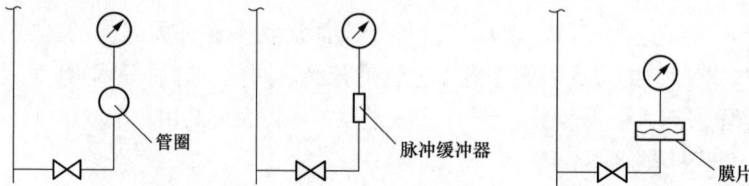

图 3-21　防护措施

（6）压力表管头安装位置通常距离焊缝大于 100mm，距法兰小于 300mm。

（7）就地指示用压力表适宜安装高度在 1300～1800mm 的位置，过高时（≥2200mm）应装设平台或直梯，以便监视和维护。

（8）尽量避免处于管路弯曲、分叉及流束形成涡流的区域。

第三节　压力变送器基本常识

在电厂热力生产过程中，压力参数的远传主要通过压力变送器来实现。压力变送器的构成主要由感压元件（又称传感器）、测量电路和连接件三部分组成。它将感压元件感受的被测介质的压力变换成标准的电信号（如 4～20mA DC 等），以供给指示报警仪、记录仪、调节器等二次热工仪表进行指示与过程调节。

一、压力-电信号变换技术

（一）传感器技术的主要类型

压力变换电信号的技术方法有很多，目前国内应用的主流压力变送器或差压变送器主要有金属电容式、单晶硅谐振式及扩散硅电阻式三种类型。

1. 金属电容式压力变送器

金属电容式压力变送器是以美国罗斯蒙特的 1051 金属电容式压力/差压变送器为代表。其工作原理：被测压差传递到内部的金属电容极板，使极板发生位移导致电容量发生变化，将这种变化通过电子电路放大及软件补偿处理后，就可以得到与被测压力对应的线性输出。

我国北京远东仪表有限公司在 20 世纪 80 年代引进了这种金属电容式传感器技术，并在国内得到了大规模的使用和推广。这种变送器多年的研究发展，进行了小型化处理，体积大幅度减小，并且由模拟电路逐渐转变为了数字电路，准确度等级从 0.5 级提高到了 0.1 级。

2. 单晶硅谐振式压力变送器

单晶硅谐振式传感器技术以日本横河电机株式会社的 EJA 变送器为代表。其工作原理：当外部压差传递到变送器内部的单晶硅谐振梁时，谐振梁在外部压力的作用下产生了一对跟随压力而变化的差动频率信号，将这对差动的频率信号经放大、补偿处理后，产生线性的压力信号输出。这种技术的主要优点体现在温度和静压补偿环节中，而此差动信号不受温度和静压的影响。因此，对于变送器的温度零位校正操作较为简便。但由于没有对量程下的温度补偿，因此其量程精度略受影响。

3. 扩散硅电阻式压力变送器

以德国恩德豪斯的 E＋H 差压变送器为代表，其工作原理：当外界压差传递到变送器内部的扩散硅全动态的压阻效应单臂电桥时，单臂电桥在压力的作用下，产生一个跟随压力变化的电压信号输出，经过放大器放大和软件补偿处理后，输出一个与被测压力信号成比例的线性信号，灵敏性高、信号量大、回差小。与金属电容式传感器和单晶硅谐振式传感器相比较，主要表现在硅芯片的无应力封装技术方面，单向过载保护和抗冲击能力强，过压可达量程的数倍。温度漂移小，由于取消了压力测量元件中的中介液，测量精度很高。常用压力传感器技术类型的优缺点见表 3-6。

表 3-6　常用压力传感器技术类型的优缺点

原理和工艺	优点	缺点
扩散硅	（1）在温度补偿范围内（0～50℃或0～70℃）性能稳定。 （2）小量程和绝压优于其他类型。 （3）灵敏度高	（1）低于 0℃、高于 80℃后，温度稳定性会大幅度降低。 （2）不能承受动态压力。 （3）膜片易受损伤
厚膜陶瓷	（1）成本低。 （2）抗腐蚀性好。 （3）使用温度宽	（1）输出跳动，不易读数。 （2）压力下降时回零慢、迟滞大。 （3）陶瓷膜片薄而脆，易碎
电容式	（1）量程全。 （2）抗过载能力强。 （3）性能稳定	（1）体积大。 （2）不能承受动态压力。 （3）高温需充硅油
应变片贴片	（1）低成本。 （2）成熟传统工艺	（1）由胶黏剂引起的时漂大。 （2）靠手工生产离散性大
溅射薄膜	（1）扩散硅、厚膜、电容、应变片所固有的缺点全都没有。 （2）全球公认的长期稳定性和可靠性	（1）不适于小量程测量。 （2）成本高

（二）智能式变送器

当前我国火力发电厂的建设正处在数字化、智能化、智慧化方向上的快速转型期，随着双向通信和现场总线控制系统的出现，压力变送器智能化是发展的必然，智能式变送器是由传感器和微处理芯片相结合而构成。微芯片是智能式变送器的核心，通过微芯片将输入的非电量（如温度、压力等）信号转换成电信号，再经过内部电路处理，包括对测量信号的调理（如滤波、放大、模数转换等）、数据显示、自动校正和自动补偿等，最终被转换成标准的模拟电流信号或数字信号。微处理芯片还可以通过反馈回路对传感器进行调节。以使采集数据达到最佳。由于微芯片具有多种软件和硬件功能，因而它可以完成传统变送器难以完成的任务。

智能变送器主要特点如下。

（1）通过内部软件可对传感器的非线性、温漂、时漂等参数进行自动补偿。

（2）上电后可对传感器进行自检，检查判断传感器各部分是否正常。

（3）可通过内部程序对数据进行自动处理，如统计处理、剔除异常数值等。

（4）具有双向通信功能。微芯片不仅可以接收和处理传感器数据，还具有信息存储与记忆功能，以及存储传感器的特征数据、组态信息和补偿特性等。

（5）具有数字量接口输出功能，可以将输出的数字信号和 DCS 或现场总线（Fieldbus Control System，FCS）等连接。

二、压力变送器原理结构

（一）压力变送器的构成

压力变送器的主要部件有敏感元件、传感元件和测量转换电路三部分，如图 3-22 所示。

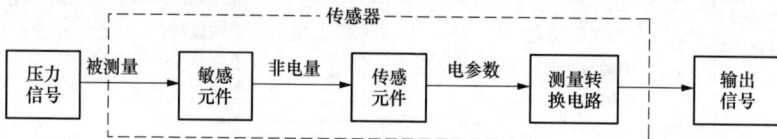

图 3-22　压力变送器系统构成方框图

测量部转换电路包括放大器和反馈部分，同时放大。转换成的电信号与压力变量有一定的连续函数关系（通常为线性函数），如图 3-23 所示。

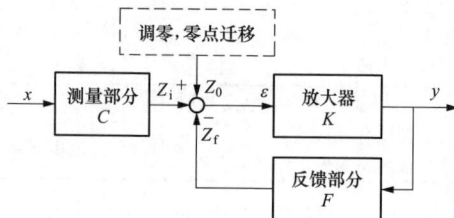

图 3-23　测量部分转换电路

122

测量部分（传感器）感受被测压力参数 x，并转换成可被放大器接收的测量信号 z_i（电压、电流、位移、作用力或力矩等）类型；反馈部分则把放大器的输出信号 y 转换成信号 z_f，再送回到放大器的输入端；测量信号 z_i 与调零信号 z_0 求和后与反馈信号 z_f 进行相减，其差值 ε 送入放大器进放大，并转换成标准输出信号 y。

（二）模拟变送器的信号传递关系

由图 3-23 可以得出变送器输出 y 与输入 x 之间的关系为

$$Y = \frac{K(CX + z_0)}{1 + KF} \tag{3-16}$$

式中　K——放大系数；

　　　C——转换系数；

　　　F——反馈系数。

当负反馈系数 $KF \gg 1$ 时，$1 + K \approx K$；因此式（3-16）可简化为

$$Y \approx \frac{CX + z_0}{F} \tag{3-17}$$

式（3-17）表明，在深度负反馈（$KF \gg 1$）的条件下，变送器输入与输出之间的关系取决于传感器和反馈部分的特性，而与放大器的特性几乎无关。

如果转换系数 C 和反馈系数 F 是常数，则变送器的输入与输出将保持良好的线性关系，变送器的输入输出特性如图 3-24 所示，量程调整如图 3-25 所示。

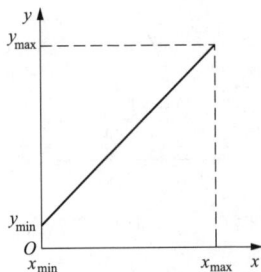

图 3-24　变送器的输入输出特性

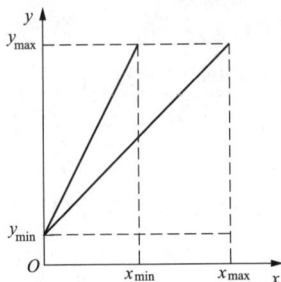

图 3-25　量程调整

x_{max}和x_{min}分别为被测压力信号的上限值和下限值，即变送器的量程范围，y_{max}和y_{min}分别为输出信号的上限值和下限值。它们与统一标准信号的上、下限值相对应。

三、量程、零点调整与零迁

1. 量程调整

调整变送器量程（即满度调整）范围，是使其输出信号的上限值与量程的上限值相对应。使$x = x_{max}$时，使$y = y_{max}$。即修改变送器输入输出特性曲线的斜率。量程调整一般是通过调整变送器中反馈系数F的大小来实现的。反馈系数F增大，量程就大；F减小，量程就小。有些变送器还可以通过修改转换系数C来改变量程，如图3-25所示。

2. 零点调整和零点迁移

通常压力变送器差压变送器大多带有零点迁移装置，在现场实际的应用中，可根据使用的需要对变送器的零点进行调整，在变送器的量程下限起始点不为零（$x_{min} \neq 0$）调整为零（$x_{min} = 0$），这个过程称作零点调整；把变送器量程起始点由零点迁移到某一数值（$x_{min} \neq 0$）称作零点迁移，如图3-26所示。

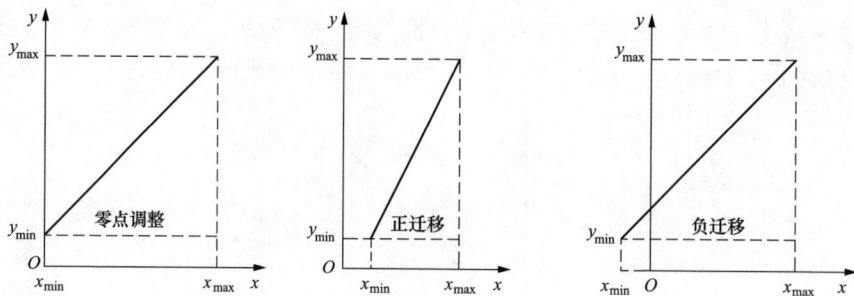

图3-26　零点调整和零点迁移

3. 典型变送器的主要性能指标

电源电压与负载电阻对应关系如图3-27所示。

（1）精度等级：0.2%、0.1%、0.075%。

（2）输出信号：4～20mA DC（两线制）。

（3）负载电阻：0～600Ω（在24V DC供电时），0～1650Ω（在45V DC供电时）。

（4）电源电压：12～45V DC，一般为24V DC。

四、变送器信号接线制

一般来说，压力信号远传的变送器信号传输线接线制有三种方式。

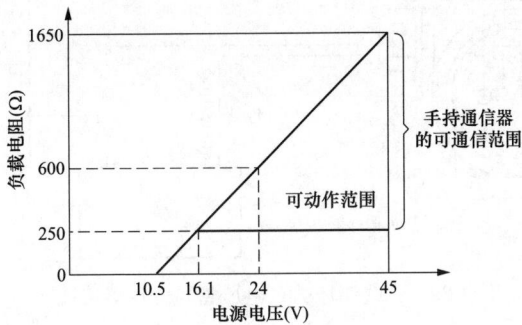

图 3-27　电源电压与负载电阻对应关系

1. 四线制变送器

变送器的供电电源与信号输出各用一对传输导线，称为四线制变送器，如图 3-28 所示。

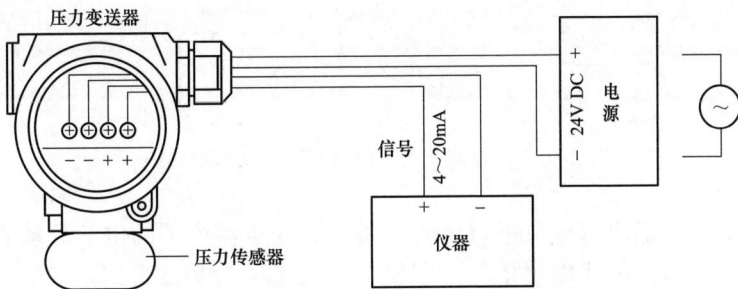

图 3-28　四线制压力（电流型）变送器接线图

四线制变送器大多数采用 220V AC 供电，或者为 24V DC 供电，这种类型变送器属于 DDZⅡ仪表系统；其缺点是耗用电缆较多，而且不能实现本质安全，已逐渐被二线制变送器取代。

2. 三线制变送器

三线制压力电压变送器接线图如图 3-29 所示。三线制变送器就是供电电源的正极与输出信号正极各用一根导线，电源负极和输出信号负极共用一根导线。供电电源采用 24V DC，输出信号有 4～20mA DC，负载电阻为 250Ω；或者输出为 0～10mA DC，负载电阻为 0～1.5kΩ；或者输出毫伏电压信号，但变送器负载电阻及输入电阻因输出电路形式不同而数值有所不同。由于变送器供电电源与信号输出分开传送，因此对输出电流信号的零点及元器件的功耗没有严格要求。

3. 两线制变送器

变送器只有两根传输导线。这两根导线既是变送器输出信号线又是供电电源线。由于电源线和信号线共用，变送器电源的负端是输出信号的正

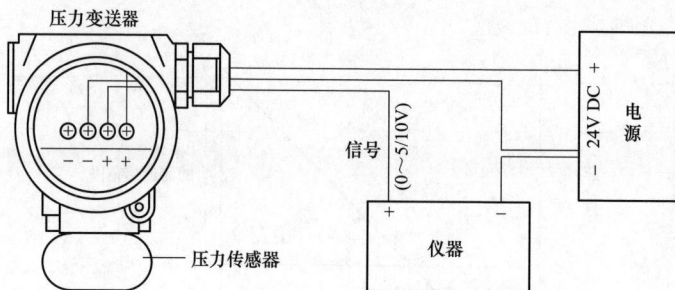

图 3-29 三线制压力（电压型）变送器接线图

极，所以仅限于零点不为零（浮零）的信号传输，如图 3-30 所示。

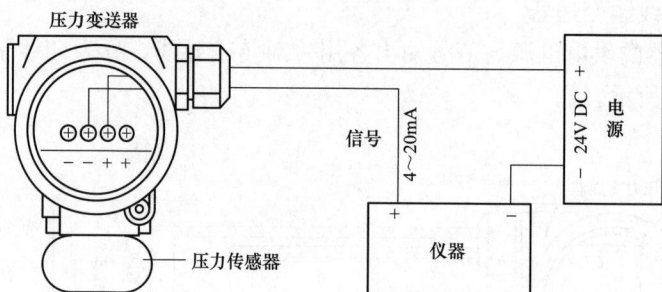

图 3-30 两线制压力（电流型）变送器接线图

当变送器输出信号在下限值时，为保证变送器内部的电子元器件仍然能够正常工作。因此输出信号下限值的电流不能为零；否则，变送器将无法正常工作，DDZ-Ⅲ型变送器输出信号为 $4\sim20$mA DC。这种两线制变送器优点是节约电缆，可以实现本质安全。

第四节 电容式压力变送器

一、电容式压力传感器

电容式压力变送是利用电容作为传感元件，以弹性元件膜片为电容器的可动极板，与固定极板之间形成可变电容器。当被测压力变化时，膜片产生位移，使电容器的可变极板与固定极板之间的距离发生变化，从而改变电容器的容量，实现压力信号与电容量之间转变。

（一）平行固定极板电容器

1. 平行平面型电容器

电容器的电容量由它的两个极板的大小、形状、相对位置和电介质的介电常数决定。

由物理学可知，平行平面型电容器的电容量 C 的大小与两极板相互覆

盖的面积成正比，与两极板间的距离成反比，关系为

$$C = \frac{\varepsilon \cdot A}{d}$$
（3-18）

式中　ε——板间介质的介电常数；

A——两个极板相互覆盖的面积；

d——两个极板间的距离。

平行极板电容器如图 3-31 所示。

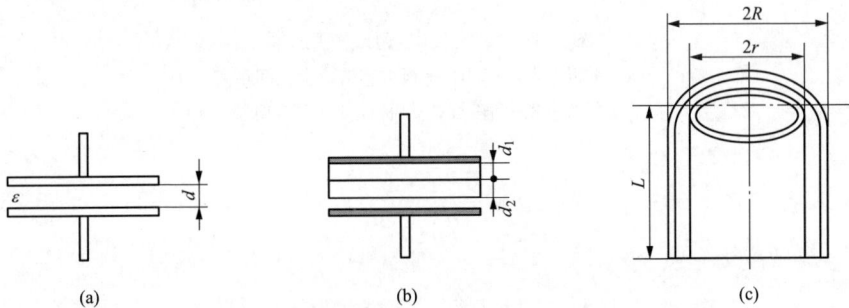

图 3-31　平行极板电容器

(a) 平行平面型电容器；(b) 电容器极板间有多层介质；(c) 平行曲面电容器极板间有多层介质

2. 多层介质的平行极板电容器

当平行平面极板间有多层介质时，电容器电容量 C 为

$$C = \frac{A}{\dfrac{d_1}{\varepsilon_1} + \dfrac{d_2}{\varepsilon_2} + \cdots + \dfrac{d_n}{\varepsilon_n}}$$
（3-19）

式中　d_1、d_2、$\cdots$、d_n——各层的厚度；

ε_1、ε_2、$\cdots$、ε_n——各层的介电常数。

3. 平行曲面极板电容器

当 $L \gg (R - r)$ 时，则

$$C = \frac{2\pi\varepsilon L}{\ln(R/r)}$$
（3-20）

当 $r < R \ll 3r$ 时，则

$$C = \frac{2\pi\varepsilon L(R + r)}{R - r} \approx \frac{2\pi\varepsilon Lr}{R - r}$$
（3-21）

在压力电容变送器中，一般均采用变极距平板形结构。

（二）变极距单一型电容传感器

单极板电容压力变送器如图 3-32 所示。

初始时电容量为 $\qquad C_0 = \dfrac{\varepsilon \cdot A}{d_0}$
（3-22）

式中　d_0——初始极板距离。

当极板 2 移动 $\pm\Delta d$ 距离后电容量为

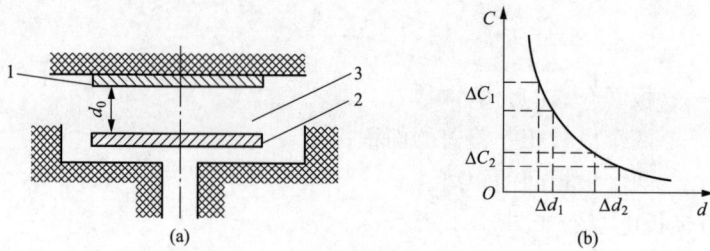

图 3-32 单极板电容压力变送器
（a）平板电容器；（b）平板电容器改变极间距离
1—固定极板；2—动极板；3—极间介质（介电常数 ε）

$$C = \frac{\varepsilon \cdot A}{d_0 \pm \Delta d} \tag{3-23}$$

灵敏度为

$$S = \frac{(C - C_0)/C_0}{\Delta d} = \frac{1}{d_0 - \Delta d} \approx \frac{1}{d_0} \tag{3-24}$$

式中　C_0——初始电容量。

平行极板电容器的电容量 C 的变化与极板距离 d 的变化是非线性关系。一般的变极板间距电容传感器，$C = 20 \sim 100 \mathrm{pf}$，$d = 25 \sim 200 \mu \mathrm{m}$，$\Delta d = 2 \sim 10 \mu \mathrm{m}$。

当 $\Delta d \ll d_0$ 时，则

$$\frac{\Delta C}{c_0} = \frac{\Delta d}{d_0}\left(1 - \frac{\Delta d}{d_0}\right)^{-1} \tag{3-25}$$

式中　ΔC——电容变化量。

当 $\left|\dfrac{\Delta d}{d}\right| \ll 1$ 时，可将式（3-26）展开为级数，即

$$\frac{\Delta C}{C_0} = \frac{\Delta d}{d_0}\left[1 + \left(\frac{\Delta d}{d_0}\right) + \left(\frac{\Delta d}{d_0}\right)^2 + \left(\frac{\Delta d}{d_0}\right)^3 + \cdots\right] \tag{3-26}$$

通过式（3-26）可以看出，电容量的变化 ΔC 与极板位移变化 Δd 之间是非线性的关系，只有当 $\dfrac{\Delta d}{d_0} \ll 1$，略去各高次项后，才能得到近似的线性关系，即

$$\frac{\Delta C}{C_0} \approx \frac{\Delta d}{d_0}$$

如果考虑二次项时有

$$\frac{\Delta C}{C_0} = \frac{\Delta d}{d_0}\left(1 + \frac{\Delta d}{d_0}\right) \tag{3-27}$$

显然，式（3-25）为直线关系，而（3-27）是曲线关系，它们之间的相对非线性误差为

$$\delta = \frac{\left|\left(\frac{\Delta d}{d_0}\right)^2\right|}{\left|\frac{\Delta d}{d_0}\right|} \times 100\% = \frac{\Delta d}{d_0} \times 100\% \tag{3-28}$$

电容转换器的灵敏度为

$$S = \frac{(C - C_0)/C_0}{\Delta d} \approx \frac{1}{d_0} \tag{3-29}$$

由式（3-29）可以看出，若要提高灵敏度，需要减小起始间隙 d_0，由式（3-28）可见非线性度将随相对位移增加而增大。因此，为保证一定的线性度，应限制电容极板的相对位移量。若增大起始间隙，将影响转换器增大的灵敏度。当 $\Delta d = d_0/6$ 时，由式（3-28）可算得非线性误差达 17%。

（三）变极距差动电容式传感器

变极距差动电容式传感器如图 3-33 所示。

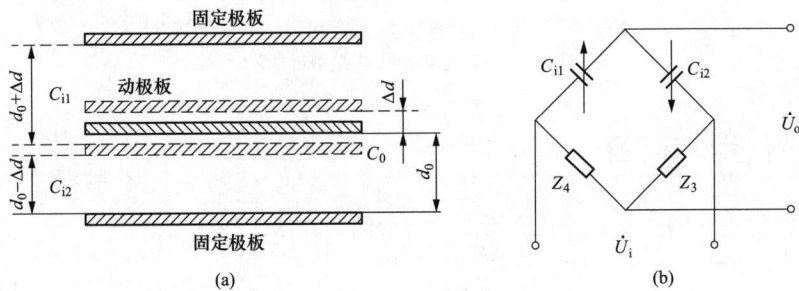

图 3-33　变极距差动电容式传感器
（a）基本结构；（b）半桥接线方式

为了在提高灵敏度的同时减小非线性误差，在实际工程应用中，变极距型电容式传感器通常采用差动结构，它由两组参数相同的定极板共用一个动极板组成，当介电常数 ε 和极板面积 A 一定时，通过测定电容变化量 ΔC 来求得极板间距离的变化量 Δd。ΔC 与 Δd 之间是非线性的，且极板间的距离越小，灵敏度越高，如图 3-34（a）所示。

当动极板处于中间位置时，电容 $C_{i1} = C_{i2} = C_0$，当动极板在被测量带动下偏离中间位置，动极板上下移动时，一个电容量增加，而另一个电容量则减少，将 C_{i1} 和 C_{i2} 按图 3-34（b）的桥接方式接入交流电桥［图 3-34（b）中 Z_3 和 Z_4 为固定阻抗，数值上等于初始电容 C_0 的等效阻抗］，即可构成差动结构。由式（3-25）和式（3-24）可以导出电容器特征方程为

$$C_{i1} = \frac{\varepsilon A}{d_0 + \Delta d} = \frac{\varepsilon A/d_0}{1 + \Delta d/d_0} = \frac{C_0}{1 + \Delta d/d_0} \tag{3-30}$$

$$C_{i2} = \frac{\varepsilon A}{d_0 - \Delta d} = \frac{\varepsilon A/d_0}{1 - \Delta d/d_0} = \frac{C_0}{1 - \Delta d/d_0} \tag{3-31}$$

则差动电容为

$$\frac{C_{i1} - C_{i2}}{C_{i1} + C_{i2}} = \frac{\Delta d}{d_0}$$

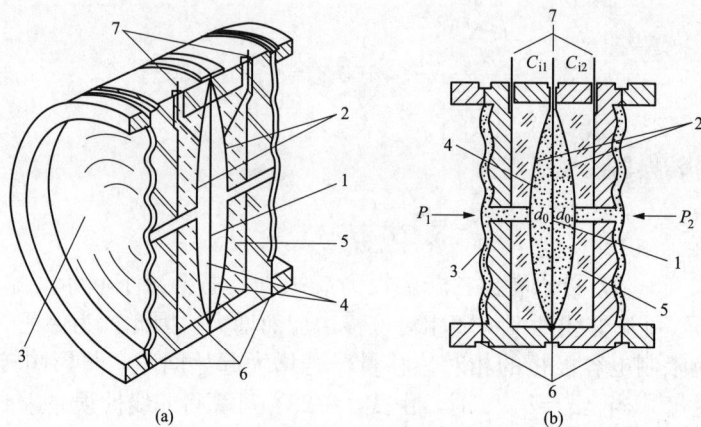

图 3-34　1151 电容式变送器中 δ 室结构

(a) "δ" 室结构；(b) "δ" 室剖面图

1—中心测量膜片（动极板）；2—固定电极；3—隔离膜片；

4—硅油；5—玻璃层；6—焊接密封；7—引线

当 $\left|\dfrac{\Delta d}{d}\right| \ll 1$ 时，有

$$C_{i1} = C_0 \left[1 + \left(\frac{\Delta d}{d_0}\right) + \left(\frac{\Delta d}{d_0}\right)^2 + \left(\frac{\Delta d}{d_0}\right)^3 + \cdots \right] \tag{3-32a}$$

$$C_{i2} = C_0 \left[1 - \left(\frac{\Delta d}{d_0}\right) + \left(\frac{\Delta d}{d_0}\right)^2 - \left(\frac{\Delta d}{d_0}\right)^3 + \cdots \right] \tag{3-32b}$$

电容的变化量为

$$\Delta C = C_{i1} - C_{i2} = C_0 \left[2\left(\frac{\Delta d}{d_0}\right) + 2 \left(\frac{\Delta d}{d_0}\right)^3 + \cdots \right] \tag{3-33}$$

电容的相对变化量为

$$\frac{\Delta C}{C_0} = 2 \frac{\Delta d}{d_0} \left[1 + \left(\frac{\Delta d}{d_0}\right)^2 + \left(\frac{\Delta d}{d_0}\right)^4 + \cdots \right] \tag{3-34}$$

如果略去高次项可得

$$\frac{\Delta C}{C_0} \approx 2 \frac{\Delta d}{d_0} \tag{3-35}$$

相对非线性误差

$$\delta = \frac{\left| 2 \left(\frac{\Delta d}{d_0}\right)^3 \right|}{\left| 2 \frac{\Delta d}{d_0} \right|} \times 100\% = \left(\frac{\Delta d}{d_0}\right)^2 \times 100\% \tag{3-36}$$

差动式电容传感器是测量中最常用的传感器，当测量端（活动端）有位移时，一个电容值增大，另一个电容值减小，通过电路让这两个变化值的绝对值相加，输出即为测量值，从而增大了变化的量，便于测量微小变化，灵敏度比单极式提高一倍，而且非线性也大为减小，同时还能减小静电引力给

测量带来的影响，并能有效地改善由于温度等环境影响所造成的误差。

二、典型电容压力变送器

国产罗斯蒙特1151系列智能电容式变送器是以微处理器为核心，比早期产品增加了通信，1151电容式变送器中δ室结构图3-34所示。

1151电容式差压变送器原理方框图如图3-35所示。

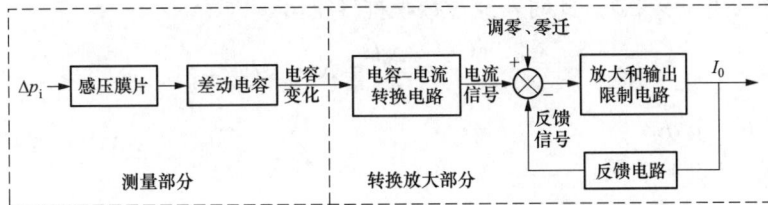

图 3-35　1151电容式差压变送器原理方框图

（一）测量部分（δ室）

1151系列电容差压式变送器测量部件结构俗称δ室，δ室的作用是把被测差压 Δp_i 转换成电容量的变化。它由正、负压测量室和差动电容检测元件（膜盒）等部分组成，差动电容变化示意图如图3-36所示。

参考图3-34，差动电容检测元件在检测元件的空腔内充有硅油，用以传递压力。感压膜片和其两边的正、负压侧弧形电极形成电容 C_{i1} 和 C_{i2}。无差压输入时，$C_{i1}=C_{i2}$，其电容量为 $150\sim170\text{pF}$。

如图3-36所示，设中心感压膜片与两边固定电极之间的距离分别为 d_1 和 d_2。当被测差压 $\Delta p_i=0$ 时，中心感压膜片与两边固定电极之间的距离相等，即

$$d_1=d_0+\Delta d, \ d_2=d_0-\Delta d$$

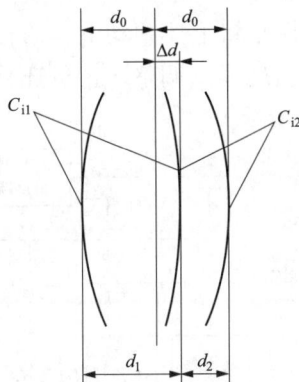

图 3-36　差动电容变化示意图
（罗斯蒙特第一代差动电容）

若不考虑边缘电场的影响，感压膜片与两边固定电极构成的电容 C_{i1} 和

131

C_{i2}可近似地看成平板电容器。其电容量分别为

$$C_{i1} = \varepsilon A/(d_0 + \Delta d) \tag{3-37a}$$

$$C_{i2} = \varepsilon A/(d_0 - \Delta d) \tag{3-37b}$$

式中 ε——极板间介质的介电常数；

A——固定极板的面积。

设其间距为d_0，则$d_1 = d_2 = d_0$。当被测差压Δp_i不等于 0 时，中心感压膜片产生位移Δd。此时，经过数学推导得出

$$\frac{C_{i2} - C_{i1}}{C_{i2} + C_{i1}} = \frac{\Delta d}{d_0} = K \cdot \Delta d \tag{3-38}$$

式中 $K = 1/d_0$。

式（3-38）表明：

（1）差动电容的相对变化量$(C_{i2} - C_{i1})/(C_{i2} + C_{i1})$与$\Delta d$呈线性关系，因此转换放大部分应将这一相对变化值变换为直流电流信号。

（2）$(C_{i2} - C_{i1})/(C_{i2} + C_{i1})$与介电常数$\varepsilon$无关。这一点非常重要，因为$\varepsilon$是随温度变化的，现$\varepsilon$不出现在式中，无疑可大大减小温度对变送器的影响。

（3）$(C_{i2} - C_{i1})/(C_{i2} + C_{i1})$与$d_0$有关。$d_0$越小，差动电容的相对变化量越大，即灵敏度越高。

应当指出，在上述的讨论中，并没有考虑分布电容的影响。事实上，由于分布的电容C_0的存在，差动电容的相对变化量变为

$$\frac{(C_{i2} + C_0) - (C_{i1} - C_0)}{(C_{i2} + C_0) + (C_{i1} + C_0)} = \frac{C_{i2} - C_{i1}}{C_{i2} + C_{i1} + 2C_0} \tag{3-39}$$

分布电容的存在将会给变送器带来非线性误差，为了保证仪表的精度，应在转换电路中加以克服。

（二）转换和放大电路

转换和放大电路的作用是将上述差动电容的相对变化转换成标准的电流输出信号。此外，还要实现零点调整、正负迁移、量程调整、阻尼调整等功能。其原理如图 3-37 所示。

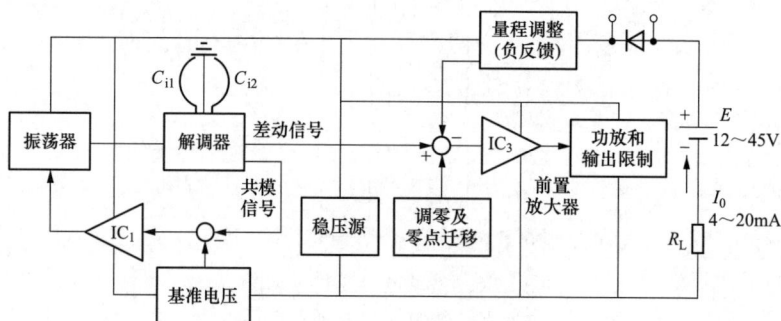

图 3-37 转换电路框图

该电路包括电容—电流转换电路及放大电路两部分。它们分别由振荡器、解调器、振荡控制放大器以及前置放大器、调零与零点迁移电路、量程调整电路（负反馈电路）、功放与输出限制电路等组成。

差动电容器 C_{i1}、C_{i2} 由振荡器供电，经解调（即相敏整流）后，输出两组电流信号。一组为差动信号；另一组为共模信号。差动信号随输入差压 Δp_i 而变化，此信号与调零及调量程信号（即反馈信号）叠加后送入运算放大器 IC_3，再经功放和限流得到 $4\sim20mA$ 的输出电流。共模信号与基准电压进行比较，其差值经 IC_1 放大后，去作为振荡器的供电，从而使共模信号保持不变。下面的分析将证实，当共模信号为常数时，能保证差动信号与输入差压之间呈单一的比例关系。转换放大部分的完整电路图最后给出。

电容—电流转换电路的功能是将差动电容的相对变化值成比例地转换为差动电流信号。

1. 振荡器

振荡器电路如图 3-38 所示。振荡器用来向差动电容 C_{i1}、C_{i2}（见图 3-38）提供高频电流，它由晶体管 BG_1、变压器 T_1 及一些电阻、电容组成。在电路设计时，只要适当选择电路元件的参数，便可满足振荡条件。振荡器由放大器 IC_1 的输出电压 V_{o1} 供电。

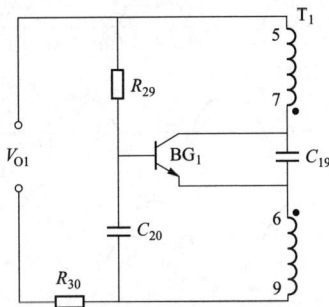

图 3-38　振荡器电路

2. 解调和振荡控制电路

解调和振荡控制电路包括解调器和振荡控制放大器。解调器主要由二极管 $D_1\sim D_8$ 构成，振荡控制放大器即为集成运算放大器 IC_1。其电路原理如图 3-39 所示。

图 3-39 中 R_i 为并在电容 C_{11}，两端的等效电阻。V_R 是运算放大器 IC_2 的输出电压，此电压是稳定不变的，它作为 IC_1 输入端的基准电压源。IC_1 的输出电压 V_{o1} 作为振荡器的电源电压。变压器 T_1 的三个绕组（L_1-12、L_2-11、L_3-10）分别与一些二极管和差动电容 C_{i1} 和 C_{i2} 串接在电路中。由于差动电容器的容量很小，其值远远小于 C_{11} 和 C_{17}，因而在振荡器输出幅度恒定的情况下，通过 C_{i1} 和 C_{i2}（见图 3-37）的电流的大小，主要取决于这两个电容的容量。

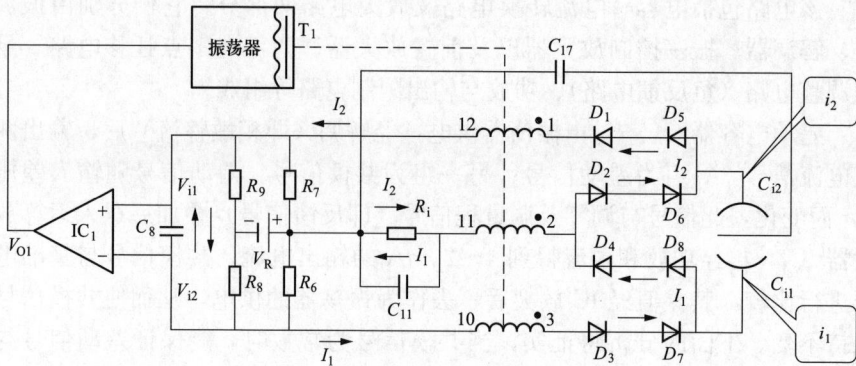

图 3-39 解调和振荡控制电路原理图

解调器用于对差动电容 C_{i1} 和 C_{i2} 的高频电流进行半波整流。解调器输出的电流波形如图 3-40 所示。

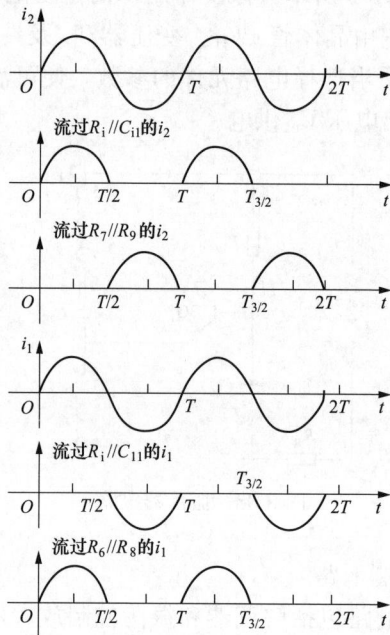

图 3-40 解调器输出的电流波形

当振荡器输出为正半周时，即同名端为正时，D_2、D_6 和 D_3、D_7 导通；而 D_1、D_5 和 D_4、D_8 截止，线圈 L_2-11 产生的电压经如下路径形成电流 i_2：

$$L_2\text{-}11 \rightarrow D_2 、D_6 \rightarrow C_{i2} \rightarrow C_{17} \rightarrow R_i \,/\!/\, C_{11} \rightarrow L_2\text{-}11$$

同时线圈 L_3-10 产生的电压经如下路径形成电流 i_1：

$$L_3\text{-}10 \rightarrow D_3 、D_7 \rightarrow C_{i1} \rightarrow C_{17} \rightarrow R_6 \,/\!/\, R_8 \rightarrow L_3\text{-}10$$

当振荡器输出为负半周时，即同名端为负时，D_1、D_5 和 D_4、D_8 导通，而 D_2、D_6 和 D_3、D_7 截止，线圈 $L_1\text{-}12$ 产生的电压经如下路径形成电流 i_2'：

$$L_1\text{-}12 \rightarrow R_7 /\!/ R_9 \rightarrow C_{17} \rightarrow C_{i2} \rightarrow D_1、D_5 \rightarrow L_1\text{-}12$$

同时线圈 $L_2\text{-}11$ 产生的电压经如下路径形成电流 i_1'：

$$L_2\text{-}11 \rightarrow R_i /\!/ C_{11} \rightarrow C_{17} \rightarrow C_{i1} \rightarrow D_4、D_8 \rightarrow L_2\text{-}11$$

根据电路条件，差动电容的电容量很小，即它们的阻抗较大，其他电阻和电容的阻抗相对来说可忽略不计。设线圈 $L_2\text{-}11$、$L_3\text{-}10$、$L_1\text{-}12$ 电压的峰值为 U_m，通过 C_{i1} 和 C_{i2} 的电流的峰值分别为 Ic_{i2}、Ic_{i1}。

$Ic_{i2} = \omega C_{i2} U_m$，$Ic_{i1} = \omega C_{i1} U_m$，$\omega$ 为振荡角频率。

半波整流的平均电流公式为 $I = KI_m = I_m/\pi$，这样半波整流电流分别为

$$I_2 = \omega C_{i2} U_m / \pi$$
$$I_1 = \omega C_{i1} U_m / \pi$$
$$I_2' = \omega C_{i2} U_m / \pi$$
$$I_1' = \omega C_{i1} U_m / \pi \quad (\text{波形对称的情况下})$$
$$I_2 = I_2'、I_1 = I_1'$$

因此有
$$\frac{I_2 - I_1}{I_2 + I_1} = \frac{C_{i2} - C_{i1}}{C_{i2} + C_{i1}}$$

流过 $R_i /\!/ C_{11}$ 的电流为　　$I_1 = I_2 - I_1 = (I_2 + I_1)\dfrac{C_{i2} - C_{i1}}{C_{i2} + C_{i1}}$ 　　(3-40)

只要保持 $I_2 + I_1$ 为定值，差动电容的相对变化量就正比于 I_i。如何保持 $I_2 + I_1$ 为定值呢？这就是振荡控制放大器的作用（过程推导略）。

3. 线性调整电路

由于差动电容检测元件中分布电容的存在，将造成非线性误差。

由前可知，分布电容将使差动电容的相对变化值减小，从而使 I_i 偏小。为克服这一误差，在电路中设计了线性调整电路。该电路通过提高振荡器输出电压幅度以增大解调器输出电流的方法，来补偿分布电容所产生的非线性，线性调整电路如图 3-41 所示。

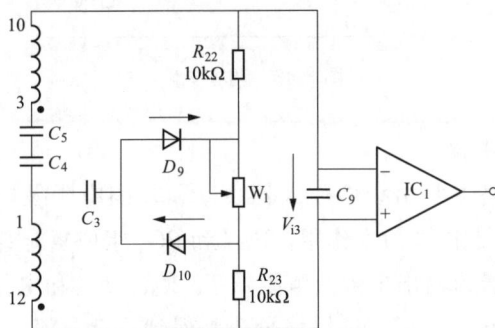

图 3-41　线性调整电路

绕组 3～10 和绕组 1～12 输出的高频电压经 D_9、D_{10} 整流，在 R_{22}、W_1、R_{23} 上形成直流压降（即调整电压）。

因 $R_{22}=R_{23}$，故当 $Rw_1=0$ 时，绕组 3～10 和绕组 1～12 回路在振荡器正、负半周内所呈现的电阻相等，所以 $V_{i3}=0$，无补偿作用。当 $Rw_1\neq0$ 时，两绕组回路在振荡器正、负半周内所呈现的电阻不相等，所以 $V_{i3}\neq0$，V_{i3} 的方向如图 3-41 所示。

该调整电压作用于 IC_1，使 IC_1 的输出电位降低，振荡器的供电电压增加，从而使振荡器的振荡幅度增大，提高了 I_i，这样就补偿了分布电容所造成的误差。补偿电压大小取决于 W_1 的阻值，Rw_1 大，则补偿作用强。

（三）放大及输出电流控制电路

放大及输出电流控制电路的作用是将输入信号电流 I_i 放大，并输出 4～20mA DC 电流。其电路原理如图 3-42 所示，调零电路如图 3-43 所示。

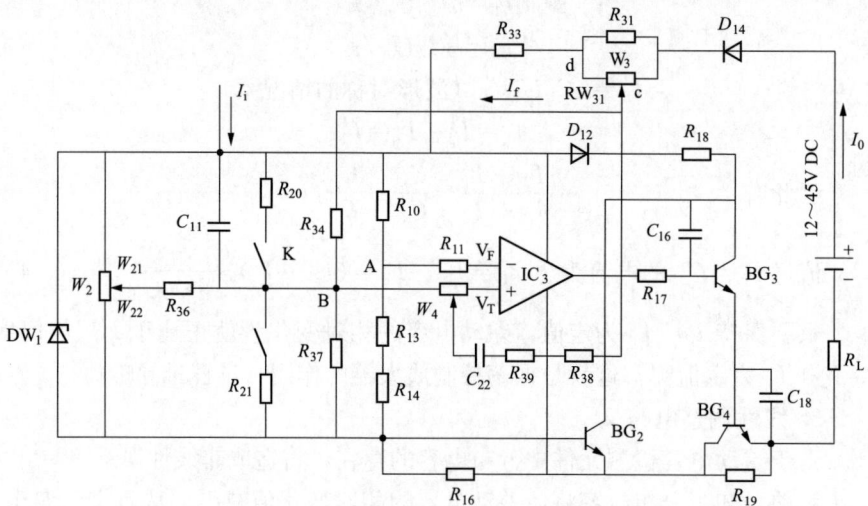

图 3-42　放大及输出控制电路原理图

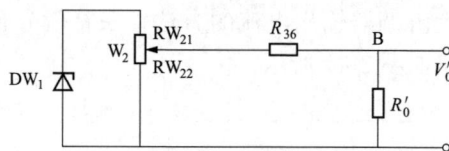

图 3-43　调零电路

1. 电流放大电路

电流放大电路主要由线性放大器 IC_3 和外围电阻及电流转换器 BG_3、BG_4 等组成。IC_3 起前置放大作用，BG_3 和 BG_4 组成复合管，将 IC_3 的输出电压转换为变送器的输出电流。电阻 R_{31}、R_{33}、R_{34} 和电位器 W 组成反馈电阻网络，输出电流 I_0 经这一网络分流，得到反馈电流 I_f，它送至放大器的输入端，构成深度负反馈，从而保证了 I_0 与 I_i 之间的线性关系。

对放大器的输入输出关系做进一步的分析。由图 3-42 可知，IC_3 反相输入端的电压（即 A 点的电压），是由 DW_1 稳定电压通过 R_{10} 与 R_{13}、R_{14} 分压所得。该电压使 IC_3 输入端的电位在共模输入电压范围内，以保证运算放大器能正常工作。IC_3 同相输入端的电压 V_T（即 B 点的电压 V_B）是由三个电压信号叠加而成的。

第一个是解调器的输出电流 I_i 在 B 点产生的电压 V_i；第二个是调零电路在 B 点产生的调零电压 V_0'；第三个是调量程电路（即负反馈电路）的反馈电流 I_f，在 B 点产生的电压 V_f。

设 R_i 为并在电容 C_{11} 两端的等效电阻（参见图 3-42），则 $V_i = -R_i I_i$。V_i 为负值，是由于 C_{11} 上的压降为上正下负，即 B 点的电位随 I_i 的增加而降低。

2. 零点调整与零点迁移电路

调整变送器的输出零位和实现变送器的零点迁移，调整电位器 W_2，即改变 U_A 的大小，可以使变送器的输出零点电流为 $4mA$。

接通 R_{20} 时实现正迁移；接通 R_{21} 时实现负迁移。

3. 调量程电路

W_3 为调量程电位器，用以调整变送器的量程，如图 3-44 所示。

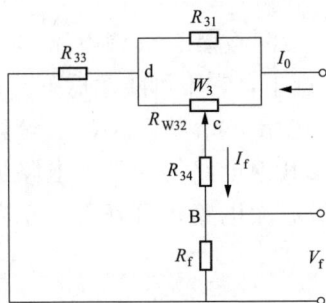

图 3-44　调量程电路

由于变送器的量程与其零位相关联，调整量程时也会影响变送器的零位。同样，调整变送器零位对满度输出也会有影响。因此，在仪表调校时，应反复调整零点和满度。

4. 输出限制电路

该电路由晶体管 BG_2、电阻 R_{18} 等组成，参见图 3-45。

其作用是防止输出电流过大，损坏器件输出限制电路可保证在变送器过载时，输出电流 I_O 不大于 $30mA$。

（四）变送器使用注意事项

1. 测量电路

变送器的测量电路在结构上做成了插件板形式，有检测板、补偿板、

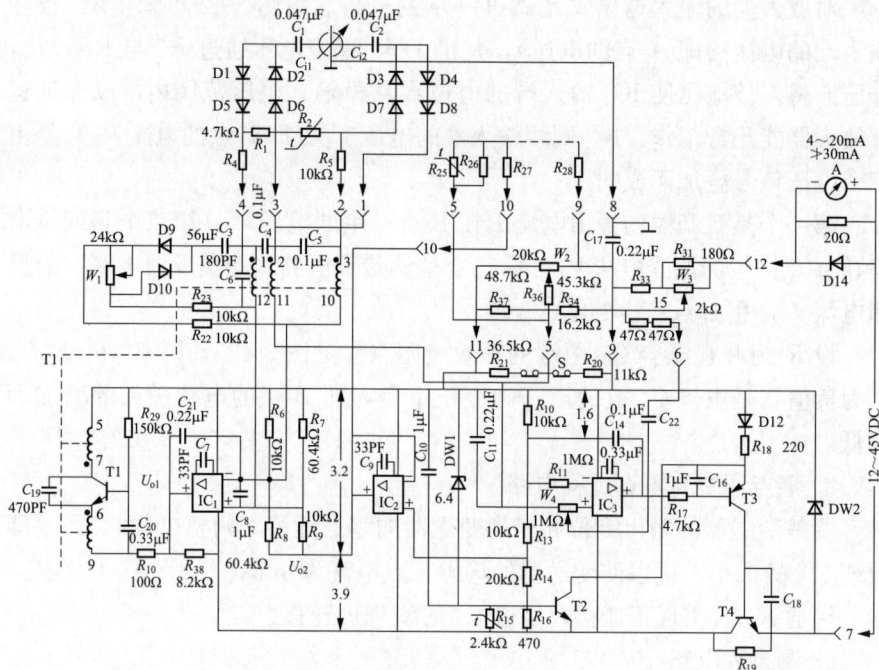

图 3-45　电容差动式变送器电路原理图

调整板、放大电路板等。检测板装有解调电路的二极管，并接有检测变换电容 C_{i1}、C_{i2}，一般情况下，它不可随意拆下。补偿板上是量程补偿电阻 R_1、R_2 以及稳压温度电阻 R_{25}、R_{26}、R_{27}。调整板也是零点调整和量程调整电路。测量电路及其他电路均在放大电路板上。调整板和放大电路板与其他型号的调整板放大电路板可互换，互换后要对仪表进行全面的校验。

2. 零点与量程调整

调整电位器 RP_3 可以调整仪表的零点电流。当需要进行零点迁移时，应先对插孔 SZ 或 EZ 进行短接（粗调），之后再仔细调整 W_2，使之达到要求。量程的调整是通过电位器 W_3 的调整实现的，改变 RP_4 的滑动端即改变了系统的反馈系数。零点与量程的调整要反复进行几次才能最后确定。

3. 线性调整

在放大电路板上有线性调整电位器，仪表出厂时已经按调整量程调到最佳状态，一般不需再进行调整。如果要求在某一特定的测量范围内有较好的线性特性时，则需要重新调整。

4. 阻尼调整

调整放大电路板上的 RP_2 可以改变仪器的阻尼特性，调整范围为 $0.2 \sim 1.66\text{s}$，仪表出厂时调到 0.2s 状态。阻尼时间的调整可在现场进行。如果仪表输出波动较大，应进行增加阻尼时间的调整。

5.仪表负载特性

仪表运行的允许负载与使用的仪表电源电压有关。

三、罗斯蒙特 3051 电容式变送器

3051C差压和表压变送器采用差分电容式传感器，固定电容极板和位于中间的感压极板组成两个电容室，过程压力通过导压灌充液传导至感压极板，感压极板产生与压力成正比的位移，该位移使两电容室的差分电容值改变，差值被转换为相应的电流，电压或数字 HART 输出信号，如图 3-46所示。

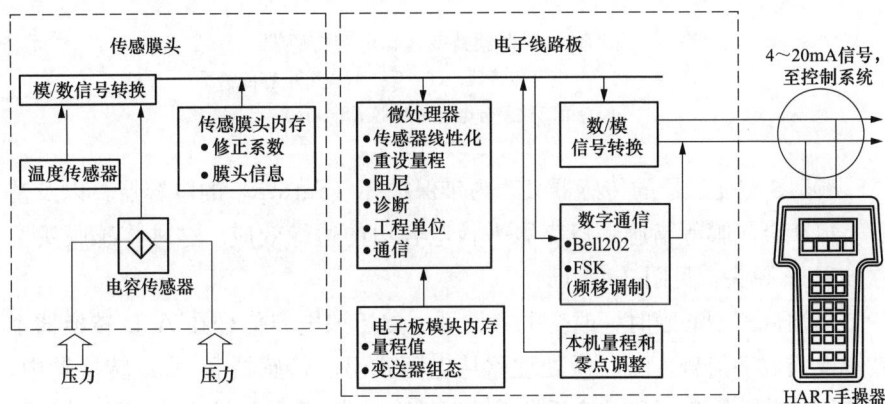

图 3-46　3051 型变送器结构框图

3051 型变送器主要部件为传感器模块和电子板件。传感器模块包括充油传感器系统（隔离膜、充油系统和传感器）以及传感器电子板件。传感器电子元件安装在传感器模块内并包括一温度传感器（电阻式测试传感器）、储存模块和电容/数字信号转换器（C/D 转换器）。来自传感器模块的电子信号被传输到输出电子板件。电子板件包括输出电子线路板（微处理器、储存模块、数字/模拟信号转换器或 D/A 转换器）、本机零点及量程按钮和端子块。

1.传感膜头工作原理

由于 1151 变送器属于罗斯蒙特第一代差分电容传感器技术，被测介质的两侧压力通过隔离膜片和硅油传递到中心测量膜片的两侧，如图 3-47（a）所示。

这样的结构容易测量中心电极受到测量介质温度等因素的影响，导致产生测量误差。

3051C 型变送器对传感器进行了改进，被测介质由两侧进入改为从变送器底部进入，使传感器减少，共平面法兰，见图 3-47（b）。

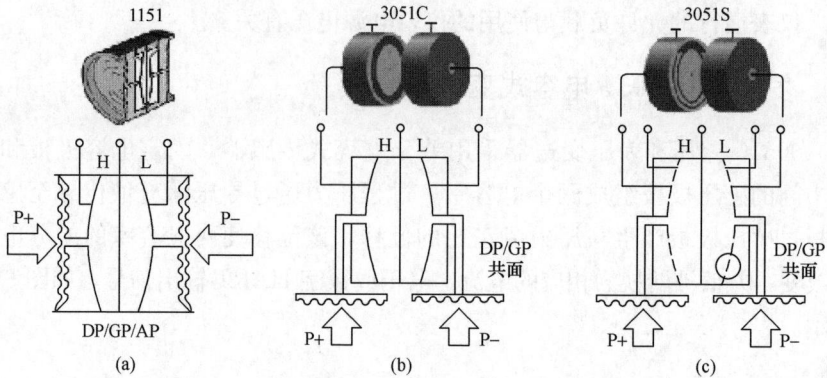

图 3-47 罗斯蒙特变送器电容传感器
(a) 第一代差分电容传感器；(b) 第二代差分电容传感器；
(c) 第二代差分电容传感器（Saturn）

3051S 型变送器的传感器又改为带保护环（Saturn）的电容器，以及基底上蒸镀金属膜等措施，以克服平板电容边的边缘效应。这种传感膜头又称 Saturn 膜头，见图 3-47（c）。

当油偏离中心膜时，改变电容信号。然后该电容信号在 A/D 转换器中被转换成数字信号。随后微处理器从电阻式温度传感器和 A/D 转换器中，获取信号并计算出正确的变送器输出。该信号被送到 D/A 转换器，转换回模拟信号并在 4～20mA 输出上叠加 HART 信号。

2. 电子板件

电子板的核心部件采用 16 位单片机，具有高速的运算能力，有较好的可靠性、稳定性、高精度和智能化，软件中应用了数字信号处理技术，使其具有优良的抗干扰能力和零点稳定性，且具备零点自动稳定跟踪能力（ZSC）和温度自动补偿能力（TSC）。

数字表头能够显示压力、温度、电流三种物理量及 0%～100% 模拟指示，按键操作能在无标准压力源的情况下完成零点迁移、量程设定、阻尼设定等基本的参数设置，便于现场调试。

S-PORT 同步串行通信口通过专用转接模块直接与计算机通信，上位机界面可以完成比按键操作更多的功能。接专用 RS-485 模块可以实现数字信号远传或构建 RS-485 工业局域网。

智能化 3051 差压变送器可选 HART 模块，当变送器加装 HART 模块后，具有 HART 通信能力，可用通用 HART375 手操器进行常规操作。

信号转换、信号采集与处理及电流输出控制采用了一体化设计，使结构更加紧凑可靠。敏感部件具有稳定、可靠、抗震的特点。

外部引入的压力或差压信号经数字信号转换，变为频率信号送到微处理器，微处理器运算后输出一个电流信号送到控制电路，转化为 4～20mA 电流输出，同时微处理器负责交互等操作（显示和设定）。通信接口用于数字通信，HART 模块则实现变送器 HART 通信。

3. 罗斯蒙特变送器差分电容型膜头分类

罗斯蒙特 3051 电容式变送器传感膜头独立于电子板模块，电子板模块可更换，易于维修。罗斯蒙特变送器类型有多种类型，如表 3-7 所示。

表 3-7　罗斯蒙特变送器的传感器类型

类型	2024	2088	1151	3051C	3051T	3051S	3051ST
DP（差压）						Saturn	
GP（表压）						Saturn	
AP（绝压）							

注　图例如下：膜片差分电容传感器；金属差分电容传感器；带保护环电容传感器（Saturn）；压阻传感器。

罗斯蒙特变送器和输出信号类型如表 3-8 所示。

表 3-8　罗斯蒙特变送器和输出信号类型

类型	2024	2088	1151	3051C	3051T	3051S	3051ST
Analog 4～20mA							
Analog 1～5 Vdc							
Smart/Hart							

续表

类型	2024	2088	1151	3051C	3051T	3051S	3051ST
Fieldbus							
Profibus							

4. HART 通信格式

3051 型支持 HART 协议，该协议使用工业标准 Bell202 频移调制（FSK）技术。在模拟输出信号上叠加高频信号可以远程通信，在不影响回路完整性的情况下，实现同时通信和输出。3051 型低功耗变送器可与任何使用 HART 协议（版本 6.2 或更高版本）的主机进行通信。

（1）软件功能。HART 协议用户可以容易地使用 3051 型的组态，测试与具体设定的功能。

（2）远传信息。除以上讨论的可组态参数外，3051 型软件中还包含一些用户不可变更的信息，如变送器类型、传感器极限值、最小量程、灌充液。隔离膜片材料、膜头系列号及软件版本号。

3051 型可以连续自检。当出现问题时，变送器将激活用户选定的模拟输出报警。HART 手操器可以查询变送器，确定问题所在。变送器向手操器输出特定信息，以识别问题，从而快速便捷地采取维修措施。若确认是回路有问题，可让变送器给出特定输出，以供回路测试。

HART 协议手持操作器接线图如图 3-48 所示。

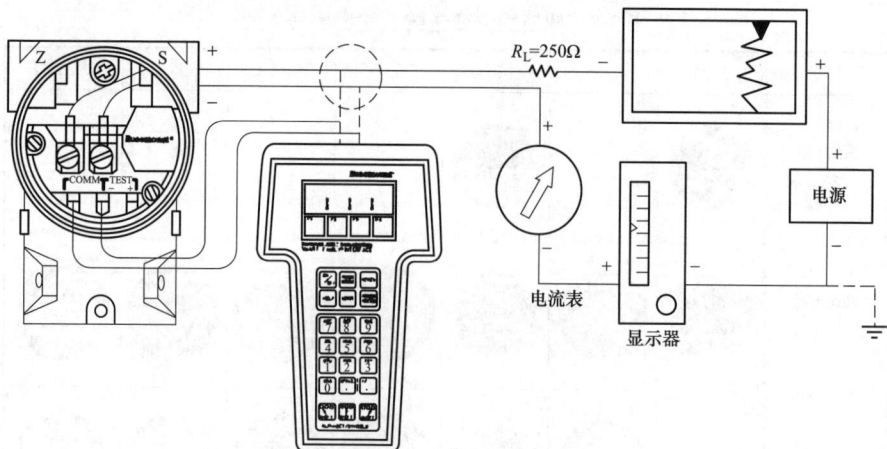

图 3-48　HART 协议手持操作器接线图

5. 硅电容＋浮动膜盒

　　由于常规电容式压力变送器是通过压力作用在测量膜片上，然后通过硅油等介质导压，最终推动中心膜片。但在高静压的情况下会使膜盒会有一个形变，导致固定电容极板面积发生变化，引起测量偏差，如图 3-49（a）所示。

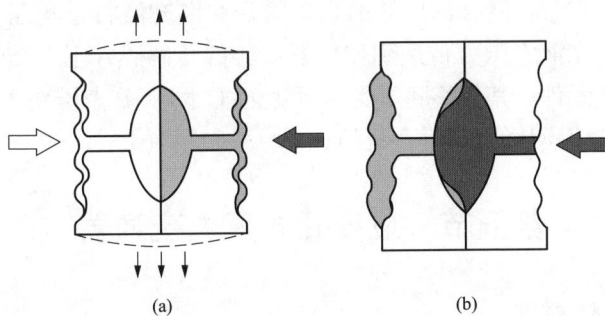

图 3-49　常规固定膜盒过压情况
（a）膜盒形变；（b）膜盒严重形变

　　如金属膜片制成后为平面形状，当受到大压力时会产生如图所示变化（变成球面），可动极板面积发生变化，对测量造成影响，如图 3-49（b）所示。

　　因此从金属电容发展为硅微电容（单晶硅电容传感器），如图 3-50 所示。固定式膜盒的压力传感器位于两个测量腔室的中间，很容易受到被测介质的温度、压力等因素的影响，从而引起的静压误差较大；为了提高测量精度，研制出了浮动膜盒传感器。

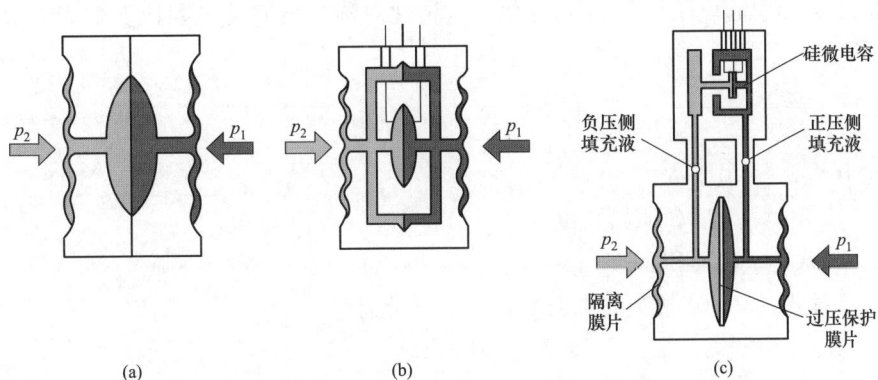

图 3-50　电容式传感器从金属电容发展
（a）常规结构；（b）浮动（镂空）生物；（c）硅微电容＋浮动膜盒

浮动式膜盒的压力传感器在两个测量腔室的上方，微小的位移仅 4 μm 压力与位移呈精确比例关系，线性好，精度高。膜盒四周均匀受力，受静压影响极小。保护膜片不再是测量膜片，内部的保护结构使膜盒的抗过压能力极大增强。因而使变送器体积小、质量轻，具有高精度和高稳定性。与传统电容传感器相比，其温度特性、静压特性、过压保护特性更优异。

变送器工作时，高、低压侧的隔离膜片和灌充液将过程压力传递给灌充液，接着灌充液将压力传递到传感器中心的传感膜片上。传感膜片是一个张紧的弹性元件，其位移随所受压而变化（对于 GP 表压变送器，大气压如同施加在传感膜片的低压侧一样）。

第五节 应变片式压力变送器

一、应变片传感器

当弹应变片受压后，会发生变形，引起应变敏感元件的阻值变化，俗称为电阻应变效应。通过转换电路将其转变成电量输出，电量变化的大小反映了被测物理量的大小。

通常情况下，将应变片通过特殊的黏合剂紧密地黏合在应变基体上，当基体受力发生应力变化时，电阻应变片也一起产生形变，使应变片的阻值发生改变，从而使加在电阻上的电压发生变化。基片和覆盖层起固定和保护敏感元件、传递应变和电气绝缘作用。

应用最多的电阻应变片有金属应变片（金属丝或金属箔）和半导体应变片两类。

当金属丝受到拉力 F 作用时，金属丝将伸长 ΔL，横截面半径 r 减小 Δr，从而引起电阻值 R 相对变化，这种现象称为金属的电阻应变效应。根据欧姆定律有

$$R = \rho \frac{L}{A} \tag{3-41}$$

式中 ρ——电阻率；

L——金属丝原始长度；

A——截面积。

对式（3-41）两边先取对数，然后微分有

$$\ln R = \ln \rho - \ln A + \ln L$$

$$\frac{\mathrm{d}R}{R} = \frac{\mathrm{d}L}{L} - \frac{\mathrm{d}A}{A} + \frac{\mathrm{d}\rho}{\rho} \tag{3-42}$$

式中 $\dfrac{\mathrm{d}L}{L}$——长度的相对变化，用 ε_x 表示，称为材料的轴向应变；

$\dfrac{\mathrm{d}A}{A}$——截面积的相对变化，也称材料的纵向应变。

式（3-42）表明电阻值变化是金属丝长度、截面的几何应变和材料电阻率变化的压阻效应的综合结果。

（一）金属应变片工作原理

金属应变片传感器分为金属丝、金属箔应变计两种，箔式最为常用。目前是测量力、力矩、压力、加速度、重量等参数应用最广泛的传感器。

金属丝应变效应如图 3-51 所示。

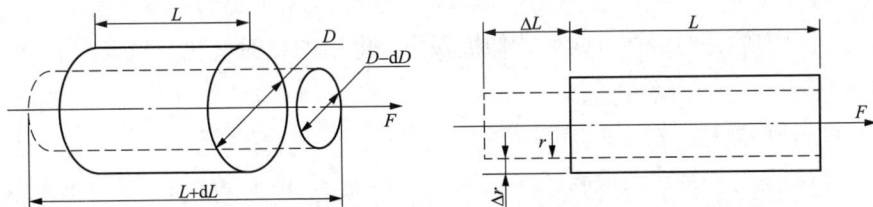

图 3-51　金属丝应变效应

（二）半导体应变片工作原理

半导体应变片的工作原理是基于半导体材料的压阻效应。所谓压阻效应是指半导体材料在某一轴向受外力作用时，晶格间距发生变化引起材料的电阻率 ρ 发生变化的现象。ρ 的大小与晶体中的载流子数目 N_i 和其平均迁移率 μ_v 的乘积成反比，可以表示为

$$\rho = \frac{1}{N_i e \mu_v} \tag{3-43}$$

式中　e——电子荷电量。

半导体受应力作用后，载流子数目和平均迁移率都有变化，变化的大小与符号取决于所用的半导体材料、载流子浓度、晶格上应力作用的方向。而半导体材料的 $(\mathrm{d}\rho/\rho)/\varepsilon_x$ 项的值比 $1+2\mu$ 大得多。对于简单的纵向拉伸和压缩，半导体电阻率变化与应力 σ 的关系为

$$\frac{\mathrm{d}\rho}{\rho} = \alpha_L \sigma = \alpha_L E \varepsilon \tag{3-44}$$

式中　α_L——半导体材料的纵向压阻系数；

　　　σ——半导体材料的所受应变力；

　　　E——半导体材料的弹性模量，$E = \sigma/\varepsilon$；

　　　ε——半导体材料的应变。

（三）应变片的参数及主要特性

1. 应变片灵敏度系数

通常把单位应变能引起的电阻值变化称为电阻丝的灵敏度系数。其物理意义是单位应变所引起的电阻相对变化量。其表达式为

$$K = \frac{\frac{\Delta R}{R}}{\varepsilon} = 1 + 2\mu + \frac{\frac{\mathrm{d}\rho}{\rho}}{\varepsilon} \tag{3-45}$$

其中：$\frac{\Delta R}{R} = K\varepsilon$，$\varepsilon = \frac{\Delta L}{L}$，$K$ 为金属应变片的灵敏系数。

由式（3-45）可见，灵敏系数 K 受两个因素影响：

（1）其中一个是应变片受力后材料几何尺寸的变化，即 $(1+2\mu)$。

（2）另一个是应变片受力后材料的电阻率发生的变化，即 $(\mathrm{d}\rho/\rho)/\varepsilon$。

对金属材料：$1+2\mu \gg (\mathrm{d}p/p)/\varepsilon$；对半导体材料：$(\mathrm{d}p/p)/\varepsilon \gg 1+2\mu$。

大量实验证明，在电阻丝拉伸极限内，电阻的相对变化与应变成正比，即为常数。

2. 横向效应

当将应变片粘贴在被测试件上时，其敏感栅是由 n 条长度为 L_1 的直线段和 L_{n-1} 个半径为 r 的半圆组成，如图 3-52 所示。

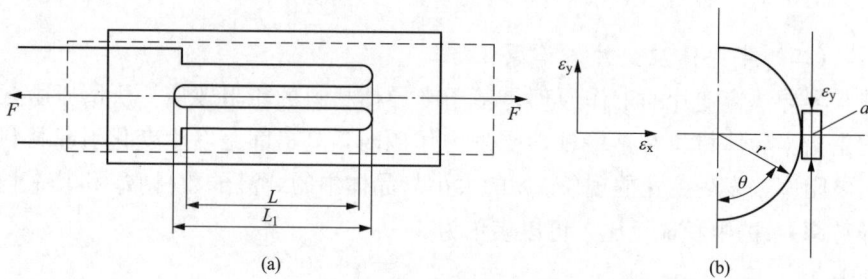

图 3-52　应变片轴向受力及横向效应
（a）应变片及轴向受力图；（b）应变片的横向效应图

沿应变片轴向的应变 ε_x 必然引起应变片电阻的相对变化，而沿垂直于应变片轴向的横向应变 ε_y 也会引起其电阻的相对变化，这种现象称为横向效应。

若该应变片承受轴向应力而产生纵向拉应变时，则各直线段电阻丝将变长、变细，电阻将增加，但在半圆弧段则受到压力的作用，半圆弧段电阻丝将变短、变粗，电阻将减小。使得敏感栅的总电阻增量小于沿轴向安放的通用长度电阻丝电阻增加量。

最明显的是在 $\theta = \pi/2$ 垂直方向的微段，按泊松比关系产生压应变 $-\varepsilon_y$。该微段电阻不仅不增加，反而减少。在圆弧的其他各微段上，感受的应变是由 $+\varepsilon_x$ 变化到 $-\varepsilon_y$ 的。这样，圆弧段的电阻变化，显然将小于同样长度沿 x 方向的直线段的电阻变化。

因此将直的电阻丝绕成敏感栅后，长度不变，应变状态相同，但由于敏感栅的电阻变化较小，因而其灵敏系数较直线段电阻丝的灵敏系数 K

小，这种现象称为应变片的横向效应。

理论分析和实验表明，对丝绕式应变计，纵栅越长，横栅 r 越小，则横向效应越小。因此，采用短接式或直角式横栅，可有效地克服横向效应的影响，如图 3-53 所示。

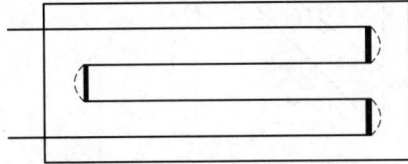

图 3-53 直角横栅、箔式应变计

直角横栅、箔式应变计在一定温度下，应变片的指示应变对测试值的真实应变的相对误差不超过规定范围（一般为 10％）时的最大真实应变值。

为了减小横向效应的影响，现多采用箔式应变片。

3. 最大工作电流

应变片不因电流产生的热量而影响测量精度所允许通过的最大电流。静态测量时，最大工作电流为 25mA；在动态测量时，可达 75～100mA。

4. 应变极限

应变计的线性（灵敏系数为常数）特性，只有在一定的应变限度范围内才能保持。当试件输入的真实应变超过某一限值时，应变计的输出特性将出现非线性。

如图 3-54 所示。在恒温条件下，使非线性误差达到 10％时的真实应变值称为应变极限。应变极限是衡量应变计测量范围和过载能力的指标。

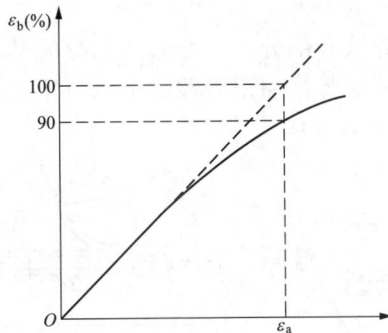

图 3-54 应变片的应变极限

ε_a—真实应变；ε_b—指示应变

5. 机械滞后

应变片粘贴在被测试件上，当温度恒定时，其加载特性与卸载特性不重合，即为机械滞后，如图 3-55 所示。

6. 机械滞后产生原因

（1）应变片在承受机械应变后的残余变形，使敏感栅电阻发生少量不

147

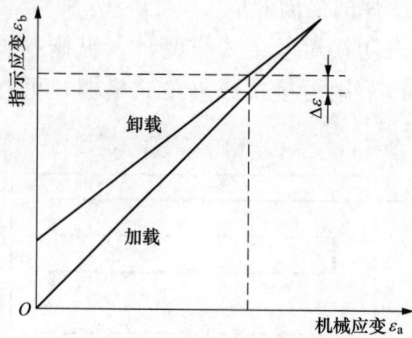

图 3-55 应变片的机械滞后

可逆变化。

（2）在制造或粘贴应变片时，敏感栅受到的不适当的变形或黏结剂固化不充分等。

机械滞后值还与应变片所承受的应变量有关，加载时的机械应变越大，卸载时的滞后也越大。通常在实验之前应将试件预先加、卸载若干次，以减少因机械滞后所产生的实验误差。

二、应变片的种类、材料及粘贴

1. 金属电阻应变片的种类

电阻应变片有多种形式，常用的有丝式和箔式。它是由直径为 $0.02\sim0.05mm$ 的康铜丝或者镍铬丝绕成栅状（或用很薄的金属箔腐蚀成栅状）夹在两层绝缘薄片（基底）中制成，用镀锡铜线与应变片丝栅连接作为应变片引线，用来连接测量导线。

敏感栅是应变片的核心部分，它粘贴在绝缘的基片上，其上再粘贴起保护作用的覆盖层，两端焊接引出导线。金属电阻应变片的敏感栅有丝式和箔式两种形式，如图 3-56 所示。

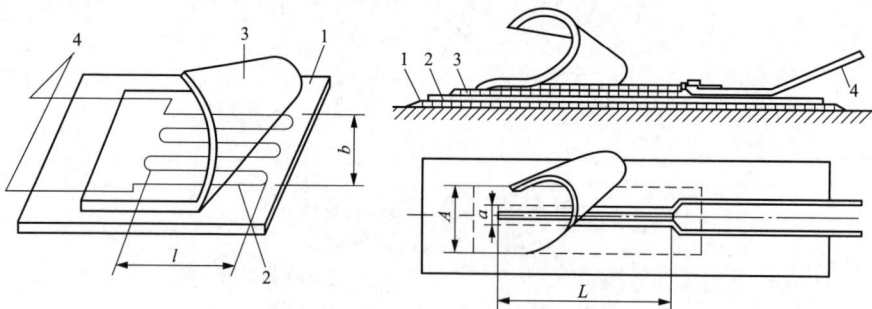

图 3-56 电阻丝应变片的基本结构

1—基底；2—电阻丝；3—覆盖层；4—引线；

L—应变片的标距或基长，是沿轴方向测量变形的有效长度

传感器由在弹性元件上粘贴电阻应变敏感元件构成。丝式金属电阻应变片的敏感栅由直径为 $0.01\sim0.05\text{mm}$ 的电阻丝平行排列而成。箔式金属电阻应变片是利用光刻、腐蚀等工艺制成的一种很薄的金属箔栅，其厚度一般为 $0.003\sim0.01\text{mm}$，可制成各种形状的敏感栅（即应变花），其优点是表面积和截面积之比大，散热性能好，允许通过的电流较大，可制成各种所需的形状，便于批量生产。

基片和覆盖层的材料有胶膜、纸、玻璃纤维布等。常用金属应变片结构如图 3-57 所示覆盖层与基片将敏感栅紧密地粘贴在中间，对敏感栅起几何形状固定和绝缘、保护作用，基片要将被测体的应变准确地传递到敏感栅上，它很薄，一般为 $0.03\sim0.06\text{mm}$，使它与被测体及敏感栅能牢固地黏合在一起，此外它还应有良好的绝缘性能、抗潮性能和耐热性能。

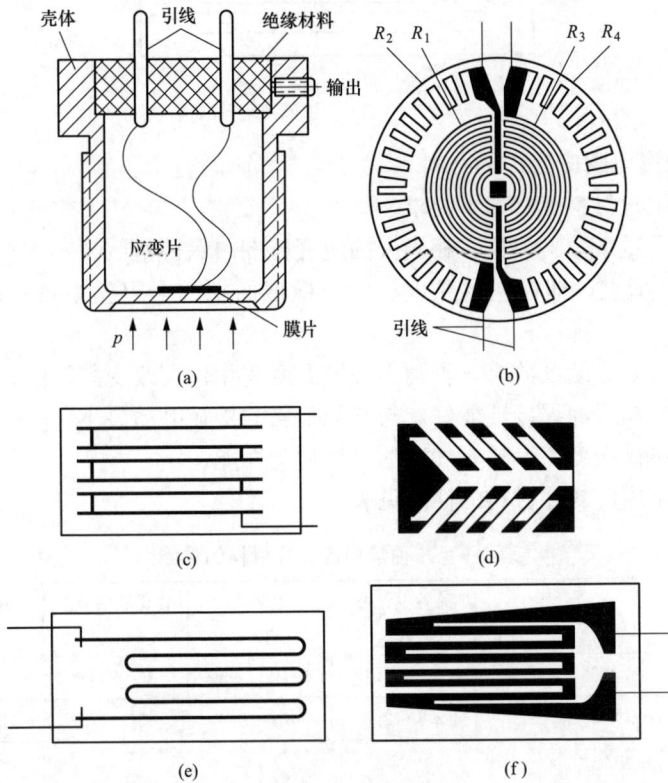

图 3-57　常用金属应变片结构

(a)—平膜式应变片；(b)、(d)、(f)—箔式金属应变片；(c)、(e)—丝绕式金属应变片

2. 扩散式半导体应变片

扩散式半导体应变片是随着半导体工艺发展出现的新型元件，利用固体扩散技术，将 P 型杂质扩散到一片 N 型硅底层上，形成一层极薄的导电 P 型层，再装上引线接点。若在圆形硅膜片上扩散出 4 个 P 型电阻，构成单臂电桥的 4 个臂，这样的敏感器件通常称为固态压阻器件；有时也称为

压敏电阻，如图 3-58、图 3-59 所示。

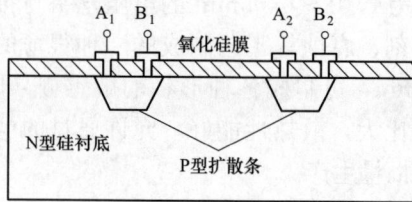

图 3-58 压敏电阻片结构图

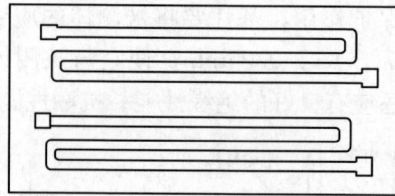

图 3-59 压敏电阻片平面图

3．金属电阻应变片的材料

对电阻丝材料应有如下要求。

（1）灵敏系数大，且在相当大的应变范围内保持常数。

（2）ρ 值大，即在同样长度、同样横截面积的电阻丝中具有较大的电阻值。

（3）电阻温度系数小，否则因环境温度变化也会改变其阻值。

（4）与铜线的焊接性能好，与其他金属的接触电动势小。

（5）机械强度高，具有优良的机械加工性能。

几种常用应变片材料的性能见表 3-9。

表 3-9 几种常用应变片材料的性能

材料名称	成分	灵敏度系数 K	电阻率 （$\mu\Omega \cdot m$）	最高使用温度 （℃）	电阻温度系数 （%/℃）
康铜	Ni45%；Cu55%	1.9～2.1	0.46～0.50	300～400	±0.002
镍铬合金	Ni80%，Cr20	2.1～2.3	0.9～1.7	450～800	0.011～±0.013
卡玛合金	Ni74%；Cr20；Al3%；Fe3%	2.4～2.6	1.24～1.42	450～1000	±0.002
铂		4～6	0.09～1.11	800	0.4
铂钨合金	Pt92%；W8%	3.5	0.68	1000	0.0227
P 型硅		110～175	0.078×106	100	
N 型硅		−133	0.117×106	100	
P 型锗		102	0.150×106	100	
N 型锗		−157	0.166×106	100	

三、电阻应变片的测量电路

（一）直流电桥

1. 直流电桥平衡条件

电桥电路如图 3-60 所示，E 为电源电压，R_1、R_2、R_3 及 R_4 为桥臂电阻，R_L 为负载电阻。

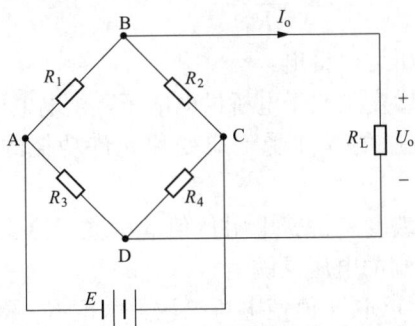

图 3-60 电桥电路

当 $R \longrightarrow \infty$ 时，电桥输出电压为

$$U_0 = E\left(\frac{R_1}{R_1 + R_2} - \frac{R_3}{R_3 + R_4}\right) \tag{3-46}$$

当电桥平衡时，$U_0 = 0$，则 $R_1 \cdot R_4 = R_2 \cdot R_3$

$$\frac{R_1}{R_2} = \frac{R_3}{R_4} \tag{3-47}$$

该式为电桥平衡条件。这说明欲使电桥平衡，其相邻两臂电阻的比值对应相等或相对两臂电阻的乘积应相等。

2. 电桥电压灵敏度

应变片工作时，电阻值变化很小，电桥相应输出电压也很小，一般需要加入放大器进行放大。由于放大器的输入阻抗比桥路输出阻抗高很多，所以此时仍视电桥为开路情况。

若将应变片接入电桥一臂，即 R_1 为电阻应变片，R_2、R_3、R_4 为电桥固定电阻，这就构成了单臂电桥。

当受应变时，若应变片电阻变化为 ΔR，其他桥臂固定不变，电桥输出电压 $U_0 \neq 0$，则电桥不平衡，输出电压为

$$U_0 = E\left(\frac{R_1 + \Delta R_1}{R_1 + \Delta R_1 + R_2} - \frac{R_3}{R_3 + R_4}\right) = E\frac{\dfrac{R_4}{R_3}\dfrac{\Delta R_1}{R_1}}{\left(1 + \dfrac{\Delta R_1}{R_1} + \dfrac{R_2}{R_1}\right)\left(1 + \dfrac{R_4}{R_3}\right)} \tag{3-48}$$

设桥臂比 $n = R_2/R_1$，由于 $\Delta R_1 \ll R_1$ $\left[U_0 = \dfrac{n}{(1+n)^2}\dfrac{\Delta R_1}{R_1}E \text{ 理想情况}\right]$，

151

分母中 $\Delta R_1/R_1$ 可忽略，并考虑平衡条件 $R_2/R_1 = R_4/R_3$，则式（3-48）可写为

$$U_0 = \frac{n}{(1+n)^2} \frac{\Delta R_1}{R_1} E \qquad (3\text{-}49)$$

故电桥电压灵敏度定义为

$$K_U = \frac{U_0}{\dfrac{\Delta R_1}{R_1}} = \frac{n}{(1+n)^2} E \qquad (3\text{-}50)$$

从式（3-50）分析可以得出：

（1）电桥电压灵敏度正比于电桥供电电压，供电电压越高，电桥电压灵敏度越高，但供电电压的提高受到应变片允许功耗的限制因此要做适当选择。

（2）电桥电压灵敏度是桥臂电阻比值的函数，恰当地选择桥臂比 n 的值，保证电桥具有较高的电压灵敏度。

当 E 值确定后，求取 n 值使电桥电压灵敏度 K_U 最高，由 $\mathrm{d}K_U/\mathrm{d}n = 0$ 求 K_U 的最大值，求得

$$\frac{\mathrm{d}K_U}{\mathrm{d}n} = \frac{1-n^2}{(1+n)^3} = 0$$

求得 $n=1$ 时，K_U 为最大值。这就是说，在供电桥的工作电压确定后，当 $R_1 = R_2 = R_3 = R_4$ 时，电桥电压灵敏度最高，此时有

$$K = \frac{E}{4} \qquad (3\text{-}51)$$

从上述分析可知，当电源电压 E 和电阻相对变化量 $\Delta R_1/R_1$ 一定时，电桥的输出电压及其灵敏度也是定值，且与各桥臂电阻阻值大小无关。

3. 非线性误差及其补偿方法

实际（非理想情况下，保留 $\Delta R_1/R_1$ 项）的输出电压应按下式计算，即

$$U_0' = E \frac{n \dfrac{\Delta R_1}{R_1}}{\left(1 + n + \dfrac{\Delta R_1}{R_1}\right)(1+n)} \qquad (3\text{-}52)$$

与 $\Delta R_1/R_1$ 的关系是非线性的，非线性误差为

$$\gamma_L = \frac{U_0 + U_0'}{U_0} = \frac{\dfrac{\Delta R_1}{R_1}}{1 + n + \dfrac{\Delta R_1}{R_1}} \qquad (3\text{-}53)$$

如果是四等臂电桥，$R_1 = R_2 = R_3 = R_4$ 时，即桥臂比 $n=1$，则

$$\gamma_L = \frac{\dfrac{\Delta R_1}{2R_1}}{1 + 2\dfrac{\Delta R_1}{R_1}} \approx \frac{\dfrac{\Delta R_1}{R_1}}{2} \qquad (3\text{-}54)$$

如：对于一般应变片来说，所受应变 ε 通常在 5000μ 以下，若取电桥电压灵敏度 $K=2$，则 $\Delta R_1/R_1 = K\varepsilon = 0.01$，代入式（3-68）有非线性误差为 0.5%。

$$\gamma_L \approx \frac{\dfrac{\Delta R_1}{R_1}}{2} = \frac{K_\varepsilon}{2} = \frac{0.01}{2} = 0.5\%$$

若灵敏度 $K=130$，$\varepsilon = 1000\mu$ 时，$\Delta R_1/R_1 = 0.130$，则得到非线性误差为 6%，故当非线性误差不能满足测量要求时，必须予以消除。

（二）克服非线性误差方法

1. 半桥差动电路

为了减小和克服非线性误差，常采用差动电桥，在试件上安装两个工作应变片，一个受拉应变，一个受压应变，接入电桥相邻桥臂，称为半桥差动电路，如图 3-61 所示。

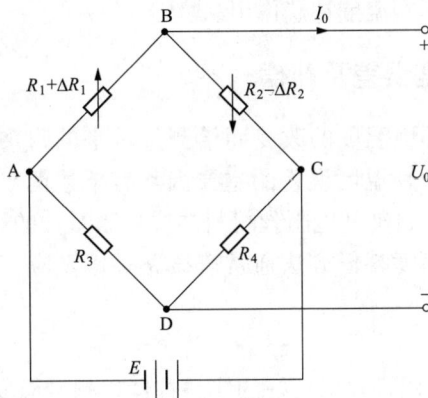

图 3-61　半桥差动电桥

$$U_0 = E\left(\frac{\Delta R_1 + R_1}{\Delta R_1 + R_1 + R_2 - \Delta R_2} - \frac{R_3}{R_3 + R_4}\right) \tag{3-55}$$

若 $\Delta R_1 = \Delta R_2$，$R_1 = R_2$，$R_3 = R_4$，则得

$$U_0 = \frac{E}{2}\frac{\Delta R_1}{R_1} \tag{3-56}$$

由式（3-56）可知，U 与 $\Delta R_1/R_1$ 呈线性关系，差动电桥无非线性误差，而且电桥电压灵敏度 $K_U = E/2$，是单臂工作时的两倍，同时还具有温度补偿作用。

2. 全桥差动电路

若将电桥四臂接入四片应变片，如图 3-62 所示，即两个受拉应变，两个受压应变，将两个应变符号相同的接入相对桥臂上，构成全桥差动电路。

若 $\Delta R_1 = \Delta R_2 = \Delta R_3 = \Delta R_4$，且 $R_1 = R_2 = R_3 = R_4$。则

$$U_0 = E\frac{\Delta R_1}{R_1} \tag{3-57}$$

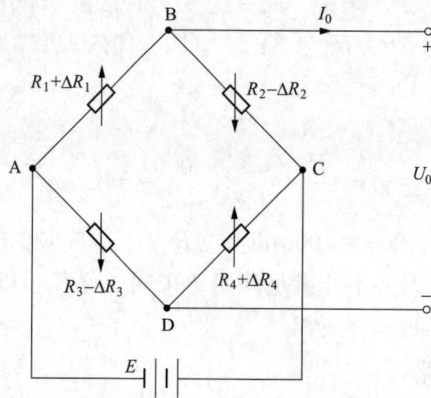

图 3-62   全桥差动电桥

此时全桥差动电路不仅没有非线性误差，而且电压灵敏度为单片工作时的 4 倍，同时仍具有温度补偿作用。

四、应变片的温度误差及补偿

由于测量现场环境温度的改变而给测量带来的附加误差称为应变片的温度误差。产生应变片温度误差的主要因素有下述两个方面：①电阻温度系数的影响；②试件材料和电阻丝材料的线膨胀系数的影响。

电阻应变片的温度补偿方法通常有线路补偿、应变片自补偿和热敏电阻补偿三类。

1. 线路补偿法

电桥补偿是最常用且效果较好的线路补偿。测量应变时，使用两个应变片，一片贴在被测试件的表面，另一片贴在与被测试件材料相同的补偿块上，在工作过程中补偿块不承受应变，仅随温度发生变形，如图 3-63 所示。

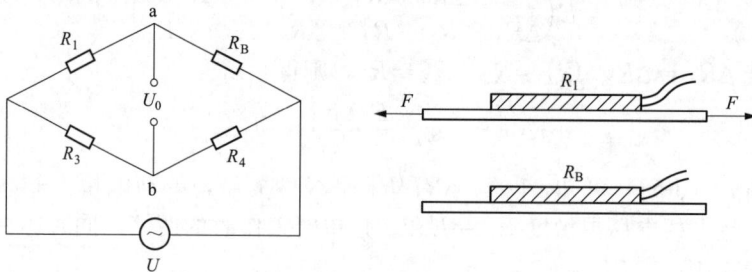

图 3-63   电桥补偿法

R_B—补偿应变片；R_1、R_3、R_4—工作应变片

电路分析为

$$U_0 = U_a - U_b = \frac{R_1}{R_1 + R_B}U - \frac{R_3}{R_3 + R_4}U = \frac{R_1R_4 - R_BR_3}{(R_1 + R_B)(R_3 + R_4)}U$$

$$A = \frac{U}{(R_1 + R_B)(R_3 + R_4)}$$

$$U_0 = A(R_1 R_4 - R_B R_3) \tag{3-58}$$

A 为由桥臂电阻和电源电压决定的常数。由上式可知，当 $R_3 = R_4$ 为常数时，R_1 和 R_B 对电桥输出电压 U_0 的作用方向相反。利用这一基本关系可实现对温度的补偿。

当被测试件不承受应变时，R_1 和 R_B 又处于同一环境温度为 t 的温度场中，调整电桥参数使之达到平衡，此时有

$$U_0 = A(R_1 R_4 - R_B R_3) = 0 \tag{3-59}$$

工程上，一般按 $R_1 = R_g = R_3 = R_4$ 选取桥臂电阻。

当温度升高或降低 $\Delta t = t - t_0$ 时，两个应变片因温度而引起的电阻变化量相等，电桥仍处于平衡状态，即

$$U_0 = A[(R_1 + R_{1t})R_4 - (R_B + \Delta R_{Bt})R_3] = 0$$

测量应变时，工作应变片 R_1 粘贴在被测试件表面上，补应变片 R_B 粘贴在与被测试件相同的材料上，且仅工作应变片承受应变。则此时输出电压为

$$U_0 = A[(R_1 + R_{1t})R_4 - (R_B + \Delta R_{Bt})R_3]$$
$$= A\Delta R_1 R_4 = AR_1 R_4 K\varepsilon \tag{3-60}$$

此时输出电压仅与工作应变片承受的应变有关，与环境温度无关，从而实现了温度补偿。

全补偿条件：

（1）在应变片工作过程中，保证 $R_3 = R_4$。

（2）R_1 和 R_B 两个应变片应具有相同的电阻温度系数 a、线膨胀系数 B、应变灵敏度系数 K 和初始电阻值 R_0。

（3）粘贴补偿片的补偿块材料和粘贴工作片的被测试件材料必须一样，两者线膨胀系数相同。

（4）两应变片应处于同一温度场。

2. 应变片自补偿法

应变片自补偿法是利用自身具有温度补偿作用的应变片（称之为温度自补偿应变片）来补偿的。根据温度自补偿应变片的工作原理，可由式（3-61）得出，要实现温度自补偿，应变 ε 必须有

$$\varepsilon = \frac{\Delta R_t / R_0}{K} = \frac{\alpha_0 \Delta_t}{K} + (\beta_S - \beta_g) = 0 \tag{3-61}$$

自补偿条件
$$\alpha_0 = -K(\beta_g - \beta_S) \tag{3-62}$$

式中 α_0——电阻丝温度系数；

β_g——敏感栅材料的线膨胀系数；

β_S——被测试件的线膨胀系数。

式（3-62）表明，当被测试件的线膨胀系数 β_S 已知时，如果合理选择

敏感栅材料，及其电阻温度系数 α_0、应变片灵敏系数 K 以及线膨胀系数 β_S 满足式（3-62），则不论温度如何变化，均有 $\Delta R_t / R_n = 0$，从而达到温度自补偿的目的。

如双金属敏感栅自补偿应变片，敏感栅丝由两种不同温度系数的金属丝串接组成，如图 3-64 所示。

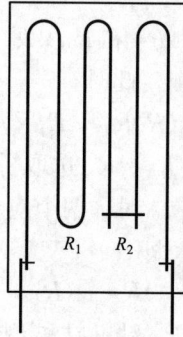

图 3-64　自补偿应变片

3. 热敏电阻补偿

选用两者具有不同符号的电阻温度系数调整 R_1 和 R_2 的比例，使温度变化时产生的电阻变化满足 $(\Delta R_1)_t = -(\Delta R_2)_t$。

$$\frac{R_1}{R_2} = \frac{\Delta R_{2t}/R_2}{\Delta R_{1t}/R_1} = -\frac{\alpha_2 + K_2(\beta_g - \beta_2)}{\alpha_1 + K_1(\beta_g - \beta_1)} \tag{3-63}$$

通过调节两个敏感栅的长度来控制应变片的温度自补偿，如图 3-65 所示。

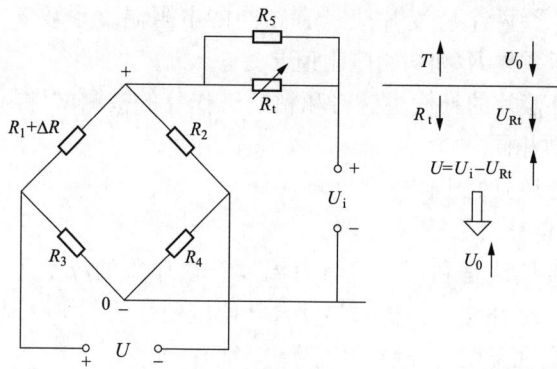

图 3-65　组合补偿法

五、应变式压力变送器的型式

应变式压力变送器应用最多的是粘贴式应变片。它主要由两部分构成，一部分为感压弹性元件；另一部分是应变片。也有的将两者结合在一起，如硅片做弹性元件，其上扩散电阻元件。其主要缺点是输出信号小、线性范围窄，而且动态响应较差（见电阻应变计、半导体应变计）。按弹性敏感元件结构的不同，应变式压力传感器大致可分为膜片式、应变筒式、应变梁式和组合式4种。

1. 平膜片式压力传感器

被测物理量为荷重或力的应变式传感器时，统称为应变式压力传感器。弹性元件把被测力的变化转变为应变量的变化，粘贴在上面的应变片也感受到同样大小的应变，因而应变片把应变量的变化变换成电阻的变化。只要把所贴的应变片接入电桥线路中，则电桥的输出变化就正比于被测力的变化。

在弹性元件上合理布片与组桥的基本原则如下。

（1）应变片布置在弹性元件上具有正、负极性的应变区。

（2）应变片布置在弹性元件上应力最大位置，要注意该处不受非待测力的干扰和影响。

（3）根据测量目的和要求，利用电桥和差特性选择适当的接桥方式，使电桥输出最大或具有温度补偿能力，还能排除非待测力的干扰和影响，且输出是与应变成正比的单值函数。

如以金属或半导体材料的膜片作为弹性元件，当膜片一侧均匀承受压力时，周界固定的膜片发生弯曲变形。在具有电阻元件的另一侧上，半径方向发生法向应变 ε_r，切线方向发生切向应变 ε_t，如图 3-66（a）所示。

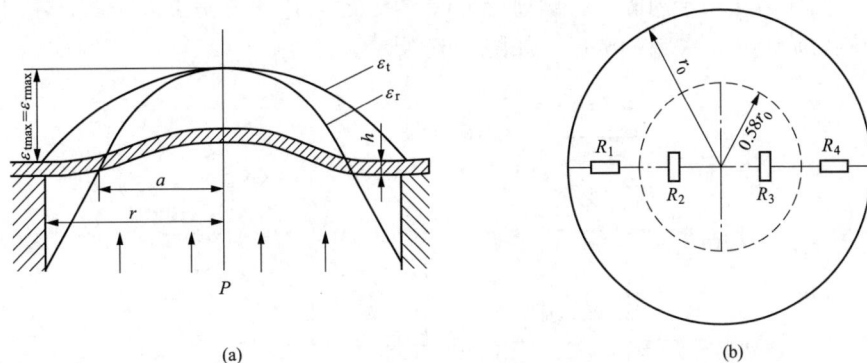

图 3-66 应变片受压后的压力分布

(a) 压力变化图；(b) 应变片粘贴

在膜片中心位移十分微小的情况下，膜片上各处应力与所受的压力成正比，并随与膜片中心距离 x 而改变。膜片中心处的 ε_r 和 ε_t 达到相同的最大值；在膜片中心边缘处（$x=r$），$\varepsilon_t=0$，ε_r 达到负的最大值；在处，$\varepsilon_r=0$，径向应变在此变号，$x>a$ 处为负应变区，$x<a$ 处为正应变区。$x=a=r/\sqrt{3}=0.58r$。

如将一片应变片贴于正应变区，另一片贴于负应变区，如图 3-66（b）中的 R_1 和 R_2，两应变片安排成测量电桥的相邻臂，则可以获得较大的输出，而且有温度补偿作用。在压力 p 作用下，膜片产生径向应变 ε_r 和切向应变 ε_t，表达式分别为

$$\varepsilon_r = \frac{3p(1-\mu^2)(r^2-3x^2)}{8h^2E} \tag{3-64}$$

$$\varepsilon_t = \frac{3p(1-\mu^2)(r^2-x^2)}{8Eh^2} \tag{3-65}$$

式中　p——膜片上均匀分布的压力；

　　　μ——膜片泊松比；

　　　r——平膜片的工作部分半径；

　　　x——任一点离圆心的径向距离；

　　　E——弹性模数；

　　　h——平膜片的膜片厚度。

一般在平膜片圆心处切向粘贴 R_2、R_3，两个应变片，在边缘处沿径向粘贴 R_1、R_4 两个应变片，然后接成全桥测量电路。避开 $x = r/\sqrt{3}$ 位置。

2. 应变筒式压力传感器

应变筒式压力传感器又称应变筒式。它的弹性敏感元件为一端封闭的薄壁圆筒，其另一端带有法兰与被测系统连接。在筒壁上贴有应变片，其中一半贴在实心部分作为温度补偿片，另一半作为测量应变片。当没有压力时，应变片组成平衡的全桥式电路。

当压力作用于内腔时，圆筒变形成"腰鼓形"，使电桥失去平衡，输出与压力形成一定关系的电压，如图 3-67 所示。

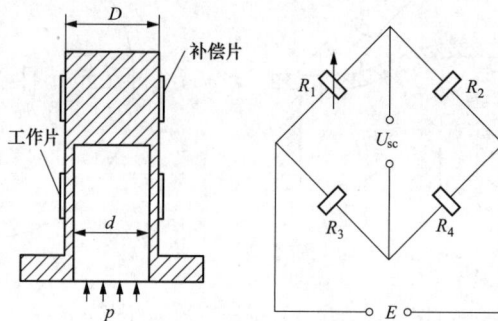

图 3-67　应变筒式压力传感器

应变式压力传感器应变筒内腔承受压力时，薄壁筒表面的周向应力最大，相应的周向应变 ε 为

$$\varepsilon = \frac{p(2-\mu)}{E(D^2/d^2-1)} \tag{3-66}$$

式中　p——被测压力；

　　　μ——应变筒材料的泊松比；

　　　E——应变筒材料的弹性模量；

D——应变筒外径；

d——应变筒内径。

应变管式压力传感器的结构简单、制造方便、适用性强。

3. 应变梁式压力传感器

测量较小压力时，可采用固定梁或等强度梁的结构。一种方法是用膜片把压力转换为力再通过传力杆传递给应变梁。振梁式传感器如图 3-68 所示。

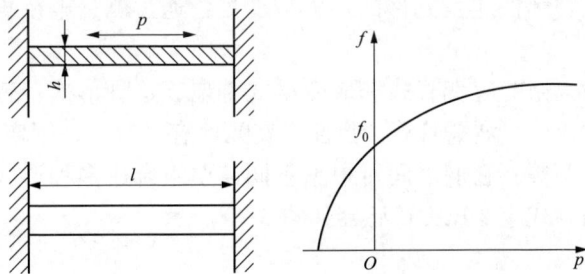

图 3-68　振梁式传感器

振梁受到压力 p 作用时，其谐振频率 f 和压力 p 的关系为

$$p = a\left(\frac{f}{f_0} - 1\right) - b\left(\frac{f}{f_0} - 1\right)^2 = a\frac{\Delta f}{f_0} - b\left(\frac{\Delta f}{f_0}\right)^2 \tag{3-67}$$

式中　a、b——常数。

一种用弹性圆环作敏感元件的振梁式力传感器的结构如图 3-69 所示。

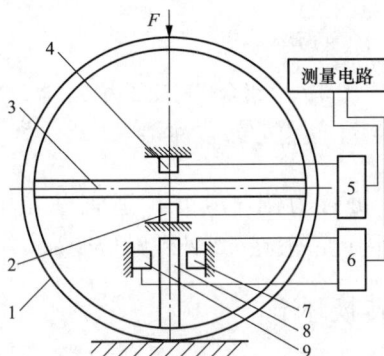

图 3-69　振梁式力传感器

1—弹性圆环；2、9—激振器；3、8—振梁；4、7—拾振器；5、6—放大振荡电路

固定梁的最大应变处在梁的两端和中点，应变片就贴在这些地方，它的测力范围为 10^7N，故有频率范围为 50Hz，故可测静态力和准静态力。

振梁式力传感器有两个振动系统：一个是由振梁 3、激振器 2、拾振器 4 和放大振荡电路 5 组成，用来测量力。当力 F 使弹性圆环受压时，振梁被拉伸使张力增加，固有振荡频率增高。

另一个振动系统由振梁 8、激振器 9、拾振器 7 和放大振荡电路 6 组成。圆环 1 受压时振杆的张力没有变化，故其振动频率也没有变化。它的作用只是起温度补偿作用。由于这种传感器只有单根振梁，因此非线性误差较大，当频率变化 10％时，就有 3％～5％的非线性误差。

4. 组合式压力传感器

在组合式应变压力传感器中，弹性敏感元件可分为感受元件和弹性应变元件。感受元件把压力转换为力传递到弹性应变元件应变最敏感的部位，而应变片则贴在弹性应变元件的最大应变处，通过测量电桥再转换为电压输出。

实际上较复杂的应变管式和应变梁式都属于这种形式。感受元件有膜片、膜盒、波纹管、波登管等，弹性应变元件有悬臂梁、固定梁、Ⅱ 形梁、环形梁、薄壁筒等。它们之间可根据不同需要组合成多种形式。如采用悬梁与波纹管组合式应变压力传感器如图 3-70 所示。

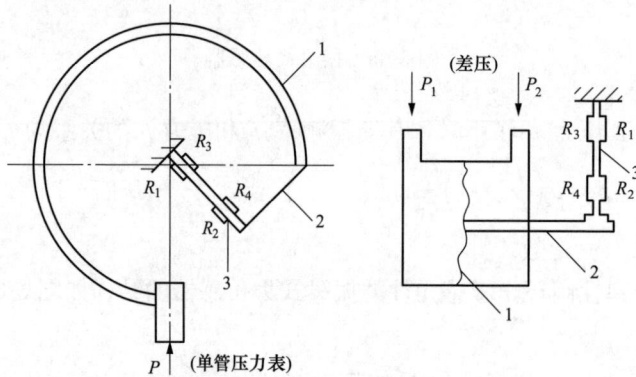

图 3-70　组合式应变压力传感器

1—弹性元件；2—连杆；3—悬臂梁（上贴应变片）；R_1、R_2、R_3、R_4—应变片

以图 3-70 单圈弹簧管为例，应变片适宜贴在中心角 40°～80°这一段（从固定端算起），因此一般在 60°处粘贴应变片。

六、信号测量放大转换环节

扩散硅式压力（差压）变送器的放大转换部分的电路如图 3-71 所示。

它由应变电桥、温度补偿网络、恒流源、输出放大及电压—电流转换单元等组成。

测量电桥由 1mA 的恒流源供电。当硅杯未承受负荷时，因 $R_1 = R_2 = R_3 = R_4$，$U_{AB} = 0$，故 A、B 两点电位相等（$U_{AC} = U_{BC}$），测量电桥处于平衡状态，因此，功率放大器输出电流 $I_0 = 4\text{mA}$。硅杯受压力时，R_2 减小，R_4 增大，因恒流 I_1、I_2（0.5mA）不变，导致 B 点电位升高。同理，R_1 增大，R_3 减小，引起 A 点电位下降，电桥失去平衡（其增量为 ΔU_{AB}）。

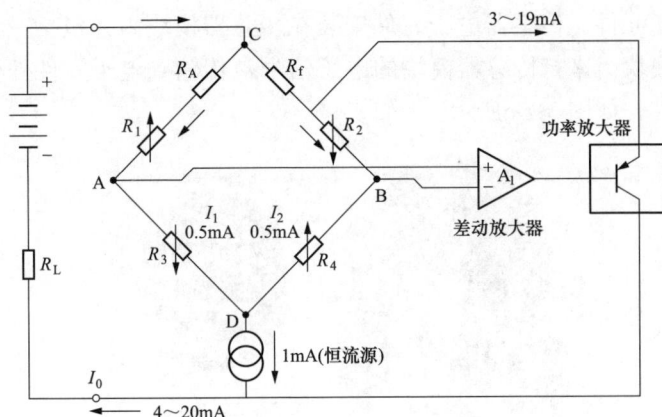

图 3-71 放大转换部分的电路

测量电桥 A、B 两点之间的电位差 U_{AB} 是运算放大器 A_1 的输入信号，它的输出电压经过电压-电流变换器转换成相应的电流（$I_0 + \Delta I_0$），这个增大了的回路电流流过反馈电阻 R_f，使反馈电压增加为 $U_f + \Delta U_f$，于是导致 B 点电位下降，直至 $U'_{AC} \approx U'_{BC}$。测量电桥在差压作用下达到了新的平衡状态，完成了"力平衡"过程。应当指出，恒流源内阻很大，I_0 不通过应变电阻。当差压为量程上限值时，$I_0 = 20\text{mA}$，变送器的净输出电流 $I = 20 - 4 = 16\text{mA}$。

七、扩散硅（压阻式）压力变送器举例

（一）3051T/ST 扩散硅型变送器结构

如 3051T/ST 型（表压＋绝压）变送器采用扩散硅压阻式传感器，并将传感器和 A/D 转换器、温度及传感器的特征化数据库与单隔离膜片设计融为一体，如图 3-72 所示。

(a)   (b)

图 3-72 3051T 传感膜头外形

（a）表压传感膜头；（b）绝压传感膜头

传感器膜头包括充油传感器系统（隔离膜、充油系统和传感器）以及传感器电子元件。传感器电子元件安装在传感器模块内并包括一温度传感器、储存模块。来自传感器模块的电子信号被传输到电子元件外壳中的输出电子元件，如图 3-73 所示。

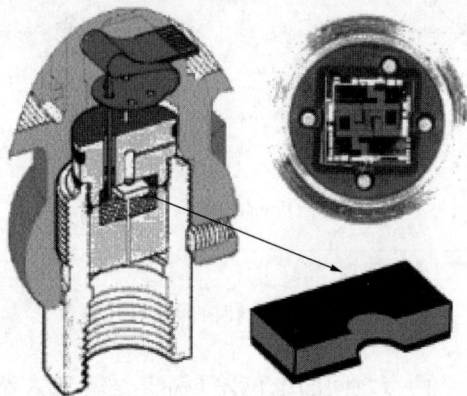

图 3-73　3051T 变送器传感膜头剖面图

（二）传感膜头工作原理

1. 敏感元件

介质压力通过隔离膜片和灌充油传递到 δ 室中心的测量膜片，该测量膜片是一张紧的弹性元件，用于检测在测量膜片上的差力。测量膜片的位移与被测压力成正比。

对于表压变送器，传感器的参考压力为大气压，对于绝压变送器、传感器的参考压力是一个密封的真空参考源。

扩散硅压阻式传感器的基本结构如图 3-74 所示。

过程压力加到传感器的传感膜片上，令膜片产生一个微小变形，对传感器内的惠斯登电桥施加一个应力，使惠斯顿电桥产生应变电阻变化，电阻变化被测量并转换为一个数字信号，供微处理器处理，如图 3-74（c）所示。

在硅杯表面上安装四个阻值相同的四个扩散硅电阻，并通过适当的方式连接扩散硅电阻组成应变电桥。当被测介质的压力直接作用于传感器膜片上（不锈钢或陶瓷），电桥上的电阻也相应地会发生变化，利用这一变化，从而使电桥失去平衡状态，于是得到了与压力变化相应的电信号，这样就可以达到了测量压力的目的。膜片径向应变和切向应变图如图 3-75 所示。

膜片产生径向应变力 σ_r 和切向应变力 σ_t，表达式分别为

$$\sigma_r = \frac{3p}{8h^2}\left[r_0^2(1+\mu) - r^2(3+\mu)\right] \tag{3-68}$$

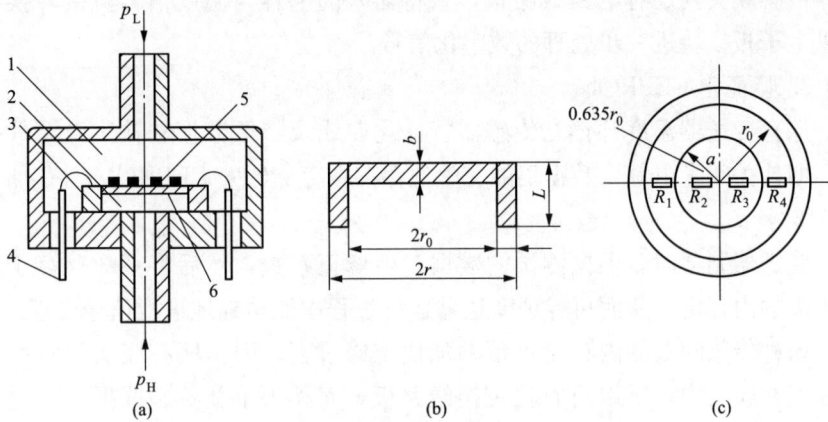

图 3-74 扩散硅压阻式传感器的基本结构

（a）传感器结构；（b）硅杯与膜片；（c）半导体应变片布置图

1—低压腔；2—高压腔；3—硅杯；4—引线；5—扩散电阻；6—硅膜片

$$\sigma_t = \frac{3p}{8h^2}\left[r_0^2(1+\mu) - r^2(1+3\mu)\right] \qquad (3-69)$$

式中　μ——材料的泊松系数；

　　　p——被测介质的压力。

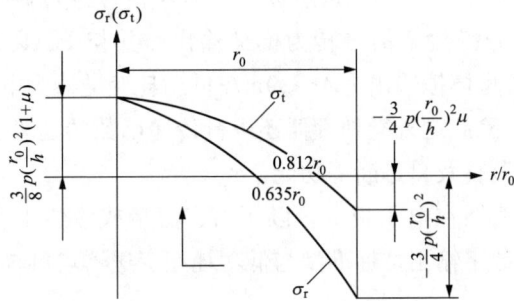

图 3-75 膜片径向应变和切向应变图

采用硅压敏电阻传感器的罗斯蒙特变送器类型如表 3-10 所示。

表 3-10 罗斯蒙特变送器类型

类型	2088	3051C	3051T	3051ST
GP（表压）	✓	—	✓	✓
AP（绝压）	✓	✓	✓	✓

2. 温度传感器

传感膜头还进行温度测量，RTD 用来测量压力传感器的工作介质温度，供微处理器进行数字温度补偿。

传感膜头内还有电路线路板，它将输入的电容与温度信号直接转换成可供电子板模块进一步处理的数字化信号。

3. 特征化 EEPROM

保存变送器温度补偿、传感器特征化曲线及特征数据和数字微调数据等。即使关闭了电源，数据仍能完整地保存在存储器中 EEPROM 总存储容量 512 字节。

变送器制造时，根据测试的数据产生修正系数，然后将系数贮存于传感膜头的内存中，从而可保证变送器运行过程中能精确地进行信号修正。

该种传感膜头的内存也可帮助加快维修过程。因为所有膜头的特性值都贮存在膜头中，所以可直接更换线路板，而无须重新校验或拆下独立的贮存修正系数的 PROM。

4. 直接转换数字电路

直接转换数字电路是用来将敏感元件所承受的压力转换成频率信号，并使该频率信号与压力信号成比例关系，供 CPU 采样使用。

(三) 电子模块

1. 微处理芯片

电子板采用专用集成电路（ASIC）与表面封装技术。该板接收来自传感膜头的数字输入信号及其修正系数，然后对信号进行修正与线性化。电子模块的输出部分将数字信号转为模拟输出，并与 HART 手操器进行通信。标准的 3051 型模拟输出为 4～20mA 低功耗变送器为电压输出（1～5V 或 0.8～3.2V）。除此之外微处理器还进行传递函数的运算、工程单位及量程的转换、阻尼调整及自诊断等功能。

可选液晶表头插在电子板上，以压力、流量或液位工程单位或模拟量程值百分比显示数字输出，标准型与低功耗型变送器均可选用液晶表头。

2. 数据存储

组态数据存储于变送器电子板模块的永久性 EEPROM 存储器中。变送器掉电后，数据仍保存，故而上电后变送器能立即工作。数/模转换与信号传送过程变量以数字式数据存储，可以进行精确的修正和工程单位的转换。信号经修正后的数据转换为模拟输出信号。HART 手操器可以直接以数据信号方式存取传感器读数，不经过数/模转换以得到更高精度。

3. 通信格式

3051 型采用 HART 协议进行通信，3051 型低功耗变送器可与任何使用 HART 协议（版本 6.2 或更高版本）的主机进行通信。

4. 软件功能

HART 协议使用户可以容易地使用 3051 型的组态，测试与具体设定的功能。

使用 HART 手操器可以方便地对 3051 型进行组态。组态由两部分组成。

3051 型可以进行连续自检。当出现问题时，变送器将激活用户选定的模拟输出报警。HART 手操器可以查询变送器，确定问题所在。变送器向手操器输出特定信息，以识别问题，从而快速地采取维修措施。若操作员确认是回路有问题，可让变送器给出特定输出，以供回路测试。

5. 具体设定

在变送器初始化阶段和数字电子板维护时需进行具体设定。它允许对传感器与模拟输出进行微调，以符合工厂压力标准。此外，特性化功能令用户可防止模拟输出设定点被意外或故意调整。

（四）几种典型的罗斯蒙特总线型变送器

1. 3051C 基金会总线压力变送器

3051C 基金会总线压力变送器采用共平面法兰差分电容式膜头，是一种基于 HART 协议的数字信号，在低频的 4～20mA 模拟信号上叠加幅度为 0.5mA 的音频数字信号进行双向数字通信，数据传输率为 1.2kbit/s，如图 3-76 所示。

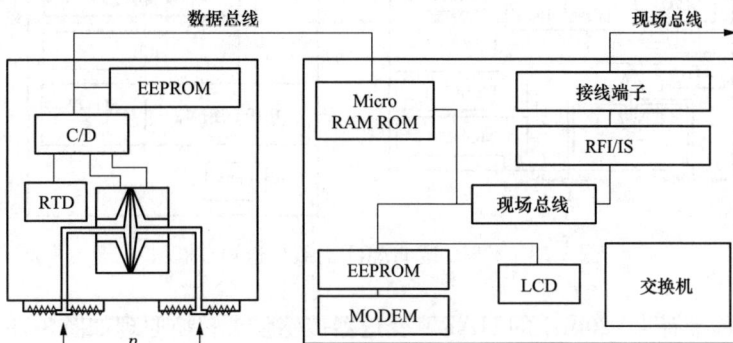

图 3-76　3051C 总线型压力变送器结构方框图

主要的变量和控制信息均由 4～20mA 传送，并且通过 HART 协议都可访问测量、过程参数、设备组态、校准、诊断等信息。采用统一的设备描述语言 DDL，利用总线供电可满足本质防爆要求。

2. 罗斯蒙特 3051S 基金会总线压力变送器

基金会现场总线作为工厂的底层网络，相对一般广域网、局域网而言，它是低速网段，其传输速率的典型值为 31.25kbit/s，1Mbit/s 和 2.5Mbit/s。可以支持 HART 协议。3051S 型基金会总线压力变送器方框图（4～20mA 仅用于电厂）如图 3-77 所示。

3. 罗斯蒙特 3051S 型 HART 总线变送器

具有可变规格平台的新一代变送器罗斯蒙特 3051S 压力/差压变送器，

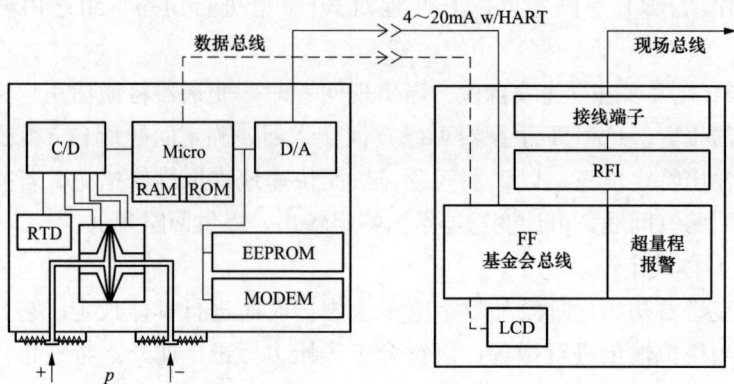

图 3-77　3051S 型基金会总线压力变送器方框图（4～20mA 仅用于电厂）

带保护环电容传感器，共平面法兰。可支持 HART 协议，可作流量计、液位计使用，如图 3-78 所示。

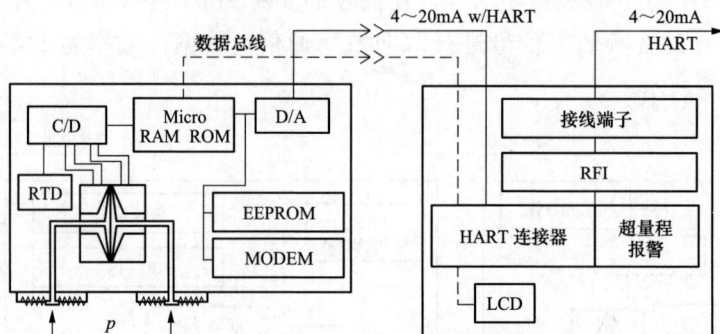

图 3-78　3051S 型 HART 总线变送器方框图

这种带有 4～20mA 的 HART 变送器传感膜头转换原理如图 3-79 所示。

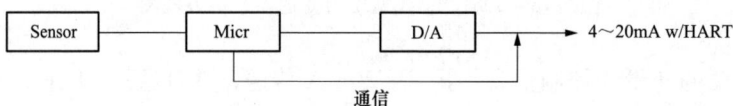

图 3-79　3051S 压力/差压变送器 HART 通信

八、EJA 单晶硅变送器

1. 工作原理

单晶硅压力变送器由膜盒组件和智能转换组件两部分组成，如图 3-80 所示。

EJA 压力变送器是横河电机株式会社的产品，采用单晶硅谐振式传感器，直接输出频率信号，传感器自身就可以消除机械电气干扰、环境温湿

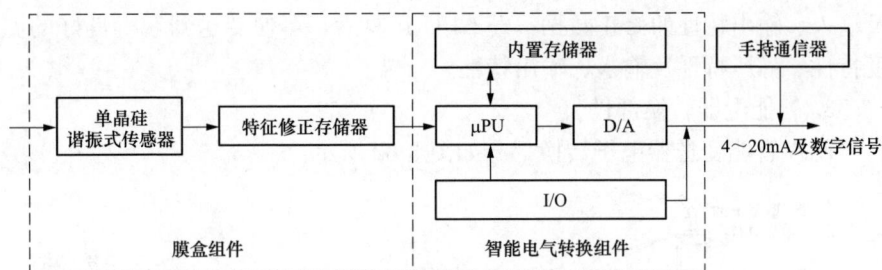

图 3-80　EJA 变送器原理框图

度变化、静压与过压等影响。因此，变送器具有优良的温度影响特性、静压影响特性、单向过压特性。

2. 单晶硅谐振传感器

EJA 变送器单晶硅传感器如图 3-81 所示。

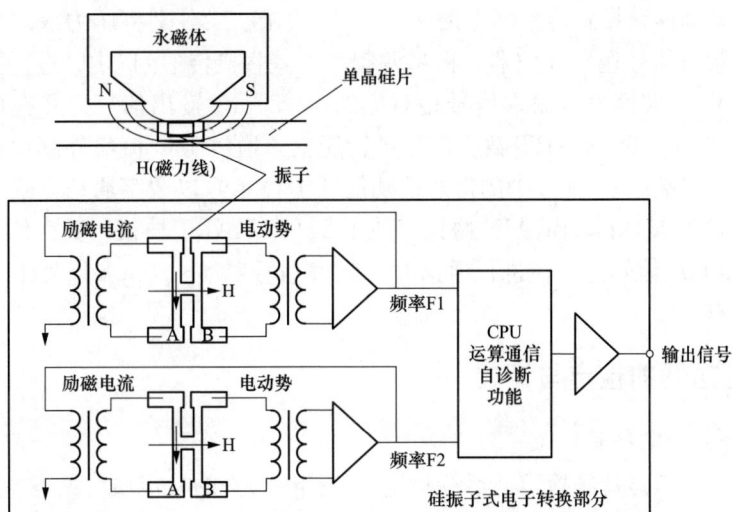

图 3-81　EJA 变送器单晶硅传感器

在单晶硅片上采用微电子机械加工技术（MEMS），分别在表面的中心和边缘制成两个形状、大小完全一致的 H 形谐振梁，且处于微型真空腔中，使其既不与充灌液接触，又确保振动时不受空气阻尼的影响。硅谐振梁处于由永久磁铁提供的磁场中，与变压器、放大器等组成正反馈回路，让谐振梁在自激振荡回路中作高频振荡。当单晶硅片的上下表面受到压力并形成压力差时，硅片将产生变形，导致中心谐振梁因压缩力而频率减小，边缘谐振因受拉伸力而频率增加，因而使两个 H 形谐振梁分别感受到不同应变作用，其结果是中心谐振梁因受压缩力而频率减少，边缘谐振梁因受到张力而频率增加，两个频率之差对应不同的压力信号。

EJA变送器内置的特性修正存储器用来存储传感器的环境温度、静压及输入、输出特性的修正数据，经CPU运算后，可使变送器获得良好的温度特性、静压特性及输入、输出特性。

3. 智能电器转换部件

EJA智能变送器电子转换部分如图3-82所示。

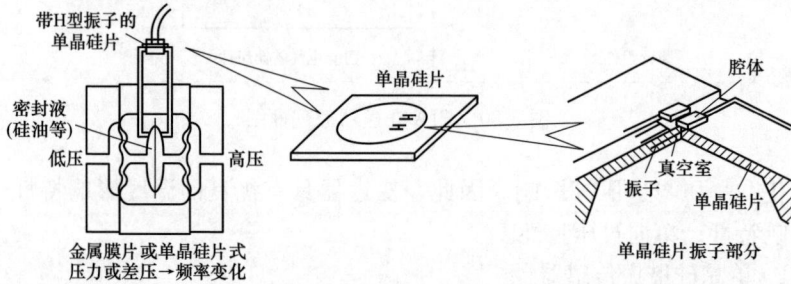

图3-82　EJA智能变送器电子转换部分

由单晶硅谐振式传感器上的两个H形的振动梁分别将压力或差压信号转换为频率信号送到计数器，再将两频率之差直接传递到CPU进行数据处理，经D/A转换为与输入信号相对应的4～20mA输出信号，并在模拟信号上叠加BRAIN/HART数字信号进行通信。通过I/O口与外部设备（如手持智能终端以及DCS中的带通信功能的I/O卡）以数字通信方式传递数据，即高频2.4kHz(BRAIN协议)或1.2kHz(HART协议)数字信号叠加在4～20mA信号上。在进行通信时，频率信号对4～20mA信号不产生任何扰动影响。

九、变送器的检定与调校

（一）检定项目

压力变送器首次检定、后续检定和使用中检查的检定项目见表3-11。

表3-11　压力变送器首次检定、后续检定和使用中检查的检定项目

序号	检定项目	首次检定	后续检定	使用中检查
1	外观	+	+	+
2	密封性	+	—	—
3	绝缘电阻	+	+	—
4	绝缘强度	+	—	—
5	示值误差	+	+	+
6	回差	+	+	—
7	差压变送器静压影响	+	*	*

注　"+"是应检项目；"*"是必要时可检项目；"—"是可不检项目。

（二）变送器的调校

1. 零点和量程的调校

零点和量程调整螺钉位于变送器壳体的铭牌后面，移开铭牌即可进行调校，顺时针转动调整螺钉，使变送器输出增大，逆时针调整，则输出减小。

2. 迁移量及改变量程的调整

（1）调整零点调整螺钉，消除原有的正或负迁移量。

（2）调整量程调整螺钉，可以改变变送器的原有量程。如缩小量程，输入零压力，调节量程使输出电流 I 按式（3-70）调整，即

$$I = \frac{A_1}{A_2} \times (4\text{mA}) \tag{3-70}$$

式中　I——变送器电流，mA；

　A_1——原量程；

　A_2——新量程。

如扩大量程，输出原量程上限值，按式（3-71）调整，即

$$I = \frac{A_1}{A_2} \times 20(\text{mA}) \tag{3-71}$$

（3）输入压力为零，逆时针调整零点螺钉，使输出回到 4mA，这时量程改变基本完成。

（4）加入满量程上限值进行微调，反复调几次，零点调整和正负迁移对量程没有影响，但量程的调整影响零点。

（5）正负迁移，小范围的迁移可以直接调整零点电位器达到，大范围的迁移需要改变正负迁移跨接片的位置，标 E 为负迁移，S 为正迁移。迁移后，有时需对零位和满量程反复进行几次微调。

（6）在零点和量程调整中有机械间隙，改变调整方向时会出现死区，对于机械间隙最简单的办法是反向调整之前有意识地超调。

3. 阻尼调整

放大板上焊有一个微调阻尼器，用来抑制被侧压力引起的输出块波动，其时间常数在 0.4～4.0s 之间。

新变送器的阻尼器调在逆时针极限位置上，时间常数为 14s，时间常数调整不影响变送器，所以阻尼调整可在现场进行，按顺时针转动阻尼器可以达到需要的阻尼值。

4. 变送器线性调整

变送器放大电路板上，有一个线性调整螺钉可对变送器进行线性调整。

十、变送器常见故障的原因分析及处理

1. 常用检查分析方法

在变送器故障处理中，常采用的一些检查方法如下。

（1）追忆检查。追忆故障发生前有无冒烟、打火、异味、供电电压变化、雷击、潮湿、误操作等。观察测量回路的外部损伤、导压管的泄漏、回路的过热、供电开关状态等。

（2）短路检测。在保证变送器安全的情况下，将相关部分回路直接短接，如差压变送器输出值偏小，可将导压管断开，从一次取压阀外直接将差压信号引到差压变送器双侧，观察变送器输出，以判断导压管路的堵、漏的连通性。

（3）断路检测。将疑有故障的部分与其他部分分隔，观察故障是否消失，如果消失即确定故障所在，否则可进一步查找。

（4）替换检测。将怀疑有故障的部分更换，判断故障部位。如怀疑变送器电路板发生故障，可临时更换一块，以确定原因。

（5）分部检测。将测量回路分成几个部分；如变送器电源、信号输出、信号变送、信号检测，检查由外及内、由简到繁，缩小范围，找出故障位置。

2. 变送器常见故障的原因分析及处理

变送器常见故障的原因分析及处理见表 3-12。

表 3-12　变送器常见故障的原因分析及处理

序号	故障现象	原因及处理
1	变送器输出信号过大	（1）检查电源的输出。 （2）检查敏感部件的连接，用备用板检查有故障的电路板。 （3）检查一次元件是否堵塞，管路是否有漏水，是否有残存的气体或液体
2	变送器输出信号低或无输出	（1）检查被测介质的变化，表管有无泄漏和堵塞。 （2）检查加到变送器上的电压，是否有 24V 直流电压；电源输入端电压≥12V。 （3）检查短接线极性。 （4）检查一次元件安装位置及状态。 （5）检查回路阻抗，回路是否断线、检测仪表是否选取错误
3	变送器输出信号不稳定	（1）检查接头、管路是否有漏气和残存的液体气体。 （2）检查变送器的电压，是否有断续短路、断路和多点接地，调整阻尼电位位。 （3）检查电路接插件是否连接好，检查插针是否可靠接牢，用备用板检查原电路板

第四章　流量测量仪表

第一节　流体的物理性质与管流基础知识

一、流量和累积流量

1. 流量的概念和单位

流体的流量是在单位时间内流经某一封闭管道或明渠有效截面的流体量，因为时间很短，可认为在此期间的流动是稳定的。此流量又称瞬时流量。

流体数量以体积表示时称为体积流量，流体数量以质量表示时称为质量流量。

体积流量为

$$q_V = \lim_{\Delta t \to 0} \frac{\Delta V}{\Delta t} = \frac{dV}{dt} = \overline{u}A \quad (\text{m}^3/\text{s}) \tag{4-1}$$

质量流量为

$$q_m = \lim_{\Delta t \to 0} \frac{\Delta M}{\Delta t} = \frac{dM}{dt} = \rho \overline{u}A \quad (\text{kg/s}) \tag{4-2}$$

平均流速为

$$\overline{u} = \frac{q_V}{A} = \frac{\int_A u \, dA}{A} \quad (\text{m/s}) \tag{4-3}$$

体积流量和质量流量的关系式为

$$q_m = \rho \overline{u}A = \rho q_V \tag{4-4}$$

式中　ρ——流体密度；

　　　V——体积；

　　　M——质量；

　　　A——截面面积；

　　　t——时间；

　　　u——流体在流过截面上各点的流速。

2. 累积流量

在一段时间内流过的流体量就是流体总量，即瞬时流量对时间的累积。它是体积流量或质量流量在该段时间中的积分，表示为

$$Q_V = \int_t q_v \, dt \quad (\text{m}^3) \tag{4-5}$$

$$Q_m = \int_t q_m \, dt \quad (\text{kg}) \tag{4-6}$$

二、流体的物理性质

（一）流体的密度

单位体积的流体所具有的密度与质量、三者之间的关系为

$$\rho = \frac{M}{V} \tag{4-7}$$

式中　ρ——流体的密度，kg/m³；

　　　M——流体质量，kg；

　　　V——流体体积，m³。

流体密度是温度与压力的函数，流体密度通常由密度计测定，某些流体的密度可通过查表获得。

（二）流体的压缩系数和膨胀系数

在一定的温度下，可压缩性流体的体积具有随压力增大而缩小的特性。

流体的可压缩性用压缩系数表示，定义为当流体温度不变而所受压力变化时，其体积的相对变化率为

$$k = -\frac{1}{V} \cdot \frac{\Delta V}{\Delta p} \tag{4-8}$$

式中　k——流体的体积压缩系数，1/Pa；

　　　V——流体的原体积，m³；

　　　Δp——流体压力增量，Pa；

　　　ΔV——流体体积变化量，m³。

在一定压力下，可压缩性流体的体积具有温度升高而增大的特性。流体的膨胀性用膨胀系数来表示，定义为：流体在压力不变，而温度变化时，其体积的相对变化率为

$$\beta = -\frac{1}{V} \cdot \frac{\Delta V}{\Delta T} \tag{4-9}$$

式中　β——流体的体积膨胀系数，1/℃；

　　　V——流体的原体积，m³；

　　　ΔV——流体体积变化量，m³；

　　　ΔT——流体温度变化量，℃。

流体膨胀性对测量结果的影响较明显，无论是气体还是液体均需予以考虑。

（三）流体黏度

流体在流动时有阻止内部质点发生相对滑移的性质，黏度是表示流体黏性大小的参数，流体的黏度是指在流体运动时，由于分子之间的吸引力与不规则运动交换导致了摩擦力，从而对流体的运动产生阻力，引起流体的流速分布、产生能量损失（压力损失），影响流量计的性能和流量测量；在一定的温度下，流体体积随压力增大而缩小的特性；通常采用动力黏度、

运动黏度来表征流体黏度。

1. 动力黏度

动力黏度又称牛顿黏性定律，流体运动过程中阻滞剪切变形的黏滞力与流体的速度梯度和接触面积成正比，并与流体黏性有关，其数学表达式为

$$F = \eta A \frac{\mathrm{d}u}{\mathrm{d}y} \tag{4-10}$$

式中　F——黏滞力；

　　A——接触面积；

　$\mathrm{d}u/\mathrm{d}y$——流体垂直于速度方向的速度梯度；

　　η——表征流体黏性的比例系数，流体的动力黏度。

牛顿流体的黏度只与温度有关，与切变速率（流速梯度）无关，非牛顿流体的黏度与温度（主要）、压力等有关。并且液体的黏度随着温度升高而减小；气体黏度则随温度升高而增大。

2. 运动黏度

流体的动力黏度 η 与流体密度 ρ 的比值称为运动黏度 μ，即

$$\mu = \frac{\eta}{\rho} \tag{4-11}$$

动力黏度的单位为牛顿·秒/米²（N·s/m²），即帕斯卡秒（Pa·s）；运动黏度的单位为米²/秒 [(m²/s)]。

（四）雷诺数

雷诺数是流体流动的惯性力与黏滞力之比，是一种可用来表征流体流动情况的无量纲数，以 Re 表示

$$Re = -\frac{u\rho L}{\eta} = \frac{uL}{\mu} \tag{4-12}$$

式中　u——流动横截面的平均流速，m/s；

　　ρ——流体的密度，kg/m³；

　　L——流场特征长度或直径，m；

　　η——动力黏度，N·s/m²；

　　μ——运动黏度，m²/S。

当流体流过圆形管道时，流场特征长度为管道内径 D。利用雷诺数可区分流体的流动是层流或湍流，也可用来确定物体在流体中流动所受到的阻力。故圆管流时雷诺数为

$$Re_D = -\frac{u\rho D}{\eta} = \frac{uD}{\mu} \tag{4-13}$$

雷诺数是判别流体状态的准则，在紊流时流体流速分布与雷诺数有关。

（五）等熵指数

流动工质在状态变化（由一种状态转变到另一种状态）过程中，若不

与外界发生热交换，则称为绝热过程；可逆的绝热过程就是一种等熵过程；在此过程中，等熵过程中流体的压力 p 与比容 V 的 K 次方的乘积为常数，即 pV^k＝常数，k 称为等熵指数（又称绝热指数）。

在实际生活中是难以实现完全绝热，但由于流体流经节流元件时，因为节流元件很短，其与外界的热交换及摩擦生热均可忽略，所以该过程可近似认为是等熵过程。

空气在常温下的等熵指数为 1.40，过热蒸汽的等熵指数为 1.30。

三、管流基础知识

（一）管流类型

通常把流体充满管道横截面的流动叫管流。管流分为下述几种类型。

1. 单相流和多相流

在管道中只有一种单纯气态或液态的流体的流动称为单相流。

有两种不同相的流体同时在管道中流动称为两相流。

有两种以上不同相流体同时在管道中流动称为多相流。

2. 可压缩和不可压缩流体的流动

流体可分为可压缩流体和不可压缩流体，这两种不同的流体的流动规律在某些方面是很大区别的。

3. 稳定流和不稳定流

当流体流动时，若各处的速度和压力仅和流体质点所处的位置有关，而与时间无关，称为稳定流。

若各处的速度和压力不仅和流体质点所处位置有关，而且与时间有关，称为不稳定流。

4. 层流与紊流

层流：层流中流体微团沿轴向分层彼此平行流动，有规则的流线，各流层质点没有垂直于主流方向的横向运动，互不混杂。层流状态流体流量与流体压力降成正比。

紊流：紊流一般相对"层流"而言，在不同的流动状态下，流体的运动规律。紊流状态管内流体不仅有轴向运动，且还有剧烈的无规则的横向流动称为紊流。紊流状态流量与压力降的平方根成正比。

一般用雷诺数判定。雷诺数小，意味着流体流动时各质点间的黏性力占主要地位，流体各质点平行于管路内壁有规则地流动，呈层流流动状态。雷诺数大，意味着惯性力占主要地位，流体呈紊流流动状态，一般管道雷诺数 $Re<2100$ 为层流状态，$Re>4000$ 为紊流状态，$Re=2100\sim4000$ 为过渡状态。

（二）流速分布与平均流速

1. 流速分布

越接近管壁，流速越低；对于半径为 R 的圆管，管中心部分的流速则最快，流体分别处于层流和紊流状态时，沿管道半径方向上的流速分布如图 4-1 所示。

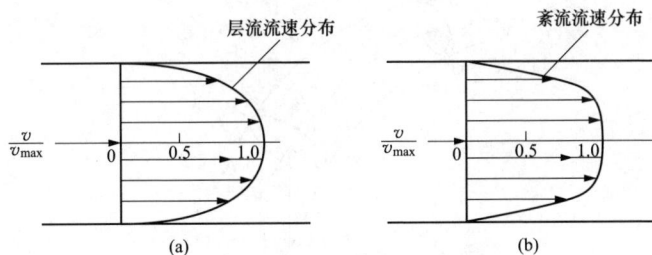

图 4-1　圆管内典型的层流与紊流流速分布

(a) 层流流速分布；(b) 紊流流速分布

层流状态下流速呈轴对称抛物线分布，与雷诺数无关，流速在管中心轴上达到最大。

紊流状态下流速呈轴对称指数曲线分布，其流速分布形状随雷诺数不同而变化。

2. 平均流速

根据流量的定义，速度式流量计是通过检测出管道截面上的平均流速然后求得流量。

对于层流，平均流速 $\overline{u}$ 是在 $r_0 = 0.707\ 1R$ 处，其数值为管中心最大流速 u_{max} 的一半。

对于紊流时管道截面上的平均流速 $\overline{u}$ 与 n（随流体雷诺数不同而变化的系数）值有关。

$$\overline{u} = \frac{2n^2}{(n+1)(2n+1)} u_{max} \tag{4-14}$$

在不同的流动状态下，流体的运动规律、流速的分布等都是不同的，因而管道内流体的平均流速 $\overline{u}$ 与最大流速 u_{max} 的比值也不同。因此雷诺数的大小决定了黏性流体的流动特性。

一般管道的雷诺数 $Re_D < 2300$ 为层流状态，$Re_D > 4000$ 为紊流状态，$Re_D = 2300 \sim 4000$ 为过渡状态。

（三）流体流动的连续性方程和伯努利方程

1. 连续性方程

任取一管段，设截面 I、截面 II 处的面积、流体密度和截面上流体的平均流速分别为 A_1、ρ_1、u_1 和 A_2、ρ_2、u_2。

图 4-2 所示，单位时间内经截面 I 流入管段的流体质量必等于通过截面

Ⅱ流出的流体质量为

$$\rho_1 \overline{u}_1 A_1 = \rho_2 \overline{u}_2 A_2 \tag{4-15}$$

式中 ρ_1、ρ_2——截面Ⅰ和Ⅱ处流体的密度；

$\overline{u}_1$、$\overline{u}_2$——截面Ⅰ和Ⅱ处流体的平均流速；

A_1、A_2——截面Ⅰ和Ⅱ处流体的流通面积。

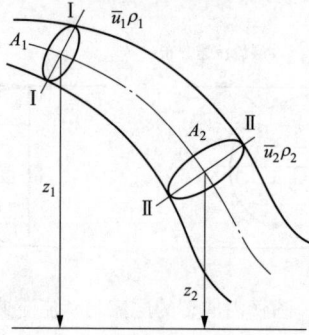

图 4-2 连续方程示意图

若应用于不可压缩流体，则 ρ 为常数。式（4-15）可简化为

$$\overline{u}_1 A_1 = \overline{u}_2 A_2 \tag{4-16}$$

2. 伯努利方程

当无黏性、不可压缩流体在重力作用下在管内满管定常流动时，对于管道中任意两个截面Ⅰ和Ⅱ有如下关系

$$gz_1 + \frac{p_1}{\rho} + \frac{\overline{u}_1^2}{2} = gz_2 + \frac{p_2}{\rho} + \frac{\overline{u}_2^2}{2} \tag{4-17}$$

式中 g——重力加速度；

z_1、z_2——截面Ⅰ和Ⅱ处相对基准线的高度；

p_1、p_2——截面Ⅰ和Ⅱ处流体的静压力；

$\overline{u}_1$、$\overline{u}_2$——截面Ⅰ和Ⅱ处流体的平均流速。

式（4-17）中，gz 为单位质量的位势能，p/ρ 表示单位质量的压力势能，$\overline{u}_1/2$、$\overline{u}_2/2$ 表示单位质量的动能。

伯努利方程说明，流体运动时，单位质量流体的总机械能（位势能、压力能和动能）沿流线守恒，且不同性质的机械能可以互相转换。伯努利方程示意如图 4-3 所示。

实际流体具有黏性，在流动过程中要克服摩擦阻力而做功，这将使流体的一部分机械能转化为热能而耗散（阻力损失）。实际流体的伯努利方程为

$$gz_1 + \frac{p_1}{\rho} + \frac{\overline{u}_1^2}{2} = gz_2 + \frac{p_2}{\rho} + \frac{\overline{u}_2^2}{2} + h_{\mathrm{wg}} \tag{4-18}$$

式中　h_{wg}——截面Ⅰ和截面Ⅱ之间单位质量实际流体流动产生的阻力损失。

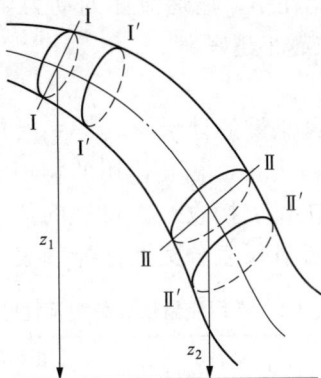

图 4-3　伯努利方程示意图

（四）流量测量方法

由于流量检测条件的多样性和复杂性，流量的检测方法非常多，是工业生产过程常见参数中检测方法最多的。据统计，目前在全世界流量检测的方法至少有一百多种，常用的流量测量方法大致可以归纳为以下几类：

（1）流速法：根据一元流动的连续基本方程，通过测量流体在管路内已知截面流过的流速大小再乘以管道截面积求得流体的体积流量的；基于这种检测方法的流量检测仪表有差压式流量计、转子流量计、电磁流量计和超声波流量计等。测量质量流量还需要同时要测量流体的密度，再按一定的函数关系进行运算，才能求出质量流量。

（2）容积法：通过单位时间内经过标准容积的数目来测量流体的瞬时流量和总量。

（3）质量法：质量流量的检测分为直接法和间接法（推导式）两种。直接式质量流量计如热式质量流量计和科氏力式等；间接式质量流量计是同时测出容积流量和流体的密度而自动计算出质量流量的。质量流量计测量精度不受流体的温度、压力和密度等影响。

四、流量计

1. 流量仪表的主要技术指标

主要技术指标有准确度、重现性、灵敏度、响应时间、零点漂移和量程漂移等指标，但也有些技术指标不同。

（1）流量范围：流量计可测量的最大流量与最小流量范围。

（2）量程和量程比：流量范围内最大流量与最小流量值之差称之为量程。最大流量与最小流量的比值称之为范围度；范围度大，说明流量范围宽。流量计的流量范围越宽越好，但流量计范围度的大小受仪表测量原理和结构的限制。

（3）压力损失：压力损失通常用流量计的进、出口之间的静压差来表示。压力损失小，流体能耗小，输运流体的动力要求小。反之则能耗大，故希望流量计的压力损失越小越好。

2. 流量仪表的分类

流量仪表是用于测量流量的计量器具，一次仪表安装于流体导管内部或外部，根据流体与一次装置相互作用的物理定律，产生一个与流量有确定关系的信号；二次仪表接收一次仪表的信号，并转换成流量显示信号或输出信号，常用流量仪表分类及性能如表 4-1 所示。

表 4-1 常用流量仪表分类及性能

类别	仪表名称	工作原理	可测流体种类	适用管径（mm）	测量精度 x	安装要求、特点
差压式流量计	孔板	流体流过管道中的阻力件时产生的压力差与流量之间有确定关系，通过测量阻力件前后的差压值求得流量	液、气、蒸汽	50～1000	±1～2	需直管段，压力损失大
	喷嘴			50～500		需直管段，压力损失中等
	文丘里管			50～1200		需直管段，压力损失小
	均速管		液、气、蒸汽	25～9000	±1	需直管段，压力损失小
	转子流量计		液、气	4～150	±2	垂直安装
	靶式流量计		液、气、蒸汽	15～200	±1～4	需直管段
	弯管流量计		液、气		±（0.5～5）	需直管段，无压力损失
容积式流量计	椭圆齿轮流量计	直接对仪表排出的定量流体计数，确定流量	液	10～400	±（0.2～0.5）	无直管段要求，需装过滤器，压力损失中等
	腰轮流量计		液、气		±（0.2～0.5）	
	刮板流量计		液		±0.2	无直管段要求，压力损失小
速度式流量计	涡轮流量计	通过测量管道截面上流体平均流速来测量流量	液、气	4～600	±（0.1～0.5）	需直管段，装过滤器
	涡街流量计		液、气	150～1000	±（0.5～1）	需直管段
	电磁流量计		导电液体	6～2000	±（0.5～1.5）	直管段要求不高，无压力损失
	超声波流量计		液	＞10	±1	需直管段，无压力损失
直接式质量流量计	热式质量流量计	直接检测与直接输出质量，如热式质量流量计	气		±1	
	冲量式质量流量计		固体粉料		±（01～05）	
	科氏质量流量计		液、气			

类别	仪表名称	工作原理	可测流体种类	适用管径（mm）	测量精度 x	安装要求、特点
间接式质量流量计	同时检测体积流量和流体密度来计算质量流量	体积流量经密度补偿	液、气		±0.5	
		体积流量经密度补偿	液、气		±0.5	

第二节 标准节流装置的使用条件

标准节流装置是指 ISO 5167 或 GB/T 2624.1《用安装在圆形截面管道中的差压装置测量满管流体流量 第 1 部分：一般原理和要求》中所列入的节流装置称为标准节流装置，有标准孔板、标准喷嘴、经典文丘里管、文丘里喷嘴。

一、标准节流装置对管道的要求

节流装置的流量与差压之间的关系，不仅与节流件类型有关，而且与流体在节流件上下游流动情况有关。对于标准节流装置，要求在节流件前 $2\sim4D$ 处的管道截面上已基本形成典型的紊乱流速度分布，节流件下游的阻力件不影响流束的正常恢复。因此，对节流件前后的管道必须有明确的要求，此外还必须确定所用管道内壁粗糙度限值。

节流装置除了应具备上游 10 倍管径 D、下游 4 倍管径 D 长的平直测量管外，还应包括节流件上游第一个局部阻力件与第二个阻力件、节流件下游第一个局部阻力件以及局部阻力件之间的管道长度，如图 4-4 所示。

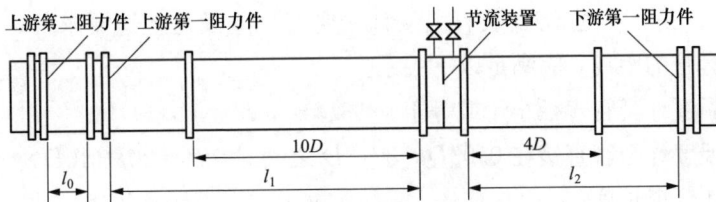

图 4-4 节流装置管段与管件

图 4-4 中，l_0 为节流件上游第一个局部阻力件与第二个阻力件之间的直管段。l_1 为节流件上游直管段，l_2 为节流件下游直管段。对这些直管段长度的要求与节流件形式、局部阻力件的形式和直径比 β 有关，如表 4-2、表 4-3 所示。

表 4-2　喷嘴和文丘里喷嘴所要求的最小直管段长度（管径 D 的倍数）

直径比 β	单个90°弯头或只从一个支管流出的三通	同平面两个或两个以上90°弯头	不同平面两个或两个以上90°弯头	渐缩管(1.5~3D长度内由2D变为D)	渐扩管(1~2D长度内由0.5D变为D)	球阀全开	全孔球阀或闸阀全开	对称渐缩管	温度计套管或插孔(直径<0.03D)	温度计套管或插孔直径在0.03D~0.13D之间	节流件下游最短直管段长度 l_2(指本表中所有阻流件)
0.20	10(6)	14(7)	34(17)	5	16(8)	18(9)	12(6)	30(15)	5(3)	20(10)	4(2)
0.25	10(6)	14(7)	34(17)	5	16(8)	18(9)	12(6)	30(15)	5(3)	20(10)	4(2)
0.30	10(6)	16(8)	34(17)	5	16(8)	18(9)	12(6)	30(15)	5(3)	20(10)	5(2.5)
0.35	12(6)	16(8)	36(18)	5	16(8)	18(9)	12(6)	30(15)	5(3)	20(10)	5(2.5)
0.40	14(7)	18(9)	36(18)	5	16(8)	20(10)	12(6)	30(15)	5(3)	20(10)	6(3)
0.45	14(7)	18(9)	38(19)	5	17(9)	20(10)	12(6)	30(15)	5(3)	20(10)	6(3)
0.50	14(7)	20(10)	40(20)	6(5)	18(9)	22(11)	12(6)	30(15)	5(3)	20(10)	6(3)
0.55	16(8)	22(11)	44(22)	8(5)	20(10)	24(12)	14(7)	30(15)	5(3)	20(10)	6(3)
0.60	18(9)	26(13)	48(24)	9(5)	22(11)	26(13)	14(7)	30(15)	5(3)	20(10)	7(3.5)
0.65	22(11)	32(16)	54(27)	11(6)	25(13)	28(14)	16(8)	30(15)	5(3)	20(10)	7(3.5)
0.70	28(14)	36(18)	62(31)	14(7)	30(15)	32(16)	20(10)	30(15)	5(3)	20(10)	7(3.5)
0.75	36(18)	42(21)	70(35)	22(11)	38(19)	36(18)	24(12)	30(15)	5(3)	20(10)	8(4)
0.80	46(23)	50(25)	80(40)	30(15)	54(27)	44(22)	30(15)	30(15)	5(3)	20(10)	8(4)

表 4-2 中所列数值为管道内径 D 的倍数。直管段 l_0 的长度可按上游第二阻力件的形式和 $β=0.67$（不论实际的 $β$ 是多少），按表 4-2 或表 4-4 查 l_1 的数再折半。

如果节流件前有大于 2∶1 的骤减，或节流件安装于敞开空间或大容器之后，则除上述要求外，节流件离骤缩处（或大容器入口）不得小于 $30D(15D)$。

如果在节流件上游安装有温度计套管时，除满足上述要求外，节流件与温度套管的距离 l 应满足以下关系。

当温度计套管直径小于或等于 $0.03D$ 时，$l_1=5D(3D)$；

当温度计套管直接在 $0.03D$~$0.13D$ 之间时，$l_1=20D(10D)$。

上述管道长度和表 4-3 或表 4-4 的数据中，不带括号的值为"零附加不确定度"的值，带括号的值为"0.5 附加不确定度"的值。

如果实际的三个直管段长度 l_0、l_1 和 l_2 中有一个在括号内和括号外的数值之间，则应在流出系数的不确定度上的算术相加 $±0.5\%$。

节流件上下游实际直管段长度小于表中括号内的值；或上下游实际直管段长度均在表中括号内外的数值之间，则国家标准不能给出附加不确定的值，应对节流装置进行单独标定。

表 4-3　上游无整流器时孔板所要求的最小直管段长度（管径 D 的倍数）

直径比 β	单个或任一平面两个 90° 弯头	同平面两个 90° 弯头	不同平面两个 90° 弯头	单个 45° 弯头或同平面上两个 45° 弯头	渐缩管（1.5D~3D 长度内由 2D 变为 D）	渐扩管（1D~2D 长度内由 0.5D 变为 D）	全孔球阀或闸阀全开	节流件下游最短直管段长度 l_2（指本表中所有阻流件
小于或等于 0.20	6(3)	10	34(17)	7	5	6	12(6)	4(2)
0.40	16(3)	10	50(25)	30(9)	5	12(8)	12(6)	6(3)
0.50	22(9)	18(10)	75(34)	30(18)	8(5)	20(9)	12(6)	6(3)
0.60	42(13)	30(18)	65(25)	30(18)	9(5)	26(11)	14(7)	7(3.5)
0.67	44(20)	44(18)	60(18)	44(18)	12(6)	28(14)	18(9)	7(3.5)
0.75	44(20)	44(18)	75(18)	44(18)	13(8)	36(18)	24(12)	8(4)

表 4-4　经典文丘里管所要求的最小直管段长度（管径 D 的倍数）

直径比 β	单个 90° 弯头（弯曲半径≥管径）	同平面两个或不同平面两个以上 90° 弯头	渐缩管 2.3D 长度内由 1.33D 变为 D	渐缩管 3.5D 长度内由 3D 变为 D	渐扩管 D 长度内由 0.75D 变为 D	渐扩管 2.5D 长度内由 0.67D 变为 D	全孔球阀或闸阀全开
0.30	8(3)	8(3)	4(4)	2.5	2.5(2.5)	4(4)	2.5
0.40	8(3)	8(3)	4(4)	2.5	2.5(2.5)	4(4)	2.5
0.50	9(3)	10(3)	4(4)	5.5(2.5)	2.5(2.5)	5(4)	3.5(2.5)
0.60	10(3)	10(3)	4(4)	8.5(25)	3.5(25)	6(4)	4.5(2.5)
0.67	14(3)	18(3)	4(4)	10.5(2.5)	5.5(3.5)	7(5)	5.5(3.5)
0.75	16(8)	22(8)	4(4)	11(3.5)	6.5(4.5)	7(6)	5.5(3.5)

二、标准节流装置使用条件

1. 标准孔板使用条件

标准孔板对于角接取压口或 D 和 $D/2$ 取压口孔板时，使用条件如下。

（1）孔板孔径 $d \geqslant 12.5\mathrm{mm}$。

（2）$50\mathrm{mm} \leqslant D \leqslant 1000\mathrm{mm}$。

（3）$0.1 \leqslant \beta \leqslant 0.75$。

（4）雷诺数 $Re_D \geqslant 5000$，且 $Re_D \geqslant 170\beta^2 D$。

其中，D 以毫米（mm）表示。

标准孔板上游管道内部的粗糙度应符合下述规定，粗糙度廓形的算术

平均偏差值 Ra 应使 $10^4 Ra/D$ 小于表 4-5 列出的最大值，并大于表 4-6 列出的最小值。其目的是使采用粗糙度不同的管道造成的流出系数偏移超出规定的不确定度值。

孔板上游 $10D$ 的粗糙度应符合表 4-5 和表 4-6 的要求。粗糙度要求与节流件和上游管道配置有关。下游粗糙度要求没有如此严格。

表 4-5 标准孔板上游管道相对粗糙度（$\times 10^4 Ra/D$ 的最大值）

β	Re_D								
	$\leqslant 10^4$	3×10^4	10^5	3×10^5	10^6	3×10^6	10^7	3×10^7	10^8
$\leqslant 0.20$	15	15	15	15	15	15	15	15	15
0.30	15	15	15	15	15	15	15	14	13
0.40	15	15	10	7.2	5.2	4.1	3.5	3.1	2.7
0.50	11	7.7	4.9	3.3	2.2	1.6	1.3	1.1	0.9
0.60	5.6	4.0	2.5	1.6	1.0	0.7	0.6	0.5	0.4
$\leqslant 0.65$	4.2	3.0	1.9	1.2	0.8	0.6	0.4	0.3	0.3

表 4-6 标准孔板上游管道相对粗糙度（$\times 10^4 Ra/D$ 的最小值，需要其中一个）

β	Re_D			
	$\leqslant 3 \times 10^6$	10^7	3×10^7	10^8
$\leqslant 0.50$	0.0	0.0	0.0	0.0
0.60	0.0	0.0	0.003	0.004
$\leqslant 0.65$	0.0	0.013	0.016	0.013

例如，在下面两种情况下可满足本条的要求。

（1）$1\mu m \leqslant Ra \leqslant 6\mu m$，$D \geqslant 10mm$，$\beta \leqslant 0.6$ 和 $Re_D \leqslant 5 \times 10^7$。

（2）$1.5\mu m \leqslant Ra \leqslant 6\mu m$，$D \geqslant 150mm$，$\beta > 0.6$ 和 $Re_D \leqslant 1.5 \times 10^7$。

若 D 小于 150mm，必须利用表 4-5 和表 4-6 计算 Ra 的最大值和最小值。

2. ISA1932 喷嘴适用条件

（1）$50mm \leqslant D \leqslant 500mm$。

（2）$0.3 \leqslant \beta \leqslant 0.8$。

同时 Re_D 在下述限值范围内：当 $0.30 \leqslant \beta < 0.44$ 时，$7 \times 10^4 \leqslant Re_D \leqslant 10^7$；当 $0.44 \leqslant \beta \leqslant 0.80$ 时，$2 \times 10^4 \leqslant Re_D \leqslant 10^7$。

此外，管道的相对粗糙度上限值应符合表 4-7 给出的值。

表 4-7 ISA 1932 喷嘴上游管道的相对粗糙度上限值

β	$\leqslant 0.35$	0.36	0.38	0.4	0.42	0.44	0.46	0.48	0.50	0.60	0.70	0.77	0.80
$\times 10^4 Ra/D$	8.0	5.9	4.3	3.4	2.8	2.4	2.1	1.9	1.8	1.4	1.3	1.2	1.2

3. 文丘里管使用条件

(1)"铸造"收缩段经典文丘里管适用范围。

1)$100\text{mm} \leqslant D \leqslant 800\text{mm}$。

2)$0.3 \leqslant \beta \leqslant 0.75$。

3)$2 \times 10^5 \leqslant Re_D \leqslant 2 \times 10^6$。

(2)机械加工收缩段经典文丘里管的适用范围。

1)$50\text{mm} \leqslant D \leqslant 250\text{mm}$。

2)$0.4 \leqslant \beta \leqslant 0.75$。

3)$2 \times 10^5 \leqslant Re_D \leqslant 1 \times 10^6$。

(3)粗焊铁板收缩段经典文丘里管适用范围。

1)$200\text{mm} \leqslant D \leqslant 1200\text{mm}$。

2)$0.4 \leqslant \beta \leqslant 0.7$。

3)$2 \times 10^5 \leqslant Re_D \leqslant 2 \times 10^6$。

在喉部及其邻近曲面的粗糙度 Ra 应尽可能小并且应始终小于 $10^{-4}d$。扩散段是浇铸的,其内表面应清洁而光滑。经典文丘里管其他部分的粗糙度限值取决于文丘里管的形式。

"铸造"收缩段经典文丘里管廓形的收缩段 B 的内表面是砂型铸造的。它应无裂纹、凹陷、不平和杂质。表面粗糙度 Ra 应小于 $10^{-4}D$。

4. 文丘里喷嘴使用条件

(1)$65\text{mm} \leqslant D \leqslant 500\text{mm}$。

(2)$d \geqslant 50\text{mm}$。

(3)$0.316 \leqslant \beta \leqslant 0.775$。

(4)$1.5 \times 10^5 \leqslant Re_D \leqslant 2 \times 10^6$。对管道粗糙度的要求如表 4-8 所示。

表 4-8 文丘里喷嘴上游管道的相对粗糙度上限值

β	$\leqslant 0.35$	0.36	0.38	0.4	0.42	0.44	0.46	0.48	0.50	0.60	0.70	0.775
$\times 10^4 Ra/D$	8.0	5.9	4.3	3.4	2.8	2.4	2.1	1.9	1.8	1.4	1.3	1.2

如果一次装置上游至少 $10D$ 长度范围内的粗糙度在表 4-8 给出的限值范围之内,也可使用较高相对粗糙度的管道。

5. 长径喷嘴对管道使用限制

(1)允许范围。

1)$50\text{mm} \leqslant D \leqslant 630\text{mm}$。

2)$0.2 \leqslant \beta \leqslant 0.8$。

3)$d \geqslant 50\text{mm}$。

4)$10^4 \leqslant Re_D \leqslant 10^7$。

5)$Ra/D \leqslant 3.2 \times 10^{-4}$。

(2)如果喷嘴上游至少 $10D$ 长度范围内的粗糙度在上述极限之内,则具有较高相对粗糙度的管子还是可以使用的。

需要注意以上各表给出的粗糙度限值所依据的数据大多数是在 $Re_D \leqslant 10^6$ 的范围内收集到的；在较高雷诺数下可能需要对管道粗糙度作出更为严格的限制。

第三节　标准节流装置

标准节流元件是指孔板、喷嘴和文丘里管。最常用的是孔板，其次是喷嘴，文丘里管使用较少。使用标准节流装置时对被测流体的要求如下。

（1）流体必须是牛顿流体，在物理学和热力学上是均匀的、单相的，或者可认为是单相的流体。

（2）流体必须充满管道和节流装置且连续流动，流经节流件前流动应达到充分紊流，流束平行于管道轴线且无旋转，流经节流件时不发生相变。

（3）流动是稳定的或随时间缓变的流束平行。

一、标准孔板

标准孔板是一块具有与管道同心圆形开孔的圆板，迎流一侧是有锐利直角入口边缘的圆筒形孔和直角入口边缘的圆筒形孔，顺流向出口呈锥形扩散。结构简单，加工方便，价格便宜。顺流压力损失较大，测量精度较低，只适用于洁净流体介质；测量大管径高温高压介质时，孔板易变形，如图 4-5 所示。

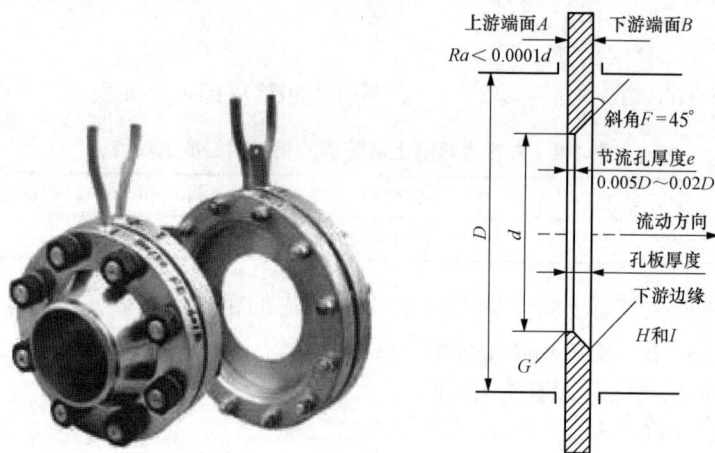

图 4-5　标准孔板的轴向截面

标准孔板是一块具有圆形开孔、与管道同心、直角入口边缘非常锐利的薄板。用于不同的管道内径和各种取压方式的标准孔板，其几何形状都是相似的。

对图 4-5 中 A、B、E、e、F、G（H 和 I）及 d 的要求，标准中均有具体规定。主要如下。

1. 上下游端面 A、B 的粗糙度

上游端面 A 的粗糙度高度参数 Ra 应小于等于 $0.0001d$。下游端面 B 应与 A 面严格保持平行，面粗糙度可较 A 面稍低。

2. 孔板厚度 E 和节流孔厚度 e

节流孔厚度 e 应满足 $0.005D \leqslant e \leqslant 0.02D$。在节流孔的任意点上测得的各个 e 值之差不得超过 $0.001D$，其表面粗糙度高度参数同 A 面。

孔板厚度 E 应在 e 和 $0.05D$ 之间，当 $50 \leqslant D \leqslant 64$ 时，允许 $E = 3.2$mm。当 $D \geqslant 200$，在孔板任意点上测得的各个 E 值之差不得大于 $0.001D$；当 $D < 200$mm，在孔板任意点上测得的各个 E 值之差不得大于 $0.001D$，$D < 20$mm，各个 E 值之差应小于 0.2mm。

3. 孔板边缘 G、H 和 I 的尖锐度

上游边缘应为直角，孔板开孔与上游端面之间的夹角为 $90° \pm 0.3°$，上游入口边缘 G 和下游边缘 H、I 应无划痕和毛刺。尤其是对于影响流出系数较大的上游边缘 G，要求加工精度高，边缘是尖锐的。

若直角入口边缘呈圆弧，则其圆弧半径 r_k 应不大于 $0.0004d$。如果孔板厚度 $E > e$，则孔的下游端应做成表面光滑的，倾斜角 F 为 $45° \pm 15°$。表面粗糙度应达到上游端面 A 的水平。

4. 节流孔的圆度

孔板开孔为正圆，孔径 d 不小于 12.5mm，其轴线应垂直于上游端面 A。孔径是不少于 4 个均匀分布单测值的算术平均值，任一单测值与平均值之差不得超过 $\pm 0.05\% d$。

二、标准喷嘴

标准喷嘴是一种以管道轴线为中心线的旋转对称体，主要由入口圆弧收缩部分与出口圆筒形喉部组成，有两种结构形式：ISA1932 喷嘴和长径喷嘴。

（一）ISA1932 喷嘴

ISA1932 喷嘴上游面由垂直于轴的平面、廓形为圆周的两段弧线所确定的收缩段、圆筒形喉部和凹槽组成的喷嘴。ISA1932 喷嘴的取压方式仅角接取压一种。ISA1932 喷嘴结构如图 4-6 所示。

标准喷嘴由垂直于轴线的入口平面部分 A、圆弧形曲面 B 和 C 所构成的入口收缩部分、圆筒形喉部 E 和为防止边缘损伤所需的保护槽 F 组成，其取压方式上游采用角接取压，下游可按角接取压设置，也可设置于较远的下游处。

标准喷嘴由两个圆弧曲面构成的入口收缩部分和与之相接的圆柱形喉部组成。用于不同管道内径的标准喷嘴，其结构形状是几何相似的。

对标准喷嘴的各部分尺寸标准有严格的规定，主要如下。

1. 入口平面 A

入口平面 A 是以轴线为圆心，直径为 $1.5d$ 的圆周和直径为管道内径

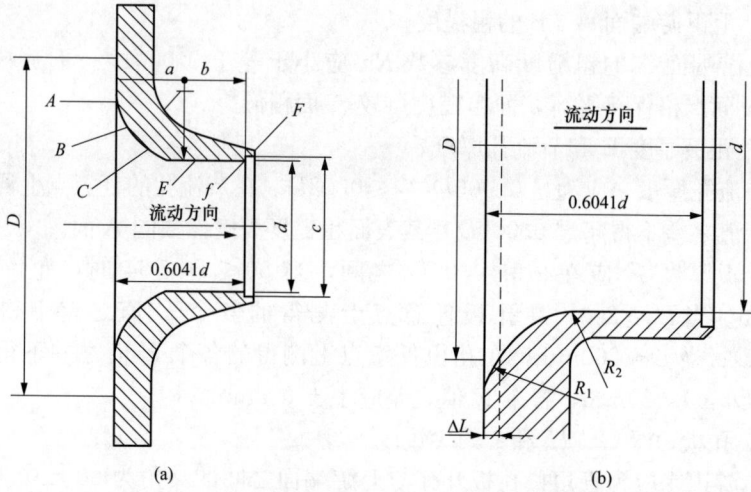

图 4-6　ISA1932 喷嘴结构

(a) $\beta \leqslant 2/3$；(b) $\beta > 2/3$

D 的圆周所围成的环形平面，环宽比为 $1/2(D \sim 1.5d)$，通流表面粗糙度高度参数 Ra 不得大于 $0.0001d$。

当 $\beta = 2/3$ 时，环形宽度将为零。当 $\beta > 2/3$ 时，由于此时直径为 $1.5d$ 的圆周将大于内径 D 所形成的圆周，必须将喷嘴上游侧端面切去一部分 ΔL，使平面部分 A 的最小直径恰好等于管道内径 D，以便夹持，如图 4-6 (b) 所示。切去部分的轴向长度为

$$\Delta L = \left[0.2 - \left(\frac{0.75}{\beta} - \frac{0.25}{\beta^2} - 0.5225 \right)^{\frac{1}{2}} \right] d \qquad (4\text{-}19)$$

2. 进口圆弧曲面 B 和 C

B 和 C 是喷嘴收缩段的第一段圆弧形曲面和第二段圆弧形曲面。B 面分别于端面 A 和 C 面相切，半径 R_1；C 面分别于 B 面和圆柱形喉部相切，半径 R_2，各半径的值及其圆心都有明确的规定。

3. 圆柱形喉部 E

圆柱中心与管道中心重合，直径为 d，圆柱形长度为 $0.3d$。d 用不少于 4 个单测值的算术平均值求取，4 个单测值应均匀分布，任一单测值与平均值之差不应超过 $\pm 0.05\%d$。

由 B 和 C 曲面构成的喷嘴收缩段轮廓必须用样板检查。在垂直于轴线的同一平面内，任意两个直径之差不应超过它们平均值的 0.1%。喷嘴内表面应全部光滑，表面粗糙度高度参数 Ra 不大于 $0.0001d$。

4. 出口边缘 f 和保护槽 F

喷嘴出口边缘 f 应保持尖锐，无明显倒角。保护槽 F 主要用来保护出口边缘 f 的尖锐度。保护槽直径 c 应不小于 $1.06d$，轴向长度小于或等于 $0.03d$。高度 $(c-d)/2$ 与轴向长度之比应不大于 1.2。

5. 喷嘴轴向长度

不包括出口边缘保护槽 F 的长度，喷嘴的总长度如下。

$0.30 \leqslant \beta \leqslant 2/3$ 时，喷嘴长度为 $0.604d$；

$2/3 < \beta \leqslant 0.8$ 时，喷嘴长度为 $\left(0.404\,1 + \sqrt{\dfrac{0.75}{\beta} - \dfrac{0.25}{\beta^2} - 0.522\,5}\right)d$。

6. 喷嘴流量计适用范围

（1）公称直径：$50\text{mm} \leqslant D_N \leqslant 600\text{mm}$。

（2）公称压力：$p_N \leqslant 32\text{MPa}$。

（3）孔径比：$0.30 \leqslant \beta \leqslant 0.8$。

（4）雷诺数范围：$0.30 \leqslant \beta \leqslant 0.44$ 时，$7 \times 10^4 \leqslant Re_D \leqslant 10^7$；$0.44 \leqslant \beta \leqslant 0.8$ 时，$2 \times 10^4 \leqslant Re_D \leqslant 10^7$。

（二）长径喷嘴

长径喷嘴有两种形式，一种为高比值喷嘴（$0.25 \leqslant \beta \leqslant 0.80$），另一种为低比值喷嘴（$0.2 \leqslant \beta \leqslant 0.5$）。重合区域（即当 β 值介于 $0.25 \sim 0.5$ 之间时），两者均可使用。长径喷嘴的取压方式仅径距取压（$D - D/2$ 取压）一种。其轴向截面如图 4-7 所示。

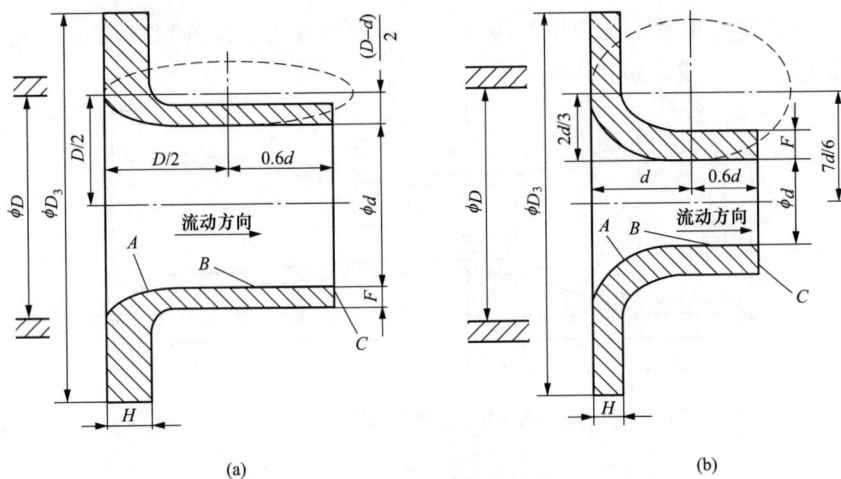

图 4-7　长径喷嘴

（a）高比值长径喷嘴 $0.25 \leqslant \beta \leqslant 0.8$ 时；（b）低比值长径喷嘴 $0.20 \leqslant \beta \leqslant 0.5$ 时

高比值喷嘴的收缩段是一个 1/4 椭圆旋转曲面 A。椭圆中心距管道轴线为 $D/2$，其长轴平行于管道轴线，长半轴为 $D/2$，短半轴为 $(D-d)/2$。

喉部是直径为 d 的圆柱面 B，长度为 $0.6d$。管道内壁与喉部外表面的距离应大于或等于 3mm，入口端面厚度 H 应大于或等于 3mm，并小于或等于 $0.15D$。

当 $D \leqslant 65\text{mm}$，喉部壁面厚度 $F \geqslant 2\text{mm}$；当 $D \geqslant 65\text{mm}$，喉部壁面厚度

$F \geqslant 3mm$。

低比值喷嘴与高比值喷嘴类似，只是入口型线不同，其椭圆中心在距管道轴线 $7d/6$ 处，长轴平行于轴线，长半轴为 d，短半轴为 $2d/3$。

三、文丘里管

1. 经典文丘里管

文丘里管压力损失最低，有较高的测量精度，对流体中的悬浮物不敏感，可用于污脏流体介质的流量测量，在大管径低流速流量测量方面应用得较多。但尺寸大、笨重，加工困难，成本高，一般用在有特殊要求的场合，如图 4-8 所示。

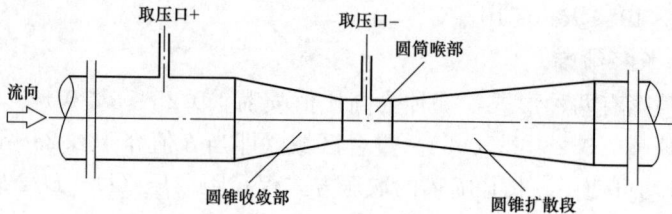

图 4-8　文丘里管

经典文丘里管由入口圆柱段 A、圆锥收缩段 B、圆柱形喉部 C 以及圆锥扩散段 E 组成，如图 4-9 所示。

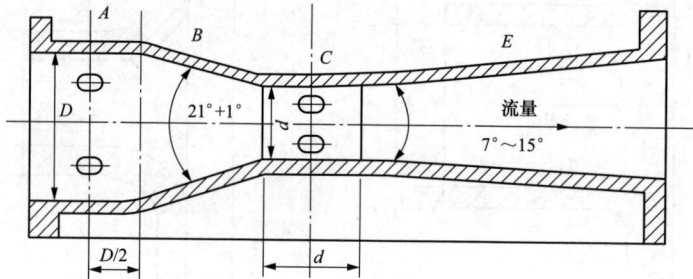

图 4-9　经典文丘里管

其内表面是一个对称于管道轴线的旋转表面。按照经典文丘里管的圆锥收缩段 B 内表面的制造方法和喉部的相交处廓形，经典文丘里管可分成三种形式。

（1）铸造收缩段型。它是采用砂型浇铸或其他方法制成的，喉部经过机械加工，圆筒与圆锥之间结合处应修圆。

（2）机械加工收缩段型。这种文丘里管也是铸造成的，但与铸造型文丘里管不同的是其收缩段 B 是像喉部 C 与入口圆筒段 A 那样进行机械加工，圆筒与圆锥之间的结合处可以修圆，也可以不修圆。

（3）粗焊铁板收缩段型。它一般是焊接制成的，大尺寸不用机械加工，小尺寸喉部需要机械加工。

经典文丘里管入口段 A 的直径和管道内径 D 相同，该段上开有取压孔，长度一般取 D，仅对铸造收缩段取 D 和 $0.25D \pm 250\text{mm}$ 中的较小者。

直径 D 的单测值与平均值之差不应超过 $\pm 0.4\%$，喉部直径 d 的单测值与平均值之差不应大于 $\pm 0.1\%$。

扩散段 E 的最小端直径不小于喉部直径 d，最大端直径可等于或小于管道内径 D。前者为非截头式，后者为截头式文丘里管。

2. 文丘里喷嘴

文丘里喷嘴由收缩段、圆筒形喉部和扩散段构成。入口收缩段与标准喷嘴完全相同，喉部由长度为 $0.3d$（与标准喷嘴的 E 长度相同）和长度为 $(0.4 \sim 0.45)d$ 的圆柱段组成。其上开有负压取压孔。扩散段与喉部的连接不必圆滑过渡，扩散角小于或等于 $30°$，如图 4-10 所示。

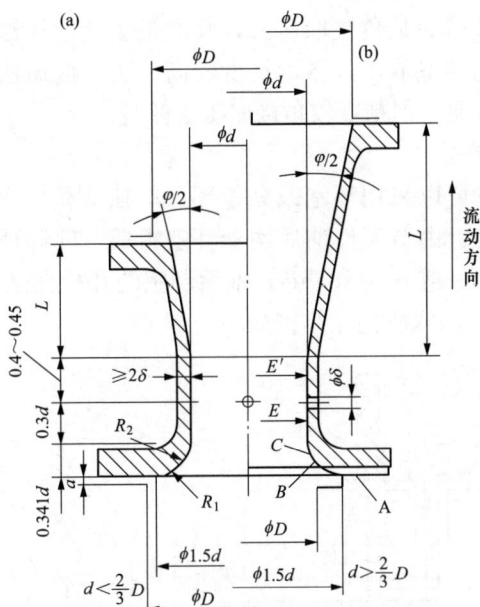

图 4-10 文丘里喷嘴
（a）截尾的扩散段；（b）不截尾的扩散段

当扩散段的出口直径小于直径 D 时，文丘里喷嘴称为"截尾的"文丘里喷嘴，而当出口直径等于直径 D 时，则称为"不截尾的"文丘里喷嘴。

扩散段的长度对流出系数的影响不大，只影响压力损失，扩散段可截去其长度的 35%，而不致引起装置压力损失显著变化。因此，可像文丘里管一样将其截短。

四、标准取压装置

（1）标准取压装置是国家标准中规定的用来实现取压方式的装置。有角接取压装置和法兰取压装置两种，$D - D/2$ 径距取压方式在测量管上钻孔实现取压。

（2）节流装置的取压方式。标准孔板的取压方式如图 4-11 所示。

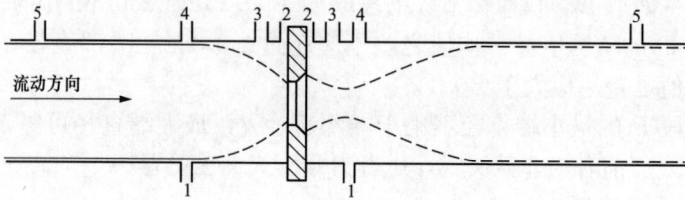

图 4-11　标准孔板的取压方式

1—理论取压；2—角接取压；3—法兰取压；4—径距取压；5—损失取压

根据标准孔板取压口位置来区分，可将取压方式分为理论取压（又称缩流取压）、角接取压、法兰取压、径距取压（$D-D/2$ 取压）与损失取压五种。目前广泛采用的是角接取压法，其次是法兰取压法。角接取压法比较简便，容易实现环室取压，测量精度较高。法兰取压法结构较简单，容易装配，计算也方便，但精度较角接取压法低些。

1. 角接取压装置

角接取压装置可以采用环室或夹紧环（单独钻孔）取得节流件前后的压差，环室取压装置由节流件前后两个环室组成。前后环室的厚度分别为 S 和 S'，应满足 S（或 S'）$\leqslant 0.5D$，前后环室的开孔直径 D_f 应相等，并等于管径 D 以保证不凸入管内，结构如图 4-12 所示。

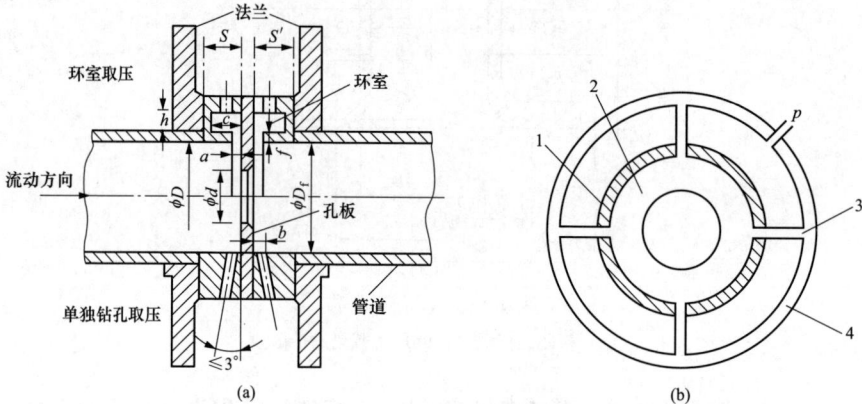

图 4-12　环室取压装置和单独钻孔取压（孔板）

（a）环室取压装置和单独钻孔取压；（b）带均压环的单独钻孔取压

1—管道；2—孔板；3—单独钻孔；4—均压环管

夹紧环内径 $D_f \geqslant$ 管道直径 D，但应 $\leqslant 1.04D$，并满足式（4-20）的要求，即

$$\frac{D_f - D}{D} \cdot \frac{S（或 S'）}{D} \cdot 100\% \leqslant \frac{0.1}{0.1 + 2.3\beta^4} \qquad (4\text{-}20)$$

采用环室取压的目的是可以取出节流件前后的均衡压差，提高测量精度。环室通过与节流件之间的环隙和管道内部相通。

环隙可以是全周上的连续环隙，也可以是等角配置的不少于 4 个断续环隙宽度或单独钻孔取压口直径 a 应满足：$\beta \leqslant 0.65$ 时，$0.005D \leqslant a \leqslant 0.03D$；$\beta \geqslant 0.65$ 时，$0.01D \leqslant a \leqslant 0.02D$。

对于任意 β 值，环隙宽度 a 应在 $1 \sim 10\text{mm}$ 之间。环腔的横截面积 ch 应大于或等于环隙与管道连通的开孔面积的一半，即 $ch \geqslant 1/2\pi Da$。

夹紧环［见图 4-12(a) 下半部分］在单独钻孔时使用，上、下游压力分别从前后夹紧环取出。当被测介质为蒸汽时，取压口直径 ϕb 应在 $4 \sim 10\text{mm}$ 之间。

2. 法兰取压装置

法兰取压装置由两个带取压孔的取压法兰组成，如图 4-13 所示。

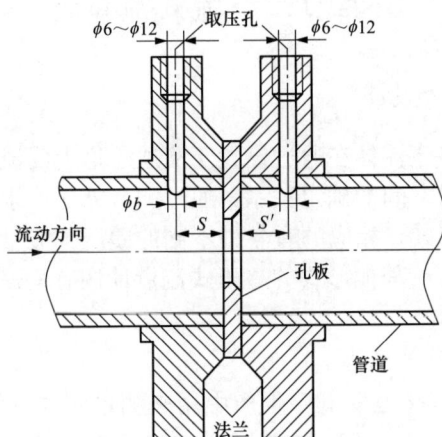

图 4-13　法兰取压装置（孔板）

上、下游取压孔直径 ϕb 相同，应满足 $\phi b \leqslant 0.13D$，同时应小于 13mm。取压孔轴线分布与孔板上下游端面之间的距离为

对于 $\beta > 0.6$，$D \leqslant 150\text{mm}$，$S = S' = (25.4 \pm 0.5)\text{mm}$；

对于 $\beta \leqslant 0.6$ 或 $\beta > 0.6$，但 $150\text{mm} \leqslant D \leqslant 1000\text{mm}$，$S = S' = (25.4 \pm 1)$ mm。

五、标准节流装置对流体的要求

测量管道截面应为圆形，节流件及取压装置安装在两圆形直管之间。节流件附近管道的圆度应符合标准中的具体规定。注意：安装了整流器后会产生相应的压力损失。

当现场难以满足直管段的最小长度要求或者当现场难以满足直管段的最小长度要求及有扰动源存在时，可考虑在节流件前安装流动整流器，以消除流动的不对称分布和旋转流等情况。安装位置和使用的整流器形式在标准中有具体规定。

标准节流装置不适用于脉动流和临界流的流量测量。使用标准节流装置时，流体的性质和状态必须满足下列条件。

（1）满管流。流体必须充满管道和节流装置，并连续地流经管道。

（2）单相流。流体必须是牛顿流体，即在物理上和热力学上是均匀的、单相的，或者可以认为是单相的，包括混合气体、溶液和分散性粒子小于 0.1μm 的胶体。在气体有不大于 2%（质量成分）均匀分散的固体微粒或液体中有不大于 5%（体积成分）均匀分散的气泡，也可认为是单相流体量。但其密度取平均密度。

（3）定常流。流体流量不随时间变化或变化非常缓慢。

（4）无相变流。流体流经节流件时不发生相变。

（5）无旋流。流体在流经节流件前，流束是平行于管道轴线的无旋流。

第四节　节流式流量计

一、节流式流量计概述

节流式流量计基于流体在通过设置于流通管道上的流动阻力件时，产生的压力差与流体流量之间的确定关系，通过测量差压值求得流体流量。产生差压的装置有多种形式，相应的有各种不同的差压式流量计，其中使用最广泛的是节流式流量计，其他形式的差压式流量计还有均速管、弯管、靶式流量计、转子流量计等。

1. 节流式流量计的结构

节流式流量计是火力发电厂生产中用来测量液体、气体或蒸汽流量的仪表，常见的节流件有孔板、喷嘴、文丘里管和文丘里喷嘴等几种形式，节流式流量计由节流装置、引压管路、三阀组和差压计组成，如图 4-14 所示。

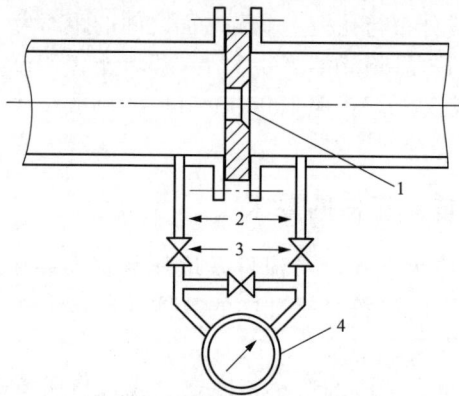

图 4-14　节流式流量计的组成
1—节流装置；2—引压管路；3—三阀组；4—差压计

2. 标准节流装置的测量原理

如图 4-15 所示，如果在充满液体和管道中固定放置一个流通面积小于管道截面积的节流件,则管内流束在通过该节流件时就会造成局部收缩。在收缩处,流速增加,静压力降低,因此,在节流件前后将产生一定的压力差。实践证明,对于一定形状和尺寸的节流件,一定的测压位置和前后直管段,一定的流体参数情况下,节流件前后的压差 Δp 与流量 q_v 之间有一定的函数关系。因此,可以通过测量节流件前后的差压来测量流量。

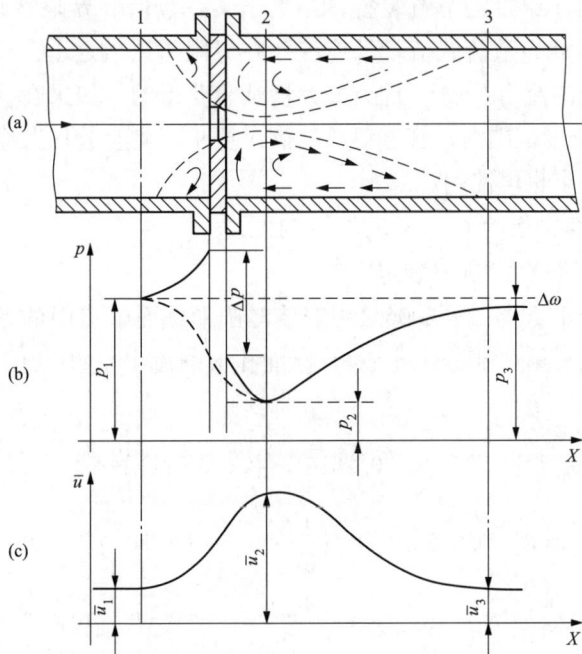

图 4-15　流体流经节流元件(孔板)时的流动情况
(a) 流线和涡流区示意;(b) 沿轴向静压力变化;(c) 沿轴向流速变化示意

　　流体通过孔板前就已经开始收缩,由于惯性的作用,流束通过孔板后还将继续收缩,直到在孔板后的某一距离处达到最小流束截面,如图 4-15(a) 所示。

　　这时流体的平均流速达到最大值,如图 4-15(c) 所示。然后流束又逐渐扩大到充满整个圆管,流体的速度也恢复到孔板前来流的速度。靠近孔板前后的角落处,由于流体的黏性和局部阻力以及静压差回流等的影响将造成涡流。这时沿管壁流体的静压变化和轴线上不同,图 4-15(b) 中实线表示管壁上的静压沿轴线方向的变化曲线。在孔板前,由于孔板对流体的阻力,造成部分流体局部滞止,使得管道壁面上的静压比上游压力稍有升高。

　　通过孔板后,流体压力突然下降并随着流束缩小、流速的提高而减小,截面 2 处的压力达到最低值 p_2,然后又随流速的扩张而升高,最后在截面 3 处恢复到一个稍低于截面 1 处前压力 p_1 的压力 p_3,这就是节流件造成的不可恢复压力损失 $\overline{\Delta w}$。管道轴线上流体压力沿轴线方向的分布如图 4-15

（b）中虚线所示。

二、标准节流装置的 C 和 ε 及不确定度

流出系数 C 与节流件形式、取压方式、管道直径 D、直径比 β 及流体雷诺数 Re_D 等因素有关，只能通过实验确定。实验证明，在一定的安装条件下，对于给定的节流装置，当大于某一数值（界限雷诺数）时，C 保持不变。因此，节流式流量计应工作在界限雷诺数之上。

标准孔板的流出系数 C 是经过大量试验获得的。如果在孔板上游直管段至少 $10D$ 长度范围内，管道粗糙度满足要求，则直管段其余部分管道粗糙度不符合要求也可使用。

（一）标准孔板的 C 和 ε 及其不确定度

1. 流出系数 C 及其不确定度

根据 GB/T 2624.2—2006《用安装在圆形截面管道中的差压装置测量满管流体流量 第 2 部分：孔板》，标准孔板的流出系数 C 用 stolz 方程计算，即

$$C = 0.596\,1 + 0.261\beta^2 - 0.261\beta^8 - 0.000\,521\left(\frac{10^6\beta}{Re_D}\right)^{0.7} +$$

$$(0.018\,8 + 0.006\,3A)\beta^{3.5}\left(\frac{10^6}{Re_D}\right)^{0.3} + (0.043 + 0.080e^{-10L_1} -$$

$$0.123e^{-7L_1})(1 - 0.11A)\frac{\beta_4}{1 - \beta^4} - 0.031(M_2' - 0.8M_2'^{1.1})\beta^{1.3} \quad (4\text{-}21)$$

若管径 $D < 71.12\,\text{mm}(2.8\text{in})$，应把下列项加入式（4-21），即

$$+ 0.011(0.75 - \beta)\left(2.8 - \frac{D}{25.4}\right)$$

式中 $\beta = d/D$ ——直径比，直径 d 和 D 以毫米（mm）表示；

         Re_D ——根据管径 D 计算出的雷诺数；

   $L_1 = l_1/D$ ——孔板上游端面到上游取压口的距离除以管道直径得出的商；

$$M_2' = \frac{2L_2'}{1 - \beta} \qquad\qquad (4\text{-}22)$$

$$A = \left(\frac{19\,000\beta}{Re_D}\right)^{0.8} \qquad\qquad (4\text{-}23)$$

   $L_2' = l_2'/D$ ——孔板下游端面到下游取压口的距离除以管道直径得出的商（L_2' 为自孔板下游端面起的下游间距的参考符号，而 L_2 为自孔板上游端面起的下游间距的参考符号）。

当直管段间距符合规定范围内的要求时，上述公式中采用的 L_1 和 L_2' 的值如下。

对于角接取压口时，$L_1=L'_2=0$；

对于 D 和 $D/2$ 取压口时，$L_1=1$，$L'_2=0.47$；

对于法兰取压口时：$L_1=L'_2=\dfrac{25.4}{D}$，D 以毫米（mm）表示。

根据 GB/T 2624—2006.2 规定，式（4-21）仅对本 D 和 $D/2$ 取压口或法兰取压口孔板、角接取压口孔板有效。

尤其不允许将与这三种标准取压口配置均不相配的一对 L_1 和 L'_2 值代入公式。

对于所有三种形式的取压口，假设 β、D、Re_D 和 Re_D/D 为已知且无误差，C 值的相对不确定度 $\dfrac{\delta_c}{c}$ 等于：

对于 $0.1\leqslant\beta<0.2$ 时，取 $(0.7-\beta)\%$；

对于 $0.2\leqslant\beta\leqslant0.6$ 时，取 0.5%；

对于 $0.6<\beta\leqslant0.75$ 时，取 $(1.66\beta-0.5)\%$。

若 $D<71.12\text{mm}(2.8\text{in})$ 时，上述值应与相对不确定度按式（4-24）进行算术求和，即

$$\frac{\delta_c}{c}=0.9(0.75-\beta)\left(2.8-\frac{D}{25.4}\right)\% \tag{4-24}$$

式中　$\dfrac{\delta_c}{c}$——流量误差。

若 $\beta>0.5$ 和 $Re_D<10\ 000$，上述值应再加相对不确定度 5%。

只有当测量符合 GB/T 2624.1—2006《用安装在圆形截面管道中的差压装置测量满管流体流量　第 1 部分：一般原理和要求》中规定的一般安装要求时，式（4-24）给出的不确定度才有效。

2. 可膨胀性系数 ε 及其不确定度

流束膨胀系数 ε 也是一个影响因素十分复杂的参数。实验表明，ε 与雷诺数无关，对于给定的节流装置，L 的数值主要取决于 β、$\Delta p/p_1$ 及被测介质的等熵指数 k。

对于这三种取压口方式，计算可膨胀性（膨胀）系数 ε 的经验公式为

$$\varepsilon=1-(0.351+0.256\beta^4+0.93\beta^8)\left[1-\left(\frac{p_2}{p_1}\right)^{1/k}\right] \tag{4-25}$$

式（4-25）只有在 $p_2/p_1\geqslant0.75$ 时才适用。目前已知确定 ε 的试验结果的仅有空气、蒸汽和天然气。

假设 β、$\Delta p/p$ 和 x 为已知且无误差，ε 相对不确定度为

$$3.5\frac{\Delta p}{kp_1}\% \tag{4-26}$$

（二）ISA1932 喷嘴的 C 和 ε 及其不确定度

1. 流出系数 C 及其不确定度

ISA1932 喷嘴的流出系数 C 可用式（4-27）计算，即

$$C = 0.990\ 0 - 0.226\ 2\beta^{4.1} - (0.001\ 75\beta^2 - 0.003\ 3\beta^{4.15})\left(\frac{10^6}{Re_D}\right)^{1.15}$$

$$\tag{4-27}$$

得出式（4-27）的大部分实验是在相对粗糙度为 $Ra/D \leqslant 1.2 \times 10^{-4}$ 的管道中进行的。如果喷嘴上游至少 $10D$ 长度范围内的粗糙度在表 4-7 给出的范围之内，则直管段其余部分也可使用较高相对粗糙度的管道。

假定 β、D、Re_D 和 Ra/D 已知且无误差，C 值的相对不确定度等于：

当 $\beta \leqslant 0.60$ 时为 0.8%；

当 $\beta > 0.60$ 时为 $(2\beta - 0.4)\%$。

2. 可膨胀系数 ε 及其不确定度

1932 喷嘴的可膨胀系数 ε 按式（4-28）计算，即

$$\varepsilon = \sqrt{\left[\frac{k\tau^{2/k}}{k-1} \cdot \frac{1-\beta^4}{1-\beta^4\tau^{2/k}} \cdot \frac{1-\tau^{(k-1)/k}}{1-\tau}\right]} \tag{4-28}$$

式中　　τ——节流件前后的压力比，$\tau = \dfrac{p_2}{p_1}$。

可膨胀系数 ε 值是根据等熵流动过程直接从理论上推导出来的。由于流动过程不可能是等熵过程，所以存在误差，ε 的相对不确定度为

$$\frac{\varepsilon_\varepsilon}{\varepsilon} = 2\frac{\Delta p}{p_1}\%$$

和标准孔板一样，式（4-37）仅适用于规定的 β、D 和 Re_D 值，ε 是根据空气、水蒸气和天然气的试验结果得出，并应在 $p_2/p_1 \geqslant 0.75$ 时使用。

（三）长径喷嘴的 C 和 ε 及其不确定度

1. 流出系数 C 及不确定度

当取压口符合规定适用条件时，两种形式长径喷嘴的流出系数 C 是相同的。

当涉及上游管道雷诺数 Re_D 时，流出系数按式（4-29）计算，即

$$C = 0.996\ 5 - 0.006\ 53\sqrt{\frac{10^6\beta}{Re_D}} \tag{4-29}$$

当涉及喉部雷诺数 Re_D 时，式（4-29）变成

$$C = 0.996\ 5 - 0.006\ 53\sqrt{\frac{10^6}{Re_D}} \tag{4-30}$$

假设 β 和 Re_D 已知且无误差，对于 $0.20 \sim 0.8$ 之间所有 β 值，C 值相对不确定度为 2.0%。

2. 可膨胀系数 ε 及相对不确定度

假设 β 和 Re_D 已知且无误差，可膨胀系数 ε 及相对不确定度与 ISA1932 喷嘴相同。

（四）文丘里管的 C 和 ε 及其不确定度

（1）"铸造"收缩段文丘里管的流出系数 $C = 0.984$，相对不确定度等

于 0.7%。

（2）机械加工收缩段文丘里管的流出系数 $C=0.995$，相对不确定度等于 1.0%。

（3）粗焊铁板收缩段文丘里管的流出系数 $C=0.985$，相对不确定度等于 1.0%。

（五）文丘里喷嘴的 C 和 ε 及其不确定度

1. 流出系数 C 及不确定度

假定 β 为已知且无误差，则流出系数 $C=0.985\ 9-0.196\beta^{4.5}$，相对不确定度等于 $(1.2+1.5\beta^4)\%$。

在规定条件的适用范围内，文丘里喷嘴的流出系数 C 为一常数。但应避免同时采用 D、β 和 Re 的极限值，否则流出系数 C 的不确定度很可能会增加。

2. 可膨胀系数 ε 及其不确定度

文丘里喷嘴与文丘里管各自在规定的允许条件下，可膨胀系数 ε 与 1932 喷嘴的 ε 相同。相对不确定度等于 $(4+100\beta^8)\dfrac{\Delta p}{p_1}\%$。

三、压力损失 $\Delta\bar{\omega}$

1. 孔板、喷嘴、长颈喷嘴节流件压力损失 $\Delta\bar{\omega}$

孔板、喷嘴、长颈喷嘴节流件测量系统内的压力分布可参考图 4-15，节流装置中造成流体压力损失的原因是节流件前后涡流的形成以及流体的沿程摩擦，它使得流体具有的总机械能的一部分不可逆地变成了热能，散失在流体内。

根据 GB/T 2624.2—2006《用安装在圆形截面管道中的差压装置测量满管流体流量　第 2 部分：孔板》，孔板、喷嘴、长颈喷嘴的压力损失 $\Delta\bar{\omega}$ 由式（4-31）近似地表明与差压 Δp 的关系，即

$$\Delta\bar{\omega}=\frac{\sqrt{1-\beta^4(1-C^2)}-C\beta^2}{\sqrt{1-\beta^4(1-C^2)}+C\beta^2}\Delta p \tag{4-31}$$

压力损失 $\Delta\bar{\omega}$ 是节流件上游侧的管壁处测得的压力与节流件下游侧测得的压力之间的静压差。节流件上游侧的压力在接近节流件的逼近冲击压力影响仍可忽略不计的管段处（大约在孔板上游 $1D$ 处）测得，而节流件下游侧的压力在可认为由于流束膨胀使静压恰好完全恢复的管段处大约在孔板下游 $6D$ 处测得。

$\Delta\bar{\omega}/\Delta p$ 的另一近似值为

$$\Delta\bar{\omega}/\Delta p=1-\beta^{1.9} \tag{4-32}$$

节流件的压力损失系数 K 为

$$K = \left[\frac{\sqrt{1 - \beta^4 (1 - C^2)}}{C \beta^2} - 1 \right]^2 \qquad (4\text{-}33)$$

K 定义为
$$K = \frac{\Delta \bar{\omega}}{\frac{1}{2} \rho_1 \upsilon^2} \qquad (4\text{-}34)$$

为了减小这部分损失,可采用喷嘴、文丘里管等节流件,以尽量消除节流件前后的涡流区,大大减少了流动的压力损失。

2. 文丘里管及文丘里喷嘴的相对压力损失 ξ

文丘里管及文丘里喷嘴的压力损失如图 4-16 所示。它特别取决于:

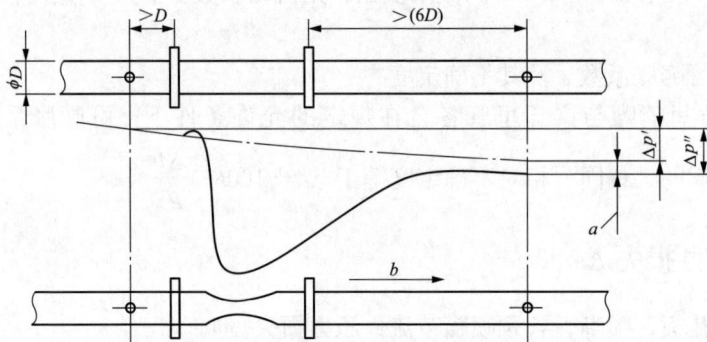

图 4-16 文丘里管及文丘里喷嘴的压力损失
a—压力损失;b—流动方向

(1) 直径比(当 β 增大时,ξ 减小)。

(2) 雷诺数(当 Re_D 增大时,ξ 减小)。

(3) 文丘里管的制造特性;扩散段的角度、收缩段的制造、各个部件的表面加工等(当 ϕ 和 Ra/D 增大时,ξ 增大)。

(4) 安装条件(良好的同轴度,上游管道的粗糙度等)。压力损失的相对值一般在 $5\% \sim 20\%$ 之间是可以接受的。相对压力损失 ξ 为

$$\xi = \frac{\Delta p'' - \Delta p'}{\Delta p} \qquad (4\text{-}35)$$

式中　$\Delta p''$、$\Delta p'$——管道上安装文丘里管前后在距文丘里管上游反流 $1D$ 的上游和距文丘里管下游法兰 $6D$ 的下游之间测得的压力差。

相对压力损失 ξ 与直径比 β、雷诺数 Re_D、文丘里管制造特性(如扩散段的扩散角,内表面的粗糙度等)以及安装条件(如与管道的同心度等)有关。一般,相对压力损失 ξ 在 $5\% \sim 20\%$ 之间,比孔板的压力损失要小得多。

第五节　速度式流量计

一、速度式流量测量方法

速度式流量测量方法以直接测量管道内流体流速 u 作为流量测量的依据。若测得的是管道截面上的平均流速，则流体的容积流量 $q_V=\overline{u}A$，A 为管道截面积。若测得的是管道截面上的某一点流速 u，则流体体积流量 $q_V=KuA$，K 为截面上的平均流速与被测点流速的比值，它与管道内流速分布有关。

在典型的层流或紊流分布的情况下，圆管截面上流速的分布是有规律的，K 为确定值，但在阀门、弯头等局部阻力后流速分布变得非常不规则，K 值很难确定，而且通常是不稳定的。因此速度式流量测量方法的一个共同特点是：测量结果的准确度，不但取决于仪表本身的准确度，而且与流速在管道截面上的分布情况有关，如图 4-17 所示。

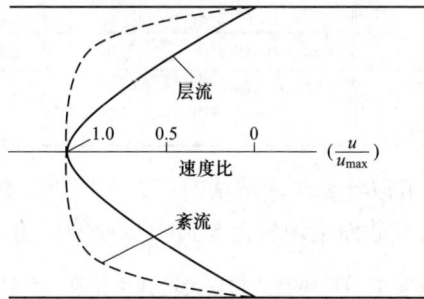

图 4-17　圆管内典型的层流

为了使测量时的流速分布与仪表分度时的流速分布相一致。要求在仪表前后有足够长的直管段或加装整流器，以使流体进入仪表前速度分布就达到典型的层流或紊流分布。

对于半径为 R 的圆管，在层流（$Re_D<2300$）情况下，由于流动分层，沿管道截面的流速分布为

$$u=u_{max}\left[1-\left(\frac{r}{R}\right)^2\right] \tag{4-36}$$

式中　u_{max}——管道中心处的最大流速；

u——离管道中心 r 处的流速；

r——离管道中心的距离；

R——管道内半径。

也就是说，在层流情况下，流速沿管道截面按抛物面分布。由此可计算出管道截面上的平均流速 f 是在 $r_0=0.707\ 1R$ 处，其数值为管道中心最大流速 u_{max} 的一半，而沿管道直径的流速分布为一抛物线，沿直径的平均

流速 $\bar{u}_D = \dfrac{2}{3} u_{max}$。所以层流情况下截面上平均流速 $\bar{u}$ 是直径上的平均流速 $\bar{u}_D$ 的 3/4。

在紊流情况下，由于存在流体的径向流动，流速分布曲线随雷诺数 Re_p 的增高而逐渐变平，变平的程度还与管道粗糙度有关。对于光滑管道（即 $K_J/D < 0.004$，其中 D 为管道内径，K_J 为管道内壁的绝对粗糙度），可由如下经验公式表示圆管中紊流的流速分布

$$u = u_{max} \left(1 - \frac{r}{R} \right)^{\frac{1}{n}} \tag{4-37}$$

式中　　n——与流体管道雷诺数 Re_D 有关的常数，数值见表 4-9 所列；

　　　　r——与管道中心的距离。

表 4-9　光滑管道速度分布公式中的 n 值

Re_D	n	Re_D	n	Re_D	n
2.56×10^4	7.0	42.8×10^4	8.6	110×10^4	9.4
10.56×10^4	7.3	53.6×10^4	8.8	152×10^4	9.7
20.56×10^4	8.0	57.2×10^4	8.8	198×10^4	9.8
32.0×10^4	8.3	64.0×10^4	8.8	235.2×10^4	9.8
38.4×10^4	8.5	70.0×10^4	9.0	278.0×10^4	9.9
39.56×10^4	8.5	84.4×10^4	9.2	307.0×10^4	9.9

根据式（4-37）可以计算出紊流情况下，不同雷诺数时管道截面上平均流速所在的位置，以及截面平均流速与最大流速的比值，如表 4-10 所示。

表 4-10　光滑管道中平均流速与最大流速之比及平均流速所在位置

n	7.0	8.0	9.0	10
$\bar{u}_D/u_{max}$	0.816	0.836	0.852	0.865
r_0/R	0.759 1	0.761 5	0.763 7	0.767 5

在紊流情况下管道截面上的平均流速动位于距离管道中心 $r_0 = 0.762R$ 左右之处。

同样，在紊流情况下，管道截面上的平均流速与沿管道直径的平均流速 $\bar{u}_D$ 也是不一样的。由于紊流情况下流速分布曲线比较平坦，两者差别没有层流时那么大，而且随雷诺数的变化而略有不同，如表 4-11 所示。

表 4-11　光滑管道中直径上的平均流速与最大流速之比

n	7.0	8.0	9.0	10
$\bar{u}_D/u_{max}$	0.875	0.888	0.90	0.909
$\bar{u}/\bar{u}_D$	0.932	0.941	0.947	0.951

此外，尚有很多近似描述圆管内充分发展亲流速度分布的数学模型，例如"对数—线性"法数学模型，则

$$u = C_1 \lg \frac{y}{R} + C_2 \frac{y}{R} + C_3 \qquad\qquad (4\text{-}38)$$

式中　C_1、C_2、C_3——常数；

　　　　y——离开管壁的距离（$y = R - r$）。

由于速度式测量方法是通过测量流速而测得的体积流量，因此了解被测流体的流速分布及其对测量的影响是十分重要的。

工业上常用的速度式流量测量仪表有涡轮式、电磁式、超声波式、热式和差压式等。

二、电磁流量计

1. 结构

电磁流量计的结构如图 4-18 所示。

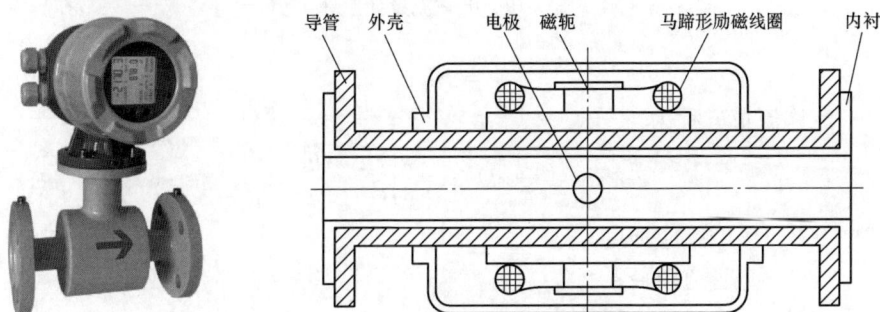

图 4-18　电磁流量计的结构图

管内壁用搪瓷或专门的橡胶、环氧树脂等材料作为绝缘衬里，使流体与测量导管绝缘并增加耐腐蚀性和耐磨性。电极一般由非导磁的不锈钢材料制成，测量腐蚀性流体时，多用铂铱合金、耐酸钨基合金或镍基合金等。电极嵌在管壁上，若导管为导电材料，必须和测量导管很好地绝缘。电极应在管道水平方向安装，以防止沉淀物堆积在电极上而影响测量精度。电磁流量计的外壳用铁磁材料制成，以屏蔽外磁场的干扰，保护仪表。

2. 测量原理

电磁流量计是基于法拉第电磁感应原理制成的一种流量计，测量原理如图 4-19 所示。

由法拉第电磁感应定律可知，当导体在磁场中运动切割磁力线时，在它的两端将产生感应电动势 e，其方向由右手定则确定，大小则与磁感应强度 B、切割磁力线的有效长度 L、垂直于磁场方向的平均速度 $\bar{u}$ 成正比，即

$$e = BL\bar{u} \text{（三者之间互相垂直）} \qquad\qquad (4\text{-}39)$$

电磁流量计中，在一段不导磁测量管两侧安装上一对电磁铁，产生一个均匀分布的磁场，磁感应强度为 B，见图 4-19，则管内的导电性液体以平均速度 $\bar{u}$ 流动就相当于切割磁力线的导体，如果沿管道截面与磁场垂直

方向上在外管壁两侧安装一对电极，那么流体切割磁力线的长度就是两个电极间的距离，也就是管道内径 D，则电极中的感应电动势为

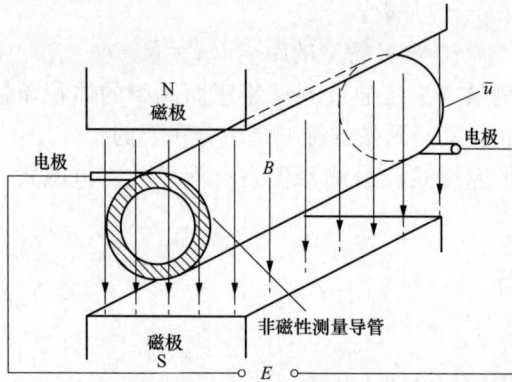

图 4-19 电磁流量计原理

$$e = BD\overline{u} \tag{4-40}$$

流体流量方程为

$$q_V = \frac{1}{4}\pi D^2 \overline{u} = \frac{\pi D}{4B}E = \frac{E}{k} \tag{4-41}$$

式中 B——磁感应强度；

　　　　D——管道内径；

　　　　$\overline{u}$——流体平均流速；

　　　　E——感应电动势。

3. 特点及应用

（1）优点。压力损失小，适用于含有颗粒、悬浮物等流体的流量测量；可以用来测量腐蚀性介质的流量；流量测量范围大；流量计的管径小到 1mm，大到 2m 以上；测量精度为 0.5～1.5 级；电磁流量计的输出与流量呈线性关系；反应迅速，可以测量脉动流量。对直管段要求不高，使用比较方便。

（2）缺点。被测介质必须是导电的液体，不能用于气体、蒸汽及石油制品的流量测量；流速测量下限有一定限度；工作压力受到限制。结构也比较复杂，成本较高。电磁流量计的安装地点应尽量避免剧烈振动和交直流强磁场，要选择在任何时候测量导管内部能充满液体。在垂直安装时，流体要自下而上流过仪表，水平安装时两个电极要在同一平面上，要确保流体、外壳、管道间的良好接地和良好点接触。电磁流量计的选择要根据被测流体情况确定合适的内衬和电极材料；其测量准确度受导管的内壁，特别是电极附近结垢的影响，使用中应注意维护清洗。

三、超声波流量计

超声波是指频率高于 2×10^4 Hz 的声波，其特点是能量大、穿透力强、

波长短、沿直线传播。当超声波在流体中传播时会载带流体流速的信息，从而向上游和向下游传播速度并不相同，因此，根据超声波向上游与向下游传播速度之差，从而换算出流量。

超声波测量流量的方法有传播速度法、多普勒法、波束偏移法、噪声法、相关法、流速—液面法等多种方法。这里主要介绍传播速度法的基本原理，如图 4-20 所示。

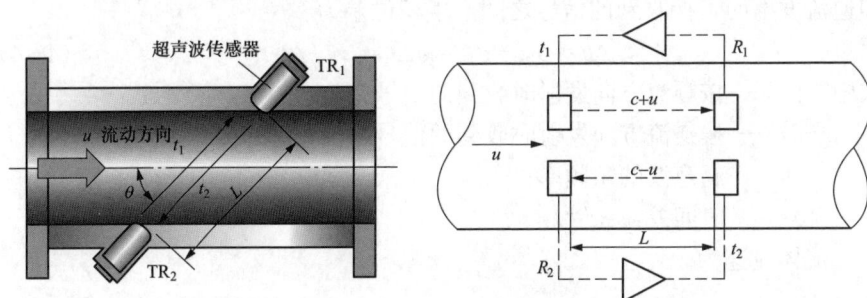

图 4-20　超声波测速原理

u—流体轴向流速；L—发送器与接收器之间的距离；

θ—超声波束与管轴间夹角；C—静止流体中的声波；

TR_1、TR_2—声波发送、接收传感器；t_1、t_2—顺流方与逆流方向的传播时间

（一）测量方法

根据测量的物理量的不同，可以分为时差法、相位差法、频差法三种。

1. 时差法

时差法就是测量超声波脉冲顺流和逆流时传播的时间差，则

$$t_1 = \frac{L}{c-u} ; t_2 = \frac{L}{c+u}$$

传播的时间差为

$$\Delta t = t_2 - t_1 = \frac{L}{c-u} - \frac{L}{c+u} = \frac{2Lu}{c^2 - u^2} \tag{4-42}$$

式中　t_1——超声波在流体中顺流方向 TR_2 到 TR_1 的传播的时间；

　　　t_2——超声波在流体中逆流方向 TR_1 到 TR_2 的传播的时间；

　　　L——声道长度，即发送器与接收器之间的距离；

　　　u——流体轴向流速；

　　　c——声波在静止流体中的传播速度。

由于声速远远大于液体流速，即 $u^2 \ll c^2$，可忽略，故 $\Delta t \approx \frac{2Lu}{c^2}$，则流体流速为

$$u = \frac{c^2}{2L} \Delta t \tag{4-43}$$

可见当流体声度 c 确定，只要求出时间差，就可以得到流速。当管道

口径一定时，就可以得到体积流量。但是，流体中声速 c 是随流体温度而变的，水中声速 c 的温度系数为 $0.2\%/℃$，造成测量误差，因此一般需采用流体温度补偿装置。

2. 相位差法

相位差法是把上述时间差转换为超声波传播的相位差来测量。超声波换能器向流体连续发射形式为 $s(t)=A\sin(\omega t+\theta_0)$ 的超声波脉冲，在顺流和逆流发射时，接收到的信号之间产生相位差为

$$\Delta\theta=\theta_2-\theta_1=\omega\Delta t=2\pi f\Delta t \tag{4-44}$$

式中 θ_1——按顺流方向发射时收到的信号相位，$\theta_2=\omega t_2+\theta_1$；

       θ_2——按逆流方向发射时收到的信号相位，$\theta_2=\omega t_2+\theta_0$；

       ω——超声波的角频率；

       Δt——时间差，$\Delta t=t_2-t_1$。

流体流速为

$$u=\frac{c^2}{2\omega L}\Delta\theta=\frac{c^2}{4\pi f L}\Delta\theta \tag{4-45}$$

由于相位测量技术较复杂，相位法实际应用较少。

3. 频差法

频差法是通过测量顺流和逆流时超声脉冲的循环频率之差来测量流量的。

顺流时脉冲循环频率为

$$f_1=\frac{1}{t_1}=\frac{c+u}{L} \tag{4-46}$$

逆流时脉冲循环频率为

$$f_2=\frac{1}{t_2}=\frac{c-u}{L} \tag{4-47}$$

脉冲循环频差为

$$\Delta f=f_1-f_2=\frac{2u}{L} \tag{4-48}$$

流体流速为

$$u=\frac{L}{2}\Delta f \tag{4-49}$$

在时差法和相位差法中，流速测量均与声速 c 有关，而声速是温度的函数，当被测流体温度变化时会带来流速测量误差，因此为了正确测量流速，均需要进行声速修正。

流体流速和频差成正比，式（4-49）中不含声速，因此流速的测量与声速无关，这是频差法的显著优点。循环频差很小，直接测量的误差大，为了提高测量精度，一般需采用倍频技术。

由于顺、逆流两个声循环回路在测循环频率时会相互干扰，工作难以稳定，而且要保持两个声循环回路的特性一致也是非常困难的。因此实际

应用频差法测量时，仅用一对换能器按时间交替转换作为接收器和发射器使用。频差法主要用于大口径管道的流量测量。

（二）流量方程

截面平均流速 $\overline{u}$ 和流速 u 的关系如下。

层流为

$$u = \frac{4}{3}\overline{u} \tag{4-50}$$

紊流为

$$u = k\overline{u}$$

流体的体积流量方程为

$$q_V = \frac{\pi}{4}D^2\overline{u} = \frac{\pi}{4k}D^2\overline{u} \tag{4-51}$$

（三）多普勒法测量流量原理

根据多普勒效应，当声源和观察者之间有相对运动时，观察者所感受到的声频率将不同于声源所发出的频率。这个频率的变化与两者之间的相对速度成正比。在超声波多普勒流量测量方法中，超声波发射器为一固定声源，随流体一起运动的固体颗粒起了与声源有相对运动的"观察者"的作用，当然它仅仅是把入射到固体颗粒上的超声波反射回接收数据。发射声波与接收声波之间的频率差，就是由于流体中固体颗粒运动而产生的声波多普勒频移。由于这个频率差正比于流体流速，所以测量频差可以求得流速，进而可以得到流体的流量。

超声波多普勒法流量测量原理如图 4-21 所示。

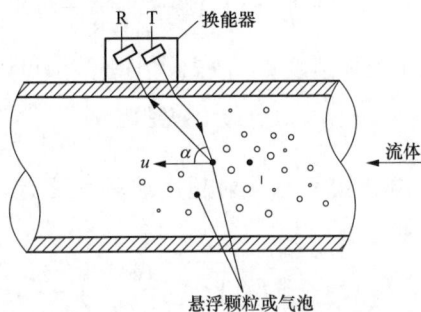

图 4-21　超声波多普勒法流量测量原理图

因此，超声波多普勒流量测量的一个必要条件是被测流体介质应是含有一定数量能反射声波的固体粒子或气泡等的两相介质，这个工作条件实际也是它的一大优点，即这种流量测量方法适宜于对两相流的测量，这是其他流量计难以解决的问题。因此，作为一种极有前途的两相流测量方法和流量计，超声波多普勒流量测量方法目前正日益得到应用。

利用多普勒效应测流量的必要条件：被测流体中存在一定数量的具有反射声波能力的悬浮颗粒或气泡。因此，超声多普勒流量计能用于两相流的测量，这是其他流量计难以解决的。

假设，超声波波束与流体运动速度的夹角为 α，超声波传播速度为 c，流体中悬浮粒子运动速度与流体流速相同，均为 u。现以超声波束在一颗固体粒子上的反射为例，导出声波多普勒频差与流速的关系式。

当超声波束在管轴线上遇到一粒固体颗粒，该粒子以速度 u 沿管轴线运动。对超声波发射器而言，该粒子以 $u\cos\alpha$ 的速度离去，所以粒子收到的超声波频率 f_2 应低于发射的超声波频率 f_1，降低的数值为

$$f_2 - f_1 = -\frac{u\cos\alpha}{c}f_1 \tag{4-52}$$

即粒子收到的超声波频率为

$$f_2 = f_1 - \frac{u\cos\alpha}{c}f_1 \tag{4-53}$$

式中　f_1——发射超声波的频率；

　　　α——超声波束与管轴线夹角；

　　　c——流体中声速。

固体粒子又将超声波束散射给接收器，由于它以 $u\cos\alpha$ 的速度离开接收器，所以接收器收到的超声波频率 f_3 又一次降低，类似于 f_2 的计算，f_3 可表示为

$$f_3 = f_2 - \frac{u\cos\alpha}{c}f_2 \tag{4-54}$$

将 f_2 的表达式代入上式，可得

$$f_3 = f_1\left(1 - \frac{u\cos\alpha}{c}\right)^2 = f_1\left(1 - 2\frac{u\cos\alpha}{c} + \frac{u^2\cos^2\alpha}{c^2}\right) \tag{4-55}$$

由于声速 c 远大于流体速度 u，故上式中平方项可以略去，由此可得

$$f_3 = f_1\left(1 - 2\frac{u\cos\alpha}{c}\right) \tag{4-56}$$

接收器收到的超声波频率与发射超声波频率之差，即多普勒频移 f，由式（4-57）计算，即

$$f = f_1 - f_3 = f_1 - f_1\left(1 - 2\frac{u\cos\alpha}{c}\right) = f_1\frac{2u\cos\alpha}{c} \tag{4-57}$$

由上式可得流体速度为

$$u = \frac{c}{2f_1\cos\alpha}f \tag{4-58}$$

体积流量 q_V 可以写成

$$q_V = uA = \frac{Ac}{2f_1\cos\alpha}f \tag{4-59}$$

式中　A——被测管道流通截面积。

从以上流量方程可知，当流量计、管道条件及被测介质确定以后，多普勒频移与体积流量成正比，测量频移 Δf 就可以得到流体流量 q_V。

（四）超声波流量计的特点

超声波流量计由超声波换能器、电子线路及流量显示系统组成。超声波换能器通常由锆钛酸铅陶瓷等压电材料制成，通过电致伸缩效应和压电效应，发射和接收超声波。换能器在管道上主要有三种配置方式，如图4-22所示。

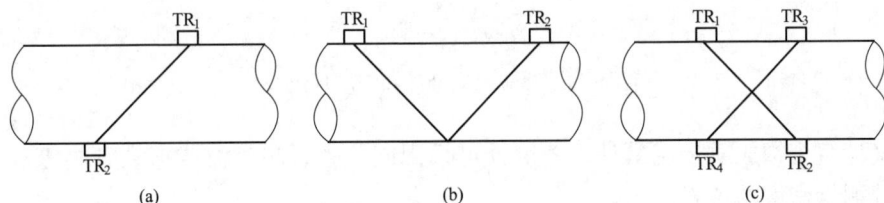

图 4-22 换能器在管道上的配置方式
(a) Z式；(b) V式；(c) X式

超声波换能器在管道上的配置方式：超声流量计测量时，超声换能器可以置于管道外，不与流体直接接触，不破坏流体的流场，没有压力损失。其可用于各种液体的流量测量，包括测量腐蚀性液体、高黏度液体和非导电液体的流量，尤其适于测量大口径管道的水流量等。

和其他流量计一样，超声流量计前需要一定长度的直管段。一般直管段长度在上游侧需要 $10D$ 以上，而在下游侧则需要 $5D$ 左右。

第六节　质　量　流　量　计

质量流量计是一种推理式流量计，按测量方法分为间接测量和直接测量两类。间接式测量方法是通过测量体积流量和流体密度经计算得出质量流量，因此又称为推导式。直接式测量方法则由检测元件直接检测出流体的质量流量。

一、间接式质量流量计

一般是采用体积流量计和密度计或两种不同类型的体积流量计组合，实现质量流量的测量。常见的组合方式主要有 3 种。

1. 节流式流量计与密度计的组合

由前述可知，节流式流量计的差压信号 Δp 正比于 ρq_V^2，如图 4-23 所示。

密度计连续测量出流体的密度 ρ，将两仪表的输出信号送入运算器进行必要运算处理，即可求出质量流量为

$$q_m = \sqrt{\rho \cdot q_V^2 \rho} = \rho \cdot q_V^2 \tag{4-60}$$

靶式流量计的输出信号与 ρq^2 也成正比关系，故同样可按上述方法与密

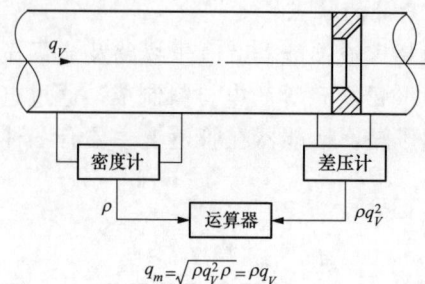

图 4-23　节流式流量计和密度计组合

度计组合构成质量流量计。密度计可采用同位素、超声波或振动管式等连续测量密度的仪表。

2. 体积流量计与密度计的组合

体积流量计和密度计组合如图 4-24 所示，容积式流量计或速度式流量计，如涡轮流量计、电磁流量计等，测得输出信号与流体体积流量 q_V 成正比，这类流量计与密度计组合，通过乘法运算，即可求出质量流量为

$$q_m = \rho \cdot q_V \tag{4-61}$$

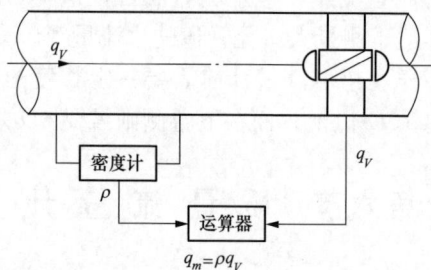

图 4-24　体积流量计和密度计组合图

节流式流量计与体积流量计的组合如图 4-25 所示。

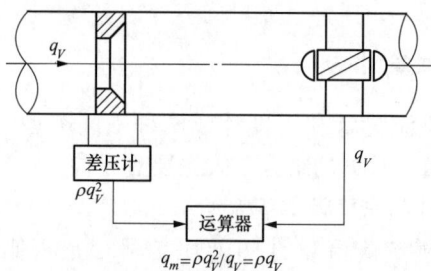

图 4-25　节流式流量计与体积流量计的组合

这种质量流量检测装置通常由节流式流量计和容积式流量计或速度式流量计组成，它们的输出信号分别正比于和通过除法运算，即可求出质量流量为

$$q_m = \frac{\rho \cdot q_V^2}{q_V} = \rho \cdot q_V \qquad (4-62)$$

二、直接式质量流量计

直接式质量流量计的输出信号直接反映质量流量，其测量不受流体的温度、压力、密度变化的影响。直接式质量流量计有许多种形式（热式质量流量计、差压式质量流量计、科里奥利质量流量计）。

热式质量流量计的基本原理是利用外部热源对管道内的被测流体加热，热能随流体一起流动，通过测量因流体流动而造成的热量（温度）变化来反映出流体的质量流量。

如图 4-26 所示，在管道中安装一个加热器对流体加热，并在加热器前后的对称点上检测温度。设 c_p 为流体的比定压热容，ΔT 为测得的两点温度差，则根据传热规律，对流体的加热功率 P 与两点间温差的关系可表示为

$$P = q_m c_p \Delta T \qquad (4-63)$$

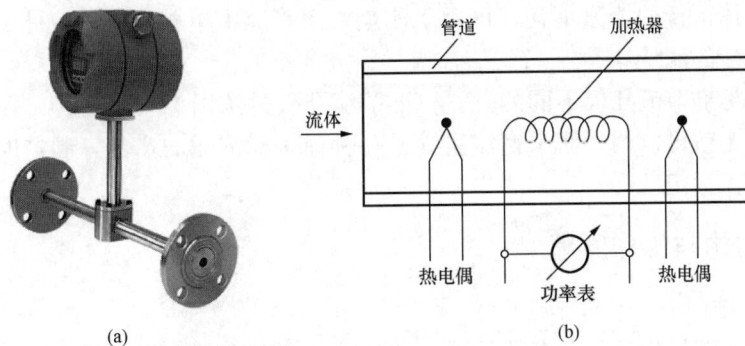

图 4-26 热式质量流量计

(a) 热式质量流量计图；(b) 原理示意图

由式（4-71）可写出质量流量的方程式为

$$q_m = \frac{P}{c_p \Delta T} \qquad (4-64)$$

第七节 平 衡 流 量 计

一、简述

平衡流量计是在标准孔板和流动调整器的基础上，研发的一种新型节流式流量传感器。平衡流量计可用于各种扰动的下游，以短的直管段敷设提供卓越的性能。

平衡流量计又称多孔板流量计或平衡流量计，它源自 2003 年美国航天飞机主发动机测液氧流量计，是美国马歇尔航空飞行中心设计发明的一种

新型差压式流量测量装置，这是一种较为特殊的差压式流量仪表，相比传统的节流孔板有极大的改进，具有平衡整流等显著特征，它采用独特的等雷诺数、增加节流件厚度和加工精度，使流动性能接近文丘里，巧妙的结构设计能在最短的直管段要求下，用相对较小的永久压损换来较大的稳定差压，实现高精度长期稳定测量。

虽然标准化孔板是一种结构简单、应用广泛的流量计，但也存在着流出系数不稳定、线性差、压力损失大等缺点。在 GB/T 2624.2—2006《用安装在圆形截面管道中的差压装置测量满管流体流量　第 2 部分：孔板》中，对孔板前、后的直管段长度、孔板的压损算法都已经更新，直管段长度要求更加严苛，在许多应用场合中更难以满足条件要求。

而平衡流量计与传统孔板流量计相比较，具有压力损失小、精密度高、量程比大、直管段短等优点；是一种比传统孔板流量计更优良的新型差压式流量测量装置，其测量精度提高 5～10 倍、流动噪声降低到 1/15、永久压力损失约为 1/3、压力恢复快 2 倍、最小直管段可以缩短到 0.5D。大大减少流体运行的能量消耗。可用于测量密闭管道中单相流体（液体、气体或蒸汽）的流量计量。

与标准节流孔板不同的是，标准节流孔板是按国标要求生产，不需要单独标定就可以用，而平衡流量计是一种尚未标准化的产品，制造时需要进行实流标定。

二、结构与工作原理

1. 结构

平衡流量计是一个多孔的圆盘节流整流器，安装在管道的截面上，在节流板中心一个圆孔的基础上，对称分布数量不等的圆孔，称为函数孔，其结构如图 4-27 所示。

图 4-27　平衡流量计结构

标准孔板只有一个流通孔径，孔板前、后的管壁附近形成涡流，不仅有横向脉动，还有逆向运动，是一种非常复杂的流动状态，使节流后的流体失去了理想状态，如图 4-28 所示。

而平衡流量计有多个孔径，当流体穿过圆盘的函数孔时，流体将被平

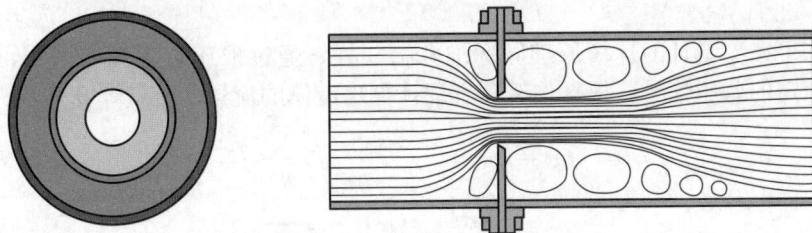

图 4-28 标准孔板的流路分布

衡整流，降低了滞留死区的形成，涡流被最小化，形成近似理想流体，通过取压装置，可获得稳定的差压信号。根据流体力学中的质量守恒定律和能量守恒定律可计算出流体的质量流量和体积流量。平衡流量计在理想流体的情况下管道中的流量与差压的平方根成正比；用测出的差压值根据伯努利方程即可计算出管道中的流量，如图 4-29 所示。

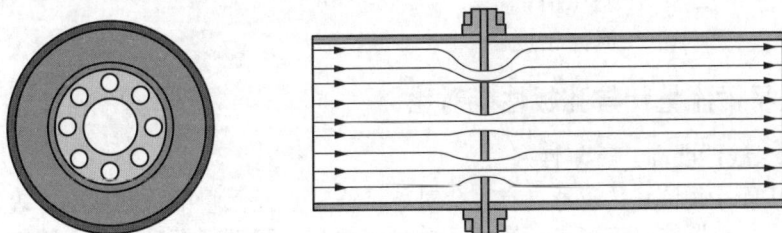

图 4-29 平衡流量计的流路分布

平衡流量计是遵循流体力学定律和伯努利方程，流量计流出系数、传感器多孔孔径位置、形状设计和开孔数量通过独特的数据演算，并对各种工况进行优化，使测量精度、重复性、量程比、永久压损等综合指标达到最佳，成为目前最先进的差压式流量计。对于如何定制函数孔，缺少一个统一的标准，目前国内有 4 孔孔板，也有更多孔的，但有文献介绍以内径 D 为 50mm、等效直径比 $\beta = 0.35$ 的孔板，流动介质纯水为研究对象，进行建模仿真得出，压力损失随着孔板孔数的增加而减少，12 孔压力损失最小，多于 12 孔后压力损失又增加。平衡流量计测量原理图如图 4-30 所示。

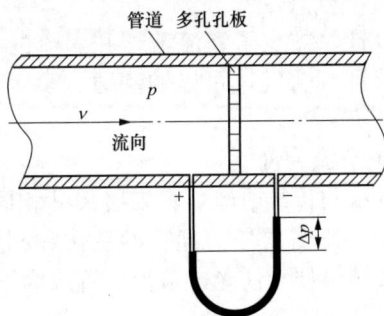

图 4-30 平衡流量计测量原理图

2. 计算公式

平衡流量计的计算原理同标准孔板一样，通过取压装置和变送器，获得稳定的差压信号，根据伯努利方程计算出流体的流量。流量计算公式为

$$q_V = \frac{\pi N d^2}{4} \frac{C\varepsilon}{\sqrt{1-\beta^4}} \sqrt{\frac{2\Delta p}{\rho}} \tag{4-65}$$

$$q_m = \frac{\pi N d^2}{4} \frac{C\varepsilon}{\sqrt{1-\beta^4}} \sqrt{2\Delta p\rho} \tag{4-66}$$

式中　q_V、q_m——体积流量、质量流量；

N——孔数；

d——开孔直径；

C——流出系数；

ε——气体压缩系数；

β——孔径比，$\beta = d/D$；

Δp——差压值；

ρ——流体密度。

三、平衡流量计与孔板性能对比

1. 线性度高，重复性好

由于平衡流量传感器具有多孔对称结构特点及大量的检测数据，表明平衡流量传感器能对流场进行平衡，减少了涡流，降低了振动和信号噪声，流场稳定性大幅提高，使线性度比孔板提升了 5～10 倍，线性度最高可达到 0.15，从其综合性能来看平衡流量计具有流量计性能，可以用于贸易计量。

2. 直管段要求低

由于平衡流量传感器能使流场稳定，且压力恢复比传统节流装置快两倍，大幅缩短了对直管段的要求，其前后直管段一般为前 3D 后 1D，最小可以小于 0.5D，省去大量直管段，尤其是特殊、昂贵的材料的管道。

3. 压力损失

由于多孔对称的平衡设计，减少了紊流剪切力和涡流的形成，降低了动能的损失，在同样测量工况下，永久性压力损失相当于传统孔板的 1/3，从而节省了相当大的运动能量成本。

4. 不易堵

多孔对称的平衡设计，减少了紊流剪切和涡流的形成，从而大大降低了滞留死区的形成，保证混合气体可以顺利通过多个节流孔，可长期使用不易堵塞。

5. 可直接替换传统节流装置

平衡流量传感器具有与传统节流装置安装尺寸相同的使用方法和外形，因此可以直接进行替换，不需要任何配管的变化和相关仪表的更改，适合于企业能源计量点的改造，便于使老式节流装置改为平衡流量计。

6. 流量测量范围宽

根据有关实验结果，平衡流量计的测量性能，使其流速可以从最小到音速；

其最小雷诺数可低于 200，最大雷诺数大于 10^7；β 值可选 $0.25\sim0.90$。

7. 长期稳定性好

由于平衡流量计紊流剪切力的明显减少，大幅度降低了介质与节流孔的直接摩擦，使其 β 值可以长期保持不变，整个仪表无可动部件，因此可以保持长期稳定。

8. 可测高温高压介质

与传统节流装置一样，工作温度和压力取决于管道和法兰的材质和压力等级，平衡流量计工作温度可达 850℃，工作压力可达到 42MPa。在这种高温高压的工况下，进口仪表和带温压补偿仪表都无法满足时，平衡流量计可以满足。

9. 可测复杂工况介质

由于特殊的结构设计，使其具有特殊的性能，可以进行气液两相、双向流等流量测量。

四、平衡流量计与其他流量计的对比

平衡流量计与其他流量计的对比见表 4-12。

表 4-12　平衡流量计与其他流量计的对比

类型	科里奥质量流量计	电磁流量计	超声波流量计	涡街流量计	标准节流装置	平衡流量计
应用	在 50mm 或更小的管道中测量清洁的中、高速液体主气体	清洁的电解液流经一个充满的管道	已知轮廓的清洁自由流动的液体和气体	清洁、低黏度自由流动的中高速液体	清洁的流体	液体、气体、泥浆、某种两相流体、低到高黏度流体等
介质	液体、气体	导电液体	液体、气体	液体、气体	液体、气体、蒸汽	液体、气体、蒸汽
缺点	管径尺寸受到限制	不能计量非导声且相对清洁的流体	需要导声且相对清洁的液体	受振动影响；易受干扰	基于节流元件损失	基于节流的微小干涉
优点	精度高	无干涉，压损小	无干扰，压损小	压损小；精度高	在精度及压力恢复方面有显著提高	在精度及压力恢复方面有显著提高
工作原理	质量流量与管道中的扭力成比例	当液体通过一个导磁区域时流速与产生的电压成比例	流速由超声脉冲经过上游和下游的时差确定	流速与旋涡产生体产生的旋涡成比例	测量温度和压力，通过推导来测量质量流量	流速与通过改变管道流通面积产生的差压的平方根成比例

五、平衡流量计应用举例

目前，平衡流量计已经应用到火力发电厂对外供汽贸易计量。表 4-13 是某发电厂贸易流量计设计计算书。

表 4-13　某发电厂贸易流量计设计计算书

节流件：平衡流量计		流体名称：蒸汽
附件		
节流件上游侧阻流件形式：单个 90°弯头和三通		
工艺条件		
最大流量：440 000kg/h	常用流量：330 000kg/h	最小流量：150 000kg/h
工作表压：2.000 00MPa	工作温度：330.00℃	操作密度：7.887 09kg/m^3
地区大气压：10 000Pa	管道：ϕ711×14mm	流体黏度：0.021 38MPa·s
等熵指数：1.292 41	压缩系数：0.954 63	
管壁绝对粗糙度：0.075		
管道材质：20	线胀系数：0.000 013 20mm/(mm·℃)	
节流件材质：304	线胀系数：0.000 017 50mm/(mm·℃)	
计算结果		
刻度流量：480 000	kg/h	差压上限 Δp_{max}：160 000Pa
最大压损：16 000	Pa	常用差压 Δp_{com}：75 625Pa
工况截面积 A：0.369 380m^2	工况流速 v：45.77m/s	可膨胀性系数 ε：0.984 665
最大雷诺数：10 613 990	常用雷诺数：7 960 492	最小雷诺数：3 618 405
管道修正系数：1.004 09	流量不确定度 e：±1.00%	管道当量直径：683mm
流速分布系数 F_V：1.000 00	结构系数 W_P：0.230 75；开孔比 β：0.582 53	
前直管段 L_1=2.30m	后直管段 L_2=1.00m	
4 孔直径 ϕ：198.933mm		
计算公式		
$q_m = 5091.168\,825AW_P F_V \varepsilon \sqrt{\Delta p \rho}$		

第八节　差压式流量测量

一、选点测速法

利用毕托管只能测出管道截面上某一点流速，而计算体积流量时需要知道截面上的平均流速 $\bar{u}$。对于圆管，充分发展的流动截面平均流速与截面上各点流速的关系如前节所述。在层流时，从管壁算起 $y = 0.292\,9R$ 处（等于从管中心算起 $= 0.707\,1R$ 处，R 为管道内半径）的直径上的流速，就是管道截面平均流速 $\bar{u}$。在紊流时，管道截面上的流速分布与雷诺数有关，因此平均流速通常都用实验方法确定，即通过测定截面上若干个测点处的流速，求取平均值得到截面上的平均流速。测点位置的选定是在假定管截面上的流速分布符合某个数学模型的条件下得到的，所假设的数学模型不同，所选测点的位置也不同，国际标准 ISO-3966 所推荐的"对数-线性"方法确定的测点位置如下。

1. 圆截面管道

对于圆截面管道，在两个相互垂直的直径上选取的测点位置如表 4-14 所示。

表 4-14　"对数-线性"法决定的圆管中测点位置

每个半径上的测点数目	r/R	y/D
3	0.358 6	0.320 7
	0.730 2	0.134 9
	0.935 8	0.032 1
5	0.277 6	0.361 2
	0.565 8	0.217 1
	0.695 0	0.152 5
	0.847 0	0.076 5
	0.962 2	0.018 9

表 4-14 中 r 为测点到圆管中心距离，y 为测点到管壁距离。显然，$y=R-r$。R、D 为圆管半径和直径。各点的权值选取相等值，所以平均流速 $\bar{u}$ 为

$$\bar{u} = \frac{\sum_{i=1}^{n} u_i}{n} \tag{4-67}$$

式中　n——测点数目；

$\quad\quad u_i$——第 i 个测点测得的流速。

2. 矩形截面管道

表 4-15 中 H 和 L 为矩形管道的高和宽，H_i 和 l_i 为测点在高和宽的方向上与管壁之间的距离。用实验的方法求取平均流速来计算体积流量的方法，其测试时间很长，计算繁复，只能用于稳定工况下的实验工作以及大口径流量计的标定工作。

表 4-15　各测点的权值

$\dfrac{L_i/L}{H_i/H}$　　K	I	II	III	IV
	0.092	0.367 5	0.632 5	0.908
0.034	2	3	3	2
0.092	2	—	—	2
0.250	5	3	3	5
0.367 5	—	6	6	—
0.500	6			6
0.632 5	—	6	6	—

续表

L_i/L	I	II	III	IV
K				
H_i/H	0.092	0.367 5	0.632 5	0.908
0.750	5	3	3	5
0.908	2	—	—	2
0.966	2	3	3	2

注 l_i、L——相应矩形短边和长边起算的测点位置。

对于矩形截面管道，可取图 4-31 中的 26 个测点位置（×为测点位置），测得 26 个速度后，根据表 4-15 中所给的各测点的权值进行加权平均，就可得矩形截面上的平均流速，即

$$\bar{u} = \frac{\sum\limits_{i=1}^{26} K_i u_i}{\sum\limits_{i=1}^{26} K_i} \tag{4-68}$$

式中 K_i、u_i——i 点的权数和在 i 点上测得的流速。

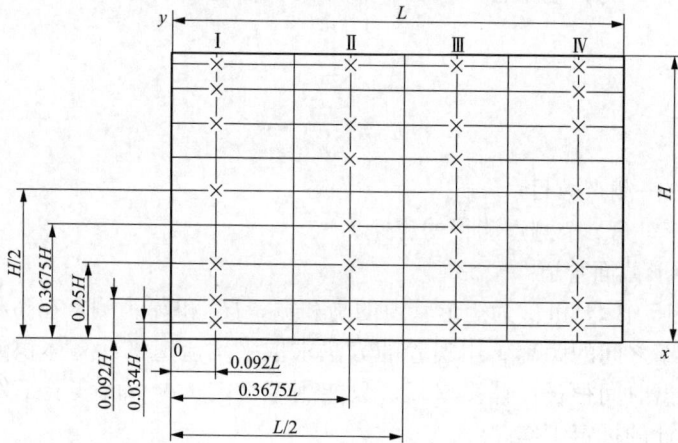

图 4-31 矩形管道截面上测点位置图

二、均速管流量计

均速管流量计主要有阿牛巴（Annubar）、威力巴（Vrabar）、德尔塔巴（Deltaflow）、托巴（Torbar）、双 D 巴等几种。其探头结构形式多采用菱形、T 字形、椭圆形与子弹头形等形式。

均速管的开孔位置与数目也各不相同，迎流方向的全压孔（或称高压孔）设在管的前端，开孔数目有 2、4、5 等（即管道半径对应的开孔数目），视管径大小而定。

例如阿牛巴流量计是基于皮托管测速原理发展起来的一种新型差压式

流量计。它是一根横跨管道的中空、多孔金属管，称为检测杆，检测杆在迎流方向上开有成对称的取压孔，通常为两对，但也有一对或多对的，其外形似竹笛，如图4-32所示。

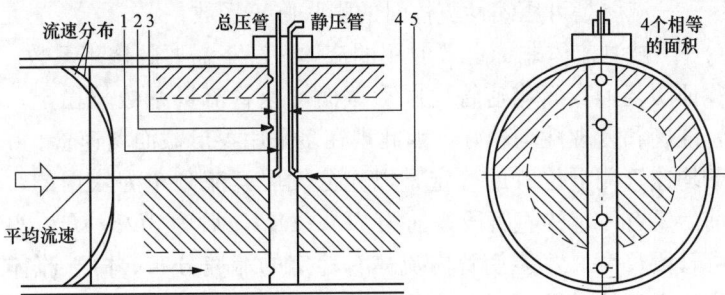

图4-32 均速管流量计

1—总压均值管；2—全压孔（迎流孔）；3—检测杆；4—静压引出管；5—静压孔

由于管道中流速分布是不均匀的，为了测量准确，将整个圆截面分成4个面积相等的半环形和半圆形区域。检测杆上的两对总压孔正好处于每个单元面积之中，各总压孔相通，测得的流体总压均压后由总压管引出，这可认为是反映截面平均流速的总压 p。在背向流体流向一侧的中央开有一个静压取压孔，测得流体静压 p_0 由静压管引出。

迎流面上的四孔位置是用切比雪夫数值积分方法求得的 $r_1/R = \pm 0.459\,7$；$r_2/R = \pm 0.888\,1$；r 为取压孔距管道中心距离，R 为管道直径。

均速管在管道中的示意图如图4-33所示。

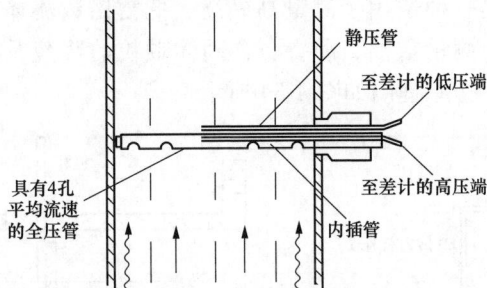

图4-33 均速管在管道中的示意图

由平均总压 p 与静压 p_0 之差 Δp 来表示流量。均速管的流量公式为

$$q_V = A\alpha\sqrt{\frac{2}{\rho}\Delta p} \qquad (4\text{-}69)$$

$$\alpha = \psi K_{Re} K_Z K_\psi$$

式中　A——工作参数下圆管截面积；

α——均速管流量系数；

Δp——均速管输出差压；

ρ——工作参数下的流体密度；

φ——在规定的雷诺数，均速管结构和标定用流体情况下实验得到的系数；

K_{Re}——雷诺数偏离规定的修正系数；

K_Z——流体是可压缩性流体时的膨胀修正系数；

K_φ——被测流体非标定 φ 时用的流体情况下需要的修正系数。

实验证明菱形截面均速管比圆形截面均速管流量系数较稳定，测量范围较宽，准确和复现性均较好，因此现在多采用菱形截面均速管。

由于均速管测量位置的确定是以充分发展紊流分布为依据的，在使用时，其前后要有一定的直管段，前为 $7D\sim24D$，后为 $3D\sim4D$。只有保证足够的直管段长度，才能使管内流体有稳定的流速分布。由于流体若处在层流与紊流之间的过渡区时状态不易稳定，所以流量计所选择的雷诺数不宜在 $2000\sim5000$ 之间。

均速管具有结构简单，安装维护方便，价格低（特别对大口径管道），压力损失小 $\delta_P = (2\% \sim 15\%)\Delta p$，均速管流量计适用的管径范围为 $25\sim9000mm$，尤其适用大口径管道的流量测量。

缺点是差压输出较小，灵敏度低，量程比较小（3∶1），很难用于带尘气流的测量等。

目前，均速管的流量系数仅有各制造厂给出的标定数据，国内外尚未标准化。

三、靶式流量计

靶式流量计是一种适用于测量高黏度、低雷诺数流体流量的流量测量仪表，例如，用于测量重油、沥青、含固体颗粒的浆液及腐蚀性介质的流量。靶式流量计工作原理图如图 4-34 所示。

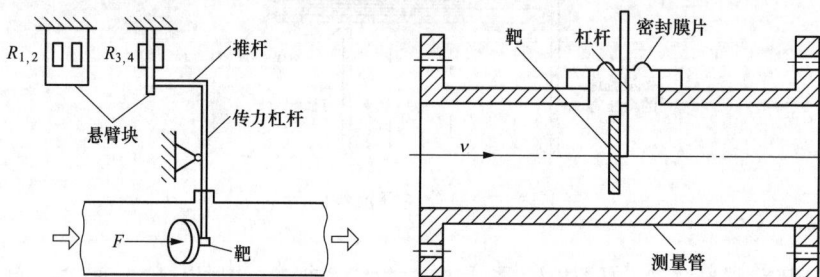

图 4-34　靶式流量计工作原理图

靶式流量计由检测（传感）和转换部分组成，检测部分包括放在管道中心的圆形靶、杠杆、密封膜片和测量管，当流体流过靶时，靶受到主要由流体的动压力和靶对流体的节流作用而形成的力 F 的作用，此作用力与流速之间存在着一定关系，通过测量靶所受作用力，可以求出流体流速与流量。

当介质流过时，靶受到流体的作用力。这个力由两部分组成，一部分是流体和靶表面的摩擦力；另一部分是由于流束在靶后分离，产生压差阻力，阻力为

$$F = \lambda \frac{\rho}{2} u^2 A_B \qquad (4\text{-}70)$$

式中　F——流体对靶的作用力；

　　　λ——阻力系数；

　　　ρ——流体密度；

　　　u——流体流速；

　　　A_B——靶的受力面积。

管道直径为 D，靶直径为 d，环隙通道面积为 A，则可求出流体体积流量为

$$q_V = A \cdot u = \sqrt{\frac{1}{\lambda}} \frac{D^2 - d^2}{d} \sqrt{\frac{\pi}{2}} \sqrt{\frac{F}{\rho}} \qquad (4\text{-}71)$$

如直径比 $\beta = d/D$，则式（4-79）可写成

$$q_V = A \cdot u = \alpha D \left(\frac{1}{\beta} - \beta \right) \sqrt{\frac{\pi}{2}} \sqrt{\frac{F}{\rho}} \qquad (4\text{-}72)$$

式中　α——靶式流量计的流量系数，$\alpha = \sqrt{\frac{1}{\lambda}}$。

流量与靶输出力 F 的平方根成正比。测量靶所受的力 F，就可以测定被测介质的流量。

与节流式流量计相比，靶式流量计结构比较简单，不需安装引压管和其他辅助管件，安装维护方便；压力损失一般低于节流式流量计，约为孔板压力损失的一半。

第九节　节流装置的安装

一、节流式流量计的安装

差压式流量计的安装，包括节流装置差压信号、管路和差压计三个部分。正确地选用、精确设计计算和加工制造固然重要，但是如果仪表在现场安装得不正确、不符合规定的各项技术要求的安装，会对差压式流量计的测量精度和使用带来很大影响，因此要十分重视安装工作。

差压计的安装主要是安装地点周围条件（例如温度、湿度、腐蚀性、振动等）的选择。如果现场安装的周围条件与差压计使用时规定的要求条件有明显差别，应采取相应的预防措施，否则应改换安装地点。

1. 压差信号管路

差压式流量计在安装导压管时的条件如下。

（1）引压导管应按最短距离敷设，一般情况下总长度不宜超过 50m，以免阻力过大，反应滞后；但不小于 3m。因为对流量变化太快的场合指示波动频繁，对于高温介质可能造成差压计的温度过高。管路的弯曲处应该是均匀的圆角。

（2）引压导管的装设应保持垂直或水平面之间呈不小于 1：10 的倾斜度，能随时排除可能积存有气体、水分、液体或固体微粒等影响压差精确而可靠地传送的其他成分。

（3）引压导管应不受外界热源的影响，正负压信号管路要尽量靠近和并行敷设，以使两管的温度一致，防止因密度不同而引起的误差。注意应给两管以一样的条件。为防止冻结的可能，应有伴热装置。

（4）对于黏性和有腐蚀性的介质，为了防堵防腐，应加装充有隔离液的隔离罐。

（5）引压管路中应装有必要的切断、冲洗、灌封液、排污等所需要的阀门。

当差压信号传送距离大于 30m 时，导压管应分段倾斜，并在最高点和最低点分别装置集气器（或排气阀和沉降器或排污阀）。

2. 差压计的安装

（1）压差管路引出口。除应遵守压力取样的规则外，还应考虑被测流体为液体或蒸汽时防止气体进入压力信号管，被测流体为气体时防止水和脏物进入压力信号管。

取压口一般设置在法兰、环室或夹持环上，取压口的取向应考虑被测流体为液体时，防止气体进入导压管；被测流体为气体时，防止液滴或污物进入导压管。压力信号引出口的合理位置如图 4-35 所示。

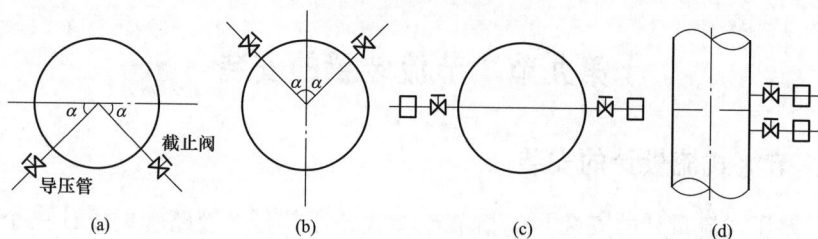

图 4-35　压力信号引出口的合理位置

（a）液体，管路水平或倾斜，引出管在水平线以下 45°角内；

（b）气体，管路水平或倾斜，引出管设在上半垂直线两边 45°角内；

（c）蒸汽，引出管设在水平线的两边 180°位置；（d）管路垂直，引出管设置在整个圆周上任意位置

节流装置在水平和有坡度的测量管道上安装时，取压口的方向应符合下列规定。

1）测量液体流量时，在工艺管道的下半部与工艺管道的水平中心线呈

0°～45°夹角 α 的范围内。

2）测量气体流量时，在工艺管道的上半部，引出管在水平线以上 45°夹角 α 内。

3）测量蒸汽流量时，在工艺管道水平中心线上。

4）管路垂直，引出管设置在整个圆周上任意位置。

（2）液体流量的测量。测量液体流量时，应将差压计装在节流装置的下方，主要是防止液体中可能有气体进入并积存在引压管路内，如图 4-36（a）所示。

如果差压计不得不装在节流装置的上方时，建议从节流装置开始引出的连接管先向下面后再弯向上面，以形成 J 形液封。在导压管路的最高点上，要装设集气器，如图 4-36（b）所示。

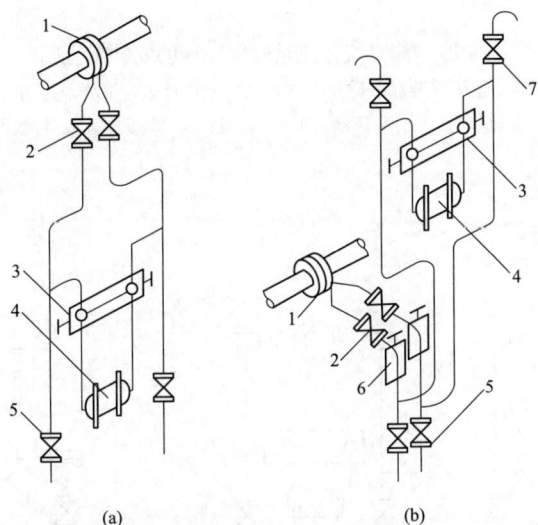

图 4-36　测量液体流量时差压计的安装示意图
（a）差压计装在取样点下方；（b）差压计装在取样点上方
1—节流装置；2—导压阀；3—三阀组；4—差压计；5—排放阀；6—集气器；7—排气阀

（3）气体流量测量。测量气体流量时，应将差压计装在节流装置的上方，如图 4-37（a）所示，主要是防止液体污物和灰尘等进入导压管路内。

如果差压计不得不装在下方时，则须在导压管路的最低点处装设沉降器，以便排出凝液和灰尘，如图 4-37（b）所示。

（4）蒸汽流量的测量。在近节流装置处的差压连接管路上，应装设两个平衡凝结容器，如图 4-38（a）所示，这主要是保持两根引压导管内的冷凝柱高度相等，并防止高温蒸汽与差压计直接接触。

节流装置装在水平管道上时，差压计应装在节流装置的下方，两个平衡凝结容器应位于同一水平面上，如图 4-38（b）所示。如果差压计不得不装在上方时，可参考图 4-38（c）的安装。

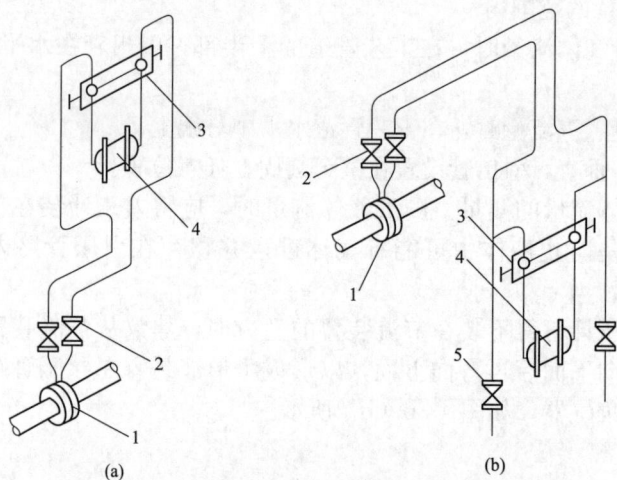

图 4-37　测量气体流量时差压计的安装示意图

（a）差压计装在取样点上方；（b）差压计装在取样点下方

1—节流装置；2—导压阀；3—三阀组；4—差压计；5—排放阀

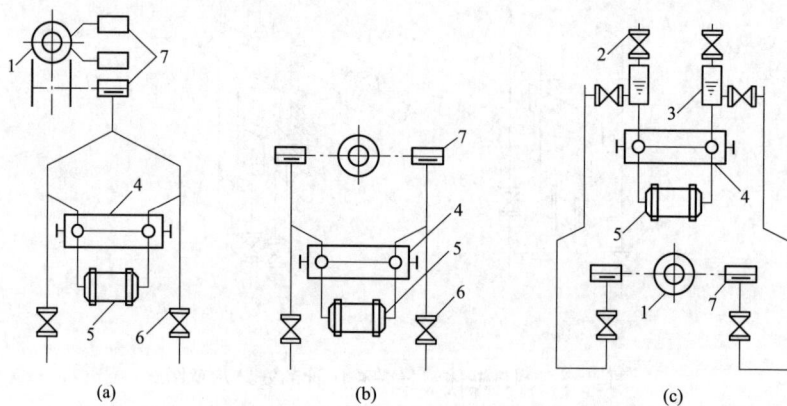

图 4-38　测量蒸汽流量时节流装置与差压计的安装示意图

（a）节流装置装于垂直管道；（b）节流装置装于水平管道；（c）差压计位于节流装置

1—管道；2—排气阀；3—集气器；4—三阀组；5—差压计；6—排放阀；7—平衡凝结容器

二、压差信号管路系统的附件

1. 平衡凝结容器

当被测介质是蒸汽时，蒸汽会在压力信号管路中凝结成液体，成为附加的液柱压力，若不采取措施，此压力将造成不易估计的误差。为此，在信号管路上加装平衡凝结容器，其作用是保持正负压导管中的液柱等高和恒定，如图 4-39 所示。

为了达到恒定液柱高度的目的，平衡凝结容器水平横截面应该足够大，即比压差计测量室工作面积大数倍。平衡凝结容器的贮液容积应大于压差

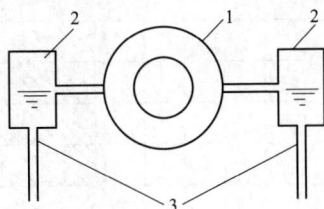

图 4-39 平衡凝结容器装置
1—被测管道；2—平衡凝结容器；3—取样管道

计全量程变化时工作容积变化量的 3 倍。ISO 推荐的平衡凝结容器的结构见图 4-40。

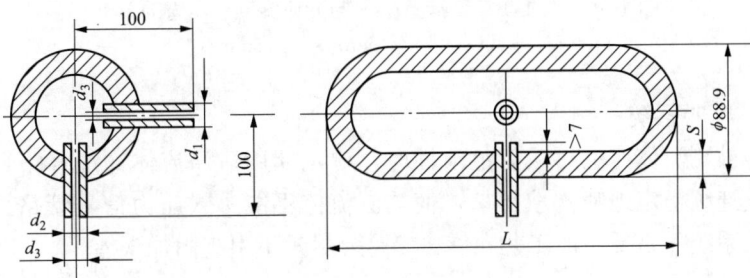

图 4-40 ISO 推荐的平衡凝结容器结构

壁厚 S 由静压力决定。当静压力为 19、32、54MPa（190、320、540kgf/cm²）时，相应的 S 值为 5、7.1、12.5mm。长度 $L=100$mm 是小容积平衡凝结容器，$L=230$mm 是增大容积的平衡凝结容器。d_1 和 d_2 由压力以及与导管的连接方法决定，一般为 12.7～24mm。d_3 等于 8～8.7mm。

当被测流量波动很大时，压力信号管中的冷液体将大量流入被测管路。如被测介质是高温高压流体，则回流的液体可能在节流体上造成局部突然冷却，以致变形，所以当流体为蒸汽，参数 $p \geqslant 200 \times 9.81 \times 10^4$Pa，$t \geqslant 400$℃时，则应在节流件和平衡凝结容器之间加装冷凝液捕集器。当然使压差计的工作容积变化尽量地小，是根本的预防方法。

平衡凝结容器壁厚 S 与介质温度、压力的关系如图 4-41 所示。

2. 集气器

当被测流体或压力信号管中为液体时，则压力信号管路的最高处和可能积气的地方应装集气器或排气阀，以收集和定期排出气体。

3. 沉降器

对任何被测流体，压力信号管路的最低点和可能沉积污垢的地方应装沉降器或排污阀，以收集和定期排出污物。

4. 隔离器

当被测流体有腐蚀性、易冻结或易析出固体时，为保证仪表的正常运行应采用隔离器和隔离液。

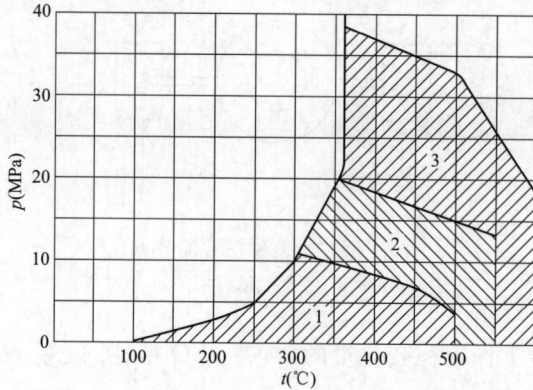

图 4-41　平衡凝结容器壁厚 S 与介质温度、压力的关系

1—5mm；　2—7.1mm；　3—12.5mm

5. 喷吹系统

若被测流体有脏污或有危险性时，应定期用清洁流体冲洗管路和取压口，或连续稳定地喷吹取压口，使被测流体不能进入压力信号管路。当然装喷吹系统一是要生产工艺允许，二是要尽量不引起附加误差。

三、流动整直器

管路上需要多种附件，如阀门、大小头、膨胀结、排污器、弯头等。它们都会影响流速分布，而且不同规格和类型的附件的组合，将导致速度分布的变形难以预测。轴向速度分布变形可举例如下（也可能是它们的组合）：①单纯绕管轴线的旋转流；②二次流；③流速峰值偏离管轴线或有多个峰值等。

按流速法工作的流量计受流速分布的影响很大。按引起速度变形的情况，阻力件可分成两大类：一类是很少产生旋流但改变速度分布，如单个弯头和位于同一平面的弯头，造成流速峰值偏离中心，二次流引起双峰等；另一类既改变速度分布又引起很大旋转流，例如紧接着的几个空间弯头，同平面两弯头间有阀门等。消除旋流所需要的直管段长度对于气体和液体是不同的，液体所需较短，黏度越大所需直管段越短，即雷诺数小时，直管段较短。

不同流量计对径向或切向（旋转）流速分布变形的敏感度是不一样的，例如电磁流量计对径向速度分量较不敏感，单通道超声流量计则很敏感。

用规定最小直管段的办法来保证流速分布达到规定的要求，虽然既简单，效果又好，但现场有时很难提供所需的直管段。于是装置整流器是可考虑的一种办法。整流器是装在管道内改善流速分布的装置，安装于测量截面和上游最近一个扰动源之间。预期它能消除流动中的不对称分布、旋转流等情况，使流动很好地接近充分发展紊流的流速分布。

流动调整器可减少上游直管段长度,流动调整器的结构形式很多,常见的有管式、筛孔板式和组合式等。它们的整流效果、阻力损失和造价等很不一样。如管式消除旋转流较有效,筛孔板式用于校正不对称流速分布较好。当然对组合式则期望它能具有综合的校正能力。

下面介绍 GB/T 2624.1—2006《用安装在圆形截面管道中的差压装置测量满管流体流量 第 1 部分:一般原理和要求》一款 19 管管束流动整直器(1998)。

1. 19 管管束流动整直器(1998)结构

19 管管束流动整直器(1998)由 19 根管子组成,为了减少 19 管管束流动整直器(1998)外部管子与管道壁之间产生的漩涡,流动整直器的最大外部直径 D_f 应满足:$0.95D \leqslant D_f \leqslant D$。

管子的长度 L 应在 $2D \sim 3D$ 之间,最好尽可能接近 $2D$。

2. 19 管管束流动整直器(1998)的管材

管束中管子的平整度、外径和壁厚必须统一。19 管管束流动整直器(1998)的单个管子的壁厚要薄。所有管子的两端应有内倒角,整直器壁厚应小于 $0.025D$,装配成如图 4-42 所示圆柱形样式。

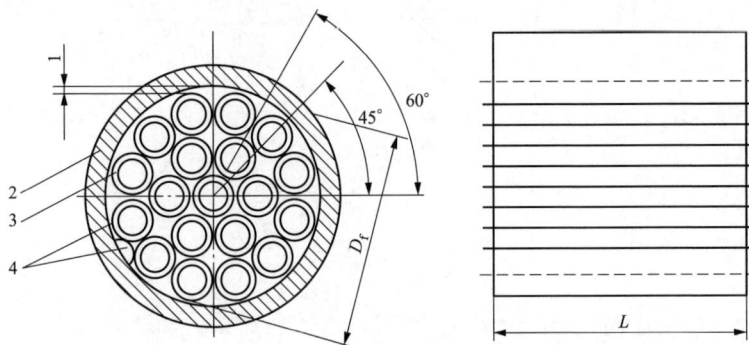

图 4-42 19 管管束流动整直器(1998)

1—最小间隙;2—管道壁;3—管壁厚度;4—定中心垫片选项(一般 4 处);D_f—流动整直器外径

壁厚应小于 $0.025D$,此值是根据用于收集数据的管子壁厚确定的,GB/T 2624 的本部分就是以这些数据为基础的。

3. 19 管管束流动整直器(1998)的制作

19 管管束流动整直器(1998)应制造得非常坚固。各个管子的接触点处应彼此焊牢。至少要在管束的两端焊牢。尤为重要的是要确保这些管子彼此平行并与管道轴线平行,因为如果不能满足这个要求,整直器本身就可能把漩涡引入到流动中。整值器的外部可设置固定中心垫片,以便安装时在管道中为装置定中心。定中心垫片可以采取平行于管道轴线的小凸缘或小棒杆的形式。管束插入管道后应可靠地固定就位,但固定应不破坏管束部件在管道中的对称性。

4. 压力损失

19 管管束流动整直器（1998）的压力损失系数 K 约等于 0.75，K 由下式给出

$$K = \frac{\Delta p_c}{\frac{1}{2}\rho v^2} \qquad (4\text{-}73)$$

式中　Δp_c——19 管管束流动整直器（1998）的压力损失；

　　　ρ——管道中流体的密度；

　　　v——管道中流体的平均轴向流速。

5. 安装在任何管件的下游

（1）19 管管束流动整直器（1998）只要满足制造和安装规范，可以与直径比为 0.67 或更小的孔板一起用在任何管件的下游。

（2）安装 19 管管束流动整直器（1998）应使孔板与任何上游管件之间至少有 $30D$，整直器的下游端与孔板之间的距离等于 $13D \pm 0.25D$（更详尽的参看国标 GB/T 2624—2006）。

第五章　液位测量仪表

汽包水位是锅炉安全运行的一个极其重要参数,如果锅炉汽包水位过高,会降低汽水分离装置汽水分离的效果,造成汽包出口饱和蒸汽品质变坏,严重时水会随着蒸汽带入汽轮机,对汽轮机叶片造成严重的冲击和损坏;如果汽包水位过低,可能破坏水冷壁管中的水循环,使水冷壁得不到锅水冷却,威胁锅炉的安全运行。因此,准确测量和控制汽包水位在规定的范围之内是保证锅炉安全运行的必要条件。

一、锅炉汽包水位

在锅炉运行中,流入介质有来自锅炉水冷壁的汽水混合物、来自省煤器的给水,还有来自化学系统的加药水;流出介质有饱和汽、流向下降管的锅水循环水、连续排污水和定期排污水,汽包内的汽流、水流速度分布及汽水分离等工况极为复杂。

1. 汽包水位特点

(1) 汽包内水位忽上忽下剧烈周期波动。汽水混合物有从水面引入汽包,也有从水下引入汽包,动能很大的汽水混合物冲击着锅水,使水面形成波浪和水柱。同时,汽包的工作压力不断地在平均值附近波动,致使水冷壁中水沸腾的起始位置不断下降及升高,使汽包的水位不断地上下波动。

(2) 汽包内水汽无明显分界面。汽包内水容积中存在大量汽包,水容积中的水实际上是汽水混合物,其密度很难确定,在锅水中的汽包在接近汽包底部处很少,而接近水面处的汽包则很多。因此,锅水的密度自下而上逐渐减小,密度分布没有明显阶跃的转折点,汽包内汽水界面亦不分明。

(3) 沿汽包横向及轴向处水位不一致。由于汽包沿轴向的汽水混合物引入量不相等,造成汽包两端水位低,汽包水位横切面的特点是中间明显凸起。汽包水位的辐向分布与上升管的连接部位有关。一般在上升管连接的一边水位较高,同时中部也有凸起现象,这是由于汽水分离器排水的干扰引起的。

(4) 存在虚假水位。当锅炉负荷急剧变化时,例如蒸汽流量快速增加,此时,汽包压力将随之快速降低,对应的饱和水温度降低,于是汽包水平面以下的水容积中的一部分水会因汽化而生成汽包,造成汽包水位抬高,由于锅水汽化造成的水位抬高速度快于汽水不平衡造成的水位下降速度,因而出现"假水位"现象。

反之，当蒸汽流量快速减少时，汽包压力增加，由于对应的饱和水温度升高，使汽包水平面以下水容积中的一部汽泡变成水，汽泡含量减少，造成水位先行降低的"假水位"现象。湿度与水位的关系如图 5-1 所示。

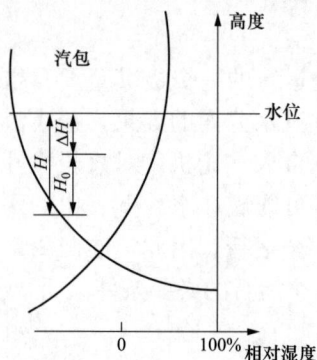

图 5-1 湿度与水位的关系

2. 锅炉汽包水位的名称

在火力发电厂中锅炉汽包的水位名称有三种，即实际水位、重量水位和指示水位。

（1）实际水位。也称真实水位，它定义为沿汽包内垂直方向上汽水湿度最大变化率的点，由无数这样的点构成的液面；由于这些点很难找出，目前尚不能测出这种实际水位。

（2）重量水位。假想某一瞬时汽包出口与入口都封闭起来，汽侧中的水回到水侧，水侧中的汽回到汽侧，汽、水平静下来时的水位。即折合成汽包工作压力下饱和水密度时相应的水位。

（3）指示水位。水位计所能测出的汽包水位值称为指示水位，其指示水位值等于重量水位值，才能保证锅炉水位的正常运行。

二、锅炉汽包水位测量系统的配置

为保证锅炉汽包水位安全稳定运行，在 DL/T 1393—2014《火力发电厂锅炉汽包水位测量系统技术规程》规定：锅炉汽包水位测量系统的配置可采用以下两种方式之一。

（1）3 套差压式汽包水位测量装置和 2 套电极式汽包水位测量装置。

（2）6 套差压式汽包水位测量装置和 1 套电极式汽包水位测量装置。

两种方式应分别从汽包两端取样。差压式汽包水位测量装置应设计汽包压力对水位-差压转换关系的补偿，并应配置补偿函数，补偿精度应达到 0.5%。

新建锅炉不宜配置云母水位计，对于已采用云母水位计的锅炉应增加远动隔离门。当云母水位计爆漏时，应远方切断高压、高温水汽的外射。

228

第一节　连通式水位计

连通管式水位计又称直读式水位计，属于就地式仪表，信号不能远传，普遍用于低黏度液体的液位测量。以锅炉汽包水位测量为例，连通管式水位计的工作原理如图 5-2 所示。

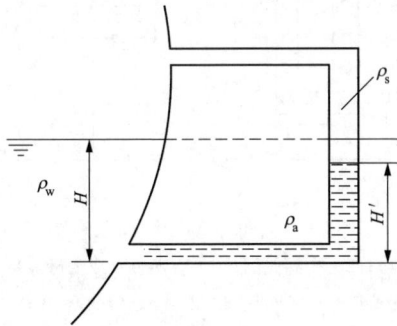

图 5-2　连通管式水位计原理图

其原理是利用水位计中的水柱与汽包中的水柱在联通管处有相等的静压力，从而可以用水位计中的水柱高度来间接反映汽包中的水位，因此，也称为重力式水位计，其水位称为重力水位。连通管式水位计的显示水柱高度 H' 可按式（5-1）计算，即

$$H' = \frac{\rho_w - \rho_s}{\rho_a - \rho_s} H \tag{5-1}$$

式中　H'——水位计的显示值；

　　　H——汽包实际水位高度；

　　　ρ_w——汽包内饱和水密度；

　　　ρ_s——汽包内饱和蒸汽密度；

　　　ρ_a——水位计测量管内水柱的平均密度。

由于水位计管内的水柱温度总是低于汽包内饱和水的温度，因而水位计中水密度 ρ_a 总是大于汽包中水密度 ρ_w，即水位计中的显示值总是低于汽包内实际水位高度，其示值偏差为

$$\Delta H = H' - H = -\frac{\rho_a - \rho_w}{\rho_a - \rho_s} H \tag{5-2}$$

由式（5-2）可以看出，水位测量偏差与水位计管内水柱温度、汽包工作压力以及汽包内的实际水位等多种因素有关。

一、云母水位计

云母水位计实际上就是一根连通管，是玻璃水位计的一种，属于直读式液位计。对低压锅炉，可以用玻璃做水位计观察窗，对高压锅炉，锅水对玻璃有较强的腐蚀性，会使玻璃透明度变差，不利于水位监视，常用优

质云母片作观察窗，故称为云母水位计，如图 5-3 所示。

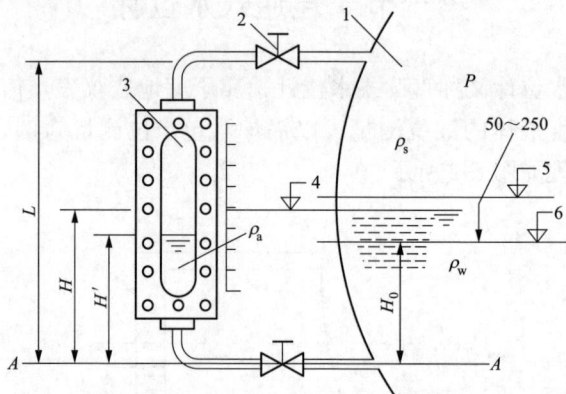

图 5-3　云母水位计结构示意图

1—汽包（或容器）；2—中间阀门；3—玻璃板（或云母片）；4—实际水位；

5—汽包几何中心线；6—正常水位线（零水位线）；A-A—参考水平面

当云母水位计中的水为汽包压力下的饱和水时，其中的水位就是汽包的重量水位，但是，水位计处于汽包外，因为散热，水位计中水的平均温度必然低于汽包压力下的饱和温度，水位计中上部的水来自汽包的饱和蒸汽不断凝结，水温沿水位计从上向下逐步降低，最后凝结水返回汽包。因而水位计中水的密度 ρ_a 大于汽包内饱和水密度 p_w，这就造成了云母水位计显示值 H' 比汽包实际水位高度 H 偏低，其差值可由式（5-2）求取。

但由于云母水位计中的 ρ_a 与水位高度、汽包工作压力、环境温度及测量筒散热情况等有关，其数值很难确定。一般认为，在额定工况下，高压锅炉实际零水位比云母水位计指示值高 40～60mm，中压锅炉则高 25～35mm。

二、双色水位计

1. 双色水位计结构

云母水位计的最大优点是直接反映汽包水位，直观、可靠，但只能就地监视，并且液位显示不够清晰，尤其当水位超出水位计可视范围时，很难正确判断是满水还是缺水，为此在云母水位计的基础上，利用光学系统改进其显示方式的一种连通式水位计；由于水和蒸汽对光的折射率不同，使汽水分界面显示成红、绿两色的分界面，即汽柱显红色，水柱显绿色，提高了显示清晰度，并有利于用工业电视等方式远传显示，这就是目前推广使用的双色水位计，如图 5-4 所示。

双色水位计是采用连通器原理制成，利用光在不同介质中呈现不同的折射率和反射特性，并借助于滤色片使液相呈绿色，气相呈红色来显示汽包水位的。由灯泡发出的光，通过红、绿滤色片，再通过聚光镜射向水位

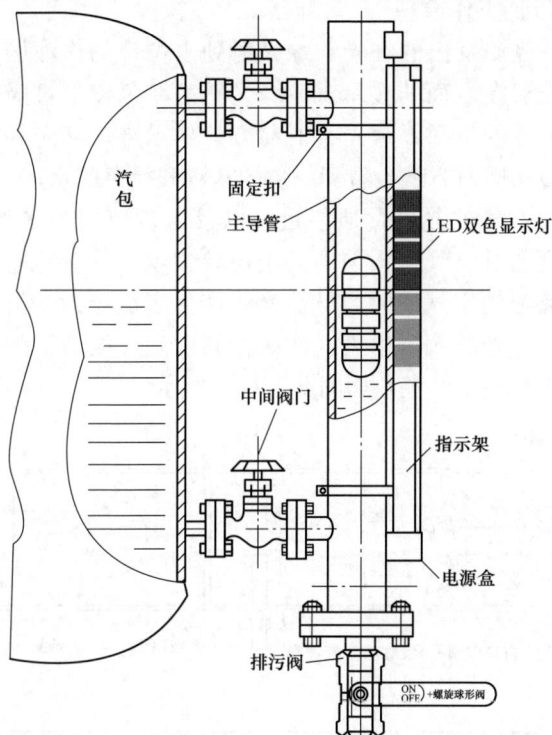

图 5-4 双色水位计

计本体，在水位计本体内，气相部分红光射向正前方，而绿光斜射到壁上被吸收；而在本体内液相部分，由于水的折射使绿光射向正前方，而红光斜射到壁上被吸收，因而在正前方观测时，可看到水位计显示气红液绿，清晰透明。

双色水位计一般由上阀（汽阀）、下阀（水阀）、表体、排污阀（螺旋球形阀）、平衡管等组成，为防止玻璃管爆炸时汽水喷出伤人，阀体内部各有保险阀座和钢球保险珠一枚，当水位计爆裂时，保险钢珠在高压汽水的冲击下高速顶向保险座，自动关闭表体的上下通道，直至手动关闭阀门为止，保险珠的复位则通过平衡管取得压力平衡，靠保险珠自重而取得。运行中阀门必须全开，否则保险珠可能不起作用。

这种水位计属于锅炉的附属设备，就地安装。直接观测水位，汽红水绿，汽满全红，水满全绿，随水位变化自动而连续。在锅炉启、停时用以监视汽包水位和正常运行时定期校对其他形式的水位计。双色水位计观测明显直观，但在实际运行中，由于锅炉加药腐蚀和水汽冲刷，运行一段时间以后，石英玻璃管内壁磨损严重，引起汽水分界不明显。尤其现在一般采用工业电视监视，现场摄像头受光线变化影响使水位显示更加模糊不清，另外，由于水位计处于汽包上，环境温度高，使水位计的照明维护工作量明显增加。

2. 双色水位计工作原理

双色水位计光源发出的红光和绿光射到水位计的体液腔中。在腔体的气相部分，红光射在前面的显示屏，绿光斜射在侧壁上被吸收。在腔体的液相部分，由于水的折射，绿光直射前方的显示屏，红光斜射侧壁上被吸收。因此，在显示屏前方就会看到红色的蒸汽和绿色的水。

由于蒸汽和空气的光学性质接近，以及窗口玻璃为平板玻璃，当红、绿光以不同角度通过空气射入前面一个窗口玻璃进入蒸汽空间，再通过后面一个窗口玻璃射到空气中时，虽然光线产生多次折射，但光线方向改变不大，这时红、绿光的入射角正好使绿光斜射到光线通道的侧壁，而红光正好射在影屏上，显示红色，如图 5-5（a）所示。

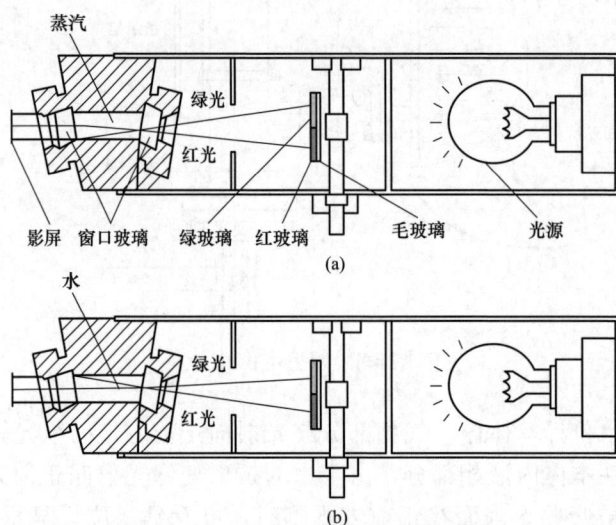

图 5-5　双色水位计工作原理图

（a）红、绿光通过蒸汽；（b）红、绿光通过水

图 5-5（b）所示为红、绿光通过水时所发生的现象。由于两块窗口玻璃不是平行安装的，而有一定夹角，因而有水部分形成一段"水棱镜"，入射的红、绿光均产生较大的折射而向顺时针方向偏转，结果使斜射的绿光折向光线通道的中心，到达影屏，显示绿色。原来处于光线通道中心的红光斜射，折向光线通道侧壁，不被显示。

用于超高压锅炉上的水位计，考虑其强度，窗口玻璃不做成长条形，而是沿水位计高度上开 7 个圆形窗口，每个窗口的直径约为 22mm，窗口中心距为 72mm，称为多窗式双色水位计，其缺点是小窗之间一段是水位指示的盲区。

为减小水位计内水柱温降带来的测量误差，有时在水位计本体内加装蒸汽加热夹套，由水位计汽侧连通管引入蒸汽（凝结水排入锅炉下降管），以使水柱温度接近于锅炉汽包工作压力下的饱和温度。为了防止锅炉压力骤降时测量室中水柱沸腾而影响测量,从安全方面考虑,测量室内的水柱温度还应有一定的过冷度。

第二节 电接点水位计

电接点水位计是根据汽包内汽和水的电导率不同来测量水位的。它属于电阻式水位测量仪表。在 360℃ 以下,纯水的电阻率小于 $10^6\Omega\cdot cm$,蒸汽的电阻率大于 $10^8\Omega\cdot cm$。

高压锅炉的锅水电导率一般要比饱和蒸汽的电导率大数万到数十万倍,电接点水位计是由水位测量容器、电极、电极芯、水位显示灯以及电源组成,如图 5-6 所示。

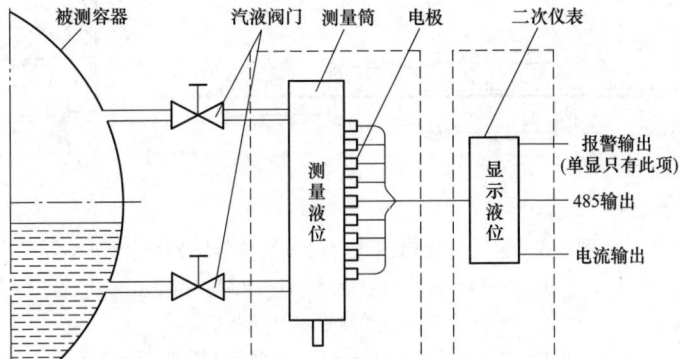

图 5-6 电接点水位计原理结构图

电极装在水位容器上组成电极水位发送器。电极芯与水位测量容器外壳之间绝缘。由于水的电导率大、电阻较小,当接点被水淹没时,电极芯与容器外壳之间短路,则对应的水位显示灯亮,反映出汽包内的水位。而处于蒸汽中的电极由于蒸汽的电导率小、电阻大,所以电路不通,即水位显示灯不亮。因此,可用亮的显示灯多少来反映水位的高低。

利用饱和蒸汽与饱和蒸汽凝结水的电导率的差异,将非电量的锅炉水位变化转换为电信号,并由二次仪表远距离地显示水位。测量筒结构简图如图 5-7 所示。

一、电接点及水位容器

（一）电接点

电接点是仪表的感受件,其电极芯既要与水位容器金属壁面可靠地绝缘,又要能耐受汽包的工作压力及汽水的化学腐蚀。

电接点可分为超纯氧化铝绝缘电接点（用于高压、超高压锅炉）和聚四氟乙烯绝缘电接点（用于中、低压锅炉）。

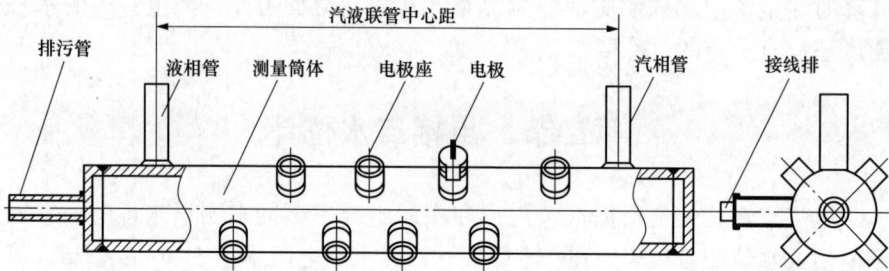

图 5-7　测量筒结构简图

1. 超纯氧化铝绝缘电接点

超纯氧化铝绝缘电接点水位传感器结构如图 5-8 所示。

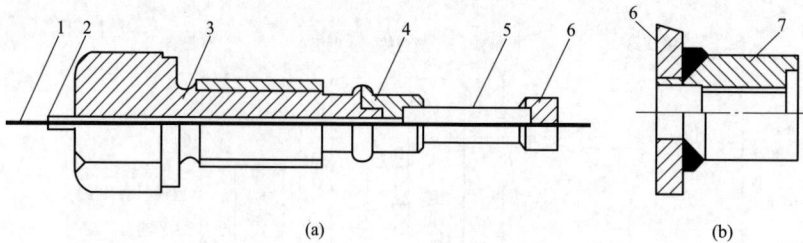

图 5-8　超纯氧化铝绝缘电接点水位传感器结构图
(a) 超纯氧化铝绝缘电接点；(b) 电接点固定座
1—电极芯；2—绝缘管；3—电极螺栓；
4、6—可伐合金连接件（瓷封件）；5—超纯氧化铝管；7—固定座

电极芯和瓷封件钎焊在一起，作为一个电极；电极螺栓和瓷封件焊在一起，作为另一个电极，两者用超纯氧化铝管和芯杆绝缘瓷管隔离开。瓷封件由可伐合金（4j29）加工而成，它的线膨胀系数与氧化铝瓷管很相近，这使两者焊接后能承受温度的变化。

2. 聚四氟乙烯绝缘电接点

聚四氟乙烯电接点水位传感器结构图如图 5-9 所示。

聚四氟乙烯具有很好的抗腐蚀性能，对于强酸、强碱和强氧化剂，即使在较高温度下也不发生任何反应。其使用温度为 $-180\sim250℃$，适合于水质较差的中压锅炉。

（二）水位容器

水位容器也称为水位测量筒，通常用直径为 76mm 或 89mm 的 20 号无缝钢管制造。

（1）其内壁应加工得光滑，以减少湍流。

（2）水位容器的水侧连通管应加以保温。

（3）容器的壁厚根据强度要求选择，强度根据介质工作压力、温度及容器壁开孔的个数、间距来计算。

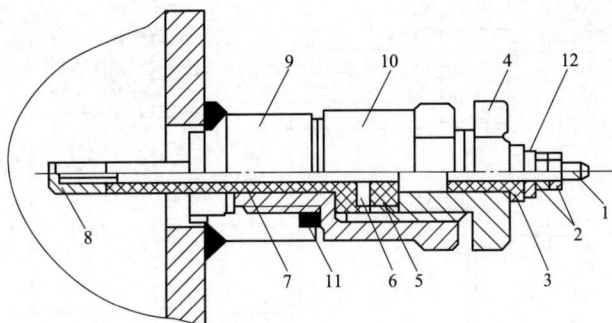

图 5-9　聚四氟乙烯电接点水位传感器结构图

1—电极芯；2—接线螺钉；3、7—聚四氟乙烯绝缘套；4—压紧螺栓；5—绝缘垫；
6—挡环；8—电极头；9—接管座；10—电极座；11—紫铜片；12—垫片

（4）为了保证容器有足够的强度，安装电接点的开孔位置通常呈 120°（或 90°）夹角，在筒体上分 3 列（或 4 列）排列。

（5）一般在正常水位附近，电接点的间距较小，以减小水位测量的误差。

二、显示方式

电接点水位计的显示方式主要有氖灯显示、双色显示及数字显示。

水位测量筒结构图如图 5-10 所示。

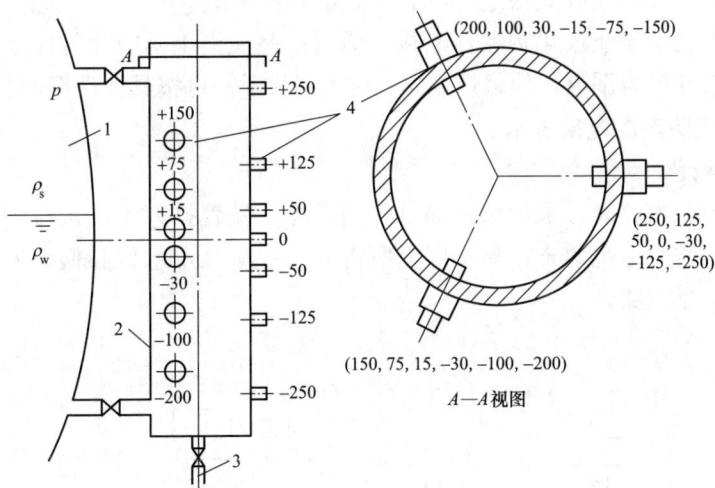

图 5-10　水位测量筒结构图

1. 氖灯显示

氖灯显示是最简单的一种显示方式，其电源有交流和直流两种类型。电接点水位计一般采用交流氖灯，这样可以省去整流电路和避免极化现象，如图 5-11 所示。

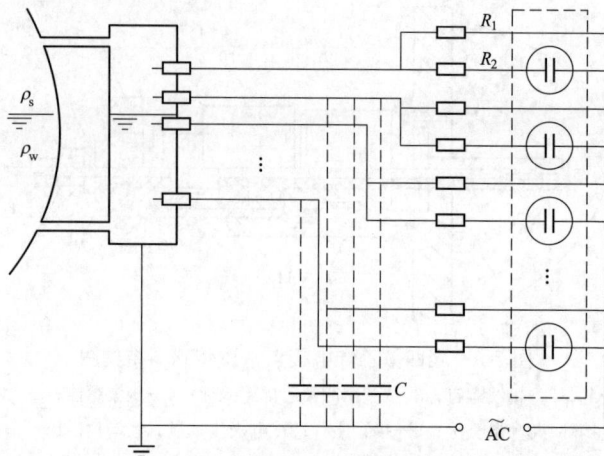

图 5-11　氖灯显示电路示意图

（1）供给氖灯的电源电压必须高于氖灯的极限起辉电压。由于氖灯允许通过的电流很小，为了保护氖灯，延长氖灯的使用寿命，应串联一分压电阻 R_2。

（2）由于氖灯显示装置距离水位容器较远，其电缆长度达 $50\sim80m$，因此电缆分布电容不可忽略（在交流供电的情况下，分布电容将提供一个电流通路，有可能使处于蒸汽中的电接点所对应的氖灯也亮）为了防止这种情况，在每一氖灯支路上并联了一个分流电阻 R_1。

（3）为了防止极化现象，电接点通过的是交流电，因此可能在长电缆中发生分布电容漏电，使氖灯点燃，造成误显示。可按具体情况调整 R_1 和 R_2，以消除对漏电误显示。

2. 双色显示

（1）二次仪表若采用双色显示，用发光二极管排列表示水位，即以汽为红色、水为绿色的光在显示屏上所占的高度来显示水位高低。见图 5-12 为其中一条电路。

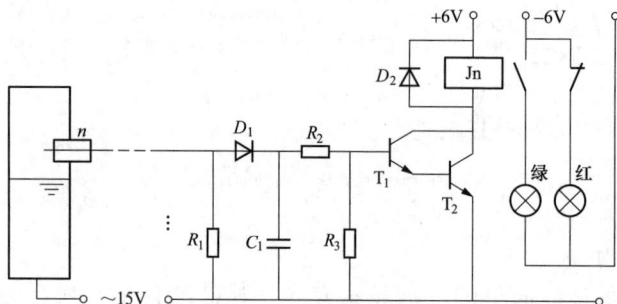

图 5-12　发光二极管显示电路（一组）

（2）用普通灯泡显示水位，如图 5-13 所示。

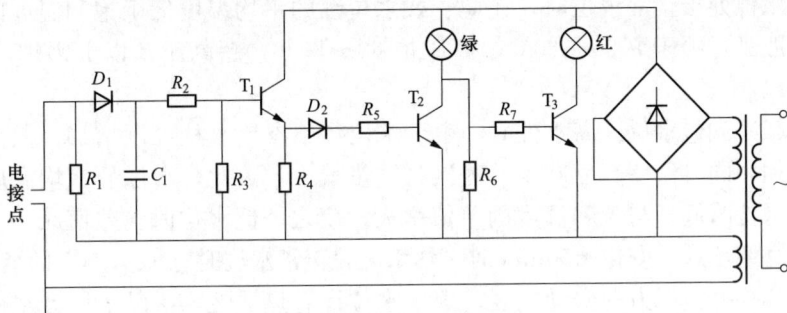

图 5-13　带放大器的灯光显示电路（一组）

当电接点被水导通时，绿色灯泡被点亮；而未导通的电接点所在电路，则红灯亮。

三、智能电接点水位计简介

仪表的核心是一块微控制器，在它的控制下，水阻测试电路通过多路电子开关逐个地测试每一个电极与测量筒体之间的阻抗微控制器，得到这些阻值后首先用数字滤波程序滤去阻抗，微控制器得到这些阻值后首先用数字滤波程序滤去干扰，然后由智能水位识别程序识别出当前的水位，再由面板上的标尺和数码显示出来。如果水位超过预先设定的上、下限，则产生声光报警，并触发相应的报警输出。延迟报警、智能水位识别程序识别水位，将表现异常的电极识别出来。

数字显示功能框图如图 5-14 所示。

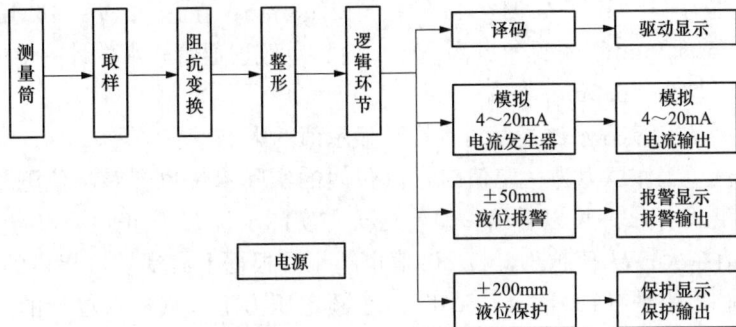

图 5-14　数字显示功能框图

四、连通管式水位计测量偏差的影响因素

1.影响汽包水位计管内水柱温度变化的因素

汽包水位计管内参比水柱平均温度与下列因素有关。

（1）汽包压力。随着汽包压力的增加，相应饱和温度升高，冷却效应加剧，参比水柱平均温度与饱和温度的差值增大。汽包压力在额定工况下、汽包水位处于正常水位时，连通管式水位计的平均温度低于饱和温度的数值一般为：中压炉 $50 \sim 60℃$，高压炉 $60 \sim 70℃$，超高压及以上锅炉 $70 \sim 80℃$ 以上。

（2）汽包水位。高水位时，由于水位计中参比水柱高度增加，散热损失增加，同时汽柱高度减少，蒸汽凝结量减少，因此，水柱的平均温度较正常水位时低，与饱和温度的差值增大；反之，低水位时，差值减小。据资料介绍，水位变化 $±50mm$ 时平均水温较正常水位时有 $16 \sim 24℃$ 的变化。

（3）汽包压力的变动速度。由于水位计有热惯性，所以水位计水侧平均温度变化滞后于汽包压力变化，滞后于汽包内饱和水温的变化，造成动态过程中产生偏差，表现在锅炉启动升炉过程中，水位计水侧平均温度低于饱和温度达 $120℃$。

（4）表体结构、环境温度等因素影响。由于水位计管内参比水柱平均温度受诸多因素影响而变化，致使水位测量产生较大的且变化十分复杂的偏差。与饱和温度差越大，则偏差越大，水位计显示值越低于实际水位值。

2. 汽包工作压力对水位计显示值的影响

汽包工作压力变化时，除了导致水位计管内参比水柱温度变化，即 ρ_a 变化而影响水位计水位显示值外，还会引起 ρ_w、ρ_s 的变化，使测量产生偏差。当汽包内实际水位 H 值一定时压力越高，$|\Delta H|$ 值越大；压力越低，$|\Delta H|$ 值越小。

如果汽包正常水位设计在 $H_0 = 300mm$，而且运行时实际水位恰好在正常水位线上，则水位计的示值偏差：在压力 $p = 4.0MPa$ 时，$\Delta H = -59.6mm$；在压力 $p = 10MPa$ 时，$\Delta H = -97.0mm$；

在压力 $p = 14MPa$ 时，$\Delta H = -122.3mm$；在压力 $p = 16MPa$ 时，$\Delta H = -136.9mm$。可见每升高 $1MPa$ 时，一般连通管式水位计的示值偏差的变化平均为 $-6.5mm$ 左右。

3. 汽包内实际水位高度对水位计显示值的影响

当汽包工作压力为一定值时，汽包内的实际水位也会对水位测量产生偏差，由式（5-2）可以看出，偏差 ΔH 与实际水位 H 成正比，H 值越大，$|\Delta H|$ 值越大；H 值越小，$|\Delta H|$ 值也越小。根据上海锅炉厂提供的资料，对于亚临界锅炉（$18.4 \sim 19.6MPa$）在额定压力下，汽包水位计的零水位要比汽包内实际正常水位低 $150mm$。

也就是说，当 $H = 300mm$ 时，$\Delta H = -150mm$；当 $H = 0mm$ 时，近似偏差 $\Delta H = 0mm$；但是，当 $H = 600mm$ 时，近似偏差 ΔH 高达 $-300mm$。如果将水位计下移 $150mm$，虽然在正常水位处偏差消除了，但当高水位和低水位时，误差仍将很大。

综上可见，上述的基于连通管式原理的汽包水位计显示的水柱值不仅低于锅炉汽包内的实际水位，而且受汽包内的压力、水位、压力变化速率以及水位计环境条件等诸多因素影响，水位计显示值和汽包内实际水位间不是确定的一一对应的关系。因此，即使按额定工况将水位计下移而使汽包水位正常时，水位计恰好在零水位附近，但是当工况变化时，仍将产生不可忽略的偏差。

五、连通管式水位计测量偏差的消除方法

传统连通管式水位计测量的偏差和不确定性的根本原因在于水位计测量管内水的密度和汽包内饱和水密度不一致，如果能确保水位计测量管内水的密度始终保持接近或等于汽包内饱和水密度，那么，式（5-1）中 $\rho_a = \rho_w$，$H' = H$，于是上述一系列偏差全消除了。

目前，有一些水位计采用汽包内饱和蒸汽给水位计测量管内的水加热，并阻止其内的饱和水向外散热，正是这个目的。

这类仪表由于水位计测量管内的水接近或等于饱和温度，当汽包内压力下降出现"假水位"时，水位计的显示值更接近"假水位"的真实水位值。当然基于这种原理的连通管式水位计在实际应用中还有一系列问题要解决，这方面可详见本章第三节。

第三节　差压式锅炉汽包水位计

差压式水位计是利用液柱产生的压力来测量液位的高度，通过把液柱高度的变化转换成差压的变化实现水位测量，因此，其测量仪表就是差压计。差压式水位计准确测量汽包水位的关键是水位与差压之间的准确转换，这种转换通过平衡容器形成参比水柱来实现。

一、单室平衡容器

根据液体静力学原理，通过测量变化的水柱和恒高水柱之间的静压差，将差压值转换为水位值，再通过与之配套的差压变送器将汽包水位转换为随水位连续变化的电信号。

平衡容器是差压式水位计的一次仪表，目前，国内外最常用的是通过单室平衡容器下的参比水柱与汽包水位形成差压来测量汽包水位，如图5-15所示。

由汽包进入平衡容器的蒸汽不断凝结成水，由于溢出而保持恒定的水位，从而形成恒定的水静压力 p_+，汽包水位也形成水静压力 p_-；两者相比较，就得到与水位成正比例的压差。汽包水位计标尺，通常习惯以正常水位 H_0 为零刻度，超过正常水位为正水位（$+\Delta H$），低于正常水位为负水位（$-\Delta H$），对于图5-15中的水位压差关系为

$$p_+ = p + L\rho_a g$$

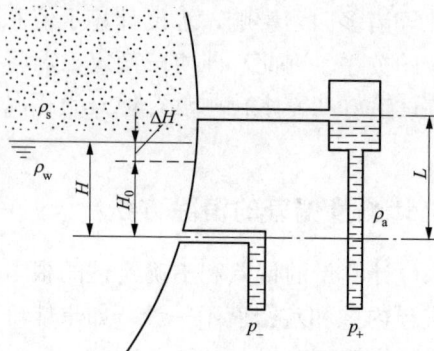

图 5-15　单室平衡容器

$$p_- = p_+ (L - H_0 - \Delta H)\rho_s g + (H_0 + \Delta H)\rho_w g$$

$$\Delta p = p_+ - p_- = L(\rho_a - \rho_s)g - H(\rho_w - \rho_s)g \tag{5-3}$$

或写成
$$H = \frac{L(\rho_a - \rho_s)g - \Delta p}{(\rho_w - \rho_s)g} \tag{5-4}$$

式中　p——汽包压力，MPa；

　　　L——差压水位计的量程范围，mm；

　　　g——重力加速度，m/s^2；

　　　Δp——单室平衡容器所测量到的差压，Pa；

　　　H_0——汽包零水位，mm；

　　　ΔH——汽包水位与零水位的偏差值，mm；

　　　ρ_s——汽包内饱和蒸汽密度，汽包压力的单值函数，kg/m^3；

　　　ρ_w——汽包内饱和水密度，汽包压力的单值函数，kg/m^3；

　　　ρ_a——平衡容器内非饱和水的平均密度，它是压力及温度的函数，kg/m^3。

由于单室平衡容器结构简单，便于安装，计算容易，是近些年来自然循环汽包炉使用较广泛的一种方式。每台锅炉安装有三个单室平衡容器差压式水位测量远传仪表（两头一尾）。

$$\Delta H = \frac{L(\rho_a - \rho_s)g - \Delta p}{(\rho_w - \rho_s)g} - H_0 \tag{5-5}$$

平衡容器实际上就是水位传感器，其工作原理是造成一个恒定的水静压力，使之与被测水位形成的水静压力相比较，输出两者之差，显然这也是一种示差测量方法。如果不用这样的转换，而测量水位变化引起的水静压力变化，则对有压容器来说，信号太小，甚至无法测量，平衡容器的主要问题是，介质密度会因温度和压力变化而变化，造成差压发生（与水位无关）不易估计的变化，使水位产生很大误差。

实际应用中差压式水位计存在的问题是：测量锅炉汽包水位时，汽包压力变化使得水位与差压的关系也发生变化，因而给测量带来很大的误差。

现在普遍采用具有汽包压力补偿作用的平衡容器测量方法，但其准确度仍受到很大限制。因为设计计算的平衡容器补偿装置是按水位处于零水位情况下得出的，而运行中锅炉水位偏离零水位时，就会引起测量误差。当蒸汽压力突然下降时，正压容器内的凝结水被蒸发掉还会导致仪表指示失常。

这些都给锅炉运行操作造成很大困难，尤其投入自动给水调节时将产生错误动作，导致锅炉事故发生。差压式水位计比较适合于锅炉稳定运行时的水位测量，当运行参数变化很大时误差也就很大。

根据式（5-3）和式（5-4）以及图 5-15 可以看出，汽包水位与差压之间不是一个单变量函数关系，更不是一个线性函数关系；饱和水密度和饱和蒸汽密度的变化将影响测量结果，而饱和水密度和饱和蒸汽密度与汽包压力有如图 5-16 所示的函数关系。

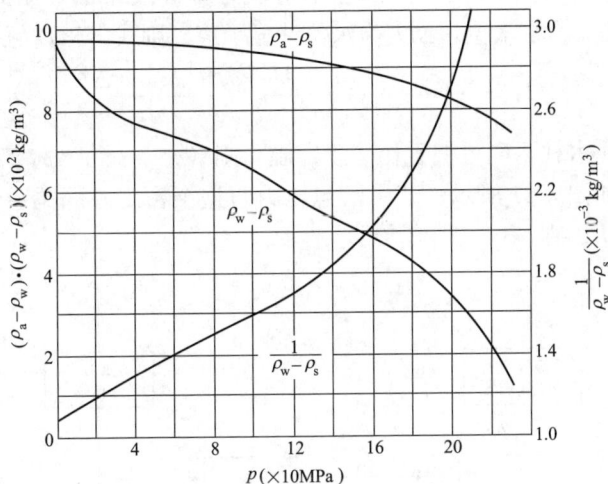

图 5-16　汽包压力和密度差的关系

因此，汽包压力的变化将影响差压水位计的测量结果。此外，参比水柱温度变化同样也会影响差压水位计的测量结果。以 $L=600\text{mm}$ 为例，计算表明：

（1）压力越低，差压信号的相对误差越大。以工作压力 $p=17\text{MPa}$ 为基准，并假定 ρ_a 为 40℃时的密度值，汽包水位在 $H=300\text{mm}$ 处，则当工作压力 $p=11\text{MPa}$ 时，误差为 -4.1%；当 $p=5\text{MPa}$ 时，误差为 -9.17%；当 $p=3\text{MPa}$ 时，误差达到 -12.4%。

（2）根据某电厂条件下的计算，参比水柱平均温度对水位测量的影响如表 5-1 所示。

表 5-1　参比水柱平均温度对水位测量的影响表

温度（℃）	40	60	80	100	120	130	140	160
影响值（mm）	—	9.6	33.2	62.3	91.4	108	125	162

从表 5-1 可知，如果参比水柱的设定温度值为 40℃，当其达到 80℃时，其水位测量附加正误差为 33.2mm；当参比水柱温度达到 130℃时，其水位测量附加正误差高达 108mm。由此可见，汽包压力和参比水柱温度对差压信号的相对误差的影响都是不可忽略的。

这种与温度变化相联系的系统误差，目前常用两种办法来减小或消除：一是对平衡容器输出的有误差的信号引入压力校正；二是改进平衡容器，力图得到仅与水位有关的压差值。

二、汽包水位信号压力校正

1. 单室平衡容器的差压式水位信号压力校正

在"差压-水位"关系中引入压力校正，对于图 5-15 所示的单室平衡容器，由于汽包水位显示值是以汽包零水位为基准表示的，因此，有 $H = H_0 + \Delta H$，H_0 为零水位，ΔH 为水位计显示值。则式（5-5）可以写成

$$\Delta H = \frac{L(\rho_a - \rho_s)g - H_0(\rho_w - \rho_s) - \Delta p}{(\rho_w - \rho_s)g} \qquad (5\text{-}6)$$

若将参比水柱温度近似看作等于室温，则 $(\rho_a - \rho_s)$、$(\rho_w - \rho_s)$ 与汽包压力的关系如图 5-17 所示；若将汽包压力与这个密度差的关系近似用线性关系式来表达，则

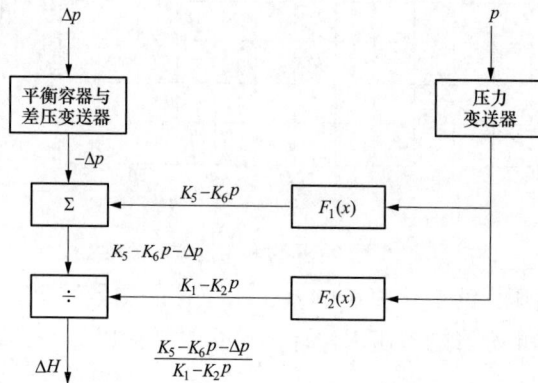

图 5-17　单室平衡容器带压力校正的差压式汽包水位测量系统框图

$$(\rho_w - \rho_s)g = K_1 - K_2 p \qquad (5\text{-}7)$$

$$(\rho_a - \rho_s)g = K_3 - K_4 p \qquad (5\text{-}8)$$

并将式（5-7）、式（5-8）代入式（5-6），可得水位与汽包压力及差压之间的关系为

$$\Delta H = \frac{(LK_3 - H_0K_1) - (LK_4 - H_0K_2)p - \Delta p}{K_1 - K_2 p}$$

$$= \frac{(K_5 - K_6 p) - \Delta p}{K_1 - K_2 p} \qquad (5\text{-}9)$$

$$K_5 = LK_3 - H_0K_1, \quad K_6 = LK_1 - H_0K_2$$

式中　K_1、K_2、K_3、K_4、K_5、K_6——常数。

　　为了保证在将汽包压力与密度差关系近似线性化时有足够精确度，一般按分段进行线性化逼进，也就是说，汽包压力在不同变化范围内时，这些常数取值也不同。

　　2. 参比水柱接近饱和温度的平衡容器差压式水位信号的校正

　　参比水柱温度接近饱和温度的平衡容器种类很多，从结构原理上看，常见有双室平衡容器（见图 5-18）和内置式单室平衡容器（见图 5-19）。

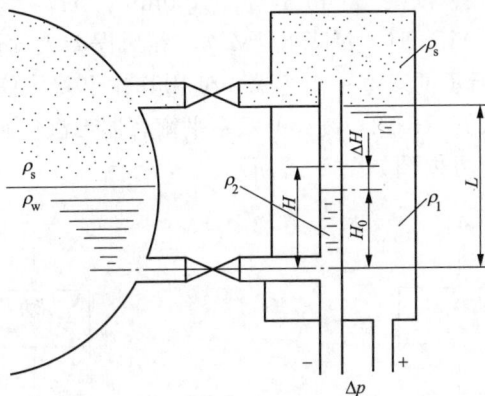

图 5-18　双室平衡容器

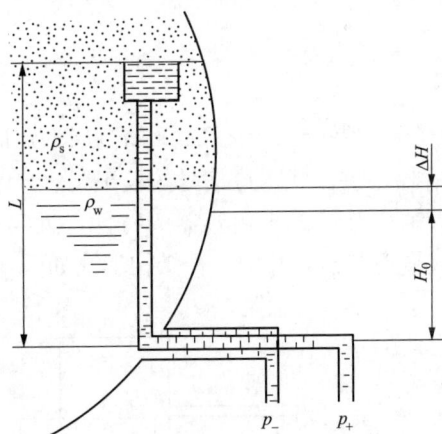

图 5-19　内置式单室平衡容器

　　按照静力学原理，对于双室平衡容器（见图 5-18），当汽包水位在零水位 H_0 时，差压输出 Δp_0 为

$$\Delta p_0 = L\rho_1 g - H_0\rho_2 g - (L - H_0)\rho_s g \tag{5-10}$$

当汽包偏离正常水位变化 ΔH 时，平衡容器的差压输出 Δp 为

$$\Delta p = \Delta p_0 - (\rho_2 - \rho_s)g \cdot \Delta H \tag{5-11}$$

如果通过改进图 5-18 双室平衡容器结构，例如采用图 5-21 那种改进型

双室平衡容器，用蒸汽套保温使 ρ_1 和 ρ_2 等于（或接近于）饱和水密度 ρ_w，或者采用内置式平衡容器（图 5-19）这时式（5-11）就变成

$$\Delta H = K_7 - \frac{\Delta p}{K_1 - K_2 p} \tag{5-12}$$

式中　　$K_7 = L - H_0$。

由式（5-12）可知，汽包水位测量误差仅仅与汽包压力有关，而不再存在普通单室平衡容器参比水柱密度 ρ_a 受环境条件等因素影响造成的附加误差了。分析表明，在 $H_0 = 300\text{mm}$，$L = 600\text{mm}$，$\Delta H = 0$，当工作压力偏离额定压力 $p = 17\text{MPa}$ 时，每降低 1MPa，相对误差大约增加 $+5.6\%$。因此对于图 5-20 中所示的双室平衡容器，使用其输出差压信号，一定要进行汽包压力校正。按式（5-12）设计的双室平衡容器带汽包压力校正的差压式汽包水位测量系统方框图如图 5-20 所示。

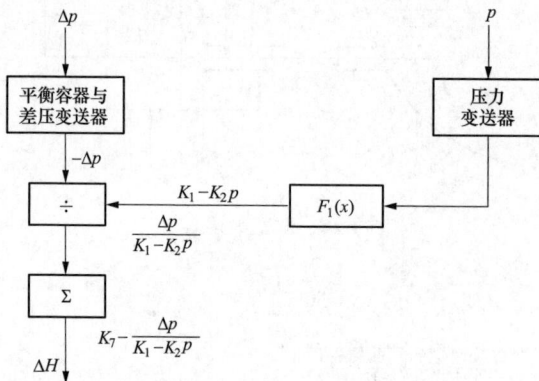

图 5-20　双室平衡容器带压力校正的差压式汽包水位测量系统方框图

3. 双差压平衡容器的差压式水位信号的校正

为了进一步改善结构补偿式平衡容器的特性，近年来出现了一种基于双差压结构的补偿式平衡容器，其中一种结构形式如图 5-21 所示。

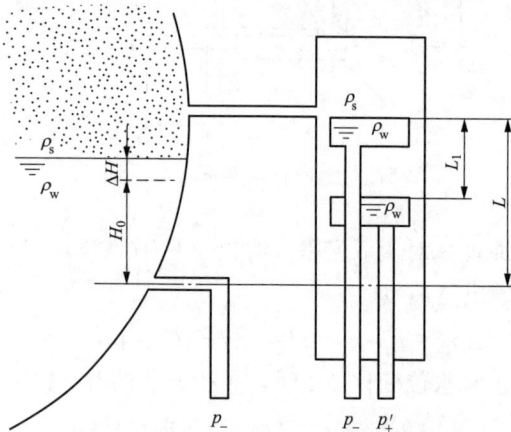

图 5-21　三管输出式的双差压平衡容器

双室平衡容器是一种结构巧妙具有一定自我补偿能力的汽包水位测量装置。它在汽包水位充当着不可或缺的重要角色。

图 5-21 中平衡容器输出的差压 $\Delta p = p_+ - p_-$ 为信号差压，$\Delta p' = p_+ - p_-$ 为补偿差压。

$$\Delta p = (L - H_0 - \Delta H)(\rho_w - \rho_s)g \tag{5-13}$$

$$\Delta p' = L_1(\rho_w - \rho_s)g \tag{5-14}$$

根据式（5-13）和式（5-14）得出

$$Y = \frac{\Delta p}{\Delta p'} = \frac{L - H_0}{L_1} - \frac{\Delta H}{L_1} \tag{5-15}$$

或

$$\Delta H = K_9 - K_{10}Y \tag{5-16}$$

式中　K_9、K_{10}——常数，$K_9 = L - H_0$；$K_{10} = L_1$。

由式（5-16）可知，两差压信号经过处理（$\Delta p/\Delta p'$）后得到的信号 Y 只与平衡容器结构尺寸和水位有关，而与汽包压力无关，这完全消除了汽包压力的影响。

按式（5-16）设计的带差压校正的双差压室汽包水位测量系统框图如图 5-22 所示。

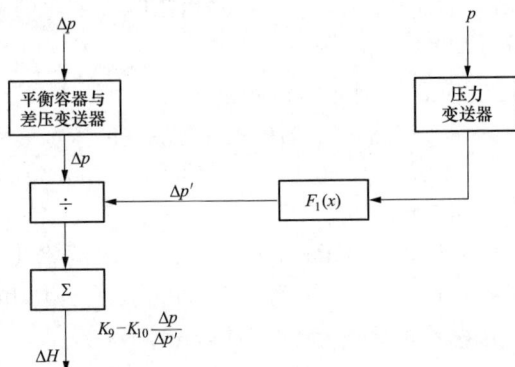

图 5-22　双差压室平衡容器带差压校正的差压室汽包水位测量系统框图

采用双差压平衡容器的差压式水位测量系统优点是水位测量不再受汽包压力及环境温度等诸多因素影响，但是它有下列缺点。

（1）平衡容器结构复杂。

（2）虽然不需要装设校正用压力变送器，但要装设校正用差压变送器。差压变送器及其管路系统相对较复杂，测量可靠性差，容易产生附加误差。

因此，这种系统目前很少采用。

三、外置式平衡容器的改进

1. 环境温度对外置式平衡容器水位信号的影响

在图 5-15 外置式单室平衡容器原理图中，正压管均由平衡容器底部垂直向下引出，形成了一段高度为 L 的参比水柱。由于平衡容器的传热关系，参比水柱的水温不等于室温，而是自上而下从汽包饱和水温度逐步降低到室温，因此使参比水柱平均温度总是远高于室温，而且由于饱和水温随汽包压力变化而变化，使参比水柱平均温度的不确定性增加。此外，从水温度与密度关系来看，并不是简单的线性关系，水在4~50℃范围内其密度变化不大，因此，参比水柱温度偏离造成的水位测量偏差较小；随着参比水柱温度进入较高温度区，参比水柱的密度会随温度升高而增大，因而造成水位测量偏差增大，下面以两个实例来进行分析。

【例5-1】 在压力为18MPa工况下，20℃水的密度为1006.3kg/m³，50℃时为995.44kg/m³，80℃时为979.62kg/m³，饱和水的密度为543.51kg/m³，饱和蒸汽的密度为133.39kg/m³。

设 L 值为600mm，变送器所测差压值为3863Pa。

当参比水柱温度为20℃时，水位测量值为

$$H_{20} = \frac{(\rho_a - \rho_s)g \cdot L - \Delta p}{(\rho_w - \rho_s)g} = \frac{(1006.3 - 133.39) \times 9.8 \times 0.6 - 3863}{(543.51 - 133.39) \times 9.8}$$
$$= 0.316(m) = 316mm$$

当参比水柱温度为50℃时，水位测量值为

$$H_{50} = \frac{(\rho_a - \rho_s)g \cdot L - \Delta p}{(\rho_w - \rho_s)g} = \frac{(999.44 - 133.39) \times 9.8 \times 0.6 - 3863}{(543.51 - 133.39) \times 9.8}$$
$$= 0.227(m) = 227mm$$

当参比水柱温度为80℃时，水位测量值为

$$H_{80} = \frac{(\rho_a - \rho_s)g \cdot L - \Delta p}{(\rho_w - \rho_s)g} = \frac{(979.62 - 133.39) \times 9.8 \times 0.6 - 3863}{(543.51 - 133.39) \times 9.8}$$
$$= 0.3(m) = 300mm$$

【例5-2】 在压力为15MPa工况下，20℃水的密度为1005kg/m³，50℃时为998.7kg/m³，80℃时为978.38kg/m³，饱和水的密度为603.17kg/m³，饱和蒸汽的密度为96.71kg/m³。

设 L 值为600mm，变送器所测差压值为3872Pa。

当参比水柱温度为20℃时，水位测量值为

$$H_{20} = \frac{(\rho_a - \rho_s)g \cdot L - \Delta p}{(\rho_w - \rho_s)g} = \frac{(1005 - 76.71) \times 9.8 \times 0.6 - 3872}{(603.17 - 76.71) \times 9.8}$$
$$= 0.307(m) = 307mm$$

当参比水柱温度为50℃时，水位测量值为

$$H_{50} = \frac{(\rho_a - \rho_s)g \cdot L - \Delta p}{(\rho_w - \rho_s)g} = \frac{(998.7 - 76.71) \times 9.8 \times 0.6 - 3872}{(603.17 - 76.71) \times 9.8}$$
$$= 0.3(m) = 300mm$$

当参比水柱温度为80℃时，水位测量值为

$$H_{80} = \frac{(\rho_a - \rho_s)g \cdot L - \Delta p}{(\rho_w - \rho_s)g} = \frac{(978.38 - 76.71) \times 9.8 \times 0.6 - 3872}{(603.17 - 76.71) \times 9.8}$$
$$= 0.227(m) = 227mm$$

通过上面两种压力工况下的计算可以看出，参比水柱温度的变化会引起较大的测量误差，20～50℃时最大误差为 16mm，还能容忍；50～80℃时最大误差为 23mm，在要求各水位计偏差不超过 30mm、水位控制在 ±50mm 的情况下就不能忽略，需要做温度补偿。

而温度补偿需要加装温度计测量并求取平均参比水柱温度，引入 DCS 进行温度补偿运算，从而增加了系统的复杂性和投资，也降低了汽包水位测量的可靠性。为了解决这个问题，可以采用如图 5-23 所示的外置式单室平衡容器及其正压管引出方式。

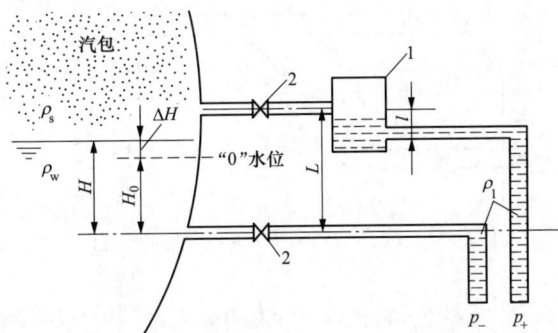

图 5-23　外置式单室平衡容器及其正压取样管引出方式图
1—单室平衡容器；2—汽液取样中间阀门

正压侧的仪表取样管从外置式单室平衡容器侧面引出，引出后按 1：100 下倾延伸 1m 以上，以消除参比水柱出现不可控的温度梯度。正压侧的仪表取样管延伸的目的是让平衡容器内的热量沿取样管水平传递，使取样管垂直段（参比水柱）接近环境温度。由于参比水柱处于低温区，因此即使不考虑温度补偿，也不会因为室温变化而导致过大的水位测量偏差。

平衡容器的引出点应低于汽侧取样管，以减少汽包压力波动引发的汽包水位测量"虚假水位"的影响。消除汽、水侧取样管间的距离与测量量程的差值所产生的误差，降低值 l 取决于汽、水侧取样管间的距离与测量量程的差值。

2. 双室平衡容器的改进

图 5-24 所示为一种有加热套的双室平衡容器，特点在于正压容器分为两段，其中 l 段称为补偿段。下面分析在什么结构条件下，有较好的补偿效果。

该平衡容器的输出－输入关系 $\Delta p = f(\Delta H)$ 为（在某饱和压力 p 下）

$$\Delta p = p_+ - p_- = (L-l)\rho_1 g - (L-H_0)\rho_s g + (l-H_0)\rho_w g$$
$$- \Delta H(\rho_w - \rho_s)g \tag{5-17}$$

因为其补偿原理利用了液柱高度近似相等的条件，故把使液柱高度不固定的条件 ΔH 去掉，即令 $\Delta H = 0$。上式简化为（在某饱和压力 p 下）

$$\Delta p = (L-l)\rho_1 g - (L-H_0)\rho_s g + (l-H_0)\rho_w g \tag{5-18}$$

在额定压力 p_N（分度压力）下有

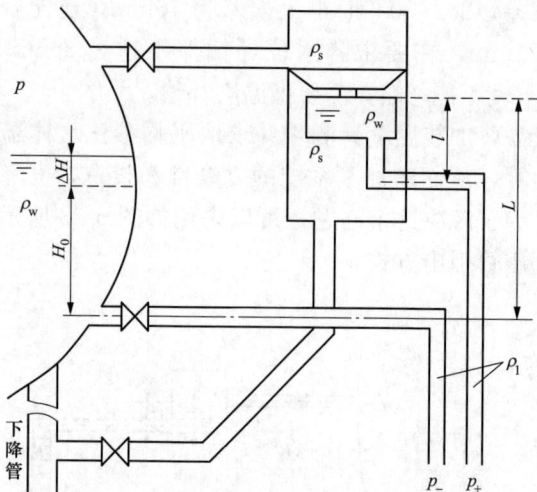

图 5-24　改进型双室平衡容器结构原理图

$$\Delta p_N = (L - l)\rho_{1N}g - (L - H_0)\rho_{SN}g + (l - H_0)\rho_{wN}g \qquad (5\text{-}19)$$

式中　　ρ_{1N}——额定压力 p_N 下取样管的水密度；

ρ_{SN}——额定压力 p_N 下饱和蒸汽密度；

ρ_{wN}——额定压力 p_N 下饱和水密度。

希望在 $p \sim p_N$ 压力变化范围内能得到补偿，即 $\Delta p = \Delta p_N$。由此可计算补偿段 l 的长度（计算中假定 ρ_1 受压力的影响可以忽略），即

$$l = H_0 + (L - H_0)\frac{\rho_S - \rho_{SN}}{\rho_w - \rho_{wN}} \qquad (5\text{-}20)$$

由上述推导可以看出：

（1）这种平衡容器只在零水位附近有较好的补偿效果。

（2）因为 ρ_w 和 ρ_S 与 p 的关系并非线性，所以 $\dfrac{\rho_S - \rho_{SN}}{\rho_w - \rho_{wN}}$ 不是常数，只是在两个压力 p 和 p_N 之间把密度变化看成线性后才是常值，这样 l 值对 p 和 p_N 之间的某个压力并非最佳值。第一点使得水位波动偏离零水位较大时误差也增大，第二点限制了压力变化范围，压力变化大时，密度非线性变化带来的误差也必然增大。

现在来求 L 值。可以假定水位达到上限，平衡容器的输出压差为零来求 L。也可以假定水位处于下限时，平衡容器的输出压差等于压差计的上限来列式求 L。现给出后一种算法。

设 $p = p_N$，$\Delta H = -H_0$，则输出压差为 Δp_{max}（在压差计系列中选一个值），由式（5-17）和这些条件得

$$L = \frac{\Delta p_{max} + l(\rho_1 + \rho_w)g}{\rho_1 - \rho_S} \qquad (5\text{-}21)$$

式（5-20）和式（5-21）联立，即可求出 L 和 l。止压容器的直径大小

以保证压差计指示变动时容器的水位高度变化不大为准。正压容器上的漏斗把凝结水集中注入容器，使该处水位因溢流而恒定，并有一定的过冷度，不致因压力减小而沸腾。另外，在 l 段范围的平衡容器和管段，其金属量和容水量应尽可能小，以减小热惯性，保证较好的动态特性。

这种平衡容器不能消除 ρ_1 随温度变化带来的误差。

四、汽包水位测量新技术

（一）GJT-2000 电极传感器

由于传统电接点水位计测量筒存在取样负误差，国内已开发出了 GJT-2000 电极传感器，主要工作原理介绍如下。

1. 高精度取样

GJT-2000 电极传感器在取样测量筒内部设置笼式内加热器，利用饱和蒸汽加热水样。使水样平均温度逼近汽包内饱和水温，取样水柱逼近汽包内水位，使电极如同在汽包内部一样检测，实现水位高精度测量。GJT-2000 测量筒取样原理示意图如图 5-25 所示。

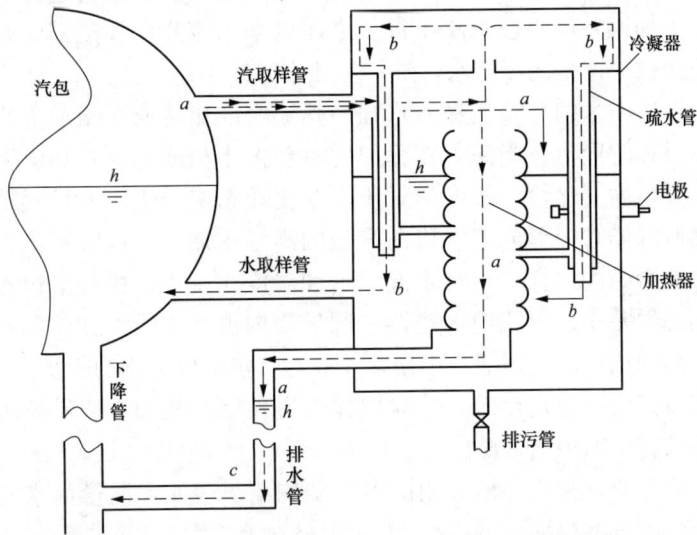

图 5-25　GJT-2000 测量筒取样原理示意图
a—汽流→；b—冷凝器水流←；c—加热器凝结水流←；h—水面

2. 加热水样

在测量筒内部设置水柱内置式敞口汽笼加热器，来自汽取样管的饱和蒸汽进入加热水柱。传热方式与结构设计有利于增加加热面积（加热面积是筒体散热面积的 1.4 倍），也利于热交换，使测量筒水柱温度接近饱和水温。

加热器由不同传热元件构成，加热方式有内热和外热，内热既有水柱径向传热元件，又有轴向分层传热元件。

饱和蒸汽在加热器中放出汽化潜热，其凝结水经排水管引至汽包的下降管。以下降管与汽包为一侧、排水管与加热器为另一侧构成连通器。

裸露的排水管中平均水温低于汽包下降管的水温，使测量筒中的水位低于汽包的水位。联通点标高越低，压力越高，水位差越大。为保证排水管侧水位不会升至加热段而减小加热面积，要求联通点选在汽包中心线下15m。这样可使压力为 6.0MPa 时，排水管中水位在加热器之下 0.5m，当压力低于 1.0MPa 时水位才会接近加热器底部，而 1.0MPa 以下压力时取样误差很小，可忽略不计。所以，加热系统能适应锅炉变参数运行，保证全工况真实取样。

GJT-2000A 设有伸高冷凝器，使新型测量筒比普通测量筒高出许多，来自汽侧取样管的饱和蒸汽在冷凝器中冷凝，大量凝结水（温度为饱和水温）沿壁而下，分区收集，由布置在饱和蒸汽中的数根疏水管在不同深度疏至水样中，将低温水样置换出测量筒。也可认为新凝结水加大了水样中饱和水含量，提高了水样平均温度。高倍率置换可有效提高水柱温度，并使水柱上下分布均匀。由于冷凝器冷凝，在汽侧取样管中引起流速增加很小，取样附加误差可小至忽略不计。之所以采用笼式内加热器，是为了利用汽侧筒体散热产生的凝结水，进一步减小取样误差。

以上 2 项技术的综合使进入水样的热流密度比普通测量筒大得多，热平衡过渡过程时间短。当压力变化引起汽包内水位变化时，热流密度随之变化，水样温度变化快，故取样对压力变化动态响应快。大量凝结水的生成，在水侧取样管中形成连续流向汽包的高温水流。当汽包水位大幅度升高时返回测量筒的水样少，且水温与饱和温度相差小，故对汽包水位升高的取样动态误差小。笼式内加热器在测量筒内占有相当大比例的空间，与旧型测量筒相比，水柱截面积小得多，故对汽包水位变化响应快。

该测量筒内有稳定热源，故对取样管道长度、截面、测量筒现场布置等安装要求宽于旧型测量筒。

有文献介绍，在几个已应用的电厂实测结果表明，测量筒水柱温度与饱和水位温度偏差很小，不超过 2℃，取样误差不大于 3mm。

3. 采用柔性自密封电极组件和水质自优化措施提高电极的可靠性

电极传感器采用 RDJ-2000 型柔性自密封电极组件。电极利用筒内本身压力增加密封紧力，自紧力与压力成正比，压力越高，自紧力越大。加上安装预紧力，有足够紧力保证密封不泄漏。电极冷态可靠密封试验压力可达 40MPa。

柔性密封材料可耐 1000℃ 高温，承压强度高，回弹性能与热紧性能好。电极带有拆卸螺纹，拆卸方便。电极安装有 2°～3° 仰角，可有效防止电极挂水与水渍。

由于大量纯净的蒸馏水进入水室，将水质较差的旧水样压回汽包，形成自动净化置换回路，水样为"活水"。设计置换倍率达 20 次/h，故有水质自优化功能。

（二）汽包内置式平衡容器

由于汽包外置单室平衡容器及参比水柱内水的温度受环境温度、容器的结构、表管走向布置的影响较大，而水的密度与水的温度关系较大，一个较小的差压误差，经补偿计算后可能会增加近 2 倍的误差，使水位测量的准确性受到很大影响。

汽包内置式平衡容器的技术最先由俄国人在 20 世纪 80 年代提出；现国内已开发成功，并已在多台机组汽包炉上应用，效果较好。其原理如图 5-26 所示。

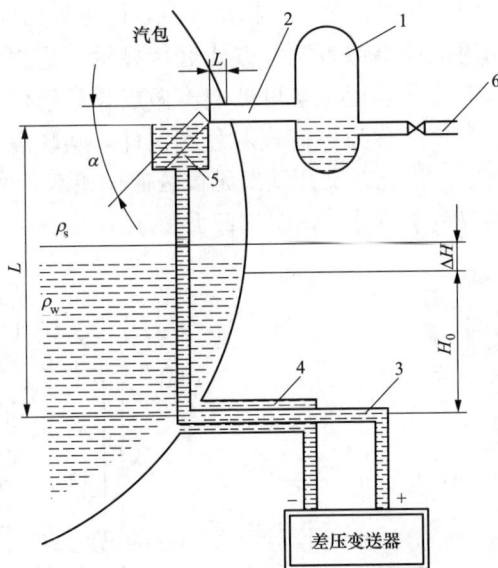

图 5-26　汽包内置式平衡容器原理图
1—冷凝罐；2—汽侧管；3—正压取样管；
4—负侧取样管；5—平衡罐；6—备用正压取样管

将单室平衡容器设置在锅炉汽包的内部，这种平衡容器主要由冷凝罐、正压取样管、备用正压取样管、平衡罐等组成。这样在平衡罐中参比水柱处于汽包内的饱和温度环境下，从而减少了外置单室平衡容器的参比水柱水温变化造成的测量附加误差。

汽包运行过程中，进入汽包外部冷凝罐的饱和蒸汽冷凝成饱和水回流到汽包内的平衡罐中，平衡罐中参比水柱所形成的静压通过正压取样管引到差压变送器的正端，汽包内的水通过水侧取样管引到差压变送器的负端。

由于平衡罐安装在汽包内，使平衡罐及引出管中的水的温度为汽包内饱和水温度，其密度为饱和水的密度，这样在进行补偿计算时就有相对稳定的参数，可以准确计算出汽包水位。

因为在汽包外部设有备用冷凝罐，可以向汽包内的平衡罐补充冷凝后的饱和水，所以在锅炉点火不久就投入汽包水位。备用正压取样管是一种后备手段，防止内置式平衡罐出现意外后可将差压变送器的正压表管相连，这样就可以方便地切换到外置式单室平衡容器而继续工作。

（三）无盲区低偏差双色水位计

无盲区低偏差双色水位计是基于连通管式原理的水位计，针对传统的双色水位计测量误差大、云母片易结垢、显示模糊、频繁排污，易造成表计热变形、泄漏以及存在显示盲区等缺点，而双色水位计改进了云母水位计结构，辅以光学系统，表体两侧视窗玻璃成一定夹角，仪表后侧配置发光二极管光源，由于光学的折射及反射原理，利用光从空气进入蒸汽或水产生不同的折射，使气相呈红色，液相呈绿色，两色界面即准确指示液面。

该水位计可利用工业摄像系统等方式远传显示，适用于超高压及以上锅炉的水位测量，考虑其强度，窗口玻璃不做成长条形，而是沿水位计高度上开若干个圆形窗口，称为多窗式双色水位计，其缺点是小窗之间的一段是水位显示的盲区。为此，又开发出无盲区低偏差双色水位计，如 WDP系列无盲区低偏差双色水位计，如图 5-27 所示。

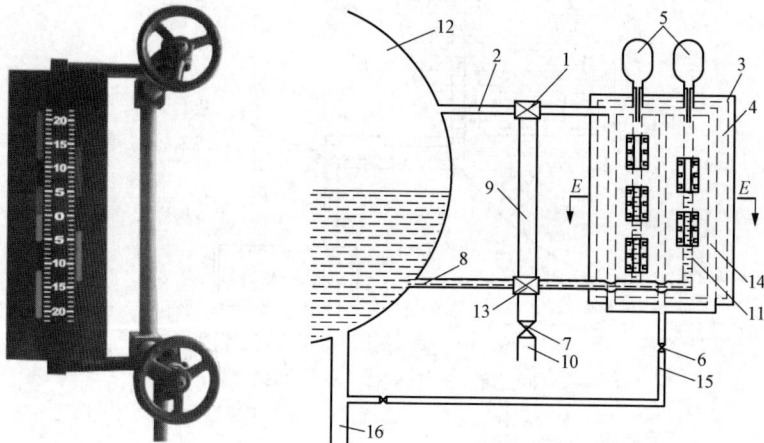

图 5-27　WDP 系列无盲区低偏差双色水位计结构原理图

1—汽侧取样阀门；2—汽侧取样管；3—光源箱；4—水位计表体；5—冷凝器；
6—排水阀门；7—排污阀门；8—水侧取样管；9—平衡管；10—排污管；11—双色水位计；
12—汽包；13—水侧取样阀门；14—饱和蒸汽伴热管；15—排水；16—汽包下降管

利用汽包内的饱和蒸汽经汽侧取样管 2 和汽侧取样阀门 1 进入伴热管15，给水位计表体 4 加热，阻止水位计 11 内的饱和水向外传热，再利用冷凝器 5 内冷凝后的饱和水给水位计 11 内的水置换，加速水位计 11 内的水循环，使水位计 11 内的水接近饱和水温度，从而消除水位计测量管内水柱密度对水位测量造成的偏差，使得水位计 11 内的水位在任何时候、任何工况下接近汽包内的真实水位，达到准确监视汽包水位的目的。

饱和蒸汽伴热管 15 在安装时将排水管 17 接至低于汽包中心下 15m 的汽包下降管处。进入饱和蒸汽体伴热管 15 的饱和蒸汽在其中冷凝后流到下降管中，由于排水管与汽包下降管的连接处处于汽包下大于 15m 的地方，排水管中的水位不会上升到水位计表体内部，使得饱和汽体伴热管中始终充满饱和蒸汽，起到对表体和水位计管中的水进行加热的目的。

无盲区低偏差双色水位计的特点如下。

（1）低偏差。由于加入饱和伴热管和饱和水置换装置，能够真实反映汽包中的水位。由于置换的新水为饱和蒸汽冷凝后的饱和水，含盐低，这样减少了云母片结垢，延长了表计的排污周期，从而减少了表计的热变形，减少了表体的泄漏率。

（2）无盲区。在水位计的显示部分是由本体上左、右两侧布置 2 个或 3 个云母窗口，每隔窗观察范围是 120mm。相邻窗口有一定重叠度，因而水位在观察范围内无盲区。

（四）双恒平衡容器

GJT-DⅡ双恒平衡容器是某仪表厂研制的专利产品，其原理及测量系统见图 5-28。

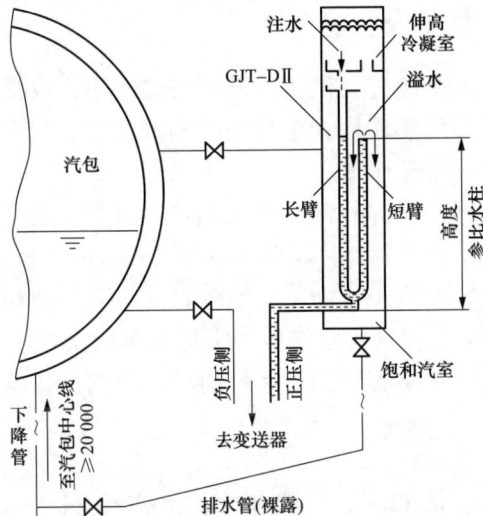

图 5-28　GJT-DII 双恒平衡容器原理及测量系统图

（1）参比水柱温度恒等于饱和水温度的技术措施。

1）结构独特的叉式参比水柱组件置于平衡容器的饱和汽室，蒸汽来自汽包汽侧取样管。饱和汽室的凝结水经裸露的排水管流至汽包下降管。选择连接点标高距汽包中心线向下 20m，可使汽包压力很低时排水管中的冷水不会进入饱和蒸汽室而降低参比水柱平均温度。

2）伸高式冷凝室产生的凝结水为饱和水，由收集疏水组件注入长臂口，进入参比水柱管，满水后，多余的水由短臂口溢出，使98%以上的参比水柱为向上流动的饱和水柱。

以上两项措施的综合，使参比水柱如同在汽包内一样，温度恒等于饱和水温度。

当汽包压力变化时，饱和蒸汽温度阶跃变化，加热或冷却参比水柱，同时置换原有参比水柱的凝结水温度也随之变化。由于叉管的管壁薄，蓄热量较小，则参比水柱温度变化迟延小。又由于伸高式冷凝室高度较高，冷凝面积大，注入长臂凝结水流量较大，即对原有参比水柱的置换率大，极有利于参比水柱温度快速跟踪汽包内的饱和水温度。

因此，参比水柱测量动态特性好。

（2）GJT-DⅡ双恒平衡容器具有下列优点。

1）参比水柱温度恒等于汽包内的饱和水温度，不会受环境温度影响，使差压水位计校正大为简化。

2）在汽包压力变化工况下，参比水柱高度恒定性好。

3）参比水柱管和正压侧传输管路自动充水快、满水快，不需要升高汽包水位向参比水柱管和正压侧传输管路"灌水"。由启动至正常的过渡时间短。

五、三种汽包水位平衡容器对比

（1）外置式单室平衡容器结构简单，安装方便，取样干扰小，但是由于参比水柱温度受环境影响而产生较大的测量误差，如果采用参比水柱温度补偿，系统复杂，可靠性降低。

（2）其余的几种平衡容器都是力求将参比水柱温度逼近饱和水温度，其特点是测量误差小、补偿计算简单，不足之处是平衡容器结构复杂。

（3）双恒平衡容器由于增加了排水管，并与下降管相连，从而使测量系统更加复杂，影响测量的因素增多，使调试难度增大。

（4）内置式单室平衡容器测量系统简单，影响测量的因素最小，但是安装复杂。

第四节　导波雷达液位计

一、导波雷达液位计工作原理

雷达液位计始于20世纪60年代中期，它是一种采用微波测量技术的液位测量仪表。

导波雷达液位计是利用时域反射原理（TDR）为基础的雷达液位计，雷达液位计发射的电磁脉冲以光速沿钢缆或探棒传播，当电磁脉冲遇到被测液体时，由于介电常数发生突变，引起一部分脉冲反射形成回波，并沿相同路径返回到脉冲发射装置并接收，发射装置到被测液位表面的距离与电磁脉冲在其间的传播时间成正比，根据发射波和回波的时差，从而计算出液位高度。

雷达液位计原理结构示意如图 5-29 所示。

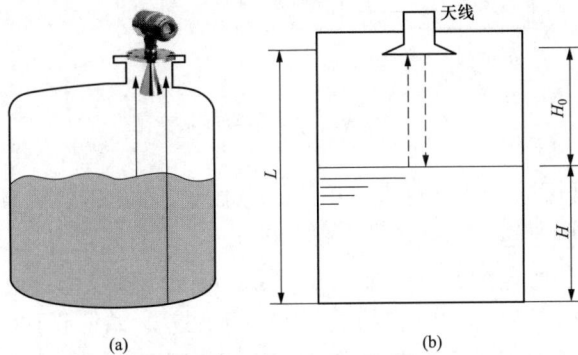

图 5-29　雷达液位计原理结构示意图
(a) 雷达式液位计测量液位示意图；(b) 雷达式液位计工作原理示意图
L—发射装置到容器底部的距离；H—液位；H_0—发射装置到液位表面的距离

雷达波由天线发出到接收到由液面来的反射波的时间 t 由下式确定，即

$$t = \frac{2H_0}{c} \tag{5-22}$$

由于 $H = L - H_0$，故

$$H = L - \frac{c}{2}t \tag{5-23}$$

在实际运用中，导波雷达液位计对时间的测量有微波脉冲法及连续波调频法两种方式。由于其工作原理不同，导致两者测量方式测量的最终精度也有所不同。

1. 微波脉冲（Pulse）法

微波脉冲法工作模式与超声物位计相似，天线周期地发射微波脉冲，并接收物料面回波，同时对回波信号进行分析处理，确认有效回波，从而计算物位。

天线分为喇叭型和直接与波导管连接两种形式。大多数脉冲式雷达液位计采用的微波频率为 5.8GHz，辐射角较大，精确度为 0.2%～0.3%F.S.，一般中档以下的微波物位计都用此方式。微波脉冲法原理示意图如图 5-30 所示。

2. 连续波调频（FMCW）法

连续波雷达发射的信号可以是单频连续波（CW）或者调频连续波（FMCW），调频方式也有多种，常见的有三角波、锯齿波、编码调制或者噪声调频等。其中，单频连续波雷达仅可用于测速，无法测距，而

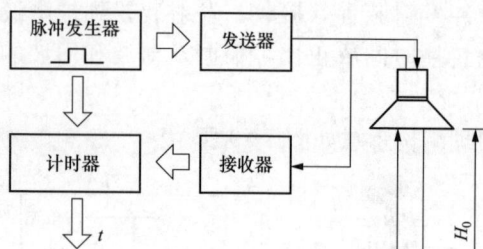

图 5-30　微波脉冲法原理示意图

FMCW 雷达既可测距又可测速，并且在近距离测量上的优势日益明显。

连续波调频雷达在一个周期（例如 50ms）内向固定方向发射一种频率随时间线性增加的连续波，又通过另一天线连续地接收来自该方向的回波。任何时刻的回波频率和同时刻的发射波频率之差，始终正比于目标物和雷达站的距离。该原理成为连续波调频原理（FMCW）。

利用相位差的原理，发射不同频率的微波信号，由于液位位置不同，其返回的信号停留时的频率也不同，因此与原发射的频率存在差异。

这种雷达液位计国内可以自主生产，但测量线路较复杂，精确度较高可达 0.1％F.S.，微波信号源输出一个波幅恒定的线性调频的微波信号，调频性连续波信号与回波信号示意如图 5-31 所示。

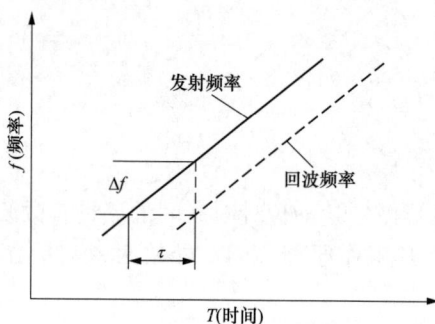

图 5-31　调频性连续波信号与回波信号示意图

发射频率随时间线性增加，增加的斜率为 k，当发射出去的连续波遇到液面发射时，发射回来的信号频率如图 5-31 中点划线所示，它比发射信号滞后了一定时间 τ。电磁波从发射到接收的时间与到液面的距离成正比，其关系为

$$\tau = 2\frac{R}{C} \tag{5-24}$$

式中　C——微波在空间中的传播速度，$3 \times 10^8 \text{km/s}$；

　　　R——液面距雷达液位仪的距离。

由于回波信号频率的滞后，使得反射频率与发射信号频率之间的差频为

$$\Delta f = k\tau \tag{5-25}$$

将式（5-24）、式（5-25）两式合并后有

$$R = C\frac{\Delta f}{2k} \tag{5-26}$$

信号处理部分则对回波信号与发射信号的混合信号进行处理，通过测量混合信号频谱，用快速傅立叶变换（FFT）来计算混合信号，从中对混合信号频谱进行分析，排除掉干扰信号，然后确定天线到反射界面的距离，从而完成测量。

二、导播雷达液位计优、缺点

1. 优点

（1）由于雷达液位计不与被测介质接触，且受温度、压力、气体等影响非常小。

（2）不受介质导电性的影响，可以对绝大部分液体进行测量。

（3）具有较大的测量范围，最大的测量范围可达 0～40m。

（4）维护方便，操作简单。

2. 缺点

（1）二线制雷达液位计要求 24V DC 电源质量较高，交流谐波一般不能超过 ±30V AC；雷达液位计内部电源模块易受大电流的干扰而损坏。

（2）测量固体物料，易产生干扰回波，降低测量效果，故不适用于固体物料的测量。

（3）雷达液位计的安装不当，会引起测量不准。

第六章　成分分析仪表

第一节　成分分析仪表概述

成分是指混合气体或液体中的各个组分，成分检测的目的是要确定某一或全部组分在混合气体或液体中所占百分含量。在火力发电厂生产过程中，除了检测温度、压力、流量、液位等参数外，还要分析和控制燃料、工质和排放物等的成分。例如：

(1) 在锅炉燃烧系统中，为了确定锅炉燃烧状况，计算燃烧效率，要求知道烟道气中 O_2、CO、CO_2 等气体的含量。锅炉排放有害气体如果处理不好，对大气和水源、农田等都会造成污染，因此应监督排放物中的有害成分，不得超过环保规定的值。

(2) 锅炉的给水和蒸汽中含有盐分、溶氧及二氧化硅等，会形成水垢，腐蚀设备。轻则降低机组效率，影响经济性，增加维修工作，重则可能造成受热面过热、降低强度，从而引起不安全问题（如爆管等）。氢冷发电机的氢气纯度不足，可能有爆炸的危险。

(3) 热效率是锅炉运行经济性的指标，因此在线测定热效率是指导锅炉经济运行的最好依据。在反平衡计算法中与过程成分分析有关的项目是气体未完全燃烧热损失、固体未完全燃烧热损失。为此，对燃煤锅炉要求在线测量灰渣中的可燃物含量，以及排烟中的残余可燃气体（CO、H_2、CH_4 等）的含量。目前，已有采用微型机对锅炉烟气进行在线实时监测。

用于检测物质的组成和含量以及物质的各种物理特性的装置称为成分分析仪表。在火力发电厂中，分析物质成分的工作方法常用两种方式：一种是定期采样，在实验室中对样品进行化学分析；另一种是使用分析仪表进行在线连续分析。其中有些分析仪表用程控方法模拟人工化学分析，也可实现在线自动分析，但分析过程需时较长。

一、成分分析仪表的组成与分类

1. 成分分析仪表的组成

生产工艺中常用的在线过程分析仪表，一般由自动取样装置、预处理系统、传感器、信息处理系统、显示仪表、整机自动控制系统部分组成，如图 6-1 所示。

(1) 自动取样装置与预处理系统。取样净化系统常由取样器、过滤器、冷却器、分离净化和抽吸设备等用管道连接组成。要求样品经过这些预处理后还能保持原试样的基本成分和特性，以代表被分析介质。

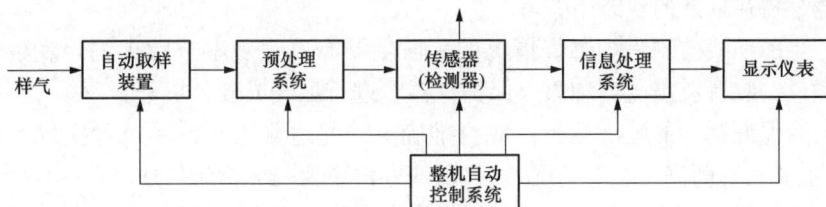

图 6-1 成分分析仪的组成

（2）传感器。这是分析仪器的核心部分。它输入经预处理的样品，输出信号（一般为电信号）即反映被测成分的含量。

（3）变换电路。这部分也可以是测量变换器，其作用是进一步处理传感器提供的信号，如放大、线性化、补偿校正或变换为统一信号（如 4～20mA，0～10mA 等）和数字信号等。

（4）显示部分。该部分由显示元件组成，也可以利用通用的显示仪表，但要按被测成分重新分度标尺。

（5）整机自动控制系统。其是分析仪表的核心，用于控制各个部分的协调工作，使取样、处理和分析的全过程可以自动连续地进行。

2. 常用分析仪表的分类

（1）按被测成分分类。

1）氧量表。用来监测混合气体（如燃烧产物）中氧的含量，如氧化锆氧量计；用来测量汽、水中溶解氧的水中溶氧表。

2）氢表。监测氢冷发电机中氢气的纯度。

3）二氧化碳分析仪。对混合气体（如烟气）中含二氧化碳量进行监测。如热导式二氧化碳分析仪、红外线二氧化碳分析仪等。

4）盐量表。用来监测汽、水中的含盐量，如钠表、电导仪等。

5）二氧化硅分析仪。监测水和蒸汽中二氧化硅含量。此外还有磷酸根、溶解铁、余氯、pH 值等分析仪表。

（2）按仪器的工作原理分类。

1）电化学式分析仪表，如电导仪、酸度计、氧化锆氧分析仪。

2）热学式分析仪表，如热导式氢分析仪。

3）磁学式分析仪表，如热磁式氧量计。

4）光学式分析仪表，如红外线气体分析仪。

5）色谱式分析仪，如气相色谱仪、液相色谱仪。此外还有射线式分析仪表、电子光学式和离子光学式分析仪表等。

二、炉烟成分分析

锅炉燃烧质量的好坏直接关系到电厂燃料消耗率的高低。炉烟成分自动分析就是为了连续监督燃烧质量。以便及时控制燃料和空气的比例，使燃烧维持在良好的状态下。

当前在线监测锅炉燃烧情况的手段主要有电视观察炉膛火焰，观察排烟颜色，装置燃烧监测和灭火保护仪器，进行烟气成分分析等。

为保证锅炉的经济运行，应当准确、快速地测定和控制过量空气系数 α（主要是判断完全燃烧情况），目前的办法主要是分析烟气成分。

锅炉燃烧理论指出，某种燃料完全燃烧时，测定出其烟气中 O_2 或三原子气体 RO_2（主要是 CO_2+SO_2）的含量，为了使燃料达到完全燃烧，同时又不过多地增加排烟量和降低燃烧温度，首先要控制燃料与空气的比例，使过剩空气系数 α 保持在一定范围内。

例如，对燃煤炉 α 为 $1.20\sim1.30$，对燃油炉 α 为 $1.10\sim1.20$。过量空气系数的大小可通过分析炉烟中 CO_2 和 O_2 的含量来判断，它们之间的关系还与燃料品种、燃烧方式和设备结构有关。

$$\alpha=\frac{(RO_2)_{max}}{RO_2} \quad 或 \quad \alpha\approx\frac{21}{21-O_2} \tag{6-1}$$

式中 $(RO_2)_{max}$ 可按燃料种类从有关手册资料中查出，例如贫煤为 $18.5\sim19$、烟煤为 $18\sim19.5$、重油为 16.1。实际锅炉运行中，烟气中含有过剩氧和未完全燃烧产物 CO 等，所以实际烟气中的二氧化碳是达不到其最大值的。

由于在线分析仪器的发展，已能较好地分析 CO 含量，故有采用 $CO+O_2$ 的分析作为监控经济燃烧手段的趋势。图 6-2 所示为烟气中 CO_2、O_2 含量与过量空气系数 α 的关系曲线。

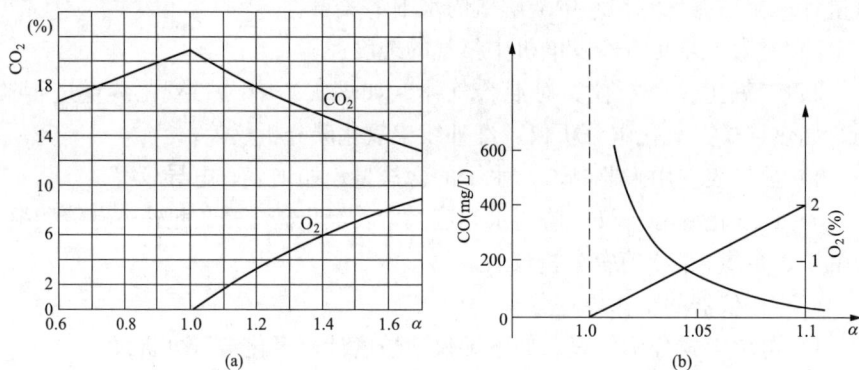

图 6-2　炉烟中 CO、CO_2 及 O_2 含量与 α 的关系曲线

（a）炉烟中 CO_2 及 O_2 含量与 α 的关系曲线；（b）CO 含量与过量空气系数 α 的关系

从图 6-2 中可以看出，CO_2 含量与过量空气系数是双值关系，在低氧燃烧方式中，一旦 $\alpha<1$，有可能引起误操作。另外，$CO_2\approx f(\alpha)$ 还与燃料种类有关，在燃料品种多变的情况下，误差较大。$O_2\approx f(\alpha)$ 是单值关系，且受燃料种类变化的影响较小，但受负荷变化的影响较大，漏风的影响更为严重（特别是负荷较低时）。$CO_2\approx f(\alpha)$ 的非线性严重，但对负荷和燃料品种变化不敏感，受漏风的影响也小，只是烟气中 CO 含量较少，要求

仪器灵敏。

由于氧含量与 α 之间有单值关系，而且此关系受燃料品种的影响较小；另外，由于氧量计的反应比二氧化碳表快。所以在火力发电厂中均采用迟延小、反应快的内置式氧化锆氧量计。

随着锅炉容量的增大和火力发电厂大气污染物排放标准的提高，希望全面分析炉烟中各成分的含量。如 CO 的含量与燃油炉结焦和 SO_3 含量有一定关系，而 SO_3 含量直接影响锅炉尾部的腐蚀情况；另外，SO_3 和 NO 的含量是环境保护所要控制的指标。

炉烟成分正确分析的首要条件是分析的气样要有代表性，因此取样点应设置在燃烧过程已结束，烟气不存在分层、停滞，以及烟气温度为取样装置所能承受的地方。由于烟道处于负压下，特别要防止空气漏入而影响测量正确性。取样装置一般放在高温省煤器出口烟气侧，也可放在过热器出口烟气侧，有文献表明，对于大截面烟道，界面上各处烟气成分是不相同的，有明显分层倾向，而且在各排不同燃烧器投入运行的情况下，分层情况也不同。因此最好设置多个取样点，然后取其平均值，但这样做会增加测量滞后，有时就用试验方法求取一个较好的取样点位置作为经常测量的取样点。

快速响应是对成分分析仪的一个突出的要求。应尽可能缩短取样管路以减少纯滞后，因此最好装设大口径旁路烟道，分析仪的取样装置则可安装在旁路烟道内。

第二节　氧化锆氧量分析仪

氧化锆氧量分析仪又称氧化锆氧量计，它由传感器（锆头）和变送显示器组成。这种氧量计的传感器精确度高，可达 $\pm 0.2\%$。不需要复杂的预处理，响应快（<10s 达到被测氧量 90%），适用的烟气温度可达 $1000\,^{\circ}\mathrm{C}$，变送器的精确度优于 1.0 级。复现性和稳定性高，输出信号为 $0\sim10\mathrm{mA}$ 和 $4\sim20\mathrm{mA}$ DC。模拟显示可数字显示均可，且显示的功能多，能显示氧含量（%）、氧量信号（mA）、本底电动势（mV）、锆头温度（$^{\circ}\mathrm{C}$）。锆头寿命为 $1\sim2$ 年。

氧化锆氧量计按其安装方式分为抽出式和直插式两类。

（1）抽出式是通过取样预处理系统把烟气从烟道中抽出来，经过滤、净化后送到氧化锆传感器。这种类型的氧量计由于有取样预处理系统，可以除去杂质和 SO_2 等有害气体，对保护氧化锆管有利。

由于氧化锆管处于 $800\,^{\circ}\mathrm{C}$ 的定温炉中工作，虽然准确度较高，但系统复杂，失去反应快的特点。这种类型的氧化锆氧量计一般不用于锅炉燃烧的氧量测量，而多用于环境保护方面的烟气分析。

（2）直插式是将氧化锆传感器直接插入高温烟道或旁路烟道检测氧含

量，不需要对烟气进行预处置。直插式结构简单、反应速度快（测高、中氧含量时，时间常数 $T<3s$）、灵敏度高、适于分析高温气体。直插式氧化锆氧量计又有两种类型，即恒温式和补偿式。

一、氧化锆氧量分析仪工作原理

1. 氧浓差电池

在一个高致密的氧化锆固体电解质的两侧，用烧结的方法制成几微米到几十微米厚的多孔铂层作为电极，再在电极上焊上铂丝作为引线，就构成了氧浓差电池，如图 6-3 所示。

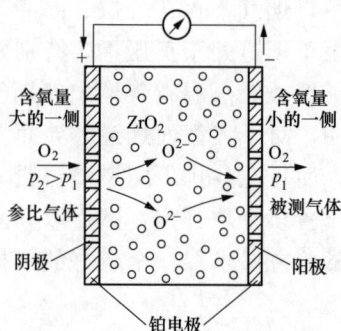

图 6-3　氧化锆浓差电池原理示意图

氧浓差电池由两个"半电池"组成，一个"半电池"是已知氧气分压的铂参比电极，另一个"半电池"是含氧量未知的测量电极。两个"半电池"电极之间用固体电介质—氧化锆连接。

在 600～800℃温度时，氧化锆是良好的氧离子导体，两个"半电池"之间的氧离子通过氧化锆（ZrO_2）固体电解质中存在的氧离子空穴进行交换。当 ZrO_2 两侧氧的浓度（分压）不同时，则在两电极之间出现电动势，称为氧浓差电动势。

探头中间夹层由氧化锆（ZrO_2）晶体组成，晶体内掺杂有一定比例的氧化钙（CaO）或氧化钇（Y_2O_3），经高温烧结，+2 价的钙离子 Ca^{2+} 会进入 ZrO_2 晶体而置换出 +4 价的锆离子 Zr^{4+}。置换出的锆离子 Zr^{4+} 与数量不足的氧离子结合而形成带有氧离子空穴的氧化锆材料，成为一种不再随温度变化的萤石型立方晶体。这种材料被称为空穴型氧化锆晶体，是一种高致密的工业陶瓷材料。空穴型氧化锆晶体中有氧离子空穴，其数量与掺入的 CaO 数量有关。例如（ZrO_2）$_{0.85}$（CaO）$_{0.15}$ 的氧化锆（表示 ZrO_2 的摩尔分数为 85%、CaO 的摩尔分数为 15%），具有 7.5% 摩尔的氧离子空穴。当有外界氧离子存在时，氧离子会自动地填入晶体中的空穴，亦可以自由地移动。由于空穴型氧化锆材料在 650℃ 以上的高温下是一种氧离子的良导体，故它是一种固体电解质。

在氧化锆管两侧氧浓度不等的情况下，浓度大的一侧的氧分子在该侧氧化锆管表面电极上结合两个电子形成氧离子，然后通过氧化锆材料晶格中的氧离子空穴向氧浓度低的一侧转移，当到达低浓度一侧时在该侧电极上释放两个电子形成氧分子放出，于是在电极上造成电荷积累，两电极之间产生电动势，此电动势阻碍这种迁移的进一步进行，直至达到动平衡状态，这就形成浓差电池，它所产生的与两侧氧浓度差有关的电动势，称作浓差电动势。

氧浓差电池可以表示为

Pt，O_2（分压力 p_x）| 含氧离子空穴的电解质 $ZrO_2 \cdot CaO_2$ 电极 | O_2（分压力 p_2），Pt
　阳极（电池负极）　　　　　　　（固体电解质）　　　　　　　阴极（电池正极）

其中：p_2、p_x 分别为参比气样、被测气体的氧分压，$p_2 > p_x$。

参比电极侧的氧分子渗入多孔铂电极后，在阴极（电池正极）上得到电子形成氧离子，即

$$O_2(p_2) + 4e \rightarrow 2O^{2-}（还原反应）$$

测量电极测氧离子通过氧化锆材料到达低浓度侧的铂电极，释放出电子形成氧分子，在阳极（电池负极）上发生氧化反应，即

$$2O^{2-} \rightarrow O^2(p_x) + 4e$$

式中　e——电子核，$e = 1.6 \times 10^{-19}$，库仑。

电池反应为

$$O_2(p_2) \rightarrow O_2(p_x)$$

浓差电动势由能斯特公式确定，即

$$E = \frac{RT}{nF} \ln \frac{p_2}{p_x}(V) \tag{6-2}$$

式中　R——气体常数，$R = 8.314\,5 J/(mol \cdot K)$；

　　　T——热力学温度，K；

　　　n——反应时所输送的电子数，对氧 $n = 4$；

　　　F——法拉第常数，$F = 9.648\,5 \times 10^4 C/mol$；

　　　p_x——待测气体的氧分压；

　　　p_2——参比气体的氧分压。

若考虑氧化锆在高温条件下自由电子导电，致使浓差电池有内部短路电流而降低输出电动势，则应用氧化锆的电子导电率的特征氧分压对式（6-2）进行修正。

此外因两侧气流温度不同和因流速差别形成温差而产生热电动势，以及存在本底电动势（两侧氧浓度相等时，应无输出电动势，但实际上有一定值，一般应小于 1mV）等情况，也都使氧化锆浓差电池的输电动势出偏离式（6-2）给出的理论值。因此，生产厂家一般要给出修正后的实际分度方程或表格。

2. 测量电路

氧化锆氧量传感器是一种内阻很大的电池，当其温度降低时内阻增大，

温度升高时内阻减小。有资料给出 $(ZrO_2)0.85$；$(CaO)0.815$ 的电阻率：800℃时为 $250\Omega \cdot cm$，1000℃时为 $50g \cdot cm$。因此，测量浓差电动势的仪表应有足够高的输入阻抗。浓差电动势的大小，在锅炉烟气的分析中，约为几十毫伏（以空气为参比气体），具体数值与传感器结构和制造工艺有关，但理论值可由式（6-2）计算出来。假定参比气体（空气）和被测气体（烟气）的总压力都是 p（实际上锅炉烟气压力比大气压略低），式（6-2）可改写

$$E = \frac{RT}{nF}\ln\frac{p_2/p}{p_x/p} \tag{6-3}$$

按理想气体考虑，由道尔顿定律和理想气体状态方程式，容积成分为

$$\varphi_2 = \frac{p_2}{p} = \frac{V_2}{V}, \varphi_x = \frac{p_x}{p} = \frac{V_x}{V}$$

于是有

$$E = \frac{RT}{nF}\ln\frac{\varphi_2}{\varphi_x} \tag{6-4}$$

式中 φ_2——参比气体中氧的容积成分（空气中氧量），$\varphi_2 = 20.8\%$；

φ_x——被测气体中氧的容积成分。

将 $T = 273 + 700 = 973$（K），$\varphi_2 = 20.8\%$（空气中氧量）和 R、F、n 代入式（6-4），得

$$E = \frac{8.314\,3 \times 973}{4 \times 96\,487}\ln\frac{20.8 \times 10^{-2}}{\varphi_x} = 20.96\ln\frac{20.8 \times 10^{-2}}{\varphi_x}(mV) \tag{6-5}$$

按式（6-5）计算的氧浓差电池的理论输出电动势值见表 6-1。

表 6-1　氧浓差电池的理论输出电动势 $E(T=973K, \varphi_2=20.8\%)$

$\varphi_x(\%)$	0.1	0.5	1.0	1.5	2.0	2.5	3.0	4.0	5.0	6.0	7.0	8.0	9.0	10
$E(mV)$	111.87	78.14	63.61	55.11	49.08	44.41	40.59	34.56	29.88	26.06	22.83	20.03	17.56	15.35

氧浓差电池特性可归纳如下。

（1）两个"半电池"：一个"半电池"是已知氧气分压的参比电极，另一个"半电池"是含氧量未知的测量电极。

（2）当氧浓差电池两侧气体中的 O_2 浓度不同时，则在两电极之间出现电动势，称为氧浓差电动势。

（3）氧浓差电动势在一定温度下，只与两侧气体中的氧含量（浓度）有关。

（4）如果一侧氧浓度不变，另一侧氧浓度变化，即可通过测量输出电动势来测量另一侧含氧量。

二、恒温式氧化锆测量系统

直插恒温式氧化锆氧分析仪由氧化锆探头（又称传感器、传感器）、变送器两部分组成。氧化锆管是氧化锆探头的核心部分，它由氧化锆固体电解质管、铂电极和引线构成，包括有封头式和无封头式两种形式。恒温式氧化锆测量系统框图如图 6-4 所示。

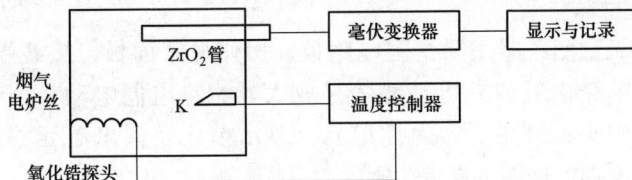

图 6-4 恒温式氧化锆测量系统框图

各主要部件作用；氧化锆元件是探头的核心部件，由其产生电动势信号；加热炉将氧化锆元件加热到设定的工作温度；热电偶作为温度传感器，用来测量加热炉的温度；信号引线将氧化锆元件所产生的电动势信号输送到变送器。

1. 氧化锆管

常见的氧化锆管的结构有片状和管状。图 6-5 所示为管状结构的例子，可以看出，它是由氧化锆固体电解质管、铂电极和引线构成。

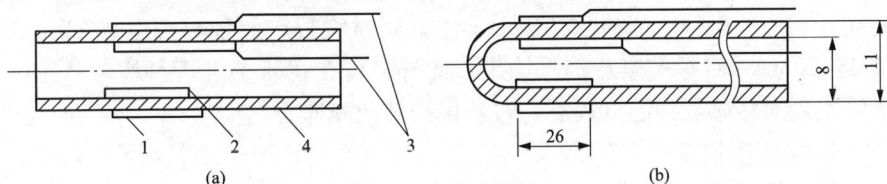

图 6-5 氧化锆管结构图

（a）不封底型；（b）封底型

1—外铂电极；2—内铂电极；3—内、外电极引线；4—氧化锆管

2. 恒温式氧化锆传感器

图 6-6 所示为带有恒温加热炉的氧化锆传感器示意图，必要的辅助结构有参比气体（空气）引入管、测温热电偶等；有时还有过滤器、标准气体引入管、加热炉等。加热炉的功率一般为 $100 \sim 250W$，恒温目前多为 $700℃$。

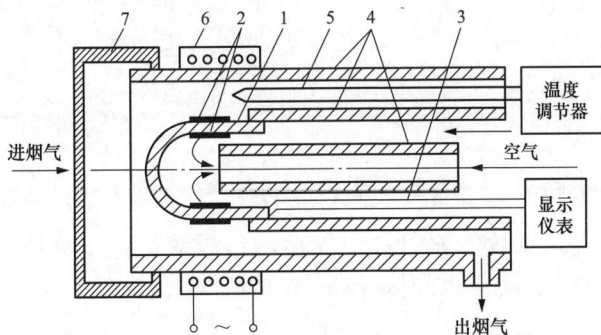

图 6-6 带有恒温加热炉的氧化锆传感器示意图

1—氧化锆管；2—内外铂电极；3—铂电极引线；4—Al2O2管；5—热电偶；
6—恒温加热丝；7—陶瓷过滤装置

3. 数字型氧量变送器

数字型氧量变送器主要由主电路板、操作显示面板、接线端子和机箱等组成。主电路由氧浓差电动势信号放大器、热电偶电动势信号放大器、电源单元、中央处理单元、温控单元、显示单元及输出单元等部分组成，氧量变送器原理方框图如图 6-7 所示。

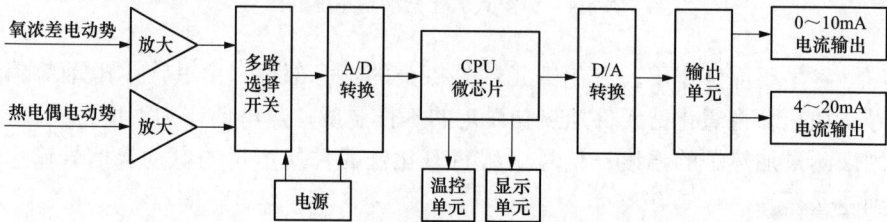

图 6-7　氧量变送器原理方框图

主机控制单元以单片机为核心，对数字信号进行采集、处理和控制，转换为相应的氧浓度值显示在显示屏上，同时将数字信号转换为 $0\sim10\text{mA}$ 或 $4\sim20\text{mA}$ DC 标准电流信号输出。此外，可在运行中进行自检，并通过电缆实现对传感器的温度控制、过热保护和故障监督。

4. 输入阻抗变换

氧化锆材料是一种离子晶体，其内阻可高达几千欧（国外达几十千欧）。当测量电路内阻不高时，就不可能正确测量氧浓差电动势。高输入阻抗变换电路如图 6-8 所示。

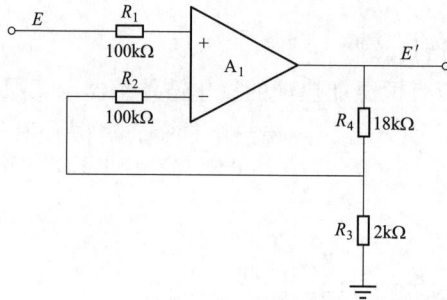

图 6-8　高输入阻抗变换电路

在图 6-8 电路中

$$E' = E\left(1 + \frac{R_4}{R_3}\right)$$

式中　E——经运算放大器阻抗变换后的等效氧浓差电动势，如当 $R_4 = 18\Omega$、$R_3 = 2\Omega$ 时，得 $E^3 = 10E$。

三、补偿式氧化锆测量系统

无温控装置的直插氧化锆氧量计，通过加入温度补偿，从而得到氧浓差电动势与被测含氧量的单一关系，带测温热电偶的氧化锆传感器探头示意如图 6-9 所示。

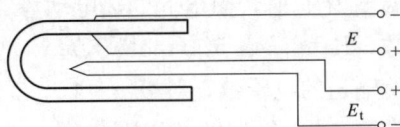

图 6-9　带测温热电偶的氧化锆传感器探头示意图

E—氧化锆氧浓差电动势；E_t—热电偶热电动势

氧化锆管直接装在温度为 $700\sim800℃$ 处，插入深度在 1.5m 左右，以满足其工作温度要求。K 型热电偶的热电动势随热端温度的变化与氧化锆氧浓差电动势随烟气温度的变化趋势基本相同，其变化关系如表 6-2 所示。

表 6-2　氧浓差电动势和 K 型热电偶热电动势随温度变化的关系

温度（℃）	氧浓差电动势（mV）	热电动势（mV）	差值（mV）
700	48.88	29.13	19.75
720	49.89	29.97	19.92
740	50.89	30.89	20.08
760	51.90	31.64	20.26
780	52.90	32.46	20.44
800	53.91	33.29	20.62

1. 软件温度补偿法

无温控电路时，对氧化锆输出值采用补偿的方法来消除温度变化的影响，直插温度补偿式氧化锆传感器如图 6-10 所示。

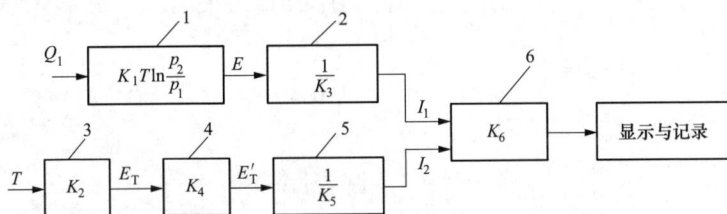

图 6-10　直插温度补偿式氧化锆传感器

1—氧化锆管；2、5—毫伏变送器；3—热电偶；4—函数发生器；6—除法器

热电偶的输出 E_t 通过函数发生器转换成与热力学温度 T 成比例的信号，即

$$E_T = K_T E_t = K_T' T$$

用上式去除式（6-2），得

$$\frac{E}{E_T} = \frac{R}{nFK_T'} \ln \frac{p_2}{p_x} \tag{6-6}$$

267

式中　K——比例系数；

　　E_T——热力学温度为 T 时，热电偶的热电动势；

　　R——气体常数，$R=8.314\,5\mathrm{J/(mol \cdot K)}$；

　　n——反应时所输送的电子数，对氧 $n=4$；

　　F——法拉第常数，$F=9.6485\times10^4\mathrm{C/mol}$；

　　p_2——参比气体的氧分压；

　　p_x——待测气体的氧分压。

所以只要用除法器和函数发生器组成系统即可对温度变动进行补偿。有时为了简化系统，当温度变化不大时，将热电偶的输出 E_t 或函数发生器的输出 E_T 与氧化锆的输出 E 反接，可起到部分温度补偿作用。

2. 硬件温度补偿法

电路温度补偿可以根据公式

$$E=4.9615\times10^{-2}T\lg\frac{\varphi_2}{\varphi_x}(\mathrm{mV}) \tag{6-7}$$

当参比气体空气的氧浓度 $\varphi_2=20.8\%$，而氧化锆的工作温度 T 变化时，为使 E/T 保持不变，可反向串联一个 K 型热电阻进行温度补偿，消除温度变化对测量的影响。工作温度补偿电路如图 6-11 所示。

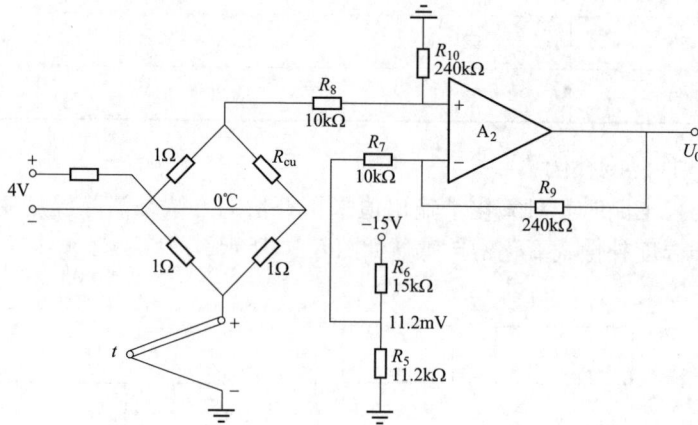

图 6-11　工作温度补偿电路

四、氧化锆传感器的技术要求

为保证氧化锆传感器的准确度，对其性能有以下基本要求。

（1）氧化锆管或片的材质应均匀致密、比重大、全部（至少大于 95%）为具有立方萤石结构的稳定组织。用其制成的管或片应气孔少、无毛细裂纹、几何尺寸均匀。常温用氦质谱测漏仪检验，透气度小于 $5\times10^{-7}\mathrm{cm^3/s}$。因漏气而不能维持实际氧浓度差，因此造成误差。

（2）离子迁移数应接近 1。这是固体电解质的一个重要参数，它表明氧离子迁移通过的电量与通过的总电量之比。要求作浓差电池的固体电解质的离子迁移数大于 0.99。用该数与式（6-2）相乘才是实际输出电动势，所以实际传感器的输出都比理论公式计算值要低。

（3）电极和固体电解质的接触界面是电极、电解质和气体三相的汇集处，在此产生吸附、电荷转移和气体质量转运等过程，对电导率、极化等影响很大，因此要求这个界面有很好的电化学稳定性。为此具体结构上要保证电极温度均匀，各部分无温差；电极最好是多孔金属膜（例如用溅射淀积技术做成），与电解质接触紧密牢靠。另外，电极的质量不宜太大，以免增加响应时间。

（4）电极引线最好用同种材料，以防止形成接触电动势。

（5）要有很好的热稳定性及抗热震性。在其温度变化速度大于 $40\sim60℃/s$ 时不出现裂纹，并且在从室温到高温（$800\sim1000℃$），再到室温的急剧温度变化中多次循环后，不出现裂纹。一般要求 $5\sim10$ 次循环。

五、氧化锆氧分析仪的应用举例

目前用氧化锆式氧量计来测量炉烟含氧量的测量系统形式很多，大致可分为抽气式和直插式两类。抽气式带有烟气净化系统，能除去杂质和 SO_2 等有害气体，对保护氧化锆管有利。氧化锆管处于 $800℃$ 的定温电炉中工作，准确性较高，但系统复杂，并失去了反应快的特点。直插式是将氧化锆管直接插入烟道高温部分，如图 6-12 所示。

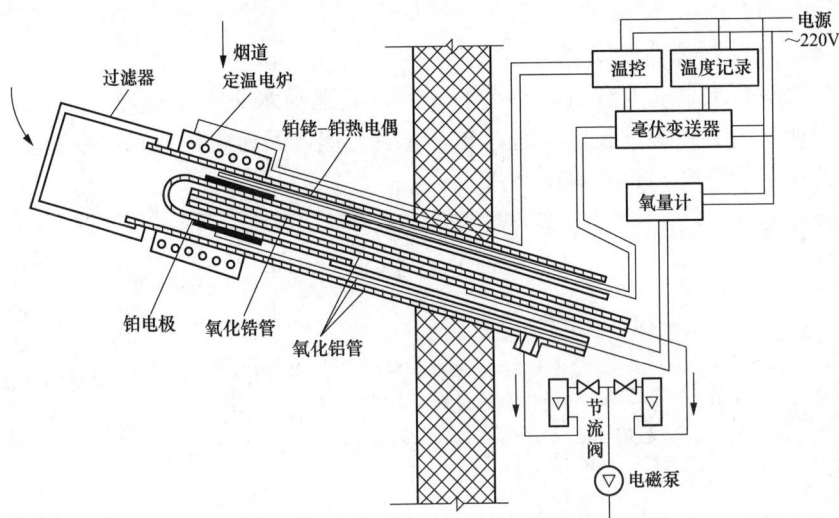

图 6-12　直插定温抽气式氧化锆氧量计

直插式氧化锆管要直接接触烟气，条件较差，除影响使用寿命外，温度变化或温度较低将直接影响测量精度，对于温度的影响，一般有两种解决的办法，即恒温和温度补偿。

在一端封闭的氧化锆管内外，分别通过空气和被测烟气，在管外装有铂铑-铂热电偶，测定氧化锆管的工作温度，并通过控制设备把定温炉的温度控制在800℃。为了防止炉烟尘颗粒污染氧化锆，加装了多孔性陶瓷过滤器。用温度补偿式时，测点处的温度应在600~900℃之间，对于电厂锅炉，这位置就在过热器出口或高、低温过热器之间。用泵抽吸烟气和空气，使它们的流速在一定范围内，同时使空气和烟气侧的总压力大致相等。也可不用定温电炉，而在测出工作温度后用除法电路对输出电动势进行温度补偿。直插式的特点是反应迅速，响应时间约为1s，加装过滤器后大约在3s。

1. 氧化锆探头的安装位置选择

（1）氧化锆探头安装点工况条件要符合探头有关的技术规定。最好保证测点烟温在400~500℃之间，烟道的负压小于1000Pa，测点处应燃烧完全，烟气流动平稳无剧烈振动和敲打源。

（2）应选择较长直烟道，烟气流速较缓，减少涡流处，尽量远离人孔和蒸汽吹灰装置，以保证测量的准确性。

（3）安装前应该为氧量探头、保护套管、电缆和气缆预留出足够的空间，以方便检修拔出。

（4）标准探头烟道安装开孔直径为90mm，烟道开孔之前，应该确保烟道内有足够的空间可以安装探头，并且没有任何阻挡物。

（5）探头过滤器应能达到烟道的1/3~1/2处为最佳，当探头插入深度超过2000mm时，应该在烟道内每隔2m加装一个支持件以防止探头和固定管弯曲变形。

2. 氧化锆探头的安装

探头可水平或垂直吊装，水平安装时应选择水平向下倾斜5°~20°安装，切勿向上倾斜安装，以垂直方向安装为佳，因为此种方式可以减少传感器积灰的厚度，如图6-13所示。

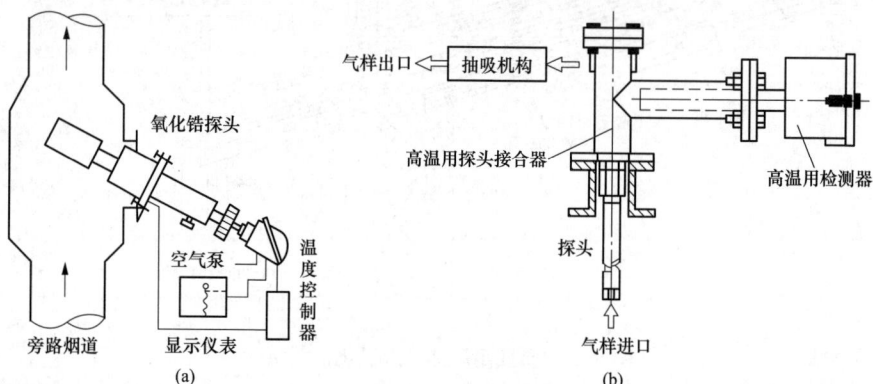

图6-13 探头安装示意图
（a）直插式；（b）抽出式

安装时注意事项如下。

（1）防尘管的开口朝下（气流由上而下或水平方向气流）。

（2）氧化锆探头垂直安装时，防尘管的开口应背着气流方向。

（3）导流管进气口一般迎着烟气流的方向。

（4）氧化锆探头接线盒的穿线孔应朝下。

当探头安装推入烟道时，为防止锆管爆裂，探头宜缓慢逐步推入，一般以 5～10cm/min 为好，切勿直接一下子整体插入。

3. 使用氧化锆管时注意事项

（1）氧化锆浓差电动势与氧化锆探头的工作温度成正比，所以氧化锆探头应处于恒定温度下工作或采取温度补偿措施。

（2）为了保证测量的灵敏度，探测器工作温度应适中（600～1200℃），工作温度较低，其灵敏度下降；工作温度过低时，氧化锆内阻过高，正确测量其电动势较困难。工作温度过高时，因烟气中的可燃物质会与氧迅速化合形成燃料电池，使输出增大，对测量造成干扰，目前常用的工作温度在 800℃左右。

（3）在使用过程中，应保持待测气体压力与参比气体压力相等，只有这样待测气体与参比气体氧分压之比才能代表上述两种气体的含量之比。同时，要求参比气体的氧含量远高于被测气体的氧含量，才能保证检测器具有较高的输出灵敏度。

（4）由于氧浓差电池有使两侧氧浓度趋于一致的倾向，因此，必须保证待测气体和参比气体都要有一定的流速，但流量不可过大，否则会引起热电偶测温不准和氧化锆温度不匀，造成测量误差。

另外应注意的是，由于氧化锆探头长期使用在高温状态下，易由于膨胀造成裂纹或电极脱落；氧化锆管表面附着有烟尘微粒，也会造成铂电极上微孔堵塞、积灰，使输出电动势出现异常，甚至造成铂电极中毒，所以在使用过程中要经常清洗。

六、传感器的检定

氧浓差电池在正常运行中会慢慢失效，原因是电极材料升华、电解质的立方晶体转化为单斜晶体等，传感器还可能漏气，为此应进行定期检查和校验，周期通常为 1～3 个月。

1. 检定方法

（1）在规定条件下向传感器通入标准成分的气样，这种方法也是最佳的检定方法。

（2）根据能斯特公式计算，维持两种气体的分压恒定。在规定条件下向传感器通入标准成分的气样。但当未能取得标准气样时，也可以利用能斯特公式，即式（6-2）来检查，维持式中 p_2 和 p_x 恒定，改变温度 T 并测量相应的电动势 E，如果在 500～850℃能得到正比关系，并且此直线通过原点（$E=0$ 和 $T=-273℃$），则认为传感器可以继续使用，这时对于最适当的温度范围也知道了。如果直线的温度范围太小，应怀疑其测量的准确性。

2. 校准过程

（1）空气校准。将探头标准气体入口打开，空气便自动进入探头，待稳定一段时间后，调节面板上空气校准电位器，使"%O_2"显示为"20.60±0.20"。仪器校准连接如图 6-14 所示。

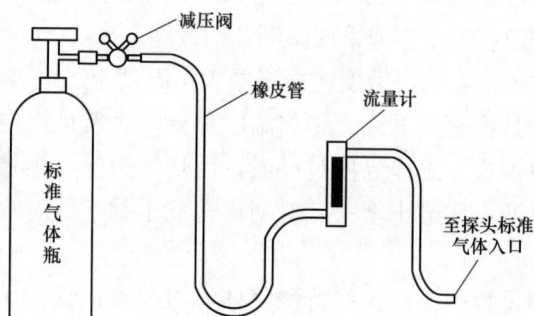

图 6-14　仪器校准连接图

（2）标准气体校准。将减压阀、流量计、导气管按图 6-14 所示与气瓶连接好。校正前一定要注意先检查减压阀是否处于关闭状态（逆时针方向拧松），确定减压阀关闭后，再开气瓶阀。将减压阀慢慢打开（顺时针方向拧紧），标准气体流量调节为 300～500mL/min，并将标准气体从"标气入口"处通入探头中。该步骤操作一定要先调好标准气体流量，再接入探头中，否则可能会因气体流量过大而引起氧化锆元件在高温下炸裂。

通气约 1min 后，调节变送器面板上"标气校准"电位器，将显示氧量值调为标准气体值即可。应注意一定要先进行空气校准后再进行标气校准。

3. 氧化锆传感器的误差

式（6-2）和式（6-5）可以作为简单估计误差的依据。由于被测和参比两股气体的流量、温度不同，恒温炉与两电极距离不同，散热条件的差异等原因，两电极之间可能有温差，造成电极接触电位变化，有温差电动势等，输出出现误差。若电极和固体电解质之间由于某种原因形成中间层或接触面积不够大，则反应的条件受到影响，造成误差。

由于电子导电的影响，氧离子从一个电极到另一个电极的迁移比理论上要小，好像是电解质对氧有渗透，称为"电化学半渗透"。一个改善措施是改进固体电解质的形状设计。另外的办法是工作温度不可过高，有实验表明在 880℃ 以上时，半渗透气流的影响就使电动势—温度关系偏离直线。

此外，由于引线材料不同又因温差而产生热电动势、浓差极化等，都可能是误差来源。

第三节　电导式分析仪

电导式分析仪是一种历史比较悠久、应用也比较广泛的分析仪表。用来分析酸、碱溶液的浓度时，常称为浓度计；直接指示电导的就称为电导仪；用来测量蒸汽和水中的盐浓度时称为盐量计。

电阻的倒数称为电导。其物理意义是表示物质导电的性能。电导率越大则导电性能越强，反之越小。电导率是电阻率的倒数。

水的电导率与其所含无机酸、碱、盐的量有一定的关系，当它们的浓度较低时，电导率随着浓度的增大而增加，因此，该指标常用于推测水中离子的总浓度或含盐量。

水的电导率：电流通过横截面积各为 $1cm^2$，相距 1cm 的两电极之间水样的电导。

在火力发电厂中，电导式分析仪不仅可用于连续监督各段汽、水的受污染程度，也可用于监督凝汽器冷却水的泄漏，补给水、凝结水、除盐水处理中离子交换器的失效程度，以便控制其运行的终点和再生。动力机组的给水和蒸汽中的盐分是引起设备结垢的原因，它会影响热力设备的安全经济运行。在高压锅炉中，对于过热蒸汽和给水的电导率要求小于 $0.2\mu S/cm$。

一、工作原理

1. 溶液的电导与电导率

电解质溶液常称为液体导体，这类导体的导电能力随着温度升高而增强，常用电导率表示其导电能力。根据欧姆定律，溶液的电阻 R 为

$$R = \frac{1}{\sigma} \frac{L}{A} \qquad (6\text{-}8)$$

式中　σ——电导率，表示单位面积、单位长度电解质溶液的电导，S/m；

A——电极有效面积，即电极在电解溶液中导电时电流通路的有效断面，m^2；

L——电极间有效距离，即电极在电解溶液中导电时电流通路的有效长度，m。

溶液的电导为

$$G = \frac{1}{R} = \sigma \frac{A}{L} \qquad (6\text{-}9)$$

或电导率为

$$\sigma = G \frac{L}{A} \qquad (6\text{-}10)$$

令 $K = \frac{L}{A}$，称为电极常数，则电导率和电导关系为

$$\sigma = GK \qquad (6\text{-}11)$$

电导率 σ 的大小表示了溶液导电能力的大小，它与电极常数无关，但与溶液电解质的种类、性质、浓度及溶液的温度等因素有关。测量电导（S 或 μS）的仪器称为电导仪，测量电导率（μS/cm）的仪器称为电导率仪。当电极常数为1时，则电导与电导率的数值相同。

2. 电导率与溶液浓度的关系

为了用电导率表示溶液浓度的多少，引入摩尔电导率的概念。在相距 1m、面积各为 $1m^2$ 的两电极之间，充以 1mol/L 浓度的某种溶液，所呈现的电导值称为该种溶液的摩尔电导率，用符号"Λ_m"来表示，其单位为 $S \cdot m^2/mol$。当溶液的摩尔浓度为 $c(mol/L)$ 时，不考虑正、负离子的相互作用和温度对溶液导电能力的影响，溶液的电导率为

$$\sigma = \Lambda_m c \tag{6-12}$$

当取溶液质量浓度 $n(kg/L)$ 时，它与摩尔浓度 c 的关系为

$$c = \frac{n}{M} \tag{6-13}$$

式中 M——溶质的摩尔质量，kg/mol。

将式（6-13）代入式（6-12）得

$$\sigma = \frac{\Lambda_m}{M}n \tag{6-14}$$

当被测溶液浓度不高（接近无限稀释）时，一定物质的摩尔电导率可看成常数，电阻、电导和电导率与溶液浓度有确定关系，溶液电导率随溶液浓度增加而增加。但当溶液浓度过高时，由于正、负离子间距离变短，部分正、负离子又重新组合成化合物，故电导率随浓度增加反而减小。这两种情况下，溶液电导率均与溶液浓度呈单值关系。当溶液浓度介于中等浓度范围内时，溶液电导率与溶液浓度不再是单值函数关系。因此，应用电导法只能测量低浓度或高浓度的溶液，且电解质溶液的电导率与其浓度的关系是通过实验取得。

3. 影响电导率测定的因素

（1）溶液温度。电导率大小与电解质在水中的电离度及离子迁移速度有关。当温度上升时，电离度增大，同时溶液黏度降低，离子运动阻力减小，在电场作用时，离子定向移动加快，电导率增大；反之，电导率下降。以电导率大小来评定水的品质或溶液浓度时，应指明测试电导率的温度。我国电力系统中均以 25℃ 为基准温度来评定电导率的测量。工业在线电导仪通常在其测量电路中设置温度补偿电路来消除温度的影响。

（2）电极的极化。当没有电流通过电导池时，电极处于平衡状态；当电流通过时，电极电位平衡值发生了偏差，称为极化现象，产生极化主要有浓差极化和电化学极化。电极极化后阻碍了溶液中正、负离子的导电，使测量产生误差，为此使用的电源必须采用交流。电导池交流等效电路如图 6-15 所示。

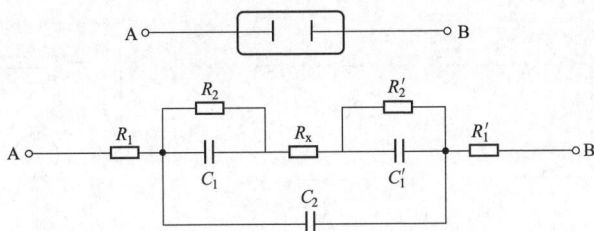

图 6-15　电导池交流等效电路

R_1、R_1'—电极电阻；R_2、R_2'—极间极化电阻；

R_x—极间电解质溶液电阻；C_1、C_1'—静电容；C_2—极间电容

（3）电极系统的电容。当交流电通过电导池时，电导池除表现电阻作用外，还呈现容抗作用。电容容抗 X_C 与其自身的电容量 C 及电源频率 f 之间的关系为

$$X_C = \frac{1}{2\pi f C} \tag{6-15}$$

在一些电导率仪表中，设置了电容补偿电路，以减少寄生电容的影响。

（4）可溶性气体。一些可溶性气体如 CO_2、NH_3 等溶于水，产生了 H^+ 和 OH^-，使溶液的导电能力增强，电导率升高，影响了电导率测量。为此测量电导率之前先采取除气措施。

二、溶液电导的测量方法

1. 分压测量线路

溶液电导是通过测量两电极之间的电阻求出的。测量时电源电压 u 保持恒定，u_k 与 R_x 之间为单值对应关系，测得 u_k 就可得知溶液的浓度。这种测量方法适用于低浓度、高电阻电解质溶液的测量。分压测量线路如图 6-16 所示，则

$$u_k = \frac{u R_k}{R_x + R_k} \tag{6-16}$$

2. 电桥测量线路

测量电桥如图 6-17 所示。调整桥臂 R_2、R_3 上的触点位置可使电桥平衡。电桥平衡时，有

$$R_x = \frac{R_3}{R_2} R_1 \tag{6-17}$$

通过电桥平衡时触点的位置可知 R_x 的大小，进而可确定溶液浓度大小。平衡电桥法适用于高浓度、低电阻溶液的测量，对电源电压的稳定性要求不高。

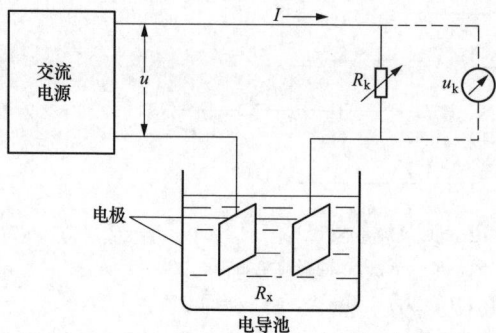

图 6-16　分压测量线路

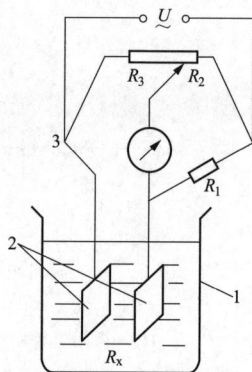

图 6-17　测量电桥

1—电导池；2—电极；3—电桥接入端

三、电导式分析仪在火力发电厂中的应用

1. 电导式分析仪工作原理

工业电导仪是一种普及型的在线监测仪表，在电厂中应用十分广泛。它由电导传感器、转换器（变送器）和显示仪表三部分组成。电导式分析仪原理结构方框图如图 6-18 所示。

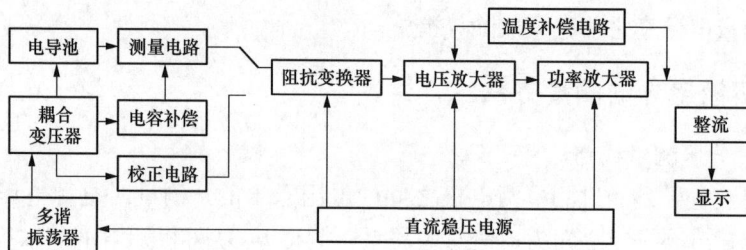

图 6-18　电导式分析仪原理结构方框图

传感器结构示意图如图 6-19 所示。

2. 转换器（变送器）

工业电导仪转换器（变送器）采用分压式测量电路，并有分布电容和温度补偿电路。

图 6-20 所示为某种工业电导仪转换器的简化电路，电导仪转换器（变送器）采用分压式测量电路，并有线路分布电容和温度的补偿电路。

为了减少极化误差，电导仪的电极室采用 1000Hz 的电源供电，在现场使用时，由于电极室和检测部分要有一段距离，连接电缆分布参数的漏电流也会流过分压电阻 R，给测量造成误差。为了消除 i_C 的影响，利用可调电流 i_{C4}，当 $i_C = i_{C4}$ 时，且两者相位差 180°时，即可达到抵消 i_C 影响的目的。介质温度变化的补偿采用不平衡电桥，其温度系数与 R_x 的温度系数成

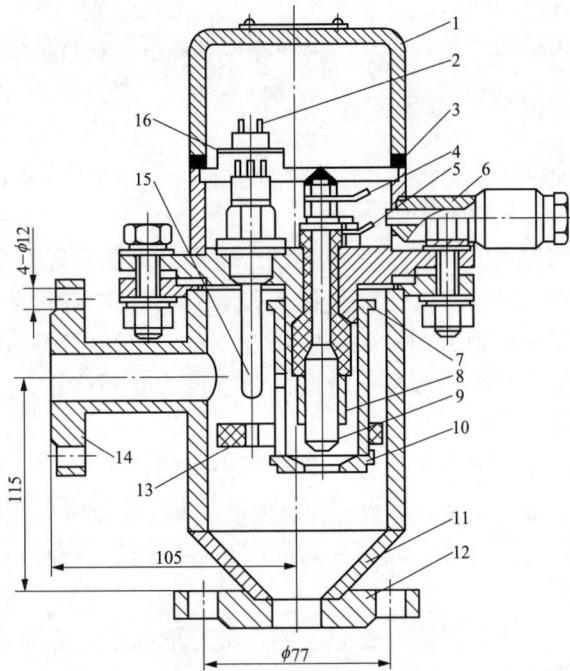

图 6-19　传感器结构示意图

1—防护罩；2—温度补偿接线头；3—密封材料；4—测量电极接线头；

5—外电极接线头；6—出线套管；7—外电极固定螺栓；8—内电极涂层；

9—内电极；10—外电极；11—传感器外壳；12—进水法兰盘；

13—挡板；14—出水法兰盘；15—温度补偿电阻；16—固定螺帽

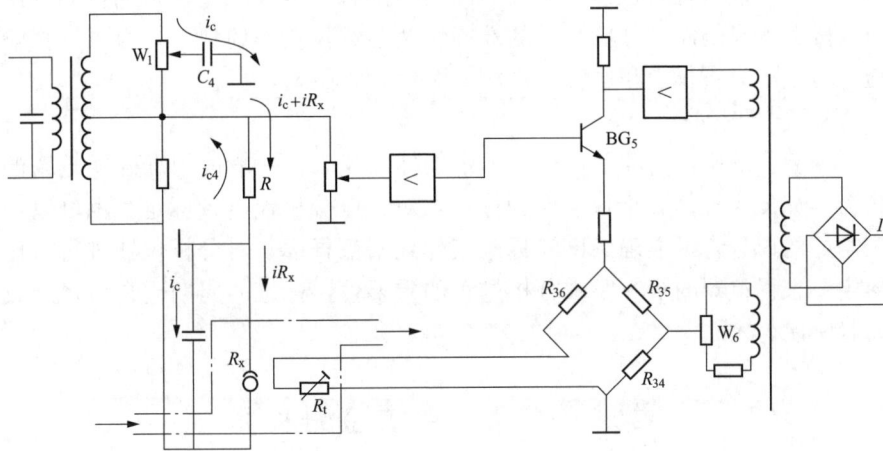

图 6-20　某种电导仪转换器的简化电路

一定比例，此外，电桥电源也受温度的影响，因此有较好的补偿效果。不平衡电桥的输出电压加到三极管 BG5 的发射极，形成串联负反馈，能起到补偿作用。

3. 显示仪表

显示仪表为通用产品，只要满足输入信号，可以自行配选。

四、成分分析仪表的特殊问题

1. 取样及预处理

取样一般应遵循以下原则。

(1) 取出的样品应尽可能有代表性。取样点不能设置在生产设备或管线的死角，或有空气渗入以及发生生产过程不应有的物理化学反应的区域。

(2) 取样要防止组分间发生化学反应。对于燃烧过程高温炉气，取样时应当采取诸如冷却等措施使组分间的化学反应立即终止，使样品最大限度保持初始组分。

(3) 应尽可能满足分析仪器对样品所提出的技术要求，例如应满足温度、湿度、含尘量、流量、压力、非腐蚀性、非干扰性等方面的要求。

(4) 应尽快传送样品，以减少时间滞后；在可能及允许的情况下，取样管线应尽量短。

(5) 在危险场所（易爆、易燃、剧毒等）取样时，应注意安全装置的设置及采取可靠的保护措施。

2. 滞后问题

成分分析仪表的检测原理及结构一般比较复杂，加之增设了取样及预处理系统，使仪表的响应时间相对较长，滞后较大。如果生产流程中使用的分析仪器仅作为在线检测使用，滞后情况尚可接受。但若使用分析结果对生产过程进行自动控制，太长的滞后时间将严重影响过程自动控制的质量。因此，在能满足分析结果的准确性及节约投资的前提下，力求选择响应速度快的分析仪表和滞后小的取样及预处理系统。

3. 分析仪的标定

要获得准确可信的示值，必须定期标定仪表。一般使用准确度较高的仪器（如奥氏气体分析仪）作为标准，对工业分析仪进行标定。也可以用配制好的成分含量准确的已知标准气体或溶液样品，对分析仪器进行对比鉴定。根据仪器的状况及被分析过程的重要性，标定的周期通常为每周或每日一次。

第四节　烟气连续监测系统

一、火力发电厂烟气排放标准

火力发电厂在燃烧煤炭时，排放出的烟气排放物中含有粉尘、二氧化硫 SO_2、氮氧化物 NO_x、二氧化碳和不完全燃烧产生的一氧化碳 CO。

GB 13223—2011《火电厂大气污染物排放标准》中对火力发电厂大气

污染物进行更加严格的限制，尤其是 NO_x，限值为 $100mg/m^3$，此标准已严于欧盟现行的 NO_x 排放限值为 $200mg/m^3$。

GB 13223—2011 中规定了重点地区的火力发电锅炉及燃气轮机组排放限值，如表 6-3 所示。

表 6-3　重点地区大气污染物特别排放限值

mg/m³（烟气黑度除外）

序号	燃料和热能转化设施类型	污染物项目	限值	污染物排放监控位置
1	燃煤锅炉	烟尘	20	烟囱或烟道
		二氧化硫	50	
		氮氧化物（以 NO₂ 计）	100	
		汞及其化合物	0.03	
2	以油为燃料的锅炉或燃气轮机组	烟尘	20	
		二氧化硫	50	
		氮氧化物（以 NO₂ 计）	100	
			120	
3	以气体为燃料的锅炉或燃气轮机组	烟尘	5	
		二氧化硫	35	
		氮氧化物（以 NO₂ 计）	100	
			50	
4	燃煤锅炉，以油、气体为燃料的锅炉或燃气轮机组	烟气黑度（林格曼黑度）（级）	1	烟囱排放口

执行大气污染物特别排放限值的具体地域范围、实施时间，由国务院环境保护行政主管部门规定。

GB 13223—2011 规定对火力发电厂大气污染物排放浓度的测定采用方法标准，如表 6-4 所示。

表 6-4　火力发电厂大气污染物浓度测定方法标准

序号	方法标准名称	方法标准编号
1	固定污染源排气中颗粒物测定与气态污染物采样方法	GB/T 16157
2	固定污染源排放烟气黑度的测定　林格曼烟气黑度图法	HJ/T 398
3	固定污染源排气中二氧化硫的测定　碘量法	HJ/T 56
	固定污染源排气中二氧化硫的测定　定电位电解法	HJ/T 57
	固定污染源废气　二氧化硫的测定　非分散红外吸收法	HJ 629
4	固定污染源排气中氮氧化物的测定　紫外分光光度法	HJ/T 42
	固定污染源排气中氮氧化物的测定　盐酸萘乙二胺分光光度法	HJ/T 43
5	固定污染源废气　汞的测定　冷原子吸收分光光度法（暂行）	HJ 543

大气污染物基准氧含量排放浓度折算方法实测的火力发电厂烟尘、二

氧化硫、氮氧化物和汞及其化合物排放浓度，必须执行 GB/T 16157 的规定，并按式（6-18）折算为基准氧含量排放浓度。各类热能转化设施的基准氧含量按表 6-5 的规定执行。

$$c = c' \times \frac{21 - O_2}{21 - O'_2} \tag{6-18}$$

式中　c——大气污染物基准氧含量排放浓度，mg/m^3；

$\quad\quad c'$——实测的大气污染物排放浓度，mg/m^3；

$\quad\quad O'_2$——实测的氧含量，%；

$\quad\quad O_2$——基准氧含量，%。

表 6-5　基准氧含量

序号	热能转化设施类型	基准氧（O_2）含量（%）
1	燃煤锅炉	6
2	燃油锅炉及燃气锅炉	3
3	燃气轮机组	15

二、烟气连续监测系统概述

烟气连续监测系统（Continuous Emission Monitoring System，CEMS）主要功能如下。

（1）连续监测排放烟气中的烟尘浓度、SO_2、NO_x、CO、CO_2、烟气温度、烟气压力、烟气流速、氧量、烟气湿度等。

（2）数据采集系统（DAS）对系统进行监控，对监测数据进行储存、处理和管理。

火力发电厂烟气连续监测系统概貌如图 6-21 所示。

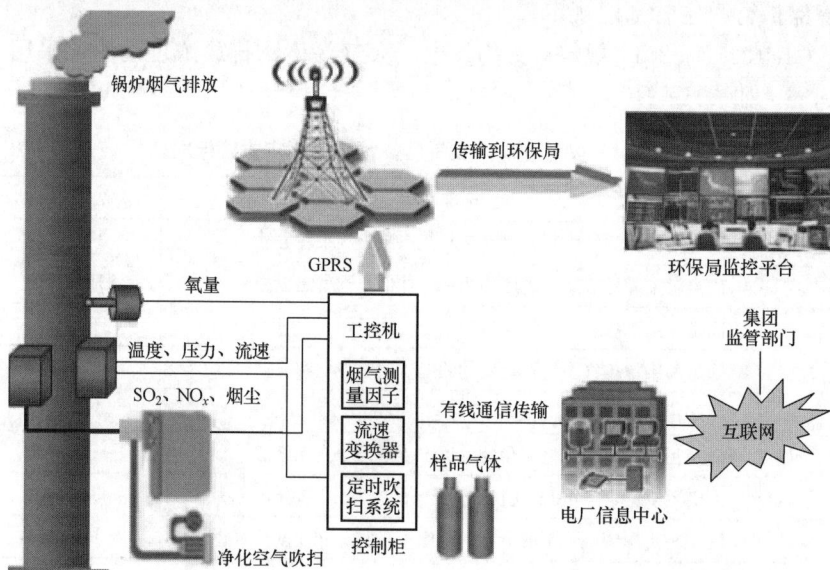

图 6-21　火力发电厂烟气连续监测系统概貌

CEMS 主要由烟尘排放参数监测子系统、颗粒物监测子系统、气态污染物监测子系统、数据处理子系统与传输单元等集成，形成一个集数据采集、处理、显示、通信、远程监控的一体化系统。CEMS 功能结构方块图如图 6-22 所示。

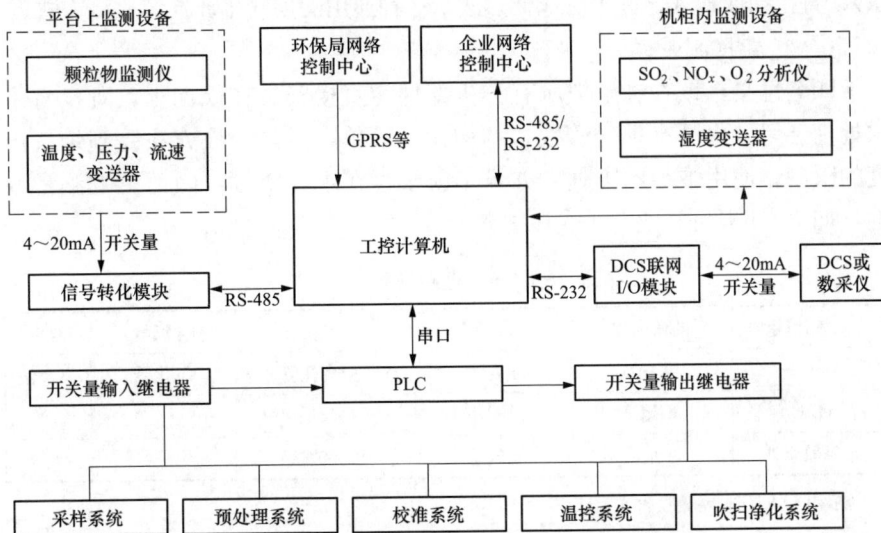

图 6-22　CEMS 功能结构方块图

CEMS 对锅炉烟气排放物的浓度和总量，以及烟气参数（温度、压力、流速、湿度）连续不断地进行全天候自动采集、分析和储存，实现自动、实时、准确地监控监测电厂烟气排放情况和治理设施的运行状态，既便于企业环保管理层了解和掌握污染治理的整体情况，也利于上级环保主管部门的监控和管理。每一个子系统都有多种监测测量技术，由于技术不同，其工作原理和过程也不一样。

目前国内烟气 CEMS 大多采用"大件系统集成"，即主要分析部件采用进口设备，这样对测量的准确性提供了保证。

三、测量原理

但国内的大气污染物排放标准与设备厂商所在国或地区相差较大，多数排放企业没有对被测的污染物成分充分地进行净化处理，在高尘、高湿、流场不稳等客观恶劣监测环境下，使得没有改进的采样探头和分析仪器不太适合这样的监测场所。

在烟气放检连续排测过程中，由于固定源烟气排放的污染物具有高浓度、高含尘、高温、高湿、强腐蚀、不稳定等特性，因此，给实际测量造成了一定的难度。

无论是从烟道上取样，还是从烟囱上取样，一旦烟气离开了烟道或烟囱，进入取样探头，如不进行相应的技术处理，则由于烟气温度的下降（由原来的烟道或烟囱温度 150～300℃降至 100℃以下），将导致烟气中的水汽结露，灰尘与液态的水结合成黏稠状，造成采样管道堵塞，影响测量结果。

针对这一测量难题，目前国际上有直接测量式、稀释抽取式（也称湿法）、直接抽取式（也称干法或伴热法）三种通用的烟气排放连续检测方式。

（一）直接测量式

顾名思义，该方法是把所有分析部件均直接安装在烟囱上，既没有采样处理装置，也没有采样管线，结构比较简单。但是，该方法受到烟气温度的限制，使用维护不方便，并且，由于存在水分干扰，因而影响测量精度，如表 6-6 所示。

表 6-6　直接测量式

二氧化硫	氮氧化物	颗粒物	流速	含氧量	湿度
DOAS	DOAS	浊度法	S 型皮托管	氧化锆	电容法
GFC	GFC	散射法	热丝法		
非分散紫外		光闪烁	超声波法		

注　DOAS——差分吸收光谱法。
　　GFC——气体滤光相关法。

稀释法和抽取法在我国都有一定的用户，下面比较这两种方法的原理及各自的优、缺点。

（二）稀释抽取式

原理：该方法是将采样烟气用高纯度的稀释气稀释 100～250 倍，使样品气的露点温度迅速降到低于环境空气的温度，送至微量分析仪器进行分析，然后，将分析结果乘以稀释比系数（100～250），从而得到检测值，如表 6-7 所示。

表 6-7　稀释抽取式

二氧化硫	氮氧化物	颗粒物	流速	含氧量	湿度
紫外荧光	化学发光				

1. 优点

（1）由于该方法检测过程中没有除去水分，所以，测量结果为湿烟气中的数值。

（2）该方法不受烟气温度的限制。

（3）控制系统可以放在便于操作、维护的地方。

（4）由于高纯度稀释气的稀释作用，降低了采样烟气的露点，所以在常温下，无需进行伴热处理，即可防止气样在传输和检测过程中，出现水汽结露和堵管现象。但是，在一些环境温度低于 0℃ 的场合，特别是我国的北方地区，冬季仍需要进行伴热处理。

2. 缺点

（1）由于我国大气污染物排放标准中明确规定所有污染物的排放浓度均指干烟气标态时的数值，所以，该方法不符合我国的环保法规。即使使用单独的水分仪进行水分修正，其修正值也存在一定的误差，而且，这样做无疑增加了投资成本和维护工作量。

（2）由于采样烟气稀释后，要采用微量分析仪器进行分析检测，所以对稀释探头和分析仪器的精度要求很高。而且由于稀释作用，势必造成检测的灵敏度降低，系统测量误差增大。

（3）系统运行时，要求连续使用高纯度的稀释气，要对环境空气进行净化、过滤处理后用作稀释气。在稀释气中绝对不能含有被测的气体组分（SO_2、NO_x 等），因此，对空气净化装置的要求必然很高，需要经常更换有关的净化过滤元件，因而提高了运行成本，增加了工作量。如果稀释气中含有被测成分，则由于稀释比系数的放大作用，将大大影响系统的测量精度。

（4）由于烟气流量不确定，所以稀释比也不确定。

（三）直接抽取式

采样探头将烟气取样后，首先经蒸汽伴热或者电伴热，使采样烟气在达到冷却器前，温度控制在 150℃左右，即控制在露点温度以上，然后送至地面控制系统柜，经过除尘、除水等样气预处理后，送常量分仪器进行分析检测。直接抽取式有冷干法和热湿法两种。冷干法如表 6-8 所示。

表 6-8　冷干法

二氧化硫	氮氧化物	颗粒物	流速	含氧量	湿度
非分散红外	非分散红外	β 射线法	背托管	氧化锆	干湿氧
非分散紫外	非分散紫外	浊度法	热质式	电化学	电容法
DOAS	DOAS	散射法		磁氧	
GFC	GFC				
电化学	电化学				

热湿法如表 6-9 所示。

表 6-9　热湿法

二氧化硫	氮氧化物	颗粒物	流速	含氧量	湿度
DOAS	DOAS				
傅里叶红外	傅里叶红外				
电化学	电化学				

1. 优点

（1）由于该方法检测过程中，去除了水分，所以，测量结果为干烟气中的数值，其符合我国的环保法规。

（2）该方法不受烟气温度的限制。

（3）用常量分析仪器进行检测，精度可靠。

（4）控制系统可以放在便于操作、维护的地方。

（5）无需稀释探头和稀释气，维护工作量小，维护成本降低。

2. 缺点

（1）要求使用蒸汽伴热或者电伴热，提高了运行成本。

（2）如果伴热系统发生故障，容易造成堵管。

（3）需要采样泵和采样处理设备。

CEMS常用厂商分析仪工作原理如表6-10所示。

表6-10　CEMS常用厂商分析仪工作原理

生产厂商	二氧化硫	氮氧化物	颗粒物	含氧量	湿度	流速
西门子	非分散红外	非分散红外光散射法	浊度法	电化学	电容法	S型皮托管
西克	非分散红外GFC	非分散红外GFC	浊度法	电化学	电容法	S型皮托管
ABB	非分散红外	非分散红外	浊度法	磁氧	干湿氧	S型皮托管
聚光	DOAS	DOAS	浊度法	氧化锆	电容法	X型皮托管
宇星	非分散红外	非分散红外	激光反射	氧化锆	干湿氧	S型皮托管

（四）非分散红外测量技术

非分散红外测量技术（Non-Dispersive Infrared Radiation，NDIR）光源所发出的红外线是两道平行的光线，一道通过样品池，称为测量光路；另一道通过参比池，称为参比光路。样品池内的气体来自样品气体，红外线通过时会被样品气体吸收；而参比池内的气体为 N_2 红外线，可完全通过，不被吸收。红外检测器内部被金属隔板分成两个气室。光源所发出的两道光线通过样品池及参比池后，分别进入检测器内部的两个气室。

样品气体吸收红外线并转为热能，由于两室热能不同而有温度差或压力差，此压力差会使金属隔板产生变形而改变电容器（由金属隔板及抗电极所组成）的电容，进而改变电压。电压信号通过前置放大器放大、整流，再将信号传至CPU板，计算出相应的气体浓度。

第五节　红外线气体分析仪

红外线气体分析仪被广泛地应用于火力发电厂的CEMS系统，这种分析仪基于气体对红外光吸收的朗伯-贝尔吸收定律，采用NDIR技术，如电调制红外光源、高灵敏度滤光传感一体化红外传感器、高精度前置放大电路、可拆卸式镀膜气室、局部恒温控制技术等，实现不同浓度、不同气体（SO_2、NO_x、CO_2、CO、CH_4等）的高精度连续检测。这种仪表具有灵敏度高、反应快、分析范围宽、选择性好、抗干扰能力强等优点。

一、气体对红外线的吸收现象

1. 红外线特征

红外线是一种电磁波，它的波长在 $0.76\sim1000\,\mu m$ 的频谱范围之内，与可见光一样具有反射、折射、散射等性质。红外线的最大特点就是具有光热效应，它是光谱中最大的光热效应区。另外，红外线在介质中传播时，会由于介质的吸收和散射作用而衰减，如图 6-23 所示。

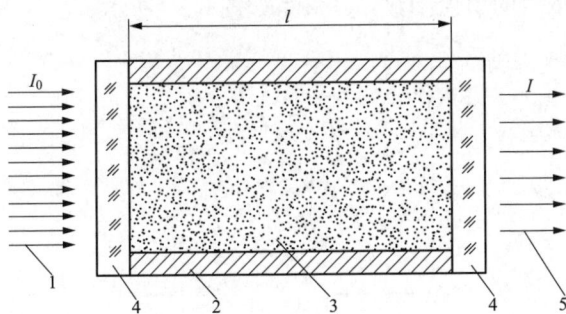

图 6-23　红外分析法原理

1—入射红外线；2—气样室；3—被分析的气体样品，待分析成分浓度为 C；

4—透红外线窗口；5—透射红外线

每一种化合物的分子并不是对红外光谱内所有波长的辐射或任意一种波长的辐射都具有吸收能力，而是有选择性地吸收某一个或某一组特定波段内的辐射。这个所谓的波段就是分子的特征吸收带，如图 6-24 所示。

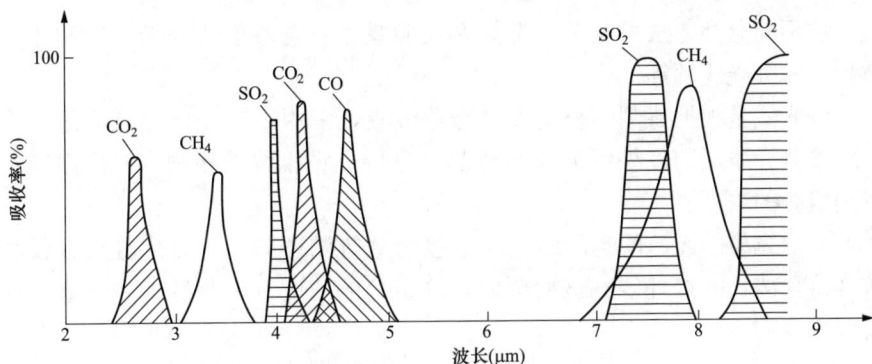

图 6-24　一些气体的吸收光谱

气体分子的特征吸收带主要分布在 $1 \sim 25\,\mu m$ 波长范围内的红外区。例如，CO 气体能吸收的红外波长为 $2.37\,\mu m$ 和 $4.65\,\mu m$，CO_2 的特征吸收波长为 $2.78\,\mu m$ 和 $4.26\,\mu m$。

2. 朗伯-贝尔定律

气体对红外线的吸收服从于朗伯－贝尔定律，其关系式为

$$I = I_0 e^{-K_\lambda CL} \tag{6-19}$$

式中　I_0——入射红外辐射强度；

K_λ——吸收系数，m^{-1}；

C——待测组分的浓度；

L——通过气样的光程长度。

当红外辐射穿过待测组分的长度 L 和入射红外辐射的强度 I_0 时，由于 K 对某一种特定的待测组分是常数，故透过的红外辐射强度 I 仅仅是待测组分摩尔百分浓度的单值函数，其关系如图 6-25 所示。

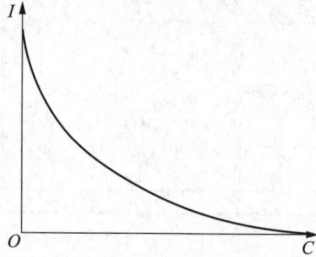

图 6-25　红外辐射强度 I 与气浓度 C 曲线

通过测定透射的红外辐射强度，可以确定待测组分的浓度。以这一原理为基础发展起来的光谱仪器称为红外气体分析仪。

二、红外气体分析仪的结构

（一）红外气体分析仪类型

按不同分类方法可分为工业型和实验室型、色散型（分光式）和非色散型（非分光式）等。

分光式是根据待测组分的特征吸收波长，采用一套光学分光系统，使通过被测介质层的红外线波长与待测组分特征吸收波长相吻合，进而测定待测组分的浓度。

非分光型是光源的连续波谱全部投射到待测样品上，而待测组分仅吸收其特征波长的红外线，进而测定待测组分的浓度。工业过程主要应用这类仪表。

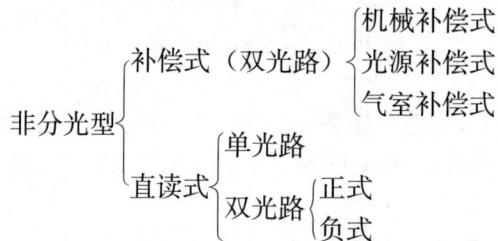

非分光型 {
　补偿式（双光路）{ 机械补偿式
　　　　　　　　　　光源补偿式
　　　　　　　　　　气室补偿式
　直读式 { 单光路
　　　　　双光路 { 正式
　　　　　　　　　负式

（二）红外线气体分析仪的工作原理及结构

红外线气体分析仪的工作原理是利用红外线进行气体分析。它基于待分析组分的浓度不同、吸收的辐射能不同、剩下的辐射能使得检测器里的温度升高不同、动片薄膜两边所受的压力不同，从而产生一个电容检测器的电信号。这样，就可间接测量出待分析组分的浓度，如图 6-26 所示。

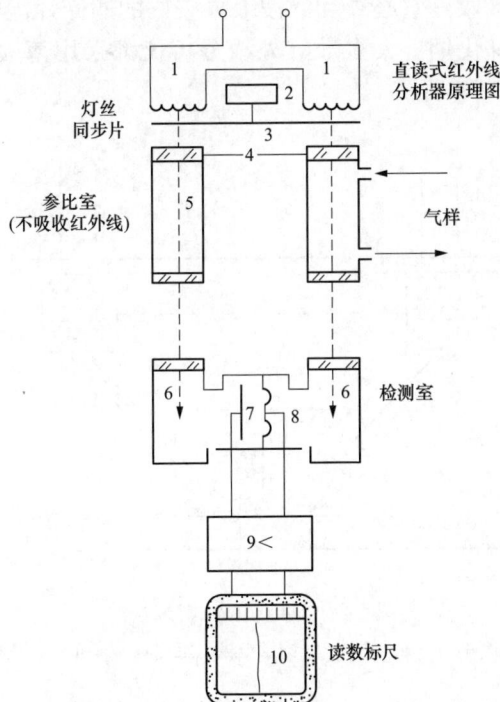

图 6-26 FQ 型红外气体分析仪的结构示意图
1—光源；2—同步电动机；3—切光片；4—滤波室；5—参比室；6—检测室；
7—薄膜；8—定片；9—电气单元；10—微机系统

1. 光源

光源的作用是产生两束能量相等而又稳定的红外光束，多由通电加热镍铬丝所得。辐射区的光源分两种，一种是单光源，另一种是双光源，各有优点。

2. 滤光元件

其作用是吸收或滤去可被干扰气体吸收的红外线，去除干扰气体对测量的影响。滤光元件通常有两种，一种是充以干扰气体的滤光室，另一种是滤光片。滤光片是在晶片表面上喷涂若干涂层，使它只能让待测组分所对应的特征吸收波长的红外线透过，而不让其他波长的红外线透过或使其大大衰减。

3. 测量室和参比室

测量室和参比室的两端用透光性能良好的 CaF_2 晶片密封。参比室内封入不吸收红外辐射的惰性气体，测量室则连续通入被测气体。测量室的长短与被测组分浓度有关，一般测量室的长度为 $0.3 \sim 200mm$。

4. 检测器

检测器的作用是接收从红外光源辐射出的红外线，并转化成电信号。有光电导式和薄膜电容式两种检测器。光电导检测器只对某一波长范围内的红外线能量能吸收，它必须和滤波效果较好的滤光片配合使用。目前用得较多的材料是锑化铟。大多数红外线分析仪都采用薄膜电容式检测器，其原理结构如图 6-27 所示。

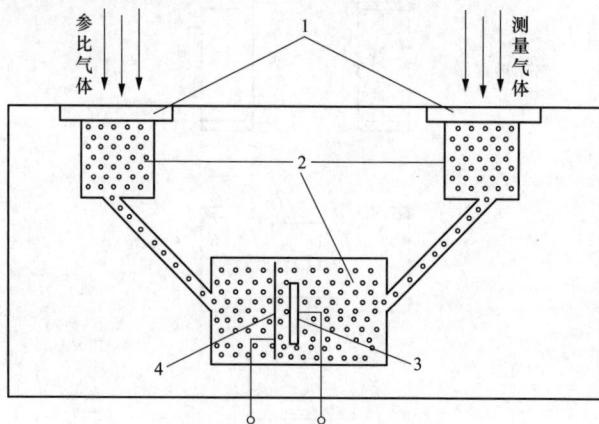

图 6-27　薄膜电容式接收器

1—窗口玻璃；2—吸收室；3—固定电极（定片）；4—可动电极（动片）

5. 切光片

切光片在电动机带动下对光源发出的光辐射信号做周期性切割，将连续信号调制成一定频率（一般为 $2\sim25\mathrm{Hz}$，常用 $6.25\mathrm{Hz}$）的交变信号（一般为脉冲信号），如图 6-28 所示。

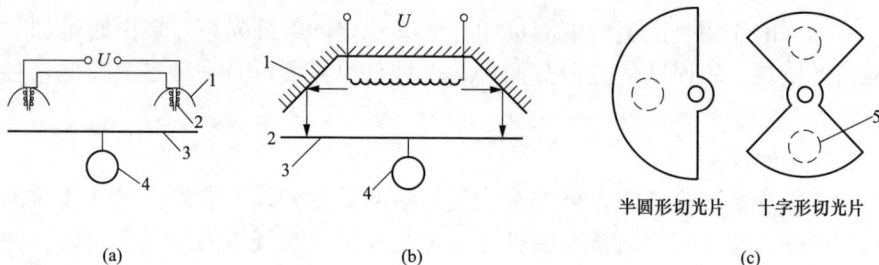

图 6-28　红外线气体分析仪光源调制

1—反光镜；2—光源；3—切光片；4—同步电动机；5—光束（光源）

（a）光源及调制部分（双光源）；（b）光源及调制部分（单光源）；（c）切光片

6. 微机系统

微机系统的任务是将红外探测器的输出信号进行放大变成统一的直流电流信号，并对信号进行分析处理，将分析结果显示出来，同时根据需要输出浓度极值和故障状态报警信号。对信号处理包括干扰误差的抑制，温漂抑制，线性误差修正，零点、满度和中点校准，量程转换，量纲转换，通道转换，自检和定时自动校准等。

（三）QGS-08 型红外线气体分析仪

QGS-08 型红外线气体分析仪是北京分析仪器厂引进德国麦哈克公司先进技术生产的产品。适用于连续分析 CO、CO_2、CH_4、SO_2 等 23 种气体在混合气中的含量。属于非分光型红外线分析仪，带薄膜电容式检测器。检测器由两个吸收室组成，它们相互气密，在光学上是串联的，如图 6-29 所示。

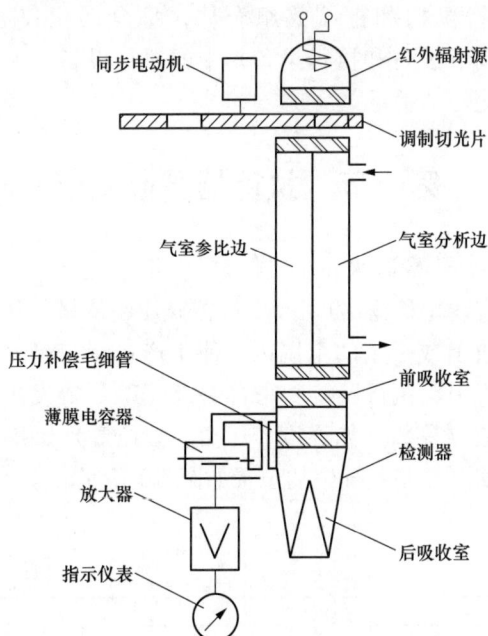

图 6-29 QGS-08 型红外线气体分析

为了保证进入分析仪表的气体干燥、清洁、没有腐蚀性，需要装设预处理装置，如图 6-30 所示。

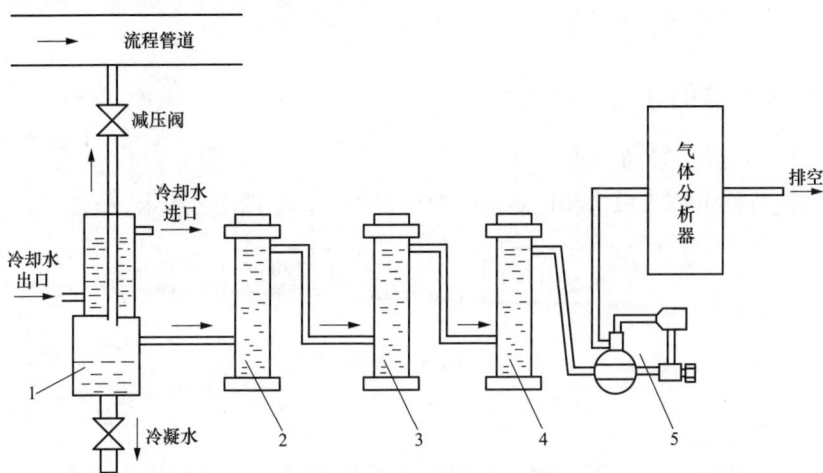

图 6-30 预处理装置示意图

1—水冷却器；2—预过滤器；3—化学过滤器；4—干扰过滤器；5—流量控制器

第七章 执 行 器

执行器是执行机构和控制阀组合体，是自动化仪表的三大组成部分（检测设备、调节设备和执行设备）中的执行设备。人们常把它称为实现生产过程自动化的"手足"。

第一节 执行器基础知识

执行器接收控制器送来的控制信号，把它转换为驱动控制阀的输出（如角位移或直线位移输出），改变被控介质的流量，从而将被控变量维持在所要求的数值上或一定的范围内，使生产过程满足预定的要求。在火力发电厂生产过程中，执行器接受来自 DCS、PLC 等发出的指令信号，调整控制变量，使被调参数（如温度、压力、液位等）保持在所要求的范围内。执行器在单回路控制系统中的位置如图 7-1 所示。

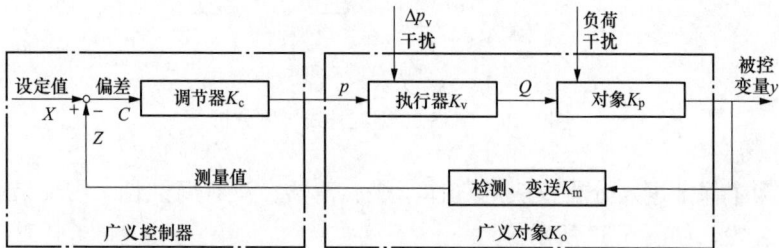

图 7-1 执行器在单回路控制系统的位置图

一、执行器的分类与构成

（一）执行器的构成

执行器由执行机构和控制机构两部分组成，如图 7-2 所示。

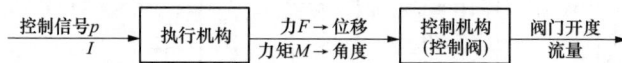

图 7-2 执行器的构成框图

1. 执行机构

执行机构是执行器的驱动装置，它根据控制信号产生推力（薄膜、活塞、电动机……），推动控制机构动作。它是将信号的大小转换为阀杆位移的装置。

2. 控制机构

执行器的调节部分，根据推力产生位移或转角，改变开度。它直接与被控介质接触，控制流体的流量。它是将阀杆的位移转换为阀门流量的装置。

3. 手操机构

手轮机构的作用是当控制系统因停电、停气、控制器无输出或执行机构失灵时，利用它可以直接操纵控制阀，以维持生产的正常进行。

（二）执行器的类型

1. 执行机构类型

（1）按工作能源分类：分为气动执行机构、电动执行机构、液动执行机构三类。

（2）按运动形式分类：分为直行程、角行程、回转型（多转式）等几类。

（3）按动作极性分类：分为正作用执行器和反作用执行器。

（4）按动作行程分类：分为角行程执行器和直行程执行机构。

（5）按动作特性分类：分为比例式执行机构和积分式执行机构。

（6）按输入控制信号分类：分为可以输入空气压力信号、直流电流信号、电接点通断信号、脉冲信号等。

2. 控制阀的类型

控制阀有多种结构形式，如图 7-3 所示。控制阀结构决定其流量特性。

二、控制阀的特性

（一）调节阀的流量方程

控制阀也称为调节阀，它是一个局部阻力可以调节的节流件，不可压缩流体调节阀的流量方程式为

$$Q = \frac{A}{\sqrt{\xi}} = \sqrt{\frac{2(p_1 - p_2)}{\rho}} = \frac{A}{\sqrt{\xi}}\sqrt{\frac{2\Delta p}{\rho}} = K\sqrt{\frac{2\Delta p}{\rho}} \qquad (7\text{-}1)$$

式中　Q——流量；

　　　A——调节阀接管流通截面积；

　　　ξ——调节阀的阻力系数；

　　Δp——调节阀前后压差；

p_1、p_2——调节阀前、后压力；

　　　ρ——流体的密度；

　　　K——调节阀的流量系数。

（二）控制阀的流量系数（反映调节阀的流通能力）

1. 调节阀流量系数 K_V 定义

调节阀流量系数是指在给定的行程（开度）下，调节阀前后压差为

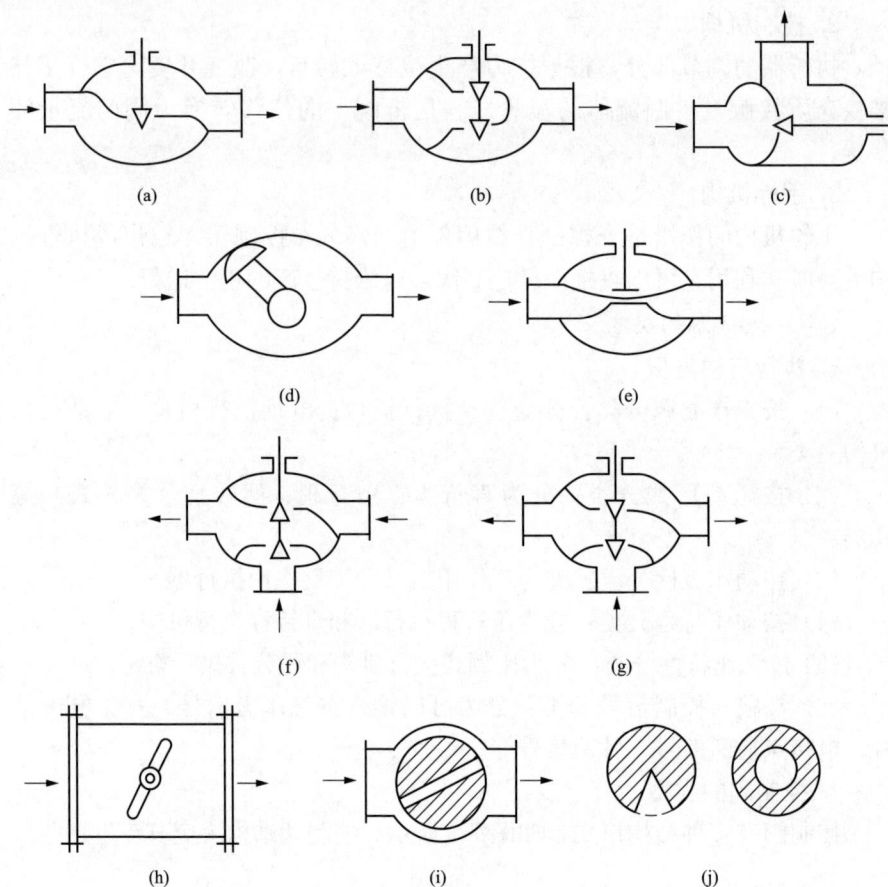

图 7-3　控制阀的结构形式

(a) 直通单座阀；(b) 直通双座阀；(c) 角形阀；(d) 凸轮挠曲阀；(e) 隔膜阀；

(f) 三通阀（合流型）；(g) 三通阀（分流型）；(h) 蝶阀；(i) 球阀；(j) 球阀阀芯的形状

100kPa、流体密度为 $1g/cm^3$（即 $5\sim40℃$ 的水）的条件下，每小时通过阀门的流体量（m^3/h）。

若将式（7-1）中 Δp 的单位取为 kPa，则可得不可压缩流体 K_V 值的计算公式，即

$$K_V = 10Q\sqrt{\frac{\rho}{\Delta p}} \tag{7-2}$$

式中　Q——流量，m^3/h。

2. 流量系数 C

不可压缩流体 K_V 还与阀的开度有关。一般将调节阀全开（即行程为 100%）时的流量系数 K_{100}（最大流量系数 K_{max}）作为控制阀的（额定）流量系数 C（即 $C=K_{100}=K_{max}$），则

$$C = K_{100} = 10Q_{max}\sqrt{\frac{\rho}{\Delta p}} \tag{7-3}$$

式中 Q_{max}——调节阀全开时的流量。

对于低雷诺数的液体、气体、蒸汽等，都不能直接采用式（7-2）、式（7-3）来计算 K_v 或 C，需要对两公式进行修正。

3. 调节阀的流量特性

流量特性的定义：被控介质流过阀门的相对流量与阀门的相对开度（相对位移）之间的关系称为调节阀的流量特性。

相对流量 Q/Q_{max} 是控制阀某一开度流量 Q 与全开时流量 Q_{max} 之比；相对开度 l/L_{max} 是控制阀某一开度行程与全开行程 L_{max} 之比，其数学表达式为

$$\frac{Q}{Q_{max}} = f\frac{l}{L_{max}} \tag{7-4}$$

式中 f——函数关系。

调节阀的阀芯位移与流量之间的关系，对控制系统的调节品质有很大影响。调节阀的流量特性不仅与阀门的结构和开度有关，还与阀门前后的压差有关，需要分开进行讨论。

三、控制阀的理想流量特性

在调节阀前后压差固定的情况下，得出的流量特性称为固有流量特性，也叫理想流量特性。为了便于分析，先考虑在阀前后压差恒定的情况下，然后再引申到实际工作情况；于是有理想流量特性与工作流量特性之分。理想流量是阀门的固有特性，由阀芯的形状所决定，并不考虑控制阀在不同开度时前后压差变化时的流量特性。

在理想情况下，流量仅随阀门开度变化而变化，从控制的角度看，是观察调节阀的控制指标，研究流量特性的一种常用方法。

典型控制阀主要有等百分比、抛物线、直线及快开四种，如图 7-4 所示。

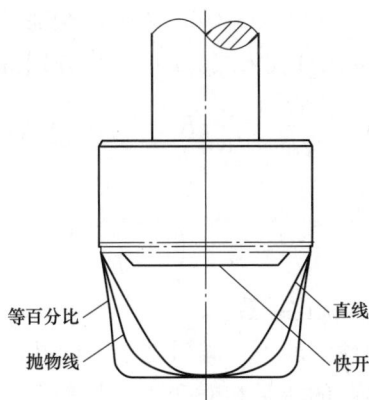

图 7-4 四种典型阀阀芯形线

在图 7-5 曲线上的各点作切线，其斜率的变化反映了以 Q/Q_{max} 表征的各阀相对放大系数 K 的变化规律；切线的数学式，即为阀相对放大系数的定义式为

$$K = \frac{\mathrm{d}(Q/Q_{max})}{\mathrm{d}(l/L)} \tag{7-5}$$

1. 直线阀的流量特性

直线阀的相对流量与相对开度呈直线关系，如图 7-5 中曲线 2 所示。在阀门全行程范围内曲线斜率保持不变，即它的放大系数不变。

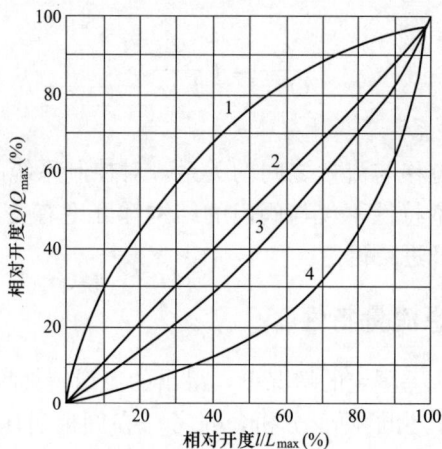

图 7-5 理想流量特性

1—快开阀；2—直线阀；3—抛物线阀；4—等百分比阀

将式（7-5）积分可得

$$\frac{Q}{Q_{max}} = K\frac{l}{L} + C \tag{7-6}$$

式中 C——积分常数。

边界条件为 $l = 0$ 时，$Q = Q_{min}$（Q_{min} 为控制阀能控制的最小流量）；$l = L$ 时，$Q = Q_{max}$。把边界条件代入式（7-6），可分别得

$$C = \frac{Q}{Q_{max}} = \frac{1}{R}; K = 1 - C = \frac{1}{R}$$

整理最后得

$$\frac{Q}{Q_{max}} = \frac{1}{R} + \left(1 - \frac{1}{R}\right)\frac{l}{L} \tag{7-7}$$

式中 R——调节阀的可调比系数。

在直线阀的流量特性情况下，阀门处于不同开度时，在原来基础上阀门变化相同的行程，引起的流量相对变化量却是不同的。因而直线阀的流量特性不利于控制。

以相对开度 $l/L = 10\%$、50%、80% 三点为例，若位移变化量都为

10%，则：

原开度为 10%、现开度为 20% 时，流量变化的相对值为 $\frac{20-10}{10} \times$
100%＝100%；

原开度为 50%、现开度为 60% 时，流量变化的相对值为 $\frac{60-50}{50} \times$
100%＝20%；

原开度为 80%、现开度为 90% 时，流量变化的相对值为 $\frac{90-80}{80} \times$
100%＝12.5%。

可以推知，在变化相同行程情况下，阀门相对开度较小时，相对流量变化值大，灵敏度高；相对开度较大时，相对流量变化值小，灵敏度低。这往往使直线特生阀门控制性能变坏；在小开度时，放大系数相对来说很大，调节过程往往产生振荡；在大开度时，放大系数相对来说不大，灵敏度低，容易使阀门动作迟缓，调节时间延长。

2. 等百分比（对数）阀的流量特性

等百分比流量特性也称为对数流量特性，是指单位相对行程的变化所引起的相对流量变化与此点相对流量成正比，即流量变化的百分比是相等的关系，如图 7-5 中曲线 4 所示。

$$\frac{\mathrm{d}(Q/Q_{\max})}{\mathrm{d}(l/L)} = K \frac{Q}{Q_{\max}} \Rightarrow \frac{Q}{Q_{\max}} = R^{\left(\frac{l}{L}-1\right)} \tag{7-8}$$

同样以 10%、50% 及 80% 三点为例，分别增加 10% 开度，相对流量变化的比值如下。

对原开度为 10%，流量相对变化：$(6.58\% \sim 4.68\%)/4.68\% \approx 41\%$；
对原开度为 50%，流量相对变化：$(25.7\% \sim 18.2\%)/18.2\% \approx 41\%$；
对原开度为 80%，流量相对变化：$(71.2\% \sim 50.6\%)/50.6\% \approx 41\%$。

可以说其放大系数随阀门的开大而增大。因此，这种阀门在小开度时，放大系数小，工作缓和、平稳；在大开度时，放大系数大，工作灵敏、有效。同样，各点灵敏度为 41%，处处相等（也可称为等百分比特性），便于控制。

等百分比流量特性阀门在相同行程变化下，流量的相对变化量也相同，其控制灵敏有效，应用最广。

3. 抛物线阀的流量特性

抛物线特性如图 7-5 中的曲线 3 所示。这种阀的单位相对行程的变化所引起的相对流量与此点的相对流量值的平方根成正比关系，即

$$\frac{\mathrm{d}(Q/Q_{\max})}{\mathrm{d}(l/L)} = K \left(\frac{Q}{Q_{\max}}\right)^{\frac{1}{2}} \Rightarrow \frac{Q}{Q_{\max}} = \frac{1}{R}\left[1 + (\sqrt{R}-1)\frac{l}{L}\right]^2 \tag{7-9}$$

抛物线特性介于直线 2 和对数曲线 4 之间，其特性接近对数阀特性，

但由于其阀芯加工复杂，应用较少。

4. 快开阀的特性

快开阀的特性如图 7-5 中曲线 1 所示，在阀门开度小时就有较大流量，随着开度增大，流量很快达到最大值，放大系数大，灵敏度高，故称为快开特性。在阀门开度大时，流量变化不大，放大系数较小，灵敏度较低。快开阀适用于迅速启闭的切断阀或双位控制系统，则

$$\frac{\mathrm{d}(Q/Q_{\max})}{\mathrm{d}(l/L)} = K\left(\frac{Q}{Q_{\max}}\right)^{-1} \Rightarrow \frac{Q}{Q_{\max}} = \frac{1}{R}\left[1 + (R^2 - 1)\frac{l}{L}\right]^{\frac{1}{2}} \quad (7\text{-}10)$$

式中，$R = Q_{\max}/Q_{\min} = 50 \sim 25$；$Q_{\min} = (2\% \sim 4\%)Q_{\mathrm{amx}}$，控制阀的流量可调范围或可调比，国产阀可调比 $R = 30$（注意，$l = 0$ 时，$Q \neq 0$，而 $Q = Q_{\min}$）。

4 种典型调节阀的理想流量特性如表 7-1 所示。

表 7-1　4 种典型调节阀的理想流量特性

流量特性	性　　质	特　　点
直线	调节阀的相对流量与相对开度呈直线关系，即单位相对行程变化引起的相对流量变化是一个常数	(1) 小开度时，流量变化大，而大开度时流量变化小。 (2) 小负荷时，调节性能过于灵敏而产生振荡，大负荷时调节迟缓而不及时。 (3) 适应能力较差
等百分比	单位相对行程的变化引起的相对流量变化与此点的相对流量成正比	(1) 单位行程变化引起流量变化的百分率是相等的。 (2) 在全行程范围内工作都比较平稳，尤其在大开度时，放大倍数也大。工作更为灵敏、有效。 (3) 应用广泛，适应性强
抛物线	特性介于直线特性和等百分比特性之间，使用上常以等百分比特性代之	(1) 特性介于直线特性与等百分比特性之间。 (2) 调节性能较理想但阀瓣加工较困难
快开	在阀行程较小时，流量就有比较大的增加，很快达最大	(1) 在小开度时流量已很大，随着行程的增大，流量很快达到最大。 (2) 一般用于双位调节和程序控制

四、调节阀的工作流量特性

调节阀安装在具有阻力的管道上，管道对流体的阻力随流量而变化，流量特性会发生畸变，阀压降不是常数。工作流量特性是考虑阀在不同开度时前后压差变化时的流量特性。

1. 串联管道时的工作流量特性

当调节阀与管道串联时，因调节阀开度的变化会引起流量的变化，由流体力学理论可知，管道的阻力损失与流量呈平方关系。调节阀一旦动作，

流量则改变，系统阻力也相应改变，因此调节阀压降也相应变化，如图 7-6、图 7-7 所示。

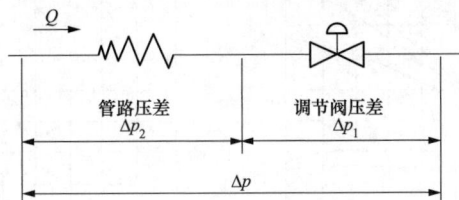

图 7-6 串联管道的情形

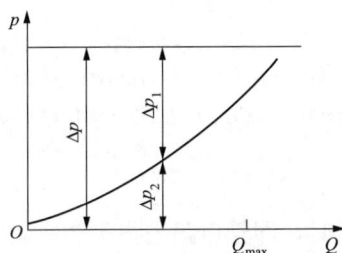

图 7-7 管道串联时调节阀压差变化情况

从图 7-6 可以看出，调节阀压差只是管路系统总压差的一部分，管路系统的总压差 Δp 等于管路压差 Δp_2 与调节阀压差 Δp_1 之和。

从在图 7-7 串联管道中调节阀两端压差 Δp_1 的变化曲线可看出，调节阀全关时阀上压力最大，基本等于系统总压力；调节阀全开时阀上压力降至最小。

由于串联管道存在压力，其阻力损失与通过管道的流量成平方关系，因此，当系统两端总压差一定时，随着通过管道流量的增大，串联管道的阻力损失也增大，这样使调节阀上的压差就减小，引起流量特性变化，理想流量特性就成为工作流量特性。

为了表示调节阀两端压差 Δp_1 的变化范围，以阀权度（也称阀组比）S 表示调节阀全开时压差 Δp_{min} 与系统总压差 Δp 的比值，即

$$S = \frac{\Delta p_{min}}{\Delta p} = \frac{\Delta p_{min}}{\Delta p_1 + \Delta p_2} \tag{7-11}$$

以 Q_{max} 表示管道阻力等于零时调节阀的全开流量，此时阀上压差为系统管路总压差。于是可得到串联管道以 Q_{max} 作参比值的工作流量特性。阻力比 $S=1$ 时，管道阻力损失为零，系统总压差全降在阀上，工作流量特性与理想流量特性一致。

以 Q_{max} 表示串联管道阻力为零时（$S=1$），阀全开时达到的最大流量。可得串联管道在不同 S 值时，以自身 Q_{max} 作参照的工作流量特性。

管道串联时调节阀的工作特性曲线如图 7-8 所示。

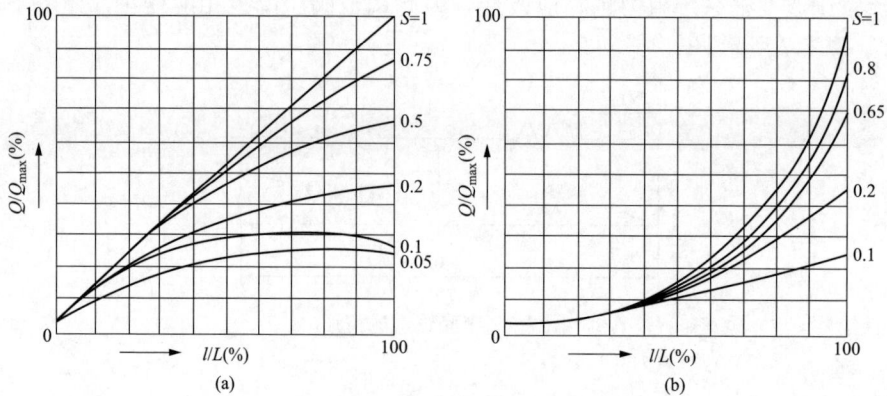

图 7-8 管道串联时控制阀的工作特性曲线

(a) 理想特性为直线型；(b) 理想特性为等百分比型

l/L—阀芯相对位移；Q/Q_{max}—可调比；S—阀阻比

从图 7-8 中可以看出：

（1）当阀权度 $S=1$ 时，即管道阻力损失为零，系统的总压差 Δp 都作用在控制阀上，并保持恒定，实际工作特性与理想特性一致。

（2）当 $S<1$ 时，随着 S 的减小，即管道阻力损失增加，使系统的总压差 Δp 作用在管道上，调节阀全开的流量递减，调节阀的可调比缩小。

（3）随着 S 的减小，流量特性曲线畸变成一组斜率越来越小的曲线。直线结构特性趋向于快开特性，当开度为 $50\%\sim70\%$ 时，流量已接近其全开时的数值。理想等百分比特性趋向于直线特性，如图 7-8（b）所示，随着使小开度放大系数增加，大开度时放大系数减少，造成小开度时调节不稳定、大开度时调节迟钝，严重影响自动调节系统的调节质量。

在实际使用中，一般希望 S 值不低于 $0.3\sim0.5$。S 很小意味着调节阀上的压降在整个管道系统总压降中所占比重很小，无足轻重，因此阀在较大开度下调节流量的作用也就不灵敏了。如果工艺管道上的调节阀口径选择过大时，就会出现上述问题。

2. 并联管道时的工作流量特性

调节阀在实际使用中，一般都装有旁路阀，这样调节阀失灵时可以作为手动控制使用。但有时需要流量增大或调节阀选得过小时，调节阀的流量就满足不了工艺的要求，为了适应生产需要。可以把旁路阀打开一些。这时调节阀的流量特性也会受到影响，理想流量特性就成为工作流量特性，如图 7-9 所示。

总管流量 $Q=Q_1+Q_2$。在并联管道时调节阀全开流量 Q_{1max} 与总管最大流量 Q_{max} 之比 x 为分流比，即

$$x=\frac{Q_{1max}}{Q_{max}} \tag{7-12}$$

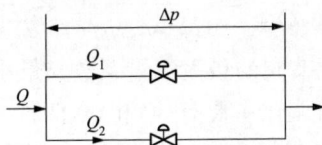

图 7-9 并联管道的情形

在调节阀压差 Δp 为某一定值时，而分流比 x 为不同数值时的工作流量特性，如图 7-10 所示，图中纵坐标流量以总管最大流量 Q_{max} 为参比值。

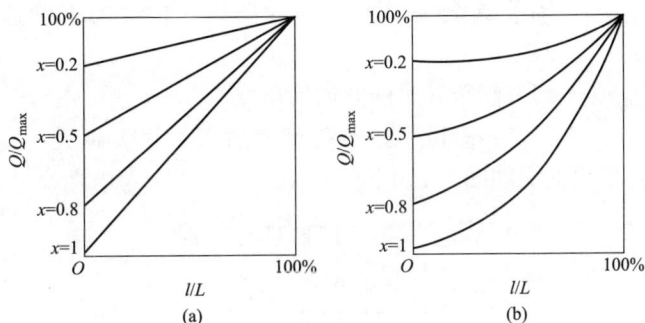

图 7-10 并联管道时的工作流量特性

(a) 直线阀流量特性；(b) 等百分比阀流量特性

从图 7-10 中可以看出，在并联管道中：

（1）当调节阀分流比 $x=1$ 时，即旁路关闭，此时，并联管道工作流量特性与理想流量特性一致。

（2）随着 x 的减小，即旁路阀逐渐开大，尽管调节阀本身的流量特性没有变化，但系统的可调比降低了，泄漏量也很大。在实际使用中，一般要求 $x>0.8$。也就是说，旁路流量只能占管道总流量的 20% 以下。

3. 调节阀可调比

（1）理想可调比。串联管道中，在调节阀前后压差恒定时，可控制的最大流量 Q_{max} 与最小流量 Q_{min} 之比称为理想可调比 R_i，即

$$R_i = \frac{Q_{max}}{Q_{min}} \qquad (7-13)$$

注意：Q_{min} 是指调节阀在压降恒定时可控制流量的下限值，通常是 Q_{max} 的 2%～4%。它不同于阀的泄漏量。泄漏量则是由于阀不能真正关死造成的，一般为 Q_{max} 的 0.01%～0.1%，难以控制。

在调节阀前后压差恒定时有

$$R_i = \frac{Q_{max}}{Q_{min}} = \frac{K_{max}\sqrt{\Delta p/\rho}}{K_{min}\sqrt{\Delta p/\rho}} = \frac{K_{max}}{K_{min}} \qquad (7\text{-}14)$$

式中 K_{max}、K_{min}——调节阀的最大流量系数与最小流量系数。

国产调节阀的理想可调比主要有 30 和 50 两种。

（2）实际可调比。调节阀在实际使用时，串联管路系统中管路部分的阻力变化，将使调节阀前后压差发生变化，从而使调节阀的可调比也发生相应的变化，这时的可调比称实际可调比，以 R_S 表示。

$$R_S = \frac{Q_{max}}{Q_{min}} = \frac{K_{max}\sqrt{\Delta p_{1min}/\rho}}{k_{min}\sqrt{\Delta p_{1max}/\rho}} = R\sqrt{\frac{\Delta p_{1min}}{\Delta p_{1max}}} \approx R\sqrt{\frac{\Delta p_{1min}}{\Delta p}} = R_i\sqrt{x}$$

$$(7\text{-}15)$$

式中 Δp_{1max}——调节阀全关时的阀前后压差，它约等于管道系统的压差 Δp；

Δp_{1min}——调节阀全开时的阀前后压差。

式（7-15）表明，x 值越小，串联管道的阻力损失越大，实际可调比 R_s 越小。其变化情况如图 7-11 所示。

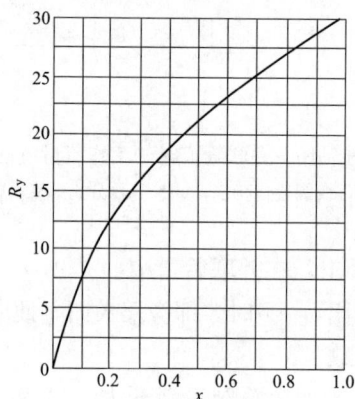

图 7-11 串联管道时的可调比

在并联管路系统中，随着分流比 x 的变化，调节阀的可调比也发生相应的变化，这时的可调比称实际可调比，以 R_P 表示，如图 7-12 所示。并联管路系统的可调比 R_P 可定义为

$$R_P = \frac{Q_{\Sigma max}}{Q_{1min} + Q_2} = \frac{R_i}{R_i - (R_i - 1)S} \qquad (7\text{-}16)$$

式中 $Q_{\Sigma max}$——总管路最大流量；

Q_{1min}——调节阀最小流量；

Q_2——旁路阀流量。

并联管路工作流量特性就是调节阀的理想流量特性。随着 x 的减小，即旁路阀逐渐开大，调节阀流量比重逐渐下降。尽管调节阀本身流量特性无变化，但管道系统的可调比下降，使管系中可控的流量减少，甚至会使

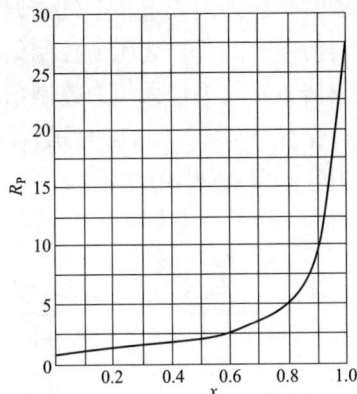

图 7-12 并联管道时的可调比

调节阀失去控制作用。实际应用中，为使调节阀有足够的调节能力，x 值不能低于 0.8，使旁路流量只占管道总流量部分的百分之十几。

调节阀在串、并联管系中的工作情况见表 7-2。

表 7-2 调节阀在串、并联管系中的工作情况

场合	可调比	最大流量	静态增益
串联管系	降低较小	减小	小开度时增大，大开度时减小
并联管系	降低较大	增大	均减小

综合上述对串、并联管道的讨论情况，可得如下结果。

1）串、并联管道都会使阀的理想流量特性发生畸变，串联管道的影响尤为严重；

2）串、并联管道都会使控制阀的可调范围降低，并联管道尤为严重；

3）串联管道使系统总流量减少，并联管道使系统总流量增加；

4）串、并联管道会使控制阀的放大系数减小；串联管道时控制阀若处于大开度，则 x 值降低，对放大系数的影响更为严重；并联管道时控制阀若处于小开度，则 x 值降低，对放大系数影响更为严重。

调节阀在并联管道上，在系统阻力一定时，调节阀全开流量与总管最大流量之比随着并联管道的旁路阀逐步打开而减少。此时，尽管调节阀本身的流量特性无变化，但系统的可调范围大大缩小，调节阀在工作过程中所能控制的流量变化范围也大大减小，甚至起不到调节作用。要使调节阀有较好的调节性能，一般认为旁路流量最多不超过总流量的 20%。

五、控制阀气开、气关型式的选择

气动调节阀在气压信号中断后阀门会复位。无压力信号时阀全开，随着信号增大，阀门逐渐关小的称为气关式；反之，无压力信号时阀全闭，随着信号增大，阀门逐渐开大，成为气开式。如气动薄膜调节阀的气开式与气关式：

在采用气动执行机构时，还必须确定整个气动调节阀的作用方式。

气开阀，有压力控制信号时阀开，无压力控制信号时阀全关。

气关阀，有压力控制信号时阀关，无压力控制信号时阀全开。

由于执行机构有正、反作用，控制阀也有正、反作用。因此，气动执行器的气开或气关由此组合而成，如图 7-13 和表 7-3 所示。

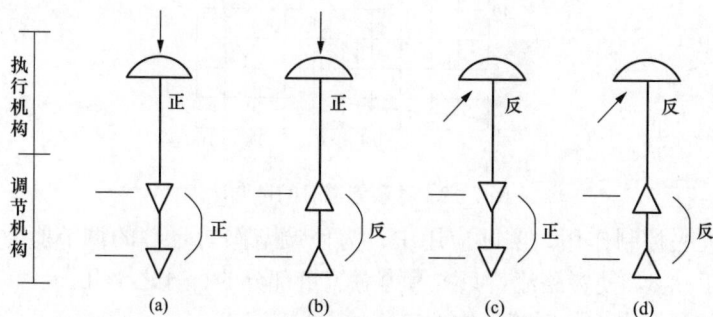

图 7-13　气动执行器的气开或气关组合方式图
(a) 气关式；(b) 气开式；(c) 气开式；(d) 气关式

表 7-3　气动执行器的气开或气关组合方式表

序号	执行机构	控制阀	气动执行器	序号	执行机构	控制阀	气动执行器
(a)	正	正	气关（正）	(C)	反	正	气开（反）
(b)	正	反	气开（反）	(D)	反	反	气关（正）

当仪表供气系统故障或控制信号中断时，调节阀阀芯位置能使工艺设备处于安全状态。例如：为保证失控状态下锅炉的安全：选择蒸汽锅炉的控制阀门时，给水阀应选气关式；燃料阀应选气开式。

从保护锅炉出发，应选用气闭阀；从保护后续设备出发，应选用气开阀。

生产工艺对控制阀的开闭形式没有严格的要求，开闭形式可以任选。

气开式、关式选择原则图如图 7-14 所示，锅炉汽水示意图如图 7-15 所示，后续设备系统示意图如图 7-16 所示。

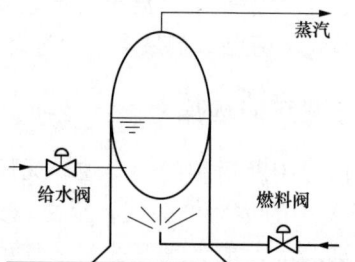

图 7-14　气开式、关式选择原则图

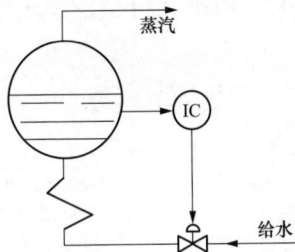

图 7-15　锅炉汽水示意图　　　　图 7-16　后续设备系统示意图

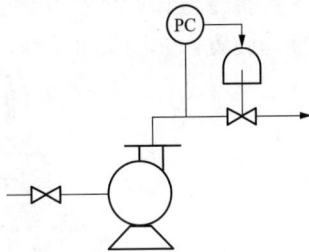

第二节　气动执行机构

气动执行机构一般称之为气动头，执行机构以洁净压缩空气为动力，接收 4～20mA DC 电信号或 20～100kPa 气信号，驱动阀体运动，改变阀芯与阀座间的流通面积，从而达到调节流量的作用。为了改善阀门的线性度，克服阀杆的摩擦力和被调介质工况（温度、压力）变化引起的影响，使用阀门定位器与调节阀配套，从而使阀门位置能按调节信号精确定位。具有结构简单、性能稳定、维护方便和动作可靠、调节灵敏等特点，因此应用广泛。

为了机组安全运行，一些重要的阀门设计有电磁阀、保位阀、快速泄压阀等附件，确保调节阀在失电、失信号或失气情况下实现快开（关）或保位功能（三断自锁保护功能），满足工艺系统安全运行的要求。

一、气动执行机构的结构与分类

薄膜式：输出直线位移。结构简单、价格便宜、维修方便，应用广泛，如图 7-17 所示。

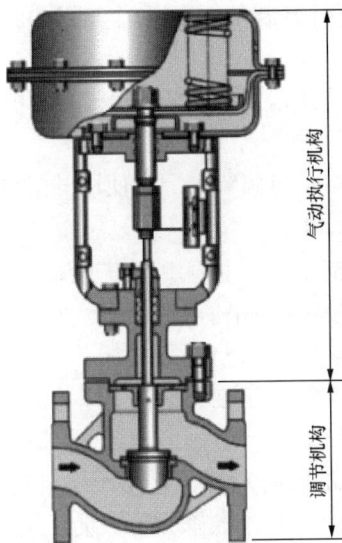

图 7-17　气动执行机构（薄膜单座）

活塞式：直行程式调节机构。推力较大，用于大口径、高压降控制阀或蝶阀的推动装置，如图 7-18 所示。

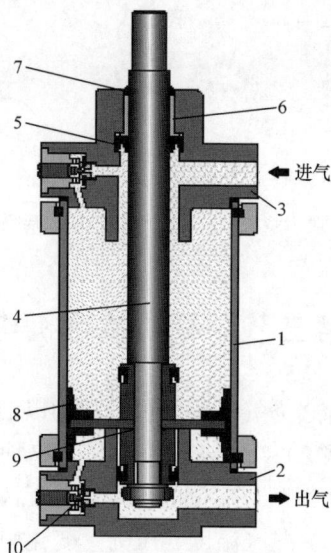

图 7-18　普通型单活塞杆双作用缸

1—缸筒；2—后缸盖；3—前缸盖；4—活塞杆；5—防尘密封圈；
6—导向套；7—密封圈；8—活塞；9—缓冲柱塞；10—缓冲节流阀

长行程式：输出角位移，适于输出转角为 60°～90°的调节机构，行程长、转矩大。

气动薄膜式执行机构有正作用和反作用两种形式。根据有无弹簧可分为有弹簧的及无弹簧的执行机构。气动执行器主要由气动执行机构、调节机构（阀体）、附件三部分组成。

（1）执行机构：按照控制信号的大小产生相应的输出力，带动阀杆移动。

（2）阀：直接与介质接触，通过改变阀芯与阀座间的节流面积调节流体介质的流量。

（3）手轮：手轮机构是与调节阀配套使用的附件。

（一）薄膜式执行机构

薄膜式执行机构为膜片式，主要用于直通调节阀（直行程），所需的气源压力较低，控制性能较好，如图 7-19 所示。

薄膜式执行机构的输出位移与输入气压信号成比例关系。当压力与弹簧的反作用力平衡时，推杆稳定在某一位置，信号压力越大，推杆的位移量也越大。

薄膜阀也称为"气动薄膜控制阀"，用压缩空气为能源，结构简单、动作可靠、平稳、输出推动力大、维修方便、防火防爆、价格较低。主要用于球阀、蝶阀等。

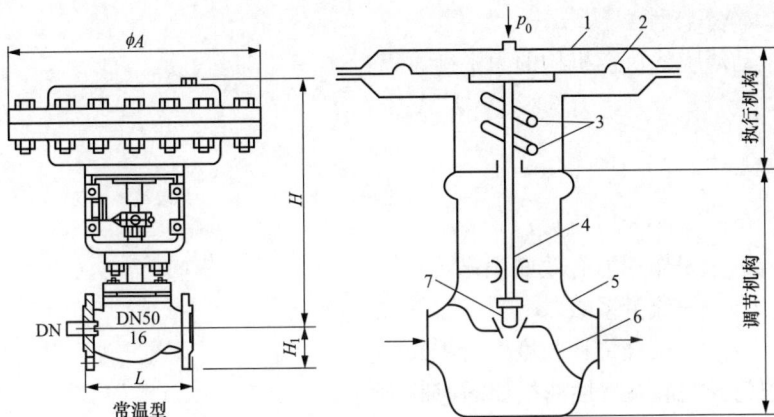

图 7-19　气动薄膜调节阀外形和内部结构

1—上端盖；2—薄膜；3—平衡弹簧；4—阀杆；5—阀体；6—阀座；

7—阀芯；H—执行机构顶部到阀座距离；H_1—法兰半径

气动薄膜式执行机构将控制信号压力的大小转换为阀杆的位移。分正作用（ZMA）和反作用（ZMB）两类；或分为有弹簧和无弹簧两种。

阀杆的行程：有 10、16、25、40、60、100mm 等规格。有弹簧的气动薄膜式执行机构输出位移与输入控制气压信号成比例关系，弹簧起平衡作用。

当信号压力通入由上膜盖和膜片 1 组成的气室时，在膜片上产生一个向下的推力，使推杆 3 向下移动压缩弹簧 2。弹簧是执行机构重要的组成部分；在通入压缩空气时，气压压缩或拉伸弹簧，当弹簧的反作用力与信号压力在膜片上产生的推力相平衡时，推杆稳定在一个对应的位置，推杆的位移 L 即为执行机构的输出，也称行程。

单作用气动执行器带有弹簧单元，失去气源时，克服弹簧力开/关阀门，如图 7-20 所示。

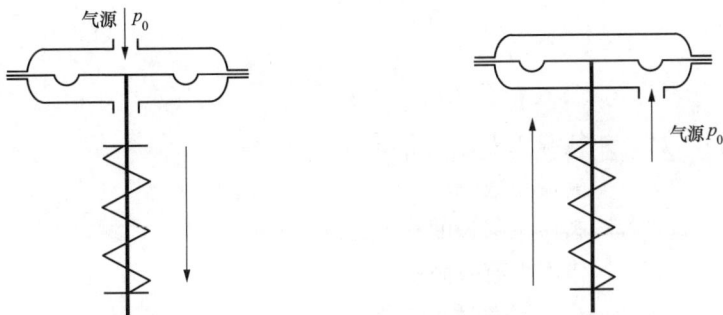

图 7-20　单作用气动执行器

双作用气动执行器多见于活塞式气缸，在失去气源时。阀门可处于保位状态。

1. 静态特性

气动薄膜式执行机构的力平衡方程为

$$p_1 A_e = C_S l \tag{7-17}$$

$$l = \frac{A_e}{C_S} \tag{7-18}$$

式中　p_1——阀入口压力；

　　　A_e——作用力有效面积；

　　　C_S——流量系数；

　　　l——阀杆位移长度（行程）。

阀门开关静态特性曲线如图 7-21 所示。

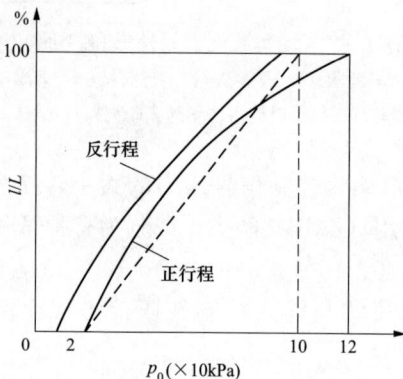

图 7-21　阀门开关静态特性曲线
l/L——阀门开度

非线性偏差小于±5％，回差小于 3％～5％。

2. 动态特性

可将气管和气室两气容合并得

$$\frac{p_1}{p_0} = \frac{1}{RC_S + 1} = \frac{1}{T_S + 1} \tag{7-19}$$

$$\frac{l}{p_0} = \frac{A_e}{(T_S + 1)C_S} = \frac{K}{T_S + 1} \tag{7-20}$$

式中　p_0、p_1——气源压力、气室压力；

　　　C_S——流量系数；

　　　l——阀杆位移长度（行程）；

　　　A_e——作用力有效面积；

　　　T_S——对象惯性时间常数；

　　　K——对象放大系数，$K = \dfrac{A_e}{C_S}$。

气动执行机构的动态特性为一阶滞后环节。其时间常数 T_S 的大小与薄膜气室大小及引压导管长短粗细有关，一般为数秒到数十秒之间。

306

（二）活塞式执行机构

活塞式执行机构为气缸式，属于强力气动执行机构。其气缸允许操作压力高达 0.5MPa，且无弹簧抵消推力，因此输出推力很大，特别适用于高静压、高压差、大口径控制蝶阀的推动装置，可用于压缩机气量控制。

活塞在气缸内随活塞两侧压差而移动，两侧可以分别输入一个固定信号和一个变动信号，或两侧都输入变动信号。它的输出特性有比例式及两位式两种。两位式是根据输入执行活塞两侧的操作压力的大小，活塞从高压侧推向低压侧，使推杆从一个位置移到另一端位置，比例式是在两位式基础上加有阀门定位器后，使推杆位移与信号压力成比例关系。

气动活塞式（无弹簧）执行机构如图 7-22 所示。

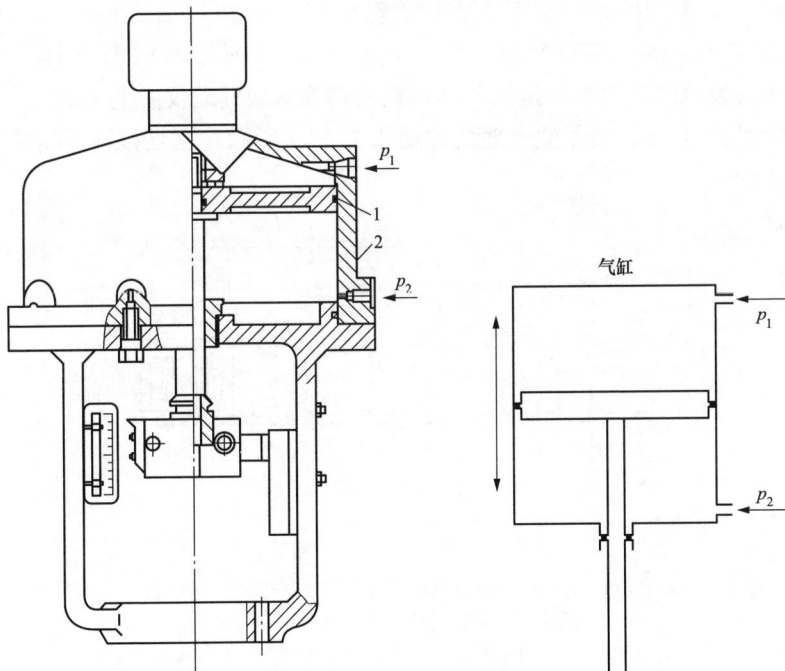

图 7-22　气动活塞式（无弹簧）执行机构
1—活塞；2—气缸

二、气动执行器附件

（一）电/气转换器

在过程控制系统中，如果控制器采用电动的，而执行器采用的是气动的，此时必须将电信号转换为气压信号，才能与气动执行器配用，其原理如图 7-23 所示。

动作过程：$I\uparrow\rightarrow$吸力 $F_i\uparrow\rightarrow$杠杆偏扁转$\rightarrow$挡板与喷嘴间隙$\downarrow\rightarrow$背压$\uparrow\rightarrow$放大器输入$\uparrow\rightarrow$输出压力 $p\uparrow\rightarrow$杠杆的反馈力 $F_r\uparrow\rightarrow$杠杆平衡$\rightarrow p\infty I$。

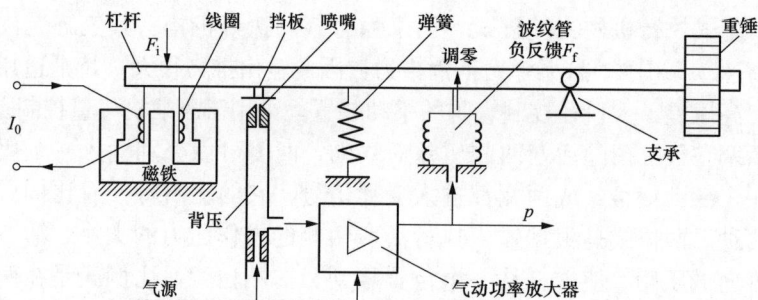

图 7-23 电/气转换器

电-气转换器的动作原理是力矩平衡原理,将 4～20mA 的电流信号转换成 20～100kPa 的标准气压信号。例如:把电动调节器或 DCS 输出的电流信号转换成气压信号,送到气动执行机构或其他气动仪表上去。

常见的电-气转换器的原理结构图如图 7-24 所示。它是按力平衡原理设计和工作的。

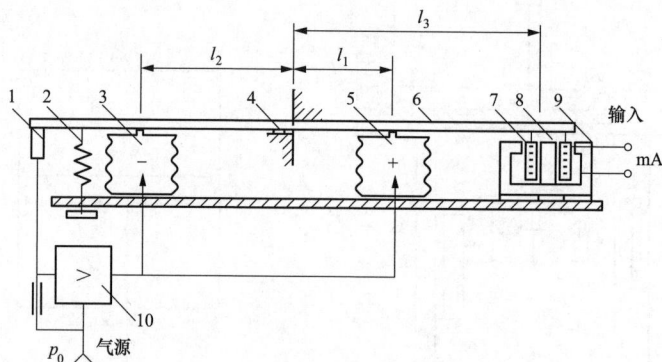

图 7-24 电-气转换器的原理结构图

1—喷嘴挡板;2—调零弹簧;3—负反馈波纹管;4—十字簧片支承;
5—正反馈波纹管;6—杠杆;7—测量线圈;8—磁钢;9—铁芯;10—放大器

l_1—正反馈波纹管进气口中心到支点距离;l_2—负反馈波纹管进气口中心到支点距离;

l_3—铁芯中心到支点距离

当调节器(变送器)的电流信号送入测量线圈后,由于内部永久磁铁的作用,使线圈和杠杆产生位移,带动挡板接近(或远离)喷嘴,引起喷嘴背压增加(或减少),此背压作用在内部的气动功率放大器上,放大后的压力一路作为转换器的输出,另一路馈送到反馈波纹管。输送到反馈波纹管的压力,通过杠杆的力传递作用在铁芯的另一端产生一个反向的位移,此位移与输入信号产生电磁力矩平衡时,输入信号与输出压力成一一对应的比例关系。即输入信号从 4mA DC 改变到 20mA DC 时,转换器的输出压力从 0.02～0.1MPa 变化,实现了将电流信号转换成气动信号的过程。图

7-24 中调零机构，用来调节转换器的零位，反馈波纹管起反馈作用。

（二）阀门定位器

电-气阀门定位器输入信号为调节器来的 4～20mA 的直流电信号，输出为驱动气动调节阀的气压信号，它能够同时起到电-气转换器和气动阀门定位器的作用。阀门定位器原理如图 7-25 所示。

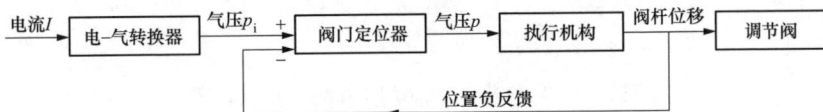

图 7-25　阀门定位器原理框图

阀门定位器是气动调节阀的核心部件，起阀门定位作用，它将阀杆位移信号作为反馈测量信号，以 DCS 或控制器输出作为设定信号，进行比较，当两者有偏差控制信号到执行机构时，驱使执行机构动作，建立阀杆位移与控制器输出信号的对应关系。因此，阀门定位器是以阀杆位移为测量信号、以控制器输出为设定信号的反馈控制系统。

定位器按其结构形式和工作原理可以分成气定位器、电-气定位器和智能式定位器。

气定位器的输入信号是标准气信号，例如，20～100kPa 气信号，其输出信号也是标准的气信号。

电气阀门定位器的输入信号是标准电流或电压信号，例如，4～20mA 电流信号或 1～5V 电压信号等，在电气阀门定位器内部将电信号转换为电磁力，然后输出气信号驱动控制阀。智能电气阀门定位器带 CPU，可处理有关智能运算，它将 DCS 输出的电流信号转换成驱动调节阀的气信号，根据调节阀工作时阀杆摩擦力，抵消介质压力波动而产生的不平衡力，使阀门开度对应于 DCS 输出的电流信号，并且可以进行智能组态设置相应的参数，达到改善控制阀性能的目的。

在以下情况下需要采用阀门定位器。

（1）需要对阀门做精确调整的场合。

（2）管道口径较大或阀门前后压差较大等会产生较大不平衡的场合。

（3）为防止泄漏而需要将填料压得很紧，如高压、高温或低温的场合。

（4）调节介质黏滞较高等情况。

实际应用中，常把电-气转换器和阀门定位器结合成一体，组成电-气阀门定位器，是在气定位器的基础上将电气转换元件集成到定位器上，将电信号转换为电磁力，然后输出气信号驱动控制阀，方便了控制。与气动定位器相比，用户只需要给标准的信号即可（一般是 4～20mA 电流信号）。一体化电-气阀门定位器作用示意图如图 7-26 所示。

1. 单向电-气阀门定位器

单向气动执行器的明显特征是装有弹簧，如图 7-27 所示，当电流 $I\uparrow\Rightarrow$

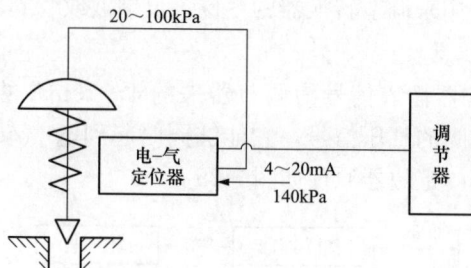

图 7-26　一体化电-气阀门定位器作用示意图

杠杆上端右移⇒挡板靠近喷嘴⇒p 压力↑⇒阀杆下移⇒反馈凸轮右转⇒反馈弹簧右拉⇒杠杆平衡。

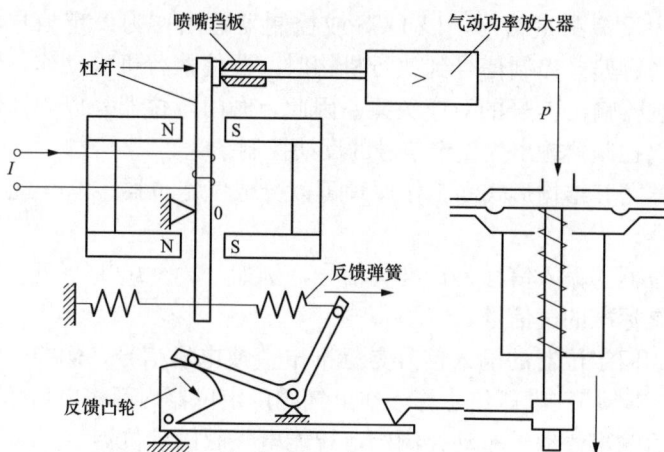

图 7-27　单向电-气阀门定位器（单向）

2. 双向电-气阀门定位器

图 7-28 所示为一种双向电-气阀门定位器的工作原理。它与气动阀门定位器有两个明显的区别，一个是把波纹管组件换成力矩马达，另一个是把单相放大器改为双向放大器。当信号电流通入力矩马达 1 的线圈两端时，它与永久磁钢作用后，对主杠杆 2 产生一个力矩，于是挡板靠近喷嘴，经放大器放大后的输出压力送入到活塞式执行机构的气缸，通过反馈凸轮拉伸反馈弹簧，弹簧对主杠杆的反馈力矩与输入电流作用在主杠杆上的力矩相平衡时，仪表达到平衡状态，此时，一定的输入电流就对应一定的阀门位置。

（三）智能式阀门定位器

目前智能型阀门定位器在电厂中应用最为广泛，相对于机械式定位器，智能型定位器结构简单、操作方便、维护量小、调校迅速，在调节时间上不存在滞后，具有调节精确等优点，主要生产厂家有 ABB、西门子、FISHER、梅索尼兰等。

智能式阀门定位器的硬件电路由信号调理部分、微处理器、电气转换

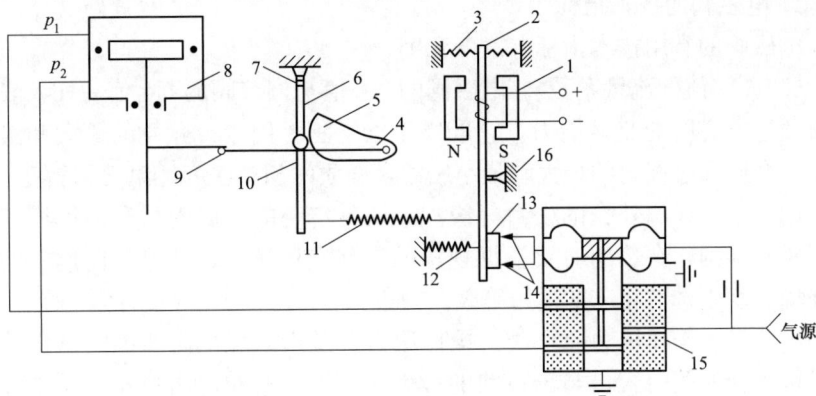

图 7-28 双向电-气阀门定位器的工作原理

1—力矩马达；2—主杠杆；3—平衡弹簧；4—反馈凸轮支点；5—反馈凸轮；6—副杠杆；
7—副杠杆支点；8—薄膜执行机构；9—反馈杆；10—滚轮；11—反馈弹簧；12—调零弹簧；
13—挡板；14—喷嘴；15—气动放大器；16—主杠杆支点；p_1—关方向气压；p_2—开方向气压

控制部分和阀位检测反馈装置等部分构成，如图 7-29 所示。

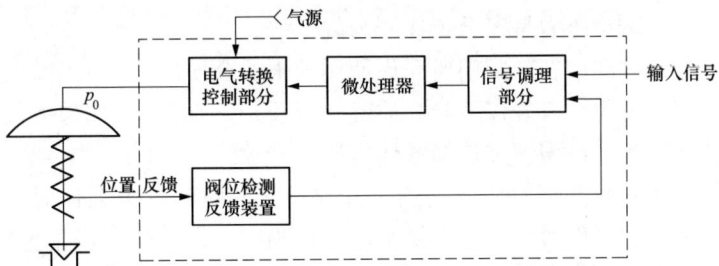

图 7-29 智能式阀门定位器的构成原理

模拟式智能阀门定位器的优点如下。

（1）定位精度和可靠性高。

（2）流量特性修改方便。

（3）零点、量程调整简单。

（4）具有诊断和监测功能。

接收数字信号的智能式阀门定位器具有双向通信能力，可以就地或远距离地利用上位机或手持式操作器进行阀门定位器的组态、调试、诊断。

（四）电磁阀

电动调节阀接受来自调节器的电流信号，阀门开度连续可调。电磁阀也接受来自调节器的电流信号，但阀门开度是位式调节。

电磁阀由两个基本功能单元组成，即电磁线圈（电磁铁）和磁芯以及包含一个或几个孔的阀体。当电磁线圈通电或断电时，磁芯的运动将导致流体通过阀体或被切断。电磁线圈被直接装在阀体上，阀芯被封闭在密封管中，构成一个简洁、紧凑的组合。

1. 电磁阀的技术指标

电磁阀的常用技术指标有以下几个。

(1) C_V 值（流量系数）。电磁阀的 C_V 值与调节阀的 C_V 值一样，表示介质通过电磁阀的流通能力，它取决于以下三个因素：介质的最大和最小流量，介质通过阀门的最大和最小压差，介质的相对密度、温度和黏度。

(2) 电磁线圈外壳的密封等级。一般有传统的金属密封和整体模压的环氧树脂结构，在选用时要根据现场的实际使用条件即防水、防腐、防爆及环境温度来选取相应的适用等级。

(3) 最大操作压力差。最大操作压力差是指确保电磁线圈安全操作阀门时可承受的阀门入口与出口间的最大压力差。若阀门出口压力是未知可把供给压力当作最大差压。需要注意，同口径的电磁阀使用交流电驱动与使用直流电驱动其最大操作压力差值不同。

(4) 最小操作压力差。最小操作压力差是指开启阀门所需的最小压差。对于二通浮动活塞或浮动膜片阀来说，实际压差低于最小操作压力差时，阀门将开始关闭。

(5) 安全操作压力。安全操作压力是指阀门可以承受的无损害的管路或系统压力。试验压力是安全工作压力的 5 倍。

(6) 流体最高温度。阀门所允许使用的被控介质的最高工作温度。

(7) 阀体材质。应确保不与介质起化学反应（腐蚀）。如果大气环境中含有腐蚀性气体，也需慎重选择阀体材质。

(8) 动作时间。阀门从全闭到全开或反之的时间称为动作时间。它取决于阀门尺寸和操作形式、电力供给、流体黏度、入口压力和温度等。

2. 电磁阀的动作原理

(1) 常闭式二通电磁阀的动作原理：二通电磁阀有一个入口和一个出口与管线连接，它可以使流体流过阀门或切断流体通道。它有两种结构：浮动膜片或活塞式，阀门需要一个最小压降，保持阀门开启；悬挂膜片或活塞式，靠电磁线圈磁芯机械地保持开启，阀门压差即使是零，阀门也能开启或保持开启。图 7-30 所示为直动式二通阀。

在直动阀中，电磁线圈通电时，磁芯直接开启常闭阀的孔，阀门将在其最大的压力范围内操作。开启阀门需要的力与孔尺寸及流体压力成正比。孔尺寸增大，所需要的力也增大。因此，要开启大孔，又要保持电磁线圈尺寸小，应选用先导式电磁阀。

图 7-31 所示的二通阀为先导式二通阀，这类阀门能借用管线压力来操作一个先导孔和一个旁通孔。电磁线圈断电时，先导孔关闭，管线的压力通过旁通孔施压于活塞或膜片的顶部，提供一个阀座力，严密关闭阀门。电磁线圈通电时，磁芯开启先导孔，通过阀的出口消除活塞或膜片的顶部压力，管线压力将膜片或活塞推离主孔，开启阀门。

(2) 常闭式三通电磁阀的动作原理：三通电磁阀有 3 个孔与管线连接，

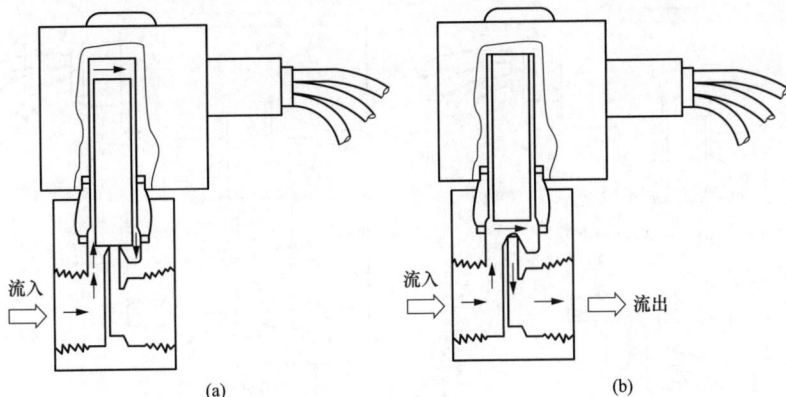

图 7-30 直动式二通阀
(a) 通电；(b) 断电

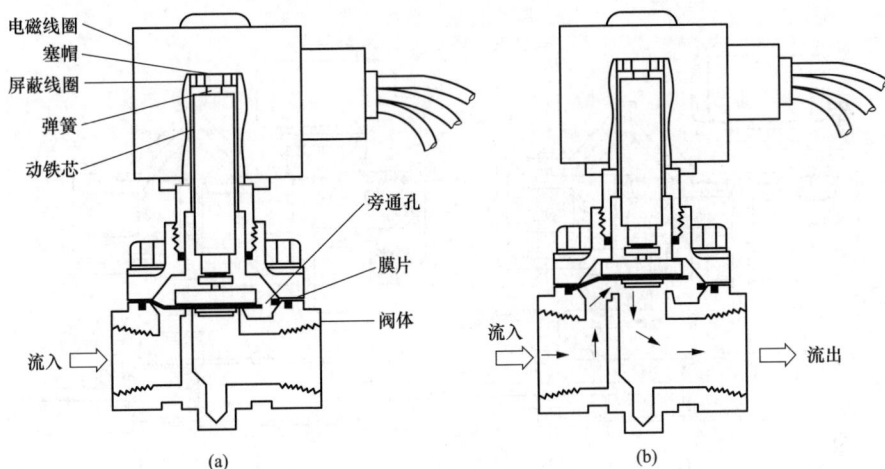

图 7-31 先导式二通阀
(a) 通电；(b) 断电

其中两个孔为输出孔（一个开启，另一个关闭）。它们一般用于交替地向一个膜片阀或单动气缸施压或排压，见图 7-32。

（3）常闭式四通电磁阀的动作原理：四通电磁阀一般用于操作双动气缸。它们有 4 个或 5 个管线连接口，其中有一个压力口、两个气缸口和一个或两个排气口，见图 7-33。

在断电位置，压力连接到一个气缸口，另一个气缸口连到排气口。在通电位置，压力口和排气口被反向连到气缸口。

3. 电磁阀的选择

可从以下三个方面选择电磁阀。

按使用介质或功能选用，电磁阀一般按使用介质及用途标注名称，如可在蒸汽介质中使用的标为蒸汽电磁阀。常用电磁阀品种有二位二通电磁

313

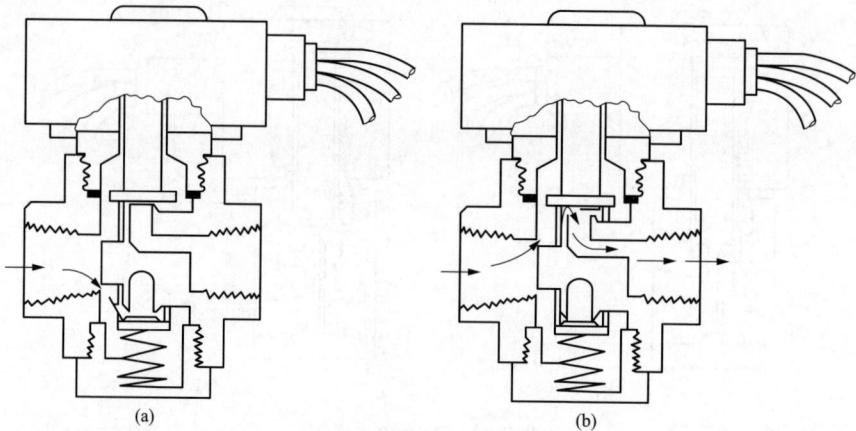

图 7-32　三通电磁阀
(a) 断电；(b) 通电

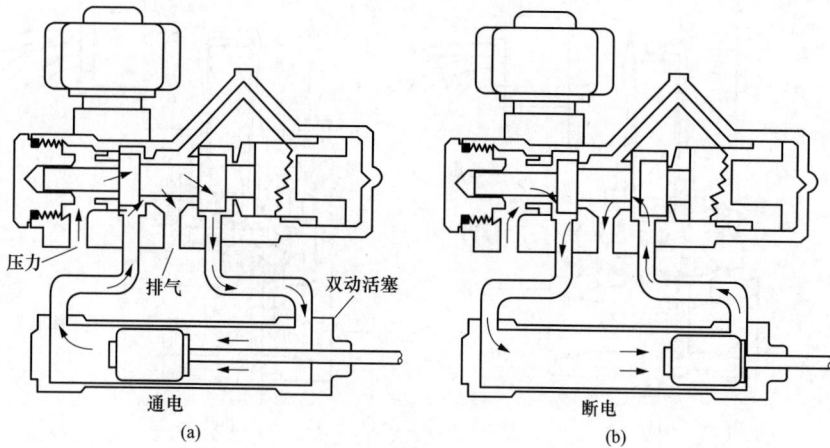

图 7-33　常闭式四通电磁阀
(a) 开门；(b) 关门

阀、二位三通电磁阀、二位四通电磁阀、二位五通电磁阀、蒸汽电磁阀、微压电磁阀、制冷电磁阀、渣油电磁阀、高温电磁阀、真空电磁阀、煤气电磁阀、防爆电磁阀、船用电磁阀、防水电磁阀、脉冲电磁阀、不锈钢电磁阀、塑料电磁阀、自锁电磁阀、多功能电磁阀和组合电磁阀等。

（1）按电磁阀工作原理选用。不同电磁阀适用于不同压力（压差）场合。

（2）按电磁阀口径选用。一般电磁阀通径与工艺管道通径相同。除一般考虑工作介质的温度、黏度、悬浮物、腐蚀性、压力、压差等因素外，选用电磁阀还必须考虑下列问题。

1）为防止线圈烧坏，应限制电磁阀每分钟通断的工作次数。

2）介质进入导阀入口前，一般应先经过过滤器防止杂质堵塞阀门。

3）介质压力低于电磁阀的最小工作压力时，介质不能通过阀门，只有当介质压力大于最小工作压力时才能通过阀门。

4）电磁阀有电开型（通电打开）和电闭型（通电闭合）两种，未特别说明的，则一般为电开型。

5）通常电磁阀是水平安装。若垂直安装，电磁阀将不能正常工作。

4. 电磁阀的应用举例

如直动式电磁阀：线圈通电时，产生电磁力，吸引阀芯柱上移，阀门打开。线圈断电后，磁力消失，阀芯落下。在弹簧压力下阀门紧闭。电磁阀是两位阀，只有全开和全关两个位置。

（1）直接用于控制。在一些要求不高的双位控制中常用电磁阀作执行装置，如卫生间的自动供水。但由于控制准确度以及安全的因素，作为直接控制用的电磁阀多用在不便操作处的排污或放空。

（2）用于联锁系统。电磁阀与气动调节阀可组装在一起在连锁系统中使用。图 7-32 所示为两位三通电磁阀在联锁系统中的应用。控制系统中控制对象的被控参数在正常范围内波动时，电磁阀带电，控制器的输出信号经过电气阀门定位器，再经过电磁阀进入气动薄膜调节阀的膜头，正常工作。当联锁系统检测出事故信号并要求采取紧急措施时，联锁信号使电磁阀失电，这时控制器出来的信号经过电气阀门定位器，到电磁阀处被切断，没有信号到气动执行机构，再根据所选用的调节阀的作用方式以及其他条件（比如有否保位阀等），从而使调节阀停留在使生产装置处于安全的状态。

在联锁系统中，电磁阀一般在通电情况下工作，即正常情况下电磁阀带电。这是为了避免电磁阀长期不动作，可能生锈而失灵，导致联锁要求动作时不能动作，从而造成事故。电磁阀长期通电可以防止卡住，同时，也比较容易判断出电磁阀是否故障，便于维修。

三、气动长行程执行机构举例

1. 电-气阀门定位器

电信号气动长行程执行机构是以干燥、清洁的压缩空气为动力能源的一种电-气复合式执行机构。它可以与 DCS 或调节器配套使用，接收 DCS 或调节器或人工给定的 4～20mA DC 输入信号，输出与输入信号成比例的角位移（0°～90°），以一定转矩推动调节机构（阀门、挡板）动作。为适应控制系统的要求，气动执行机构还具有一些附加功能，如三断（断气源、断电源、断电信号）自锁保护功能；阀位移电气远传功能等。

电-气阀门定位器按力矩平衡原理进行工作。在定位器的主杠杆 8 上承受了三个作用力。

（1）信号电流流过线圈时，在力矩电动机内产生与信号电流成正比的输出力。

（2）反馈弹簧 9 的拉力。

（3）调零弹簧 10 的拉力。

当系统处于平衡状态时，上述三个力对主杠杆支点 11 的力矩之和等于零。此时，安装在主杠杆下端的挡板 15 处于两个喷嘴 14 的中间位置，使两放大器 16 的输出压力相等，故气缸 1 的活塞停在与输入电流相对应的某一位置上。

当输入电流信号增加时，力矩电动机的输出力也增加。假定该力的方向为向左，则对主杠杆产生逆时针方向的力矩，使主杠杆 8 绕主杠杆支点 11 作逆时针方向的转动，固定在主杠杆 8 下端的挡板 15 靠近右喷嘴而离开左喷嘴，右喷嘴的背压增加，左喷嘴的背压下降。两个背压信号经各自的放大器放大后输至气缸 1 活塞的上、下侧，使上气缸的压力增加，下气缸的压力降低。在上、下气缸的压差作用下，气缸活塞向下运动，带动输出臂作逆时针方向转动，输出轴 24 也转动，这个角位移被送到控制机构（阀门或挡板）。电信号气动长行程执行机构电-气阀门定位器如图 7-34 所示。

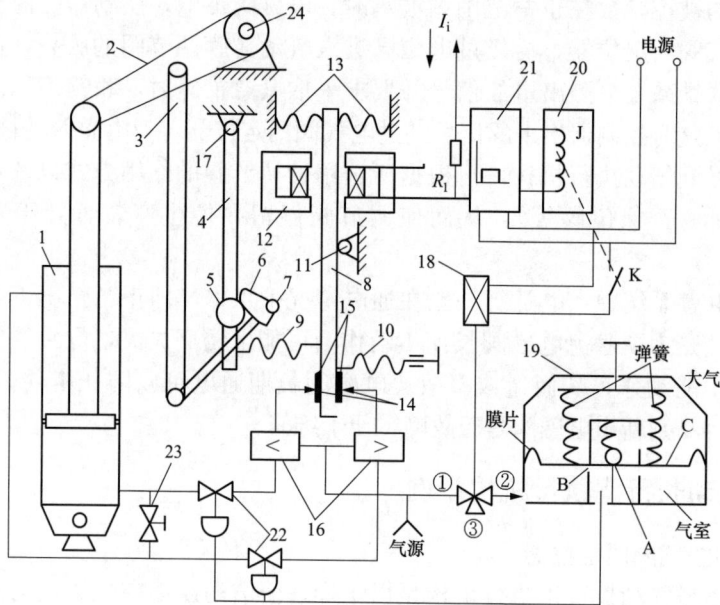

图 7-34　电信号气动长行程执行机构电-气阀门定位器

1—气缸；2—输出臂；3—连杆；4—副杠杆；5—滚轮；6—凸轮；7—凸轮转动支点；8—主杠杆；
9—反馈弹簧；10—调零弹簧；11—主杠杆支点；12—力矩电动机；13—平衡弹簧；14—喷嘴；
15—挡板；16—放大器；17—副杠杆支点；18—两位三通电磁阀；19—控制阀；20—继电器；
21—开关电路；22—气阀；23—平衡阀；24—输出轴

输出臂转动时，带动连杆 3 向下移动，使凸轮 6 绕支点 7 逆时针转动，凸轮 6 推动滚轮 5，使副杠杆 4 绕支点 17 顺时针转动，反馈弹簧 9 被拉伸，反馈弹簧对主杠杆 8 的拉力增加，产生一个顺时针方向的力矩作用在主杠杆 8 上，主杠杆作顺时针方向转动。当反馈弹簧力对主杠杆所产生的反馈力矩与力矩电动机输出力作用在主杠杆上的力矩相平衡时，整个系统重新达到平衡状态，但输出臂（轴）已转动了一定的角度。输出臂的转角与输入电流信号的大小相对应，但气缸活塞两侧产生的压差与外负载相平衡。因此，改变电流信号的大小，即可改变输出臂的转角，它们之间有一一对应的关系。当输入电流信号减小时，其动作过程与上述情况相反。

由于凸轮绕支点 7 的转角与连杆 3 的位移之间不是线性关系，而是正弦关系，因此，用正弦凸轮 6 进行补偿，以使反馈力矩与连杆 3 的位移呈线性关系，从而使气动执行机构的输出转角与输入电流信号之间呈线性关系。

气动长行程执行机构具有正作用和反作用两种作用方式。正作用方式就是当输入电流信号增加时，输出臂作顺时针方向转动；反之，即为反作用方式。改变输入阀门定位器的电流信号的方向，就可改变定位器的作用方式，即把正作用方式改成反作用方式或把反作用方式改成正作用方式。

2. 手操机构

为了保证自动调节系统运行的安全性和操作的灵活性，在气动执行机构中设置了手操机构。转动手轮可改变输出轴的转角，从而改变阀门、挡板等调节机构的开度，实现手动操作。

3. 阀位移传送器

阀位移传送器的作用是将气动执行机构的输出轴的转角位移 $0°\sim90°$ 线性地转换成 $4\sim20mA$ DC 信号，用以指示阀位，并实现系统的位置反馈。为此，要求阀位移传送器具有良好的线性度，以保证执行机构的输出轴紧跟调节器的输出信号转动。

阀位移传送器输出电流与阀位开度之间的关系与执行机构的正、反作用方式相对应：正作用时，阀位开度增加，输出电流增加；反作用时，阀位开度增加，输出电流减小。正、反作用方式的改变，只需将差动变压器次级绕组的两接线端子交换连接，即可实现。当作用方式改变后，必须重新调整输出电流的范围。

4. 三断自锁装置

三断自锁指的是气动执行机构在工作气源中断、电源中断、电信号中断时，其输出臂转角能够保持在原先的位置上。该自锁装置采用气锁方式，即在自锁时，将通往上、下气缸的气路切断，使活塞不能动作，从而达到自锁的目的。

三断自锁装置主要由控制阀、气阀和电磁阀等组成。下面分别说明该装置在断气源、断电源和断电信号时的自锁原理。

(1) 气源中断自锁原理。气源中断自锁装置由控制阀和两个气阀（气开阀）组成。在正常工作状态下，控制阀的膜片硬芯 C 在弹簧力和气室压力所产生的集中力作用下处于平衡位置，这时 A 阀口关闭、B 阀口打开，工作气源与控制阀气室相通，两个气阀因有气而打开。

气缸的活塞位移受电-气阀门定位器输出气压信号的控制。

当气源压力下降到某一数值（称为闭锁压力）或断气源时，因控制阀气室压力减小，对膜片所产生的向上集中力减小，膜片硬芯在上部弹簧力作用下向下移动，将 A 阀口打开、B 阀口关闭，控制阀气室与大气相通，气阀因断气而关闭。这样，即切断了通往上、下气缸的气路，使活塞停留在断气源前的瞬间位置上，实现了断气源阀位保持（即自锁）的目的。当气源压力恢复时，该自锁装置可自动恢复正常工作。闭锁压力值的大小可根据需要用控制阀上的手动旋钮调整弹簧的预紧力来实现。

（2）电源中断自锁原理。在气源中断自锁装置的基础上，再设置一个两位三通电磁阀 18，即可实现断电源自锁。正常供电情况下，电磁阀 18 的阀口①与②相通，阀口①与③和②与③均不通，此时气源经电磁阀输至控制阀。断电源时，电磁阀动作，使阀口①与③和①与②均不通，阀口②与③相通。因阀口③通大气，故控制阀的气源压力降到零，相当于气源中断而自锁，即实现了断电源自锁的保护作用。

（3）电信号中断自锁原理。在电源信号回路中串联电阻 R_1，信号电流在 R_1 上的电压降作为开关信号的输入电压。在正常情况下，R_1 上的电压较大，继电器 J 激励，动合触点 K 闭合，两位三通电磁阀 18 的阀口①与②相通，阀口①与③和②与③均不通，气源经电磁阀输至控制阀。当电信号中断时，R_1 上的电压降为零，继电器 J 失电，动合触点 K 断开，电磁阀的电源被切断，此时相当于电源中断而自锁。此三断自锁装置在故障消除后能自动复位。自锁装置同时还备有压力开关，可供自锁时报警之用。

电信号气动长行程执行机构主要由气缸、电-气阀门定位器、阀位传送器、手操机构、三断自锁装置等部分组成。定位器按力矩平衡原理进行工作，实现输入电流信号与执行机构的输出角位移成比例关系（比例环节）。电信号气动长行程执行机构具有手操功能、三断自锁保护、正-反作用运行方式和多种调整环节等特点。

（4）锁定阀（保位阀）。气动保位阀又叫气动锁止阀，保位阀是气动阀门常配附件。当气源供给压力低于设定压力时，及时检测压力，能够自动切断通道的装置。当压缩气源发生故障停止供气时，利用保位阀切断阀门控制通道，使阀门位置保持断气前的位置。以保证工艺过程的正常进行，直到系统中事故消除，重新供气后，保位阀才打开通道，恢复正常时控制。

四、气动执行机构的调整

气动调节门在电厂汽水系统中应用越来越广泛，它的调整和修理，将直接影响电厂运行的经济性、安全性。特别是减温系统和疏水系统的气动调节门，调整起来更加重要，下面是某电厂中应用比较广泛的考克沃根（COPES）气动调门的调整方法。

第一步：电气转换器的调整。

电气转换器的作用就是把控制系统输出的标准电信号 4～20mA，转换成标准的气压信号 0.02～0.1MPa，输出给气动定位器，它是气动调节阀中关键部件，在调整气动门之前必须对它进行检查和调整，这样才能确保后面调整的正确进行。

调整时要在电气转换器压力输出接口处连接一块量程为 0～0.1MPa 的压力表，在电气转换器的输入信号端子上，连接好信号发生器。

调整信号发生器使其输出为 4mA，观察电气转换器对应的输出压力应该为 0.02MPa。如果有偏差则调整零位螺栓，使电气转换器对应的输出压力为 0.02MPa。根据经验对于气开门应该比 0.02MPa 小一点。

使信号发生器输出为 20mA，观察电气转换器对应的输出压力应该为 0.1MPa。如果有偏差则调整满度螺栓，使电气转换器对应的输出压力为 0.1MPa。根据经验对于气关门应该比 0.1MPa 大一点。

如果电气转换器虽然有压力输出但是压力低，应该检查电气转换器输出通路部分是否有漏气的地方。

第二步：连接电气定位器的反馈杆（气开）和阀位的确定。

气动调节门反馈杆连接的正确与否，将直接影响气动调节门反馈信号的调整和阀门的线性，所以必须严格按照下面的要求进行调整。

首先将气源经过减压阀直接连接到执行器上，慢慢旋转减压阀的调节旋钮，使减压阀的输出压力慢慢增加，同时观察气动门的动作情况，当压力慢慢增加，阀位并不再继续发生变化时，此时应该慢慢旋转减压阀，降低气压，使阀门下降 5～10mm，此时的位置即为气动门的全开位置。

将连杆连接到反馈杆上，应当注意反馈杆上是有刻度的，连接位置的刻度应该与阀门的行程尺寸相同，此时慢慢旋转减压阀的调节旋钮，使阀的位置保持在阀门行程的中间，这时通过调整连杆长度使之连接到执行器上同时要确保反馈杆在水平位置。

第三步：保位阀的检查调整。

保位阀的调整和检查容易被忽视，其实它的调整非常重要，调整不好会使执行器的死区过大，所以调整保位阀要细心。

调整前在保位阀两侧分别安装一块量程为 0～0.6MPa 的压力表，通过改变电信号，观察保位阀的压力信号变化，当保位阀的输入信号气压变化量大于 0.01MPa 时，保位阀的输出对应压力应该发生变化或者阀门应该动作，否则保位阀位太死，应该调整保位阀的调整螺栓，直到符号要求。

第四步：阀门满度/零位/凸轮的位置的调整。

凸轮初始位置的正确调整直接影响阀门的开度调整在调整时要反复细心。

使用信号发生器分别给电气定位器施加 4mA/20mA，同时反复调整电气定位器的零位螺栓和整满度螺栓，直到符合第二步确定的阀位行程，如果通过调整仍不能满意，应该调整反馈凸轮的位置，然后重新反复调整满度和零位。直到符合确定的阀位要求。

下面介绍调整中容易出现的问题和解决办法。

（1）电气转换器输出压力虽然能够调整但是压力偏低。检查电气转换器输出通路部分有漏气的地方。

（2）通过调整反馈只能显示 4～15/18mA，不能显示 4mA/20mA。检查阀门的动作行程是否符合要求，检查阀门反馈杆的连接位置刻度是否正确。

（3）其他正常满度到零位的行程仍然不够。检查减压阀的输出压力是否偏小；或者阀门的预紧力是否调整得过大，凸轮的位置没有调整好。

（4）电信号稳定不变，但是阀门上下小范围动作。检查连接管是否有漏气、执行器是否漏气、保位阀有没有调整好。

（5）气开门在关闭时有时正常、有时不能关闭到零位。阀门的预紧力没有调整好或者弹簧的性能变差，因为阀门关闭是靠弹簧的作用力关闭的。

（6）阀门线性不好。阀门线性不好是一个复杂的问题，任何一个方面没有调整好，都会影响阀门的线性。检查气源压力是否符合要求，电气转换器输出是否符合要求，凸轮的位置是否调整好（比较重要），保位阀、阀门的预紧力调整得是否正常，各连接部分是否有漏气，弹簧的性能是否变差等，如果不能确定原因就应当从第一部开始重新调整。

（7）阀门关闭不严（气开门）。在确认阀门本身没有问题的情况下，应该检查阀门的预紧力是否正常及阀门杆和执行器杆连接是否正确，如果不能确认应该按以下方法连接。

使执行器处于全开位置，在执行器杆和阀杆之间放一刚性物体，然后使执行器关下并且确认阀已关到位，然后将执行机构运动到事先确定的零位，将执行器杆和阀杆连接好即可。

（8）阀门关闭不严（气关门）。在确认阀门本身没有问题的情况下，在执行器杆和阀杆之间放一刚性物体，然后使执行器关下并且确认阀门已关到位，然后将执行机构运动到事先确定的零位将执行器杆和阀杆连接好即可。

第三节　电动执行器

电动执行器俗称电动头，它是一种能提供直线或旋转运动的驱动装置，利用电作为动力源驱动阀门开或关，是电动调节系统的重要组成部分。其优点是能源取用方便、信号传输速度快、抗偏离能力好、便于 DCS 控制、控制精度高、安装接线简单。缺点是结构复杂、推力小、平均故障率高于气动执行机构，适用于防爆要求不高、气源缺乏的场所。

电动执行器由电动机、减速器、力矩行程限制器、开关控制箱、手动轮和机械限位装置以及位置发送器等组成。图 7-35 为 AUMA 电动执行器结构截面图。

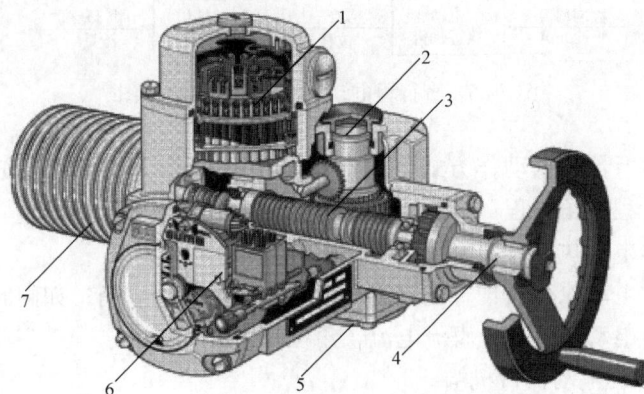

图 7-35　AUMA 电动执行器结构截面图
1—AUMA 插拔式连接器；2—空心轴；3—传动机构；4—手动轮；
5—阀门连接装置；6—控制单元；7—电动机

由于用电做动力源有其他动力源的优势明显，因此电动型近年来发展最快，应用面较广。随着微电子技术和控制技术的迅速发展，国内外的电动执行机构已进入智能控制的时代。

电动执行器可分为组合式结构、机电一体化结构、电器控制型、电子控制型、智能控制型（带 HART、FF 协议）、数字型、模拟型、手动接触调试型、红外线遥控调试型等。

电动执行器以单相或三相交流电源为动力，接受统一的标准直流信号，输出相应的转角位移，操纵风门、挡板等调节机构，可配用各种电动操作器完成调节系统"手动-自动"的无扰动切换，及对被调对象的远方手动操作，电动执行机构还设有电气限位和机械限位双重保护来完成自动调节的任务，在火力发电厂的自动化过程控制过程中得到了广泛应用。

目前，电动执行机构主要厂家有很多，如英国罗托克（ROTORK）、德国欧玛（baiauma）、德国西博斯（SIPOS）、德国 ABB、美国利米托克（LIMITORQUE）、德国德瑞（EMG）、上仪（ROTORK）、温州瑞基（RAGA）、扬州电力修造厂等。

电动阀门常用的标准有国家标准、美标、欧标、日标、德标等。其常用的材质有碳钢、铸钢、锻钢、铸铁、不锈钢、铬钼钢、低温钢、镍合金等。

电动阀门公称压力一般有 PN0.6MPa、PN1.0MPa、PN1.6MPa、PN2.5MPa、PN4.0MPa、PN6.4MPa、PN10.0MPa 等。

一、电动执行器的分类

电动执行机构接收控制信号，输出的是力，产生的是位移，如图 7-36

所示。

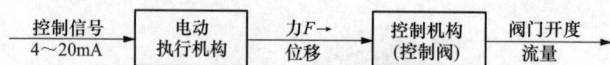

图 7-36　直行程电动执行机构功能方框图

电动执行器根据动作方式分为电动开关型和电动调节型；按照运动方式分为直行程、角行程（多回转、部分回转）两大类。

直行程电动执行器：直流电流，直线位移。

多转式电动执行器：直流电流，多转式阀门的启、闭；如闸阀等。

角行程电动执行器：直流电流，角位移（0°～90°）。

1. 直行程电动执行机构

直行程电动执行机构是在多转式的基础之上配以丝杆部件改造而来，适用于单座、双座调节阀等。电动执行器输出轴的运动为直线运动式，不是转动形式。

直行程电动执行机构具有连续调节、手动遥控、就地手操三种控制方式。常配套于各种电动阀门或者电动调节阀（如调节阀、单座阀等直线运动的阀门），以 AC 交流电或 DC 直流电为驱动能源。

2. 多转式电动执行机构

多转式电动执行机构需要运行超过 360°才能实现阀门的启闭，主要用于截止阀、管夹阀和隔膜阀等。电力驱动的多回转式执行机构是最常用、最可靠的执行机构类型之一。

多转式电动执行机构由三相异步电动机驱动，通过蜗轮蜗杆减速，阀杆螺母使阀杆产生运动并使阀门打开或关闭。为了保护阀门不受损坏，安装在阀门行程的终点的限位开关会切断电动机电源，同时当安全力矩被超过时，力矩感应装置也会切断电动机电源，位置开关用于指示阀门的开关状态。减速器具有手/电动切换机构，手轮可在电源故障时手动操作阀门。

这种类型执行机构的主要优点是所有部件都安装在一个壳体内，在这个防水、防尘、防爆的外壳内集成了所有基本及先进的功能。主要缺点是，当电源故障时，阀门只能保持在原位，只有使用备用电源系统，阀门才能实现故障安全位置（故障开或故障关）。

3. 单回转式电动执行机构

单回转式电动机构主要用于控制球阀、旋塞阀、蝶阀和百叶阀之类的角行程阀门。这种执行机构类似于电动多回转执行机构，主要差别是执行机构最终输出的是 1/4r，即 90°范围内旋转，也称角行程执行机构，如图 7-37 所示。

新单回转执行机构结构紧凑，可以安装到小尺寸阀门上，通常输出力矩可达 800N·m，另外因为所需电源较小，它们可以安装电池来实现故障安全操作。

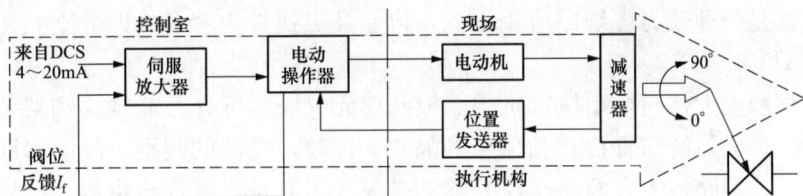

图 7-37　角行程执行机构组成示意图

新一代电动单回转式执行机构结合了大部分多回转执行机构的复杂功能，例如：使用非进入式用户友好的操作界面实现参数设定与诊断功能。

二、电动执行机构的工作原理

电动执行器主要由伺服放大器和执行机构两部分组成，中间可以串联操作器，其中执行机构又分为电动机、减速器及位置发送器三大部件，如图 7-38 所示。

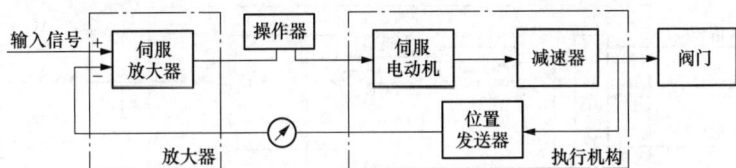

图 7-38　电动执行机构系统原理框图

来自 DCS（或调节器）的电流 4～20mA 信号作为伺服放大器的输入，与阀的位置反馈信号 I_f 进行比较，当输入信号和反馈信号比较差值不等于零时，其差值经伺服放大器放大后，控制两相伺服电动机按相应的方向转动，再经减速器减速后使输出轴产生位移；同时，输出轴位移又经位置发送器转换成阀的反馈信号 I_f；当反馈信号与输入信号相等时，伺服放大器无输出，电动机不转动，执行机构就稳定在与输入信号相应的位置上。电动执行机构的输出轴位移和输入信号呈线性关系。

1. 伺服放大器

在自动控制系统中，这些执行机构需要外挂式的伺服放大器进行开关控制。电动执行机构的指令信号与阀位反馈信号在伺服放大器中进行比较放大后，经过晶闸管送出 220V 的开关信号。伺服放大器由电器元件组成的电子线路板构成，分前置级磁放大器线路板、触发器线路板、晶闸管交流开关线路板三部分。电动执行机构的指令信号与阀位反馈信号的比较放大靠这些电子线路板的运行来实现。

伺服放大器有两种模式可供选择：一种为执行机构本身的控制板上带有伺服放大器功能，结构紧凑，不需占有仪表盘后空间，安装及调试较为简单（即电子一体化）；另一种为单独放置的位置定位器，安装于仪表盘后，这是一种较为传统的应用方法，检修及更换较为容易（即分立式比例调节型）。

伺服放大器是电动执行机构的控制单元仪表，可分为墙挂式和架装式两种。放大器的前置板包括信号的隔离、比较，极性的判别，故障诊断等功能。主回路板上有两路交流开关、电源变压器及直流稳压电源。前置板安装在主回路板上。它接收调节仪表的标准信号（4～20mA）和执行机构的反馈信号，输出220V交流电驱动伺服电动机正转、反转，连续调节阀位开度，实现各种工艺过程参数自动调节。

2. 伺服电动机

电动机是接受伺服放大器或电动操作器输出的开关电源，把电能转化为机械能，从而驱动执行机构动作，包括直流电动机、单相电动机、三相电动机、变频电动机等。

伺服放大器结构框图如图7-39所示，伺服放大器原理框图如图7-40所示。

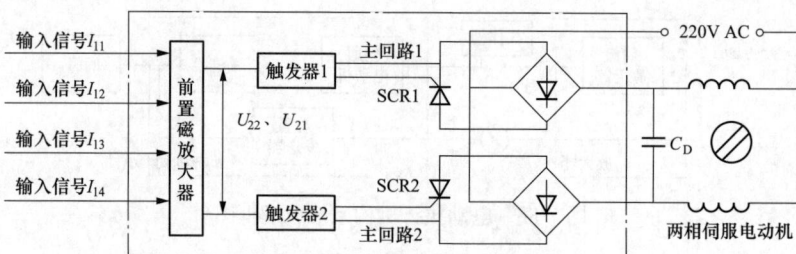

图 7-39 伺服放大器结构框图

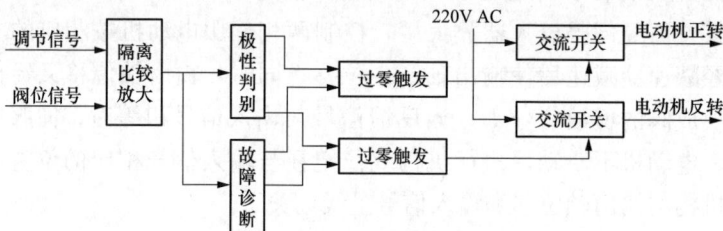

图 7-40 伺服放大器原理框图

伺服电动机采用鼠笼式两相交流伺服电动机，具有较大的启动转矩和软机械性能。定子上均匀布置着两个相差90°电角度的定子绕组（匝数线径相同），借分相电容使两个绕组互为励磁相和控制相，其合成产生定子旋转磁场，定子旋转磁场在鼠笼转子内产生转子电流并构成一个和定子极数相等的转子磁场，这两个磁场相互作用产生起动转矩，转子旋转方向取决于两组定子线组上的电压在相位上哪一绕组超前，由于转子电阻大，二相伺服电动机机械特性变软。

伺服电动机内装有制动器，制动器采用杠杆旁磁式。用来限制电动机在断电后转子和减速器输出轴的惯性惰走及负载反作用力矩的影响，使减速器的输出轴准确地停在相应位置上。电动机制动罩盖后装有手把，当手把旋在手动位置时，摇动手轮可进行手动操作；将手把旋在自动位置，即可保证断电时，电动机制动。

伺服电动机是接受伺服放大器或电动操作器输出的开关电源，把电能转化为机械能，从而驱动执行机构动作。两相式电动机工作原理图如图 7-41 所示。

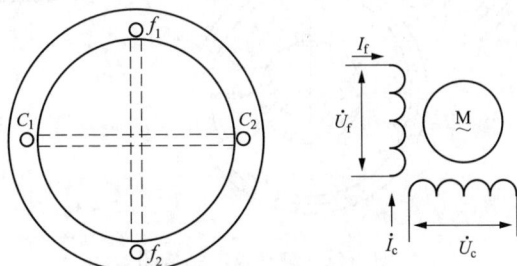

图 7-41 两相式电动机工作原理图

两相式伺服电动机是执行机构的动力部分，采用高启动转矩倍数、低转动惯量的专用电动机，具有启动转矩大和启动电流较小的特点。两相伺服电动机由一个冲槽硅钢片叠成的定子和笼型转子组成。定子上均匀分布着两个匝数和线径相同、空间间隔 90°电角度的定子绕组，分相电容 CD 使流过两个定子的电流相位总是差 90°，其合成向量产生定子旋转磁场。

传统的交流伺服电动机的结构通常是采用笼转子两相伺服电动机以及空心杯转子两相伺服电动机，所以常把交流伺服电动机称为两相伺服电动机。该定子磁场以同步转速旋转，其磁力线通过定子和转子铁芯闭合。转子被旋转磁场的磁力线切割而产生感应电动势，在此电动势作用下转子导体内产生感应电流并形成转子磁场。转子的感应磁场与定子旋转磁场相互作用使转子旋转，其旋转方向取决于分相电容 CD 串联在哪一组定子绕组中。

3. 减速器

减速器的结构如图 7-42 所示。减速器上有手动部件、输出轴、机械限位块。减速器是将电动机的高转速、小转矩转换为低转速、大转矩的输出功率，以带动阀门机构动作。机座上有两块刹车片，可使输出轴的转角限制在 90°范围内以保证不损坏调节机构及有关连杆。

角行程执行机构采用行星减速加蜗轮蜗杆传动机构，传动机构具有体积小、机械效率高，以及机械自锁特性。

直行程执行机构的减速器由多转执行机构减速器配接丝杆螺母传动装置组成。

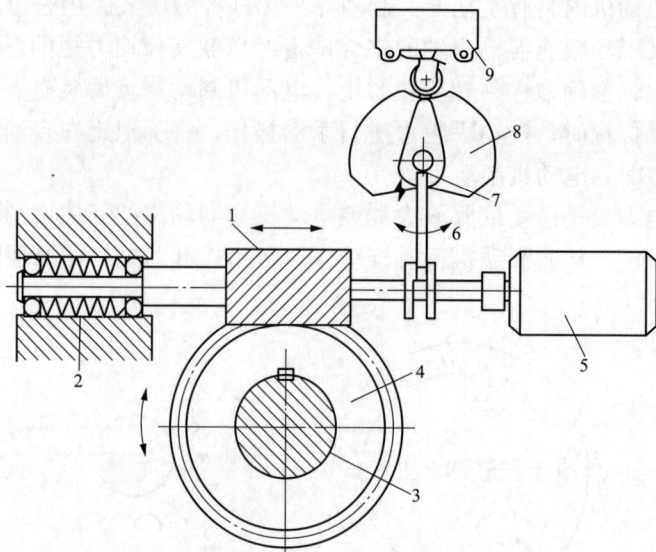

图 7-42 减速器的结构图

1—蜗杆；2—碟簧组件；3—输出轴；4—蜗轮；5—电动机；

6—曲拐；7—转矩控制机构；8—凸轮盘；9—转矩开关

减速器箱体上装有手动部件，用来进行就地手动操作，操作时只需将手柄拉出摇动即可，操作后复位。但手动操作时应将上位控制信号与执行机构断开或断电后操作。

4. 位置发送器

位置发送器由电源变压器、差动变压器、印刷电路板等部件组成。当减速器输出轴移动时，凸轮随之旋转，使压在凸轮斜面上的差动变压器的铁芯连杆产生轴向位移，改变铁芯在差动变压器线圈中的位置；使差动变压器输出对应位置的电压转换成标准的直流电流信号（4～20mA）。减速器输出轴的转角位移与位置发送器的输出电流呈线性关系。

位置发送器一般在电源电压为 190～240V 变化时，能正常工作，而且输出电流具有恒流性能电动执行机构输出转角变化，通过齿轮带动限位凸轮和电位器转动，其负载阻抗从 0～2kΩ 输出阀位指示电流变化不超过仪表精度，因而能保证调校好的执行机构在现场安装时，连线不受距离限制，并且在配阀位指示表时表头内在 1kΩ 以内精度不受影响。图 7-43 所示为差动变压器原理图。

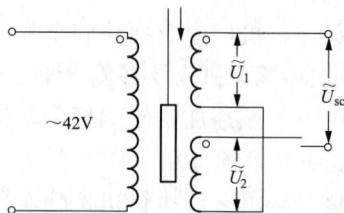

图 7-43 差动变压器原理图

（1）力矩行程限制器：由行程控制机构（电气限位）、过力矩保护机构组成。

行程限制机构主要由凸轮和微动开关组成。在位置发送器的转轴上一般装有 2～4 只各自独立可调的凸轮，以分别触动微动开关。其中两个微动开关的作用是当执行机构在始端和终端这两个极限位置时用作切断电动机回路，实现终端电气限位，其限位范围 360°可调。另两个（任选）可供程序控制或报警之用。当执行机构转动时，通过齿轮带动电限位的凸轮轴转动，凸轮轴带动凸轮转到预选的位置时，微动开关动作，完成电限位或联锁保护等任务。

（2）位置传感器：采用高精度、长寿命的电位器作为位置传感元件，一般阻值为 1kΩ（或 750Ω），功率为 4W，线性精度可达 0.2%，寿命可达 5000 万次。它与凸轮组同轴连接，电位器的电阻变化值一般作为位置反馈信号，也可做位置指示信号。

（3）电流变换器：分立式执行机构采用位发模块或集成放大电路，用以与导电塑料电位器等位置传感器组成高性能的位置发送器。位发模块集电源变压器、直流稳压源、恒流源等于一体，用阻燃环氧灌封。较之普通位置发送器其防氧化、耐腐蚀、抗振动等性能大大提高。采用可调恒流恒压元器件作为功率输出，使之具有较好的温度和恒流性能，调零调满方便，负载能力为 750Ω（4～20mA）、1kΩ（0～10mA）。

5. 开关控制箱

在开关控制箱内装有电子位置定位器。

（1）机械限位装置。主要用于故障时以及防止手动操作时超过极限位置保护。角行程电动执行机构的机械限位采用内置扇形涡轮限位结构，外形体积小，限位可靠；直行程电动执行机构的机械限位采用内置挡块型限位结构，可十分有效地保护阀座、阀杆、阀芯。

（2）位置定位器。位置定位器实质上是一个将控制信号与位置反馈信号进行比较并放大，以控制电动机开停和旋转方向的多功能大功率放大板，它与执行机构的动力部件相连以控制执行机构按系统规定的状态工作。位置定位器主要由比较、逻辑保护、放大驱动及功率放大等电路组成。控制单相电动机的位置定位器功率放大部分主要由光电耦合过零触发固态继电器（无触点电子开关）构成。

"手动-自动"转换开关的作用是在没有外加信号时，与手动调整电位器配合使用，以便观察或调试执行机构。用后一定要将其拨回"自动"位置，以免影响投入系统自动控制。

电动执行机构有连续调节、远程手动控制和就地手动操作三种控制方式。

（3）电动执行机构就地调节方式。电动执行机构需就地手动操作时，当电动操作器切换开关放置"手动"位置时，把电动机端部旋钮拨到"手动"位置，拉出执行机构上的手轮，摇动手轮就可以实现手动操作。当不用就地操作时，把电动机端部的旋钮拨到"自动"位置，并把手轮推进。

（4）电动执行机构远程遥控调节方式。当电动操作器切换开关放在"手动"位置时，即处在手动远程控制状态，操作时只要将旋转切换开关分别拨到"开"或"关"的位置，带动电动机正转或反转，执行机构输出轴就可以实现上行或下行动作，在运动过程中观察电动操作器上的阀位开度表，到所需控制阀位开度时，立即松开切换开关即可。

（5）电动执行机构自动调节方式。当电动操作器切换开关放在"自动"位置时，即处在自动调节状态，其控制过程如下：

当输入信号 $I_{\lambda 1}=0$（或 4mA DC）时，位置发送器反馈电流 $I_f=0$（或 4mA DC），此时伺服放大器没有输出电压，电动机停转，执行机构输出轴稳定在预选好的零位。

当输入信号 $I_{\lambda 1}>0$（或 4mA DC）时，此输入信号与系统本身的位置反馈电流在伺服放大器的前置级磁放大器中进行磁动势的综合比较，由于这两个信号大小不相等且极性相反就有误差磁动势出现，从而使伺服放大器有足够的输出功率驱动电动机，执行机构输出轴就朝着减少这个误差磁动势的方向运动，直到输入信号和位置反馈信号两者相等为止，此时输出轴就稳定在与输入信号相对应的位置上。

（6）手轮。在调试过程及电动头故障或失电状态时，可就地通过转动手轮来实现控制阀门操作。

三、执行器常见故障处理方法

气动调节阀门出现故障时，一般首先检查气源、电源是否正常；接线、信号电流是否正常；位置反馈板和主板的各个连接部分以及反馈连杆是否连好；参数设置是否正确等，如果阀门没有机械卡涩现象，对于智能式定位器而言，一般只要重新走一遍自动调整程序，阀门就能正常工作。

调节阀门常见故障一是画面显示反馈与指令之间偏差大。一般是由于执行机构位置变送器性能出现偏差引起，先调整位置变送器，若达不到要求，更换位置变送器。

二是执行机构出现卡涩现象，不能开、关，一般是由于执行机构的电流/气压转换器（I/p）及定位器故障引起，也可能由于转动部分或气缸卡涩引起。先检查执行机构转动部分或气缸是否灵活；再检查 I/p 或定位器，若发现损坏，更换后重新调整执行机构。

（1）电磁阀失电的快开、快关问题。电子设计时疏忽、考虑不周全或对阀门设备不了解，经常出现调节阀门在失去气源的情况下达不到机组安全运行要求，出现气动调节阀的气缸作用方式与机组安全控制要求不一致的情况，如高、低压加热器疏水阀等。从机组安全考虑，这类阀门在失气或失电时，阀门应处于开位，但某厂高压加热器事故疏水阀在失去气源时恰好相反，由于该气动阀是下气缸进气，压缩空气通过控制器调节气压，再经过电磁阀（得电开）进入气缸来调节阀门开度，该阀门由于设计有保位阀，失气时阀门保位，对机组安全影响不大，但是一旦电磁阀失电，阀门将快速关闭，影响机组安全运行。

为了消除了安全隐患，可做如下改造：在电磁阀的排气口接入压缩空气（经减压），电磁阀一旦失电，气源将直接经电磁阀排气孔、保位阀进入调节门下气缸将阀门快速打开。

（2）阀门排气时间长，响应慢，调节滞后问题。某厂机组试运行过程中发现 A 阀门的放气时间较长，门响应很慢，调节不够灵活。特别是高、低压加热器事故疏水阀的阀门开启以及正常疏水阀的阀门关闭的时间太长，影响了整个加热器系统的水位调节，水位调节时有扰动。试验后发现两个问题：一是定位器喷嘴太小，不能快速把气排出；二是工作气源气压整定太大，也造成排气时间太长。原因为当网门工作在全开或全关位置时，定位器输出的气压为零或为最大（接近工作气源气压），如果工作气源气压偏大，需要放气很长时间阀门才开始动作。现在根据实际情况，把工作气源压力适当减小。气源压力大小应符合下列要求：定位器开始放气时阀门就能动作，而定位器输出最大气压时阀门应能完全关死（气关式阀门）或有足够的开度（气开式阀门）。既确保阀门开、关的严密性，又保证调节的灵活性，反复试验后，气源压力由出厂时设定的 0.6MPa 调整到 0.35～0.40MPa。

（3）调试中发现电动执行器的执行机构通电后，给信号可以开动作，关不动作。

故障判断和检修过程：先仔细检查反馈线路，确认反馈信号无故障，给开信号时开指示灯亮，说明开正常，给关信号时关指示灯不亮，说明关晶闸管元件部分有问题，应检查关指示灯，用万用表检测如发现关指示灯开路，将其更换。

（4）电动执行机构的动作方向不受输入信号的控制。

故障判断和检修过程：先检查两个限流电阻和移相电容均没有异常，用万用表检查电动机的绕组阻值，发现电动机的电阻值为 1.45MΩ（且不时地发生变化），说明电动机绕组不对，最终的办法是更换了这台电动机（PSQ200）。

（5）安装不好或外界因素引起问题。

1）某厂凝结水再循环调节阀（最小流量阀）多次出现反馈突然降到零或到满量程，并且无法控制，导致阀门无法正常操作。经过检查发现，每当凝结水走再循环管路时都会引起管道剧烈振动，导致阀位反馈杆脱落，后经机务重新加固管道后得以解决。

2）某厂汽动给水泵 A、B 和电动给水泵再循环调节阀设计为气关式阀门，失电快开，因设计配的仪表管太细（8mm），放气轻，达不到运行要求，更换成 14mm 的气管后，快开达到 10s 左右，符合运行要求。

在调试过程中经常发生气缸膜片损坏或漏气现象，分析原因有三：一为吹扫气源管路时没有吹扫干净；二为气源压力调得过大；三为设备本身的质量原因。因此，在调气动门前一定要注意先把气管路吹扫干净，调节气压时一定要注意气动门上的设定压力。

3）某厂 SIEMENS 二线制定位器在调试时，由于自带有源 20mA 信号发生器，就地调试时，阀门工作正常；但接入 DCS 4～20mA 控制信号后，阀门不动，严重时甚至烧电路板。对 DCS 控制信号无源化（或加隔离器）处理后，工作正常。

第八章 分布式控制系统的概论

第一节 分布式控制系统概述

一、分布式控制系统的发展历程

1. 分布式控制系统的发展历程

分布式控制系统（Distributed Control System，DCS），也可译为分散控制系统（或分布式计算机控制系统）等。由于产品厂家众多，对产品的命名也不尽相同，但其系统基本结构大同小异。

自从 1962 年美国小吉普赛电厂进行了第一次计算机控制的尝试以来，火力发电厂开始步入了计算机应用的发展阶段。但由于计算机的成本高，软件、硬件的功能都较差，可靠性较低，所以集中型计算机控制系统没有在发电行业迅速得到推广和应用。

20 世纪 70 年代初期，随着微电子技术的高速进步、大规模集成电路的迅速发展、微型计算机和微处理芯片的涌现，为工业数字控制提供了体积小、功能强、可靠性高、价格低廉的各类半导体芯片和计算机系统，为发展分布式控制系统奠定了坚实的物质基础。

自 1975 年美国 Honey Well 仪表公司首次先向市场推出了以微处理器为基础的 DCS 系统，由于它的可靠性高，灵活性好，易于维护，随后，美国、日本、英国、德国、加拿大等国的仪表公司纷纷推出各有特色的分布式控制系统，应用行业遍及石油化工、冶金、电力、轻工、建材、公用工程等各行业，从此 DCS 系统进入了飞速发展的新时期。

DCS 系统由生产过程控制级和操作监控级组成，并以通信网络为纽带的分级递阶结构组成的控制系统，它综合了现代计算机（Computer）技术、现代通信（Communication）技术及现代图形显示（CRT）技术和现代控制（Control）技术等，俗称"4C"技术。

（一）第一代布分布式控制系统（初创阶段）

第一代分布式控制系统示意图如图 8-1 所示。

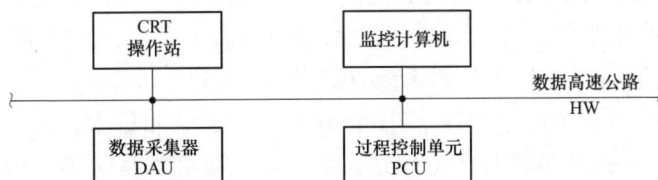

图 8-1　第一代分布式控制系统示意图

过程控制单元继承了 DDC（直接数字控制）技术，它是一个完整的计算机，实际运行中可以不与操作站及网络相连的情况下，完成过程控制策略，保证生产装置正常运行。

从计算机系统结构来说，控制站属于过程控制专用计算机。其特点是控制器采用 8 位微处理器；具有数据采集的功能和模拟量控制的功能，I/O 数据采集板为"傻板"（无微芯片）。专用操作员站（CRT），专用操作系统，非图形界面；网络采用系统专用的通信协议。

在这个时期比较典型的代表产品如表 8-1 所示。

表 8-1　第一代分布式控制系统典型产品一览表

生产厂商	系统名称	所属国家
Honeywell（霍尼韦尔）	TDC-2000	美国
Bailey（贝利）	Network 90	美国
Foxboro（福克斯波罗）	Spectrum	美国
Kent（肯特）	P4000	英国
Siemens（西门子）	Teleperm M	德国
Yokogawa（横河）	CENTUM	日本
Hitachi（日立）	UITROLBΣ	日本
Toshiba（东芝）	TOSDIC	日本

第一代分布式控制系统一般是由五个主要部分构成，可具体归纳如下。

（1）具有数据处理能力的数据采集装置（或称过程接口单元）。

（2）具有较强运算能力和各种控制规律，可独自完成回路控制任务、实现分散控制的现场控制站（或称过程控制单元）。

（3）具有集中显示、集中操作功能的 CRT 操作站。

（4）具有专用通信协议的数据高速通路，现场控制站、操作站之间可通过数据高速通路进行数据通信。

（5）具有大规模复杂的运算能力、多输入多输出控制功能，以及管理全系统所有信息和实现全系统优化的监控计算机。

这一时期的分布式控制系统在技术上尚存有一定的局限性。虽然全系统的过程控制单元得到了有效的分散，但过程控制单元的管理、全系统的信息处理以及显示和操作管理等功能还是集中于一台监控计算机；连续控制与顺序控制还分别由不同的控制器来实现，系统尚采用 8 位或 16 位微处理器；通信所采用的是初级工业控制局部网络；系统专用的通信协议限制了不同类型控制系统的融入；有的系统还不具备顺序控制等功能。

（二）第二代分布式控制系统（成长阶段）

进入 20 世纪 80 年代后，随着半导体技术、控制技术、显示技术、网络技术及软件技术等新技术的快速发展，微处理芯片运算能力的增强，超大规模集成电路的制造成本不断地降低，给分布式控制系统的发展带来新的契机，使过去无法实现的功能得到了实施，以微处理器为基础的分布式控制系统、可编程序控制器、可编程序调节器和过程变送器等同步发展。

第二代分布式控制系统是指在 1980—1985 年前后推出的各种产品，这类系统中有些是新推出的，有些是在第一代产品的基础上引用新技术、扩展新功能、提高可靠性而升级的系统，典型的代表产品如表 8-2 所示。

表 8-2　第二代分布式控制系统典型产品一览表

生产厂商	系统名称	所属国家
Honeywell（霍尼韦尔）	TDC-3000	美国
Leeds & Northrup（利诺）	MAX-1	美国
Taylor（泰勒）	MOD-300	美国
WestingHouse（西屋）	WDPF	美国
Siemens（西门子）	Teleperm Me	德国
Yokogawa（横河）	YEWTTORIA	日本
Hitachi（日立）	HIACS-3000	日本

第二代分布式控制系统进入了发展的成熟时期，与第一代产品相比，主要有以下几个方面的变化。

（1）局域网络。通信网络拓扑结构为总线式和环式，并支持局域网协议，较一般工业专业控制网络的传输速率大，传输差错率低，扩展能力强，可靠性、有效性和可恢复性高，是分散控制系统各组成部分的纽带和主动脉。

（2）过程控制单元。控制器采用 16 位微处理器，ROM、RAM 或 EPROM 芯片的存储容量更大，增加了诸如控制算法、逻辑控制、批量控制结合的混合控制，实现了连续控制与顺序控制的统一。控制功能比第一代产品更丰富充实。

（3）增强型操作站。它采用了 32 位微处理器，大大加强了系统集中监视操作、工艺流程显示、任意格式的报表打印、信息调度和管理等功能，增加了丰富的图形、趋势等显示功能，为用户提供了更加完善和友好的人机界面，使得运行人员、维护人员以及工程技术人员对生产过程和系统状态的了解更为简单明确，操作更为方便。

（4）主计算机（或称管理计算机）。它是用来实现高级过程控制、决策计算、优化运行、信息储存、系统协调等的综合管理核心，管理范围也大大扩展。

（5）系统管理站（或称系统管理模件）。为克服主计算机和增强型操作站的某些局限性，加强整个分散控制系统的管理功能，提高管理过程的响应能力，第二代分散控制系统采用了专用的硬件模块组成了系统管理站。系统管理站包括了诸如应用单元模件、计算单元模件、历史单元模件、系统优化模件等。

（6）网间连接器（或称网关）。它是局域网络与系统子网络或其他工业网络的接口，起着通信协议翻译、通信系统转接、系统扩展的作用，加强了分散控制系统的开放程度。

第二代分布式控制系统的主要特点：产品设计走向标准化、模块化、工作单元结构化；控制功能更加完善，用户界面更加友好；数据通信的能力大大加强并向着标准化方向发展；管理功能得到分散；可靠性进一步提高；系统的适应性及其扩充的灵活性增强。

（三）第三代分布式控制系统（完善阶段）

第三代分布式控制系统（20 世纪 80 年代中期到 2000 年间）是分布式控制系统的完善阶段。

第三代分布式控制系统的控制站采用多 CPU，分别用于控制运算、通信、冗余切换等处理。控制器采用 32 位微处理器，大都采用精减指令集（Reduced Instruction Set Computer，RISC）嵌入式芯片，高效且低功耗。

还有一个明显的变化是数据通信系统的发展，通信系统已采用局域网，不仅通信范围扩大，而且通信速率也大为提高。技术上实现了 5Mbit/s 的窄带网与 10Mbit/s 的宽带网，并符合 OSI 互联参考模型标准。将过程控制、监督控制和管理调度进一步结合起来。

从主从式的星形网络通信转变为对等式的总线网络通信或环网通信，但通信系统随制造厂的不同而相异，相互通信困难，这个时期，各集散控制系统的产品有了较大的改进。第三代分布式控制系统典型产品一览表如表 8-3 所示。

表 8-3　第三代分布式控制系统典型产品一览表

生产厂商	系统名称	所属国家
Honeywell（霍尼韦尔）	TDC-3000/PM	美国
Bailey（贝利）	INFI-90	美国
Foxboro（福克斯波罗）	I/A Series	美国
WestingHouse（西屋）	WDPF Ⅱ	美国
Leeds & Northrup（利诺）	MAX1000	美国
Siemens（西门子）	Teleperm-XP	德国
Yokogawa（横河）	CENTUM-XL	日本

概括地讲这一时期分散控制系统具有以下特点。

（1）为适应信息社会发展的需要，提高企业综合管理水平和整个经济效益，分散控制系统加强了信息管理功能，具有高层次的信息管理系统。

（2）实现了开放式的系统通信。系统广泛采用标准通信网络协议，例如 MAP（Manufacture Automation Protocol）、IEEE、Ethernct 和现场总线，解决了不同厂家生产的不同设备的互联问题，系统向上能与 MAP 和 Ethernet 接口，便于与其他网络系统联系，以构成综合管理系统；向下支持现场总线，使现场控制设备之间实现了可靠的实时数据通信。

（3）32 位微处理器、智能 I/O 和数字信号处理器应用于现场控制站，使分散控制系统的功能更强，速度更快，算法更丰富，控制策略更先进。

（4）操作站功能进一步增强。一些优化和管理的界面友好的软件被开发并移植到集散控制系统中，操作平台采用 UNIX 系统和 X-Windows 的图形界面，引入了三维图形显示技术、多窗口显示技术、触摸屏技术、多媒体技术，使其操作更简便，操作响应更快捷。

（5）专用集成电路和表面安装技术用于分散控制系统的硬件设计中，使板件上的元件减少，板件体积更小，可靠性更高。

（6）提供了把个人计算机（PC）和可编程序控制器（PLC）联入分布式控制系统的硬件接口和应用软件，提高了应用系统构成的选择性和灵活性，同时为建立低成本的分散控制系统开辟了新途径。

（7）过程控制组态采用了 CAD 方法，使其更为直观方便。

（8）采用实时分散数据库：引入专家系统和人工智能，实现自整定、自诊断功能等。

（9）第三代分布式控制系统的不足。

1）1 对 1 结构。1 台仪表，1 对传输线，单向传输 1 个信号。这种结构造成接线庞杂、工程周期长、安装费用高、维护困难。

2）可靠性差。模拟信号传输不仅精确度低，且易受干扰。为此采用各种措施提高抗干扰性和传输精确度，其结果是增加了成本。

3）失控状态。操作员在控制室既不了解现场模拟仪表的工作状况，也不能对其进行参数调整，更不能预测事故，导致操作员对其处于失控状态。因操作员不能及时发现现场仪表故障，而发生事故已屡见不鲜。

4）互操作性差。尽管模拟仪表已统一 4～20mA 信号标准，可大部分技术参数仍由制造商自定，致使不同品牌仪表无法互换。因此导致用户依赖制造厂，无法使用性能价格比最优的配套仪表，甚至出现个别制造商垄断市场的局面。

5）半数字化。只有在 I/O 模件之上才实现了信号数字化，I/O 模件到生产现场仍然是模拟信号。

第三代分布式控制系统实现了完全分散的系统结构，取消了上位机，数据库分散，不设通信协调器。这种结构必然加强了基本单元功能的完整性，避免了"危险集中"，消除了导致全局性故障的节点，同时降低了系统通信信道的负荷，提高了系统的可靠性和可扩展性。

（四）第四代分布式控制系统（集成融合阶段）

21 世纪后，第四代分布式控制系统进入数字化、信息化和集成化时代，时间为 2000—2007 年，系统更加开放，支持各种智能仪表总线（FF，Hart），同时通过网络速度的扩展，提高系统规模化，将过程控制、监督控制和管理调度进一步结合起来，并且加强断续系统功能，采用专家系统和开放系统互连参考模型为基础的制造自动化协议 MAP 标准，以及硬件上的诸多新技术，从而克服了自动化孤岛问题，其典型产品如表 8-4 所示。

表 8-4　第四代分布式控制系统典型产品一览表

生产厂商	系统名称	所属国家
Honeywell（霍尼韦尔）	PKS（Total Plant Solution）	美国
ABB（贝利）	Industrial IT	瑞士
Foxboro（福克斯波罗）	A2	美国
Emerson（艾默生）	Ovation	美国
Siemens（西门子）	SPPA T300	德国
Yokogawa（横河）	CENTUM CS300	日本

第四代产品的体系结构构成主要分为四层：① 现场仪表层；② 控制装置单元层；③ 操作监控层；④ 企业管理层。

第三代产品只实现除企业管理外的三层功能，而企业管理层则由第三方提供开放的数据库接口连接的管理软件平台，如厂级监控信息系统（SIS）、厂级管理信息系统（MIS）、企业资源计划系统（ERP）等。

而第四代分布式控制系统集成了企业信息管理功能，其主要特征如下。

1. 信息化和集成化

信息和集成基本描述了当今分布式控制系统正在发生的变化。

信息化体现在分布式控制系统中已经不仅是单以控制功能为主的装置，而是一个充分发挥信息管理功能的综合平台系统，提供了从现场到设备、从设备到车间、从车间到工厂、从工厂到企业集团的整个信息通道。这些信息充分体现了全面性、准确性、实时性和系统性。多数分布式控制系统均能提供常规模拟量控制系统（MCS）、燃烧器管理系统（BMS）、顺序控制系统（SCS）、协调控制系统（CCS）、数据采集系统（DAS）功能，有些系统还融入了汽轮机数字电液控制系统（DEH）、给水泵汽轮机控制系统（MEH）、汽轮机危急跳闸系统（ETS）、汽轮机安全监视系统（TSI）等功能。

分布式控制系统的集成性则体现在功能的集成和产品的集成两个方面。过去的分布式控制系统厂家基本上是以自主开发为主，提供的系统也是自己的系统。

第四代产品厂家更强调系统的集成性和解决方案能力，系统中除保留传统所实现的过程控制功能之外，还集成了 PLC（可编程逻辑控制器）、RTU（远程终端设备）、FCS（现场总线）、各种多回路调节器、各种智能采集或控制单元等。此外，各分布式控制系统厂商不再把开发组态软件或制造各种硬件单元视为核心技术，而是把分布式控制系统的各个组成部分采用第三方集成方式。

2. 真正的混合控制系统

分布式控制系统与可编程序控制器（PLC）正在相互渗透发展，扩大各自的应用领域。在过去时，一般模拟量控制选用分布式控制系统，开关量控制采用 PLC 更为合适。

但是，第四代分布式控制系统已经将两者的划分模糊化了，几乎所有的第四代产品包容了过程控制、逻辑控制和批处理控制，实现了混合控制。在实际应用中，在多数的情况下，并不能把一个复杂的工艺过程简单地划分为模拟量控制或逻辑量控制，而是以模拟量控制为主或逻辑量控制为主的分过程组成的。通过混合式控制系统，实现整个生产过程的优化，提高整个工厂的效率，把整个生产过程纳入统一的分布集成信息系统。

3. 全系统数字化

21世纪前，一些学者和厂商把分布式控制系统和现场总线FCS对立起来，其实，真正推动FCS进步的仍然是分布式控制系统厂商。融入FCS功能，使得分布式控制系统实现全数字化，为智能化电厂建设奠定了数据传输基础。

第四代分布式控制系统的控制器、I/O模块都可作为独立的设备分开设计，包含了各种形式的现场总接口，可以支持多种标准的现场总线仪表、执行机构等。此外，还改变了原来机架式安装I/O模件、相对集中的控制站结构，取而代之的是进一步分散的I/O模块（导轨安装）或小型化的I/O组件（可以现场安装）。

4. 低成本

21世纪，第四代分布式控制系统已经走出高价商品时期，进入低成本时代。在20世纪90年代分布式控制系统还是技术含量高、应用相对复杂、价格昂贵的工业控制系统。DCS的另一个显著特征就是各系统纷纷采用现成的软件技术和硬件（I/O处理）技术，采用灵活的规模配置，适应各种系统应用。

第四代分布式控制系统不仅经济地应用于大中型系统，在小型系统中也得到了普及应用。

5. 开放性平台与应用服务专业化

二十年多来，工业自动化界讨论非常多的一个概念就是开放性。过去由于通信技术的相对落后，开放性是困扰用户的一个重要问题。而当代网络技术、数据库技术、软件技术、现场总线技术的发展为开放系统提供了条件。

各分布式控制系统厂商竞争的加剧，促进了细化分工与合作，各厂商放弃了原来自己独立开发的工作模式，变成集成与合作的开发模式，因此，自动实现了开放性。

第四代产品全部支持某种程度的开放性。开放性体现在可以从三个不同层面与第三方产品相互连接；在企业管理层支持各种管理软件平台连接；在工厂车间层支持第三方先进控制产品、SCADA（数据采集与监视控制系统）平台、MES产品、BATCH（批处理）处理软件，同时支持多种网络协议（以太网为主）；在装置控制层可以支持多种控制单元（系统）、PLC、RTU、各种智能控制单元等以及各种标准的现场总线仪表与执行机构。

（五）第五代分布式控制系统（智能化）

进入21世纪后，随着工业自动化控制技术的发展及电力市场的需求扩大，传统DCS控制平台已显得力不从心。分布式控制系统已由传统DCS走向数字化、信息化、智能化的第五代，采用1G高速网络，控制系统实现一体化、智能化，从而真正实现数字化工厂。

开始时间约为2008年，分布式控制系统在第四代产品的基础上，融合新一代信息技术、人工智能技术、泛在感知信息、先进智能控制技术，形成智能控制系统（Intelligent Control System, ICS），实现生产过程的智能控制与运行、智能监测和故障诊断预警报警、智能安全、高效环保、灵活主动安全管控的目标，代表性产品如表8-5所示。

表8-5　第五代分布式控制系统典型产品一览表

生产厂商	系统名称	所属国家
Honeywell（霍尼韦尔）	Experion PKS 300	美国
Emerson（艾默生）	Plant Web	美国
Yokogawa（横河）	CENTUM VP	日本
HOLLiAS（和利时）	MACS－－K	中国
国能智深	EDPF-iSol	中国

第五代产品特点：工业控制从自动化向智能化转变，体现泛在数据集成、大数据分析与挖掘、深度学习、智能控制、设备智能诊断与预报警、工控网络信息安全。

从历史上看，大多数用于火力发电厂的分布式控制系统通常使用专有协议，由于专有协议的封闭性，对系统中的通信网络空洞有一定的防护作用，但仅依靠这种防护是不可靠的。而且这种情况多年来也发生了变化，目前分布式控制系统的组件通常直接或间接地与互联网连接，因此网络信息安全问题是分布式控制系统维护中一项非常重的工作。

智能传感器技术的进步使操作技术（OT）与信息技术（IT）的融合成为可取且具有成本效益。尽管速度提高，对条件的响应性更好以及IT/OT融合带来的可靠性提高，但就目前应用的控制系统来说，在安全性方面存在着许多不足之处，随着分布式控制系统数字化、信息化、智能化的不断发展，保护分布式控制系统免受安全威胁的策略变得越来越重要。

为保障电力系统安全稳定运行，建立和完善电网、电厂计算机监控系统及调度数据网络的安全防护体系，国家和行业相关部门先后发布了多个指令及详细防护方案，以确保工业控制系统的安全。

二、DCS在国内火力发电厂的应用与创新

（一）分布式控制系统的引进

分布式控制系统与常规模拟控制仪表相比优势明显，因而在工业控制

领域中迅速得到了广泛的应用。进入 20 世纪 80 年代后，国内火力发电机组的自动控制也逐渐得到了应用。

例如：华能大连电厂 350MW 机组、华能福州电厂 350MW 机组均引进日本三菱公司 MIDAS-8000 系统；华能上安电厂 350MW 机组、江苏利港电厂 350MW 机组引进了 Bailey Controls N90 系统。

从这以后，分布式控制系统在国内的火力发电厂控制中迅速得到了广泛的应用，也取得了非常显著的效果。由于国内对分布式控制系统研发起步较晚，在 20 世纪 90 年代初期，国内火力发电机组的分布式控制系统一直依赖于国外进口，原电力部自动化领导小组推荐了 8 家国外分布式控制系统型号，以供工程招标中选用，如表 8-6 所示。

表 8-6　推荐的国外 8 家分布式控制系统型号

国外生产厂商	分布式控制系统名称	国内技术合作单位
WestingHouse（西屋）	WDPF-Ⅱ	新华电站控制工程有限公司
Bailey Controls（贝利）	INFI-90	北京贝利控制工程有限公司
Foxboro（福克斯波罗）	I/A Serirs	四川仪表总厂
ABB	Procontrol-P	电力部中能电力科技开发公司
Siemens（西门子）	Teleperm Me	大连中德控制工程有限公司
Leeds&Northrup（利诺）	MAX1000	上海福克斯波罗公司
Hitachi（日立）	HIACS-3000	北京华胜控制工程有限公司
Hartman&Braun	Contronic-E	四川仪表总厂

（二）分布式控制系统自主可控技术

从 20 世纪 80 年代后期，国内开始了学习借鉴和自主创新的发展历程。开展自主分布式控制系统的研发，并在 20 世纪 90 年代实现应用，到 21 世纪初不断发展成熟，此后打破国外分布式控制系统的垄断，逐渐实现国产。

进入 21 世纪后，由于加入 WTO 的需要，2002 年 6 月经国家电力公司研究决定，废止了原来推荐 8 家国外分布式控制系统的指导意见。

在新形势下，工业信息的安全挑战面临复杂性和多样性，早期 DCS 系统在系统设计方面对系统的本质安全考虑较少，系统抵御网络风险的能力较低，具有较大的网络安全的问题。以往国内工控系统核心技术对国外的依赖，对我国构成更加严重的安全隐患和挑战，自主知识产权成为我国企业的生命线。服务于工业用户数字化升级新需求，工业用户将进入到数字化转型的进程中，大数据分析、工业物联网、移动设备、云技术、网络安全会得到广泛的应用，控制系统将更加开放，在开放的应用环境中，智能制造各层面都面临安全挑战，不仅仅包含控制系统的安全，还包含设备安全、网络安全、应用安全、数据安全等。

国内 DCS 厂家经过多年对国外产品技术的吸收与创新，实现了自主工业领域芯片、数据库、操作系统、控制软件与自动化技术的耦合，解决了传统的工控安全应用领域供应链安全、信息安全、功能安全、本质安全等问题。

DCS 自主可控技术主要包括以下几个方面。

（1）基于微处理器。DCS 系统以微处理器为基础，采用分散型综合控制方式。

（2）集成技术。它综合了计算机技术、网络通信技术、自动控制技术和冗余及自诊断技术。

（3）结构设计。DCS 系统采用多层分级的结构，以适应现代化生产的控制与管理需求。

（4）功能实现。通过集成相应的软件，DCS 可以实现数据自动采集、处理、工艺画面显示、参数超限报警、设备故障报警和报表打印等功能。

（5）历史趋势记录。系统能够对主要工艺参数形成历史趋势记录，便于随时查看。

（6）安全操作级别。设置了安全操作级别，方便管理，并确保系统运行的安全可靠性。

（7）智能仪表。这些仪表具有精度高、重复性好、可靠性高，并具备双向通信和自诊断功能。

（8）国产化。实现 DCS 的国产化，构建自主创新体系，对于我国电力生产和国计民生具有重大战略意义。

2021 年 4 月 9 日，国能智深公司研发的基于国产芯片的自主可控智能控制系统（ICS）-EDPF-iSol 通过中国自动化学会发电自动化专业委员会组织的专家测试和国电建投内蒙古能源有限公司组织的出厂验收，在世界首台 660MW 全辅机单列超超临界空冷机组-国电建投内蒙古能源有限公司 2 号机组开展示范应用。这标志着我国火电控制系统自主安全正在完成由"对外依存度极高"至"关键芯片 100% 国产化、软件 100% 自主化"的历史性跨越。

2021 年 12 月，国电智深研发的自主可控智能分布式控制系统（IDCS），在国电上海庙电厂 1000MW 超超临界大型燃煤机组上投入应用。

2021 年 5 月 6 日 22 点 23 分，由科远智慧自主研发 100% 自主可控智能控制系统 NT6000 V5，在大唐南京发电厂 2 号 660MW 机组实现进口替代，正式投入商业运行。实现超超临界全机组 DCS、DEH 系统"100% 自主可控"。

2021 年 10 月 20 日和利时推出 100% 国产化 DCS 系统——HOLLiAS MACS IC。该系统融合和利时自主研发的控制器微内核架构、嵌入式操作系统、工业控制系统软件以及工业信息安全技术，实现了所有硬件、软件全部国产化。

HOLLiAS MACS IC 完全自主可控 DCS 系统是面向工业现场承载 DCS、SIS/CCS、PLC、SCADA、工业软件等系统功能的一体化管控平台，采用超大规模的系统设计，最大支持 128 个域集成，单域最大支持 120 万点、64 个控制站，单个控制站最大支持 360 个 I/O 点，系统响应时间小于

30ms，完全满足超大型炼化项目高可靠性、高安全性要求。

2022年1月，和利时研发的 HOLLiAS MACS IC 完全自主可控分布式控制系统，在大唐洛河电厂 600MW 超超临界机组实现 DCS＋DEH 全厂一体化运行。

自主研发国产化控制技术与信息安全技术深度融合的最新成果，具有软件跨平台、自主可控、安全可信三大特点：①系统软件全部实现源码级跨平台，一套软件源码适配多种操作系统编译构建，实现跨平台/跨语言的数据交换，便捷地部署到不同操作系统平台，易于存量系统升级改造；②各个系统组件采用全国产元器件，系统软件基于国产操作系统自主开发，平台采用 OT/IT 深度融合技术，实现管控一体化；③系统主控单元内置独立可信安全防护系统，提升可信计算在嵌入式控制领域技术水平，内置多项安全审计与数据加密算法，满足信息安全等保三级要求。

第二节　分布式控制系统的结构体系

一、控制系统的结构

（一）集中控制系统的结构

在 20 世纪 60 年代前期，出现了使用专用计算机解决一些特定而明确的工业控制问题（如进行数据采集、数据处理、过程监视等）。集中控制模式图如图 8-2 所示。

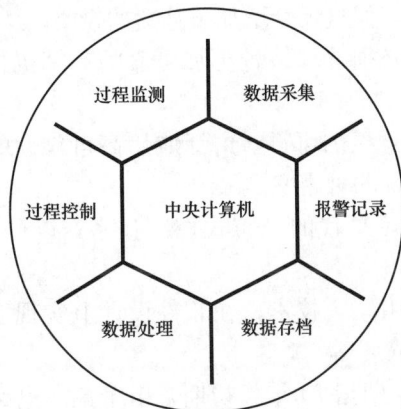

图 8-2　集中控制模式图

由于这种专用机只能处理一项特定的事情，因此，工厂中就必然需要很多的这类计算机来处理各种各样的问题，但各专用机之间也不能直接进行数据交换。若有这种需求，也只能靠数据传输介质（磁带、纸带、卡片）来实现，这样它们之间的信息交换极不方便。

后来，引入了中央计算机，各专用机连接在中央计算机上，各专用机之间的信息交换就可以通过中央计算机转换传输，从而奠定了集中控制模式的基础。

20 世纪 60 年代中期，出现了大型高速的过程控制计算机，采用一台大型计算机代替多台专用机，使监视和控制多个装置成为可能。

在当时，由于许多工厂已设有中央控制室，因而分散在各工艺车间的变送器、执行器以及各种仪表都可以直接连接到控制室。但中央计算机集中控制结构仍然存有三个方面的问题：

（1）计算机的处理速度问题。

（2）系统的复杂性问题。

（3）系统的维修难度大问题。

（二）分布式控制系统的结构

对于集中型计算机控制系统来说，计算机有两大主要技术指标，一是 CPU 的运算能力，二是计算机系统的可靠性。CPU 的处理速度越快，处理能力越强，在一定时间范围内，就能够管理更多的被控对象。可它的 CPU 运算速度及可靠性是受到当时的硬件技术条件限制的；还有一点，就是现场中所有的仪器仪表装置（如变送器、执行器等）都要连接到计算机上，这样在计算机和就地设备之间就有着成百上千的连接部件。因此，控制功能都集中到一台计算机上来完成。

这样有一个问题，一旦计算机出了故障，就会将使所有的功能都失效，这是令人无法承受的结果。为防止计算机出现故障造成重大生产事故，因此，需要另设置一套后备控制装置，以保证在计算机出现故障下继续维持生产工艺的正常运行，但这无疑增加了基建的投资。

对于这种状况，必须寻求一种更加可靠的计算机自动化控制系统，解决方法主要如下。

（1）使计算机本身更加可靠，广泛应用高可靠性的硬件设备和生产工艺；以增加计算机系统的可用率。

（2）引入功能上可替代的分布式控制技术，以分散故障风险的程度，减少故障带来的经济损失。

（3）硬件广泛采用冗余技术，在软件设计上实现系统的容错技术、故障自诊断和自动处理技术等。

20 世纪 60 年代末期至 70 年代初期，由于集成电路技术的发展使其成本降低。因此，出现了工业小型计算机，20 世纪 80 年代后又出现微型计算机，使得小型、微型计算机的功能更加完善，因此可以使用这种工业小型计算机或微型机来替代中央计算机的局部工作，即前端计算机对工艺过程进行监测和控制。有人将这种前端计算机叫作第一级计算机。而中央计算机作为第二级计算机，只处理中心自动化问题和管理方面的工作。从而产生了两级自动化控制系统的结构，也有人把这种结构称作分散式计算机系统，这种结构在 20 世纪 70 年代得到了广泛的应用，如图 8-3 所示。

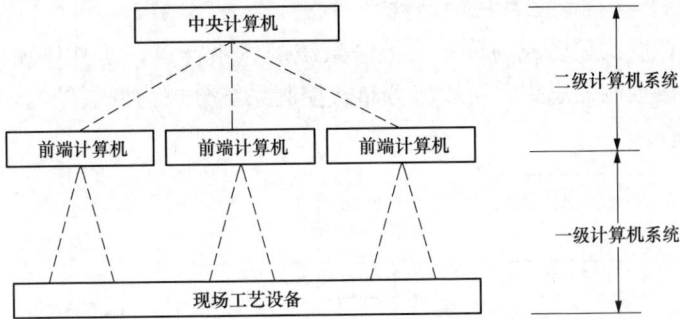

图 8-3　两级自动化控制系统结构

在 20 世纪 70 年代末，制造商推出多计算机自动化系统被用户采用后，必然会在满足自己应用的前提下，选择价格更加合理的其他厂商的计算机产品，与系统中原有的过程控制计算机集成在一块，共同完成整个系统的功能。这些前端计算机主要是完成实时处理、前端处理功能，而中央计算机只充当后继处理设备。从而使分布式控制系统逐渐形成。

这样，中央计算机不直接与现场工艺设备发生联系。而是把控制功能和危险分散到前端计算机上，因而当中央计算机失效时，设备的控制功能仍会得到保证。这种两级自动化控制系统，比较适用于小规模工业自动化过程，配置的前端计算机也比较少。

但是当控制的规模较大时，例如一台大型火力发电机组的自动化控制系统，就得需要很多台前端计算机才能满足控制要求，从而导致中央计算机的负载增大，难以在单台中央计算机的条件下及时完成诸如模块上优化、系统管理方面的工作，在这种局面的情况下，出现了增加一级中间计算机的控制系统，在这种控制系统中，中间计算机分布在各工艺车间或工段上，位置在前端机和中央计算机之间，并担当起一部分要求原中央计算机来处理的功能，至此，自动控制系统的结构就演变成了三级计算机控制模式，这种模式在工厂过程自动化控制中得到了广泛的用，如图 8-4 所示。

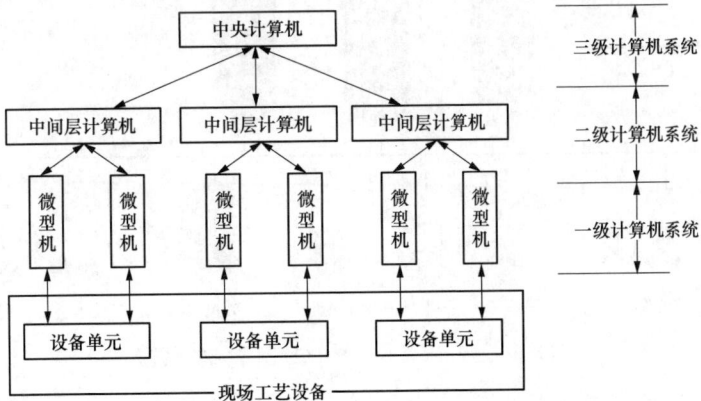

图 8-4　具有三层结构模式的计算机控制系统

（三）管控一体化系统的结构

目前，层次化已成为分布式控制系统的体系特点，使其体现集中操作管理、分散控制的思想。可以将分布式控制系统分成为四层结构，如图 8-5 所示。

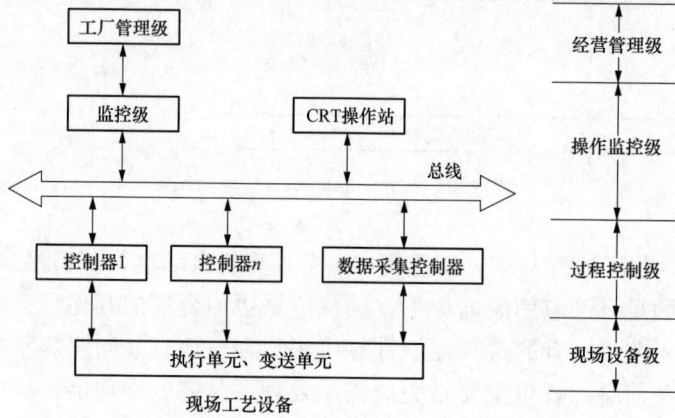

图 8-5　管控一体化的四层结构模式

管控一体化系统的结构可以概括为纵向分层、横向协调、信息集中、管控一体。如国产某型号分布式管控一体化控制系统的概貌如图 8-6 所示。

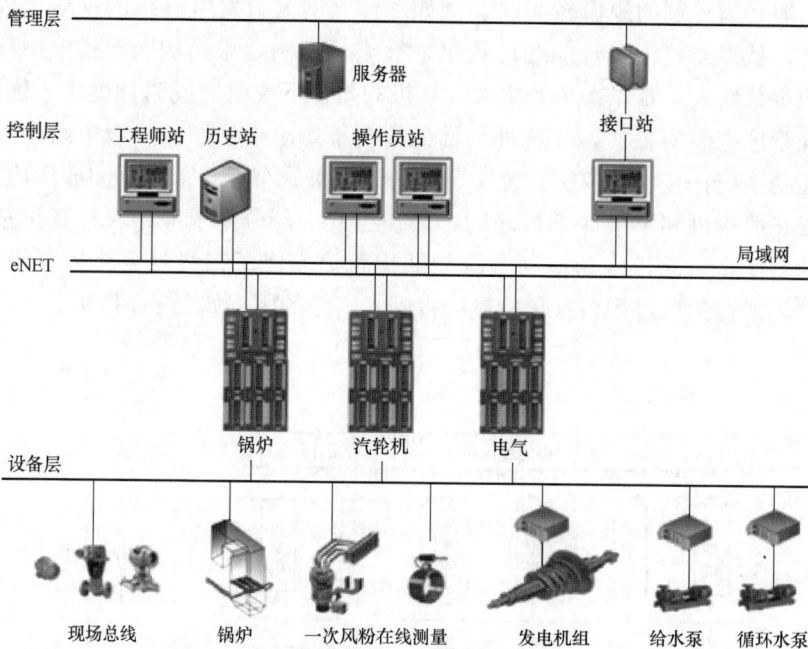

图 8-6　分布式管控一体化控制系统的概貌

按照分布式管控一体化各组成部分的功能分布，自下而上分别是现场控制级、过程控制级、过程管理级和经营管理级。与这四层结构相对应的四层局部网络分别是现场网络（Field Network，Fnet）、控制网络（Control Network，Cnet）、监控网络（Supervision Network，Snet）和管理网络（Management Network，Mnet）。

1. 现场控制级

现场控制级的典型设备是各类传感器、变送器和执行器等。

这一级的设备直接与生产过程相连，是 DCS 的基础，主要功能有三个方面：一是完成过程数据采集与处理；二是直接输出操作命令、实现分散控制；三是完成与上级设备的数据通信；四是完成对现场控制级智能设备的监测、诊断等。

2. 过程控制级

过程控制级主要由过程控制站、数据采集站和现场总线接口等构成。

其主要功能：一是采集过程数据，进行数据转换与处理；二是对生产过程进行监测和控制，输出控制信号，实现反馈控制、逻辑控制、顺序控制和批量控制功能；三是现场设备及 I/O 卡件的自诊断；四是与过程操作管理级进行数据通信。

3. 操作监控级

在这一级上的过程管理设备主要有监控计算机、操作站、工程师站，它综合监视过程各站的所有信息，集中显示操作，控制回路组态和参数修改，优化过程处理等。

4. 经营管理级

这一级居于级实时监控信息系统（SIS）上，并与办公自动化（MIS）连接起来，为厂级管理层的决策提供真实、可靠的实时运行数据，担负起全厂的设备检修管理、总体协调管理，包括各类经营活动、人事管理等。

分布式控制系统的一个重要特点是系统的硬件和软件都具有灵活的组态和配置能力，系统的硬件是通过网络系统将各现场控制站、操作员站和工程师站连接起来，协同完成工艺过程数据的采集、控制、显示、操作和管理功能。

二、分布式控制系统的特点及体系

自动过程控制系统发展至今，已经进入数字化、信息化和集成化时代，DCS、PLC、FCS 三种设备融合在一起共同完成过程控制功能，各自发挥其自己的优势，三者不再以孤岛形式出现。

1. 分散控制系统特点

在不同类型的分散控制系统中，过程控制单站的名称虽然不同，例如：过程接口单元（Process Interface Unit）、基本控制单元（Basic Controller）等，但是所采用的结构形式都基本一致，都由安装在控制柜内的一些标准化模块组装而成。

高度模块化的结构可以根据过程监测和控制的需要，灵活配置成由数十个至数百个监控量不同规模的过程控制单元。如从实现的功能方面来划分，又可分为功能齐全的现场控制站、仅具有数据采集功能的监测站或仅具有顺序控制功能的顺序控制站等。模块化的结构还允许在上述各种过程站（也称为现场控制站）中根据不同的可靠性指标采用冗余结构。

过程控制级是分布式控制系统的基础层，它向下直接面向工业对象，在设备层的各种检测仪表如热电偶、热电阻、变送器（如温度、压力、液位、流量等）及电气开关（输入触点）等，这些过程信号均由过程控制级各单元进行实时的数据采集，滤除噪声信号，进行非线性校正及各种补偿运算，折算成相应的工程量，根据组态要求还可进行上下限报警及累积量计算。所有测量值和报警值经通信网络传送到操作站数据库，供实时显示、优化计算、报警打印等。

在过程控制单元，根据过程控制组态还可进行各种闭环反馈控制、批量控制与顺序控制等。并可接收操作站发来的各种操作命令去驱动执行器（如调节阀、电磁阀、电动机等），从而提供了对生产过程的直接调节控制功能。

现场控制站与操作站通过系统网络相连接；而控制站与现场的输入、输出信号线可能有数百条之多。为减少 I/O 信号电缆长度，以降低长距离传输的干扰，提高信号可信度，并降低系统造价，现场控制站一般尽量置放在靠近工艺过程装置的地方。

2. 用于过程控制级的数字调节器与可编程序控制器（PLC）

目前，除上述标准结构的现场控制站外，很多的现场采用了各种智能数字调节器与可编程序控制器（PLC），新型的数字调节器与 PLC 不仅容量更大，速度更快，而且都增设了较强的联网通信能力。可以采用以廉价的双绞线为传输介质的现场总线网，将作为主节点的现场控制站与作为从节点的数十个数字调节器、PLC 或数字化智能变送器连接在一起，也可以将数台 PLC 通过网关直接接入高速数据总线路，组成过程控制级的顺序控制站。这样一来，分布式控制系统的控制功能进一步分散，控制速度与功能及系统的可靠性又得以进一步提高。

3. 现场总线控制系统

分布式控制系统全数字化是建设"智慧化电厂"的基础，推进现场总线的应用已成为控制系统发展的必然趋势。

现场总线是一种工业数据总线，是自动化领域中底层数据通信网络，它能将分散在现场的智能仪表、执行器和控制器等设备与自动化系统连接起来，构成现场总线控制系统。

（1）FCS 系统的核心是总线协议，即总线标准。

（2）FCS 系统的基础是数字智能现场装置。

通过使用现场总线，用户可以大量减少现场接线，用单个现场仪表可实现多变量通信，不同制造厂生产的装置间可以完全互操作，增加现场一级的控制功能，系统集成大大简化。传统的过程控制仪表系统每个现场装置到控制室都需使用一对专用的双绞线，以传送 4～20mA 信号，现场总线系统中，每个现场装置到接线盒的双绞线仍然可以使用，但是从现场接线盒到中央控制室仅用一根双绞线完成数字通信。

FCS 是由 DCS 与 PLC 发展而来，不仅具备 DCS 与 PLC 的特点，而且跨出了革命性的一步。

新型的 DCS 已有很强的顺序控制功能；而新型的 PLC，也具有处理闭环控制的功能，并且两者都可组成大型网络，DCS 与 PLC 的适用范围，已有很大的交叉。

但说明的是，现场总线技术并不能完全解决生产过程发生的实际问题，一旦网络通信数据包传输延迟、通信系统瞬时错误和数据包丢失、命令发送与到达次序不一致等问题出现会破坏控制系统的稳定性、可靠性及安全性。嵌入式控制技术是解决这种问题的一种途径。

4. 数据总线

数据总线的介质可以是一对双绞线、同轴电缆或光纤电缆。为保证通信的完整，大部分分布式控制系统厂家都能提供冗余数据总线。为了保证系统的安全性，使用了复杂的通信规约和检错技术。所谓通信规约就是一组规则，用以保证所传输的数据被接收，并且被理解和发送的数据一样。目前在分布式控制系统中一般使用两类通信手段，即同步的和异步的，同步通信依靠一个时钟信号来调节数据的传输和接收，异步网络采用没有时钟的报告系统。

5. 操作监控层

在分布式控制系统中，显示与操作功能集中于操作站，正常运行过程中，在过程控制单元一般不设置显示器和操作键盘。但有的系统备有袖珍型现场操作器，在开停工或检修时可直接连接过程控制单元进行操作，也有的早期系统在前面板上有小型按钮与数字显示器的智能模件，可进行一些简单的操作。

6. 信息安全防护

按照国家对工控系统网络信息安全防护监控技术要求，分布式控制系统的安全防护标准应遵循"安全分区、网络专用、横向隔离、纵向认证、综合防护"的原则，生产控制大区与生产管理系统（SIS）之间的数据传输应进行逻辑隔离，生产大区与管理信息系统（MIS）之间应实现物理隔离。通过部署工业防火墙、单向安全隔离装置、纵向加密认证装置、身份认证、入侵检测、日志审计等安全防护设备，以提升分布式控制系统网络的整体防护能力。

第九章　分布式控制系统网络系统

目前，分布式控制系统网络的定义国内外尚未统一标准。分布式控制系统通信网络是根据实际应用的需要发展起来的，它将物理上分散配置的过程控制站、数据服务器、操作站、工程师站、管理计算机等各站点，通过局域网有机地连接起来，构成多级控制系统，即称之为分布式控制系统通信网络。

分布式控制系统网络的功能是实现系统内各种通信设备互联。由于完成的是工业控制，因此，与一般的办公室用局域网络有所不同，通信网络应具有以下特点。

(1) 快速实时响应能力：办公室自动化计算机局部网络响应时间为2～6s，而它要求0.01～0.5s。

(2) 极高的可靠性：必须连续、准确地运行，数据传送误码率应达到：10^{-11}～10^{-8}。系统利用率在99.999%以上。

(3) 适应恶劣环境下工作：能抗电源干扰、雷击干扰、电磁干扰和接地电位差干扰。

早期分布式控制系统的通信网络都是专用的，各厂家独立研发，随着计算机网络技术的高速发展，这种专用的通信网络远落后于计算机网络技术的技术成果，现已逐步淡出应用，目前绝大多数的分布式控制系统都已采用标准的以太网技术。

第一节　数据通信基本概念

在分布式控制系统中的RS-485总线、以太网等，本质上都是数字通信。数字通信系统是通过某种介质以1和0的二进制信息流进行串行传输，其目的是无差错地将数据在规定的时间内传输到接收方。

一、数据通信系统

1. 数据通信系统的构成

数据通信系统一般包括信息源、发送装置/接收装置、传输链路、通信协议、传输报文等几个部分，实际上数据通信系统是一种硬件与软件的结合体，如图9-1所示。

(1) 发送方（sender）。发送方是指发送数据报文的设备。它可以是计算机、工作站、服务器等。

(2) 接收方（receiver）。是指接收报文的设备。它可以是计算机、工作

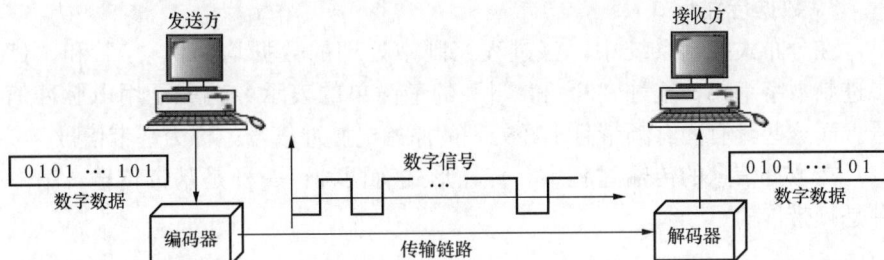

图 9-1　数据通信系统的构成

站、服务器等。

（3）传输链路（medium）。是指信号传送的载体。两台计算机或终端在相互通信时，使用同一条实际的物理通路，局域网中常见的传输介质有光纤、同轴电缆、双绞线等。

（4）报文（message）。报文是指通信中的数据块。文本、数字、图片、声音、视频等信息被编码后，以报文的形式被传送。

（5）通信协议（protocol）。通信协议是指管理数据通信的一组规则。它表示通信设备之间的一组约定。如果没有协议，即使两台设备可能在物理上是连通的，也不能实现通信。比如一个只懂汉语的人听别人讲英语，如果没有人把英语翻译成汉语，就听不懂英语在讲什么，这个中间翻译就相当于通信协议。

2. 数据通信过程一般步骤

（1）数据打包。简单地讲，就是对需要传送的数据进行封装，形成封装协议的数据包或报文，并完成速率适配。报文内除了数据本身外，还有报头、报尾等一些附加信息，如报文说明、长度、校验等。还要在所发送的数据包上填写目标地址、本地地址，在安全性和可靠性较高时，还要进行加密处理等，这些操作就叫数据打包。

（2）数据转换与编码。数据转换与编码就是对报文做适当变换，以适应传输要求。如串行通信中的并一串转换，0、1 的传输编码（单极性码、双极性码、归零编码、不归零编码等）信号电平的选择，以及信号的调制形式等。

（3）数据传输。数据传输是发送方将数据传送给接收方的通信过程。数据经过转换与编码后，将代表报文的信号（数字信号或模拟信号）通过传输介质，发往到接收方。

（4）数据转换与译码。对于模拟传输信道，它就是解调器。对于数字传输信道，它就是数据服务单元的接收部分。接收设备将收到的信号转换译码后，形成报文。

（5）数据解包。接收设备把收到数据包文件还原成原来的文件，根据数据打包时的协议从报文中去除附加信息，得到最终需要的数据。

3. 数据传输形式

在分布式控制系统中，各过程控制站处理的数据均为由"0"和"1"二进制数字组成，这种"0"和"1"的最简单的表示方法就是用电脉冲信号。而这些具有固有频带且未经处理的原始电脉冲信号，称为基带信号。

在数据信息的传输过程中，传输形式有两种：一种是基带传输，另一种是频带传输。

二、基带传输

基带传输是数据传输中最基本的传输方式，其首要问题是如何把数据用电信号表示出来。

（一）单极性编码

单极性码，顾名思义就是只使用了一个极性，是最基本的一种数字信号表示形式。通常用正电压表示1，零电压或线路空闲来表示0。单极性编码如图9-2所示。

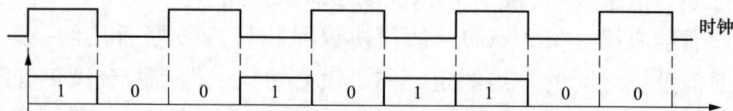

图 9-2 单极性编码

由于单极性编码存在直流分量和需要同步的问题，且单极性的抗干扰较差。仅适用近距离通信传输，因而通常不单独采用单极性码来工作。

（二）极化编码

极化编码是一种新型编码方式，采用两个电压信号，即电压或正或负。这种编码可以减轻直流分量问题。常用的极化编码有数字非归零编码（NRZ）、归零编码（RZ）和双相位编码三种形式。

1. 非归零编码（NRZ）

非归零编码的缺点是当连续出现0或1时，与单极性编码一样，难以识别信号的启停点，也会产生直流分量的积累，从而使信号失真。过去大多数数据传输网络均不使用这种编码。但近年来，随着技术的完善，非归零编码已成为高速网络的主流技术，如图9-3所示。

非归零编码包括以下两种形式。

（1）非归零电平编码（NRZ-L）。正电平表示1，负电平表示0。电压为$-15 \sim +15V$。

（2）非归零反相编码（NRZ-I）。非归零反相编码（NRZ-I）方式中，信号电平的一次翻转代表1，没有电平的变化代表0。相对于非归零电平编码来说，信号电平的翻转能提供一种同步机制，但一长串连续的0仍会给同步造成问题，据统计，连续的比特1出现的概率比连续的比特0出现的概率大。

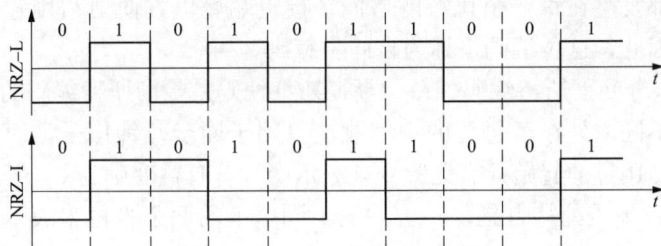

图 9-3 非归零编码

2. 归零编码（RZ）

如图 9-4 所示，归零编码采用了正、负电、零三种电平。在归零编码（RZ）中，信号变化不是发生在比特之间，而是发生在比特内，在每个比特间隙，信号将归零。电压从"正"跳变到"零"代表比特"1"；而电压从"负"跳变到（零）代表比特"0"，每位比特的中间跳变可用于同步，因此较好地解决了信号同步问题。由于每位比特数据要发生两次跳变，需要占用较多的带宽。

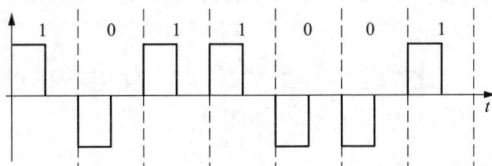

图 9-4 归零编码

3. 双相位编码

双相位编码中，信号在每比特间隙发生改变但并不归零，而是转为相反的一极。每个比特的中间跳变可用于同步。

双相位编码有两种方式：曼彻斯特（Manchester）编码和差分曼彻斯特（Differential Manchester）编码，如图 9-5 所示。

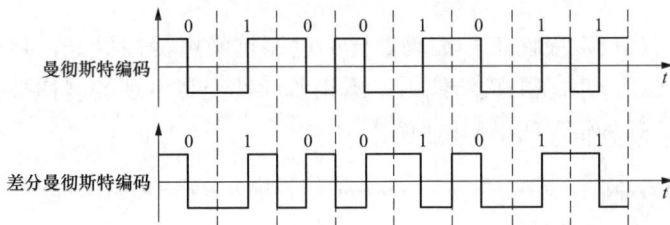

图 9-5 曼彻斯特码和差分曼彻斯特码

（1）曼彻斯特编码。在曼彻斯特编码中，用电压跳变的相位不同来区分 1 和 0，即用正的电压跳变表示 0，用负的电压跳变表示 1。与归零编码相比，曼彻斯特编码仅需要两种电平，因此，这种编码也称为相应编码。

由于跳变都发生在每一个比特的中间，接收端可以方便地利用它作为位同步时钟，因此，这种编码也称为自同步编码。

（2）差分曼彻斯特编码。差分曼彻斯特编码是曼彻斯特编码的一种修改格式，其不同之处在于每位的中间跳变只用于同步时钟信号，而 0 或 1 的取值判断是用位的起始处有无跳变来表示的（若有跳变则为 0，若无跳变则为 1），这种编码的特点是每一位均用不同电平的两个半位来表示，因而始终能保持直流的平衡，这种编码也是一种自同步编码。

（三）双极性编码

双极性编码和双相位编码一样，也是正、负、零三电平之间变化对信号编码。也分归零码和非归零码。但和双相位编码不同的是，电平零在双极性编码中代表比特 0，正负电平交替代表比特 1。如果第一个比特 1 由正电平代表，则第二个比特 1 由负电平代表，第三个比特 1 再由正电平代表，如此往复循环。

双极性编码类型共有三种，分别为交替反转码（AMI）信号、双极性 8 零替换编码（B8ZS）信号和三阶高密度双极性编码（HDB3）。

信号交替翻转编码 AMI（Alternate Mark Inversion）是一种典型的双极性码。

在 AMI 信号中，比特流中遇到"1"时，使电平在正和负之间交替翻转，遇到"0"时则保持为零电平，如图 9-6 所示。

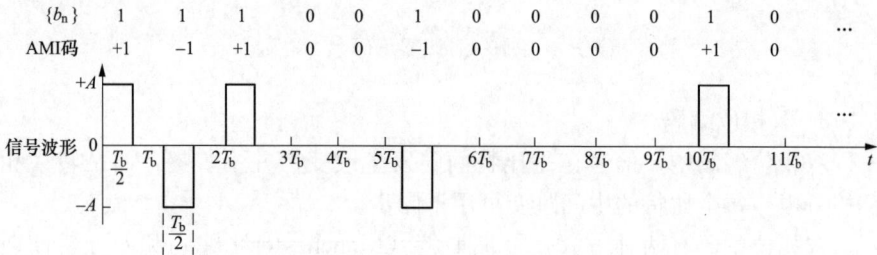

| $\{b_n\}$ | 1 | 1 | 1 | 0 | 0 | 1 | 0 | 0 | 0 | 0 | 1 | 0 | ... |
| AMI码 | +1 | −1 | +1 | 0 | 0 | −1 | 0 | 0 | 0 | 0 | +1 | 0 | |

图 9-6　AMI 信号交替翻转编码

这种三进制双极性信号编码，比二进制抗噪声特性更好，频谱中无直流分量。AMI 有内在的检错能力，当正负脉冲交替出现的规律被打乱时易识别出来，这种情况叫 AMI 违例。

三、频带传输

1. 调制解调技术

DCS 系统在远距离传输数据时，一般利用电话线进行传输，而一对双绞线信道的频带宽度为 100MHz，远小于数字信号传输频带的宽度。因此，在远距离传输数字信号时会导致信号波形发生畸变，而且通信速率越高信号波形畸变越严重，如图 9-7 所示。

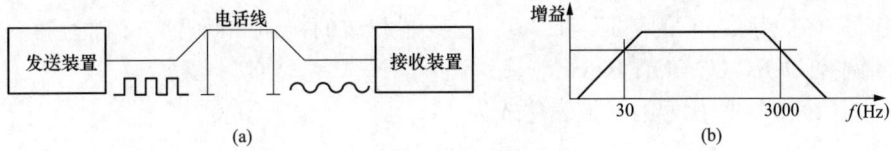

图 9-7 数字信号通过电话线传送产生的畸变

(a) 信号畸变；(b) 电话线频带

一种解决方法是把数字信号转变成音频范围内的模拟信号，以便于低频信号的传输，信号到达接收端后再还原成数字信号，这两个转换的过程分别称为"调制"和"解调"。调制与解调示意图如图 9-8 所示。

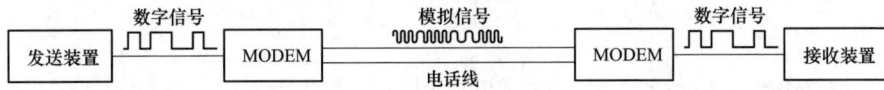

图 9-8 调制与解调示意图

调制的基本思想是以基带把数字信号的"0"和"1"用某种载波（正弦波）的变化表示，将数字信号调制成模拟信号的方式有三类：幅移键控法（ASK）、频移键控法（FSK）、相移键控法（PSK）。解调是将被调制的信号从载波上取出，并还原成数字信号，如图 9-9 所示。

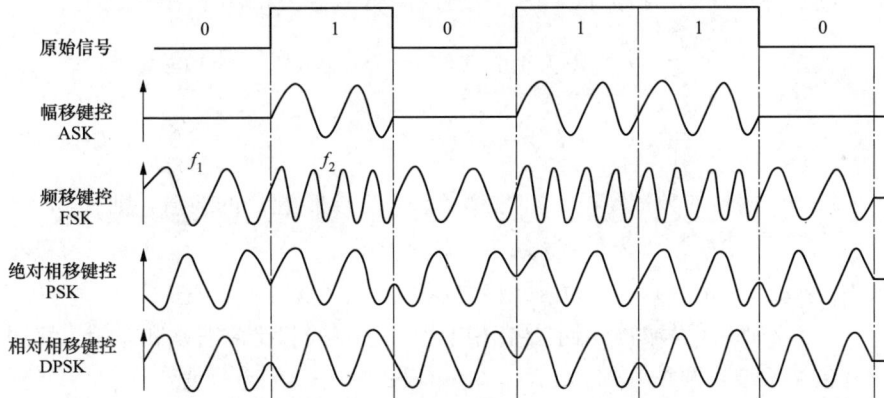

图 9-9 幅移、频移、相移三种调制方式

2. 幅移键控（2ASK）

二进制幅移键控（2ASK）是用二进制数字信号来控制高频载波的幅度变化，可以通过乘法器和开关电路来实现。在信号为 1 的状态载波接通，此时传输信道上有载波出现；在信号为 0 的状态下，载波被关断，此时传输信道上无载波传送。那么在接收端就可以根据载波的有无还原出数字信号的 1 和 0。二进制幅移键控信号的频带宽度为二进制基带信号宽度的两倍。

如某一固定频率来表示"1";用原始基带表示"0"。即用二进制数字信号(基带脉冲)的"1"和"0"去控制载波的接通和断开,又称为通—断键控 OOK(On-Off Keying)。

(1) 2ASK 信号的时域表达式为

$$S_{2ASK}(t) = s(t)\cos\omega_c t = [\sum_n a_n g(t - nT_S)]\cos\omega_c t \tag{9-1}$$

一个典型的 2ASK 信号时间波形如图 9-10 所示。

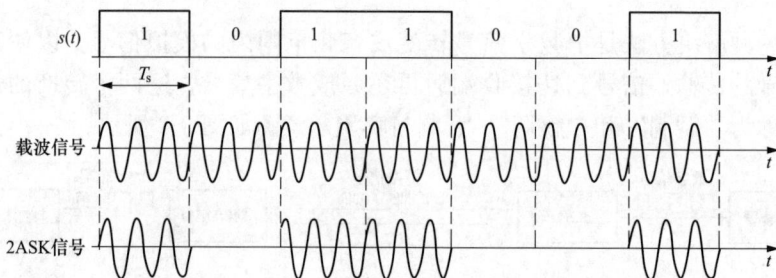

图 9-10 2ASK 信号时间波形(图中载波频率在数值上是码元速率的 3 倍)

(2) 2ASK 信号的产生方法有三种,分别为模拟调制法、数字键控法、乘法器法。

(3) 2ASK 信号的功率谱及带宽。当 $S(t)$ 为 0、1 等概率出现的单极性矩形随机脉冲序列(码元间隔为 T)时,2ASK 信号的功率谱密度为

$$P_{2ASK} = \frac{T_S}{16}\{Sa^2[\pi(f + f_C)T_S] + Sa^2[\pi(f - f_C)T_S]\} +$$

$$\frac{1}{16}[\delta(f + f_C) + \delta(f - f_C)] \tag{9-2}$$

2ASK 信号的频带宽度 B_{2xs} 为数字基带信号带宽 B 的两倍,则有

$$B_{2ASK} = 2B_S = 2R_B \tag{9-3}$$

式中 R_B——等于 $1/T$,为码元传输速率。

(4) 2ASK 信号的解调主要有相干解调法(同步检波法)和非相干解调法(包络检波)两种方式。

调幅方式容易受到噪声信号的影响,一般仅用于速率很低的信号传输,或与其他调制方式(如相位调制)配合使用。

3. 频移键控(Frequency Shift Keying,FSK)

频移键控(2FSK)是用原始二进制数字信号控制载波频率的变化,二进制频移键控是用两个不同频率的载波来代表数字信号的两种电平。

(1) 2FSK 信号的时域表达。设二进制数字信号如用一种载波频率 f_1 的正弦波信号表示"1",用另一种载波频率 f_2 的正弦波信号表示"0",且 f_1 和 f_2 之间的改变是瞬间完成的。对相位不连续的 2FSK 信号,可看成为两个不同载波频率信号的合成,其一般 2FSK 信号的时域数学表达式为

$$S_{2FSK}(t) = \Big[\sum_n a_n g(t - tn_S)\Big]\cos(\omega_1 t\theta_n) + \Big[\sum_n \overline{a}_n g(t - nT_S)\cos(\omega_2 t + \varphi_n)\Big]$$

$$(9\text{-}4)$$

式中　θ_n、φ_n——第 n 个信号码元的初始相位；

　　　$\overline{a}_n$——a_n 的反码。

（2）2FSK 信号的产生通常有两种方式：①模拟调频法；②数字键控法。

（3）2FSK 信号的功率谱及带宽。当 $S(t)$ 为 0、1 等概率出现的单极性矩形随机脉冲序列（码元间隔为 T_S）时，2FSK 信号功率谱的表达式为

$$P_{2ASK} = \frac{T_S}{16}\{Sa^2[\pi(f + f_1)T_S] + Sa^2[\pi(f - f_1)T_S]\} +$$

$$\frac{1}{16}[\delta(f + f_2) + \delta(f - f_2)] + \frac{1}{16}[\delta(f + f_1) + \delta(f - f_1) +$$

$$(f + f_2) + \delta(f - f_2)]$$

$$(9\text{-}5)$$

2FSK 的频带宽度为

$$B_{2FSK} = |f_1 - f_2| + 2f_S = |f_1 - f_2| + 2B_S \qquad (9\text{-}6)$$

式（9-6）的计算中利用了 $f_S = 1/T_S$ 的关系。

应注意的是，式（9-6）是在数字基带信号 $S(t)$ 用单极性矩形脉冲波形表示的前提条件下得到的结论。当数字基带信号用滚降系数为 α 的升余弦滚降脉冲波形表示时，由于

$$B_S = (1 + \alpha)B_N = (1 + \alpha)\frac{R_B}{2}$$

则此时

$$B_{2FSK} = |f_1 - f_2| + (1 + \alpha)R_B \qquad (9\text{-}7)$$

（4）2FSK 信号的解调。FSK 的解调方法有很多，如相干检测法、非相干（包络检波）法、过零检测法、差分检测法等。此外，2FSK 的解调方法还有过零检测法和差分检波法等。

4. 二进制绝对相移键控（2PSK）和二进制相对相移键控（2DPSK）

相移键控是用二进制数字基带信号来控制连续载波的相位，载波相位随着数字基带信号的变化而改变。一般可分为绝对相移键控（2PSK）与相对相移键控（2DPSK）两种调制方式。

（1）二进制绝对相移键控（2PSK）。如果把二进制数字序列信号"1"和"0"，分别用载波的相位 π 和相位 0 来表示。如"1"调相信号为 $\sin(\omega_0 t)$，则"0"调相信号为 $\sin(\omega_0 t + \pi)$。其幅度和频率保持不变，则这种调制方式称为二进制绝对相移键控。

1）2PSK 信号的一般表达式为

$$S_{2\text{FSK}}(t) = \sum_{}^{n} a_n g(t - nT_{\text{S}}) \cos \omega_c t \tag{9-8}$$

式中 $a_n = \begin{cases} +1, & \text{出现概率为 } P; \\ -1, & \text{出现概率为 } -P. \end{cases}$

在式（9-8）中 $g(t)$ 可看成宽度为 T_{S} 双极性矩形脉冲波形。

2）2PSK 信号可用两种方法实现，分别为模拟调制法和相移键控法。

3）2PSK 信号的解调一般采用相干解调法。

（2）二进制相对移相键控（2DPSK）是用相邻码元载波相位的相对变化来表示数字信号。相对调相值 $\Delta\phi$ 是指该位码元与前一位码元的相位之差。

设 $\begin{cases} \Delta\varphi = \pi \rightarrow \text{数字信息"1"}; \\ \Delta\varphi = 0 \rightarrow \text{数字信息"0"}. \end{cases}$

即两码元"1"与"0"之间的载波相位差值为 π。

1）2DPSK 产生的原理方法有模拟调制法和相移键控法。

2）2DPSK 信号的解调可采用极性比较法和相位比较法。

3）2PSK、2DPSK 信号的功率谱及带宽。在形式上 2PSK 信号与幅移键控 2ASK 信号的时域表达式完全相同，所不同的仅是两者基带信号的构成，2PSK 可看作是一个双极性 NRZ 信号。在 2ASK 看作是单极性 NRZ 信号。因此，当求 2PSK 信号的功率谱密度时，也可采用与求 2ASK 信号功率谱相同的方法。

当 $S(t)$ 为"0"与"1"等概率出现的双极性矩形随机脉冲序列，码元时间间隔为 T_{S}，2PSK、2DPSK 信号的功率谱为

$$P_{1\text{ASK}}(f) = \frac{T_{\text{S}}}{4} \{ Sa^2[\pi(f + f_{\text{C}})T_{\text{S}}] + Sa^2[\pi(f - f_{\text{C}})T_{\text{S}}] \} \tag{9-9}$$

2PSK、2DPSK 信号的频带宽度 $B_{2\text{PSK}}$ 与 $B_{2\text{DPSK}}$ 相等，均为基带调制信号带宽 B_{S} 的两倍。

$$B_{2\text{PSK}} = B_{2\text{DPSK}} = 2f_{\text{S}} = 2B_{\text{S}} = 2R_{\text{B}} = B_{2\text{ASK}} \tag{9-10}$$

式中 $R_{\text{B}} = 1/T$——码元传输速率。

应注意的是，式（9-10）是在基带信号 S 为矩形脉冲的条件下得出的。当基带信号用滚降系数为 a 的升余弦滚降脉冲波形表示时，则此时带宽 B_{S} 为

$$B_{\text{S}} = (1 + \alpha)B_{\text{N}} = (1 + \alpha)\frac{R_{\text{B}}}{2} \tag{9-11}$$

（3）误码率。通信系统在正常工作情况下传输可靠性的指标，通常用误码率来衡量，误码率的定义是二进制码元在传输系统中被传链的概率，若传输二进制码元的总数为 N_{C}，被传销的码元数为 N_{C}，则误码率 P 为

$$P_{\text{C}} = \frac{N_{\text{C}}}{N} \tag{9-12}$$

对于大多数的通信传输系统来说，通常要求误码率在 $10^{-5} \sim 10^{-9}$ 之间，而计算机之间的数据传输则要求误码率低于 10^{-9}。几种常见数字调制系统的误码率计算公式如表 9-1 所示。

表 9-1　几种常见数字调制系统的误码率计算公式

调制方式	解调方式	误码率 P_C	$r \gg 1$ 时的近似 P_C
2ASK	相干	$P_C = \dfrac{1}{2} erfc(\sqrt{r}/2)$	$P_C = \dfrac{1}{\sqrt{\pi r}} e^{-r/4}$
	非相干		$P_C = \dfrac{1}{2} e^{-r/4}$
2FSK	相干	$P_C = \dfrac{1}{2} erfc\sqrt{\dfrac{r}{2}}$	$P_C = \dfrac{1}{\sqrt{2\pi r}} e^{-r/2}$
	非相干		$P_C = \dfrac{1}{2} e^{-r/2}$
2PSK	相干	$P_C = \dfrac{1}{2} erfc(\sqrt{r})$	$P_C = \dfrac{1}{2} \sqrt{\pi r}\, e^{-r}$
2DPSK	差分相干	$P_C = erfc\sqrt{r}$	
	差分非相干		$P_C = \dfrac{1}{2} e^{-r}$

注　$r = \dfrac{a^2}{2\sigma_n^2}$，称为解调器的输入信噪比。

幅移、频移、相移三种调制系统的误码率 P_C 与信噪比 r 的关系曲线如图 9-11 所示。

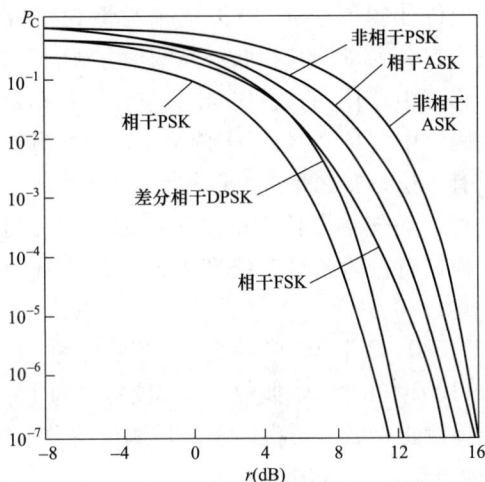

图 9-11　误码率 P_C 与信噪比 r 的关系曲线

从图 9-11 可以看出，在相同的信噪比 r 下，相干解调的 PSK 系统的误码率 P_C 最小；对不同的调制方式，当信噪比 r 相同时，PSK、DPSK 的误码率 P_C 小于 FSK，而 FSK 系统的误码率 P_C 又小于 ASK 系统；在误码率相同的条件下，相干 PSK 要求信噪比 r 最小，FSK 系统次之，ASK 系统

则要求信噪比 r 最大，它们之间分别相差 3dB。

四、差错控制

计算机网络必须能将数据正确地从一个设备传输到另一个设备，但每次将数据从信源传输到信宿的过程中，都可能发生错误，包括噪声在内的多种因素都可能改变传输的数据。

数据传输中的错误可分为三种类型：单比特错误、多比特错误和突发错误。单比特错误是在数据单元中只有一个比特发生了改变；多比特错误是指数据单元中两个或两个以上的不连续比特发生了改变；突发错误是指数据单元中两个或两个以上连续的比特发生了改变。

大多数错误检测的方法是按照一定的规则给数据码加上冗余码，然后将数据码和冗余码一起发送出去，在接收端按相应的规则检查数据码和冗余码之间的关系，从而发现差错并进行相应的处理。只能检测出错误，而不知道哪些比特发生了错误的冗余码被称为检测码；既能检测出错误，又能知道哪些比特发生了改变，进而能纠正错误的冗余码被称为纠错码。

在实际的传输中，不仅包括数据信息，还包括冗余信息。编码效率（或称为传信率）是指数据信息在整个发送信息中的比重。常用的差错控制编码如下。

（一）奇偶校验码

奇偶校验码是一种增加二进制代码传输距离的最简单和广泛采用的方法，是通过增加冗余位使得码字中"1"的个数恒为奇数或偶数的编码方法，是一种检错码。它分为奇校验和偶校验两种方法。

奇校验：原始码流中"1"的数目＋校验位，总共有奇数个 1。

偶校验：原始码流中"1"的数目＋校验位，总共有偶数个 1。

它的校验位只有一位，要么是 0，要么是 1。

奇偶校验的过程一般先将要传送的二进制数字码流分组，在每一组后增加一位校验位，根据奇校验还是偶校验来确定"1"还是"0"。如：

原始数据：00101100。

奇校验：001011000//3 个 1，奇数个 1，校验位为 0。

偶校验：001011001//4 个 1，偶数个 1，校验位为 1。

奇偶校验只能检测出奇数个错误，不能检测出偶数个错误。如：

1. 奇校验 正确码流 11000001

错 1 位 11000011 变成了偶数个 1，能检测出错误。

错 2 位 11000010 变成了奇数个 1，检测不出错误。

错 3 位 11001010 变成了偶数个 1，能检测出错误。

2. 偶校验 正确码流 01000001

错 1 位 01000011 变成了奇数个 1，能检测出错误。

错 2 位 01000010 变成了偶数个 1，检测不出错误。

错 3 位 01001010 变成了奇数个 1，能检测出错误。

在实际使用时又可分为垂直奇偶校验、水平奇偶校验和水平垂直奇偶校验等几种。

奇偶校验的特点是检错能力低，只能检测出奇数个码错，无法确定错误数据位具体是哪一位。这种检错法所用设备简单，硬件和软件方法都可以实现。

（二）正反码

正反码是一种监督码元且能够纠正差错的编码，其中冗余位的个数与数据位个数相等。冗余位与数据位或者完全相同或者完全相反，由数据位"1"的个数决定。

当数据位有奇数个"1"时，冗余位与数据位相同；当数据位有偶数个"1"时，其余位与数据位相反。

编码过程：如正反码码长 $k=10$，其中数据位 $k=5$，监督位 $r=5$；若数据码为 10011，则监督码为 10011，所组成的正反码为 1001110011；若数据码为 10010，则监督码为 01101，所组成的正反码为 1001001101。译码过程如下。

（1）将接收的 n 位码用数据位和监督位按位进行异或，得到一个上位的合成码。

（2）利用合成码产生一个校验码。若数据位中有奇数个"1"，则合成码即为校验码；若数据位中有偶数个"1"，则合成码的反码为校验码。

（3）根据校验码中"1"的个数进行判断和纠错。

校验码若为全"0"，则表示无差错；校验码中若有 4 个"1"、1 个"0"，则说明数据位中有一位差错，其位置对应于校验码中"0"的位置；校验码中若有 4 个"0"、1 个"1"，说明冗余位中有 1 位差错，其位置对应于校验码中"1"的位置；其他情况时说明差错在两位或两位以上。

（三）循环冗余校验码

循环冗余校验（Cyclic Redundancy Check，CRC）码是应用最广泛、纠错能力很强的一种检验误码方法。它由要传输的 k 位数据后面附加一个 r 位的校验序列构成，并以该循环码进行发送和传输。CRC 码有着严密的代数理论基础，是在多项式代数运算基础上建立起来的。

二进制数的中各位码元可看作为一个多项式系数，如二进制数 1001001 对应多项式为

$$1x^6 + 0x^5 + 0x^4 + 1x^3 + 0x^2 + 0x + 1 = x^6 + x^3 + 1 \qquad (9\text{-}13)$$

应用 CRC 码时，要进行二进制码多项式运算。多项式运算是按系数异或运算规则进行。

设 $K(x)$ 为 K 位信息码多项式，$G(x)$ 为 r 阶（$r+1$）位生成码多项式，$R(x)$ 为 r 位余式，就是校验码多项式。则最后得到的待发送的 CRC 码的 $k+r$ 位多项式为 $K(x)+R(x)$，其对应的二进制码即为 CRC 码。

（1）CRC 校验码编码过程。取 k 位信息码，然后将其左移 r 位，从而得到 $k+r$ 位的二进制码；再用生成码进行模 2 除（异或）该二进制码，得到 r 位余数，该余数即为所得校验码；将该校验码加在原信息码后，就构成待传输的 $k+r$ 位 CRC 码（信息码加校验码）。

（2）CRC 码的译码过程。接收端译码具有检错和纠错两项功能。

1）检错。检错的原理与操作都比较简单，以生成多项式 $G(x)$ 对应的代码去模 2 除接收到的代码，即 $T'(x)$ 对应的代码，若余数为 0，则说明传输过程正确，否则有差错。

2）纠错。接收端的纠错也不复杂。如有差错，要先确定一个差错模式 $e(x)$，则有

$$T(x) = T'(x) + e(x)T(x) \tag{9-14}$$

$T(x)$ 和 $T'(x)$ 分别为发送码和接收码的多项式。$e(x)$ 即为 $T'(x)/G(x)$，求得 $e(x)$，即可知道差错，进而就可以纠错了。

（3）CRC 编、译码。若待发送的信息序列为 1001001，生成多项式 $G(x) = x^3 + x^2 + 1$。

（4）求 CRC 码的检验序列码，并验证接收码 1001001111 的正确性。

1）编码。信息序列 1001001 对应码多项式为 $K(x) = x^6 + x^3 + 1$，则 $x^r K(x) = x^9 + x^6 + x^3$ 对应的代码为 1001001000（相当于信息码左移 3 位）生成多项式 $G(x) = x^3 + x^2 + 1$ 对应的代码为 1101，如：

```
                    1 1 1 1 0 1 1
        1 1 0 1 / 1 0 0 1 0 0 1 0 0 0
                  1 1 0 1
                  1 0 0 0
                  1 1 0 1
                    1 0 1 0
                    1 1 0 1
                      1 1 1 1
                      1 1 0 1
                        1 0 0 0
                        1 1 0 1
                          1 0 1 0
                          1 1 0 1
                            1 1 1
```

2）编码结果。得到检验序列 111。因此，传输的代码序列为 1001001111，码多项式为 $T(x)$。

3）译码。如收到的代码为 1001001111，则用其除以生成多项式对应的代码 1101，得余数为 0（读者自己验证），说明信息在传输过程中没错。将最后的三位校验位码"111"舍去，就得到信息码 1001001。

4）译码并纠错。若收到的 $T'(x)$ 代码为 1001001101，按原过程计算，将其除以生成多项式对应的代码 1101，得余数为 10。

这就说明传输有差错，差错 $e(x) = x$，其代码为 10；将其纠正。

1001001101＋10＝1001001111

$$
\begin{array}{r}
1111\,011 \\
1101\,)\overline{1001001\,000} \\
1101 \\
\hline
1000 \\
1101 \\
\hline
1010 \\
1101 \\
\hline
1111 \\
1101 \\
\hline
1010 \\
1101 \\
\hline
1111 \\
1101 \\
\hline
010
\end{array}
$$

（5）CRC 码的特点。CRC 码的编码和译码过程可由软件实现，也可由硬件方式实现，比如可用移位寄存器和半加器来实现。理论证明，循环冗余检验码能够检验出全部奇数位错、全部偶数位错和全部小于或等于冗余位数的突发性错误。

第二节　传　输　介　质

这里所说的传输介质是指在分布式控制系统中各控制站或工作站之间，实现物理信号通路的连接部分，这种传输介质主要有双绞线、同轴电缆和光纤三种类型。

一、双绞线

双绞线是把两根绝缘的铜导线按一定密度互相绞在一起，一根导线在传输中辐射出来的电波会被另一根线上发出的电波抵消，以降低对信号干扰的程度。双绞线有屏蔽型（Shielded Twisted Pair，STP）和非屏蔽型（Unshielded Twisted Pair，UTP）之分，屏蔽双绞线有一层金属屏蔽网，因此它的抗干扰能力要比非屏蔽双绞线强一些。但要注意的是电缆的通信距离与电缆电容的大小有关，电缆电容越大，通信距离越短；由于屏蔽双绞线比非屏蔽双绞线的电容要大一些，因而通信距离要短一些。双绞线实物如图 9-12 所示。

双绞线用于模拟传输或数字传输，其通信距离一般为几千米到十几千米。对于长距离传输时，模拟信号要加中间放大器，以将衰减的信号恢复到合适的数值；数字信号则加中继器，将失真的数字信号进行整形。传输导线越粗其通信距离就越远。

双绞线主要用于两站点间的连接，如在局域网中的星形拓扑结构中，站点与交换机之间常用双绞线来连接，但理论上长度不超过 100m。双绞线有时也用于多点间的传输介质，它比同轴电缆的价格低廉，但抗干扰性能

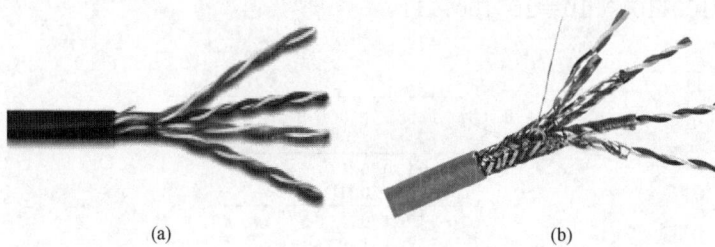

图 9-12　双绞线实物图
(a) 非屏蔽双绞线；(b) 屏蔽双绞线

比同轴电缆要差一些。

屏蔽双绞线误码率较低，为 $10^{-5}\sim10^{-8}$。非屏蔽双绞线误码率高一些，为 $10^{-5}\sim10^{-6}$，但因其价格低廉，而广泛用于局域网中。

双绞线还按其电气特性进行分级或分类。电子工业协会/电信工业协会（EIA/TIA）将其定义为 7 种类型，即第 1 类～第 7 类。这些不同类型的双绞线按 CATx 方式标注，如五类线和六类线，则在线的外皮上标注为 CAT 5、CAT 6。而如果是改进版，就按 xe 方式标注，如超五类线就标注为 5e（字母是小写，而不是大写）。

在分布式控制系统中的局域网中常用第 5 类双绞线，并分为有屏蔽和无屏蔽两种，由 4 对双绞线构成一条电缆。传输速率可达 100Mbit/s。

超 5 类双绞线具有更高的衰减与串扰的比值（ACR）和（SNR）、延时误差更小。其主要用于 1000Mbit/s 以太网。

第 6 类为非屏蔽双绞线，比 5 类双绞线有更好的传输特性，传输速率为 1M～250MHz，可用于 100Base-T 1000Base-T 等局域网中。带宽为超 5 类线的 2 倍，传输性能远高于超 5 类线的标准。永久链路的长度不能超过 90m，信道长度不能超过 100m。

第 7 类双绞线传输速度可达 10Gbit/s，一般来说，类别数字越大，信带越宽，价格越高。

EIA/TIA 568A、EIA/TIA 568B 的线序定义如表 9-2 所示。

表 9-2　EIA/TIA 568A、EIA/TIA 568B 的线序定义

线序号	1	2	3	4	5	6	7	8
EIA/TIA 568A	绿白	绿	橙白	蓝	蓝白	橙	棕白	棕
EIA/TIA 568B	橙白	橙	绿白	蓝	蓝白	绿	棕白	棕

按照 568A 与 568B 标准，RJ-45 连接头（又称水晶头）各触点在网络连接中，对传输信号来说分别是：1、2 用于发送，3、6 用于接收，4、5，7、8 是双向线；对与其相连的双绞线来说，为降低相互干扰，标准要求 1、2 必须是绞合的一对线，3、6 也必须是绞合的一对线，4、5 相互绞合，7、8 相互绞合。

RJ-45 端口信号定义如表 9-3 所示。

表 9-3　RJ-45 端口信号定义

RJ-45 接口	线序	信号	作用
	1	TX+	发送信号+
	2	TX−	发送信号−
	3	RX+	接收信号+
	4	NC	空脚
	5	NC	空脚
	6	RX−	接收信号−
	7	NC	空脚
	8	NC	空脚

实际上两套标准 568A 和 568B 并无本质上的区别，只是连接 RJ-45 时 8 根双绞线的线序排列不同，在实际的网络工程施工中较多采用 568B 标准。

交叉线：又叫反线，一端按照 568A 标准排列线序，另一端按照 568B 标准排列线序。

直通线：又叫正线或标准线，两端采用 568B 线序标准，两端的线序一一对应。

交叉线与直连线的区别：① 相同设备间相连必须使用交叉线；② 不同设备间的连接只能使用直通线。

二、同轴电缆

如图 9-13 所示，同轴电缆（Coaxial Cable）是指有两个同心导体，而导体和屏蔽层又共用同一轴心的电缆。最常见的同轴电缆由铜质导体内芯、绝缘内层、镀锌铜网状编织的外屏蔽层，以及由聚氯乙烯或特氟纶材料的绝缘护套所构成。

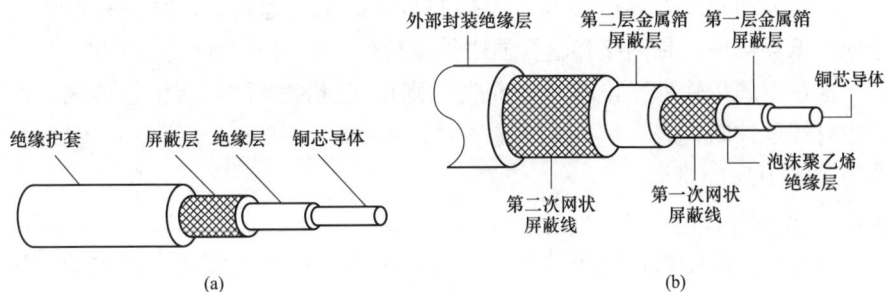

图 9-13　同轴电缆示意图
（a）细同轴电缆；（b）粗同轴电缆

外金属屏蔽网是防止内芯导体向外辐射电磁场，也能防止外部环境的电磁场噪声干扰内芯导体传输的信号，具有良好的抗干扰特性，被广泛用于较高速率的数据传输。

目前，常用的有基带同轴电缆和宽带同轴电缆两类。

（1）基带同轴电缆的特性阻抗为 50Ω，传输带宽为 $1\sim20MHz$。仅用于数字信号基带传输方式，典型的数据速率可达 10Mbit/s，故又称为网络同轴电缆。基带同轴电缆有粗缆和细缆之分。粗同轴电缆抗干扰性能好，传输距离可达 1000m，型号有 RG-11 或 RG-58 等。细同轴电缆在传输基带数字方波信号时易发生畸变和衰减，最大传输距离为 185m，型号有 RG-8 等。50Ω 细同轴电缆的优点是安装简单，价格便宜。

（2）宽带同轴电缆常用电缆的屏蔽层通常是用铝冲压成的薄膜层，宽带同轴电缆的特性阻抗为 75Ω（如 RG-59 等），带宽可达 $300\sim500MHz$，用于传输模拟信号。在这种电缆上传输的信号采用了频分多路复用的宽带信号，故 75Ω 同轴电缆又称为视频同轴电缆。

三、光缆

光缆一般由纤芯、填充物、加强钢丝和保护外套等几部分构成，为多层介质结构的对称圆柱体。根据需要还有防水层、缓冲层、绝缘金属导线、钢铠等构件。纤芯和包层构成传光的波导结构，纤芯是极透明的石英玻璃拉成的细丝，光缆剖面的示意图如图 9-14 所示。

图 9-14　光纤剖面的示意图

由于光缆不受外界电磁噪声干扰的影响，能在远距离、高速率的传输中保持低误码率，是网络传输介质中性能最好、应用前途最为广泛的一种。

金属电缆传输的是电信号，而光缆则用光脉冲进行数字信号传输。纤芯中有光脉冲时代表"1"，无光脉冲时代表"0"；由于可见光的频率极高，约为 108MHz 的量级。

1. 光纤及接口

按光在光纤中的传输模式不同，光纤可分为单模光纤和多模光纤，如图 9-15 所示。

纤芯位于光纤的中心部位，主要成分是高纯度二氧化硅（SiO_2），掺有极少量的掺杂剂，如二氧化锗（GeO_2）、五氧化二磷（P_2O_5），作用是提高纤芯（n_1）对光的折射率，以传输光信号。

包层的直径（包括纤芯在内）$d_2=125\mu m$，其折射率略小于纤芯折射

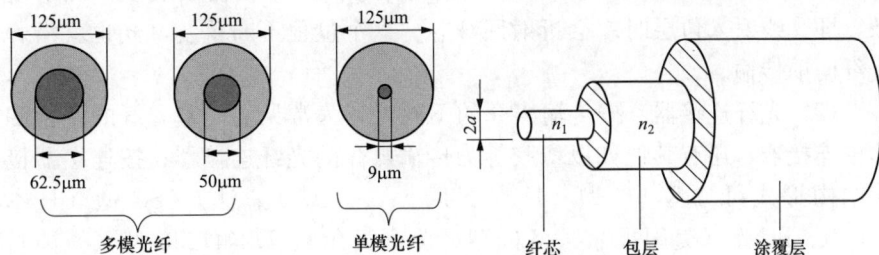

图 9-15　多模光纤与单模光纤

率，其成分也是含有极少量掺杂剂的高纯度 SiO_2。而掺杂剂如氧化硼（B_2O_3）适当降低包层对光的折射率（n_2），使其略低于纤芯的折射率，即 $n_1 > n_2$，它使得光信号封闭在纤芯中传输。

（1）多模光纤。在给定的工作波长上传输多种模式的光纤。各个模式的传播常数和群速率不同，使光纤的带宽窄，模间色散较大，损耗也大，这就限制了传输数字信号的频率和传输距离。如：600MB/km 的光纤在 2km 时则只有 300MB 的带宽了；因此，只适于中短距离和小容量的数据通信系统。但优点是可使用较为廉价的耦合器及接线器。

（2）单模光纤。中心玻璃芯较细（芯直径一般为 9μm 或 10μm），只能传输一种模式的光，且光线只沿光纤的内芯进行传输，故称之为单模光纤（Single-Mode）。因此，其模间传输色散很小，利于高速大容量的数据传输；传输损耗小。单模光纤相比于多模光纤可支持更长传输距离，适用于远程数据通信。

光纤还有一个匹配选型的问题，因为通信距离与光纤的类型有很大关系，而且并非所有的发送和接收设备都能支持多种类型的光纤。因此需要注意设备与光纤还有一个匹配选型的问题，这可以通过光电转换模块的选型来了解。

由于光通过纤芯和包层的折射率不同，从而实现光信号在纤芯内的全反射，也就是光信号的传输。因为包层较纤芯的光线折射率要低一些，当光线从高折射率的纤芯射向低折射率的包层时，其折射角将大于入射角，如图 9-16（a）所示。

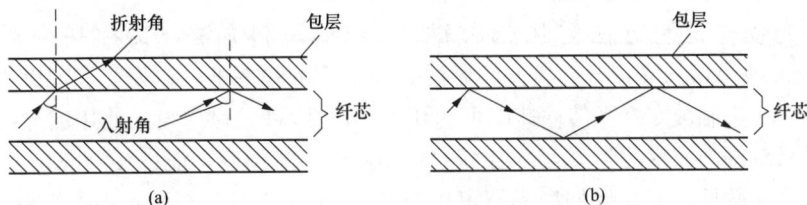

图 9-16　光线射入纤芯和包层界面时的情况

（a）光线折射角大于入射角情况；（b）光波在纤芯中传播情况

在图 9-16（b）中，当光线的入射角足够大时，就会出现全部反射现象，即光线射入包层时就会折射回纤芯。这个过程不断重复，光也就沿着光纤向前传输。

（3）光纤连接器。按传输媒介的不同可分为常见的硅基光纤的单模和多模连接器，还有其他如以塑胶等为传输媒介的光纤连接器；按连接器接头结构形式可分为 FC 型（日本 NTT）、ST 型（意法）、SC 型（日本 NTT）、BC 型（美国贝尔）、LC 型（美国贝尔）、DIN47256 型（德国）、MT 型（安普）等多种形式。按光纤芯数划分还有单芯和多芯（如 MT-RJ）之分。其中，ST 连接器通常用于布线设备端，如光纤配线架、光纤模块等；而 SC 和 MT 连接器通常用于网络设备端。光纤连接器应用广泛，品种繁多，在实际应用过程中，我们一般按照光纤连接器结构的不同来加以区分。

2. 数字光纤传输系统

光纤传输系统分为模拟光纤传输系统和数字光纤传输系统，模拟光纤传输系统一般用于视频信号传输。在分布式控制系统的通信中，使用的是数字光纤传输系统，如图 9-17 所示。

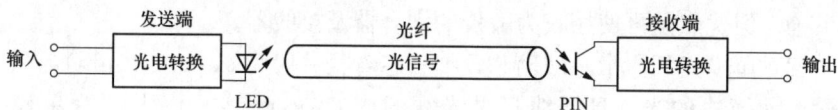

图 9-17　数字光纤传输系统结构示意图

数字光纤传输系统是把输入的电信号"1""0"转换成光脉冲信号进行传输，在接收端再还原成原来的电信号。转换光源又称光收发机，传输介质及检测器又称光接收机。光源和检测器的工作一般都是在光端机上完成的，由于光纤非常细，连包层一起，其直径也不到 0.2mm，故常将多根光纤再加上加强芯和填充物等构成一条光缆，就可大大提高其机械强度。最后加上包带层和外护套，即可满足工程施工的强度要求。

光纤发送端由发光二极管（light emitting diode，LED）或注入型激光二极管（injection laser diode，ILD）发出光脉冲沿光纤传播，在接收端将光脉冲转换成电信号时，使用光电二极管 PIN 检波器或雪崩光电二极管 APD 检波，这样即构成了一个单向传输系统。

光载波调制方法采用幅移键控 ASK 调制方法，又称亮度调制（Intensity Modulation）。典型的做法是在给定的频率下，以发光和熄灭来表示两个二进制数字。光传输速率可达几千兆比特/秒。目前投入使用的光纤在几千米范围内速率可达几百兆比特/秒。在 1km 范围内，能以 1000Mbit/s 的速率发送数据，大功率的激光器可以驱动 100km 长的光纤而不带中继器。

光纤通信通常用于点到点的数据传输，由于光纤的直径可小到 10～100μm，故体积小，质量轻，1km 长的一根光纤也只有几克重。光纤的传输频带非常宽，在 1km 长度内的频带可达 1GHz 以上；在 30km 长度内的频带仍大于 25MHz。故通信容量大。光纤传输损耗小，通常在 6～8km 的距离内，不需要使用中继器就可实现高速率数据传输，衰耗基本上可忽略；由于光纤不受雷电和电磁噪声干扰，这对于在火力发电厂中有电磁干扰环境下的分布式控制系统通信尤为重要。

四、几种传输介质主要性能比较

传输介质是连接站与站间的物理信号通路。目前使用的传输介质主要有 3 种：双绞线、同轴电缆和光纤。表 9-4 给出了这几种传输介质主要性能比较类型。

表 9-4　几种传输介质主要性能比较类型

类型	双绞线	基带同轴电缆	宽带同轴电缆	光纤
传输信号	数字、模拟	数字	数字、模拟	模拟
最大带宽	100k～1MHz	10M～50MHz	300M～400MHz	实际不受限制
互连复杂性	不复杂	不太复杂	较复杂	复杂
噪声抑制能力	外层有屏蔽，较好	好	好	非常好
最大传输距离	100m	2.5km	300km	100km
传输误码率	10^{-5}～10^{-6}	10^{-7}	10^{-9}	$<10^{-10}$

第三节　数据通信接口

在分布式控制系统中，数据通信的定义是依照通信协议、利用数据传输技术在两个功能单元之间传递数据信息。它可实现站点之间、站点与终端或终端之间传输数据信息。

一、串行通信与并行通信

（一）并行与串行通信基本概念

在数据通信中按照数据传送格式的不同，可分为并行接口和串行接口两种方式。

并行通信以字节或字节的倍数为传输单位，一次传输一个或一个以上字节的数据，数据的各位（比特）同时进行传输。串行通信是指数据在通信总线或其他的数据通道上，每次传输一个二进制数据位元，并连续进行逐位顺序传送的通信方式，如图 9-18 所示。

1. 串行通信的优点

从图 9-18 中可以看到，在并行通信中，数据有多少位就需要有多少条传送线；串行通信仅需要一对传输线路，故串行通信能节省传输线，成本较低，适合于长距离通信。

例如，站点将数据传送到远方的终端，则常用通信线路（如电话线等）

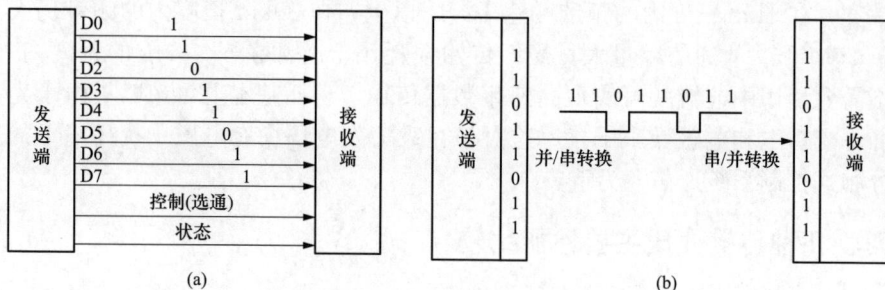

图 9-18 并行通信与串行通信方式
(a) 并行通信；(b) 串行通信

来进行传输。但是串行传输的速度比并行传输慢，若并行传输需为 T 的时间，则串行传输的时间至少为 NT（其中 N 为位数）的时间。

2. 数字编码

在计算机中，数和字符等都是以某种编码形式表示的。数字编码的种类很多，大致上可分为纯数字码与字符编码两种。常用的主要有：

（1）EBCDIC 扩充二进制编码的十进制交换码。这是一种 8 位编码，有 256 个编码状态，但只选用其中一部分，通常用在同步通信中。

（2）美国标准信息交换码 ASCⅡ，是用于表示字符的最常用的代码。全 ASCⅡ 码采用七位二进制数来表示 128 字符。

其中从 00H 到 1FH 的 32 个代码为不可显示的控制码。从 20H 到 7FH 的 96 个 ASCⅡ 码为可显示和打印的代码，可表示大小写英文字母、0～9 数字、算术和逻辑运算符以及其他一些符号。

（二）同步技术

无论是并行通信，还是串行通信，为确保发送与接收过程的数据正确性，都要采用同步技术，使接收端按照发送端发送每个码元的起止时间来接收数据，也就是接收端与发送端在动作时间上要取得一致。否则将会导致通信错误，甚至完全无法工作。

同步问题分为两类：位同步（比特同步）与帧同步（字符同步）。

（1）位同步：是指接收端时钟和发送端时钟一致。使收发两端的位相位一致，即码元和码元的起止时刻对齐。

（2）帧同步：亦字符同步，如果发送端在每帧发送信息字之前，先发送同步码字，即每帧以同步码字开头，标明帧的开始。接收端从接收信息中检测到正确的同步码字之后，将接收端的码字计数器和字节计数器置成与发送端相同的技术状态的方式。

（三）通过控制线实现收发双方同步

这种同步方式在并行通信中得到广泛使用。数据收发双方除了数据传输线外，还有一些控制信号线，用来传输发送端及接收端装置的状态。以图 9-18（a）所示并行通信连接方式来描述数据传输的过程。

（1）发送端在发送数据前，首先检查接收端的准备状态。

（2）若接收端没有准备就绪，退回上面（1）继续等待；若接收端已经就绪，即表示可以接收数据，发送端将数据传到数据线上，并发出控制信号，通知接收端数据已准备好。

（3）接收端收到发送端的控制信号后，从数据线上将数据取走。取数据过程中，状态线置为非就绪状态，取数完成后，状态线重新处于就绪状态，等待下一次接收数据。

（4）发送端撤回控制信号，准备进行下一次数据发送。

（四）串行异步通信

串行异步通信（Asynchronous Data Communication，AYNC）每次传送一个字节的数据，用一个起始位表示起始位的开始，用 1～2 停止位表示字符的结束。启、停位中间为一个字节的数据，以此构成一帧的信息，如图 9-19 所示。

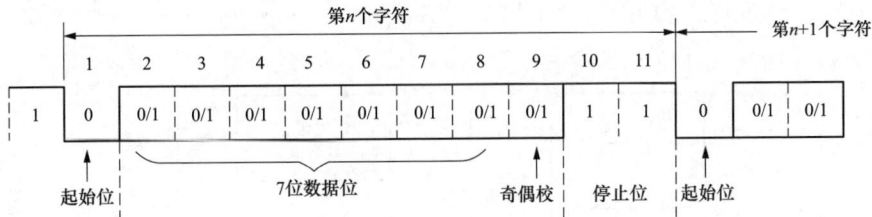

图 9-19　串行异步通信信息帧格式

在串行异步通信中，一个典型的信息帧包括 1 位起始位、7 位（或 8 位）数据位、1 位奇偶校验位、2 位停止位。其中第 1 位为起始位（低电平），第 2～8 位为 7 位数据位，第 9 位为奇或偶校验位，第 10～11 位为停止位（高电平）。停止位可以用 1 位、1.5 位或 2 位脉冲宽度来表示。于是一帧信息由 10 位、10.5 位或 11 位构成。如果无数据发送，则为停止位（高电平）状态。即每个信息帧之间的空闲间隔可用停止位任意延长。

串行通信的特点如下。

（1）数据传送效率低，如传送一个字节，并行通信只需要 $1T$ 的时间，而串行通信至少需要 $8T$ 的时间。

（2）节省传输线，造价低，对于长距离、低速率的通信，串行通信往往是唯一的选择。

（五）串行同步通信

同步通信（Synchronous Data Communication，SYNC），每次传送 n 个字符的数据块。用 1 个或 2 个同步字符表示数据传送的开始，接着是 n 个字节的数据块，字符之间不能留有空隙，当没有字符可发送时，则连续发送同步字符，如图 9-20 所示。

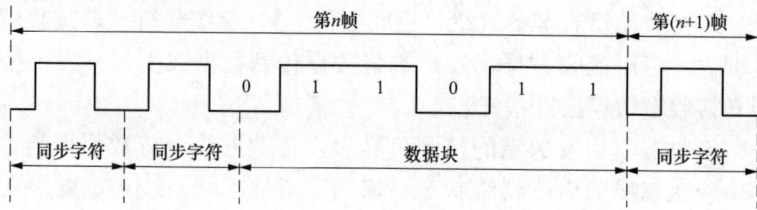

图 9-20　串行同步通信信息帧格式

每次通信只传送一帧信息。这里的信息帧与异步通信中的字符帧有所不同，一帧数据中通常含有若干个字符。它们均由同步字符、数据字符和校验字符（CRC）组成。其中同步字符位于帧开头，用于确认数据字符的开始。数据字符在同步字符之后，同步通信传输数据的位数几乎不受限制，通常一次通信的数据帧中有几十到几千个字节，由所需传输的数据块长度来决定；校验字符有 $1 \sim 2$ 个，用于接收端对接收到的字符序列进行正确性的校验。Intel8251 功能示意图如图 9-21 所示。

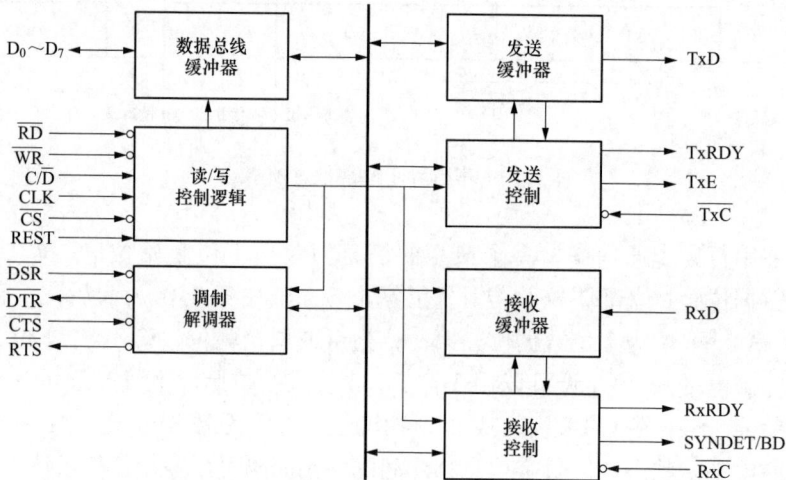

图 9-21　Intel8251 功能示意图

同步通信的传输效率要高于异步通信，且传输的数据块越长，越显示其优越性。串行同步通信传输的编码数据中自带时钟，以保证收发双方的自动同步。由于同步通信要求发送时钟和接收时钟保持精确同步，所以发送器和接收器比较复杂。适合于短距离、高速率的数据传送，通常传输距离小于 30m。分布式控制系统中高一级的通信网络都采用同步通信。

能够实现异步通信与同步通信的硬件称为 USART（Universal Synchronous/Asynchronous Receiver/Transmitter），如 Intel8251 全双工通用同步/异步串行收发等。Intel8251 信号说明见表 9-5。

表 9-5 Intel8251 信号说明

通信标准	引脚说明		通信方式	通信方向
UART （通用异步收发器）	TXD：发送端 RXD：接收端 GND：公共地		异步通信	全双工
单总线	DQ：发送/接收端		异步通信	半双工
SPI	SCK：同步时钟 MISO：主机输入，从机输出 MOSI：主机输出，从机输入		同步通信	全双工
I²C	SCL：同步时钟 SDA：数据输入/输出端		同步通信	半双工

（六）串行通信的三种工作方式

按信息的传送方向分类有单工、半双工、双工通信方式。单工通信、半双工的通信线通常采用二线制；而全双工通信一般采用四线制。

1. 单工通信方式（Simplex）

该方式只允许信息沿一个方向传输，而不能作反向传输，见图 9-22（a）。

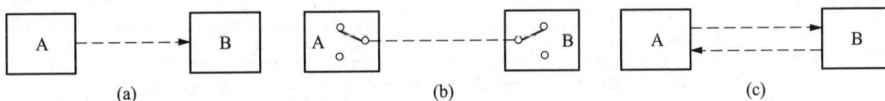

图 9-22 单工、全双工与半双工通信方式
(a) 单工；(b) 全双工；(c) 半双工

数据信息只能从 A 站传送到 B 站，而不允许从 B 站向 A 站传送，即 A 站只能为发送端，B 站只能为接收端。目前，单工方式已很少采用。

2. 半双工通信方式（half duplex）

半双工通信是指数据可以沿两个方向传送，但同一时间内只允许一个方向传输数据，若要改变数据传输方向，需通过开关进行切换，故称为半双工通信，见图 9-22（b）。

采用半双工方式的两端都要有发送器和接收器，需要频繁变换发送端与接收端之间的会话。大多数计算机和显示终端之间，采用半双工方式工作，输入过程和输出过程使用同一通路。

3. 全双工通信方式（full duplex）

通信双方均可同一时刻发送和接收信息，所以称为全双工通信，如图 9-22（c）所示。

在全双工通信方式下，由于数据同时在两个方向上传送，无须进行方向的切换，没有切换操作所产生的时间延迟，这种方式要求通信双方都设置发送器和接收器，同时，需要 2 对数据线传送数据信号（可能还需要控制线和状态线，以及地线）。

二、串行接口通信的标准

（一）RS-232C 串行接口

RS-232C 是美国电子工业协会（Electronic Industry Association，EIA）于 1969 年修订的一种通信接口标准，专门用于数据终端设备 DTE 和数据通信设备 DCE 之间的串行通信。

RS-232C 传输速波特率（bit/s）可选用标准为 50、75、100、150、300、600、1200、2400、4800、9600、19 200。

RS-232C 规定驱动器允许有 2500pF 的电容负载，因而通信距离受到一定限制。如采用 150pF/m 的通信电缆时，最大通信距离仅为 15m；若每米电缆的电容量减少，通信距离可以增加。传送距离大于 15m 时，需要增加调制解调器（MODEM）；传输距离短的另一原因是 RS-232 属于单端信号传输，接收、发送端的数据信号共地，存在共模噪声等问题，因此一般用于 20m 以内的通信。

从 DTE 设备发出的数据在使用 DB25 连接器时是 2 脚相对 7 脚（信号地）的电平，DB25 各引脚排列如图 9-23 所示。串口引脚定义如表 9-6 所示。

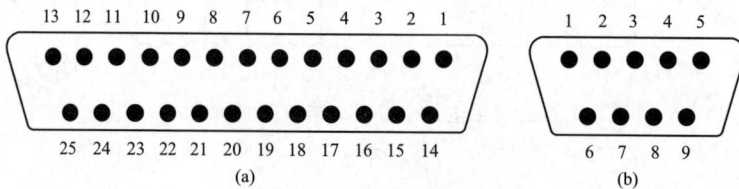

图 9-23　DB 连接器引脚排列

（a）DB25 连接器；（b）DB9 连接器

表 9-6　RS-232C 串口引脚定义

9 针串口（DB9）			25 针串口（DB25）		
针号	功能说明	缩写符号	针号	功能说明	缩写符号
1	数据载波检测	DCD	8	数据载波检测	DCD
2	接收数据	RXD	3	接收数据	RXD
3	发送数据	TXD	2	发送数据	TXD
4	数据终端准备	DTR	20	数据终端准备	DTR
5	信号地	GND	7	信号地	GND
6	数据设备准备好	DSR	6	数据设备准备好	DSR
7	请求发送	RTS	4	请求发送	RTS
8	清除发送	CTS	5	清除发送	CTS
9	振铃指示	DELL	22	振怜指示	DELL

RS-232C采用负电平逻辑,与TTL电平是不同的,EIA电平规定:"1"的逻辑电平在$-3\sim-15V$之间,"0"的逻辑电平在$+3\sim+15V$之间。

例如:计算机用RS-232C接口和单片机进行通信,发送信息时,必须把计算机的TTL电平转换成EIA电平,接收信息时,需要把EIA电平转换成TTL电平,实现这种电平转换的方法可以使用分立元件,也可以使用专用RS-232电平转换芯片。如采用MC1488、MC1489等芯片来实现TTL到EIA电平之间的转换,如图9-24所示。

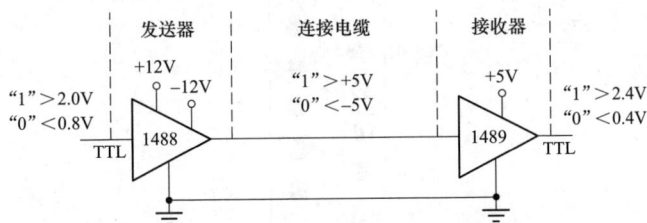

图 9-24 RS-232C 接口电路

RS-232C是为点对点(即只用一对收、发设备)通信而设计的,其驱动器负载为$3\sim7k\Omega$,所以RS-232适合本地设备之间的通信。

(二)RS-422 接口

RS-422A由RS-232发展而来,为改进RS-232通信距离短、速率低的缺点,RS-422是一种单机发送、多机接收的单向、平衡传输规范,RS-422定义了一种"平衡电压数字接口电路的电气特性",最大传输距离约为1200m,最大传输速率为10Mbit/s。RS-422采用4线、全双工、差分传输、多点通信的数据传输协议。

平衡传输指的是发送端将信号调制成为对称的信号用双线发送,如差分方式;如采用单线(对应地电平)发送,称为非平衡发送。典型的RS-422四线接口电路如图9-25所示。实际上还有一根信号地线,共5根线。

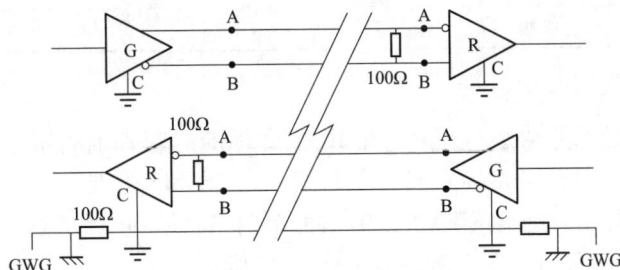

图 9-25 典型的 RS-422 四线接口电路

G—发送驱动器;R—接收器;⏚—信号地;

⏛—机壳保护地;GWG—电源地

在一条平衡总线上最多可连接 10 个接收器。即一个主设备（Master），其余都为从设备（Salve）。从设备之间不能进行通信，因而 RS-422 支持点对多的双向通信。一个接收器输入阻抗为 4kΩ，一个发送端最大负载能力是 $10\times4k+100\Omega$（终接电阻）。RS-422 四线接口由于采用单独的发送和接收通道，因此不必控制数据方向，各装置之间任何必需的信号交换均可以按软件方式（X_{ON}/X_{OFF} 握手）或硬件方式（一对单独的双绞线）实现。

图 9-26 所示为 DB9 连接器。

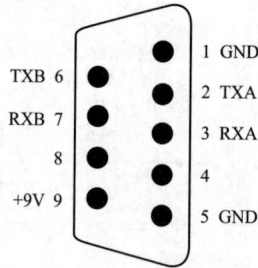

TXB 6
RXB 7
8
+9V 9

1 GND
2 TXA
3 RXA
4
5 GND

图 9-26　DB9 连接器

由于 RS-422 采用高输入阻抗的接收器，最大传输距离为 1200m（100kbit/s），最大传输速率为 10Mbit/s（12m 内）。一般长 100m 双绞线的最大传输速率为 1Mbit/s。

RS-422 需在传输电缆的最远端并联终端电阻，其阻值约等于传输电缆的特性阻抗，在短距离传输（300m 以下）时可以不接终端电阻。RS-422 接口 9 针串口引脚定义见表 9-7。

表 9-7　RS-422 接口 9 针串口引脚定义

针号	功能说明	缩写符号	针号	功能说明	缩写符号
1	发送数据－	TXD－	6	接收数据－	RXD－
2	发送数据＋	TXD＋	7	接收数据＋	RXD＋
3	请求发送－	RTS－	8	清除发送	CTS－
4	请求发送＋	RTS＋	9	清除发送	CTS＋
5	测信号地	GND			

（三）RS-485 接口

美国电子工业协会（EIA）在 RS-422 标准的基础上制定了 RS-485 标准，允许多个发送器连接到同一条总线上，RS-485 标准支持 32 个网络节点。同时增加了发送器的驱动能力和冲突保护特性，扩展了总线共模范围，后命名为 TIA/EIA-485-A 标准，如图 9-27 所示。

1. 平衡传输

RS-485 与 RS-422 一样，数据信号采用差分平衡传输方式，它用一对双绞线，将接收器输入线定义为 A 与 B。通常情况下，驱动器输出 Y、Z 线

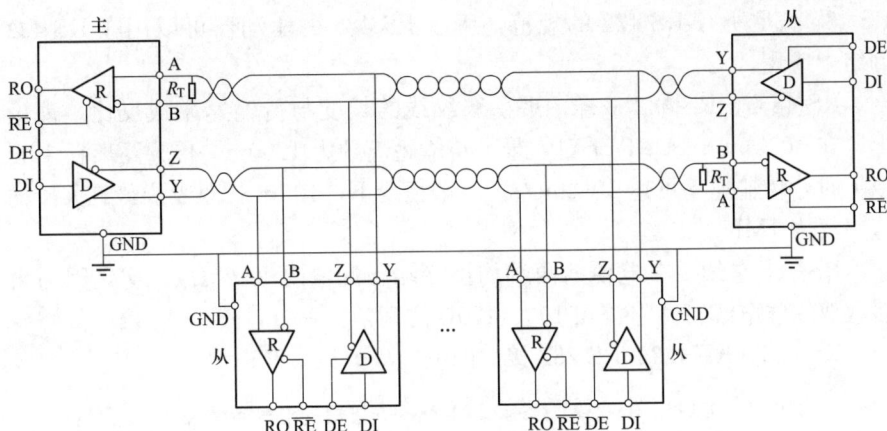

图 9-27 RS-485 接口收、发电路

之间为电压（＋2～＋6V）时表示输出逻辑状态"1"，用（－2～6V）表示输出逻辑状态"0"，如图 9-28（a）所示。

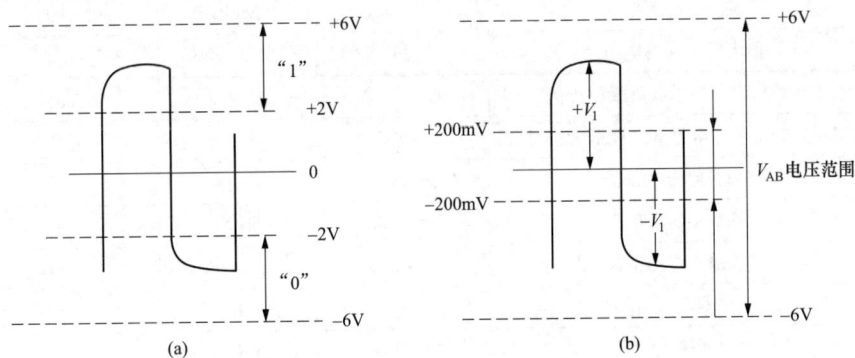

图 9-28 差分平衡传输逻辑电平

（a）发送驱动器输出电压范围；（b）接收器输出电压范围

接收器接收到差分电压 $+V_1$ 大于 200mV 时，输出正逻辑电平"1"；差分电压 $-V_1$ 小于 -200mV 时，输出负逻辑电平"0"，如图 9-28（b）所示。

2.RS-485 电气规定

由于 RS-485 是从 RS-422 的基础上发展而来的，所以 RS-485 的许多电气规定与 RS-422 相仿。如都采用平衡传输方式，都需要在传输线上接终端电阻等。RS-485 可以采用二线与四线方式，二线制可实现真正的多点双向通信。

RS-485 采用四线连接时，与 RS-422 一样只能实现单点对多点的通信，即只能有一个主（Master）设备，其余为从（SLAVE）设备。但它比 RS-422 有改进，即无论四线还是二线连接方式，总线上都可多接到 32 台设备。

RS-485 与 RS-422 的不同还在于其共模输出电压是不同的，RS-485 的共模输出电压为 -7～＋12V，而 RS-422 的共模输出电压为 -7～＋7V，

375

RS-485 满足所有 RS-422 的规范，所以 RS-485 的驱动器可以用在 RS-422 网络中应用。

RS-485 与 RS-422 一样，平衡双绞线的长度与传输速率成反比。理论上，在 100kbit/s 速率以下时，最大传输距离约为 1200m；传输距离在 15m 以下时，传输速率可达 10Mbit/s。一般情况下，100m 长双绞线，最大传输速率仅为 1Mbit/s。

RS-485 总线要在电缆的两端均接终端匹配电阻（120Ω）。这是因为大多数双绞线电缆特性阻抗在 100～120Ω 之间。

RS-485、RS-422、RS-232 接口的电气参数见表 9-8。

表 9-8 RS-232、RS-422 和 RS-485 接口的电气参数表

规定	RS-232	RS-422	RS-485
工作方式	单端	差分	差分
节点数	1 收 1 发	1 发 10 收	1 发 32 收
最大传输电缆长度	50ft(15.24m)	400ft(121.92m)	400ft(121.92m)
最大传输速率	20kbit/s	10Mbit/s	10Mbit/s
最大驱动输出电压	±25V	−0.25～+6V	−7～+12V
驱动器输出信号电平（负载最小值时）	±5～±l5V	±2.0V	±1.5V
驱动器输出信号电平（空载最大值时）	±25V	±6V	±6V
驱动器负载阻抗	3～7kΩ	100Ω	54Ω
摆率（最大值）	30V/μs	N/A	N/A
接收输入电压范围	±15V	−10～+10V	−7～+12V
接收器输入门限	±3V	±200mV	±200mV
接收器输入电阻	3～7kΩ	4kΩ(最小)	≥12kΩ
驱动器共模电压	N/A	−3～+3V	−1～+3V
接收器共模电压	N/A	−7～+7V	−7～+12V

（四）线路终端

高频信号传输时，信号波长相对传输线较短，在传输线的末端会产生反射波干扰原信号，因而在传输线末端加一个终端匹配电阻，使信号到达传输线末端后不发生反射。一般在长线信号传输时，为了避免信号的反射和回波，也要在接收端接入终端匹配电阻来吸收反射波。其终端匹配电阻值的大小取决于电缆的阻抗特性。

1. 导线特性阻抗

特性阻抗又称"特征阻抗"，它与直流电阻概念不同，每一根传输导线都有一个特征阻抗，其数值的大小随着导线的直径、在电缆中与其他导线的相对间距以及导线上的绝缘类型的变化而变化，它与电缆的物理长度无关，对任意长度的导线都是一个常量。

—对传输线有两根导线：一根用来传送从驱动器到接收器的电流，另

一根提供一个返回驱动器的通路，一个 RS-485 连接要稍微复杂一些，因为它有两条信号传输线，共享一个终端电阻，还有一个接地返回线，但是基本的原理是一样的。

从某种意义上来说，传输导线长或短并没有太大差别。因为不论驱动器是慢还是快，也不论信号传播经过的距离远近，都应用的是相同的物理定律。不论导线长或短都可能由于阻抗不匹配而产生电压和电流反射。

在所有的情况下，反射发生非常迅速，在一个输出切换期间，也仅仅在输出切换之后。所不同的是，在一根长导线上，反射持续的时间足够长，产生的反射噪声更强，对接收器接收的逻辑电平干扰大。在短导线上，反射发生的时间短，在接收到的逻辑电平上产生的影响小。

（1）一根导线的阻抗源。一对传输导线有几个阻抗源，其等效电路如图 9-29（a）所示。

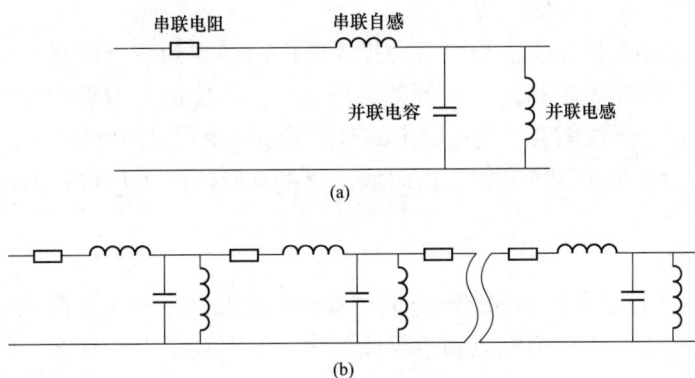

图 9-29　传输导线等效电路图
（a）一对导线有多个电阻源；（b）一根导线的特征阻抗可看作一系列的短线段

1）串联电阻随着导线的直径、长度和温度的变化而变化。

2）串联自感随着直径和导线与大地平面的距离的变化而变化。

3）并联电容是导线之间的电场的一个量度。

4）并联泄漏电阻是对导线绝缘的效果的一个量度。泄漏电阻通常是一个很大的值，并且通常用电导（$1/R$）表示。

5）所有的这些阻抗源加在一起决定了一根导线的特征阻抗。

一个计算特征阻抗的方法是将一对导线当作一系列的独立短导线段来考虑，每个导线段有上面描述的阻抗源，如图 9-29（b）所示。

为了计算一根长导线的总阻抗，先找出一个短导线段的阻抗，然后用这个数值去计算一个无穷多相同的导线段连在一起的序列阻抗。对于每一个增加的导线段，现存的导线和新的导线段的阻抗是并联的关系，并且这个并联阻抗和新的导线段的串联阻抗是串联的关系。

当增加导线的长度的时候，每一个导线段对总的阻抗的影响就会越来越小，最后总的阻抗达到一个固定的值，这个数值就是一根无穷长的、开路的导线的阻抗，并且等于这根导线的特征阻抗。这个数值对于任意长度的导线来说是一个常数。在高于 100kHz 的频率下，这个频率的信号构成了数字脉冲里边的大部分的能量，特征阻抗主要是电阻性的，这意味着它随着频率的变化改变很小。

导线的特征阻抗与导线稳态直流阻抗不同，它与仪表直接测量出导线的环路阻抗无关；没有简单的方法可以直接测量出导线的特征阻抗，一般是从电缆的说明书中获得这个数值。

很多连接使用 AWG24 号绞合的双绞线电缆，这种电缆的特征阻抗为 $100\sim150\Omega$。

（2）初始和最终电流。当一个电压信号被初始加到一个导线对的时候，电压源不知道在导线末端的状况。它将这个负载当作一个无穷长的开路导线。驱动器的初始电流是它的输出阻抗和导线的特征阻抗的函数；初始电流甚至会在一个开路的导线中流动。

在电流到达导线的末端之后的很短时间内稳定到一个最终电流，这个电流值是由终端电阻和连接其他的电阻总和来决定的。如果初始电流和最终电流不同，导线就会在电流稳定的时候产生一个反射的电压。

每当一个驱动器切换状态的时候，它都要经历一个从初始电流到最终电流的跳变。

2. 反射

图 9-30 显示了在不同终端电阻的导线上接收到的电压的简化示例。在每一种情况中，当初始电流到达导线的末端的时候会发生什么，取决于它在导线的末端发现了什么。

一个 RS-485 驱动器为低阻抗输出，因此在所有的情况下，信号源及驱动器的阻抗都要比导线的特征阻抗要小，但是在接收器的终端阻抗可能会变化。

如图 9-30（a）所示，如果终端阻抗比特征阻抗要大，在稳定到它的最终电阻的时候，信号振荡或者反射。如果一个传输导线的末端除了接收器之外没有终端匹配电阻，也会发生同样的现象。

一个终端电阻比特征阻抗大的极端情况是在远端导线开路的时候，这个开路的终端使电流不能向前连续流动，因为电流不能突变，所以它就沿着来时的通路返回。在电流反向的时候，它的磁场崩溃，这增加了电气负荷并且引入了一个电压，这个电压导致在接收器端产生一个比传输的电压更高的电压。

如果导线的末端有一个终端电阻，但是它的数值比特征阻抗要大，效果也是一样的，只是没有那么严重。一部分的初始电流在终端电阻中流过，其剩余的部分同样被反射回去。这个被反射的电流最终返回到驱动器。驱动器会吸收其中的一部分反射电流，并将剩下的电流再反射回去，这导致在接收器产生一个削弱的电压，这个反射的电流可能继续来回反射好多次，

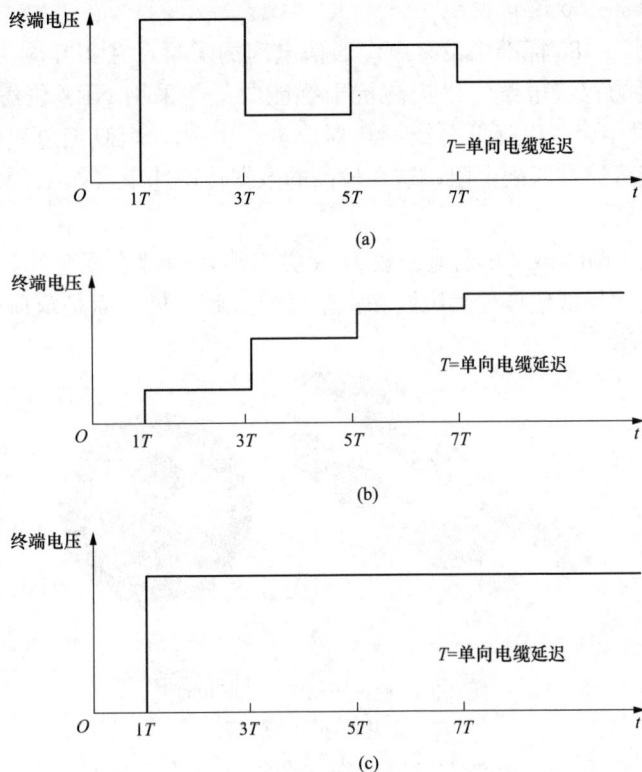

图 9-30 在不同终端电阻的导线上接收到的电压

（a）终端电阻大于特征阻抗；（b）终端电阻小于特征阻抗；（c）终端电阻等于特征阻抗

每次的幅度都会比上一次要小，最后，电流稳定到一个最终的数值，这个数值主要由终端电阻、驱动器的输出阻抗和其他串联电阻决定。

如图 9-30（b）所示，如果终端电阻比特征阻抗小（且源阻抗也小），信号逐渐地上升到它的最终电平。

终端阻抗比特征阻抗小的极端情况是在远端的导线被短接在一起的时候。当电流到达末端的时候，没有负载，因此就根本没有电压降，整个传输的电压不得不被反射回驱动器。电场崩溃，磁场增加，引入一个电流。

如果导线有一个终端电阻，但是它的数值比特征阻抗小，效果类似，但是没有这么极端。部分的初始电压在通过终端电阻的时候下降了，剩下的部分反射回去。驱动器每重新反射一次电压的一部分，接收器的电压都上升一次，直到到达它的最终值。

如图 9-30（c）所示，如果导线的终端电阻恰好等于特征阻抗，电流没有间断。相反，它看到的是看上去恰好像它开始的时候假设的无穷长的导线，初始电流和最终电流相同，并且经过一个单向电缆延迟之后，整个传输电压在穿过电阻的时候下降，根本没有任何反射。

（五）RS-485 通信电缆

TIA/EIA-485 标准中没有规定通信电缆的类型，在实际应用中常采用带有屏蔽层的双绞电缆，以提高抗干扰能力。并采用 NRZ 位编码与 EIA RS-485 信号结合，以降低总线耦合器成本；RS-485 全双工总线电缆的始、末两端均接入终端匹配电阻；这在较高的数据传输速率（如 1.5Mbit/s）时更为重要。

标准的 Profibus-DP 电缆一般为 A 类电缆，内部有绿色和红色两根数据线，电缆的外部包裹着编织网和铝箔两层屏蔽，最外面是藕荷色的外套，如图 9-31 所示。

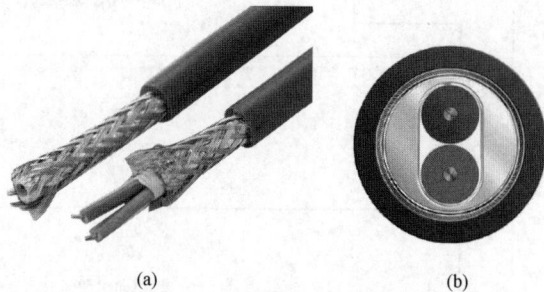

(a)   (b)

图 9-31　标准 Profibus-DP 电缆

(a) 照片；(b) 电缆截面

例如，Profibus-DP 的双绞线电缆在两端接入终端器时，在通信传输速率小于或等于 93.75kbit/s 时，电缆最大长度可达 1.2km。对于 1.5Mbit/s 的传输速度，电缆最大长度下降到 70/200m（对 B/A 型电缆）。A、B 型电缆的特性见表 9-9。

表 9-9　A、B 型电缆的特性

电缆参数	A 型	B 型
阻抗	$135\sim165\Omega(f=3\sim20\text{MHz})$	$100\sim130\Omega(f>100\text{kHz})$
电容	$<30\text{pF/m}$	$<60\text{pF/m}$
电阻	$\leqslant110\Omega/\text{km}$	
导线截面积	$\geqslant0.34\text{mm}^2(22\text{AWG})$	$\geqslant0.22\text{mm}^2(24\text{AWG})$

Profibus-DP 电缆的特性阻抗应在 $100\sim220\Omega$ 之间，电缆的电容（导体间）应该小于 60pF/m，导线截面积大于或等于 0.22mm^2（24 AWG）。两类电缆（A 和 B）不同传输速度时的最大长度见表 9-10。

表 9-10　Profibus-DP 电缆最大长度

波特率（kbit/s）	$9.6\sim93.75$	187.5	500	1500	$3000\sim12\ 000$
A 型电缆长度（m）	1200	1000	400	200	100
B 型电缆长度（m）	1200	600	200	70	

（六）RS-485 总线终端器

RS-485 总线有源终端电阻如图 9-32 所示。

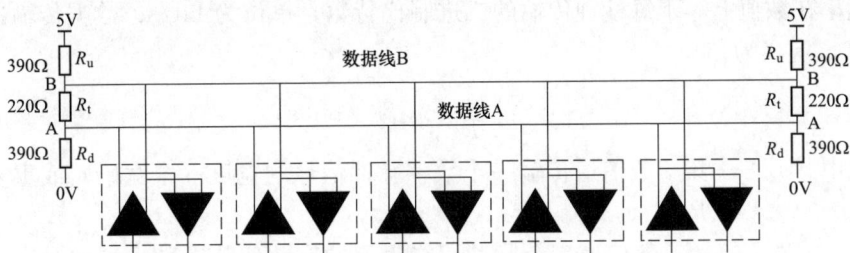

图 9-32　RS-485 总线有源终端电阻

例如：SPPA T3000 的 I/O 总线（RS-485）插头内部安装有 220Ω 终端电阻，要施加终端电阻时将端头拨开关调到"ON(开)"的位置上。总线接口及针脚定义如图 9-33 所示。

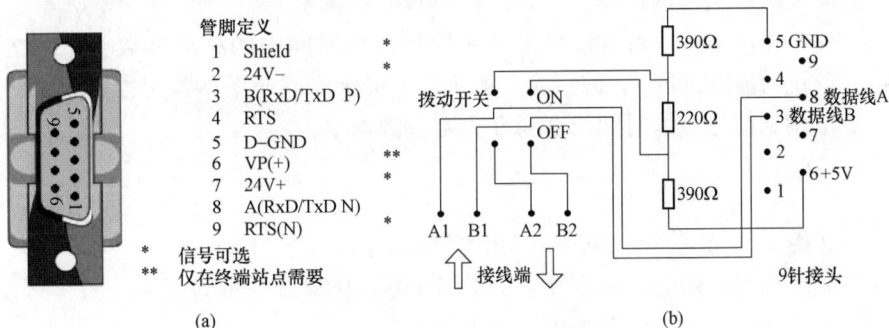

图 9-33　SPPA T3000 的 I/O 总线连接器端口图

（a）I/O 总线 9 针 D 形口针脚定义；（b）DP 端口内部接线图

1—Shield-(屏蔽地)；2—24V-(24V DC 负极)；3—B(RxD/TxDP)（B线接收/发送数据）；

4—RTS（请求发送信号正）；5—D-GND（信号地）；6—VP(＋)；7—24+(24V DC 正极)；

8—A(RxD/TxDP)（A线接收/发送数据）；9—RTS(N)（请求发送信号负）

终端电阻只能在总线端点上接通，中间的所有开关拨到"OFF(关)"位置，否则会造成 RS-485 驱动能力不足。

三、数字通信系统的性能指标

设备与设备之间的沟通必须使用相同的语言才能互相传输信息，这些规定都是事先约定好的，一般称为"协议"，而这种在网络上负责定义资料传输规格的协议，统称为通信协议。

数字通信系统性能主要体现在以下两个方面：一方面是信息传输能力，也就是数据的多少；另一方面是信息传输的可靠性。

（一）信息传输能力

1. 数据传输速率

数据传输速率也称为吞吐率。数据传输速率由很多因素，包括线路带宽、传输减损、距离、传输介质类型等决定。

（1）数据信号速率。单位时间内信道上所能传输的数据量。数据传输速率在数值上等于每秒钟传输的二进制比特数，单位为 bit/s；数据传输速率 S 定义为

$$S = \sum_{i=1}^{m} \frac{1}{T_i} \log_2 N_i \ (\text{bit/s}) \tag{9-15a}$$

式中　T_i——第 i 条信道传输一个数字脉冲信号的宽度（全宽码）或重复周期（归零码），s；

　　　　N_i——第 i 条信道一个脉冲所能表示的有效值状态数，例如对串行传送来说，若一个脉冲只用"0""1"两种状态表示，则 $m=1$，$N_i=2$，式（9-15a）就可简化为

$$S = \sum_{i=1}^{1} \frac{1}{T_i} \log_2 N_i = \frac{1}{T} \log_2 2 = \frac{1}{T} (\text{bit/s}) \tag{9-15b}$$

即表示数据传输速率等于码元脉冲的重复频率。

（2）调制速率。表示信号被调制后在每秒时间内的载波参数变化的次数。单位为波特（Bd），波特率一般小于或等于调制速率。若用秒表示的一个单位调制信号波的时间长度为 T，则调制速率为

$$B = \frac{1}{T} \tag{9-16}$$

如图 9-34 所示的调频波（4 相调制，有效状态为 4），一个"1"频或"0"频状态的最短时间长度 $T=833 \times 10^{-6}$ s，则调制速率为

$$B = \frac{1}{T} = \frac{1}{833 \times 10^{-6}} \approx 1200 (\text{Bd})$$

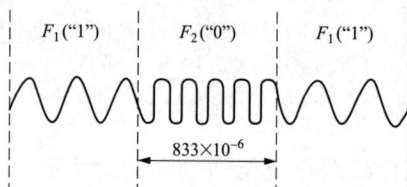

图 9-34　1200Bd 调频波

由上可知，数据信号速率 S 在传输的调制信号是两种状态串行传输的情况下，与调制速率 B 的数值相等，皆为 $1/T$。但是，对于多状态调制信号（如 4 相调制、8 相调制），两者的数值是不相等的。

如对于 4 相调制解调情况，设 $T=833 \times 10^{-6}$ s，由于 $N_i=4$，求出的数据信号传输速率为

$$S = \frac{1}{T} \log_2 4 = \frac{1}{833 \times 10^{-6}} \times 2 \approx 2400 (\text{bit/s})$$

因此，数据信号速率 S 与调制速率 B 之间的关系为

$$S = B \log N_i \tag{9-17}$$

2. 信道容量

信道容量是指信道无错误传送的最大信息量。通常用信息传输速率表示，即单位时间内传输的信息量越大，传输能力也越大，传输信道容量也就越大。但传输速率是有极限的，这个极限的表达式为

$$C = F\log_2\left(1 + \frac{P}{N}\right) \tag{9-18}$$

式中 C——信道容量，即极限传输速率，bit/s；

F——信道带宽，Hz；

P——信道内传输的信号平均功率，W；

N——信道内白噪声功率，W。

上式也称为香农公式。它表明信道带宽 F、信号功率 S 和噪声功率 N 是决定信道传输能力的三个主要因素。若要提高信道传输能力，应从增加信号功率、降低干扰强度和充分利用信道频带着手。

3. 误码率

误码率是衡量二进制码元在数据传输系统中被传错的概率。若传输二进制码元的总数为 N，被传错的码元数为 N_c，则误码率 B_c 为

$$B_c = \frac{N_c}{N} \tag{9-19}$$

对于大部分通信系统在正常工作情况下，传输误码率要求在 $10^{-5} \sim 10^{-9}$ 之间，而计算机之间的数据传输则要求误码率低于 10^{-9}。

（二）串行接口通信距离和传输速率

常用串行接口的通信距离和传输速率如表 9-11 所示。

表 9-11 常用串行接口的通信距离和传输速率

EIA 规格	电气标准	最大电缆长度	最大数据速率（距离）
RS-232C	V. 24	15m	20kbit/s（单端）
RS-422A	V. 1. 0、X. 26	1.2km	100kbit/s（32m），3kbit/s（1.2km）
RS-423A	V. 1. 0、X. 26	1.2km	10Mbit/s（15m），90kbit/s（1.2km）
RS-449	V. 24、X. 54	1.2km	60kbit/s（60m），2kbit/s（1.2km）

随着串行通信传输速率的不断提高，为简化传输线路和节省投资，分布式控制系统中的通信是以串行通信方式为主体。

四、多路复用技术

多路复用技术是把多个低速信道组合成一个高速信道的技术，实现多条低速链路共享一条高速的主干链路，以提高数据链路的利用率，如图 9-35 所示。

多路复用技术实际是将多个输入数据，通过多路复用器进行汇集，然后将汇集后的数据通过一条物理线路进行传送，通过多路分解器对数据进

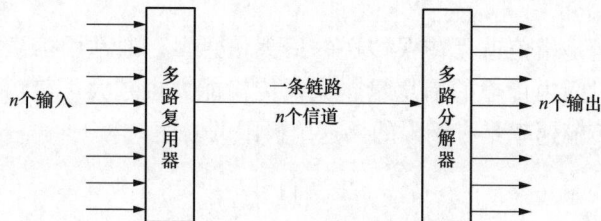

图 9-35　多路复用技术

行分离。多路复用技术有频分复用、时分复用、码分复用和波分复用四种，常用的多路复用技术有频分多路复用、时分多路复用两种。

1. 频分多路复用（FDM）

频分多路复用的基本原理是把各路的数据信号以不同的载波频率进行调制，而各个载波频率是完全独立的，即各个信道所占用的频带不相互重叠，相邻信道之间留有"空闲频带"隔离，以保证每个信道都能独立地传输一路信号。

2. 时分多路复用（TDM）

时分多路复用是按传输信号的时间进行分割多个时间段，每个时间段只被一路信号占用。各信号在指定的时间段内，通过一条共享的传输线传送。

TDM 技术广泛应用于数字通信系统，FDM 技术一般应用于模拟通信系统。

五、高级数据链路控制协议 HDLC

在 OS 开放式网络互连参考模型中，链路层协议普遍采用高级数据链路控制协议 HDLC。HDLC 是面向位的协议，支持同步通信方式，具有循环冗余（CRC）校验，适用于点到点、多点式和环形网，采用连续发送方式，并且能以半双工或全双工方式工作。

（1）HDLC 站类型。HDLC 按网络上站的性质可以分为三种站：主站、次站和复合站。主站为网络的控制者，负责发送命令、发送信息、接收响应；次站根据主站命令发送响应；复合站兼有主站和次站两种功能，既可以发送命令，也可以发送响应。

（2）结构类型。结构类型指的是网络上硬件设备的关系。主站、次站及复合站可以构成三种结构形式：非平衡型、对称型和平衡型，如图 9-36 所示。

非平衡结构也称主/从结构，其特点是网络上一个为主站，其余为从站。常见的计算机与终端方式即为这种结构。对称结构中每一物理站均含逻辑主站与逻辑次站，并用不同的线路相连。平衡结构为点对点结构，各站均为复合站，线路可由任一站控制。

（3）通信模式。通信模式用来描述哪个站在控制线路。HDLC 支持三

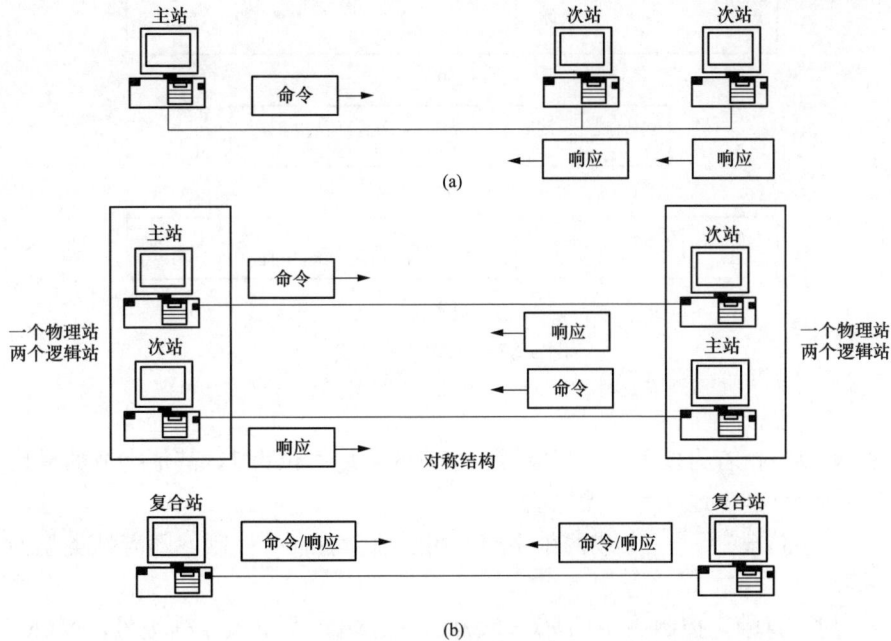

(a)

(b)

图 9-36　HDLC 结构类型

(a) 非平衡结构；(b) 平衡结构

种通信模式，现分述如下：

1）正常响应模式（NRM）。该模式适用于一个主站和多个次站组成的多点式结构。次站发送信息前，须经过主站的允许。

2）异步响应模式（ARM）。该模式适用于非平衡结构和对称结构。只要线路空闲，次站不必被主站查询，即可发送信息。

3）异步平衡模式（ABM）。该模式适用于平衡结构。一个复合站发送信息不必经另一复合站认可。通信模式与站的结构类型有关，另外还要由主站回送相应的命令来设置。

（4）帧格式。HDLC 提供三种类型的帧格式，即信息帧（I）、监控帧（S）及无编号帧（U）。

信息帧用来传输用户数据及与用户数据有关的控制；监控帧用来传输控制信息、主站数据链路层流量及差错控制；无编号帧用作系统管理，如图 9-37 所示。

HDLC 的每帧包含六个域，即起始标志域 F、地址域 A、控制域 C、信息域 I、校验域 FCS 及结束标志域 F。各域含义如下。

1）标志域 F。为一字节同步字符 01111110，指明一帧的开始与结束。为避免非标志域中也出现同步字符，采用 0 位插入与删除技术，以保证传输的可靠性。即当发送端发现有连续 5 个 1 时，将自动插入 0，接收端在读取数据时要将插入的 0 删除。

2）地址域 A。次站地址，可以是一个或多个字节。若为一字节，则最

起始标志 F	地址 A	控制 C	信息 I	帧校验 FCS	结束标志 F

(a)

起始标志 F	地址 A	控制 C	帧校验 FCS	结束标志 F

(b)

起始标志 F	地址 A	控制 C	信息 I	帧校验 FCS	结束标志 F

(c)

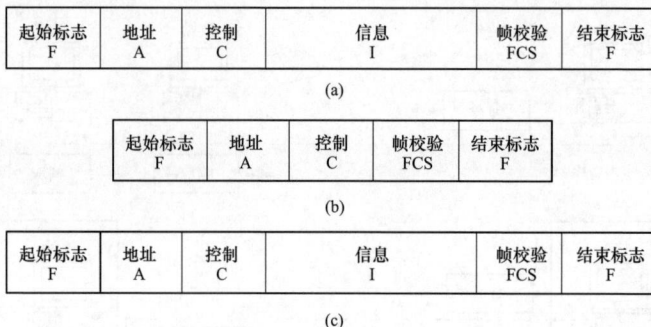

图 9-37　HDLC 帧格式

（a）信息帧（I）；（b）监控帧（S）；（c）无编号帧（U）

后一位为 1；若为多字节，则最后一字节的最后一位为 1，其他字节的最后一位为 0。全 1 地址为广播地址。

3）控制域 C。一个或两个字节，用于流量控制，控制域随着帧类型而不同。

对信息帧，控制域中的 $n(S)$ 表示发送端所发出帧序列编号，$N(R)$ 表示希望下次接收帧的编号。对监控帧，控制域中包含 $N(R)$，没有 $N(S)$，因为它不发送数据。当接收端没有自己的数据发送时，监控帧用来返回 $N(R)$，否则将使用信息帧。SS 包含流量及差错控制信息。对无编号帧，因为它不进行数据交换及确认，因此没有 $N(S)$ 及 $N(R)$，但它含有编码 MM 及 MMM，用来识别无编号帧的类型及功能，如图 9-38 所示。

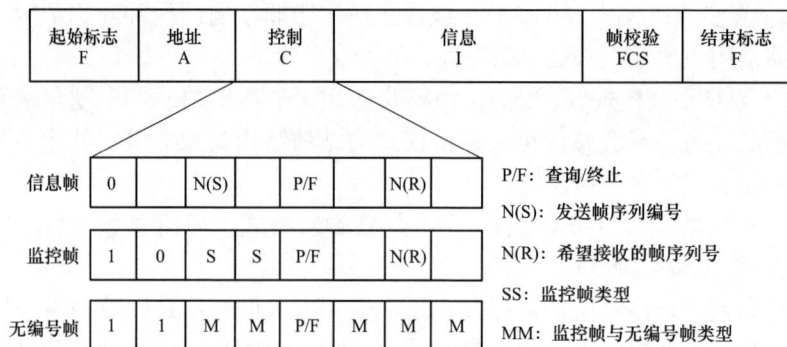

起始标志 F	地址 A	控制 C	信息 I	帧校验 FCS	结束标志 F

信息帧	0		N(S)		P/F		N(R)		P/F：查询/终止
									N(S)：发送帧序列编号
监控帧	1	0	S	S	P/F		N(R)		N(R)：希望接收的帧序列号
									SS：监控帧类型
无编号帧	1	1	M	M	P/F	M	M	M	MM：监控帧与无编号帧类型

图 9-38　控制域

控制域中的 P/F 位为双向的，只有当其置位（＝1）时才起作用。当该帧是由主站发向次站时，P/F 的含义为查询；当该帧是由次站发向主站时，P/F 的含义为终止。

4）信息域 I。对信息帧，信息域包含用户数据；对无编号帧，信息域包含网络管理信息；监控帧没有信息域。信息域的长度随网络的不同而变化，但在同一种网络中是固定的。

5）校验域 FCS。HDLC 采用循环冗余编码 CRC 进行校验，可以为 2 或

4 字节, 校验范围为地址域 A、控制域 C 及信息域 L。

（5）工作过程。下面以几个例子说明 HDLC 的工作过程。多点结构的查询/响应过程如图 9-39 所示, 多点结构的查询/响应是由主站查询次站是否有数据发送。

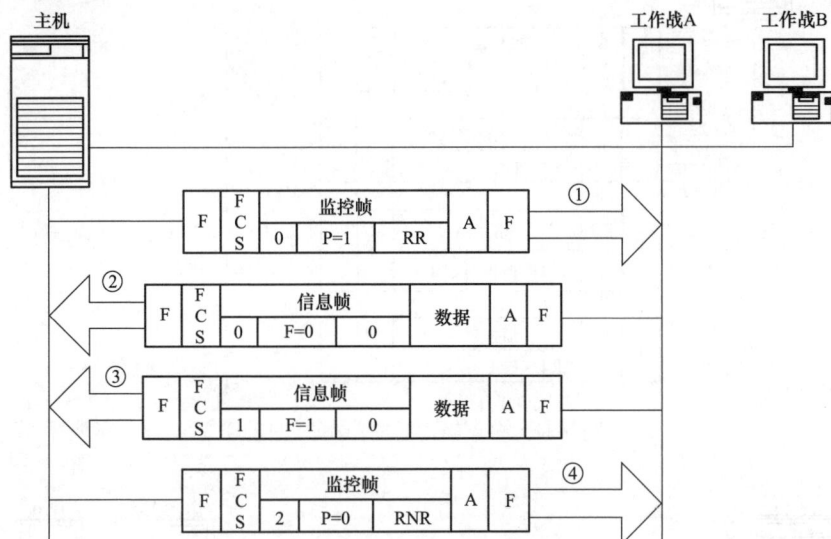

图 9-39　多点结构的查询/响应过程

① 主站查询次站（A）, 用监控帧, 其中 A 为次站地址, RR 表示主站为准备接收状态, $P=1$ 表示查询, $N(R)=0$。

②、③ 工作站 A 有数据需要发送, 故用了两个编号为 0 及 1 的信息帧, 其中第二信息帧的 $F=1$, 表示数据结束。

④ 主站用监控帧来确认已经收到两个数据, 即 $N(R)=2$, 并且如果工作站还发送数据, 主站希望从编号 2 开始。

（6）多点结构的选择/响应过程。如图 9-40 所示, 多点结构的选择/响应是由站选择接收数据的次站。

①主站查询次站（B）, 用监控帧, 其中 B 为次站地址, RNR 表示要求次站准备已好, 但不要发送, $P=1$ 表示查询, $N(R)=0$。

②工作站 B 也用监控帧作响应, 其中 B 为次站地址, RR 表示本站已准备好接收, $F=1$ 表示该帧为最后帧。

③主站用信息帧发送数据, 其中 B 为次站地址, $N(S)=0$ 表示帧编号为 0, $N(R)=0$ 表示若次站 4 数据返回, 希望从编号 0 开始, $P=0$ 表示该帧不作查询。

④工作站 B 用监控帧作响应, 其中 $F=1$ 表示工作站 B 没有数据发送, $N(R)=1$ 表示已经收到一个数据, 并且工作站 B 希望下次接收的数据从编号 1 开始。

（7）对等设备间的通信。图 9-41 所示为异步平衡方式交换数据的示意

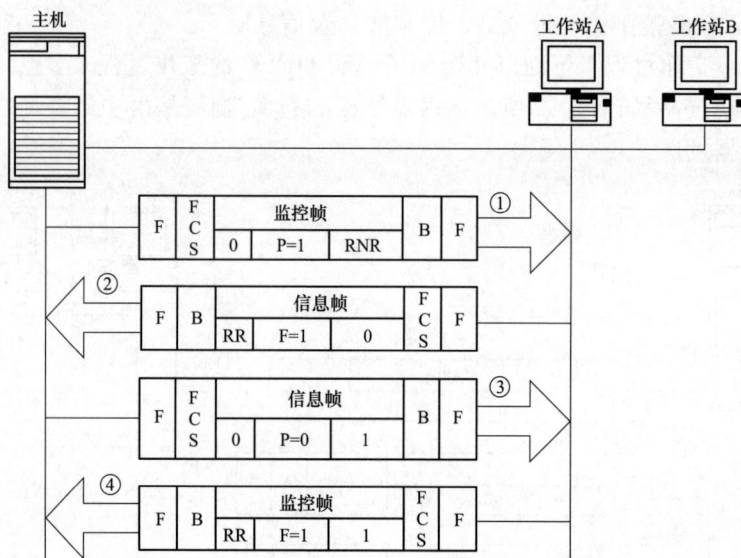

图 9-40 多点结构的选择/响应过程

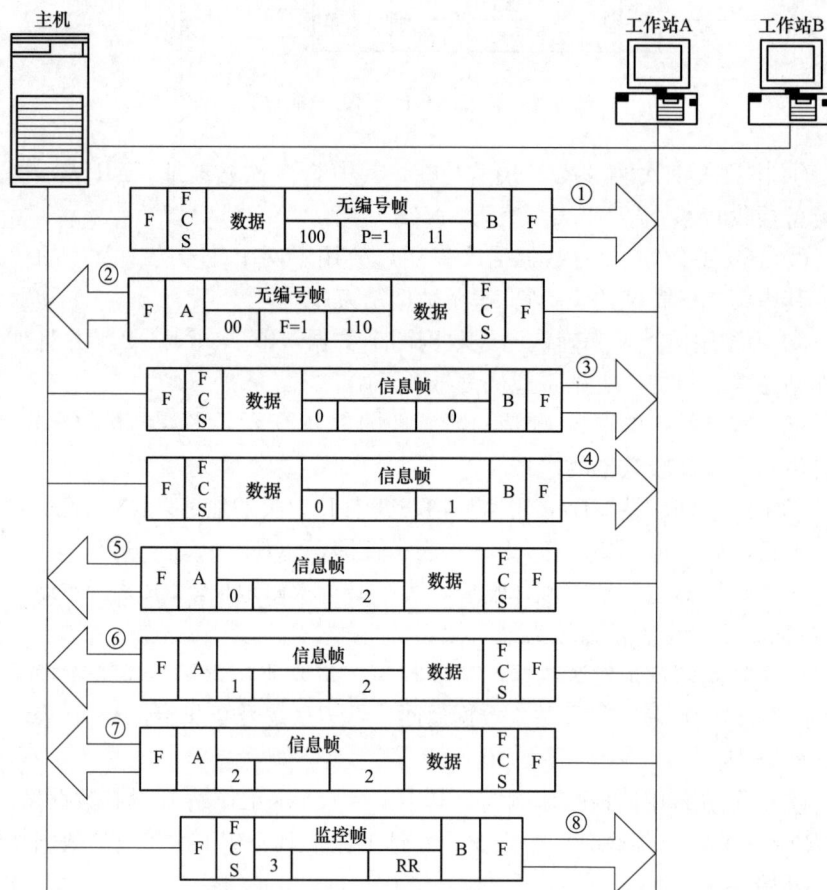

图 9-41 对等设备间的通信过程

图，采用点到点的连接方式。

①工作站 A 发送无编号帧，其中 11 及 100 为命令，表示要立一个异步平衡方式的连接，$P=1$ 表示工作站 A 希望控制会话并首先发送数据。

②工作站 B 也以无编号帧作响应；00 及 100 表示确认。至此，网络将处于异步平衡方式，两工作站均为复合站，P/F 位已没有意义。

③、④工作站 A 发送两个编号分别为 0 及 1 的信息帧。

⑤、⑥、⑦工作站 B 发送三个分别为 0、1 及 2 的信息帧作为回应，$N(R)=2$ 表示已经收到工作站 A 的两个数据，并且工作站 B 希望下次接收的数据从编号 2 开始。

⑧ 工作站 A 已经发送完所有数据，故不能以信息帧作为回应，因此发送一个监控帧来确认已收到数据。其中 $N(R)=3$ 表示已经收到工作站 B 的 3 个数据，并且希望下次接收的数据从编号 3 开始，RR 表示工作站 a 仍然准备接收数据。

第四节　通信网络结构

一、分布式控制系统通信网络简述

（一）网络构架

参照 GB/T 36293—2018 的技术要求，火力发电厂分布式控制系统的网络应达到：

（1）通信网络应采用分级的层次型结构。分散控制系统通信网络推荐分为主控通信网络级和 I/O 级，采用现场总线技术的系统可增加现场设备级。非实时性数据通信可采用单独的网络。

（2）单元机组主控通信网络应相对独立。母管制机组、电厂辅助车间、脱硫控制系统等可根据工艺运行的要求，设置各自的主控通信网络，各主控通信网络宜相对独立。

（3）各 DPU 的 I/O 通信网络应互相独立。远程 I/O 串行通信总线应冗余配置。

（4）通信协议应采用开放、符合国际标准的协议。

（5）多机组公用的设备和系统可设计公用控制系统主控通信网络，该网络应有相对独立性，与相关机组主控通信网络应配置在不同网段，应有可靠的访问限制机制。

（6）主控通信网络节点间距离小于 100m 可采用通信电缆（双绞线），大于 100m 距离宜采用光纤。

（7）连接在主控通信网络的节点（DPU、HMI 站、服务器等）应有冗余通信通道和接口。冗余通信通道应具有可靠的冗余性能，任一通道故障不应发生系统通信故障。各通信通道应有自诊断和故障报警功能。

（8）冗余通信通道应具有可靠的冗余性能，任一通道故障不应发生系统通信故障。各通信通道应有自诊断和故障报警功能。

（9）主控通信网络采用工业以太网时，节点的通信速率应达到100Mbit/s。

（10）I/O通信网络采用串行通信方式时，速率宜不低于1Mbit/s；采用并行通信方式时，速率宜不低于256kbit/s。

（11）为适应分布式控制系统分层结构，通信网络也是分层结构，目前，分布式控制系统的通信网络毫无例外地采用分层结构，最多分为四级，分别是I/O总线、现场总线、控制总线和系统总线。各层次的通信网络根据实际需要的不同，采用不同的拓扑结构和通信协议。

（二）网络功能及应用

（1）数据通信。这是分布式控制系统网络最基本的功能。快速传送控制站之间、控制站与终端之间的各种数据信息。

（2）资源共享。资源共享主要体现在系统硬件、系统软件的资源共享，以及站点间信息交换三个方面。

1）硬件资源共享：可以在全系统的网络范围内提供对处理资源、存储资源、输入输出等资源的共享。如激光打印机、大容量的外部存储器等部件。

2）软件资源共享：可以让局域网上的用户远程访问数据库，可以通过网络下载某些软件或数据到本地站点上使用等。

3）分布处理。对于大型的综合性任务，可将任务的各部分交给不同的站分点头处理，相互协调，充分利用网络资源，提高处理问题的实时性，即增强实用性。

4）提高兼容性和安全性。网络在建设中，一般都备有多种类型设备及不同厂商设备的网络接口，从而使网络可以适应技术的发展，同时也可以兼容多种网络设备和软件，不断地扩展系统性能和提高处理能力。同时，利用软件的或物理的手段进行权限限制的服务器，也可达到数据和程序的安全性目的，这在很大程度上保证了网络的安全性。

（三）网络类型

按地理范围可分为广域网、城域网、局域网三种。在分布式控制系统中，一般采用局域网或局域网互联。局域网是指相对较小的区域，比如在一台发电机组的范围或与厂区内的其他系统所组成的网络互连，其覆盖范围一般不超过10km。

网络传输技术的类型有广播式网络、点对点式网络、组播式网络。

（1）广播式网络（Broadcast Networks）。在广播式网络中，所有的站点都共享一条通信信道。当某个站点通过共享信道发送信息时，其他站点都会接收到这个信息。

（2）点对点式网络（Point-to-point networks）。与广播式网络相反，各站点之间都有一条通信信道，因此在点对点的网络中，不存在信道共享与复用的情况。数据交换只能发生在两站点之间。

在点对点网络中，通常各站点之间不设置直通专用线路，因此源站点所发出的信息，需要经过中间结点进行转发，才能到达目的站点，因此有一个路径选择（routing）问题。

（3）组播式网络（Multicast）。一个站点发送信息可以有多个站点接收，故又称为"多播"，由于单播方式需要逐个节点传输，效率较低；而组播方式能对特定的多点对象传送数据。从而提高了数据传输效率，减少了骨干网络拥堵的概率。如虚拟局域网采用组播方式。

（四）网络的硬件及软件

分布式控制系统的网络是由若干个控制站、操作站以特定的通信协议组织起来的系统，一个完整的分布式控制系统的网络系统由网络硬件和网络软件共同组成。

1. 网络硬件

一般分布式控制系统网络的硬件网络设备主要有网卡、中继器、网桥、集线器、交换机、路由器、网关、调制解调器、防火墙和传输介质等。

2. 网络软件

网络软件一般是指网络操作系统（NOS）、网络通信协议和应用层网络功能的专用软件，通常由分布式控制系统的厂商提供，由于提供服务行业的不同而有差别。

在分布式控制系统的局域网中，常见的网络操作系统有 UNIX、Linux、Windows NT、Windows 2000 Server/Advance Server，以及最新的Windows 2003 Server/ Advance Server 等，工作站可以采用任一 Windows或非 Windows 操作系统，如 Windows 9x/ME/XP 等。

Linux 是一个主要运行于 Intel 架构的多用户操作系统，不仅具备 Unix系统全部特征，且与 POSIX 标准兼容。Linux 的功能包含真正的多任务、虚拟内存、共享库、需求装载等。

3. 技术比较

（1）进程管理与调度：Linux 是一个模块化设计的操作系统，操作系统通常在用户进程内存空间内进行，没有系统调用时的进程切换开销，因此开销小。Windows 是一个准微内核操作系统，许多功能以单独进程实现，从而提高了系统模块化程度，但是进程切换开销大。

（2）进程间通信机制：Linux 提供了标准的 UNIX IPC 机制，而 Windows 则在基本 IPC 机制的基础上，提供了许多直接面向应用程序的高级IPC 机制。Linux 更灵活一些。

（3）内存管理：在相同的进程地址空间时，对内存布局的使用方式不同，Windows 实际只为进程准备了 2GB 多的可用虚拟地址空间，而 Linux中的进程地址空间使用更灵活些。Linux 优于 Windows。

Linux 和 Windows 都提供内存共享技术，但 Linux 系统给用户接口非常简单，只需要将自己虚拟内存空间附加到共享内存对象之上。Windows则是通过内存映射文件提供共享内存机制，使用上比较复杂。

（4）安全性：Linux、Windows 都有漏洞和潜在安全问题。

Linux 是多用户操作系统，底层系统文件始终会受到保护；可移除不安全的组件；有很好的"零日攻击（zero-day attacks）"防御工具；自动更新系统会同时升级系统中所有的软件；开放源代码构架，没有任何被隐藏的修复措施；这些漏洞能够在很快时间内发现并得到解决。

Windows 虽然采用 ACL 技术更加复杂和严密，但其密码加密步骤过于简单，密码容易被破解，安全性设计上不公开性也导致其有很多安全上漏洞。

4. 网络协议

协议是网络设备之间相互通信而建立的规则，常见的有 Net BEUI、IPX、TCP/IP、NW Link。其中，TCP/IP 是 Internet 使用的协议。

（1）Net BEUI：是为 IBM 开发的非路由协议，用于携带 Net BIOS 通信。工作在 OSI 模型第二层，不支持路由和网络层寻址功能。

（2）IPX：是 NOVELL 用于 Net WARE 客户端/服务器的协议群组，避免了 Net BEUI 的不足。IPX 具有完全的路由能力，支持 32 位网络地址，可用于大型企业网。

（3）TCP/IP：上述协议只有 TCP/IP 允许与 Internet 完全的连接。但 TCP/IP 的 32 位寻址功能方案不足以支持即将加入 Internet 的主机和网络数，只适于局域网。因而当前可代替的标准是 IPv6。相对来说，TCP/IP 的可扩展性和可靠性好，速度和效率方面低一些。

二、局域网拓扑结构

分布式控制系统的局域网中，过程控制站、操作站、历史站、工程师站等站点的通信要实现物理互联，网络的拓扑（Topology）结构就是指这些站点设备之间相互连接的物理布局。这种布局形式在专业术语中被称作"拓扑结构"。

局域网拓扑结构通常分为四类：星形结构、总线形结构、环形结构、树形结构。

1. 星形网络拓扑结构

星形拓扑结构由中心节点与分支节点组成。网络中的各分支节点都与中心节点（一般是集线器或交换机）物理连接，各分支节点之间没有直接的物理通路。在星形网中任何两个节点要进行通信都必须经过中央节点转发。

要通过中心节点进行转发到目的节点；或者由中心节点周期性地询问各分支节点，协助分支节点进行信息的转发。

星形结构可以通过级联的方式，很方便地将网络扩展到很大的规模。星形结构的网络拓扑结构图如图 9-42 所示。中心节点是星形网络的控制中心，任意两个节点之间的信息交换只需两步完成，所以传输速度很快，且星形网络结构简单、组网方便，便于控制和管理。

但是，中心节点负担重，形成"瓶颈"，如果中心点出现故障，则会导致全网瘫痪。因此，对中心节点的可靠性和冗余度要求很高。

2. 总线形网络拓扑结构

将网络中各个节点（如控制站、操作站、服务器等）用一条传输总线

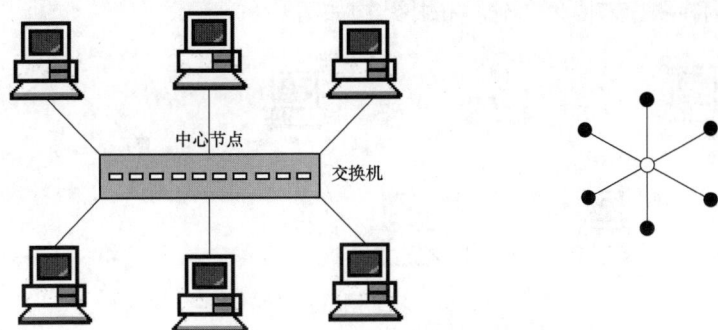

图 9-42　星形结构的网络拓扑结构

相连，各节点间的信息交换均通过总线进行传输，这种网络结构称为总线形拓扑，如图 9-43 所示。

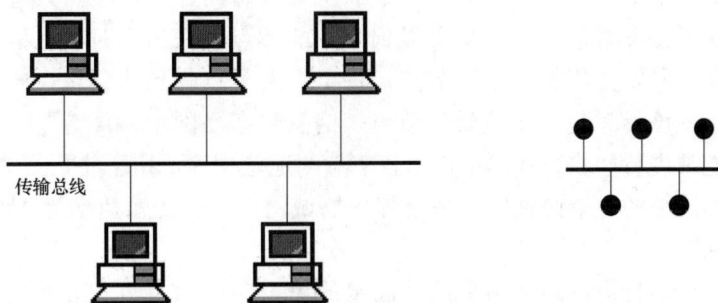

图 9-43　总线形网络拓扑结构

这种网络结构比较简单，各节点地位平等，无中心节点控制，公用总线上的信息多以基带形式串行传递，节点发送的信息沿着总线向两端传播，源节点发送的信息中含有源地址和目标地址，各节点都监视总线上的信号，看是否与自己节点的地址相符，相符则接收网上的信息，将发送给自己的数据复制下来。

由于总线是共享介质，当多个站同时发送信息时会发生冲突，因此需要采用介质访问控制协议以避免发生冲突。例如采用带有冲突检测的载波监听多路访问 CSMA/CD 技术。总线形结构的通信介质可以是同轴电缆、双绞线及光纤。在总线形结构中，总线的负载能力是有限的，如果节点数量超出了总线的能力，就需要延长总线的长度，并加入相当数量的附加转接部件，使总线负载达到容量要求。

总线形结构易于布线和维护；结构简单；可扩充性好，节点设备的增、减方便。设备投入量少、成本低、安装容易。缺点是实时性较差一些，分支节点故障时查找困难。

3. 环形网络拓扑结构

环形网络拓扑结构是网络中挂有各个节点通信链路首尾相接，形成的一个闭合的环，环上任何节点均可请求发送信息。信息在环路中沿着一个固定方向在各个节点间传输，拓扑结构如图 9-44 所示。

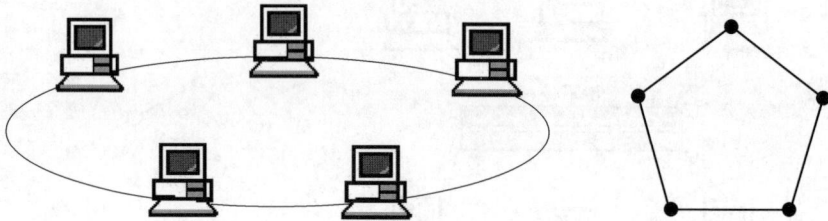

图 9-44　环形网络拓扑结构

这种拓扑形式没有中心节点，每个节点用户都与两个相邻的节点用户相连，因而属于点到点链路，但信息总是以单向方式流动，于是有上游端节点和下游端节点之称。

环形网络常使用令牌来决定哪个节点可以访问通信系统。只有得到令牌的站才可以发送信息，当某个得到令牌的节点发送信息时，将信息沿环路的固定方向发往相邻的下游节点，每个下游节点收到信息包再向它的下游站点转发该信息包，直至目的节点。信息包在环网中"环游"一圈，最后由发送站进行回收。环形结构中各节点的地位相等，相互独立。

环形网络的一个典型代表是令牌环局域网，它的传输速率为 4Mb/s 或 16 Mb/s。

优点：信息流在网络中是沿着固定的单方向流动，两个节点之间仅有一条通路，无信道选择问题，环路上各节点都是自举控制，控制软件简单。

缺点：在环路上的信息是串行通过各个节点，因而当环上节点较多时，将导致信息环网一周的时间较长；所以不适用大规模分布式控制系统的骨干网。

由于环路是封闭的，不便于扩充；可靠性低，环中的一个节点断开，意味着整个网络的通信终止；维护难，对分支节点故障定位较难。

因为环形网络是一系列点对点链路串接起来的，可使用任何传输介质。最常用的是价格较低的双绞线；同轴电缆则可获得较高的带宽；而光纤能实现更大的数据传输率。

4. 树形网络拓扑结构

由于单级星形网络中心节点的带宽"瓶颈"问题及可靠性不高等缺点，使之不适用于构建大型网络，因而产生了多级星形网络拓扑结构。如将多级星形重新按层次方式排列，则形成了树形网络，信息交换主要在上下节点之间进行，相邻节点或同层节点之间不进行信息交换，树形网络拓扑结构如图 9-45 所示。

其传输介质可有多条分支，但不形成闭合回路，树状网是一种分层结构，在网络中的每条链路都支持双向传输，任意两个节点之间不产生回路，任何一个节点送出的信息都可以传遍整个传输介质，一般一个分支和节点的故障

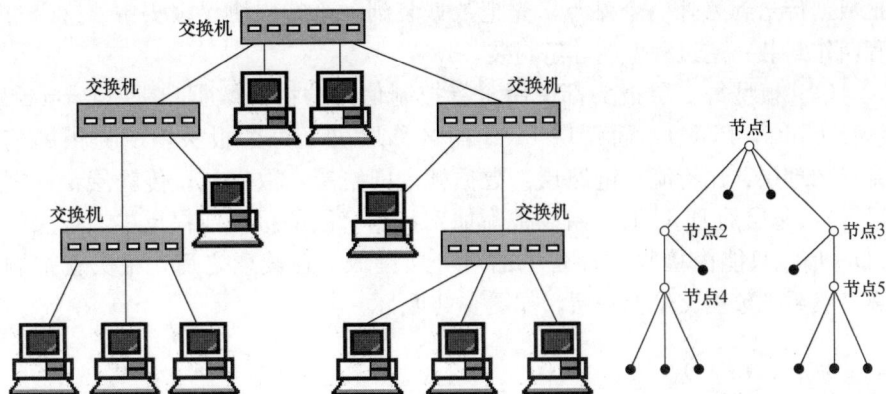

图 9-45 树形网络拓扑结构

不影响另一分支节点的工作，适合于分主次或分等级的层次型网络系统。

优点：树形网络结构比较简单，节点扩充方便、成本低，维护方便，适用于汇集信息的应用要求。

缺点：在这种网络系统中，除根节点及其相连的链路外，资源共享能力较低。

第五节 网 络 协 议

目前的分布式控制系统的厂家都不再使用自己开发的专用通信网络，而采用 IEEE802.3 及 IEEE802.3u 标准，基于 TCP/IP 通信协议的通信网络。

一、网络互联协议

国际标准化组织（International Standard Organization，ISO）为了使网络应用更为普及，1985 年专门制定了"开放式系统互联（Opening System Interconnect，OSI）"。一般称为 OSI 参考模型。为不同的网络互连提供了框架模型，"开放"一词表示能使任何两个遵守参考模型和有关标准的系统进行互连，是信息处理领域内最重要的标准之一。

OSI 包括了体系结构、服务定义和协议规范三级抽象，并定义了一个分层模型，把相关的功能合在一起称为层，用以进行用户进程间的通信，分层结构把一个问题分解成许多更便于管理的子问题。结构层数越多，每层要完成的功能越少，实现也就越容易，但层数过多时，会使层与层之间的处理时间加长。因此，分层的原则为必须要有不同层的抽象时才能设立一个新的层次，每一层的确定应使通过两层之间接口的信息流量为最少，按照这样的原则，OSI 参考模型共分为 7 层。两个相互通信的系统都有共同的层次结构。

数据要进行网络传输时，需要从高层逐层向下传送，如果一个站点要把数据传送到另外一个站点，先把数据装到一个特殊协议报头中，这个过程叫作封装；逆过程就叫作解封装。

OSI 模型每一层报头都使用含有控制信息的协议数据单元（Protocol Data Units, PDU），而每层 PDU 的名称取决于每个报头中所提供的信息（物理层：比特流；链路层：数据帧；网络层：数据包；传输层：数据段等），每层的 PDU 通过封装被附加到数据字段的报头或报尾中。各层的 PDU 信息只能由接收方设备中的对等层读取，在读取之后，报头就被剥离，然后把数据交给上一层，如图 9-46 所示。

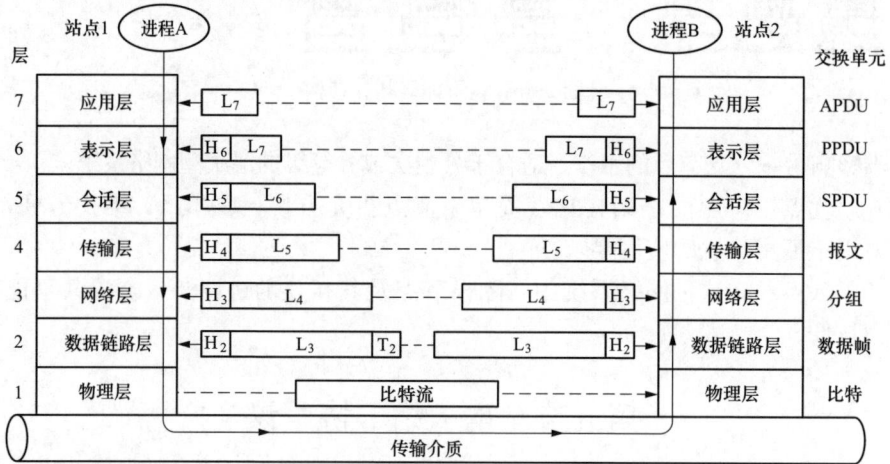

图 9-46　OSI 七层模型接口和协议

发送数据前，要先对数据进行封装，封装就是在 OSI 模型的每一层加上协议信息，即把每层的原始数据加上报头 H 或报尾 T，一般在第 6、5、4、3、2 层上加报头，在第 2 层上加报尾。图 9-46 中 $L_3 \sim L_7$ 表示相应层的数据，$H_6 \sim H_2$ 代表相应层上附加的报头，T_2 为第 2 层上附加的报尾。封装好的数据放在物理层的通信链路上，实现对等层通信。

接收端在收到数据包后，从第 1 层～第 7 层逐层拆包，分别去除报头与报尾，最后获得与发送端一样的数据。

当站点 1 进程 A 要和站点 2 进程 B 通信时，站点 1 进程 A 把数据 L7 传给应用层。表示层软件在数据 L7 前面加上报头 H6 后下传给会话层，会话层加上自己的报头后再下传到传输层，依次进行下去。一些层中不仅要在数据前面加报头，还要在数据后面加上报尾（如第 2 层）。当数据到达最底部时，由物理层实际传输报文，如图 9-47 所示。

当报文到达站点 2 时，由物理层向上传递，各层都剥离并检查自己的报头，最后数据到达接收者——进程 B，它以与发送方相反的路径响应，第 n 层的报头信息就用 n 层协议。

1. 物理层（Physical）

物理层是 OSI 参考模型的最底层协议，它为设备之间的数据通信提供

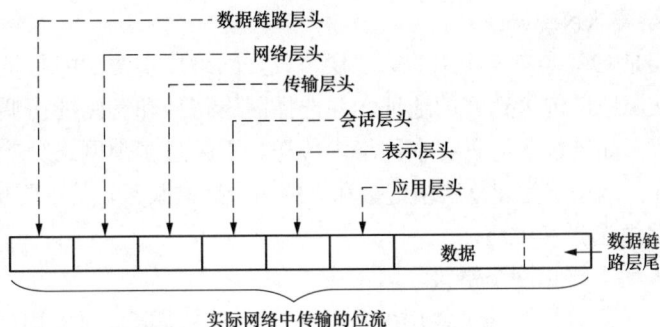

图 9-47　出现在网络上的一个典型数据包结构

传输链路，规定了接口电压、接口标准（如 RJ-45 等）、信道类型（如多路复用等）、线缆标准（其中包括电缆、光纤、互联设备的标准及功能控制，如接收器、发送器及中继器等），以及每秒的传输速率、传输距离等。还有能否进行全双向传输等问题都属于物理层范畴。

2. 数据链路层（Data Link）

MTU 传输单元如图 9-48 所示。

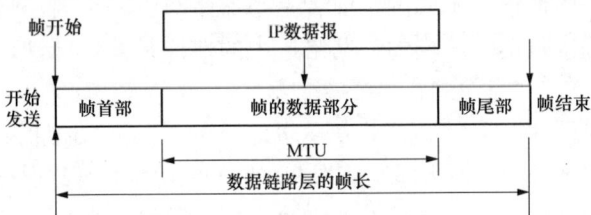

图 9-48　MTU 传输单元

数据链路层是 OSI 参考模型中的第二层协议，在物理层提供服务的基础上向网络层提供服务，这一层的基本工作包括发送和接收帧，识别通信链路地址等。这一层功能有：

（1）节点至节点的数据发送。

（2）地址功能。报头与报尾中含有当前站与下一站的物理地址，保证使数据从发送站经过中间站到达目的站。

（3）存取控制，当两个以上设备连在同一条线路上时，链路层协议负责确定某时间段内哪一个设备获得线路控制权。

（4）流量控制。控制相邻两节点之间数据链路上的流量，以防过载。

（5）差错控制。具有数据检错与纠错功能，当发现传输数据错误时，进行有限次重发。

（6）同步。报头中的同步信息向接收端表示数据帧已经到来，同时还可以使接收端调整接收时钟；报尾包含差错控制位及指示数据帧结束的位。

数据链路层协议有高级数据链路控制协议（HLDC）及逻辑链路控制协议（LLC）等。

3. 网络层（Network）

网络层是 OSI 参考模型中的第三层协议，网络层主要功能是将数据通过多种网络从源地址传送到目的地址，并选择网络路径和链路的协调管理，防止链路堵塞。如果数据包只在本网络内传送，不越过多个网络分支，则这一层不必存在。网络层为建立网络链接和为传输层提供服务，其主要功能如下。

（1）路由选择和中继。

（2）激活、终止网络链接。

（3）在一条数据短路上复用多条网络链接，多采取分时复用技术。

（4）差错检测与恢复。

（5）排序和流量控制。

（6）服务选择。

（7）网络管理。

在具有开放特性的网络中的数据终端设备，都要配置网络层的功能。基于网络层的网络硬件设备主要是网关和路由器。

在网络层的报头中包含数据包源地址与目的地址的信息。这些地址与数据链路层中的地址是不同的，前者是当前站与下一个要经过站的物理地址，传输过程中是不断改变的，网络层中的地址是逻辑地址，在传输过程中是不变的。

例如，对图 9-49 所示网络，从逻辑地址为 A、物理地址为 10 的节点传送数据到逻辑地址为 P、物理地址为 95 的节点。由于两节点分布在不同的网络，故只使用物理地址是不够的。数据包的网络层中包含了节点的逻辑地址（A 与 P），在数据传输过程中保持不变。与此相对的是数据包中的物理地址随着网络的不同而改变。

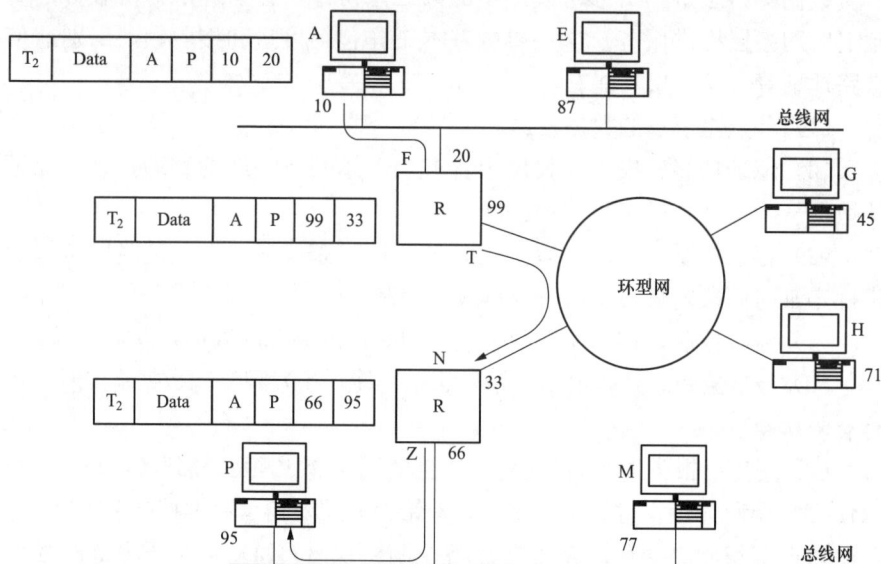

图 9-49　网络层示例图

4. 传输层（Transport）

传输层是 OSI 参考模型中的第四层协议，在两个站点通过网络进行数据通信时，传输层协议提供一种端到端服务。这与网络层点到点的连接不同，网络层只将数据送到正确的站点，而传输层协议提供应用进程（可理解为应用程序或者任务）之间的通信，而这些进程称为端点。传输层与会话层及网络层的关系如图 9-50 所示。

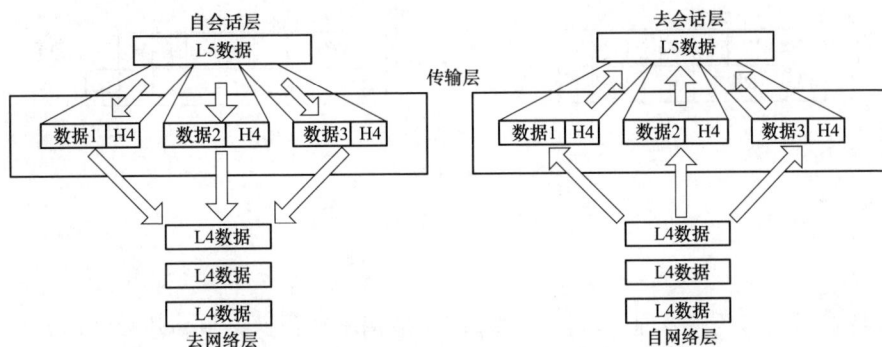

图 9-50 传输层与会话层及网络层的关系

当传输层从会话层接到数据 L5 后，将其分割成便于传送的若干数据段，在数据段头中标明数据段的顺序，以便于到达目的站后的数据恢复。

在实际中，互联的各通信子网在性能上可能存在着差异。如网络传输速率、数据延迟时间等差异。而对于会话层来说，需要有一个性能稳定的界面，传输层承担了这项任务，如采用分流、合流、复用/分复用技术等来调节各通信子网的差异，使这些差异不影响会话层。

图 9-51 给出一个传输层的例子。自传输层来的数据段带有目的地址 j 与 k（j 为发送程序地址，k 为接收程序地址）。由于数据段长度超过网络层的控制范围，故将其分割为两个数据包，每一个数据包中都包含服务点地址 j 与 k。经过网络层时给每个数据包加上网络地址（A 与 P），这样数据包就可以以不同路径，甚至不同次序到达目的地。接收端的传输层负责将两个数据包组合并递交给上层处理。此外，传输层还要提供可靠的端到端的错误恢复机制，并向更高层网络软件提供流量控制。

5. 会话层（Session）

会话层是 OSI 参考模型中的第五层协议，主要功能是对话管理，为进程之间提供（单向或双向的）对话服务，为它们的信息交换提供可靠的手段，处理某些同步与恢复问题。服务的内容有会话连接的建立和释放、常规数据交换、离服务、加速数据交换、交互管理、会话跟踪连接同步、异常报告等。允许用户在一个很长的信息传输时插入同步点，当通信会话中断时，只需要从最后一个同步点重发，而不是从头重新进行。

例如，一个用户需要传送长度为 100 页的文件，但当发送到 33 页时突然

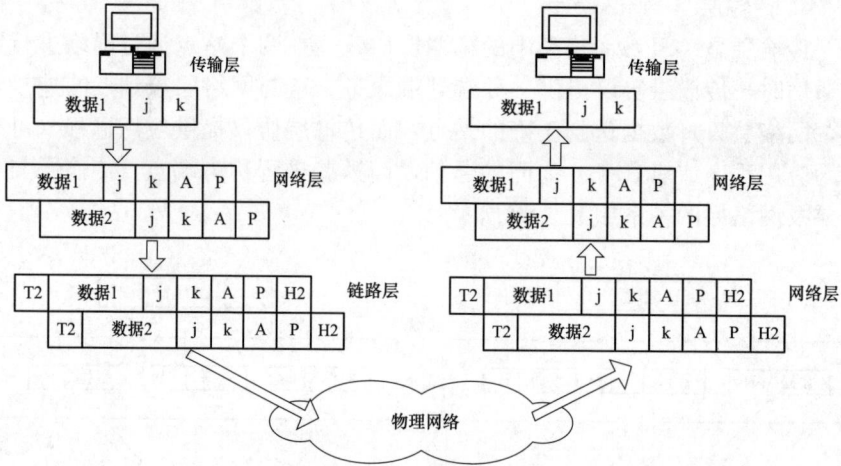

图 9-51　传输层示例

中断。这时有两种处理方法：一种思路是取消本次传送，重新建立会话并从第 1 页开始从头发送；另一种思路是将一个长的会话分割成若干子会话，如每 10 页为一个子会话，则当重新建立会话后，从第 31 页开始新一次发送。

会话层与传输层、表示层的关系如图 9-52 所示。会话层通过对一个长的信息流中插入同步点（syn），将其分为若干个子会话，传输中途发生故障时，只需将最后一个同步点之后的数据丢弃后重传。这样当出现故障时，在断点前的同步点开始执行即可，而不必从头开始，使得重发数据量降至最少。实际中可根据传输任务的要求不同，确定是否设置同步点。

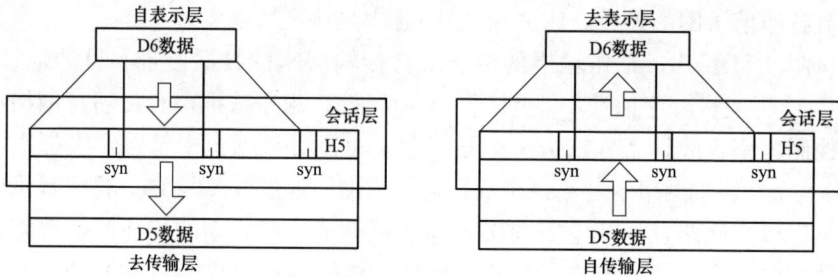

图 9-52　会话层与传输层、表示层的关系

会话层完成的其他工作还有用户的身份检查（如口令与登录名等）等。

6. 表示层（Presentation）

表示层是 OSI 参考模型中的第六层协议，用于向应用程序和终端管理程序提供一批数据变换服务，实现不同信息格式的数据的编码和解码；代码转换，如 IBM 计算机使用 EBCDIC 编码转换成大多数 PC 机使用的是 ASCII 码。处理数据的加密和解密、数据的压缩和解压缩、数据兼容以及信息表达等问题。

7. 应用层（Application）

应用层是 OSI 参考模型中的最高层，主要是为用户应用程序提供接口，从而使得用户应用程序能够使用网络服务。例如：文件传输、文件管理、电子邮件的消息处理等。

为了提供应用支持服务，应用支持模块可能要访问某些管理活动，这些管理活动分为面向应用和面向系统两类。

面向应用的管理活动包括进程的启动、维持及终结，确认所接收的信息，面向应用的出错处理，逻辑资源的分配等。当应用进程共享资源和数据时，必须检测和防止资源死锁和竞争，保持数据的完整性。

OSI 各分层功能简述如表 9-12 所示。

表 9-12　OSI 各分层功能简述

应用层	功能	各层功能概览
应用层	针对特定应用的协议	
表示层	设备固有数据格式和网络标准数据格式的转换	 接收不同表现形式的信息，如文字流、图像、声音等
会话层	通信管理。负责建立和断开通信连接（数据流动的逻辑通路）。管理传输层以下的分层	何时建立连接、何时断开连接以及保持多久的连接？
4 传输层	管理两个节点之间的数据传输，负责可靠传输（确保数据被可靠地传送到目标地址）	是否有数据丢失？
网络层	地址管理与路由选择	经过哪个路由传递到目标地址？ 这一层切换路由信息包，使之到达它们的目的地，网络层负责寻址及传送信息包。

续表

应用层	功能	各层功能概览
数据链路层	互联设备之间传送和识别数据帧	 数据帧与比特流之和的转换 分段分发
物理层	以"0""1"代表电压的高低、灯光的闪灭。界定连接各个网段的规格	 比特流与电子值号之间的切换 连接器与网线的规格

二、局域网协议

国际电子电气工程师协会（IEEE）802 课题组在 1981 年底，提出了 IEEE 802 局域网模型。该标准目前在国际上得到了广泛的认可与应用。

局域网（Local Area Network，LAN）是指一个较小的局部地理范围内的通信网络，如在火力发电厂中通常为一台发电机组所辖管设备的控制范围，但 LAN 通常要比广域网（WAN）具有高得多的传输速率。局域网由于规模小、组网灵活和结构规整的特点，所以极易形成标准。事实上，局域网技术也是在所有计算机网络技术中标准化程度最高的一部分。

1. IEEE 802 标准的层次

IEEE 802 标准相当于位于 OSI 模型第一层和第二层，其基本功能由硬件芯片来实现；高层功能与 OSI 模型的第 3 层～第 7 层协议兼容，其功能由软件来实现。它提供两个站点之间的端—端服务。

IEEE 802 标准所提供的功能是局域网所应完成的最小的通信功能。该标准关于体系结构、寻址方法和其他综述由 802.1（综述和体系结构）文本提供，IEEE 802 标准划分为三个层次，分别是逻辑链路层（Logical Link Control，LLC）子层、介质访问控制（Media Access Control，MAC）子层、物理信号 PS（Physical Signal，PS）子层。LLC 子层提供了 OSI/RM 模型中定义的数据链路层的服务，这使得上层协议能够运行在局域网标准之上。MAC 子层解决当局域网敏感词用信道的使用产生竞争时，如何分配信道的使用权问题。其中与 OSI 参考模型的物理层相对应，与 OSI 参考模型层的次对比如图 9-53 所示。

IEEE 802 标准将链路层划分为两个层次的原因如下。

（1）由于在 OSI 模型的链路层中，缺少对多个源和多个目的地的链路进行访问管理所需的逻辑功能。因此，在 IEEE 标准的 802.2 文本中，针对

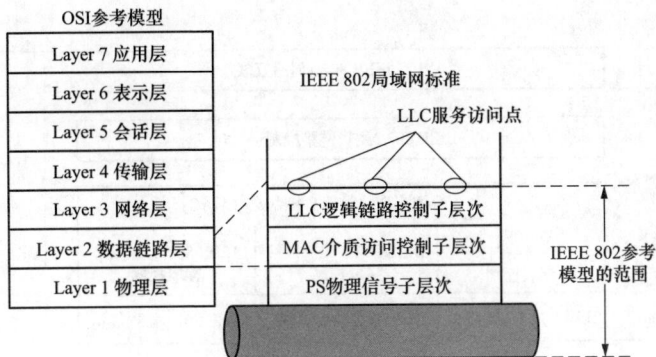

图 9-53　IEEE 802 标准与 OSI 模型的层次对比

局域网规定了 LLC 层对多个源和多个目的地的链路进行访问管理的逻辑功能。

（2）IEEE 802 组织认为单一的结构无法满足所有的应用场合，因此，IEEE 标准的 802.3~802.5 文本中提供了若干 MAC 控制方式，即选定了带冲突检测的载波监听多路存取（CSMA/CD）、令牌总线（TOKEN BUS）、令牌环（TOKEN RING）等多种网络结构的 MAC 方式。

IEEE 802 标准的 LLC 链路控制子层负责识别网络层协议，然后对它们进行封装。LLC 的报头告诉数据链路子层一旦帧被接收到时，应当对数据包做何种处理，为网络层提供服务：无确认无连接、面向连接、带确认无连接、高速传送。

MAC 介质访问子层的主要功能包括数据帧的封装/卸装、帧的寻址和识别、顿的接收与发送、链路的管理、帧的差错控制等。MAC 子层的存在屏蔽了不同物理链路种类的差异性。

它们对各种类型和速度的以太网来说是相同的。OSI 物理层中的 IEEE 子层次由使用的 10Mbit/s、100Mbit/s 或 1000Mbit/s 设备不同而不同，各个子层都是用来帮助组织实现特定功能的以太网规范，这些功能是使以太网系统正常工作所必须具备的。

2. IEEE 802 标准的结构

（1）IEEE 802 标准（部分）的结构如图 9-54 所示。

（2）IEEE 802 的逻辑链路控制标准（802.2）为网络上两个节点之间的信息传送规定了问答层之间而通信协议规程，它支持数据链路功能、数据流控制、命令解释及产生响应，LLC 为高层服务，向上提供高层接口。在发送时，它把数据装配成 HDLC 的帧；在接收时，它将接收到的帧进行拆卸，并把数据传送给高层。LLC 的实施与介质存取控制（MAC）完全无关，但它与 MAC 有一个很好的接口，因此，LLC 可以与各种各样的 MAC 实施方法一起使用。

LLC 标准（IEEE 802.2）适用于非连接操作和面向连接操作。非连接

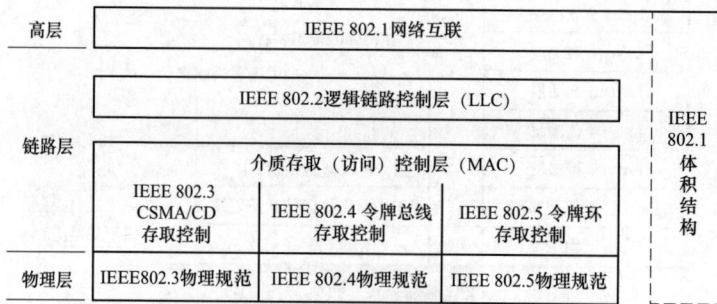

图 9-54 IEEE 802 标准（部分）的结构

注：IEEE 802.1：概述、体系结构和网络互连，以及网络管理和性能测试。

IEEE 802.2：逻辑链路扩展协议，定义 LLC 功能和服务。

IEEE 802.3：载波监听多路访问/冲突检测（CSMA/CD）控制方法，以及 MAC 子层和物理层的规范。

IEEE 802.4：令牌总线网的访问控制方法：以及 MAC 子层和物理层的规范。

IEEE 802.5：令牌网的访问控制方法，以及 MAC 子层和物理层的规范。

操作在一个交互作用之前不要求节点之间进行合作服务，这是一种仅允许发送和接收帧的数据信息服务方法。面向连接操作在节点间开始送信息之前，要求提供链路取点之间的虚电路连接服务，主要是提供流量控制、差错控制、差错恢复这类服务。

（3）IEEE 802 的介质存取控制（MAC）标准（IEEE 802.3～IEEE 802.5），为网络上两个节点间的信息传送规定了如何控制介质的存取。其中：

IEEE 802.3 标准的 CSMA/CD 存取控制技术通常用于总线形网络，其控制策略是载波监听、多路访问、冲突检测机制。每个发送站必须判断是否有冲突发生，如果有冲突则停止发送，延迟一个随机时间重发。在网络负荷较大时，发送时间增长，发送效率急剧下降。

IEEE 802.4 标准的令牌（Token）存取控制技术也用于总线形网络，总线上的站点在逻辑上被组织成一个环。令牌在其间在总线上顺序传递，任一个站点必须拿到令牌后才能发送数据。若站点不需发送数据，则将令牌交给下一个站点。

IEEE 802.5 标准的令牌环存取控制技术适用于环形网络，所有站点均连接在一个环形拓扑结构中，令牌在环网上循环，收到令牌的站点根据令牌的忙、闲状态决定是否接收或发送，然后再将令牌发往下一站，其基本原理与 IEEE 802.4 类同，区别只是网络为环形拓扑结构。

令牌环控制方式的优点是有很强的实时性，在重负载环路中，"令牌"以循环方式工作，效率较高。其缺点是控制电路较复杂，令牌容易丢失，但 IBM 在 1985 年已解决了实用问题。近年来令牌环网络基本上被以太网所替代。

（4）IEEE 802 的物理层标准规定了通信介质的种类和网络拓扑结构，在发送或接收时，对数据（信息）位流进行编码或解码。根据 IEEE 802 标准，基带传输采用曼彻斯特编码或差动曼彻斯特编码，传输介质为 150Ω 双绞线、50Ω 或 75Ω 同轴电缆。

（5）IEEE 802 推荐的帧结构。IEEE 802 建议的帧结构是在 HDLC 的帧结构基础上略作修改的结果。IEEE 802 所建议的帧结构简图如图 9-55 所示。

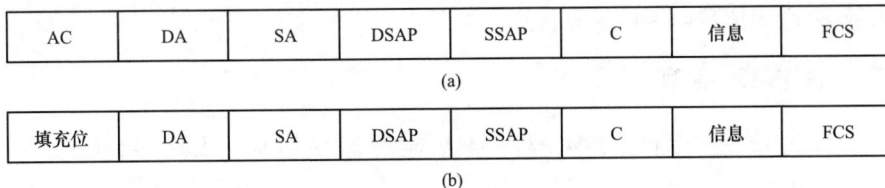

AC	DA	SA	DSAP	SSAP	C	信息	FCS

(a)

填充位	DA	SA	DSAP	SSAP	C	信息	FCS

(b)

图 9-55　IEEE 802 建议的帧结构
(a) 令牌存取控制；(b) CSMA/CD 控制

图 9-55 中 AC 表示存取控制，DA 表示目的地址，SA 表示发送地址，DSAP 表示目的服务存取点标识符，SSAP 表示源服务存取点标识符，C 为控制字节，FCS 为帧校验。

下面就 IEEE 802 建议的帧结构作简要介绍。

1）采用曼彻斯特编码（即相位编码）。无信息时，输出信号保持高电平"0"与"1"分别用输出的正跳变与负跳变表示，如图 9-56 所示。

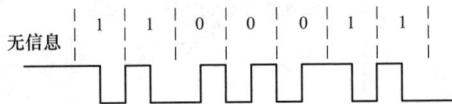

图 9-56　曼彻斯特编码

这样就可识别帧的界限。而在 HDLC 中，为了防止标识符在帧内部出现，采用了"0 插入"，插入填充位必然影响传输速率。

2）增加发送地址段。因为在局域网络或分散控制系统中，采用多点平衡链路，允许多个发送站向同一目的站发送信息，所以协议中必须附加发送地址，而在一般公用数据网络中，采用点至点或点至多点不平衡链路，只允许一个站发送信号，因此在 HDLC 中，只要目的地址就够了。

3）DSAP 为目的服务存取单元标识符，由 8 位组成。SSAP 为源服务存取点标识符，也由 8 位组成，SA 可以看作是控制信息或地址信息，也表示局域网络与其他网络的接口地址或接口协议。

4）AC 字段主要是为介质存取控制（MAC）层次而设置，由 8 位组成；成帧时由 MAC 层次来控制。AC 用来说明网络拓扑的差异以及令牌控制所必需的信息，信息格式为 C，C，M，M，F，F，F，E。其中，CC 代表存取类别，设置"00"，用以标识令牌存取控制帧，MM 代表信息控制，FFF 表示存取功能，在总线形网络中，提供了与令牌控制有关的各种功能。在环形网中，可保留不用；E 代表扩展位。

在总线形网络中采用 CSMA/CD 控制方式时，就不需要 AC 字段，为了保证传输帧长不小于最小帧长，可在 AC 字段位置上插入填充位，以使帧长等于最小允许帧长度。

5) FCS 为帧校验序列的位数，当采用令牌控制方式时为 16 位，而采用 CSMA/CD 控制方式时为 32 位。后者由于信息碰撞而引起的干扰较大，需要较多 FCS 位数以保证信息传送的可靠性。

三、TCP/IP 模型

TCP/IP 是一组用于实现网络互连的通信协议（Internet Protocol Suite，IPS)，是一个抽象的分层模型，实现这些功能要有很多协议协同工作，TCP/IP 参考模型以 TCP（传输控制协议）和 IP（网际协议）为核心。将家族协议分成为介质访问层（网卡层）、网际互联层（站到站）、传输层、应用层四个层次。TCP/IP 协议与 OSI 模型的对应关系如图 9-57 所示。

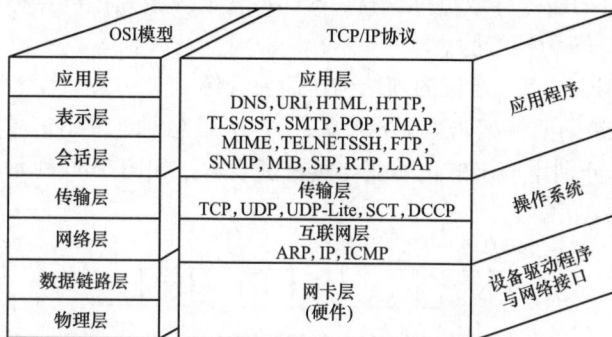

图 9-57　TCP/IP 协议与 OSI 模型中的对应关系

事实上，TCP/IP 本身并未定义该层的协议，而由参与互连的各网络使用自己的物理层和数据链路层协议，然后与 TCP/IP 的网络接入层进行连接。

由于 TCP/IP 和 OSI 模型组不能精确地匹配，所以如何将 TCP/IP 参考模型映射到 OSI 模型还没有一个完全正确的答案。另外，OSI 模型下层还不具备能够真正占据真正层的位置的能力，在传输层和网络层之间还需要另外一个层（网络互联层）。

TCP 用于从应用程序到网络的数据传输控制，在数据传送之前负责将它们分割为 IP 包，然后在它们到达目的用户程序后再重组复原。IP 负责不同两个网络的站点之间的通信，在局域网上发送和接收数据包。TCP/IP 协议模型各层功能简要说明如表 9-13 所示。

表 9-13　TCP/IP 协议模型各层功能简要说明

层次	名称	协议
4	应用层	例如 HTTP、FTP、DNS（如 BGP 和 RIP 这样的路由协议，尽管由于各种各样的原因它们分别运行在 TCP 和 UDP 上，仍然可以将它们看作网络层的一部分）
3	传输层	例如 TCP、UDP、RTP、SCTP（如 OSPF 这样的路由协议，尽管运行在 IP 上也可以看作是网络层的一部分）
2	网互联层	对于 TCP/IP 来说这是因特网协议（IP），如 ICMP 和 IGMP 这样的必须协议尽管运行在 IP 上，也仍然可以看作是网络互联层的一部分；ARP 不运行在 IP 上
1	网络接口层	例如以太网、Wi-Fi、MPLS 等

四、以太网

（一）以太网发展历史

以太网（Ethernet）是 Xerox、Intel 和 DEC 公司联盟开发的基带局域网规范，IEEE 802.3（CSMA/CD）规范则是 1980 年基于最初的以太网标准制定的，后来又陆续制定了许多新的协议如 802.1、802.1q 等。开始时以太网技术主要应用在企业局域网中，现已大量应用于城域网，并逐渐地和 SDH 设备融合形成所谓 MSTP 设备，并与以太网标准相互兼容。

1. 以太网家族系列

1980 DEC，Intel，Xerox 制定了 Ethernet Ⅰ 的标准，10Mbit/s。

1982 DEC，Intel，Xerox 又制定了 Ehternet Ⅱ 的标准（OSI 模型中的第二层），100Mbit/s。

1982 IEEE 开始研究 Ethernet 的国际标准 802.3。

1983 Novell 基于 IEEE 的 802.3 的原始版开发了专用的 Ethernet 帧格式（因此 802.3 Raw 先于 IEEE 802.3 出台）。

1985 IEEE 推出 IEEE 802.3 规范，后来为解决 Ethernet Ⅱ 与 802.3 帧格式的兼容问题，推出折中的 Ethernet SNAP 格式（Ethernet Ⅰ 被后来的 Ethernet 帧格式所取代）。IEEE 802.3 标准系列如图 9-58 所示。

2. IEEE 802.3u

IEEE 802.3u（100Base-T）是 100Mbit/s 以太网的标准。100Base-T 技术中可采用 3 类传输介质，即 100Base-T4、100Base-TX 和 100Base-FX，100Base-TX 和 100Base-FX 采用 4B/5B 编码方式，100Base-T4 采用 8B/6T 编码方式。就是所谓的快速以太网（fastethernet）。

3. IEEE 802.3x

IEEE 802.3x 是在全双工方式下的流量控制协议。流量控制用于防止在端口阻塞的情况下丢帧，这种方法是当发送或接收缓冲区开始溢出时通过将阻塞信号发送回源地址实现的。流量控制可以有效地防止由于网络中

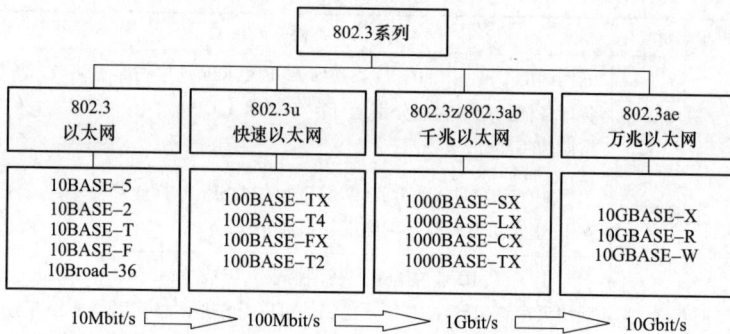

图 9-58　IEEE 802.3 标准系列

瞬间的大量数据对网络带来的冲击，保证用户网络高效而稳定地运行。

随着技术的进步，以太网由早期采用的载波侦听、多路访问、碰撞检测（CSMA/CD）的竞争机制和总线拓扑结构已逐渐发展到交换式以太网，包括标准以太网（10Mbit/s）、快速以太网（100Mbit/s）、千兆以太网（1000Mbit/s）和万兆以太网（10Gbit/s）等，是当今局域网最通用的通信协议标准。

（二）以太网的四个基本要素

1. 帧（Frame）

它是一系列标准化的数据位，用于在以太网络系统中传输数据。

2. 介质访问控制协议（Mediaaccesscontrolprotocol）

它由一整套内嵌于各个以太网接口中的规则组成，它允许多个计算机以公平的方式访问共享的以太网信道。

3. 信号部件（signalingcomponent）

它们是一些标准化的电子设备，用来在以太网信道中发送和接收信号。

4. 物理介质（physicalmedium）

由电缆和其他用来在联网的计算机之间传输数字式以太网信号的硬件部件组成。

以太网的一些重要的参数如表 9-14 所示。

表 9-14　以太网的一些重要的参数

参数	10Mbps	1BASES	100Mbps	1000Mbps
信道间歇时间	512 位	512 位	512 位	4096 位
重发时间	9.6μs	9.6μs	0.96μs	0.096μs
最大重发次数	16	16	16	16
回退时间	10	10	10	10
信号规格	32 位	32 位	32 位	32 位
最大帧长度	1518 字节	1518 字节	1518 字节	1518 字节

续表

参数	10Mbps	1BASES	100Mbps	1000Mbps
最小帧长度	512 位（64 字节）	512 位（64 字节）	512 位（64 字节）	512 位（64 字节）
专用参数	无	无	无	1518 字节

注　信道间歇时间：为信道的间歇时间，在 10/100Mbps 中为 512 位时间，在 1000Mbps 中为 4096 位时间。

重发时间：为 96 位时间；10Mbps 中为 9.6μs，100Mbps 中为 0.96μs，1000Mbps 中为 0.096μs。

最大重发次数：发生冲突后帧重传的最大限度，为 16 次。

回退时间 f：为解决冲突之算法的一个参数，最大限度为 10。

信号规格：信号长度，固定为 32bit。

最大帧长度：1518byte。

最小帧长度：64bytc。

专用参数 t：1000Mbps 中独有参数，1518 字节等于 65 536 位。

（三）以太网设备地址

1. MAC 地址

每一台网络设备都用物理地址来标识，这个地址就是 MAC（Mdium Access Control）地址，或者称为硬件地址或链路地址，网络设备的 MAC 地址是全球唯一的。

MAC 地址的长度为二进制 48 位（6 个字节），由供应商代码和序列号两部分组成。前 24 位代表供应商代码由 IEEE 统一分配，剩下的 24 位序列号由厂商自己分配。

MAC 地址出厂时被固化在网络设备的 EPROM 中；是数据链路层地址，用来标识接入局域网的站点；这个地址与网络无关，用户自己不能改变。

48 位二进制的 MAC 地址可以转换成 12 位的十六进制数，分成三组，每组有四个数字，中间以点分开。因此，MAC 地址有时也称为点分十六进制数，如图 9-59 所示。

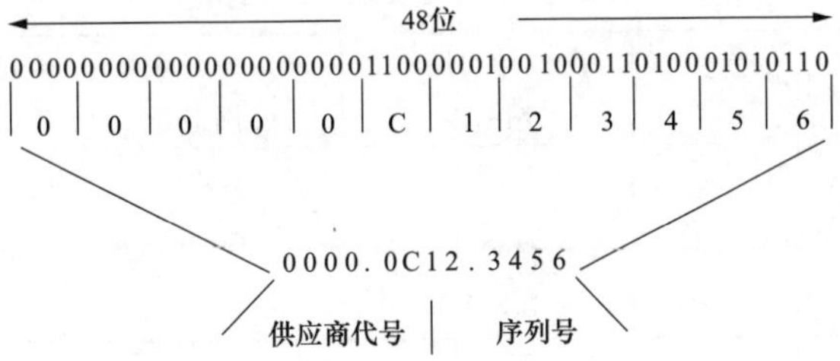

图 9-59　MAC 地址

供应商代码 NIC（网络设备）为制造商的名称，序列号由供应商自己管理。

2. IP 地址

在 Internet 中定义了 5 类地址，如图 9-60 所示。其中 A 类、B 类、C 类地址用于指派 TCP/IP 节点。

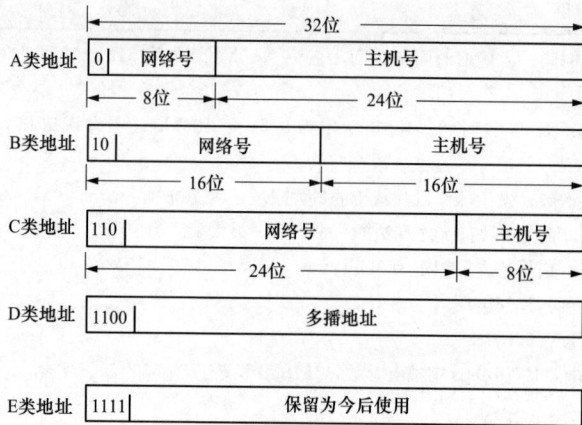

图 9-60　IP5 类地址

A 类地址为大型网络应用，B 类地址为大中型网络应用，C 类地址为小型网络应用。

IP 地址为二进制 32 位，由用点分隔开的 4 个 8 位二进制字节构成，是网络层的地址，主要用于路由器的寻址，网络层是通过软件来设置，因此人们也把它称为逻辑地址。其 IP 地址用户可以变，但必须是唯一的逻辑地址。

例如，一个以太网卡坏了，更换新网卡无须赋予新的 IP 地址；如果一个 IP 站点从一个网络移到另一个网络，可以给它一个新的 IP 地址，而无须换一个新的网卡。从实际使用的角度看，局域以太网的 IP 地址可以分为三类，分别是单播地址、多播地址、广播地址。

IP 地址的使用范围如表 9-15 所示。

表 9-15　IP 地址的使用范围

网络类别	最大网络数	第一个可用的网络号	最后一个可用的网络号	每个网络中最大的主机数
A	$126(2^7-2)$	1	126	16 777 214
B	$16\,383(2^{14}-1)$	128.1	191.255	65 534
C	$2\,097\,151(2^{21}-1)$	192.0.1	223.255.255	254

（四）以太网帧

以太网帧格式有四种：Novell Ethernet、Ethernet SNAP、Ethernet Ⅱ、IEEE 802.3/802.2。

目前主要有 Ethernet Ⅱ（DIX 2.0）和 IEEE 802.3 两种以太网帧。

Ethernet Ⅱ 是由 Xerox 与 DEC、Intel（DIX）在 1982 年制定的以太网标准帧格式，后来被定义在 RFC894 中。Ethernet Ⅱ（DIX 2.0）以太网帧和 IEEE 802.3 以太网帧如图 9-61 所示。

64bit	48bit	48bit	16bit	46～1500bytes	32bit
前同步信号	目的地址	源地址	类型	数据	帧校验序列

Etherne Ⅱ

56bit	8bit	48bit	48bit	16bit	46～1500bytes	32bit
前同步信号	SFD	目的地址	源地址	长度/类型	LLC/数据	帧校验序列

IEEE 802.3

图 9-61　Ethernet Ⅱ（DIX 2.0）以太网帧和 IEEE 802.3 以太网帧

注：Ethernet Ⅱ 协议位于 OSI 模型中的第二层，属于链路层的协议。bit 为位，byetes 为字节。

IEEE 802.3 是 IEEE 802 委员会在 1985 年公布的以太网标准封装结构，RFC1042 规定了该标准（但两者都写进了 IAB 管理的 RFC 文档中）。

1. Etherne Ⅱ

Ethernet Ⅱ 网帧类型值大于或等于 1536（0x0600），Ethernet Ⅱ 中所包含的字段。

（1）前同步信号：用来通知目标站点做好接收准备，包括 7 个字节的二进制"1""0"交替的代码，第 8 个字节的最后两位为"1，1"，这两位表示前同步信号已经结束，紧跟后面的是实际数字段，即 1010…1011 共 56 位。

（2）目标地址：接收端的 MAC 物理地址，长度 6 字节共 48 位；目标地址可以是单址，也可以是单点、多点传送或广播地址。

1）单播地址：第一位为 0，如：00-12-34-56-78-90。向单一设备或端口转发数据包。

2）组播地址：第一位为 1，如：01-00-5e-00-00-01。向一组设备或端口转发数据包。

3）广播地址：全 1。即：FF-FF-FF-FF-FF-FF。将向所有设备或端口转发数据包。

（3）源地址：发送端的 MAC 物理地址，长度 6 字节共 48 位。

（4）类型：指定接收数据的高层协议类型，长度 2 字节 16 位。

（5）数据：被封装的数据段，最小长度应当不低于 46 个字节，最大字段应不超过 1500 字。如果数据段长度小于 46 个字节，那么将会在数据段后自动填充字符。相反，如果数据段长度过大，那么将会把数据段分段后传输。

（6）帧校验序列：错误检测机制。循环冗余校验值（CRC），由发送方计算产生，在接收方被重新计算以确定帧在传送过程中是否被损坏，该字段长度为 4 个字节 32 位。

　　2. IEEE 802.3

　　(1) 前同步信号：IEEE 802.3 中所包含的字段前同步信号：前同步码分为两部分，由 7 字节的前同步信号和 1 字节帧起始标志 (SFD) 组成；帧起始标志的最后两位为 "1，1"。虽然定义了 SFD 字段，但 Etherne Ⅱ 标准的前同步信号和 IEEE 802.3 标准的前同步信号之间并无实质性的差别，所以发送的位的模式是一样的。

　　(2) 目的地址：接收方的 MAC 地址，长度 6 字节 48 位。

　　(3) 源地址：发送方的 MAC 地址，长度 6 字节 48 位。

　　(4) 长度、类型：LLC/数据包的长度，长度 2 字节 16 位；如果这个字段中的值小于或等于最大帧尺寸 1518 （十进制），则字段作为长度字段使用，从而字段中的值表示的是帧的数据字段中逻辑随路控制 （Logical Link Control，LLC） 数据的个数。如果 LLC 个数小于数据段要求的最小值，那么将会在数据段后自动填充数据达到最小值。

　　如果这个字段中的值大于或等于十进制数 1536 （十六进制为 Ox600），则字段被作为类型字段，字段中的十六进制标识符用来标识数据字段所携带的数据的协议类型。

　　因为从字段的数值和字段的长度来看，Etherne Ⅱ 和 IEEE 帧都是相同的，所以以太网接口可以用来发送两种类型的帧，各个帧之间唯一的区别在于字段的实际内容以及发送和接收机的站点对这些内容的解释不同。

　　(五) 以太网和局域网的区别

　　(1) 局域网的拓扑结构包括星形、树形、环形和总线形，而以太网是总线形拓扑结构，只是局域网中拓扑结构的一种。

　　(2) 以太网通常采用带冲突检测的载波监听、多路访问 （CSMA/CD） 协议，而局域网的使用协议多样，包括 TCP/IP 协议、IPX/SPX 协议、NetBEUI 协议等。

　　(3) 以太网和局域网之间的关系。目前大多数的局域网都是以太网。

五、网络控制方式

　　在研究分散控制系统的网络时，除考虑网络拓扑结构的选择外，采用与之相适应的信息送取控制方式也是十分重要的。通信网络上各站之间的信息传递过程，首先是由原站将信息送上网络，然后由目的站取走信息。要使信息迅速无误地传递，关键在于选用合适的网络信息送取控制方式。

　　常用的控制方式大致可分为两种，查询方式、广播方式和存储转发方式。

　　(一) 查询方式

　　查询方式适用于有主节点的星形网络控制，网络中的主节点就是一个网络控制器（通信指挥器）。网络控制器按照一定次序向网络上的每一个站发送是否要通信的询问信息，被询问站作出应答。如果被询问站不需要发送信息，网络控制器就转向下一个站询问，如果被询问站需要发送信息，网络控制器便控制该站的通信。当网络中同时有多个站要发送信息时，网络控制器则根据各站的优先级别，安排发送顺序。

由于不发送信息的站基本上不占用时间，所以查询方式比普通分时方式的通信效率高，且查询方式具有无冲突、软件设计比较简单的优点；但因为查询方式的信息交换都必须经过网络控制器，所以通信速度较慢，可靠性较差。

（二）广播方式

广播方式是一种在同一时间内网络上只有一个节点发送信息，而其他节点处于收听信息状态的网络控制方式。通常情况下，广播式通信控制技术不需要网络控制器，参加网络通信的所有站点都处于平等地位。但各站点为抢占信道会产生冲突，因此解决信道冲突和保证任一时刻只有一个站点收发信息，是广播方式中的一个重要问题。

广播方式有三种形式，即令牌传送方式、自由竞争方式和时间分槽方式。其中令牌传送方式和自由竞争方式在分散控制系统采用的环形网络和总线网络中应用最为普遍。为此，以下对这两种网络控制方式做进一步说明。

1. 令牌传送（Token Passing）方式

令牌传送（Token Passing）方式是局域网的访问控制方式之一，IEEE 802.4/IEEE 802.5 基准的 LAN 上采用的方式。

令牌是由一组特定的二进制码构成的信息段，在局域网中流动。它有空、忙两个状态。当网络开始运行时，由一个被指定的站点产生一个空闲令牌，且按某种逻辑排序将令牌依次通过网上的每一个站点，当站点获得此令牌时，才有权向网上发送数据。此时其他站点只能接收信息。

在总线上有令牌按站点逻辑号顺序传递，令牌有占用和空闲两种状态，得到令牌的站点根据令牌的状态来决定是否发送或接收。逻辑环具备新站的插入、旧站的删除功能。

每个站要知道前行站（P）和后继站（S），而且总线上站的逻辑号顺序与物理位置无关，如图 9-62 所示。

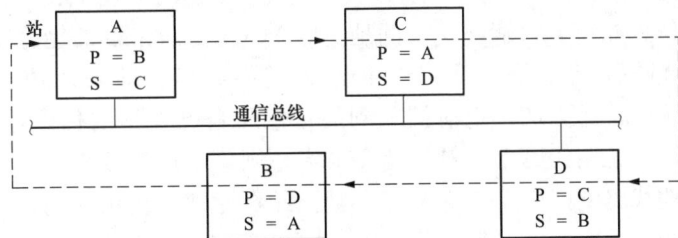

图 9-62　令牌总线示意图

任何一个需要发送信息的站点得到空令牌后，首先将其置为忙状态，并置入发送信息、源站点名、目的站点名，然后将此令牌送上网络，传送给下一个站点，该令牌依次通过所有站点循环到发送信息的源站点时，发送的信息已被目的站点取走，此时发送站点再把令牌置为空闲状态向下传送。以便其他站点使用。在令牌的传送过程中，任何站点若已发送（接收）完信息，或无信息发送（接收），或持有令牌时间到，释放"令牌"数据。将自动把令牌传送给下一个站点。这样，就可以实现多个站点利用一条信号线传输数据。由此可见，在令牌传送方式的网络中，不存在控制站（器），各站点之间也无主从关系存在，而且能解决信道的冲突问题。

令牌传送方式的传送效率高，信息的吞吐量大，数据发送的延迟时间确定，适合实时性的数据传输等，适用于重负载的网络中。但令牌网络管理较为复杂，令牌丢失是一个主要问题，如果令牌丢失，需由监视站点向网络注入一个新的令牌。

令牌传送技术要求通信系统形成环路，故它特别适用于环形拓扑结构的网络。对于不具有物理环路的总线网络，若在初始化时，按有序序列指定各站的逻辑位置（次序），在总线上形成一个逻辑环路，同样可采用令牌传送技术。总线上各站的逻辑次序与物理位置是无关的，且逻辑环路的组成十分灵活，可随时注入新站点或删除（跳过）故障站点。

2. 自由竞争方式

自由竞争方式不受时间和站点顺序的限制，网络上每个站点在任何时候都可以向外发送信息。当有两个或两个以上站点同时要求发送信息时，将会产生碰撞，发生冲突，影响信息的正确传送。因此，自由竞争方式采取了"先听后讲，边发边听——冲突停发——随机延迟后重发"的规约，尽量避免和及时处理冲突问题。

早期以太网的自由竞争方式就是采用载波监听、多路访问/碰撞检测技术（Carrier Sense Multiple Access With Collision Detection，CSMA/CD），CSMA/CD技术允许共享一条传输线路多个站点的随机访问。为解决冲突问题，各站点在发送信息之前先监听线路是否空闲，如果线路空闲则允许发送，否则就推迟发送，这种方法称之为"先听后讲"。但由于从信息的组织到信息在线路上传输有一定的延时，在这段时间内，另有站点通过监听可能认为路线是空闲的，从而也会发送信息。因此，"先听后讲"方法仍有可能发生信息冲突。为解决这一问地，CSMA/CD所采取的措施是在某站点占用线路发送信息的过程中，仍继续监听线路，即采用边发送边接收（边讲边听）的方法，把所接收到的信息与自己发送的信息进行比较，若两者相同，说明线路上未产生信息冲突，则该站点继续发送；若两源不相同，说明线路上产生了信息冲突，则该站点立即停止正常的发送，并发送一段简短的冲突标志（阻塞码序列），通知所有的站点线路上已经发生了信息冲突，使其他各站停止各自的发送（冲突后退），在冲突标志发出之后，等待一段随机时间再重新发送。"信息在线路上以广播方式发送，所有站点都检测线路上的信息，但发送的信息只为目的站所接收"。

概括地说，CSMA/CD 的控制策略是多路访问、竞争上网、载波监听，冲突检测、冲突回退和再试重发。CSMA/CD 在通信管理与软硬件都比较简单，且允许各站点平等竞争，多用于总线形网络，其缺点是每一站点发送信息的时间间隔没有确切保证，重负荷下性能差。因此这种技术只适用于低速传输、负载轻的网络。

3. CSMA/CD 传送与令牌的实时性比较

令牌传送具有良好的实时性，在重载传输时响应时间也不会增加太长，较适用于工业控制局域网络，令牌方式提供了优先级别，当网络负荷较重时，高优先级的信息可在指定时间内传送完成，而优先级较低的信息将被缓发。网络的负荷可由网络自动测算两次令牌通过的时间间隔算得，若令牌返回的时间间隔随负荷增加而超过规定的时间时，则暂停发送优先级低的信息，直到网络负荷变轻。

CSMA/CD 需要进行冲突检查，特别是在重载时会不断地发生冲突，因此响应时间会加长，实时性比令牌传输要差一些。

（三）存储转发方式

存储转发（Store and Forward）方式，是通信网络领域应用最为广泛的技术之一，该方式的主要特点是存储转发的站点（或交换机）先将接收到的数据包缓存起来，并检查数据包是否正确，并过滤掉冲突包错误。

存储转发方式发送和接收信息的过程：一个站点发送信息，到达它相邻的站点，后者将传送来的信息存储起来，等到自己的信息发送完毕后再转发这个信息，直到将此信息送到目的站点；目的站点检查此信息，确定信息正确后，取出目的地址，通过查找表找到想要发送的输出端口地址，然后将该包发送出去。

如没有发现错误，就在信息帧的后面加上确认，然后又将信息帧放回环路中，直到信息返回到源站点；源站点对信息帧进行检查，若发现是确认码则将此信息清除，准备发送下一条信息，如发现信息帧后带有否认码，则源站点触发重发逻辑，重新发送此信息。

存储转发方式对有错误的帧就不再转发，可有效地改善网络性能。支持不同速度端口间的转换，保持高速端口和低速端口间协同工作。

其缺点就是转发所需要的时间比较长，造成了延迟，如果有多个这样的交换机级联在一起，就会造成网络性能下降。

六、网络的信息交换技术

信息交换技术是为了有效地控制信息在通信网络上的传输，提高通信设备和线路的利用率。通常使用的交换技术有线路交换技术、报文交换技术、分组交换技术。

1. 线路交换（Circuit Switching）

线路交换技术又称电路交换技术。它为通信的装置（站）之间提供一条专用的物理通道或逻辑通道（使用时分或频分复用技术）。这条通道是由多个节点和多条传输路径组成的链路。数据传送周期结束后，由源站或目的站提出终止通信，立即"拆除"专用线路。

在图 9-63 中，站 S_1 要把数据传送给站 S_3，可以有多条路径，如 N_1-N_2-N_3 或 N_1-N_4-N_3 等。首先是 S_1 向 N_1 申请与 S_3 通信，按照路径算法（路径短、等待时间短等），N_1 选 N_4 为下一个节点，N_4 再选择 N_3，为下一个节点，这样 S_1 经节点 N_1-N_4-N_3 与 S_3 建立一条专用的物理线路，然后再由 S_1 向 S_3 传送数据。传送结束便"拆除"专用的 N_1-N_4-N_3 线路，释放所占用的资源。

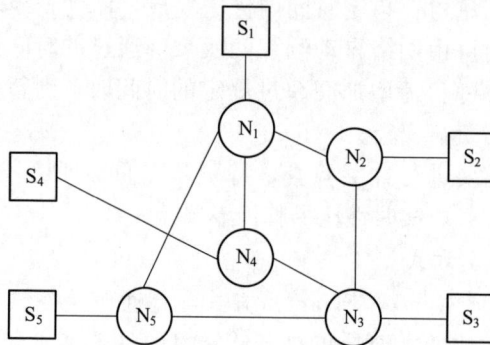

图 9-63　网络的信息交换

线路交换的特点：线路交换设备简单，不需提供缓存装置，具有独占性，各节点延时小，所以信息传送的实时性好；需要收发双方自动进行速率匹配；但在两站间连接线路建立后至释放线路之前，即使没有数据传送，也不允许其他站点共享，线路的利用率较低。

2. 报文交换（Message Switching）

这种信息交换的方法是采用存储转发机制，中间节点要由有存储能力的节点承担，报文交换无需同时占用整个物理线路，用户信息可以暂时保存在中间节点上。发送站将发往目的站（接收站）的信息分割成一份份报文正文，将目的地地址附加在报文上，然后将整个报文传递给中间节点；中间节点暂存报文，然后发送到下一个节点，直至目的站。

如图 9-63 所示，S_1 要发报文给 S_3，首先是 S_1 把报头和报尾附加在报文正文上，再把整个报文交给节点 N_1，N_1 存储该报文，并决定将报文传给下一个节点 N_4，如果 N_4 忙，N_1-N_4 的报文传输需排队等待，只有当这段线路可用时，再将报文发送到 N_4；N_4 继续仿照上述过程，把报文发送到 N_3，最后由 S_3 接收。目的站将收到的各份报文按原来的顺序装配成完整的信息。

报文交换允许多个报文通过存储和排队共享一条线路，不独占线路，其线路的利用率高；支持多点传输（可以把一个报文发送给多个目的站）；

增加了差错检测功能，避免出错数据的无谓传输等。由于"存储—转发"和排队，使传输时间延长；实时性差。

3. 分组交换技术（Packet Switching）

分组交换也叫包交换，它将一个较长报文分解成若干个较短的报文段（数据包），每个数据包的前面加上一个包头，表明该数据包发往目的地址，并按规定的格式排列，以一个组合的整体作为一个信息交换单位，这一过程称为分组交换或包交换，如图 9-64 所示。

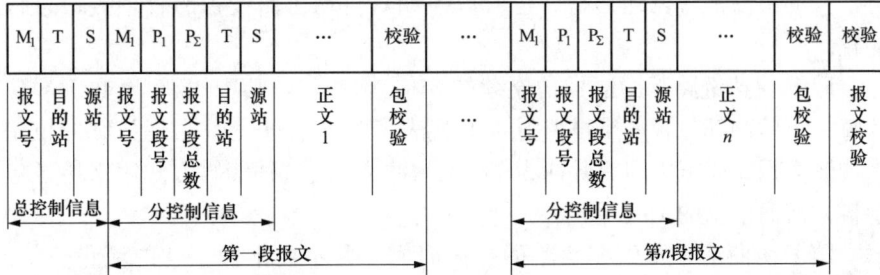

图 9-64　包（报文分组）示意图

包交换与报文交换的不同点是以包为单位进行传输的，交换机为单个包指定了路径，这些包可以经不同的路径分别转发到目的站后，再去掉包头按顺序重新拼成一个完整的报文。

包交换比线路交换的电路利用率高，充分发挥传输潜能，既具有良好的实时性，比报文交换的传输时延小，交互性好。

在分布式控制系统的网络中，大多采用包交换的数据传输方式。

第六节　自协商与全双工局域网

一、自动协商

自动协商功能在 IEEE 802.3u 标准的补充条款中作了定义，自动协商模式是端口根据另一端设备的连接速度和双工模式，自动把它的速度调节到最高的公共水平，即线路两端能具有的最快速度和双工模式。以提高通信效率，解决因速率、双工不匹配导致的冲突。

自动协商协议还包括自动检测能力，例如，能在某些或所有端口上交换全双工模式集线器，可以利用自动协商协议并通知其他设备。自动协商分为光端口自动协商和电端口自动协商，一般常见的电端口自动协商居多。电端口具有的能力包括 1000BASE-T、100BASE-TX、10BASE-T 全双工和半双工模式；在各种速率和模式下，均支持开启流量控制和关闭流量控制，现在的交换机 1000Mbit/s 电端口基本都支持 10M/100M/1000Mbit/s 自动协商。

如果与该交换机连接的站点也支持全双工操作，那么它就会自动配置成以全双工模式与交换机交互。同样，用新的流控制机制进行全双工流控制的站点，也可以利用自动协商通知其他设备它所具有的功能。

1. 快速链路脉冲

自动协商利用快速链路脉冲信号（FLP），在链路两端站点间或"链路伙伴"间传送关于设备功能的信息，普通脉冲 NLP 被用于校验链路的完整性，NLP 在 100BASE-T 规范中作了定义。当设备启动时或在链路刚建立时，自动协商都将自动运行。也可以手动对自动协商设备的管理接口进行配置。

FLP 快速链路脉冲信号是连续的 33 个脉冲位，其中 17 个奇数脉冲位的每一个脉冲都包含一个链路脉冲并代表了时钟信息。16 个偶数脉冲位用来传输数据，码宽中间有脉冲为 1，无脉冲为 0。这种编码方式用来传送包含自动协商信息的 16 位码字。

FLP 协商信号发生在链路的空闲时间，并不会干扰正常的流量通信。无论是 NLP 还是 FLP，都只是被专用于 8 针 RJ-45 型连接器的双绞线介质，如 100Base-TX 的 UTP。这表示着 9 针连接器的 100BASE-TX 网段、光纤段的网络设备和转发端口都不能自动协商功能。

一旦工作站完成了自动协商处理，链路上就不传送快速链路脉冲了。自动协商系统不断地监视链路状态，并能检测链路何时断开和接通。例如，断开与工作站的跳接线就可能导致链路中断。当链路恢复时，自动协商过程便会再次发出一组快速链路脉冲。

2. 并行检测

自动协商功能在大多数传输介质系统中是可选的，因此自动协商协议可以与不支持快速链路脉冲和自动协商的 100BASE-T 接口兼容，以及与那些在自动协商功能产生之前生产的老式 10BASE-T 接口兼容。如果自动协商只存在于链路的一端，那么自动协商协议将使用并行检测（Parallel Detection）机制来检测各种条件和进行正确的响应。

例如，如果一个双速 10/100Mbit/s 以太网接口既支持 10BASE-T，也支持 100BASE-TX，并且这个具有自动协商功能的接口与一个没有自动协商功能的 10BASE-T 交换机相连接，那么接口将产生 FLP，但是，它只会从 10BASE-T 交换机处收到 NLP。接口中的自动协商协议将只检测到普通链路脉冲的出现，并且自动将接口设为半双工 10BASE-T 模式。

3. 自动协商优先级

当两个具有多功能的自动协商网络设备通信时，可根据一个优先级表来确定能实现最高性能的工作模式，自动协商协议包含一组优先级，这可使设备选择它们共有的最高性能模式。

表 9-16 中列出的优先级从高到低排列。全双工模式比半双工模式以太网优先级高，因为全双工系统比半双工链路在相同速度下传送更多的数据。

如果链路两端的设备支持全双工操作，而且它们也都支持自动协商，则它们会自动把自己配置成工作在高性能的全双工模式。

表 9-16　自协商的优先级

优先级别	网络类型
A	1000BASE-T 全双工
B	1000BASE-T 半双工
C	100BASE-T2 全双工
D	100BASE-TX 全双工
E	100BASE-T2 半双工
F	100BASE-T4
H	100BASE-TX
I	10BASE-T 全双工
J	10BASE-T

例如，设备 A 和设备 B 正在自动协商，并且设备 A 具有 10/100/1000Mbit/s 全双工的能力，但是 B 只有 10/100Mbit/s 全双工的能力，这样双方共有的最高链路能力为 100Mbit/s，全双工。一旦双方进行自动协商，链路就会运行在双方能够支持的最佳能力下。

二、全双工模式

IEEE 802.3x 标准中规定了全双工模式的使用方法，以及全双工流量控制机制。全双工允许数据在站点链路在两个方向上同时传输；可以同时发送和接收数据，由于全双工要求两个站点间必须点对点连接，但不能说交换式局域网就一定是全双工操作，需要在交换器中设置了全双工端口以及做一些相应的工作，交换式局域网才是全双工局域网。

（一）全双工操作

全双工是可选的工作模式，为了保证一个特定的传输速率，也可以关闭自协商功能。自适应功能的主要优点是所有以太网部件的无障碍互操作。不支持自适应功能的常规以太网部件，可以与支持自适应功能的快速以太网部件组合使用。全双工操作如图 9-65 所示。

图 9-65　全双工操作

收发器使用自交叉功能，支持发送线和接收线在双绞线接口的自动交叉。这可避免使用自交叉线（例如 TP XP 软线）。

由于全双工模式的站点能同时发送和接收数据，在理论上可以使传输能力提高一倍。例如，工作于全双工模式的 10BASE-T 双绞线链路则能够提供 20Mbit/s 的带宽，而另一个优点是，网段长度不再受共享介质半双工局域网计时要求的限制，因而它只受介质系统本身传输信号能力的限制。这一特点使光纤网段非常受益，例如，在半双工模式下，100BASE-FX 光纤网段长度限制为 412m，而同样的介质系统在全双工模式下的长度可达 2000m。

（二）全双工介质规范

当网络工作于全双工模式时，不再会因为实现介质访问控制系统的正确操作所要求的循环计时限制，而产生对信号计时方面的限制。这是因为全双工模式中不再使用以太网介质访问控制机制。链路的每一端可以随时发送数据，数据传输的限制只要求在帧与帧间出现帧间隙时间。没有计时的限制，所以对网段长度的限制仅在于电缆的信号传送特性，因此，全双工网段在某些情况下可比半双工网段长得多，当然这要取决于在实际介质中信号系统能将信号传送多远的距离。

1. 10Mbit/s 介质系统

10Mbit/s 介质系统有 10ASE-T、10BASE-FL，这两种 10Mbit/s 介质系统提供了独立的发送和接收数据的途径，这两条路径可以同时工作，即它们支持全双工操作。粗同轴电缆或细同轴电缆系统不支持全双工操作，因为同轴电缆系统不提供独立的数据发送和接收路径。10BASE-FP 和 10BASE-FB 光纤系统也不支持全双工操作。

2. 100Mbit/s 介质系统

10Mbit/s 介质系统有 100BASE-TX、100BASE-T2 和 100BASE-FX，这三种 100Mbit/s 介质系统提供了能够同时工作的独立的数据发送和接收路径，即它们支持全双工操作。但 100BASE-T4 系统不支持全双工操作。

3. 1000Mbit/s 介质系统

10Mbit/s 介质系统有 1000BASE-LX、1000BASE-SX、1000BASE-TX、1000BASE-CX（铜缆，最大传输距离 25m，一般用于交换机间的跳线、不支持全双工）四种介质标准。

4. 10Gbit/s 介质系统

10Gbit/s 介质系统有 10GBBASE-LR、10GBASE-SR、1000BASE-T 三种介质标准。部分以太网的段线缆长度规范见表 9-17。

表 9-17　部分以太网的段线缆长度规范

10Mbit/s 以太网网段			100Mbit/s 以太网网段		
网段类型	线缆类型	最长有效距离	网段类型	线缆类型	最长有效距离
10BASE-5	粗同轴电缆（半双工）	500m	100BASE-T4	2 对三类双绞线	100m
10BASE-2	细同轴电缆（半双工）	200m	100BASE-T2	2 对五类双绞线	100m
10BASE-T	双绞线	100m	100BASE-TX	2 对五类双绞线	100m
10BASE-F	光纤	2000m	100BASE-FX	多模光纤	2000m
1G 以太网网段			10G 以太网网段		
网段类型	线缆类型	最长有效距离	网段类型	线缆类型	有效传输距离
1000BASE-LX	多模光纤和单模光纤	316m	10GBASE-T	CAT-6A 或 CAT-7	100m
1000BASE-SX	多模光纤	316m	10GBASE-LR	单模光纤	10km
1000BASE-TX	超 5 类或 6 类双绞线	100m	10GBASE-SR	多模光纤	几百米

使用屏蔽双绞线（STP）与（UTP）非屏蔽双绞线时，100Mbit/s 全双工与半双工网段的最大距离均为 100m，这是由电缆的信号传送特性决定的。而多模光纤的全双工 100Mbit/s 网段最大距离为 2000m，这比半双工操作时允许的 412m 最大距离长得多。

（三）以太网流控制

例如，以太网的交换机中有 10Mbit/s、100Mbit/s、1000Mbit/s 带宽的线路，那么当这 3 种带宽的线路共存的时候，就有可能会产生线路速率不匹配的情况，这个时候，当通过交换机一个端口的流量过大，超出了它的处理能力时，就会发生端口拥塞，拥塞的时候丢包、重传、时延等都会随之而来，流量控制的作用是防止在出现拥塞的情况下丢帧。

解决交换机的拥塞问题一种方法是采用流控技术，这种技术是伴随快速以太网交换技术发展起来的。对于全双工的方式，国际电工协会制定了 IEEE 802.3x 规范；对于半双工方式，由于没有统一的规范，出现了许多流控制方式。

由于这些机制均基于半双工模式，不能工作在不使用 CSMA/CD 算法和忽略载波信号的全双工网段上。所以交换机需要一种新的方法来发送能用于全双工链路段上的流量控制信号。这种形式的流控制由 IEEE 802.3x 规范中可选的 MAC Control 和 PAUSE 规范提供。

以太网流量控制分为两种，一种为半双工下的流量控制，一般采用背压技术；另一种为全双工下的流量控制。

1. MAC Control

IEEE 802.3x 中可选的 MAC Control 部分提供了在以太网站点发送及接收数据帧的过程中进行实时控制和管理的机制。在补充条款中，MAC Control 系统给站点提供了接收 MAC Control 帧并对它进行处理的方法。MAC Control 系统的操作对于站点中的普通介质访问控制功能而言是透明的。MAC Control 不用于类似配置接口等的非实时操作，这种非实时操作是由网络管理机制处理的。MAC Control 允许站点通过实时交互来控制通信的流动。

MAC Control 帧由 0x8808（十六进制）的类型值来标识。带有可选的 MAC Control 的站点使用普通介质访问控制功能接收所有帧，然后将帧送到 MAC Control 子层进行解释。MAC Control 帧如图 9-66 所示。

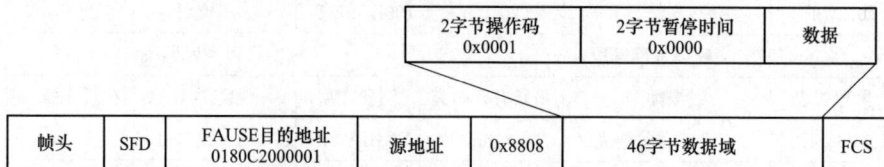

| 2字节操作码
0x0001 | 2字节暂停时间
0x0000 | 数据 |

| 帧头 | SFD | FAUSE目的地址
0180C2000001 | 源地址 | 0x8808 | 46字节数据域 | FCS |

图 9-66　MAC Control 帧

如果帧的类型字段包含十六进制值 0x8808，则 MAC Control 功能读入这个帧，寻找数据字段中携带的 MAC Control 操作码。如果帧的类型字段不包含 0x8808 值，则 MAC Control 不作任何动作，然后直接将数据帧传送给工作站的普通帧接收软件。

MAC Control 帧在数据字段中包含操作码或"opcode"。帧的长度是固定的，即标准中允许的最小帧长度，可提供 46 字节的数据。操作码包含在数据字段的前两个字节。因为没有可靠的传输机制，所以 MAC Control 必须能够对可能发生的 MAC Control 帧丢失、损坏或延迟等情况进行处理。

在半双工模式情况下，采用背压技术，通过模拟以太网发生冲突，因为在半双工以太网中发生冲突的时候，发送方就会停止发送数据，让传输速率较高的发送方停止发送，达到流控的目的。

2. PAUSE 操作

IEEE 802.3x 的实现方法：在接收方接收不过来的时候或者交换机的缓冲区溢出时，接收方或交换机产生一个 64 字节的"Pause"暂停帧。"Pause"帧使用一个 48 位保留的组播地址：01-80-C2-00-00-01 将这个帧发送到数据发送方，发送方接收到该帧后，就会暂停数据发送过程。当缓冲器腾空时，交换机就会停止发送"Pause"帧，此时发送方就会重新开始发送数据。

PAUSE 命令的 MAC Control 操作码为 0x0001（十六进制）。如果在站点接收到的 MAC Control 帧中，数据字段的首字节为该操作码，站点就知道这个控制帧用于实现"Pause"操作，在全双工链路段上提供流控。只有配置成全双工操作的站点才能传送"Pause"帧。

暂停时间以"quanta"为单位，每个单位等于 512 位时间，暂停时间的范围可以从 0～65 535 个单位。

通过利用 MAC Control 帧传送 "Pause" 请求，全双工链路一端的站点能够请求另一端的站点在一段时间内停止发送数据。这就在交换机间实现了实时流控制，甚至以全双工方式连接并装有可选的 MAC Control 软件的交换机和服务器间也能实现这一功能。

实际上在局域网中，产生网络拥塞的情况极少，所以有些厂家的交换机并不支持流量控制。有的交换机的流量控制将阻塞整个 LAN 的输入，降低整个 LAN 的性能；高性能的交换机采用的策略是仅仅阻塞向交换机拥塞端口输入帧的端口，保证其他端口用户的正常工作。

三、几种常见局域网络协议

目前，在各个 DCS 系统中，不同厂家有不同的网络冗余标准，从其根本上看，主要是有三种协议较为广泛应用，即 STP 和 RSTP 协议、MRP 协议和 PRP 协议，如表 9-18 所示。

表 9-18 几种常见网络协议性能指标

协议	标准	失效恢复时间	确定性	网络拓扑结构
STP	IEEE 802.1D	30～60s	无	单一网络
RSTP	IEEE 802.1W	1～2s	无	单一网络
MRP	IEC 62 439.5	50/20ms	是	环形网络
PRP	IEC 62 439.6	0ns	是	双重网络

1. STP 生成树协议

STP 生成树协议是基于 IEEE std 802.1D 协议，工作在 OSI 模型的第二层（Data Link Layer）的协议，用于在局域网中提供路径冗余，每个交换机可以自动确定最佳传输路径和备用路径；为阻止网络发生物理环路，对冗余端口进行阻塞（bloc ked），最终将网络组成无环路的树形结构。STP 生成树协议网络拓扑如图 9-67 所示。

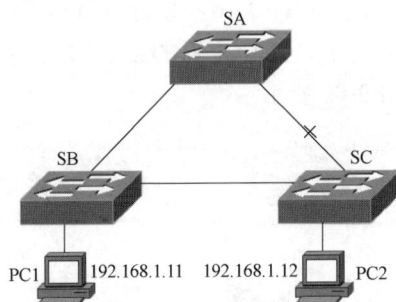

图 9-67 STP 生成树协议网络拓扑

应保证数据传输路径的唯一性，避免出现环路报文不断增生和无限循环。如果当前活动路径发生故障时，激活冗余备份链路，恢复网络连通性。

网络中断恢复时间为 30～60s。

2. RSTP 快速生成树协议

RSTP 快速生成树协议网络拓扑如图 9-68 所示。

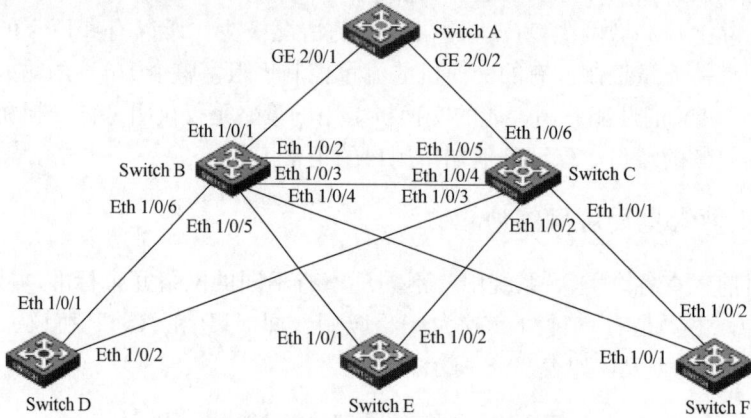

图 9-68　RSTP 快速生成树协议网络拓扑

快速生成树协议（Rapid Spanning Tree Protocol，RSTP）是优化版的
STP，由于 STP 存在自愈时间过长等缺陷，IEEE 802.1W 提出的 RSTP 协
议对 STP 恢复时间长的缺点进行了改进，缩短了端口进入转发状态的延时，
快速达到网络拓扑稳定。典型自愈时间缩短到了 1～2s。

3. MRP 介质冗余协议

MRP（介质冗余）基于 IEC 62439-2 协议。它由一系列冗余结构组成，
MRP 工作在 IEEE 802 标准数据链路层的 MAC 子层，是 Hirschmann 的
Hiper-Ring 协议的直接演化版。工业以太网交换机通常都支持 MRP。

例如，Hirschmann 网管型交换机的 Hiper-Ring（虚拟环）协议，可以
在每个虚拟环网配置 50 台交换机的情况下，发生路径中断的自愈时间小于
50ms；MOXA 网管型交换机的 Turbo-Ring（冗余环）协议，在每个环网
配置 250 台交换机的情况下，路径中断的自愈时间小于 20ms。MRP 介质
冗余协议环网拓扑如图 9-69 所示。

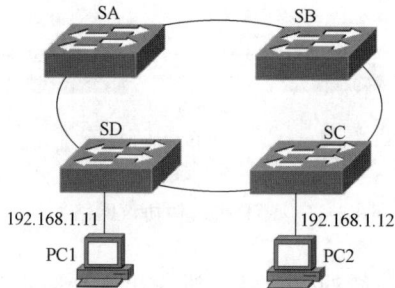

图 9-69　MRP 介质冗余协议环网拓扑

4. PRP 并行冗余协议（Parallel Redundancy Protocol）

PRP 协议基于 IEC 62439 协议，是工作在终端设备上的冗余协议，是一种节点冗余方式。一个终端节点被连接到两个在物理上是完全隔离的网络上，这个网络的拓扑结构是任意的，比如线型、环形、星形等，如 A 网采用环形拓扑，B 网采用星形拓扑。

如图 9-70 所示，两个网络在数据链路层具有相同的协议，但允许在性能和传输时延上有所不同。由于两个网络之间没有直接连接，其中一个网络发生了故障时，不会对另外一个网络造成影响。每个 PRP 终端设备拥有两个冗余并行端口，通过链路连接到同样的上层协议。正常情况下，双网并列运行，在任一网络发生故障情况时，双网可以实现零延时切换，典型自愈时间为 0ns（双网切换时间）。

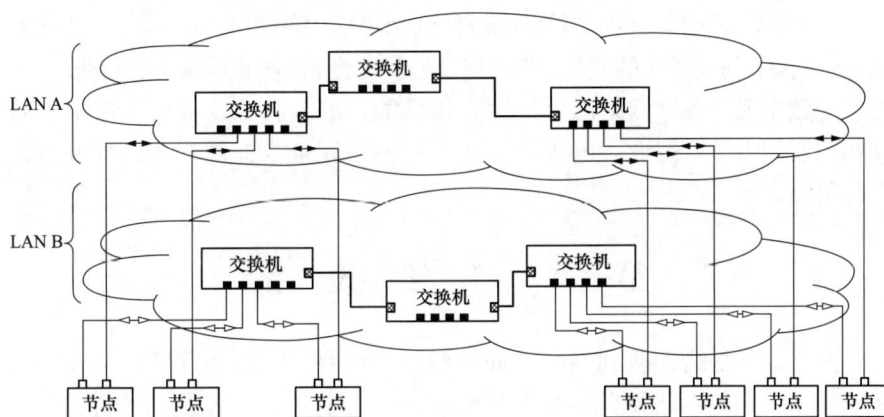

图 9-70　PRP 并行冗余协议网络拓扑

5. 通信网络容许失效时间

自动化控制系统运行时，仅能容忍它的通信网络短时间失效，这个时间称为容许时间。网络中断的恢复时间应小于容许时间，不同应用系统的容许时间如表 9-19 所示。

表 9-19　自动化系统通信网络中断容许时间

应用	中断容许时间
非实时自动化系统，如企业资源计划、机械执行系统	＜10s
通用自动化，如人机界面、楼宇自动化	＜1s
工厂自动化，如制造自动化、过程自动化、电厂	＜100ms
实时自动化，如同步驱动器、机械人控制、变电站	＜10ms

对于一个连续运行的自动化系统，其通信网络失效问题可以通过网络冗余方法来解决。对于不同的通信网络系统，其关键性能要素都是故障恢复时间，比如，如果在通信网络的故障恢复时间超过了容许时间，就可能会使生产系统带来巨大损失。

最大恢复时间不仅仅是一个"很快"的数值。而是在各种情况下都是一个不变的特定值，这个特定值应该满足自动化系统通信的基本要求。

无论控制系统是否依靠通信网络的正常运行，增加通信网络的可用性都是非常必要的，几种常见网络结构的特性如表 9-20 所示。

表 9-20　几种常见网络结构的特性

网络结构	实时性	可靠性	经济型	扩展性	冗余性
环形网络	低	中	高	中	低
总线形网络	中	低	高	高	低
树形网络	低	高	中	中	低
星形网络	高	高	中	中	低
混合型网络	中	中	低	中	低

这里不讨论使用元件的可靠性或者增加维护工作来提高可用性。只考虑系统一旦失效，协议带来的冗余功能，以及如何自动重新配置网络中的元件。

一般来说，单一网络的可用性是很低的，不能满足发电厂大型机组自动化控制的需求，因此，解决的办法只有网络冗余或部件冗余来提高网络的可用性。

第七节　网　络　设　备

网络设备是指连接到网络（局域网、广域网）中的物理实体。在分布式控制系统中的网络设备通常包括集线器、交换机、中继器、网桥、路由器、网关、网络接口卡（NIC）、打印机和调制解调器、防火墙、交换机等。常用主要网络设备如表 9-21 所示。

表 9-21　常用主要网络设备

互联设备	工作层次	主要功能
中继器	物理层	对接收信号进行再生和发送，只起到扩展传输距离的作用，对高层协议是透明的，但使用个数有限
集线器	物理层	多端口的中继器
网桥	数据链路层	根据帧物理地址进行网络之间的信息转发，可缓解网络通信繁忙度，提高效率。网桥纳入存储和转发功能使其适应于连接使用不同 MAC 协议的两个 LAN，因而构成一个不同 LAN 混连在一起的混合网络环境
二层交换机	数据链路层	指传统的交换机，多端口网桥
三层交换机	网络层	带路由功能的二层交换机
路由器	网络层	通过逻辑地址进行网络之间的信息转发，可完成异构网络之间的互联互通，只能连接使用相同网络协议的子网
多层交换机	高层（第 4～7 层）	带协议转换的交换机
网关	高层（第 4～7 层）	最复杂的网络互联设备，用户连接网络层以上执行不同协议的子网

一、中继器

中继器（RP repeater）是局域网互联的最简单设备，工作在 OSI 模型的物理层，主要功能是对线路上数据信号重新发送或者转发，以扩展网络的传输距离，但仅适用完全相同的两个网段互连。如在 IEEE 802.3 以太局域网和 IEEE 802.5 令牌环局域网之间，中继器是不能使它们通信。

常见的中继器的带宽有 10Mbit/s、100Mbit/s 等类型。一般情况下，中继器两端连接的是相同传输线缆，但也可以进行不同线缆的转接工作。中继器虽有对衰减信号放大作用，但不增加网络的带宽，也无隔离和过滤功能，因而不能阻挡含有异常的数据包传输。当一个分支出现故障时可能影响到连接的网络分支。

（一）冲突域

在同一个网络内，如果任意两个站点在同时通信时会发生冲突，那么它们所组成的网络就是一个冲突域，如图 9-71 所示。

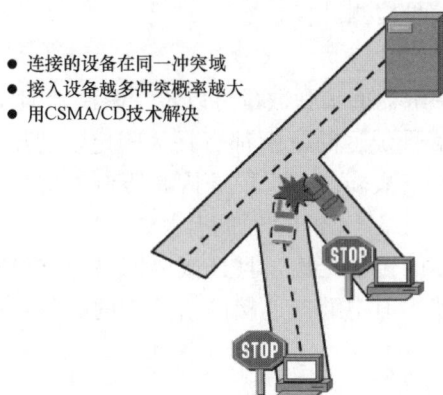

● 连接的设备在同一冲突域
● 接入设备越多冲突概率越大
● 用CSMA/CD技术解决

图 9-71 碰撞域（冲突域）

例如，一个站点向另外一个站点发信号，除目的站点以外，所有可以收到这个信号的范围就是一个冲突域。

通过中继器虽然可以延长信号传输的距离，但网段 1 与网段 2 经过中继器连接后形成一个冲突域与广播域，如图 9-72 所示。

（二）冲突强制

假如，中继器连接了网段 1 和网段 2，在网段 1 上检测到一个冲突后，中继器就会在网段 1 和网段 2 发送一个冲突强制阻塞信号，这时候正要传送信号的任一站点都能检测到冲突。

如果一个站点在传送帧时检测到冲突，那么这个站点就会发出一个阻塞信号。如果在帧内尽早地检测到冲突信号，那么在送出限塞信号前先把同步信号完全发送出去。阻塞信号确保冲突信号碎片能在信道上持续足够长的时间，能被所有站点检测到，当中继器检测出一个冲突并在端口发出

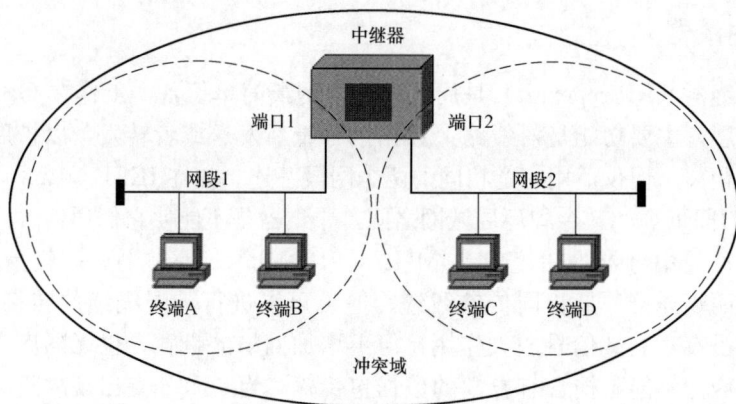

图 9-72　中继器连接的网络

冲突强制信号时，此信号是由 1 和 0 交替组成的 32 位阻塞信号。则中继器继续发出交替的 1 和 0，使信号至少达到 96 位长，以提供足够的位数来确保空闲电缆段上的信号检测。

（三）中继器的限制

从理论来说，中继器的串联数量可以不受限制，但实际上是行不通的，因为网络标准中对信号延迟的范围都有具体规定，超出规定范围（一般不多于 4 个）会引起网络故障。其主要原因是限制冲突域中的最大信号传播延迟；另一个原因则与最小帧间隔时间有关。

当需要扩展网络的传输距离，且连接的网络分支没有太多的数据流量时，可以选择中继器。但中继器连接网络分支的数量要受具体的网络结构限制。

二、集线器（HUB）

集线器简称 HUB。属于 OSI 参考模型最底层（物理层）的纯硬件设备。将接入各分支以星形拓扑结构汇集成一点，具有对信号整形放大和中转功能，不具备自动寻址能力和交换作用，采用数据传输控制方式采用的是 CSMA/CD，广播方式发送。当它要向某节点发送数据时，不是直接把数据发送到目的节点，而是把数据包发送到与集线器相连的所有节点。

集线器实质上类似一个"多进单出"的中继器，可以即插即用。一般有 4、8、16、24、32 等数量的端口，每个端口简单地进行收发比特流，收到"1"就转发"1"，收到"0"就转发"0"，不进行碰撞检测。

所有类型的集线器均为半双工模式，仅仅改变了网络拓扑结构。集线器的所有端口连接的设备都同处于一个冲突域及广播域，如图 9-73 所示。

集线器的种类很多，并没有特定的分类标准，如果按配置形式来分，有独立型集线器、模块化集线器、堆栈式集线器三种类型。随着网络技术的发展，集线器又分为切换式、共享式和可堆叠共享式三种。带宽有

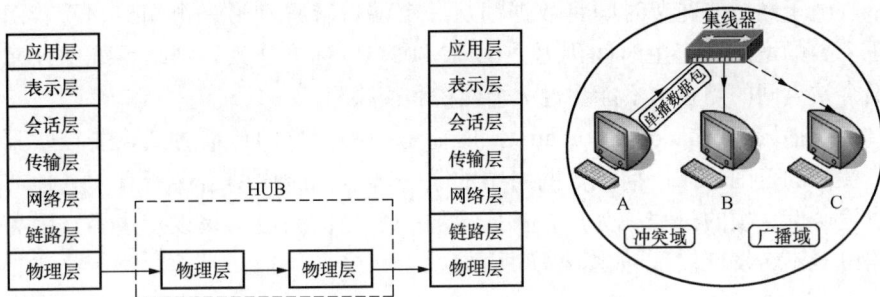

图 9-73　集线器扩展了冲突域和广播域

10Mbit/s、100Mbit/s、10/100Mbit/s 自适应集线器 3 种。

三、网桥（Bridge）

网桥（Bridge）又称为桥接器，用作连接两个不同的网段组成一个扩展的局域网络。网桥不是 IEEE 802.3 以太网标准的一部分，它工作在 OSI 模型的第二层（数据链路层）。根据以太网帧中的 48 位物理地址进行操作，在两个 LAN 的数据链路层按帧进行转发的连接设备，网桥具有一定的"智能"性，可以"学习"网络上站点的地址，同时具有信号过滤的功能。

一般情况下，被连接的网络系统都具有相同的逻辑链路控制规程（LLC），但介质访问控制协议（MAC）可以不同。

网桥是连接两个局域网的存储转发设备，网桥操作对于网络上站点来说是透明的，站点并不知道它的存在。

如图 9-74 所示，网段 1 的终端 A 发送给终端 B 的数据帧不会被网桥转发到网段 2。因为网桥可以识别这是网段 1 内部的通信数据。同理，网段 2 的终端 C 发送给终端 D 的数据帧也不会被网桥转发到网段 1。由此可见，网桥可以将一个冲突域分割为两个。其中，每个冲突域共享自己的网络信道带宽。

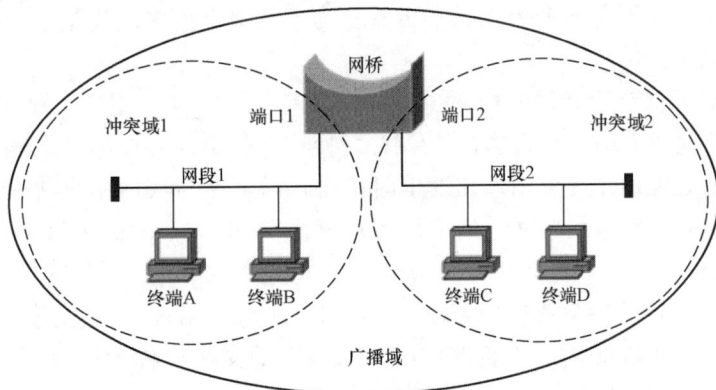

图 9-74　网桥连接的网络

由于网桥要花费时间将数据帧从一个端口转寄到另一个端口。随着网桥个数的增加而产生时间延迟。IEEE 802.1D标准建议，网络系统中任意两个站点间的路径上不能超过7个网桥和交换机。

广播域（broadcast domain）：广播是一种信息的传播方式，能接收到广播帧的范围称作广播域。网络中的某一节点同时向网络中所有的其他节点发送信息帧的过程称为广播；广播域一般是由路由器来设定边界（因为路由器不转发广播），如图9-75所示。

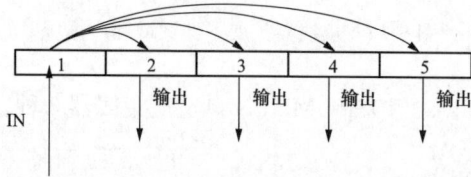

图9-75 广播域图

由于各种各样的原因，网络操作系统（NOS）使用了广播。TCP/IP使用广播从IP地址中解出析MAC地址，还使用广播通过RIP协议进行发出。因此，广播存在于所有的网络上，如果不对它们进行适当的维护和控制，它们便会充斥于整个网络，产生大量的网络通信。广播不仅消耗了带宽，限制了用户获取实际数据的带宽，而且也降低了用户工作站的处理效率。

在这种情况下，所有能够接收其他广播的节点被划分为同一个网段，也称为广播域。

四、网络交换机

网络交换机（Ethernet Switch）实质上是一个多端口的网桥，可支持不同的网络类型，如以太网、快速以太网、百兆以太网、千兆以太网及令牌环等网络。

交换机的主要作用是提升带宽，接入交换机的每个节点都可以使用全部的带宽，而不是各个节点共享带宽。为子网提供更多的连接端口，连接更多的站点。

如对于总带宽10Mbit/s的共享式以太网，若有 N 个用户，则每个用户占有的平均带宽只有总带宽的 $1/N$；而使用交换器时，虽然传输速率仍为10Mbit/s，但由于一个用户在通信时独占，而不是与其他用户共享传输介质的带宽，故整个局域网总的可用带宽就是 $N \times 10$Mbit/s。这是交换器的最大优点。

从OSI的7层参考模型来看，交换机又可分为第2～7层交换机，第3层以下的交换机应用最为普遍，第4层以上的交换机称为内容型交换机，主要用于互联网数据中心。

交换机有两种交换方式：直通方式和存储转发方式。直通方式是在接收数据帧的同时，立即按数据帧中的目的地址决定该帧的转发端口。这使得转发速度大大提高。交换机内部采用基于硬件的交叉矩阵，其交换延时仅为 30μs。当需要进行线路速率匹配、协议转换或差错检测时，就需要采用基于软件的存储转发方式进行交换，即从输入端口接收的数据线暂存在交换器的缓冲器内，经过缓存或必要的处理后，再按目的地址从相应的输出端口转发出去。

通信过滤：当一个数据帧的目的地址在 MAC 地址表中有映射时，它被转发到连接目的节点的端口而不是所有端口（如该数据帧为广播/组播帧则转发至所有端口）。

（一）二层交换机

工作在 OSI 模型链路层的交换机称作二层交换机，其作用是缩小冲突区域，将冲突隔绝在每一个端口（每个端口都是一个冲突域），以避免冲突的扩散，如图 9-76 所示。

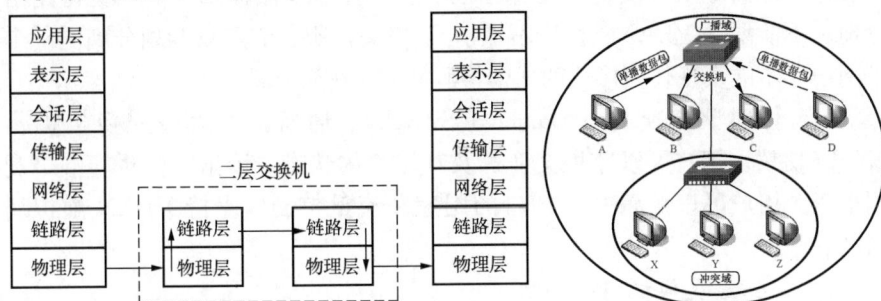

图 9-76　交换机分割成多个冲突域扩大了广播域

1. 二层交换机的特性

（1）交换机的每一个端口所连接的网段都是一个独立的冲突域。

（2）二层交换机所连接的设备仍然在同一个广播域内，即不隔绝广播（除 VLAN 外）。

（3）二层交换机依据帧头的信息进行转发，是工作在数据链路层的网络设备。

2. 交换机的硬件结构

网管型交换机的 CPU 模块有一个以太网接口和一个异步接口，用于对交换机进行人工配置和调试，另外通过 PCI（外设部件互联标准）接口与交换模块相连，对交换模块进行控制，并进行数据传输。

交换模块一般采用 ASIC 芯片，通过 PCI 接口与处理器模块进行通信完成数据传输；通过内存接口，可以给交换模块提供一个外部 SDRAM 存储器，从而提高交换机的吞吐量和交换速度，如图 9-77 所示。

二层交换机主要用于小型局域网中，交换机数量在 20～30 台以下，在这种环境下，广播包影响不大，是分布式控制系统通信网络最常用的交换机。

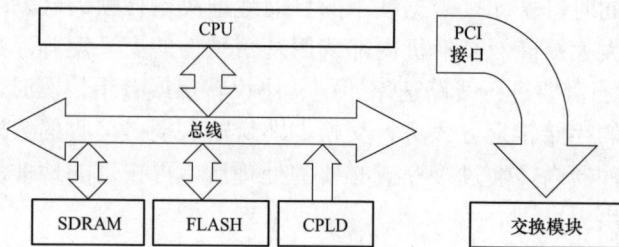

图 9-77　交换机的硬件结构示意图

SDRAM—随机存储器；FLASH—闪存；CPLD—可编程逻辑器件

3. 交换机的分类

二层交换机一般分为非管理型和管理型。

（1）非管理型交换机（Unmanaged Switch）。非管理型交换机也称为哑交换机，即插即用的设备，没有远程配置、管理或监控选项。不支持路由管理；不能划分 VLAN；由于不识别 IP 报头，所有节点只能划分到同一个子网中；不能实现任何形式的通信检测和冗余配置功能。

（2）管理型交换机（Managed Switch）。通常，管理型交换机提供 SNMP 协议。用户可以监控交换机及其端口的状态，读出吞吐量、端口利用率等。用户可以配置每个端口的网速和流量控制，支持 VLAN 虚拟局域网。

（二）三层交换机与路由器

1. 三层交换机

三层交换机是在二层交换机的基础上，增加了路径选择功能的网络层设备，它采用二层交换技术、三层转发技术；可用于多个局域网段之间的数据交换。

二层交换技术是基于数据链路层的 MAC 寻址来交换数据帧或 VLAN 的功能。而三层转发技术是基于 IP 地址进行数据包的转发，采用一次路由、多次转发的机制处理数据包以及包过滤等功能，它支持长距离网络，并且具有负载均衡、路径选择等功能。三层交换机在 OSI 模型中的位置如图 9-78 所示。

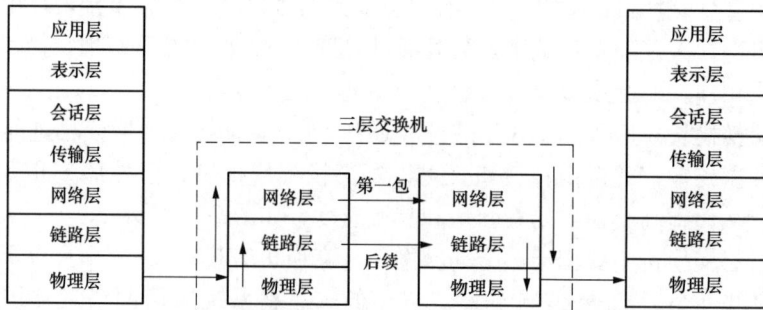

图 9-78　三层交换机在 OSI 模型中的位置

三层交换在完成对收到的第一个新数据流进行路由后，产生一个MAC地址与IP地址的映射表，当具有相同地址信息的数据流再次通过时，即根据此表直接在二层完成转发，即"一次路由，多次交换"，有效提高了数据包转发的效率。

不同的LAN互联通信，需要启用三层设备才能实现互访，三层交换机需在不同的LAN上配置网关；如果是二层交换机和路由器组合使用，才能完成跨VLAN的通信。

需注意的是交换机默认是二层模式，要开启路由模式必须先切换到三层模式才行。

例如：思科交换机需要全局配置模式下手动开ip routing，华为交换机为默认路由开启。

三层交换机的优点是把一个大型局域网按功能或地域等因素分割为多个子局域网，从而有效地隔离网络风暴，增强了网络的安全性。主要用于连接多个网络和路由网络流量。

2. 路由器

路由器（Router）又称路径器。路由（Routing）是指从某一网络设备出发去往某个目的地的路径；它在OSI参考模型第三层，是在网络层实现数据包转发的设备，以实现不同网络之间的通信。路由器分割了碰撞域和广播域如图9-79所示。

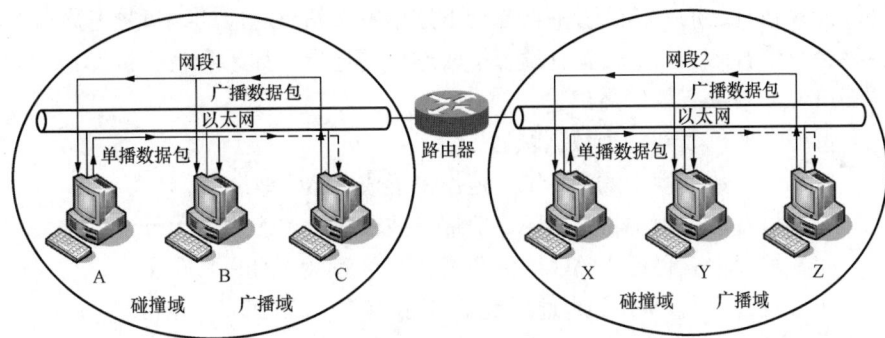

图 9-79　路由器分割了碰撞域和广播域

它通常用于实现大规模网络的拓扑结构，并且可以路由数据包到目的地。连接到路由器上的网段会被分割成不同的广播域，由于路由器不转发广播数据帧，广播数据帧不会穿过路由器，从而防止广播风暴跨网段的传播。路由器的物理层和数据链路层除了IEEE 802标准以外，还支持其他各种协议，包括ATM、SDH、串口等。

三层交换机一般只支持以太网的数据链路层协议和IP网络的网络层协议。

三层交换机与路由器不同点见表9-22。

表 9-22 三层交换机与路由器不同点

名称	三层交换机	路由器
硬件	箱式、框式	桌面式、箱式、框式
数据帧处理	基于 ASCI 的硬件处理	基于 CPU 的软件处理
性能	线速处理	比三层交换机速度慢
接口	以太网（RJ-45、光收发器）	以太网（RJ-45、光收发器）、串口、ISDN
不支持的协议、功能	拨号接入（PPP、PPPoE）、高 QoS、NAT、VPN、状态检测、高安全功能、VoIP 等	STP/RSTP、LANtracking、IEEE 802.1X、专用 VLAN、堆叠等

网络层和传输层也一样，支持 TCP/IP 协议之外的协议还有 IPX、AppleTalk 等，这些功能都是由运行在 CPU 上的软件来完成，转发速度会比三层交换机慢很多。还有些功能必须由路由器的 CPU 来处理，比如远程接入、安全功能等。

（三）交换机数据转发流程

在交换机内有一张"学习表（Learning Table)"，实质上是一个专用动态地址表，用来填写交换器每个端口（Port）所连接的工作站的物理地址。当一站点 A 发送数据时，交换机会收到 MAC 帧，会包含发送站点的 MAC 地址和接收站点的地址，交换机收到这个帧后，会把这个发送站点的 MAC 地址记录在自己的 MAC 表中，并记下这个发送站点对应的端口号。之后交换机会查看自己 MAC 表看有没有接收站点的记录，如果有就直接发到对应的端口，如果没有就广播出去。

每当交换机收到一个数据帧后：

（1）学习数据帧中的源 MAC 地址来形成 MAC 地址表。

（2）检查数据帧中目标 MAC 地址，并核对学习表中有无登记。

如学习表中有目标 MAC 地址登记，则单播（一对一）转发；

如果没有目标 MAC 地址登记，则除接收端口外（一对所有）广播发送。

（3）从一个站点接收到数据帧后与自己的 MAC 地址不符或数据帧不合法，丢弃。

【例 9-1】 交换机 A、B 各有 2 个端口，交换机 A 的端口 1、端口 2 分别连接物理地址 MAC 为 11、22 的站点。

交换机 B 的端口 1、端口 2 分别连接物理地址 MAC 为 33、44 的站点。假设：交换机为刚上电时，交换机 A、B 的学习表为空表；地址表初始状态如图 9-80 所示。

现在 MAC 地址为 11 的站点要给 MAC 地址为 33 的站点发送一个数据帧。

（1）交换机转发过程操作如图 9-81 所示。

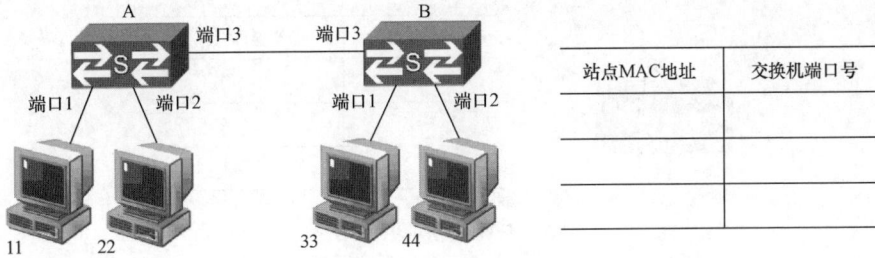

图 9-80　地址表初始状态

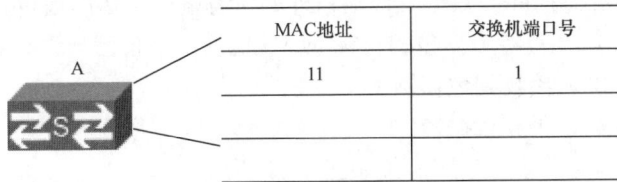

图 9-81　地址表状态

1）MAC 地址为 11 的站点把数据帧发送给交换机 A，交换机 A 的端口 1 在接收到 MAC 地址为 11（MAC 地址 11 在数据帧内）的站点发来的数据帧后，把 MAC 地址 11 及端口号填写到学习表中。

2）交换机 A 查看自己的 MAC 地址学习表。

3）如果学习表中有对应的目的站点 MAC 地址记录，则直接进行数据转发，如果没有则继续执行叙述 4）。

4）由于是第一次进行交换，交换机 A 的学习表中没有对应的目标站点地址，交换机 A 不知道将信息向哪里转发，于是，交换机 A 向除源数据发送端口 1 之外的所有交换机端口发送广播帧，如图 9-82 所示。

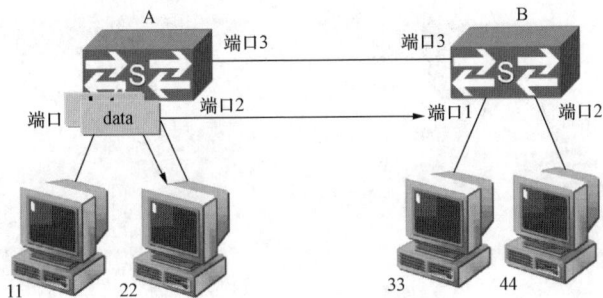

图 9-82　第一次交换时

5）站点 22，查看数据包的目标 MAC 地址不是自己，丢弃数据包。

（2）交换机 B 端口 3 接收到广播数据帧后，执行如下操作。

1）交换机 B 学习源站点 MAC 地址和接入端口号后，并把它填入表中，现在交换机 B 的 MAC 地址学习表如图 9-83 所示。

2）交换机 B 查看自己的 MAC 地址学习表，表中没有对应目标站点的

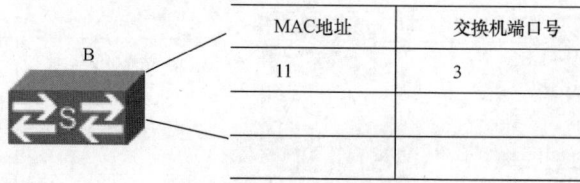

MAC地址	交换机端口号
11	3

图 9-83　地址表状态

MAC 地址；则继续执行下述 3）。

3）交换机 B 向除源数据发送端口外的所有端口发送广播包。

4）站点 22，查看数据包的目标 MAC 地址不是自己，丢弃数据包。

5）站点 33，接收到数据帧。

6）站点 44，丢弃数据帧。

交换机 B 向端口发送广播包如图 9-84 所示。

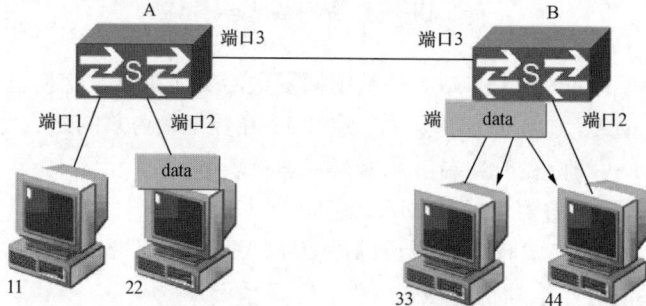

图 9-84　交换机 B 向端口发送广播包

【例 9-2】　站点 44 要给站点 11 发送一个数据帧，如图 9-85 所示。

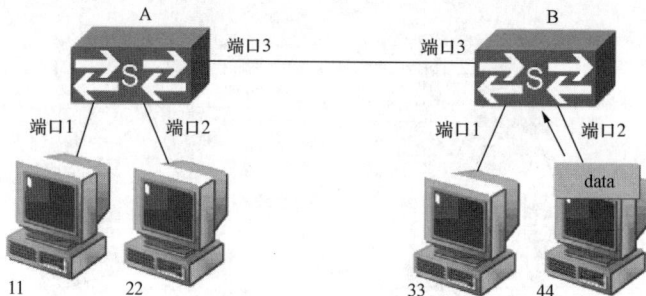

图 9-85　站点 44 向站点 11 发送一个数据帧

（1）交换机 B 在接收到数据帧后，执行以下操作。

1）交换机 B 学习源 MAC 地址和端口号，并把它填入学习表中。

2）交换机 B 查看 MAC 地址学习表，根据表中的 MAC 地址，单播数据到端口 3，如图 9-86 所示。

（2）交换机 A 在接收到数据帧后，执行以下操作。

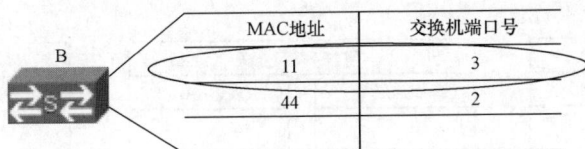

图 9-86 地址表状态

1）交换机 A 学习源 MAC 地址和端口号。

2）交换机 A 查看 MAC 地址表，根据学习表中的 MAC 地址，单播数据到端口 1。

3）站点 11，收到数据帧，如图 9-87 所示。

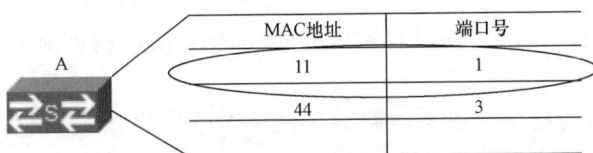

图 9-87 地址表状态

上述的过程可总结为 MAC 地址为 33 的站点接收到 MAC 地址为 11 站发来的信息，它通过 B 交换机作出回应；交换机 B 从端口 1 接收到回应信息，故可判定 MAC 为 33 的站点连接在端口 1 上，于是把物理地址 33 填入 B 交换机学习表（其他收到 MAC 为 11 站点信息后，经过识别发现不是发给自己的信息，故不作回应）。

为了避免 MAC 地址登记表的记录溢出，每个动态记录的 MAC 地址都有一个老化时间，一般默认是 300s（可修改）。在这个时间内，表中登记的 MAC 地址收到数据帧，则发送数据帧；如果 MAC 地址未被使用，将 MAC 从表中删除。

五、网关（Gateway）

网关又称网间连接器、协议转换器。出于安全考虑，不允许客户端直接进入系统，所以加一个网关层，在 OSI 参考模型的第四层（传输层）或高层实现网络通信，通常用于两种不同协议的网络体系结构通信。网关可以用于广域网互连，也可以用于局域网互联。

网关实质上是一个协议翻译器，由于中继器、网桥、路由器都不能胜任这个角色，于是引入网关。它与网桥只是简单地传达信息不同，网关对收到的信息要重新打包，以适应目的系统的需求。同时，网关也可以提供过滤和安全功能，如图 9-88 所示。

网关的功能是将一个网络协议层次上的报文"映射"为另一网络协议层次上的报文。在不同类型的局域网互联时，必须制定互连协议（Interconnection Protocol，IP），解决网际寻址、路由选择、网际虚电路/数据

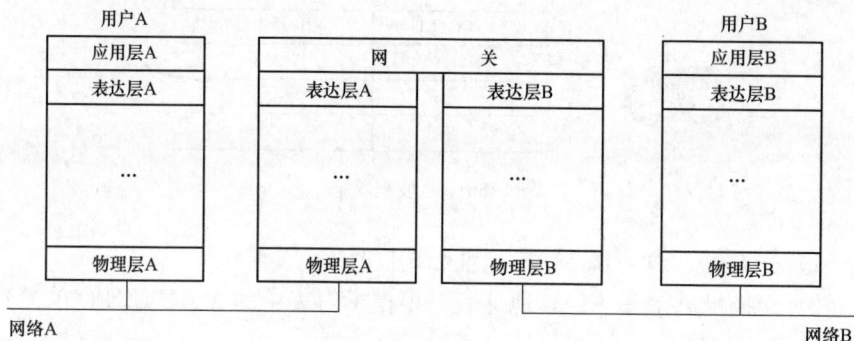

图 9-88 网络互联网关

报、流量控制、拥挤控制以及网际控制等服务功能的问题。网关有两种
类型。

（1）介质转换型。该类型网关是从一个子网中接收信息，拆除封装，
并产生一个新封装，然后将信息转发到另一个子网中去。

（2）协议转换型。该类型网关是将一个子网的协议转换为另一个子网
的协议。对于语义不同的网，这种转换还需先经过标准互连协议的处理。

例：在大型火力发电厂中各个机组的控制系统往往采用不同厂家产品，
由于网络通信协议的不同，如何将实时数据从各系统中取出并与厂级监控
信息系统（SIS）融合，是一个需要解决的问题。

一种解决方案为通过 OPC 服务器与 SIS 系统完成数据的交换；另一种
解决方案是通过各系统的数据通信接口（由厂家提供）首先将实时数据取
到网关机中，经网关机整理后再按照 SIS 网络协议要求发送至生产管理 SIS
网络，如图 9-89 所示。

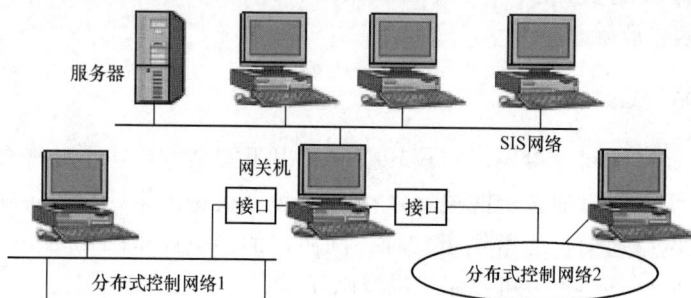

图 9-89 网关示例图

第二篇　分布式控制系统

第十章　分布式控制系统的软件

第一节　分布式控制系统软件概述

一、分布式控制系统软件的构成

分布式控制系统的软件是一个庞大而复杂的系统，由于在计算机发展的初期软件是依附于硬件的，分布式控制系统的软件结构是参照硬件层次来划分的，对于分布式控制系统的发展也是如此。

那么软件也就跟随硬件被分成现场控制软件、监控操作软件和工程师站软件，同时，还有运行于各个站的网络软件，作为各个站上功能软件之间的桥梁。

分布式实时控制系统由物理上分散的多个处理机节点通过通信子网连接起来，构成系统的节点只完成事先分配的控制功能，在操作系统的统一管理下协调工作。对被控制对象实施综合控制，完成预定的控制任务，如图 10-1 所示。

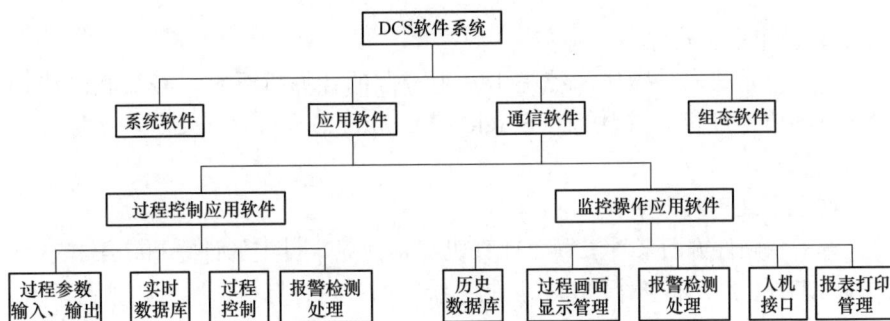

图 10-1　分布式控制系统的软件结构图

在图 10-1 中把分布式控制系统的软件系统分为两层，上层为系统软件，下层为过程控制软件及操作站应用软件。

1. 系统软件

系统软件是指各种计算机操作系统，提供系统运行和管理的基本环境。

2. 组态软件

对过程管理系统进行组态、系统内各设备进行定义，确定各设备的工作要求，对设备网地址进行分配、定义各种控制点、点数据在显示图上的编排等。

3. 应用软件

用于整个生产过程的操作和控制、过程数据收集、信息分析，以及外来设备的网络化及完善。

如现场控制站上的软件主要完成各种控制功能，包括回路控制、逻辑控制、顺序控制，以及这些控制所必需的现场 I/O 处理。

操作员站上的软件主要完成运行操作人员所发出的各个命令的执行、图形与画面的显示、报警的处理、对现场各类检测数据的集中处理等；工程师站软件则主要完成系统的组态功能和系统运行期间的状态监视功能。

4. 通信软件

它对应于计算机的通信接口、控制设备的通信接口、网络匹配器和通信线路等。这部分的软件配置主要是网络软件。由于各公司的分散控制系统产品设计互不相同，通信设备各有所别，有的称为高速通道（High Way）或高速门（High Gate），有的称为工厂通信环路（Plant Communication Loop），相应的网络通信软件也有差异。

按照软件运行的时机和环境，可将分布式控制系统软件划分为在线的运行（RunTime）软件和离线的应用开发工具软件（即组态软件）两大类。其中控制站软件、操作员站软件、各种功能站上的软件及工程师站上在线的系统状态监视软件等都是在线运行软件，而工程师站软件（除在线的系统状态监视软件外）则属于离线软件。

二、分布式控制系统软件的分类

1. 操作系统软件

一个分布式实时操作系统是由一组分散的计算机系统，经互联网络连接而成的单计算机系统映像（Single Computer System Image），又称计算机系统软件。

这个定义有两方面含义。

第一从硬件方面来看，每台计算机都是独立、自主的计算机；第二从软件方面来看，用户将整个分布式控制系统视为一台计算机，感觉在独占系统。这两者都是必需的，缺一不可。

一种快速响应实时分布式控制系统的软件是十分复杂的系统，国内厂商对分布式操作系统的研究起步较晚，因此，介绍这方面资料不多。

国外比较典型的分布式操作系统有 UNIX、LINUX、QNX、Vx Works、Windows、RT-Thread 等。它可根据需要按以下几种方式分类。

它是由计算机系统厂商提供的、与应用对象无关的、面向计算机或面向应用服务的、专门用来使用和管理计算机的（例如：应用程序的开发、生成、调试、运行，应用软件的维护以及计算机硬件的诊断等）、具有通用性的计算机程序。系统软件可以。

（1）各种传统的高级语言（如 FORTRAN、PASCAL、C++、Java 语言等）以及这些语言的汇编、解释及编译程序诊断程序等。

（2）操作系统、计算机本身的监控管理程序、库函数程序、连接程序、调试程序、故障诊断程序等，其特点如下。

1）实时性强，响应时间要求很快。

2）多任务并发执行。

3）系统的安全可靠性要求很高。

系统软件一般用不着用户设计，只要了解其基本原理和使用方法就可以了。

2. 应用软件

应用软件可分为过程控制软件和监控操作软件，它是面向用户、在操作系统下在线运行，并直接控制或参与生产工艺流程的程序。这类程序都是根据用户需要自行编制或由分布式控制系统厂商根据火力发电厂控制系统的要求进行编写供用户使用的。

在分布式控制系统中，应用软件分散在各工作站点中，例如：过程控制站中的现场信号的采集和处理、模拟控制软件、顺序控制软件等；操作员站中的图形显示软件、实时数据库修改软件、历史数据的曲线显示软件、报警显示软件等；记录站的定时制表打印和数据收集软件、历史数据收集和存储软件等。

分布式控制系统的应用软件应具备下列基本要求。

（1）可靠性。在分散控制系统中可靠性至关重要。只有系统的可靠性高，才能保证系统的正常运行。这不仅要求系统硬件具有较高的可靠性，而且要求系统的软件也应具有较高的可靠性。为此，通常将已调试好的应用程序模块固化于 EPROM 中，除此之外，还可设计一个诊断和故障处理程序，对系统的硬件和软件及时地进行检查，一旦发现故障就进行处理。

（2）实时性。大多数工业生产过程都要求实时控制，因此分散控制系统的应用软件应具备实时性，能够在对象允许的时间间隔里对系统的参数进行采集、计算、处理和控制。特别是对于火力发电厂中具有多个回路的控制系统，实时性尤其重要。为了提高系统的实时性，常利用汇编语言程序执行速度快的特点，用汇编语言编写应用程序。另外，对于多个处理任务实行中断嵌套或者采用多重中断的办法，提高系统的实时性，以满足一机多能的需要。

（3）灵活性。通用性和多种控制算法、应用软件应该能够适应系统规模的变化，以及不同的控制要求和各种特定的功能需要。因此，要求应用软件必须具有较好的灵活性、通用性和多种控制算法。为了实现上述要求，程序的设计多采用模块化结构，把一些通用的程序和常用算法及特定功能编成可以任意调用的子程序，即模块程序，然后通过主程序以一定方式的组合，对它们进行调用，完成指定的功能，这样可以大大简化程序的设计步骤和时间。

分布式控制系统对应用软件的上述要求，使得在进行软件的设计和组织时必须采取合理的结构和相应的方法，以便使程序易读，便于连接、调试，维护方便。

3. 分布式操作系统的特点和功能

由分布式系统的定义可知，分布式系统是由多台计算机组成的系统。更确切地说，分布式系统是具有以下特点的多计算机系统。

(1) 分布性：组成系统的部件在物理上是分散的，这些部件包括处理机、数据、算法和操作系统。

(2) 自治性：系统所有的软硬件资源都是高度自治的，它们能够独立执行任务、提供或退出服务。

(3) 透明性：系统的分布性、操作和实现对用户完全透明，用户只需提出所需服务，而不必要指明由哪一台设备在什么位置用什么方法来提供这些服务。

(4) 共享性：系统中的资源为系统中所有用户所共享，在某台计算机终端上的用户，不仅可以使用位于该机上的资源，而且还可以使用位于他机上的资源。例如，用户可以使用他机上的行式打印机来输出信息，可以访问它机上的磁盘文件等。

分布式系统提供了资源共享的功能，使得用户往往只需了解系统是否具有所需资源，而无须了解资源位于哪台计算机上。

(5) 协同性：系统中的若干台计算机可以相互协作来完成一个共同任务，或者说，一个程序可以分布在几台计算机上并行运行。

分布式系统应具备以下三种基本功能。

1) 通信。系统提供多种通信机制，使得运行在不同计算机上的用户程序可以利用网络来交换信息。

2) 资源共享。系统提供访问它机资源的功能，使得在某机或其终端上的用户或用户程序可以访问位于它机的资源。

3) 协同工作。系统提供某种程序设计语言，使得用户可以用它编写能够分布在若干台计算机上并行执行的应用程序，同时系统提供这些应用程序（进程）之间的协调和通信。

分布式操作系统就是管理分布式系统软硬件资源，提供具有分布式系统特征的功能和服务的软件系统。实现系统范围内的任务、资源分配，使系统的资源得到有效的利用，并给用户提供方便、有效的环境。

DOS 是配置在分布式系统上的共用的操作系统。从用户来看，是一个普通的集中式操作系统，使用户可用透明的方式访问系统的远程资源，分布式操作系统对系统实施整体控制，对分布在各节点上的资源统一管理，支持对远程进程的通信协议。

其主要特点如下：常用信息传递方式实现远程通信。多结点运行造成的进程调度、资源分配、系统管理按照分布处理的要求；进行尽可能保持系统的负载平衡；具有故障的检测与处理功能。

三、分布式控制系统的应用软件

1. 过程控制软件

过程控制软件的最主要功能是完成对现场的直接控制，这里面包括了回路控制、逻辑控制、顺序控制和混合控制等多种类型的控制。为了实现这些基本功能，在现场控制站中应该包含以下主要的软件。

（1）现场 I/O 驱动。其功能是完成过程量的输入/输出。其动作包括对过程输入/输出设备实施驱动，以具体完成输入和输出工作。

（2）对输入的过程量进行预处理。如工程量的转换、统一计量单位、剔除各种因现场设备和过程 I/O 设备引起的干扰和不良数据、对输入数据进行线性化补偿及规范化处理等，总之是要尽量真实地用数字值还原现场值，并为下一步的计算做好准备。

（3）实时采集现场数据并存储在现场控制站内的本地数据库中，这些数据可作为原始数据参与控制计算，也可通过计算或处理成为中间变量，并在以后参与控制计算。所有本地数据库的数据（包括原始数据和中间变量）均可成为人机界面、报警、报表、历史、趋势及综合分析等监控功能的输入数据。

（4）进行控制计算，根据控制算法和检测数据、相关参数进行计算，得到控制的量。

（5）通过现场 I/O 驱动，将控制量输出到现场。

为了实现现场控制站的功能，在现场控制站中建立与本站的物理 I/O 和控制相关的本地数据库，这个数据库中只保存与本站相关的物理 I/O 点及与这些物理 I/O 点相关的经过计算得到的中间变量。本地数据库可以满足该现场控制站的控制计算和物理 I/O 对数据的需求，有时除了本地数据外还需要其他节点上的数据，这时可从网络上将其他节点的数据传送过来，这种操作被称为数据的引用。过程控制软件执行顺序如图 10-2 所示，过程控制软件结构如图 10-3 所示。

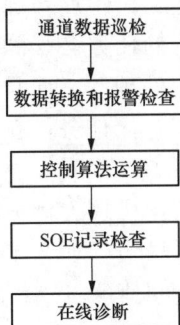

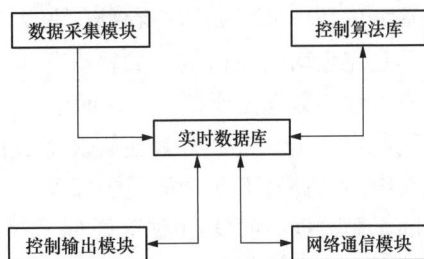

图 10-2 过程控制软件执行顺序   图 10-3 过程控制软件结构

2. 操作监控软件

操作监控软件的主要功能是人机界面，即 HMI 的处理，其中包括图形画面的显示、对操作员操作命令的解释与执行、对现场数据和状态的监视及异常报警、历史数据的存档和报表处理等。为了上述功能的实现，操作员站软件主要由以下几个部分组成。

(1) 图形处理软件。该软件根据由组态软件生成的图形文件进行静态画面（又称为背景画面）的显示和动态数据的显示，以及按周期进行数据更新。

(2) 操作命令处理软件，其中包括对键盘操作、鼠标操作、画面热点操作的各种命令方式的解释与处理。

(3) 历史数据和实时数据的趋势曲线显示软件。

(4) 报警信息的显示，事件信息的显示、记录与处理软件。

(5) 历史数据的记录与存储、转储及存档软件。

(6) 报表软件。

(7) 系统运行日志的形成、显示、打印和存储记录软件。

为了支持上述操作员站软件的功能实现，在操作员站上需要建立一个全局的实时数据库，这个数据库集中了各个现场控制站所包含的实时数据及由这些原始数据经运算处理所得到的中间变量。这个全局的实时数据库被存储在每个操作员站的内存之中，而且每个操作员站的实时数据库是完全相同的副本，因此每个操作员站可以完成相同的功能，形成一种可互相替代的冗余结构。当然各个操作员站也可根据运行的需要，通过软件人为地定义使其完成不同的功能，而成为一种分工的形态。

以操作员站的功能为例，原来是将直接控制以外的几乎所有功能集中在操作员站上，每个操作员站上都有一套全局数据库的实时复制以支持这些功能的实现。但在系统规模大幅度上升后，操作员站的硬件环境就无法满足需求了，一是容量无法满足要求，二是操作员站的主要功能是图形画面的显示，需要随时根据操作员的操作调出相应的显示画面。

这种性质的功能具有相当大的随机性，一旦请求发生，就需要立即响应，而且图形的处理需要极大的处理器资源，基本上在图形处理期间是不能同时做很多其他处理的，因此许多需要周期执行的任务会受到干扰而不能正常完成其功能，如历史存储、报表处理及日志处理等。而且，这些任务也不是完全均衡负荷的，如报表任务和历史数据存储任务，在某些整点时会有大量的数据需要处理，这时的 CPU 就会严重超出负荷，造成操作员站不能稳定工作。为了有效地解决上述问题，在新一代较大规模的分布式控制系统中，针对不同功能设置了多个专用的功能节点。如为了解决大数据量的全局数据库的实时数据处理、存储和数据请求服务设置了服务器；为了处理大量的报表和历史数据，设置了专门的历史站等。

这样的结构，有效地分散了各种处理的负荷，使各种功能能够顺利实现：同时，每种专用的功能节点上，都要运行相应的功能软件。而所有这些节点也同样适用网络通信软件实现与其他节点的信息沟通和运行协调。操作监控软件结构图如图 10-4 所示。

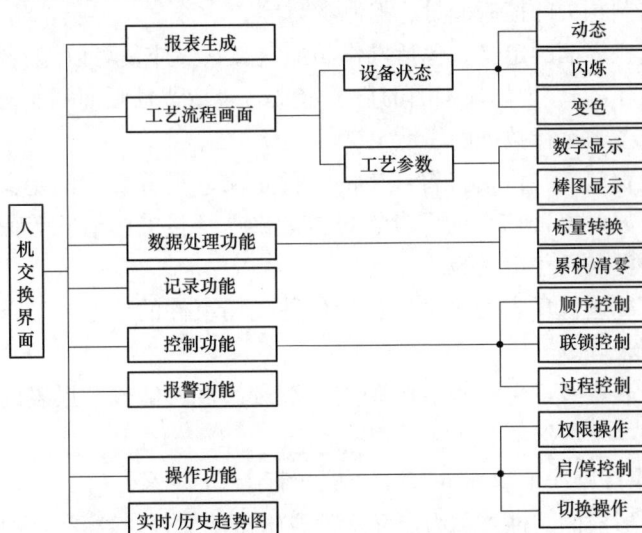

图 10-4　操作监控软件结构图

3. 工程组态软件

工程组态软件可分为两个大部分，其中一部分是在线运行的，主要完成对 DCS 本身运行状态的诊断和监视，发现异常时进行报警，同时通过工程师站的显示器上给出详细的异常信息，如出现异常的位置、时间、性质等。

工程组态软件的最主要部分是离线状态的组态软件，这是一组软件工具，是为了将一个通用的、对多个应用控制工程有普遍适应能力的系统，变成一个针对某一个具体应用控制工程的专门系统。为此，系统要针对这个具体应用进行一系列定义，如系统要进行什么样的控制；系统要处理哪些现场量，这些现场量要进行哪些显示、报表及历史数据存储等功能操作；系统的操作员要进行哪些控制操作，这些控制操作具体是如何实现的等。在工程师站上，要做的组态定义主要包括以下方面。

（1）系统硬件配置定义。包括系统中各类站的数量、每个站的网络参数、各个现场 I/O 站的 I/O 量配置（如各种 I/O 模块的数量、是否冗余、与主控制单元的连接方式等）及各个站的功能定义等。

（2）实时数据库的定义包括现场物理 I/O 点的定义（该点对应的物理 I/O 位置、工程量转换的参数、对该点所进行的数字滤波、不良点剔除及死区等处理），以及中间变量点的定义。

（3）历史数据库的定义包括要进入历史数据库的实时数据、历史数据存储的周期、各个数据在历史数据库中保存的时间及对历史数据库进行转储（即将数据转存到磁带、光盘等可移动介质上）的周期等。

（4）历史数据和实时数据的趋势显示、列表及打印输出等定义。

（5）控制算法的定义，其中包括确定控制目标、控制方法、控制周期及定义与控制相关的控制变量、控制参数等。

（6）人机界面的定义。包括操作功能定义（操作员可以进行哪些操作、如何进行操作等）、现场模拟图的显示定义（包括背景画面和实时刷新的动态数据）及各类运行数据的显示定义等。

（7）报警定义。包括报警产生的条件定义、报警方式的定义、报警处理的定义（如对报警信息的保存、报警的确认、报警的清除等操作）及报警列表的种类与尺寸定义等。

（8）系统运行日志的定义，包括各种现场事件的认定、记录方式及各种操作的记录等。

（9）报表定义，包括报表的种类、数量、报表格式、报表的数据来源及在报表中各个数据项的运算处理等。

（10）事件顺序记录和事故追忆等特殊报告的定义。

组态后形成的文件被称为定义文件或组态源文件，这是一种便于阅读、检查、修改的文件格式，但还不能被分布式控制系统执行。这些定义文件还必须经过工程师站上的编译软件将其转换成系统可执行的数据文件，然后经过下装软件对各个在线运行的节点进行下装，这样在实际运行时才可以按照组态的定义完成相应的控制和监视功能。

工程组态软件体系包括各种组态软件（图形显示、实时数据库、过程控制、记录、成组显示、历史数据记录等）、算法库软件、图符库软件、用户操作键定义软件等。如工程师工作站配置的组态图计算机辅助设计（CAD）软件和记录数据库图形软件包即属于这类应用服务软件。应用服务软件是面向应用、面向多种工业控制系统的，运用这些软件可以方便地生成各种控制应用软件，工程组态软件体系如图 10-5 所示。

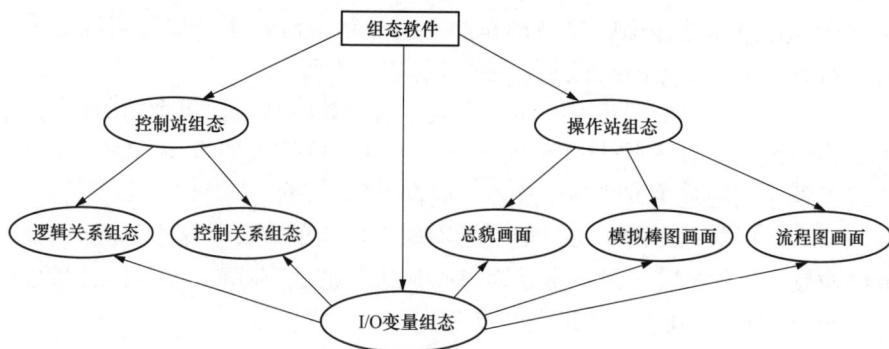

图 10-5　工程组态软件体系

四、厂级生产信息管理系统软件

分布式控制系统与仿真技术、厂级监控信息系统（SIS）与厂级管理信息系统（MIS）等系统进行融合，从而构成管控一体化系统，为电厂的精细化管理提供有力的技术手段，从而达到增加效益的目标，管控一体化系统功能概貌如图 10-6 所示。

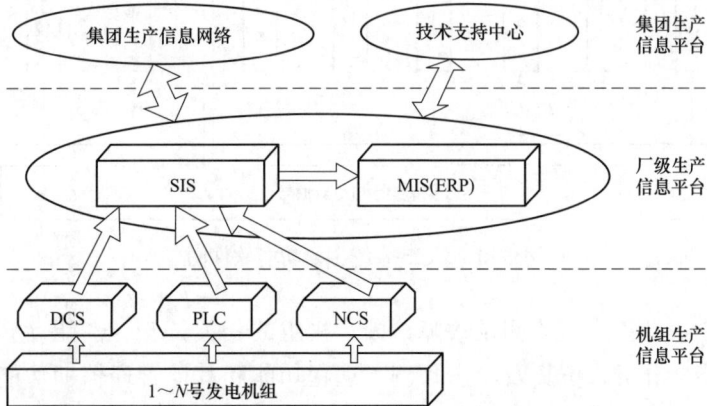

图 10-6 管控一体化系统功能概貌图

厂级生产信息平台包括厂级监控信息系统（SIS）与厂级管理信息系统（MIS）两部分。

（1）SIS 主要收集和处理电厂生产过程的实时数据，以优化电厂运行。

（2）MIS 主要收集和处理非实时的生产经营、管理数据，以优化电厂经营管理。

1. 厂级生产信息管理系统（SIS）

厂级生产信息管理系统（SIS）的概念是我国电力热工自动化专家侯子良在 20 世纪 90 年代后期首先提出，2000 年列入了国家经贸委颁发的 DL 5000—2000《火力发电厂设计技术规程》，进入 21 世纪后逐步发展起来。由于 SIS 的概念是人为提出的，其边界不像单元机组控制系统那样清晰，尤其是在高级应用软件方面。

在一般情况下，SIS 设计的基本原则分为三个层次：第一个层次是将厂级实时数据采集与监视功能、厂级性能计算与分析功能，定义为 SIS 的基本功能；第二个层次是对负荷调度分配功能；第三个层次是将设备故障诊断、寿命管理、系统优化及其他功能，定义为非基本功能。SIS 系统主要功能软件图如图 10-7 所示。

一般来说，SIS 功能主要包括生产过程实时信息采集、处理和监视，运行经济性能计算分析和操作指导，实时运行调度，优化运行和操作指导、

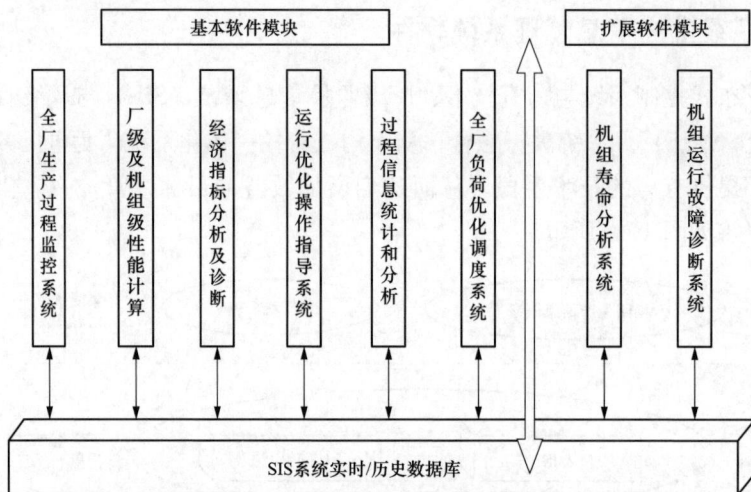

图 10-7　SIS 系统主要功能软件图

优化控制，设备状态监测及故障诊断，机组的相关试验、性能计算、机组经济性指标分析，仿真及状态预测，远程功能和其他管理辅助功能。企业通过实施 SIS 系统，可方便实现机组性能在线监测、能损分析、机组运行方式优化、机组间经济负荷调度、成本核算、设备动态管理等业务，从而降低企业的能耗，实现科学分配机组负荷、延长设备使用寿命，减少重大事故的发生，最终获取最大的经济效益。

实时/历史数据库是 SIS 系统的关键组成部分，通过对各单元机组的 DCS 及全厂辅助车间控制系统的数据采集，实时地将相关的生产成本信息送入 SIS 的实时数据库，数据库要求实时性高，能通过数据压缩技术进行海量存储。以满足 MIS 和各相关管理部门快速、高效地对现场过程数据进行查询和处理的要求。

2. 综合优化功能软件

综合优化功能软件是 SIS 系统的核心。

（1）全厂生产过程监控。全厂的生产过程监控系统包括机、炉、电过程控制系统，辅助车间控制系统，电网调度等的实时生产数据和生产流程都在 SIS 的工作站和终端上进行监视和查询。其中生产数据还能进行综合处理以形成全厂生产报表和生产成本。

（2）实现机组之间负荷经济分配。

1）SIS 应能在全厂负荷分配站上根据远方 AGC 指令和其他生产调度指令结合本厂主、辅系统和设备运行情况决定各台机组的经济负荷分配。SIS 系统还能提供用于调度端调全厂负荷时的经济负荷分配和调度方式，以实现各机组根据 SIS 的经济负荷分配结果进行闭环负荷调节的功能。

2）经济负荷分配和调度功能建立在实时处理全厂经济信息和成本核算的基础上，以保证电厂安全经济运行。

（3）经济指标分析及优化运行操作指导。对全厂运行工况进行经济性评估，分析其原因，进行操作指导，使机组在最优工况下运行，运行效率最高，煤耗最低。以保证电厂安全经济运行。

（4）厂级性能计算。厂级性能计算和分析模块建立在各机组性能计算的基础之上，应具备在线计算能力，模块的主要功能是计算整个电厂的各种效率（锅炉、汽轮发电机组及其辅助系统等）损耗（煤、水、电、热等）及性能参数等，为发电成本核算提供依据。

（5）单元机组能损分析。机组运行的经济性受许多因素影响，主要有运行参数、系统结构、构成系统的设备、运行条件和方式等因素，这些因素的变化都会导致单元机组在偏离设计工况下运行，影响机组运行的热经济性，产生能量损失。软件的分析范围涵盖了影响机组运行经济性的主要原因，包括运行参数、系统结构、构成系统的设备、运行条件和方式等因素。

（6）单元机组主辅设备性能分析。机组性能分析包括主辅机设备的性能计算、机组性能指标的计算、机组耗差分析等功能。这是 SIS 系统中相当重要的一部分，SIS 的其他许多高级应用都是以此为基础。

上述功能软件编写可采用的语言很多，应用软件可采用 Visual、C++ 高级语言编写出高效率的执行程序，通过系统平台提供的 API 函数与系统实时数据库接口通信。

这些机组及公共设备一般都采用分布式控制系统进行控制，在现代大型火力发电厂中一般都有多台发电机组，分成若干个相对独立的分系统，一个分系统构成一个"域"，每个域都包含有一套独立的 DCS 核心结构，各域共享管理和操作数据，而每个域都是一套功能独立完整的核心结构，各域之间的信息相互隔离，互不影响，以便更好地满足用户的使用。

第二节　分布式控制系统的"域"

一、"域"的概念及管理结构

（一）"域"的概念

在现代大型火力发电厂中，为节约基建成本，减少运行人员配置，利于全厂运行调度统一管理，对发电机组多采用两机一控、四机一控的集控模式。即分成多个相对独立的分系统，一个分系统构成一个"域"，每个"域"都有一套完整独立的管理模块。

"域"的一个重要功能是隔离网络流量，网络上最占带宽的实时数据仅限于每个"域"内传播，不同"域"之间没有大量实时数据包的传送。"域"的划分还涉及安全、网络、操作权限等因素。

1．"域"的定义

"域"是一组站点的集合，一个工程可以包含一个或多个"域"，每个"域"有一个唯一的编号。"域"内包含 n 个过程控制站（或工作站），每个站有一个唯一的编号，但不同的"域"中允许有相同编号的站。

以"域"号和站号一起可以定位一个站。一台物理计算机可以加入多个"域"，它仍然只有一个站号，但具有多个"域"号。这台计算机必须是MMI（人机界面），控制器不允许加入多个"域"。

2．"域"的划分

通常在实际生产系统中，把整个大型分布式控制系统用高速网络分成若干相对独立的"域"，每个子系统就是一个"域"。例如：在火力发电厂中，两个单元机组及公用系统分别组成独立的子系统，这 3 个子系统分别各属于一个"域"。

（二）多"域"管理结构

多"域"结构设计可以使得控制系统的规模扩展得很大，采用"域"的设计，根据对象的位置、范围、功能和操作特点等，各个"域"间可通过标准协议或中间件进行数据交换。各"域"可共享管理和操作数据，各"域"独立运行，互不影响。

控制器可以直接向另一个"域"的控制器请求数据，但仅限于请求数据，不能发送指令。MMI（人机界面）可以接收它加入的"域"的数据，可以向这个"域"中发送指令。

1．加入多"域"

MMI 只有加入多"域"，才可以接收这些"域"的实时数据，发送指令。假如多"域"的 MMI，虽然只有一台物理机器，对于它加入的每个"域"，它都以一个独立完整的 MMI 的角色存在。对于未加入的"域"没有这种权限。

2．"域"间通信

"域"内通信有多播和单播，"域"间通信只使用单播，物理上就是 TCP/IP 连接。

"域"内通信的数据主要包括实时数据和指令。每个站都可以建立源点记录，定期发送点记录的数值和状态。这些实时数据的目标地址是每个"域"唯一的多播地址，只有属于这个"域"的 MMI 才能加入这个多播组，接受这些数据。"域"内发送指令使用单播，根据将要操作的点记录或算法，得知它建立在哪个站，从系统配置里可以查询出这个站的 IP 地址，然后利用 UDP 协议数据包发送指令至目标站。

"域"间很少需要数据传递，特殊情况下，只允许不同"域"的控制器之间直接请求和发送数据。其发送和接收类似于"域"内指令的单播传递过程。多"域"结构的系统示意图如图 10-8 所示。

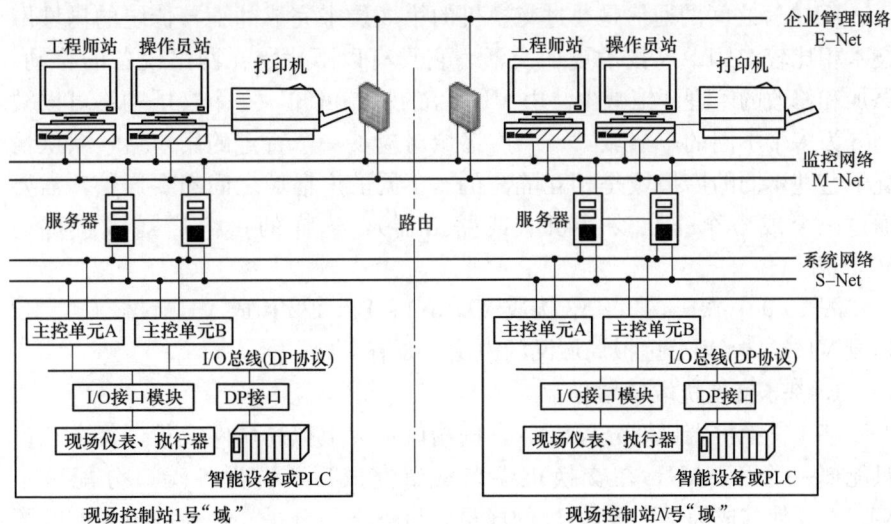

图 10-8 多"域"结构的系统示意图

二、虚拟局域网

(一) 虚拟局域网简介

虚拟局域网（Virtual Local Area Network，VLAN）是一组从逻辑上来划分的设备和用户，而不是从物理网段上划分，因此同一个 VLAN 内的各个工作站不需限制在同一个物理网段中，即这些设备和用户可以工作在不同物理网段，它们之间的相互通信就好像它们在同一个网段中一样，所以称作虚拟局域网，如图 10-9 所示。

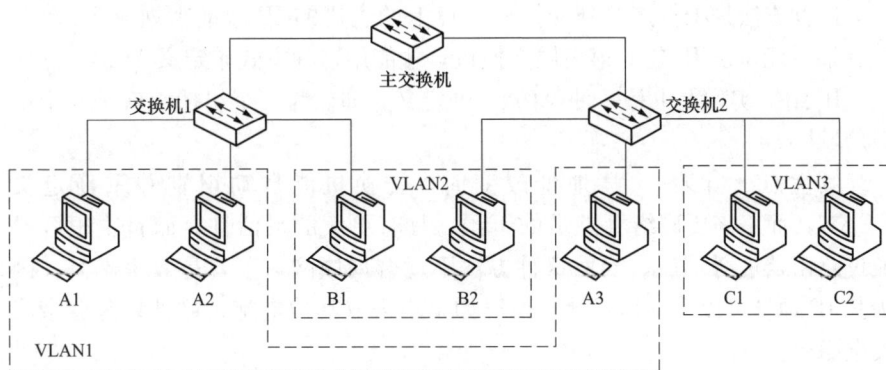

图 10-9 三个 VLAN 的示意图

VLAN 是一种新兴技术，工作在 OSI 参考模型的第 2 层和第 3 层，一个 VLAN 就是一个广播域，在一个 VLAN 内部的广播和单播流量都不会转发到其他 VLAN 中，从而有助于控制流量、减少设备投资、简化网络管理、提高网络的安全性。

VLAN 之间的通信是通过交换机的第 3 层来完成的。与传统的局域网技术相比较，VLAN 技术更加灵活。它具有以下优点：网络设备的移动、添加和修改的管理开销减少。由 VLAN 的特点可知，一个二层网络可以被划分为多个不同的广播域，一个广播域对应了一个特定的用户组，默认情况下这些不同的广播域是相互隔离的。不同的广播域之间想要通信，需要通过一个或多个三层交换机（或路由器），这样的一个广播域就称为 VLAN。

图 10-9 中 A1、A2、A3 构成 VLAN1；B1、B2 构成 VLAN2；C1、C2 构成 VLAN3。划分虚拟局域网的方法主要有 4 种。

1. 基于交换机端口划分

基于交换机端口划分 VLAN，按端口定义虚拟局域网成员，每个端口只能属一个 VLAN，在交换机端口配置完成后，再为各端口分配一个 VLAN，使其成为某个 VLAN 的成员，该静态划分是一种最简单最有效的方法。

2. 基于 MAC 地址划分

这种方法是按每个连接到交换机设备的物理地址（即 MAC 网卡地址）定义虚拟局域网成员，当一个交换机端口连接一个集线器，在集线器上又连接了多台设备，而这些设备需要划入不同的虚拟局域网时，就可以使用这种方式定义虚拟局域网成员。因为它可以按用户划分，也把这种方法称为基于用户的虚拟局域网划分。

在使用基于 MAC 地址划分时，一个交换机端口有可能属于多个虚拟局域网，这样端口就能接收多个虚拟局域网的广播信息。

3. 基于第三层协议类型或 IP 地址划分

这种方法是根据连接到交换机端口上的主机的 IP 地址来划分 VLAN。只有采用能识别 IP 包的第三层交换机，才能用这种方式来定义 VLAN。

IP 组播实际上也是一种 VLAN 的定义，即认为一个组播组就是一个虚拟局域网。

其优点：当某一 IP 地址改变时，交换机能自动识别并重新定义 VLAN，而不需要网络管理员的干预，具有更大的灵活性，而且也很容易通过路由器进行扩展，当然这种方法不适合局域网，主要是效率不高。因为其 IP 地址可以人为地设置，所以如果不采取其他措施，这种划分会带来安全隐患。

以上三种划分虚拟局域网的方式中，基于交换机端口的划分方式建立在物理层上，基于 MAC 方式建立在数据链路层上，基于 IP 地址方式建立在网络层上。

（二）广播风暴防范

广播风暴防范限制网络上的广播，将网络划分为多个 VLAN 可减少参与广播风暴的设备数量。但 LAN 与 VLAN 有所不同，LAN 分段可以防止广播风暴波及整个网络。

在火力发电厂中一般把一台机组的控制系统划分为一个网段，各机组的控制网段之间的通信要采取广播风暴隔离措施，以防止一个网段广播风暴蔓延到另一个网段，造成事故扩大化。

而采用 VLAN 的方法来划分机组的控制网段，虽然可以限制广播风暴的产生，但不能彻底隔离广播风暴从一个物理网段蔓延到另一个物理网段；这是因为二层交换机不能隔离广播信息，通过二层交换机连接的 VLAN 共处于同一广播域；另外，由于多个 VLAN 网段在二层交换机级联下，应同属一个物理网段，从而降低了网络的利用率，易发生网络堵塞。所以 VLAN 虚拟网结构并不适合火力发电厂多机组的控制。

三、客户机/服务器（Client/Server）结构

分布式控制系统是由若干台计算机组成的系统。一台连入网络的计算机向其他计算机提供各种网络服务（如数据、文件的共享等），称为服务器（Server）；用于访问服务器数据资料的计算机则称为客户机（Client）。这样的框架结构称为 C/S（Client/Serve）结构，即服务器/客户机模式，客户机是网上访问信息的设备，服务器是提供信息的机器。服务器负责数据的管理，客户机负责完成与用户的交互任务。

C/S 结构分为客户端和服务端两部分，从广义上来讲，客户、服务器也可以是进程。C/S 结构有双层结构和三层结构两种，如图 10-10 所示。

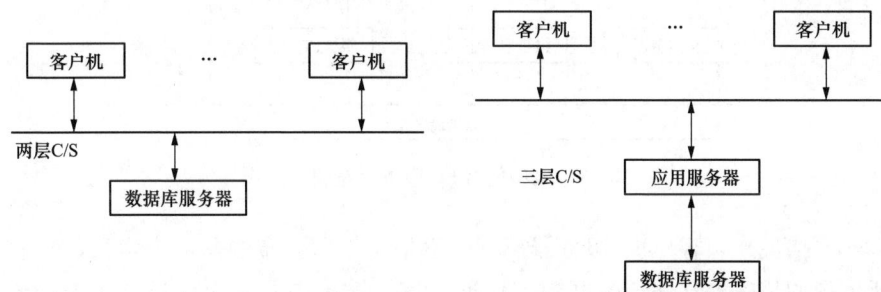

图 10-10　二、三层 C/S 体系结构

大多数应用软件系统 Client/Server 形式都是两层结构，在双层结构中的表示层和逻辑层部署在客户端，主要提供人机界面，接受操作者提交的请求，并将操作者请求发送至服务端，申请数据库服务。数据层则部署在服务端，负责数据库的业务处理，包括查询数据库、排序、索引等操作，对数据进行处理后将结果返回客户端。

随着信息技术的发展，软件复杂性也在不断提高，传统的双层 C/S 结

构存在很多局限性，如客户端负载重、服务器的性能无法满足要求等。此外，一旦系统需求发生变化，客户端和服务端的应用程序都需要变更，给维护和升级带来极大不便。

由此，三层 C/S 体系结构应运而生，与二层 C/S 体系结构相比，增加一个应用服务器，可以将整个应用逻辑驻留在应用服务器上，而只有表示层存在于客户机上。三层结构将系统分成表示层、应用逻辑层和数据层 3 个部分。

（1）表示层：表示层是应用程序的人机界面部分，担负着人机与应用程序之间的对话功能。它用于检查用户从磁盘等输入的数据，显示应用程序输出的数据，一般采用图形用户界面（Graphic User Interface，GUI）。

（2）应用逻辑层：应用逻辑层为应用的主体部分，包含具体的业务处理逻辑。通常包含有确认用户对应用和数据库存取权限的功能以及记录系统处理日志的功能。

（3）数据层：数据层主要包括数据的存储及对数据的存取操作，一般选择关系型数据库管理系统。

因此，C/S 模型可以在单处理器的计算机系统中实现。服务器配备大容量存储器并安装数据库系统，用于数据的存放和检索；客户端安装专用的软件，负责数据的输入、运算和输出。在这种体系结构下，服务器并不知道有什么样的客户，并不需要预先规定为哪个客户提供什么样的数据，而是通过客户机的请求来建立连接提供服务，因此，这种结构要有很好的灵活性和功能的可扩展性。典型的客户/服务器逻辑结构图如图 10-11 所示。

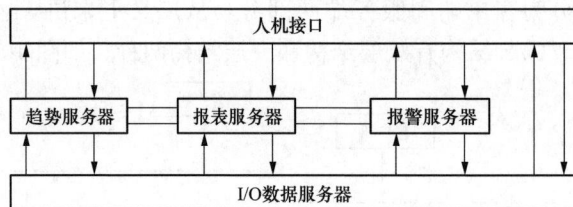

图 10-11 典型的客户/服务器逻辑结构图

严格说来，客户机/服务器模型并不是从物理分布的角度来定义的，它所体现的是一种软件任务间数据访问机制。系统中每一个任务都作为一个特定的客户或者服务器模块，并通过客户/服务器体系结构与其他的任务接口，这种模式下的客户机任务和服务器任务可以运行在不同的计算机，也可以运行在同一台计算机上。换句话说，一台机器在运行服务器程序的同时，还运行客户机程序。目前，采用这种结构的分布式控制系统中应用已经非常广泛。

软件体系采用 Client/Server 结构，能保证数据的一致性、完整性和安全性，服务器结构可实现软件的灵活配置和功能分散。如数据采集单元、实时数据管理、历史数据管理，报警管理及日志管理等任务均作为服务器任务，而各种功能的访问单元如操作站、工程师站、先进控制计算站及数据分析站等构成不同功能的客户机，真正实现了功能分散。

例如，系统有五个基本的任务，分别用来处理与 I/O 设备的通信、对报警状态的监视、报表的输出、趋势的记录及用户的画面显示，就可以分别设计成 I/O 服务器、报警服务器、报表服务器、趋势服务器及显示客户任务（或服务器）间的关系：①I/O 采样任务服务，管理所有的采集和通信数据；②报警（Alanns）服务，监视所有的报警状态，包括模拟量、数字量及统计过程控制数据（SPC）；③报告（Reports）服务，控制、计划和执行报表操作；④趋势（Trends）服务，收集、记录并管理趋势和统计过程控制数据；⑤画面显示（Display）服务，人机接口与其他的任务接口更新画面的数据并执行控制命令。

每一个任务进行处理时都是独立的。基于这种体系结构，用户可以指定系统中任意一台计算机完成何种任务。例如，可以配置第一台计算机作为显示和报表任务，而另一台计算机作为显示、I/O 服务和趋势任务。

I/O 任务负责与 I/O 设备进行通信，这一任务所完成的功能是作为其他任务（客户）服务器的。当画面进行显示时，显示任务作为一个客户，会向 I/O 任务（服务器）请求所需的数据，这时服务器收集原始数据，并进行分类以便响应显示客户的请求，给客户提供所需的数据。

报警服务器收集 I/O 服务器的原始数据并进行分类。当显示客户显示报警列表时，显示客户就会向报警服务器请求特定的报警数据。

趋势和报表服务器的工作方式类似于 I/O 服务器和报警服务器，给它们的客户提供处理后的数据。

1. 单机配置的情况

单机配置即所有任务配置在同一台机器上，如图 10-12 所示。实际上，逻辑上任务之间仍然采用 C/S 通信结构。

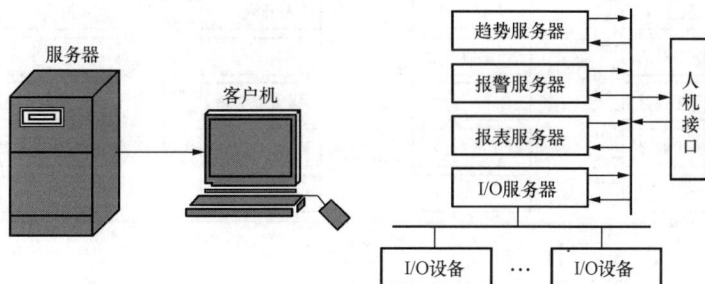

图 10-12 单客户/服务器软件配置示意图

当在报表中含有趋势和报警变量时，报表服务器实际上是趋势和报警服务器的客户端，当一个报表在运行时，就会从相应的服务器请求所需的数据。

2. 多客户机配置的情况

如图 10-13 所示,多客户结构的 C/S 软件配置为两层结构模式。因为服务器的设计是支持多个客户的,添加一个客户只需在新增的 PC 机上用鼠标单击几次而不对现有的系统造成任何影响。显示客户都是从相同的 I/O 服务器得到信息的虚拟数据在局域网中有效地扩展,而丝毫不会引起性能的降低。

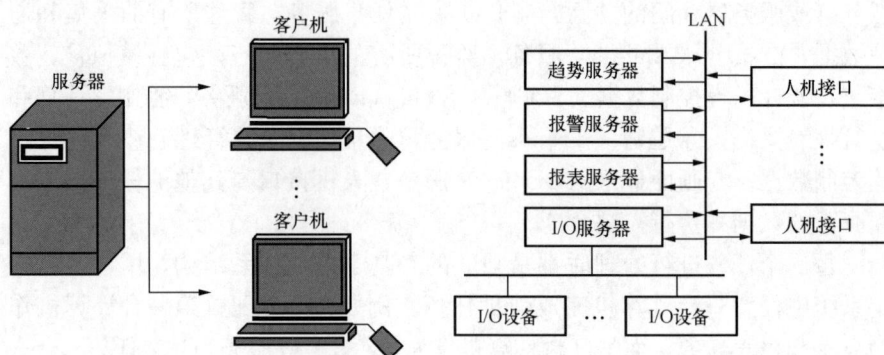

图 10-13 多客户结构的 C/S 软件配置示意图

3. 服务器冗余配置的情况

客户/服务器体系结构支持冗余,例如,我们如果添加一个备用报警服务器,那么一旦主报警服务器故障,备用的报警服务器就会立刻代替主报警服务器完成所有的任务。

甚至,如果所有的任务被分配在对域网中的不同计算机中,客户服务器结构的关系仍然是保持不变的,这就是真正的客户/服务器体系结构,冗余服务器结构的 C/S 软件配置示意图如图 10-14 所示。

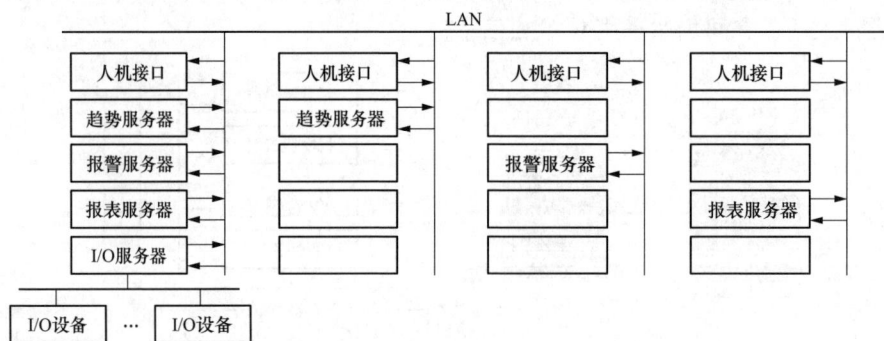

图 10-14 冗余服务器结构的 C/S 软件配置示意图

灵活性是用不同的方式来组织安排用户的系统能力,允许用户灵活选择自己的系统结构,而不是限定某体系结构,因而能够给用户提供集中处理和分散处理相结合的最好的特性。

四、B/S体系结构（Browser/Server）

B/S体系结构（即浏览器/服务器模式）是WEB兴起后的一种网络结构模式，WEB浏览器是客户端最主要的应用软件。这种模式统一了客户端，将系统功能实现的核心部分集中到服务器上，简化了系统的开发、维护和使用。客户机上只要安装一个浏览器，如Netscape Navigator或Internet Explorer、服务器安装SQL Server、Oracle、MYSQL等数据库。浏览器通过Web Server同数据库进行数据交互。

（一）架构软件

1. B/S浏览器和服务器结构

B/S浏览器是C/S结构的一种变化或者改进结构，在这种结构下，人机界面是通过浏览器来实现，它并不需要在客户端安装应用软件，而是增加一个Web服务器，是一种运行在Web服务器上的瘦客户监控软件，如图10-15所示。

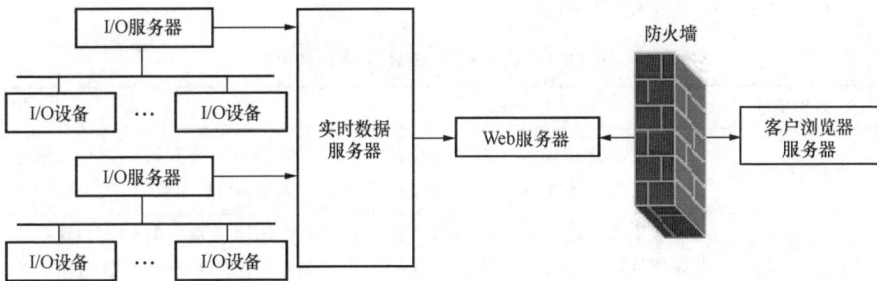

图10-15 B/S结构的监控系统示意图

这种结构的分布式控制系统监控软件，即使离工厂现场，仍可实时浏览分布式控制系统的过程图形，了解现场设备的运行情况，诊断问题的所在，联络现场技术人员并提供可能的解决方案。

B/S浏览器/服务器模式为三层结构，即数据层、功能层、表示层。即在传统的C/S结构的中间增加一层Web服务器，形成所谓三层结构。Web服务器作用就是对实时数据库进行访问，并通过终端通信网络传递给客户端，因而Web既是浏览器的服务器，又是数据库服务器。

这样，客户端不再直接对实时数据库的存取，只需在客户端安装操作系统和浏览器就可以了，从而简化了客户机的载荷，客户机仅为一个简单的浏览器，从而形成了"肥服务器/瘦客户机"的模式。实时数据库服务器从I/O服务器（过程控制器）获取I/O数据；客户端通过浏览器向Web服务器提出请求，Web服务器接到请求后，到数据库服务器上进行查询，服务器程序返回的结果以特定的形式返回到浏览器。

2. B/S架构特点

B/S架构管理软件只安装在服务器端（Server）上，系统管理人员只需管理服务器，用户界面主要事务逻辑在服务器（Server）端完全通过浏览器实现，极少部分事务逻辑在前端（Browser）实现，所有的客户端只有浏览器，系统管理人员只需要做硬件维护。

由于应用服务器运行数据负荷较重，一旦发生服务器"崩溃"等问题，后果不堪设想。因此，这种系统最好备有数据库存储服务器，以防万一。

3. C/S 模式与 B/S 模式比较

C/S 和 B/S 没有本质的区别。B/S 是基于特定通信协议（HTTP）的 C/S 架构，B/S 包含在 C/S 中，是 C/S 架构上提出的特殊架构。是为了满足瘦客户端、一体化客户端的需要，最终目的节约客户端更新、维护等的成本及广域资源的共享。

（1）B/S 属于 C/S，浏览器只是特殊的客户端。

（2）C/S 可以使用任何通信协议，而 B/S 架构必须实现 HTTP 协议。

（3）浏览器是一个通用客户端，本质上开发浏览器，还是实现一个 C/S 系统。

C/S 模式与 B/S 模式比较见表 10-1。

表 10-1 C/S 模式与 B/S 模式比较

性能指标	C/S（两层结构）	B/S（三层结构）
客户端的负载	所有业务逻辑都必须安装在客户端，客户端负担重，效率低	可以将部分业务逻辑安装在原服务器上，减少客户端负载
对数据库服务器性能的影响	每个客户端都必须和数据库直接相连，占用数据库资源，数据库负载加重，性能下降	只有应用服务器和数据库相连，由应用服务器处理客户端对数据库的相连请求，降低了对数据库资源的占用
网络流量和负载	客户端直接使用 SQL 语句访问后台数据库，网络流量较大	数据以交易包传输，网络流量小，客户可共享应用服务器中公共数据，节省带宽，提高反应速度
系统结构及工作量	客户端直接连接后台数据库，结构和编程简单，工作量较小	结构较复杂，编程工作量和难度较大

（二）B/S 结构的安全性

一个 B/S 系统的信息安全主要分为两个方面，数据传输的安全性与用户身份的确认。用户身份的确认在 B/S 结构中是非常重要的，因为 B/S 结构是根据用户身份权限的不同来提供个性化服务，所以，如何对用户身份进行安全的确认，防止被人窃取和更改等。数据传输的安全性主要是指数据在网络中传输的时候，目前公认的数据保护措施就是数据的加解密技术。

服务器通过防火墙和密码保护加密技术来确保操作的安全。操作者访问密码如果没有得到确认，或者操作访问者超过 Web 服务器许可的用户数目时，访问将会被拒绝。

（三）自动同步

B/S 结构的监控系统会自动比较在高速缓存和服务器中的文件的日期，

如果服务器中的文件改变了，那么新的文件会自动下载到客户端。

五、对等网络 Peer to Peer（P2P）

（一）对等网的原理

1. 对等网的概念

对等网（P2P）是一种网络运行模式，也称"工作组网"，在对等网中没有"域"的概念，只有"工作组"。对等网不设中间服务器，网中各台计算机有相同的功能，其地位都是平等的，无主从之分，每台计算机既可以作为服务器，为其他客户机提供资源；又可以作为客户机，以分享其他服务器的资源。

由于不设中间服务器，也就没有数据通信瓶颈问题，同时资源分布在多个节点，更好地实现了整个网络的负载均衡，所以从根本上避免了 C/S 网络结构的缺点。

对等网络模式有纯 P2P 模式、集中模式及混合模式，是目前分布式控制系统发展的一种新型网络结构模式，目前对等网络尚未形成统一的通用标准。

在这种模式下，计算机可对其他计算机的要求进行响应，请求响应范围和方式都根据具体应用程序不同而有不同的选择，任一台计算机均可兼作服务器和工作站。在对等网络中除了共享文件之外，还可以共享打印机等设备。

2. 对等网的构建

对等网构建虽然比较简单，但根据具体的应用环境和需求，对等网也因其规模和传输介质类型的不同，而实现的方式也有多种，我们先从三台计算机的对等网络结构说起。

如图 10-16 所示。网络传输介质既可以采用同轴电缆，也可以采用双绞线。如果是采用双绞线作为传输介质，根据网络组成结构的不同可有两种方式。

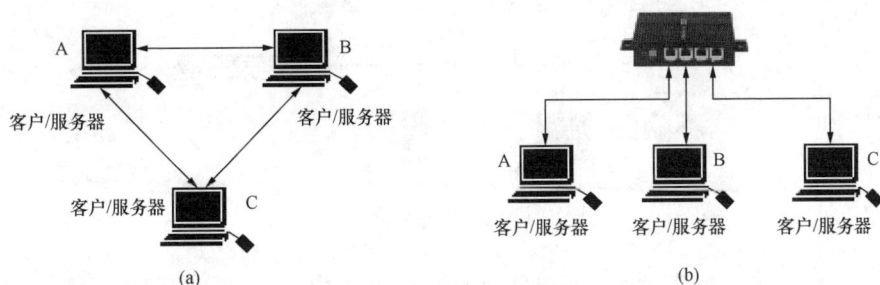

图 10-16　三台计算机对等网示意图
(a) 通过双网卡网桥组网方式；(b) 通过集线器组网方式

（1）由三台计算机组成一个网络，如图 10-16（a）所示，一种是采用双网卡网桥方式，就是在其中一台计算机上安装两块网卡，另外两台计算机各安装一块网卡，然后用双绞线连接起来，再进行有关的系统配置。

（2）添加一个集线器，如图 10-16（b）所示，三台机都直接与集线器相连，组建一个星形对等网。

3. 多台计算机的对等网结构

对于多于三台计算机时的对等网组建方式有两种情况：

（1）采用集线设备（集线器或交换机）组成星形网络。

（2）采用同轴电缆直接串联。

（二）对等网络的应用

1. 拓扑结构

对等网可以采用总线形或星形拓扑结构。在分布式控制系统中，使用更多的是以交换集线器（交换机）为中心，使用 RJ-45 网线呈放射状连接各计算机的星形拓扑结构。

在这种模式中，交换集线器上有许多指示灯，如有故障时很容易发现产生故障的计算机，而且一台计算机（操作站）或线路出现问题不影响其他计算机的正常工作，由于在分布式控制系统中多台操作站的功能相同，缺失一台操作站对发电机组的操作监控影响不大，所以网络的可靠性和可用性就极大增强。此外，如果要扩充规模，只需使用网线将新计算机连接到交换机上即可。

2. 对等网的操作系统

对等网在软件系统方面非常灵活，几乎所有操作系统都可以配置对等网，包括网络专用的操作系统。如 Windows NT Server/2000 Server/2003 Server、Windows9x/ME/2000Pn/XP 等，在实际中使用较多的还是 Windows9x/ME/2000 Pro/XP。

对等网配置示意图如图 10-17 所示。

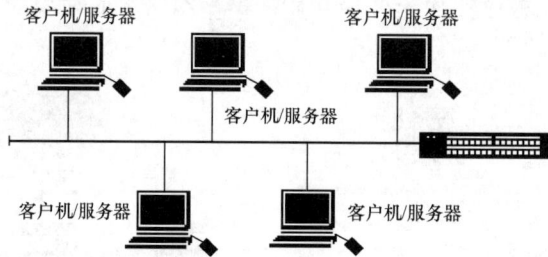

图 10-17 对等网配置示意图

由于 P2P 对等网的数据流量远大于 C/S 结构，所以这种网络不能做得很大，一般限制在 20 台计算机以内。只能适合人员少，应用网络较多的中小企业。对于大型的分布式控制系统来说，对等网络无法满足需求，这是要解决的主要问题。

对等网规模比较小，一般是由几十台以内的计算机构成的局域网。其特点是结构简单，网络成本低，网络建设和维护易于实现，网络组建方式灵活。

缺点是网络性能较低、数据保密性差、文件管理分散、计算机资源占用大。

3. 对等网络的改进

由于纯 P2P 的网络容量较小，对于火力发电厂的分布式控制系统来说，是不能满足需求的，必须加以改进，一般的方法是取其 C/S 结构与 P2P 的优点，采用 P2P 与 C/S 混合配置。

如图 10-18 所示，黑色实线条表示来自过程控制站的实时 I/O 数据，虚线条表示非实时 I/O 数据，这些数据来自历史服务器。

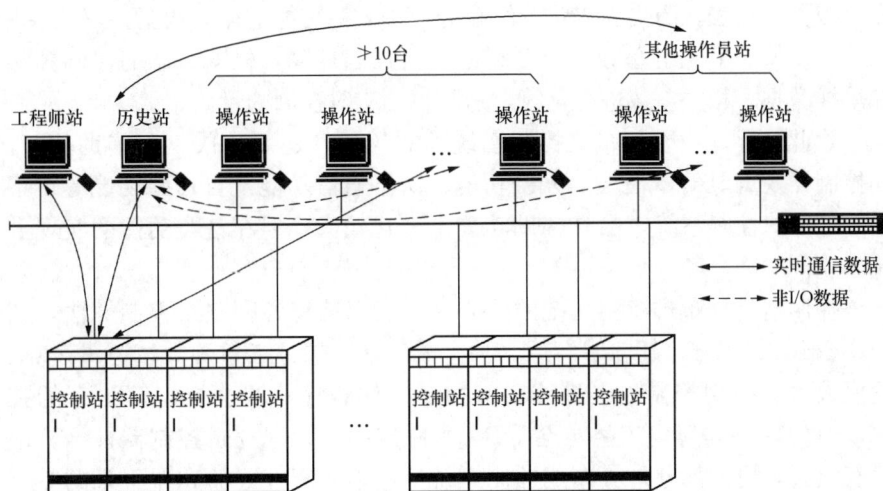

图 10-18　P2P 与 C/S 混合型结构

通常一台单元机组配备多台操作员站（≥10 台），与 I/O 过程控制站进行实时数据交换；这些操作员站一般用于机组运行操作人员；其余的操作员站应从历史站服务器读取数据。

这样的配置实现了机组控制操作员站对过程控制站实现了 P2P（点播）交换。其操作员站应采用 C/S 架构配置。这种混合型配置发挥 P2P、C/S 架构的优点，避开了两者的缺点。

第三节　过程控制单元软件

一、过程控制单元软件功能简介

过程控制单元软件是指过程控制器中运行的软件，基本功能是直接针对现场工艺设备，完成工艺过程控制。软件包括回路控制、逻辑控制、顺序控制和混合控制、批处理控制等多种类型，为了实现这些控制功能，过程控制单元中一般主要包含下列软件。

（1）现场设备 I/O 驱动，主要功能是完成 I/O 模件（模块）的驱动，I/O 驱动程序将输出变量的值转换成外部信号（如 4～20mA 模拟信号）输出到外部执行机构进行控制操作。

（2）采集现场数据，对输入过程数据进行预处理，如滤波处理、剔除无效数据、工程量的转换、统一计量单位等，总之，要尽量地用数字值反映现场对象的真实值，并为下一步的处理做好准备。

（3）实时采集工艺过程数据，并存储在现场控制站内的实时数据库中，这些采集的过程数据可参与控制计算，也可通过计算或处理成为中间变量再参与控制计算。实时数据库中的数据（包括中间变量）均可成为人机界面、报警、报表、历史、趋势及综合分析等监控功能的输入数据。

（4）按照事先组态好的控制程序进行控制计算，根据组态的控制算法和采样数据、相关参数进行计算，从而得到实时控制的量。

除此之外，一般分布式控制系统控制层软件还要完成一些辅助功能，如控制器及重要 I/O 模块的冗余功能、网络通信功能及自诊断功能等；不同的分布式控制系统产品在辅助功能上变化较大，但在基本功能的实现上基本相同。

控制器是分布式控制系统的核心，一般都装有各种基本控制算法，如PID、微分、积分、超前、滞后、加、减、乘、除、三角函数、逻辑运算、伺服放大、模糊控制、先进控制等控制算法程序，这些控制算法有的在IEC 61131-3《国际电工委员会（IEC）制定的可编程逻辑控制器标准》中已有定义，更大部分是分布式控制系统厂商多年行业经验积累下来的专有控制算法。这些专有控制算法的丰富程度、专业程度体现了分布式控制系统厂商在该行业领域的专业化水平。如 ABB Bailey、Emerson 等公司在火电领域都有相当的行业经验，积累了大量的行业专用算法，其分布式控制系统产品在这些领域拥有较高的知名度。

目前，各知名的厂家在过程控制算法的功能和使用方法上都相差不远，但从控制器结构、软件性能等方面各分布式控制系统差别很大。主要体现在控制器内算法的容量，控制器的运算效率、运算周期，算法编程语言的支持程度、组态风格，变置类型的支持程度，有效性处理能力和使用限制方面的内容等，如是否支持算法的在线无扰下装、是否支持网络变量、是否支持控制器冗余和无扰切换、是否支持在线工程和在线参数回读等。有的分布式控制系统不支持在线下装，如果修改一个算法，必须停止控制器的运行，待修改后的算法下装后，重新启动控制器才能运行。还有的系统不支持网络变量，一个控制回路对象，其关联的信号必须接在同一个控制器（站）中，这样，给用户的灵活使用带来很大的不便，直接影响系统的可使用性。

二、分布式控制系统控制能力评价要素

（一）控制器的能力与执行效率

一个控制器的能力与执行效率一般包括容量和速度两个方面的指标。在硬件资源（容量和性能）同等的条件下，由于软件设计上的优劣，其控制器的能力和运行效率会有很大的差异。评价一个控制器软件的效率和设计能力，具体的指标如下所述。

1. I/O 容量

I/O 容量是指单个控制器能够接入的 I/O 物理点数量。如常规的控制将应能在不接扩展器的情况下接入 500 物理点以上。同时还应考核模拟量、开关量的数量各能接入多少。

2. 控制回路数量

控制回路数量是指单个控制器可接入的调节对象数量，可用典型的调节回路（如 PID 调节回路数）或以开关量控制量作为参考因子分别考虑。

3. 采集数据的分辨率

采集数据的分辨率是保障采集数据实时性、内部计算同步精度和事件分辨时间精度的重要因素，一般有以下特性。

（1）模拟量采样周期。系统应能按照被测对象的物理变化特性定义不同的采集周期，如流量、电流、频率等快速反应的变量应设置成高速采样周期，温度、成分类型的变量，相应采集周期可以长一点。有的分布式控制系统最快采集周期可以定义为 50ms。

（2）开关量采样周期及 SOE 分辨率。开关量采样周期也应分成两种，如运行设备跳闸是一种快速联锁反应的信号，一般应以毫秒级记录跳闸的顺序（一般称为 SOE）记录故障发生的时间和事件的类型，是分析运行异常、设备故障和生产事故的最重要依据。这类开关量信号的扫描周期一般需要小于 1ms 或采用中断方式进行采集事件信号的变位。

一般开关量的状态可以按工艺要求定义稍长一点的采样周期，采样周期的快慢，反映信号在相关事件发生（如报警）时记录的时间精度。有的分布式控制系统可以定义最快为 25ms 的采样周期。另外，如果输入变量要参与控制运算，则采样周期应与控制周期相匹配。

4. 控制运算周期

控制方案在控制器的运行一般是按周期进行的。控制方案的运行周期直接影响到控制的质量。一般，针对不同的工艺对象，应能根据不同的工艺特征，设置不同的控制周期，一个优秀的分布式控制系统，应能灵活按照控制方案要求的不同，设置不同的运算周期。

如某型号分布式控制系统，可分为 5 个控制区，每个控制区速率 10ms～30s 可选。多速处理能力是衡量控制器技术是否先进的重要标志。

此外，系统还应具备在线根据工艺运行情况，动态修改控制周期或由

工艺运行人员手动修改运算周期的能力，这样的设计可使得系统达到综合的最佳控制效率。

（二）控制器运行管理和维护能力

现场控制站中的控制算法是从工程师站组态后再下装到控制器中。一般情况下，控制器内都配置静态随机存储器 SRAM，用来存储下装组态的数据和控制算法。数据和控制算法一次下装以后，如果没有变化，不需要每次启动都进行下装。但在实际上，大多数控制系统的被控对象运行过程中总会有些变化，因此需要对原控制程序进行修改或在线进行参数修改等情况。这时，作为控制层软件，必须能够配合工程师站或操作员站的在线下装、参数整定和控制操作等功能。

1. 控制系统数据下传功能

在早期分布式控制系统控制器中，都是将组态程序和数据写入 EPROM 存储器中。如果修改了组态程序或数据，就需要取下 EPROM 并擦除原有的内容，再重新写入新的程序和数据。目前的分布式控制系统基本都采用 SRAM 存储器来存储程序和数据，支持工程师站通过网络就可直接下装组态和数据。一般在工程师站控制组态完成后，经过与数据库的编译成功后，通过下装软件下装到控制器中运行。组态下装分为在线下装和离线下装，下装又可分两种：一种是生成全部下装文件，全下装是全部组态数据编译后进行的全联编，联编成功后，进行系统库全部下装，此种下装模式，需要对控制器重新启动，即离线下装；另一种是生成增量下装文件（部分下装）。增量下装是指下装修改和追加部分的内容（如改变量程、修改报警等），控制器中以一种增量方式追加在原数据库中。增量下装为一种无扰在线下装模式，不需要停止控制器的运行，便可实现对控制方案的修改。

在改变系统硬件的组态时，需要控制器初始化下装，因而不支持硬件组态在线下装。

2. 在线控制调节和参数整定功能

算法组态时一般定义的是初始参数，在现场调试时，需要根据实际工况，对参数进行整定。另外，自动控制系统在调试期间，一般要配合手动调节措施。一般控制器中均提供操作员对控制回路进行手动操作和对控制参数进行整定的接口。系统提供的控制调节功能是通过在流程图中开辟模拟调节仪表来实现的，如 PID 调节器、操作器、开关手动操作、顺序控制设备及调节门等。

可对回路进行操作（设定、手动、常数修改、顺序控制调整等）设定值、手动输出值的调整，PID 参数的整定等功能。

3. 参数回读功能

控制系统在线运行时，控制方案中的参数可能会在线修改。这种修改通过网络发送到控制器中，为了保持这种修改与工程师站组态的一致性，系统提供一种参数回读的功能，由工程师站请求控制器将运行参数读回到离线组态数据库中，再次下装不会改变现场参数。

4. 站间数据引用功能——网络变量

网络变量可以是单个的数据项，如温度、开关值或执行器的设定，也可以是数据结构或数组，一个控制器要共享其他站控制器的数据，就要牵涉到站间引用的问题。

如果一个分布式控制系统不支持网络变量，也就无法引用站间数据。例如，某个站中的信号为了与其他站共享，就需将信号通过硬接线引入到其他站，从而产生不必要的开销。或者通过上位机，将数据转发到另一个控制器，这样导致的结果是方案组态时，就必须知道信号所接入的控制器，另外数据的实时性也难以保障，这对工程应用设计会有很大的影响。

如果控制器支持站间引用功能，在方案组态时则不需关注信号接入位置，系统会识别出非本站的信号，自动产生站间引用表发向信号源控制器，由信号源控制器自动更新站间引用点。这样，既可以节省工作量，又保证了信号的实时性。

（三）控制器层数据的一致性

在控制器一级，除了自身的数据一致性外，还有以下两个方面表现。

1. 主从控制器同步

在冗余配置控制器的系统中，主从控制器同时接收外部输入信号，装载执行的组态程序也相同，如果是相同的基础数据，运算输出就可以保持一致。只是由于相对定时的原因，输出时间会有些微小的差异，但不会超过一个执行处理周期（尽管从控制器实际不输出）。

由于主从控制器一般不能保证同时启动，因此主机要定时通过网络或专用信道向从机复制具有累积效应的中间数据，同步双机的基础数据就可以达到一致。这种同步动作仍是建立在串行化的基础之上，无论主机发送还是从机接收，均不能打断一个完整的计算过程。

2. 站间引用数据一致性

由于客户端就不负责原来的数据存取，我们只需在客户端安装浏览器就可以了。如有协调控制要求时，会出现所谓"站间引用"现象，即从一个控制站采集的信号或产生的数据要送到另一个控制站，站间引用的处理与双机同步机制相似，只是传送的数据不同。

第四节　I/O 信号采集与数据预处理

分布式控制系统的 I/O 系统应包括模拟量输入、开关量及 SOE 输入、开关量输出、脉冲累计量输入及脉冲量输出等多种信号类型的输入和输出。I/O 信号采集是指其系统输入的信号，I/O 系统的功能是将工艺过程的各种被测量进行数字化，使被测量的量值以数字形式表示，并对测量值进行预处理，最后将规范、有效、正确的数据送至控制器进行控制计算。

现场过程信号的采集与预处理功能是由 I/O 硬件及相应的软件完成的。I/O 硬件的形式可以是板卡或独立模块，信号采集电路原理不论是 DCS 还是 PLC 都基本相同。软件则根据 I/O 硬件的功能而稍有差异。对于非智能 I/O 模块（多为板卡形式），处理软件由控制器来实现，而对于大多数智能 I/O 模块来说，信号采集及预处理软件均由 I/O 板卡（模块）自身的微芯片完成。

I/O 信号处理硬件框图如图 10-19 所示。

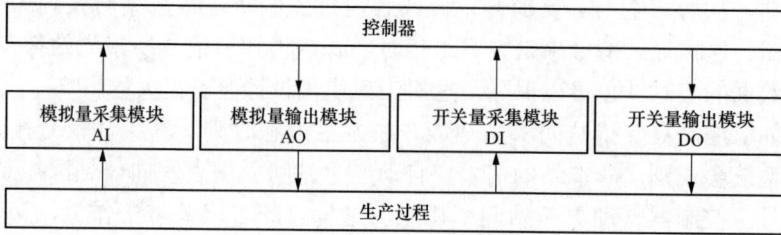

图 10-19　I/O 信号处理硬件框图

I/O 信号采集系统对信号采样是按规定的时间周期进行，而工艺过程中的被测信号的类型有两位状态量（如联锁、继电器和开关等）、脉冲量（如涡轮流量计的脉冲输出）以及模拟量，如温度、压力、液位和流量等。因为计算机只能处理数字信号，所以要确定单位数字量所对应的模拟量大小，即所谓模拟信号的数字化问题，这是要解决的主要问题。

另外，为了提高采集信号的可靠性与信噪比，并为工艺设备的控制运算做准备，还需要对输入的测量信号进行数字滤波及数据预处理。

一、模拟量数据的采集和转换过程

模拟量在时域上数学形式为连续函数的信号，在分布式控制系统中是指来自现场连续变化的过程参数，如温度、压力、流量、速度等，这些信号经传感器转换成电量信号后，通过采集卡件（模块）上硬件滤波电路滤波，再通过 A/D 转换器转换成离散的数字量，A/D 输出的信号为二进制数字量，而数字量的精度与 A/D 转换的位数相关，如 16 位的 A/D 转换数值的范围为 0～65 535，又如 24 位的 A/D 转换器的数值范围为 0～16 777 215，再由软件进行数字量滤波和预处理，然后经工程量程转换计算得到信号的工程量值。

工程量值可以是定点数据格式或者是浮点数据格式，在早期的分布式控制系统中，由于受限于当时的微芯片技术和成本，控制器中的微处理器往往不带浮点协处理器。为了保持控制器软件运算的效率，采用定点数据格式为多。但目前，由于电子芯片技术的发展，微处理器基本都已带有浮点协处理器，且控制器的运算速度已大大提高，为了保证更高的计算精度，控制器采用浮点格式表示数据更为普遍。

工程量的转换方法在不同分布式控制系统中也有所不同。在传统的分布式控制系统中，首先，将量程范围定为 0～100 的相对工程值，然后参与控制运算，运算结果也是一个相对工程值，而与物理量的量纲对应的实际工程值，则由 HMI 人机界面经二次转换实现。而现在多数分布式控制系统是直接将实际物理量的量纲所对应的工程值，在控制器中使用实际物理值进行控制运算，当然运算结果也是实际物理量值。两种处理方法各有利弊，使用中的主要差异体现在控制调节的参数整定上。同一个控制对象，使用不同的转换方法，控制调节的参数选择也会有所不同。

二、信号采集的主要处理

(一) 模拟量信号的数字化处理

由于过程控制器只能接受二进制的数字输入信号，而生产过程的各类信息除一些开关量（如继电器触点的闭合与跳开、开关的通与断等两位变化的量）和脉冲量（如涡轮流量计的输出信号等）外，还有一些随时间变化的模拟量（如温度、压力、流量及液位等）。这些模拟量在送往控制器之前，必须进行 A/D 转换为二进制的数字信号。这就关系到 A/D 转换精度和速度问题。

A/D 转换器的位数越多，转换数据的精度也就越高。其数据精度可用分辨率表示，设 A/D 转换器位数是 N，那么它的分辨率 K 则为

$$K = \frac{1}{2^N - 1} \tag{10-1}$$

显然，当 A/D 的位数确定后，转换数据分辨率 K 就不可能高出式 (10-1)，例如 12 位 A/D 转换器的分辨率 K 是 0.025%，而 16 位 A/D 转换器的分辨率 K 则为 0.015%。

A/D 转换器的这种转换称为模拟量的数字化。设输入的模拟量值为 y，输出的二进制数字量值为 y'，那么它们之间的关系为

$$y' = \frac{y}{K_m q} \tag{10-2}$$

式中　K_m——变送器输入量程范围与输出量程范围之比；

　　　q——A/D 的量化单位。

q 可按式 (10-3) 计算，即

$$q = \frac{M}{2^N} \tag{10-3}$$

式中　M——A/D 输入模拟量的量程范围；

　　　N——A/D 的位数。

【例 10-1】　某温度变送器范围量为 0～100℃，对应输出信号为 0～10mA 电流，试求 25℃时经 8 位 A/D 转换后，其输出二进制代码应是

多少？

解：根据式（10-3）可求的量化单位 q 为

$$q = \frac{M}{2^N} = \frac{10}{2^8} = \frac{10}{256} (\text{mA})$$

再根据式（10-2）可求得 A/D 输出的二进制代码 y' 为

$$y' = \frac{y}{K_m q} = \frac{25}{\frac{100}{10} \times \frac{10}{256}} = 64_{(10)} = 1\ 000\ 000_{(2)}$$

需要说明的是，模拟量转换为二进制数字量只能是 q 的整数倍。小于 q 的数值在转换时被舍去。即用数字量表示某一模拟量时产生的误差。其转换的最大误差为 q。

（二）模拟量信号数字滤波

各种数字滤波方法均可去掉混入信号的各种干扰。由于现场的被测对象都具有较大的惯性和时间常数，因而多数被测信号一般不会产生突变，但由于各种大功率电气设备、高压输电线路、雷电等，不可避免地会产生一些电磁噪声对被测信号产生干扰。为了抑制这些噪声干扰，通常在模入模件的入口处设 RC 滤波器。但这种滤波仅能抑制高频噪声，但对于低频噪声滤波的效果不佳。

而数字滤波却对低频噪声（包括周期性的脉冲性噪声）具有较好的抑制作用。所谓数字滤波就是用数学方法对输入信号（包括数据）进行处理的一种滤波方法。即通过一定的计算，减少噪声干扰在采样数据中的成分，使采样数据尽可能地逼近真值。

由于数字滤波不用添加任何硬件设备，所以是最廉价的。因为数字滤波是靠软件程序来实现的，所以数字滤波又称为软件滤波。数字滤波弥补了 RC 模拟滤波器的不足。而且数字滤波的稳定性很高，各信号回路之间没有阻抗匹配的问题，易于多路复用，因此得到了广泛的应用，工程中常用的数字滤波方法如下。

1. 变化率限幅滤波法

对于随机干扰，限幅滤波是一种有效的方法。在现场采样中，由于大的随机干扰或传感器稳定性欠佳，将会引起采样信号的大幅度跳码，这会导致采样数据偏离实际值太远。为此，可通过程序判断被测信号允许变化的幅度，去除信号中超出允许值的部分。具体方法是将本次采样值与上次采样值进行比较，若未超过所允许的最大偏差范围，则认为本次采样值有效。如果采样值超出允许变化的范围，则认为本次采样值失真，应予舍去，用上一次采样值替代本次采样值。相应的判断程序如下：

当 $y_{(n)} - y_{(n-1)} \leqslant \Delta y_0$ 时，则取 $y_{(n)}$；当 $y_{(n)} - y_{(n-1)} > \Delta y_0$ 时，则取 $y_{(n-1)}$。

这种方法关键在于选择，而允许变化部分 Δy_0 的选择，主要取决于被

控变量 y 的变化速度。如果该变量的变化速度为采样周期为 u_y，则

$$\Delta y_0 = u_y T \tag{10-4}$$

这种滤波方法又称为变化率限幅滤波。

2. 算术平均值滤波法

当测量某些过程参数（如流量、沸腾的液位等）时，变送器输出的信号值有时会出现上下跳动，如图 10-20 所示。图中黑点表示各采样时刻的值。

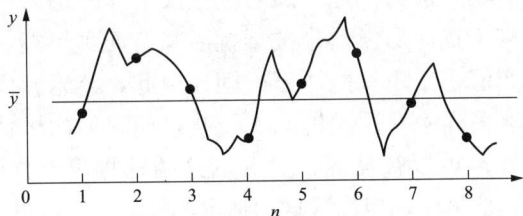

图 10-20　输入信号的算术平均值

这些信号值将会导致控制计算输出值不稳定，引起执行器动作频繁，降低控制质量。对于这种信号的滤波通常可采用算术平均值的方法，即对被测对象进行 N 次采样求取算术平均值作为第 n 次采样输出值，则

$$\overline{y} = \frac{1}{N} \sum_{i=1}^{N} y_i \tag{10-5}$$

式中　$\overline{y}$ ——第 N 次采样的 N 项递推算术平均值；

　　　N——采样次数；

　　　y_i——第 i 次采样值；$1 \leqslant i \leqslant N$。

N 值的大小直接影响采样平均值的平滑程度与反应灵敏度，N 值过大，虽然平滑程度较好，但占用处理器 CPU 时间长，且对被测变量变化的反应灵敏度低；当 N 取值较大时，滤波后的信号比较平滑，但是灵敏度差；如 N 值选得太小时，平滑效果不明显，但灵敏度好。尤其是对脉冲性的干扰。N 究竟应选多大合适，要视生产过程需要而定。一般按经验来说，流量：$N=12$；压力：$N=4$；液位：$N=4 \sim 12$；温度如无明显干扰时，可以不加滤波处理。

3. 加权递推平均滤波

有些场合对递推平均滤波的各项分别乘以不同的系数，即给予各次采样值以不同的重视程度，再取平均值，可以获得更好的效果。这就是加权递推平均滤波。其表达式为

$$\overline{y}_{(n)} = \frac{1}{N} \sum_{i=0}^{N-1} a_i y_{(n-1)} \tag{10-6}$$

式中　$\overline{y}_{(n)}$——第 N 次采样后的加权递推平均滤波值；

　　　$y_{(n-1)}$——第 $(n-1)$ 次采样值；

a_i——加权系数，即

$$0 \leqslant a_i \leqslant 1 \qquad \sum_{i=0}^{N-1} a_i = 1 \tag{10-7}$$

4. 中位值法滤波

中位值法就是对被测参数连续采集 m 次（一般 $m \geqslant 3$ 的奇数），例如连续采集三次，其采样数值依次为 x_1、x_2、x_3，从中选择出大小位于中间的值作为有效测量信号。

中位值法能消除干扰的原理：如果在三次采样的信号中，有一次采样的信号混入了噪声干扰，那么信号被干扰后只有两种可能，即采样值比真实值大或者比真实值小，不可能居于中间；由此，经滤波后混入的噪声会被滤除；如果三次采样中有两次混入了干扰，而它们的极性相反时，根据中位值法定义，噪声可以被滤除；只有当这两种噪声干扰的极性相同时，噪声才得以驻留在信号中，但出现这种情况的概率是很小的。

对温度、液位等缓慢变化的被测参数用此法能收到良好的滤波效果，但是对于流量、压力等快速变化的参数一般不宜采用中位值滤波法。

5. 一阶惯性滤波（维纳滤波）

一阶惯性滤波是一种动态滤波方法。常见的是阻容 RC 电路，属于低通滤波器，其 RC 网络构成的滤波环节的传递函数为

$$\frac{Y_{(s)}}{X_{(s)}} = \frac{1}{T_f s + 1} \tag{10-8}$$

式中 $X_{(s)}$、$Y_{(s)}$——滤波环节输入和输出的拉氏变换。

其中 $T_f = RC$ 的滤波效果取决于滤波时间常数 T_f。如果一阶惯性滤波用模拟方法来实现，对低频干扰进行滤波时，必须将 T_f 值取得很大，则电容 C 的取值要很大，这样漏电流就会很大，这会使 RC 网络的误差增大。而且 T_f 过大时，会使有用信号的响应速度过慢，从而降低控制效果。但如果采用数字滤波就很容易，方法如下。

将式（10-8）表达成微分方程形式，即

$$T_f \frac{d_y(t)}{dt} + y_{(t)} = x_{(t)} \tag{10-9}$$

将式（10-9）表示成差分方程形式，即

$$T_f \frac{y_{(n)} - y_{(n-1)}}{T_S} + y_{(n)} = x_{(n)} \tag{10-10}$$

式（10-10）经整理可得

$$y_{(n)} = a y_{(n-1)} + (1-a) x_{(n)} \tag{10-11}$$

式中 a——$T_f / (T_f + T_S)$，称为滤波系数；

T_S——采样周期。

当采样周期 T_S 确定之后，滤波效果可通过 a 进行调整。在实际应用

中，常把一阶惯性滤波预先纳入 PID 算式中构成实际 PID 算式。

三、数据的预处理

经过 I/O 硬件和与之配套的信号采集软件的采样，计算机系统采集到的是 12 位或 16 位的数字信号，其对应的二进制值 AD 码为 0～4095 或 0～65 535，当然还可采用更高分辨率的 A/D 转换器，得到更高精度的原始数据，但从工业过程控制来讲，一般 12 位 A/D 转换器基本可满足精确度要求。这些 AD 码在参与控制运算之前，还需要对其进行预处理，一般包括以下几项内容。

（一）I/O 信号数据的读入

根据被测量值的性质和大小，对测量值进行分类，各类模拟量按照规定的采样周期存入控制器的实时数据库。当用一个 A/D 由多点切换开关对模拟量采样时，为使各通道采样数据读入正确，在编制模入程序时，有必要检验单位时间内读入数据库的数据数目是否超出允许值，即

$$\frac{a_1}{T_{a1}} + \frac{a_2}{T_{a2}} + \frac{a_3}{T_{a3}} + \cdots + \frac{a_n}{T_{an}} \leqslant \frac{1}{t_S} \tag{10-12}$$

式中　T_{a1}，T_{a2}，$\cdots$，T_{an}——各类模拟量的采样周期数目；

a_1，a_2，$\cdots$，a_n——各类模入量的数目；

t_S——A/D 完成一次转换占用的时间。

由于各模拟量的采样周期不同，采样时应按大周期套小周期的方式安排，其中，$T_{a1} < T_{a2} < \cdots < T_{an}$。

（二）模拟量超电量程检查

通过检查模拟量采样值是否超出允许的量程，判断信号测量通道（如传感器、I/O 模件等）是否正常，一旦出现采样故障，程序将自动禁止扫描，同时发出硬件故障报警信号，通知维护人员进行处理。

模拟量 AD 码检查示意图如图 10-21 所示。

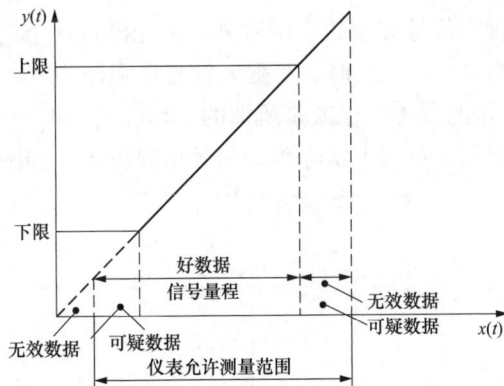

图 10-21　模拟量 AD 码检查示意图

对每个模拟量输入信号均设置电量程（AD码）上、下限，用于对其进行有效性检查。将模拟量输入信号 AD 码与设置的上、下限作比较，数据将有以下三种质量特性之一。

（1）有效数据，在量程范围内。

（2）可疑数据，超出电量程范围，但在允许值内（超量程死区）。

（3）无效数据，电量程超出允许值。

（三）模拟量变化率超差检查

在模拟量信号的周期性采样中，保留上一周期的采样值，将本次采样值与上周期的采样值相比较，计算出变化率。如果该变化率大于变化率限值（该数值可根据各个现场信号的不同特性设置，如温度信号变化率限制就应该低于压力信号），则认为变化率超差。输入信号的变化率超差，同样也可以认为是信号输入部件（变送器、I/O 模块等）出现故障。

变化率指过程参量的变化速率，计算公式为

$$\Psi_t = \frac{x_t - x_{t-1}}{T} \tag{10-13}$$

式中　　Ψ_t——测点在 t 时刻的变化率；

x_t，x_{t-1}——测点在 t，$t-1$ 时刻的测量值；

　　　　T——采样周期。

为避免某一次采样干扰造成变化率计算不准，还可以利用多个时刻的采样值计算变化率。

实际工程中需求取变化率的场合很多，如发电机负荷变化率、汽轮机转速变化率、主蒸汽压力变化率、推力轴承温度变化率、汽包水位变化率等。

（四）模拟量近零死区处理

在某种情况下，一个被测信号的真实值应该是 0，实际上因受环境条件、设备精度等因素的影响，采样结果不是 0，而是靠近 0 点附近的某个值。如流量信号，在无介质流动时，外界振动等信号易作用于传感器，传感器就会有一个很小的信号输出。

为了克服这种小信号导致的不良后果，预先设置一个门槛死区 ε，当扰动处于近死区之内（$-\varepsilon$，ε）时，将变量信号值强制为 0，让低于此门槛的"小信号"挡在计量的界外，也就是所谓的"切除"。

小信号切除限值 ε 可根据实际现场信号情况设置，如图 10-22 所示。

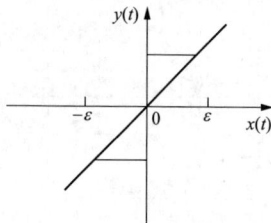

图 10-22　小信号切除示意图

（五）模拟信号工程单位变换

工程单位变换类型由数据库组态定义，系统应包括以下几种工程单位变换类型。

1. 线性变接

线性变换按照工程上、下限和电量程上、下限由系统自动实现。模拟量线性变换示意图如图 10-23 所示。

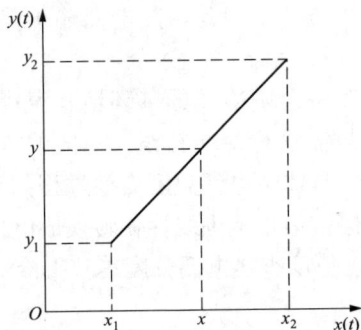

图 10-23　线性变换示意图

$$y = y_1 + \frac{y_2 - y_1}{x_2 - x_1}(x - x_1) \tag{10-14}$$

式中　　x_1——信号下限（电压值）；

x_2——信号上限（电压值）；

y_1——测量下限；

y_2——测量上限；

x——采样值；

y——转换后的工程值。

2. 开方变换

模拟量开方变换示意图如图 10-24 所示。

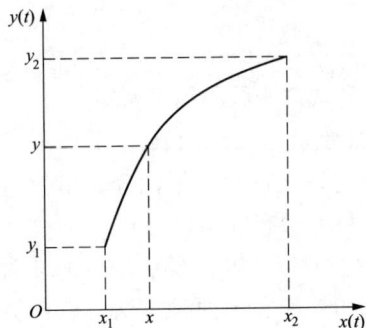

图 10-24　开方变换示意图

$$y = (y_2 - y_1)\sqrt{\frac{x - x_1}{x_2 - x_1}} + y_1 = k\sqrt{x - x_1} + y_1 \qquad (10\text{-}15)$$

式中 $k = \dfrac{y_2 - y_1}{\sqrt{x_2 - x_1}}$，当 $y_1 = 0$ 时，$y = k\sqrt{x - x_1}$。

3. 热电偶工程单位变换

热电偶是工业现场温度测量的一种主要元件之一，热电偶能够将热能直接转换为电信号，它具有性能稳定、测温范围宽、信号可以远距离传输等特点，结构简单、使用方便。但是，热电偶输出热电动势和被测温度之间是非线性关系，需要进行非线性校正。

而在测量时，热电动势会随冷端的（环境）温度变化而变化，这将严重影响测量的准确性，故需进行冷端补偿。一般的方法是在热电偶冷端部位设置环境温度采集点。具体热电偶温度变换过程如下。

（1）将采集的机器码按量程范围线性化转换成电信号值。

（2）将冷端点的温度值反查热电偶分度表获得冷端点温度对应于热电偶的电信号值。

（3）将上述（2）中的电信号值补偿到采集的热电偶电信号上。

（4）查补偿后的热电偶电信号分度表，得到实际的温度值。

4. 热电阻工程单位变换

热电阻温度信号工程单位转换过程如下。

（1）将采集的机器码按量程范围线性化转换成电信号值。

（2）根据给定的桥路电压、桥臂电阻值及采集的电信号值计算出热电阻值。

（3）由电阻值查热电阻分度表分段线性插值求温度值。

5. 非线性变换

非线性变换由组态工具定义计算公式，包括如下主要内容。

（1）分段计算。

（2）流量信号的温度压力非线性补偿计算。

（3）指数公式。

（4）对数公式。

（5）多项式计算（公式）。

变量的非线性变换公式，一般由组态来定义。

（六）开关量输入信号采集及预处理

开关量信号是表示设备状态的信号，开关量信号有两个取值，一个信号只有"开"和"关"两种状态，软件上用 1 个位（bit）即可表示；也有多位式开关量，采用多位（bit）组合表示设备的多种状态。多位式开关量的采集有硬件 I/O 实现和软件实现两种方法。软件方法就是通过组态编程实现，灵活性较大，修改方便，但相对硬件实现处理的速度会慢一些，有时现场状态的改变需要两个 I/O 扫描周期才能反映出来。

（1）开关量的输入。一般是按模板接入的开关量通道数来成组采集。如一个开关量采集板配置 16 个通道，则每次采集到的是 16 个开关量的状态。

（2）开关量信号的采集。一般可按照应用特点分为快速采集信号和一般采集信号两种采集方式。一般开关量的采集周期，只要能满足控制运算周期要求或监视要求，如可以设置成 50、100、250ms 等。

（3）顺序事件记录（Sequence of Event，SOE）。当机组发生故障时，首先根据 SOE 记录的先后顺序对事故进行分析，检测其分辨率能否达到≤ 1ms，因为 DCS 的 SOE 采集模块具备分辨率为毫秒级时钟功能，为了能够识别事件顺序，所以一般由采集模块级软件打上时间戳，连同状态同时发送到控制器。

分布式控制系统一般在开关量的板级电路上设计消抖电路，以排除信号的干扰抖动。此外，有的分布式控制系统还能从软件上抑制因物理设备摆动（如接触不良）导致的开关量状态频繁变化的情况。

这种抑制信号抖动的策略可以由用户组态来定义，定义策略如下：

当某个开关量的状态为 M 毫秒（或秒）时间内跳变次数大于 N 次时，则认为该开关量处于抖动状态；当处于抖动的开关量状态稳定 M 秒（或分钟）不再变化时，即解除该开关量的抖动状态。

（七）脉冲量信号的量化

脉冲量是指在 0（低电平）和 1（高电平）之间交替变化的数字量。每秒钟脉冲交替变化的次数称为频率。

由脉冲发生器如流量计、电表等产生的脉冲信号，其采集的硬件电路与普通开关量采集电路基本相同，区别在采集软件的处理上，脉冲量在信号采集后，需要根据脉冲量信号类型（一般分累积型脉冲和频率型脉冲）及相关参数（脉冲当量）作转换处理，得到脉冲量的工程量。当量转换后的处理与普通模拟量相同。

第五节　实时数据的组织与管理

过程控制器上存在大量共享实时数据，这些共享数据与应用任务的关系非常紧密，实际就是靠各种实时任务的合理调度，如同步、串行化、优先级分配，以及直接寻址等手段，实现共享数据的快速访问和数据的一致性。因此，过程控制器上的实时数据组织和管理方式非常原始但又非常经典，一般不需要使用现有数据库系统技术。

过程控制器上的实时数据组织和管理考虑的要点是内存空间的分配和管理。

一、过程控制器的一般任务结构

过程控制器运行在实时操作系统上，至少应由如下子系统组成。

1. 控制器管理子系统

控制器管理子系统完成控制器运行环境和数据的初始化和状态总控。可能的主要功能包括以下内容。

（1）控制器引导和初始化，如设置网络参数、分配资源及启动相关任务等。

（2）从自己的文件系统或网络上下载配置数据，如 I/O 通道配置、控制方案及各种通信符号表，以及动态数据的初始值设置等。

（3）根据执行监督子系统的诊断结果，控制任务的启/停，并向外部输出控制器整体运行状态。

（4）响应上位机的命令，完成配置数据的在线下传、数据回读等工作。

（5）关键数据的备份，用于控制器异常（如掉电）致启动或主从控制器切换时的控制输出干扰。这些关键数据是与控制逻辑相关的，尤其是参与控制逻辑运算且中间状态或累计值的变量数据和中间结果，以及操作员可能在线调整的参数。这些工作必须与处理子系统的执行严格同步。

2. 调度子系统

任务调度，简单来说就是定时任务，是指基于给定时间点、给定时间间隔或者给定执行次数自动执行任务。

通常这部分以一基准执行时间周期接收时钟中断，根据一张调度的时间片，靠控制内部对时间节拍发生器计数的办法，安排所登记任务的周期，执行任务的下拍启动时间。调度子系统控制器内各任务相对确定的执行顺序和优先级稳定地执行。正常运行时，由周期调度任务按配置好的调度时间表设置各任务的启动条件，确保整个控制器的执行确定性。

3. 执行处理子系统

执行处理子系统是控制器的功能执行主体，主要完成控制运算和数据传输功能。按照调度节拍，每次执行一个"接收新数据—计算—发送新数据"的循环，即每个执行周期都从 I/O 子系统的采集部分接收最新的采样数据（可完成必要的量程变换，把"生"数据转换为有工程意义的"熟"数据），然后按照控制方案进行运算，最后把运算结果发送给 I/O 子系统的输出部分（发送前同时进行必要的数据变换），由 I/O 子系统把输出信号真正输出到外部设备上。对上位机来的一般命令的响应也在这一子系统中真正执行。

（1）I/O 子系统由一组驱动程序组成，完成与过程输入/输出设备的交互传输。

（2）通信服务子系统完成与上位机操作站的信息通信和数据传输，包括数据上传、参数设定等。

（3）执行监督子系统完成各种故障诊断和控制器异常处理。

（4）校时子系统完成各个现场控制站之间的精确时间同步，对于 SOE 来说，一般应达到站间的时间误差不超过 1ms，以保证全系统 SOE 记录的正确性。

4. 控制器软件与数据库

控制器是系统软件的主要部件，它们以任务的形式运行在操作系统之上。控制器数据库分为静态数据区和动态数据区。静态数据区的数据不随系统运行而改变，包括各种配置程序编译好的表和控制方案的执行程序，包含点的一些标定数据及报警数。动态数据区为实时数据，包含实时变化的数据，有点的数值及一些状态信息。

按照工作性质来看，主要数据区包含如下内容。

（1）工作数据区。即一般意义上的实时数据库的数据部分，保存实时采样数据（有工程含义的或无工程含义的）、运算中间结果和控制参数。也可能包括控制程序执行地堆栈区或临时工作区，这些都是按配置要求预先分配好大小的，以内存数据区形式存在。

（2）输入数据区。是 I/O 子系统与执行处理子系统之间传递实时采样数据的中转站，I/O 子系统完成真正的数据采集，结果暂存到输入数据区，执行处理子系统每次都从输入数据区接收新数据后进行后续的计算。由于涉及至少两个操作系统任务，如果控制器的操作系统采用虚拟内存管理，输入数据区一般放在共享内存上，使多个任务能访问。输入数据区的内容完全是外部信号在计算机内的真实反映。

（3）输出数据区。与输入数据区类似，是 I/O 子系统与执行处理子系统之间传递输出数据的中转站，执行处理子系统每次完成一个控制运算后，输出结果都放到输出数据区，再由 I/O 子系统完成真正的数据输出，输出数据区一般也放在共享内存上。

（4）执行程序。即配置好的控制方案。由于离线配置工具的控制算法编译器实现的差别，可能是可执行程序，也可能是每个控制程序中调用函数成功模块的入口地址。

（5）数据输入/输出映像芯存储的控制器内部单元与外部通道地址的对照表，也包括各种 I/O 通信参数，供驱动程序使用，注意内部单元的名字可以和 DCS 数据库的点名/变量名共用一个名字空间，也可以是两个独立的空间。采用独立名字空间一般可能会增加配置工作量，但维护了通道独立性，方便 DCS 数据库的在线修改（比如在现场，由于某个通道硬件出现问题，需要把接入信号转至一个预留通道），因此是比较好的方案，比如IEC 61131-3《国际电工委员会（IEC）制定的可编程逻辑控制器标准》规定了"映像硬件地址全局变量"的概念。

（6）数据接收/发送对应表。存放 DCS 数据库点标识与外部通道标识的对应关系，执行处理子系统，每次根据表中的内容，实现对输入/输出数据区的寻址，将新数据从输入数据区读出或把计算结果送入输出数据区。

（7）运算执行管理表。存储控制方案的执行管理信息，如执行程序的计算使能标志等。

（8）数据备份符号表。保存关键数据的标识索引表，用于定期把这些关键数据保存到文件系统或从控制器，避免控制器重启或主从切换时出现输出扰动。表的内容是预先配置好的，综合控制器的整体实时性、数据一致性、在线修改和串行化处理要求，一般不建议此表做得很大。

二、控制器的串行化处理

串行化是对数据完整性而言的，即在数据的获取、计算、存储、传输和输出的整个过程中，不希望插入与这一处理过程无关的任何数据读写操作。当然也不能执行真正的 I/O 操作，因为 I/O 操作必然引起任务的切换，操作系统可能调度起任何一个任务来强行执行数据读写。

如果一个控制程序在执行到一半时被定时数据备份任务打断，就会出现控制逻辑不一致的数据被保存下来。而这样的数据如果用于以后的系统重启动，特别是被打断的程序的后一半对前一半有反馈或有延时之类与时间相关的动作时，就会产生输出扰动，严重的可以使控制程序处于永久失效状态。图 10-25 所示为数据串行化处理流程。

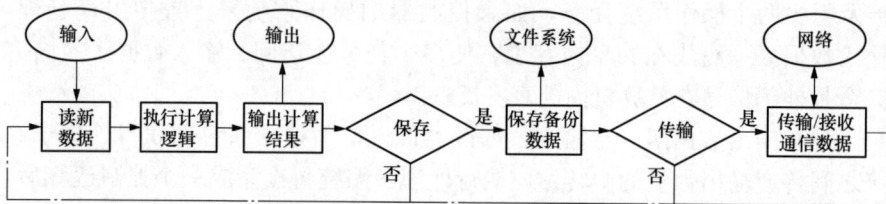

图 10-25　数据串行化处理流程

因此，确保控制器的串行化处理十分必要，这与传统实时数据库对数据完整性和一致性的考虑有很大的不同。在这一串行执行处理流程中，如果不是由一个单个任务完成的，则各任务间必须靠优先级或操作系统的任务间通信资源进行严格的同步。

第十一章 分布式控制系统的硬件

目前在国内外生产分布式控制系统的厂商达数百家，推出的产品也是千差万别，不同行业的应用功能也是各有特色。

火力发电厂生产过程中，用于过程控制的装置有分布式控制系统、可编程逻辑控制器（PLC）、现场总线控制系统三类。当前，这三种控制系统已经融合在一起，共同实现火力发电厂生产过程的自动化控制。

对于一个具体的分布式控制系统来说，其硬件涉及的技术范围很广，构造也非常复杂。本章仅从常见于火力发电厂应用的分布式控制系统入手，对其现场的过程控制器、I/O信号处理模块、人机界面设备进行简单的介绍。

第一节 过程控制站

在分布式控制系统中，过程控制站的I/O接口接收生产现场的各种测量仪表（如一次元件、变送器）检测信号，对工艺过程信号进行实时采样、干扰滤除、补偿运算、非线性校正、标量变换等处理，如进行累积变量的计算、越限报警等；并接收上层传来的控制指令，根据对生产工艺流程的控制策略进行运算，输出现场执行机构的各种控制信号，实现对生产过程的控制，满足生产过程中的模拟量控制、逻辑控制、顺序控制等的需要。过程控制设备还具备接收各种手动操作信号，实现手动操作的功能。

过程控制站（DPU或PCU）的名称引自GB/T 36293—2018《火力发电厂分散控制系统技术条件》。对于过程控制站的称谓各厂商并不相同，例如ABB称为本控制单元（HCU）、SIEMENS称为自动子系统（AP）、Bailey称为过程控制单元（PCU）等。表11-1所示为典型系统过程控制站的名称。

表 11-1 典型系统过程控制站的名称

DCS系统名称	过程控制站名称
Symphony Plus	Process Control Unit（过程控制单元）
Ovation	Distributed Processing Uint（分式处理单元）
MAX1000 PLUS	Rftnote Process Unit（远程单元）
SPPA T3000	Automation Subsystem（自动子系统）
I/A Series	控制处理机和现场总线模块
HIACS-3000	H1SEC04M/L，MF高性能控制器

一、过程控制站（PCU)

过程控制站是能够实现生产过程中相对独立子系统的数据采集、控制和保护功能的装置，包含控制处理器 CP、输入输出模件、通信模件、现场信号接口等硬件。过程控制站面向生产过程，是分布式控制系统的核心组成部分，实现的功能相对独立，集数据采集、预处理、控制运算、输出控制等功能于一体，是分布式控制系统在通信网络上的节点。

虽然各厂家的过程控制单元的结构多种多样，但组成结构的思想基本相同，都是一个以控制处理器为核心、按不同功能要求的各种电子模件构成，并配以机柜和工作电源部件等而形成的一个相对独立的控制装置。

一套分布式控制系统由若干个过程控制站构成。尽管不同厂商的过程控制站在结构尺寸、I/O 点数、控制回路数量及控制算法等有所差异，但它们均由控制机柜、控制处理器、I/O 模件、I/O 总线、工作电源等几部分组成，过程控制站的系统结构如图 11-1 所示。

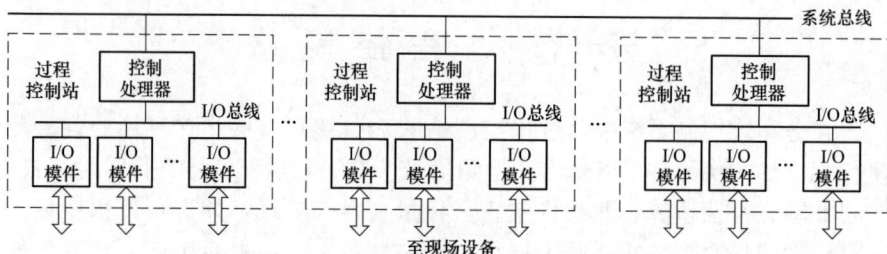

图 11-1　过程控制站的系统结构

二、控制处理器（CP)

控制处理器（CP）是过程控制站（PCU）的核心部件，是工作在 I/O 模件上一层的智能化模件。它通过过程控制站的内部 I/O 总线及 I/O 通道与工艺过程的信息进行交换，实现工艺过程变量的采集、储存、运算、控制等功能。

（一）控制处理器的构成

控制处理器模件一般由微处理器（CPU）、只读存储器 ROM、随机存储器 RAM、总线等部分组成，如图 11-2 所示。

1. 微处理器（CPU）

微处理器芯片一般分为两类，一类是工业级 POWER PC 架构，32 位 RISC 指令微处理器系列。例如 HOLLiAS MACS K 系统采用了这种芯片，主时钟频率为 333MHz；另一类商用 Intel 奔腾处理器，32 位字长，例如 Emerson Ovation 系统采用了这种芯片，主时钟频率达 1100MHz。

CPU 包括晶振时钟，内部定时器、存储器、中断控制器、模件总线等，

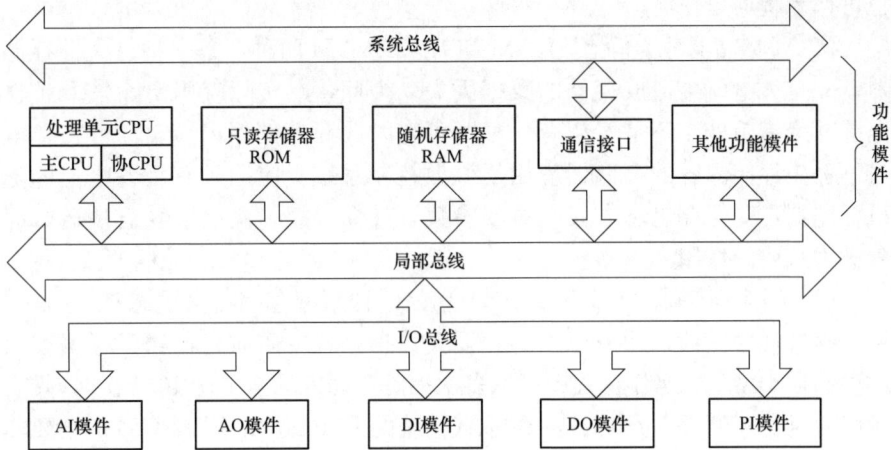

图 11-2　控制处理器的组成概貌

实现过程控制站的总体运行和控制。即按预定的执行周期（典型值 10ms～30s）程序和条件对相应的信号进行处理、运算，对功能模件和其他模件进行操作控制和故障诊断。

为了提高功能模件的数据处理能力，缩短工作周期，很多系统的功能模件还配有浮点运算处理器（协 CPU），直接执行许多复杂的计算和先进的控制算法。协助主处理器完成诸如自整定、预测控制、模糊控制以及阶梯逻辑等的运算任务，以提高主 CPU 的工作效率。

为保证分布式控制系统的可用性，控制处理器无一例外地采用 1：1 热冗余配置；对于重要的工艺控制，还有的采用三 CPU 结构故障安全控制系统，实现三取二表决权处理。

2. 只读存储器（Read Only Memory，ROM）

只读存储器是一种半导体存储器，一旦写入数据后就无法再改变或删除，且数据也不会因失电而消失。常用来为控制器存放 I/O 驱动程序、数据采集程序、控制算法程序、时钟控制程序、引导程序、系统组态程序、模件测试和诊断程序等，支持系统运行的固定程序。固化在 ROM 中的程序保证了系统一旦上电，CPU 就能投入正常有序的工作之中。

随着控制器程序量的不断加大，ROM 的容量也随之增加，目前 ROM 存储容量一般可达数兆的存储空间。

3. 随机存取存储器（RAM）

随机存取存储器（RAM）用来存储采集过程变量的数据、设定值、中间运算结果、报警限值、手动操作值、整定参数、对过程设备的控制指令等可在线修改的变量参数，为过程控制程序运行提供存储实时数据以及计算中间变量的必要空间。

一些较先进的分布式控制系统，为用户提供了在线修改组态的功能，显然这一部分用户级态应用程序须存放在 RAM 中，因此，RAM 的一部分也可作为程序工作区。

RAM 存储器分为静态 SRAM 和动态 DRAM 两种，是一种易失性存储器，一旦失电就会造成存储的数据丢失。为此，在实际应用中除采取工作电源冗余措施外，还是希望有一种既可随时改写存储器内容，又可在掉电时不丢失存储内容的存储器应用于分散控制系统。应用具有后备电池的随机存储器，对保存组态方案和重要参数、查询事故、快速恢复正常运行起着极为重要的作用。

(1) 闪速存储器 (Flash memory) 是一种新型存储器 (固态盘)；是一种非易失性存储器，即失电也不会丢失数据，就本质而言，属于可编程只读存储器类型，在操作过程中可以多次擦除和写入 (至少达 10 万次)，具有较快的速度 (70～200ns)；是一种取代传统的 EPROM 和 EEPROM 的主要非挥发性 (永久性) 的存储器。例如，HOLLiAS MACS K 系统、Emerson Ovation 系统的组态程序存储采用了闪速存储器。

(2) 电池后备的 RAM 存储器。由于闪存不像 RAM 存取存储器一样以字节为单位改写数据，这对于需要经常重写的数据来说，尚不能满足要求，所以闪速存储器不能完全取代 RAM。对于一些需要经常重写的生产过程的重要随机参数的存储来说，可采用另一种方法是存入有电池后备的 RAM 里面，以防重要变量动态数据的丢失。

电源正常供电时，不消耗后备电池的能量，后备电池一般采用小型锂电池或镉镍电池，后备时间取决于 RAM 存储器用电量的大小。

GB/T 36293—2018 要求：控制处理器可采用非易失存储器 (NvRAM)、闪存 (Flash) 或后备电池存储器存储应用软件组态。无论采用哪种类型的存储器均应保证在无电源的状态下，至少三个月组态数据不会丢失。使用后备电池存储器时，在更换电池时不应丢失数据。

4. CPU 局部总线

CPU 总线是在 CPU 与系统总线之间插入的一级背板总线，由一个桥接电路实现对这一层的管理，是 CPU 模块及其他功能模件之间传送信息的公共通信通道，如数据总线 DB (Data Bus)、地址总线 AB (Address Bus) 和控制总线 CB (Control Bus)，在 CPU 的统一控制与协调下，使控制模件共构成一个实现预定功能的有机整体。

CPU 局部总线一般采用 16～32 位数据总线，数据传输速率可高达 133Mbit/s，远超过以往各种总线。不同厂家的 CPU 局部总线结构并不一样，但基本上都采用微机总线。较典型的系统总线如 PCI、STD-BUS、MULTI-BUS、VME 等。

I/O 总线连接各种 I/O 模件信息通道，一般控制处理器最多可连接数百个 I/O 点，而过程控制站的机柜内每个机架上最多只能接入十几块模件，通常需将模件总线扩展连接到数十个机架上，因此，需要把 I/O 总线转换成串行总线，如最常见的有 RS-485 总线。

5. 通信接口

通信接口用来实现处理器 CPU 与系统总线（也称数据高速公路）的连接。系统总线上的信息是以串行方式进行传送，而 CP 内部的 PCI 总线是以并行方式传送信息数据，因此，通信接口要对数据进行串/并行转换、管理编制信息的插入和删除、"奇偶校验和"检错等功能。

当 CPU 向外发送数据时，通信接口并行数据后，按数据串行通信的格式要求，进行信息和附加信息的编制。如将同步通信中的同步符号或异步通信中的启动位、停止位、奇偶校验位等插入数据信息串中。

当 CPU 接收数据时，通信接口对收到的串行数据的附加信息要进行删除，然后把串行数据转换成并行数据。在数据的转换过程中，要对接收的串行数据的"奇偶校验和"进行核对，以保证数据传输的正确性。

如果是远距离通信，通信接口要将数字信号调制到一定频率的载波信号上向外发送，接收信号时，要将载波信号解调为数字信号。

通信接口与 CPU 内部的数据传送一般采用 DMA（直接存储器）存取传送方式，外设与内存之间直接进行数据高速双向传输，当 CPU 初始化这个传输动作，整个传输过程是由 DMA 控制器来完成，数据传输速度取决于存储器和外设的工作速度。传输过程 CPU 不介入，提高了 CPU 的工作效率。通信接口的基本功能框图如图 11-3 所示。

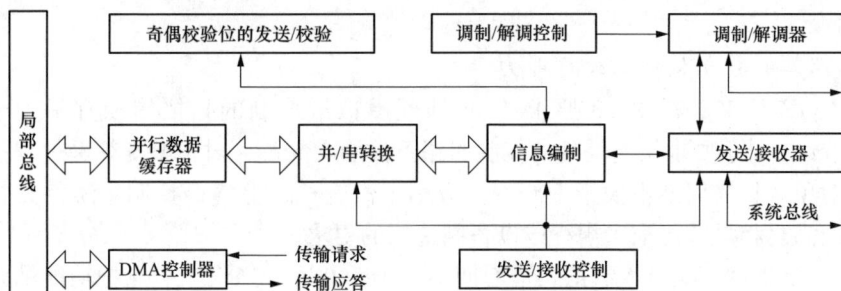

图 11-3　通信接口的基本功能框图

该通信接口发送或接收数据的整个过程，是在各控制电路（如调制/解调控制、发送/接收控制电路和 DMA 控制器）的控制下进行的，DMA 是一种"直接存储器存取"专用芯片，通常情况下，局部总线由 CPU 管理，一旦外设向 DMA 芯片发出数据传输请求时，CPU 把局部总线让出来，由 DMA 芯片接管。它虽有多种传输方法和形式，但基本工作步骤如下。

（1）DMA 芯片向 CPU 发出使用"总线请求"信号。

（2）CPU 收到请求信号并完成当前的指令周期后，向 DMA 发出允许使用信号。

（3）CPU 将模件总线的使用权让出，移交给 DMA 控制器管理。

（4）DMA 芯片向提出请求的外部设备发出"传输应答"，可以进行数据传输。

(5) 在 DMA 芯片的控制下，外部设备通过收发接口、局部总线等与存储器 RAM 直接进行数据传输（传输的字节数，使用的内存地址是事先对 DMA 芯片编程而设置的）。

(6) 设定的字节数传送完毕，发出 DMA 结束信号，再由 CPU 重新管理局部总线。

I/O 模件是为分散控制系统的各种输入、输出信号提供信息通道的专用模件，是分布式控制系统中种类最多、使用数量最多的一类模件，它的基本作用是对生产现场的模拟量信号、开关量信号、脉冲能量信号进行采样、转化，处理成微处理器能接受的标准数字信号，或将微处理器的运算输出结果（二进制码）转换、还原成模拟量或开关量信号，去控制现场执行机构，因此，I/O 模件是连接生产过程与微处理器的纽带和桥梁。

因为生产过程中很多的物理量和化学量都可用模拟量、开关量、脉冲能量中的某一种形式表现出来，所以尽管各种分散控制系统的 I/O 模件众多，对应连接生产过程不同形式信号的作用需要，可归纳为模拟量输入模件、模拟量输出模件、开关量输入模件、脉冲量输入模件等几类主要模件，按照火力发电机组的规模大小和功能需要，可对这些模件进行按系统需求的灵活配置。

一般来说，现在的 I/O 模件都支持可带电拔/插，更换和维修都很方便。

(二) 控制处理器处理能力

GB/T 36293—2018 要求：CP 处理模拟量控制的扫描周期宜不大于 250ms，对于要求快速处理的控制回路不大于 125ms，对于温度等慢过程控制对象，扫描周期不大于 500ms。应用于汽轮机、电气等控制系统的扫描周期满足相关的标准、规程或设备制造厂的要求。

CP 处理开关量控制的扫描周期不大于 100ms。当汽轮机保护功能纳入 DCS 时，汽轮机保护（ETS）不大于 50ms。执行汽轮机超速限制（OPC）和超速保护（OPT）部分的逻辑，扫描周期不大于 20ms。

过程控制站（DPU 或 PCU）所配置的 CP 应有足够的运算和 I/O 处理能力，在满足要求的控制扫描速率的基础上，在最大负荷运行时，负荷率不应超过 60%。平均负荷率不超过 40%，对于特殊系统的负荷率要求，可根据相关标准或规程确定。

三、冗余技术

在分布式控制系统中，为了使过程控制更加稳定可靠，需要有较强的容错能力，因此实现容错的办法通常是对系统中的关键部件采用冗余技术。所谓冗余就是增加备用设备，一旦工作的设备发生故障，备用设备无扰接替故障设备的工作，以保证系统正常运行。就冗余技术来说，冗余按照结构可分为静态、动态冗余和表决系统；按在系统中所处的位置，可分为元件级、部件级和系统级冗余；按冗余的程度可分为 1：1、1：2、1：n 等多种冗余。

（一）冗余系统的结构

当前在电子元器件可靠性不断提高的情况下，虽然有多种冗余方式，但 1：1 的部件级冗余有效且相对简单，配置方便且比较经济，目前在分布式控制系统中大多采用这种方式。

1. 部件冗余

一般用在控制回路比较多的控制单元中，因为这种情况下，部件故障会影响所有的回路。部件冗余如图 11-4 所示。

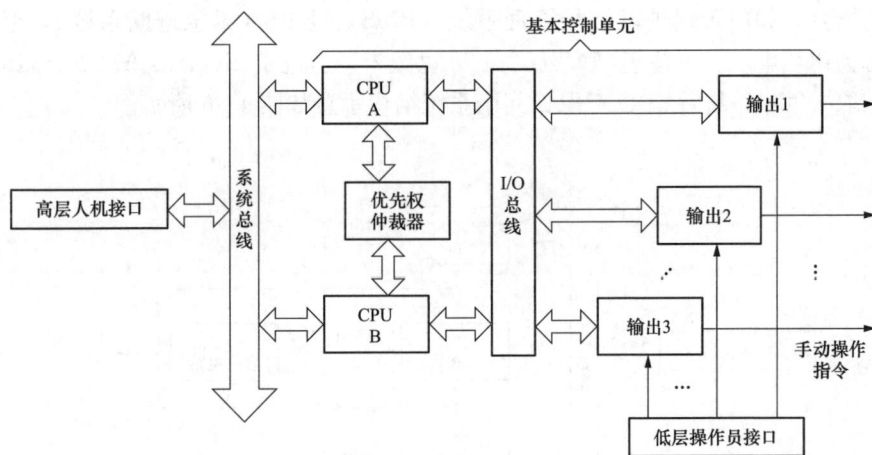

图 11-4　部件冗余

（1）电源冗余。DCS 电源包括交流电源、直流电源。

（2）部件冗余。控制器、I/O 总线、重点 I/O 模件。

（3）通信冗余。网络交换设备、网络传输介质。

（4）操作站冗余。DCS 系统可配备多个操作站，实现并行操作，而各自又独立执行任务。

2. CPU 二选一冗余系统

如图 11-5 所示，CPU 二选一冗余在分布式控制系统是最常见的标准配置，这是一种性价比很高的冗余方式，但这种冗余方式并非两个 CPU 简单地并列运行，而是需要硬件、软件、通信等很复杂的相互协同工作来实现。将互为冗余的两个 CPU 构成一个有机的整体，即两个 CPU 同时工作，但只有一个 CPU 的处理信号输出。

3. CPU 三取二冗余系统

随着对控制安全等级要求越来越高，国内外的分布式控制系统厂家也推出了 CPU 三取二冗余系统，但三取二冗余系统一般用于要求可靠性极高

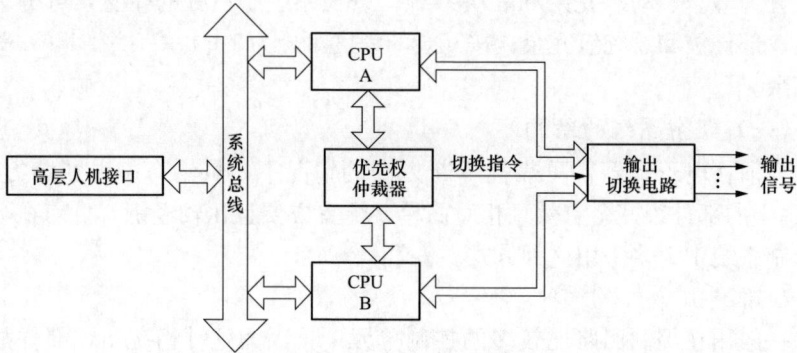

图 11-5　二选一热冗余

的场合。如用于锅炉燃烧炉管理系统（BMS）、ETS（紧急避断系统）。上海杨树浦电厂、天津杨柳青电厂在 20 世纪末期引进了 Siemens AS220 EHF 三取二冗余系统，CPU 三取二冗余系统结构示意如图 11-6 所示。

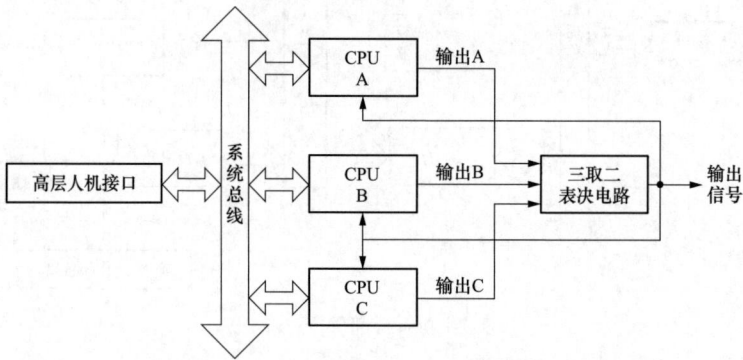

图 11-6　CPU 三取二冗余系统结构示意

三取二系统由 3 个相同的 CPU 构成独立运算处理通道；CPU 工作时从 I/O 总线读取数据时，数据按三取二表决方式相连，然后进行检测，送入 CPU 处理。输出时 3 个 CPU 的输出数据要通过表决器表决，只要 3 个 CPU 中的任何两个的输出一致即可。当有一个 CPU 处理器因故停止时，系统仍能正常工作。

目前，国内和利时集团开发出了 SIL3 级安全保护系统（Hia Guard），该系统采用"带诊断的三取二"架构。

国外 ABB 集团也推出 800xA（System 800xA High Integrity）安全系统，其冗余配置可高达四重化（Quad）。

（二）控制处理器冗余的可靠度

为了增加分布式控制系统工作的可靠度，一般采用在控制系统的子系统级（独立部件）并联热冗余结构，它可以提高系统的可用性。

1. 可靠度

可靠度是一个定性概念，是指产品在规定的条件下和规定的时间内完成规定功能的概率。下面对热冗余结构的可靠度进行分析。

设单个装置的可靠度函数 R 为

$$R = R(t) = e^{-\int_0^t \lambda(t)\mathrm{d}t} \tag{11-1}$$

系统 S 由 n 个独立子系统 S_1、S_2、$\cdots$、S_n 组成，如图 11-7 所示。只有当组成系统的并联装置全部失效时系统才会停止工作。

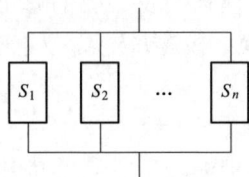

图 11-7　并联系统

则系统的可靠度 $R(t)$ 可表示为

$$R(t) = 1 - [1 - R(t)_1][1 - R(t)_2]\cdots[1 - R(t)_n] \tag{11-2}$$

假设并联设备由可靠度为 0.90 的两台装置组成，按并联系统的可靠度计算公式，则

$$R(t) = 1 - (1 - 0.9) \times (1 - 0.9) = 0.99$$

二取一并联设备可靠度由单个装置的 0.90 增加到 0.99，即利用率得到了提高。

2. 平均故障时间

并联设备的平均故障时间 $MTBF_\mathrm{S}$ 是可靠度 $R(t)$ 在时间 $t(0 \sim \infty)$ 区间的积分，即

$$MTBF_\mathrm{S} = \int_0^\infty R(t)\mathrm{d}t = \int_0^\infty \{1 - [1 - e^{-\int_0^t \lambda(t)\mathrm{d}t}]^n\}\mathrm{d}t \tag{11-3}$$

设备正常工作期间，设备故障率 $\lambda(t) = \lambda$，所以对 $MTBF_\mathrm{S}$ 进行积分可得

$$MTBF_\mathrm{S} = \frac{1}{\lambda}\left(1 + \frac{1}{2} + \frac{1}{3} + \cdots + \frac{1}{n}\right) \tag{11-4}$$

由两个装置组成的并联系统的平均故障时间为

$$MTBF_\mathrm{S} = \frac{1}{\lambda}\left(1 + \frac{1}{2}\right) = \frac{3}{2}\frac{1}{\lambda} \tag{11-5}$$

二取一冗余与单一装置相比，平均故障时间可以增长到 1.5 倍。

3. 冗余切换及故障影响

GB/T 36293—2018 要求：冗余 CP 的数据同步和切换时间应满足工艺过程的实时性要求。冗余切换是无扰的，应保证系统的控制和保护功能不会因冗余切换而丢失或延迟。发生切换应自动产生报警信息。

某一个 CP 模块故障，不应影响其他 CP 模块的运行。此外，数据通信总线

故障时，CP 模件应能继续运行，完成本身的控制运算和 I/O 处理功能。

电源重新受电，CP 模件应能自动恢复正常工作而无需维护人员的任何干预。

第二节　模拟量信号输入输出通道

模拟量输入模件的基本功能：对多路模拟输入信号进行采集、滤波、放大、隔离、断线检测、误差补偿及必要的修正（如热偶冷端补偿、电路性能漂移校正等），标度变换、模/数转换，为控制处理器 CP 提供准确可靠的数字量。

模拟量信号类型通常有以下几种。

（1）电流信号：来自各种温度、压力、位移等信号的变送器。变送器的输出通常采用 4～20mA 标准电流，对于早期 DDZ-Ⅱ型变送器采用 0～10mA 或 0～20mA 电流等标准。

（2）毫伏级电压信号：通常来自热电偶、热电阻或应变式传感器等一次变换仪表。如果 AI 输入模件具有直接接收毫伏电压信号的功能，可省去中间变送器，以节省造价。

（3）常规直流电压信号：通常来自各种过程设备或仪表输出的直流电压。一般 AI 模件可接收的电压范围一般为 0～5V DC、0～10V DC 或－10～+10V DC。

一、模拟量输入模件结构

模拟量信号输入模件的作用是对被控对象的参数进行采样，如把温度、压力、流量、液位等模拟量信号转换成控制处理器 CP 可以接收的数字量信号。

（一）输入通道结构

模拟量输入通道的硬件一般由信号端子板、信号调理器、A/D 转换器等部件组成，如图 11-8 所示。

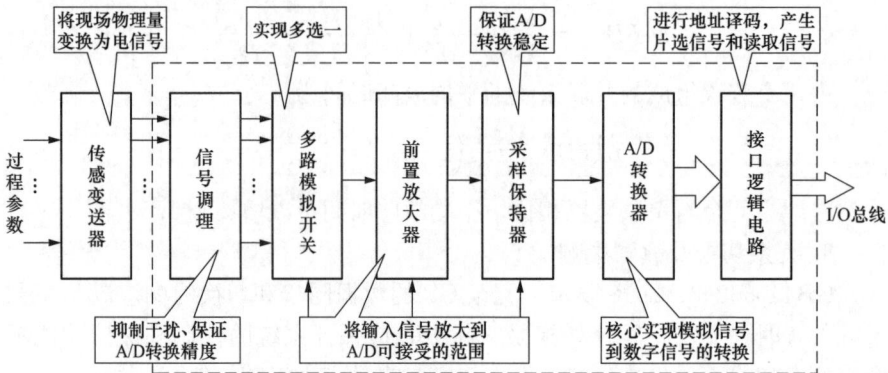

图 11-8　模拟量输入通道结构组成框图

如果被测模拟信号的电压较高，满足 A/D 转换器的输入要求，则可将该信号直接与 A/D 转换器相连接；如果被测信号为小信号（如 mV），则先将该信号放大；对于电流信号，如现场变送器来的 4～20mA 信号应该经过 I/V 转换将其变为电压信号。

1. 信号端子板

信号端子板（又称特性模块）的功能是连接模拟信号输入电缆。对每路输入信号提供接线端子和屏蔽线的接地；通常还有用于热电偶冷端补偿的元件、系统电源的短路电流保护电路，有的系统的端子板上还设有电流/电压转换电路，把输入的电流信号转换成统一标准电压信号。

2. 信号调理电路

信号调理电路对每路模拟输入信号进行噪声滤除、弱信号放大、隔离、断线检测等综合处理，为 A/D 转换提供可靠的、统一的模拟输入相对应的电压信号。

为使 AI 模件有较好适应环境噪声的能力，在信号通道中都设有多级滤波电路，以提高信号转换准确性；有的还设有开路检测功能，例如检查热电偶是否断线。

3. 多路模拟开关

一个 AI 模件通常有多个通道（典型为 8 个通道），由于 A/D 转换器的价格较高，为降低成本。大多数 AI 模件的各输入通道共用一个 A/D，因此中间要经过多路转换开关切换，把各路的输入信号顺序送往前置放大器。

多路模拟开关可以用分立元件进行搭建，用作模拟开关元件有很多，如双极晶体管、场效应晶体管等；也可以采用集成电路芯片，根据需要可以是单刀（单端）开关类型或双刀（差分）开关类型。如 AD7501（8 路模拟开关）、AD7502（4 路模拟开关）、CD4051（8 路双向开关）、CD4052（4 路双向开关）等。图 11-9 所示为一个八路模拟开关集成电路 ADG715 多路

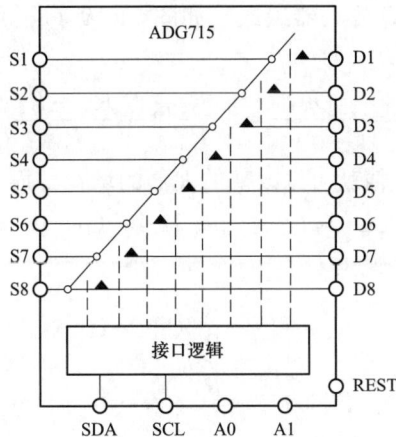

图 11-9　ADG715 多路模拟开关的示意图

模拟开关的示意图，由 INTERFACE LOGIC（接口逻辑）控制 S1～S8 路
信号的接通顺序。

4. 前置放大器

前置放大器的作用是将模拟输入的弱信号进行放大，使之达到 A/D 转
换的量程范围内（0～5V DC）。另外，由于测量传感器工作现场的环境往
往比较恶劣，地电位的波动等因素会在传感器的输出端上叠加噪声。因此，
应采用抑制噪声能力强、输入阻抗高且稳定的放大器。当用一个运算放大
器实现对信号的放大时，如图 11-10（a）所示，其放大系数为

$$G=\frac{U_o}{U_I}=-\frac{R_2}{R_1} \tag{11-6}$$

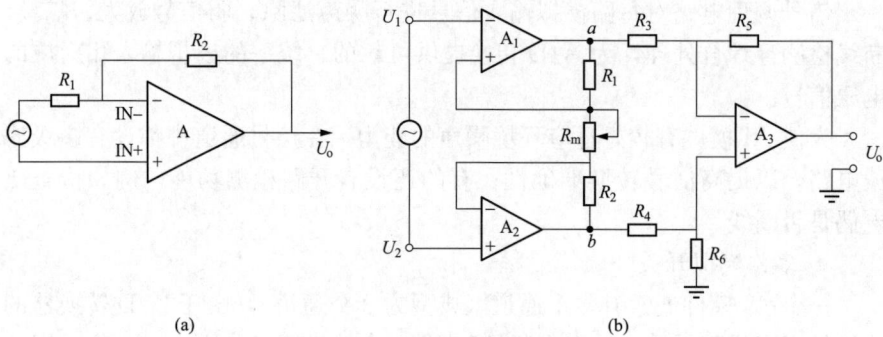

图 11-10　前置放大器结构电路
（a）单放大器结构；（b）多放大器结构

若信号中含有共模噪声，则噪声信号的一路直接到放大器 A 的 IN＋
端，而另一路要经过 R_1 再加到放大器 A 的 IN－输入端，由于两个输入线
路阻抗的不平衡，使信号中的共模噪声并不能起到很好的抑制作用。

为了提高模入通道的抗共模噪声能力，通常采用对传感器输出信号测
量的放大器由一组运算放大器组成，如图 11-10（b）所示。该测量放大器
的闭环增益为

$$G=\frac{U_o}{U_2-U_1}=-\frac{R_5}{R_3}\Big(1+\frac{R_1+R_2}{R_m}\Big) \tag{11-7}$$

通过调节 R_m 的阻值就可以改变放大器的增益，而且不影响共模噪声的
抑制能力。当同时加入 U_1 与 U_2 时，图 11-10（b）中 a、b 两点的电压 U_a、
U_b 分别为

$$U_b=U_2+\frac{R_2}{R_m}(U_2-U_1) \tag{11-8}$$

$$U_a=U_1+\frac{R_1}{R_m}(U_1-U_2) \tag{11-9}$$

对于共模信号，$U_{COM}=U_1=U_2$，代入上式有 $U_a=U_b=U_{COM}$，即加压
运放 A_3 正、负输入端的电位相等，对输出不产生影响。

目前单片测量放大器有很多可供选择的型号，如 AD521/522、INA102 等。

5. 采样保持器

由于 A/D 转换过程需要一定时间，在这段时间内，被转换的模拟信号应该保持不变，这样才能保证转换精度；如果在转换期间，模拟信号发生了变化，则会降低转换精度。为此，要在 A/D 转换器入口前设置采样保持电路，如图 11-11 所示。

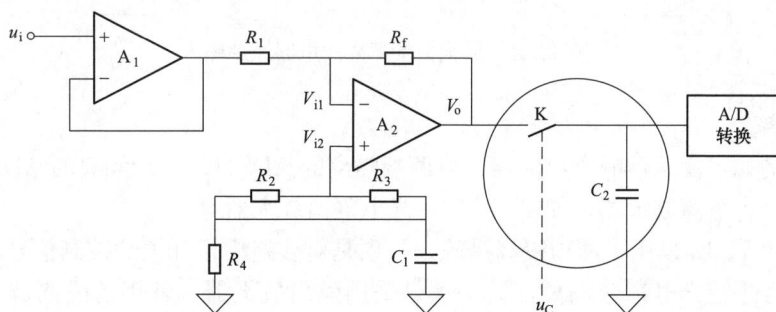

图 11-11　采样保持电路

采样保持器在输入逻辑 u_C 控制下，处于"采样"或"保持"两种状态。

采样期间，开关 K 闭合，电容 C_2 快速充电，电容跟踪输入模拟电压 u_0，此时不能启动 A/D 转换器。

过一段时间后，开关 K 断开，输入信号电压不再给电容 C_2 充电，进入保持状态。A/D 开始进入转换，在转换期间，电容 C_2 上的电压基本保持不变。

通常对直流或缓变低频率变化的模拟信号进行采样时，可不考虑采样保持电路。

6. A/D 转换器

A/D 转换器是模拟量模件的核心，它把采样保持器送来的电压信号转换成数字量信号，A/D 转换器的类型有很多，转换原理也不相同，常用的 A/D 转换类型有计数式、双积分式、逐步逼近式和并行等几种（详见第四章）。

7. 通道的隔离

因为 I/O 通道的输入直接与被测对象相连，所以容易通过公共地线引入干扰。A/D 通道的隔离技术可以使 I/O 通道与外界无电气联系。

隔离放大器隔离电路原理图如图 11-12 所示。

隔离放大器是指输入、输出和电源电路之间没有直接电路耦合，在信号传输过程中差动连接，没有公共的接地端。

放大器的隔离模式有两端隔离和三端隔离之分，两端隔离是指输入端和输出端欧姆隔离，三端隔离是信号输入端、输出端和工作电源端相互欧

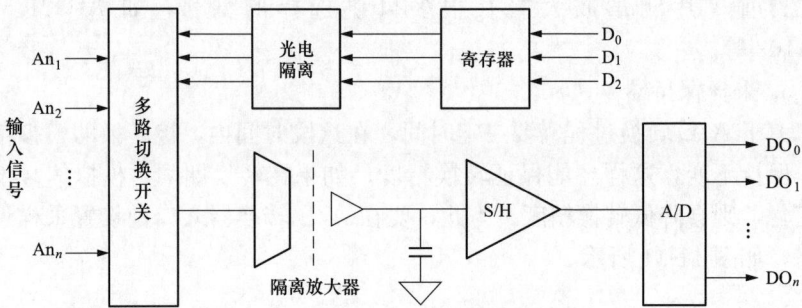

图 11-12　隔离放大器隔离电路原理图

姆隔离。

例如：变压器隔离放大器，有两端隔离的 AD204、三端隔离的 AD2210 等；电容隔离放大器，如 ISO 106；光电隔离放大器等。

图 11-12 采用了两项隔离措施，一项是对多路模拟开关的控制信号和地址信号进行光电耦合隔离，另一项是采用隔离放大器。常用的隔离放大器有光电隔离放大器与变压器隔离放大器。为了保证转换的线性度，应选线性度好的隔离放大器。

图 11-13 对 A/D 转换器输出的数字量是经过隔离后的数字信号，因而 A/D 的转换精度和线性度不受后续电路的影响，但不足之处是需要较多的光电耦合器。

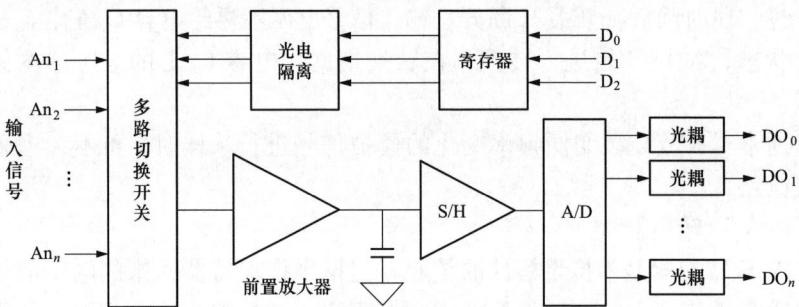

图 11-13　光耦隔离电路原理示意图

为进一步提高 I/O 通道的抗噪声能力，A/D 转换器与输入信号之间大多采用隔离放大器或光电耦合器，进行电气上的隔离。

各厂家的 AI 模件的共模抑制比并不相同，一般为 90～130dB。对 50Hz 工频信号的差模抑制比为 50～60dB。

目前，模拟量输入模件都采用了微处理芯片，其功能得到扩展。这种模件可通过改变其运行软件去适应现场的多种测量对象，如开平方运算等非线性补偿等，使模拟量输入模件应用的灵活性和广泛性得以提高，使备品的种类与数量大为减少。

在实际产品制造上，上述功能的分工界限并不统一，例如有的把端子板的功能与信号调理电路集中在一块模件上，有的将信号调理电路与 A/D 转换器集中在一块模件上；有的把信号调理电路的功能分解到端子板和 A/D 转换器两个模件上。

（二）模拟量输入模件结构种类

对于有多个模拟信号通道的模块来说，当将多个模拟量输入通道组合在一起构成模拟量输入模件时，要通过统一的接口与 I/O 总线连接。对不同的厂家来说，由于出于成本上的考虑，模件的通道结构类型是不一样的，常见模拟信号通道的结构形式主要有以下几种。

1. 多通道共享结构

如图 11-14 所示，这种结构中所有通道共用一个编程放大器、采样保持器 S/H、A/D 转换器等，共享度高。但由于使用低电平切换，容易引入干扰噪声信号，应注意屏蔽及补偿等抗干扰措施。

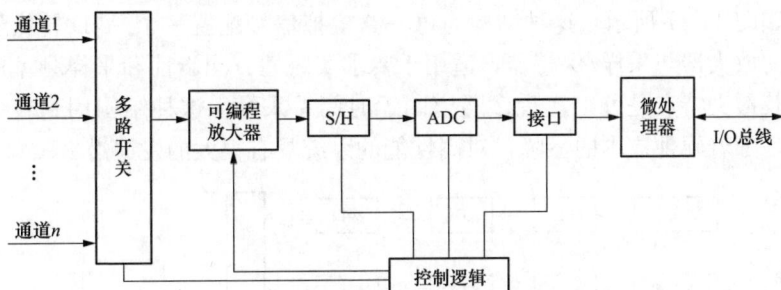

图 11-14　共享转换电路型结构

在共享放大器的多通道模拟输入电路中，要通过放大器对不同电平的输入信号进行放大，使其达到 A/D 转换器所要求的输入电压，因此放大器的增益随着所选择通道而改变，即通过可编程放大器实现，集成可编程放大器芯片有很多，如 PGA200/201、PGA102 等。

2. 多通道共享 S/H 和 A/D 结构

如图 11-15 所示，这种结构相对共享转换电路型结构简单一些，但对各通道的采样仍是串行的，采样时间比较长，通道之间有时间差。

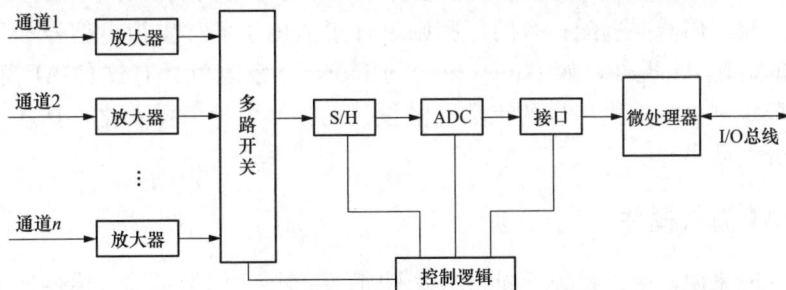

图 11-15　共享 S/H 和 A/D 结构

3. 多通道共享 A/D 结构

如图 11-16 所示，这种结构为每一路模拟信号分别配置一个放大器及采样/保持器，并用控制信号进行控制。

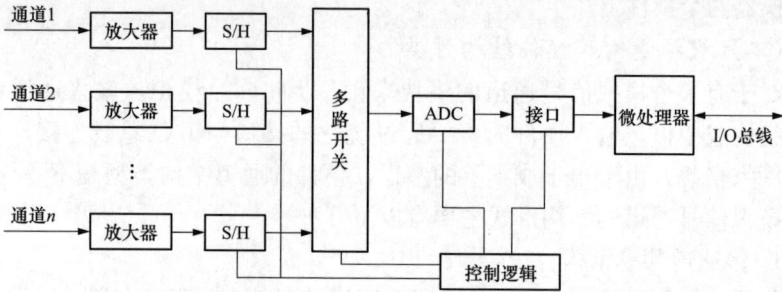

图 11-16 共享 A/D 结构

4. 多通道并行转换结构

如图 11-17 所示，这种结构为每一路模拟信号配置一个 A/D 转换器及相应的放大器与采样/保持器，适用于要求实时性、同步性和采样频率的场合。其最大特点是可以实现多通道的无时间差采样。这种结构用到较多的器件，随着硬件成本的下降，对高性能的系统具有很大的发展潜力。

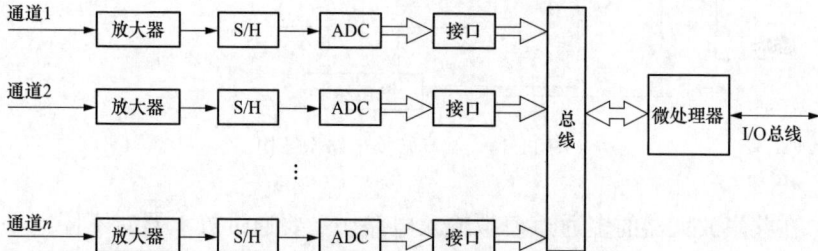

图 11-17 并行转换结构

随着电子器件的快速发展，模拟量输入模件的结构形式也有很多变化。在设计上，各厂家的思路并非一致。模件分类也不相同，如 Emerson 公司的 Ovation 系统，其 AI 模件按信号（电流、毫伏电压、常规直流电压）分类，每类又按信号量程分不同规格进行设计，各种不同规格的 AI 模件有 20 余种，视应用需要选配；有的厂家则设计了适用于各种模拟电信号和不同量程的通用 AI 模件，如 Bailey 公司的 INFI-90 系统就具有这种 AI 模件；有的厂家则是按采集信号的点数分类设计的。但无论怎样变化，其基本组成部分大同小异。

二、AI 输入模件

一般来说，由于系统不同和用途不同，一个 AI 模拟量输入模件通常可接收 4～16 路模拟信号不等，但典型的模件多为 8 路模拟信号，而模拟量信号是由一次元件（或变送器）得到相应电信号，如图 11-18 所示。

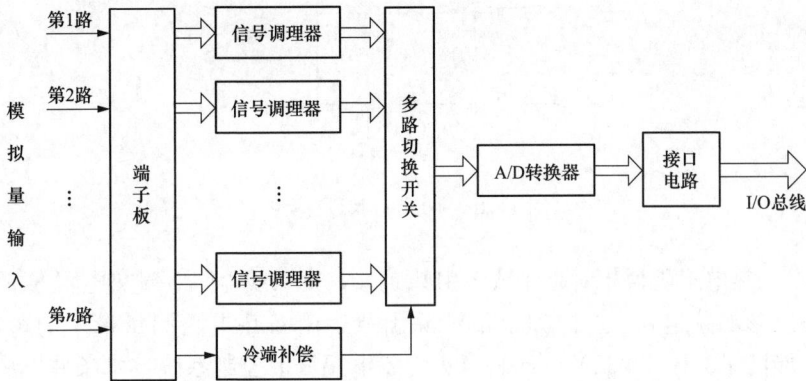

图 11-18 模拟量输人模件功能框图

这些模拟信号一般是传感器对现场物理量或化学量检测，并由变送器将检测信号转换而得的相应的电信号。通常 AI 输入的模拟量信号类型有：

（1）电流信号：来自各种温度、压力、位移等变送器。一般采用 4～20mA 标准电流，也有采用 0～10mA（针对老式的 DDZ-Ⅱ型变送器）、0～20mA 等电流范围。

（2）毫伏级电压信号：通常 AI 通道能直接接收毫伏电压信号的功能，以省去变送器。

（3）常规直流电压信号：电压范围一般为 0～5V DC、0～10V DC 或 −10～＋10V DC 等。

总的来说，各种分散控制系统所提供的 AI 模件，一般都有多个品种，即使有通用的 AI 模件系统，为满足应用需要，也配有某些特别的 AI 模件。例如：综合了控制运算和模拟控制输出的 AI 模件，连接智能变送器或其他特殊变送器的 AI 模件，具有某些特殊功能（如线性化、开方、多项式调整、报警等）的 AI 模件，能接受处理多路模拟信号（多达 64 路）的 AI 模件等。AI 通道上的硬件一般由信号端子板、信号调理器、A/D 转换器等部件组成。

三、热电阻采集模件

在工业现场采用 RTD 元件温度测量中，测量线路有二、三、四制 3 种。

（一）二线制 RTD 测量原理

二线制 RTD 测量时，热电阻 R_t 与线路导线电阻 r 值共同构成输出值，如图 11-19 所示。

在图 11-19 电路中，放大器入口电压 $U_i = I(R_t + 2r)$。

铂热电阻测温范围为 −200～850℃，铜热电阻测温范围为 −50～

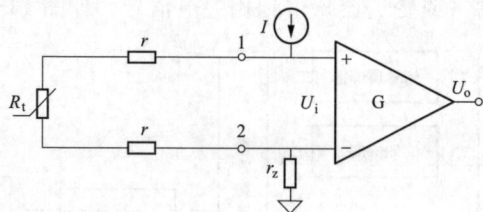

图 11-19　两线制 RTD 测量

150℃。热电阻阻值相对越小或者引线越长，则引线电阻 r 对热电阻 R_t 测量精确度影响就越大，这样如果不消除引线电阻对热电阻测量带来的影响，则不能满足 GB/T 36293—2018《火力发电厂分散控制系统技术条件》中对热电阻温度测量精确度±0.15％的要求。

我们从热电阻的测温原理可知，被测温度的变化是直接通过热电阻阻值的变化来测量的，因此，热电阻体的引出线等各种导线电阻的变化会给温度测量带来影响。

引线的导体电阻计算公式为 $R=\rho\times L/S$，其中：ρ 为导体电阻率，L 为导体长度，S 为导体横截面积。铜的电阻率 $\rho=0.017\Omega \cdot mm^2/m$，表示截面积 $1mm^2$ 长度 1m 的铜丝电阻为 0.017Ω。首先，在实际现场中，在被测热电阻距离测量设备较远的情况下，必须用较长的引线将被测量传送到测量设备信号输入端，假设引线线径为 $0.5mm^2$ 引线长度 500m 左右，这样引线电阻最高可达十几欧姆；其次，引线电阻的阻值会随着温度的变化而改变，且阻值与温度变化的函数关系是非线性的，很难找到相应的函数关系算法去消除。

RTD 测温在生产现场的长布线条件下，重点是消除线路电阻产生的附加误差。由于两线制热电阻测温产生的附加误差大，只能用在热电阻引线较短而阻值较小的场合。

消除 RTD 引线电阻的方法有很多，下面介绍几种分布式控制系统中常见的测量方法。

（二）三线制 RTD 测量原理

三线制 RTD 测量方法有很多，目前常见的热电阻测量方法有非平衡电桥法、恒压法和恒流源法。恒流源法又分双恒流源和单恒流源法。国内大多数火力发电厂中 RTD 测量多采用三线制接线方法，但其缺点是测量线路的电阻值不一致时，就会引起测量附加误差。

1. 电桥法测量三线制 RTD

其测量方法是 RTD 作为电桥的一个桥臂电阻，将 RTD 的一根端导线接到电桥的电源负端，其余两根端导线分别接到 RTD 所在的桥臂及与其相邻的桥臂上。

桥路平衡时，通过计算可知，当 $R_1=R_2$ 时，线路导线电阻的变化对测量结果没有任何影响，这样就消除了导线线路电阻带来的测量误差，但前提是必须为全等臂电桥，否则不可能完全消除导线电阻的影响。但分析可见，采用三线制会大大减小导线电阻带来的附加误差，如图 11-20 所示。

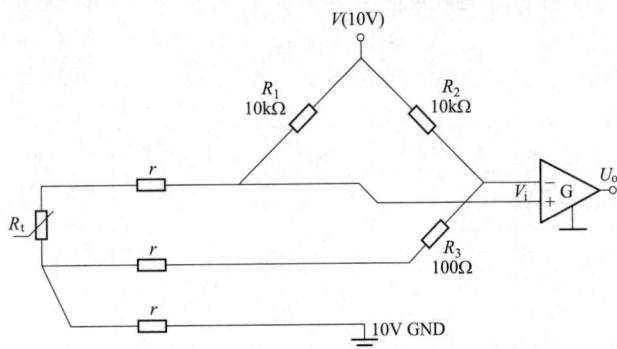

图 11-20　基于电桥法测量三线制 RTD 示意图

采用不平衡电桥测量 RTD 电路，RTD 作为电桥的一个桥臂电阻，将导线的一根接到电桥的电源端，其余两根分别接到 RTD 所在的桥臂及与其相邻的桥臂上，当桥路平衡时，通过计算可知，$R_t = \dfrac{R_1 R_3}{R_2} + \dfrac{R_1 r}{R_2} - r$，当 $R_1 = R_2$ 时，导线电阻的变化对测量结果没有任何影响，这样就消除了导线线路电阻带来的测量误差。但必须使电桥处于平衡，否则不可能完全消除导线电阻的影响，但从分析可见，三线制会减小导线电阻带来的附加误差。

例如，图 11-20 所示的测量电路中，R_t 采用 $P_t 100$ 测温传感器，当被测温度为 0℃时，$P_t 100$ 的阻值等于 100Ω，与 R_3 阻值相等。这时电桥有 $R_1(R_3 + r) = R_2(R_t + r)$，电桥平衡，线路电阻对测量值无影响。但除被测温度为 0℃之外的其他温度时，$R_1 = R_2$，$R_t = R_3 + r$，由于 $R_t \neq R_3$，电桥失去平衡，这时有放大器 G 输入，则

$$V_i = \frac{V(R_t + r)}{R_1 + R_t + r} - \frac{V(R_3 + r)}{R_2 + R_3 + r} \tag{11-10}$$

可以得出：测量结果不能完全消除导线线路电阻的影响，但采用不平衡电桥测量三线制 RTD 会减小导线电阻带来的附加误差。

三线制 RTD 测量时，要求三根测量导线材质、截面积、长度及所处环境条件必须相同。

如国电智深 EDPF-NT Plus 系统的 RTD 测温采用了这种方法。

2. 三线制 RTD 单电流测量

不管采用哪种测量方式进行三线制 RTD 测量，都要消除接线电路对测量的影响，也就是说除非可以忽略连接导线对测量的影响，否则至少需要三根连线。

近些年来，随着大规模集成电路的发展，出现了不采用电桥而测量

RTD 阻值的电路。

图 11-21 中，当恒流电流 I 流经线路电阻 r_1、r_3 和测温电阻 R_t 时将分别在这 3 个电阻上产生电压。可以 i 看出，当三根导线 r 电阻一致时，恒流电流 I 经 R_t 所产生的电压，即

$$IR_t = V_1 - V_2 \tag{11-11}$$

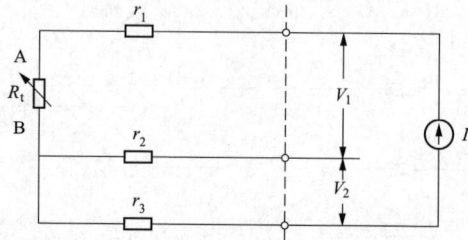

图 11-21　三线制 RTD 单电流测量原理图

很显然当 3 条线路电阻发生等量变化时，这个关系依然成立。

例如，Ovation 分布式控制系统三线制 RTD 测量采用了这种方案。

3. 三线制 RTD 双恒电流源测量法

双恒流源法的测量精度需要两个恒流源电流的一致性来保证，随着时间的推移和环境温度条件的变化，可能会影响它们的一致性，从而产生误差。

在图 11-22 电路中，以 B 点为基准，恒流源电流为 I_1、I_2，R_t 热电阻值。

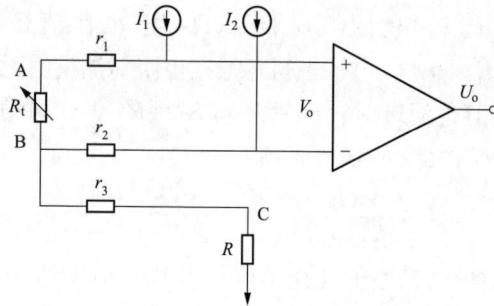

图 11-22　三线制热电阻测量等效电路图

设：线路电阻 $r_1 = r_2 = r_3 = r$，输出电压为 V_o，则

$$V_o = I_1 \times (R_t + r) - I_2 \times r \tag{11-12}$$

在电路设计中：$I_1 = I_2 = I$，则有

$$V_o = I \times R_t$$

即

$$R_t = \frac{V_o}{I}$$

从理论上来讲，在 I_1 与 I_2 完全相等的情况下，结果与线路电阻 r 大小无关，基本不受线电阻的影响。三线制热电阻的关键是 A_n 与 B_n 线路的电阻一定要相等，否则会产生误差。

也就是说，测量结果 V_0 基本不受线路电阻值 r 的影响，各条线路电阻 r 值可以不完全一致。测量时，采用电流脉冲也会减少传感器自发热带来的附加误差。

如 HOLLiAS MAC-K 系统三线制 RTD 测量采用了这种方法。

4. 四线制 RTD 测量

四线制 RTD 测量热电阻与三线制测量方法不同，只能采用单电流，用两根导线提供恒定电流，用另两根导线测量 RTD 的电压降。在 RTD 模件输入阻抗足够高的条件下，流过模件的电流很微小，可以忽略。这样就可以精确测量热电阻上的压降，通过计算得出 RTD 电阻值，四线制 RTD 测量等效电路如图 11-23 所示。

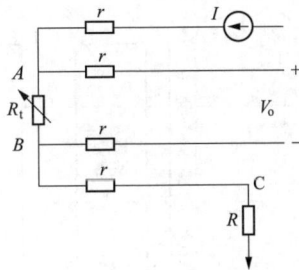

图 11-23 四线制 RTD 测量等效电路

在图 11-23 中的 A、B 两端：$V_{AB} = I \times R_t = IR_t$，由于 A_1 放大器输入端口处于高阻抗状态，基本上不吸收电流，因此，可以认为 V_0 与热电阻 R_t 的 A、B 的两端等电位，则

$$V_0 = V_{AB} = IR_t$$

即

$$R_t = \frac{V_0}{I} \tag{11-13}$$

从理论上来讲，线路电阻值在一定范围内，恒流源电流 I 是保持不变的，测量电压 V_{AB} 可以不受线路电阻大小的影响。

例如：HOLLiAS MAC-K 系统、SPPA T3000 系统等均支持这种四线制 RTD 测量方法。

四、热电偶（TC）信号采集模件

将热电偶信号转换成数字信号后经过补偿/校正，并将数字信号通过子总线传递至控制处理器 CP。热电偶采集模件可以接收以下类型的现场信号。

1. 多种型号的热电偶信号

在 GB/T 16839.1—2018《热电偶标准》中，发布的标准化热电偶的类型有 10 种：R、S、B、J、T、E、K、N、C 型热电偶（详见第二章）。

GB/T 36293—2018《火力发电厂分散控制系统技术条件》5.6.2.7 热电偶输入（TC）：能直接接受分度号为 E、J、K、T 和 R 型热电偶信号（不需变送器）。热电偶在整个工作段的线性化，宜在模件内完成。

2. 冷端补偿

热电偶（TC）信号输入需要冷端补偿，冷端温度参考值通常是采集模件端子接线处的温度。一般在每个热电偶采集模件的端子板（或端子座）内置一个冷端温度测量元件，供模件内所有热电偶输入通道用它来作冷端温度补偿点，冷端温度测量元件类型一般有晶体管 PN 结或 RTD，将冷端温度值转换成毫伏信号，并与热电偶的输入值相加，以实现热电偶输入的冷端补偿。冷端补偿也可以是来自系统中功能块输出的一个值。热电偶信号采集如图 11-24 所示。

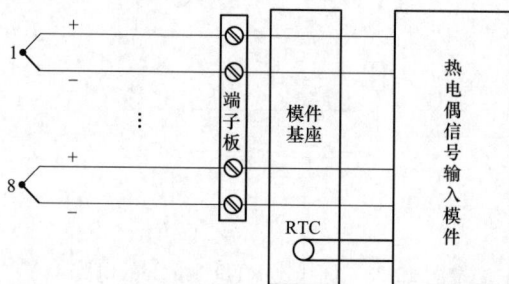

图 11-24　热电偶信号采集

典型的热电偶采集模件冷端温度采样是一个附加的专用通道，不计为热电偶采集通道数量之内。如 8 个通道的热电偶采集模件，冷端温度的采集为模件的第 9 个通道。

五、模拟量输出模件（AO）

典型的模拟量输出模件的组成框图如图 11-25 所示。

1. 模拟量输出模件的主要功能

其主要功能是把控制处理器发出的数字量信号转换成模拟电压或电流信号，如转换成 4～20mA 或 0～20mA 电流信号、1～5V DC 或 0～10V DC 信号等，以便驱动各种相应的执行机构，达到控制生产过程的目的。

严格地说，模件输出的模拟量信号在时间上、幅度上并不是真正连续的模拟量信号，这是因为在时间上，模拟量输出是周期性的，它是按照程序所规定的时间间隔去更新输出值；在幅度上，控制处理器是按有限的字长进行运算处理，它只能在一定的分辨率范围内提供输出模拟量值。因此，模拟量输出值实际上是一个信号范围有限的、不连续的阶梯模拟量信号。

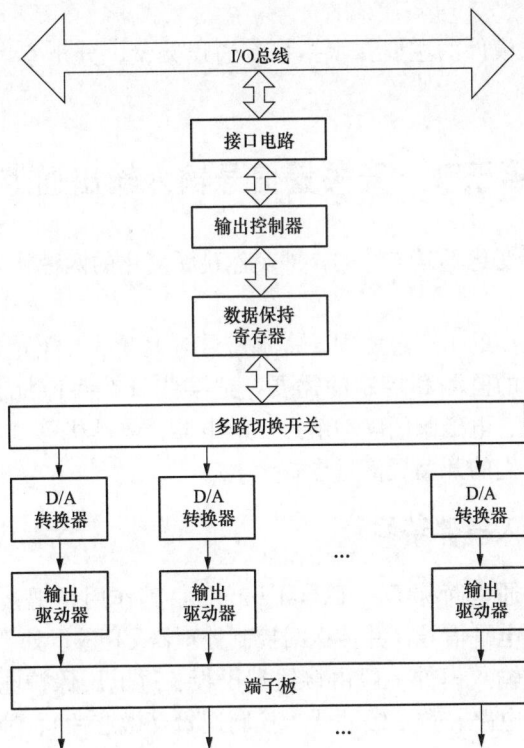

图 11-25 典型的模拟量输出模件的组成框图

2. 模拟量输出模件的结构

模拟量输出模件通常由输出端子板、输出驱动器、数/模转换器、电压/电流转换器、多路切换开关、数据保持寄存器、输出控制器等硬件组成，其核心是 D/A 转换器。

（1）接口电路的作用是负责模拟量输出模件与所挂的 I/O 数据总线桥接和相互通信。

（2）数字保持寄存器一方面用来存储和保持某一输出通道需要转换的数字量，使其输出值不随时间而改变，保持输出的准确性；另一方面还起到总线缓存作用。

（3）多路切换开关则用来周期性分时选通各路模拟量信号，保证在某一时间段内，只对某一个输出进行 D/A 转换。

（4）D/A 转换器的作用是将所接收的数字信号转换为输入相对的模拟量信号。

（5）输出驱动器用于实现输出信号功率的放大，为被控制对象提供适宜的能量。

（6）端子板用作输出信号电缆与模拟量输出模件的连接。

模拟量输出模件通常具有输出短路保护功能，并且模拟量输出模件与 I/O 总线之间以及电源之间通常采取了电气隔离措施，以提高系统的抗噪声能力。

模拟量输出模块的主要技术指标有通道数量、分辨率，稳定时间、负载能力等。

第三节 开关量信号输入输出通道

开关量是指变化不是连续的，即突然跳跃变化的两种状态信号，例如 0 或 1、开或关等。

在火力发电厂的生产过程中，常常需要对大量的开关量信号进行处理。根据生产过程中的监测和控制的需要，把某些只有两种状态的变量信号，如各种限位开关、电磁阀门联动触点、继电器、电动机等开/关状态转换成控制处理器可识别的开关量信号形式。

一、开关量输入模块结构

开关量输入通道简称 DI（Digtal Input），其作用是把被控对象的开关状态转换成逻辑电平信号，并传送给控制处理器 CP 进行处理。分布式控制系统中的开关量输入模块一般由接线端子板、过电压保护电路、电气隔离电路、信号处理电路、数字缓冲器、控制逻辑（微芯片）、地址开关与地址译码器、LED 指示灯等组成，如图 11-26 所示。

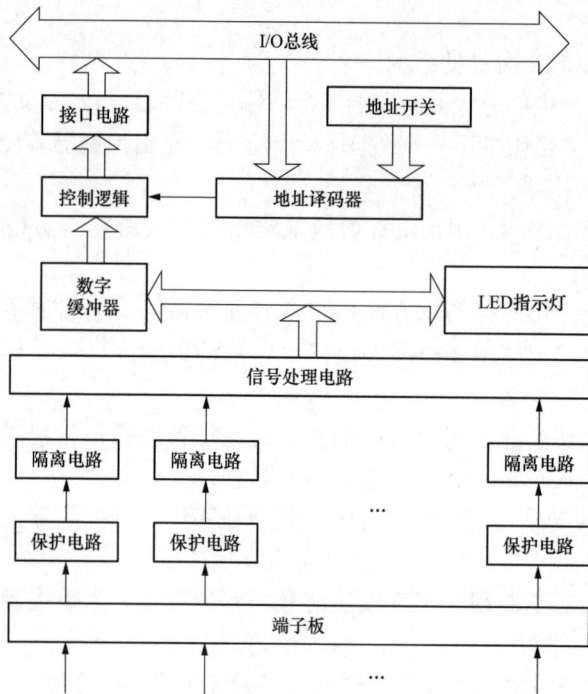

图 11-26 开关量输入模块功能框图

端子板用来连接现场开关量输入信号的电缆；输入信号类型分为有源和无源两种类型。信号查询电压有 24V DC、48V DC、220V AC 等。保护电路对超出通道接收电路规定范围的输入信号进行限制，如实现过电流、过电压保护，以避免输入信号异常而损坏模件。

隔离电路的作用是将现场信号与采集通道进行电气隔离，以防止线路引入的噪声干扰，从而提高了信号的可靠性，这种隔离的电路通常采用光电隔离器件，如图 11-27 所示。

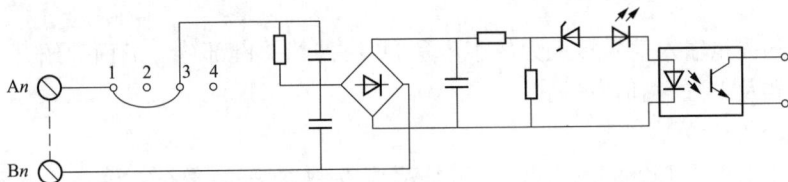

图 11-27　隔离、保护电路示意图（有源双线接法）

信号处理电路的作用是滤除开关量输入信号的抖动噪声，通常由 RC 滤波电路和数字去抖器实现，例如，时间小于 4ms 的状态变化视为干扰信号，不予响应；监测输入电压是否超过规定的阈值，判断现场设备的开、关组态等任务；数字缓冲器用来存放信号处理电路送来的开关状态判断的结果，每一路开关的状态，则用对应缓冲器内的一位二进制数字 1 或 0 来表示，也有用一个字节来表示的，显然用字节表示比位表示的可靠性高得多；只是占用存储器容量要大一些，这种表示方法现已被大多数分布式控制系统采用，如图 11-28 所示。

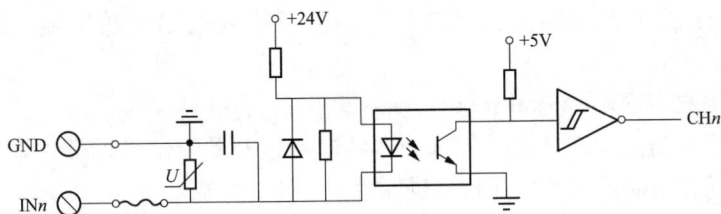

图 11-28　DI 信号处理电路

地址设置开关是用来设置 DI 模件地址编码的器件，通常为拨码开关或跳线器；有的系统把地址开关安装在 DI 模件上，也有的系统把地址开关安装在 DI 模件基座上，总线上的模件选择信号通过地址开关和地址译码器传至控制逻辑。

模件的控制逻辑则根据模件选通的控制信号，分别读取数字缓冲器中各个输入通道的开关状态值，并通过接口送至总线，供有关控制处理器 CP 使用。

模件上的 LED 指示灯每路开关量一个，用来反映各路开关量的当前状态（闭合时 LED 点亮，断开时 LED 熄灭）或反映数字缓冲器的开关量输入状态。

有的开关量输入模件还设有中断电路，当某些输入通道的开关状态发生变化时，开关量输入模件可向有关控制处理器发出中断申请，提请模件的微处理器及时作出处理。

开关量输入模件的主要技术指标：通道容量、输入信号、采样速度、分辨率和隔方式。

二、开关量信号标准

开关量输入信号转换为数字量是 DI 模件的关键部分，下面介绍开关量信号类及 DI 的阈值电平。

1. 开关量信号类

在 GB/T 15969.2—2008《可编程序控制器 第 2 部分：设备要求和测试》中，对于各类数字量输入的一次元件的类型，以及逻辑"0"、逻辑"1"都做了详细规定。

一类数字输入 Digital input，type 1。

用于检测机械式接触开关元件（继电器触点、按钮、开关等）信号的器件，它把一个两态信号转换成一个单比特二进制数。

注：一类数字输入不适用于固态器件，如传感器、接近开关等。

二类数字输入 Digital input，type2。

用于检测固态开关元件（如两线制接近开关）信号的器件，它把一个两态信号转换成一个单比特二进制数。

注 1：这里是指按 GB/T 1408.1—2016 设计的两线制接近开关。

注 2：这类数字输入也可用于一类数字输入或二类数字输入的应用范围。

三类数字输入 Digital input，type3。

用于检测机固态开关元件（如两线制接近开关）信号的器件，它把一个两态信号转换成一个单比特二进制数。

注 1：这类数字输入也可用于一类数字输入的应用。

注 2：三类数字输入的功率特性比二类数字输入低。一般而言，这使得每个模块或产品具有更高的输入信号密度。

三类数字与二类数字的差别在于它与符合 GB/T 1408.1—2016《绝缘材料 电气强度试验方法 第 1 部分：工频下试验》的器件［在关断（Off）的状态下提供电流］兼容。接近开关兼容性是指多数具有二类兼容性的接近开关也具有三类兼容性。

2. DI 的阈值电平

参照 GB/T 15969.2—2008 /IEC 61131-2《可编程序控制器 第 2 部分：设备要求和测试》，工作区由"导通区"、过渡区和"关断区"组成。脱离"关断区"必须使电流大于 I_{min}，同时电压大于 U_{min}。所有输入 U-I 曲线应保持在这些边界条件内。低于零电压区间是直流输入"关断区"的有效部分。

以图 11-28 中的 DI 信号处理电路为例，来说明 DI 电流阱数字输入的 U-I 工作范围。24V DC DI 电流阱数字输入的 U-I 工作范围如图 11-29 所示。

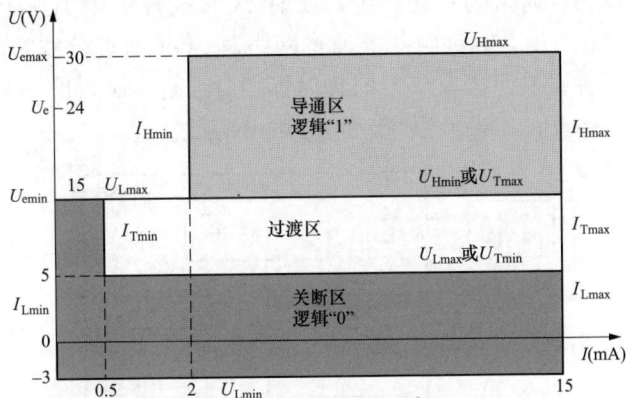

图 11-29　24V DC DI 电流阱数字输入的 U-I 工作范围

逻辑"1"（State 1）：表示触点闭合的状态。

逻辑"0"（State 0）：表示触点断开的状态。

模糊区（Transition Area）：无法确定其逻辑值的过渡区，即状态"1"、状态"0"的不稳定区间。

电压/电流（U/I）工作区：参照 GB/T 15969.2—2008/IEC 61131-2，工作区由"导通区"、过渡区和"关断区"组成。脱离"关断区"必须使电流大于 I_{min}，同时电压大于 U_{min}。所有输入 U-I 曲线应保持在这些边界条件内。低于零电压区间是直流输入"关断区"的有效部分。

三、事件顺序记录（SOE）

事件顺序记录（SOE）通过对监测点的高速采集，来分辨多个事件信号状态变化时间的先后顺序。事件是指重要监测点状态的变化。

SOE 的功能是记录电厂事故发生前后主辅机设备的运行状态、事件发生时间、首发事件和联锁发生事件的间隔顺序。主要用作事故分析，查找事故的第一原因，是对机组进行事故分析的重要依据。SOE 与一般开关量输入的区别是采样周期要快，以防止漏失。

GB/T 36293—2018 规定：输入信号分辨力应不低于 1ms。所有输入通道都应有 4ms 防抖动滤波处理，但不影响 1ms 的分辨率。安装在不同 DPU 中的模块应有可靠的时间同步措施，保证系统 SOE 的分辨率不大于 1ms。

（一）事件顺序记录校时结构

在火力发电厂的实际生产过程中，当出现一次主辅跳闸事件后，会导致一些相关工艺设备发生联锁动作反应，因此在多个开关量动作时间先后的排序时，就需要一个时间基准。

507

解决办法是以北斗（或 GPS）卫星发布的北京时间作标准时钟源，对 SOE 的时钟服务器进行校时，使各过程控制站中 SOE 模件时间同步。

校时的方法很多，这里介绍几种常见的 SOE 事件顺序记录校时结构。

（1）将域内（通常为单元机组）所有 SOE 模件集中到一个 SOE 控制站，如图 11-30 所示。时钟服务器通过网络对 SOE 站进行校时，这样没有控制站间的时钟误差问题，SOE 时钟时标相对准确，缺点是 SOE 点的数量受到限制。如 SPPA T3000 系统、Symphony 系统。

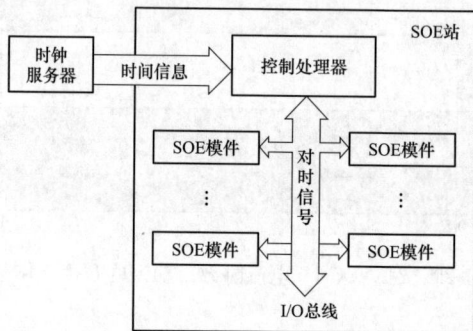

图 11-30　专用 SOE 控制站

（2）将 SOE 模件分散在不同的过程控制站中，时钟服务器通过通信网络（以太网、串行口）对所有过程控制站的 SOE 模件进行校时，各过程控制站对下挂的 SOE 模件再通过专用通信方式进行广播对时。这种 SOE 结构优点是 SOE 点的数量不受限制，但对不同站时钟误差标准要求很高。如 OVATION 系统、MACS-K 系统等。

（二）校时方式

主控单元的时间由服务器校对，对时方式有硬对时和软对时两种，通过组态可选。

分散 SOE 控制站如图 11-31 所示。

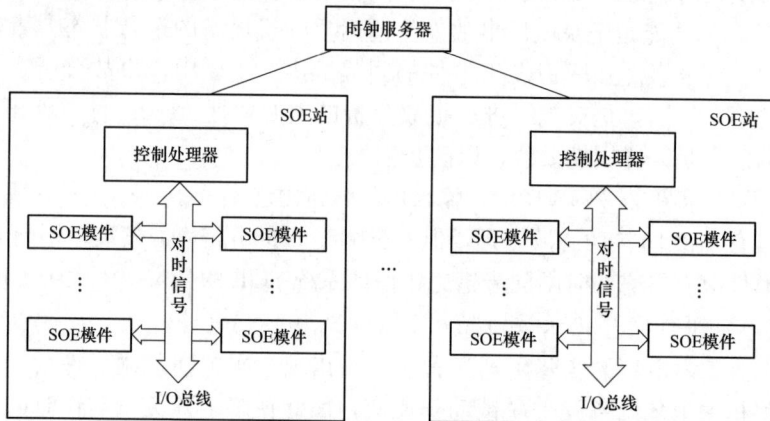

图 11-31　分散 SOE 控制站

1. 分级校时（NTP 对时）

0 级 NTP 时间服务器从外部获取精确的标准时间，向下一级提供时间同步服务。

图 11-32 显示了两个独立的时间同步网络从同一个外部时钟源获取标准时间。

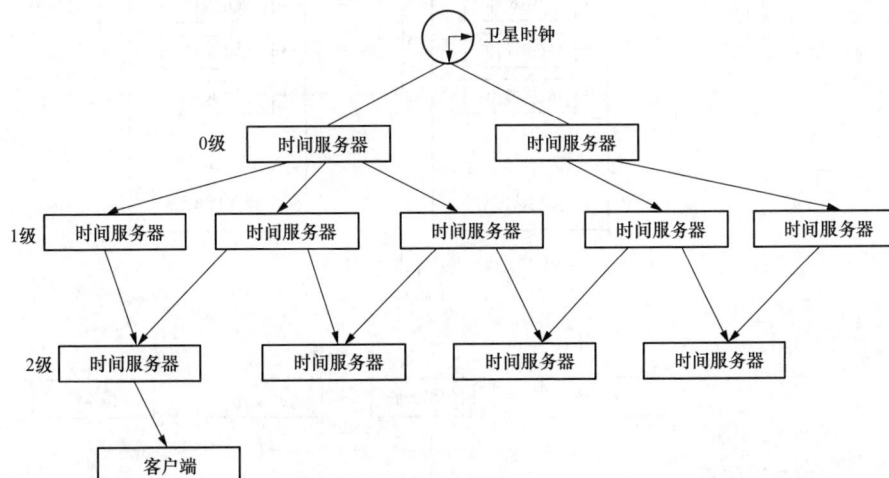

图 11-32　分级校时示意图

1 级 NTP 时间服务器向 0 级 NTP 时间服务器获取时间，2 级 NTP 时间服务器则向 1 级时间服务器获取时间，以此类推。

客户端向其指定的时间服务器获取时间，不必再为其他通信设备提供时间服务。

卫星时钟服务器获取北斗（或 GPS）卫星标准的北京时间信号，时钟服务器通过网络对分布式控制系统的主时钟校时，一般系统主时钟设置在数据服务器、历史站（也有的系统是专用时钟模块）中，主时钟通过同步系统作用是对操作站、数据服务器、控制站等进行校时，时间同步系统从卫星时钟上获取标准的时间信号，将这些信息通过各种接口类型传输给自动化系统中需要时间信息的设备，这样就可以达到整个系统的时间同步。

2. 点对点校时（硬线对时）

时钟服务器通过硬接线对 SOE 模件校时，将卫星时钟上获取的标准时间信号，通过各硬接线直接给 SOE 模件对时，SOE 模件有一个通道作为对时脉冲信号输入通道。点对点校时如图 11-33 所示。

3. 混合式

当 SOE 模件分散在一个域内的多个过程控制站中，如果采用 NTP 分级校时，要做到所有的 SOE 点分辨率在 1ms 之内很不容易，因此，在控制站一层加一级硬线校时，域内有一对控制处理器 CP 为主，对有 SOE 点的其他控制处理器 CP 进行校时，以减小或消除控制站间的时间误差，如图 11-34 所示。

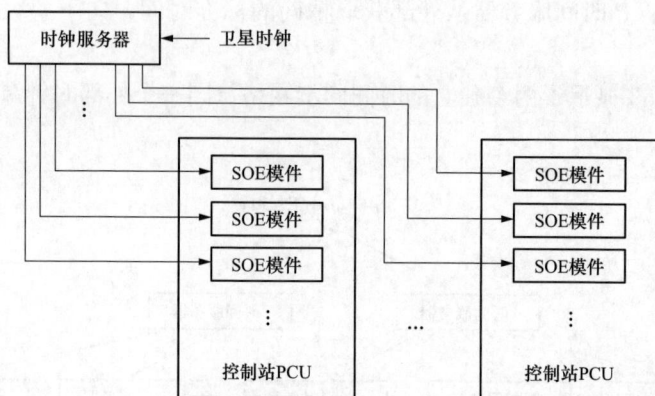

图 11-33　点对点校时

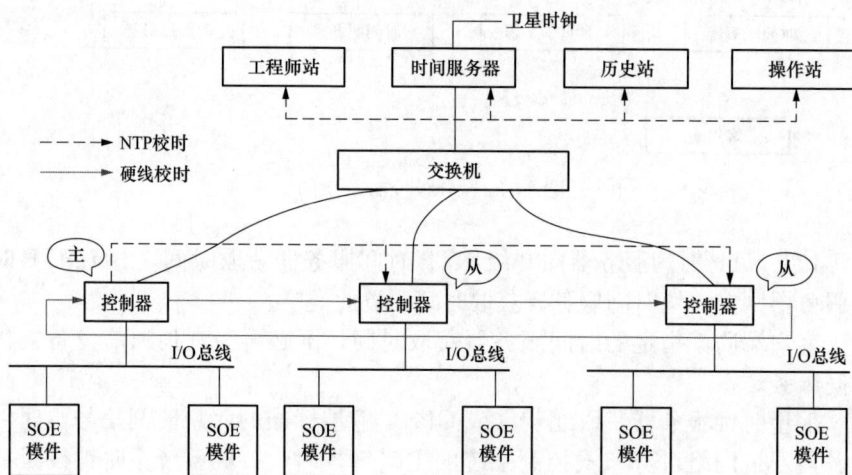

图 11-34　混合式

这样形成了三级校时模式，第一级、第三级为 NTP 校时，第二级为硬接线校时。

4. 时间标签

一般由 SOE 模件对秒、毫秒（$0\sim65\,535$ms）计时，每分钟同步一次；控制处理器 CP 负责对年、月、日、时、分计时，两者拼起来合成 1 个 SOE 事件的完整的时间信息。

（三）SOE 分辨力误差分析

1. 误差因素

实际上，影响 SOE 时间分辨力大小的因素主要有：

（1）SOE 通道的扫描周期的长短，扫描周期越短分辨力越高；

（2）不同 SOE 模件和不同控制器的基准时钟误差及时钟同步误差等。

SOE 时间分辨能力估算为

$$SOE = \Delta T_1 + \Delta T_2 + \Delta T_3 \qquad\qquad (11\text{-}14)$$

式中　ΔT_1——SOE 模件的扫描周期；

　　　ΔT_2——不同 SOE 模件之间的时间偏差；

　　　ΔT_3——不同控制处理器 CP 之间的时间偏差。

2. 误差组成来源

（1）同一 SOE 模件通道之间的时间偏差。扫描顺序产生的时间误差，由于很小，一般可忽略不计。

（2）同一控制站内 SOE 模件之间的时间偏差。不同 SOE 模件间的时间偏差主要原因是由模件的时钟误差和时钟同步误差引起。SOE 模件时钟同步是通过接收控制器的同步信号完成，模件校时信号传递有两种方式。

一种是通过模件与控制器的 I/O 总线传递，这种方式的同步精度在几十微秒级以上；另一种是通过点对点校时，这种方式的同步精度在微秒级以上。

（3）不同控制站内 SOE 模件之间的时间偏差。不同控制器之间的时间偏差主要由控制器主时钟偏差和时钟信号同步误差引起。控制器的校时有两种方式。

一种是通过数据服务器（或历史站）经网络发送 NTP 信号同步控制器的时钟，同步精度一般在秒级，一般不能用作 SOE 站的时钟同步；另一种是通过标准时钟发出脉冲校时信号同步控制器的时钟，同步精度可在微秒级以上。

由上可见，SOE 时间分辨力主要取决于 SOE 模件通道扫描周期的长短；如果控制器不通过专用标准时钟同步，两控制器之间的时间偏差可能很大。

四、开关量输出模件（DO）

开关量输出模件通常由接线端子板、输出驱动电路、电气隔离电路、数据选择器、输出寄存器、控制器、接口电路、地址开关与地址译码器、LED 指示灯等基本部分组成，如图 11-35 所示。

开关量输出模件的主要作用：接收控制处理器 CP 通过 I/O 总线传送的二进制数字量，并把它转换成开关量信号，以便控制与其对应的生产过程设备，如电动机的启/停、继电器的合/断、电磁阀的开/关、指示灯的亮/灭，以及报警系统的逻辑状态等，以实现控制过程的局部功能组乃至整个机组启停的控制。

端子板用来连接现场电缆，向相关设备输出控制信号。不同的分布式控制系统对端子板的功能定义也不一样，有的端子板还设有过电压、过电流保护电路，以保证输出信号的可靠性。

输出电路由隔离电路和驱动电路构成，其作用是使开关量输出模件与

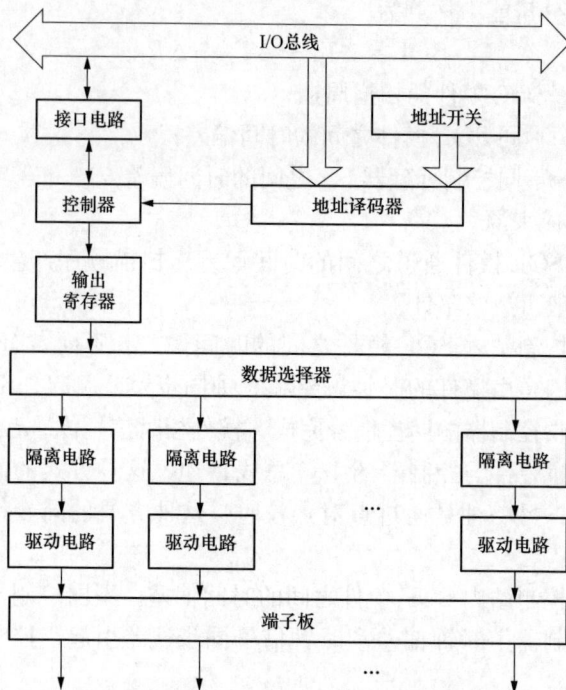

图 11-35　开关量输出模件功能框图

现场设备之间实现电气隔离，并为相关的现场设备提供合适的负载能力；如提供集电极开路输出或继电器、干接点等输出电路形式。

数据选择器切换模件的输出通道，从输出寄存器中读取数据，提供给相应的输出通道。

开关量输出模件的技术指标为输出通道数、通道类型、输出电流和隔离方式等。

五、脉冲量输入模件（PI)

在火力发电厂的生产过程中，有许多脉冲量测量信号，如送风机、引风机转速，空气预热器转速、罗茨式流量计、涡流流量计、涡轮流量计等的输出。PI 模件的基本功能是将来自生产过程的脉冲量信号通过处理转换为数字量，并通过 I/O 总线传给控制处理器 CP。

一般脉冲量输入模件 3 种工作方式如下。

（1）积算方式：用于脉冲数的累计。

（2）频率方式：测量脉冲的频率，测量单位时间内脉冲的个数，一般用于转速的测量。

（3）周期方式：测量脉冲周期，对于频率很低的脉冲，为了得到较高测量精度，通常采用测周期的间隔时间的方式。

虽然各种 PI 模件结构各异，但模件的基本功能可由图 11-36 所示。

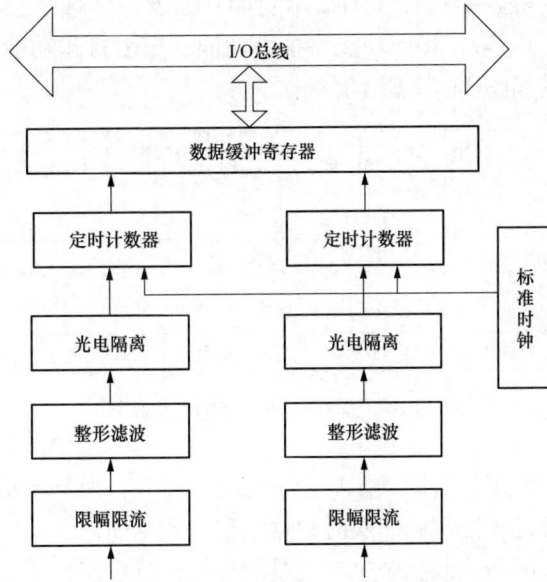

图 11-36 PI 模件基本功能框图

一个 PI 模件一般可接收 1 路、4 路或 8 路脉冲信号输入，每路输入信号经限幅限流、整形滤波、光电隔离后送入各自的可编程定时计数器。

定时计数器根据编程的要求，周期性地测量某一定时间间隔内信号的脉冲数量，并及时将脉冲的计数值和相关的时间信息送至数据缓冲寄存器。

第四节 人机接口（HMI）

人机接口是人与设备之间实现信息交互的设备；在发电厂的生产过程中，运行操作人员需要对生产过程、设备状态进行监视、判断、分析、决策和某些干预，这种决策依赖于生产人机接口设备，一般有两种形式：一类是以显示器为基础的操作站、工程师站、历史站等；另一类是具有显示操作的功能仪表。

一、操作员站

操作员站是电厂运行人员的一种现代化监控工具，通过它可以监视发电机组的运行状况，并可以进行必要的人工干预。

在现代的大型火力发电厂生产过程中，控制的对象众多，需要监视和收集的信息量大，例如一台 660MW 的超临界单元制火力发电机组，需要监控的测点信息达 8000～10 000 之多。操作员站应设计足够的人—机界面功能，使运行人员能够实时监控机组、工艺系统和设备的运行，及时监视和处理异常工况和故障。

典型的操作站包括计算机、显示设备、键盘输入设备、信息存储设备和打印输出设备等，实现强大的显示功能（如模拟参数显示、系统状态显示、多种画面显示等）、操作功能、报警功能、报表打印功能等，操作员站的基本结构框图如图 11-37 所示。

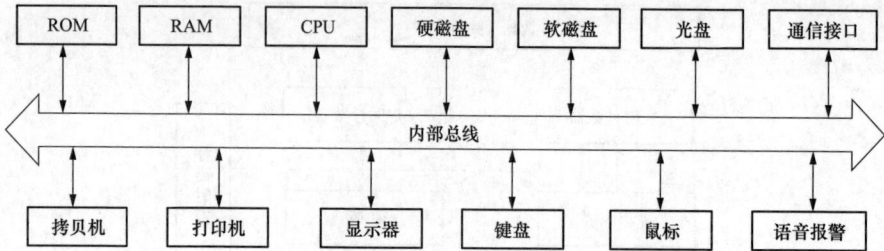

图 11-37 操作员站的基本结构框图

不同系统的操作员站的具体功能可能有所差异，但基本功能包括。

（1）收集各过程控制站的实时数据，建立数据库。

（2）自动监测和控制整个生产工艺流程的运行状态。

（3）在显示器上进行各种显示：如总貌画面、工艺流程图、回路参数、成组参数、报警显示、趋势分析、设备状态、实时数据、历史数据、各种统计报表等。

（4）SOE、事故追忆、操作、事件等记录。

（5）在线变量计算、控制方式切换、逻辑控制和设定值指导控制等。

（6）利用在线数据库进行生产效率、能耗消耗、设备寿命等综合计算。

（7）班报表、月报表、用户定义的报表。

操作员站设置在单元机组的集控室内，单台发电机组的监控按工艺流程的要求，可以配置 4～6 台操作员站，每台操作员站供一位操作员使用，监控不同的工艺过程。为了多人同时监控相同的工艺过程，一般还配置有大屏幕显示器。

二、工程师站

工程师站是创建、编辑和下载过程图像、控制逻辑和过程点数据库必要的工具，是专门用于工艺流程控制功能的组态、过程调试、操作站管理和维护功能的工具。工程师站的基本构成与操作员站的硬件构成基本一致；只是它具有自己的工程师键盘、独立的软件。

（一）GB/T 36293—2018《火力发电厂分散控制系统技术条件》技术要求

（1）基本功能主要包括：

1）系统数据库组态和管理；

2）控制算法应用软件（DPU 控制处理器应用软件）组态、维护、编译、下载、调试；

3）操作员站应用软件组态、维护、编译、下载、调试；

4）组态、设计文档管理、打印。

（2）工程师站宜具有下述功能：

1）应用软件在线下载；

2）控制逻辑和算法在线强制状态和数值。

工程师站应设置软件保护密码，以防非授权下改变控制策略、应用程序和系统数据库。

（二）功能组态

1. 系统组态功能

该功能用来确定硬件组态和连接关系，以及控制逻辑和控制算法等。从工艺流程控制的要求出发，将分布式系统所具有的功能连接起来，配置成一个可供执行的应用软件的过程，称为系统组态。

2. 在线修改组态和下载

DCS应具备在线修改应用软件组态的功能，能够在线修改DPU应用程序中的可调整参数，可以调整量程和状态等。在线修改应保证DPU数据同步和无扰切换，在线下载修改后的组态不造成DPU的运算波动或故障。

3. 操作员站组态功能

工程师站除对过程控制站的功能进行组态外，还要对操作员接口进行组态，包括选择确定系统运行时操作员接口所使用的设备和装置，建立操作员接口与相关设备之间的对应关系，利用工程师站提供的标准软件，对监视、记录等所需要的数据库，显示器监控图形和显示画面进行组态，画面组态是工程师站的一个重要内容。组态软件的组态内容见表11-2。

表 11-2　组态软件的组态内容

组态分类		组态内容
系统结构组态		系统规模的确定，站号的定义
数据组态	测量数据	模拟输入量、输出量和数字输入量、输出量的定义
	历史数据库	历史数据的选择，存储时间间隔、起止时间的确定
	虚拟点	虚拟点的定义
控制组态	连续控制	分布式控制系统的生成，调节器整定参数的设定，控制算法的扩展
	顺序控制	时间图的生成，逻辑条件的确定，计时器/计数器的设定
图形文件组态		工艺流程总图和分图的生成，主要测量参数的动态显示的定义、各种文件的生成
显示组态		画面显示、趋势显示、文件显示的定义，快速画面调用的定义、操作登记

经过系统组态后，只要把生成的应用软件向下装到各个过程控制站，就可以具体执行。

三、历史站

采用客户/服务器结构。它为整个过程控制系统的过程数据、报警、SOE、记录和操作员事件，提供大容量的存储和恢复信息。通常历史站具有高速、高效和高度灵活的特点，有效地组织实时过程数据和系统信息，提供给操作员站、工程师站和系统维护人员，作为分析事故或总结过程运行经验的依据。

按照 GB/T 36293—2018 要求，DCS 宜设置单独的历史数据站。在不影响操作员站性能的前提下，可将历史数据存储功能包含在操作员站或 HMI 服务器中。

能够选择不同的存储周期存储历史数据，最快应达到 1s。对于模拟量可选择平均值、最大值、最小值等方式存储；对开关量可采用变位存储。

历史站硬盘容量应能够满足至少存储 6 个月数据的要求。

国家能源集团
CHN ENERGY

技术技能培训系列教材

电力产业（火电）

热工控制

（中册）

国家能源投资集团有限责任公司　组编

中国电力出版社
CHINA ELECTRIC POWER PRESS

内 容 提 要

本系列教材根据国家能源集团火电专业员工培训需求，结合集团各基层单位在役机组，按照人力资源和社会保障部颁发的国家职业技能标准的知识、技能要求，以及国家能源集团发电企业设备标准化管理基本规范及标准要求编写。本系列教材覆盖火电主专业员工培训需求，作者均为长期工作在生产第一线的专家、技术人员，具有较好的理论基础、丰富的实践经验。

本教材为《热工控制》分册，为了满足热控专业人员的培训需要，本教材针对目前应用于火电机组最新的控制技术进行了编写与论述。本教材共四十章，详细讲述热工测量仪表与执行机构、分散控制系统（DCS）、现场总线控制技术（FCS）、热工过程自动控制、锅炉保护与热工程控、汽轮机控制系统、机组级程序控制系统（APS）等内容。

本教材可作为国家能源集团热工人员进行职业技能考核鉴定前的培训和自学教材，也可作为高校学生和工程技术人员的参考用书。

图书在版编目（CIP）数据

热工控制/国家能源投资集团有限责任公司组编. -- 北京：中国电力出版社，2024. 11.
（技术技能培训系列教材）. -- ISBN 978-7-5198-9003-2

Ⅰ. TM621.4

中国国家版本馆 CIP 数据核字第 2024Y7D533 号

出版发行：中国电力出版社
地　　址：北京市东城区北京站西街 19 号（邮政编码 100005）
网　　址：http://www.cepp.sgcc.com.cn
责任编辑：宋红梅　娄雪芳（010-63412375）　董艳荣
责任校对：黄　蓓　郝军燕　李　楠
装帧设计：张俊霞
责任印制：吴　迪

印　　刷：三河市万龙印装有限公司
版　　次：2024 年 11 月第一版
印　　次：2024 年 11 月北京第一次印刷
开　　本：787 毫米×1092 毫米　16 开本
印　　张：101.5
字　　数：1967 千字
印　　数：0001—2600 册
定　　价：395.00 元（上、中、下册）

序　言

习近平总书记在党的二十大报告中指出，教育、科技、人才是全面建设社会主义现代化国家的基础性、战略性支撑；强调了培养造就更多大师、战略科学家、一流科技领军人才和创新团队、青年科技人才、卓越工程师、大国工匠、高技能人才的重要性。党中央、国务院陆续出台《关于加强新时代高技能人才队伍建设的意见》等系列文件，从培养、使用、评价、激励等多方面部署高技能人才队伍建设，为技术技能人才的成长提供了广阔的舞台。

致天下之治者在人才，成天下之才者在教化。国家能源集团作为大型骨干能源企业，拥有近 25 万技术技能人才。这些人才是企业推进改革发展的重要基础力量，有力支撑和保障了集团公司在煤炭、电力、化工、运输等产业链业务中取得了全球领先的业绩。为进一步加强技术技能人才队伍建设，集团公司立足自主培养，着力构建技术技能人才培训工作体系，汇集系统内煤炭、电力、化工、运输等领域的专家人才队伍，围绕核心专业和主体工种，按照科学性、全面性、实用性、前沿性、理论性要求，全面开展培训教材的编写开发工作。这套技术技能培训系列教材的编撰和出版，是集团公司广大技术技能人才集体智慧的结晶，是集团公司全面系统进行培训教材开发的成果，将成为弘扬"实干、奉献、创新、争先"企业精神的重要载体和培养新型技术技能人才的重要工具，将全面推动集团公司向世界一流清洁低碳能源科技领军企业的建设。

功以才成，业由才广。在新一轮科技革命和产业变革的背景下，我们正步入一个超越传统工业革命时代的新纪元。集团公司教育培训不再仅仅是广大员工学习的过程，还成为推动创新链、产业链、人才链深度融合，加快培育新质生产力的过程，这将对集团创建世界一流清洁低碳能源科技领军企业和一流国有资本投资公司起到重要作用。谨以此序，向所有参与教材编写的专家和工作人员表示最诚挚的感谢，并向广大读者致以最美好的祝愿。

2024 年 11 月

前　言

近年来，随着我国经济的发展，电力工业取得显著进步，截至 2023 年底，我国火力发电装机总规模已达 12.9 亿 kW，600MW、1000MW 燃煤发电机组已经成为主力机组。当前，我国火力发电技术正向着大机组、高参数、高度自动化方向迅猛发展，新技术、新设备、新工艺、新材料逐年更新，有关生产管理、质量监督和专业技术发展也是日新月异。现代火力发电厂对员工知识的深度与广度，对运用技能的熟练程度，对变革创新的能力，对掌握新技术、新设备、新工艺的能力，以及对多种岗位工作的适应能力、协作能力、综合能力等提出了更高、更新的要求。

我国是世界上少数几个以煤为主要能源的国家之一，在经济高速发展的同时，也承受着巨大的资源和环境压力。当前我国燃煤电厂烟气超低排放改造工作已全面开展并逐渐进入尾声，烟气污染物控制也已由粗放型的工程减排逐步过渡至精细化的管理减排。随着能源结构的不断调整和优化，火电厂作为我国能源供应的重要支柱，其运行的安全性、经济性和环保性越来越受到关注。为确保火电机组的安全、稳定、经济运行，提高生产运行人员技术素质和管理水平，适应员工培训工作的需要，特编写电力产业技术技能培训系列教材。

本教材为《热工控制》，是以火力发电厂的热工测量与执行机构、控制技术基础知识与现行有效的热工相关国家标准和行业标准相结合为基础，阐述了火电厂热工测量与控制中涉及的一些基本概念、维护方法和调试中应注意的问题，能够覆盖热工检测、执行机构、分散控制系统、自动控制、程控与保护、汽轮机数字电液控制系统的培训需求。

本教材将基本知识、专业知识和操作技能有机地结合起来，重点介绍了操作方法和维护技术，有利于培养学员的实际操作能

力，具有很强的基础性和实用性。本教材不仅可作为火电厂热工人员的技术技能培训教材，也可作为高校学生和工程技术人员的参考用书。

编写组

2024 年 6 月

目　　录

第二篇　分布式控制系统

（中册）

第四篇　热工过程自动控制

（下册）

第六篇　汽轮机控制系统

第七篇　机组级程序控制系统（APS）

第十二章 数/模和模/数转换

分布式控制系统以微处理（CP）为核心，实现对生产过程的数据采集、控制和保护功能。由于被控对象大多数是连续生产过程系统，所以过程控制是以连续控制为基础。但是微处理器只能处理数字信号和离散的数学模型，为此，首先需将连续过程进行离散化，将其变换为离散的数学模型，然后才能交给控制器来处理。

第一节 模拟量参数采样原理

分布式控制系统的控制过程，可视为被控对象信号的采样、处理、数字化和输出的过程。而来自被控参数（例如电压、电流、温度、压力、流量，料位和成分等）大部分是模拟信号。因此，在 DCS 系统中需要进行模拟量与数字量信号之间的相互变换。

一、模拟量采样过程

模拟量采样是指模拟信号的输入，DCS 控制系统的信号流程如图 12-1 所示。

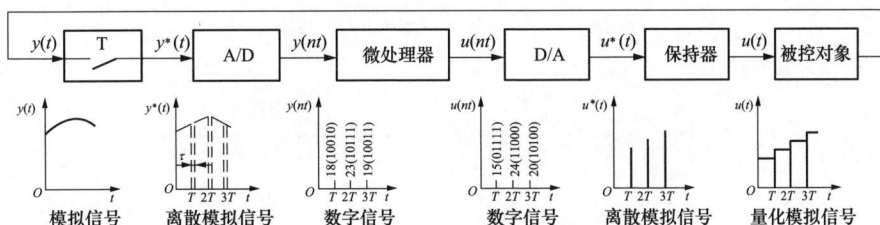

图 12-1 DCS 控制系统的信号流程图

采样过程中主要有以下四种信号。

（1）模拟信号 $y(t)$ ——在时间上连续及幅值上也连续的信号。

（2）离散模拟信号 $y^*(t)$、$u^*(t)$ ——在时间上离散而幅值上离散的信号。

（3）数字信号 $y(nT)$、$u(nT)$ ——在时间上离散，幅值上也离散量化的信号。

（4）量化模拟信号 $u(t)$ ——在时间上和数量上都是连续的物理量（采样间隔时间 T 足够小），而幅值上为准连续的模拟信号。

这几种信号之间的转换，是由采样器、A/D 模/数转换器、CP 微处理器、D/A 数/模转换器、保持器等部件来完成的。

如图 12-2 所示，把在时间及幅值均连续的模拟信号 $y(t)$，按一定的间隔时间 T，在时间点 0，T，$2T$，$\cdots$，nT 上转变为一系列离散脉冲模拟信号 $y^*(t)$ 的过程称为采样过程，实现采样的部件叫采样器或采样开关，在采样期间（采样开关闭合），采样信号与原信号相同，在其余时间内（采样开关断开），采样信号为零。一般说来，采样开关按一定时间间隔 T 重复接通与断开动作，称 T 为采样周期。

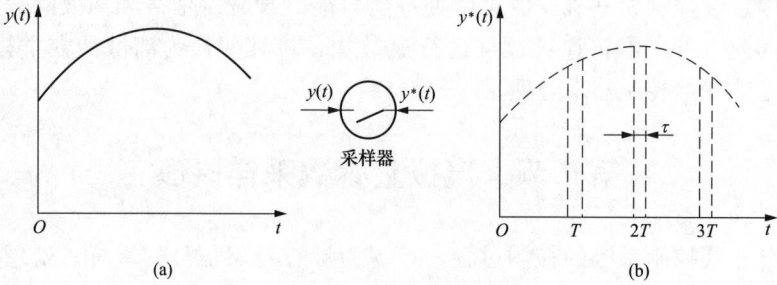

图 12-2 采样过程
（a）连续的模拟信号；（b）离散的脉冲模拟信号

采样信号可以描述为

$$y^*(t) = p(t)y(t) \tag{12-1}$$

其中 $p(t)$ 是幅值为 1，周期为 T，宽度为 τ 的脉冲序列，如图 12-3（a）所示。

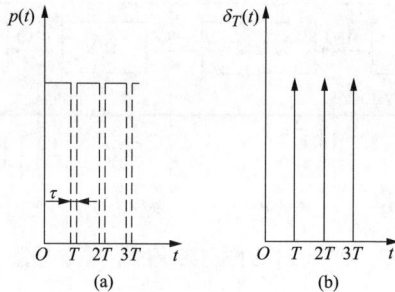

图 12-3 采样过程
（a）单位脉冲序列；（b）单位脉冲模拟信号

图 12-3 中，如果采样开关的闭合时间 τ 远小于采样周期 T 时，可以近似地认为采样信号 $y^*(t)$ 是 $y(t)$ 在采样开关闭合时的瞬时值，再经 A/D 转换成数字脉冲序列 $y(T)$，$y(2T)$，$\cdots$，$y(nT)$。$y^*(t)$ 和 $y(nT)$ 间仅差 A/D 转换过程中的量化误差，这在数字处理上是等价的，可以认为

$$p(t) \approx \delta(t) \tag{12-2}$$

其中 $\delta_T(t)$ 为单位脉冲序列，如图 12-3（b）所示，当采样开关的闭合时间 $\tau \ll T$ 时，可以把实际采样开关近似地看作理想采样开关，因此，采

样信号 $y^*(t)$ 可以描述为

$$\delta_T(t) = y(t) \sum_{n=0}^{\infty} \delta(t - nT)$$

式中 $\delta(t-nT)$ 为发生在 $t=nT$ 时刻的理想采样脉冲，其中 $\delta(t)$ 为单位脉冲函数。

$$\delta_T(t) = \begin{cases} \infty & (t=0) \\ 0 & (t \neq 0) \end{cases}$$

因此，将式（12-2）代入式（12-1），得

$$y^*(t) = y(t)\delta(t) = y(t) \sum_{n=0}^{\infty} \delta(t - nT) \tag{12-3}$$

因已假设 $\delta(t-nT)$ 为理想采样脉冲，因而 $y^*(t)$ 只与 $y(t)$ 在脉冲出现瞬间的值 $y(nT)$ 有关，而与采样时刻以外的值无关。这样，可将式（12-3）改写为

$$y^*(t) = \sum_{n=0}^{\infty} y(nT)\delta(t - nT) \tag{12-4}$$

选择采样周期 T 的理论依据是奈奎斯特采样定理，它给出了从采样信号 $y^*(t)$ 唯一的复现原信号 $y(t)$ 所必需的最低采样频率。

二、奈奎斯特采样定理

连续时间模拟信号的时域抽样是美国电信工程师奈奎斯特（Harry Nyquist）在 1928 年首先提出，因此称为奈奎斯特采样定理。1933 年由俄国工程师科捷利尼科夫（V. A. Kotelnikov）首次用公式准确系统地阐述了抽样定理，因此在俄国的文献中称为科捷利尼科夫采样定理。

1948 年信息论的创始人克劳德香农（Claude Elwood. Shannon）对采样定理进行了明确的说明，并正式作为定理引用，因而在很多文献中又称为香农采样定理。

香农采样定理：如果随时间变化的模拟信号的最高频率为 ω_{max}，只要采样频率 $\omega_S \geq 2\omega_{max}$，那么取出的脉冲序列 $y_1(t)$，$y_2(t)$，$\cdots$，$y_n(t)$，就可以复原 $y(t)$。

即采样定理可以描述为：设原始连续信号为 $y(t)$，则采样频率 ω_S 必须大于或等于原始信号的最高频率 ω_{max} 的两倍时，采样数据 $y^*(t)$ 才能毫无失真地恢复模拟信号 $y(t)$，即

$$\omega_S \geq 2\omega_{max} \text{ 或 } T < \pi/\omega_{max} \tag{12-5}$$

我们下面来分析采样定理正确性，假设：$y(t)$ 的频率特性为 $y(\omega)$，则 $y^*(t)$ 的频率特性为

$$Y^*(\omega) = \frac{1}{T} \sum_{k=-\infty}^{\infty} Y[j(\omega + k\omega_S)] \tag{12-6}$$

式中 ω_S——采样角频率，$\omega_S = \dfrac{2\pi}{T}$。

通常，连续信号频谱的带宽是有限的，如图 12-4（a）所示，上限频率为 ω_{max}。而离散信号 $y^*(t)$ 的频谱则是以 ω_S 为周期的无限多个频谱，如图 12-4（b）、图 12-4（c）所示。

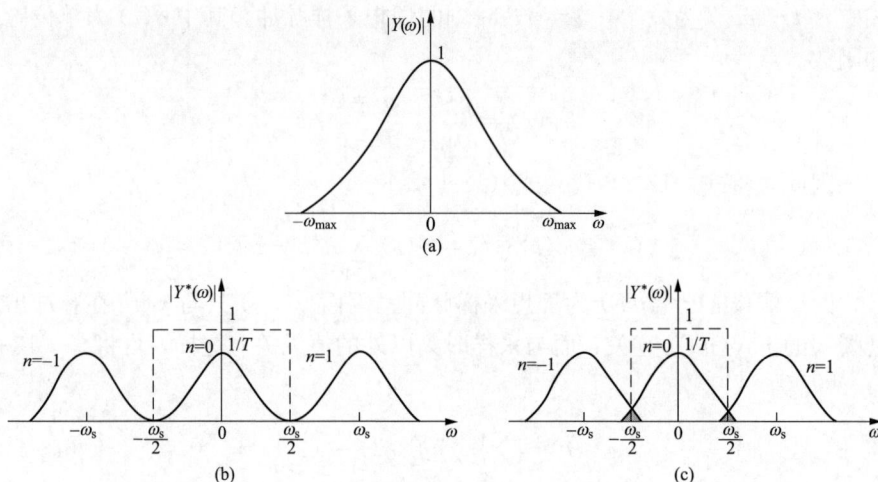

图 12-4　信号频谱
（a）连续信号频谱；（b）无重叠的离散信号频谱；（c）有重叠的离散信号频谱

当 $\omega_S > 2\omega_S$ 时，离散采样信号 $y^*(t)$ 的频谱 $|Y^*(\omega)|$ 是由无限多个孤立频谱组成离散频谱，其中 $n = 0$ 对应的便是 $y(t)$ 的频谱，只是幅值为原来的 $1/T$，其他 $|n| \geqslant 1$ 对应的各项频谱，都是由采样频率产生的高频频谱。由图 12-4（b）可知，当 $\omega_S \geqslant 2\omega_{max}$ 时，相邻的频谱就不会重叠。如果把采样后的离散信号 $y^*(t)$ 加到图中虚线所示的理想低通滤波器上，在滤波器的输出端得到的频谱将准确地等于 $y(t)$ 的频谱 $|Y^*(\omega)|$ 的 $1/T$ 倍。经过放大器放大 T 倍，便可以从不失真地恢复原始信号 $y(t)$。

随着 ω_S 的降低，相邻的频谱将会靠近，当 $\omega_S < 2\omega_S$ 时，相邻频谱将会出现重叠，如图 12-4（c）所示，$y^*(t)$ 在 $n = 0$ 的离散频谱与 $y(t)$ 的连续频谱之间产生了畸变。此时，即使仍用理想的低通滤波器，$y^*(t)$ 经滤波后也恢复不了原始信号 $y(t)$，即信号产生了畸变。

三、信号的保持

由于采样信号仅在采样时刻有输出值，其余的时刻输出为零，所以，在两次采样的中间时刻，信号存在一个如何实现保持的问题。

复现的方法是采用保持器，其保持器工作原理是根据现在时刻或过去时刻的采样值，再通过常数、线性函数、抛物线函数等去逼近两个采样时刻之间的原信号。这样，保持器可分为零阶保持器、一阶保持器及高阶保持器。

最常用的保持器是零阶保持器，保持过程如图 12-5 所示。

它把当前采样时刻 nT 的采样值 $y(nT)$ 保持到下一个采样时刻（$n +$

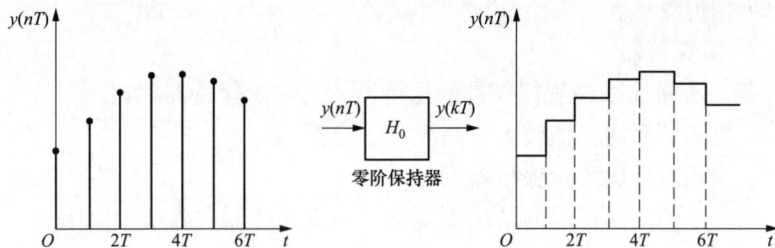

图 12-5 零阶保持器保持过程

1)T。也就是说，零阶保持器仅仅是根据 nT 时刻的采样值按常数外推，直至下一个采样时刻 $(n+1)T$ 的到来，然后换成新的采样值 $y[(n+1)T]$ 再继续外推。

由零阶保持器将采样信号 $y(nT)$ 恢复成原信号 $y(t)$，如图 12-6 （a）所示。

很显然，只有当采样周期 T 足够小时，恢复信号 $y_n(t)$ 才会比较接近原信号 $y(t)$。

保持器的外推公式一般形式为

$$y(nT+\Delta t)=a_0+a_1\Delta t+a_2\Delta t^2+\cdots+a_m\Delta t^m \tag{12-7}$$

式 （12-7） 称为 m 阶外推公式，代表 m 阶保持器，其中 a_i 为待定值，$i=0$，…，m。

当 $m=0$ 时，得到零阶保持器的外推公式

$$y(nT+\Delta t)=y(nT) \quad 0\leqslant\Delta t<T \tag{12-8}$$

当 $m=1$ 时，即为一阶保持器的外推公式，则

$$y(nT+\Delta t)=y(nT)+\Delta t[\mu(nT)-y(nT-T)]/T \quad 0\leqslant\Delta t<T$$
$$\tag{12-9}$$

一阶保持器是利用 nT 和 $(n-1)T$ 时刻的采样值作直线外推，斜率为 $[y(nT)-y(nT-T)]/T$，如图 12-6 （b） 所示。

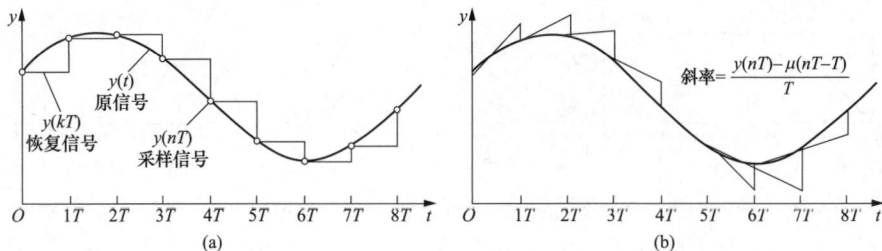

图 12-6 保持器的信号恢复

（a） 零阶保持器；（b） 一阶保持器

1. 零阶保持器

（1）输出信号是恒值 $y_n(t)$ 外推的阶梯波，并含有高次谐波。

（2）相位滞后。

2. 一阶保持器

它是一种按照线性规律外推的保持器，与零阶保持器相比：

（1）幅频特性的幅值较大，高频分量也大。

（2）相角滞后比零阶保持器大。

（3）由于一阶保持器的结构更复杂，一阶保持器实际很少使用。

四、采样周期的选择

采样定理为选择采样周期奠定了理论基础，给出了不产生重叠现象的最大采样周期，也就是给出了采样周期的上限。

但在实际应用中，连续信号的最高频率是不易确定的。连续信号往往包含有各种噪声，而采样理论要求所有的采样值取得后，才能确定时间函数 $y(t)$，对于连续运行的分布式控制系统来说也很难确定采样周期的上限。

从控制角度考虑，希望采样周期越短越好，以达到较好的控制品质。采样周期越小，就不会失去信号的主要特征，就越接近连续控制。

但从执行元件的动作角度来看，有时需要输出信号保持一定的宽度，如通过控制步进电动机时，输出信号要达到所要求的幅度需要一定的时间，在这段时间内要求输出信号值不应发生变化。因此采样周期要大于这一时间，否则执行元件就不能完成预定的调节规律动作。

图 12-7 所示为不同属性对象采样周期的经验选择方法。从控制器的工作量来看，则又希望采样周期大一些，特别是在多回路控制系统中，每个回路的控制算法需要有足够的时间来完成。在这种情况下，需对不同动态特性的控制对象要分别选择采样周期。由以上分析可见，采样周期受各方面因素的影响，有些甚至是相互矛盾，因而需要根据控制对象的具体情况进行折中选择。

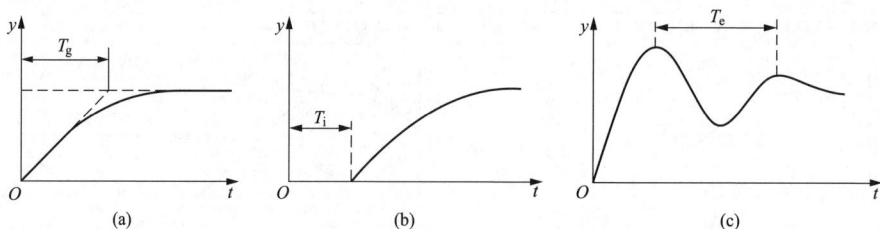

图 12-7　不同属性对象采样周期的经验选择方法

（a）单容过程 $\leqslant 0.1T_g$；（b）滞后过程取 $\leqslant 0.1T_i$；（c）振荡过程取 $T \leqslant 0.1T_e$。

工业过程控制中，一般的控制对象都有低通的性质。一般来说，所要采集模拟量与本身的属性有关，时间惯量小的模拟量采用较快的采样周期，如电压、电流等的模拟量；时间惯量大的模拟量可以采用较长的采样周期，如锅水的温度，因为它变化缓慢。表 12-1 列出了采样周期的参考值。

表 12-1　采样周期的参考值

被测量	采样周期（s）	备注	物理量	采样周期（s）	备注
流量	1～5	优先选用 1～2s	温度	15～20	获取纯延迟时间
压力	3～10	优先选用 6～8s	成分	15～20	
液位	6～8				

第二节　D/A 数模转换器

一、D/A 的基本结构与工作原理

数/模转换（Digital to Analog，D/A）的作用是把数字信号转换成模拟信号，实现 D/A 转换的电路称为 DAC（Digital Analog Converter）。实现 A/D 转换的电路称为 ADC（Analog Digital Converter）。随着分布式控制系统在自动控制领域的广泛应用，模拟量与数字量之间的转换是控制过程中不可缺少的组成环节。

因为微处理器只能处理数字信号，必须将传感器采集到的模拟电信号转换成数字信号，经微处理器进行处理的数字信号再转换成模拟信号来控制执行器，如图 12-8 所示。

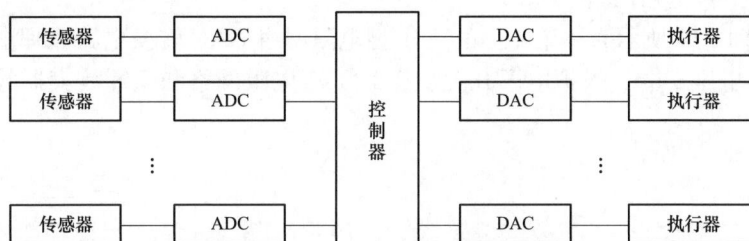

图 12-8　典型的分布式控制系统框图

一般 D/A 转换器内部电路构成差异不大，按输出分为电流型、电压型，能否做乘法运算等进行分类，有的采用恒定基准电压；也有的在数字输入与基准电压输入相乘后输出，称为乘算型 D/A 转换器，这种 D/A 转换器一般不但可以进行乘法运算，且还可以作为输入信号数字化的衰减器及调制器使用。D/A 转换器的数据输入可采用并行或串行方式。

（一）DAC 转换器的基本结构

输入的数字量是用代码按数位组合起来表示的，每位代码都有一定的数权。为了将数字量转换成模拟量，需将每一位代码按其数权的大小转换成相应的模拟电压，然后将代表各位的模拟电压相加，所得总模拟电压就与输入的数字量的大小成比例，这样就完成了数/模转换。DAC 的基本结构框图如图 12-9 所示。

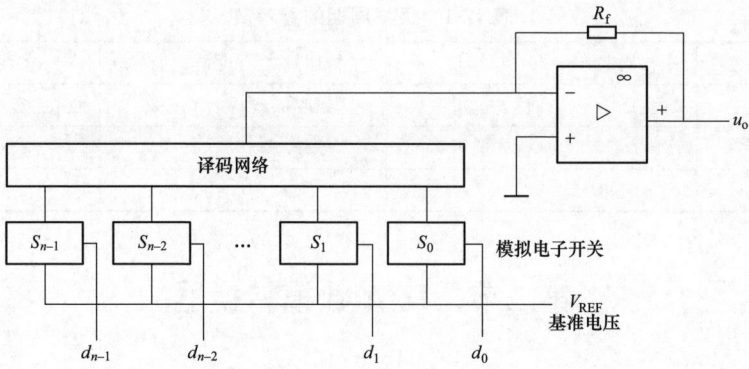

图 12-9　DAC 的基本结构框图

DAC 的基本结构可分成 4 个部分：基准电压 V_{REF}、模拟电子开关 S、译码网络及求和运算放大器。如果数据输入来自 CPU，还需带有数据锁存器，以维持数据的稳定。

常用 DAC 主要有权电阻网络 DAC、R-2RT 形电阻网络 DAC、倒 T 形电阻网络 DAC 和权电流型 DAC4 种类型。其中，后两者转换速度快，性能好，因而被广泛采用，权电流网络 DAC 转换精度高，性能最佳。

（二）DAC 的工作原理

1. T 型电阻网络 DAC

图 12-10 所示为一个 4 位的正 T 型电阻网络 DAC 转换电路原理图。它由基准电压 V_{REF}、模拟电子开关、R-2RT 型电阻网络和运算放大器等几部分构成。

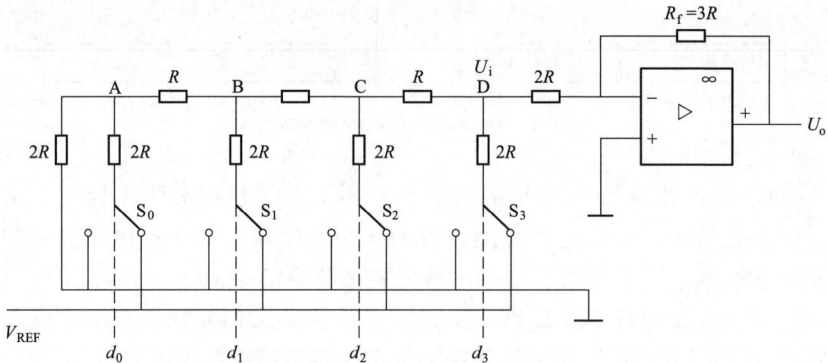

图 12-10　4 位的正 T 型电阻网络 DAC 转换电路原理图

4 个模拟电子开关 S_3、S_2、S_1、S_0 分别受对应数位的二进制数码所控制。当某位数码位为 1 时，则由它对应的模拟电子开关 S_i 自动接到基准电压 V_{REF} 上；当某位数码位为 0 时，则由它对应的模拟电子开关 S_i 自动接到基准电压源的参考地上。各级等效电压源为

$$U_A = \frac{1}{2}(d_0)V_{REF}$$

$$U_B = \frac{1}{2^2}(d_1 2^1 + d_0 2^0)V_{REF}$$

$$U_C = \frac{1}{2^3}(d_2 2^2 + d_1 2^1 + d_0 2^0)V_{REF}$$

$$U_D = \frac{1}{2^4}(d_3 2^3 + d_2 2^2 + d_1 2^1 + d_0 2^0)V_{REF}$$

$$(12\text{-}10)$$

为了便于分析，将 T 型电阻网络画成如图 12-11（a）所示的形式。利用戴维南定理自 $A\text{-}A$ 断面向右逐级化简后的等效电路，如图 12-11（b）所示。可见从 DD 端向左看去的等效电阻为 R，等效电压源为 U_3，如图 12-11（c）所示，可等效成图 12-11（d）所示的形式。

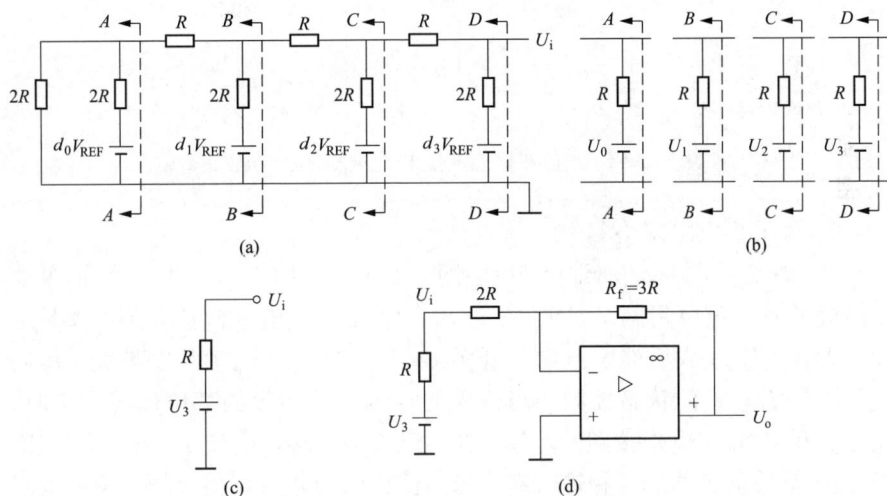

图 12-11　各级 T 型电阻网络的等效电路

（a）T 型电阻网络；（b）各级 T 型电阻网络的等效电路；

（c）从 DD 端向左看去的等效电路；（d）等效电路

由图 12-11（d）等效电路可知，经运算放大求和后的输出模拟电压为

$$U_o = -U_3 = -\frac{V_{REF}}{2^4}(d_3 2^3 + d_2 2^2 + d_1 2^1 + d_0 2^0) \qquad (12\text{-}11)$$

输出的模拟电压正比于输入的数字信号，这样就实现了数字信号到模拟信号的转换。将数码推广到有 n 位的情况，可得输出模拟量与输入数字量之间关系的一般表达式为

$$U_o = -\frac{V_{REF}}{2^n}(d_{n-1} 2^{n-1} + d_{n-2} 2^{n-2} + \cdots + d_0 2^0) \qquad (12\text{-}12)$$

图 12-12 所示为一位双极型模拟电子开关的原理电路。当输入数字代码位 $d_i = 1$（高电平）时，V_P、V_2 管均截止，V_3 管饱和导通，V_4 管截止，相当于该位电子开关 S_i 与基准电压源 V_{REF} 接通；当 $d_i = 0$（低电平）时，V_1、

V_2 管均饱和导通，V_3 管截止，V_4 管导通，相当于该位电子开关 S_i 与地接通。

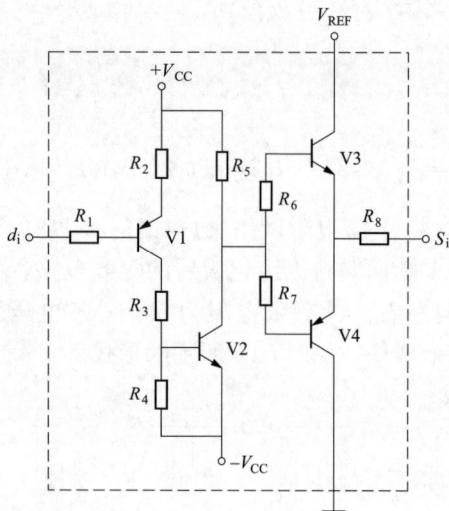

图 12-12　一位双极型模拟电子开关的原理电路

2. 倒 T 型电阻网络 DAC

图 12-13 所示为 4 位倒 T 型电阻网络 DAC，图 12-13 中 R、2R 两种电阻构成了倒 T 型电阻网络，S_3、S_2、S_1、S_0 是 4 个电子模拟开关，A 是求和放大器，V_{REF} 是基准电压源。开关 S_3、S_2、S_1、S_0 的状态受输入代码 d_3、d_2、d_1、d_0 的状态控制。当输入的 4 位二进制数的某位代码为 1 时，相应的开关 S_i 将电阻接到运算放大器的反相输入端，电流 I_i（$i=0.1$、2、3）流入运算放大器的反相输入端；当某位代码为 0 时，相应的开关将电阻接到运算放大器的同相输入端，即电流 I_i（$i=0$、1、2、3）流入地。

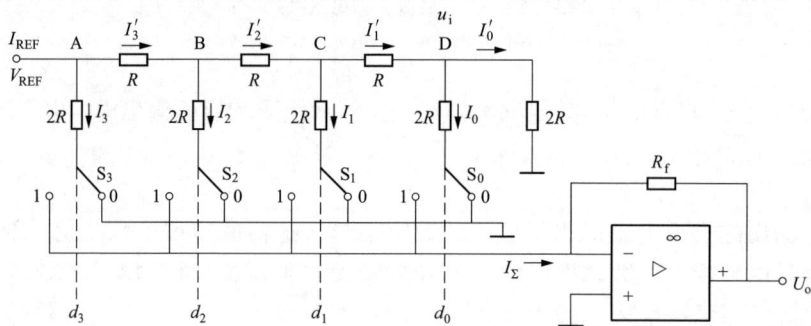

图 12-13　4 位倒 T 型电阻网络 DAC

根据运算放大器虚短的概念，图 12-13 中运算放大器的反相输入端为虚地，因此，不管输入代码为 0 或 1，都可将 2R 看作接地，这样，各支路的电流便始终不变。由 V_{REF} 输出的总电流 I_{REF} 也不变，其值 $I_{REF}=V_{REF}/R$。同时

$$I_3 = I_3' = \frac{I_{\text{REF}}}{2}; \quad I_2 = I_2' = \frac{I_{\text{REF}}}{4}; \quad I_1 = I_1' = \frac{I_2}{2} = \frac{I_{\text{REF}}}{2}; \quad I_0 = I_0' = \frac{I_2}{2} = \frac{I_{\text{REF}}}{16}$$

当输入的 4 位二进制数代码为 $d_3 d_2 d_1 d_0$ 时,则

$$I_\Sigma = I_0 + I_1 + I_2 + I_3 = I_{\text{REF}}\left(\frac{d_0}{16} + \frac{d_1}{8} + \frac{d_2}{4} + \frac{d_3}{2}\right)$$

$$= \frac{V_{\text{REF}}}{R \times 2^4}(d_3 2^3 + d_2 2^2 + d_1 2^1 + d_0 2^0) \tag{12-13}$$

将数码推广到有用位的情况,可得到输出模拟量与输入数字量之间关系的一般表达式为

$$I_\Sigma = \frac{V_{\text{REF}}}{R \times 2^n}(d_{n-1} 2^{n-1} + d_{n-2} 2^{n-2} + \cdots + d_0 2^0) \tag{12-14}$$

输出电压的表达式为

$$U_0 = -I_\Sigma R_f = -\frac{V_{\text{REF}} R_f}{R \times 2^n}(d_{n-1} 2^{n-1} + d_{n-2} 2^{n-2} + \cdots + d_0 2^0) \tag{12-15}$$

上式表明,输入数字量被转换成模拟电压 U_0,它们之间存在一定的比例关系,其比例系数为 $V_{\text{REF}} \cdot R_f / 2^n R$。当 $R_f = R$ 时,系数为 $V_{\text{REF}}/2^n$。

倒 T 型网络 DAC 中使用的模拟电子开关有双极型和 CMOS 型两种。图 12-14 所示为一位 CMOS 型模拟电子开关的原理电路。

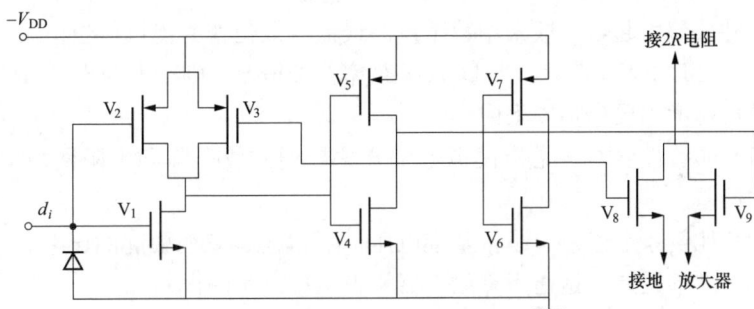

图 12-14 一位 CMOS 型模拟电子开关的原理电路

$V_1 \sim V_7$ 构成两个互为倒相的 CMOS 反相器,两个反相器的输出分别控制 V_8 和 V_9 的栅极,V_8 和 V_9 的漏极同时接电阻网络中的一个 $2R$ 电阻,而源极分别接地和运放的反相输入端。

当输入端 d_i 为高电平时,V_4 和 V_5 组成的反相器输出高电平,V_7 和 V_6 组成的反相器输出低电平,结果可使 V_9 导通、V_8 截止,由 V_9 将电流引向运放反相输入端;当输入端 d_i 为低电平时,V_4 和 V_5 组成的反相器输出低电平,V_7 和 V_6 组成的反相器输出高电平,结果可使 V_8 导通、V_9 截止,由 V_8 将电流引向地。

3. 倒 T 型电阻网络 DAC 的特点

模拟开关在地与虚地之间转换,不论开关状态如何变化,各 $2R$ 支路电

流始终不变，因此不需要电流建立时间。

其次，各支路电流直接流入运算放大器输入端，不存在传输时间，因此提高了转换速度。在动态转换过程中，不易产生尖峰脉冲，有效地减小了动态误差。

倒 T 型电阻网络是目前 DAC 转换器中速度最快的一种，也是用得最多的一种。

二、D/A 的主要技术指标

转换精度与转换速度是衡量 DAC 转换器的重要技术指标。

1. 分辨率

分辨率是指数字与电压转换的敏感程度。一个 n 位 D/A 转换器的分辨率就是能分辨的最小电压 V_{sb}（对应数字量只有最低有效位为 1）与最大输出电压（全部数字量有效位皆为 1）之比，即

$$分辨率 = \frac{1}{2^n - 1} \tag{12-16}$$

由于该参数是由转换器数字量的位数所决定的，故常用位数表示，如 8 位、12 位等。

2. 转换精度

D/A 转换精度是指转换器实际输出与理论值之差，这种差值由转换过程中各种误差引起，一般采用数字量的最低有效位作为衡量单位。

如：±1/2LSB 表示，当 D/A 分辨率为 20mV，则精度为 ±10mV。

转换精度主要包括以下内容。

（1）非线性误差。是指模拟电子开关导通的管压降和电阻网络电阻值产生的偏差。

（2）比例系数误差。是指基准电压 V_{REF} 静态偏离而引起的误差。

（3）漂移误差。是指运算放大器零点漂移产生的误差。

3. 建立时间

数字信号与电压（或电流）之间的转换达到稳态值所经历的时间为建立时间。需转换数字量（或电压）变化越大，建立时间越长，一般在产品说明书中给出的都是输入由全 0 变全 1（或由全 1 变全 0）时的建立时间。

除了以上的参数以外，在使用 D/A 时，还需要了解工作电源电压、输出方式、输出值范围、逻辑电平和功率消耗等。

三、D/A 的应用举例

D/A 的集成器件有很多产品，但在分布式控制系统的应用中，D/A 的位数一般为 10～12 位。为便于理解，我们以 8 位的数/模转换器来讨论集成 D/A 的电路结构和应用方面的一些问题。

D/AC0832 是一个 8 位数/模转换器。它的内部具有两个数据寄存器和

一个 $R\text{-}2R$ 倒 T 型电阻网络，其电路结构框图如图 12-15（a）所示，各引脚名称和功能介绍如下：

"1"（$\overline{CS}$）——片选信号，低电平有效。

"2"（$\overline{WR_1}$）——数据输入选通信号，低电平有效。

"3"（AGND）——模拟地。

"7～4、16～13"（$D_0 \sim D_7$）——数字量输入端，由低位至高位，共 8 位。

"8"（V_{REF}）——参考电压输入端。

"9"（R_f）——运算放大器的输出端至输入端的反馈电阻。

"10"（DGND）——数字地。

"11"（I_{01}）、"12"（I_{02}）——D/A 的两个电流输出端。

"17"（$\overline{XFER}$）——数据传送控制信号，低电平有效，它控制输入寄存器的内容是否传送给 D/A 寄存器。

"18"（$\overline{WR_2}$）——数据传送选通信号，低电平有效。

"19"（ILE）——输入允许信号，高电平有效。

"20"（V_{CC}）——电路工作的电源电压，其值为 $+5 \sim +15V$。

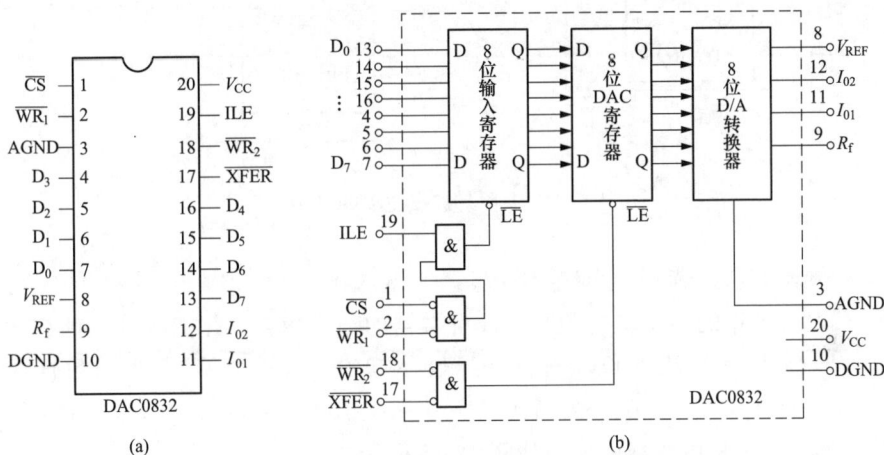

图 12-15　DAC0832 引脚图和电路结构框图

（a）引脚图；（b）结构框图

芯片的工作过程：当 ILE、$\overline{CS}$、$\overline{WR_1}$ 同时为有效电平时，将 $D_0 \sim D_7$ 数据线上的数据送到输入寄存器中；当 $\overline{WR_2}$、$\overline{XFER}$ 同时为有效电平时，才将输入寄存器中的数据传送到 D/A 寄存器，如图 12-16 所示。

由于 DAC0832 转换器中不包含求和运算放大器，因此需要外接运算放大器才能构成完整的 D/A。

【例 12-1】　利用 DAC0832 及 4 位二进制计数器 74LS161 组成的阶梯脉冲发生器的电路如图 12-17 所示。要求输出有 15 个阶梯，每个阶梯高度为 0.25V。

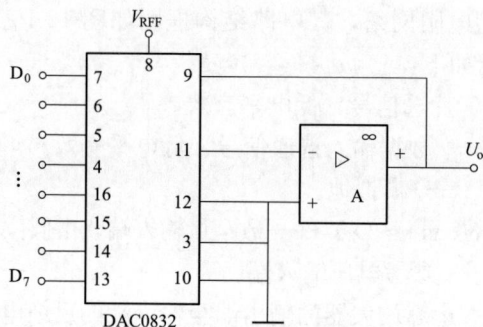

图 12-16　DAC0832 与运算放大器的连接

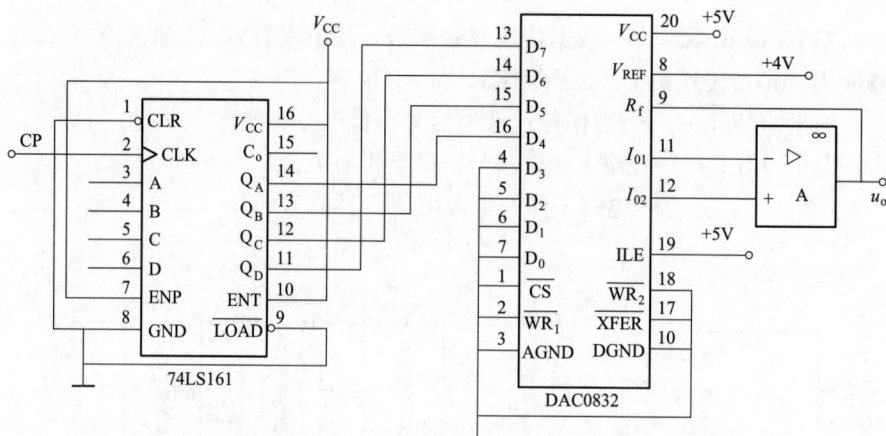

图 12-17　阶梯波发生器的电路

根据要求，选择基准电压 $V_{REF} = 16 \times 0.25 = 4（V）$，这样只要将 DAC0832 数据的高 4 位与 74LS161 计数器的输出相连，并依次改变计数状态，即 $0000 \rightarrow 0001 \rightarrow 0010 \rightarrow \cdots \rightarrow 1111 \rightarrow 0000$，这样 DAC0832 的数据线 $D_7 \sim D_0$ 依次为 $00000000 \rightarrow 00010000 \rightarrow \cdots \rightarrow 11110000 \rightarrow 00000000$，经 D/A 转换后，得到模拟的阶梯电压，如图 12-18 所示。

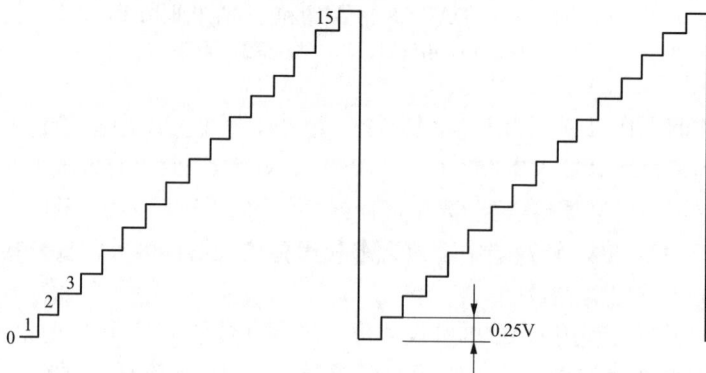

图 12-18　波形图

第三节　电压/频率型 A/D 转换器

一、A/D 模数转换器概述

模数转换器简称 A/D 或 ADC，是将模拟量（Analog）转换为数字量（Digital）的电子器件，也是分布式控制系统在控制过程中必不可少的接口电路。

ADC 的基本原理流程框架如图 12-19 所示，它包含了一个 ADC 工作的全部工作过程，即采样、量化以及数字编码。

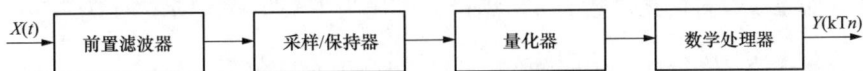

$X(t)$ →［前置滤波器］→［采样/保持器］→［量化器］→［数学处理器］→ $Y(kTn)$

图 12-19　ADC 的基本原理流程框架

为了消除高频噪声，输入信号要通过一个前置低通滤波器，这样混杂在输入信号中的高频噪声就可以被过滤掉。由于 ADC 电路本身具有一定的带宽有限特性，因此输入信号可以通过 ADC 自身具有的带宽有限特性来过滤高频噪声。由于输入信号转化数字量的过程需要一定的时间，因而在此期间输入信号要保持稳定，所以还需要采样保持电路。

A/D 的转换是依靠量化器来实现的，它可以把参考电压划分为 2^n 个模拟电压的小区间，n 为 A/D 的分辨率。采样保持电路的输出信号送至量化器，量化器把采样电路获得的信号与 2^n 个模拟电压区间中其相对应的电压作比较，然后由数字处理器进行编码，从而实现 A/D 输入的模拟信号转换成为一个等价的二进制数字码输出。

随着集成电路技术的高速发展，为满足各种控制的需求，A/D 转换器的新技术、性能各异的 A/D 转换器应运而生。

（一）ADC 的分类

A/D 转换器的种类十分繁杂，在分布式控制系统中常用的类型如表 12-2 所示。

表 12-2　常用 A/D 转换器类型

类型	工作原理	特点
压频变换型	其原理是通过间接转换方式实现模数转换，首先将采样的模拟量信号转换成频率，然后再通用计数器将频率转换成数字量	电路简单，环境适应能力强，价格低廉
并行比较型	采用各量级同时并行比较，各位输出码也是同时并行产生	转换速度快，成本高、功耗大
逐次逼近型	将输入模拟电压信号与一个推测电压信号逐一分别比较，以逐渐向前逼近的方式来实现模数转换	转换速度中等

续表

类型	工作原理	特点
双积分型	将输入模拟量信号电压和标准电压分别进行两次积分，这两个积分时间的长短正比两者的大小，从而得出对应模拟电压的数字量	抗干扰能力强，稳定性好；转换速度慢
Σ-Δ 型	根据前一次采样值与后一次采样值之差（增量）进行量化编码，通常采用一位量化器	电路非常简单，数字信号处理十分复杂

（二）ADC 的技术指标

（1）分辨率。分辨率是指 A/D 转换器能够分辨输入信号的最小变化量，如果模数转换器位数为 n，满量程电压为 FSR，分辨率定义为 $\dfrac{FSR}{2^n}$。在分布式控制系统中常用的有 12、14、16、20、24 位等。

（2）转换时间。从模数转换启动到转换结束所需的时间，即每次采样所需的时间，表征 A/D 的转换速度，转换时间因 A/D 的类型不同差异很大，可由纳秒级到毫秒级。一般约定：转换时间大于 1ms 为低速；1ms～1μs 为中速；小于 1μs 为高速。

（3）量化误差。由 A/D 的有限分辨率而引起的误差，即有限分辨率 A/D 的阶梯状转移特性曲线与无限分辨率 A/D（理想 A/D）的转移特性曲线（直线）之间的最大偏差。通常是 1 个或半个最小数字量的模拟变化量，表示为 1LSB、1/2LSB。

（4）偏移误差。输入信号为零时输出信号不为零的值。

（5）满刻度误差。满度输出时对应的输入信号与理想输入信号值之差。

（6）线性度。实际转换器的转移函数与理想直线的最大偏移。

其他指标还有：绝对精度、相对精度、微分非线性、单调性和无错码、总谐波失真和积分非线性等；注意精度与分辨率的概念不同，分辨率高不等于精度高。

二、基本工作原理

电压/频率转换即 V/f 转换，这是一种常见的间接变换型 A/D 转换器。由于它输出频率信号与输入模拟信号的电压成比例，故又称电压控制振荡器（VCO），简称压控振荡器。

电压/频率转换原理方框图如图 12-20 所示，采用 V/f 转换 A/D 转换器可以简化输入通道。它先将输入模拟信号转换成频率脉冲信号，然后通过计数器在固定的时间间隔内对此脉冲进行计数，计数结果为正比于输入模拟电压的数字量。从理论上讲，这种 A/D 的分辨率可以无限增加，只要采样的时间能够满足输出频率分辨率要求的累积脉冲个数的宽度。

将输入电压信号按线性的比例关系转换成频率信号，当输入电压变化时，输出频率也相应变化，如图 12-21 所示。

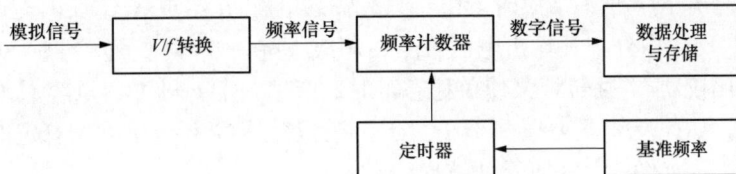

图 12-20 电压/频率转换原理方框图

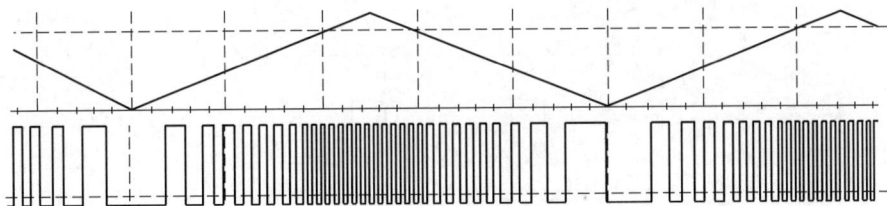

图 12-21 电压/频率变换比例关系示意图

V/f 转换器又分单片型和模块型两类，共有四种典型的转换方法，即积分恢复型、电压反馈型、交替积分型和恒流开关型。

1. 电荷平衡式 V/f 转换器

单片变换器中通常采用恒流开关型；由于模拟电压转换成频率的方法很多，这里只介绍电荷平衡式 V/f 转换器。图 12-22 所示为电荷平衡式 V/f 转换电路，整个电路可看作一个振荡频率受模拟电压 u_{in} 控制的多谐振荡器。

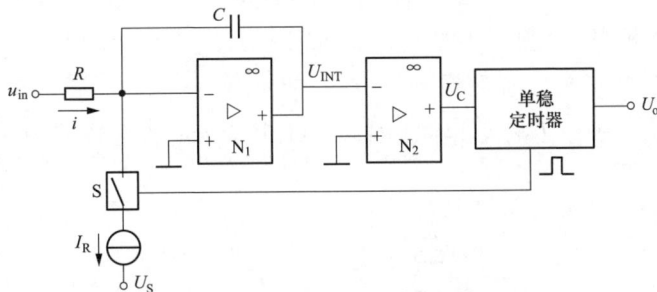

图 12-22 电荷平衡式 V/f 转换电路结构图

N_2—过零电压比较器；I_R—恒流源发生器

图 12-22 的电路工作原理：输入模拟电压 u_{in} 通过电阻 R 给电容 C 反向充电（充电电流 $I = u_{in}/R$），积分器 N_1 输出电压 U_{INT} 线性下降，当 U_{INT} 下降到 0V 时，检零电压比较器 N_2 输出电压 U_C 发生正向跳变，触发单稳多谐振荡器（定时器），使之产生一个 t_0 宽度的高电平脉冲，使开关 S 导通 t_0 时间，由于该电路设计成 $I_R > u_{inMAX}/R$（u_{inMAX} 为 u_{in} 的最大值），因此，在 t_0 期间积分器一定以正向充电为主，使 U_{INT} 线性上升到某一正电压。

当高电平脉冲 t_0 结束时，由于只有输入电压 u_{in} 给电容 C 反向充电，积分器 N_1 反向积分，其输出电压 U_{INT} 沿斜线下降。当 U_{INT} 下降到 $0V$ 时，检零电压比较器 N_2 翻转，又使单稳态定时器产生一个 t_0 脉冲，电容 C 再次正向充电，如此反复下去振荡不止。于是在积分器输出端和单稳态定时器输出端产生了如图 12-23 所示的波形。

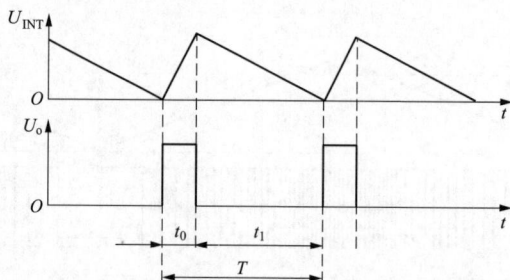

图 12-23 电荷平衡式 V/f 转换电路波形图

根据反向充电电荷量与正向充电电荷量相等的电荷平衡原理，可以得出

$$I_R t_0 = \frac{u_{in}}{R} T \tag{12-17}$$

因此，输出振荡频率为

$$f = \frac{1}{T} = \frac{1}{t_0 + t_1} = \frac{u_{in}}{I_R t_0 R} \propto u_{in} \tag{12-18}$$

即输出频率 f 与输入模拟电压 u_{in} 成正比。

2. 积分复原式 V/f 转换电路

积分复原式 V/f 转换电路由积分器、比较器和积分复原开关等组成，如图 12-24 所示。

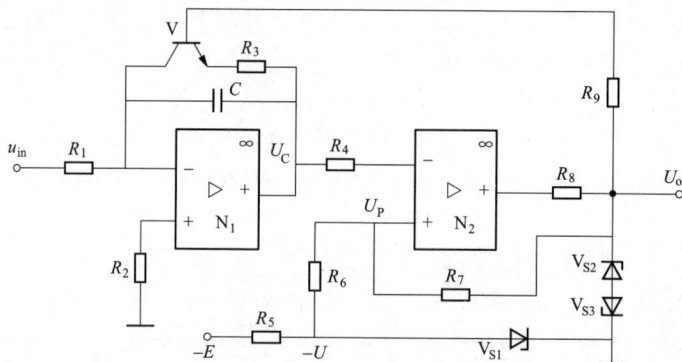

图 12-24 积分复原式 V/f 转换电路结构示意图

V—积分复位开关；V_{S1}—门槛电平稳压管；V_{S2}、V_{S3}—输出电压限幅稳压管；
N_1—反相积分器；N_2—滞回比较器

积分复原式 V/f 转换电路的波形如图 12-25 所示。

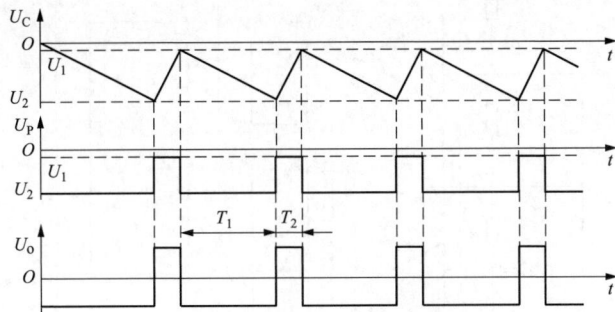

图 12-25　积分复原式 V/f 转换电路的波形图

$$T = T_1 + T_2 \approx \frac{(U_1 - U_2)R_1 C}{U_i} \qquad (12\text{-}19)$$

$$f_0 = \frac{1}{T} = \frac{u_i}{R_1 C(U_1 + U_2)} \propto u_i \qquad (12\text{-}20)$$

第四节　并行比较型 A/D 转换器

一、电路结构及工作原理

1. 并行比较型 A/D 转换器电路

一个 3 位并行比较型 A/D 转换器由电阻分压器、电压比较器、寄存器及优先编码器组成；其电路图如图 12-26 所示。

2. 工作原理

在图 12-26 中并行 A/D 转换器属于直接转换型。仅作一次比较即可实现转换，由于转换速率极高，这种转换器采用的比较器较多，一个 n 位的转换器需要 $2^n - 1$ 个比较器。

8 个电阻将基准电压 V_{REF} 分成 8 个强度等级，其中 7 个强度等级的电位分别作为 7 个电压比较器 $C_1 \sim C_7$ 的参考电压，其对应数值分别为 $V_{REF}/15$、$3V_{REF}/15$、$\cdots$、$13V_{REF}/15$。设输入电压 V_i 变化范围为 $0 \sim V_{REF}$，它的大小决定各比较器的输出状态，当某个电压比较器正输入端 V_i 大于负输入端的基准电压时，比较器输出端输出数字"1"；反之，输出数字"0"，各比较器 C_i 输出的数字在时钟脉冲 $S(t)$ 的作用下置入 D_i 触发器中寄存，将其获得数字量进入 8-3 优先编码器进行编码。优先编码器优先级别最高是 I_7，最低的是 I_1。优先编码器输出 3 位数字量为 $D_2 D_1 D_0$，并行比较型 A/D 转换器的输入、输出关系如表 12-3 所示。

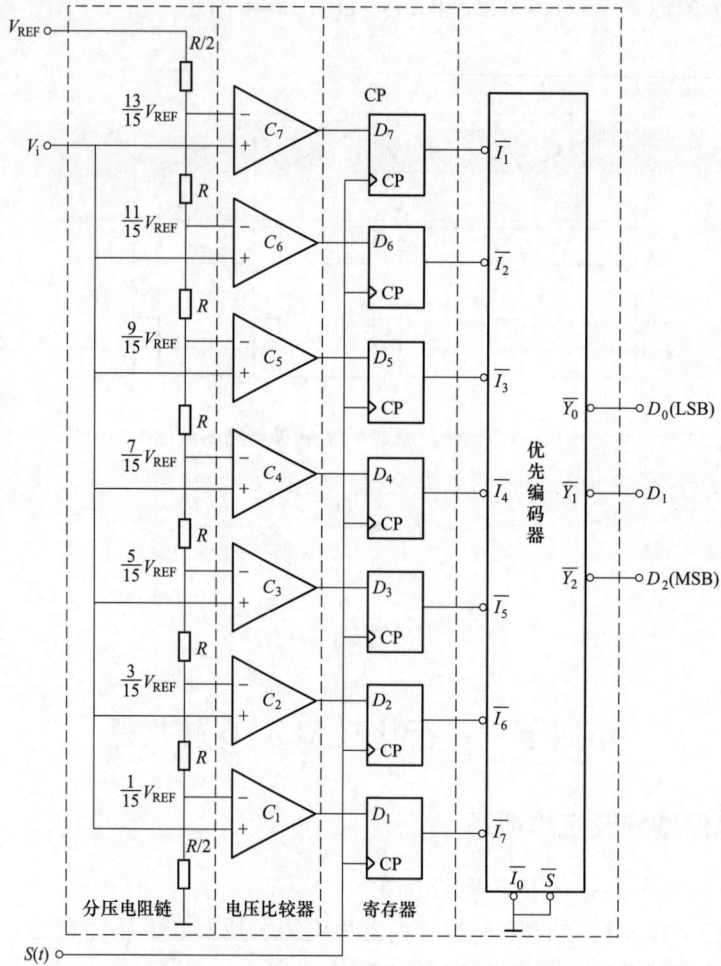

图 12-26　3 位并行 A/D 转换器电路图

表 12-3　并行比较型 A/D 转换器的输入、输出关系

模拟输入	比较器输出状态							数字输出		
	C_1	C_2	C_3	C_4	C_5	C_6	C_7	D_2	D_1	D_0
$0 \leqslant V_1$	0	0	0	0	0	0	0	0	0	0
$V_{REF}/15 \leqslant V_1 < 3V_{REF}/15$	0	0	0	0	0	0	1	0	0	1
$3V_{REF}/15 \leqslant V_1 < 5V_{REF}/15$	0	0	0	0	0	1	1	0	1	0
$5V_{REF}/15 \leqslant V_1 < 7V_{REF}/15$	0	0	0	0	1	1	1	0	1	1
$7V_{REF}/15 \leqslant V_1 < 9V_{REF}/15$	0	0	0	1	1	1	1	1	0	0
$9V_{REF}/15 \leqslant V_1 < 11V_{REF}/15$	0	0	1	1	1	1	1	1	0	1
$11V_{REF}/15 \leqslant V_1 < 13V_{REF}/15$	0	1	1	1	1	1	1	1	1	0
$13V_{REF}/15 \leqslant V_1$	1	1	1	1	1	1	1	1	1	1

3. 特点

（1）由于转换是并行的，其转换时间只受比较器、触发器和编码电路延迟时间的限制，因此转换速度最快。

（2）电路规模大，随着分辨率的提高，元件数目要按几何级数增加。一个 n 位转换器，所用比较器的个数为 2^n-1，如 12 位的并行 A/D 转换器就需要 $2^{12}-1=4095$ 个比较器。

由于位数越多电路越复杂，制成分辨率较高的单片集成并行 A/D 转换器是比较困难的。

（3）精度取决于分压网络和比较电路。

（4）动态范围取决于 V_{REF}。

二、改进方法

为了解决提高分辨率和转换元件数量多的矛盾，通常采取分级进行并行转换的方法。10 位分级并行模数转换的原理如图 12-27 所示。

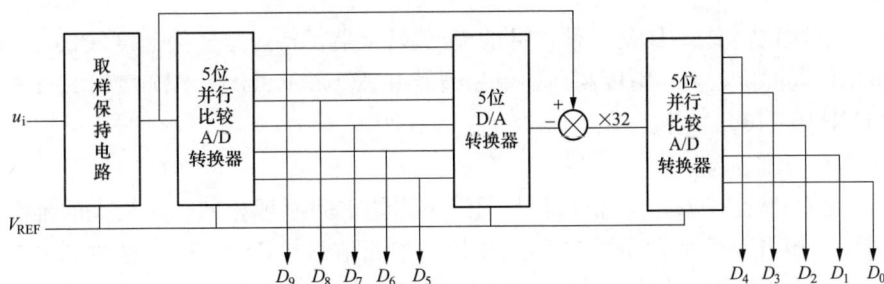

图 12-27　10 位分级并行模数转换的原理

图 12-27 中输入模拟信号 u_i，经过取样、保持电路后的信号分成两路，一路信号先通过第一级 5 位并行比较 A/D 转换后，输出数字量的高 5 位，另一路信号送至减法器，减去高 5 位 D/A 转换得到的模拟电压。两者相减后所得到的差值电压小于 $1V_{LSB}$，为保证第二级 A/D 转换器的转换精度，将差值放大 $2^5=32$ 倍，再送至第二级 5 位并行比较 A/D 转换器，从而转换出低 5 位的数字。这种转换方法虽然在速度上有一些牺牲，却使转换网络件数量大幅度减少，一般在需要兼顾分辨率和转换速度的情况下经常被采用。

第五节　逐次逼近型 A/D 转换器

一、电路结构及工作原理

1. 电路结构

逐次逼近型 A/D 属于直接转换型，它的电路结构由控制逻辑电路、时序产生器、移位寄存器、D/A 转换器、电压比较器及数码缓存器组成，电路结构如图 12-28 所示。

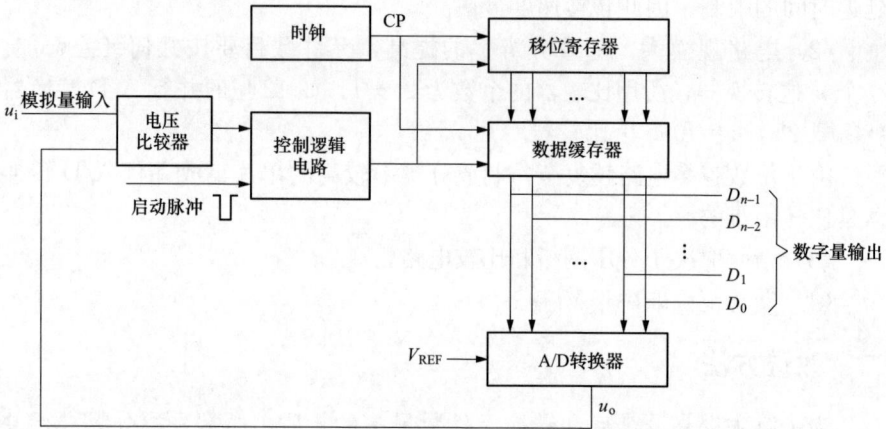

图 12-28　逐次逼近型 A/D 转换器电路结构

逐次比较型 A/D 是一种常见的模/数转换器，特点是转换速度较快，且输出代码的位数多，精度高。如单片型号有 AD0809（8bit）、AD574A（12bit）、MAX1166（16bit）等。

2. 工作原理

逐次逼近式 A/D 转换过程与用天平称物重的原理相似。从最大的推测信号（相当于天平称重的砝码）开始，推测信号由 D/A 转换器的输出获得，与输入的输入信号行进比较，根据两者大小决定增大还是减小输入信号，以便向模拟输入的信号逼近。若输入信号大于推测信号，则该推测信号保留，否则移去。再加上第二个次推测信号，由输入信号是否大于推测信号，决定第二个推测信号是留下还是移去。依次一直加到最小一个推测信号为止。

当两者相等时，将所有留下的推测信号相加，其和就是逐次逼近输入模拟量对应值。

在图 12-28 电路中，启动脉冲启动作用下，控制逻辑电路与第一个时钟脉冲使移位寄存器的最高位置 1，其他位置 0，其输出通过数据缓存器将 1000……0 打入 D/A 转换器（寄存器清零）。输入电压 u_i 首先与 D/A 转换器输出电压（$V_{REF}/2$）相比较，如 $u_i \geqslant V_{REF}/2$，比较器输出为 1，若 $u_i < V_{REF}/2$，则为 0。比较结果经逻辑电路存于数据缓存器的 D_{n-1} 位。然后在第二个 CP 作用下，移位寄存器的次高位置 1，其他低位置 0。如最高位已存 1，则此时 $u_0 = (3/4)V_{REF}$。于是 u_i 再与 $(3/4)V_{REF}$ 相比较，如 $u_i \geqslant (3/4)V_{REF}$，则次高位 D_{n-2} 存 1，否则 $D_{n-2} = 0$；如最高位为 0，则 $u_0 = V_{REF}/4$，与 u_0 比较，如 $u_i \geqslant V_{REF}/4$，则 D_{n-2} 位存 1，否则存 0；以此类推，直到最后一位。从而数据缓存器的最后数据就是被转换模拟信号的数字量。D/A 转换

器的位数越多，越能逼近模拟量。

图 12-29 所示为一个 8 位逐次比较型 A/D 转换器波形图，输入模拟信号 $u_i=6.84\text{V}$，D/A 转换器的基准电压 $V_{REF}=10\text{V}$。转换过程中 C_P、启动脉冲、$D_7 \sim D_0$ 及 D/A 输出电压 u_0 的波形。

图 12-29 所示为一个 8 位逐次比较型 A/D 转换器波形图，D/A 转换器输入模拟信号 $u_i=6.84\text{V}$，D/A 转换器的基准电压 $V_{REF}=10\text{V}$。C_P 为时钟脉冲，脉冲时间宽度为 $10\mu\text{s}$；启动脉冲为负电平，下降沿启动，$D_7 \sim D_0$ 为 D/A 转换器输出 u_0 的 8 位数据波形。

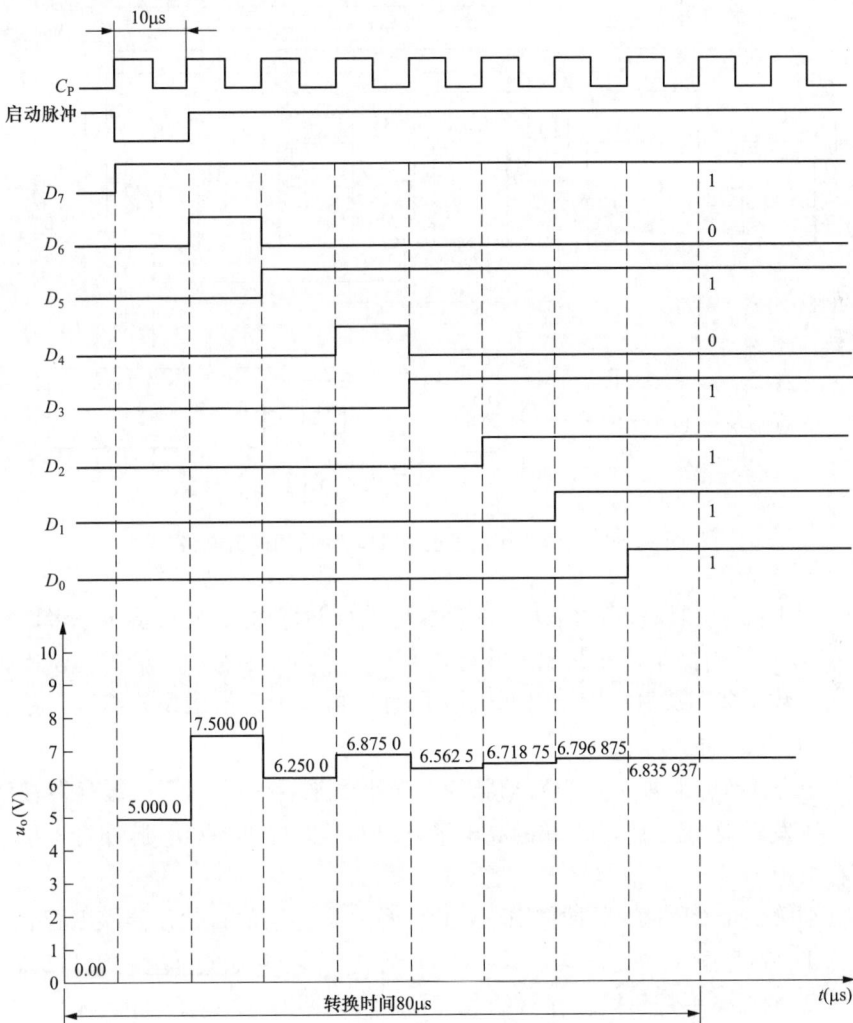

图 12-29　8 位逐次比较型 A/D 转换器波形图

由图 12-29 中的 u_0 波形可以看出，在逐次比较过程中，与输出数字量对应的模拟电压 u_0 逐渐逼近 u_i 值，最后得 A/D 转换器转换结果 $D_7 \sim D_0$ 为 10 101 111。该数字量所对应的模拟电压为 6.835 937 5V，与实际输入的模拟电压 6.84V 的相对误差仅为 0.06%。

二、逐次逼近转换器电路举例

为了便于对逐次逼近型转换器更好地理解，这里再举一个 4 位逐次逼近型 A/D 转换器的例子，其逻辑电路如图 12-30 所示。

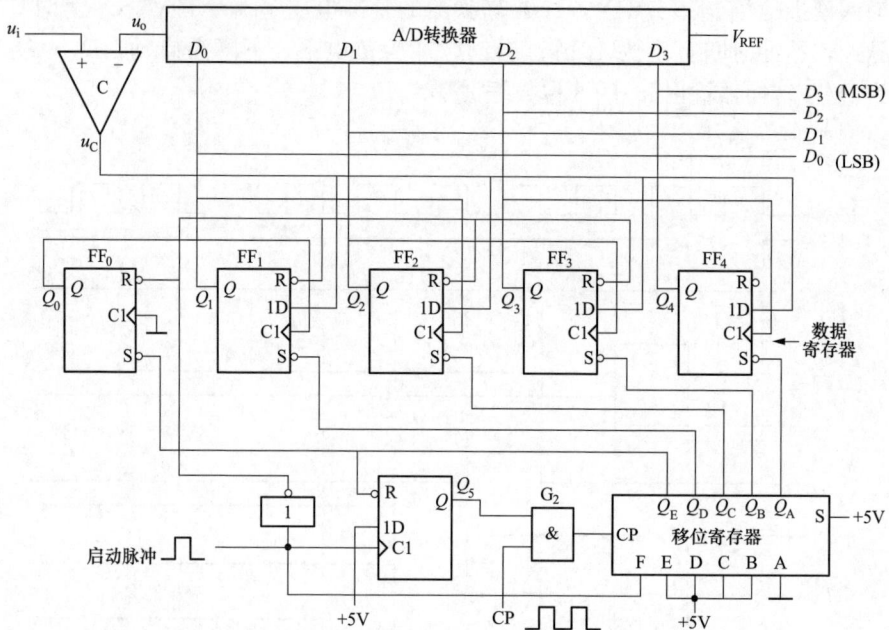

图 12-30　4 位逐次逼近型 A/D 转换器的逻辑电路

图 12-30 中具有 5 位的移位寄存器可进行并行输入/并行输出或者串行输入/串行输出操作，其 F 端为并行置数端，高电平有效，S 端为高位串行输入。数据缓存器由维持一阻塞边沿 D 触发器（上升沿触发）组成，数字量从 $Q_4 \sim Q_1$ 输出。

电路工作过程如下：当启动脉冲上升沿到来后，$FF_0 \sim FF_4$ 缓存器被清零，触发器 Q_5 置"1"，Q_5 端的高电平开启 G_2 与门，时钟 CP 脉冲打入移位寄存器。

在第一个 CP 时钟脉冲作用下，由于移位寄存器的置数使能端 F 已由 0 变为 1，并行输入数据 A、B、C、D、E 置入，$Q_A Q_B Q_C Q_D Q_E = 01\ 111$。

Q_A 的低电平是数据缓存器的最高位置 1，即 $Q_4 Q_3 Q_2 Q_1 = 1000$。D/A 转换器将数字量 1000 转换为模拟电压 U_0，送入比较器 C 与输入模拟电压 u_i 比较，若输入电压 $u_i > U_0$，则比较器 C 输出 u_C 为"1"，否则为"0"。比较结果送 $D_4 \sim D_1$。

第二个 C 时钟 P 脉冲到来后，移位寄存器的串行输入端 S 为高电平，Q_A 的 0 移至次高位 Q_B。于是数据缓存器的 Q_3 由"0"变成"1"，这个正跳变作为有效触发信号加到 FF_4 的 C1 端，使 u_C 的电平得以在 Q_4 保存下来。此时，由于其他触发器无跳变脉冲，u_C 的信号对他们不起作用，Q_3 变成"1"后，建立了新的 D/A 模数转换器的数据，输入电压再与其输出电压 u_C 相比较，比较结果在第三个 CP 时钟脉冲作用下存于 $Q_3\cdots$。如此进行，直到 Q_E 由"1"变"0"，使 Q_5 由"1"变"0"后，将 G_2 封锁，转换完毕。于是电路的输出端 $D_3D_2D_1D_0$ 得到与输入电压 u_i 成正比的数字量。

由以上分析可见，逐次逼近型 A/D 模数转换器完成一次转换的时间与其位数和时钟脉冲频率有关，转换器位数越少、时钟频率越高时，转换所需的时间也就越短。

第六节 双积分型 A/D 转换器

双积分型 A/D 转换器也称为双斜率模数转换器，属于间接型 A/D 转换器。它是把待转换的输入模拟电压先转换为一个中间变量，例如时间 T；然后再对中间变量量化编码，得出转换结果，这种 A/D 转换器多称为电压—时间变换型（简称 VT 型）。

A/D 转换器的特点是转换精度高，抗噪声能力强，但转换速度慢。适用于温度、成分等变化较慢的对象采样。高分辨率的芯片价格较贵，从而限制了它的广泛使用，常见的双积分 A/D 芯片有 ICL7109（12bit）、ICL7135 等。

一、电路结构

双积分型 A/D 转换器的电路结构原理框图如图 12-31 所示。

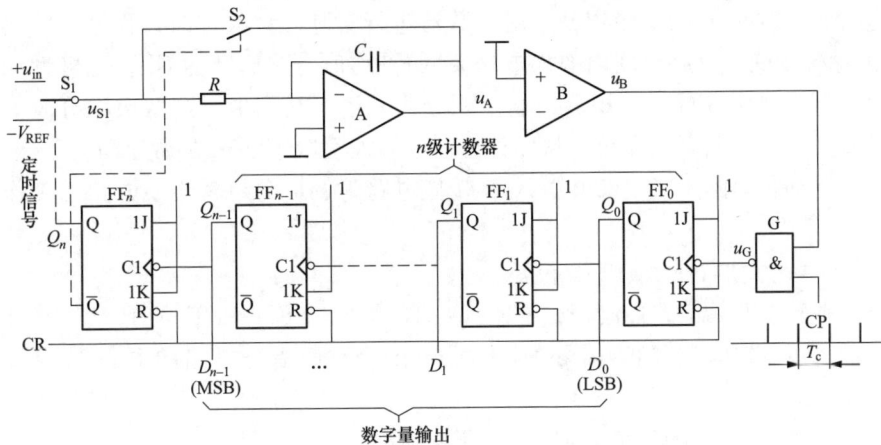

图 12-31 双积分型 A/D 转换器的电路结构原理框图

电路主要由基准电源 V_{REF}、积分放大器 A，输入切换开关 S_1 及积分器复位开关 S_2、检零比较器 B、时钟发生器 CP、脉冲控制门 G 和 JK 触发器

$FF_0 \sim FF_n$ 等几部分组成。

1. 积分放大器

积分放大器（包括电阻 R、电容 C、集成运放 A）是 A/D 转换器的核心部分，积分器输入切换开关 S_1 由定时信号 Q_n 来控制。当 Q_n 不同电平时，被转换电压 u_{in} 和基准电压 $-V_{REF}$ 将分别加到积分器的输入端，进行两次方向相反的积分，积分时间常数 $\tau = RC$。

2. 检零比较器

检零比较器（集成运放 B）用来确定积分器输出电压 u_A 过零的时刻。当 $u_A \geq 0$ 时，检零比较器 B 输出 u_B 为低电平；当积分器输出电压 $u_A < 0$ 时，检零比较器输出 u_B 为高电平，u_B 信号接至时钟脉冲控制门 G，作为开启和关闭信号。

3. 计数器和定时器

计数器和定时器由 $n+1$ 个 JK 触发器 $FF_0 \sim FF_n$ 串联组成。JK 触发器 $FF_0 \sim FF_{n-1}$ 组成 n 级计数器，对输入时钟脉冲 CP 计数，当计数器计数到 2^n 个时钟脉冲时，计数器 $FF_0 \sim FF_{n-1}$ 均回到 0 态，而定时器 FF_n 输出端 Q_n 翻为高电平，使开关 S_1 从输入模拟电压 u_{in} 切换到基准电源 V_{REF}。

4. 时钟脉冲控制门

时钟脉冲控制门时钟脉冲源标准周期 T_c 作为测量时间间隔的标准时间。当 $u_B =$ 高电平时，与门 G 打开，时钟脉冲通过门加到触发器 FF_0 的输入端。

二、工作原理

它的原理是将整个转换过程分为两个阶段进行，先将输入模拟信号 u_{in} 进行固定时间 T 的反向积分，由计数器进行对脉冲计数定时，积分器输出电压 u_P 反映了这段时间内输入电压 u_{in} 的平均值，然后转为对与 u_{in} 极性相反的基准电压进行正向积分，直至积分输入返回初始值，这两次积分时间的长度正比于两者的大小，从而得出对应输入模拟电压 u_{in} 的数字量。

下面仍以图 12-31 双积分 A/D 转换电路为例，介绍其转换电路的工作过程。

1. 初始化阶段（清零复位）

在转换开始前，控制信号 CR 打入 JK 触发器 $FF_0 \sim FF_n$ 的 R 端，将计数器清零、定时器复位，同时使开关 S_2 闭合，使积分电路的电容 C 完全放电。

2. 第一次积分阶段（对输入电压 u_{in} 积分）

双积分式 A/D 转换电路各处的工作波形如图 12-32 所示。

第一次积分阶段为对输入模拟电压 u_{in} 进行定时积分。在转换过程开始时（$t=0$），控制电路将复位开关 S_2 断开；开关 S_1 将输入电压 u_{in} 送至积分放大器 A 的负输入端，输出为负值，积分器从 0V 开始反向积分，其波形

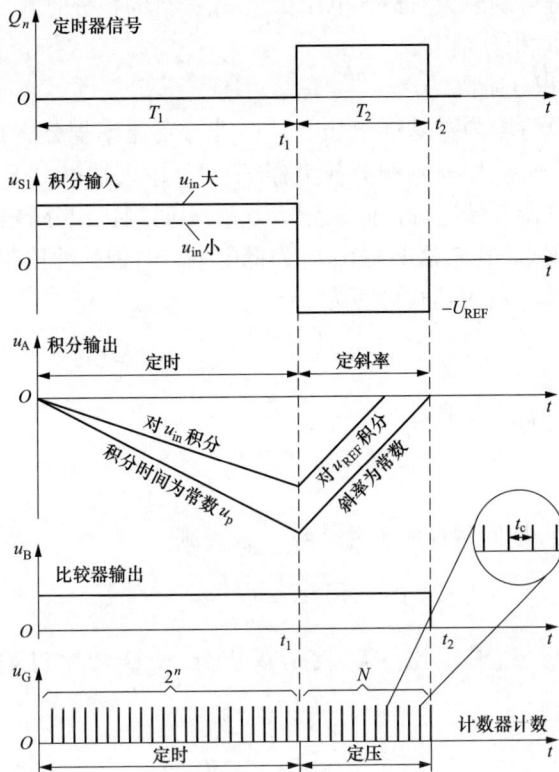

图 12-32 双积分式 A/D 转换器各点的工作波形

如图 12-32 中斜线 0-u_P 段所示。根据积分器原理

$$u_p = u_{A(t_1)} = -\frac{1}{\tau}\int_0^{t_1} u_{in}\mathrm{d}t \ (\text{其中} \ \tau = RC) \tag{12-21}$$

由于积分器输出 $u_A < 0$，并接到检零比较器 B 负输入端，所以检零器 B 输出 u_B 为高电平，开启时钟控制门 G。于是，在时钟脉冲 CP 作用下，计数器 $FF_0 \sim FF_{n-1}$ 从 0 开始计数。经过 2^n 个时钟脉冲后，触发器 $FF_0 \sim FF_{n-1}$ 全翻转到 "0" 态，同时输出一进位信号，使定时器 FF_n 的 Q_n 置 "1"，将开关 S_1 由输入信号电压 u_{in} 切换到基准电压 V_{REF}，第一次积分结束，其积分时间 t 为

$$t = T_1 = 2^n T_c \tag{12-22}$$

式中　T_1——给定常数；

　　　T_c——脉冲周期时间宽度；

　　　N——计数器中的触发器计数。

由式（12-21）可得积分器的输出电压为

$$u_p = -\frac{T_1}{\tau}u_{in} = -\frac{2^n T_c}{\tau}u_{in} \tag{12-23}$$

式中　u_p——输入电压 u_{in} 在 T_1 时间段的平均值。

第一次积分可理解为对输入电压信号 u_{in} 进行的积分时间 T_1 固定，不随 u_{in} 变化，T_1 到时积分结束。

3. 第二次积分阶段

第二次积分阶段为对基准电压－V_{REF} 进行定速率积分。在 $t＝t_1$ 时刻，S_1 把基准电压－V_{REF} 切换到积分放大器 A 的负输入端；由于 u_{in}（－V_{REF}）极性相反，积分器开始进行正向积分；当 $t＝t_2$ 时刻，积分器输出电压 u_A 沿固定斜率恢复到 0，比较器 B 输出 u_B 为低电平，时钟脉冲控制门 G 被关闭，停止计数；此时，u_A 表达式可写为

$$u_{A(t_2)}＝u_p+\frac{1}{\tau}\int_{t_1}^{t_2}(-u_{REF})dt=0$$

设 $T_2＝t_2-t_1$，于是有

$$\frac{T_2 V_{REF}}{\tau}=\frac{2^n T_c}{\tau}u_{in} \tag{12-24}$$

计数器在 T_2 期间累计的脉冲个数为 N，则

$$T_2=NT_C=\frac{2^n T_c}{u_{REF}}u_{in} \tag{12-25}$$

可见，T_2 与 u_{in} 成正比，T_2 就是双积分 A/D 转换过程中的中间变量，即

$$N=\frac{T_2}{T_C}=\frac{2^n T_c}{u_{REF}}u_{in} \tag{12-26}$$

式（12-24）表明，在计数器中累计的脉冲数 N（$N＝Q_{n-1}\cdots Q_1 Q_0$）可以表示时间 T_1 内输入模拟电压 u_{in} 的平均值。

第二次积分可理解为对电压－u_p（或 u'_p）积分的速率为常数，积分电压上升到零结束。为理解上方便，我们把图 12-32 简化为图 12-33。

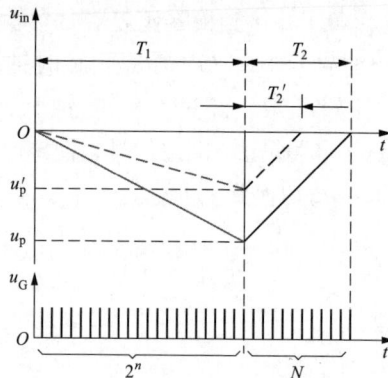

图 12-33　双积分时间的波形图
T_1—第一次积分时间；T_2、T_3—分
别为不同 u_{in} 电压的第二次积分时间

从图 12-33 中可以看出，从计数器（$FF_0\sim FF_{n-1}$）中读取的转换脉冲

数 N 就代表被测电压 u_{in}。即只要满足 $u_P < V_{REF}$，转换器就可以把输入的模拟电压转换为数字量。并能从计数器读取转换的结果。如果取 $V_{REF} = 2^n$ V，则 $N = u_{in}$，计数器所计的数值就等于被测电压。

在第二次积分结束后，转换电路又为初始状态，等待下一次转换开始。

由于积分器在 T_1 时间内的积分值是输入电压 u_{in} 的平均值，因此它具有很强的抗工频干扰的能力。尤其相对于周期 T_1 小得多的对称干扰（指周期内平均值为零的干扰），从理论上来说，具有无穷大的抑制能力。由于工业现场中常见的干扰主要是工频（50Hz）及其倍频干扰，故取样时间 T_1 通常选用等于工频周期的倍数，如 20ms 或 40ms 等。

另外，由于正反两次积分采用同一积分器，两次积分的时间都是毫秒级，因此电路中的 R、C 和脉冲源等参数的变化很小，对转换精度的影响可以忽略不计。

三、双积分 A/D 转换器特点

（1）计数脉冲个数 N 与 RC 无关，可以减小由 RC 积分非线性带来的误差。

（2）对脉冲源 CP 要求在 $T_1 + T_2$ 时间内稳定。

（3）转换精度高。

（4）转换速度慢，一次转换时间在 1~2ms，不适于高速应用场合。

由采样定理可知，只要采样频率大于 Nyquist 频率，采样后将不失真地恢复原模拟信号。故这种 A/D 又被称为 Nyquist 率 PCM（脉冲编码调制）转换器。上面介绍的几种 A/D 均属于这种技术的 ADC。

随着工业自动化程度的提高，对过程控制的质量精度要求也越来越高，利用奈奎斯特速率采样的传统技术制造高分辨率 A/D 转换器时，电路结构会变得极为复杂，且对元件匹配性的要求也很高。所以传统 A/D 的精度和集成度的提高难度很大。

第七节　$\Sigma\text{-}\Delta$ 型模数转换器

一、工作原理

$\Sigma\text{-}\Delta$ 型模数转换器的理念在 1962 年由 Inose、Yasuda 和 Murakami 首先提出，它与传统 A/D 不同，它不是直接根据抽样数据的每个样值的大小进行量化编码，而是根据前一量值与后一量值的差值进行转换，即所谓的增量的大小来进行量化编码，$\Sigma\text{-}\Delta$ 型 ADC 由调制模拟电路和数字降频、低通滤波两部分组成，其结构框图如图 12-34 所示。

其中模拟电路部分是一个 $\Sigma\text{-}\Delta$ 调制器，Δ 表示增量，Σ 表示积分求和。$\Sigma\text{-}\Delta$ 转换器以远高于奈奎斯特频率对输入信号进行采样，一般为奈奎斯特

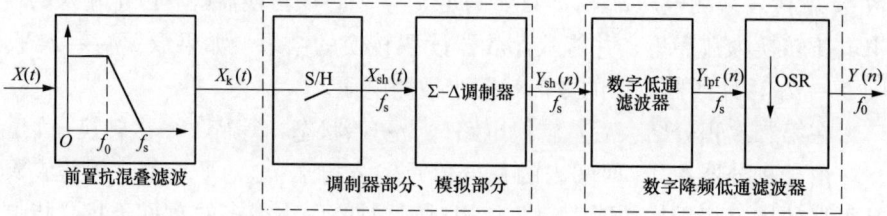

图 12-34　$\sum$-Δ 型 A/D 转换器结构框图

采样速率的 8～512 倍。它对两个采样之间的差值进行低位量化，输出一位的数字位流。

数字处理部分是一个数字滤波器，对$\sum$-Δ 调制器输出的数字串行位流实现低通滤波，以滤除调制整形后的量化噪声，并对一位的数据位流进行减取样，最终得到量化结果。

由于量化器只有 1 位，避免了制造高精度模数转换器（如大于 16 位）电阻网络的困难；抽样与量化编码可以同时完成，以速度来换精度，采样时间极短，可以不需要样值保持电路，从而使采样的硬件电路非常简单，只有一个比较器、一个开关、一个或几个积分器及模拟求和电路。

采用$\sum$-Δ 调制技术，既保留了输入信号的较完整信息，降低了对输入信号频谱的要求，又可以提高采样子系统的精度，目前分辨率可高达 24 位（bit），属于中低速 A/D。由于它的硬件电路简单，具有分辨率高、线性度好、成本低等特点。虽然数字部分处理复杂，但可利用软件的优势来解决，近年来在分布式控制系统中得到了越来越多的应用。

二、过采样技术

1. 模拟信号采样量化

根据采样定理，连续模拟信号经过 A/D 采样量化后成为一组离散的点，由于这些离散点的频率按照采样频率不断重复，这对于单独的一组离散点来说，无法确认具体的频率，对于同频率的点会复现出不同频率的信号，这一现象从时域上可以表现出来，如图 12-35 所示。

由于频域宽度是无限的，信号带宽是有限的，一个带限信号（图中频率带限到 $f_s/2$），会以 f_s 为采样频率基数，在 f_s，$2f_s$，$3f_s$…的位置不断周期性复现或者说延拓。图 12-36 中的信号刚好带限为采样频率的一半，即 $f_a = f_s/2$。

当采样频率 $f_a < 2f_s$ 时，在频域上产生的效果如图 12-37 所示。

从图 12-37 中可以看出，带限信号经过 f_s 周期延拓之后发生了混叠，导致原模拟信号将无法被完全恢复，这种混叠现象不是我们所要的结果。如要避免混叠，采样频率必须大于原模拟信号带宽的 2 倍，即 $f_s > 2kf_a$，f_s 为采样频率；k：1，2，3，…，n 为过采样率；f_a 为信号频率。

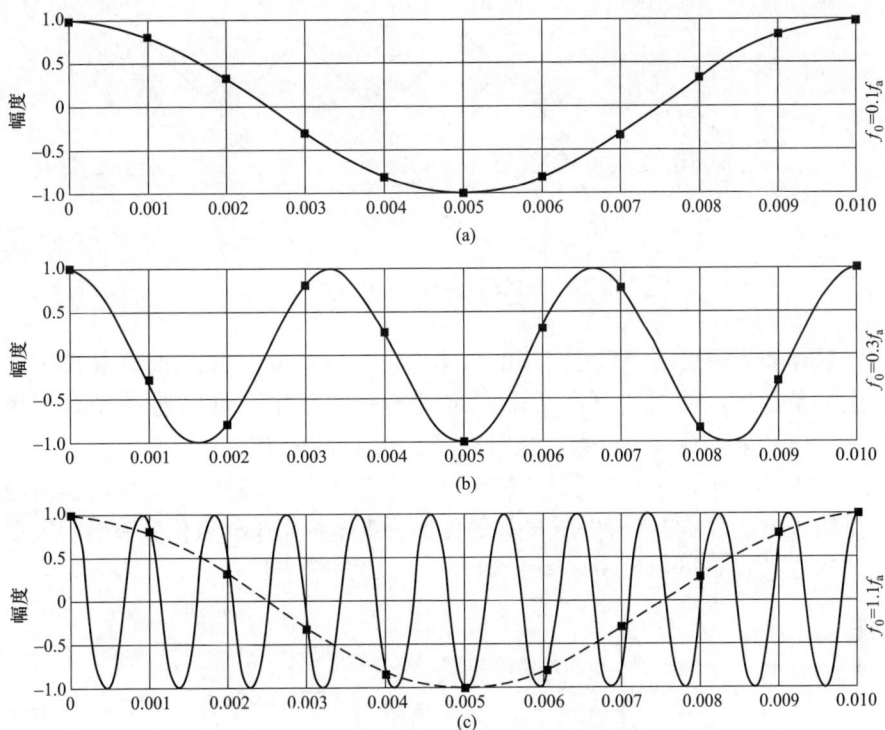

图 12-35　模拟信号采样量化示意图

(a) $f_0 = 0.1f_a$；(b) $f_0 = 0.3f_a$；(c) $f_0 = 1.1f_a$

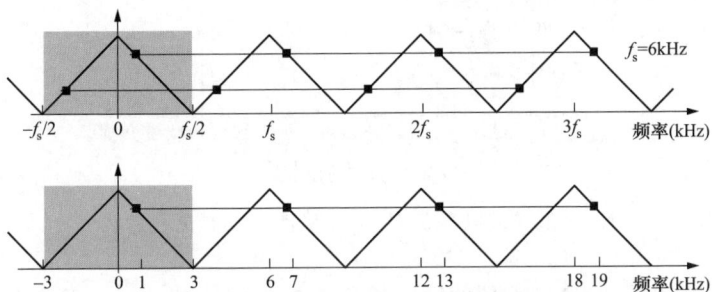

图 12-36　离散信号周期延拓（$f_a = f_s/2$）

在理论上 A/D 转换器需要有一个载频为 $f_s/2$ 的理想低通滤波器（抗混叠滤波器），滤除 $f_s/2$ 以上的噪声。在实际中，通频带为 $0 \sim f_s/2$ 的低通滤波器，不可能既实现完全滤除高于的 $f_s/2$ 的分量，而又不衰减 $f_s/2$ 附近的有用分量，实际的采样结果与理论上是有差别的。

但如果采样频率高于 f_s（如 $2f_s$）时，用抗混叠滤波器就很容易滤除频率大于 $1.5f_s$ 的分量，同时完好保留有用分量。而采用数字滤波器却很容易滤除采样后混入的介于 $0.5f_s \sim 1.5f_s$ 之间的分量，从而设计输入模拟滤波器时将会简单得多，不需要很复杂的结构。

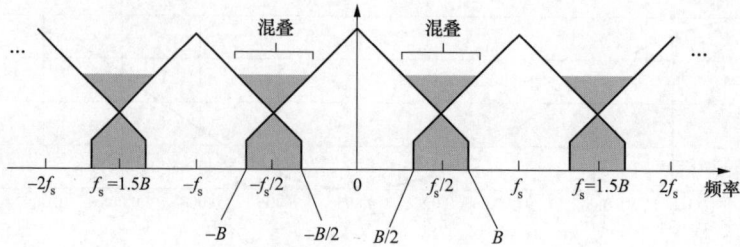

图 12-37　离散信号周期延拓（$f_a < 2f_s$）

　　这样如果采用高于采样定理的频率进行采样，就可以在 A/D 硬件位数一定的条件下，过采样（高于采样定理的采样频率）可以通过提高信噪比（SNR）来提高有效位数，从而提高了 A/D 的分辨率。

　　图 12-38 所示为一个理想 3 位（bit）单极性 A/D 的转换特性，其横坐标是输入电压 U_{IN} 与参考电压 U_{REF} 的比值，纵坐标是采样量化后输出的数字量，以二进制 000～111 进行表示。

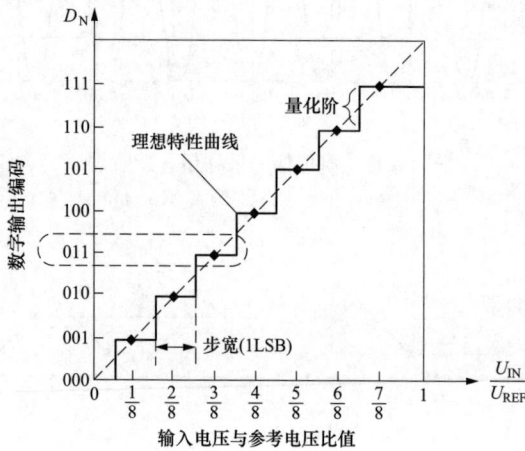

图 12-38　理想 3 位（bit）单极性 A/D 的转换特性

　　可以看出，A/D 转换器的数字输出与模拟输入成正比，第一位的变迁发生在半个量化阶（1/2LSB）的模拟电压值上，以后每隔 1LSB 都发生一次变迁，直至满刻度 1 的 1/2LSB。

　　由于 A/D 输入信号是任意值，而输出值是量化的数字，所以在模拟值与数字值之间会有 ±1/2LSB 的量化误差，如图 12-39 所示。

　　2. 采样信号的频谱分析

　　这种误差经还原模拟信号，会带有 $q/\sqrt{12}$ 的量化噪声，如果对理想 A/D 输入一恒定直流电压，那么经 A/D 多次采样转换后得到的都是相同的数字量，分辨率会受到量化误差的限制。如果在这个直流信号上叠加一个交流信号，采用比叠加的交流信号频率高出很多的采样速率进行抽样，将会

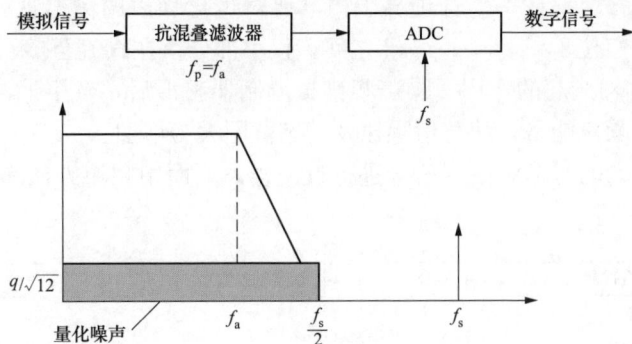

图 12-39　使用抗混叠滤波器的奈奎斯特采样

q—LSB 的权重；$f_s/2$—奈奎斯特频率；f_s—ADC 采样速率

得到变化的数字量值，用这些数字量的平均值表示 A/D 的转换结果，便能得到比用同样 A/D 高得多的采样分辨率，这种方法称其为过采样。但过采样提高分辨率并不等同于高精度，而是减小 A/D 量化噪声的方法。

如果输入为一个交流电压信号，则不需再叠加一个交流信号，当采样频率远远高于输入信号频率时，也可以提高 A/D 的分辨率。

如果简单地过采样方法使分辨率提高 N 位，需进行 $K=4^N$ 倍过采样。那么，简单的过采样和滤波能否改善信噪比 SNR 呢？

一个 1 位 A/D 转换器的 SNR 为 $7.78(6.02+1.76)$dB，每 4 倍过采样可以使 SNR 增加 6dB，分辨率等效于增加 1 位（bit）。这样，采用 1 位 ADC 进行 64 倍（即 2^6 倍）过采样可以获得 4 位分辨率，如要获得 16 位分辨率就必须进行 4^{15} 倍过采样，这显然不切实际情况。而 Σ-Δ 转换器采用噪声成形技术避免了这种局限性，使每 4 倍过采样可增加高于 6dB 的 SNR。

如图 12-40 所示，从频谱分析结果可以看到，一个输入信号和一系列频率分布于 DC~$f_s/2$ 间的随机噪声，这就是所谓的量化噪声，主要是由于有限的 A/D 分辨率而造成的。

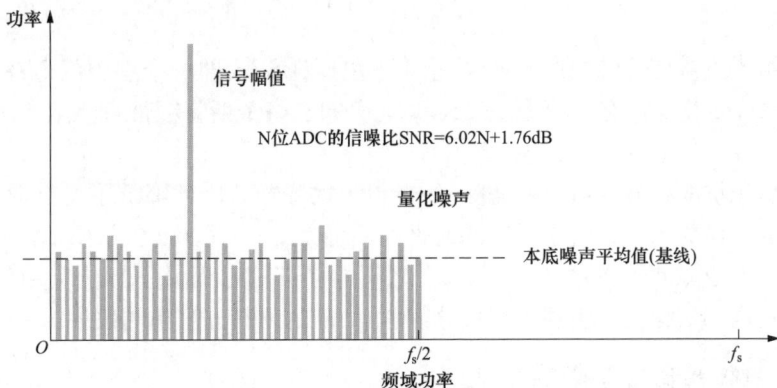

图 12-40　N 位 ADC 以频率 f_s 采样信号的频谱分析

为使采样速率在一个合理界限内，要对量化噪声的频谱进行整形，使得大部分噪声位于 $f_s/2 \sim Kf_s/2$ 之间，仅小部分留在直流至 $f_s/2$ 内，这正是 $\sum$-Δ 调制器所起的作用。噪声频谱被调制器整形后，数字滤波器可消除大部分量化噪声能量，使总信噪比及动态范围大为增加。

如以 Kf_s 的速率对被测信号进行过采样，下面用频域方法来进行讨论，如图 12-41 所示。

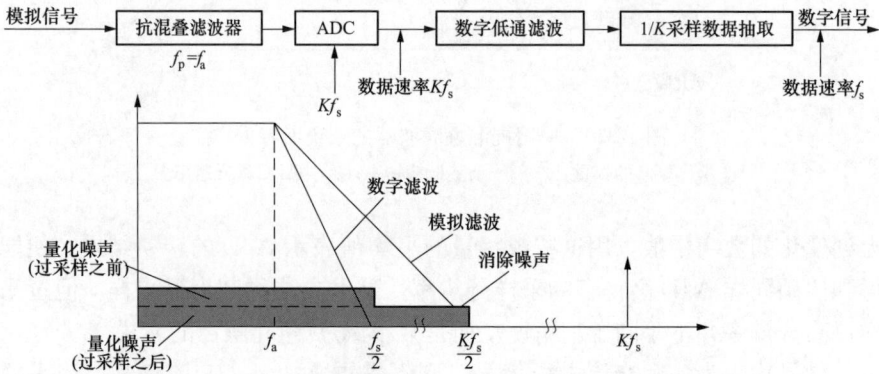

图 12-41　带模拟滤波和数字滤波的过采样

从频域分析可以看出，采样频率增至 $Kf_s/2$，整个量化噪声位于直流至 $Kf_s/2$ 之间，其有效值降为原来的 $1/K$，显示噪声基线降低了，信噪比 SNR 值未变，而噪声能量分散到一个更宽的频域范围，$\sum$-Δ 模数转换器就是利用了这一原理。

这有利于简化 A/D 转换器前的抗混叠模拟滤波器的结构，并能提高信噪比及改善动态特性。

设 q 表示每一个量化等级的范围，并设每个样本的量化误差 e 是服从均匀分布的随机变量，即 $-q/2 \leqslant e \leqslant q/2$ 的任何误差值以等概率出现，则量化噪声功率为

$$P_q = \int_{-q/2}^{q/2} e^2 \left(\frac{1}{q} \right) \mathrm{d}e = \frac{q^2}{12} \tag{12-27}$$

由于直流信号转换产生的量化误差达 1/2LSB，即一个理想的 N 位 A/D 的采样量化噪声有效值为 $q/12$，均匀分布在奈奎斯特频带直流至 $f_s/2$ 范围内。

由于抗混叠滤波器只需滤除 $f_s/2$ 以上的噪声，因此降低了对抗混叠滤波器的整体要求。又由于系统的通带频率仍为 f_a，所以可在 A/D 之后加一个数字低通滤波器滤除 $f_a \sim Kf_s/2$ 之间的噪声信号而又不影响有用信号，从而提高了信噪比，实现了用低分辨率 A/D 达到高分辨率的效果。

三、调制器和量化噪声整形

图 12-42 所示的虚线框内是一个 $\sum$-Δ 调制器，可以看出，调制器的结

构极为简单，只有一个比较器、一个开关、一个或几个积分器及模拟求和电路。

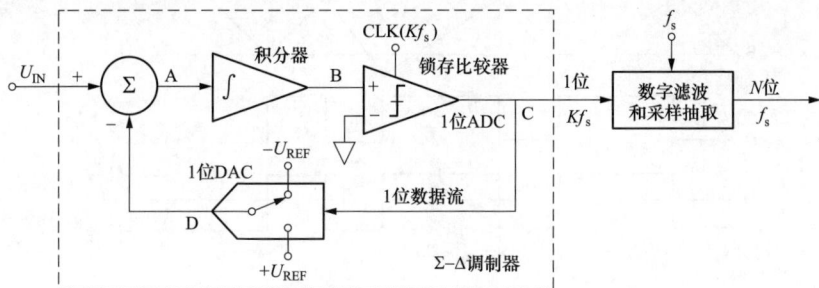

图 12-42 一阶 Σ-ΔADC 调制器

Σ-Δ 调制器以 Kf_s 采样速率将输入信号 U_{IN} 通过积分器转换为由 0 和 1 连续的串行数据流；锁存比较器由串行数据流驱动，1 位 DAC 的输出以负反馈形式与输入信号求和。由反馈控制的特性可知，当反馈回路的增益足够大时，DAC 输出的串行位流的平均值接近于输入信号的平均值。

图 12-42 中 A、B、C、D 各点信号波形如图 12-43 所示。图 12-43 是输入电压 U_{IN}＝0 的情况，输出为 0，1 交替的 8 位数据流（01010101）。数字滤波器对 8 位数据平均后为 4/8，这个数值正好是 3 位双极性输入 A/D 的零。

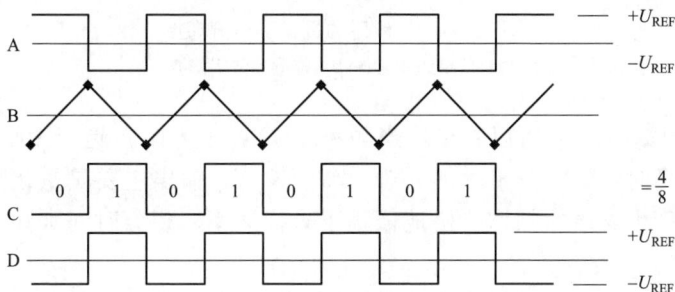

图 12-43 输入电压 U_{IN}＝0 的波形

当输入信号 U_{IN}＝＋1/4U_{REF}，则信号波形如图 12-44 所示，加法器求和输出 A 点的正、负幅度不对称，引起积分器正、反向积分斜率不相等，于是锁存器输出 1 的数量多于 0 的数量（01101101）。数字滤波器对这 8 位数据流取平均后为 5/8，这个值为 3 位双极性 A/D 输入信号对应于＋1/4U_{REF} 的转换值。

由于积分器可以在频域内用一个幅度响应与 1/f 成正比的滤波器加以表示（f 为积分器输入信号频率）。

又由于带时钟（CLK）的锁存比较器类似于斩波器的作用，它将输入模拟信号转换为高频交流信号，在输入信号平均值附近变化，因而低频下

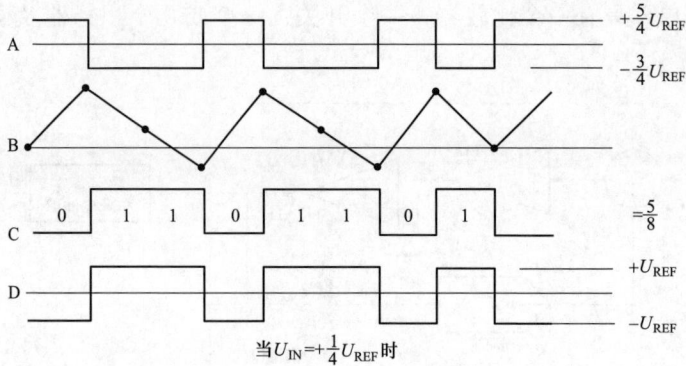

图 12-44　$\sum$-Δ 调制器波形图

的量化噪声大为减少，这个积分器对量化噪声如同一个高通滤波器，图 12-45 所示为整形后的量化噪声分布。

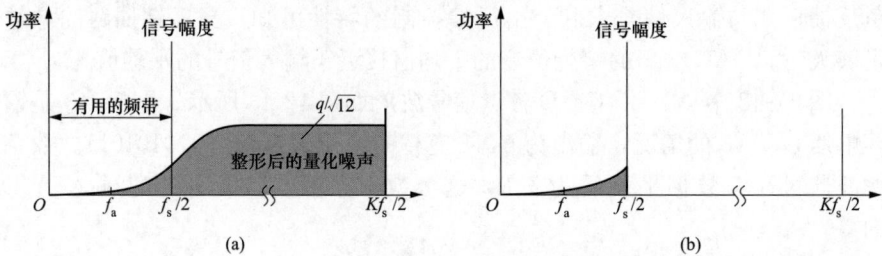

图 12-45　整形后的量化噪声分布图

（a）数字滤波前；（b）整形后数字滤波

由图 12-45（a）可以看出，当频率 f 接近于零时，趋于无噪声分量；当频率增高时，噪声分量增加。对于高频输入，输出主要是量化噪声，这种情况下产生噪声的频谱严格地依赖于采样速率、积分时间常数及电压反馈误差。

积分器的级数越高其滤波效果越好，采用多级积分与求和以获取更高阶数的量化噪声，因而高阶$\sum$-Δ 调制器得到了广泛应用，图 12-46 所示为一个二阶$\sum$-Δ ADC 原理框图。

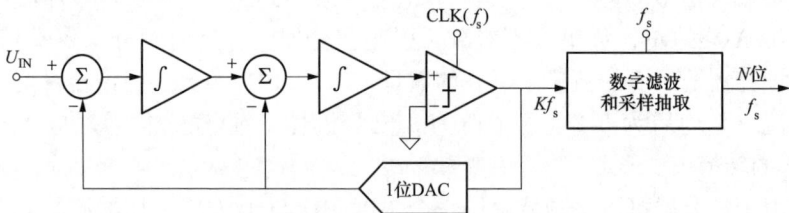

图 12-46　二阶$\sum$-Δ ADC 原理框图

图 12-47 给出了$\sum$-Δ 调制器的信噪比与阶数和过采样倍率之间的关系，

其中 SNR 为信噪比，K 为过采样倍率。例如，当 $K=64$，一个理想的二阶系统的信噪比大约为 80dB，分辨率大约相当于 13 位的 ADC。

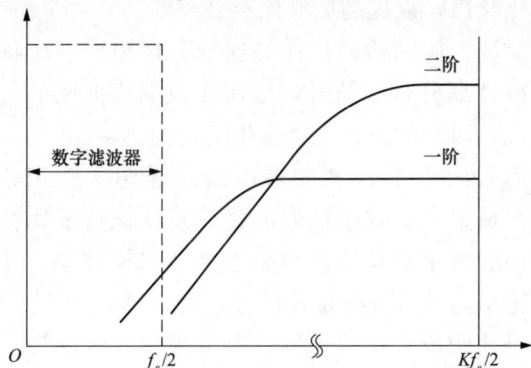

图 12-47 积分级数与高阶数的量化噪声的关系图

信噪比与阶数及过采样倍率之间的关系如图 12-48 所示。

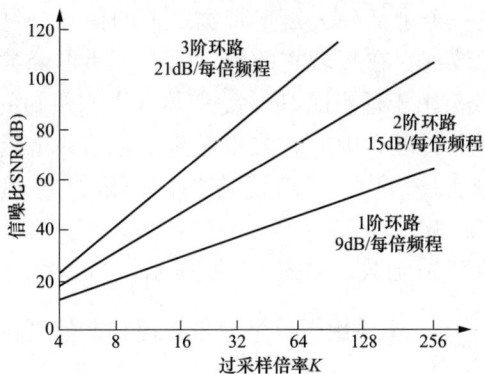

图 12-48 信噪比与阶数及过采样倍率之间的关系

四、数字滤波和采样抽取

1. 数字抽取滤波器的作用

数字抽取滤波器的作用是实现 Σ-Δ 调制器输出信号的滤波和抽取。以得到期望的响应特性的离散时间系统，Σ-Δ ADC 的数字部分框图如图 12-49 所示。

图 12-49 Σ-Δ ADC 的数字部分框图

数字抽取滤波器主要有以下三个方面的作用。

（1）低通滤波。输入信号中的各类噪声在$\sum$-Δ调制器中被高速率的过采样率推至高频段，通过低通抽取滤波器将其高频段的噪声滤除，基带内只剩下小部分量化噪声，以提高信噪比及分辨率。

（2）抗混叠滤波。调制器输出的高速低分辨率数字比特流抽取后不仅频率降低，还要得到高分辨率信号，因而在数据流抽取的过程中，必须对信号进行低通滤波，以达到防止混叠发生的目的。

（3）采样抽取。由于$\sum$-Δ调制器以过采样速率输出 1 位比特（bit）流，频率可高达兆赫量级。数字抽取的目的是从该数字比特流中提取出有用的信息，将输出的数字比特流降至奈奎斯特采样频率，并将字长增加到相应位数，从而输出高分辨率的量化信号。

从实现的网络结构或者从单位脉冲响应来看，可分为无限长单位脉冲响应 IIR 滤波器和有限长单位冲激响应 FIR 滤波器。但$\sum$-Δ A/D 中 Sinc 是最常见一种数字低通抽取滤波器。

2. Sinc 滤波器

Sinc 滤波器是一个全部除去给定带宽之上的信号分量，而只保留低频信号的理想电子滤波器。在频域它的形状像一个矩形函数，在时域它的形状像一个 Sinc 函数。由于理想的 Sinc 滤波器（人们熟知的矩形滤波器）有无限的延迟，所以现实世界中的滤波器只能是它的一个近似，但是它仍然在概念演示或者验证中得到了广泛应用，如采样定理以及 Whittaker-Shannon 插值公式。

（1）归一化的 Sinc 函数。如图 12-50 所示，归一化的 Sinc 函数表达式为 $\text{sinc}(x) = \dfrac{\sin(\pi x)}{\pi x}$，主要用于数字信号处理和通信理论中。归一化与非归一化两者的区别在于放大系数 π。

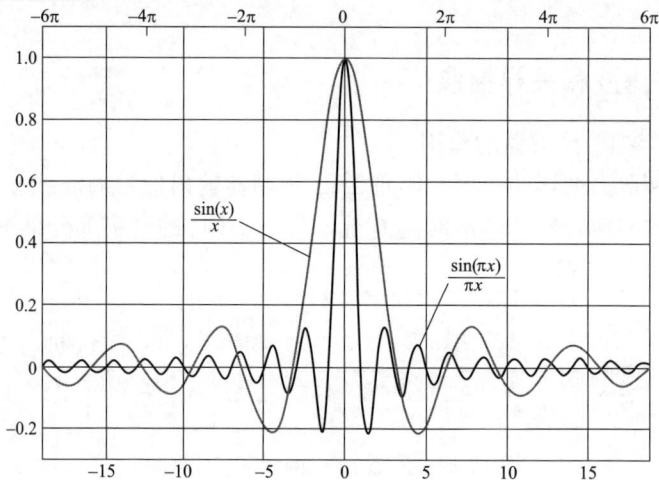

图 12-50　归一化与非归一化辛格函数

（2）Sinc(x) 函数。Sinc 函数又称辛格函数，用 Sinc(x) 表示。注意 Sinc(x) 函数不是正弦函数 Sin(x)。Sinc 函数与 Sa 函数的数学表达形式相同，Sa 函数称为采样函数或抽样函数，用 Sa(x) 表示。Sincc(x) 有两个定义，即归一化 Sinc 函数和非归一化的 Sinc 函数。

非归一化的 Sinc 函数的表达式为 $\mathrm{sinc}(x) = \dfrac{\sin(x)}{x}$，主要用于数学领域（故略）。

（3）Sinc^3 抽取滤波器。$\sum$-Δ 转换器中广泛采用的滤波器拓扑是 Sinc^3，一种具有低通特性的滤波器。如图 12-51 所示，这种滤波器的一个主要优点是具有陷波特性，可以将陷波点设在和工频电压相同的频率，抑制其干扰。陷波点与输出数据速率（转换时间的倒数）直接相关。

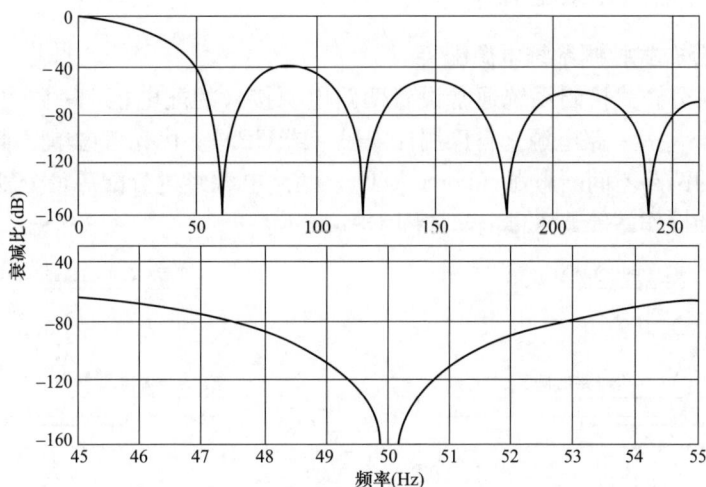

图 12-51　具有低通特性的 Sinc^3 滤波器

Sinc^3 滤波器的建立时间三倍于转换时间。当陷波点设在 50Hz 时（50Hz 数据速率），建立时间为 3/50Hz，即 60ms。有些应用要求更快地建立时间，而对分辨率的要求较低。对于这些应用，可以考虑允许用户自行选择 Sinc^1 或 Sinc^3 滤波器类型的 $\sum$-ΔADC。

Sinc^1 滤波器的建立时间只有一个数据周期，对于前面的举例则为 1/50Hz，即 20ms。由于带宽被输出数字滤波器降低，输出数据速率可低于原始采样速率，但仍满足奈奎斯特（Nyquist）采样速率。这可以通过在频域保留某些采样而丢弃其余采样来实现，这个过程就是所谓的按 M 因子"抽取"。M 因子为抽取比例，可以是任何整数值。

在选择抽取因子时应该使输出数据速率高于两倍的信号带宽，这样，如果以频率 f_s 对输入信号进行采样，滤波后的输出数据速率可降低至 f_s/M，而不会丢失任何信息。

第十三章　电源配置与接地

第一节　电　源　配　置

保证电源的可靠性是分布式控制系统稳定运行的基础，严格执行行业规范和国家相关标准来配置电源是一件非常重要的事情。下面是参照着行业相关规范及行业应用经验来介绍分布式控制系统电源的技术指标及典型配置。

一、系统电源冗余配置

1. 分布式控制系统电源配置

（1）分布式控制系统通常设置两路电源接入的配电柜，一路电源引自厂用 UPS，另一路电源来自厂用保安段（或 UPS）。优先考虑单路能满足供电容量的两路不间断电源（UPS A/B），两路电源经过分配后，分别给 I/O 控制站和操作站等装置供电，如图 13-1 所示。

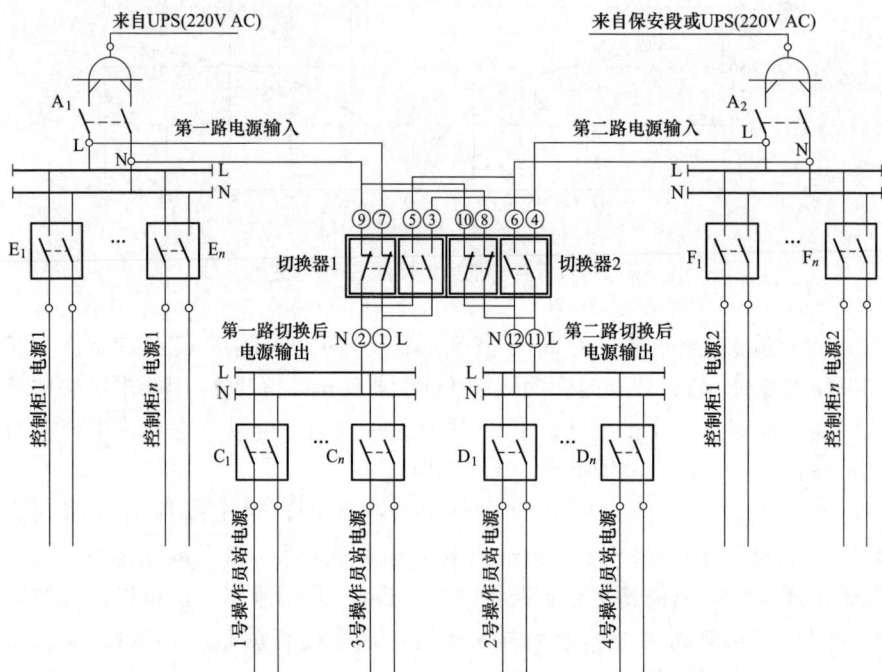

图 13-1　工作站电源配置

在电源正常运行时，两路电源各带 50% 的负荷同时工作。分布式控制系统的供电电源为专用，不允许给非分布式控制系统的设备供电。

当采用一路 UPS 及一路保安电源供电时，如果保安电源的电压波动幅度较大，应增加一台稳压器稳定电源电压，正常运行时以 UPS 供电为主。

过程控制站的两路引入电源要直接接入，不能接入经切换后的电源。

（2）应配置专用电源快速装置。切换后的电源主要给操作站、工程师站、实时数据服务器、通信网络设备（交换机等）、打印机、SIS 等设备供电，且分别单独接自冗余电源。操作员站等具有冗余功能的装置应按奇、偶数编号分别交叉接入两路电源。

如在 A_1 路电源给设备供电、A_2 路电源有电的条件下；当 A_1 路电源失电时，立即切换为 A_2 路电源供电，切换时间不大于 20ms，确保计算机不复位。两路电源均能正常供电时，切换后的电源不能工作在同一路引入电源上，且应有显示以便于监视。

鉴于数据服务器在系统运行中的重要地位，最佳方式是采用双路电源供电；其次方式为互为冗余运行的两台服务器由 UPS 和厂用电分别进行供电。

为增加供电线路可靠性，电源柜内应设置母线排，至各排分空开的两端与电源母线环接，以增加电源的可靠性，如图 13-2 所示。

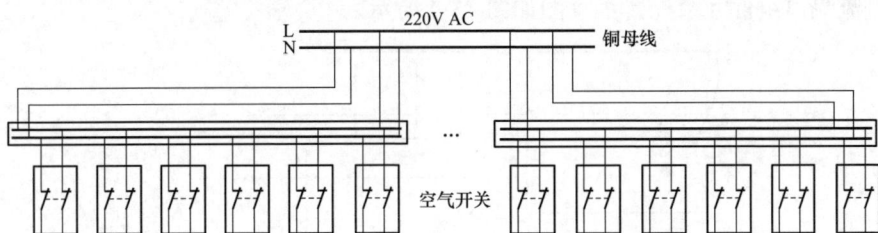

图 13-2　电源分支线路与电源母线环形接线

（3）公用分布式控制系统的电源，分别取自两台机组的电源进行供电，如图 13-3 所示。

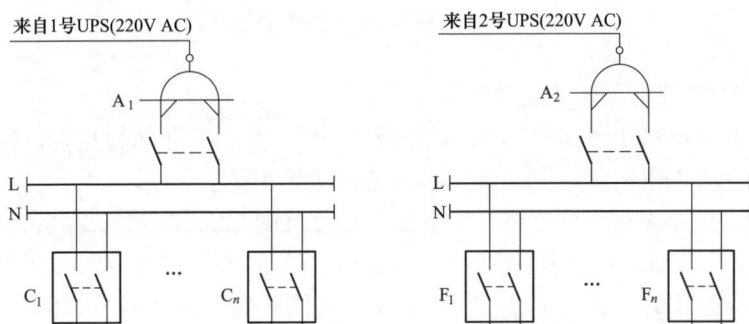

图 13-3　公用分布式控制系统电源配置示意图

（4）公用分布式控制系统内部的直流电源组件，宜采用 2N 或互备切换并相对均衡输出供电的工作方式。

对于 I/O 过程控制站，需要将 UPS 电源与厂用电（或另一路 UPS）分别送给互为冗余的两个电源模块，经过冗余电源模块输出的 24V DC/48V DC 供给主控单元或 I/O 模块使用。继电器柜和 ETS 控制柜等装置电源模块的供电方式与 I/O 控制柜相同。

如现场控制系统没有配置电源柜或者现场无法提供双路电源，为了保障控制系统的安全稳定运行，一般至少提供一路 UPS 电源。

为确保分布式控制系统的可靠供电，其电源应引自单独的电源母线段引来，并不应再为其他高负载设备供电，尤其不能为大功率的感性负载供电，如电动门、执行机构、电动机等。

（5）过程控制站中所有控制单元、I/O 模件、驱动器等的工作电源应为冗余配电。冗余电源的直流隔离或切换组件（如肖特基二极管）应冗余配置，以防故障导致控制站失电。

2. 热控电源柜配置

（1）热控系统 380V AC 配电盘应提供两路电源，并分别来自厂用不同的低压母线段；如有厂用事故保安电源时，应有一路电源引自事故保安电源段。

（2）热控仪表配电柜及辅机控制系统，均应引自两路不同的电源段。直流隔离组件冗余配置示意图如图 13-4 所示。

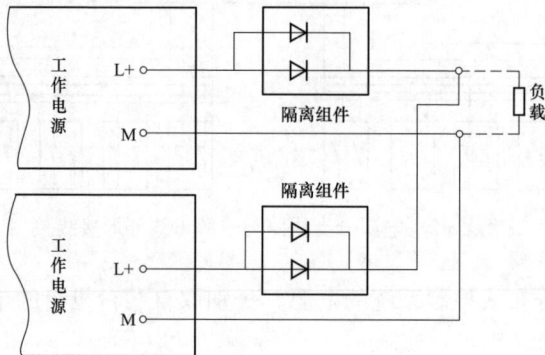

图 13-4　直流隔离组件冗余配置示意图

3. 控制装置及设备电源配置

（1）主燃料跳闸（MFT）、紧急跳闸系统（ETS）等执行机构的控制继电器采用外部供电时，应提供 2 路独立的直流电源。

（2）独立配置的重要控制子系统如紧急跳闸系统（ETS）、汽轮机主机监视仪表（TSI）和给水泵汽轮机监视仪表（MTSI）、给水泵汽轮机电液调节系统（MEH）、火焰检测器、炉膛安全监控系统（FSSS）、循环水泵等远程控制站及其他远程 I/O 站的电源，应采用双路电源模块冗余供电。

（3）给煤机控制柜、磨煤机、吹灰程控柜、点火等离子系统、循环控制蝶阀等独立配置的系统或装置，应配备两路自动切换且不会对系统运行产生干扰的供电电源。

（4）数字电液调节系统（DEH）或为其另配置的仪表、设备，所用的交、直流电源，均应由 DEH 系统供电。

（5）硬接线回路的供电电源切换继电器的切换时间小于或等于60ms。

二、电源可靠性

1. 不间断电源 UPS 可靠性

（1）不间断电源 UPS 的两路供电应引自独立可靠的不同母线工作段。

（2）UPS 装置应有两路供电电压偏差大和隔离变压器超温报警功能，输入/输出电压显示功能。

（3）UPS 装置应有防雷击、过电流、过电压、防浪涌保护功能和可靠的故障诊断、报警显示功能。

（4）计算机中设计有 UPS 电源测试程序，启动 UPS 的自检功能，可在计算机中检查 UPS 自检报告。

（5）热工自备 UPS 装置与分布式控制系统的控制柜之间应保持一定的距离。

2. 控制系统电源可靠性

（1）分布式控制系统电源系统具有可靠的故障诊断、显示与报警功能。机组供电电源失电报警信号应进入故障滤波装置，应设有独立于分布式控制系统之外的失电报警。当系统内、外部供电的任一路电源故障时，均能在人机界面显示故障诊断信息及声光报警。

（2）分布式控制系统冗余电源的任一路独立运行时，应保证不小于30％的裕量。

（3）过程控制站提供给现场的查询电源、驱动电源应为不大于48V的冗余电源。

（4）MFT、ETS 等执行部分的继电器采取厂用直流电源供电时，应具有不造成保护误动的防范措施。

（5）电源系统有自保护功能，当控制系统 I/O 通道误入高电压或连接的外部设备短路时，不会造成控制站电源系统故障。一个 I/O 通道的电源故障影响范围不应超出所在模件；I/O 模件电源故障、人机界面单台计算机电源故障或终端电源故障，不能引起系统电源故障。

（6）分布式控制系统内供电的输入信号装设隔离器时宜采用无源隔离器，否则隔离器电源应与该输入信号的仪表电源合用；输出信号装设隔离器的电源应冗余供电；当采用外供电源时，应采用冗余配置等措施，其安全等级应和对应 I/O 信号的重要性相匹配。

三、电源质量指标

1. 电源质量基本要求

分布式控制系统的电源必须保证连续不间断的供电。系统对电源的基本要求如下。

(1) 电压：单相 220V AC＋10％～220V AC－15％。

(2) 频率：50Hz±2Hz。

(3) 波形失真率：小于 3％。

2. UPS 供电质量指标

(1) 电源电压稳定度：稳态时波动应小于±5％额定值，动态时波动应小于±10％额定值。

(2) 频率稳定度：稳态时波动应小于±1％额定值，动态过程波动应小于±2％额定值，波形失真应小于 5％额定值。

(3) UPS 供电电源切换时间应小于 5ms，非 UPS 供电电源切换时间一般小于 200ms。

(4) 自备 UPS 电池连续供电时间应大于 30min（或不小于制造厂商给出的备用时间）。

(5) 最大负荷情况下，UPS 应有大于 30％额定容量的裕度，且满足供电质量要求。

3. 分布式控制系统内部工作电源

(1) 24V DC 直流电源的电压波动不大于±5％额定值。

(2) 48V DC 及以上直流电源的电压波动不大于±10％额定值。

四、电源管理

电源系统配置图、电源开关、熔断器和熔丝额定电流清册应齐全、数据正确。热控系统交、直流电源柜和分布式控制系统电源的切换试验记录应清晰齐全。

新建机组或检修机组的电源专用检查、测量及试验记录齐全，符合行业规定要求。电源故障后的应急处理预案符合实际操作需要。

供电装置不仅要考虑冗余设计，还应考虑各种不安全因素对电源系统的干扰，深入分析系统存在的隐患，并做好日常维护工作，以保障分布式控制系统的安全稳定运行。

第二节　分布式控制系统接地

一、分布式控制系统接地的意义

分布式控制系统在工作时，需要一个稳定的电位作为参考电平，参考电平连接大地，称作分布式控制系统接地。为了消除电磁噪声对 I/O 信号的干扰，电缆屏蔽层也要进行接地。当分布式控制系统自身或供电电源出现问题时，需要将漏电电流迅速导入大地。

例如：有些电厂的分布式控制系统 I/O 信号经常出现波动，或出现不明原因的"死机"，大多时候都与系统接地不良有关；而接地系统不良的部位大多时候不容易查找（如接地电阻大、系统多点接地、接地线断线等），有时即使原因找到了，由于条件的限制，也不易整改处理，这些问题给分布式控制系统安全稳定运行带来了隐患；因此，在分布式控制系统的维护中，接地是一件不可忽视的工作。

正确接地是保证分布式控制系统稳定可靠运行的一个重要环节，不同品牌的分布式控制系统对接地的要求也不相同，例如：接地的种类、接地线截面积、接地铜牌的规格、对接地网要求、接地电阻值大小等，以及接地是否按设计方案施工等。分布式控制系统可靠、完善、正确地接地，是保证其能够安全、良好运行的关键。

二、分布式控制系统接地信号分类

通常来说，接地种类可分为保护性接地与功能性接地，从 I/O 信号的干扰频率上来讲，也有低频接地和高频干扰之分；因为火力发电厂热工信号多为低频（工频）信号，下面的内容主要谈低频信号接地。

保护性接地可分成防雷接地、防静电接地等；功能性接地有逻辑接地、屏蔽线接地、I/O 信号回路接地、本安接地等。在不同厂家的分布式控制系统中，与地相关的名词并不统一，有时同一名称的含义也并不一样，一般在资料或文献中涉及的名称大致有以下几种。

（1）数字地。逻辑电平的地，指各种数字量信号进入 A/D 转换器之后的参考电平地。

（2）模拟地。指各种模拟量信号的零电位，信号进入 A/D 转换器之前的参考电平地。

（3）系统地。系统工作电源地（24V 负端），功能是为系统电源提供一个参考点。

（4）直流地。系统外挂直流电源地（24V、48V 负端），有时等同于系统地。

（5）信号地。现场模拟信号源的参考点平地，一般在信号源的供电侧进行接地。

（6）屏蔽地。为防止静电干扰和磁场干扰而设置的地，有时等同于模拟地或交流地。

（7）工作地。它综合了系统地、通信地、屏蔽地、信号地的功能。

（8）通信地。内部通信电源参考地。

（9）保护地。为故障电流及高频干扰提供了一个低阻抗的传泄通道，从而使设备外壳保持与地电位相等，以保护人员不受到电伤害。

（10）本安地。指本安型仪表或安全栅的地，如齐纳式安全栅需有单独立接地系统。

（11）防雷地。为防止控制系统受雷电的干扰而设置的地，将雷击能量导入大地。

另外，在接地系统中，常涉及"接地"和"等电位联结"。但两者并非完全相同，如：接地可对大地泄放浪涌电流及静电荷，而对大地绝缘的等电位联结则不能，例如浮地控制系统的等电位联结。

三、分布式控制系统接地方式及拓扑结构

一般常见的分布式控制系统接地方式有三种：浮地方式、单点接地方式、多点接地方式。

1. 浮地方式

如果将分布式控制系统的参考电平不接大地，而与一块金属板（或金属母线）联通，以金属板上的电位作为基准电位，用金属板代替接大地，从而使分布式控制系统正常工作，这种与大地绝缘的浮地方式其实就是等电位联结，如图 13-5 所示。

有的分布式控制系统（如 EDPF-NT）内部电路与 I/O 信号回路共用一个直流电源，为防止 I/O 信号短路而导致系统工作电源故障，从而采用浮地式。也有的分布式控制系统（如 ECS-700）为了抑制共模电压对 I/O 信号的影响，I/O 信号的电源采用浮地方式，优点是当信号外回路中有一点接地时，回路仍可以工作，不至于把供电电源短路。

对于规模较大的分布式控制系统，对地可能存在很大的分布参数，难以实现并保持真正的浮空。另外，还可能对人身造成触电，所以通常不推荐这种浮地方式。

2. 一点接地（S形）方式

（1）分布式控制系统采用 S 形方式与大地连接（单点地）时，由于全系统所有设备的参考地都通过一点接入大地，即使大地中有电流流过，也不会产生共地阻抗耦合干扰；单点接地易于消除低频干扰，这是一种常见的接地形式，如图 13-6 所示。

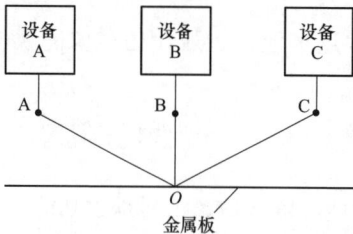

图 13-5　浮地方式

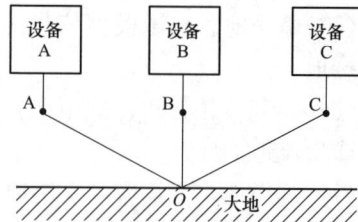

图 13-6　一点接地

（2）采用一点接地方式时，常见的拓扑结构有星形、环线、菊花链三种。星形结构的优点是可以减小地线之间的交叉干扰；菊花链、环线的拓扑形式可以节省一些接地线缆。还有一种是串联结构，但公共阻抗问题格外突出，不符合行业标准的要求。如图 13-7 所示。

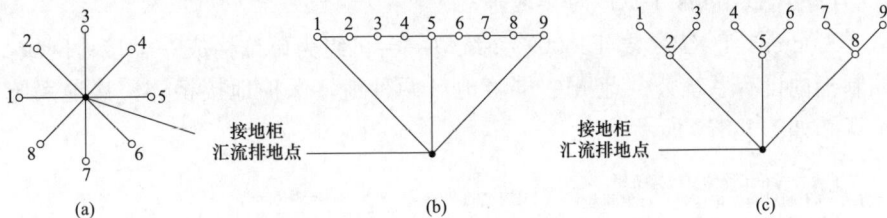

图 13-7　一点接地常见的拓扑结构
（A）星形（S形）；（b）环线（S）形；（c）菊花链（S形）

3. 多点接地（M形）方式

多点接地（分散接地）在国外品牌的分布式控制系统中有这种接地方式，由于各设备的接地点不同，设备之间存在地线的公共阻抗 Z，如图 13-8 所示。

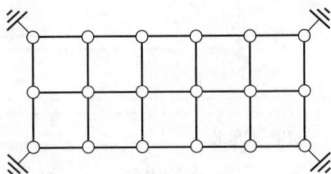

图 13-8　多点接地（M形）拓扑结构

在地网中有电流流过时，接地点 A、B、C 间有电位差，$V_1 \neq V_2$，从而形成干扰；分布式控制系统在工作过程中，需要具备一个稳定的基准参考电位，多点接地不适合低频干扰大的场合，如图 13-9 所示。

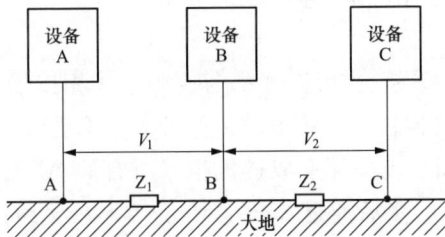

图 13-9　共阻抗耦合干扰

四、几种典型分布式控制系统的接地方案

由于国产的分布式控制系统的起步晚于国外，因此，目前在火电行业内还有很多国外品牌的产品在运行，其接地系统多是按国外厂商的方案进行设计施工，不同国外厂商的接地方案也不一致，但基本上都不符合我国的现行行标。

下面对常见的国内、外品牌的分布式控制系统接地方案进行简单介绍。

（一）Siemens T-XP 的接地原理

Siemens T-XP（或 T3000）系统以一台机组为单位构成一个接地网域，控制柜内设有系统公共地 M、屏蔽地 S 两种地，保护地接柜体；接地系统示意图如图 13-10 所示。

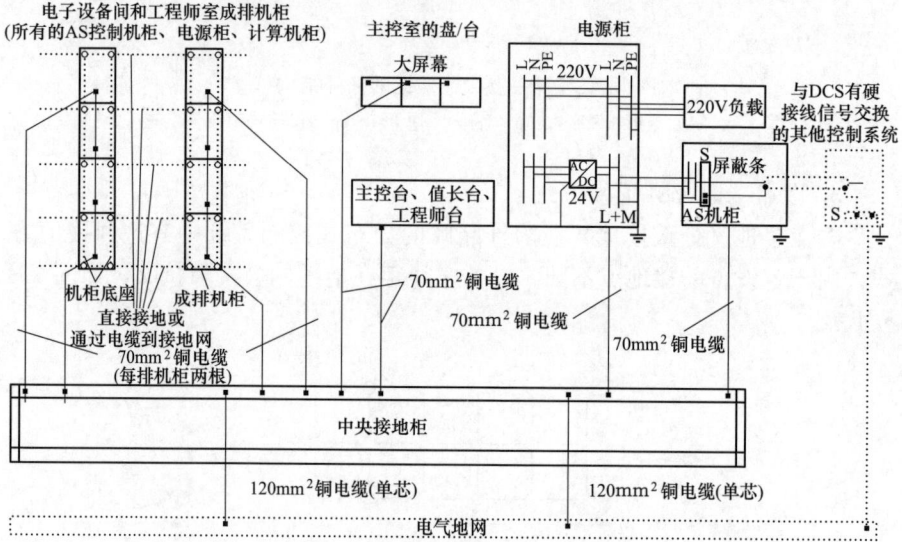

图 13-10　T-XP 的接地系统示意图

屏蔽地 S（交流地）。信号电缆的屏蔽层接入屏蔽地，为故障电流和高频噪声提供了一个低阻抗的排泄通道。

系统公共地 M（直流地）。24V DC 的负极与系统中逻辑电平的共同参考点，消除公共地线阻抗所产生的噪声电压。

1. 接地要求

（1）屏蔽地 S、系统公共地 M 都与控制柜体相连接；控制柜体也作为安全地。使设备外壳保持与地等电位，保护人员不受到电气伤害；

（2）电子设备间和工程师室成排机柜（所有的 AS 控制柜、24V DC 电柜、计算机柜），经串接后通过 25～70mm² 接入总接地铜牌，再通过 1～2 根 120mm² 铜线接到厂区地网上。

（3）还可以采用直接接地的方案，24V DC 电源柜排、控制柜排体通过电缆直接到地网。

（4）远程柜就地接地。

（5）接地系统对地电阻小于 5Ω。接地极距建筑物及各接地极之间的距离不小于接地极长度。

（6）交流接地极连接电气接地网，与 T-XP 有硬接线交换的其他安全接地、设备外壳及建筑物也都接在这个接地网上。

I/O 信号的屏蔽线单端接地，在机柜侧接地时，接到机柜两侧的屏蔽条上，该屏蔽条与交流安全地连在一起。

2．主要特点

（1）屏蔽地、系统地、保护地（柜体）"三地合一"接电气地网。

（2）控制柜体直接接地，属丁复式接地（多点接地）。

（二）ABB Symphony 的接地系统方案

1．DCS、ETS、ATC、AUX 系统接地原理

如图 13-11 所示，过程控制柜内设置三个地，即系统地铜条、屏蔽地铜条、保护地（PE）。系统地铜条是独立的，屏蔽地铜条与保护地（PE）与机柜体连接在一起。

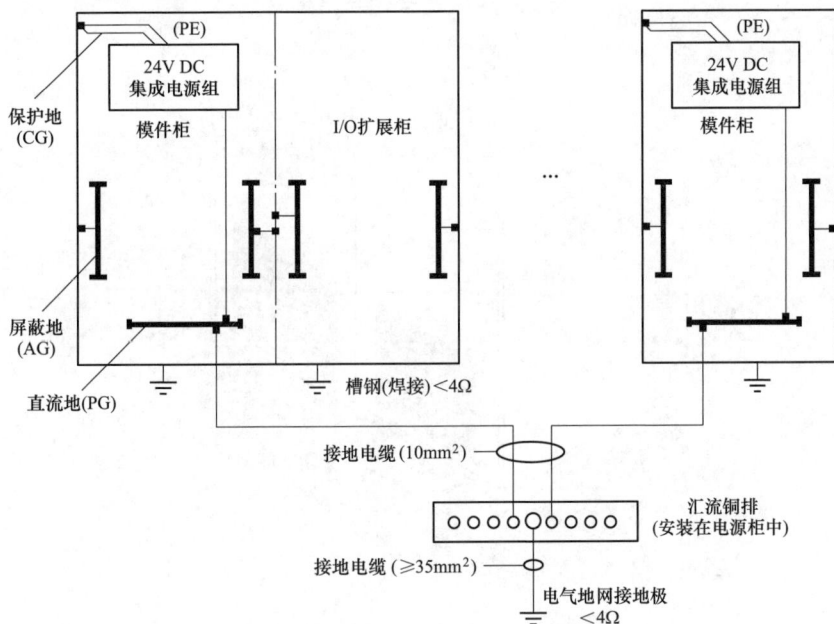

图 13-11　Symphony 系统接地系统图

2．DEH 伺服柜接地

DEH 伺服柜的系统地铜条、屏蔽地铜条、保护地（PE）与通过机柜壳体短接在一起，形成"三地合一"；无源端子接线柜底部的直流地铜线棒以星形接法接到相应的模件柜底部的直流地线棒（PG）上。这与 DCS 系统接地有所不同，如图 13-12 所示。

（1）总接地要求。

1）机柜体与基础钢结构焊接在一起。要求机柜体与基座之间焊接在一起，焊接点选择在相邻机柜的柜角处和整个柜体的两端。如图 13-13 所示。

安装基座要求与厂房建筑接地系统可靠连接，否则，用扁平铜缆将安装基座连接到最近的可靠的建筑接地系统上，铜缆长度应小于 1.8m，越短越好。

所谓可靠的建筑接地系统指与电厂地网有连续、永久、牢固连接的金

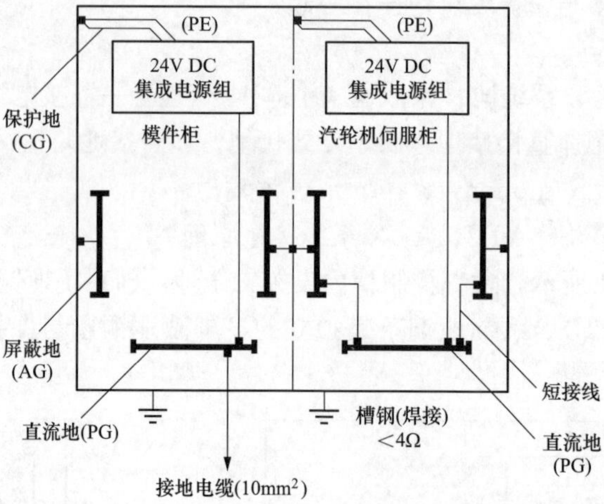

图 13-12　Symphony DEH 伺服柜接地系统原理图

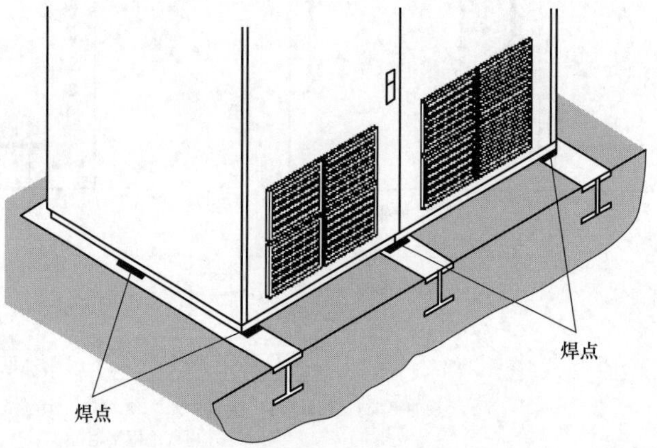

图 13-13　机柜体与基座之间焊接图

属导体，例如焊接连接的建筑钢梁。如果钢梁与地网有断开的可能或仅靠螺栓连接是不可靠的。与建筑接地系统的接地点 5m 之内不能有较大的干扰源，例如大型电动机或大电流开关装置。

2）各控制柜之间接地电缆串接，双端出线环接到电源柜，最终由电源柜处单点接到电气接地网，如图 13-14 所示。

3）Symphony Plus 系统不需要单独的接地系统，只需通过独立接地桩接入电气地网，接地点半径 5m 内无大电流、电压启停设备的接地点，接地电阻小于 5Ω。分布式控制系统各子系统在同一点接地网，当地网采用两个以上接地极时，两点间电阻应小于 1Ω。

4）I/O 信号线的屏蔽线单端接地，原则上应在信号供电侧接地，将屏蔽线的另一端悬空。实际应用中，如信号控制柜供电时，将信号线的屏蔽层接到机柜内两侧的屏蔽条上，另一端做绝缘处理。

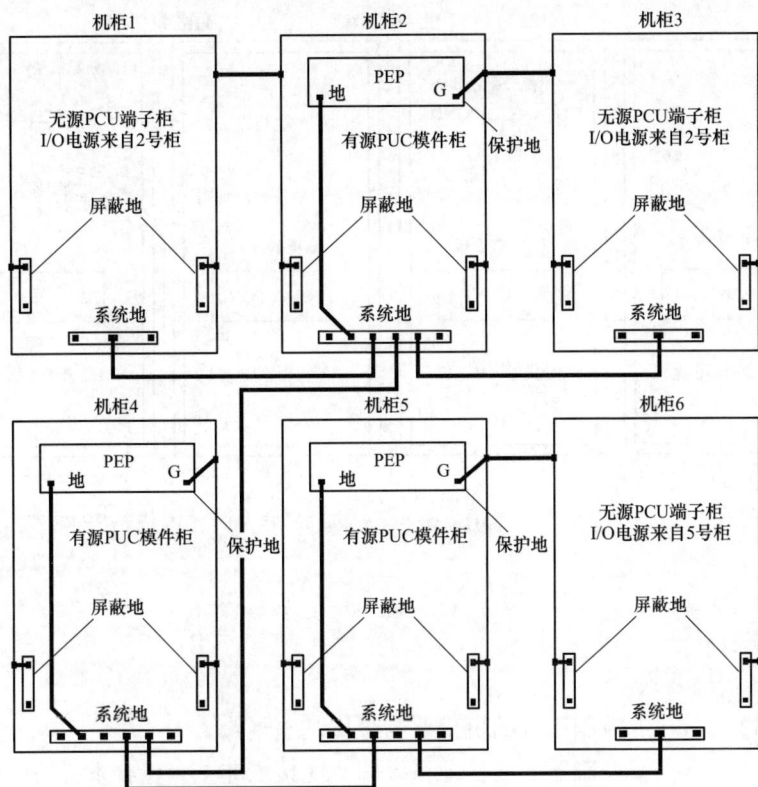

图 13-14　控制柜之间接地电缆串接图

屏蔽层应在进入机柜即剥出并接到屏蔽条上，屏蔽线外露的长度越短越好（<25mm），屏蔽线之间及与其他金属导体之间应绝缘；剥出的信号线在布线时应保持绞合的状态。

5）控制系统如有 RS-232 串口与外部设备进行通信时，通信线缆必须进行隔离。

6）远程控制机柜独立的供电和接地系统，接地的要求和主系统是一致的。在雷电多发地区，推荐使用光缆进行通信。

（2）主要特点。

1）屏蔽地、系统地、保护地，"三地合一"接电气地网。

2）柜体要求与厂房框架基础焊接在一起，形成复式接地（多点接地）。

（三）Emerson Ovation 的接地方案

控制机柜内配有信号地（PGND）和安全地（CG）接地铜排；无屏蔽地铜排，I/O 信号电缆的屏蔽层接到信号地上。

信号地与保护地采取分开连接到中心机柜的方式，中心机柜以单点方式接入电气接地网。对于远程 I/O 可采取就近接地原则，即只需在电厂现有的接地网中设一个独立的电极即可。Ovation OCR400 机柜组（群组）接地系统示意如图 13-15 所示。

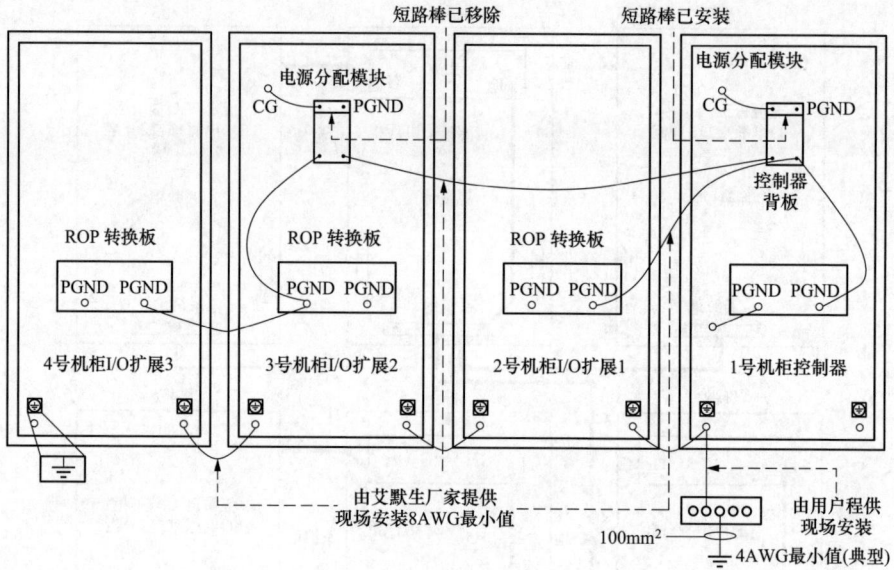

图 13-15　Ovation 系统接地示意图

1. 接地要求

（1）Ovation 控制系统的机柜要与金属基座绝缘。

（2）Ovation 控制系统的接地系统中不能接入非 Ovation 系统的设备。

（3）Ovation 控制系统的所有设备都不能接入其他系统的接地网络中。

（4）Ovation 控制系统的接地线通过接地汇总铜牌接入电厂的地网络中。

（5）Ovation 控制系统单点接入地网，接地连接电阻应不大于 1Ω。接地电缆最小线号应满足 4 AWG（外径 5.19mm），最佳线号 0000AWG（外径 11.7mm），接地电缆应尽可能短。

（6）以 Ovation 系统的接地点为中心，直径 20m 区域内应无大功率用电设备（如旋转机械、避雷针、变压器等）的接地点。

（7）EMC 机柜成簇接地时，设立中心机柜（最多不超过 4 个机柜），簇内的其他机柜不能超出中心机柜 10m 距离。中心机柜是进行 EMC 接地连接的机柜，簇中所有机柜的以 EMC 菊花链式连接到中心柜的 EMC。除中心机柜外所有机柜卸下短路条，如图 13-16 所示。

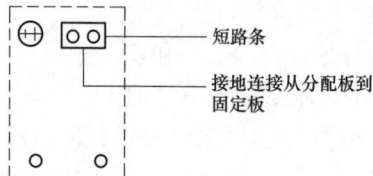

图 13-16　短路条

如果条件许可，在一个接地簇中，从中心机柜到其他机柜的电源地和机柜地的连接最好采用星形方式，而不是串接方式，这样可以避免一个机柜出现接地故障时，会影响到同簇内的其他机柜。

（8）但 EMC 到接地汇流排，确保从机柜到接地点的直流电阻小于 1Ω，并最小化长度。

为防止电击，AC/DC 输入电源线的保护地导体必须连接到位于 AC/DC 配电模块输入连接器的保护接地端子。在任何情况下，都不能使用 EMC 接地作为保护接地。

（9）分布式控制系统工程师站室、集控室操作员站台盘的地接入汇流排。

（10）接地铜排到接地点的接地电缆大于或等于 $100mm^2$ 铜线，接地 1Ω 之内。

2. 主要特点

（1）屏蔽地、系统地、保护地"三地合一"，一点地接电气地网。

（2）柜体要与基础框架绝缘。

（3）电缆屏蔽层接至 I/O 模块。

（四）国电智深 EDPF-NT 的接地方案

EDPF-NT 系统的过程控制站及 I/O 模块的电路采用浮空设计，即系统直流电源负极不接地。因此，整个系统只需考虑机柜外壳保护接地（CG）和 I/O 信号电缆屏蔽层接地（AG）。

CG 针对所有盘台外壳的接地，AG 针对所有 DPU 柜、I/O 扩展柜和远程 I/O 柜的接地，各机柜内部安装 4 条等电位铜带预留给 AG，供电缆屏蔽层接地连接。

同一系统的机柜分为若干组布置时，应由接地极分别向每组机柜引入接地线。在各组机柜相距较远时，应考虑给各组配置各自的接地极。EDPF-NT 系统的操作员站和工程师站的接地，可采用本地就近接地。CG 与 AG 在柜内连接；EDPF-NT 控制柜接地如图 13-17 所示。

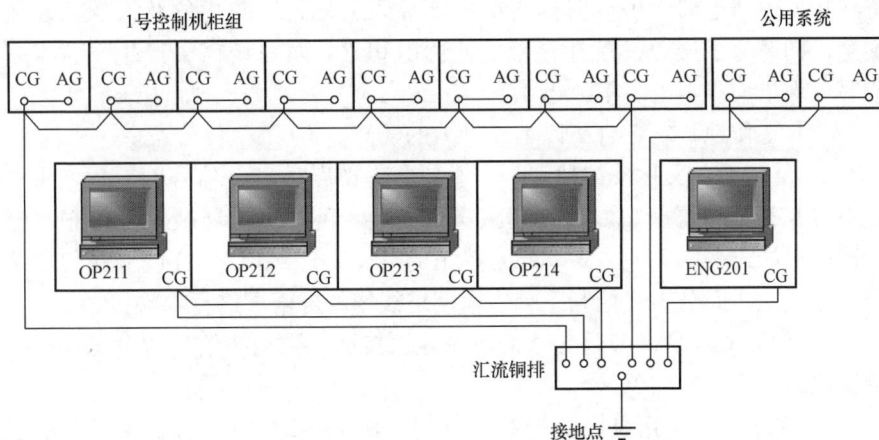

图 13-17 EDPF-NT 系统接地示意图

1. 接地要求

(1) 单点接地，机柜、盘台要求与安装基座槽钢绝缘，且绝缘电阻大于 10MΩ。

(2) 柜间连接的接地线为 16mm² 多芯铜线。

(3) 机柜与接地铜排之间的电缆大于或等于 25mm² 多芯铜线。

(4) 接地铜排与接地点之间电缆为 70~90mm² 多芯铜缆（或两根 50mm² 多芯铜缆）。

(5) 远程站距离较远时就近接地；接地电缆为大于 25mm² 多芯铜线，单点接地。

(6) 控制机柜与接地点之间的电阻小于 0.5Ω。

(7) 接地点 15m 范围内无 6kV 及以上的电气设备和避雷针接地点。

(8) 汇流铜排可以根据系统规模大小合理确定尺寸及安装方式，厚度要求不小于 10mm。

(9) 同一 DPU 柜及扩展柜的 LG（防雷地）、CG 和 AG 接地线串联引至汇流铜排。

同一系统的机柜分为若干组布置时，应由接地极分别向各组机柜引入接地线。在各组机柜相距较远时，应考虑给各组配置各自的接地极。EDPF-NT 系统的操作员站和工程师站的接地，可采用本地就近接地。

2. 主要特点

(1) 屏蔽地、保护地"二地合一"。

(2) 无逻辑地，系统工作电源浮地设计。

(3) 柜体要求与基础框架绝缘，一点地接电气地网。

（五）和利时 MACS K 的接地方案。

MACS K 分布式控制系统是和利时的新产品，控制柜内设有保护地铜排和工作地铜排。

(1) 保护地：将设备的金属外壳与接地体连接，在供电电源或系统设备本身发生漏电时，可以快速将漏电流导入大地，以防止危及人身和设备安全；同时为了避免设备外壳带电或静电积累，对系统信号产生干扰。一般要求保护地接地电阻不大于 4Ω。

(2) 工作地：它综合了以下 4 种地的功能。

1) 屏蔽地：又称模拟地，为了避免电磁噪声对 I/O 信号的干扰，采取对 I/O 信号提供屏蔽，以消除电磁噪声干扰。可根据被屏蔽信号的频率特性选择单端或多端接地方式，通常热工的 AI、DI、AO、DO 等低频信号采用单端接地，而分布式控制系统通信网络线缆的屏蔽层进行双端接地。

2) 信号地：是指 I/O 信号的电源地。接地原则是在信号的电源侧进行单端接地。

3) 系统地：是指分布式控制系统的电源地（24V 负端），为内部的逻辑电路提供的一个参考电平。

4）通信地：设备内部通信电源的参考电平。

（3）与分布式控制系统相关的接地方式。

1）本安地：也叫本质安全地，是本安仪表和齐纳安全栅的本安接地。实际中通常将现场的本安设备外壳系统地（信号地）、本安地连接，以此保证安全栅能可靠工作，在这种情况下，分布式控制系统侧给其他安全栅供电的电源地（24V 负端）浮地，接入公共接地极。

本安接地与系统地应尽可能为同一接地极，如为不同接地极时应保证两地极之间要有可靠的电气连接，使安全栅接地电位与直流电源负端等电位。

MACS K 的接地示意图如图 13-18 所示。

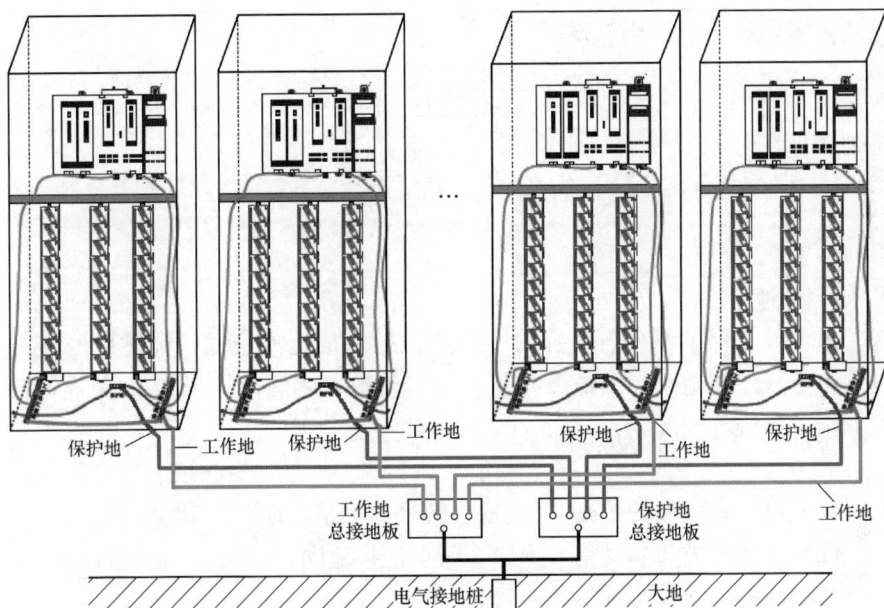

图 13-18 MACS K 的接地示意图

2）防雷地：将雷击能量导入大地的接地。防雷保护地通过避雷器/冲击波抑制器与电气接地网的主干线相连。

在电气地网覆盖的范围内，一般不止一个避雷地，避雷地的可以通过等电位连接器与公共接地极连接在一起。

（4）主要特点。

1）设置工作地（包括屏蔽地、信号地、系统地、通信地）。

2）设置保护地，与工作地柜内绝缘。

3）柜体要求与基础框架绝缘，一点地接电气地网。

（六）南自 TCS 3000 的接地方案

南自 TCS 3000 分布式控制系统的接地组件分别由屏蔽地、信号地、电源地（保护地）3 段接地铜条组成。出厂时，机柜左右两侧的铜条为屏蔽地，屏蔽地的铜条再引到机柜底部右侧汇流铜条上，直流信号地接在机柜底部左侧接地条上，电源地设在机柜底部中间汇流铜条上，左右两侧的汇流与直接中间的汇流一点连通，如图 13-19 所示。

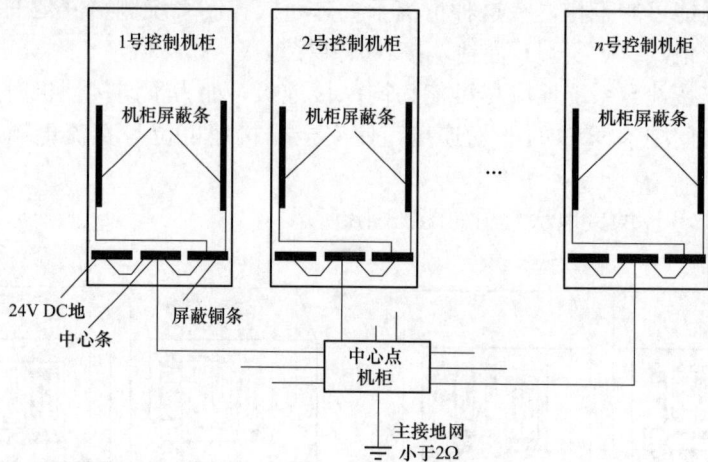

图 13-19　TCS 3000 接地系统

1. 接地要求

电源地（保护地）与系统的中心点机柜的接地点连通，经过中心接地点一点接入厂用地网，接地极与强电放电接地点之间应大于 10m 距离，接地电阻小于或等于 2.5Ω。

2. 主要特点

（1）电源地（保护地）、屏蔽地、信号地（系统地）"三地合一"。

（2）柜体要求与基础框架绝缘，一点地接地网。

（七）上海新华 XDC800 的接地方案

1. 接地要求

（1）上海新华 XDC800 过程控制系统有两种接地，一是机柜保护接地（Cabinet Ground，CG），各柜的 CG 按星形连接方式汇接到站组中心接地点；二是逻辑地（Digital Power Ground，PG）。各机柜按星形连接至接地铜排引至接电气地网。该系统与其他品牌系统不同的是 48V DC 电源负端接地，24V DC 电源负端浮地。

控制机柜与基座金属槽钢必须绝缘；不得把接地线接到结构件上。新华 XDC800 接地图如图 13-20 所示。

（2）接地电阻。系统的接地铜牌到接地点的连接电阻小于 1Ω，极限值小于 4Ω。

（3）接地网。若接至厂用电气地网，则以系统接地桩为中心，直径在 15m 之内，或与之相距 5 个接地桩内，不得有高压强电源设备的安全接地

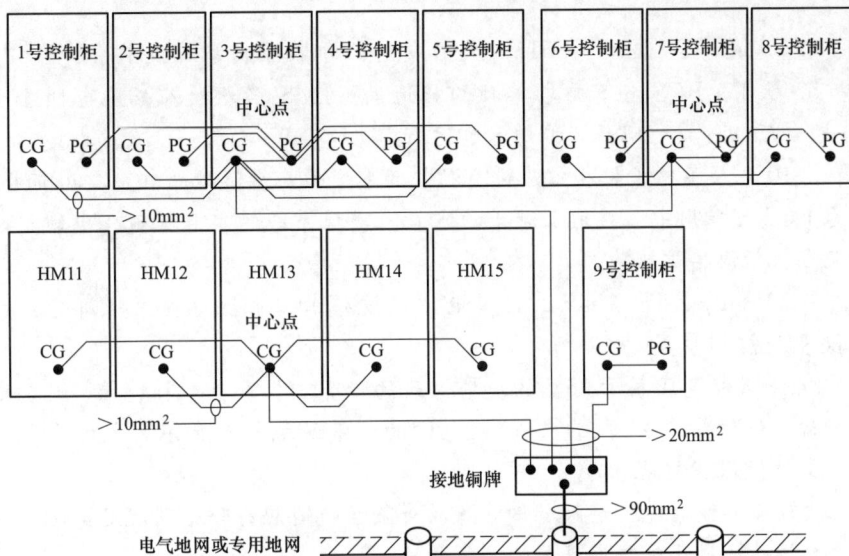

图 13-20　新华 XDC800 接地图

和保护接地点。若接至专用接地网，则该接地网范围应至少大于 200m²，且接地网接地电阻小于或等于 1Ω。

（4）单点接地。XDC80 控制系统根据规模大小将控制站分成若干个组，每个控制站组内实行单点接地，各控制柜接地点分别汇接到站组接地点（电缆大于或等于 10mm²）。一般站组接地点放在站组中间的控制柜中，以使接地电缆尽量短。每个站组的接地点分别汇接到总接地铜牌上，从总铜牌接至厂用电气地网（或专用地网）连接电缆大于或等于 90mm²，电缆两端进行焊接。对于较小规模的控制系统，整个系统可以为 1 个站组，则该站组接地点即为系统总接地铜牌。

2. 主要特点

（1）电源地（保护地）、屏蔽地、信号地（系统地）"三地合一"。

（2）柜体要求与基础框架绝缘，一点地接地网。

五、国家标准与行业标准

（一）DL/T 261—2022《火力发电厂热工自动化系统可靠性评估技术导则》

6.5.2.2 b）"各控制系统控制机柜，应设有独立的安全保护地、屏蔽地、信号参考地和相应接地铜排"。

6.5.2.3 机柜外部接地完好性

"接地系统的连接应符合设计、制造厂或 CECS81 的相关要求。其中与楼层钢筋不可直接连通的 DCS 机柜，应保持与安装金属底座的绝缘，将所有机柜的接地通过星形连接方式汇接至总连接点后，单点接入 DCS 的接地网"。

（二）GB/T 36293—2018《火力发电厂分散控制系统技术条件》

5.10.3.1 DCS 应不要求单独的接地网。DCS 单点接入接地电阻小于 4Ω 的电厂电气接地网后，能够可靠运行。

5.10.3.2 各电子机柜中应设有独立的安全地、屏蔽地及相应接地铜排。每套 DCS 可采用中心接地汇流排的方式，实现系统的单点接地。电缆屏蔽层应在机柜侧单端接地。

（三）DL/T 5190.4—2019《电力建设施工技术规范》第 4 部分：热工仪表及控制装置

9.21 供电电压高于 36V 的现场仪表的外壳，仪表盘、柜、箱、盒、电缆槽盒、保护管、支架底座、铠装电缆的铠带两端等正常不带电的金属部分，必须做保护接地。

9.3.3 屏蔽电缆、屏蔽补偿导线的屏蔽层接地应符合下列规定：

1 总屏蔽层及对绞屏蔽层均必须接地。

2 全线路屏蔽层必须有可靠的电气连续性，当屏蔽电缆经接线盒或中间端子柜分开或合并时，必须在接线盒或中间端子柜内将其两端的屏蔽层通过端子连线，同一线路屏蔽层只允许有一个接地点，不得浮空或重复接地。

9.3.4 采用 RROFIBUS PA 和 FF H1 现场总线的通信电缆，屏蔽层的接地方式为机柜侧单点接地，具体应满足下列规定：

1 接现场线仪表的通信电缆，屏蔽层应浮空，不应与仪表地线或者机壳相连；

2 接至总线接线盒的通信电缆，屏蔽层应连接至接线盒的相应屏蔽端子，当多根通信电缆引入接线盒时，各电缆的屏蔽线不应相连；

3 接至总线机柜内的通信电缆，屏蔽应在控制柜内与机柜地线可靠连接，实现单点接地。

9.3.5 采用 Profibus-DP 现场总线的通信电缆，屏蔽层的接地方式采用等电位多点接地，具体应满足下列规定：

1 Profibus-DP 通信网络的等电位接地体可采用电气接地网。

2 系统内所有 Profibus-DP 设备的接地端以及 Profibus-DP 通信电缆的屏蔽层、金属线槽及支架都应在就地与等电位接地体可靠连接。

3 Profibus-DP 通信电缆进入机柜后，屏蔽层应在总线机柜内与机柜地线可靠连接，实现等电位连接。

4 系统内有等电位接地时，系统部件之间的等电位连接应使用铜质电缆或镀锌接地条。等电位连接的电缆或者接地条应与 Profibus 电缆尽可能接近，其材质与截面积要求如下：铜材质 $6mm^2$；钢材质 $50mm^2$。用于等电位连接的电缆或者接地条本身应采取防腐蚀措施，并与 DP 总线屏蔽层保证可靠连接。

9.4.1 若计算机及监控系统产品技术文件要求控制装置及电子设备机柜

外壳不与接地网连接时，其外壳应与柜基础底座绝缘。

9.4.2 计算机监控系统的接地方法应符合设计要求及产品技术文件的要求。

9.4.3 计算机监控系统的接地系统按设计直接接在全厂电气接地网上或接在独立接地网上，其连接方式及接地电阻均应符合设计要求。采用独立接地网时，接地电阻不应大于 2Ω。接地电阻应包括接地引线电阻。

9.4.4 计算机系统地线汇集板宜采用 $600\text{mm} \times 200\text{mm} \times 20\text{mm}$ 的铜板制作，该汇集板即为计算机系统参考零电位。该接地系统除接地点外，其余部分应与其他接地体隔离，保证计算机系统一点接地。地线汇集板应安装在封闭的接地端子箱箱内。

9.4.5 地线汇集板和地网接地极之间连接的接地线截面积宜不小于 50mm^2，系统内不同性质的中心接地点至地线汇集板的连接接地线的截面积宜不小于 25mm^2，接地电缆应采用低压铜芯电力电缆。机柜间链式接地的截面积宜不小于 16mm^2，接地线应采用多芯软铜线。接地电缆应采用压接接线，线鼻子要与接地母线排可靠连接。

9.4.6 不同的计算机监控系统（如 DCS 和 DEH）的接地，当制造单位不允许共用地线汇集板时，其接地支线、地线汇集板以及地线汇集板和地网接地点之间连接的接地电缆线应分别独立设置。

9.4.7 计算机监控系统在全厂电气接地网的接地点应与大型电气设备的接地点之间保持足够的距离并符合制造单位要求。

六、分布式控制系统接地方案探讨

通过前面对国内火力发电厂中常见分布式控制系统接地方案及行业参考标准的介绍，可以看出，大多数布式控制系统的厂家给出的接地方案并没有达到国内行业标准中条款的要求。其中有些接地方案在实际应用中效果并不是很好。尤其是国外品牌分布式控制系统的接地效果更差一些，其原因是国外品牌分布式控制系统的接地理念、环境条件（如厂房框架防雷标准、电气地网标准、用电标准）等，与国内火力发电厂的实际情况存在着差异。

依据我国行业规范对分布式控制系统接地的要求，结合国内火力发电厂现场实际环境条件，应该采用"三地"分开设置，即设置系统地（低电平电路地线）、屏蔽地（"噪声"地线）、保护地（设备机壳地线或称金属件地线）；全套分布式控制系统一点地接入厂内电气地网。

若设备使用交流电源，则电源地线应和金属件地线相连。这三条线应在一点连接接地，如图 13-21 所示。

下面介绍一种适合我国火力发电厂实际情况的接地方案，这种方案实际应用中效果很好。

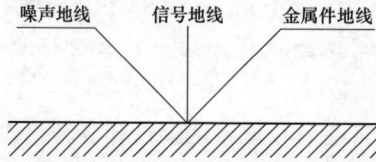

图 13-21　分布式控制系统一点接地

（一）"三地"独立设置

过程控制柜内的系统地、屏蔽地、保护地都应该独立设置，这种方式又称作"三地"分开；从而保持分布式控制系统对地电位的稳定，提高抗干扰的能力。分布式控制系统的接地系统理想模型如图 13-22 所示。

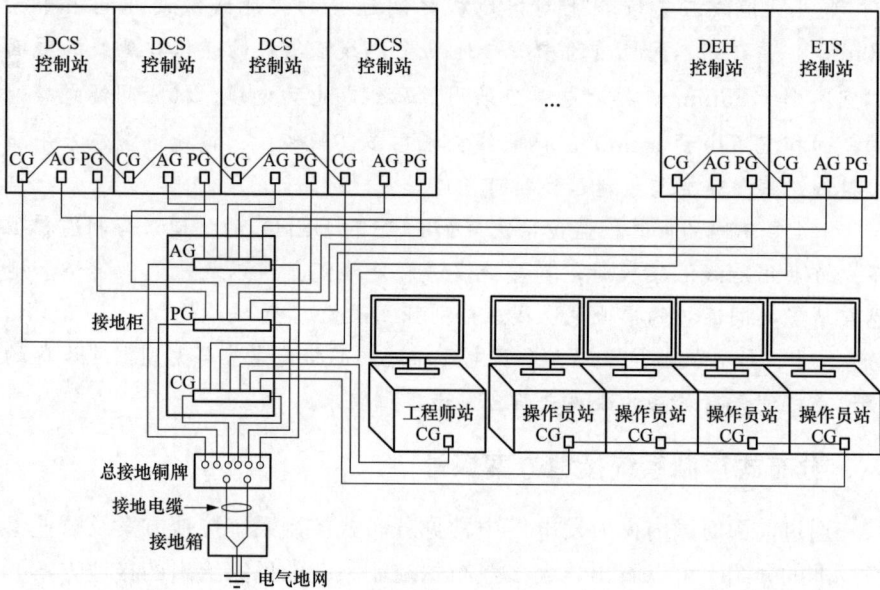

图 13-22　DCS、DEH、ETS 设备一体化系统"三地独立"接地方案

1. 系统地 PG 独立

系统地是指系统直流工作电源的公共负极，是分布式控制系统内部电路运算的基准参考电平；如 ± 5V DC、$\pm 12/24$V DC 的负端，也是 I/O 信号基准参考电平（信号回路负端）。

也有的分布式控制系统的内部电路与外部 I/O 信号共用一个电源，为防止 I/O 信号接地而造成系统电源故障，系统电源的负极不接地，处于浮地状态。

因为浮地的方式会造成基准参考电平不稳定，所以不是优选方案。

2. 屏蔽地 AG 独立

为提高 I/O 信号质量，把信号传输时受到的干扰屏蔽掉，信号电缆的屏蔽层应做接地；各 I/O 信号电缆的屏蔽层都接到柜内屏蔽地的汇流条，将各机柜屏蔽地汇流条用 25mm² 导线以辐射状连接到接地柜屏蔽地的汇流母排，再用等于 50mm² 导线接屏蔽总接地铜牌。

3. 保护地 CG 独立

保护地又叫安全地，是设备金属外壳及其他非正常带电部分漏电泄放通路，以避免人身触电和控制设备的损坏而设置的保护措施。

一般给分布式控制系统供电多为 TT 电源系统，只提供二线制 220V AC 电源，不提供接地线。根据 GB/T 3805—2008《特低电压（ELV）限值》中规定，普通环境安全电压小于或等于 36V；潮湿环境和手持设备为 24V 左右。凡有可能带电超出上述安全电压的控制机柜外壳、操作台、仪表柜、配电柜、继电器柜等，以及其他用电设备的金属外壳及控制设备正常不带电的金属部分，由于各种原因（如绝缘破坏等）而有可能带危险电压，均应作保护接地。

这样，即使设备绝缘损坏，外壳带电，电荷也会被导入大地，不会影响人身及设备安全。

（二）机柜与金属底座的绝缘

过程控制柜不可以直接与楼层钢筋连通，应保持与安装金属底座的绝缘，这样做的主要目的是防雷击对设备及人身造成伤害；因为避雷是一个概率事件，一般的避雷设施都不能做到对设备及人身 100% 的保护；雷电对分布式控制系统干扰的传播途径示意如图 13-23 所示。

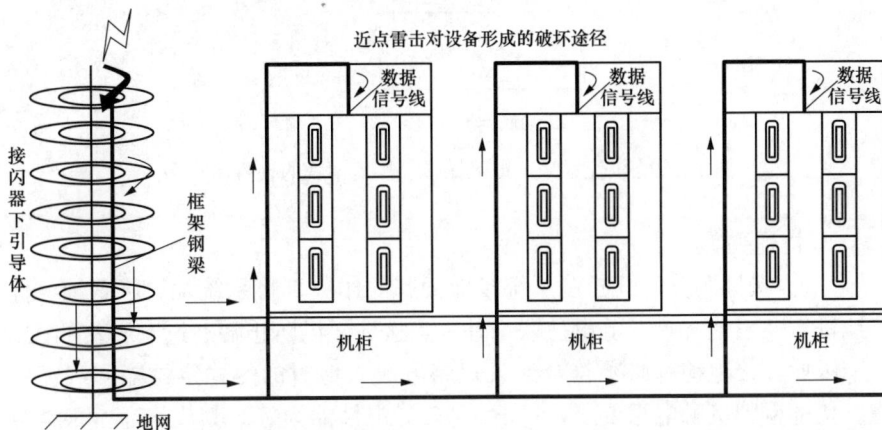

图 13-23　雷电对分布式控制系统干扰的传播途径示意图

如果控制机柜与厂房框架连通，当厂房附近落雷时，雷电的强大能量就会沿着厂房的框架、电源线、I/O 信号线等部位侵入 DCS，造成干扰或设备损坏。

（三）汇流铜条、汇流铜排、接地铜牌的一般要求

接地系统的汇流铜条、汇流铜排、接地铜牌的设置示意图如图 13-24 所示。

1. 汇流铜条

汇流铜条的作用是把一个控制柜内系统地、屏蔽地、保护地分别进行等电位连接；并与系统地、屏蔽地、保护地汇流铜排分别对应连接，汇流铜条规格各分布式控制系统厂家不统一，行业规范也没有明确规定。

2. 汇流铜排

接地柜内汇流铜排的作用是把一套（机组）过程控制柜的系统地、屏蔽地、保护地进行分别等电位连接，各实现一种类型地的汇流。"三种地"分别与对应接地铜排进行连接；汇流铜排的规格要满足承载电流能力的需要。

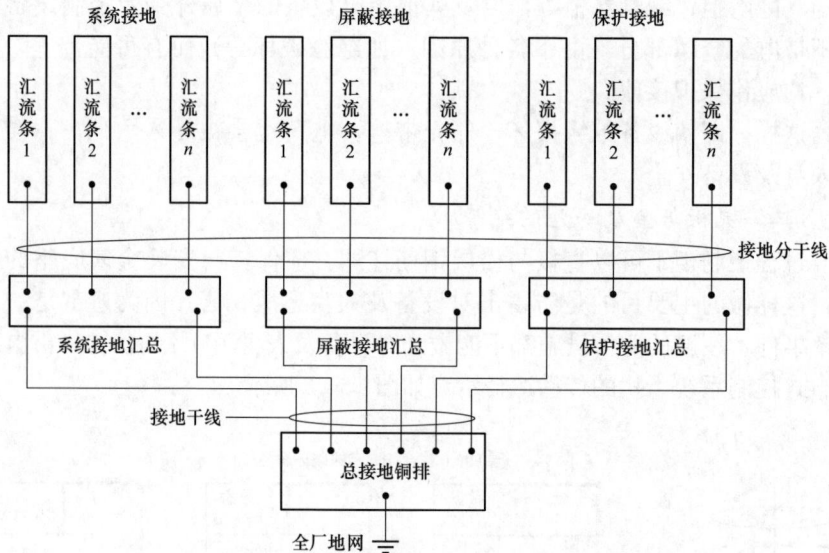

图 13-24　汇流铜条、汇流铜排、接地铜牌的设置示意图

3. 接地铜牌

"一点接地"分布式控制系统接地铜牌的作用是将系统地、屏蔽地、保护地进行"三地合一"等电位联结并一点接地，以防止瞬态过电压及干扰。

因此，接地铜牌必须符合最大短路电流入地时的热稳定性能和载流能力。接地铜牌接触电阻要小，一般 $1M\Omega$ 导电性能为好，其规格通常根据分布式控制系统规模大小来确定，但一般不小于 $600mm \times 200mm \times 20mm$，与电缆的连接要采用铜制螺栓。

（四）接地电缆的要求

1. 等电位连接电缆的要求

（1）各机柜的系统地、屏蔽地用星形接线方式，引出一根 $25mm^2$ 多芯铜缆至接地柜的对应汇流铜排。

（2）各控制柜、操作员站、工程师站以及分布式控制系统电源柜等的保护地，对地电位要求可以相对宽松一点，以节省电缆，但要保证人身和设备的安全。

（3）将每排各控制柜的安全地用 $16mm^2$ 多芯铜缆串接，每排控制柜的两端各用一根 $25mm^2$ 多芯铜缆接至接地柜安全地的汇流铜排环接；

（4）每排控制柜较多时，每隔 4 个机柜用一根 $25mm^2$ 多芯铜缆至接地柜的安全地汇流铜排。

（5）接地柜内的安全地、屏蔽地、系统汇流铜排的两端各引出一根截面积不少于 $50mm^2$ 多芯铜缆，分两路接至总接地铜牌。

2. 总接地电缆的要求

由于发电厂的电气地网区域很大，地网上不同地点的电位是不相等的，有的可能相差百伏以上，如果多点接地会造成接地环流，所以分布式控制系统要一点接入电气地网。

从总接地铜牌引出一根或两根电缆到接地箱，电缆线径要粗一些，以减小电阻，长度要短一些，以减少电感，一般为 $70\sim120mm^2$ 多芯铜缆。

如果接地线过长，由于分布电感、分布电容及导线电阻的影响，会使各设备接地点的电位不尽相同，从而产生高频干扰，如图 13-25 所示。

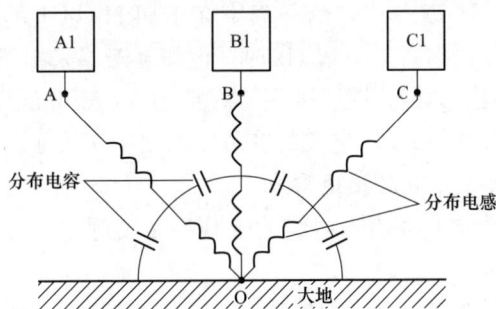

图 13-25　地线的分布电感、分布电容及引线电阻示意图

接地箱到电气地网接地桩的连接可采用铜缆（铜条或包铜棒）连接，并外加防护套管；以防其他设备的地线接入。

接地箱尽量靠近电气地网的接地点，接地箱离地面的高度要方便于对接地情况的检查。

（五）对公共接地极（网）的一般要求

根据接地性质、系统差异和接地线处理等情况，接地有下面几种原则。

单元机组电子设备间内分布式控制系统一体化控制的其他系统（例如，DEH、MEH、ETS 等），分布式控制系统子系统的电子间（如机、炉电子间分设）应接入一个接地点。

（1）当电气接地网对地分布电阻小于或等于 4Ω 时，可将电气接地网作为分布式控制系统的公共接地极（网）。

（2）当电气接地网接地电阻较大或杂乱时，应独立设置接地系统，即分布式控制系统公共接地极（网）。

（3）接地总干线的线路连接阻抗小于 0.5Ω。

分布式控制系统单独设置接地网时，专用接地网周围不允许有大型电力设备的接地极；当采用厂区公用电气地网时，接地极（体）也应远离大型电力设备的接地极（体）。

循环泵房、脱硫、供热等远程站以就近接地为原则，在易受雷电干扰电子间要考虑防雷接地，接地点应远离大型电力设备的接地极（体）。

（六）信号电缆屏蔽层接地问题

（1）单端接地。因为热工信号的干扰主要是工频干扰，电缆屏蔽层单端接地能够屏蔽低频的电流噪声。否则，电缆屏蔽层两端的地电位差会在屏蔽层中形成环路电流，产生噪声干扰。但因为 DCS 多处在工频干扰的低频环境，所以 I/O 信号电缆屏蔽层要单端接地。

（2）双端接地。屏蔽层单端接地不适用于高频信号，高频信号电缆的屏蔽层要采用双端接地。其主要理论依据是 I/O 信号电缆屏蔽层单端接地时，屏蔽层也是一根导线，当长度与电缆线芯传送信号的 1/4 波长接近时，屏蔽层也相当是一根天线。

为简便起见，在 DCS 中，信号频率在 100kHz 以下的电缆的屏蔽层采用单端接地，信号频率高于 100kHz 时，电缆屏蔽层采用双端接地。

例如：以太网线的屏蔽层要采用双端接地；Profibus-DP 电缆的屏蔽层采用双端接地；Profibus-PA 电缆的屏蔽层采用单端接地。

（七）信号电缆屏蔽层接地要求

分布式控制系统 I/O 信号电缆的屏蔽层不要浮空，必须一端接地，要求如下。

（1）当信号源浮空时，屏蔽层应在计算机侧接地。

（2）当信号源接地时，屏蔽层应在信号源侧接地。

（3）当屏蔽电缆途经端子箱（接线盒）分开时，应在端子箱（接线盒）内将两端电缆的屏蔽层连接，如图 13-26 所示。

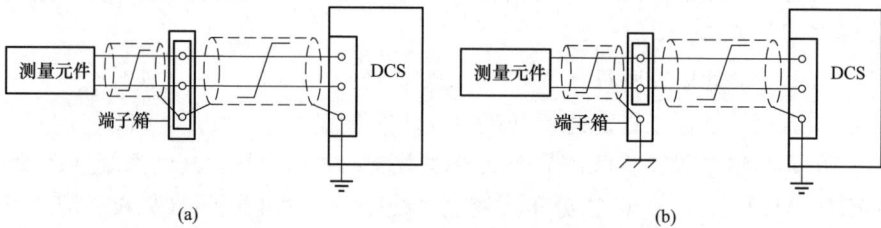

图 13-26　信号电缆屏蔽层接地示意图

（a）电缆屏蔽层连续单端接地；（b）电缆屏蔽层分段单端接地

（4）如果在端子箱（接线盒）内没有配备屏蔽层专用端子时，电缆屏蔽层可分段接地。

（八）防雷接地

在雷电高发区或厂房外远程站控制站等，需要有防雷设施，以保证控制系统的安全运行。

1. 雷电类型

（1）直击雷。雷电直接击中建筑物，是雷雨云对大地或建筑物的放电现象。雷电的能量除主要从引下线等外部避雷设施泄放到大地外，还有很大一部分的能量将通过建筑物的供电系统、通信网络线缆等其他金属管道、缆线泄放，如图 13-27 所示。

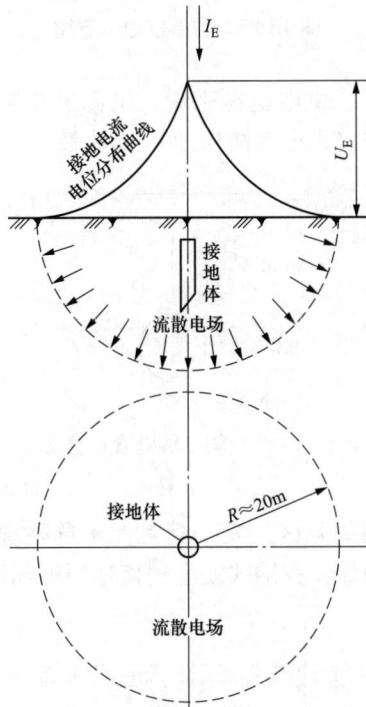

图 13-27　雷电对接地极辐射半径

（2）感应雷。感应雷也称作雷电感应，分为静电感应雷和电磁感应雷。感应雷是由于雷雨云之间或与大地之间放电时，产生的电磁感应、电磁辐射。

（3）传导雷。雷电击中地面物体尤其是建筑物时，雷电流泄放过程中，经进出建筑物的金属管道、电源和信号线路向外传导，沿着传输线路侵入设备。

2. 分布式控制系统防雷接地

防雷接地的目的是把雷电感应的电流迅速导入大地，防止设备或人身因雷击而造成损害，对于分布式控制系统防雷保护一般可以设置 2～3 级，信号部分可分为粗保护和精细保护，精细保护则要根据电子设备的敏感度来选择。粗保护对地泄放电流较大，要接防雷地；精细保护对地泄放电流较小，不需要独立地，如图 13-28 所示。

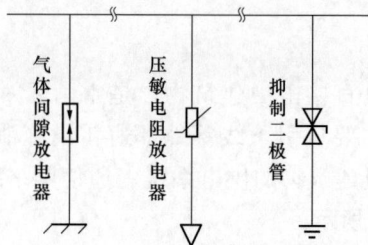

图 13-28 防雷接地示意图

对于分布式控制系统供电电源来说，电源进线可采用间隙放电管，因对地泄放电流较大，需接入电气防雷地，如图 13-29 所示。

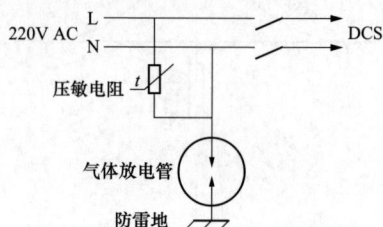

图 13-29 间隙放电管示意图

（九）本安地

（1）在危险区（例如氨区）安全栅是保护危险现场端处于安全电流和安全电压范围之内。例如：齐纳式安全栅接地原理如图 13-30 所示。

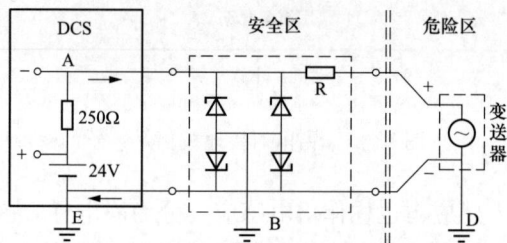

图 13-30 齐纳式安全栅接地原理图

由于负载电阻和安全栅电阻 R 限流作用，会将导线的电流限制在安全范围之内，使现场端不至于产生很高的温度，引起燃烧。

当高电压进入了信号回路，由齐纳二极管的钳位作用，也使电压处于安全范围。本安地与厂区电气地网或其他仪表系统接地网的距离应在 5m 以上。

（2）现在一般多采用隔离式安全栅，隔离式安全栅的电源、信号的输入、输出三端是隔离的，不需要专用地。隔离式安全栅工作原理如图 13-31

所示。

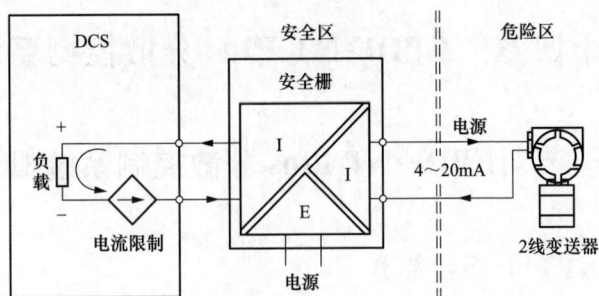

图 13-31 隔离式安全栅接地原理图

七、接地要点归纳

正确的接地是分布式控制系统能够安全稳定运行的关键，必须按照行业规范的要求进行接地，正确接地的要点是三地独立、一点接地、机柜浮空、屏蔽接地。

国产分布式控制系统从技术上基本可以做到"三地分开、单点接地"；国外品牌的分布式控制系统实现"三地分开、单点接地"有一些难度，但是接地方案还是可以优化的，但需要多做细致的工作，使其接地方案尽量符合我国行业规范的要求。

总而言之，分布式控制系统接地好比是江、河、湖、海的水网体系，各个河流要按自己的河道及水系流向大海，不能借河道入海；否则，各河流水位会相互影响而发生泛滥。

对于分布式控制系统接地来说，大地就是海量的电容，其电位几乎不变。

第十四章　EPDF-NT Plus 分散控制系统

第一节　EPDF-NT Plus 分散控制系统概述

一、EDPF-NT Plus 系统简介

EPDF-NT Plus 系统（以下简称 NT＋系统）是国能智深公司完全自主设计研发的 DCS 系统，由 I/O 硬件和 EPDF-NT Plus 软件组成，I/O 硬件产品分多个系列，以适应不同的需求（具体产品类型见表 14-1）。控制系统由操作员站、工程师站、历史站、分布式处理单元（DPU）及 I/O 模件、电源、机柜等组成。通过高速网络构成的局域网将这些设备连接，实现数据在设备中的传递、交换和共享。其中操作员站、工程师站、历史站可由一台或多台计算机组成。

表 14-1　EDPF-NT　Plus I/O 硬件系列一览表

序号	I/O 硬件系列	适用行业	备注
1	EDPF-Gn	火电、光热等	芯片全国产化
2	EDPF-P2	水电、风电等	紧凑横型系列
3	EDPF-D3	火电、化工等	紧凑竖型系列
4	EDPF-Nu	核电	核电专用系列
5	EDPF-GNu	核电	全国产化核电专用系列
6	EDPF-NT100/200	火电等	非国产化芯片系列

本文主要介绍 EDPF-GN 系列 I/O 硬件和 EPDF-NT＋4.10 版本软件。

EDPF-NT Plus 系统以网络通信为基础，以面向功能和对象而实现的"站"为基本单元，专门设计的分布式动态实时数据库用于管理分布在各站的系统运行所需的全部数据。系统网络可采用星型、环行或树形结构，实现物理、逻辑上的完全冗余，达到了多重化冗余；网络服务软件同网络硬件共同实现站与站之间的通信并通过分布式实时数据库实现全局信息共享。系统各站划分以功能相对自治为原则，不同的功能用不同的站来实现。

1. 网络结构

基于对等网络结构，采用订阅组播机制，保证网络传输的实时性；没有数据翻译/转换环节，减少延迟；缩短数据传送路径，提高系统响应性能；网络冗余配置，双网并发，接收冗余过滤，自愈型网络多点相交，实现了更加稳定的网络通信，并提供了额外的硬件冗余，保证了生产安全稳定。

EDPF-NT Plus 系统结构图如图 14-1 所示。

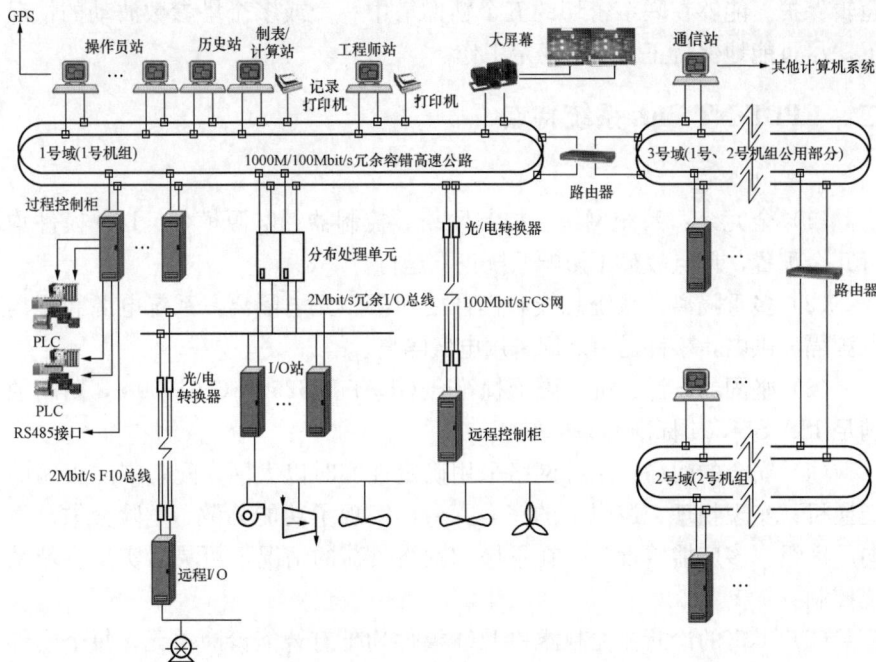

图 14-1　EDPF-NT Plus 系统结构图

2. 数据库结构

分布式数据库的原点分布在各个站内，用点目录文件实现分布于各站
的数据库的集中管理。DCS 每个站都是数据源，全部站点数据源总和构成
EDPF-NT 系统完整的实时数据库。每个站都可以接收且仅接收自己需要的
实时数据。实时数据的更新方式支持组播和订阅两种。采用以站为基础的
大容量分布式实时数据库引擎核心，提高了系统动态安全性。域内、域间
实时数据的组播和订阅两种数据刷新方式。维护更加简便、安全、可靠，
并突破了数据实时性能瓶颈。

3. 安全策略

NT＋系统的安全策略是通过多个层级来实现的。

（1）在硬件层有强化的机械电气防护性能。

（2）在通道层有通道冗余和细致的自诊断系统。

（3）在用户层有丰富的安全策略，通过域和用户的划分来实现复杂的
操作权限结构，保证专业的人员从事专业的操作，防止越权导致的误操作
出现。

（4）在操作层可以通过逻辑来实现当前工况的分析，从而达到对执行
机构的各种操作保护限制，比如开、关允许条件等，防止操作员操作失误。
重要的设备操作采用二级菜单确认，保证操作员不会出现鼠标或键盘误点
击产生的严重后果。

（5）在逻辑层可以附加更多的安全保护策略，精馏塔的五级塔全回流逻辑保护。能够在联系密切的五个精馏塔中一个或多个塔参数波动的情况下，尽可能地保持正常塔的稳定工作。

二、EPDF-NT Plus 系统特点

1. 高可靠性

（1）全冗余：系统网络、控制网络、控制器、电源模件、I/O 模件均可冗余配置，单点故障不影响系统正常运行。

（2）多重隔离：系统总线和模件之间采用光电隔离，系统电源和现场电源隔离供电，模件通道之间采用电气隔离。

（3）坚固的设计：抗电磁干扰符合 GB/T 17626/IEC 61000-4，防腐蚀满足 ISA S71.04 标准 G3 等级。

（4）安全的网络：系统网络采用确定性实时以太网，配备带防火墙的交换机；实现物理、逻辑上的完全冗余，实现了功能分散、危险分散。面向厂区级、多广播域设计，在不增加网络负荷的情况下可灵活实现多域系统控制。

（5）丰富的诊断：控制器和 I/O 模件均带有智能诊断单元，每个模件均可进行通信状态、信号断线、短路、超量程等完善的自诊断和故障上报。

（6）高性能历史站，性能优越，工作稳定。在收集历史数据的同时仍然能够快速响应多用户的并发查询。通过"卷"管理功能，借助外部存储介质，可以轻松地保存几年的生产数据。

（7）强化的结构设计：Gn 系列 I/O 模块和电源模块采用全封闭结构，防尘、防静电、抗电磁干扰。

（8）可靠的设计理念：如信号质量位判断、故障导向安全，提高系统可靠性。

2. 灵活性大

（1）兼容各种现场总线，支持 HART、Profibus-DP、Profibus-PA、MODBUS、CAN 等通信协议。

（2）EDPF-NT＋软件同时兼容国能智深国产化 Gn、P2、D3 系列 I/O 模块，应用灵活。

（3）实现 I/O 模块在线升级，方便老系统升级。

（4）功能丰富的 HMI 人机界面，符合 IEC 61131-3 标准语言的控制算法编程软件。易学易用、操作流畅。

（5）便捷的全图形化组态，支持自定义算法，可以对控制算法和硬件配置灵活修改，支持在线无扰下装。

三、EDPF-NT Plus 系统性能指标

系统主要性能指标如表 14-2 所示。

表 14-2 系统主要性能指标

序号	性能描述	规格书要求	备注
1	DCS 系统可用性	≥99.99%	
2	可维护性		
2.1	DCS 平均故障修复时间	≤4h	①
2.2	电源模块的平均故障修复时间	≤2h	①
2.3	同一 DCS 部件的两次维护时间间隔	>14 天	
2.4	故障探测和修复底层可替换模块故障的平均时间	<4h	①②
2.5	DCS 模块的故障探测和维修的最长时间	<8h	①②
3	CPU 负荷率		
3.1	正常工作条件下 CPU 平均负荷率	<40%	
3.2	繁忙情况下（通常认为全厂失电为一种典型的繁忙条件）CPU 平均负荷率	<50%	
4	处理器典型处理周期		
4.1	设备保护逻辑	≤100ms	
4.2	典型闭环控制	100~400ms	
4.3	典型顺序控制	≤500ms	
5	系统精度（在不同工况下，系统保证以下精度，两年内无需手动校准）		
5.1	模拟量输入通道（包括 I/O 卡及其外围设备）	优于±0.5%	
	模拟量输出通道（包括 I/O 卡及其外围设备）	优于±0.5%	
5.2	SOE 分辨率	≤1 ms	
6	劣化模式下的性能		
6.1	不会影响 DCS 系统的失电时间	≤20 ms	

① 现场备品备件应保持可用。

② 模块可实现在线更换。

第二节　EDPF-NT Plus 过程控制单元

分布式处理单元 DPU 是系统的最基本控制单元。主控制器采用嵌入式无风扇设计的低功耗高性能计算机，内置实时多任务软件操作系统和嵌入式组态控制软件，将网络通信、数据处理、连续控制、离散控制、顺序控制和批量处理等有机地结合起来，形成稳定、可靠的控制系统。软件系统实现数据的快速扫描，用于实现各种实时任务，包括任务调度、I/O 管理、算法运算。软件同时拥有开放的结构，可以方便地与其他控制软件实现连接和数据交换。

分布式处理单元 DPU 通过高速工业现场总线，可直接同时连接最多 63 个 I/O 模件。可对自身连接的 I/O 模件信号进行组态控制，因此每一分布式处理单元 DPU 就是一个小型控制系统，实现真正的分布式控制。

1. I/O 模块

I/O 模块通过模件基座与现场信号线缆连接，用于完成现场数据的采集、处理和现场设备驱动。可支持 HANT 协议。每个 I/O 模件通过高速现场总线与分布式处理单元 DPU 进行通信连接，实现现场分布式控制。

2. 电源单元

NT＋系统电源单元是提供分布式处理单元 DPU、I/O 模件的工作电源，并可为外部变送器设备和开关设备提供工作或检测电源。电源单元采用 AC/DC 开关电源技术，输入为 220V AC，输出为 24V DC 和 48V DC。系统电源模件既可以独立使用，也可以冗余配置。

3. 过程控制柜

过程控制柜由分布式处理单元 DPU、I/O 模块、电源、机柜组成。过程控制柜采用双冗余设计，采用双冗余分布式处理单元 DPU 和双冗余电源。内部具有硬件构成的冗余切换电路和故障自检电路，可实现自动或手动冗余设备切换。

处理单元 DPU、I/O 模件都支持带电拔插功能。通过路由器或交换机可实现多个分布式控制系统的连接。

4. 通信网络

系统网络是连接工程师站/操作员站和现场控制站等节点的实时通信网络，用于工程师站/操作员站和主控单元之间的双向数据传输。采用工业以太网冗余配置，可快速构建星形或环形拓扑结构的高速冗余的安全网络，通信速率 100/1000Mbit/s 自适应。

第三节　DPU 控制器

一、概述

EDPF-GnDPU1A 是智深公司最新研制的全国产化控制器，基于龙芯 2K1000 高性能、低功耗处理器，具有性能高、维护方便、可靠性高等特点。

二、技术特点

1. 多种冗余，保证系统可靠工作

（1）双机冗余：采用一主一备的冗余方式，主控 DPU 具有完全的控制功能；备用 DPU 执行相同应用程序，实现相同的逻辑运算并对总线进行监听，确保主控 DPU 故障时的无扰切换。

（2）双网卡冗余：采用双收双发冗余方式，任一路网络故障不影响系统通信功能。

（3）双通信 I/O 总线冗余：采用双收双发通信总线，任一路故障不影响模块通信功能。

（4）双电源冗余供电：两路宽范围 DC 18～36V 电源输入，内部实现冗余供电，保证电源可靠性。

（5）内部独立看门狗功能保证系统可靠复位。

2. 数据存储安全可靠

采用 Nand FLASH 保存组态数据，读写速度快，确保数据的长期保存。

3. 模块式结构维护方便

采用模块化设计，由 DPU 模块和底板组成。DPU 模块带有标准欧式插座，主副站可独立带电插拔。

DPU 底座除了提供端子式 I/O 出线外，还提供 2 个 DB25 I/O 标准接口，可直接与模块底座拼接，安装方便。

4. 精确的 GPS 硬件时钟对时

接收 IRIG－B 码，为控制器提供精确的实时时钟，确保跨站 SOE 时间精度达到毫秒级，控制器的时钟精度为 1ms。

三、技术参数

1. 电源

（1）电压：冗余宽范围为 DC 18～36V、额定 DC 24V。

（2）功耗：小于 15W。

（3）纹波：不大于 5%。

2. 配置

（1）CPU：2×1GHz　2K 1000 低功耗 CPU。

（2）RAM：2G DDR3。

（3）存储器：512M Nand FLASH。

（4）以太网口：双路冗余，10M/100M/1G 自适应，RJ45 接口。

3. I/O 通信网络

（1）I/O 通信方式：双网，RS485 协议（半双工）。

（2）通信电缆：底座内印制版走线或两对双绞线电气接口：RS485

协议。

（3）通信波特率：2Mbit/s。

（4）网络隔离电压：2.5kV。

4. 其他接口

调试串口：micro USB 接口。

5. 工作环境条件

（1）环境温度：$-25\sim+60℃$（加风扇）或 $-15\sim+50℃$（不加风扇）。

（2）相对湿度：$5\%\sim90\%$。

6. 外形尺寸

（1）DPU 尺寸：76mm（宽）×190（高）×170mm（深）。

（2）底座尺寸：257mm（长）×231mm（宽）×37mm（高）。

四、硬件说明

1. 外形和结构

DPU 外观图如图 14-2 所示。

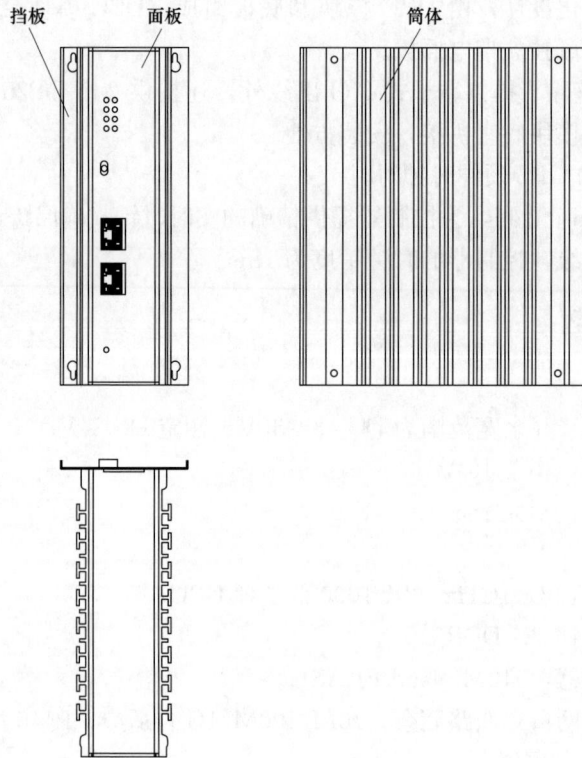

图 14-2　DPU 外观图

EDPF-GnDPU1A 的底座 EDPF-GnDPUDZA 布局图如图 14-3 所示。

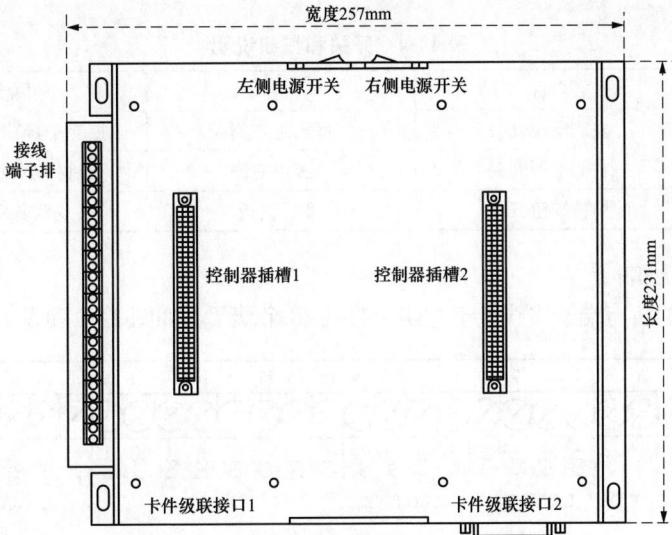

图 14-3 控制器底座图

控制器底座是控制器的安装载体，底座上集成了两个控制器槽位、冗余供电接口、GPS 输入接口、两路通信总线级联插座。其中底座的正上方为系统电源的开关，最下端两个 DB25 是通信总线级联插座，与 I/O 模块连接。

2. 指示灯说明

指示灯说明见表 14-3。

表 14-3 指示灯说明

编号	名称	位置	备 注
1	24V1	前面板	24V1 电源指示（亮：正常；灭：故障）
2	24V2	前面板	24V2 电源指示（亮：正常；灭：故障）
3	DOG	前面板	看门狗（2.5Hz 闪烁：正常；灭或常亮：故障）
4	ALM	前面板	闪烁（5Hz 频率）初始化中或运行异常； 闪烁（1Hz 频率）CPU 温度高于 75℃； 亮：CPU 温度高于 75℃并且初始化中或运行异常； 灭：无报警
5	COM	前面板	通信指示（亮：通信正确；灭：通信错误）
6	MST	前面板	主控状态指示（亮：主站，灭：备用站）
7	GPS	前面板	亮：GPS 接收正常 灭：未接收到 GPS 信号 闪烁（1Hz）：GPS 跳变或解析错误
8	TST	前面板	灭：备用站 闪烁：主控时扫卡周期结束则信号反转

3. 开关和按钮

开关和按钮说明见表 14-4。

表 14-4　开关和按钮说明

编号	名称	位置	功能
1	左侧电源开关	底板上左侧	控制左侧 DPU 电源
2	右侧电源开关	底板上右侧	控制右侧 DPU 电源
3	切备按钮 STB	DPU 面板	切为备用站

4. 底座端子

底座的所有端子出线位于左侧，共有 28 个端子，如图 14-4 和表 14-5 所示。

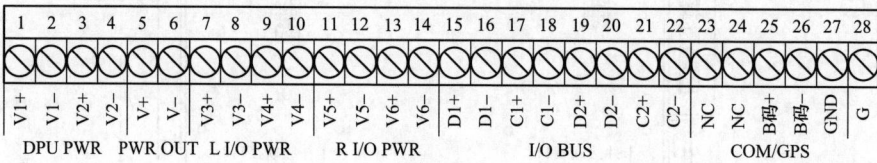

图 14-4　DPU 底座端子出线图

表 14-5　DPU 接线端子说明

序号	丝印	功能	备注
1	V1+	系统电源 1 正端	
2	V1−	系统电源 1 负端	DPU PWR
3	V2+	系统电源 2 正端	
4	V2−	系统电源 2 负端	
5	V+	电源输出正端	PWR OUT
6	V−	电源输出负端	
7	V3+	左侧模块电源 3 正端	
8	V3−	左侧模块电源 3 负端	L I/O PWR
9	V4+	左侧模块电源 4 正端	
10	V4−	左侧模块电源 4 负端	
11	V5+	右侧模块电源 5 正端	
12	V5−	右侧模块电源 5 负端	R I/O PWR
13	V6+	右侧模块电源 6 正端	
14	V6−	右侧模块电源 6 负端	
15	D1+	数据总线 1 正端	
16	D1−	数据总线 1 负端	I/O 总线
17	C1+	时钟总线 1 正端	
18	C1−	时钟总线 1 负端	

续表

序号	丝印	功能	备注
19	D2＋	数据总线 2 正端	
20	D2－	数据总线 2 负端	I/O 总线
21	C2＋	时钟总线 2 正端	
22	C2－	时钟总线 2 负端	
23	NC	保留	
24	NC	保留	
25	B 码＋	IRIG-B 码信号输入正端	COM/GPS
26	B 码－	IRIG-B 码信号输入负端	
27	GND	逻辑地	
28	G	安全地	大地

五、I/O 模块容量

在不使用 EDPF-GnBFC 模块的情况下，DPU 最多可以连接 48 个 I/O 模块；搭配 EDPF-GnBFC 模块或者中继器 EDPF-GnRPA 使用，DPU 最多可以连接 63 个 I/O 模块。

六、装配图

控制器及底座装配图如图 14-5 所示。

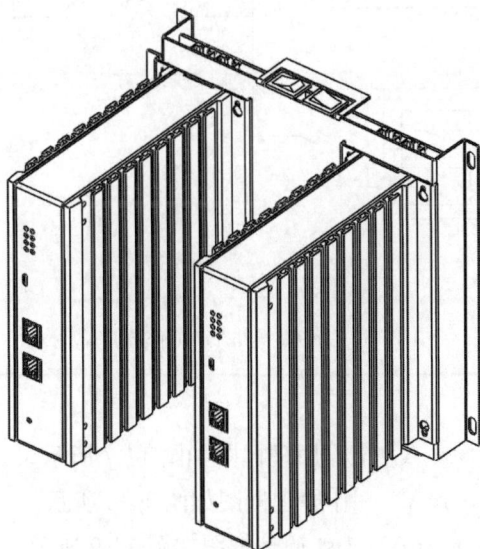

图 14-5　控制器及底座装配图

第四节　EDPF-Gn 系列 I/O 模件

一、模拟量输入模块 GnAI8(mA)/GnAI16(mA)/GnAI8B(mA)/GnAI16B(mA)

EDPF-GnAI(mA) 型模拟量输入模块主要用于 4～20mA 电流测量，支持内供电模式和外供电模式，电流信号通过 250Ω 精密采样电阻，经仪表放大器和 A/D 转换器放大和模数转换后供系统使用。根据通道数不同，其中 AI8(mA)/AI8B(mA) 为 8 通道输入，AI16(mA)/AI16B(mA) 为 16 通道输入；根据使用方式不同，其中 AI8（mA）/AI16（mA）为两线制，AI8B(mA)/AI16B(mA) 为四线制。

1. 工作原理

EDPF-GnAI8(mA) 工作原理框图图 14-6 所示。

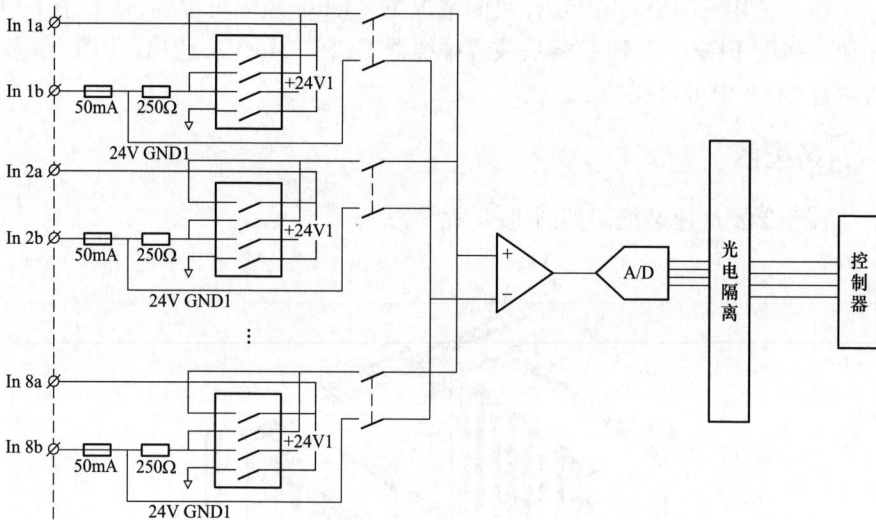

图 14-6　GnAI8（mA）工作原理框图

EDPF-GnAI8B(mA) 工作原理框图如图 14-7 所示。

EDPF-GnAI16(mA) 工作原理框图如图 14-8 所示。

EDPF-GnAI16B(mA) 工作原理框图如图 14-9 所示。

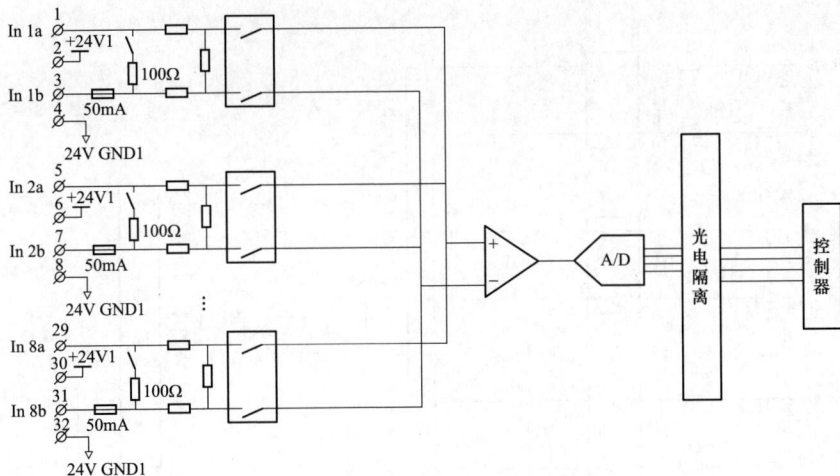

图 14-7 GnAI8B（mA）工作原理框图

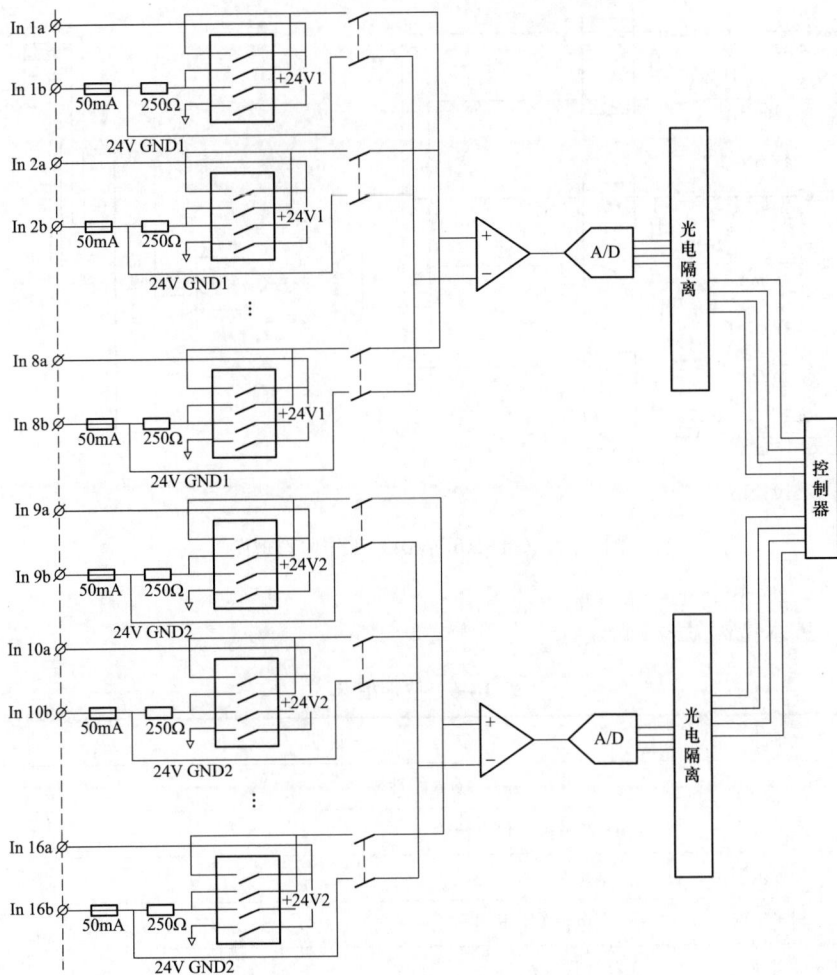

图 14-8 GnAI16(mA) 工作原理框图

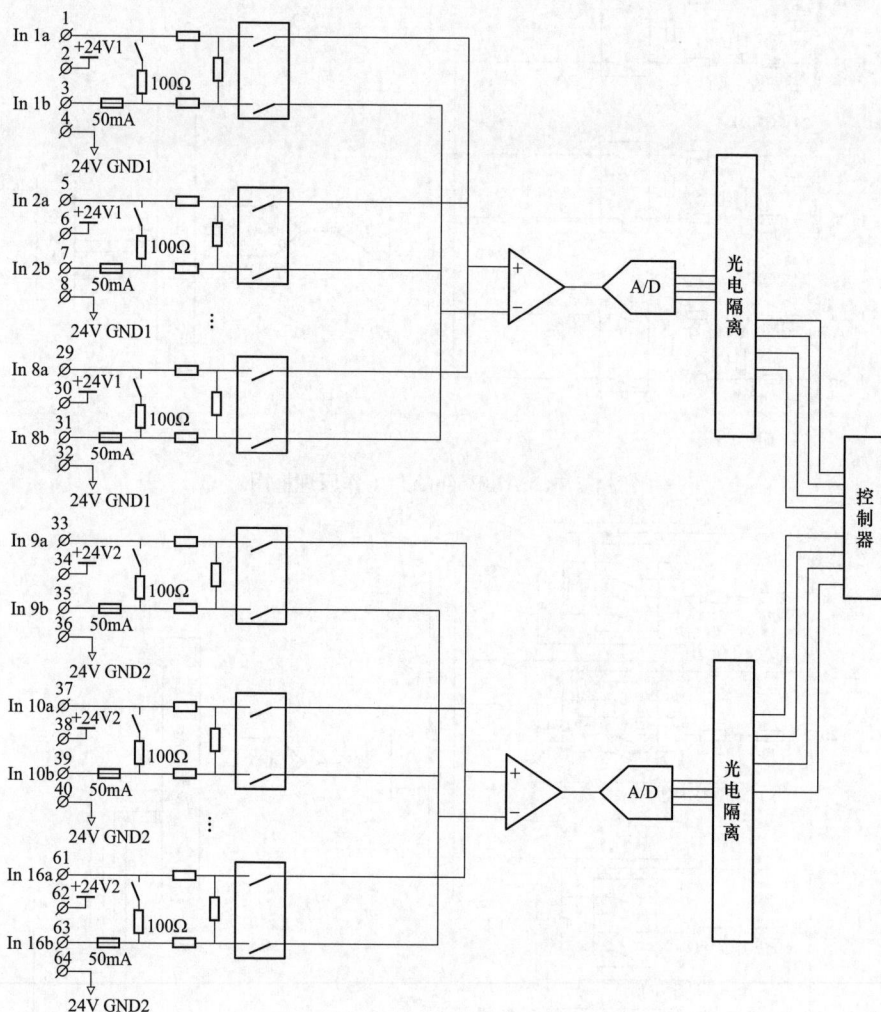

图 14-9   GnAI16B(mA) 工作原理框图

2. 技术指标

技术指标见表 14-6。

表 14-6   技术指标

描述	说明
输入特性	
通道数量	8/16 通道模拟量电流输入
量程范围	4~20mA
测量精度	0.1‰@25℃，F. S
温漂	$\pm 25 \times 10^{-6}$/℃
模数转换分辨率	24 位

续表

描述	说明
共模抑制	优于 120dB
差模抑制	优于 50dB
电流采样电阻	250Ω
采样速度	4 次/s 全通道
隔离	
通道隔离电压	500V DC
通信隔离电压	500V DC
电源	
工作电压	24V DC±5%
功率消耗	7.92W@24V DC（16 通道同时内供电 20mA 条件下）
工作环境	
工作温度	−25～+60℃
工作湿度	5%～90%相对湿度，不凝结
存储温度	−40～+85℃
存储湿度	5%～95%相对湿度，不凝结
物理特性	
外形尺寸	80mm（宽）×190mm（高）×170mm（深）
防护等级	IP50

3. 指示灯说明

模块加电时，其面板上的状态指示灯（电源指示灯 PWR、工作指示灯 CPU、通信指示灯 COM、报警指示灯 ALM）显示当前的工作、通信、故障状态。

指示灯状态说明：CPU 灯正常闪烁频率是固定的 2Hz。PWR、ALM 灯的快闪、慢闪以 CPU 灯闪烁速度参考，闪烁速度比 CPU 灯快就是快闪，闪烁速度比 CPU 灯慢就是慢闪。当这两个灯状态为闪烁（2Hz）时，会与 CPU 灯同步亮同步灭。

PWR 状态灯含义见表 14-7。

表 14-7　PWR 状态灯含义

PWR 状态	含义	优先级	处理建议
常亮	系统电源和现场电源无故障	最低	无
闪烁（2Hz）	1 路系统电源故障	低	检查底座两路系统电源供电插头是否松动或无电压，在恢复两路系统电源都有电的情况下，如果 PWR 仍以 2Hz 频率闪烁，则说明卡件硬件故障，需更换备件

续表

PWR 状态	含义	优先级	处理建议
快闪 （5Hz）	现场电源故障	中	DI、PI、SOE 等有 48V 输入的卡件：检查底座现场电源供电插头是否松动或无电压； 其他卡件：重新插拔卡件。故障仍然存在则更换备件
常灭	核心电源电压低或系统电源未供电	高	检查底座两路系统电源供电插头是否松动或无电压，如有电则说明卡件硬件故障，需更换备件

CPU 状态灯含义见表 14-8。

表 14-8　CPU 状态灯含义

CPU 状态	含义	处理建议
闪烁（2Hz）	无故障	无
常亮	卡件异常，如程序跑飞、死机等	重新插拔卡件
常灭	卡件异常或卡件没烧程序	重新插拔卡件

COM 状态灯含义见表 14-9。

表 14-9　COM 状态灯含义

COM 状态	含义	处理建议
常亮或闪烁	通信正常 如配置为高速扫描则常亮，配置为普通扫描则闪烁，频率为控制周期，如闪烁速度低于控制周期，则可能是通信不稳定	无
常灭	通信故障或 DPU 未启动或卡件未配置	本卡其他指示灯异常时：按其他指示灯处理建议进行处理； 本卡其他指示灯正常时：重新插拔卡件，故障仍然存在则更换备件； 机柜内不止一块卡件出现此问题时，需要排除通信线、终端匹配、控制器等相关问题

注　卡件只要接收到发给自己的 DPU 报文就会点亮 COM 灯，如果连续 100ms 未收到新报文则熄灭 COM 灯。

ALM 状态灯含义见表 14-10。

表 14-10　ALM 状态灯含义

ALM 状态	含义	优先级	处理建议
常灭	无故障	最低	无
慢闪（0.5Hz）	其他故障（只要有警报就会闪）	低	检查此卡件上报的自诊断信息
闪烁（2Hz）	卡件类型不一致（类型与地址不一致）	中	检查是否插错卡件或底座地址是否拨正确或上位机卡件配置是否正确
快闪（5Hz）	地址冲突	高	同时上电时卡件无法检测地址冲突，此时需要将通信错的卡件插拔一次来进行判断
常亮	致命故障：包含核心电源电压低，FLASH 读、写错误或读取的参数校验错误；对模拟量卡件还包括 ADC 故障	最高	重新插拔卡件。故障仍然存在说明卡件硬件故障，需更换备件

4. 自诊断功能说明

自诊断功能说明见表 14-11。

表 14-11　自诊断功能说明

模块类型	诊断信息	描述
电流输入模块	通道故障	A/D 故障，上位机显示点品质 bad
	重新启动	程序重新运行
	失去一路系统电源	一路系统电源掉电，但能正常工作
	超电量程上限	输入电流超过量程上限，即 24mA，上位机点品质 bad，显示超限前的有效值

5. 接线端子定义

EDPF-GnAI8(mA) 使用 DZ32 底座，底座的接线端子如图 14-10 所示。GnAI8(mA) 接线端子定义见表 14-12。

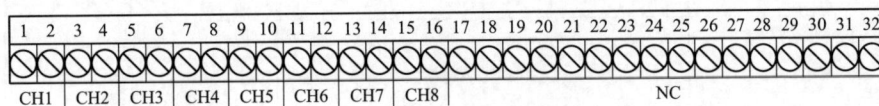

图 14-10　底座的接线端子

表 14-12　GnAI8(mA) 接线端子定义

通道编号	端子编号	端子名称	描述
CH1	1	IN 1A	通道 1 奇数端
	2	IN 1B	通道 1 偶数端

续表

通道编号	端子编号	端子名称	描述
CH2	3	IN 2A	通道 2 奇数端
	4	IN 2B	通道 2 偶数端
…	…	…	…
CH8	15	IN 8A	通道 8 奇数端
	16	IN 8B	通道 8 偶数端

　　EDPF-GnAI8B(mA) 使用 DZ32 底座，底座的接线端子如图 14-11 所示。GnAI8B(mA) 接线端子定义见表 14-13。

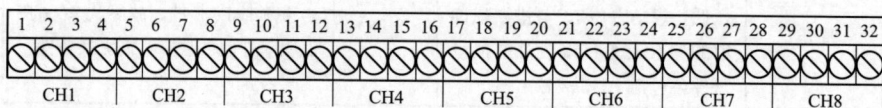

图 14-11　接线端子图

表 14-13　GnAI8B(mA) 接线端子定义

通道编号	端子编号	端子名称	描述
CH1	1	IN 1A	通道 1 测量正
	2	24V1	通道 1 电源正
	3	IN 1B	通道 1 测量负
	4	24VGND1	通道 1 电源负
CH2	5	IN 2A	通道 2 测量正
	6	24V1	通道 2 电源正
	7	IN 2B	通道 2 测量负
	8	24VGND1	通道 2 电源负
…	…	…	…
CH8	29	IN 8A	通道 8 测量正
	30	24V1	通道 8 电源正
	31	IN 8B	通道 8 测量负
	32	24VGND1	通道 8 电源负

　　EDPF-GnAI16(mA) 使用 DZ32 底座，底座的接线端子如图 14-12 所示。GnAI16(mA) 接线端子定义见表 14-14。

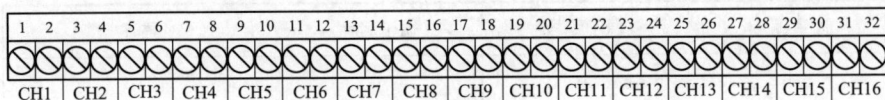

图 14-12　底座的接线端子

表 14-14　GnAI16(mA) 接线端子定义

通道编号	端子编号	端子名称	描述
CH1	1	IN 1A	通道 1 奇数端
	2	IN 1B	通道 1 偶数端
CH2	3	IN 2A	通道 2 奇数端
	4	IN 2B	通道 2 偶数端
...	...	...	...
CH6	31	IN 16A	通道 16 奇数端
	32	IN 16B	通道 16 偶数端

EDPF-GnAI16B(mA) 使用 DZ64 底座，底座的接线端子如图 14-13 所示。GnAI16B(mA) 接线端子定义见表 14-15。

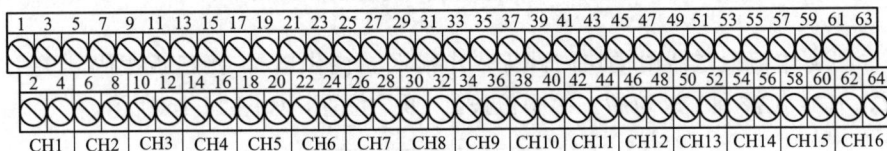

图 14-13　底座的接线端子

表 14-15　GnAI16B(mA) 接线端子定义

通道编号	端子编号	端子名称	描述
CH1	1	IN 1A	通道 1 测量正
	2	24V1	通道 1 电源正
	3	IN 1B	通道 1 测量负
	4	24VGND1	通道 1 电源负
CH2	5	IN 2A	通道 2 测量正
	6	24V1	通道 2 电源正
	7	IN 2B	通道 2 测量负
	8	24VGND1	通道 2 电源负

续表

通道编号	端子编号	端子名称	描述
...	...	...	...
CH6	61	IN 16A	通道 16 测量正
	62	24V2	通道 16 电源正
	63	IN 16B	通道 16 测量负
	64	24VGND2	通道 16 电源负

6. 模块设置说明

(1) EDPF-GnAI8(mA) /EDPF-GnAI16(mA) 供电方式通过接口板拨码开关进行设置，出厂默认设置为由外部提供电源的电流变送器方式。

1）电流变送器由模块外部提供电源时（外供电），接口板拨码开关第 1、2 位拨到 ON 位置，第 3、4 位拨到 OFF 位置，如图 14-14 所示。

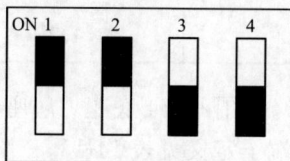

图 14-14 GnAI（mA）外供电拨码开关示意图

2）电流变送器由模块内部提供电源时（内供电），接口板拨码开关第 2、3、4 位拨到 ON 位置，第 1 位拨到 OFF 位置，如图 14-15 所示。

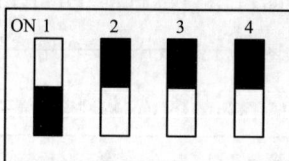

图 14-15 由模块内部提供电源时

⚠️ 警告：接口板拨码开关第 1、3、4 位不能同时拨到 ON 位置，并且保证拨码开关拨到位，不能处于中间状态。必须在断电状态下调整拨码，否则模块可能损坏。

(2) EDPF-GnAI8B(mA) /EDPF-GnAI16B(mA) 供电方式通过信号接线方式进行设置。

1）电流变送器由模块外部提供电源时（外供电），电流源正端接信号测量正端子，负端接信号测量负端子，如图 14-16 所示。

2）电流变送器由模块内部提供电源时（内供电），变送器正端接信号

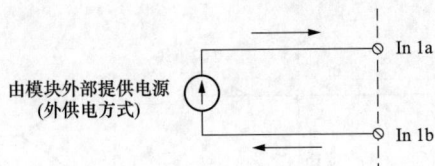

图 14-16　GnAIB（mA）外供电拨码开关示意图

测量负，变送器负端接 24V 电源地，如图 14-17 所示。

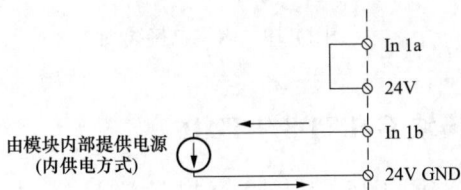

图 14-17　GnAIB（mA）内供电拨码开关示意图

⚠警告：模块接口虽然都具有电气保护电路，但错误的接线方式可能导致模块接口或现场设备的损坏。

7. 工程应用

模块端子信号的接线，要求每路信号采用带屏蔽双线电缆接到模块底座端子上。根据信号和供电方式不同，接线方式也不同。

（1）电流信号输入（设备由模块外部提供电源）：电流变送器电源由外部提供，变送器直接输出电流信号，将电流信号正端接入底座奇数端子，负端接入底座偶数端子，具体接线如图 14-18 所示。

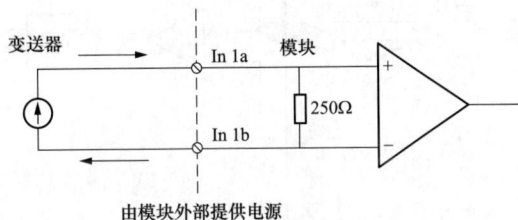

图 14-18　外供电接线

（2）电流信号输入（设备由模块内部提供电源）：电流变送器电源由模块内部隔离电源提供，将变送器负端接入底座奇数端子，变送器正端接入底座偶数端子，具体接线如图 14-19 所示。

⚠警告：在接入电流信号前，确定模块内部拨码开关是否与输入信号匹配。如果不匹配，可能造成设备损坏。

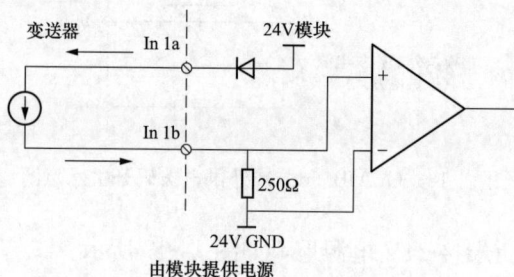

图 14-19　内供电接线

二、热电阻测量模块 GnRTD8/RTD16

EDPF-GnRTD8/RTD16 热电阻模拟量测量模块主要用于热电阻（PT100）的测量，测量原理采用桥路原理，将热电阻的阻值转换成相应的电压值，经仪表放大器和 A/D 转换器放大和模数转换后供系统使用。

（一）工作原理

EDPF-GnRTD8 工作原理框图如图 14-20 所示。

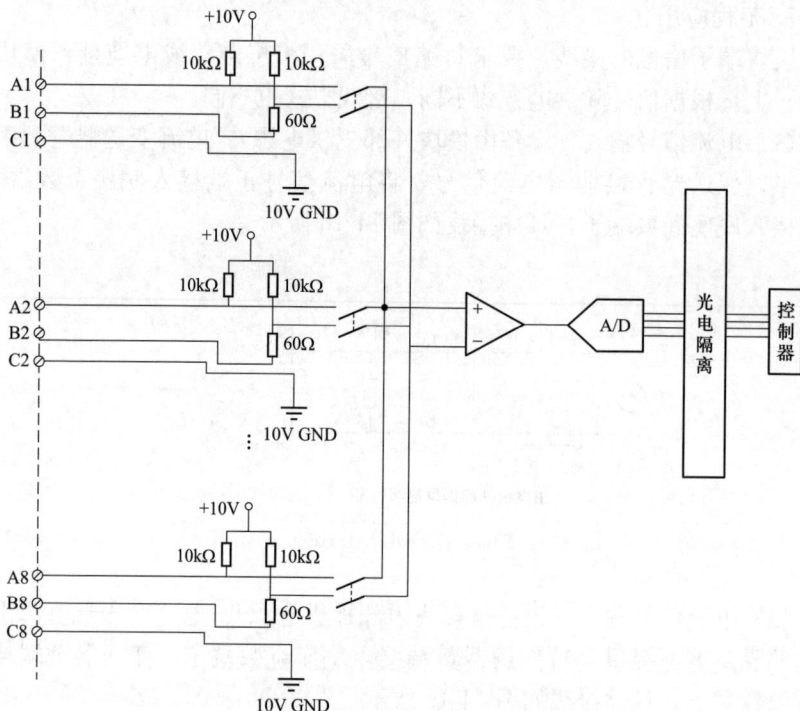

图 14-20　EDPF-GnRTD8 工作原理框图

EDPF-GnRTD16 工作原理图如图 14-21 所示。

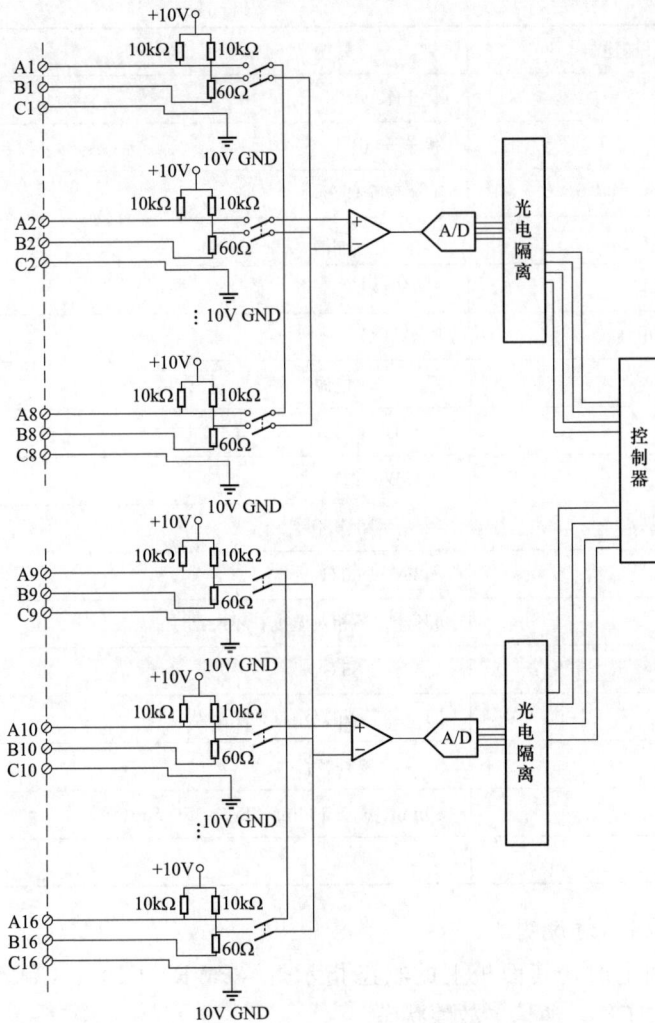

图 14-21 EDPE-GnRTD16 工作原理图

（二）技术指标

技术指标见表 14-16。

表 14-16 技术指标

描述	说明
输入特性	
检测通道数目	8/16 通道热电阻输入
量程范围	80～300Ω
测量精度	0.1%@25℃，F.S
温漂	$\pm 25 \times 10^{-6}$/℃
模数转换分辨率	24 位

描述	说明
共模抑制	优于 120dB
差模抑制	优于 50dB
采样速度	4 次/s 全通道
隔离	
通道隔离电压	500V DC
通信隔离电压	500V DC
电源	
工作电压	24V DC±5%
功率消耗	2.16W@24V DC
工作环境	
工作温度	−25~+60℃
工作湿度	5%~90%相对湿度，不凝结
存储温度	−40~+85℃
存储湿度	5%~95%相对湿度，不凝结
物理特性	
外形尺寸	80mm(宽)×190mm(高)×170 mm(深)
防护等级	IP50

（三）指示灯说明

模块加电时，其面板上的状态指示灯（PWR、CPU、COM、ALM）显示当前的工作、通信、故障状态。

指示灯状态说明：CPU 灯正常闪烁频率是固定的 2Hz。PWR、ALM 灯的快闪、慢闪以 CPU 灯闪烁速度参考，闪烁速度比 CPU 灯快就是快闪，闪烁速度比 CPU 灯慢就是慢闪。当这两个灯状态为闪烁（2Hz）时，会与 CPU 灯同步亮同步灭。

PWR 状态灯含义见表 14-17。

表 14-17　PWR 状态灯含义

PWR 状态	含义	优先级	处理建议
常亮	系统电源和现场电源无故障	最低	无
闪烁（2Hz）	1 路系统电源故障	低	检查底座两路系统电源供电插头是否松动或无电压，在恢复两路系统电源都有电的情况下，如果 PWR 仍以 2Hz 频率闪烁，则说明卡件硬件故障，需更换备件

续表

PWR 状态	含义	优先级	处理建议
快闪（5Hz）	现场电源故障	中	DI、PI、SOE 等有 48V 输入的卡件：检查底座现场电源供电插头是否松动或无电压； 其他卡件：重新插拔卡件。故障仍然存在则更换备件
常灭	核心电源电压低或系统电源未供电	高	检查底座两路系统电源供电插头是否松动或无电压，如有电则说明卡件硬件故障，需更换备件

CPU 状态灯含义见表 14-18。

表 14-18　CPU 状态灯含义

CPU 状态	含义	处理建议
闪烁（2Hz）	无故障	无
常亮	卡件异常，如程序跑飞、死机等	重新插拔卡件
常灭	卡件异常或卡件没烧程序	重新插拔卡件

COM 状态灯含义见表 14-9。

表 14-19　COM 状态灯含义

COM 状态	含义	处理建议
常亮或闪烁	通信正常； 如配置为高速扫描则常亮，配置为普通扫描则闪烁，频率为控制周期，如闪烁速度低于控制周期，则可能是通信不稳定	无
常灭	通信故障或 DPU 未启动或卡件未配置	本卡其他指示灯异常时：按其他指示灯处理建议进行处理； 本卡其他指示灯正常时：重新插拔卡件，故障仍然存在则更换备件； 机柜内不止一块卡件出现此问题时，需要排除通信线、终端匹配、控制器等相关问题

注　卡件只要接收到发给自己的 DPU 报文就会点亮 COM 灯，如果连续 100ms 未收到新报文则熄灭 COM 灯。

ALM 状态灯含义见表 14-20。

表 14-20　ALM 状态灯含义

ALM 状态	含义	优先级	处理建议
常灭	无故障	最低	无
慢闪（0.5Hz）	其他故障（只要有警报就会闪）	低	检查此卡件上报的自诊断信息
闪烁（2Hz）	卡件类型不一致（类型与地址不一致）	中	检查是否插错卡件或底座地址是否拨正确或上位机卡件配置是否正确

ALM 状态	含义	优先级	处理建议
快闪（5Hz）	地址冲突	高	同时上电时卡件无法检测地址冲突，此时需要将通信错的卡件插拔一次来进行判断
常亮	致命故障：包含核心电源电压低，FLASH 读、写错误或读取的参数校验错误；对模拟量卡件还包括 ADC 故障	最高	重新插拔卡件。故障仍然存在说明卡件硬件故障，需更换备件

（四）自诊断功能说明

自诊断功能说明见表 14-21。

表 14-21 自诊断功能说明

诊断信息	描述
通道故障	A/D 故障，上位机显示点品质 bad
重新启动	程序重新运行
失去一路系统电源	一路系统电源掉电，但能正常工作
开路或短路	上位机显示点品质 bad
超电量程上限	输入电阻大于 315Ω（约）；或者端子 A 断线，端子 B、C 正常接线（读到的电阻值也是满值）；或者端子 A 正常接线，端子 B、C 断线但短接在一起（读到的电阻值也是满值）恢复：端子 ABC 正常接线且输入电阻小于 315Ω（约），上位机点品质 bad，显示超限前的有效值

"开路或短路诊断"的接线场景见表 14-22。

表 14-22 "开路或短路诊断"的接线场景

场景	通道端子 A	通道端子 B	通道端子 C	卡件读数
1	正常接线	断线	正常接线	60（约）
2	正常接线	正常接线	断线	60（约）
3	正常接线	断线	断线	60（约）
4	断线	断线	正常接线	60（约）
5	断线	正常接线	断线	60（约）
6	断线	断线	断线	60（约）
7	与 B 短接	与 A 短接	正常接线	60（约）
8	与 C 短接	正常接线	与 A 短接	60（约）
9	与 B、C 短接	与 A 短接	与 A 短接	60（约）

（五）接线端子定义

EDPF-GnRTD8 使用 DZ32 底座，底座的接线端子如图 14-22 所示。GnRTD8 接线端子定义见表 14-23。

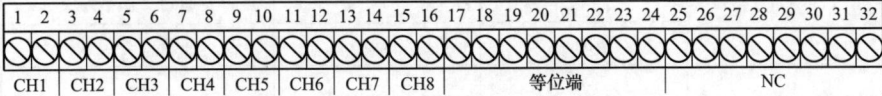

图 14-22　底座的接线端子

表 14-23　GnRTD8 接线端子定义

通道编号	端子编号	端子名称	描述
CH1	1	A1	通道 1 奇数端
	2	B1	通道 1 偶数端
	17	C1	通道 1 等位端
CH2	3	A2	通道 2 奇数端
	4	B2	通道 2 偶数端
	18	C2	通道 2 等位端
...	...	...	...
CH8	15	A8	通道 8 奇数端
	16	B8	通道 8 偶数端
	24	C8	通道 8 等位端
NC	25～32	NC	未用端子

EDPF-GnRTD16 使用 DZ64 底座，底座的接线端子如图 14-23 所示。GnRTD16 接线端子定义见表 14-24。

图 14-23　底座的接线端子

表 14-24　GnRTD16 接线端子定义

通道编号	端子编号	端子名称	描述
CH1	1	A1	通道 1 奇数端
	2	B1	通道 1 偶数端
	33	C1	通道 1 等位端

续表

通道编号	端子编号	端子名称	描述
	3	A2	通道 2 奇数端
CH1	4	B2	通道 2 偶数端
	34	C2	通道 2 等位端
...	...	...	...
	31	A16	通道 16 奇数端
CH6	32	B16	通道 16 偶数端
	48	C16	通道 16 等位端
NC	49～64	NC	未用端子

（六）工程应用

模块端子信号的接线，要求每路信号采用两根或三根导线（屏蔽电缆）接到模块底座端子上。针对供电情况的不同，有两种端子接线方式：三线制、两线制，具体接线如图 14-24 所示。

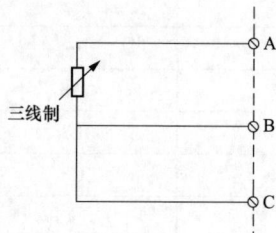

图 14-24 "三线制"接线图

1. "三线制"的接法和使用

"三线制"的接线要求热电阻的一端与一根导线相连，另一端同时接两根导线，这两根导线分别接到同一通道的 B 端子和 C 端子。其中，B、C 端是可以互换的，不会对结果有任何不良影响；A、B 端则严禁互换。在实际应用中，可能会出现接错的情况，解决方法：用万用表测量该通道三个接线端子处任意两两间的电阻值，如果有两根线间的电阻值是"0"，把它接到 B、C 端，另一根线接到 A 端即可。A、B、C 三端连线应保证线长、线径一致，并统一屏蔽接地。

2. "两线制"的接法和使用

当对温度信号要求不高时，可采用"两线制"的方法把热电阻信号接到 RTD 模块，即把热电阻的两端引线分别接到底座的 A、B 端子上，再将 B 端子和 C 端子用短接线短接，具体接线如图 14-25 所示。

（1）优点：减少信号电缆的用量；

（2）不足：信号转换精度有损失，温度比实际的温度偏高。误差大小

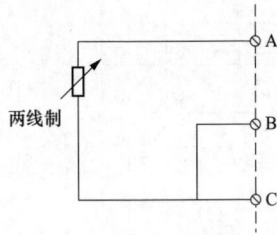

图 14-25 "两线制"具体接线

与信号电缆长度有关，电缆长度越长，误差越大。

（3）适用场合：现场信号距离模块较近，信号精度要求不高的场合。

三、热电偶测量模块 GnTC8R/TC15R

EDPF-GnTC8R/EDPF-GnTC15R 热电偶模拟量测量模块主要用于处理从现场来的热电偶毫伏电压和毫伏级别电压输入信号。

1. 工作原理

EDPF-GnTC8R 工作原理框图如图 14-26 所示。

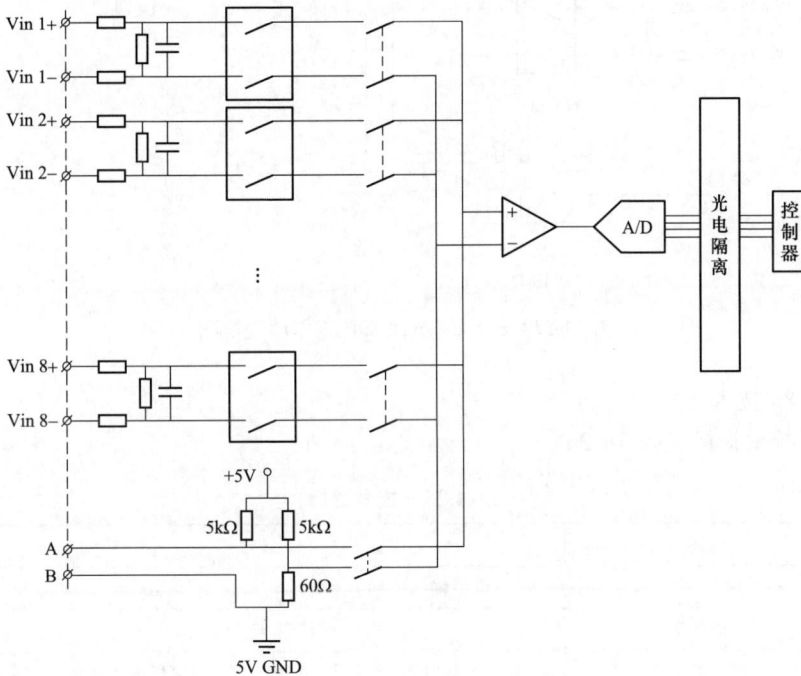

图 14-26　EDPF-GnTC8R 工作原理框图

EDPF-GnTC15R 工作原理框图如图 14-27 所示。

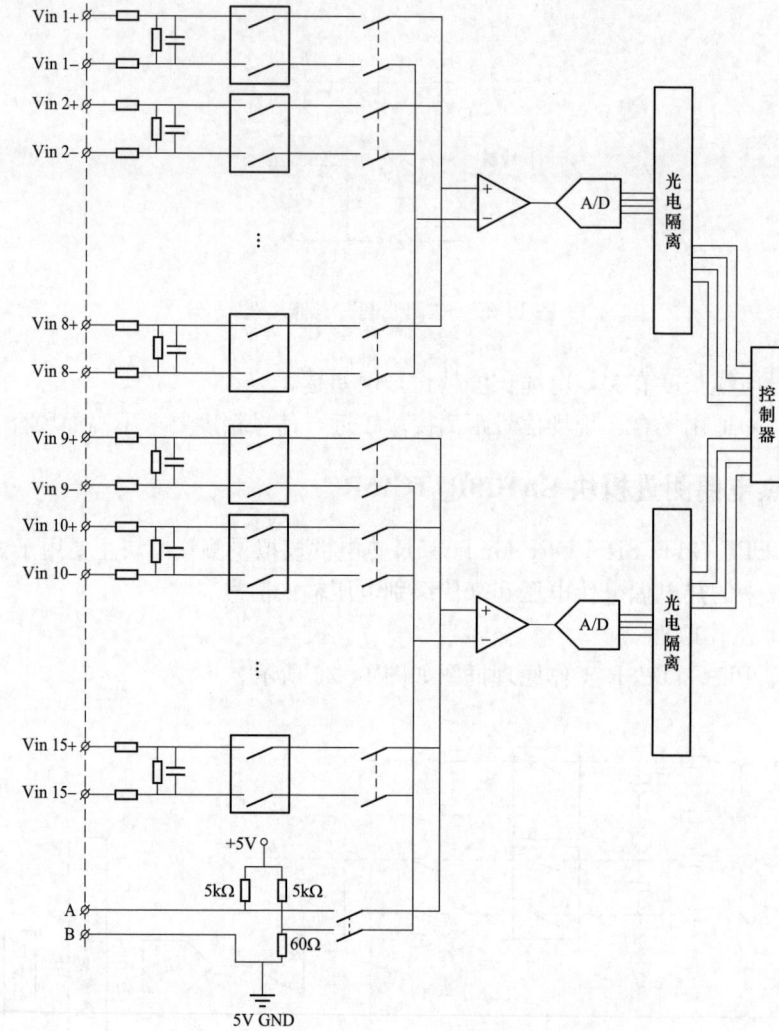

图 14-27   EDPF-GnTC15R 工作原理框图

2. 技术指标

技术指标见表 14-25。

表 **14-25**   **技术指标**

描述	说明
输入特性	
通道数量	8/15 路差分输入
信号类型	热电偶（K，E，N，J，T）或毫伏电压信号
量程范围	$-20\sim+80\mathrm{mV}$
测量精度	$0.1\%@25\text{℃}$，F.S
温漂	$\pm25\times10^{-6}/\text{℃}$

描述	说明
冷端补偿测温范围	−50～+110℃
模数转换分辨率	24 位
共模抑制	优于 120dB
差模抑制	优于 50dB
采样速度	4 次/s 全通道
隔离	
通道隔离电压	500V DC
通信隔离电压	500V DC
电源	
工作电压	24V DC±5%
功率消耗	2.4W@24V DC
工作环境	
工作温度	−25～+60℃
工作湿度	5%～90%相对湿度，不凝结
存储温度	−40～+85℃
存储湿度	5%～95%相对湿度，不凝结
物理特性	
外形尺寸	80mm（宽）×190mm（高）×170 mm（深）
防护等级	IP50

3. 指示灯说明

模块加电时，其面板上的状态指示灯（PWR、CPU、COM、ALM）显示当前的工作、通信、故障状态。

指示灯状态说明：CPU 灯正常闪烁频率是固定的 2Hz。PWR、ALM 灯的快闪、慢闪以 CPU 灯闪烁速度参考，闪烁速度比 CPU 灯快就是快闪，闪烁速度比 CPU 灯慢就是慢闪。当这两个灯状态为闪烁（2Hz）时，会与 CPU 灯同步亮同步灭。

PWR 状态灯含义见表 14-26。

表 14-26　PWR 状态灯含义

PWR 状态	含义	优先级	处理建议
常亮	系统电源和现场电源无故障	最低	无
闪烁（2Hz）	1 路系统电源故障	低	检查底座两路系统电源供电插头是否松动或无电压，在恢复两路系统电源都有电的情况下，如果 PWR 仍以 2Hz 频率闪烁，则说明卡件硬件故障，需更换备件

续表

PWR 状态	含义	优先级	处理建议
快闪（5Hz）	现场电源故障	中	DI、PI、SOE 等有 48V 输入的卡件：检查底座现场电源供电插头是否松动或无电压。 其他卡件：重新插拔卡件。故障仍然存在则更换备件
常灭	核心电源电压低或系统电源未供电	高	检查底座两路系统电源供电插头是否松动或无电压，如有电则说明卡件硬件故障，需更换备件

CPU 状态灯含义见表 14-27。

表 14-27 CPU 状态灯含义

CPU 状态	含义	处理建议
闪烁（2Hz）	无故障	无
常亮	卡件异常，如程序跑飞、死机等	重新插拔卡件
常灭	卡件异常或卡件没烧程序	重新插拔卡件

COM 状态灯含义见表 14-28。

表 14-28 COM 状态灯含义

COM 状态	含义	处理建议
常亮或闪烁	通信正常； 如配置为高速扫描则常亮，配置为普通扫描则闪烁，频率为控制周期，如闪烁速度低于控制周期，则可能是通信不稳定	无
常灭	通信故障或 DPU 未启动或卡件未配置	本卡其他指示灯异常时：按其他指示灯处理建议进行处理； 本卡其他指示灯正常时：重新插拔卡件，故障仍然存在则更换备件； 机柜内不止一块卡件出现此问题时，需要排除通信线、终端匹配、控制器等相关问题

注 卡件只要接收到发给自己的 DPU 报文就会点亮 COM 灯，如果连续 100ms 未收到新报文则熄灭 COM 灯。

ALM 状态灯含义见表 14-29。

表 14-29 ALM 状态灯含义

ALM 状态	含义	优先级	处理建议
常灭	无故障	最低	无
慢闪（0.5Hz）	其他故障（只要有警报就会闪）	低	检查此卡件上报的自诊断信息
闪烁（2Hz）	卡件类型不一致（类型与地址不一致）	中	检查是否插错卡件或底座地址是否拨正确或上位机卡件配置是否正确

续表

ALM 状态	含义	优先级	处理建议
快闪（5Hz）	地址冲突	高	同时上电时卡件无法检测地址冲突，此时需要将通信错的卡件插拔一次来进行判断
常亮	致命故障：包含核心电源电压低，FLASH 读、写错误或读取的参数校验错误；对模拟量卡件还包括 ADC 故障	最高	重新插拔卡件。故障仍然存在说明卡件硬件故障，需更换备件

4. 自诊断功能说明

自诊断功能说明见表 14-30。

表 14-30　自诊断功能说明

诊断信息		描述
通道故障		A/D 故障，上位机显示点品质 bad
重新启动		程序重新运行
失去一路系统电源		一路系统电源掉电，但能正常工作
开路	热电阻信号	输入电阻值大于等于 145Ω，或端子 17（31）不与端子 18（32）接线，上位机点品质 bad
	电压信号	输入电压大于等于 82mV，上位机点品质 bad，显示超限前的有效值
超电量程下限	电压信号	输入电压小于等于 -21mV，上位机点品质 bad，显示超限前的有效值

5. 接线端子定义

EDPF-GnTC8R 使用 DZ32 底座，底座的接线端子如图 14-28 所示。GnTC8R 接线端子定义见表 14-31。

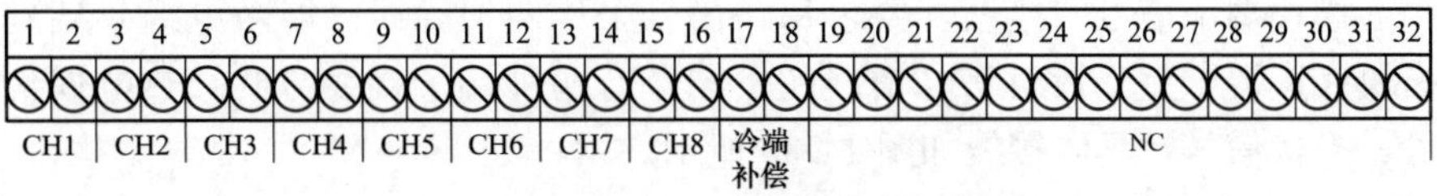

图 14-28　底座的接线端子

表 14-31　GnTC8R 接线端子定义

通道编号	端子编号	端子名称	描述
CH1	1	Vin1＋	通道 1 正端
	2	Vin1－	通道 1 负端
CH2	3	Vin2＋	通道 2 正端
	4	Vin2－	通道 2 负端

续表

通道编号	端子编号	端子名称	描述
...	...	...	...
CH8	15	Vin8＋	通道 8 正端
	16	Vin8－	通道 8 负端
CH9	17	A	冷端补偿热电阻一端
	18	B	冷端补偿热电阻另一端

EDPF-GnTC15R 使用 DZ32 底座，底座的接线端子如图 14-29 所示。GnTC15R 接线端子定义见表 14-32。

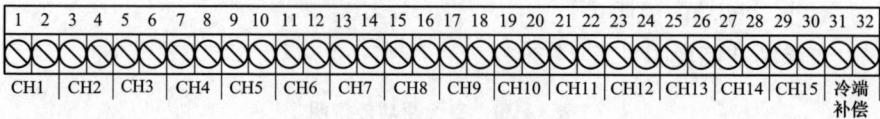

图 14-29　底座的接线端子

表 14-32　GnTC15R 接线端子定义

通道编号	端子编号	端子名称	描述
CH1	1	Vin1＋	通道 1 正端
	2	Vin1－	通道 1 负端
CH2	3	Vin2＋	通道 2 正端
	4	Vin2－	通道 2 负端
...	...	...	...
CH5	29	Vin15＋	通道 15 正端
	30	Vin15－	通道 15 负端
CH16	31	A	冷端补偿热电阻一端
	32	B	冷端补偿热电阻另一端

6. 工程应用

模块端子信号的接线，要求每路信号采用两根导线（屏蔽电缆）接到模块底座端子上。针对信号情况的不同，有两种端子接线方式：热电偶信号、毫伏信号，具体接线如图 14-30 所示。

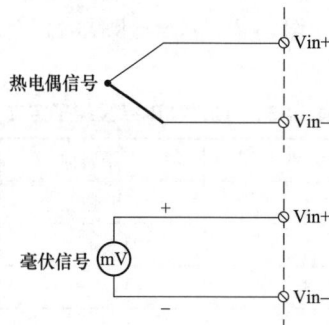

图 14-30　GnTC8R 接线图

四、模拟量输出模块 GnAO8(mA)

EDPF-GnAO8(mA) 为非冗余 AO 模块。

1. 工作原理

GnAO8(mA) 工作原理框图如图 14-31 所示。

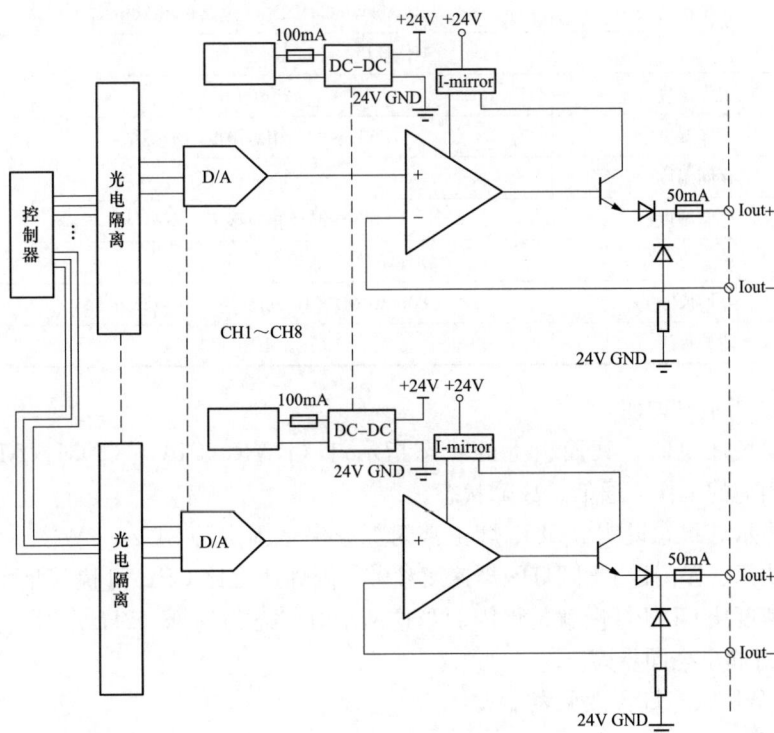

图 14-31 GnAO8(mA) 工作原理框图

2. 技术指标

技术指标见表 14-33。

表 14-33 技术指标

描述	说明
输入特性	
通道数目	8
信号范围	4～20mA
输出精度	0.1‰@25℃，F.S
温漂	$\pm 50 \times 10^{-6}/℃$
数模转换分辨率	16 位
负载能力	750Ω@24V DC
隔离	
通道隔离电压	500V DC

续表

描述	说明
通信隔离电压	500V DC
电源	
工作电压	24V DC±5%
功率消耗	7.44W@24V DC（全路输出 20mA）
工作环境	
工作温度	−25～+60℃
工作湿度	5%～90%相对湿度，不凝结
存储温度	−40～+85℃
存储湿度	5%～95%相对湿度，不凝结
物理特性	
外形尺寸	80mm(宽)×190mm(高)×170 mm(深)
防护等级	IP50

3. 指示灯说明

模块加电时，其面板上的状态指示灯（PWR、CPU、COM、ALM）显示当前的工作、通信、故障状态。

指示灯状态说明：CPU 灯正常闪烁频率是固定的 2Hz。PWR、ALM灯的快闪、慢闪以 CPU 灯闪烁速度参考，闪烁速度比 CPU 灯快就是快闪，闪烁速度比 CPU 灯慢就是慢闪。当这两个灯状态为闪烁（2Hz）时，会与CPU 灯同步亮同步灭。

PWR 状态灯含义见表 14-34。

表 14-34　PWR 状态灯含义

PWR 状态	含义	优先级	处理建议
常亮	系统电源和现场电源无故障	最低	无
闪烁（2Hz）	1 路系统电源故障	低	检查底座两路系统电源供电插头是否松动或无电压，在恢复两路系统电源都有电的情况下，如果 PWR 仍以 2Hz 频率闪烁，则说明卡件硬件故障，需更换备件
快闪（5Hz）	现场电源故障	中	DI、PI、SOE 等有 48V 输入的卡件：检查底座现场电源供电插头是否松动或无电压。 其他卡件：重新插拔卡件。故障仍然存在则更换备件
常灭	核心电源电压低或系统电源未供电	高	检查底座两路系统电源供电插头是否松动或无电压，如有电则说明卡件硬件故障，需更换备件

CPU 状态灯含义见表 14-35。

表 14-35　CPU 状态灯含义

CPU 状态	含义	处理建议
闪烁（2Hz）	无故障	无
常亮	卡件异常，如程序跑飞、死机等	重新插拔卡件
常灭	卡件异常或卡件没烧程序	重新插拔卡件

COM 状态灯含义见表 14-36。

表 14-36　COM 状态灯含义

COM 状态	含义	处理建议
常亮或闪烁	通信正常； 如配置为高速扫描则常亮，配置为普通扫描则闪烁，频率为控制周期，如闪烁速度低于控制周期，则可能是通信不稳定	无
常灭	通信故障或 DPU 未启动或卡件未配置	本卡其他指示灯异常时：按其他指示灯处理建议进行处理； 本卡其他指示灯正常时：重新插拔卡件，故障仍然存在则更换备件； 机柜内不止一块卡件出现此问题时，需要排除通信线、终端匹配、控制器等相关问题

注　卡件只要接收到发给自己的 DPU 报文就会点亮 COM 灯，如果连续 100ms 未收到新报文则熄灭 COM 灯。

ALM 状态灯见表 14-37。

表 14-37　ALM 状态灯

ALM 状态	含义	优先级	处理建议
常灭	无故障	最低	无
慢闪（0.5Hz）	其他故障（只要有警报就会闪）	低	检查此卡件上报的自诊断信息
闪烁（2Hz）	卡件类型不一致（类型与地址不一致）	中	检查是否插错卡件或底座地址是否拨正确或上位机卡件配置是否正确
快闪（5Hz）	地址冲突	高	同时上电时卡件无法检测地址冲突，此时需要将通信错的卡件插拔一次来进行判断
常亮	致命故障：包含核心电源电压低，FLASH 读、写错误或读取的参数校验错误；对模拟量卡件还包括 ADC 故障	最高	重新插拔卡件。故障仍然存在说明卡件硬件故障，需更换备件

4. 自诊断功能说明

自诊断功能说明见表 14-38。

表 14-38　自诊断功能说明

诊断信息	描述
重新启动	程序重新运行
失去一路系统电源	一路系统电源掉电，但能正常工作
开路	外部负载开路或未连接

5. 接线端子定义

端子底座的接线端子如图 14-32 所示，接线端子定义见表 14-39。

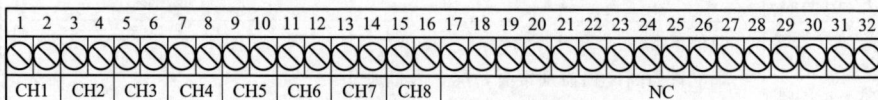

图 14-32　GnA08（mA）接线端子图

表 14-39　GnA08(mA) 接线端子定义

通道编号	端子编号	端子名称	描述
1	1	Iout1＋	通道 1 输出正端
	2	Iout1－	通道 1 输出负端
CH2	3	Iout2＋	通道 2 输出正端
	4	Iout2－	通道 2 输出负端
…	…	…	…
8	15	Iout8＋	通道 8 输出正端
	16	Iout8－	通道 8 输出负端
NC	17～32	NC	未用端子

6. 工程应用

模块端子信号的接线，要求每路信号采用两根导线（屏蔽电缆）接到模块底座端子上，具体接线如图 14-33 所示。

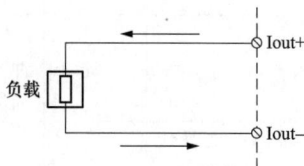

图 14-33　GnA08（mA）接线图

五、开关量输入模块 GnDI16/DI16E/DI32/DI16E（4L）

EDPF-GnDI 系列开关量输入模块具有低通数字滤波器功能，截止频率为 125Hz，可有效消除小于 4ms 的开关量抖动。接口与系统电气隔离，防止各模块接口之间相互干扰。开关量输入模块，提供了过电流、过电压保护，反向电压保护，可防止在接入错误信号时，保护模块接口不损坏开关量输入模块。

根据通道数不同，其中 DI16/DI16E/DI16E（4L）为 16 通道开关量输入模块，DI32 为 32 通道开关量输入模块；根据功能不同，其中 DI16/DI16E/DI32 为两线制干接点输入模块，DI16E（4L）为四线制输入模块，且 DI16E/DI16E（4L）具有 SOE 功能。

1. 工作原理

GnDI16/DI16E 工作原理框图如图 14-34 所示。

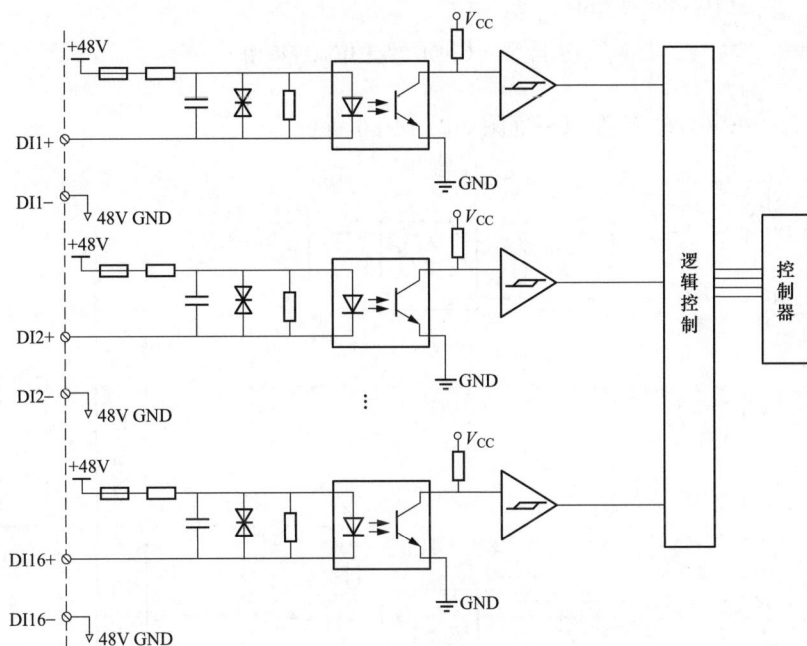

图 14-34　GnDI16/DI16E 工作原理框图

GnDI32 工作原理框图如图 14-35 所示。

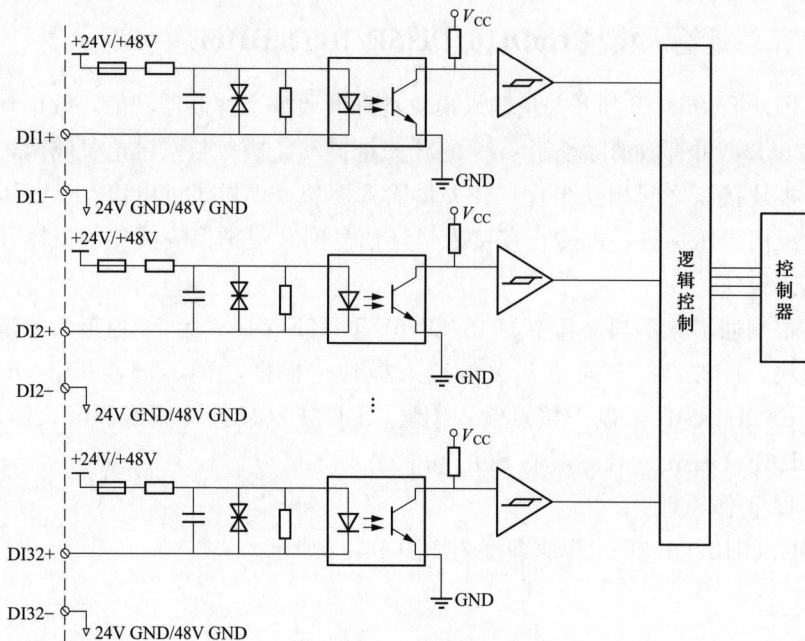

图 14-35　GnDI322 工作原理框图

DI16E（4L）工作原理框图如图 14-36 所示。

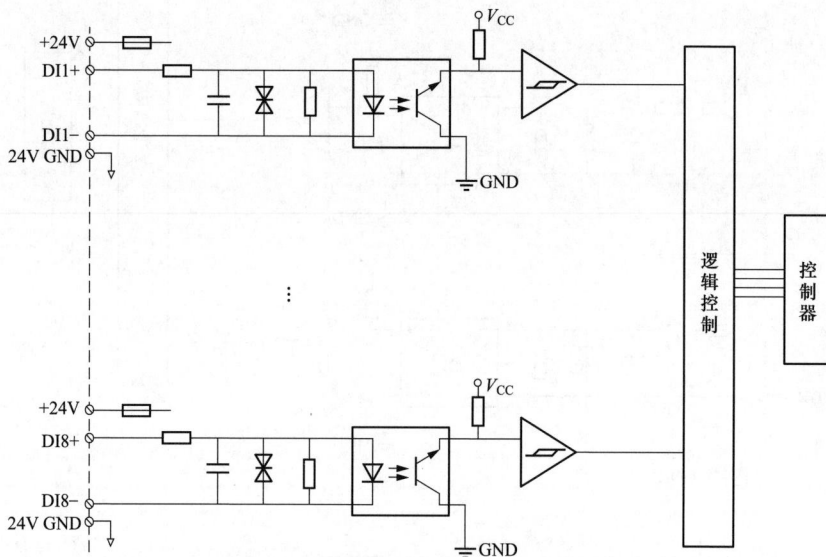

图 14-36　DI16E(4L) 工作原理框图

说明：DIn＋、DIn－分别表示脉冲量信号输入接点的正、负端。

2. 技术指标

技术指标见表 14-40。

表 14-40 技术指标

描述	说明
输入特性	
通道数量	16
检测电压	+48V DC
低通数字滤波器带宽	125Hz
输入响应时间	4ms
隔离	
接口和系统隔离电压	500V DC
电源	
工作电压	24V DC±5%
功率消耗	0.96W@24V DC 空载
工作环境	
工作温度	−25~+60℃
工作湿度	5%~90%相对湿度，不凝结
存储温度	−40~+85℃
存储湿度	5%~95%相对湿度，不凝结
物理特性	
外形尺寸	80mm（宽）×190mm（高）×170 mm（深）
防护等级	IP50

3. 指示灯说明

模块加电时，其面板上的状态指示灯（PWR、CPU、COM、ALM）显示当前的工作、通信、故障状态。

指示灯状态说明：CPU 灯正常闪烁频率是固定的 2Hz。PWR、ALM 灯的快闪、慢闪以 CPU 灯闪烁速度参考，闪烁速度比 CPU 灯快就是快闪，闪烁速度比 CPU 灯慢就是慢闪。当这两个灯状态为闪烁（2Hz）时，会与 CPU 灯同步亮同步灭。

PWR 状态灯含义见表 14-41。

表 14-41 PWR 状态灯含义

PWR 状态	含义	优先级	处理建议
常亮	系统电源和现场电源无故障	最低	无
闪烁（2Hz）	1 路系统电源故障	低	检查底座两路系统电源供电插头是否松动或无电压，在恢复两路系统电源都有电的情况下，如果 PWR 仍以 2Hz 频率闪烁，则说明卡件硬件故障，需更换备件
快闪（5Hz）	现场电源故障	中	DI、PI、SOE 等有 48V 输入的卡件：检查底座现场电源供电插头是否松动或无电压。 其他卡件：重新插拔卡件。故障仍然存在则更换备件

续表

PWR 状态	含义	优先级	处理建议
常灭	核心电源电压低或系统电源未供电	高	检查底座两路系统电源供电插头是否松动或无电压，如有电则说明卡件硬件故障，需更换备件

CPU 状态灯含义见表 14-42。

表 14-42　CPU 状态灯含义

CPU 状态	含义	处理建议
闪烁（2Hz）	无故障	无
常亮	卡件异常，如程序跑飞、死机等	重新插拔卡件
常灭	卡件异常或卡件没烧程序	重新插拔卡件

CPU 状态灯含义见表 14-43。

表 14-43　COM 状态灯含义

COM 状态	含义	处理建议
常亮或闪烁	通信正常； 如配置为高速扫描则常亮，配置为普通扫描则闪烁，频率为控制周期，如闪烁速度低于控制周期，则可能是通信不稳定	无
常灭	通信故障或 DPU 未启动或卡件未配置	本卡其他指示灯异常时：按其他指示灯处理建议进行处理； 本卡其他指示灯正常时：重新插拔卡件，故障仍然存在则更换备件； 机柜内不止一块卡件出现此问题时，需要排除通信线、终端匹配、控制器等相关问题

注　卡件只要接收到发给自己的 DPU 报文就会点亮 COM 灯，如果连续 100ms 未收到新报文则熄灭 COM 灯。

ALM 状态灯含义见表 14-44。

表 14-44　ALM 状态灯含义

ALM 状态	含义	优先级	处理建议
常灭	无故障	最低	无
慢闪（0.5Hz）	其他故障（只要有警报就会闪）	低	检查此卡件上报的自诊断信息
闪烁（2Hz）	卡件类型不一致（类型与地址不一致）	中	检查是否插错卡件或底座地址是否拨正确或上位机卡件配置是否正确
快闪（5Hz）	地址冲突	高	同时上电时卡件无法检测地址冲突，此时需要将通信错的卡件插拔一次来进行判断

续表

ALM 状态	含义	优先级	处理建议
常亮	致命故障：包含核心电源电压低，FLASH 读、写错误或读取的参数校验错误；对模拟量卡件还包括 ADC 故障	最高	重新插拔卡件。故障仍然存在说明卡件硬件故障，需更换备件

开关量输入指示灯显示开关量的状态如表 14-45 所示。

表 14-45　开关量输入指示灯显示开关量的状态

名称	说明
开关量输入指示灯	亮表示有输入，灭表示无输入

4. 接线端子定义

GnDI16/DI16E 端子底座的接线端子图示如图 14-37 所示，接线端子定义见表 14-46。

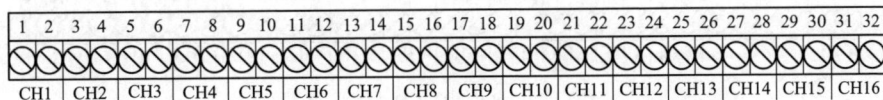

图 14-37　GnDI16/DI16E 端子图

表 14-46　GnDI16/DI16E 接线端子定义

通道编号	端子编号	端子名称	描述
1	1	DI1−	通道 1 输入，检测电源负
	2	DI1+	通道 1 输入，检测电源正
2	3	DI2−	通道 2 输入，检测电源负
	4	DI2+	通道 2 输入，检测电源正
…	…	…	…
16	31	DI16−	通道 16 输入，检测电源负
	32	DI16+	通道 16 输入，检测电源正

GnDI32 端子底座的接线端子图如图 14-38 所示，接线端子定义见表 14-47。

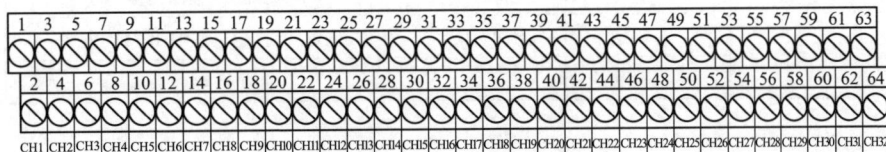

图 14-38　GnDI32 端子图

表 14-47　GnDI32 接线端子定义

通道编号	端子编号	端子名称	描述
1	1	DI1−	通道 1 输入，检测电源负
	2	DI1+	通道 1 输入，检测电源正
2	3	DI2−	通道 2 输入，检测电源负
	4	DI2+	通道 2 输入，检测电源正
…	…	…	…
32	63	DI32−	通道 32 输入，检测电源负
	64	DI32+	通道 32 输入，检测电源正

　　DI16E（4L）端子底座的接线端子图示如图 14-39 所示，接线端子定义见表 14-48。

图 14-39　DI16E（4L）端子图

表 14-48　GnDI16E（4L）接线端子定义

通道编号	端子编号	端子名称	描述
1	1	POW1+	通道 1 供电电压输出 24V 正端
	2	In1+	通道 1 输入正端
	3	POW1−	通道 1 供电电压输出 24V 负端
	4	In1−	通道 1 输入负端
2	5	POW2+	通道 2 供电电压输出 24V 正端
	6	In2+	通道 2 输入正端
	7	POW2−	通道 2 供电电压输出 24V 负端
	8	In2−	通道 2 输入负端
…	…	…	…
16	61	POW16+	通道 16 供电电压输出 24V 正端
	62	In16+	通道 16 输入正端
	63	POW16−	通道 16 供电电压输出 24V 负端
	64	In16−	通道 16 输入负端

5. 工程应用

　　GnDI16/DI16E/DI32 模块端子信号的接线，要求每路信号采用两根导线接到模块底座端子上，具体接线如图 14-40 所示。

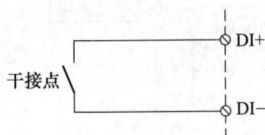

图 14-40 GnDI16/DI16E/DI32 端子接线示意图

GnDI16E（4L）模块端子信号的接线有两种方式。

（1）外接 PNP 接近开关接线方式如图 14-41 所示。

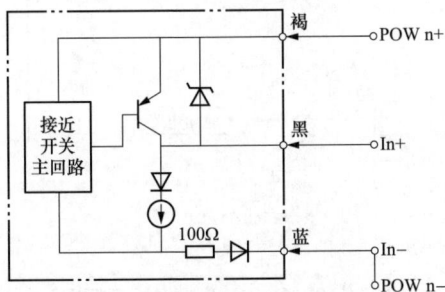

图 14-41 PNP 接近开关接线示意图

（2）外接 NPN 接近开关接线方式如图 14-42 所示。

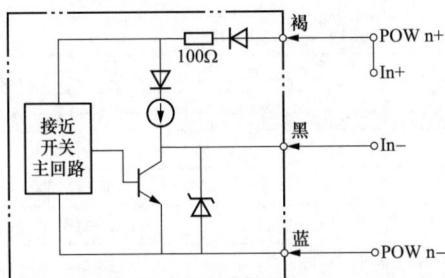

图 14-42 NPN 接近开关接线示意图

六、开关量输出模块 GnDO16

GnDO16 是开关量输出模块，有 16 通道开关量输出通道。接口与系统电气隔离，防止各模块接口之间相互干扰；16 通道开关量输出通道可输出 24V 开关量信号。

1. 工作原理

GnDO16 工作原理框图如图 14-43 所示。

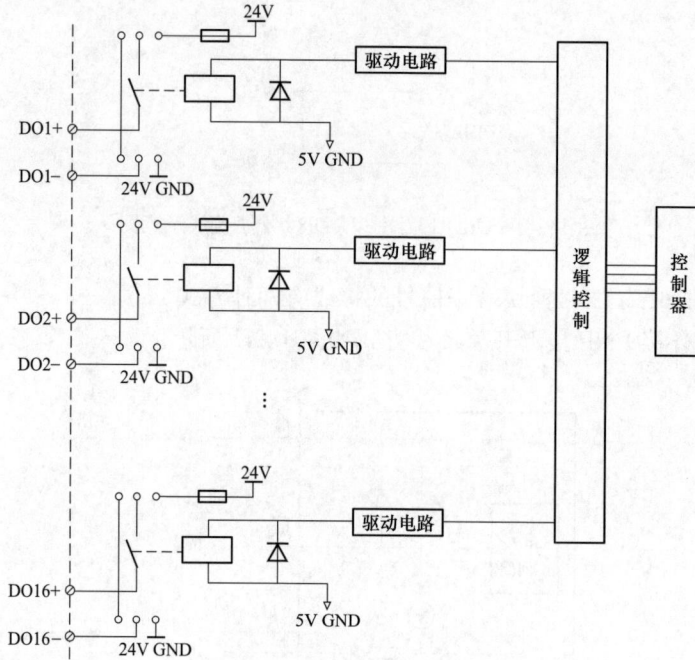

图 14-43　GnDO16 工作原理框图

2. 技术指标

技术指标见表 14-49。

表 14-49　技术指标

描述	说明
输出特性	
通道数量	16
输出方式	24V DC
输出电流限制	120mA
开关容量	1A@24V DC
开关寿命	2×10^5
吸合/导通时间	3ms
释放/截止时间	3ms
隔离	
系统隔离电压	500V DC
电源	
工作电压	24V DC±5%
功率消耗	0.96W@24V DC 空载 3.84W@24V DC 满载
工作环境	
工作温度	−25～+60℃
工作湿度	5%～90%相对湿度，不凝结

续表

描述	说明
存储温度	−40～＋85℃
存储湿度	5％～95％相对湿度，不凝结
物理特性	
外形尺寸	80mm（宽）×190mm（高）×170 mm（深）
防护等级	IP50

3. 指示灯说明

模块加电时，其面板上的状态指示灯（PWR、CPU、COM、ALM）显示当前的工作、通信、故障状态。

指示灯状态说明：CPU 灯正常闪烁频率是固定的 2Hz。PWR、ALM 灯的快闪、慢闪以 CPU 灯闪烁速度参考，闪烁速度比 CPU 灯快就是快闪，闪烁速度比 CPU 灯慢就是慢闪。当这两个灯状态为闪烁（2Hz）时，会与 CPU 灯同步亮同步灭。

PWR 状态灯含义见表 14-50。

表 14-50　PWR 状态灯含义

PWR 状态	含义	优先级	处理建议
常亮	系统电源和现场电源无故障	最低	无
闪烁（2Hz）	1 路系统电源故障	低	检查底座两路系统电源供电插头是否松动或无电压，在恢复两路系统电源都有电的情况下，如果 PWR 仍以 2Hz 频率闪烁，则说明卡件硬件故障，需更换备件
快闪（5Hz）	现场电源故障	中	DI、PI、SOE 等有 48V 输入的卡件：检查底座现场电源供电插头是否松动或无电压； 其他卡件：重新插拔卡件。故障仍然存在则更换备件
常灭	核心电源电压低或系统电源未供电	高	检查底座两路系统电源供电插头是否松动或无电压，如有电则说明卡件硬件故障，需更换备件

CPU 状态灯含义见表 14-51。

表 14-51　CPU 状态灯含义

CPU 状态	含义	处理建议
闪烁（2Hz）	无故障	无
常亮	卡件异常，如程序跑飞、死机等	重新插拔卡件
常灭	卡件异常或卡件没烧程序	重新插拔卡件

COM 状态灯含义见表 14-52。

表 14-52　COM 状态灯含义

COM 状态	含义	处理建议
常亮或闪烁	通信正常； 如配置为高速扫描则常亮，配置为普通扫描则闪烁，频率为控制周期，如闪烁速度低于控制周期，则可能是通信不稳定	无
常灭	通信故障或 DPU 未启动或卡件未配置	本卡其他指示灯异常时：按其他指示灯处理建议进行处理； 本卡其他指示灯正常时：重新插拔卡件，故障仍然存在则更换备件； 机柜内不止一块卡件出现此问题时，需要排除通信线、终端匹配、控制器等相关问题

注　卡件只要接收到发给自己的 DPU 报文就会点亮 COM 灯，如果连续 100ms 未收到新报文则熄灭 COM 灯。

ALM 状态灯含义见表 14-53。

表 14-53　ALM 状态灯含义

ALM 状态	含义	优先级	处理建议
常灭	无故障	最低	无
慢闪（0.5Hz）	其他故障（只要有警报就会闪）	低	检查此卡件上报的自诊断信息
闪烁（2Hz）	卡件类型不一致（类型与地址不一致）	中	检查是否插错卡件或底座地址是否拨正确或上位机卡件配置是否正确
快闪（5Hz）	地址冲突	高	同时上电时卡件无法检测地址冲突，此时需要将通信错的卡件插拔一次来进行判断
常亮	致命故障：包含核心电源电压低，FLASH 读、写错误或读取的参数校验错误；对模拟量卡件还包括 ADC 故障	最高	重新插拔卡件。故障仍然存在说明卡件硬件故障，需更换备件

开关量输入输出指示灯显示开关量的状态如表 14-54 所示。

表 14-54　开关量输入输出指示灯显示开关量的状态

名称	说明
开关量输出指示灯	亮表示有输出，灭表示无输出

4. 接线端子定义

EDPF-GnDO16 模块与 EDPF-GnDZDB 底座配套使用的时候，端子底座的接线端子图示如图 14-44 所示。接线端子定义见表 14-55。

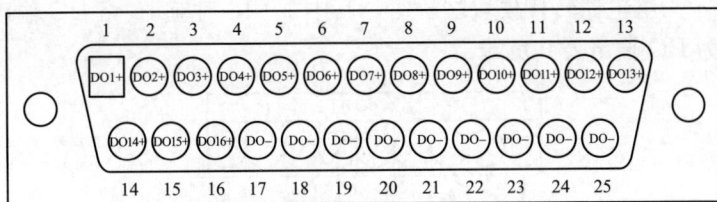

图 14-44 GnDO16 接线端子图

表 14-55 GnDO16 与 GnDZDB 接线端子定义

通道编号	端子编号	端子名称	描述
DO1	DB25-1	DO1+	通道 1 输出正端
DO2	DB25-2	DO2+	通道 2 输出正端
...	...	...	...
DO16	DB25-16	DO16+	通道 16 输出正端
公共端	17～25	DO-	输出公共端

EDPF-GnDO16 模块与 EDPF-GnDZ64 底座配套使用的时候，端子底座的接线端子图示如图 14-45 所示。接线端子定义见表 14-56。

图 14-45 GnDO16 端子接线图

表 14-56 GnDO16 模块与 GnDZ64 接线端子定义

通道编号	端子编号	端子名称	描述
1	33	DO1+	通道 1 输出正端
	34	DO1-	通道 1 输出负端
2	35	DO2+	通道 2 输出正端
	36	DO2-	通道 2 输出负端
...	...	...	...
16	63	DO16+	通道 16 输出正端
	64	DO16-	通道 16 输出负端

5. 工程应用

开关量输出使用底座上的 DB25 接预制电缆的方式接到继电器柜的继电

器转接模块上，通过继电器转接模块将 16 路 DO 输出接到继电器上。图 14-46 所示为继电器转接模块端子座，其中 1～16 对应 16 路 DO 输出信号，17、18 为 DO 输出公共负端。

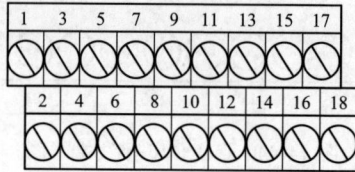

图 14-46　接线示意图

七、微型开关量输出模块 GnDO16u

EDPF-GnDO16u-AC/EDPF-GnDO16u-DC/EDPF-GnDO16uvACDC 输出 16 对形式为 1NO+1NC 或者 1NO/1NC/1NO+1NC 的触点。

（一）工作原理

GnDO16u 工作原理框图如图 14-47 所示。

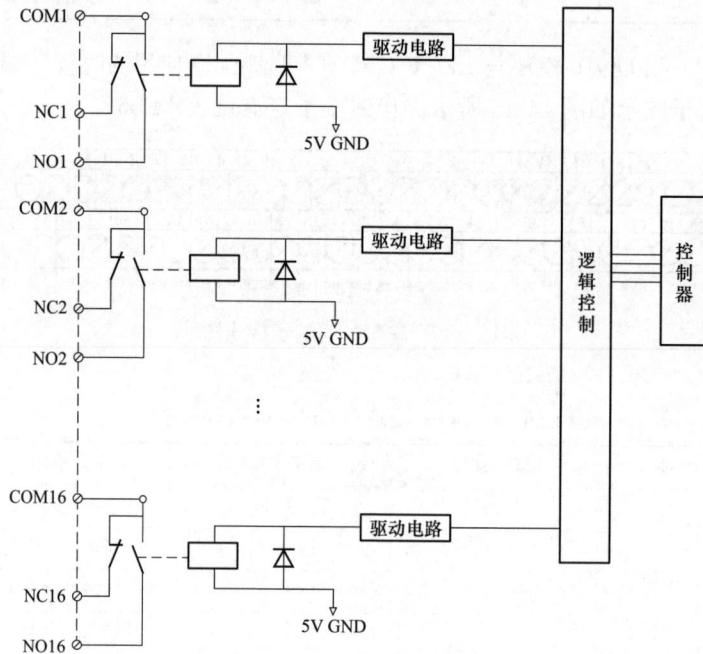

图 14-47　GnDO16u 工作原理框图

说明：COM、NO、NC 分别表示继电器输出触点的公共端、动合触点和动断触点。

（二）技术指标

技术指标见表 14-57。

表 14-57　技术指标

描述	说明
输出特性	
输出通道	16
输出方式	+24V 有源输出
输出电流限制	150mA
隔离	
接口和系统隔离电压	500V DC
电源	
工作电压	24V DC±5%
功率消耗	8.8W　EDPF-RB（AC）底座 满载
工作环境	
工作温度	−25～+60℃
工作湿度	5%～90%相对湿度，不凝结
存储温度	−40～+85℃
存储湿度	5%～95%相对湿度，不凝结
外形尺寸	26mm(宽)×57mm(长)×82mm(高)
防护等级	IP50

（三）指示灯说明

指示灯说明见表 14-58。

表 14-58　指示灯说明

序号	名称	说明	含义
1	CPU	工作指示灯	闪烁：工作正常；常亮常灭：故障
2	COM	通信指示灯	收到上位机的命令时闪烁一次
3	1-16	开关量输出指示灯	亮表示有输出，灭表示无输出

（四）接线端子定义

端子底座的接线端子图示如图 14-48、图 14-49 所示，分前后排形式和单排形式两种。接线端子定义见表 14-59 所示。

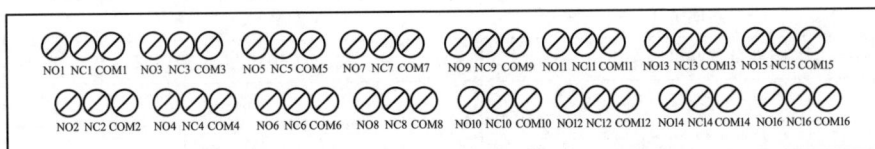

图 14-48　GnDO16u 前后排形式接线端子图

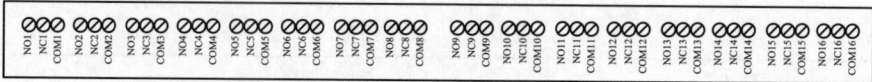

图 14-49 GnDO16u 单排形式接线端子图

表 14-59 GnDO16u 接线端子定义

继电器触点输出端子		
端子名称	端子编号	描述
NO		1 号继电器动合触点
NC	1	1 号继电器动断触点
COM		1 号继电器公共端
…	…	…
NO		16 号继电器动合触点
NC	16	16 号继电器动断触点
COM		16 号继电器公共端
GROUND		接地

（五）GnDO16u 底座类型介绍

1. 16 路交流底座 EDPF-RB（AC）

EDPF-RB（AC）继电器底座如图 14-50 所示。

图 14-50 EDPF-RB（AC）继电器底座

交流继电器采用 RJ1S-CL-D24，其参数见表 14-60。

表 14-60 RFT1CO024L AC 继电器参数

继电器型号	RFT1CO024L
使用触点类型	1NO＋1NC
线圈电压	24V DC±10％
阻性负载触点额定电流	12A@250V AC，30V DC
工作指示灯	有
触点最大闭合时间	20ms
触点最大断开时间	10ms

续表

线圈和触点之间耐压	5000V AC@1min
触点之间耐压	3000V AC@1min
线圈功率	0.53W
工作温度	−40～+55℃（无结冰）

接线端子采取前后排式，上面为奇数通道，下面为偶数通道。

2.16 路直流底座 EDPF-RB(DC)

RB(DC) 继电器底座如图 14-51 所示。

图 14-51　RB(DC) 继电器底座

直流继电器采用 3 种，1NO 型号为 KUEP-3D15-24；1NC 型号为 C5-RF5610；1NO＋1NC 型号为 KUEP-11D15-24。根据现场应用选择合适型号。KUEP-3D15-24 DC 继电器参数见表 14-61。

表 14-61　KUEP-3D15-24 DC 继电器参数

触点类型	1NO
线圈电阻	472Ω
线圈电流	51mA
线圈电压	24V
触点额定电流	10A@220V DC
工作指示灯	无
功耗	1.2W
工作温度	−25～+60℃

C5-RF5610 DC 继电器参数见表 14-62。

表 14-62　C5-RF5610 DC 继电器参数

触点类型	1NC
线圈电压	24V
触点额定电流	10A@220V DC
功耗	1.3W
工作温度	−25～+60℃

KUEP-11D15-24 DC 继电器参数见表 14-63。

表 14-63　KUEP-11D15-24DC 继电器参数

触点类型	1NO+1NC
线圈电阻	320Ω
线圈电流	75mA
线圈电压	24V
触点额定电流	10A@220V DC
工作指示灯	无
功耗	1.8W
工作温度	−25～+60℃

此种类型底座接线端子采用单排式，从左到右依次为第 1～16 通道。

3. 16 路 EDPF-RB（DC+AC）交直流混合底座（4DC+12AC）

RB（DC+AC）交直流混合底座如图 14-52 所示。

图 14-52　交直流混合底座

AC 交流继电器参数详见表 14-16。

DC 直流继电器参数详见表 14-61。

该底座接线端子采用单排式，从左到右依次为 1～16 通道。

4. EDPF-RBD（AC）冗余 AC 型 uDO 继电器底座

EDPF-RBD（AC）冗余 AC 型 uDO 继电器底座如图 14-53 所示。

图 14-53　EDPF-RBD（AC）冗余 AC 型 uDO 继电器底座

AC 交流继电器参数详见表 14-60。

EDPF-RDB（AC）冗余 AC 型 uDO 继电器底座上有 2 个 uDO 插座，冗余设计。两个模块同时工作，只要一个模块输出为1，则输出继电器就吸合。通过拨码开关可以设定上面 uDO 的基地址，下面 uDO 模块地址为基地址＋32。

EDPF-RDB（AC）冗余 AC 型 uDO 继电器底座接线端子采用前后排式，从左到右依次为第 1～16 通道。

5. EDPF-RBD（DC）冗余 DC 型 uDO 继电器底座

EDPF-RBD（DC）冗余 DC 型 uDO 继电器底座如图 14-54 所示。

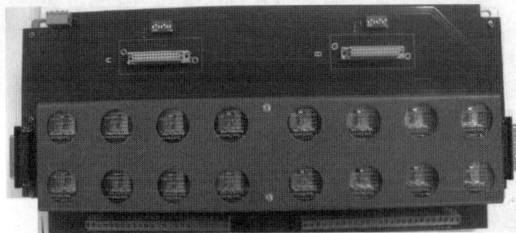

图 14-54　EDPF-RBD（DC）冗余 DC 型 uDO 继电器底座

EDPF-RBD（DC）冗余 DC 型 uDO 继电器底座上有 2 个 uDO 插座，冗余设计。两个模块同时工作，只要一个模块输出为1，则输出继电器就吸合。

通过拨码开关可以设定上面 uDO 的基地址，下面 uDO 模块地址为基地址＋32。端子采用单排式结构，每 3 个为一个通道，从左到右依次为第 1～16 通道。

6. EDPF-RBT（AC）三冗余 AC 型 uDO 继电器底座

EDPE-RBT（AC）三冗余 AC 型 uDO 继电器底座如图 14-55 所示。

图 14-55　EDPE-RBT（AC）三冗余 AC 型 uDO 继电器底座

AC 交流继电器参数详见上述 AC 交流底座。

三个 uDO 模块分别标记为 A、B、C，通过各自拨码开关设定其地址。三个 uDO 模块同时独立工作，输出经 3 选 2 表决后驱动输出大继电器，是一种高可靠性模块。接线端子采用前后排式，从左到右依次为第 1～16 通道。

7. EDPF-RB-B(DC＋AC)DC4＋AC12 型 uDO 继电器底座（4 路 DC 为双触点）

EDPF-RB-B(DC＋AC)DC4＋AC12 型 uDO 继电器底座（4 路 DC 为双触点）如图 14-56 所示。

图 14-56　EDPF-RB-B(DC＋AC)DC4＋AC12 型 uDO 继电器底座（4 路 DC 为双触点）

AC 交流继电器参数详见表 14-60。

DC 直流继电器采用具有双触点（1NO＋1NC）的 KUEP－11D15－24，参数详见表 14-63。

EDPF-RB-B(DC＋AC)DC4＋AC12 型 uDO 继电器底座（4 路 DC 为双触点）接线端子采用单排式，由于前 4 路具有双触点，故用 A、B 区分之如图 14-57 所示。

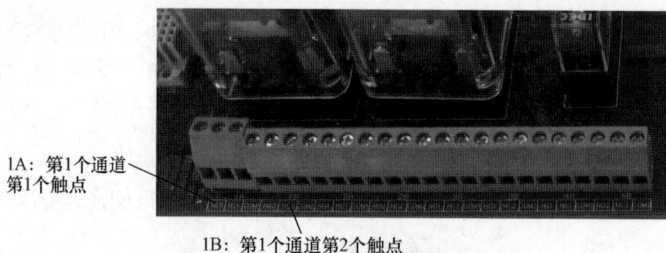

1A：第1个通道第1个触点

1B：第1个通道第2个触点

图 14-57　DC、AC 接线端子区分图

（六）工程应用

在工程应用中，DO16u 和其他卡件的安装方法相同，可省去继电器柜，但是在卡件布局的时候尽量避免与对大电流信号较敏感的卡件放在一列，如 GnVC 汽轮机纯电调型阀门伺服模块、GnSD 汽轮机转速测量与超速保护模块、GnRTD 热电阻测量模块、GnTC 热电偶测量模块尽量放在一列。

注意：必须核算每列的电源容量，平均每个模块位为 10W，约 0.42A，应保证每列的电源熔断器容量是实际容量的 2 倍，如全部是继电器模块，电源保险应更换为 5A（缺省是 3A）。

八、开关量输入输出模块 GnDIO32

EDPF-DIO32 是开关量输入输出模块，有 16 路开关量输入通道和 16 路开关量输出通道；模块输入接口具有低通数字滤波器，开关量的抖动截止频率为 50Hz，可有效消除小于 20ms 的开关量抖动；接口与系统电气隔离，防止各模块接口之间相互干扰。

16 通道的开关量输入为干结点输入，提供了过电流、过电压保护，反向电压保护，可防止在接入错误信号时，保护模块接口不损坏。16 路开关量输出通道可输出 24V 开关量信号。

1. 工作原理

GnDIO32 工作原理框图如图 14-58 所示。

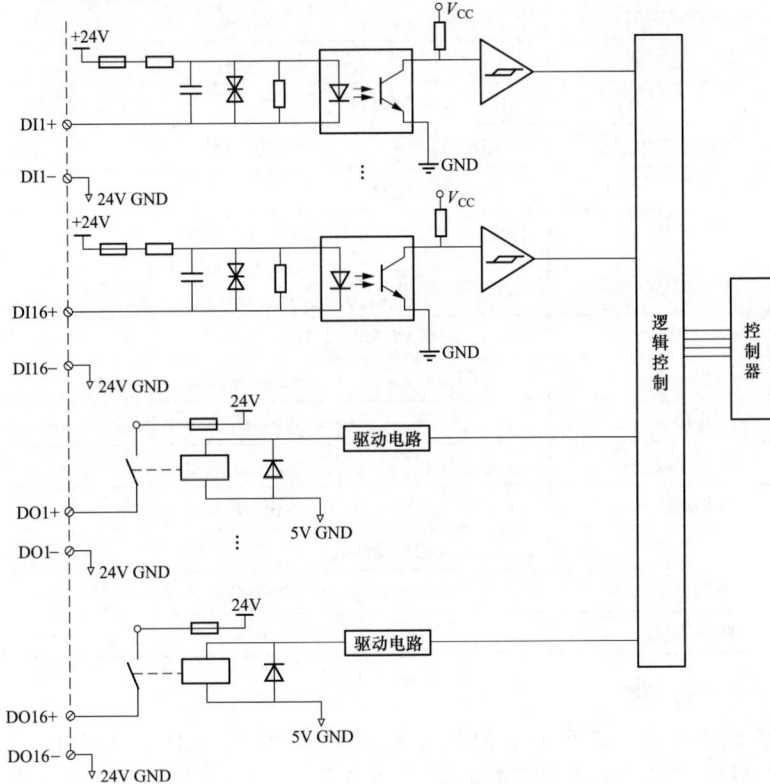

图 14-58　GnDIO32 工作原理框图

2. 技术指标

技术指标见表 14-64。

表 14-64　技术指标

描述	说明
输入/输出特性	
输入通道数量	16
检测电压	+24V DC
输入滤波带宽	50Hz
输入响应时间	20ms
输出通道数量	16

续表

描述	说明
输出方式	+24V
输出电流限制	100mA
开关容量	1A@24V DC
开关寿命	$2×10^5$
吸合/导通时间	3ms
释放/截止时间	3ms
隔离	
接口和系统隔离电压	500V DC
电源	
工作电压	24V DC±5%
功率消耗	0.96W@24V DC 空载 7.728 W@24V DC 满载
工作环境	
工作温度	−25～+60℃
工作湿度	5%～90%相对湿度，不凝结
存储温度	−40～+85℃
存储湿度	5%～95%相对湿度，不凝结
物理特性	
外形尺寸	80mm(宽)×190mm(高)×170 mm(深)
防护等级	IP50

3. 指示灯说明

模块加电时，其面板上的状态指示灯（PWR、CPU、COM、ALM）显示当前的工作、通信、故障状态。

指示灯状态说明：CPU 灯正常闪烁频率是固定的 2Hz。PWR、ALM 灯的快闪、慢闪以 CPU 灯闪烁速度参考，闪烁速度比 CPU 灯快就是快闪，闪烁速度比 CPU 灯慢就是慢闪。当这两个灯状态为闪烁（2Hz）时，会与 CPU 灯同步亮同步灭。

PWR 状态灯含义见表 14-65。

表 14-65 PWR 状态灯含义

PWR 状态	含义	优先级	处理建议
常亮	系统电源和现场电源无故障	最低	无
闪烁（2Hz）	1 路系统电源故障	低	检查底座两路系统电源供电插头是否松动或无电压，在恢复两路系统电源都有电的情况下，如果 PWR 仍以 2Hz 频率闪烁，则说明卡件硬件故障，需更换备件

续表

PWR 状态	含义	优先级	处理建议
快闪（5Hz）	现场电源故障	中	DI、PI、SOE 等有 48V 输入的卡件：检查底座现场电源供电插头是否松动或无电压； 其他卡件：重新插拔卡件。故障仍然存在则更换备件
常灭	核心电源电压低或系统电源未供电	高	检查底座两路系统电源供电插头是否松动或无电压，如有电则说明卡件硬件故障，需更换备件

CPU 状态灯含义见表 14-66。

表 14-66 CPU 状态灯含义

CPU 状态	含义	处理建议
闪烁（2Hz）	无故障	无
常亮	卡件异常，如程序跑飞、死机等	重新插拔卡件
常灭	卡件异常或卡件没烧程序	重新插拔卡件

COM 状态灯含义见表 14-67。

表 14-67 COM 状态灯含义

COM 状态	含义	处理建议
常亮或闪烁	通信正常； 如配置为高速扫描则常亮，配置为普通扫描则闪烁，频率为控制周期，如闪烁速度低于控制周期，则可能是通信不稳定	无
常灭	通信故障或 DPU 未启动或卡件未配置	本卡其他指示灯异常时：按其他指示灯处理建议进行处理； 本卡其他指示灯正常时：重新插拔卡件，故障仍然存在则更换备件； 机柜内不止一块卡件出现此问题时，需要排除通信线、终端匹配、控制器等相关问题

注 卡件只要接收到发给自己的 DPU 报文就会点亮 COM 灯，如果连续 100ms 未收到新报文则熄灭 COM 灯。

ALM 状态灯含义见表 14-68。

表 14-68 ALM 状态灯含义

ALM 状态	含义	优先级	处理建议
常灭	无故障	最低	无
慢闪（0.5Hz）	其他故障（只要有警报就会闪）	低	检查此卡件上报的自诊断信息

续表

ALM 状态	含义	优先级	处理建议
闪烁（2Hz）	卡件类型不一致（类型与地址不一致）	中	检查是否插错卡件或底座地址是否拨正确或上位机卡件配置是否正确
快闪（5Hz）	地址冲突	高	同时上电时卡件无法检测地址冲突，此时需要将通信错的卡件插拔一次来进行判断
常亮	致命故障：包含核心电源电压低，FLASH 读、写错误或读取的参数校验错误；对模拟量卡件还包括 ADC 故障	最高	重新插拔卡件。故障仍然存在说明卡件硬件故障，需更换备件

4. 接线端子定义

GnDIO32 端子底座的接线端子图示如图 14-59 所示。接线端子定义见表 14-69。

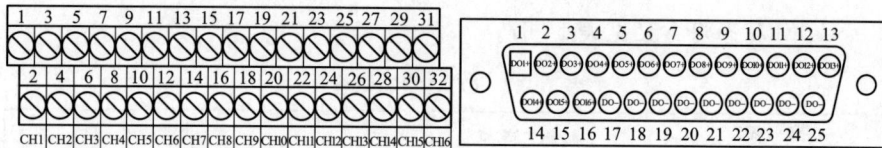

图 14-59　GnDIO32 端子接线图

表 14-69　GnDIO32 接线端子定义

开关量输入通道			
通道编号	端子编号	端子名称	描述
DI1	1	DI1−	通道 1 输入，检测电源负
	2	DI1＋	通道 1 输入，检测电源正
DI2	3	DI2−	通道 2 输入，检测电源负
	4	DI2＋	通道 2 输入，检测电源正
...	...	...	...
DI16	31	DI16−	通道 16 输入，检测电源负
	32	DI16＋	通道 16 输入，检测电源正
开关量输出通道			
DO1	DB25−1	DO1＋	通道 1 输出正端
DO2	DB25−2	DO2＋	通道 2 输出正端
...	...	...	...
DO16	DB25−16	DO16＋	通道 16 输出正端
公共端	17～25	DO−	输出公共端

5. 模块检测电源设置

48V DC 检测电源：JA、JB 的 2、3 脚短路，如图 14-60 所示。

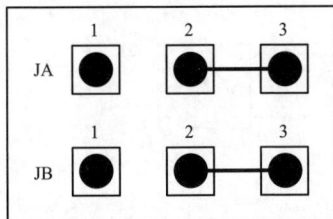

图 14-60　48V DC 检测电源设置

6. 工程应用

模块端子信号的接线，要求每路信号采用两根导线（屏蔽电缆）接到模块底座端子上。开关量输入接线图如图 14-61 所示。

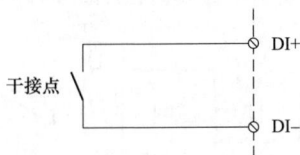

图 14-61　开关量输入接线图

开关量输出使用底座上的 DB25 接预制电缆的方式接到继电器柜的继电器转接模块上，通过继电器转接模块将 16 路 DO 输出接到继电器上。

九、脉冲量测量模块 GnPI8/PI8（4L）

EDPF-GnPI 系列模块是脉冲量测量模块，共 8 通道输入脉冲信号，接口与系统电气隔离，防止各模块接口之间相互干扰；GnPI8 的通道脉冲量输入为干结点输入，检测电压为 48V，PI8（4L）的通道脉冲量输入为 PNP 或 NPN 信号方式输入，检测电压为 24V；两种模块都提供了过电流、过电压保护，反向电压保护，可防止在接入错误信号时，保护模块接口不损坏。

1. 工作原理

GnPI8 工作原理框图如图 14-62 所示。

说明：PI＋、PI－分别表示脉冲量信号输入触点的正、负端。

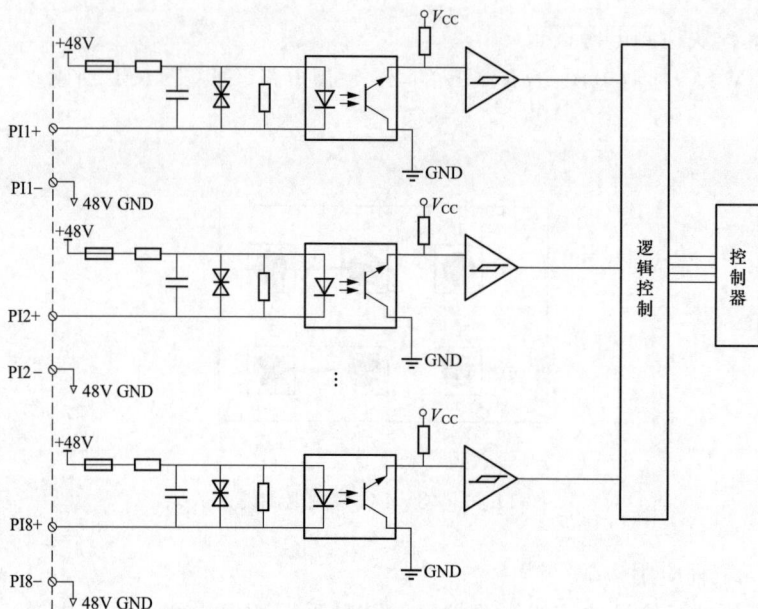

图 14-62　GnP8 工作原理框图

GnPI8（4L）工作原理框图如图 14-63 所示。

说明：DIn＋、DIn－分别表示脉冲量信号输入触点的正、负端。

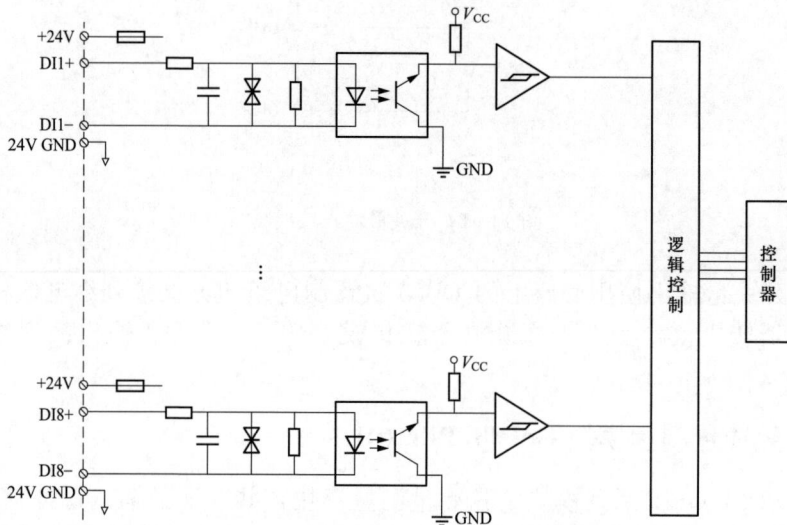

图 14-63　GnPI8(4L) 工作原理框图

2. 技术指标

技术指标见表 14-70。

表 14-70　技术指标

描述	说明
输入特性	
检测通道数目	8 通道

续表

描述	说明
脉冲计数最大值	4×10^9
低通数字滤波器带宽	50Hz
隔离	
接口和系统隔离电压	500V DC
电源	
工作电压	24V DC±5%
功率消耗	0.96W@24V DC 空载
工作环境	
工作温度	−25～+60℃
工作湿度	5%～90%相对湿度，不凝结
存储温度	−40～+85℃
存储湿度	5%～95%相对湿度，不凝结
物理特性	
外形尺寸	80mm（宽）×190mm（高）×170 mm（深）
防护等级	IP50

3. 指示灯说明

模块加电时，其面板上的状态指示灯（PWR、CPU、COM、ALM）显示当前的工作、通信、故障状态。

指示灯状态说明：CPU 灯正常闪烁频率是固定的 2Hz。PWR、ALM 灯的快闪、慢闪以 CPU 灯闪烁速度参考，闪烁速度比 CPU 灯快就是快闪，闪烁速度比 CPU 灯慢就是慢闪。当这两个灯状态为闪烁（2Hz）时，会与 CPU 灯同步亮同步灭。

PWR 状态灯含义见表 14-71。

表 14-71 PWR 状态灯含义

PWR 状态	含义	优先级	处理建议
常亮	系统电源和现场电源无故障	最低	无
闪烁（2Hz）	1 路系统电源故障	低	检查底座两路系统电源供电插头是否松动或无电压，在恢复两路系统电源都有电的情况下，如果 PWR 仍以 2Hz 频率闪烁，则说明卡件硬件故障，需更换备件
快闪（5Hz）	现场电源故障	中	DI、PI、SOE 等有 48V 输入的卡件：检查底座现场电源供电插头是否松动或无电压； 其他卡件：重新插拔卡件。故障仍然存在则更换备件
常灭	核心电源电压低或系统电源未供电	高	检查底座两路系统电源供电插头是否松动或无电压，如有电则说明卡件硬件故障，需更换备件

CPU 状态灯含义见表 14-72。

表 14-72　CPU 状态灯含义

CPU 状态	含义	处理建议
闪烁（2Hz）	无故障	无
常亮	卡件异常，如程序跑飞、死机等	重新插拔卡件
常灭	卡件异常或卡件没烧程序	重新插拔卡件

COM 状态灯含义见表 14-73。

表 14-73　COM 状态灯含义

COM 状态	含义	处理建议
常亮或闪烁	通信正常； 如配置为高速扫描则常亮，配置为普通扫描则闪烁，频率为控制周期，如闪烁速度低于控制周期，则可能是通信不稳定	无
常灭	通信故障或 DPU 未启动或卡件未配置	本卡其他指示灯异常时：按其他指示灯处理建议进行处理； 本卡其他指示灯正常时：重新插拔卡件，故障仍然存在则更换备件； 机柜内不止一块卡件出现此问题时，需要排除通信线、终端匹配、控制器等相关问题

注　卡件只要接收到发给自己的 DPU 报文就会点亮 COM 灯，如果连续 100ms 未收到新报文则熄灭 COM 灯。

ALM 状态灯含义见表 14-74。

表 14-74　ALM 状态灯含义

ALM 状态	含义	优先级	处理建议
常灭	无故障	最低	无
慢闪（0.5Hz）	其他故障（只要有警报就会闪）	低	检查此卡件上报的自诊断信息
闪烁（2Hz）	卡件类型不一致（类型与地址不一致）	中	检查是否插错卡件或底座地址是否拨正确或上位机卡件配置是否正确
快闪（5Hz）	地址冲突	高	同时上电时卡件无法检测地址冲突，此时需要将通信错的卡件插拔一次来进行判断
常亮	致命故障：包含核心电源电压低，FLASH 读、写错误或读取的参数校验错误；对模拟量卡件还包括 ADC 故障	最高	重新插拔卡件。故障仍然存在说明卡件硬件故障，需更换备件

4. 接线端子定义

GnPI8 模块端子底座的接线端子图示如图 14-64 所示。接线端子定义见表 14-75。

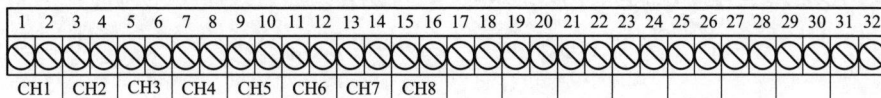

图 14-64 GnPI8 接线端子图

表 14-75 GnPI8 接线端子定义

通道编号	端子编号	端子名称	描述
1	1	PI1−	通道1输入，检测电源负
	2	PI1+	通道1输入，检测电源正
2	3	PI2−	通道2输入，检测电源负
	4	PI2+	通道2输入，检测电源正
…	…	…	…
8	15	PI8−	通道8输入，检测电源负
	16	PI8+	通道8输入，检测电源正

GnPI8(4L) 模块端子底座的接线端子图示如图 14-65 所示。接线端子定义见表 14-76。

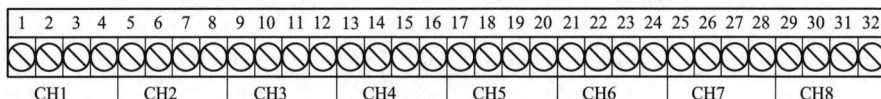

图 14-65 GnPI8(4L) 接线端子图

表 14-76 GnPI8(4L) 接线端子定义

通道编号	端子编号	端子名称	描述
1	1	POW1+	通道1供电电压输出24V正端
	2	PI1+	通道1输入正端
	3	POW1−	通道1供电电压输出24V负端
	4	PI1−	通道1输入负端
2	5	POW2+	通道2供电电压输出24V正端
	6	PI2+	通道2输入正端
	7	POW2−	通道2供电电压输出24V负端
	8	PI2−	通道2输入负端
…	…	…	…
8	29	POW8+	通道8供电电压输出24V正端
	30	PI 8+	通道8输入正端
	31	POW8−	通道8供电电压输出24V负端
	32	PI8−	通道8输入负端

5. 工程应用

GnPI8 模块端子信号的接线，要求每路信号采用两根导线（屏蔽电缆）接到模块底座端子上。具体接线如图 14-66 所示。

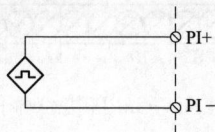

图 14-66　GnPI8 模块端子信号的接线

GnPI8（4L）模块端子信号的接线方式分为两种。

（1）外接 PNP 接近开关接线方式，如图 14-67 所示。

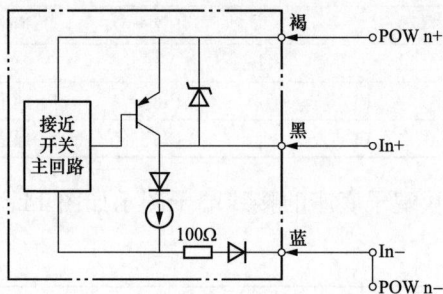

图 14-67　PNP 接近开关接线方式

（2）外接 NPN 接近开关接线方式，如图 14-68 所示。

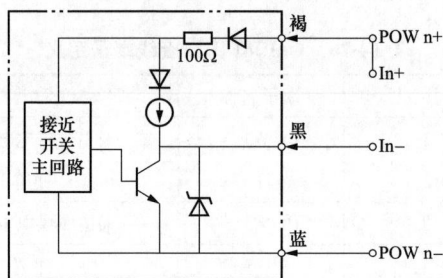

图 14-68　NPN 接近开关接线方式

十、快速模拟量输入模块 GnAI8S(mA)

EDPF-GnAI8S(mA) 模拟量测量模块主要用于 4～20mA 电流测量，支持内供电模式和外供电模式，电流信号通过 100Ω 精密采样电阻，经 A/D 转换器和模数转换后供系统使用。

1. 工作原理

GnAI8S(mA) 工作原理框图如图 14-69 所示。

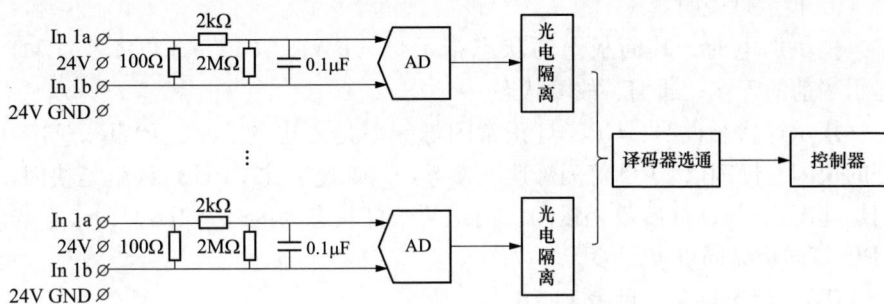

图 14-69　GnAI8S(mA) 工作原理框图

2. 技术指标

技术指标见表 14-77。

表 14-77　技术指标

描述	说明
输入特性	
检测通道数目	8 通道模拟量电流输入
量程范围	4~20mA
测量精度	0.1%@25℃，F.S
温漂	$\pm25\times10^{-6}$/℃
模数转换分辨率	24 位
共模抑制	优于 120dB
差模抑制	优于 50dB
电流采样电阻	100Ω
采样速度	160 次/s 全通道
隔离	
通信隔离电压	500V DC
通道隔离	8 通道间完全隔离
电源	
工作电压	24V DC±5%
功率消耗	4W@24V DC（8 通道同时内供电 20mA 条件下）
工作环境	
工作温度	−25~+60℃
工作湿度	5%~90%相对湿度，不凝结
存储温度	−40~+85℃
存储湿度	5%~95%相对湿度，不凝结
物理特性	
外形尺寸	80mm（宽）×190mm（高）×170 mm（深）
防护等级	IP50

3. 指示灯说明

模块加电时，其面板上的状态指示灯（PWR、CPU、COM、ALM）显示当前的工作、通信、故障状态。

指示灯状态说明：CPU 灯正常闪烁频率是固定的 2Hz。PWR、ALM 灯的快闪、慢闪以 CPU 灯闪烁速度参考，闪烁速度比 CPU 灯快就是快闪，闪烁速度比 CPU 灯慢就是慢闪。当这两个灯状态为闪烁（2Hz）时，会与 CPU 灯同步亮同步灭。

PWR 状态灯含义见表 14-78。

表 14-78　PWR 状态灯含义

PWR 状态	含义	优先级	处理建议
常亮	系统电源和现场电源无故障	最低	无
闪烁（2Hz）	1 路系统电源故障	低	检查底座两路系统电源供电插头是否松动或无电压，在恢复两路系统电源都有电的情况下，如果 PWR 仍以 2Hz 频率闪烁，则说明卡件硬件故障，需更换备件
快闪（5Hz）	现场电源故障	中	DI、PI、SOE 等有 48V 输入的卡件：检查底座现场电源供电插头是否松动或无电压； 其他卡件：重新插拔卡件。故障仍然存在则更换备件
常灭	核心电源电压低或系统电源未供电	高	检查底座两路系统电源供电插头是否松动或无电压，如有电则说明卡件硬件故障，需更换备件

CPU 状态灯含义见表 14-79。

表 14-79　CPU 状态灯含义

CPU 状态	含义	处理建议
闪烁（2Hz）	无故障	无
常亮	卡件异常，如程序跑飞、死机等	重新插拔卡件
常灭	卡件异常或卡件没烧程序	重新插拔卡件

COM 状态灯含义见表 14-80。

表 14-80　COM 状态灯含义

COM 状态	含义	处理建议
常亮或闪烁	通信正常； 如配置为高速扫描则常亮，配置为普通扫描则闪烁，频率为控制周期，如闪烁速度低于控制周期，则可能是通信不稳定	无

COM 状态	含义	处理建议
常灭	通信故障或 DPU 未启动或卡件未配置	本卡其他指示灯异常时：按其他指示灯处理建议进行处理； 本卡其他指示灯正常时：重新插拔卡件，故障仍然存在则更换备件； 机柜内不止一块卡件出现此问题时，需要排除通信线、终端匹配、控制器等相关问题

注 卡件只要接收到发给自己的 DPU 报文就会点亮 COM 灯，如果连续 100ms 未收到新报文则熄灭 COM 灯。

ALM 状态灯含义见表 14-81。

表 14-81 ALM 状态灯含义

ALM 状态	含义	优先级	处理建议
常灭	无故障	最低	无
慢闪（0.5Hz）	其他故障（只要有警报就会闪）	低	检查此卡件上报的自诊断信息
闪烁（2Hz）	卡件类型不一致（类型与地址不一致）	中	检查是否插错卡件或底座地址是否拨正确或上位机卡件配置是否正确
快闪（5Hz）	地址冲突	高	同时上电时卡件无法检测地址冲突，此时需要将通信错的卡件插拔一次来进行判断
常亮	致命故障：包含核心电源电压低，FLASH 读、写错误或读取的参数校验错误；对模拟量卡件还包括 ADC 故障	最高	重新插拔卡件。故障仍然存在说明卡件硬件故障，需更换备件

4. 自诊断功能说明

自诊断功能说明见表 14-82。

表 14-82 自诊断功能说明

模块类型	诊断信息	描述
电流输入模块	通道故障	A/D 故障，上位机显示点品质 bad
	重新启动	程序重新运行
	失去一路系统电源	一路系统电源掉电，但能正常工作
	超电量程上限	输入电流超过量程上限，即 24mA，上位机点品质 bad，显示超限前的有效值

5. 接线端子定义

GnAI8S(mA) 使用 DZ32 底座，底座的接线端子如图 14-70 所示。接线端子定义见表 14-83。

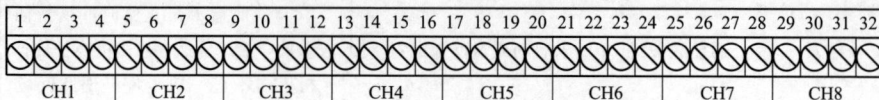

图 14-70　GnAI8S(mA) 接线端子图

表 14-83　GnAI8S（mA）接线端子定义

通道编号	端子编号	端子名称	描述
CH1	1	IN 1A	通道 1 测量正
	2	24V1	通道 1 电源正
	3	IN 1B	通道 1 测量负
	4	24V GND1	通道 1 电源负
CH2	5	IN 2A	通道 2 测量正
	6	24V1	通道 2 电源正
	7	IN 2B	通道 2 测量负
	8	24V GND1	通道 2 电源负
...	...	...	...
CH8	29	IN 8A	通道 8 测量正
	30	24V1	通道 8 电源正
	31	IN 8B	通道 8 测量负
	32	24V GND1	通道 8 电源负

6. 模块设置说明

(1) 电流变送器由模块外部提供电源时（外供电），电流源正端接信号测量正端子，负端接信号测量负端子，如图 14-71 所示。

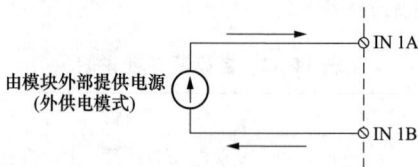

图 14-71　外供电模式接线示意图

(2) 电流变送器由模块内部提供电源时（内供电），变送器正端接信号测量负，变送器负端接 24V 电源地，如图 14-72 所示。

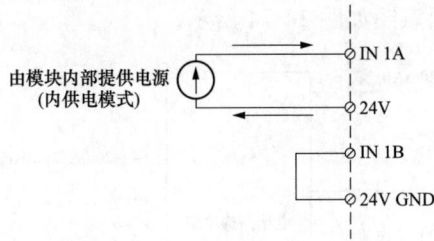

图 14-72 内供电模式接线示意图

⚠️ 警告：模块接口虽然都具有电气保护电路，但错误的接线方式可能导致模块接口或现场设备的损坏。

十一、模拟量冗余输出模块 GnAO8D

EDPF-GnAO8D 为 8 通道的 4~20mA 电流信号输出模块，用于控制模拟量调节装置。8 通道 AO 具有独立电源，路间隔离。和 EDPF-GnRDZAO 底座配套使用，构成冗余 AO 输出模式。

1. 工作原理

GnAO8D 工作原理框图如图 14-73 所示。

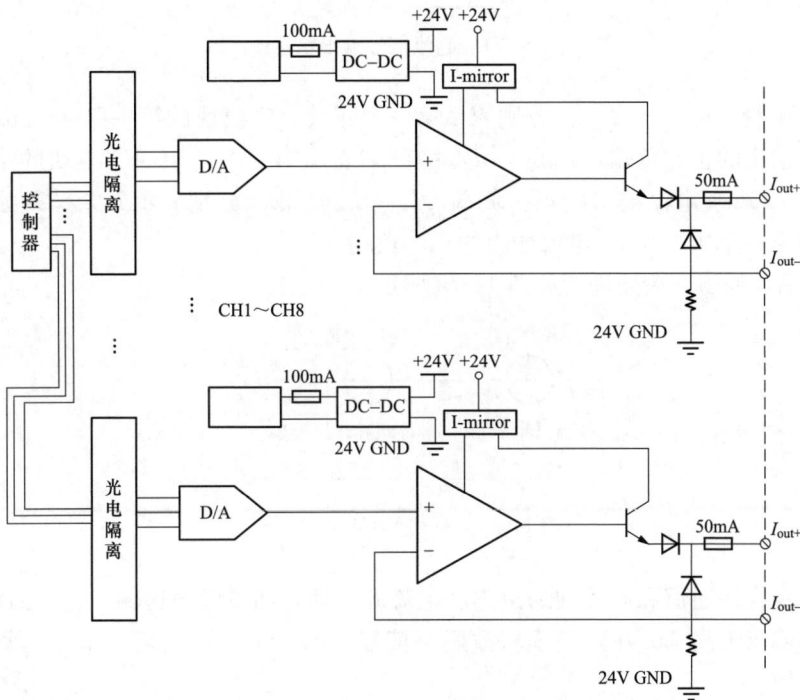

图 14-73 GnAO8D 工作原理框图

说明：I_{out+}、I_{out-} 分别表示电流信号输出的正、负端。

电流信号输出示意图如图 14-74 所示。

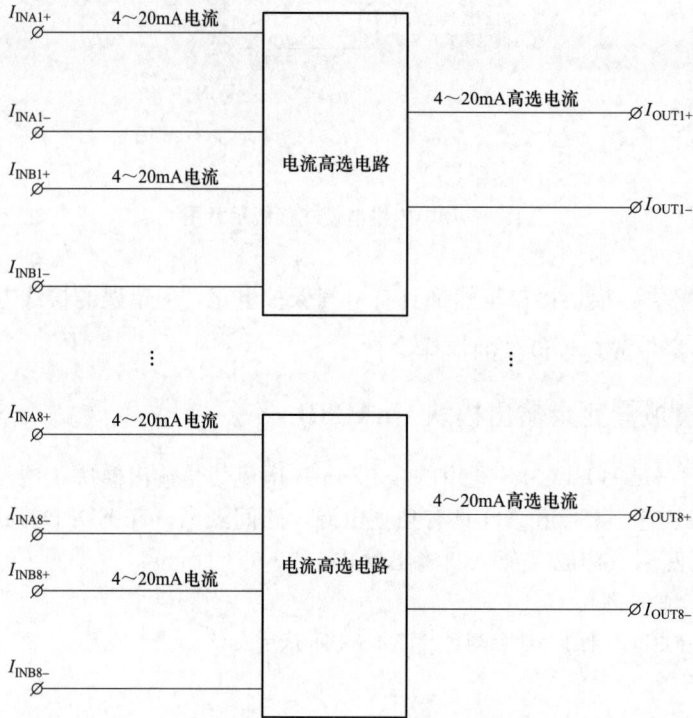

图 14-74　电流信号输出示意图

说明：I_{INA1+}、I_{INA1-} 分别表示第一个冗余 AO 模块的第一路 4～20mA 电流输出的正、负端，I_{INB1+}、I_{INB1-} 分别表示第二个冗余 AO 模块的第一路 4～20mA 电流输出的正、负端，I_{OUT1+}、I_{OUT1-} 分别表示冗余调理后高选的第一路 4～20mA 电流输出的正、负端。

AO 通道冗余原理图如图 14-75 所示。

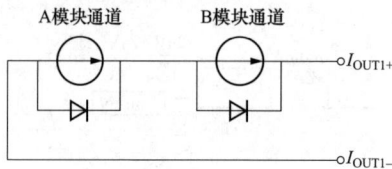

图 14-75　AO 通道冗余原理图

A 模块通道和 B 模块通道串联电流源原理，如果两通道输出不一致时，终端输出为高选。在任一模块故障不能输出时，可保证输出与工作正常模块一致。

2. 技术指标

技术指标见表 14-84。

表 14-84 技术指标

描述	说明
输出特性	
通道数目	8
信号范围	4～20mA
输出精度	0.1％@25℃，F.S
数模转换分辨率	16 位
温漂	$\pm 50 \times 10^{-6}$/℃
负载能力	750Ω@24V DC
隔离	
通道隔离电压	500V DC
通信隔离电压	500V DC
电源	
工作电压	24V DC±5％
功率消耗	11.04W@24V DC（全路输出 20mA）
工作环境	
工作温度	−25～+60℃
工作湿度	5％～90％相对湿度，不凝结
存储温度	−40～+85℃
存储湿度	5％～95％相对湿度，不凝结
物理特性	
外形尺寸	80mm（宽）×190（高）×170 mm（深）
防护等级	IP50

3. 指示灯说明

模块加电时，其面板上的状态指示灯（PWR、CPU、COM、ALM）显示当前的工作、通信、故障状态。

指示灯状态说明：CPU 灯正常闪烁频率是固定的 2Hz。PWR、ALM 灯的快闪、慢闪以 CPU 灯闪烁速度参考，闪烁速度比 CPU 灯快就是快闪，闪烁速度比 CPU 灯慢就是慢闪。当这两个灯状态为闪烁（2Hz）时，会与 CPU 灯同步亮同步灭。

PWR 状态灯含义见表 14-85。

表 14-85 PWR 状态灯含义

PWR 状态	含义	优先级	处理建议
常亮	系统电源和现场电源无故障	最低	无
闪烁（2Hz）	1 路系统电源故障	低	检查底座两路系统电源供电插头是否松动或无电压，在恢复两路系统电源都有电的情况下，如果 PWR 仍以 2Hz 频率闪烁，则说明卡件硬件故障，需更换备件

续表

PWR 状态	含义	优先级	处理建议
快闪（5Hz）	现场电源故障	中	DI、PI、SOE 等有 48V 输入的卡件：检查底座现场电源供电插头是否松动或无电压； 其他卡件：重新插拔卡件。故障仍然存在则更换备件
常灭	核心电源电压低或系统电源未供电	高	检查底座两路系统电源供电插头是否松动或无电压，如有电则说明卡件硬件故障，需更换备件

CPU 状态灯含义见表 14-86。

表 14-86　CPU 状态灯含义

CPU 状态	含义	处理建议
闪烁（2Hz）	无故障	无
常亮	卡件异常，如程序跑飞、死机等	重新插拔卡件
常灭	卡件异常或卡件没烧程序	重新插拔卡件

COM 状态灯含义见表 14-87。

表 14-87　COM 状态灯含义

COM 状态	含义	处理建议
常亮或闪烁	通信正常 如配置为高速扫描则常亮，配置为普通扫描则闪烁，频率为控制周期，如闪烁速度低于控制周期，则可能是通信不稳定	无
常灭	通信故障或 DPU 未启动或卡件未配置	本卡其他指示灯异常时：按其他指示灯处理建议进行处理； 本卡其他指示灯正常时：重新插拔卡件，故障仍然存在则更换备件； 机柜内不止一块卡件出现此问题时，需要排除通信线、终端匹配、控制器等相关问题

注　卡件只要接收到发给自己的 DPU 报文就会点亮 COM 灯，如果连续 100ms 未收到新报文则熄灭 COM 灯。

ALM 状态灯含义见表 14-88。

表 14-88 ALM 状态灯含义

ALM 状态	含义	优先级	处理建议
常灭	无故障	最低	无
慢闪（0.5Hz）	其他故障（只要有警报就会闪）	低	检查此卡件上报的自诊断信息
闪烁（2Hz）	卡件类型不一致（类型与地址不一致）	中	检查是否插错卡件或底座地址是否拨正确或上位机卡件配置是否正确
快闪（5Hz）	地址冲突	高	同时上电时卡件无法检测地址冲突，此时需要将通信错的卡件插拔一次来进行判断
常亮	致命故障：包含核心电源电压低，FLASH 读、写错误或读取的参数校验错误；对模拟量卡件还包括 ADC 故障	最高	重新插拔卡件。故障仍然存在说明卡件硬件故障，需更换备件

4. 接线端子定义

GnA08D 使用 GnRDZAO 的接线端子图示如图 14-76 所示，输出接线端子定义见表 14-89 所列。

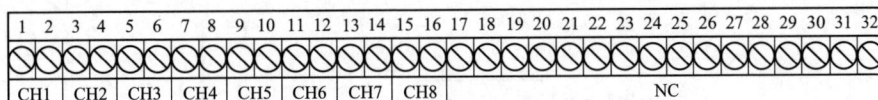

图 14-76 GnAO8D 的接线端子图示

表 14-89 GnA08D 接线端子定义

通道编号	端子编号	端子名称	描述
CH1	1	$I_{out1}+$	通道 1 输出正端
	2	$I_{out1}-$	通道 1 输出负端
CH2	3	$I_{out2}+$	通道 2 输出正端
	4	$I_{out2}-$	通道 2 输出负端
...	...	...	...
CH8	15	$I_{out8}+$	通道 8 输出正端
	16	$I_{out8}-$	通道 8 输出负端
NC	17-32	NC	未用端子

5. 工程应用

AO 冗余调理板端子信号的接线，具体接线如图 14-77 所示。

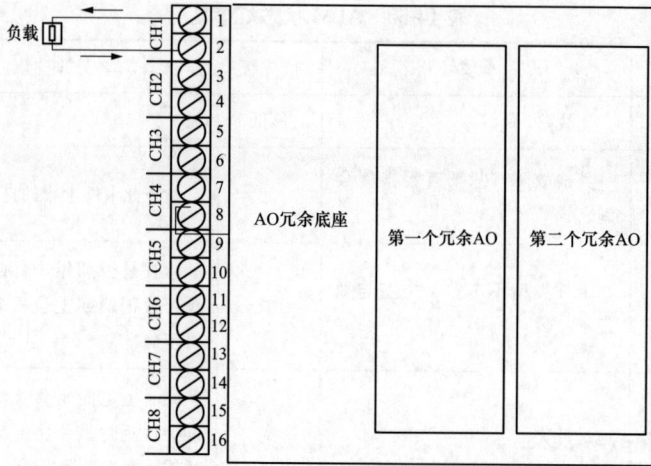

图 14-77　GnA08D 冗余调理板接线端子

十二、通信模块 GnCOM3

GnCOM3 模块是 EDPF 分布式高速智能测量测控网络中的智能通信单元，具有 3 路通信通道，主要用于现场总线 RS485 通信。通信原理：现场设备的总线信号经隔离 RS485 进入模块，供后续系统使用。

（一）工作原理

GnCOM3 工作原理框图如图 14-78 所示。

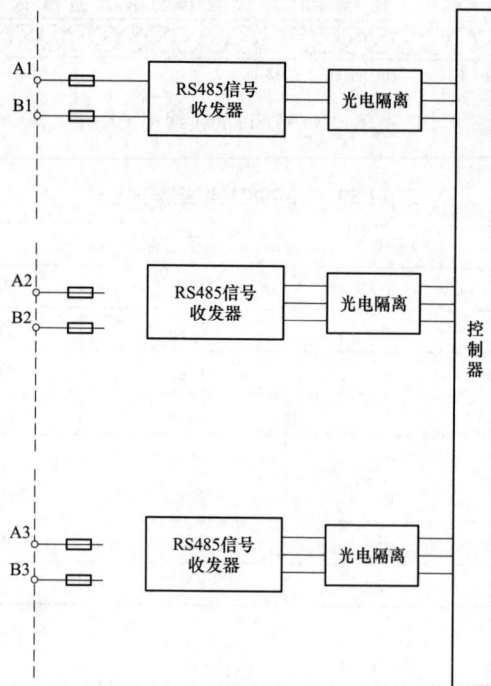

图 14-78　GnCOM3 工作原理框图

（二）技术指标

技术指标见表 14-90。

表 14-90　技术指标

描述	说明
输入/输出特性	
通道数目	3
通道速率	4800bit/s/9600bit/s/19 200bit/s/38 400bit/s/57 600bit/s/115 200bit/s 默认值：9600bit/s
隔离	
通道间隔离	是
通道隔离电压	500V DC
通信隔离电压	500V DC
电源	
工作电压	24V DC±5％
功率消耗	0.96W@24V DC
工作环境	
工作温度	−25～+60℃
工作湿度	5％～90％相对湿度，不凝结
存储温度	−40～+85℃
存储湿度	5％～95％相对湿度，不凝结
物理特性	
外形尺寸	80mm（宽）×190（高）×170 mm（深）
防护等级	IP50

（三）指示灯说明

模块加电时，其面板上的状态指示灯（PWR、CPU、COM、ALM）显示当前的工作、通信、故障状态。

指示灯状态说明：CPU 灯正常闪烁频率是固定的 2Hz。PWR、ALM 灯的快闪、慢闪以 CPU 灯闪烁速度参考，闪烁速度比 CPU 灯快就是快闪，闪烁速度比 CPU 灯慢就是慢闪。当这两个灯状态为闪烁（2Hz）时，会与 CPU 灯同步亮同步灭。

PWR 状态灯含义见表 14-91。

表 14-91　PWR 状态灯含义

PWR 状态	含义	优先级	处理建议
常亮	系统电源和现场电源无故障	最低	无
闪烁（2Hz）	1 路系统电源故障	低	检查底座两路系统电源供电插头是否松动或无电压，在恢复两路系统电源都有电的情况下，如果 PWR 仍以 2Hz 频率闪烁，则说明卡件硬件故障，需更换备件
快闪（5Hz）	现场电源故障	中	DI、PI、SOE 等有 48V 输入的卡件∶检查底座现场电源供电插头是否松动或无电压； 其他卡件∶重新插拔卡件。故障仍然存在则更换备件
常灭	核心电源电压低或系统电源未供电	高	检查底座两路系统电源供电插头是否松动或无电压，如有电则说明卡件硬件故障，需更换备件

CPU 状态灯含义见表 14-92。

表 14-92　CPU 状态灯含义

CPU 状态	含义	处理建议
闪烁（2Hz）	无故障	无
常亮	卡件异常，如程序跑飞、死机等	重新插拔卡件
常灭	卡件异常或卡件没烧程序	重新插拔卡件

COM 状态灯含义见表 14-93。

表 14-93　COM 状态灯含义

COM 状态	含义	处理建议
常亮或闪烁	通信正常 如配置为高速扫描则常亮，配置为普通扫描则闪烁，频率为控制周期，如闪烁速度低于控制周期，则可能是通信不稳定	无

续表

COM 状态	含义	处理建议
常灭	通讯故障或 DPU 未启动或卡件未配置	本卡其他指示灯异常时：按其他指示灯处理建议进行处理； 本卡其他指示灯正常时：重新插拔卡件，故障仍然存在则更换备件； 机柜内不止一块卡件出现此问题时，需要排除通信线、终端匹配、控制器等相关问题

注 卡件只要接收到发给自己的 DPU 报文就会点亮 COM 灯，如果连续 100ms 未收到新报文则熄灭 COM 灯。

ALM 状态灯含义见表 14-94。

表 14-94　ALM 状态灯含义

ALM 状态	含义	优先级	处理建议
常灭	无故障	最低	无
慢闪（0.5Hz）	其他故障（只要有警报就会闪）	低	检查此卡件上报的自诊断信息
闪烁（2Hz）	卡件类型不一致（类型与地址不一致）	中	检查是否插错卡件或底座地址是否拨正确或上位机卡件配置是否正确
快闪（5Hz）	地址冲突	高	同时上电时卡件无法检测地址冲突，此时需要将通信错的卡件插拔一次来进行判断
常亮	致命故障：包含核心电源电压低，FLASH 读、写错误或读取的参数校验错误；对模拟量卡件还包括 ADC 故障	最高	重新插拔卡件。故障仍然存在说明卡件硬件故障，需更换备件

（四）接线端子定义

GnCOM3 模块配套使用的底座型号为 EDPF-GnDZ32，底座接线端子接线说明如图 14-79 所示，接线端子定义见表 14-95。

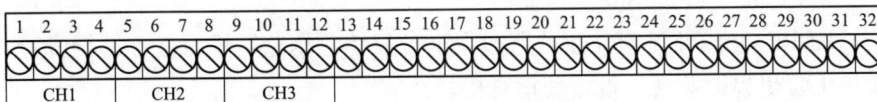

图 14-79　GnCOM3 端子接线图

表 14-95　GnCOM3 接线端子定义

通道编号	端子编号	端子名称	描述
1	1	A1	1 通道 RS485 信号正
	2	B1	1 通道 RS485 信号负
	3	A1	1 通道 RS485 信号正
	4	B1	1 通道 RS485 信号负
2	5	A2	2 通道 RS485 信号正
	6	B2	2 通道 RS485 信号负
	7	A2	2 通道 RS485 信号正
	8	B2	2 通道 RS485 信号负
3	9	A3	3 通道 RS485 信号正
	10	B3	3 通道 RS485 信号负
	11	A3	3 通道 RS485 信号正
	12	B3	3 通道 RS485 信号负
无	13～32	未使用	未使用

说明：

通道 1 同时只能引入 1 对 485 差分信号：接 1、2 端子或 3、4 端子；

通道 2 同时只能引入 1 对 485 差分信号：接 5、6 端子或 7、8 端子；

通道 3 同时只能引入 1 对 485 差分信号：接 9、10 端子或 11、12 端子。

（五）自诊断信息说明

自诊断信息说明见表 14-96。

表 14-96　自诊断信息说明

诊断信息	描述
重新启动	程序重新运行
失去一路系统电源	一路系统电源掉电，但能正常工作
寄存器正常	主站任务使用寄存器更新未超时，与从站通信正常时 从站与主站通信时标记寄存器，寄存器更新未超时
底层通信错	主站任务使用寄存器与从站通信时出现通信问题时报错
寄存器配置但未更新	主站任务使用寄存器与从站通信超时 从站与主站通信时标记寄存器，寄存器更新超时
寄存器异常	主站任务使用寄存器与从站通信时出现异常，具体见通信协议
寄存器未配置	上位机读取的寄存器当卡件作为主站时该寄存器未被任务使用，做从站时该寄存器未被主站任务读取，未标记

（六）配置通信端口和通信任务

EDPF-GnCOM3 模块用户通过在上位机算法浏览器里对任务进行设置，通过上位机界面监视、设定和检查模块。

EDPF-GnCOM3 模块对外的通信端口有 3 个（COM1、COM2、COM3），每个通信端口独立支持 MODBUS 协议（主站、从站方式）。

1．COM 模块的内存寄存器分配情况

（1）前面 128 个寄存器可以当作模拟和数字量的寄存器，即是混用寄存器。该 128 个寄存器可以当作数字功能码使用，共 2048 个数字点；也可以直接当作模拟量功能码使用。

（2）后面 128～2047 个寄存器仅用于模拟量的储存的寄存器。

（3）1、2、5、15 号功能码操作仅仅是对 0～127。

2．配置任务工作流程

参数含义如下：COM1，TaskID（0～255），SLAVEADDR（1～128），FUNC，SAddr，NRegs，MemSAddr，TOve

（1）TASKID：从 0 开始的连续任务列表。

（2）SLAVEADDR：COM 模块要访问的从站设备地址，由上位机设置。

（3）FUNC：MODBUS 命令功能码。

功能码 1：读取从站的只读线圈状态写至内存中。

功能码 2：读取从站的只读输入开关量状态写至内存中。

功能码 3：读取从站的保持寄存器数据写至内存中。

功能码 4：读取从站的模拟量输入寄存器数据写至内存中。

功能码 5：读取 COM 模块中内存中的数据，仅能从 0～127 个寄存器中的某一位中读取，写至从站的线圈某一个位中。

功能码 6：读取 COM 模块中内存中的数据，仅能从 0～2047 中某一个寄存器中读取，写至从站的保持寄存器的某一个寄存器中。

功能码 15：读取 COM 模块中内存的数据，仅能从 0～127 个寄存器开始读取写至从站的线圈。

功能码 16：读取 COM 模块中内存的数据，写至从站的保持寄存器

注意：为主站时，从站设备为非 COM 卡件，从站寄存器地址为 0 至（0XFFFF－1）。

（4）SAddr：MODBUS 命令中要访问的外设的寄存器或线圈的起始地址。

对功能码 3、4、16：读、写从站的起始寄存器地址。

对功能码 1、2：读从站的起始线圈的位地址。

对功能码 15：写从站的起始线圈地址。

对功能码 5：写从站的单个线圈地址。

对功能码 6：写从站的单个寄存器地址。

注意：编号地址对应关系，MODBUS 各区地址都从 1 开始，而此处为从 0 开始，注意不要错位。

（5）NRegs：MODBUS 命令读写寄存器或者线圈的中数量（个数）。

对功能码 1、2：线圈的个数，注意是位数。

对功能码 3、4、16：寄存器数量（1～120）。

对功能码 5：线圈的个数，位数。

对功能码 6：寄存器的个数

对功能码 15：线圈的数量（1～2000）。

对功能码 16：寄存器的数量。

注意：5 号功能码的意义是强置单个线圈，NRegs 这个线圈个数 N 的

含义是对SAddr开始线圈（含开始线圈）之后的 N 个线圈中依次检测，如有跳变，则对第一个跳变的线圈发送5号命令。

（6）MemSAddr：MODBUS命令的输入/输出数据对应的内存区起始地址。

对功能码1、2：内存寄存器地址（0～127），读入的数据放在从此处开始的连续区域。

对功能码3、4：内存寄存器地址（0～2047），读入的数据放在从此处开始的连续区域。

对功能码5、15：内存寄存器地址（0～127），写出的数据来自从此处开始的连续内存区域。

对功能码6、16：内存寄存器起始地址（0～2047），写出的数据来自从此处开始的连续内存区域。

注意：内存寄存器地址（0～127）对应MODBUS开关量的地址（1～2048）；内存寄存器地址（0～2047）对应MODBUS模拟量的地址（1～2048）。

（七）工程应用

总线信号输入：总线信号输入时RS485＋接到A1端，RS485－接到B1端。接线示意如图14-80所示。

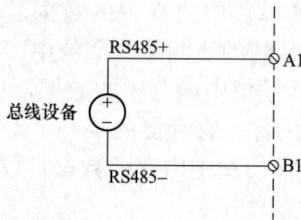

图14-80 接线示意

十三、通信总线光电转换模块 GnBFC

EDPF-GnBFC模块通过光纤完成机柜扩展。该模块主要硬件接口包括两路光纤扩展口，将底座上的2路RS485数据信号与2路光纤信号1对1透明传输。

1. 工作原理

GnBFC模块工作原理如图14-81所示。

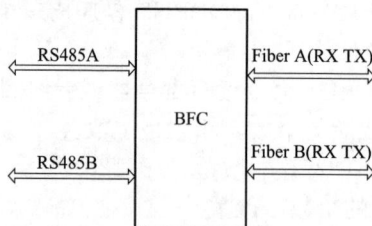

图14-81 GnBFC模块工作原理图

其中：RS485A、RS485B通过背板总线与控制器，通过光纤与I/O卡件相连，如图14-81所示。

2. 技术指标

技术指标见表 14-97。

表 14-97　技术指标

描述	说明
光纤通信接口	
通道数目	2
通信介质	单模光纤 1310nm、10km
光纤接口	SC
电源	
工作电压	24V DC±5％
功率消耗	2W@24V
工作环境	
工作温度	−25～＋60℃
工作湿度	5％～90％相对湿度，不凝结
存储温度	−40～＋85℃
存储湿度	5％～95％相对湿度，不凝结
物理特性	
外形尺寸	80mm（宽）×190（高）×170mm（深）
防护等级	IP50

3. 接线端子

GnBFC 模块前面板定义如图 14-82 所示。

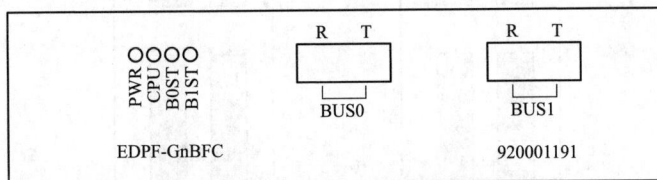

图 14-82　GnBFC 模块前面板定义图

GnBFC 模块光纤接口定义如表 14-98 所示。

表 14-98　GnBFC 模块光纤接口定义

编号	端子编号	端子名称	描述
BUS0	1	TX1	通道 1 发送
	2	RX1	通道 1 接收
BUS1	3	TX2	通道 2 发送
	4	RX2	通道 2 接收

4. 指示灯说明

指示灯说明见表 14-99。

表 14-99　指示灯说明

名称	说明	含义
PWR	电源指示灯	常亮：工作正常；闪烁或常灭：故障
CPU	CPU 运行指示灯	2.5Hz 频率闪烁：工作正常；其他状态：故障
B0ST	光纤通道 1 通信指示灯	闪烁说明此路光纤接收到总线数据
B1ST	光纤通道 2 通信指示灯	闪烁说明此路光纤接收到总线数据

5. 工程应用

EDPF-GnBFC 模块需要占用 1 个底座位置，可安装在 EDPF-GnDZ32、EDPF-GnDZ64、EDPF-GnDZDB 底座上，无需单独配电，无需设置卡件地址，无需上位机组态。

EDPF-GnBFC 有两种应用方法，其一为 1 对模块方法，即电子间机柜内只安装一块 BFC 模块，通过两根光纤与远程柜内的一块 BFC 模块相连，如图 14-83 所示。其二为 2 对模块方法，即电子间机柜内安装 2 块 BFC 模块，各通过 1 根光纤与远程柜内的 2 块 BFC 模块相连，如图 14-84 所示。

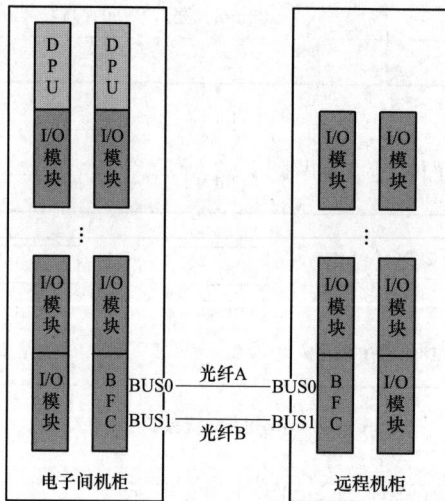

图 14-83　一对 BFC 接口安装示意图

（1）在工程应用接线时，应保证卡 A 的光纤 TX 接入卡 B 的光纤 RX，卡 A 的 RX 接入卡 B 的光纤 TX，同一个 BFC 卡件的 TX 和 RX 端口应在同一个 BUS（例：A 卡使用的 TX 和 RX 应该同在 BUS0 或者 BUS1）。

（2）BFC 对于安装位置没有特别要求，但在采用两对 BFC 连接时，同柜的两块 BFC 应尽量上下相邻布置。

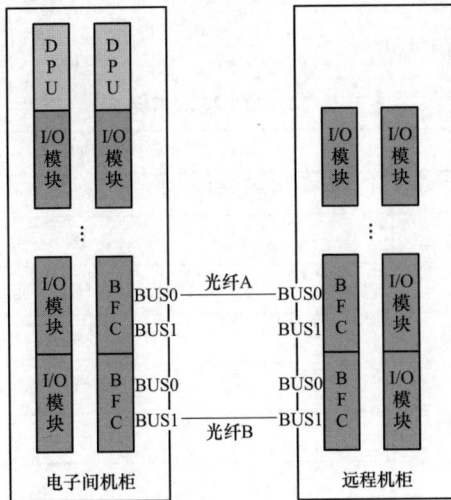

图 14-84　两对 BFC 接口安装示意图

十四、模拟量输入模块 GnAI8H/AI16H（支持 Hart）

GnAI8H/GnAI16H（支持 Hart 协议）8/16 通道模拟量输入模块主要用于对支持 HART 协议的 4～20mA 电流信号的测量。电流信号通过 100Ω 精密采样电阻，经 A/D 转换器模数转换后供系统使用，4～20mA 电流信号叠加 HART 信号完成 HART 协议通信。

（一）工作原理

GnA 模块工作原理框图如图 14-85 所示。

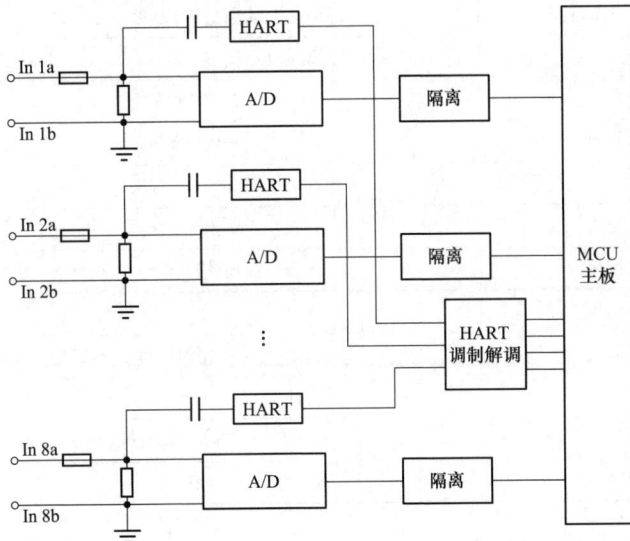

图 14-85　GnA 模块工作原理框图

（二）技术指标

技术指标见表14-100。

表 14-100 技术指标

描述	说明
输入特性	
通道数目	8/16
标准信号范围	4～20mA＋HART 信号
满置信号范围	2～22 mA
测量精度	0.1％@25℃，F.S
数模转换分辨率	16 位
信号放大倍数	1 倍
电流采样电阻	100Ω
采样速度	5 次/s
温漂	$\pm75\times10^{-6}/℃$
隔离	
通道隔离电压	500V DC
通信隔离电压	500V DC
HART 通信	
支持 HART 协议	HART 请求/响应 HART 变量报告 现场设备状态报告
HART 扫描时间	每个使能的通道 600～800 ms（标准）
电源	
工作电压	24V DC±5％
功率消耗	10W@24V DC
工作环境	
工作温度	−25～＋60℃
工作湿度	5％～90％相对湿度，不凝结
存储温度	−40～＋85℃
存储湿度	5％～95％相对湿度，不凝结
物理特性	
外形尺寸	80mm（宽）×190（高）×170 mm（深）
防护等级	IP50

（三）指示灯说明

模块加电时，其面板上的状态指示灯（PWR/CPU/COM）显示当前的工作和通信状态，具体组合状态及含义如表 14-101～表 14-103 所示。

表 14-101　PWR 状态灯含义

PWR 状态	含义	优先级	处理建议
常亮	系统电源和现场电源无故障	最低	无
闪烁（2Hz）	1 路系统电源故障	低	检查底座两路系统电源供电插头是否松动或无电压，在恢复两路系统电源都有电的情况下，如果 PWR 仍以 2Hz 频率闪烁，则说明卡件硬件故障，需更换备件
快闪（5Hz）	现场电源故障	中	DI、PI、SOE 等有 48V 输入的卡件：检查底座现场电源供电插头是否松动或无电压；其他卡件：重新插拔卡件。故障仍然存在则更换备件
常灭	核心电源电压低或系统电源未供电	高	检查底座两路系统电源供电插头是否松动或无电压，如有电则说明卡件硬件故障，需更换备件

表 14-102　CPU 状态灯含义

CPU 状态	含义	处理建议
闪烁（2Hz）	无故障	无
常亮	卡件异常，如程序跑飞、死机等	重新插拔卡件
常灭	卡件异常或卡件没烧程序	重新插拔卡件

表 14-103　COM 状态灯含义

COM 状态	含义	处理建议
常亮或闪烁	通信正常　如配置为高速扫描则常亮，配置为普通扫描则闪烁，频率为控制周期，如闪烁速度低于控制周期，则可能是通信不稳定	无
常灭	通信故障或 DPU 未启动或卡件未配置	本卡其他指示灯异常时：按其他指示灯处理建议进行处理；本卡其他指示灯正常时：重新插拔卡件，故障仍然存在则更换备件；机柜内不止一块卡件出现此问题时，需要排除通信线、终端匹配、控制器等相关问题

　　注　卡件只要接收到发给自己的 DPU 报文就会点亮 COM 灯，如果连续 100ms 未收到新报文则熄灭 COM 灯。

ALM 状态灯含义见表 14-104。

表 14-104　ALM 状态灯含义

ALM 状态	含义	优先级	处理建议
常灭	无故障	最低	无
慢闪（0.5Hz）	其他故障（只要有警报就会闪）	低	检查此卡件上报的自诊断信息
闪烁（2Hz）	卡件类型不一致（类型与地址不一致）	中	检查是否插错卡件或底座地址是否拨正确或上位机卡件配置是否正确
快闪（5Hz）	地址冲突	高	同时上电时卡件无法检测地址冲突，此时需要将通信错的卡件插拔一次来进行判断
常亮	致命故障：包含核心电源电压低，FLASH 读、写错误或读取的参数校验错误；对模拟量卡件还包括 ADC 故障	最高	重新插拔卡件。故障仍然存在说明卡件硬件故障，需更换备件

（四）接线端子定义

GnAI16H 使用 DZ64 底座，接收 16 路 4～20mA 电流叠加 HART 信号。输入信号可以是电流输入和变送器输入方式，当外部是变送器输入时由内部提供 24V 电源。底座上输入信号端子的上面一排 32 个奇数端子对应 16 路 4～20mA 输入信号，比如 1、3 为第 1 通道正、负端，5、7 为第 2 通道正、负端，下面一排 32 个偶数端子为内供电电源的正、负端，如图 14-86 所示，接线端子定义见表 14-105。

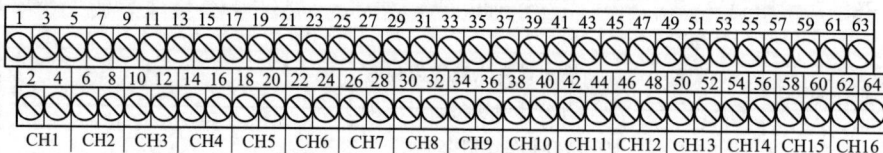

图 14-86　GnAI16H 接线端子图

表 14-105　GnAI16H 接线端子定义

通道编号	端子编号	端子名称	描述
1	1	IN 1A	通道 1 测量正
	2	24V1	通道 1 电源正
	3	IN 1B	通道 1 测量负
	4	24V GND1	通道 1 电源负

续表

通道编号	端子编号	端子名称	描述
2	5	IN 2A	通道 2 测量正
	6	24V1	通道 2 电源正
	7	IN 2B	通道 2 测量负
	8	24V GND1	通道 2 电源负
…	…	…	…
16	61	IN 16A	通道 16 测量正
	62	24V2	通道 16 电源正
	63	IN 16B	通道 16 测量负
	64	24VGND2	通道 16 电源负

　　GnAI8H 使用 DZ32 底座，接收 8 路 4～20mA 电流叠加 HART 信号。输入信号可以是电流输入和变送器输入方式，当外部是变送器输入时由内部提供 24V 电源。DZ32 底座上输入信号端子的奇数端子对应 8 路 4～20mA 输入信号，比如 1、3 为第一通道正、负端，5、7 为第二通道正、负端，偶数端子为内供电电源的正、负端，如图 14-87，接线端子定义见表 14-106。

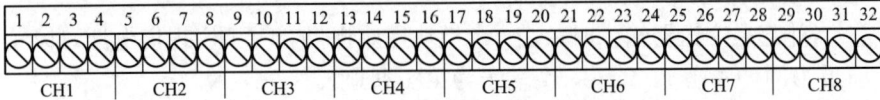

图 14-87　GnAI8H 底座接线端子图

表 14-106　GnAI8H 接线端子定义

通道编号	端子编号	端子名称	描述
1	1	IN 1A	通道 1 测量正
	2	24V1	通道 1 电源正
	3	IN 1B	通道 1 测量负
	4	24V GND1	通道 1 电源负
2	5	IN 2A	通道 2 测量正
	6	24V1	通道 2 电源正
	7	IN 2B	通道 2 测量负
	8	24V GND1	通道 2 电源负
…	…	…	…
16	61	IN 8A	通道 8 测量正
	62	24V1	通道 8 电源正
	63	IN 8B	通道 8 测量负
	64	24V GND1	通道 8 电源负

（五）模块设置说明

1. 直接电流输入（外供电模式）。

GnAI16H 使用 DZ64 底座，使用 DZ64 底座上面一排端子（奇数端子）作为信号输入端（端子编号为 1、3、5、……、63），16 路信号按顺序依次排列，1、3 端子对应通道 1 的正、负端，5、7 端子对应通道 2 的正、负端，……，61、63 端子对应通道 16 的正、负端。下面一层端子（偶数端子）不接线。

GnAI8H 使用 DZ32 底座，8 路信号按顺序依次排列，1、3 端子对应通道 1 的正、负端，5、7 依次为通道 2 的正、负端，……，29、31 端子对应通道 8 的正、负端。偶数端子不接线。外供电接线方式如图 14-88 所示。

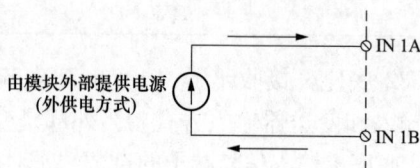

图 14-88　GnAI8H 外供电接线方式

2. 变送器输入（内供电模式）

当外部是变送器输入时，由 AI 模块底座提供 24V DC 现场电源，以第 1 通道为例，底座 1、2、3、4 端子为第 1 通道。

变送器的负端接信号的 a 端，即 1 端子，变送器的正端接 24V＋，即 2 端子。信号的 b 端与 24V－短接，即 3 和 4 短接，但信号的 b 端与 24V－已经在卡件硬件内部短接，故外部不需要接线。接线方法如图 14-89 所示：DZ32 第 1 通道内供电方式时的接线图，与 DZ64 底座端子顺序一样，每 1 路变送器对应 1 路信号。端子 1、2、3、4 为第 1 通道，端子 5、6、7、8 为第 2 通道，依次类推。

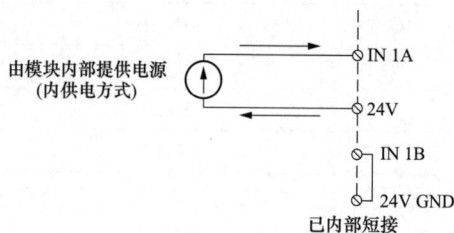

图 14-89　GnAI8H 内供电接线方式

十五、模拟量冗余输出模块 GnAO8HD（支持 Hart）

GnAO8HD 模块与 EDPF-GnRDZAO 底座配套使用，有 8 路模拟量输出，每个通道都支持 Hart 协议。

1. 工作原理

GnAO8HD 工作原理框图如图 14-90 所示。

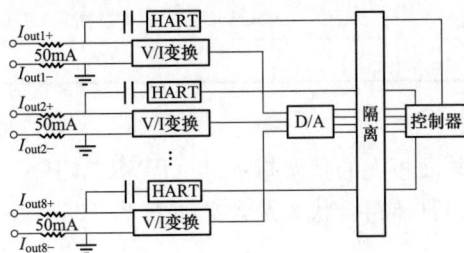

图 14-90　GnAO8HD 工作原理框图

2. 技术指标

技术指标见表 14-107。

表 14-107　技术指标

描述	说明
输入特性	
通道数目	8 路
标准信号范围	4～20mA＋HART 信号
满置信号范围	0～20mA
输出精度	0.1％@25℃，F.S
数模转换分辨率	16 位
温漂	$\pm 75 \times 10^{-6}$/℃
负载能力	750Ω@24V DC
隔离	
数模隔离电压	500V DC
通信隔离电压	500V DC
通道间隔离	8 个通道共用一组隔离电源，通道间不隔离
HART 通信	
支持 HART 协议	HART 请求/响应 HART 变量报告 现场设备状态报告
HART 扫描时间	每个使能的通道 600～800ms（标准）
电源	
工作电压	24V DC±5％
功率消耗	10W@24V DC（全路输出 20mA）
工作环境	
工作温度	－25～＋60℃
工作湿度	5％～90％相对湿度，不凝结
存储温度	－40～＋85℃
存储湿度	5％～95％相对湿度，不凝结

续表

描述	说明
物理特性	
外形尺寸	80mm（宽）×190（高）×170 mm（深）
防护等级	IP50

3. 指示灯说明

模块加电时，其面板上的状态指示灯（PWR、CPU、COM）显示当前的工作和通信状态，具体组合状态及含义如表 14-108～表 14-111 所示。

表 14-108　PWR 状态灯含义

PWR 状态	含义	优先级	处理建议
常亮	系统电源和现场电源无故障	最低	无
闪烁（2Hz）	1 路系统电源故障	低	检查底座两路系统电源供电插头是否松动或无电压，在恢复两路系统电源都有电的情况下，如果 PWR 仍以 2Hz 频率闪烁，则说明卡件硬件故障，需更换备件
快闪（5Hz）	现场电源故障	中	DI、PI、SOE 等有 48V 输入的卡件：检查底座现场电源供电插头是否松动或无电压； 其他卡件：重新插拔卡件。故障仍然存在则更换备件
常灭	核心电源电压低或系统电源未供电	高	检查底座两路系统电源供电插头是否松动或无电压，如有电则说明卡件硬件故障，需更换备件

表 14-109　CPU 状态灯含义

CPU 状态	含义	处理建议
闪烁（2Hz）	无故障	无
常亮	卡件异常，如程序跑飞、死机等	重新插拔卡件
常灭	卡件异常或卡件没烧程序	重新插拔卡件

表 14-110　COM 状态灯含义

COM 状态	含义	处理建议
常亮或闪烁	通信正常 　如配置为高速扫描则常亮，配置为普通扫描则闪烁，频率为控制周期，如闪烁速度低于控制周期，则可能是通信不稳定	无

续表

COM 状态	含义	处理建议
常灭	通信故障或 DPU 未启动或卡件未配置	本卡其他指示灯异常时：按其他指示灯处理建议进行处理； 本卡其他指示灯正常时：重新插拔卡件，故障仍然存在则更换备件； 机柜内不止一块卡件出现此问题时，需要排除通信线、终端匹配、控制器等相关问题

注 卡件只要接收到发给自己的 DPU 报文就会点亮 COM 灯，如果连续 100ms 未收到新报文则熄灭 COM 灯。

表 14-111 ALM 状态灯含义

ALM 状态	含义	优先级	处理建议
常灭	无故障	最低	无
慢闪（0.5Hz）	其他故障（只要有警报就会闪）	低	检查此卡件上报的自诊断信息
闪烁（2Hz）	卡件类型不一致（类型与地址不一致）	中	检查是否插错卡件或底座地址是否拨正确或上位机卡件配置是否正确
快闪（5Hz）	地址冲突	高	同时上电时卡件无法检测地址冲突，此时需要将通信错的卡件插拔一次来进行判断
常亮	致命故障：包含核心电源电压低，FLASH 读、写错误或读取的参数校验错误；对模拟量卡件还包括 ADC 故障	最高	重新插拔卡件。故障仍然存在说明卡件硬件故障，需更换备件

4. 接线端子定义

GnAO8HD 使用 GnRDZAO 的接线端子图示如图 14-91 所示，输出接线端子定义见表 114-112。

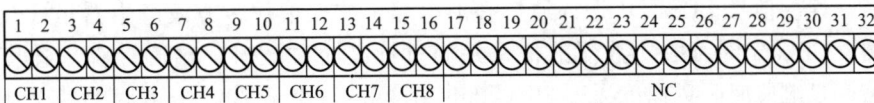

图 14-91 GnAO8HD 的接线端子图

675

表 14-112　GnAO8HD 输出接线端子定义

通道编号	端子编号	端子名称	描述
CH1	1	$I_{out1}+$	通道 1 输出正端
	2	$I_{out1}-$	通道 1 输出负端
CH2	3	$I_{out2}+$	通道 2 输出正端
	4	$I_{out2}-$	通道 2 输出负端
...	...	...	...
CH8	15	$I_{out8}+$	通道 8 输出正端
	16	$I_{out8}-$	通道 8 输出负端
NC	17~32	NC	未用端子

5. 工程应用

AO 冗余调理板端子信号的接线，信号接线图如图 14-92 所示。

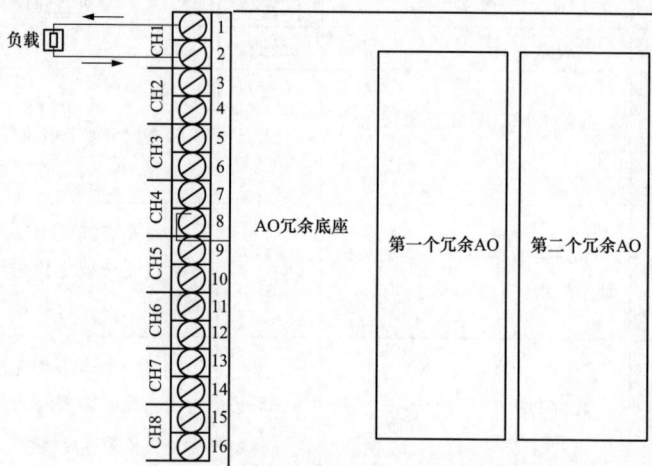

图 14-92　冗余调理板端子信号接线图

十六、汽轮机转速测量与超速保护模块 GnSD1

GnSD1 模块是汽轮机控制系统专用模块。它接收现场的汽轮机测速装置发来的脉冲信号得到汽轮机的精确转速，还接收油开关跳闸的 DI 干接点信号和上位机指令，从而发出快速可靠的汽轮机超速信号。该信号通过继电器输出驱动超速保护电磁阀和危急遮断电磁阀，实现汽轮机超速限制、保护功能和机械超速试验备用保护功能，用于火力发电厂 DEH 系统。

速度信号 SPEED1 送入波形整形电路、放大模块、方波产生器至计数器、CPU 定时读取计数器的值，并通过标准时钟校准，精确计算出速度值，且响应时间在速度大于 200r/min 为 20ms，小于 200r/min 时为两个信号周期；精度在 3000r/min 时，小于 0.4r/min。CPU 计算出速度值后，反馈给上位机，同时，当选计算出的速度值大于额定最大值时，通过两路 DO

输出，发出 OPC 信号至工作现场。

1. 工作原理

GnSD1 电气接口原理框图如图 14-93 所示。

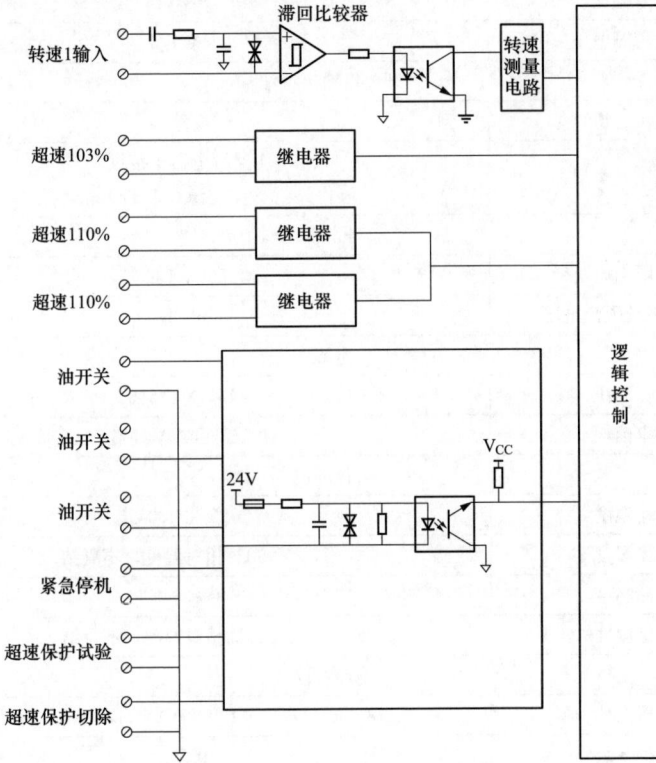

图 14-93　GnSD1 电气接口原理框图

2. 技术指标

技术指标见表 14-113。

表 14-113　技术指标

描述	说明
输入/输出通道特性	
测速通道数目	1
转速输入信号类型	磁阻探头的正弦波，磁敏探头的方波
转速信号最大值（峰峰值）	30V
转速信号最小值（峰峰值）	0.4～0.8V
可测信号最大速度	7500r/min
测速盘齿数	1～300
转速信号测量精度	转速为 3000r/min，≤0.4r/min
转速测量时间	转速小于或等于 200r/min，≤0.4r/min 转速大于或等于 200r/min，为 20ms

开关量输入特性	
输入通道	6 路
信号类型	干接点
信号检测电压	24V DC
开关量输出特性	
输出通道	3 路
输出信号类型	1 路继电器干接点 2 路有源 24V DC
隔离	
通信隔离电压	500V DC
接口和系统隔离电压	500V DC
电源	
工作电压	24V DC±5％
功率消耗	1.26W@24V 空载
工作环境	
工作温度	−25～＋60℃
工作湿度	5％～90％相对湿度，不凝结
存储温度	−40～＋85℃
存储湿度	5％～95％相对湿度，不凝结
物理特性	
外形尺寸	80mm（宽）×190（高）×170 mm（深）
防护等级	IP50

3. 指示灯说明

模块加电时，其面板上的状态指示灯（PWR、CPU、COM、ALM）显示当前的工作、通信、故障状态。

指示灯状态说明：CPU 灯正常闪烁频率是固定的 2Hz。PWR、ALM 灯的快闪、慢闪以 CPU 灯闪烁速度参考，闪烁速度比 CPU 灯快就是快闪，闪烁速度比 CPU 灯慢就是慢闪。当这两个灯状态为闪烁（2Hz）时，会与 CPU 灯同步亮同步灭。

PWR 状态灯含义见表 4-114。

表 4-114 PWR 状态灯含义

PWR 状态	含义	优先级	处理建议
常亮	系统电源和现场电源无故障	最低	无
闪烁（2Hz）	1 路系统电源故障	低	检查底座两路系统电源供电插头是否松动或无电压，在恢复两路系统电源都有电的情况下，如果 PWR 仍以 2Hz 频率闪烁，则说明卡件硬件故障，需更换备件

PWR 状态	含义	优先级	处理建议
快闪（5Hz）	现场电源故障	中	DI、PI、SOE 等有 48V 输入的卡件：检查底座现场电源供电插头是否松动或无电压； 其他卡件：重新插拔卡件。故障仍然存在则更换备件
常灭	核心电源电压低或系统电源未供电	高	检查底座两路系统电源供电插头是否松动或无电压，如有电则说明卡件硬件故障，需更换备件

CPU 状态灯含义见表 14-115。

表 14-115　CPU 状态灯含义

CPU 状态	含义	处理建议
闪烁（2Hz）	无故障	无
常亮	卡件异常，如程序跑飞、死机等	重新插拔卡件
常灭	卡件异常或卡件没烧程序	重新插拔卡件

COM 状态灯含义见表 14-116。

表 14-116　COM 状态灯含义

COM 状态	含义	处理建议
常亮或闪烁	通信正常 如配置为高速扫描则常亮，配置为普通扫描则闪烁，频率为控制周期，如闪烁速度低于控制周期，则可能是通信不稳定	无
常灭	通信故障或 DPU 未启动或卡件未配置	本卡其他指示灯异常时：按其他指示灯处理建议进行处理； 本卡其他指示灯正常时：重新插拔卡件，故障仍然存在则更换备件； 机柜内不止一块卡件出现此问题时，需要排除通信线、终端匹配、控制器等相关问题

注　卡件只要接收到发给自己的 DPU 报文就会点亮 COM 灯，如果连续 100ms 未收到新报文则熄灭 COM 灯。

ALM 状态灯含义见表 14-117。

表 14-117　ALM 状态灯含义

ALM 状态	含义	优先级	处理建议
常灭	无故障	最低	无
慢闪（0.5Hz）	其他故障（只要有警报就会闪）	低	检查此卡件上报的自诊断信息
闪烁（2Hz）	卡件类型不一致（类型与地址不一致）	中	检查是否插错卡件或底座地址是否拨正确或上位机卡件配置是否正确

续表

ALM 状态	含义	优先级	处理建议
快闪（5Hz）	地址冲突	高	同时上电时卡件无法检测地址冲突，此时需要将通信错的卡件插拔一次来进行判断
常亮	致命故障：包含核心电源电压低，FLASH 读、写错误或读取的参数校验错误；对模拟量卡件还包括 ADC 故障	最高	重新插拔卡件。故障仍然存在说明卡件硬件故障，需要更换备件

4. 接线端子定义

GnSD1 的底座接线端子如图 14-94 所示。GnSD1 模块接口定义见表 14-118。

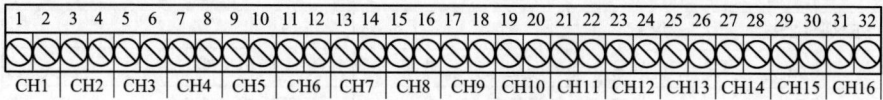

图 14-94 GnSD1 底座的接线端子

表 14-118 GnSD1 模块接口定义

功能	端子编号	定义	描述
转速 1	1	SPEED1＋	转速信号 1＋
	2	SPEED1－	转速信号 1－
内部电源	3	15V＋	15V 电源正
	4	15V－	15V 电源负
超速 103％OPC 报警（去现场）	7	103％OPC＋	超速 103％OPC 报警输出＋
	8	103％OPC－	超速 103％OPC 报警输出－
超速 110％AST 报警（去现场）	9	110％AST＋	超速 110％AST 报警输出＋
	10	110％AST－	超速 110％AST 报警输出－
油开关 1	11	SWITCH1＋	油开关输入 1＋
	12	SWITCH1－	油开关输入 1－
超速 110％AST 报警（去 VC 卡）	17	110％AST＋	超速 110％AST 报警输出＋
	18	110％AST－	超速 110％AST 报警输出－
紧急停机输入	19	STOP＋	紧急停机输入＋
	20	STOP－	紧急停机输入－
超速保护试验	21	OSPT＋	超速保护试验＋
	22	OSPT－	超速保护试验－
超速保护切除	23	OSPC＋	超速保护切除＋
	24	OSPC－	超速保护切除－

GnSD1 模块通道及端子说明见表 14-119。

表 14-119　GnSD1 模块通道及端子说明

通道	对 DPU	对端子	端子号	说明	备注
0	AI			转速 1 号	来自现场
1					
2					
3	AI			选中的转速	内部点
4	DI	DO	7～8	103％OPC	去 OPC 中间继电器
5	DI	DO	9～10	110％AST（去现场）	去 AST 中间继电器
6	DI	DO	17～18	110％AST（去 VC 卡）	去 VC 卡
7	DI	DI	11～12	油开关合	来自电气
8	DI	DI	19～20	紧急停机	来自后备手操盘
9	DI	DI	21～22	超速保护试验	来自后备手操盘
10	DI	DI	23～24	超速保护切除	来自后备手操盘
11					
12	DI			一路转速不可靠	内部点
13					
14	DO			转速设定大于定制	内部点
15	DO			110％AST 试验	内部点
16	DO			113％机械超速试验	内部点
17	DO			LDA	内部点
			25～26	第一路转速门槛电压	

GnSD1 通道的含义见表 14-120。

表 14-120　GnSD1 通道的含义

通道	说明	备注
4	103％OPC	逻辑输出值，DO1。 对应超级终端里"D"命令中的数据 STATUS1 的 Bit0
5	110％AST（去现场）	逻辑输出值，DO2。 对应超级终端里"D"命令中的数据 STATUS1 的 Bit1
6	110％AST（去 VC 卡）	逻辑输出值，就是 DO2，送去 VC 模块。 对应超级终端里"D"命令中的数据 STATUS1 的 Bit2

续表

通道	说明	备注
8	紧急停机	来自手操盘，若有紧急停车，则上面两路 DO 输出为 1。 对应超级终端里"D"命令中的数据 STATUS1 的 Bit4
9	超速保护试验	来自手操盘，超速试验，与现场无关。目前只送给 dpu，不参与逻辑运算。 对应超级终端里"D"命令中的数据 STATUS1 的 Bit5
10	超速保护切除	来自手操盘。当其值＝0 时，LDA 才有效。 对应超级终端里"D"命令中的数据 STATUS1 的 Bit6
12	一路转速不可靠	对应超级终端里"D"命令中的数据 STATUS1 的 Bit8
14	转速设定大于定值	103％OPC 超速试验，只用来做实验，和现场无关。 对应超级终端里"D"命令中的数据 STATUS1 的 Bit10
15	110％AST 试验	电气超速试验，只用来做实验。 用于测试能够 OPC110 发生动作。为了速度能够超过 103％，到达 110％，并且中间不发 OPC103 动作。 对应超级终端里"D"命令中的数据 STATUS1 的 Bit11
16	113％机械超速试验	机械超速试验，只用来做实验。 用于测试当速度能够到达 103％、110％，并且不发 OPC103、OPC110 动作时，机械能否能够自我保护。 对应超级终端里"D"命令中的数据 STATUS1 的 Bit12
17	LDA	用于机组负荷大于 30％（正常负荷的 30％）时，且油开关突然跳开后，发 OPC103，动作持续 3s。（响应时间在有转速的情况下，大约为 100ms） 对应超级终端里"D"命令中的数据 STATUS1 的 Bit13

STATUS1 状态寄存器定义见表 14-121。

表 14-121　STATUS1 状态寄存器定义

位	定义	说明
Bit0	103％OPC	逻辑输出值，超速 103％OPC 报警输出。 对应超级终端里"D"命令中的数据 STATUS1 的 Bit0
Bit1	110％AST（去现场）	逻辑输出值，超速 110％AST 报警输出，送去现场。 对应超级终端里"D"命令中的数据 STATUS1 的 Bit1
Bit2	110％AST（去 VC 卡）	逻辑输出值，超速 110％AST 报警输出，送去 VC 模块。 对应超级终端里"D"命令中的数据 STATUS1 的 Bit2

续表

位	定义	说明
Bit3	油开关合	三路油开关信号在 SD 卡内作三选二逻辑运算,只将运算的结果送到 DPU,即对 DPU 控制器来讲,油开关信号为一路,通道地址为 07
Bit4	紧急停机	来自手操盘,若有紧急停车,则上面两路 DO 输出为 1。 对应超级终端里"D"命令中的数据 STATUS1 的 Bit4
Bit5	超速保护试验	来自手操盘,超速试验,与现场无关。目前只送给 dpu,不参与逻辑运算。 对应超级终端里"D"命令中的数据 STATUS1 的 Bit5
Bit6	超速保护切除	来自手操盘。当其值＝0 时,LDA 才有效。 对应超级终端里"D"命令中的数据 STATUS1 的 Bit6
Bit7	第一路油开关状态	各路油开关状态为未经内部逻辑处理的实际状态,接点闭合为"1",接点断开为"0"
Bit8	一路转速不可靠	对应超级终端里"D"命令中的数据 STATUS1 的 Bit8
Bit10	转速设定大于定值	103%OPC 超速试验,只用来做实验,和现场无关。 对应超级终端里"D"命令中的数据 STATUS1 的 Bit10
Bit11	110%AST 试验	电气超速试验,只用来做实验。 用于测试能够 OPC110 发生动作。为了速度能够超过 103%、到达 110%,并且中间不发 OPC103 动作。 对应超级终端里"D"命令中的数据 STATUS1 的 Bit11
Bit12	110%机械超速试验	机械超速试验,只用来做实验。 用于测试当速度能够到达 103%、110%,并且不发 OPC103、OPC110 动作时,机械能否能够自我保护。 对应超级终端里"D"命令中的数据 STATUS1 的 Bit12
Bit13	LDA	用于机组负荷大于 30%(正常负荷的 30%)时,且油开关突然跳开后,发 OPC103,动作持续 3s。(响应时间在有转速的情况下,大约为 100ms) 对应超级终端里"D"命令中的数据 STATUS1 的 Bit13
Bit14	第二路油开关状态	各路油开关状态为未经内部逻辑处理的实际状态,接点闭合为"1",接点断开为"0"
Bit15	第三路油开关状态	各路油开关状态为未经内部逻辑处理的实际状态,接点闭合为"1",接点断开为"0"

STATUS2 状态寄存器定义见表 14-122。

表 14-122　STATUS2 状态寄存器定义

位	定义	说明
Bit8	第一路油开关状态	各路油开关状态为未经内部逻辑处理的实际状态，接点闭合为"1"，接点断开为"0"
Bit9	第二路油开关状态	各路油开关状态为未经内部逻辑处理的实际状态，接点闭合为"1"，接点断开为"0"
Bit10	第三路油开关状态	各路油开关状态为未经内部逻辑处理的实际状态，接点闭合为"1"，接点断开为"0"

5. 工程应用

模块端子信号的接线，要求每路信号采用两根导线（屏蔽电缆）接到模块底座端子上，具体接线如图 14-95 所示。

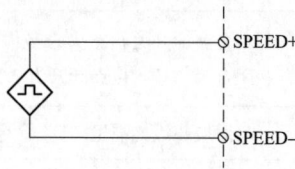

图 14-95　GnSD1 端子信号接线图

注意：本模块是用来测量汽机转速的重要装置。务必根据实际情况合理设置本模块参数，预设的参数仅供参考。

十七、汽轮机纯电调型阀门伺服模块 GnVC0203/GnVC0206

EDPF-GnVC 系列模块是与 EDPF-GnSDx 模块配套使用，用来组建汽轮机纯电调型 DEH 伺服系统。伺服系统与现场的汽轮机控制机构（伺服阀、油动机滑阀、油动机活塞、油动机行程反馈 LVDT 等）一起，组成通过控制电压/电流来控制油动机行程的伺服随动系统，实现对油动机的控制，从而改变汽轮机的进汽量，实现对汽轮机的输出功率调节。

EDPF-GnVC0203/EDPF-GnVC0206 为非冗余 VC 模块，输入信号均为 2 路 LVDT/4～20mA 电流，输出信号为 1 路 ±10V/±50mA 和 1 路 4～20mA，其中 EDPF-GnVC0203 接线为三线制，EDPF-GnVC0206 接线为六线制。

1. 工作原理

DPF-GnVC 系列模块是专门为 DEH 系统设计的智能型伺服功放模块，模块有线性可变差动传感器（Linear Variable Differential Transducer，LVDT）检测电路，将 LVDT 位移信号变为数字信号。模块控制器将控制信号与 LVDT 反馈信号比较，通过 PI（微积分）运算后控制功放输出，实现对油动机控制，工作原理框图见图 14-96。

GnVC 电气接口原理框图见图 14-97。

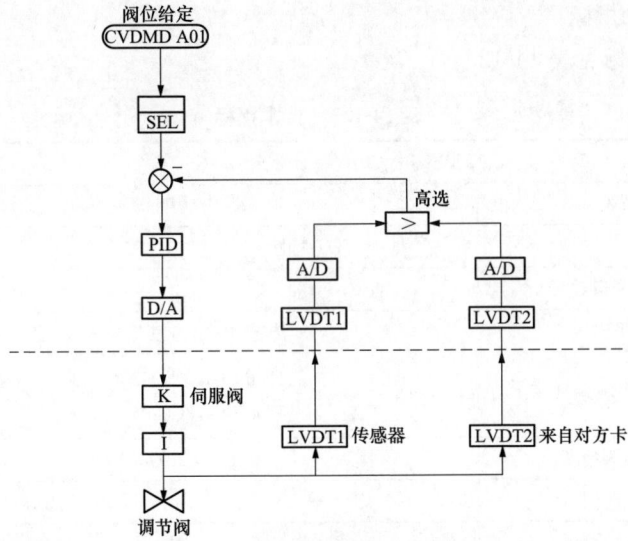

图 14-96　GnVC 模块工作原理框图

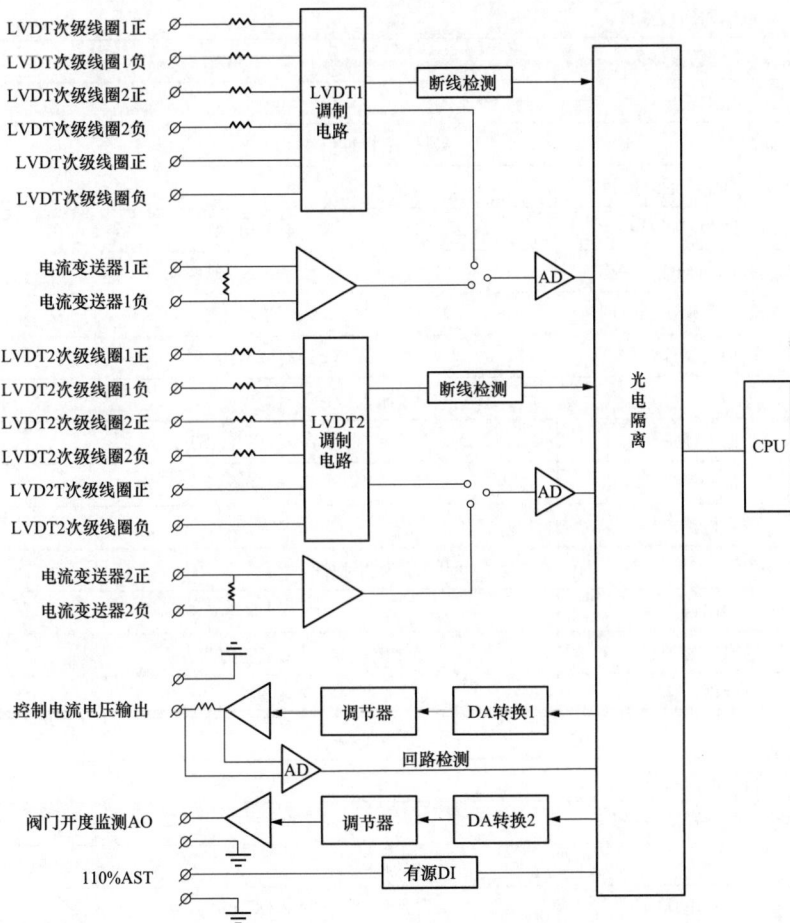

图 14-97　GnVC 电气接口原理框图

2. 技术指标

技术指标见表 14-123。

表 14-123 技术指标

EDPF-GnVC0203 EDPF-GnVC0206	
描述	说明
LVDT 特性	
LVDT 通道数目	2
LVDT 输入	传感器方式或变送器方式
LVDT 接线方式	EDPF-GnVC0203 3 线制 EDPF-GnVC0206 6 线制
位移检测精度	0.1%@25℃, F. S
响应时间	从 LVDT 输入到阀门控制信号输出时间要求 10ms 内
断线检测	支持
AI 电流输入特性	
电流输入通道数目	2
电流变送器输入	4~20mA
检测精度	0.1%@25℃, F. S
AO 输出特性	
AO 电流输出通道数目	2
LVDT 反馈 AO	4~20mA
阀门控制信号输出 AO	±10V、±50mA（缺省±10V）
阀门控制信号输出 AO 回读	支持
检测精度	0.1%@25℃, F. S
DI 开关量输入特性	
输入通道	1 路 (110%AST)
信号类型	干触点
信号检测电压	24V DC
DO 开关量输出特性	
输出通道	1 路
输出信号类型	继电器干触点负载能力为 60V、0.1A
输出回读	支持
隔离	
通信隔离电压	500V DC
接口和系统隔离电压	500V DC
电源	
工作电压	24V DC±5%
功率消耗	5.8W

EDPF-GnVC0203　EDPF-GnVC0206	
描述	说明
硬件看门狗	
硬件看门狗电路	支持
工作环境	
工作温度	−25～+60℃
工作湿度	5%～90%相对湿度，不凝结
存储温度	−40～+85℃
存储湿度	5%～95%相对湿度，不凝结
物理特性	
外形尺寸	80mm（宽）×190（高）×170mm（深）
防护等级	IP50

3. 指示灯说明

卡件上电时，其面板上的状态指示灯显示当前的工作和通信状态，具体含义见表 14-124。

表 14-124　PWR 状态灯含义

名称	状态	含义
PWR	亮	电源正常
	灭	电源故障
	2Hz 周期循环闪烁	系统电源故障
	5Hz 周期循环闪烁	现场电源故障
CPU	2Hz 周期循环闪烁	卡件正常
	亮或灭	卡件异常
COM	亮	通信正常
	灭或闪烁	通信故障
ALM	灭	无故障
	0.5Hz 周期循环闪烁	其他故障（电源故障）
	2Hz 周期循环闪烁	卡件类型不一致
	5Hz 周期循环闪烁	地址冲突
	亮	致命故障（FLASH 错误或 ADC 错误）
1	亮	LVDT1 激励故障（VC0203 常灭）
	灭	LVDT1 激励正常
2	亮	LVDT1 信号故障
	灭	LVDT1 信号正常

续表

名称	状态	含义
3	亮	LVDT2 激励故障（VC0203 常灭）
	灭	LVDT2 激励正常
4	亮	LVDT2 信号故障
	灭	LVDT2 信号正常

4. 接线端子定义

GnVC0203 和 GnVC0206 模块使用 EDPF-GnDZ64 底座。GnVC0203 模块（3 线制）LVDT 接线端子定义见表 14-125。GnVC0206 模块（6 线制）LVDT 端子接线定义见表 14-126。

表 14-125　GnVC0203 模块（3 线制）LVDT 接线端子定义

功能	端子编号	定义	描述
110%AST 输入	9	110%AST+	SD 卡输出正，干触点
	10	110%AST−	SD 卡输出负，干触点
手动指令	11	DO+	手动指令输出正
	12	DO−	手动指令输出负
LVDT1 输入	13	LVDT1_INA+	三线制输入 A 正（蓝线）
	14	NC	空
	15	NC	空
	16	NC	空
	17	LVDT1_EXC+	三线制激励 C 正（红线）
	18	LVDT1_EXC−	三线制激励 COM（黄线）
LVDT1 电流变送器输入	19	AI1+	变送器电流输入正
	20	AI1−	变送器电流输入负
LVDT2 电流变送器输入	21	AI2+	变送器电流输入正
	22	AI2−	变送器电流输入负
手操盘用电流输出	23	AO1+	手操盘用电流输出正
	24	AO1−	手操盘用电流输出负
阀门控制信号输出	25/27	AO2+	阀门控制信号输出正
	26/28	AO2−	阀门控制信号输出负
LVDT2 输入	29	LVDT2_INA+	三线制输入 A 正（蓝线）
	30	NC	空
	31	NC	空
	32	NC	空
	33	LVDT2_EXC+	三线制激励 C 正（红线）
	34	LVDT2_EXC−	三线制激励 COM（黄线）

表 14-126 GnVC0206 模块（6 线制）LVDT 端子端子接线定义

功能	端子编号	定义	描述
110％AST 输入	9	110％AST＋	SD 卡输出正，干触点
	10	110％AST－	SD 卡输出负，干触点
手动指令	11	DO＋	指令输出正
	12	DO－	指令输出负
LVDT1 输入	13	LVDT1_INA＋	六线制输入 A 正（黑线）
	14	LVDT1_INA－	六线制输入 A 负（绿线）
	15	LVDT1_INB－	六线制输入 B 负（红线）
	16	LVDT1_INB＋	六线制输入 B 正（蓝线）
	17	LVDT1_EXC＋	六线制激励 C 正（棕线）
	18	LVDT1_EXC－	六线制激励 C 负（黄线）
LVDT1 电流变送器输入	19	AI1＋	变送器电流输入正
	20	AI1－	变送器电流输入负
LVDT2 电流变送器输入	21	AI2＋	变送器电流输入正
	22	AI2－	变送器电流输入负
手操盘用电流输出	23	AO1＋	手操盘用电流输出正
	24	AO1－	手操盘用电流输出负
阀门控制信号输出	25/27	AO2＋	阀门控制信号输出正
	26/28	AO2－	阀门控制信号输出负
LVDT2 输入	29	LVDT2_INA＋	六线制输入 A 正（黑线）
	30	LVDT2_INA－	六线制输入 A 负（绿线）
	31	LVDT2_INB－	六线制输入 B 负（红线）
	32	LVDT2_INB＋	六线制输入 B 正（蓝线）
	33	LVDT2_EXC＋	六线制激励 C 正（棕线）
	34	LVDT2_EXC－	六线制激励 C 负（黄线）

5. 参数说明

（1）EV 紧急手动请求锁死功能。EV＝1 时，锁定功能开启，此时紧急手动请求一旦发出，就不再变化，即使 LVDT 采样值恢复正常；EV＝0 时，LVDT 采样超限，发紧急手动，当 LVDT 恢复，撤销紧急手动。

（2）B 输出偏置（PI 运算结果加上输出偏置 B 后作为最终控制电液伺服阀的指令 VOUT），范围：－10.00～＋10.00V。

（3）HI 最终控制输出指令 COUT 上限，范围：－10.00～＋10.00V。

（4）LO 最终控制输出指令 COUT 下限，范围：－10.00～＋10.00V。

（5）VH、VHO 控制器发给 VC 卡的控制指令达到 100％时，VC 卡中 PI 正常运算取消，PI 运算结果恒为一正向电压，以保证调门开足，电流大小由参数 VHO 确定，范围：0.00～＋5.00V 或者 0～25mA。当控制器发给 VC 卡的控制指令从 100％下降到一定值时，VC 卡中 PI 运算恢复正常，此定值由参数 VH 确定，范围：99.00％～100.00％。当 VH 设为 0 时，VHO 无效，即当指令到 100％时，仍正常进行 PI 运算。

（6）VL、VLO 控制器发给 VC 卡的控制指令达到 0％时，VC 卡中 PI 正常运算取消，PI 运算结果恒为一负向电压，以保证调门关闭，电流大小由参数 VLO 确定，范围：−5.00～0.00V 或者−25～0mA。当控制器发给 VC 卡的控制指令从 0％上升到一定值时，VC 卡中 PI 运算恢复正常，此定值由参数 VL 确定，范围：0.00％～1.00％。当 VL 设为 0 时，VLO 无效，即当指令到 0％时，仍正常进行 PI 运算。

（7）G 死区外比例增益，以 1/10 为单位，5 相当于比例增益为 0.5，范围为 0～2000。

（8）R 死区外积分时间，以 s 为单位，范围：0～5000。

（9）DG 死区内比例增益，以 1/10 为单位，5 相当于比例增益为 0.5，范围为 0～2000。

（10）DR 死区内积分时间，以 s 为单位，范围：0～5000。

（11）PED 死区，以 1/100 为单位。例如：设置为 0.1，则对应的死区为 0.1％。

（12）CET 控制器指令与 LVDT 的最大允许偏差，以 1/100 为单位，例如：设置为 1，则对应的最大允许偏差为 1％。

（13）CD 控制器指令与 LVDT 的偏差达到最大允许偏差的允许时间，超过此时间后认为 LVDT 故障，单位：s，范围：0～60。

（14）LVDT_MODE LVDT 变送器模式选择，0：LVDT 模式，1：变送器模式，需要硬件配合，设置为变送器模式后，LVDT 断线不报警。

（15）LVDT_LIMIT LVDT 超限限值，LVDT 采集到的大于该值，报 LVDT 偏差大。例如：LVDT_LIMIT 设置为 5％，则报警上下限为 105％和−5％。

（16）LVDT_OFFSET 两路 LVDT 偏差限值，两路 LVDT 之间偏差超过该值报警。

（17）AO_OPEN AO 反馈断线值，当 AO 输出值大于 AO_OPEN_TH 值并且 AO_ADC_VALUE 小于 AO_OPEN 值后报 AO 输出断线，默认值：50。

（18）AO_OPEN_TH AO 反馈断线判断启动电压，当 AO 输出的电压绝对值小于 AO_OPEN_TH 阈值后，不做断线判断，输出 0～32767 对应着 0～10V。默认值 165。

（19）AO_ADC_VALUE AO 反馈原始码值，用于与 AO_OPEN_H 值比较，作断线判断用。

（20）FILTER 报警过滤采集次数，单位：次，默认值：1000，对应 1000 次。信号产生后，在 FILTER 对应采集次数内连续保持该状态，则置新值，否则过滤掉保持原来值。

（21）ADZ1、ADF1 用于调整外接 LVDT1 信号的零点和满度。

（22）ADZ2、ADF2 用于调整外接 LVDT2 信号的零点和满度。

2. 调试步骤

输出类型为−10V～+10V（用于燃油型 DEH）。

（1）根据 MOOG 阀的控制指令信号要求，确定最终控制指令的上限 HI 和下限 LO。若控制指令信号为−10V～+10V，则 LO 设为−10V，HI 设为 10V。

（2）确定零点：改 VC 卡参数，设定 DPU 控制器送到 VC 卡的控制指令为 0％，即最终伺服阀控制指令为−10V，保证调门全关。在调门全关的情况下，算法浏览器 VC 扩展属性页中将 AD1 的值填入 ADZ1 目标值列，这样就完成了 LVDT 的零点调整。

（3）确定满度：设定 DPU 控制器送到 VC 卡的控制指令为 100％，即最终伺服阀控制指令为+10V，保证调门全开。在调门全开的情况下，算法浏览器 VC 扩展属性页中将 AD1 的值填入 ADF1 目标值列，这样就完成了 LVDT 的满度调整。

（4）确定全开和全关时的输出指令：适当设定 VH 和 VHO、VL 和 VLO，使得当控制器指令为 100％时，最终伺服阀控制指令为一正向电压，以保证调门全开；当控制器指令为 0％时，最终伺服阀控制指令为一负向电压，以保证调门全关。当控制器指令小于 0 时按 0 处理，当控制器指令大于 100 时按 100 处理。

（5）细调调门：增加或减少控制器输出指令，观察指令、阀位趋势，调整 VC 卡上 PI 参数，使阀位与指令达到较好的跟随性和稳定性。

保存参数：VC 卡参数调整完后，点击算法浏览器 VC 扩展属性页的"保存参数至 FLASH"，将参数写入 Flash。

3. 跳线设置

（1）输入信号跳线设置。LVDT 位移传感器输入分 2 种类型，可通过电路板上的跳线帽进行设置。

1）LVDT 输入设置：跳线帽插右边（见图 14-98）。

2）电流变送器输入设置：跳线帽插左边（见图 14-99）。

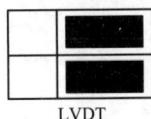

图 14-98　LVDT 输入设置　　图 14-99　电流变速器输入设置

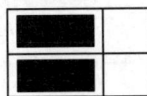

（2）阀门控制信号输出设置。

输出信号分 2 种类型，见图 14-100。

1）±50mA 电流输出设置：跳线帽插顶部。

2) ±10V 电压输出设置：跳线帽插底部。

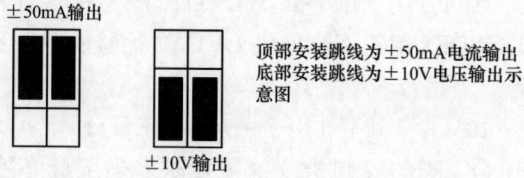

±50mA输出

±10V输出

顶部安装跳线为±50mA电流输出
底部安装跳线为±10V电压输出示意图

图 14-100　输出电流/电压型设置

安装跳线帽见图 14-101。

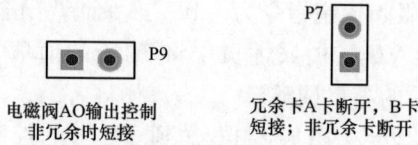

P9

电磁阀AO输出控制
非冗余时短接

P7

冗余卡A卡断开，B卡
短接；非冗余卡断开

图 14-101　安装跳线帽

电压模式安装跳线帽，电流模式不安装跳线帽，见图 14-102。

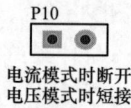

P10

电流模式时断开
电压模式时短接

图 14-102　电压模式安装跳线帽

4. 工程应用

三线制和六线制 LVDT 的接线方式见图 14-103、图 14-104。

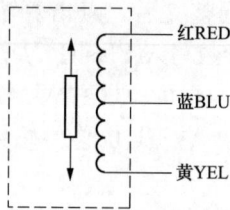

红RED

蓝BLU

黄YEL

图 14-103　三线制 LVDT

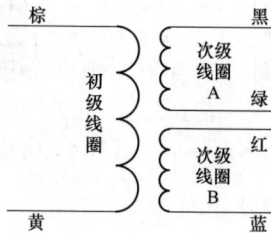

棕　　　　　　　　黑
　　　　　　　次级
　　　　　　　线圈
初　　　　　　　A　　绿
级
线
圈　　　　　　　　　红
　　　　　　　次级
　　　　　　　线圈
　　　　　　　B
黄　　　　　　　蓝

图 14-104　六线制 LVDT

十八、冗余型汽轮机纯电调型阀门伺服模块 GnVC0203D/GnVC0206D

EDPF-GnVC 系列模块与 EDPF-GnSDx 模块配套使用，用来组建汽轮机纯电调型 DEH 伺服系统。伺服系统与现场的汽轮机控制机构（伺服阀、油动机滑阀、油动机活塞、油动机行程反馈 LVDT 等）一起，组成通过控制电压/电流来控制油动机行程的伺服随动系统，实现对油动机的控制，从而改变汽轮机的进汽量，实现对汽轮机的输出功率调节。

EDPF-GnVC0103D/EDPF-GnVC0106D 为冗余 VC 模块，输入信号均为 1 路 LVDT/4～20mA 电流，输出信号为 1 路 ±10V/±50mA 和 1 路 4～20mA，其中 EDPF-GnVC0103D 接线为三线制，EDPF-GnVC0106D 接线为六线制，2 块 VC 卡件配合 EDPF-GnRDZVC 专用底座可实现冗余 VC 功能。

1. 工作原理

EDPF-GnVC 系列模块是专门为 DEH 系统（Digital Electro-Hydraulic Control System）设计的智能型伺服功放模块，模块有线性可变差动传感器（Linear Variable Differential Transducer，LVDT）检测电路，将 LVDT 位移信号变为数字信号。模块控制器将控制信号与 LVDT 反馈信号比较，通过 PI（微积分）运算后控制功放输出，实现对油动机控制，工作原理框图见图 14-105。

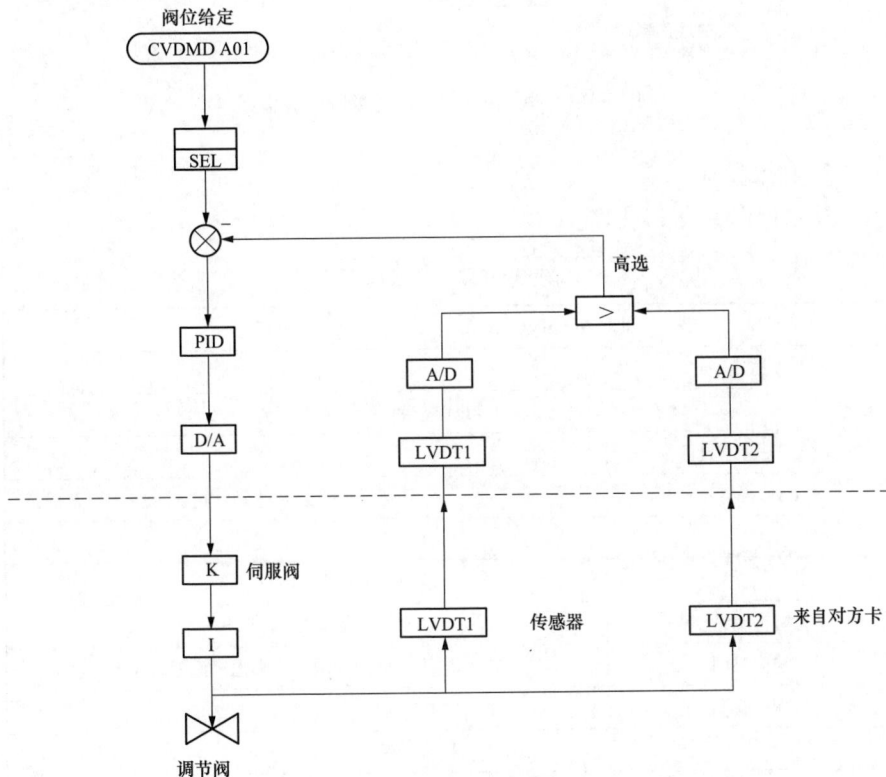

图 14-105 冗余 GnVC 工作原理框图

693

冗余 GnVC 电气接口原理框图见图 14-106。

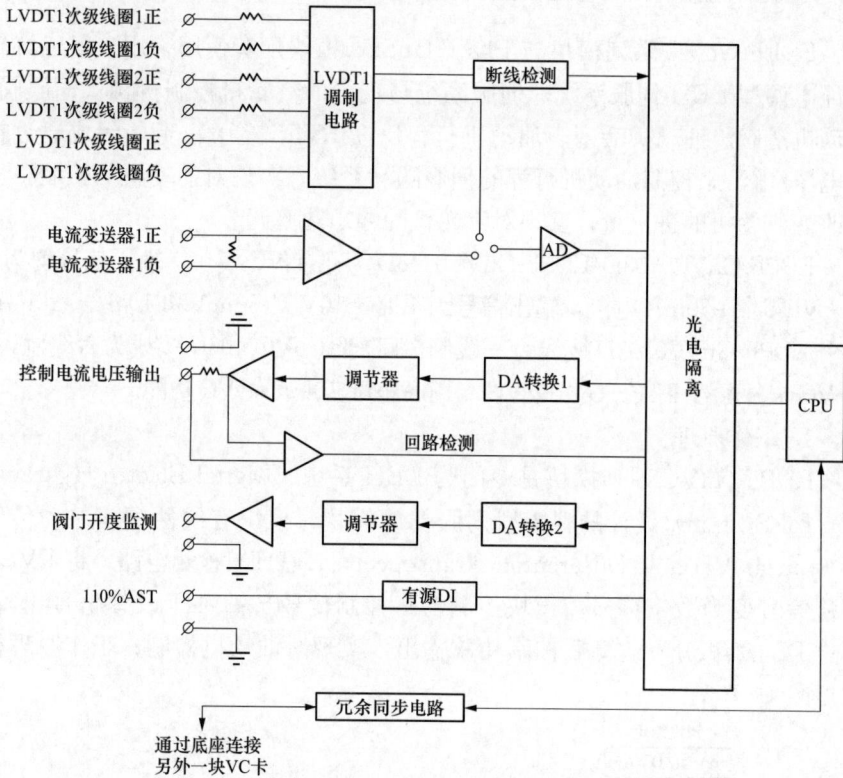

图 14-106　冗余 GnVC 电气接口原理框图

2. 技术指标

技术指标见表 14-127。

表 **14-127**　技术指标

EDPF-GnVC0103D　EDPF-GnVC0106D	
描述	说明
LVDT 特性	
LVDT 通道数目	1
LVDT 输入	传感器方式或变送器方式
LVDT 接线方式	EDPF-GnVC0103D　3 线制 EDPF-GnVC0106D　6 线制
位移检测精度	0.1‰@25℃，F.S
响应时间	从 LVDT 输入到阀门控制信号输出时间要求 10ms 内
断线检测	支持
AI 电流输入特性	
电流输入通道数目	1

续表

EDPF-GnVC0103D EDPF-GnVC0106D	
描述	说明
电流变送器输入	4～20mA
检测精度	0.1％@25℃，F.S
AO 输出特性	
AO 电流输出通道数目	2
LVDT 反馈 AO	4～20mA
阀门控制信号输出 AO	±10V、±50mA（缺省±10V）
阀门控制信号输出 AO 回读	支持
检测精度	0.1％@25℃，F.S
DI 开关量输入特性	
输入通道	1 路（110％AST）
信号类型	干触点
信号检测电压	24V DC
通信接口	
通信接口	RS485
通信速率	2Mbit/s
隔离	
通信隔离电压	500V DC
接口和系统隔离电压	500V DC
电源	
工作电压	24V DC±5％
功率消耗	5.8W
硬件看门狗	
硬件看门狗电路	支持
工作环境	
工作温度	－25 ～ ＋60℃
工作湿度	5％～90％相对湿度，不凝结
存储温度	－40 ～ ＋85℃
存储湿度	5％～95％相对湿度，不凝结
物理特性	
外形尺寸	80mm（宽）×190（高）×170 mm（深）
防护等级	IP50

3. 指示灯说明

卡件上电时，其面板上的状态指示灯显示当前的工作和通信状态，具体含义见表14-128。

表 14-128 指示灯说明

名称	状态	含义
PWR	亮	电源正常
	灭	电源故障
	2Hz 周期循环闪烁	系统电源故障
	5Hz 周期循环闪烁	现场电源故障
CPU	2Hz 周期循环闪烁	卡件正常
	亮或灭	卡件异常
COM	亮	通信正常
	灭或闪烁	通信故障
ALM	灭	无故障
	0.5Hz 周期循环闪烁	其他故障（电源故障）
	2Hz 周期循环闪烁	卡件类型不一致
	5Hz 周期循环闪烁	地址冲突
	亮	致命故障（FLASH 错误或 ADC 错误）
1	亮	LVDT1 激励故障（VC0203 常灭）
	灭	LVDT1 激励正常
2	亮	LVDT1 信号故障
	灭	LVDT1 信号正常
3	亮	LVDT2 激励故障（VC0203 常灭）
	灭	LVDT2 激励正常
4	亮	LVDT2 信号故障
	灭	LVDT2 信号正常

4. 接线端子定义

冗余 VC 卡专用底座 EDPF-GnRDZVC 提供两个 VC 卡件槽位（靠近接线端子的卡件为 A 卡，另外一个为 B 卡）。GnVC0203D 模块（3 线制）LVDT 端子接线见表 14-129。GnVC0206D 模块（6 线制）LVDT 端子接线定义见表 14-130。

表 14-129 GnVC0203D 模块（3 线制）LVDT 接线端子定义

	功能	端子编号	定义	描述
卡 B	LVDT1 输入	1	LVDT1_INA+	三线制输入 A 正（蓝线）
		2	NC	空
		3	NC	空
		4	NC	空
		5	LVDT1_EXC+	三线制激励 C 正（红线）
		6	LVDT1_EXC−	三线制激励 COM（黄线）

续表

功能	端子编号	定义	描述
LVDT1 电流 变送器输入	7	AI1＋	变送器电流输入正
	8	AI1－	变送器电流输入负
阀门控制信号输出	9	AO2＋	阀门控制信号输出正
	10	AO2－	阀门控制信号输出负
手操盘用电流输出	11	AO1＋	手操盘用电流输出正
	12	AO1－	手操盘用电流输出负
110％AST 输入	13	110％AST＋	SD 卡输出正，干触点
	14	110％AST－	SD 卡输出负，干触点
	15	NC	空
	16	NC	空
LVDT1 输入	17	LVDT1_INA＋	三线制输入 A 正（蓝线）
	18	NC	空
	19	NC	空
	20	NC	空
	21	LVDT1_EXC＋	三线制激励 C 正（红线）
	22	LVDT1_EXC－	三线制激励 COM（黄线）
LVDT 电流 变送器输入	23	AI1＋	变送器电流输入正
	24	AI1－	变送器电流输入负
阀门控制信号输出	25	AO2＋	阀门控制信号输出正
	26	AO2－	阀门控制信号输出负
手操盘用电流输出	27	AO1＋	手操盘用电流输出正
	28	AO1－	手操盘用电流输出负
110％AST 输入	29	110％AST＋	SD 卡输出正，干触点
	30	110％AST－	SD 卡输出负，干触点
	31	NC	空
	32	NC	空

卡 B 对应端子 7~16，卡 A 对应端子 17~32。

表 14-130　GnVC0206D 模块（6 线制）LVDT 端子接线端子定义

功能	端子编号	定义	描述
LVDT1 输入	1	LVDT1_INA＋	六线制输入 A 正（黑线）
	2	LVDT1_INA－	六线制输入 A 负（绿线）
	3	LVDT1_INB－	六线制输入 B 负（红线）
	4	LVDT1_INB＋	六线制输入 B 正（蓝线）
	5	LVDT1_EXC＋	六线制激励 C 正（棕线）
	6	LVDT1_EXC－	六线制激励 C 负（黄线）

卡 B 对应端子 1~6。

续表

功能	端子编号	定义	描述
LVDT1 电流变送器输入	7	AI1+	变送器电流输入正
	8	AI1−	变送器电流输入负
阀门控制信号输出	9	AO2+	阀门控制信号输出正
	10	AO2−	阀门控制信号输出负
手操盘用电流输出	11	AO1+	手操盘用电流输出正
	12	AO1−	手操盘用电流输出负
110%AST 输入	13	110%AST+	SD 卡输出正，干触点
	14	110%AST−	SD 卡输出负，干触点
	15	NC	空
	16	NC	空
LVDT1 输入	17	LVDT1_INA+	六线制输入 A 正（黑线）
	18	LVDT1_INA−	六线制输入 A 负（绿线）
	19	LVDT1_INB−	六线制输入 B 负（红线）
	20	LVDT1_INB+	六线制输入 B 正（蓝线）
	21	LVDT1_EXC+	六线制激励 C 正（棕线）
	22	LVDT1_EXC−	六线制激励 C 负（黄线）
LVDT 电流变送器输入	23	AI1+	变送器电流输入正
	24	AI1−	变送器电流输入负
阀门控制信号输出	25	AO2+	阀门控制信号输出正
	26	AO2−	阀门控制信号输出负
手操盘用电流输出	27	AO1+	手操盘用电流输出正
	28	AO1−	手操盘用电流输出负
110%AST 输入	29	110%AST+	SD 卡输出正，干触点
	30	110%AST−	SD 卡输出负，干触点
	31	NC	空
	32	NC	空

卡 B 对应端子 7~16，卡 A 对应端子 17~32。

5. 参数说明

（1）B 输出偏置（PI 运算结果加上输出偏置 B 后作为最终控制电液伺服阀的指令 VOUT），范围：−10.00～+10.00V。

（2）HI 最终控制输出指令 COUT 上限，范围：−10.00～+10.00V。

（3）LO 最终控制输出指令 COUT 下限，范围：−10.00～+10.00V。

（4）VH、VHO 控制器发给 VC 卡的控制指令达到 100%时，VC 卡中 PI 正常运算取消，PI 运算结果恒为一正向电压，以保证调门开足，电流大小由参数 VHO 确定，范围：0.00～+5.00V 或者 0～25mA。当控制器发给 VC 卡的控制指令从 100%下降到一定值时，VC 卡中 PI 运算恢复正常，此定值由参数 VH 确定, 范围: 99.00%~100.00%。当 VH 设为 0 时, VHO 无效, 即当指令到 100% 时, 仍正常进行 PI 运算。

(5) VL、VLO 控制器发给 VC 卡的控制指令达到 0% 时, VC 卡中 PI 正常运算取消, PI 运算结果恒为一负向电压, 以保证调门关闭, 电流大小由参数 VLO 确定, 范围: -5.00~0.00V 或者 -25~0mA。当控制器发给 VC 卡的控制指令从 0% 上升到一定值时, VC 卡中 PI 运算恢复正常, 此定值由参数 VL 确定, 范围: 0.00%~1.00%。当 VL 设为 0 时, VLO 无效, 即当指令到 0% 时, 仍正常进行 PI 运算。

(6) G 死区外比例增益, 以 1/10 为单位, 5 相当于比例增益为 0.5, 范围 0~2000。

(7) R 死区外积分时间, 以 s 为单位, 范围: 0~5000。

(8) DG 死区内比例增益, 以 1/10 为单位, 5 相当于比例增益为 0.5, 范围 0~2000。

(9) DR 死区内积分时间, 以 s 为单位, 范围: 0~5000。

(10) PED 死区, 以 1/100 为单位。例如: 设置为 0.1, 则对应的死区为 0.1%。

(11) CET 控制器指令与 LVDT 的最大允许偏差, 以 1/100 为单位, 例如: 设置为 1, 则对应的最大允许偏差为 1%。

(12) CD 控制器指令与 LVDT 的偏差达到最大允许偏差的允许时间, 超过此时间后认为 LVDT 故障, 单位: s, 范围: 0~60。

(13) LVDT_MODE LVDT 变送器模式选择, 0: LVDT 模式, 1: 变送器模式, 需要硬件配合, 设置为变送器模式后, LVDT 断线不报警。

(14) LVDT_LIMIT LVDT 超限限值, LVDT 采集到的大于该值, 报 LVDT 偏差大。例如: LVDT_LIMIT 设置为 5%, 则报警上、下限为 105% 和 -5%。

(15) LVDT_OFFSET 两路 LVDT 偏差限值, 两路 LVDT 之间偏差超过该值报警。

(16) AO_OPEN AO 反馈断线值, 当 AO 输出值大于 AO_OPEN_TH 值并且 AO_ADC_VALUE 小于 AO_OPEN 值后报 AO 输出断线, 默认值: 50。

(17) AO_OPEN_TH AO 反馈断线判断启动电压, 当 AO 输出的电压绝对值小于 AO_OPEN_TH 阈值后, 不做断线判断, 输出 0~32767 对应 0~10V。默认值 165。

(18) AO_ADC_VALUE AO 反馈原始码值, 用于与 AO_OPEN_H 值比较, 作断线判断用。

(19) FILTER 报警过滤采集次数, 单位: 次, 默认值: 1000, 对应 1000 次。信号产生后, 在 FILTER 对应采集次数内连续保持该状态, 则置新值, 否则过滤掉保持原来值。

(20) ADZ1、ADF1 用于调整外接 LVDT1 信号的零点和满度。

6. 调试步骤

输出类型为 −10～+10V（用于燃油型 DEH）。

(1) 根据 MOOG 阀的控制指令信号要求，确定最终控制指令的上限 HI 和下限 LO。若控制指令信号为 −10～+10V，则 LO 设为 −10V，HI 设为 10V。

(2) 确定零点：改 VC 卡参数，设定 DPU 控制器送到 VC 卡的控制指令为 0%，即最终伺服阀控制指令为 −10V，保证调门全关。在调门全关的情况下，算法浏览器 VC 扩展属性页中将 AD1 的值填入 ADZ1 目标值列，这样就完成了 LVDT 的零点调整。

(3) 确定满度：设定 DPU 控制器送到 VC 卡的控制指令为 100%，即最终伺服阀控制指令为 +10V，保证调门全开。在调门全开的情况下，算法浏览器 VC 扩展属性页中将 AD1 的值填入 ADF1 目标值列，这样就完成了 LVDT 的满度调整。

(4) 确定全开和全关时的输出指令：适当设定 VH 和 VHO、VL 和 VLO，使得当控制器指令为 100% 时，最终伺服阀控制指令为一正向电压，以保证调门全开；当控制器指令为 0% 时，最终伺服阀控制指令为一负向电压，以保证调门全关。当控制器指令小于 0 时按 0 处理，当控制器指令大于 100 时按 100 处理。

(5) 细调调门：增加或减少控制器输出指令，观察指令、阀位趋势，调整 VC 卡上 PI 参数，使阀位与指令达到较好的跟随性和稳定性。

(6) 保存参数：VC 卡参数调整完后，点击算法浏览器 VC 扩展属性页的"保存参数至 FLASH"，将参数写入 Flash。

7. 跳线设置

(1) LVDT 位移传感器输入分 2 种类型，可通过电路板上的跳线帽进行设置。

1) LVDT 输入设置：跳线帽插右边（见图 14-107）。

2) 电流变送器输入设置：跳线帽插左边（见图 14-108）。

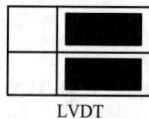

图 14-107　LVDT 输入设置

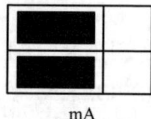

图 14-108　电流变速器输入设置

(2) 阀门控制信号输出设置。

输出信号分 2 种类型，见图 14-109。

1) ±50mA 电流输出设置：跳线帽插顶部。

2) ±10V 电压输出设置：跳线帽插底部。

图 14-109 输出电流/电压型设置

安装跳线帽见图 4-110。

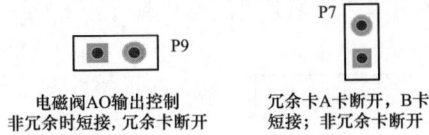

图 14-110 安装跳线帽

电压模式安装跳线帽，电流模式不安装跳线帽，见图 14-111。

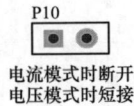

图 14-111 电压模式安装跳线帽

8. 工程应用

三线制和六线制 LVDT 的接线方式见图 14-112、图 14-113。

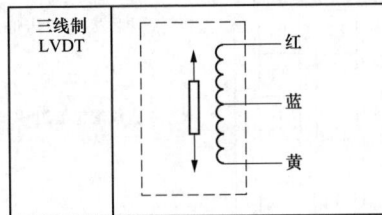

图 14-112 三线制 LVDT

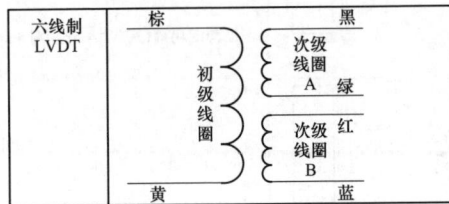

图 14-113 六线制 LVDT

十九、汽轮机保护模块组 TPM

汽轮机保护模块组与普通的 I/O 卡件不同，它必须以一个完整的组为单位投入运行。每组提供 24 通道开关量输入及 5 路 3 冗余开关量输出、3 路卡件状态报警开关量输出。在开关量输入数量小于或等于 23 点的情况下，一个保护模块组就可以完成完整的保护任务，当开关量输入数量大于 23 的情况下，需要多个保护模块组协同完成。每组包括如下基本模块：

(1) 卡件：EDPF-GnTPM 3 块。

(2) 底座：NT100-TPM-BASE 1 块。

(3) 继电器板：NT100-TPM-RELAY 1 块。

汽轮机保护模件组逻辑示意图见 14-114。

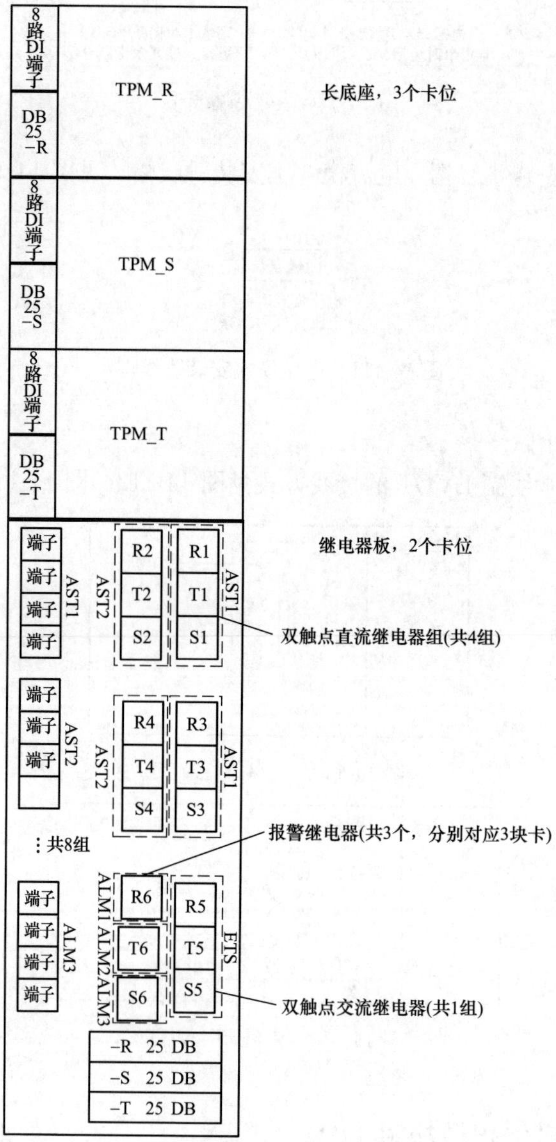

图 14-114 保护模块组逻辑示意图

　　TPM-BASE 是保护模块组中的底座，该底座包括 3 块槽位，有 24 路开关量输入通道及 3 个 DB25 插座，其中每个插座包含 6 路开关量输出。

　　GnTPM 模块是保护模块组中的运算核心，需要 3 块 GnTPM 分别插入 TPM-BASE 的 3 块槽位中，每块该卡件都可以接受到底座送来的 24 路开关量输入，并输出 6 路有源开关量输出信号到底座的 DB25 上，3 块卡件互相独立。

　　TPM-RELAY 是保护模块组中的继电器板。该板提供 3 个 DB25 插座以接受 GnTPM 送来的开关量输出信号，每个开关量输出信号都分别对应 1 个继电器，然后在该继电器板上通过电路板布线的方式完成 2OO3 冗余。其中前 4 路 2OO3 冗余信号采用的是双触点直流继电器组（图 14-114 中为 R1/T1/S1、R2/T2/S2、R3/T3/S3 、R4/T4/S4），继电器选用 KUEP-11D15-D24，用于带 110V DC/220V DC 的现场电磁阀或扩展继电器。而第 5 路 2OO3 冗余信号采用的是双触点交流继电器组（图 14-114 中为 R5/T5/S5），继电器采用 RJ2S-CL-D24，一般用来接往 DCS 的其他系统如 MFT 等。而最后 3 路（见图 14-115 中为 R6、T6、S6）则分别是 3 块 EDPF-GnTPM 的报警继电器。

　　安装及外观示意图见图 14-115，包括 3 组汽轮机保护模件组，及辅助的 SD、DI、DO 等模块。

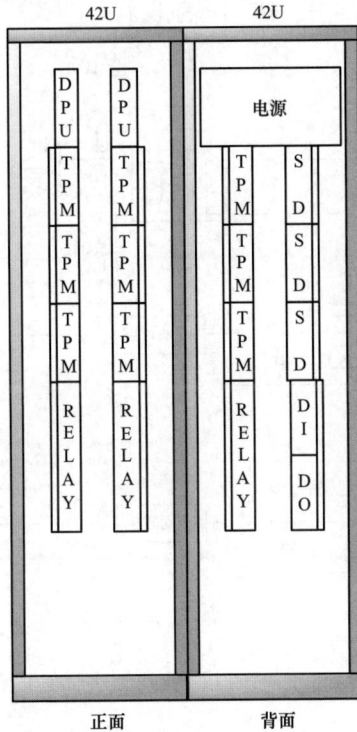

图 14-115　安装及外观示意图

（一）保护模块 GnTPM

EDPF-GnTPM 开关量输入接口具有 5ms 滑动滤波（由硬件 FPGA 完成），同时具有 SOE 功能，每块 EDPF-GnTPM 卡件最多可以储存 1024 条记录。

EDPF-GnTPM 接口与系统电气隔离，防止各模块接口之间相互干扰。

EDPF-GnTPM 的 24 通道开关量输入为干触点输入，提供了过流过压保护、反向电压保护，可防止在接入错误信号时，保护模块接口不损坏。

EDPF-GnTPM 有 6 路开关量输出通道，采用有源输出，通过 DB25 电缆到 NT100-TPM-RELAY 继电器板，其中前 5 路为保护动作结果输出，第 6 路为该卡件报警输出。

汽轮机保护的核心逻辑运算表决由 EDPF-GnTPM 卡件的 FPGA 芯片硬件实现，安全稳定。保护逻辑由专用组态软件 EtsConfig 完成，通过串口下载线下载到各 EDPF-GnTPM 卡件上，也可由上位机组态下载完成。

1. 工作原理

工作原理框图见图 14-116。

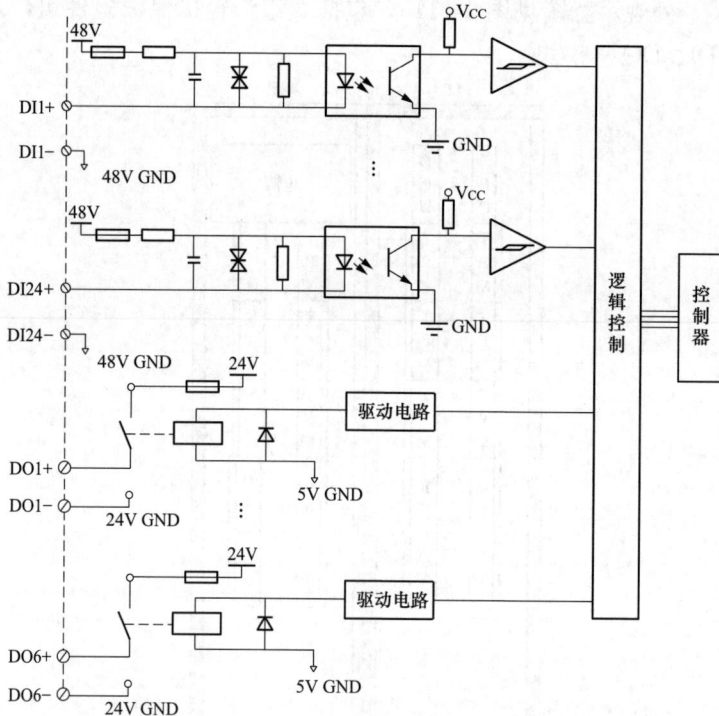

图 14-116 GnTPM 模块工作原理框图

2. 技术指标

技术指标见表 4-131。

表 14-131 技术指标

描述	说明
EDPF-GnTPM	
输入特性	
检测通道数目	24 路开关量输入
检测电压	+48V DC
输入响应时间	5ms
输出特性	
输出通道	6 路开关量输出
阈值电压	上升沿阈值 33V±5V；下降沿阈值 21V±5V
输出方式	24V
输出电流限制	120mA
开关容量	1A@24V DC
开关寿命	$2×10^5$
吸合/导通时间	3ms
释放/截止时间	3ms
隔离	
接口和系统隔离电压	500V DC
电源	
工作电压	24V DCV 压统
功率消耗	1.8W@24V DC 空载 12.24W@24 VDC 满载
工作环境	
工作温度	−25 ～ +60℃
工作湿度	5%～90%相对湿度，不凝结
存储温度	−40 ～ +85℃
存储湿度	5%～95%相对湿度，不凝结
物理特性	
外形尺寸	80mm（宽）×190mm（高）×170mm（深）
防护等级	IP50
SOE 特性	
事件分辨率	0.2ms
相对时间误差	1ms
缓存容量	1024 条
抖动处理	5ms 滑动窗硬件滤波

3. 指示灯说明

模块加电时，其面板上的状态指示灯（PWR、CPU、COM）显示当前的工作和通信状态，具体组合状态及含义见表14-132。

表 14-132 指示灯说明

PWR	CPU	COM	含义
亮	均匀闪	亮或均匀闪	模块工作正常
亮	均匀闪	灭	模块未通信上
亮	恒灭或恒亮	灭	模块死机
灭	灭	灭	模块未上电或损坏

开关量输入输出指示灯显示开关量的状态（1～32），见表14-133。

表 14-133 指示灯说明

类型	名称	说明
DI1-DI24	开关量输入指示灯	亮表示有输入，灭表示无输入
DO1-DO6	开关量输出指示灯	亮表示有输出，灭表示无输出
48V1	48V1 电源监视灯	亮表示有 48V1，灭表示无 48V1
48V2	48V2 电源监视灯	亮表示有 48V2，灭表示无 48V1

（二）保护模块组底座 TPM-BASE

TPM-BASE 是专用于保护模块组的长底座，1块该底座占用3块卡槽的位置。该长底座通过电路板布线的方式，实现了任意1个开关量输入信号同时送往3块 EDPF-GnTPM 卡件的功能。

TPM-BASE 的接线端子定义见表14-134。

表 14-134 TPM-BASE 接线端子定义

开关量输入通道			
通道编号	端子编号	端子名称	描述
DI1	1	DI1＋	通道 1 输入，检测电源正
	2	DI1－	通道 1 输入，检测电源负
DI2	3	DI2＋	通道 2 输入，检测电源正
	4	DI2－	通道 2 输入，检测电源负
...	...	...	...
DI24	47	DI24＋	通道 24 输入，检测电源正
	48	DI24－	通道 24 输入，检测电源负

开关量输出通道（到 DB25）			
通道编号	端子编号	端子名称	描述
DO1	DB25-1/DB25-14	DO1＋	通道 1 输出正端
DO2	DB25-3/DB25-16	DO2＋	通道 2 输出正端
…		…	…
DO6	DB25-11/DB25-25	DO6＋	通道 6 输出正端
公共端	DB25-2、4、6、8、10、12、15、17、19、21、23、25	DO—	输出公共端

（三）保护模块组继电器板 TPM-ReLAY

TPM-RELAY 是保护模块组的继电器板，该板接受 3 块 EDPF-GnTPM 的开关量输出，在板上通过电路板布线的方式实现了继电器的 2OO3 冗余表决输出。

1. 冗余逻辑

TPM-RELAY 继电器板的前 4 组由双触点直流继电器组成的 3 冗余继电器回路可以用来驱动 110V DC/220V DC 继电器或电磁阀，第 5 组由双触点交流继电器组成的 3 冗余继电器回路一般用来联锁 MFT 或其他 DCS 子系统。最后独立的 3 个报警继电器分别对应 1 块 EDPF-GnTPM 卡件。

继电器输出 2OO3，用 3 个双触点的直流继电器在继电器板上搭建，见图 14-117。

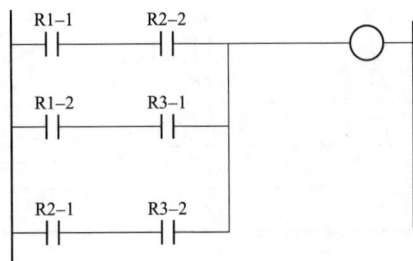

图 14-117　继电器输出 2OO3

注：R1-2 表示第 1 个继电器的第 2 对触点，其余类推。

2. 接线端子定义

TPM-RELAY 继电器板接线端子定义见表 14-135。

表 14-135　TPM-RELAY 继电器板接线端子定义

开关量输出通道（到现场）			
通道编号	端子编号	端子名称	描述
DO1（AST1）	1	DO1＋	通道 1 输出正端
	2	DO1－	通道 1 输出负端
	3	DO1＋	通道 1 输出正端
	4	DO1－	通道 1 输出负端
DO2（AST2）	5	DO2＋	通道 2 输出正端
	6	DO2－	通道 2 输出负端
	7	DO2＋	通道 2 输出正端
	8	DO2－	通道 2 输出负端
DO3（AST3）	9	DO3＋	通道 3 输出正端
	10	DO3－	通道 3 输出负端
	11	DO3＋	通道 3 输出正端
	12	DO3－	通道 3 输出负端
DO4（AST4）	13	DO4＋	通道 4 输出正端
	14	DO4－	通道 4 输出负端
	15	DO4＋	通道 4 输出正端
	16	DO4－	通道 4 输出负端
DO5（ETS）	17	DO5＋	通道 5 输出正端
	18	DO5－	通道 5 输出负端
	19	DO5＋	通道 5 输出正端
	20	DO5－	通道 5 输出负端
DO6（ALM1）	21	DO6＋	通道 6 输出正端
	22	DO6－	通道 6 输出负端
	23	DO6＋	通道 6 输出正端
	24	DO6－	通道 6 输出负端
DO7（ALM2）	25	DO7＋	通道 7 输出正端
	26	DO7－	通道 7 输出负端
	27	DO7＋	通道 7 输出正端
	28	DO7－	通道 7 输出负端
DO8（ALM3）	29	DO8＋	通道 8 输出正端
	30	DO8－	通道 8 输出负端
	31	DO8＋	通道 8 输出正端
	32	DO8－	通道 8 输出负端

注　在本继电器底座上，同一 DO 内奇数端子和偶数端子已分别短接。

（四）工程应用

1. 保护逻辑组态

保护逻辑的组态由专用工具软件 ETSCONFIGQT 来完成，见图 14-118。

图 14-118 保护逻辑组态界面

ETS 组结构类型有 1OO1（单点跳）1OO2（或）2OO2（与）2OO3（三取二）2OO4（二或一与），具体逻辑关系可在组结构配置表中的"逻辑"列查看。可根据逻辑需要，配置相应组结构和起始通道，每块卡件最多可配置 12 个组结构。投切类型有禁止和允许两种类型，见图 14-119。

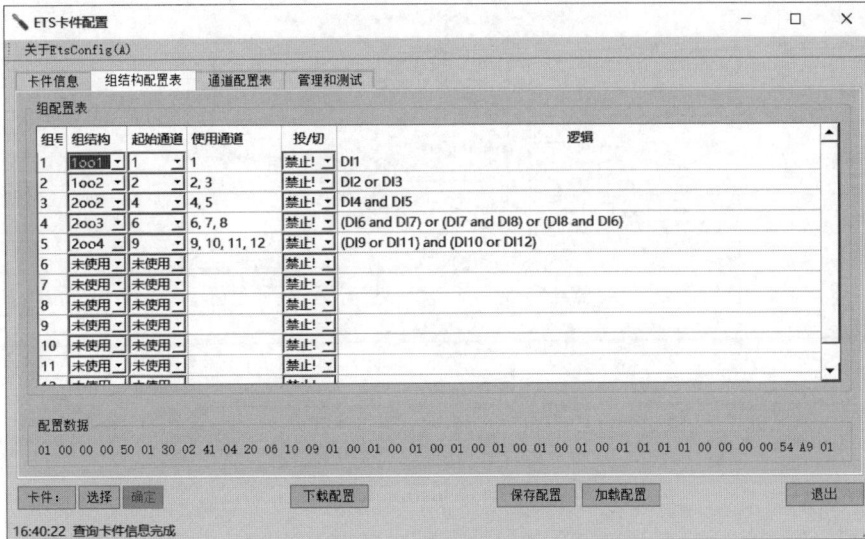

图 14-119 结构配置表

对于 GnTPM 卡件，每个开关量通道接入的是动合/动断信号、DO 带电/失电跳机选择、是否勾选故障跳闸选项，20～23 通道的延时时间也可以在该组态软件里选择，见图 14-120。

图 14-120　通道配置

对于 EDPF-GNTPM 卡件，DO 跳机模式固定为带电跳机，信号类型有动合/动断两种类型可选，并提供故障跳闸选项和 20～23 通道延时时间选择。见 14-121。

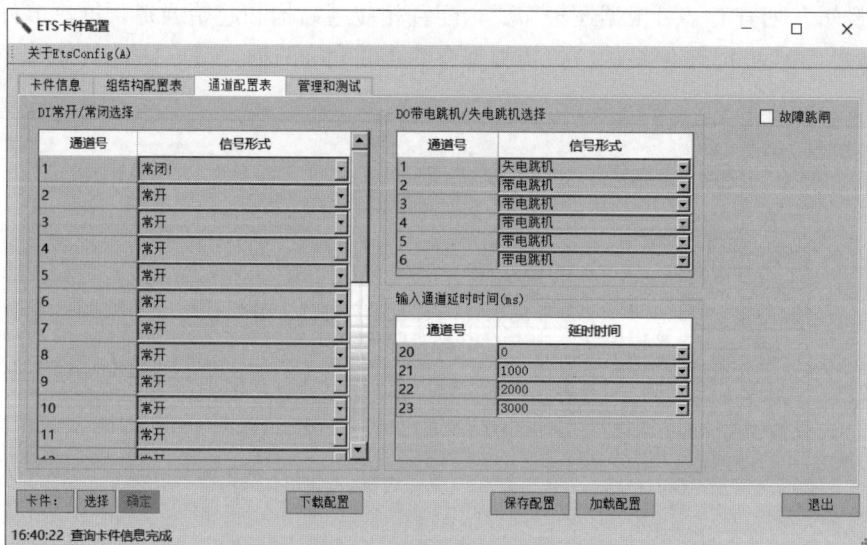

图 14-121　通道信号类型选择

在组态时，首先将 23 个开关量输入通道（第 24 路固定为专用硬复位通道）组合成不同的保护逻辑组（最多 12 个组）。指定组的起始通道号和组的结构形式（现在组结构形式包括 2OO4、2OO3、1OO2、2OO2、1OO1 共 5 种），此外，还包括每组是否允许操作员投切。组结构形式如下。

（1）信号 2OO3，见图 14-122。

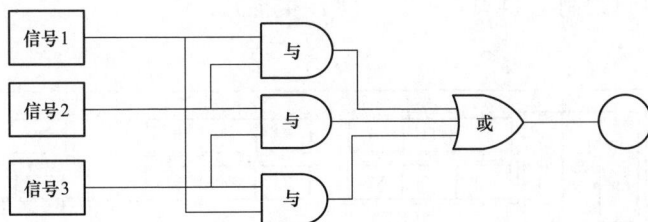

图 14-122　信号 2OO3

（2）信号 2OO4，见图 14-123。

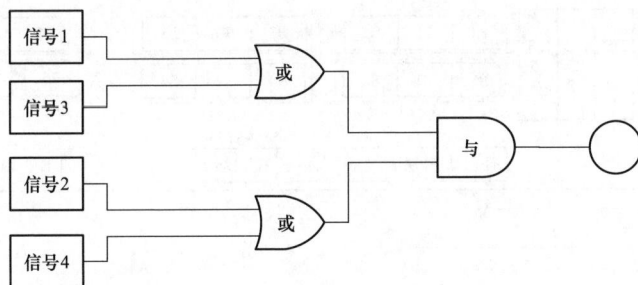

图 14-123　信号 2OO4

（3）信号 2OO2，即逻辑"与"。

（4）信号 1OO2，即逻辑"或"。

（5）信号 1OO1，即单点动作。

当组态完成后，使用上位机下载到各 GNTPM 模块中。

模块的初始状态：

组起始通道与组结构配置均为 0，表示模块未配置组态。

保护投切允许全部为"投入"。

动合信号/动断信号选择全部为动合。

2. 多组级联

当保护用开关量输入测点小于或等于 23 点时，使用 1 个保护单元即可，此时无论带电跳还是失电跳，对于 DON，只接 T4N-3 和 T4N-2 到现场即可。其中，$N=1$，2，3，4，5，6。否则需要多个保护单元的级联。

（1）带电跳。以三组保护单元级联为例，对于 DON，第一组保护单元继电器底座的端子 T4N-3 和 T4N-2 分别接到现场正负端（区分正负仅在现

场为直流系统时，交流时不用区分），而 T4N-1 和 T4N 则分别接到第二组
保护单元继电器底座的端子 T4N-3 和 T4N-2。第二组保护单元继电器底座
的端子 T4N-1 和 T4N 则分别接到第三组保护单元继电器底座的端子 T4N-3
和 T4N-2。第三组保护单元继电器底座的端子 T4N-1 和 T4N 不接线。其
中，$n=1$，2，3，4，5，6。带电跳时 DO1 的 3 组保护单元级联示意图见
图 14-124（只绘制了 DO1，DO2～DO8 类推）。

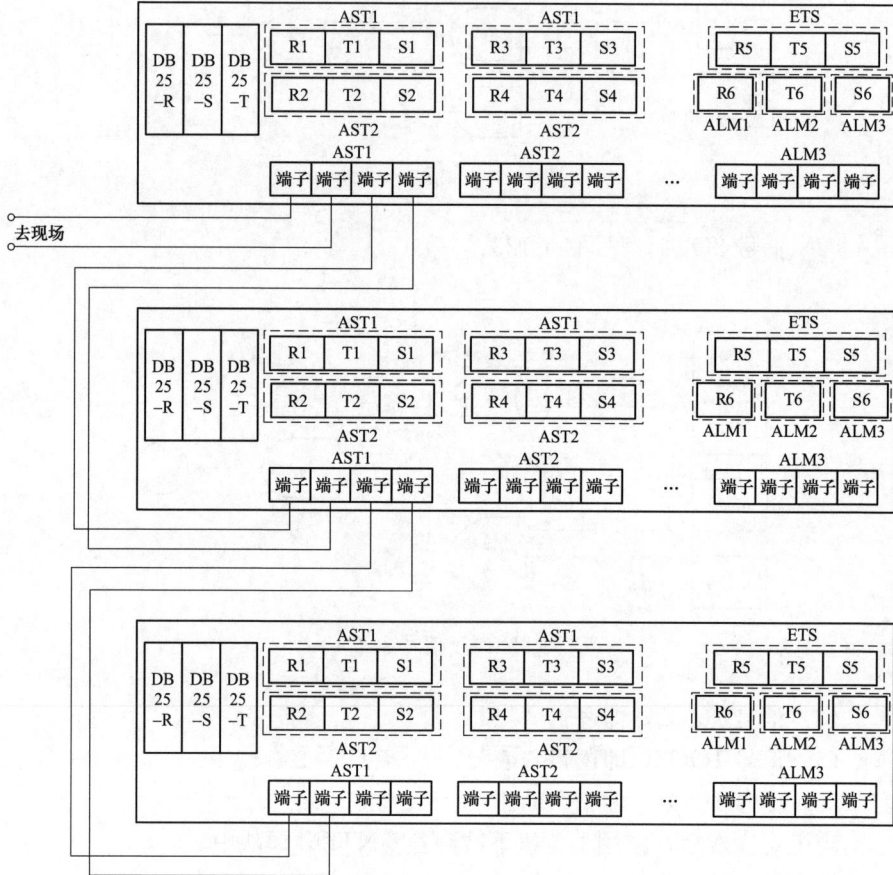

图 14-124　带电跳时 DO1 的 3 组保护单元级联示意图

（2）失电跳。以三组保护单元级联为例，对于 DOn，第一组保护单元
继电器底座的端子 T4n-3 接到现场正端（区分正负仅在现场为直流系统时，
交流时不用区分），而 T4n-2 则接到第二组保护单元继电器底座的端子 T4n-
3。第二组保护单元继电器底座的端子 T4n-2 接到第三组保护单元继电器底
座的端子 T4n-3。三个组保护单元继电器底座的端子 T4n-1 和 T4n 都不接
线。其中，$n=1$，2，3，4，5，6。失电跳时 DO1 的 3 组保护单元级联示
意图见图 14-125（只绘制了 DO1，DO2～DO8 类推）。

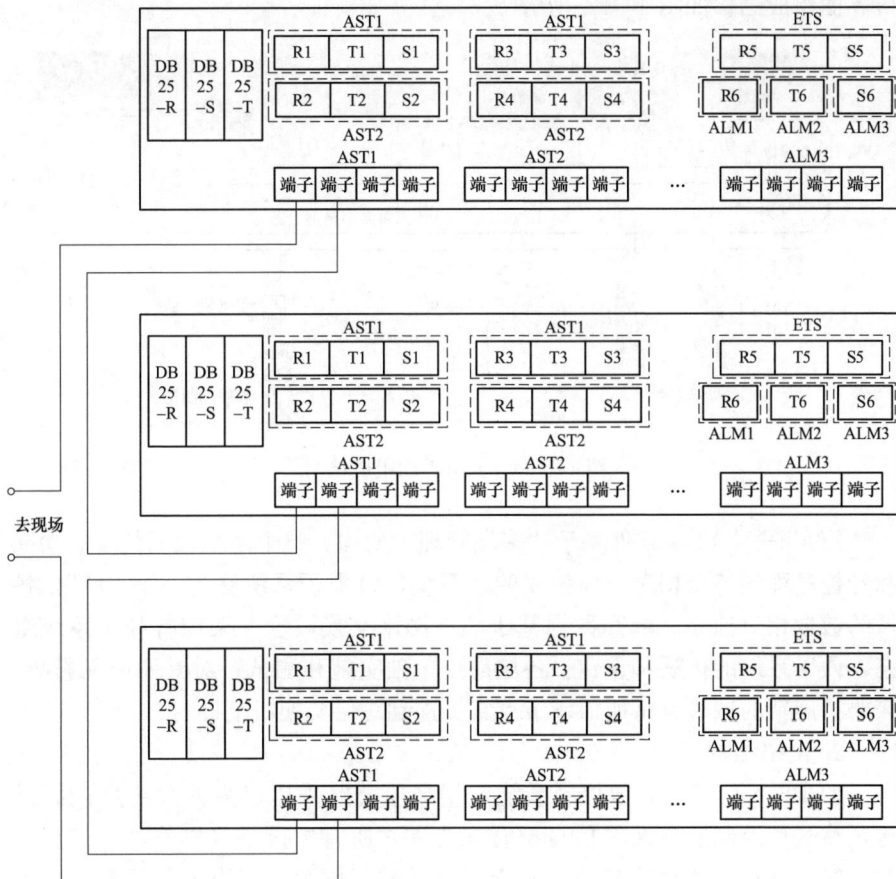

图 14-125　失电跳时 DO1 的 3 组保护单元级联示意图

第五节　人机交互接口

一、监视控制层

1. 人机交互界面介绍

DPF－NT Plus 系统人机交互界面主要由工程服务器、工程师站、操作员站、历史站、交换机等组成，它通过以太网与控制层进行通信，将过程数据显示给操作人员，并将操作人员的指令传送给控制层。系统设备通过两组交换机连成网络。如历史站、交换机等重要设备均冗余配置，以提高系统通信的可用性。

EDPF-NT Plus 系统具有多种功能，包括数据采集、控制调节、报警、趋势、总貌图、数据一览、日志管理、表格管理、事件顺序记录、报表和数据统计、对时服务、显示管理、人机对话、打印管理、系统故障诊断及故障监视、系统组态、操作员在线参数设定、存档数据的离线查询等。人机界面组成结构如图 14-126 所示。

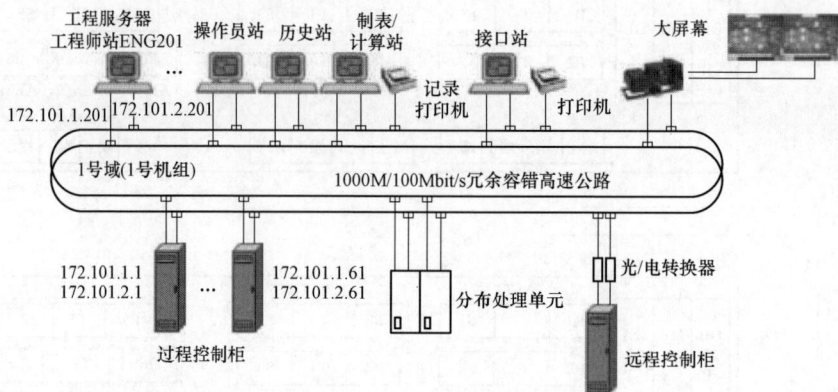

图 14-126　人机界面组成结构

EDPF-NT Plus 软件基于"多域管理"架构。整个系统根据位置、功能和受控过程的特点相对分为独立的子系统，每个子系统称为一个"域"，各域的数据相对独立。域间数据基于三层网络交换，这种架构有利于系统组态，便于系统的扩展和重建。各域都可单独实施和测试，对其他域无影响。需要扩展新的域时，将所需域节点直接连到三层交换机上即可。

2. 网络结构

EDPF-NT Plus 分散控制系统数据高速公路采用以太网总线型网络结构，将过程控制层和系统信息层合二为一，所有主设备（操作站、过程控制站等）挂在同一数据高速公路上，不设层间网关，不设通信服务器，数据高速公路冗余配置，双网并发，接收冗余检测，确保信息可靠传输。

二、工程师站

工程师站是 EDPF-NT Plus 系统中组态、管理和维护工程的计算机。一个系统中可以存在多台工程师站，安装了工程师软件，具有相应权限的计算机就是工程师站。用户可以在工程师站上创建工程、组态、安装 DPU、维护工程服务器的数据、维护运行站的数据、管理运行站，以及进行各种系统管理工作。

工程师站是系统管理的核心，但生产过程的控制并不依赖于工程师站，在系统正确部署后，操作员站、DPU、历史站等各功能站都可以正常运行，无需工程师站。

（一）工程服务器

1. 工程服务器介绍

工程服务器本身是一个工程师站，它的主要功能是保存文件，共享数据，为工程师站提供组态文件，为运行中的功能站下载文件。一个工程中可以配置多个工程服务器，但一个域只能有一个工程服务器，一个工程服务器可以加入多个域。

2. 本地域和链接域

在创建或维护工程时，如果在本机创建新域，称为本地域。这个域的所有组态文件保存在工程主目录下。只有在这个工程师站上才能删除本地域。

如果需要管理保存在其他工程服务器上的组态文件，可以建立"链接域"，只需选择另一台工程服务器共享的域主目录（甚至是本机另一个工程的域主目录），添加至当前工程。在当前工程中只记录了链接域的域号及其主目录，组态文件仍保存在另一台工程服务器上。但对于工程师，他操作本地域和链接域没有差别，都可以进行创建控制图、过程画面等组态工作。如果删除链接域，仅在当前工程中删除其注册项，并不删除真实组态文件。

（二）工程和域

1. EDPF-NT Plus 软件及工程概念

在 EDPF-NT Plus 中，"工程"的含义不尽相同。通常"工程"指正在组态和维护的控制系统，它包括控制图、过程画面、数据库、应用软件、网络、计算机、DPU，I/O 卡件等各种软硬件。一个工程可能对应一个实际过程控制系统的项目，也可能只对应其中一部分。

有时工程只代表控制系统的软件或部分软件，例如使用工程管理器离线组态时，尽管不连接 DPU、操作员站等实际设备，仍可以"创建工程""组态工程"。一个完整系统可以包含多台工程师站，每台工程师站可以组态完整系统或系统的一部分，因此在不同的工程师站上，即使工程名相同，它们对应的实际内容也未必相同。

域是一组站点的集合，一个工程可以包含一个域或多个域，每个域有一个唯一的编号。域内包含 1～253 个站，每个站有一个不重复的编号，但不同域内允许有相同编号的站。以域号站号可以定位一个站。一台物理计算机可以加入多个域，它仍然只有一个站号，但具有多个域号。这台计算机必须是 MMI，DPU 不允许加入多域。域有编号、名字（规则与点记录名字相同）、描述、主目录。每个域需指定自己的时间服务器。

MMI 可以接收它加入的域的数据，向这个域发送指令。对于未加入的域，则没有这些权限。DPU 可以直接向另一个域的 DPU 请求数据，但仅限于请求数据，不能发送指令。

EDPF-NT Plus 管理工程的工具是工程管理器（Project Organizer），控制组态工具是"EDPF-NT Plus 控制组态工具"，过程画面工具是 EDPF 图形编辑器（Graphics Builder）。工程管理器可创建和管理多个工程，一台计算机上同时存在多个工程时，仅有一个工程可以成为"活动工程"。"活动工程"是与当前运行站的工程匹配的工程，控制组态工具只能编译属于活动工程的控制图。工程管理器可以管理和组态非活动工程，但不能编译控制图和下载组态文件。

2. EDPF-NT Plus 域概念

一个工程最多可创建 100 个域，编号从 1～100。域的一个重要功能是隔离网络流量，网络上最占用带宽的实时数据仅限于每个域内传播，不同域之间没有大量的实时数据包传送。域的划分还涉及安全、网络、操作权限的设置等因素。实际生产系统中，通常每个相对独立的子系统划分为一个域。例如，火力发电厂中，两个单元机组共用一个公用系统，这 3 个子系统分别属于一个域；每个域对应一个子网，通常两个域之间很少需要数据交换，如果两个子系统之间有大量数据交互，它们不适宜划分到不同域。

一台 MMI 最多可以同时加入 15 个域。MMI 只有加入多域才可以接收这些域的实时数据，发送和响应指令。加入了多域的 MMI 具有唯一的站号，多个域号。虽然只有一个物理机器，对于它加入的每个域，它都以一个独立、完整的 MMI 的身份出现。由于一个域内站号是不允许重复的，对于多域系统，如果有某些 MMI 需要加入多域，MMI 的编号必须统一分配，否则加入新域时站号可能冲突。此外，如果多个域内有相同编号的 MMI，它们只能同时加入多域或都不加入。

例如：一个工程划分了 5 个域，编号为 1～5。一台操作员站编号为 210，同时加入了这 5 个域，对于每个域来说，都有一个 210 号站。操作员使用 210 号站时，可以同时观察 5 个域的数据，向 5 个域发送指令。1 号域的 DPU 能够接收到 1 号域 210 站发送的指令，2 号域的 DPU 能够接收到 2 号域 210 站发送的指令，它们都能够把命令回应发送回 210 站。对于操作员来说，这一切都是透明的。

对于上面的例子，不允许出现 1～4 号域的 210 是同一物理机器，而 5 号域的 210 是另外一台计算机，不加入多域。

（三）域内和域间的通信

域内通信以多播和单播为主，部分功能使用 TCP 连接。域间通信只使用单播。

域内通信的数据主要包括实时数据和指令。每个站都可以建立源点记录，定期发送点记录的数值和状态。这些实时数据的目标地址是每个域唯一的多播地址，只有属于这个域的 MMI 才加入这个多播组，接收这些数据。其他域的 MMI 和 DPU 不加入这个多播组，数据不会发送到这些站。

域内发送指令使用单播。根据将要操作的点记录或算法，得知它建立在哪个站，从系统配置可以查询出这个站的 IP 地址，然后利用 UDP 数据报发送指令，目标站以 UDP 数据报发送命令回应。

域之间很少需要数据传递，特殊情况下，只允许 DPU 之间直接请求和发送点记录数据。其发送和接收过程类似于域内指令的传递过程。

配置站点时，每个站的两个网卡的 IP 根据其域号、站号确定，规则如下：

网卡 A 的 IP：172.（100＋域号）.1. 站号。

网卡 B 的 IP：172.（100＋域号）.2.站号。

例如 10 号域 30 号站的两个 IP 分别是 172.110.1.30 和 172.110.2.30。

（四）应用示例

电厂的两个单元机组，例如 Unit1 和 Unit2，它们共用一个公用系统。将 Unit1 划分到 1 号域，Unit2 划分到 2 号域，公用系统划分到 21 号域。1 号机组的 DPU 编号为 1～24（共 12 对 DPU），MMI（包含操作员站、工程师站、历史站等）编号为 200～206（假设共 7 个站），2 号机组的 DPU 同样编号为 1～24（共 12 对 DPU），MMI 编号为 210～216，公用系统没有自己的专属 MMI，有 3 对 DPU，编号为 1～6。1 号机组的 206 站加入公用系统的 21 号域，2 号机组的 216 站也加入公用系统的 21 号域，这两个站可以同时操作各自单元机组和公用系统。

三、操作员站

操作员站是 EDPF-NT Plus 系统的重要组成部分，是 MMI 站（Man Machine Interface，指具有人机交互功能的计算机）的一种。

实时运行状态下，操作员通过操作员站实现对生产过程的实时监控。一个系统中可以有多台操作员站，各站之间相互独立，互不干扰。

操作员站通过过程画面、曲线、表格等方式为操作人员提供生产过程的实时数据，借助人机对话功能，操作人员可对生产过程进行实时干预。

操作员站软件根据其特点，可分为人机界面程序和服务程序：人机界面程序的主要功能是以各种方式为用户提供各种信息和人机交互手段，接受用户的操作；服务程序的功能则是为其他程序提供各方面的支持，如数据收集、通信管理、文件传输等；而某些程序既是人机界面程序，又是其他程序的命令出口，如 DCS Commander，因此与它有关联的程序运行时它也必须为运行状态。

（一）操作员站管理器 Drop Starter 启动方式

尽管操作员站软件较多，但无需操作员手工去一一启动。EDPF-NT Plus 系统有专门的站引导管理器软件和应用程序工具条，利用它们可方便地启动操作员站程序，也可将 Drop Starter 的快捷方式加入系统启动组，开机后自动启动。各软件的启动关系如图 14-127 所示。

Drop Starter 会顺序启动应用程序列表中的所有程序。运行状态一栏显示该程序的状态。正常情况下，每个程序的状态会由等待启动变为启动中、运行中。所有程序启动完成后，该窗口自动缩到托盘显示。Drop Starter 运行界面中，应用程序列表中的窗口一栏显示各程序的界面状况。若某程序对应的复选框为未选中，表示该程序窗口当前为隐藏。选中复选框才可能打开该窗口。有的程序窗口可最小化为工具条上的按钮。某些程序一直是窗口显示状态，托盘区也一直显示代表这些程序的小图标。

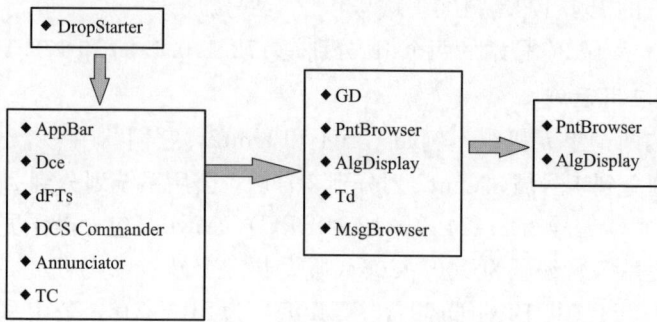

图 14-127　操作员站管理器启动

（二）应用程序工具条 AppBar 启动

站引导管理器 Drop Starter 运行时会启动应用程序工具条 AppBar，该工具条为操作员提供了各种应用程序的启动按钮，如图 14-128 所示。

图 14-128　AppBar 工具条

通过该工作条可以快速打开、关闭过程画面、点浏览器、算法浏览器、历史趋势、实施趋势、历史检索、报警等，并在中央位置显示设定的重要参数等实时信息。

（三）智能报警

报警服务器站隶属于操作员站组件，安装 NT＋时勾选操作员站即可。智能报警包括报警服务程序（Alarm Server）、报警中心（Alarm Center）、智能光字牌报警配置（Soft Ann Pancel Cfg）、智能光字牌（Soft Ann Pancel）、报警卡导入（Alarm Card Imp）等程序模块。报警服务器站（Alarm Server）用于采集测点的报警数据，并将采集到的信息按照设定好的格式存放到 MySql 数据库中。主要有以下功能。

1. 客户端列表管理功能

服务实时维护当前与服务连接的客户端列表，实时记录当前客户端数量、Ip 地址、端口号以及与 NT＋相关的域信息等，定时与客户端双向通信，确保及时删除无效客户端；自动决定抑制等请求转发的对象。（基于域信息，不在同一个域的客户端不接受其他域的信息）

2. 报警收集与存储功能

定时查询 NT＋系统报警信息，自动下载报警并将报警按既定规则存储到数据库，同时匹配报警的起始截止时间，轮询检查报警点的确认状态；计算报警持续时间，报警发生时排班信息。

3. 手工抑制点列表管理功能

服务实时维护手工抑制点列表，响应客户端启动时的抑制列表查询功能；相应客户端运行期间对点抑制、解除抑制功能，并实时转发抑制与解除抑制信息，是整个系统同步；服务端实时维护抑制点的持续时间，抑制结束后自动从抑制列表删除抑制点。

4. 操作记录功能

服务端自动记录对点的抑制、解除抑制、确认等操作信息，记录信息包括操作时间、用户（或 IP 地址）、动作类型、操作原因等。

5. 静态信息管理功能

服务端启动读取排班表，自动加载到报警存储功能，实时计算报警发生时的排班信息，统计查询时使用；实时读取预警信息表，并具有在线跟新功能。客户端启动查询预警信息表，所有客户端公用一张表。

6. 状态信息报告

服务端定时将自身运行状态下发给已经连接的客户端，客户端实时查看当前服务的各功能的运行状态。

报警中心用于查询 MySQL 数据库采集或存储起来的报警信息。包括实时、历史和按照各种检索条件的查询，以及对报警条目进行抑制等操作。

（四）接口站

接口程序运行在接口站（属于操作员站）上，随着 Drop Starter 的启动而运行。接口站用于向 DCS 系统外的接收方发送 DCS 系统中的实时点信息。接口程序的主要功能是根据预定义的点列表，按照规定的点发送周期定期向数据接收方（一般为 SIS 或者 MIS）发送 DCS 中点的实时信息，实时信息包括点的数值和状态。接口站可以只加入一个域，也同时可以加入多域。当接口站只加入一个域时，接口程序只发送该域中的点数据，若接口站加入多域，接口程序可以发送来自多域的点数据，具体可以发送哪些域的点数据，取决于现场的工作方式。

1. 接口站功能

根据预定义的点列表，按照规定周期定期向数据接收方发送 DCS 中点的实时信息，实时信息包括点的数值和状态。

2. 工作方式

Diprecevier 程序启动后读取配置文件及点列表文件，初始化成功后，等在指定的端口上接收来自发送端的数据，把收到的数值和状态分别更新到 MMI 上对应的点上，在 diprcv.ini 文件中配置有每个接收端的超时时间，如果出现点的数值和状态在定义的超时时间内没有更新，该点被设置品质坏，数据更新后，品质更新为数据发送端发送的品质值。

出于安全考虑，DCS 和数据接收方之间可能部署安全隔离装置，因此接口站与数据接收方之间的数据通信设计为单方向的通信，接口站定期向外发送 UDP 数据包，数据接收方负责接收数据，不必向接口站发送任何应答信息。

接口站工作方式如图 14-129 所示。

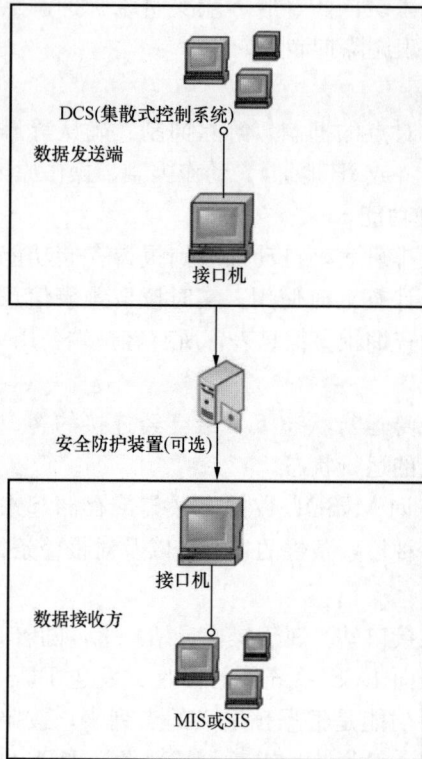

图 14-129　接口站工作方式

3. 操作步骤

（1）该程序运行在 MMI 的接口站中，运行程序前，需要在 MMI 接收端建接收点，这些都属于 MMI，然后编译下载到该 MMI 上。

（2）从 NT＋安装目录/template/下把点列表 diprcv _ pnt. csv 和配置文件。

diprcv. ini 拷到 MMI 运行目录 running/config/mmi/下。

（3）其中 diprcv _ pnt. csv 的内容和 dip _ pnt. csv 很相似，第一列的点名对应的是接收方的点名，把之前在 MMI 上建对应的接收点点名填入diprcv _ pnt. csv 的第一列中。

（4）运行 DipReceiver. exe。在 NT＋安装目录的 LOG 目录里会生成一个 diprcv. log 文件，可以查看相关运行提示。

（5）用户把运行 DipReceiver. exe 程序的 MMI 站配置成接口站，让dropstart. exe 启动后自动隐藏 DipReceiver 的运行窗口。

（6）运行 dipreceiver. exe，运行结果可在 NT＋安装目录/LOG/diprcv. log 文件查看实时运行记录。

四、历史站

历史站（Historical Storage and Retrieval Station）采用例外报告技术和二进制压缩格式收集生产过程参数或衍生数据，包括模拟量、开关量和GP 点的实时数据、报警信息、SOE 事件队列、操作记录等，并存储到存储介质中。历史站作为数据服务器，为系统的检索服务，历史趋势曲线、报警历史画面、报表等功能提供历史数据。

历史站涉及的文件有卷管理文件、卷文件、测点列表文件、数据文件。

卷管理文件：卷文件的索引，保存卷文件的文件名、起止时间、路径等信息。

卷文件：数据文件的索引，保存数据文件的起止时间、状态、文件名等，同时保存了数据文件的文件名、起止时间、位置等信息。

测点列表文件：所有被历史站采集的点列表，内容包含点名、点类型、上下限、采集周期等，历史采集程序根据此文件进行数据收集并保存，数据文件中存储采集数据的时间、值、状态等信息。

（一）历史站配置

历史站需要在工程师站上使用工程组织工具进行配置组态，首先运行工程组织工具，打开工程。然后进入点记录编辑，打开测点的"历史及其他"页（见图 14-130）。选中"历史存储"栏的复选框，选择历史死区显示方式（缺省为绝对值）；输入历史死区限值。最后点击"新建"或"修改"按钮，完成需要存储的测点的组态。

图 14-130　配置组态

进入历史站的历史站配置页面（见图 14-131）。

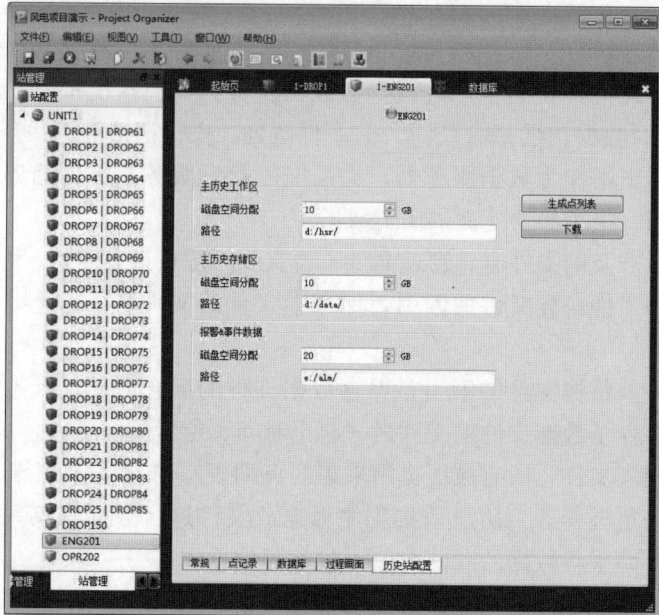

图 14-131 历史站配置页面

1. 工作区配置

在各个工作区的文本编辑框内设定该工作区的磁盘空间分配及路径，其中：主历史工作区用于存放较新的历史数据文件；主历史存储区用于存储较旧的数据文件。新生成的历史数据文件首先存放在主历史工作区。当主历史工作区分配的磁盘空间将要被占满后，工作区中最旧的数据文件移动到主历史存储区。存储区被占满后，删除存储区最旧的数据文件。数据文件一经删除后，不可恢复。这两个区一般不在同一个磁盘驱动器上，空间分配的大小视磁盘的空间而定，建议不要将整个磁盘的空间用于存储历史数据。

报警数据的数据量较小，因此只有一个报警数据工作区。为该工作区分配的磁盘空间被占满后，最旧的报警记录被删除。

组态完成后点击"下载历史配置"按钮，将配置下载到历史站。

2. 生成测点列表

点击历史点列表中的"生成"按钮，生成了本域的历史测点列表；点击历史点列表中的"下载"按钮，将测点列表下载到历史站。

（二）历史数据收集

历史数据收集程序首先读取测点列表，随后按周期对测点列表里的点进行数据采集、存储。被采集的点的数据包括实时值和实时状态（AS），DU 点包括 AS 和 AS2。对于 AP、GP 点，如果状态改变或值的变化超出死区，进行一次采样。对于 DP、DU 点，状态变化才进行采样。每个采样在存储前都打上时间标签，时间取的是本地时钟，即时间标签以历史站的时间为基准。

历史数据收集程序自动生成卷管理文件（VolMgr. vm）、卷文件（histvol1. vol 等）和数据文件（_ v0 _ 186. hsr 等）。卷管理文件只生成一次，卷文件的个数视数据文件的个数而定，每个卷文件管理 200 个数据文件，数据文件不定期、不定时、不定大小地生成。

（三）报警数据收集

报警数据采集程序接收到 DPU 站发送的报警、SOE 报警、操作事件、自诊断事件、安全事件等信息后进行存储。该程序首次运行时会自动生成报警卷文件（AlmVol. vol）和事件卷文件（EventVol. vol），该类型文件只有一个。报警数据文件（Alm _ 1. aso）和事件数据文件（Evt _ 1. al）是按照大小生成的，当一个数据文件被占满后，程序自动生成新的数据文件并更新报警卷文件的信息；报警数据采集程序每隔 30s 将数据存盘一次。存盘后的数据才能被检索。

（四）历史检索

历史检索程序（hsr _ Retriever）以列表显示方式为操作员提供已发生报警、事件和点记录数据的查询服务。历史检索可以查询报警、事件、点记录信息。

1. 报警检索

报警检索工具包括时间设置、过滤条件设置、服务器设置。

（1）时间设置：分别设置检索的起始和终止时间。单击下拉选框，可以选择日期。终止时间要晚于起始查询时间，如图 14-132 所示。

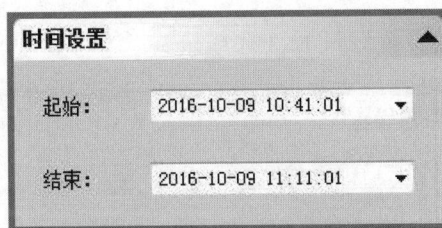

图 14-132　报警检索时间设置

（2）过滤条件设置：可按照报警级别、点类型、特征字单独或组合使用进行筛选，如图 14-133 所示。

1）报警级别：共有四种选择：

选中"＞＝0"，查询 0 级及以上报警信息（0 级，1 级，2 级……）；

选中"＞＝1"，查询 1 级及以上报警信息；

选中"＞＝2"，查询 2 级及以上报警信息；

选中"＞＝3"，查询 3 级及以上报警信息。

默认为选中"＞＝0"。

图 14-133　报警检索过滤条件设置

2）点类型：可以单选或多选：模拟点、开关点、SOE 点。

3）特征字：是点信息的一项，用于分类不同点的关键字，可以按照特征字规则键盘输入信息筛选。

4）点名检索：直接输入点名或者通过选点进行选择。以点列表形式显示过滤的点名，最多支持 8 个。

（3）服务器设置：如果有多台历史服务器，可以在首选服务器地址下拉框中选择主历史服务器地址，在备选历史服务器地址下拉框中选择备用历史服务器地址。如果在主历史服务器查找不到信息，则在备选服务器中查找，最后将两个历史站查到的数据自动进行内部整合后，将检索到的全部信息显示出来。

报警检索服务器设置如图 14-134 所示。

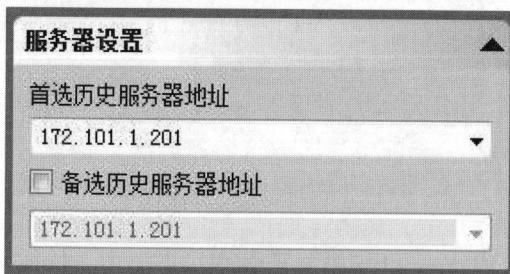

图 14-134　报警检索服务器设置

条件设置完成后，单击"查询"按钮，符合条件的报警信息显示在右侧信息显示区域；报警信息显示栏中的每一行为一条报警信息，内容为时间、点名、点描述、关键字、状态字、数值、报警限值、类型、SID、单位/0，1 描述、优先级。

普通报警和 SOE 报警信息的时间都精确到毫秒。例如：SOE 报警时间

栏显示："2007.08.17 14：34：25 801.6 "表示该 SOE 发生的时间是 2007
年 8 月 17 日 14 点 34 分 25 秒 801.6 毫秒（或 801 毫秒 600 微秒）。

每页最多显示 2000 条报警信息记录，可用左右按键进行翻页。并在右
下角显示当前位置，信息列表下方可以在关键词编辑框中输入查找的关键
词，点击"过滤"按钮，筛选出符合过滤条件的信息，如图 14-135 所示。

图 14-135　关键词过滤设置

2. 事件检索

事件检索工具包括时间设置、过滤条件设置、服务器设置；过滤条件
包含来源、类型、用户、点名。

（1）来源：输入域号、站号，检索指定的域或站以及指定域下的某站。
默认值为 0，代表所有域下的所有站的信息。

（2）类型：下拉框内容可供选择，以检索出不同的事件类型。下拉框
包括全部事件记录、操作事件记录、安全记录、自诊断事件记录、PLC 事
件记录。

（3）用户：指发出事件的系统用户。勾选前面的复选框后，输入用户
名，可以检索到相应事件。

（4）点名：事件记录支持多点查询，以点列表形式显示过滤的点名，
最多支持 8 个。

3. 点记录检索

点记录检索工具包括时间设置、过滤条件设置、服务器设置；过滤条
件包含点记录间隔、添加/删除测点。

（1）点记录间隔：设定被检索点的采样时间间隔。时、分、秒、毫秒
分别设定；默认为间隔 1s 的设置。毫秒值设置范围：0～900，单步增长为
100；毫秒值设置规则：毫秒值必须是 100 的整数倍，如果不是 100 的整数
倍给出提示并且向上对齐至 100 的整数倍。

（2）添加/删除测点：可以添加、删除或者是将测点表框中的测点清
空，最多可以同时显示 8 个测点。

（3）点记录信息显示：以列表的形式显示点的历史信息，点记录列表
中的时标列添加显示毫秒值。每一个点占用 3 列，分别为时间、数值、状
态值。同历史趋势中的点列表功能。最多显示 8 个点的信息。每行的时间
间隔取决于设置的间隔时间。导出点记录时时标列添加显示毫秒值。

4. 单点回溯

单点回溯检索工具包括时间设置、过滤条件设置、服务器设置；过滤
条件包含点名、描述，最多支持 8 个点查询。

单点回溯信息显示：显示当前查询点的时间、数值和状态字。

显示信息：如果当前时刻和前一时刻的点值或者状态相同，使用–表示，如图 14-136 所示。

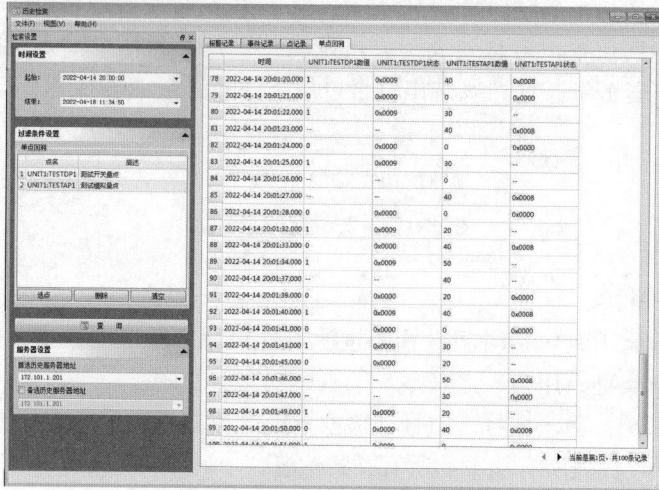

图 14-136　单点回溯信息显示

（五）报表

按照周期或按条件触发的生成报表是 DCS 系统的一项功能，用户能够根据生产需要，按照一定格式，定期或根据一定条件生成报表。与报表功能相关的程序主要是工程组织工具（PO）、报表管理器（ReportBuilder）和报表调度程序（ReportServer）。PO 用于工程师站组态报表模板和报表任务。ReportServer 是后台程序，没有运行界面，双击运行，使用任务管理器的"结束进程"退出运行。

报表程序能够完成定时制表、事故追记、临时制表三类制表。定时制表、事故追记可以同时运行多个制表。报表的许多参数都是用户可选的。事故追记前/后收集数据的周期和次数都是用户指定的。对于制表形成的数据还要进行统计处理，如平均、累计、最大值、最小值等。制表形成的数据可以存入存储介质中。报表可自动即时打印输出，也可以采用人工请求方式。

（六）历史回放

历史数据回放功能是播放出某段时间内的数据，此时可以查看该时间段的数据，如画面、实时趋势、点浏览器等显示的实时数据，但实际观察的是过去某个时间的历史数据。历史数据回放根据数据源不同，分为历史站和数据文件回放。

（七）历史站诊断

1. 主历史存储服务系统自诊断日志

（1）主历史存储服务同步失败-时钟偏差较大：主历史存储服务进行同步时，如果两个服务器时钟偏差较大不进行同步，发送系统自诊断日志。

（2）主历史存储服务同步失败-站个数错误：主历史存储服务进行同步时，如果伙伴服务器个数超过 1 时不进行同步，发送诊断日志。

（3）主历史存储服务创建卷管理文件失败：主历史存储服务创建卷管理文件失败时，发送诊断日志。

（4）主历史存储服务创建卷文件＊失败（＊表示文件名称）：主历史存储服务创建卷文件失败时，发送诊断日志。

（5）主历史存储服务创建数据文件＊失败（＊表示文件名称）：主历史存储服务创建数据文件失败时，发送诊断日志。

（6）主历史存储服务读取点列表失败：主历史存储服务读取点列表文件失败时，发送诊断日志。

（7）主历史工作区存储容量不足：主历史启动时对工作区、存储区容量判断，如果存储容量不足发送诊断日志。

（8）主历史存储服务写同步文件失败：主历史如果不能写同步文件，发送诊断日志。

2. 报警历史存储服务系统自诊断日志

（1）报警历史存储服务同步失败-时钟偏差较大：报警历史存储服务之间进行同步时，如果两个服务器时钟偏差较大不进行同步，发送诊断日志。

（2）报警历史存储服务同步失败-站个数错误：报警历史存储服务之间进行同步时，如果伙伴站个数大于 1 不进行同步，发送诊断日志。

（3）报警历史存储服务创建报警卷文件＊失败（＊表示文件名称）：报警历史存储服务创建报警卷文件失败时，发送诊断日志。

（4）报警历史存储服务创建事件卷文件＊失败（＊表示文件名称）：报警历史存储服务创建事件卷文件失败时，发送诊断日志。

（5）报警历史存储服务创建数据文件＊失败（＊表示文件名称）：报警历史存储服务创建报警、历史数据文件失败时，发送诊断日志。

第十五章 MACS-K 分布式控制系统

第一节 MACS-K 系统概述

一、MACS-K 系统简介

MACS-K 系统是和利时于 2013 年推出的第 5 代分布式控制系统，系统由 K 系列硬件和 MACSV6.5 版软件组成。MACS-K 系统基于以太网和 PROFI BUS-DP 现场总线构架，集成基于 HART 标准协议的 AMS 对现场智能设备进行统一管理，可以融合电厂 SIS、PLC、MES、ERP 等系统，使现场智能仪表设备、控制系统、企业资源管理系统之间的信息无缝连接。

（一）系统网络结构组成

MACS-K 分布式控制系统的网络分为三层结构，由上至下依次为 MNET 管理网络、SNET 系统网络、CNET 控制网络。其中控制网络与系统网络均为冗余配置，如图 15-1 所示。

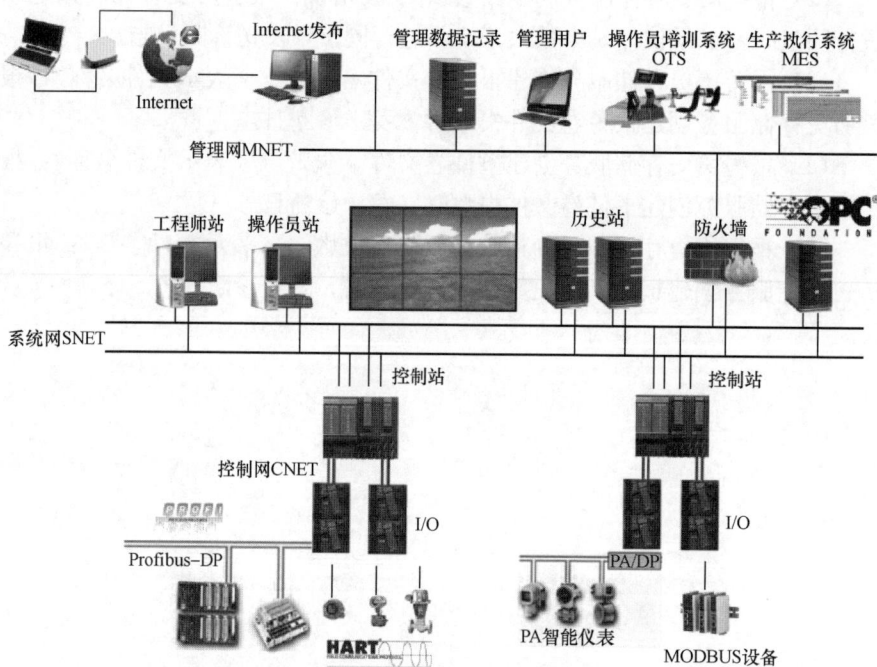

图 15-1　系统网络架构图

1. 管理网络（MNET）

管理网为可选网络层，100/1000Mbit/s 自适应以太网络，与厂级生产

728

管理系统 SIS、MES 或者 ERP 第三方管理软件等进行通信，并可通过 Interne 实现安全的信息发布，实现数据的高级管理和共享。

2. 系统网络（SNET）

系统网为局域以太网，基于 TCP/IP 通信协议，通信速率 100/1000Mbit/s 自适应，传输介质为带有 RJ45 连接器的 5 类非屏蔽双绞线、光缆，支持星形、环形或总线形拓扑形式的冗余工业以太网，符合 IEEE 802.3 及 IEEE 802.3u 标准。

用于控制站、操作员站、历史站及工程师站等站点的通信，支持 P-to-P（对等模式）、C/S（客户机/服务器模式）、P-to-P 与 C/S（混合模式）三种网络拓扑结构。

3. 控制网络（CNET）

控制网又称 IO-BUS 总线，它用于控制处理器与所辖属的 I/O 模件及智能设备的通信，支持星形和总线形拓扑结构。传输介质可为屏蔽双绞线或光缆。支持冗余现场总线。

（二）MACS-K 系统特点

为满足不同的工业应用需求，MACS-K 系统特点如下。

1. 高可靠性

（1）全冗余：系统网络、控制网络、控制器、电源模件、I/O 模件均可冗余配置，因此，单点故障不影响系统正常运行。

（2）多重隔离：系统总线和模件之间采用光电隔离，系统电源和现场电源隔离供电，模件通道之间电气隔离。

（3）安全的网络：系统网络采用确定性实时以太网，配备带防火墙的交换机；控制器 CPU 采用 PowerPC 构架的工业级芯片，内置防网络风暴组件。

（4）丰富的诊断：控制器和 I/O 模件均带有智能诊断单元，每个模件均可进行通信状态、信号断线、短路、超量程等完善的自诊断和故障上报。

（5）高可靠的设计理念：如信号质量位判断、故障导向安全，提高系统可靠性。

2. 灵活性大

（1）兼容各种现场总线，如 HART、PROFI BUS-DP、PROFI BUS-PA、MODBUS 等总线。

（2）向前兼容和利时的 FM/SM 系列 I/O 模件，方便老系统升级。

（3）功能丰富的 HMI 人机界面，丰富的控制算法编程软件。

（4）支持用户自定义各类功能块和脚本语言。可以对控制算法和硬件配置灵活修改，支持在线无扰下装。

二、MACS-K 系统性能指标

MACS-K 系统规模最多支持 15 个域，其主要性能指标如表 15-1 所示。

表 15-1　MACS-K 系统主要性能指标

单域最大规模		单个现场控制站最大规模	
历史站数	2 台	I/O 模件数	100 块
现场控制站	64 台	物理 I/O 配置能力	1280 点
操作员站（包括历史站）	64 台	AI 点数	640（脉冲量、热电阻、热电偶信）
直接与主控通信操作站	16 台	AO 点数	240
最大模拟量内部点	26 000	DI 点数	1200
最大模拟量输入点	8000	DO 点数	1200
最大开关量内部点	26 000	控制回路数	300
最大开关量输入点	14 000	模拟量控制回路数	128
最大 DCS 系统设备点	6000	从输入变化到显示时间	<1s
最大脉冲量输入点	2000	事件顺序记录分辨率 SOE	0.1ms
最大 SOE	6000	CPU 控制 IEC 周期	50ms、100ms、200ms、500ms、1s
最大开关量输出点	8000	I/O 回路最小响应时间	<100ms（IEC 周期为 50ms）
最大模拟量输出点	6000	画面及动态数据更新时间	≤1s

第二节　MACS-K 过程控制单元

一、过程控制单元配置

（一）控制处理器结构

MACS-K 系统控制处理器采用"背板＋电子模件"设计，背板可以安装 2 个控制器和 2 个 I/O 控制总线模件，通过控制总线电缆和 I/O 模件相连接，如图 15-2 所示。

1. 可选冗余

可在同一背板上安装 2 个控制器。采用主、从热备冗余模式，主、从控制器模件同时接收网络信息及采集 I/O 数据，同时做控制运算，但只有主控制器输出运算结果，且实时更新数据。从控制器模件虽然也采集 I/O 数据和运算，但它不输出控制命令。主模件在工作中一旦发生故障，从模件自动无扰切换为主控状态，这种冗余方式极大地提高了系统可用率。

2. 支持热插拔

MACS-K 系统硬件全部模件支持带电热插拔。所有电子模件（控制器、通信模件及 I/O 模件）均支持热拔插。当某一冗余的电子模件发生故障时，

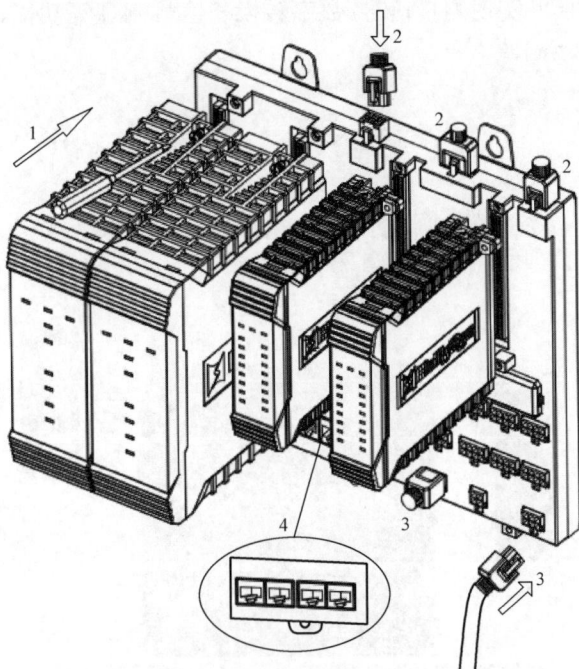

图 15-2　控制处理器结构示意图

1—控制器与背板接口；2—直流 24V 电源输入接口；

3—多功能总线接口；4—冗余以太网接口（系统总线接口）

可在不停电的情况下进行更换。

（二）机柜 I/O 容量统计

MACS-K 系统的硬件设备（背板、主控、I/O 单元、机笼、电源、端子板等）集中安装在机柜中，各部分之间通过专用电缆、导线连接。通常，在机柜正面的开槽中安装背板，导轨上安装 I/O 单元及端子板；每列导轨最多安装 10 个 I/O 单元。机柜 I/O 容量统计见表 15-2。

表 15-2　机柜 I/O 容量统计

拓扑结构	主机柜	扩展机柜	总计
总线形	30	0	30
星形＋总线形	30	30	90
星形	60	40	100

注　1. 当 IO-BUS 总线网络采用总线形配置时，单控制站最大仅支持 30 个 I/O 模件。

2. 当 IO-BUS 总线网络采用星形配置时，单控制站单一机柜受物理空间所限最大支持 60 个 I/O 模件，带扩展机柜时受系统性能所限最大支持 100 个 I/O 模件。

二、I/O 过程单元接口

1. I/O 模件接口

MACS-K 系统的每个 I/O 单元由一个 I/O 电子模件和一个 I/O 基座组

成。I/O 电子模件实现测量信号/数字转换、信号调理等功能，I/O 模件接口图如图 15-3 所示。

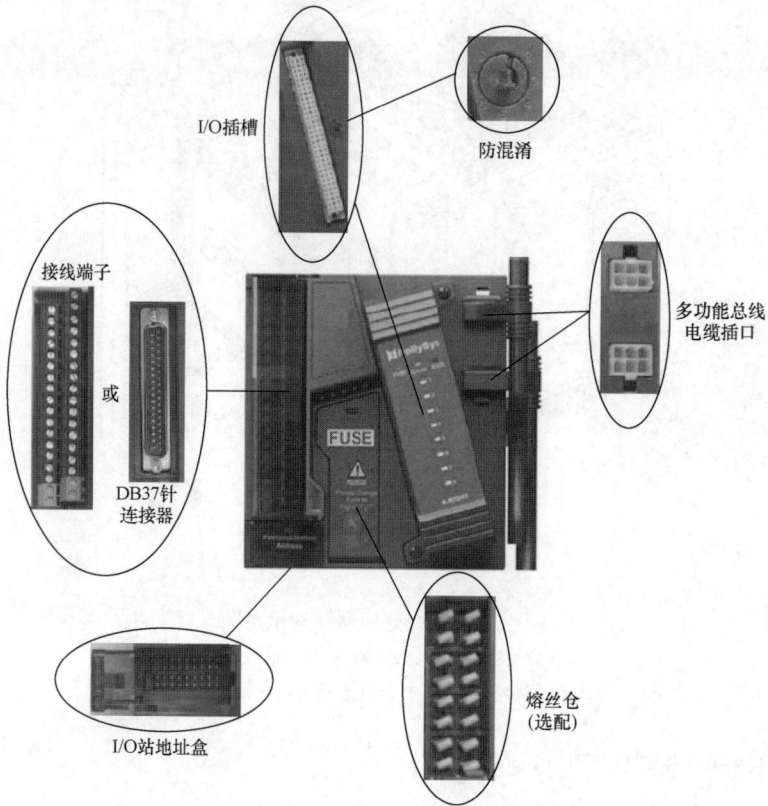

图 15-3　MACS-K 系统 I/O 模件接口图

I/O 信号可以直接接入基座，不同类型的基座实现不同的辅助功能（冗余、防误接 220V AC、DB37 电缆接口等）。也可以先接入安全栅或继电器端子板，然后通过 DB37 电缆转接到基座。为 I/O 信号接线方便、跨机柜远程 I/O 信号连接提供了灵活的选择方案。

MACS-K 系统的 I/O 模件全部采用冗余多功能总线、冗余供电工作方式，任意一根多功能总线断线，并不影响正常工作。

MACS-K 系统模件给仪表供电的现场电源和系统工作电源分开隔离供电。同仪表相连的电路采用现场电源供电，模件内的数字电路和通信电路采用系统电源供电，因此现场来的噪声不会影响模件内的数字电路和通信。

MACS-K 系统完整的模件单元由一个电子模件、一个模件基座和冗余多功能总线构成。电子模件安装在模件基座上，模件基座的接线端子实现接入现场 I/O 信号，电子模件负责将被测信号转换为数字信号，最后通过冗余的多功能总线送给控制处理器，多功能总线还传导冗余的系统电源和现场电源。

2. I/O 基座类型

MACS-K 系统的模件基座有三种类型。其中两种非冗余基座的尺寸相同，长度为 120mm。冗余基座长度是非冗余基座的 2 倍，可以插 2 个冗余 I/O 模件，如图 15-4 所示。

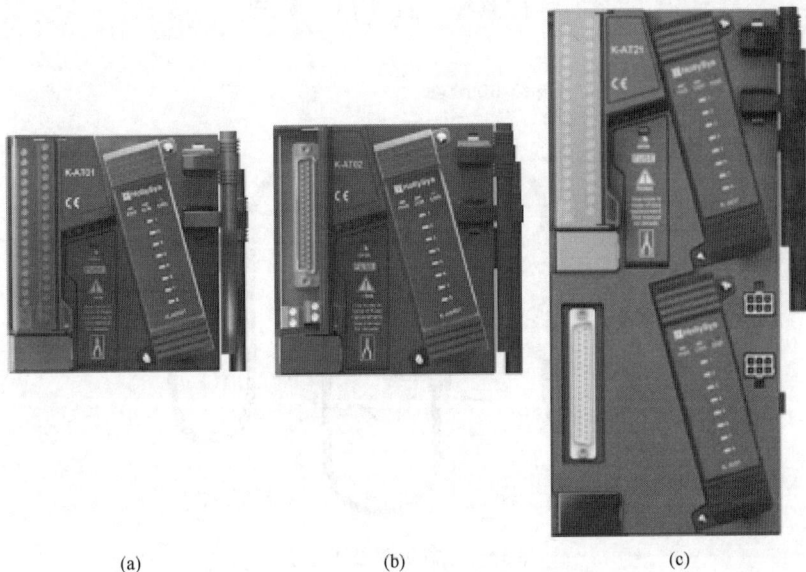

图 15-4　模件基座示意图

(a) 非冗余接线端子型；(b) 非冗余 DB37 插座型；(c) 冗余接线端子＋DB 插座

图 15-4（c）所示冗余基座上有 1 组接线端子和 1 个 DB37 插座，可以根据接线需要来选择。

（1）增强型模件基座，具有抗 220V AC 功能。在 I/O 通道误接 220V AC 时，保护系统和电子模件不受损坏。该功能由基座内的保险电路实现。保险管采用插拔式，方便于更换。

（2）I/O 模件均有周期性故障自诊断功能，并将诊断结果上报控制处理器。

1）I/O 模件根据不同类型提供了多种的硬件诊断功能。诊断信息以诊断数据的形式通过多功能总线上报控制处理器，在编程软件中调用专用诊断功能块，就可以读取各种诊断数据，判断现场设备的运行情况。

2）I/O 模件的诊断级别既有针对整个模件级诊断，又有通道级诊断，且每个模件的每个通道的诊断功能单独设置，互不干扰，比如通道是否使能、通道超量程诊断等，软件采用下拉式菜单设计，操作简单方便。

3）诊断过程在 I/O 模件中进行，模件直接向控制处理器提供该模件的诊断数据。用户不需编写任何组态算法即可实现对现场信号的故障诊断。

4）I/O 模件的面板上设有不同颜色的 LED 状态灯，包括系统电源灯、故障灯、I/O 总线通信灯、通道灯等。LED 状态指示灯的亮、闪、灭组合代表了模件不同的运行状况。

3. 多功能总线

MACS-K 系统采用两条互为冗余的多功能总线电缆，连接主控制处理器和每个 I/O 模件单元，每条多功能总线电缆中都包含有系统电源、现场电源、控制网（CNET）通信总线，如图 15-5 所示。

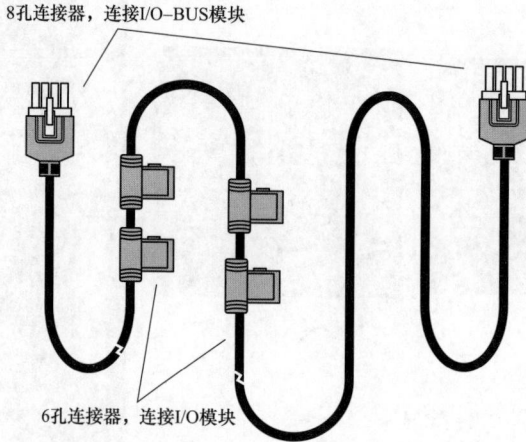

图 15-5　多功能总线电缆

多功能总线电缆由一对冗余的 IO-BUS 模件（集线器）引出，每个 IO-BUS 模件有 6 个本地接口连接机柜内的 I/O 模件，每个接口通过多功能总线电缆连接机柜内的一列 I/O 模件（≤10 个）；另有一个扩展口 EXT 用于连接远程 I/O 模件。IO-BUS 的每路分支使用一条专用多功能总线电缆，最多连接小于或等于 10 个 I/O 模件。

多功能总线电缆的两端为 8 孔连接器，一端插在 IO-BUS 模件基座的 IO-BUS 分支口（A1～A6、B1～B6 或扩展口）上，另一端连接 K-BUST02（终端匹配器）。或者是当 IO-BUS03 模件时，连接 K-BUST03（总线扩展连接器）。电缆的中间有多个（≤10 个）6 孔连接器，依次插在各 IO 模件的基座上。两条冗余多功能总线连接均采用防差错设计，如图 15-6 所示。

多功能总线的连接口位于模件的端子基座上，采用 6 针插孔接入，并用线卡固定。

IO-BUS 总线和模件的供电均为冗余方式，任一条多功能总线断线，不会影响系统的正常运行。多功能总线电缆连接器（中间）示意如图 15-7 所示。

MACS-K 系统采用 A、B 两条冗余多功能总线电缆连接每个 I/O 模件，为防止 A、B 两根总线电缆插错，电缆插头、插座采用防混淆的结构设计，表 15-3 为各针的定义。

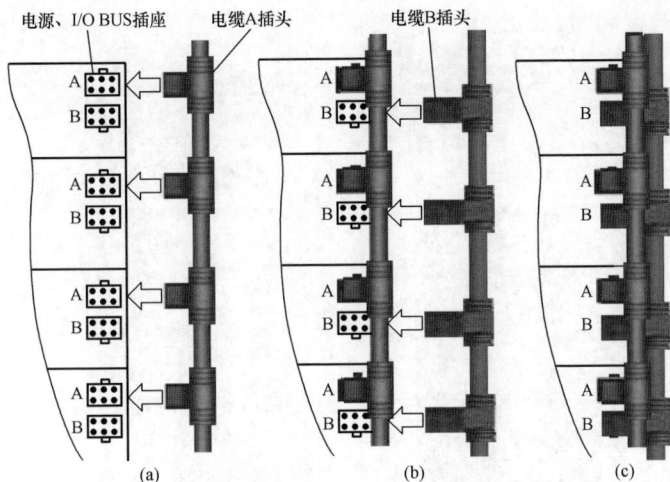

图 15-6　总线电缆连接示意图

（a）电缆 A 插头连接示意；（b）电缆 B 插头连接示意；（c）冗余电缆安装完毕

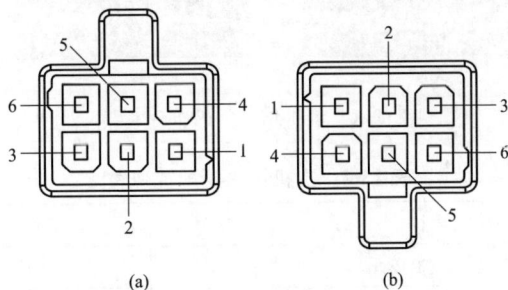

图 15-7　多功能总线电缆连接器（中间）示意图

（a）A 总线；（b）B 总线

表 15-3　I/O BUS 总线连接器（中间）定义

I/O BUS A 总线		I/O BUS B 总线	
针号	含义	针号	含义
1	I/O BUS A 信号负端	1	现场 24V DC 电源正端
2	系统 24V DC 电源负端	2	系统 24V DC 电源正端
3	现场 24V DC 电源负端	3	I/O BUS B 信号正端
4	I/O BUS A 信号正端	4	现场 24V DC 电源负端
5	系统 24V DC 电源正端	5	系统 24V DC 电源负端
6	现场 24V DC 电源正端	6	I/O BUS B 信号负端

4. 端子板

电缆连接型基座通过 DB37 预制电缆与其端子板连接，实现 I/O 信号的传递与转接。冗余型端子板用于实现 I/O 信号的冗余控制。

5. 过程控制机柜

MACS-K 系统主机柜如图 15-8 所示，系统硬件构成如表 15-4 所示。

正面　　　　　　　　　背面

图 15-8　主机柜正、背面结构图

表 15-4　主机柜主要配置列表

序号	名称	序号	名称
1	主控制器单元	7	直流电源分配板
2	IO-BUS 模件	8	I/O 模件
3	辅助电源分配板	9	IO-BUS 连接器或终端匹配器
4	空气开关	10	工作地汇流排
5	AC/DC 电源变换器	11	保护地汇流排
6	交流电源分配板		

机柜有和利时标准尺寸型机柜或者用户根据需要自选其他尺寸规格的机柜。

第三节　MACS-K 电源系统

一、MACS-K 电源系统简述

1. MACS-K 电源配置

MACS-K 系统工作的交直流电源变换器均可独立安装，除用于 MACS-K 系统的电子模件供电的系统电源模块外，还有给 I/O 设备供电的现场电源模块、查询电源（辅助电源）模块。根据需要可以灵活选配，如图 15-9 所示。

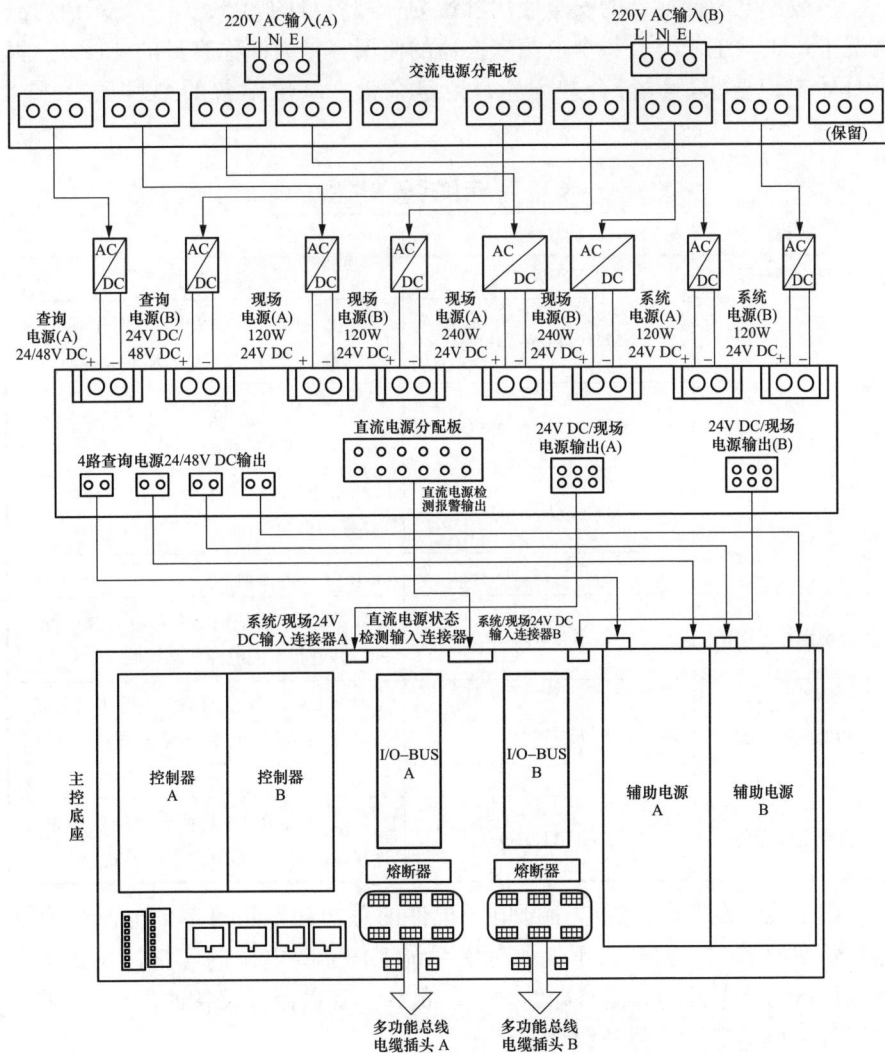

图 15-9 MACS-K 系统电源配置图

2. 电源模件种类

K 系统从现场接入 220V AC 交流电源，经电源模件转换为 24/48V DC 直流电源为系统供电。在机柜中背面上部配置：

（1）系统电源变换器两对（SM910，220V AC 转 24V DC@240W）。

（2）现场电源变换器 1 对（SM911/SM913，220V AC 转 24V DC@240W）。

（3）查询电源变换器 1 对（SM912/920，220V AC 转 24/48V DC@120W）。

上述电源模件均采用 1：1 均流冗余配置，正常工作时，冗余的两个电源各输出 50%，当一个电源损坏后，另一个电源独立输出 100%。

一般，电源变换器的安全使用容量为标称容量的80%（1：1冗余均流情况下，正常工作时，每个电源变换器的使用容量为标称容量的40%）。根据具体工程要求，进行合理配置，留足余量。电源设备的型号如表15-5所示。

表 15-5　电源设备的型号

名称	型号	说　　明
交流电源分配	K-PW01	交流电源分配板
交流转直流	SM910/HPW2405G	输出 24V DC（120W），用于系统电源、现场电源，2、24V DC 辅助电源
	SM913/HPW2410G	输出 24V DC（240W），用于现场电源、1、24V DC 辅助电源
	SM920/HPW4803G	输出 48V DC（120W），用于转换 48V DC 辅助电源
	HPW2420G	输出 24V DC（480W）
直流电源分配	K-PW11	对 AC/DC 模块输出的直流电源进行分配，并进行直流电源状态检测
辅助电源分配	K-PW21	对 K-PW11 输出的辅助电源进行分配，给开关量查询电源、继电器、安全栅供电
直流电源冗余	HPWR01G	通过 HPWR01G 将两台直流供电单元连接在一起，形成冗余供电模式

出于稳定性考虑，通常全部电子模件的总功耗不超出单个电源变换器额定功率的70%。这样，不仅要考虑系统工作需要电源的容量，还要考虑现场设备需要电源的容量（即给开关、负载、变送器等设备的供电），需要根据各I/O通道的具体负载情况而定。

另外，当系统选用冗余电源模块型号时，不能将不同容量的电源混搭使用，如，当选用冗余现场电源SM912模块时，要选择两块SM912作为现场电源，而不能选择一块为SM912、一块为SM913作为现场电源。电源直流冗余输出及状态检测原理如图15-10所示。

二、电源分配

电源分配板有三个型号：K-PW01（交流）、K-PW11（直流）和K-PW21（查询电源）。

1. K-PW01 交流电源分配板

K-PW01是K系统交流电源分配板，实现交流电源的输出分配，给系统工作电源、现场I/O信号电源、辅助（查询）电源的AC/DC电源变换器提供输入配电，如图15-11所示。

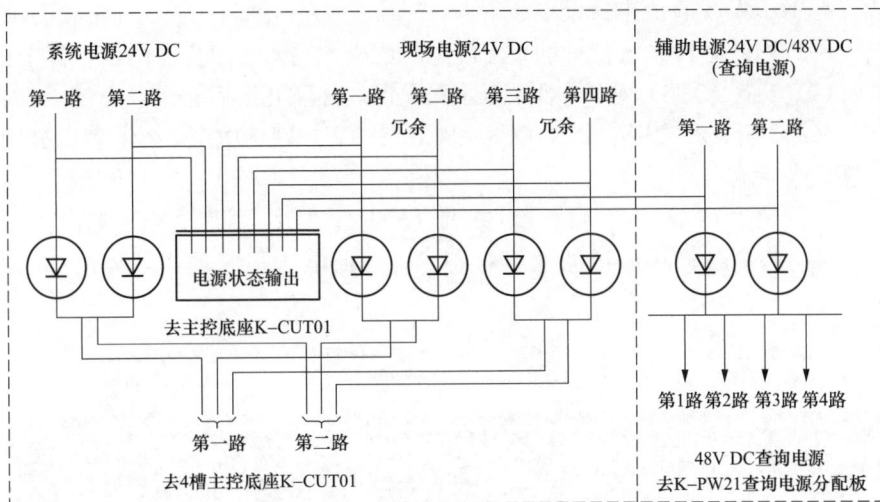

图 15-10　电源直流冗余输出及状态检测原理图

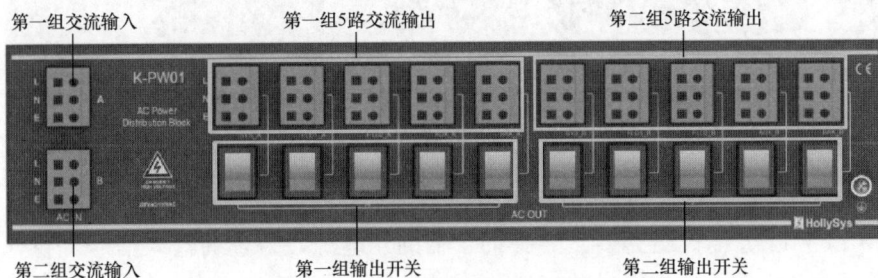

图 15-11　K-PW01 配电板接口连接器

K-PW01 电源分配板有两路 110V/220V 交流电源输入，每路交流电源分 5 路输出。为抑制电磁干扰（EMI），两组电源输入通道各带有一个 PCB 安装滤波器，用来给系统电源和现场电源 AC/DC 变换器供电。K-PW01 交流电源配电板接口连接器信号定义见表 15-6。

表 15-6　K-PW01 交流电源配电板接口连接器信号定义

电压 输入	输出 连接器	控制 开关	输出 定义	电压 输入	输出 连接器	控制 开关	输出 定义
第一组	1	SW1-1	系统电源	第二组	1	SW2-1	系统电源
	2	SW1-2	现场电源（240W）		2	SW2-2	现场电源（240W）
	3	SW1-3	现场电源（120W）		3	SW2-3	现场电源（120W）
	4	SW1-4	辅助电源		4	SW2-4	辅助电源
	5	SW1-5	备用电源		5	SW2-5	备用电源

每路电源的输出各有一个独立开关，用于接通或关断电源，开关上带有通断黄色指示灯。

2. K-PW11 直流电源配电板

K-PW11 是 K 系统硬件的直流配电分配板，输入 4 组直流电源，其中：

（1）1 组（2 路）24V DC 系统工作电源，并联冗余后输出。

（2）2 组（2×2 路）24V DC（120W/240W）现场电源，2 组各自分别并联冗余后输出。

（3）1 组（2 路）24/48V DC 查询（辅助）电源，并联冗余后输出。

并且检测各输入电源的电压状态，进行低电压报警输出，如图 15-12 所示。

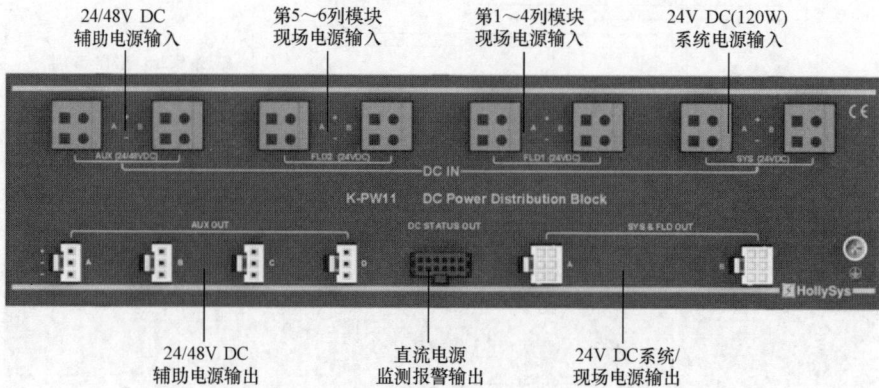

图 15-12　K-PW11 直流电源配电板图

PW11 分配板还提供 4 路查询（辅助）电源，为查询输入信号提供电源，直流电源配电板提供的接口及预制电缆都是成对（冗余）的。有：

（1）通过主控背板预制电缆 KX-PW01 连接主控基座，提供系统电源和现场电源。

（2）通过直流电源监测报警预制电缆将报警信号输出给 IO-BUS 模件。

（3）通过查询电源分配板供电预制电缆连接查询电源分配板，提供输入查询电源。

3. 电源输出连接器

（1）K-PW11 配电板提供冗余的系统电源及现场电源，电源输出端口如图 15-13 所示。

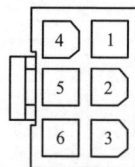

图 15-13　系统电源/现场
电源输出端口插孔图

系统电源/现场电源端口插孔定义见表 15-7。

表 15-7　输出端口插孔定义

插孔号	信号	插孔号	信号
1	系统 24V 电源输出负端	4	系统 24V 电源输出正端
2	现场 24V（240W）电源输出负端	5	现场 24V（240W）电源输出正端
3	现场 24V（120W）电源输出负端	6	现场 24V（120W）电源输出正端

（2）K-PW11 分配板还提供 A/B/C/D 四路辅助（查询）电源输出，为查询输入开关量信号提供电源。图 15-14 所示为辅助（查询）电源的端口插孔图。

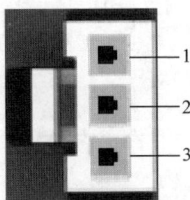

图 15-14　查询（辅助）电源输出端口插孔图

辅助（查询）电源输出端口插孔其定义见表 15-8。

表 15-8　辅助（查询）电源输出端口插孔其定义

插孔号	含义
1	辅助电源输出正
2	辅助电源输出负
3	辅助电源输出负

（3）K-PW11 分配板提供直流电源故障报警监测信号接口，通过专用预制电缆将故障报警信号输出给 IO-BUS 模件，IO-BUS 模件将电源故障信号上传给控制处理器，决定是否进行直流电源故障报警监测组态的选择，直流电源故障报警监测输出接口如图 15-15 所示。

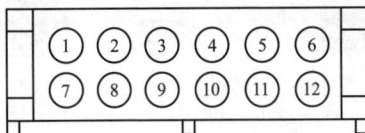

图 15-15　直流电源报警监测输出接口示意图

电压故障报警监测输出端口插孔定义如表 15-9 所示。

表 15-9　电压故障报警监测输出端口插孔定义

插孔	含义	监测通道	插孔	含义	监测通道
1	48V DC 辅助电源 A 报警输出	第 9 通道	7	24V DC 辅助电源 A 报警输出	第 7 通道
2	48V DC 辅助电源 B 报警输出	第 10 通道	8	24V DC 辅助电源 B 报警输出	第 8 通道
3	24V DC（120W） 现场电源 A 报警输出	第 5 通道	9	24V DC（120W） 现场电源 B 报警输出	第 6 通道
4	24V DC（240W） 现场电源 A 报警输出	第 3 通道	10	24V DC（240W） 现场电源 B 报警输出	第 4 通道
5	24V DC（120W） 系统电源 A 报警输出	第 1 通道	11	24V DC（120W） 系统电源 B 报警输出	第 2 通道
6	连接器插入检测端	—	12	电流回流端 （信号参考地）	—

4. K-PW21 查询电源分配板

K-PW21 是 K 系列 24V/48V 查询电源分配板，为系统提供查询电源，如图 15-16 所示。

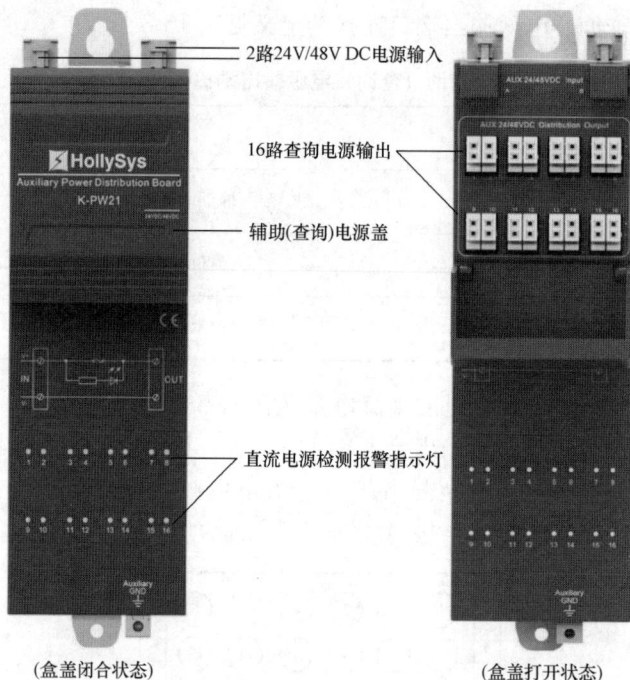

图 15-16　K-PW21 查询电源分配板外观示意图

K-WP21 实现两路直流 24V/48V 输入，经冗余后输出 16 路直流 24V/48V，并有单路输出短路保护和 LED 指示功能。每路输出串接一个自恢复熔丝（750mA），在输出短路时，熔丝断开，保护电源，并用 LED 指示灯给出指示，故障排除后，熔丝恢复导通。

5. 指示灯

K-PW21 查询电源分配板对输出通道提供是否短路指示灯显示，方便用户维护，如图 15-17 所示，其指示灯定义见表 15-10。

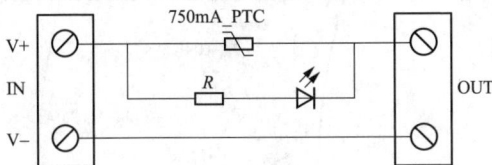

图 15-17　K-PW21 查询电源输出短路检测电路

表 15-10　状态指示灯定义

指示灯	颜色	状态	定义
D1～D16	红色	亮	表示该路输出短路
单路输出短路指示		灭	表示该路输出正常

三、电源变换器模块

（一）SM910 电源模块

SM910（或 HPW2405G）24V DC 电源模块，输入 110V AC/220V AC，经过 EMI 抑制和整流滤波电路后输出 24V DC（120W），SM910 电源模块的交流输入部分包括输入整流、输入滤波、输入保护、噪声滤波等电路，完成交流电源的输入整流和滤波功能，同时抑制电网上传来的电磁干扰，保证交流输入不受电磁污染。SM910 电源模块结构示意如图 15-18 所示。

SM910 具有过载保护功能，当输出功率超过 105％～150％的额定功率，限流输出，过载消除后自动恢复。输出短路时，伴有蜂鸣报警。

具有过电压保护功能，当输出电压超过 120％～140％的额定电压，电源关闭输出，过电压消除后，重新上电恢复输出。

具有超温保护功能，当环境温度超过 90℃±5℃时，电源关闭输出，温度下降后自动恢复。

SM910 具有输出状态查询功能。电源输出正常时，状态开关导通，否则截止，为远程诊断电源工作状态提供了接口。

经过电压保护、限流保护等控制电路输出 24V DC，并且通过报警输出端子"DO＋""DO－"显示电源模块的工作状态。具体采用光电耦合器件实现报警输出电路，电源工作正常时，光电耦合器导通，同时点亮指示灯"DC OK"；输出欠压时光电耦合器截止，同时输出指示灯熄灭。

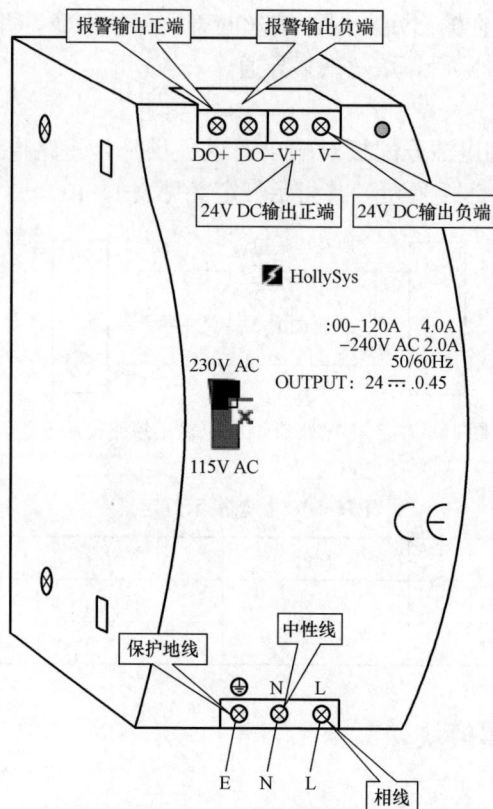

图 15-18 SM910 电源模块外结构意图

1. 工作原理

SM910 电源模块的交流输入部分包括 EMI 滤波、整流、滤波等电路，抑制电网上传来的电磁干扰，保证交流输入不受电磁污染。处理过的交流信号经变压器进行电压变换，再次整流、滤波，最后输出 24V DC。超温保护、限流保护、过电压保护电路和 PWM 控制电路，监测电源工作情况并控制输出。

报警输出电路由光电耦合器件实现，电源输出正常时，光电耦合器导通，同时点亮指示灯；输出不正常时（欠压、过电压、过载、短路等），光电耦合器截止，同时指示灯熄灭。

SM910 工作原理框图如图 15-19 所示。

2. 并联冗余

为提高系统的可靠性，SM910 电源模块可以两台冗余配置并联运行，以降低由电源而引起的故障。两个电源模块通过模块内二极管隔离实现冗余。在 1+1 冗余结构中，正常情况下两个电源都工作，各负担 50％负荷；当一个发生故障时，另一个电源负担全部负荷。实现电源供电的无扰切换及在线更换，冗余配置供电方式如图 15-20 所示。冗余配置供电方式如图 15-20 所示。

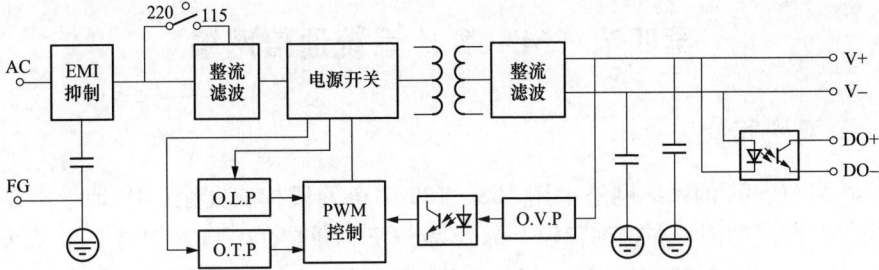

图 15-19　SM910 工作原理方框图

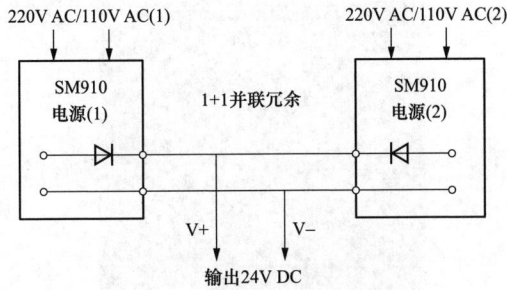

图 15-20　SM910 冗余隔离

（二）SM913 电源模块

SM913（或 HPW2410G）电源变换器是 S 系列硬件的现场电源模块，输出电流：24V DC@10A；额定功率：240W；具有开机软启动；SM913 模块工作原理如图 15-21 所示。

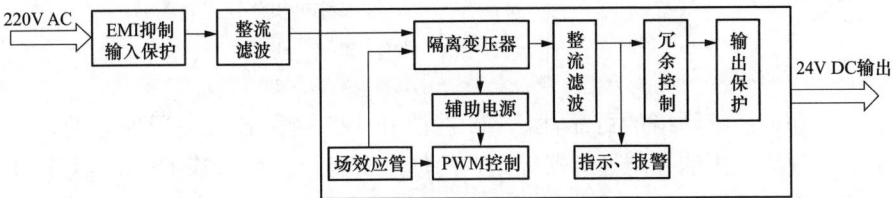

图 15-21　SM913 模块工作原理图

需要说明的是：两个 SM913 电源变换器冗余工作时，需要外加隔离二极管耦合。

（三）SM920 电源模块

SM920（或 HPW4803G）是 48V DC 电源变换模块，输入电压：176～264V AC，50～60Hz，输出电压：48V DC@2.5A，额定功率：120W；其工作原理参考图 15-21，其他特点同 SM910 电源变换器类似，故不赘述。

HPW2405G、HPW2410、HPW4803G 为新型电源模块，模块面板上设有电压调整点，外形相对比 SM 系列电源模块较小一些。

第四节　MACS-K 系统通信网络

一、双网冗余

MACS-K 的系统网络采用 128、129 两个网段构成冗余。IP 地址默认为 128 网段的网口连接到背板上标号为 SNET1 的 RJ45 口，IP 地址默认为 129 网段的网口连接到背板上标号为 SNET2 的 RJ45 口，如图 15-22 所示。

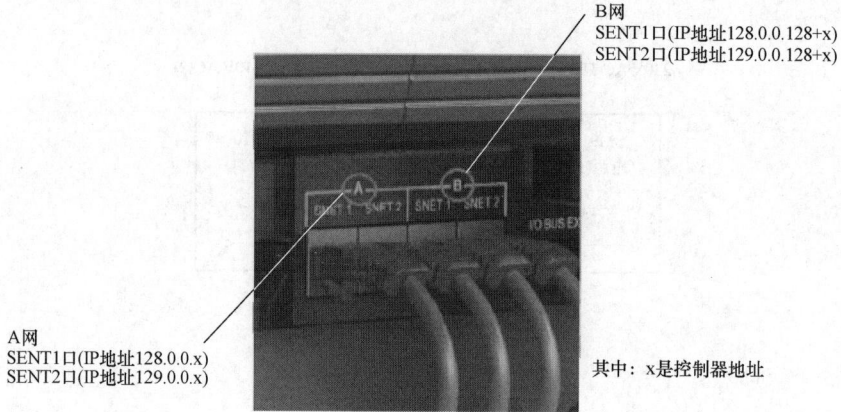

B网
SENT1口(IP地址128.0.0.128+x)
SENT2口(IP地址129.0.0.128+x)

A网
SENT1口(IP地址128.0.0.x)
SENT2口(IP地址129.0.0.x)

其中：x是控制器地址

图 15-22　冗余以太网口

每个网段都设置不同的 IP 地址，其地址的含义为：

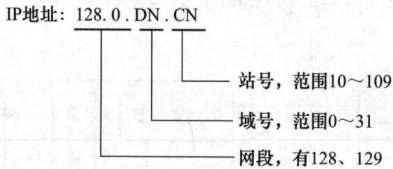

IP地址：128.0.DN.CN

站号，范围10~109
域号，范围0~31
网段，有128、129

为保证系统网络的可靠性，128 网段和 129 网段各自使用独立的交换机。实现系统内的控制处理器等站点的信息交换，也可与基于标准 TCP/IP 协议或其他协议的外部设备进行通信，为用户提供了一个开放的分布式自动化网络平台。

通过工业以太网连接编程设备，可以进行组态、编程下载和固件升级；连接 HMI 设备可以对控制器进行远程的实时监控和操作；还可以在多个控制处理器之间进行通信或者与 OPC 服务器进行通信。

二、MACS-K 控制网络（CNET）

MACS-K 系统的控制器与 IO-BUS HUB 模件连接，在 MACS-K 系统中，控制网也称为 IO-BUS。网络有星形拓扑和总线形连接两种形式，MACS-K 系统的网络连接如图 15-23 所示，CNET 总线星形结构连接如图 15-24 所示。

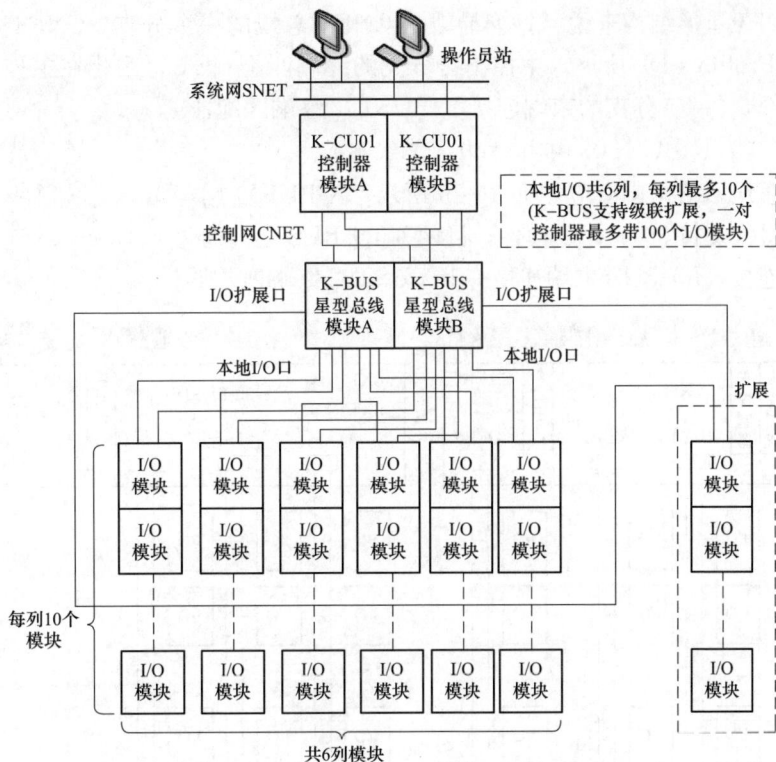

图 15-23 MACS-K 系统的网络连接

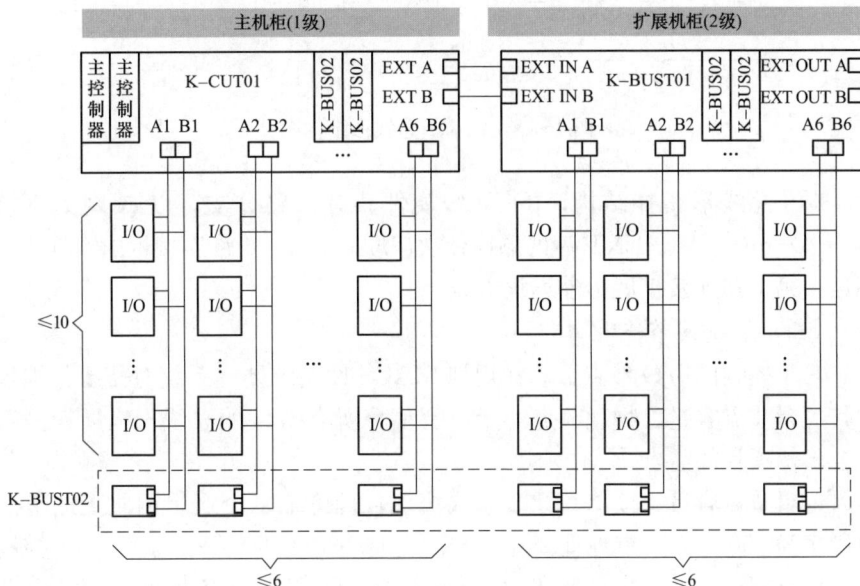

图 15-24 CNET 总线星形结构连接

(一) K-BUST02 拓扑结构 (星形)

每面机柜前后两面可装有 6 列导轨,每列安装小于或等于 10 个 IO 模件。对于星形结构来说，每列导轨是 CNET 总线的一个分支。CNET 总线采用 Profibus-DP 协议，主控制器分支的终端匹配（TR）固化在主控器背板内部，各 IO 分支的末端连接 K-BUST02 终端匹配器。

（二）K-BUST03 拓扑结构（总线形）

总线形结构典型应用如 15-25 所示。K-BUS03 用于 IO-BUS 总线形拓扑，最大支持 30 个 I/O 模块，且两列 IO-BUS 之间通过 K-BUST03 连接器进行连接，IO-BUS 末端连接一 K-BUST02 终端匹配器。

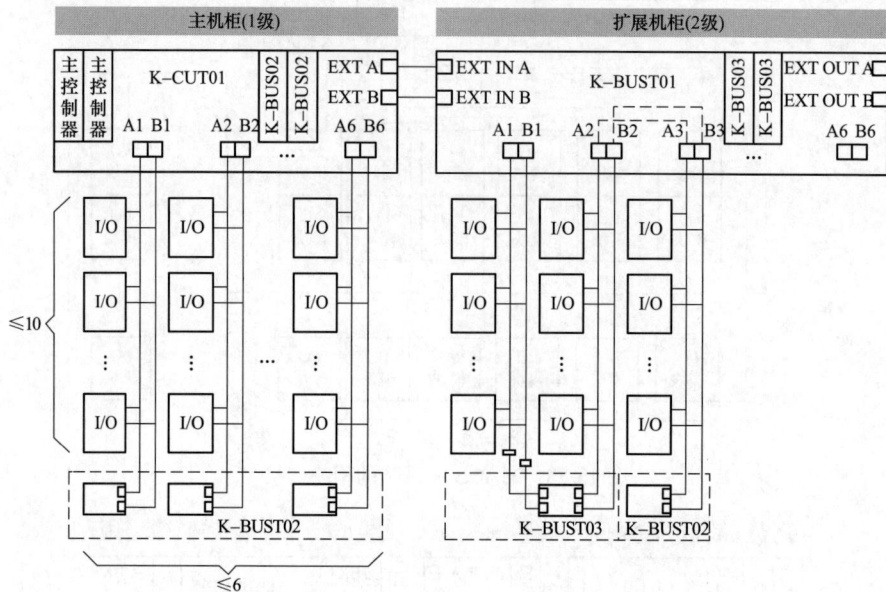

图 15-25　CNET 总线形结构图

对于总线形拓扑结构，IO-BUS 模块共有 7 路分支，以 A 网为例按 A1→A2→……→A6→EXT A 的顺序依次串联。第 1～6 路连接柜内本地 I/O 相连，第 7 路连接扩展柜外远程 I/O。

（三）控制网节点核算

对于控制网 I/O 节点数，在规划 MACS-K 系统硬件系统时需要仔细核算其逻辑节点容量、物理节点容量以及估算所有 I/O 的总线扫描周期是否符合具体项目的需求。

逻辑节点容量：按 IO-BUS 总线协议，理论上每个逻辑网段上的节点数最多为 100 个，节点地址为 0～126（地址 126 用于广播通信）。每个控制器（IO-BUS 主站）、I/O 模块（DP 从站）、IO-BUS 通信模块占用一个节点地址，0 和 1 固定为控制器地址，2～7 和 112～117 为 IO-BUS 通信模块地址，10～109 为 I/O 地址。

1. 物理节点容量

从电气性能上看，受收发器电流消耗和总线特性的约束，每个物理总线链路上挂接的节点数是有限的。MACS-K系统硬件系统的IO-BUS总线收发器采用1/8单位负载的收发器，相对于标准单位负载收发器（只能带32个节点），其电流消耗为1/8，所以电气上一段总线可以直接挂接256个节点，不需要用重复器进行扩展。但有时出于安全考虑，不建议一段物理总线上带如此多的节点数，可选用不同的K-BUS通信模件，构造各种合理的网络拓扑结构。

2. 总线扫描周期核算

即使逻辑节点容量和物理节点容量核算都已经可行，最后还要核算总线扫描周期，以满足特定工程项目对速度的要求。

（四）控制总线扫描周期

单模件通信耗时的计算如图15-26所示。

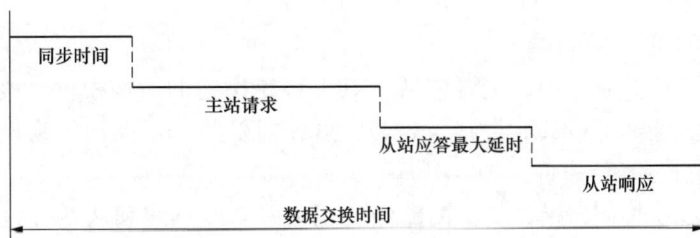

图15-26　单模件通信耗时的计算

DP主站对单个模件的数据交换时间计算公式为

$$数据交换时间 = \frac{同步数据 + 主站请求 + 应答最大延迟 + 从站应答}{波特率}$$

$$(15-1)$$

其中：同步数据＝100bit；主站请求＋从站应答＝模件数据报文长度（Byte）×11bit；从站应答最大延迟与波特率有关，参见表15-11。

表 15-11　不同波特率下的单模件应答最大延迟时间

波特率（bit/s）	从站应答最大延迟（bit）
9.6K、19.2K、31.25K、45.45K、93.75K、187.5K	60
500K	100
1.5M	150

在PROFI BUS-DP协议中，一个有效字节（Byte）用11bit信息传输：8bit数据＋1bit起始位＋1bit停止位＋1bit奇偶校验位。由此，式（15-1）可简化为

$$数据交换时间(\mu s) = \frac{100 + 数据报文长度 \times 11 + 应答最大延迟(bit)}{波特率(bit/s)} \times 10^6$$

(15-2)

第五节　MACS-K 系统控制器

一、MACS-K 系统控制器配置

控制器模块是 MACS-K 系统的核心控制部件，主要工作是收集 I/O 模件上报的现场数据，根据组态的控制方案完成对现场设备的控制，同时负责提供数据到上层操作员站显示。

MACS-K 系统有 2 种型号控制器，一种为用于 DCS 系统 K-CU01 控制器，另一种为用于 DEH 系统 K-CU02 控制器。

1. K-CU01 控制器

K-CU01 控制器构成主要包括 SNET 系统网络的通信模件、核心处理器、协处理器（I/OBUS 主站 MCU）、过程通信数据链路层、物理层以及外围一些辅助功能模件。

K-CU01 控制器模件支持两路相互冗余多功能总线和从站 I/O 模件进行通信，支持两路冗余以太网（SNET）和上位机进行通信，实时上传过程数据以及诊断数据。可以在线下装和更新工程，且不会影响过程控制。K-CU01 控制器面板结构如图 15-27 所示。

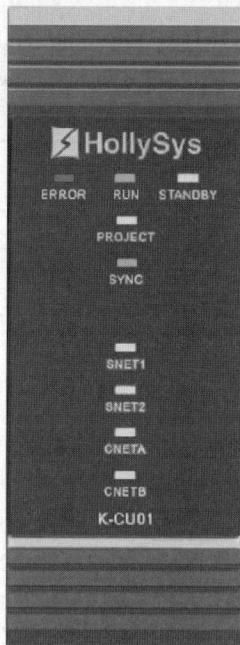

图 15-27　K-CU01 控制器面板结构

K-CU01 控制器模件支持冗余配置使用。当冗余配置时，如果主控制器发生故障，则执行主从切换，且降为从机，并上报故障信息；若作为从机出现故障，则保持该状态。MACS-K 系统控制器构成部件见表 15-12。

表 15-12　MACS-K 系统控制器构成部件

控　制　器	
K-CU01	基本运算周期 100ms，可冗余配置，I/O 模件＜100 块
K-CU02	基本运算周期 50ms，可冗余配置，I/O 模件＜30 块
控制器背板	
K-CUT01	4 槽主控制器背板，可安装 2 个控制器模件、2 个 IO-BUS 模件
IO-BUS 模件	
K-BUS02	星形 IO-BUS 模件，可连接 60 个 I/O 模件，外加 1 路扩展
K-BUS03	总线形 IO-BUS 模件，最多连接 30 个 I/O 模件

主控单元采用"模块＋背板"组合的结构，两块冗余控制器模件和两块 IO-BUS 模件（K-BUS02 或 K-BUS03）安装在 4 槽主控＋背板 K-CUT01 上，构成一个基本的控制器单元，如图 15-28 所示。可以兼容 K 系列、FM 系列、SM 系列三种 I/O 模件。

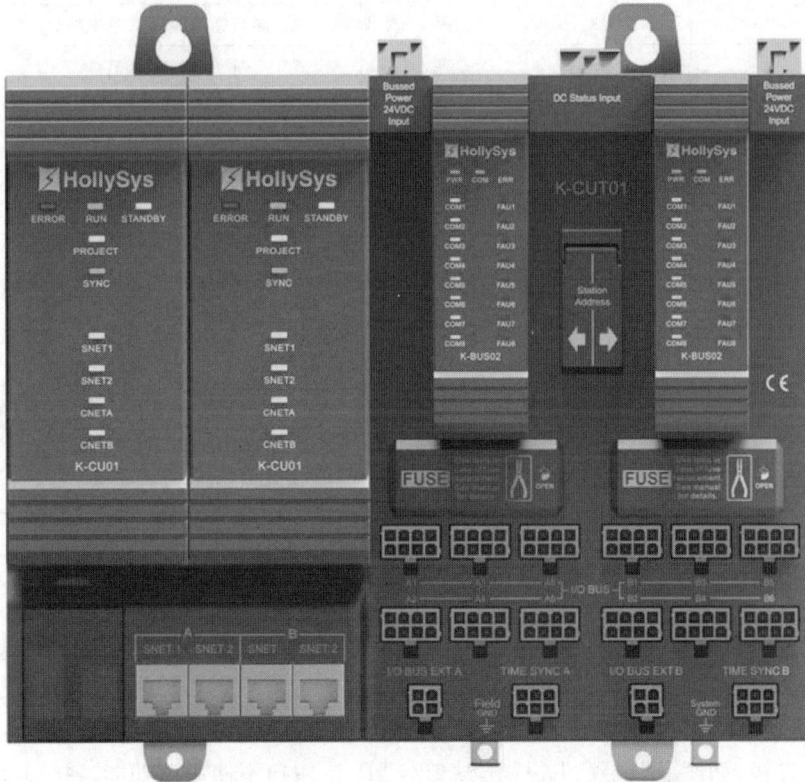

图 15-28　控制处理器单元结构图

状态灯说明：主控制器面板上有多个状态灯，现场实时显示控制器的电源、组态、网络、主从等工作状态，为维护人员提供直观和快捷的故障提示，表 15-13 所示为控制器状态指示灯的含义。

表 15-13　控制器状态灯的含义

灯名称	颜色	状态	含　义
RUN	绿	亮	正常运行
		灭	停止运行
STANDBY	黄	亮	主控单元为从
		灭	主控单元为主
ERROR	红	亮	主控故障或未完成初始化
		灭	主控单元正常运行
PROJECT	绿	亮	主控有组态
		闪	主机正在被下装组态，从机正在被冗余组态
		灭	主控没有组态
SYNC	黄	亮	同步通路正常
		闪	同步数据正常
		灭	同步通路故障（单主控）
SNET1	黄	亮	系统网 1 链接正常
		闪	系统网 1 链接正常并处于数据交流
		灭	系统网 1 故障
SNET2	黄	亮	系统网 2 链接正常
		闪	系统网 2 链接正常并处于数据交换
		灭	系统网 2 故障
CNETA	黄	亮	控制器 A 网节点正常
		闪	控制器 A 网节点正常且有数据交换
		灭	控制器 A 网节点故障
CNETB	黄	亮	控制器 B 网节点正常
		闪	控制器 B 网节点正常且有数据交换
		灭	控制网 B 节点故障

2. 主控单元背板

（1）背板接口说明。K-CUT01 主控＋背板左边两个槽位安装控制处理器模件，右边两个槽位安装 IO-BUS 模件。主控模件和 IO-BUS 模件的外部接口位于背板上。各个接口如图 15-29 所示。

在拨码开关槽中预留一个测试口（TP），用户不使用该功能。接口名称如表 15-14 所示。

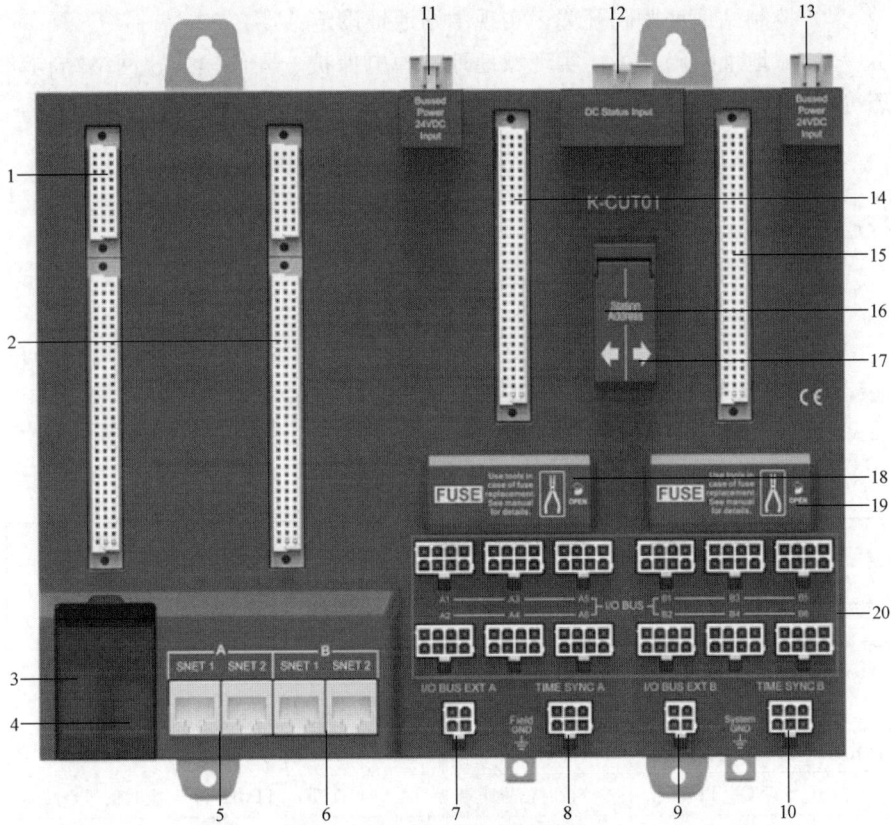

图 15-29 K-CUT01 主控背板图

表 15-14 主控背板接口名称表

编号	接口名称	编号	接口名称
1	主控制器 A 插槽	11	第一路系统电源输入接口
2	主控制器 B 插槽	12	电源检测接口
3	站地址设置仓	13	第二路系统电源输入接口
4	域地址设置仓	14	IO-BUS A 总线模件插槽
5	控制器 A 以太网插槽	15	IO-BUS B 总线模件插槽
6	控制器 B 以太网插槽	16	IO-BUS A 模件站地址设置仓
7	A 网柜间级连接口	17	IO-BUS B 模件站地址设置仓
8	A 网校时总线连接器接口	18	A 网电源熔丝仓
9	B 网柜间级连接口	19	B 网电源熔丝仓
10	B 网校时总线连接器接口	20	多功能总线接口

（2）背板功能概述。

1）冗余系统电源接口，提供 2 路 24V DC 给冗余主控以及冗余 HUB 供电；

2）电源状态接口，实现电源监视；

3）地址跳线，实现 DP-HUB 站地址设定；

4）控制站地址拨码开关，实现主站地址设定；

5）域地址拨码开关，实现域地址、掉电保护、固件模式、网络结构状态等设定；

6）系统电源、现场电源的接地点；

7）冗余 RJ45 以太网接口，提供 2 路 100Mbit/s 带宽信道与上位机进行通信；

8）校时总线 RS485 接口，实现多个带有 SOE 控制站之间的校时；

9）与 IO 扩展柜间的连接口，实现 IO-BUS 总线的柜间级联；

10）6 路 8 口接口，协助 DP-HUB 实现 IO-BUS 总线由总线形转为星形，将现场电源、系统电源、IO-BUS 总线信号输出到各列 I/O 模件上。

（3）K-CU01 模件背板的各连接器接口信号定义见表 15-15～表 15-19。

表 15-15　柜间级联连接器（IO-BUS EXT）

符号	定义	符号	定义
EX _ DP+	DP 信号正端	GND _ ISO _ 2	等电位地
EX _ DP−	DP 信号负端	S24V−	屏蔽地

表 15-16　控制器校时总线连接器（TIME SYNC）

针孔号	符号	定义	针孔号	符号	定义
1	SYNC _ TIME+	差分校时信号正端	4	SYNC _ TIME−	校时信号负端
2	NC	无连接	5	S24V−	屏蔽地
3	SGND	系统地	6	CON _ 5V+	5V 系统电源

表 15-17　多功能总线端连接器（A1～A6/B1～B6）

针孔号	符号	定义	针孔号	符号	定义
1	DP+	DP 信号正端	5	DP−	DP 信号负端
2	DP _ AGND	DP 信号屏蔽地	6	S24V _ AGND	系统电源屏蔽地
3	S24V+	系统电源 24V	7	S24V−	系统电源负端
4	F24V+	现场电源 24V	8	F24V−	现场电源负端

表 15-18　电源输入口（Bussed Power 24V DC）

针孔号	符号	定义	针孔号	符号	定义
1	S24V−	系统电源负端	4	S24V+	系统电源正端
2	F24V−	现场电源 1 负端	5	F24V1+	现场电源 1 正端
3	F24V−	现场电源 2 负端	6	F24V2+	现场电源 2 正端

注　S24V 为 120W 24V DC 电源，提供所有模件的系统侧电源；F24V1 为 240W 24V DC 电源，提供第 1、2、3、4 端口列的 I/O 模件通道侧电源；F24V2 为 120W 24V DC 电源，提供第 5、6 端口列的 I/O 模件通道侧电源。

表 15-19　电源检测口（DC Status Input）

针孔号	符号	定义	针孔号	符号	定义
1	IN＿POWER1	电源检测口1	6	IN＿POWER6	电源检测口6
2	IN＿POWER3	电源检测口3	7	IN＿POWER8	电源检测口8
3	IN＿POWER4	电源检测口4	8	IN＿POWER9	电源检测口9
4	IN＿POWER5	电源检测口5	9	IN＿POWER10	电源检测口10
5	WIRE＿INSERT	系统电源正	10	SGND	系统电源负

二、站地址跳线

1. 拨码开关

K-CUT01主控制器基座左下角设有2组地址拨码开关，用来设置主控制站的地址（CN）和域地址（DN），表15-20、表15-21分别为其地址拨码开关的定义。

表 15-20　主控站地址拨码开关定义

管脚号	信号定义	说明	
1	STATION0	站地址第1位	
2	STATION1	站地址第2位	
3	STATION2	站地址第3位	
4	STATION3	站地址第4位	ON＝0，OFF＝1
5	STATION4	站地址第5位	
6	STATION5	站地址第6位	
7	STATION6	站地址第7位	
8	Unsuse1	保留	

表 15-21　域地址拨码（DN）开关定义

管脚号	信号定义	说明	
1	DOMAIN0	域地址第1位	
2	DOMAIN1	域地址第2位	
3	DOMAIN2	域地址第3位	ON＝0，OFF＝1
4	DOMAIN3	域地址第4位	范围：0~31（十进制）
5	DOMAIN4	域地址第5位	
6	NC	无连接	
7	BAT＿CON	掉电保持开关，ON＝使能	
8	Download	分别下装	

主控制站的地址和域地址通过两个红色拨码开关进行设置。域地址使用8位拨码开关DN的前5位；站地址使用8位拨码开关CN的前7位，如

图 15-30 所示。

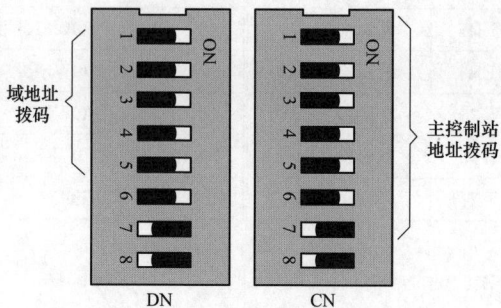

图 15-30　主控拨码开关示意图

当拨码开关某一位处于"ON"时，则对应的数值为"0"；拨到
"OFF"时，对应数值为"1"。以站地址为例，7 位拨码开关的数值从高位
到低位排列，组合成一个二进制数，该二进制数对应的十进制数就是主控
制站的地址，如图 15-31 所示。

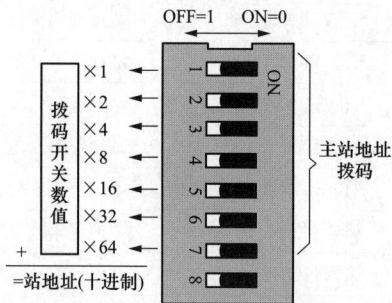

图 15-31　站地址拨码开关的设定

如：拨码开关从高位（第 7 位）到低位（第 1 位）依次设置为
"0001010"，对应十进制数 10 就是主控制站的地址，如图 15-32 所示。

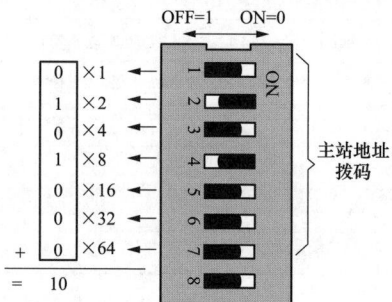

图 15-32　10 号站拨码开关的设定

2. IO-BUS 地址跳线定义

如图 15-33 所示，IO-BUS 模块通过地址跳线器来设置 IO-BUS 站地址，实现与控制处理器的通信。A、B 总线两个 IO-BUS 模块有独立的站地址，跳线器设置见表 15-22。

由图 15-33 可知，IO-BUS 模块站地址由两部分组成，一部分是偏移地址区，用跳线设置偏移地址，范围为 2～7；另一部分是基础地址区，用跳线设置基础地址，范围是 0 或 110。针号对应的跳线短接，则表示该针地址有效。

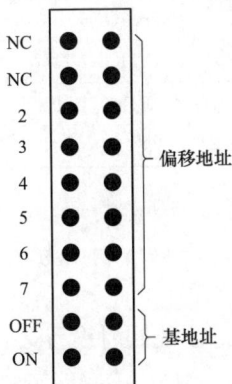

图 15-33　IO-BUS 地址跳线

OFF 针短接，表示当前 IO-BUS 模块地址为 2～7 号针所定义的值；

ON 针脚短接，表示当前 IO-BUS 模块地址需要在 2～7 的基础上再加上基础地址 110。因此，IO-BUS 模块的站地址＝基础地址＋偏移地址，其范围是 2～7、112～117。

例如：设置 IP 地址＝3，则短接 3 号针、短接 OFF 针；

设置 IP 地址＝114，则短接 4 号针、短接 ON，如图 15-34 所示。站地址跳线器定义见表 15-22。

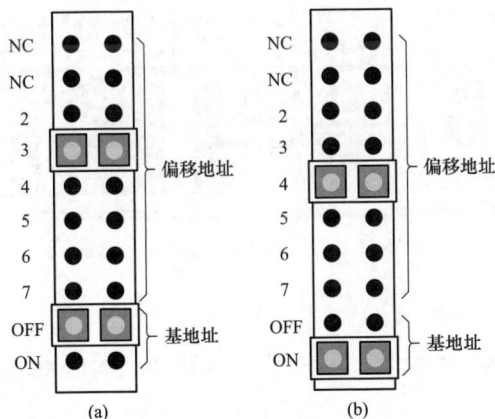

图 15-34　站地址跳线设置举例

表 15-22　站地址跳线器定义

针脚号	符号	定义
NC	NC	保留
NC	NC	保留
2	STATION1	2 号地址
3	STATION2	3 号地址
4	STATION3	4 号地址
5	STATION5	5 号地址
6	STATION6	6 号地址
7	STATION7	7 号地址
OFF	STATION110 _ OFF	基地址 0
ON	STATION110 _ ON	基地址 110

在设置站地址时，需注意以下问题：

（1）基础地址若设置为 OFF 时，表示为 0；基础地址若设置为 ON 时，表示为 110。

（2）OFF 状态与 ON 状态不能同时设置，它们是互斥关系。

（3）跳线帽设置在其他位置时，读取的站地址无效。

三、其他特殊功能说明

1. 短路保护功能

在 K-CUT01 板上设有 A、B 两个熔丝仓，分别放置 IO-BUS 本地 A、B 端口的系统电源和现场电源的熔断器，每个熔丝仓内装有 12 个一次性速熔熔断器（3.15A），共分为 6 组（对应 6 个 IO-BUS 接口），每组 2 个熔丝座，分别对应于系统电源和现场电源。以防止各支路电源出现过电流或短路，影响其他支路电源，引起系统运行不稳定，如图 15-35 所示。

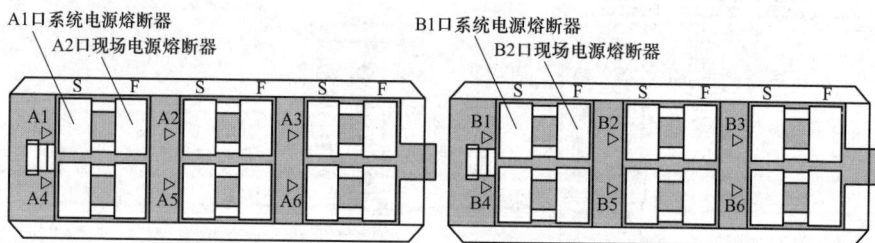

图 15-35　主控背板的熔丝仓示意图

2. 诊断功能

故障诊断对象是控制器的基础硬件以及各个功能块，最终达到诊断整个控制器的目标。

控制器支持下述几类功能诊断。

（1）硬件故障：本机 DP 收发器故障诊断、内部电源故障诊断、时钟诊断、SNET 冗余网连接状态诊断、CNET 控制网连接状态诊断、掉电保护 SRAM 诊断。

（2）温度状态诊断（高于 90℃报警）。

（3）系统网连接状态诊断。

（4）掉电保护电池容量不足（低于 2.8V 报警）。

3．控制器模件冗余

主控制处理器模件采用 1∶1 冗余配置保证可用性。K-CU01 冗余工作原理框图如图 15-36 所示。

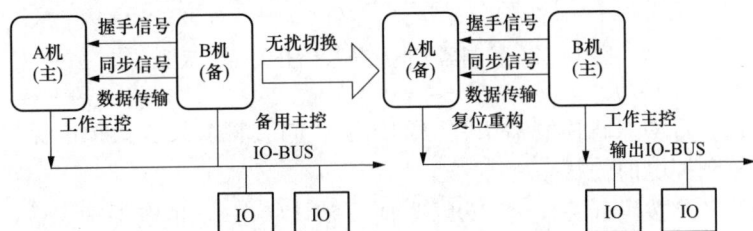

图 15-36　K-CU01 冗余工作原理框图

互为冗余的一对控制器安装在 4 槽控制器基座中，主、从机热、备冗余方式，一个控制器处于工作状态（主机），另一个控制器处于备用状态（从机）。控制模件通过内部冗余控制电路保证两个冗余控制器间的组态、数据和运行周期保持一致。两个主控制器同时接收网络数据，同时做控制运算，但只有一个输出运算结果。

主机与从机每周期交互同步数据，从机使用同步数据跟随主机运行。当主机出现致命故障时，如果从机工作状态正常，则主、从切换。该切换为无扰切换，不会对系统造成影响。

默认初始状态下，A 机为主，B 机为从。在发生故障的情况下，主、从机自动根据故障的严重情况进行冗余切换，使无故障（或故障最轻）的控制器始终为主，处于工作状态。某一时刻，谁为主、谁为从，可通过面板上的状态指示灯（STANDBY）判别。

4．掉电保护

主控制器在运行过程中自动保存组态以及部分需要掉电保护的关键数据。当控制器突然掉电时，以上数据会在后备电池的支持下保存。后备电池的有效工作时间不少于 3 年，当电池容量不足时，控制器会上报电池电量不足的报警信息。此时，必须在出现报警后的 3 个月内完成电池更换。更换后备电池时，可带电更换。当采用不带电更换时，掉电保护的数据将丢失，但组态会保持。控制器掉电保护拨码开关的示意图如图 15-37 所示。

是否使能掉电保护功能由主控背板拨码开关 DN 的第 7 位控制，默认不使能，当第 7 位拨码开关拨至"ON"时，掉电保护设置有效，重新上电

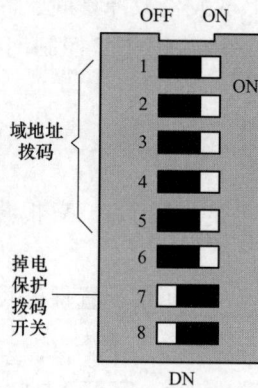

图 15-37　控制器掉电保护拨码开关的示意图

后，主控会自动加载控制器中存储的组态，同时将被设置为掉电保护的数据项恢复到掉电前的状态。

当第 7 位拨码开关拨至"OFF"时（默认状态），掉电保护无效，重新上电后，控制器自动清空内部的组态和数据，并工作在无组态的状态下。控制器的下盖上有一个"BAT"电池仓，内装有掉电保护电池，可更换，如图 15-38 所示。

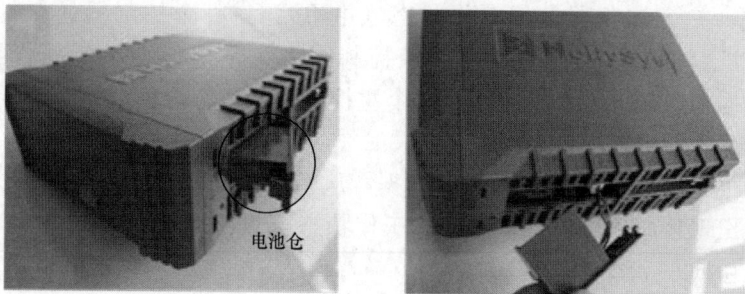

图 15-38　掉电保护电池盒结构

电池安装在电池盒中，电池盒卡在电池舱盖里。

5. 技术指标

K-CU01 控制器技术参数见表 15-23，K-CUT01 4 槽主控制器背板见表 15-24。

表 15-23　K-CU01 控制器技术参数

CPU	工业级 PowerPC 架构，32 位，主频 400MHz
程序存储 FLASH	16M Bytes（字节）
内存	128M Bytes（字节）
掉电保持 SRAM	1M Bytes（字节）
运算调度周期	最快 100ms
掉电保护	后备电池保持

续表

电池寿命	大于 5 年，可在线更换
系统网（SNET）	2 路冗余，100/1000Mbit/s，波特率自适应
控制网（CNET）	Profibus-DP 协议，DPV0/DPV1，2 路冗余，通信速率 187.5kbit/s、500kbit/s、1.5Mbit/s 可组态配置，默认为 1.5Mbit/s
诊断	电源、时钟、内存以及其他控制器内部硬件诊断；掉电保护电池容量不足诊断；CPU 周围温度状态诊断
控制器冗余	主从热备冗余，100Mbit/s

表 15-24　K-CUT01 4 槽主控制器背板

电 气 特 性	
电源输入	冗余输入 3 路电源，1 路系统电源（120W），2 路现场电源（1 路 240W，1 路 120W）
电源在底板上压降	＜1V
电源输出	系统电源、现场电源均采用 12 路输出，每两路进行冗余。其中现场电源 1（240W）分为 8 路，现场电源 2（120W）分为 4 路
主控 IP 地址设定	拨码开关设定（CN），共 8 位，使用前 7 位，A、B 机在底板上已经固定槽位，不可更改
IO-BUS 站地址设定	由底板上连接器跳线帽设定
域地址设定	拨码开关设定（DN 对应的拨码开关，共 8 位），使用前 5 位
工程分别下装	拨码开关设定（DN 对应的拨码开关，共 8 位），使用第 8 位
掉电保持	拨码开关设定（DN 对应的拨码开关，共 8 位），使用第 7 位
IO-BUS 终端匹配电阻	近端始终有终端匹配电阻
校时总线终端匹配电阻	无，需外置添加
电源输入	24V±10％
物 理 特 性	
插槽数	4
电源输入插座	2 路冗余，6 针插座
IO-BUS 连接器	14 路（7 对冗余链路），8 孔连接器
校时总线连接器	2 路，一入一出
以太网连接器	4 个单口 RJ45

四、K-BUS 通信总线

K-BUST01 是 K 系列单槽 IO-BUS 背板模块，一方面提供了系统外设接口，包括电源接口、通信接口，通过 64 针欧式连接器与 K-BUS02 或 K-BUS03 模块相连；另一方面将冗余输入的系统电源、现场电源进行分配，输入到各列 I/O 模块上。

在系统电源以及现场电源通路中都设有一个熔丝，并提供电源状态检测。

K 系列的 IO-BUS 模件的功能是 DP 总线集线器，通过 DP 输入总线接口与主站进行通信和数据交换，属于物理层设备；同时作为 DP 从站，将直流电源状态、DP 链路故障、机柜温度等信息上报给主控制处理器。最大支持 3 级级联，3 级/1.5Mbit/s，2 级/3Mbit/s。

K-BUS02 模件为星形结构，支持 8 路分支，分支间逻辑隔离，各自为独立的总线段。第 1～6 路连接柜内本地 I/O，第 7 路为连接控制处理器接口，第 8 路连接柜外扩展 I/O。

从扩展电缆第 8 通道 EXT 口引出，连接到柜外级联入口。K-BUS 模件扩展出 6 个本地口（1～6）和一个扩展口 EXT，参考图 15-39。

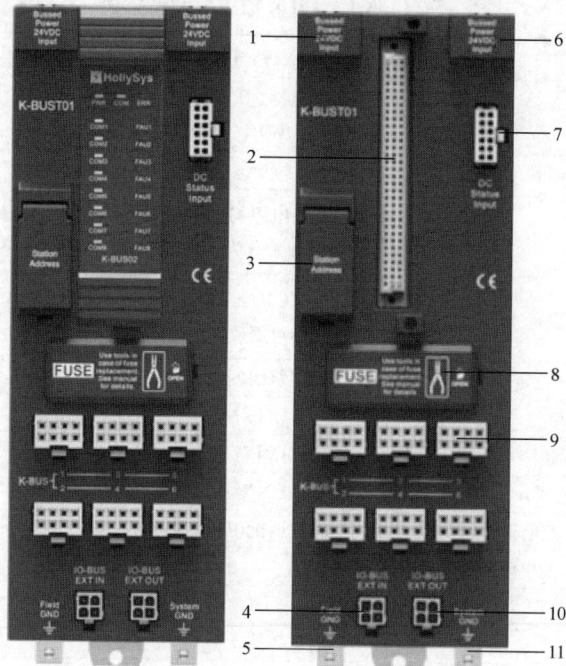

图 15-39   K-BUS 模件背板部分

1、6—电源输入端口；2—欧式连接器插槽；3—站地址设置仓；4—输入总线插座；5—现场地；
7—电源检测端口；8—系统和现场电源熔丝仓；9—8 口总线插槽；
10—扩展输出总线插槽；11—系统地

通过安装 K-BUS02 或 K-BUS03 模块可以实现由总线形网到星形、树形等复杂网络结构的转变。如 K-BUS02 模块支持级联，实现树形拓扑结构，如图 15-40 所示。

在图 15-40 中，仅以多功能总线 A 为例，而多功能总线 B 与其相同。IO-BUS 的每一路分支使用一条专用多功能总线电缆，每路分支最多连接小于或等于 10 个 I/O 模件。

控制机柜正面与背面最多可装 3 列导轨，机柜正面从左到右为 1、2、3 号，机柜背面从左到右为 4、5、6 号。

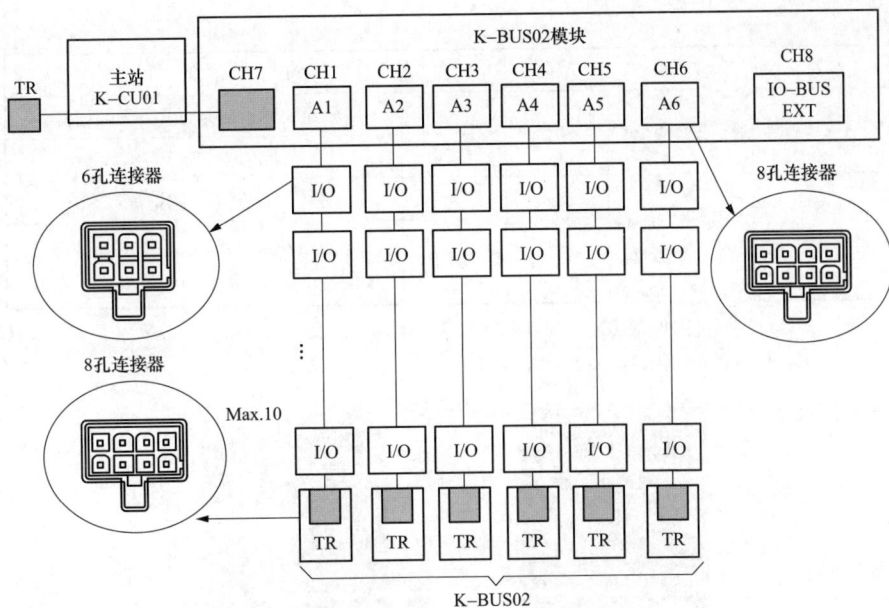

图 15-40　K-BUS 总线模件

对于星形拓扑结构，每列导轨就是一个总线段分支。主控制器分支的终端匹配（TR）固化在主控器背板内部，各 IO 分支的末端连接 K-BUST02 终端匹配器。

第一列导轨对应多功能总线插入 A1 端口，第二列导轨对应多功能总线插入 A2 端口，其余以此类推。

多功能总线电缆的两端为 8 针连接器，电缆中间有 10 个 6 针连接器，依次插在 I/O 模件的基座上。

第 8 路 EXT 是扩展分支，为 4 孔连接器，其中，第 7 路和第 8 路电气隔离。用 CH1～CH8 分别指示 8 路分支的通信状态，在 K-BUS02 模块面板上指示。

K-BUS02 模件状态灯说明见表 15-25，K-BUS02、K-BUS03 总线模件面板如图 15-41 所示。

表 15-25　K-BUS02 模件状态灯说明

名称	功能	颜色	状态	含义
PWR	系统电源灯	绿	亮	模件电源工作正常
			灭	模件电源不正常
COM	DP 通信灯	绿	亮	与主控通信正常
			灭	与主控通信不正常
			慢闪	模件板级故障
ERR	故障灯	红	亮	模件板级工作正常
			灭	模件工作正常

续表

名称	功能	颜色	状态	含义
COM1~COM8	通道 DP 通信灯	黄	灭	DP 通信通道回路正常,无数据流
			快闪	通道网络交换数据
FAU1~FAU8	通道 DP 通信故障灯	红	灭	DP 通道回路正常
			慢闪	DP 通道断路故障、差分线短路故障、总线差分线信号的长时间逻辑"0"故障

注 状态灯有三种闪烁状态,不同闪烁状态含义不同,闪亮:1.5s 亮,0.5s 灭;慢闪:0.5s 亮,1.5s 灭;快闪:0.5s 亮,0.5s 灭。

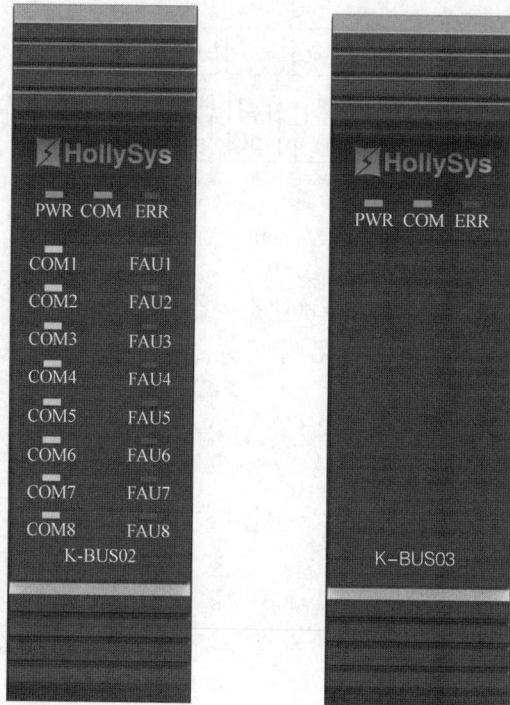

图 15-41 K-BUS 总线模件外观图

五、多功能总线连接器

1. K-BUST02 总线终端匹配器

K-BUST02 总线终端匹配器功能是使配合星形网络终端阻抗匹配,用于连接多功能总线 A 和多功能总线 B,安装在每一路总线分支的末端,以消除阻抗不匹配,克服噪声,提高通信质量。绿色 LED 灯指示多功能总线内的系统 24V、现场 24V 电源状态,上面的测试端子方便排查故障及维护,K-BUST02 总线终端匹配器外观如图 15-42 所示,K-BUST02 总线终端电阻器参数见表 15-26。

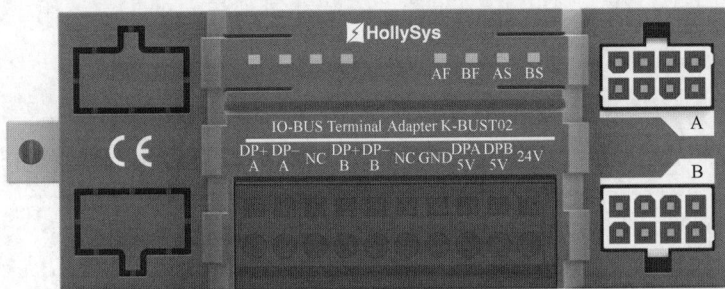

图 15-42　K-BUST02 终端匹配器外观

表 15-26　K-BUST02 总线终端电阻器参数

名称	功　能
终端电阻路数	2 路
输入连接器	8 芯双排直针座（连接多功能总线电缆端插头）
终端电阻类型	有源
终端电阻值 8	220Ω
电源状态指示	绿色 LED 灯指示多功能总线内的系统 24V、现场 24V 电源状态

终端匹配器有 A、B 两个 8 孔连接器，如图 15-43 所示，端口各针定义如表 15-27 所示。

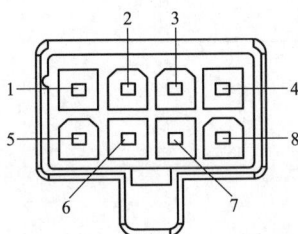

图 15-43　K-BUST02 终端匹配器接口图

表 15-27　多功能总线连接器定义

针号	含义	针号	含义
1	DP 差分信号正端	5	DP 差分信号负端
2	DP 信号屏蔽地	6	系统电源屏蔽地
3	系统 24V DC 电源正端	7	系统 24V DC 电源负端
4	现场 24V DC 电源正端	8	现场 24V DC 电源负端

2. K-BUST03 总线连接器

K-BUST03 总线连接器有 4 个 8 孔连接插座。A、B 路总线各 2 个，一个是电缆进线，另一个是电缆出线。安装在每列导轨的末端，用于总线形网络各分支的级联，如图 15-44 所示。

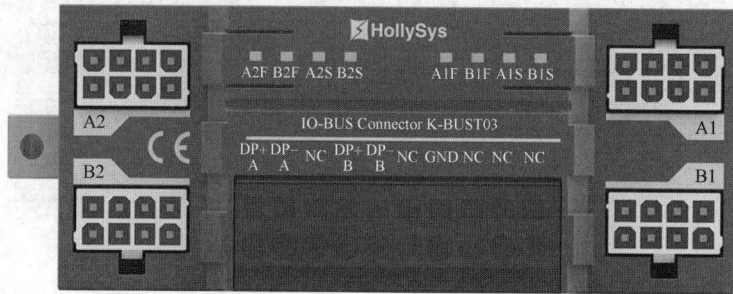

图 15-44　K-BUST03 总线形连接器

K-BUST02、K-BUST03 模件具有状态指示灯。各指示灯的含义见表 15-28 所示。

表 15-28　状态指示灯说明

序号	名称	颜色	状态	含义
1	AF	绿	亮	现场电源 A 工作正常
			灭	现场电源 A 工作异常
2	BF	绿	亮	现场电源 B 工作正常
			灭	现场电源 B 工作异常
3	AS	绿	亮	现场电源 A 工作正常
			灭	现场电源 A 工作异常
4	BS	绿	亮	现场电源 B 工作正常
			灭	现场电源 B 工作异常

K-BUST02、K-BUST03 模件测试端子定义如表 15-29 所示。

表 15-29　测试端子定义

针号	符号	含义	针号	符号	含义
1	DPA＋	DP A 网信号正端	6	NC	未定义
2	DPA－	DP A 网信号负端	7	GND	24V 系统电源地
3	NC	未定义	8	VCC＿S＋5V＿DPA	有源终端 A 5V 正端
4	DPB＋	DP B 网信号正端	9	VCC＿S＋5V＿DPB	有源终端 B 5V 正端
5	DPB－	DP B 网信号负端	10	VCC＿S24V＋＿A1B1	24V 系统电源正端

第六节　K-SOE 事件顺序记录模件

一、K-SOE 模件功能概述

事件顺序记录（Sequence Of Event，SOE）是一种特殊的开关量输入信号，通常在电厂监控系统中采用。K-SOE 模件采用欧式连接器与配套的端子基座 K-DIT01 或 K-DIT11 连接，通过冗余 I/O BUS 总线与主站（控制器）通信和冗余电源供电，实现 SOE 信号的采集信号和校时信号。

K-SOE01 模件支持触点型或电平型信号，支持带电热插拔。模件与端子基座依据配套防混淆识别定位，有效防止错位对模件造成电气损伤。

K-SOE01 模件由配套基座及两根多功能总线构成。模件插在配套端子基座 K-DIT01 上，基座的接线端子负责接入现场的 SOE 信号，再通过冗余的 IO-BUS 总线将采集到的信号送给主控器单元，总线同时提供冗余的系统电源和现场电源。

K-SOE01 模件对 SOE 事件的分辨率达 1ms，并有足够大的缓冲区，以保证精确的信号分辨率，同时不会遗漏任何一个 SOE 信号；它还具有信号去抖功能，能够分辨出非正常的信号抖动，从而保证了采样信号的可靠性。

SOE 工作原理如下。

除输入触点信号需要记录动作时间及不能冗余配置之外，其余的性能指标与 MACS-K 系统 DI 模件相同。K-SOE 模件的时间采用了 GPS 校时过程分三级进行，第一级为 GPS 时间服务器，服务器至 DCS 主时间控制器（编号最小的控制器）的时钟信号采用网络时间协议（Network Time Protocol，NTP）方式，第二级是主时间控制器到 SOE 控制器的时钟信号由硬线传输；第三级是 SOE 控制器与 SOE 模件通过 Profibus-DP 协议方式对时。不再沿用 S 系列的 FM197 对时方式；K-SOE 校时过程如图 15-45 所示。

历史站或 OPS（操作员站）向 GPS 对时，控制器时钟向历史站对时，不同控制器的时钟进行 NTP 校时，SOE 模件向控制器对时。在系统初始状态下，历史站或 OPS 可根据系统网络中在线的控制器的运行情况选择某个控制器为主，并设定初始时间，其他控制器与该控制器通过 NTP 网络校时，并依靠"硬校时线"发送整分信息，分辨率可达 1ms；控制器与 SOE 模件之间通过 DP 协议的方式进行对时。

对系统是否对时，则取决于具体工程的要求。当工程有多个 K-SOE 模件进行对时，需保证控制器的时钟对不同 SOE 模件之间的时钟一致，这样才能保证 SOE 模件时钟的准确性。

K-SOE11 模件上报的秒、毫秒信息（0～65 535ms）与主控单元的当前时

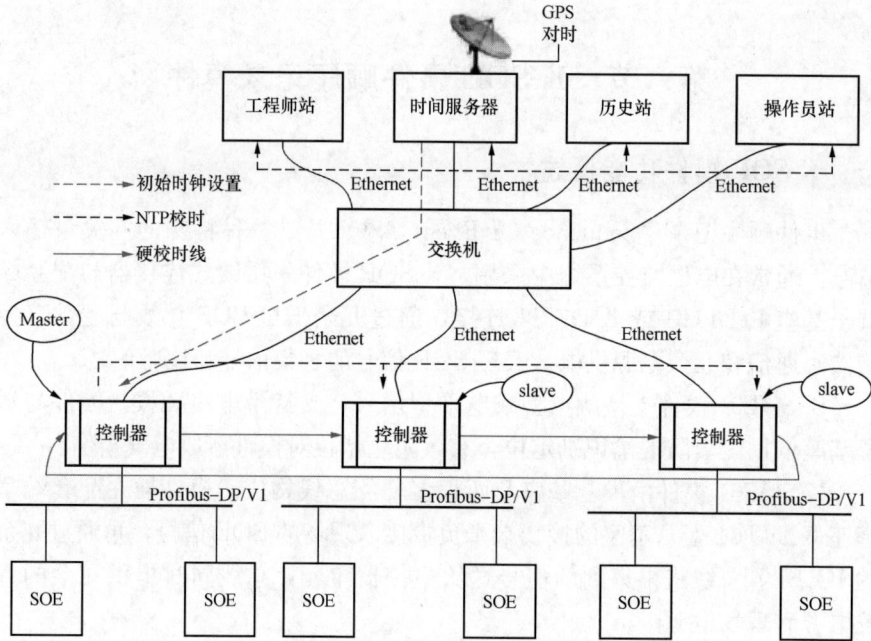

图 15-45　K-SOE 校时过程

Ethernet—以太网，这里指系统总线；Profibus OP/V1—I/O 总线，符合 Profibus DP/V1 协议；

Master—该控制器作为 SOE 的主时钟；Slave—该控制器接受主时钟的授时

间（取年、月、日、时、分）拼起来，合成 1 个 SOE 事件的完整的时间信息。整个系统各个 I/O 站的所有 SOE 事件的时间信息保持一致，对时精度小于或等于 2ms。一般对时方式两种：硬对时及软对时，通过组态可选。由于 DP 数据量的限制，一个控制器最多可组 2×14 模件或 1×28 模件。

二、诊断说明

K-SOE 模件诊断故障可分为模件本身故障和通道诊断。当模件诊断出任一故障时，都将上报诊断信息至控制器，同时模件面板上指示相应状态灯。故障恢复后，模件同时上报诊断恢复信息。通过模件诊断和通道诊断这两部分来分析。

1. 模件诊断

K-SOE01、11 模件提供自诊断功能，包括现场电源（查询电源）是否故障、DP 冗余网络是否故障、模件通道扰动监测报警以及对时超时故障等。一旦模件诊断出任一故障，都将故障信息上报给操作员站，并保持上一拍数据不变，模件面板上 ERR 灯亮或者其他灯全灭。

K-SOE01、11 模件刚上电时，进行模件自检并建立通信，通信后，模件将对 DP 通信网络和现场电源进行实时自检。此时，模件可能诊断的故障及解决方法见表 15-30。

表 15-30 K-SOE 模件诊断信息

序号	故障现象	诊断信息	处理方法
1	操作员站或服务器上显示 DP 冗余网络报警信息，模件面板上 COM 灯灭或灯闪	DP 冗余网络不正常	（1）方法一：检查 I/O BUS 线缆是否插紧或是否插错。 （2）方法二：重新插拔模件，必要时需更换模件
2	操作员站或服务器上显示现场（查询）电源报警信息，模件面板通道灯快闪	现场（查询）电源不正常	（1）方法一：检查 I/O BUS 线缆是否插紧或是否插错。 （2）方法二：重新插拔模件，必要时更换模件
3	操作员站或服务器上显示通道扰动检测报警信息，模件通道指示灯灭	模件通道扰动监测报警	（1）方法一：检查用户组态参数是否正确，通道线缆是否连接完好。 （2）方法二：重新插拔模件，必要时更换模件
4	操作员站或服务器上显示对时超时报警信息	对时超时故障	重新插拔模件，必要时更换模件

对于模件自诊断现场（查询）电源是否正常，当现场（查询）24V DC 供电断开时，K-SOE01 模件的设备诊断数据区产生诊断数据并上报控制器；当现场（查询）24V DC 供电恢复正常后，K-SOE01 模件产生新的数据并上报控制器。该模件在故障发生和故障恢复时分别上报一次诊断数据。

对于模件自诊断对时信号超时，在控制器对时方式下，应检查每分钟是否收到对时数据包。若超过 65s 没有收到对时信息，则在设备诊断数据区产生诊断数据，并将该诊断数据在下一个扫描周期到来时上报给控制器。

对于模件面板 ERR 灯常亮，则说明模件有重大故障，重新插拔模件，看该模件是否恢复正常，若没有恢复，则需要更换模件。

2. 通道诊断

K-SOE01、11 模件的每个输入通道都单独进行组态，是否进行通道扰动监测报警默认设置为使能，用户可以根据自己的需要，将不用的通道设置成"通道失能"。若模件的某一通道输出故障时，模件将上报控制器，操作员站或服务器显示报警信息。

通道诊断上报故障信息将显示通道号和故障类型、模件面板相应通道指示灯指示状态。

三、K-SOE 模件性能指标

K-SOE 模件技术参数见表 15-31。

表 15-31　K-SOE 模件技术参数

K-SOE11 16 通道 48V DC 数字量输入模件				
通道数		16		
输入信号类型		无源触点（干触点）、有湿无源触点（湿触点）		
查询电压		48V DC（42～55V DC，外接或者采用现场电源供电）		
ON（合）/ OFF（断）条件	无源触点	状态	R_{off}	R_{on}
		条件	≥100kΩ @ 55V DC	≤1kΩ @ 42V DC
	有源触点	状态	V_{off}	V_{on}
		条件	0～10V 0.5mA（max）	34V～60V 2.5mA（min）
通道扫描周期		0.1ms/16 通道		
通道软件滤波时间		4ms、8ms、16ms、20ms，单通道可用户设置		
与主控制器对时周期		1min		
SOE 事件分辨率		1ms		
事件分辨率		ms		
事件缓存区		缓存最新的 200 条事件		
隔离方式		光隔离		
通道防护		±60V DC，220V AC（增强型基座），不损坏		
设备故障诊断		查询电源故障、对时超时故障等		
通道故障诊断		通道输入信号扰动故障诊断（100ms 内信号跳变大于等于 4 次）		
防混淆位置		3		

第七节　通　信　模　件

一、K-DP02 DP Y-LINK 网桥通信模件

K-DP02 模件为 K 系列 DP Y 型连接器（DP Y-LINK），用来实现上位冗余 Profibus-DP 主站系统与下位非冗余 Profibus-DP 设备系统之间的网络转换。模件通过 64 针欧式连接器与配套端子基座 K-PAT01 或 K-PAT21 连接，通过冗余 IO-BUS 总线与上位通信，通过 DB9 针线与现场 DP 仪表通信。对于较高级别的系统（面向自动化设备），该模件是 DP 从站，只占用较高级别 DP 主站系统的一个字节；对于较低级别的系统，该模件是 DP 主站，下级总线系统中的现场设备不占用上级 DP 总线系统的节点地址，如图 15-46 所示。状态指示灯见表 15-32。

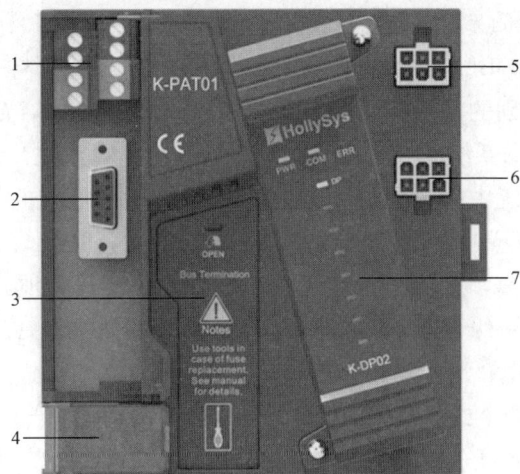

图 15-46　K-DP02 模件外观接口示意图

1—DP 接线端子；2—DB9 接口；3—下级总线设置仓；4—模件地址设置仓；
5—IO-BUS A；6—IO-BUS B；7—K-DP02 模件

表 15-32　状态指示灯

名称	功能	颜色	状态	含　义
PWR	系统电源灯	绿	亮	模件系统电源工作正常
			灭	模件系统电源工作不正常
COM	IO-BUS 通信灯	绿	亮	IO-BUS 通信正常
			闪烁	模件硬件自检正常，但组态配置不正常
			灭	IO-BUS 通信异常，主控未扫描到模件
ERR	故障灯	红	亮	模件硬件自检不正常或模件板级故障
			灭	模件工作正常
DP	现场侧 DP 通信灯	黄	灭	现场侧 DP 通信通道回路正常，无数据流
			闪烁	通道交换数据

　　K-DP02 模件具有监视诊断功能，上位 DP 通信网络与下位 DP 通信网络电气上完全隔离，且可根据需要独立设置各自的通信波特率。模件面板指示灯可监视上一级 DP 总线和下一级 DP 总线的通信状态。

　　K-DP02 模件单元由配套模件基座、2 根 IO-BUS 构成。模件插在配套端子基座 K-PAT01 或 K-PAT21 上，基座的 DB9 线缆负责接入现场 DP 设备，再通过冗余的 IO-BUS 总线与上位 DP 总线进行通信，总线同时提供了冗余的电源。

　　K-DP02 模件可安装在本地主控机柜中，也可安装在就地现场总线机柜中，支持在 MACS-SM、MACS-FM 控制站上的使用。

　　K-DP02 模件为 K 系列 DP Y 型连接器（DP Y-LINK），用来实现上位冗余 Profibus-DP 主站系统与下位非冗余 Profibus-DP 设备系统之间的网络转换。模件通过 64 针欧式连接器与配套端子基座 K-PAT01 或 K-PAT21 连接，通过冗余 IO-BUS 总线与上位通信，通过 DB9 针线与现场 DP 仪表通信。对于较高级别的系统（面向自动化设备），该模件是 DP 从站，只占用较高级别 DP 主站系统的一个字节；对于较低级别的系统，该模件是 DP 主站，下级总线系统中的现场设备不占用上级 DP 总线系统的节点地址。

K-DP02 模件具有监视诊断功能，上位 DP 通信网络与下位 DP 通信网络电气上完全隔离，且可根据需要独立设置各自的通信波特率。模件面板指示灯可监视上一级 DP 总线和下一级 DP 总线的通信状态。

K-DP02 模件单元由配套模件基座、2 根 IO-BUS 构成。模件插在配套端子基座 K-PAT01 或 K-PAT21 上，基座的 DB9 线缆负责接入现场 DP 设备，再通过冗余的 IO-BUS 总线与上位 DP 总线进行通信，总线同时提供了冗余的电源。

K-DP02 模件通过配套端子基座 K-PAT01/K-PAT21 的专用端子或 DB9 针接口，来接收现场 DP 总线信号。图 15-47、图 15-48 所示为非冗余与冗余配置的示意图，表 15-33、表 15-34 所示为冗余与非冗余配置接线端子定义。

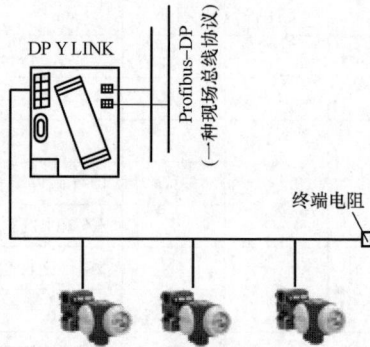

图 15-47　K-DP02 非冗余配置时接线示意图

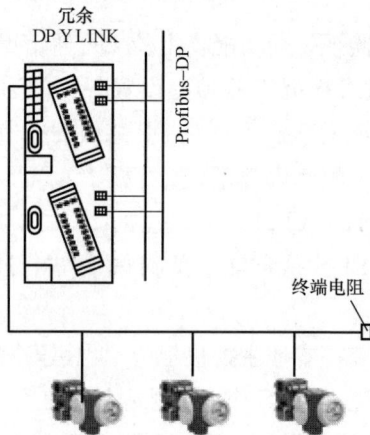

图 15-48　K-DP02 冗余配置时接线示意图

表 15-33 非冗余基座接线端子定义

信号	含义	端子示意图	DB9（母）	
			针号	示意图
D+	DP 信号正端		3	
D−	DP 信号负端		8	
M	DP 信号等电位地		PE	
PE	DP 总线电缆屏蔽接地		外壳	

表 15-34 冗余基座接线端子定义

信号	端子示意图	DB9（母）	
		针号	示意图
D1+		3	
D1−		8	
D2+		3	
D2−		8	
M		PE	
PE		外壳	

二、K-MOD01 DP ModBus 网桥通信模件

K-MOD01 模件为 K 系列系统中 Profibus-DP/Modbus 网桥通信模件，支持 Profibus-DP 总线协议与 Modbus 协议，通过 Profibus-DP 总线与控制器进行组态参数与数据交换，实现 DP 从站功能，同时通过 Modbus 通信协议获取或下发 Modbus 数据，从而实现将 Modbus 设备接入 DCS 系统。

模件及基座的外观如图 15-49 所示。

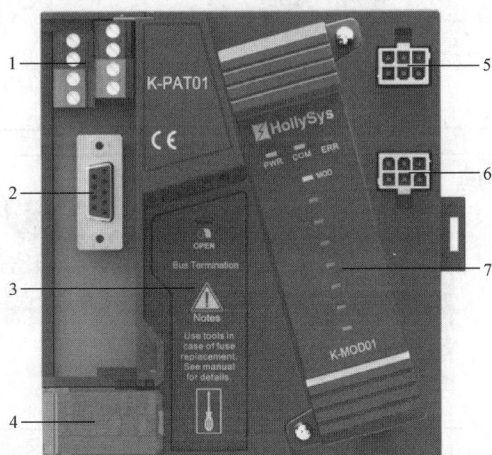

图 15-49 模件及基座的外观

1—DP 接线端子；2—DB9 接口；3—下级总线设置仓；4—模件地址设置仓；
5—IO-BUS A；6—IO-BUS B；7—K-MOD01 模件

K-MOD01 模件单元由模件及配套模件基座和 2 根 IO-BUS 构成。模件通过 64 针欧式连接器与 K-PAT01 或 K-PAT21 基座连接使用。支持模件卡件冗余配置，支持带电热插拔（冗余和非冗余配置方式下均支持）。状态指示灯说明见表 15-35。

表 15-35　状态指示灯说明

名称	功能	颜色	状态	含 义
PWR	系统电源灯	绿	亮	模件系统电源工作正常
			灭	模件系统电源工作不正常
COM	IO-BUS 通信灯	绿	亮	IO-BUS 通信正常
			闪烁	模件硬件自检正常，但组态配置不正常
			灭	IO-BUS 通信异常，主控未扫描到模件
ERR	故障灯	红	亮	模件硬件自检不正常或模件板级故障
			灭	模件工作正常
MOD	Modbus 通信灯	黄	快闪	Modbus 总线上的仪表数据收发正常
			常亮	Modbus 总线上的仪表数据发送正常
			熄灭	Modbus 总线通信被禁用 Modbus 总线上的仪表没有数据发送

K-MOD01 模件安装在本地主控机柜中，只支持在 MACS-K 系列控制站上使用，MACS V6.5.2 及以上版本才支持 K-MOD01 模件，如图 15-50 所示。

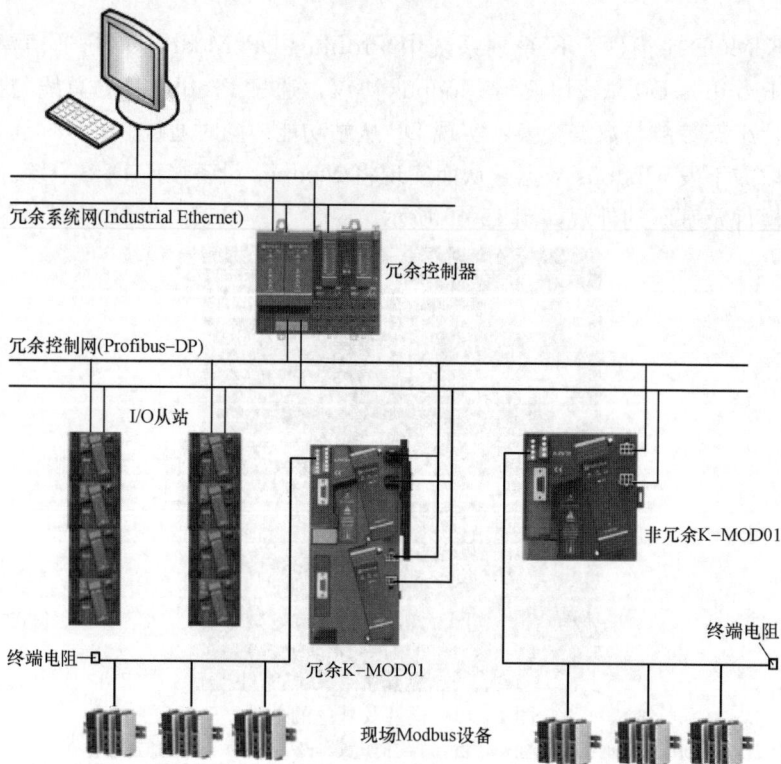

图 15-50　系统集成 K-MOD01 模件示意图

K-PAT21 为冗余配套基座，K-PAT01 为非冗余配套基座，基座的 DB9 线缆和 Modbus 接线端子负责接入现场 Modbus 设备，再通过冗余的 IO-BUS 总线与 K 系列主控制器模块进行通信，总线同时提供了冗余的电源。

模块具有监视诊断功能，DP 通信网络与 Modbus 通信网络电气上完全隔离，且可根据需要独立设置各自的通信速率。模块面板指示灯可监视上一级 DP 总线和下一级 Modbus 总线的通信状态。非冗余基座接线端子定义见表 15-36，冗余基座接线端子定义见表 15-37。

表 15-36 非冗余基座接线端子定义

信号	含义	端子示意图	DB9（母）	
			针号	示意图
D＋	Modbus 信号正端			
D－	Modbus 信号负端		3	
			8	
M	Modbus 信号等电位地		PE	
PE	Modbus 总线电缆屏蔽接地		外壳	

表 15-37 冗余基座接线端子定义

信号	含义	端子示意图	DB9（母）	
			针号	示意图
D1＋	Modbus 信号正端		3	
D1－	Modbus 信号负端		8	
D2＋	Modbus 信号冗余正端		3	
D2－	Modbus 信号冗余负端		8	
M	Modbus 信号等电位地		PE	
PE	Modbus 总线电缆屏蔽接地		外壳	

三、K-PA01 DP PA LINK 网桥通信模块

K-PA01 模块外观接口图如图 15-51 所示。

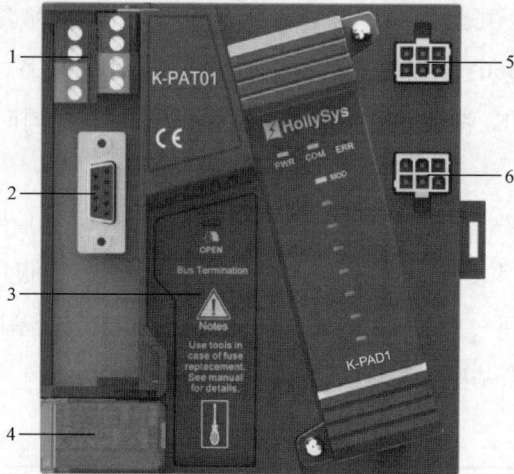

图 15-51　K-PA01 模件外观接口图

1—PA 接线端子；2—DB9 接口；3—熔丝仓；4—IO 模件地址仓；5—IO-BUS A；6—IO-BUS B

　　K-PA01 模件可安装在本地主控机柜或就地现场总线机柜中，支持在 MACS-SM、MACS-FM 控制站上使用，在 MACS 系统中集成 DP PA LINK 连接器如图 15-52 所示。

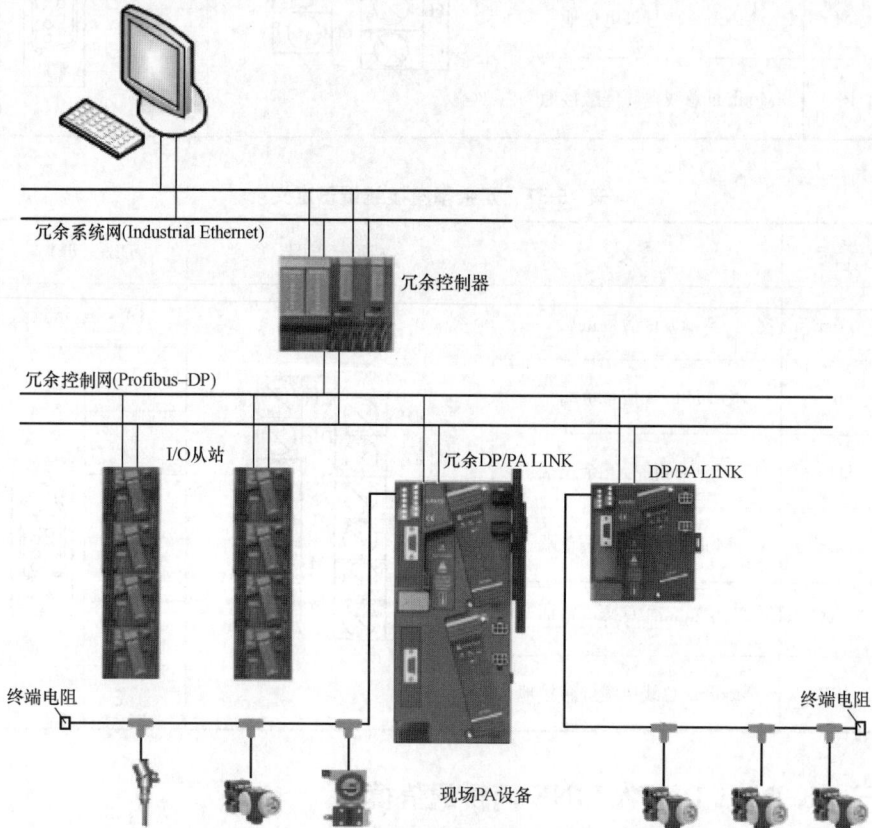

图 15-52　在 MACS 系统中集成 DP PA LINK 连接器

K-PA01 模件状态指示灯说明见表 15-38，非冗余基座接线端子定义见表 15-39，冗余基座接线端子定义见表 15-40。

表 15-38　K-PA01 模件状态指示灯说明

名称	功能	颜色	状态	含　义
PWR	系统电源灯	绿	亮	模件系统电源工作正常
			灭	模件系统电源工作不正常
COM	IO-BUS 通信灯	绿	亮	IO-BUS 通信正常
			闪烁	模件硬件自检正常，但组态配置不正常
			灭	IO-BUS 通信异常，主控未扫描到模件
ERR	故障灯	红	亮	模件硬件自检不正常或模件板级故障
			灭	模件工作正常
PA	PA 通信状态灯	黄	快闪	通道网络交换数据
			慢闪	A 通道回路信号长低和信号长高故障
			熄灭	PA 通信通道回路正常，无数据流

注　如果发生通道故障，状态灯有三种闪烁状态，不同的闪烁状态表示不同的含义。

表 15-39　非冗余基座接线端子定义

信号	含　义
D+	PA 信号正端
D−	PA 信号负端
M	PA 信号等电位地
PE	PA 总线电缆屏蔽接地

表 15-40　冗余基座接线端子定义

信号	含　义
D1+	PA 信号正端
D1−	PA 信号负端
D2+	PA 信号冗余正端
D2−	PA 信号冗余负端
M	PA 信号等电位地
PE	PA 总线电缆屏蔽接地

闪亮：1.5s 亮，0.5s 熄灭；慢闪：0.5s 亮，1.5s 熄灭；快闪：0.5s 亮，0.5s 熄灭。

第八节　人机交互界面

一、监视控制层

1. 人机交互界面组成
MACS K 系统人机交互界面组成主要包括操作员站、工程师站、历史站、交换机等，它通过 SNET 网络与控制层进行通信，将经过处理过程数据显示给操作人员，并将操作人员的指令传送给控制层。系统设备（包括 OPS、ES、HIS 和打印机等）通过两组交换机连成网络。如历史站、交换机等重要设备均冗余配置，以提高系统通信的可用性。

MACS 采用"平台＋应用开发"的软件架构，平台软件负责采集和处理数据并提供多种接口和服务，根据不同用户的特殊需要可定制开发应用界面、算法库、符号库等组件，各版本共用一个平台。这使得该系统的适用性非常广泛。

MACS V6.5.4 版本是和利时目前推出的最新一代的 MACS 平台，主要有以下新特性。

（1）用自主开发的算法组态软件 AutoThink 替代集成的第三方软件，极大提高了系统各软件间的配合性和系统稳定性。

（2）主控单元操作系统为自主开发的 HEROS，极大提高了软硬件的兼容性。

（3）系统结构更加灵活和可靠，支持 P-P 结构、C/S 结构和混合结构。

（4）支持多个工程师站协同组态。

（5）改进、完善了组态软件的友好性和易用性。降低了入门难度，提高了用户组态的效率；MACS V6.5.4 具有多种功能，包括数据采集、控制调节、报警、趋势、总貌图、模拟流程图、数据一览、日志管理、表格管理、事件顺序记录、报表和数据统计、显示管理、人机对话、打印管理、系统故障诊断及故障监视、系统组态、操作员在线参数设定、存档数据的离线查询、控制分组、控制回路等。人机界面组成结构如图 15-53 所示。

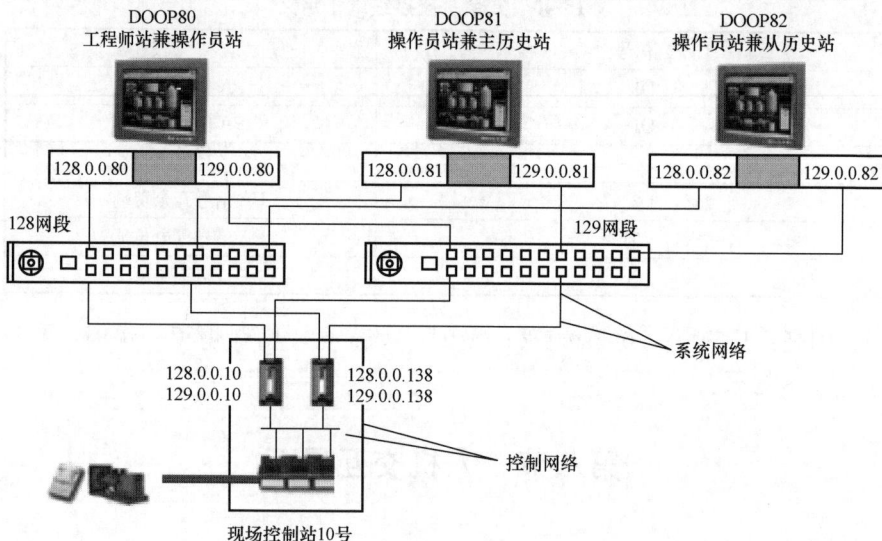

图 15-53　人机界面组成结构

MACS V6.5.4 版本基于"多域管理"架构。整个系统根据位置、功能和受控过程的特点相对分为独立的子系统，每个子系统称为一个"域"，各域的数据相对独立。域间数据基于三层网络交换，这种架构有利于系统组态，便于系统的扩展和重建。各域都可单独实施和测试，对其他域无影响。需要扩展新的域时，将所需域节点直接连到三层交换机上即可。

2. P-to-P 网络结构

MACS K 系统采用混合型对等网络结构，将操作级网络与控制级网络合二为一，所有站点直接上网。任意两台工作站（PC）互为服务器，同时又是客户机。由于没有中间服务器等数据通信瓶颈，从根本上避免了 Client/Server 网络结构的缺点。

为了控制器的网络数据处理量，做如下假设与限制：在 P-to-P 架构中，每个主机或程序的实例都可以同时作为一个客户端和服务器，均有同等的责任和地位。MACS K 系统实施的 C/S 与 P-to-P 混合型网络结构如图 15-54 所示。

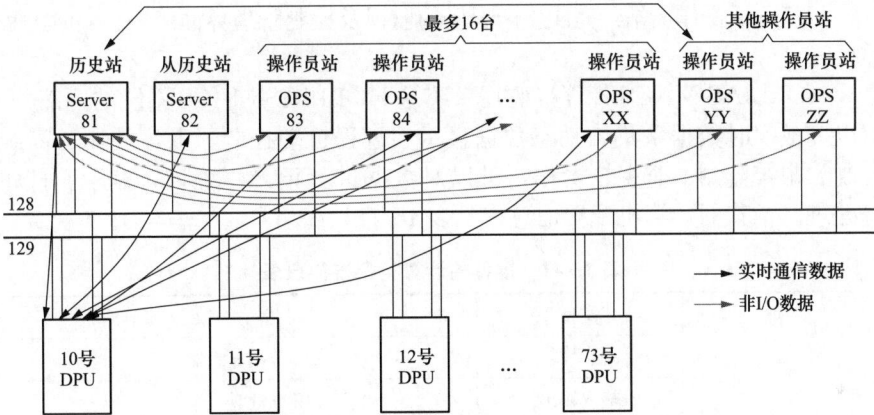

图 15-54　C/S 与 P-to-P 混合型网络结构

历史站（Server）与 OPS 通信模式不同，Server 采用 C/S 模式，OPS 采用动态数据需求请求（当前页面）。网络数据按优先级排队，实时数据优先级高、非实时数据优先级低的访问时的排队机制。多于 16 台的操作员站为 C/S 模式，历史站为实时数据服务器。

二、工程师站

MACS-K 工程师站主要功能是系统管理、逻辑组态及修改、画面组态和编辑；在线下装、调试运行、仿真运行模式。

工程师站具有功能点组态和定义功能；控制回路组态功能；报警、趋势图等定义和编辑功能；通信定义和组态功能；设备定义和组态功能；数据库定义和组态功能；报表生成功能等。

工程师站具有组网能力（可作为网络服务器）或多终端能力，采用双以太网卡配置，可以通过交换机与全厂管理网络相连。

（1）工程总控主界面，运行于工程师站。用来部署和管理整个 DCS 系统。该工具集成了工程管理、项目管理、数据库编辑、用户组态、节点组态、流程图组态、总貌图组态、控制分组态、参数成组组态、专用键盘组态、区域管理、用户自定义功能、报表组态、编译、下装等功能。

（2）图形画面编辑工具，运行于工程师站。用户可通过该工具生成在线操作的流程图和界面模板。该软件针对不同行业提供了丰富的符号库，以方便用户绘制美观实用的界面。它还支持用户自定义符号库。

（3）AutoThink 控制器算法组态软件，运行于工程师站。集成了控制器算法的编辑、管理、仿真、在线调试以及硬件配置功能，支持 IEC 61131-3 中规定的 ST、LD、SFC、CFC 四种语言。

以上三项功能都采用树状工程组织结构管理组态信息，界面清晰，简单易用。

三、操作员站

MACS-K 操作员站：完成生产现场的监视及控制管理界面统一、实时过程监控。

HOLLIAS MACS 计算机监控系统是 HOLLIAS MACS 系统的一部分，可以完成实时数据采集、动态数据显示、过程自动控制、顺序控制、高级控制、报警监测、监视、操作，可以对数据进行记录、统计、显示、打印等处理。推荐的计算机配置信息表见表 15-41。

表 15-41 推荐的计算机配置信息表

环境	类型	型 号
硬件环境	显示器	液晶显示器
	输入输出	标准键盘、鼠标
	USB 接口	至少 1 个 2.0 接口
	显卡	分辨率支持 1596×1076
	CPU	Intel Pentium 2.4GHz 以上
	内存	1G 以上
	硬盘	10G 以上
软件环境	操作系统	WindowsXP Perfissional＋SP3
	应用软件	HOLLIAS MACS 专用操作员站软件
	工具软件	Excel2003、PDFCreator

操作员站的具体配置根据实际工程规模确定。操作员站支持单台监视屏幕或两台监视屏幕，2 个屏幕共用一个键盘和一个鼠标操作，监视屏幕一般采用 24″ 或以上的液晶显示器。

四、历史站

MACS-K 历史数据工作站能通过交换机与全厂管理网络相连。历史记录能转存到移动存储设备上。具有以下功能。

（1）历史数据服务。

（2）实时数据服务。

（3）报表打印、报警和 IO 服务。

具有历史数据采集记录、日志生成功能；SOE 及事故追忆信息组织功能；向操作站提供历史趋势数据；非 SOE 点的时间标签生成功能；历史数据自动存盘功能；向工程师站提供离线查询功能的历史数据文件；向操作站、控制站发送校时信号；存储及检查用户权限和口令。

接在局域通信网上，用于过程数据的存储与管理，并为各分区的历史记录作同步备份。历史数据工作站的机型为服务器型，采用冗余配置硬盘。历史数据工作站配置高密度活动存储设备和可读写光盘驱动器（CD-RW）。实时数据流与历史数据流如图 15-55 所示。

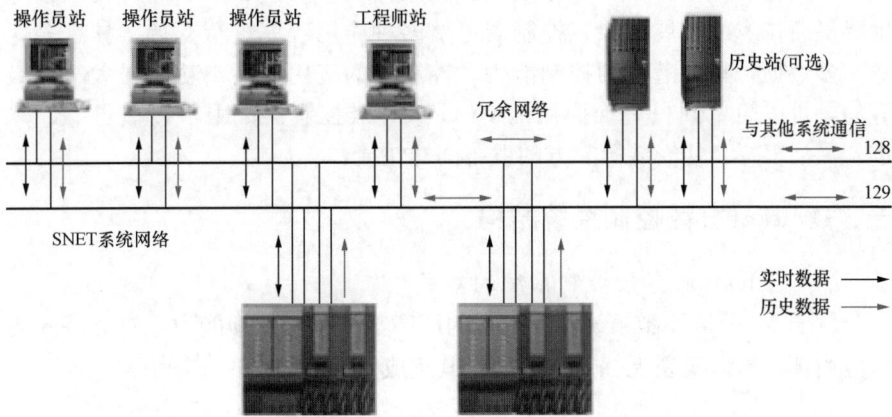

图 15-55　实时数据流与历史数据流

第十六章　Ovation 分散控制系统

第一节　Ovation 分散控制系统概述

Ovation 系统是艾默生公司在总结 WDPF Ⅱ 系统应用经验基础之上，在 20 世纪后期推出的产品，该产品融合了最新技术成果，集过程控制及企业管理信息技术于一体，以开放式标准建立的工业系统；从一个完全适应的开放系统 RTOS 核心到 Intel 的处理器。过程控制网络、人机接口、I/O 模件、关系型数据库和组态工具软件都按开放式标准设计，Ovation 系统采用了商业化的硬件平台、操作系统及网络技术，使 Ovation 系统的技术紧随世界最新技术的发展成果。控制器可对多种应用程序进行支持，具有多任务、多数据采集及潜在的控制能力。控制器的应用灵活、功能强大、升级容易，可以简单到只更换商用的 CPU 来升级控制器；用户接口可靠、先进、灵活多样，使安装第三方的设备同样快捷。

一、Ovation 分散控制系统结构

（一）Ovation 分散控制系统的集成

Ovation 分散控制系统具有最大的厂区工艺过程处理能力，对关键的实时应用部件可以实现无扰冗余切换。其组成概貌如图 16-1 所示。

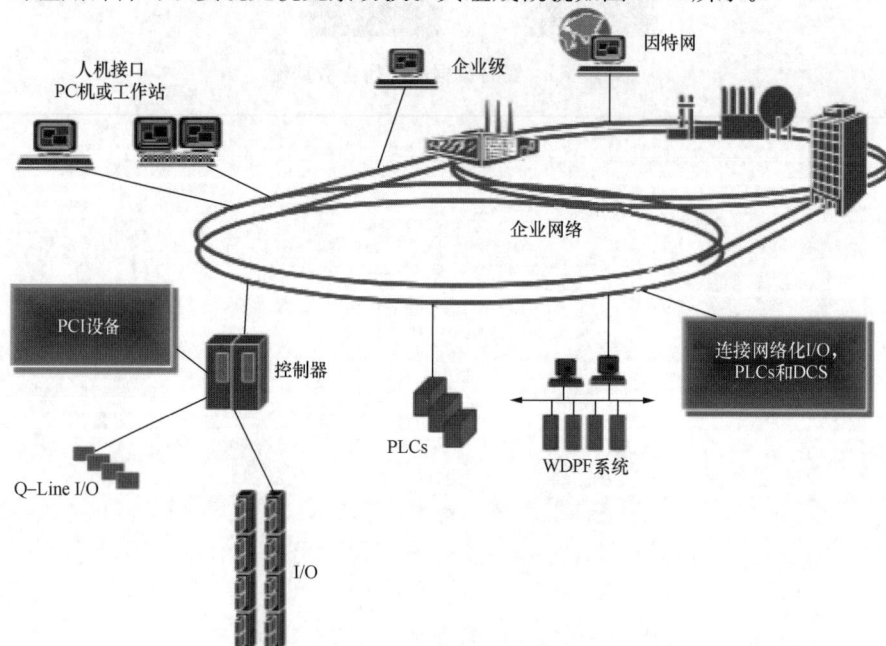

图 16-1　Ovation 分散控制系统组成概貌

Ovation 分散控制系统由三大部分组成。

（1）系统通信网络：Ovation 分散控制系统网络由互为冗余百兆以太网、数据交换站以及操作员站、工程师站、历史站、过程控制站等各节点构成。

（2）人机界面：根据站的使用功能不同分为几种不同功能站，包括数据库服务器、工程服务器、操作员站、历史站、报表服务器、性能服务器以及其他功能站。

（3）过程控制站：控制处理器采用完全冗余硬件配置，无扰自动切换工作方式，以达到系统最大的可用性和安全性。控制器采用与 PC 兼容的实时操作系统（全 32 位优先级多任务系统），完全符合 POSIX1003.1b 的开放系统标准，内置 Ovation 和 WDPF I/O 接口。

（二）系统特点

1. 硬件特点

（1）高速、高容量的网络主干部件采用商业化的硬件，便于技术更新。

（2）Ovation 分散控制系统基于开放式工业标准接口，易于与第三方的产品集成在一起。

（3）分布式全局数据库将功能分散到多个独立站点，分而自治，系统的危险性充分分散。

2. 网络特点

（1）Ovation 站点直接和百兆以太网对等通信，网络成本低，网络配置和维护简单。

（2）Ovation 网络支持确定性的和非确定性的两种数据传输方式。

（3）具有 LAN 和 WAN 互联能力的桥路和监视器。

（4）PLC 可成为 Ovation 网络的直接站点。

3. 控制器特点

（1）采用商用 PC 结构，并提供无源 PCI/ISA 总线接口，给系统带来了高度的灵活性。

（2）为执行简单的和复杂的参数调节、逻辑控制、数据采集提供了功能强大能力和容量。

（3）高可靠性、能够完全无扰切换，使过程控制系统的利用率达到最高。

（4）站点内每个测点的数值和状态以合适的频率传播。

二、Ovation 系统通信网络概述

早期分布式控制系统都采用专用的通信网络，由于专用通信网络技术的更新和进步都较慢，远远落后于通用计算机通信网络技术的发展速度，例如，以太网等的迅猛发展速度，因而采用通用的计算机网络是一种分布式控制系统发展的必然趋势。西屋公司放弃了自己的 FDDI 网络专利，转而

采用国际上通用标准的全冗余网络。

Ovation 的通信网络具有最快的速度和最大的容量，采用全冗余容错技术，完全适用于实时过程控制。它是一个开放的结构，严格遵循 ANSI 标准 IEEE 802.3，可以实现与企业内部的局域网（LAN）、广域网（WAN）和 Intranet 的通信。

Ovation 能够把控制机制和信息整体结合起来，允许用户使用其他方法来组织自己的信息集合，而不用考虑协议、网络管理和操作系统等。Ovation 网络软件使用 ISO/OSI 可以在任何一个标准物理网络层中通信，具有所有网络的特性：冗余、同步、确定和令牌传输。当与以太网、快速以太网、令牌环或其他拓扑结构的网络通信时，它使用 TCP/IP 协议。

Ovation 网络的通信介质可以采用 UTP（铜导线），也可采用光纤。不需要对特殊网关和接口的要求，能够与企业内部 LAN、WAN 和 Ovation 系统由网络、控制器、工作站三部分实现完全通信。100Mbit/s 带宽，最大1000 个站，每条网 20 万个点。Ovation 通信网络主要技术指标如表 16-1 所示。

表 16-1　Ovation 通信网络主要技术指标

项目	指标
速度	100Mbit/s
容量	200 000 实时点每秒
长度	200km
站点	1000 个
介质	光纤或者五类双绞线
通信标准	IEEE 802.3
连接方式	每个节点引出两根网络线缆分别接至不同的交换机

（一）Ovation 通信网络的结构

Ovation 系统网络采用百兆以太网，并采用全冗余方式工作。网络硬件目前采用思科商用交换机作为网络的通信设备。

1. 单网星形拓扑

就网络组态来讲，有单网（域）和多网（域）拓扑方式，一般情况下单网（域）用于单台机组的网络组态，图 16-2 所示为典型最小的单网单层星形拓扑结构组态方式。

2. 多网双级星形拓扑

多网双级星形拓扑常用于两台机组的互相监督和控制，一般按每台机组及公用系统来划分网段（域），如图 16-3 所示。

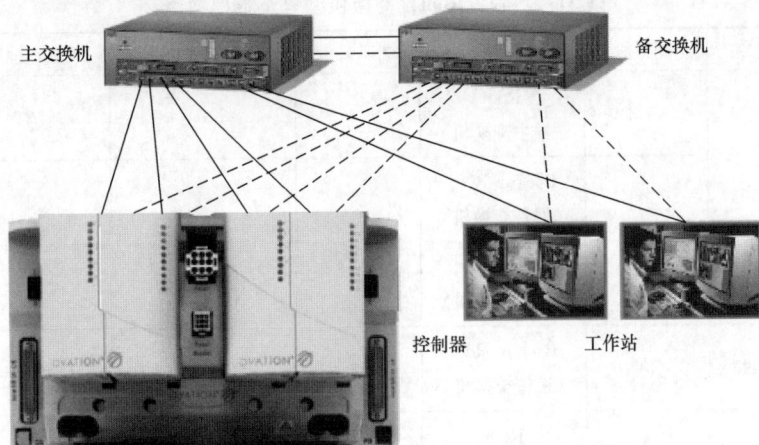

图 16-2　最小的单网单层星形拓扑结构态方式

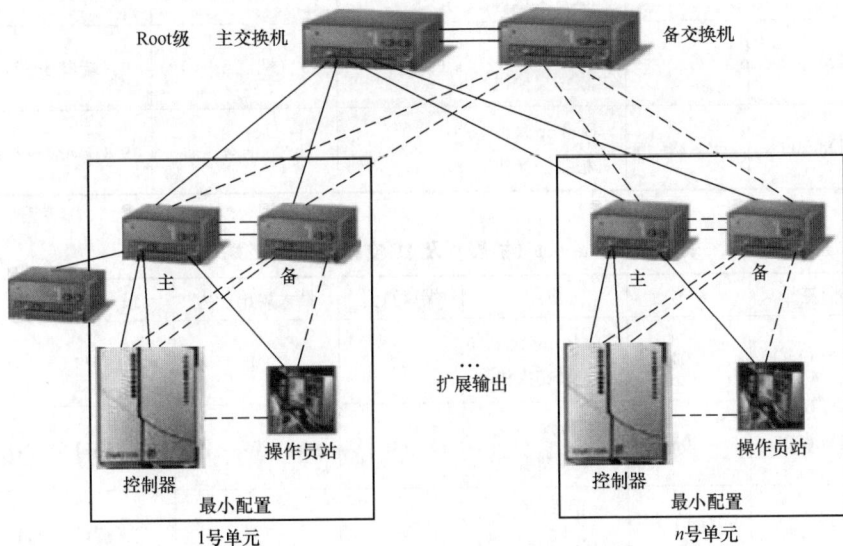

图 16-3　Ovation 多网双层星形拓扑结构

（二）Ovation 网络交换机

目前 Ovation 网络交换机分为以下几类。

（1）根交换机（Root Switch）Cisco 2950——1X00093Gxx。

（2）扩展交换机（Fan-out Switch）Cisco 2950——1X00093Gxx。

（3）IP 交换机（IP Traffic Switch）Cisco 2950——1X00093Gxx。

（4）核心交换机（Core Switch）Cisco 3550 路由交换机——1X00105Gxx。

Ovation 网络与办公用的局域网络不同，由于技术上的原因，Ovation 网络中每个交换机都需要经过厂商的特殊配置，以保证实时数据刷新。Ovation 网络的交换机标签号及端口数量如表 16-2、表 16-3 所示。

表 16-2 根（Root）交换机型号及端口数量

标签号	组号	应用	端口数量	最大扇出能力	最多本地端口
1X00093	G02	Root（根主交换机）	24	0	21
1X00093	G03	Backup Root（根备交换机）	24	0	21
1X00093	G06	Root（根主交换机）	24	3（端口 4~9）	15（端口 10~24）
1X00093	G07	Backup Root（根备交换机）	24	3（端口 4~9）	15（端口 10~24）
1X00093	G08	Root（根主交换机）	24	10（端口 4~23）	1（端口 24）
1X00093	G09	Backup Root（根备交换机）	24	10（端口 4~23）	1（端口 24）
1X00093	G12	Root（根主交换机）	24	1（端口 4~5）	19（端口 6~24）
1X00093	G13	Backup Root（根备交换机）	24	1（ports4~5）	19（ports6~24）

表 16-3 Fan-out（扩展）及 IP 交换机型号及端口设置

标签号	组号	应用	端口数量	最大扇出能力	最多本地端口
1X00093	G04	Primary（扩展交换机）	24	0	20（端口 5~24）
1X00093	G05	Parther（扩展交换机）	24	0	20（端口 5~24）
1X00093	G01	IP Traffic（IP 交换机）	24	0	23（端口 2~24）
1X00093	G10	IP Traffic（IP 交换机）	24	0	22（端口 3~24）

（三）交换机端口设置规定

1. Fan Out 交换机

G01：IP Traffic 交换机，端口 1 接 Root 或 Fan Out 交换机端口 1；端口 2~24 接辅助网络设备。

G10：IP Traffic（Dual Attached）交换机，端口 1~2 冗余连接 root/backup root、fan-out；端口 3~24 接 IP link 交换机接 Ovation 辅助网络设备。

G04：Primary Fan Out 交换机：端口 1 接 IP Tranic 交换机；端口 2 与

G05 冗余互连；端口 3～24 最多可接 20 个工作站。

G05：Backup Fan Out 级交换机：端口 2 与 G04 冗余互连；其余同 G04。

2. Root 级交换机

G02：Root 交换机，端口 1 接 IP Tranflc 交换机；端口 2～3 与 G03 交换机冗余互连；端口 4～24 接 Ovation drop（控制器或操作员站）。

G03：Backup Root 交换机，端口 2～3 与 G02 交换机冗余互连；其余同 G02。

G06：Root 交换机，端口 1 接 IP Tranflc 交换机；端口 2～3 与 G07 交换机冗余互连；端口 4～5、6～7、8～9 共接三对 Fan out 交换机；端口 10～24 接 Ovation drop（控制器或操作员站）。

G07：Root 交换机，端口 2～3 与 G06 交换机冗余互连；其余同 G06。

G08：Root 交换机，端口 1 接 IP Tranflc 交换机；端口 2、3 与 G09 交换机冗余互连；端口 4～5、6～7、…、22～23：最多可连十对 Fan Out 交换机。

G09：Backup Root 交换机，端口 2、3 与 G08 交换机冗余互连；其余同 G08。

G12：Root 交换机，端口 1 接 IP Tranflc 交换机；端口 2、3 与 G13 交换机冗余互连；端口 4～5 接一对 Fan Out 交换机。端口 6～24 接 Ovation drop（控制器或操作员站）。

G13：Backup Root 交换机，端口 2、3 与 G12 交换机冗余互连；其余同 G12。

Root 级与 Fan Out 级交换机硬件组成相同，但软件不同，组态形式不同；一对 Root 级交换机下面最多只能和 10 对 Fan Out 级交换机相连。

（二）交换机端口的功能

1. 根交换机（Root Switch）

（1）除端口 1 外，所有端口的通信速率都组态成 100Mbit/s，全双工通信，不可自动商议。

（2）端口 1：通信速率定义为自动协商，阻止 Ovation 系统多路传输，可与 IP 设备通信速率（10Mbit/s/100Mbit/s）连接，目前连接 IP 交换机设备。

（3）端口 2、3 端口用于根交换机的冗余连接。

（4）端口 4～24 端口用于连接扩展交换机（Fan-Out Switch）或作为本地端口。可根据交换机型号决定哪一种连接设备。

2. 扩展交换机（Fan-Out Switch）

（1）除端口 1 外，所有端口通信速率组态成 100Mbit/s，全双工通信，不可自动商议。

（2）端口 1：通信速率定义为自动协商，阻止 Ovation 系统多路传输，可与 IP 设备通信速率为 10M/100Mbit/s 连接，目前连接 IP Switch 设备。

（3）端口 2 用于下层扩展交换机（Fan-Out Switch）的冗余连接。

（4）端口 3～4 用于连接根交换机（Root Switch）。

（5）端口 5～24 作为本地端口连接 Ovation 站。

（二）Ovation 系统网络地址

网络中每个 TCP/IP 站点都要分配一个唯一的 32 位 IP 地址。C 类地址由 4 个字节组成，其中第 1～3 个字节作为网络号，最后一个字节作为网络主机号。

例如：C 类网络 IP 地址为

IP 地址＝〔网络号＋子网号＋主机号〕

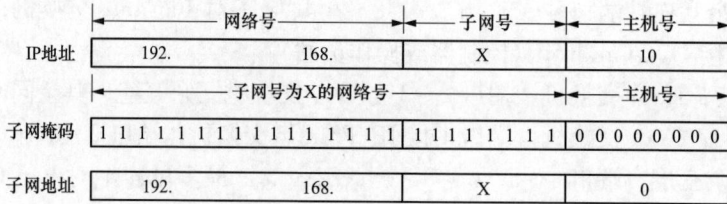

	←───── 网络号 ─────→	←─ 子网号 ─→	←─ 主机号 ─→
IP地址	192. 168.	X	10

	←────── 子网号为X的网络号 ──────→	←─ 主机号 ─→
子网掩码	1 1 1 1 1 1 1 1 1 1 1 1 1 1 1 1 1 1 1 1 1 1 1 1	0 0 0 0 0 0 0 0
子网地址	192. 168. X	0

1. Ovation IP 地址分配原则

每个 Ovation 系统的 LAN 网通常分配 512 个 C 类地址，最后一个字节用于系统中的站（Drop），并与站号一致。

Ovation 系统中的子网掩码目前建议设为 255.255.254.0。

IP 地址的一般规则为 192.168.X. 站号，其中 X 是子网号，范围为 1～63，且为偶数，连接交换机或非 Ovation 站使用奇数 IP 地址。

2. 例：Ovation 系统的 IP 地址设置

（1）1 号网——站（Drop）地址：

192.168.2.1～192.168.2.254　　　　　共 254 个站

（2）1 号网——其他设备地址：

192.168.3.1 主 Root（根）交换机

192.168.3.2 备 Root（根）交换机

192.168.3.3 连接到主 Root（根）交换机的 IP 交换机

192.168.3.4 连接到备 Root（根）交换机的 IP 交换机

…

192.168.3.11 连接到主 Root（根）交换机的 IP 交换机上的打印机

192.168.3.12 连接到备 Root（根）交换机的 IP 交换机上的打印机

…

192.168.3.17 主 Fan-Out（扩展）交换机

192.168.3.18 备 Fan-Out 交换机

192.168.3.19 连接到主 Fan-Out（扩展）交换机的 IP 交换机

192.168.3.20 连接到备 Fan-Out（扩展）交换机的 IP 交换机

…

192.168.3.28 连接到 Fan-Out（扩展）交换机的 IP 交换机上的打印机

192.168.3.29 连接到 Fan-Out（扩展）交换机的 IP 交换机上的打印机

（3）2 号网——站（Drop）地址：

192.168.4.1~192.168.4.254　　　　共 254 个站

（4）2 号网——其他设备地址：

192.168.5.1 主 Root（根）交换机

192.168.5.2 备 Root（根）交换机

192.168.5.3 连接到主 Root（根）交换机的 IP 交换机

192.168.5.4 连接到备 Root（根）交换机的 IP 交换机

…

192.168.5.12 接到 Root（根）交换机的 IP 交换机上的打印机

192.168.5.13 接到备 Root（根）交换机的 IP 交换机上的打印机

…

192.168.5.17 主 Fan-Out（扩展）交换机

192.168.5.18 备 Fan-Out（扩展）交换机

192.168.5.19 连接到主 Fan-Out（扩展）交换机的 IP 交换机

192.168.5.20 连接到备 Fan-Out（扩展）交换机的 IP 交换机

…

192.168.5.28 接到 Fan-Out（扩展）交换机的 IP 交换机上的打印机

192.168.5.29 接到 Fan-Out（扩展）交换机的 IP 交换机上的打印机

第二节　Ovation 控制器

　　Ovation 控制器是一种强大、先进的控制器，能够实时处理多个输入和输出。控制器可独立工作，也可以配对组成冗余控制器，由多个控制器和多个机柜来组成控制系统。

　　I/O 模块监视设备所发生的状态变化。控制器与 I/O 模块通信，在检测到变化（输入）时，控制器将读取这些变化，并指示设备（输出）执行控制器认为适当的操作。Ovation 控制器可与 Q-Line I/O 和 Ovation I/O 以及选定的第三方 I/O 通信。

　　控制器操作由 Ovation Control Builder 内创建的控制表（也称为"功能图"）编程到控制器之中。控制表由按照逻辑样式编排的构造块（算法）组成，该逻辑详细规定了设备在出现某些事件时应采取的操作。

　　这些算法由信号串联，既可以表达为由两个步骤组成的简单过程，也可表达为由包含在许多控制表中的诸多算法所组成的复杂过程。

一、控制器的结构

（一）控制器类型

Ovation 控制器类型有 OCR161、OCR400、OCR1100 三种，如图 16-4

所示。

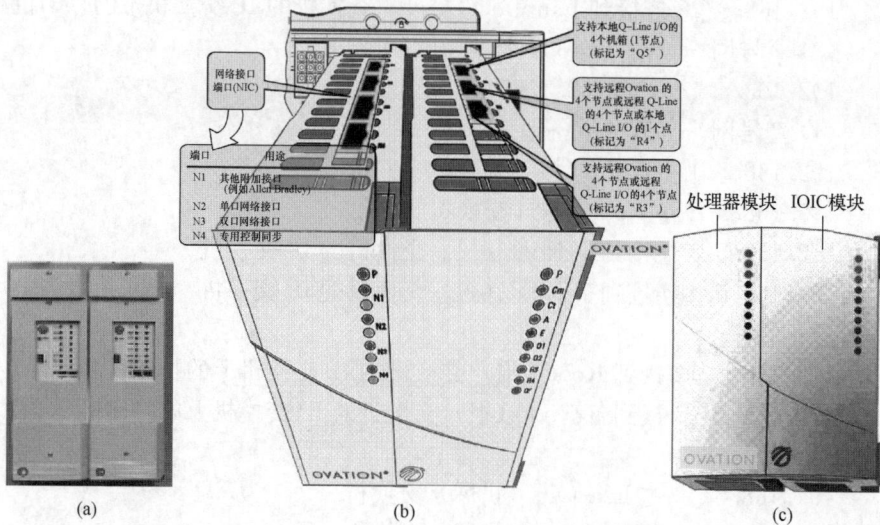

图 16-4　Ovation 三种控制器外观图

(a) OCR161；(b) OCR400；(c) OCR1100

最新型号为 OCR1100，CPU 芯片为 Intel Atom Z510 处理器、主频 1100MHz、256MB DRAM 内存（可扩展至 1GB）、128MB（可扩展至 2GB）紧凑式闪存，支持 Western Digitals SiSmart 技术。

采用商用的多任务实时操作系统（RTOS），最新为 3.5.5 软件版本。用来执行和协调多应用区域的控制、与网络通信以及对控制器内部统一管理。完全遵从 POSIX003.11 开放系统标准。控制器采用 PC 结构和 PCI/ISA 总线接口，可以与其他标准 PC 产品连接和运行。

1. OCR1100 处理器组模块

（1）5X00481G01 处理器：有 4 个 RJ45 以太网端口，为控制器与 Ovation 网络通信提供电气接口。

（2）5X00481G02 处理器：有一个 RJ45 以太网端口和 3 个小型可插拔（SFP）以太网光纤网络接口。

2. 5X00228G01-IOIC 模块

与处理器模块配对，用于 I/O 设备通信，并提供 10 个 LED 指示灯，显示有关 I/O 通信状态的信息。

可以通过观察控制器模块上的 LED 来监视 OCR400、OCR1100 控制器。这些 LED 表示控制器与 Ovation 网络和 I/O 设备的通信是否成功。

（二）控制器背板

控制器背板用于安装冗余处理器模块、IOIC 模块，DPU 冗余切换就是通过底板进行的。背板下部有两个本地 I/O 总线分支 L1、L2 接口，在背板左下方 J3 用于与下层分支 L9-L16 的 I/O 接口卡连接；右下方 J4 接口用于与下层 L3-L8 分支 I/O 卡连接，如图 16-5 所示。

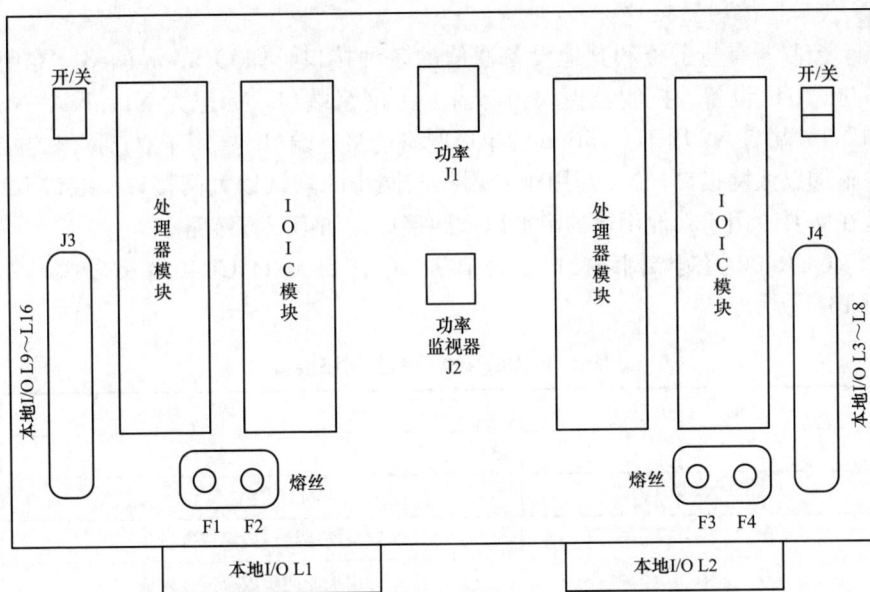

图 16-5 OCR400（OCR1100）控制器背板示意图

1. 主要特点

（1）串行和并行 I/O 扫描选项。

（2）ISA/PCI 无源底板，标准 PC 结构。

（3）最新 Intel Atom Z510 处理器，商业化操作系统。

（4）紧凑式闪存 128MB（可扩展至 2GB），RTOS 存储和启动使用闪存。

（5）五个控制任务区，两个执行时间固定，三个执行时间自定义。每个任务区的速度均为可选（10ms～30s），10ms 增量。

（6）事件顺序分辨率达 0.125ms。

（7）控制器可以根据需要选择监测点总容量为最多 32 000 个点（取决于硬件和软件配置）。

I/O 点总数量为最多 4778 个包含完整记录的起源点。

2. 控制器升级

可在任意 Ovation 系统上执行转换到 OCR1100 控制器的任务。如果从配备 OCR161 或 OCR400 控制器的 Ovation 系统执行转换，则必须首先将系统升级到 Ovation 软件 3.5 版本。

升级到 Ovation 3.5 之后，如从 OCR400 控制器升级到 OCR1100 时，仅需更换控制器即可。若从 OCR161 控制器转换到 OCR1100 控制器时，还需要进行其他一些硬件和软件改动。

注意：在 3.5 系统中可以混合使用 OCR400 和 ORC1100 控制器；但主

控制器和备站控制器必须与相同类型的控制器匹配。

（三）控制器接口

控制器有与系统和其他设备通信的各种接口。如 Ovation 网络、专用备份、I/O 设备。控制器模块顶部有 4 个网络端口，标记为 N1、N2、N3 和 N4。端口 N2 用于 Ovation 的单口网络连接。端口 N3 用于双口网络连接的附加以太网接口。N4 是用于专用控制同步的默认以太网接口。端口 N1 是在必要时用于其他用途的附加以太网接口，如第三方链路。

OCR400 控制器网络接口见表 16-4，OCR1100（OCR400）I/O 端口如图 16-6 所示。

表 16-4 OCR400 控制器网络接口

端　口	支　持
N1	第三方设备
N2	单口网络接口 t
N3	双口网络接口或第三方设备
N4	专用控制同步或第三方设备

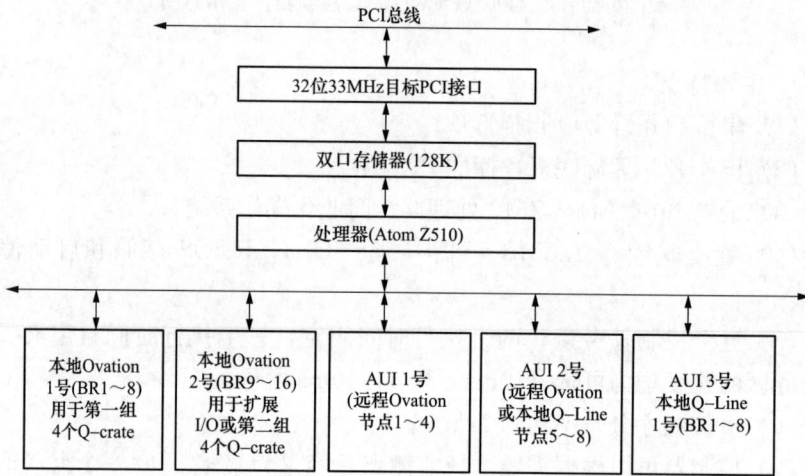

图 16-6 OCR1100（OCR400）I/O 端口图

在 OCR400（或 OCR1100）中，当使用直接连接（端口 N4～N4）控制同步时，确保两个控制器都启用了控制同步，在连接电缆后执行下载、重启和装载。

每个控制器有两个 I/O 接口。

（1）本地 I/O 接口。

1）最多直接接入 1024 点 AI 或 2048 点 DI 或最多 1024 点 SOE。

2）最多容纳 128 个 I/O 模块。

3）I/O 通道通信速率为 2MB，总线周期为 31μs。

（2）远程 I/O 接口。

1）每个节点最多容纳 64 个 I/O 模块。

2）控制器到节点间的通信速率为 100Mbit/s，总线周期小于 100μs。

3）RS485 冗余连接保留将来现场总线接口。

4）每个 I/O 分支有 LED 显示，3 种颜色表示 4 种通信方式。

控制器的 I/O 接口最多支持本地 Ovation I/O 的 16 个分支，使用在位于控制器下面的控制器基座组件上的端口 L1 和 L2。

控制器顶部有 3 个 RJ-45 端口，标记为 Q5、R4 和 R3，以支持本地和远程 I/O。标记为 Q5 的端口最多支持本地 Q-Line I/O 的 4 个机箱。端口 R3 和 R4 成对进行组态。它们可支持三种不同的选项：远程 Ovation（R3/R4）、远程 Q-Line（R3/R4）及本地 Q-Line（仅 R4）。

在为 Ovation I/O 组态时，在每个端口上最多支持远程 Ovation I/O 的 4 个节点。端口都不支持本地 Ovation I/O。在为远程 Q-Line 组态端口 R3/R4 时，每个端口最多可支持 4 个节点，每个节点有 4 个机箱。

在本地 Q-Line 组态时，R4 最多可支持本地 Q-Line 的 4 个机箱（1 个节点），但是不能占用 R3。组态选项见表 16-5。

表 16-5　组态选项

端口	支　持			
L1	最多本地 Ovation I/O 的 8 个分支			
L2	最多本地 Ovation I/O 的 8 个分支			
Q5	最多本地 Q-Line I/O 的 4 个机箱（1 个节点）			
模件	Q-Line I/O		Ovation I/O	
用途	本地	远程	本地	远程
R4	无	最多 4 个节点	1 个节点	4 个节点
R3	无	最多 4 个节点	无	4 个节点

当端口 R3 和 R4 作为一对进行组态，以支持 Ovation I/O 或 Q-Line I/O 中的任一个，而不是两者的混合。端口 Q5 只支持本地 Q-Line I/O。端口 L1 和 L2 只支持本地 Ovation I/O。

（四）控制器状态灯

（1）处理器模块 LED 显示灯如表 16-6 所示。

表 16-6　处理器模块 LED 显示灯

LED	意义	亮起	熄灭	闪烁
P	电源	模块通电时绿色亮	模块未通电时灭	未应用
N1	以太网端口绿色 LED	端口正通电	端口未通电	模块已通过端口连接到网络
	以太网端口黄色 LED	未应用	未应用	模块正在该端口上连收或传输数据
N2	以太网端口绿色 LED	端口正通电	端口未通电	模块已通过端口连接到网络
	以太网端口黄色 LED	未应用	未应用	模块正在该端口上接收或传输数据

续表

LED	意义	亮起	熄灭	闪烁
N3	以太网端口绿色 LED	端口正通电	端口未通电	模块已通过端口连接到网络
	以太网端口黄色 LED	未应用	未应用	模块正在该端口上接收或传输数据
N4	以太网端口绿色 LED	端口正通电	端口未通电	模块已通过端口连接到网络
	以太网端口黄色 LED	未应用	未应用	模块正在该端口上接收或传输数据

控制器处理器模块（控制器左侧）有 9 个 LED 指示灯，显示控制器与 Ovation 网络间接口的相关状态信息。其中有一个绿色电源指示灯（P），每个以太网端口（N1、N2、N3 和 N4）各有一对绿色和黄色 LED。

当处理器模块上电时，绿色电源指示灯会亮起。每个以太网端口有两个 LED 指示灯（绿色和黄色）。绿色灯表示链路完整性/电源 LED，当端口获得电源时亮起，当模块通过该端口与网络连接时慢闪烁。当模块在该端口上接收或传输数据时黄色灯闪烁。IOIC 接口模块（控制器右侧）有 10 个 LED 指示灯，显示控制器与 I/O 设备间接口的相关状态信息。

（2）IOIC 接口模块状态 LED 如表 16-7 所示。

表 16-7 IOIC 接口模块状态 LED

LED	意义	常亮	熄灭	闪烁
P	电源	控制器已上电	控制器未上电	未应用
cm	通信	通信挂起	未从处理器模块接收到任何命令	正从处理器模块接收命令
Ct	控制	控制器为主控制器	无法工作、正在启动或已被清除	控制器作为辅助控制器
A	活动	活动（在硬件控制下）	活动定时器超时	未应用
E	错误	正在引导序列中执行诊断	应用程序固件正在运，无错误	从节点 LED 或 GMD 读取错误代码

这些指示灯可能持续亮起、闪烁或熄灭。除错误指示灯为红色外，所有 I/O 状态指示灯均为绿色。

当处理器模块通电时，绿色电源指示灯会亮起。每个以太网网络端口有两个指示器 LED（绿色和黄色）。

绿色表示通信链路完好/电源 LED。当端口获得电源时它会亮起，当模块通过该端口与网络连接时慢慢闪烁。

黄色指示器显示通信链路处于活动状态，当模块在该端口上接收或发送数据时会闪烁。

红色 LED 闪烁时，表示控制器出现故障。在这种状态下，节点 LED（Q1~Q5）闪烁，形式为两个单独的二进制数字，每次闪烁后暂停 3s（所有节点 LED 均熄灭）。

节点通信 LED 见表 16-8。

表 16-8　节点通信 LED

LED	意义	常亮	熄灭	闪烁
Q1	1 号（端口 L1～L8）	各支线正常 （同时 E 灯熄灭）	各支线未组态 （E 灯熄灭）	部分或全支线故障 （E 灯熄灭）
Q2	2 号（端口 L9～L16）	各支线正常 （同时 E 灯熄灭）	各支线未组态 （E 灯熄灭）	部分或全支线故障 （E 灯熄灭）
R3	端口 R3	各支线正常 （同时 E 灯熄灭）	各支线未组态 （E 灯熄灭）	部分或全支线故障 （E 灯熄灭）
R4	端口 R4	各支线正常 （同时 E 灯熄灭）	各支线未组态 （E 灯熄灭）	部分或全支线故障 （E 灯熄灭）
Q5	端口 Q5	各支线正常 （同时 E 灯熄灭）	各支线未组态 （E 灯熄灭）	部分或全支线故障 （E 灯熄灭）

二、控制器工作模式

控制器冗余结构方框图如图 16-7 所示。全冗余的控制器能配备双 Intel 功能处理器、双网络接口、双处理器电源、双 I/O 电源、双辅助电源以及双 I/O 接口。

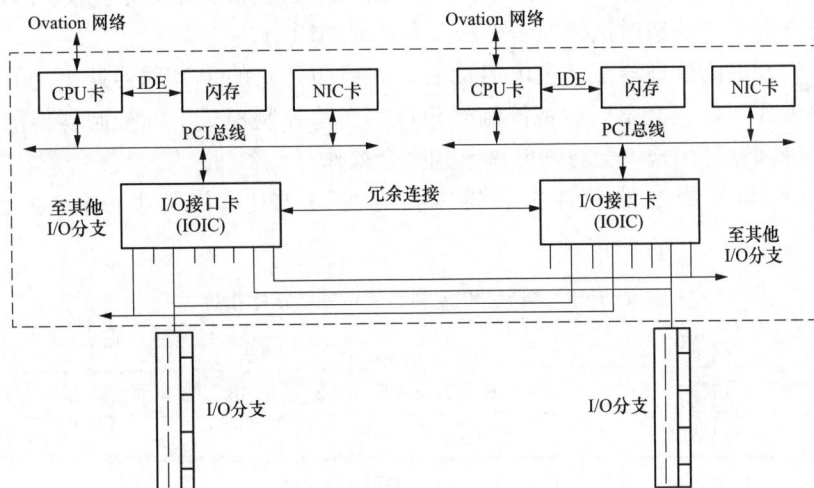

图 16-7　控制器冗余结构方框图

冗余处理器都执行同样的应用程序，但只有一个能与 I/O 通信并且运行在控制模式下。备份处理器运行在后备、组态或离线模式。这两种模式被称为"控制模式"和"后备模式"。

1. 控制模式

在控制工作模式下，主控制处理器直接对 I/O 过程负责执行数据获取和控制功能。此外，主控制处理器监视"后备"控制处理器和 Ovation 网络的运行状态。

2. 后备模式

处于备用状态的处理器诊断和监视主控制处理器的状态。通过实时接收维持控制所需的最新数据，并且通过 Ovation 网络获取所有控制处理器发出的信息。接收主处理器发往网络的所有信息来维持数据的最新状态，包括过程点值、算法、调节参数、变量点属性。

3. 控制器故障切换

Ovation 控制处理器自动容错。即如果主控制处理器因故障失败，"看门狗"检测电路将会关闭主控制处理器的 I/O 功能，并将错误通知后备控制处理器。后备控制处理器立即接管 I/O 总线，开始执行过程控制的应用程序，并通过 Ovation 网络广播信息。

后备控制处理器中的算法块一直跟踪着主控制处理器输出值、通过收到的信息进行逆运算。在第一次控制扫描期间即可提供输出数据，因此发生错误甚至是发生一个严重的故障后，控制器间可以做到无扰动切换。

触发控制处理器自动切换的事件包括：①控制处理器发生故障；②网络控制器发生故障；③IOIC 接口模件故障；④控制处理器电源失电；⑤控制处理器复位。

当后备控制处理器获得控制权后，故障的处理器可以关闭电源、修理、重新上电，这些都对执行控制算法没有任何的影响。

修理好的处理器重新上电启动后，如检测到它的主处理器处于完好的控制模式下，它会充当后备控制器角色。当前控制模式下的控制器检测到后备处理器的出现，会将功能调节到冗余操作。

OCR400 控制器硬件主要技术指标见表 16-9，控制 I/O 能力见表 16-10。

表 16-9 OCR400 控制器硬件主要技术指标

处理器	Intel
内存	Intel 奔腾处理器 400Hz、128MB、Flash 和 128MB RAM
总线结构	PCI 总线
网络端口	4 个 10/100MB 以太网端口
电源	24V DC 40W
发生点（有点名）	最多到 32 000，具体容量与处理器和内存有关
过程控制任务	最多 5 个具有不同回路执行时间的任务，两个执行时间固定，三个执行时间自定义
过程控制任务执行时间	10～30ms、10ms 增量

表 16-10　控制 I/O 能力

本地 Ovation I/O	支持 2 组，每组最多 8 个独立分支，每分支 8 个模块，因此每对控制器最多 128 个模块
本地 Q-Line I/O	支持一个 48 块 Q 系列卡件节点和一个附加节点（支持 48 块卡件）
远程 Ovation I/O	最多 8 个节点、64 个模块
远程 Q-Line I/O	最多 8 个节点、48 个卡件
最大硬接线 I/O 量	模拟量 1024 点或数字量与 SOE 2048 点
智能设备能力	基金会总线 Profibus 网络设备
虚拟 I/O 能力（通过以太网 TCP/IP 和其他标准协议连接）	AB PLC DF-1；GE MarkV/VI GSM；Modbus/TCP；GE Genius I/O；Toshiba 汽轮机控制系统；MHI 汽轮机控制系统；外接 Ovation 网络

OCR1100 与 OCR400 两种控制器的主要技术指标对比如表 16-11 所示。

表 16-11　OCR1100 与 OCR400 两种控制器的主要技术指标对比

处理器型号	OCR1100	OCR400
处理器主频	1100MHZ	400MHZ
闪存	256M	64M 或 128M
以太网口	10/100/1000 Base-T；100Base-Fx；100Base-Sx；1000Base-Sx；1000Base-Lx	10/100Base-T
诊断接口	USB-RS-232 Serial（via USB Type-B Micro）	RS-232 via RJ-45
USB 接口	2×USB Type A（for future use）	None

第三节　Ovation I/O 过程控制站

控制站配置有两种，一种是 Ovation 第一代控制器 OCR161 的机柜组件和接口；另一种是 Ovation 第二代控制器 OCR400 的机柜组件（本地和远程 I/O），这里只介绍后者。

1. OCR400 控制站的组件和电缆（本地和远程 I/O）

OCR400 控制站组件（本地和远程 I/O）如图 16-8 所示。

OCR400 需要远程 I/O 时，Ovation 控制器中的 IOIC 模块最多能与 8 个远程节点通信。这最多可以为 512 个模块进行通信。

在远程应用中，I/O 模块封装在距离控制器机柜很远的位置的远程节点和/或扩展机柜中。

2. 本地 I/O

Ovation 分散控制系统为各种系统应用程序提供调节控制、顺序控制和

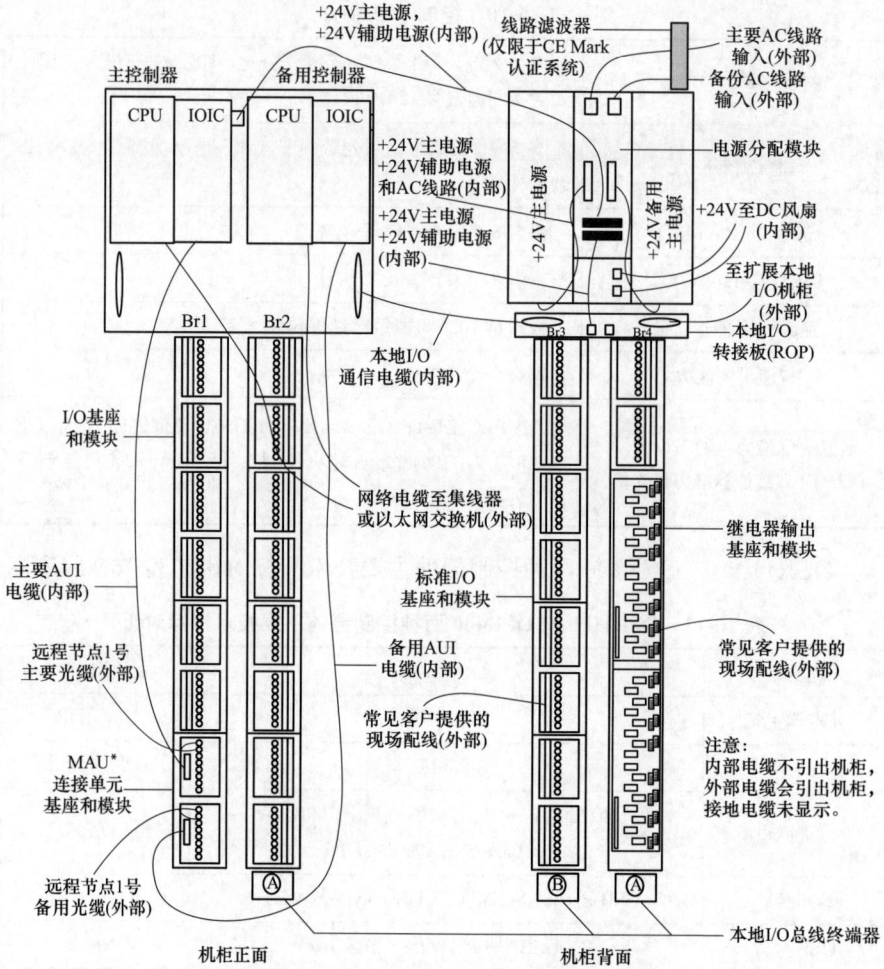

图 16-8　OCR400 控制站组件（本地和远程 I/O）

* 如果没有远程 I/O，I/O 基座可代替 MAU。如果没有 MAU，

就必须在分支的末端放置一个终端器。

数据采集。本地 Ovation I/O 由一组功能性 I/O 单元（模块）组成，这些单元通过 I/O 总线与控制器机柜中的控制器或邻近（9.1m）的控制器进行通信。Ovation OCR400 控制器包含一个 IOIC 模块。此模块提供连接到并支持以下 I/O 模块位置的端口。

（1）本地 Ovation I/O 通过端口 L1 和 L2 连接。

（2）远程 Ovation I/O 通过 IOIC 端口 R3（节点 0~3）和 R4（节 4~7）连接。

（3）本地 Q-line I/O 通过 IOIC 端口 Q（DIOB 0）和 R4（DIOB 1）连接。

（4）远程 Q-line I/O 通过 IOIC 端口 R3（节点 0~3）和 R4（节点 4~7）连接。

Ovation 远程节点机柜示例如图 16-9 所示。

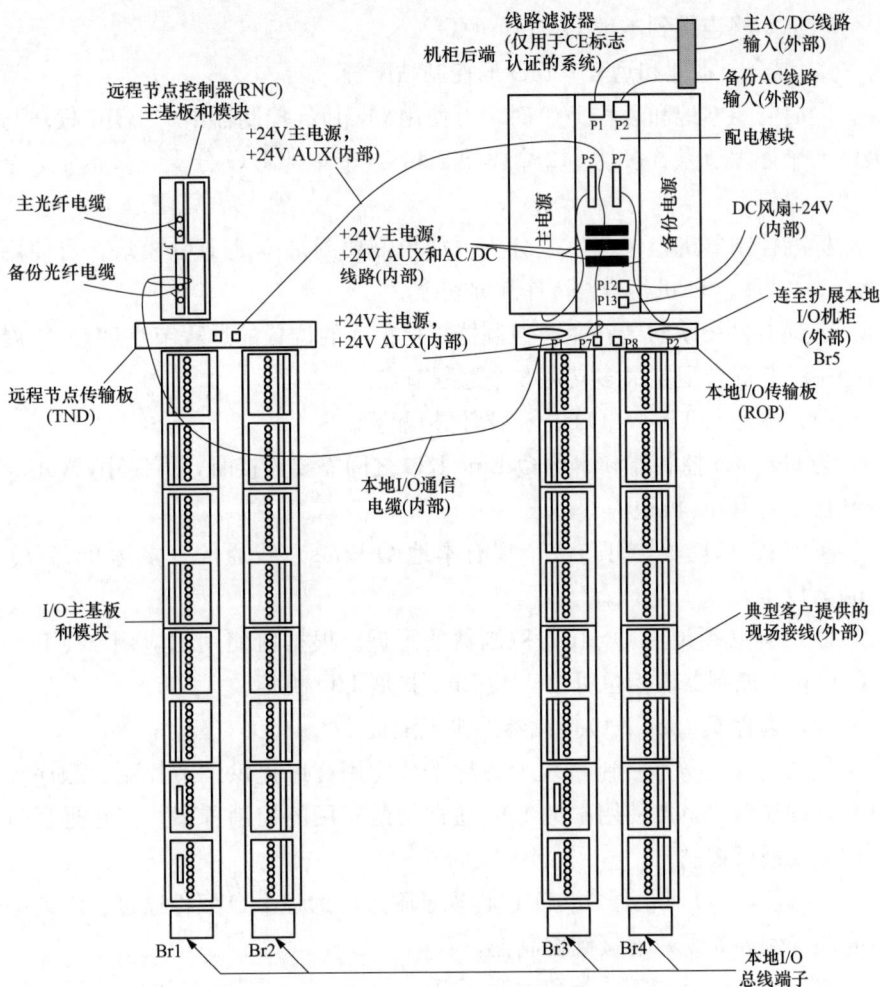

图 16-9　Ovation 远程节点机柜示例

注意：内部电缆不引出机柜，外部电缆引出机柜，接地线不显示。

（1）一个 OCR400 控制器可支持以下 I/O 模块的各种组合。

1）最多 128 个本地 Ovation I/O 模块。

2）最多 512 个远程 Ovation I/O 模块。

3）最多 96 个本地 Q-Line I/O 卡。

4）最多 384 个远程 Q-Line I/O 卡。

（2）遵守以下组合规则。

1）如果连接到远程 Q-Line I/O，不能连接到远程 Ovation I/O。可以通过端口 Q5（DIOB 0）连接到本地 Q-Line。

2）如果连接到远程 Ovation I/O，不能连接到远程 Q-Line I/O。可以通过端口 Q5（DIOB 0）连接到本地 Q-Line。

3）Q5 和 R4 连接到本地 Q-Line I/O，不能连接到任何远程 I/O。

可以始终连接到本地 Ovation I/O。

3. 混合（本地和远程）I/O 的控制站配置

同时需要本地和远程 I/O 时，可使用 Ovation 控制器中的 IOIC 模块与最多 8 个远程节点（多达 512 个模块）和 16 个本地 I/O 分支（多达 128 个模块）通信。

标准控制器机柜包含 4 个分支。如果需要附加本地 I/O 模块，可使用 Ovation 扩展 I/O 机柜容纳 4 个附加分支。

远程 I/O 模块封装在距离控制器机柜很远的位置的远程节点和/或扩展机柜中。此混合配置最多支持 8 个远程节点。

（1）本地 Q-Line I/O 的控制器机柜配置。

当 Ovation 控制器和本地 Q-Line I/O 之间需要连接时，可使用 Ovation 控制器中的 IOIC 模块。

每个 IOIC 模块均可与一个现有本地 Q-Line 总线通信（多达 96 个 Q-Line I/O 卡）。

Q-Line 必须位于 Ovation 控制器的附近。根据所使用的应用，Q-Line I/O 可位于控制器机柜也可位于 Q-Line 扩展 I/O 机柜。

（2）远程 Q-Line I/O 控制器的机柜配置。

1）Ovation 分散控制系统为各种系统应用程序提供调节控制、顺序控制和数据采集。虽然使用本地 I/O 通常是最实用的控制方案，但是远程过程也需要进行控制。

2）远程 I/O 机柜通常位于过程现场附近，远程 I/O 模件通过远距离串行介质（例如光缆）连接到控制器。

3）当 Ovation 控制器和远程 Q-Line I/O 之间需要连接时，可使用 Ovation 控制器中的 IOIC 模块。

4）Ovation 控制器机箱通常被 Emerson 迁移安装在经过修改的 WDPF DPU 机柜中。最大配置包含 384 个 Q-line 卡（12 个 Q-line I/O 卡的 4 个插件的 8 个节点）。

5）在进行机柜修改时，使用 QOR 卡更换了 QRC 卡（位于 WDPF 远程节点机柜中）。然后将这些 QOR 卡连接至 DPU 机柜中安装的 Ovation 远程 I/O 介质连接单元（MAU），再将 MAU 连接至 Ovation 控制器中的 IOIC 卡。

Ovation I/O 单分支传输板（ROP）如图 16-10 所示，远程节点转接板（TND）如图 16-11 所示，继电器主基板传输板（RRP 位于分支顶部）如图 16-12 所示。

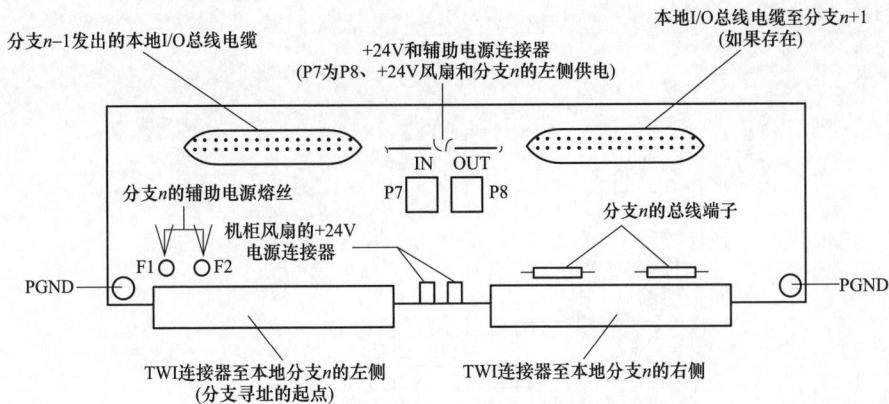

图 16-10　Ovation I/O 单分支传输板（ROP）

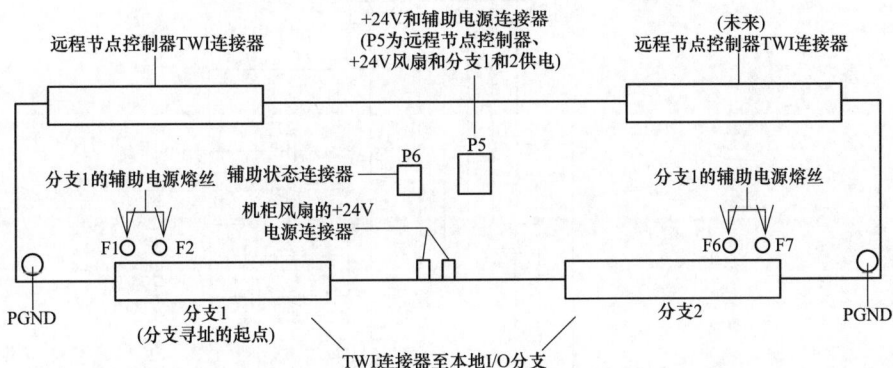

图 16-11　远程节点转接板（TND）

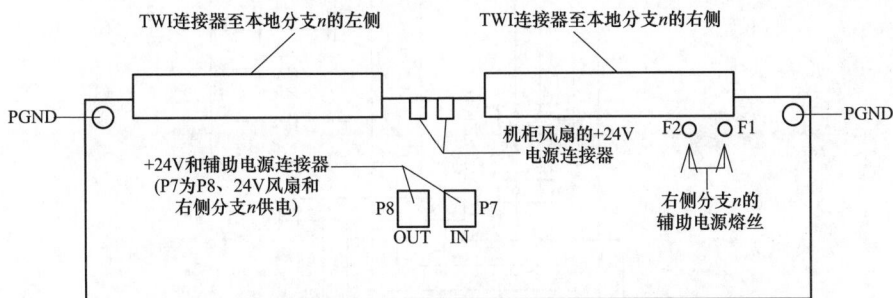

图 16-12　继电器主基板传输板（RRP 位于分支顶部）

第四节　Ovation 供电系统

一、电源供电的特点

Ovation 供电系统由两个电源变换模块、一个电源分配板构成。两个电源模块彼此隔离，互为冗余，对 Ovation 控制器提供可靠稳定的电源，如图 16-13 和图 16-14 所示。

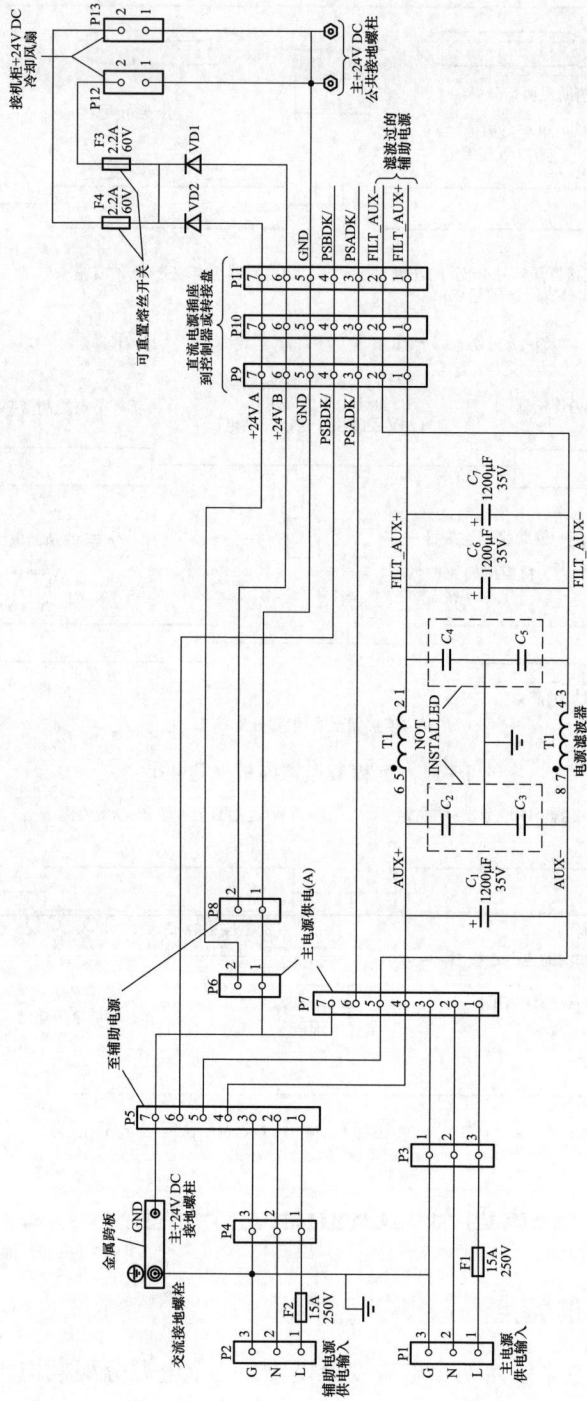

图 16-13 电源分配板接口图

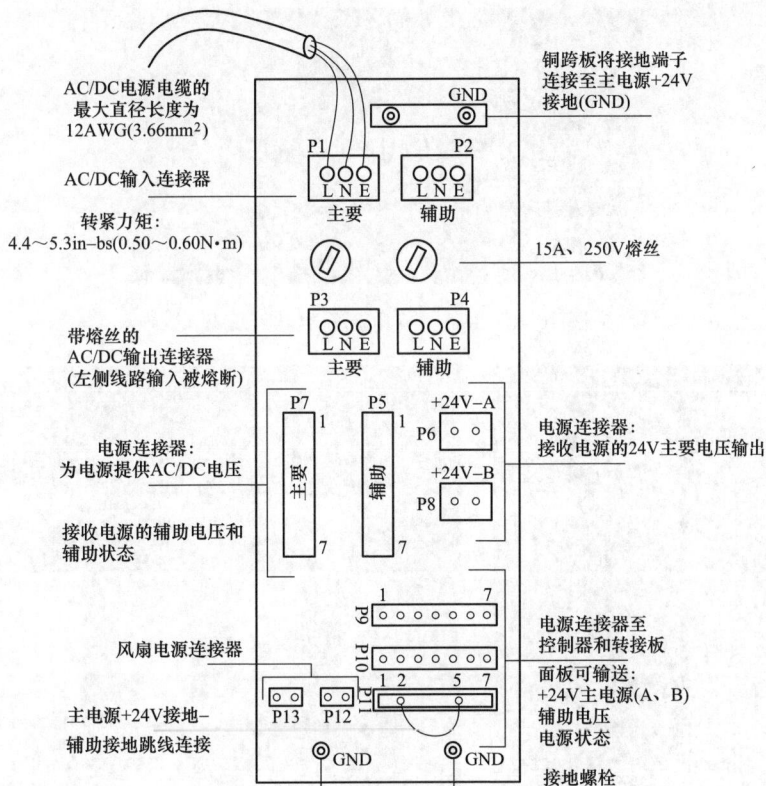

图 16-14　Ovation 电源分配板（PDM）

24V 电源模块有主、辅两路，主电源主要为控制器及 I/O 卡件供电，辅助电源通过 I/O 卡件给现场设备供电。电源上有一组专门的状态输出，可通过系统的 RN 点（PCI 卡）传至控制器，可进行电源的运行监测和故障报警的连续监测。

（1）电源模块有状态测试孔，便于测量仪表检测＋24V 电源的情况。

（2）电源模块可带电替换，便于故障后的处理。

（3）现场信号供电、各分支的电源供各供给通过 ROP 转接板的转接电缆输送。

（4）为控制器和 I/O 分支提供 24V 电源，24V 电源同时为互为冗余的控制器供电，小板上有每个 I/O 分支配有两个串联的 5A 熔断器，如图 16-15 所示。

二、电源变换器模块

由于 OVATION 早期的主电源和辅助电源采用一体化模块设计，功率较大，需要自带冷却风扇，因冷却风扇有机械转动部件，容易出现故障，致使电源模块损坏率较高。Ovation 电源模块如图 16-16 所示。

目前，艾默生改进了电源模块分开的设计方式，每路有主、备电源均

图 16-15　I/O 分支电源分配（ROP 板）

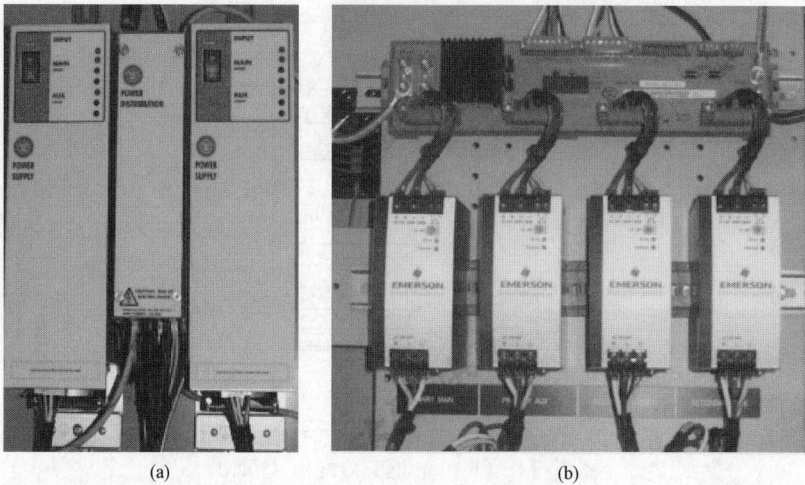

(a)　　　　　　　　　　　　　　(b)

图 16-16　Ovation 电源模块

（a）主、辅一体电源模块（老）；（b）主、辅分开电源模块（新）

独立配置，无需冷却风扇。电源变换效率可达 93%；可以采用交流电源输入，也可以采用直流电源输入，增加了电源的可用性。

Ovation 供电系统图如图 16-17 所示。

（1）其中 I/O 供电有下列 5 种保护。

1）输入低压保护：对于 62V AC 的低电压输入。

2）输入高压保护：保护通过消弧保安电路实现，针对超出最小电压设置 307V AC，最大电压设置 322V AC 范围的高压输入进行保护。

3）超温保护：电源温度在 80~90℃ 关掉供给电源，下降为 70℃ 时恢复电源的供给。

4）电流过载保护：保护的设置点是输出电流的 105%~140%。

5）断电保持时间：电源在全负荷的状态下，输入电源断开后可持续维持时间为 32ms。

（2）控制器的电源卡：为直流电源的转换器，接受两个 24V DC 的输入电源，为控制器提供 5V DC 和 ±12V DC 的输出。

其中控制器内部电源卡有 4 种保护。

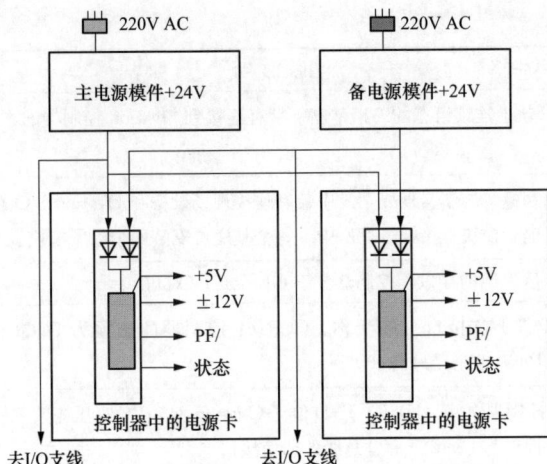

图 16-17　Ovation 供电系统图

1）输入低压保护：低于 9V DC 的低压输入保护。

2）输入高压保护：高于 33.25V DC 或高于 29.7V DC 的高压输入保护。

3）输出电压过载保护：电压在正常输出电压的 125％～145％起到保护作用。

4）输出电流过载保护：防止过载与短路。

第五节　输入/输出子系统

一、I/O 参考术语

为了便于对 Ovation I/O 资料学习，表 16-12 列出一些用于描述 Ovation I/O 的术语。

表 16-12　I/O 参考术语

术语	说　明
AUI	电缆连接单元接口（AUI）电缆，在远程 I/O 应用中，将 PCRR 卡连接到 MAU 模块
A 侧	指观察者面对端子板或 AUI 电缆连接器时的基座的左侧板间连接器
注意	当 24V DC 高压侧数字量输出电子模块返回对请求注意的回应时的 Ovation I/O 总线周期状态
B 侧	指观察者面对端子板或 AUI 电缆连接器时的基座的右侧板间连接器
基座	由印刷电路板、各种连接器和塑料外壳组成。它为用户提供容纳现场配线的装置，将现场信号传输到 I/O 模块。基座可使 I/O 模块接收电源，并提供低阻抗接地连接。每个标准基座可容纳两套 I/O 模块以及相关现场配线。继电器输出基座可容纳一个电子模块

术语	说　明
分支	在 DIN 导轨上连续组态的一组基座，带有连接到 Ovation 控制器的本地 Ovation I/O 总线
电子模块	带有透孔和标签的塑料外壳，其中装有连接现场设备和 Ovation I/O 总线所需的电子器件。电子模块直接插入基座中。每个基座可安装两个电子模块
I/O 控制器	网络和 I/O 之间的接口，控制器位于 Ovation I/O 机柜中
IOIC 卡	控制器 PCI I/O 接口卡的泛称。OCR161 控制器的选项为 PCQL、PCRL 和 PCRR。OCR400 控制器只需 IOIC 模块
IOSC	I/O 从属控制器电路（IOSC）PLD 位于 Ovation 24V DC 高压侧数字量输出模块上，此电路提供与 Ovation I/O 总线的通信接口
I/O 模块	标准 I/O 模块由电子模块和特性模块组成。这些模块用作 I/O 接口和现场设备之间的接口。紧凑式模块和继电器输出模块不包含特性模块
MAU	连接单元模块又称介质连接单元（MAU），其中包括合并的电子模块和特性模块。此设备将 PCRR 卡（通过 AUI 电缆）连接到远程 I/O 应用中的 RNC（通过光缆）
迁移	用于将 Ovation 控制器连接到 WDPF Q-Line I/O 的过程
Ovation 网络	一个局域网，各 Ovation 分站在此处通过 FDDI、CDDI 或快速以太网介质互相通信
PCI	外设部件互连（PCI）。控制器中用于控制器 CPU 网络接口和 I/O 接口模块之间的通信的主总线
PCQL	OCR161 控制器中连接到本地 Q-line I/O 的 IOIC 卡
PCRL	OCR161 控制器中连接到本地 Ovation I/O 的 IOIC 卡
PCRR	OCR161 控制器中连接到已升级兼容系统中的远程 Ovation I/O 和远程 Q-Line I/O 的 IOIC 卡
PLD	可编程逻辑器件。用于执行自定义逻辑功能的用户可组态的标准现成集成电路
特性模块	I/O 模块中为塑料外壳提供相关透孔和标签的部分。模块带有印刷电路板，用于执行将 I/O 模块连接到特定现场设备时所需的信号互连。模块通常只含无源器件，但介质连接单元模块和远程节点控制器模块的特性模块中含有光纤发射机、接收机和收发器。链路控制器 I/O 模块的特性模块中含有光耦合器和 RS-232/RS-485 收发器。此模块可直接插入基座中
QOR 卡	位于远程节点 Q-Crate 中的远程 Q-Line 卡，它使 WDPF 远程节点可以通过光缆、MAU 和 Ovation 控制器中的 PCRR 和 IOIC 卡连接到 Ovation 控制器
远程 I/O	I/O 与控制器距离较远时的组态
远程节点	通过能够远距离传输控制信号的介质（如光纤）与控制器通信的一组 I/O 模块
RNC	远程节点控制器（RNC）就是含有远程节点电子模块和远程节点特性模块的模块。光纤通信链路，RNC 将远程节点中的 I/O 模块连接到位于控制器的 MAU 模块

术语	说　明
转接板	类型如下： （1）ROP-I/O 转接板。 （2）TND-远程节点转接板。 （3）RRP-继电器转接板（顶部）。 （4）RRB-继电器转接板（底部）

二、标准模块组件

标准 Ovation 模块由基座、电子模块、特性模块三部分组成，如图 16-18 所示。

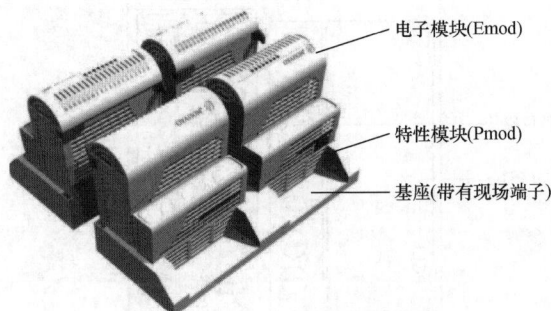

图 16-18　I/O 模块组件图

（一）I/O 模块基座

基座由印刷电路板、各种连接器和塑料外壳组成，并将现场信号连接到 I/O 模块。基座为 I/O 模块提供电源，实现低阻抗接地连接。每个基座可容纳两组 I/O 模块及相关现场配线。

基座（带有两个端子板）安装在 DIN 导轨上。每个基座容纳两个 I/O 模块。基座（含有电子模块和特性模块）的规格为 27.9cm×12.7cm×16.5cm，如图 16-19 所示。

（二）Ovation 输入/输出模块

Ovation 分散控制系统为各种系统应用程序提供调节控制、顺序控制和数据采集。Ovation 系统由一组可组态的功能性输入/输出（I/O）模块组成，这些模块通过 I/O 总线与 Ovation 控制器通信。I/O 模块提供了 Ovation 控制器与工厂流程之间的接口。Ovation I/O 模块是具备内置容错和诊断功能的插入式组件。它们能够操作各种类型的信号和执行多种功能。

Ovation I/O 模块安装在基座中。标准模块化组件通常由电子模块（Emod）及特性模块（Pmod）组成。

1. 电子模块（Electronics Module）

由逻辑板和现场板两块印刷电路板组成，它们提供现场设备与 I/O 控制器接口所必需的电子电路。I/O 控制器是 I/O 模块与网络间的接口，电

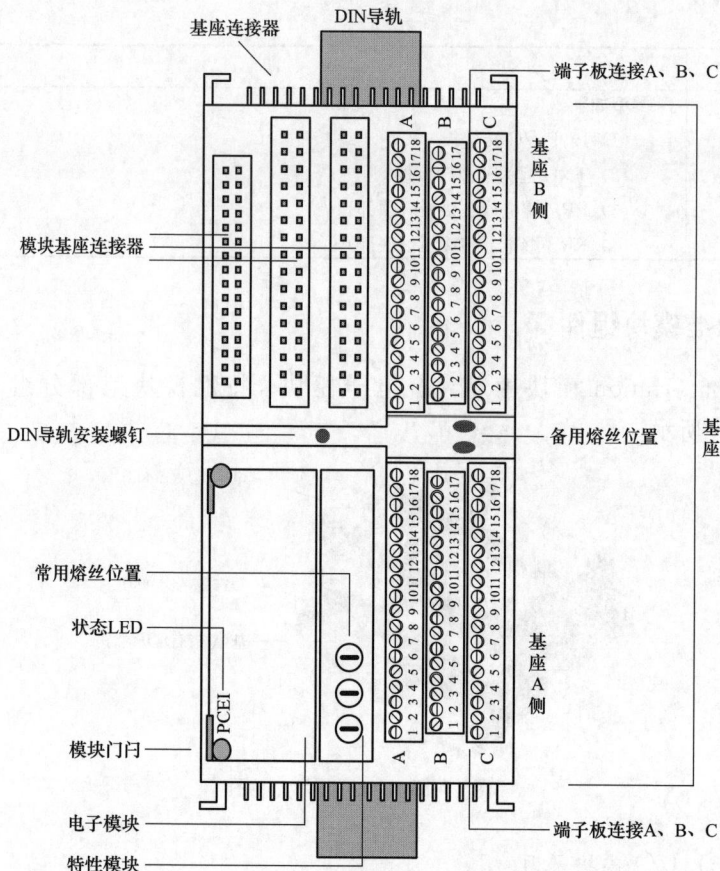

图 16-19　Ovation I/O 模块基座单元结构（俯视图）

子模块与适当的特性模块配对应用。电子模块采用带标签的塑料封装，安装到基座中。

2. 特性模块（Personality Module）

特性模块（Personality Module）由一块完成 I/O 模块与指定现场设备接口所要求的信号互联功能的印刷电路板组成。典型的特性模块只包含无源的元件，但媒体接入单元模块和远程节点控制器模块，在它们的特性模块中含有用于通信的发送器、接收器和收发器。

大部分特性模块没有可组态的跨接器。如果模块有可组态的跨接器，在需要修改它的隐含设置时，为便于组态，必须从特性模块盒中取出电路卡进行设置。

（三）继电器模块组件

Ovation 继电器模块由两部分组成。

1. 基座

继电器基座组件由带连接器的背板、塑料外壳和 DIN 导轨卡接/接地装置组成。此单元容纳与现场设备连接的继电器。

2. 继电器输出电子模块

继电器输出电子模块是提供继电器输出电路板的可联机更换模块。此单板带有继电器线圈驱动接口以及 I/O 总线和总线电源接口。此模块插入到所需的继电器输出基座中。

（四）Ovation 模块安装

根据系统要求，DIN 导轨和模块通常在工厂安装。如果需要为系统更换或增加继电器输出模块。

1. 标准和紧凑 I/O 模块

Ovation 标准紧凑模块安装在基座上，该基座安装在 Ovation 机柜的 DIN 导轨上。每个基座包含两个 I/O 模块，即使只使用一个 I/O 模块，也必须使用含有两个端子板的基座。

有两种类型的继电器输出基座：1C31223（16 G2R 继电器）和 1C31222（12 KUEP 继电器），Ovation 继电器输出模块安装在基座上，该基座安装在 Ovation 机柜的 DIN 导轨上。每个基座可以包含一个继电器输出电子模块和相应的继电器。继电器输出板 G2R 如图 16-20 所示，继电器输出 KUEP 如图 16-21 所示。

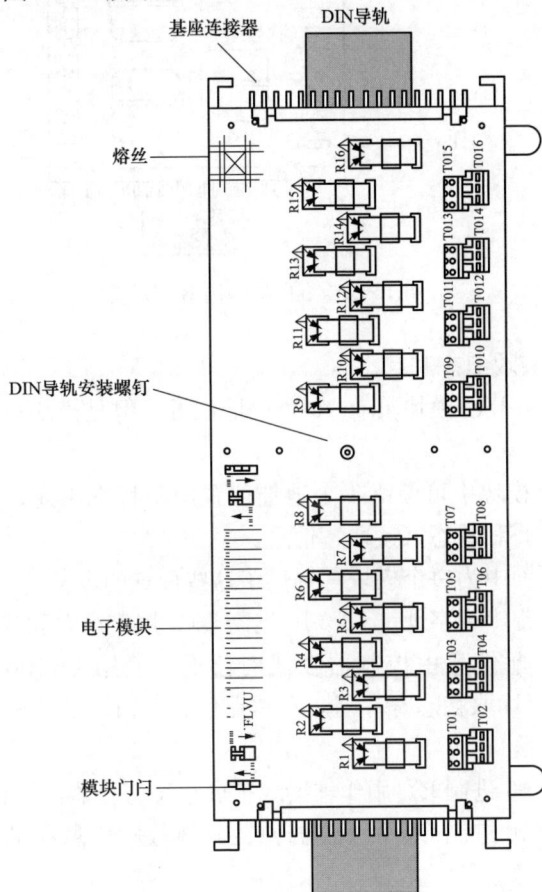

图 16-20　继电器输出板 G2R

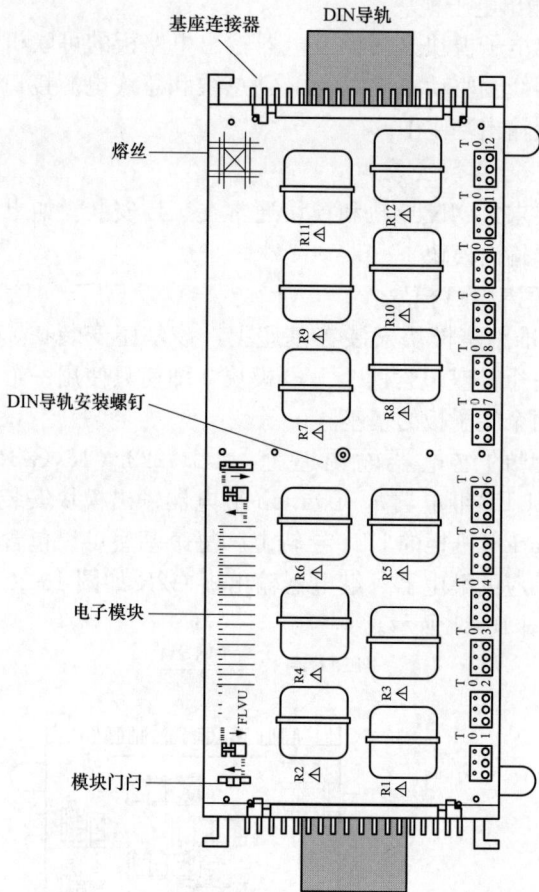

图 16-21　继电器输出 KUEP

2. Ovation 模块组态和状态

一个 Ovation I/O 模块具有 16 个地址位置，但是模块可能不会使用所有的 16 个地址。

在每个 I/O 模块中可保留 4 个地址位置用于特殊用途。其中 3 个地址提供组态（写入）和状态（读取）信息。

模块参考页面中为每个模块都提供了这些位置的定义：

每个模块中都出现字地址 13（16 进制 D），用于组态和状态。模块状态提供诊断信息，此信息由控制器在线时读取。使用 Ovation 操作员站的"点信息"窗口可读取状态寄存器。在"点信息"窗口的"硬件"选项卡中可读取位模式字段。

字地址 14（16 进制 E）用作辅助或扩展组态寄存器，仅在需要时使用。

字地址 12（16 进制 C）用于报告点的具体故障信息和可选用的扩展组态寄存器。

字地址 15（16 进制 F）用于模块电子标识。此地址单元及其用途对所有模块都相同。

在系统手册中相应"点建立器"部分中可查看某个点在这些寄存器的组态设置。

（五）Ovation 模块诊断 LED

每个 Ovation 模块都含有诊断 LED。这些 LED 用来指示模块的状态，并对出现的任何模块问题发出警告。

所有 I/O 模块都包含以下 LED：

P＝（绿色）电源正常 LED，当模块的电力供应正常时亮起。

C＝（绿色）通信正常 LED，当控制器与模块通信并且通信看守定时器未超时则亮起。

E＝（红色）可选外部错误 LED，当模块出现外部问题（如公用辅助电源熔丝熔断）时亮起。

I＝（红色）内部故障 LED，当出现模块内部故障时亮起。此 LED 通常用于指示需要更换电子模块。

通信超时也会使"内部故障 LED"亮起，使"通信正常 LED"熄灭。

每个模块的其他 LED 因模块功能而异。各模块的相应部分中分别提供了其 LED 的定义。

三、I/O 模块常规类型

1. 模拟量输入模块类型

模拟量输入模块类型见表 16-13。

表 16-13 模拟量输入模块类型

模块类型	通道	电子模块	特性模块
模拟量输入（4～20mA）（14 位低速）	8	1C31224G01	1C31227G01
模拟量输入（±1V DC）（14 位低速）	8	1C31224G02	1C31227G02
模拟量输入（4～20mA）［14 位高速（HS）］	8	5X00070G01	1C31227G01
模拟量输入（±100mV，±250mV，±1V）（14 位 HS）	8	5X00070G02	1C31227G02
模拟量输入（±1mA，使用 250mV，2 线本地电源）（14 位 HS）（汽轮机）	8	5X00070G02	1C31116G03
模拟量输入（±1mA，使用 250mV，4 线现场供电）（14 位 HS）（汽轮机）	8	5X00070G02	1C31116G02
模拟量输入（±5V，±10V）（14 位 HS）	8	5X00070G03	1C31227G02
模拟量输入（±20mV，±50mV，±100V）（热电偶）（14 位 MS）	8	5X00070G04	1C31116G04
HART 模拟量输入 16 位（4～20mA）	8	5X00058G01	5X00059G01
HART 高性能模拟量输入（4～20mA）本地或远程电源	8	5X00106G01	5X00109G01
8 通道 RTD（电阻式温度检测器）	8	5X00119G01	5X00121G01

2. 模拟量输出模块类型

模拟量输出模块类型见表16-14。

表 16-14　模拟量输出模块类型

模块类型	通道	电子模块	特性模块
模拟量输出（0～＋5V）	4	1C31129G01	1C31132G01
模拟量输出（0～＋10V）	4	1C31129G02	1C31132G01
模拟量输出（0～20 或 4～20mA，带诊断）	4	1C31129G03	1C31132G01
模拟量输出（0～20 或 4～20mA，不带诊断）	4	1C31129G04	1C31132G01
HART 模拟量输出 14 位（4～20mA）	8	5X00062G01	5X00063G01
HART 高性能模拟量输出 16 位（4～20mA）	4	5X00167G01	镶嵌模块

3. 数字量输入模块组类型

数字量输入子系统分为单端和差分两种结构类型。数字量输入模块组类型见表16-15。

表 16-15　数字量输入模块组类型

模块类型	通道	电子模块	特性模块
带板载 48V 湿电压触点输入（差分型）	16	1C31142G01	1C31110G03
带板载 48V 湿电压紧凑触点输入（单端）	16	1C31234G01	镶嵌盖板
数字量输入（24V AC/V DC 或 48V AC/V DC 差分型）	16	1C31107G01	1C31110G02
数字量输入（24V AC/V DC 或 48V AC/V DC 单端）	16	1C31107G02	1C31110G01
数字量输入（125V AC/V DC 差分型）	16	1C31107G02	1C31110G02
数字量输入（125V AC/V DC 单端）	16	1C31232G01	1C31110G01
紧凑数字量输入（24 或 48V AC/V DC 单端）	16	1C31232G02	镶嵌盖板
紧凑数字量输入（24 或 48V AC/V DC 差分型）	16	1C31232G02	镶嵌盖板
紧凑数字量输入（24/48V AC/V DC 具有独立熔丝保护，单端）	16	1C31232G03	5X00034G01
紧凑数字量输入（125V AC/V DC 差分型）	16	1C31232G03	镶嵌盖板
紧凑数字量输入（125V AC/V DC 装有单独的熔丝保护，单端）	16	1C31157G01	5X00034G01
事件顺序（24/48V DC 差分型）	16	1C31157G01	1C31110G02
事件顺序（24/48V DC 单端）	16	1C31157G02	1C31110G01
事件顺序（125V DC 差分型）	16	1C31157G02	1C31110G02
事件顺序（125V DC 单端）	16	1C31233G01	1C31110G01
紧凑事件顺序［24/48V DC 单端吸电流数字量输入（FDJ 现场卡）］	16	1C31233G02	镶嵌盖板
紧凑事件顺序［24/48V DC 差分吸电流数字量输入（FDI 现场卡）］	16	1C31233G02	镶嵌盖板

续表

模块类型	通道	电子模块	特性模块
紧凑事件顺序［24/48V DC 单端吸电流数字量输入（FDI 现场卡）—16 点独立熔丝保护的通道］	16	1C31233G03	5X00034G01
紧凑事件顺序［125V DC 差分吸电流数字量输入（FDI 现场卡）］	16	1C31233G03	镶嵌盖板
紧凑事件顺序［125V DC 单端吸电流数字量输入（FDI 现场卡）—16 点独立熔丝保护的通道］	16	1C31233G04	5X00034G01
紧凑事件顺序［48V DC 单电源电流数字量输入（触点输入），使用卡上电源（FCI 现场卡）］	16	5X00357G01	镶嵌盖板
增强的紧凑事件顺序［24/48V DC 单端吸电流数字量输入（FDJ 现场卡）］	16	5X00357G02	镶嵌盖板
增强的紧凑事件顺序［24/48V DC 差分吸电流数字量输入（FDI 现场卡）］	16	5X00357G02	镶嵌盖板
增强的紧凑事件顺序［24/48V DC 单端吸电流数字量输入（FDI 现场卡）—16 点独立熔丝保护的通道］	16	5X00357G02	5X00034G01
增强的紧凑事件顺序［125V DC 差分吸电流数字量输入（FDI 现场卡）］	16	5X00357G03	镶嵌盖板
增强的紧凑事件顺序［125V DC 单端吸电流数字量输入（FDI 现场卡）—16 点独立熔丝保护的通道］	16	5X00357G04	5X00034G01
增强的紧凑事件顺序［48V DC 单端源电流数字量输入（触点输入），使用卡上电源（FCI 现场卡）］	16	5X00357G05	镶嵌盖板
增强的紧凑事件顺序［24V DC 符合 IEC 61131-2 标准的类型 1 差分吸电流数字量输入，具有线路中断检测功能（FDW 现场卡）］	16	5X00357G05	镶嵌盖板
增强的紧凑事件顺序［24V DC 符合 IEC 61131-2 标准的类型 1 差分吸电流数字量输入，具有线路中断检测功能（FDW 现场卡）—16 点独立熔丝保护的通道］	16		5X00034G01

4. 数字量输出模件类型

数字量输出子系统见表 16-16。

表 16-16 数字量输出子系统

模块类型	通道	电子模块	特性模块
数字量输出（5～60V DC 单端直流）	16	1C31122G01	1C31125G011
数字量输出（继电器板，本地电源）	16	1C31122G01	1C31125G021
数字量输出（继电器板，远程电源）	16	1C31122G01	1C31125G031
数字量输出，24V DC 高压侧（HSDO）	16	5X00270G01	5X00273G01
继电器板： 固态继电器板（AC） 固态继电器板（DC） G2R 继电器板（低功率电动机械的） KU 继电器板（高功率电动机械的）	16 16 16 16	5A22410G01 5A22410G02 5A22411G01[①] 5A22412G01、G02、G03[①②]	

①此模块组态已获得 CE Mark 认证。

②KU 继电器板组件 5A22412G01、G02 和 G03 包含两块板（每块板有 8 个继电器）。

第六节 人 机 界 面

一、人机界面概述

Ovation 人机界面包括操作员站、工程师站、历史站和记录服务器等。

Ovation 人机界面提供操作控制系统的安全、高效快速及灵活性。Ovation 用户界面采用了商业化的实时操作系统，为用户提供了强大的操作功能和维护能力。Ovation 系统的人机界面是工业控制领域中可以信赖和实时监视和控制的交互网络。

Ovation 系统人机界面的标准平台有两类版本：一种是以 PC 机为基础的 Windows 平台，另一种是采用 Solaris 操作系统平台（也称 UNIX 平台）或 Java/浏览器的工作站。最多可同时开 4 个过程窗口。

工作站版本结合了 Sun 微处理系统强有力的 Solaris 操作系统。任意的一种平台都能作为工程师或操作员界面来完成读取和处理企业级的所有数据。

（一）操作员用户界面

可根据用户定义，在操作员及工程师站上建立过程信息及企业信息的通信联络实现对过程的监视与控制。

三种标准平台可供选择。

（1）Solaris 操作系统的 ULTRA 工作站。

（2）PC 基准的 Windows。

（3）Java/浏览器远程工作站。

（4）单屏显示器或双屏显示器支持，全面多任务操作。

（5）使用开放式 Windows 主题的环境，具有包括不同的第三方组件或软件的能力。

（6）Ovation 操作员站能够对 150 000 动态点进行访问。

（7）具有快速直接访问信息能力，例如通过导向调节显示页的缩放。

（8）支持多种语言、字符集和文化背景转换的能力。

（9）ULTRA 基准平台确保多用户支撑和对将来硬件发展的兼容性。

（二）工程师用户界面

工程师站是以个人计算机为基础的系统开发和维护的工具性设备，供系统工程师对系统进行配置、组态、调试及控制方案的维护等。同时，也具有操作员站的监视和操作功能。

（1）执行在线控制和图形编程双重功能。

（2）广泛的功能：重新使用图形源码，存储时间和确保图形转换的连贯性。

（3）用系统参考工具和库在线使用各种手册。

（4）多窗口功能允许用户同时对控制、数据库和图形进行编程。

（5）顺应工业标准（ODBC/SQL），允许兼容其他数据库系统。

（6）组态数据的编译和下装。

对组态数据进行编译，并下装给各个控制器；将流程控制图形下装至各操作员站。

全域的数据库一直在更新报告当前的数值。工程工具可以把数个来自不同硬件平台的应用程序单独或同时展开并执行。

组态数据的编译和下装如图 16-22 所示。

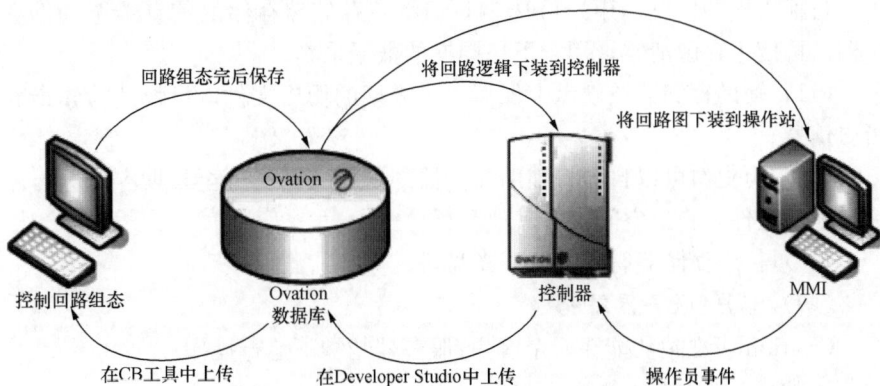

图 16-22　组态数据的编译和下装

（三）HSR 历史站

历史站用于历史数据的收集、存储和处理，供生产管理人员进行数据分析、统计和报表打印。记录服务器提供打印机管理、报表定义及报表生成功能。

历史站的特点如下。

（1）历史数据点的采集和收集。

（2）采集实时测点值和状态、试验数据、高速数据、报警信息、操作员操作信息、SOE 事件信息、报表文件 6 类历史数据。其中：主历史采集和存储过程测点数据。用户自定义扫描频率，多为 1s。采集测点的状态用户定义的死区之外发生的数据的变更，提供过程活动的准确记录。还可处理用户检索过程测点信息的要求，提供趋势数据。

（3）长期历史采集和存储过程测点的数据及检索用户请求的数据。可使测点信息在线保持较长一段时间（几个月）。

（4）事件历史记录设备行程或设备启动等事件。采集和接收存储操作员站和工程师站传来的报警，存储后，报警历史允许工程师站和操作员站将已采集的报警显示、打印或保存至文件。

（5）SOE 历史从控制器采集事件顺序数据，将数据按年代顺序分类制表和查找首次发生的事件。控制器配有专用的 SOE 模块完成此项功能。

（6）历史记录操作员站或控制器接收到的操作员操作。如手/自动的切换、执行/取消、设定值改变、报警限值的改变、测点扫描状态或手动输入数值等操作，以明确地识别或标记并按年代顺序存储。

（7）文件历史为操作员的日志输出和报表的输出。

（8）历史数据的存储和检索。

（9）历史数据被扫描和收集后，就存储用于今后的检索。历史站有 3 个存储区、辅助存储区、长期存储区。

（10）主存储区存储最新采集的数据，包括主历史、事件历史、测点历史、长期历史的信息。用户可选定时间将主存储器存储的信息传至辅助存储器。可使主存区清空，用于下一周期的数据采集。

（11）辅助存储器在硬盘上保存一个周期的历史文件，可快速检索最新历史信息。

（12）历史站可以自动将辅助存储器的所有数据拷贝至长期存储区，删除最早的文件，腾出空间存储其他数据。

（13）长期存储器有磁带机、光盘机。

（四）客户/服务器结构

Ovation 历史站功能在一个客户/服务器结构下运行操作。

1. 服务器部分

所有软件都运行在历史站内。服务器通过 Ovation 通信网络接收实时数据，处理数据，再将收集到的数据传递给内部存储介质/归档存储，并应答所有对收集数据的访问。

客户用户界面（UI）运行在操作员/工程师站上。

UI 提供对历史站服务器收集到的数据进行显示、打印或按预定格式存储报表的工具。操作员站接口不用考虑数据的来源（现场趋势数据、历史数据文件、归档数据文件或过程点链接数据）直接提出要求并通过过程趋势来浏览整个集合的数据。显示格式有多种类型，并提供标准的缩放功能和简化操作员要求数据的工具条窗口。历史站服务器还包括一个中央历史数据库服务器（CHDS）。这个 Oracle 实时数据库管理系统周期性的采集和存储来自 Ovation 历史站数据文件中的摘要数据，并能访问长期存储数据和通过关系型数据库组织的计算。通过 SQL 和 ODBC 接口可以访问 CHDS 的数据，可提供给生产管理信息系统和企业级的应用。这个配置提供了历史站与 MIS 报表之间的缓冲区，为厂区操作人员带来了极大的可执行性，并为采集的过程数据和控制系统提供了高度的可靠性和安全性。

2. 历史事件顺序（SOE）

SOE 自控制器收集事件顺序数据，根据时间顺序分类列表，并搜寻列表后首发事件。

SOE 历史用户接口在操作员/工程师站上运行。它允许操作员查阅 SOE 报告并根据控制器或首发事件测点对报告进行筛选。控制器需装备合适的 I/O 收集卡来完成上述功能。

二、Ovation（LOG）记录服务器

Ovation 记录服务器提供打印机管理报表定义及报表生成功能。打印机可直接连接到记录服务器上，也可直接连接到以太网上。

（一）LOG 服务器特点

（1）用 Spreadsheets 来定义 LOG 及报表格式，使所需培训时间最短。

（2）自由格式报表可在同一份报表中将实时数据、历史数据及文件组合在一起。

（3）打印序列中心管理及高级打印机自诊断，使打印机管理简化。

（4）记录及报表可以打印出来，也可以用 ASCII 码式商业 Spreadsheets 格式将其以文件，存储为历史数据存档。

（二）基本 LOG 服务器软件包

该软件包提供一个运行和监视其他 LOG 服务软件包：打印机管理器、报表生成器、屏幕拷贝及报警监视。该软件包在历史站上运行。用在接口上显示系统所有的 LOG 服务器状态。状态监视还提供了打印管理器、报表生成器及报警监视后状态，还有所有由 LOG 服务器控制的打印机的状态。

1. 报表建立器

报表建立器定义 LOG 报表的格式。报表定义包括报表格式、数据及报告触发器（设定、事件、定时器）。报表建立器用 Spread sheets 定义版面，支持报表模板及宏定义。LOG 服务器有足够的存储空间定义数以百计的 LOG 及报表。报表建立器一般运行在工程师站。

2. 报表生成器

报表生成器使用报表建立器定义的原型及有关系统数据构筑一个报表。数据可自 Ovation 网络、历史站取。如果需要也可以自磁盘文件中提取。报表生成器可由操作员请求、某一事件或定时器来触发。报表生成后，可将报表送往打印机打印，亦可往历史站存档。报表生成器在操作员/工程师站上运行用于提交报表请求，查阅报表状态或取消一个报表。

3. 打印管理器

打印管理器接受来自 Ovation 站的打印请求。排队打印可根据优先级排序。单个的打印请求可以通过归并同时打印。

打印管理界面运行于操作员/工程师站。允许用户查看打印队列、监视打印机状态或取消打印请求。

三、Ovation 网络中的数据流

Ovation 分散控制系统每条网络最多挂 254 个节点，传输速度为 100Mbit/s。其中各节点由各自的网络号（节点号）、各自的网络接口，通过网络来接发数据，协调各自的工作来完成 DCS 的整体工作。其中控制对

现场的监测信号（温度、压力、流量、水位、设备状态等）经由 I/O 模块转化为数字量传至控制器，放置于存储器，形成一个与现场的过程量一致且能对应，而且按实际运行情况改变的和更新的现场过程量的影像，还将实时数据通过网络传送到操作员站、工程师站，实现全系统范围的监督和控制。并接收操作员站、工程师站下发的信息、指令，通过 I/O 模块进行输出至现场设备来实现回路控制和逻辑控制；也可实现自动控制、回路控制。操作员站是运行操作人员与控制系统交互人机界面。便于运行人员实时了解现场运行状态、运行参数、当前值是否异常情况，输出指令进行调节和控制，从而保证生产过程的安全、可靠。工程师站提供了 DCS 系统的组态、配置工作的软件，DCS 系统的在线运行，监视各个节点的运行情况，并及时调整系统配置和系统参数配置（如自动调节 P、I、D 的参数等），使系统长期运行在最佳工作状态。Ovation 网络中的数据流如图 16-23 所示。

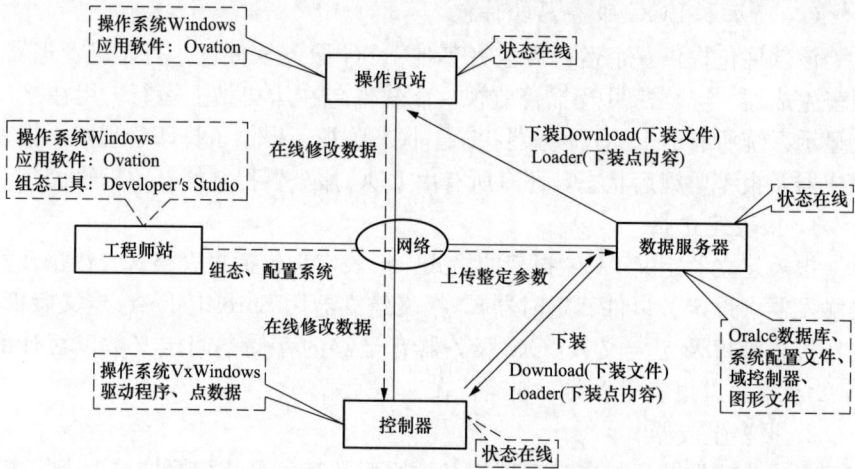

图 16-23　Ovation 网络中的数据流

第三篇　现场总线（FCS）技术

第十七章 现场总线概述

一、现场总线的产生

现场总线技术是用户在信息时代的背景下，要求对生产系统实施最好的控制，获取大量、精准的实时的生产过程数据及设备的信息而催生出来的技术。现场总线技术的产生是以 4C 技术（Computer、Control、Communication、CRT，即计算机技术、控制技术、通信技术及图形显示技术）为基础的。

随着微处理器在过程控制装置、变送器、调节阀等仪器仪表中的应用和智能化程度不断增加，使得智能化的装置可实施信号采集、显示、处理、传输及优化控制等功能；通信技术的发展，也使得传送数字化信息的网络技术在工业控制领域的广泛应用成为可能。这种现场数字信号传输网络技术就是所谓的现场总线技术。现场总线是过程控制技术、仪表技术和计算机网络技术紧密结合的产物，它解决了数字信号的兼容性问题，基本上奠定了未来计算机控制系统的发展方向，它给工业自动控制领域带来的冲击是革命性的。

国际上现有 200 多种现场总线，其中有几十种对工业过程控制产生了深刻影响。国际电工委员会从 1985 年就开始着手制定现场总线的国际标准，经过 15 年旷日持久的协商谈判，最终形成了阶段性的成果。

我国也是开发和使用现场总线最早的国家之一，最初应用在军工领域的现场监测，采用自行研制的技术和设备实现了最早的现场总线控制系统，在现场总线技术方面作出了初步的探索。

二、现场总线的概念及特点

关于现场总线的定义，不同的文章和不同学术文献对它有不同的描述，国际电工委员会 IEC 61158《工业通信网络 现场总线规范》现场总线的定义：安装在制造或过程区域的现场装置与控制室内的自动控制装置之间的数字式、串行、多点通信的数据总线称为现场总线。

从定义可知，现场总线主要应用在制造业自动化、批量流程控制、过程控制，以及楼宇自动化等领域；其承载对象主要指现场的自动装置和控制室内的自动控制装置。

同时，它也代表一种数字式的、串行的、多点的通信协议，也就是通常所说的现场总线技术。而通常所说的 FCS，是基于现场总线技术的工业自动控制中的一种计算机局域网络，它以具有高度智能化的现场仪表和设备为基础，在现场实现彻底的分散，并以这些现场分散的测量点、控制设备点作为网络节点，将这些点以总线的形式连接起来，形成一个现场总线网络。一般来说 FCS 由主站、从站、组态工具、管理平台以及网络设备组成。因为现场总线的标准有多种，每一种之间的通信协议和实现方法也有所差异，所以只要说到 FCS，就已经特指了某种现场总线标准，有时候也直接说现场总线。

现场总线采用数字通信技术，使其在体系结构上可以采用串行连接，克服了并行连接的不足；在技术上也解决了开放竞争和设备兼容两大难题，实现了现场设备的智能化、互换性和控制系统的分散化。具体如下。

1. 开放性

现场总线控制系统（FCS）采用公开化的通信协议，遵守同一通信标准的不同厂商的设备之间可以互联及实现信息交换。用户可以灵活选用不同厂商的现场总线产品来组成实际的控制系统，达到最佳的系统集成。

2. 自治性

自治性主要依托微处理器的高度智能化，将测量传感、信号转换、补偿计算、工程量处理和部分控制功能下放到了现场设备中，同时还能随时诊断自身的运行状态，预测潜在的故障。

3. 交互性

互操作性是指不同厂商的控制设备不仅可以互相通信，而且可以统一组态，实现同一控制策略和"即插即用"，不同厂商性能相同的设备可以互换。

4. 灵活性

传统的过程自动控制系统与仪表的输入及输出均采用一对一的物理连接，增加了大量的系统硬件成本及后期的施工、维护及技改难度。现场总线控制系统则可以在一条电缆上就能实现所有网络中信号的传递，而且便于后期的拓展和拆除。现场总线控制系统与传统控制系统结构的比较如图 17-1 所示（图 17-1 中的计算机指的是广义的控制系统接口）。

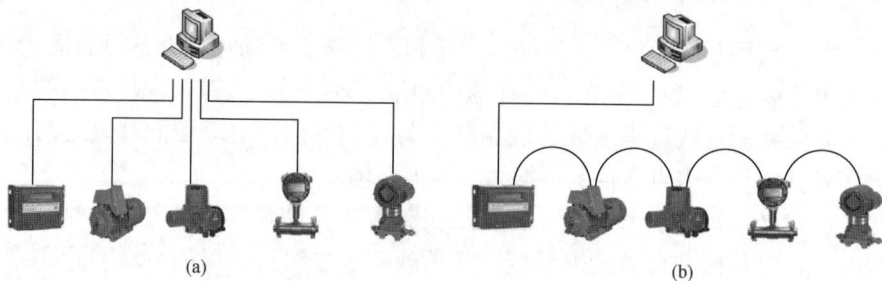

图 17-1　现场总线控制系统与传统控制系统结构的比较

(a) 传统的控制系统结构；(b) 现场总线控制系统结构

5. 智能化

现场总线控制系统则将传统 DCS 的控制站功能彻底分散到现场控制设

备，仅靠现场总线设备就可以实现自动控制的基本功能，如 PID 运算控制、设备自校验和自诊断等功能。操作员可以在控制室实现远程监控、参数调整、故障定位和诊断。

6. 分散性

现场设备的智能化，使其形成了一种全新的分布式控制系统，原来的传统控制系统中的某些控制、信号处理等功能都下放到了现场的仪器仪表中，实现了控制功能的彻底分散，提高了控制系统的可靠性，简化了控制系统的结构。

7. 适应性

现场总线是专为工业现场设计的，它可以使用双绞线、同轴电缆、光缆、电力线和无线的方式来传送数据，具有很强的抗干扰能力。常用的数据传输线是廉价的双绞线，并允许现场设备利用数据通信线进行供电，还能满足本质安全防爆要求。

三、现场总线的优点

现场总线系统结构上的特点，使得现场总线控制系统和传统的控制系统相比，在系统的设计、安装、运行、系统维护等方面，都表现出了极大的优越性。

1. 提高了工业控制的信息化水平

现场总线技术强大的信息化是其存在及发展的灵魂，其信息集成及传输能力，使工业控制过程中大量的信号，包括周期性数据、非周期性数据及管理信息的集成成为可能。

2. 节约硬件数量及建设、维护成本

现场总线系统中的智能设备能直接执行复杂的运算和控制等功能，因此可减少设备以及单独的调节器和计算单元的数量，也缩减了传统控制系统中的信号调理、转换、隔离等功能单元及其复杂接线，节省大量的电缆、电缆沟、电缆桥架费用；系统容易扩展，维护的工作量也大大减少；现场设备具有自诊断和简单故障的处理能力，技术人员可使用现场总线系统分析软件，对系统中所有的设备及其有关参数进行分析、判断甚至处理。

3. 控制精度和可靠性得到提高

现场总线设备的智能化、数字化，克服了传统的模拟信号仪表信号传输上的衰减，从根本上减少了传输误差，提高了检测和控制精度。同时，由于系统的结构简化，因此也大大提高了系统工作的可靠性。

4. 用户选择的灵活性较大

由于现场总线标准的开放性，只要符合相应总线标准的仪表均可接入系统，用户在设备选型方面自由度、主动权大大提高。

四、现场总线与工业控制网络

工业控制网络是一种用于工业自动化领域，完成自动控制任务的计算机网络。在这个网络中，各种各样的智能节点通过物理介质按一定的网络拓扑连接起来，并按照一定的通信协议和规则要求来实现其工业通信功能。这些智能节点大多有嵌入式 CPU，功能却比较单一，但都具有通信接口。它们的主要任务是完成现场信号的采集和处理。多数检测、执行及中间部件目前都能作为工业网络中的智能设备。

现场总线在工业网络的功能层次结构中处于底层的位置，它是构成整个工业网络的基础。生产过程的控制参数、设备运行的实时信息是企业管理数据中最重要的组成部分，更完善、更合理和更全面的工业企业管理离不开这些过程数据的参与。由图 17-2 可以看出现场总线在工业控制网络中的位置。

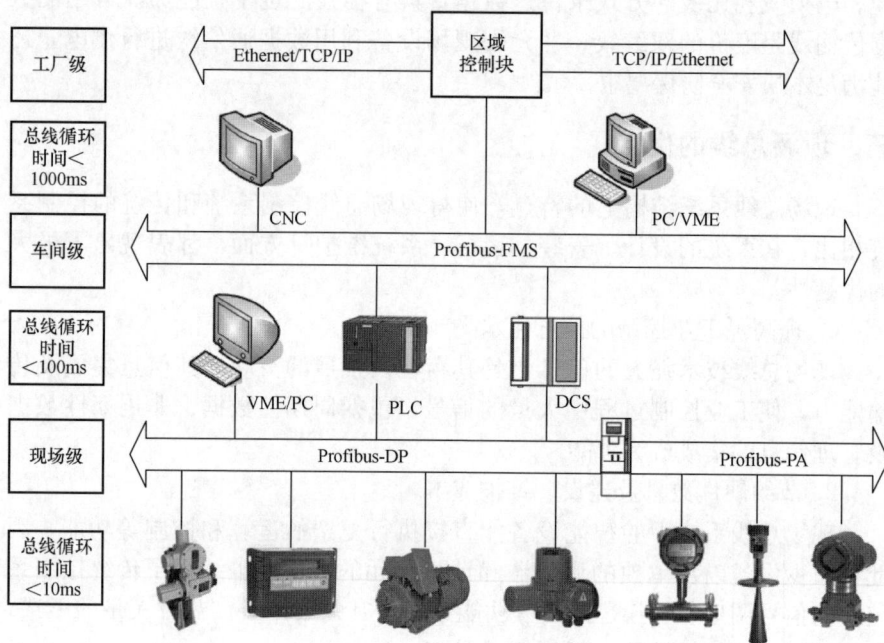

图 17-2　现场总线与工业控制网络

控制网络的数据传输量较小、传输率较低、多为短帧传送，但它要求必须具备很强的实时性和确定性，即要求必须在规定的时间内，准确地对每个节点的每个量进行刷新。控制网络不仅要把生产现场设备的运行参数、状态，以及故障信息等送往控制室，而且还将各种控制、维护、组态等命令送往现场设备中。同时控制网络还要在与操作终端、上层管理网络的数据连接和信息共享中发挥作用。另外，有的现场网络还要为现场设备提供电源。

在工业网络的底层，各种现场设备，如检测仪表、执行机构和驱动装置等，通过现场总线相互连接并进行通信。因此，现场总线的主要作用包括以下方面。

（1）过程数据采集：即实时采集每个过程量的实时值和状态信息。

（2）直接数字控制：根据控制模式、控制算法对执行部件进行实际的控制。

（3）设备监测诊断：对控制器或控制板的状态和性能进行监视，异常时进行报警故障及处理。

（4）安全冗余措施：提供强抗干扰防护措施，并在控制系统或控制板卡有异常或故障时，能够无扰切换到备用部件，确保整个系统安全可靠地运行。

五、现场总线标准

国际电工委员会 IEC（International Electrotechnical Commission）制定的现场总线标准是 IEC 61158，其全称是"Industrial communication networks-Fieldbus specifications（工业通信网络　现场总线规范）"。

IEC 61158 系列指定了许多现场总线协议类型。每一种协议类型被设计为允许多个测量和控制设备通信。设备只与同一协议类型的其他设备直接通信。IEC 61158 系列中的协议类型已被设计用于支持任何工业部门和相关领域的信息处理、监测和控制系统。目前 IEC 61158 标准最新版本是 IEC 61158-x-2023。下面是 IEC 61158-x-2023 标准中的三部分内容标题说明。

IEC 61158-1：2023：Industrial communication networks-Fieldbus specifications-Part 1：Overview and guidance for the IEC 61158 and IEC 61784 series（工业通信网络　现场总线规范 IEC 61158 和 IEC 61784 系列概述和指南）。

IEC 61158-2：2023：Industrial communication networks-Fieldbus specifications-Part 2：Physical layer specification and service definition（工业通信网络　现场总线规范　第 2 部分：物理层规范和服务定义）。

IEC 61158-3-2：2023：Industrial communication networks-Fieldbus specifications-Part 3-2：Data-link layer service definition-Type 2 elements（工业通信网络　现场总线规范　第 3-2 部分：数据链路层服务定义　第 2 类元素）。

为了使设计人员、工程实施人员和用户能够方便地进行产品设计、应用选型比较和实现工程系统的选择，IEC 组织制定了与其配套的 IEC 61784《工业控制系统中与现场总线有关的连续和分散制造业中使用行规（profile）集》。该标准内容包括用于连续和离散制造的工业控制系统现场总线行规集、基于 ISO/IEC 8802.3 实时应用的通信网络附加行规、工业网络中功能安全通信行规、工业网络中信息安全通信行规、工业控制系统中通信网络安装行规等。

六、HART 通信协议

HART（Highway Addressable Remote Transducer）是一种可寻址远程变送器高速通道的开放通信协议，是美国 Rosement 公司推出的一种用于现场智能仪表和控制室设备之间的通信协议。

目前，多数 4～20mA 的变送器都兼容 HART 通信协议，HART 规定了三类命令类型。

第一类为通用命令，这是所有设备都执行的命令；对所有遵守 HART 协议的 Smart 设备，任何厂家的产品都应适用。

第二类为普通应用命令，适用大多数 Smart 设备，但非全部，这些命令的功能不是任何设备都具有。如读取制造厂及产品的型号、原始过程变量及单位，读电流输出及百分比输出等。

第三类称为设备专用命令，以便于工作在某些设备中实现特殊功能，这类命令既可以在基金会中开放使用，又可以为开发此命令的公司所独有。

HART 协议按主/从方式进行通信，即能在主站呼叫时，现场设备（从站）才可以传输信息，HART 协议有三种通信模式。

（1）点对点模式通信。在传输电缆上可以传送 4～20mA DC 电流信号与数字信号。

（2）多点模式通信。在一根传输电缆上最多连接 15 个现场设备，但只能是数字通信。

（3）阵发模式通信。支持总线上单一的从站自动、连续地发送一个标准 HART 响应信息。

HART 通信协议基于开放式系统（OSI）互连参考模型，引用了其中的三层，即第 1 层、第 2 层及第 7 层。

HART 协议与 OSI 参考模型对比见表 17-1。

表 17-1　HART 协议与 OSI 参考模型对比

OSI 模型中的层	功能	HART
7	提供格式化数据	HART 命令
6	转换数据	
5	处理对话	
4	确保端到端通信传输连接	
3	建立网络连接	
2	建立数据链路连接	HART 协议信息结构
1	连接设备	基于 Bell 202 通信标准

（一）协议物理层

HART 规定了信号的传输方法及传输介质，以 Bell 202 标准为基础，采用频移键控（FSK），以每秒 1200bit/s 的速率通信，如图 17-3 所示。

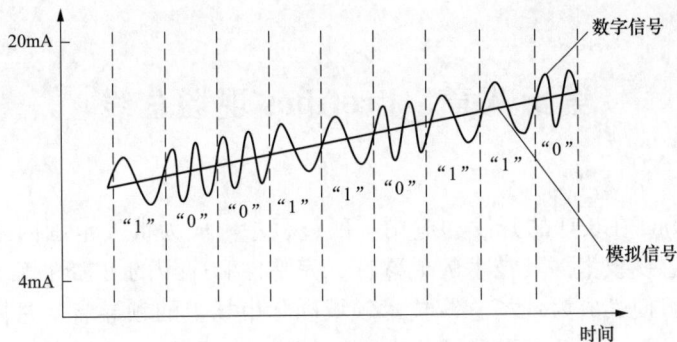

图 17-3　频移键控（FSK）信号

在 4～20mA 基础上叠加幅度为 ±0.5mA 的正弦调制波作为数字信号；分表用 1200Hz 代表数字"1"、2200Hz 代表数字"0"，通信数据更新响应时间为 2～3 次/s，而且不会对 4～20mA 模拟信号造成任何干扰。HART 通信要求最小回路阻抗为 230Ω。

HART 能利用总线供电，可满足本质安全防爆要求，并可组成由手持编程器与管理系统主机作为主设备的双主设备系统。

（二）传输介质

在一条电缆上同时传输 4～20mA 的模拟信号和数字信号，对传输的长度要求如下。

（1）单芯带屏蔽双绞线电缆 3000m。

（2）多芯带屏蔽双绞线电缆 1500m。

（3）短距离可使用非屏蔽电缆。

HART 不是真正意义的现场总线，而是从模拟量系统向现场总线过渡的一种产品。实现 4～20mA 模拟信号与数字通信兼容的过渡性标准。

第十八章 Profibus 现场总线

Profibus 在长期的开发和应用实践过程中，成为世界范围内最广泛应用的现场总线技术。其技术的成熟性、完整性和应用的可靠性等多方面的优秀表现，使其成为现场总线技术领域国际市场上的领导者，并持续向前发展。Profibus 不仅注重系统技术，而且侧重应用行规的开发，它是能够全面覆盖工厂自动化和过程自动化应用领域的现场总线。

第一节 Profibus 概述

一、Profibus 的发展

Profibus 是 Process Field BUS（过程现场总线）的缩写，其标准规范是在德国政府的大力支持下，由 12 家组织（ABB、AEG、Bosch、Honeywell、loeckner-Moeller、Landis-Gyro、Phoenix Contact、Rheinmetall、RMP、Sauter-Cumulus、Schleicher、SIEMENS）和 5 家德国研究所共同开发研究的。

1989 年发布的第一个 Profibus 的草案，被定义为 Profibus-FMS（Fieldbus Message SpecificatI/On）；1993 年发布的第二个规范，被定义为 Profibus-DP（Decentralized Peripherials）。

1996 年 12 月，欧洲电工委员会（CENELEC）发布了欧洲现场总线标准 EN50170，包括 Profibus（FMS、DP）、P-NET 和 WorldFIP。1998 年 Profibus-PA 也纳入了 EN50170 中。

从前述章节可知，在 IEC 61158 中，Profibus（包括 DP 和 PA，没有 FMS）成为第 3 种现场总线标准，后来 DP-V1 和 DP-V2 也补充了进来，PI（Profibus PROFINET International，PI）的 PROFINET 也成为 IEC 61158 中的第 10 种现场总线标准。

2001 年，Profibus 被批准为我国国内首个机械行业标准（JB/T 10308.3—2001《测量和控制数字数据通信工业控制系统用现场总线第 3 部分：Profibus 规范》）。2006 年 10 月，在国内企业广泛参与技术的研究、应用和推广的情况下，被批准为 GB/T 20540—2006《测量和控制数字数据通信 工业控制系统用现场总线 类型 3：Profibus 规范》（所有部分），成为中国第一个现场总线国家标准。

二、Profibus 测试

符合同一现场总线通信协议和规范的智能产品，若想方便且无障碍地连接在一个工业网络中，而且具备互换性和互操作性，则必须进行严格、公正的产品测试、认证程序，以保证 Profibus 的产品质量。

Profibus 总线产品中的关键部件是专用集成电路（Application Specific Integrated Circuits，ASIC），该芯片已经过认证并符合 Profibus 通信协议。另外，要想成为一个可以使用的 Profibus 产品，还需要加上外围电路和用户编制的 GSD 文件等。所有的测试应该在 PI 指定的测试实验室中完成，目前我国有两个实验室。只有通过测试认证的 Profibus 产品，才能保证在 Profibus 总线系统中使用的可靠性、一致性和互操作性。

测试包括以下几个方面。

（1）硬件测试：包括物理性能、与 RS485 规范的一致性、组态、连接、设备的传输反射性、终端电阻，以及与 GSD 文件定义的数据是否吻合等。

（2）传输测试（从站性能）：包括看门狗功能、最大/最小的响应时间 TSDR、总线通道和传输协议、设备地址、传输速率、数据一致性，以及在整个 Profibus 网络中的操作等。

（3）功能性测试：测试模拟错误和其他特殊情况下，设备的功能是否正常。

（4）一致性测试：包含状态转换、总线中断、2 类主站操作、可选功能测试、分析诊断，以及总线断路等情况下的测试。

（5）互操作性测试：在一个具有多家产品的网络中对其进行带负载测试，检查其是否符合 IEC 61158 相关规定的要求。

（6）电磁兼容性测试：测试产品是否符合 IEC 801-4 的要求。

三、Profibus 家族成员

Profibus 家族成员包括 FMS、DP 和 PA，虽然 FMS 是 Profibus 的第一个版本，但由于 FMS 使用复杂、成本高，市场占有率低，以及后来的 DP 规范的日益成熟、Profinet 的迅猛发展，Profibus-DP 和 Profinet 已经完全取代 FMS。因此，PI 就不再支持 FMS 的发展，它也没有被列入 IEC 61158 中，在此不做详细介绍。Profibus 家族如图 18-1 所示。

通用目的自动化	工厂自动化	过程自动化
Profibus-FMS RS485/FO	Profibus-DP RS485/FO	Profibus-PA IEC 61158-2
通用	快速	面向应用
·大范围应用 ·多主站通信	·即插即用 ·高效廉价	·总线供电 ·本质安全

图 18-1　Profibus 家族

按照 IEC 61784 中的规定，Profibus 家族被定为 CPF3（Communication

Profile Family 3），并分为 3 种类型。

1. Profibus-DP

DP（Decentralized Periphery）用于电气自动化和设备自动化中快速的数据交换，它具有设置简单、价格低廉、功能强大等特点，其应用领域多以开关量控制为主。这部分的相关知识也是本书将详细讲解的内容。DP 的基本版本是 DP-V0，扩展版本是 DP-V1 和 DP-V2。DP 的基本版本和扩展版本的功能均能用于 PA，它们的适用场所如下。

DP-V0：用于 1 类主站和从站之间周期性数据的交换。

DP-V1：用于 PA 以及 2 类主站和从站或 1 类主站之间的通信。

DP-V2：用于等时同步及从站之间的通信，是为高速及高精度的运动控制设计的。

2. Profibus-PA

PA（Process Automation）主要是为过程控制的特殊要求而设计的，并且更适用于对本质安全有要求的场合。简单理解就是它取代了过程控制中传统的 4～20mA 信号标准，数据传输和电源共用同一根电缆。PA 是 Profibus-DP 的延伸和扩展，因此，PA 的通信协议是 DP-V1，它是 DP-V0 的扩展。

过程控制的主要特点是模拟量控制为主，各种控制参数、报警参数较多，对安全性要求较高。各种变送器、阀门定位器和执行器等都可以做成符合 PA 要求的从站，连接到 PA 网络中。在 Profibus-PA 中使用了总线供电方式，并采用 FISCO（Fieldbus Intrinsically Safe Concept，现场总线本质安全概念）设计，可以安全地应用于防爆场合。Profibus-PA 完全满足最严格的工业过程控制的需要，在化学、污水处理、电力等过程控制行业得到了广泛的应用。其主要技术特点如下。

（1）使用 DP-V1 通信协议。PA 不仅有周期性数据通信，而且还有非周期性数据通信。周期性通信完成一般的数据测量值和设备的实时状态等数据的快速传输；非周期性通信主要用于过程数据的上下限范围设定、报警范围设定，以及制造商的一些特殊数据的通信。

（2）从站设备的详细特性定义。从站设备的行规对设备的公共参数、基本功能、测量值及工程单位等基本应用做了详细规定，而且还对设备的工程维护、诊断功能、识别功能等复杂应用功能也做了详细的规定，从而保证了不同制造商产品之间的可操作性和可互换性。

（3）同步传输技术。PA 使用 IEC 61158-2 中规定的同步传输技术，采取 MBP 总线供电模式，数字信号和设备电源通过同一电缆传送，符合危险场合设备使用的规定。

（4）本质安全应用。PA 可以使用 FISCO 模式。FISCO 是一种新的更有效的本质安全应用方法，它充分利用了危险场合所允许的最大负载电流的规定，扩大了本质安全的设备使用数量和范围。

（5）设备管理工具。在 PA 的从站设备中，引入了 EDDL、FDT/DTM 的概念，使得设备的集中管理成为可能，提高了设备的管理水平。

3. Profinet

Profinet 是 PI 开发的实时工业以太网技术，在 IEC 61158 中，它被列为第 10 种现场总线标准。它和 Profibus 的关系非常紧密，本教材不做详细论述。

四、Profibus 的协议结构

（一）现场总线的通信协议模型

现场总线的通信协议模型是在 OSI 开放系统互连参考模型基础上加以简化形成的，它综合了多种现场总线标准，规定了现场应用进程之间的相互可操作性、通信方式、层次化的通信服务功能划分、信息流向及传递规则。在现场总线的通信协议模型的制定过程中，基于其通信的实时性、确定性和可靠性考虑，现场总线通信协议模型根据自身的特点对其进行了简化，只采用了物理层、数据链路层和应用层。同时考虑现场装置的控制功能和具体应用又增加了用户层。在现场总线通信协议模型中，根据实际需要和就近原则把 3～6 层一些有用的功能上移到了应用层，或下移到了数据链路层。IEC 61158 现场总线通信协议模型如图 18-2 所示。

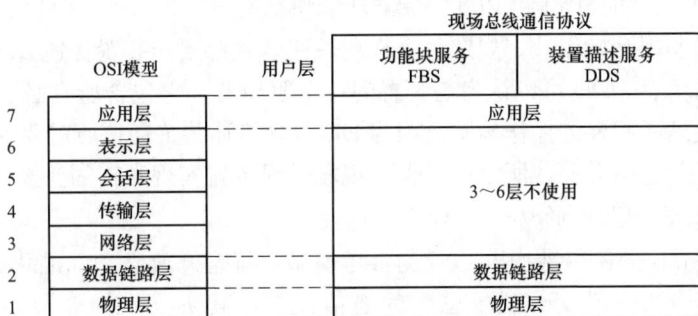

OSI模型	用户层	现场总线通信协议	
		功能块服务 FBS	装置描述服务 DDS
7 应用层		应用层	
6 表示层		3～6层不使用	
5 会话层			
4 传输层			
3 网络层			
2 数据链路层		数据链路层	
1 物理层		物理层	

图 18-2 IEC 61158 现场总线通信协议模型

其各层的功能及定义与 OSI 模型基本一致。

1. 第 1 层：物理层（Physical Layer）

物理层提供机械、电气的功能性和规程等方面功能。它定义了网络信道上的信号连接方式、传输介质、传输速率，每条线路上连接仪表及装置的数量、最大传输距离、电源等，以便在数据链路实体之间建立、维护和拆除物理连接。

2. 第 2 层：数据链路层（Data Link Layer）

数据链路层是现场总线的核心，所有连接到同一物理通道上的应用进程实际上都是通过链路层的实时管理来协调的。

数据链路层分为媒体存取控制（MAC）子层和逻辑链路控制（LLC）

子层。MAC 子层主要实现对共享总线媒体的"交通"管理，并检测传输线路的异常情况；LLC 子层的作用是在节点间对帧的发送、接收进行控制，同时检测传输错误。现场总线的实时通信主要由数据链路层提供，所谓实时（time-critical）就是提供一个"时间窗"，在该时间窗内，需要完成具有某个指定级别确定的一个或多个动作。为了满足实时性的要求，总线存取的控制可以按照用户的需要实现集中或分散方式，使数据传输有很高的确定性和优先级，大大减少或避免了延迟。

3. 第 3 层：应用层（Application Layer）

应用层对应 OSI 的第 7 层。该层为用户提供了一系列的服务，具有实现分布式控制系统中应用进程之间通信的功能。同时为分布式现场总线控制系统提供应用接口的操作标准，实现了系统的开放性。应用层与其他层的网络管理机构一起对网络数据流动、网络设备及网络服务进行管理。

4. 第 4 层：用户层（User Layer）

用户层是专门针对工业自动化领域现场装置的控制和具体应用而设计的，它定义了现场设备数据库间互相存取的统一规则。用户使用其提供的标准功能块可组成系统，可以完成用户的应用程序设计。用户层是使现场总线标准超过一项通信标准而成为一项系统标准的关键，也是使现场总线控制系统实现开放与可互操作性的关键。为此，IEC 组织按规范制定了包含 AI、AO、DI、DO 和 PID 等标准功能块。

为了实现互操作性，规定每个现场总线装置都要用装置描述 DD 来描述其所有的信息。DD 可以认为是装置的一个驱动器，它包含所有必要的参数描述和主站所需要的操作步骤。因为 DD 包含描述装置通信所需要的所有信息，并且与主站无关，所以可以保证现场总线装置实现真正的互操作性。

（二）Profibus 的协议结构

Profibus 的协议结构以 OSI 为参考模型，符合开放性和标准化的要求，也完全符合 IEC 61158 现场总线的通信模型，其协议结构模型如图 18-3 所示。

从图 18-3 中可以看出，Profibus 规定了完整的 OSI 通信栈由顶至底的功能。Profibus 只使用了 ISO/OSI 的第 1 层、第 2 层和第 7 层，外加一个用户层（即行规）。OSI 的 3～6 层里的必需功能经过简化后，浓缩进了 Profibus 的数据链路层和应用层中。这样大大地简化了协议结构，提高了数据传输效率，符合工业自动化实时性高、数据量小等特点的要求。

FMS、DP 和 PA 可以存在于同一个网络中；DP 和 FMS 的物理层均使用 RS485/FO（Fiber Optic）且数据链路层也相同，它们可以使用同一根电缆进行各自的通信；虽然 PA 的物理层使用 MBP（Manchester code Bus Powered）、同步传输技术，但 PA 和 DP 的第 7 层完全相同，因此 DP 和 PA 可以互相通信；因为 FMS 的第 7 层规范只适合于 FMS，所以 FMS 不能和 DP、PA 交换数据。

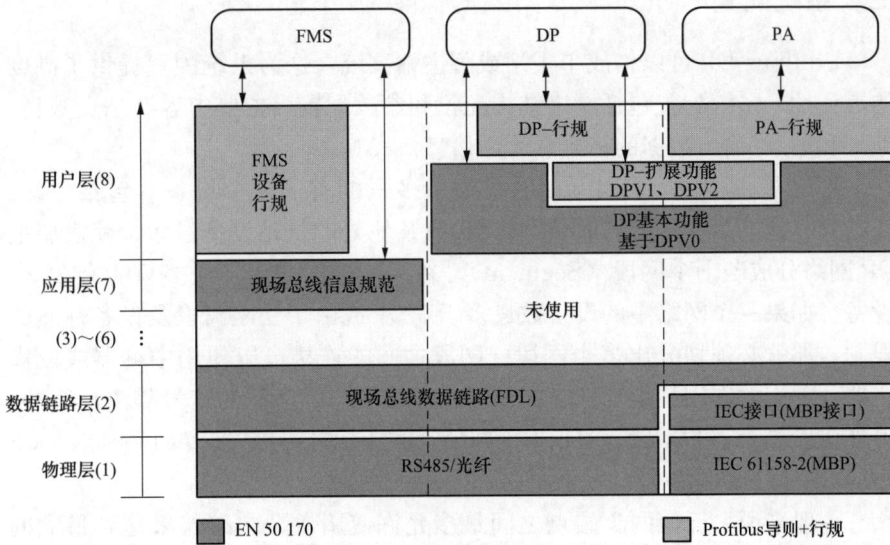

图 18-3 Profibus 的协议结构

第二节 Profibus 基础

一、设备类型

DP 网络中的设备类型有以下 4 类。

（1）1 类主站（DPM1）。它是 DP 网络中的主角，在预定的周期内与分布式的站（如 DP 从站）循环地交换信息，对总线通信进行管理和控制。DPM1 可以发送参数给 DP 从站，读取从站的诊断信息，用全局的控制命令发送给个别从站和从站组，以实现输入数据与输出数据的同步。它可以是具备 DP 通信接口的 PLC、DCS，插入 DP 板卡的工控机等。

（2）2 类主站（DPM2）。它负责对 DP 系统进行组态，对网络进行诊断等，它一般是装有通信卡和工程软件的上位机、操作员站点和触摸屏等。DPM2 除了具有 1 类主站的功能外，在与 1 类 DP 主站进行数据通信的同时，可以读取 DP 从站的输入/输出数据和当前的组态数据，可以给 DP 从站分配新的总线地址。

（3）从站（Slaves）：从站是更接近于底层现场的设备，它们负责执行主站的输出命令，并向主站提供从现场传感器采集到的输入信号或其他输入信号。它们可以是远程 I/O、小型 PLC、驱动器、阀门定位器、智能检测仪表等设备。

（4）网络连接器件：中继器、耦合器、连接器、光电转换器、电缆、终端电阻等。

二、系统配置

Profibus-DP 可以构成单主站或多主站系统，这为系统配置提供了高度的灵活性。系统配置包括网络结构配置和参数配置，主要内容有站点数目、地址和输入/输出数据的格式、诊断信息格式等。

理论上讲，一个 Profibus 网络中最多只能有 126 个设备（包括主站、从站和其他网络设备），如果距离过长或某一处的从站设备过多，就需要把 DP 网络分成若干个网段（Segment）。在同一个网段中，最多只能有 32 个设备。如果一个网络中的设备数量多于 32 个或由于受距离以及设备性质的限制，那就必须划分出多个网段。网段之间的连接可以使用中继器或段耦合器，它们的作用是增加网络的长度，提供段与段之间的信号隔离和缓冲。另外，段耦合器也可用于 DP 段和 PA 段之间的信号转换（如和利时 DCS 中的 PA-LINK 设备）。

一般来说，任何两个站点之间最多允许使用 4 个中继器来达到最大的网络长度。中继器中包含有 RS485 驱动器，它们虽然不需要设置地址，但需要占据设备数量资源，因此在安排网段中的从站数量时要把中继器考虑进去。通常情况下，应预留 10％的设备数量资源给中继器或诊断工具使用，如图 18-4 所示。

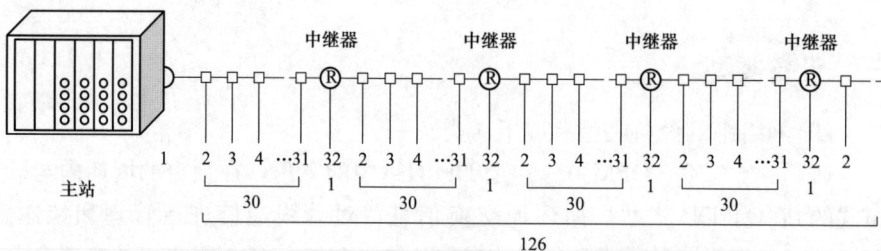

图 18-4　使用中继器的 Profibus 网段

在单主站系统里，只能有一个 1 类主站，2 类主站为可选配置。Profibus-DP 单主站系统中，在总线系统运行阶段，只有一个活动主站。

在多主站系统中，可以有两个以上的 1 类主站，2 类主站为可选配置。Profibus-DP 多主站系统中，总线上连有多个主站。总线上的主站与各自从站构成相互独立的子系统。任何一个主站均可读取 DP 从站的输入/输出映像，但为了安全原因，只允许一个 DP 主站对 DP 从站写入数据。典型的单主站系统、多主站系统结构图如图 18-5、图 18-6 所示。

三、技术特性

Profibus 系统的技术特性如下。

（1）网络中的从站具有平等的通信优先权。

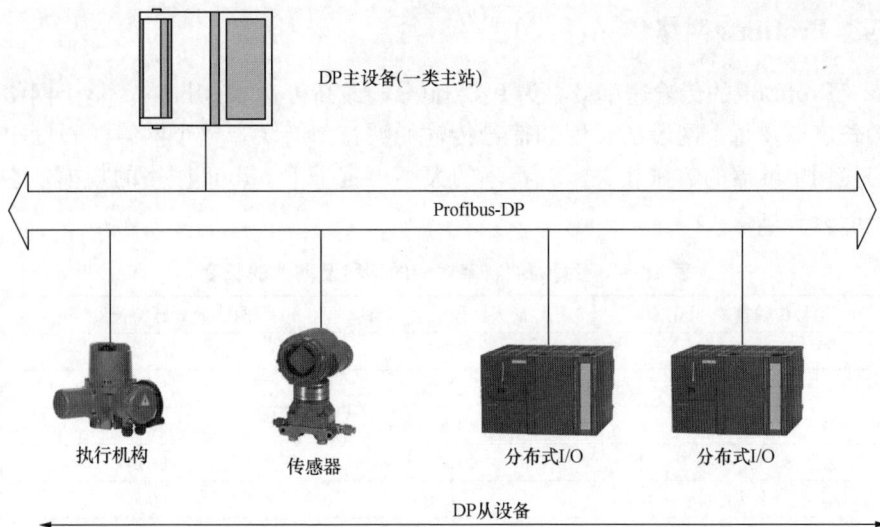

图 18-5　Profibus-DP 单主站系统结构图

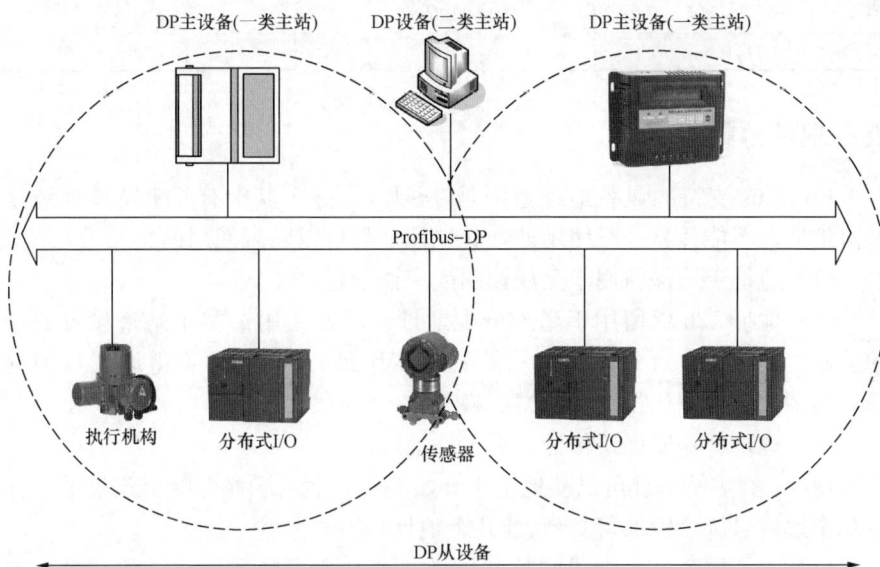

图 18-6　Profibus-DP 多主站系统结构图

（2）网络采用多主站结构时，一般只允许一个主站对相应的从站进行写入数据操作。

（3）2 类主站可以读取从站的数据。

（4）一般来讲，1 类主站和从站间的通信（I/O 数据）是周期性的；1 类主站和 2 类主站有关的通信是非周期性的。

（5）每个从站可以有多达 244 字节的输入和输出数据。

（6）传输速率最高可达 12Mbit/s。

四、Profibus 网络

Profibus 的传输速率最小为 9.6kbit/s，最高可达 12Mbit/s。整个网络的长度以及每个网段的长度和信号传输的波特率有关，整个网络的长度也与使用中继器的数量相关。波特率的大小决定了 Profibus 网络的规模。它们的关系见表 18-1。

表 18-1   不同的波特率对应的网段及网络的长度

信号传输速率 kbit/s	最大网段长度（m）	网络最大延伸长度（m）
9.6	1200	6000
19.2	1200	6000
45.45	1200	6000
93.75	1200	6000
187.5	1000	5000
500	400	2000
1.5	200	1000
3.0	100	500
6.0	100	500
12.0	100	500

五、地址分配

Profibus 支持的设备地址范围是 0～127。除了其中有几个特殊地址是保留地址，不能任意分配使用外，其他地址是可以随意使用的。

（1）地址 127 保留用于全局控制或广播信息。

（2）地址 126 保留用于尚未分配地址，需要使用 2 类主站来设置地址的从站。在网络上只允许一个从站具有该地址，DP 主站不得设置为该地址，也不应该与该从站进行数据交换。

（3）地址 0 一般保留作为 2 类主站地址。

（4）1 类主站地址可以从地址 1 开始编号，然后顺序分配。建议适当保留几个地址号（一般保留 0～9 前几个地址）。

（5）为了规范，每个段的从站地址一般从一个整数号码开始编址。如段 1 的从站地址为 10、11、12…，段 2 的从站地址为 20、21、22…。因此，对于一个单主站系统（一个 1 类主站）来说，除去 3 个保留地址外，系统中从站的可用数目最多只有 124 个。

第三节   Profibus 设备集成工具

一、GSD 文件

Profibus 中的 1 类主站和所有从站进行系统组态时，必须知道设备具体的特征和性能，如制造商的名字、支持的波特率、I/O 模块情况以及其他必要的和可选的特性参数，而这些参数都写在一个 ASCII 格式的、扩展名为 GSD 的文件中。GSD 可以表述为"电子设备数据库文件"。它使用规范的关键字来表示 Profibus 设备一般特性和制造商指定的通信参数。不同性能的设备其 GSD 文件也不一样。

GSD 文件在设备出厂前，已由制造商事先写好并固化到相应的设备中，供用户读取，但不能够被修改。系统组态时，都是通过处理 GSD 文件完成对各个设备的识别的。

GSD 的文件名由 8 个符号组成，前 4 个是制造商的名字，后 4 个符号是该设备的 ID 号，该 ID 号是制造商从 Profibus 用户组织申请来的。如 SIEM 8027. GSD表示西门子公司的一个 Profibus 设备，ID 号为 8027。用户可在购买 Profibus 设备时向供货商索取 GSD 文件，也可以从 www. Profibus. com 下载。

（1）GSD 文件由以下三部分组成。

1）一般规范：主要包括制造商定义的一些信息，如设备名称、版本号、波特率等。

2）与 DP 主站有关的规范：主要包括与主站有关的参数，如最大能处理的从站数、上传和下载选择等。从站没有该部分内容。

3）与 DP 从站有关的规范主要包括所有的从站信息，如 I/O 通道的数量和类型、诊断功能、中断测试的规范以及输入、输出数据一致性信息等，如果该从站为模块类型，则还包括可获得的模块数量和类型。

（2）使用 GSD 文件编辑器可以阅读、编辑 GSD 文件，设备制造商在开发总线设备时也需要 GSD 文件编辑器创建相应的 GSD 文件。

GSD 文件现在已有以下 5 个版本。

1）版本 1 定义和简单设备有关的一般的关键字，仅仅用于周期性数据交换的通信。

2）版本 2 为了 Proflbus-PA 的需要，定义了一些句法上的变化，增加了一些支持的波特率。

3）版本 3 按照 Profibus-PA 的要求，定义了一些非周期性数据交换的关键字和新的物理接口及要求。

4）版本 4 为 Profibus-DPV2 设备使用的新版本。

5）版本 5 为 Profinet 设备使用的新版本。

图 18-7 所示为一个 GSD 文件一般特性中的一部分。

二、设备管理工具

设备管理工具属于系统行规的范畴。现在的现场设备不仅要提供范围广泛的信息，而且还可以执行那些预置在 PLC 或控制系统中的功能。为了完成这些任务，用于这些设备的投运、维护、工程设计和参数化的工具就

```
;================================================================
; GSD-File    for IM183-1              sf-auto
; Auto_Baud_supp, 500kBaud
; File     : SF0D62.GSD
;================================================================
#Profibus_DP                                    ;DP 设备的 GSD 文件文件头标识
GSD_Revision          = 3                        ;GSD 文件版本
Vendor_Name           = "SF"                      ;设备制造商
Model_Name            = "CSC-831"                 ;产品名称
Revision              = "V1"                       ;产品版本
Ident_Number          = 0x0D62                     ;产品识别号
Protocol_Ident        = 0                          ;协议类型（0 表示 DP）
Station_Type          = 0                          ;站类型（0 表示从站）
Hardware_Release      = "V1.0"                      ;硬件版本
Software_Release      = "V1.0"                      ;软件版本
9.6_supp              = 1                           ;支持 9.6kbit/s 波特率
19.2_supp             = 1                           ;支持 19.2kbit/s 波特率
MaxTsdr_9.6           = 60                          ;9.6kbit/s时最大延迟时间
MaxTsdr_19.2          = 60                          ;19.2kbit/s时最大延迟时间
implementation_type ="SPC3"                         ;采用的解决方案
Freeze_Mode_supp      = 0                           ;不支持锁定模式
Sync_Mode_supp        = 0                           ;不支持同步模式
Auto_Baud_supp        = 1                           ;支持波特率自动检测
Set_Slave_Add_supp    = 0                           ;不支持改变从站地址
```

图 18-7　GSD 文件举例

需要一个精确而完整的设备数据和功能的描述。这些描述包括设备的类型、组态参数、值的范围、测量单位、默认值、界限值、标识等。这样的要求同样也适用于控制器/控制系统，为了保证与现场设备正确的数据交换，也必须知道它的设备专用参数和数据格式。

为了保证设备管理的标准化，PI 采用"集成技术"，开发了多种用于这种设备描述类型的方法和工具，如 GSD、EDD 等。这些工具的性能范围为完成特定的任务而优化，并且得到发展。开发商可以根据需要选择使用相应的描述工具，GSD 是最早的版本，在工厂自动化中使用较多；在过程自动化中，使用 EDD 和 FDT 较多。但随着技术的发展，FDT 在工厂自动化中的使用也在逐步增加。

（一）GSD

GSD 是可读的 ASCII 文本文件，它包含用于通信的通用的和设备专用的规范，GSD 非常适合于简单的应用，它适合大多数的使用场合。

（二）EDD

EDDL（Electronic Device Description Language）是一种比 GSD 功能更强的电子设备描述语言，适合于低等到中等复杂程度的应用场合，用 EDDL 编写的文件称为 EDD 文件。它比 GSD 更能够充分地描述现场设备的有关应用的参数和功能（如组态参数、量程范围、单位、默认值等）。设备制造商将编制好的 EDD 文件提供给用户使用。

（三）FDT/DTM

FDT/DTM 技术是与设备制造商无关、与现场总线通信协议无关的技术规范。它定义了一个单一的工程环境，用于现场设备的配置、现场设备的调试和现场设备的管理。规范描述了一个开放、即插即用的技术。FDT/DTM 技术不是一个新协议，也不是一个工具，它是对现场总线通信协议（HART，Profibus，Foundation fieldbus 等）的一种补充技术规范。

无论是在过程自动化，还是工厂自动化应用中，每一种应用方案可能都会包含多种现场总线的设备。FDT/DTM 的产生，为用户把不同的配置工具和设备管理工具集成到了一个单一的工程和维护体系之中，给用户提供了一个用于管理、调试和配置任意一种现场设备的工程环境，而不用关心这个设备来自哪个制造商，连接到哪一种现场总线和这个现场总线采用什么通信协议。用户在选择产品时就有了很大的灵活性，不用依赖于某个品牌、某个厂商或者某个协议；另外，这种新技术与资产管理应用可以无缝集成并交换数据。这种透明的统一标准使技术人员通过简单的培训就能够很容易地管理、调试和配置复杂的现场设备。

1. FDT

现场设备工具（Field Device Tool，FDT）是一种特殊的软件接口，用于集成现场的设备、驱动器和控制器，是执行和维护工程的工具。FDT 技术可以开发出独立于制造商、用户易用、针对流程系统的参数配置和故障诊断的软件。它使现场设备和上位系统之间的通信接口标准化。它具有从通信协议到设备或者上位系统的软件环境独立性的关键特性。

FDT 允许任何上位系统使用任何协议访问任何现场设备。FDT 技术包括 FDT 应用软件、设备 DTM 和通信 ComDTM 三个关键部件。

2. FDT 应用软件

FDT 应用软件（FDT Application）是一个现场设备的参数设置与组态工具、工程工具或者资产管理工具，它有一个 FDT 容器。DTM 的用户接口在这里显示，FDT 应用软件通过标准的接口与设备 DTM 进行通信，它对所有通信协议都是开放的。

为了更好地理解这些元件的功能，我们把它们与互联网进行类比：一个标准的 Web 浏览器允许用户观看无数的、由不同内容供应商创建的网页。上位系统集成商需要使用一个应用软件，如：PACTware，就像使用 Microsoft 提供的 Internet Explorer 浏览器；当一个 FDT 应用软件打开某个设备的 DTM 时，就可以访问该设备供应商提供的设备信息，就好比 Web 浏览器打开一个 Web 网页，就可以访问到网页内容提供商提供的内容信息一样。

与 Web 浏览器类似，FDT 应用软件也有菜单栏、工具栏和导航栏。图形化的应用软件，包围着设备供应商的 DTM。就像从"偏好"的导航栏中打开一个 Web 现场设备标签，用鼠标点击它，打开设备供应商的 DTM 页面。然后，像使用 Web 网页一样，可以让用户与一个保留系统或者一家商店服务进行交互作业，设备 DTM 也可以让用户与现场设备以一种广泛多样的方式进行交互操作。

网页制作商可以按照自己的想象力创造出绚丽多彩的页面，同样设备 DTM 供应商也能够创建一个美观实用的图形用户界面，实际上可以制作出任何能够想象得到的高级视窗页面。

典型的 FDT 应用软件有 Pactware 联盟的 PACTware、E＋H 公司的 FieldCare、和利时公司的 HAMS 以及 ABB 公司的 Field Control 等。

FDT 应用软件在它和现场总线之间使用一整套标准接口。FDT 应用软件可以是设备配置工具、控制系统工程工具、操作员控制台或者资产管理工具。软件用于初始化设备与系统工程和操作环境的连接，还用于调用上位机中特殊现场总线通信协议的通信接口元件，如：HART、Profibus 或者 Foundation fieldbus 等。

3. DTM

设备类型管理器（Device Type Manager，DTM）是由设备制造商开发的。它封装了所有的设备特定数据、功能和管理方法，并且包含图形用户界面。DTM 用于现场设备、驱动器等的配置和维护，提供了对包含高级操作与诊断参数在内的所有设备参数的访问。它仅在 FDT 容器中才起作用；它通过通信 ComDTM 与现场设备发生联系。

DTM 是一个提供所有必要的数据和功能的标准方法，用于一个现场设备，如一个 Profibus DP 网络中的子站设备。这项技术与 Microsoft Windows 支持各种厂商的打印机类似——由打印机厂商提供驱动程序，而任何 Windows 的应用软件都可以使用打印机，而不是每个应用软件都需要安装不同的打印机驱动程序；这里现场设备对应打印机，而 DTM 对应打印机驱动程序，Windows 应用对应 FDT 应用软件。

通信 DTM 网关、多路转接器等通信设备需要通信 ComDTM 将数据在不同协议间进行转换。通信 ComDTM 是集成在系统中的标准接口，在系统的任何层次提供对现场设备数据的透明访问。有了通信 ComDTM，就可以在设备组态工具中复制工厂的通信网络结构。

通信 ComDTM 在 PC 内部提供一个标准化的通信应用过程接口（API），为设备供应商的 DTM 和上位系统的特殊驱动器提供一个接口，处理从 PC 到现场接口卡经过的通信信息。上位系统供应商提供一个 ComDTM 用于支持每种现场通信协议。这样确保 PC 的内部、网络、接口卡和上位系统能够通过该协议，对于设备供应商的 DTM 是透明的。这也可以与互联网的情形相关联：Web 网页相对于 PC 运行的操作系统、PC 网络接口卡、使用通信的接口和介质，如电话线、ADSL 还是无线网，都是透明的。

通信 ComDTM 确保应用软件不需要进行任何更改，甚至是一个新的现场总线通信协议的加入，就能成为控制系统的一个部分。开放的上位机接口没必要创建设备规范连接逻辑来添加现场设备。通信 ComDTM 提供了现场总线规范的接口，确保可以访问智能现场设备所有可用的信息，甚至是非常复杂的内容。在对现场设备需要进行工程实施、操作、监视、校准、维护和诊断分析时，应用软件随时能够连接现场设备。

设备 DTM 是 FDT/DTM 技术的一个部件，它定义并标准化了现场设备的细节。应用软件程序的接口是标准的，设备 DTM 和通信 ComDTM 之间的接口也是标准的。

设备供应商要对每个设备或者一组设备开发一个软件驱动程序称为设备类型管理器（DTM）。DTM 封装了设备所有的规范数据、功能和交易规则。比如一个设备的结构、它的通信能力、内部参数和人机界面结构等。它们提供了访问设备参数、配置和操作设备以及诊断现场设备问题的功能。DTM 提供的能力，从对一个设备参数进行设置的简单图形用户界面，到对一个设备为完成诊断和维护目的，执行复杂计算的高度复杂应用能力。

制造商可以把所有的信息都编入 DTM，包括所有的实时数据、报警、事件、配置信息、屏幕显示、多语言帮助文件、设备规范文档、参数有效性检查、独立变量生成、诊断功能和设备校准顺序等。

FDT/DTM 规范描述了整个的体系结构，而这三个关键 FDT 元素就在这个体系中相互作用。应用软件加载一个设备的 DTM 到 DTM 容器，然后这个设备的 DTM 调用相关通信 ComDTM。设备 DTM 的可视化文件也同时加载，放入到 DTM 容器中。这使得仪表工程师或者仪表维护人员以图形的方式连接现场设备，访问和修改设备数据。

图 18-8 所示为 FDT/DTM 的原理图。

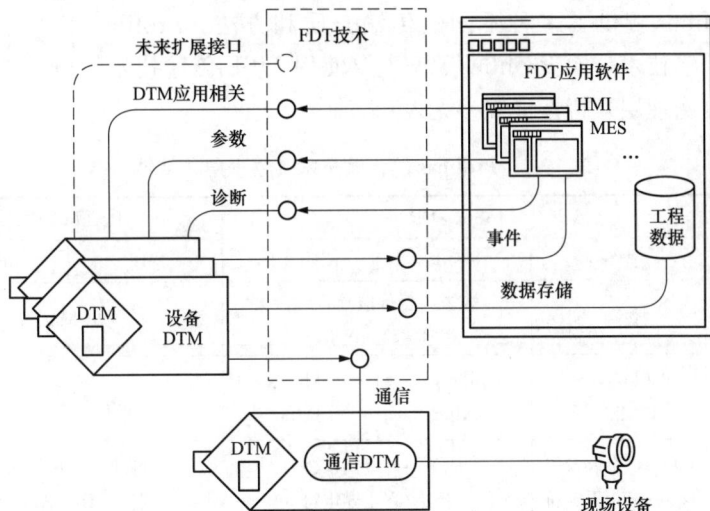

图 18-8　FDT/DTM 的原理图

第十九章　Profibus 协议结构

本章主要讲解 Profibus 的基本通信模型，主要包括 Profibus-DP 和 PA 数据链路层、应用层和用户层的知识，以及 Profibus 通信规约。

和 OSI 相比，Profibus 的协议结构共有 4 层：物理层、链路层、应用层以及用户层（或行规层）。用户层是专门针对工业自动化领域现场装置的控制和具体应用而设计的。应用层为现场总线控制系统提供应用接口的操作标准，实现了系统的开放性。DP/FMS 的物理层和数据链路层完全相同，均使用 NRZ 编码、异步传输技术和相同的介质访问控制方式，所以它们可以使用同一根电缆；PA 使用 Manchester 编码，同步传输技术。PA 链路层的介质访问控制方式和 DP 相同。DP 和 PA 的应用层均使用基于 DP-V0 的系列服务和协议，它们之间可以交换数据，如图 18-3 所示。

第一节　物　理　层

Profibus 通信协议中的物理层定义了电气和机械特性，其中包括编码类型和传输标准。

在发送端，物理层从数据链路层接收数据，对它们进行编码、封装，并将所形成的物理信号传输到物理介质上；在接收端，信号被节点接收，物理层先对这些数据进行解封、解码，然后再把它们传输给数据链路层。

Profibus 提供了多种不同的传输介质和方法。Profibus-DP 主要使用 RS485 传输技术，而 Profibus PA 主要使用 MBP 传输技术。Profibus 的传输技术（物理层）特性详细参见表 19-1。

表 19-1　Profibus 的传输技术（物理层）特性

总线类型	Profibus-DP			Profibus-PA	
采用技术	光纤	RS485	RS485-IS	MBP	MBP-IS
数据传输	光、数字、NRZ	数字、差分信号，符合 RS485、NRZ		数字，位同步 Manchester 编码	
传输速率	9.6kbit/s～ 12Mbit/s	9.6kbit/s～ 12Mbit/s	9.6kbit/s～ 1.5Mbit/s	31.25kbit/s	
数据可靠性	HD＝4，奇偶校验，起始/终止界定符	HD＝4，奇偶校验，起始/终止界定符		前同步码，出错保护，起始/终止界定符	
电缆	多模或单模光纤	屏蔽双绞线，电缆类型 A	屏蔽双绞线，电缆类型 A（4线）	屏蔽双绞线，电缆类型 A	屏蔽双绞线，电缆类型 A

续表

防爆类型	—	—	本质安全型	—	本质安全型
网络结构	星形、环形、线形拓扑结构	带终端的线形拓扑结构			带终端的线形、树形或组合拓扑结构
节点数量	网络最多 126 个	每段最多 32 个, 网络最多 126 个			
中继器数量	无限制	最多 9 个			最多 4 个

图 19-1 所示为 Profibus 数据传输所使用的 NRZ 编码和 Manchester 编码。

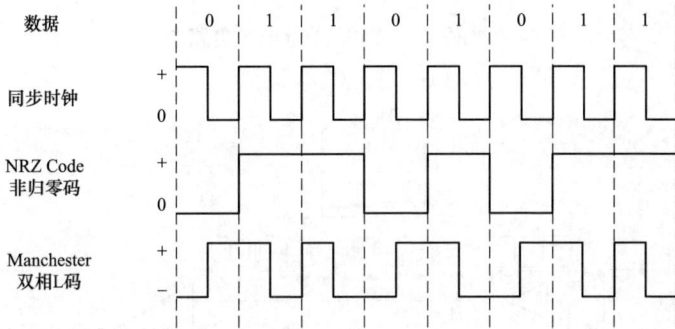

图 19-1　Profibus 数据传输所使用的 NRZ 编码和 Manchester 编码

一、RS485 和 RS485-IS

RS485 是一种简单的、低成本的传输技术，其传输介质一般为屏蔽双绞线铜质电缆，能够胜任传输较高速率的任务。其拓扑结构允许随时增加、拆除站点或系统逐个调试而不影响其他的站点。RS485 传输技术易用性较好，一般技术人员经过简单的培训就能够掌握。

如图 19-2 所示，RS485 接口采用二线制差分电平传输方式，两根传输线上的电平总是反相的，接收端的输入电压为这两根导线电压值的差值，起到了信号放大的作用。

差分电路的最大优点是可以抑制噪声。

在工业控制领域，信号在恶劣的电磁环境中传输，经常会产生噪声。噪声一般会同时出现在两根导线上，而差分电平传输采集的就是两根导线的电压差，这样，噪声就基本上被抵消掉，从而极大削弱了噪声对信号的影响。同理，差分电路的这种设计就不会受节点间接地电平差异的影响。在多个信号共用一根接地线的非差分电路中，距离较长时，不同节点接地线的电平差异可能相差几伏，甚至会超过信号值，引起信号的误读，差分电路因与对地电平没有关系，则完全不会受到这个差异的影响。图 19-3 所示为 RS485 的噪声抑制原理图。

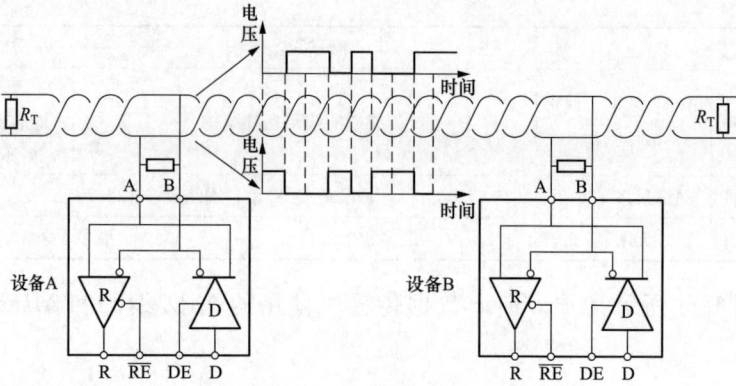

图 19-2　RS485 差分电平电路

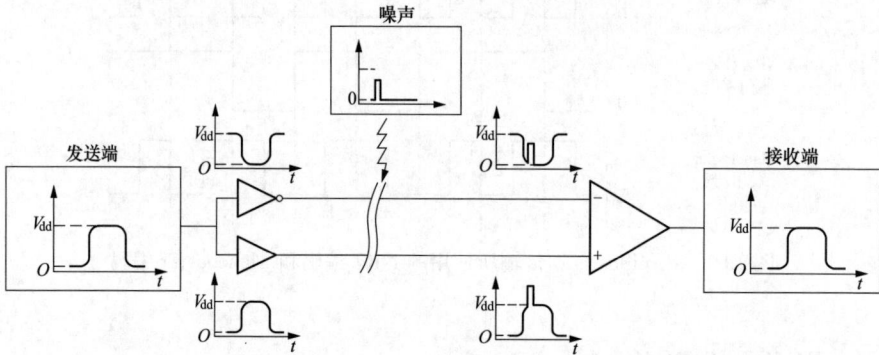

图 19-3　RS485 的噪声抑制原理

　　RS485-IS 的本质还是 RS485，只是它使用在本质安全区域中。为了保证安全，接口规定所有站点必须遵守一定的电压和电流标准。在连接活动站点时，所有站点的电流总和不得超过最大允许的电流值，其他并没有太大区别。

　　Profibus-DP 规约采用 RS485 技术，交换数据使用异步传输技术和NRZ（非归零）编码，NRZ 编码的二进制信号"0"或"1"的信号电平在信号持续期间维持不变。具体可见图 19-2。

二、MBP 和 MBP-IS

　　曼彻斯特总线供电（Manchester Bus Powered，MBP）使用固定传输速率 31.25kbit/s 和同步传输技术，常用于石油化工等过程控制自动化领域。Profibus-PA 使用 MBP 同步传输技术和 Manchester 编码。

　　1. 同步传输技术

　　Profibus-PA 使用"Manchester 双相 L 码"（Manchester Biphase Level Coding），它是一种无直流的自同步信号，可以借助不同的调制技术经总线传输。在 IEC 61158-2 中所使用的不同信号（比特），其编码规则如图 19-4 所示。

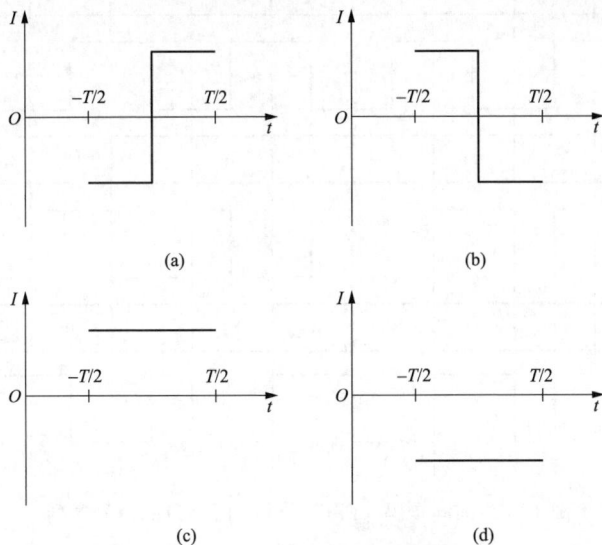

图 19-4　IEC 61158-2 编码规则

(a) 值 "0"：从低电平到高电平阶跃；(b) 值 "1"：从高电平到低电平阶跃；

(c) 值 "N＋"：非数据正号，高电平保持；(d) 值 "N－"：非数据负号，低电平保持

Profibus 同步传输时物理层的报文结构如图 19-5 所示。

前同步码 （最大：8 bytes）	起始定界符 （1 bytes）	FDL 报文 （最大：253 bytes）	CRC 冗余校验码 （2 bytes）	结束定界符 （1 bytes）

图 19-5　Profibus 同步传输时物理层的报文结构

区别于异步数据传输的是同步数据传输在物理层增加了封装。如增加了前同步码（Preamble）、物理层起始定界符（PhL-SD）和物理层结束定界符（PhL-ED）。

（1）前同步码。为使发送器、接收器同步接收信息，发送器首先发送一个由 1 或 4 个字节比特序列组成的前同步码。

（2）起始定界符。在物理层服务数据单元（FDL 报文＋CRC）之前，增加物理层起始定界符。当一个有效的 PhL-SD 被识别时，即认为所接收的信号为有效数据单元。

（3）结束定界符。在有效数据单元的最后一个字符之后，发送物理层结束定界符，表示这一帧的结束。

前同步码、PhL-SD 和 PhL-ED 的信号序列如图 19-6 所示。

同 RS485 传输技术相比，同步传输的另一个主要不同是用数据链路层用来控制数据传输的时钟（启、停）。由于 FDL 和 PhL 接口的实现不一样，同步传输提供带相应参数的不同服务原语来表明数据传输的开始或结束，

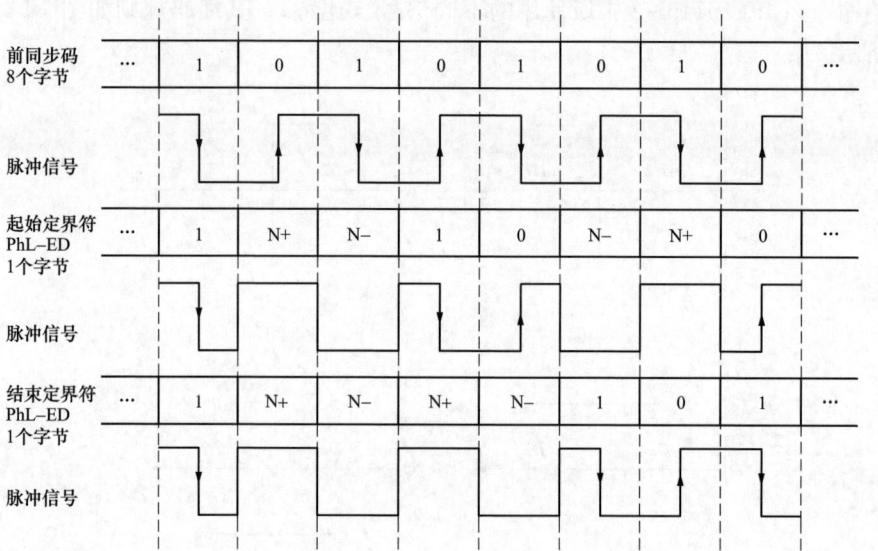

图 19-6　前同步码、PhL-SD 和 PhL-ED 的信号序列

并用来启动和停止时钟，具体可参考 IEC 61158 规约。

2. Profibus-PA 同步传送技术特点

Profibus-PA 采用同步传输技术，其特点如下。

（1）数据传送。采用数字式位同步传送方式，固定的波特率 31.25kbit/s，Manchester 编码，信号幅值为 ±9mA；采用前同步码、起始和停止定界符来保证传输的可靠性。

（2）介质及供电。使用双绞线屏蔽电缆总线供电方式，每个 PA 装置的最小工作电压为 DC 9V，最小电流损耗为 10mA。

（3）防爆等级。具有本质安全（EEx ia/ib）特性。

（4）网络拓扑。较自由，可以是线形、树形、星形或混合形。

（5）站点参数。总的站点数量可达 126 个，每段可达 32 个。若应用于本质安全场所，具体数量要根据系统总的电流损耗量确定；主干电缆和所有的分支电缆总长，最长可达 1900m；在危险区域最长可达 1000m。

典型的 Profibus-PA 信号传输的调制波形如图 19-7 所示。

MBP-IS 传输技术与 MBP 本质基本相同，它通过限制供电能量的大小，可以完成防爆控制。因此专门适合在石油、化工和天然气行业等具有防爆要求的危险场合使用。目前，现场总线控制系统在危险性场合使用时，最有效、最方便地达到本质安全的办法是使用 FISCO 技术。

三、光纤传输

在具有高电磁干扰的环境或远距离传输的情况下，一般采用光纤传输。与双绞线电缆相比，光纤传输有传输距离长、抗电磁干扰、电气隔离特性

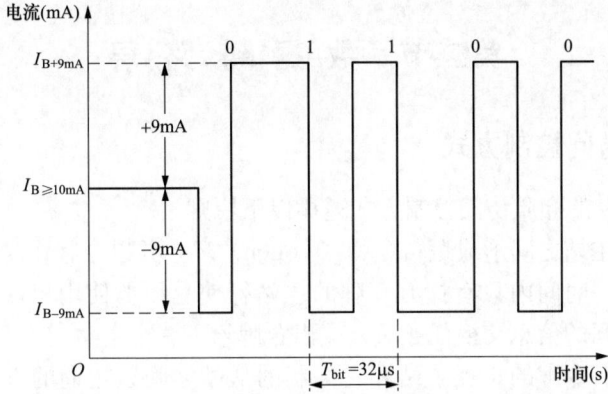

图 19-7　典型的 Profibus-PA 信号传输的调制波形

好、光缆质量轻、不易被腐蚀等优点。

　　光纤常和其他传输介质，通过一个光纤链接模块（Optical Link Module，OLM）构成 Profibus 网络。每个光纤网段需要两根光缆，一根用于传送信号，另一根用于接收信号。图 19-8 所示为某种光纤链接模块的内部原理图。

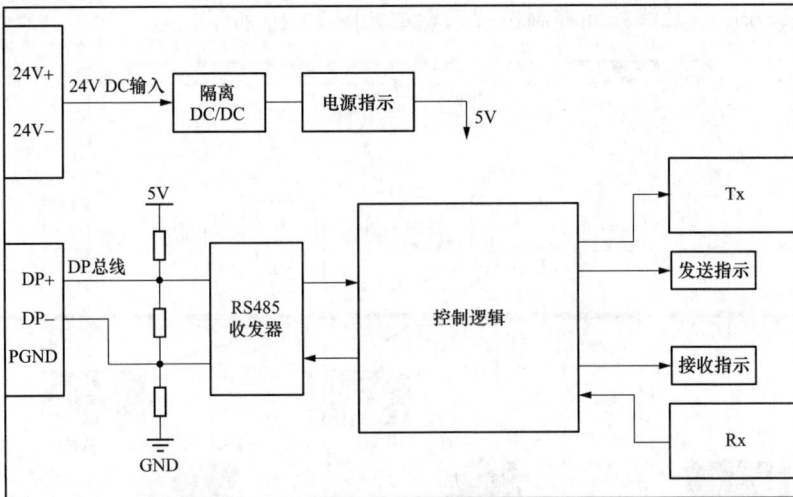

图 19-8　某种光纤链接模块的内部原理图

　　OLM 也可以像中继器一样把网络分成相互独立的几段，也可以根据需要，搭建成冗余通信网络、环形通信网络。图 19-9 所示为使用 OLM 连接两个网段的示意图。

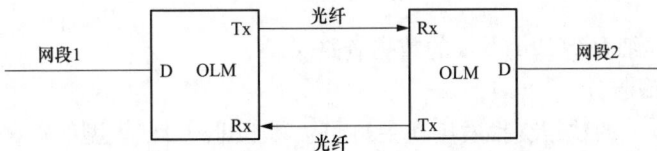

图 19-9　使用 OLM 连接两个网段的示意图

第二节 数据链路层

一、介质访问控制方式

Profibus 的介质访问控制方式遵循以下原则。

（1）各主站之间形成逻辑令牌（Token）环，并以令牌作为总线控制权的标记。同一时间内只有拥有令牌的主站行使总线的使用权，并在完成与它的从站之间的信息交换任务后，交出令牌给下一个主站。

（2）拥有令牌的 1 类主站和它控制的从站之间以轮询的方式进行周期性数据交换。主站把输出数据发给从站，从站把最新的输入数据发给主站。主站按照从站地址号由小到大的顺序，将它控制的全部从站轮询完毕，然后把令牌传给下一个主站。

（3）2 类主站可以对任何从站进行读取操作，这种操作是非循环的。

（4）每个主站都有它自己所控制的从站，它不能控制其他主站的从站；从站只能被动地接收相应主站的请求，并进行响应，它不能向主站提出请求。

Profibus 总线访问控制过程示意图如图 19-10 所示。

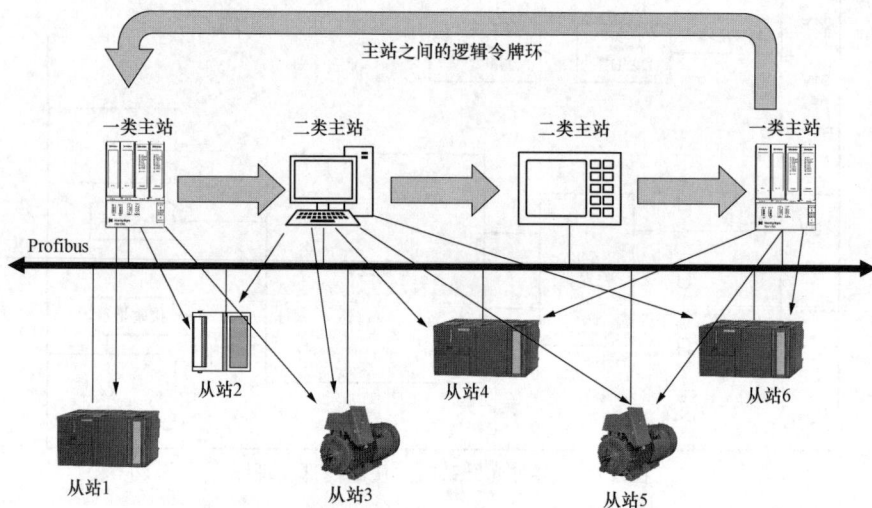

图 19-10　Profibus 总线访问控制过程示意图

二、数据传输服务

下面详细介绍 Profibus 的数据链路层。

1. 传输服务

Profibus 的数据交换发生在主站和从站之间。OSI 模型的数据链路层就包含了对数据传输报文的一般结构描述、安全机制设置以及提供的服务。

IEC 61158 中定义的 Profibus 传输服务，常用的两个如下。

（1）SRD（Send and Request Data with acknowledge）：须响应的发送和接收。在一个信息循环内完成数据交换。

SRD 用来把输出数据传送到相应的从站。若此从站有输入数据，则作为响应，从站把输入数据传送回主站；若此从站是个单纯的输出设备，则它发回一个短报文"0xE5"作为确认。

（2）SDN（Send Data with No acknowledge）：无须响应的发送。用于广播传送和多点传送的报文中。SDN 用来把数据送往指定的一组从站或全体从站，对 SDN 服务，没有响应报文。

2. 字符和位组结构

（1）异步传输：数据链路层的数据由若干异步传输特征码（字符）组成。每个特征码按 UAR/T 格式编码，共有 11 位（bits）。包括 1 个起始位（始终为 0）、8 个数据位、1 个校验位和 1 个停止位（始终为 1）。

Profibus 特征码组成示意图如图 19-11 所示。

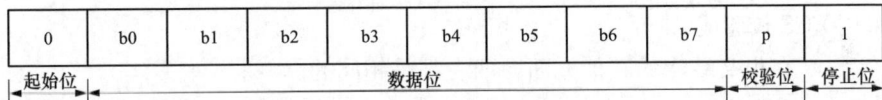

0	b0	b1	b2	b3	b4	b5	b6	b7	p	1
起始位	数据位								校验位	停止位

图 19-11　Profibus 特征码组成示意图

（2）同步传输：同步传输模式下，数据链路层数据的每个字节与原字节相同，都是 8 位。

3. 报文的一般结构

（1）异步传输时，Profibus 数据链路层报文的一般结构如图 19-12 所示。

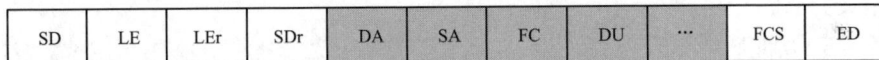

SD	LE	LEr	SDr	DA	SA	FC	DU	…	FCS	ED

图 19-12　异步传输链路层报文结构

（2）同步传输时，Profibus 数据链路层报文的一般结构如图 19-13 所示。

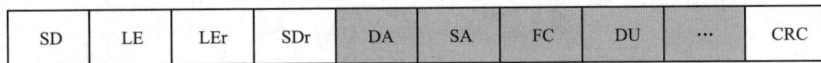

SD	LE	LEr	SDr	DA	SA	FC	DU	…	CRC

图 19-13　同步传输链路层报文结构

其中：

SD（Start Delimiter）：报头。

LE（Net Data Length）：数据长度，等于深颜色部分的字节数。

LEr：重复 LE。

SDr：重复 SD。

DA (Destination Address)：目标地址。

SA (Source Address)：源地址。

FC (Function Code)：功能码，见后面的详细讲解。

DU (或 PDU，Protocal Data Unit)：协议数据单元。0~244 个字节。

FCS (Frame Check Sequence)：校验码。1 个字节，它等于除 SD 和 ED 域外所有各域的二进制代数和。

ED (End Delimiter，ED= O×16)：报尾，固定为 O×16。

CRC：循环冗余校验码。2 个字节，使用特定的多项式对有效域进行计算得出的 CRC 校验码。

（3）同步传输和异步传输的报文异同。

1）同步传输中的每个字节都是 8 位位组，而异步传输中的每个字节都要表示成 11 位的字符。

2）同步传输中的报文中没有 ED，异步传输中的报文中有 ED。

3）同步传输差错检查采用 CRC 循环冗余校验码，异步传输差错检查采用 FCS 校验码。

4）在报文结构的其他方面，两者都是相同的。

4. 报文种类

不同的报头内容（SD）表示不同的类别报文。

（1）SD1 ＝0×10 用于请求 FDL 状态，寻找新的活动站点，报文长度固定，无数据单元。

（2）SD2 ＝0×68 用于 SRD 服务，报文中有不同的数据长度。

（3）SD3 ＝0×A2 数据单元始终为 8 字节，长度是固定的。

（4）SD4 ＝0×DC 用于两个主站之间发送总线通道授权，也叫托肯报文。

5. 功能码

功能码 FC 字节用来说明报文的性质、站的类型和状态，以及在请求和响应情况下报文的功能。功能码详细说明可查阅相应的码表，这里不详细展开论述。

第三节 应 用 层

一、应用关系

现场总线应用层（FAL）是一种应用层通信标准，它为用户程序提供访问现场总线通信环境的手段。Profibus 的应用层规定了详细的数据传递报文规范和数据格式。

在现场总线环境下，一个应用可以划分为一组组件，这些组件中的每一个都称为现场总线应用进程（AP）。应用关系（AR）是两个或多个 AP

之间为了交换信息和协调它们的联合操作而存在的一种合作关系。

Profibus-DP 应用层提供了多种 AR 类型，不同类型 AR 的传输特性是不同的，在学习报文时我们会用到。

具有两个 AR 的一对 AP 通信示例如图 19-14 所示。

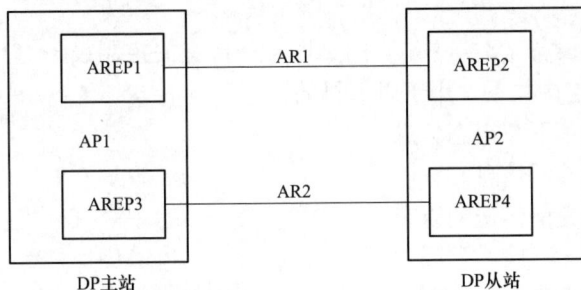

图 19-14 具有两个 AR 的一对 AP 通信示例

1. MS0

MS0 包括一个主站（1 类）的 AP 与所有有关 DP 从站的 AP 之间的应用关系、可选的一个或若干个主站（2 类）的 AP 与所有有关 DP 从站的 AP 之间的应用关系和可选的一个或若干个 DP 从站的 AP 与所有有关 DP 从站的 AP 之间的应用关系。其用于以下目的。

（1）与 1 类主站循环地交换 I/O 数据。

（2）在 DP 从站之间循环地交换输入数据（DXB）。

（3）用于参数化、组态和诊断的非周期性数据传送（1 类主站）。

（4）向一组现场设备非循环地传送命令（1 类主站）。

（5）向一组现场设备循环地传送同步报文（1 类主站）。

（6）非循环地读 I/O 数据、组态信息及诊断信息（2 类主站）。

（7）非循环地写剩余参数（2 类主站）。

2. MS1

一个主站（1 类）的 AP 与一个有关 DP 从站的 AP 之间的面向连接的应用关系，用于以下目的。

（1）非循环地读/写变量。

（2）非循环地传送报警。

（3）上载和/或下载装载域（LR）数据。

（4）调用非面向和/或面向状态的功能。

3. MS2

一个主站（2 类）的 AP 与一个有关 DP 从站的 AP 之间的面向连接的应用关系，用于以下目的。

（1）非循环地读/写变量。

（2）上载和/或下载装载域（LR）数据。

（3）调用非面向和/或面向状态的功能。

4．MS3

一个主站的 AP 与一组有关 DP 从站的 AP 之间的无连接的应用关系，用于时间的同步。

5．MM1

一台组态设备（2 类主站）的 AP 与一台有关控制设备（1 类主站）的 AP 之间的无连接关系，用于以下目的。

（1）上载和下载组态信息。

（2）上载诊断信息。

（3）激活先前传送的组态。

6．MM2

一台组态设备（2 类主站）的 AP 与一组有关控制设备（1 类主站）的 AP 之间的无连接关系，用于激活先前传送的组态。

二、Profibus 版本的发展

Profibus 的版本经历了从 DP-V0、DP-V1 到 DP-V2 的不断发展，DP-V1 和 DP-V2 是 DP-V0 的扩展。Profibus 的新版本 100％地向下兼容，DP-V0 版本的设备与 DP-V1 版本的设备可以互相通信，只是不能使用 DP-V1 的功能而已。

DP 版本及相应功能的扩展示意图如图 19-15 所示。

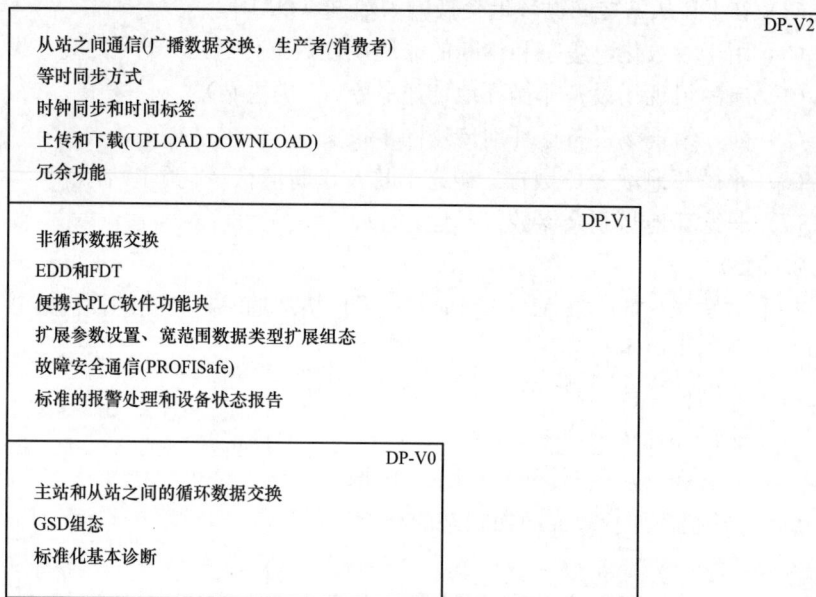

```
DP-V2
从站之间通信(广播数据交换，生产者/消费者)
等时同步方式
时钟同步和时间标签
上传和下载(UPLOAD DOWNLOAD)
冗余功能

    DP-V1
    非循环数据交换
    EDD和FDT
    便携式PLC软件功能块
    扩展参数设置、宽范围数据类型扩展组态
    故障安全通信(PROFISafe)
    标准的报警处理和设备状态报告

        DP-V0
        主站和从站之间的循环数据交换
        GSD组态
        标准化基本诊断
```

图 19-15　DP 版本及相应功能的扩展示意图

1．DP-V0

DP-V0 是 Profibus-DP 的最基本的版本，它只能完成主站和从站之间的周期性数据交换，不能适应过程控制系统中的报警处理和参数设置等功能的要求，也不能适应运动控制系统中的同步、等时控制的要求。

2. DP-V1

DP-V1 是专门针对 Profibus 在过程控制领域中使用而开发的，它在 DP-V0 基础上增加了非周期性数据交换，这些非周期性数据主要包括过程参数的上、下限和报警范围，以及制造商的一些特殊数据。这样，DP-V1 就能完成对实时性要求较高的周期性数据交换（I/O 数据）和对实时性的要求不是很高的非周期性数据交换（变量和参数）。Profibus-PA 使用的就是 DP-V1。

3. DP-V2

DP-V2 是为 Profibus 在运动控制和对实时性、精确性要求较高的场合使用而开发的。它主要增加的功能有从站之间的通信、等时模式、同步模式、上载/下载和冗余功能。因其主要应用在高精度运动控制领域，本书不对 DP-V2 做深入的讲解。

第四节　Profibus 行规

一、行规概述

现场总线技术使用行规为设备、设备系列或整个系统定义特定的行为特性。行规对每个总线设备或装置的 I/O 数据、操作以及功能都进行了清晰的描述和精确的规定。它针对每一类设备制定了具体的、独立于制造商的规范，使得不同厂商的同种设备可以互操作，而根本不用了解这些不同设备的内部区别。只有使用同一规范的设备，才具备互操作性。Profibus 的行规分两大类，应用行规和系统行规，应用行规又分为通用应用行规和专用应用行规。

Profibus 的用户层由应用行规Ⅰ（通用行规）和应用行规Ⅱ（专用行规）组成，在这些行规中明确了制造商与用户之间基于特定设备应用所约定的规范。而跨过多层的模块系统，包括用于设备描述和集成的功能工具（集成技术）及标准范围，即为系统行规，它包括接口、主站行规等。系统行规主要用于实现构建统一的标准化系统。图 19-16 中所示为 Profibus 的技术系统架构。

1. 应用行规

应用行规主要涉及现场设备、控制终端和集成工具，它是制造商设计开发符合行规的、可互操作设备的统一规范。PI 组织为多类设备制定了行规，并分别为其进行编号。这些设备包括过程控制仪表（压力或差压变送器、液位变送器、温度变送器等）、调节阀和各种执行机构，以及编码器、驱动器、数字控制器、人机界面、安全诊断设备与系统等。

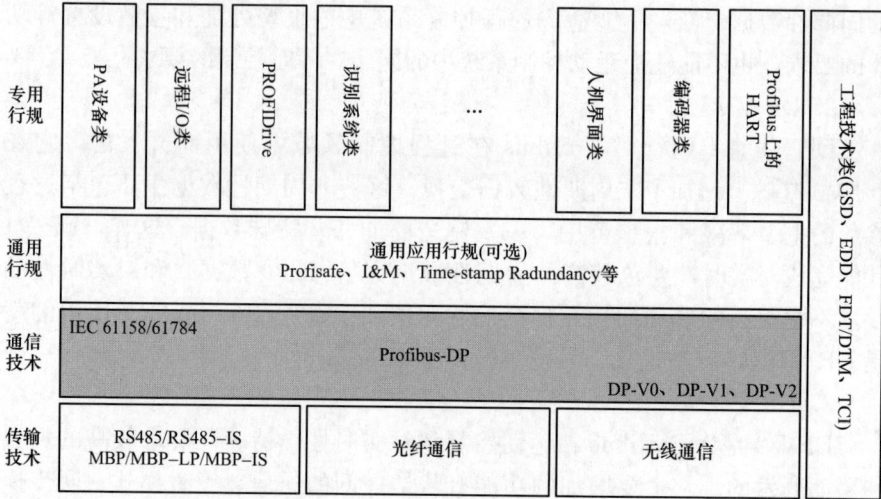

图 19-16　Profibus 的技术系统架构

2. 系统行规

系统行规描述系统类别，它包含主站功能、标准程序接口可能的功能（符合 IEC 61131-3 的 FB、安全等级和 FDT）和集成工具选项（GSD、EDD 和 DTM）。主站和系统行规充分描述可供现场设备使用的特定的系统参数，而应用行规则可以使用这些系统参数，最大限度地简化它们定义的特性。图 19-17 所示为目前可以用于应用行规的系统行规标准平台。

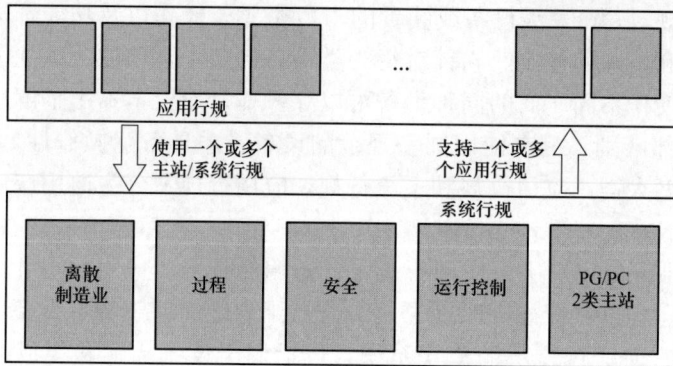

图 19-17　目前可以用于应用行规的系统行规标准平台

二、几种主要的行规

随着技术的发展和进步，Profibus 开发出了满足特殊工业用户要求的多种应用行规，丰富和完善的行规是 Profibus 在技术和市场上处于领先地位的保证，典型的行规如下。

1. PROFIsafe

PROFIsafe〔是 2005 年 9 月由 PNO（Profibus Nutzer Orgorganisation，

Profibus 总线使用者组织）发布的行规，它描述了安全外围设备和安全控制器间的通信，是对标准 Profibus-DP 和 Profinet I/O 的补充技术，用于减少安全控制器和安全设备间数据传输的失效率和错误率］定义了故障安全（failsafe）设备的行规，提供了怎样通过 Profibus 与故障安全控制器通信的解决方案，使系统可以用于对安全性要求苛刻的场合。因此，PROFIsafe 成为唯一能够满足制造业和过程工业自动化故障安全通信要求的现场总线技术。

在结构上，PROFlsafe 使标准现场总线技术和故障安全技术合成在一个系统，故障安全措施封闭在相关的主站和从站模块中，故障安全通信和标准通信在同一根电缆上通信。故障安全措施使 ROFIsafe 的安全等级达到了 SIL 3，甚至超过了此等级。所有这些措施同时保证了故障安全系统、快速响应时间和本质安全操作。

2. Profibus 集成 HART

目前，工业现场支持 HART 的设备已经大量普及，HART 在工业控制领域发挥了不可替代的作用，因此把这些设备集成到现有的或新建的 Profibus 系统中会给用户提供很大方便。Profibus 的"HART"规范结合了 Profibus 通信机制的优点，在不对 Profibus 协议和服务、PDU（协议数据单元）、状态机制和功能特性等做任何改变的情况下，提供了一种开放的解决方案，形成了一种新的 Profibus 行规。其实现方法是在主站和从站的用户层实现兼容 HART 的功能，HART 客户机应用被集成在 Profibus 主站中，而 HART 主站被集成在 Profibus 从站中，它可以支持若干个 HART 设备。

3. PROFldrive

PROFldrive 是专门针对电气驱动器的一类行规，为 Profibus 的电气驱动器（如变频器、动态伺服控制器等）定义设备通信标准，以及驱动器数据存取程序。PROFldrive 定义了 6 种类别驱动器，基本涵盖了大多数运动控制中的应用。PROFldrive 使用 DP-V2 作为它的通信协议。

4. PA Devices

PA Devices 即 PA 行规。PA 行规主要应用在过程自动化领域，它定义了不同类别的过程控制设备的所有功能和参数，它们包括从传感器信号到与测量值一起被读出的预处理过程值的信号流，甚至是智能传感器中的测量值的质量状态、智能执行器和阀中的预维护住处等。下面将对 PA 行规进行重点讲解。

三、PA 行规

Profibus 标准中定义了主站和从站之间进行通信的最基本要求，而在行规则清楚地定义了智能装置的参数规范、I/O 数据排列、操作方式和性能等，包括从传感器信号到与测量值一起被读出的预处理过程值的信号、智能传感器中的测量值的质量状态、智能执行器和阀门控制器中的预维护信息等。

PA 设备行规包括通用要求和设备数据单两个文本。通用要求部分包括所有设备类型的现行有效的技术规范，设备数据单包括一些特殊设备类别的已认可的技术规范。包括压力和差压，液位、温度和流量，模拟量和数字量的输入和输出，阀门定位器和执行机构，分析仪器和控制器等。

（一）PA 装置中的块模型

在过程控制设计中，变送器和执行器等是典型的、用在过程控制领域的紧凑型设备。通常的 I/O 模块设备属于模块化设备。当然，也可以把紧凑型设备理解为仅有一个模块的模块化设备。PA 装置中的块模型如图 19-18 所示。

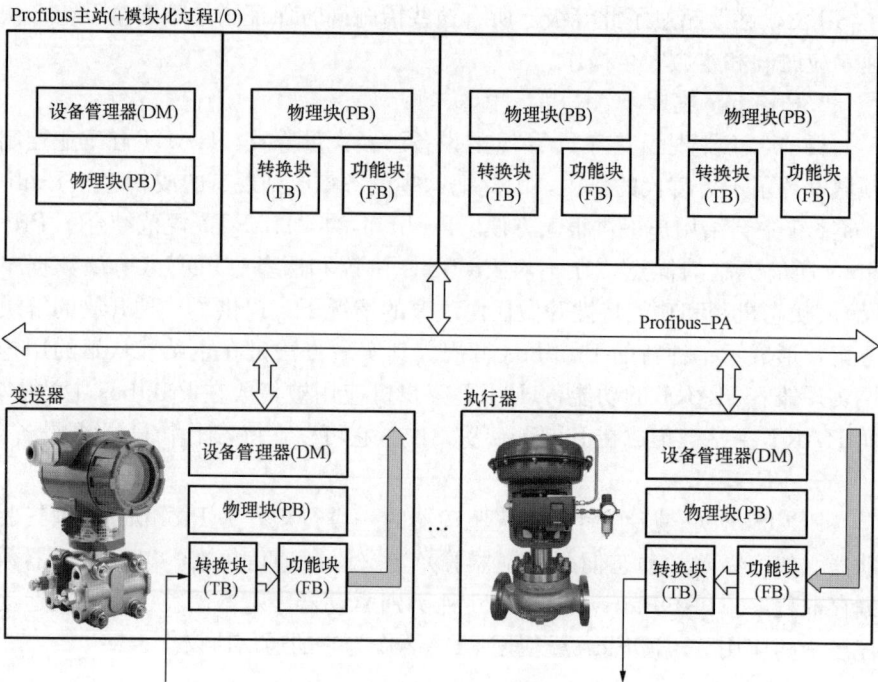

图 19-18　PA 装置中的块模型

PA 行规使用"块"来描述某个控制点上的一个测量点或多个测量点的特性和功能，一个 PA 设备的块包括一个设备管理器、一个物理块、若干个功能块和转换块。

1. 设备管理器（DM）

PA 设备中的设备管理器用来描述设备的结构和组织，还包含了数据字典或数据一览表。设备中块和块中的数据存放位置、每个块中有多少项目等都是由设备管理器描述的。

2. 转换块（TB）

由传感器传送过来的信号经过转换块处理后传递到功能块中，而由功能块过来的数据结果经转换块还原后送到执行器中去，控制执行器的动作。

转换块是传感器、执行器和功能块隔离的接口，其功能如同在传统的4～20mA仪表技术中的情况一样，是现场仪表的组成部分。不同类型的参数有自己相应的TB规范。

3. 功能块（FB）

功能块的主要功能是对检测数据和输出数据进行一些智能化的处理。无论是对测量设备还是执行器，在信号传送到目的地之前，对其进行最终处理所需要的所有数据都包含在FB中。智能仪表将原来的控制器中的这些功能转移至现场仪表中实现。

4. 物理块（PB）

物理块中的信息都是独立于测量和执行过程的，因此功能块、转换块和设备的硬件无关。物理块包含设备硬件的特征数据，例如设备名称、制造商、软硬件版本号、设备序列号，以及制造商的一些特殊诊断信息等。每个设备中只有一个物理块，它可以复位设备到出厂设定值，记录应用过程、安装信息等。

多数的PA设备是单通道的，在过程控制智能设备中包含一个模块，模块中只有一个测量值；也有一些PA设备是多通道的，它包含多个TB和FB。比如智能质量流量计这种复杂的装置可能包含多个模块，可以提供瞬时流量测量、流体实时温度、流体密度等多个测量值供用户使用。

PB、TB和FB等块中的参数的次序和语义等都在行规中进行了规定。块中使用参数用来实现各种各样的装置功能，它们有些是必需的，有些是可选的。这些参数具有数据类型、变量类型（输入、输出或中间变量）、通信类型（周期或非周期）等不同属性。

（二）PA行规中的信号链路

PA设备中信息处理的各种步骤和过程可以用一个信号链路来表示，图19-19所示为传感器信号链路示意图。

1. 信号链路过程

信号链路按其所在的位置可以划分为两个过程。

（1）测量/执行过程。此过程位于转换块中，测量是针对传感器来说的，执行是针对执行器来说的。主要功能是对参数进行校准、线性化、定标换算等。

（2）预处理/后处理过程。此过程位于功能块中，预处理是对传感器的测量值进行处理，后处理是对执行器的设置值进行后期处理。主要功能是对参数进行筛选、限定值控制、故障安全响应、工作模式选择等。

2. 对信号链路中的每一步功能和参数的规定

PA行规中对信号链路中的每一步功能和参数都进行了详细的规定。

（1）校准功能。该环节用来确定测量值的标准上限和标准下限。

（2）限值检查控制。在该环节设置测量参数的上限提示值、下限提示值、上限报警值和下限报警值。

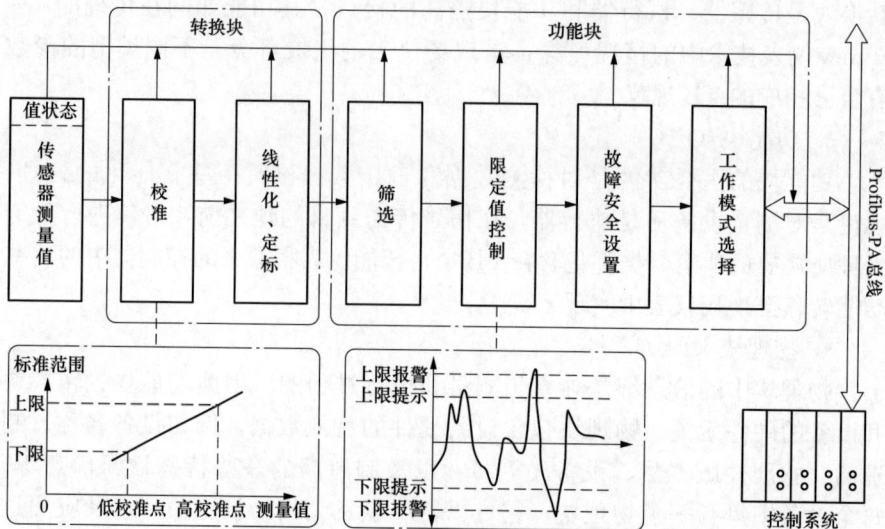

图 19-19 传感器信号链路示意图

（3）值状态。原来在控制系统中输入信号的质量判断被转移到值状态中，在指定给每个质量等级的子状态上提供的附加信息有。坏值（bad）、不确定（uncertain）、正常值（good）。

（4）故障安全设置。这个功能是当在测量链路中出现了错误，则将设备的输出设置为用户预先设定的值。

（三）PA 设备中的数据及其表示方法

1. 数据编址

PA 中的数据分周期性数据和非周期性数据，周期性数据是实时测量值和测量值的质量状态，非周期性数据包括测量范围、滤波时间、报警/提示上下限值、制造商特殊参数等。周期性数据的交换使用 MS0 通信，非周期性数据的交换使用 MS1（DPM1 和从站之间）或 MS2（DPM2 和从站之间）通信。

非周期性数据的编址采用槽（Slot）和索引（Index）相结合的方法。槽表示模块（不一定是物理上的模块），设备本身默认为 Slot0，模块上其他参数从 Slot1 直到最大的 Slot254 编址。索引表示属于一个模块内的数据块，每个数据块最多为 254 个字节，参数的 Index 从 0～254 编址。

对于复杂的模块化设备，一般来说，槽号 0 中索引 16～40 用于存放设备本身的物理块数据。设备管理器（DM）的数据总是放在槽号 1 中索引 0～13 中。设备管理器用来管理这些数据的编排，它包含了所有数据编址的信息。

2. 信号状态

PA 设备除传送 4 个字节的 32 位浮点数的测量值外，还要传送一个字节的"状态信息"，来表示参数值的质量。它们是测量值质量、质量亚状态及限值。

测量值质量包含对当前测量值的表述，使用位 7 和位 6 表示；质量亚状态是对每项质量陈述的特别补充，使用位 5～位 2 表示；限值是对质量亚状态的补充，使用位 1 和位 0 表示。

举例来说，状态信息字节值为 0×80，它表示某一测量值是质量好的正常值，在实际项目中对 PA 设备进行调试时，要经常用到 0×80；如调试一个阀门时，其开度值的状态设置为 0×00，因为这是个坏值，所以阀门不会动作等。PA 设备的详细状态信息可查阅 PA 行规。

第二十章　Profibus 通信过程

第一节　主站和从站的工作过程

Profibus 现场总线的介质访问控制方式，主站之间采用令牌总线结构，主从站之间采用轮询方式。

主站之间采用令牌（Token）交换的规则，所有主站形成一个虚拟的令牌环，令牌只有一个，谁拥有令牌谁可以工作，任务完成后把令牌交给下一个主站，令牌在令牌环中循环传递；每个主站和它所控制的从站之间按照轮询的方式进行数据交换，从地址号最小的从站开始，主站把最新计算出来的该从站的输出数据给从站，从站把它最新的输入数据给主站，主站和该从站数据交换完毕，再和它控制的其他从站数据交换，当主站和所有它控制的从站交换完数据后，把令牌传给与它顺序最近的下一个主站。

一、主站的工作过程

Profibus-DP 的数据通信分为 4 个阶段：启动、初始化主站、配置及诊断从站、数据交换。

当 1 类主站从组态工程工具（软件）接收到它的参数配置后，它就可以开始同属于它的从站进行通信了。参数配置包括从站的参数/组态数据及其地址等。主站正是通过参数化和组态这两个报文识别出哪些从站是它所管辖范围，并与它们通信。其工作过程如下。

1. 启动、初始化

上电后，主站和从站进入 offline（离线）状态，执行自检。当所需的参数都被初始化后，主站需要加载总线参数集，从站需要加载相应的诊断响应信息等，主站开始监听总线令牌，而从站开始等待主站对其设置参数。

在一定时间内，主站如果没有听到总线上有信号传递，就开始生成自己的令牌并初始化令牌环。主站做一次对全体可能主站地址的状态询问，根据收到应答结果确定活动主站表 LAS 和本主站所管辖站地址范围 GPA，GPA 是指从本站地址（TS）到令牌环中的全部后继站地址 NS 之间的地址范围。LAS 的形成即标志着逻辑令牌环初始化的完成。

2. 配置及诊断从站

在主站与 DP 从站设备交换用户数据之前，主站首先检查 DP 从站是否在总线上。如果从站在总线上，则主站通过请求从站的诊断数据来检查 DP 从站的准备情况。如果 DP 从站报告它已准备好接收参数，则主站给 DP 从站设置参数数据并检查通信接口配置，主站发送标示符给 DP 从站，以检查在从站中实际存在的输入、输出区域是否与标识符所设定的一致，如果一致 DP 从站将分别给予确认。收到从站确认回答后，主站再请求从站的诊断数据以查明从站是否准备好进行用户数据交换。在这些工作正确完成后，主站就开始循环地与从站交换用户数据。

3. 数据交换

从站监控它所接收到的每一个报文，当从站发现不正确的通信，就通过一个高优先级的响应报文向主站发出信号，主站立即通过诊断报文得到消息，从站自动将它的输出设置到安全状态（对具有故障安全设置功能的从站）。随后主站会重新对从站进行参数化和组态。

从站除了受 1 类主站的控制外，有时候也接受 2 类主站的控制，向 2 类主站发送从站本身的诊断信息、组态和 I/O 数据。此时，该从站暂停与 1 类主站的数据交换，1 类主站开始循环地读取诊断信息。当 2 类主站完成了与该从站的通信，则该从站通过发送一个特定消息将控制权再次交还 1 类主站。在 1 类主站对该从站进行数据交换之前，仍然要先对其进行初始化的工作，即发送参数设置报文和检查组态报文。

主站通过组态时设置的波特率和从站建立通信联系，从站自动适应主站所设置的波特率。DP 从站只接收来自先前已提交参数和组态的那个主站的数据交换请求。主站和它的从站的通信顺序按地址号从小到大进行，主站之间的令牌传递也是按主站地址号从小到大进行。

二、主站的工作模式

Profibus 主站有 4 种工作模式。

（1）离线模式（Off-line）。该模式下不进行通信。主站的主要任务是初始状态、令牌交换、FDL（Fieldbus Data Link）状态请求（识别新增站点）。

（2）停止模式（Stop Mode）。该模式下主站在总线上，但不调用从站。主站的主要任务，除了响应 2 类主站的请求外，其余和离线模式相同。

（3）清除模式（Clear Mode）：该模式下从站处理器被激活，但输出处于安全状态。主站的主要任务是对从站参数化和组态、将从站输出设置为安全状态（对一般从站来说，输出置为"0"；对故障安全型从站，从站输出置为预设模式）、定期发送全局控制报文（携带"clear"命令）。

（4）运行模式（Operate Mode）。该模式下读输入，写输出。主站与从站进行周期性数据交换，定期发送全局控制报文（携带"operate"命令）。

三、从站的工作过程

（1）设备上电。此阶段完成初始化工作，当且仅当上电期间，2 类主站可以向从站发送"设置从站地址"报文，改变从站地址。

（2）诊断请求。此阶段主站先发送诊断报文，检查从站是否在线，以及是否已准备好接收参数信息。

（3）等待参数化。此阶段，从站只接收诊断请求报文或参数化报文。参数化报文中包含是否支持同步/锁定方式、是否被主站锁定以及其他用户定义的功能，此时不接收其他报文。

（4）等待组态。此阶段，组态报文主要定义数据交换中输入/输出字节的数量，从站会核查该组态是否匹配，并向主站返回检查结果。2类主站可以在从站的任何状态下得到"获取组态"报文。

（5）诊断请求。在进入周期性数据交换之前，诊断报文对从站状态、参数化/组态是否正确再进行一次检查。

（6）数据交换。若参数化报文和组态报文都被从站接收，说明对该从站成功完成了组态。接下来主站和从站就可以自动进入数据交换了。

（7）看门狗（Watchdog）。在 Profibus 系统中，从站利用看门狗功能监控总线的通信情况，保证主站通信及过程数据处于正常更新状态。如果有异常发生，看门狗时间溢出，则从站自动返回到等待组态模式，并把输出设置到安全状态（支持安全模式的从站的预设值）。

注：看门狗是监控系统工作过程是否正常，防止系统死机或死循环地出现一个重要模块，几乎每个计算机控制系统都有这个模块。在参数配置报文中预设看门狗时间参数，在每一次正常的通信后，看门狗时间被复位。

从站的工作过程如图 20-1 所示，整个流程机制被固化在 ASICs 的硬件

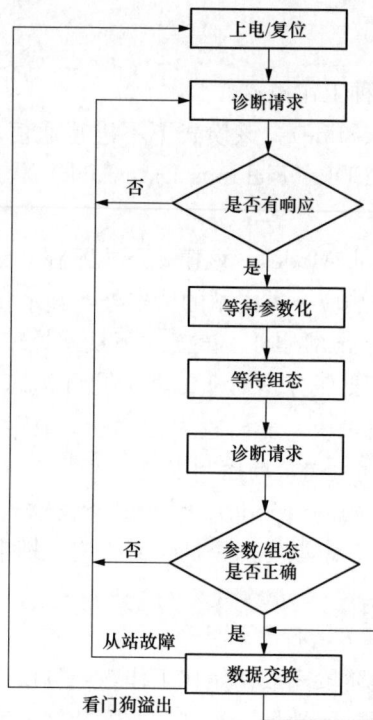

图 20-1　从站的工作过程（状态机）

芯片中，一般用户无法对它进行干预。

第二节　设备功能及其之间的通信

一、各种设备的功能

（一）1 类主站

1 类主站可以读取从站的输入数据，并把输出数据送往从站；可以建立令牌环并控制令牌在环网中的传递；可以执行 DP-V0 版本中一个或多个基本功能。

1 类主站的基本功能主要包含在 DP-V0 版本中，它的扩展功能包含在 DP-V1 和 DP-V2 版本中。

1. 1 类主站的基本功能

（1）与有关从站周期性交换 I/O 数据。

（2）对从站进行诊断。

（3）对从站组态。

（4）对 2 类主站的组态和诊断请求进行处理。

2. 1 类主站的扩展功能

（1）对从站数据的非周期性访问。

（2）对从站报警的处理。

（3）支持用于与从站同步目的的等时同步模式。

（4）支持用于从站之间循环数据交换的 DXB 机制。

（5）支持从站内装载区域数据的上载和/或下载。

（6）调用从站内预定义的功能。

（7）支持从站时钟与其他主站时钟的时钟同步。

（二）从站

和主站一样，从站的基本功能主要包含在 DP-V0 版本中，它的扩展功能包含在 DP-V1 和 DP-V2 版本中。

1. 从站的基本功能

（1）与指定的主站周期性交换 V0 数据。

（2）响应指定主站的诊断请求。

（3）处理主站的组态请求。

2. 从站的扩展功能

（1）响应主站的非周期性访问。

（2）向指定的主站提供报警。

（3）支持用于与 1 类主站同步目的的等时同步模式。

（4）使用发布者/预订者（Publisher/Subscriber）通信模式进行 DP 从站之间的周期性数据交换。

（5）支持装载区域数据的上载/下载。

（6）支持由1类主站或2类主站调用的预定义功能。

（7）提供本地时钟与主站时钟的时钟同步。

（8）支持从站冗余。

（三）2类主站

2类主站主要负责系统组态，以及收集用于/来自1类主站的诊断数据。此外2类主站可以执行1类主站与DP从站通信的所有基本功能和某些扩展功能。

二、设备之间的通信

系统运行的过程其实也就是各站之间相互通信、执行主控程序结果的过程。在Profibus系统中有以下几种通信形式。

1. 1类主站和从站之间

主站发出请求报文，从站产生对应的响应报文。这些报文主要包括诊断、参数化、组态、数据交换和全局控制报文。

2. 2类主站和从站之间

2类主站和从站之间的通信功能均为可选项，除了上述1类主站相同的报文外，2类主站和从站之间的交互报文还包括设定从站地址、读取输入/输出和获取组态信息。

3. 1类主站和2类主站之间

1类主站和2类主站之间主要包括实现组态数据的上载、下载，以及读取1类主站有关数据的报文。各站相互通信时实现的功能有些是强制性的或必需的（M），有些则是可选的（O）。表20-1所列为主站与从站、主站与主站之间，不同对象通信时实现的功能表。

表20-1 不同对象通信时实现的功能表

通信对象	功能	1类主站		2类主站		从站	
		请求	响应	请求	响应	请求	响应
主站-从站	数据交换	M	—	O	—	—	M
	读输入	—	—	O	—	—	M
	读输出	—	—	O	—	—	M
	从站诊断信息	M	—	O	—	—	M
	设置参数	M	—	O	—	—	M
	检查组态信息	M	—	O	—	—	M
	获取组态信息	—	—	O	—	—	M
	全局控制	M	—	O	—	—	M
	设置从站地址	—	—	O	—	—	O

通信对象	功能	1类主站		2类主站		从站	
		请求	响应	请求	响应	请求	响应
主站-主站	获取主站诊断信息	—	M	O	—	—	—
	开始顺序	—	O	O	—	—	—
	下载	—	O	O	—	—	—
	上载	—	O	O	—	—	—
	结束顺序	—	O	O	—	—	—
	激活参数广播	—	O	O	—	—	—
	激活参数	O	O		—	—	—

注　表中 O：Optional，可选项；M：Mandatory，必须项；—，无关项。

各设备功能的实现是以互相交换报文的方式进行的。各设备之间的相互作用关系和使用的报文种类如图 20-2 所示。

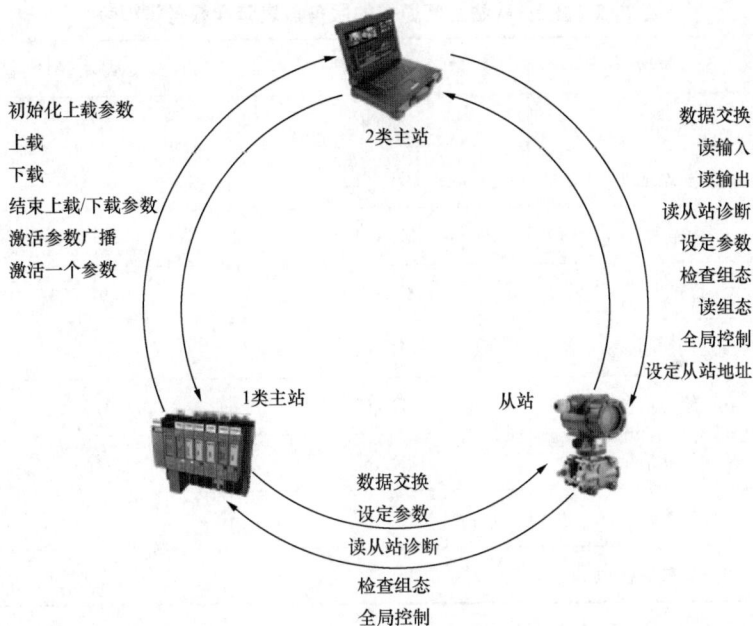

图 20-2　各设备之间的相互作用关系和使用的报文种类示意图

第三节　Profibus-DP 报文

一、Profibus-DP 报文类型

因 Profibus-PA 同步传输的报文类型和 Profibus-DP 相同，本节仅以 Profibus-DP（异步传输）为例介绍报文类型，Profibus-DP 标准的报文格式

如图 20-3 所示。

SD	LE	LEr	SDr	DA	SA	FC	DSAP	SSAP	PDU···	FCS	ED
68h	××	××	68h	××	××	××	××	××	××···	××	16h

图 20-3　Profibus-DP 标准的报文格式

与 Profibus 链路层标准报文格式相比可知，Profibus-DP 标准报文格式符合 Profibus 数据链路层的基本格式要求，但多了两个字节：一个是目标服务存取点 DSAP（DestinatI/On Service Access Point），另一个是源服务存取点 SSAP（Source Service Access Point）。

从 DP 的标准报文格式中可以看出除数据单元 DU 外，报头长度为 11 个字节，因为 Profibus 协议中规定的报文长度（包括字头）最长不能超过 255 字节，所以 DP 通信中，数据单元长度最长为 244 字节。

主站-从站之间通信的服务点表示和服务类型见表 20-2。

表 20-2　主站-从站之间通信的服务点表示和服务类型表

服务类型	主站 SAP	从站 SAP
数据交换	NONE	NONE
设置从站地址	3E（62）	37（55）
读输入	3E（62）	38（56）
读输出	3E（62）	39（57）
全局控制	3E（62）	3A（58）
获取组态信息	3E（62）	3B（59）
从站诊断信息	3E（62）	3C（60）
设置参数	3E（62）	3D（61）
组态参数信息	3E（62）	3E（62）

说明：

在 DP 报文中的目标地址和源地址，即 DA 和 SA，它们分别为一个字节，其中低 7 位（$2^6 \sim 2^0$）表示设备地址，而 2^7 位是非常重要的位，当该位为 0 时，表示在该报文中，没有使用 DSAP/SSAP；当该位为 1 时，表示在该报文中，有 DSAP/SSAP 来指定相应的服务。

二、DP-V0 报文

Profibus-DP-V0 是最早的 DP 版本，它包括 MS0 通信和 MM 通信。其中最主要的功能是实现 1 类主站和从站之间的周期性数据通信。我们下面只对这些报文进行简单的讲解。

在正常通信过程中，诊断报文、参数设置报文、组态报文和全局控制报文可以根据需要自发传递。正常情况下，系统保持在数据交换状态。

Profibus-DP 和 PA 在应用层都是一样的，只在数据链路层有少许的不同。在 Profibus 系统中，PA 网段最终要连接到 DP 网段，PA 网段的设备受 DP 主站的控制。

本书讲解 DP-V0、DP-V1 报文时，其形式是按照异步传输的格式来介绍的，同步传输时相关数据单元的内容相同，各种报文的要点都集中在数据单元 DU 中。

说明：在本章节中，字节中的位为 1 时有效，字节的数据均为 16 进制数。

（一）参数设置请求及响应报文

主站参数设置请求报文指定它和从站的关系，以及从站的操作方式，主要包括通信参数、功能设定、装置参数和 ID 号。接收到该请求报文后，从站将检查这些参数和功能对该从站是否合适。必须设置的参数和功能如下。

（1）是否启用 Watchdog。

（2）最小的从站延迟响应时间 T_{SDR}。

（3）锁存/同步方式使能。

（4）主站是否锁定该从站。

（5）指定成组控制组号。

（6）该 Profibus 装置或设备的 ID 号。

从站的响应报文非常简单，只有一个字节，即短确认报文 SC（Short Character）：E5h，再加上 2 字节的 CRC 循环冗余校验码（后同）。

主站参数设置请求报文的 DU 单元，前 7 个字节是基本参数设置，是必需的；接下去的字节是扩展参数设置。DU 部分最多可以有 244 个字节。主站参数设置请求报文的结构和含义如下：

SD	LE	LEr	SDr	DA	SA	FC	DSAP	SSAP	DU	FCS	ED
68h	××	××	68h	××	××	××	3Dh	3Eh	××…	××	16h

DU 单元的结构如下：

前 7 个字节为必选字节	相关装置和模块的参数（可选）
1…7	8…244
DU 单元最少必须有 7 字节，最多可有 244 字节	

第 1 字节：

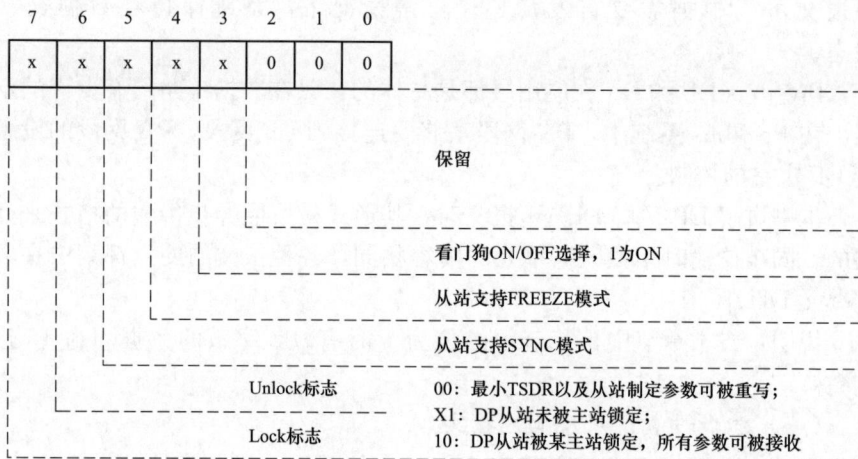

第 2 字节：WD1。看门狗系数 1，数值范围 0～FFh。

第 3 字节：WD2。看门狗系数 2，数值范围 0～FFh。

看门狗时间＝ WD1×WD2×10ms。（一般从站设备看门狗时间的基值为 10ms）

第 4 字节：最小的从站响应时间 T_{SDR}，标准的 T_{SDR} 为 11 个 T_{bit}，因此该字节的数值一般为 0Bh。

第 5 字节：设备 ID 号高字节。

第 6 字节：设备 ID 号低字节。

第 7 字节：成组选择。

(二) 组态请求及响应报文

参数化报文之后，主站发送组态请求报文给从站。组态报文的作用主要是对 I/O 的类型及性质进行设定，还可指定制造商的一些特殊 I/O 设置。

主站把组态请求报文给从站后，从站将得到的组态信息和其 GSD 文件中的相应内容进行比较验证，检查是否冲突，若组态信息不合适，则在诊断报文中向主站报告，以便重新进行组态。从站的响应报文和参数设置响应报文一样，也只使用短确认报文 E5h。

组态请求报文数据单元中的数据用来描述该从站设备的 I/O 性质、数据类型（字节/字）和数据块（模块）的一致性范围。另外，有可能一些字节用来定义特殊模块的其他扩展信息。

DU 单元内容涉及两个概念：标识符（identifier）和一致性（consistency）。

1. 标识符

一个从站设备可能由若干个模块组成，但在 Profibus 的 GSD 文件中对这些模块进行描述时使用的是标识符的概念。标识符是一个 Profibus 设备的重要参数，它表示了该产品在通信时输入和输出数据的宽度和特性。

例如，一个 Profibus-DP 产品控制 8 个开关量，需要由主站提供这 8 个开关量的内容，那么该产品接收主站数据就是 8 位共一个字节的宽度。而该产品的标识符就必须描述出这种特性和宽度：一个字节。

标识符会写入产品的设备描述文件 GSD 文件中，便于系统建立时组态。

2. 一致性

一致性主要是针对数据交换过程中数据单元的更新是否能被拆分来说的。

例如，一个 4 通道的 AI 模块，单位是"字"，如果是"数据单位一致"，则其每个通道可以单独更新，其每个通道的两个字节不能拆分更新；如果是"模块一致"，则 4 个通道必须同时更新数据，每个通道不能拆分更新，每个通道的两个字节更不能拆分更新。

（三）诊断请求及响应报文

在上电起始阶段进行参数化之前，以及在进入数据交换阶段之前，主站会自动进行诊断请求；在进入数据交换阶段后发生异常，也要进行及时的诊断请求及响应，以便检查分析。

所有的主站都可以向任何一个从站发送诊断请求报文，要求知道该从站的状态。从站诊断响应报文的 DU 单元包含 6 个字节的标准诊断信息和制造商所设定的其他诊断信息（也称为扩展诊断信息）。标准诊断信息包括该从站设备的 ID 号、该从站是否被主站锁定、锁定从站的主站地址、各种参数设置错误、各种组态错误、是否支持同步/锁存功能等。

（四）数据交换报文

对从站进行过参数设置、组态以及再次诊断无误后，主站和从站就进入了数据交换阶段。若没有意外情况发生，数据交换就一直进行下去，该阶段是整个现场总线系统的主要工作。

在数据交换阶段，主站把用户程序计算处理后得出的控制结果作为输出数据发送给相应的从站；然后从该从站得到相应的最新输入数据；另外，主站还可以发出全局控制报文，该报文中还包括是否对输出进行同步输出的控制命令。数据交换报文中的 DU 单元最长可以有 244 字节，具体的长度已在组态中定义。

1. 数据交换请求及响应报文

数据交换报文中没有 DSAP 和 SSAP，它比别的报文少 2 个字节。它们 DA 和 SA 的 $bit_7 = 0$，而其他报文的 DA 和 SA 的 $bit_7 = 1$。从站响应报文结构为短响应报文格式 SC，即只有一个字节：E5h。

2. 异常报告报文

在数据交换阶段，控制系统出现故障时，必须及时报告给主站。因此从站诊断信息具有高的优先级。

在数据交换状态下：从站一旦有诊断信息需要报告，它立即会把当时的数据交换响应报文中 FC 字节的低 4 位置 A（高优先级响应报文），通知主站该从站有诊断信息报告，主站会马上在下一个总线循环周期发出诊断请求报文，而不是发送数据交换请求报文，从站就可以把诊断响应报文发送给主站了。

（五）全局控制报文

在数据交换过程中，主站使用 SDN 服务可以对设定的从站组进行全局控制（global control），全局控制报文的主要功能或类型如下。

（1）报告主站的工作状态。

（2）输出同步/解除同步（Sync/Unsync）。

（3）输入锁存/解除锁存（Freeze/Unfreeze）。

（4）清除数据（ClearData）模式的设置。

1. 同步和锁存方式

同步方式是针对输出而言的。正常情况下，从站接收到主站发的输出数据后，立即通过数据缓冲器把它们送到了输出缓冲器，随后通过物理输出端去控制现场的执行机构。其过程如图 20-4（a）所示。

当主站发送同步控制命令后，输出数据就不再直接送到输出缓冲器，而是先放在数据缓冲器中［见图 20-4（b）］，当从站再次收到同步命令后，该数据才能被送到输出数据缓冲器，同时新的数据送到数据缓冲器中。主站发出解除同步控制命令后，系统的输出数据通道又恢复到正常情况时的状态。

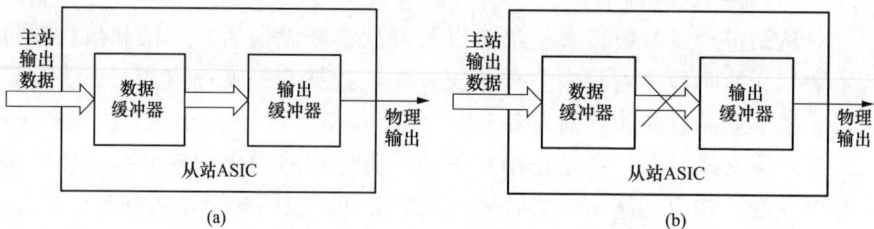

图 20-4　同步方式使用举例

（a）正常情况下的输出数据通道；（b）同步控制下的输出数据通道

锁存方式和同步方式的工作原理一样，只不过它是针对输入而言的。正常方式下，从站的输入数据可以直接送到主站；而在锁存方式下，从站的有关输入不能直接送到主站，而是必须等到下一个锁存命令才行。主站发出解除锁存控制命令后，系统的输入数据通道又恢复到正常情况时的状态。

2. 自动安全方式

某些主站支持"自动清除"功能。当主站检测到从站发生故障或特定的异常情况后，会自动从"操作"模式切换到"清除"模式。在"清除"模式下，主站会向从站写入复归数据，如"0"，而 DP 从站则将输出置于安全状态（Fail Safe）。但究竟是什么样的安全状态则完全取决于从站的功能、用户的设定以及应用场合。在开关量输出中，输出一般是"0"，但在模拟量的输出中，安全输出可以是一个预设的安全值。

三、DP-V1 报文

DP-V1 是基于 DP-V0 基础上发展起来的，它处理周期性数据的报文与 DP-V0 是一样的，区别在于其加上了 MS1 和 MS2 通信，这些属于非周期性数据通信的范围。下面重点讲解 DP-V1 报文和 DP-V0 报文的不同，其他不再赘述。

从前面的 Profibus 应用层的介绍中可知，在非周期性数据交换中，1 类主站和从站之间的通信属于 MS1 通信；2 类主站和从站之间的通信属于 MS2 通信。因此，DP-V1 的通信由周期性通信 MS0 和非周期性通信 MS1、MS2 组成。

下面章节内容，重点对 DU 单元进行分析。

（一）参数设置报文

DP-V1 的参数设置报文与 DP-V0 相比，DU 单元多了 3 个字节（第 8、9、10 字节），其他都一样，具体结构如下。

前 7 个字节为必选字节（同 DP-V0）	DP-V1 的 3 个状态字节	相关装置和模块的参数（可选）
1…7	8…10	11…244
最少必须有 10 个字节，最多可有 244 字节		

第 8 字节：

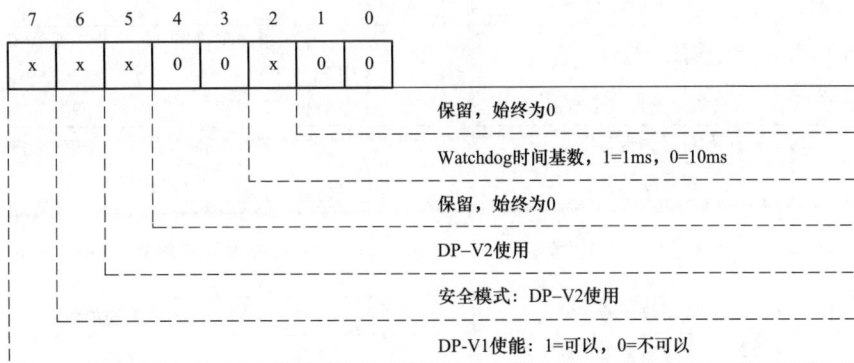

第 9 字节：

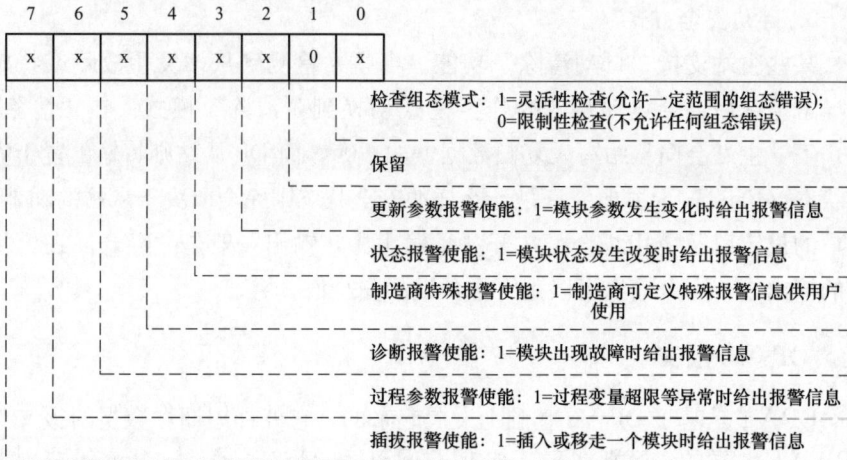

第 10 字节：

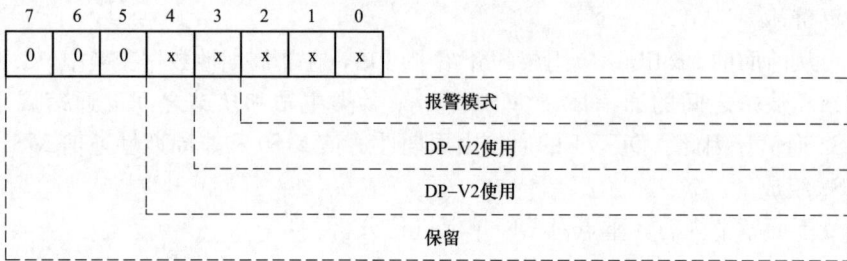

（二）组态报文

DP-V1 组态报文与 DP-V0 的组态报文相比，DU 部分的标识符属于特殊标识符，原来在 DP-V0 中的制造商特定数据部分，在 DP-V1 中将用于数据类型的编码。这些特殊数据字节用来进一步说明该模块输入、输出或输入/输出的性质，该字节中数值的不同代表的 I/O 性质不同。DP-V1 中 I/O 性质说明对照表见表 20-3。

表 20-3 DP-V1 中 I/O 性质说明对照表

字节数值	I/O 性质	字节数值	I/O 性质
1	二进制数（位）	10	8 个一组的字符串（n 字节，无 ASCⅡ码）
2	8 位符号整数（字节）	11	数据（7 字节，范围 1ms～99 年）
3	16 位符号整数（字）	12	天（4 字节，ms 单位，从午夜开始）
4	32 位符号整数（双字）	13	时差（4 字节，ms 单位）
5	8 位无符号整数（字节）	14	天（6 字节，若为 ms 单位，则从午夜开始；若为天的形式，则从 1/01/1984 开始）
6	16 位无符号整数（字）	15	时差（6 字节，ms 或天的单位）
7	32 位无符号整数（双字）	16～31	保留
8	IEEE 浮点数（双字）	32～63	用户特殊指定数据
9	可见的字符串（n 字节，每个字节 1 个 ASCII 码）	64～255	保留

（三）诊断报文

DP-V1 和 DP-V0 的主站诊断请求报文是相同的。在 DP-V0 从站诊断响应报文中已经定义了基本诊断信息字节（必选）和扩展诊断信息字节（可选）。

因为在 DP-V1 中使用报警和状态信息块替代了 DP-V0 中的装置诊断信息块，所以在 DP-V1 中没有装置信息块。除此之外，DP-V1 诊断响应报文的其他部分和 DP-V0 相同。

DP-V1 的 DU 单元结构见表 20-4。

表 20-4 DP-V1 的 DU 单元结构

前 6 个字节为基本的诊断信息（必选）	报警或状态信息块（4~63 字节，可选）	标识符模块诊断信息块（可选）	通道诊断信息块（每通道 3 个字节，可选）
1…6 基本诊断信息部分	7…244 扩展诊断信息部分		
DU 单元最少必须有 6 字节，最多可有 244 字节			

DP-V1 的报警/状态信息块有两部分内容。

（1）报警信息。主要反映参数设置报文的第 9 字节中规定的各种报警，当有故障出现时进行报警。

（2）状态信息。主要反映系统状态、模块状态和制造商规定的一些特殊状态。

这两种诊断信息不能同时共存于同一个报文中，要么该报文是关于报警信息，要么该报文是关于状态信息，它们的报文结构以及对这两种信息的处理过程也是不一样的。

（四）MS1 报文

1 类主站和相应从站之间非周期性数据（如参数上下限设定值、过程参变量值等）的交换就是 MS1 通信。MS1 通信中定义了新的 SAP，主站的 SAP 都是 33h，从站的 SAP 一个是 33h，用于数据读写；另一个是 32h，用于报警确认。

在周期性数据交换初始化的同时，MS1 通道随之建立；当周期性数据通信中止，则 MS1 通道也同步关闭。一个从站同时只能和一个主站进行周期性数据交换，同样，一个从站同时也只能有一个 MS1 连接。

（五）MS2 报文

2 类主站和相应从站之间的非周期性数据交换采用 MS2。工业过程控制中，基于 MS2，可以通过 HMI 进行系统的实时监控和操作，也可以直接对设备进行参数设置。对 PA 设备来说，行规 4.02（profile-PA-Devices_3042_V402）以上版本的设备中，MS2 通道的重要性要大于 MS1 通道，MS2 属于必须项，MS1 则是可选项。在过程控制系统的实际应用中，MS2 通道广泛地应用于非周期性数据的传输。

第二十一章 Profibus 现场总线安装

第一节 Profibus-DP 安装

从本章节开始，我们介绍 Profibus 现场总线工程实施相关知识。一般称 Profibus-DP 现场总线设备为 DP 设备，称 Profibus-PA 现场总线设备为 PA 设备。

一、DP 网络设备及网络连接

1. 通信电缆

Profibus 现场总线实施过程中，不可避免地要使用到现场总线通信电缆，常见的通信电缆为标准 Profibus-DP A 型电缆（B 型电缆已淘汰），电缆常用技术数据见表 21-1。

表 21-1　标准的 Profibus-DP A 型电缆的数据

参数	数值
特征阻抗（Ω）	135~165（频率为 3~20MHz 时）
电容(pF/m)	<30
电阻(Ω/km)	≤110
线径(mm)	>0.64
导体面积(mm²)	>0.34

Profibus-DP 电缆的双绞线有红色、绿色两根信号线。其中绿色线为"－"信号线（A 线），红色线为"＋"信号线（B 线）。红色线和绿色线不能接反，否则无法通信；另外，屏蔽层必须在两端可靠接地，否则会影响正常通信质量。使用不合格电缆、信号线接反、屏蔽层没有可靠接地都是引发通信故障的最常见的错误，需在施工中格外引起注意。

2. 中继器

中继器主要完成相同网络中物理层之间的连接，能够起到信号隔离及整形放大的作用，其主要作用如下。

（1）扩展网络。当从站节点数过多、传输距离过长时，需要使用中继器把网络分成不同的网段，以保证正常的传输质量。一般来讲，网络节点数不能超过 32 个。理论上讲，主站和从站之间最多可以有 9 个中继器，但从保证通信质量的角度，建议最好不要超过 4 个中继器。

（2）改变拓扑。DP 网络一般为线形结构，使用中继器可以使网络拓扑结构改变，但保证每个网段还是线形结构，这样，工程实施过程中，网络布置更加灵活。

3. 终端电阻

当信号在电缆上传输时，由于信号传输过程的特征阻抗不连续，通信线路的终端会引起信号反射，导致线路上信号的叠加，从而产生严重的通信干扰。高速率传输时，这种情况尤为严重。解决反射干扰的方法是在电路的终端加上一个适当的终端电阻（Termination），并使终端电阻值等于电缆的特征阻抗值（即阻抗匹配，对 Profibus-DP A 型电缆，电阻值一般取 220Ω）。这样就可以起到吸收信号能量，减弱信号反射的作用，从而最大程度地吸收甚至消除反射信号。

因为总线上所有接入设备在静态（非通信状态）时均处于高阻状态，为避免总线电缆处于不确定的电平状态及损坏电流驱动器件。一般在总线终端器中设置两个偏置电阻。在 DP 终端电阻中，使用两个 390Ω 的电阻，分别把 A、B 数据线的静态电平钳制到 V(0 脚，5V) 和 GND（5 脚）上，使总线电缆的静态电平保持在一个稳定数值，Profibus-DP 通信网络中终端电阻的原理如图 21-1 所示。终端电阻网络可以设置在设备中，也可以是专门的外加的活动终端电阻器（Terminator），另外，多数 PROFIBUS-DP 电缆标准接头都附带了终端电阻。某种独立的终端电阻如图 21-2 所示，DP 电缆接头上附带终端电阻如图 21-3 所示。

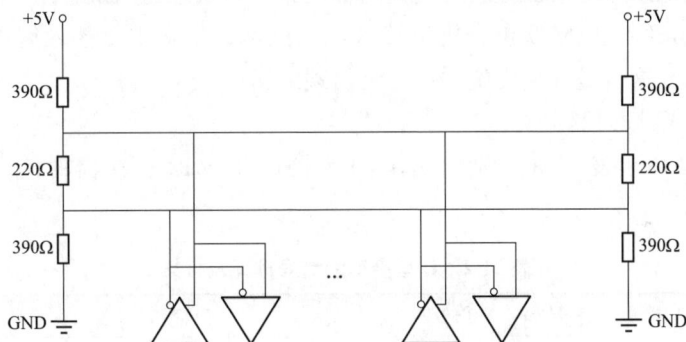

图 21-1 Profibus-DP 通信网络中终端电阻的原理

图 21-2 某种独立的终端电阻

图 21-3　DP 电缆接头上附带终端电阻

　　每个 Profibus-DP 网段的两端必须有终端电阻，但在其他地方绝对不能设置终端电阻。无论是单独的终端电阻，还是设备本身附带的终端电阻，必须要保证电源的正常供应（5V DC），否则终端电阻不工作，会引起整个网络通信的异常。另外，要注意不要把终端设备（比如中继器或从站等）上的终端电阻与连接器上的终端电阻都拨到有效状态的错误。

　　因此，终端电阻要正常规范接入，无论是缺少和重复接入终端电阻都是错误的，这也是现场实施中，经常出现的错误。

　　4. 信号排列及定义

　　表 21-2 和表 21-3 分别给出了 D 型接口及 M12 连接器的信号排列及含义。

表 21-2　D 型接口的信号排列及含义

D 型接头	插针号	信号	功能	备注
	1	Shield	屏蔽/保护地	O
	2	M24	24V 输出电压地	O
	3	RxD/TxD-P	接收数据/传输数据正极（B-Line）	M
	4	CNTR-P	中继器方向控制信号	O
	5	DGND	数据地（对地 5V）	M
	6	VP	终端电阻 P 的供电电压（+5V）	M
	7	P24	+24V 输出电压	O
	8	RxD/TxD-N	接收数据/传输数据负极（A-Line）	M
	9	CNTR-N	中继器方向控制信号	O

表 21-3　M12 连接器的信号排列及含义

M12 接头	插针号	信号	功能	备注
	1	VP	终端电阻 P 的供电电压（+5V）	M
	2	RxD/TxD-N	接收数据/传输数据负极（A-Line）	M
	3	DGND	数据地（对地 5V）	M
	4	RxD/TxD-P	接收数据/传输数据正极（B-Line）	M
	5	Shield	屏蔽/保护地	O

注　表中 O：OptI/Onal，可选项；M：Mandatory，必须项。

5. 总线连接器

总线连接器是连接 Profibus-DP 网络和设备的重要部件。PI 为 Profibus-DP 网络定义了许多标准接口，其中 9 针 D 形接口和 M12 接口是常用的连接器接口。D 形接口用于较理想的工业环境，而 M12 接口用于较恶劣的工业环境（IP65 或更高）。

（1）D 形连接器。D 型连接器（见图 21-3）是 Profibus-DP 最常用的网络器件，它有以下特点。

1）连接器中集成有终端电阻，当接入终端电阻时，输出电缆端自动隔离；

2）可方便地连接数据线和屏蔽线；

3）输入和输出电缆接口相互独立。

在连接 Profibus 网络时，必须使用专门的连接器。使用连接器的优点是可以保证可靠快速地连接和可靠接地，电缆屏蔽层之间能够可靠连接，使得干扰电流通过连接的地线快速分流掉；同时，连接器的使用使网络连接成菊花形（单一线形），当去掉一个站点设备时可以不破坏任何网络连接，菊花链线形网络是推荐的最常用的 DP 网络结构，如图 21-4 所示。

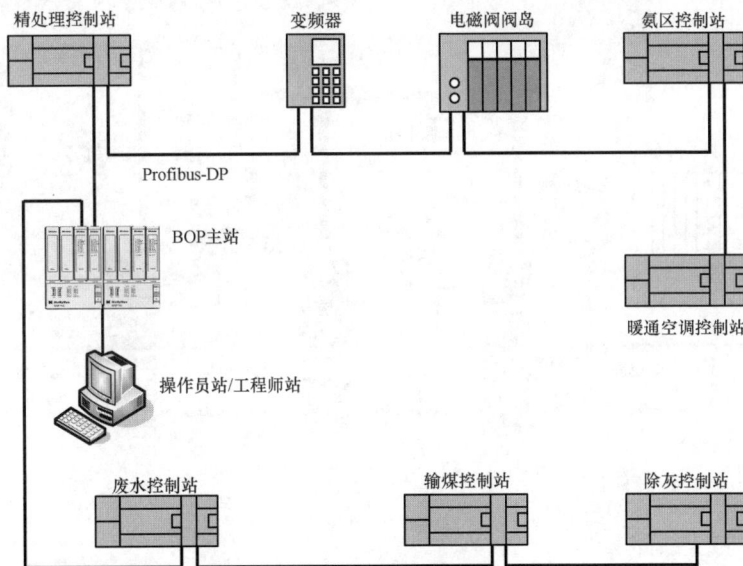

图 21-4　典型的菊花链线形网络连接

Profibus 网络两端的连接器都必须接入终端电阻，而接入终端电阻后，输出端后面的网段就被隔离，因此整个 Profibus 网络的每个末端的连接器都必须使用输入端。D 形连接器的内部原理及使用方法如图 21-5 所示。

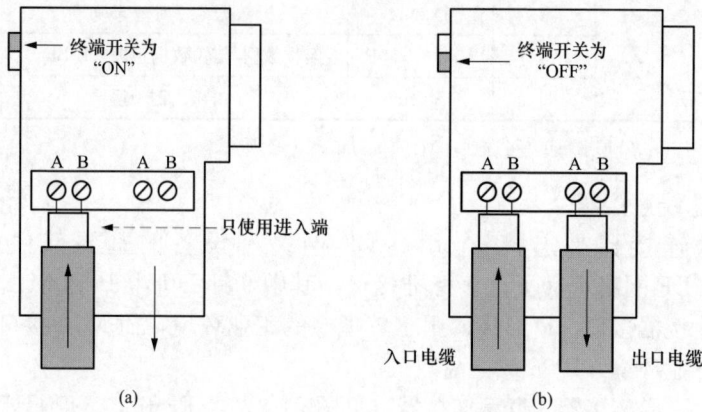

图 21-5　D 形连接器的内部原理及使用方法

（a）连接器在网络中的端部使用；（b）连接器在网络中间位置使用

（2）M12 连接器。M12 连接器相对使用较少，一般都由设备制造商预制好。M12 连接器可以提供"输入""输出"分立的连接方式，也可提供 T 形头连接方式。在使用上不如 D 型连接器方便。M12 连接器及其使用方法如图 21-6 所示。

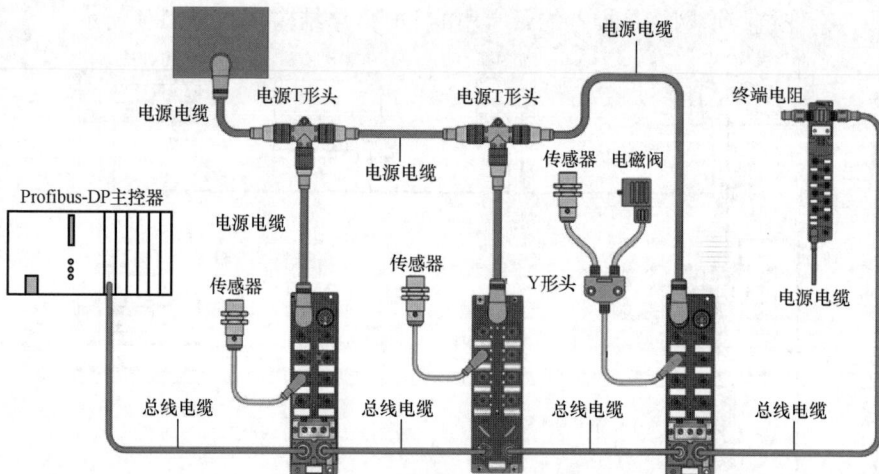

图 21-6　M12 连接器及其使用方法

6. 分支线路

从主干电缆上引出来的分支电路称为分支线路。Profibus-DP 的分支线路的长度有着严格的限制。当传输速率超过 1.5Mbit/s 时，任何接头线路都不允许存在；当传输速率等于或低于 1.5Mbit/s 时，整个网络中最大允许的接头电路总长度见表 21-4。要格外注意，在接头分支电路的端头不能使用终端电阻。

表 21-4　最大允许的接头电路总长度（以 **Profibus A 型电缆为例**）

比特率	容许的总接头电容（nF）	总接头电缆长度（m）
＞1.5Mbit/s	无	无
1.5Mbit/s	0.2	6.7
500kbit/s	0.6	20
187.5kbit/s	1.0	33
93.75kbit/s	3.0	100
19.2kbit/s	15	500

为了避免接头电路的出现，要尽量使用中继器来扩展网络。

7. 高传输率的特殊要求

当传输速率超过 1.5Mbit/s 时，对网络和网络连接设备的一些特殊要求如下。

（1）使用特殊的连接器，该连接器中集成有电感器。

（2）不允许有任何接头分支电路。

（3）网段最大长度不能超过 100m。

（4）为防止距离太近引起信号反射，建议每两个站点之间的长度最好大于 1m。

二、DP 网络结构及终端电阻的使用

下面举例说明 Profibus 网络布局和终端电阻的使用方法，图 21-7 所示为一个相对复杂的多主站 Profibus-DP 网络。

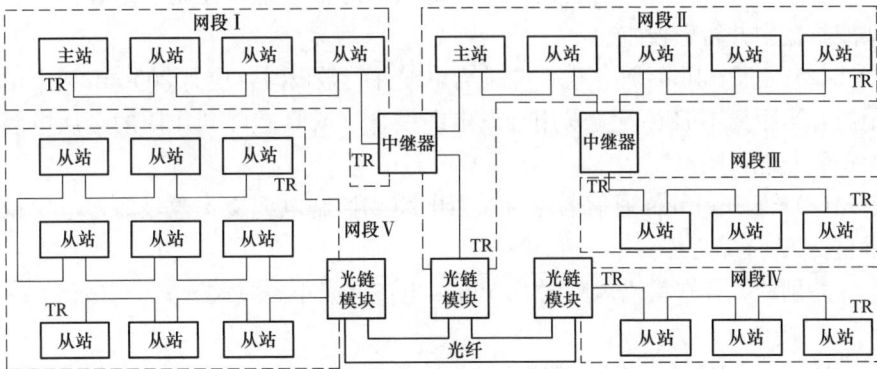

图 21-7　复杂的多主站 Profibus-DP 网络

从图 21-7 可以看出，无论是单主站还是多主站的 Profibus 网络，终端电阻的使用都总结出如下原则。

（1）每个网段的两端必须有终端电阻，在其他地方不能设置终端电阻。

（2）中继器输入侧链接的网段属于同一网段，中继器输入、输出侧链接的网段属于两个网段。

（3）整个网络可以不是线形结构，但每个网段都是线形结构。

（4）终端电阻（或带终端电阻的中继器、从站等设备）的电源必须保证，以避免终端电阻丢失，造成系统信号不稳定。

（5）如果要想随意移动网段中间的从站设备，则可以选择使用独立的终端电阻，但要避免接入双重终端电阻。

单主站网段，因为主站轻易不会移动，所以建议把主站放在网络的最开始的一端，以保证终端电阻不会从网段上失效。

三、现场安装

（一）安装规范

1. 不同类型电缆的布线原则

电缆的敷设布线主要考虑避免机械损伤和干扰。敷设路径上要考虑避免挤压，并保证一定的弯曲半径；敷设时要考虑与不同种类电缆之间的距离，以减少引入干扰的可能。

火力发电厂工业环境中敷设的电缆一般分为动力电缆和控制电缆，动力电缆又分为高压电缆和低压电缆，按电源的种类又可分为交流电缆和直流电缆；控制电缆按传输信号形式包括模拟信号电缆、数字信号电缆等，Profibus 现场总线电缆属于数字信号电缆。

按照 DL/T 1556《火力发电厂 PROFIBUS 现场总线技术规程》中的要求，Profibus 现场总线电缆敷设需注意如下细节。

（1）Profibus 总线电缆允许与其他数据通信电缆、控制电缆在同一桥架或槽盒中并行敷设。

（2）当 Profibus 通信电缆与动力电缆并行敷设时，应有 200mm 以上的距离，当距离不够时，应采用金属电缆槽盒（或具有屏蔽作用的金属电缆保护管）进行隔离。

（3）当 Profibus 通信电缆与动力电缆或控制电缆交叉敷设时，应保持垂直交叉（90°交叉）。

特别地，存在雷击风险的 Profibus 电缆之间距离应大于等于 500mm。

2. 接地

Profibus-DP 电缆的屏蔽层应该在电缆两端可靠接地，以尽可能地增加接地面积。在敷设总线电缆时，要确保电缆的网状或箔状护套使用接地板夹和地可靠连接。

3. 电缆槽或电缆通道的使用

可以使用相互隔离的电缆槽把相同种类的电缆排列在一起，但电缆槽之间必须做到完全用金属槽隔离，金属槽之间要可靠连接，然后接地，金属槽应与金属建（构）筑物可靠连接，以保持等电位。不同类型的电缆使用的电缆槽如图21-8所示。

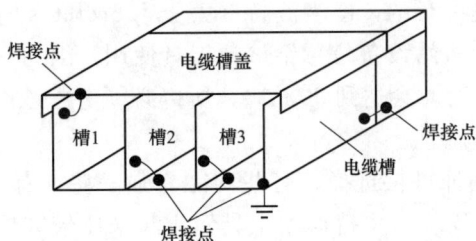

图21-8 不同类型的电缆使用的电缆槽

4. 电气柜的电缆进线

当电缆进电气柜时，其屏蔽层需要可靠地接地，最好使用夹子等可靠地与大地连接，如图21-9所示。接地点应尽可能地靠近入口处，记住不能在接地时造成电缆入线和内部的电缆间平行排列。当有多类电缆进柜时，可使用金属隔槽把它们分开。

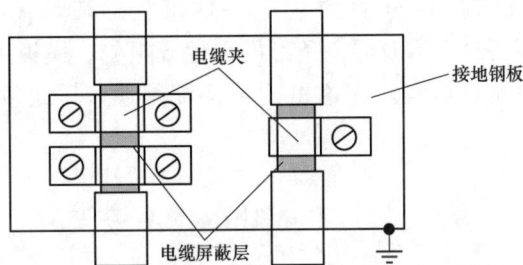

图21-9 在进入电气柜时的电缆接地示意图

如果电气柜中有一些从站设备，且波特率大于1.5Mbit/s时，那么这些设备之间的电缆长度最短应为1m，并且可把它们绕成环状。

在电气柜中，如果不能保证不同电缆的最小间隔距离，则一定要把不同的电缆分别放到各自的电缆管中。

5. 等电动势连接

电缆屏蔽层的两端必须可靠地接地，并保证两端都可靠地接入全厂接地网，以保证两端等电动势连接。在有高频干扰的地方，有时候需要接入接地电容，以消除高频信号干扰。在电磁干扰最严重的场合，最可靠的办法还是使用光缆来传输信号，并在使用时要注意做好防护。

（二）线路检查及诊断工具

当Profibus-DP网络连接完成后，必须进行接线检查，看是否有错误。

这些错误包括短路、断路、分支接头电路太长、网段电缆过短、终端电阻连接错误（太多或没接）、使用的电缆不合格（未经认证的产品）或型号不对、电缆安装错误等。

为方便检测，通常会在每个网段上设置一个背插式双面连接器。在背插式连接器上接入诊断工具相当于引出了一个分支接头，这在波特率不大于 1.5Mbit/s 时是可行的，但当波特率大于 1.5Mbit/s 时，最好在每个网段留出一个空闲的从站设备位置给诊断工具使用。因为一些诊断工具是要消耗一定的电流（有时会达到 90mA），所以必须考虑该网络设备插座上能否提供所需要的电流。

诊断工具有多种可供选择，有些功能要强一些，有些功能要弱一些。SIEMENS 公司的 BT200 手持诊断工具使用起来比较方便，不过功能相对较弱，可以满足一般的诊断检测使用。博森泰克（PROCENTEC）公司的 ProfiTrace 是比较专业的 Profibus 通信侦听套件，功能比较强大丰富，可以作为线路检测诊断的实用工具。

ProfiTrace 是帮助用户开发维护 Profibus 网络的专业工具，现在已经升级到 ProfiTrace2。它不仅能够检测 DP 网络，还能够检测 PA 网络。通过网络中预留的 PG 诊断接口可以对网络进行全面的检测。检测范围从物理层信号电压、信号波形，到通信报文、拓扑结构的检测，以及网络的整体健康指数评估，可以提供全面的数据评估报告。其具体功能包括 Live List（活动设备列表）、示波器、条形图、生成报告、模拟主站、拓扑图功能、网络通信状况总览等，在这里不再详细阐述，后续章节我们会进行介绍。

第二节　Profibus-PA 安装

一、PA 网络结构

因为在 Profibus 系统网络中，PA 的设备必须由 DP 段的主站控制，所以 PA 网段必须接入 DP 网段才能组成完整的 Profibus 网络。DP 和 PA 的物理层不同，DP 是 RS485、异步传输、NRZ 编码、波特率可变；PA 是同步传输、Manchester 编码、波特率固定（31.25kbit/s）。因此它们之间必须通过一个转换设备连接，这个转换设备就是耦合器或链接模块，它在 PA 网络中非常重要。

PA 段的设备的拓扑形式可以是线形、树形或它们的混合形式。当采用线形连接时，各个从站设备直接挂接在 PA 总线上；采用树形连接时，数个从站设备可以从一个 PA 分配器上接线，该 PA 分配器连接在 PA 总线上。每一个 PA 段的从站设备数量最多为 32 个，但实际要考虑消耗电流总量的限制和使用场合的影响。

　　PA 网段的总长度最长可达 1900m，但使用不同的电缆或在不同的场合使用都会大大缩短这个距离。PA 网段中的从站也可以随意移走，但移走后的线头要做好避免短路措施，以免该网段上的其他设备失去电源。图 21-10 所示为一个典型的 Profibus-PA 系统，其中的 PA 拓扑为树形连接，AFDiSD 为 PA 分配器。

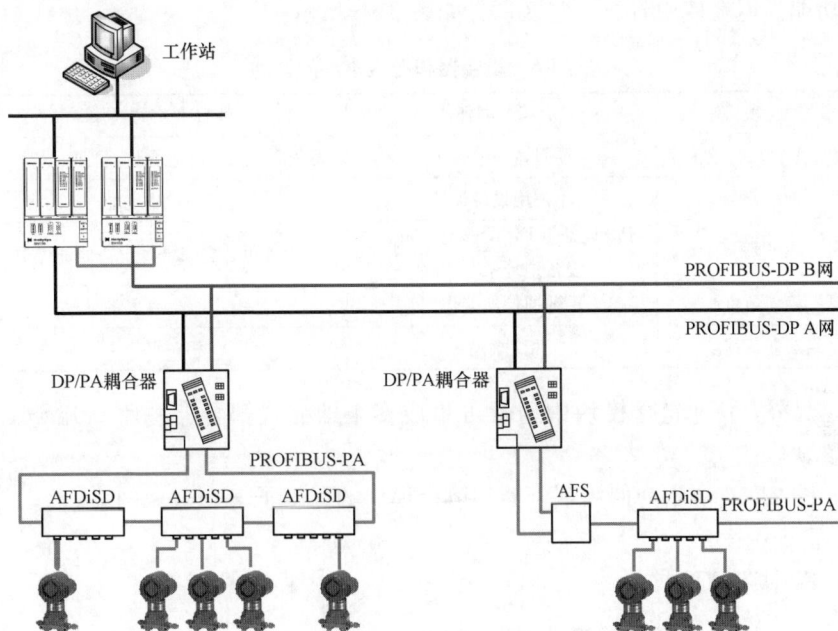

图 21-10　典型的 Profibus-PA 系统

二、PA 网络接线及布局

1. PA 电缆

　　Profibus-PA 总线使用专用的 PA 电缆，且要符合 IEC 61158-2 标准要求，表 21-5 中列出 4 种用于 PA 总线的电缆。不同的 PA 电缆所允许的网段长度不同，不同场合所使用电缆的长度也有所限制，如果安装在危险区域，则还要根据 FISCO 的原则进行网络设计，该设计包括电缆长度、从站数量等。

表 21-5　PA 电缆种类及相关参数

类型	电缆芯	屏蔽	导体截面积 (mm^2)	最大电阻 (Ω/km)	最大电缆总长度 (m)
A	单股	全屏蔽	0.8	44	1900
B	多股	全屏蔽	0.32	112	1200
C	多股	非屏蔽	0.13	264	400
D	多股	非屏蔽	1.25	40	200

2. 耦合器和链接模块

因为耦合器和链接模块都可以起到连接 DP 和 PA 的作用，所以其原理基本上是一样的，它们的主要作用都有完成 NRZ 编码、异步传输的信号和 MBP 编码、同步传输的信号之间的转换；为 PA 网段的设备提供电源，并限制输入电流的大小；拆解传输速度；在危险区域，完成隔离和电源限制的功能。但在使用时有一些区别，如表 21-6 所示。

表 21-6 耦合器和链接模块的区别

对比项目	DP/PA 耦合器	DP/PA 链接模块
所在 DP 网段传输速率	受限，一般较小	不受限，可在任意允许波特率下运行
地址分配	不占用设备地址	占用设备地址
编址要求	PA 设备与 DP 设备统一编址，设备地址不可重叠	PA 设备可独立编址，设备地址可重叠
担任角色	单纯通信连接作用	PA 的主站，DP 的从站
组态复杂程度	相对简单	相对复杂

另外，一个链接模块中通常可集成多个即插式耦合器去驱动几个 PA 网段。

图 21-11 所示为使用耦合器和链接模块的西门子 Profibus 网络。

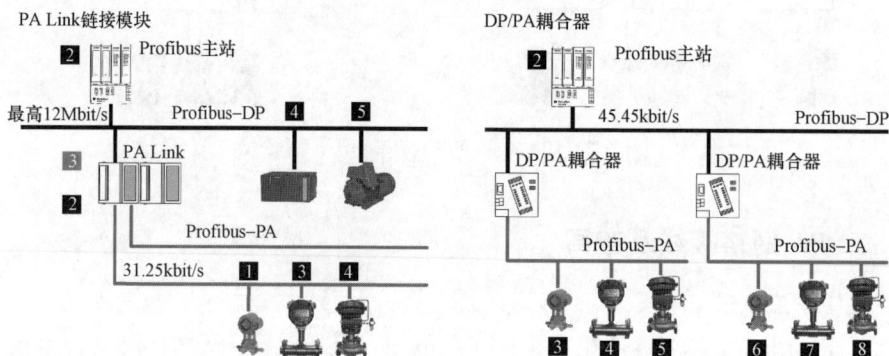

图 21-11 使用耦合器和链接模块的西门子 Profibus 网络

3. PA 网段中分支线路长度的规定

在 PA 网段中，因为传输速率低，所以允许分支线路的存在。分支线路的长度随分支电路数目的不同而不同。另外，分支线路与是否在本质安全区域使用也有很大关系。表 21-7 为 PA 网段中分支电路长度的规定。

表 21-7 PA 网段中分支电路长度的规定

分支线路的数量（个）	非本质安全要求安装时最大分支线路长度（m）	本质安全要求安装时最大分支线路长度（m）
25～32	1	1
19～24	30	30

续表

分支线路的数量（个）	非本质安全要求安装时 最大分支线路长度（m）	本质安全要求安装时 最大分支线路长度（m）
15～18	60	30
1～14	90	30
1～12	120	30

总之，分支电路长度的大小要看网络上总体电流消耗，不能教条地执行。

4. PA 网段的终端电阻

PA 网段同样需要使用终端电阻，但 PA 网段的终端电阻网络和 DP 中使用的终端电阻网络不同，它属于无源电阻网络。如图 21-12 所示，该电阻网络是一个串联的电阻和电容，连接在 PA 网段电缆的末端的两根数据线之间。

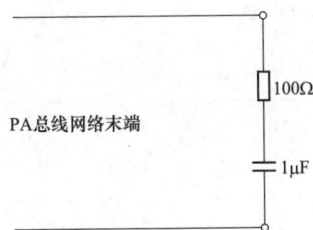

图 21-12　Profibus-PA 网段的无源终端电阻

PA 网段终端电阻的布置，起端可使用耦合器或分线盒中集成的电阻网络，末端的终端电阻可以使用最远的一个分线盒或最远的一个从站设备中的终端电阻。图 21-13 所示为 Profibus-PA 网段的典型连接举例，从该例中可以了解 PA 网段中树形结构、分支抽头线路和终端电阻的具体使用。

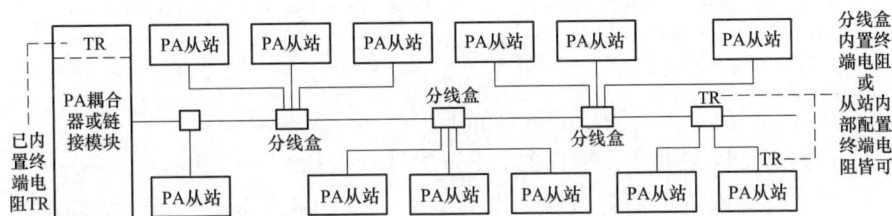

图 21-13　Profibus-PA 网段的典型连接举例

5. 屏蔽与接地

Profibus-PA 电缆的屏蔽层要和设备的金属保护外壳或外罩可靠地连接。电缆屏蔽层与设备、电缆屏蔽层之间的连接都必须保证足够大的接触面积，采用多点接地，以保证可靠接地，目的是保证两端形成等电动势系统。

Profibus-PA 网段电缆的其他安装要求和 DP 电缆的安装要求基本相同，请参考上一节相关部分内容。

三、Profibus-PA 网络的能耗计算

Profibus-PA 网络总体的设计原则是网段总消耗电流要小于耦合器所提供的额定电流，每个设备上的供电电压要大于设备正常工作所要求的额定电压。

以图 21-14 所示的一个典型的工艺过程的 Profibus 总线网络为例，来了解网络拓扑设计步骤。本例工艺过程控制系统选用的耦合器，其输出电压为 24V，输出电流为 350mA。

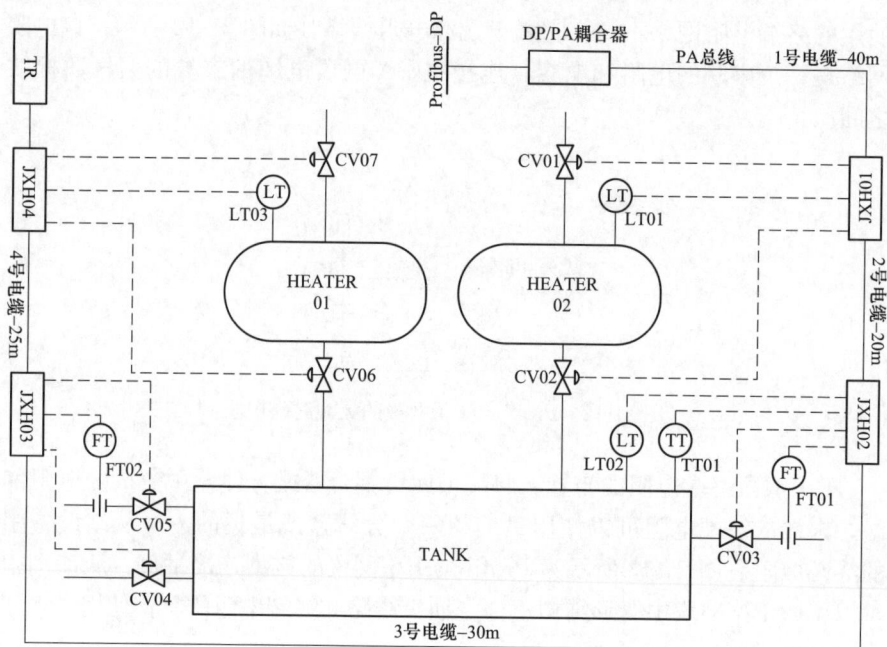

图 21-14　Profibus-PA 控制系统组成图

设计 Profibus-PA 网络的过程如下。

（1）选择网络电缆、耦合器、分配接线盒（Junction Block，JB）。

（2）计算网段总消耗电流（电缆电流、设备基本电流、最大故障电流之和）。

不同的类型 PA 网络电缆有不同的电阻值，如 A 型电缆的电阻为 0.044/m；从设备的基本参数中可以查到每个设备消耗的基本电流、最大故障电流。

（3）计算每个总线设备或装置上面的供电电压。

表 21-8 列出了系统中各仪表设备的基本电流和故障电流，所有设备基本电流之和经计算为 166mA，所有设备的最大故障电流为 6mA，两者之和

为172mA，小于耦合器提供的350mA，总电流消耗没问题。

表 21-8　PA 网段电流消耗基本数据

点名	地址	设备名称	基础电流（mA）	故障电流（mA）
CV01	3	1 号调节阀定位器	13	6
LT01	4	1 号加热器液位变送器	13	0
CV02	5	2 号调节阀定位器	13	4
LT02	6	2 号加热器液位变送器	13	0
TT01	7	1 号温度变送器	12	0
CV03	8	3 号调节阀定位器	13	4
FT01	9	1 号流量变送器	12	0
CV04	10	4 号调节阀定位器	13	4
FT02	11	2 号流量变送器	12	0
CV05	12	5 号调节阀定位器	13	4
CV06	13	6 号调节阀定位器	13	4
LT03	14	3 号加热器液位变送器	13	0
CV07	15	7 号调节阀定位器	13	6
合计基本电流			166	
最大故障电流			—	6
总的消耗电流			166＋6＝172（mA）	

设备供电电压计算见表 21-9。其方法是计算出每段电缆上的电压降，求出网段上每个配线盒处的电压，然后用耦合器的供电电压值逐步减去相应的电压降就可求得加在该设备上的电压。

表 21-9　PA 网段各设备供电电压计算

通信电缆	长度（m）	电阻（Ω）	电流（mA）	电压降（V）	终端电压（V）
1 号	40	1.76	172	0.302 7	23.697
CV01	7	0.308	13	0.004 0	23.693
LT01	6	0.264	13	0.003 4	23.694
CV02	8	0.352	13	0.004 6	23.693
2 号	20	0.88	133	0.117 0	23.576
LT02	6	0.264	13	0.003 4	23.572
TT01	6	0.264	12	0.003 2	23.572
CV03	6	0.264	13	0.003 4	23.572
FT01	6	0.264	12	0.003 2	23.572
3 号	30	1.32	83	0.109 6	23.463
CV04	8	0.352	13	0.004 6	23.458
FT02	6	0.264	12	0.003 2	23.460
CV05	6	0.264	13	0.003 4	23.460

续表

通信电缆	长度（m）	电阻（Ω）	电流（mA）	电压降（V）	终端电压（V）
4 号	25	1.1	45	0.049 5	23.409
CV06	5	0.22	13	0.002 9	23.406
LT03	5	0.22	13	0.002 9	23.406
CV07	7	0.308	13	0.004 0	23.405
距离最远设备供电电压（V）					23.405

一般来说，因为 PA 现场总线设备的额定电压值是 9V，所以只要在网段上最远端的设备上的供电电压仍大于 9V，则该网段设计的供电电压就能够满足工作要求。

从表 21-9 可知，整个 PA 网段最远端的设备是 CV07，经计算，它上面的供电电压为 23.405V，满足要求，因此该网段的供电电压设计也没有问题。

因此，该网段设计总体可以满足要求。

第二十二章 Profibus 通信诊断及故障排查

Profibus 是一种抗干扰性比较强的现场总线，运行过程中不可避免地会发生一些故障。在处理故障的过程中发现，造成 PROFIBUS 通信出现故障的原因，通常来讲都是一些基础性的原因，如现场没有接地处理、布线时与动力电缆没有分开等；因此，为了避免 Profibus 网络后期运行时出现故障，应该注意 Profibus 网络设计的规范性，同时严格遵守安装规范的要求进行现场施工。

Profibus 现场总线通信故障主要来自通信主站、连接线路、通信从站三个方面，在实际通信故障的排除过程中将这三方面隔离判断可以快而准确地发现故障。

在实际过程中可以采用以相同或类似的设备替代主站、分段或改变连接线路、减少或交叉替换从站等方法有效排除故障。

第一节　Profibus 调试工具

一、ProfiTrace 简介

ProfiTrace 是用于 Profibus 网络的功能超强的分析工具，是一系列总线监测技术设备中较先进的一代产品，它将所有主要工具，如分析仪、示波器、条线图及 DP-V0/V1 主站集成为一体。工程技术人员只需一个软件包和一个连接器，就可以对整个 Profibus 网络进行检测、调试和故障排除，从而大大减少了企业费用投资。

连接器（ProfiCore Ultra）内含高速数字分析仪，可以捕捉运行速度为 12Mbit/s 的总线信号，还可同时使用 PA 超级探针（Probe Ultra）用于 Profibus-PA 的系统。

ProfiTrace 对于维护、调试、故障排除及产品开发都是至关重要的。常见问题如噪声、反射、电压下降、终端器问题、双地址、断线及组态等都可以很容易地检测出来。偶尔出现的问题，如过冲、错误报文、重试及诊断也可以很容易地被捕捉及日志，还可将结果生成为报告。

目前，最新版本的调试诊断工具为 ProfiTrace 2，如图 22-1 所示。本节将以 ProfiTrace 2 为例介绍 Profibus 调试工具的使用方法。

二、ProfiCore Ultra

Profibus 调试工具可用于网络故障排除和维护、网络调试、产品测试和认证、无源电缆测试、设备 I/O 测试、设备地址设置等。在故障排除方

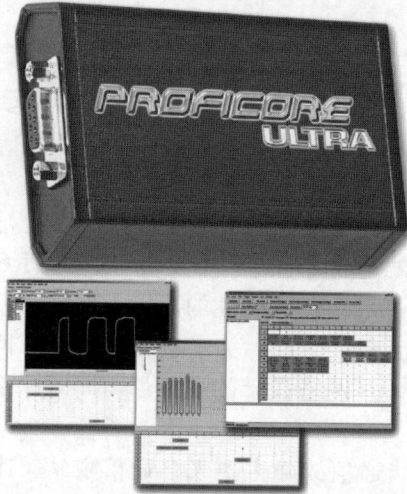

图 22-1　ProfiTrace 2 调试工具

面，ProfiTrace 可用来检测 Profibus 网络中几乎所有的错误。

ProfiCore Ultra 作为一种连接器，是使用 ProfiTrace 2 所必需的硬件。它的功能是在现场的 Profibus 总线和上位机的 USB 通信接口之间进行协议的转译。当 ProfiTrace 2 处在分析仪模式时，它被动地监视 Profibus 的活动，并检测总线上设备数据传输的通信状态，仅观察数据流动，并不作为总线上的主站或从站运行。

ProfiCore Ultra 具有一个电磁隔离的 RS485 接口，带有一个高速数字示波器，能捕捉运行速度为 12Mbit/s 的信号（见图 22-2），还可通过 PA 超级探针（PA Probe Ultra）应用于 Profibus PA 系统。

图 22-2　ProfiCore Ultra

第二节　ProfiTrace 调试工具的使用

一、启动 ProfiTrace 2

用 USB 电缆将 ProfiCore Ultra 连接到笔记本电脑或工作站上，将

Profibus 网络接口连接到系统上。在启动 ProfiTrace 2 软件后，出现如图 22-3 所示的屏幕。单击"启动 Proficore Ultra"启动软件。当有一个"PA Probe"连接到 ProfiCore Ultra 时，它就会自动被检测到。

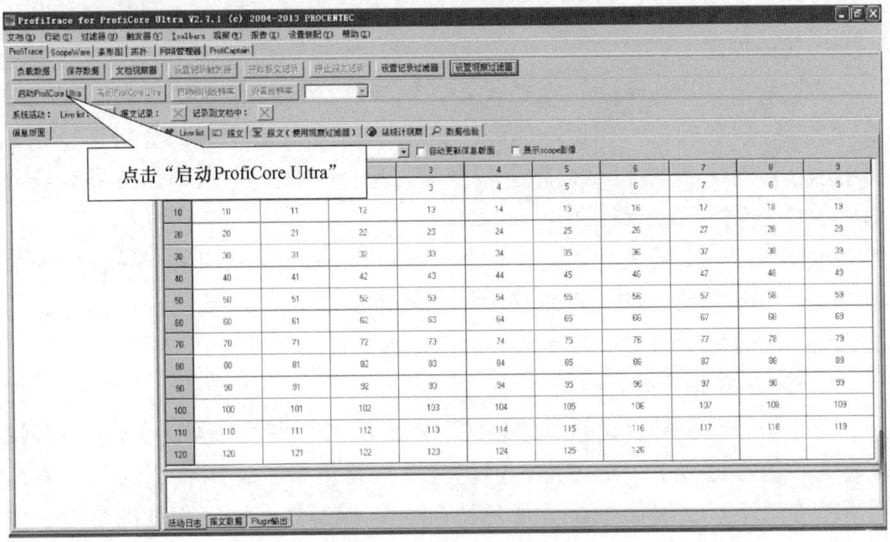

图 22-3　ProfiTrace 启动屏幕

单击"启动 ProfiCore Ultra"后，ProfiTrace 2 软件执行如下程序。

（1）检测 ProfiCore Ultra 是否已连接到 USB 端口。

（2）检查所需许可证是否已安装。

（3）对网络的波特率进行扫描。

在检测完波特率之后，应能看到如图 22-4 所示的 Live List 和检测到的波特率。

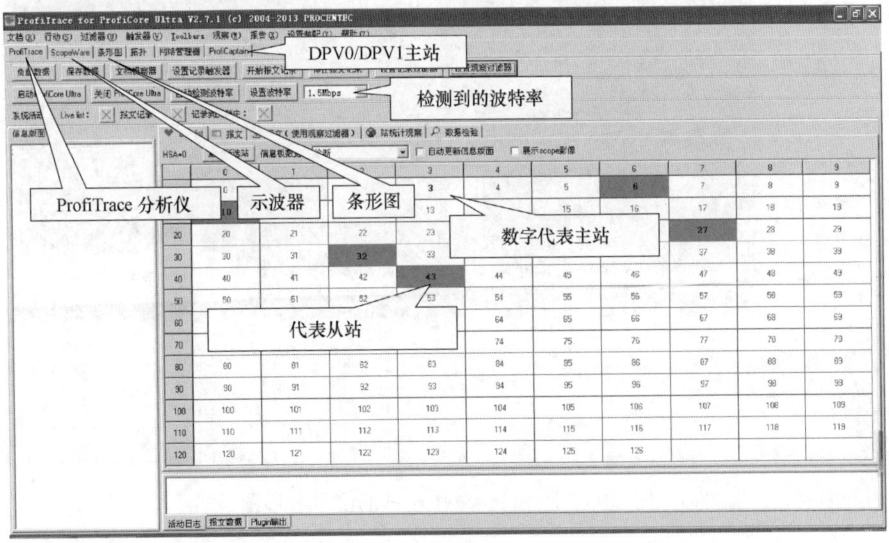

图 22-4　启动后的 Live List 界面及导航菜单

二、ScopeWare（示波器）

ScopeWare 是用于检测信号质量的实时示波器。启动 ProfiTrace 2 后，在选择这个标签后，示波器立即显示测量到的所有信号，时间基数和电压等级均能根据需要调整。

通过双击"Live List"上的设备，示波器会激活相应的设备，用以单独检测某一设备的信号质量；单击"光标"，显示等级和时间分析信息；如使用示波器对 A 线路和 B 线路进行测量，选择"模式"后，示波器就会分别显示 A 线路和 B 线路。

示波器的一个强大功能是位解析（Bit Interpretation Engine）。它能显示 ProfiTrace 侦听到的它在总线上所检测的数据位。终端用户可以将此与示波器所测量到的信号进行比较，对信号质量做出判断。

（一）正常信号

正常信号几乎可以说是"理想的"矩形波形，平均振幅为 5V。当振幅较高时，信号近似于矩形波形，但仍属于正常信号。空闲状态的信号噪声要保持在最小，空闲状态必须为 1V，因为终端器具有一定程度的电能。波形上的尖峰属于正常状态，尖峰产生的原因是 ProfiCore 所连接的短小分支线所致，有可能是该系统中的电缆长度相对较短。图 22-5 显示了 ScopeWare 中正常信号的波形。

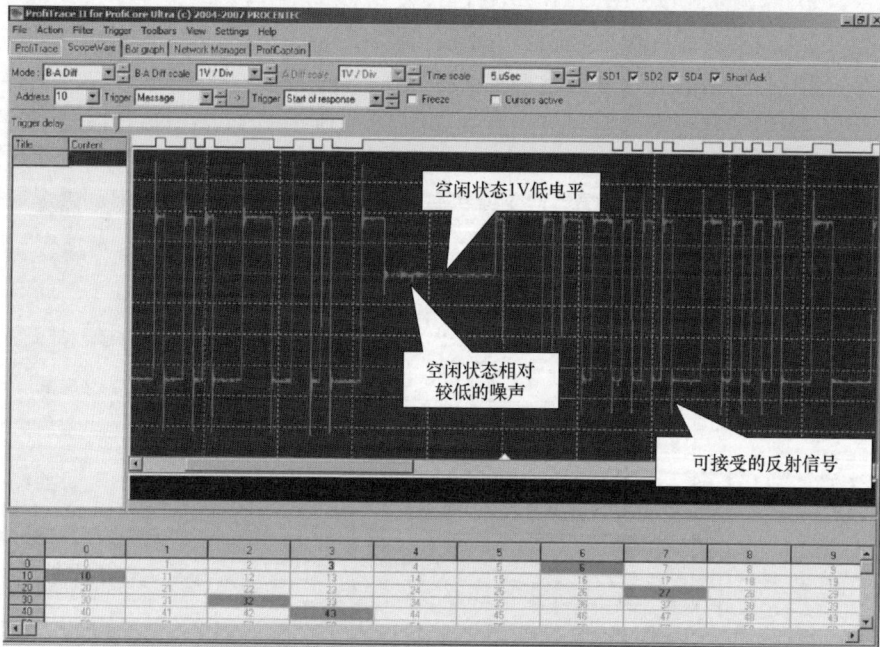

图 22-5 ProfiTrace 中正常的信号波形图

（二）缺少终端器或断线

当缺少终端器或出现断线时，信号就会反射在电缆上，形成大起大落的波峰。这种反射波导致信号平均振幅上升，可以通过反射波的宽度判断问题出现的位置距离测试地点有多远。当距离很近时，反射波在位中被压缩。图22-6所示的例子解释在测量点附近，出现了缺少终端器或断线问题。由于高强度的振幅，反射波使报文受损，出现了信号传输错误。

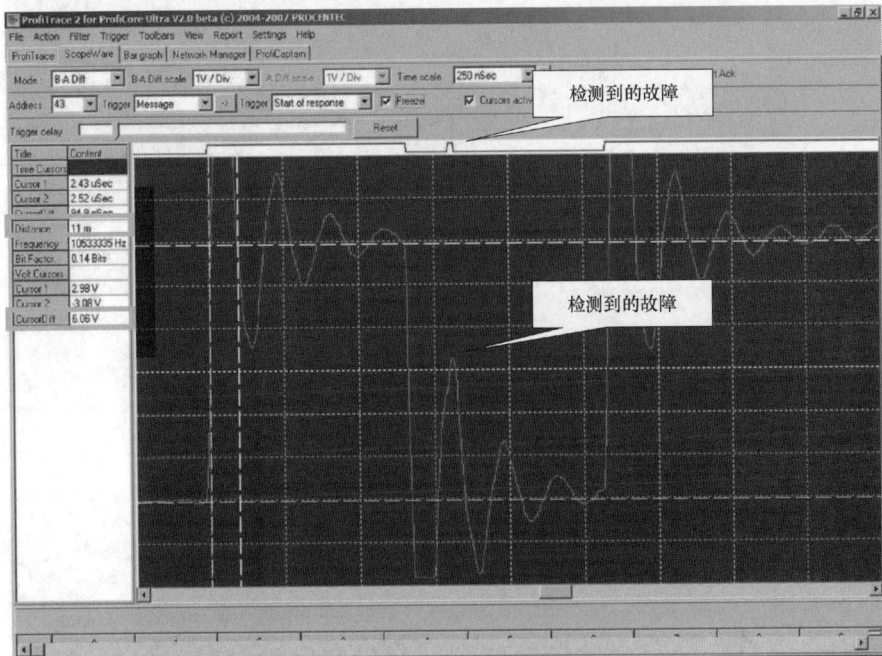

图22-6　缺少终端器或断线（近距离）

当故障问题离测量地距离很远时，反射波呈现的是双位，这种结果导致报文受损。图22-7展示了当距离较远时所检测到的断线问题或终端器的缺失。用户可以通过电气图纸结合实际情况进行分析，是缺少终端器还是出现了断线问题。

（三）A线和B线之间的短路

当A线与B线之间出线短路时，反射波逐步将信号的振幅越降越低。每段的宽度告诉我们离"故障点"到底有多远。当故障离测量点较近时，反射波被压缩在位中。图22-8展示了近距离出现的短路信号。

当故障问题离测量点较远时，反射波出现双位，但信号的振幅并未全部停止。环流电阻所产生的剩余振幅足以使设备保持数据交换状态。图22-9展示了当距离较远时所出现的短路问题的示例。

三、条状图

条状图显示了总线上所有设备信号的平均等级，这有助于纵观整个网

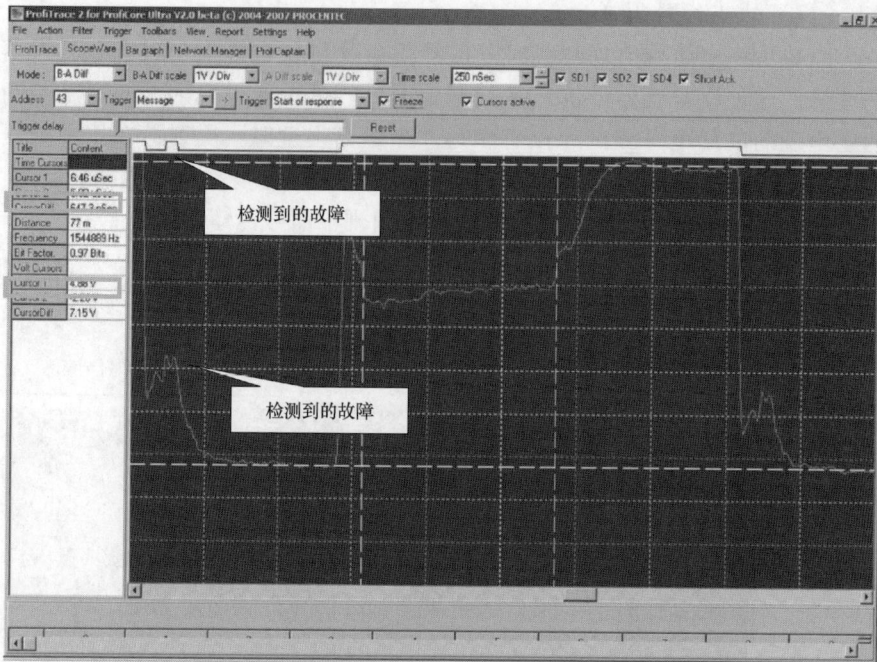

图 22-7　缺少终端器或断线（远距离）

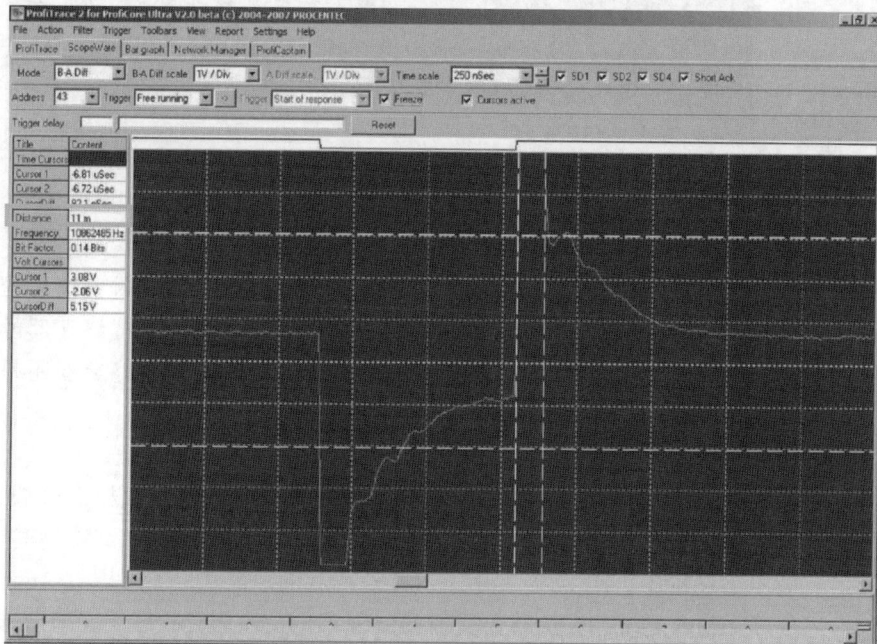

图 22-8　A 线和 B 线间的短路（近距离）

络的信号质量。总线通信的平均电压应为 5V 左右，当总线出现问题时，条线图将显示不同的电压等级，条线的颜色将发生变化。

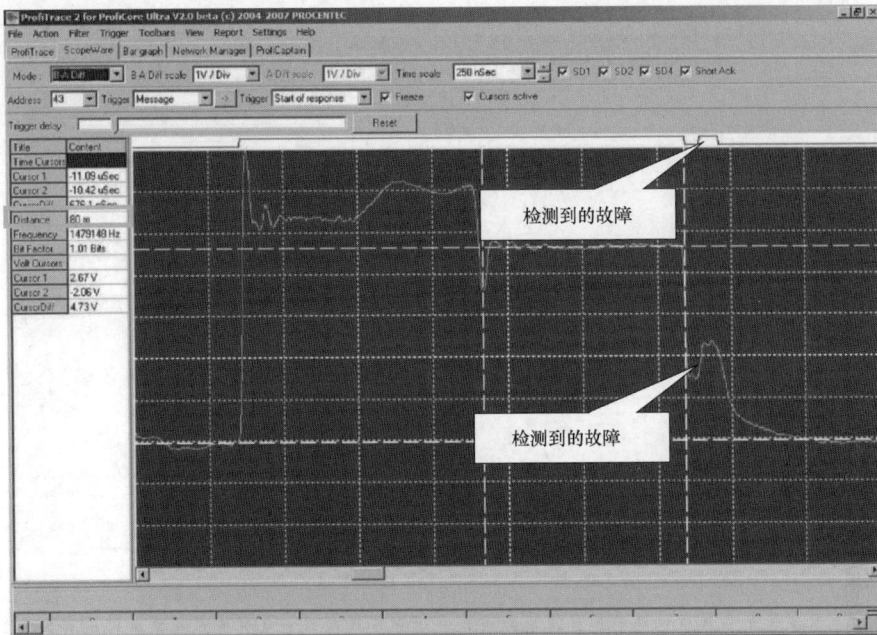

图 22-9　A 线和 B 线间的短路（远距离）

图 22-10 显示了在总线电缆上缺失终端器或发生断线时的条形图。电压等级由于反射波的宽度变得很高；图 22-11 显示了在总线电缆上的振幅较低或出现短路时的条形图。电压低于正常值，一些条线的颜色呈红色。

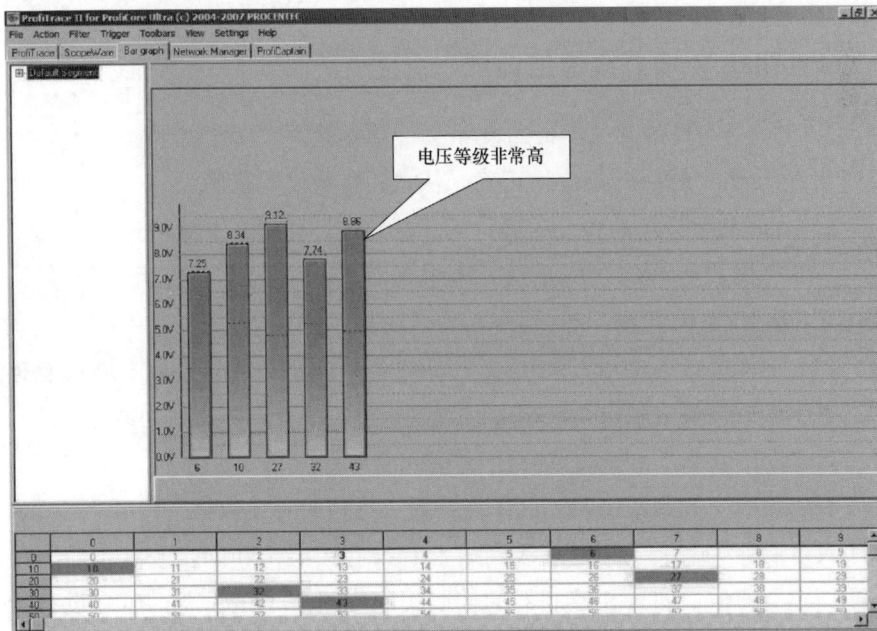

图 22-10　检测到缺失终端器或断线时的条形图

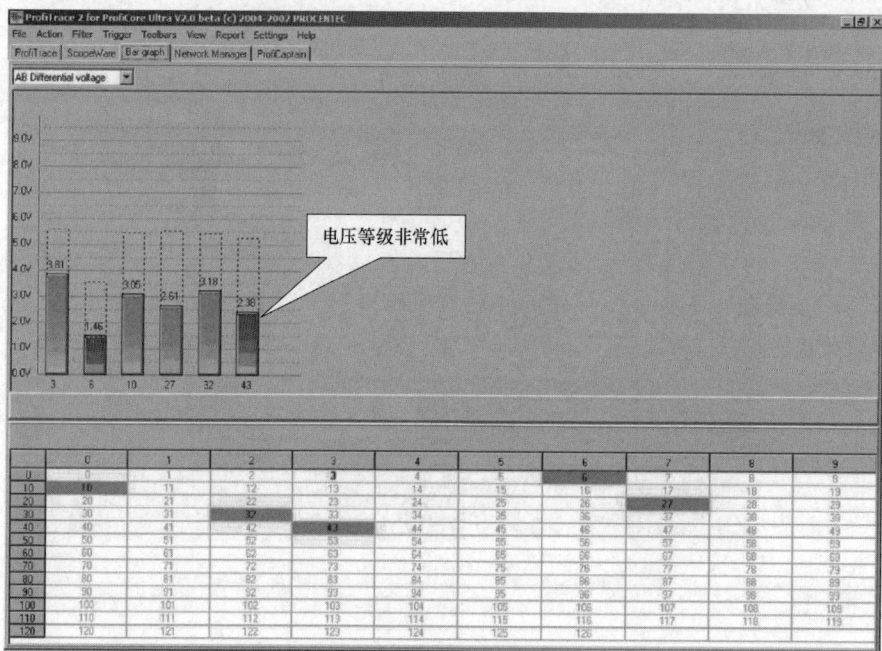

图 22-11 检测到阻抗低时的条形图

第三节 Profibus 通信诊断

一、Profibus 现场总线通信调试

1. 现场总线具备调试设备的条件

（1）组态的从站 GSD 文件正确，从站的参数设置正确。

（2）DP 从站设备的地址正确，无重复地址，与组态地址一致。

（3）各网段电缆的接线连通，电缆的首端、末端终端电阻已经连接，供电正常。

（4）电缆屏蔽层接地正确可靠。如果 DP 子网段电缆的首末端没有连通，首末端的终端电阻没有连接上时，禁止将电缆首端连接到总线上。

2. 判断 Profibus 现场总线通信是否正常

现场诊断一般会使用 ProfiTrace 诊断工具侦听总线数据。ProfiTrace 诊断工具可以侦听整个主站上总线网络上有没有错误帧和同步帧（主站与从站重新建立通信。如果在控制器的控制程序中组态了该设备，但是设备没有连接到现场总线上或者设备掉电则出现 SYNC 同步帧是正常的）。通信故障表现为从站设备无法与主站建立正常通信，主站与从站通信时好时坏，总线上数据出现错帧、无效数据。

用 Profibus 总线故障排查工具 ProfiTrace 侦听总线上的通信报文，观察主站与从站之间的通信是否正常，一般情况下周期数据交换正常，无红色帧（ErrFrame、WrongSD、ParityError），无 SYNC 帧即为正常。如果没有周期数据交换，有红色错帧（ErrFrame、WrongSD、ParityError），有 SYNC 帧则表明通信有异常。

3. 多个网段情况下确定故障网段

逐个将各网段的电缆首端从总线上剥离，观察其他设备通信是否正常。如果断掉一个网段后，整个系统通信都恢复正常，则确定断掉的网段为故障网段。

4. Profibus 总线单个网段通信故障的排查步骤与方法

（1）检查组态从站的 GSD 文件是否正确、从站的参数设置是否正确。

（2）检查通信故障的从站设备的地址是否正确，总线上是否有重复地址、错误地址，与组态地址是否一致。

（3）检查各设备的电源供电是否正常。

（4）检查电缆接线是否正常，连接器接线是否正常，端子上接线是否有松动、是否有接触不良，从电缆的首端到末端的线路是否连通、是否有断线。电缆屏蔽层是否正确、可靠接地。总线电缆走线周围是否有大电动机的动力电缆，尤其是变频器驱动的电动机电缆等强干扰源，电缆是否有过长盘绕。

（5）查看总线机柜各个模块指示灯的状态，正常工作时，光电收发器 RX 和 TX 灯闪，POWER 灯常亮。如指示灯异常，需检查线缆是否可靠连接。

（6）查看 DP HUB 上面 DB9 指示灯的状态，正常工作时，DB9 指示灯应该是黄灯和蓝灯交替闪烁。

（7）检查故障网段总线电缆首、末两端的终端电阻是否连接，有源终端电阻供电是否正常。如果电缆首端是 DB9 连接器，则确认其上的终端电阻开关是否拨到 ON 上。在电缆首端与主站连接正常的情况下，在电缆末端终端电阻处用万用表测量总线上的差分电压，如果测量出电压为 1.1V 左右则说明电缆有断线，末端终端电阻未接上。如果测量出电压为 0.5V 左右则说明电缆没有断线，末端终端电阻正常。

（8）检查仪表的两个通道是否分别和系统的 A、B 网连接，既一个通道需连接在 A 网所在的 DPHUB 上，另一个通道需连接在 B 网所在的 DPHUB 上。

（9）如以上步骤均检查正常，则使用 ProfiTrace 诊断工具在

DPHUB各接口进行逐一排查。如果监听发现错误报文只在某一地址应答时固定出现，直接可以检查这一地址的仪表所在链路。如果错误报文出现的位置比较分散，则采用分段或改变连接线路、减少或交叉替换从站等方法有效排除故障，逐个将各网段的电缆首端从总线上剥离，观察其他设备通信是否正常。如果断掉一个网段后，整个系统通信都恢复正常，则确定断掉的网段为故障网段。

（10）确定为某一链路问题又无法判断出是哪一台仪表出现问题时，可以采用只连通一台仪表的方法才确定出现的具体问题，即将链路首端（DBHUB侧）第一台仪表终端电阻打到 ON，其余仪表终端电阻打到 OFF，监听是否有错误报文，接着将第一台和第二台仪表终端电阻打到 ON，其他仪表终端电阻打到 OFF，通过这种方法依次检查每台仪表，直到最终确定故障。

5. Profibus-PA 网段故障

同 Profibus-DP 网段故障一样，先检查组态和逻辑，如果组态和逻辑无误后总线机柜光电收发器是否正常工作，以及从光电收发器到 K-JNCT01模块的接线是否正确。如果以上无误，按照以下方法检查。

（1）检查底座上拨码开关是否都打到 ON，以及 A、B 网线都已经连接。

（2）检查底座上面地址是否设置正确。如果有多个扩展机柜，需确保这几个机柜所有的地址都不能重复。

（3）检查 U 形连接与接线端子良好接触。

（4）检查提供给仪表的 24V 电源是否正常。

（5）检查 Profibus-PA 现场分配盒处连线是否正确，以及正确配置终端电阻。

二、Profibus 现场总线故障诊断及维护

1. 更换 Profibus-DP 现场总线设备时的注意事项

如果在仪表运行时出现问题，不是很紧急的情况下建议最好停机时再做处理。

如在运行时需更换 DP 仪表，需先设置好新的 DP 仪表的地址（此地址不能与此机柜中其他仪表相同），检查新 DP 仪表的终端电阻是否在 OFF 位置，如果不在，则需将终端电阻拨至 OFF 位置。在接线时，应该先将被更换的仪表一个通道的出入通信链路电缆断开后，再将两根电缆短接，然后再将另一个通道的出入通信链路电缆断开，再将两根电缆短接，最后，再分别将两个通道依次接入新的仪表。

如在运行时需更换 PA 仪表，需先在 PA 分配盒处将此仪表断开，在仪表侧连接好线路后再将 PA 分配盒处的线路恢复接好，新的 PA 仪表的地址最好提前设置为和被更换仪表的地址一致后再接入，运行时，无法远程使

用地址设置工具在此链路上进行仪表参数的设置。

2. 如何快速判断 DP 链路是否完整连通

测量终端电阻通信电缆处的电压是否约为 1.2V，如果是 1.2V，则需检查此终端电阻对应的线路。

3. 变频器等高频设备运行时干扰严重

从机柜到仪表，应该多点可靠接地，供电电源和通信线路应该按照布线规则走线。国内某 1000MW 火电机组现场 110kW 的 ABB 变频器在启动时干扰特别严重，会引起此链路所有仪表的通信不稳定，解决方法是将无法分开走线的供电电缆和通信电缆加金属套管并将套管单端接地，变频器的接地以及变频器侧 DB9 的屏蔽都需可靠连接，接地电阻应该小于 4Ω。

4. 仪表通信正常，就地也可以操作，但是无法在操作员在线操作

检查逻辑和组态是否有错误、地址是否正确，在仪表侧监听是否接收到请求以及仪表是否应答请求，如果没有接收到请求或者无法检测到波特率则需检查线路是否故障，如通信正常，在仪表侧无应答则查看仪表处接线是否良好或者正确，检查仪表内设置是否正确，如远端控制类型和地址。

5. DP 网段 A 网或者 B 网错帧较多，大部分仪表离线

出现这种问题大多数是链路短路或者反接引起，主要检查 DB9、仪表侧 DP 电缆的红绿线是否出现短接或反接的情况。

6. DP 网段终端未正确连接时出现的现象

链路出现错误报文。

7. DP 网段仪表多数仪表通信状态跳变

检查连线、屏蔽和终端是否正确，检查是否仪表的两个通道都连接在 A 网或者 B 网。

8. GSD 文件配置错误

在 ProfiTrace 诊断界面有错误 GSD 的提示，图 22-12 所示为 E＋H 仪表 GSD 文件配置错误后的报文，需查看数据对比诊断和设置参数的第五、六个字节与厂家提供的 GSD 文件中的 ID_NUMBER 是否一致。仪表在初次连接时出现此问题如果组态也无误，需查看厂家提供的 GSD 和仪表是否配套。

2->4	SRD_HIGH	Get Diagnostics	Req	62->60	0	
2<-4	DL	Get Diagnostics	Res	62<-60	6	42 05 00 FF 15 58
2->127	SDN_HIGH	Global control	Req	62->58	2	00 00
2->4	SRD_HIGH	Set Parameters	Req	62->61	10	88 0E 0F 0B 07 0D 00 40 01 00

图 22-12 文件配置错误后的报文

9. DP HUB 处第一接口处终端电阻打到 ON 时的现象

正常配置时 DP HUB 第一接口的终端电阻应该打到 OFF，其他接口应该为 ON，如果第一接口的终端电阻打到 ON 时，PA LINK 会离线或与其对应的这一链路断开通信，PA LINK 离线是 POWER 灯闪烁，COM 等不亮。

10. PA LINK ERROR 灯亮（红色）

此时 PA LINK 提供的供电电压只有几伏左右，断开 PA 电缆与 PA LINK 的连线后 ERROR 灯恢复正常（灭），应该是 PA 链路某处仪表短路，需检查接线是否正确。

11. PA LINK 下级链路通信指示灯 PA 灯不亮

底座上面的终端电阻没有拨到 ON 时 PA 灯不会亮，如果 LINK 不是冗余配置时，没有仪表连接或者是线路断路 PA 灯都不会亮，如果 LINK 是冗余配置时且 PA LINK 下级未连接任何设备，如果接线端子处的 U 形连接接触不良，PA 灯也不会亮。

12. PA 网段错误报文较多

检查 PA 网段链路和终端配置是否正确。

13. PA 网段仪表通信状态出现跳变

检查 PA 网段链路和终端配置是否正确，检查上级 DP 链路是否有错误报文导致出现重新建立通信的情况。

14. 在操作员在线显示通信正常，反馈值不变，在就地观察到仪表报故障

查看线路或者终端电阻是否正确配置，如监听发现数据交换正常和波形正常，对应仪表厂家提供的对指令的说明查看仪表质量位是否正常，如果质量位（PA 仪表一般为应答数据的第五个字节）小于 80，则判断为仪表故障，需更换仪表或者找仪表厂家解决。

15. PA 网段仪表终端电阻未正常配置时出现的现象

检查 PA 网段时如出现错误报文需检查终端电阻是否正确配置，如没有错误报文则查看波形是否正常。

正确配置终端电阻时 PA 网段波形如图 22-13 所示，未正确配置终端电阻时 PA 网段波形如图 22-14 所示。

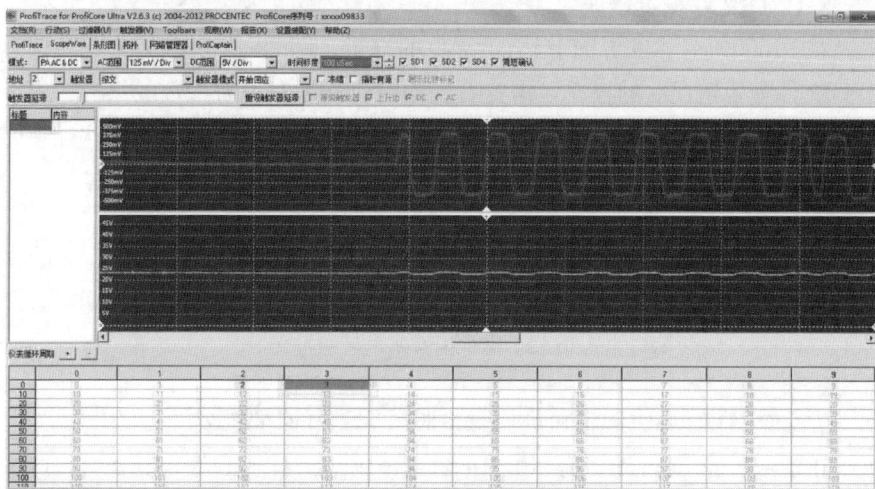

图 22-13　正确配置终端电阻时 PA 网段波形

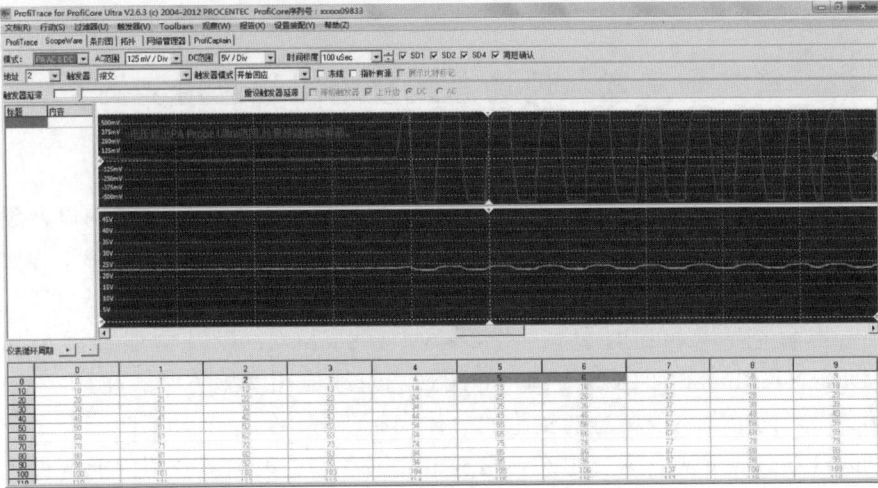

图 22-14　未正确配置终端电阻时 PA 网段波形

第二十三章　现场总线技术工程应用实例

在前述章节，我们详细论述了现场总线通信的基本原理、结构以及设计上的基本知识，在下面，我们结合国产 DCS 现场总线应用的简单工程实例，来进一步学习现场总线技术的应用。

本章主要以和利时公司 MACS-SM 系列 DCS，以及国能智深公司 EDPF-NT Plus 系列 DCS 为例，介绍现场总线应用实施方案。在第一节、第二节，简单介绍现场总线实施的总体实施步骤，第三节、第四节介绍和利时现场总线解决方案及组态，第五节、第六节、第七节介绍国能智深现场总线解决方案及组态。

第一节　现场总线控制系统设计及配置步骤

设计现场总线控制系统，主要有以下内容：

1. 设计前的资料收集

在完成现场总线类型、设备的选型后，进行现场总线控制系统设计。在设计时，要考虑控制系统是否有冗余要求、是否应用在本质安全场所、对实时性要求什么程度、控制系统总点数多少、系统的主从站和数量的确定、电缆类型及调试诊断工具的选择等。

对有冗余要求的控制系统，所有网络节点设备包括电源和电缆，都应冗余配置。

有本质安全要求的特定场合，所有设备均应选择经过认证的产品，最好按照 FISCO 的要求来设计现场总线网段。

系统对实时性要求较高，除了采用 CPU 处理速度快的主站、通信速度快的现场总线系统以外，在系统拓扑规划、软件程序设计等环节也可以采取一定的措施和技巧来提高系统的实时性。

主站有三种：一是可以插入工控机中的现场总线主站模板；二是集成有主站功能的大型 PLC；三是集成了主站功能和商用计算机功能的一体化嵌入式超小型 IPC。

从站的选择，要根据控制点在现场的实际分布情况来合理设置从站。当然，除地理位置外，也可以根据需要，按控制点所属对象的不同来安排从站。

不同的使用场合和不同的性能要求要选择不同的电缆。如在 Profibus-DP 网段中就必须使用 DP 电缆；在 Profibus-PA 网段中，就要使用 PA 电缆；如果通信距离较远，周围环境电磁干扰严重，则要选择使用光缆。不管是什么样的使用场合，都要选择使用标准的、经过认证的现场总线电缆，不然整个系统的性能都会受到影响。

2. 现场总线控制系统设计

前期的准备工作完成后，就可以开始设计现场总线控制系统。

系统设计包括硬件系统设计和软件系统设计。硬件系统设计主要包括主控制柜、从站控制柜、电缆布设、抗干扰措施的设计等；软件系统设计主要指编制控制程序、人机界面等，有的可能还要编制从站的独立控制程序。

系统设计完成后，可以先在实验室进行调试，可以加上一些模拟实际情况的信号，然后观测系统的输出逻辑是否正确和准确。当现场安装完成后，在控制输出断开的情况下，可以进行实际的调试。

3. 配置 Profibus 现场总线方案步骤（以和利时 DCS 现场总线为例）

（1）首先，要确定仪表的总数量和地理分布范围。

以图 23-1 现场总线拓扑示意图的 500kbit/s 通信速率为例。

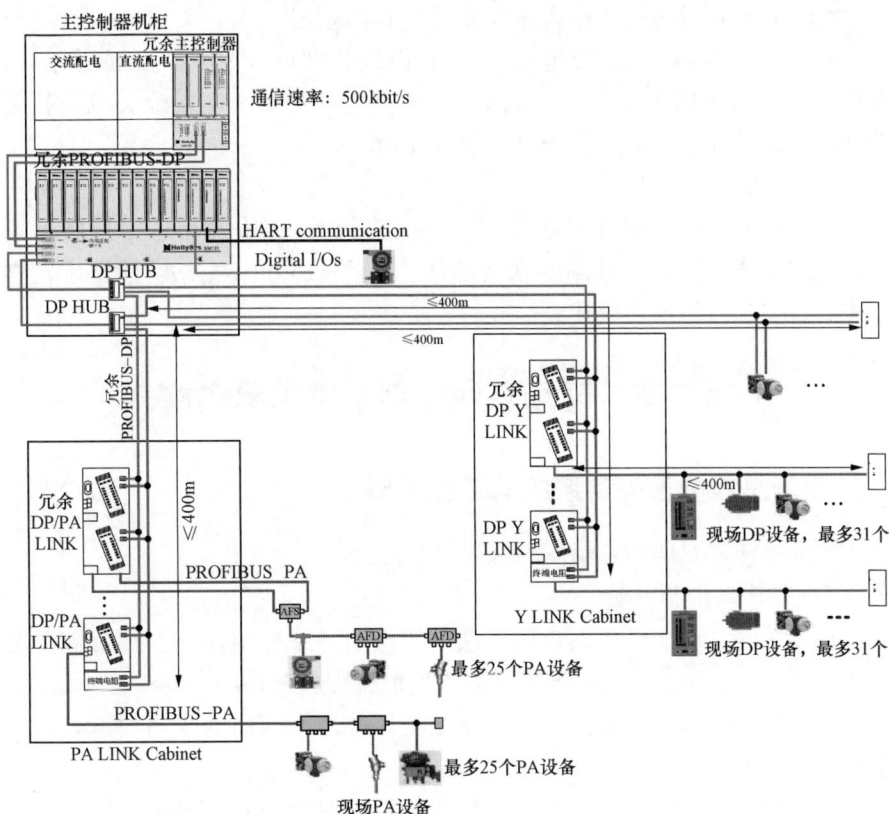

图 23-1　现场总线拓扑示意图

（2）按照仪表的地理位置分布确定现场总线接线机柜的位置。

注意：Profibus-DP 单网段的总线电缆长度为 400m；单个 DP 网段挂载的 DP 从站设备数量不超过 31 个；单控制站的从站设备数量最多 125 个。

（3）根据工艺等约束将仪表分配在各个现场总线网段。

注意：每个 LINK 下级的现场 DP 或 PA 网段挂载的现场设备数量建议不超过 10 台；每个 LINK 下挂载的仪表数量同时受到通信字节数的限制。

（4）计算每个现场总线设备的通信响应时间。现场总线设备的通信响应定义为现场设备采集的物理量发生阶跃跳变到控制器接收到数据的阶跃跳变之间的时间。

1）现场总线设备的通信响应最大时间＝上位 DP 总线的轮询时间＋下位 DP 总线的轮询时间＋现场总线设备的动作惯性时间。

2）现场总线设备的动作惯性时间为 10～15ms。根据每个现场设备的通信响应时间可计算单个回路的控制周期。

4. PA 仪表数量及 PA 电缆最大允许长度的确定（以和利时 DCS 现场总线为例）

（1）根据电流的消耗确定网络上 PA 仪表数量。

（2）根据信号传输中电缆压降验证 PA 电缆长度。

综上，负载越小（回路电流越小），电缆长度可以更长。根据所有 PA 仪表数量及实际电流消耗，Profibus 行规规定，在安全区域最大电缆长度为 1.9km，在危险区域最大电缆长度为 1km。

5. Profibus 响应时间计算

Profibus 系统响应时间涉及 CPU 响应时间、传输速率、用户数据长度、网络上用户数量、选用的网络硬件，以及 Profibus 主站功能要求，详细的计算方法这里不再赘述。

第二节　现场总线控制系统工程实施

一、现场总线分散控制系统的工程实施

下面具体说明现场总线控制系统的实施。

（一）总线机柜接地

现场总线电缆在机柜入口将屏蔽与等电动势系统相连。连接面积应足够大，因此，机柜入口处一般安装有接地汇流排（铜质）。

（1）机柜接地，机柜汇流排连接至全厂接地网的扁钢或锅炉钢架，电缆截面积选择 25mm^2。

（2）Profibus-DP、PA 总线电缆进入机柜时将电缆保护层剥去一圈，注意不要破坏其屏蔽层（包括屏蔽网），使用专用 EMC 电缆卡将其固定在机柜入口，确保其屏蔽层与入口接地汇流排可靠连接。

（3）确保 Profibus 电缆不会被屏蔽接夹挤压变形，过度挤压会影响

Profibus 电缆的传输特性，尽量避免屏蔽连接头有大的外力负荷。

（二）通信介质

Profibus 网络支持 RS485 的电缆和光纤两种通信介质。

1. 标准 Profibus-DP 电缆

实例中电缆选择标准 Profibus-DP 电缆 A 类电缆，它是一种屏蔽双绞电缆，选型为西门子 Profibus-DP 总线电缆 6XV1830-0EH10。数据线有两根：A-绿色和 B-红色，电缆的外部包裹着编织网和铝箔两层屏蔽，最外面是紫色保护皮，如图 23-2 所示。

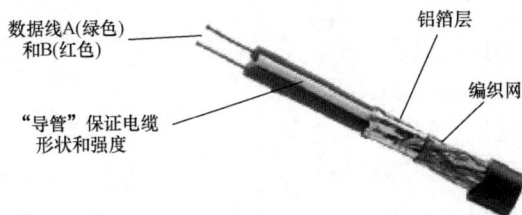

图 23-2　标准 Profibus-DP 总线 A 型电缆

电缆主要参数特性如下。

（1）导体：裸铜丝，1×0.64mm。

（2）线芯：芯并合成对，芯线为红、绿两色。

（3）屏蔽层：铝箔/聚酯复合带 100％屏蔽率＋镀锡铜编织网 78％屏蔽率共双重屏蔽。

（4）护套：紫色 PVC/3DRX/22X/02R，阻燃，符号 DIN VDE 0472《电线、电缆和软线的测试》（德国标准）；B 类试验［IEC 332.1《单个垂直绝缘电线或电缆的测试》（火情时的电缆测试)]。

（5）特性阻抗：150Ω。

（6）直流电阻：57.5Ω/km。

（7）工作温度：$-30 \sim 70℃$之间。

2. 标准的 Profibus-PA 总线电缆

标准的 Profibus-PA 总线电缆，其选型为西门子 Profibus-PA 总线电缆 6XV1830-5FH10。其中数据线有两根：A-绿色和 B-红色，电缆的外部包裹着铝箔＋85％覆盖率镀锡铜丝编织屏蔽，最外面是黑色或橙色的阻燃 PVC 或者 PUR 保护皮，如图 23-3 所示。

电缆主要参数特性如下。

（1）导体：多股裸铜。

（2）绝缘：特殊发泡 PE。

（3）芯线颜色：2 芯，绿色、红色。

（4）屏蔽：铝箔＋85％覆盖率镀锡铜丝编织屏蔽。

（5）外护套：阻燃 PVC 或者 PUR。

图 23-3 标准 Profibus-PA 总线电缆

（6）外护套颜色：黑色。

（7）回路电阻：最大 $44\Omega/km$。

（8）工作温度：$-30\sim70℃$ 之间。

（9）工作电压：250V。

（10）测试电压 U：1500V。

（11）最小弯曲半径：5XD（线缆直径）。

（12）符合 IEC 61158-2《工业通信网络-字段总线 第 2 部分：物理层规范和传输协议》的现场总线系统用 Profibus-PA 总线电缆。

（13）由于采用双屏蔽，具有强抗干扰性。

（14）非防爆应用。

（15）电缆上印有长度（单位：m）标记而便于确定长度。

3. 光纤

光纤通信具有很多优点，比如传输距离远、抗电磁干扰性好，且光纤尺寸小、质量轻、耐腐蚀性好、便于敷设等。但光纤弯曲半径不能过小，光纤连接处及终端处理较复杂。

按光在光纤中的传输模式不同，光纤可分为单模光纤和多模光纤。

（1）多模光纤：中心玻璃芯较粗（50μm 或 62.5μm），可传多种模式的光。但模间色散较大，这就限制了传输数字信号的频率，而且随距离的增加会更加严重。如每千米 600Mbit/s 的光纤在 2km 时则只有 300Mbit/s 的带宽。因此，多模光纤传输的距离就比较近，一般只有几千米。

（2）单模光纤：中心玻璃芯较细（芯径一般为 9μm 或 10μm），只能传一种模式的光。因此，其模间色散很小，适用于远程通信。

光纤主要涉及选型的问题，因为通信距离与光纤的类型有很大关系，而且并非所有的设备都能支持多种类型的光纤。所以需要注意设备与光纤以及接头的选型。本实例中采用单模光纤。

（三）Profibus 插头

Profibus 插头用于连接 Profibus 电缆和 Profibus 的站点。图 23-4 所示为常见的 Profibus 插头。

在 Profibus 插头上，有一个进线孔（In）和一个出线孔（Out），分别

图 23-4　常见的 Profibus 插头

连接至前一个站和后一个站。

当各站点通过插头连接以及网线连接到网络上时，根据 RS485 串口通信的规范，每个物理网段支持 32 个物理设备，且在物理网段终端的站点应该设置终端电阻防止浪涌保证通信质量。而每个 Profibus 插头上，都内置了终端电阻，需要时可以接入（ON）和切除（OFF）。当终端电阻设置为"ON"时，表示一个物理网段的终结，因此连接在出线端口"OUT"后面的网段的信号也将被中断。因此，在每个物理网段两个终端站点上的插头，需要将网线连接在进线口"IN"，同时将终端电阻设置为"ON"，而位于网段中间的站点，需要依次将网线连接在进线口"IN"和出线口"OUT"，同时将终端电阻设置为"OFF"，如图 23-5 所示。

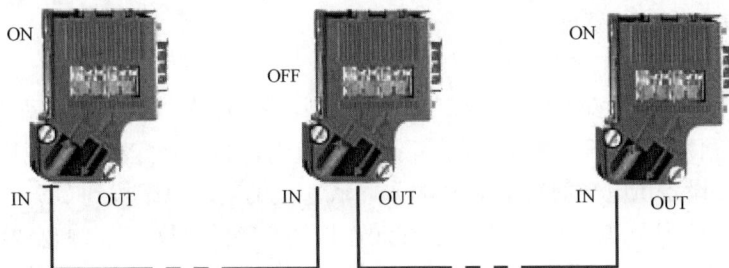

图 23-5　Profibus 插头的连接和设置

需要注意的是，Profibus 插头有一种带编程口（PG 口）的，一般至少每个网段的两个终端站点处的插头尽量使用带编程口的（图 23-5 所示左侧的插头），便于系统的诊断和维护。

（四）DP 中继器

按照 RS485 串口通信的规范，当网络中的硬件设备超过 32 个或者波特率对应的网络通信距离已经超出规定范围时，就应该使用 RS485 中继器来拓展网络连接。

Profibus 通信属于 RS485 通信的一种，因而也遵循这样的原则，即如果网络中实际连接的硬件超过 32 个，或者所对应的波特率超过一定的距离时，则需要增加相应的 DP 中继器来进行物理网段的扩展。这样，网段的扩展距离将大大增加。和利时的 DP 中继器如图 23-6 所示。

图 23-6　DP 中继器

使用 DP 中继器时，需要注意几个问题。

（1）DP 中继器上、下分为两个网段，其中 A1/B1 和 A1′/B1′接口是网段 1 的一个 Profibus 接口，A2/B2 和 A2′/B2′接口是网段 2 的一个 Profibus 接口，PG 接口属于网段 1。

（2）信号放大是在网段 1 和网段 2 之间实现的，同一网段内信号不能放大；因而需要进行距离扩展的网络必须是接在网段 2 上。

（3）两个网段之间是物理隔离的，因而 DP 中继器除了扩展网段外，还有一个作用就是可以进行网络隔离。

（五）LINK 模块

1. DP/PA LINK

和利时公司的 DP/PA LINK 型号是 K-PA01，其作为从站连接在 Profibus-DP 网络下，按照 1：1 冗余配置使用，其下级连接 PA 现场设备，可向 PA 设备供电（24V），使用时须将底座上的终端电阻拨到 ON。正常工作时，黄色 PA 灯闪烁，PA 电缆红线连接到底座的（D＋），绿色线缆连接至底座的（D－），线缆的屏蔽层需连接至底座屏蔽地 PE 接口，如图 23-7 所示。

2. DP/Y-LINK

和利时公司的 DP/Y-LINK 型号为 K-DP02，其作为从站连接在 Profibus-DP 网络下，按照 1：1 冗余配置使用，其下级连接 DP 现场设备，使用时须将底座上的终端电阻拨到 ON。正常工作时，黄色 DP 灯闪烁，DP 电缆红线连接到底座的（D＋），绿色线缆连接至底座的（D－）线缆的屏蔽层需连接至底座屏蔽地 PE 接口。

DP/PA LINK 拓扑图如图 23-8 所示。

（六）终端电阻

在前面章节，我们介绍过，Profibus 电缆的两端连接终端电阻，以消除在通信电缆中的信号反射。在通信过程中，有两种原因导致信号反射：阻抗不连续和阻抗不匹配。

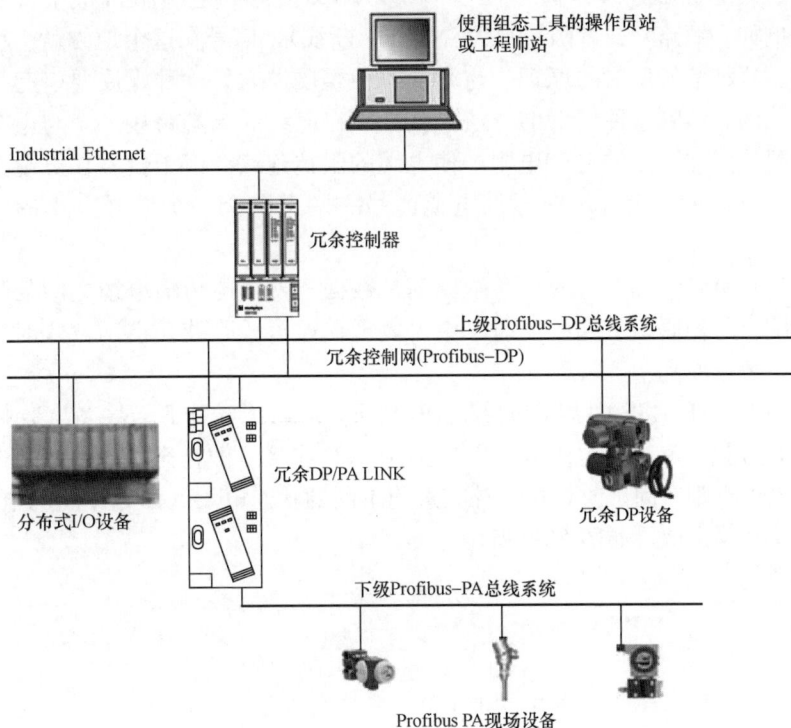

图 23-7　DP/PA LINK 拓扑图

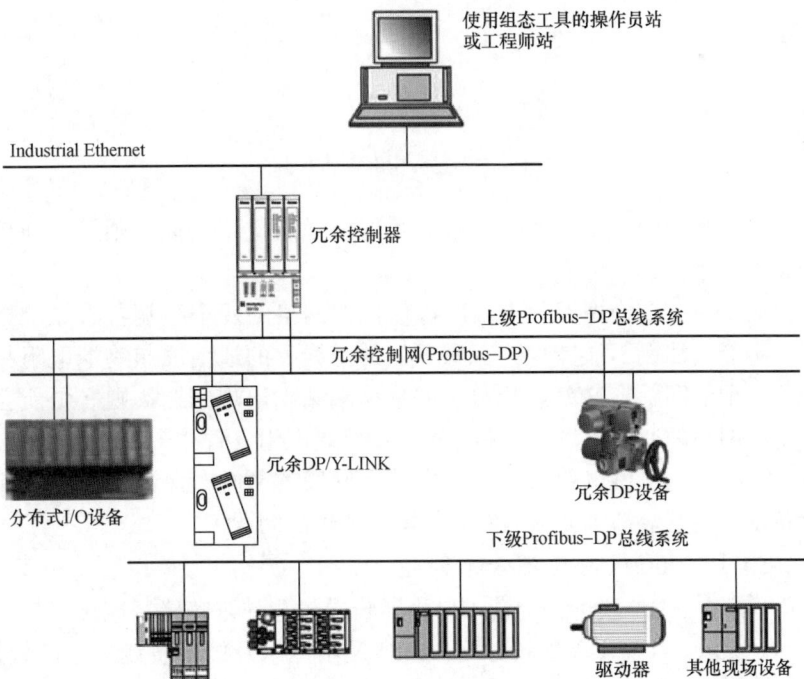

图 23-8　DP/PA LINK 拓扑图

（1）阻抗不连续：信号在传输线末端突然遇到电缆阻抗很小甚至没有（例如：短路）或者阻抗很大（例如：断线），信号在这个地方就会引起反射。这种信号反射的原理，与光从一种媒质进入另一种媒质要引起反射是相似的。消除这种反射的方法，就必须在电缆的末端跨接一个与电缆的特性阻抗同样大小的终端电阻，使电缆的阻抗连续。由于信号在电缆上的传输是双向的，因此，在通信电缆的另一端可跨接一个同样大小的终端电阻。

（2）引起信号反射的另一个原因是数据收发器与传输电缆之间的阻抗不匹配。这种原因引起的反射，主要表现在通信线路处在空闲方式时，整个网络数据混乱。

在 EIA RS485 中规定的终端电阻 R_t 是以下拉电阻 R_d（与数据地 DGND 连接）和上拉电阻 R_u（与正电压 VP 连接）做补充。当没有站进行传输（即空闲时间）时，这个补充迫使不同的状态电压（即导体间的电压）趋于一个确定值，如图 23-9 所示。

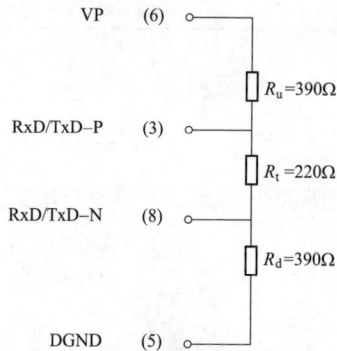

图 23-9　终端电阻的组成

在一个物理网段中，如果终端和总线电缆阻抗不匹配，则最大通信距离会减少一半。

因而，在一个物理网段中，应该保证在网络的两个终端各有一个终端电阻，不能增加也不能减少，否则我们的总线上的通信线与终端电阻将会出现不匹配的问题。这就意味着，如果终端站点出现问题，则有可能会影响到整个网络的通信质量，和利时有源的终端电阻设备如图 23-10 所示。

有源终端电阻可以单独供电，安装在网段的两端，保证网段内任何一个设备出现问题，都不会影响网络的电阻匹配的问题。

（七）Profibus-PA 现场分配盒

PA 电缆在 PA 现场分配盒入口将屏蔽层与电磁兼容接头连接安装，如图 23-11 所示，注意 PA 现场分配盒进口及出口以及内部接线端子的极性，PA 总线分线盒选型建议选择各支路带限流，带过压防护的型号。

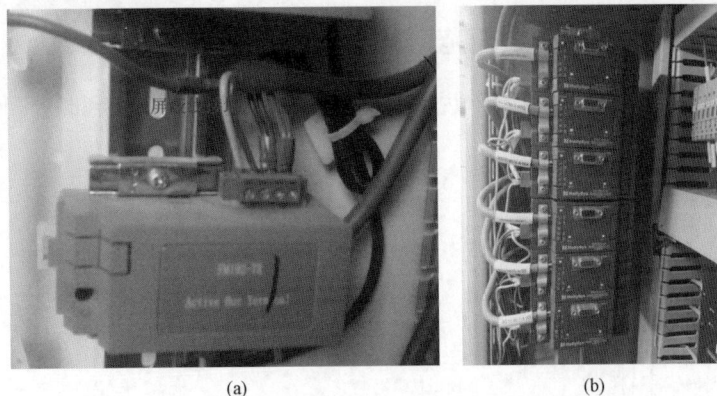

(a)　　　　　　　　　　　　　　(b)

图 23-10　有源的终端电阻设备

（a）单路有源终端电阻；（b）双路有源终端电阻

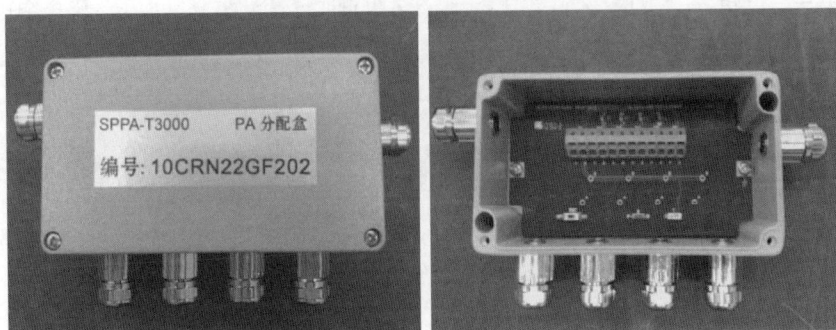

图 23-11　现场使用的 PA 分线盒

（八）光电收发器

执行电信号与光信号之间的转换，由于光信号在长距离传输时衰减较弱，同时不受电磁干扰，适合长距离复杂电磁环境下的信号传输。一般情况下光纤收发器数据传输方式是透明传输，不对数据进行协议解析，可以滤波尖峰毛刺干扰，但不能够滤除无效报文的干扰数据，如图 23-12 所示。

图 23-12　光电收发器

二、现场总线网络安装规范

这里结合图 23-13 的实例说明总线网络安装规范（以和利时公司产品为例）。

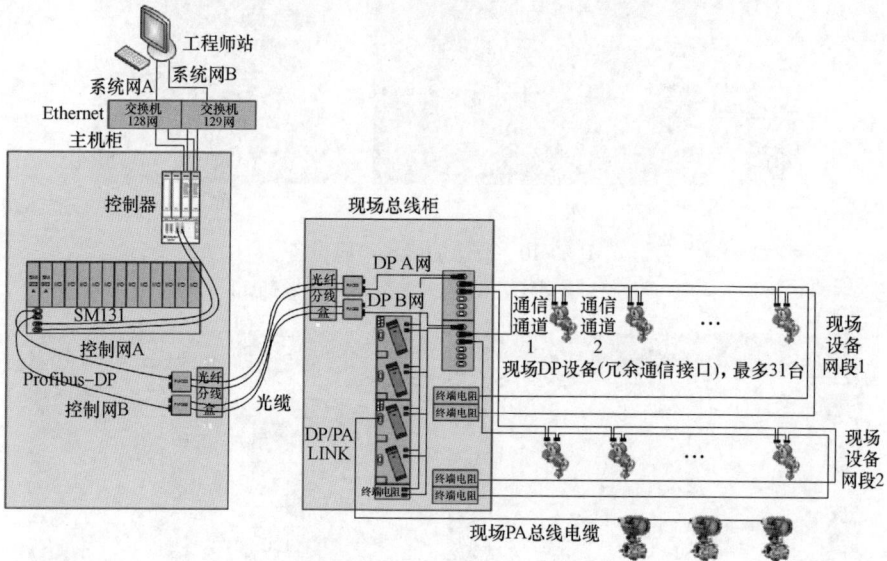

图 23-13　总线接线示意图

（一）网络拓扑的规则

设计一条 Profibus 网络，首先需要了解 Profibus 网络的拓扑规则。

（1）Profibus 网络是 RS485 串口通信，半双工，支持光纤通信。

（2）每个网络理论上最多可连接 127 个物理站点，其中包括主站、从站以及中继设备。

（3）网络的通信波特率为 9.6kbit/s～12Mbit/s，通信波特率与通信的距离具有一定的对应关系。

（4）每个物理网段最多 32 个物理站点设备，物理网段两终端都需要设置终端电阻或使用有源终端电阻。

（5）每个网段的通信距离或者设备数如果超限，需要增加 RS485 中继器进行网络拓展。

（6）每个中继设备（DP 中继器、OLM）也作为网络中的一个物理站点，但没有站号。

（7）一般 0 是 PG 的地址，1～2 为主站地址，126 为某些从站默认的地址，127 是广播地址，因而这些地址一般不再分配给从站，故 DP 从站最多可连接 124 个，站号设置一般为 3～125。

为了保证每个网段的分支电缆不超过规定长度，一般可以使用中继器进行物理网段的分割，同时还可以起到隔离干扰的作用。

多 DP 中继器连接如图 23-14 所示。

图 23-14　多 DP 中继器连接

应尽量使用菊花形连接方法，菊花形连接在去掉一个站点设备时可以不破坏任何网络连接即可实现。菊花形线性网络连接。

在进行 Profibus 网络连接之前，应当考虑拓扑结构的设计是否有问题。如果拓扑结构有问题，网络通信将很可能出现问题。

总线网段中设备的配置不仅要考虑工艺、位置、距离，还要考虑仪表的重要性，关键设备禁止放在同一链路，甚至可以单独接在一个链路下，防止共因故障导致多个关键总线设备同时失效，分散风险，提高系统的可靠性。

对于进、出总线设备和总线柜需要进行标示，以防混乱；对于冗余总线设备，通常情况下 A 网接总线设备的通道 1，B 网接总线设备的通道 2。

（二）总线电缆/光缆布线要求

1. 选择标准 Profibus 通信电缆及保护

（1）标准 Profibus 通信电缆。标准 Profibus 通信电缆的特性阻抗为 150Ω，这与 PB 头的终端电阻设置为 "ON" 时的终端电阻值刚好匹配，如果选择普通的电缆，其特性阻抗与终端电阻很可能不匹配，则通信性能将会受到影响。

标准的 Profibus 电缆往往是双层屏蔽的，屏蔽效果比较好。另外，标准通信电缆是双绞的，因而对于信号在电缆内传输时自身产生的干扰也能够起到自我抑制的作用。

（2）Profibus 电缆/光缆的保护。这里提到的保护是指保护 Profibus 电缆/光缆芯线不被损坏或短路或者是保护电缆护套和屏蔽不被损坏。

1）如果 Profibus 电缆/光缆不在桥架内，则需要用塑料管进行保护，如图 23-15 所示。

2）在可能有较大压力的区域内（比如经常性的人员踩踏或汽车经过路线），将 Profibus 电缆放置在高强度金属管道或金属桥架内。如果压力较

图 23-15　Profibus 电缆/光缆塑料管保护

小，则可使用硬 PVC 管道。

3）在需要 90°弯曲或建筑物接头处，保护管可中断，但请确保此处不会发生将电缆损坏的情况（比如高空掉落物体）。

（3）电缆敷设的注意点。

1）存储和运输。在存储、运输和敷设过程中，Profibus 电缆两端应有热缩套管封闭。这可以避免线芯的氧化以及灰尘和湿气的进入。

2）保护连接头。带连接头的 Profibus 电缆的敷设使用保护套管对连接头进行保护，以避免其损坏，Profibus 光缆对灰尘非常敏感，未连接的光缆插头和插座一定要用保护罩进行防护。

3）温度。Profibus 电气电缆的存储、运输和安装、运行温度为－40～＋60℃；Profibus 电气电缆允许的最大拉伸力为 100N。

4）弯曲半径。注意允许的最小弯曲半径：单个弯曲，半径大于或等于 75mm；多个弯曲，半径大于或等于 150mm。若弯曲半径小于此数据，则将对 Profibus 电缆造成损坏，并改变其电气特性。

电缆/光缆敷设时，由于还需要注意 Profibus 的张力，因此在拖拽电缆时应该有一个更大的弯曲半径。还需要注意的情况是牵引 Profibus 电缆经过有夹角的桥架时，为避免这种情况下由于额外的拉力和过小的弯曲半径对电缆造成损坏，建议使用滑轮装置，如图 23-16 所示。

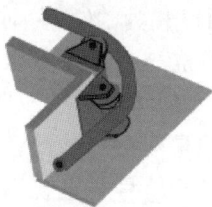

图 23-16　使用滑轮装置敷设电缆/光缆

5）避免打结直接将电缆/光缆从电缆盘上手动拉出（电缆盘应可以自由转动）。不要从静止的电缆盘上盘出电缆，这可能造成电缆的打结或扭曲，如图 23-17 所示。

如果电缆/光缆已经打结，不要直接拉拽电缆，应将打结部分放松后慢慢解开。否则可能造成电缆短路（绝缘层和铜芯对拉力的响应不同，扭曲

图 23-17 电缆/光缆拉线注意事项示意图

后塑料部分压缩，露出的铜芯会造成短路）。

6）避免锋利的边缘。桥架等锋利的边缘可能损坏 Profibus 电缆。因此，用锉刀等将边缘处理光滑，也可用护衬将锋利的边缘或转角进行封闭。

7）安装后需要考虑的问题。如果 Profibus 电缆敷设完毕后，同一个桥架内还要敷设其他电缆，注意不要对之前敷设的电缆造成损坏。因此如果可能，尽量最后敷设 Profibus 电缆。

注意：敷设时由于过度拉伸或弯曲损坏的电缆必须更换。

2. 总线电缆及设备的屏蔽、接地要求

Profibus 电缆的屏蔽编织物必须置于接地屏蔽总线上。

（1）用金属电缆夹夹住屏蔽编织物。

（2）电缆夹必须扣住大部分屏蔽层，并能够接触良好。

（3）将屏蔽线连接到紧邻机柜电缆入口处后面的屏蔽总线上。

接地屏蔽总线上的 Profibus 电缆屏蔽编织物如图 23-18 所示。

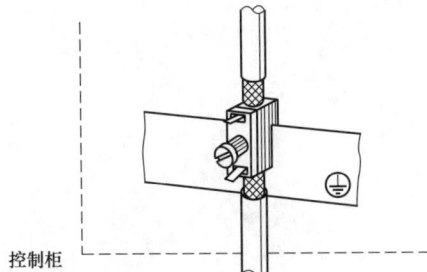

图 23-18 接地屏蔽总线上的 Profibus 电缆屏蔽编织物

Profibus 电缆在插头内接线时，须将屏蔽层剥开，压在插头内的金属部分。

由于接地有利于保护 DCS 设备以及 DP 通信口，因此对于所有的 Profibus 站点都要求进行接地处理，即"多点接地"。

Profibus 总线的应用场合非常多，应用环境也各不相同，但只要严格按照 Profibus 的规范进行网络拓扑的设计、遵守布线规则、处理好系统的

"地"与"接地"等，将在很大程度上避免总线网络使用中出现的各种问题。

3. 布线规则

（1）不同电压等级的电缆分线槽布线。高电压、大电流的动力电缆，与小电压和小电流的电缆应该是分线槽布线，同时线槽应盖上盖板，尽量全封闭；如果现场无法分线槽布线，则将两类电缆尽量远离，中间加金属隔板进行隔离，同时金属线槽要做接地处理（见图 23-19）。电缆槽架之间的连接应该保证用金属连接部件大面积连接处理，同时注意"接地"的连接。

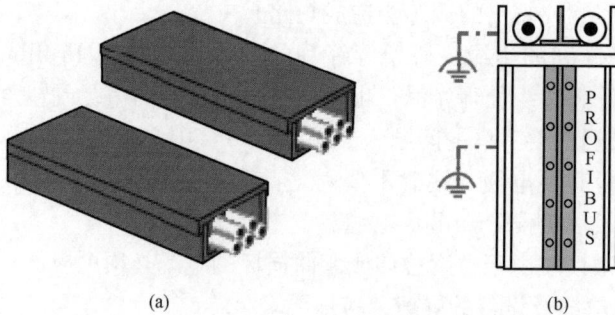

图 23-19　电缆槽架以及电缆在线槽内的处理
（a）电缆槽架；（b）电缆在线槽内的处理

（2）通信电缆单独在线槽外布线时，可根据情况采用穿金属管的方式，这样既可以保护电缆，又可以起到屏蔽作用。由于平行布线的两根电缆之间需要考虑空间电容耦合产生的干扰，因此，应尽量避免平行布线，而采取交叉布线的方式。具体方式如图 23-20 所示。

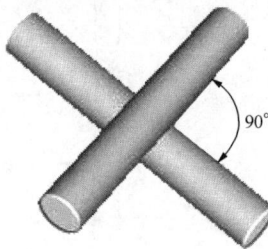

图 23-20　电缆交叉减少干扰

（3）通信电缆过长时，不要形成环状。此时如果有磁力线从环中间穿过时，根据"右手定律"，容易产生干扰信号。尽管背板是比较大的金属板，但由于项目已经完成，因而不存在电缆长度变化的可能，因此还是建议用户拉线时进总线柜的线不要太长，最长为总线柜高＋总线柜宽就可以，如过长，将过长的电缆剪短，放入柜内的电缆槽内；另外，应尽量将电缆贴近大面积的金属板。

（4）通信线在电柜内的布线。

通信电缆在电柜内布线时，也应该遵循远离干扰源原则。在柜内的走线应当进行精心的设计，尽量避免与高电压、大电流的电缆在同一线槽内走线，同时，不要在柜内形成"环"，特别是避免将变频器等干扰源包围在"环"内。

（5）通信线连接的设备应做等电动势连接。Profibus 连接的站点可能分布较广，为了保证通信的质量，一般要求所有通信站点都应该处于同一个电压等级上，即应当都是"等电动势"的。

Profibus-PA 总线一般采用单点接地原则，Profibus-DP 总线则采用多点接地原则。

1）对于多点接地的设备，为有效避免干扰的要求，要求厂房区域的接地网为等电动势接地系统。各类总线设备的接地原则如下。

a. 就地现场总线柜的入口安装接地铜条，选用 $25mm^2$ 接地电缆连接至就近的等电动势接地系统，进入总线柜的 Profibus-DP/PA 总线电缆的屏蔽层与机柜入口的铜条可靠连接。

b. Profibus-DP 电缆屏蔽层与 DP 设备的屏蔽夹/端子可靠连接，并根据接地电缆长度选用 $4\sim8mm^2$ 电缆连接至就近的等电动势接地系统，使接地电阻小于 4Ω，如就近找不到可靠接地点（接地电阻可能大于 4Ω），考虑取消此处的接地。

c. Profibus-PA 电缆屏蔽层与 PA 设备的屏蔽夹（如有）及 PA 分配盒的电磁兼容接头可靠连接，PA 设备及 PA 分配盒不接地。

DP 设备、PA 设备的接地示意图如图 23-21 所示。

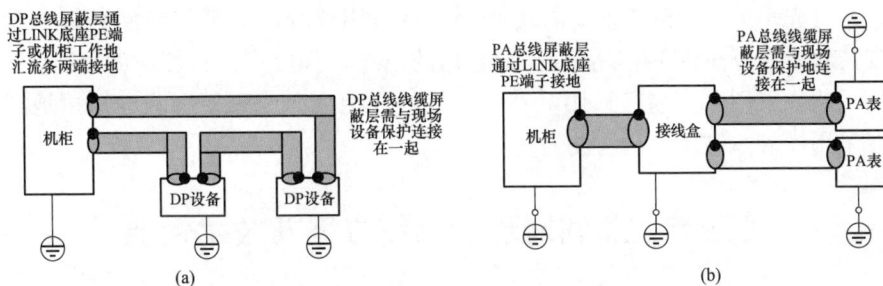

图 23-21　DP 设备、PA 设备的接地示意图
（a）DP 设备接地；（b）PA 设备接地

2）如果两个站点的"地"之间不等电动势，则当两个设备分别各自接地时，将会在两个接地点之间产生电动势差，此时电流会流过通信电缆的屏蔽层，从而对通信产生影响。因此，应该在两个设备之间进行等电动势的绑定。在火力发电厂实际应用中，等电动势连接可参考如下。

a. 在汽机房内，电气二次地网的扁钢，可以基本认为是等电动势系统，DP 设备的屏蔽接地直接可靠连接至扁钢。

b. 在锅炉区域内，电气二次地网的扁钢或锅炉钢架可以基本认为是等电动势系统，二次地网优先于钢架。

c. 屏蔽电缆接至扁钢或锅炉钢架，必须保证良好接触。使用垫圈避免螺钉因振动或移动松脱；多芯电缆须采用环形压头；如果某部分有油漆，则在连接前需要将油漆去除后连接；保护连接点，避免被侵蚀，比如可以镀锌或喷涂树脂漆。

d. 如果 DP 设备所在区域附近无扁钢或锅炉钢架等可靠接地点（接地电阻可能大于 4Ω）时，则另需确认，取消或另外考虑此设备的接地连接。

4. 通信电缆的屏蔽层在电柜内的处理

首先是 Profibus 插头，除了之前介绍的，需要将屏蔽层压在插头的金属部分外，还需要注意屏蔽层不要剥开得太长，否则会暴露在空间，成为容易受干扰的"天线"。

通信电缆的屏蔽层在进/出电气柜时，都应该进行屏蔽层接地处理，屏蔽层应该保证与接地铜排进行大面积的接触。通信电缆在进/出电柜时，都应该将电缆的屏蔽层进行接地处理。这样避免外部的干扰信号进入电柜，同时也避免柜内产生的干扰对外部设备造成影响；如果通信电缆在柜内需要经过端子进行连接，则屏蔽层最好在端子排的两侧分别进行连接。

5. 减小变频器等干扰源设备对通信的影响

变频器等比较大功率的设备除了通过干扰电源、通过空间辐射干扰影响设备正常运行外，随着变频器等设备具有 Profibus 通信的能力，这些设备产生的干扰也有可能直接进入通信系统，因而应该对变频器进行 EMC 的处理。

首先是变频器的安装。在电柜内，尽量用镀锌底板替代喷漆底板作为安装背板，以改善 EMC 特性。变频器的出线，都应该进行相应的 EMC 处理，比如采用通信电缆采用屏蔽电缆接地，动力电缆采用屏蔽电缆接地或者采用铁氧体磁环进行滤波处理等。

第三节　和利时现场总线方案及技术性能

一、和利时现场总线分散控制系统 MACS V6.5.3

某火力发电厂分散控制系统应用了和利时公司的 MACS V6.5.3 系列产品，其中组成单个控制站的分散控制系统网络设备及部件至少应包括操作员站、工程师站、网络交换机、主控制器、分布式 I/O、光纤分线盒、光纤收发器、DP/PA 链接模块、DP 中继器、终端电阻、Profibus-DP 总线电缆、Profibus-PA 总线电缆、DP 接头、PA 分配盒等；现场设备包括 Profibus-PA 仪表、Profibus-DP 电动执行器等，如图 23-13 所示。

以单个控制站与就地 Profibus 仪表及执行机构组成的控制系统来详细

说明 Profibus 现场总线控制系统的应用。火力发电厂中应用的分散控制系统，总体规模上比较大，但基本上都是各个控制站控制相应区域的工艺系统，然后通过工业以太网形式，组成分散控制系统网络的形式。因此，以单个控制站为例来说明，可以起到以点带面的作用。

（一）和利时分散控制系统硬件设备

1. 控制站

和利时 MACS V6.5.3 分散控制系统的控制站，采用 SM220 系列控制器（DPU），采用分布式 I/O。控制站内，I/O 处理器与主控制器之间通信采用 Profibus 协议，SM220 主控作为 Profibus 通信的一类主站，I/O 处理器本身作为主控制器的从站设备。从通信原理上讲，控制站内部本身就是 Profibus 网络。SM220 主控通过机笼底板上的 DP 接口连接到机柜内光纤分线盒，通过光缆连接到现场总线站。

2. 现场总线站

在现场总线站柜内，布置着光纤分线盒、光电转换器、DP/PA-LINK 模块、DP Y-LINK 模块、DP 中继器、有源终端电阻、电源模块等。现场总线站是连接 DCS 控制站与现场设备的中间环节，它将主站的输出指令数据进行分发，并将现场仪表等设备的数据采集后传给主站，总线网络拓扑结构也在这里形成。

3. 现场仪表及执行机构设备

因为火力发电厂工业过程对仪表及控制设备可靠性要求较高，所以 Profibus 现场总线从控制站开始到现场总线设备，大多数都设计成双冗余配置，即双网络通信，现场仪表设备也都必须支持双网络；部分非重要性设备设置成单网络通信方式，因此需要使用冗余网络与非冗余网络转换的部件，如 DP Y-LINK 模块。Profibus-PA 仪表，现场采用 PA 分配盒进行接线，并内置终端电阻。

和利时现场总线分散控制系统硬件设备见表 23-1。

表 23-1　和利时现场总线分散控制系统硬件设备

序号	设备名称	设备类型	规格型号	功能
1	控制器	一类主站	SM220	工艺系统核心控制器
2	工程师站	二类主站	HOLLIAS MACS	组态/调试/逻辑分析
3	DP/PA-LINK 模块	协议转换设备	K-PA01	DP/PA 协议转换
4	DP Y-LINK 模块	网桥通信设备	K-DP02	冗余/非冗余转换
5	光电转换模块	光电转换设备	FM1203	光信号/电信号转换
6	有源终端电阻	总线网络设备	K-DPT01	Profibus 网络终端
7	DP 中继器	总线网络设备	K-DPR01	总线网络拓展、信号整形放大
8	PA 分配盒	总线网络设备	FBCon PA CG	拓展 Profibus-PA 网络节点

（二）和利时分散控制系统软件

和利时的现场总线分散控制系统的工程组态软件采用 HOLLIAS MACS，完成硬件组态、逻辑组态及画面组态。现场总线网络的主站、I/O 处理器以及现场的从站设备配置，都在工程组态软件中完成，并下装到主控制器中。只有经过组态，所有的硬件才能正常工作，网络通信才能建立，现场仪表设备的数据才能正常往返传送。在本例中，采用 MACS V6.5.3 版本的组态软件进行说明。

二、MACS-SM 控制站集成 Profibus 现场总线

图 23-22 所示为典型的和利时 MACS-SM 控制站集成 Profibus 现场总线系统结构图。现场标准 DP 仪表设备由 DP Y-LINK 接入上级 DP 总线系统，现场 PA 仪表设备经由 DP/PA LINK 接入上级 DP 总线系统。

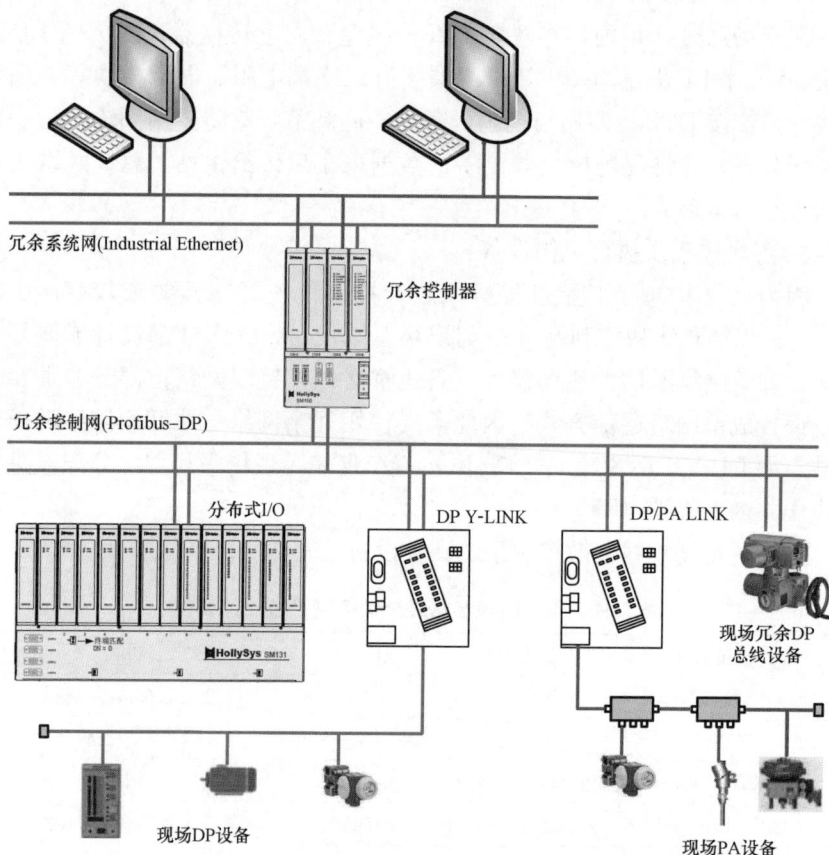

图 23-22　MACS-SM 控制站集成 Profibus 现场总线系统结构图

MACS-SM 控制站集成 Profibus 现场总线技术，冗余的主控制器与操作员站、工程师站点对点连接。控制器通过冗余的控制总线与 I/O 从站、

DP Y-LINK、DP/PA LINK 等设备相连。DP Y-LINK、DP/PA LINK 在上级网络中作为从站，在下级 DP 总线系统中作为主站。

1. 特点

（1）DP Y-LINK 可实现与标准 DP 仪表设备的通信，DP/PA LINK 可实现与单网 PA 设备的通信。

（2）上级 DP 总线系统网络（即控制网）与下级现场设备总线网络（即现场侧 DP、PA 总线）电气上完全隔离。

（3）DP Y-LINK 与 DP/PA LINK 在上级 DP 总线系统中为从站，在下级现场总线系统中为主站，下级总线系统中的现场设备不占用上级 DP 总线系统的节点地址。

（4）上级 DP 总线系统网络与下级现场总线系统网络的通信速率均可单独设置，无任何关联。

（5）DP Y-LINK 与 DP/PA LINK 均可 1：1 冗余配置。

（6）常规 I/O 与现场总线设备共用 DP 网络，这样上级 DP 总线系统控制器在一个轮询周期就可获取最新的 I/O 及现场仪表设备数据，系统响应时间大大缩短。

（7）在现场总线拓扑方面，支持现场总线通信卡件本地、远程安装，远程安装通过光电收发器实现树形拓扑。

和利时 MACS-SM 系列 DCS 系统 Profibus 特性见表 23-2。

表 23-2　和利时 MACS-SM 系列 DCS 系统 Profibus 特性

控制器		冗余配置
控制器 DP 主卡周期（输入/输出）数据缓冲区大小		3.5kbytes
控制网	总线协议	冗余 Profibus-DP 总线
	带载 DP 从站设备能力	单段电缆无中继最多 31 个 DP 从站设备（RS485 节点），可通过中继器增加带载的 DP 从站数量，最多不超过 125 个（Profibus-DP 总线标准规定）
DP Y-LINK 下级总线带负载能力	电气带负载能力	单段电缆无中继最多 31 个 DP 从站设备（RS485 单位负载）
	逻辑带负载能力	用户参数总和≤468 bytes 输入数据总和≤244 bytes 输出数据总和≤244 bytes
DP/PA LINK 下级总线带负载能力	电气带负载能力	最多 20 个 PA 设备
	逻辑带负载能力	用户参数总和≤468 bytes 输入数据总和≤244 bytes 输出数据总和≤244 bytes

2. 技术指标

DP Y-LINK 和 DP/PA LINK 技术指标见表 23-3。

表 23-3 DP Y-LINK 和 DP/PA LINK 技术指标

产品简称	DP Y-LINK	DP/PA LINK
产品型号	K-DP02	K-PA01
上级 DP 网络通信速率	187.5kbit/s、500kbit/s、1.5Mbit/s 自适应	187.5kbit/s、500kbit/s、1.5Mbit/s 自适应
下级（现场侧）DP 网络通信速率	9.6kbit/s、45.45kbit/s、93.75kbit/s、187.5kbit/s、500kbit/s、1.5Mbit/s 自适应	N/A
现场测 PA 网络通信速率	N/A	31.25kbit/s
电缆最远传输距离	1200m（≤93.75kbit/s，无中继） 1000m（187.5kbit/s，无中继器） 400m（500kbit/s，无中继器） 200m（1.5Mbit/s，无中继器） 100m（>1.5Mbit/s，无中继器）	1300m/18AWG
电气隔离	上级通信与下级通信隔离，隔离等级：在交流 1500V，持续 1min 的情况下，泄漏电流不超过 5mA	上级通信与下级通信隔离，在交流 1500V，持续 1min 的情况下，泄漏电流不超过 5mA
PA 总线供电	N/A	24V DC/200mA
带 DP（PA）设备能力	用户参数总和≤239 bytes 输入数据总和≤244 bytes 输出数据总和≤244 bytes 电气带负载能力≤31	用户参数总和≤239 bytes 输入数据总和≤244 bytes 输出数据总和≤244 bytes 电气带负载能力≤20

（1）DP Y-LINK 的带 DP 设备能力受限于 DP 参数、输入/输出数据最大限值和电气负载能力。如果 DP 设备大于 31，则可以增加中继器。

（2）DP/PA LINK 内置 PA 侧供电电源，供电电压为 24V，电流为 250mA。在采用 A 类 PA 线缆时总长度可达 1300m。带 PA 设备的数量也受限于 DP 参数、I/O 数据输入输出最大限值。结合 PA 设备对电流的要求，以及线缆总长度要求，电气带负载能力最大为 20 台。

3. 工作原理

（1）DP/PA LINK、DP Y-LINK 在较高级别的 DP 网络上是从站，并用作连接至下级总线系统（DP、PA 现场设备）的节点代理，下级总线系统中的现场设备不占用上级网络的节点地址。

（2）DP/PA LINK、DP Y-LINK 与连接的 PA(DP) 现场设备构成了一个公共总线系统。

4. 冗余机制

（1）DP/PA LINK/DP Y-LINK 冗余配置时，若运行中的 DP/PA LINK/DP Y-LINK 出现故障，则通过备用 DP/PA LINK/DP Y-LINK 处理

与现场设备的通信，发生故障的模块降为备用机并给控制器上报故障代码。

（2）切换是无扰动的，也就是说切换期间将保持 I/O 的状态。

（3）切换时间定义为从激活备用模块到获得新的输入数据所经历的时间。

DP Y-LINK 和 DP/PA LINK 技术指标见表 23-4。

表 23-4　DP Y-LINK 和 DP/PA LINK 技术指标

条件/要求	切换时间
不更改 DP/PA 设备组态的切换时间	典型值：70ms＋PA 现场设备的数目×51ms
	最大值：820ms＋PA 现场设备的数目×50ms
在模式期间更改了设备组态时的切换时间（未更改 PA 现场设备地址）	典型值：80ms＋PA 现场设备的数目×67ms
	最大值：800ms＋PA 现场设备的数目×130ms

三、和利时现场总线产品技术说明

现场总线型仪表和设备通过 DP Y-LINK 和 DP/PA LINK 连接至上级 Profibus-DP 总线系统。在上级 DP 网络（面向自动化设备）中，DP Y-LINK 和 DP/PA LINK 是 DP 从站，只占用上级 DP 网络的一个节点；而对于下级 DP 总线系统，DP Y-LINK 和 DP/PA LINK 是 DP 主站。

1. DP Y-LINK

DP Y-LINK 用于 Profibus-DP 总线冗余通信网络，例如 MACS-SM 控制站。实现上级 Profibus-DP 总线冗余通信网络与下级 Profibus-DP 总线单网通信系统之间的网络转换。

DP Y-LINK 在上级 DP 总线系统上是从站，并用作在下级总线系统（标准 DP 从站）上连接的节点的代理，实现上级 Profibus-DP 网络与下级 Profibus-DP 之间电气隔离。

可根据需要独立设置上级/下级 Profibus-DP 网络的通信波特率。下级 DP 总线系统通信速率介于 9.6kbit/s～1.5Mbit/s 之间。

2. DP/PA LINK

DP/PA LINK 用于 Profibus-DP 网络，例如 MACS-SM 控制站。DP/PA LINK 在上级 DP 网络上是从站，并用作连接至下级总线系统（PA 现场设备）的节点的代理。

DP/PA LINK 构成了一个独立的下级总线系统，该总线系统在通信过程中与上级 DP 网络分离。DP/PA LINK 与连接的 PA 现场设备构成了一个公共总线系统。

K-PA01 为 DP/PA 连接器，具有 DP/PA 网桥功能，实现 Profibus-DP 网络与 Profibus-PA 设备系统之间的网络转换。DP 总线（即上一级 DP 通信网络）与 PA 总线（即下一级 PA 设备网络）电气上完全隔离。

3. PA 分线盒

PA 网络的分离器、接线盒也可选用国际一线品牌的产品，例如西门子的 AFS、AFD，魏德米勒的 PA T Connector 等。

第四节　和利时现场总线逻辑组态

在完成了现场总线控制系统的设计、工程施工后，开始进行控制系统的逻辑组态。本节的逻辑组态，是建立在读者有一定的和利时控制系统组态经验的基础上。

一、自定义功能块

打开和利时工程组态软件工程总控，然后点击"公用信息"→"自定义功能块"→"新建"或者"修改"就能查看解析块的实现信息，实现的方式可以多种，可以为 ST 语言，可以为 CFC 等，具体如何解析参考各个设备的 PDF 说明。

自定义功能块如图 23-23 所示。

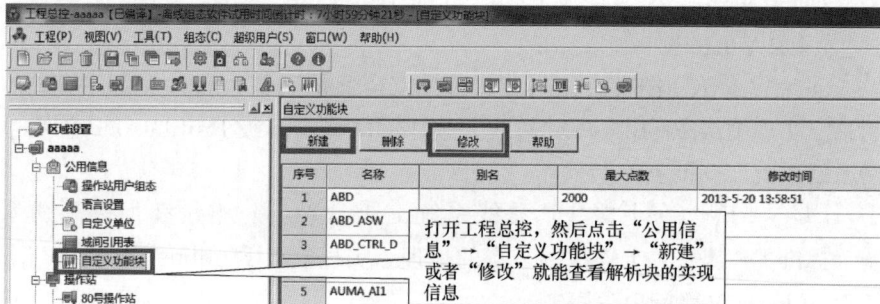

图 23-23　自定义功能块

二、通用 DP/PA 组态

（一）导入 GSD 文件

对于新增加 DP 设备和 PA 设备都需要先进行 GSD 文件的导入，导入方法如图 23-24 所示。

（二）添加 DP、PA LINK 设备

1. 添加 PA LINK 设备

PA 总线设备的添加需要先进行 PA LINK 的添加，添加规则为双击"机柜"，选择需要添加的设备地址，地址从偶数开始，添加方法如图 23-25 所示。

图 23-24　选择需要导入的 GSD 文件

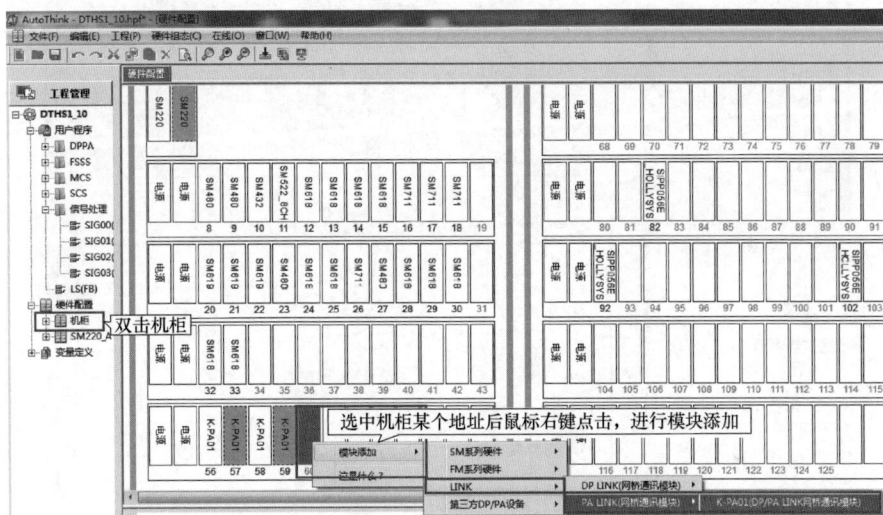

图 23-25　添加 PA LINK

2. 添加 DP LINK 设备

添加 DP LINK 的操作和添加 PA LINK 的操作一样，如图 23-26 所示。

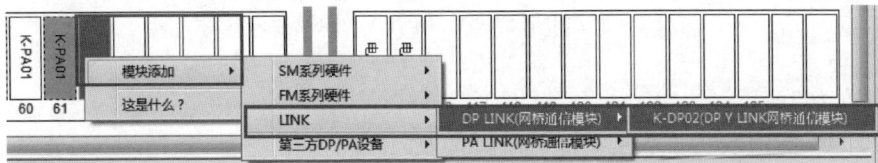

图 23-26　添加 DP LINK

（三）添加 PA 设备

在添加 PA LINK 之后，就可以进行 PA 总线设备的添加，添加方法如图 23-27 所示。

配置 PA 设备，先确定所要添加的 PA 设备的地址，即 PA 设备作为哪个 PA LINK 的子地址。PA 总线设备的通信方式都为 DPV0，子地址可以

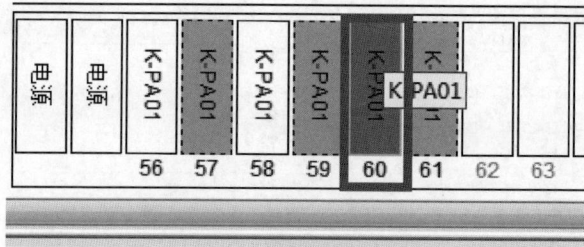

(a)

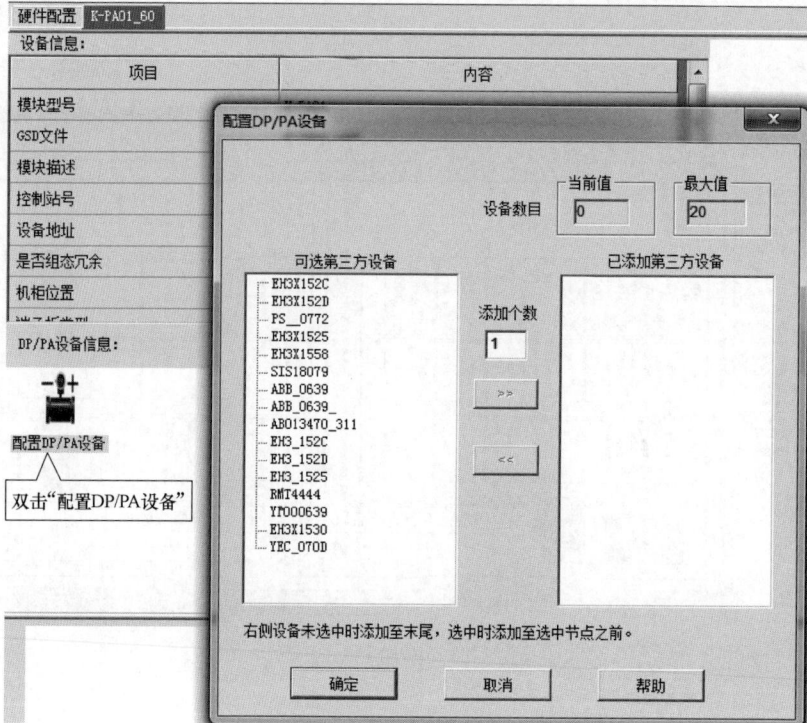

(b)

图 23-27　PA LINK 配置

（a）PA LINK 配置-1；（b）PA LINK 配置-2

设置为 3～125。

以 ABB 现场总线型定位器的配置为例。

1. 硬件配置

在类似图 23-27 "PA LINK 配置-2" 基础上进行 ABB 定位器的硬件配置，并按图 23-28～图 23-31 顺序完成定位器硬件配置。

通过以上的操作就完成 ABB 定位器在 AT 中硬件配置，ABB 定位器的地址在一个 PA LINK 下是唯一的，根据现场实际设备设置的地址来修改，使得上层设置的地址和现场安装的地址保持一致。

系统产生的通道地址也是唯一的，以便在解析块的输入引脚进行设置，

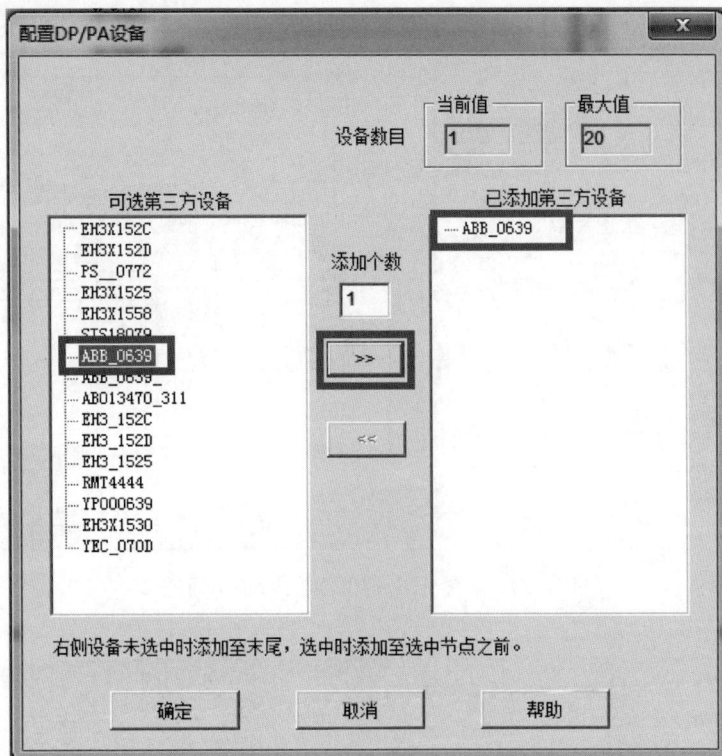

图 23-28　配置 ABB 定位器

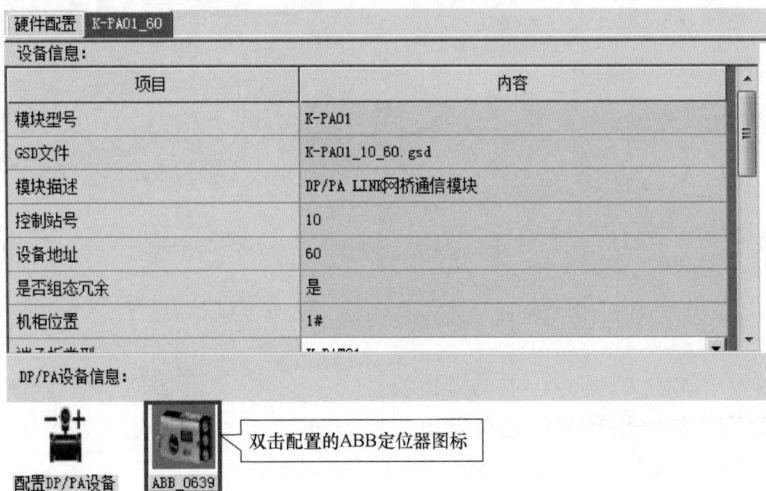

图 23-29　配置 ABB 定位器输入/输出通道-1

使得能正确从 PA 设备上获得数据或者下发数据给设备。

2. 逻辑组态

新建一个 POU 或者在已存在的 POU 中进行逻辑组态，在库管理器中

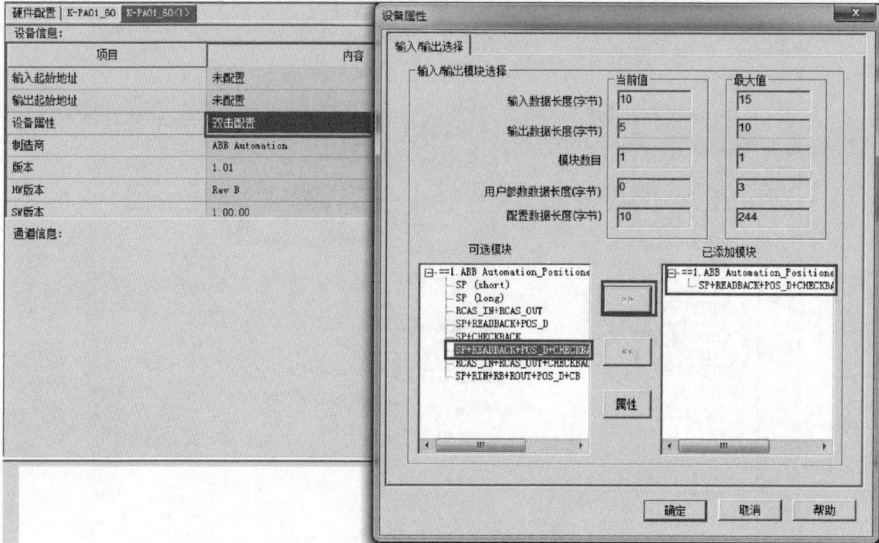

图 23-30　配置 ABB 定位器输入/输出通道-2

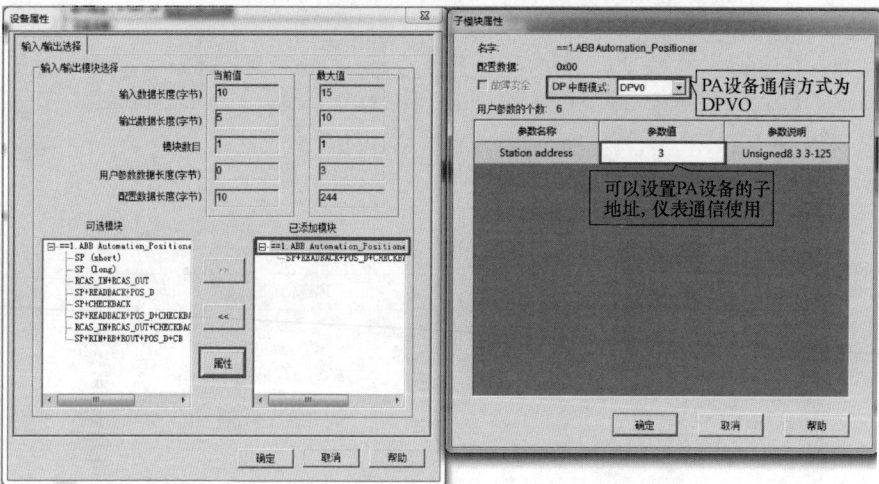

图 23-31　配置 ABB 定位器属性及地址

找到需要添加的 ABB 定位器的解析块。

库管理器中选择 ABB 定位器解析块如图 23-32 所示，定义解析块名称、类型和变量说明如图 23-33 所示，ABB 定位器逻辑组态如图 23-34 所示。

主要引脚说明：

（1）P_IN 和 P_OUT：表示解析块上传和下发数据的地址。

（2）MD：表示通信模式，可以查看解析块说明文档来设置。

（3）SP：表示调节阀设定值。

（4）SP_S：表示调节阀设定值的状态，实际可以根据现场设定值的

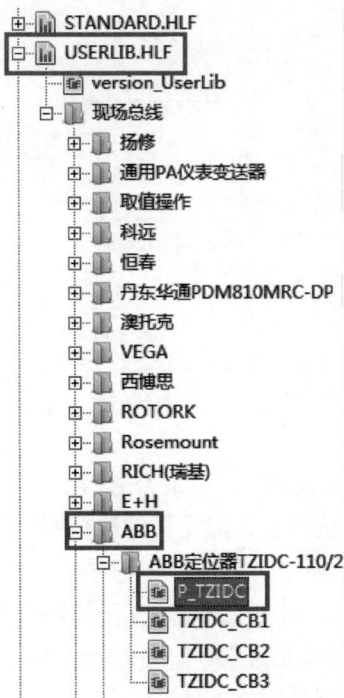

图 23-32 库管理器中选择 ABB 定位器解析块

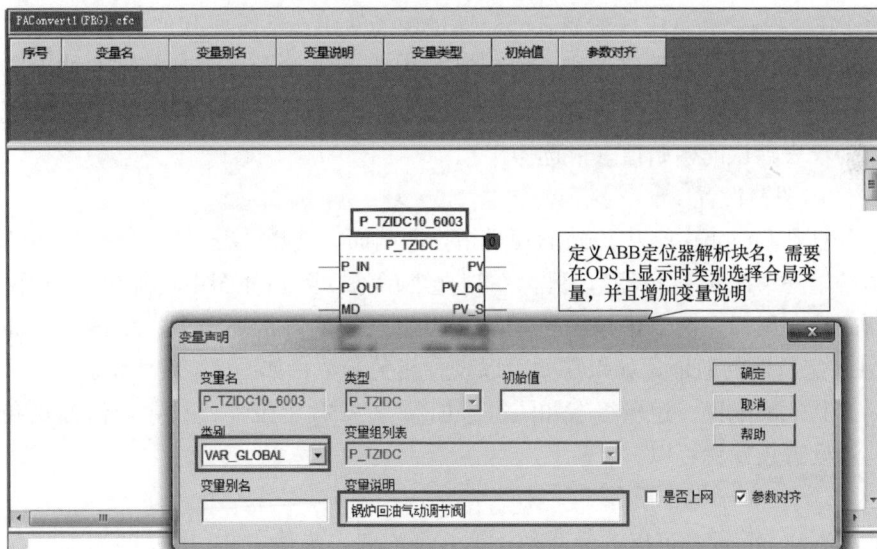

图 23-33 定义解析块名称、类型和变量说明

DQ 项的不同来进行设置,这里默认设置为 128,该字节值(最大值 255)大于或等于 128 表示设定值的质量总是好的,具体该引脚的设置可以参考现场总线状态字的说明。

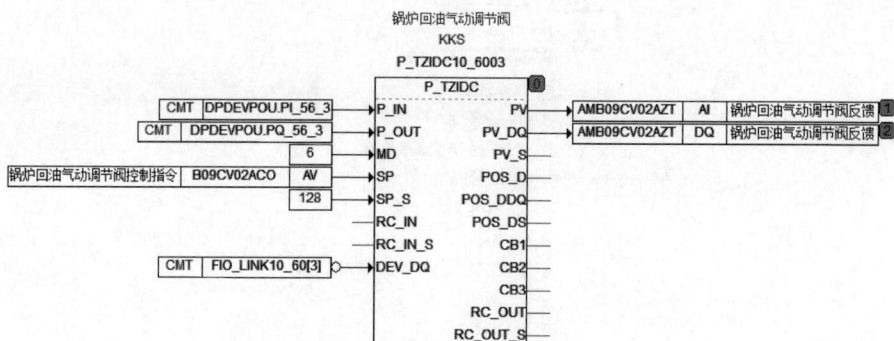

图 23-34　ABB 定位器逻辑组态

（5）DEV_DQ：表示该 PA 设备是否通信上的系统点，FI/O_LINK10_60[3] 为 TRUE 表示通信正常，因定义的解释不一样，这里采用 DEV_DQ 的引脚值为 FALSE 表示通信正常。

（6）"FI/O_LINK10_60[3]"点定义为"FI/O_LINK"＋"控制站站号"＋"_"＋"PA LINK 地址"＋"["＋"PA 设备地址号"＋"]"。

（7）PV：表示调节阀反馈值。

（8）PV_DQ：表示调节阀反馈值的质量，FALSE 表示好点。

因为 ABB 定位器里面本身就是一个 PID 调节器，这里默认 6 表示单回路 PID 控制，并且这样的控制已经满足现场使用，不需要其他 ABB 定位器提供的更加复杂的串级控制，所以其他引脚不需要设置。对不需要的引脚进行使能性选择为 FALSE，以便使得该引脚值不输出到该设置，那么该值就为仪表默认的初始值（可选操作）。

3. 图符设置

打开 Graph. exe 中该站的现场拓扑图画面，选择"符号库"→"DPPA 图符"→"ABB 定位器"，鼠标左键选中后拖动到拓扑图中增加 ABB 定位器图符，鼠标左键双击该图符增加逻辑组态中的解析块点名、变量说明和 ABB 定位器的地址，如果需要可以设置相关参数，如图 23-35 所示。

其他的配置、逻辑组态和图符添加参考 ABB 定位器，只要通信方式和地址设置正确就可以。

（四）添加 DP 设备

添加 DP 设备可以分为两种，第一种方式：为像 PA LINK 的添加一样先添加 DP LINK，然后在 DP LINK 下添加 DP 设备作为 DP LINK 的子地址；第二种方式：为像添加 SM 常规卡件一样，作为第三方设备进行添加；这里的介绍只按照第二种方式进行说明，其中的设置在两种方式都是通用的。

DP 设备的添加方法与 PA 设备的添加方法相似，这里不再赘述。

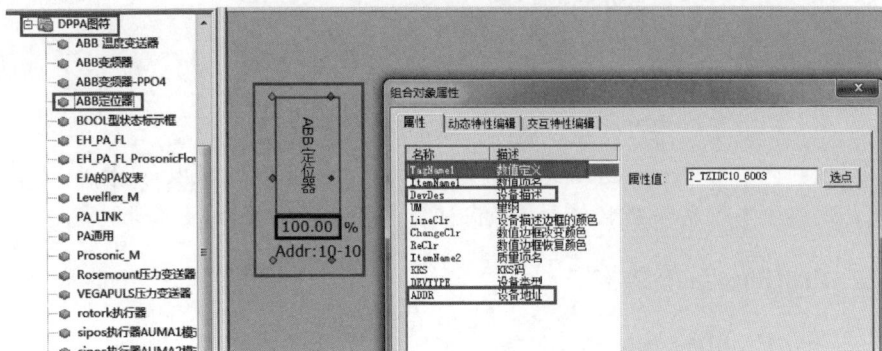

图 23-35　ABB 定位器图符添加

第五节　国能智深现场总线方案

一、概述

本节介绍能智深现场总线方案。

国能智深 NT200-PBⅢ型 Profibus-DP 主站接口卡（简称 PB 卡），是国电智深 EDPF-NT＋分散控制系统的第三代现场总线主站产品，实现了 DCS 与现场总线设备的无缝连接。

PB 卡是 EDPF-NT＋控制器的扩展卡件之一，与其他的 I/O 卡件具有同等的地位，作为 DCS 与 Profibus-DP 的接口，在 Profibus-DP 网络中以主站的形式存在。它解决了 DCS 系统与其他厂家 Profibus 智能设备的互联问题，用于将标准的 Profibus 从站设备连入 EDPF-NT＋系统，利用连接器和耦合器还可以接入 Profibus-PA 设备。通过控制器与 PBIII 卡之间的通信链路，DP 和 PA 设备能够成功地与系统内控制站、操作站等进行信息双向通信。PB 卡须与 DPU VB 配合使用。

该文档适用于在 EDPF-NT＋3.3 版本的基础上进行的组态调试过程。

PB 卡相关硬件信息参见《IO 硬件用户手册》，相关控制算法参见《控制算法参考手册》。

1.PB 卡特点

采用双卡冗余，模块式结构；可靠的直流宽范围（DC 18～36V）供电；方便的 DP 从站联结方式，可接六路 DP 通信段，并支持 9600、19 200、45.45、93.75、187.5、500kbit/s 通信速率。

2.PB 卡配置步骤

PB 卡在 DCS 系统中主要起到协议转换和数据转发的作用，将 Profibus 协议数据和 DCS 内部协议数据相互转发。使用时，可参考如下配置步骤。

（1）确定系统结构方案。

（2）配置从站信息和总线参数。

（3）配置控制器 EIO。

（4）在工程中组态 PB 卡和从站设备。

（5）根据实际需求建点、做监控画面。

注：为了与 Profibus 从站正常通信，需配置 PB 卡、EIO、卡件/点记录，这些组态信息相互配合，必须保证其一致性和完整性。

二、Profibus 系统结构

（一）Profibus 系统配置方案

EDPF-NT＋控制器（DPU）通过 EIO 总线与 PB 卡进行数据交互。PB 卡为双槽同底成对卡件，一个底座上的两块 PB 卡冗余使用。PB 卡作为 Profibus 现场总线与 DCS 的通信卡可以与其他卡件混合使用，但是在组态时 PB 卡的卡件位置只能使用 A1、A2。PB 卡通过 6 个接口连接 Profibus-DP 从站，其中 4 个为光口通信（P0、P1、P2、P3），2 个为电口通信（J1/J2、J3/J4），各个接口是等价的，6 个接口总共最多可以连接 124 个从站设备。其框架如图 23-36 所示。

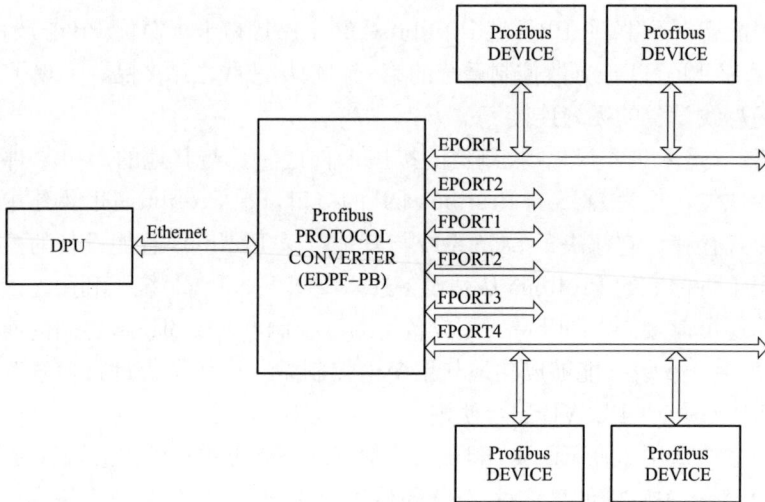

图 23-36 PB 卡框架

Profibus 协议规定了从站冗余的两种模式：快速冗余（FR）和系统冗余（SR），对主站冗余和实现方法未作任何规定。PB 卡实现了主站冗余，对于系统冗余模式（SR）和快速冗余模式（FR）主站都支持。

FR 结构由于总线不冗余，主站和从站可以单独冗余或全部冗余，结构可以是冗余主站连接非冗余从站、非冗余主站连接冗余从站、冗余主站连接冗余从站；SR 结构主站必须冗余，非冗余从站如果要连入系统需要使用 Y-LINK。

（二）Profibus-DP 系统配置方案

Profibus-DP 总线配置方案一般采用以下三种方式。

1. PB 卡和单 DP 总线

PB 卡和单 DP 总线配置方案如图 23-37 所示。该方案适用于从站设备只有单 DP 接口，且对主站控制没有冗余要求的场合。

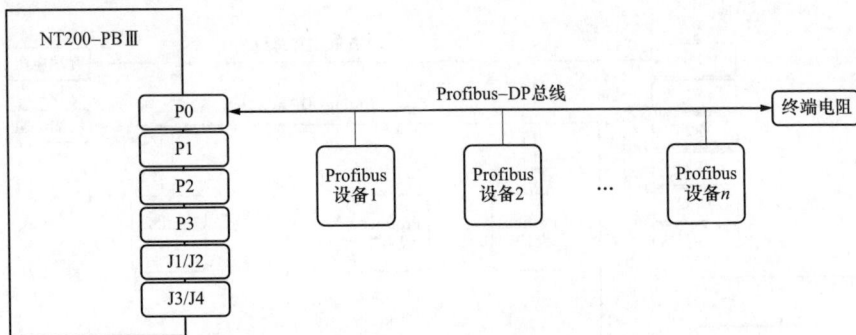

图 23-37 PB 卡和单 DP 总线配置方案

2. 冗余 PB 卡和单 DP 总线

冗余 PB 卡和单 DP 段总线配置方案如图 23-38 所示。该方案适用于从站设备只有单 DP 接口，但对主站控制有冗余要求的场合。

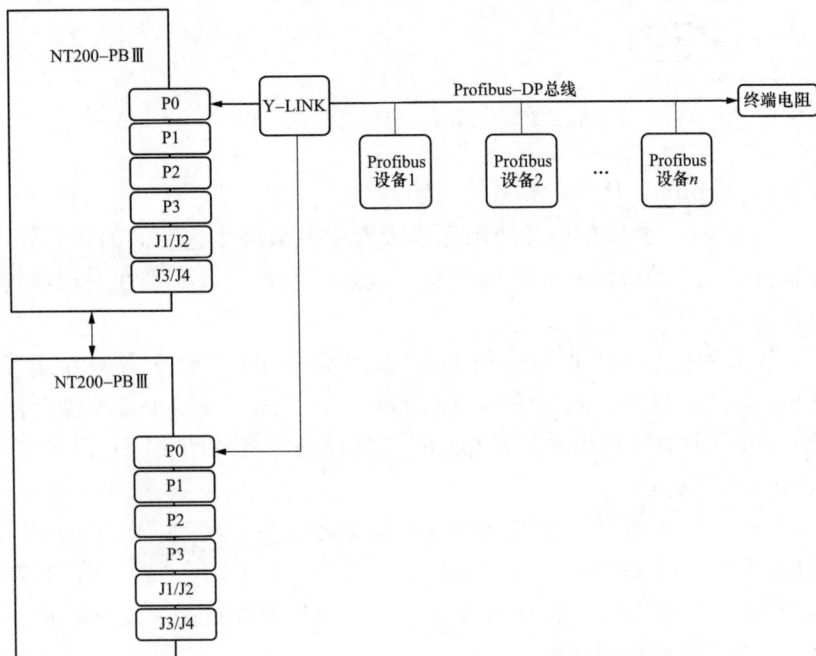

图 23-38 冗余 PB 卡和单 DP 总线配置方案

3. 冗余 PB 卡和冗余 DP 总线

Profibus-DP 冗余 DP 总线配置方案一般采用冗余 PB 卡和冗余 DP 段方案，如图 23-39 所示。该方案适用于从站设备有冗余 DP 接口，且对主站控制有冗余要求的场合。

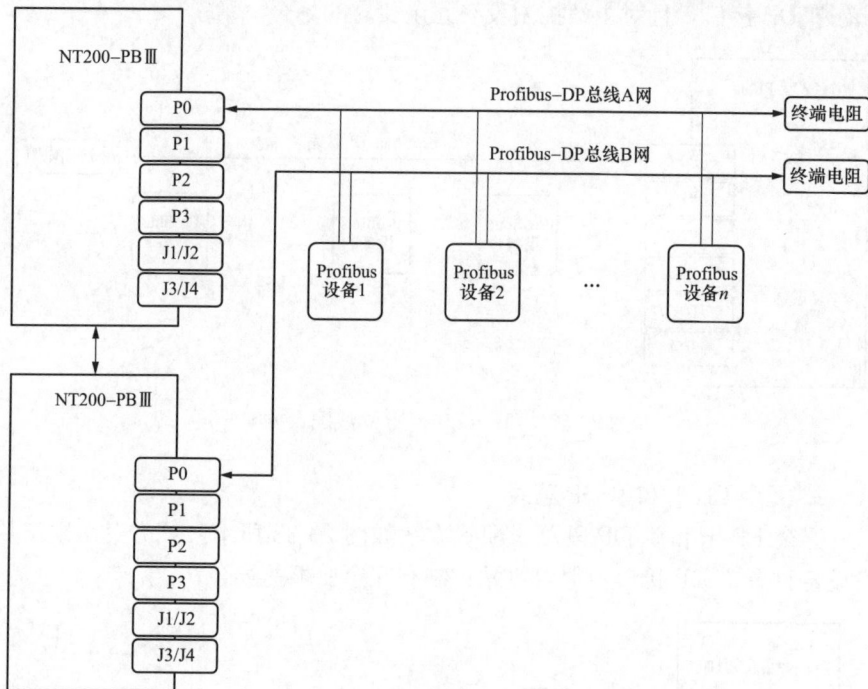

图 23-39　冗余 PB 卡和冗余 DP 总线

（三）Profibus-PA 系统配置方案

Profibus-PA 总线的广泛使用在很大程度上取决于它有效的传输技术，在过程自动化领域应用时必须满足能在危险区操作以及实现在一根电缆上同时传输信号和供电。

一般工程项目 PA 设备采用 DP/PA 耦合器＋PA 分支器的方式接入 Profibus 总线，连接方式如图 23-40 所示。PA 设备通过 DP/PA 耦合器接入 Profibus-DP 总线可以看作是单 DP 从站设备，支持图 23-37 和图 23-38 所示的两种连接方式。

DP/PA 耦合器是一台多功能的集成化设备，实现 Profibus-DP 到 Profibus-PA 的双向转换，DP 侧支持速率为 45.45、93.75、187.5、500kbit/s，PA 侧支持速率为 31.25kbit/s，通过硬件拨码实现不同速率的转换，也支持自动识别速率。

PA 分支器可以将 Profibus-PA 设备，如测量仪表、传感器等通过分支电缆连接到现场总线的主干线上，其安装位于现场仪表附近，分支电缆可长达 120m，通常情况为 60m。

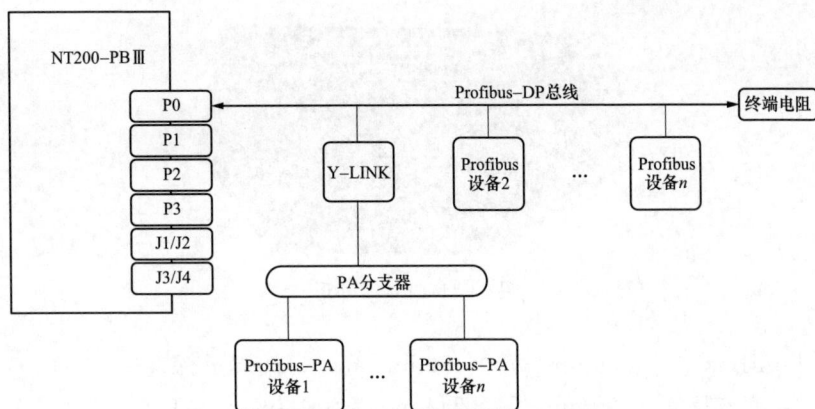

图 23-40　DP/PA 耦合器＋PA 分支器

DP/PA 耦合器和 PA 分支器在总线网络中没有地址，在进行设备组态时可以视作透明设备。

第六节　国能智深 Profibus 通信模块 PB 卡

一、技术参数

1. 电源

（1）电压：冗余宽范围为 18～36V DC，额定为 24V DC。

（2）功耗：小于 10W。

（3）纹波：不大于 5％。

2. 配置

（1）CPU：800MHz 奔腾级低功耗 CPU。

（2）RAM：256M。

（3）电子盘：256M DOM Flash。

（4）以太网口：2 个冗余，10M/100M 自适应，RJ45 双绞线接口。

3. 通信网络

（1）4 个端口总共可连接智能 DP 从站设备少于 120 台。网络通信方式：双网，符合 Profibus-DP 协议。

（2）电气接口：RS485 协议。

（3）波特率：9600、19 200、93.75k、187.5k、500k、1.5M、45.45kbit/s 可选。

（4）网络隔离电压：500V。

（5）其他接口：串口 1：RS232 标准，RJ11 针接口。

二、外形与结构

（1）PB 卡外形如图 23-41 所示。

图 23-41　PB 卡外形

1）PB 卡尺寸：80mm（宽）×190mm（高）×170mm（深）。

2）底座尺寸：190mm（长）×244mm（宽）×30mm（高）。

（2）PB 卡指示灯见表 23-5。

表 23-5　PB 卡指示灯

编号	名称	意义	备注
1	PWR	5V 电源指示	正常为亮
2	CPU	DP 协议通信卡运行指示	正常为亮或闪烁
3	MAS	主卡状态指示	主卡为亮或闪烁
4	ALM	配置错或通信错报警指示	配置错时闪烁，已配设备通信不上时常亮
5	NET1	1 网通信指示	正常为闪烁
6	NET2	2 网通信指示	正常为闪烁
7	PBS1	端口 1DP 网络数据交换状态指示	正常为闪烁或亮
8	PBS2	端口 2DP 网络数据交换状态指示	正常为闪烁或亮
9	PBS3	端口 3DP 网络数据交换状态指示	正常为闪烁或亮
10	PBS4	端口 4DP 网络数据交换状态指示	正常为闪烁或亮
11	PBT1	端口 1 数据发送使能指示	正常为闪烁或亮
12	PBT2	端口 2 数据发送使能指示	正常为闪烁或亮
13	PBT3	端口 3 数据发送使能指示	正常为闪烁或亮
14	PBT4	端口 4 数据发送使能指示	正常为闪烁或亮

（3）PB 卡拨码见表 23-6。

表 23-6　PB 卡拨码

编号	名称	位置	功能
1	拨码 1	PB 卡底侧（上）	IP 地址的末位设置（十六进制低位）
2	拨码 2	PB 卡底侧（下）	IP 地址的末位设置（十六进制高位）

（4）底座布局如图 23-42 所示。

（5）底座端子。PB 卡共有 32 个有效端子，见表 23-7。

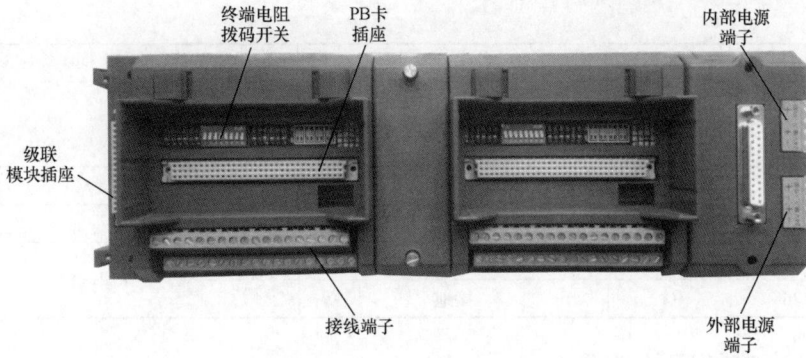

图 23-42　底座布局

表 23-7　PB 卡底座端子

编号	端子	名称	备注
1	CN1A	控制端子	一般不接
2	GND	逻辑地	
3	B1（＋）	端口 0DP 的 B 线	
4			
5	A1（－）	端口 0DP 的 A 线	
6			
7	G	接地	屏蔽接地
8	VCC	5V DC 电源	
9	CN1A	控制端子	一般不接
10	GND	逻辑地	
11	B1（＋）	端口 0DP 的 B 线	红
12			
13	A1（－）	端口 0DP 的 A 线	绿
14			
15	G	接地	屏蔽接地
16	VCC	5V DC 电源	
17	CN1A	控制端子	一般不接
18	GND	逻辑地	
19	B1（＋）	端口 0DP 的 B 线	红
20			
21	A1（－）	端口 0DP 的 A 线	绿
22			
23	G	接地	屏蔽接地
24	VCC	5V DC 电源	
25	CN1A	控制端子	一般不接
26	GND	逻辑地	
27	B1（＋）	端口 0DP 的 B 线	红
28			

续表

编号	端子	名称	备注
29	A1（一）	端口 0DP 的 A 线	绿
30			
31	G	接地	屏蔽接地
32	VCC	5V DC 电源	
33～35	Null	备用	
36	G	接地	

三、底座的硬件设置

主备卡底座在一块板上，分别有一组拨码开关，用来设置每个端口的终端电阻，如图 23-43 所示。

图 23-43　主备卡底座

每个端口的终端电阻对应两位拨码开关，拨码开关 1、2 对应端口 0 的终端电阻，3、4 对应端口 1 的终端电阻，5、6 对应端口 2 的终端电阻，7、8 对应端口 3 的终端电阻，当端口使用时，对应的终端电阻应拨到 ON。

四、网络配置

PB 卡在出厂状态下，IP 地址为 192.101.1.126 和 192.101.129.126，子网掩码为 255.255.128.0。

注：出厂状态的 PB 卡必须一个一个上电，否则会因地址冲突而使网卡无法工作。

五、装配图

装配图如图 23-44 所示。

图 23-44　装配图

938

六、工程应用

要求每路信号采用两根导线（屏蔽双绞电缆）接到模块底座端子上，具体接线如图 23-45 所示。

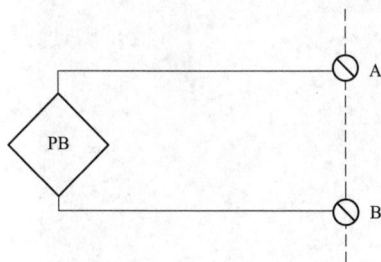

图 23-45　模块端子信号的接线

PB 卡配有单独的监控口（RJ11），用户通过其专用的 RS232 通信电缆，用通用的终端通信程序，如 Windows 超级终端软件，对 Profibus 通信任务进行监视和检查模块。

PB 卡的 Profibus 通信端口有 4 个（PORT1、PORT2、PORT3、PORT4），外加一个监控端口（console、RJ11）、两个网口。每个通信端口独立支持 Profibus 协议（主站方式）。PB 卡和 DPU 控制站通信采用 UDP 协议为正确配置通信采集任务，必须先对 Profibus 通信方式及通信模块的寄存器地址和通道定义，以及对从站设备的通信内容、地址等有所了解。

第七节　国能智深现场总线组态

一、PB 卡的配置

用户可通过 fdtCONTAINER 2.2 对 PB 卡添加、编辑从站配置，并将配置下载到 PB 卡中。

（一）软件安装

双击 GDZS fdtCONTAINER.exe，运行安装程序，按照提示点击正确的选项，直到安装完成。

（二）添加 GDZS PBⅢ COMDTM

双击 fdtCONTAINER 2.2 运行软件。软件界面如图 23-46 所示。

添加 GDZS PBⅢ COMDTM，可在设备目录里右键单击 GDZS PBⅢ COMDTM，点击"添加"，如图 23-47 所示。

（三）配置 INI 文件

1. 打开配置页面

选择工程中的 GDZS PBⅢ COMDTM，点击右键，选择附加功能—

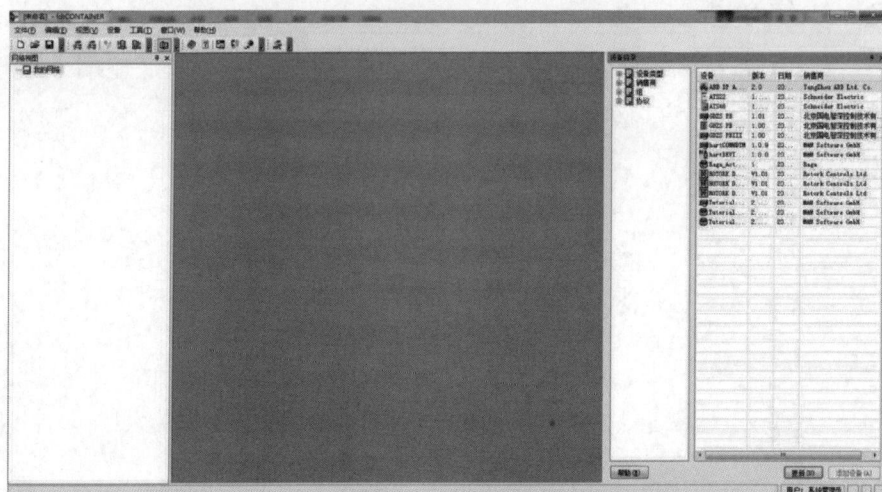

图 23-46　fdtCONTAINER 2.2 软件界面

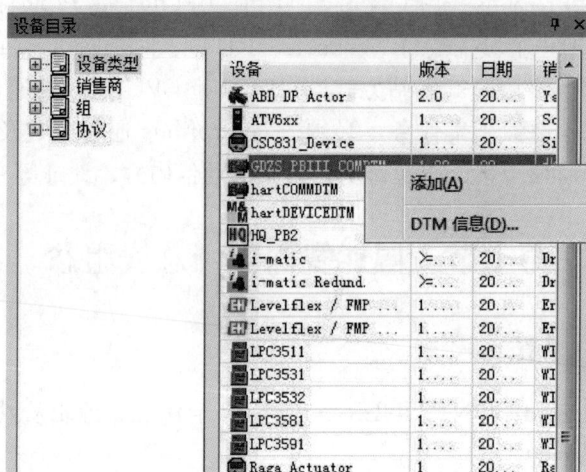

图 23-47　添加 GDZS PBⅢ COMDTM

CONFIG ＊.INI，如图 23-48 所示。

2. 新建 INI

选择 NEW 选项，输入新建的 ini 的名字，然后点击"EDIT"按钮，如图 23-49 所示。

注：新建的 ini 默认保存在 C：\ PROFIBUSINI 目录下，生成为 ProfiSlvPara_＊.ini。并生成 ConfigMsg ＊.CSV，记录每个设备的地址分配，方便 NT＋组态时使用，在 C：\ PROFIBUSINI \ EIO 目录下，生成对应的 eio 配置文件，命名规则为 mxxxdyyyeio.conf，其中 xxx 为域号，yyy 为站号。

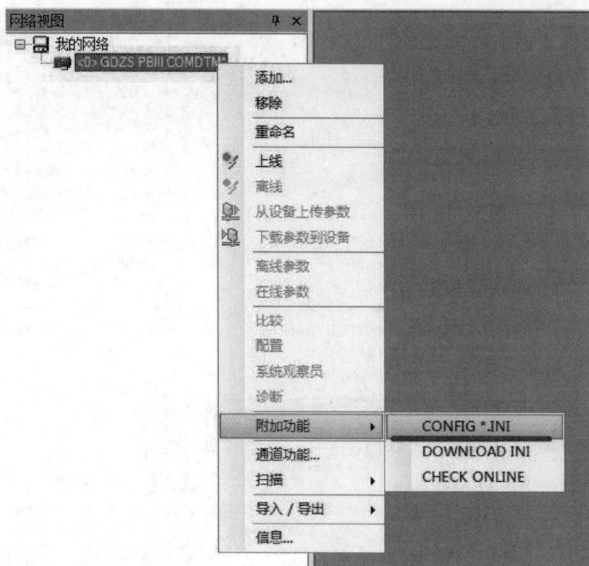

图 23-48　打开配置文件页面

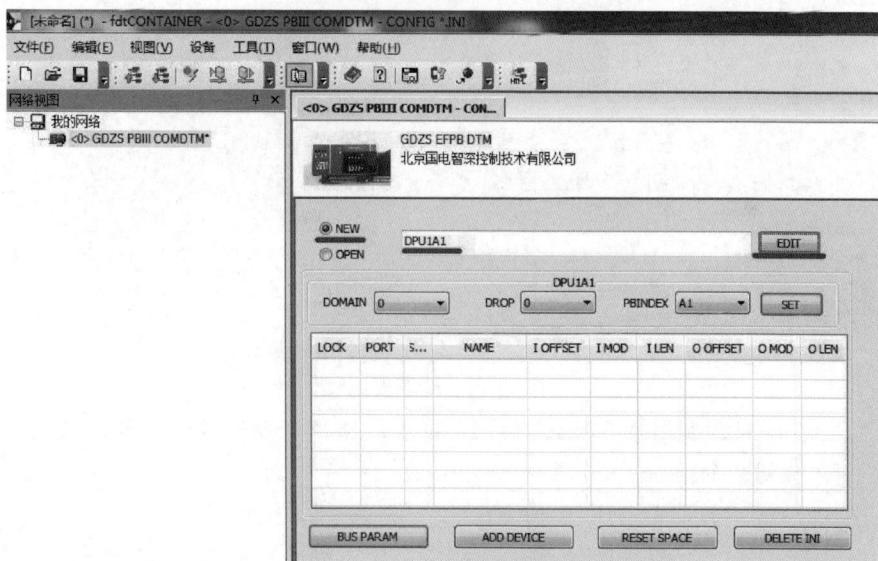

图 23-49　新建 INI 页面

3. 打开 INI

选择"OPEN"选项，在弹出的对话框中选择要编辑的 ini 文件，然后点击"打开"按钮。之后，在图 23-50 所示页面上点击"EDIT"按钮，进入编辑模式。

4. 修改参数

如图 23-51 所示，对边框内的参数进行修改后，点击"SET"按钮生效。

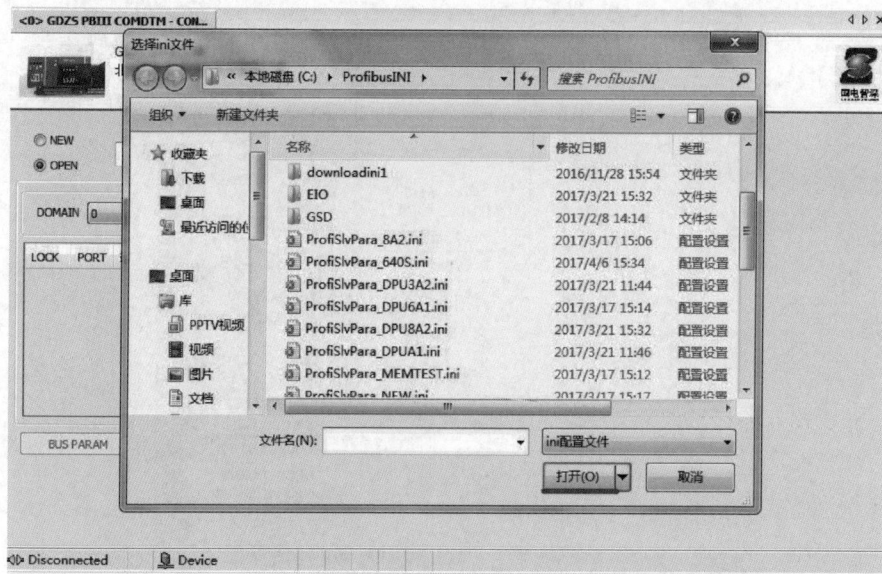

图 23-50　打开 INI

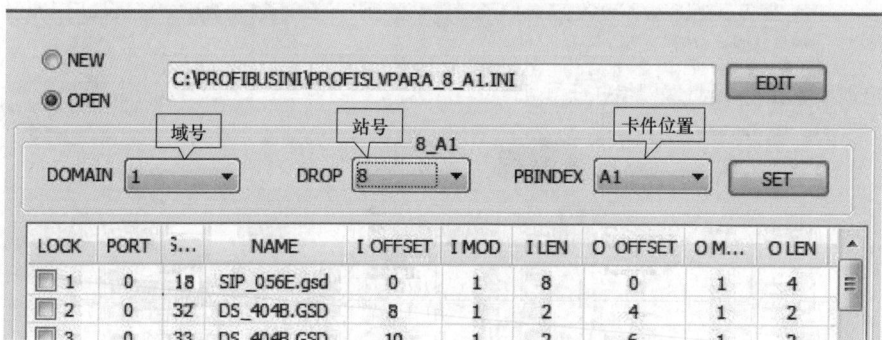

图 23-51　修改参数

注：一对控制器最多连接两对 PBⅢ卡，选择正确的卡件位置，以免给 PBⅢ配置错误的地址。

5. 总线参数配置（BUS PARAM）

点击"BUS PARAM"，进入总线参数配置界面，如图 23-52 所示。

修改后，点击"SAVE"按钮保存。点击"EXIT"按钮退出界面。

6. 添加从站

添加从站，点击图 23-49 中所示"ADD DEVICE"按钮，进入到设备配置页面。配置地址，选择并打开设备的 GSD 文件，如图 23-53 所示。选择参数和模块后，在图 23-54 所示页面上点击"OK"按钮，则完成添加一个从站设备的操作。

注：新建配置文件时，IOSPACE 尽量选用 AUTO 的方式，自动分配空间。

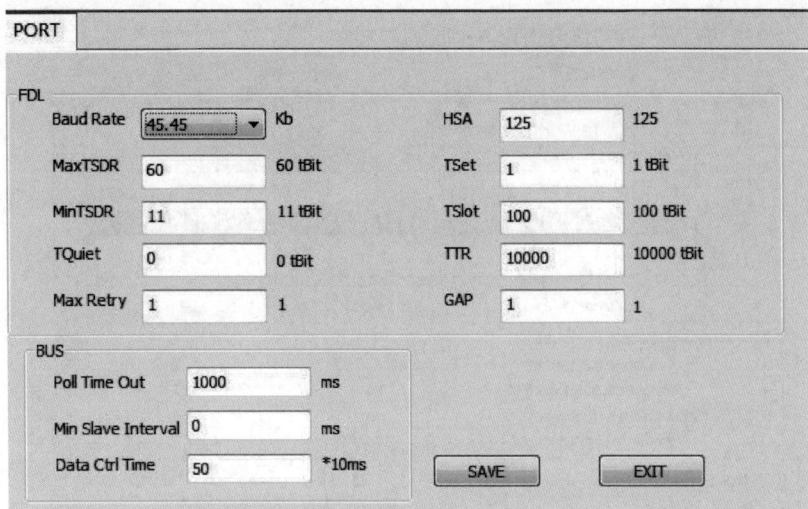

图 23-52　总线参数配置界面

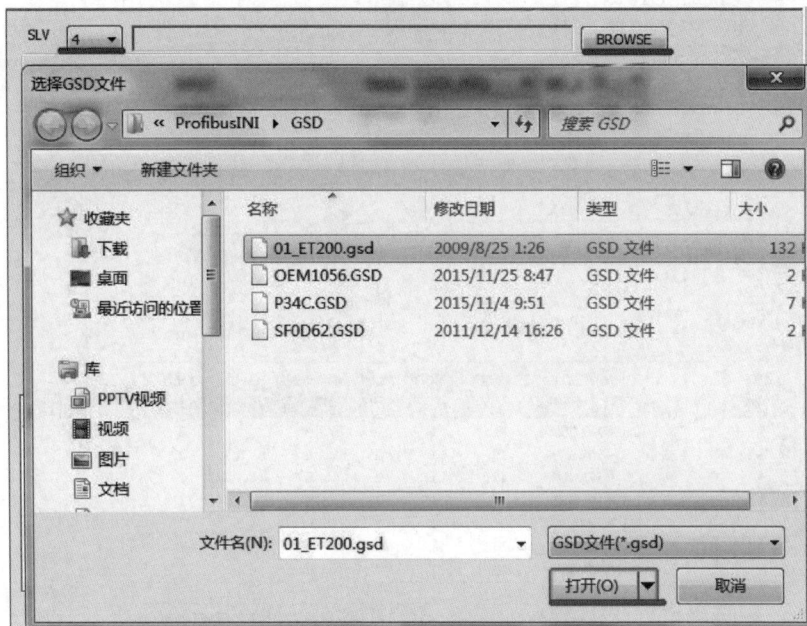

图 23-53　选择并打开设备的 GSD 文件

7. 修改设备

编辑设备在设备列表中双击设备所在的行即可修改设备，如图 23-55、图 23-56 所示。

8. 重新分配地址空间（RESET SPACE）

在图 23-49 所示页面上点击 "RESET SPACE" 按钮，则重新分配从站设备的 I/O 空间，使地址空间按从站 ID 由小到大紧密排列。

943

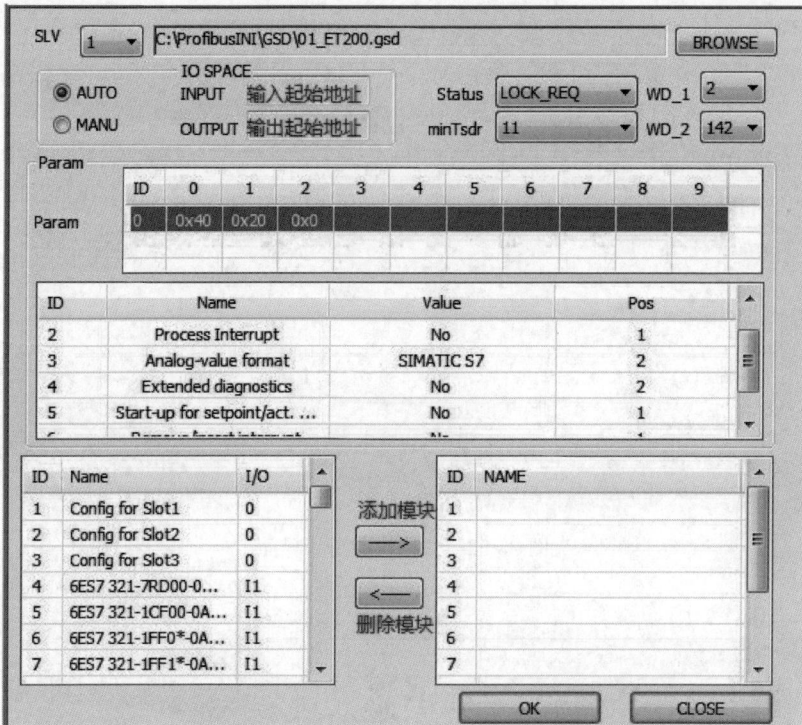

图 23-54　从站设备的操作

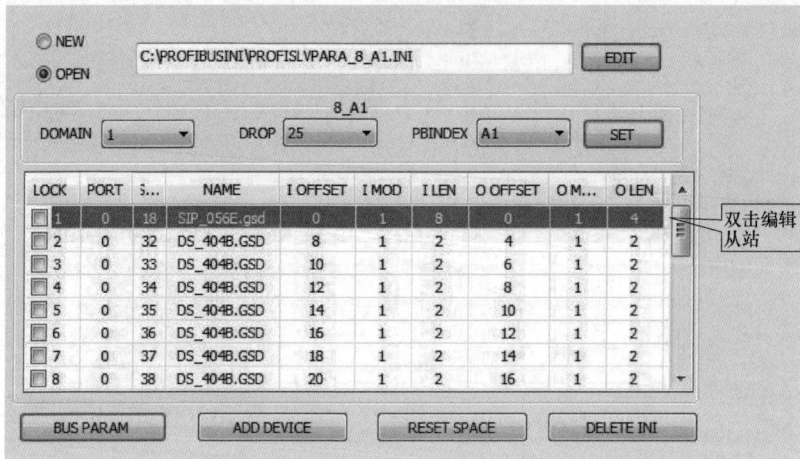

图 23-55　修改设备

注：对于已经组态完毕的工程，不建议使用此功能，会导致已建的组态与实际设备地址空间不一致。

9. 删除（DELETE INI）

在图 23-49 所示页面上点击"DELETE INI"按钮，则删除该页面当前显示的 ini 文件。

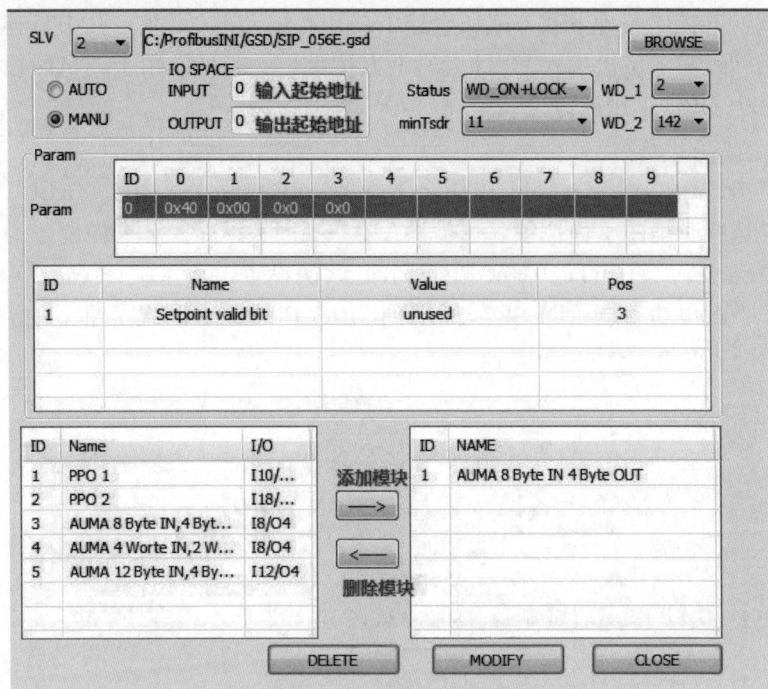

图 23-56　修改模块

（四）下载 INI 文件

1. 打开下载页面

选择工程中的 GDZS PBⅢ COMDTM，点击右键，选择附加功能中的 DOWNLOAD INI，见图 23-57。

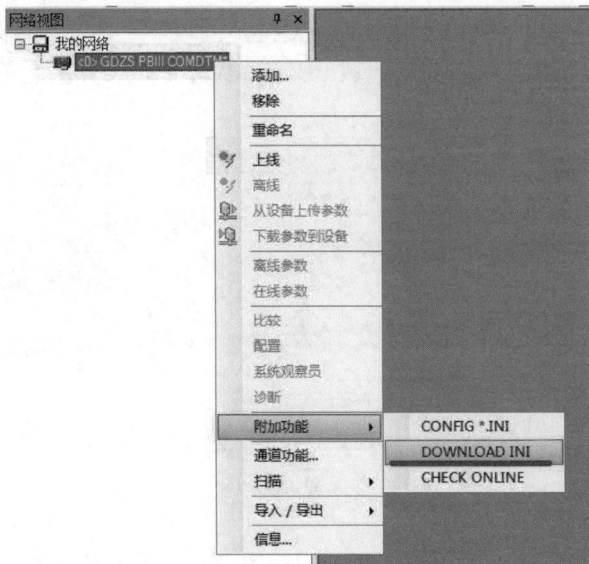

图 23-57　打开下载页面

软件共提供两种下载方式：直连下载和通过 DPU 下载。其中直连下载须使用网线将上位机接入 DPU 底座上方接口，一般只应用于调试阶段，实际多采用 DPU 下载的方法。

2. 直连下载

点击"BROWSE"按钮选择要下载的 INI 文件，选择"DIRECT"选项，并选择正确的卡件位置，选项"A1""A2"表示 PB 卡卡件位置为 A1、A2，"Factory settings"表示 PB 卡出厂默认设置。点击"DOWNLOAD"按钮，下载成功后有"RESET SMALL/BIG PB IS OK"提示框，如图 25-58 所示。

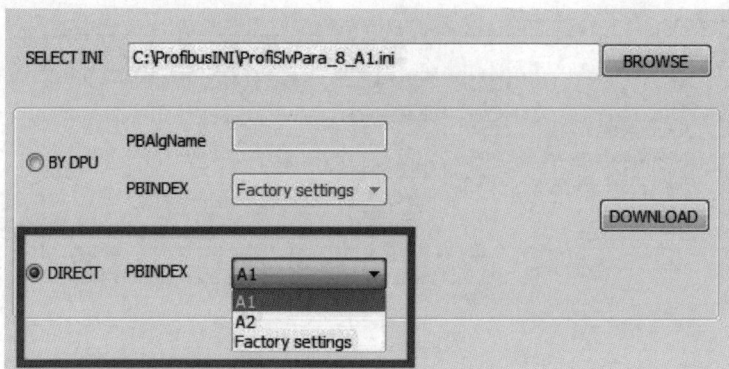

图 23-58　直连下载

3. 通过 DPU 下载

选择要下载的 INI 文件，选择"BY DPU"选项，在"PBAlgName"一栏填写目标 PB 卡的算法名，PBINDEX 选择 PB 卡的卡件位置，然后点击"DOWNLOAD"按钮进行下载。支持不同域中 DPU 下的 PB 卡下载配置，默认为 1 号域，如需为其他域 PB 卡下载配置，在算法名前加域号，如图 25-59 所示。

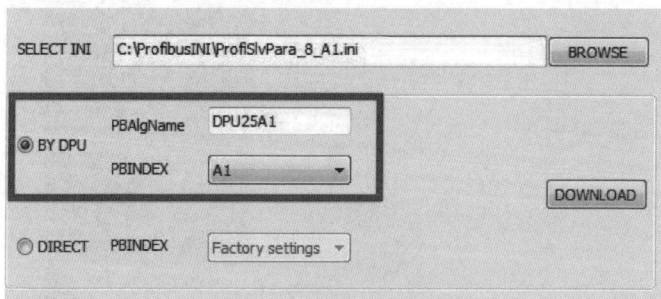

图 23-59　通过 DPU 下载

注：填写完算法名后，一定要确认目标 PB 卡的卡件位置。下载过程大概需要 30s，在提示完成前，勿操作界面。

（五）检测在线 PB 卡

1. 打开检测页面

选择工程中的 GDZS PBⅢ COMDTM，点击右键，选择附加功能中的 CHECKONLINE，如图 23-60 所示。

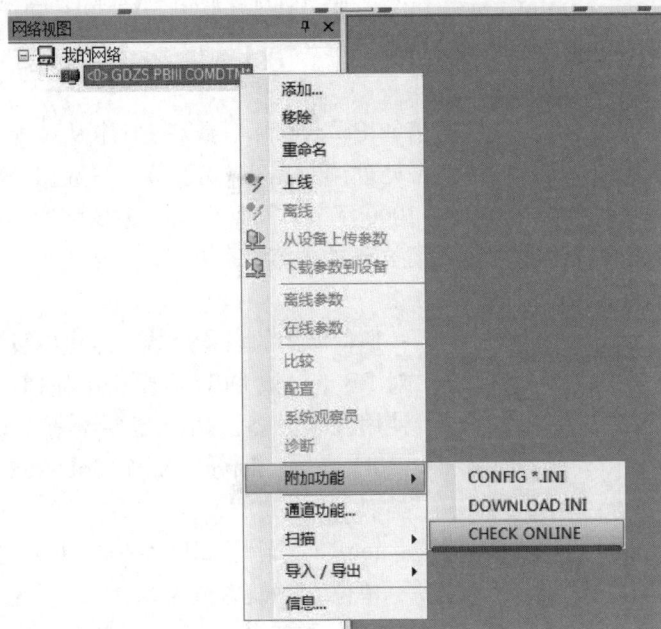

图 23-60　打开检测页面

2. 执行检测

选择要检测的域号（DOMAIN）和站号（DROP），点击 SET 按钮，等待检测程序运行完毕，该站下在线的 PB 卡会显示在白色对话框中，如图 23-61 所示。

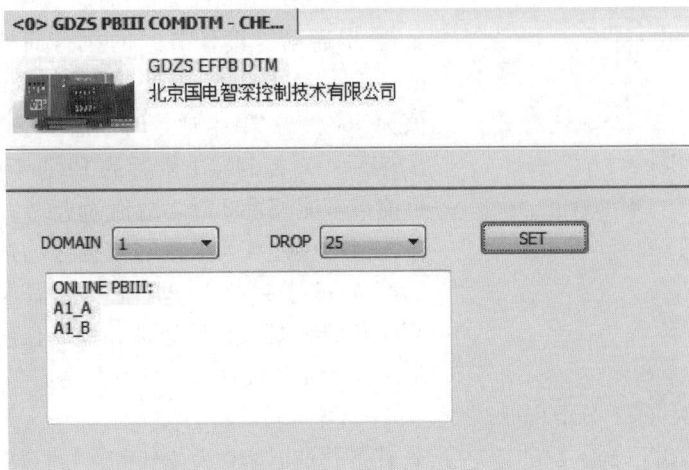

图 23-61　执行检测

二、控制器 eio 配置

1. eio 文件目录

与 eio 通信相关的配置文件命名为"eio. conf",该文件位于虚拟 DPU 运行主目录的"config \ system \ "下,真实 DPU " \ edpf \ prj \ running \ config \ system \ "下。

2. eio 文件配置原则

用户需要结合与 DPU 通信的 PB 卡实际对数和 PB 卡从站配置情况配置 eio 任务。一个 PB 卡最多可处理读数据 4000 字节、写数据 4000 字节;EIO 通信一个任务包最多处理 1000 字节,1 个 Device 建议配置不超过 8 个任务,以免影响通信速度。配置文件的内容如下:

〔General〕

IoDeviceCnt=1 ;通信所用的设备个数,这里的设备对应一对 PB 卡,该 DPU 需要和几对 PB 卡通信就使用几个设备。用户需要给每个设备配置〔IoDevice〕部分,每个 IoDevice 的配置类似。

logsizeMb=5 ;logSizeMb 是 EIO 生成的 log 文件大小,单位 M,缺省值为 5。

〔IoDevice1〕

DeviceId=1 ;对应上位机组态时使用的设备 ID,与 PBM 和 PBS 模块属性中的设备 ID 对应。

Desc=PBⅢ_1 ;对 IoDevice1 的描述,表示此控制器下的第一对 PBⅢ卡件。

protocol=efpb3 ;DCS 与第三方系统通信所使用的通信协议,此处要填 efpb3 通信协议。

Period=500 ;异步通信(读任务)的执行周期,单位 ms,取值范围:0~2000,单位为 ms,缺省值为 500。与 PB 卡通信时该值小于 1000。

pbindex=1 ;表示一对控制器下配置的 PBⅢ卡的序号,目前最多能配置 2 对,故值为 1 或 2。

SubTask=4 ;任务个数。PB 卡读写数据区的最大地址为第 4096 个字节,按工程实际需求配置读写任务的数据区起始地址和地址长度,建议最多配置 4 个读任务 4 个写任务。

〔IoDevice1_SubTask1〕

ServiceType=140 ;任务代码:140 为读任务;141 为写任务。

StartAddr=0 ;任务执行的起始地址,与 PB 卡配置中从站使用的地址区对应。

unitcnt＝1000　　　　　　　　　　　；任务执行的地址长度，与 PB 卡配置中从站使用的地址区对应。取值范围：0～1000（建议一个任务包，最多处理 1000 字节）。

［IoDevice1_SubTask2］
ServiceType＝140
StartAddr＝1000
unitcnt＝1000

［IoDevice1_SubTask3］
ServiceType＝140
StartAddr＝2000 unitcnt＝92
［IoDevice1_SubTask4］
ServiceType＝141
StartAddr＝0
unitcnt＝940
PeriodNo＝a　　　　　　　　　　　；输出控制区。输出任务需要配置该项，定义输出任务属于 DPUa、b、c、d、e 哪个控制区。使用 PB 卡时，输出任务所属控制区周期须小于 1000ms。

［IoDevice2］
DeviceId＝2
Desc＝PBⅢ_2
protocol＝efpb3
Period＝500
pbindex＝2
SubTask＝4

［IoDevice2_SubTask1］
ServiceType＝140
StartAddr＝0
unitcnt＝1000

［IoDevice2_SubTask2］
ServiceType＝140
StartAddr＝1000

［IoDevice2_SubTask3］

ServiceType＝140

StartAddr＝2000

unitcnt＝92

［IoDevice2_SubTask4］

ServiceType＝141

StartAddr＝0

unitcnt＝940

PeriodNo＝a

三、PB 卡模块组态

与 PB 卡相关的控制算法包含两个，分别为 PBM3 和 PBS3。PBM3 为主站模块算法，与 PB 卡对应，主要包括 PB 卡状态、从站设备状态、PB 卡切换命令。PBS3 模块为从站模块算法，与从站对应，主要包括从站设备实时数据的输入和输出、从站的诊断信息等。

（一）PBM3 和 PBS3 算法

PBM3 主要监视 PB 卡状态信息、从站设备状态和诊断标志，可通过模块命令人工切换 PB 卡主、备状态。PBM3 同时支持向主备 PB 卡转发 DPV1 命令以及向主备 PB 卡转发 PB 卡重启命令的功能。

PBS3 主要监控 PB 卡所配置的从站设备实时数据、通信状态、诊断信息。

（二）算法参数及输入输出

1. PBM3 算法参数及输入输出

一个 PBM3 模块对应一对 PB 卡的信息。一对 PB 卡最多可配置 2～125号，共 124 个从站，下面以一对 PB 卡为例，说明 PBM3 模块各通道的含义。

PBM3 算法参数和通道见表 23-8。

表 23-8　PBM3 算法参数和通道

序号	名称	类型	说明	缺省值	范围	必需
1	MuAddr	U16	模块地址	1	1～255	—
2	DeviceId	U16	设备 ID	1	0～65 535	—
3	AlgStOut	GP	模块状态	—	—	—
4	CH1	GP	诊断列表 1	—	—	—
5	CH2	GP	诊断列表 2	—	—	—
6	CH3	GP	诊断列表 3	—	—	—
7	CH4	GP	诊断列表 4	—	—	—
8	CH5	GP	诊断列表 5	—	—	—

序号	名称	类型	说明	缺省值	范围	必需
9	CH6	GP	诊断列表6	—	—	—
10	CH7	GP	诊断列表7	—	—	—
11	CH8	GP	诊断列表8	—	—	—
12	CH9	GP	交换列表1	—	—	—
13	CH10	GP	交换列表2	—	—	—
14	CH11	GP	交换列表3	—	—	—
15	CH12	GP	交换列表4	—	—	—
16	CH13	GP	交换列表5	—	—	—
17	CH14	GP	交换列表6	—	—	—
18	CH15	GP	交换列表7	—	—	—
19	CH16	GP	交换列表8	—	—	—
20	CH17	GP	AB模块主、备状态	—	—	—
21	CH18	GP	A模块硬件状态	—	—	—
22	CH19	GP	B模块硬件状态	—	—	—
23	CH20	GP	A模块运行状态	—	—	—
24	CH21	GP	B模块运行状态	—	—	—
25	CH22	GP	A模块FPGA状态	—	—	—
26	CH23	GP	B模块FPGA状态	—	—	—

注　在PBM3中AlgStOut使用到的GP位状态定义如下：

bit0：模块通信错；bit1：模块配置错；bit15：卡件配置文件CRC校验不一致。

诊断列表和交换列表定义，在此不详细论述，使用时可参考相关书籍查表。

2. PBS3算法参数及输入输出

一个PBS3模块对应一个从站设备的信息。一个PBS3模块最多可配置20个输入通道、12个输出通道，当从站通信数据量超出一个PBS3的容纳量时，可使用多个PBS3对应一个从站的不同数据区。下面以一个PBS3模块为例，说明PBS3模块各通道的含义。

PBS3算法参数和通道见表23-9。

表23-9　PBS3算法参数和通道

序号	名称	类型	说明	缺省值	范围	必需
1	MuAddr	U16	模块地址	1	1～255	—
2	DeviceId	U16	设备ID	1	0～65 535	—
3	SlaveId	U8	从站ID	1	0～255	—
4	InStartAddr	U16	输入起始地址	0	0～32 767	—
5	UsedInCh	U8	输入占用通道数	4	1～20	—

续表

序号	名称	类型	说明	缺省值	范围	必需
6	OutStartAddr	U16	输出起始地址	0	0~57 343	—
7	UsedOutCh	U8	输出占用通道数	0	0~12	—
8	DataType1	U8	通道1数据类型	2	0~9	—
⋮	⋮	⋮	⋮	2	0~9	
40	DataType32	U8	通道32数据类型	2	0~9	—
41	StatusByte21	U8	通道21状态字	0	0~255	—
⋮	⋮	⋮	⋮	0	0~255	
52	StatusByte32	U8	通道32状态字	0	0~255	—
53	AlgStOut	GP	模块状态	—	—	—
54	CH1	ANY	输入通道1	—	—	—
⋮	⋮	⋮	⋮	—	—	—
73	CH20	ANY	输入通道20	—	—	—
74	CH21	ANY	输出通道21	—	—	—
⋮	⋮	⋮	⋮	—	—	—
85	CH32	ANY	输出通道32	—	—	—
86	CH33	DP	与从站通信故障	—	—	—
87	CH34	DP	从站有诊断信息	—	—	—

注　在PBS3中的AlgStOut的GP位中各卡件的通信状态定义如下：

bit0：模块通信错；bit1：模块配置错。当前为主的PB卡与从站通信中断或配置错时，卡件通道品质为bad，如通道类型选择为"模拟量+状态"，状态位将对通道品质有影响；当通道所配数据区不被更新时，卡件通道品质为poor。

在算法选项卡"读从站诊断信息"中，单击"读取从站诊断信息"按钮，可读取该PBS3模块对应的从站设备的诊断信息。

（三）组态

在PO中，新建I/O模块，在I/O模具中选择PBM3，填入自定义模块名称、控制区、模块地址、卡件位置和设备ID。设备ID对应eio配置的通信设备，一个设备对应一对PB卡，如图23-62所示。如DPU与多对PB卡通信，则可重复上述方法继续添加PBM3模块。

在I/O模具中选择PBS3块，填入自定义模块名称、控制区、模块地址、卡件位置、设备ID、从站ID、输入/输出起始地址和输入/输出占用通道数。模块地址、卡件位置和设备ID与该PBS3模块对应的PBM3模块一致；从站ID与该PBS3模块对应的从站设备地址一致；输入/输出起始地址为PB卡配置中该PBS3模块对应的从站设备所占用的起始地址（详见PB卡配置页面，如图23-63中IOFFSET和OOFFSET列所示地址）；输入/输出占用通道数和通道数据类型根据从站设备说明书提供的信息填写，如图

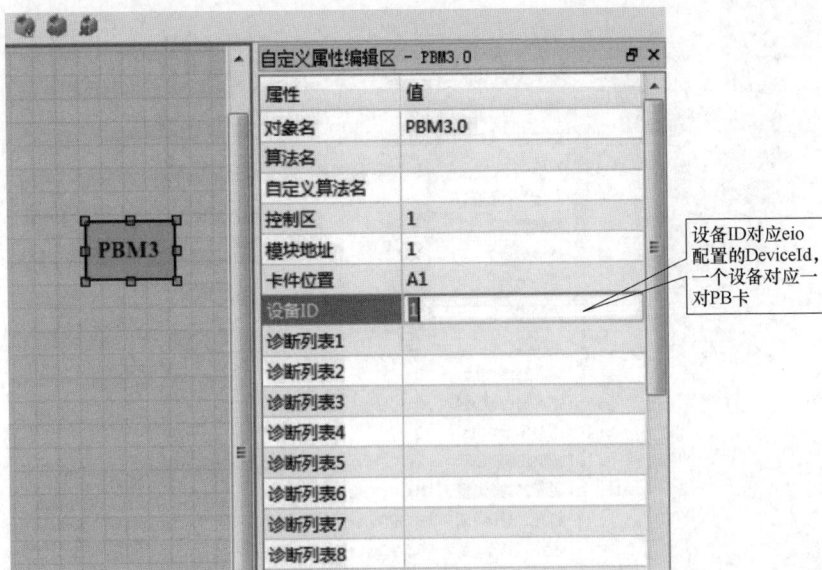

图 23-62　新建 PBM3 页面

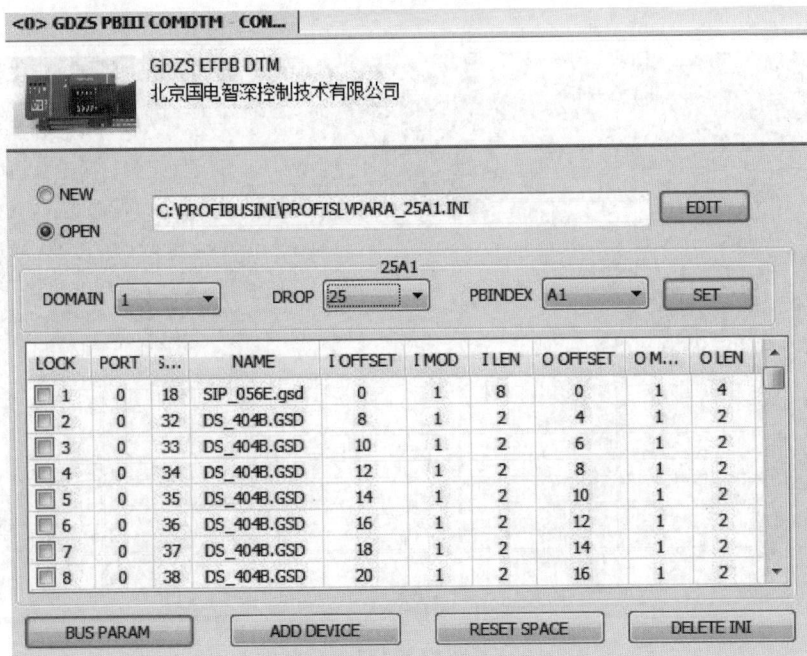

图 23-63　PB 卡配置页面

23-64 所示。如 PB 卡与多个从站设备通信，则可重复上述方法继续添加 PBS3 模块。

　　配置并下载卡件布置图后，为 PBM3 和 PBS3 模块使用的通道建点，生成机柜布置图。机柜布置图一级画面为 PB 卡对应模块 PBM3 和控制器（DPU）状态图，如图 23-65 所示；单击 PBM3 模块进入机柜布置图二

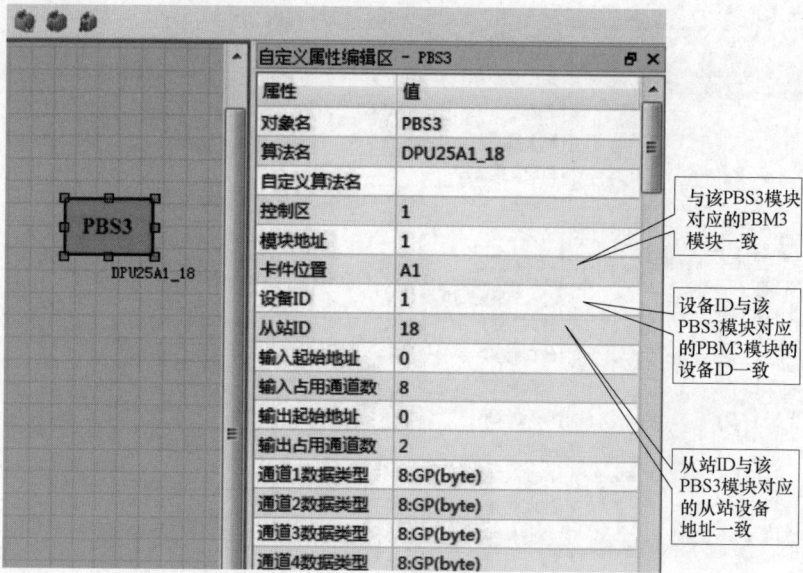

图 23-64　输入/输出占用通道数和通道数据类型

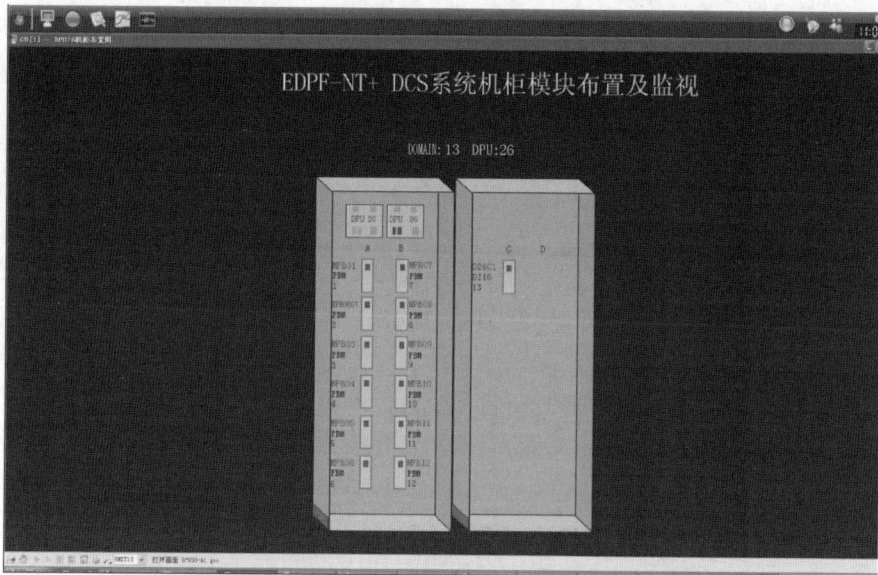

图 23-65　机柜布置图一级画面

级画面，可查看 PBM3 模块下的 PBS3 模块状态图，即 PB 卡下所连从站设备通信状态图，如图 23-66 所示；单击 PBS3 模块进入机柜布置图三级画面，可查看 PBS3 模块中各通道信息，如图 23-67 所示；单击机柜布置图二级画面中的最后一个 PBS3 模块，进入 PB 卡自诊断画面，可查看 PB 卡和 PB 卡各端口上从站设备状态信息，如图 23-68 所示。各端口下设备状态，左侧指示灯为从站设备数据传输情况指示灯，正常为绿色，故障为红色；

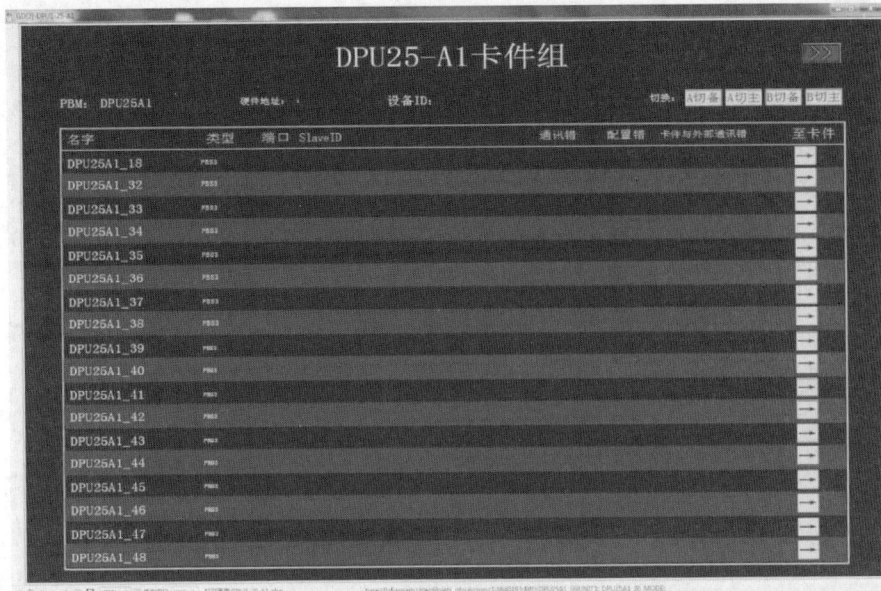

图 23-66　机柜布置图二级画面

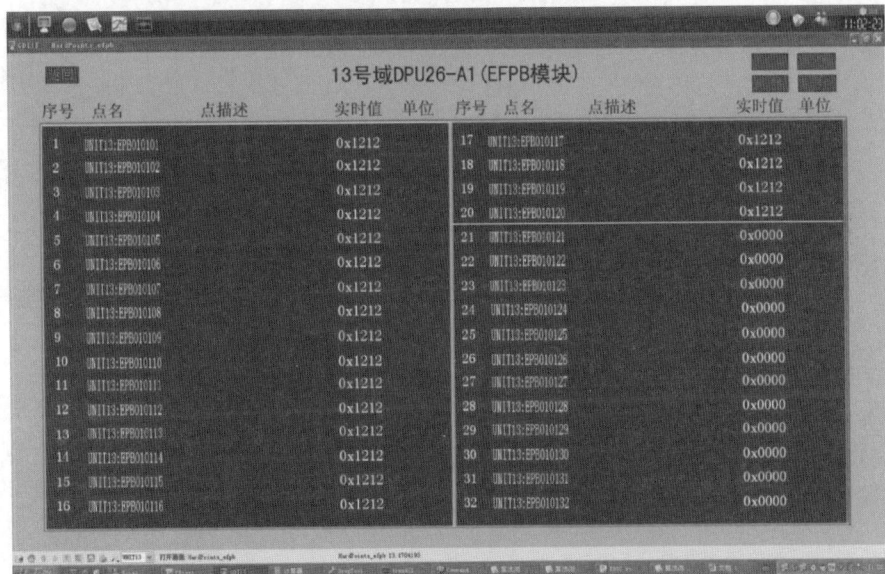

图 23-67　机柜布置图三级画面

右侧指示灯为从站诊断信息情况指示灯，亮黄色时，说明该从站被诊断过，可以通过算法浏览器读取 PBS3 算法的诊断信息，读取后指示灯熄灭。

PB 卡自诊断画面为 PBM3 点组显示，需要给 PBM3 建点、生成点组、下载点组才能显示出诊断画面。

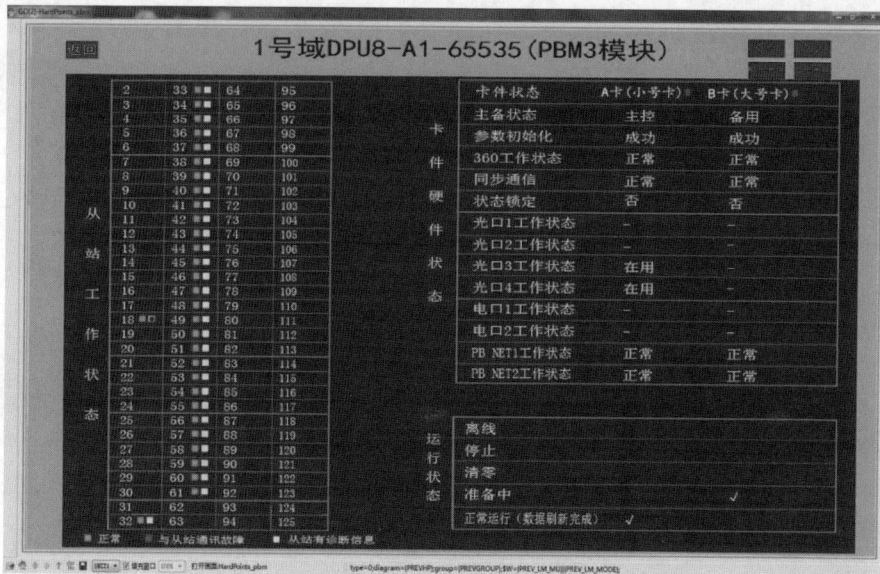

图 23-68　PB 卡自诊断画面

第二十四章　基金会现场总线(FF)

第一节　基金会现场总线介绍

一、基金会现场总线简介

　　基金会现场总线（Foundation Fieldbus，FF）是在过程自动化领域得到广泛支持和具有专有良好发展前景的技术。其前身是以美国 Fisher-Rosemount 公司为首，联合 Foxboro、横河、ABB、西门子等 80 家公司制订的 ISP 协议和以 Honeywell 公司为首，联合欧洲等地的 150 家公司制订的 World FIP 协议。屈于用户的压力，这两大集团于 1994 年 9 月合并，成立了现场总线基金会，致力于开发出国际上统一的现场总线协议。它以 ISO/OSI 开放系统层上增加了用户层。用户层主要针对自动化测控应用的需要，定义了信息存取的统一规则，采用设备描述语言规定了通用的功能块集。由于这些公司具有引领该领域现场自控设备发展方向的能力，因而由它们组成的基金会所颁布的现场总线规范具有一定的权威性。

　　基金会现场总线以 ISO/OSI 开放系统互联模式为基础，取其物理层、数据链路层、应用层为 FF 通信模型的相应层次，并在应用层上增加了用户层。用户层主要针对自动化测控应用的需要，定义了信息存取的统一规则，采用设备描述语言规定了通用的功能块集。基金会现场总线的主要技术内容包括 FF 通信协议，用于完成开放互联模式中第 2～7 层通信协议的通信栈，用于描述设备特性、参数、属性及操作接口的 DDL 设备描述语言、设备描述字典，用于实现测量、控制、工程量转换等功能的功能块，实现系统组态、调度、管理等功能的系统软件技术以及构筑集成自动化系统、网络系统的系统集成技术。

二、FF 现场总线的技术特点

　　(1) 有底层的 H1 现场总线，通信速率为 31.25kbit/s，适用于连续过程自动化的控制。也有高层的数据通信以太网络 HSE，满足断续控制、批量控制和信息集成。系统采用总线供电模式，并具有本质安和非本质安全型，适于不同安全等级选用。

　　(2) 信息传输的物理层要求参数可变，适于老系统旧设备的改造。

　　(3) 系统规模可变，从一个回路的 3 台设备到上万个回路数十万台现场设备皆可组成现场总线系统。

　　(4) 控制功能的彻底分散，减少系统相互之间影响以及增强了防御系统崩溃的危险性。

（5）设备管理有序，设备有设备制造商提供的序列号（位号）、用户设置的操作代号和网段地址代码，方便用户设备管理和组态。

（6）有高速 HSE 可形成若干个 H1 的子系统集成，并提供网络介质网段和设备冗余。

（7）具有完善的基本功能块、先进功能模块和柔性功能模块，满足各种控制算法要求，以及不同控制模式对不同宏周期的时间要求。

（8）具有先进的设备描述语言 EDDL，用户可根据需要编制用户应用程序。

（9）H1 设备和 HSE 系统的具有相互兼容的可互操作性。

（10）系统可实现虚拟设备设置和模拟状态开车。

第二节 基金会现场总线基础

一、FF 总线的组成

FF 分为低速 H1 和高速 H2 两级总线。

H1 低速现场总线采用位同步数字化传输方式，传输速率为 31.25kbit/s，驱动电压为 9～32V DC，信号电流为 ±9mA，电缆型式屏蔽双绞线。接线拓扑结构可采用线形、树形、星形或者复合型，电缆长度小于或等于 1900m（无中继器时），分支电缆的长度为 30～120m；挂接设备数量小于或等于 32 台（无中继器时）；可用中继器小于或等于 4 台。

H2 高速现场总线传输率为 1Mbit/s 和 2.5Mbit/s；传输介质可支持双绞线、光缆和无线发射；可继承多达 32 条 H1 总线，可冗余配置；传输率为 1Mbit/s 和 2.5Mbit/s 对应的电缆长度 750m/500m；支持 OLC 和加工工业设备。随着发展，H2 的设计已经不能满足实时信息传输的带宽要求，于是诞生了 HSE，替代了 H2。

HSE 即为 IEC 定义的 H2 总线，它由 FieldbusFoundatI/On（FF）组织负责开发，并于 1998 年决定全面采用已广泛应用于 IT 产业的高速以太网（highspeedethernetHSE）标准。该总线使用框架式以太网（ShelfEthernet）技术，传输速率从 100Mbit/s～1Gbit/s 或更高。HSE 完全支持 IEC 61158 现场总线的各项功能，诸如功能块和装置描述语言等，并允许基于以太网的装置通过一种连接装置与 H1 装置相连接。连接到一个连接装置上的 H1 装置无须主系统的干预就可以进行对等层通信。连接到一个连接装置上的 H1 装置同样无须主系统的干预也可以与另一个连接装置上的 H1 装置直接进行通信。

HSE 总线成功地采用 CSMA/CD 链路控制协议和 TCP/IP 传输协议，并使用了高速以太网 IEEE 802.3 标准的最新技术。FF 现场总线基本技术参数对比见表 24-1。

表 24-1　**FF 现场总线基本技术参数对比表**

参数	H1 低速总线	HSE 高速总线
波特率	31.25kbit/s	100Mbit/s 以太网
用　途	现场设备	大系统桥电路、控制器、PLC 等
编码方式	曼彻斯特编码	
供电方式	可总线供电（9～32V）	单独供电
信号电压	0.75V	以太网标准
总线阻抗	100Ω	以太网标准
本质安全	支持	不支持
设备数量	32 台	32 台

二、FF 总线功能块及描述语言

FF 围绕工厂底层网络和全分布自动化系统两方面形成了其技术特色。

1. 功能块

其标准化功能块（Function Block，FB）与功能块应用进程（Function Block ApplicatIion Process，FBAP）便于实现不同制造厂商产品的混合组态与调用。功能块的通用结构是实现开放系统构架的基础，也是实现各种网络功能与自动化功能的基础。

功能块应用进程位于 FF 总线通信模型的最高层用户层。FF 用户层协议将实现控制系统所需的各种功能封装为通用的模块结构，并定义他们的输入、输出、算法、事件及控制图等内容，从而形成了功能模块 FB。

FF 公布十个基本功能块：模拟量输入 AI、模拟量输出 AO、控制选择 CS、手动 ML、开关量输入 DI、开关量输出 DO、偏置增益 BG、PD、PID、比率 RA 等。

FF 公布十九个先进功能块：复杂模拟量输出、复杂开关量输出、脉冲输入、输入选择、运算、积算、分离器、算术运算、信号特征、装置控制、模拟量报警、死区、定时、超前滞后补偿、模拟量接口、步进 PID、SP 发生器、开关量报警、开关量接口等。用以上功能块可以构筑几乎所有基本的控制策略，功能强大。

FF 现场总线把功能块 FB 主要分成了 3 类：资源块（Resource Block）、转换块（Transducer Block）、功能块 FB。

资源块描述了诸如设备名、生产厂家和序号等的现场总线设备特征。一台设备只有一个资源块。

转换块把功能块从读传感器和命令输出硬件的本地输入/输出的功能分开，还包含标定日期和传感器类型等信息。每个输入或输出功能块通常就是一个转换块。

功能块提供了控制系统行为。功能块的输入和输出通过现场总线相连接。每个功能块的执行被精确地调度。在一个用户应用中可以有多个功能块。

2. 设备描述语言

设备描述（Device Description Language，DD）为主机系统提供了一种自动识别和作用现场设备的方式。设备描述是设备功能的一种表示。每台设备都有特定的设备描述，它描述了其资源和功能块功能。设备描述可从供应商或现场总线基金会得到。设备描述装载到主机就像打印机驱动程序装载到 PC 机一样。

DD 是属于 FF 的报文规范层（Fieldbus Message Speciafication，FMS）的一个内容。设备描述 DD 是为虚拟现场设备 VFD 中的每个对象提供扩展描述，为控制系统或主机在理解 VFD 中数据的意义提供必要的信息，因此，DD 可被看作是设备的一个驱动器。在每次组态设备之间必须确认是否安装该设备的设备描述语言（Device Description Language，DDL）。

设备描述语言是一种特别的编程语言用来开发现场设备的描述，它是一种类似于 C 语言的编程语言，一旦设备描述开发好，它们将在现场总线基金会注册。然后现场总线基金会发布这些设备描述使现在主机能支持新设备。

三、FF 总线通信技术

（一）FF 现场总线体系结构

FF 的体系结构如图 24-1 所示，其参照国际标准化组织定制，使用其第1层物理层、第2层数据链路层和第3层应用层，以及最外面的用户层。

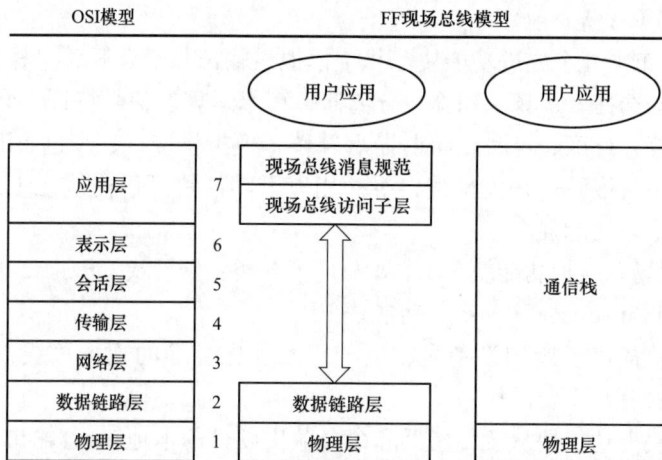

图 24-1　FF 现场总线体系结构

1. 物理层

FF 物理层符合 IEC 61158-1 规定。定义了现场总线的传输介质、传输速率、最大传输距离、拓扑结构及信号类型等。传输介质可以是双绞线、同轴电缆、光纤和无线电。

FF 最初给出了两种速率现场总线 H1 和 H2，但随着发展，H2 的设计已经不能满足实时信息传输的带宽要求，于是诞生了 HSE，替代了 H2。

2. 数据链路层

具体来说，现场总线设备在数据链路层可分为两种。

（1）BASIC DEVICE（基本设备）。

（2）LINK MASTER DEVICE（链路主设备）。

在每一个网段都有一个特殊的 LINK MASTER DEVICE，它能够调度本网络段各个设备的通信活动，称为 LINK ACTIVITY SCHEDULER（LAS）链路活动调度。LAS 通过调度表指示一个设备发送周期数据，当没有周期性数据发送时，LAS 循环地向所有 LINK MASTER DEVICE 发送令牌，时期获得发送非周期性数据的机会。此外，数据链路层还要完成两条总线之间通信的桥路连接管理。

3. 应用层

应用层主要任务是定义现场总线的命令、响应、数据和事件。应用层分两个子层。

（1）上层，总线报文规范层 FMS，为用户层提供服务。

（2）下层，现场总线访问子层 FAS，与数据链路层连接。

4. 用户层

用户层是最外一层，规定了一些标准的功能模块 FB，以供用户组态构成系统。其中基本功能块 10 个，先进功能块 7 个，计算功能块 7 个，辅助功能块 5 个。功能块由输入、输出、算法和参数四大要素组成。

（二）FF 现场总线协议数据的生成

图 24-2 表明了现场总线协议数据的内容和模型中每层应该附加的信息。它也从一个角度反映了现场总线报文信息的形成过程。如某个用户要将数据通过现场总线发往其他设备，首先在用户层形成用户数据，并把它们送往总线报文规范层处理，每帧最多可发送 251 个 8 位字节的用户数据信息；用户数据信息在 FAS、FMS、DLL 各层分别加上各层的协议控制信息，在数据链路层还加上帧校验信息后，送往物理层将数据打包，即加上帧前、帧后定界码，也就是开头码、帧结束码，并在开头码之前再加上用于时钟同步的前导码（或称之为同步码）。图 24-2 还表明了各层所附的协议信息的字节数。信息帧形成之后，还要通过物理层转换为符合规范的物理信号，在网络系统的管理控制下，发送到现场总线网段上。

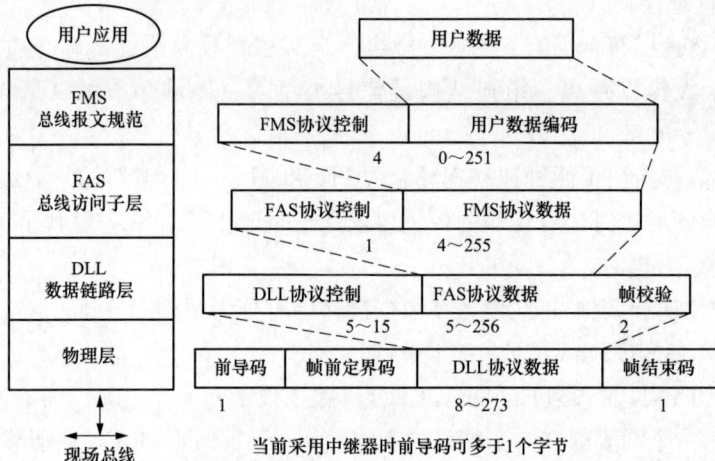

图 24-2　协议数据的结构及生成

第三节　基金会现场总线实施

一、FF 现场总线网络结构及配套软件

1.FF 总线网络结构

FF 现场总线网络结构示例如图 24-3 所示。

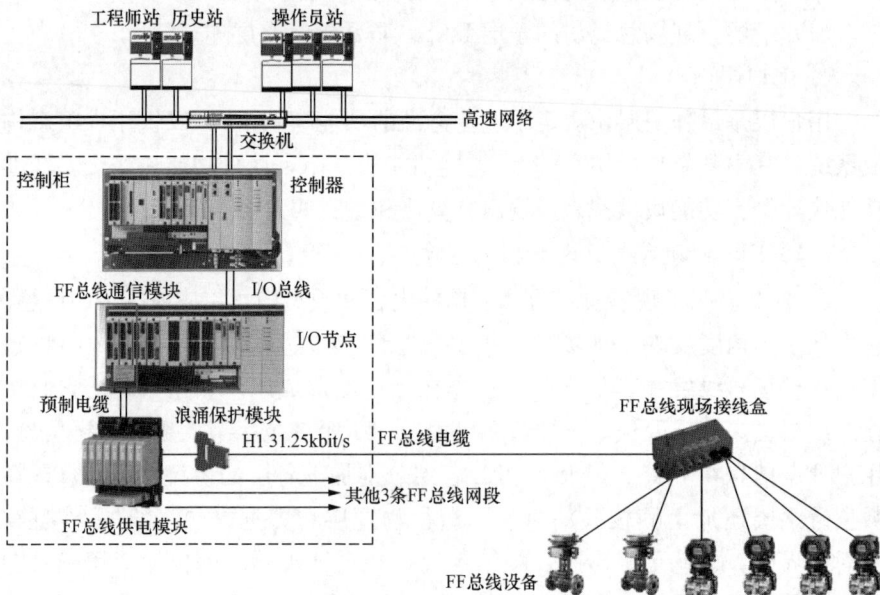

图 24-3　FF 现场总线网络结构示例

主控制器安装在 2 宽度（2 块卡件宽度）电源/控制器底板上，模拟量

输入模块（AI、RTD、TC）、模拟量输出模块（AO）、数字量输入模块（DI）、数字量输出模块（DO）及FF总线模块安装在本地或远程I/O节点框架的底板上，通过该底板完成模块与控制器的数据交换。FF总线模块，其输入端连接至FF总线供电模块的上端端子上，FF总线仪表通过仪表接线箱连接在总线供电模块的下端端子上，通过FF总线供电模块的功率控制，为现场FF总线设备供电。

2. 系统配套管理软件

FF现场总线仪表不仅仅可以对温度、压力、流量等过程对象进行测量，而且其本身带有丰富的自诊断信息，例如：DVC6000F的阀门定位器能对阀门的执行机构进行诊断，测量仪表压缩空气的压力，记录阀门的总体行程和往返行程，监测阀杆的摩擦力以及定位器脱落等信号。这些信息包含了仪表的健康信息、仪表的状态信息等。如果使用表头或者手持仪，则查询其信息非常费时费力。

在上位机安装DeltaV Explorer软件，可加载AMS智能设备管理平台，将总线仪表扫描并使之与总线模块握手成功后，通过该软件可实现与FF总线仪表的交互通信。交互界面清晰明了，在窗口左侧有3大菜单栏，分别为Overview、Configure及Servicetools。

（1）在Overview窗口可快速地浏览工作状态、仪表量程、当前过程值等数据。

（2）在Configure窗口，可配置仪表参数。

（3）在Servicetools窗口，可查看当前仪表的诊断状况。当前仪表有任何异常时，其对应表页会以高亮的红色显示；当进入高亮的表页时，其异常的参数也会以高亮的红色来显示。这样就可以很快速地知道故障出在什么地方。

二、FF现场总线现场安装及接线

（一）FF总线电缆选择

FF现场总线实施过程中，电缆选择及敷设遵循技术条件见表24-2。

表24-2　传输介质技术参数表

电缆类型	电缆型号	传输速率	最大传输距离（m）
A 屏蔽双绞线	18号AWG	H1 31.25kbit/s	1900
	22号AWG	H2 1Mbit/s	750
	22号AWG	H2 2.5Mbit/s	500
B 屏蔽多对双绞线	22号AWG	H1 31.25kbit/s	1200
C 无屏蔽双绞线	22号AWG	H1 31.25kbit/s	400
D 多芯屏蔽电缆	16号AWG	H1 31.25kbit/s	200

（二）FF 总线通信距离

FF 总线通信可以在同一网络中使用多种导线，但有一定的约束条件。以使用两种导线为例，应符合以下公式，即

$$L_X/L_{X,\max} + L_Y/L_{Y,\max} < 1$$

式中　L_X——X 导线的长度；

$L_{X,\max}$——单独用 X 导线时的最大长度；

L_Y——Y 导线的长度；

$L_{Y,\max}$——单独用 Y 导线的最大长度。

如果使用 4 种导线，则应遵守以下公式，即

$$L_v/L_{v,\max} + L_w/L_{w,\max} + L_x/L_{x,\max} + L_y/L_{y,\max} < 1$$

由于 FF 现场总线供电型设备的供电电压范围为直流 0～32V，故在现场应用时应根据总线里的电流和导线电阻按照欧姆定律计算总线上的压降，以确认是否所有设备的供电电源都不低于直流 9V，如果不能保证，则可以使用输出电压更高的电源或者使用中继器。每个网段最多可接 32 台设备；如果有本质安全要求，一条网段上总线供电型本质安全设备最多只能接 6 台。网络中各支线的长度越短越好，支线的最大允许长度与网络中的设备总数及支线中的设备数量有关，支线最大长度与设备数量对应见表 24-3。

表 24-3　支线最大长度与设备数量对应表　　　　　　　　　　　m

设备总数（台）	1 条支线 1 个设备	1 条支线 2 个设备	1 条支线 3 个设备	1 条支线 4 个设备
25～32	1	1	1	1
19～24	30	1	1	1
15～18	60	30	1	1
13～14	90	60	30	1
1～12	120	90	60	30

（三）网段长度设计

按现场总线标准要求，如果没有安装中继器，现场总线网段的最大允许长度为 1900m，分支长度不超过 200m。单根支线电缆的长度应尽量短，支线电缆的长度不宜超过 30m。网段总长度等于主干线和所有分支线的长度之和，即

网段总长度＝主干长度＋所有分支长度

FF 现场总线电缆长度允许范围估算：以 P＋F 供电模块 HD2-FBIT/S-1.25.360 为例，估算现场总线网段允许长度。

（1）配电能力：25-27V DC/360mA。

（2）FF 总线变送器耗电：9V/17.5mA。

（3）FF 总线阀门定位器耗电：9V/26mA。

（4）FF 现场总线 A 型电缆分布电阻：44Ω/km。

如果工程设计中，每网段带 2 个阀门定位器及 4 台现场变送器，则现场仪表消耗总电流 $2 \times 26 + 4 \times 17.5 = 122(\text{mA})$；总线电缆的允许电压降为 $25 - 9 = 16(\text{V})$；电缆总电阻允许为 $16/0.122 = 131.15(\Omega)$；则电缆允许长度（电缆长度目标值）为 $131.15/44 = 2.98(\text{km})$。

（四）FF 现场总线的防护

1. 接地

不能在网络中任何一点把信号传输导体即双绞线接地。

现场总线信号在全网络中都要被特殊保护，将任何信号传输导体接地会引起这条总线上的所有设备失去通信能力。任何一根导线接地或两线短路，会导致通信中断。

2. 屏蔽

现场总线电缆最好采用屏蔽电缆。现场总线电缆的屏蔽沿着电缆的整个长度仅在一点接地，而且屏蔽线不可用作电源的导线。对于大多数网络来说，接地点的位置可根据需要自由选择。

3. 极性

现场总线所使用的 Manchester 信号是一个每位改变一次或两次极性的交变电压信号。现场总线网络必须考虑信号的极性，所有的"＋"端必须相互连接，所有的"－"端也必须相互连接。

注意：有极性的设备应标识出极性或者带有专用连接器；无极性的设备不必标识；为总线供电的现场设备也要标明极性。

4. 防雷/冲击电压保护

在必须提供浪涌电压保护的场合（如闪电多发地区或大感性负载启动和停止的应用场合），应提供浪涌电压保护。浪涌电压抑制装置由小电容的硅雪崩二极管或放电器组成，可采用常规和公共保护方式接线，并与电气安全接地网相连。

第四篇　热工过程自动控制

第二十五章 热工过程自动控制的理论基础

第一节 概 述

一、电厂热工过程自动控制

电厂热工过程的自动控制主要是对锅炉、汽轮机及其辅助设备运行的自动控制，控制的目的是使机组自动适应工况的变化，而且保持在安全、经济的条件下运行。热工过程自动控制的直接目标通常是把表征生产过程是否正常进行的一些物理量和化学量，如蒸汽压力、温度、炉膛压力、水位、流量和烟气中的含氧量等，尽可能地调整到所希望的数值。通常把生产过程中对热工参数（如温度、压力、流量、液位、化学成分等）的控制称为热工过程控制。

电厂生产过程中另一类控制是对生产设备的启动和停止的自动控制，例如锅炉、汽轮机、水泵、风机等在启动和停止时要按照运行要求，以规定的条件和程序进行一系列自动操作，这类控制称为顺序控制。顺序控制也是热工过程控制的重要组成部分。热工过程自动控制是现代火力发电厂生产的必要条件之一。

二、热工过程自动控制系统

利用各种仪表和自动化装置（包括计算机和微处理机）对热工过程实现自动控制的系统称为热工过程自动控制系统。热工过程自动控制系统可分为两大类，即断续控制系统和连续控制系统。

断续控制系统所要控制的变量是开关量（开或关、大或小、有或无）。如果控制系统只按事件的逻辑关系来决定控制变量开或关，则称为逻辑控制系统；如果控制系统根据规定的条件和程序来决定控制变量的开或关，则称为顺序控制系统。断续控制系统主要应用于机组的自动启动、停止和自动保护系统，以及周期性工作的设备中。

连续控制系统要控制的变量是连续变化的变量，各种热工参数的自动控制系统都是连续控制系统。这两类控制系统常用反馈控制的方式来实现，也称为反馈控制系统。分析研究反馈控制系统的理论是反馈控制理论。本章主要叙述有关反馈控制的理论基础。

反馈控制系统的结构如图 25-1 所示。生产过程的被调量（被控变量）经过测量装置测量和变换后与设定值进行比较，当出现偏差时，通过运算由调节器（控制器）发出一定规律的调节作用（控制作用），推动执行器去改变调节量（控制量）从而改变被调量，使其等于设定值。下面对自动控制系统的一些术语做简要说明。

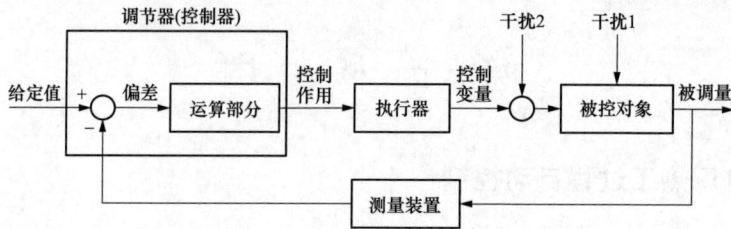

图 25-1　基本反馈控制系统的结构

（一）随动控制系统和自动调节系统

随动控制系统和自动调节系统都是反馈控制系统。

1. 随动控制系统

被调量常是位置、速度、加速度等，它们随着设定值的改变而改变，也称为伺服系统。在随动控制系统中，引起控制系统动作的主要原因是设定值的变化，控制系统应使被调量尽快跟随设定值的变化。

2. 自动调节系统

设定值保持恒值，或者随时间缓慢改变的反馈控制系统。这时，控制系统的任务主要是克服各种扰动所造成的被调量的改变，使被调量与设定值的偏差尽可能小，而且尽快等于设定值。热工过程连续自动控制系统大多属于自动调节系统。

随动控制系统和自动调节系统的基本原理相同，但对控制系统的工作性能要求是有差别的。

（二）调节对象

调节对象也称为被控过程（简称过程）。这是在分析研究生产过程自动控制时，根据自动控制的具体任务而对生产过程建立的模型。调节对象的输出信号就是运行需要控制的变量，称为被调量（或被控变量）；而输入信号则为影响被调量变化的各种因素，包括主动改变被调量的控制手段（称为调节量或控制量）和其他引起被调量变化的原因（称为扰动）。例如对于汽包水位，为了实现给水自动控制，就要建立以汽包水位作为输出信号，而以给水流量（调节量）和蒸汽流量、燃烧率等扰动作为输入信号的给水调节对象。根据自动控制的目的，正确建立调节对象，是分析研究自动控制的基础。

调节对象的输入信号和输出信号在动态过程中的变化关系称为调节对象的动态特性。用数学方程来描述对象的动态特性时，这些数学方程称为调节对象的数学模型。

　　具有一个被调量和一个调节量的调节对象称为单变量对象；而具有一个以上被调量的调节对象称为多变量对象。

（三）调节器

　　在自动调节系统中，以设定值与被调量的测量信号作为输入，当它们之间有偏差时，输出与偏差以适当规律的信号去推动执行器的装置称为调节器。调节器可以是模拟式的，它的输入信号和输出信号在时间上都是连续的。模拟式调节器一般采用通用的调节规律（常用比例、积分、微分调节规律，即调节器的输出信号为偏差的比例、积分、微分运算，简称 PID 调节规律），调节器的有些参数可以调整以与不同特性的调节对象匹配组成反馈控制系统。

　　调节器也可以是数字式的，用数字式调节器或计算机来实现所需的调节规律。采用数字式调节器的自动调节系统属于数字控制系统，分析该类控制系统的原理与时间连续信号的控制系统基本相同。

（四）执行器

　　执行器由执行机构和调节机构两部分组成。执行机构接收调节器输出的调节信号产生相应的位移去带动调节机构，通过调节机构改变的位置来改变进入调节对象的物质或能量的流量，从而改变被调量，使被调量的数值等于其设定值。在热工过程中常用的调节机构是各种调节阀。

　　图 25-1 所示为一个单变量对象所组成的最基本的反馈控制系统，分析研究该类反馈控制系统是反馈控制理论的基础。

　　为了便于分析讨论，在控制理论中常把图 25-1 所示的反馈控制系统表示为由两个部分组成：其中一个是控制子系统，或称为广义调节器，习惯上简称为调节器或控制器；另一个组成部分是被控子系统，或称为广义调节对象（或广义被控过程），习惯上简称为调节对象（或过程）。反馈控制系统的简化框图如图 25-2 所示，与图 25-1 相比可以看出：广义调节器中包含了设定值和被调量测量信号的比较部分、运算部分和执行器（或执行机构）；广义调节对象中包含了被控过程和测量装置（也可能包含调节机构）。

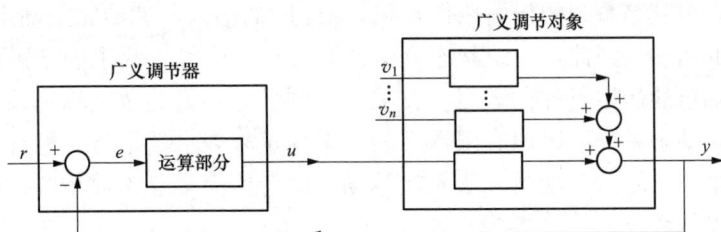

图 25-2　单变量反馈控制系统简化框图

r—设定值；e—偏差；u—调节量；y—被调量；v_1，$\cdots$，v_n—扰动

第二节　系统的数学描述

一、动态系统

动态系统示意图如图 25-3 所示。

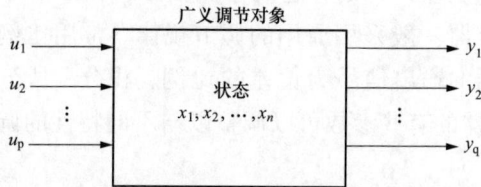

图 25-3　动态系统示意图

u_1, u_2, …, u_p—输入变量（简称输入）；y_1, y_2, …, y_p—输出变量（简称输出）；
x_1, x_2, …, x_n—状态变量

输入变量是使动态系统发生变化的原因，输出变量是动态系统在输入作用下的响应（效果），而状态变量则是联系输入和输出的动态系统的内部变量。因此，动态系统是指有特定输入和输出的设备或装置的一种模型。例如在图 25-2 所示的反馈控制系统中，调节对象和调节器是动态系统，而整个反馈控制系统也可看作是一个动态系统。

动态系统简称系统。在动态过程中，系统的输入、输出和状态变量都是时间的函数，它们之间的关系称为系统的动态特性。动态特性的数学表达式称为数学模型。

（一）单变量系统和多变量系统

只有一个输入和一个输出的系统称为单变量系统；具有两个或两个以上输入和两个或两个以上输出的系统称为多变量系统。

（二）系统的状态变量

状态变量是表示系统内部状态的一组变量。可以这样认为，输入引起系统状态变量变化，状态变量的变化则造成输出的变化。当系统在 $t \geqslant t_0$ 时，输出和状态变量的变化取决于系统在 t_0 时的状态（即状态变量在 t_0 时的数值，也就是系统的初始条件）和 $t > t_0$ 时的输入，就能完全确定 $t \geqslant t_0$ 时系统的运动。因此，系统状态变量的数目至少应等于为了确定系统运动所必须知道的初始条件的数目。在某一时刻状态变量的数值称为系统的状态。很多动态系统可以用有限数目的状态变量来表示其运行，也有些系统要用无限数目的状态变量来表示其运动，前者称为集总参数系统，后者称为分布参数系统。

（三）线性系统

如果动态系统的数学模型用线性的数学方程（线性代数方程、线性微

分方程和线性差分方程）来描述，则这种系统称为线性系统；用非线性数学方程描述的系统称为非线性系统。线性系统的一个重要特征是符合叠加原理。例如：两个输入同时作用于一个线性系统时，系统的输出（和状态）响应等于两个输入单独作用时的响应之和；当输入变量增加 k 倍时，相应的输出变量也增加 k 倍。因此，线性系统对几个输入的响应，可以逐个处理，然后把处理的结果进行叠加。

任何系统的响应（$t \geqslant t_0$ 时，输出和状态随时间变化的过程）都可以分解为两部分：①由非零的初始状态所引起的，它与输入无关，称为零输入响应；②在初始状态为零时，由输入的改变所引起的，称为零状态响应。线性系统的响应为这两部分的叠加。

（四）线性定常系统

动态特性不因时间的变迁而改变的系统称为定常系统。定常系统在 $t \geqslant t_0$ 时的状态和输出，只取决于 $t = t_0$ 时刻的状态和输出，以及 $t > t_0$ 时的输入，而与起始时刻 t_0 无关。因此，可以把开始研究系统或输入开始变化的时刻定为 $t_0 = 0$。

线性定常系统的数学模型用常系数的线性数学方程来描述。如果描述系统的线性数学方程的系数是时间的函数，则称该系统为线性时变系统。

一个系统常由若干子系统组成。如果每个子系统都是线性和定常的，则整个系统就是线性定常系统。

在分析研究热工过程自动控制系统时，常认为系统是线性和定常的。严格地说，没有一个实际系统是线性和定常的。但是在较短的时间内，许多实际系统可以看作是定常的；而在工况较小的变化范围内，许多实际系统可以认为是线性的。

二、单变量系统的数学描述

线性定常单变量系统的数学模型的最基本形式是线性常系数违反方程，其一般形式为

$$\frac{\mathrm{d}^n}{\mathrm{d}t^n}y + a_{n-1}\frac{\mathrm{d}^{n-1}}{\mathrm{d}t^{n-1}}y + \cdots + a_1\frac{\mathrm{d}y}{\mathrm{d}t} + a_0 y$$
$$= b_m\frac{\mathrm{d}^m}{\mathrm{d}t^m}u + b_{m-1}\frac{\mathrm{d}^{m-1}}{\mathrm{d}t^{m-1}}u + \cdots + b_1\frac{\mathrm{d}u}{\mathrm{d}t} + b_0 u \tag{25-1}$$

式中　　　　　　　　　　　　　　　　y, u——系统的输出、输入，都是
　　　　　　　　　　　　　　　　　　　　　　　时间 t 的函数；

　$a_{n-1}, \cdots, a_1, a_0; b_m, b_{m-1}, \cdots, b_1, b_0$——常系数，$n \geqslant m$。

当 $t \geqslant 0$ 时的输入 $u(t)$ 为已知，同时 $t = 0$ 的 n 个初始条件已知时，就能唯一地求出 $t \geqslant 0$ 时的输出值 $y(t)$。因此用 n 阶微分方程描述的系统，就要用 n 个状态变量来表示其动态特性。

一个系统可以有不同的数学描述，不同的数学描述适用于不同的分析

研究方法。系统的数学描述有两类：一类是输入-输出描述，或称为外部特性描述；另一类是状态变量描述，它包含了系统的内部特性的描述。下面分别阐明这两类描述方法。

（一）输入-输出描述

系统的输入-输出的描述只给出输入与输出之间的动态关系。在获得系统的输入-输出描述时，原则上不需要了解系统内部信息的传输和变化，只要把输入（已知的时间函数）作用到系统并测出所需的输出，就能得出输入与输出之间的动态关系。这时，输入与输出是一因果关系，即输出只是对输入变化的响应，在输入开始变化之前，系统的初始状态为零（即处于某一平衡状态）。换言之，系统的输入-输出描述只描述系统的零初始状态下输出对输入的响应。

1. 传递函数

如果已知系统的微分方程式描述如式（25-1）所示，则在初始条件为零时，对式（25-1）进行拉普拉斯变换，就能得出系统的传递函数 $G(s)$ 为

$$G(s) = \frac{Y(s)}{U(s)} = \frac{b_m s^m + b_{m-1} s^{m-1} + \cdots + b_1 s + b_0}{s^n + a_{n-1} s^{n-1} + \cdots + a_1 s + a_0} (n \geqslant m) \quad (25\text{-}2)$$

而有

$$Y(s) = G(s)U(s) \quad (25\text{-}3)$$

式中　$Y(s)$、$U(s)$——输出 $y(t)$、输入 $u(t)$ 的拉普拉斯变换式；

$\quad\quad\quad$ s——拉普拉斯算子。

因此式（25-3）表示出传递函数是一个运算式，输入 $u(t)$ 的拉普拉斯变换式经过传递函数的运算后称为输出 $y(t)$ 的拉普拉斯变换式。

传递函数的分母是 s 的 n 次代数多项式 $\varphi(s)$，即

$$\varphi(s) = s^n + a_{n-1} s^{n-1} + \cdots + a_1 s + a_0 = 0 \quad (25\text{-}4)$$

式（25-4）称为系统传递函数的特征方程式，它的根称为传递函数的极点。

使传递函数分子多项式等于零的 s 值称为传递函数的零点。

传递函数用来描述线性定常系统在初始条件为零时的输入-输出关系，是线性控制理论中应用得最广泛的一种对系统外部特性的描述方式。传递函数的分子、分母都是 s 的代数多项式，而且两个多项式没有公因子（即分子多项式和分母多项式不可约简，或称两个多项式是互质的），一般分子多项式的次数不高于分母多项式的次数（$n \geqslant m$）。当 $n = m$ 时，$G(\infty) = b_m$，这样的传递函数为真正则传递函数。

2. 框图即其运算

式（25-3）的运算关系可以用框图表示，如图 25-4 所示。

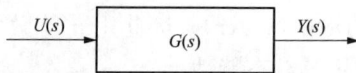

图 25-4　基本框图

一个复杂的系统常可分解为若干个比较简单的子系统，以不同的方式连接而成。利用框图可以方便地由比较简单的子系统的传递函数得出复杂的传递函数。图 25-5 所示为三种典型的连接方式及其连接后的框图。

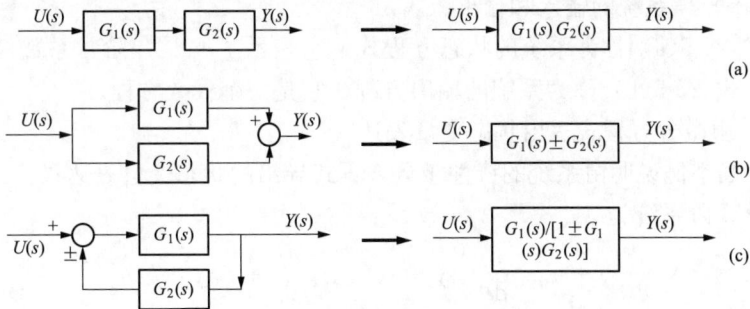

图 25-5　三种典型连接的框图
(a) 串联；(b) 并联；(c) 反馈连接

构成复杂系统框图的基本单元有基本方框、相加点和分支点，如图 25-6 所示。

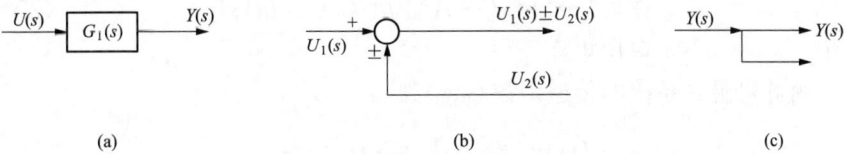

图 25-6　构成系统框图的基本单元
(a) 基本方框；(b) 相加（或相减）点；(c) 分支点

一个复杂系统的框图表示出各组子系统（或称环节）之间相互作用的一连串因果关系，只要正确地画出框图，就能够根据连接关系从各子系统（环节）的传递函数得出所需要的一对输入、输出之间的传递函数。

（二）状态变量描述

用现代控制理论分析设计自动控制系统时，系统的数学模型采用状态变量来描述。这里仅对用状态变量来描述系统特性的概念作简要说明。

由 n 阶线性常微分方程式（25-1）所描述的单输入、单输出系统可知，当 $t=t_0$ 的初始条件不为零，且在 $t \geqslant t_0$ 的输入 $u(t)$ 为已知时，至少需要知道 n 个初始条件，才能唯一地确定 $t \geqslant t_0$ 的输出 $y(t)$。因此，这个系统要用 n 个状态变量来描述，其状态变量描述的一般形式为

$$x = Ax + Bu \qquad [25\text{-}5(\text{a})]$$

$$y = C^T x + du \qquad [25\text{-}5(\text{b})]$$

式中　x——系统的 n 维状态向量，$x = [x_1, x_2, \cdots, x_n]^T$，$x_i$ 为状态变量，T 为转置；

　　　A——$n \times n$ 常数矩阵；

B——$n \times 1$ 常数矩阵，即 n 维列向量；

C^T——$1 \times n$ 常数矩阵，即 n 维行向量；

d——常数，如果式（25-1）中 $m < n$，则 $d = 0$；

u、y——系统的输入和输出。

式[25-5(a)]称为系统的状态方程式，它表示了 n 个一阶常系数微分方程组；式[25-5(b)]称为系统的输出方程，它是一个代数方程。

1. 由微分方程式写出状态变量表达式

下面举例说明由系统的线性微分方程式导出的状态变量表达式。

设 n 阶系统为

$$\frac{\mathrm{d}^n}{\mathrm{d}t^n}y + a_{n-1}\frac{\mathrm{d}^{n-1}}{\mathrm{d}t^{n-1}}y + \cdots + a_1\frac{\mathrm{d}y}{\mathrm{d}t} + a_0 y = b_0 u \tag{25-6}$$

或写为

$$y^n + a_{n-1}y^{n-1} + \cdots + a_1 y + a_0 y = b_0 u \tag{25-7}$$

2. 由系统的状态变量表达式求传递函数

在初始状态为零时，对系统的状态表达式（25-5）进行拉普拉斯变化，得出

$$Y(s) = e^T(sI - A)^{-1}bU(s) + du(s) \tag{25-8}$$

式中 I——$n \times n$ 单位矩阵。

由此可见，系统的传递函数 $G(s)$ 为

$$G(s) = e^T(sI - A)^{-1}b + d \tag{25-9}$$

其中

$$[sI - A]^{-1} = \frac{\mathrm{adj}[sI - A]}{\mathrm{det}[sI - A]} \tag{25-10}$$

式中 $\mathrm{adj}[sI - A]$——矩阵 $[sI - A]$ 的伴随矩阵；

$\mathrm{det}[sI - A]$——矩阵 $[sI - A]$ 的行列式，它是 s 的 n 次多项式。

$\mathrm{det}[sI - A] = 0$ 称为系统的特征方程式，它的根称为系统的特征值或系统的极点。如果 $\mathrm{det}[sI - A]$ 和 $e^T(sI - A)^{-1}b$ 没有公因子，即不出现零、极点抵消现象，则系统极点就是系统传递函数的极点；否则，即当出现零、极点抵消现象时，系统传递函数的极点将少于系统的极点。

三、多变量系统的数学描述

多变量系统具有多个输入和多个输出，设系统有 p 个输入 $[u_1(t), u_2(t), \cdots, u_p(t)]$ 和 q 个输出 $[y_1(t), y_2(t), \cdots, y_q(t)]$，则常用向量为

$$U(t) = \begin{bmatrix} u_1(t) \\ u_2(t) \\ \vdots \\ u_p(t) \end{bmatrix} \quad \text{和} \quad Y(t) = \begin{bmatrix} y_1(t) \\ y_2(t) \\ \vdots \\ y_q(t) \end{bmatrix} \tag{25-11}$$

式（25-11）分别代表一组输入和一组输出。

（一）传递函数矩阵

对于线性定常的多变量系统，当初始条件为零时，它的输入和输出间的关系可以用式（25-12）表示，即

$$Y(s) = G(s)U(s) \tag{25-12}$$

式中　$U(s)$——p 维输入向量 $U(t)$ 的拉普拉斯变换式；

　　　$Y(s)$——q 维输出向量 $Y(t)$ 的拉普拉斯变换式；

　　　$G(s)$——系统的传递函数矩阵。

$G(s)$ 是一个 $q \times p$ 维的有理函数矩阵，$G(s)$ 中的各元都是有关的一对输入、输出间的传递函数。$G(s)$ 可表示为

$$G(s) = \begin{bmatrix} G_{11}(s) & G_{12}(s) & \cdots & G_{1p}(s) \\ G_{21}(s) & G_{22}(s) & \cdots & G_{2p}(s) \\ \vdots & \vdots & & \vdots \\ G_{q1}(s) & G_{q2}(s) & \cdots & G_{qp}(s) \end{bmatrix} \tag{25-13}$$

$$G_{ij}(s) = \frac{Y_i(s)}{U_j(s)} \quad j = 1,2,\cdots,p\,; i = 1,2,\cdots,q \tag{25-14}$$

式中　$G_{ij}(s)$——第 j 个输入对第 i 个输出的传递函数；

$Y_i(s)$、$U_j(s)$——第 i 个输出 $y_i(t)$ 和第 j 个输入 $u_j(t)$ 的拉普拉斯变换。

在获得传递函数 $G_{ij}(s)$ 时，输出 $y_i(t)$ 只由 $u_j(t)$ 所引起，此时，其他输入 $u_k(t)(k \neq j)$ 都保持不变。

$G(s)$ 中的各元 $G_{ij}(s)$ 都是 s 的有理分式（分子和分母都是 s 的代数多项式），分子多项式的次数不高于分母多项式的次数，且两个多项式没有公因子。当 $G(s)$ 的所有各元 $G_{ij}(s)$ 的分子次数都低于分母次数时，$G(\infty) = [0]$，称 $G(s)$ 为真正则传递函数阵；如果 $G(s)$ 的各元 $G_{ij}(s)$ 的分子次数都低于分母次数，则 $G(\infty)$ 为各元不全等于零的常数矩阵 D，此时称 $G(s)$ 为正则传递函数阵。

（二）状态变量表达式

多变量系统的状态变量表达式与单变量系统的状态变量表达式没有原则上的区别。对于线性定常多变量系统，其一般形式为

$$\dot{X} = AX + BU \tag{25-15(a)}$$

$$Y = CX + DU \tag{25-15(b)}$$

$$U = [u_1(t), u_2(t), \cdots, u_p(t)]^T$$

$$Y = [y_1(t), y_2(t), \cdots, y_q(t)]^T$$

式中　U、Y——系统的 p 维输入向量和 q 维输出向量；

　　　X——系统的 n 维向量；

A、B、C、D——$n \times n$、$n \times p$、$q \times n$、$q \times p$ 维的常数矩阵。

在初始状态为零时，对式 $[25\text{-}15(b)]$ 进行拉普拉斯变换后，可以得出

$$Y(s) = C(sI - A)^{-1}BU(s) + Du(s) \tag{25-16}$$

可见，系统的传递函数 $G(s)$ 为

$$G(s) = C(sI - A)^{-1}B + D \tag{25-17}$$

$$[sI - A]^{-1} = \frac{\text{adj}[sI - A]}{\det[sI - A]} \tag{25-18}$$

行列式 $\det[sI - A]$ 是 s 的代数多项式，$\det[sI - A] = 0$ 称为系统的特征方程式，它的 n 个根称为系统的特征值或系统的极点。与单变量系统的情况相类似，多变量系统的极点与其传递函数的极点不一定完全相同。

式（25-18）中：$\text{adj}[sI - A]$ 的各元都是 s 的多项式，这些多项式的次数都低于 $\det[sI - A]$ 的次数 n。因此，在式（25-17）中各元的多项式的次数都低于 n，当常数矩阵的 D 各元非全为零时，$G(s)$ 为正则传递函数；而当常数矩阵的 D 各元全为零时，$G(s)$ 为真正则传递函数。

第三节　热工控制对象的数学模型

一、热工过程试验数据处理

过程控制系统由被控对象（即工业生产过程中的各种装置和工艺设备）和过程自动控制仪表（即变送器、调节器、执行器等）两大部分组成。其中主要的环节是被控对象，故对被控对象的特性应有充分的认识。

被控对象的重要性是不难理解的。如：有些被控对象很容易控制，而有些则很难控制，为什么会有此差别？为什么有些调节过程进行得很快，而有些则进行得非常慢？归根到底，问题的关键就在于被控对象本身，在于它们的动态特性。

控制系统中的其他环节如调节器等也有各自的作用，但是其存在和特性在很大程度上取决于被控对象的动态特性和控制要求。不同对象具有不同的特性。

对于同一工艺设备，当选择不同的被控参数和控制变量时，其被控对象特性也不相同。只有掌握了被控对象的特性，从而合理地选择控制方案和控制仪表，才能实现预期的控制目的。对于已经设计好的系统，要使其顺利地运行，也必须了解对象的动态特性，才能整定好系统的调节参数，从而获得满意的控制效果。

事实表明，对于复杂被控对象的控制之所以不成功，往往是由于对被控对象的动态特性了解不准确或者是由于被控参数和控制变量选择不当造成的。

被控对象的动态特性是指当被控对象在输入发生变化时，输出随时间变化的特性。

二、热工过程控制对象的动态特性

对象受到干扰作用后，平衡状态被破坏，无须外加任何控制作用，依靠对象本身自动平衡的倾向，逐渐达到新的平衡状态的性质，称为自平衡能力。调节对象有无自平衡能力，取决于对象本身的结构，并与生产过程的特性有关。

热工过程控制对象的动态特性有两种类型：有自平衡能力的对象和无自平衡能力的对象。但无论哪一种动态特性，热工对象都是不振荡的过程，可以用自平衡率、时间常数和迟延时间来描述。如图 25-7 所示。

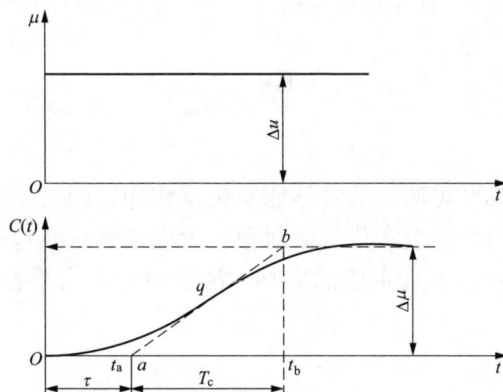

图 25-7 有自平衡能力的热工对象特性

由此可见，热工对象动态特性有如下特点：

（1）有一定的迟延和惯性。在输入信号发生阶跃变化时，输出信号不可能立即跟着改变。这是因为热工控制对象内部是介质的流动和传热过程，存在流动和传热的阻力，而且控制对象本身总是有一定的物质储存容量（如锅炉的汽水容积）和能量的储存容量（如锅炉的蓄热量）。因此，当输入和输出的物质或能量发生变化时，表征对象的物质和能量储存量的参数（如锅炉汽包水位、主蒸汽压力、蒸汽温度等）的变化必然有一定迟延和惯性。

（2）热工对象是不振荡环节。热工设备在设计制造时，就考虑到运行的安全可靠，总是尽量避免使各种参数发生振荡。

（3）热工对象阶跃响应曲线的最后阶段，被控参数可能达到新的稳定状态，也可能始终没有稳态，而是以一定速度不断变化下去。

因为热工控制对象通常有一定的容量，所以根据自动控制原理对典型环节的动态特性的分析可知，如果输出信号对输入信号能发生反作用，则控制对象就会呈现出惯性环节的特性。例如锅炉过热汽温控制对象，烟气侧扰动使过热汽温发生变化，汽温的变化又会反过来影响烟气对蒸汽的传热量，故该对象具有自平衡能力。

特征参数包括：

(1) 自平衡率（self-equlibrium coefficient）ρ。其计算式为

$$\rho = \frac{\Delta u_0}{c(\infty)} \tag{25-19}$$

式中　Δu_0——阶跃输入量的幅值。

ρ 衡量了对象自平衡能力的大小。

(2) 时间常数（time constant）T_c。输出量以曲线上的最大速度（即阶跃响应曲线上拐点 q 处的速度）变化，则从起始值至最终值所需的时间，就是对象的时间常数 T_c。

(3) 飞升速度 ε。在单位阶跃扰动作用下，输出量的最大变化速度即飞升速度。其计算式为

$$\varepsilon = \frac{\frac{dc(t)}{dt}\big|_{\max}}{\Delta u_0} \tag{25-20}$$

但如果输出信号对输入信号不能发生反作用，则对象会呈现出积分环节的特性。例如锅炉汽包水位控制对象，无论是进入汽包的给水量还是从汽包出去的蒸汽量均不受水位的影响，故该对象无自平衡能力（见图 25-8）。

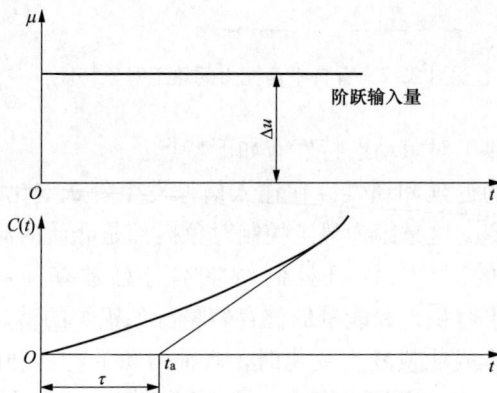

图 25-8　无自平衡能力的热工对象特性

特征参数包括：

(1) 迟延时间 τ。

(2) 飞升速度（响应速度）ε。计算式为

$$\varepsilon = \frac{\frac{dc(t)}{dt}\big|_{t=\infty}}{\Delta u_0} \tag{25-21}$$

式中　Δu_0——阶跃输入量的幅值；

　　　ε——当输入信号为单位阶跃信号时，输出量的最大变化速度。

无自平衡能力对象一般可表示为

$$G_0(s) = \frac{1}{S(1 + T_0 S)^n} \qquad (25\text{-}22)$$

三、试验求取对象阶跃响应曲线

图 25-9 所示为测取过程阶跃响应曲线的试验线路。通过手动操作使系统工作在所需测试的负荷下，稳定运行一段时间后，快速改变过程的输入量，并且快速记录或数据采集系统同时记录过程的输入或输出的变化曲线。经过一段时间后，过程进入新的稳定，试验就可结束，得到的记录曲线就是过程的阶跃响应曲线。

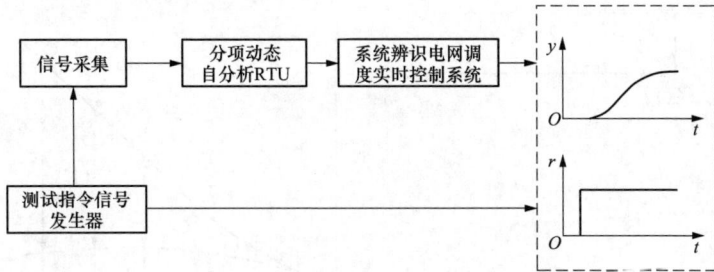

图 25-9　阶跃响应特性测试系统原理

为了得到可靠的测试结果，应注意以下事项：

（1）合理选择阶跃扰动信号的幅值。过小的阶跃扰动幅度不能保证测试结果的可靠性，而过大的扰动幅度则会使正常生产受到严重干扰甚至危及生产安全。一般是取通过控制阀门流入量最大值的 10% 左右为宜。当生产上限制较严时应降到 5%，相反也可提高到 20%，以不影响生产为准。

（2）试验开始前确保被测过程处于某一选定的稳定工况。试验期间应设法避免发生偶然性的其他扰动。通常同一试验应重复进行几次，至少要获得两次基本相同的响应曲线，以排除偶然性干扰的影响。

（3）考虑到实际被测对象的非线性，扰动要正、反方向变化，分别测出正、反方向变化的阶跃响应曲线，以全面掌握对象的动态特性。

为了能够施加比较大的扰动幅度而又不至于严重干扰正常生产，可以用矩形脉冲输入代替通常的阶跃输入，即大幅度的阶跃扰动施加一小段时间后，待对象输出上升或下降到将要超过生产上允许的最大偏差值时，立即将扰动切除。这种方法的优点是施加扰动的时间短，扰动的幅值可达 20% 或 30%，测量响应曲线的时间也不长，被控对象的输出变化也不会超过生产上的允许值，因此得到了广泛应用。这样得到的矩形脉冲响应当然不同于正规的阶跃响应，但两者之间有密切的关系，可以从中求出所需的阶跃响应。如图 25-10 所示。

在图 25-10 （a）中，矩形脉冲输入 $X(t)$ 可视为两个阶跃扰动 $X_1(t)$ 和 $X_2(t)$ 的叠加，它们的幅值相等但方向相反，且开始作用的时间不同，即

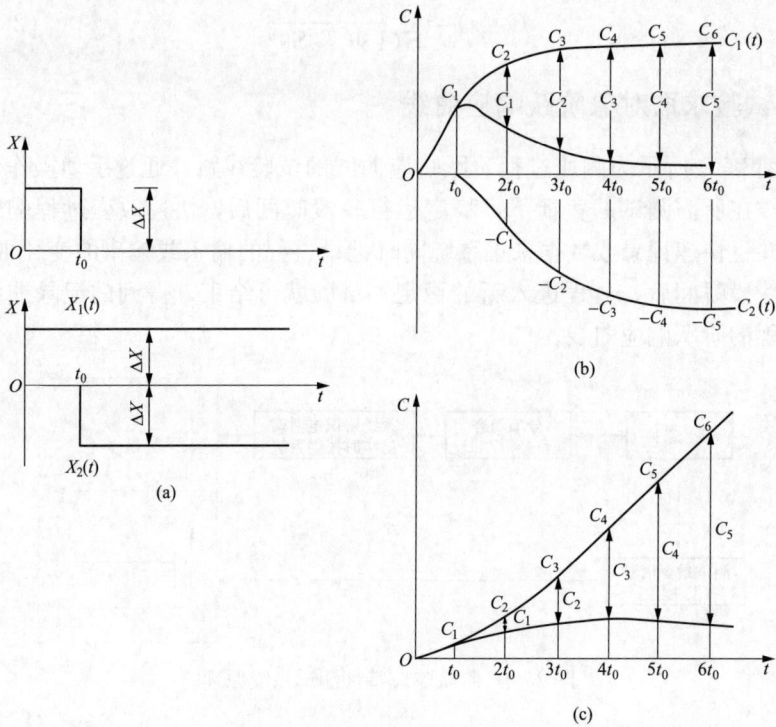

图 25-10 由矩形脉冲响应确定的阶跃响应

(a) 矩形脉冲输入；(b) 有自平衡对象；(c) 无自平衡对象

$$X(t) = X_1(t) + X_2(t)$$
$$X_2(t) = -X_1(t - t_0)$$

则有

$$X(t) = X_1(t) - X_1(t - t_0)$$

假设对象无明显非线性，则矩形脉冲响应就是两个阶跃响应之和，如图 25-10（b）所示，即

$$C(t) = C_1(t) + C_2(t) = C_1(t) - C_1(t - t_0)$$

将所测取的脉冲响应曲线等分成时间间隔为 t_0 的若干段，在第一个 t_0 区间，脉冲响应曲线与阶跃响应曲线一致；在 $2t_0$ 区间，将该区间的脉冲响应加上前一个区间的响应曲线。依此类推，将后一个区间的脉冲响应曲线叠加在前一个区间的响应曲线上，即可得到阶跃响应曲线 $C_1(t)$。图 25-10（c）所示为无自平衡能力的对象，$C_1(t)$ 会不断上升或下降，$C(t)$ 不会完全衰减。

脉冲宽度 t_0 的选择，视被控参数的幅值而定，并要考虑对象的迟延和惯性时间的大小。一般的方法是在正式测试前，取不同宽度 t_0 的脉冲扰动几次，观察被控参数的变化，选其中满意的一次继续进行试验。

第二十六章　自动控制系统的调试与整定

第一节　自动控制系统的调节指标

一、稳态与暂态过程

模拟量控制系统在没有受到任何外来干扰时，设定值不变，被调量也不随时间而变，系统处于稳定平衡的工况，这种状态称为稳态。

当模拟量控制系统在设定值改变，或受到来自系统外部、内部的扰动影响以后，原来的稳态遭到破坏，系统中各组成部分的输入与输出也都相继发生变化，尤其是被调量也将偏离原稳态值而随时间变化，系统的这种状态称为动态。经过一段时间的调整以后，如果系统是稳定的，被调量将会重新回到设定值或达到新设定值附近，系统最终恢复稳定平衡工况，这种从一个稳态到达另一个稳态的过程称为过渡过程。

在阶跃输入下，过渡过程的形式可分为振荡过程和非周期过程。

非周期过程有衰减过程和发散过程两种情况。当系统受到扰动后，被调量在控制作用下的变化是单调地增大或减小，偏离给定值越来越远，称为非周期发散过程，如图 26-1（b）所示；如果被调量的变化速度越来越慢，逐渐趋于给定值而稳定下来，称为非周期衰减过程，如图 26-1（a）所示。

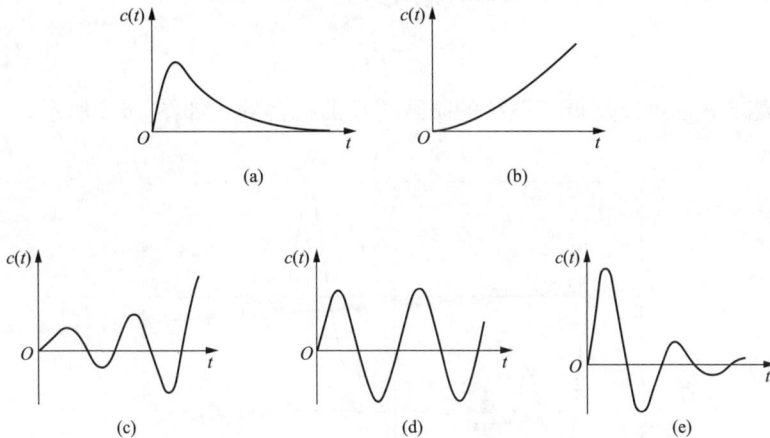

图 26-1　过渡过程的几种基本形式

（a）非周期衰减过程；（b）非周期发散过程；（c）发散振荡过程；

（d）等幅振荡过程；（e）衰减振荡过程

振荡过程有发散振荡、等幅振荡和衰减振荡三种情况。当系统受到扰动后，被调量的波动幅度越来越大，称为发散振荡过程，如图 26-1（c）所示；若被调量始终在其给定值附近波动，且波动幅度相等，称为等幅振荡过程，如图 26-1（d）所示；若被调量波动的幅度越来越小，最后逐渐趋于稳定，称为衰减振荡过程，如图 26-1（e）所示。

动态品质指标（transient performance specification）是指控制系统在受到内外扰动时，动态调节过程中被调参数偏离新给定值的允许偏差指标。火力发电厂模拟量控制系统应满足的动态品质指标主要有：给定值扰动下的过渡过程衰减率、稳定时间、最大动态偏差；负荷变动时，应满足的动态品质指标还包括：实际负荷变化速率、负荷响应纯迟延时间。

在对模拟量控制系统稳态的工作状况进行考核评价时，需要对稳态工况做出具体的描述，它主要包含以下两方面的要求：

（1）机组负荷稳定不变，一般要求机组负荷变动率小于 $1\% P_e/\min$，P_e 为机组额定负荷。

（2）没有进行辅机启停、切换，没有进行吹灰、除焦等操作。

稳态品质指标（steady-state performance specification）是指机组在满足上述两方面要求，即无明显内外扰动时，被调参数偏离给定值的允许偏差，以及对控制系统稳定性的要求。定量指标主要有稳态偏差，此外还有一些定性指标。

二、过渡过程衰减率（decay ratio）

过渡过程衰减率是反映模拟量控制系统稳定性的品质指标，是指定值扰动试验中，被调参数首次过调量（M_1）与第二次过调量（M_2）的差值与首次过调量（M_1）之比。过渡过程衰减率常用 ψ 表示，即

$$\psi = \frac{M_1 - M_2}{M_1} \qquad (26\text{-}1)$$

衰减率 ψ 可以从调节系统的阶跃扰动曲线得到，如图 26-2 所示。

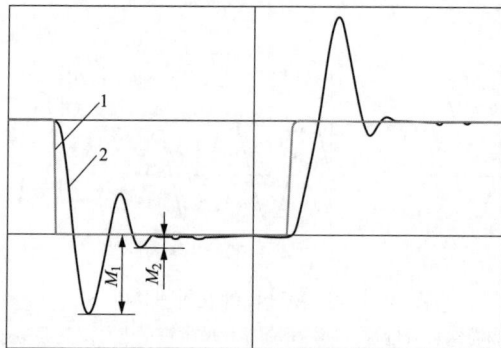

图 26-2　过渡过程衰减率

1—设定值；2—被调参数

当衰减率为 $\psi < 0$ 时，调节过程为渐扩振荡过程；当衰减率为 $\psi = 0$ 时，调节过程为等幅振荡过程；当衰减率为 $0 < \psi < 1$ 时，调节过程为衰减振荡过程；当衰减率为 $\psi = 1$ 时，调节过程为非振荡过程，如图 26-3 所示。

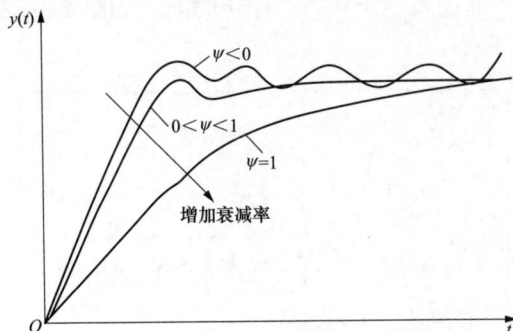

图 26-3 调节过程的几种形式

火力发电厂热工控制过程通常选取 $\psi = 0.7 \sim 1$，作为模拟量控制系统稳定性的最佳品质指标。DL/T 657—2015《火力发电厂模拟量控制系统验收测试规程》给出了各调节系统过渡过程衰减率的品质指标，见表 26-1。

表 26-1 火力发电厂模拟量控制系统定值扰动下的品质指标

控制系统	被调量	扰动量	稳定时间允许值	衰减率 ψ 允许值
主蒸汽压力控制系统	主蒸汽压力	0.6MPa	<6min	0.75～0.9
给水控制系统	汽包水位	60mm	<5min	0.7～0.9
中间点温度控制系统	中间点温度	±8℃	<15min	0.7～0.9
主蒸汽温度控制系统	主蒸汽温度	±5℃	<15min	0.7～0.9
再热蒸汽温度控制系统	再热蒸汽温度	±5℃	<30min	0.75～0.9
炉膛压力控制系统	炉膛压力	±200Pa	<3min	0.9～0.95
二次风量控制系统	二次风箱与炉膛差压	±100Pa	<60s	0.9～0.95
	二次风量	±100t/h	<60s	0.9～0.95
一次风压控制系统	一次风压力	±500Pa	<60s	0.9～0.95
磨煤机一次风量控制系统	磨煤机入口一次风流量	±10%	<20s	0.9～0.95
磨煤机出口温度控制系统	磨煤机出口温度	±3℃	<5min	0.9～0.95
磨煤机入口风压控制系统（中储式制粉系统）	磨煤机入口风压	±50Pa	<20s	0.9～0.95

注 定值扰动时，被调参数的超调量不应大于扰动量的 25%。

三、稳定时间 （settling time）

稳定时间是反映模拟量控制系统快速性的品质指标，是指从扰动试验开始到被调参数进入新的稳态值允许偏差范围内并不再越出时的时间。

在控制系统的调节过程中，要使被调量完全达到稳态值，理论上需要无限长的时间。实际上，对控制系统的调节允许有一个稳定值的误差范围，如图 26-4 所示的 δ。当被调量进入这个范围内并不再超越该范围时，就认为已达到稳态值，即进入稳定状态。稳定时间 t_s 如图 26-4 所示。

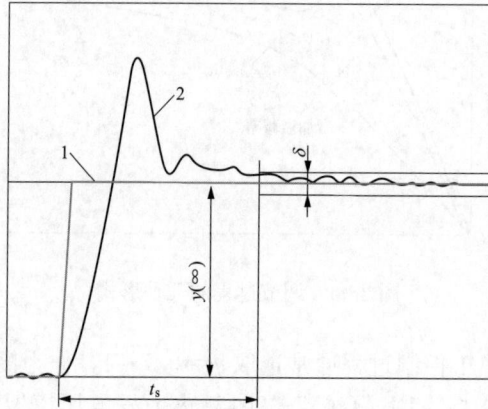

图 26-4　稳态偏差与稳定时间
1—设定值；2—被调参数

四、动态偏差和稳态偏差

动态偏差和稳态偏差是反映模拟量控制系统准确性的品质指标。动态偏差是指在整个调节过程中被调量偏离给定值的最大偏差值，稳态偏差是指调节过程结束后被调量偏离给定值的最大偏差值。

定值扰动试验中，当调节过程为衰减振荡过程时，被调参数首次过调量 M_1（见图 26-2）即为最大动态偏差，也称为最大超调。出于对控制系统安全性的考虑，调节系统应采取一些必要的控制手段来抑制调节过程中的最大超调量。

在负荷变动试验和 AGC 负荷跟随试验中，扰动通常为斜坡指令，最大动态偏差则可能出现在调节过程中的任一时刻。DL/T 657—2015 给出了各调节系统在负荷变动试验和 AGC 负荷跟随试验中主要被调参数的允许动态偏差和稳态偏差，见表 26-2。

实际负荷变化速率（actual-load-change rate）是实际负荷变化量 ΔP_e 与变化时间 Δt 之比（Δt 为从负荷指令开始变化至实际负荷变化达到新的目标值所经历的时间）。

负荷响应纯迟延时间（dead time of load response）是指负荷扰动试验开始后实际负荷变化的迟延时间，即从负荷指令开始变化的时刻到实际负荷发生与指令同向连续变化的时刻所经历的时间。

表 26-2 各类机组主要被调参数的动态、稳态品质指标

指标类型	负荷变动试验及 AGC 负荷跟随动态品质指标			稳态品质指标
机组类型	煤粉锅炉机组	循环流化床机组	燃气轮机机组	各类型机组
负荷指令变化速率（%P_e/min）	≥1.5	≥1	≥3	0
实际负荷变化速率（%P_e/min）	≥1.2	≥0.8	≥2.5	—
负荷响应纯迟延时间（s）	60	60	30	—
负荷偏差（%P_e）	±2	±2	±1.5	±1
主蒸汽压力偏差（%P_0）	±3	±3	±3	±2
主蒸汽温度（℃）	±8	±8	±8	±3
再热蒸汽温度（℃）	±10	±10	±10	±4
中间点温度（直流炉）（℃）	±10	—	—	±5
床温（循环流化床）（℃）	—	±30	—	±15
汽包水位（汽包炉）（mm）	±60	±60	±60	±25
炉膛压力（Pa）	±200			±100
烟气含氧量（%）	—	—	—	±0.5

注 P_0 为机组额定主蒸汽压力值。

第二节 PID 调 节 器

在火力发电厂热工自动控制系统中，应用最为广泛的调节器控制规律为比例、积分、微分控制，简称 PID 控制，又称 PID 调节。PID 控制器以其结构简单、稳定性好、工作可靠、调整方便而成为工业控制的主要技术之一。当被控对象的结构和参数不能完全掌握，或得不到精确的数学模型时，系统控制器的结构和参数必须依靠经验和现场调试来确定，这时应用 PID 控制技术最为方便。即当我们不完全了解一个系统和被控对象，或不能通过有效的测量手段来获得系统参数时，最适合用 PID 控制技术。在实际应用中，除了 PID 控制，也可单采用 PI 或 PD 控制。下面对 PID 控制做简要介绍。

PID 控制器的输出与输入之间的关系，在时域中可用式（26-2）表示，即

$$u(t) = K\left[e(t) + \frac{1}{T_i}\int_0^t e(\tau)\mathrm{d}\tau + T_d \frac{\mathrm{d}e(t)}{\mathrm{d}t}\right] \qquad (26\text{-}2)$$

式中　$e(t)$——误差；

　　　$u(t)$——控制器的输出；

　　　K——比例系数；

T_i——积分时间常数；

T_d——微分时间常数。

用传递函数表达则为

$$U(s) = K\left[1 + \frac{1}{T_i S} + T_d S\right]E(s) \tag{26-3}$$

或写为

$$U(s) = \left[K + \frac{K_i}{S} + K_d S\right]E(s) \tag{26-4}$$

式中　$U(s)$、$E(s)$——$u(t)$、$e(t)$的拉氏变换；

　　　K、K_i、K_d——控制器的比例、积分、微分系数。

比例（P）控制是一种最简单的控制方式，其控制器的输出与输入偏差信号成比例关系。当仅有比例控制时，系统输出存在稳态偏差（Steady-state Error）。对一个自动控制系统，如果在进入稳态后存在稳态偏差，则称这个控制系统是有稳态偏差系统的或简称有差系统（System with Steady-state Error）。为了消除稳态误差，在控制器中引入了"积分项"。在积分（I）控制中，控制器的输出与输入偏差信号的积分成正比关系。只要有偏差存在，即便偏差很小，积分项也会随着时间的增加而增大，促使控制器的输出增大而减小稳态偏差，直到偏差为零。因此，比例＋积分（PI）控制器，可以使系统在进入稳态后无稳态偏差。

微分（D）控制器的输出与输入偏差信号的微分（即偏差的变化率）成正比关系。许多被控对象存在惯性或滞后，使得被调参数的变化总是落后于输入偏差的变化，这可能会导致自动调节系统出现振荡甚至失稳。增加"微分项"以后，控制器能根据偏差变化的趋势改变输出。当偏差接近零时，提前使抑制偏差的控制作用等于零，甚至为负值，从而避免被调量的严重超调。对有惯性或滞后的被控对象，比例＋微分（PD）控制器能改善系统在调节过程中的动态特性。

第三节　PID 控制器参数的试验整定

PID 控制器参数的理论计算整定法是根据系统的数学模型，经过理论计算确定控制器参数，所得到的计算数据必须通过工程实际进行调整和修改才能使用。在现场调试中，最常用的整定方法是工程整定法，它们是在理论基础上通过实践总结出来的。工程整定法主要有响应曲线法、稳定边界法和衰减曲线法三种。它们各有特点，但都是通过试验获得控制过程的特性参数，然后按照工程经验公式来设定控制器的参数。这些方法简单、易于掌握，因而在工程实际中被广泛采用。无论采用哪种方法所得到的控制器参数，都需要在实际运行中进行最后调整与完善。现场调试中，一般先使用这些整定程序进行控制器参数的初步调整，然后再根据对控制过程的更深入了解，对控制器参数进一步细调。

John G. Ziegler 和 Nathaniel B. Nichols 在 1942 年提出了著名的 PID 控制器整定准则，这就是 Ziegler-Nichols 响应曲线法和稳定边界法。由于它便于使用，而且在大多数控制场合中都能得到良好的控制品质，所以半个世纪以来它一直是 PID 控制器最常用的整定方法之一，后来的学者也常用它来作为与其他整定方法对比的基准。

一、响应曲线法

响应曲线法也称动态特性参数法，是以被控对象控制通道的阶跃响应曲线为依据，通过经验公式求取调节器最佳参数整定值的开环整定方法，是 John G. Ziegler 和 Nathaniel B. Nichols 在 1942 年首先提出的。在 Ziegler-Nichols 整定法之后，后来的学者经过不少改进，总结出相应的计算调节器最佳参数整定公式，其中广为流行的是 Cohen-Coon 响应曲线法和 Chien-Hrones-Reswick（CHR）整定法。随着仿真技术的发展，又提出了以各种误差积分值为系统性能指标的调节器最佳参数整定公式。

（一）Ziegler-Nichols 响应曲线法（Ziegler-Nichols Reaction Curve Method）

Ziegler-Nichols 响应曲线法是通过对开环系统的阶跃响应试验，获取被控对象的开环传递函数，再根据特征参数整定 PID 控制器参数。

许多工业过程控制的被控对象具有自平衡能力，其传递函数可用一阶惯性加纯延迟环节来近似表示，即

$$G_p(s) = \frac{K_p}{1 + sT_p} e^{-\tau s} \tag{26-5}$$

Ziegler-Nichols 开环试验整定步骤如下：

（1）获取被控对象的开环传递函数。在输入的阶跃改变下，有自平衡能力的被控对象的响应如图 26-5（b）所示，从曲线中可以得到以下 3 个参数：

1）被控对象的静态放大倍数 $K_p = \dfrac{\Delta y}{\Delta u}$。

2）被控对象的传输纯迟延 τ。

3）被控对象的时间常数 T_p。

（2）根据图 26-5（b）所示的参数，按式（26-6）计算常数 a，即

$$a = \mu K_p; \mu = \frac{\tau}{T_p} \tag{26-6}$$

（3）根据常数 a，按表 26-3 计算控制器的整定参数 K、T_i 和 T_d。

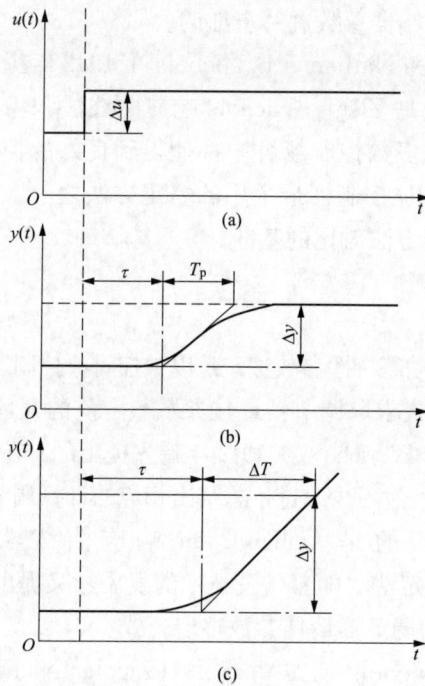

图 26-5 控制过程阶跃响应

（a）调节器输出；（b）有自平衡能力对象响应曲线；（c）无自平衡能力对象响应曲线

表 26-3 Ziegler-Nichols 开环试验参数整定计算

调节规律	K	T_i	T_d
P	$1/a$	—	—
PI	$0.9/a$	3τ	—
并联 PID	$1.2/a$	2τ	$\tau/2$
串联 PID	$0.6/a$	τ	τ

Ziegler-Nichols 响应曲线法也适用于无自平衡能力的被控对象。设阶跃改变下，无自平衡能力的被控对象的响应如图 26-5（c）所示，则按式（26-7）计算常数 a，即

$$a = \frac{\tau}{\Delta T} \times \frac{\Delta y}{\Delta u} \qquad (26\text{-}7)$$

根据常数 a，按表 26-3 计算控制器的整定参数 K、T_i 和 T_d。

对于无自平衡能力的被控对象，常采用 ε（响应速度，也称飞升速度）来表征对象的特征参数。ε 为单位阶跃输入改变下，被控对象的变化速度，其计算式为

$$\varepsilon = \frac{\tan\alpha}{\Delta u} = \frac{\Delta y}{\Delta u \times \Delta T} \qquad (26\text{-}8)$$

则有

$$a = \tau \varepsilon \tag{26-9}$$

采用 Ziegler-Nichols 开环试验整定时，应当注意以下几点：

（1）表 26-3 中的数据是在对大量控制过程的模拟和试验基础上得出的，按 1/4 过渡过程衰减率（$\psi = 0.75$）整定控制器参数。Ziegler 和 Nichols 在调试参数时采用了绝对误差积分准则（IAE），即

$$J_{\text{IAE}} = \int_0^\infty |e(t)| \, \mathrm{d}t = \int_0^\infty |r(t) - y(t)| \, \mathrm{d}t \; with \, r(t) = 1$$

（2）表 26-3 的使用范围为 $0.1 < \dfrac{\tau}{T_p} < 1$。当 $\dfrac{\tau}{T_p} > 1$ 时，应采用一些能补偿传输迟延的控制策略，如 SMITH 预估控制器、PIP 控制器、IMC 控制器等。在此情况下，使用 Cohen-Coon 试验整定法会更好些。当 $\dfrac{\tau}{T_p} < 0.1$ 时，使用高阶补偿器能够获得较好的调节性能。

（3）如果试验过程不稳定，或传递函数不是单调变化，则不能采用 Ziegler-Nichols 开环试验法。

（4）获取被控对象的开环传递函数有时并不容易，会遇到对系统施加的阶跃扰动信号应多大为宜、如何判定系统已经到达稳态等问题为了使阶跃响应曲线与噪声相区别，阶跃扰动信号应足够大，但又不能对运行中的机组造成任何不安全的影响。因此，当不便于进行开环试验时，可采用 Ziegler-Nichols 闭环试验法。

（二）Cohen-Coon 响应曲线法（Cohen-Coon Reaction Curve Method）

Cohen-Coon 响应曲线法仅适用于有自平衡能力的被控对象，试验步骤与 Ziegler-Nichols 开环试验相同，通过对开环系统的阶跃响应试验，获取被控对象的开环传递函数，再根据特征参数按表 26-4 整定 PID 控制器参数。

表 26-4　Cohen-Coon 开环试验参数整定计算

调节规律	K	T_i	T_d
P	$\dfrac{1}{K_p}\left(0.35 + \dfrac{1}{\mu}\right)$	—	—
PI	$\dfrac{1}{K_p}\left(0.083 + \dfrac{0.9}{\mu}\right)$	$\dfrac{3.3 + 0.31\mu}{1 + 2.2\mu}\tau$	—
PD	$\dfrac{1}{K_p}\left(0.16 + \dfrac{1.24}{\mu}\right)$	—	$\dfrac{0.27 - 0.088\mu}{1 + 0.13\mu}\tau$
并联 PID	$\dfrac{1}{K_p}\left(0.25 + \dfrac{1.35}{\mu}\right)$	$\dfrac{2.5 + 0.46\mu}{1 + 0.61\mu}\tau$	$\dfrac{0.37}{1 + 0.19\mu}\tau$

Cohen-Coon 同样采用 1/4 过渡过程衰减率（$\psi=0.75$）整定控制器参数。当被控对象的传输纯迟延 τ 与被控对象的时间常数 T_p 相比较小（μ 较小）时，按 Ziegler-Nichols 响应曲线法和 Cohen-Coon 响应曲线法将得出相同的 PID 控制器参数；但当被控对象的传输纯迟延很大（μ 较大）时，则采用 Cohen-Coon 响应曲线法较好。因为按 Cohen-Coon 响应曲线法整定时，PID 控制器的 T_d 参数趋于 0，这是比较适当的，所以对于大滞后被控对象不能采用微分调节作用。

（三）Chien-Hrones-Reswick(CHR) 整定法

CHR 整定法适用于有自平衡能力的被控对象，根据图 26-5（b）所示的被控对象开环传递函数特征参数 τ 和 T_p，按表 26-5 选择控制器类型。

表 26-5　CHR 的控制器类型选择

调节规律	$R=\dfrac{T_p}{\tau}=\dfrac{1}{\mu}$
P	$R>10$
PI	$7.5<R<10$
并联 PID	$3<R<7.5$
高阶（Higher order）	$R<3$

若希望获得非周期控制过程，PID 参数可按表 26-6 进行整定。

表 26-6　CHR 非周期过程参数整定计算

调节规律	K	T_i	T_d
P	$0.3R/K_p$	—	—
PI	$0.35R/K_p$	$1.2T_p$	—
PD	$0.6R/K_p$	T_p	0.5τ

若希望获得有 20% 过调的衰减振荡控制过程，PID 参数可按表 26-7 进行整定。

表 26-7　CHR 衰减振荡过程参数整定计算

调节规律	K	T_i	T_d
P	$0.7R/K_p$	—	—
PI	$0.6R/K_p$	T_p	—
PD	$0.95R/K_p$	$1.35T_p$	0.47τ

（四）误差性能指标最佳整定法

常用的误差性能指标为平方误差积分准则（ISE）、绝对误差积分准则（IAE）、时间乘绝对误差的积分准则（ITAE），计算式分别为

$$\mathrm{ISE} = \int_0^\infty e^2(t)\,\mathrm{d}t \tag{26-10}$$

$$\mathrm{IAE} = \int_0^\infty |e(t)|\,\mathrm{d}t \tag{26-11}$$

$$\mathrm{ITAE} = \int_0^\infty t\,|e(t)|\,\mathrm{d}t \tag{26-12}$$

若被控对象的开环传递函数的计算式为

$$G_\mathrm{p}(s) = \frac{K_\mathrm{p}}{1+sT_\mathrm{p}}e^{-\tau s}$$

则对于随动系统，以各种误差积分值为系统性能指标的调节器最佳参数整定公式为

$$KK_\mathrm{p} = A\left(\frac{\tau}{T_\mathrm{p}}\right)^B;\ \frac{T_\mathrm{p}}{T_\mathrm{i}} = C\left(\frac{\tau}{T_\mathrm{p}}\right)^D;\ \frac{T_\mathrm{d}}{T_\mathrm{p}} = E\left(\frac{\tau}{T_\mathrm{p}}\right)^F \tag{26-13}$$

对于定值系统，以各种误差积分值为系统性能指标的调节器最佳参数整定公式为

$$KK_\mathrm{p} = A\left(\frac{\tau}{T_\mathrm{p}}\right)^B;\ \frac{T_\mathrm{p}}{T_\mathrm{i}} = C + D\left(\frac{\tau}{T_\mathrm{p}}\right);\ \frac{T_\mathrm{d}}{T_\mathrm{p}} = E\left(\frac{\tau}{T_\mathrm{p}}\right)^F \tag{26-14}$$

（1）若调节器采用并联 PID 控制算法，则有

$$U(s) = K\left[1 + \frac{1}{T_\mathrm{i}S} + T_\mathrm{d}S\right]E(s) \tag{26-15}$$

式（26-14）和式（26-15）的整定计算常数由表 26-8 给出，适用范围为 $0 < \dfrac{\tau}{T_\mathrm{p}} \leqslant 1$。

表 26-8　基于 ITAE 性能指标的并联 PID 控制算法参数整定计算

系统	控制规律	A	B	C	D	E	F
随动系统	PI	0.859	−0.977	0.674	−0.680	—	—
	PID	1.357	−0.947	0.842	−0.732	0.381	0.995
定值系统	PI	0.586	−0.916	1.03	−0.165	—	—
	PID	0.965	−0.85	0.796	−0.1465	0.308	0.929

举例说明如下。

若已知被控对象的开环传递函数为

$$G(s) = \frac{5e^{-2s}}{3s+1}$$

即

$$K_\mathrm{p} = 5;\ T_\mathrm{p} = 3$$

在定值扰动下，欲使 ITAE 性能指标最佳，求并联 PID 控制器整定参数的步骤如下：

1）确定 K 值。计算过程为

$$KK_p = A\left(\frac{\tau}{T_p}\right)^B$$

$$K = \frac{A}{K_p}\left(\frac{\tau}{T_p}\right)^B$$

$$K = \frac{0.965}{5}\left(\frac{2}{3}\right)^{-0.85}$$

$$K = 0.272$$

2）确定 T_i 值。计算过程为

$$\frac{T_p}{T_i} = C + D\left(\frac{\tau}{T_p}\right)$$

$$\frac{3}{T_i} = 0.796 - 0.1465\left(\frac{2}{3}\right)$$

$$T_i = 4.296$$

3）确定 T_d 值。计算过程为

$$\frac{T_d}{T_p} = E\left(\frac{\tau}{T_p}\right)^F$$

$$T_d = T_p E\left(\frac{\tau}{T_p}\right)^F$$

$$T_d = 3 \times 0.308\left(\frac{2}{3}\right)^{0.929}$$

$$T_d = 0.636$$

（2）若调节器采用 Classical 控制算法，则有

$$U(s) = K\left(1 + \frac{1}{T_iS}\right)\left(\frac{1 + T_dS}{1 + T_aS}\right)E(s) \qquad (26\text{-}16)$$

式中　T_a——滤波时间常数，通常置 $T_a = 0.1T_d$。

则式（26-14）和式（26-15）的整定计算常数由表 26-9 给出，适用范围为 $0 < \frac{\tau}{T_p} \leqslant 1$。

表 26-9　Classical 控制算法 PID 参数整定计算常数

系统	性能指标	A	B	C	D	E	F
随动系统	ISE	1.119 07	−0.897 11	0.7987	−0.9548	0.547 66	0.877 98
	IAE	0.980 89	−0.761 67	0.910 32	−1.052 11	0.599 74	0.898 19
	ITAE	0.779 02	−1.064 01	1.143 11	−0.709 49	0.571 37	1.038 26
定值系统	ISE	0.719 59	−1.030 92	1.126 66	−0.181 45	0.545 68	0.864 11
	IAE	0.65	−1.044 32	0.9895	0.095 39	0.508 14	1.084 33
	ITAE	1.127 62	−0.803 68	0.997 83	0.0286	0.428 44	1.0081

（3）若调节器采用 Non-interacting 控制算法，则有

$$U(s) = \left(K + \frac{1}{T_iS}\right)E(s) - \left(\frac{T_dS}{1 + T_aS}\right)Y(s) \qquad (26\text{-}17)$$

式中 T_a——滤波时间常数，通常置 $T_a=0.1T_d$。

则式（26-14）和式（26-15）的整定计算常数由表 26-10 给出，适用范围为 $0<\dfrac{\tau}{T_p}\leqslant1$。

表 26-10　Non-interacting 控制算法 PID 参数整定计算常数

系统	性能指标	A	B	C	D	E	F
随动系统	ISE	1.3466	−0.9308	1.6585	−1.257 38	0.797 15	0.419 41
	IAE	1.315 09	−0.8826	1.2587	−1.3756	0.5655	0.4576
	ITAE	1.3176	−0.7937	1.124 99	−1.426 03	0.495 47	0.419 32
定值系统	ISE	1.262 39	−0.8388	6.0356	−6.0191	0.476 17	0.245 72
	IAE	1.130 31	−0.813 14	5.7527	−5.7241	0.321 75	0.177 07
	ITAE	0.983 84	−0.498 51	2.713 48	−2.297 78	0.214 43	0.167 68

（4）若调节器采用 Industrial 控制算法，则有

$$U(s)=K\left(1+\frac{1}{T_iS}\right)\left[R(s)-\left(\frac{1+T_dS}{1+T_aS}\right)Y(s)\right] \qquad (26\text{-}18)$$

式中 T_a——滤波时间常数，通常置 $T_a=0.1T_d$。

则式（26-14）和式（26-15）的整定计算常数由表 26-11 给出，适用范围为 $0<\dfrac{\tau}{T_p}\leqslant1$。

表 26-11　Industrial 控制算法 PID 参数整定计算常数

系统	性能指标	A	B	C	D	E	F
随动系统	ISE	1.1147	−0.8992	0.9324	−0.8753	0.565 08	0.911 07
	IAE	0.91	−0.7938	1.014 95	−1.004 03	0.5414	0.7848
	ITAE	0.7058	−0.8872	1.033 26	−0.991 38	0.600 06	0.971
定值系统	ISE	1.1427	−0.9365	0.992 23	−0.352 69	0.353 08	0.780 88
	IAE	0.816 99	−1.004	1.091 12	−0.223 87	0.442 78	0.971 86
	ITAE	0.8326	−0.7607	1.002 68	0.008 54	0.442 43	1.114 99

二、稳定边界法（Ziegler-Nichols Oscillation Method）

稳定边界法也称临界比例度法，不需要确定被控对象的动态特性，整定步骤通过测量来完成。将纯比例 P 控制器接入到闭环控制系统中，然后增加控制器的增益，直到闭环系统达到稳定边界（等幅振荡），再根据临界增益和临界周期参数得出 PID 控制器参数。

Ziegler-Nichols 闭环试验整定步骤如下。

（1）将纯比例 P 控制器接入到闭环控制系统中（设置调节器参数积分时间常数 $T_i=\infty$，实际微分时间常数 $T_d=0$），按图 26-6 建立试验系统。

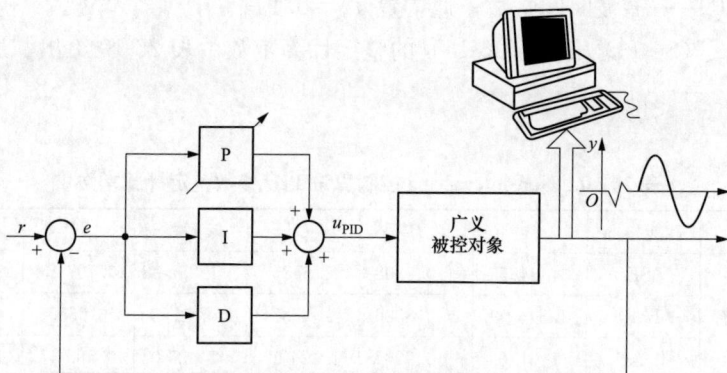

图 26-6　Ziegler-Nichols 闭环试验示意图

（2）调节器比例系数 K 设置为最小，加入阶跃扰动（一般是改变调节器的给定值），观察被调量的阶跃响应曲线。

（3）由小到大改变比例系数 K，直到闭环系统出现振荡。

（4）当系统出现持续等幅振荡时，称这时的增益为临界增益（K_u），这时的振荡周期（两个波峰间的时间）为临界周期（T_u）。

（5）由表 26-12 得出 PID 控制器参数。

表 26-12　**Ziegler-Nichols 闭环试验参数整定计算**

Ziegler-Nichols 闭环试验法			
调节规律	K	T_i	T_d
P	$0.5K_u$	—	—
PI	$0.45K_u$	$0.833T_u$	—
并联 PID	$0.6K_u$	$0.5T_u$	$0.125T_u$
串联 PID	$0.6K_u$	$6/T_u$	$1/T_u$

从表 26-12 可发现以下几条带有普遍意义的规律：

（1）纯比例时，$K=0.5K_u$，这意味着 0.5 的幅稳定裕度是与 1/4 衰减率基本对应的。

（2）比例积分控制器的 K 值要比纯比例时小 10%，这说明积分作用的加入会使系统稳定性变差，因此需要降低 K 值。

（3）由于微分的相位超前作用能改善系统稳定性，所以可以提高 K 值，表 26-12 中 PID 控制时的 K 值是纯比例控制时的 1.2 倍。

（4）积分时间大约是微分时间的 4 倍。

采用稳定边界法整定时应注意以下几点：

（1）在采用这种方法获取等幅振荡曲线时，应使控制系统工作在线性区，不要使控制阀出现开、关的极端状态。否则得到的持续振荡曲线可能是"极限循环"，从线性系统概念上说系统早已处于发散振荡了，不能依据此时的数据来计算整定参数。

（2）由于被控对象特性的不同，按表 26-12 求得的调节器整定参数不一定都能获得满意的结果。对于无自平衡特性的对象，用稳定边界法求得的调节器参数往往使系统响应的衰减率偏大（$\psi > 0.75$）。而对于有自平衡特性的高阶等容对象，用该方法整定调节器参数时系统响应衰减率大多偏小（$\psi < 0.75$）。为此，上述求得的调节器参数，应针对具体系统在实际运行过程中进行在线校正。

（3）稳定边界法适用于临界振幅不大、振荡周期较长的过程控制系统，但有些系统从安全性考虑不允许进行稳定边界试验，如锅炉汽包水位控制系统。还有某些时间常数较大的单容对象，用纯比例控制时系统始终是稳定的，对于这些系统也是无法用稳定边界法来进行参数整定的。

若求出被控对象的静态放大倍数 $K_p = \dfrac{\Delta y}{\Delta u}$，则增益乘积 $\chi = K_p K_u$ 可视为系统的最大开环增益。通常认为，Ziegler-Nichols 闭环试验整定法的适用范围为

$$2 < K_p K_u < 20$$

（1）当 $\chi = K_p K_u > 20$ 时，应采用更为复杂的控制算法，以求较好的调节效果。

（2）当 $\chi < 2$ 时，应使用一些能补偿传输迟延的控制策略。

（3）当 $1.5 < \chi < 2$ 时，在对控制精度要求不高的场合仍可使用 PID 控制器，但需要对表 26-12 进行修正。在这种情况下，建议采用 Smith 预估控制和 IMC 控制策略。

（4）当 $\chi < 1.5$ 时，在对控制精度要求不高的场合仍可使用 PI 控制器，在这种情况下，微分作用已意义不大。

三、衰减曲线法

衰减曲线法与稳定边界法不同的是，闭环设定值扰动试验采用衰减振荡（通常为 4∶1 或 10∶1），然后利用衰减振荡的试验数据，根据经验公式求取调节器的整定参数。

4∶1 衰减曲线法的整定步骤如下：

（1）置调节器积分时间 T_i 为最大值（$T_i = \infty$），微分时间 T_d 为零（$T_d = 0$），比例系数 K 为较小值，并将系统投入运行。

（2）系统稳定后，做设定值阶跃扰动，并观察系统的响应。若系统响应衰减太快，则增大比例系数 K；反之，系统响应衰减过慢，应减小比例系数 K。如此反复，直到系统出现如图 26-7（a）所示的 4∶1 衰减振荡过程，记下此时的比例系数 K_s 和振荡周期 T_s 数值。

（3）利用 K_s 和 T_s 值，按表 26-13 给出的经验公式，计算出调节器的参

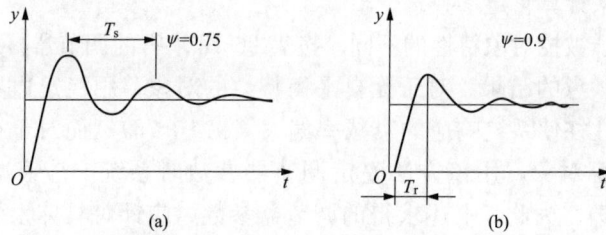

图 26-7　系统衰减响应曲线

（a）4∶1 衰减振荡过程；（b）10∶1 衰减振荡过程

数整定值。

表 26-13　衰减曲线法整定计算公式

衰减率	调节规律	K	T_i	T_d
0.75	P	K_s	—	—
	PI	$0.83K_s$	$0.5T_s$	—
	PID	$1.25K_s$	$0.3T_s$	$0.1T_s$
0.9	P	K_s	—	—
	PI	$0.83K_s$	$2T_r$	—
	PID	$1.25K_s$	$1.2T_r$	$0.4T_r$

衰减曲线法也可以根据实际需要，在衰减比为 10∶1 的情况下进行，此时要以图 26-7（b）中的上升时间 T_r 为准，按表 26-13 给出的公式计算。

四、PID 调节器的经验整定法

PID 调节器的经验整定法实际上是一种行之有效的试凑方法，在现场得到了广泛的应用。整定调节器时，可以先根据过去获得的同类设备的调试经验，确定一组调节器参数，并将系统投入闭环运行。然后加入阶跃扰动，一般是改变调节器的给定值，观察被调量的阶跃响应曲线。若认为控制质量不满意，则根据各整定参数对控制过程的影响改变调节器参数。这样反复试验，直到满意为止。

以工业 PID 调节器为例，具体说明经验法的整定步骤如下：

（1）使调节器积分时间常数 $T_i=0$，实际微分时间常数 $T_d=0$，控制系统投入闭环运行。由小到大改变比例系数 K，每次改变后加入阶跃扰动，观察调节曲线的形态，直到满意为止。

（2）以比例系数 K 当前值乘以 0.83，作为新的比例系数设定值；由小到大增加积分时间常数 T_i，同样每次改变后做阶跃扰动，观察调节曲线的形态，直到满意为止。

（3）积分时间常数 T_i 保持不变，改变比例系数 K，观察控制过程有无改善，如有改善则继续调整，直到满意为止。否则，将原比例系数 K

增大一些，再调整积分时间常数 T_i，力求改善控制过程。如此反复试凑，直到找到满意的比例系数 K 和积分时间常数 T_i。

（4）引入适当的实际微分系数 K_d 和实际微分时间 T_d，此时可适当增大比例系数 K 和积分时间常数 T_i。与前述步骤相同，微分时间的整定也需反复调整，直到控制过程满意为止。

以下经验整定的口诀，也可以说明经验整定的基本思路：

> 阶跃扰动投闭环，参数整定看曲线；
> 先投比例后积分，最后再把微分加；
> 理想曲线两个波，振幅衰减 4 比 1；
> 比例太强要振荡，积分太强过程长；
> 动差太大加微分，频率太快微分降；
> 偏离定值回复慢，积分作用再加强。

PID 参数改变对控制过程的影响见表 26-14。

表 26-14　PID 参数改变对控制过程影响

参数	快速性	稳定性	准确性
增大 K	增加	变差	改善
增大 K_i	增加	变差	改善
增大 K_d	增加	改善	无影响

经验整定法是热工控制工程师必须掌握的一项技能，在现场消除调节系统缺陷时非常有用。

五、调节器参数对控制系统的影响

图 26-8 所示为 PID 调节器输入与输出之间的关系方框图。

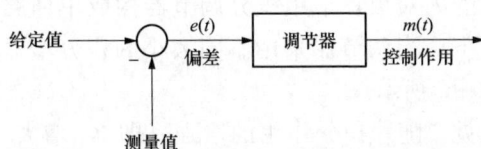

图 26-8　PID 调节器输入与输出之间的关系

调节器的输出与输入之间的函数关系可以用下列计算式描述，即

$$m(t) = K_p e(t) + K_i \int e(t) dt + K_d \frac{dt(t)}{dt}$$

$$= \frac{1}{\delta}\left(1 + \frac{1}{T_i s} + T_d s\right)$$

式中　K_p——调节器的比例增益；

　　　K_i——调节器的积分增益；

　　　K_d——调节器的微分增益；

δ——调节器的比例带；

T_i——调节器的积分时间；

T_d——调节器的微分时间。

（一）比例带对控制系统的影响

多容有自平衡能力对象，采用比例调节器构成单回路控制系统时，在单位阶跃扰动作用下，当调节器采用不同大小的比例带时的控制过程试验曲线如图 26-9 所示。

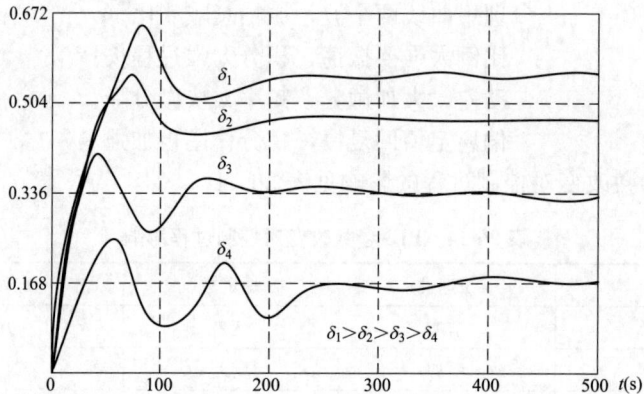

图 26-9　比例带对控制系统的影响

可见，随着比例带的增大，控制系统的稳定性增强，控制过程时间减少，被控制量的动态偏差和静态偏差增大。因此，比例调节器适合于干扰较小、对象的滞后较小而时间常数并不太大、调节精度要求不高的场合。

（二）积分作用对控制系统的影响

单容无自平衡能力对象，采用积分调节器构成单回路控制系统时，在单位阶跃扰动作用下，当调节器采用不同大小的积分增益数值时的控制过程试验曲线如图 26-10 所示。

由试验曲线可见，随着积分作用的增强（即 K_i 增大），控制系统的稳定性变差，甚至会变得不稳定。积分作用的增强，控制过程的振荡周期减少，积分作用的引入可以消除静态偏差。

单容有自平衡能力对象，采用 PI 调节器构成单回路控制系统。在单位阶跃扰动作用下，当调节器采用不同大小的积分时间时的控制过程试验曲线如图 26-10 所示。

由图 26-11 所示试验曲线同样得到，随着积分作用的增强（即 T_i 减小），控制系统的稳定性变差，控制过程的振荡周期减少，积分作用增强有利于消除静态偏差。因此，积分作用的引入可以消除控制系统的静态偏差，但会使系统变得不稳定。随着积分作用越强，控制系统的稳定性越差。因此，积分作用不宜过强。

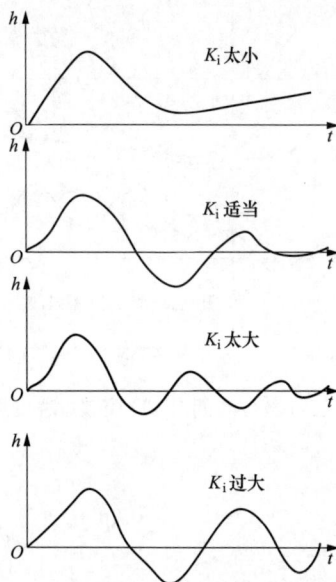

图 26-10 积分作用对控制系统的影响

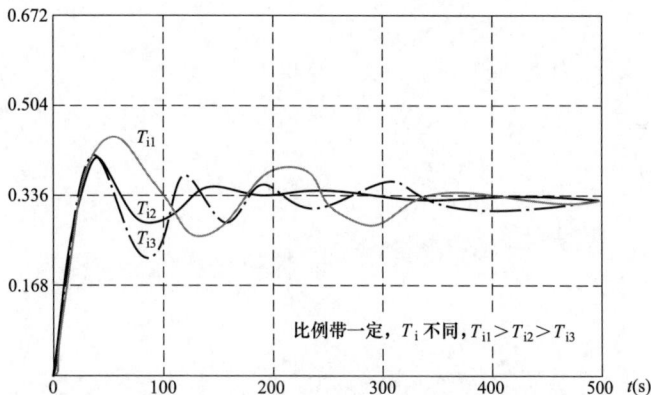

图 26-11 积分时间对 PI 控制系统的影响

（三）微分作用对控制系统的影响

在控制系统中适当地加入微分作用可以有效改善控制系统的动态性能。

双容有自平衡能力对象，采用 PD 调节器构成单回路控制系统。在单位阶跃扰动作用下，当调节器的比例带不变，而采用不同大小的微分时间时的控制过程试验曲线如图 26-12 所示。

由该试验曲线可以看出，微分作用太小，效果不明显；随着微分作用的适当增强（即 T_d 适当增大），控制系统的动态偏差减小，控制过程时间减小和衰减率提高；但当微分作用过强时，会使控制过程产生频率较高的振荡。因此，微分作用应适中，不能太大也不宜过小。

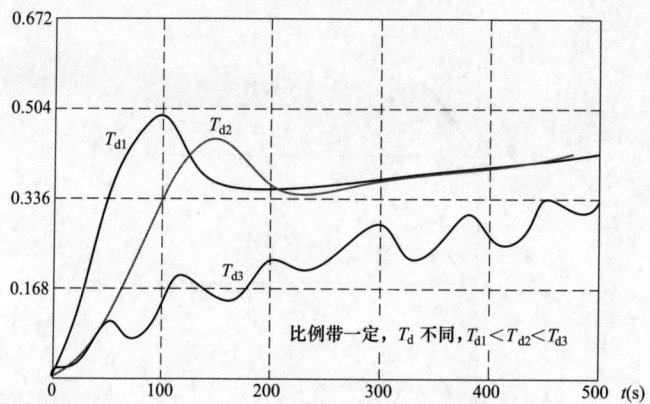

图 26-12　微分时间对 PD 控制过程的影响